Springer-Lehrbuch

Springer
Berlin
Heidelberg
New York
Barcelona
Hongkong
London
Mailand
Paris
Singapur
Tokio

Philip G. Zimbardo
Richard J. Gerrig

Psychologie

Bearbeitet und herausgegeben von
Siegfried Hoppe-Graff und Irma Engel

Unter Mitarbeit von Barbara Keller

7., neu übersetzte und bearbeitete Auflage
mit 213 zum Teil farbigen Abbildungen
und 70 Tabellen

 Springer

Autoren

Philip G. Zimbardo, Ph. D., Professor of Psychology
Department of Psychology, Stanford University, Stanford, CA 94305, USA
Richard J. Gerrig
SUNY at Stony Brook, Stony Brook, NY 11794-2500, USA

Bearbeiter und Herausgeber

Prof. Dr. Siegfried Hoppe-Graff und Dipl.-Psych. Irma Engel
Erziehungswissenschaftliche Fakultät der Universität Leipzig,
Karl-Heine-Straße 22 b, D-04229 Leipzig
hoppe@rz.uni-leipzig.de   iengel@rz.uni-leipzig.de

Übersetzer

Johanna Baur, Frank Jacobi, Matthias Reiss

Titel der amerikanischen Originalausgabe: **Psychology and Life,** 14th Ed.
Copyright © 1996 Philip G. Zimbardo, Inc. and Richard J. Gerrig
Published by arrangement with
HarperCollins *College Publishers,* New York, New York.

ISBN 3-540-64633-7 7. Auflage Springer-Verlag Berlin Heidelberg New York
ISBN 3-540-59381-0 6. Auflage Springer-Verlag Berlin Heidelberg New York

Die Deutsche Bibliothek – CIP-Einheitsaufnahme
Zimbardo, Philip G.:
Psychologie/Philip G. Zimbardo; Richard J. Gerrig. Bearb. von
Siegfried Hoppe-Graf; I. Engel. Hrsg.: Siegfried Hoppe-Graf. -
7., neu übers. und bearb. Aufl. - Berlin; Heidelberg; New York;
Barcelona; Hong Kong; London; Mailand; Paris; Tokio: Springer, 1999
   (Springer Lehrbuch) Einheitssacht.: Psychology and life <dt.>
   ISBN 3-540-64633-7

Springer-Verlag ist ein Unternehmen der Fachverlagsgruppe BertelsmannSpringer.

© Springer-Verlag Berlin Heidelberg 1974, 1975, 1978, 1983, 1992, 1995, 1999
Printed in Germany

Einbandgestaltung: de'blik, Berlin
Zeichnungen: A. R. Gattung, Edingen-Neckarhausen; G. Hippmann, Nürnberg
Satz: MEDIO Innovative Medien Service GmbH, Berlin
SPIN: 10769282   26/3111 – 5 4 3 2 1 – Gedruckt auf säurefreiem Papier

Vorwort der Herausgeber und Bearbeiter zur 7. Auflage

Liebe Leserin, lieber Leser,

Sie halten die 7. Auflage von Zimbardo **Psychologie** in den Händen, der wohl am besten eingeführten und am häufigsten gelesenen Gesamtdarstellung der wissenschaftlichen Psychologie im deutschsprachigen Raum. In welcher Beziehung steht die 7. Auflage zu den Vorgängerauflagen? Handelt es sich nur um eine weitere *unveränderte* Auflage eines sich gut verkaufenden Buches, oder handelt es sich um ein *völlig neues* Buch?

Die Antwort liegt in der Mitte. Selbstverständlich weicht auch dieser »Zimbardo« in der Grundkonzeption und in all den positiven Eigenschaften, die ihn so populär gemacht haben, nicht von den bisherigen Auflagen ab. So sind sämtliche didaktischen Elemente, die ihn zu einem Lehr- und Studierbuch im besten Sinne des Wortes machen, beibehalten worden (s. dazu den Abschnitt »Wie Sie den Zimbardo optimal nutzen können«). Andererseits jedoch handelt es sich in inhaltlicher Hinsicht um eine vollständige Neubearbeitung.

Diese 7. deutsche Ausgabe knüpft an die 14. amerikanische Ausgabe an, die 1996 erschienen ist. Allein schon deshalb sind einige Kapitel gegenüber den Vorgängerauflagen inhaltlich neu gestaltet worden. So ist etwa die Darstellung der kognitiven Prozesse und des Gedächtnisses grundlegend verändert (und, wie wir hoffen, verbessert) worden. Weitere Veränderungen haben sich daraus ergeben, daß wir uns, wie bisher auch, die Freiheit genommen haben, die deutsche Version gegenüber dem amerikanischen Original in wesentlichen Punkten zu modifizieren und deutschen Verhältnissen anzupassen. So stellen wir beispielsweise im Kapitel über Diagnostik die gängigsten Testverfahren im deutschen Sprachraum vor, weshalb etwa das MMPI-2, das in der amerikanischen Ausgabe einen großen Raum einnimmt, bei uns nur am Rande erwähnt wird. Wir haben auch Themen aus der 6. deutschen Auflage bzw. der 12. amerikanischen Auflage beibehalten, die aus für uns nicht nachvollziehbaren Gründen in der 14. amerikanischen Auflage gestrichen worden sind – dazu gehören etwa Aggression und Eßstörungen, wie die Magersucht und die Bulimie.

Weiterhin haben wir die Themen anders geordnet als die amerikanische Originalausgabe. Unsere Gliederung folgt dem Kanon der Teilgebiete, die das Diplomstudium der Psychologie umfaßt. Wir beginnen mit einem einführenden Kapitel über die Ziele, theoretischen Ansätze und Methoden der modernen Psychologie. Daran schließen sich in den Kap. 2–11 die Teilfächer des Grundstudiums der Psychologie an: die Biologische Psychologie, die Allgemeine Psychologie mit ihren verschiedenen Teilgebieten, die Sozialpsychologie, die Entwicklungspsychologie und die Persönlichkeitspsychologie – in die Methodenlehre haben wir bereits in Kap. 1 eingeführt. Die Anwendungsgebiete, die den zweiten Teil des Studiums ausmachen, folgen in den Kap. 12–16: die psychologische Diagnostik, die Klinische Psychologie, die Pädagogische Psychologie und die Arbeits-, Betriebs- und Organisationspsychologie (ABO-Psychologie). Die Pädagogische Psychologie und die ABO-Psychologie fehlten in der amerikanischen Ausgabe völlig; sie sind deshalb für das deutsche Buch neu geschrieben worden.

Nicht zuletzt wegen dieser Ergänzungen glauben wir, daß es uns alles in allem noch besser als in den früheren Auflagen gelungen ist, ein umfassendes und gut verständliches Bild der Psychologie zu zeichnen, das aber auch deutlich werden läßt, welcher Art von Problemen die moderne wissenschaftliche Psychologie gegenübersteht.

Selbstverständlich haben wir die Gelegenheit der Neubearbeitung auch genutzt, um bei den Textpassagen, die auf früheren Auflagen basieren, Fehler und Ungereimtheiten zu beseitigen. Wir haben zu diesem Zweck den Text Satz für Satz durchgearbeitet, so daß wir aus gutem Grund behaupten können, daß es sich um eine *vollständig* neue Bearbeitung des Zimbardo handelt.

Zwischen den beiden Herausgebern gab es zwar eine intensive Zusammenarbeit, aber auch eine klare Arbeitsteilung. Der Textteil der Kap. 1–14 ist von Siegfried Hoppe-Graff in der oben beschriebenen Weise erarbeitet worden. Die Zusammenfassungen, Hinweise auf die deutschsprachige Literatur sowie Übungsfragen und -antworten hat Irma Engel erstellt. Irma Engel hat auch in Kooperation mit dem Verlag für das Layout des Textes gesorgt. Kapitel 15 ist von Siegfried Hoppe-Graff, Kap. 16 von Barbara Keller verfaßt worden.

Abermals sind die Herausgeber in vorzüglicher Weise vom Springer-Verlag und dessen Mitarbeiterinnen unterstützt worden. Wir konnten auf Übersetzungen von Teilen der 14. amerikanischen Auflage zurückgreifen, die von Johanna Baur, Frank Jacobi und Dr. Matthias Reiss angefertigt worden waren. In Fragen der Herstellung erhielten wir von Meike Seeker, Barbara Montenbruck und Renate Schulz Hilfestellung. Organisation und Koordination des gesamten Publikationsprojektes waren bei Stefanie Zöller in bewährt guten Händen. Seitens des Verlags lag die Verantwortung für das Projekt bei Dr. Heike Berger, mit der wir das Gesamtkonzept gemeinsam erarbeiteten. Mit gutem Rat stand uns auch Herr Schmitz-Buhl vom Vorstand der ABO-Sektion des BDP zur Seite. Allen genannten Personen möchten wir sehr herzlich für die bereitwillige und professionelle Unterstützung danken. Der Kooperation mit ihnen in einer stets wohlwollenden Atmosphäre schreiben wir es vor allem zu, daß uns die Erarbeitung des »neuen Zimbardo« bei allem Streß und allen Mühen doch auch Spaß gemacht hat.

Leipzig, Frühjahr 1999

Siegfried Hoppe-Graff
Irma Engel

P.S.:

Noch eine kurze Anmerkung zum leidigen (und nicht befriedigend lösbaren) Problem der Verwendung geschlechtsspezifischer Sprachformen. Wir haben uns dafür entschieden, aus Gründen der besseren Lesbarkeit immer nur die männliche oder die weibliche Form zu verwenden. Selbstverständlich ist auch immer die andere Form mitgedacht – wenn wir uns also an »den Leser« wenden, so sprechen wir selbstverständlich auch die Leserinnen an! Abermals aus Gründen der besseren Lesbarkeit haben wir uns in aller Regel für die männliche Form entschieden, weil das den Lesegewohnheiten der Leserinnen und Leser entspricht.

Uns ist sehr wohl bewußt, daß man durch Sprache diskriminieren kann – deshalb haben wir uns bemüht, niemals abwertend über Frauen oder Männer zu sprechen (und auch nicht über »Behinderte«, »Kranke« usw.).

Wie Sie den Zimbardo optimal nutzen können

Dieses Buch ist für Leser mit unterschiedlichen Interessen geschrieben worden. Am einen Ende des Spektrums stehen Laien, die auf psychologische Themen neugierig sind und ein wenig »hineinschnuppern« wollen. Am anderen Ende stehen professionelle Psychologen, die sich – aus welchen Gründen auch immer – in dem einen oder anderen Fachgebiet nochmals einen kurzen Überblick über den aktuellen Forschungsstand verschaffen wollen. Dazwischen liegt der große Kreis der Leser, die sich im Rahmen ihrer Ausbildung die moderne Psychologie erarbeiten wollen (oder müssen). Wir haben uns bemüht, den Zimbardo didaktisch so zu gestalten, daß er besonders ihnen eine Hilfe ist, gleichgültig, ob der Text im Rahmen von Lehrveranstaltungen durchgenommen oder im Selbststudium erarbeitet wird.

Um das Buch hinsichtlich der inhaltlichen Strukturierung und des Layout zu einem optimalen Arbeitstext zu machen, haben wir *jedes Kapitel* folgendermaßen aufgebaut:

- Es ist in **Abschnitte** und Unterabschnitte gegliedert. Wenn Sie eine Pause einlegen wollen, bietet es sich an, diese immer an das Ende eines Abschnitts zu legen.
- Eingerahmte **Merksätze** enthalten Informationen von besonderer Wichtigkeit, etwa zentrale Definitionen oder zusammenfassende Schlußfolgerungen.
- **Zentrale Begriffe** werden durch fetten Druck hervorgehoben.
- **Aufzählungen** werden graphisch als solche durch »Knuddel« (•) strukturiert. Das gilt beispielsweise schon für diese Tips zum Lernen.
- Im Abschn. **Experiment** werden Untersuchungen zu einem Thema etwas genauer beschrieben, als das ansonsten im Rahmen einer zusammenfassenden Darstellung üblich ist. Dabei darf die Bezeichnung »Experiment« nicht zu eng gesehen werden: Wir verstehen darunter jegliche Art von empirischer Untersuchung (also jede Art von wissenschaftlicher Sammlung von Beobachtungen).
- Im Abschn. **Psychologie im Alltag** veranschaulichen wir Themen und Fragestellungen durch Alltagsbeobachtungen oder weisen auf Konsequenzen von wissenschaftlichen Theorien oder Ergebnissen für den Alltag hin.
- **Unter der Lupe** betrachten wir einzelne Themen im Detail. Manchmal wird ein Forschungsansatz erläutert, manchmal eine aktuelle wissenschaftliche Kontroverse vorgestellt, und manchmal werden besonders

interessante oder aktuelle Problemstellungen in allen Einzelheiten beschrieben.

- Namen mit einer Jahreszahl geben den **Autor** und das Publikationsjahr einer Veröffentlichung an. Diese Quellen finden Sie im Literaturverzeichnis alphabetisch aufgeführt. Die Namen aller Autoren werden außerdem im Personenregister in alphabetischer Reihenfolge genannt.
- Im Abschn. **Zusammenfassung** finden Sie eine Kurzdarstellung der wichtigsten Ideen, Konzepte und Ergebnisse des Kapitels.
- Der Abschn. **Hinweise zur deutschsprachigen Literatur** ergänzt die Literaturangaben, die innerhalb der Textdarstellung bereits gemacht worden sind und die ganz überwiegend aus englischsprachiger Literatur bestehen.
- Im Abschn. **Übungsfragen** finden Sie angemessene Fragen und Antworten, mit deren Hilfe Sie selbständig Ihren Lernerfolg überprüfen können.

Kapitelübergreifend können das Glossar, das Literaturverzeichnis, das Sachverzeichnis und das Autorenverzeichnis benutzt werden:

- Das **Glossar** kann als ein kleines *Wörterbuch der Pychologie* aufgefaßt werden. Sie können dort die Bedeutung psychologischer Begriffe nachschlagen. Sie können es aber auch bei der Überprüfung ihres Wissens oder zum Lernen von Definitionen benutzen.
- Das **Literaturverzeichnis** ist eine Zusammenstellung aller Literaturquellen, die in den Kap. 1–16 benutzt worden sind.
- Im **Personenregister** finden Sie die exakte Seitenangabe für alle Personennamen, die im Buch erwähnt werden.
- Wenn Sie wissen wollen, wo ein psychologischer Begriff im Zimbardo besprochen und erläutert wird, so schauen Sie im **Sachverzeichnis** nach, denn dort sind für alle Begriffe die Seitenverweise angegeben. Selbstverständlich kommen im Sachverzeichnis auch die Glossarbegriffe vor.

Die folgenden *Tips* werden Ihnen helfen, das Buch zum Einstieg in das Gebiet der Psychologie optimal zu nutzen.

- Nehmen Sie sich genug Zeit – und nehmen Sie sich nicht zuviel auf einmal vor! Wenn Sie sich mit einem für Sie neuen wissenschaftlichen Gebiet vertraut machen wollen, dann erfordert das die Auseinandersetzung mit neuen Begriffen, Fragestellungen und Methoden. Das wiederum macht es notwendig, sorgfältig zu lesen und über das Gelesene gründlich nachzudenken.
- Wählen und gestalten Sie Ihren Arbeitsplatz so, daß Sie dort konzentriert und möglichst ohne Ablenkung lesen, Stichwörter notieren und das Gelesene überdenken können.
- Beginnen Sie die Lektüre eines Kapitels, indem Sie zunächst die Einleitung lesen. Die Einleitung gibt Ihnen einen ersten anschaulichen Eindruck davon, um welche Bereiche und Fragen es gehen wird.
- Dann blättern Sie weiter zum Kapitelende und lesen die Zusammenfassung. Die Zusammenfassung erweitert den ersten Eindruck, den Sie

aus der Einleitung erhalten hatten. Die Ausführungen des Kapitels werden Ihnen in der Zusammenfassung in komprimierter Form vorgestellt.

- Bevor Sie nun in die Lektüre des eigentlichen Kapiteltextes einsteigen, sollten Sie sich selbst schon einmal aufgrund der Zusammenfassung überlegen, welche Fragen sich Ihnen stellen und was Sie von der Darstellung erwarten.
- Streichen Sie, während Sie das Kapitel lesen, wichtige Stellen an. Machen Sie sich auch Notizen – versuchen Sie, wichtige Gedanken in eigenen Worten zum Ausdruck zu bringen.
- Versuchen Sie, nachdem Sie ein Kapitel durchgearbeitet haben, herauszufinden, was Sie gelernt haben. Schreiben Sie zu diesem Zweck eine kleine Zusammenfassung oder halten Sie sich selbst einen kleinen Vortrag.
- Benutzen Sie schließlich auch die Übungsfragen (und die Antworten) am Ende jedes Kapitels, um Ihren Lernerfolg zu überprüfen.

Nun wünschen wir Ihnen, liebe Leserin, lieber Leser, viel Spaß und Erfolg mit dem neuen Zimbardo!

Leipzig, Frühjahr 1999   Siegfried Hoppe-Graff
                                                     Irma Engel

Inhaltsübersicht

Inhaltsverzeichnis

1 Ziele, Ansätze und Methoden der modernen Psychologie

Schadet es kleinen Kindern, wenn sie den Tag im Kinderhort verbringen, statt von der Mutter umsorgt zu werden? Liegen die Ursachen für die Zunahme der Aggressionen unter Schülern im Leistungsdruck, der von Elternhaus, Schule und Gesellschaft ausgeübt wird? Wie kann man Menschen dazu bringen, pfleglicher mit ihrer Gesundheit umzugehen? Wie entstehen Vorurteile und Intoleranz, und wie kann man ihnen entgegenwirken?

Die moderne Psychologie versucht, auf diese und andere aktuelle Fragen, die uns im Alltag beschäftigen, eine Antwort zu finden. Sie befaßt sich aber auch mit Problemen, die Menschen schon immer bewegt haben: Was ist der menschliche Geist? Wie denken, lernen und erinnern wir? Woher kommen unsere Gefühle? Haben wir einen freien Willen, oder sind es die Umstände, die unser Handeln lenken? Ist die Entwicklung in Kindheit und Jugend weitgehend das Ergebnis von Reifungs- und Lernprozessen? Wie können wir beurteilen, welche Verhaltensweisen normal, welche ungewöhnlich und welche schädlich oder krank sind, und wie können wir psychisches Leiden heilen?

Wie man sieht, widmet sich die Psychologie sowohl gesellschaftlich drängenden Problemen als auch Themen, über die Philosophen seit Jahrtausenden nachgedacht haben. Schon die Philosophen der Antike fragten nach dem Zusammenwirken von Körper und Seele und nach der Herkunft von Gedanken und Vorstellungen. Sie haben menschliche Eigenschaften beschrieben und versucht, ihre Entstehung zu erklären, sie fragten danach, ob der Mensch von Natur aus gut oder schlecht sei, und machten sich Gedanken über die richtige Art des Zusammenlebens der Menschen. Aber anders als die Philosophen der Ver-

gangenheit stützen sich die Psychologen unserer Tage auf Daten, d. h. auf Berichte über Beobachtungen, wenn sie menschliches Verhalten zu erklären, vorherzusagen und zu beeinflussen versuchen.

Zu Beginn dieses Kapitels werden wir den Gegenstand der Psychologie und ihre Ziele ausführlicher erörtern. Wir werden dann sehr unterschiedliche Grundannahmen psychologischer Forschung vorstellen, und es wird deutlich werden, daß es keine allumfassende Theorie gibt, die das menschliche Verhalten vollständig erklären könnte. Vielmehr schöpft die Psychologie ihr Wissen aus unterschiedlichen Perspektiven vom Menschen.

Die Sichtweise, die der Forscher einnimmt, hat Einfluß darauf, wie er seine Forschungsfragen formuliert und welcher Methoden er sich zu ihrer Beantwortung bedient. Die Forschungsmethoden stellen das Handwerkszeug dar, mit welchem die Psychologie die Daten gewinnt, auf denen sie ihre Aussagen aufbaut. In diesem Kapitel erfahren Sie, welchen Anforderungen diese Daten genügen müssen, damit sie wissenschaftlichen Wert haben. An Beispielen werden wir erläutern, wie wissenschaftliche Untersuchungen angelegt sowie Daten erhoben und ausgewertet werden. Den Abschluß dieses Kapitels (und jedes folgenden) bilden eine ausführliche Zusammenfassung, Literaturhinweise und ein Katalog von Übungsfragen.

1.1
Gegenstand und Ziele

Gegenstand

Womit befaßt sich die Psychologie? Die folgende Gegenstandsdefinition dürfte heute weitgehende Zustimmung finden:

 Gegenstand der Psychologie sind Verhalten, Erleben und Bewußtsein des Menschen, deren Entwicklung über die Lebensspanne und deren innere (im Individuum angesiedelte) und äußere (in der Umwelt lokalisierte) Bedingungen und Ursachen.

Häufig wird verkürzend auch von der Psychologie als »Wissenschaft vom Verhalten« oder als »Verhaltenswissenschaft« gesprochen; dabei ist aber ein weiter Verhaltensbegriff gemeint, der Erleben und Bewußtsein einschließt.

Wenn man das Interesse der Psychologie auf *den Menschen* beschränkt, so schließt das nicht aus, daß Forschung *an Tieren* hilfreich sein kann. Wir werden später sehen, daß mehrere Ansätze der modernen Psychologie von einer Ähnlichkeit der Verhaltensprinzipien und -gesetze bei Mensch und Tier ausgehen. Aus diesem Blickwinkel kann Tierforschung ein Weg zum Verständnis des Menschen sein.

Für manche Psychologen ist es problematisch, die Definition von Psychologie als Wissenschaft vom Verhalten zu akzeptieren, weil sie aus theoretischen Gründen eine klare Unterscheidung zwischen *Verhalten* und *Handeln* (bzw. Handlung) treffen (z. B. Groeben 1986). Das gilt insbesondere für die Vertreter der **Handlungstheorie,** die in den letzten Jahren zunehmend Anhänger findet (Lenk 1981/1985). Im Sinne der Handlungstheorie ist Intentionalität (Absichtlichkeit) konstituierender Bestandteil einer Handlung. Intentionalität ist auch dasjenige Merkmal, das meistens gebraucht wird, um Handlungen von »bloßen« Verhaltensweisen abzugrenzen. Es dürfte Einigkeit darüber bestehen, daß Handlungen in den Gegenstandsbereich der Psychologie fallen; kontrovers ist allerdings, ob auch nichtintentionale Verhaltensweisen von theoretischem Interesse für die psychologische Forschung sind.

In diesem Buch schließen wir uns dem in Psychologenkreisen üblichen Jargon an, der zwischen Verhalten und Handlung nicht systematisch unterscheidet. Beide Begriffe werden gebraucht, wenn es auf die Unterscheidung im Sinne der Handlungstheorie nicht ankommt.

Sofern die Intentionalität eine Rolle spielt, werden wir immer von Handlungen sprechen.

Ziele

Die Ziele der Psychologie sind gleichzeitig die Tätigkeiten des Forschers: beschreiben, erklären, vorhersagen, Verhalten kontrollieren und die Lebensqualität von Menschen verbessern.

 Die Ziele der Psychologie als Wissenschaft sind die Beschreibung, die Erklärung und die Vorhersage des Verhaltens (im weiten Sinne). Manche Autoren nehmen als weiteres Ziel die Verhaltenskontrolle hinzu. Für die anwendungsorientierte Forschung steht häufig die Verbesserung der Lebensqualität von Menschen im Vordergrund.

1.1.1
Beschreiben

Die elementarste Aufgabe der Psychologie – wie auch anderer Wissenschaften – ist es, relevante Daten zu sammeln. Daten (Singular: Datum) sind Berichte über Beobachtungen. Die »privaten« (nicht geäußerten) Angstgefühle einer Person sind zunächst einmal keine Daten, denn sie können von anderen nicht beobachtet werden. Sie werden aber zu Daten (über Angstgefühle oder erlebte Angst), wenn sie beispielsweise in einem Interview berichtet und vom Psychologen protokolliert werden.

Eine andere Frage ist, ob wir Gefühlserlebnisse als ausreichenden Indikator betrachten, um von Angst zu reden. Da Angst in der Psychologie als ein umfassendes, komplexes Konstrukt (s. Abschn. 13.3) angesehen wird, könnten wir verlangen, daß der verbale Bericht durch Beobachtungen über unruhiges Verhalten und Meßdaten zur Ausschüttung von Epinephrin ergänzt werden muß.

Beschreibungen sind gesammelte Daten über das Verhalten (einschließlich Erleben und Bewußtsein) und die Bedingungen, unter denen es auftritt.

In Anknüpfung an den Sprachgebrauch in der behavioristischen Tradition wird das spezifische Verhalten, das der Beobachtung unterliegt, häufig als Reaktion (Response) und die das Verhalten auslösende Umweltbedingung als Reiz (Stimulus) bezeichnet. Im Rahmen dieser Terminologie und dieses Denkansatzes läßt sich das Ziel der Psychologie als die Suche nach konsistenten Beziehungen zwischen Reizen und Reaktionen oder zwischen verschiedenen Reaktionsmustern formulieren.

Das Beschreiben, also das Sammeln von Daten, ist für den Psychologen untrennbar mit 2 Fragen verknüpft: (1) Welche Beobachtungsebene ist angemessen, und (2) wie läßt sich ein Weg finden, um die Objektivität der Beobachtungen sicherzustellen?

Das Verhalten von Menschen kann auf den verschiedensten Ebenen untersucht werden, und dementsprechend werden allgemeinere oder spezifischere Phänomene betrachtet. Die allgemeinste Ebene wird auch als *Makroebene* bezeichnet. Hier werden beispielsweise kulturelle Unterschiede in der Häufigkeit von Gewalt, Vorurteilen und Symptomen psychischer Erkrankungen beobachtet. Auf einem mittleren Niveau, der *molekularen Ebene,* definiert der Psychologe bereits feinere, eingeengte Einheiten, wie beispielsweise die Geschwindigkeit der Reaktion auf einen Reiz, Augenbewegungen beim Lesen und grammatikalische Fehler in den Sprachäußerungen eines Kindes. Geht der Forscher schließlich auf die mikroskopische Ebene oder *Mikroebene,* so untersucht er etwa die Gehirnregionen, die für verschiedene Gedächtnisprozesse verantwortlich sind, die biochemischen Veränderungen beim Lernen und die Weiterleitung sensorischer Informationen beim Sehen und Hören. Jede Ebene liefert genuine Informationen über das Verhalten des Menschen, und nur ihre Integration kann uns ein umfassendes Portrait der menschlichen Natur liefern.

Auf allen Ebenen muß jedoch die objektive Beobachtung das Ziel sein. Beobachtungen sind dann objektiv, wenn sie durch die Erwartungen und Wünsche des Beobachters nicht verzerrt werden – wenn sie also Fakten liefern. So einfach diese Forderung ist – ihr stehen in der Psychologie vielfältige Schwierigkeiten entgegen. In Abschn. 1.5.2 werden wir sehen, daß Psychologen deshalb eine Reihe von Strategien und Verfahren entwickelt haben, um subjektive Einflüsse beim Beobachten zu kontrollieren oder in den Hintergrund zu drängen.

In Abb. 1.1 wird Ihnen ein Eindruck davon vermittelt, welche Objektivitätsprobleme sich durch die Wahl der Beobachtungsebene ergeben können. Stellen Sie sich vor, Sie wollten eine genaue Aussage darüber treffen, wie glücklich jede der 4 Personen auf den Fotos ist. Auf einer relativ globalen Beobachtungsebene könnten Sie sich damit zufrieden geben, einfach ein Urteil über den Gesichtsausdruck abzugeben: Lächelt die Person oder nicht? Auf einer feineren Analyseebene könnte

eine präzisere Messung der Form des Mundes vorgenommen werden: Bilden die Lippen eher einen Kurvenzug oder eine gerade Linie? Auf beiden Ebenen aber muß versucht werden, die Objektivität sicherzustellen. Wie läßt sich etwa eine Verzerrung der Daten ausschalten, die dadurch entsteht, daß der Beobachter Frauen für glücklicher hält als Männer? Wie gehen Sie als verantwortlicher Forscher mit der Tatsache um, daß sich zwar bei manchen Personen die Lippen weiter öffnen, wenn sie Glücksgefühle haben, aber bei anderen die Stimmung keinen Einfluß auf den Ausdruck des Mundes hat?

1.1.2
Erklären

Viele Psychologen betrachten es als zentrales Anliegen ihres Forschungsgebietes, die Bedingungen zu verstehen, die dem Verhalten, Erleben und Bewußtsein zugrunde liegen. Dieses Ziel ist gleichbedeutend mit dem Ziel der wissenschaftlichen Erklärung.

 Von einer **Erklärung** wird dann gesprochen, wenn sich die Bedingungen oder sogar die Ursachen aufweisen lassen, die ein Phänomen hervorgebracht haben.

Ein gängiger Weg besteht darin, nach Verknüpfungen von Reizen und Reaktionen (s. oben) zu suchen, um Verhalten zu erklären. Nehmen wir ein Beispiel aus der Säuglingsforschung. Dort wird etwa untersucht, wie Lautstärke und Eigenart störender Geräusche mit der Häufigkeit und der Dauer des Weinens von Babies zusammenhängen. Als Ergebnis einer derartigen Studie könnte der Säuglingsforscher in der Lage sein, bei der Erklärung des Schreiens von Säuglingen darauf hinzuweisen, daß die Charakteristika störender Geräusche einen Einfluß darauf nehmen, in welchem Maße Säuglinge schreien.

Bereits an diesem einfachen Beispiel wird deutlich, daß Erklären in der Psychologie kein einfaches Unterfangen ist. Geben wir uns damit zufrieden, daß wir systematisch Zusammenhänge zwischen Reizen und Reaktionen beobachtet haben? Oder verlangen wir von einer befriedigenden Erklärung auch, daß sie uns eine Vorstellung von den Prozessen liefert, mittels deren Reize Einfluß nehmen? Wir wollen – mit anderen Worten – wissen, welche Mechanismen daran beteiligt sind, daß bestimmte Geräusche das Weinen von Säuglingen in stärkerem Maße provozieren als andere. Ein zweiter

Abb. 1.1. Das Problem objektiver Beschreibungen. Angenommen, Sie wollten auf der Grundlage dieser Fotos eine präzise Aussage darüber treffen, wie glücklich jede dieser 4 Personen ist. Welche Einflußfaktoren müßten Sie berücksichtigen?

Einwand gegen einfache »Reiz-Reaktions-Erklärungen« stellt Differenzen zwischen Menschen in den Vordergrund. Im Beispiel: Wir wissen, daß ein und derselbe Reiz bei manchen Babies Weinen hervorruft, bei anderen aber nicht. Können wir uns dann mit einer Erklärung für das Schreien bei Säuglingen zufriedengeben, die die Bedingungen lediglich in der Umwelt, nicht aber beim Säugling lokalisiert?

Diese Einwände deuten an, daß in der wissenschaftstheoretischen Diskussion viele ungeklärte Fragen darüber bestehen, welche Formen von Erklärung in der Psychologie überhaupt möglich und welche angemessen sind (Überblick s. Brunner 1983). Insbeson-

dere ist auch umstritten, ob eine den Naturwissenschaften vergleichbare Kausalanalyse (Aufweisen von Ursache-Wirkungs-Zusammenhängen) möglich und sinnvoll ist (vgl. z. B. von Wright 1974).

Manchmal liefern sorgfältige Beobachtung und Erfahrung mit zahlreichen Beispielen des gleichen Phänomens den Schlüssel zur Erklärung. So erklärte Sigmund Freud Fälle scheinbar irrationaler Handlungen bei Erwachsenen als Reaktion auf ungelöste Konflikte in ihrer Kindheit. Das Verstehen der Bedingungen und Ursachen kann aber auch aus einer Forschung erwachsen, die systematisch alternative Erklärungen eines psychologischen Phänomens bewertet. Es gibt in jedem Falle keinen besseren Weg zum Verstehen und Erklären als Gelehrsamkeit in Verbindung mit Phantasie und – vielleicht – psychologischer Intuition.

Um Verhalten zu erklären, treffen Psychologen oft Annahmen über das, was *im* Individuum passiert. Derartige angenommene interne Verhaltensbedingungen können nicht direkt beobachtet werden, sondern werden aus beobachtbaren Sachverhalten *erschlossen*. Man unterscheidet zwischen intervenierenden Variablen und hypothetischen Konstrukten.

> **!** **Intervenierende Variablen** sind Merkmale oder Prozesse innerhalb der Personen. Sie werden vom Forscher angenommen, um beobachtete Zusammenhänge zwischen Reizen und Reaktionen verständlich zu machen.

Ein Beispiel ist das Ausmaß der Angst. Diese intervenierende Variable hilft uns zu verstehen, warum Menschen ein hohes Maß an motorischer Unruhe zeigen, das schließlich zur Flucht führen kann.

> **!** **Theoretische Konstrukte** werden herangezogen, um einem ganzen Netzwerk von beobachteten Sachverhalten und Merkmalen »einen Sinn zu verleihen«. Sie sind nicht nur in einzelnen Sachverhalten oder empirischen Beziehungen verankert.

Im Unterschied zur intervenierenden Variablen ergibt sich die Bedeutung eines Konstruktes, etwa der Intelligenz oder der Leistungsmotivation, aus dem Ort, den es innerhalb des Netzwerkes von empirischen Beziehungen einnimmt.

1.1.3
Vorhersagen

In engem Zusammenhang mit dem Erklären steht als drittes Ziel der Forschung das Vorhersagen oder Prognostizieren.

> **!** **Vorhersagen (Prognosen)** sind Aussagen über die zukünftige Auftretenswahrscheinlichkeit von Ereignissen und Zusammenhängen. Dabei werden in der Vergangenheit gewonnene Informationen auf Situationen, die in der Zukunft liegen, angewendet.

Ist die zukünftige Situation vergangenen Situationen ähnlich, so ist unsere Kenntnis des bisherigen Geschehens ein relativ guter Prädiktor für das folgende Geschehen. Oft besteht die beste Quelle für Verhaltensvorhersagen im Wissen über die Grundrate dieses Verhal-

Abb. 1.2. Vorhersagen (Prognosen) in der Psychologie

tens bei einer Gruppe von Personen, die bereits in der fraglichen Situation beobachtet werden konnte. Die Grundrate (»base rate«) ist eine statistische Maßzahl, die die normalerweise beobachtete Auftretenswahrscheinlichkeit eines Phänomens in einer Gruppe von Personen angibt. Ziel wissenschaftlicher Vorhersagen ist es, eine Trefferquote zu erzielen, die höher ist als die Grundrate.

Wie unterscheiden sich Vorhersage und Erklärung?

- Die Vorhersage ist in die Zukunft gerichtet, die Erklärung in die Vergangenheit. Erstere sagt uns, was passieren wird, letztere, warum etwas geschehen ist.
- Während bei einer Vorhersage das Verständnis dafür, *warum* ein bestimmtes Phänomen auftreten wird, gegenüber der Frage, *ob* das vorhergesagte Ereignis auch tatsächlich eintreffen wird, in den Hintergrund treten kann, wird von einer guten Erklärung erwartet, daß sie uns die Mechanismen oder Prinzipien verständlich macht, die dazu geführt haben, daß ein Ereignis eingetreten ist.

Wie Erklären und Vorhersagen mit dem Verstehen psychologischer Sachverhalte zusammenhängen, ist umstritten. Manche Psychologen behaupten, es käme auf das Erklären an; andere vertreten die Auffassung, man habe ein Phänomen erst dann verstanden, wenn man es auch vorhersagen kann. Zumindest – so argumentieren sie – kann man nicht sicher sein, daß eine Erklärung richtig ist, wenn man sie nicht benutzen kann, um vorherzusagen, was geschehen wird oder was dazu führt, daß etwas geschieht. Werden mehrere miteinander konkurrierende Erklärungen für ein Verhalten oder einen Zusammenhang angeboten, so werden sie üblicherweise danach beurteilt, welche die genauesten und umfassendsten Vorhersagen zuläßt.

Vorhersagen erhalten dann ihren besonderen Reiz, wenn sie allen »vernünftigen« Erwartungen widersprechen oder bisher niemals Beobachtetes voraussagen. In einem eindrucksvollen Beispiel für *nicht offensichtliche* Vorhersagen geht es um die Beziehung zwischen Einstellung und Verhalten. Lange Zeit wurde angenommen, der Weg zur Veränderung von Verhalten in sozialen Situationen, wie beispielsweise diskriminierendem Verhalten, führe über die Veränderung der zugrundeliegenden vorurteilsbeladenen Einstellungen. Die Dissonanztheorie von Festinger (1957) jedoch machte die Vorhersage, Ursache und Wirkung seien genau umgekehrt: Zuerst sei das Verhalten zu verändern, dann würden die Einstellungen folgen. Die empirische Forschung stützte dann diese von der Theorie abgeleitete Vorhersage (s. ausführlich Kap. 9).

1.1.4
Verhalten kontrollieren

Besonders für Psychologen in der verhaltenstheoretischen oder behavioristischen Tradition (s. Abschn. 1.3.3 sowie Kap. 5 und 14) ist die Kontrolle des Verhaltens das zentrale Ziel.

> **! Verhaltenskontrolle** geht insofern über Vorhersage hinaus, als es in der Hand des Psychologen liegt, ob das Verhalten auftritt oder nicht. Kontrolle des Verhaltens schließt ein, es herbeizuführen oder auszulösen, es aufrechtzuerhalten oder zu beenden und seine Form, Stärke oder Auftretensrate zu beeinflussen.

Für den behavioristisch orientierten Psychologen besteht der »kritische Test« jeder kausalen Verhaltenserklärung im Aufzeigen der Bedingungen, unter welchen das Verhalten kontrolliert werden kann. Nur eine solche Demonstration kann bestätigen, daß die Bedingungen, die für ein bestimmtes Verhalten verantwortlich gemacht werden, tatsächlich sowohl *notwendig* als auch *hinreichend* sind und daß keine anderen verfügbaren Bedingungen den beobachteten Effekt hervorrufen.

Es ist interessant, daß in vielen asiatischen und afrikanischen Ländern nicht in der Kontrolle des Verhaltens, sondern im Verstehen von Menschen das höchste Ziel der Psychologie gesehen wird (Nobles 1980; Triandis 1990). Deshalb ist gegen die Betonung der Verhaltenskontrolle in der amerikanisch-europäischen Psychologie eingewandt worden, sie stelle eine einseitige Akzentuierung dar, in der sich Kolonialismus und Eroberermentalität widerspiegelten. Sie ist auch mit der »männlichen Orientierung« der westlichen Psychologie in Zusammenhang gebracht worden. Hätten Frauen in der Geschichte der Psychologie eine wichtigere Rolle gespielt, so wird argumentiert, so hätte die Verhaltenskontrolle nicht dieses Gewicht bekommen.

1.1.5
Die Lebensqualität verbessern

Betrachtet man Psychologie unter dem Anwendungsaspekt, so sollte sie – allgemein gesagt – das Ziel verfolgen, die Lebensqualität von Menschen zu verbessern. Die Bereitstellung eines effektiven Programms, das Rauchern hilft, von ihrem Laster loszukommen, ist ein eindrucksvolles Beispiel für die Möglichkeiten der Psychologie (s. den Abschn. **Psychologie im Alltag**). Sie kann unser Leben aber auch dadurch bereichern, daß sie uns Wissen bereitstellt, mit dessen Hilfe wir Geschehnisse des Alltags besser verstehen und unter Umständen den Alltag verändern. So haben etwa entwicklungspsychologische Untersuchungen gezeigt, wie wichtig ein anregendes und unterstützendes Klima in der Familie für die intellektuelle und soziale Entwicklung von Kindern ist. Dieses Wissen wird nun allmählich zum Allgemeingut, und man kann hoffen, daß es auch die Praxis der Kindererziehung verändern wird.

Ein ganz anderes Beispiel stammt aus der Sozialpsychologie. Die von amerikanischen Psychologen aufgezeigten Prinzipien der Gruppendynamik haben zum Erfolg der japanischen Industrie beigetragen. Arbeitern wurde erlaubt, in kleinen Gruppen weitgehend selbständig und verantwortlich zusammenzuarbeiten. Diese Arbeitsplatzgestaltung kommt den Bedürfnissen der Arbeiter nach dem Erleben von Selbstwert und Stolz auf die eigene Tätigkeit sowie nach Kooperation bei Entscheidungen mit dem Management entgegen. Es entbehrt nicht einer gewissen Ironie, daß dieses Modell jetzt aus Japan nach Europa und in die USA reimportiert wird, also in Gesellschaften, in denen traditionell ohnehin die individuelle Leistung betont wird (Lincoln u. Kalleberg 1990).

PSYCHOLOGIE IM ALLTAG ▐

Betrachten wir als Beispiel das Rauchen. Rauchen ist einer der Hauptrisikofaktoren für Herzerkrankungen, Lungenkrebs und andere Krankheiten. Wie löst ein Raucher, der in Zukunft gesund leben will, die riesig erscheinende Aufgabe, das Rauchen aufzugeben? Umfragen zeigen, daß die Mehrheit der Raucher in den USA ihr Laster aufgeben möchte und schon mehrere Versuche unternommen hat, um ihre Abhängigkeit zu beenden, jedoch damit gescheitert ist. Mangelt es ihnen an Willenskraft? Besteht durch das Nikotin eine so starke körperliche Abhängigkeit, daß auch die besten Vorsätze versagen müssen? Gegen diese Erklärungsansätze sprechen die Ergebnisse aus einem Programm, das darauf abzielt, daß Raucher Schritt

für Schritt die Eigenkontrolle über das Rauchen übernehmen. Das Programm stellt in Rechnung, daß Rauchen ein komplexes Phänomen ist; unter anderem geht es davon aus, daß orale Bedürfnisse befriedigt werden und daß Nikotin körperliche Abhängigkeit schafft. Es berücksichtigt aber auch die zusätzliche Wirkung der positiven Einstellung zum Rauchen. Aus Werbespots der Tabakindustrie wie auch aus eigenen Erfahrungen könnten Raucher die Einstellung gewonnen haben, daß Rauchen »männlich«, »cool« oder »sexy« ist – und diese Einstellung hat auf die Gewohnheit des Rauchens eine verstärkende Wirkung. Das Beispiel zeigt, wie komplex die Aufgabe, »das Verhalten zu kontrollieren«, sein kann.

1.2
Die Entstehung der modernen Psychologie

Wie ist die moderne Psychologie vor nunmehr einhundert Jahren entstanden? Kurz gefaßt lautet die Antwort, die wir im folgenden zu geben versuchen: Durch Ideen! Ein Großteil der Psychologiegeschichte ist gekennzeichnet durch den Austausch von Ideen und Argumenten zu der Frage, was der Gegenstand der Psychologie sei und welche Arten von Verhalten überhaupt wissenschaftlich untersucht werden könnten.

Herrmann Ebbinghaus, einer der ersten Experimentalpsychologen, schrieb 1908: »Die Psychologie hat eine lange Vergangenheit, aber nur eine kurze Geschichte« (S. 1). Zu der langen Vergangenheit gehören die fundamentalen Fragen, die die Gelehrten zu allen Zeiten über die menschliche Natur gestellt haben, etwa nach der Wahrnehmung der Realität, der Beschaffenheit des Bewußtseins und den Ursachen von Wahnsinn; sie verfügten jedoch nicht über die Mittel, sie zu beantworten. Betrachten wir die Themen, die im 4. und 5. Jahrhundert v. Chr. von den klassischen griechischen Philosophen Sokrates, Platon und Aristoteles angesprochen wurden. Obwohl es bereits Formen der Psychologie in alten indischen Traditionen der Yogis gegeben hat, läßt sich die westliche Psychologie doch vor allem auf die überlieferten Dialoge dieser großen Denker zu Themen wie der Funktion des Denkens, des freien Willens oder der Beziehung einzelner Bürger zu ihrer Gemeinschaft und ihrem Staat zurückführen. Zwar konnten diese Philosophen und ihre Nachfolger nichts als die

Schärfe des Verstandes für die Richtigkeit ihrer Theorien ins Feld führen, aber schon das reichte aus, um mit den Doktrinen der katholischen Kirche in Widerspruch zu geraten. Die Theologen lehrten nämlich, daß Verstand und Seele als Geschenk Gottes an die Menschen einen freien Willen besitzen und keinen Naturgesetzen oder anderen Prinzipien unterliegen, die das Handeln anderer Lebewesen bestimmen. Daß diese Doktrin angezweifelt wurde, war eine Vorbedingung für die Entstehung der wissenschaftlichen Psychologie.

Die kurze Geschichte der modernen Psychologie begann vor etwa 120 Jahren. 1879 gründete Wilhelm Wundt (s. Abb. 1.3), der wohl der erste war, der sich als Psychologe verstand, in Leipzig das erste Laboratorium, das ausdrücklich der experimentellen Psychologie gewidmet war. Hinter dieser Gründung standen Veränderungen im Zeitgeist in der zweiten Hälfte des vergangenen Jahrhunderts. Deutsche Physiker, Psychologen und Philosophen begannen – vielleicht aufgrund des Erbes der protestantischen Rebellion gegen die römisch-katholische Kirche – die Annahme zu hinterfragen, daß der menschliche Organismus in der »langen Kette des Lebens« etwas Besonderes darstellt, indem sie zeigten, daß Naturgesetze menschliches Handeln bestimmen können. Der Physiker Hermann von Helmholtz führte einfache, aber aufschlußreiche Experimente zur Wahrnehmung und zum Nervensystem durch. Er war der erste, dem es gelang, die Geschwindigkeit eines Nervenimpulses zu messen. Etwa zur selben Zeit untersuchte Gustav Fechner, wie physikalische Erregung in Sinnesempfindungen übersetzt wird. Wie Wundt gin-

Abb. 1.3. Wilhelm Wundt, der an der Universität Leipzig im Jahre 1879 das erste psychologische Labor eröffnete

gen Helmholtz und Fechner von der Annahme aus, daß man psychologische Prozesse objektiv mit experimentellen Methoden untersuchen könne. Diese Methoden müsse man lediglich von den Naturwissenschaften, wie etwa der Physik oder der Physiologie, übernehmen. Sie waren Anhänger des Determinismus, also der These, daß körperliche Vorgänge, Verhalten und psychische Prozesse durch aufweisbare kausale Faktoren (Ursachen) vollkommen festgelegt werden. Die Entwicklung der Psychologie wurde also dadurch angestoßen, daß sehr unterschiedliche Ideen und intellektuelle Traditionen aus Philosophie und Naturwissenschaften zusammentrafen.

Wundt schrieb umfassende Werke über die neue Psychologie und bildete viele junge Forscher aus, die dann in der Folgezeit auszogen, um die neue Lehre der wissenschaftlichen Psychologie zu verbreiten. Unter diesen Schülern war auch Edward Titchener, der mit seinem Labor an der Cornell University zu einem der ersten Psychologen in den USA wurde. Neben Tit-

chener entwickelte ein junger Philosophieprofessor, der Medizin studiert hatte und ein ausgeprägtes Interesse an Literatur und Religion besaß, auf der anderen Seite des Atlantiks ebenfalls eine amerikanische Perspektive der Psychologie. William James, der Bruder des großen Romanciers Henry James, schrieb 1890 das zweibändige Werk »The Principles of Psychology«. Viele Fachleute betrachten es als die wichtigste psychologische Schrift, die jemals verfaßt wurde.

Fast vom gleichen Zeitpunkt an, als die Psychologie entstand, entbrannten heftige Kontroversen über den Forschungsgegenstand und die angemessenen Methoden der neuen Disziplin. Wir greifen die Debatte zwischen dem Strukturalismus und dem Funktionalismus heraus und stellen sie näher dar.

Strukturalismus: Der Inhalt des Geistes

Das Potential der Psychologie, einen genuinen Beitrag zur Erweiterung des Wissens über die Psyche des Menschen zu leisten, wurde in dem Moment deutlich, als sie sich – beispielsweise in Wundts Labor – empirischer Methoden bediente. »Empirisch« bedeutet, daß sie zur Prüfung ihrer Theorien neben das Kriterium der logischen Richtigkeit und Stimmigkeit das Kriterium der Beobachtung setzte. In Wundts Laboratorium zeigten Versuchspersonen einfache Reaktionen auf Reize (z. B. Bejahen oder Verneinen von Fragen, Drücken von Knöpfen nach der Darbietung von visuellen oder akustischen Reizen), die unter experimentell variierten Bedingungen dargeboten wurden. Da diese Daten mit systematischen und objektiven Methoden gewonnen wurden, konnten unabhängige Beobachter die Ergebnisse der Experimente replizieren. Die damit begründete psychologische Tradition kann durch die Betonung wissenschaftlicher Methoden, das Bemühen um präzise Messungen und die statistische Analyse der Daten charakterisiert werden.

Titchener, der die Psychologie Wundts in den USA verbreitete, stellte das menschliche Bewußtsein in den Mittelpunkt. Er betonte dabei das »Was« von Bewußtseinsinhalten eher als das »Warum« oder »Wie« des Denkens. Zur Untersuchung der Elemente bewußter geistiger Tätigkeit wandte er die Methode der Introspektion an.

> **!** Als **Introspektion** bezeichnet man die systematische Betrachtung der eigenen Gedanken und Gefühle, vor allem während spezifischer Sinnesempfindungen.

Titcheners Ansatz wurde unter dem Namen Strukturalismus bekannt, denn er zielte auf die Struktur des Bewußtseins ab.

> ! Der **Strukturalismus** basierte auf der Annahme, daß alle geistigen Erfahrungen, auch die komplexesten, als Kombination einfacher Ereignisse oder Elemente verstanden werden können; und er hatte zum Ziel, diese Aufbauprinzipien aufzudecken.

Gegen den Strukturalismus wurden vor allem 3 Einwände vorgetragen:

- Er sei reduktionistisch, da er alle komplexen Bewußtseinserfahrungen auf einfache Sinneseindrücke reduziere.
- Er sei elementaristisch, da er das Augenmerk auf die Kombination der elementaren Teile zu einem Ganzen lege, statt die »ganzen« (nicht zerlegten) Bewußtseinsinhalte und Verhaltensweisen direkt zu untersuchen.
- Er sei mentalistisch, da er sich auf verbale Berichte über die dem Bewußtsein zugänglichen Inhalte des Geistes beschränke. Diese Betonung führe zwangsläufig zu einem Desinteresse an der Erforschung psychischer Inhalte bei Personen, die zur Reflexion von Bewußtseinsinhalten nur in wesentlich geringerem Maße oder gar nicht fähig seien, wie etwa manche psychisch kranken Menschen und kleine Kinder.

Funktionalismus: Zweckgerichtete geistige Prozesse

Schon bald entstand unter dem Namen Funktionalismus eine wichtige Gegenbewegung zum Strukturalismus. William James stimmte mit Titchener darin überein, daß das Bewußtsein für die Psychologie eine zentrale Rolle einnehmen sollte, er lehnte es jedoch ab, das Bewußtsein auf Inhalte – Elemente und Strukturen – zu reduzieren. Seine Grundannahme – die Kernaussage des **Funktionalismus** – lautete vielmehr: Das Bewußtsein ist ein fortwährendes Strömen, d. h. die Eigenschaft eines Geistes, der in ständiger Wechselwirkung mit seiner Umwelt steht. Es erleichtert die Anpassung an die Umwelt; deshalb sollten das Handeln und die Funktion des Geistes und nicht die Inhalte für den Psychologen im Mittelpunkt stehen.

Obwohl auch James an die Wichtigkeit sorgfältiger Beobachtungen glaubte, maß er den strengen Labormethoden Wundts nur wenig Wert bei. In James' Psychologie gab es auch einen Platz für das Selbst und Gefüh-le, für den Willen und Werte und sogar für religiöse und mystische Erfahrungen. Seine »warmblütige« Psychologie erkannte die Einzigartigkeit eines jeden Individuums an und widersprach der These, die Individualität lasse sich auf Formeln oder durch Testergebnisse gewonnene Zahlen reduzieren. Für James lag das Ziel der Psychologie im Verstehen und nicht in der experimentellen Kontrolle (Arkin 1990).

Der Funktionalismus legte das Augenmerk vor allem auf diejenigen erlernten Gewohnheiten, die es einem Organismus ermöglichen, sich an seine Umwelt anzupassen und wirksam zu handeln. Die Schlüsselfrage, die für jegliches Verhalten durch die Forschung beantwortet werden sollte, lautete für die Funktionalisten: »Was ist die Funktion oder das Ziel dieses Verhaltens?« Der Hauptvertreter der funktionalistischen Schule war der amerikanische Philosoph John Dewey. Seine Bemühungen um die praktische Nutzung der Erkenntnisse über die Funktionen geistiger (mentaler) Prozesse führten zu wichtigen Fortschritten im Bereich der Bildung (s. Abb. 1.4).

1.3
Aktuelle theoretische Perspektiven

Es gibt nicht die eine allumfassende Theorie, die das menschliche Verhalten in seiner ganzen Vielfalt und Komplexität erklären könnte – vielleicht wird es sie auch nie geben. Es besteht nicht einmal Einigkeit darüber, welche Perspektive oder Sichtweise vom Menschen eine solche Theorie einzunehmen hätte. Sollte sie sich strikt auf das direkt beobachtbare »offene« Verhalten konzentrieren, oder sollte sie das »Innenleben«, wie etwa Gedanken, Erinnerungen und Vorstellungen, zum Mittelpunkt des Interesses machen? Hätte sie davon auszugehen, daß der Mensch ein im wesentlichen von aggressiven und destruktiven Trieben gelenktes Wesen ist oder daß er über ein »natürliches Wachstumspotential«, eine Kraft, alles zum Guten zu wenden, verfügt? »Funktioniert« menschliches Erleben und Verhalten im Grunde genommen nicht anders als die uns umgebenden Dinge – ist also eine »mechanistische« Erklärung angemessen –, oder verlangt die Besonderheit des Phänomens auch ein besonderes Erklärungsprinzip, das nicht aus anderen Wissenschaften, zumal nicht aus den Naturwissenschaften, übernommen werden kann?

Abb. 1.4. John Deweys Bemühungen um die Anwendung des Funktionalismus führten zu innovativen Erziehungskonzepten, die das Lernen durch die Bewältigung praktischer Aufgaben be-tonten. Auf diesem Foto aus dem Jahre 1904 bearbeiten Schüler seiner Laborschule in Chicago einen Garten

Das alles sind Fragen, die sich auf die Voraussetzungen (Präsuppositionen) spezifischer psychologischer Theorien – etwa der Wahrnehmung, des Denkens, psychischer Störungen, des prosozialen Verhaltens oder anderer psychischer Phänomene – beziehen. Manche Autoren haben diese Voraussetzungen das verborgene Menschenbild der Psychologie genannt, weil sie in der Regel in den spezifischen Theorien selbst nicht mehr thematisiert werden. Wir werden dafür den Begriff der theoretischen Perspektive gebrauchen und im folgenden einen kurzen Überblick über die derzeit dominierenden Ansätze geben. Es handelt sich um

- die biologische Perspektive,
- die psychodynamische Perspektive,
- die behavioristische Perspektive,
- die kognitive Perspektive,
- die humanistische Perspektive und
- die evolutionäre Perspektive.

1.3.1
Die biologische Perspektive

Visuelle Empfindungen werden beispielsweise auf physikalische und biochemische Vorgänge im Auge, im Sehnerv und im Gehirn zurückgeführt. Die Erklärung für die Nervenimpulse im Sehnerv liegt wiederum im Aufweis der elektrochemischen Prozesse in und zwischen den Nervenzellen.

> **!** Die biologische Perspektive wird von Forschern eingenommen, die die Ursachen für das Verhalten im genetischen Programm, im Gehirn, im Nervensystem oder im endokrinen System (welches die Hormonproduktion kontrolliert) suchen. Erklärungen für psychologische Prozesse werden folglich durch den Verweis auf zugrundeliegende organische Strukturen und biochemische Prozesse gegeben.

Vier Grundannahmen charakterisieren den biopsychologischen Ansatz:

- Psychologische Phänomene – menschliches Verhalten, Erleben und Bewußtsein – können anhand physiologischer und biochemischer Prozesse verstanden werden.
- Folglich läßt sich auf menschliches Verhalten das allgemeine Prinzip des Reduktionismus anwenden, nach dem komplexere Phänomene durch Reduktion auf die »kleineren«, spezifischeren Phänomene »niedrigerer« Ebenen befriedigend erklärt werden können.
- Jegliches Verhalten und Verhaltenspotential wird durch körperliche Strukturen und zum großen Teil durch ererbte Prozesse bestimmt.
- Erfahrung kann das Verhalten verändern, indem sie die zugrundeliegenden Strukturen und Prozesse modifiziert.

Im Sinne der in Abschn. 1.1.1 eingeführten Unterscheidung zwischen verschiedenen Untersuchungsebenen forscht der biologisch orientierte Psychologe (»Biopsychologe«) auf der Mikroebene. Die Mehrzahl der Biopsychologen gehört von ihrem Arbeitsgebiet her zu der wachsenden Gemeinde der »Neurowissenschaftler« (»neuroscientists«). Die Neurowissenschaft ist ein interdisziplinärer Ansatz – getragen z. B. von der Biologie, Chemie, Physiologie, Pharmakologie und Psychologie – zur Erforschung des Nervensystems, speziell des Gehirns. Neurowissenschaftler untersuchen ganz verschiedene Organismen, von der Meeresschnecke Aplysia (s. Kap. 2) bis zum Menschen, und sie verwenden ganz unterschiedliche Untersuchungsmethoden, vom streng kontrollierten Laborexperiment bis zur Beobachtung »natürlicher« Erkrankungen, wie z. B. altersabhängiger Veränderungen (senile Demenz).

1.3.2
Die psychodynamische Perspektive

> ❗ Der psychodynamischen Perspektive zufolge ist alles Verhalten durch Triebe oder andere starke »intrapsychische« Kräfte motiviert. Menschliches Handeln entspringt ererbten, biologisch festgelegten Trieben und den Versuchen, Konflikte zwischen den persönlichen Bedürfnissen des Individuums und der Forderung der Gesellschaft nach sozial angepaßtem Verhalten zu lösen.
>
> Wir handeln, weil wir motivationale Kräfte ganz unterschiedlicher Art spüren. Handlung ist das Produkt von Spannung, und die Reduktion von Spannung ist das Handlungsziel. Im psychodynamischen Konzept ist Motivation der Schlüsselbegriff. Deprivationszustände, physiologische Erregung, Konflikte und Frustrationen statten das Verhalten mit Energie aus. Nach diesem Modell hört der Organismus auf zu reagieren bzw. zu handeln, wenn seine Bedürfnisse erfüllt sind und die Triebkräfte reduziert wurden.

Der wichtigste Beitrag zum psychodynamischen Modell stammt von dem Wiener Arzt Sigmund Freud, der im ausgehenden 19. und frühen 20. Jahrhundert die Theorie der Psychoanalyse entwickelte (s. Abb. 1.5). Freud ging von Beobachtungen an psychisch gestörten Patienten aus, war jedoch der Ansicht, daß für normales und gestörtes Verhalten dieselben Prinzipien gültig seien. Freuds Theorie zufolge wird die Psyche durch die ererbten Prinzipien in Kombination mit Erlebnissen in der frühen Kindheit vollständig determiniert. Beim Kleinkind wird das Verhalten durch den Selbsterhaltungstrieb und das Streben nach angenehmen Empfindungen, die nicht erlernt werden müssen, gesteuert. Es durchlebt Konflikte und traumatische Erfahrungen, etwa mit Verboten der Eltern, die seine spätere Persönlichkeit völlig festlegen. Oft besteht der Einfluß der frü-

Abb. 1.5. Sigmund Freud, der Begründer der Psychoanalyse

hen Erlebnisse in verdeckter Form fort, was jedoch vom Betroffenen selbst nicht erkannt wird. Freuds Modell war das erste, das die irrationale Seite der menschlichen Natur erkannte – daß Handlungen von Motiven bestimmt werden können, die nicht Bestandteil der bewußten Aufmerksamkeit sind.

Die psychodynamische Perspektive Sigmund Freuds, die **Psychoanalyse,** bewegt sich üblicherweise auf der Makroebene psychologischer Forschung (s. Abschn. 1.1.1). Der Mensch wird als jemand gedacht, der in einem komplexen Netzwerk von Energien hin und her gezerrt wird. Zur Natur des Menschen gehört das Böse. Gewalt ist ein natürliches Ausdrucksmittel primitiver sexueller und aggressiver Impulse. Starke gesellschaftliche Kontrollen sind nötig, um die Menschen vor ihren eigenen lustorientierten und destruktiven Passionen zu bewahren.

Niemand hat einen größeren Einfluß auf das psychologische Denken gehabt als Freud. Zu den Gebieten, die er nachdrücklich beeinflußt hat, gehören kindliche Entwicklung, Traum, Gedächtnis, unbewußte Motive, Struktur und Dynamik der Persönlichkeit, neurotische Störungen und die analytische Therapie. Es mag jedoch überraschen, daß Freuds Ideen und Vorstellungen nicht aus »systematischer« Forschung oder gar aus strikt kontrollierten Experimenten erwachsen sind. Sein grandioses Theoriegebäude ist das geistige Produkt eines Denkers, der andere Menschen und sich selbst unbestechlich und klar beobachtete.

In der Nachfolge Freuds ist das psychodynamische Modell in verschiedenen Richtungen erweitert und modifiziert worden. Bemerkenswert ist vor allem, daß eine Reihe einflußreicher Psychoanalytiker die Konzentration auf die Triebtheorie aufgegeben hat. Sie stellen statt dessen die Fähigkeit von Menschen, sich der Umwelt anzupassen (ihre Fähigkeit, »Ich-Mechanismen« der Anpassung zu entwickeln), sowie die sozialen Einflüsse auf die Entwicklung des Menschen und auf die Genese von Störungen in den Vordergrund.

- Erik Erikson beispielsweise stellte die Theorie auf, daß die Stufen der Persönlichkeitsentwicklung als psychosozialer Veränderungsprozeß gedeutet werden müssen (s. ausführlich Kap. 10).
- Karen Horney brachte dadurch Flexibilität in den von Freud angenommenen psychischen Determinismus, daß sie Umweltfaktoren bei Versuchen der Konfliktbewältigung erhöhte Aufmerksamkeit schenkte.
- Margret Mahler untersuchte, wie bei Kindern ein Gefühl des Getrenntseins als Ergebnis früher Erfahrungen in der Mutter-Kind-Interaktion entstehen kann (vgl. Kap. 10).

1.3.3
Die behavioristische Perspektive

Im behavioristischen Ansatz ist das Interesse des Forschers vornehmlich auf das sichtbare äußere Verhalten und dessen Beziehung zu Reizgegebenheiten in der Umwelt des Individuums gerichtet – es befaßt sich nicht mit biochemischen Prozessen und auch nicht mit hypothetischen inneren Motivationen.

Der streng behavioristisch orientierte Psychologe benutzt als Daten lediglich spezifische »offene« (»overt«) Verhaltensreaktionen, die gemessen (quantifiziert) werden können – wie etwa den Lidschlagreflex, das Drücken eines Hebels oder die Antwort »Ja« auf einen vorgegebenen visuellen oder akustischen Reiz. Das vorrangige Ziel der behavioristischen Analyse liegt darin, zu verstehen, wie bestimmte Stimuli (Reize) in der Umwelt bestimmte Reaktionen kontrollieren.

> **!** Was für den Behavioristen untersuchenswert ist, läßt sich im Englischen gut als *ABCs of psychology* ausdrücken:
> - *antecedent* conditions that precede the behavior,
> - the *behavioral* response,
> - and the *consequences* that follow from it.

Behavioristen bevorzugen die *molekulare* Analyseebene: Sie beobachten z. B. Verhaltensgewohnheiten oder

den sukzessiven Aufbau neuer Verhaltensweisen anhand von Lernprinzipien. Die Analyseeinheiten sind also wesentlich feiner als die inneren Bedürfnisse oder Abwehrreaktionen im psychodynamischen Modell.

Der klassische Behaviorismus nimmt an, daß das Verhalten vollständig durch Umweltbedingungen determiniert ist. Menschen sind grundsätzlich weder gut noch böse, sondern sie reagieren einfach auf die Umweltgegebenheiten. Dementsprechend können sie durch »Arrangements« von Umweltreizen in die eine oder andere Richtung gelenkt werden. Wenn auch die Vererbung der Wirksamkeit von Umwelteinflüssen Grenzen setzt, so nehmen Behavioristen doch an, daß das, was wir werden, großenteils das Ergebnis der Umwelteinflüsse, nicht der Vererbung ist.

Behavioristen erheben ihre Daten üblicherweise in kontrollierten Laborexperimenten. Sie verwenden elektronische Versuchsanordnungen und Computer, um Reize darzubieten und Reaktionen aufzuzeichnen. Sie bestehen auf sehr genauen operationalen Definitionen und strengen, am naturwissenschaftlichen Ideal orientierten Normen der Beweisführung. Quantifizierbarkeit der beobachteten Sachverhalte ist ein weiteres methodisches Ideal. Oft werden Tiere untersucht, denn bei diesen ist es leichter als bei Menschen, alle Bedingungen zu kontrollieren. Tierexperimente eignen sich deshalb als Schlüssel zum Verständnis menschlichen Verhaltens, weil es für den Behavioristen generelle Verhaltensprinzipien gibt, die artübergreifend gültig sind.

An der Entstehung des Behaviorismus zu Beginn des 20. Jahrhunderts war maßgeblich der amerikanische Psychologe John B. Watson beteiligt. Watson griff unter anderem auf ein Lernkonzept des russischen Physiologen Iwan Pawlow zurück, der entdeckt hatte, daß eine physiologische Reaktion, die ursprünglich nur durch Nahrung ausgelöst werden konnte, sich nach einiger Zeit auch durch einen anderen Reiz, etwa ein Licht- oder Tonsignal, auslösen ließ, wenn Nahrung und Ton- oder Lichtsignal mehrmals gekoppelt dargeboten wurden (s. ausführlich Kap. 5). Während Pawlows Interesse jedoch hauptsächlich der Physiologie der erlernten Reaktion galt, interessierte sich Watson für die gelernte Verbindung selbst, für die neue Beziehung, die zwischen der Reaktion und dem Umweltreiz entstanden war. Er wandte sich gegen den damals vorherrschenden Glauben an die Bedeutung von Instinkten, also von nicht beobachtbaren ererbten Mechanismen, die Persönlichkeit und Verhalten erklären sollten. Wenn nachgewiesen werden konnte, daß Verhalten ein

Resultat von Lernen war, so würde das neue Möglichkeiten zur Veränderung unerwünschten Verhaltens eröffnen.

Die Behavioristen waren die ersten Psychologen, die das methodische Prinzip formulierten, daß nur das unmittelbar beobachtbare (»overt«) Verhalten der Gegenstand der Psychologie sein dürfe. Innere »mentale« Ereignisse seien der Wissenschaft nicht zugänglich und gehörten deshalb nicht zum Forschungsgegenstand. Später gingen andere Behavioristen wie B.F. Skinner noch weiter und behaupteten, auch bei der Erklärung des beobachtbaren Verhaltens strikt auf Annahmen über innere, nicht unmittelbar sichtbare Vorgänge und Merkmale verzichten zu können.

Das behavioristische Modell stammt aus den USA und hat die angelsächsische Psychologie von den 20er bis zu den 60er Jahren dieses Jahrhunderts dominiert. Im deutschsprachigen Raum hat es erst nach dem zweiten Weltkrieg an Einfluß gewonnen und war in den 60er und 70er Jahren das vorherrschende Forschungsparadigma. Auch der Niedergang des behavioristischen Denkens hat sich in Deutschland mit einer Verzögerung vollzogen, aber etwa ab Mitte der 70er Jahre hat es auch bei uns die »kognitive Wende« gegeben, von der im nächsten Abschnitt und vor allem in Kap. 6 ausführlicher die Rede sein wird. Obwohl nur noch wenige Psychologen den radikalen Behaviorismus vertreten, der jegliches Innenleben leugnet, haben seine theoretischen und methodischen Prinzipien das Denken so nachhaltig beeinflußt, daß sie immer noch spürbar sind.

1.3.4
Die kognitive Perspektive

An die Stelle des Behaviorismus ist zwar nicht ein einzelnes, alle anderen Ansätze überdeckendes Modell des Menschen getreten, aber dennoch dürfte es kaum ein Forschungsparadigma geben, das heute so einfluß- und folgenreich ist wie der kognitive Ansatz.

> ! Beim kognitiven Ansatz sind Kognitionen (lat. *cognitio* = Erkenntnis) der primäre Gegenstand der Psychologie. Der Begriff der Kognition umfaßt alle Prozesse und Strukturen, die traditionell mit dem Etikett »geistig« versehen wurden, also etwa die Prozesse des Wahrnehmens, Schlußfolgerns, Erinnerns, Denkens, Problemlösens und Entscheidens und die Strukturen des Gedächtnisses, die Begriffe und die Einstellungen.

Oft werden kognitive Prozesse und Strukturen auch unter der Klammer der Informationsverarbeitung zusammengefaßt. Das Teilgebiet der Psychologie, das Kognitionen untersucht, wird als Kognitive Psychologie oder als Kognitionspsychologie bezeichnet. Ähnlich wie Prozesse im zentralen Nervensystem von einer interdisziplinären Neurowissenschaft untersucht werden (s. Abschn. 1.3.1), so gibt es inzwischen auch eine interdisziplinäre Kognitionswissenschaft, in der Psychologen mit Computerexperten, Philosophen, Linguisten, Anthropologen und Informatikern bei der Erforschung der Erkenntnisprozesse und Wissensstrukturen beim Menschen und in künstlichen intelligenten Systemen (Computern) zusammenarbeiten.

Im kognitiven Modell wird angenommen, daß es die Prozesse der Informationsverarbeitung sind, die festlegen, wie ein Individuum sich verhalten wird. Zwar setzt die Verarbeitung logischerweise die Aufnahme (Input) von Informationen aus der Umwelt voraus, doch wird menschliches Handeln nicht als direkte Reaktion auf diesen Input angesehen. Zwischengeschaltet ist der *aktive* Prozeß der Kognition bzw. Informationsverarbeitung, bei dem die Person z.B. die Umwelt aktiv nach denjenigen Informationen absucht, die sie für eine bestimmte Entscheidung braucht.

> ! Menschen reagieren nicht auf die Realität, wie sie als objektiv beschreibbare materielle Welt vorliegt, sondern wie sie sich ihnen als subjektive Realität darstellt. Das Individuum *konstruiert* eine eigene Interpretation der Welt, die nicht mit der objektiven veridikalen Beschreibung – wenn diese denn überhaupt möglich ist – übereinstimmen muß.

Diese subjektive Konstruktion ist der »proximale« Input für die Handlungsentscheidungen und -ausführungen, also für den Output des informationsverarbeitenden Systems. Sie ist zwischen die Handlung und die aus der Umwelt wirkenden »distalen« Stimuli geschaltet.

Fragen, die die Kognitionspsychologie heute interessieren, sind etwa:

- Wie interpretieren Menschen Reize aus der Umwelt?
- Wie entscheiden sie sich aufgrund von Erinnerungen und Erwartungen?
- Wie können aktuelle Erlebnisse Erinnerungen verzerren?

Zu den Beobachtungsstrategien der Kognitiven Psychologie gehört es, Situationen zu schaffen, in denen Unterschiede in den beobachtbaren Verhaltensreaktionen auf unterschiedliche kognitive Prozesse hinweisen. Beispielsweise können in diesem Sinne Augenbewegungen Indikatoren für das Auftreten von Hypothesen im Denkprozeß sein (Groner 1978). Kognitionspsychologen sind also, wie das Beispiel zeigt, durchaus am offenen Verhalten interessiert. Sie nutzen es als Zugang zu nicht direkt beobachtbaren kognitiven Strukturen und Prozessen, die der eigentliche Gegenstand der Theorienbildung sind.

Im kognitiven Modell sind Gedanken sowohl Ergebnisse als auch Ursachen offen beobachtbarer Handlungen. Das Gefühl der Reue, nachdem man jemand anderen verletzt hat, ist ein Beispiel dafür, daß eine Kognition als Ergebnis einer vorhergehenden Handlung auftritt. Und eine Entschuldigung aus Reue veranschaulicht, wie eine Kognition nachfolgendes Handeln verursacht.

Kognitionspsychologen erforschen geistige Prozesse auf der molekularen und auf der Makroebene. Sie untersuchen beispielsweise die Geschwindigkeit, mit der unterschiedliche Arten von Sätzen verstanden werden (*molekulare Ebene*), oder die Erinnerungen an ein Ereignis aus der frühen Kindheit (*Makroebene*).

Zur sog. kognitiven Wende in der Psychologie, d. h. dem Aufstieg der kognitiven und dem Niedergang der behavioristischen Perspektive, haben verschiedene Ereignisse und Personen beigetragen. Ein entscheidender Einfluß von außen war zweifellos die Entwicklung des Computers. Computer wurden schon in den 50er Jahren als Maschinen mit künstlicher Intelligenz betrachtet. Seither sind die Computerwissenschaften eine Quelle von Ideen und Theorien für die Erforschung der natürlichen Intelligenz, also des menschlichen Erkennens und Wissens, gewesen. So hat etwa der Nobelpreisträger Herbert Simon zusammen mit dem Computerspezialisten Allen Newell 1972 eine einflußreiche, eng am Computer orientierte Theorie des menschlichen Problemlösens entworfen. Über weitere Bedingungen und Geistesströmungen im Zusammenhang mit der kognitiven Wende informiert das Buch *Dem Denken auf der Spur: Der Weg der Kognitionswissenschaft* von Howard Gardner (1989).

Mit der Entwicklung neuer objektiverer Methoden zur Untersuchung mentaler Prozesse sind auch manche zunächst behavioristisch orientierte Forscher zu einer kognitiven Position übergewechselt. Prominente Beispiele, deren Arbeiten wir später kennenlernen werden, sind der Lernpsychologe Albert Bandura (vgl. Kap. 5, 11

und 14), der kognitive Prozesse in seine Erklärung sozialen Lernens einbezieht, und der Klinische Psychologe Donald Meichenbaum (vgl. Kap. 14), dessen kognitive Verhaltenstherapie Menschen lehrt, sich selbst anders zu sehen und auf sich selbst bezogene Behauptungen zu verändern. Die Ansätze dieser Forscher verbinden den behavioristischen Anspruch einer strengen Forschungsmethodik mit der theoretischen Einsicht, daß eine angemessene Verhaltensanalyse ohne Einbeziehung der kognitiven Prozesse und Bedingungen unmöglich ist.

1.3.5
Die humanistische Perspektive

Wahrscheinlich ist die kognitive Orientierung heute das dominierende Modell der wissenschaftlichen Psychologie, aber auch Varianten einer humanistischen Perspektive haben in den letzten Jahrzehnten zunehmend an Bedeutung gewonnen. Die manchmal als »dritte Kraft« bezeichnete Humanistische Psychologie ist vor allem in der Persönlichkeitspsychologie und in der Klinischen Psychologie seit den 50er Jahren als gewichtige Alternative zum Pessimismus des psychodynamischen Modells und zum Umweltdeterminismus des behavioristischen Modells entwickelt worden.

> **!** Im humanistischen Ansatz wird angenommen, daß Menschen weder durch starke biologisch determinierte Trieb- oder Instinktkräfte getrieben noch durch allgegenwärtige Umweltdeterminanten manipuliert werden. Sie sind aktive Wesen, von Natur aus gut und fähig, ihren eigenen Weg zu wählen. Sie streben nach dem Guten und nach der Verwirklichung ihrer Möglichkeiten, suchen nach Veränderungen, planen ihr Leben und geben ihm eine Struktur, um eine optimale Selbstverwirklichung zu erreichen.

Die Humanistische Psychologie untersucht menschliches Handeln nicht, indem sie es auf Komponenten, Elemente und Subprozesse reduziert, sondern indem sie versucht, Muster in den Lebensgeschichten von Menschen zu sehen, die in sinnhaften Alltagsumwelten handeln. Sie bewegt sich somit auf einer *Makroebene* psychologischer Forschung.

In krassem Gegensatz zur Behavioristischen konzentriert sich die Humanistische Psychologie auf die phänomenale Welt (vom Subjekt erlebte Welt), nicht auf die objektive Welt, wie sie von externen Beobachtern und Forschern gesehen wird.

Darin gleicht sie dem kognitiven Ansatz. Sie unterscheidet sich von ihm jedoch dadurch, daß es ihr nicht um die detaillierte »Zerlegung« innerer Prozesse in Informationsverarbeitungsschritte und deren Anbindung an beobachtbare Verhaltensaspekte geht, sondern um die Art und Weise, wie innere Prozesse zu neuen Einsichten und Wertorientierungen führen.

Die humanistische Perspektive beruht weniger auf systematischer, an einem Objektivitätsideal ausgerichteter Forschung und wurde nicht vorrangig als allgemeine Theorie zur Erklärung menschlichen Verhaltens entwickelt. Sie ist eher ein Ansatz, der normalen Menschen dazu verhelfen soll, ein reicheres und befriedigenderes Leben zu führen. Genau dieses Ziel stand hinter der Gründung von Selbsterfahrungsgruppen (»encounter groups«) und anderen Formen der Selbsterfahrung, die seit den 60er Jahren weite Verbreitung gefunden haben.

Drei Persönlichkeiten, die das humanistische Modell mitgeprägt haben, waren Carl Rogers, Rollo May und Abraham Maslow.

- Rogers stellte das natürliche Streben des Individuums nach seelischem Wachstum und psychischer Gesundheit sowie die Bedeutung eines positiven Selbstkonzeptes für den Prozeß des Wachsens in den Vordergrund.
- May war einer der ersten Psychologen, die Phänomene wie Angst aus der Perspektive des Individuums erkundeten. Er integrierte auch Aspekte der existentialistischen Philosophie in seine Psychologie.
- Maslow postulierte das Bedürfnis nach Selbstverwirklichung als grundlegendes Motiv des Menschen.

Eine ausführlichere Darstellung des Persönlichkeitsmodells der Humanistischen Psychologie wird in Kap. 11 gegeben.

Der humanistische Ansatz erweitert die Psychologie über die eng gezogenen Fachgrenzen hinaus um wertvolle Ideen und Konzepte aus der Literatur, der Geschichte und der Kunst. Auf diese Weise entsteht eine Psychologie, die den Menschen umfassender sieht und in der sich empirische und nichtempirische »imaginative« Ansätze die Waage halten (s. Korn 1985). Vielleicht ist diese Verbindung tatsächlich eine gelungene Kombination der divergierenden Bereiche der Naturwissenschaften, der Sozialwissenschaften und der Kulturgeschichte.

1.3.6
Die evolutionäre Perspektive

Wahrscheinlich ist der evolutionäre Ansatz die neueste der hier vorgestellten Perspektiven psychologischer Forschung. Er versucht, die moderne Psychologie mit Charles Darwins Grundgedanken der Evolution als Ergebnis natürlicher Selektion zu verbinden. Die Idee der natürlichen Selektion ist recht einfach: Diejenigen Organismen, die besser an ihre Umwelt angepaßt sind, haben eine größere Chance, Nachkommen zu zeugen (und somit ihre Gene weiterzugeben), als diejenigen, die sich an Veränderungen ihrer Umwelt schlechter anpassen können. Über viele Generationen hinweg hat das den Effekt, daß die Anzahl der besser angepaßten Organismen zu- und die der schlechter angepaßten abnimmt.

Grundlegend für die evolutionäre Perspektive in der Psychologie ist weiterhin die Idee, daß sich die psychische Ausstattung des Menschen über Millionen von Jahren im Dienste der Anpassung an die äußeren Lebensbedingungen entwickelt hat – ganz analog zur Entwicklung körperlicher Merkmale. »Träger« der psychischen Anpassung ist das Gehirn; dieses unterliegt demselben allgemeinen Prinzip der natürlichen Selektion wie andere Organe. Die natürliche Selektion formt seine innere Struktur und Funktion entsprechend den Erfordernissen der physischen und sozialen Umwelt. Gehirne, die angemesseneres Verhalten hervorbringen, überstehen die Selektion und vermehren sich. Gehirne, die weniger angepaßtes Verhalten hervorbringen, sterben aus.

Im evolutionspsychologischen Ansatz richtet sich die Aufmerksamkeit weiterhin auf die Umweltbedingungen, unter denen sich das menschliche Gehirn entwickelte. Der Mensch hat 99% seiner Entwicklungsgeschichte als Jäger und Sammler verbracht, der in kleinen Gruppen während des Pleistozän lebte (einem Zeitraum von 2 Mio. Jahren, der vor 10 000 Jahren endete). Die evolutionäre Perspektive nutzt den reichen theoretischen Hintergrund der Evolutionsbiologie, um festzustellen, welche wesentlichen Anpassungsprobleme sich dem Homo sapiens stellten: die Vermeidung der Bedrohung durch Raubtiere und Parasiten, das Sammeln und Austauschen von Nahrung, das Finden von und die Bindung an Geschlechtspartner sowie die Aufzucht gesunder Nachkommen. Sind diese Anpassungsleistungen erkannt, werden Schlüsse über die psychischen Strukturen und Prozesse gezogen, die sich zur Lösung solcher Probleme entwickelt haben könnten.

> **!** Die evolutionäre Perspektive unterscheidet sich von anderen Ansätzen grundsätzlich dadurch, daß sie den extrem langen Evolutionsprozeß als Grundlage zur Erklärung menschlichen Verhaltens heranzieht. Formen der psychischen Anpassung, die im Laufe der Menschheitsgeschichte entstanden sind, können nicht in einem moralischen Sinne als »gut« oder »böse« bezeichnet werden. Sie sind nichts anderes als Verhaltensmuster, die sich jeweils in bestimmten Umwelten nach dem Selektionsprinzip durchgesetzt haben.

Wie Sie in späteren Kapiteln sehen werden, hat die Evolution den Menschen anscheinend bisweilen mit Neigungen ausgestattet, die heutzutage ausgesprochen negativ bewertet werden. Die Forschung hat z. B. festgestellt, daß es als Ergebnis des Evolutionsprozesses bei Männern eine Tendenz zu sexueller Abwechslung und bei Frauen eine Tendenz gibt, einen Lebenspartner zu wählen, der Sicherheit bietet. Sie glaubt auch, die Tendenz von Stiefeltern, die eigenen Kinder zu bevorzugen und die Neigung, Stiefkinder sexuell zu mißbrauchen, evolutionspsychologisch erklären zu können. Inzwischen versucht die angewandte Forschung, die neuen Erkenntnisse über die in der Evolution entstandenen Verhaltenstendenzen zu nutzen, um Menschen dabei

zu helfen, ihre Handlungen selbst auszuwählen und sich eben nicht von unbewußten oder nicht verstandenen evolutionären Verhaltenstendenzen leiten zu lassen (Cosmides u. Tooby 1987).

1.3.7
Vergleich der theoretischen Perspektiven: Das Beispiel der Aggression

Wir haben gesehen, daß jede der 6 Perspektiven auf bestimmten Vorannahmen beruht und zu einer jeweils anderen Herangehensweise an die Fragestellungen und Ziele der Psychologie führt (s. Tabelle 1.1). Um die Unterschiede zu verdeutlichen, wenden wir sie auf die Frage, warum Menschen aggressiv handeln, an.

• Die biologische Perspektive

Um herauszufinden, warum Menschen aggressiv handeln, wird die Rolle bestimmter Hirnregionen bei aggressiven Verhaltensweisen untersucht. Zu diesem Zweck werden z. B. Hirnareale elektrisch stimuliert, und es wird beobachtet, wann dadurch destruktive Akte ausgelöst werden; oder es wird untersucht, ob

Tabelle 1.1. Vergleich von 6 theoretischen Perspektiven der modernen Psychologie

Perspektive	Grundannahmen über die menschliche Natur	Determinanten des Verhaltens	Zentraler Untersuchungsgegenstand	Wichtigste Forschungsansätze
Biologisch	Passiv mechanistisch	Vererbung Biochemische Prozesse	Gehirn Prozesse im Nervensystem	Biochemische Grundlagen des Verhaltens und psychischer Prozesse
Psychodynamisch	Instinktgeleitet	Vererbung Frühe Erfahrungen	Unbewußte Triebe Konflikte	Verhalten als Ausdruck unbewußter Motive
Behavioristisch	Reaktion auf Reize modifizierbar	Umwelt Reize (Stimuli)	Spezifische beobachtbare Reaktionen	Reiz-Reaktions-Beziehungen Verhaltensursachen und -konsequenzen
Humanistisch	Aktiv unbegrenztes Wachstumspotential	Potentiell selbstgesteuert	Erfahrungen Entfaltungsmöglichkeiten des Menschen	Biographien und Lebenserfahrungen Werte Ziele
Kognitiv	Auf Informationen reagierend Informationen aktiv verarbeitend	Informationen, Prozesse und Strukturen der Informationsverarbeitung	Kognitive Strukturen und Prozesse Sprache und Gedächtnis	Erschließen kognitiver Strukturen und Prozesse aus Input und Output
Evolutionär	Ergebnis von Anpassungsprozessen während der Menschheitsgeschichte	Evolutionäre Anpassung Selektion	Erscheinungsformen psychischer Anpassung als Ergebnis der Evolution	Strukturen und Prozesse, die als Ergebnis der Anpassung entstanden sind

die Gehirne von Massenmördern Anomalien, wie beispielsweise Tumoren, aufweisen.

● Die psychodynamische Perspektive

Im psychodynamischen Ansatz werden aggressive Handlungen als Reaktionen auf Frustration interpretiert. Die Frustrationen können dadurch ausgelöst worden sein, daß etwa durch Armut oder ungerechte Autoritäten der Zugang zur Lustbefriedigung blockiert worden ist. Aggressionen im Erwachsenenalter können auch eine Verschiebung von Feindseligkeiten sein, die die Person einst als Kind gegen die Eltern empfunden hatte.

● Die behavioristische Perspektive

Zur Aufdeckung der Ursachen aggressiven Verhaltens wird festgestellt, welche »Verstärkungen« in der Vergangenheit dem aggressiven Verhalten folgten und es deshalb aufrechterhielten. Bei einem Schulkind könnte die Verstärkung etwa in der Aufmerksamkeit bestanden haben, die es erfuhr, als es ein anderes Kind schlug. Im behavioristischen Ansatz richtet sich das Interesse also auf die Folgen des zu analysierenden Verhaltens.

● Die kognitive Perspektive

In der kognitiven Perspektive wird die Person nach den feindseligen Gedanken und Gefühlen gefragt, die sie erlebt, während sie aggressive Szenen beobachtet. Als wichtige Information werden aggressive Vorstellungen und Handlungsintentionen protokolliert.

● Die humanistische Perspektive

Ein humanistisch orientierter Psychologe sucht nach den persönlichen Werten und sozialen Bedingungen, die das Individuum dazu veranlaßt haben, nach selbstbegrenzenden, aggressiven, nicht aber nach wachstumsfördernden, mitmenschlichen Erfahrungen zu suchen.

● Die evolutionäre Perspektive

In diesem Ansatz beginnt die Suche nach den Ursachen von Aggression mit der Frage, welche Bedingungen im Laufe der Menschheitsgeschichte dazu geführt haben könnten, daß aggressive Handlungen ein angemessenes Verhalten waren. Davon ausgehend wird dann nach den psychischen Prozessen und Strukturen gesucht, die aggressives Handeln hervorgebracht haben könnten.

1.4 Psychologie als Beruf

Viele Ergebnisse der psychologischen Forschung werden angewendet, um Probleme des einzelnen, von Institutionen oder der Gesellschaft zu lösen. Ein Teil der

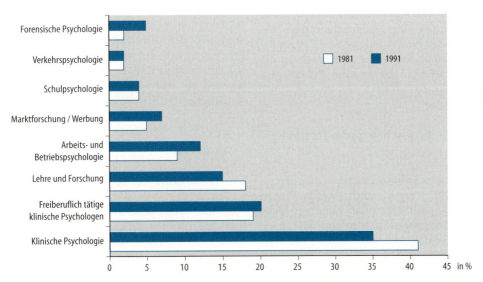

Abb. 1.6. Verteilung der beruflichen Einsatzfelder von Psychologinnen und Psychologen: Daten von 1981 und 1991 im Vergleich. (Quelle: ZAV 1996)

Ergebnisse kommt aus der Grundlagenforschung, andere jedoch stammen aus der angewandten Forschung, deren vorrangiges Ziel es ist, Lösungen für bestimmte praktische Problemstellungen zu finden und auf diese Weise *direkt* zu einer Verbesserung der Lebensqualität der Menschen beizutragen.

Von den Erkenntnissen der Grundlagenforschung und der angewandten Forschung machen die in sehr unterschiedlichen Arbeitsfeldern praktisch tätigen Psychologen, die »Praktiker«, Gebrauch. (Diese Bezeichnung soll häufig den Gegensatz zu den »Theoretikern« markieren, als die die Forscher meistens angesehen werden.) Laut Mikrozensus des Statistischen Bundesamtes von 1993 waren in Deutschland ca. 28 000 Psychologen berufstätig, davon etwa 2 000 in den neuen Bundesländern. Der Anteil der Psychologinnen lag bei 61%.

Es ist nicht möglich, an dieser Stelle eine detaillierte Übersicht über die ständig wachsende Zahl der Tätigkeitsbereiche von Psychologen zu geben. Eine grobe Orientierung bietet Abb. 1.6, die die Verteilung der Beschäftigten auf die wichtigsten beruflichen Einsatzfelder in den Jahren 1981 und 1991 zeigt. Weitere Angaben zur Berufstätigkeit von Psychologen, insbesondere auch zu den in Fluß befindlichen juristischen, standespolitischen und gesellschaftlichen Arbeitsbedingungen, sind den Mitteilungen in den Zeitschriften der beiden großen Psychologenverbände zu entnehmen. Die in Lehre und Forschung tätigen Psychologen sind in der *Deutschen Gesellschaft für Psychologie* organisiert. Die Interessenvertretung der »Praktiker« ist der *Berufsverband Deutscher Psychologen*. Das Publikationsorgan der *Deutschen Gesellschaft für Psychologie* ist die *Psychologische Rundschau,* und der *Report Psychologie* ist die Zeitschrift des *Berufsverbandes Deutscher Psychologen.*

1.5
Ein Rahmen für die psychologische Forschung: Methoden

Die Psychologie ist eine Erfahrungswissenschaft (empirische Wissenschaft). Wenn sie auch ähnliche Fragen wie die Philosophie stellt – nach der Natur des Menschen, nach den Grundlagen von Gut und Böse, nach der Struktur des Geistes, nach den Grenzen des Wissens und Erkennens –, so bedient sie sich doch eines ganz anderen Weges, um Antworten zu finden.

Deshalb kommt den Regeln und Prinzipien für die Sammlung, Auswertung und Interpretation von Beobachtungen in der Psychologie eine Bedeutung zu. Sie sind die Standards empirischer Forschungsmethodik – sie sind es, die wissenschaftlich valide (gültige) Daten von Alltagsbeobachtungen unterscheiden. Die einzelnen Verfahrensweisen bei der Datensammlung, -auswertung und -interpretation werden als psychologische Forschungsmethoden bezeichnet. Standards und Verfahrensweisen sind Gegenstand einer wichtigen Teildisziplin der Psychologie, der Psychologischen Methodenlehre.

> **!** Das entscheidende Kriterium für die Richtigkeit psychologischer Annahmen und Theorien besteht darin, daß sie sich bewähren, wenn sie anhand von Beobachtungen (Daten) geprüft werden.

Im Rest dieses Kapitels werden wir uns mit der Methodenlehre befassen. Zunächst werden wir auf die 3 wichtigsten Kriterien zu sprechen kommen, denen zum einen die Verfahren der Datenerhebung, zum anderen aber auch empirische Untersuchungen als Ganzes genügen müssen:

- Objektivität,
- Reliabilität und
- Validität.

Anschließend werden wir verschiedene Formen von Beziehungen zwischen Variablen unterscheiden: Kausalität, Kovariation und zufälliges Zusammentreffen (Koinzidenz). Weiterhin werden wir Fragen der Forschungsethik problematisieren. Danach stellen wir Strategien der Versuchsplanung und die wichtigsten Erhebungsmethoden vor. Im letzten Abschnitt gehen wir auf die Ziele und die Logik der statistischen Auswertung ein und beschreiben einige der wichtigsten statistischen Datenanalyseverfahren.

1.5.1
Objektivität

Die Grundforderung an die wissenschaftliche Forschung ist die Forderung nach **Objektivität**. Der einflußreiche Wissenschaftsphilosoph Karl Popper (1973, S. 18) hat Objektivität mit intersubjektiver Nachprüfbarkeit (Nachprüfbarkeit durch andere Forscher) gleichgesetzt. Um diese Nachprüfbarkeit von Daten und Ergebnissen zu gewährleisten, werden an psychologische Untersuchungen folgende Anforderungen gestellt:

- Der Forscher sollte Verfahrensregeln strikt beachten, um Verzerrungen durch den Einfluß persönlicher Vorlieben, Werte und Einstellungen möglichst gering zu halten oder auszuschalten.
- Er sollte Datenerhebungen und -analysen möglichst umfassend dokumentieren, so daß andere sein Vorgehen verstehen und bewerten können.
- Er sollte sein Vorgehen, seine Ergebnisse und Schlußfolgerungen in einer Weise mitteilen, daß andere Wissenschaftler in der Lage sind, seine Untersuchung zu wiederholen. Derartige Wiederholungen von Beobachtungen, die notwendigerweise zu anderen Zeitpunkten und meistens auch an anderen Orten und mit anderen Versuchsteilnehmern stattfinden, werden als Replikationsstudien bezeichnet.

Nicht von allen, wohl aber von der Mehrheit der Forscher, wird die Forderung geteilt, daß sich die psychologische Forschung um die möglichst weitgehende Quantifizierung und Messung des menschlichen Handelns und Verhaltens bemühen sollte (s. aber in Abschn. 1.6.1 die Ausführungen zur Mehrdeutigkeit des Begriffs »Messen«).

Selbst wenn sich der Forscher an diese Prinzipien hält, so ist ein grundsätzliches Problem immer noch ungelöst. Streng genommen ist der Geltungsbereich der Ergebnisse empirischer Forschung immer auf die Personen, die beobachtet wurden, und auf die Bedingungen, die bei der Erhebung vorlagen, begrenzt. Wie wir bereits oben dargestellt haben, sucht die wissenschaftliche Psychologie jedoch nach allgemeinen Verhaltensprinzipien oder -gesetzen, die die engen Grenzen der durchgeführten Untersuchung überschreiten. Anders gesagt: In der Regel ist es in empirischen Untersuchungen nur möglich, Stichproben von Personen zu beobachten, das Ziel sind aber Aussagen über Grundgesamtheiten (Populationen). Beispielsweise kann Ziel einer entwicklungspsychologischen Untersuchung sein, eine *allgemeine* Aussage über den Einfluß der frühen Mutter-Kind-Beziehung auf die spätere Persönlichkeitsentwicklung im Jugend- und Erwachsenenalter zu treffen. *Allgemein* bedeutet, daß sie nicht nur für die 20 oder 30 in einer Studie tatsächlich beobachteten Personen gelten soll, sondern auch für andere Kinder und deren Entwicklung. Auch wenn die Rechtfertigung dieses Induktionsschlusses aus erkenntnistheoretischer Sicht nicht befriedigend gelöst ist (und vielleicht auch gar nicht gelöst werden kann), so werden wir mit der Inferenzstatistik im letzten Abschnitt dieses Kapitels

eine Strategie kennenlernen, durch die der Rückschluß von den Stichprobenbeobachtungen auf die Grundgesamtheit transparenter und nachvollziehbarer wird.

Anmerkung: Zur Bezeichnung der Teilnehmer psychologischer Untersuchungen hat sich leider ein Fachjargon eingebürgert, der nicht besonders gefällig ist. Der Forscher, der eine Untersuchung durchführt, wird als Versuchsleiter (Vl) bezeichnet, und die Personen, die beobachtet werden, nennt man Versuchspersonen (Vpn; Singular: Vp). Manchmal ist statt von Versuchspersonen auch von Probanden (Pbn bzw. Pb) oder Testpersonen (Tpn bzw. Tp) die Rede. – Wir ziehen die Bezeichnung Versuchsteilnehmer vor oder sprechen einfach von Personen.

Es gibt 3 Möglichkeiten zur Steigerung der Objektivität empirischer Untersuchungen:

- die präzise und eindeutige Definition der Variablen,
- die Standardisierung der Erhebungsverfahren und
- den Einsatz vorbeugender Maßnahmen gegen sog. Verfälschungen oder Verzerrungen (»biases«).

Wenn Forscher sich dieser Möglichkeiten bedienen, fällt es leichter, die persönlichen Werte und Wunschvorstellungen aus der Datensammlung, -analyse und -interpretation herauszuhalten.

Operationale Definitionen

Die Variablen einer jeden Untersuchung müssen in klaren Begriffen formuliert und der Beobachtung zugänglich sein. Wenn Sie beispielsweise Schüchternheit untersuchen wollten, könnten Sie eine der folgenden beobachtbaren Verhaltensweisen als Definition verwenden:

- zurückgezogenes Verhalten in einer sozialen Situation,
- selbstkritische Aussagen über die eigenen sozialen Fähigkeiten oder
- Unfähigkeit, mit freundlichen Menschen Augenkontakt herzustellen.

In einer Untersuchung aggressiven Verhaltens könnten Sie Aggression entweder als Verhalten, das eine andere Person verletzt, oder anhand der Werte in einem Aggressivitätstest definieren.

Diese Art der Definition wird als **operationale Definition** bezeichnet, weil dabei die Variablen durch spezifische »Beobachtungsoperationen« definiert werden. Operationale Definitionen vermeiden die Mehrdeutigkeit alltagssprachlicher deskriptiver Begriffe und stellen sicher, daß sowohl die Reizvariablen als auch die Reaktionsvariablen beobachtbare Ereignisse sind.

Wenn Forscher widersprüchliche Befunde über Verhaltensweisen wie Schüchternheit oder Aggressivität berichten, so stellt sich manchmal heraus, daß sie unterschiedliche Definitionen dieser Begriffe benutzt und folglich nicht die gleichen Verhaltensweisen gemessen haben. Operationale Definitionen ermöglichen es dem Vl, den Untersuchungsgegenstand genau zu beschreiben. Wenn dann andere Forscher die Untersuchung replizieren oder auf ihren Befunden aufbauen wollen, wissen sie, wie die Variablen definiert waren und welche Beobachtungs- bzw. Meßoperationen vorzunehmen sind.

Standardisierung

> ! **Standardisierung** besteht in der Anwendung einheitlicher Verfahren bei der Durchführung und Auswertung von Tests, Interviews, Umfragen, Experimenten oder anderen Erhebungsmethoden. Dadurch werden unerwünschte Einflüsse auf die Variabilität im Verhalten der Versuchsteilnehmer möglichst gering gehalten.

Die Strategie der Standardisierung verlangt also vom Forscher beispielsweise, seine Fragen immer auf die gleiche Art zu stellen, die Beziehung zur interviewten Personen immer identisch zu gestalten und die Antworten auf einheitliche Art und Weise aufzuzeichnen. Wie wir in Kap. 12 sehen werden, ist die Standardisierung besonders bei der Konstruktion und beim Gebrauch psychologischer Tests von Bedeutung. Dort wird auch deutlich werden, daß die Vergleichbarkeit der *äußeren* Versuchsumstände nicht unbedingt eine Vergleichbarkeit der *subjektiven (inneren)* Versuchsbedingungen bedeutet.

Maßnahmen zur Vermeidung von Verfälschungen

Der Begriff der Verfälschung (Verzerrung) greift den Sachverhalt auf, daß die Objektivität nicht nur durch zufällige Schwankungen der Versuchsbedingungen infolge mangelnder Standardisierung vermindert werden kann.

> ! Eine **Verfälschung** (»bias«) ist eine Verringerung der Objektivität der Datenerhebung durch einen *systematischen* Fehler. Fatalerweise können sogar die Versuchsleiter und Versuchsleiterinnen selbst (unwissentlich) für die Verfälschung verantwortlich sein.

Nehmen wir als Beispiel an, daß manche (männliche) Versuchsteilnehmer sich eher von Männern als von Frauen etwas sagen lassen. Dann werden sie wahrscheinlich auch den Instruktionen einer Versuchsleiterin weniger Beachtung schenken als den Anweisungen eines Versuchsleiters. Die »Verfälschung« besteht in diesem Falle darin, daß man unter Umständen mit männlichen Versuchsleitern andere Daten erhält als mit weiblichen. Ein weiteres Beispiel für ein Bias liefern Personen, die um einen guten Eindruck bemüht sind und deshalb nicht ihr »wahres Gesicht« zeigen, sondern Reaktionen, von denen sie annehmen, daß sie erwünscht seien.

Es gibt auch viele Beispiele für unwissentlich herbeigeführte Verzerrungen, die mit den alltäglichen »menschlichen Schwächen« des Versuchsleiters zusammenhängen – mit anderen Worten, mit der Tatsache, daß Forscher auch nur »Menschen wie Du und ich« sind. Daß sie dazu neigen, zu sehen, was sie zu sehen *erwarten* – trotz ihrer Verpflichtung zur Objektivität –, wird im Abschnitt **Experiment** gezeigt. Wie leicht sich unsere Wahrnehmung verzerren läßt, sollen Sie nun selbst in einer kleinen Demonstration erfahren.

Bitte betrachten Sie in Abb. 1.7 zunächst das einzelne Glas in der Mitte des Bildes. Wie antworten Sie auf die

Abb. 1.7. Der sog. »Beobachter-Bias«. Ist das Glas in der Mitte halb voll oder halb leer?

klassische Frage, ob es sich um ein halbvolles oder um ein halbleeres Glas handelt? Nehmen Sie nun an, Sie hätten die obere Abbildungsreihe beobachtet. Würden Sie dann nicht dazu neigen, von einem halbvollen Glas zu sprechen? Setzen wir jetzt den Fall, Sie hätten zunächst die untere Abbildungsreihe gesehen. Erscheint Ihnen nun das Glas in der Mitte nicht eher als halb leer? Wenn eine derart einfache Vorerfahrung Sie dazu bringen kann, das Glas in der Mitte des Bildes unterschiedlich wahrzunehmen, dann können Sie sich wohl vorstellen, wie kulturelle Erwartungen und gelernte Vorurteile, die über das ganze Leben erworben werden, schwerwiegende Verfälschungen beim Beobachter erzeugen können. Und es wird auch deutlich, wie derartige Vorerfahrungen manchmal zur Quelle sozialer Konflikte werden.

Verfälschungen durch Erwartungen des Vl können auf unterschiedliche Weise kontrolliert werden. Ein Weg besteht darin, sowohl dem Vl als auch Versuchsteilnehmern nicht mitzuteilen, welcher Versuchsbedingung die einzelnen Teilnehmer zugeordnet werden – d. h., welche »Behandlung« (Treatment) sie im Versuch erhalten werden. Dieses Vorgehen wird als Doppelt-Blind-Versuch bezeichnet.

Verfälschungen, die durch Betonung, Stimme, Umgangsformen oder Gestik eines Vl bedingt sind, können eliminiert werden, indem man standardisierte, unpersönliche Testverfahren einsetzt, wie etwa die Darbietung der Instruktionen durch Tonband oder Computerbildschirm. Aber man sollte sich dabei immer fragen, ob es dem Ziel und den Vorannahmen der Untersuchung entspricht, wenn man auf die persönliche Interaktion zwischen dem Versuchsleiter und den Teilnehmern verzichtet.

Eine besondere Art der Verzerrung liegt vor, wenn ein Patient nach Einnahme einer Substanz, von der er

---

EXPERIMENT

Der »Versuchsleitereffekt«

In einer Untersuchung zu »versuchsleiterbedingten Verzerrungen« wurden Studenten als »Assistenten des Versuchsleiters« angeworben. Die besondere Konstellation in dieser Studie bestand also darin, daß die Versuchsteilnehmer annahmen, sie seien Versuchsleiter, obwohl sie in Wirklichkeit die vom Forscher beobachteten Versuchspersonen waren. Diesen Teilnehmern wurde gesagt, ihre Aufgabe sei es zu untersuchen, wie zuverlässig Personen den Erfolg oder Mißerfolg von Menschen allein durch Anschauen der Fotografien beurteilen können. Diese Personen, die von den assistierenden »Versuchsleitern« betreut wurden, mußten jeweils den Gesichtsausdruck auf dem Foto auf einer Skala von +10 (extremer Erfolg) bis –10 (extremer Mißerfolg) beurteilen. Tatsächlich waren sämtliche Fotos zuvor als neutral eingestuft worden. Der Hälfte der »Assistenten« war mitgeteilt worden, daß die Personen, die sie beobachteten, Beurteilungen abgeben würden, die im Durchschnitt bei etwa +5 lägen, die andere Hälfte der »Assistenten« erwartete Einstufungen von durchschnittlich –5. Beide Gruppen lasen den von ihnen betreuten Personen die gleichen Instruktionen vor.

Die Urteile der beiden Gruppen unterschieden sich deutlich – mit anderen Worten, die »Assistenten« des Forschers erhielten die Ergebnisse, die sie erwarteten.

Auf irgendeinem subtilen, nonverbalen »Kanal« hatten sie den Teilnehmern ihre Erwartungen mitgeteilt, obwohl sie doch allesamt die gleichen standardisierten Instruktionen verlesen und dann nur die Beurteilungen der Fotos beobachtet hatten.

Ähnliche Einflüsse von Erwartungen des Versuchsleiters fand man sogar im Tierexperiment. Wurden Vl veranlaßt zu glauben, eine Gruppe von Ratten sei intelligenter als eine andere, so berichteten sie später, sie hätten überlegene Leistungen bei den angeblich intelligenteren, tatsächlich jedoch ganz gewöhnlichen Nagetieren beobachtet (Rosenthal 1966).

Die unbewußte Verzerrung der Datenlage aufgrund der Erwartungen eines Vl wird als **Versuchsleitereffekt** bezeichnet. Dieser Effekt ist von Robert Rosenthal ausführlich untersucht worden und wird deshalb oft auch als »Rosenthal-Effekt« bezeichnet. Rosenthal war von dem Problem fasziniert, wie subtile Formen interpersonaler Kommunikation zu »sich selbst erfüllenden Prophezeiungen« führen. Er demonstrierte das einmal auf besonders eindrucksvolle Weise, indem er Lehrern mitteilte, gewisse Schüler würden sich als »Spätentwickler« erweisen. Diese Schüler verbesserten mit dem Fortschreiten des Schuljahres ihre Leistungen stärker als alle anderen, obwohl sie nur ganz zufällig ausgewählt worden waren (Rosenthal u. Jacobson 1968b).

angenommen hat, es sei ein Medikament, eine Besserung seines Leidens erfährt, obwohl die Substanz tatsächlich keine chemischen Wirkstoffe enthalten hat (also medizinisch wertlos war).

Diese klinisch bedeutsame Reaktion auf einen Reiz oder eine Behandlung, die unabhängig von deren tatsächlicher physiologischer Wirkung auftritt, wird als »Placebo-Effekt« bezeichnet. In einem allgemeineren Sinne tritt der Placebo-Effekt immer dann auf, wenn eine Verhaltensreaktion eher durch die *Erwartungen* einer Person darüber, was sie tun oder fühlen sollte, beeinflußt wird als durch die spezifische Versuchsbedingung, der sie ausgesetzt wird.

Wenn zu befürchten ist, daß Placebo-Effekte auftreten, sollten Placebo-Kontrollen angewendet werden. Dabei werden behandelte Personen und »Kontrollpersonen« miteinander verglichen. Der Effekt der Behandlung muß bei den Teilnehmern, die tatsächlich medizinisch oder psychologisch behandelt wurden, nachweislich größer sein als bei den Kontrollpersonen, die lediglich glaubten, eine Behandlung erhalten zu haben.

Ein anderer Typ unspezifischer Reaktionsverzerrung tritt auf, wenn das Verhalten der Versuchsteilnehmer allein *durch die Tatsache, daß sie an der Untersuchung teilnehmen,* beeinflußt wird. Sie sind sich dessen bewußt, daß sie ausgewählt worden sind, oder sie halten es für beachtlich, daß gerade sie an dem Experiment teilnehmen –, und allein dieses Bewußtsein verändert ihr Verhalten. Die drohende Verfälschung liegt dann darin, daß der Vl die Reaktionen der Teilnehmer auf die Manipulation der *spezifischen* Bedingungen in der Untersuchung zurückführt, obwohl die Ursachen außerhalb der besonderen Versuchsanordnung liegen. In einfachen Worten: Menschen ändern ihre Verhaltensweisen manchmal allein schon deshalb, weil sie wissen, daß sie beobachtet werden.

Diese Art der Verfälschung wird »Hawthorne-Effekt« genannt, nach einer Untersuchung in den 20er Jahren in den Hawthorne-Werken der Western Electric Company. In dieser Untersuchung steigerten Arbeiter, die zu einem Experiment über die Wirkung von Beleuchtungsveränderungen auf die Produktivität ausgewählt worden waren, ihre Stückzahl unabhängig von den experimentellen Manipulationen der Beleuchtung. Die Vl schlossen daraus, daß das Gefühl des Auserwähltseins zur Teilnahme an der Studie für die Arbeiter wichtiger war als die manipulierte physikalische Variable (Beleuchtungsveränderung).

1.5.2
Reliabilität und Validität

Neben der Objektivität ist die Reliabilität (Zuverlässigkeit) der Beobachtungen ein weiteres Ziel und Kriterium von Datenerhebungen in der Psychologie.

> **!** **Reliabilität** bezeichnet die Genauigkeit der Messung. Sie ist dann in vollem Umfang gegeben, wenn bei Wiederholung der Erhebung unter den gleichen Bedingungen identische Resultate erzielt werden, wenn also die Meßwiederholung zu konsistenten oder stabilen Ergebnissen führt.

Ein Beispiel für ein Längenmaß mit geringer Reliabilität (Meßgenauigkeit) ist ein Zollstock, der aus einem Material hergestellt ist, das sich je nach Temperatur ausdehnt oder zusammenzieht. Wie schon dieses ungewöhnliche Beispiel zeigt, sind physikalische Messungen meistens relativ genau. In der Psychologie ist es hingegen viel schwieriger, eine befriedigende Meßgenauigkeit zu erzielen. Die Reliabilität wird erhöht,

- wenn die Untersuchungsbedingungen standardisiert sind,
- wenn Quellen unerwünschter Variation kontrolliert werden und
- wenn so viele Beobachtungen erhoben werden, daß einzelne atypische den Gesamteffekt nicht verzerren.

Die Konstruktion von Tests mit hinreichender Reliabilität ist ein wichtiges Anliegen der psychologischen Diagnostik (s. Kap. 12).

Von der Reliabilität eines Erhebungsverfahrens ist die **Validität** (Gültigkeit) zu unterscheiden.

> **!** Ein psychologisches Meßverfahren, etwa ein Test, ist dann valide, wenn es tatsächlich das psychologische Merkmal mißt, das es nach dem Anspruch des Forschers messen soll.

Ein Test ist z. B. dann ein valider Intelligenztest, wenn er tatsächlich Intelligenz mißt und nicht nur Gelassenheit in Testsituationen oder die Leseleistung; und ein Angstfragebogen ist dann ein valides Maß für Ängstlichkeit, wenn er wirklich ängstliche von nichtängstlichen Personen zu unterscheiden erlaubt. Die Konstruktion eines validen Erhebungsinstruments für eine psychologische Variable setzt eine sorgfältige konzeptuelle (theoretische) Analyse des Merkmals voraus.

Betrachen wir einen Test, mit dem der Anspruch verbunden wird, er messe Intelligenz. Dann sollte es auf der Grundlage der Testleistung möglich sein, *Vorhersa-*

gen über jene Aspekte von Studienleistungen zu treffen, die intelligenzabhängig sind. Finden wir aber für diese Leistungen nur einen niedrigen Zusammenhang mit dem Testergebnis, so müssen wir schließen, daß die Validität des Tests fraglich ist. Ein hoher Zusammenhang würde für die Validität des Verfahrens sprechen. Natürlich setzt diese Art der Validitätsprüfung voraus, daß wir ein theoretisches Vorverständnis – wenigstens eine implizite Theorie – von Intelligenz haben.

Im genannten Beispiel ist die Studienleistung das Kriterium, mit dem die Validität des Intelligenztests geprüft wird. Ein Kernproblem von Validitätsuntersuchungen besteht darin, daß oftmals die Validität des Kriteriums fraglich oder nicht gesichert ist.

> ! Objektivität, Reliabilität und Validität sind keine »Alles-oder-Nichts-Eigenschaften«, sondern sie sind psychologischen Messungen *mehr oder weniger* eigen (graduelle Merkmale). Zwischen ihnen bestehen enge Zusammenhänge. Objektivität ist die Voraussetzung für Reliabilität und Validität. Ebenso setzt Validität Reliabilität voraus. Andererseits aber müßte deutlich geworden sein, daß hohe Reliabilität keinesfalls hohe Validität garantiert.

In Kap. 12 werden wir im Zusammenhang mit der Konstruktion von Intelligenz- und Persönlichkeitstests die Konzepte der Reliabilität und Validität ausführlicher diskutieren.

1.5.3
Kausalität, Kovariation und zufälliges Zusammentreffen (Koinzidenz)

Es ist das ausgesprochene Ziel vieler psychologischer Untersuchungen, systematische Zusammenhänge zwischen Variablen aufzufinden. Aber nicht jedes beobachtete »Zusammenauftreten« von 2 Ereignissen oder Merkmalen darf als systematische Beziehung oder sogar als Ursache-Wirkung-Zusammenhang interpretiert werden. Deswegen ist es wichtig, zwischen verschiedenen Formen des gemeinsamen Auftretens von Ereignissen eine klare Unterscheidung zu treffen.

- Erstens kann ein Ereignis ein anderes tatsächlich verursachen. In diesem Fall sprechen wir von einem kausalen Zusammenhang.
- Zweitens können 2 Ereignisse korreliert sein, d. h. regelmäßig gemeinsam auftreten, ohne daß das eine das andere verursacht.
- Drittens können beide Ereignisse zufällig, aber nicht regelmäßig zusammentreffen.

Wenn Sie sich für ein Tennisspiel umziehen, ziehen Sie vielleicht einmal zufällig den linken Socken und den linken Schuh zuerst an, ein anderes Mal zuerst den rechten Socken und den rechten Schuh. Vielleicht vollziehen Sie dann in Ihrem Erleben den Schritt vom Zufall zur Regelmäßigkeit: Sie gewinnen das schwierige Spiel und entwickeln danach ein Umkleideritual, das streng mit der linken Seite anfängt. Sie fürchten zu verlieren, wenn Sie das nicht tun. Dieses Risiko gehen Sie lieber nicht ein. Ein rein zufälliges Zusammentreffen – eine Koinzidenz – hat eine (abergläubische) Kontrolle über Ihr Verhalten erlangt, weil Sie sie wie eine bedeutungsvolle Kovariation behandelt haben.

Während es sich bei einer Koinzidenz um eine zufällige Verbindung von Ereignissen handelt, ist eine **Kovariation** eine konsistente, stabile Beziehung zwischen 2 oder mehr Variablen. Die Stärke des Zusammenhangs wird in der Psychologie durch Maßzahlen, sog. Korrelationskoeffizienten, beschrieben (s. auch Abschn. 1.7). Psychologische Untersuchungen haben oft das Ziel, die Richtung und die Stärke des Zusammenhangs exakt zu beschreiben.

Depression und Selbstmord, Ängstlichkeit und Stottern, der Konsum von Pornographie und Aggression gegenüber Frauen, Streß und Arbeitsleistung sind nur einige der Verbindungen, die Forscher untersuchen und zu verstehen trachten.

In der Psychologie hat man es häufig mit den 3 folgenden Arten von Kovariationen bzw. Korrelationskoeffizienten (vereinfacht gesagt: Korrelationen) zu tun:

- Zwei Merkmale können *positiv* miteinander korrelieren. Niedrige Ausprägungen bei der einen Variablen gehen im allgemeinen mit niedrigen Ausprägungen bei der anderen einher, mittlere mit mittleren und hohe mit hohen Ausprägungsgraden.
- Ist die Korrespondenz »gegenläufig« – niedrige Ausprägungen der einen entsprechen im allgemeinen hohen Ausprägungen der anderen Variablen und umgekehrt –, so spricht man von einer *negativen* Korrelation.
- Zwei Variablen können jedoch noch auf andere Weise zusammenhängen: Die Beziehung zwischen ihnen kann *kurvenlinear* sein, wie in Abb. 1.8 dargestellt.

In Abb. 1.8 werden alle 3 Korrelationstypen für die Variablen Erregungsniveau und Leistung graphisch veranschaulicht.

Die häufig angetroffene hohe positive Korrelation zwischen Rauchen und Lungenkrebs sagt uns beispiels-

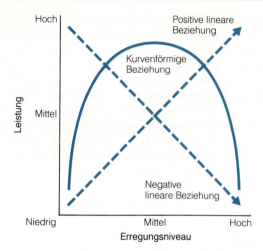

Abb. 1.8. Lineare und nichtlineare Beziehungen zwischen 2 Variablen. Die *durchgezogene Linie* veranschaulicht den *kurvenförmigen* (umgekehrt U-förmigen) Zusammenhang, den man üblicherweise zwischen dem Erregungsniveau und Leistungsmaßen beobachten kann: Auf einem mittleren Erregungsniveau ist die Leistung besser als auf einem sehr hohen oder sehr niedrigen Niveau. Die *unterbrochenen Linien* würden eine linear positive bzw. linear negative Beziehung zwischen den beiden Variablen veranschaulichen

Tabelle 1.2 Beziehung zwischen Fernsehkonsum und Werten in Leistungstests. Es zeigt sich eine konsistente negative Beziehung. Je weniger Stunden vor dem Fernsehapparat, um so höher sind die Leistungen sowohl im Lesen als auch im Rechnen. Beweist dies, daß Fernsehen *schlechte* Schulleistungen *verursacht*? Wie könnten Sie das herausfinden? Welche anderen Erklärungen gibt es für die Korrelation zwischen Fernsehen und Leistungen? (California Department of Education 1982)

Täglich vor dem Fernseher verbrachte Zeit in Stunden	Testwerte	
	Lesen	Mathematik
0 – ½	75	69
½ – 1	74	65
1 – 2	73	65
2 – 3	73	65
3 – 4	72	63
4 – 5	71	63
5 – 6	70	62
6 +	66	58

weise, daß es unter starken Rauchern mehr Fälle von Krebs geben wird als unter Nichtrauchern. Sie teilt uns hingegen nicht sicher mit, ob eine *bestimmte* Person an Krebs erkranken wird.

> **!** Korrelationen lassen sich für Vorhersagen nutzen. Liegt eine hohe Korrelation, d. h. ein enger Zusammenhang, vor, so kann von der einen Variablen, dem Prädiktor, auf die andere Variable, das Kriterium, geschlossen werden. Vorhersagen beruhen auf Zusammenhangsbeobachtungen bei einer ganzen Gruppe von Personen. Deshalb liefern sie selten genaue Vorhersagen für *einzelne* Personen (außer in den seltenen Fällen, in denen es eine »perfekte« Korrelation gibt (s. Abschn. 1.7.1).

Wußten Sie, daß es in Taiwan eine hohe Korrelation zwischen dem Gebrauch von Verhütungsmitteln und der Anzahl elektrischer Haushaltsgeräte gibt? Wird angesichts dieser Befundlage der Gebrauch von Verhütungsmitteln ansteigen, falls die Regierung von Taiwan sich entschließt, Radios und Popcornmaschinen kostenlos zu verteilen? – Nur dann, wenn beide Variablen in einer kausalen Beziehung stehen. Tatsächlich aber stellte sich in diesem Beispiel heraus, daß ein dritter Merkmalsbereich – Bildung und soziale Schicht –, der die beiden anderen beeinflußt, für das Auftreten der Korrelation verantwortlich ist. Hingegen haben der Ge-

brauch von Verhütungsmitteln und die Verbreitung von Haushaltsgeräten – wie Sie wohl auch erwartet haben – keine verursachende Wirkung aufeinander (Li 1975).

Versuchen Sie nun, die Korrelation in Tabelle 1.2 zu erklären und zu interpretieren.

Wir werden später Untersuchungen, in denen nur Zusammenhänge aufgesucht werden – die sog. Korrelationsstudien – den Experimenten gegenüberstellen. Das eigentliche Ziel psychologischer **Experimente** liegt in der Feststellung von Ursache-Wirkung-Beziehungen – man möchte nicht nur erfahren, *daß* 2 Variablen in Beziehung stehen, sondern man möchte darüber hinaus wissen, *in welcher Weise* sie zusammenhängen.

Die Korrelation selbst liefert keine Information über Ursachen, denn um eine kausale Beziehung nachzuweisen, müssen wir folgende Bedingungen für unsere Beobachtungen herstellen:

- Das uns interessierende Verhalten kann durch Darbietung oder Beseitigung eines anderen Merkmals (der sog. unabhängigen Variablen) in Gang gesetzt oder gestoppt werden (oder die »Manipulation« der unabhängigen Variablen verändert die Intensität oder die Häufigkeit des Verhaltens).
- Diese Verhaltensänderungen treten *nur* als Folge der Manipulation der unabhängigen Variablen auf.

Diese beiden Bedingungen machen die »Logik« des kontrollierten Experiments aus, und sie sind es, die kausale Rückschlüsse ermöglichen (s. auch Abschn. 1.6.2).

Ethische Richtlinien

Die meisten psychologischen Untersuchungen sind für die teilnehmenden Personen mit keinem besonderen Risiko verbunden. Das gilt insbesondere dann, wenn die Teilnehmer lediglich Routineaufgaben zu erfüllen haben. Allerdings können Experimente, in denen die Emotionen, das Selbstkonzept oder die Einstellungen der Personen intensiv berührt werden oder in denen das Untersuchungsziel durch Täuschung verborgen wird, die Teilnehmer verwirren oder aus der Fassung geraten lassen. Deswegen ist es bei jeder Untersuchung wichtig, daß der Vl grundsätzlich Verfahren für den Forschungsprozeß auswählt, die so konzipiert sind, daß sie das physische und psychische Wohlbefinden der Teilnehmer schützen (Diener u. Crandall 1978).

Unter ethischen Gesichtspunkten läuft eine psychologische Untersuchung im Idealfall folgendermaßen ab:

- Sie beginnt mit einer vollständigen Beschreibung der Verfahren, der möglichen Risiken und zu erwartenden Gewinne und mit Formularen, auf denen die Teilnehmer nach Kenntnisnahme der Bedingungen ihr Einverständnis zur Teilnahme geben.
- Den Versuchsteilnehmern wird vorab versichert, daß sie das Experiment jederzeit beenden können, ohne daß das Nachteile für sie haben wird.
- Nach Abschluß des Experiments erhalten sie eine ausführliche Information über die Untersuchung, wobei der Vl die Hypothesen und Ziele erklärt und sicherstellt, daß niemand verwirrt, verstört oder mit dem Gefühl, bloßgestellt worden zu sein, zurückgelassen wird.
- Falls es nötig war, die Teilnehmer während irgendeiner Phase der Untersuchung irrezuführen, erklärt der Vl ihnen sorgfältig die Gründe für diese Täuschung.
- Zusätzlich wird ihnen versichert, daß alle Aufzeichnungen ihres Verhaltens streng vertraulich behandelt werden.
- Schließlich können sie die Verwendung der an ihnen gewonnenen Daten verbieten, wenn sie das Gefühl haben, sie seien mißbraucht oder ihre Rechte seien auf irgendeine Weise verletzt worden.

Die *Deutsche Gesellschaft für Psychologie* (DGPs), die Standesorganisation der in der Forschung tätigen Psychologen, hat eine Ethikkommission eingerichtet. Sie soll dazu beitragen, die Einhaltung ethischer Prinzipien in der psychologischen Forschung sicherzustellen. Sie arbeitet jedoch nicht als Gutachter- oder Kontrollinstanz, sondern versteht sich als Gremium, welches den Mitgliedern der DGPs die Möglichkeit bietet, sich in unklaren Fällen beraten zu lassen.

1.6
Datenerhebung und Versuchsplanung

Psychologische Forschung wird auf vielfältige Weise und unter verschiedenen Rahmenbedingungen (Settings) betrieben. Bei manchen Untersuchungen handelt es sich um Experimente in dem strengen Sinne, den wir in Abschn. 1.5.3 beschrieben haben. Der Vl verändert systematisch eine oder mehrere der Bedingungsvariablen und gibt den Teilnehmern ein begrenztes Spektrum möglicher Reaktionen vor. Experimente im strengen Sinne werden unter kontrollierten (und oftmals künstlich herbeigeführten) Bedingungen durchgeführt und finden häufig im Labor statt. Bei anderen Untersuchungen handelt es sich um Feldstudien, Erhebungen über vorfindbares Verhalten außerhalb des Labors, bei denen die Bedingungskontrolle nur eingeschränkt oder überhaupt nicht möglich ist. Aber ob im Labor oder im »Feld« – alle psychologischen Untersuchungen beinhalten die Erhebung von Daten. Verfahren der Datenerhebung sowie Untersuchungsstrategien und Versuchspläne, in die die Datenerhebungen eingebettet sind, sind die Themen dieses Abschnitts.

1.6.1
Datenerhebung

In der Psychologie ist das menschliche Verhalten und Erleben Gegenstand der Datenerhebung. Aber wie wir in Abschn. 1.1 beim Vergleich von Verhalten und Handlung gesehen haben, verbergen sich hinter dem weiten Verhaltensbegriff sehr unterschiedliche Formen äußerer und innerer Aktivitäten. Darunter fallen etwa die motorische Reaktion eines Säuglings, der seinen Kopf zu einer Geräuschquelle dreht, die kognitive Aktivität eines Schülers, der sich an ein Gedicht erinnert und die emotionale Reaktion der Trauer eines Menschen, der einen nahen Angehörigen verloren hat. Einige Verhaltensakte laufen unter der Kontrolle des Bewußtseins ab, andere funktionieren außerhalb bewußter Kontrolle; es gibt verbales (sprachliches) Verhalten und nonverbale Verhaltensweisen (z. B. Körperbewegungen und Mimik) usw.

Unterschiedlichkeit und Komplexität des Verhaltens sind eine Herausforderung an diejenigen Forscher, die sich mit der Konstruktion von Datenerhebungsverfahren befassen. Ihre erste Aufgabe besteht darin, überhaupt einen Zugang zum Verhalten zu finden. Das kann manchmal bedeuten, »das Unsichtbare sichtbar zu machen«, interne Ereignisse und Prozesse äußerlich erkennbar und private Erfahrungen öffentlich zu machen. Dafür stehen zahlreiche Strategien und Methoden zur Verfügung, von denen jede ihre besonderen Vor- und Nachteile hat.

Es ist unmöglich, eine komplette Übersicht über alle Datenerhebungsverfahren zu geben. Wir werden uns nur mit 4 ausgewählten Zugängen beschäftigen:

- mit Beobachtungen,
- mit Befragungen,
- mit psychologischen Tests und
- mit physiologischen Messungen.

Diese Darstellung wird aber in den folgenden Kapiteln ergänzt, wenn wir uns mit den Teilgebieten und inhaltlichen Fragestellungen der Psychologie befassen (s. z.B. Kap. 6 zur Erhebung kognitiver Variablen und Kap. 12 zur Messung von Intelligenz- und Persönlichkeitsmerkmalen).

Begriffsklärung: Beobachtung und Messung

Zwei Begriffe – »Beobachtung« und »Messung« – werden im Zusammenhang mit Strategien und Methoden der psychologischen Datengewinnung in sehr unterschiedlichen Bedeutungen gebraucht.

Beobachtung steht im Sprachgebrauch von Psychologen für folgendes:

- Im weiteren Sinne ist Beobachtung gleichbedeutend mit der Erhebung von Daten im Rahmen wissenschaftlicher Untersuchungen. Das ist die Bedeutung, in der von Beobachtung bisher die Rede war.
- Die zweite Bedeutung von Beobachtung bezieht sich auf eine spezifische Form der Datenerhebung und unterscheidet sich z. B. von den Erhebungsverfahren des Interviews oder des Tests – in diesem Sinne ist im folgenden von Beobachtung die Rede.

Messung hat die beiden folgenden Bedeutungen:

- Von Messung im engeren Sinne ist nur dann die Rede, wenn die Datenerhebung als Ergebnis Zahlenwerte liefert, die eng gefaßten Kriterien genügen. Implizit wird dabei meist von einem physikalischen

Meßbegriff ausgegangen, und als Bezugspunkt dient das Messen mit Zollstock oder Waage.
- In der Psychologie ist es jedoch zweckmäßig, von Messung auch in einer weiteren Bedeutung zu sprechen. Messen bedeutet, beobachteten Verhaltensweisen, Äußerungen, Sachverhalten usw. in der Weise Zahlen zuzuordnen, daß Beziehungen zwischen den Beobachtungen durch die Zahlen abgebildet werden.

> **!** »Messung ist die Zuordnung von Zahlen zu Objekten oder Ereignissen gemäß einer bestimmten Regel« (Stevens 1959, S. 18, zit. nach Bortz 1984, S. 43) – so lautet die häufig zitierte weitgefaßte Definition von Messung.

Erfragt man in einem Interview, ob jemand lieber allein oder in einer Wohngemeinschaft wohnen würde, so mißt man die Präferenz für den Wohnstil, denn den Präferenzen Alleinwohnen und Wohngemeinschaft lassen sich beispielsweise die Zahlen 0 und 1 zuordnen. Beobachtet man in einer Tagesstätte die Sprachäußerungen eineinhalbjähriger Kinder und protokolliert, ob sie Ein- oder Zweiwortäußerungen machen, so mißt man die Äußerungslänge.

Nach welchen Regeln (gemäß der Definition von Stevens) werden beim Messen Zahlen zu Verhaltensweisen oder sonstigen Ereignissen zugeordnet? Generell gilt das Prinzip, daß die Zahlen so zuzuordnen sind, daß ihre Beziehungen untereinander – also die numerischen Relationen – Beziehungen zwischen den empirischen Gegebenheiten (Verhaltensweisen usw.) – also die empirischen Relationen – abbilden.

Für psychologische Fragestellungen unterscheidet man auf dem Hintergrund von Stevens' Definition im allgemeinen 4 Meßniveaus. Man spricht auch von 4 Skalenniveaus.

Die für die Psychologie bedeutsamen Meßniveaus sind die Nominalskala, die Ordinalskala, die Intervallskala und die Verhältnisskala. Sie unterscheiden sich dadurch, daß die Meßwerte für unterschiedlich viele empirische Relationen stehen.

Nominalskala. Betrachten wir als Beispiel für eine psychologische Variable den Familienstand (ledig, verheiratet usw.) oder die Art einer Angstneurose (Angst vor umschlossenen Räumen, Angst vor Öffentlichkeit, Angst vor Hunden usw.). In beiden Fällen lassen sich die verschiedenen Kategorien (»Variablenwerte«) nicht einmal in eine Mehr-Weniger-Relation bringen, sondern es kann lediglich festgestellt werden, daß sie verschieden voneinander sind. So werden etwa Personen, die Angst vor Hunden haben, in eine andere Kategorie eingeordnet als Personen, die Angst vor dem Aufenthalt in geschlossenen Räumen haben. Mit anderen Worten: Bei Variablen wie Familienstand oder Art der Angstneurose nehmen wir lediglich eine Klassifikation vor. Ordnen wir den Klassen oder Kategorien Zahlen zu – etwa der Angst vor Hunden die Zahl 1 und der Angst vor umschlossenen Räumen die Zahl 2, so reflektieren die Zahlen nicht mehr als die Verschiedenheit der Kategorien. Wir sprechen von einer Messung auf Nominalskalenniveau.

Ordinalskala. Lassen sich beispielsweise in einer Untersuchung zur Ängstlichkeit die Personen aufgrund eines Expertenurteils in eine Rangreihe bringen, so sind den Personen in der Weise Zahlen zuzuordnen, daß diese Rangreihe abgebildet wird. Man spricht in diesem Falle von einer Messung auf Rang- oder Ordinalskalenniveau. Die Ordinalskala ist ein höheres Skalenniveau als die Nominalskala, weil die Skalenwerte nicht nur für Verschiedenheit stehen, sondern auch ein Mehr oder Weniger (beispielsweise an Ängstlichkeit) ausdrücken.

Intervallskala. Ist es nicht nur möglich, eine Rangordnung vorzunehmen, sondern auch Aussagen über das Ausmaß der Differenzen zwischen den Beobachtungen zu machen – wie das etwa bei der Intelligenzmessung versucht wird –, so sollten die den Leistungen zugeordneten Zahlen diese Abstände repräsentieren. Diese Forderung ist genau dann erfüllt, wenn gleiche Zahlendifferenzen auch gleiche Merkmalsdifferenzen wiedergeben. Im Beispiel: Ist der Abstand in der Intelligenzleistung zwischen den Personen A und B genauso groß wie zwischen B und C und wurde A ein »Meßwert« von 10 und B ein Wert von 15 zugeordnet, so *muß* C den Meßwert 20 erhalten – nur dann liegt eine Intervallskala vor.

Verhältnisskala. Sind zusätzlich zu den Differenzen als empirische Relationen Verhältnisse (Proportionen) zwischen verschiedenen Merkmalsausprägungen bestimmbar und werden diese durch die entsprechende Zuordnung von Zahlen abgebildet, so liegt sogar eine Messung auf Verhältnisskalenniveau vor.

In der Psychologie hat man es nur selten mit Messungen auf Verhältnisskalenniveau zu tun. Häufig besteht eine Kontroverse darüber, ob eine Messung tatsächlich eine Intervallskala oder nur eine Ordinalskala geliefert hat – beispielsweise bei der Messung von Intelligenz- und Persönlichkeitsmerkmalen per Test. Der enge Begriff von Messen (s. oben) ist meistens gleichbedeutend mit einer Messung auf Intervall- oder Verhältnisskalenniveau.

Für die statistische Auswertung, die wir im nächsten Abschnitt besprechen, ist es sehr wichtig, sich über das Skalenniveau, auf dem man eine Messung durchgeführt hat, klarzuwerden. Die Anwendung statistischer Verfahren ist an bestimmte Voraussetzungen hinsichtlich der Skala gebunden, mit der die auszuwertenden Daten gemessen wurden. Die ungerechtfertigte Anwendung statistischer Verfahren, bei denen die entsprechenden Voraussetzungen nicht erfüllt sind, ist einer der häufigsten Fehler bei der Datenanalyse in der Psychologie.

Beobachtung

Im Alltag besteht eine der wichtigsten Möglichkeiten, etwas über andere zu erfahren, in der Beobachtung dessen, was sie tun. Auch Forscher nutzen die Beobachtung als wissenschaftliches Werkzeug, um etwas über Verhalten zu lernen; sie setzen sie jedoch auf geplante, präzise und systematische Weise ein. Man kann verschiedene Arten von wissenschaftlichen Beobachtungen unterscheiden, etwa direkte von vermittelten und natürliche (naturalistische) Beobachtungen von Beobachtungen im Labor.

Eine direkte Beobachtung wird »mit bloßem Auge« gemacht. Das Verhalten, das den Forscher interessiert, ist klar erkennbar und zugänglich und kann leicht in schriftlichen Protokollen oder auf einem Videoband festgehalten werden.

Beispielsweise könnte der Vl im Rahmen einer Untersuchung von Kommunikationsmustern eine Gruppe von Personen bitten, über ein strittiges Thema zu diskutieren, und dann direkt beobachten, wer mit der Diskussion anfing, wer Themen wechselte, wer gar nichts sagte usw. Bei einer Laboruntersuchung über Emotionen könnte er Veränderungen im Gesichtsausdruck der Teilnehmer aufzeichnen, während diese emotional erregende Stimuli betrachten.

Im Gegensatz zu der direkten Beobachtung »mit bloßem Auge« erfordert die vermittelte oder indirekte Beobachtung den Einsatz spezieller Ausrüstung oder spezieller Instrumente. Eine solche Ausrüstung gestattet manchmal eine präzisere Registrierung und Aufzeichnung des beobachteten Verhaltens.

Nehmen wir an, Wissenschaftler interessierten sich dafür, wie schnell Personen auf ein Lichtsignal reagieren. Es wäre zwar möglich, dieses Verhalten direkt zu beobachten; kleine Unterschiede in der Geschwindigkeit der Signalentdeckung könnten ihnen jedoch dabei entgehen. Deshalb würden sie wohl Stoppuhren oder computergesteuerte Meßinstrumente einsetzen, um das Verhalten genauer zu erfassen. – Man kann die in Abschn. 1.6.1 beschriebenen physiologischen Messungen auch als eine Form der indirekten Beobachtung einordnen.

Direkte Beobachtungen können sowohl unter den natürlichen Bedingungen des Alltags als auch unter den kontrollierten Bedingungen des Labors stattfinden. Indirekte Beobachtungen verlangen fast immer, daß der Forscher die Versuchsteilnehmer ins Labor bittet.

Die Beobachtung von Verhalten unter uneingeschränkten alltäglichen Verhaltensbedingungen bezeichnet man als **natürliche Beobachtung** (naturalistische Beobachtung). Die eindrucksvollsten und bekanntesten Beispiele für natürliche Beobachtungen stammen nicht von Psychologen, sondern von Ethologen. Wahrscheinlich sind Ihnen Jane Goodalls Beobachtungen von Schimpansen in der afrikanischen Wildnis ein Begriff (s. Abb. 1.9).

Goodalls Ziel war es, durch die Beobachtung von Primaten letztlich Einblick in die evolutionsbiologischen Grundlagen menschlichen Verhaltens, speziell der Aggression, zu gewinnen. Ihre Aufzeichnungen erstrecken sich über einen Zeitraum von 30 Jahren, und

sie zeigen eindrucksvoll, daß manchmal nur die langwährende, kontinuierliche und präzise Beobachtung unter natürlichen Bedingungen zu Erkenntnisgewinn führt.

Ursprünglich hatte Jane Goodall geplant, die Beobachtungen nach 10 Jahren zu beenden. Wäre sie bei diesem Plan geblieben, so hätte sie teilweise die falschen Schlüsse gezogen:

»Wir hätten dann über viele Beobachtungen zur Ähnlichkeit des Verhaltens von Schimpansen und Menschen verfügt, und es wäre auch der Eindruck entstanden, daß Schimpansen wesentlich friedfertiger als Menschen sind. Weil wir dann aber die Chance hatten, unsere Beobachtungen über die ersten 10 Jahre hinaus fortzusetzen, konnten wir dokumentieren, wie eine ursprünglich geschlossene Gruppe von Schimpansen in 2 Fraktionen zerbrach und wie zwischen diesen beiden neuen Gruppen gewalttätige Aggressionen entstanden. Wir konnten entdecken, daß Schimpansen unter bestimmten Umständen ihre Artgenossen töten und sogar zu »Kannibalen« werden. Wir haben in unseren weiteren Beobachtungen aber auch die außerordentlich engen affektiven Beziehungen zwischen Familienmitgliedern, die erstaunlichen kognitiven Fähigkeiten von Schimpansen und [die Entwicklung] kultureller Traditionen kennengelernt ...« (Goodall 1986, S. 3–4).

In der Psychologie sind naturalistische Beobachtungen auf einer frühen Stufe der Erforschung eines Phä-

Abb. 1.9. Jane Goodall hat einen großen Teil ihres Forscherlebens mit naturalistischen Beobachtungen von Schimpansen verbracht

Abb. 1.10. Beobachtungsraum mit einer Einwegscheibe. Der Forscher im Hintergrund kann das Spiel zwischen Mutter und Kind beobachten, ohne daß seine Anwesenheit das Kind beeinflussen würde

nomens oder Problems besonders hilfreich. Sie helfen uns, einen Gegenstand in seiner ganzen Vielfalt und Komplexität kennenzulernen und Zusammenhänge und Einflüsse zu erfassen, die sonst übersehen worden wären.

Zu den natürlichen Beobachtungen werden manchmal auch Beobachtungen im Labor gerechnet. Betrachten Sie Abb. 1.10. Sie zeigt einen Kinderbeobachtungsraum mit einer Einwegscheibe, so wie er heute in vielen Psychologischen Instituten üblich ist.

Das Beispiel zeigt allerdings auch die Grenzen natürlicher Beobachtungen im Labor. Denn erstens ist es fraglich, ob der Spielraum in einem Universitätsinstitut für das Kind wirklich dem eigenen Zimmer zu Hause gleichwertig ist. Und zweitens weiß die Mutter, während sie mit dem Kind spielt, sehr wohl, daß sie an einer psychologischen Beobachtung teilnimmt, daß sie durch die Einwegscheibe beobachtet wird usw. Mit anderen Worten: »natürliche« Beobachtungen im Labor sind bis zu einem gewissen Grade ein Widerspruch in sich.

Bei **kontrollierten Beobachtungen** im Labor werden absichtlich und geplant die Verhaltensbedingungen und die Reaktionsmöglichkeiten der Versuchsteilnehmer eingeschränkt. Will man etwa den Einfluß von Lärm auf die Lernleistung untersuchen, so wird man den Lärmpegel gezielt variieren (durch die Vorgabe von störenden Geräuschen über Kopfhörer) und messen, wieviele Wörter einer zuvor dargebotenen Wortliste die Personen nach 5 min erinnern können.

Befragung

Besonders die am kognitiven Modell (s. Abschn. 1.3) orientierten Wissenschaftler interessieren sich mehr für das, was Menschen denken und fühlen, als für das, was sie tun. Auch Forscher, deren Thema die Phantasie oder die Einstellungen von Menschen sind, werden sich nicht mit Verhaltensbeobachtungen zufriedengeben wollen. In diesen Fällen steht als Erhebungsverfahren die Befragung zur Verfügung. Dabei wird den Versuchsteilnehmern mündlich oder schriftlich eine Reihe von Fragen gestellt. Manchmal werden die Antworten für bare Münze genommen, wie im Falle von Meinungsumfragen, manchmal werden sie unter Einbeziehung zusätzlicher Informationen über die Person interpretiert. Die Ergebnisse der Befragung des einzelnen werden häufig mit den Resultaten bei anderen Personen, d. h. mit einer Norm oder mit Gruppendaten, verglichen.

Befragungen sind der primäre, wenn auch nicht der einzige methodische Zugang zu Informationen über Glauben, Einstellungen, Gefühle, Motive und die Persönlichkeit von Menschen. Problematisch ist diese Technik jedoch manchmal hinsichtlich ihrer Validität. Versuchsteilnehmer können aus einer ganzen Reihe von Gründen falsche oder irreführende Antworten geben:

- Sie verstehen die Fragen nicht richtig.
- Sie mögen es peinlich finden, ihre wahren Gefühle anzugeben; d. h., sie möchten vor dem Vl »gut dastehen«.
- Sie erinnern sich möglicherweise nicht mehr genau an das, was sie in der Vergangenheit getan haben.

Folglich muß man besondere Anstrengungen unternehmen, um sichergehen zu können, daß die Antworten tatsächlich valide Messungen darstellen.

Befragungen werden manchmal unter der Verwendung von »Hilfsmitteln« – etwa einem Fragebogen oder einem Interviewleitfaden – durchgeführt.

Ein **Fragebogen** ist eine schriftliche Zusammenstellung von Fragen nach Fakten (»Sind Sie Mitglied einer

Partei?«), nach vergangenem oder gegenwärtigem Verhalten (»Wieviele Zigaretten rauchen Sie pro Woche?«) oder nach Einstellungen oder Gefühlen (»Wie zufrieden sind Sie mit Ihrer Arbeitsstelle?«).

Wie diese Fragen beantwortet werden, hängt davon ab, wie sie gestellt werden.

- Bei *geschlossenen* Fragen wird eine begrenzte Zusammenstellung alternativer Antworten vorgegeben. Die Person wählt diejenige aus, die ihre eigene Position am besten repräsentiert. Bei den Antwortalternativen kann es sich um »Ja« oder »Nein« handeln, um eine siebenstufige Skala von »Stimme völlig zu« bis zu »Lehne völlig ab« oder um eine Auswahl von Antwortmöglichkeiten.
- Im Gegensatz dazu bieten *offene* Fragen keine derart begrenzten Alternativen, sondern die Personen werden einfach aufgefordert, mit ihren eigenen Worten zu antworten. Ein Beispiel für eine offene Frage ist: »Was schätzen Sie an sich selbst am meisten?«

> **!** Ebenso wie die anderen Verfahren der Datenerhebung lassen sich auch Fragebögen hinsichtlich der Gütekriterien Objektivität, Reliabilität und Validität beschreiben. Von einem wissenschaftlich fundierten Fragebogen wird man verlangen, daß er diesen Gütekriterien in ausreichendem Maße genügt.

Fragebögen können im Rahmen von Experimenten eingesetzt werden zur Beurteilung, wie die Versuchsteilnehmer sich in ihrer Rolle fühlen, wie sie die anderen Teilnehmer wahrnehmen und wie sie sich selbst einschätzen. Fragebögen können aber auch bei einer Umfrage Verwendung finden. Dann sind sie ein Mittel zum effizienten Sammeln von Informationen von einer größeren Anzahl Menschen.

Bei einer Umfrage wird einer Gruppe von Personen im direkten Gespräch, telefonisch oder schriftlich eine Menge standardisierter Fragen gestellt. Eine repräsentative Umfrage sammelt Informationen aus einer sorgfältig ausgewählten Stichprobe von Menschen, von denen angenommen wird, daß sie die Grundgesamtheit (Population) aller Menschen, über die man Aussagen treffen will, repräsentieren.

Eine besondere Form der Befragung ist das mündliche (persönliche) **Interview**. Es handelt sich dabei um einen direkten Dialog zwischen dem Forscher und dem Versuchsteilnehmer mit dem Ziel, genaue Informationen zu erhalten. Anders als schriftlich vorgelegte Fragebögen oder Fragenlisten in Meinungsumfragen ist das Interview in der Psychologie meistens nicht völlig standardisiert. Es läßt dem Vl viel mehr Freiraum, um in Abhängigkeit von den Antworten der interviewten Person Zusatzfragen zu stellen, die nachfolgenden Fragen zu modifizieren usw. Meistens wird bei diesen semistrukturierten oder halbstandardisierten Interviews nur verlangt, daß eine bestimmte Reihe von Themen oder Fragen »abgearbeitet« wird – wie das aber im einzelnen geschieht, bleibt dem Vl überlassen. Guten Interviewern gelingt es, mit dem Interviewpartner eine positive soziale Beziehung herzustellen, die Vertrauen und das Mitteilen persönlicher Informationen fördert.

Psychologische Tests

Vom Test und vom Testen ist im Zusammenhang mit psychologischen Untersuchungen in ganz unterschiedlichem Sinne die Rede. Wir wollen 5 Bedeutungen unterscheiden. Als Test bezeichnet man

- ein Verfahren zur Untersuchung eines Persönlichkeitsmerkmals,
- den Vorgang dieser Untersuchung,
- die zu dieser Untersuchung notwendigen Materialien,
- jede Datenerhebung, die auf eine Stichprobe beschränkt ist und
- wichtige Verfahren bei der statistischen Datenanalyse (s. Abschn. 1.7).

Hier soll von Test in der ersten Bedeutung, also von einem bestimmten Typ von Untersuchungsverfahren, die Rede sein. Lienert u. Raatz (1994, S. 1) geben folgende Definition:

> **!** »Ein **Test** ist ein wissenschaftliches Routineverfahren zur Untersuchung eines oder mehrerer empirisch abgrenzbarer Persönlichkeitsmerkmale mit dem Ziel einer möglichst quantitativen Aussage über den relativen Grad der individuellen Merkmalsausprägung.«

Jeder Test besteht aus einer Zusammenstellung von Fragen, Aufgaben oder Aktivitäten, von denen man annimmt, daß die Reaktionen, die sie hervorrufen, Indikatoren für eine bestimmte psychologische Funktion sind. Beispielsweise wird angenommen, daß die Aufgaben in einem Intelligenztest einen reliablen und validen Rückschluß auf die Intelligenz einer Person zulassen.

Tests kann man nach verschiedenen Gesichtspunkten einteilen. Eine Einteilung besteht in der Unterscheidung zwischen Einzel- und Gruppentests. Einzeltests werden bei jeweils nur einem Versuchsteilnehmer durchgeführt. Der Einsatz von Gruppentests gestattet die rasche Erhebung von Informationen an einer großen Zahl von Menschen.

Häufig wird das Testergebnis benutzt, um vorherzusagen, wie sich eine Person in einer späteren Situation wahrscheinlich verhalten wird. Beispielsweise werden Werte in einem Eignungstest zur Vorhersage der beruflichen Leistung verwendet. Da psychologische Tests sich als reliable und valide Meßverfahren zur Erfassung von Fähigkeiten, Eignungen, Interessen und Persönlichkeitsmerkmalen erwiesen haben, kommt ihnen auch eine eminente gesellschaftspolitische Bedeutung zu.

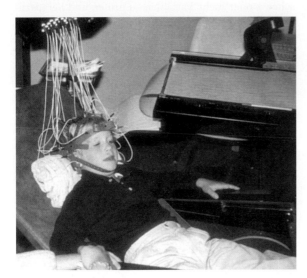

Dadurch, daß sie von immer mehr Institutionen eingesetzt werden, spielen sie auch im Leben der einzelnen Person eine immer größere Rolle. Deshalb werden wir in Kap. 12 untersuchen, wie Tests konstruiert, wo sie gebraucht und wie sie gelegentlich mißbraucht werden.

Physiologische Messungen

Woher weiß ein Forscher, was im Gehirn eines Menschen vorgeht, während dieser schläft oder ein Problem löst? Es gibt spezielle physiologische Meßverfahren, die es ermöglichen, derartige innere Vorgänge in meßbarer Form darzustellen. So kann man z. B. Informationen über die Gehirnaktivität erhalten, indem man auf verschiedenen Regionen der Kopfhaut Elektroden anbringt. Eine graphische Darstellung der Muster elektrischer Signale des Gehirns nennt man Elektroenzephalogramm (EEG; s. Abb. 1.11). Die Forschung benutzt die Aktivitätsmuster aus dem EEG, um Schlüsse über verschiedene psychologische Prozesse zu ziehen. So ist z. B. mittels EEG der Nachweis möglich, daß sich beim Lesen die Hirnaktivitäten danach unterscheiden, ob plötzlich ein unerwartetes Wort oder eine unerwartete grammatische Konstruktion im Text auftaucht (Osterhout u. Holcomb 1992). Solche Daten bilden dann den Ausgangspunkt für ein umfassenderes Verständnis des Leseprozesses.

Besonders beeindruckend sind die in den letzten Jahrzehnten entwickelten Verfahren, die es uns erlauben, dem Gehirn bei seiner Arbeit wortwörtlich »zuzuschauen«. Techniken wie die Positronenemissionsto-

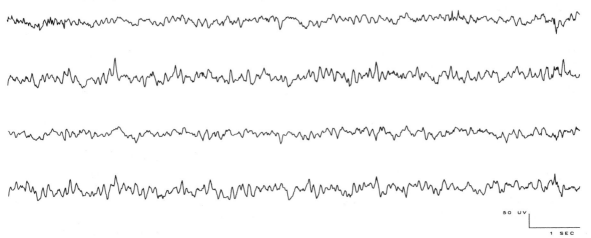

Abb. 1.11. Forscher können mittels EEG die Aktivität des Gehirns bei verschiedenen Tätigkeiten untersuchen und auf diese Weise Hypothesen über den Zusammenhang von psychologischen und physiologischen Prozessen prüfen

mographie (PET) und bildgebende Verfahren auf der Grundlage magnetischer Resonanz (MRI) wurden ursprünglich zur Verbesserung medizinischer Diagnoseverfahren entwickelt. Durch die Zuhilfenahme ausgefeilter Computerprogramme gestatten es diese Techniken aber auch, genaue Bilder von der Struktur und Aktivität des Gehirngewebes zu erzeugen.

Psychologen haben sich mittlerweile diese aus der Medizin stammenden Techniken zu eigen gemacht, um eine Vielzahl von psychophysiologischen Fragestellungen zu beantworten. Beispielsweise können auf der Grundlage von PET- und MRI-Daten normale und psychisch gestörte Personen auch hinsichtlich ihrer Gehirnaktivitäten beschrieben werden (Resnick 1992). Noch genauer als die PET- und MRI-Informationen sind Informationen über Verarbeitungsprozesse in einzelnen Gehirnzellen, die ableitbar sind, wenn Elektroden in spezifische Hirnareale implantiert werden. Auf diese Weise wurde gezeigt, welche spezifischen hirnphysiologischen Auswirkungen äußere Reize haben, und das wiederum hat es Psychologen und Medizinern erlaubt, psychophysiologische Zusammenhangshypothesen zur Rolle von Hirnstrukturen bei speziellen psychologischen Prozessen zu testen.

1.6.2
Untersuchungsstrategien und Versuchspläne

Die Erhebung von Daten ist für den Forscher kein Selbstzweck, sondern sie ist eingebunden in eine Untersuchungsstrategie, die die Beantwortung einer bestimmten Fragestellung zum Ziel hat. Die Untersuchungsstrategie führt häufig zur Festlegung eines Versuchsplans.

> **!** Im **Versuchsplan** (Design) einer psychologischen Untersuchung wird angegeben, welche Erhebungen vorzunehmen sind und in welcher logischen Beziehung sie zueinander und zur Fragestellung stehen.

Es gibt eine Vielzahl von psychologischen Forschungsstrategien und – dementsprechend – von Versuchsplänen. Wir werden uns in diesem Abschnitt auf 2 Strategien konzentrieren: das kontrollierte Experiment und die Korrelationsstudie. Daneben werden wir noch das Beispiel einer Evaluationsstudie anführen. Die Strategien der Einzelfallstudie, der Längsschnitterhebung und der Auswertung von Archivmaterial werden in den folgenden Kapiteln im Zusammenhang mit inhaltlichen Fragestellungen besprochen.

Das kontrollierte Experiment

Manche Psychologen sehen im kontrollierten Experiment (im folgenden nur: Experiment) einen Eckpfeiler der wissenschaftlichen Psychologie.

> **!** Das **Experiment** ist eine Untersuchungsmethode, bei welcher ein bestimmtes Verhalten unter systematisch variierten Bedingungen beobachtet wird. Der Vl manipuliert eine oder mehrere Bedingungsvariablen und beobachtet deren Wirkung auf eine oder mehrere Verhaltensweisen.

Die Methode des Experimentes gestattet es dem Psychologen, Hypothesen über die Art der Beziehung zwischen 2 oder mehr Variablen zu prüfen und herauszufinden, ob es sich dabei um eine Ursache-Wirkung-Beziehung handelt.

Im einfachsten Falle wird eine einzige Variable, von der angenommen wird, daß sie einen Einfluß auf ein Verhaltensmerkmal hat, systematisch und unter sorgfältiger Kontrolle – und oft unter recht restriktiven Bedingungen – variiert, und es wird dann beobachtet, ob sich das Verhalten tatsächlich verändert.

Die Bedingung, die verändert und zur Vorhersage der Reaktion verwendet wird, wird als unabhängige Variable bezeichnet. Das Verhaltensmerkmal, von dem man annimmt, daß es von der unabhängigen Variablen beeinflußt wird, wird als abhängige Variable bezeichnet.

Um sicherzugehen, daß *nur* die unabhängige Variable und nicht ein anderer Faktor die Veränderungen im Verhalten verursacht, versucht der Vl, die Wirkungen aller äußeren Bedingungen zu kontrollieren oder zumindest zu erklären. Dies kann auf 3 Arten geschehen:

- durch den Einsatz von Experimental- und Kontrollgruppen,
- durch zufällige Zuweisung zu den Versuchsbedingungen (Randomisierung) und
- durch die Standardisierung des Experimentablaufs.

Die Teilnehmer eines Experiments werden entweder der Experimentalgruppe oder der Kontrollgruppe zugeordnet. Die Experimentalgruppe wird dem Einfluß der unabhängigen Variablen ausgesetzt – sie erhält das experimentelle Treatment (Behandlung). Die Kontrollgruppe erhält das Treatment nicht – ansonsten aber gibt es keinen Unterschied in den Versuchsbedingungen für Experimental- und Kontrollgruppe.

Die Einführung der Kontrollgruppe zusätzlich zur Experimentalgruppe gibt die Möglichkeit, ein Vergleichsniveau oder eine Ausgangsbedingung (»baseline«) zu bestimmen, mit der die Veränderungen in der Experimentalgruppe verglichen werden können. Unterschiede zwischen dem Verhalten der Teilnehmer in der Kontrollgruppe und denen der Experimentalgruppe müssen nach der Logik des Experimentierens das Ergebnis der Wirkung der unabhängigen Variablen, also des Treatments, sein.

Die Zuweisung der Teilnehmer zur Experimental- oder Kontrollgruppe erfolgt nach einem Zufallsverfahren und wird als Randomisierung bezeichnet. Jede Person hat die gleiche Chance, der Experimental- oder der Kontrollgruppe zugeordnet zu werden. Der Zweck der Randomisierung ist es, beide Gruppen einander so ähnlich wie möglich zu machen, bevor die Experimentalgruppe dem Treatment ausgesetzt wird, denn dann können anschließend beobachtete Unterschiede nicht das Ergebnis vorher bestehender Differenzen zwischen den Gruppen sein. Randomisierung ist ein wesentliches Merkmal der experimentellen Methode.

Ein anderer Aspekt der Kontrolle beim wissenschaftlichen Experiment ist die **Standardisierung** des Vorgehens (vgl. auch Abschn. 1.5.1). Durch einheitliche Gestaltung der Versuchsbedingungen wird versucht, alle äußeren Einflüsse auf das Verhalten der Versuchsteilnehmer konstant zu halten, abgesehen von denjenigen Einflußgrößen, die mit der unabhängigen Variablen zusammenhängen. Instruktionen, Temperatur, Zeitspanne und Art der Reaktionsaufzeichnung sollen für alle Teilnehmer so ähnlich wie möglich sein, damit sichergestellt ist, daß ihre »Erfahrungen« während des Experiments mit Ausnahme der Unterschiede in der unabhängigen Variablen identisch sind. Ein Beispiel für ein kontrolliertes Experiment wird im Abschnitt **Unter der Lupe** beschrieben.

UNTER DER LUPE

Ein kontrolliertes Experiment:
Altern, Gesundheit und das Gefühl der Kontrolle
Lange Zeit wurde angenommen, die zunehmende Anfälligkeit der Gesundheit, die das Altern begleitet, gehöre zu unserem genetischen Programm. Aber ist nicht auch die Auffassung vertretbar, Gesundheit sei von der Psyche abhängig und nicht allein biologischen Ursprungs? Läßt sich also zeigen, daß Umwelt und psychologische Faktoren für die Gesundheit älterer Menschen eine bedeutsame Rolle spielen?

Erste Anhaltspunkte für die Richtigkeit dieser Vermutung liefern uns Studien, die gezeigt haben, daß alte Menschen, die aus eigener Wahl in ein Altenheim gingen, in besserer Verfassung waren als ihre Mitbewohner, die sich nicht selbst für das Leben im Altenheim entschieden hatten.

In einer sorgfältig dokumentierten Untersuchung an 40 Personen aus einem Pflegeheim in Cleveland, Ohio, wurde berichtet, daß 23 von ihnen bereits innerhalb des ersten Monats, nachdem die Bewerbung für einen Pflegeplatz eingegangen war, starben. Bei Nachforschungen stellte sich heraus, daß bei der Mehrheit der Verstorbenen die Familie die Anmeldung vorgenommen hatte (Ferrare 1962).

Das Resultat ist zweifellos sehr provokativ, es ist jedoch zu beachten, daß es sich nur um einen korrelativen Zusammenhang handelt. Zum Nachweis einer kausalen (ursächlichen) Beziehung zwischen dem Gefühl der Kontrolle über das eigene Leben und der Gesundheit ist es notwendig, die Bedingungen für das Kontrollgefühl zu manipulieren, d. h. systematisch zu variieren, und dann die Auswirkungen auf die Gesundheit zu beobachten. Die Psychologin Judith Rodin (1983) und ihre Mitarbeiter haben genau das in einer umfangreichen Untersuchungsreihe getan. Eine ihrer Untersuchungen illustriert die Abfolge der Ereignisse in einem kontrollierten Experiment (s. Abb. 1.12).

Rodin stellte die Hypothese auf, daß Training, welches das Gefühl der eigenen Kontrolle stärkt und Gefühle des Kontrollverlustes verringert, zu Veränderungen in den Einstellungen, im Verhalten und im Gesundheitszustand führt. Vier Monate vor Beginn des experimentellen Treatments wurden 40 ältere Frauen in einem Pflegeheim ausgewählt und ausführlich über Themen, die mit wahrgenommener Kontrolle, Streß und persönlichen Problemen zu tun hatten, interviewt. Zusätzlich wurden Verhaltensbeobachtungen durchgeführt, Blutdruck und Urin untersucht und allgemeine Einschätzungen des Gesundheitszustandes vorgenommen. Keine der älteren Frauen litt an einer akuten Erkrankung, und alle konnten ohne fremde Hilfe gehen. Diese Erhebungen vor Beginn des experimentellen Treatments werden als Vortest (»pretest«) bezeichnet – in Abhebung zum Nachtest (»posttest«), der sich der Behandlung anschließt.

Die Teilnehmerinnen wurden nach Alter und Dauer der Unterbringung gruppiert und dann zufällig jeweils einer von 3 Gruppen zugeteilt:

- einer *Experimentalgruppe*, die das »Kontrolltraining« erhielt;
- einer »*Aufmerksamkeits-Kontrollgruppe*«, die zwar kein Training erhielt, aber genausoviel Zeit wie die Teilnehmerinnen der Experimentalgruppe im Gespräch mit einem Psychologen verbrachte, der ihren Problemen Aufmerksamkeit schenkte;
- und einer weiteren *Kontrollgruppe*, die nicht betreut wurde.

Das Training war die unabhängige Variable; das wahrgenommene Gefühl von Kontrolle war eine angenommene intervenierende Variable und die Messungen der Einstellungen, des Verhaltens und des Gesundheitszustandes die abhängigen Variablen, von denen erwartet wurde, daß sie sich bei der Experimentalgruppe ändern würden.

Das Treatment umfaßte 2 dreiwöchige Trainingsabschnitte, die von Psychologen durchgeführt wurden, welche die Vortestergebnisse nicht kannten (sog. »Blindversuch«). Im Rahmen des Trainings lernten die Teilnehmerinnen, negative selbstbezogene Äußerungen zu verringern und mehr positive Äußerungen über sich selbst zu machen. Sie übten auch Möglichkeiten, aktiver zu eigenen Erfahrungen beizutragen und Gesundheitsprobleme selbständig zu lösen. Rodin und ihre Mitarbeiter nahmen an, daß auf diese Weise die intervenierende Variable »Kontrollgefühl« beeinflußt werde.

Einen Monat nach Abschluß des Trainings wurde ein Nachtest mit denselben Verfahren wie im Vortest durchgeführt. Zusätzlich wurde eine Einschätzung der belastenden Ereignisse (Stressoren), die in der Zwischenzeit im Pflegeheim aufgetreten waren, abgegeben. Wie vorhergesagt, gab es bedeutsame Unterschiede zwischen den Teilnehmerinnen der Experimentalgruppe und den beiden Kontrollgruppen. Die Frauen aus der Experimentalgruppe konnten besser mit Streß in ihrer Umgebung umgehen und waren besser in der Lage, problemträchtige Bedingungen zu verändern. Sie nahmen häufiger an Aktivitäten teil, waren glücklicher, kontaktfreudiger und aktiver. Sie fühlten einen größeren Freiraum, um Veränderungen herbeizuführen und über wichtige Ziele in ihrer Umwelt zu bestimmen. Die Werte für streßbedingte Hormone im Urin waren ebenfalls signifikant gesunken, und ihr allgemeiner Gesundheitszustand hatte sich verbessert.

Auch wenn die Teilnehmerinnen der Aufmerksamkeits-Kontrollgruppe bei einigen der Nachtestmessungen etwas besser als die der Kontrollgruppe ohne Betreuung abschnitten, so waren die Unterschiede zwischen den beiden Kontrollbedingungen insgesamt doch gering und statistisch nicht bedeutsam (s. Abschn. 1.7 zum Begriff der statistischen Bedeutsamkeit). Auch bei einem Nachtest nach 18 Monaten konnte die positive Wirkung des Trainings immer noch nachgewiesen werden.

! Experimente können auch mehr als eine unabhängige Variable enthalten, denn üblicherweise gibt es viele Faktoren, die komplexe Verhaltensweisen beeinflussen. Versuchspläne von Experimenten, in denen der Einfluß von mehr als einer unabhängigen Variablen untersucht wird, werden als mehrfaktorielle Designs bezeichnet.

Nehmen wir an, ein Forscher möchte wissen, ob unterschiedliche Lernstrategien die Gedächtnisleistung verbessern. Eine der unabhängigen Variablen wäre folglich die Strategie beim Erlernen von Wortlisten: Die eine Hälfte der Teilnehmer würde die Wortlisten einfach Wort für Wort wiederholen, und die andere Hälfte würde eine Geschichte erfinden, in der alle Wörter vorkämen. Die zweite unabhängige Variable könnte die Zeitspanne sein, nach der die Personen gebeten werden, die Wörter zu reproduzieren: Ein Teil von ihnen würde gleich nach dem Lernen gebeten, die Wörter wiederzugeben (sofortige Reproduktion), die anderen würden erst einige Zeit später darum gebeten (verzögerte Reproduktion). Ein solches Experiment folgt einem 2×2-Design – 2 Stufen für jede der beiden unabhängigen Variablen, wie Abb. 1.13 zeigt. Das 2×2-Design ist ein Beispiel für ein mehrfaktorielles Design.

Folglich gibt es hier 4 experimentelle Gruppen, und jede Person wird einer davon zufällig zugewiesen:

- Wort-für-Wort-Lernen mit sofortiger Reproduktion,
- Wort-für-Wort-Lernen mit verzögerter Reproduktion,
- Verkettung durch eine Geschichte mit sofortiger Reproduktion und
- Verkettung durch eine Geschichte mit verzögerter Reproduktion.

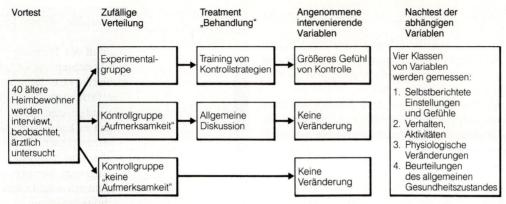

Abb. 1.12. Der experimentelle Versuchsplan der Studie von Rodin (1983)

a 2×2-Design für
eine fiktive
Gedächtnisuntersuchung

Zeitpunkt der Messung

Lernstrategie

	Sofort	Verzögert
Wort für Wort	Gruppe 1	2
Geschichte	3	4

b Ergebnisse
der fiktiven
Gedächtnisuntersuchung

	Sofort	Verzögert	Haupteffekt für die Lernstrategie (Mittelwert jeder Zeile)
Wort für Wort	36	22	29
Geschichte	38	34	36
Haupteffekt für die Zeit (Mittelwert jeder Spalte)	37	28	

c Interaktionseffekt
der fiktiven
Gedächtnisuntersuchung

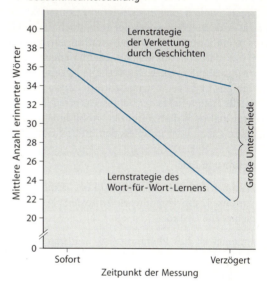

Abb. 1.13a–c. Ein mehrfaktorieller experimenteller Versuchsplan: Fiktives Beispiel. In dieser Untersuchung, die einem 2×2-Versuchsplan folgt, erhielten die Teilnehmer eine Liste von 50 Wörtern, die sie auswendig lernen sollten.
a Versuchsplan (Design) des Experiments; es gibt 2 Stufen für jede der beiden unabhängigen Variablen, **b** Die Zahlen geben die Anzahl der Wörter an, die unter jeder der folgenden Bedingungen erinnert werden: Wort für Wort auswendig/verzögert, Wort für Wort auswendig/sofort, Wörter in Geschichte/verzögert, und Wörter in Geschichte/sofort. Das Gedächtnis ist besser bei sofortigem als bei verzögertem Abruf und besser bei zu Geschichten verbundenem als bei Wort für Wort auswendig gelerntem Material, **c** Haupteffekte der Variablen

Die abhängige Variable ist die Erinnerungsleistung (Anzahl erinnerter Wörter).

Mit dieser Art von Versuchsplan kann ein Vl nicht nur die Wirkungen jeder der unabhängigen Variablen (»Faktoren«) beobachten, sondern auch prüfen, welchen Effekt ihre Kombination hat.

Um den Einfluß jedes einzelnen Faktors von dem kombinierten Effekt auch begrifflich zu trennen, hat man die Begriffe des Haupteffektes und des Interaktionseffektes eingeführt.

> ! Als Haupteffekte bezeichnet man in einem Versuchsplan, der mehrere unabhängige Variablen berücksichtigt, die Wirkung jeder Variablen. Der Interaktionseffekt (oder die Wechselwirkung) besteht darin, daß die Wirkung des einen Faktors vom Ausprägungsgrad des anderen abhängt.

Es ist möglich, als Ergebnis eines 2 × 2-Designs Haupteffekte *und* einen Interaktionseffekt zu beobachten. Aber es ist auch möglich, daß *nur* ein Interaktionseffekt auftritt; das bedeutet, daß weder der erste noch der zweite Faktor allein einen bedeutsamen Einfluß auf das Verhalten hat, daß aber die beiden unabhängigen Variablen im Zusammenwirken das Verhalten beeinflussen.

Abbildung 1.13b veranschaulicht für unser fiktives Beispiel die Haupteffekte der beiden Faktoren Lernstrategie und Reproduktionszeitpunkt. Abbildung 1.13c demonstriert anhand des Beispiels den Interaktionseffekt.

Korrelationsstudien

Nicht immer besteht die Möglichkeit, Experimente durchzuführen, um Hypothesen zu testen. Dafür gibt es verschiedene Gründe:

- Manchmal ist das Phänomen zu weitgefächert, als daß es sich auf spezifische Variablen, die von einem Vl manipuliert werden könnten, reduzieren ließe. Beispiele sind das Verhalten von großen Menschenansammlungen – ein Thema der Massenpsychologie – oder der kumulative Effekt übermäßiger Stimulation durch die Umwelt.
- Es kann auch sein, daß die unabhängige Variable aus praktischen Gründen nicht manipulierbar ist – beispielsweise bei Untersuchungen der Folgen von Verliebtheit oder Scheidung.
- Schließlich gibt es ethische Gründe, die die Durchführung kontrollierter Experimente verbieten, beispielsweise bei der Erforschung der Vererbung beim Menschen oder der Reaktionen auf extremen Streß.

Bei der Untersuchung solcher Phänomene werden andere Strategien eingesetzt. Die wichtigste ist die Korrelationsstudie.

> ! Bei der **Korrelationsstudie** wird die Stärke des Zusammenhangs zwischen 2 Variablen gemessen. Jedoch läßt sich allein aus der Stärke des Zusammenhangs kein Rückschluß auf dessen Richtung – was ist Ursache und was Wirkung – ziehen: Korrelationen erlauben keine kausalen Schlüsse.

Ein fiktives Beispiel soll diese Einschränkung veranschaulichen. Nehmen wir an, ein Forscher hätte erhoben, wieviel Streß Personen in ihrem Leben erfahren und wie gut ihre Arbeitsleistung ist. Durch die Anwendung entsprechender mathematischer Auswertungsverfahren (s. Abschn. 1.7) läßt sich dann präzise beschreiben, ob es einen Zusammenhang zwischen Streß und Arbeitsleistung gibt und wie eng diese Beziehung ist.

Angenommen, es würde tatsächlich eine bedeutsame Korrelation zwischen Streß und Arbeitsleistung gefunden, die anzeigt, daß mit steigendem Streß die Arbeitsleistung schlechter wird. Was ist Ursache, was ist Wirkung?

- Eine Möglichkeit ist, daß Streß die Menschen dazu bringt, schlechter zu arbeiten.
- Eine andere Möglichkeit besteht darin, daß Menschen dann Streß erfahren, wenn ihre Arbeitsleistung schlecht geworden ist.
- Eine weitere Möglichkeit kann darin liegen, daß eine dritte Variable hinter den beiden beobachteten steht und den Zusammenhang verursacht. Es kann sein, daß Menschen mit einer bestimmten Persönlichkeit mit größerer Wahrscheinlichkeit Streß erleben und schlechte Arbeitsleistungen liefern.
- Schließlich gibt es als vierte Variante noch die Möglichkeit der Gefahr der Verfälschung durch »unechte« Korrelationen oder »Scheinkorrelationen«.

Scheinkorrelationen kommen zustande, weil die Daten auf ganz bestimmte selektive Weise gesammelt worden sind. Beispielsweise treten in den US-Staaten Arizona und Florida Lungenkrankheiten und Arthritis am häufigsten auf – jedoch nicht, weil die Luft oder das Klima in beiden Staaten krankheitsfördernd ist, sondern weil die Bevölkerung in beiden Fällen zum großen Teil aus älteren Menschen besteht. Ein anderes Beispiel für eine Scheinkorrelation entstammt einer neueren Untersuchung, die eine niedrigere Heilungsquote für Drogenabhängige belegt, die Psychotherapie erhalten hatten, im Vergleich zu solchen, die keine Psychotherapie erhalten hatten (Schachter 1982). Dieser überraschende Zusammenhang klärt sich auf, wenn man weiß, daß die Drogenabhängigen, die sich für eine Therapie entscheiden, in einer schlechteren Verfassung sind als diejenigen, die auf Therapie verzichten. [Stanovich (1986) behandelt diese und verwandte Fragen ausgezeichnet und ausführlich.] Folglich sind die Resultate von Korrelationsstudien mit Vorsicht zu interpretieren, wenngleich sie den Vorzug haben, Beziehungen zwischen Variablen, die der experimentellen Manipulation nicht zugänglich sind, zu belegen.

Evaluationsforschung

Ein wichtiger neuer Forschungszweig in der Psychologie ist die Evaluationsforschung. Sie liefert Antworten auf folgende Fragen:

- Erbringen bestimmte Gesetze, Regelungen oder administrative Maßnahmen die erhofften Ergebnisse?
- Wiegt der Nutzen die Kosten auf, sowohl finanziell als auch psychologisch?
- Wie könnte ein Programm so verändert werden, daß es besser funktioniert?

> **!** **Evaluationsforschung** wird durchgeführt, um die Effizienz und die Kosten bestimmter sozialer Programme, Therapieformen, Schulungsmaßnahmen o. ä. zu beurteilen.

Forschungsergebnisse können in Begriffen der Kosteneffizienz formuliert werden – wieviel Geld ein Programm kostet und wieviel Anstrengung es erfordert, ein bestimmtes Resultat zu erzielen (Kosecoff u. Fink 1982, Yates 1980). Eine großangelegte Evaluationsstudie zur Drogenprävention, die für viel Aufsehen gesorgt hat, wird im Abschnitt **Unter der Lupe** beschrieben.

UNTER DER LUPE

Die Evaluation von Drogenpräventionsprogrammen

Versetzen Sie sich in die Rolle eines Forschers, der eine heikle Aufgabe übernommen hat. Er soll Regierungsbehörden darüber informieren, wie erfolgreich verschiedene Programme zur Drogenprävention in unserer Gesellschaft sind. Mit anderen Worten, Sie sollen der Regierung helfen, die im Kampf gegen Drogen zur Verfügung stehenden Gelder möglichst effektiv einzusetzen. Können Sie sich vorstellen, was zu tun wäre? – Betrachten wir nun die tatsächlich durchgeführten Evaluationsstudien und ihre Resultate.

Eines der spannendsten Programme zur Drogenprävention seit Mitte der 80er Jahre war das Programm »War on drugs« des damaligen US-Präsidenten George Bush. Es wurde von der US-Regierung über Jahre hinweg durchgeführt. Von den insgesamt aufgewendeten 9,5 Mrd. $ dienten 70% dem Zweck, schärfere Gesetze durchzusetzen. Dahinter stand die Annahme, daß vor allem schärfere Gesetze den Drogenkonsum reduzieren würden. Entspricht diese Annahme den Tatsachen? In der Tat konnten sowohl diejenigen, die daran glaubten, als auch die Gegner des Programmes Statistiken anführen, die ihren jeweiligen Standpunkt unterstützten. Präsident Bush und der Anti-Drogen-Pabst William Bennett zitierten Studien, nach denen eine Abnahme des Kokain- und Marihuanakonsums sowie eine Senkung der Zahl der stationären Notaufnahmen aufgrund von Kokain- und Heroinkonsum festgestellt wurden. Gleichzeitig verwiesen Vertreter der Drug Policy Foundation – einer internationalen Gruppe, die nach Alternativen zum »War on drugs« suchte – darauf, daß die Drogenkriminalität angestiegen und das Justizsystem überlastet war, daß Heroin ein Comeback erlebte und daß Programmen, die sich mit der Behandlung von Drogenabhängigkeit befaßten, die finanziellen Ressourcen entzogen wurden. Derart widersprüchliche Statistiken sind ein Hinweis darauf, daß das Programm unzureichend evaluiert worden war. Wie könnte man es aber besser machen?

Am Anfang sollte der Versuch stehen, die abhängigen Variablen strikt operational zu definieren. Betrachten wir exemplarisch die Variable »Schaden für eine Gesellschaft durch Drogenmißbrauch«. Um sie zu operationalisieren, könnte man etwa folgende Indikatoren heranziehen:

- die Inzidenzrate neuer Drogenabhängiger,
- die Zahl der Aids- bzw. HIV-Infektionen, die durch Spritzbestecke übertragen werden,
- die Inzidenzrate der Neugeborenen, die bei der Geburt Entzugserscheinungen zeigen,
- die Zahl der Morde, die im Zusammenhang mit Drogen verübt wurden, und
- die Kosten des Justizvollzugs bei Drogenabhängigen und Dealern.

Ohne derartige *spezifische* Definitionen bliebe das »Drogenproblem« so vage definiert und vielschichtig, daß man mit geschickter einseitiger Betonung bestimmter Aspekte eine empirische Unterstützung für jegliche Position finden würde.

Außerdem muß man sorgfältig prüfen, wie der angemessene Zeitrahmen einer Evaluationsstudie auszusehen hätte. Wie bei nahezu jedem sozialpolitischen Problem können die wichtigen Fragen nicht in einer Kurzzeitstudie beantwortet werden. Die komplexen Auswirkungen großer Programme von Regierungsstellen oder Gesundheitsbehörden (Bildungsprogramme, Drogengesetzgebung, Methadonprogramme) zeigen sich oft erst im Laufe von Jahren oder Jahrzehnten. Als Forschungsexperte einer Regierung müßte man also auf *angemessenen* Forschungsdesigns bestehen.

Liegen solche Versuchspläne einmal vor, so sollten sie auch – wie die Erfahrung lehrt – herangezogen werden, um Drogenpräventionsprogramme für Grundschüler zu evaluieren. Das bekannteste dieser Programme heißt DARE (»Drug Abuse Resistance Education«). Ziel von DARE ist es, Kinder bereits in frühen Jahren zu erreichen und die Wahrscheinlichkeit für späteren Drogenmißbrauch zu senken, indem sowohl eine negative Haltung gegenüber Drogen als auch positive Bewältigungsstrategien vermittelt werden, die dabei helfen, in schwierigen Situationen auch ohne Drogen auszukommen.

Wiederum können sowohl diejenigen, die DARE unterstützen, als auch die Gegner von DARE Statistiken für ihre jeweilige Position heranziehen. Warum? Bei der bisher durchgeführten Evaluation von DARE hing das Ergebnis ganz entscheidend davon ab, ob sich die Aufmerksamkeit auf die Einstellung oder auf das Verhalten der Teilnehmer an dem Programm richtete. Schüler, die an DARE teilgenommen hatten, zeigten im Vergleich zu Kontrollgruppen durchgängig eine ablehnendere Einstellung gegenüber dem Drogenmißbrauch (Harmon 1993). Jedoch gibt es für Verhaltensänderungen keine derart eindeutigen Belege. In der Regel führte die Teilnahme an DARE nicht zu verringertem Mißbrauch von Alkohol, Cannabis oder Zigaretten. Dies bedeutet aber nicht notwendigerweise, daß DARE ein Fehlschlag war. Die referierten Ergebnisse weisen vielmehr in die Richtung, in der das Programm weiterentwickelt werden sollte: Es geht um eine Stärkung der Verbindung zwischen Einstellung und Verhalten.

Das allgemeine Fazit aus den Erfahrungen in der Evaluation von »War on drugs« und DARE muß lauten: Wenn wir Forschungsergebnisse darstellen, so sollten wir es keinesfalls bei isolierten Einzelfakten oder -statistiken belassen. Wir müssen immer versuchen, das Phänomen als Ganzes zu betrachten, und uns um eine *Integration der Einzelbefunde* bemühen.

Warum gibt es so viele unterschiedliche Arten von Untersuchungsstrategien? Zwei Gründe müssen vor allem genannt werden: Zum einen erfordert die Heterogenität der Themen und Fragestellungen, die Psychologen erforschen, eine Vielfalt von Ansätzen. Zum anderen stellt die Komplexität des Untersuchungsgegenstandes – die aktive, reflexive, denkende, fühlende, ständig in Veränderung begriffene Person – einzigartige Anforderungen an einen Wissenschaftler, der danach strebt, Prozesse, die das Verhalten formen und die psychischen Funktionen leiten, zu analysieren. Anders als die stabilen und invarianten Phänomene, die von der Naturwissenschaft erforscht werden, unterliegen psychologische Phänomene in starkem Maße subtilen, ständig in Fluß befindlichen Einflußfaktoren.

1.7
Datenanalyse

Gleichgültig, wie der Versuchsplan aussieht und welche Messungen vorgenommen wurden, das Ergebnis einer Untersuchung ist immer ein Satz von Daten. Die Datenanalyse kann viele unterschiedliche Verfahren einschließen, von denen einige überraschend einfach und geradlinig angelegt sind. Wir werden Sie in diesem Abschnitt anhand eines Beispiels mit einer Reihe von statistischen Auswertungsverfahren vertraut machen. Das Beispiel ist eine Studie über »Mord im Affekt« (s. den Abschn. **Experiment**). Im folgenden beschreiben wir zunächst den Rahmen dieser Studie.

Immer wieder tauchen in den Medien Berichte über Mordfälle auf, bei denen der Täter als scheu, zurückgezogen, freundlich und unauffällig beschrieben wird. Für die Bekannten und Nachbarn des Täters ist das Verbrechen oft unvorstellbar, weil sie ihn als wenig aggressiv und als sehr kontrolliert kennengelernt haben.

Diese Beobachtungen waren auch für die psychologische Forschung der Ausgangspunkt, sich die Frage zu stellen: Gibt es eine Verbindung zwischen Schüchternheit, anderen Persönlichkeitseigenschaften und ge-

»Die Persönlichkeit von Affekttätern«

Um Vorstellungen über die besondere Persönlichkeit von Affekttätern zu prüfen, wurde eine Untersuchung mit Gefängnisinsassen durchgeführt, die wegen Mordes verurteilt worden waren. Dabei ließen sich 19 Männer, die sich zur Teilnahme bereit erklärt hatten, in 2 Gruppen klassifizieren. Die eine Gruppe von Tätern hatte vor dem ersten Mord bereits eine Reihe von Straftaten begangen (»Gewohnheitstäter«), bei der anderen Gruppe (Affekttäter) gab es keine kriminelle Vorgeschichte. Alle Täter füllten 3 Fragebögen aus.

- Beim ersten handelte es sich um einen Schüchternheitsfragebogen (Stanford Shyness Survey). Das wichtigste Item dieses Fragebogens fragt danach, ob die Person schüchtern sei. Als Antwort ist ein einfaches Ja oder Nein möglich.
- Der zweite Fragebogen war eine Skala zur Geschlechtsrolle (Bem Sex Role Inventory), die eine Liste von Adjektiven enthält (etwa »aggressiv« und »liebevoll«). Die Person wird gefragt, wie gut jedes der Adjektive sie beschreibt (Bem 1974, 1981).

Einige Adjektive wurden von Beurteilern übereinstimmend in die Kategorie »feminin« eingeordnet. Der Gesamtwert für diese Adjektive ergab den »Feminitätswert«. Andere Adjektive wurden für »maskulin« gehalten, und der Gesamtwert dieser Adjektive ergab den »Maskulinitätswert«. Der Geschlechtsrollenwert schließlich spiegelte das Überwiegen der Feminität oder Maskulinität bei einer Person wider und wurde als Differenz zwischen Feminitäts- und Maskulinitätswert berechnet.

- Der dritte Fragebogen war das Minnesota Multiphasic Personality Inventory (MMPI), das zur Messung vieler Persönlichkeitsmerkmale dient und aus einer Vielzahl von Einzelskalen besteht. Die Wissenschaftler interessierten sich besonders für die Skala »Übermäßige Ich-Kontrolle« (»ego-overcontrol«), die angibt, in welchem Ausmaß eine Person Impulse ausagiert oder kontrolliert.

Die Vorhersagen lauteten:

- Affekttäter beschreiben sich selbst im Vergleich zu Gewohnheitsmördern in der Schüchternheitsskala öfter als schüchtern;
- sie schreiben sich auf der Geschlechtsrollenskala mehr feminine als maskuline Eigenschaften zu, und
- sie erzielen für »Übermäßige Ich-Kontrolle« im MMPI höhere Werte als Gewohnheitsmörder.

Alle Vorhersagen wurden bestätigt:. 40% der gesamten amerikanischen Bevölkerung beschreiben sich selbst als schüchtern – bei den Affekttätern hingegen schrieben sich 80% diese Eigenschaft zu, bei den Gewohnheitstätern 11%. Auf der Geschlechtsrollenskala wählten 70% der Affekttäter Adjektive, die eher feminin als maskulin waren, während nur 22% der Gewohnheitsverbrecher der Ansicht waren, die femininen Adjektive beschreiben sie genauer als die maskulinen. Schließlich wiesen die Affekttäter höhere Werte in »Übermäßiger Ich-Kontrolle« auf als die Gewohnheitstäter unter den Mördern (Lee et al. 1977).

walttätigem Verhalten? Eine Forschergruppe hielt das für möglich und sammelte Daten, um diese Beziehung zu untersuchen.

Die Wissenschaftler stellten die Hypothese auf, daß es sich bei den Tätern bei Mord im Affekt (im folgenden »Affekttäter« genannt) um eine Gruppe von Menschen handelt, die typischerweise schüchtern und unaggressiv sind und ihre Leidenschaften und Impulse unter Kontrolle halten. Die meiste Zeit ihres Lebens leiden sie stillschweigend an Ungerechtigkeiten und Verletzungen durch andere Menschen. Selten nur, wenn überhaupt, verleihen sie ihrer Wut Ausdruck, egal, wie wütend sie auch sein mögen. Äußerlich wirken sie unbeschwert, innerlich mögen sie jedoch gekämpft haben,

um rasende Wut unter Kontrolle zu halten. Irgendwann gibt es dann aber doch eine Explosion. Bei der kleinsten Provokation – oder ohne jede ersichtliche Provokation – lassen sie all die unterdrückte Gewalt heraus, die sich so lange aufgebaut hat.

Die Rohdaten der 19 Häftlinge der »Mord-im-Affekt-Studie« sind in Tabelle 1.3 aufgelistet. Wie Sie sehen können, umfaßte die Gruppe der Affekttäter 10 Häftlinge, die der Gewohnheitsverbrecher 9. Beim ersten Blick auf diese Daten würde jeder Forscher das empfinden, was Sie vermutlich empfinden – Verwirrung. Was bedeuten all diese Werte? Unterscheiden sich diese beiden Mördergruppen in den verschiedenen Persönlichkeitsvariablen? – Das ist schwer zu sagen. Um den Daten,

Tabelle 1.3. Rohdaten aus einer Untersuchung über Mord im Affekt und Mord aus Gewohnheit

Häftling	Schüchtern-heit	BSRI Feminität – Maskulinität	MMPI Ich-Kontrolle (Ego-Over-control)
Gruppe 1 – Mord im Affekt			
1	ja	+5	17
2	nein	−1	17
3	ja	+4	13
4	ja	+61	17
5	ja	+19	13
6	ja	+41	19
7	nein	−29	14
8	ja	+23	9
9	ja	−13	11
10	ja	+5	14
Gruppe 2 – Mord aus Gewohnheit			
11	nein	−12	15
12	nein	−14	11
13	ja	−33	14
14	nein	−8	10
15	nein	−7	16
16	nein	+3	11
17	nein	−17	6
18	nein	+6	9
19	nein	−10	12

> **!** Die **deskriptive Statistik** dient der Ordnung und Zusammenfassung der beobachteten Daten.
> - Zunächst wird durch die Anordnung der Daten in Häufigkeitsverteilungen und ihre tabellarische oder graphische Darstellung eine Übersicht hergestellt.
> - Dann werden zur Zusammenfassung statistische Maßzahlen (Statistiken) berechnet.

Häufigkeitsverteilungen

Die Daten zur Schüchternheit lassen sich leicht ordnen. Unter den 19 Antworten sind 9 Ja- und 10 Nein-Antworten, wobei fast alle Ja-Antworten in Gruppe 1 und fast alle Nein-Antworten in Gruppe 2 vorkommen. Bei der Skala »Übermäßige Ich-Kontrolle« reichen die Werte von 6 bis 19, und es ist schwieriger, allein durch Betrachtung (»Inspektion«) der Daten zu einem Vergleich der Gruppen zu gelangen.

Betrachten wir nun die Geschlechtsrollenwerte. Sie reichen von +61 bis −33. Von den 19 Werten sind 9 positiv und 10 negativ. Dies bedeutet, daß 9 Mörder sich als eher feminin, 10 sich als eher maskulin beschrieben haben.

Um ein deutlicheres Bild davon zu bekommen, wie diese Werte verteilt sind, können wir für jede der Variablen eine **Häufigkeitsverteilung** aufstellen. Sie gibt an, wie häufig jeder der Variablenwerte auftritt.

- Der erste Schritt bei der Aufstellung der Häufigkeitsverteilung ist die Anordnung der Meßwerte (Beobachtungen) in einer Rangreihe vom niedrigsten zum höchsten Wert. Die Rangreihe der Geschlechtsrollenwerte ist in Tabelle 1.4 dargestellt.
- Der zweite Schritt besteht darin, diese dem Rang nach geordneten Werte in einer kleineren Anzahl von Kategorien zusammenzufassen, die man als Intervalle bezeichnet. Für die Variable Geschlechtsrol-

die sie sammeln, einen Sinn zu verleihen, so daß sie daraus bedeutsame Schlüsse ziehen können, verlassen Psychologen sich auf ein mathematisches Werkzeug – die Statistik.

Statistik hilft, vorgefundene Daten auf objektive, einheitliche Weise zu beschreiben. Sie ermöglicht uns aber auch, noch einen Schritt weiter zu gehen: Sie hält auf der Grundlage der Wahrscheinlichkeitstheorie Verfahren bereit, die es uns erlauben, das Fehlerrisiko beim Rückschluß von Stichproben auf Grundgesamtheiten quantitativ exakt anzugeben. Für die Beschreibung ist die deskriptive Statistik zuständig, für den Rückschluß von Stichproben auf Grundgesamtheiten die Inferenzstatistik.

1.7.1
Deskriptive Statistik

Das erste große Teilgebiet der für die Psychologie bedeutsamen Statistik wird als deskriptive Statistik oder beschreibende Statistik bezeichnet.

Tabelle 1.4. Rangreihe der Differenzwerte im Merkmal »Geschlechtsrolle«

Höchster Wert	+61		
	+41	−7	
	+23	−8	
	+19	−10	
	+6	−12	
	+5	−13	
	+5	−14	
	+4	−17	
	+3	−29	
	−1	−33	Niedrigster Wert

Tabelle 1.5. Häufigkeitsverteilung der Differenzwerte im Merkmal »Geschlechtsrolle«

Kategorie	Häufigkeit
+60 bis +69	1
+50 bis +59	0
+40 bis +49	1
+30 bis +39	0
+20 bis +29	1
+10 bis +19	1
+0 bis +9	5
−10 bis −1	4
−20 bis −11	4
−30 bis −21	1
−40 bis −31	1

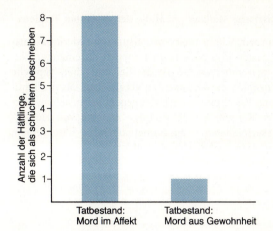

Abb. 1.14. Säulendiagramm zum Vergleich der Schüchternheit von 2 Gruppen von Mördern

le wurden 10 Kategorien verwendet, wobei jede Kategorie 10 mögliche Variablenwerte umfaßt (s. Tabelle 1.5).

- Der dritte Schritt ist die Konstruktion einer Häufigkeitstabelle. In ihr sind für jedes Intervall die beobachteten Häufigkeiten eingetragen. Die Häufigkeitstabelle zeigt die Häufigkeitsverteilung – die systematische Anordnung aller Beobachtungen für eine Variable (s. Tabelle 1.5).

Bei manchen Fragestellungen und für manche Leser wird die Häufigkeitsverteilung noch klarer und eindrucksvoller, wenn sie nicht tabellarisch, sondern graphisch dargestellt wird. Der einfachste Typ der graphischen Darstellung ist ein Säulendiagramm. Wir haben diese Darstellungsform in Abb. 1.14 verwendet, um zu zeigen, wie viele Affekttäter im Vergleich zu Gewohnheitstätern sich selbst als schüchtern bezeichnen.

Ist die Spannweite der vorkommenden Variablenwerte größer, wie etwa bei den Geschlechtsrollenwerten, so ist ein Histogramm vorzuziehen. Es gleicht dem Säulendiagramm, jedoch mit dem Unterschied, daß die Säulen sich berühren und es sich bei den Kategorien um Intervalle handelt (s. Abb. 1.15).

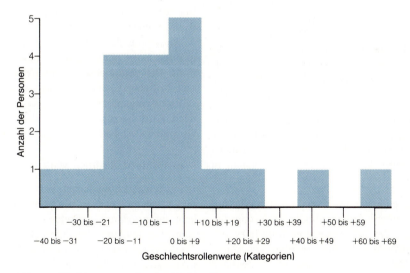

Abb. 1.15. Ein Histogramm der Geschlechtsrollenwerte

Statistische Maßzahlen: Maße der zentralen Tendenz

Wenn wir, wie in unserem Beispiel, die Merkmalsausprägungen in 2 oder mehr Gruppen miteinander vergleichen möchten, so ist es viel einfacher, typische Kennzahlen der Gruppen zu vergleichen, als die kompletten Verteilungen einander gegenüberzustellen. Derartige Kennwerte, die wichtige Aspekte von Häufigkeitsverteilungen zusammenfassend beschreiben, nennt man **statistische Maßzahlen**.

> ! Ein einzelner repräsentativer Wert, der die in der Regel besonders häufig vorkommenden mittleren Werte einer Häufigkeitsverteilung kennzeichnet, wird als Maß (Maßzahl) der zentralen Tendenz bezeichnet.

Für verschiedene Zwecke können verschiedene Maße der zentralen Tendenz verwendet werden: der Modalwert, der Medianwert (Median) und der Mittelwert (arithmetisches Mittel).

- Der **Modalwert (M)** ist der Variablenwert, der in der Stichprobe am häufigsten vorkommt.

Bei der Messung der Schüchternheit war in der Gruppe der Affekttäter die modale Reaktion (Modalwert) die Antwort »Ja«. Unter den Gewohnheitstätern war die modale Reaktion »Nein«. Die Geschlechtsrollenwerte für die Affekttäter haben einen Modalwert von $M = +5$. Der Modalwert ist jenes Maß der zentralen Tendenz, das am einfachsten zu bestimmen ist. Oft ist es aber auch das am wenigsten nützliche. Einen Grund dafür können Sie am Beispiel der Variablen »Übermäßige Ich-Kontrolle« in der Gruppe der Affekttäter erkennen: Nur eine Person liegt über dem Modalwert $M = 17$, während 6 darunter liegen. Wenn auch 17 der Wert ist, der am häufigsten erhoben wurde, mag er doch zur Vorstellung des »Typischen« oder »Zentralen« einer Verteilung nicht so recht passen.

- Der **Medianwert oder Median (Mdn)** beschreibt die zentrale Tendenz einer Verteilung meistens besser als der Modalwert. Der Medianwert ist so definiert, daß er die Menge der geordneten Daten genau in der Mitte teilt.

Es ist also genau jener Variablenwert, für den gilt, daß 50% der Beobachtungen darunter und 50% darüber liegen. Wenn Sie für die Affekttäter eine Rangreihe der Geschlechtsrollenwerte aufstellen, werden Sie sehen, daß der Median $Mdn = +5$ beträgt, also mit M identisch ist.

Ein Vorzug des Medians besteht darin, daß er durch Extremwerte (»Ausreißer«) nicht beeinflußt wird. Hätte beispielsweise der höchste Geschlechtsrollenwert bei $+129$ statt bei $+61$ gelegen, so hätte der Median dennoch $Mdn = +5$ betragen, denn dieser Wert würde immer noch die untere Hälfte der Daten von der oberen trennen.

- Der **Mittelwert** ($\overline{X}$; genauer: das arithmetische Mittel) ist den meisten Menschen unter der Bezeichnung Durchschnitt geläufig. Er ist jenes Maß der zentralen Tendenz, das am meisten Information enthält und deshalb auch am häufigsten benutzt wird.

Um den Mittelwert zu errechnen, addiert man einfach alle beobachteten Meßwerte und dividiert diese Summe durch die Gesamtzahl der Werte (Stichprobenumfang). Diese Operation wird in der folgenden Formel beschrieben:

$$\overline{X} = \Sigma\, X / N$$

In dieser Formel steht $\overline{X}$ für den Mittelwert, X für jeden einzelnen Wert und das Symbol Σ (der griechische Buchstabe Sigma, der als Summenzeichen dient) bedeutet Summe. N, die Zahl, durch welche die Summe aller Meßwerte dividiert wird, ist der Stichprobenumfang (Anzahl der Meßwerte). Für die Gruppe der Affekttäter hat die Variable »Geschlechtsrolle« folgenden Mittelwert:

$$\overline{X} = \Sigma\, X / N = 115/10 = 11.5$$

Bei der Variablen »Übermäßige Ich-Kontrolle« beträgt der Mittelwert $\overline{X} = 14.4$.

Anders als der Median wird der Mittelwert von der exakten Höhe aller Meßwerte in der Verteilung beeinflußt. Die Veränderung eines Extremwertes verändert den Mittelwert. Beispielsweise würde, wenn der Geschlechtsrollenwert des Häftlings Nr. 4 nicht $+61$, sondern $+101$ beträge, der Mittelwert für die gesamte Gruppe von 11.5 auf 15.5 steigen.

Statistische Maßzahlen: Maße der Variabilität

Bei vielen psychologischen Variablen weisen die Verteilungen einen zentralen Wertebereich auf, in dem Beobachtungen gehäuft auftreten. Das ist der Bereich der zentralen Tendenz, der durch die Maße der zentralen Tendenz, die wir soeben kennengelernt haben, gut charakterisiert wird. Nach beiden Seiten der Verteilung hin nimmt die Beobachtungshäufigkeit ab – die Vertei-

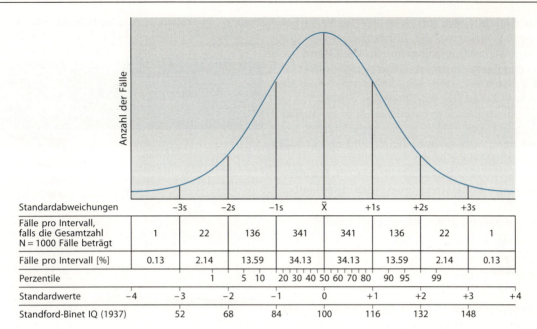

Standardabweichungen			–3s	–2s	–1s	X̄	+1s	+2s	+3s	
Fälle pro Intervall, falls die Gesamtzahl N = 1000 Fälle beträgt		1		22	136	341	341	136	22	1
Fälle pro Intervall [%]		0.13		2.14	13.59	34.13	34.13	13.59	2.14	0.13
Perzentile				1	5 10	20 30 40 50 60 70 80	90 95	99		
Standardwerte	–4		–3	–2	–1	0	+1	+2	+3	+4
Standford-Binet IQ (1937)			52	68	84	100	116	132	148	

Abb. 1.16. Das Diagramm der Normalverteilung. Das Schaubild zeigt die Verteilung der Werte, die man erwarten würde, wenn man an 1000 zufällig ausgewählten Versuchsteilnehmern den IQ oder eine andere kontinuierliche Beschreibungsdimension messen würde. Jeder Punkt repräsentiert den Wert einer einzelnen Person. Die Grundlinie der Verteilung (X-Achse oder Abszisse) zeigt die Ausprägung dessen, was gemessen wurde; die vertikale Achse (Y-Achse oder Ordinate) zeigt, wieviele Individuen auf jeden Ausprägungsgrad entfallen. Üblicherweise wird nur der Kurvenzug am oberen Rand der Verteilung gezeigt, da aus ihm abgelesen werden kann, mit welcher Häufigkeit jeder Meßwert aufgetreten ist. Tatsächliche Verteilungen sind nur Annäherungen an diese idealtypische (»erwartete«) Verteilung, sie kommen ihr jedoch bei sehr großen Stichproben bemerkenswert nahe. Diese Normalverteilungskurve ist für Psychologen sehr nützlich, da man weiß, daß bei einer sehr großen zufällig zusammengestellten Gruppe ein gleichbleibender Prozentsatz der Fälle in bestimmte Abschnitte der Verteilung fällt. Wenn das Merkmal normalverteilt ist, werden beispielsweise 68% in das mittlere Drittel des Wertebereichs fallen, genauer: im Bereich zwischen einer Standardabweichung unter und einer Standardabweichung über dem Mittelwert liegen. Die meisten Werte einer Normalverteilung liegen innerhalb von 3 Standardabweichungen über und unter dem Mittelwert. (Meistens liegen einige wenige Werte einer wirklichen Verteilung etwas höher und einige wenige etwas niedriger.) Die Standardabweichung, die die Variabilität der Werte beschreibt, kann als Distanz vom Mittelwert eingetragen werden. In dieser Weise eignet sie sich zur Klassifikation der individuellen Merkmalsausprägung in Relation zur Bezugsgruppe

lungskurve wird flacher. Wie breit oder wie schmal diese typische Glockenkurve (s. Abb. 1.16) ist bzw. wie schnell oder wie langsam sie flacher wird, ist ein weiteres wichtiges Merkmal der Häufigkeitsverteilung. Es wird durch die Maße der Variabilität beschrieben.

> **!** **Variabilitätsmaße** (Maße der Variabilität) beschreiben, wie nahe die Werte einer Verteilung beieinander liegen oder wieweit sie streuen.

Ein Beispiel soll belegen, wie wichtig es sein kann, neben der zentralen Tendenz die Variabilität von Merkmalsausprägungen zu kennen. Angenommen, Sie unterrichteten kleine Kinder. Es ist Schuljahresbeginn, und sie sollen mit einer Gruppe von 30 Zweitkläßlern das Lesen üben. Ihr Wissen darüber, daß ein durchschnittlich begabtes Kind dieser Klasse in der Lage ist, das Lesebuch für Erstkläßler zu lesen, wird Ihnen bei der Planung Ihrer Unterrichtseinheiten helfen. Sie können jedoch noch besser planen, wenn Sie wissen, wie ähnlich die Leseleistungen der 30 Kinder sind. Liegen sie alle etwa auf dem gleichen Niveau (wenig Variabilität)? Wenn ja, können Sie sich ziemlich genau an die Normen des Lehrplanes für die zweite Klasse halten. Was tun Sie jedoch, wenn einige Schüler bereits schwierigere Texte lesen, während andere kaum lesen können (hohe Variabilität)? In diesem Falle ist der Mittelwert nicht so repräsentativ, und Sie werden variable Unterrichtseinheiten planen müssen, um den unterschiedlichen Bedürfnissen der Schüler entgegenzukommen.

Das einfachste Maß für Variabilität ist die Variationsbreite V (»range«), die Differenz zwischen dem höchsten und niedrigsten der beobachteten Werte.

Bei den Geschlechtsrollenwerten der Affekttäter beträgt $V = 90 [+61 - (-29)]$. Die Variationsbreite für die Variable »Übermäßige Ich-Kontrolle« beträgt $V = 10$. Obwohl sie so einfach zu berechnen ist, ist die Variationsbreite ein wenig gebräuchliches Variationsmaß, weil sie von nur 2 Meßwerten bestimmt wird und deshalb stark zufallsabhängig ist.

Die üblicherweise benutzte Maßzahl ist die **Standardabweichung** s, die die Streuung der Daten um den Mittelwert angibt.

Die Berechnung von s erfolgt nach folgender Formel:

$$s = \sqrt{\frac{\Sigma (X - \overline{X})^2}{N}}$$

X steht wiederum für die einzelnen beobachteten Meßwerte, $\overline{X}$ für den Mittelwert. Der Stichprobenumfang wird wieder durch N symbolisiert, und Σ ist das Summenzeichen. Der Ausdruck $(X - \overline{X})$ wird gewöhnlich als Abweichungswert bezeichnet. Der Mittelwert wird von jedem einzelnen Wert abgezogen, und jede resultierende Abweichung wird quadriert (damit keine negativen Werte entstehen). Dann ist nicht mehr zu tun, als die Summe der »Abweichungsquadrate« durch den Stichprobenumfang N zu dividieren und daraus die Wurzel zu ziehen. Nach dieser Formel wird in Tabelle 1.6 die Standardabweichung für die Variable »Übermäßige Ich-Kontrolle« bei der Gruppe der Affekttäter berechnet.

Verzichtet man darauf, die Wurzel zu ziehen, so hat man statt der Standardabweichung s die **Varianz** s^2 berechnet. In vielen Zusammenhängen ist es üblich, als Maß der Variabilität s^2 anstelle von s anzugeben.

Die Standardabweichung sagt uns, wie variabel unsere Daten sind: Je größer die Standardabweichung, um so stärker streuen die Werte. Die Standardabweichung für die Geschlechtsrollenwerte der Affekttäter beträgt $s = 24.6$, die für die Gewohnheitstäter jedoch nur $s = 10.7$. Dies zeigt, daß es in der Gruppe der Gewohnheitsverbrecher weniger Variabilität gibt. Ihre Werte liegen dichter bei ihrem Mittelwert. Wenn die Standardabweichung gering ist, ist der Mittelwert ein guter repräsentativer Kennwert für die gesamte Verteilung. Ist die Standardabweichung groß, so ist er »weniger typisch« für die Gruppe als Ganzes.

Tabelle 1.6. Berechnung der Standardabweichung der Werte im Merkmal »Übermäßige Ich-Kontrolle« (»Ego-Overcontrol«) für die Affekttäter

Punktwert (X)	Abweichung (Punktwert minus Mittelwert) $(X - \overline{X})$	Quadrat der Abweichung (Punktwert minus Mittelwert)^2 $(X - \overline{X})^2$
17	2,6	6,76
17	2,6	6,76
13	−1,4	1,96
17	2,6	6,76
13	−1,4	1,96
19	4,6	21,16
14	−0,4	0,16
9	−5,4	29,16
11	−3,4	11,56
14	−0,4	0,16
		$86,40 = (X - \overline{X})$

$$\text{Standardabweichung} = \sqrt{\frac{\Sigma (X - \overline{X})^2}{N}} = \sqrt{\frac{86,4}{10}} = \sqrt{8,64} = 2,94$$

Statistische Maßzahlen: Korrelationskoeffizienten

Eine andere Gruppe nützlicher statistischer Maßzahlen sind die Korrelationskoeffizienten, die die Richtung und die Stärke des Zusammenhangs zwischen 2 Variablen – beispielsweise zwischen der »Geschlechtsrolle« und der »Übermäßigen Ich-Kontrolle« – angeben.

> **!** **Korrelationskoeffizienten** (r; kurz: Korrelationen) beschreiben, in welcher Richtung und in welchem Maße die Merkmalsausprägungen zwischen 2 oder mehr Variablen zusammenhängen.

- Wenn Menschen mit hohen Werten in einer Variable dazu neigen, auch in der anderen hohe Werte aufzuweisen – ein »*gleichsinniger*« Zusammenhang – so wird der Korrelationskoeffizient *positiv* ausfallen (einen Wert > 0 annehmen).
- Wenn jedoch die meisten Menschen mit hohen Werten in der einen Variable dazu neigen, niedrige Werte in der anderen zu haben – ein *gegenläufiger* Zusammenhang – dann wird das einen *negativen* Koeffizienten (< 0) ergeben.
- Gibt es überhaupt keine Regularität im Wertemuster beider Variablen, so liegt die Korrelation exakt bei $r = 0$.

Es gibt eine Vielzahl von Korrelationskoeffizienten, die zwar allesamt Maßzahlen für den Zusammenhang zwischen 2 oder mehr Variablen sind, sich aber in mathematischen Einzelheiten unterscheiden.

Beispielsweise variieren die meisten Korrelationskoeffizienten zwischen –1 und +1; einige können diese Grenzen aber auch über- bzw. unterschreiten. Welcher Koeffizient bei einer gegebenen Fragestellung und Untersuchungssituation angemessen ist, hängt vor allem davon ab, auf welchem Skalenniveau die Variablen gemessen wurden und ob man nur lineare oder auch kurvenlineare Zusammenhänge beschreiben will (s. Abschn. 1.5).

Wir betrachten im folgenden nur den wichtigsten Korrelationskoeffizienten, den Produkt-Moment-Korrelationskoeffizienten. Seine Berechnung ist nur dann sinnvoll, wenn wenigstens Intervallskalenniveau vorliegt. Er spiegelt nur lineare, nicht jedoch nichtlineare Zusammenhänge wider. Er hat den Vorzug, daß er im Vergleich zu anderen Maßzahlen die in den Daten enthaltenen Informationen stärker ausnutzt und deshalb eine fundiertere Beschreibung darstellt.

> ! Das Wertespektrum des Produkt-Moment-Korrelationskoeffizienten liegt zwischen +1 (perfekter proportionaler oder »gleichsinniger« Zusammenhang) und –1 (perfekter umgekehrt proportionaler oder »gegenläufiger« Zusammenhang). Die Abweichung einer beobachteten Korrelation von $r = 0$ (kein Zusammenhang) ist ein Gradmesser für die Stärke der Beziehung zwischen den Variablen. Produkt-Moment-Korrelationen können benutzt werden, um im Rahmen von sog. Regressionsgleichungen Voraussagen von der einen Variablen auf die andere zu machen. Je höher der Koeffizient, um so genauer ist die Vorhersage.

Bei der Untersuchung zum Mord im Affekt beträgt die Korrelation zwischen den Variablen »Geschlechtsrolle« und »Übermäßige Ich-Kontrolle« $r = +.35$. Das bedeutet: Im allgemeinen neigen Menschen, die sich selbst als eher feminin beschreiben, in stärkerem Maße zu übermäßiger Ich-Kontrolle. Jedoch ist das Ausmaß des Zusammenhanges im Vergleich zum höchstmöglichen Wert, $r = +1.00$, recht niedrig; d.h., daß wir bei einem Rückschluß von der Geschlechtsrollenpräferenz auf das Ausmaß der übermäßigen Ich-Kontrolle (oder in umgekehrter Richtung) viele Fehler begehen würden.

1.7.2
Inferenzstatistik

Bisher haben wir eine Reihe deskriptiver (beschreibender) Kennzahlen benutzt, um die Daten aus der Studie über Mord im Affekt übersichtlich und prägnant zu beschreiben. Einige grundlegende Fragen sind jedoch unbeantwortet geblieben. Ein Forschungsvorhaben geht in der Regel von **Hypothesen** aus, und das zentrale Forschungsziel ist die Hypothesenprüfung. In unserem Beispiel wurde die Hypothese aufgestellt, die Affekttäter seien schüchterner und femininer als die Gewohnheitstäter und wiesen ein höheres Maß an übermäßiger Ich-Kontrolle auf. Mit Hilfe der deskriptiven Statistik haben wir die mittleren Wertebereiche (zentralen Tendenzen) und die Streuungen der Variablen in den beiden Stichproben prägnant beschrieben. Anscheinend gibt es zwischen den Gruppen der Affekt- und der Gewohnheitstäter Unterschiede.

Wie aber können wir diesen Eindruck, daß die Differenz bei den beiden kleinen Stichproben auf »echte« oder grundlegende Unterschiede zwischen den Populationen hindeutet, absichern? Woher wissen wir, daß diese Unterschiede nicht zufällig zustande gekommen sind? »Zufällig« heißt: Da wir es bei unseren Beobachtungen lediglich mit Stichproben aus Grundgesamtheiten zu tun haben, die mehr oder weniger repräsentativ für die Grundgesamtheiten sein können, sind Unterschiede zwischen den Stichproben möglich, obwohl in den Populationen kein Unterschied besteht. Die Inferenzstatistik wird angewendet, um derartige Fragen bei der Prüfung wissenschaftlicher Hypothesen zu beantworten.

> ! Mit Hilfe der **Inferenzstatistik** werden auf der Grundlage der Beobachtungen an Stichproben Schlußfolgerungen auf die Verhältnisse in den Grundgesamtheiten gezogen. Die Inferenzstatistik basiert auf der Wahrscheinlichkeitstheorie – deshalb ist es möglich, das Fehlerrisiko beim Rückschluß von Stichproben auf Populationen numerisch exakt anzugeben.

Normalverteilung

Um zu verstehen, wie Inferenzstatistik funktioniert, müssen wir die Eigenschaften einer speziellen mathematischen Verteilung (Wahrscheinlichkeitsverteilung), der Normalverteilung, betrachten. Bedeutung für die Psychologie gewinnt die Normalverteilung aus der Tatsache, daß beobachtete Häufigkeitsverteilungen ihr ähneln.

Wenn für eine psychologische Variable (Intelligenz, Aggressivität, Ängstlichkeit usw.) an einer großen Zahl von Personen Daten gesammelt werden, so hat das graphische Schaubild der Häufigkeitsverteilung meistens die Gestalt wie in Abb. 1.16. Diese empirische

Verteilung kommt dem mathematischen Modell der Normalverteilung sehr nahe.

Die **Normalverteilung** hat folgende Eigenschaften:

- Sie ist symmetrisch (die linke Hälfte ist das Spiegelbild der rechten).
- Sie ist glockenförmig – hoch in der Mitte, wo die meisten Werte liegen, und um so niedriger, je größer die Entfernung von der Mitte wird.
- Die 3 Maße der zentralen Tendenz – Median, Modal- und Mittelwert – sind identisch.
- Man kann bei Kenntnis dieses Verteilungstyps angeben, wie groß der Anteil von Beobachtungen ist, der in bestimmte Intervalle der Variablenwerte fällt.

In Abb. 1.16 ist die Verteilung der Werte im Stanford-Binet-Intelligenztest (vgl. Kap. 12) angegeben (s. unterste Zeile der Abbildung). Diese Werte sind bei einer genügend großen Stichprobe normalverteilt mit einem Mittelwert (und Median- und Modalwert) von $\overline{X} = 100$ und einer Standardabweichung von $s = 16$. Wenn man die Standardabweichung als Entfernung vom Mittelwert entlang der Grundlinie der Verteilung einträgt, so sieht man, daß 68% aller Beobachtungen innerhalb einer Standardabweichung über und unter dem Mittelwert liegen – d. h. zwischen den Intelligenzquotienten (IQ) 84 und 116. Weitere ca. 27% der beobachteten Werte liegen innerhalb der Intervalle zwischen der ersten und der zweiten Standardabweichung, vom Mittelwert aus betrachtet. Weniger als 5% der Beobachtungen fallen in die Intervalle zwischen den zweiten und dritten Standardabweichungen über und unter dem Mittelwert, und sehr wenige Werte liegen jenseits der dritten Standardabweichung – nur etwa 1/4%.

Man kann eine Normalverteilung auch »künstlich« erzeugen, wenn man Zufallsereignisse genügend oft ausführt. Wenn Sie eine Münze zehnmal hochwerfen und aufschreiben, wie oft Sie Kopf und Zahl erhalten, werden Sie wahrscheinlich fünfmal das eine, fünfmal das andere Ergebnis erhalten; für jede andere Kombination von Kopf- und Zahlwürfen ist die Wahrscheinlichkeit geringer. Wenn Sie damit fortfahren, die Münze jeweils zehnmal hochzuwerfen, bis Sie diesen Vorgang 100 mal wiederholt haben, werden Sie vermutlich sehr selten zehnmal nur Kopf oder zehnmal nur Zahl geworfen haben. Meistens werden die Zahlen zwischen diesen Extremen liegen – typischerweise etwa in der Mitte. Wenn Sie ein Diagramm Ihrer Wurfergebnisse anfertigen, erhalten Sie eine Kurve, die sich der Normalverteilung annähert.

Statistische Signifikanz

Es war erforderlich, daß wir uns eingehender mit Wahrscheinlichkeitsverteilungen befaßt haben, weil sie die Grundlage für den Inferenzschluß darstellen. Für die meisten statistischen Maßzahlen bildet speziell die Normalverteilung die Basis. Voraussetzung ist allerdings, daß die betrachteten psychologischen Merkmale selbst normalverteilt sind. Ist diese Voraussetzung gegeben, so verteilen sich beispielsweise auch die Differenzen zwischen den Mittelwerten zweier Stichproben normal.

Gedankenexperiment: Nehmen wir an, wir hätten nicht nur an einer, sondern an Hunderten von Stichproben die Mittelwertsdifferenzen zwischen Gewohnheits- und Affekttätern im Merkmal »Übermäßige Ich-Kontrolle« berechnet. Würden wir diese Differenzen nun als Häufigkeitsverteilung aufzeichnen, so erhielten wir annähernd eine Normalverteilung. Der Mittelwert dieser (gedachten) Verteilung von Kennwerten aus vielen Stichproben ist näherungsweise mit dem Mittelwert in der Population identisch. Beträgt etwa die »wahre« Mittelwertsdifferenz der Populationen 0 – was wir natürlich nicht wissen, sondern nur annehmen können –, so hat die Verteilung der Stichprobenmittelwertsdifferenzen ebenfalls den Mittelwert 0.

Da für beliebige Intervalle unter der Kurve der Normalverteilung die Auftretenswahrscheinlichkeit bekannt ist, können wir abschätzen, mit welcher Wahrscheinlichkeit der in einer Untersuchung beobachtete Unterschied zwischen den Stichprobenmittelwerten oder ein noch größerer Unterschied auftreten wird, wenn die beiden Populationen identische Mittelwerte haben (keine Mittelwertsdifferenz in der Population).

> **!** Die Annahme, daß zwischen den Populationsmittelwerten keine Differenz besteht, wird als **Nullhypothese** bezeichnet. Ist die Wahrscheinlichkeit für die beobachtete oder eine noch größere Mittelwertsdifferenz unter der Voraussetzung der Nullhypothese gering, so werden wir die Nullhypothese zurückweisen. Ist die Wahrscheinlichkeit groß, so neigen wir dazu, die beobachtete Differenz als Zufallsresultat anzusehen und folglich die Nullhypothese beizubehalten.

Es haben sich bestimmte Konventionen dafür eingebürgert, ab welcher Auftretenswahrscheinlichkeit beobachteter Differenzen die Nullhypothese aufgegeben wird. Üblich sind das 5%- und 1%-Signifikanzniveau. Ist unter der Voraussetzung, daß die Nullhypothese richtig ist, die Wahrscheinlichkeit, daß die beobachtete oder eine noch größere Differenz auftritt (Überschreitungswahrscheinlichkeit), kleiner als 5% oder als 1%, so wird die Nullhypothese zurückgewiesen. Unterschiede, die zur Zurückweisung der Nullhypothese führen, werden als signifikante Unterschiede (bedeutsame Unterschiede) bezeichnet. Mit anderen Worten, das Ergebnis ist »statistisch signifikant« (bedeutsam).

Ob in einem konkreten Fall das 5%- oder das 1%-Signifikanzniveau verwendet wird, läßt sich nicht nach allgemeinen Prinzipien entscheiden, sondern hängt von den Besonderheiten des jeweiligen Forschungsstandes, der Fragestellung und der Zielsetzung der Untersuchung ab. Für den Leser eines Forschungsberichtes ist es ohnehin informativer, wenn man ihm nicht nur angibt, ob eine Nullhypothese auf einem bestimmten Signifikanzniveau beibehalten oder verworfen wurde, sondern ihm auch die exakte Überschreitungswahrscheinlichkeit angibt; dann kann er selbst entscheiden, ob er die »Signifikanzkonventionen« des Untersuchers teilt oder eventuell andere Schlüsse ziehen würde.

Was soeben beschrieben wurde, war die allgemeine »Logik« des **statistischen Signifikanztests**, veranschaulicht an der Fragestellung, ob sich die Mittelwerte zweier Populationen unterscheiden. Wie bei der inferenzstatistischen Auswertung einer Untersuchung im einzelnen vorzugehen ist, hängt unter anderem davon ab,

- für welche Maßzahl wir den Rückschluß von der Stichprobe auf die Grundgesamtheit durchführen wollen,
- wieviele Populationen bzw. Stichproben miteinander verglichen werden sollen und
- ob wir es mit verschiedenen Personengruppen oder mit Meßwiederholungen an ein und derselben Stichprobe zu tun haben.

Eine Übersicht über das Vorgehen bei der entsprechenden Vielzahl statistischer Tests und vor allem über die Anwendungsvoraussetzungen der Verfahren geben Lehrbücher der Statistik, z.B. das Buch von Bortz (1999).

In unserem Beispiel interessierte unter anderem die Frage, ob sich die Gruppen (Populationen) der Affekt- und der Gewohnheitstäter in der Geschlechtsrolle unterscheiden. Diese Frage ist gleichbedeutend mit der Frage, ob sich die beiden Stichprobenmittelwerte signifikant unterscheiden. Der inferenzstatistische Test, der hier angewendet werden kann, ist der »t-Test für Mittelwertsunterschiede bei unabhängigen Stichproben«. Wir können hier auf die Berechnungen, die im Rahmen des t-Tests erforderlich sind, nicht eingehen; sie führen aber zu dem Resultat, daß die Überschreitungswahrscheinlichkeit für die beobachtete Mittelwertsdifferenz unter der Annahme, daß sich die Populationsmittelwerte nicht unterscheiden, gering ist – kleiner als 5%. Übernehmen wir in diesem Fall die Konvention des 5%-Signifikanzniveaus, so ziehen wir den Schluß, die Nullhypothese zurückzuweisen und von einer »echten« Differenz in der Geschlechtsrolle auszugehen: Affekttäter sehen sich selbst als femininer als Gewohnheitstäter. (Für das Merkmal »Übermäßige Ich-Kontrolle« hingegen ist der beobachtete Unterschied auf dem 5%-Niveau nicht signifikant.)

So wie in diesem Beispiel versetzt uns die Inferenzstatistik prinzipiell in die Lage, auf unsere Forschungsfragen schlüssigere Antworten zu geben. »Schlüssiger« darf aber nicht mit »sicherem Schluß« gleichgesetzt werden. Aussagen, die auf der Anwendung von Inferenzstatistik aufbauen, sind – das liegt in der Logik der Inferenzstatistik – *immer* mit einem »Restrisiko« an möglichem Irrtum behaftet. Der große Vorzug der Inferenzstatistik liegt darin, daß sie eine exakte Angabe des Fehlerrisikos unserer Schlußfolgerungen ermöglicht.

ZUSAMMENFASSUNG

- **Gegenstand und Ziele.** Gegenstand der Psychologie sind *Verhalten*, *Erleben* und *Bewußtsein* des Menschen, deren Entwicklung über die Lebensspanne und deren innere (im Individuum angesiedelte) und äußere (in der Umwelt lokalisierte) Bedingungen und Ursachen. Häufig wird verkürzend auch von der Psychologie als »Wissenschaft vom Verhalten« oder als »Verhaltenswissenschaft« gesprochen; dabei ist aber ein weiter Verhaltensbegriff gemeint, der Erleben und Bewußtsein einschließt. Die Ziele der Psychologie sind gleichzeitig die Tätigkeiten des Forschers: *beschreiben*, *erklären*, *vorhersagen*, *Verhalten kontrollieren* und die *Lebensqualität von Menschen verbessern*. Beschreibungen sind gesammelte Daten über das Verhalten (einschließlich Erleben und Bewußtsein) und die Bedingungen, unter denen es auftritt. Von einer Erklärung wird dann gesprochen, wenn sich die Bedingungen oder sogar die Ursachen aufweisen lassen, die ein Phänomen hervorgebracht haben.

In engem Zusammenhang mit dem Erklären steht als drittes Ziel der Forschung das Vorhersagen oder Prognostizieren. Vorhersagen (Prognosen) sind Aussagen über die zukünftige Auftretenswahrscheinlichkeit von Ereignissen und Zusammenhängen. Dabei werden in der Vergangenheit gewonnene Informationen auf Situationen angewendet, die in der Zukunft liegen. Verhaltenskontrolle geht insofern über Vorhersage hinaus, als es in der Hand des Psychologen liegt, ob das Verhalten auftritt oder nicht. Kontrolle des Verhaltens schließt ein, es herbeizuführen oder auszulösen, es aufrechtzuerhalten oder zu beenden und seine Form, Stärke oder Auftretensrate zu beeinflussen. Betrachtet man Psychologie unter dem Anwendungsaspekt, so sollte sie – allgemein gesagt – das Ziel verfolgen, die Lebensqualität von Menschen zu verbessern.

- **Zur Entstehung der modernen Psychologie.** Hermann Ebbinghaus, einer der ersten Experimentalpsychologen, schrieb 1908: »Die Psychologie hat eine lange Vergangenheit, aber nur eine kurze Geschichte«. Zu der langen Vergangenheit gehören die fundamentalen Fragen, die die Gelehrten zu allen Zeiten über die menschliche Natur gestellt haben, etwa nach der Wahrnehmung der Realität, der Beschaffenheit des Bewußtseins und den Ursachen von Wahnsinn. Die kurze Geschichte der modernen Psychologie begann etwa vor 120 Jahren, als Wilhelm Wundt in Leipzig das erste Laboratorium gründete, das ausdrücklich der experimentellen Psychologie gewidmet war. Er war – wie auch Hermann von Helmholtz oder Gustav Fechner – Anhänger des Determinismus, also der These, daß körperliche Vorgänge, Verhalten und psychische Prozesse durch aufweisbare kausale Faktoren (Ursachen) vollkommen festgelegt werden.

Fast von dem Zeitpunkt an, in dem die Psychologie entstand, entbrannten heftige Kontroversen über den Forschungsgegenstand und die angemessenen Methoden der neuen Disziplin. Beispielsweise die Debatte zwischen dem Strukturalismus und dem Funktionalismus.

Der *Strukturalismus* basierte auf der Annahme, daß alle geistigen Erfahrungen, auch die komplexesten, als Kombination einfacher Ereignisse oder Elemente verstanden werden können. Dieser Ansatz von Titchener wurde unter dem Namen Struk-

turalismus bekannt, denn er zielte auf die Struktur des Bewußtseins ab.

Der *Funktionalismus*. Für James lag das Ziel der Psychologie im Verstehen und nicht in der experimentellen Kontrolle. Auch er glaubte an die Wichtigkeit sorgfältiger Beobachtungen, maß jedoch den strengen Labormethoden Wundts nur wenig Wert bei. In James' Psychologie gab es auch einen Platz für das Selbst und für Gefühle, für den Willen und für Werte und sogar für religiöse und mystische Erfahrungen. Seine »warmblütige« Psychologie erkannte die Einzigartigkeit eines jeden Individuums an und widersprach der These, die Individualität lasse sich auf Formeln oder durch Testergebnisse gewonnene Zahlen reduzieren.

- **Aktuelle theoretische Perspektiven.** Es gibt keine allumfassende Theorie, es besteht nicht einmal Einigkeit darüber, welche Perspektive oder Sichtweise vom Menschen eine Theorie einzunehmen hätte, die das menschliche Verhalten in seiner ganzen Vielfalt und Komplexität erklären könnte. Derzeit dominierende Ansätze sind die biologische, die psychodynamische, die behavioristische, die kognitive, die humanistische und die evolutionäre Perspektive.

Die *biologische* Perspektive wird von Forschern eingenommen, die die Ursachen für das Verhalten im genetischen Programm, im Gehirn, im Nervensystem oder im endokrinen System (welches die Hormonproduktion kontrolliert) suchen. Erklärungen für psychologische Prozesse werden folglich durch den Verweis auf zugrundeliegende organische Strukturen und biochemische Prozesse gegeben.

Der *psychodynamischen* Perspektive zufolge ist alles Verhalten durch Triebe oder andere starke »intrapsychische« Kräfte motiviert. Menschliches Handeln entspringt ererbten, biologisch festgelegten Trieben und den Versuchen, Konflikte zwischen den persönlichen Bedürfnissen des Individuums und der Forderung der Gesellschaft nach sozial angepaßtem Verhalten zu lösen.

Im *behavioristischen* Ansatz ist das Interesse des Forschers vornehmlich auf das sichtbare äußere Verhalten und dessen Beziehung zu Reizgegebenheiten in der Umwelt des Individuums gerichtet.

Beim *kognitiven* Ansatz sind Kognitionen (*lat.* cognitio = Erkenntnis) der primäre Gegenstand der Psychologie. Der Begriff der Kognition umfaßt alle Prozesse und Strukturen, die traditionell mit dem Etikett »geistig« versehen wurden, also etwa die Prozesse des Wahrnehmens, Schlußfolgerns, Erinnerns, Denkens, Problemlösens und Entscheidens sowie die Strukturen des Gedächtnisses, die Begriffe und die Einstellungen. Es dürfte heute kaum ein Forschungsparadigma geben, das so einfluß- und folgenreich ist wie der kognitive Ansatz.

Die *humanistische* Perspektive. Wahrscheinlich ist die kognitive Orientierung heute das dominierende Modell der wissenschaftlichen Psychologie, aber auch Varianten einer humanistischen Perspektive haben in den letzten Jahrzehnten zunehmend an Bedeutung gewonnen. Im humanistischen Ansatz wird angenommen, daß Menschen weder durch starke biologisch determinierte Trieb- oder Instinktkräfte getrieben noch durch allgegenwärtige Umweltdeterminanten manipuliert werden. Sie sind aktive Wesen, von Natur aus gut und fähig, ihren eigenen Weg zu wählen. Sie streben nach dem Guten und nach der Verwirklichung ihrer Möglichkeiten, suchen nach Veränderungen, planen ihr Leben und geben ihm eine Struktur, um eine optimale Selbstverwirklichung zu erreichen.

Die *evolutionäre* Perspektive ist wahrscheinlich die neueste der hier vorgestellten Perspektiven psychologischer Forschung. Sie versucht, die moderne Psychologie mit Charles Darwins Grundgedanken der Evolution als Ergebnis natürlicher Selektion zu verbinden. Sie unterscheidet sich von anderen Ansätzen grundsätzlich dadurch, daß sie den extrem langen Evolutionsprozeß als Grundlage zur Erklärung menschlichen Verhaltens heranzieht. Formen der psychischen Anpassung, die im Laufe der Menschheitsgeschichte entstanden sind, können nicht in einem moralischen Sinne als »gut« oder »böse« charakterisiert werden. Sie sind nichts anderes als Verhaltensmuster, die sich jeweils in bestimmten Umwelten nach dem Selektionsprinzip durchgesetzt haben.

- **Ein Rahmen für die psychologische Forschung: Methoden.** Die Psychologie ist eine *Erfahrungswissenschaft (empirische Wissenschaft)*. Das bedeutet, daß das entscheidende Kriterium für die Richtigkeit psychologischer Annahmen und Theorien darin besteht, daß sie sich bewähren, wenn sie

anhand von Beobachtungen (Daten) geprüft werden. Daher kommt den Regeln und Prinzipien für die Sammlung, Auswertung und Interpretation von Beobachtungen in der Psychologie eine so große Bedeutung zu. Diese Regeln und Prinzipien sind die Standards empirischer Forschungsmethodik, die wissenschaftlich valide (gültige) Daten von Alltagsbeobachtungen unterscheiden. Drei der wichtigsten Kriterien, denen die Verfahren der Datenerhebung genügen müssen, sind die Objektivität, die Reliabilität und die Validität.

Objektivität. Die Grundforderung an die wissenschaftliche Forschung ist die Forderung nach Objektivität. Der einflußreiche Wissenschaftsphilosoph Karl Popper (1973, S. 18) hat Objektivität mit intersubjektiver Nachprüfbarkeit (Nachprüfbarkeit durch andere Forscher) gleichgesetzt. Möglichkeiten zur Steigerung der Objektivität empirischer Untersuchungen sind die präzise und eindeutige Definition der Variablen, die Standardisierung der Erhebungsverfahren und der Einsatz vorbeugender Maßnahmen gegen sog. Verfälschungen oder Verzerrungen (»biases«). Operationale Definitionen vermeiden die Mehrdeutigkeit alltagssprachlicher deskriptiver Begriffe dadurch, daß die Variablen durch spezifische »Beobachtungsoperationen« definiert werden, und sie stellen sicher, daß sowohl die Reizvariablen als auch die Reaktionsvariablen beobachtbare Ereignisse sind. Standardisierung besteht in der Anwendung einheitlicher Verfahren bei der Durchführung und Auswertung von Tests, Interviews, Umfragen, Experimenten oder anderen Erhebungsmethoden. Der Begriff der Verfälschung (Verzerrung) greift den Sachverhalt auf, daß die Objektivität nicht nur durch zufällige Schwankungen der Versuchsbedingungen infolge mangelnder Standardisierung vermindert werden kann. Eine Verfälschung (»bias«) ist eine Verringerung der Objektivität der Datenerhebung durch einen systematischen Fehler.

Neben der Objektivität ist die *Reliabilität (Zuverlässigkeit)* der Beobachtungen ein weiteres Ziel und Kriterium von Datenerhebungen in der Psychologie. Reliabilität bezeichnet die Genauigkeit der Messung. Sie ist dann in vollem Umfang gegeben, wenn bei Wiederholung der Erhebung unter den gleichen Bedingungen identische Resultate erzielt werden, wenn also die Meßwiederholung zu konsistenten (stabilen) Ergebnissen führt. Ein Beispiel für ein Längenmaß mit geringer Reliabilität (Meßgenauigkeit) ist ein Zollstock, der aus einem Material hergestellt ist, das sich je nach Temperatur ausdehnt oder zusammenzieht. Wie schon dieses ungewöhnliche Beispiel zeigt, sind physikalische Messungen meistens relativ genau. In der Psychologie ist es hingegen viel schwieriger, eine befriedigende Meßgenauigkeit zu erzielen. Die Reliabilität wird erhöht, wenn die Untersuchungsbedingungen standardisiert sind, wenn Quellen unerwünschter Variation kontrolliert werden und wenn so viele Beobachtungen erhoben werden, daß einzelne atypische den Gesamteffekt nicht verzerren.

Von der Reliabilität eines Erhebungsverfahrens ist die *Validität (Gültigkeit)* zu unterscheiden. Ein psychologisches Meßverfahren – etwa ein Test – ist dann valide, wenn es tatsächlich das psychologische Merkmal mißt, das es nach dem Anspruch des Forschers messen soll. Zum Beispiel ist ein Test dann ein valider Intelligenztest, wenn er tatsächlich Intelligenz mißt und nicht nur Gelassenheit in Testsituationen oder die Leseleistung; und ein Angstfragebogen ist dann ein valides Maß für Ängstlichkeit, wenn er wirklich ängstliche von nichtängstlichen Personen zu unterscheiden erlaubt.

- **Kausalität, Kovariation und zufälliges Zusammentreffen (Koinzidenz).** Es ist das ausgesprochene Ziel vieler psychologischer Untersuchungen, systematische Zusammenhänge zwischen Variablen aufzufinden. Aber nicht jedes beobachtete »Zusammenauftreten« zweier Ereignisse oder Merkmale darf als systematische Beziehung oder sogar als Ursache-Wirkung-Zusammenhang interpretiert werden. Erstens kann ein Ereignis ein anderes tatsächlich verursachen. In diesem Fall sprechen wir von einem kausalen Zusammenhang. Zweitens können 2 Ereignisse korreliert sein, d. h. regelmäßig gemeinsam auftreten, ohne daß das eine das andere verursacht. Und drittens können beide Ereignisse zufällig, aber nicht regelmäßig zusammentreffen. In der Psychologie hat man es häufig mit den 3 folgenden Arten von Kovariationen bzw. Korrelationskoeffizienten (vereinfacht gesagt: Korrelationen) zu tun: Zwei Merkmale können positiv miteinander korrelieren. Niedrige Ausprägun-

gen bei der einen Variablen gehen im allgemeinen mit niedrigen Ausprägungen bei der anderen einher, mittlere mit mittleren und hohe mit hohen Ausprägungsgraden. Ist die Korrespondenz »gegenläufig« – niedrige Ausprägungen der einen entsprechen im allgemeinen hohen Ausprägungen der anderen Variablen und umgekehrt – so spricht man von einer negativen Korrelation. Und schließlich kann die Beziehung zwischen 2 Variablen kurvenlinear sein.

- **Datenerhebung und Versuchsplanung.** In der Psychologie ist der Gegenstand der Datenerhebung das menschliche Verhalten und Erleben. Ausgewählte Datenerhebungsverfahren sind beispielsweise *Beobachtungen, Befragungen, psychologische Tests* und *physiologische Messungen.* Beobachten und Messen sind die Strategien und Methoden der psychologischen Datengewinnung. Dabei geht man in der Psychologie von einer weitgefaßten Definition des Begriffs »Messen« aus und betrachtet Messen als die Zuordnung von Zahlen zu Objekten oder Ereignissen nach einer bestimmten Regel. Für psychologische Fragestellungen unterscheidet man im allgemeinen 4 Meßniveaus: Beim Messen auf *Nominalskalenniveau* kann lediglich festgestellt werden, daß sich die Kategorien (Variablenwerte) voneinander unterscheiden. Das höhere Skalenniveau der *Ordinalskala* bildet eine Rangreihe ab. Die nächsthöhere Skala, die *Intervallskala*, erlaubt Aussagen über das Ausmaß der Differenzen zwischen den Beobachtungen, und bei der *Verhältnisskala* können zusätzlich zu den Differenzen die Verhältnisse (Proportionen) zwischen verschiedenen Merkmalsausprägungen abgebildet werden.

Für statistische Auswertungen ist es sehr wichtig, sich über das Skalenniveau, auf dem man eine Messung durchgeführt hat, klarzuwerden, denn statistische Verfahren sind an bestimmte Voraussetzungen hinsichtlich der Skala gebunden, mit der die auszuwertenden Daten gemessen wurden. Die ungerechtfertigte Anwendung statistischer Verfahren, bei denen die entsprechenden Voraussetzungen nicht erfüllt sind, ist einer der häufigsten Fehler bei der Datenanalyse in der Psychologie.

- **Untersuchungsstrategien und Versuchspläne.** Die Erhebung von Daten ist eingebunden in eine Untersuchungsstrategie, die die Beantwortung einer bestimmten Fragestellung zum Ziel hat. Im Versuchsplan (Design) einer psychologischen Untersuchung wird angegeben, welche Erhebungen vorzunehmen sind und in welcher logischen Beziehung sie zueinander und zur Fragestellung stehen. Manche Psychologen sehen im kontrollierten Experiment einen Eckpfeiler der wissenschaftlichen Psychologie.

Im *Experiment* wird ein bestimmtes Verhalten unter systematisch variierten Bedingungen beobachtet. Der Vl manipuliert eine oder mehrere Bedingungsvariablen und beobachtet deren Wirkung auf eine oder mehrere Verhaltensweisen. Die Bedingung, die verändert und zur Vorhersage der Reaktion verwendet wird, bezeichnet man als *unabhängige Variable*. Das Verhaltensmerkmal, von dem man annimmt, daß es von der unabhängigen Variablen beeinflußt wird, bezeichnet man als *abhängige Variable*. Die Teilnehmer eines Experiments werden entweder der *Experimentalgruppe*, die das experimentelle Treatment (Behandlung) erhält, oder der *Kontrollgruppe*, die das Treatment nicht erhält, zugeordnet. Die Einführung der Kontrollgruppe zusätzlich zur Experimentalgruppe gibt die Möglichkeit, ein Vergleichsniveau oder eine Ausgangsbedingung (»baseline«) zu bestimmen, mit der die Veränderungen in der Experimentalgruppe verglichen werden können. Unterschiede zwischen dem Verhalten der Teilnehmer in der Kontrollgruppe und in der Experimentalgruppe müssen nach der Logik des Experimentierens das Ergebnis der Wirkung der unabhängigen Variablen, also des Treatments, sein.

Nicht immer besteht die Möglichkeit, Experimente durchzuführen, um Hypothesen zu testen. Eine andere Untersuchungsstrategie ist die *Korrelationsstudie*. Bei der Korrelationsstudie wird die Stärke des Zusammenhangs zwischen 2 Variablen gemessen. Jedoch läßt sich allein aus der Höhe des Zusammenhangs kein Rückschluß auf dessen Richtung – was ist Ursache und was Wirkung – ziehen: Korrelationen erlauben keine kausalen Schlüsse. Die Gefahr der Verfälschung durch »unechte« Korrelationen oder »Scheinkorrelationen« kann entstehen, weil die Daten auf ganz bestimmte selektive Weise gesammelt worden sind. Beispielsweise treten in den US-Staaten Arizona und Florida Lungenkrankheiten und Arthritis am häufig-

sten auf – jedoch nicht, weil die Luft oder das Klima in beiden Staaten krankheitsfördernd ist, sondern weil die Bevölkerung in beiden Fällen zum großen Teil aus älteren Menschen besteht.

Ein wichtiger neuer Forschungszweig in der Psychologie ist die *Evaluationsforschung*. Evaluationsforschung wird durchgeführt, um die Effizienz und die Kosten bestimmter sozialer Programme, Therapieformen, Schulmaßnahmen o. ä. zu beurteilen.

● **Datenanalyse.** Gleichgültig, wie der Versuchsplan aussieht und welche Messungen vorgenommen wurden, das Ergebnis einer Untersuchung ist immer ein Satz von Daten. Die *deskriptive Statistik* dient der Ordnung und Zusammenfassung solcher Datensätze. Zunächst wird durch die Anordnung der Daten in Häufigkeitsverteilungen und ihre tabellarische oder graphische Darstellung eine Übersicht hergestellt. Dann werden zur Zusammenfassung statistische Maßzahlen (Statistiken) berechnet. Ein einzelner repräsentativer Wert, der die in der Regel besonders häufig vorkommenden mittleren Werte einer Häufigkeitsverteilung kennzeichnet, wird als Maß (Maßzahl) der zentralen Tendenz bezeichnet. Für verschiedene Zwecke können verschiedene Maße der zentralen Tendenz verwendet werden: der *Modalwert*, der *Medianwert (Median)* und der *Mittelwert (arithmetisches Mittel)*. Der Modalwert (M) ist der Variablenwert, der in der Stichprobe am häufigsten vorkommt. Der Medianwert oder Median (Mdn) ist so definiert, daß er die Menge der geordneten Daten genau in der Mitte teilt. Es ist also genau derjenige Variablenwert, für den gilt, daß 50% der Beobachtungen darunter und 50% darüber liegen. Der Mittelwert ($\overline{X}$; genauer: das arithmetische Mittel) ist den meisten Menschen unter der Bezeichnung »Durchschnitt« geläufig. Um den Mittelwert zu errechnen, addiert man einfach alle beobachteten Meßwerte und dividiert diese Summe durch die Gesamtzahl der Werte (Stichprobenumfang).

Maße der Variabilität. Bei vielen psychologischen Variablen weisen die Verteilungen einen zentralen Wertebereich auf, in dem Beobachtungen massiert auftreten. Das ist der Bereich der zentralen Tendenz, der durch die Maße der zentralen Tendenz, die wir soeben kennengelernt haben, gut charakterisiert wird. Nach beiden Seiten der Verteilung hin nimmt die Beobachtungshäufigkeit ab – die Verteilungskurve wird flacher. Wie breit oder wie schmal diese typische Glockenkurve ist bzw. wie schnell oder wie langsam sie flacher wird, ist ein weiteres wichtiges Merkmal der Häufigkeitsverteilung. Es wird durch die *Maße der Variabilität (Variabilitätsmaße)* beschrieben. Diese geben an, wie nahe die Werte einer Verteilung beieinander liegen oder wie weit sie streuen. Das einfachste Maß für Variabilität ist die Variationsbreite V (»range«), die Differenz zwischen dem höchsten und dem niedrigsten der beobachteten Werte. Die üblicherweise benutzte Maßzahl ist die Standardabweichung s, die die Streuung der Daten um den Mittelwert angibt. Die Berechnung von s erfolgt nach der folgenden Formel:

$$s = \Sigma\, (X - \overline{X})^2 / N$$

X steht für die einzelnen beobachteten Meßwerte, $\overline{X}$ für den Mittelwert. Der Stichprobenumfang wird durch N symbolisiert, und Σ ist das Summenzeichen.

Eine andere Gruppe nützlicher statistischer Maßzahlen sind die *Korrelationskoeffizienten*, die die Richtung und die Stärke des Zusammenhangs zwischen 2 Variablen angeben. Korrelationskoeffizienten beschreiben, in welcher Richtung und in welchem Maße die Merkmalsausprägungen zwischen 2 oder mehr Variablen zusammenhängen. Es gibt eine Vielzahl von Korrelationskoeffizienten, der wichtigste ist der Produkt-Moment-Korrelationskoeffizient. Das Wertespektrum des Produkt-Moment-Korrelationskoeffizienten liegt zwischen +1 (perfekter proportionaler oder »gleichsinniger« Zusammenhang) und –1 (perfekter »gegenläufiger« oder umgekehrt proportionaler Zusammenhang). Die Abweichung einer beobachteten Korrelation von r = 0 (kein Zusammenhang) ist ein Gradmesser für die Stärke der Beziehung zwischen den Variablen. Produkt-Moment-Korrelationen können benutzt werden, um im Rahmen von sog. Regressionsgleichungen Voraussagen von der einen Variablen auf die andere zu machen. Je höher der Koeffizient, um so genauer ist die Vorhersage.

● **Inferenzstatistik.** Der Eindruck, daß eine Differenz bei kleinen Stichproben auf »echte«, d. h. grundlegende Unterschiede zwischen den Populationen hindeutet, muß statistisch abgesichert werden. Sonst wissen wir nicht, ob diese Unterschiede nicht zufällig zustande gekommen sind. »Zufällig« heißt: Da wir es bei unseren Beobachtungen lediglich mit Stichproben aus Grundgesamtheiten zu tun haben, die mehr oder weniger repräsentativ für die Grundgesamtheiten sein können, sind Unterschiede zwischen den Stichproben möglich, obwohl in den Populationen kein Unterschied besteht. Die Inferenzstatistik wird angewendet, um derartige Fragen bei der *Prüfung wissenschaftlicher Hypothesen* zu beantworten, denn mit Hilfe der Inferenzstatistik werden auf der Grundlage der Beobachtungen an Stichproben Schlußfolgerungen auf die Verhältnisse in den Grundgesamtheiten gezogen. Die Inferenzstatistik basiert auf der Wahrscheinlichkeitstheorie – deshalb ist es möglich, das Fehlerrisiko beim Rückschluß von Stichproben auf Populationen numerisch exakt anzugeben.

Hinweise zur deutschsprachigen Literatur

Ein Lehrbuch für den Einstieg in die Kognitionspsychologie von P. Banyard hat J. Gerstenmaier (1995) herausgegeben. Es erläutert verständlich die Grundlagen der Kognitionspsychologie und eignet sich zum Selbststudium, denn es enthält Fragen zum Inhalt und Textverständnis, Experimente und Übungsaufgaben sowie weiterführende Fragen, Lösungshinweise und ein ausführliches Glossar. Inhaltliche Themen sind: Wahrnehmung, Aufmerksamkeit und Lernen von Fertigkeiten, Denken und Problemlösen.

Neueste Ergebnisse der Hirnforschung werden in dem von H. Meier u. D. Ploog (1997) herausgegebenen Buch *Der Mensch und sein Gehirn – Die Folgen der Evolution* vorgestellt. Renommierte Vertreter u. a. der Neurowissenschaften, der Biochemie und der Psychologie haben an diesem Buch mitgearbeitet.

Wissenschafts- und erkenntnistheoretische Grundlagen und Grundfragen der Psychologie – beispielsweise das Verhältnis von Beschreiben, Erklären und Vorhersagen, die Möglichkeit von Kausalerklärungen und die (Un-)Vereinbarkeit der Idee des freien Willens und des Ziels der Verhaltenskontrolle – konnten in unserer Darstellung allenfalls angerissen werden. Kriz, Lück u. Heidbrink (1986) geben eine gut lesbare, verständliche, aber nicht vereinfachende Einführung in die Wissenschafts- und Erkenntnistheorie für Psychologen. Sie gehen von der Gegenüberstellung von alltäglicher und wissenschaftlicher Erfahrung aus und behandeln ausgewogen eine Vielfalt von wissenschaftstheoretischen Positionen zur Psychologie.

Die Frage, ob Handlungen und Aktivitäten, die semantische Gehalte aufweisen, naturwissenschaftlich erklärt werden können oder ob sie einen verstehenden Zugang erfordern, versucht J.M. Dierstein (1995) zu beantworten. In seinem Buch *Erklären oder Verstehen?* geht er vom klassischen Erklären-Verstehen-Disput aus und sucht Antworten, indem er die konzeptuellen Grundlagen für eine kohärente Handlungstheorie legt.

Die Frage, welche Struktur und welche Logik eine angemessene wissenschaftliche Erklärung in der Psychologie aufweist bzw. aufweisen sollte, ist vielleicht *das* wissenschaftstheoretische Problem unseres Faches – es gibt hierzu jedenfalls eine Fülle tiefgründiger Analysen von Psychologen und Wissenschaftstheoretikern. Mischel (1981) analysiert und vergleicht die impliziten Erklärungskonzeptionen verschiedener psychologischer Modelle und Schulen, etwa die der Psychoanalyse und die des genetischen Strukturalismus von Piaget.

Man kann den gegenwärtigen Stand der Psychologie besser verstehen, wenn man die (kurze) Geschichte der Psychologie kennt. Die *Sozialgeschichte der Psychologie* von Lück, Grünwald, Geuter et al. (1987) ist eine empfehlenswerte Einführung in die Geschichte der Psychologie und ihrer Theorien, Methoden und Anwendungen. Die Bezeichnung *Sozialgeschichte* verweist auf den Standpunkt der Autoren, daß sich Psychologiegeschichte nicht in der fachimmanenten Rückschau erschöpfen darf, sondern den Versuch machen muß, die Wechselwirkungen zwischen fachlicher und gesellschaftlicher Entwicklung miteinzubeziehen.

Eine lebhafte historische Darstellung ist die *Psychologie in Selbstdarstellungen,* inzwischen Band 3, herausgegeben von E.G. Wehner (1992). Mit Beiträgen unter anderem von H. Aebli, R. Bergius, L.J. Pongratz, R. Tausch, U. Undeutsch usw.

»Freud lebt«. In diesem Band von D. Weber (1997) werden kulturpsychologische Untersuchungen zum Verständnis Freudscher Begriffe im Alltag der Gegenwart vorgestellt.

Aus der Vielzahl der Gesamtdarstellungen der psychologischen Forschungsmethoden und der Lehrbücher der psychologischen Statistik sollen die Bücher von Bortz (1984, 1989, 1993) hervorgehoben werden, die nicht nur jedes für sich genommen vorzügliche Lehrbücher sind, sondern einander auch ergänzen.

Das *Lehrbuch der empirischen Forschung* (Bortz 1984) gibt eine Übersicht über die Forschungsmethoden. Es schildert zunächst den Weg vom vorwissenschaftlichen Probleminteresse zur empirischen Untersuchung und referiert dann Verfahren der Datenerhebung, bevor verschiedene Typen hypothesengewinnender und hypothesenprüfender Untersuchungen beschrieben werden. Das *Statistik-Lehrbuch* (Bortz 1999) ist als Einführungstext und Nachschlagewerk zur Elementarstatistik, zur Varianzanalyse und zu anderen multivariaten Methoden geeignet. Die meisten Beispiele entstammen realen psychologischen Fragestellungen, und die Verfahren werden so dargestellt, daß der Rechengang an einem Zahlenbeispiel nachvollzogen werden kann.

K. Rogge (1995) informiert in seinem *Methodenatlas für Sozialwissenschaftler* über Teilgebiete der empirischen Methodik. Wie in einem Atlas werden die Teilgebiete einzeln und strukturiert dargestellt und anschaulich in größere Zusammenhänge gestellt. Das Buch ist besonders für Anfänger geeignet.

Die folgenden Quellen befassen sich mit sehr speziellen Problemen, die normalerweise in Methodendarstellungen zu kurz kommen: Bortz, Lienert u. Boehnke (1990) mit Verfahren der verteilungsfreien Statistik, Wottawa u. Thierau (1990) mit Methoden der Evaluations- oder Bewertungsforschung.

Auf eine andere methodische Konzeption verweist der Titel *Qualitative Psychologie* des Buches von F. Breuer (1996). In diesem Band wird eine qualitativ methodische Konzeption für eine sozialwissenschaftlich verstandene Psychologie vorgestellt. Der Grounded-Theory-Ansatz (A. Strauss, B. Glaser), Theorien zur Selbstreflexivität des Forschers (D. Devereux) und »naturalistische« Feldforschungsmethodik werden in eigenständiger Weise integriert. Die Autorinnen und Autoren stellen Untersuchungswege und empirische Erträge vor, die auf der Basis dieses Ansatzes erarbeitet worden sind. Das Buch richtet sich an Studierende der Psychologie, wissenschaftlich arbeitende Psychologen und Sozialwissenschaftler anderer Disziplinen, die an einer qualitativ-methodischen Arbeitsweise interessiert sind.

Ebenfalls mit qualitativer Sozialforschung beschäftigt sich P. Mayring (1996). In seinem Buch *Einführung in die qualitative Sozialforschung – Eine Anleitung zu qualitativem Denken* beschreibt er anhand praxisnaher Beispiele Verfahren und Untersuchungspläne der qualitativen Sozialforschung.

Die erhöhte Sensibilität für Fragen der Forschungsethik in der gesellschaftlichen und in der fachspezifischen Diskussion hat einerseits zur Einrichtung einer »Ethikkommission« der Deutschen Gesellschaft für Psychologie, andererseits zu einer Reihe von einschlägigen Publikationen geführt. Stellvertretend sollen hier die Übersichtsdarstellung von Schuler (1980) und der Sammelband von Kruse u. Kumpf (1981) genannt werden. Kruse u. Kumpf haben die Beiträge eines inter-disziplinären Rundgesprächs zusammengestellt, bei dem es um so verschiedene Themen wie die persönlichkeitsrechtlichen Aspekte psychologischer Experimente, die sittlichen Grenzen psychologischer Experimente aus der Perspektive der philosophischen Ethik und die Arbeitsweise von Ethikkommitees ging.

ÜBUNGSFRAGEN

1 Was ist eine Erklärung?

1 Von einer Erklärung wird dann gesprochen, wenn sich die Bedingungen oder sogar die Ursachen aufweisen lassen, die ein Phänomen hervorgebracht haben.

2 Was sind intervenierende Variablen?

2 Intervenierende Variablen sind Merkmale oder Prozesse innerhalb der Personen. Sie werden vom Forscher angenommen, um beobachtete Zusammenhänge zwischen Reizen und Reaktionen verständlich zu machen. Ein Beispiel ist das Ausmaß an Angst. Diese intervenierende Variable hilft uns zu verstehen, warum Menschen ein hohes Maß an motorischer Unruhe zeigen, das schließlich zur Flucht führen kann.

3 Was sind Vorhersagen?

3 Vorhersagen (Prognosen) sind Aussagen über die zukünftige Auftretenswahrscheinlichkeit von Ereignissen und Zusammenhängen. Dabei werden in der Vergangenheit gewonnene Informationen auf Situationen, die in der Zukunft liegen, angewendet.

4 Welche Annahmen liegen der biologischen Perspektive zugrunde?

4 Die biologische Perspektive wird von Forschern eingenommen, die die Ursachen für das Verhalten im genetischen Programm, im Gehirn, im Nervensystem oder im endokrinen System (welches die Hormonproduktion kontrolliert) suchen. Erklärungen für psychologische Prozesse werden folglich durch den Verweis auf zugrundeliegende organische Strukturen und biochemische Prozesse gegeben.

5 Welche Annahmen liegen der psychodynamischen Perspektive zugrunde?

5 Der psychodynamischen Perspektive zufolge ist alles Verhalten durch Triebe oder andere starke »intrapsychische« Kräfte motiviert. Menschliches Handeln entspringt ererbten, biologisch festgelegten Trieben und den Versuchen, Konflikte zwischen den persönlichen Bedürfnissen des Individuums und der Forderung der Gesellschaft nach sozial angepaßtem Verhalten zu lösen.

6 Welche Annahmen liegen der behavioristischen Perspektive zugrunde?

6 Im behavioristischen Ansatz ist das Interesse des Forschers vornehmlich auf das sichtbare äußere Verhalten und dessen Beziehung zu Reizgegebenheiten in der Umwelt des Individuums gerichtet – es befaßt sich nicht mit biochemischen Prozessen und auch nicht mit hypothetischen inneren Motivationen. Der streng behavioristisch orientierte Psychologe benutzt als Daten lediglich spezifische »offene« (overte) Verhaltensreaktionen, die gemessen (quantifiziert) werden können – wie etwa den Lidschlagreflex, das Drücken eines Hebels oder die Antwort »Ja« auf einen vorgegebenen visuellen oder akustischen Reiz. Das vorrangige Ziel der behavioristischen Analyse liegt darin, zu verstehen, wie bestimmte Stimuli (Reize) in der Umwelt bestimmte Reaktionen kontrollieren.

7 Welche Annahmen liegen der kognitiven Perspektive zugrunde?

7 Beim kognitiven Ansatz sind Kognitionen (lat. cognitio=Erkenntnis) der primäre Gegenstand der Psychologie. Der Begriff der Kognition umfaßt alle Prozesse und Strukturen, die traditionell mit dem Etikett geistig versehen wurden, also etwa die Prozesse des Wahrnehmens, Schlußfolgerns, Erinnerns, Denkens, Problemlösens und Entscheidens sowie die Strukturen des Gedächtnisses, die Begriffe und die Einstellungen.

8 Welche Annahmen liegen der humanistischen Perspektive zugrunde?

8 Im humanistischen Ansatz wird angenommen, daß Menschen weder durch starke biologisch determinierte Trieb- oder Instinktkräfte getrieben noch durch allgegenwärtige Umweltdeterminanten manipuliert werden. Sie sind aktive Wesen, von Natur aus gut und fähig, ihren eigenen Weg zu wählen. Sie streben nach dem Guten und nach der Verwirklichung ihrer Möglichkeiten, suchen nach Veränderungen, planen ihr Leben und geben ihm eine Struktur, um eine optimale Selbstverwirklichung zu erreichen.

Die Humanistische Psychologie untersucht menschliches Handeln nicht, indem sie es auf Komponenten, Elemente und Subprozesse reduziert, sondern indem sie versucht, Muster in den Lebensgeschichten von Menschen zu sehen, die in sinnhaften Alltagsumwelten handeln. Sie bewegt sich somit auf einer Makroebene psychologischer Forschung.

Die humanistische Perspektive beruht weniger auf systematischer, an einem Objektivitätsideal ausgerichteter Forschung und wurde nicht vorrangig als allgemeine Theorie zur Erklärung menschlichen Verhaltens entwickelt. Sie ist eher ein Ansatz, der normalen Menschen dazu verhelfen soll, ein reicheres und befriedigenderes Leben zu führen. Genau dieses Ziel stand hinter der Gründung von Selbsterfahrungsgruppen (»encounter groups«) und anderen Formen der Selbsterfahrung, die seit den 60er Jahren weite Verbreitung gefunden haben.

9 Welche Annahmen liegen der evolutionären Perspektive zugrunde?

9 Die evolutionäre Perspektive unterscheidet sich von anderen Ansätzen grundlegend grundsätzlich dadurch, daß sie den extrem langen Evolutionsprozeß als Grundlage zur Erklärung menschlichen Verhaltens heranzieht. Formen der psychischen Anpassung, die im Laufe der Menschheitsgeschichte entstanden sind, können nicht in einem moralischen Sinne als »gut« oder »böse« charakterisiert werden. Sie sind nichts anderes als Verhaltensmuster, die sich jeweils in bestimmten Umwelten nach dem Selektionsprinzip durchgesetzt haben.

10 Was versteht man unter dem Begriff der Standardisierung?

10 Standardisierung besteht in der Anwendung einheitlicher Verfahren bei der Durchführung und Auswertung von Tests, Interviews, Umfragen, Experimenten oder anderen Erhebungsmethoden. Dadurch werden unerwünschte Einflüsse auf die Variabilität im Verhalten der Versuchsteilnehmer möglichst gering gehalten.

11 Was ist der Versuchsleitereffekt? Nennen Sie ein Untersuchungsbeispiel.

11 Die unbewußte Verzerrung der Datenlage aufgrund der Erwartungen eines Vl wird als Versuchsleitereffekt bezeichnet. Dieser Effekt ist von Robert Rosenthal ausführlich untersucht worden und wird deshalb oft auch als »Rosenthal-Effekt« bezeichnet. Rosenthal war von dem Problem fasziniert, wie subtile Formen interpersonaler Kommunikation zu »sich selbst erfüllenden Prophezeiungen« führen. Er de-

monstrierte das einmal auf besonders anschauliche Weise, indem er Lehrern mitteilte, gewisse Schüler würden sich als »Spätentwickler« erweisen. Diese Schüler verbesserten mit dem Fortschreiten des Schuljahres ihre Leistungen stärker als alle anderen, obwohl sie nur ganz zufällig ausgewählt worden waren (Rosenthal u. Jacobson 1968b).

12 Was versteht man unter dem Begriff der Reliabilität?

12 Reliabilität bezeichnet die Genauigkeit der Messung. Sie ist dann in vollem Umfang gegeben, wenn bei Wiederholung der Erhebung unter den gleichen Bedingungen identische Resultate erzielt werden, wenn also die Meßwiederholung zu konsistenten oder stabilen Ergebnissen führt.

13 Was versteht man unter dem Begriff der Validität?

13 Ein psychologisches Meßverfahren, etwa ein Test, ist dann valide, wenn es tatsächlich das psychologische Merkmal mißt, das es nach dem Anspruch des Forschers messen soll.

14 Welche Bedeutung haben Korrelationen?

14 Korrelationen lassen sich für Vorhersagen nutzen. Liegt eine hohe Korrelation, d. h. ein enger Zusammenhang vor, so kann von der einen Variablen, dem Prädiktor, auf die andere Variable, das Kriterium, geschlossen werden. Vorhersagen beruhen auf Zusammenhangsbeobachtungen bei einer ganzen Gruppe von Personen. Deshalb liefern sie selten genaue Vorhersagen für *einzelne* Personen (außer in den seltenen Fällen, in denen es eine »perfekte« Korrelation gibt). Die hohe positive Korrelation zwischen Rauchen und Lungenkrebs, die man häufig findet, sagt uns beispielsweise, daß es unter starken Rauchern mehr Fälle von Krebs geben wird als unter Nichtrauchern. Sie teilt uns hingegen nicht sicher mit, ob eine *bestimmte* Person an Krebs erkranken wird.

15 Wann spricht man in der Psychologie von Messung?

15 Messung hat die beiden folgenden Bedeutungen:
Von Messung ist im engeren Sinne nur dann die Rede, wenn die Datenerhebung als Ergebnis Zahlenwerte liefert, die eng gefaßten Kriterien genügen. Implizit wird dabei meist von einem physikalischen Meßbegriff ausgegangen, und als Bezugspunkt dient das Messen mit Zollstock oder Waage.
In der Psychologie ist es jedoch zweckmäßig, von Messung auch in einer weiteren Bedeutung zu sprechen. Messen bedeutet, beobachteten Verhaltensweisen, Äußerungen, Sachverhalten usw. in der Weise Zahlen zuzuordnen, daß Beziehungen zwischen den Beobachtungen durch die Zahlen abgebildet werden. »Messung ist die Zuordnung von Zahlen zu Objekten oder Ereignissen gemäß einer bestimmten Regel« (Stevens 1959, S. 18, zit. n. Bortz 1984, S. 43) – so lautet die häufig zitierte weitgefaßte Definition von Messung.

16 Erläutern Sie die verschiedenen Skalenniveaus!

16 Die für die Psychologie bedeutsamen Meßniveaus sind die Nominalskala, die Ordinalskala, die Intervallskala und die Verhältnisskala.
Nominalskala: Betrachten wir als Beispiel für eine psychologische Variable den Familienstand (ledig, verheiratet usw.) oder die Art einer Angstneurose (Angst vor umschlossenen Räumen, Angst vor Öffentlichkeit, Angst vor Hunden usw.). In beiden Fällen lassen sich die verschiedenen Kategorien (»Variablenwerte«) nicht einmal in eine Mehr-weniger-Relation bringen, sondern es kann lediglich festgestellt werden, daß sie verschieden voneinander sind. So werden etwa Personen, die Angst vor Hunden haben, in eine andere Kategorie eingeordnet als

Personen, die Angst vor dem Aufenthalt in geschlossenen Räumen haben. Mit anderen Worten: Bei Variablen wie Familienstand oder Art der Angstneurose nehmen wir lediglich eine Klassifikation vor. Ordnen wir den Klassen oder Kategorien Zahlen zu – etwa der Angst vor Hunden die Zahl 1 und der Angst vor umschlossenen Räumen die Zahl 2, so reflektieren die Zahlen nicht mehr als die Verschiedenheit der Kategorien. Wir sprechen von einer Messung auf Nominalskalenniveau.

Ordinalskala: Lassen sich beispielsweise in einer Untersuchung zur Ängstlichkeit die Personen aufgrund eines Expertenurteils in eine Rangreihe bringen, so sind den Personen in der Weise Zahlen zuzuordnen, daß diese Rangreihe abgebildet wird. Man spricht in diesem Falle von einer Messung auf Rang- oder Ordinalskalenniveau. Die Ordinalskala ist ein höheres Skalenniveau als die Nominalskala, weil die Skalenwerte nicht nur für Verschiedenheit stehen, sondern auch ein Mehr oder Weniger (beispielsweise an Ängstlichkeit) ausdrücken.

Intervallskala: Ist es nicht nur möglich, eine Rangordnung vorzunehmen, sondern auch Aussagen über das Ausmaß der Differenzen zwischen den Beobachtungen zu machen – wie das etwa bei der Intelligenzmessung versucht wird – so sollten die den Leistungen zugeordneten Zahlen diese Abstände repräsentieren. Diese Forderung ist genau dann erfüllt, wenn gleiche Zahlendifferenzen auch gleiche Merkmalsdifferenzen wiedergeben. Im Beispiel: Ist der Abstand in der Intelligenzleistung zwischen den Personen A und B genauso groß wie zwischen B und C und wurde A ein »Meßwert« von 10 und B ein Wert von 15 zugeordnet, so *muß* C den Meßwert 20 erhalten – nur dann liegt eine Intervallskala vor.

Verhältnisskala: Sind zusätzlich zu den Differenzen als empirische Relationen Verhältnisse (Proportionen) zwischen verschiedenen Merkmalsausprägungen bestimmbar und werden diese durch die entsprechende Zuordnung von Zahlen abgebildet, so liegt sogar eine Messung auf Verhältnisskalenniveau vor.

17 Nennen und beschreiben Sie die Maße der zentralen Tendenz!

17 Ein einzelner repräsentativer Wert, der die in der Regel besonders häufig vorkommenden mittleren Werte einer Häufigkeitsverteilung kennzeichnet, wird als Maß (Maßzahl) der zentralen Tendenz bezeichnet. Der Modalwert (M) ist der Variablenwert, der in der Stichprobe am häufigsten vorkommt. Der Medianwert (Mdn) ist so definiert, daß er die Menge der geordneten Daten genau in der Mitte teilt. Es ist also genau jener Variablenwert, für den gilt, daß 50% der Beobachtungen darunter und 50% darüber liegen. Der Mittelwert (genauer: das arithmetische Mittel) ist den meisten Menschen unter der Bezeichnung »Durchschnitt« geläufig. Er ist jenes Maß der zentralen Tendenz, das am meisten Information enthält und deshalb auch am häufigsten benutzt wird. Um den Mittelwert zu errechnen, addiert man einfach alle beobachteten Meßwerte und dividiert diese Summe durch die Gesamtzahl der Werte (Stichprobenumfang).

18 Nennen und beschreiben Sie die Maße der Variabilität!

18 Variabilitätsmaße beschreiben, wie nahe die Werte einer Verteilung beieinander liegen oder wie weit sie streuen.

Das einfachste Maß für Variabilität ist die Variationsbreite V (»range«), die Differenz zwischen dem höchsten und dem niedrigsten der beobachteten Werte. Die üblicherweise benutzte Maßzahl ist die Standardabweichung s, die die Streuung der Daten um den Mittelwert angibt. Zuerst wird der Mittelwert errechnet. Dieser wird von jedem einzelnen Wert abgezogen, und jede resultierende Abweichung wird quadriert (damit keine negativen Werte entstehen). Dann ist nicht mehr zu tun, als die Summe der »Abweichungsquadrate« durch den Stichprobenumfang N zu dividieren und daraus die Wurzel zu ziehen. Die Standardabweichung sagt uns, wie variabel unsere Daten sind: Je größer die Standardabweichung, um so stärker streuen die Werte.

19 Was ist ein Korrelationskoeffizient?

19 Die wichtigste statistische Maßzahl für die Korrelation zweier Variablen ist der Produkt-Moment-Korrelationskoeffizient. Er kann Werte zwischen +1 (perfekter proportionaler oder »gleichsinniger« Zusammenhang) und −1 (perfekter umgekehrt proportionaler oder »gegenläufiger« Zusammenhang) annehmen. Produkt-Moment-Korrelationen können benutzt werden, um im Rahmen von sog. Regressionsgleichungen Voraussagen von der einen Variablen auf die andere zu machen. Je höher der Koeffizient, um so genauer ist die Vorhersage.

20 Was versteht man unter dem Begriff der Inferenzstatistik?

20 Mit Hilfe der Inferenzstatistik werden auf der Grundlage der Beobachtungen an Stichproben Schlußfolgerungen auf die Verhältnisse in den Grundgesamtheiten gezogen. Die Inferenzstatistik basiert auf der Wahrscheinlichkeitstheorie – deshalb ist es möglich, das Fehlerrisiko beim Rückschluß von Stichproben auf Populationen numerisch exakt anzugeben.

21 Was ist die Normalverteilung?

21 Die Normalverteilung ist eine spezielle Wahrscheinlichkeitsverteilung, die für die Psychologie deshalb von besonderer Bedeutung ist, weil ihr die beobachtbaren Häufigkeitsverteilungen vieler Variablen ähnlich sind und sich ihr mit wachsendem Stichprobenumfang immer weiter annähern. Viele Verfahren der Inferenzstatistik beruhen auf der Annahme, daß die Variablen (approximativ) normalverteilt sind. Die Normalverteilung hat folgende Eigenschaften: Sie ist symmetrisch, glockenförmig, die 3 Maße der zentralen Tendenz (Median, Modal- und Mittelwert) sind identisch. Man kann bei Kenntnis dieses Verteilungstyps angeben, wie groß der Anteil von Beobachtungen ist, der in bestimmte Intervalle der Variablenwerte fällt.

22 Was versteht man unter einer Nullhypothese?

22 Die Annahme, daß zwischen den Populationsmittelwerten keine Differenz besteht, wird als Nullhypothese bezeichnet. Ist die Wahrscheinlichkeit für die beobachtete oder eine noch größere Mittelwertsdifferenz gering, so werden wir die Nullhypothese zurückweisen. Ist sie groß, so neigen wir dazu, die beobachtete Differenz als Zufallsresultat anzusehen und folglich die Nullhypothese beizubehalten.

2 Biologische Grundlagen

Was macht aus Ihnen ein einzigartiges Individuum? Die Psychologie hält vielerlei Antworten auf diese Frage bereit. Im zweiten Kapitel werden wir einen biologischen Zugang zum Verständnis der Individualität wählen: Wir betrachten den Einfluß der Vererbung auf das Verhalten und insbesondere auf diejenigen Prozesse im Gehirn, die das Verhalten kontrollieren. Ererbte Unterschiede müssen natürlich vor dem Hintergrund des gemeinsamen Erbes gesehen werden, das Sie mit allen anderen Menschen teilen. In diesem Kapitel geht es also, kurz gesagt, um das *Potential,* das die Biologie bereitstellt: Mit welchen *Verhaltensmöglichkeiten* ist die Spezies Mensch ausgestattet, und wie kommen *individuelle Unterschiede in diesem Potential* zustande?

Wenn Sie dieses Kapitel bearbeiten, so wird dadurch in gewisser Weise ein bemerkenswerter Aspekt unseres biologischen Potentials veranschaulicht. Unser Gehirn ist offensichtlich hinreichend komplex, um sehr systematisch und differenziert über seine eigene Funktionsweise nachzudenken. – Warum ist dies so bemerkenswert? Wir alle haben uns an Computer gewöhnt, die Tausende von Rechenoperationen in Bruchteilen von Sekunden durchführen können. Aber selbst der stärkste Computer der Welt ist unfähig, über die Regeln zu reflektieren, die seine eigenen Operationen steuern.

Das Gehirn wird manchmal mit einem sensationellen Computer verglichen: Bei nur 3 Pfund Gewicht enthält es mehr Zellen, als es Sterne in unserer gesamten Milchstraße gibt – über 100 Mrd. Zellen, die dazu dienen, Informationen zu verarbeiten und zu speichern. Ebenso wie die schnellsten Computer ist Ihr Gehirn in der Lage, eine enorme Anzahl von Denkoperationen in einer Sekunde durchzuführen. Sie übertreffen so-gar die Computer, denn weil Sie ein Bewußtsein haben, können Sie darüber nachdenken, welches die Operationsregeln sind, denen das Denken des Menschen folgt. Die gesamte Forschung, die wir in diesem Kapitel vorstellen, ist aus dem speziell menschlichen Verlangen entstanden, sich selbst zu verstehen.

Für viele Leser wird dieses Kapitel eine größere Herausforderung darstellen als alle anderen. Sie müssen einiges an Anatomie und viele neue Begriffe lernen, die von dem Inhalt, den Sie möglicherweise in einer Darstellung der Psychologie erwartet haben, weit entfernt zu sein scheinen. Aber es lohnt sich, die Herausforderung anzunehmen! Das Verständnis der biologischen Grundlagen menschlichen Verhaltens und Handelns wird Sie dazu befähigen, das komplexe Wechselspiel zwischen Gehirn, Geist, Verhalten und Umgebung, das die einzigartige Erfahrung des Menschseins hervorbringt, noch besser zu verstehen und zu würdigen.

Wir werden zunächst darstellen, wie Evolution und Vererbung die Biologie und das Verhalten des Menschen bestimmen. Danach werden wir zeigen, wie uns die experimentelle und die klinische Forschung einen Einblick in die Funktionsweise von Gehirn, Nervensystem und Hormonsystem erlauben. Wir werden einige der faszinierenden Zusammenhänge zwischen diesen biologischen und psychologischen Prozessen aufzeigen. Schließlich werden wir individuelle Unterschiede in der Beziehung zwischen Gehirnprozessen und Verhalten betrachten.

2.1
Vererbung und Verhalten

Eines der Hauptziele der Psychologie ist die Aufdek-
kung der Ursachen, die der Vielfalt menschlichen Verhaltens zugrunde liegen. Eine wichtige Dimension bei
dieser Ursachensuche wird durch die Gegensatzpaare
Natur/Kultur oder *Erbe/Umwelt* beschrieben. Lassen
Sie uns diesen Aspekt anhand der Frage nach den Wurzeln aggressiven Verhaltens verdeutlichen, die uns
schon in Abschn. 1.3 beschäftigt hat. Man könnte annehmen, daß Menschen aufgrund ihrer biologischen
Ausstattung aggressiv sind: Sie haben möglicherweise
eine Tendenz zur Gewalttätigkeit von einem ihrer beiden Elternteile geerbt. Alternativ dazu könnte man sich
vorstellen, daß alle Angehörigen der Spezies Mensch in
etwa die gleiche Prädisposition zur Aggression geerbt
haben und daß das individuelle Ausmaß der Aggressivität davon abhängt, in welcher Umwelt jemand aufwächst. Ob die eine oder andere Erklärung als richtig
ausgewählt wird, hat weitgehende Folgen – etwa für
den Umgang der Gesellschaft mit übermäßig aggressiven Personen. Im einen Falle wird sie die Ressourcen
darauf verwenden, die Umwelt ihrer Mitglieder zu verändern, im anderen Falle, um bei den Personen direkt
anzusetzen. Kurz gesagt, es ist von großer Wichtigkeit,
Vererbungseinflüsse von Einflüssen der Umwelt zu unterscheiden; das ist jedoch im psychologischen Bereich
ungleich schwieriger als im Falle körperliche Merkmale
(vgl. Abb. 2.1).

Abb. 2.1. Anders als bei psychischen Merkmalen läßt sich die
Rolle der Vererbung bei körperlichen Merkmalen oft relativ leicht
erkennen

Oft ist es einfacher, den Einfluß der Umwelt auf
menschliches Verhalten zu verstehen, da Umweltmerk-
male direkt beobachtet werden können. Man kann z. B.
das aggressive Verhalten von Eltern gegenüber ihren
Kindern beobachten und sich fragen, welche Konsequenzen das Elternverhalten auf die spätere Aggressivität des Kindes haben wird. Dagegen sind die biologischen Einflüsse auf das Verhalten niemals dem bloßen
Auge zugänglich. Um die biologischen Faktoren des
Verhaltens verständlicher zu machen, beginnen wir damit, einige der *Grundprinzipien* herauszustellen, die
das Verhaltensrepertoire einer Art (Spezies) formen.
Diese Prinzipien kennen wir aus der Evolutionstheorie.
Danach werden wir darstellen, wie *Verhaltensunterschiede* von Generation zu Generation weitergegeben
werden.

2.1.1
Evolution und Selektion

Im Jahr 1831 brach Charles Darwin, der soeben die Universität mit einem Abschluß in Theologie verlassen
hatte, von England aus mit dem Forschungsschiff
HMS *Beagle* zu einer fünfjährigen Forschungsreise
auf, um die Küste Südamerikas zu erkunden. Auf dieser
Reise dokumentierte Darwin alles, was ihm in den Weg
kam: Meerestiere, Vögel, Insekten, Pflanzen, Fossilien,
Muscheln und Steine. Seine außerordentlich umfangreichen Aufzeichnungen wurden zur Grundlage für seine Bücher, die sich mit vielfältigen Themen – von der
Geologie über die Emotionen bis zur Zoologie – befaßten. Sein bekanntestes Werk, *Der Ursprung der Arten*
(*«The origin of species»*), wurde 1859 veröffentlicht.
Mit dieser Arbeit begründete Darwin eine der großar-
tigsten Theorien der Wissenschaft: die Theorie der
Evolution des Lebens auf der Erde.

Natürliche Selektion

Darwin entwickelte die **Evolutionstheorie**, indem er die
Tierarten, denen er auf seiner Reise begegnet war, sorgfältig beschrieb und verglich. Einer der vielen Orte, an
denen die HMS Beagle angelegt hatte, waren die Galapagosinseln, ein vulkanisches Archipel an der Westkü-
ste Südamerikas. Diese Inseln waren eine Zufluchtsstät-
te für verschiedenste Formen ursprünglichen Lebens,
darunter auch für 13 Finkenarten, die heute als Darwin-
sche Finken bekannt sind. Darwin fragte sich, wie es
kam, daß so viele verschiedene Finkenarten diese In-

seln bewohnen konnten. Seinen Überlegungen nach konnten sie nicht vom Festland her eingewandert sein, da sie dort nicht existierten. Deswegen vermutete er, daß die Vielfalt der Arten einen Prozeß widerspiegelte, den er **natürliche Selektion** nannte.

Auf Galapagos gibt es von Insel zu Insel große Unterschiede in den Nahrungsreserven und Lebensbedingungen – den Habitaten (Lebensräumen) – für Pflanzen und Tiere. Einige der Inseln sind reich an Beeren und Samen, andere sind mit Kakteen bedeckt, und wiederum andere beherbergen viele verschiedene Insekten. Anscheinend fand vor langer Zeit ein kleiner Schwarm Finken den Weg zu einer der Inseln. Sie paarten sich untereinander und vermehrten sich schließlich. Im Laufe der Zeit wanderten einige der Finken auf andere Inseln des Archipels aus. Nun kam es zum Prozeß der natürlichen Selektion. Ausgangspunkt war die Verschiedenheit (Variation) innerhalb der Finkengruppen *auf jeder einzelnen* Insel. Zum Beispiel variierte zwischen den einzelnen Finken auf einer Insel die Dicke der Schnäbel. Auf einer Insel, auf der es vor allem Beeren und Samen als Nahrung gab, vergrößerte sich für Finken mit dicken Schnäbeln allmählich die Wahrscheinlichkeit zu überleben, denn gerade diese Schnäbel waren für das Aufbrechen und Zerkleinern von Samenkörnern besonders geeignet. Hingegen starben auf dieser Insel die Vögel mit dünneren und spitzeren Schnäbeln im Laufe der Zeit aus. Auf denjenigen Inseln, auf denen vor allem Insekten vorkamen, war es genau umgekehrt: Dort überlebten eher die Finken mit dün-

neren und spitzeren Schnäbeln, und die Vögel mit den dickeren Schnäbeln starben aus, da diese Schnäbel für den Verzehr von Insekten nicht geeignet waren. Die Umgebungsbedingungen einer jeden Insel bestimmten also, welche Tiere innerhalb der ursprünglichen Variation der Finken überlebten und sich fortpflanzten und welche mit der Zeit ausstarben. Die Verschiedenheit der Lebensräume (Habitate) dieser Inseln führte dazu, daß sich die verschiedenen Arten der Darwinschen Finken von der ursprünglichen Form ihrer Ahnen aus weiterentwickelten (s. auch den Abschn. **Experiment**).

> ! Darwins Theorie der Evolution durch natürliche Selektion besagt, daß Organismen, die gut an ihre Umwelt angepaßt sind – wie auch immer diese beschaffen sein mag – langfristig mehr Nachkommen haben, als die, die weniger gut angepaßt sind. Mit der Zeit werden diese Organismen, deren Eigenarten dem Überleben besonders dienlich sind, zahlreicher, im Gegensatz zu denjenigen Organismen, die diese Eigenschaften nicht besitzen. Letztere werden seltener und sterben, langfristig betrachtet, sogar aus.

Genotyp und Phänotyp

Das Beispiel des Auf und Ab bei den Finkenpopulationen zeigt uns, warum Darwin den Ablauf der Evolution als »Überleben der Angepaßtesten« (»survival of the fittest«) charakterisiert hat. Stellen wir uns vor, jede Umgebung stellte jede Art (Spezies) beim Versuch zu überleben vor dieselben Schwierigkeiten. Diejenigen Mitglieder der Arten, die ein Spektrum physischer und psychischer Attribute mitbringen, welche für die

EXPERIMENT

»Natürliche Selektion im Zeitraffer«

Die neuere Forschung hat gezeigt, daß der Prozeß der natürlichen Selektion sogar in kurzer Zeit dramatische Auswirkungen haben kann. In einer Reihe von Studien, die Peter Grant (1986) mit einer Art der Darwinschen Finken auf einer der Galapagosinseln durchführte, wurden Niederschläge, Nahrungsversorgung und Größe dieser Finkenpopulation genau festgehalten. 1976 betrug die Größe der Population etwa 1000 Vögel. Im folgenden Jahr zerstörte eine mörderische Dürre einen Großteil der Nahrungsversorgung. Zuerst gingen die kleinsten Samenkörner aus, und es blieben nur größere und härtere Samenkörner übrig. In diesem Jahr wurde die Finkenpopulation um über 80% dezimiert. Kleinere Vögel mit kleineren Schnäbeln starben dabei aber häufiger als größere Finken

mit dickeren Schnäbeln. In der Folgezeit wurden deshalb die großen Vögel zahlreicher – gerade so, wie Darwin es vorhergesagt hätte. Nur die großen Finken mit ihren größeren Körpern und dickeren Schnäbeln waren angepaßt genug, der Umweltveränderung aufgrund der Dürre zu begegnen. Interessanterweise fiel im Jahr 1983 reichlich Regen, und es gab insbesondere kleinen Samen im Überfluß. Dies hatte zur Folge, daß nun die kleineren Vögel die größeren überlebten, wahrscheinlich weil ihre Schnäbel für das Aufpicken der kleineren Samen geeigneter waren. – Obwohl Evolutionseffekte normalerweise über einen sehr langen Zeitrahmen hinweg auftreten, zeigen die Studien von Grant, daß die natürliche Selektion auch über kürzere Zeiträume hinweg merkliche Auswirkungen haben kann.

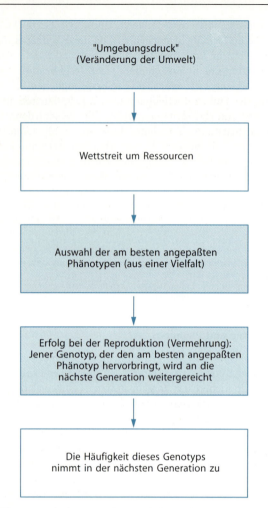

Abb. 2.2. So funktioniert die natürliche Selektion. Veränderungen in der Umwelt lösen unter den Mitgliedern einer Art einen Wettstreit um die Lebensressourcen aus. Nur diejenigen Individuen überleben und vermehren sich, die zur Bewältigung von Veränderungen geeignete Merkmale besitzen. Die nächste Generation einer Art wird bereits eine größere Anzahl von besser angepaßten Mitgliedern aufweisen, wobei die Anpassung genetisch festgelegt ist

Anpassung an die jeweilige Umgebung am besten geeignet sind, haben die größte Überlebenswahrscheinlichkeit. Die Wahrscheinlichkeit der Weiterentwicklung für diese Spezies steigt in dem Maße, in dem die Attribute, die das Überleben begünstigen, von einer Generation zur nächsten weitergegeben werden können, vorausgesetzt die Umweltanforderungen bleiben dieselben.

Um diesen Prozeß besser verstehen zu können, müssen wir einige Fachbegriffe aus der Evolutionstheo-

rie einführen. Betrachten wir dabei zunächst einen einzelnen Finken. Zum Zeitpunkt der Geburt hatte er einen **Genotyp** (genetische Struktur) von seinen Eltern geerbt. Im Rahmen einer bestimmten Umwelt legt der Genotyp die Entwicklung und das Verhalten dieses Finken fest. Die nach außen hin sichtbare Erscheinung und alle individuellen Besonderheiten des Finken werden als sein **Phänotyp** bezeichnet. Im Falle unseres Finken könnte der Genotyp mit der Umwelt in einer Wechselwirkung stehen, so daß sich als Phänotyp ein kleiner Schnabel und die Fähigkeit, auch kleine Samenkörner aufpicken zu können, herausbildet. Falls alle möglichen Arten von Samen in ausreichender Zahl vorhanden sind, hat dieser Phänotyp keinen besonderen Einfluß auf das Überleben dieses Finken. Wenn aber aus irgendeinem Grund nur kleine Samenkörner als Nahrung zu Verfügung stehen, so hat unser Fink gegenüber seinen Artgenossen mit großen Schnäbeln einen **Selektionsvorteil**. Sind dagegen nur große Samenkörner vorhanden, ist unser Fink im Nachteil.

Nur Finken, die überleben, können sich auch reproduzieren. Und nur diejenigen Tiere, die sich reproduzieren, können ihren Genotyp weitergeben. Deswegen würden in einer Umgebung, die lediglich kleine Samenkörner als Nahrung bereithält, die Finken über mehrere Generationen hinweg wahrscheinlich ausschließlich kleine Schnäbel entwickeln. Dies hätte zur Folge, daß sie weitgehend nur dazu in der Lage wären, kleine Samen zu fressen. Auf diese Weise können Einflüsse der Umwelt das Verhaltensrepertoire einer Spezies formen. In Abb. 2.2 ist ein vereinfachtes Modell des natürlichen Selektionsprozesses dargestellt.

2.1.2
Die Evolution des Menschen

Lassen Sie uns nun diese Überlegungen auf die menschliche Evolution übertragen. Wenn man auf die Lebensumstände zurückblickt, unter denen sich die Spezies Mensch entwickelt hat, beginnt man zu verstehen, warum bestimmte körperliche Eigenschaften und Verhaltensmerkmale zur biologischen Ausstattung des Menschen gehören.

> **!** Die natürliche Selektion hat bei der Evolution unserer Art vor allem 2 Anpassungsleistungen begünstigt: die Entstehung des aufrechten Gangs und die Vergrößerung des Gehirns. Die Verbindung dieser beiden Evolutionsprozesse hat die Entwicklung der menschlichen Zivilisation erst ermöglicht.

Die Fähigkeit, aufrecht zu gehen, erlaubte es unseren Urahnen, neue Umgebungen zu erkunden und neue Ressourcen zu nutzen. Dadurch, daß die Größe ihres Hirns anwuchs, wurden sie intelligenter und entwickelten komplexes Denken, Schlußfolgern, Erinnern und Planen. Wie wir in Abschn. 2.2 jedoch sehen werden, war die Evolution der Hirngröße *allein* keine Gewähr dafür, daß die Menschen damals intelligenter wurden. Wichtig war vor allem die Art des Zellgewebes, das sich damals entwickelte und innerhalb des Gehirns ausbreitete. Der Genotyp, der für aufrecht gehende und intelligente Phänotypen verantwortlich war, verdrängte langsam andere, weniger gut angepaßte Genotypen aus dem menschlichen Genpool, so daß nur noch intelligente Zweibeiner die Möglichkeit zur Reproduktion hatten.

Nach der Entwicklung des aufrechten Gangs und dem Zuwachs an Gehirn war der **Erwerb der Sprache** wahrscheinlich der wichtigste Schritt in der Evolution des Menschen (vgl. Bickerton 1990). Mit Hilfe von Sprache werden Kulturen hervorgebracht und umgestaltet. Denken wir nur an die enormen Anpassungsvorteile, die die Sprache den frühen Menschen verschafft hat. Einfache Instruktionen und Informationen darüber, wie Werkzeuge angefertigt werden, wo gute Jagd- oder Fischgründe sind und wie man Gefahren vermeiden kann, sparten Zeit, Mühen und Menschenleben. Anstatt alles Lebensnotwendige durch Versuch und Irrtum selber zu lernen, konnten die Menschen nun auch von den Erfahrungen ihrer Artgenossen profitieren. Außerdem hat die Möglichkeit, Gespräche zu führen oder sogar so etwas wie Humor zu äußern, die sozialen Bindungen zwischen den Mitgliedern einer ohnehin geselligen Spezies gestärkt.

Der entscheidende Vorteil der Entwicklung von Sprache lag jedoch darin, daß angehäuftes Wissen von einer Generation auf nachfolgende Generationen weitergereicht werden konnte. Sprache ist die Basis der kulturellen Evolution, die von der von Darwin beschriebenen biologischen Evolution unterschieden werden muß.

> ! Unter der kulturellen Evolution ist zu verstehen, daß Kulturen dazu neigen, sich durch Lernen an Umweltveränderungen anzupassen. Die kulturelle Evolution ermöglichte die großen Fortschritte bei der Werkzeugproduktion, die Weiterentwicklung landwirtschaftlicher Techniken und die Entwicklung und Differenzierung von Industrie und Technologie.

Kurz gesagt, die kulturelle Evolution war ausschlaggebend für die Entwicklung und Aufrechterhaltung der Lebensweisen, die wir heute pflegen. Im Gegensatz zur biologischen Evolution ermöglicht sie unserer Art die besonders schnelle Anpassung an Veränderungen der Umweltbedingungen. Das, wozu eine biologische Anpassung Tausende oder Millionen von Jahren braucht, kann durch die kulturelle Evolution in einer einzigen Generation vollzogen werden. So hat z. B. die Anpassung an die Arbeit mit dem Computer in nur 10–15 Jahren stattgefunden. Wir sollten uns aber darüber im klaren sein, daß auch diese kulturelle Anpassung nicht ohne die Evolution eines Genotyps stattfinden konnte, der die Grundlage für die Fähigkeiten zum Lernen und abstrakten Denken bildet. Unsere Kultur – einschließlich bildender Kunst, Literatur, Musik, wissenschaftlicher Erkenntnis und humanistischer Werte – wurde nur möglich, weil es den spezifischen Genotyp der Art Mensch gibt.

2.1.3
Genetische Variabilität

Wir haben gesehen, daß die Bedingungen, unter denen die menschliche Evolution stattfand, die Herausbildung wichtiger biologischer Potentiale begünstigt hat, die *allen Menschen gemeinsam* sind. Dazu gehören vor allem der aufrechte Gang und die Fähigkeit zum Denken und Sprechen. Dennoch ist innerhalb dieses gemeinsamen Potentials eine *beachtliche Variation* (Verschiedenheit) zu verzeichnen. Diese **genetische Variabilität** (genotypische Variation) legt den Einfluß der Vererbung auf unser Verhalten fest. Eltern reichen eine genetische Struktur an Kinder weiter, die sie von ihren Eltern, von ihren Großeltern und von allen vorangangenen Generationen ihrer Familie erhalten haben. Daraus ergibt sich ein einzigartiger »biologischer Fingerabdruck« und ein einzigartiger Zeitplan für die Entwicklung jedes Menschen. Die Wissenschaft, die sich mit der Vererbung körperlicher und psychischer Eigenschaften von Generation zu Generation befaßt, wird **Genetik** genannt.

Grundlagen der Genetik

Im Kern (Nucleus) jeder Zelle befindet sich das genetische Material. Es wird als DNS (Desoxyribonukleinsäure) bezeichnet. Die DNS enthält den Bauplan für die Produktion von Proteinen. Diese Proteine regulieren

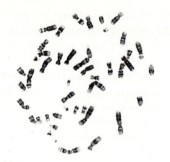

Abb. 2.3. Chromosomen des Menschen

die physiologischen Vorgänge im Körper und die Aus-
formung phänotypischer Eigenschaften (»traits«), wie
etwa des Körperbaus, der Körperkraft, der Intelligenz
und vieler Verhaltensmuster. Die DNS ist in winzigen
Einheiten organisiert, die man **Gene** nennt. Diese
Gene befinden sich in stäbchenartigen Strukturen,
den **Chromosomen** (s. Abb. 2.3).

Bereits vom ersten Moment der Zeugung an hat ein
neuer Mensch von seinen Eltern 46 Chromosomen ererbt – 23 von seiner Mutter und 23 von seinem Vater. Jedes dieser Chromosomen enthält Tausende von Genen,
und die Vereinigung von Samenzelle und Eizelle führt
zu einer einzigen aus vielen Milliarden möglicher Gen-
kombinationen. Die **Geschlechtschromosomen** enthalten diejenigen Gene, die für die Entwicklung männlicher oder weiblicher körperlicher Merkmale verantwortlich sind. Jeder Mensch hat von seiner Mutter ein
X-Chromosom und von seinem Vater entweder ein X-
oder ein Y-Chromosom geerbt. Die Kombination zwei-

er X-Chromosomen führt zur Ausbildung weiblicher
Merkmale und die XY- Kombination zur Entwicklung
männlicher Merkmale.

Auch wenn wir im Durchschnitt 50% unserer Gene
mit unseren Geschwistern gemeinsam haben, so ist
doch jeder individuelle Gensatz einzigartig – es sei
denn, man hat einen eineiigen (genetisch identischen)
Zwilling. Der Unterschied in unseren Genen ist der
eine Grund dafür, daß wir uns körperlich und im Verhalten von unseren Geschwistern unterscheiden. Der
andere Grund liegt darin, daß auch Geschwister niemals genau unter denselben Umweltbedingungen leben. – Abermals ist es das Ziel der Psychologie, die Balance zwischen Genen und Umwelt besser zu verstehen.

Gene und Verhalten

An diesem Punkt unserer Argumentation sollte verständlich geworden sein, warum es gute Gründe für
die *Annahme* genetischer Einflüsse auf das Verhalten
gibt. Die Evolution erlaubt ein beträchtliches Ausmaß
an Variation des menschlichen Genotyps, und die
Wechselwirkung (Interaktion) dieses Genotyps mit bestimmten Umweltbedingungen ruft ihrerseits eine Variation im Phänotyp von Menschen hervor. Der nächste
Schritt besteht nun darin, daß wir *nachweisen*, daß genetische Faktoren tatsächlich einen kausalen Einfluß
auf das Verhalten haben. Die Forschung im Bereich
der Verhaltensgenetik des Menschen verbindet die Genetik und die Psychologie, um diesen Nachweis für
psychische Eigenschaften und Funktionen, wie etwa Intelligenz, psychische Störungen und Altruismus, zu

---

EXPERIMENT

Fernsehen und Vererbung
Plomin et al. verglichen die Fernsehgewohnheiten in
verschiedenen Gruppen von Kindern und Erwachsenen. Hier konzentrieren wir uns auf 3 Gruppen:
- eine Gruppe von Kindern, die bereits im ersten Lebensmonat von ihren biologischen Müttern getrennt worden war und bei Adoptiveltern aufwuchs;
- eine Gruppe Erwachsener, die aus den biologischen Eltern (in den meisten Fällen den Müttern)
  dieser adoptierten Kinder bestand;
- eine weitere Gruppe Erwachsener, nämlich die Adoptiveltern der Kinder.

Für jede Person wurde unter anderem das Ausmaß
des Fernsehkonsums gemessen.

Wie läßt sich anhand des Vergleichs der 3 Gruppen zwischen den Auswirkungen von Erbe und Umwelt unterscheiden? Eine positive Korrelation (vgl.
Abschn. 1.7) zwischen dem Fernsehkonsum der adoptierten Kinder und dem Fernsehkonsum der Adoptiveltern würde einen Einfluß der Umwelt nahelegen.
Eine positive Korrelation zwischen den Adoptivkindern und ihren biologischen Eltern würde hingegen
auf die Wirkung der Vererbung schließen lassen. Tatsächlich fanden die Forscher substantielle Korrelationen zwischen den Kindern und *beiden* Elterngrup-
pen. Dieses Ergebnis spricht sowohl für genetische
als auch für Umwelteinflüsse auf die Häufigkeit des
Fernsehens (Plomin et al. 1990b).

führen (Fuller 1982; Plomin u. Rende 1991; Plomin et al. 1994).

Um einen Einblick in die Logik der Verhaltensgenetik zu erhalten, werden wir nun eine Untersuchung mit einem überraschenden Resultat beschreiben. Eine Gruppe von Forschern um Robert Plomin zeigte, daß das Ausmaß des Fernsehkonsums von drei- bis fünfjährigen Kindern genetischen Einflüssen unterliegt (s. **Experiment**).

Es wird Sie wahrscheinlich nicht überraschen, daß die Fernsehgewohnheiten von Kindern von der Umwelt beeinflußt werden. Vieles spricht dafür, daß Erwachsene, zumal die Eltern, auf das Ausmaß des Fernsehkonsums Einfluß zu nehmen versuchen. Aber der genetische Einfluß dürfte Verwunderung auslösen. Der Zusammenhang ist um so verwunderlicher, als die adoptierten Kinder nach der frühen Kindheit tatsächlich keinerlei Kontakt mehr zu ihren biologischen Eltern hatten. Also *muß* jegliche Korrelation mit dem Fernsehkonsum der Eltern, so argumentiert die Gruppe um Plomin, der Aktivität der Gene zugeschrieben werden. – Befunde dieser Art legen nahe, daß die Gene, die wir von unseren Eltern erhalten, wesentlich umfassendere Auswirkungen haben als lediglich die Beeinflussung unserer Körpergröße oder die Festlegung unserer Augenfarbe.

Sie teilen Ihre Verwunderung übrigens mit den meisten Verhaltensgenetikern. Das Fernsehen ist bekanntlich eine moderne Erfindung. Unser Genotyp kann deshalb kaum Information enthalten, die für den Fernsehkonsum *unmittelbar* relevant ist. Folglich muß sich die Forschung nun darauf konzentrieren, herauszufinden, welche anderen Merkmale des kindlichen Verhaltens, die sich im Laufe der Evolution herausgebildet haben, den Zusammenhang zwischen Erbe und Fernsehkonsum hergestellt haben können. Wie auch diese zukünftigen Resultate aussehen mögen: Wir sollten uns immer daran erinnern, daß die Gene nicht *Schicksal* spielen, sondern lediglich *Möglichkeiten* bereitstellen (s. oben in diesem Abschnitt). Groß zu sein bedeutet nicht zwangsläufig, ein Basketballspieler zu werden, und eine Frau zu sein, bedeutet nicht notwendigerweise, Kinder zu gebären. Wir haben also zu berücksichtigen, daß sich Genotypen immer in einem bestimmten Kontext realisieren. So wird z.B. die Körpergröße sowohl durch genetische als auch durch Ernährungseinflüsse festgelegt. Körperkraft kann durch bestimmte Trainingsprogramme gesteigert werden. Die intellektuelle Entwicklung hängt sowohl vom genetischen Potential als auch von Lerngelegenheiten ab.

> **!** Weder die Gene noch die Einflüsse aus der Umwelt legen *allein* fest, wer jemand ist und wer er in Zukunft sein wird. Die Gene definieren lediglich das Spektrum (die »Bandbreite«) möglicher Auswirkungen, die die Umwelt bei der Entstehung des Phänotyps und der Entwicklung von Verhaltensmustern ausüben kann.

2.2
Biologie und Verhalten

In diesem Abschnitt richten wir die Aufmerksamkeit auf diejenigen Strukturen und Prozesse in unserem Körper, die die Grundlage allen Denkens und Handelns bilden. In Abschn. 2.1 haben wir gelernt, daß die Strukturen selbst aus Informationen hervorgehen, die im Genotyp enthalten sind und die wir von unseren Vorfahren geerbt haben. Schon lange bevor Darwin sich an Bord der *Beagle* auf jene denkwürdige Reise begab, die später die Evolutionstheorie begründen sollte, debattierten Wissenschaftler, Philosophen und andere gebildete Zeitgenossen über die Rolle, die biologische Prozesse im täglichen Leben spielen. Eine der wichtigsten Persönlichkeiten in der Geschichte der Erforschung des Gehirns war der französische Philosoph René Descartes (1596–1650). Descartes stellte eine für seine Zeit völlig neue und radikale Behauptung auf. Der menschliche Körper sei eine »belebte Maschine«, die wissenschaftlich erklärt werden könne – und zwar durch die Entdeckung von Naturgesetzen durch empirische Beobachtung! Er formulierte als erster *rein physiologische* Fragestellungen zur Mechanik und Bewegung des menschlichen Körpers.

Diese Fragen führten ihn zu neuartigen Spekulationen über die Kräfte, die das Verhalten des Menschen kontrollieren. Im Grundsatz vertrat Descartes die Meinung, das Verhalten, etwa die Bewegung des Arms, sei nichts anderes als ein mechanischer Reflex auf Stimulation durch die Umwelt. Physikalische Energie errege die Sinnesorgane, welche ihrerseits die Erregung in Form von »Lebensgeistern« («animal spirits«; Russell 1975, S. 570) an das Gehirn weiterleiteten. Vom Gehirn gelange die Erregung zu dem jeweils passenden Muskel und löse auf diese Weise reflexartig eine Bewegung aus. Heutzutage ist diese Idee des Verhaltensreflexes etwas, was die meisten Menschen und insbesondere Psychologen für erwiesen halten. Im 17. Jahrhundert allerdings hatte diese Idee weitreichende Implikationen und war geeignet, die religiösen Autoritäten zu verärgern. Das damals geltende religiöse Dogma besagte nämlich, daß der Mensch innerhalb der Schöpfung etwas Besonderes darstelle und von einer höheren Macht mit der Kraft des freien Willens ausgestattet worden sei. Descartes' Idee des Handelns auf der Grundlage eines Reflexes bedeutete hingegen, daß die Menschen mit den Tieren vieles gemeinsam haben.

Um Descartes gerecht zu werden, darf man allerdings nicht unterschlagen, daß er – abgesehen von den Ähnlichkeiten bei den körperlichen Prozessen – sehr wohl zwischen Menschen und Tieren unterschied: *Nur* die Menschen haben eine Seele, die ihren Sitz in der Zirbeldrüse hat (s. unten in diesem Abschnitt). Hier kommen die »Lebensgeister« mit der Seele in Berührung, und dank dieser Berührung stehen Körper und Seele in Wechselwirkung. Die Seele vermag sogar die Bewegungsrichtung der Lebensgeister zu beeinflussen und somit mittelbar die Bewegung anderer Teile des Körpers zu verändern. Erst von einem Teil seiner Schüler, etwa Spinoza, ist dieser Teil seiner Lehre, die Annahme der Einwirkung der Seele auf die Materie, aufgegeben worden (nach Russell 1975, Kap. 9).

Descartes' Vorstellungen über die Rolle des Reflexes zum Verständnis körperlicher Prozesse fanden erst 1906 eine zuverlässige wissenschaftliche Bestätigung, als Sir Charles Sherrington entdeckte, daß Reflexe auf direkten Verbindungen zwischen sensorischen und motorischen Nervensträngen im Rückenmark beruhen. Von Sherrington stammt auch die Einsicht, daß im Nervensystem nicht nur Erregungs-, sondern auch Hemmungsprozesse vorkommen. Die Erregung (Exzitation) eines Nervs steigert die Aktivität im Nervensystem, die Hemmung (Inhibition) kann die Aktivität reduzieren oder sogar blockieren. Heute wissen wir, daß eine Hauptaufgabe des Nervensystems die kontinuierliche Integration sehr vieler exzitatorischer und inhibitorischer Signale ist.

Überhaupt wußte die Wissenschaft bis ins 20. Jahrhundert hinein nichts über die grundlegende Einheit unseres Nervensystems, die **Nervenzelle (Neuron)**. Etwa um die Jahrhundertwende stellte Santiago Ramón y Cajal die These auf, daß sich das Nervensystem aus Neuronen zusammensetzt. Andere Wissenschaftler konnten 50 Jahre später seine Ideen mit Hilfe des Elektronenmikroskops beweisen. Ein weiterer Schritt war 1948 die Behauptung von Donald Hebb, das Gehirn stelle nicht nur eine Anhäufung von Gewebe dar, sondern bestehe aus hochgradig integrierten Strukturen – sog. Zellgruppierungen (»cell assemblies«), die für spezifische Funktionen verantwortlich sind.

Heutzutage bezeichnet man das Forschungsgebiet, das in der Tradition steht, die wir gerade bis zu Descartes zurückverfolgt haben, als Neurowissenschaften. Die Neurowissenschaften sind eine der sich am rasantesten entwickelnden Disziplinen überhaupt. Mit beeindruckender Regelmäßigkeit werden dort neue Entdeckungen gemacht. Wie kommen diese schnellen Fortschritte zustande? Man kann die Antwort in dem Schlagwort »kulturelle Evolution« zusammenfassen (s. Abschn. 2.1). Wissen und Weisheit, die in Jahrhunderten Wissenschaftsgeschichte gesammelt wurden, verbinden sich mit den aktuellen Fortschritten in den technologischen Möglichkeiten und verschaffen den Neurowissenschaftlern auf diese Weise sowohl die intellektuellen Quellen als auch die manchmal wie Zauberei anmutenden Forschungstechnologien, die für die Aufdeckung der biologischen Grundlagen des Verhaltens nötig sind.

Unsere Diskussion der Ergebnisse der Neurowissenschaften beginnt mit einer Übersicht über den Aufbau des Nervensystems. Dann folgt ein etwas detaillierterer Blick auf die Strukturen und Funktionen des Gehirns, und zum Schluß werden wir die Aktivität des endokrinen Systems diskutieren. Es stellt das zweite biologische Kontrollsystem dar und arbeitet mit dem Nervensystem, insbesondere dem Gehirn, zusammen.

2.2.1
Das Nervensystem

Das Nervensystem besteht aus Milliarden hochgradig spezialisierter Nervenzellen oder Neuronen. Wie Abb. 2.4 zeigt, ist es hierarchisch aufgebaut, denn es läßt sich auf mehreren Ebenen untergliedern. Die generellste Einteilung ist die Unterscheidung von zentralem und peripherem Nervensystem (s. Abb. 2.4).

> **!** Das **zentrale Nervensystem (ZNS)** besteht aus allen Neuronen in Gehirn und Rückenmark. Seine Aufgabe ist, alle Körperfunktionen zu integrieren und zu koordinieren, indem es alle eintreffenden und auszusendenden Botschaften verarbeitet.

Das ZNS ist wie ein zentraler Kontrollturm, der die ständigen »Anflüge« von Reizinformationen und »Abflüge« von Befehlen für Reaktionen dirigiert. Da wir uns unten in diesem Abschnitt ausführlich mit dem Gehirn befassen werden, wird hier lediglich die Rolle des Rückenmarks beschrieben.

Das **Rückenmark** ist eine Hauptstrecke von Nervenzellen, die das Gehirn mit dem übrigen Körper durch

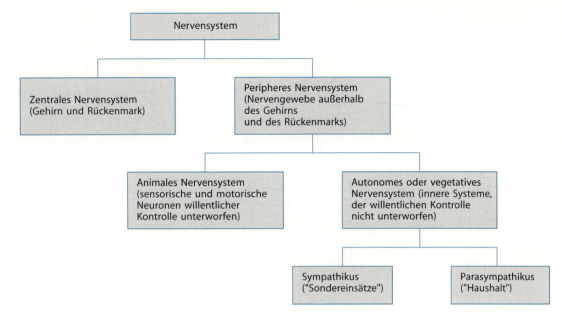

Abb. 2.4. Der hierarchische Aufbau des Nervensystems des Menschen

Pfade im peripheren Nervensystem verbinden. Es ist in einer hohlen Röhre, der Wirbelsäule, untergebracht. Rückenmarksnerven verzweigen zwischen jedem Wirbelpaar vom Rückenmark aus. Sie stellen Verbindungen zu sensorischen Rezeptoren im ganzen Körper, zu den Muskeln und zu den Drüsen her. Das Rückenmark koordiniert auch die Aktivität der rechten und der linken Körperhälfte und ist für einfache Reflexe verantwortlich, die ohne die Beteiligung des Gehirns ablaufen. Ein Tier, dessen Gehirn vom Rückenmark abgetrennt wurde, kann beispielsweise immer noch ein Glied von einem schmerzhaften Reiz zurückziehen. Obwohl normalerweise das Gehirn in Kenntnis gesetzt wird, kann die Aktivität ohne höhere Anordnungen durchgeführt werden. Schädigungen der Rückenmarksnerven können zur Lähmung der Beine oder des Rumpfes führen, wie z. B. bei Querschnittgelähmten, die eine Rückenmarksverletzung erlitten haben.

> ! Das periphere Nervensystem (PNS) ist das Netzwerk der sensorischen und motorischen Neuronen, die die Verbindung zwischen dem zentralen Nervensystem und der Körperoberfläche bilden.

Trotz seiner Befehlshaberstellung ist das zentrale Nervensystem von jedem direkten Kontakt mit der Außenwelt isoliert. Es wäre nicht mehr als Füllmaterial für eine »Blackbox«, gäbe es nicht das periphere Nervensystem (PNS).

Die peripheren Nerven, die es überall im Körper gibt, haben 2 Funktionen:

- Einige tragen Informationen von jedem der sensorischen Rezeptoren (in Auge, Ohr, Haut usw.) zum Gehirn,
- andere tragen Botschaften vom Gehirn und vom Rückenmark zu den Muskeln und zu den Drüsen. Das zentrale und das periphere Nervensystem stehen in ständiger Kommunikation miteinander.

Das periphere Nervensystem besteht seinerseits aus 2 Teilen, die von unterschiedlichen Strukturen im Gehirn gesteuert werden: dem somatischen und dem autonomen Nervensystem (s. Abb. 2.4).

- Das somatische (animale) Nervensystem untersteht willentlicher Kontrolle. Es kontrolliert die Skelettmuskeln des Körpers («Mache eine Faust; nun laß die Hand locker»).
- Das autonome (vegetative) Nervensystem regelt Körperaktivitäten, welche normalerweise nicht der direkten Kontrolle des Individuums unterstehen. Es muß auch dann arbeiten, wenn das Individuum schläft, und sorgt für die Aufrechterhaltung lebenswichtiger Prozesse unter Narkose und im Koma.

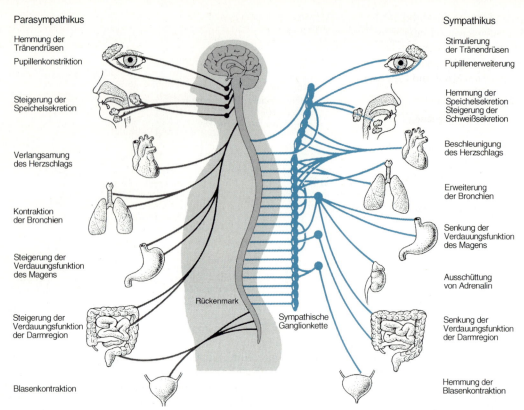

Parasympathikus

Hemmung der
Tränendrüsen

Pupillenkonstriktion

Steigerung der
Speichelsekretion

Verlangsamung
des Herzschlags

Kontraktion
der Bronchien

Steigerung der
Verdauungsfunktion
des Magens

Steigerung der
Verdauungsfunktion
der Darmregion

Blasenkontraktion

Rückenmark

Sympathikus

Stimulierung
der Tränendrüsen

Pupillenerweiterung

Hemmung der
Speichelsekretion
Steigerung der
Schweißsekretion

Beschleunigung
des Herzschlags

Erweiterung
der Bronchien

Senkung der
Verdauungsfunktion
des Magens

Ausschüttung
von Adrenalin

Senkung der
Verdauungsfunktion
der Darmregion

Hemmung der
Blasenkontraktion

Sympathische
Ganglionkette

Abb. 2.5. Das autonome Nervensystem. Diese schematische Darstellung zeigt die Bestandteile des autonomen Nervensystems. Gezeigt wird, wo die wichtigsten Nerven herkommen und welche Funktion sie haben. Was zum Parasympathikus gehört, ist *schwarz* eingezeichnet, was zum Sympathikus gehört, dagegen *blau*. Es ist zu beachten, daß die Nerven des Sympathikus mit einer Kette von Ganglien (Ansammlungen von Nervenzellen) in Verbindung stehen, die direkt außerhalb des Rückenmarks liegen

Das autonome Nervensystem ist für das Überleben des Organismus in zweierlei Hinsicht zuständig, denn es wird bei äußeren Bedrohungen aktiviert, und es sichert die Aufrechterhaltung der Körperfunktionen. Zwei Abteilungen innerhalb des autonomen Nervensystems arbeiten zusammen, um das Überleben zu sichern, indem sie folgende Aufgaben erfüllen: Der Sympathikus befaßt sich mit Reaktionen auf Notfälle, während es Aufgabe des Parasympathikus ist, eine ganze Reihe von Funktionen intern zu überwachen und zu sichern (s. Abb. 2.4 und 2.5).

- Der Sympathikus kann als eine Art Störungssucher betrachtet werden: Angesichts eines Notfalls oder einer streßerzeugenden Herausforderung stellt er die Aktivierung des Gehirns und die Verhaltensreaktionen des Körpers sicher. Die Verdauung wird unterbrochen, das Blut fließt aus den inneren Organen in die Muskeln, der Sauerstofftransport wird verstärkt, die Herzfrequenz steigt, und das endokrine System wird angeregt, um eine ganze Reihe von motorischen Reaktionen zu erleichtern.

- Ist die Gefahr überwunden, übernimmt der Parasympathikus die Aufgabe, diese Prozesse zu verlangsamen, so daß man sich entspannen und beruhigen kann. Die Verdauung setzt wieder ein, der Herzschlag verlangsamt sich, die Atmung ist entspannt usw. Der Parasympathikus ist hauptsächlich für den Körperhaushalt zuständig, wie für die Ausscheidung von überflüssigen Stoffen, den Schutz des visuellen Apparates (durch Tränen und Pupillenkontraktion) und die Langzeitspeicherung von Körperenergie.

Manchmal kommt es zu einer Überreaktion des Sympathikus. Er reagiert auf eine Situation, als sei sie bedrohlich und mache die Mobilisierung von Flucht- oder Kampfmechanismen erforderlich, wenn keine wirkliche Bedrohung des Lebens gegeben ist. Mit dieser Art Reaktion werden wir uns ausführlicher in Kap. 8 befassen, in dem es um Streß und Gesundheit geht.

2.2.2
Strukturen und Funktionen des Gehirns

Das **Gehirn** ist die wichtigste Komponente des zentralen Nervensystems. Beim Menschen ist es aus 3 miteinander verbundenen Schichten aufgebaut (s. Abb. 2.6). In der tiefsten Schicht, die Hirnstamm genannt wird, befinden sich Strukturen, die hauptsächlich an autonomen Körperfunktionen wie Herzschlag, Atmen, Schlucken und Verdauung beteiligt sind. Um diesen zentralen Kern liegt wie eine Art Umschlag das limbische System, das bei psychologischen Vorgängen wie der Motivation, dem Erinnern und emotionalen Prozessen ins Spiel kommt. Hirnstamm und limbisches System werden vom Cerebrum (Großhirn) überlagert. Diese Region bildet die neurale Grundlage für das, was wir als »den menschlichen Verstand« bezeichnen. Das Cerebrum und seine äußere Schicht, der zerebrale Kortex (Großhirnrinde), integrieren die sensorischen Informationen, koordinieren die Bewegungen und erleichtern abstraktes Denken und Schlußfolgern.

Zur besseren Übersicht teilen wir die vielfältigen Vorgänge, die von den Hirnstrukturen kontrolliert und gesteuert werden, in 5 Kategorien ein. Es handelt sich um die Bereiche der

- Regulation innerer Vorgänge,
- Reproduktion (Vermehrung),
- Sinnesempfindung und Wahrnehmung,
- Bewegung,
- Anpassung des Organismus an sich verändernde Umweltbedingungen.

Die ersten beiden Kategorien betreffen die elementaren Körperprozesse, die unser Überleben und die Zeugung und Pflege unseres Nachwuchses sichern. Die dritte bezieht sich auf die Verarbeitung von Informationen, die von den Sinnesorganen kommen. Mittels dieser Hirnfunktionen treten wir mit der äußeren Welt in Kontakt. Das Gehirn »beaufsichtigt« aber auch die inneren Empfindungen; diese betreffen das Gleichgewicht, die Schwerkraft, unsere Bewegungen und Orientierung. Die vierte Kategorie verweist darauf, daß das Gehirn uns durch entsprechende Anweisungen an die Organe

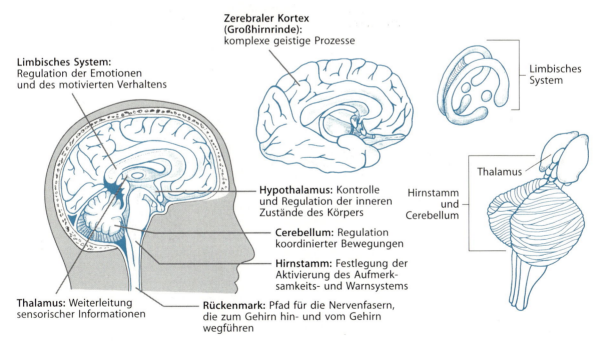

Zerebraler Kortex (Großhirnrinde): komplexe geistige Prozesse

Limbisches System: Regulation der Emotionen und des motivierten Verhaltens

Limbisches System

Hypothalamus: Kontrolle und Regulation der inneren Zustände des Körpers

Cerebellum: Regulation koordinierter Bewegungen

Hirnstamm: Festlegung der Aktivierung des Aufmerksamkeits- und Warnsystems

Thalamus: Weiterleitung sensorischer Informationen

Rückenmark: Pfad für die Nervenfasern, die zum Gehirn hin- und vom Gehirn wegführen

Thalamus

Hirnstamm und Cerebellum

Abb. 2.6. Die Strukturen des Gehirns

in die Lage versetzt, die Muskeln zu bewegen, so daß wir in der gewünschten Weise unseren Standort in der Welt verändern können. Der letzte Bereich – Anpassung an die Umgebung – betrifft die bemerkenswerte Fähigkeit des Gehirns zur Selbstveränderung, während es auf der Grundlage von Rückmeldungen über vorangegangene Aktivitäten lernt, Erfahrungen speichert und Handlungen modifiziert. Diese Möglichkeit zur Selbstveränderung hat den Menschen in die Lage versetzt, über die Zukunft nachzudenken und sie zu planen. Sie hat der Menschheit sogar Wege eröffnet, Gehirnaktivitäten durch Erziehung, Therapie und medizinische Behandlung zu beeinflussen. – Werfen wir nun einen näheren Blick auf die 3 Hirnregionen.

Der Hirnstamm und das Cerebellum (Kleinhirn)

Der **Hirnstamm**, mit dem alle Wirbeltiere ausgestattet sind, enthält 4 Strukturen: Medulla, retikuläres aktivierendes System (Formatio reticularis), Pons und Thalamus (s. Abb. 2.7). Gemeinsam sind sie das Steuerzentrum für die grundlegenden lebenserhaltenden Aktivitäten der Atmung, des Herzschlags, des Wachzustandes und des Schlafens.

- Die **Medulla** ist für ständig wiederkehrende Prozesse wie Atmung und Herzschlag verantwortlich.

- Ein besonderer Teil des Hirnstammes ist das **retikuläre aktivierende System (RAS; Formatio reticularis)**, welches wie ein Wächter des Gehirns funktioniert. Es aktiviert den Kortex (s. unten in diesem Abschnitt), so daß er für neue Reize empfänglich wird, und es hält das Gehirn sogar während des Schlafes »wach«.
- Eine andere Region, **Pons** (Brücke) genannt, stellt die Verbindung zum Cerebellum her (s. unten) und hat mit Träumen und Aufwachen aus dem Schlaf zu tun.
- Die Formatio reticularis hat lange Nervenstränge, die zum Thalamus führen. Der **Thalamus** ist die Schaltzentrale, welche sensorische Signale zu denjenigen Regionen im Kortex schickt, in denen sie verarbeitet werden.

In seltenen Fällen kommt es vor, daß Babies geboren werden, die außer einem Hirnstamm kein Gehirn haben. Das nennt man Anenzephalie. Der Hirnstamm allein erhält die Lungen- und Herzfunktion ein paar Tage aufrecht.

Das **Cerebellum** (**Kleinhirn**), das dem Hirnstamm am Hinterkopf angeschlossen ist, hat die Aufgabe, die Körperbewegungen zu koordinieren, die Körperhaltung zu kontrollieren und das Gleichgewicht zu erhalten. Verletzungen des Cerebellums führen dazu, daß bisher fließende Bewegungen unkoordiniert und ruckartig werden.

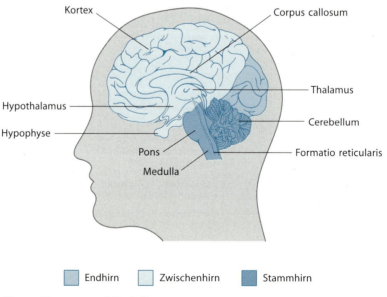

Abb. 2.7. Hirnstamm und Cerebellum

Das limbische System

> **!** Das limbische System unterstützt in Zusammenarbeit mit dem autonomen Nervensystem die Aufrechterhaltung des inneren Gleichgewichts (Homöostase) eines Organismus, indem es die Körpertemperatur, den Blutdruck und den Blutzuckerspiegel reguliert und andere Maßnahmen zur Aufrechterhaltung des Körperhaushalts trifft. Es koordiniert auch die Botschaften, die an den Kortex gehen oder vom Kortex kommen. Schließlich reguliert es auch Emotionen und Triebe, die mit Selbsterhaltung und sexuellem Begehren in Zusammenhang stehen.

Das limbische System setzt sich aus einer Gruppe von Strukturen zusammen, die man bei allen Säugetieren findet: Hypothalamus, Hippocampus und Amygdala (s. Abb. 2.8).

- Der **Hypothalamus** (»unter dem Thalamus«) leistet im Verhältnis zu seiner Größe mehr als jedes andere Teil des Gehirns. Etwa 15 g schwer und so klein wie ein Fünfpfennigstück, bewältigt er große Aufgaben. Ihm kommt die Funktion eines Mittlers zwischen dem Körper und den übrigen Regionen des Gehirns zu. Er spielt eine Rolle bei der emotionalen Erregung, der Kontrolle des Appetits, bei der Regulierung der inneren Körperfunktionen. Wie oben bereits erwähnt, ist er das Verbindungsglied zur Hypophyse und zum endokrinen System.
- Die **Amygdala** spielt vor allem bei der Kontrolle von Emotionen und beim emotionalen Gedächtnis eine ganz wichtige Rolle. Ihre Entfernung kann einen beruhigenden Effekt auf Individuen haben, die ansonsten ihre Emotionen nur schwer unter Kontrolle bekommen. Bei Tieren, denen die Amygdala entfernt worden war, zeigten sich aber auch bizarre Effekte im Sexualverhalten: Sie versuchten nun, mit jedem nur in Frage kommenden Sexualpartner zu kopulieren.
- Der **Hippocampus** ist die größte der limbischen Strukturen. Er ist für unsere *expliziten* Erinnerungen von entscheidender Bedeutung (Squire 1992). Bei expliziten Erinnerungen ist man sich des Erinnerns, also des Abrufens von Informationen aus dem Gedächtnis, bewußt (s. Kap. 5 zur Unterscheidung von expliziten und impliziten Erinnerungen).

Es gibt eine ganze Reihe von klinischen Beobachtungen, die für diese Auffassung sprechen. Dazu gehört

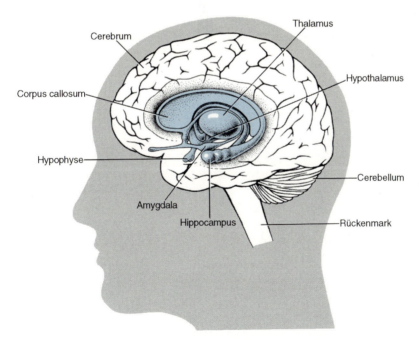

Abb. 2.8. Die Struktur des limbischen Systems. Die Oberfläche der Hirnhemisphäre ist transparent gezeichnet, so daß wir die Struktur des limbischen Systems, das tiefer liegt, erkennen können. Zu den wichtigsten Bestandteilen des limbischen Systems gehören die Amygdala, der Hippocampus, der Thalamus, der Hypothalamus und bestimmte Regionen des Frontallappens und des Temporallappens

u. a. die Studie an H. M., einem der bekanntesten Patienten in der Geschichte der Psychologie. Um die Anzahl und die Schwere seiner epileptischen Anfälle zu reduzieren, wurde H. M. mit 27 Jahren operiert. Dabei wurden Teile des Hippocampus entfernt. Das hatte zur Folge, daß er sich nur an die entfernte Vergangenheit erinnern konnte – hingegen war seine Fähigkeit, neue Informationen in sein Langzeitgedächtnis einzufügen, verlorengegangen. Lange Zeit nach seiner Operation glaubte er immer noch, er lebe im Jahre 1953, jenem Jahr, in dem die Operation stattgefunden hatte.

Verletzungen des Hippocampus schränken andererseits nicht die Fähigkeit ein, implizite Erinnerungen zu erwerben, also Gedächtnisinhalte, die sich der bewußten Aufmerksamkeit entziehen. So war H. M. durchaus in der Lage, neue Fertigkeiten zu erlernen. Bei Verletzungen dieser Hirnstruktur kann also der folgende paradoxe Effekt auftreten: Sie lernen, neue Aufgaben zu bewältigen, aber Sie können sich nicht daran erinnern, daß Sie es getan haben.

Das Cerebrum (Großhirn)

Die evolutionsgeschichtlich neueste Errungenschaft in der Hirnentwicklung des Menschen wird **Cerebrum (Großhirn)** genannt.

Beim Menschen »erdrückt« es den Rest des Gehirns, denn es beansprucht zwei Drittel der gesamten Gehirnmasse. Merkwürdigerweise ist das Großhirn bei allen Primaten in 2 Hälften geteilt, die zerebrale Hemisphären genannt werden (s. ausführlich Abschn. 2.4). Sie sind lediglich durch ein weißes Bündel von Nervenzellen verbunden. Diese Verbindung ist das **Corpus callosum (Balken)**, das Botschaften hin und her befördert.

Die äußere Schicht des Großhirns wird Kortex oder zerebraler Kortex (Großhirnrinde) genannt und besteht aus Milliarden von Nervenzellen. Dieser Teil des Gehirns ist notwendig für genaue Wahrnehmung und bewußtes Denken.

● Lokalisierung kortikaler Funktionen

Der Kortex ist die höchste neurale Integrationsebene. Heutzutage können Neurochirurgen Regionen des Kortex identifizieren, die mehr als andere für bestimmte Kontroll- und Koordinationsfunktionen verantwortlich sind. Aber diese Zuordnung von anatomischen Strukturen und Funktionen hat eine klare Grenze:

> ! Auch dann, wenn eine bestimmte Hirnregion nachweislich für eine bestimmte Funktion wesentlich ist, können wir nicht sagen, diese Hirnstruktur führe die Funktion *allein* aus. Letztlich funktioniert das Gehirn immer als Ganzes.

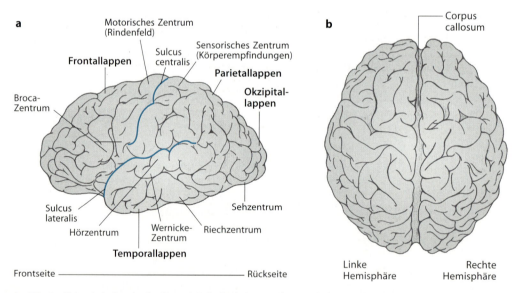

Abb. 2.9a,b. Die Großhirnrinde (zerebraler Kortex). Jede der beiden Hemisphären des Kortex umfaßt 4 sog. Lappen. Mit spezifischen Regionen dieser 4 Lappen werden verschiedene motorische und sensorische Leistungen in Zusammenhang gebracht. **a** Seitenansicht, **b** Ansicht von oben

Der äußere Teil jeder der beiden Großhirnhemisphären wird durch eine horizontale Furche, den Sulcus lateralis, und durch eine vertikale, den Sulcus centralis, in 4 Bereiche, sog. Hirnlappen, unterteilt (s. Abb. 2.9). Der Frontallappen, der größte der 4 Lappen des Kortex, liegt über der Sulcus lateralis und vor der Sulcus centralis im vorderen Abschnitt des Gehirns. Diese dominante Position entspricht der dominanten Rolle, die er bei kognitiven Aktivitäten wie Planung, Entscheidungsfindung, Zielsetzung und Verbindung der Gegenwart mit der Zukunft durch planvolles, zweckmäßiges Handeln ein-

nimmt. Unfälle, die den Stirnlappen schädigen, können verheerende Auswirkungen auf das Verhalten von Menschen und ihre Persönlichkeit haben (s. dazu den folgenden Abschnitt **Unter der Lupe**). Der Parietallappen kontrolliert die von den Sinnesorganen hereinkommende Information. Er liegt genau hinter der Zentralfurche (Sulcus centralis). Der Okzipitallappen ist die »Endstation« für die visuelle Information und befindet sich auf der Rückseite des Kopfes. Der Temporallappen schließlich befindet sich unterhalb der Sulcus lateralis und dient der Verarbeitung auditiver Information.

UNTER DER LUPE

Der denkwürdige Unfall des Phineas Gage

Im September 1848 ereignete sich ein schrecklicher Unfall. Phineas Gage, ein Eisenbahnarbeiter im Alter von 25 Jahren, war dabei, zur Vorbereitung einer Sprengung eine Ladung Schwarzpulver in ein tief in einen Felsen gebohrtes Loch zu stopfen. Das Pulver explodierte zu früh, und zwar so, daß das etwa 1 m lange und etwa 12 Pfund schwere Stopfeisen Gages Kopf durchschlug, bevor es hoch in die Luft flog.

Unglaublich, aber wahr ist, daß Gage das Bewußtsein wiedererlangte. Er wurde mit einem Wagen zu seinem Hotel gebracht. Dort war er fähig, die Treppe hinaufzugehen. T. M. Harlow, der Arzt, der ihn versorgte, berichtet, daß das Loch in Gages Schädel 2 cm mal 9 cm groß und allseits von Gehirnfetzen umgeben war. Der Arzt säuberte und verband die Wunde. Dennoch fiel Gage 2 Tage später in ein Delirium und schwebte dann 2 Wochen lang in Lebensgefahr, weil die Wunde sich ernsthaft infiziert hatte. Im Laufe der Zeit aber heilte sie. Einen Monat später konnte Gage ohne Hilfe aus dem Bett aufstehen. Zwei Monate später war er fähig, ohne Hilfe zu gehen.

Gage lebte nach dem Unfall noch 12 Jahre. Körperlich war er relativ wenig behindert: Er war auf dem linken Auge erblindet, und seine rechte Gesichtshälfte war zum Teil gelähmt. Körperhaltung, Bewegung und Sprache waren jedoch erhalten geblieben. Allerdings läßt die folgende Beschreibung des Arztes erkennen, daß er psychisch sehr verändert war:

Seine physische Gesundheit ist gut, und ich würde fast sagen, er hat sich erholt. Hat keine Schmerzen im Kopf, berichtet aber von einem seltsamen Gefühl, das er nicht beschreiben könne. Bewarb sich für seine Stellung als Vorarbeiter, ist aber nicht si-

cher, ob er arbeiten oder reisen möchte. Die Bauunternehmer, die ihn angestellt hatten, schätzten ihn vor seiner Verletzung als ihren tüchtigsten und fähigsten Vorarbeiter. Sie hielten jedoch die Veränderung seines Wesens für so deutlich, daß sie ihm diesen Posten nicht wieder anbieten konnten. Das Gleichgewicht zwischen seinen geistigen Fähigkeiten und seinen animalischen Neigungen scheint zerstört. Er kann sozusagen die Balance nicht mehr halten. Er ist launenhaft, respektlos, ergeht sich manchmal in den allergröbsten Flüchen (was vorher nicht seiner Gewohnheit entsprach), zeigt nur wenig Achtung vor seinen Kollegen, ist zu ungeduldig, Zurückhaltung zu üben oder Rat anzunehmen, wenn dies seinen Wünschen entgegensteht, manchmal eigensinnig bis zur Sturheit, dennoch launisch und schwankend. Macht viele Pläne für die Zukunft, die genauso schnell, wie sie aufgebaut, auch wieder zugunsten anderer aufgegeben werden, die nun eher durchführbar erscheinen. Ein Kind seinen geistigen Fähigkeiten und seinen Handlungen nach, verfügt er doch über die animalischen Leidenschaften eines starken Mannes. Vor seiner Verletzung verfügte er, wenn er auch wenig Bildung genossen hatte, über ein wohltemperiertes Gemüt, und war bei denen, die ihn kannten, angesehen als ein scharfsinniger, kluger Geschäftsmann, der seine Vorhaben sehr tatkräftig und beharrlich verfolgte. In dieser Hinsicht wurde sein Geist so dramatisch, so entschieden verändert, daß seine Freunde und Bekannten sagten, er sei »nicht mehr Gage« (Bigelow 1850, S. 13–22, eig. Übers.).

Der Fall Phineas Gage ist eines der ersten dokumentierten Beispiele massiver Schädigung der frontalen Gehirnregionen. Er illustriert, auf welch subtile Weise solche Verletzungen durch psychische Veränderungen begleitet werden. Tatsächlich waren es die Familie und die Freunde Gages, die eher als die Ärzte diese Veränderungen bemerkten. Gages Symptome wie »Sturheit« oder »Launenhaftigkeit« sind kaum so auffällig, daß man sie bei jemandem, dessen Geschichte man nicht kennt, auf einen Gehirnschaden zurückführen würde.

● Das motorische Rindenfeld (primäres motorisches
Zentrum)

Es gibt über 600 Muskeln im menschlichen Körper, die
der willentlichen Kontrolle unterworfen sind. Ihre Aktivitäten werden vom motorischen Rindenfeld – auch
motorischer Kortex genannt – gelenkt, das entlang des

Sulcus centralis liegt. Muskeln in den unteren Körper-
partien werden durch Neuronen im oberen Teil des
motorischen Projektionsfeldes gesteuert und umgekehrt. Eine Skizze der Körperteile, wie sie von der jeweiligen Gehirnregion kontrolliert werden, zeigt den
Körper also auf den Kopf gestellt (s. Abb. 2.10). Man
sieht in der schematischen Darstellung, daß die oberen

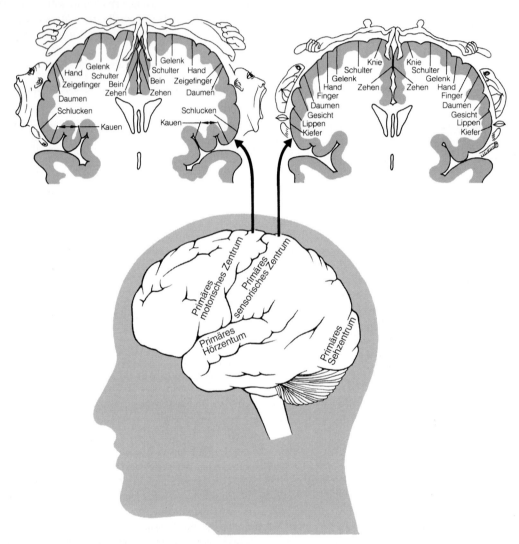

Abb. 2.10. Primäre motorische und primäre sensorische Rindenfelder (Zentren). Die motorischen und sensorischen Regionen
des Kortex liegen entlang des Sulcus centralis. Das motorische
Rindenfeld liegt genau vor ihm, das sensorische genau hinter
ihm. Die korrespondierenden Teile des Körpers werden von
Punkten repräsentiert, die sich der Furche entlang genau gegen-

überliegen. Die Körperrepräsentation steht auf dem Kopf, d. h.,
daß die Beine und Füße oben und auf den Innenflächen zwischen
den Hemisphären repräsentiert sind, die Hände und Arme darunter und der Kopf ganz unten. Die höhere Sensibilität und die
präzisere Kontrolle bei Kopf und Händen ist dadurch wiedergegeben, daß die entsprechenden Regionen im Kortex größer sind

Teile des Körpers weitaus detailliertere Informationen als die unteren erhalten können. Tatsächlich sind 2 der größten motorischen Rindenfelder allein für die Finger – besonders für den Daumen – und die Muskeln, die beim Sprechen bewegt werden, zuständig. Darin spiegelt sich die Bedeutung von Werkzeuggebrauch und Sprache für menschliches Handeln. Botschaften aus einer Gehirnhälfte gehen an Muskeln in der entgegengesetzten Körperseite.

- Das sensorische Rindenfeld (primäres sensorisches Zentrum)

Die sensorischen Projektionsfelder, die Botschaften aus den unterschiedlichen Körperregionen empfangen, werden auch als somatosensorische Areale bezeichnet. Diese Felder stehen in Zusammenhang mit Empfindungen von Schmerz, Temperatur, Berührung und Körperlage. Die primären somatosensorischen Areale liegen in den Parietallappen (Scheitellappen), auf der anderen Seite des Sulcus centralis, gegenüber von den entsprechenden motorischen Projektionsfeldern (s. Abb. 2.10). In diesen Regionen wird der Körper ebenfalls »auf den Kopf gestellt« repräsentiert. Den größten Raum nehmen Lippen, Zunge, Daumen und Zeigefinger ein, die Körperteile, die die wichtigsten Sinnesreize liefern. Wie die motorischen Projektionsfelder, so stehen auch die sensorischen in Kommunikation mit der jeweils entgegengesetzten Körperhälfte. Die Scheitellappen integrieren und analysieren sensorische Informationen.

- Primäres Hörzentrum

Akustische Informationen werden im primären Hörzentrum verarbeitet, das in den Temporallappen (Schläfenlappen) unterhalb des Sulcus lateralis liegt (s. Abb. 2.10). Verschiedene Teile dieser Region scheinen eine erhöhte Sensitivität für verschiedene Tonlagen zu haben. Jedes Hörzentrum des Kortex, in der rechten wie der linken Gehirnhälfte, erhält Informationen aus beiden Ohren. Die Schläfenlappen haben auch mit Wahrnehmung, Gedächtnis und Träumen zu tun.

Der linke Schläfenlappen befaßt sich mit Sprachverständnis und Sprechen, der rechte enthält Systeme zur Verarbeitung räumlicher Informationen. Diese Asymmetrie der Gehirnfunktionen läßt die zahlreichen unterschiedlichen Aufgaben ahnen, auf welche die beiden Hemisphären spezialisiert sind. Wir kommen auf die Frage der Hemisphärenspezialisierung ausführlich in Abschn. 2.4 zurück.

- Primäres Sehzentrum

Visuelle Informationen werden im hinteren Abschnitt des Gehirns, im primären Sehfeld, das in den Okzipital-

EXPERIMENT

Nervenaktivitäten beim Lesen des Wortes »Schokolade«

Wie greifen diese verschiedenen Felder ineinander? Betrachten wir als Beispiel die biologischen Prozesse beim Nachsprechen eines geschriebenen Wortes (s. auch Abb. 2.11). Nehmen Sie zunächst an, Ihr Lehrer oder Dozent habe Ihnen ein Blatt Papier gegeben, auf dem das Wort »Schokolade« geschrieben steht. Er bittet Sie, das Wort laut zu sprechen. Die biologischen Prozesse bei dieser einfachen Handlung sind ausgesprochen subtil und komplex. Die Neurowissenschaft unterscheidet verschiedene Schritte. Zunächst wird der visuelle Stimulus (das geschriebene Wort »Schokolade«) durch die Nervenzellen in der Netzhaut Ihres Auges entdeckt. Die Nervenzellen senden über den Thalamus Impulse an den visuellen Kortex (primäres visuelles Rindenfeld). Vom visuellen Kortex gehen Impulse zu einem Bereich auf der Rückseite des Temporallappens, der Gyrus angularis genannt wird. Hier wird die visuelle Kodierung des Wortes mit der akustischen verglichen. Sobald der angemessene akustische Code ermittelt worden ist, wird er an einen Bereich des auditorischen Kortex (primäres Hörzentrum) gesendet, der als Wernicke-Zentrum bekannt ist. In dieser Region wird die Information dekodiert und interpretiert: »Ah, Schokolade! Ich möchte welche haben!« Nervenimpulse gehen dann an das Broca-Zentrum, welches wiederum eine Botschaft an den motorischen Kortex schickt, von wo aus schließlich die Lippen, die Zunge und der Kehlkopf aktiviert werden, um das Wort »Schokolade« zu produzieren.

Das ist eine Menge Aufwand für ein einziges Wort. Überlegen Sie nun, welchen Aufwand Sie Ihrem Gehirn zumuten, wenn Sie ein Buch oder einen Aushang laut lesen. Es ist schon ein Wunder, wie das Gehirn ohne Anstrengung und äußerst zuverlässig Tausende von Zeichen auf dem Papier in einen neurologischen Code übersetzt, andere Hirnregionen darüber informiert, was vor sich geht und Ihnen schließlich die richtigen Worte in den Mund legt.

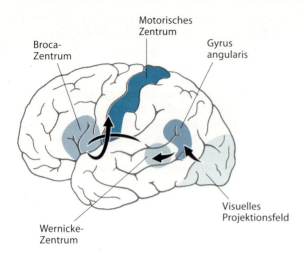

Abb. 2.11. So wird ein geschriebenes Wort gesprochen

lappen (Hinterhauptlappen) liegt, verarbeitet. Der meiste Platz ist hier für Sinnesreize aus den Zentren der Netzhäute beider Augen reserviert. Von dort kommen die detailliertesten visuellen Informationen (s. **Experiment**).

2.2.3
Das endokrine System

Um die Arbeit des Nervensystems zu unterstützen, ist im Genotyp des Menschen die Entwicklung eines zweiten hochkomplexen Informationssystems festgelegt worden: die des endokrinen Systems.

> ! Das **endokrine System** besteht aus Drüsen, die in vielen Teilen des Körpers angesiedelt sind und chemische »Botenstoffe« («messenger«) in den Blutkreislauf ausscheiden. Diese chemischen Boten, die man **Hormone** nennt, bestimmen Wachstum, sexuelle Merkmale, Erregung, Sexualverhalten, Fortpflanzung, Stimmungsveränderungen und Stoffwechsel.

Über den Blutkreislauf gelangen die Hormone zu ihren entfernten Zielen, Zellen mit bestimmten Rezeptoren. Sie steuern nur an den Stellen die chemische Regulation des Körperhaushaltes, die genetisch darauf eingerichtet sind, auf sie zu reagieren. Weil sie unterschiedliche, aber spezifische Zielorgane oder Gewebe beeinflussen und dabei eine enorme Bandbreite chemischer Prozesse regulieren, hat man die Hormone »Botschafter des Lebens« genannt.

Hormone werden bevorzugt in speziellen Organen produziert, den endokrinen Drüsen (s. Abb. 2.12). Sie

reagieren auf chemische Stoffe im Blutkreislauf oder werden durch andere Hormone oder durch Nervenimpulse aus dem Gehirn angeregt. Dieses Kommunikationssystem, das vielfältige Aktivitäten umfaßt, gestattet die Kontrolle langsamer, kontinuierlicher Prozesse, wie der Aufrechterhaltung des Zuckerspiegels und des Kalziumspiegels im Blut, des Kohlehydratstoffwechsels und des allgemeinen Körperwachstums. Was geschieht jedoch angesichts einer plötzlichen Krise? Was passiert im Körper, wenn jemand unversehens ein Kind vor seinem Auto oder Fahrrad sieht? Das System schüttet das Hormon Adrenalin in den Blutkreislauf aus. Dadurch kommt es zu einer raschen Energiezufuhr an die Muskeln, was eine schnelle Reaktion ermöglicht.

Das endokrine System sorgt auch für das Überleben eines Organismus, indem es hilft, Infektionen oder Krankheiten zu bekämpfen. Es fördert das Überleben der Spezies durch die Regulation der sexuellen Erregung, der Produktion von Keimzellen und der Milchproduktion bei stillenden Müttern. Tabelle 2.1 gibt einen Überblick über die wichtigsten endokrinen Drüsen und die Funktion der von ihnen produzierten Hormone.

- An der Spitze des endokrinen Systems regiert der Hypothalamus, eine Drüse an der Gehirnbasis (s. auch Abb. 2.8). Er ist eine Schaltzentrale zwischen Teilen des Gehirns, dem endokrinen System und dem autonomen Nervensystem. Neurosekretorische Zellen im Hypothalamus empfangen Botschaften von Gehirnzellen, die sie veranlassen, mindestens 7 verschiedene Hormone in die Hypophyse auszuschütten, wo sie die Ausscheidung von Hypophysenhormonen anregen oder hemmen.
- Die Hypophyse (Hirnanhangdrüse) scheidet etwa 10 Hormone aus, die wiederum die Ausschüttung von Hormonen aus anderen endokrinen Drüsen beeinflussen (s. Abb. 2.12). Dazu gehört ein Wachstumshormon, das die Proteinsynthese fördert und das Wachstum beeinflußt. Fehlt dieses Wachstumshormon bei Jugendlichen, so kommt es zu Zwergwuchs, wird zuviel davon ausgeschüttet, zu Riesenwuchs, bei Erwachsenen zu abnormaler Vergrößerung von Händen und Füßen. Bei Männern aktivieren die Sekrete der Hypophyse die Hoden zur Ausschüttung von Testosteron. Es ist verantwortlich für geschlechtsspezifische Merkmale, wie Bartwuchs, tiefe Stimme, deutliche Muskelbildung und breite Schultern. Testosteron kann sich auch auf das Verhalten auswirken: Es steigert Aggression, lärmende Aktivi-

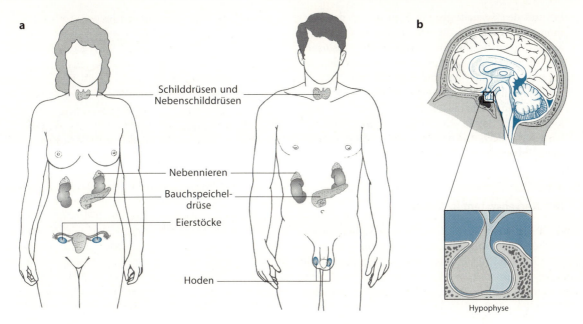

Abb. 2.12a, b. Die wichtigsten endokrinen Drüsen bei Frau und Mann. Die Hypophyse (**b**) kontrolliert die Tätigkeit aller in **a** dargestellten Drüsen. Die Hypophyse selbst steht unter der Kontrolle des Hypothalamus, einer wichtigen Struktur im limbischen System

Tabelle 2.1. Die wichtigsten endokrinen Drüsen und die Funktion der von ihnen produzierten Hormone

Herkunft	Hormone	Funktion
Hypothalamus	Erreger	Hormonsteuerung der Hypophyse
	Hemmer	
Hypophysen-vorderlappen	ACTH (adrenokortikotropes Hormon)	Steuerung der Nebennierenaktivität
	FSH (follikelstimulierendes Hormon)	Steuerung der Keimdrüsen
	STH (somatotropines Hormon)	Anregung des Größenwachstums
	LH (Luteinisierungshormon)	Steuerung der Keimdrüsen
	LTH (luteotropes Hormon)	Anregung der Milchdrüsen
	TSH (thyreoideastimulierendes Hormon, Thyreotropin	Steuerung der Schilddrüsenaktivität
Hypophysen-hinterlappen	ADH (antidiuretisches Hormon)	Steuerung des Wasserhaushaltes (Speicherung)
	Oxytozin	Uteruskontraktion und Sekretion von Muttermilch
Schilddrüse	Tyroxin	Kontrolle des Stoffwechselumsatzes
Nebenschilddrüse	Parathormon (Nebenschilddrüsenhormon)	Kalziumregulation
Eingeweide	Hormone, die die Verdauung regulieren	Verdauung
Bauchspeichel-drüse	Insulin, Glucagon	Glukosestoffwechsel
Nebenniere	Cortisol	Aufrechterhaltung des Körperhaushalts
	Aldosteron	Salzhaushalt
	Epinephrin (Adrenalin)	Streßreaktionen
Eierstöcke	Oestradiol	Weibliche Attribute
	Progesteron	
Hoden	Testosteron	Männliche Attribute

tät und den Sexualtrieb. Bei Frauen regt das Hormon der Hypophyse die Produktion von Östrogen an. Östrogen beeinflußt wesentlich die Auslösung der hormonellen Kettenreaktion, welche den Eisprung herbeiführt und die Fruchtbarkeit herstellt. Antibabypillen («Ovulationshemmer») wirken, indem sie den Mechanismus in der Hypophyse blockieren, der diesen Hormonfluß kontrolliert. So wird verhindert, daß das Ei in das Stadium gelangt, in welchem es befruchtet werden kann.

2.3
Das Nervensystem in Aktion

Obwohl Nervensystem *und* endokrines System für das Überleben notwendig sind, spielen sie für unsere Fähigkeit, mit der Welt in Interaktion zu treten und mit anderen Organismen zu kommunizieren, doch eine sehr unterschiedliche Rolle. Hierbei sind wir vor allem vom Nervensystem abhängig. So kann es nicht verwundern, daß sich schon die frühe physiologische Forschung darauf konzentrierte, die Funktionsweise des Nervensystems zu verstehen. Man kann heute sagen, daß dieses Forschungsziel im großen und ganzen erreicht worden ist, obwohl Detailfragen immer noch ungelöst sind. In diesem Abschnitt greifen wir einige der Erkenntnisse auf. Wir untersuchen, wie die Information, die zunächst nur den Sinnesorganen zugänglich ist, mittels Nervenimpulsen durch Körper und Gehirn weitergeleitet wird. Dabei beginnen wir mit der Betrachtung der Eigenschaften der Basiseinheit des Nervensystems, des Neurons.

2.3.1
Das Neuron

Jeglichem Verhalten liegen Aktivitäten von Neuronen zugrunde. In den Gehirnen von Säugetieren sind über 200 verschiedene Arten identifiziert worden, aber alle haben dieselbe Grundstruktur (s. Abb. 2.13).

> **!** Ein Neuron (Nervenzelle) ist eine Zelle, deren spezielle Aufgabe es ist, Informationen zu empfangen, zu verarbeiten und/oder an andere Zellen im Körper weiterzuleiten. Neuronen bilden die Grundbausteine des Nervensystems. Sie unterscheiden sich in Gestalt, Größe, chemischer Zusammensetzung und Funktion.

Ein typisches Neuron sammelt am einen Ende Informationen und übermittelt am anderen Signale. Der Teil

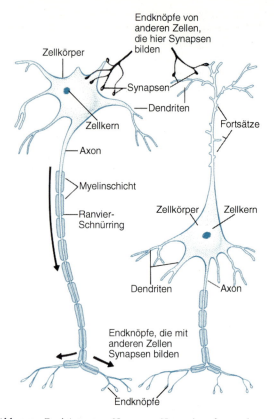

Abb. 2.13. Zwei Arten von Neuronen. Nervenimpulse werden von den verzweigten, sich zuspitzenden Fortsätzen, den Dendriten, empfangen und zum Zellkörper (Soma) weitergeleitet. Dort spielen sich lebenserhaltende Stoffwechselprozesse ab. Der Impuls läuft weiter durch das Axon, eine lange Faser, die dem Zellkörper entspringt. Große Axone sind von einer Myelinschicht umgeben. Das Axon endet in den synaptischen Endknöpfen. Diese verdickten Axonendigungen übertragen die Impulse auf andere Neuronen

der Zelle, der ankommende Signale empfängt, besteht aus einer Reihe von verzweigten Fortsätzen, den Dendriten, die sich vom Zellkörper aus erstrecken. Die Dendriten verzweigen sich, um Signale von Hunderten oder Tausenden anderer Neuronen aufzunehmen (s. Abb. 2.13).

Der Zellkörper (Soma) enthält den Zellkern (Nucleus) und das Zytoplasma, das für die Ernährung der Zelle sorgt. Der Zellkörper kombiniert und mittelt alle Informationen, die von seinen Dendriten kommen (oder die in manchen Fällen direkt von einem anderen Neuron gesendet werden), und leitet sie weiter zu seinem Hauptfortsatz, dem Axon. Das Axon, dessen Länge zwischen weniger als 1 mm im Gehirn und mehr als 1 m im Rückenmark betragen kann, nimmt dieses zusammengesetzte Signal auf und leitet es über seine ganze Ausdehnung weiter. Axone enden in kleinen knollenförmigen Endknöpfchen an anderen Nerven- oder an Muskelzellen. Die Endknöpfchen liefern den Mechanismus zur Übermittlung der Signale vom Axon eines Neurons an die Dendriten oder den Zellkörper eines anderen Neurons. Die Struktur eines typischen Neurons zeigt Abb. 2.13. Neuronen transportieren Informationen nur in einer Richtung, entsprechend dem Gesetz der vorwärtsgerichteten Leitung: vom Axon eines Neurons zu den Dendriten oder dem Zellkörper des nächsten.

> ! Nach der Art der Zellen, mit denen sie zur Aufnahme bzw. Weiterleitung von Information in Verbindung stehen, kann man 3 Hauptklassen von Neuronen unterscheiden: sensorische Neuronen, motorische Neuronen (Motoneuronen) und Interneuronen.

- **Sensorische Neuronen**, auch als afferente Neuronen bezeichnet, transportieren Signale nach innen: von Zellen aus der Peripherie, die für Licht, Ton, Körperstellung und ähnliches empfänglich sind, zum zentralen Nervensystem.
- **Motorische Neuronen**, auch efferente Neuronen genannt, tragen Information nach außen: vom zentralen Nervensystem zu den Muskeln und Drüsen. Sensorische Neuronen stehen allerdings selten in direkter Kommunikation mit motorischen Neuronen.

Üblicherweise wirkt zwischen beiden eine dritte Klasse von Neuronen: die **Interneuronen**. Bei den Milliarden von Neuronen im Gehirn handelt es sich um Interneuronen, die untereinander viele Verknüpfungen eingehen, bevor sie ein Motoneuron erreichen. Auf jedes Motoneuron im Körper kommen bis zu 5 000 Interneuronen – sie bilden das einzigartige Informationsverarbeitungssystem des Gehirns (Nauta u. Feirtag 1979).

Als Beispiel zur Veranschaulichung dieser 3 Typen von Neuronen betrachten wir das reflektorische Zurückziehen des Fingers nach einem Schmerzreiz (s. Abb. 2.14). Wenn die Schmerzrezeptoren direkt unter der Hautoberfläche durch einen scharfen Gegenstand

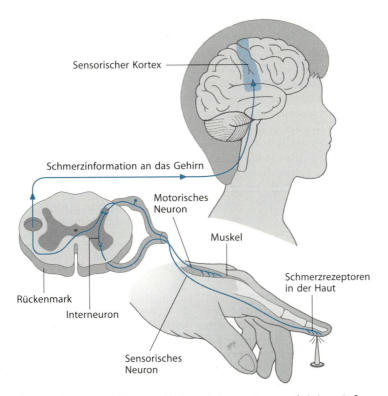

Abb. 2.14. Zusammenwirken verschiedener Arten von Neuronen bei einem Reflex

gereizt werden, so senden sie Informationen über sensorische Neuronen an ein Interneuron im Rückenmark. Das Interneuron antwortet, indem es motorische Neuronen stimuliert, die wiederum die Muskeln in den entsprechenden Körperregionen aktivieren, so daß der Finger vom schmerzauslösenden Objekt weggezogen wird. Erst *im Anschluß* an die Sequenz neuronaler Aktivitäten und an die motorische Handlung wird das Gehirn informiert. In Fällen wie diesem, wo nur schnelles Handeln eine physische Verletzung des Organismus verhindert, tritt die Wahrnehmung des Schmerzes oft erst im Anschluß an die körperliche Reaktion auf den schmerzauslösenden Reiz auf. Natürlich wird die Erfahrung auch in das Gedächtnis eingetragen, so daß der Organismus das nächste Mal dem potentiell gefährlichen Objekt aus dem Weg gehen wird, bevor es ihn verletzen kann.

Bei der Geburt oder kurz danach umfaßt unser Gehirn etwa 100 Mrd.–1 Billion Neuronen. Sie sterben in einer erstaunlichen hohen Zahl ab – jeden Tag unseres Lebens etwa 200.000 (Dowling 1992). Da wir glücklicherweise mit so vielen Neuronen beginnen und manche von jenen, die sterben, ersetzt werden, würde man in 100 Jahren nur 7% des ursprünglichen Vorrats an Nervenzellen verlieren. So gesehen wird es nicht überraschen, daß die eingeschränkten Hirnfunktionen, die manchmal im höheren Lebensalter anzutreffen sind, nicht auf das Konto der verringerten Neuronenzahl gehen, sondern das Ergebnis von Störungen innerhalb der Zellen oder der chemischen Prozesse bei der Informationsübertragung zwischen den Zellen sind.

In die große Menge der Neuronen sind etwa 10mal so viele **Gliazellen** eingestreut. Das Wort »Glia« stammt von dem griechischen Wort für »Leim« ab, und in der Tat halten diese Zellen die Neuronen dicht zusammen, ohne daß sie sich allerdings direkt berühren. Wenn sie auch, anders als die Neuronen, keine Informationen weiterleiten, erfüllen Gliazellen doch 3 wichtige Aufgaben für das Nervensystem:

- Entfernung von Abfällen. Wenn Neuronen beschädigt werden und absterben, vermehren sich die Gliazellen an dieser Stelle und beseitigen den hinterlassenen Zellabfall. Auch können sie überschüssige chemische Transmittersubstanzen aus dem Spalt zwischen den Neuronen aufnehmen.
- Isolierung. Die zweite Aufgabe der Gliazellen in den Gehirnen von Wirbeltieren besteht darin, eine isolierende Schutzschicht, die Myelinschicht, zu bilden,

die die größeren Axone umgibt. Spezielle Gliazellen, die Schwannschen Zellen, wickeln sich während der Entwicklung des Nervensystems des Embryos um die Axone. Durch diese fetthaltige Isolierung wird die Geschwindigkeit der Weiterleitung von Nervensignalen beträchtlich beschleunigt. Sie ist deshalb eine der großen evolutionären Errungenschaften der Wirbeltiere.

- Kontrolle von Giftstoffen. Die ununterbrochene Aktivität des Gehirns und der dadurch verursachte Energieverbrauch machen die Zulieferung enormer Mengen von Nährstoffen erforderlich, die durch eine reichliche Versorgung mit Blut und Sauerstoff gewährleistet wird. Obwohl das Gehirn nur 2% des gesamten Körpergewichtes ausmacht, bekommt es 16% des gesamten Blutvorrates. In diesem Zusammenhang ist es die dritte Aufgabe der Gliazellen, zu verhindern, daß giftige Substanzen im Blut die empfindlichen Gehirnzellen erreichen. Die Astrozyten, eine weitere Art von Gliazellen, bilden die Blut-Hirn-Schranke, indem sie die Blutgefäße im Gehirn mit einer fetthaltigen Schutzschicht umgeben. Stoffe, die in Fett nicht löslich sind, können diese Barriere nicht durchdringen. Da zahlreiche Gifte und andere schädliche Substanzen nicht fettlöslich sind, können sie nicht in das Gehirn gelangen.

2.3.2
Informationsübertragung im Nervensystem

Bisher haben wir die Informationsübertragung im Nervensystem nur mit sehr vagen Begriffen beschrieben, etwa als »Kommunikation« von Neuronen oder als »Stimulation« einer Nervenzelle. Diesen Prozeß werden wir uns im folgenden näher ansehen.

> **!** Das Nervensystem benutzt elektrochemische Signale, um Information zu verarbeiten und weiterzuleiten. Die elektrische Signalübermittlung erfordert Veränderungen im **Membranpotential** der einzelnen Zellen. Diese Veränderungen werden durch den Durchtritt elektrisch geladener Teilchen, sog. Ionen, durch die Zellmembran verursacht.

Man kann sich eine Nervenfaser wie eine Röhre vorstellen, die in einer salzigen Lösung schwimmt und selbst mit Salzwasser und Proteinen (Eiweißkörpern) gefüllt ist. Beide Flüssigkeiten enthalten Kalium- (K), Natrium- (Na), Chlorid- (Cl) und Kalzium- (Ca)-Ionen, die entweder positiv ($^+$) oder negativ ($^-$) geladen sind. Da die Zellmembran ein guter elektrischer Isolator ist, besteht zwischen dem Inneren der Zelle und der äußeren Flüssigkeit in der Regel eine Potentialdifferenz, die als Membranpotential bezeichnet wird. Wenn nicht besondere Einflüsse von außen auf die Zelle einwirken, bleibt das Membranpotential über längere Zeit konstant; man bezeichnet es deshalb auch als Ruhepotential. Es beträgt beim Menschen zwischen –55 und –100 mV, ist also negativ.

> ! Das Ruhepotential ist die Voraussetzung dafür, daß die Neuronen ihre Aufgabe der Informationsleitung und -verarbeitung erfüllen können. Es kann durch kurze, impulsartige positive Veränderungen in der Potentialdifferenz – Aktionspotentiale – unterbrochen werden.

Wie schon erwähnt, handelt es sich bei den elektrischen Ladungen innerhalb wie außerhalb der Zelle um Ionen, positiv geladene Kationen und negativ geladene Anionen. Das negative Ruhepotential kommt dadurch zustande, daß innerhalb der Zelle ein Überschuß an Anionen besteht. Ihnen stehen außerhalb der Zelle Kationen in gleicher Anzahl gegenüber. Das Ungleichgewicht der Ladungen ist für die verschiedenen Ionenarten unterschiedlich. Das größte Ungleichgewicht besteht bei den K^+-Ionen: Es befinden sich 20- bis 100mal so viele K^+-Ionen innerhalb wie außerhalb der Zelle. Bei den Na^+-Ionen beträgt das Verhältnis in umgekehrter Richtung nur etwa 1:5 bis 1:15. Die Cl^--Ionen sind ebenfalls umgekehrt verteilt wie die K^+-Ionen: Es befinden sich 20- bis 100mal weniger Cl^--Ionen innerhalb als außerhalb der Zelle (nach Birbaumer u. Schmidt 1990, Kap. 12).

Wenn die Zellmembran völlig undurchlässig (impermeabel) wäre, so würden die unterschiedlichen Ionenkonzentrationen auf beiden Seiten bestehen bleiben. Die Membran ist jedoch keine perfekte Schranke, sondern sie ist für K^+-Ionen und, in geringem Maße, auch für Na^+-Ionen durchlässig (permeabel). Aufgrund der höheren Konzentration der K^+-Ionen auf der Innenseite der Zelle ergibt sich als Folge der Permeabilität ein »Nettoausstrom« der K^+-Ionen. Alle Nervenimpulse haben ihren Ursprung in der Änderung der Durchlässigkeit (Permeabilität) der Zellmembranen. Sie ermöglicht die Depolarisation des Ruhepotentials der Nervenzelle, wodurch die Weiterleitung eines elektrischen Signals bzw. eines Nervenimpulses zustande kommt.

Dieser Fluß von Ionen durch sog. Ionenkanäle ist die Grundlage jeglicher Erregung und Signalleitung im Nervensystem. **Ionenkanäle** sind erregbare Membranmoleküle, die in Neuronen elektrische Signale herstellen und weiterleiten, indem sie Poren – winzige Tunnel in der Membran – öffnen und schließen, so daß Ionen nach innen und nach außen strömen können.

Warum aber führt die Diffusion der K^+-Ionen nicht schon bald zu einem Konzentrationsausgleich zwischen innen und außen? Durch die Entstehung des Ruhepotentials wird eine Gegenkraft aufgebaut, die dem weiteren Ausströmen der K^+-Ionen entgegenwirkt. Das elektrische Potential wächst so lange an, bis seine dem K^+-Ausstrom entgegenwirkende Kraft gleich groß ist wie der auf Überwindung des Konzentrationsgefälles ausgerichtete Druck der K^+-Ionen (osmotischer Druck). Man nennt dieses Potential das K^+-Gleichgewichtspotential. Das Ruhepotential ist also, grob gesagt, ein Kaliumgleichgewichtspotential (nach Birbaumer u. Schmidt 1990, Kap. 12).

Wenn die Zellmembran nur für Kaliumionen durchlässig wäre, so würde als Ruhepotential ein stabiles Kaliumgleichgewichtspotential existieren. Jedoch diffundieren in geringem Umfang auch Na^+-Ionen durch die Zellmembran in die Zelle und verringern dabei das Ruhepotential, was wiederum zu einem fortwährenden Ausstrom der Ka^+-Ionen führt. Unter rein passiven Bedingungen kann also das Ruhepotential nicht konstant bleiben. Deshalb müssen aktive Transportmechanismen – Ionenpumpen – hinzutreten, die für einen Transport der Na^+-Ionen aus der Zelle nach außen sorgen. Es sind dabei 2 Arten von Ionenpumpen zu unterscheiden: Na^+-Pumpen und gekoppelte Na^+-K^+-Pumpen. Letztere koppeln den aktiven Auswärtstransport von $Natrium^+$- und den aktiven Einwärtstransport von $Kalium^-$-Ionen. Auch wenn durch diese Koppelung Energie gespart wird, ist die Aufrechterhaltung des Ruhepotentials dennoch ein Vorgang, der einen hohen Aufwand an Energie erfordert (Kalat 1984). In Abb. 2.15 ist eine Na^+-Pumpe dargestellt.

Lokale Potentiale und Aktionspotentiale

Informationen können im Nervensystem durch 2 Arten von elektrochemischen Signalen weitergeleitet werden: durch lokale Potentiale und Aktionspotentiale.

> ! Lokale oder abgestufte Potentiale sind passive Signale, die durch externe physikalische Stimulation der Membran der Dendriten oder des Zellkörpers hervorgerufen werden. Ihre Stärke richtet sich nach dem Ausmaß der Stimulation.

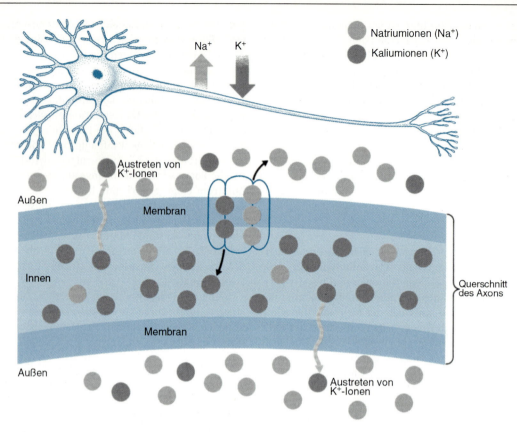

Abb. 2.15. Die Natriumpumpe. Hier ist sehr schematisch für den Querschnitt eines Axons dargestellt, wie die Natriumpumpe bei der Aufrechterhaltung des Ruhepotentials eines Neurons arbeitet. Wenn das Neuron sich im Ruhezustand befindet, besteht eine hohe Konzentration von Natriumionen (Na^+) an der Außenseite und eine hohe Konzentration von Kaliumionen (K^+) an der Innenseite. Da ständig Kaliumionen durch die selektiv permeable Membran austreten, ist ein »Pumpmechanismus« vorhanden, der Natrium gegen Kalium austauscht. Dadurch bleibt das Neuron bereit zu feuern. (Der Einfachheit halber sind die Chloridionen, die hier ebenfalls beteiligt sind, in dem Schema nicht enthalten)

In Sinnesrezeptoren, etwa der Netzhaut des Auges, wird der physikalische Stimulus, in diesem Falle das Licht, in ein lokales Potential umgewandelt, das als Rezeptorpotential bezeichnet wird. Das Rezeptorpotential transportiert Informationen wie die Intensität oder Helligkeit des Lichtes zum Gehirn. Auf diese Weise ist gewährleistet, daß die Reaktion des Organismus eine direkte Beziehung zum auslösenden Stimulus haben kann. Lokale oder abgestufte Potentiale erfüllen nur bei kurzzeitigen, lokalen Signalen ihren Zweck, weil sie über längere Distanzen schwächer werden und gestört werden können. Sie können entferntere Teile des Nervensystems nur dann beeinflussen, wenn sie stark genug sind, um eine Depolarisation der Zellmembran über einen kritischen Wert hinaus herbeizuführen.

Die minimale Reizenergie, die notwendig ist, um ein Neuron zu erregen und einen Nervenimpuls auszulösen, wird als Schwelle bezeichnet (vgl. Kap. 3, wo statistische Methoden zur exakten Ermittlung von sensorischen Schwellen beschrieben werden).

> **!** Aktionspotentiale entstehen, wenn die Membran vom Ruhepotential von $-80\,mV$ ausgehend auf mindestens $-50\,mV$ »depolarisiert« wird. Wird diese Schwelle überschritten, so kippt das Ruhepotential unweigerlich in ein positives Potential um, dessen Maximum bei $+30\,mV$ liegt. Die Dauer des Aktionspotentials liegt bei ca. 1 ms, danach beginnt die Repolarisierung.

Das Aktionspotential hat folgende wichtige Eigenschaften:

- Die automatische, gleichbleibende Reaktion ist reizunabhängig.
- Die Geschwindigkeit oder Stärke ist unabhängig von der zurückgelegten Distanz.
- Es pflanzt sich selbständig fort. Es bleibt in Bewegung, bis es den Bestimmungsort an den Endknöpfchen erreicht hat.
- Es hat eine absolute Refraktärphase (1 ms, nachdem das Axon »gefeuert« hat), während der kein zweiter Impuls ausgelöst werden kann – unabhängig davon, wie stark der entsprechende Stimulus ist. Neben der absoluten tritt später noch die relative Refraktärphase auf, während welcher das Neuron nur durch einen stärkeren als den normalen Reiz aktiviert werden kann.

Im Anschluß an die erste Eigenschaft – die von der Reizstärke unbeeinflußte gleichstarke Reaktion – stellt sich die Frage, auf welche Weise das Aktionspotential Informationen über Unterschiede in der Reizintensität übermitteln kann. Die Antwort lautet, daß die Intensität eines Stimulus auf 2 Wegen kodiert wird:

- Je intensiver er ist, um so größer ist erstens die Anzahl der Neuronen, in denen Impulse auftreten, und
- mit zunehmender Intensität eines Reizes steigt die Zahl der Nervenimpulse, die er auslöst.

Irgendwo im Gehirn werden diese beiden Parameter miteinander verrechnet und gespeichert, was zu einer den äußeren Reizgegebenheiten angemessenen Sinnesempfindung führt.

Die verschiedenen Typen von Neuronen haben unterschiedliche Leitungsgeschwindigkeiten. Bei den schnellsten erfolgt die Signalübermittlung mit einer Geschwindigkeit von 200 m/s, die langsamsten schleppen sich mit 10 cm/s dahin (Bullock et al. 1977). Die Axone der schnellsten Neuronen werden von der isolierenden Myelinschicht eingehüllt (s. oben). In ihrem Aufbau sieht sie aus wie längliche Perlen an einer Schnur (vgl. Abb. 2.13). Die kleinen Einschnitte zwischen den »Perlen« nennt man Ranvier-Schnürringe. In Neuronen, deren Axone diese Myelinschicht haben, hüpft der schnelle Nervenimpuls von einem Schnürring zum nächsten. Man spricht darum auch von **saltatorischer Reizleitung** (abgeleitet vom lateinischen Wort für »springen«). Wird die Isolierschicht beschädigt, so gerät der empfindliche Zeitplan, dem die Nervenimpulse normalerweise folgen, durcheinander. Multiple Sklerose beispielsweise ist eine Erkrankung der Myelin-

schicht, die zu Sehstörungen (Doppelbildern), zu Tremor (Zittern) und schließlich zur Lähmung führt.

Synaptische Übertragung

Wenn ein Aktionspotential seine Reise entlang des Axons hinter sich gebracht und die Endknöpfchen erreicht hat, muß die Information an das nächste Neuron weitergegeben werden. Aber 2 Neuronen berühren sich niemals; zwischen ihnen besteht immer ein kleiner Spalt (s. Abb. 2.16). Diese Anschlußstelle wird als **Synapse** bezeichnet. Erstaunlicherweise läßt sich gerade hier einer der bedeutendsten Beiträge der Evolution zur Entstehung des Menschen lokalisieren (Rose 1973), denn ein Teil der Komplexität des menschlichen Bewußtseins und der Intelligenz kann auf die bemerkenswerten Vorgänge zurückgeführt werden, die sich an der Synapse abspielen.

Um den Spalt zu überbrücken und neurale Botschaften zum nächsten Neuron zu bringen, wird der elektrische Impuls in einen chemischen Prozeß transformiert. Chemische Trägerstoffe transportieren ihn von einer Seite der Synapse, der präsynaptischen Membran des Endknöpfchens, über den Spalt an die postsynaptische Membran der Dendriten oder des Zellkörpers des nächsten Neurons. Dort kann er zunächst ein lokales Potential und dann ein Aktionspotential auslösen, das abermals entlang des Axons zur nächsten Synapse wandert, usw.

> **!** Der Prozeß der chemischen Übertragung an den Synapsen beruht auf der Aktivität von Trägerstoffen, die als **Neurotransmitter** bezeichnet werden. Wenn ein Nervenimpuls das Ende eines Axons erreicht, werden von den sog. synaptischen Vesikeln genau abgemessene Mengen der Neurotransmitter in den Spalt zwischen den Synapsen freigesetzt.

Die **synaptischen Vesikel** sind kleine Säckchen in den Endknöpfchen des Axons, wie in Abb. 2.16 zu sehen ist. Das Aktionspotential öffnet die Kanäle für Kalzium^{++}-Ionen, die in die Endknöpfchen einströmen. Man nimmt an, daß ihre Gegenwart das Aufreißen der synaptischen Vesikel verursacht, wodurch alle chemischen Stoffe, die darin enthalten sind, freigesetzt werden (Zucker u. Lando 1986). Diese Neurotransmitter verteilen sich im synaptischen Spalt und binden sich an Rezeptoren der postsynaptischen Membran. Um die Rezeptoren zu aktivieren, müssen sie so gut passen wie ein Schlüssel in ein Schloß. Der Betrag der freigesetzten Substanzen entspricht den eintreffenden Impul-

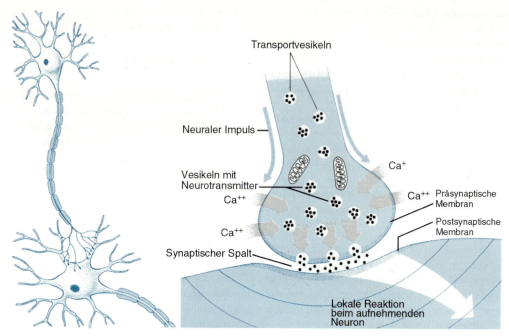

Transportvesikeln

Neuraler Impuls

Vesikeln mit
Neurotransmitter

Ca++

Ca++

Synaptischer Spalt

Ca+

Ca++ Präsynaptische
Membran

Postsynaptische
Membran

Lokale Reaktion
beim aufnehmenden
Neuron

Abb. 2.16. Signalübertragung an der Synapse. Die Aktivität an einer Synapse setzt ein, wenn ein Nervenimpuls das Endknöpfchen eines Axons erreicht. Die Depolarisierung öffnet die Kanäle für die Kalziumionen (Ca++) in der Membran. Dadurch können positiv geladene Ionen einströmen

sen: Jeder Impuls öffnet ein Vesikel. Folglich lösen häufigere Impulse (verursacht durch intensivere Reizeinwirkung) eine größere Ausschüttung von Neurotransmittern aus. Die ausgeschütteten Substanzen zersetzen sich oder werden in die Endknöpfchen resorbiert. Die Synapse ist dann frei für die nächste Aufgabe.

Man hat im Gehirn, im Rückenmark, im peripheren Nervensystem und sogar in manchen Drüsen spezifische Transmitterstoffe gefunden. Manche Neurotransmitter kommen nur an bestimmten Stellen vor, andere sind weiter verbreitet. Von mehr als 60 Substanzen weiß oder vermutet man, daß sie als Transmitter im Gehirn wirken. Einige von ihnen werden unten in diesem Abschnitt näher beschrieben.

Einige Synapsen sind **exzitatorisch (erregend)**: Der Neurotransmitter veranlaßt das postsynaptische Neuron, Impulse in einer höheren Rate zu generieren. Andere sind **inhibitorisch (hemmend)**: Die Transmittersubstanz reduziert die Impulsrate oder verhindert neue Impulse in der postsynaptischen Zelle. Es kann für jeden Transmitter unterschiedliche Typen von Membranrezeptoren geben, und das Ergebnis der Signalübertragung ist eher von der Art des Rezeptorka-

nals als von der Transmittersubstanz abhängig: Die gleiche Transmittersubstanz, die an einer Synapse erregend wirkt, kann an einer anderen hemmend wirken. Die Summation aller erregenden und hemmenden Impulse an einem Neuron bestimmt, ob und mit welcher Rate es feuert.

Für die Milliarden von Neuronen im Gehirn gibt es Billionen von Synapsen. Man hat geschätzt, daß es 10^{14} (= 100 Billionen) Synapsen gibt (Hubel 1979). Ein einzelnes Neuron kann bis zu 100.000 Synapsen mit anderen Neuronen teilen. Multipliziert man diese Zahl mit der riesigen Zahl der Ionenkanäle und der verschiedenen Neurotransmitter pro Neuron, so beginnt man zu verstehen, wie die Überlagerung des neuralen Netzwerkes des Gehirns durch das chemische Kodiersystem die Regulation der subtilen Verhaltensmuster des Menschen ermöglichen kann (Iversen 1979).

Neurotransmitter und ihre Funktionen

Die am besten erforschten Neurotransmitter werden in den präsynaptischen Endknöpfchen produziert. Erreicht ein Aktionspotential die Endknöpfchen, so werden sie in der oben beschriebenen Weise in den synaptischen Spalt ausgeschüttet und erzeugen eine biochemische Antwort in der postsynaptischen Membran. Wird aus irgendwelchen Gründen ihre Ausschüttung verhindert, so wird auch keine Reaktion in der postsynaptischen Membran erfolgen. Um Ihnen ein Gefühl für die vielfältigen Wirkungsweisen von Neurotransmittern zu geben, werden wir einige der wichtigsten kurz beschreiben. Diese Übersicht vermittelt auch einen Eindruck davon, was alles bei der Signalübertragung von Neuron zu Neuron schiefgehen kann.

- Acetylcholin wurde sowohl im zentralen als auch im peripheren Nervensystem gefunden. Es wird vermutet, daß der Grund für die reduzierte Gedächtnisleistung von Alzheimer-Patienten in einer Beeinträchtigung derjenigen Neuronen liegt, die Acetylcholin ausschütten. Acetylcholin hat an den Verbindungsstellen von Nerven und Muskeln eine exzitatorische Funktion: Es löst Muskelkontraktionen aus. Schließlich kann auch eine Reihe von Giften die normale synaptische Wirkung dieses Neurotransmitters stören.

Das Gift Botulin, das oft in verdorbener Nahrung gefunden wird, entfaltet seine Wirkung, indem es die Ausschüttung von Acetylcholin in den Atemorganen verhindert. Deshalb kann eine solche Lebensmittelvergiftung zum Erstickungstod führen. Curare ist ein Gift, das die Indianer am Amazonas in den Spitzen ihrer Jagdpfeile verwenden. Es lähmt die Lungenmuskeln, indem es wichtige Acetylcholinrezeptoren blockiert, wodurch die normale Reizübertragung gestört wird.

- GABA (Gammaaminobuttersäure) wird durch verschiedene Beruhigungsmittel – chemische Verbindungen, die die Aktivität des zentralen Nervensystems reduzieren – beeinflußt. Beispielsweise nimmt man an, daß Barbiturate sich an Rezeptormoleküle binden, die für GABA sensitiv sind, was eine Beruhigung zur Folge hat. Dieser Effekt würde auch erwarten lassen, daß ein geringer GABA-Spiegel für die Auslösung von Angst verantwortlich sein kann (Paul et al. 1986).
- Zur Gruppe der Katecholamine gehören 2 der wichtigsten Neurotransmitter, Dopamin und Norepinephrin. Beide spielen eine herausragende Rolle bei psychischen Störungen, wie etwa bei den Affektstörungen und der Schizophrenie. Norepinephrin scheint bei einigen Formen von Depressionen beteiligt zu sein: Medikamente, die den Spiegel dieses

Neurotransmitters im Gehirn ansteigen lassen, verbessern die Stimmung und lindern die Depression. Dopamin scheint für die Schizophrenie von Bedeutung zu sein, denn man fand bei Patienten mit dieser Störung einen erhöhten Dopaminspiegel.

Wie Sie sich denken können, besteht eine Möglichkeit, den Menschen mit dieser Störung zu helfen, darin, ihnen Medikamente zu geben, die den Dopaminspiegel im Gehirn reduzieren. In den Anfängen der medikamentösen Therapie entstand so ein interessantes, jedoch auch tragisches Problem. Hohe Dosen der Medikamente, die zur Behandlung der Schizophrenie eingesetzt wurden, führten zu Symptomen der Parkinson-Krankheit. Dies ist eine progressive und tödlich endende Erkrankung, die mit einer Störung des Bewegungsapparates einhergeht. Sie wird durch den Verfall von Neuronen, die den größten Teil des Dopamins herstellen, verursacht. Diese Beobachtungen haben Forschungen ausgelöst, die einerseits zur Verbesserung der medikamentösen Therapie von Schizophrenen führte und die sich andererseits auf die Entwicklung von Medikamenten für Parkinson-Patienten konzentrierte.

- Alle Neuronen, die **Serotonin** produzieren, liegen im Stammhirn. Das Stammhirn ist an der Aktivierung des Organismus und an vielen autonomen Prozessen beteiligt (vgl. Abschn. 2.2). Die Wirkungen der halluzinogenen Droge LSD (Lysergsäurediethylamid) scheinen durch die Unterdrückung der Effekte der »Serotoninneuronen« zustande zu kommen. Diese hemmen normalerweise andere Neuronen. Durch den Gebrauch von LSD bleibt die Hemmung aus, und das erzeugt lebendige und seltsame Sinneserfahrungen, die teilweise stundenlang anhalten. Viele Antidepressiva, wie z.B. Fluctin (Prozac), steigern die Serotoninaktivität dadurch, daß sie dessen Abtransport aus dem synaptischen Spalt verhindern (Barondes 1994).
- Die **Endorphine** werden normalerweise als sog. Neuromodulatoren eingeordnet. Ein **Neuromodulator** ist eine chemische Substanz, die für eine Veränderung oder Feinabstimmung der Aktivität des postsynaptischen Neurons sorgt. Endorphine spielen eine wichtige Rolle bei der Regulierung von Emotionen (Angst, Furcht, Anspannung, Freude) und beim Schmerz, weshalb es nicht verwunderlich ist, daß Drogen wie Opium und Morphium sich an dieselben Rezeptoren im Gehirn binden. Endorphi-

ne – der Name steht für »endogene Morphine« – wurden aufgrund ihrer Eigenschaft, Glücks- und Schmerzempfinden zu kontrollieren, »Schlüssel zum Paradies« genannt. In der Forschung geht man zur Zeit der Frage nach, ob Endorphine zumindest zum Teil für die schmerzlindernden Effekte bei der Akupunktur (Watkins u. Mayer 1982) sowie bei Placebobehandlungen (Fields u. Levine 1984) verantwortlich sind (s. Kap. 1 zum Placeboeffekt). Diese Untersuchungen werden mit der Substanz Naloxon durchgeführt, von der man weiß, daß sie Morphine und Endorphine daran hindert, sich an die entsprechenden Rezeptoren zu binden (Hopson 1988). Alle schmerzlindernden Vorgänge auf der Grundlage von Endorphinausschüttung verlieren bei der Gabe von Naloxon ihre Wirkung. Da mit der Injektion von Naloxon auch Akupunktur und Placebos ihren Effekt verlieren, liegt es nahe, daß Endorphine an deren Wirksamkeit beteiligt sind.

- In den letzten Jahren fand man heraus, daß Gase wie Kohlenmonoxid und Nitritoxid als Neurotransmitter funktionieren können (Barinaga 1993). Das Erstaunlichste an dieser neuen Klasse von Neurotransmittern ist, daß sie viele der bisherigen Ansichten über synaptische Übertragung in Frage stellen. So scheinen diese gasförmigen Transmitter sich z. B. nicht wie die anderen Neurotransmitter an Rezeptormoleküle zu binden, sondern direkt durch die äußere Rezeptormembran einzudringen. – Überraschende Entdeckungen dieser Art sollten uns daran erinnern, daß das Gehirn immer noch viele unentdeckte Geheimnisse bereithält.

2.3.3
Neurale Netzwerke

Bis jetzt haben wir uns damit befaßt, wie das Nervensystem Informationen innerhalb von Neuronen und zwischen den Zellen weiterleitet. Die zweite Hauptaufgabe des Nervensystems ist die Verarbeitung von Informationen. Als einfachste Stufe der Verarbeitung kann man die Kombination lokaler Potentiale im Zellkörper und die Umwandlungsprozesse an den Synapsen betrachten. Komplexere Stufen der Verarbeitung setzen Schaltkreise voraus.

Schaltkreise sind Neuronensysteme, die im Verbund Aufgaben ausführen, welche eine einzelne Nervenzelle nicht bewältigen kann. Die einfachsten Schaltkreise haben wir bereits oben in diesem Abschnitt kennengelernt, als wir das Zusammenwirken von sensorischem Neuron, Interneuronen und motorischem Neuron bei einer einfachen reflektorischen Reaktion nach einem Schmerzreiz betrachteten (s. Abb. 2.14). Man kann sie als einfache neurale Netzwerke auffassen.

> Ein **neurales Netzwerk** ist ein System von miteinander verbundenen Neuronen, die gemeinsam Aufgaben ausführen, welche das einzelne Neuron nicht leisten kann. Neurale Netzwerke folgen einem grundlegenden Prinzip der Natur: Alle Lebensprozesse sind hierarchisch organisiert. Das bedeutet, daß einfachere Einheiten, Strukturen und Prozesse zu immer komplexeren Prozessen organisiert werden, wobei auf höheren Stufen Kontrolle über die niedrigeren ausgeübt wird. Jede Stufe der Komplexität hat ihre Beschränkungen und Grenzen, die nur durch ein noch komplexeres System zu überwinden sind (Jacob 1977). Mit der zunehmenden Komplexität wächst auch das Potential zur Informationsverarbeitung.

Schaltkreise auf der niedrigsten Stufe führen einfache Aufgaben durch: Sie filtern, verstärken und regulieren Signale, und sie zählen und speichern Informationen. Auf den höheren Stufen der Hierarchie kombinieren Schaltkreise viele Prozesse niedrigen Niveaus zu den »höheren geistigen Funktionen« des Erkennens, Bewertens und Lernens sowie des Denkens und Fühlens.

Wegen der schwer überschaubaren Kompliziertheit der neuralen Netzwerke beim Menschen untersuchen Wissenschaftler, die die Strukturen und Aktivitäten neuraler Schaltkreise und deren Einfluß auf Verhaltensweisen erforschen, oft einfache Organismen, wie z. B. wirbellose Tiere. Man hat bevorzugt die große Meeresschnecke Aplysia untersucht, weil deren relativ wenige Neuronen so lang sind, daß sie sich einzeln identifizieren lassen, wodurch ihr System aufgeschlüsselt werden kann (zur Untersuchung neuraler Netzwerke bei der Aplysia s. ausführlicher Birbaumer u. Schmidt 1990, S. 544 f.). Diagramme von Schaltkreisen wurden für unterschiedliche Verhaltensweisen aufgezeichnet. Die Herzfrequenz der Aplysia wird von einigen Zellen, die das Pumpen anregen, und von einigen, die es hemmen, kontrolliert. Das sind die »Kommandozellen« – einzelne Zellen in einer kritischen Position, von der aus sie andere Zellen und dadurch ganze Verhaltenssequenzen kontrollieren. Ein neuraler Schaltkreis mit nur 70 Zellen ist bei der Aplysia am reflektorischen Einziehen der Kiemen beteiligt (Kiemenreflex), einem für das Tier lebensnotwendigen Reflex. Er wird ausgelöst, wenn das Siphon (Saugrohr) der Schnecke mit einem Reiz in Berührung geraten ist (s. Abb. 2.17).

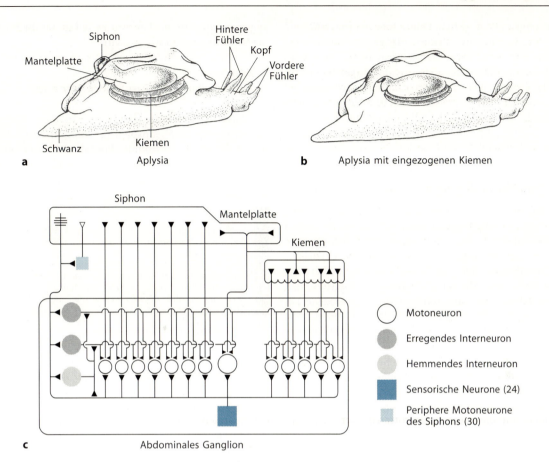

Abb. 2.17a–c. Neurale Netzwerke: So funktioniert das reflektorische Einziehen der Kiemen bei der Meeresschnecke Aplysia. **a** Aplysia im normalen Zustand, **b** Aplysia mit eingezogenen Kiemen, **c** neurales Netzwerk, durch das das reflektorische Einziehen der Kiemen kontrolliert wird. Die 24 sensorischen Neuronen und die 30 peripheren Motoneuronen sind durch je einen einzelnen Strich angedeutet. Die 13 Motoneuronen und die 3 Interneuronen in diesem Netzwerk werden durch Kreise repräsentiert. Zwei der Interneuronen wirken exzitatorisch, das dritte inhibitorisch. (Nach Kandel 1976)

Betrachten wir die Reaktion der Aplysia bei *wiederholter* taktiler Stimulation des Siphons. *Zunächst* löst die Berührung, wie jeder unerwartete oder bedrohliche Reiz, eine Orientierungsreaktion aus, und die Kiemen werden eingezogen. Die Orientierungsreaktion ist sowohl auf der physiologischen als auch auf der Verhaltensebene eine komplexe Reaktion. Die Sensibilität für Informationen aus der Umwelt wird maximiert und der Körper für Notfallmaßnahmen vorbereitet. Wird der Reiz – hier die Berührung des Siphons der Aplysia – *wiederholt,* so wird die Reaktion – hier das Einziehen der Kiemen – von Mal zu Mal schwächer.

Aufgrund der Habituation kann das reflektorische Einziehen der Kiemen schließlich voll und ganz verschwinden. Wird die Aplysia jedoch an einer *anderen* Körperstelle intensiv stimuliert, so tritt die Reaktion des Kiemeneinziehens erneut auf. Auch nach einer Stunde ohne jegliche Stimulation scheint der Kiemenreflex langsam zurückzukehren, und nach einem ganzen Tag ohne Stimulation hat er sich vollständig erholt.

> **!** Diese Verringerung der Reaktionsstärke bei wiederholter Darbietung eines Reizes wird als Habituation bezeichnet. Die Habituation ist eine elementare Form des Lernens. Sie ist ein Ergebnis von entsprechenden Regelungsvorgängen in dem in Abb. 2.17 abgebildeten neuralen Netzwerk.

Bei diesen Untersuchungen zur Habituation entdeckten der Neurobiologe Eric Kandel und seine Mitarbeiter, daß aufgrund der Aktivität eines Interneurons während der Habituation eine kleinere Menge von Neurotransmittern an der Synapse freigesetzt wird (Kandel 1979). Auf der Grundlage der Kenntnis derartiger biochemischer Prozesse haben Wissenschaftler inzwischen begonnen, auch für komplexe Lern- und Gedächtnisprozesse die biologischen Grundlagen aufzudecken.

2.4
Spezialisierung der Hirnhemisphären und individuelle Unterschiede

Zu Beginn dieses Kapitels haben wir die Frage gestellt, was uns zu einzigartigen Individuen macht. Wir haben einen Teil der Antwort in unserem Überblick über die Vererbungslehre gegeben: Ein jeder hat eine einzigartige Zusammenstellung an Genen von seinen Eltern ererbt. In diesem Abschnitt möchten wir ergänzen, daß jeder Mensch die Zuständigkeit für verschiedene Lebensaufgaben überdauernd und auf ganz individuelle Art und Weise auf seine rechte oder linke Hirnhemisphäre verteilt. Wir beginnen die Darstellung mit der Beschreibung der »durchschnittlichen« Spezialisierung der Hemisphären. Vor diesem Hintergrund werden wir dann individuelle Differenzen – also Unterschiede zwischen einzelnen Menschen – diskutieren. Sie werden in diesem Abschnitt erfahren, daß Ihre einzigartige Her-

angehensweise an das Leben zum Teil durch die Struktur Ihres Gehirns bestimmt wird.

2.4.1
Zerebrale Dominanz: Zwei Gehirne oder eines?

Der Ausdruck **zerebrale Dominanz** wird dann verwendet, wenn eine Hirnhemisphäre die dominierende Rolle bei der Kontrolle bestimmter körperlicher oder geistiger Funktionen spielt. Man nennt dies auch **Lateralisierung** von Funktionen auf die eine oder die andere Hemisphäre.

> **!** Wir wissen heute, daß bei den meisten Menschen viele Funktionen, die mit der Sprache zusammenhängen, von der linken Hemisphäre des Gehirns dominiert werden Vielleicht ist das Sprechen – also die Fähigkeit, zusammenhängende gesprochene Sprache zu produzieren, – von allen Leistungen am stärksten lateralisiert. Neurowissenschaftler haben herausgefunden, daß nur etwa 5% aller Rechtshänder und 15% aller Linkshänder die Sprache mit der rechten Hemisphäre kontrollieren. Bei weiteren 15% der Linkshänder ist die Kontrolle der Sprachfunktionen auf beide Seiten des Gehirns verteilt.

Für die meisten Menschen ist Sprache also eine linkshemisphärische Funktion. Dies hat zur Folge, daß Schädigungen der linken Hirnhälfte bei den meisten Menschen mit Sprachstörungen einhergehen. Sogar bei Taubstummen, die sich einer Zeichen- oder Gebär-

EXPERIMENT

Split-Brain-Patienten

Zur Behandlung schwerer Epilepsien wird in der modernen Hirnchirurgie manchmal das Corpus callosum durchtrennt. Das **Corpus callosum (Balken)** ist das Bündel von 200 Mio. Nervenfasern, das normalerweise die beiden Hirnhemisphären miteinander verbindet (Abb. 2.18). Der operative Eingriff hindert die heftigen elektrischen Rhythmen, die epileptische Anfälle begleiten, daran, zwischen den Hemisphären hinüberzuwechseln (Wilson et al. 1977). Üblicherweise ist die Operation erfolgreich, das Verhalten eines Patienten erscheint in der Folge normal. – Patienten, bei denen die Hemisphären operativ voneinander getrennt worden sind, bezeichnet man auch im Deutschen als **Split-Brain-Patienten**.

Um die Fähigkeiten der getrennten Hirnhemisphären von epileptischen Patienten zu testen, konstruierten Roger Sperry (1968) und Michael Gazzaniga (1970) Versuchsanordnungen, die die separate Darbie-

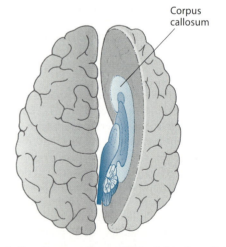

Abb. 2.18. Das Corpus callosum (Balken) ist ein gediegenes Netzwerk von Nervenfasern, die als Kommunikationskanal zwischen den beiden Hirnhemisphären dienen. Das Durchtrennen des Corpus callosum unterbindet den Kommunikationsprozeß

tung visueller Information für jede Hemisphäre gestatteten. Die Methode von Sperry und Gazzaniga nutzt die Anatomie unseres visuellen Systems (s. Abb. 2.19). Für jedes unserer beiden Augen wird die Information aus dem rechten Gesichtsfeld zur linken Hemisphäre und die Information aus dem linken Gesichtsfeld zur rechten Hemisphäre geleitet.

Normalerweise werden die Informationen aus beiden Hemisphären zu einem Gesamteindruck weiterverarbeitet, indem sie mit hoher Geschwindigkeit das Corpus callosum passieren. Dieser Weg wurde bei den Split-Brain-Patienten unterbrochen – deshalb muß die Information, die in der linken Hälfte des Gesichtsfeldes dargeboten wurde, in der rechten Hemisphäre verbleiben, und Informationen aus der rechten

Hälfte des Gesichtsfeldes verbleiben in der rechten Hemisphäre (vgl. Abb. 2.20).

Sperry u. Gazzaniga fanden heraus, daß die linke der rechten Hemisphäre bei der Lösung von Problemen, die Sprache, logisches Denken oder die sequentielle oder analytische Verarbeitung von Begriffen erforderten, überlegen war. Die **linke Hemisphäre** konnte auf diese Aufgaben »antworten«, die rechte jedoch nicht. »Kommunikation« mit der rechten Hemisphäre wurde hingegen durch manuelle Aufgaben hergestellt, die das Identifizieren, die Zuordnung oder das Zusammenstellen von Objekten verlangten – also mit Aufgaben, die keine Sprache erforderten. Die **rechte Hemisphäre** zeigte sich der linken auch bei der Lösung von Problemen, die mit räumlichen

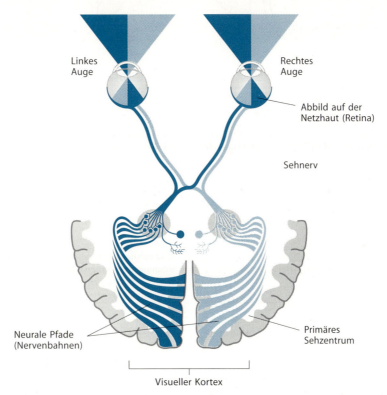

Abb. 2.19. Vom Auge zum Kortex: Wege im Nervensystem für visuelle Information. Die neuralen Bahnen für die visuelle Information, die von der innen liegenden Seite des Auges kommt, wechseln im Corpus callosum von der einen Hälfte des Gehirns auf die andere über. Die Nervenbahnen, die die Informationen von der außen liegenden Seite des Auges enthalten, wechseln hingegen nicht über. Das Ziel aller visuellen Informationen ist letztlich der visuelle Kortex. Die Durchtrennung des Corpus callosum hindert Informationen, die nur im rechten Gesichtsfeld dargeboten werden, in die linke Hirnhälfte zu gelangen, und ebenso können Informationen, die selektiv nur im linken Gesichtsfeld präsentiert werden, nicht in die rechte Hemisphäre gelangen

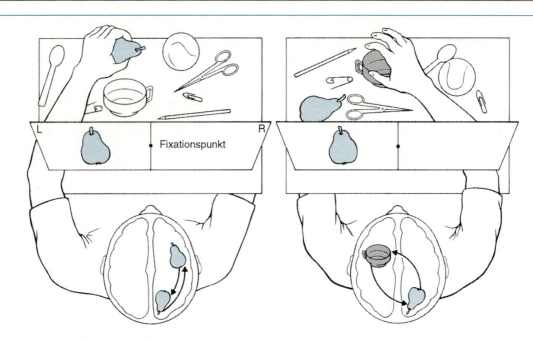

Abb. 2.20. Auge-Hand-Koordination bei Split-Brain-Patienten. Die Koordination von Auge und Hand ist dann normal, wenn ein Split-Brain-Patient die linke Hand benutzt, um ein Objekt im linken Gesichtsfeld zu finden und zuzuordnen. (Hand und Objekt werden in der rechten Hemisphäre registriert.) Wird er jedoch aufgefordert, mit der rechten Hand eine Zuordnung zu einem Objekt im linken Gesichtsfeld zu treffen, so kann der Patient das nicht leisten, da die sensorischen Botschaften von der rechten Hand zur linken Hemisphäre gehen, es aber keine Verbindung zwischen beiden Hemisphären mehr gibt. Im gezeigten Beispiel wird der Becher fälschlicherweise der Birne zugeordnet. (Nach Sperry 1968)

Tabelle 2.2. Spezialisierung der Hirnhemisphären

Linke Hemisphäre	Rechte Hemisphäre
Spontanes Sprechen und Schreiben	Nachsprechen, aber kein spontanes Sprechen
Reaktion auf komplexe Anweisungen	Reaktion auf einfache Anweisungen
Worterkennung	Gesichtserkennung
Gedächtnis für Wörter und Zahlen	Gedächtnis für Umrisse und Musik
Bewegungsabfolgen	Räumliches Interpretieren
Positive Emotionen	Negative Emotionen
	Emotionale Ansprechbarkeit (Responsivität)

Beziehungen und Mustererkennung zu tun hatten, überlegen. Aber Additionen konnte sie lediglich bis zur Zahl 10 durchführen, und sie hatte, was den Gebrauch und das Verständnis von Wortkombinationen betraf, das Niveau eines Zweijährigen. Tabelle 2.2 gibt eine Übersicht über die »Spezialisierungen« der beiden Hemisphären.

Beide Hemisphären schienen auch über unterschiedliche »Stile« zur Verarbeitung derselben Information zu verfügen. Beispielsweise schien die linke Hemisphäre bei Zuordnungsaufgaben («matching tasks«) analytisch und verbal orientiert vorzugehen und Gegenstände nach der Ähnlichkeit der Funktion auszuwählen. Die rechte Hemisphäre ordnete diejenigen Objekte einander zu, die gleich aussahen oder die sich zu einem Gesamtmuster zusammenfügen ließen. Folglich würde ein Split-Brain-Patient, dem Abbildungen von einem Eßbesteck und einem Hut gezeigt würden, bei der Aufforderung, das zu dem Bild eines Kuchens auf einem Teller Passende auszuwählen, sagen:

»Man ißt den Kuchen mit Besteck« – vorausgesetzt, die Bilder wurden nur der linken Hemisphäre dargeboten. Würden die Testreize der rechten Hemisphäre geboten, könnte der Patient »Hut« als zu »Kuchen« passend wahrnehmen, weil beide Abbildungen ähnliche Umrisse aufwiesen (Levy u. Trevarthen 1976).

densprache bedienen, verursacht die Verletzung der linken Gehirnhälfte eine ähnliche Störung (Poizner et al. 1991). Es ist also nicht das Sprechen als solches, das lateralisiert vorkommt, sondern eher die allgemeine Fähigkeit, Gesten – vokal oder manuell – zu produzieren, die kommunikative Bedeutung enthalten.

Die starke Lateralisierung der Sprachfunktionen führte die Wissenschaft zu der Frage, welche anderen Unterschiede wohl noch zwischen den beiden Hemisphären gefunden werden könnten. Ein Großteil unseres Wissens über die Asymmetrien des Gehirns entstammt den Beobachtungen von Menschen, deren eine Gehirnhälfte verletzt wurde oder deren Hirnhemisphären nicht miteinander kommunizieren (s. **Experiment**).

> ! Wir sollten allerdings bei der Verallgemeinerung von Beobachtungen an Split-Brain-Patienten auf die normale Funktionsweise des Gehirns sehr vorsichtig sein. Erstens können wir nicht ausschließen, daß die schwere Epilepsie, die die Trennung des Corpus callosum notwendig gemacht hat, nicht bereits andere normale Ablaufmuster im Gehirn gestört hatte. Zweitens dürfen wir nicht verwechseln, was eine Hemisphäre möglicherweise *bevorzugt* tut – z. B. analytisch oder holistisch verarbeiten – und was die Hemisphäre für ein Verarbeitungspotential hat (Trope et al. 1992). Schließlich müssen wir anerkennen, daß es auch bei Split-Brain-Patienten große individuelle Unterschiede im Ausmaß und in der individuellen Ausgestaltung der Lateralisierung gibt (Gazzaniga 1987; Trope et al. 1992).

Das intakte Gehirn funktioniert als Ganzes: Es ist ein riesiges präzises Kommunikationsnetzwerk, das buchstäblich alle Teile und Funktionen integriert. Wenn die 2 Hemisphären getrennt werden, so ist das Ergebnis ein gespaltenes Gehirn mit einem doppelten Bewußtsein. Beide Hemisphären können unabhängig voneinander und zur gleichen Zeit reagieren, wenn ihnen separat Reize dargeboten werden. Werden die Reize nur einer Seite präsentiert, so wird die Reaktion entweder emotional oder analytisch ausfallen, je nachdem, welche Hemisphäre den Auftrag zur Interpretation der Botschaft erhält. Aufgrund mangelnder Sprachkompetenz sind jedoch die visuell-räumlichen Fähigkeiten der isolierten rechten Hemisphäre begrenzt und den kognitiven Fähigkeiten eines Schimpansen weit unterlegen. Was der rechten Hirnhemisphäre fehlt, ist nicht bloß die Fähigkeit zum Sprechen, sondern ein ganzer Bereich geistiger Verarbeitungsprozesse, der für das Erfassen und Verstehen sowohl äußerer wie innerer Ereignisse notwendig ist.

2.4.2
Lateralisierung: Geschlechtsdifferenzen und individuelle Unterschiede

Wir haben bei der Lateralisierung der Sprachfunktionen bereits auf erste *individuelle* Unterschiede in der Hemisphärendominanz hingewiesen. Bei Linkshändern besteht eine höhere Wahrscheinlichkeit als bei Rechtshändern, daß die Sprache von der rechten Hemisphäre dominiert wird oder in beiden Hemisphären gleichermaßen präsent ist. In diesem Abschnitt erkunden wir weitere Differenzen in der Lateralisierung. Einige sind vom Geschlecht abhängig, aber andere scheinen einzig und allein vom individuellen Stil der Person abzuhängen.

Geschlechtsunterschiede

Aus der Vererbungslehre (s. Abschn. 2.1) wissen wir, daß es genetische Unterschiede zwischen Männern und Frauen gibt. Gibt es auch allgemeine Unterschiede in der Art und Weise, wie männliche und weibliche Gehirne funktionieren (Breedlove 1994)? Um eine Antwort auf diese Frage zu finden, betrachten wir die Ergebnisse von Untersuchungen, in denen geprüft wurde, ob schon bei neugeborenen Mädchen und Jungen eine Hemisphärendominanz feststellbar ist. Die Arbeitsgruppe um Mary Grattan (1992) führte entsprechende Prüfverfahren bei etwa 2 Tage alten Kindern durch. Die Reflexe dieser Kinder – etwa das reflektorische Schließen der Hand um den ausgestreckten Finger eines Erwachsenen – wurden sowohl auf der rechten als auch auf der linken Körperseite gemessen. Dahinter stand der Gedanke, daß stärkere oder besser koordinierte Reflexreaktionen auf der einen Körperseite eine angeborene **Asymmetrie** der Potentiale der 2 Hemisphären widerspiegelt. Grattan et al. fanden heraus, daß die Neugeborenen im allgemeinen auf der rechten Seite stärkere und besser koordinierte Reaktionen zeigen, was einen Vorteil der linken Hemisphäre nahelegt.

Dieser generelle Trend wurde aber durch Hinweise auf Geschlechtsdifferenzen modifiziert. Bei Reflexen, bei denen Füße und Beine beteiligt sind, zeigten die Mädchen eher rechts, viele der Jungen aber eher links die stärkeren Reaktionen.

Woher kann dies kommen? Zwar erwogen die Forscher auch die Möglichkeit, daß es sich um einen kurzfristigen Unterschied zu Beginn des Lebens handeln könnte, da Jungen bei der Geburt im Durchschnitt neurologisch weniger weit entwickelt sind als Mädchen. Aber sie neigten doch eher zu der Schlußfolgerung, in dem beschriebenen Geschlechtsunterschied ein frühes Anzeichen für jene Asymmetrien in den Hirnfunktionen zu sehen, die für erwachsene Frauen und Männer berichtet werden.

Betrachten wir eine dieser Asymmetrien, die von der kanadischen Psychologin Doreen Kimura beschrieben wurde, genauer. Kimura (1983, 1987) berichtete, daß Männer eher als Frauen nach einer Verletzung der linken Hemisphäre an **Sprachstörungen** (**Aphasien**) litten. Wie ist das möglich? Eine Hypothese könnte lauten: Frauen tendieren dazu, sprachliche Funktionen *bilateral*, d.h. beidseitig, zu repräsentieren. Ist nämlich die Sprache in beiden Hemisphären präsent, dann wäre eine Sprachstörung bei der Verletzung einer der Hemisphären weniger wahrscheinlich. Dieser Erklärungsversuch scheitert aber an der Tatsache, daß die Wahrscheinlichkeit für Linkshändigkeit bei Männern höher ist als bei Frauen – was bedeutet, daß Männer und nicht Frauen eine höhere Wahrscheinlichkeit für die rechtsseitige oder bilaterale Repräsentation der Sprache haben (s. oben in diesem Abschnitt)!

Was aber kann dann die Geschlechtsunterschiede in der Häufigkeit von Aphasien nach der Verletzung der linken Hemisphäre erklären? Weitere Daten von Kimura legen nahe, daß die Sprache bei Männern und Frauen *innerhalb* der linken Hemisphäre unterschiedlich organisiert ist. Bei Männern können Aphasien als Folge von Schädigungen praktisch jedes größeren Sprachzentrums im Kortex sein. Bei Frauen hingegen treten Aphasien nur bei der Verletzung ganz bestimmter Zentren auf. Vergleichbare Hirnverletzungen können deshalb nur beim Mann, nicht aber bei der Frau eine Aphasie zur Folge haben. Warum die linke Hemisphäre bei Männern und Frauen unterschiedlich organisiert ist, ist noch nicht völlig geklärt. Kimura vermutet, daß hormonelle Einflüsse während der Gehirnentwicklung eine Rolle spielen könnten. – Was auch immer die tatsächliche Ursache dieses Geschlechtsunterschiedes sein mag,

wir haben an diesem Beispiel in jedem Falle gesehen, daß die Gehirne von Männern und Frauen weder bei der Geburt noch im späteren Leben identisch sind.

Individuelle Ausdrucksformen bei der Lateralisierung

Über die allgemeinen Unterschiede zwischen den Gehirnen von Männern und Frauen hinaus gibt es Raum für individuelle Unterschiede vielfältiger Art. Tatsächlich hat jeder Mensch sein spezielles Muster der Verteilung psychischer Funktionen über die beiden Hemisphären. Lassen Sie uns diesen Sachverhalt am Wiedererkennen und Beurteilen von Gesichtern verdeutlichen.

Es wird Sie nicht erstaunen, daß einzelne Gesichter relativ schwer wiederzuerkennen sind. Alle Gesichter bestehen aus denselben Teilen in derselben Anordnung. Um Gesichter zu unterscheiden, muß man seine Aufmerksamkeit also auf feinere Details richten als nur die Anwesenheit zweier Augen, einer Nase, des Mundes usw. (Diamond u. Carey 1986). Da das Erkennen von Gesichtern dermaßen schwierig zu sein scheint, fragten sich die Forscher zunächst, ob es im Nervensystem für diese Aufgabe eine *spezielle* Struktur gibt. Die Befunde weisen aber darauf hin, daß das Erkennen von Gesichtern eher *allgemeine* Fähigkeiten für die Unterscheidung von Merkmalskonfigurationen erfordert. Sie erkennen z.B. den einen Freund daran, daß seine Augen besonders eng zusammen stehen, einen anderen aufgrund des großen Abstandes zwischen Nase und Mund, usw.

Levy et al. (1983) haben eine Methode entwickelt, mit der man zeigen kann, daß für diese Art konfiguraler Verarbeitung bei den meisten Menschen eine Hemisphärendominanz vorliegt. In Abb. 2.21 ist ein Paar chimärischer Gesichter dargestellt. »Chimärisches Gesicht« (»chimeric face«) bedeutet: Zwei Gesichter, etwa ein lächelndes und ein neutral schauendes Gesicht, werden so kombiniert, daß jeweils die eine Hälfte lächelt und die andere neutral schaut. Die beiden chimärischen Gesichter sind identisch – bis auf die spiegelbildliche Vertauschung der lächelnden und neutralen Hälfte. Die Frage ist nun, welche dieser beiden Fotomontagen glücklicher aussieht. Wenn Sie so wie die meisten Betrachter urteilen, werden Sie sich für das Gesicht entscheiden, bei dem die linke Gesichtshälfte lächelt. Da die Informationen aus der linken Seite des Gesichtsfotos in der rechten Hemisphäre des Betrachters verarbeitet wird, ist dies ein Hinweis darauf, daß bei den meisten Betrachtern die rechte Hemisphäre bei der Erkennung von Gesichtsausdrücken eine dominan-

Abb. 2.21. »Chimärische Gesichter«: Eine Aufgabe zur Bestimmung von Hemisphärendominanzen. Welches der beiden Gesichter sieht glücklicher aus?

te Rolle spielt. Aber vielleicht gehören Sie ja gar nicht zu der Kategorie der »meisten Betrachter«? Jedenfalls weist eine Reihe von Personen die beschriebene Präferenz nicht auf. – Diese einfache Aufgabe kann folglich zur Demonstration von individuellen Lateralisierungsdifferenzen beim Erkennen bzw. Beurteilen von Gesichtern dienen.

Das Ausmaß individueller Differenzen in der Funktion der Hirnhemisphären läßt sich mit einer zweiten

Methode demonstrieren. In Abb. 2.22 ist ein experimentelles Paradigma dargestellt, bei dem 2 verschiedene Stimuli gleichzeitig dem rechten und dem linken Gesichtsfeld des Auges dargeboten werden (obere Hälfte der Abbildung). Die Aufgabe für den Teilnehmer an dieser Untersuchung besteht darin, das Gesehene wiederzuerkennen oder genau zu beschreiben. Abermals zeigt sich, daß die meisten Menschen Gesichter besser wiederkennen, die im linken Gesichtsfeld dargeboten und folglich in der rechten Hemisphäre verarbeitet worden sind. (Es gilt allerdings die Einschränkung, daß wegen des intakten Corpus callosum schon nach sehr kurzer Zeit die Informationen aus beiden Gesichtsfeldern beiden Hemisphären verfügbar sind.) Abweichend von dieser Regel gibt es abermals Personen, bei denen das linke Gesichtsfeld nicht im Vorteil ist oder die sogar eine Überlegenheit des rechten Gesichtsfeldes (und damit der linken Hemisphäre) zeigen.

> **!** Wie die individuelle Aufteilung der Hirnfunktionen auch aussehen mag – Dominanz der linken Hemisphäre, Dominanz der rechten Hemisphäre oder eine gleichgewichtige Aufteilung auf beide Hemisphären – der Tendenz nach besteht sie nicht nur für das Erkennen von Gesichtern, sondern auch für andere kognitive Leistungen. Menschen besitzen offensichtlich »charakteristische Wahrnehmungsasymmetrien«. Das bedeutet auch: Ihr Gehirn verteilt in einer individuell typischen und stabilen Weise Aufgaben auf die beiden Hirnhälften (Kim u. Levine 1992).

Deshalb ist es möglich, daß Sie und Ihr bester Freund unterschiedliche Muster bei der Gehirnaktivität aufweisen, wenn Sie sich gegenseitig ins Gesicht schauen – ein starker Beleg für die biologischen Wurzeln der Einzigartigkeit von Individuen!

Homosexualität, Vererbung und Hirnstrukturen

Da sich dieses Kapitel mit den biologischen Grundlagen menschlichen Verhaltens und Erlebens befaßt, wird es Sie nicht erstaunt haben, daß wir bei der Frage nach der Bedeutung von Natur und Kultur die Rolle der Vererbung und biologischer Prozesse betont haben. Im Bereich der menschlichen Sexualität hat diese Sichtweise eine heiße Kontroverse über die Ursachen der sexuellen Orientierung ausgelöst. Die Frage lautet: Gibt es individuelle Besonderheiten in den Genen oder den Hirnstrukturen, die die Ursache dafür sind, daß wir heterosexuelle oder homosexuelle Neigungen entwickeln? Die Forschung, die darauf eine Antwort zu geben versucht, beschreiben wir im Detail im folgenden Abschnitt **Unter der Lupe.**

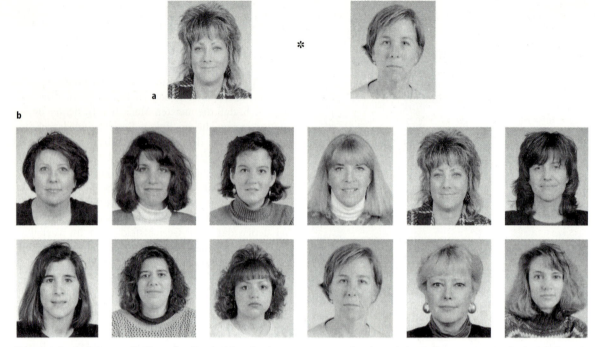

Abb. 2.22a,b. Aufgabe zur Prüfung der Hemisphärendominanz beim Erkennen von Gesichtern. **a** Der Teilnehmer dieser kleinen Untersuchung fixiert zunächst für kurze Zeit das Symbol (*) zwischen den beiden Fotos, **b** Er versucht nun, die Gesichter, die er zuvor gesehen hat, wiederzuerkennen. Der durchschnittliche Teilnehmer erzielt eine bessere Leistung bei Gesichtern, die im linken Gesichtsfeld wahrgenommen bzw. in der rechten Hemisphäre repräsentiert werden

---

UNTER DER LUPE

Die biologischen Wurzeln der Homosexualität

Wie kann man genetische Faktoren und Umwelteinflüsse bei der Bestimmung der sexuellen Orientierung auseinanderhalten? Einen Ansatz stellt der Vergleich der Konkordanzraten der sexuellen Orientierung bei eineiigen Zwillingen (EZ) und zweieiigen Zwillingen (ZZ) dar. Eineiige (monozygote) Zwillinge haben identisches Erbgut, zweieiige (dizygote) Zwillinge teilen, wie andere Geschwister auch, die Hälfte der Gene. Wenn beide Geschwister eines Zwillingspaares dieselbe Orientierung zeigen, so sind sie in dieser Beziehung konkordant. Wenn der eine Zwilling homosexuell und der andere heterosexuell ist, sind sie diskordant. In verschiedenen Untersuchungen wurden sowohl bei schwulen Männern als auch bei lesbischen Frauen bemerkenswert höhere Konkordanzraten für EZ als für ZZ gefunden (Bailey u. Pillard 1991; Bailey et al. 1993). Die Forscher gingen so vor, daß sie schwule oder lesbische Personen aufsuchten, die Zwillingsgeschwister hatten, und erhoben dann Informationen über die sexuelle Orientierung dieser Zwillinge oder anderer Geschwister. Die Ergebnisse waren erstaunlich. Bei Frauen betrug die Konkordanzrate für Homosexualität bei EZ 48%, hingegen bei ZZ nur 16% (Bailey et al. 1993). Bei Männern betrug die Konkordanzrate bei Homosexualität eines Zwillingsgeschwisters für EZ 52%, verglichen mit 22% bei ZZ (Bailey u. Pillard 1991). Obwohl man berücksichtigen muß, daß EZ vielleicht auch unter ähnlicheren Umwelteinflüssen als ZZ aufwachsen – möglicherweise behandeln die Eltern sie ähnlicher –, so legt dieses Ergebnismuster doch nahe, daß die sexuelle Orientierung zumindest zum Teil genetisch determiniert ist.

Mit diesem Wissen begann die Forschung nun, nach jenen Gensequenzen zu suchen, die für die Entstehung der homosexuellen oder heterosexuellen Orientierung verantwortlich sind. Hamer et al. zeigten, daß schwule Männer eine größere Anzahl homosexueller Verwandter im Familienstammbaum mütterlicherseits als im Stammbaum väterlicherseits haben. Erinnern Sie sich an dieser Stelle daran, daß Männer ein X-Chromosom von ihren Müttern und ein Y-Chromosom von ihren Vätern ererben. Vor diesem Hintergrund legt Hamers Beobachtung nahe, daß das X-Chromosom diejenige biologische Struktur ist, die die sexuelle Orientierung beeinflußt (Hamer et al. 1993). In Fortführung dieses Forschungsansatzes gelang es der Gruppe um Hamer sogar, einen bestimmten Abschnitt des Chromosoms zu identifizieren, den die meisten homosexuellen Brüderpaare gemeinsam hatten.

Ein anderer Weg zur Erkundung der biologischen Wurzeln der Sexualität besteht darin, diejenigen Hirnstrukturen zu vergleichen, die sowohl bei Homosexuellen als auch bei Heterosexuellen für den Ausdruck der Sexualität relevant sind. LeVay (1991, 1993) richtete dabei seine Aufmerksamkeit auf den Hypothalamus. Wie Sie bereits wissen, ist der Hypothala-

mus das Teil des limbischen Systems, das die sexuelle Erregung reguliert. Er führte Autopsien bei den Gehirnen homosexueller und heterosexueller Männer und Frauen durch und präparierte das Hirngewebe dann in einer Weise, die es ihm erlaubte, die Größe bestimmter kleiner Neuronenbündel im Hypothalamus, sog. Nuclei, zu bestimmen. LeVay entdeckte, daß ein solcher Nucleus – bekannt als INAH 3 – bei heterosexuellen Männern 2- bis 3mal größer war als bei heterosexuellen Frauen und bei homosexuellen Männern, die sich in der Größe dieses Nucleus wiederum nicht von den heterosexuellen Frauen unterschieden. LeVay schränkte zwar ein, daß Zusammenhänge etwas anderes sind als Ursachen (vgl. Kap. 1), aber er zog dennoch den Schluß, daß die ähnliche Größe des INHA 3-Nucleus bei homosexuellen Männern und heterosexuellen Frauen die Ähnlichkeit bei der Wahl sexueller Partner erklären *könnte*. Determiniert also unser Hypothalamus unsere sexuelle Bestimmung? Die zukünftige Forschung mag diese Position verstärken oder abschwächen – es scheint jedoch klar zu sein, daß einige Aspekte von Homosexualität und Heterosexualität mit rein biologischen Faktoren zusammenhängen (Gladue 1994).

ZUSAMMENFASSUNG

- **Vererbung und Verhalten.** Eines der Hauptziele der Psychologie ist die Aufdeckung der Ursachen, die der Vielfalt menschlichen Verhaltens zugrunde liegen. Eine wichtige Dimension bei dieser Ursachensuche wird durch die Gegensatzpaare *Natur/Kultur* oder *Erbe/Umwelt* beschrieben. Mit dem Werk *Der Ursprung der Arten* («*The origin of species*») begründete Darwin die Theorie der Evolution des Lebens auf der Erde. Seine Theorie der Evolution durch natürliche Selektion besagt, daß Organismen, die gut an ihre Umwelt angepaßt sind, langfristig mehr Nachkommen haben als die, die weniger gut angepaßt sind. Überträgt man diese Ideen auf die menschliche Evolution, kann man zeigen, daß die natürliche Selektion bei der Evolution unserer Art vor allem 2 Anpassungsleistungen begünstigt hat: die Entstehung des aufrechten Gangs und die Vergrößerung des Gehirns. Die Verbindung

dieser beiden Evolutionsprozesse hat die Entwicklung der menschlichen Zivilisation erst ermöglicht. Danach war der Erwerb der Sprache wahrscheinlich der wichtigste Schritt in der Evolution des Menschen. Der entscheidende Vorteil des Spracherwerbs bestand darin, daß angehäuftes Wissen von einer Generation an nachfolgende Generationen weitergereicht werden konnte. Sprache bildet die Basis der *kulturellen Evolution*, die von der von Darwin beschriebenen *biologischen Evolution* unterschieden werden muß. Unter der kulturellen Evolution ist zu verstehen, daß Kulturen die Tendenz haben, sich durch Lernen an Veränderungen der Umwelt anzupassen. Die kulturelle Evolution ermöglichte die großen Fortschritte bei der Werkzeugproduktion, die Weiterentwicklung landwirtschaftlicher Techniken und die Entwicklung und Differenzierung von Industrie und Technologie.

Obwohl die Herausbildung wichtiger biologischer Potentiale in der Evolution allen Menschen gemeinsam ist, bleibt innerhalb dieses gemeinsamen Potentials doch eine beachtliche Variation, eine genetische Variabilität, die den Einfluß der Vererbung auf unser Verhalten festlegt. Vererbung wird gewährleistet durch die Gene, die in den Chromosomen lokalisiert sind. Jedoch gilt, daß weder die Gene noch die Einflüsse aus der Umwelt allein festlegen, wer jemand ist und wer er in Zukunft sein wird. Die Gene definieren lediglich das Spektrum oder die »Bandbreite« möglicher Auswirkungen, die die Umwelt bei der Entstehung des Phänotyps und der Entwicklung von Verhaltensmustern ausüben kann.

- **Biologie und Verhalten.** Schon lange vor Darwins Zeit debattierten Wissenschaftler, Philosophen und andere gebildete Zeitgenossen über die Rolle, die biologische Prozesse im täglichen Leben spielen. Der französische Philosoph René Descartes (1596–1650) stellte die radikale Behauptung auf, der menschliche Körper sei eine »belebte Maschine«, die wissenschaftlich erklärt werden könne – und zwar durch empirische Beobachtung mit Hilfe der Entdeckung von Naturgesetzen! Er formulierte als erster *rein physiologische* Fragestellungen zur Mechanik und Bewegung des menschlichen Körpers. Heutzutage bezeichnet man das Forschungsgebiet, das in dieser Tradition steht, als Neurowissenschaften.

- **Das Nervensystem.** Das Nervensystem besteht aus Milliarden hochgradig spezialisierter Nervenzellen oder Neuronen. Generell wird zwischen *zentralem* und *peripherem Nervensystem* unterschieden. Das zentrale Nervensystem (ZNS) besteht aus allen Neuronen in Gehirn und Rückenmark. Es ist seine Aufgabe, alle Körperfunktionen zu integrieren und zu koordinieren, indem es alle eintreffenden und auszusendenden Botschaften verarbeitet. Das Rückenmark ist eine Hauptstrecke von Nervenzellen, die das Gehirn mit dem übrigen Körper durch Pfade im peripheren Nervensystem verbinden. Es ist in einer hohlen Röhre – der Wirbelsäule – untergebracht. Trotz seiner Befehlshaberstellung wäre das zentrale Nervensystem von jedem direkten Kontakt mit der Außenwelt isoliert, gäbe es nicht die Verbindung zwischen dem zentralen Nervensystem und der Körperoberfläche, die das periphere Nervensystem (PNS) bildet. Die peripheren Nerven, die es überall im Körper gibt, haben 2 Funktionen.

– Einige tragen Informationen von jedem der sensorischen Rezeptoren (in Auge, Ohr, Haut usw.) zum Gehirn,
– andere tragen Botschaften vom Gehirn und vom Rückenmark zu den Muskeln und Drüsen.

Das zentrale und das periphere Nervensystem stehen in ständiger Kommunikation miteinander. Das periphere Nervensystem besteht seinerseits aus 2 Teilen, dem somatischen und dem autonomen Nervensystem. Das *somatische (animale) Nervensystem* untersteht willentlicher Kontrolle und kontrolliert die Skelettmuskeln des Körpers, während das *autonome (vegetative) Nervensystem* die Körperaktivitäten regelt, die normalerweise nicht der direkten Kontrolle des Individuums unterstehen. Es muß auch dann arbeiten, wenn das Individuum schläft, und sorgt für die Aufrechterhaltung lebenswichtiger Prozesse unter Narkose und im Koma.

- **Strukturen und Funktionen des Gehirns.** Das Gehirn ist die wichtigste Komponente des zentralen Nervensystems. Beim Menschen ist es aus 3 miteinander verbundenen Schichten aufgebaut. In der tiefsten Schicht – dem Hirnstamm – befinden sich Strukturen, die hauptsächlich an autonomen Körperfunktionen wie Herzschlag, Atmung, Schlucken und Verdauung beteiligt sind. Um diesen zentralen Kern liegt wie eine Art Umschlag das limbische System, das bei psychologischen Vorgängen wie der Motivation, dem Erinnern und emotionalen Prozessen ins Spiel kommt. Hirnstamm und limbisches System werden vom Cerebrum (Großhirn) überlagert. Diese Region bildet die neurale Grundlage für das, was wir als »den menschlichen Verstand« bezeichnen. Das Cerebrum und seine äußere Schicht, der zerebrale Kortex (Großhirnrinde), integrieren die sensorischen Informationen, koordinieren die Bewegungen und erleichtern abstraktes Denken und Schlußfolgern. Zur Unterstützung der Arbeit des *Nervensystems* ist im Genotyp des Menschen die Entwicklung eines zweiten hochkomplexen Informationssystems festgelegt worden: die des *endokrinen Systems*. Das endokrine System besteht aus Drüsen, die in vielen Teilen des Körpers angesiedelt sind und chemische »Botenstoffe« (»messenger«) – Hormone –

in den Blutkreislauf ausscheiden. Diese bestimmen Wachstum, sexuelle Merkmale, Erregung, Sexualverhalten, Fortpflanzung, Stimmungsveränderungen und den Stoffwechsel. Obwohl Nervensystem *und* endokrines System für das Überleben notwendig sind, spielen sie für unsere Fähigkeit, mit der Welt in Interaktion zu treten und mit anderen Organismen zu kommunizieren, doch eine sehr unterschiedliche Rolle. Hierbei sind wir vor allem vom Nervensystem abhängig. Die Basiseinheit des Nervensystems ist das Neuron.

- **Das Neuron.** Jeglichem Verhalten liegen Aktivitäten von Neuronen zugrunde. In den Gehirnen von Säugetieren sind über 200 verschiedene Arten identifiziert worden, alle haben jedoch dieselbe Grundstruktur. Ein *Neuron (Nervenzelle)* ist eine Zelle, deren spezielle Aufgabe es ist, Informationen zu empfangen, zu verarbeiten und/oder an andere Zellen im Körper weiterzuleiten. Neuronen unterscheiden sich in Gestalt, Größe, chemischer Zusammensetzung und Funktion. Nach der Art der Zellen, mit denen sie zur Aufnahme bzw. Weiterleitung von Information in Verbindung stehen, kann man 3 Hauptklassen von Neuronen unterscheiden: sensorische Neuronen, motorische Neuronen (Motoneuronen) und Interneuronen. Bei der Geburt oder kurz danach umfaßt unser Gehirn etwa 100 Mrd. bis 1 Billion Neuronen. Sie sterben in einer erstaunlichen hohen Zahl ab – jeden Tag unseres Lebens etwa 200.000 (Dowling 1992). Da wir glücklicherweise am Anfang unseres Lebens so viele Neuronen zur Verfügung haben und manche der abgestorbenen ersetzt werden, verliert man in 100 Jahren nur 7% des ursprünglichen Vorrats an Nervenzellen. So gesehen wird es nicht überraschen, daß die eingeschränkten Hirnfunktionen, die manchmal im höheren Lebensalter anzutreffen sind, nicht auf das Konto der verringerten Neuronenzahl gehen, sondern das Ergebnis von Störungen innerhalb der Zellen oder der chemischen Prozesse bei der Informationsübertragung zwischen den Zellen sind.

In die große Menge der Neuronen sind etwa 10mal so viele *Gliazellen* eingestreut, die die Neuronen dicht zusammenhalten, ohne daß sie sich allerdings direkt berühren. Gliazellen erfüllen 3 wichtige Aufgaben für das Nervensystem: die Entfernung von Abfällen, Isolierung, indem sie eine Myelinschicht bilden und dadurch die Weiterleitung von Nervensignalen beträchtlich beschleunigen, sowie Kontrolle von Giftstoffen.

- **Informationsübertragung im Nervensystem.** Das Nervensystem benutzt *elektrochemische Signale*, um Information zu verarbeiten und weiterzuleiten. Die elektrische Signalübermittlung erfordert Veränderungen im Membranpotential der einzelnen Zellen. Diese Veränderungen werden durch den Durchtritt elektrisch geladener Teilchen, sog. Ionen, durch die Zellmembran verursacht. Der Fluß von Ionen durch sog. Ionenkanäle ist die Grundlage jeglicher Erregung und Signalleitung im Nervensystem. Ionenkanäle sind erregbare Membranmoleküle, die in Neuronen elektrische Signale herstellen und weiterleiten, indem sie Poren – winzige Tunnel in der Membran – öffnen und schließen, so daß Ionen nach innen und nach außen strömen können. Informationen können im Nervensystem durch 2 Arten von elektrochemischen Signalen weitergeleitet werden: durch *lokale Potentiale* und *Aktionspotentiale*. Lokale oder abgestufte Potentiale sind passive Signale, die durch externe physikalische Stimulation der Dendriten- oder Zellkörpermembran hervorgerufen werden. Ihre Stärke richtet sich nach dem Ausmaß der Stimulation. In Sinnesrezeptoren, etwa der Netzhaut des Auges, wird der physikalische Stimulus, in diesem Falle das Licht, in ein lokales Potential umgewandelt, das als Rezeptorpotential bezeichnet wird. Das Rezeptorpotential transportiert Informationen wie die Intensität oder Helligkeit des Lichtes zum Gehirn. Auf diese Weise ist gewährleistet, daß die Reaktion des Organismus eine direkte Beziehung zum auslösenden Stimulus haben kann. Lokale oder abgestufte Potentiale erfüllen nur bei kurzzeitigen lokalen Signalen ihren Zweck, weil sie über längere Distanzen schwächer werden und gestört werden können. Sie können entferntere Teile des Nervensystems nur dann beeinflussen, wenn sie stark genug sind, um eine Depolarisation der Zellmembran über einen kritischen Wert hinaus herbeizuführen. Die minimale Reizenergie, die notwendig ist, um ein Neuron zu erregen und einen Nervenimpuls auszulösen, wird als Schwelle bezeichnet.

Das Ruhepotential ist die Voraussetzung dafür, daß die Neuronen ihre Aufgabe der Informationsleitung und -verarbeitung erfüllen können. Es kann durch Aktionspotentiale, d. h. kurze impulsartige positive Veränderungen in der Potentialdifferenz, unterbrochen werden.

Aktionspotentiale entstehen, wenn die Membran vom Ruhepotential von −80 mV ausgehend auf mindestens −50 mV »depolarisiert« wird. Wird diese Schwelle überschritten, so kippt das Ruhepotential unweigerlich in ein positives Potential um, dessen Maximum bei +30 mV liegt. Die Dauer des Aktionspotentials liegt bei ca. 1 ms, danach beginnt die Repolarisierung.

- **Synaptische Übertragung.** Wenn ein Aktionspotential seine Reise entlang des Axons hinter sich gebracht und die Endknöpfchen erreicht hat, muß die Information an das nächste Neuron weitergegeben werden. Aber 2 Neuronen berühren sich niemals; zwischen ihnen besteht immer ein kleiner Spalt. Diese Anschlußstelle wird als Synapse bezeichnet. Zur Überbrückung des Spalts und zur Weiterleitung neuraler Botschaften an das nächste Neuron wird der *elektrische Impuls* in einen *chemischen Prozeß transformiert*. Der Prozeß der chemischen Übertragung an den Synapsen beruht auf der Aktivität von Trägerstoffen, die als Neurotransmitter bezeichnet werden. Wenn ein Nervenimpuls das Ende eines Axons erreicht, werden von den sog. synaptischen Vesikeln genau abgemessene Mengen der Neurotransmitter in den Spalt zwischen den Synapsen freigesetzt und von einer Seite der Synapse, der präsynaptischen Membran des Endknöpfchens, über den Spalt an die postsynaptische Dendriten- oder Zellkörpermembran des nächsten Neurons weitertransportiert. Dort kann er zunächst ein lokales Potential und dann ein Aktionspotential auslösen, das abermals entlang des Axons zur nächsten Synapse wandert, usw.

Nach der Weiterleitung von Informationen innerhalb von Neuronen und zwischen den Zellen ist die zweite Hauptaufgabe des Nervensystems die Verarbeitung von Informationen. Als einfachste Verarbeitungsstufe kann man die Kombination lokaler Potentiale im Zellkörper und die Umwandlungsprozesse an den Synapsen betrachten. Komplexere Verarbeitungsstufen setzen Schaltkreise voraus. Schaltkreise sind Neuronensysteme, die im Verbund – wie ein neurales Netzwerk – Aufgaben ausführen, welche eine einzelne Nervenzelle nicht bewältigen kann. *Neurale Netzwerke* folgen einem grundlegenden Naturprinzip: Alle Lebensprozesse sind hierarchisch organisiert. Das bedeutet, daß einfachere Einheiten, Strukturen und Prozesse zu immer komplexeren Prozessen organisiert werden, wobei auf höheren Stufen Kontrolle über die niedrigeren ausgeübt wird. Jede Komplexitätsstufe hat ihre Beschränkungen und Grenzen, die nur durch ein noch komplexeres System zu überwinden sind. Mit der zunehmenden Komplexität wächst auch das Potential zur Informationsverarbeitung.

- **Spezialisierung der Hirnhemisphären und individuelle Unterschiede.** Der Ausdruck »zerebrale Dominanz« wird dann verwendet, wenn eine Hirnhemisphäre die dominierende Rolle bei der Kontrolle bestimmter körperlicher oder geistiger Funktionen spielt. Man nennt dies auch Lateralisierung von Funktionen auf die eine oder die andere Hemisphäre. Wir wissen heute, daß bei den meisten Menschen viele Funktionen, die mit der Sprache zusammenhängen, von der linken Gehirnhemisphäre dominiert werden. Vielleicht ist das Sprechen – also die Fähigkeit, zusammenhängende gesprochene Sprache zu produzieren – von allen Leistungen am stärksten lateralisiert. Neurowissenschaftler haben herausgefunden, daß nur etwa 5% aller Rechtshänder und 15% aller Linkshänder die Sprache mit der rechten Hemisphäre kontrollieren. Bei weiteren 15% der Linkshänder ist die Kontrolle der Sprachfunktionen auf beide Seiten des Gehirns verteilt.

Für die meisten Menschen ist Sprache also eine linkshemisphärische Funktion. Die *starke Lateralisierung der Sprachfunktionen* führte die Wissenschaft zu der Frage, welche anderen Unterschiede wohl noch zwischen den beiden Hemisphären gefunden werden könnten. Ein Großteil unseres Wissens über die Asymmetrien des Gehirns entstammt den Beobachtungen von Menschen, deren eine Gehirnhälfte verletzt wurde oder deren Hirnhemisphären nicht miteinander kommunizieren.

Das intakte Gehirn funktioniert als Ganzes: Es ist ein präzises Kommunikationsnetzwerk, das alle Teile und Funktionen integriert. Wenn die 2 Hemisphären getrennt werden, so ist das Ergebnis ein gespaltenes Gehirn mit einem doppelten Bewußtsein. Beide Hemisphären können unabhängig voneinander und zur gleichen Zeit reagieren, wenn ihnen separat Reize dargeboten werden. Werden die Reize nur einer Seite präsentiert, so wird die

Reaktion entweder emotional oder analytisch ausfallen, je nachdem, welche Hemisphäre den Auftrag zur Interpretation der Botschaft erhält. Aufgrund mangelnder Sprachkompetenz sind jedoch die visuell-räumlichen Fähigkeiten der isolierten rechten Hemisphäre begrenzt und den kognitiven Fähigkeiten eines Schimpansen weit unterlegen. Was der rechten Hirnhemisphäre fehlt, ist nicht nur die Fähigkeit zum Sprechen, sondern ein ganzer Bereich geistiger Verarbeitungsprozesse, der für das Erfassen und Verstehen sowohl äußerer als auch innerer Ereignisse notwendig ist.

Hinweise zur deutschsprachigen Literatur

Mit dem Begriff »Biologische Psychologie« oder »Biopsychologie« verbindet sich das Programm, die Physiologie des Gesamtorganismus in seiner Wechselwirkung mit dem Verhalten zu betrachten. Ein aktuelles Lehrbuch, das diesem Programm gerecht zu werden versucht, haben Birbaumer u. Schmidt (1996) vorgelegt. Von der Einzelzelle bis zu den Denkvorgängen des Menschen stellt das Buch *Biologische Psychologie* die biologischen Grundlagen des Verhaltens dar.

Ein Einsteigerlehrbuch in die *Neurowissenschaften* haben Kandel, Schwartz u. Jessel (1995) herausgegeben. Dieses Lehrbuch integriert biologische Grundlagen mit den interdisziplinären Aspekten der modernen Hirnforschung, wie kognitions- und verhaltenswissenschaftliche, neurologisch-psychiatrische und neuropsychologische Erkenntnisse.

Ebenfalls als Einführung kann das Buch *Das Gehirn* von R. Thomson (1994) empfohlen werden. Der Autor behandelt die Themen Lernen, Gedächtnis, Sprache und Bewußtsein und hat neue Befunde zur Bedeutung des Hypothalamus und zur molekularen Neurobiologie eingearbeitet.

Eine *Einführung in die Kognitive Neuropsychologie* haben A. Ellis u. A. Young (1991) vorgelegt. Ihr Buch stellt den Versuch dar, Forschungsergebnisse über die Wirkungen, die Hirnverletzungen bei Menschen auf kognitive Fähigkeiten wie Wahrnehmung, Sprache oder Gedächtnis haben können, zusammenzufassen und systematisch darzustellen.

H.-J. Möller, F. Müller-Spahn u. G. Kurtz (1996) haben das Buch *Aktuelle Perspektiven der Biologischen Psychiatrie* herausgegeben. Dieses Buch umfaßt die ganze Bandbreite der neurobiologischen Ansätze bei verschiedenen psychiatrischen Erkrankungen, sowohl hinsichtlich der Ätiopathogenese als auch der Therapie. Der aktuelle Stand der biologisch-psychiatrischen Forschung mit besonderem Schwerpunkt auf dementielle Erkrankungen wird vorgestellt.

In dem Buch *Psychoneuroimmunologie*, das M. Schedlowski u. U. Tewes (1996) herausgeben, werden Zusammenhänge zwischen Psyche, Immunsystem und neurologischen Prozessen untersucht.

Springer u. Deutsch (1995) befassen sich in ihrem Buch *Linkes/Rechtes Gehirn* mit Fragen der Hemisphärenasymmetrie. Sie gehen u. a. auf neue Erkenntnisse zu den biologischen Unterschieden im Denken von Männern und Frauen, zur Beziehung von Linkshändigkeit und Mortalität sowie zu den hemisphärischen Ursachen bestimmter Entwicklungsstörungen und psychischer Erkrankungen ein.

Die *Bedeutung des Frontalhirns beim Abwägen und Planen* stellt A. Lengfelder (1996) vor. Ihre Studie untersucht motivations- und neuropsychologische Aspekte der Handlungssteuerung. Die Betrachtung des Frontalhirns als zentrale Kontrollinstanz im Handlungsprozeß wird hinterfragt und durch eine differenzierte Sichtweise ersetzt.

ÜBUNGSFRAGEN

1   Was versteht man unter Darwins Theorie der Evolution durch natürliche Selektion?

1   Darwins Theorie der Evolution durch natürliche Selektion besagt, daß Organismen, die gut an ihre Umwelt angepaßt sind – wie auch immer diese beschaffen sein mag – langfristig mehr Nachkommen haben, als die, die weniger gut angepaßt sind. Mit der Zeit werden diese Organismen, deren Eigenarten dem Überleben besonders dienlich sind, zahlreicher, im Gegensatz zu denjenigen Organismen, die diese Eigenschaften nicht besitzen. Letztere werden seltener und sterben, langfristig betrachtet, sogar aus.

2 Welche beiden Anpassungsleistungen hat die natürliche Selektion bei der Evolution unserer Art vor allem begünstigt?

2 Die natürliche Selektion hat bei der Evolution unserer Art vor allem 2 Anpassungsleistungen begünstigt: die Entstehung des aufrechten Gangs und die Vergrößerung des Gehirns. Die Verbindung dieser beiden Evolutionsprozesse hat die Entwicklung der menschlichen Zivilisation erst ermöglicht.

3 Was versteht man unter der kulturellen Evolution?

3 Unter der kulturellen Evolution ist zu verstehen, daß Kulturen die Tendenz haben, sich durch Lernen an Veränderungen der Umwelt anzupassen. Die kulturelle Evolution ermöglichte die großen Fortschritte bei der Werkzeugproduktion, die Weiterentwicklung landwirtschaftlicher Techniken und die Entwicklung und Differenzierung von Industrie und Technologie.

4 Wird der Mensch durch die Gene oder durch Einflüsse aus der Umwelt festgelegt?

4 Weder die Gene noch die Einflüsse aus der Umwelt legen *allein* fest, wer jemand ist und wer er in Zukunft sein wird. Die Gene definieren lediglich das Spektrum («Bandbreite») möglicher Auswirkungen, die die Umwelt bei der Entstehung des Phänotyps und der Entwicklung von Verhaltensmustern ausüben kann.

5 Woraus besteht das zentrale Nervensystem und was ist seine Aufgabe?

5 Das zentrale Nervensystem (ZNS) besteht aus allen Neuronen in Gehirn und Rückenmark. Seine Aufgabe ist, alle Körperfunktionen zu integrieren und zu koordinieren, indem es alle eintreffenden und auszusendenden Botschaften verarbeitet.

6 Was gehört zum peripheren Nervensystem?

6 Das periphere Nervensystem (PNS) ist das Netzwerk der sensorischen und motorischen Neuronen, die die Verbindung zwischen dem zentralen Nervensystem und der Körperoberfläche bilden. Das periphere Nervensystem besteht seinerseits aus 2 Bestandteilen, die von unterschiedlichen Strukturen im Gehirn gesteuert werden: dem somatischen und dem autonomen Nervensystem.

7 Welche Aufgaben haben das somatische und das autonome Nervensystem?

7 Das somatische (animale) Nervensystem untersteht willentlicher Kontrolle. Es kontrolliert die Skelettmuskeln des Körpers («Mache eine Faust; nun laß die Hand locker»).

Das autonome (vegetative) Nervensystem regelt Körperaktivitäten, welche normalerweise nicht der direkten Kontrolle des Individuums unterstehen. Es muß auch dann arbeiten, wenn das Individuum schläft, und sorgt für die Aufrechterhaltung lebenswichtiger Prozesse unter Narkose und im Koma.

8 Zwei Abteilungen des autonomen Nervensystems arbeiten zusammen: der Sympathikus und der Parasympathikus. Welches sind ihre Aufgaben?

8 Der Sympathikus kann als eine Art Störungssucher betrachtet werden: Angesichts eines Notfalls oder einer streßerzeugenden Herausforderung stellt er die Aktivierung des Gehirns und die Verhaltensreaktionen des Körpers sicher. Die Verdauung wird unterbrochen, das Blut fließt aus den inneren Organen in die Muskeln, der Sauerstofftransport wird verstärkt, die Herzfrequenz steigt, und das endokrine System wird angeregt, um eine ganze Reihe von motorischen Reaktionen zu erleichtern.

Ist die Gefahr überwunden, übernimmt der Parasympathikus die Aufgabe, diese Prozesse zu verlangsamen, so daß man sich entspannen und beruhigen kann. Die Verdauung setzt wieder ein, der Herzschlag verlangsamt sich, die Atmung ist entspannt usw. Der Parasympathikus ist hauptsächlich für den Körperhaushalt zuständig, wie für die Ausscheidung von überflüssigen Stoffen, den Schutz des visuellen

9 Erläutern Sie die Funktionen des limbischen Systems.

10 Beschreiben Sie die Lokalisierung kortikaler Funktionen.

11 Erläutern Sie die Bedeutung des endokrinen Systems.

12 Was ist ein Neuron, wie ist es beschaffen und wie arbeitet es? Welche Arten von Neuronen kennen Sie?

Apparates (durch Tränen und Pupillenkontraktion) und die Langzeitspeicherung von Körperenergie.

9 Das limbische System unterstützt in Zusammenarbeit mit dem autonomen Nervensystem die Aufrechterhaltung des inneren Gleichgewichts (Homöostase) eines Organismus, indem es die Körpertemperatur, den Blutdruck und den Blutzuckerspiegel reguliert und andere Maßnahmen zur Aufrechterhaltung des Körperhaushaltes trifft. Es koordiniert auch die Botschaften, die an den Kortex gehen oder vom Kortex kommen. Schließlich reguliert es auch Emotionen und Triebe, die mit Selbsterhaltung und sexuellem Begehren in Zusammenhang stehen.

10 Der Kortex ist die höchste neurale Integrationsebene. Heutzutage können Neurochirurgen Regionen des Kortex identifizieren, die mehr als andere für bestimmte Kontroll- und Koordinationsfunktionen verantwortlich sind. Aber diese Zuordnung von anatomischen Strukturen und Funktionen hat eine klare Grenze:
Auch dann, wenn eine bestimmte Hirnregion nachweislich für eine bestimmte Funktion wesentlich ist, können wir nicht sagen, diese Hirnstruktur führe die Funktion *allein* aus. Letztlich funktioniert das Gehirn immer als Ganzes.
Der äußere Teil jeder der beiden Großhirnhemisphären wird durch eine horizontale Furche, den Sulcus lateralis, und durch eine vertikale, den Sulcus centralis, in 4 Bereiche, sog. Hirnlappen, unterteilt. Der Frontallappen liegt über dem Sulcus lateralis und vor dem Sulcus centralis. Der größte der 4 Lappen des Kortex, der Frontallappen (Stirnlappen), liegt gleich hinter der Stirn im vorderen Abschnitt des Gehirns. Diese dominante Position entspricht der dominanten Rolle, die er bei kognitiven Aktivitäten wie Planung, Entscheidungsfindung, Zielsetzung und Verbindung der Gegenwart mit der Zukunft durch planvolles, zweckmäßiges Handeln einnimmt. Unfälle, die den Stirnlappen schädigen, können verheerende Auswirkungen auf das Verhalten von Menschen und ihre Persönlichkeit haben. Der Parietallappen kontrolliert die von den Sinnesorganen hereinkommende Information und liegt genau hinter der Zentralfurche (Sulcus centralis). Der Okzipitallappen ist die »Endstation« für die visuelle Information und befindet sich auf der Rückseite des Kopfes. Der Temporallappen schließlich befindet sich unterhalb der Sulcus lateralis und dient der Verarbeitung auditiver Information.

11 Das endokrine System besteht aus Drüsen, die in vielen Teilen des Körpers angesiedelt sind und chemische »Botenstoffe« («messenger«) in den Blutkreislauf ausscheiden. Diese chemischen Boten, die man Hormone nennt, bestimmen Wachstum, sexuelle Merkmale, Erregung, Sexualverhalten, Fortpflanzung, Stimmungsveränderungen und Stoffwechsel.

12 Ein Neuron (Nervenzelle) ist eine Zelle, deren spezielle Aufgabe es ist, Informationen zu empfangen, zu verarbeiten und/oder an andere Zellen im Körper weiterzuleiten. Neuronen bilden die Grundbausteine des Nervensystems. Der Teil des Neurons, der ankommende Signale empfängt, besteht aus einer Reihe von verzweigten Fortsätzen, den

Dendriten, die sich vom Zellkörper aus erstrecken. Der Zellkörper oder das Soma enthält den Zellkern und das Zytoplasma, das für die Ernährung der Zelle sorgt. Der Zellkörper kombiniert und mittelt alle Informationen, die von seinen Dendriten kommen, und leitet sie weiter zu seinem Hauptfortsatz, dem Axon. Das Axon nimmt dieses zusammengesetzte Signal auf und leitet es über seine ganze Ausdehnung weiter. Axone enden in kleinen knollenförmigen Endknöpfchen an anderen Nerven- oder an Muskelzellen. Die Endknöpfchen liefern den Mechanismus zur Übermittlung der Signale vom Axon eines Neurons an die Dendriten oder den Zellkörper eines anderen. Man kann 3 Hauptklassen von Neuronen unterscheiden: sensorische Neuronen (afferente Neuronen) transportieren Signale nach innen, von Zellen aus der Peripherie, die für Licht, Ton, Körperstellung und ähnliches empfänglich sind, zum zentralen Nervensystem. Motorische Neuronen (Motoneuronen, efferente Neuronen) tragen Information nach außen, vom zentralen Nervensystem zu den Muskeln und Drüsen. Interneuronen wirken zwischen beiden.

13 Welche 3 wichtigen Aufgaben erfüllen Gliazellen für das Nervensystem?

13
- Entfernung von Abfällen. Wenn Neuronen beschädigt werden und absterben, vermehren sich die Gliazellen an dieser Stelle und beseitigen den hinterlassenen Zellabfall. Auch können sie überschüssige chemische Transmittersubstanzen aus dem Spalt zwischen den Neuronen aufnehmen.
- Isolierung. Die zweite Aufgabe der Gliazellen in den Gehirnen von Wirbeltieren besteht darin, eine isolierende Schutzschicht, die Myelinschicht, zu bilden, die die größeren Axone umgibt. Spezielle Gliazellen, die Schwann-Zellen, wickeln sich während der Entwicklung des Nervensystems des Embryos um die Axone. Durch diese fetthaltige Isolierung wird die Geschwindigkeit der Weiterleitung von Nervensignalen beträchtlich beschleunigt. Sie ist deshalb eine der großen evolutionären Errungenschaften der Wirbeltiere.
- Kontrolle von Giftstoffen. Die ununterbrochene Aktivität des Gehirns und der dadurch verursachte Energieverbrauch machen die Zulieferung enormer Mengen von Nährstoffen erforderlich, die durch eine reichliche Versorgung mit Blut und Sauerstoff gewährleistet wird. Obwohl das Gehirn nur 2% des gesamten Körpergewichtes ausmacht, bekommt es 16% des gesamten Blutvorrates. In diesem Zusammenhang ist es die dritte Aufgabe der Gliazellen, zu verhindern, daß giftige Substanzen im Blut die empfindlichen Gehirnzellen erreichen. Die Astrozyten, eine weitere Art von Gliazellen, bilden die Blut-Hirn-Schranke, indem sie die Blutgefäße im Gehirn mit einer fetthaltigen Schutzschicht umgeben. Stoffe, die in Fett nicht löslich sind, können diese Barriere nicht durchdringen. Da zahlreiche Gifte und andere schädliche Substanzen nicht fettlöslich sind, können sie nicht in das Gehirn gelangen.

14 Wie werden Informationen im Nervensystem übertragen?

14 Das Nervensystem benutzt elektrochemische Signale, um Information zu verarbeiten und weiterzuleiten. Die elektrische Signalübermittlung erfordert Veränderungen im Membranpotential der einzelnen Zellen.

Diese Veränderungen werden durch den Durchtritt elektrisch geladener Teilchen, sog. Ionen, durch die Zellmembran verursacht.

15 Was versteht man unter synaptischer Übertragung?

15 Wenn ein Aktionspotential seine Reise entlang des Axons hinter sich gebracht und die Endknöpfchen erreicht hat, muß die Information an das nächste Neuron weitergegeben werden. Zwei Neuronen berühren sich jedoch niemals; zwischen ihnen besteht immer ein kleiner Spalt. Diese Anschlußstelle wird als Synapse bezeichnet. Um den Spalt zu überbrücken und neurale Botschaften zum nächsten Neuron zu bringen, wird der elektrische Impuls in einen chemischen Prozeß transformiert. Chemische Trägerstoffe transportieren ihn von einer Seite der Synapse, der präsynaptischen Membran des Endknöpfchens, über den Spalt an die postsynaptische Membran der Dendriten oder des Zellkörpers des nächsten Neurons. Dort kann er zunächst ein lokales Potential und dann ein Aktionspotential auslösen, das abermals entlang des Axons zur nächsten Synapse wandert, usw.

16 Worauf beruht der Prozeß der chemischen Übertragung an den Synapsen?

16 Der Prozeß der chemischen Übertragung an den Synapsen beruht auf der Aktivität von Trägerstoffen, die als Neurotransmitter bezeichnet werden. Wenn ein Nervenimpuls das Ende eines Axons erreicht, werden von den sog. synaptischen Vesikeln genau abgemessene Mengen der Neurotransmitter in den Spalt zwischen den Synapsen freigesetzt.

17 Was versteht man unter einem neuralen Netzwerk?

17 Ein neurales Netzwerk ist ein System von miteinander verbundenen Neuronen, die gemeinsam Aufgaben ausführen, welche das einzelne Neuron nicht leisten kann. Neurale Netzwerke folgen einem grundlegenden Prinzip der Natur: Alle Lebensprozesse sind hierarchisch organisiert. Das bedeutet, daß einfachere Einheiten, Strukturen und Prozesse zu immer komplexeren Prozessen organisiert werden, wobei auf höheren Stufen Kontrolle über die niedrigeren ausgeübt wird. Jede Stufe der Komplexität hat ihre Beschränkungen und Grenzen, die nur durch ein noch komplexeres System zu überwinden sind (Jacob 1977). Mit der zunehmenden Komplexität wächst auch das Potential zur Informationsverarbeitung.

18 Erläutern Sie den Begriff »zerebrale Dominanz« am Beispiel der Sprache.

18 Der Ausdruck »zerebrale Dominanz« wird dann verwendet, wenn eine Hirnhemisphäre die dominierende Rolle bei der Kontrolle bestimmter körperlicher oder geistiger Funktionen spielt. Man nennt dies auch Lateralisierung von Funktionen auf die eine oder die andere Hemisphäre.
Wir wissen heute, daß bei den meisten Menschen viele Funktionen, die mit der Sprache zusammenhängen, von der linken Hemisphäre des Gehirns dominiert werden. Vielleicht ist das Sprechen – also die Fähigkeit, zusammenhängende gesprochene Sprache zu produzieren, – von allen Leistungen am stärksten lateralisiert. Neurowissenschaftler haben herausgefunden, daß nur etwa 5% aller Rechtshänder und 15% aller Linkshänder die Sprache mit der rechten Hemisphäre kontrollieren. Bei weiteren 15% der Linkshänder ist die Kontrolle der Sprachfunktionen auf beide Seiten des Gehirns verteilt.

3 Wahrnehmung

Wer sind die Personen in Abb. 3.1? Wenn ihre Bekanntheit nicht zu vergänglich war, sollten Sie in der Lage sein, diese Personen zu erkennen. Doch sehen sie wirklich so aus? Wahrscheinlich nicht, zumindest nicht zu ihren besten Zeiten. Unsere Fähigkeit, die einzelnen Personen in den Karikaturen wiederzuerkennen, verweist darauf, daß unsere Wahrnehmung der Welt auf mehr als nur der Information beruht, die auf unsere Sinnesrezeptoren eintrifft. Unsere Fähigkeit, die sensorische Information umzuwandeln und zu interpretieren – unsere Fähigkeit zum Wechselspiel zwischen Bekanntem und Gesehenem –, ermöglicht es uns, die prominenten Zeitgenossen auf diesen überzogenen Zeichnungen zu erkennen.

Wahrnehmung beginnt zwar mit der Sinneserfahrung, sie umfaßt jedoch auch eine Vielzahl anderer Prozesse. Die Informationen aus der Umwelt müssen ausgewertet werden, damit sie uns etwas sagen. Das geschieht während den verschiedenen Stufen des Wahrnehmungsprozesses, die wir in diesem Kapitel unterscheiden.

Eine einfache Veranschaulichung soll Ihnen bei Ihren Überlegungen zur Beziehung zwischen Empfindung und Wahrnehmung helfen: Strecken Sie die Hand so weit wie möglich aus, und bewegen Sie sie nun auf Ihr Gesicht zu. In dem Maße, wie Ihre Hand Ihren Augen näher kommt, nimmt sie einen immer größeren Teil des Blickfeldes ein. Möglicherweise sind Sie nicht mehr in der Lage, das Poster an der Wand hinter Ihrer Hand zu sehen. Wie kann Ihre Hand das Poster verdecken? Ist Ihre Hand größer geworden? Ist das Poster kleiner geworden? Die Antwort auf diese Fragen muß lauten: »Natürlich nicht!« Diese Veranschaulichung sagt etwas über den Unterschied zwischen Empfindung und Wahrnehmung aus. Ihre Hand kann das Poster verdecken, weil sie, je näher sie dem Gesicht kommt, ein um so größeres Bild auf die Netzhaut projiziert. Es ist der Wahrnehmungsprozeß, der es Ihnen erlaubt, zu verstehen, daß sich Ihre Hand – und das Poster dahinter – trotz der Veränderung der Projektionsgröße auf der Netzhaut in ihrer tatsächlichen Größe nicht verändert.

Wir können also festhalten, daß die Rolle der Wahrnehmung darin besteht, den Empfindungen Sinn zu verleihen. Wahrnehmungsprozesse extrahieren aus dem sich kontinuierlich verändernden, oft chaotischen Input von externen Energiequellen Bedeutungen und strukturieren sie zu stabilen, geordneten Perzepten. Ein Perzept ist das, was wahrgenommen wird – das erlebte Ergebnis des Wahrnehmungsprozesses. Es handelt sich nicht um einen physikalischen Gegenstand oder dessen Abbild in einem Rezeptor, sondern um das *psychologische* Produkt der Wahrnehmungsaktivität. Das Perzept Ihrer Hand bleibt trotz der Veränderungen der Bildgröße unverändert, weil Ihre Interpretation von stabilen Wahrnehmungsaktivitäten geleitet wird. Die meiste Zeit über gehen Empfinden und Wahrnehmen so mühelos, kontinuierlich und automatisch vor sich, daß man beide Vorgänge für etwas ganz Selbstverständliches hält. Unser Ziel in diesem Kapitel besteht darin, Ihnen zu helfen, die Prozesse, die Ihnen mit einer so offenkundigen Mühelosigkeit eine angemessene Auffassung der Welt ermöglichen, zu verstehen und sie zu würdigen.

Wir beginnen mit einem Überblick über die Stufen des Wahrnehmungsprozesses. Danach werden wir die Psychophysik kennenlernen, jenes alte Teilgebiet der Psychologie, das die Zusammenhänge zwischen physikalischer Stimulation der Sinnesorgane und Empfindungen untersucht. Anschließend geben wir einen kurzen Einblick in das visuelle System beim Menschen. Dadurch bereiten wir den nächsten Abschnitt vor, in dem wir uns den vielfältigen Prozessen der Organisation von Wahrnehmung widmen. Die Organisation ist nach der sensorischen Erfahrung der zweite Schritt des Wahrnehmungsprozesses. Zum Schluß dieses Kapitels befassen wir uns mit dem dritten Schritt, dem Identifizieren und Wiedererkennen.

3.1
Die Stufen des Wahrnehmungsprozesses

Im allgemeinen Sprachgebrauch bezieht sich der Begriff »Wahrnehmung« auf den Gesamtprozeß des »Erfahrbarmachens« von Gegenständen und Ereignissen – d.h. wie sie empfunden, verstanden, identifiziert und etikettiert werden und wie man sich darauf vorbereitet, auf sie zu reagieren. Wir übernehmen diese Perspektive und teilen den Wahrnehmungsvorgang in 3 Stufen oder Abschnitte ein:

- Stufe I: Empfinden,
- Stufe II: Organisieren und
- Stufe III: Identifizieren und Einordnen (im Sinne von Wiedererkennen).

Wie wir in Abschn. 3.2 sehen werden, bezieht sich **Empfinden** oder **Empfindung** auf die Umwandlung physikalischer Energie in neuronal kodierte Information, die vom Gehirn weiterverarbeitet werden kann. Eine Empfindung ist allerdings nur die allererste Repräsentation von grundlegenden Reizgegebenheiten. Die Zellen in der Netzhaut (Retina) sind so aufgebaut, daß Grenzlinien und Helligkeitsunterschiede betont werden, während sie auf nicht wechselnde, konstante Stimulierung nur schwach reagieren. Die Zellen im Kortex entnehmen diesem retinalen Input Informationen über wesentliche Merkmale des Reizes.

Auf der nächsten Stufe, der **Organisation der Wahrnehmung** (**perzeptuelle Organisation**), wird eine inne-

a

b

c

Abb. 3.1a–c. Erkennen Sie die abgebildeten Personen?

re Repräsentation des Objekts oder Ereignisses aufgebaut und ein Perzept des äußeren Reizes gebildet. Die Repräsentation liefert nun eine ausreichende Beschreibung der äußeren Umwelt des Wahrnehmenden. So führen Wahrnehmungsprozesse zu Schätzungen der Größe, der Form, der Bewegung, der Entfernung und der Lokalisierung von Gegenständen. Diese Schätzungen beruhen auf inneren Berechnungen, die in der Vergangenheit erworbenes Wissen mit aktuellen Informationen der Sinnesorgane und mit dem Reiz in seinem Wahrnehmungskontext zusammenführen. Zur Wahrnehmungsorganisation gehört die Synthese (Integrieren und Kombinieren) einfacher sensorischer Eigenschaften, wie etwa von Tönen, Kanten und Linien, in das Perzept eines Objekts, das später wiedererkannt werden kann. Die geistigen Vorgänge laufen meistens rasch und sicher ab, ohne daß wir uns dessen bewußt sind.

Zum besseren Verständnis des Unterschieds zwischen diesen ersten Abschnitten, dem Empfinden und dem Organisieren, betrachten wir die Fallstudie von Dr. Richard (s. **Experiment**), bei dessen Hirnschädigung zwar die Empfindungen intakt blieben, nicht jedoch die nachfolgenden Ordnungsprozesse.

Beim **Identifizieren und Einordnen (»recognition«)**, dem dritten Schritt der Wahrnehmungssequenz, werden Perzepten Bedeutungen zugewiesen. Kreisförmige Gegenstände werden zu Fußbällen, Münzen, Uhren, Apfelsinen und Monden; Personen werden als männlich oder weiblich, als Freund oder Feind, als Filmstar oder Rocksänger identifiziert. Auf dieser Stufe wird aus der Organisationsfrage – »Wie sieht das Objekt aus?« –

EXPERIMENT

Wenn die Organisation der Wahrnehmung mißlingt
Dr. Richard war ein gut ausgebildeter Psychologe mit viel Übung in der Methode der Introspektion (s. Abschn. 1.2). Diese besondere Kompetenz hatte es ihm erlaubt, einen einzigartigen und wertvollen Beitrag zur Psychologie zu leisten. Tragischerweise erlitt er jedoch eine Hirnschädigung, durch die sich sein visuelles Erleben der Welt veränderte. Seine Fähigkeit, sensorische Daten in angemessener Weise zusammenzuführen, wurde in Mitleidenschaft gezogen. Von der Schädigung waren zum Glück nicht die Hirnzentren betroffen, die für die Sprache verantwortlich sind. Deshalb war Dr. Richard in der Lage, seine in der Folgezeit auftretenden, ungewöhnlichen visuellen Erfahrungen zu beschreiben. Er berichtete beispielsweise ein merkwürdiges Phänomen, das auftrat, wenn er ein komplexes Objekt wie etwa eine Person sah und sich mehrere andere Personen in seinem engeren Blickfeld befanden. Er sah dann manchmal die unterschiedlichen Bestandteile der Person als getrennte Teile, die nicht zu einer einzigen Gestalt gehörten. Er hatte auch Schwierigkeiten damit, Geräusche und Eindrucksbilder zu ein und demselben Ganzen zu vereinen. Sang jemand, sah er möglicherweise eine Mundbewegung und hörte ein Lied, aber es war so, als wäre in einem ausländischen Film der Ton vom falschen Band eingespielt worden.

Um die Teile eines Ereignisses als Ganzes zu verstehen, brauchte Dr. Richard irgendeinen gemeinsamen Faktor, der gleichsam als »Klebstoff« diente. Wenn sich die bruchstückhafte Person beispielsweise bewegte und auf diese Weise alle Bestandteile in dieselbe Richtung gingen, dann nahm Dr. Richard die Teile so wahr, als wären sie wieder zu einer vollständigen Person vereint. Aber auch dann ergaben sich aus dem »Zusammenkleben« widersinnige Gestalten. Bei Gegenständen gleicher Farbe, wie etwa einer Banane, einer Zitrone und einem Kanarienvogel, beobachtete er oft, daß sie ineinander übergingen, selbst wenn sie räumlich getrennt waren. Personen in Menschenmengen schienen zusammenzuwachsen, wenn sie Kleidung in der gleichen Farbe trugen. Dr. Richards Erfahrungen mit seiner Umwelt waren wirr, zerstückelt und seltsam – im Vergleich zu dem, was er gewohnt war, bevor seine Probleme erstmals auftraten, war jetzt alles ganz anders (Marcel 1983).

Mit Dr. Richards Augen und seiner Fähigkeit, die Merkmale von Reizgegenständen zu analysieren, war alles in Ordnung – er *sah* die Bestandteile und Eigenschaften von Gegenständen genau so, wie sie waren. Sein Problem war vielmehr die Synthese – die einzelnen Mosaiksteinchen der sensorischen Informationen so zusammenzusetzen, daß sie eine einheitliche, kohärente Wahrnehmung eines einzelnen Ereignisses bildeten. Sein Fall verdeutlicht die Unterscheidung zwischen sensorischen Prozessen der Stufe I und perzeptuellen Prozessen der Stufe II. Er erinnert auch daran, daß sowohl die sensorische Analyse als auch die Wahrnehmungsorganisation ständig weitergehen, auch wenn wir uns nicht bewußt sind, wie beides vor sich geht oder daß es überhaupt geschieht.

eine Identifizierungsfrage – »Was ist das für ein Objekt?«– und eine Einordnungsfrage – »Welche Funktion hat das Objekt?«. Um etwas zu identifizieren und um zu erkennen, um was es sich handelt, wie es bezeichnet wird und wie man am besten darauf reagiert, sind kognitive Prozesse eines höheren Niveaus erforderlich. Dazu gehört die Anwendung der Theorien, Erinnerungen, Wertvorstellungen, Überzeugungen und Einstellungen, die eine Person gegenüber einem Objekt hat.

Im täglichen Leben scheint die Wahrnehmung ganz ohne innere Anstrengung vor sich zu gehen. Wir wollen Ihnen nun zeigen, daß dieser Eindruck täuscht, und daß in Wirklichkeit eine ganze Reihe raffinierter Verarbeitungsschritte und viel geistige Arbeit notwendig sind, um zu dieser »scheinbaren Mühelosigkeit« zu gelangen.

3.1.1
Der proximale und der distale Reiz

Stellen Sie sich vor, Sie seien die Person, die in Abb. 3.2a dargestellt ist. Sie lassen den Blick von einem bequemen Sessel aus durch das Zimmer schweifen. Ein Teil des Lichts, das von den Gegenständen im Zimmer reflektiert wird, dringt in Ihre Augen und läßt Bilder auf Ihrer Netzhaut entstehen. Abb. 3.2b zeigt, wie es für Ihr linkes Auge aussehen würde, wenn Sie in dem Zimmer säßen. (Die Delle auf der rechten Seite ist Ihre Nase, die Hand und das Knie am unteren Rand gehören zu Ihnen.) Wie sieht dieses Netzhautbild im Vergleich zu der Umwelt, die das Bild hervorgebracht hat, aus?

Ein sehr wichtiger Unterschied besteht darin, daß das Netzhautbild *zweidimensional*, die Umwelt jedoch *dreidimensional* ist. Dieser Unterschied hat zahlreiche Konsequenzen. Vergleichen Sie beispielsweise die Formen der Gegenstände in Abb. 3.2a mit den Formen des entsprechenden Netzhautbildes in Abb. 3.2b. Der Tisch, der Teppich, das Fenster und das Gemälde sind rechteckig, aber nur das Bild des Fensters erzeugt auf Ihrer Netzhaut tatsächlich ein Rechteck. Das Abbild des Gemäldes ist ein trapezförmiges Gebilde, das der Oberfläche des Tisches ein unregelmäßiges Viereck, und das des Teppichs besteht in Wirklichkeit aus 3 voneinander

▶

Abb. 3.2a–c. Zur Interpretation von Netzhautbildern. a Physikalische Objekte (Distaler Reiz), b Optisches Bild (Proximaler Reiz), c Umrisse der Objekte im optischen Bild

a Physikalisches Objekt (distaler Reiz)

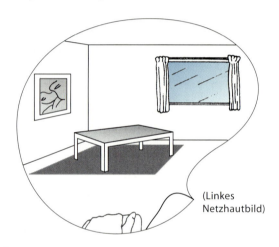

b Optisches Bild (proximaler Reiz)

(Linkes Netzhautbild)

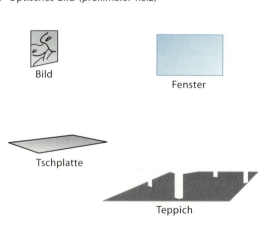

c Umrisse der Objekte im optischen Bild

getrennten Flächen mit mehr als 20 unterschiedlichen Seiten! Und jetzt kommt unser erstes Wahrnehmungsrätsel: Wie schaffen wir es, all diese Gegenstände als normale einfache Rechtecke wahrzunehmen?

Die Situation ist sogar noch ein bißchen komplizierter. Man kann auch sehen, daß viele Bestandteile dessen, was Sie im Zimmer wahrnehmen, nicht wirklich auf dem Netzhautbild vorhanden sind. Man nimmt beispielsweise die senkrechte Linie zwischen den beiden Wänden so wahr, als ginge sie ganz bis zum Boden, aber das Abbild der Linie auf Ihrer Netzhaut hört an der Oberkante des Tisches auf. Entsprechend sind Teile des Teppichs auf Ihrem Netzhautbild hinter dem Tisch verborgen; das hält Sie jedoch nicht davon ab, den Teppich korrekt als ein zusammengehöriges, ununterbrochenes Rechteck wahrzunehmen. Wenn Sie all die Unterschiede zwischen Gegenständen in der Umwelt und ihrem Abbild auf der Netzhaut bedenken, werden Sie möglicherweise tatsächlich überrascht sein, daß Sie die Szene so gut wahrnehmen, wie Sie es tun.

Die Unterschiede zwischen einem physikalischen Objekt in der wirklichen Welt und seinem optischen Abbild auf Ihrer Netzhaut sind so tiefgehend, daß Psychologen sorgsam darauf bedacht sind, beides als voneinander getrennte Reize für die Wahrnehmung zu behandeln. Das physikalische Objekt wird als **distaler Reiz** bezeichnet und das optische Abbild auf der Netzhaut als **proximaler Reiz** (vgl. Abb. 3.3). Die Bezeichnung »distal« weist auf die Distanz zum Beobachter hin, und »proximal« bedeutet »nahe beim Beobachter«.

> ! Nun läßt sich die zentrale Frage der Wahrnehmungspsychologie präzisieren. Was wir wahrnehmen, entspricht dem distalen Reiz, d. h. dem »wirklichen« Objekt in der Umwelt. Der Reiz, aus dem wir unsere Informationen ableiten, ist jedoch der proximale Reiz – das Netzhautbild. Wahrnehmung kann man sich als einen Prozeß vorstellen, in dessen Verlauf der distale Reiz aus Informationen des proximalen Reizes erschlossen wird. Das gilt für alle Wahrnehmungsbereiche. Auch beim Hören, Tasten, Schmecken usw. besteht Wahrnehmung darin, die Informationen aus dem proximalen Reiz zu nutzen, um etwas über die Eigenschaften des distalen Reizes aussagen zu können.

Um zu zeigen, in welcher Weise der distale und der proximale Reiz mit den 3 Stufen des Wahrnehmungsprozesses zusammenhängt, wollen wir eines der Objekte in Abb. 3.2 näher betrachten, nämlich das Bild an der Wand.

- Auf der Stufe der Empfindung (sensorische Stufe) entspricht dieses Bild einer zweidimensionalen tra-

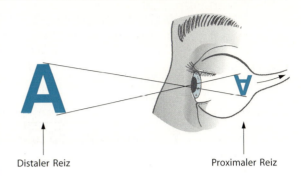

Abb. 3.3. Distaler und proximaler Reiz. Der distale Reiz ist das Muster oder die äußere Gegebenheit, die bemerkt und wahrgenommen wird. Der proximale Reiz ist die Sinnesaktivität. Sie hängt direkt vom distalen Reiz ab. Wie in dieser Abbildung dargestellt, kann der proximale Reiz dem distalen Reiz zwar ähneln, aber dennoch sind die beiden getrennte Ereignisse

pezförmigen Fläche des Netzhautbildes, deren obere und untere Kante auf der rechten Seite konvergieren und deren rechte und linke Seite ungleich lang sind. Hier handelt es sich um den proximalen Reiz.
- Im Stadium der Organisation des Perzeptes sieht man diese trapezförmige Fläche als Rechteck, das im dreidimensionalen Raum leicht abgekippt ist. Die obere und die untere Kante werden als parallel wahrgenommen, aber auf der rechten Seite mit fliehenden Linien; die linke und die rechte Kante werden als gleich lang wahrgenommen.
- Unsere Wahrnehmungsprozesse sind zu einer voraussetzungsreichen Hypothese über die physikalischen Eigenschaften des distalen Reizes gekommen: Jetzt wird die Annahme der Seitengleichheit benötigt. Auf der Stufe des Erkennens identifizieren wir dieses rechtwinklige Objekt als Bild.

In Abb. 3.4 ist diese Abfolge schematisch dargestellt. Die Prozesse des Informationflusses von einer Stufe zur nächsten sind als Pfeile zwischen den Kästchen dargestellt.

3.1.2
Realität, Mehrdeutigkeit und Täuschungen

Wahrnehmung besteht darin, daß die Person auf der Grundlage des proximalen Reizes den distalen Reiz identifiziert und einordnet. Bevor wir auf die Mechanismen zu sprechen kommen, die die erfolgreiche Bewältigung dieser Aufgabe möglich machen, betrachten

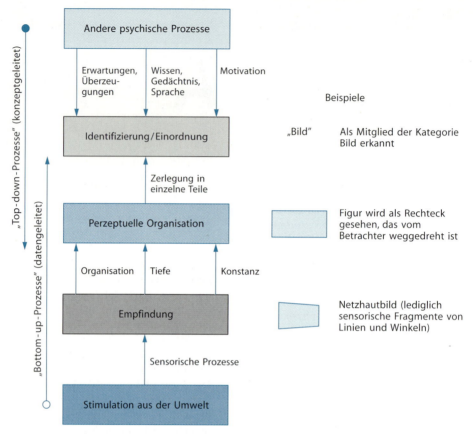

Abb. 3.4. Die Stufen des Wahrnehmungsprozesses: Empfindung, Organisation und Identifizieren/Einordnen. In der Abbildung werden die Prozesse, die die Transformation eintreffender Informationen auf den Stufen der Empfindung, der Organisation und der Identifizierung/Einordnung möglich machen, sowie die Merkmale, die sie auf jeder Stufe hervorbringen, skizziert. Es kommt zu »Bottom-up-Prozessen«, wenn die Repräsentation des Objekts oder Ereignisses aus den Informationen abgeleitet wird, die durch den sensorischen Input zur Verfügung stehen. Zu »Top-down«-Prozessen« kommt es, wenn die Repräsentation durch Vorwissen der Person, ihre Motivation, ihre Erwartungen und andere höhere geistige Funktionen beeinflußt wird

wir einige Merkmale in unserer Umwelt, die Wahrnehmung zu einer komplexen Aufgabe werden lassen. Wir betrachten mehrdeutige Reize (Stimuli) und Wahrnehmungstäuschungen.

Mehrdeutigkeit (Ambiguität)

Ein Hauptziel der Wahrnehmung besteht darin, ein genaues Bild der Welt zu entwerfen. Das Überleben des Individuums hängt von der genauen Wahrnehmung von Gegenständen und Ereignissen in unserer Umwelt ab. Doch diese Umwelt ist oft mehrdeutig. Ist das, was sich dort im Laub bewegt, eine Schlange oder ein anderes giftiges Tier? Reizkonfigurationen sind oft mehrdeutig: entscheidende Informationen fehlen, Elemente tauchen in unerwarteten Beziehungen auf, und die üblichen Reizmuster sind nicht erkennbar.

Mehrdeutigkeit ist ein wichtiges Konzept beim Versuch, den Wahrnehmungsprozeß zu verstehen, denn es weist darauf hin, daß ein einzelnes sensorisches Bild zu mehreren Interpretationen auf den Stufen der Organisation und der Identifizierung und Einordnung führen kann.

In Abb. 3.5 sind 3 Beispiele für mehrdeutige Figuren dargestellt. Jedes Beispiel läßt 2 eindeutige, aber miteinander in Konflikt stehende Interpretationen zu. Schauen Sie sich zunächst jeweils so lange das mehrdeutige Bild an, bis Sie die alternativen Interpretatio-

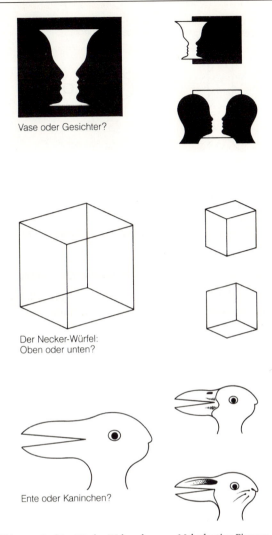

Vase oder Gesichter?

Der Necker-Würfel:
Oben oder unten?

Ente oder Kaninchen?

Abb. 3.5. Ambiguität der Wahrnehmung: Mehrdeutige Figuren

oder als 2 schwarze Gegenstände, zwischen welchen sich eine weiße Fläche befindet. Der Necker-Würfel kann als dreidimensionaler hohler Würfel entweder aus der Perspektive von oben und mit der Kante nach links oder aus der Perspektive von unten und mit der Kante nach rechts gesehen werden. In beiden Fällen ergeben sich als mehrdeutige Interpretationen unterschiedliche physikalische Anordnungen von Gegenständen im dreidimensionalen Raum, welche beide dem gleichen Reizabbild auf der Netzhaut entspringen.

Die Ente/Kaninchen-Figur ist ein Beispiel für Mehrdeutigkeit auf der Stufe der Identifikation und des Einordnens. Hier werden bei beiden Interpretationen die gleichen Umrisse wahrgenommen. Die Mehrdeutigkeit entsteht, wenn das Objekt identifiziert werden muß, da die Zeichnung Details enthält, die zu beiden Interpretationen – Ente und Kaninchen – passen.

> ! Eine der grundlegenden Eigenschaften des normalen Wahrnehmungsprozesses beim Menschen besteht darin, daß wir dazu tendieren, Mehrdeutigkeiten und Ungewißheiten über die Umgebung in eine klare Interpretation zu übersetzen, die es uns erlaubt, voll Vertrauen auf die Richtigkeit unserer Wahrnehmung zu handeln. In einer von Vielfalt und Veränderung geprägten Welt *muß* unser Wahrnehmungssystem in der Lage sein, Invarianzen und Stabilität aufzudecken.

Täuschungen

Von einer **Wahrnehmungstäuschung** sprechen wir dann, wenn uns unsere Sinne auf nachweislich fehlerhafte Art die Erfahrung eines Reizmusters vortäuschen. Wenn Täuschungen auftreten, so sind sie in der gegebenen Situation bei den meisten Menschen feststellbar, denn wir können uns ihnen nicht entziehen, da sie sich aus einer besonderen Wechselwirkung unseres Wahrnehmungsapparates mit spezifischen Reizmerkmalen ergeben. Von Wahrnehmungstäuschungen sind Halluzinationen zu unterscheiden. **Halluzinationen** sind Störungen in der Wahrnehmung einer Person, die von den meisten anderen Personen *nicht* geteilt werden. Sie resultieren aus einer ungewöhnlichen körperlichen oder psychischen Befindlichkeit des einzelnen (s. Kap. 4 zu Halluzinationen).

Seit J.J. Oppel in den Jahren 1854–1855 die erste wissenschaftliche Analyse von Täuschungen veröffentlichte, sind buchstäblich Tausende von Artikeln über Täuschungen in der Natur, in der Sinneserfahrung, der Wahrnehmung und der Kunst erschienen. Oppels bescheidener Beitrag bestand aus einer einfachen Reihe

nen erkennen. Bemerken Sie, daß Ihre Wahrnehmung zwischen den beiden Alternativen hin und her wechselt, sobald Sie diese erstmals erkannt haben? Diese Instabilität ist eines der Hauptmerkmale von mehrdeutigen Figuren.

Die Vase-Gesichter-Figur – auch als Rubinsche Vase bezeichnet – und der sog. Necker-Würfel sind Beispiele für Mehrdeutigkeit auf der Stufe der Organisation. Es gibt für einen Beobachter 2 unterschiedliche Wahrnehmungen des jeweiligen Gegenstandes im Raum. Die Rubinsche Vase kann entweder als ein weißer Gegenstand mitten auf einem schwarzen Grund gesehen werden

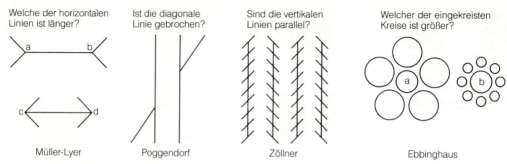

Welche der horizontalen
Linien ist länger?

Ist die diagonale
Linie gebrochen?

Sind die vertikalen
Linien parallel?

Welcher der eingekreisten
Kreise ist größer?

Müller-Lyer   Poggendorf   Zöllner   Ebbinghaus

Abb. 3.6. Klassische Wahrnehmungstäuschungen

senkrechter Striche, die länger wirkte, wenn sie in Segmente unterteilt war, als wenn nur die Anfangs- und Endstriche gezeigt wurden:

Für die meisten Betrachter wirkt die obere Reihe länger als die untere.

Oppel bezeichnete seine Studie als die Untersuchung geometrisch-optischer Täuschungen. Wir stellen Ihnen in Abb. 3.6 einige der klassischen Wahrnehmungstäuschungen vor. Sie sind jeweils nach dem Forscher benannt, der sie erstmals für die Fachliteratur dokumentiert hat. Sie sollten beachten, daß wir in einem Buch nur visuelle Täuschungen demonstrieren können, daß aber auch für andere Sinnesmodalitäten Wahrnehmungstäuschungen in Fülle bestehen, etwa für das Hören (Bregman 1981; Shepard u. Jordan 1984) und das Schmecken (Todrank u. Bartoshuk 1991).

3.1.3
Theoretische Ansätze in der Wahrnehmungsforschung

Ein wesentliches Merkmal jeder Wahrnehmungstheorie ist ihre Position zur Erbe-Umwelt-Kontroverse, die uns schon in Kap. 2 beschäftigt hat. Es ist keinesfalls entschieden, in welchem Maße und in welcher Weise Wahrnehmungsprozesse und -strukturen bereits durch den Genotyp bereitgestellt werden. Kommen wir, wie Nativisten behaupten, mit einer bestimmten Art angeborenen Wissens und mit Gehirnstrukturen auf die Welt, die uns bei der Interpretation der Umwelt behilflich sind? Oder kommen wir, wie Empiristen meinen, als »tabula rasa«, also als eine relativ unbeschriebene Tafel, auf die Welt, beginnen aber sogleich zu lernen, was man über die Wahrnehmungswelt lernen muß? Heute stimmen die meisten Theoretiker darin überein, daß unsere Möglichkeiten der Welterfahrung aus einer Kombination von Anlage- *und* Umweltfaktoren erwachsen. Sie streiten sich allerdings über die relativen Anteile, aus denen sich diese Kombination zusammensetzt.

Die klassische Theorie von Hermann von Helmholtz

Schon im Jahre 1866 betonte Hermann von Helmholtz die Bedeutung der Erfahrung – und damit auch der Umwelt – für die Wahrnehmung. Seine Theorie hob die Rolle geistiger Prozesse bei der Interpretation der oft mehrdeutigen Reizkonfigurationen hervor, die im Nervensystem zu neuraler Erregung führen. Wenn ein Beobachter auf Vorwissen über die Umwelt zurückgreift, bildet er Hypothesen und kommt zu Schlußfolgerungen darüber, wie die Dinge wirklich beschaffen sind. So würden wir wahrscheinlich nach einem kurzen Blick auf die Art, wie sich ein vierbeiniges Lebewesen durch den Wald bewegt, dazu tendieren, es als Hund und nicht als Wolf zu interpretieren. Wahrnehmung ist demnach ein induktiver Prozeß, der von spezifischen Bildern zu Schlußfolgerungen (vernünftigen Vermutungen) über Klassen von Objekten und Ereignissen führt, die durch Bilder repräsentiert werden. Da dieser Prozeß abläuft, ohne daß wir uns dessen bewußt sind, sprach von Helmholtz vom unbewußten Schluß. Üblicherweise arbeiten diese Schlußfolgerungsprozesse zuverlässig. Lassen jedoch außergewöhnliche Umstände mehrere Interpretationen für den gleichen Reiz zu oder legen sie eine alte vertraute Interpretation nahe, wo eigentlich eine neue angebracht wäre, kann es zu Wahrnehmungstäuschungen kommen (s. oben).

Diese Theorie teilt die Wahrnehmung in 2 Stadien ein:

● Im ersten analytischen Stadium zerlegen die Sinnesorgane die physikalische Welt in grundlegende Empfindungen.

- Im zweiten synthetischen Stadium werden diese sensorischen Elemente zur Wahrnehmung von Objekten und ihren Eigenschaften zusammengefügt und integriert.

Von Helmholtz' Theorie verweist darauf, daß man auf der Grundlage von Erfahrungen mit der Welt lernt, Empfindungen zu interpretieren. Unsere Interpretationen sind im Endeffekt sachlich begründete Vermutungen über unsere Wahrnehmungen.

Der Ansatz der Gestaltpsychologie

Die Gestaltpsychologie wurde im 2. Jahrzehnt des 20. Jahrhunderts begründet und hob die Rolle angeborener Strukturen – der Anlagen – bei der Wahrnehmungserfahrung stärker hervor. Hauptvertreter der Gestaltpsychologie wie Kurt Koffka (1935), Wolfgang Köhler (1947) und Max Wertheimer (1923) waren der Überzeugung, daß psychologische Phänomene nur zu verstehen seien, wenn man sie als organisierte, strukturierte Ganzheiten betrachte, nicht aber, wenn man sie in Grundeinheiten der Wahrnehmung zerlege. Der Begriff **Gestalt** bedeutet hier so viel wie »Form«, »Ganzes«, »Konfiguration« oder »Wesen«.

Die Gestaltpsychologie stellte insofern eine Herausforderung für analytische oder »atomistische« Sichtweisen in der Psychologie dar, als sie den Standpunkt einnahm, daß das Ganze mehr als die Summe seiner Teile ist. Wenn man etwa Musik hört, nimmt man ganze Melodien wahr, obwohl sie aus einzelnen Noten bestehen. Die Gestaltpsychologen argumentierten, die holistische Wahrnehmung ergebe sich aus dem Aufbau und den Funktionsprinzipien unseres Gehirns. Man strukturiert sensorische Information so, wie man es tut, weil es sich um die ökonomischste und einfachste Art handelt, Sinnesreize zu strukturieren, wenn man einmal den Aufbau und die Physiologie des Gehirns als gegeben annimmt.

Viele der Beispiele zur Wahrnehmungsorganisation, die wir in Abschn. 3.4 erörtern werden, gehen ursprünglich auf die Gestaltpsychologen zurück.

James Gibsons »ökologische Optik«

James Gibson (1966; 1979) entwickelte einen sehr einflußreichen nativistischen Ansatz zur Wahrnehmung. Anstatt den Versuch zu unternehmen, die Wahrnehmung als Ergebnis der Struktur eines Organismus aufzufassen, schlug Gibson vor, man könne sie besser durch eine Analyse der unmittelbar vorfindlichen Umwelt – also des ökologischen Kontextes – verstehen. Mace (1977) charakterisiert Gibsons Ansatz als Verwirklichung des folgenden Grundsatzes: »Frage nicht danach, was jemand im Kopf hat, sondern danach, woraus das, was er im Kopf hat, gemacht ist.« Im Endeffekt befaßt sich Gibsons Theorie der **ökologischen Optik** mehr mit den Reizen, die wir wahrnehmen, als mit den Mechanismen, aufgrund deren wir wahrnehmen.

Dieser Ansatz bedeutet eine radikale Abwendung von allen früheren Theorien. Gibsons Vorstellungen heben als wesentliches Element des Wahrnehmungsprozesses das aktive Explorieren der Umwelt hervor. Bewegt sich ein Beobachter in der Welt, so befindet sich das Reizmuster auf der Netzhaut in ständiger Bewegung, sowohl in der Zeit als auch im Raum. Die Theorie der ökologischen Optik versucht, die Informationen über die Umwelt, die sich den Augen eines sich bewegenden Beobachters bieten, detailliert zu bestimmen. Theoretiker in Gibsons Tradition stimmen darin überein, daß Wahrnehmungssysteme sich bei Organismen entwickelten, die in einer komplexen, sich wandelnden Umwelt aktiv waren – bei der Suche nach Nahrung, Wasser, Lebenspartnern und Schutz (vgl. Abb. 3.7; s. auch Gibson 1979; Pittenger 1988; Shaw u. Turvey 1981; Shepard 1984).

> **!** Nach Gibson kann man die Frage »Wie lernt jemand etwas über seine Welt?« leicht beantworten. Die Antwort lautet: Man nimmt im Prozeß der Wahrnehmung direkt Informationen über die invarianten oder stabilen Eigenschaften der Umwelt auf. Es ist nicht erforderlich, einfache Empfindungen zu berücksichtigen, und es ist auch nicht erforderlich, nach höheren Systemen von Schlußfolgerungen Ausschau zu halten – Wahrnehmung vollzieht sich *direkt*. Obwohl sich auf der Netzhaut Größe und Gestalt jedes einzelnen Objektes aus der Umwelt in Abhängigkeit von der Entfernung des Objektes und vom Blickwinkel verändern, sind diese Veränderungen doch nicht zufällig. Sie sind vielmehr systematisch, und gewisse Eigenschaften der Objekte bleiben unter allen Veränderungen des Blickwinkels und der Entfernung vom Beobachter invariant. Unser visuelles System ist darauf eingestellt, solche Invarianzen aufzuspüren, weil die Menschen sich in einer Umwelt entwickelt haben, in der die Wahrnehmung von Invarianzen überlebenswichtig war (Palmer 1981).

Die 3 vorgestellten Ansätze geben einen kleinen Einblick in die theoretischen Zugänge zur Wahrnehmung. Auf dem Wege zu einer integrierten umfassenden Wahrnehmungstheorie werden folgende Fragen zu beantworten sein:

Abb. 3.7. Invariante Merkmale der visuellen Welt und Gibsons Theorie der ökologischen Optik. Welche Informationen lassen sich aus diesem Anblick einer Gnuherde ziehen?

- Welche physiologischen Mechanismen sind an der Wahrnehmung beteiligt?
- Wie sieht der Prozeß der Wahrnehmung aus?
- Welche Merkmale der physikalischen Welt ermöglichen uns überhaupt Wahrnehmung?

3.2
Sensorisches Wissen über die Welt

Der Mensch braucht Nahrung, um nicht zu verhungern, ein Dach über dem Kopf, um geschützt zu sein, die Begegnung mit anderen Menschen, um seine sozia-

len Bedürfnisse zu stillen und Wissen über Risiken, um Gefahren aus dem Weg zu gehen. Aber die Erfüllung dieser Bedürfnisse kann nur gelingen, wenn die äußere Realität in aller Regel relativ genau und fehlerfrei wahrgenommen wird. Mit anderen Worten, unser Überleben beruht auf zuverlässigen Informationen über die Welt. Deshalb hat der Mensch im Laufe der Evolution eine Vielzahl von Organen zur Aufnahme von Informationen entwickelt. Die Summe dieser Sinnesorgane, unser sensorischer Apparat, versetzt uns in die Lage, ein breiteres Spektrum komplexer Sinnesreize zu verarbeiten als jede andere Kreatur. Viele Tiere sind hingegen in einzelnen Sinnesbereichen besonders spezialisiert. Falken sehen weitaus besser als wir, Fledermäuse hören besser, und Nagetiere haben einen feineren Geruchssinn.

Seit den Anfängen der Psychologie spielt die Erforschung der **Sinnesempfindung (sensorischen Empfindung)** eine wichtige Rolle. Beispielsweise waren für Wundt (1907) Empfindungen diejenigen elementaren Prozesse, aus denen sich komplexes Erleben zusammensetzt. Titchener (1898) hat diese Auffassung weitergeführt; die Empfindung spielte für ihn eine zentrale Rolle bei der Untersuchung von Bewußtseinsinhalten durch Introspektion (vgl. Abschn. 1.2). Heute ist die Erforschung der sensorischen Erfahrung ein interdisziplinäres Anliegen. Wahrnehmungspsychologen arbeiten mit Physiologen, Biologen, Genetikern und Neurologen zusammen, um den Prozeß der Umwandlung der physikalischen Energie, die unsere Sinnesorgane erreicht, in bewußt erlebte Erfahrungen zu verstehen. Wir ma-

Tabelle 3.1. Das Wahrnehmungssystem beim Menschen: Grundlegende Merkmale

Sinne	Reiz	Sinnesorgan	Rezeptor	Empfindung
Sehen	Lichtwellen	Auge	Stäbchen und Zapfen der Retina	Farben, Muster, Oberflächeneigenschaften
Hören	Schallwellen	Ohr	Haarzellen der Basilarmembran	Geräusche, Töne
Empfindungen der Haut	Äußerer Kontakt	Haut	Nervenendigungen der Haut	Berührung, Schmerz, Wärme, Kälte
Geruch	Geruchstragende Substanzen	Nase	Haarzellen des olfaktorischen Epithels	Düfte (moschusartig, blumig, verbrannt, pfefferminzartig)
Geschmack	Lösliche Substanzen	Zunge	Geschmacksknospen der Zunge	Geschmacksempfindungen (süß, sauer, salzig, bitter)
Gleichgewicht	Mechanische Kraft und Schwerkraft	Innenohr	Haarzellen in den Bogengängen und im Vestibulum	Bewegung im Raum, »Zug« der Schwerkraft
Kinästhesie (Bewegung)	Bewegung	Muskeln, Sehnen und Gelenke	Nervenfasern in Muskeln, Sehnen und Gelenken	Bewegung und Orientierung von Körperteilen im Raum

chen diese Erfahrungen in 9 Sinnesmodalitäten: Sehen, Hören, Riechen, Schmecken, Tasten, Temperaturempfinden, Gleichgewichtssinn, Bewegungsempfinden (Kinästhesie) und Schmerzempfinden (s. Tabelle 3.1). Wir werden – stellvertretend für die anderen Sinne – die Strukturen und Prozesse des Sehens in den Abschn. 3.3–3.5 näher kennenlernen. Zuvor werfen wir jedoch einen Blick auf die Psychophysik, das Teilgebiet der Psychologie, das gesetzmäßige Zusammenhänge zwischen den physikalischen Merkmalen von Reizen und unseren Empfindungen aufzuzeigen versucht.

3.2.1
Von der physikalischen Energie zu Sinnesempfindungen

Im Zentrum der Beschäftigung mit sensorischen Empfindungen steht ein tiefgehendes Rätsel: Wie können aus physikalischer Energie letztlich psychische Erfahrungen entstehen? Wie etwa entsteht aus Licht unterschiedlicher Wellenlängen die Erfahrung eines Regenbogens? Informationen aus der äußeren Welt gelangen zu unseren Sinnesrezeptoren als irgendeine Art physikalischer Reize: Wellenlängen oder Töne, komplizierte chemische Stoffe usw. Spezielle Zellen in unseren Sinnesorganen – in den Augen, in den Ohren, in der Nase, im Mund oder auf der Haut – wandeln die physikalischen Reize in elektrochemische Signale um, die im Nervensystem weitergeleitet werden können. Erreicht ein Signal dann die entsprechenden Areale des Kortex (Großhirnrinde), so kommt es zu so unterschiedlichen Empfindungen wie Sehen, Hören, Tasten und Riechen.

Die Sinnesphysiologie ist diejenige Disziplin, in der untersucht wird, wie durch biologische Mechanismen physikalische Vorgänge in neuronale Prozesse umgewandelt werden. Ihr Ziel besteht darin, auf neuronaler Ebene die Kette der Ereignisse vom Einwirken der physikalischen Energie bis zur Sinnesempfindung nachzuzeichnen. Man bezeichnet den Vorgang der Umwandlung von Energie in neuronale Impulse als **Transduktion**. Sinnesphysiologen versuchen herauszufinden, wie dabei Empfindungen unterschiedlicher Qualität (Warum sehen wir rot statt grün?) und unterschiedlicher Quantität (Warum hören wir etwas laut, nicht leise?) entstehen.

Alle Sinnesinformationen werden in dieselbe Art neuronaler Impulse umgewandelt. Unser Gehirn unterscheidet zwischen verschiedenen Arten von Sinneserfahrungen, weil verschiedene Hirnareale für die verschiedenen Sinnesmodalitäten zuständig sind. Auf diesen Sachverhalt hat schon im Jahre 1826 Johannes Müller mit seiner **Doktrin der spezifischen Nervenenergie** hingewiesen.

> ! Das Prinzip der spezifischen Nervenenergie besagt, daß unterschiedliche Sinneserfahrungen wie Sehen oder Schmecken *nicht* zu unterschiedlichen Arten neuronaler Aktivität führen. Sie bringen vielmehr die gleiche Art von Aktivität in verschiedenen, jeweils spezialisierten Hirnarealen hervor. Die besondere Qualität der einzelnen Sinne wird dadurch kodiert, daß sie jeweils spezifische neuronale Bahnen aktivieren.

Innerhalb einer Sinnesmodalität sind wir nicht nur in der Lage, zwischen verschiedenen Qualitäten – wie süß und sauer – zu unterscheiden, sondern auch die Intensität für eine bestimmte Qualität differenziert zu betrachten: Was ist süßer, Bitterschokolade oder Vollmilchschokolade? Über alle Empfindungen hinweg wird die Reizintensität hauptsächlich über die Frequenz (Häufigkeit) der Nervenimpulse kodiert. So wird etwa eine leichte Berührung der Haut zu einer Serie elektrischer Impulse in den Nervenfasern an genau dieser Stelle des Körpers führen. Nimmt die Intensität der Berührung zu, so erhöht sich auch die Häufigkeit der Impulse. Ihre grundlegende Form ändert sich jedoch nicht. Eine zweite Möglichkeit, die Intensität zu kodieren, besteht darin, daß das zeitliche Muster der Impulse unterschiedlich regelmäßig ist. Bei geringer Reizstärke gibt es zwischen den neuronalen Impulsen größere und unregelmäßige Zwischenräume. Wenn jedoch die Intensität zunimmt, wird die Impulsrate nicht nur größer, sondern im Verlauf auch konstanter.

Unser Wahrnehmungssystem ist so angelegt, daß es auf *Veränderungen* in der Umwelt sensibler reagiert als auf Stabilität. Mit dem Begriff der Adaptation beziehen wir uns auf einen Prozeß, bei dem es um diese Präferenz für Reizveränderungen (gegenüber Konstanz) geht.

> ! Sensorische Adaptation (oder nur: Adaption) bezeichnet die abnehmende Reaktionsstärke des Wahrnehmungssystems bei andauerndem, konstantem Reizinput. Unsere Umwelt ist ständig erfüllt von einer großen Vielfalt sensorischer Stimulation – dieser Anpassungsmechanismus erlaubt es uns, unsere Aufmerksamkeit speziell auf *neue* Informationen zu richten und rasch auf sie zu reagieren.

Adaptation ist dem Vorgang der Habituation, den wir in Abschn. 2.3 beschrieben haben, ähnlich. In Abb. 3.8

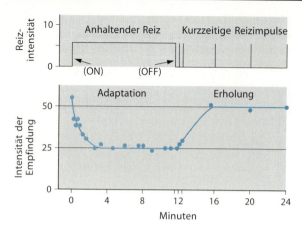

Abb. 3.8. Sensorische Adaptation. Das Sinnesorgan reagiert auf den Beginn einer sensorischen Reizung (Stimulation) mit einer intensiven Empfindung. Dauert die Reizung an, so paßt sich der Rezeptor an. Diese Adaptation zeigt sich an der im Zeitverlauf abnehmenden Aktivität des Neurons. Bleibt der konstante Reiz jedoch aus, so erhöht sich die Aktivität des Rezeptors sofort. Beim Auftreten periodischer kurzzeitiger Reize reagiert der Rezeptor – wie im rechten Teil der Abbildung zu sehen ist – jedesmal von neuem in voller Stärke und ohne Adaptation

ist der typische Verlauf des Adaptationsprozesses bei anhaltender Reizung eines Sinnesorgans dargestellt.

Das Prinzip der Adaptation gilt genauso wie Müllers Doktrin der spezifischen Nervenenergie für alle Sinnesorgane. Eine dritte Gemeinsamkeit des Sinnessystems liegt in der Art der Informationsleitung – hier begegnet uns abermals der hierarchische Aufbau des Nervensystems und das **Prinzip der Integration von Informationen**. In jeder Sinnesmodalität beginnt der Wahrnehmungsprozeß mit der Entdeckung eines Ereignisses in der Umwelt, Stimulus oder Reiz genannt, durch spezielle Neuronen in den Sinnesrezeptoren, die **Stimulusdetektoren (Reizdetektoren)**. Reizdetektoren wandeln die physikalische Energie des sensorischen Signals in Zellsignale um, die vom Nervensystem verarbeitet werden können. Die Signale einer einzelnen Rezeptorzelle sind nur ein Teil der Informationen, die von Neuronen auf übergeordneter Ebene aus verschiedenen Reizdetektoren integriert werden. Auf dieser Integrationsstufe ermitteln die Neuronen Informationen über die grundlegenden Eigenschaften des Reizes, wie etwa Größe, Intensität, äußere Form und Entfernung. Auf weiteren Verarbeitungsstufen des Wahrnehmungssystems werden die Informationen zu immer komplexeren Codes zusammengeführt, die dann an spezielle Areale des sensorischen Kortex und der Assoziations-

felder im Kortex weitergeleitet werden. In den sensorischen Rindenfeldern werden die Sinneserfahrungen repräsentiert, in den Assoziationsfeldern werden sensorische und motorische Informationen integriert (vgl. Abschn. 2.3).

3.2.2
Psychophysik

Wie laut muß die Feuersirene in einer Fabrik sein, damit sie trotz des Maschinenlärms von den Arbeitern gehört wird? Wie hell muß das Blinken einer Kontrolllampe in einer Pilotenkanzel sein, damit es in der Vielzahl der Anzeigen auffällt? Wie laut darf ein Motorrad sein, bevor der Besitzer wegen Lärmbelästigung belangt wird? Um Fragen dieser Art präzise zu beantworten, sollten wir in der Lage sein, die Intensität von Sinnesempfindungen genau zu messen. Die Disziplin, die sich diese Aufgabe gestellt hat, ist die Psychophysik.

> **!** Die **Psychophysik** versucht, die gesetzmäßigen Beziehungen zwischen physikalischen Stimuli, die auf die Sinnesorgane einwirken, und den dadurch hervorgerufenen Empfindungen quantitativ exakt zu beschreiben. Sie ist das älteste Teilgebiet der wissenschaftlichen Psychologie.

Der Begriff »Psychophysik« wurde von Gustav Theodor Fechner (1860/1966) geprägt. Fechner war Physiker, Psychologe und Philosoph, und er glaubte, daß die Psychophysik der Schlüssel zur Lösung des Leib-Seele-Problems sei, das Generationen von Philosophen beschäftigt hatte. Er entwickelte eine Reihe psychophysischer Meßverfahren, d. h. Methoden, mit deren Hilfe die Intensität eines physikalischen Reizes (gemessen in physikalischen Einheiten) und das Ausmaß der sensorischen Erfahrung (gemessen in psychologischen Einheiten) in Beziehung gesetzt werden. Dabei ist die Logik des Vorgehens immer dieselbe, ob es sich um die Stimulation durch Licht oder Töne oder um Geschmacks-, Geruchs- oder Berührungsempfindungen handelt: Es werden erstens Schwellen festgelegt und zweitens psychophysische Skalen konstruiert, die den Zusammenhang zwischen Reizstärke und Stärke der Empfindung exakt beschreiben.

Man kann 2 Arten von Schwellen ermitteln: absolute Schwellen und Unterschiedsschwellen.

- Die absolute Schwelle wird angegeben durch den geringsten Betrag an physikalischer Energie, der überhaupt eine Empfindung hervorruft.

- Die Unterschiedsschwelle bezeichnet die kleinste physikalische Differenz zwischen 2 Reizen, die als unterschiedlich empfunden wird.

Absolute Schwellen

Wie gering ist die schwächste Reizenergie, die ein Organismus noch bemerken kann? Wie trübe kann beispielsweise Licht sein, das gerade noch zu sehen ist? Wie leise kann ein Ton sein, der gerade noch hörbar ist? Diese Fragen zielen auf die absolute Schwelle für unterschiedliche Arten der Stimulation: Das ist der Minimalbetrag physikalischer Energie, der gebraucht wird, damit zuverlässig eine Sinnesempfindung zustande kommt. Folgt man der klassischen Auffassung von sensorischen Schwellen, so bewirken Reize unterhalb des Schwellenwertes keinerlei Empfindung; Reize oberhalb des Schwellenwertes hingegen lösen zuverlässig Empfindungen aus.

Absolute Schwellen werden gemessen, indem man aufmerksame Beobachter bittet, »Entdeckungsaufgaben« auszuführen. Sie sollen versuchen, ein schwaches Licht in einem dunklen Raum zu sehen oder einen leisen Ton in einem stillen Raum zu hören. In einer Reihe von »Durchgängen« wird der Reiz in variierender Intensität geboten. Bei jedem Durchgang geben die Beobachter an, ob sie ihn bemerken oder nicht. Die Ergebnisse einer solchen Untersuchung kann man zu einer psychometrischen Funktion zusammenfassen. Das ist die Darstellung des prozentualen Anteils der Entdeckungen bei unterschiedlichen Reizstärken.

In Abb. 3.9 ist eine typische psychometrische Funktion dargestellt. Für einen sehr schwachen Reiz – deutlich unter der Schwelle – liegt die Entdeckungschance bei 0%, für einen starken Reiz – deutlich über der Schwelle – bei 100%. Gäbe es eine punktuelle, »eindeutige« absolute Schwelle, so würde man einen abrupten Übergang von 0 zu 100»% genau dort erwarten, wo die Reizstärke diesen Punkt erreicht. Diese Annahme entspricht aber nicht der Realität, wie aus Abb. 3.9 deutlich wird. Die psychometrische Funktion hat vielmehr die Gestalt der fließend verlaufenden S-förmigen Kurve in der Abbildung. Eine derartige Form spiegelt die allmählich zunehmende Wahrscheinlichkeit für die Entdeckung des Reizes mit zunehmender Reizstärke wider. Es gibt also bei der Bestimmung der absoluten Schwelle einen Übergangsbereich, in dem es zur *gelegentlichen* Entdeckung des Reizes kommt.

> **!** Die absolute Schwelle ist willkürlich als diejenige Reizstärke festgelegt worden, bei welcher die psychometrische Funktion die 50%-Grenze erreicht. Mit anderen Worten, die absolute Schwelle wird als die Intensität desjenigen Reizes angegeben, der in der Hälfte der Fälle entdeckt wird.

Man kann bei der Messung der Schwelle für die verschiedenen Sinnesmodalitäten stets in dieser Weise verfahren – es muß lediglich jeweils eine andere Reizdimension ausgewählt werden. Tabelle 3.2 zeigt die absoluten Schwellen für eine Reihe von Reizen, denen wir im Alltag begegnen.

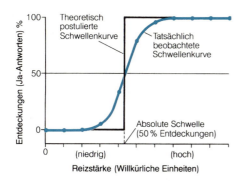

Abb. 3.9. Die psychometrische Funktion. Da es keinen Punkt gibt, ab welchem ein Reiz plötzlich eindeutig entdeckt werden kann, wird die absolute Wahrnehmungsschwelle einer Person als die Reizstärke definiert, bei welcher der Reiz in der Hälfte der Fälle über viele Durchgänge hinweg entdeckt wird

Tabelle 3.2. Ungefähre Absolutschwelle für einige vertraute Sinnesreize

Sinnesmodalität	Absolute Schwelle
Licht	Die Flamme einer Kerze kann in einer dunklen, klaren Nacht aus etwa 30 Meilen Entfernung gesehen werden.
Hören	Das Ticken einer Uhr kann, wenn es ansonsten ganz ruhig ist, aus etwa 6–7 m Entfernung gehört werden.
Geschmack	Zucker kann geschmeckt werden, wenn die Menge eines Teelöffels in 9–10 l Wasser aufgelöst wird.
Geruch	Einen Tropfen Parfüm riecht man noch, wenn er sich auf ein ganzes Drei-Raum-Appartment verteilt hat.
Tastsinn	Der Flügel einer Biene wird gefühlt, wenn er aus 1 cm Abstand auf Ihre Wange fällt.

Antworttendenzen

Bei Untersuchungen zur Ermittlung der Absolutschwelle können die Ergebnisse durch verschiedene Faktoren verfälscht werden. Eine **Antworttendenz** (»**response bias**«) ist die Tendenz eines Versuchsteilnehmers, aus Gründen, die mit den untersuchten Reizmerkmalen nichts zu tun haben, systematisch auf eine bestimmte Art und Weise zu antworten.

Ein Beispiel soll diese Verfälschungstendenz verdeutlichen: Jemand könnte in einer Entdeckungsaufgabe deshalb mit »Ja« antworten, weil er sich für eine Arbeit qualifizieren möchte, die feine Sinnesempfindungen erfordert. Umgekehrt könnte jemand mit »Nein« antworten, weil der Nachweis einer großen Sinnesempfindlichkeit für ihn nachteilige Folgen haben könnte. Antworttendenzen treten also mit großer Wahrscheinlichkeit in Situationen auf, die wichtige Konsequenzen im Leben eines Beobachters nach sich ziehen.

Wie kommt es zu Verzerrungen durch Antworttendenzen? Wenigstens 3 Quellen sind festgestellt worden: Wunsch, Erwartung und Gewohnheit.

- *Wunsch:* Wenn wir uns ein bestimmtes Ergebnis wünschen, werden wir mit größerer Wahrscheinlichkeit die Reaktion liefern, die zu diesem Ergebnis führt. »Ich habe überhaupt nichts gesehen, Herr Inspektor« ist wahrscheinlicher, wenn wir nicht in etwas hineingezogen werden wollen. »Der war's, ich bin sicher« ist eine wahrscheinlichere Reaktion, wenn wir auf eine Belohnung spekulieren.
- *Erwartung:* Unsere Erwartungen oder unser Wissen über die Auftretenswahrscheinlichkeit eines Stimulus können unsere Bereitschaft, eine entsprechende Sinnesempfindung zu melden, ebenfalls beeinflussen. Das gleiche schwache Signal eines Sonars wird mit größerer Wahrscheinlichkeit entdeckt und als Hinweis auf ein herannahendes Unterseeboot interpretiert werden, wenn es während eines Krieges auf einem Minensuchboot ankommt, als wenn es mitten im Frieden einen Frachter erreicht.
- *Gewohnheit:* Schließlich entwickeln Menschen Antwortgewohnheiten. Jemand ist ein »Jasager«, der meist mit »Ja« antwortet, oder ein »Neinsager« oder aber einer, der bevorzugt »weiß nicht« als Antwort gibt. Diese gelernte Reaktionsgewohnheit bedeutet, daß unter der Bedingung der Unsicherheit manche Personen die Wahrnehmung eines Reizes öfter berichten, als sie diesen wahrgenommen haben können (die Jasager), während andere gleichmäßig weniger Empfindungen angeben, als Reize geboten wurden (die Neinsager).

Was kann getan werden, damit diese unterschiedlichen Antworttendenzen individueller Beobachter die Festlegung von Schwellenwerten für einen Reiz nicht beeinflussen? Als eine Möglichkeit bieten sich sog. **Fangfragen** (»**catch trials**«) an. Sie werden eingesetzt, um herauszufinden, ob bei den Entdeckungsaufgaben Antworttendenzen wirksam werden. Dabei wird in einigen Durchgängen kein Reiz dargeboten. So können Personen »ertappt« werden, die eine Tendenz haben, mit »Ja« zu antworten. Der Wert für deren absolute Schwelle wird dann geschätzt, indem die Häufigkeit »falscher Alarme« verrechnet wird. Analog verfährt man, um »Neinsager« zu identifizieren.

Ein umfassender und systematischer Ansatz zum Problem der Antworttendenzen ist im Rahmen der Signalentdeckungstheorie entwickelt worden.

Die Theorie der Signalentdeckung

Die Theorie der Signalentdeckung bietet eine Alternative zur oben beschriebenen klassischen Vorstellung der Psychophysik (Green u. Swets 1966).

> **!** Die **Signalentdeckungstheorie** (»**signal detection theory**«) konzentriert sich nicht auf rein sensorische Vorgänge, sondern stellt den Prozeß der Beurteilung der Anwesenheit oder Abwesenheit eines Reizereignisses in den Mittelpunkt. Sie ersetzt das theoretische Konzept einer einzigen absoluten Schwelle durch 2 Prozesse der Reizentdeckung:
> - einen anfänglichen **sensorischen Prozeß**, der die Sensitivität (sensorische Empfindlichkeit) einer Person für die Reizstärke zeigt, und
> - einen nachfolgenden **Entscheidungsprozeß**, der Auskunft über die Antworttendenz des jeweiligen Beobachters gibt.

Dieser Ansatz ersetzt die herkömmliche Methode der Messung von Schwellenwerten durch ein komplexeres Verfahren, mit dem sowohl die sensorischen Prozesse – also die unmittelbaren Empfindungsprozesse – als auch die Entscheidungsprozesse auf einmal erfaßt werden können. Eigentlich ist das Verfahren nichts anderes als eine Weiterführung der Fangfragenmethode (s. oben). Der grundlegende Versuchsplan ist in Abb. 3.10a zu sehen. In der einen Hälfte der Versuche wird ein schwacher Reiz geboten, in der anderen Hälfte gar keiner. Bei jedem einzelnen Versuch antwortet die Person mit »Ja«, wenn sie glaubt, einen Reiz festzustellen, und mit »Nein«, wenn sie glaubt, daß kein Reiz

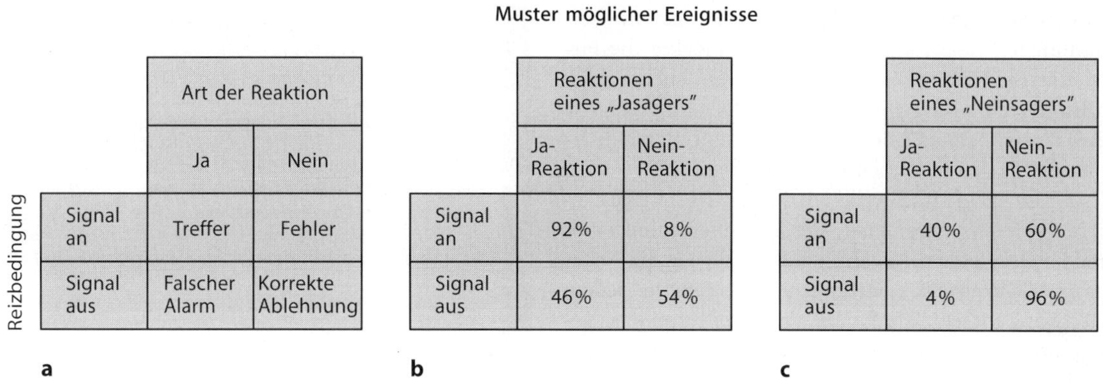

Muster möglicher Ereignisse

	Art der Reaktion			Reaktionen eines „Jasagers"			Reaktionen eines „Neinsagers"	
	Ja	Nein		Ja-Reaktion	Nein-Reaktion		Ja-Reaktion	Nein-Reaktion
Signal an	Treffer	Fehler	Signal an	92%	8%	Signal an	40%	60%
Signal aus	Falscher Alarm	Korrekte Ablehnung	Signal aus	46%	54%	Signal aus	4%	96%

(Reizbedingung)

a   b   c

Abb. 3.10a–c. Veranschaulichung der Theorie der Signalentdeckung. **a** Mögliche Kombinationen von Reizbedingungen und Antworten der befragten Person, **b** typisches Antwortmuster von »Jasagern«, **c** typisches Antwortmuster von »Neinsagern«

dargeboten wurde. Wie in der Abbildung gezeigt, wird jede Antwort als Treffer, Fehler, falscher Alarm oder korrekte Ablehnung gewertet, je nachdem, ob tatsächlich ein Reiz geboten wurde oder nicht und ob die Person korrekt geantwortet hat oder nicht.

Eine Person, die eine »Jasagerin« ist, wird eine hohe Anzahl von Treffern, aber auch eine hohe Anzahl von falschen Alarmen angeben, wie Abb. 3.10b zeigt. Eine Person, die eher zum »Neinsagen« neigt, wird eine geringere Anzahl von Treffern, aber auch eine geringere Anzahl von falschen Alarmen liefern, wie aus Abb. 3.10c hervorgeht.

Durch die Kombination der Prozentwerte der Treffer und der falschen Alarme erhält man eine mathematische Beziehung, welche sensorische Reaktionen von Antworttendenzen trennt (s. z.B. Murch u. Woodworth 1978; Velden 1982). Deshalb läßt sich mit Hilfe dieser Methode feststellen, ob 2 Personen trotz ganz unterschiedlicher Antworttendenzen über die gleiche Sensitivität (sensorische Empfindlichkeit) verfügen.

Der Theorie der Signalentdeckung zufolge verursacht jedes Auftreten eines Reizes neuronale Aktivitäten im sensorischen System, die man sich etwa als das »Feuern« einiger Reizdetektoren vorstellen kann. Wenn eine Person bei einer psychophysischen Untersuchung entscheidet, ob ein Reiz auftritt, dann vergleicht sie die neuronale Aktivität mit einem individuell festgelegten Antwortkriterium. Wenn die Aktivität des sensorischen Prozesses diesen kritischen Betrag übersteigt, antwortet sie mit »Ja«, wenn nicht, mit »Nein«. Folglich ist die absolute »Schwelle« eine Angelegenheit des Urteilsprozesses, nicht des vorausgehenden sensorischen Prozesses.

Die Signalentdeckungstheorie hat sich in der modernen Psychophysik durchgesetzt. Da sie ein allgemeines Modell der Entscheidungsbildung liefert, kann sie auch in ganz anderen Kontexten eingesetzt werden. Bei vielen alltäglichen Entscheidungen gibt es »Belohnungen« für jeden Treffer und jede korrekte Ablehnung sowie negative Konsequenzen (Sanktionen) für Fehler und falsche Alarme. Entscheidungen werden deshalb wahrscheinlich durch ein Schema antizipierter Verluste und Gewinne beeinflußt. Die Zusammenstellung dieser antizipierten Gewinne und Verluste nennt man **Payoff-Matrix** (s. Abb. 3.11). Sie demonstriert, daß die Signalentdeckungstheorie ein wertvolles Mittel zur Systematisierung und Verdeutlichung von Einflüssen und Schritten bei Entscheidungsprozessen sein kann.

Unterschiedsschwellen

Stellen Sie sich vor, Sie wären Angestellter einer Getränkefirma. Diese möchte eine Cola herausbringen,

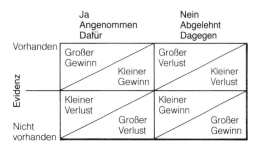

Abb. 3.11. Payoff-Matrix. Der Payoff (Gewinn oder Verlust) *in der oberen Hälfte jeder Zelle* der Matrix motiviert die »Ja-Antworten«, während er in der unteren Hälfte jeder Zelle die »Nein-Antworten« motiviert

die einerseits merklich süßer schmeckt als die herkömmlichen Colas; andererseits aber möchte die Firma, um Geld zu sparen, den Zusatz an Zucker oder
Süßstoffen so gering wie möglich halten. Ihre Aufgabe
wird darauf hinauslaufen, daß Sie die Unterschiedsschwelle für den Süßgeschmack ermitteln.

Als Unterschiedsschwelle wird die kleinste physikalische Differenz bezeichnet, die als Unterschied empfunden wird. Sie wird in ähnlicher Weise wie die Absolutschwelle ermittelt. Allerdings werden jetzt bei jedem
Durchgang 2 Reize dargeboten, und die Person wird gefragt, ob sie sich unterscheiden (statt danach zu fragen,
ob überhaupt ein Reiz aufgetreten ist). Beispielsweise
werden dem Versuchsteilnehmer in jedem Durchgang
2 Balken oder Stäbe gezeigt, von denen einer eine Standardlänge hat und der andere ein klein wenig länger ist.
Bei jedem Reizpaar soll er mit »gleich« oder »verschieden« antworten.

> ! Führt man eine ganze Reihe solcher Durchgänge durch, so
> kann man auch hier die psychometrische Funktion kon-
> struieren. Dabei werden die prozentualen Anteile der »Ver-
> schieden-Antworten« auf der Ordinate (Y-Achse) als Funk-
> tion der tatsächlichen Längenunterschiede auf der Abszis-
> se (X-Achse) eingetragen. Die **Unterschiedsschwelle** ist
> derjenige Unterschied, bei welchem die Kurve den 50%-
> Wert überschreitet. Mit anderen Worten, sie ist festgelegt
> worden als die Reizdifferenz, die in der Hälfte der Fälle
> als unterschiedlich erkannt wird. Diesen Schwellenwert be-
> zeichnet man als **eben merklichen Unterschied**. Heute hat
> sich in der deutschen Fachliteratur allerdings auch die Be-
> zeichnung »**just noticeable difference**« bzw. die Abkür-
> zung »**jnd**« durchgesetzt.

Pionier bei der Entdeckung der eben merklichen Unterschiede war Ernst Weber. Auf seine schon 1834
durchgeführten Untersuchungen gehen wir in der Rubrik **Experiment** ausführlicher ein.

**Webers Entdeckung: Die Eigenart
von Unterschiedsschwellen**

Nehmen wir an, in einer Untersuchung zur Unterschiedsschwelle betrage die Länge des Standardreizes
10 mm. Durch den Vergleich mit Reizen variierender
Größe wird herausgefunden, daß die Unterschiedsschwelle etwa 1 mm beträgt. Mit anderen Worten, in
50% der Fälle wird ein 10 mm langer Stab als verschieden von einem Stab von 11 mm Länge beurteilt.
Unglücklicherweise läßt sich dieser eben merkliche
Unterschied jnd *nicht* auf Stäbe anderer Länge verallgemeinern. Zum Beispiel muß man bei einem Standardreiz von 20 mm Länge etwa 2 mm hinzufügen,
um eine jnd zu bekommen; bei 40 mm muß man
4 mm hinzufügen, usw. In Abb. 3.12 sind einige Beispiele von Schwellenwerten für Stäbe verschiedener
Länge dargestellt. Man sieht, daß sie entsprechend
zur Länge des Standardreizes ebenfalls stetig zunehmen.

Was konstant bleibt, ist das *Verhältnis* des erforderlichen Zuwachses zur Länge des jeweiligen
Standardreizes: 1 mm/10 mm=0.1; 2 mm/20 mm=0.1,
usw. Ernst Weber hat diese konstante Beziehung entdeckt und herausgefunden, daß sie einen großen Bereich von sensorischen Erfahrungen beschreibt. Der
einzige Unterschied zwischen verschiedenen Reizdi-

mensionen liegt in dem spezifischen Wert, den die
Konstante annimmt.

Seine Entdeckungen faßte Weber in einer einzigen
Gleichung zusammen, die mittlerweile das »Webersche Gesetz« genannt wird.

> ! Das **Webersche Gesetz** besagt: Je größer oder intensiver
> der Standardreiz ist, um so größer muß die Zunahme
> der Reizstärke sein, damit ein eben merklicher Unter-
> schied wahrgenommen wird. Oder umgekehrt: Je kleiner
> oder schwächer der Standardreiz ist, um so weniger muß
> seine Stärke erhöht werden, damit eine jnd bemerkt
> wird. Anschaulich gesagt: Ein paar Tropfen Wasser, die
> in ein Reagenzglas gegeben werden, werden eher be-
> merkt als die gleiche Menge, wenn sie in einen Wasser-
> krug gegeben wird. Dies ist eine sehr allgemeine Eigen-
> schaft aller sensorischen Wahrnehmungssysteme.

Die Formel für Webers Gesetz lautet wie folgt:

$$\Delta I / I_b = k$$

ΔI ist der Betrag des Anstiegs der Reizstärke, der einem gerade wahrgenommenen Unterschied oder jnd
entspricht, I ist die Intensität (Stärke) des Standardreizes und k ist die Konstante für die jeweilige Reizdimension (0.1 in unserem Beispiel unterschiedlich langer Stäbe). Was eine jnd ist, was Webers Gesetz bedeutet und in welchem Verhältnis beide zueinander
stehen, wird durch Abb. 3.12 veranschaulicht.

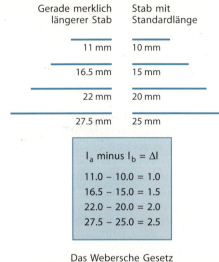

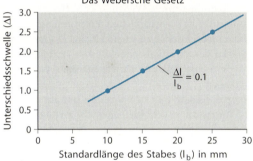

Abb. 3.12. Das Webersche Gesetz. Veranschaulichung des Zusammenhangs von Reizstärke und Unterschiedsschwelle. Je länger im Beispiel ein Stab mit der Standardlänge ist, um so größer muß die Differenz zwischen Standardstab und Vergleichsstab sein, um als Unterschied bemerkt zu werden. Der Betrag an Länge, der hinzugefügt werden muß, um in der Hälfte aller Durchgänge entdeckt zu werden, wird als Unterschiedsschwelle bezeichnet. In der Abbildung sind diese Unterschiedsschwellen (jnds) als Funktion der Standardlänge aufgezeichnet. Man sieht, daß die Proportion dieser beiden Größen konstant bleibt: Der hinzuzufügende Betrag ist stets ein Zehntel der Standardlänge – dieser linearen Beziehung entspricht die gerade Linie im Diagramm

Wenn sich auch die Beziehungen zwischen Reizen und Empfindungen in den verschiedenen Sinnesmodalitäten durch ähnliche Gleichungen zum Ausdruck bringen lassen, so reagiert doch jeder der Sinne auf eine andere Art von Reizenergie und liefert uns andere Qualitäten sensorischer Erfahrungen, und zwar durch seine ganz besonderen physiologischen Mechanismen. Die Physiologie des visuellen Systems wird uns in Abschn. 3.3 beschäftigen.

Die Konstruktion psychophysischer Skalen

Historisch gesehen waren Webers Untersuchungen zur Unterschiedsschwelle der Ausgangspunkt für die Konstruktion psychophysischer Skalen, ein Ziel, das sich vor allem Fechner gesetzt hatte. Sein Ansatz zur Erstellung psychophysischer Skalen beruhte darauf, eben merkliche Unterschiede (jnds) wie psychologisch gleiche Intervalle zu behandeln. Immerhin sind sie in dem Sinne gleich, daß sie sich auf gerade merkliche Weise von benachbarten Reizen unterscheiden. Das berechtigt uns, jnds als psychologische Einheiten sensorischer Empfindung zu verwenden. Bei unserem Beispiel von Stäben verschiedener Länge entspricht der Unterschied von 1 mm zwischen dem 10 und dem 11 mm langen Stab psychologisch dem Unterschied von 1.5 mm zwischen dem 15 und dem 16.5 mm langen Stab und den 2 mm Unterschied zwischen dem 20 und dem 22 mm langen Stab.

> **!** Zusammen mit Webers Gesetz bedeutet dies, daß gleichmäßige Steigerungen der physikalischen Reizstärke *anfangs* zu einem beträchtlichen Anstieg der Stärke der dadurch hervorgerufenen sensorischen Empfindungen führt. Im Bereich großer Reizstärke sind, wie Abb. 3.13a zeigt, allerdings immer größere Zuwächse an Reizstärke erforderlich, um jnds hervorzurufen. Fechner hat diesen Sachverhalt in eine mathematische Form gefaßt, die als **Fechnersches Gesetz** bekannt geworden ist:
>
> $$S = k \log I$$
>
> In dieser Formel ist S die Stärke der sensorischen Empfindung, I ist die physikalische Reizstärke, und k ist eine Konstante für die Skalendimension (Reizdimension). Fechners Gesetz zufolge steigt die sensorisch wahrgenommene Reizstärke (Empfindung) arithmetisch (2, 3, 4), während die physikalische Reizstärke geometrisch (2, 4, 8) ansteigt. Innerhalb gewisser Grenzen ist also die sensorische Erfahrung proportional dem Logarithmus der Reizstärke. Diese logarithmische Gleichung stellt den seltenen Fall einer mathematisch exakten Beziehung zwischen psychologischen und physikalischen Sachverhalten dar – zwischen sensorischer Erfahrung und physikalischen Bedingungen.

Hundert Jahre nach Fechner entwarf der Psychologe S.S. Stevens eine andere Methode zur Konstruktion psychophysischer Skalen und erhielt damit andere Ergebnisse. Seine Methode verlangt von den Versuchsteilnehmern, ihren Empfindungen direkt Zahlen zuzuordnen. Er nannte dieses Vorgehen die **Methode der direkten Größenschätzung** (»magnitude estimation«). Den Teilnehmern wurde zu Beginn ein Reiz einer bestimmten Intensität dargeboten – beispielsweise ein Lichtreiz. Ihm wurde ein Zahlenwert zugeordnet – beispielswei-

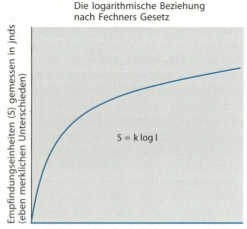

Die logarithmische Beziehung
nach Fechners Gesetz

$S = k \log I$

Empfindungseinheiten (S) gemessen in jnds
(eben merklichen Unterschieden)

Einheiten der physikalischen Reizstärke (I)
(geschätzte Werte)

a

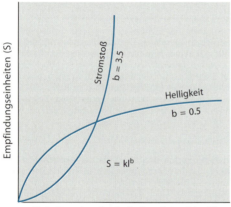

Die Potenzfunktion nach Stevens

Stromstoß
$b = 3{,}5$

Helligkeit
$b = 0{,}5$

$S = kI^b$

Empfindungseinheiten (S)

Einheiten der physikalischen Reizstärke (I)

b

Abb. 3.13a,b. Zwei psychophysische Skalen. **a** Erhöht man ständig die Reizstärke, so kommt es nach Fechners Gesetz zuerst zu einem entsprechend schnellen Zuwachs an Empfindungseinheiten, dann aber verlangsamt sich der Zuwachs immer mehr. (Wenn man eine Kerze zu einer zweiten stellt, sieht man es deutlicher heller werden, als wenn man zu 100 Kerzen noch eine stellt.) **b** Nach der Gleichung von Stevens, die auf direkte Beurteilungen von Reizstärken aufbaut, fällt die psychometrische Funktion für verschiedene Reizdimensionen unterschiedlich aus. Bei Helligkeit ist die Funktion dem Kurvenverlauf nach Fechners Gesetz ähnlich, bei einem Reiz wie einem Elektroschock jedoch führen stetige geringe Steigerungen der Reizstärke zu immer größeren Schmerzempfindungen. (Aus Stevens 1961)

se 10. Dann wurde ein weiterer Lichtreiz von unterschiedlicher Stärke präsentiert. Wurde er von den Versuchsteilnehmern als doppelt so hell empfunden, so war ihm der Skalenwert 20 zuzuordnen. Schien er nur

halb so hell zu sein wie der erste Lichtreiz, sollte er mit 5 eingestuft werden usw. Bei der Konstruktion psychophysischer Skalen nach dieser Methode fand Stevens heraus, daß die Ergebnisse mit einer Potenzfunktion beschrieben werden konnten:

$$S = kI^b$$

S ist wieder die Stärke der sensorischen Empfindung, I ist wieder die physikalische Reizstärke, k ist eine Konstante (aber eine andere als die in Fechners Gesetz), und b ist ein Exponent, der für die verschiedenen Sinnesdimensionen unterschiedlich ausfällt. In Abb. 3.13b sind psychophysische Skalen für Helligkeit und Elektroschocks dargestellt, deren Exponenten sehr unterschiedlich sind. Verdoppelt man die Stärke eines Lichtreizes, so steigt die Intensität der sensorischen Empfindung um weniger als das Doppelte, was mit Fechners Gesetz übereinstimmt. Wie man erwarten wird, steigt die Intensität der sensorischen Empfindung aufgrund eines Elektroschocks um mehr als das Doppelte, wenn die Stärke des physikalischen Reizes verdoppelt wird. Dieses Ergebnis ließ sich durch Fechners Gesetz nicht vorhersagen.

Stevens Ansatz hat sich deshalb bewährt, weil fast jede Dimension psychologischer Erfahrung auf diese Art leicht skaliert werden kann. Psychologen haben die Methode der direkten Größenschätzung benutzt, um alles mögliche zu skalieren: Tonhöhe, Länge, Schönheit, die Schwere von Verbrechen und die Güte schwedischer Monarchen (Stevens 1961, 1962, 1975). Sie hat sich als sehr zweckdienlich erwiesen; insbesondere bei Daten außerhalb der rein sensorischen Empfindungsschätzungen ist sie Fechners Vorgehen eindeutig überlegen.

3.3
Das visuelle System

Das Sehen ist der komplexeste, am weitesten entwickelte und wichtigste aller Sinne des Menschen. Für Lebewesen, die sich bewegen, bringt gutes Sehvermögen einen enormen Evolutionsvorteil, denn es hilft ihnen, sowohl ihre Beute als auch Verfolger schon aus der Ferne zu erkennen (vgl. Abschn. 2.1 zu Evolutionsprinzipien). Dem Menschen erlaubt der entwickelte Gesichtssinn, Änderungen in der Umwelt sofort zu registrieren und das Handeln darauf einzustellen. – Es wird Sie nicht verwundern, daß das Sehen auch die am besten untersuchte Sinnesmodalität ist.

3.3.1
Das Auge des Menschen

Im übertragenen Sinne ist das Auge so etwas wie eine Kamera, die für das Gehirn die Welt filmt. Bei einer Kamera wird die Welt durch eine optische Linse gesehen, die Licht sammelt und bündelt, und beim Auge ist es genauso (s. Abb. 3.14). Auch das Auge sammelt und bündelt Licht. Zunächst dringt es durch die Cornea (Hornhaut), eine transparente Wölbung auf der Vorderseite des Auges. Anschließend passiert es das Kammerwasser, eine klare Flüssigkeit, bevor es die Pupille, eine Öffnung in der undurchsichtigen Iris, durchläuft. Die Iris ist ein Muskelring, der die Pupille umgibt und die Menge einfallenden Lichtes kontrolliert, indem er sich zusammenzieht oder entspannt. Sie enthält die Pigmente, die die Augenfarbe bestimmen.

Gleich hinter der Iris passiert der Lichtstrahl die **Linse**, eine in eine flexible Membrankapsel eingeschlossene Struktur, die bei den meisten jüngeren Erwachsenen klar, transparent und konvex ist. Bei älteren Menschen verflacht die Linse, verliert an Lichtdurchlässigkeit und bekommt eine eher bernsteinfarbene Tönung. Die Form der Linse wird von den Ziliarmuskeln an ihrem Rand kontrolliert. Um das Licht zu bündeln, verändert die Linse ihre Form – sie wird dünner, wenn entfernte Objekte fokussiert werden, und dicker, wenn die Person die Aufmerksamkeit auf nahe Objekte richtet.

Nach dem Durchtritt durch die Linse wandert das Licht noch durch den Glaskörper, bis es schließlich die **Retina (Netzhaut)** an der Augenrückwand erreicht.

Auf der Netzhaut kann das Licht von jedem der etwa 125 Mio. lichtempfindlichen Rezeptoren absorbiert werden. Sie ist eine komplexe Membran im Augenhintergrund, die bis zu 10 unterschiedliche Zellschichten hat.

Dort, wo der N. opticus (Sehnerv) das Auge verläßt, gibt es eine Besonderheit im anatomischen Aufbau der Netzhaut. Die Stelle, an der es überhaupt keine Rezeptoren gibt, nennt man den **blinden Fleck**. Jedoch wird diese Blindheit nur unter sehr speziellen Bedingungen empfunden, denn die blinden Flecken der beiden Augen sind so angeordnet, daß die Rezeptoren des einen Auges das aufnehmen, was das andere nicht sieht, und das Gehirn diese Region nachträglich mit den entsprechenden Informationen »füllen« kann.

Die Leistung des Auges hängt in entscheidendem Maße von *jedem* seiner Bestandteile ab. Die Lichtmenge, die die Retina erreicht, wird von der Iris und der Pupille bestimmt. Bei schwacher Beleuchtung erweitert sich die Pupille, so daß mehr Licht ins Auge fällt. Bei grellem Licht hingegen verengt sie sich, so daß weniger Licht einfallen kann. Interessanterweise verändert sich die Pupillenweite auch in Reaktion auf psychische Faktoren. Beispielsweise erweitert sich die Pupille im Zuge positiver emotionaler Reaktionen, während sie sich im Zuge negativer verengt. Auch geistige Anstrengung spiegelt sich in der Pupillenweite wider, denn bei hoher Konzentration kommt es ebenfalls zu einer Erweiterung. All dies geschieht unbemerkt und ohne willentliche Steuerung (Hess 1972).

Das Licht, welches das Auge erreicht, ist für die Person nur dann ein nützlicher Reiz, wenn es auf der Retina zu einem hinreichend klaren Bild gebündelt (fokus-

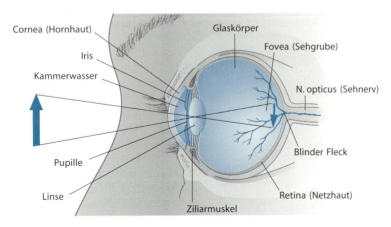

Abb. 3.14. Der Aufbau des menschlichen Auges

Kurzsichtigkeit und Weitsichtigkeit

Kurzsichtige Personen können entfernte Objekte nicht richtig fokussieren, während weitsichtige Personen nahegelegene Objekte nicht angemessen fokussieren können. Während des Alterns verliert die Linse nach und nach ihre Spannkraft, so daß sie nicht mehr dick genug für die Naheinstellung werden kann. Etwa von 45 Jahren an verschiebt sich der Nahpunkt – der nächstgelegene Punkt, der klar fokussiert werden kann – immer weiter weg. Auch Personen, die zuvor noch keine Brillenträger waren, brauchen dann eine Brille, um lesen und andere »nahegelegene Arbeiten« verrichten zu können. Personen hingegen, die bereits Brillenträger sind, müssen zu bifokalen Brillen übergehen (mit Gläsern, die im oberen Teil einen weiten und im unteren einen nahen Brennpunkt haben).

siert) wird. Damit dies geschieht, muß das Licht zum Zentrum des Auges hin gebrochen werden. Die Brechung wird zum größten Teil von der Krümmung der Hornhaut übernommen; den Rest besorgt die Linse, die das Lichtmuster umkehrt und auf den Kopf stellt (s. Abb. 3.14). Die besondere Bedeutung der Linse liegt in der schon erwähnten veränderlichen Brennweite, die unterschiedliche Einstellungen für nahe und entfernte Objekte ermöglicht. Dieser Prozeß wird Akkommodation genannt (s. hierzu den Abschn. **Psychologie im Alltag**).

3.3.2
Verarbeitung in der Retina (Netzhaut)

Man *schaut* mit den Augen, aber man *sieht* mit dem Gehirn! Dieses Wortspiel soll zum Ausdruck bringen, daß die optischen und physiologischen Prozesse im Auge nur der Beginn des visuellen Wahrnehmungsprozesses sind.

> Das Auge hat im Wahrnehmungsprozeß die Funktion, das Licht zu sammeln, zu fokussieren und in neuronale Signale umzusetzen, die an das Gehirn geleitet werden. Der kritische Punkt ist also die Umsetzung der in den Lichtwellen enthaltenen Informationen in Nervenimpulse. Dieser Vorgang spielt sich in der Retina (Netzhaut) im Augenhintergrund ab. Unter dem Mikroskop kann man erkennen, daß die Retina aus Schichten verschiedener Neuronen besteht, die jede für sich und untereinander komplex organisiert sind (s. Abb. 3.15).

Die Retina kann im wesentlichen in 3 Hauptschichten von Zellen aufgeteilt werden. Von hinten nach vorn gibt es die Schichten der

- Photorezeptoren,
- bipolaren Zellen und
- Ganglienzellen.

Der wichtigste Prozeß im Zuge der Umwandlung von Lichtenergie in Nervenimpulse wird von den Photorezeptoren durchgeführt.

Photorezeptoren sind lichtempfindliche Zellen. Es gibt 2 Typen von Photorezeptoren, die man aufgrund ihrer Gestalt Stäbchen und Zapfen nennt. Stäbchen und Zapfen nehmen einen einzigartigen Platz im visuellen System ein. Sie sind Vermittler zwischen der »hellen Außenwelt« des Lichtes und der »dunklen Innenwelt« neuraler Prozesse und visueller Empfindung. **Stäbchen** sind lichtempfindliche Rezeptorzellen, die in der Peripherie der Retina konzentriert sind. Etwa 120 Mio. von ihnen sind in jedem Auge zuständig für das Sehen auch bei geringer Beleuchtung. Die 7 Mio. **Zapfen** im Zentrum der Retina sind verantwortlich für das Farbensehen. Durch ihre Zusammenarbeit erhalten wir Informationen über Größe, Form, Abgrenzungen und Farben der Objekte, auf die wir unsere Augen richten.

Im Zentrum der Retina gibt es eine Stelle, die Sehgrube (Fovea) genannt wird. Es gibt dort sehr viele Zapfen, aber keine Stäbchen. Hier ist der Ort des schärfsten Sehens: Sowohl Farbe als auch räumliche Einzelheiten werden am genauesten hier festgestellt.

Andere Zellen in der Retina sind dafür verantwortlich, Informationen aus verschiedenen Photorezeptoren zu integrieren. **Bipolare Zellen** kombinieren die Impulse aus vielen Stäbchen und Zapfen und senden sie an die Ganglienzellen weiter. Sie haben einen einzigen Dendriten mit verzweigten Endungen sowie ein Axon und Endknöpfchen. Jede **Ganglienzelle** integriert dann die Impulse aus vielen bipolaren Zellen zu einer einzigen Impulsrate. Die Axone der Ganglienzellen bilden zusammen den **N. opticus**, den **Sehnerv**, der diese visuelle Information aus dem Auge und nach hinten zum Gehirn transportiert.

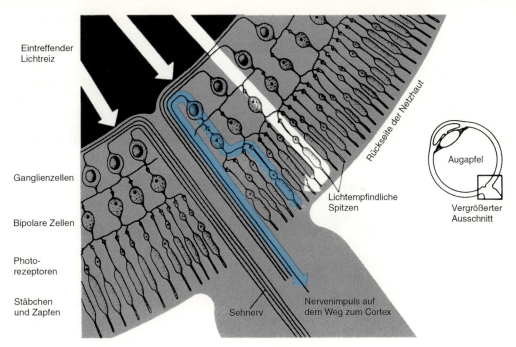

Abb. 3.15. Die Retina (Netzhaut): Aufbau und Informationsverarbeitung. Vereinfachte Darstellung des Aufbaus der Netzhaut und der neuronalen Pfade, die 3 Schichten der Retina miteinander verbinden. Das einfallende Licht durchquert die Schichten der Ganglienzellen und bipolaren Zellen und gelangt zu den Photorezeptoren im Augenhintergrund, die von der Lichtquelle abgewandt gelegen sind. Die bipolaren Zellen verarbeiten die Informationen von mehr als einer Rezeptorzelle und senden das Ergebnis dieser Verarbeitung an Ganglienzellen weiter. Nervenimpulse von den Ganglienzellen *(blauer Pfeil)* verlassen das Auge durch den N. opticus und wandern zur nächsten neuronalen Schaltstelle weiter

3.3.3
Pfade ins Gehirn

Das Endziel eines großen Teils der visuellen Information ist der Teil des Okzipitallappens des Gehirns, den man primäres Sehzentrum oder primären visuellen Kortex nennt (s. Abb. 2.10 in Abschn. 2.2). Jedoch muß die Information nach dem Verlassen der Retina zunächst andere Hirnregionen passieren, bevor sie im visuellen Kortex ankommt (van Essen et al. 1992). Lassen Sie uns diesen Pfad verfolgen (s. Abb. 3.16).

Die Millionen Axone der Ganglienzellen, die jeweils den Sehnerv (N. opticus) bilden, treffen sich im Chiasma opticum, das dem griechischen Buchstaben c (Chi) ähnelt. Die Axone in jedem der beiden Sehnerven werden dort in 2 Bündel geteilt. Zur Hälfte verbleiben die Nervenfasern aus jeder Retina auf der Körperseite, aus der sie kommen. Hingegen wechseln die Axone aus der inneren Hälfte jedes Auges auf die andere Hirnhälfte über. Diese Faserbündel, die nun Nervenfasern aus beiden Augen enthalten, heißen jetzt Tractus opticus. Sie liefern Informationen an 2 Zellgruppen im Gehirn: 80% der Nervenfasern gehen zum Corpus geniculatum laterale, der überwiegende Teil der übrigen zum Colliculus superior.

- Der Colliculus superior ist ein Verband von Nervenzellen im Hirnstamm. Die Verarbeitungsprozesse in dieser Hirnregion sorgen dafür, daß der Organismus sich flexibel auf vielfältige Reize einstellen kann. Er dient als ein sensomotorisches Zentrum: Hier werden Informationen über Sinnesreize und motorische Reaktionen auf diese Reize – etwa Bewegungen von Augen, Ohren, Kopf – integriert (Meredith u. Stein 1985). Zusätzlich dazu kontrolliert dieser Zellverband die Öffnung der Pupillen bei schwachem Licht und ihre Kontraktion bei grellem Licht.
- Der andere, längere Weg führt zunächst zum **Corpus geniculatum laterale** des Thalamus und dann zum Gebiet des visuellen Kortex im hinteren Bereich der

jeweiligen Hirnhemisphäre. Es wird angenommen, daß an den Synapsen des Corpus geniculatum laterale Einflüsse aus anderen Hirnregionen, beispielsweise aus der Formatio reticularis, mit den visuellen Informationen von der Retina in Beziehung gesetzt werden, bevor schließlich Informationen zum Sehzentrum im Kortex gesendet werden. Die Formatio reticularis ist zuständig für den Aktiviertheits- oder Wachheitszustand des Organismus (vgl. Abschn. 2.2). Das bedeutet, daß die Interpretation visueller Informationen durch das Gehirn vom Aktivierungszustand des Organismus abhängt.

Getrennte Zellschichten im Corpus geniculatum laterale entschlüsseln Informationen über die Farbe und andere Merkmale der visuellen Welt. Die neueste Forschung unterstützt auch die Hypothese, daß es separate Pfade für das Erkennen von Mustern – wie Objekte aussehen – und das Erkennen von Orten – wo Objekte lokalisiert sind – gibt (Wilson et al. 1993).

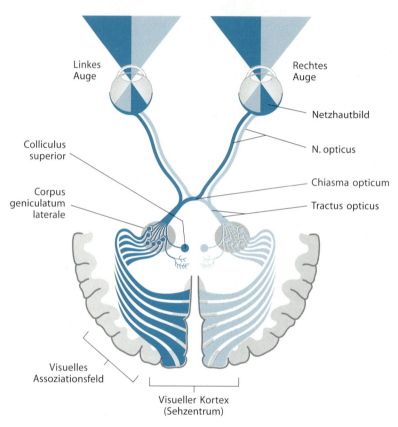

Linkes Auge

Rechtes Auge

Netzhautbild

N. opticus

Colliculus superior

Chiasma opticum

Corpus geniculatum laterale

Tractus opticus

Visuelles Assoziationsfeld

Visueller Kortex (Sehzentrum)

Abb. 3.16. Pfade im visuellen System des Menschen. Die Abbildung zeigt, auf welchem Wege Licht aus dem Sehfeld zunächst auf die Retina projiziert und dann in Form von neuronalen Botschaften von der Retina an die Sehzentren der beiden Hirnhemisphären gesendet wird

EXPERIMENT

Blindes Sehen
Die Trennung der verschiedenen visuellen Funktionen zeigt sich in dramatischer Weise bei Personen, die einen Teil des visuellen Kortex (Sehzentrum) durch Verletzungen oder Operationen verloren haben.

Die folgende Fallgeschichte kann als Veranschaulichung dienen.

Seit Don etwa 14 Jahre alt war, hatte er starke, langandauernde Kopfschmerzen. Dazu kamen sensorische Ausfälle im linken Gesichtsfeld, die ihn stark behinderten. Im Alter von 34 Jahren entschloß er sich zu einer neurochirurgischen Operation. Dabei sollte ein kleiner Teil des rechten Okzipitallappens entfernt werden. Tatsächlich beseitigte der Eingriff auf Dauer Dons Kopfschmerzen, aber er erblindete in der linken Hälfte des Gesichtsfeldes vollständig, weil die entfernte Hirnregion auch das primäre Sehzentrum enthielt. Die Folge war, daß er beispielsweise einen hellen Lichtfleck, der links von seinem Fixationspunkt gezeigt wurde, einfach nicht wahrnahm. Dennoch wurde Don von den ihn untersuchenden Psychologen gebeten, mit dem linken Zeigefinger auf den Ort des Lichtflecks zu zeigen.

Das Ergebnis war beeindruckend: Bei dieser Aufgabe war Don im »blinden« linken Gesichtsfeld fast genauso gut wie im intakten rechten Gesichtsfeld! Weitere Experimente zeigten, daß er auch beurteilen konnte, ob eine Linie im »blinden« linken Gesichtsfeld vertikal oder horizontal verlief, und ob es sich bei einem dargebotenen Buchstaben um ein X oder ein O handelte. Wohlgemerkt: Während dieser Tests war sich Don der Präsenz der Flecken, Linien und Buchstaben nicht bewußt! Er ging davon aus, daß er nur (im wortwörtlichen Sinne) blind raten würde. Als ihm Videoaufnahmen von den Untersuchungen gezeigt wurden, war er verwundert, sich selbst auf Lichtflecken zeigen zu sehen, die er nicht bemerkt hatte (Weiskrantz et al. 1974).

Im Abschnitt **Experiment** wird Dons »Sehvermögen« sehr treffend »blindes Sehen« getauft, denn es handelt sich um die visuelle Kontrolle des Verhaltens ohne das *bewußte Gewahrwerden* der gesehenen Objekte. Vergleichbare Resultate sind auch bei anderen Patienten mit ähnlichen Schädigungen des visuellen Kortex gefunden worden (Perenin u. Jeannerod 1975). Das beobachtete Verhaltensmuster ist als Hinweis dafür interpretiert worden, daß intakte subkortikale Strukturen selbst dann eine angemessene visuelle Analyse bestimmter Informationen vornehmen können, wenn die zuständigen Areale des Kortex zerstört sind – allerdings außerhalb des Bewußtseins. Diese Schlußfolgerung ist jedoch umstritten, nicht zuletzt deshalb, weil die multiplen Pfade, die das Gehirn benutzt, um visuelle Informationen zu kodieren, noch nicht hinreichend erforscht sind (Fendrich et al. 1992, 1993; Stoerig 1993; Weiskrantz 1993).

Sie haben bisher erfahren, wie die visuelle Information von den Augen an verschiedene Hirnregionen verteilt wird. Nun wenden wir uns der Erfahrung einzelner Aspekte der visuellen Welt zu. Eines der beeindruckendsten Merkmale des Sehens besteht darin, daß die Erfahrungen von Form, Farbe, Position und Tiefe darauf beruhen, daß dieselbe sensorische Information in unterschiedlicher Weise verarbeitet wird. Stellen wir uns nun also die Frage: *Wie* vollziehen sich die Informationsverarbeitungsprozesse, die uns die Erfahrung der verschiedenen Eigenschaften der visuellen Welt ermöglichen? Betrachten wir exemplarisch die Wahrnehmung von Farben.

3.3.4
Farbwahrnehmung

Physikalische Objekte und Lichtstrahlen haben anscheinend die wunderbare Eigenschaft, daß sie angemalt sind. Aber der Schein trügt. Obwohl für uns die Weihnachtsbäume grün sind, das Meer blau und der Regenbogen vielfarbig, existiert die Farbe weder in den Objekten noch im Licht. Wenn wir etwas farbig sehen, so ist das eine psychische Qualität, die dann hervorgerufen wird, wenn das Gehirn die in der Lichtquelle enthaltenen Informationen dekodiert. Obwohl die beteiligten Prozesse ausgesprochen komplex sind, ist das Farbensehen einer der am besten erforschten Aspekte unserer visuellen Erfahrung.

Das für uns sichtbare Licht ist nur ein kleiner Abschnitt einer physikalischen Dimension, die als **elektromagnetisches Spektrum** bezeichnet wird. Unser visuelles System ist nicht dafür ausgelegt, andere Stimuli auf dieser Dimension zu erfassen, etwa Röntgenwellen, Mikrowellen und Radiowellen. Die physikalische Eigenschaft, die diese verschiedenen Typen elektromagnetischer Energie voneinander unterscheidet, ist die **Wellenlänge**, also die Distanz zwischen den Scheitelpunkten zweier benachbarter Wellen. Die Wellenlänge des sichtbaren Lichtes wird in Nanometern (nm; Milliardstel Meter) gemessen. Es hat eine Wellenlänge von etwa 400 bis 700 nm. Jede Farbe, die wir sehen, ist das Ergebnis der Erfahrung von Lichtstrahlen einer bestimmten physikalischen Wellenlänge. Physikalisch gesehen wird Licht also in Wellenlängen beschrieben, *nicht* in Farben – Farben existieren nur, weil unser visuelles System Wellenlängen so interpretiert.

Farbraum

Um diesen Interpretationsvorgang zu verstehen, braucht man eine systematische Beschreibung der verschiedenen Farbeindrücke. Dazu bedienen sich Psychologen des Farbraums.

> **!** Der **Farbraum** ist ein dreidimensionales Modell, innerhalb dessen jede Farbe eine bestimmte Position einnimmt. Der Farbraum beschreibt alle Farbeindrücke in den Dimensionen Ton, Sättigung und Helligkeit, den Dimensionen der menschlichen Wahrnehmung von Licht. Alle Farbempfindungen des Menschen haben in diesem Raum ihren Platz und bilden die **Farbspindel**, wie in Abb. 3.17 zu sehen ist.

Betrachten wir nun nacheinander die 3 Dimensionen des Farbraumes.

- Der Farbton gibt die qualitative Veränderung der Farbe in Abhängigkeit von der Wellenlänge an. In »reinem« Licht, das – wie etwa Laserstrahlen – nur eine Wellenlänge enthält, entspricht die psychologische Erfahrung des Farbtons genau der physikalischen Dimension der Wellenlänge des Lichts. Die Empfindungen von Farbtönen, die durch unterschiedliche Wellenlängen des Lichts entstehen, liegen im Farbraum an der Außenseite des Farbenkrei-

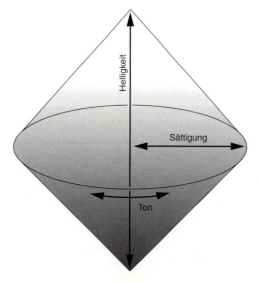

Abb. 3.17. Die Farbspindel. Jeder Farbempfindung kann in einem dreidimensionalen Raum eindeutig ein Platz zugewiesen werden. Die Dimensionen des Farbraums sind Ton, Sättigung und Helligkeit. Alle Farbempfindungen zusammen bilden die Farbspindel

ses, der wie eine Scheibe in der Mitte der Farbspindel liegt (s. abermals Abb. 3.17).

- Sättigung ist die psychologische Dimension, die die Reinheit und Lebhaftigkeit der Farbempfindung beschreibt. In der Farbspindel ist Sättigung die Distanz von der Mittelachse nach außen. Die reinen Farben, die am äußeren Rand liegen, haben die höchste Sättigung, Grautöne in der Mitte gar keine, und die trüben, gedämpften Töne und die Pastellfarben liegen dazwischen.

- Helligkeit ist diejenige Dimension der Farbempfindung, die sich auf die Lichtintensität bezieht. Weiß hat die größte Helligkeit, Schwarz die geringste. Helligkeit ist die vertikale Dimension des Farbraumes, die sich von Weiß an der oberen Spitze über alle unterschiedlichen Grautöne zu Schwarz am unteren Ende erstreckt. Diese »neutralen« Farbempfindungen (Farbempfindungen ohne Ton) liegen entlang der vertikalen Achse der Farbspindel. Alle Farben haben einen Wert auf der Helligkeitsdimension. Je heller eine Farbe ist, um so höher ist sie in der Farbspindel angesiedelt.

Theorien der Farbwahrnehmung

Wie läßt sich die Farbwahrnehmung erklären? Im wesentlichen haben 2 Theorien, die Dreifarbentheorie und die Gegenfarbentheorie, die wissenschaftliche Diskussion bestimmt. Sie werden nun näher dargestellt.

- Die Dreifarbentheorie

Die erste wissenschaftliche Theorie des Farbensehens wurde um 1800 von Sir Thomas Young vorgestellt. Er behauptete, es gebe 3 Typen von Farbrezeptoren im normalen menschlichen Auge, die die psychologisch »primären« Farbempfindungen, Rot, Grün und Blau, hervorriefen. Von allen anderen Farben nahm er an, daß sie Kombinationen dieser 3 Primärfarben seien. Youngs Theorie wurde später von Hermann von Helmholtz ausgearbeitet und erweitert und ist unter dem Namen **Young-Helmholtz-Dreifarbentheorie** bekannt geworden.

Die Dreifarbentheorie erfreute sich lange Zeit allgemeiner Anerkennung, lieferte sie doch eine plausible Erklärung für die menschliche Farbempfindung und für Farbenblindheit. (Farbenblinde, so wurde angenommen, verfügen nur über 1 oder 2 Arten von Rezeptoren.) Andere Tatsachen und Beobachtungen hingegen ließen sich nicht so gut erklären. Warum z. B. mißlingt es Farbenblinden regelmäßig, zwischen Paaren von

Farben zu unterscheiden, zwischen rot und grün, zwischen blau und gelb?

● Die Gegenfarbentheorie

Mit den Antworten auf diese Fragen legte Ewald Hering den Grundstein für eine zweite Theorie des Farbensehens, die er im späten 19. Jahrhundert vorstellte. Nach seiner **Gegenfarbentheorie** entspringen alle Farbempfindungen 3 zugrundeliegenden Systemen, deren jedes 2 »entgegengesetzte« Elemente enthält: Rot vs. Grün, Blau vs. Gelb und Schwarz vs. Weiß. In dieser Theorie treten die Arten der Farbenblindheit deshalb paarweise auf, weil das Farbsystem als solches aus Gegensatzpaaren aufgebaut ist.

Wissenschaftler haben jahrelang darüber debattiert, welche Theorie denn nun den Tatsachen gerecht werde. Mit der Zeit stellte sich heraus, daß beide Theorien sich nicht wirklich widersprachen, sondern 2 aufeinanderfolgende Stufen der Verarbeitung beschrieben, an denen verschiedene physiologische Strukturen im visuellen System beteiligt sind (Hurvich u. Jameson 1974). Mittlerweile ist bekannt, daß es tatsächlich 3 Arten von Zapfen gibt. Jede von ihnen ist für Licht anderer Wellenlänge am sensibelsten, und alle 3 arbeiten ziemlich genau so, wie aufgrund der ursprünglichen Young-Helmholtz-Dreifarbentheorie zu erwarten ist. Eine Art der Zapfen reagiert am stärksten auf Licht kurzer Wellenlängen (das blau wahrgenommen wird), eine zweite reagiert am stärksten auf mittlere (wird als grün wahrgenommen) und eine dritte auf lange Wellenlängen (wird als rot wahrgenommen). Diese entsprechen den 3 Primärfarben der Young-Helmholtz-Theorie. Farbenblinden fehlen eine oder mehrere dieser 3 Arten von Rezeptorzellen.

Die Ganglienzellen der Retina kombinieren dann den Ertrag (Output) dieser 3 Zapfentypen auf unterschiedliche Weise. Dabei arbeiten sie so, wie Herings Gegenfarbentheorie es vorhersagt (DeValois u. Jacobs 1968). Einige Zellen in diesem System werden aktiviert durch Licht, das Empfindungen von Rot hervorbringt und gehemmt durch Licht, das Empfindungen von Grün verursacht. Andere Zellen des Systems verhalten sich entgegengesetzt: Sie werden aktiviert durch Licht, das grün aussieht und gehemmt durch Licht, das rot aussieht. Zusammen bilden diese beiden Arten von Ganglienzellen die physiologische Basis des Rot-Grün-Systems der gegenseitigen Hemmung. Andere Ganglienzellen bilden das Blau-Gelb-System und das Schwarz-Weiß-System, indem sie die Erträge der 3 Arten von Zapfen in unterschiedlicher Weise kombinieren.

3.3.5
Ausblick: Molekulare Grundlagen des Sehens

Neuere Entdeckungen der Genforscher und Neurobiologen liefern eine solide empirische Grundlage für psychologische Theorien des Farbensehens. Wir nehmen unterschiedliche Farben wahr, indem wir die Farbinformationen von den Zapfen, die für rotes oder grünes oder blaues Licht empfindlich sind, analysieren. Die Zapfen enthalten Pigmente, die jeweils eine dieser 3 Lichtarten entdecken. Welche Farben wir sehen, hängt davon ab, wie stark eintreffendes Licht jede der 3 Gruppen von Zapfen anregt. Theorien und Spekulationen sind mit der Isolierung und Identifikation dreier menschlicher Gene, die die 3 für das Farbensehen verantwortlichen Pigmente festlegen, durch Fakten abgelöst worden (Nathans et al. 1986). Die Gene steuern die Entwicklung der für das Sehen von Rot, Grün und Blau notwendigen Proteine.

Das visuelle System besteht aus verschiedenen separaten und voneinander unabhängigen Subsystemen, die unterschiedliche Aspekte desselben Netzhautbildes analysieren. Neuropsychologen und Neurobiologen haben gezeigt, daß voneinander getrennte Gruppen von Neuronen mit jeweils spezifischen Eigenschaften existieren, die die Wahrnehmung von Farbe, Form, Kontrast, Bewegung und Struktur hervorbringen (Livingstone u. Hubel 1988). Obwohl die Wahrnehmung letztlich einen einheitlichen und zusammenhängenden visuellen Eindruck liefert, so besteht Sehen doch auch aus Informationsverarbeitung in einer Vielzahl von *separaten* Kanälen, die allerdings von übergeordneten neuronalen Strukturen vorzüglich koordiniert werden.

Ein Großteil der Hinweise auf die »getrennten Arbeitsbereiche« im visuellen System stammt von Patienten mit verschiedenen Arten von Hirnschädigungen. Erinnern Sie sich an den Fall »blinden Sehens«, der demonstrierte, daß das Erkennen vom Bewußtsein getrennt verläuft. Es gibt andere Patienten, die zwar die Fähigkeit zur Farbwahrnehmung, nicht aber die Formwahrnehmung verloren haben. Wieder andere können Bewegungen nicht mehr wahrnehmen, wohl aber immer noch Farbe und Form. Und schließlich gibt es Patienten, bei denen sich die Einschränkung des Sehens auf die Unfähigkeit beschränkt, vertraute Gesichter wiederzuerkennen. Diese klinischen Fälle liefern wichtige Hinweise für die weitere Erforschung der neuronalen Grundlagen der Verarbeitung visueller Informationen.

3.4
Prozesse der Wahrnehmungsorganisation

Die Welt würde für uns ziemlich verwirrend aussehen, wenn wir nicht in der Lage wären, die Informationen, die wir von den Millionen von Rezeptoren auf der Netzhaut erhalten, zusammenzufassen und zu ordnen. Was wir sehen würden, wäre ein Kaleidoskop unzusammenhängender Farbflecken, die vor unseren Augen herumtanzen.

Diese Prozesse des Zusammenfügens der Sinneseindrücke zu kohärenten, zusammenhängenden Szenen werden unter dem Begriff der **Organisation** subsumiert. Als Ergebnis der Organisationsprozesse entstehen bei der Person Perzepte (s. auch die Einleitung zu diesem Kapitel).

Was diese Stufe der Wahrnehmung leistet, läßt sich am besten an einem Beispiel verdeutlichen. Betrachten Sie Abb. 3.18a. Sie nehmen die zweidimensionalen geometrischen Muster als 3 diagonale Reihen von Formen wahr. Die eine Reihe besteht aus Quadraten, die zweite aus Pfeilspitzen und die dritte aus Rhomben. Das scheint nicht besonders bemerkenswert zu sein – es sei denn, man analysiert die Verarbeitungsprozesse, die durchlaufen werden müssen, damit ein solcher Eindruck entsteht.

Wir werden in diesem Abschnitt zunächst folgende Organisationsgesetze kennenlernen:

- Gliederung in Bereiche,
- Unterscheidung von Figur und Grund,
- Geschlossenheit und Gruppierung,
- Prinzip der guten Gestalt und Gesetz der Prägnanz sowie
- Integration in Bezugsrahmen.

Außerdem werden wir darstellen, wie Organisationsprinzipien die Bewegungs- und Tiefenwahrnehmung ermöglichen und zu Wahrnehmungskonstanzen beitragen.

3.4.1
Gliederung in Bereiche

Gehen wir zuerst auf Ihre sensorische Reaktion auf Abb. 3.18 ein. Weil Ihre Netzhaut aus vielen einzelnen Rezeptoren zusammengesetzt ist, reagiert Ihr Auge mit einem Mosaik von Millionen voneinander unabhängigen neuronalen Reaktionen, in denen der Betrag des auf kleine Stellen der Retina einfallenden Lichts ko-

diert (verschlüsselt) ist (s. Abb. 3.18b). Der erste Prozeß auf der Stufe der Wahrnehmungsorganisation besteht darin, festzulegen, welche dieser kleinen Flecken zusammengehören. Mit anderen Worten, die Ergebnisse (Outputs) der Verarbeitung in den einzelnen Rezeptoren werden zu größeren Einheiten integriert.

Farbe und Oberflächenstruktur (sog. Textur) liefern die Hauptinformationen bei diesem Vorgang der Trennung des sensorischen Gesamteindrucks in Bereiche. Ein abrupter Wechsel der Farbqualität (Ton, Sättigung

a

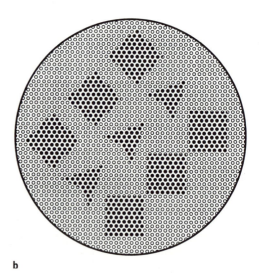

b

Abb. 3.18a,b. Veranschaulichung von Organisationsprozessen bei der Wahrnehmung

oder Helligkeit) bedeutet eine »Grenze« zwischen 2 Regionen. Abrupte Veränderungen der Textur markieren in ähnlicher Weise Grenzen verschiedener Regionen.

Viele Forscher glauben heute, daß Neuronen im visuellen Kortex eine bedeutsame Rolle bei der **Bereichsgliederung** spielen (Marr 1982). Einige Zellen sind in idealer Weise geeignet, Grenzen zwischen Bereichen unterschiedlicher Farbe aufzuspüren. Andere decken anscheinend kleine »Striche« oder »Linien« auf, wie sie etwa in Texturen von Wiesen, Feldern oder gewebten Stoffen vorkommen. Diese kortikalen »Liniendetektoren« sind also möglicherweise der Grund dafür, daß wir zwischen Regionen unterschiedlicher Texturen unterscheiden können (Beck 1972, 1982; Julesz 1981a, b).

3.4.2
Figur und Grund

Als Ergebnis der Bereichsgliederung ist der Reiz in unserem Beispiel in Abb. 3.18 nun in 10 Regionen unterteilt: in 9 kleine dunkle und einen großen hellen Bereich. Man kann sich diese 10 Regionen aber auch als eine Gesamteinheit vorstellen, etwa in der Art von Teilen in einem Mosaikfenster. Der nächste Organisationsprozeß, den man als **Figur-Grund-Gliederung** bezeichnet, teilt die Bereiche in die sog. Figur und den sog. Grund ein. Man kann sich die Figur als eine oder mehrere objektartige Regionen im Vordergrund des Gesamteindruckes vorstellen. Die Bezeichnung Grund bezieht sich auf eine Art von Hintergrund, von dem sich die Figur abhebt. In Abb. 3.18 sehen Sie wahrscheinlich die dunklen Teile als Figur und die helle Region als Grund. Aber es ist durchaus möglich, das Reizmuster anders wahrzunehmen, indem Figur und Grund vertauscht werden, gerade so, wie Sie das bereits von den mehrdeutigen Figuren in Abb. 3.5 kennen. Sie können diese Veränderung am ehesten erreichen, wenn Sie sich die helle Region als ein großes weißes Blatt Papier vorzustellen versuchen, in das jemand 9 Löcher hineingeschnitten hat, durch die Sie auf einen schwarzen Hintergrund schauen.

Die Tendenz, Figuren *vor* einem (Hinter-)Grund zu sehen, ist sehr stark. Dieser Effekt läßt sich sogar dann erzielen, wenn es die wahrgenommene Figur eigentlich gar nicht gibt. In Abb. 3.19 *sehen* Sie ein ausgefülltes weißes Dreieck, das sich von einem Grund abhebt, der 3 schwarze Kreise und ein schwarzes X auf einer weißen Oberfläche aufweist. *Tatsächlich abgebildet* sind in diesem Reizmuster jedoch nur 3 ausgefüllte

schwarze Figuren und 4 unverbundene Striche. Man glaubt, im Vordergrund ein Dreieck zu sehen, weil die Winkelausschnitte der schwarzen Kreise und die Unterbrechungen der Linien so angeordnet sind, daß es aussieht, als verdecke ein festes weißes Dreieck Teile ganzer schwarzer Kreise und ein komplettes X.

Es scheint in diesem Beispiel 3 Ebenen der Figur-Grund-Organisation zu geben:

- das weiße Dreieck oben,
- die schwarzen Kreise und das X dahinter und
- die große weiße Fläche hinter allem anderen.

Unsere Wahrnehmung unterteilt also das gesamte weiße Feld in 2 unterschiedliche Regionen: das weiße Dreieck und den weißen Grund. Wo diese Teilung in Erscheinung tritt, nimmt man **illusionäre subjektive Konturen (Umrisse)** wahr. Diese Konturen existieren nicht im distalen Reiz, sondern nur in der subjektiven Erfahrung.

3.4.3
Geschlossenheit und Gruppierung

Die Wahrnehmung des weißen Dreiecks in Abb. 3.19 demonstriert einen weiteren einflußreichen Organisationsprozeß: das Prinzip der **Geschlossenheit**. Geschlossenheit ist die Tendenz, unvollständige Figuren als voll-

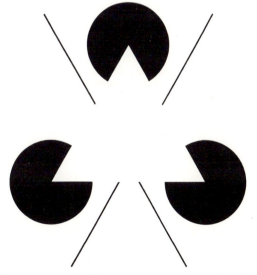

Abb. 3.19. Veranschaulichung des Prinzips der Figur-Grund-Gliederung

ständig zu sehen. Obwohl die Bildvorlage lediglich die 3 Winkel enthält, fügt das Wahrnehmungssystem in der weißen Fläche zwischen den Winkeln illusionäre Grenzen hinzu, wodurch die Figur eines vollständigen Dreiecks sichtbar wird. Geschlossenheit ist der Grund dafür, daß wir Reize als vollständig, ausgeglichen und symmetrisch wahrnehmen, auch wenn sie Lücken aufweisen, unausgeglichen sind oder Asymmetrien enthalten.

Kehren wir zu Abb. 3.18 zurück, denn sie demonstriert noch ein weiteres Prinzip. Sie nehmen die 9 separaten dunklen Bereiche nicht als separate und unabhängige Partikel wahr, sondern als nach Formgleichheit in 3 diagonalen Reihen angeordnete Figuren: eine Reihe von Quadraten, eine Reihe von Pfeilen und eine Reihe von Rhomben. Mit anderen Worten, Wahrnehmung schließt den Prozeß der **Gruppierung** einzelner Elemente ein.

Das visuelle System gelangt zu dieser Gruppierung aufgrund von Prinzipien, welche von den deutschen Gestaltpsychologen Max Wertheimer, Kurt Koffka und Wolfgang Köhler und der von ihnen vertretenen Gestalttheorie als **Gestaltgesetze** formuliert worden sind.

> **!** Grundlegend für die Gestalttheorie ist die Annahme, daß der Wahrnehmungsprozeß nicht vollständig verstanden werden kann, wenn man ihn nur in immer kleinere Teilprozesse zerlegt. Wahrnehmung ist mehr als die Summe dieser Teilprozesse – gemäß der Maxime: Eine **Gestalt** ist mehr als die Summe der Einzelteile.

Die Tendenz zur Gruppierung ist besonders gründlich von Max Wertheimer (1923) untersucht worden. Wertheimer legte seinen Vpn Anordnungen einfacher geometrischer Figuren vor. Durch die Variation einzelner Reizmerkmale und die Beobachtung, wie dadurch die Wahrnehmung der Gesamtstruktur beeinflußt wurde, war er in der Lage, eine Reihe von Gesetzen der Gruppierung zu formulieren. Einige dieser Gesetze werden durch Abb. 3.20 illustriert: die Gesetze der Nähe, der Ähnlichkeit und des gemeinsamen Schicksals.

- Das **Gesetz der Nähe** besagt, daß unter sonst gleichen Bedingungen die nächstgelegenen (benachbarten) Reizelemente als zusammengehörig gesehen werden. Auch dieses Gesetz demonstriert das Gestaltprinzip, nach dem das Ganze mehr als die Summe der Teile ist, denn aus dem Gesamtbild des Reizes ergibt sich, welche Elemente zu Figuren zusammengefaßt werden.
- In Abb. 3.20d ist statt der räumlichen Anordnung die Farbe der Punkte variiert worden. Obwohl der Abstand zwischen den Punkten gleich ist, organisiert unser Wahrnehmungssystem den Reiz nun automatisch anhand der Farbe in Punktereihen. In Abb. 3.20e werden die Punkte nach der Größe in Spalten angeordnet wahrgenommen, und in Abb. 3.20f werden sie aufgrund der Ähnlichkeit in Form und Richtung als in Reihen angeordnet interpretiert. Diese

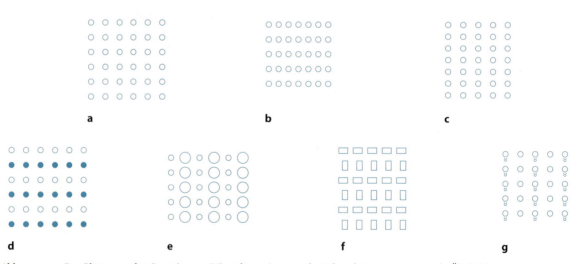

Abb. 3.20a–g. Das Phänomen der Gruppierung. Wir nehmen jeden der Bereiche **b–g** so wahr, als sei er in spezifischer Weise organisiert. Der Grund dafür sind verschiedene Gruppierungsprinzipien. **a** Standardreiz, **b** Gruppierung nach Nähe, **c** Gruppierung nach Nähe, **d** Gruppierung nach Ähnlichkeit, **e** Gruppierung nach Ähnlichkeit, **f** Gruppierung nach Ähnlichkeit, **g** Gruppierung nach »gemeinsamem Schicksal«

Gruppierungen demonstrieren das **Prinzip der Ähnlichkeit**: Unter sonst gleichen Bedingungen werden diejenigen Elemente zu Figuren gruppiert, die sich am ähnlichsten sind.

- Wenn sich die Objekte im Gesichtsfeld bewegen, so stellt das **Prinzip des gemeinsamen Schicksals** ein starkes Gruppierungsgesetz dar. Es besagt, daß unter sonst gleichen Bedingungen Elemente, die sich in dieselbe Richtung und mit derselben Geschwindigkeit bewegen, als zusammengehörig wahrgenommen werden. Stellen Sie sich vor, die Punkte in Abb. 3.20g, die unten ein Häkchen tragen, bewegten sich nach oben. Sogleich ordnet sich das Wahrnehmungsbild aufgrund der Ähnlichkeit der Bewegung in Spalten an. Das Prinzip des gemeinsamen Schicksals ist uns auch bereits bei den Wahrnehmungsstörungen von Dr. Richard in Abschn. 3.1 begegnet: Wenn sich die separaten Reizelemente im Gesichtsfeld dieses Patienten in dieselbe Richtung bewegten, so fügten sie sich zu einer ganzheitlichen Person zusammen.

3.4.4
Das Prinzip der guten Gestalt und das Gesetz der Prägnanz

Ist eine gegebene Region einmal abgegrenzt, als Figur vor einem Hintergrund wahrgenommen und zusammen mit ähnlichen Figuren gruppiert worden, so müssen die Begrenzungen noch als eine bestimmte Form organisiert werden. Das scheint nicht mehr zu erfordern als einfach die Wahrnehmung aller Ränder (Begrenzungen) der Figur. Aber auch im Falle der Form haben die Gestaltpsychologen gezeigt, daß die visuelle Organisation weitaus komplexer abläuft. Wäre eine Form des Ganzen nichts anderes als die Summe der Begrenzungen, so sollten alle Formen, die gleich viele Grenzlinien aufweisen, auch mit derselben Leichtigkeit wahrgenommen werden.

Diese Erwartung bestätigt sich aber nicht. Die Wahrnehmung der Form unterliegt einem Organisationsprinzip, das als **Prinzip der guten Gestalt** bezeichnet wird. »Gute Gestalt« berücksichtigt die Wahrnehmung von Einfachheit, Symmetrie und Regelmäßigkeit. Die Figuren in Abb. 3.21 repräsentieren eine Skala unterschiedlich »guter« Gestalten, auch wenn sie allesamt 6 Seiten aufweisen! Wahrscheinlich finden auch Sie, daß Abb. 3.21a die »beste« (oder vertrauteste) Gestalt zeigt und Abb. 3.21e die »schlechteste« (oder am wenig-

Abb. 3.21a–e. Veranschaulichung des Prinzips der guten Gestalt: Welche Figur weist die beste Gestalt auf, welche die schlechteste?

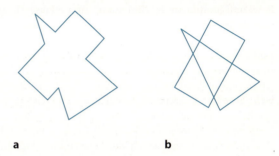

Abb. 3.22a,b. Veranschaulichung des Prinzips der guten Gestalt: Wie nehmen Sie eine schlechte Gestalt wahr? **a** Stimulus: »Schlechte Gestalt«, **b** Wahrnehmung: 2 »gute Gestalten«

sten »normale«) Gestalt, während die restlichen Figuren zwischen beiden Extremen aufzureihen sind.

Experimente haben gezeigt, daß gute Gestalten leichter und genauer wahrgenommen werden als weniger gute (schlecht strukturierte) Gestalten. Sie werden auch besser erinnert und können besser beschrieben werden (Garner 1974). Diese Ergebnisse sprechen dafür, daß die Formen guter Gestalten vom visuellen System schneller und ökonomischer kodiert werden können. Wie Abb. 3.22 veranschaulicht, tendiert unser Wahrnehmungssystem manchmal sogar dazu, *eine* schlecht strukturierte Figur als eine Zusammensetzung von 2 sich überlappenden guten Gestalten wahrzunehmen.

Lassen sich die verschiedenen Gruppierungsgesetze zusammenfassen? Die Gestaltpsychologen nehmen an, daß die Prinzipien der Nähe, der Ähnlichkeit, des gemeinsamen Schicksals und der guten Gestalt allesamt Beispiele des generellen Prägnanzgesetzes sind.

> **!** Das **Prägnanzgesetz** ist ein allgemeines gestaltpsychologisches Prinzip und besagt, daß Reize oder Reizkonfigurationen so wahrgenommen werden, als wären sie nach möglichst einfachen Organisationsprinzipien aufgebaut.

Die Zahl der Gestaltgesetze bzw. -faktoren unterliegt, je nach Autor, großen Schwankungen. So beschrieb Helson (1933) 114 Gestaltfaktoren, während Metzger

(1966) sie auf 7 reduzierte, wozu auch die Gesetze der Nähe, der Ähnlichkeit und des gemeinsamen Schicksals gehörten (nach Murch u. Woodworth 1978).

3.4.5
Integration von Reizkonfigurationen in Bezugsrahmen

Das visuelle System hat die Tendenz, einzelne Teile von Reizkonfigurationen in Beziehung zu umfassenderen räumlichen Kontexten zu organisieren. Tatsächlich wird das ganze Gesichtsfeld selten als etwas wahrgenommen, das da aufhört, wo – bedingt durch die Position der Augen im Kopf – unser Sehvermögen seine Grenzen hat. Statt dessen nehmen wir unser Sehfeld wahr als einen begrenzten Ausblick auf eine riesige visuelle Welt, die sich in alle Richtungen nicht sichtbarer Regionen der Umwelt erstreckt. Ein Beispiel für derartige Integrationsprozesse ist die Verwendung von Bezugsrahmen bei der Bestimmung der Form einer Figur.

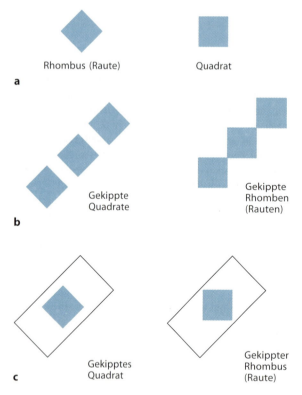

Rhombus (Raute)   Quadrat

a

Gekippte Quadrate   Gekippte Rhomben (Rauten)

b

Gekipptes Quadrat   Gekippter Rhombus (Raute)

c

Abb. 3.23a–c. Veranschaulichung der Wirkung von Bezugsrahmen. **a** Rhombus (Raute), Quadrat, **b** Gekippte Quadrate, Gekippte Rhomben (Rauten), **c** Gekipptes Quadrat, Gekippter Rhombus (Raute)

Betrachten Sie die einzelne Figur in der linken Hälfte in Abb. 3.23 oben. Sie sieht wie ein Rhombus (oder eine Raute) aus. Die einzelne Figur in der rechten Hälfte oben hat die Form eines Quadrates. Wenn Sie diese Figuren aber, wie in Abb. 3.23b dargestellt, in diagonale Reihen eingefügt zu sehen bekommen, so hat sich die Form umgekehrt. Die Reihe der Rhomben (links) sieht so aus, als handele es sich um gekippte Quadrate, und die Reihe der Quadrate (rechts) sieht so aus wie gekippte Rhomben (Rauten). Die Erklärung für dieses Phänomen liefert das Konzept des **Bezugsrahmens**. Die Form der Figur »verändert« sich, weil sie in Relation zu dem Bezugsrahmen gesehen wird, der in Abb. 3.23b durch die jeweilige ganze Reihe hergestellt worden ist (Palmer 1984, 1989). Wenn die Reihen nicht diagonal, sondern vertikal verlaufen würden, so sähen Sie die einzelne Figur wieder in ihrer ursprünglichen Form. Sie können sich dessen versichern, wenn Sie das Buch im Uhrzeigersinn um 45° drehen.

Es lassen sich andere Bezugsrahmen herstellen, die denselben Effekt wie die Reihen in Abb. 3.23b haben. Betrachten Sie Abb. 3.23c. *Mit* dem Rahmen sieht die linke Figur aus wie ein gekipptes Quadrat und die rechte Figur wie ein gekippter Rhombus. Decken Sie nun die Rahmen zu: *Ohne* den Rahmen kehren die Figuren zu ihrer ursprünglichen Form zurück (links Rhombus, rechts Quadrat).

3.4.6
Bewegungswahrnehmung

Ein Wahrnehmungsmodus, der von Ihnen verlangt, daß Sie eine Reihe von aufeinanderfolgenden Sinneserfahrungen miteinander vergleichen, ist die **Bewegungswahrnehmung**. Betrachten Sie die beiden Bilder in Abb. 3.24. Sie sollen veranschaulichen, was passiert, wenn Sie sich einer Person nähern, die selbst still steht. Das Bild auf der Netzhaut wird um so größer, je näher Sie ihr kommen. Das Anwachsen der Bildgröße vermittelt einen Eindruck davon, wie schnell man sich der Person nähert. Nach Gibson (1979) nutzen wir diese Art von Informationen, um uns geschickt durch die Umwelt zu bewegen.

Nehmen Sie jetzt an, Sie ständen auf der Stelle und die übrigen Objekte befänden sich in Bewegung. Nun zeigt sich, daß die Bewegungswahrnehmung häufig auf ein Bezugssystem zurückgreift.

Ein Beispiel soll das veranschaulichen: Angenommen, Sie sitzen in einem abgedunkelten Zimmer und fi-

Abb. 3.24. Veränderung des Netzhautbildes bei Annäherung an eine Person. Die Größe des Netzhautbildes nimmt zu, wenn man einer Person näher kommt

xieren einen feststehenden Lichtpunkt innerhalb eines beleuchteten Rechtecks, das sich ganz langsam hin und her bewegt. In Ihrer Wahrnehmung kehrt sich der Sachverhalt um: Sie sehen einen sich bewegenden Punkt innerhalb eines feststehenden Rechtecks. Diese Täuschung, die man als **induzierte Bewegung** bezeichnet, tritt sogar dann auf, wenn Ihre Augen völlig ruhig stehen und den Punkt fixieren. Die Reizdetektoren, die für Bewegungen zuständig sind, feuern also nicht als Reaktion auf den festen Punkt, sondern als Reaktion auf die sich bewegenden Linien des Rechtecks. Folglich kann das Phänomen der induzierten Bewegung nur erklärt werden, wenn man ein höheres Niveau der Wahrnehmungsorganisation betrachtet, auf dem der Punkt und seine angebliche Bewegung innerhalb eines Bezugssystems – hier also des Rechtecks – interpretiert werden.

Im visuellen System scheint es generell eine ausgeprägte Tendenz zu geben, eine größere Figur aus dem Umfeld als Bezugssystem für eine kleinere darinliegende Figur zu nutzen. Wahrscheinlich haben Sie, ohne es zu wissen, schon oft induzierte Bewegungen erlebt. Der Mond, der in Wirklichkeit bei kurzer Betrachtung nahezu ortsfest ist, sieht häufig so aus, als bewege er sich durch eine Wolke, obwohl es in Wirklichkeit die Wolke ist, die am Mond vorbeizieht. Die ihn umgeben-

de Wolke induziert im Falle des Mondes in gleicher Weise eine wahrgenommene Bewegung wie im Beispiel das Rechteck die Bewegung beim Punkt (Rock 1983, 1986). Saßen Sie schon einmal in einem Zug, der ganz langsam anfing, sich zu bewegen? Erschien es Ihnen nicht so, als vollziehe sich statt dessen eine Rückwärtsbewegung der Pfeiler auf dem Bahnsteig oder eines stehenden Zuges auf dem Gleis nebenan?

Eine weitere Bewegungstäuschung, die das Vorhandensein eines auf einem höheren Niveau angesiedelten Organisationsprozesses veranschaulicht, bezeichnet man als Scheinbewegung. Die einfachste Form der **Scheinbewegung**, das **Phi-Phänomen**, tritt auf, wenn 2 feste Lichtpunkte an unterschiedlichen Positionen des Blickfeldes abwechselnd mit einer Frequenz von 4- bis 5mal/s an- und ausgeschaltet werden. Er wird in der Außenwerbung an Gebäuden und in Diskotheken genutzt. Selbst bei dieser verhältnismäßig langsamen Wechselfrequenz scheint es, als ob sich ein Lichtstrahl zwischen den beiden Punkten hin und her bewege. Im Prinzip könnte der Strahl zwischen den beiden Punkten ganz unterschiedliche Wege nehmen. Tatsächlich sehen wir jedoch nur den einfachsten Pfad: eine gerade Linie (Cutting u. Proffitt 1982; Shepard 1984). Dieses Prinzip wird aber außer Kraft gesetzt, wenn man dem Betrachter statt zweier Lichtpunkte wechselnde Ansichten eines menschlichen Körpers zeigt. Nun fügt unser visuelles System die Information nicht unbedingt zu dem einfachsten Pfad, sondern zu einer normalen biologischen Bewegung zusammen (Shiffrar 1994).

3.4.7
Tiefenwahrnehmung

Bisher haben wir Organisationsprozesse in der Wahrnehmung an zweidimensionalen Mustern auf ebenen Flächen demonstriert. Im Alltag jedoch ist unsere Wahrnehmung mit Gegenständen im *dreidimensionalen* Raum beschäftigt. Es ist lebensnotwendig, alle 3 Dimensionen wahrnehmen zu können, wenn man sich dem nähern will, was man sich wünscht, wie gutem Essen und interessanten Leuten, und das zu meiden sucht, was gefährlich ist, wie mit überhöhter Geschwindigkeit heranrasende Autos. Annäherung an und Entfernung von Objekten setzt 2 Arten von genauen Informationen voraus:

- Informationen über die Tiefe – das ist die Distanz vom Beobachter zu den Objekten und
- Informationen über die Richtung, in der sich die Objekte vom Beobachter aus gesehen befinden.

Die Ohren sind nützlich, wenn es um die Bestimmung der Richtung geht. Was die Tiefe angeht, so ist das visuelle System auf sich allein gestellt.

Es scheint auf den ersten Blick nicht schwierig zu sein, die Entfernung eines Gegenstands zu erkennen. Aber haben Sie je versucht, herauszufinden, *wie* das visuelle System das zustande bringt? Das Problem liegt darin, daß das »Ausgangsmaterial« aus Netzhautbildern besteht, die nur 2 der Raumdimensionen abbilden, die vertikale und die horizontale. Sie haben auf der Retina keine dritte Dimension für die Darstellung der Tiefe.

In Abb. 3.25 wird illustriert, wie die Dreidimensionalität des Raumes in den zweidimensionalen Netzhautbildern verlorengeht. Woher weiß der Betrachter, ob das Licht aus der Position a_1 oder a_2 in der Umwelt kam, wenn ein Lichtfleck die Retina an Punkt a stimuliert? Tatsächlich könnte es von jeder Position auf der gesamten Linie A kommen, denn alles Licht von irgendeinem Punkt auf dieser Linie fällt auf dieselben Netzhautzellen. In ähnlicher Weise werden alle Punkte auf der Linie B auf denselben Netzhautfleck b projiziert. Und darüber hinaus würde jede gerade Linie, die einen Punkt der Linie A mit einem Punkt der Linie B verbin-

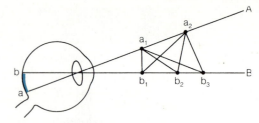

Abb. 3.25. Mehrdeutigkeit der Tiefeninformation im Netzhautbild

det, das gleiche Bild auf die Netzhaut werfen. Fazit: Das Netzhautbild liefert keine eindeutige Information über die Tiefe! Objekte in ganz unterschiedlichen Entfernungen bringen identische Netzhautbilder zustande.

In Abb. 3.5 (s. Abschn. 3.1) ist die Mehrdeutigkeit des Necker-Würfels zu sehen. Die Ambiguität hat ihre Ursache in den Prinzipien der Tiefenwahrnehmung. Das Beispiel demonstriert auch, daß die Tiefenwahrnehmung eine Interpretation der Sinneseindrücke erfordert und daß diese falsch ausfallen kann.

Tiefenwahrnehmung beruht auf unterschiedlichen Informationsquellen über die Entfernung. Genauer betrachten werden wir

- Querdisparation und Konvergenz,
- Bewegungsparallaxe und
- Abbildungsfaktoren.

Querdisparation und Konvergenz

Warum haben wir eigentlich 2 Augen? Gerade bei der Erfassung von räumlicher Tiefe zeigt sich, daß das zweite Auge mehr als nur eine Reserve ist! Durch die Kombination beider Augen erhalten wir unverzichtbare Informationen über die Dreidimensionalität unserer Umwelt. Zwei binokulare Quellen der räumlichen Wahrnehmung (bi heißt »zwei« und okular »von den Augen«) sind die Querdisparation und die Konvergenz.

- Querdisparation

Weil die Pupillen beider Augen im Durchschnitt etwa 6 cm auseinander liegen, erhalten beide Augen leicht unterschiedliche Bilder von der Welt. Sie können sich davon ganz leicht durch folgenden Selbstversuch überzeugen (s. **Psychologie im Alltag**).

Diese Verschiebung zwischen den horizontalen Positionen einander entsprechender Bilder nennt man **Querdisparation (binokulare Disparität)**. Sie liefert Informationen über räumliche Tiefe, da ihr Betrag, wie

Selbstversuch zur Querdisparation

Schließen Sie zuerst Ihr linkes Auge und halten Sie beide Zeigefinger vor dem rechten Auge so, daß der eine etwa eine Armlänge und der andere etwa eine Handbreit von Ihrem Gesicht entfernt ist und daß beide auf einer Linie mit irgendeinem Gegenstand aus der Umgebung liegen. Dann schließen Sie, während Sie die Stellung Ihrer Finger nicht verändern, das rechte Auge und öffnen das linke, während Sie weiterhin den entfernten Gegenstand fixieren. Was ist mit der Lage der Finger geschehen? Das linke Auge sieht sie nicht in einer Linie mit dem Gegenstand, sondern seitlich verschoben, weil es sie aus einer leicht unterschiedlichen Perspektive betrachtet.

Abb. 3.26 zeigt, von der relativen Entfernung der Gegenstände vom Betrachter abhängig ist.

Wenn wir die Welt mit beiden Augen betrachten, reizen die meisten Gegenstände, die wir sehen, unterschiedliche Regionen auf beiden Netzhäuten, jedoch ohne daß wir uns dessen bewußt wären. Was wir direkt fixieren, fällt auf die beiden Foveae (Sehgruben). Was zufällig in der gleichen Entfernung vom Betrachter liegt, fällt ebenfalls auf korrespondierende Netzhautstellen beider Augen. Alles andere wirft jedoch – aufgrund der Querdisparation – an unterschiedlichen Stel-

len Bilder auf beide Netzhäute. Ist die Disparität zwischen korrespondierenden Bildern beider Netzhäute gering genug, so können sie durch das visuelle System zur Wahrnehmung eines räumlichen Gegenstandes »verschmolzen« werden. Liegen sie jedoch zu weit auseinander, wie beim Schielen, so sieht man tatsächlich beide Bilder.

> **!** Was das visuelle System leistet, ist recht erstaunlich: Es nimmt 2 unterschiedliche Netzhautbilder, vergleicht sie im Hinblick auf die horizontale Verschiebung korrespondierender Bestandteile (Querdisparation) und stellt daraus eine einheitliche Wahrnehmung eines einzelnen räumlichen Gegenstandes her. Tatsächlich interpretiert es die horizontale Verschiebung zwischen beiden Bildern als Tiefe in der dreidimensionalen Welt.

● Konvergenz

Andere binokulare Tiefeninformationen entspringen der **Konvergenz**. Die Achsen beider Augen laufen aufeinander zu, wenn ein Gegenstand fixiert wird – mit anderen Worten, sie konvergieren (s. Abb. 3.27). Ist das fixierte Objekt sehr nahe – etwa ein Finger ein paar cm vor dem Gesicht –, so müssen die Augen sich schon deutlich aufeinander zu drehen, damit die gleichen Bilder auf beide Sehgruben fallen. Man kann die Augen konvergieren sehen, wenn man jemanden beobachtet, der zuerst einen entfernten, dann einen nahen Gegenstand fixiert.

Die Konvergenzinformation, die dem Gehirn von den Augenmuskeln zurückübermittelt wird, nützt der

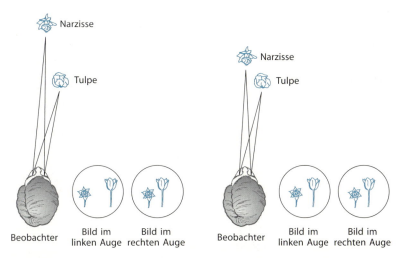

Abb. 3.26. Querdisparation (binokulare Disparität) als Quelle der Tiefeninformation. Die Querdisparation nimmt zu, wenn die Distanz zwischen 2 Objekten zunimmt

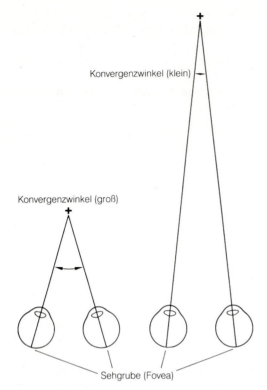

Abb. 3.27. Binokulares Sehen

Tiefenwahrnehmung jedoch nur bis zu einer Entfernung von 3 m. Bei größeren Entfernungen werden die Winkelunterschiede zu gering, um bemerkt zu werden, denn beim Fixieren eines entfernten Gegenstandes stehen die Augen fast parallel.

Bewegungsparallaxe

Bewegung ist, wie der folgende Abschnitt **Psychologie im Alltag** demonstriert, eine weitere Quelle der Tiefeninformation.

Die Bewegungsparallaxe liefert Informationen über die Tiefe, denn während der Bewegung bestimmen die relativen Entfernungen der Gegenstände in der Welt den Betrag und die Richtung ihrer relativen Bewegung auf den Netzhautbildern.

Abbildungsfaktoren

Aber auch wenn wir ein Auge schließen und den Kopf nicht bewegen, sind Informationen über die Raumtiefe verfügbar. Diese nennen wir **Abbildungsfaktoren**, denn es geht um Informationen über räumliche Tiefe, die

man Abbildungen – bildlichen Darstellungen der Welt – entnehmen kann. Maler, die auf der zweidimensionalen Leinwand beim Betrachter den Eindruck der räumlichen Darstellung hervorrufen wollen, bedienen sich auf geschickte Weise dieser bildlichen Hinweise (»pictorial cues«) auf die Dreidimensionalität.

Wir beschreiben an dieser Stelle insgesamt 4 Abbildungsfaktoren: Interposition, relative Größe, lineare Perspektive und Texturgradienten.

- **Interposition** oder **Verdeckung** liegt dann vor, wenn ein lichtundurchlässiger Gegenstand vor einem Bild verhindert, daß Licht von einem Gegenstand hinter ihm auf die Netzhaut fällt (vgl. Abb. 3.28). Das Ergebnis: Nur der vordere Gegenstand wird vollständig auf der Netzhaut abgebildet. Verdeckte Objekte *müssen* weiter entfernt sein als Objekte, die sie verdecken.
- Der **Faktor der relativen Größe** bezieht sich auf die Grundregel der Lichtprojektion, die besagt, daß Gegenstände gleicher Größe aus unterschiedlichen Entfernungen Bilder unterschiedlicher Größen auf die Netzhaut projizieren. Das sich am nächsten befindende Objekt projiziert das größte Bild, das entfernteste das kleinste. Dieser Sachverhalt wird Größen-Distanz-Relation genannt. **Die Größen-Distanz-Relation** begründet also, weshalb die relative Größe etwas über die räumliche Tiefe aussagt. Abbildung 3.29 nutzt den Faktor der relativen Größe.
- Auch die **lineare Perspektive** als ein weiterer »Tiefenhinweis« hängt von der Größen-Distanz-Relation ab. Erstrecken sich parallele Geraden in die Ferne, so konvergieren sie auf dem Netzhautbild in einem

Abb. 3.28. Hinweise für die Tiefenwahrnehmung aus der Interposition von Objekten. Welche Hinweise auf dem Bild sagen Ihnen, daß die Frau sich *hinter* und nicht *vor* dem Zaun befindet?

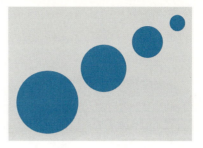

Abb. 3.29. Die relative Größe als Hinweis auf die räumliche Tiefe

Abb. 3.30. Die Ponzo-Täuschung. Vertikale konvergierende Linien rufen einen Eindruck von Tiefe hervor gemäß dem Prinzip, daß parallele Geraden in der Ferne konvergieren. Als unmittelbare Konsequenz daraus erscheint in der schematischen Darstellung die obere horizontale Linie länger, obwohl die beiden horizontalen Linien exakt gleich lang sind

Punkt am Horizont (s. Abb. 3.30). Diesen wichtigen Sachverhalt entdeckten die Maler der Renaissance und begannen ihn in überzeugender Weise zum ersten Mal um 1400 bei Darstellungen der räumlichen Tiefe zu nutzen (Vasari 1967). Vor dieser Zeit hatten Künstler nur die visuellen Informationen der Verdeckung, der Schattenbildung und der relativen Größe genutzt.

Die **Ponzo-Täuschung** (Abb. 3.30) entsteht genau deshalb, weil unser visuelles System konvergierende Linien in der genannten Weise interpretiert. Die obere horizontale Linie in der schematischen Darstellung sieht deshalb länger aus als die untere, weil wir die konvergierenden vertikalen Linien gemäß dem Prinzip der linearen Perspektive als parallele Linien, die sich am Horizont

treffen, wahrnehmen. Die obere Linie wird in diesem Rahmen als weiter entfernt aufgefaßt – deshalb wirkt sie bei objektiv gleicher Länge länger als die untere.

- Die **Verteilung der Oberflächenstruktur** in einem Bild, der sog. Texturgradient, liefert deshalb einen Hinweis auf die Tiefe, weil eine ebenmäßige Struktur zum Horizont hin dichter wird. Das Sonnenblumenfeld in Abb. 3.31 liefert dafür ein gutes Beispiel. Sol-

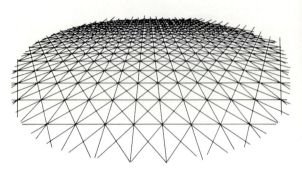

Abb. 3.31. Beispiele für Textur als Tiefenhinweis. Das Sonnenblumenfeld ist ein natürliches Beispiel dafür, wie die Oberflächenstruktur (Textur) als Tiefenhinweis genutzt werden kann. Das geometrische Motiv in der linken Bildhälfte greift auf dasselbe Prinzip zurück

che Texturgradienten entstehen ebenfalls aus der Größen-Distanz-Relation. In diesem Falle werden die Einheiten, die die Oberflächenstruktur (Textur) ausmachen, zum Horizont hin kleiner, und das visuelle System interpretiert die kleiner werdenden Sonnenblumen als Hinweis auf eine größere Entfernung im dreidimensionalen Raum. Gibson (1966, 1979) nahm an, daß diese Beziehung zwischen Textur und Tiefe eine der Invarianten ist, die uns die Umwelt für den Wahrnehmungsprozeß bereitstellt (vgl. Abschn. 3.1).

> ! Es sollte deutlich geworden sein, daß es nicht nur eine, sondern viele Quellen für die Tiefenwahrnehmung gibt. Unter normalen Sehbedingungen werden jedoch alle diese Informationsquellen zusammengefügt zu einer einzelnen, kohärenten dreidimensionalen Interpretation der Umwelt. Wir empfinden die Räumlichkeit »da draußen« und nicht die unterschiedlichen »Hinweise« und »Abbildungsfaktoren«, die der proximale Reiz enthält. Mit anderen Worten: Wir sehen keine Doppelbilder, keine differentielle Bewegung, Verdeckung, Schattenbildung, relative Größe oder Konvergenz paralleler Geraden, obwohl all diese Faktoren in den Lichtmustern, die unsere Augen empfangen, ständig vorhanden sind. Unser visuelles System benutzt diese Informationsquellen »automatisch«, ohne das Bewußtsein einzuschalten.

3.4.8
Wahrnehmungskonstanzen

Die Wahrnehmung ist dazu da, uns über unsere Umwelt zu informieren und nicht über deren Abbilder in unseren Sinnesorganen. Wir haben schon einige Möglichkeiten dargestellt, wie das visuelle System des Menschen die Informationen, die es direkt empfängt, überschreitet. Ein weiterer wichtiger Weg besteht darin, daß wir eine gleichbleibende Umwelt sehen, obwohl die Reizmuster auf der Netzhaut in ständiger Wandlung begriffen sind, weil die Sehbedingungen immer wieder andere sind.

Legen Sie dieses Buch auf den Tisch, bewegen Sie Ihren Kopf näher darauf zu – nur ein paar cm weiter – dann nehmen Sie den Kopf zurück bis zum normalen Leseabstand. Obwohl das Buch einen größeren Bereich Ihrer Netzhaut stimuliert hat, als Sie es aus der Nähe sahen, so sahen Sie doch die Größe des Buches als gleichbleibend, als konstant.

Nun stellen Sie das Buch aufrecht hin, und bewegen Sie den Kopf im Uhrzeigersinn. Wenn Sie das tun, dreht sich das Bild des Buches auf Ihrer Netzhaut entgegen dem Uhrzeigersinn. Dennoch nehmen Sie das Buch als aufrecht stehend wahr. Ihre Wahrnehmung der Position des Buches ist konstant. Im allgemeinen sehen wir die Welt als invariant, konstant und stabil, obwohl die Stimulationen unserer Sinnesrezeptoren sich ändern. Dies ist ein ganz allgemeines Prinzip der Wahrnehmung – und ein sehr nützliches dazu.

> ! Psychologen bezeichnen dieses allgemeine Phänomen als Wahrnehmungskonstanz. Grob gesagt bedeutet es: Was wir wahrnehmen, sind die Merkmale der distalen Reize, die im allgemeinen konstant sind, weniger die der proximalen Reize, die sich bei jeder Bewegung der Augen oder des Kopfes ändern.

Das Phänomen der Konstanz gilt für alle Eigenschaften des Sehens. In diesem Abschnitt jedoch wollen wir uns nur mit 2 intensiv untersuchten Fällen befassen: Größenkonstanz und Formkonstanz.

Größenkonstanz

Größenkonstanz bezieht sich auf die Fähigkeit, die tatsächliche Größe eines Gegenstandes trotz der variierenden Größe der Netzhautbilder wahrzunehmen.

Was bestimmt die Größe eines wahrgenommenen Gegenstandes? Teil der Antwort muß sein, daß wir die reale Größe in irgendeiner Weise aus der Größe des Netzhautbildes erschließen müssen. Das kleine Experiment mit dem Buch veranschaulicht jedoch, daß die Größe des Netzhautbildes sowohl von der tatsächlichen Größe des Buches abhängt als auch von dessen Entfernung vom Auge. Wegen dieser Beziehung zwischen Größe und Distanz (die bereits im Abschnitt über Tiefenwahrnehmung besprochen wurde) muß das Wahrnehmungssystem die tatsächliche Größe eines Gegenstandes durch Kombination der Information über die Größe des Netzhautbildes mit anderen Informationen über Entfernung erschließen. Information über Entfernung kommt von der Querdisparation, der Konvergenz zwischen den Sehachsen beider Augen, der Bewegungsparallaxe und anderen Quellen für die Tiefenwahrnehmung. Unser visuelles System kombiniert diese mit der Information des Netzhautbildes über Größe. So entsteht die Wahrnehmung einer Gegenstandsgröße, die üblicherweise der wirklichen Größe des Gegenstandes entspricht.

Das System der Wahrnehmung kann die objektive Größe auch erschließen, indem es früher erworbenes Wissen über die typische Größe ähnlich geformter Gegenstände benutzt. Beispielsweise können wir am Umriß eines Hauses, eines Baumes oder eines Hundes sogar dann ziemlich gut sehen, wie groß das jeweilige Objekt ist, wenn wir die Entfernung nicht kennen. Meistens liefert unsere Wahrnehmung korrekte Informationen. Wie Filmregisseure jedoch genau wissen, lassen wir uns durch Miniaturszenerien täuschen, die so gefilmt werden, daß wir sie wie wirkliche Gegenstände normaler Größe wahrnehmen.

Wann kommt es zu Täuschungen über die Größe eines Objektes? Wird die Größe wahrgenommen, indem die Entfernung mitverrechnet wird, so sollten wir uns immer dann über die Größe täuschen, wenn wir uns bezüglich der Entfernung täuschen lassen. Eine andere Konstellation die zu Größentäuschungen führt, liegt

dann vor, wenn Informationen über wahrgenommene Entfernung und vorhandenes Wissen miteinander in Konflikt stehen. Wie das im Abschnitt **Experiment** beschriebene Beispiel des **Amesschen Raumes** zeigt, setzt sich die Information über wahrgenommene Entfernung durch (s. Abb. 3.32). Auch wenn man weiß, daß die Größe einer Person sich nicht ändert, wenn diese ein Zimmer durchquert, so sieht man sie doch in beiden Ecken als unterschiedlich groß. Die Tiefeninformation, die den Raum rechtwinklig aussehen läßt, überwältigt einfach das Wissen, daß der Raum in Wirklichkeit nicht rechtwinklig ist. In diesem Fall siegt die Wahrnehmung über das Wissen.

Formkonstanz

Die Formkonstanz ist eng verwandt mit der Größenkonstanz. Man nimmt den wirklichen Umriß eines Gegenstandes sogar dann richtig wahr, wenn er vom Betrachter weggedreht zu sehen ist, so daß sein Umriß auf dem Netzhautbild ganz anders aussieht, als der Gegenstand in Wirklichkeit geformt ist.

Ein vom Betrachter weggedrehter Kreis beispielsweise wirft ein elliptisches Bild auf die Retina (vgl. Abb. 3.33), ein weggedrehtes Rechteck ein Trapez. Dennoch werden beide korrekt als ein Kreis und ein Rechteck wahrgenommen, die seitlich weg in den Raum ragen. Sind aufgrund der Querdisparation, der Bewegungsparallaxe oder gar der Abbildungsfaktoren gute Tiefeninformationen verfügbar, so kann das visuelle System die wirkliche Form eines Gegenstandes einfach bestimmen, indem es die Entfernung des Beobachters von den einzelnen Bestandteilen des Gegenstandes berücksichtigt.

Die Konstanz der Wahrnehmung gilt für viele Eigenschaften des Sehens über eine beachtliche Skala von Reizbedingungen hinweg. Unter extremen Bedingungen bricht sie jedoch fast immer zusammen. Zum Beispiel sehen Menschen, wenn man sie vom obersten Stockwerk eines Wolkenkratzers aus betrachtet, klein wie Ameisen aus.

> **!** Die Wahrnehmung von Konstanz in der Umwelt ist eine unserer wichtigsten Fähigkeiten. Ohne Konstanz würden unsere Augen uns nicht viel nützen, denn die Welt »da draußen« könnten wir dann gar nicht sehen, sondern lediglich die wechselnden Bilder auf den Netzhäuten im Augenhintergrund. Anders gesagt liegt die Aufgabe der Wahrnehmung darin, trotz der Veränderungen auf den Netzhautbildern die invarianten Eigenschaften in der Umwelt zu entdecken.

Der Amessche Raum

Um das Prinzip des Amesschen Raumes (benannt nach dem Wahrnehmungsforscher Ames) zu verstehen, betrachten Sie bitte zunächst Abb. 3.32a. Ein durchschnittlich großer Mann sieht in der linken hinteren Ecke des Raumes wie ein Zwerg, in der rechten hingegen wie ein Riese aus. Der Grund dieser Täuschung liegt darin, daß man den Raum als rechteckig wahrnimmt, mit 2 hinteren Ecken, die gleich weit vom Betrachter entfernt liegen. Die Größe der Person in dem Raum wird somit in beiden Fällen als konsistent mit der Größe der Netzhautbilder beider Augen wahrgenommen. Das größere Bild, so nimmt man an, entspricht einer größeren Person. Tatsächlich jedoch befindet sich die Person nicht in beiden Fällen in der gleichen Entfernung, denn der Amessche Raum schafft eine raffinierte Täuschung. Er sieht aus wie ein rechteckiger Raum, in Wirklichkeit aber besteht er aus nichtrechtwinkligen Flächen, die in schiefen Winkeln in Tiefe und Höhe zusammengefügt sind (s. Abb. 3.32b). Jede Person auf der rechten Seite wird ein größeres Bild auf die Netzhaut projizieren, denn sie steht näher beim Betrachter. Dieses größere Netzhautbild aber wird als größer »wahrgenommen«, weil der Raum – also der Bezugsrahmen – als »normal« gesehen wird und die Dinge, die er enthält, in Relation zu diesem Raum gesehen werden.

a

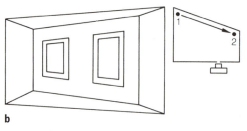

b

Abb. 3.32. Der Amessche Raum

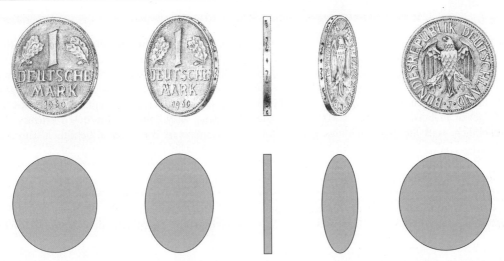

Abb. 3.33. Beispiel zur Formkonstanz. Wenn eine Münze gedreht wird, so wird das Netzhautbild zu einer Ellipse, die dann immer schmaler wird, bis sie schließlich, wie in der Bildmitte gezeigt, als schmales Rechteck erscheint. Dreht man weiter, so ergibt sich zunächst wieder das Bild einer Ellipse und schließlich eines Kreises. Trotz dieser Veränderung des proximalen Reizes nehmen wir in jeder Position die Münze als rund bzw. kreisförmig wahr

3.5
Die Prozesse der Identifikation und des Erkennens (Einordnens)

Man kann sich alle bislang beschriebenen Wahrnehmungsprozesse so vorstellen, daß sie ein hinreichend genaues Wissen über die physikalischen Eigenschaften des distalen Reizes liefern – über die Lage eines Gegenstands in einer dreidimensionalen Umwelt, seine Größe, seine äußere Form, seine Oberflächenbeschaffenheit und seine Farbe. Hätte man nur dieses Wissen und ein paar grundlegende motorische Fertigkeiten, so wäre man in der Lage, umherzugehen, ohne gegen irgendwelche Objekte zu stoßen. Ebenso könnte man kleine und leichte Objekte von einem Ort zum anderen bewegen. Man wüßte jedoch nicht, um welche Objekte es sich handelt oder ob man sie vorher schon einmal gesehen hat. Die Erfahrung wäre mit der Situation vergleichbar, daß man einen fremden Planeten besucht, auf dem einem alles ganz neu ist. Man wüßte nicht, was man essen darf, was man sich auf den Kopf setzen sollte, wovor man weglaufen sollte und mit wem man sich zu einem Stelldichein treffen darf. Wenn uns die Welt nicht als fremd erscheint, so deshalb, weil wir in der Lage sind, die meisten Gegenstände als etwas zu identifizieren, was wir vorher schon einmal gesehen haben, und in Kategorien einzuordnen, die wir aus der eigenen Erfahrung kennen. Durch **Identifizieren** und **Einordnen** (im Sinne des **Erkennens** der Kategoriezugehörigkeit) verleihen wir den Perzepten *Bedeutung*.

3.5.1
Bottom-up- und Top-down-Verarbeitung

Wenn man einen Gegenstand identifiziert, muß man das, was man sieht, mit dem Wissen, das im Gedächtnis gespeichert ist, vergleichen. Die Aufnahme von Sinnesdaten in das Wahrnehmungssystem, ihre Weiterleitung und die Gewinnung von Informationen aus diesen Daten bezeichnet man auch im Deutschen als **Bottom-up-Verarbeitung**. Der Begriff verweist sowohl auf den Ausgangspunkt der Informationsverarbeitung in der beobachtbaren Realität als auch auf die Richtung des Verarbeitungsprozesses: Es geht um die Umwandlung der konkreten physikalischen Reizeigenschaften in abstrakte Repräsentationen. Weil der Ausgangspunkt in den »Daten« liegt, die uns aus der Umwelt erreichen, spricht man auch von **datengeleiteter Verarbeitung.**

In vielen Fällen kann man jedoch das Identifizieren und Einordnen von wahrgenommenen Objekten dadurch unterstützen, daß man auf bereits vorhandene Informationen – also auf unsere Begriffe und unser Wissen – zurückgreift. Besucht man beispielsweise ei-

Phonemrekonstruktion

Nehmen Sie einmal an, ein Teil dessen, was Ihr Freund auf einer lauten Party sagt, werde unverständlich, so daß das Signal, das in Ihr Ohr gelangt, lautet: »Ich muß nach Hause gehen, um mit meinem *(Lärm)* und Gassi zu gehen.« Überdeckt Lärm das /H/, denken Sie wahrscheinlich, daß Sie eigentlich das ganze Wort »Hund« gehört haben. Aber warum? In Abb. 3.34 sehen Sie 2 der für die Sprachwahrnehmung relevanten Informationstypen, nämlich die einzelnen Töne, aus denen sich die Wörter zusammensetzen, und die Wörter selbst. Gelangen die Töne /u/, /n/ und /d/ ins Wahrnehmungssystem, liefern sie – nach der Bottom-up-Methode – Informationen für die Ebene der Wortbildung. (Wir haben hier nur eine Untermenge der deutschen Wörter angegeben, die auf /und/ enden.) Jetzt steht Ihnen eine ganze Reihe von Wörtern zur Verfügung, die für das, was Ihr Freund gesagt haben könnte, in Frage kommen. Nun kommen Top-down-Prozesse hinzu – der Kontext ist Ihnen dabei behilflich, Hund als das wahrscheinlichste Wort auszuwählen, das in dieser Äußerung aufgetreten ist. Wenn all dies rasch genug vor sich geht – Bottom-up-Identifizierung einer Menge in Frage kommender Wörter und Top-down-Auswahl des wahrscheinlich richtigen Kandidaten –, wird Ihnen nie bewußt werden, daß das /H/ fehlte.

nen Zoo, dann ist man eher als sonst darauf vorbereitet, eine *bestimmte* Art von Tieren zu erkennen. An einem solchen Ort wird man wahrscheinlich eher als im eigenen Garten von der Hypothese ausgehen, daß man einen Tiger zu sehen bekommt. Dieser Einfluß von Erwartungen gehört zum Phänomen der **Top-down-Verarbeitung**. Zur Top-down-Verarbeitung gehören auch die Einflüsse von Vorerfahrungen, Wissen, Motivation und kulturellem Hintergrund auf die Wahrnehmung der Welt. Mit anderen Worten: Während der Top-down-Verarbeitung haben höhere geistige Funktionen einen Einfluß darauf, wie man Objekte und Ereignisse auffaßt. Weil die Konzepte (Begriffe), die man im Gedächtnis gespeichert hat, zu Hypothesen über die wahrgenommene Realität führen, spricht man bei der Top-down-Verarbeitung auch von **konzeptgeleiteter Verarbeitung** oder **hypothesengeleiteter Verarbeitung**.

Ein Beispiel aus dem Bereich der Sprachwahrnehmung soll die Unterscheidung von Bottom-up- und Top-down-Verarbeitung und das Zusammenwirken der beiden Prozesse verdeutlichen. Wahrscheinlich kennen Sie die Erfahrung, daß man während einer sehr lauten Party ein Gespräch zu führen versucht. Unter diesen Umständen kommt es wahrscheinlich vor,

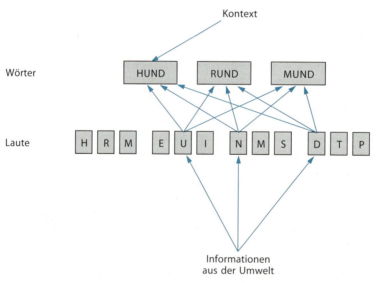

Abb. 3.34. Phonemrekonstruktion

daß nicht alle Laute, die Sprecher hervorbringen, unzweideutig in den Ohren der Zuhörer ankommen: Einiges von dem, was sie zu sagen haben, wird ganz sicher durch Husten, durch hämmernde Musik oder durch schallendes Gelächter übertönt und unverständlich. Der Lücken, die dadurch in den physikalischen Signalen entstehen, welche unsere Sinnesorgane erreichen, sind wir uns trotzdem nur selten bewußt, weil es bei der Sprachwahrnehmung zur sog. Phonemrekonstruktion kommt (Warren 1970). Im Abschnitt **Unter der Lupe** beschreiben wir an einem Beispiel, wie Bottom-up- und Top-down-Prozesse zusammenwirken, um die **Phonemrekonstruktion** hervorzubringen (McClelland u. Elman 1986).

Bitte schauen Sie sich noch einmal Abb. 3.4 an, um zu verstehen, wie die einzelnen Teile in diesem Kapitel zusammengehören.

3.5.2
Einordnen (Erkennen) von Objekten

Aus dem Beispiel der Phonemrekonstruktion läßt sich ein allgemeiner Ansatz ableiten, den Forscher bei der Untersuchung der Bottom-up-Prozesse nutzen: Sie versuchen, die Bausteine zu bestimmen, deren wir uns im Wahrnehmungsprozeß bedienen, um vollständige (ganzheitliche) Perzepte zu erkennen. Im Falle der *Sprache* setzt unsere Wahrnehmung Informationen über Lautfolgen zueinander in Beziehung, um einzelne Wörter wiederzuerkennen. Welche aber sind die *visuellen* Einheiten, aus denen man seine Repräsentationen von Gegenständen der Welt aufbaut? Wie entscheidet man z. B., daß ein graues, merkwürdig geformtes, mittelgroßes, behaartes Ding eigentlich eine Katze ist? Vermutlich hat man eine Repräsentation der Katze im Gedächtnis. Der Prozeß der Identifizierung besteht darin, daß man die Informationen aus dem Perzept mit der Repräsentation der Katze im Gedächtnis vergleicht. Aber *wie* führt man diese Vergleiche aus?

Eine Möglichkeit besteht darin, daß die Gedächtnisrepräsentationen verschiedenster Objekte zum einen aus einer begrenzten Menge von Komponenten und zum anderen aus Informationen über die möglichen Zusammenfügungen dieser Komponenten bestehen (Marr u. Nishihara 1978). Biederman (1985, 1987) hat einen Ansatz vorgestellt, nach dem sich alle Objekte aus einem Grundbestand an sog. geometrischen Ionen – abgekürzt als Geonen bezeichnet – zusammensetzen lassen. Er nahm an, daß eine Menge von 36 Geonen

Abb. 3.35. Das Erkennen (Einordnen) von Objekten auf der Grundlage von Standardkomponenten. *Links unten:* Komponenten dreidimensionaler Objekte, *rechts unten:* Beispiele dafür, wie sie zu vertrauten Objekten zusammengesetzt werden können. Die Objekte in der *oberen Hälfte* sind aus Zylindern unterschiedlicher Größe aufgebaut

ausreichen könnte. Jedes dieser dreidimensionalen Geonen erzeugt ein einzigartiges Reizmuster auf der zweidimensionalen Retina. Dieses Prinzip der Einzigartigkeit erlaubt es uns, auf der Grundlage des Stimulationsmusters eine weitgehende Vermutung darüber zu entwickeln, um welches Objekt in der Umwelt es sich handeln könnte. Abb. 3.35 zeigt Beispiele dafür, wie Objekte aus dieser Ansammlung von Standardkomponenten zusammengebaut werden können.

Die Forschung hat bestätigt, daß dieses Prinzip des Zusammenfügens von Komponenten beim Erkennen von Objekten tatsächlich eine Rolle spielt. Wie bei dieser Untersuchung vorgegangen wurde, läßt sich an Abb. 3.36 demonstrieren.

Die Versuchsteilnehmer bekamen 2 Arten von »reduzierten« (unvollständigen) Abbildungen von Objekten

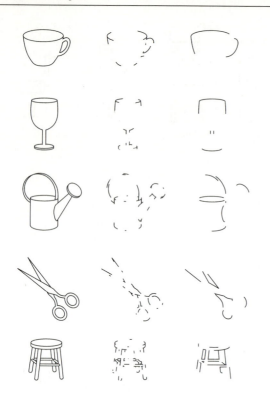

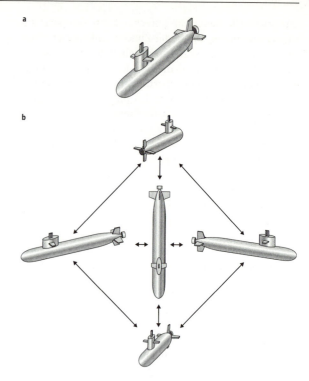

Abb. 3.36. Die Rolle von Teilen einer Reizkonfiguration beim Erkennen von Objekten. Die Weglassungen in der mittleren Spalte lassen die Teile unversehrt. Hingegen werden die Teile der Reizkonfiguration in der rechten Spalte durch die Weglassungen auseinandergerissen. Stimmen Sie zu, daß die Objekte in der mittleren Spalte leichter zu erkennen sind?

Abb. 3.37a,b. Blick auf ein und dasselbe Objekt aus verschiedenen Perspektiven. **a** Objekt, **b** Sie sehen verschiedene Teile des Objekts, wenn Sie es aus verschiedenen Pespektiven sehen. Sie bewältigen dieses Problem, weil Sie verschiedene Ansichten (aus verschiedenen Blickwinkeln) komplexer Objekte im Gedächtnis gespeichert haben

zu sehen: Die Teile der Objekte waren unversehrt geblieben oder nicht (Biederman 1987; Biederman u. Cooper 1991). Die linke Spalte in Abb. 3.36 zeigt Strichzeichnungen von vertrauten Gegenständen. Die mittlere Spalte zeigt diese Gegenstände nochmals – mit dem kleinen Unterschied, daß dabei Informationen ausgelassen wurden. Trotzdem kann man immer erkennen, um welche Teile es sich handelt und wie sie miteinander kombiniert werden können. In der rechten Spalte werden Auslassungen dargestellt, die die Identität und die Beziehungen zwischen den Teilen auseinanderreißen. Stimmen Sie mit uns darin überein, daß es für Sie schwierig wäre, manche dieser Gegenstände nur auf der Grundlage der Zeichnungen in der dritten Spalte zu erkennen?

> **!** Offensichtlich kann man Gegenstände auf Bildern auch dann erkennen, wenn sie nur unvollständig abgebildet werden. Es kommt aber darauf an, daß die wesentlichen

> Teile erkennbar und kombinierbar sind. Hingegen ist das Erkennen ungleich schwieriger, wenn die entscheidenden Teile auseinandergerissen worden sind.

Das Wiederentdecken von Komponenten allein wird aber nicht immer ausreichen, um ein Objekt zu erkennen (Tarr 1994). Wie in Abb. 3.37 gezeigt wird, besteht eine Schwierigkeit darin, daß man Objekte häufig aus ganz unterschiedlichen Blickwinkeln sieht. Das Aussehen der Teile, aus denen sich ein Objekt zusammensetzt, kann aus jedem dieser Blickwinkel recht unterschiedlich sein. Als Absicherung gegen diese Schwierigkeit verfügen wir über getrennte Gedächtnisrepräsentation für jeden dieser Hauptblickwinkel (Perspektiven), aus denen man Standardobjekte sehen kann (Tarr u. Pinker 1989). Nimmt man ein Objekt wahr, muß man das Perzept möglicherweise »mental transformieren«, um festzustellen, ob es sich korrekt mit einer dieser Perspektiven in Einklang bringen läßt. Um ein graues, merkwürdig geformtes, mittelgroßes, behaartes Ding als Katze zu erkennen, muß man es sowohl als passende Kombination von Geonen als auch als passende Kombination von Geonen *aus einem bestimmten Blickwinkel* erkennen.

3.5.3
Kontext- und Erwartungseinflüsse

Wenn Sie dieses graue, merkwürdig geformte, mittelgroße, behaarte Ding als Katze erkannt haben, dann mag dazu auch die Tatsache beigetragen haben, daß Sie es in Ihrem Hause an seinem angestammten Platz angetroffen haben. Hier zeigt sich abermals das Top-down-Prinzip der Wahrnehmung: **Erwartungen** können unsere Hypothesen darüber beeinflussen, was es draußen in der Welt gibt. Haben Sie je die Erfahrung gemacht, auf Menschen an Orten zu stoßen, wo Sie sie nicht erwartet hätten, wie beispielsweise in der »falschen« Stadt oder in der »falschen« sozialen Gruppe? In solchen Situationen dauert es viel länger, bis man sie erkennt; und manchmal ist man noch nicht einmal sicher, ob man sie wirklich kennt. Das Problem besteht nicht darin, daß die Personen irgendwie anders aussehen, sondern darin, daß der Kontext für diese Personen »nicht stimmt«: Hier hatte man sie nicht erwartet! Der räumliche und der zeitliche **Kontext** stellt eine wichtige Informationsquelle dar, um Objekte und Personen zu erkennen. Aus dem Kontext heraus entwickelt man Erwartungen darüber, ob ihr Auftreten wahrscheinlich oder unwahrscheinlich ist (Biederman 1989).

> ! Auf dieser dritten Stufe des Wahrnehmungsprozesses, dem Identifizieren und Erkennen von Objekten, zeigt sich, daß Wahrnehmung ein Konstruktionsprozeß ist. Sie besteht im Interpretieren des Wahrgenommenen und greift sowohl auf Bottom-up-Informationen über die physikalischen Eigenschaften der Objekte als auch auf unsere Top-Down-Erwartungen zurück. In Abhängigkeit von unserem Vorwissen und vom Kontext kann die Interpretation ein und desselben Reizes zu sehr unterschiedlichen Wahrnehmungsergebnissen führen.

Lesen Sie die folgenden Wörter:

THE CAT

Wahrscheinlich lesen Sie »THE CAT«. Vergleichen wir die mittleren Buchstaben in den beiden Wörtern: Physikalisch sind sie identisch. Dennoch haben Sie ihn im ersten Fall als H und im zweiten Fall als A wahrgenommen. Warum? Ganz eindeutig hat das, was Sie über die Wörter im Englischen wissen, Ihre Wahrnehmung beeinflußt. Der Kontext, der durch T_E bereitgestellt wird, macht ein H sehr wahrscheinlich (und ein A unwahrscheinlich), während das Gegenteil auf den Kontext C_T zutrifft (Selfridge 1955).

Forscher haben schon oft die Auswirkungen von Kontext und Erwartung auf die Wahrnehmung (und die Reaktion) dokumentiert, indem sie Voreinstellungen untersuchten. Eine **Voreinstellung** – auch im Deutschen wird dafür manchmal die Bezeichnung **Set** verwendet – ist eine zeitweilige Bereitschaft, einen Reiz auf eine bestimmte Weise wahrzunehmen oder auf eine bestimmte Weise darauf zu reagieren. Es gibt 3 Arten von Voreinstellungen: motorische Voreinstellungen, mentale Voreinstellungen und Voreinstellungen in der Wahrnehmung.

- Eine **motorische Voreinstellung** ist die Bereitschaft zu einer schnellen vorgeplanten Reaktion. Ein Kurzstreckenläufer versucht durch Training, seine motorische Voreinstellung zu perfektionieren, um nach dem Startschuß so schnell wie möglich aus den Startlöchern zu kommen.
- Eine **mentale Voreinstellung** ist die Bereitschaft, in einer Situation – wie etwa bei einer Problemlöseaufgabe oder in einem Spiel – so zu handeln, wie das durch erlernte Regeln, Anweisungen, Erwartungen und Gewohnheiten festgelegt worden ist. Eine mentale Voreinstellung kann die Lösung eines Problems dann verhindern, wenn die altgewohnten Regeln nicht mehr auf die neue Situation passen und eigentlich aufgegeben werden müßten (s. ausführlich Kap. 6).
- Als **Wahrnehmungsset** oder **Voreinstellung in der Wahrnehmung** bezeichnet man die Bereitschaft, in einem gegebenen Kontext einen ganz bestimmten Reiz zu erwarten. So ist etwa die Wahrnehmung der jungen Mutter darauf voreingestellt, das Weinen ihres Babies zu hören.

Oftmals bringt uns die Voreinstellung dazu, die Interpretation eines mehrdeutigen Stimulus zu verändern. Betrachten Sie die beiden folgenden Wortreihen:

Abb. 3.38a. Eine junge Schönheit

Abb. 3.38b. Eine alte Frau

- FUCHS; EULE; SCHLANGE; TRUTHAHN; SCHWAN; _ANS
- ROBERT; RALF; DAVID; WILHELM; HEINRICH; _ANS

Haben Sie sich die beiden Reihen durchgelesen? Woran dachten Sie jeweils bei _ANS? Wenn Sie an GANS und HANS dachten, dann liegt dies daran, daß die Wortlisten eine Voreinstellung erzeugten, von der Sie bei Ihrer Suche im Gedächtnis in bestimmter Weise geleitet wurden.

Bildunterschriften können einen Kontext liefern, welcher den Leser eine mehrdeutige Abbildung mit einer Voreinstellung betrachten läßt. Sehen Sie sich das Bild der Frau in Abb. 3.38a genau an, und lassen Sie einen Freund Abb. 3.38b betrachten. Dann schauen Sie sich gemeinsam Abb. 3.38c an – was sieht nun jeder von Ihnen beiden? Hatte die Tatsache, daß Sie zuvor von der Bedeutung her eindeutige Bilder mit Bildunterschriften betrachtet haben, irgendeine Auswirkung auf die Wahrnehmung des mehrdeutigen Bildes? Wenn ja, dann zeigte dieses Beispiel, wie leicht es für Menschen ist, aufgrund von Voreinstellungen zu unterschiedlichen Wahrnehmungen derselben Person oder desselben Objekts zu gelangen.

Alle Auswirkungen des Kontexts auf die Wahrnehmung setzen voraus, daß unser Gedächtnis so organisiert ist, daß die in bestimmten Situationen relevanten

Abb. 3.38c. Was sehen Sie jetzt?

Informationen zur rechten Zeit verfügbar sind. Anders ausgedrückt: Um angemessene (oder manchmal auch: unangemessene) Erwartungen zu erzeugen, muß man in der Lage sein, im Gedächtnis gespeichertes Vorwissen zu nutzen. Manchmal »sieht« man mit dem Gedächtnis genauso viel wie mit den Augen. In Kap. 5 werden wir uns näher mit diesen Eigenschaften des Gedächtnisses befassen, die Kontexteffekte auf die Wahrnehmung überhaupt erst möglich machen.

ZUSAMMENFASSUNG

- **Wahrnehmungsprozesse.** Wahrnehmung beginnt mit der Sinneserfahrung, sie schließt jedoch eine Vielzahl anderer Prozesse ein. Die Informationen aus der Umwelt müssen ausgewertet werden, damit sie uns etwas sagen. Dies geschieht auf den verschiedenen Stufen des Wahrnehmungsprozesses. Wir teilen den Wahrnehmungsvorgang in 3 Stufen (Abschnitte) ein: Empfinden, Organisieren sowie Identifizieren und Einordnen (im Sinne von Wiedererkennen). *Empfinden* (Empfindung) bezieht sich auf die Umwandlung physikalischer Energie in neural kodierte Information, die vom Gehirn weiterverarbeitet werden kann. Auf der nächsten Stufe, der *Organisation* der Wahrnehmung (perzeptuelle Organisation), wird eine innere Repräsentation des Objekts oder Ereignisses aufgebaut und ein Perzept des äußeren Reizes gebildet. Beim *Identifizieren* und *Einordnen* (»recognition«), dem dritten Schritt der Wahrnehmungssequenz, werden Perzepten Bedeutungen zugewiesen.

- **Distaler und proximaler Reiz.** Das Netzhautbild sieht im Vergleich zu der Umwelt, die das Bild hervorgebracht hat, anders aus. Ein sehr wichtiger Unterschied besteht darin, daß das Netzhautbild zweidimensional, die Umwelt jedoch dreidimensional ist. Das physikalische Objekt der Umwelt wird als distaler Reiz bezeichnet und das optische Abbild auf der Netzhaut als proximaler Reiz. Was wir wahrnehmen, entspricht dem distalen Reiz, d.h. dem »wirklichen« Objekt in der Umwelt. Der Reiz, aus dem wir unsere Informationen ableiten, ist jedoch der proximale Reiz – das Netzhautbild. Wahrnehmung kann man sich als einen Prozeß vorstellen, in dessen Verlauf der distale Reiz aus Informationen des proximalen Reizes erschlossen wird. Das gilt für alle Wahrnehmungsbereiche. Auch beim Hören, Tasten, Schmecken usw. besteht Wahrnehmung darin, daß die Informationen aus dem proximalen Reiz genutzt werden, um etwas über die Eigenschaften des distalen Reizes aussagen zu können.

- **Mehrdeutigkeit.** Der Entwurf eines genauen Bildes der Welt ist ein Hauptziel der Wahrnehmung. Das Überleben des Individuums hängt von der genauen Wahrnehmung von Gegenständen und Ereignissen in unserer Umwelt ab. Doch mehrdeutige Reize und Wahrnehmungstäuschungen lassen die Wahrnehmung zu einer komplexen Aufgabe werden. Mehrdeutigkeit ist ein wichtiges Konzept beim Versuch, den Wahrnehmungsprozeß zu verstehen, denn es weist darauf hin, daß *ein einzelnes sensorisches Bild zu mehreren Interpretationen auf den Stufen der Organisation sowie der Identifizierung und Einordnung führen kann.*

Von einer Wahrnehmungstäuschung sprechen wir dann, wenn uns unsere Sinne auf nachweislich fehlerhafte Art die Erfahrung eines Reizmusters vortäuschen. Wenn Täuschungen auftreten, so sind sie in der gegebenen Situation bei den meisten Menschen feststellbar. Wir können uns ihnen nicht

entziehen, da sie sich aus einer besonderen Wechselwirkung unseres Wahrnehmungsapparates mit spezifischen Reizmerkmalen ergeben.

- **Wahrnehmungstheorien.** Ein wesentliches Merkmal jeder Wahrnehmungstheorie ist ihre Position zur Erbe-Umwelt-Kontroverse. Schon im Jahre 1866 betonte Hermann von Helmholtz die Bedeutung der Erfahrung – und damit auch der Umwelt – für die Wahrnehmung. Seine Theorie hob die Rolle geistiger Prozesse bei der Interpretation der oft mehrdeutigen Reizkonfigurationen hervor, die im Nervensystem zu neuraler Erregung führen. Seine Theorie teilt die Wahrnehmung in 2 Stadien ein: Im ersten *analytischen* Stadium zerlegen die Sinnesorgane die physikalische Welt in grundlegende Empfindungen. Im zweiten *synthetischen* Stadium werden diese sensorischen Elemente zur Wahrnehmung von Objekten und ihren Eigenschaften zusammengefügt und integriert.

Der Ansatz der Gestaltpsychologie. Die Gestaltpsychologie wurde im 2. Jahrzehnt des 20. Jahrhunderts begründet und hob die Rolle angeborener Strukturen – der *Anlagen* – bei der Wahrnehmungserfahrung stärker hervor. Hauptvertreter der Gestaltpsychologie wie Kurt Koffka (1935), Wolfgang Köhler (1947) und Max Wertheimer (1923) waren der Überzeugung, psychologische Phänomene seien nur zu verstehen, wenn man sie als organisierte, strukturierte Ganzheiten betrachtet, nicht aber, wenn man sie in Grundeinheiten der Wahrnehmung zerlegt. Der Begriff »Gestalt« bedeutet hier so viel wie »Form«, »Ganzes«, »Konfiguration« oder »Wesen«. Die Gestaltpsychologie stellte insofern eine Herausforderung für analytische oder »atomistische« Sichtweisen in der Psychologie dar, als sie den Standpunkt vertrat, *das Ganze sei mehr als die Summe seiner Teile.*

James Gibsons »ökologische Optik«. James Gibson (1966, 1979) entwickelte einen sehr einflußreichen nativistischen Ansatz zur Wahrnehmung. Er schlug vor, die Wahrnehmung durch eine Analyse der unmittelbar vorfindlichen Umwelt – also des ökologischen Kontextes – zu verstehen. Nach Gibson nimmt man im Prozeß der Wahrnehmung direkt Informationen über die invarianten oder stabilen Eigenschaften der Umwelt auf. Obwohl sich auf der Netzhaut die Größe und Gestalt jedes einzelnen Objektes aus der Umwelt in Abhängigkeit von der Entfernung des Objektes und vom Blickwinkel verändern, sind diese Veränderungen doch nicht zufällig. Sie sind vielmehr systematisch, und gewisse Eigenschaften der Objekte bleiben unter allen Veränderungen des Blickwinkels und der Entfernung vom Beobachter invariant. Unser visuelles System ist darauf eingestellt, solche Invarianzen aufzuspüren, weil die Menschen sich in einer Umwelt entwickelt haben, in der die *Wahrnehmung von Invarianzen* überlebenswichtig war.

- **Sensorisches Wissen über die Welt.** Seit den Anfängen der Psychologie spielt die Erforschung der Sinnesempfindung (sensorische Empfindung) eine wichtige Rolle.

Die Sinnesphysiologie ist die Disziplin, in der untersucht wird, wie durch biologische Mechanismen physikalische Vorgänge in neurale Prozesse umgewandelt werden. Alle Sinnesinformationen werden in dieselbe Art neuraler Impulse umgewandelt. Unser Gehirn unterscheidet zwischen verschiedenen Arten von Sinneserfahrungen, weil verschiedene Hirnareale für die verschiedenen Sinnesmodalitäten zuständig sind. Auf diesen Sachverhalt hat schon im Jahre 1826 Johannes Müller mit seiner Doktrin der spezifischen Nervenenergie hingewiesen.

- **Psychophysik.** Die Aufgabe herauszufinden, wie Menschen die *Intensität von Sinnesempfindungen* zu erfassen vermögen, hat sich die Psychophysik gestellt. Sie versucht, die gesetzmäßigen Beziehungen zwischen physikalischen Stimuli, die auf die Sinnesorgane einwirken, und den dadurch hervorgerufenen Empfindungen quantitativ exakt zu beschreiben.

Der Begriff »Psychophysik« wurde von Gustav Theodor Fechner (1860/1966) geprägt. Er entwickelte eine Reihe von psychophysischen Meßverfahren, also von Methoden, nach denen die Intensität eines physikalischen Reizes (gemessen in physikalischen Einheiten) und das Ausmaß der sensorischen Erfahrung (gemessen in psychologischen Einheiten) in Beziehung gesetzt werden. Sein Vorgehen bestand darin, erstens Schwellen festzulegen und zweitens psychophysische Skalen zu konstruieren, die den Zusammenhang zwischen Reizstärke und Empfindungsstärke exakt beschreiben. Dabei werden absolute Schwellen und Unterschiedsschwellen ermittelt. Die *absolute Schwelle* wird angegeben durch den geringsten Betrag an physikalischer Energie, der überhaupt eine Empfindung hervorruft, und die *Unterschiedsschwelle* bezeich-

net die kleinste physikalische Differenz zwischen 2 Reizen, die als unterschiedlich empfunden wird. Antworttendenzen. Bei Untersuchungen zur Ermittlung der Absolutschwelle können die Ergebnisse durch verschiedene Faktoren verfälscht werden. Eine Antworttendenz (»response bias«) ist die Tendenz eines Versuchsteilnehmers, aus Gründen, die mit den untersuchten Reizmerkmalen nichts zu tun haben, systematisch auf eine bestimmte Art und Weise zu antworten. Ein umfassender und systematischer Ansatz zum Problem der Antworttendenzen ist im Rahmen der Signalentdeckungstheorie entwickelt worden.

- **Die Theorie der Signalentdeckung (»signal detection theory«).** Diese konzentriert sich nicht auf rein sensorische Vorgänge, sondern stellt den Prozeß der Beurteilung der Anwesenheit oder Abwesenheit eines Reizereignisses in den Mittelpunkt. Sie ersetzt das theoretische Konzept einer einzigen absoluten Schwelle durch einen *anfänglichen sensorischen Prozeß*, der die Sensitivität (sensorische Empfindlichkeit) einer Person für die Reizstärke zeigt, und einen *nachfolgenden Entscheidungsprozeß*, der Auskunft über die Antworttendenz des jeweiligen Beobachters gibt.

- **Unterschiedsschwellen.** Als Unterschiedsschwelle wird die kleinste physikalische Differenz bezeichnet, die als Unterschied empfunden wird. Sie wird ermittelt, indem einer Person bei jedem Durchgang 2 Reize dargeboten werden und sie gefragt wird, ob sich diese unterscheiden. Führt man eine Reihe solcher Durchgänge aus, so kann man die psychometrische Funktion konstruieren. Die Unterschiedsschwelle ist der Unterschied, bei welchem die Kurve den 50%-Wert überschreitet. Sie ist festgelegt worden als diejenige Reizdifferenz, die in der Hälfte der Fälle als unterschiedlich erkannt wird. Diesen Schwellenwert bezeichnet man als »eben merklichen Unterschied« (»just noticeable difference«; »jnd«). Pionier bei der Entdeckung der eben merklichen Unterschiede war Ernst Weber. Er faßte seine Entdeckungen in einer einzigen Gleichung zusammen, die mittlerweile das *Webersche Gesetz* genannt wird. Es besagt: *Je größer oder intensiver der Standardreiz ist, um so größer muß die Zunahme der Reizstärke sein, damit ein eben merklicher Unterschied wahrgenommen wird.* Oder umgekehrt: Je kleiner oder schwächer der Standardreiz ist, um so weniger muß seine Stärke erhöht werden, damit eine jnd bemerkt wird. Anschaulich gesagt: Ein paar Tropfen Wasser, die in ein Reagenzglas gegeben werden, werden eher bemerkt als die gleiche Menge, wenn sie in einen Wasserkrug gegeben wird. Dies ist eine allgemeine Eigenschaft aller Systeme der sensorischen Wahrnehmung.

- **Das visuelle System.** Das Sehen ist der komplexeste, am weitesten entwickelte und wichtigste aller Sinne des Menschen. Dabei sind die optischen und physiologischen Prozesse im Auge nur der Beginn des visuellen Wahrnehmungsprozesses. Das Auge hat im Wahrnehmungsprozeß die Funktion, das Licht zu sammeln, zu fokussieren und in *neurale Signale* umzusetzen, die an das Gehirn geleitet werden. Die Umsetzung der in den Lichtwellen enthaltenen Informationen in Nervenimpulse spielt sich in der Retina (Netzhaut) im Augenhintergrund ab. Unter dem Mikroskop kann man erkennen, daß die Retina im wesentlichen aus 3 Schichten verschiedener Neuronen besteht. Von hinten nach vorn sind die Schichten der Photorezeptoren, der bipolaren Zellen und der Ganglienzellen angeordnet. Es gibt 2 Typen von Photorezeptoren: Die Stäbchen sind lichtempfindliche Rezeptorzellen, die in der Peripherie der Retina konzentriert sind. Etwa 120 Mio. von ihnen sind in jedem Auge zuständig für das Sehen auch bei geringer Beleuchtung. Die 7 Mio. Zapfen im Zentrum der Retina sind verantwortlich für das Farbensehen. Bipolare Zellen kombinieren die Impulse aus vielen Stäbchen und Zapfen und senden sie an die Ganglienzellen weiter. Jede Ganglienzelle integriert dann die Impulse aus vielen bipolaren Zellen zu einer einzigen Impulsrate. Die Axone der Ganglienzellen bilden zusammen den N. opticus, den Sehnerv, der diese visuelle Information aus dem Auge und nach hinten zum Gehirn transportiert.

- **Farbwahrnehmung.** Obwohl wir Farben sehen, existiert die Farbe weder in den Objekten noch im Licht. Wenn wir etwas farbig sehen, so ist das eine psychische Qualität, die dann hervorgerufen wird, wenn das Gehirn die in der Lichtquelle enthaltenen Informationen dekodiert. Das für uns sichtbare Licht ist nur ein kleiner Abschnitt einer physikalischen Dimension, die als elektromagnetisches Spektrum bezeichnet wird. Die physikalische Eigenschaft, die verschiedene Typen elektromagnetischer Energie voneinander unterscheidet, ist die Wellenlänge, also die Distanz zwischen den Scheitelpunkten zweier benachbarter Wellen. Die Wellenlänge des sichtbaren Lichtes wird in Nanometern (nm; Milliardstel Meter) gemessen. Es hat eine Wellenlänge von etwa 400–700 nm. Jede *Farbe*, die wir sehen, ist das Ergebnis der Erfahrung von *Lichtstrahlen einer bestimmten physikalischen Wellenlänge*. Physikalisch gesehen wird Licht also in Wellenlänge beschrieben, *nicht* in Farben – Farben existieren nur, weil unser visuelles System Wellenlängen diese Interpretation gibt.

Theorien der Farbwahrnehmung. Die Dreifarbentheorie wurde um 1800 von Sir Thomas Young vorgestellt. Er behauptete, es gebe 3 Typen von Farbrezeptoren im normalen menschlichen Auge, die die psychologisch »primären« Farbempfindungen, Rot, Grün und Blau, hervorriefen. Von allen anderen Farben nahm er an, daß sie Kombinationen dieser 3 Primärfarben seien. Youngs Theorie wurde später von Hermann von Helmholtz ausgearbeitet und erweitert und ist unter dem Namen »Young-Helmholtz-Dreifarbentheorie« bekannt geworden. Die Gegenfarbentheorie wurde von Ewald Hering im späten 19. Jahrhundert vorgestellt. Alle Farbempfindungen entspringen 3 zugrundeliegenden Systemen, deren jedes 2 »entgegengesetzte« Elemente enthält: Rot vs. Grün, Blau vs. Gelb und Schwarz vs. Weiß. In dieser Theorie treten die Arten der Farbenblindheit deshalb paarweise auf, weil das Farbsystem als solches aus Gegensatzpaaren aufgebaut ist. Wissenschaftler haben jahrelang darüber debattiert, welche Theorie denn nun den Tatsachen gerecht werde. Mit der Zeit stellte sich heraus, daß beide Theorien sich nicht wirklich widersprachen, sondern 2 aufeinanderfolgende Stufen der Verarbeitung beschreiben, an denen verschiedene physiologische Strukturen im visuellen System beteiligt sind.

- **Prozesse der Wahrnehmungsorganisation.** Die Prozesse des Zusammenfügens der Sinneseindrücke zu kohärenten, zusammenhängenden Szenen werden unter dem Begriff der Organisation subsumiert. Als Ergebnis der Organisationsprozesse entstehen bei der Person Perzepte. Organisationsgesetze sind die Gliederung in Bereiche, die Unterscheidung von Figur und Grund, die Geschlossenheit und Gruppierung, das Prinzip der guten Gestalt, das Gesetz der Prägnanz und die Integration in Bezugsrahmen.

- **Bewegungswahrnehmung.** Sie gelingt dadurch, daß eine Reihe von aufeinanderfolgenden Sinneserfahrungen miteinander verglichen werden. Wenn wir uns einer Person nähern, die selbst still steht, wird das Netzhautbild um so größer, je näher wir kommen. Die Bewegungswahrnehmung greift häufig auf ein *Bezugssystem* zurück, wobei es anscheinend eine generelle Tendenz gibt, eine größere Figur aus dem Umfeld als Bezugssystem für eine kleinere darinliegende Figur zu nutzen. Als induzierte Bewegung bezeichnet man eine Täuschung, die einen feststehenden Lichtpunkt innerhalb eines sich hin- und herbewegenden beleuchteten Rechtecks in der Wahrnehmung zu einem sich bewegenden Punkt innerhalb eines feststehenden Rechtecks werden läßt.

- **Tiefenwahrnehmung.** Sie beruht auf unterschiedlichen Informationsquellen über die Entfernung. Solche Informationsquellen sind die Querdisparation, die Konvergenz, die Bewegungsparallaxe und die Abbildungsfaktoren. Unter *Querdisparation* versteht man die Verschiebung zwischen den horizontalen Positionen einander entsprechender Bilder, die dadurch zustandekommt, daß die Pupillen beider Augen im Durchschnitt etwa 6 cm auseinander liegen. Unser visuelles System interpretiert die horizontale Verschiebung zwischen beiden Bildern als Tiefe in der dreidimensionalen Welt. Andere Tiefeninformationen entspringen der *Konvergenz*. Die Achsen beider Augen laufen aufeinander zu, wenn ein Gegenstand fixiert wird. Man kann die Augen konvergieren sehen, wenn man jemanden beobachtet, der zuerst einen entfernten, dann einen nahen Gegenstand fixiert. Die *Bewegungsparallaxe* liefert Informationen über die Tiefe, denn während der Bewegung bestimmen die relativen Entfernungen der Gegenstände in der Welt den Betrag und die Richtung ihrer relativen Bewegung auf den Netzhautbildern. *Abbildungsfaktoren* sind Interposition, relative Größe, lineare Perspektive und Texturgradienten. Maler, die auf der zweidimensionalen Leinwand beim Betrachter den Eindruck der räumlichen Darstellung hervorrufen wollen, bedienen sich dieser bildlichen Hinweise (»pictorial cues«) auf die Dreidimensionalität.
- **Wahrnehmungskonstanzen.** Im allgemeinen sehen wir die Welt als invariant, konstant und stabil, obwohl die Stimulationen unserer Sinnesrezeptoren sich ändern. *Größenkonstanz* bezieht sich auf die Fähigkeit, die tatsächliche Größe eines Gegenstan-

des aus der Größe des Netzhautbildes zu erschließen. Wegen der Beziehung zwischen Größe und Distanz muß das Wahrnehmungssystem die tatsächliche Größe eines Gegenstandes durch Kombination der Information über die Größe des Netzhautbildes mit anderen Informationen über Entfernung erschließen. Die Informationen über Entfernung kommen von der Querdisparation, der Konvergenz zwischen den Sehachsen beider Augen, der Bewegungsparallaxe und anderen Quellen für die Tiefenwahrnehmung. Unser visuelles System kombiniert diese mit der Information des Netzhautbildes über Größe. So entsteht die Wahrnehmung einer Gegenstandsgröße, die üblicherweise der wirklichen Größe des Gegenstandes entspricht. *Formkonstanz.* Die Wahrnehmungskonstanz gilt für viele Eigenschaften des Sehens über eine beachtliche Skala von Reizbedingungen hinweg. Sie gilt auch für die Form. Der Betrachter nimmt den wirklichen Umriß eines Gegenstandes sogar dann richtig wahr, wenn er von ihm weggedreht zu sehen ist, so daß sein Umriß auf dem Netzhautbild ganz anders aussieht, als der Gegenstand in Wirklichkeit geformt ist.

- **Die Prozesse der Identifikation und des Erkennens (Einordnens).** Durch Identifizieren und Einordnen verleihen wir den Perzepten Bedeutung. Wenn man einen Gegenstand identifiziert, muß man das, was man sieht, mit dem Wissen, das im Gedächtnis gespeichert ist, vergleichen. Die Aufnahme von Sinnesdaten in das Wahrnehmungssystem, deren Weiterleitung und die Gewinnung von Informationen aus diesen Daten bezeichnet man als »Bottom-up-Verarbeitung« oder »datengeleitete Verarbeitung«.

In vielen Fällen kann man jedoch das Identifizieren und Einordnen von wahrgenommenen Objekten dadurch unterstützen, daß man auf bereits vorhandene Informationen zurückgreift. Zu dieser Verarbeitung, der »Top-down-Verarbeitung«, gehören die Einflüsse von Erwartungen, Vorerfahrungen, Wissen, Motivation und kulturellem Hintergrund auf die Wahrnehmung der Welt. Weil die Konzepte (Begriffe), die man im Gedächtnis gespeichert hat, uns zu Hypothesen über die wahrgenommene Realität führen, spricht man bei der *Top-down-Verarbeitung* auch von »konzeptgeleiteter Verarbeitung« oder »hypothesengeleiteter Verarbeitung«.

Hinweise zur deutschsprachigen Literatur

Die Klassifikationsprozesse, die nach der in diesem Kapitel entwickelten Perspektive eindeutig zur Wahrnehmung (im weiteren Sinne) gehören, werden in der deutschen Literatur meist als kognitive Prozesse aufgefaßt und folglich in Texten zur Kognition behandelt. So beschreibt Wilkening (1988) die Rolle des Wissens in der Wahrnehmung in einem Sammelband zur *Wissenspsychologie* von Mandl, H. u. Spada, H. (Hrsg.).

R. Guski (1996) stellt ein sowohl anwendungs- wie auch forschungsbezogenes Lehrbuch zur Wahrnehmung vor, das als Grundlagenwerk aktuelle Fragen zur Wahrnehmungspsychologie beantwortet. Nach einer Einführung in die Begriffe, Konzepte und Methoden werden einfache physikalische Eigenschaften der Umwelt und physiologische Gegebenheiten des menschlichen Körpers behandelt. Ebenso wird die Entwicklung der Wahrnehmungskompetenzen über die Lebensspanne aufgezeigt.

Untersuchungen zur Tagesrhytmik visueller und akustischer Wahrnehmung sind das Thema von M. Lotze (1996). Er beschreibt in seinem Buch sowohl Auswirkungen von Veränderungen der Wahrnehmung von Tönen als auch die visuelle Wahrnehmung im Tagesverlauf.

W. Prinz u. B. Bridgeman (1994) haben Band I *Wahrnehmung* der Enzyklopädieserie »Kognition« herausgegeben. Dieser erste Band befaßt sich mit folgenden Themenschwerpunkten: Perzeptive Organisation visueller und akustischer Muster, Theorien stereoskopischer Tiefenwahrnehmung, zeitliche Organisation visueller Muster und visuelle Identifikation von Objekten, Wahrnehmungskonstanz und Koordination von Wahrnehmung und Bewegung, Zeit- und Ereigniswahrnehmung, Wahrnehmung von Bewegung und Handlung sowie nichtretinale Grundlagen visueller Orientierung.

G. Kebeck (1994) befaßt sich in seinem von M. Sader herausgegebenen Buch *Wahrnehmung* mit Theorien, Methoden und Forschungsergebnisse der Wahrnehmungspsychologie.

Quantitative Untersuchung der menschlichen Raumwahrnehmung mit den Methoden der Computergraphik ist der Titel des Buches von J. Friebe (1995). Ausgehend vom Stand des Wissens über Wahrnehmung von Raum und Tiefe in der Neurophysiologie und der Wahrnehmungspsychologie zeigt der Autor einen universellen Meßplatz zur Untersuchung der menschlichen Raumwahrnehmung auf.

In seinem Buch *Wahrnehmung und Erfahrung* beschäftigt sich M.D. Vernon (1997) mit einer Vielzahl von Experimenten der Jahre 1950–1970 aus dem Bereich der visuellen Wahrnehmung und beschreibt die daraus entwickelten Theorien.

ÜBUNGSFRAGEN

1 Der Wahrnehmungsvorgang kann in 3 Stufen (Abschnitte) eingeteilt werden. Nennen und beschreiben Sie diese Stufen (Abschnitte)!

1 Der Wahrnehmungsvorgang kann in die Stufen des Empfindens, des Organisierens und des Identifizierens und Einordnens unterteilt werden. Empfinden bzw. Empfindung bezieht sich auf die Umwandlung physikalischer Energie in neural kodierte Information, die vom Gehirn weiterverarbeitet werden kann. Eine Empfindung ist allerdings nur die allererste Repräsentation von grundlegenden Reizgegebenheiten. Die Zellen in der Netzhaut (Retina) sind so aufgebaut, daß Grenzlinien und Helligkeitsunterschiede betont werden, während sie auf nicht wechselnde, konstante Stimulierung nur schwach reagieren. Die Zellen im Kortex entnehmen diesem retinalen Input Informationen über wesentliche Merkmale des Reizes.

Auf der nächsten Stufe, der Organisation der Wahrnehmung (perzeptuelle Organisation), wird eine innere Repräsentation des Objekts oder Ereignisses aufgebaut und ein Perzept des äußeren Reizes gebildet. Die Repräsentation liefert nun eine ausreichende Beschreibung der äußeren Umwelt des Wahrnehmenden. So führen Wahrnehmungsprozesse zu Schätzungen der Größe, der Form, der Bewegung, der Entfernung und der Lokalisierung von Gegenständen. Diese Schätzungen beruhen auf inneren Berechnungen, die in der Vergangenheit erworbenes Wissen mit aktuellen Informationen der Sinnesorgane und mit dem Reiz in seinem Wahrnehmungskontext zusammenführen. Zur Wahrnehmungsorganisation gehört die Synthese (Integrieren und Kombinieren) einfacher sensorischer Eigenschaften wieetwa von Tönen, Kanten und Linien in das Perzept eines Objekts, das später wiedererkannt werden kann. Die geistigen Aktivitäten laufen meistens rasch und sicher ab, ohne daß wir uns dessen bewußt sind.

Beim Identifizieren und Einordnen (»recognition«), dem dritten Schritt der Wahrnehmungssequenz, werden Perzepten Bedeutungen zugewiesen. Kreisförmige Gegenstände werden zu Fußbällen, Münzen, Uhren, Apfelsinen und Monden; Personen werden als männlich oder weiblich, als Freund oder Feind, als Filmstar oder Rocksänger identifiziert. Auf dieser Stufe wird aus der Organisationsfrage – »Wie sieht das Objekt aus?« – eine Identifizierungsfrage – »Was ist das für ein Objekt?«– und eine Einordnungsfrage – »Welche Funktion hat das Objekt?«. Um etwas zu identifizieren und um zu erkennen, um was es sich handelt, wie es bezeichnet wird und wie man am besten darauf reagiert, sind kognitive Prozesse eines höheren Niveaus erforderlich. Dazu gehört die Anwendung der Theorien, Erinnerungen, Wertvorstellungen, Überzeugungen und Einstellungen, die eine Person gegenüber einem Objekt hat.

2 Beschreiben Sie die Begriffe »distaler Reiz« und »proximaler Reiz«. Was haben beide Begriffe miteinander zu tun?

2 Was wir wahrnehmen, entspricht dem distalen Reiz, d. h. dem »wirklichen« Objekt in der Umwelt. Der Reiz, aus dem wir unsere Informationen ableiten, ist jedoch der proximale Reiz – das Netzhautbild. Wahrnehmung kann man sich als einen Prozeß vorstellen, in dessen Verlauf der distale Reiz aus Informationen des proximalen Reizes erschlossen wird. Das gilt für alle Wahrnehmungsbereiche. Auch beim Hören, Tasten, Schmecken usw. besteht Wahrnehmung darin, die Informationen aus dem proximalen Reiz zu nutzen, um etwas über die Eigenschaften des distalen Reizes aussagen zu können.

3 Welche Bedeutung hat das Konzept der Mehrdeutigkeit für den Wahrnehmungsprozeß des Menschen?

3 Mehrdeutigkeit ist ein wichtiges Konzept beim Versuch, den Wahrnehmungsprozeß zu verstehen, denn es weist darauf hin, daß ein einzelnes sensorisches Bild zu mehreren Interpretationen auf den Stufen der Organsation und der Identifizierung und Einordnung führen kann.

Es ist eine der grundlegenden Eigenschaften des normalen Wahrnehmungsprozesses beim Menschen, daß wir dazu tendieren, Mehrdeutigkeiten und Ungewißheiten über die Umgebung in eine klare Interpretation zu übersetzen, die es uns erlaubt, voll Vertrauen auf die Richtigkeit unserer Wahrnehmung zu handeln. In einer von Vielfalt und Veränderungen geprägten Welt *muß* unser Wahrnehmungssystem sich der Herausforderung stellen können, Invarianzen und Stabilität aufzudecken.

4 Was sind Wahrnehmungstäuschungen?

4 Von einer Wahrnehmungstäuschung sprechen wir dann, wenn uns unsere Sinne auf nachweislich fehlerhafte Art die Erfahrung eines Reizmusters vortäuschen. Wenn Täuschungen auftreten, so sind sie in der gegebenen Situation bei den meisten Menschen feststellbar, denn wir können uns ihnen nicht entziehen, da sie sich aus einer besonderen Wechselwirkung unseres Wahrnehmungsapparates mit spezifischen Reizmerkmalen ergeben.

Von Wahrnehmungstäuschungen sind Halluzinationen zu unterscheiden. Halluzinationen sind Störungen in der Wahrnehmung einer Person, die von den meisten anderen Personen *nicht* geteilt werden. Sie resultieren aus einer ungewöhnlichen körperlichen oder psychischen Befindlichkeit des einzelnen.

5 Beschreiben Sie Gibsons Theorie der ökologischen Optik!

5 James Gibson (1966, 1979) entwickelte einen sehr einflußreichen nativistischen Ansatz zur Wahrnehmung. Anstatt den Versuch zu unternehmen, die Wahrnehmung als Ergebnis der Struktur eines Organismus aufzufassen, schlug Gibson vor, man könne sie besser durch eine Analyse der unmittelbar vorfindlichen Umwelt – also des ökologischen Kontextes – verstehen. Mace (1977) charakterisiert Gibsons Ansatz als Verwirklichung des Grundsatzes: »Frage nicht danach, was jemand im Kopf hat, sondern danach, woraus das, was er im Kopf hat, gemacht ist«. Im Endeffekt befaßt sich Gibsons Theorie der ökologischen Optik mehr mit den Reizen, die wir wahrnehmen, als mit den Mechanismen, aufgrund deren wir wahrnehmen.

6 Über welche Sinnesmodalitäten verfügt der Mensch?

6 Der Mensch verfügt über 9 Sinnesmodalitäten: Sehen, Hören, Riechen, Schmecken, Tasten, Temperaturempfinden, Gleichgewichtssinn, Bewegungsempfinden (Kinästhesie) und Schmerzempfinden.

7 Was versteht man unter dem Prinzip der spezifischen Nervenenergie?

7 Das Prinzip der spezifischen Nervenenergie besagt, daß unterschiedliche Sinneserfahrungen wie Sehen oder Schmecken *nicht* zu unterschiedlichen Arten neuraler Aktivität führen. Sie bringen vielmehr die gleiche Art von Aktivität in verschiedenen, jeweils spezialisierten Hirnarealen hervor. Die besondere Qualität der einzelnen Sinne wird dadurch kodiert, daß sie jeweils spezifische neurale Bahnen aktivieren.

8 Mit dem Begriff der Adaptation beziehen wir uns auf einen Prozeß, bei dem es um die Präferenz für Reizveränderungen (gegenüber Konstanz) geht. Was versteht man genau unter sensorischer Adaptation?

8 Sensorische Adaptation (oder Adaption) bezeichnet die abnehmende Reaktionsstärke des Wahrnehmungssystems bei andauerndem, konstantem Reizinput. Unsere Umwelt ist ständig erfüllt von einer großen Vielfalt sensorischer Stimulation – dieser Anpassungsmechanismus erlaubt es uns, unsere Aufmerksamkeit speziell auf *neue* Informationen zu richten und rasch auf sie zu reagieren.

9 Was versteht man unter dem Prinzip der Integration von Informationen?

9. In jeder Sinnesmodalität beginnt der Wahrnehmungsprozeß mit der Entdeckung eines Ereignisses in der Umwelt, Stimulus oder Reiz genannt, durch spezielle Neuronen in den Sinnesrezeptoren, die Stimulusdetektoren (Reizdetektoren). Reizdetektoren wandeln die physikalische Energie des sensorischen Signals in Zellsignale um, die vom Nervensystem verarbeitet werden können. Die Signale einer einzelnen Rezeptorzelle sind nur ein Teil der Information, die von Neuronen auf übergeordneter Ebene aus verschiedenen Reizdetektoren integriert werden. Auf dieser Integrationsstufe ermitteln die Neuronen Informationen über die grundlegenden Eigenschaften des Reizes, wie etwa Größe, Intensität, äußere Form und Entfernung. Auf weiteren Verarbeitungsstufen des Wahrnehmungssystems werden die Informationen zu immer komplexeren Codes zusammengeführt, die dann an spezielle Areale des sensorischen Kortex und der Assoziationsfelder im Kortex weitergeleitet werden. In den sensorischen Rindenfeldern werden die Sinneserfahrungen repräsentiert, in den Assoziationsfeldern werden sensorische und motorische Informationen integriert.

10 Was leistet die Psychophysik?

10 Die Psychophysik versucht, die gesetzmäßigen Beziehungen zwischen physikalischen Stimuli, die auf die Sinnesorgane einwirken, und den dadurch hervorgerufenen Empfindungen quantitativ exakt zu beschreiben. Sie ist das älteste Teilgebiet der wissenschaftlichen Psychologie.

11 Welche Bedeutung hat Gustav Theodor Fechner für die Psychophysik?

11 Der Begriff Psychophysik wurde von Gustav Theodor Fechner (1860/ 1966) geprägt. Fechner war Physiker, Psychologe und Philosoph, und er glaubte, daß die Psychophysik der Schlüssel zur Lösung des Leib-Seele-Problems sei, das Generationen von Philosophen beschäftigt hatte. Er entwickelte eine Reihe von psychophysischen Meßverfahren, also von Methoden, mit deren Hilfe die Intensität eines physikalischen Reizes (gemessen in physikalischen Einheiten) und das Ausmaß der sensorischen Erfahrung (gemessen in psychologischen Einheiten) in Beziehung gesetzt werden. Dabei ist die Logik des Vorgehens immer dieselbe, ob es sich um die Stimulation durch Licht oder Töne oder um Geschmacks-, Geruchs- oder Berührungsempfindungen handelt: Es werden erstens Schwellen festgelegt und zweitens psychophysische Skalen konstruiert, die den Zusammenhang zwischen Reizstärke und Stärke der Empfindung exakt beschreiben.

12 Beschreiben Sie die Begriffe »absolute Schwelle« und »Unterschiedsschwelle«!

12 Die absolute Schwelle wird angegeben durch den geringsten Betrag an physikalischer Energie, der überhaupt eine Empfindung hervorruft. Die Unterschiedsschwelle bezeichnet die kleinste physikalische Differenz zwischen 2 Reizen, die als unterschiedlich empfunden wird.

13 Wie kann man absolute Schwellen messen? Geben Sie Beispiele!

13 Absolute Schwellen werden gemessen, indem man aufmerksame Beobachter bittet, »Entdeckungsaufgaben« auszuführen. Sie sollen versuchen, ein schwaches Licht in einem dunklen Raum zu sehen oder einen leisen Ton in einem stillen Raum zu hören. Während einer Reihe von »Durchgängen« wird der Reiz in variierender Intensität geboten. Bei jedem Durchgang geben die Beobachter an, ob sie ihn bemerken oder nicht. Die Ergebnisse einer solchen Untersuchung kann man zu einer psychometrischen Funktion zusammenfassen. Das ist die Darstellung des prozentualen Anteils der Entdeckungen bei unterschiedlichen Reizstärken.
Die absolute Schwelle ist willkürlich als diejenige Reizstärke festgelegt worden, bei welcher die psychometrische Funktion die 50%-Grenze erreicht. Mit anderen Worten: Die absolute Schwelle wird als die Intensität desjenigen Reizes angegeben, der in der Hälfte der Fälle entdeckt wird.

14 Was versteht man unter einer Antworttendenz?

14 Bei Untersuchungen zur Ermittlung der Absolutschwelle können die Ergebnisse durch Antworttendenzen verfälscht werden. Eine Antworttendenz (»response bias«) ist die Tendenz eines Versuchsteilnehmers, aus Gründen, die mit den untersuchten Reizmerkmalen nichts zu tun haben, systematisch auf eine bestimmte Art und Weise zu antworten. Ein Beispiel soll diese Verfälschungstendenz verdeutlichen: Jemand könnte in einer Entdeckungsaufgabe deshalb mit »Ja« antworten, weil er sich für eine Arbeit qualifizieren möchte, die feine Sinnesempfindungen erfordert. Umgekehrt könnte jemand mit »Nein« antworten, weil der Nachweis einer großen Sinnesempfindlichkeit für ihn nachteilige Folgen haben könnte. Antworttendenzen treten also mit großer Wahrscheinlichkeit in Situationen auf, die wichtige Konsequenzen im Leben eines Beobachters nach sich ziehen.

15 Welche Möglichkeiten bieten sog. Fangfragen (»catch trials«)?

15 Man setzt sie ein, um herauszufinden, ob bei den Entdeckungsaufgaben Antworttendenzen wirksam werden. Dabei wird in einigen Durchgängen kein Reiz dargeboten. So können Personen »ertappt« werden, die eine Tendenz haben, mit »Ja« zu antworten. Der Wert für deren absolute Schwelle wird dann geschätzt, indem die Häufigkeit »falscher Alarme« verrechnet wird. Analog verfährt man, um »Neinsager« zu identifizieren.

16 Beschreiben Sie die Theorie der Signalentdeckung!

16 Die Signalentdeckungstheorie (»signal detection theory«) konzentriert sich nicht auf rein sensorische Vorgänge, sondern stellt den Prozeß der Beurteilung von Anwesenheit oder Abwesenheit eines Reizereignisses in den Mittelpunkt. Sie ersetzt das theoretische Konzept einer einzigen absoluten Schwelle durch 2 Prozesse der Reizentdeckung:
- einen anfänglichen sensorischen Prozeß, der die Sensitivität (sensorische Empfindlichkeit) einer Person für die Reizstärke zeigt, und
- einen nachfolgenden Entscheidungsprozeß, der Auskunft über die Antworttendenz des jeweiligen Beobachters gibt.

17 Was leistet die Theorie der Signalentdeckung für das Problem der Antworttendenzen?

17 Eine Person, die eine »Jasagerin« ist, wird eine hohe Anzahl von Treffern, aber auch eine hohe Anzahl von falschen Alarmen angeben. Eine Person, die eher zum »Neinsagen« neigt, wird eine geringere Anzahl von Treffern, aber auch eine geringere Anzahl von falschen Alarmen liefern.
Durch die Kombination der Prozentwerte der Treffer und der falschen Alarme erhält man eine mathematische Beziehung, welche sensorische Reaktionen von Antworttendenzen trennt. Deshalb läßt sich mit Hilfe dieser Methode feststellen, ob 2 Personen trotz ganz unterschiedlicher Antworttendenzen über die gleiche Sensitivität (sensorische Empfindlichkeit) verfügen.

18 Was ist eine Payoff-Matrix? In welchem Zusammenhang steht sie mit der Signalentdeckungstheorie?

18 Die Signalentdeckungstheorie liefert ein allgemeines Modell der Entscheidungsbildung und kann daher auch in ganz anderen Kontexten eingesetzt werden. Bei vielen alltäglichen Entscheidungen gibt es »Belohnungen« für jeden Treffer und jede korrekte Ablehnung sowie negative Konsequenzen (Sanktionen) für Fehler und falsche Alarme. Entscheidungen werden deshalb wahrscheinlich durch ein Schema antizipierter Verluste und Gewinne beeinflußt. Die Zusammenstellung dieser antizipierten Gewinne und Verluste nennt man Payoff-Matrix. Sie demonstriert, daß die Signalentdeckungstheorie ein wertvolles Mittel zur Systematisierung und Verdeutlichung von Einflüssen und Schritten bei Entscheidungsprozessen sein kann.

19 Was ist eine Unterschiedsschwelle? Wie wird sie gemessen? Was versteht man unter einem eben merklichen Unterschied (»just noticeable difference« bzw. »jnd«)

19 Als Unterschiedsschwelle wird die kleinste physikalische Differenz bezeichnet, die als Unterschied empfunden wird. Sie wird in ähnlicher Weise wie die Absolutschwelle ermittelt. Allerdings werden jetzt bei jedem Durchgang 2 Reize dargeboten, und die Person wird gefragt, ob sie sich unterscheiden (statt danach zu fragen, ob überhaupt ein Reiz aufgetreten ist). Beispielsweise werden dem Versuchsteilnehmer in jedem Durchgang 2 Balken oder Stäbe gezeigt, von denen einer eine Standardlänge hat und der andere ein klein wenig länger ist. Bei jedem Reizpaar soll er mit »gleich« oder »verschieden« antworten. Führt man eine ganze Reihe solcher Durchgänge durch, so kann man auch hier die psychometrische Funktion konstruieren. Dabei werden

die prozentualen Anteile der »Verschieden«-Antworten« auf der Ordinate (Y-Achse) als Funktion der tatsächlichen Längenunterschiede auf der Abszisse (X-Achse) eingetragen. Die Unterschiedsschwelle ist der Unterschied, bei welchem die Kurve den 50%-Wert überschreitet. Mit anderen Worten, sie ist festgelegt worden als diejenige Reizdifferenz, die in der Hälfte der Fälle als unterschiedlich erkannt wird. Diesen Schwellenwert bezeichnet man als eben merklichen Unterschied. Heute hat sich in der deutschen Fachliteratur allerdings auch die Bezeichnung »just noticeable difference« bzw. die Abkürzung »jnd« durchgesetzt.

20 Wie lautet das Webersche Gesetz?

20 Das Webersche Gesetz besagt: Je größer oder intensiver der Standardreiz ist, um so größer muß die Zunahme der Reizstärke sein, damit ein eben merklicher Unterschied wahrgenommen wird. Oder umgekehrt: Je kleiner oder schwächer der Standardreiz ist, um so weniger muß seine Stärke erhöht werden, damit eine jnd bemerkt wird. Anschaulich gesagt: Ein paar Tropfen Wasser, die in ein Reagenzglas gegeben werden, werden eher bemerkt als die gleiche Menge, wenn sie in einen Wasserkrug gegeben wird. Dies ist eine sehr allgemeine Eigenschaft aller Systeme der sensorischen Wahrnehmung.

Die Formel für Webers Gesetz lautet:

$$\Delta I / I_b = k$$

ΔI ist der Betrag des Anstiegs der Reizstärke, der einem gerade wahrgenommenen Unterschied oder jnd entspricht, I ist die Intensität (Stärke) des Standardreizes und k ist die Konstante für die jeweilige Reizdimension.

21 Welche Zellen der Retina (Netzhaut) sind für die Umsetzung der in den Lichtwellen enthaltenen Informationen in Nervenimpulse verantwortlich?

21 Die Umwandlung von Lichtenergie in Nervenimpulse wird von den Photorezeptoren durchgeführt.

Photorezeptoren sind lichtempfindliche Zellen. Es gibt 2 Typen von Photorezeptoren, die man aufgrund ihrer Gestalt Stäbchen und Zapfen nennt. Stäbchen und Zapfen nehmen einen einzigartigen Platz im visuellen System ein. Sie sind Vermittler zwischen der »hellen Außenwelt« des Lichtes und der »dunklen Innenwelt« neuraler Prozesse und visueller Empfindung. Stäbchen sind lichtempfindliche Rezeptorzellen, die in der Peripherie der Retina konzentriert sind. Etwa 120 Mio. von ihnen sind in jedem Auge zuständig für das Sehen auch bei geringer Beleuchtung. Die 7 Mio. Zapfen im Zentrum der Retina sind verantwortlich für das Farbensehen. Durch ihre Zusammenarbeit erhalten wir Informationen über Größe, Form, Abgrenzungen und Farben der Objekte, auf die wir unsere Augen richten.

22 Beschreiben Sie die Farbwahrnehmung beim Menschen!

22 Obwohl wir Menschen Farben sehen, existiert die Farbe weder in den Objekten noch im Licht. Wenn wir etwas farbig sehen, so ist das eine psychische Qualität, die dann hervorgerufen wird, wenn das Gehirn die in der Lichtquelle enthaltenen Informationen dekodiert. Obwohl die beteiligten Prozesse ausgesprochen komplex sind, ist das Farbensehen einer der am besten erforschten Aspekte unserer visuellen Erfahrung.

Das für uns sichtbare Licht ist nur ein kleiner Abschnitt einer physikalischen Dimension, die als elektromagnetisches Spektrum bezeichnet wird. Unser visuelles System ist nicht dafür ausgelegt, andere Stimuli auf dieser Dimension zu erfassen, etwa Röntgenwellen, Mikrowellen und Radiowellen. Die physikalische Eigenschaft, die diese verschiedenen Typen elektromagnetischer Energie voneinander unterscheidet, ist die Wellenlänge, also die Distanz zwischen den Scheitelpunkten zweier benachbarter Wellen. Die Wellenlänge des sichtbaren Lichtes wird in Nanometern (nm; Milliardstel Meter) gemessen. Es hat eine Wellenlänge von etwa 400 bis 700 nm. Jede Farbe, die wir sehen, ist das Ergebnis der Erfahrung von Lichtstrahlen einer bestimmten physikalischen Wellenlänge. Physikalisch gesehen wird Licht also in Wellenlänge beschrieben, *nicht* in Farben – Farben existieren nur, weil unser visuelles System Wellenlängen so interpretiert.

23 Geben Sie eine systematische Beschreibung verschiedener Farbeindrücke, indem Sie den Aufbau des Farbraumes darstellen!

23 Der Farbraum ist ein dreidimensionales Modell, innerhalb dessen jede Farbe eine bestimmte Position einnimmt. Der Farbraum beschreibt alle Farbeindrücke in den Dimensionen Ton, Sättigung und Helligkeit, den Dimensionen der menschlichen Wahrnehmung von Licht. Alle Farbempfindungen des Menschen haben in diesem Raum ihren Platz und bilden die Farbspindel.

Betrachten wir nun nacheinander die 3 Dimensionen des Farbraumes.

- Der Farbton gibt die qualitative Veränderung der Farbe in Abhängigkeit von der Wellenlänge an. In »reinem« Licht, das, wie etwa Laserstrahlen, nur eine Wellenlänge enthält, entspricht die psychologische Erfahrung des Farbtons genau der physikalischen Dimension der Wellenlänge des Lichts. Die Empfindungen von Farbtönen, die durch unterschiedliche Wellenlängen des Lichts entstehen, liegen im Farbraum an der Außenseite des Farbenkreises, der wie eine Scheibe in der Mitte der Farbspindel liegt.

- Sättigung ist die psychologische Dimension, die die Reinheit und Lebhaftigkeit der Farbempfindung beschreibt. In der Farbspindel ist Sättigung die Distanz von der Mittelachse nach außen. Die reinen Farben, die am äußeren Rand liegen, haben die höchste Sättigung, Grautöne in der Mitte gar keine, und die trüben, gedämpften Töne und die Pastellfarben liegen dazwischen.

- Helligkeit ist diejenige Dimension der Farbempfindung, die sich auf die Lichtintensität bezieht. Weiß hat die größte Helligkeit, Schwarz die geringste. Helligkeit ist die vertikale Dimension des Farbraumes, die sich von Weiß an der oberen Spitze über alle unterschiedlichen Grautöne zu Schwarz am unteren Ende erstreckt. Diese »neutralen« Farbempfindungen (Farbempfindungen ohne Ton) liegen entlang der vertikalen Achse der Farbspindel. Alle Farben haben einen Wert auf der Helligkeitsdimension. Je heller eine Farbe ist, um so höher in der Farbspindel ist sie angesiedelt.

24 Wie läßt sich die Farbwahrnehmung erklären? Beschreiben Sie die Dreifarbentheorie und die Gegenfarbentheorie!

24 Die Dreifarbentheorie. Die erste wissenschaftliche Theorie des Farbensehens wurde um 1800 von Sir Thomas Young vorgestellt. Er behauptete, es gebe 3 Typen von Farbrezeptoren im normalen menschlichen Auge, die die psychologisch »primären« Farbempfindungen, Rot, Grün und Blau, hervorriefen. Von allen anderen Farben nahm er an, daß sie Kombinationen dieser 3 Primärfarben seien. Youngs Theorie wurde später von Hermann von Helmholtz ausgearbeitet und erweitert und ist unter dem Namen Young-Helmholtz-Dreifarbentheorie bekannt geworden.

Die Dreifarbentheorie erfreute sich lange Zeit allgemeiner Anerkennung, lieferte sie doch eine plausible Erklärung für die menschliche Farbempfindung und für Farbenblindheit. (Farbenblinde, so wurde angenommen, verfügen nur über eine oder zwei Arten von Rezeptoren.) Andere Tatsachen und Beobachtungen hingegen ließen sich nicht so gut erklären. Warum zum Beispiel mißlingt es Farbenblinden regelmäßig, zwischen Paaren von Farben zu unterscheiden, zwischen rot und grün, zwischen blau und gelb?

Die Gegenfarbentheorie. Mit den Antworten auf diese Fragen legte Ewald Hering den Grundstein für eine zweite Theorie des Farbensehens, die er im späten 19. Jahrhundert vorstellte. Nach seiner Gegenfarbentheorie entspringen alle Farbempfindungen 3 zugrundeliegenden Systemen, deren jedes 2 »entgegengesetzte« Elemente enthält: Rot vs. Grün, Blau vs. Gelb und Schwarz vs. Weiß. In dieser Theorie treten die Arten der Farbenblindheit deshalb paarweise auf, weil das Farbsystem als solches aus Gegensatzpaaren aufgebaut ist.

25 Was versteht man unter »Organisation« der Wahrnehmung? Nennen Sie Beispiele aus dem Bereich der visuellen Wahrnehmung!

25 Unter »Organisation« der Wahrnehmung versteht man die Prozesse des Zusammenfügens der Sinneseindrücke zu kohärenten, zusammenhängenden Szenen. Als Ergebnis der Organisationsprozesse entstehen bei der Person Perzepte. Organisationsgesetze aus dem Bereich der visuellen Wahrnehmung sind: Gliederung in Bereiche, Unterscheidung von Figur und Grund, Geschlossenheit und Gruppierung, Prinzip der guten Gestalt, Gesetz der Prägnanz und Integration in Bezugsrahmen.

25 Was ist die Grundannahme der Gestaltpsychologie? Welche Wahrnehmungsgesetze der Gestaltpsychologie kennen Sie?

25 Grundlegend für die Gestalttheorie ist die Annahme, daß der Wahrnehmungsprozeß nicht vollständig verstanden werden kann, wenn man ihn nur in immer kleinere Teilprozesse zerlegt. Wahrnehmung ist mehr als die Summe dieser Teilprozesse – gemäß der Maxime: Eine Gestalt ist mehr als die Summe der Einzelteile.

Zu den Wahrnehmungsgesetzen der Gestalttheorie gehört das Gesetz der Nähe. Es besagt, daß unter sonst gleichen Bedingungen die nächstgelegenen (benachbarten) Reizelemente als zusammengehörig gesehen werden. Das Gesetz der Ähnlichkeit besagt, daß unter sonst gleichen Bedingungen diejenigen Elemente zu Figuren gruppiert werden, die sich am ähnlichsten sind. Wenn sich die Objekte im Gesichtsfeld bewegen, so stellt das Prinzip des gemeinsamen Schicksals ein starkes Gruppierungsgesetz dar. Es besagt, daß unter sonst gleichen Bedingungen Elemente, die sich in dieselbe Richtung und mit derselben Geschwindigkeit bewegen, als zusammengehörig wahrgenommen werden.

26 Beschreiben Sie die einfachste Form einer Scheinbewegung, das Phi-Phänomen!

26 Eine Bewegungstäuschung, die das Vorhandensein eines auf einem höheren Niveau angesiedelten Organisationsprozesses veranschaulicht, bezeichnet man als Scheinbewegung. Die einfachste Form der Scheinbewegung, das Phi-Phänomen, tritt auf, wenn 2 feste Lichtpunkte an unterschiedlichen Positionen des Blickfeldes abwechselnd mit einer Frequenz von 4- bis 5mal/s an- und ausgeschaltet werden. Er wird in der Außenwerbung an Gebäuden und in Diskotheken genutzt. Selbst bei dieser verhältnismäßig langsamen Wechselfrequenz scheint es, als ob sich ein Lichtstrahl zwischen den beiden Punkten hin und her bewege. Im Prinzip könnte der Strahl zwischen den beiden Punkten ganz unterschiedliche Wege nehmen. Tatsächlich sehen wir jedoch nur den ein-

27 Dem visuellen System stehen als «Ausgangsmaterial» Netzhautbilder zur Verfügung, die nur 2 Dimensionen des Raumes abbilden: die vertikale und die horizontale. Wie kommt dennoch Tiefenwahrnehmung zustande?

fachsten Pfad: eine gerade Linie. Dieses Prinzip wird aber außer Kraft gesetzt, wenn man dem Betrachter statt zweier Lichtpunkte wechselnde Ansichten eines menschlichen Körpers zeigt. Nun fügt unser visuelles System die Information nicht unbedingt zu dem einfachsten Pfad, sondern zu einer normalen biologischen Bewegung zusammen.

27 Tiefeninformationen liefern die Querdisparation, Konvergenz, Bewegungsparallax und Abbildungsfaktoren. Die Querdisparation (binokulare Disparität) ist die Verschiebung zwischen den horizontalen Positionen der einander entsprechenden Bilder, die die beiden Augen bei der visuellen Wahrnehmung liefern. Die Konvergenz bedeutet das »Zusammenlaufen« der Achsen der beiden Augen beim Betrachten eines nahen Gegenstandes. Die Bewegungsparallaxe liefert weitere Informationen über die Tiefe: Während der Bewegung bestimmen die relativen Entfernungen der Gegenstände in der Welt den Betrag und die Richtung ihrer relativen Bewegung auf den Netzhautbildern. Informationen für die Tiefenwahrnehmung, die auch mit einem Auge wahrgenommen werden können, entstammen den Abbildungsfaktoren: Verdeckung, Schattenbildung, Verhältnis von Größe und Entfernung, Konvergieren paralleler Geraden in der Ferne, Texturgradienten.

28 Was versteht man unter Größenkonstanz?

28 Größenkonstanz bezieht sich auf die Fähigkeit, die tatsächliche Größe eines Gegenstandes trotz der variierenden Größe der Netzhautbilder wahrzunehmen.

Was bestimmt die Größe eines wahrgenommenen Gegenstandes? Teil der Antwort muß sein, daß wir die reale Größe in irgendeiner Weise aus der Größe des Netzhautbildes erschließen müssen. Das Wahrnehmungssystem muß die tatsächliche Größe eines Gegenstandes durch Kombination der Information über die Größe des Netzhautbildes mit anderen Informationen über Entfernung erschließen. Information über Entfernung kommt von der Querdisparation, der Konvergenz zwischen den Sehachsen beider Augen, der Bewegungsparallaxe und anderen Quellen für die Tiefenwahrnehmung. Unser visuelles System kombiniert diese mit der Information des Netzhautbildes über Größe. So entsteht die Wahrnehmung einer Gegenstandsgröße, die üblicherweise der wirklichen Größe des Gegenstandes entspricht.

Das System der Wahrnehmung kann die objektive Größe auch erschließen, indem es früher erworbenes Wissen über die typische Größe ähnlich geformter Gegenstände benutzt. Beispielsweise können wir am Umriß eines Hauses, eines Baums oder eines Hundes sogar dann ziemlich gut sehen, wie groß das jeweilige Objekt ist, wenn wir die Entfernung nicht kennen. Meistens liefert unsere Wahrnehmung korrekte Informationen. Wie Filmregisseure jedoch genau wissen, lassen wir uns durch Miniaturszenerien täuschen, die so gefilmt werden, daß wir sie wie wirkliche Gegenstände normaler Größe wahrnehmen.

29 Was versteht man unter Formkonstanz?

29 Formkonstanz ist mit der Größenkonstanz eng verwandt. Man nimmt den wirklichen Umriß eines Gegenstandes sogar dann richtig wahr, wenn er vom Betrachter weggedreht zu sehen ist, so daß sein Umriß auf dem Netzhautbild ganz anders aussieht, als der Gegenstand in Wirklichkeit geformt ist.

Ein vom Betrachter weggedrehter Kreis beispielsweise wirft ein elliptisches Bild auf die Retina, ein weggedrehtes Rechteck ein Trapez. Dennoch werden beide korrekt als ein Kreis und ein Rechteck wahrgenommen, die seitlich weg in den Raum ragen. Sind aufgrund der Querdisparation, der Bewegungsparallaxe oder gar der Abbildungsfaktoren gute Tiefeninformationen verfügbar, so kann das visuelle System die wirkliche Form eines Gegenstandes einfach bestimmen, indem es die Entfernung des Beobachters von den einzelnen Bestandteilen des Gegenstandes in Betracht zieht.

30 Beschreiben Sie Bottom-up- und Top-down-Verarbeitung!

30 Wenn man einen Gegenstand identifiziert, muß man das, was man sieht, mit dem im Gedächtnis gespeicherten Wissen vergleichen. Die Aufnahme von Sinnesdaten in das Wahrnehmungssystem, deren Weiterleitung und die Gewinnung von Informationen aus diesen Daten bezeichnet man auch im Deutschen als Bottom-up-Verarbeitung. Der Begriff verweist sowohl auf den Ausgangspunkt der Informationsverarbeitung in der beobachtbaren Realität als auch auf die Richtung des Verarbeitungsprozesses: Es geht um die Umwandlung der konkreten physikalischen Reizeigenschaften in abstrakte Repräsentationen. Weil der Ausgangspunkt in den »Daten« liegt, die uns aus der Umwelt erreichen, spricht man auch von datengeleiteter Verarbeitung.

In vielen Fällen kann man jedoch das Identifizieren und Einordnen von wahrgenommenen Objekten dadurch unterstützen, daß man auf bereits vorhandene Informationen – also auf unsere Begriffe und unser Wissen – zurückgreift. Besucht man beispielsweise einen Zoo, dann ist man eher als sonst darauf vorbereitet, eine *bestimmte* Art von Tieren zu erkennen. An einem solchen Ort wird man wahrscheinlich eher als im eigenen Garten von der Hypothese ausgehen, daß man einen Tiger zu sehen bekommt. Dieser Einfluß von Erwartungen gehört zum Phänomen der Top-down-Verarbeitung. Zur Top-down-Verarbeitung gehören auch die Einflüsse von Vorerfahrungen, Wissen, Motivation und kulturellem Hintergrund auf die Wahrnehmung der Welt. Mit anderen Worten: Während der Top-down-Verarbeitung haben höhere geistige Funktionen einen Einfluß darauf, wie man Objekte und Ereignisse auffaßt. Weil die Konzepte (Begriffe), die man im Gedächtnis gespeichert hat, zu Hypothesen über die wahrgenommene Realität führen, spricht man bei der Top-down-Verarbeitung auch von konzeptgeleiteter Verarbeitung oder hypothesengeleiteter Verarbeitung.

4 Bewußtsein

Denken Sie sich bitte eine Zahl zwischen 1 und 10 aus. Fertig? Gut. Überlegen Sie nun bitte, *woher* diese Zahl kam und *wohin* sie gelangt ist, als Sie sie sich ausdachten. Obwohl Sie natürlich Informationen über die Zahlen zwischen 1 und 10 in Ihrem Gehirn gespeichert haben, ist es äußerst unwahrscheinlich, daß Sie eine bestimmte Zahl im Sinn hatten, als Sie dieses Buch aufschlugen und zu lesen begannen. Deswegen werden Sie vielleicht der Aussage zustimmen, daß die eben erdachte Zahl in Ihr *Bewußtsein* gelangt ist und daß sie aus einem Teil Ihres Gehirns kam, das nicht dem Bewußtsein zugerechnet werden kann. *Wie* aber kam Ihnen die ausgedachte Zahl in den Sinn? Haben Sie verschiedene Zahlen erwogen; d. h. haben Sie eine bewußte Wahl getroffen? Oder tauchte aufgrund einer Reihe unbewußter Prozesse irgendeine Zahl direkt in Ihrem Bewußtsein auf?

Wenn Sie diesen Prozeß des Ausdenkens einer Zahl zwischen 1 und 10 durch Introspektion sorgfältig beobachtet haben, so haben Sie auch bereits ein intuitives Verständnis der wichtigsten Themen dieses Kapitels gewonnen. Wir werden uns beispielsweise mit den folgenden Fragen befassen:

- Was ist der normale Bewußtseinszustand?
- Wie wird der Inhalt unseres Bewußtseins festgelegt?
- Wie steuern Aufmerksamkeitsprozesse die Bewußtseinsinhalte?
- Warum brauchen wir Bewußtsein?
- Können *unbewußte* psychische Prozesse tatsächlich unsere Gedanken, Emotionen und Handlungen beeinflussen?
- Wie verändert sich unser Bewußtseinszustand im Laufe des Tag-Nacht-Zyklus?
- Können wir unseren Bewußtseinszustand absichtlich verändern?

Der angehende Psychologe in Ihnen sollte sich auch dafür interessieren, wie Geist und Bewußtsein *wissenschaftlich* untersucht werden können. Es geht dabei um das Problem, innere Vorgänge nach außen zu tragen, das Private öffentlich zu machen und Methoden zur genauen Beobachtung subjektiver Erfahrungen zu entwerfen.

Wir werden unsere Reise durch die Psychologie des Bewußtseins mit der Erkundung der Prozesse, Inhalte und Funktionen beginnen. Wir werden dabei einen besonders genauen Blick auf Aufmerksamkeitsprozesse werfen, und wir werden das uralte Leib-Seele-Problem neu überdenken. Danach werden wir uns den normalen Bewußtseinsveränderungen zuwenden, die wir beim Tagträumen, Phantasieren, Schlafen und Träumen erleben. Abschließend lernen wir Bewußtseinsveränderungen durch Hypnose, Meditation und Drogen kennen.

4.1
Inhalte des Bewußtseins

Die Bezeichnung »Bewußtsein« ist mehrdeutig. Damit wird einerseits auf einen allgemeinen Geisteszustand, andererseits aber auch auf die spezifischen Inhalte dieses Zustands verwiesen. Man sagt beispielsweise, jemand habe etwas »bei Bewußtsein« oder »bei vollem Bewußtsein« getan, oder aber, jemand sei »nicht bei Bewußtsein« (z. B. unter Narkose oder im Schlaf). Bei anderen Gelegenheiten sagen wir, daß wir uns bestimmter Informationen oder Handlungen »bewußt« waren. Diese Form des Bewußtseins für spezielle Inhalte wird auch manchmal als »Bewußtheit« bezeichnet. Wir schließen uns diesem Sprachgebrauch an: **Bewußtsein** bezeichnet den allgemeinen Zustand unseres Geistes, **Bewußtheit** bezieht sich auf die spezifischen Inhalte. Bewußtsein und Bewußtheit hängen eng zusammen. Sich bestimmter Inhalte bewußt zu sein, setzt voraus, daß man allgemein bei Bewußtsein ist.

4.1.1
Bewußtheit und Bewußtsein

Bereits in ihren Anfängen beschäftigte sich die Psychologie mit den Inhalten des Bewußtseins. Als sie sich im vergangenen Jahrhundert allmählich von der Philosophie löste, wurde sie zunächst zu einer Wissenschaft des Geistes (vgl. Abschn. 1.2). Wundt und Titchener benutzten das Mittel der Introspektion, um den Inhalt des bewußten Geistes zu erkunden, und auch William James beobachtete seinen eigenen »Bewußtseinsstrom«. In der Tat behauptete James auf der ersten Seite seines 1890 erschienenen Klassikers *The principles of psychology:* »Die Psychologie [ist] die Beschreibung und Erklärung eben dieses Bewußtseins.«

Das normale wache Bewußtsein beinhaltet die Wahrnehmungen, Gedanken, Gefühle, Bilder und Wünsche, die uns in einem bestimmten Moment gegeben sind – also diejenigen psychischen Aktivitäten, denen wir unsere Aufmerksamkeit zuwenden. In der Regel ist uns sowohl bewußt, was wir tun, als auch, daß wir es tun. Manchmal sind wir uns auch der Tatsache bewußt, daß andere uns beobachten, einschätzen und auf unsere Handlungen reagieren. Aus dieser privilegierten Innensicht entsteht ein Sinn für das **Selbst** (»sense of self«). Zusammengenommen bilden diese verschiedenen psychischen Aktivitäten die Inhalte des Bewußtseins – d. h. alle Erfahrungen, deren man sich *zu einer bestimmten Zeit* bewußt ist.

Schematisch lassen sich 3 Bewußtseinsebenen unterscheiden:

- eine grundlegende Ebene der Bewußtheit von innerer und äußerer Welt;
- eine zweite Ebene, auf der man das reflektiert, dessen man sich bewußt ist und
- eine oberste Ebene der Bewußtheit des eigenen Selbst als bewußtem und reflexivem Individuum (Hilgard 1980; Natsoulas 1981; Tulving 1985).

Auf der untersten Ebene besteht das Bewußtsein darin, daß man sich darüber im klaren ist, daß man äußere Reize wahrnimmt und darauf reagiert. Auf der zweiten Ebene bezieht sich der Begriff des Bewußtseins auf ein symbolisches Wissen, das uns über die Beschränkungen realer Objekte und gegenwärtiger Ereignisse hinweghebt. Auf dieser Ebene kann man Dinge und Ereignisse vor dem geistigen Auge betrachten und verändern, neue Formen und Verwendungsweisen für das Vertraute entwerfen, Utopien planen und Originalität entwickeln. Auf der obersten Stufe des Bewußtseins steht die Bewußtheit des Selbst (»self-awareness«), also die Bewußtheit des autobiographischen Charakters persönlicher Erfahrungen (s. **Experiment**). Selbstbewußtheit gibt der Person einen Sinn für die persönliche Geschichte und Identität (Abb. 4.1). Wenn Sie in einer geordneten Welt mit vorhersagbaren Ereignissen leben, so bilden Sie entsprechende Erwartungen aus, und diese Erwartungen erlauben es Ihnen wiederum, zwischen Handlungsalternativen und Plänen für die Zukunft in optimaler Weise auszuwählen (Lachmann u. Naus 1984).

EXPERIMENT

Fehlende »Selbstbewußtheit«
Eine klinische Fallbeschreibung veranschaulicht fehlendes Bewußtsein auf der obersten Ebene, also fehlende Selbstbewußtheit: Der Patient N. N. hatte eine Verletzung der Frontallappen erlitten, also derjenigen Regionen des Kortex, die für Planungsprozesse und Zeitperspektive eine zentrale Rolle spielen (vgl. Abschn. 2.2). Tulving (1985) beschreibt N. N. folgendermaßen:

N. N. ist bei Bewußtsein, erinnert sich an viele Dinge, kann Probleme auf flexible und symbolische Art lösen, hat gute sprachliche Fähigkeiten und ein gutes Allgemeinwissen. Er hat auch einen Sinn für die Uhrzeit, aber keinerlei Gefühl für eine persönliche Zeitperspektive und keine zeitlich organisierte Bewußtheit seiner eigenen Biographie. Er weiß nicht, was er gestern tat oder was er morgen tun wird. Auf die Frage nach seinen Aktivitäten antwortet er, seine Gedanken seien leer – er fühle sich, als würde er in einem leeren Raum nach einem Einrichtungsgegenstand suchen. Er lebt in einem Zustand »permanenter Gegenwart«; und das, ohne in irgendeiner Weise über sein fehlendes Bewußtsein seiner Beziehung zu Vergangenheit und Zukunft geängstigt zu sein.

Abb. 4.1. Weil wir uns unserer selbst bewußt sind, erleben wir uns als Wesen mit einer persönlichen Geschichte und Identität

4.1.2
Formen des Bewußtseins

Wir haben bisher die verschiedenen Informationsarten definiert, die dem Bewußtsein zugänglich sein können. Wodurch wird aber festgelegt, was *genau zum jetzigen Zeitpunkt* bewußt ist? Waren Sie sich z. B. soeben Ihres Herzschlags bewußt? Wahrscheinlich nicht, denn seine Kontrolle gehört zu den **nicht bewußten Prozessen**. Dachten Sie eben an Ihren letzten Urlaub oder an Shakespeare? Wahrscheinlich auch nicht – die Kontrolle derartiger Gedanken gehört zu den **vorbewußten Erinnerungen**. Haben Sie eben Hintergrundgeräusche wie etwa das Ticken einer Uhr oder den Verkehrslärm bemerkt? Wenn ja, dann haben Sie nicht Ihre ganze Aufmerksamkeit dem Inhalt dieses Textes gewidmet, sondern sich auch der normalerweise **nicht beachteten Information** zugewandt. Schließlich gibt es auch Arten von Informationen, die uns **unbewußt** sind, also nicht direkt der bewußten Verarbeitung zugänglich, wie etwa die Gesamtheit der grammatikalischen Regeln, die es Ihnen ermöglicht, diesen Satz zu verstehen. Be-

trachten wir nun diese verschiedenen Bewußtseinstypen der Reihe nach.

Nicht bewußte Prozesse

Es gibt eine Reihe nicht bewußter körperlicher Vorgänge, die nur selten – wenn überhaupt – das Bewußtsein erreichen. Ein Beispiel für solche nicht bewußt ablaufenden Prozesse ist die Regulation des Blutdrucks. Unser Nervensystem überwacht permanent physiologische Informationen, um Veränderungen zu entdecken und darauf zu reagieren. Dies geschieht ohne bewußte Aufmerksamkeit. Manchmal können einige dieser normalerweise nicht bewußten Aktivitäten bewußt gemacht werden: So können wir z. B. bewußte Kontrolle über unsere Atmung ausüben. In der Regel aber kümmert sich unser Nervensystem um viele wichtige Funktionen, ohne jemals bewußte Steuerung zu benötigen.

Vorbewußte Erinnerungen

Erinnerungen, die unserem Bewußtsein erst zugänglich sind, nachdem etwas unsere Aufmerksamkeit auf sie gezogen hat, nennt man vorbewußte Erinnerungen. Der Speicher unseres Gedächtnisses ist mit einer unglaublichen Menge von Informationen angefüllt, wie etwa mit unserem allgemeinen Sprachverständnis, unserem Wissen über Sport und Geographie oder mit Erinnerungen an persönliche Erfahrungen. Vorbewußte Erinnerungen laufen unbemerkt im Hintergrund unserer geistigen Tätigkeit ab, bis eine Situation auftaucht, bei der wir sie bewußt benötigen – etwa, wenn Sie (wie im Eingangsbeispiel) gebeten werden, sich eine Zahl zwischen 1 und 10 vorzustellen.

Nicht beachtete Informationen

Zu jedem Zeitpunkt sind wir von einer enormen Menge von Reizen umgeben. Wir können unsere Aufmerksamkeit nur einem kleinen Teil dieser Informationen zu-

---

PSYCHOLOGIE IM ALLTAG

Ein Party-Phänomen
Ein klassisches Beispiel für derartige nicht beachtete, aber dennoch unbewußt wahrgenommene Informationen ist Ihnen vielleicht auf der letzten Party begegnet. Es ging lebhaft zu, und Sie unterhielten sich angeregt mit einem attraktiven Gesprächpartner. Sie waren so engagiert, daß Sie, wie Sie meinen, von den anderen

Gesprächen um Sie herum nichts mitbekommen haben – bis Sie auf einmal bemerkten, daß in einem anderen Gespräch Ihr Name erwähnt wurde. Dadurch wurde Ihnen plötzlich klar, daß Sie auf irgendeine unbewußte Art auch das weiter entfernte Gespräch mitverfolgt haben, so daß Sie dieses spezielle Signal – Ihren Namen – trotz des Geräuschpegels aufgeschnappt haben.

wenden. Was sich in diesem Moment im Bewußtsein befindet, hängt hauptsächlich davon ab, worauf wir uns konzentrieren und welche Erinnerungen dabei ins Gedächtnis gerufen werden. Dennoch haben wir oftmals auch Informationen, die wir gerade nicht beachten, unbewußt repräsentiert (s. **Psychologie im Alltag**).

Das Unbewußte

Die Existenz unbewußter Informationen bemerken wir typischerweise dann, wenn wir unser Handeln aus den Beweggründen, die wir uns bewußt machen, nicht erklären können.

> **!** Eine der ersten Theorien des Unbewußten stammt von Sigmund Freud. Er vertrat die These, daß bestimmte Lebenserfahrungen, wie etwa traumatische Erinnerungen oder tabuisierte Wünsche, so bedrohlich für unsere Psyche sind, daß sie aus unserem Bewußtsein verbannt werden. Für diesen Vorgang führte er den Begriff der **Verdrängung** ein. Freud nahm an, daß bei der Verdrängung des Inhalts der unannehmbaren Ideen oder Motive die damit verbundenen intensiven Gefühle weiterhin vorhanden sind und das Verhalten beeinflussen.

Wir werden auf diese Annahme der Freudschen Theorie zurückkommen, wenn wir uns in Abschn. 11.3 mit der Entwicklung der Persönlichkeit befassen.

Bei Freud hatte das Unbewußte eindeutig eine negative Konnotation, denn er bezog sich auf Gedanken und Motive, die als bedrohlich oder inakzeptabel erlebt werden und deshalb aus dem Bewußtsein verdrängt werden müssen. Inzwischen hat sich die Bedeutung des Begriffs gewandelt: Heutzutage benutzen ihn viele Psychologen, um auf unbewußte Repräsentationen von Informationen und auf unbewußte Prozesse zu verweisen, die unser alltägliches Handeln in einer Vielzahl von »unverfänglichen« Situationen ermöglichen (Greenwald 1992; Kihlstrom et al. 1992). Ein Beispiel sind unbewußte Prozesse beim Sprachverstehen; ein anderes Beispiel bezieht sich auf die Unterscheidung von explizitem und implizitem Gedächtnis und wird im Abschnitt **Unter der Lupe** beschrieben.

Auf den Zusammenhang zwischen bewußten und unbewußten Prozessen kommen wir in Abschn. 4.3.4 zurück.

4.2
Bewußtheit und Aufmerksamkeit

Als wir im vorigen Abschnitt verschiedene Formen des Bewußtseins unterschieden, haben wir implizit auf ein Konzept zurückgegriffen, das wesentlichen Einfluß darauf nimmt, ob wir uns bestimmter Inhalte (Informationen) bewußt sind. Wir haben etwa gesehen, daß Informationen uns dann bewußt werden, wenn wir unsere **Aufmerksamkeit** darauf richten.

Aufmerksamkeit ist definiert als ein Zustand konzentrierter Bewußtheit, begleitet von einer Bereitschaft des zentralen Nervensystems, auf Stimulation zu reagieren. Man kann sich Aufmerksamkeit als eine Brücke vorstellen, über die Informationen aus der äußeren Welt – diejenigen ausgewählten Aspekte, auf die die Aufmerksamkeit konzentriert ist – in die subjektive Welt des Bewußtseins gebracht werden, so daß die Person ihr Handeln darauf einstellen kann (Carver u. Scheier 1981).

4.2.1
Modellvorstellungen zur Aufmerksamkeit

Seitdem die Aufmerksamkeit als zentrales Thema der Psychologie entdeckt wurde, sind sehr unterschiedliche Modellvorstellungen entwickelt worden, um ihre Funktion zu verdeutlichen. Wir werden nun eine Reihe die-

---

UNTER DER LUPE

Bewußtsein und Gedächtnis
Welche Vorstellung haben Sie vom Unbewußten? Falls Sie schon einmal die Erfahrung einer Vollnarkose gemacht haben, erinnern Sie sich vielleicht an etwas wie »100, 99, 98, 97 ...« und anschließende Dunkelheit. Wenn Sie Minuten oder Stunden später wieder erwachen, können Sie sich an nichts mehr erinnern – oder vielleicht doch? Zunehmend gibt es Hinweise dafür, daß viele Patienten unter Narkose zwar nichts *be-* wußt von ihrer Operation mitbekommen, aber dennoch hören können, was um sie herum während des Eingriffs passiert (Bitner 1983; Guerra u. Aldrete 1980; Miller u. Watkinson 1983). Unsere akustische Wahrnehmung scheint sogar unter einer gelungenen Narkose aufnahmefähig zu sein!

Was sind die Gründe für diese außergewöhnliche Fähigkeit? Man kann spekulieren, daß sie tief in unserer Evolution verankert sind: Tiere im Freien mußten und müssen permanent auf mögliche Gefahrenreize reagieren können, sogar wenn sie schlafen. Wie auch immer – es gibt jedenfalls hochspezialisierte Zellen in Hörnerven, die dafür verantwortlich sind, daß akustische Signale außergewöhnlich klar weitergeleitet werden können und auch durch Betäubungsmittel nur schwer zu blockieren sind. Aufgrund dieser Sensitivität können sogar beiläufige Bemerkungen während der Operation gefährlich sein. Ein Forscher in der Anästhesieabteilung einer kalifornischen Klinik wird mit der Feststellung zitiert, schon beiläufige Bemerkungen im Operationssaal könnten gefährlich sein: »Ehrlich gesagt – ich glaube, man kann Menschen sogar auf diese Weise töten. Ich habe bei Operationen Herzstillstände erlebt, die nicht anders erklärt werden können als durch die Äußerungen, die rund um den Operationstisch gemacht worden sind.«

John Kihlstrom et al. (1990) untersuchten in einer kontrollierten Studie das Phänomen des unbewußten Erinnerns. An dem Gedächtnisexperiment nahmen 30 Patienten teil, bei denen eine Operation mit Anästhesie bevorstand. Ihnen wurde mitgeteilt, daß sie während der Narkose einen Text von einem Kassettenrecorder hören würden. Tatsächlich enthielt die Kassette eine Liste von Wortpaaren, die auch als Wortassoziationen bezeichnet werden. Bei Gedächtnisuntersuchungen nach der Wortassoziationsmethode hören die Teilnehmer in der Lernphase zunächst eine Liste von Wortpaaren. Anschließend wird ihnen das erste dieser beiden Wörter, das sog. Hinweiswort (»cue word«), vorgegeben, und sie werden dann gebeten, das zweite Wort, das sog. Zielwort (»target word«), zu reproduzieren. Bei dem erwähnten Experiment wollten die Forscher untersuchen, ob die Patienten auch unter Narkose solche Wortassoziationen lernen konnten. Ihre Gedächtnisleistung wurde sowohl kurz nach der Operation (etwa nach 90 min. im Erholungsraum) als auch noch einmal etwa 2 Wochen nach der Operation geprüft. Wenn die Darbietung der Wortpaare während der Narkose einen Effekt hat, dann müßte sich das darin zeigen – so die Logik der Forscher –, daß die Behaltensleistung für diese »Experimentalliste« besser ist als für eine Kontrollliste, bei der die Teilnehmer Zielwörter erinnern sollen, die zuvor nicht dargeboten worden sind.

Kihlstrom et al. untersuchten zuerst die bewußten Erinnerungen an die richtigen Wortpaare. Bewußte Erinnerungen bilden das explizite Gedächtnis. Bei ei-

ner der Prüfaufgaben für das explizite Gedächtnis wurden den Personen die Hinweiswörter sowohl von der Experimental- als auch von der Kontrolliste präsentiert, und sie wurden gebeten, die Zielwörter zu produzieren. Bei einem weiteren Versuch wurde eine komplette Liste aller Wortpaare – sowohl von der Experimental- als auch von der Kontrolliste – gezeigt, und die Personen wurden gebeten, diejenigen Paare zu benennen, die sie während der Narkose gehört hatten. Bei diesen beiden Aufgaben zeigten sich sowohl bei der unmittelbaren als auch bei der verzögerten Prüfung keinerlei Unterschiede zwischen den Leistungen bei der Experimental- und der Kontrolliste. Das bedeutet, daß die Patienten keine bewußten oder expliziten Erinnerungen an die unter Narkose präsentierten Wortlisten hatten.

Die Gedächtnisleistungen unter der Experimental- und der Kontrollbedingung unterschieden sich aber bei einer Aufgabe für das implizite Gedächtnis. Wiederum wurden den Personen alle Hinweiswörter sowohl von der Experimental- als auch von der Kontrolliste präsentiert. Nun wurden sie gebeten, einfach das erste Wort auszusprechen, das ihnen dazu einfiel. Unter dieser Bedingung war sowohl bei der unmittelbaren als auch bei der verzögerten Überprüfung die Anzahl richtiger Assoziationen auf Hinweiswörter aus der Experimentalliste größer als auf Hinweiswörter aus der Kontrolliste. Fazit: Nur dann, wenn die Personen gar nicht versuchten, sich bewußt an die unter Narkose gehörten Informationen zu erinnern, konnten sie sich daran erinnern! Unbewußtes Erinnern hat unbewußte Gedächtnisinhalte zutage gefördert.

Die Ergebnisse dieser Studie legen nahe, daß es eine Dissoziation – eine Abtrennung – zwischen expliziten und impliziten Erinnerungen gibt. Die Untersuchung liefert auch Anregungen für das weitere Vorgehen bei der Erforschung der Biologie des Bewußtseins. Verschiedene Narkosearten wirken an verschiedenen Stellen des zentralen Nervensystems. Wenn man herausfindet, welche Narkosen implizite Erinnerungen ermöglichen und welche nicht, kann man ein detailliertes Modell davon entwickeln, wo Gedächtnis und Erinnerung im Gehirn angesiedelt sind. Im Tiefschlaf kann man übrigens weder explizit noch implizit lernen (Wood et al. 1992). Bei manchen Arten der Bewußtlosigkeit sind wir also äußeren Informationen gegenüber relativ gut geschützt!

ser Ansätze kennenlernen. Vielleicht ist das einfachste und intuitiv einleuchtendste Bild, sich die Aufmerksamkeit wie einen Scheinwerfer vorzustellen, der bestimmte Bestandteile unserer Umgebung beleuchtet. Wenn wir unsere Aufmerksamkeit auf etwas richten und uns dessen bewußt werden, können wir anfangen, es kognitiv zu verarbeiten: Wir wandeln sensorische Informationen in Wahrnehmungen und Erinnerungen um oder entwickeln Gedanken, indem wir analysieren, urteilen, argumentieren und unsere Vorstellungen spielen lassen. Wenn der Scheinwerfer unserer Aufmerksamkeit sich einem neuen Gegenstand zuwendet, endet die Verarbeitung des früheren Materials, und die Verarbeitung der neuen Inhalte beginnt.

Wenn wir etwas zum Gegenstand unserer Aufmerksamkeit machen – wegen seiner eindrucksvollen Erscheinung oder seiner Bedeutung für ein Ziel oder einen Zweck –, läßt es sich nicht vermeiden, daß wir viele andere Möglichkeiten ignorieren. Nur ein kleiner Bestandteil der Informationen, die unsere Sinne ununterbrochen aufnehmen, kann unsere Aufmerksamkeit bekommen. Wie bewältigen wir diese Gefahr der Überflutung durch Informationen? Eine erste Antwort liefert die sog. Filtertheorie der Aufmerksamkeit.

Aufmerksamkeit als Filter

Das wiedererwachte Interesse an der Aufmerksamkeit als Forschungsthema verdanken wir dem britischen Forscher Donald Broadbent. In seinem Buch *Perception and Communication* (1958) entwickelte Broadbent eine Reihe von Ideen, die für andere Wissenschaftler neu und aufregend waren und für die Erforschung der Aufmerksamkeit eine empirische Grundlage lieferten.

Broadbents Metapher für den Geist des Menschen bestand in einem Kommunikationskanal, welcher Informationen aktiv verarbeitet und weitergibt. Die Menge an Informationen, die dieser Kommunikationskanal in einer bestimmten Zeit verarbeiten kann, wird dadurch begrenzt, daß die Aufmerksamkeit nicht beliebig zwischen verschiedenen Informationsquellen hin- und herspringen kann.

In der Regel ist es uns nicht einmal möglich, 2 Informationsquellen gleichzeitig zu lauschen; wir können unsere Aufmerksamkeit immer nur auf eine richten. Broadbent und andere haben diesen Effekt im Labor mit der **Methode des dichotischen Hörens** experimentell simuliert (vgl. Abb. 4.2). Dabei werden einer Person über einen Kopfhörer gleichzeitig verschiedene Infor-

mationen vorgespielt. Auf jedem Ohr bekommt sie andere Informationen zu hören – beispielsweise verschiedene Zahlenfolgen oder verschiedene Geschichten –, und sie wird angewiesen, den Informationen auf dem einen oder dem anderen Ohr zu lauschen. Um das selektive Hören zu steigern, wird die Person gebeten, die Informationen, auf die sie ihre Aufmerksamkeit richtet, laut zu wiederholen, sobald das entsprechende Ohr sie empfängt, und die Informationen für das andere Ohr währenddessen zu ignorieren. Man hat hierfür den Begriff des »Shadowing« (Verfolgen) der beachteten Informationen eingeführt.

Es überrascht nicht, daß Personen sich an die Informationen, die an das »unbeachtete« Ohr gelangt sind, nicht erinnern. Erstaunlich ist aber, daß sie nicht einmal große Veränderungen in diesem Input bemerken – daß das Band beispielsweise rückwärts läuft oder daß plötzlich statt englisch deutsch gesprochen wird. Hingegen bemerken sie eine Veränderung der Tonhöhe – wenn statt einer Männer- eine Frauenstimme weiterspricht (Cherry 1953). Grobe physikalische Veränderungen der Merkmale derjenigen Botschaft, die nicht mit Aufmerksamkeit verfolgt wird, werden anscheinend unterhalb der Bewußtseinsschwelle wahrgenommen und analysiert, ohne daß ihre Bedeutung ins Bewußtsein gelangt.

Broadbents Vorstellung von der Aufmerksamkeit entsprach der eines **selektiven Filters**, der die große Menge ständig eintreffender Informationen bewältigt, indem er (a) den größten Teil des unerwünschten Inputs abblockt, während er (b) spezielle erwünschte In-

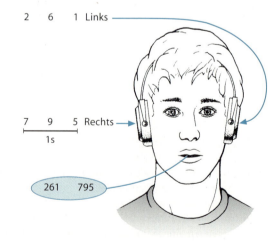

Abb. 4.2. Dichotisches Hören

formationen weitergibt – sie dem Bewußtsein zuleitet. Ein solcher Filter arbeitet in etwa wie die Sendereinstellung eines Radios oder Fernsehers, die uns den Empfang bestimmter Botschaften aus den vielen verfügbaren Stationen unter Ausblendung der jeweils anderen ermöglicht. Broadbents Theorie zufolge werden die nicht mit Aufmerksamkeit bedachten, »ausgeblendeten« Informationen in einen **Zwischenspeicher (»buffer«)** geschickt, wo sie für kurze Zeit aufbewahrt werden, bis entweder der Filter auf sie eingestellt worden ist oder bis sie verlorengehen. (Der Buffer entspricht ungefähr dem in Abschn. 5.6 beschriebenen sensorischen Gedächtnis.)

Broadbent zeigte die verzögerte Verarbeitung zuvor blockierten Materials in einem einfallsreichen Experiment. Eine Folge von 3 Zahlen (z. B. 2–6–1) wurde über Kopfhörer dem linken Ohr zugespielt, und eine andere (z. B. 7–9–5) wurde gleichzeitig dem rechten Ohr dargeboten (s. Abb. 4.2). Die Versuchsteilnehmer wurden gebeten, beide Folgen wiederzugeben. Es gelang ihnen, diese Aufgabe zur geteilten Gedächtnisspanne zu lösen, indem sie zuerst den gesamten Input des einen Ohres, dann den gesamten Input des anderen Ohres reproduzierten. Folglich sagten sie eher »261 795« als »2-7 6–9 1–5« (Broadbent 1954).

Broadbent nahm deshalb an, die Versuchsteilnehmer hätten ihre selektiven Filter zuerst auf das »aufmerksame« Ohr eingestellt und dann, nachdem sie auf dessen Input reagiert hatten, auf die im Buffer zwischengelagerten Informationen umgestellt.

> **!** Nach Broadbents Theorie schafft die begrenzte Aufmerksamkeitskapazität einen »Flaschenhals« für den Fluß der Informationen durch das kognitive System. Die **Filtertheorie** postuliert Beschränkungen auf den frühen Stufen der Wahrnehmung, denn Menschen können sich immer nur der Informationen in dem Kommunikationskanal, auf den sie gerade ihre Aufmerksamkeit richten, bewußt sein. Andere sensorische Informationen werden kurzzeitig aufbewahrt, aber nicht weiterverarbeitet (Broadbent 1971).

Aufmerksamkeit als gradueller Prozeß

Neben experimentellen Daten, die die Filtertheorie stützten, gab es aber auch Beobachtungen, die mit dieser Theorie nicht zusammenpaßten:

- Beispielsweise kam es beim dichotischen Hören manchmal vor, daß Personen Informationen bewußt wahrnahmen, die das »unbeaufsichtigte« Ohr erreichten, wenn es sich um ihren eigenen Namen

oder anderes, persönlich bedeutsames Material handelte.

- Bei einer anderen Versuchsanordnung wurde eine Geschichte, die mit dem einen Ohr gehört und »verfolgt« wurde, plötzlich auf das andere »unbeaufsichtigte« Ohr umgeschaltet, und auf dem ersten beaufsichtigten Ohr wurde dann eine Ersatzgeschichte präsentiert. Die Versuchsteilnehmer konnten aber weiterhin einige wenige Wörter der ursprünglichen Geschichte wiedergeben, obwohl diese nun das »unbeaufsichtigte« Ohr erreichten – vorausgesetzt, sie waren sinnvoller als die Wörter der neuen Geschichte auf dem beaufsichtigten Ohr (Treisman 1960).

> **!** Entgegen der strikten Annahme der Filtertheorie mußte es bei diesen Beobachtungen also doch so etwas wie eine Bedeutungsanalyse – und damit auch eine wenigstens geringfügige Aufmerksamkeit – für die Informationen in dem nicht beachteten Ohr gegeben haben. Auch nachfolgende Untersuchungen haben den Schluß gestützt, daß die Aufmerksamkeit kein »Alles-oder-Nichts-Phänomen« ist – wie die Filtertheorie postuliert hatte – sondern vielmehr ein gradueller (abgestufter) Vorgang. Offensichtlich wird auch derjenige Input analysiert – wenn auch nur teilweise und nicht bewußt –, von dem Broadbent annahm, er werde ignoriert.

Aufmerksamkeit und die Synthese von Input und Wissen

Eine zweite Modifikation der Filtertheorie wurde notwendig, um die Ergebnisse zahlreicher Experimente zu integrieren, die besagten, daß zurückliegende Lernerfahrungen die Reaktionen einer Person beeinflussen können, sogar ohne daß sie sich dessen bewußt ist. In einer solchen Untersuchung lernten die Vpn, auf bestimmte Wörter physiologische Reaktionen zu zeigen. Diese gelernten physiologischen Reaktionen traten aber auch dann auf, wenn die Wörter dem »unbeaufsichtigten« Ohr dargeboten wurden und obwohl die Vpn selbst behaupteten, ihnen sei nicht bewußt, auch nur eines dieser Wörter gehört zu haben (Von Wright et al. 1975).

Offensichtlich gibt es einen Mechanismus unterhalb der Bewußtseinsschwelle, der den nicht beachteten Input auf bedeutungsvolle Informationen hin überwacht – was wiederum impliziert, daß wir irgendwie auf bereits im Gedächtnis gespeicherte Informationen zurückgreifen. Wir sehen hier abermals, daß geistige Aktivität neben der Analyse des sensorischen Inputs die Anwendung bereits vorhandenen Wissens auf die neu-

EXPERIMENT

Die Grenzen der Aufmerksamkeit

Versuchsteilnehmer wurden gebeten, gleichzeitig 2 Aufgaben zu bearbeiten. Die erste Aufgabe bestand darin, einer Aufzählung von 4 Ziffern zuzuhören (z. B. 4–0–2–7). Pro Sekunde wurde jeweils 1 Ziffer genannt. Dann folgte eine Pause von 1 s. Danach sollten die Teilnehmer die Ziffernreihe in veränderter Form laut wiedergeben: Zu jeder Ziffer war die 1 zu addieren. (5–1–3–8 ist folglich das Ergebnis des obigen Beispiels.) Wir bezeichnen diese Aufgabe als Zifferntransformation. Die zweite Aufgabe verlangte eine visuelle Leistung. Ein einzelner, kurz eingeblendeter Buchstabe sollte identifiziert werden – wir bezeichnen die Leistung als Buchstabenidentifikation. Die Versuchsteilnehmer sollten den Buchstaben nennen,

nachdem sie die veränderte Zahlenreihe angegeben hatten. Zwei abhängige Variablen wurden verwendet, um die begrenzte Aufmerksamkeit für »Mehrfachaufgaben« der beschriebenen Art zu demonstrieren: (a) die durchschnittliche Prozentzahl der falsch wiedergegebenen Buchstaben in Abhängigkeit vom Darbietungszeitpunkt und (b) der durchschnittliche Prozentsatz der Fehler bei der Ziffernaufgabe als Funktion des Darbietungszeitpunktes des Buchstabens.

Aus den Ergebnissen in Abb. 4.3 geht deutlich hervor, daß die Durchführung einer einfachen zusätzlichen Aufgabe behindert wird, wenn man »etwas anderes im Kopf hat«. Offensichtlich hat die bewußte Aufmerksamkeit klare Grenzen (Kahneman 1970).

en Informationen einschließt. Anders gesagt, sogar unterhalb der Bewußtseinsschwelle besteht Informationsverarbeitung aus Bottom-up- *und* Top-down-Prozessen (vgl. Abschn. 3.5).

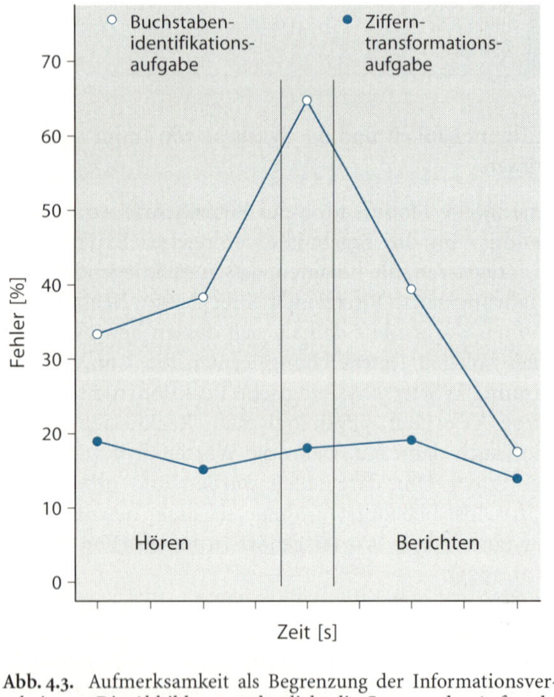

Aufmerksamkeit als begrenzte Verarbeitungsfunktion

Ein anderer theoretischer Ansatz sieht in der Aufmerksamkeit eine **Verarbeitungsfunktion mit begrenzter Kapazität**. Wenn Menschen 2 Dinge gleichzeitig tun, beeinträchtigt die Ausrichtung der Aufmerksamkeit auf die eine Aufgabe die Durchführung der anderen, wie ein Experiment von Kahneman (1970) zeigt (s. **Experiment**).

Kann man aber *erlernen*, 2 kognitive Aufgaben auf einmal auszuführen? Anscheinend geht das sogar für komplexe Aufgaben, denn mit viel Übung waren Personen in einer Untersuchung in der Lage, gleichzeitig zu lesen und Diktate aufzunehmen (Spelke et al. 1976). Diese Form der geteilten Aufmerksamkeit wird möglich, wenn die beiden gleichzeitig zu erledigenden Aufgaben sich genügend voneinander unterscheiden. Folglich kann Rede und Musik eher gleichzeitig verarbeitet werden als 2 gesprochene Botschaften (Navon u. Gopher 1979).

Welche theoretischen Konsequenzen hat diese Demonstration der Fähigkeit, daß wir erlernen können, unter bestimmten Bedingungen 2 Aufgaben parallel zu bearbeiten? Sie spricht eindeutig für eine Revision von Broadbents ursprünglicher Annahme, die Grenzen der Aufmerksamkeit seien so etwas wie ein genereller, zentraler »Flaschenhals« für die gesamte Informationsverarbeitung.

Abb. 4.3. Aufmerksamkeit als Begrenzung der Informationsverarbeitung. Die Abbildung verdeutlicht die Grenzen der Aufmerksamkeit bei der simultanen Bearbeitung mehrerer Aufgaben (s. Experimentbeschreibung). In Abhängigkeit vom Zeitpunkt der Darbietung des Buchstabens sind die Fehlerraten bei der Zifferntransformation und bei der Buchstabenidentifikation angegeben (Kahneman 1970, 1973; Kahneman et al. 1967, 1969)

4.2.2
Aufmerksamkeit
und nicht bewußte Verarbeitungsprozesse

Aufmerksamkeit ist notwendig, damit Informationen bewußt verarbeitet werden können. Aber bereits die Alltagserfahrung zeigt, daß Aufmerksamkeit auch die *nicht bewußte Informationsverarbeitung* beeinflußt. Ein Auto zu steuern, verlangt beispielsweise ständige Beachtung von Reizen und Anpassung an Reizbedingungen, denen man wenig oder keine bewußte Aufmerksamkeit schenkt. Die Kapazität der Aufmerksamkeit bei der bewußten Informationsverarbeitung ist, wie wir gesehen haben, begrenzt; wie aber sieht es bei der »unterirdischen«, nicht bewußten Verarbeitung aus?

Automatisierung

Broadbents Filtertheorie betonte die Komplexität der Informationen, die den Sinnesorganen in jedem Augenblick dargeboten werden, und die Rolle der Aufmerksamkeit bei der notwendigen Reduzierung dieses »Überangebotes« an Reizen (Broadbent 1958). Die Menschen richten ihre bewußte Aufmerksamkeit selektiv auf die wichtigsten sensorischen Botschaften und ignorieren die ebenfalls vorhandenen zweitrangigen Reize – wie es das Beispiel der Fluglotsen zeigt, die zahlreichen und vielfältigen Informationen gleichzeitig gerecht werden können.

Wird jedoch die Aufgabe der Person, etwa im Rahmen eines Experiments, dadurch vereinfacht, daß sie selektiv auf die Reize eingestellt wird, nach denen sie suchen soll, dann scheint die Verarbeitung der Wahrnehmung unabhängig von der bewußten Aufmerksamkeit vonstatten zu gehen. Eine Vielzahl von Reizen kann gleichzeitig und rasch verarbeitet werden, wenn ein einfacher Reiz in einem Feld von ablenkenden Reizen gesucht werden soll, die sich von ihm unterscheiden. Wenn Versuchsteilnehmer darauf eingestellt sind, in einer Anordnung von Reizen nach einem bestimmten Stimulus zu suchen – z. B. nach einem Buchstaben unter lauter Zahlen oder nach einem roten Punkt unter lauter Dreiecken –, so scheinen die Zielfiguren aus dem Hintergrund »hervorzutreten«. Diese »gekennzeichneten« Zielfiguren werden schnell erkannt, ziehen die Aufmerksamkeit auf sich und behalten sie, unabhängig von der Anzahl der ablenkenden Reize, im Hintergrund. In diesem einfachen Paradigma der selekti-

ven Einstellung scheint die Suche automatisch vor sich zu gehen, ohne bewußt gelenkte Aufmerksamkeit (s. Posner 1982; Schneider u. Shiffrin 1977).

> **!** Die **Automatisierung** (»automaticity«) der Informationsverarbeitung ist ein scheinbar müheloser, unwillkürlicher Prozeß, der ausgelöst wird, ohne daß die Person dies mit Absicht unterstützt. Weder stört die Automatisierung andere gerade stattfindende Verarbeitungsprozesse, noch wird sie durch parallele Aktivitäten, die mit bewußter Aufmerksamkeit verfolgt werden, beeinträchtigt. Darüber hinaus können mehrere derartige automatische Prozesse parallel ablaufen, ohne daß die Aufmerksamkeitsgrenzen berührt würden, die wir oben in diesem Abschnitt bei den Untersuchungen zur Filtertheorie kennengelernt haben (s. Kahneman u. Treisman 1984).

Wahrnehmungsprozesse
ohne Aufmerksamkeitssteuerung

Stellen Sie sich vor, Sie erkunden eine fremde Stadt. Sie nehmen ganze bedeutungstragende Gegenstände wahr, die in ein zusammenhängendes System von Häusern, Läden, Menschen, Autos und Bäumen gegliedert sind. Ihre Wahrnehmung der visuellen Welt scheint ohne Mühe und automatisch abzulaufen. Dieser visuelle Prozeß des mühelosen Identifizierens von Gegenständen und ihrer Umgebung ist jedoch, wie wir in Abschn. 3.1 gesehen haben, eine relativ späte Stufe im Gesamtvorgang der Wahrnehmung. Sie folgt einem früheren Prozeß, zu dem wir keinen bewußten Zugang haben.

Auf dieser früheren Verarbeitungsstufe ohne Aufmerksamkeitssteuerung (»preattentive processing«) werden Lichtmustern Merkmale wie Linien, Konturen und Farben entnommen. Visuelle Prozesse zerlegen die Reize zuerst in Teile und Merkmale, dann fügen sie sie wieder zu angemessenen komplexen, natürlichen Gegenständen zusammen. Bei diesen Prozessen geht es um einzelne Reizmerkmale, die Konturen bilden oder Figur und Grund trennen – noch nicht um Merkmalskombinationen.

Nehmen wir zur Veranschaulichung die Aufgabe, innerhalb einer kurzzeitig dargebotenen visuellen Szene einzelne Bereiche voneinander abzugrenzen. Typischerweise erfolgt diese Bereichsabgrenzung dort, wo Unterschiede in einfachen, einheitlichen Merkmalen der Farbe, des Umrisses oder der Linienführung vorliegen. Wie wir in Abb. 4.4 sehen, setzt sich eine Region aufrechter »T« gut von einer Region gekippter »T« ab, die sich nur hinsichtlich dieser einen Eigenschaft unterscheiden, nicht jedoch von einer Region umgedreh-

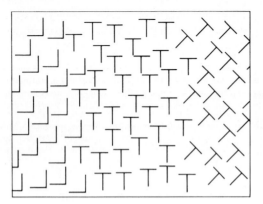

Abb. 4.4. Ein Beispiel für Wahrnehmungsprozesse ohne bewußte Aufmerksamkeitssteuerung

ter »L«, die aus 2 Teilen des »T«, einer horizontalen und einer vertikalen Linie, bestehen.

»Geistesabwesenheit«

Dadurch, daß wir Informationen verarbeiten können, ohne die bewußte Aufmerksamkeit »einzuschalten«, ist es uns möglich, sehr viel mehr Informationen zu bewältigen, als wenn alles »auf die Warteliste« gestellt werden müßte, um nacheinander bewußt verarbeitet zu werden. Andererseits können Verarbeitungsprozesse, die keine bewußte Aufmerksamkeit erhalten, unangebracht sein – nämlich dann, wenn wir passiv und quasi »gedankenlos« auch in den Situationen reagieren, welche neue Unterscheidungen und neue Anpassungsleistungen verlangen.

Ein von Sozialpsychologen gut untersuchtes Beispiel für »Gedankenlosigkeit« im Sinne von nicht bewußter Informationsverarbeitung in einer Situation, die eigentlich Aufmerksamkeit erfordert, ist das Phänomen der **Einwilligung** (»**compliance**«). In einer Untersuchung von Langer (1978) wurden Studenten, die vor dem Kopiergerät in einer Bibliothek Schlange standen, von einer Person gefragt, ob sie ihr den Vortritt lassen würden. Diese Person, eine Vertraute der Forscherin, sagte wortwörtlich: »Entschuldigen Sie bitte, ich habe 5 Seiten. Darf ich den Kopierer benutzen, weil es eilig habe?« 94% der Studenten gaben nach und erlaubten ihr, vorzurücken. Äußerte sie dieselbe Bitte, ohne Gründe anzugeben, so ließen nur 60% der Studenten sie vorrücken.

Wurde die höhere Einwilligungsrate unter der ersten Bedingung durch die Nennung eines Grundes (es eilig

haben) oder durch das Wörtchen »weil« ausgelöst? Um diese Frage zu beantworten, wurde die Bitte in einer weiteren Versuchsbedingung abgewandelt. Sie lautete nunmehr: »... Darf ich den Kopierer benutzen, weil ich ein paar Kopien machen muß?« Faktisch wurde dieses Mal also kein Grund genannt. Aber wieder willigten fast so viele Studenten wie unter der ersten Bedingung ein: 93% von denjenigen, die – letztendlich – ohne die Nennung eines Grundes gebeten worden waren, die Person vorzulassen, waren dazu bereit. Derselbe »Einwilligungseffekt« trat auf, wenn die Forscherin in der U-Bahn Mitreisende bat, ihren Sitzplatz zu räumen, einfach »weil«.

Dieses Experiment zeigt die Kehrseite der Informationsverarbeitung außerhalb der Bewußtheit: Nur durch bewußte Aufmerksamkeit sind wir fähig, unser analytisches Denken und unsere Urteilskraft einzusetzen, um erfolgreich auf bestimmte Ziele hinzuarbeiten. Vielleicht ist das der Grund dafür, daß – wie Posner u. Snyder (1974) feststellen – »das Bewußtsein besonderen Verarbeitungsprozessen vorbehalten ist« (eig. Übers.).

4.3
Funktion des Bewußtseins

Um uns von der Funktion unseres Bewußtseins ein Bild machen zu können, müssen wir die Kräfte verstehen, die unser Verhalten kontrollieren. Unsere Vorfahren schrieben die Ursache ihres Handelns einerseits der *Anima* – einer inneren Lebenskraft – zu, andererseits dem Einfluß äußerer spiritueller Kräfte, die nach ihrem Glauben sowohl in göttlicher als auch in dämonischer Form in der Natur vorkamen. In dieser animistischen Erklärung werden alle Lebewesen von denselben spirituellen Kräften geleitet. Der Geist (»spirit«) oder die Seele (»soul«) eines Individuums wurde als vom Körper getrennt betrachtet und für alles verantwortlich gehalten, was das spezifisch Menschliche ausmacht: Sehen, Reden, Erinnern und Fühlen. In der modernen Philosophie und Psychologie wurde das traditionelle Konzept des Geistes (»spirit«) durch einen ganz anderen Begriff des Geistes (»mind«) ersetzt. Nur im Deutschen wird dafür immer noch derselbe Ausdruck – »Geist« – gebraucht, während sich im Englischen der Bedeutungswandel auch in den Bezeichnungen – »mind« anstelle von »spirit« – niederschlägt. Für das moderne Verständnis von Geist ist die Analyse des Bewußtseins zentral. Wir werden uns diesem Konzept über die sog. Leib-Seele-Problematik nähern. Wieder werden Zusammenhänge in der englischen Terminologie deutlicher als in der deutschen Fachsprache, denn das Problem der Beziehung von Körper und Geist, um die es im Folgenden geht, wird im Englischen als »mind body problem« bezeichnet, wofür im Deutschen traditionell der Begriff »Leib-Seele-Problem« verwendet wird, auch wenn es primär um die Relation von Geist und Gehirn geht.

4.3.1
Das Leib-Seele-Problem

Klassische Konzeptionen von Leib und Seele

Das Problem der Beziehung zwischen dem Geist (»mind«) und dem Gehirn (»brain«) hat seit jeher viele ernsthafte Denker beschäftigt und entzieht sich einfachen Lösungen. Platon war einer der ersten griechischen Philosophen, die zwischen Geist und Körper unterschieden. Nach seiner Vorstellung waren der Geist und die geistigen Prozesse völlig getrennt von körperlichen Vorgängen. Er glaubte, daß der Geist über die sinnlich wahrnehmbare physische Welt hinausreicht und abstrakte Gedanken und »ideale Wirklichkeiten« entwickelt. Außerdem nahm er an, daß der Geist den Tod des Körpers überlebt. Platons Position wurde unter dem Namen »Dualismus« bekannt.

> **!** Nach der Annahme des **Dualismus** ist der Geist vom Gehirn grundlegend verschieden und unabhängig: Geist und Gehirn sind 2 *verschiedene* Aspekte der Natur des Menschen.

Mit dem Aufstieg des römischen Reiches ruhten derartige Überlegungen dann mehrere Jahrhunderte lang. Erst in der Renaissance entstand eine erneute Hinwendung zu rationalen, wissenschaflichen Versuchen, die Natur unserer Seele zu ergründen. Wie wir bereits in Abschn. 2.2 erwähnt haben, war es im 17. Jahrhundert der französische Philosoph René Descartes, der die radikal neue Idee vom Körper als »belebter Maschine« entwickelte. In diesem mechanistischen Ansatz werden das Verhalten von Tieren und einige Verhaltensweisen des Menschen als reflexhafte Reaktionen auf die Einwirkung physikalischer Energie betrachtet. Aus Descartes' Theorie folgt, daß diese Maschine, der Körper, keinen moralischen Prinzipien unterworfen sein kann. Deswegen müßten die anderen Bereiche menschlichen Handelns – Schlußfolgern, Entscheidungen treffen

oder das Nachdenken über sich selbst – auf dem Einfluß einer Seele (»soul«) oder eines Geistes (»mind«) beruhen. Diese Art von Dualismus ermöglichte es Descartes, einem Dilemma zu entgehen, dem er ausgesetzt war, weil er als gläubiger Katholik an die unsterbliche Seele zu glauben hatte, als rationaler Denker an die Sterblichkeit des Geistes glaubte und als wissenschaftlicher Beobachter eine mechanistische Theorie über den Zusammenhang von Wahrnehmung und Reflexhandlungen vertrat.

Moderne Konzeptionen

In der modernen Philosophie und Psychologie wird heute überwiegend die Gegenposition zum Dualismus, der Monismus, akzeptiert. Er besagt, daß Geist und Gehirn eins sind – geistige Phänomene sind ausschließlich Produkte des Gehirns.

> **!** Die Anhänger des **Monismus** behaupten, der Geist und bestimmte geistige Zustände (»mental states«) ließen sich im Prinzip immer auf Hirnzustände zurückführen, *alles* Denken und Handeln habe demnach eine physisch-materielle Basis (Churchland 1986; Dennett 1991).

Der Triumph des Monismus konnte allerdings das Geheimnis um unsere alltäglichen Bewußtseinserfahrungen nicht lüften. Was letztendlich die Dualisten zu ihrer Sichtweise geführt hatte, war die fehlende Kontinuität zwischen körperlichen Aktivitäten und Gedanken und die Unterschiede in den geistigen Möglichkeiten von Mensch und Tier. Auch der Monismus sollte also die Frage beantworten können, was am menschlichen Bewußtsein einzigartig ist und wie es sich im Laufe der Evolution entwickelt hat.

Der entscheidende evolutionäre Durchbruch des Geistes kam mit der Fähigkeit von Tieren, **innere symbolische Repräsentationen** der äußeren Welt und ihrer eigenen Handlungen zu konstruieren. Diese Repräsentationsfähigkeit ermöglichte es ihnen, sich zu erinnern, zu planen, Vorhersagen zu treffen und Ereignisse zu antizipieren (Craik 1943). Anstatt nur auf physikalische Reize oder biologische Bedürfnisse reagieren zu können, war es dem *Homo sapiens* nun möglich, Modelle der Welt zu entwerfen und sich vorzustellen, wie gegenwärtige Realitäten zu Alternativen verändert werden können. Die Fähigkeit zum Umgang mit der objektiven Realität im Hier und Jetzt wurde also um die Fähigkeit erweitert, auch auf vergangene Erfahrungen zurückzugreifen (Gedächtnis) und sich mögliche zukünftige Geschehnisse und Situationen vorstellen zu können (Voraussicht). Ein Gehirn, das sowohl mit objektiven als auch mit subjektiven Realitäten arbeiten kann, braucht einen Mechanismus, der dabei den Aufmerksamkeitsfokus lenkt: Dieser Teil des Gehirns ist das Bewußtsein.

Haben aber auch die (anderen) Tiere ein Bewußtsein? Um diese Frage zu beantworten, haben Forscher damit begonnen, die geistigen Fähigkeiten von anderen Primaten (neben dem Menschen) zu erforschen.

- Die grünen Meerkatzen Afrikas z. B. können sich auf vielfältige Art und Weise miteinander verständigen (Cheney u. Seyfarth 1990). Sie benutzen unterschiedliche Vokalisierungen, um vor verschiedenen Gefahren, wie etwa Leoparden, Raubvögeln oder Schlangen, zu warnen. Diese Affen können verstehen, daß 2 akustisch unterschiedliche Warnrufe dieselbe Bedeutung haben können – daß sowohl ein »wrr« als auch ein »chutter« das Nahen desselben Raubtieres ankündigen. Dennoch gehen Meerkatzen anscheinend nicht davon aus, daß ihre Artgenossen so etwas wie »geistige Zustände« haben. Sie können sich keine Gedanken darüber machen, was andere

Abb. 4.5. Wissen Schimpansen etwas darüber, was andere Schimpansen wissen?

Affen wissen oder möglicherweise nicht wissen. Diese Fähigkeit scheint erst bei Primaten aufzutauchen, die dem Menschen näher stehen, wie etwa bei Schimpansen (Povinelli 1993).

- Schimpansen können im Gegensatz zu anderen Affen ihr Verhalten ändern, wenn sie glauben, daß ein anderer im Besitz eines bestimmten Wissens ist. Das zeigte sich z. B. in folgendem Experiment: Der Schimpanse hatte mit 2 Versuchsleitern zu tun. Nur einer der beiden wußte, unter welcher von mehreren umgedrehten Tassen Futter versteckt war. Der andere Versuchsleiter konnte hingegen nur vermuten, wo sich das Futter befand. Als der »wissende« und der »vermutende« Versuchsleiter auf verschiedene Tassen zeigten, um darauf hinzuweisen, wo sich das Futter befand, wählten die Schimpansen mit deutlich höherer Wahrscheinlichkeit die Tasse, auf die der »wissende« Versuchsleiter gezeigt hatte (Abb. 4.5).

Mit dieser Art von Untersuchungen ist die Forschung in der Lage, die Evolution in der Funktion des Bewußtseins nachzuvollziehen, die durch die stammesgeschichtliche Entwicklung des Gehirns ermöglicht wurde.

Der Vorsprung des *Homo sapiens* gegenüber anderen Lebewesen könnte der Entwicklung des menschlichen Bewußtseins zugeschrieben werden, das im Wettbewerb mit den feindseligsten Lebewesen seiner evolutionären Umgebung – nämlich mit anderen Menschen – permanent vorangetrieben wurde. Die geistigen Fähigkeiten des Menschen könnten sich aber auch aufgrund der besonderen Geselligkeit unserer menschlichen Vorfahren entwickelt haben. Diese diente zunächst wahrscheinlich der gemeinsamen Verteidigung gegen Raubtiere und der besonders effektiven Nutzung der natürlichen Ressourcen. Das enge Zusammenleben in Gruppen brachte dann neue Anforderungen an kooperative und auch kompetitive Verhaltensweisen hervor. Die natürliche Selektion begünstigte diejenigen Individuen, die denken, planen und sich alternative Wirklichkeiten vorstellen konnten und die sich sowohl mit ihrer Verwandtschaft zusammenschließen als auch ihre Gegner besiegen konnten. Den Höhepunkt in dieser Evolution des Geistes stellt die Entwicklung von Sprache und Werkzeugen sowie die Fähigkeit dar, diese Kompetenzen an zukünftige Generationen weiterzureichen (Levin 1987; s. auch das Konzept der kulturellen Evolution in Abschn. 2.1).

4.3.2
Sicherung des Überlebens

Da sich das Bewußtsein in der Evolution herausgebildet hat, sollte es uns nicht verwundern, daß einige seiner Funktionen direkt dem Überleben der menschlichen Spezies dienen (Baars u. McGovern 1994; Cheney u. Seyfarth 1990; Ornstein 1991). Außerdem spielt es eine wichtige Rolle bei der geistigen Konstruktion sowohl persönlich-individueller als auch kulturell geteilter Realitäten.

> **!** Aus biologischer Sicht entwickelte sich das Bewußtsein im Laufe der Evolution wahrscheinlich deswegen weiter, weil es den Individuen erlaubte, Informationen aus der Umwelt sinnvoll zu interpretieren und sie dafür zu nutzen, besonders angemessene und effektive Handlungen zu planen.

Üblicherweise sind wir einer Flut von sensorischen Informationen ausgesetzt. William James beschrieb sie als »blühende summende Verwirrung« (»blooming buzzing confusion«), die von allen Seiten auf uns einströmt. Das Bewußtsein erleichtert uns die Anpassung an unsere Umgebung, indem es uns auf dreierlei Weise hilft, dem »Wirrwarr« Sinn zu verleihen:

- Erstens reduziert es den Strom der eingehenden Reize, indem es das einschränkt, was wir wahrnehmen und wem wir Aufmerksamkeit zuwenden (s. Abschn. 4.2). Durch diese *beschränkende Funktion* des Bewußtseins wird ein Großteil der Informationen ausgeblendet, die für unsere unmittelbaren Ziele und Zwecke nicht relevant sind. Alles, was als »irrelevant« bewertet wird, wird zum »Geräusch im Hintergrund« und so lange ignoriert, wie wir unsere bewußte Aufmerksamkeit auf »relevante« Reize richten, also auf Signale, die wir weiterverarbeiten und auf die wir reagieren möchten.
- Zweitens hat das Bewußtsein die *Funktion der selektiven Speicherung*. Nachdem der Strom aller sensorischen Inputs über die Wahrnehmung zu einer kleineren Anzahl erkennbarer Muster und Kategorien verarbeitet worden ist, sorgt das Bewußtsein für die Speicherung derjenigen Reize, die wir analysieren und interpretieren oder als Grundlage für unser Handeln benutzen möchten (Duncan u. Humphreys 1989; Marcel 1983).
- Drittens ermöglicht uns das Bewußtsein, verschiedene Alternativen, die auf dem in der Vergangenheit angesammelten Wissen beruhen, zu durchdenken

und Konsequenzen zu antizipieren. Diese Fähigkeit, Handlungen zu planen, ihre Durchführung zu kontrollieren und ihre Ergebnisse zu antizipieren, erlaubt es, dringende Bedürfnisse zurückzustellen, wenn sie mit praktischen, vernünftigen oder moralischen Bedenken in Konflikt stehen. Ohne diese Form des Bewußtseins würden Sie vielleicht die nächstbeste Nahrung stehlen, wenn Sie hungrig sind. Da uns das Bewußtsein eine breit angelegte Zeitperspektive mitgibt, innerhalb deren mögliche Handlungen ablaufen können, können wir auf abstrakte Repräsentationen von Vergangenheit und Zukunft zurückgreifen, die unsere laufenden Entscheidungen beeinflussen.

Aus all diesen Gründen stellt das Bewußtsein ein großes Potential für flexible und angemessene Reaktionen auf die sich verändernden Anforderungen unseres Lebens bereit (Ornstein 1986b; Rozin 1976).

4.3.3
Konstruktion der Realität

Niemals interpretieren 2 Menschen eine Situation auf genau dieselbe Art und Weise, denn unsere **persönliche Konstruktion der Wirklichkeit** ist immer eine einzigartige Interpretation der momentanen Situation. Die Interpretation beruht auf einem grundlegenden Schema bzw. Modell der Realität, das aus unserem allgemeinen Wissen, aus Erinnerungen an vergangene Erfahrungen, aus momentanen Bedürfnissen, aus Werten und Überzeugungen sowie aus in die Zukunft weisenden Zielen besteht. Jeder Mensch orientiert sich an *bestimmten* Merkmalen seiner Umwelt stärker als an anderen, weil seine persönliche Konstruktion der Wirklichkeit wiederum auf einer Auswahl einzigartiger Inputs beruht. Wenn unsere persönliche Wirklichkeitskonstruktion einigermaßen stabil bleibt, dann hat auch unsere *Erfahrung des Selbst* über die Zeit hinweg Bestand (vgl. Abschn. 4.1).

Die *individuellen Unterschiede in den persönlichen Wirklichkeitskonstruktionen* treten noch deutlicher zutage, wenn Menschen in verschiedenen Kulturen aufgewachsen sind oder unter verschiedenen Umgebungsbedingungen innerhalb einer Kultur gelebt haben oder aber vor unterschiedliche Aufgaben gestellt waren, wenn sie überleben wollten. Aber auch das Gegenteil trifft zu: Weil Menschen einer bestimmten Kultur viele gemeinsame Erfahrungen teilen, haben sie häufig sehr *ähnliche Wirklichkeitskonstruktionen*.

Kulturelle Konstruktionen der Realität sind Sichtweisen der Welt, die von den meisten Mitgliedern einer bestimmten Gruppe geteilt werden. Wenn ein Mitglied einer Gesellschaft eine persönliche Wirklichkeitskonstruktion entwickelt, die mit dieser kulturellen Konstruktion übereinstimmt, so wird einerseits diese Person durch die kulturelle Konstruktion bestärkt und andererseits die kulturelle Konstruktion durch sie bestätigt .

> ! Diese Übereinstimmung und gegenseitige Bestätigung von Sichtweisen nennt man auch **konsensuelle Validierung** (Natsoulas 1978; Rozin u. Fallon 1987). Mit diesem Konzept wird zum Ausdruck gebracht, daß wir einige Auffassungen der Wirklichkeit deshalb als »wahr« oder »richtig« ansehen, weil die meisten Menschen sich darüber geeinigt haben, wie sie zu interpretieren sind.

4.3.4
Die Erforschung der Funktion des Bewußtseins

Bewußte Prozesse beeinflussen oft unbewußte Prozesse und umgekehrt. Zur Erforschung der Funktionen des Bewußtseins wird deshalb häufig die **Beziehung zwischen bewußten und unbewußten Einflüssen** auf das Verhalten untersucht. Wir erinnern auch in diesem Zusammenhang daran, daß Freud das Konzept des Unbewußten ursprünglich spezifischer und weniger »positiv« formuliert hat, als es in der experimentellen Psychologie verwendet wird.

Freuds »Entdeckung« des Unbewußten stand im Widerspruch zu einer langen Tradition des westlichen Denkens. Schon seit der Zeit, als der englische Philosoph John Locke seinen klassischen Text über den Geist verfaßte *(An Essay Concerning Human Understanding;* 1690), sind die meisten Denker davon überzeugt, daß ein rationales Lebewesen einen Zugang zu allen Vorgängen seines eigenen Geistes hat. Freuds Annahme über die Existenz unbewußter psychischer Prozesse wurde von seinen Zeitgenossen folglich als skandalös empfunden (Dennett 1987). Heutzutage hat die Forschung eine ganze Reihe von Methoden entwickelt, mit denen gezeigt werden kann, daß Freud mit seiner Annahme, unbewußte Prozesse könnten das bewußte Verhalten beeinflussen, recht hatte (Greenwald 1992; Kihlstrom et al. 1992). Im Absatz **Unter der Lupe** in Abschn. 4.1 haben wir einen ersten Eindruck davon bekommen.

Ein weiterer Zugang ist die sog. **SLIP**-Technik (»*Sp*oonerisms of *L*aboratory-*I*nduced *P*redispositions«). Sie wird dazu benutzt, den Einfluß unbewußter Kräfte auf

die Wahrscheinlichkeit von Sprechfehlern zu bestimmen (Baars et al. 1992). Mit dieser Technik kann ein Versuchsleiter Versprecher dadurch erzeugen, daß er Erwartungen über bestimmte Klangmuster hervorruft. Beispiel: Hat ein Versuchsteilnehmer eine Reihe von Wortpaaren wie »Ball–Dach«, »Bühne–Düne« und »Brille–Deckel« ausgesprochen (laut gelesen), so wird er möglicherweise als nächstes das falsche Wortpaar »Brei–Dach« anstelle des korrekten Paares »Drei-Bach« aussprechen. Man kann nun bewußte und unbewußte Einflüsse auf die Wahrscheinlichkeit solcher Lautvertauschungen untersuchen, indem man Einflußfaktoren systematisch variiert (Motley u. Baars 1979). So hat sich z. B. gezeigt, daß männliche Versuchsteilnehmer mit einer größeren Wahrscheinlichkeit den Fehler »bad–shock« (anstelle des korrekten Wortpaares »shad–bock*)* begehen, wenn sie annahmen, daß sie irgendwann während des Experiments einen elektrischen Schlag erhalten würden (Motley u. Baars 1979). Weiterhin zeigte sich bei Männern, die die SLIP-Aufgabe in Anwesenheit einer provokativen *Versuchsleiterin* bearbeiteten, eine erhöhte Wahrscheinlichkeit für den Fehler »good–legs« (anstelle des korrekten Wortpaares »lood–gegs«). (Anmerkung: Die Experimente wurden mit englischsprachigen Teilnehmern durchgeführt.) Die Ergebnisse solcher Versuche sprechen für einen unbewußten Anteil an der Produktion von Versprechern.

Eine andere Möglichkeit, den Zusammenhang zwischen bewußten und unbewußten Prozessen zu untersuchen, besteht darin, sie einander gegenüberzustellen (Kelley u. Jacoby 1993). Dazu wollen wir ein Experiment betrachten, das auch in Abb. 4.6 illustriert wird (s. dazu das folgende **Experiment**).

Wir haben in diesem Kapitel gesehen, wie Inhalte und Funktionen unseres Bewußtseins definiert und untersucht werden können, und wir haben den Zusammenhang zwischen Aufmerksamkeit und Bewußtheit kennengelernt. Nun wollen wir uns normalen und außergewöhnlichen Bewußtseinsveränderungen zuwenden.

4.4
Alltägliche Veränderungen des Bewußtseins

Beobachten Sie Kinder, die Kopfstand machen oder sich so lange um sich selbst drehen, bis ihnen schwindlig wird, und fragen Sie sie, warum sie das tun. »So sieht alles komisch aus.« – »Es ist lustig.« – »Damit ich sehe, wie sich die Sachen in meinem Kopf drehen.«

– 6 5 19 28 11 17 41 12 ···

Experimentphase 1:

Die Teilnehmer lesen laut eine Liste mit
nicht berühmten Namen, die auf einem Bildschirm präsentiert wird. Gleichzeitig bearbeiten
sie eine zweite Aufgabe: Sie versuchen,
Sequenzen von 3 geraden Zahlen in einer
akustisch präsentierten Liste zweistelliger
Zahlen zu entdecken.

Experimentphase 2:

Die Teilnehmer werden gebeten, die Namen einer Liste danach zu beurteilen,
ob sie berühmt oder nicht berühmt sind. Ihnen ist gesagt worden, daß alle
Namen, die sie zuvor gelesen haben, nicht berühmt seien.

Wenn sie sich also an einen Namen erinnerten,
der auf der Liste stand, müßten sie „**nicht berühmt**"
antworten. Wenn sie eine bewußte Erinnerung
des Namens hätten, müßten sie wissen, daß er
nicht berühmt sein kann.

Wenn sie jedoch einen Namen, der auf der LIste
stand, als „**berühmt**" beurteilen, muß das daran
liegen, daß die unbewußte Erinnerung den
Namen berühmt erscheinen läßt.

Tatsächlich beurteilen die Teilnehmer in diesem Experiment die Namen häufig
als „**berühmt**" und demonstrieren damit den Einfluß unbewußter Erinnerungen.

Abb. 4.6. Die Einflüsse unbewußten Erinnerns auf Berühmtheitsurteile

---

EXPERIMENT

Ist Adrian Marr berühmt?

In diesem Experiment wurden die Teilnehmer gebeten, bei bestimmten Namen – wie etwa »Adrian
Marr« – zu beurteilen, ob es sich um eine berühmte
Persönlichkeit handelt oder nicht (Jacoby et al.
1989). Bevor sie diese Urteile abgeben sollten, mußten
die Teilnehmer eine lange Liste von Namen laut vorle-
sen, auf der sich auch der Name »Adrian Marr« be-

fand. Die Untersuchung wurde so gestaltet, daß es
den Personen nicht möglich war, ihre volle Aufmerksamkeit auf diese Namen zu konzentrieren. Bevor sie
nun die Urteile zur Berühmtheit bestimmter Namen
abgeben sollten, wurden sie vom Versuchsleiter darauf hingewiesen, daß die Namen auf der Liste, die
sie zuvor laut abgelesen hatten, allesamt *nicht* berühmt waren. Wenn ihnen also jetzt ein Name präsen-

tiert würde, den sie von der Liste her wiederzuerkennen glaubten, so sollten sie ihn als nicht berühmt beurteilen.

Betrachten wir nun den Fall, daß einem Teilnehmer der Name »Adrian Marr« präsentiert wird: Wenn er in der Lage ist, sich bewußt an diesen Namen zu erinnern, so wird er wissen, daß dieser bereits auf der Liste gestanden hat, und dementsprechend urteilen, daß »Adrian Marr« nicht berühmt ist. Wenn er sich aber *nicht bewußt* erinnern kann, könnte er statt dessen das Gefühl haben, »Den Namen habe ich doch schon mal gehört ...«, und urteilen, daß »Adrian Marr« berühmt ist. Bei diesem Untersuchungsansatz geht es also um die Konkurrenz zwischen bewußten (nicht berühmt!) und unbewußten (doch berühmt!) Prozessen. In der Tat hielten die Versuchsteilnehmer »Adrian Marr« häufiger für berühmt, was den Einfluß unbewußter Erinnerungen auf die Urteile belegt (Abb. 4.6).

Antworten wie diese sprechen für die Annahme, daß »Menschen mit einem Drang geboren werden, andere Arten der Bewußtheit als den normalen Wachzustand zu erfahren. Von ganz klein auf experimentieren Kinder mit Techniken der Bewußtseinsveränderung« (Weil 1977, S. 37, eig. Übers.). Wir werden uns in diesem Abschnitt alltägliche Bewußtseinsveränderungen ansehen, die unvermeidlich sind, natürlicherweise auftreten und eine wichtige Funktion im Leben eines jeden Menschen ausüben.

4.4.1
Tagträumen und Phantasieren

Stellen Sie sich vor, Sie hätten im Lotto eine Million gewonnen. Was würden Sie mit all dem Geld machen? Oder Sie absolvierten irgendwelche Abschlußprüfungen, schnitten immer nur mit »sehr gut« ab und ernteten Lob und Anerkennung von jedermann. Stellen Sie sich schließlich vor, der Mensch, den Sie über alles in der Welt lieben, sagte »Ja« zu Ihrem Wunsch nach lebenslangem Zusammenleben. – Erkennen Sie, daß es sich bei diesen Vorstellungen um Lektionen im Tagträumen handelt?

> **!** **Tagträumen** ist eine schwache Form der Bewußtseinsveränderung, die – spontan und ungeplant oder absichtlich – mit einer Verlagerung der Aufmerksamkeit verbunden ist: weg von der unmittelbaren Situation oder Aufgabe und hin zu »stimulusunabhängigen« oder »reizunabhängigen« Gedanken (Singer 1975). Tagträume können Themen aus dem Alltag aufgreifen oder reine Phantasie sein. Sie treten vor allem dann auf, wenn Menschen allein sind, sich entspannen oder mit einer langweiligen Tätigkeit beschäftigt sind. Eine andere typische Situation ist die Zeit kurz vor dem Einschlafen.

In einer Stichprobe, die aus 240 Personen im Alter von 18 bis 50 Jahren und mit höherer Schulbildung bestand, berichteten 96% der Befragten, sie hätten jeden Tag Tagträume. Junge Erwachsene im Alter von 18 bis 29 Jahren haben am häufigsten Tagträume; danach geht deren Zahl deutlich zurück.

Um Unterschiede zwischen verschiedenen Typen von »Tagträumern« zu erfassen, haben Singer u. Antrobus (1976) einen Fragebogen, den *Imaginal Processes Inventory,* entwickelt. In den Antworten auf diesen Fragebogen zeigt sich, daß sich Menschen sehr darin unterscheiden,

- wie viele lebhafte und erfreuliche Tagträume sie normalerweise haben;
- wie viele ihrer Tagträume mit Themen wie Schuld oder Furcht belastet sind und
- wie leicht sie ihre Aufmerksamkeit auf die Tagträume konzentrieren können oder sich davon ablenken lassen.

Überraschenderweise machen **sexuelle und gewaltsame Phantasien** nur einen kleinen Prozentsatz aller Tagträume aus. Der Anteil explizit sexueller Tagträume liegt im Durchschnitt verschiedener Studien bei etwa 5%, und gewaltsame Phantasien sind noch seltener. Tatsächlich ist die typische Situation, in der sexuelle Phantasien entstehen, sexuelle Aktivität. Dabei kommt am häufigsten die Phantasie vor, Sex mit einem anderen als dem tatsächlichen Partner zu haben. Sex in einer romantischen Umgebung, Sex mit mehr als einem Partner und erzwungene Sexualität sind weitere Phantasiethemen, während man sexuell aktiv ist (Pelletier u. Herold 1983). Männer neigen bei ihren sexuellen Tagträumen zu Themen, die eher eine Grundlage in der Realität haben, während Frauen eher zu Phantasien neigen, die reine Imagination sind. Im allgemeinen fördern explizite sexuelle Phantasien die sexuelle Lust.

Wodurch werden Tagträume ausgelöst? Meistens ist der Auslöser ein Hinweis aus der Umgebung oder aus den eigenen Gedanken in Form von Wörtern oder Bil-

Tagträumen – schlechte Gewohnheit oder Lebenshilfe?

Die Bewertung von Tagträumen hat sich (glücklicherweise) geändert. Obwohl Tagträume alltäglich sind, sahen Fachleute früher darin eine schlechte Gewohnheit – ein Zeichen von Faulheit, kindlicher Wunscherfüllung oder einen Mangel an der Fähigkeit, zwischen Phantasie und Realität zu unterscheiden. Noch in der Mitte des 20. Jahrhunderts warnten Erziehungspsychologen, Kinder könnten neurotisch oder sogar schizophren werden, wenn man ihnen das Tagträumen erlaubte! Heutzutage sind sich Experten darüber einig, daß Tagträume für Kinder wie für Erwachsene positive Funktionen erfüllen. Wie aktuelle Forschungsergebnisse zeigen,

- erinnern uns Tagträume daran, die Zukunft zu planen;
- helfen sie uns bei der Lösung von Problemen und
- verschaffen uns kreative Unterbrechungen von langweiligen Tätigkeiten.

Sportpsychologen fordern die Athleten manchmal im Rahmen des »Visualisierungstrainings« zum Tagträumen auf. Es ist auch bekannt, daß sich Soldaten manchmal Tagträumen über den verhaßten Feind hingeben, bevor sie in den Kampf ziehen (Keen 1986). Wenn Sie sich Ihren Phantasien hingeben, so wird das heute durchaus als eine Auseinandersetzung mit der Komplexität des Lebens und als eine Bearbeitung aktueller Schwierigkeiten angesehen.

dern. Dieser Hinweis aktiviert automatisch eine kognitive Assoziation mit Themen, die die Person aktuell beschäftigen. Emotional gefärbte Hinweise sind besonders effektiv, um Tagträume auszulösen. Aber Tagträume können auch willkürlich hervorgerufen werden, um etwa die Öde einer langweiligen Vorlesung oder Tätigkeit erträglicher zu gestalten oder auch um sich auf eine besondere Aufgabe vorzubereiten. Eine Befragung hat ergeben, daß 80% der Rettungsschwimmer und der LKW-Fahrer zeitweilig tagträumen, um die Langeweile aus ihrer Tätigkeit zu vertreiben (s. auch **Psychologie im Alltag**).

4.4.2
Schlafen und Träumen

Während Tagträume manchmal unserer bewußten Kontrolle zu unterliegen scheinen, entziehen sich die Träume während des nächtlichen Schlafs eindeutig dem Bereich unseres wachen Bewußtseins. Jeden Tag unseres Lebens bewegen wir uns von einem Zustand bewußter Wachheit über Schläfrigkeit und leichten Schlaf zum Tiefschlaf und Träumen und von dort wiederum über leichten Schlaf und beginnendes Erwachen zurück zu erneuter Wachheit. Ein Drittel unseres Lebens verbringen wir schlafend. Dabei befinden sich unsere Muskeln in einem Zustand »gutartiger Lähmung«, und in unserem Gehirn laufen die verschiedensten Vorgänge ab. – Wir beginnen diesen Abschnitt über Schlafen und Träumen mit einer Betrachtung des allgemeinen biologischen Schlaf-Wach-Rhythmus. Dann befassen wir uns

genauer mit der Physiologie des Schlafs, und schließlich untersuchen wir die wichtigste mentale Aktivität, die unseren Schlaf begleitet: den Traum. Dabei werden wir uns vor allem mit der Frage beschäftigen, welche Rolle Träume in der menschlichen Psyche spielen.

Zirkadiane Rhythmen

Alle Lebewesen werden von dem natürlichen Tag-Nacht-Rhythmus beeinflußt. Die Menschen sind auf einen zeitlichen Zyklus eingestellt, den man als **zirkadianen Rhythmus** bezeichnet. Unsere Wachheit, unser Stoffwechsel, unser Herzschlag, unsere Körpertemperatur und Hormonaktivität verändern sich täglich nach dem Rhythmus unserer »inneren Uhr« (Moore-Ede et al. 1982). Meistens erreichen diese Aktivitäten ihren Gipfel während des Tages – üblicherweise am Nachmittag – und ihren Tiefpunkt während des Nachtschlafs. Die innere Uhr des Körpers kann aber nicht einfach mit einer normalen Uhr verglichen werden. Studien haben ergeben, daß Personen, die über mehrere Tage hinweg keinen Zugang zur Uhrzeit hatten, ihren Rhythmus nicht auf 24, sondern etwa auf 25 h ausrichteten.

Veränderungen, die zu einer mangelnden Übereinstimmung zwischen unserer biologischen Uhr und dem umweltbedingten Zeitablauf führen, beeinflussen unsere Befindlichkeit und unser Handeln (Moore-Ede 1993). Am deutlichsten zeigt sich dies bei Flugreisen über mehrere Zeitzonen hinweg. Wenn man auf diese Weise seinen Zeitrhythmus durcheinanderbringt, kann es zum sog. »Jet-lag« kommen (s. den folgenden Abschnitt **Psychologie im Alltag**).

Jet-lag

Zum Jet-lag gehören Symptome wie Erschöpfung, unwiderstehlicher Schlafdrang und in der Folgezeit ungewöhnliche Schlaf-Wach-Zeiten. Ein Jet-lag tritt auf, wenn der innere zirkadiane Rhythmus nicht mehr mit der Normalzeit der Umgebung übereinstimmt. So könnte sich Ihr Körper beispielsweise so fühlen, als sei es 2°° Uhr morgens – ein Tiefpunkt in vielen physiologischen Maßen –, die Ortszeit aber verlangt von Ihnen, sich so zu verhalten, als es Mittag. Der Jet-lag stellt ein besonderes Problem für Flugzeugbesatzungen dar und war schon für Pilotenfehler verantwortlich, die zu Unfällen geführt haben (Coleman 1986).

Welche Variablen beeinflussen den Jet-lag? Die wichtigsten sind die Richtung der Reise und die Anzahl der überflogenen Zeitzonen. Das Reisen in Richtung Osten führt zu ausgeprägterem Jet-lag als in Richtung Westen, da unsere biologische Uhr den Tag leichter verlängern als verkürzen kann. Es ist also einfacher, länger wach zu bleiben, als früher einzuschlafen. Bei einer Untersuchung mit gesunden freiwilligen Versuchsteilnehmern, die zwischen Europa und den Vereinigten Staaten hin und her flogen, stellte sich deren Leistungsniveau bei Standardaufgaben nach den Flügen westwärts innerhalb von 2–4 Tage wieder ein. Bei den Flügen Richtung Osten war dies erst nach 9 Tagen der Fall (Klein u. Wegmann 1974).

Zugänge zur Erforschung von Schlaf und Traum

Etwa ein Drittel unseres zirkadianen Rhythmus ist für die Ruhephase reserviert, die wir Schlaf nennen. Das meiste, was man über den Schlaf weiß, betrifft die elektrische Aktivität im Gehirn. Der methodische Durchbruch bei der **Schlafforschung** war 1937 die Anwendung einer Technologie, mit der man die Gehirnaktivität des Schlafenden in Form eines **Elektroenzephalogramms (EEG)** aufzeichnen konnte. Mit dem EEG konnte man Veränderungen der Gehirnaktivität bei wachen und schlafenden Menschen objektiv und fortlaufend messen. Mit der Einführung des EEG entdeckte die Forschung, daß sich die Gehirnwellen in ihrer Form beim Einschlafen verändern und daß es während der ganzen Schlafperiode verschiedene systematische und vorhersagbare Veränderungen gibt (Loomis et al. 1937).

Die nächste bedeutsame Entdeckung in der Schlafforschung betraf das Phänomen von Salven schneller Augenbewegungen, die in periodischen Intervallen während des Schlafes auftauchen (Aserinsky u. Kleitmann 1953). Auch im Deutschen hat sich für dieses Phänomen die Bezeichnung »**rapid eye movements**« **(REM)** und für die entsprechende Schlafphase das Kürzel **REM-Schlaf** eingebürgert. Die Zeit, in der der Schlafende kein REM zeigt, nennt man **Non-REM-Schlaf** (international gebräuchliches Kürzel: NREM). In Abb. 4.7 sind REM dargestellt.

In einer Studie wurden schlafende Personen zu verschiedenen Zeiten geweckt und gebeten, ihre mentale Aktivität während REM- und NREM-Schlaf zu beschreiben. Die Berichte zum NREM-Schlaf bestanden aus kurzen Beschreibungen normaler Aktivitäten, die dem Denken im Wachzustand glichen. Die Beschreibungen zum REM-Schlaf aber unterschieden sich davon grundlegend. Es wurden lebendige, phantasiereiche und bizarre Szenen unvollständiger Handlungen geschildert – kurz, es handelte sich um Traumschilderungen. Bei Erwachsenen fand man auf diese Weise

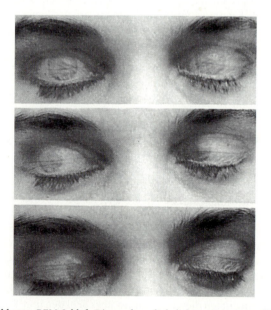

Abb. 4.7. REM-Schlaf. Dieses doppelt belichtete Foto zeigt die schnellen Augenbewegungen (REM), von denen man annimmt, daß sie beim Träumen auftreten.

heraus, daß sie 4–5 voneinander abgegrenzte Traumphasen pro Nacht hatten. REM stellt also ein reliables beobachtbares Zeichen dafür dar, daß ein Schläfer träumt. In den vergangenen Jahrzehnten waren viele Forscher von diesem neuen objektiven Zugang zu einer bisher verborgenen Seite menschlicher Aktivität fasziniert (Dement u. Kleitmann 1957). Seitdem hat die Forschung in den Schlaflaboren auf der ganzen Welt dazu beigetragen, diese nächtlichen Veränderungen des menschlichen Bewußtseins zu ergründen.

Der Schlafzyklus

Wir wollen nun die Veränderungen der Gehirnwellen im Verlaufe einer Nacht verfolgen.

- Beim Zubettgehen zeigt das EEG an, daß sich die Gehirnwellen mit einer Rate von etwa 14 Zyklen/s (cps) bewegen.
- Liegt man erst einmal bequem im Bett und beginnt sich zu entspannen, so verringert sich die Aktivität der Gehirnwellen auf etwa 8–12 cps (Alpha-Wellen).

Beim Einschlafen beginnt der Schlafzyklus, der aus mehreren Phasen unterschiedlicher EEG-Muster besteht.

- Im Stadium 1 zeigt das EEG Gehirnwellen von etwa 3–7 cps (Theta-Wellen).
- Das Stadium 2 kann im EEG durch sog. Schlafspindeln, kurze Salven elektrischer Aktivität zwischen 12 und 16 cps, charakterisiert werden.
- In den nächsten beiden Stadien 3 und 4 tritt ein Zustand sehr tiefen entspannten Schlafes ein. Die Gehirnwellen gehen auf 1–2 cps zurück (Delta-Wellen), und Atmung und Herzrate nehmen ab. Das ist der sog. **Delta-Schlaf.**
- In einem abschließenden Stadium nimmt die elektrische Aktivität wieder zu, und das EEG ähnelt wieder den Phasen 1 und 2. In dieses Stadium fallen REM-Schlaf und Traum (vgl. Abb. 4.8). Da das EEG-Muster während des REM-Schlafes dem Muster bei wachen Personen gleicht, wurde der REM-Schlaf ursprünglich auch als paradoxer Schlaf bezeichnet.

Das Durchlaufen der ersten 4 Stadien, die den NREM-Schlaf darstellen, dauert etwa 90 min. REM-Schlafphasen dauern etwa 10 min. Während des Nachtschlafes durchläuft man diesen 100minütigen Zyklus 4- bis 6mal. Bei jedem Zyklus nimmt die Zeitdauer, die im Tiefschlaf (Stadien 3 und 4) verbracht wird, ab, und

der Umfang des REM-Schlafes nimmt zu. Im letzten Zyklus kann der REM-Schlaf 1 h andauern. Folglich macht der NREM-Schlaf etwa 75–80% und der REM-Schlaf etwa 20–25% der gesamten Schlafzeit aus (Carskadon u. Dement 1989).

Warum schlafen wir?

Die regelmäßige Abfolge von Schlafstadien bei Mensch und Tier legt nahe, daß es eine evolutionäre Grundlage und ein biologisches Bedürfnis für Schlaf gibt. Warum schlafen wir Menschen so viel, und welche Funktionen erfüllen NREM- und REM-Schlaf?

Die beiden wichtigsten Funktionen des *NREM-Schlafes* sind wahrscheinlich (a) die Erhaltung und (b) die Wiederherstellung von Energie. Möglicherweise hat sich der Schlaf bei Tieren im Verlaufe der Evolution herausgebildet, um Energiereserven in den Zeiten, in denen sie nicht zur Nahrungssuche, Fortpflanzung oder Arbeit benötigt wurden, zu *erhalten* (Allison u. Cichinetti 1976; Cartwright 1982; Webb 1974). Andererseits gibt der Schlaf dem Körper auch Gelegenheit, auf verschiedene Art und Weise den Energiehaushalt des Körpers *wiederherzustellen*. Während des Schlafes können Neurotransmitter gebildet werden, um die bei täglichen Aktivitäten verbrauchten Bestände wieder aufzufüllen. Darüber hinaus könnten postsynaptische Rezeptoren wieder auf ihr optimales Sensitivitätsniveau eingestellt werden (Stern u. Morgane 1974). Eine weitere Funktion wurde von Crick u. Mitchison (1983) genannt, die annehmen, daß Schlaf und Träume dem Gehirn helfen, die über den Tag gesammelten unerwünschten und unnötigen Informationen auszusortieren.

Wird man eine Nacht lang vom *REM-Schlaf* abgehalten, so erhöht sich üblicherweise der Anteil des REM-Schlafes in der Nacht darauf. Dies legt nahe, daß auch der REM-Schlaf wichtige Funktionen erfüllt. Es gibt heute bereits eine Reihe interessanter, aber noch nicht bewiesener Annahmen zum Nutzen des REM-Schlafs (Moffitt et al. 1993). So scheint z. B. in der frühen Kindheit der REM-Schlaf für den Aufbau derjenigen Verbindungen zwischen Nerven und Muskulatur verantwortlich zu sein, die die Bewegung der Augen ermöglichen. Der REM-Schlaf ist wahrscheinlich auch am Aufbau funktionaler Strukturen im Gehirn beteiligt, etwa der Strukturen für das Lernen motorischer Fähigkeiten. REM-Schlaf kann auch eine Rolle bei der Aufrechterhaltung von Stimmung und Emotionen spielen, und

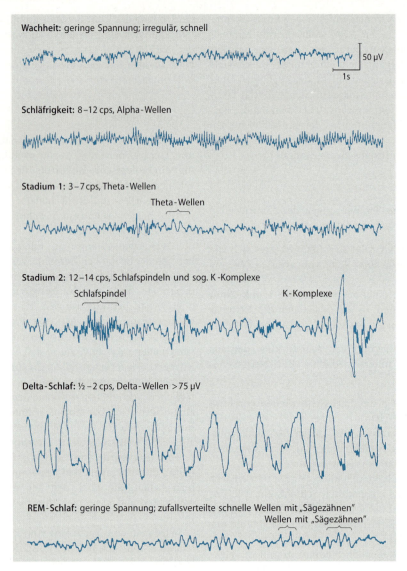

Abb. 4.8. Die normalen Schlafstadien im EEG-Muster

wahrscheinlich ist er für die Speicherung von Erinnerungen und für das Einpassen neuer Erfahrungen in die »Netzwerke« aus vergangenen Überzeugungen und Erinnerungen nötig (Cartwright 1978; Dement 1976).

Intra- und interindividuelle Differenzen im Schlafmuster

Menschen schlafen unterschiedlich lange. Obwohl der Mensch als Spezies ein genetisch festgelegtes Schlafbe-

dürfnis hat, ist das tatsächliche Ausmaß an Schlaf, das der einzelne braucht, auch in starkem Maße von den Handlungen im bewußten Zustand abhängig. Wir versuchen auf verschiedene Art und Weise, den Schlaf aktiv zu kontrollieren, wie etwa durch langes Aufbleiben oder durch die Benutzung von Weckern. Die Schlafdauer wird auch durch den zirkadianen Rhythmus kontrolliert. Das heißt, daß die Schlafdauer auch davon beeinflußt wird, wann jemand schlafen geht, da der REM-

Der REM-Schlaf depressiver Personen

Cartwright verglich Schlaf- und Traummuster bei 3 Personengruppen:

- Personen, die in Scheidung lebten und depressiv waren,
- geschiedenen, nichtdepressiven Personen und
- glücklich verheirateten Personen.

Die Personen der ersten Gruppe zeigten Schlafauffälligkeiten, die für schwer depressive Patienten typisch sind. Dabei setzt die erste REM-Phase auffällig früh ein: 20–65 min statt der normalen 90 min nach dem Einschlafen. Sie dauert auch ungewöhnlich lange: 20–30 min statt der üblichen 5–10 min. Außerdem variierten die REM-Phasen über das übliche Niveau hinaus in ihrer Dauer und enthielten mehr als das übliche Ausmaß an schnellen Augenbewegungen. Auch der Inhalt der Träume unterschied sich bei dieser Gruppe auf eine ungünstige Art von denen der weniger beeinträchtigten Personen: Er war »in der Vergangenheit festgefahren« und ließ keine Verarbeitung aktueller Probleme und keine Annäherung an neue Rollen oder zukünftige Möglichkeiten zu, wie das in den Träumen glücklicherer Leute vorkommt (Cartwright 1984).

Schlaf mit der Schlafdauer zunimmt. Um ein angemessenes Verhältnis von NREM- und REM-Schlaf zu gewährleisten, müßte man die Zeit, zu der man schlafen geht bzw. aufsteht, über die ganze Woche hinweg konstant halten, das Wochenende eingeschlossen. Auf diese Weise besteht eine hohe Wahrscheinlichkeit dafür, daß die Zeit, die man im Bett verbringt, gut mit den entsprechenden Phasen im zirkadianen Rhythmus übereinstimmt.

Was sind die Ursachen für Unterschiede in der Schlafdauer? Personen, die länger als der Durchschnitt schlafen, werden im Vergleich zu denen, die weniger als der Durchschnitt schlafen, als nervöser und besorgter, als künstlerischer, kreativer und weniger konformistisch beschrieben. Kurzschläfer sind eher aktiv und extravertiert (Hartmann 1973). Anstrengende körperliche Aktivität während des Tages erhöht die Zeit, die mit dem Schlaf im Stadium 4 verbracht wird, das durch langsame EEG-Wellen gekennzeichnet ist. Sie beeinflußt aber nicht die REM-Zeit (Horne 1988). Psychische Probleme scheinen zu einem erweiterten REM-Schlaf zu führen. Schwere Depressionen beeinflussen Schlafmuster auf vielfältige Weise, wie auch aus Studien von Cartwright hervorgeht, die im Abschnitt **Experiment** kurz beschrieben werden.

Das Schlafmuster zeigt auch über die Lebensspanne hinweg eine deutliche Veränderung:

- Ein Baby schläft 16 h am Tag, wobei etwa die Hälfte REM-Schlaf ist.
- Mit einem Jahr wird die tägliche Schlafdauer auf 13 h reduziert. Davon sind 25–30% REM-Schlaf.
- Ein junger Erwachsener schläft 7–8 h, mit einem Anteil von etwa 20% REM-Schlaf.

- Ältere Menschen schlafen ungefähr 6 h mit einem Anteil von etwa 15% REM-Schlaf.

Eine schematische Darstellung des Entwicklungsverlaufs der Schlafphasen liefert Abb. 4.9.

Träume: Das Schauspiel unserer seelischen Verfassung

Während jeder gewöhnlichen Nacht Ihres Lebens treten Sie in die komplexe Welt der Träume ein. Lebendige, bunte, meistens scheinbar unsinnige Bilder füllen Ihre subjektive Welt, und surrealistische Handlungsabläufe verändern die üblichen Regeln von Zeit, Reihenfolge und Ort. Während dieses »absurden Theaters« kann der Träumende manchmal Repräsentationen und Lösungen realer Probleme erkennen. Während die Analyse der Träume früher ausschließlich eine Domäne der Propheten, Spiritisten und Psychoanalytiker war, ist sie heute ein lebendiges Feld auch der psychologischen Forschung. Ein Großteil der Traumforschung beginnt im Schlaflabor, wo man Schlafende bezüglich ihres REM- und NREM-Schlafes experimentell beobachten kann. Zwar ist das Träumen in erster Linie ein REM-Phänomen, aber es gibt auch Träume in NREM-Phasen. Diese sind allerdings von anderer Qualität: Sie enthalten in der Regel weniger dramatische Inhalte und Geschichten. Hier finden sich hauptsächlich spezifische Gedanken und weniger Vorstellungsbilder. Personen können sich deutlich häufiger an REM-Träume als an NREM-Träume erinnern (Freemann 1972). NREM-Träume treten verstärkt bei Schlafstörungen und beim normalen Schlaf in den späten Morgenstunden auf (Kondo et al. 1989).

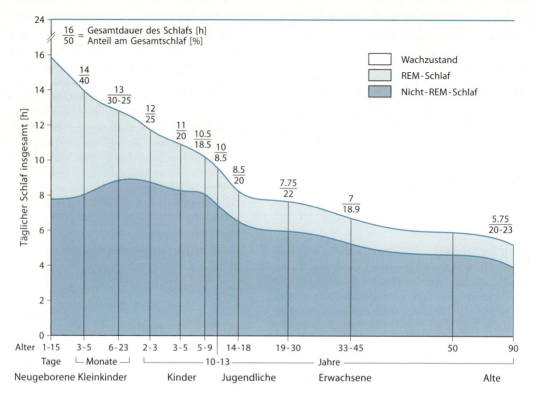

Abb. 4.9. Veränderungen der Schlafphasen über die Lebensspanne. Die Abbildung zeigt die altersabhängigen Veränderungen der täglichen Gesamtmenge an REM- und NREM-Schlaf sowie den prozentualen Anteil des REM-Schlafs. Der REM-Schlaf nimmt im Entwicklungsverlauf *deutlich* ab, während der NREM-Schlaf insbesondere in der Kindheit in geringerem Maße abnimmt

Es scheint einen »Entwicklungsfahrplan« für die Träume zu geben, der dem Entwicklungsverlauf der allgemeinen kognitven Fähigkeiten entspricht. Diese Schlußfolgerung kann aus Studien abgeleitet werden, bei denen Kinder im Alter zwischen 3 und 9 Jahren in aufeinanderfolgenden Nächten geweckt und befragt wurden, an was sie sich erinnern. Die jüngeren Kinder berichten dabei statische Szenen, die Bildern aus Bilderbüchern gleichen. Im Alter von 5 bis 6 Jahren haben Kinder Träume, die Geschichten mit Handlungen und Bewegungen darstellen. Erst ab einem Alter von 7 oder 8 Jahren spielen Kinder in ihren eigenen Träumen eine Hauptrolle, und erst ab 8 oder 9 Jahren beginnen sie, so wie Erwachsene zu träumen.

> ! Manche Entwicklungspsychologen nehmen an, daß diese Abfolge mit der Reifung des Gehirns zusammenhängt, die es Kindern mit dem Älterwerden allmählich ermöglicht, Symbole zu nutzen, Konzepte zu analysieren und sich selbst in die Handlungsstränge einer Geschichte einzubauen.

Die Traumforschung hat außerdem herausgefunden, daß Männer und Frauen tendenziell unterschiedliche Trauminhalte haben. Dies kann möglicherweise als Ergebnis kultureller Rollen betrachtet werden. Männliche Träume sind im allgemeinen aktiver und enthalten mehr Kampf, männliche Gegner, mechanische Bilder, Reisen und explizite sexuelle Inhalte. Männer träumen häufiger als Frauen davon, sich nackt in der Öffentlichkeit zu zeigen oder Geld zu finden. Weibliche Träume enthalten in größerem Umfang Gespräche, Gefühle, innere Szenen sowie Handlungen, bei denen sie verfolgt oder bedroht werden. In der Folge der sexuellen Revolution zeigt sich aber auch eine Veränderung in den Träumen von Frauen in Form von mehr Freizeitaktivitäten und explizit sexuellen Träumen (Begley 1989).

Woher kommen die Trauminhalte?

Abgesehen von diesen gruppenbezogenen Unterschieden ist es offensichtlich, daß jeder Mensch einzigartige

Abb. 4.10. Manchmal treten in Träumen phantastische oder groteske Visionen auf

Träume träumt (Abb. 4.10). Haben diese Träume eine Bedeutung? In beinahe jeder Kultur finden sich bestimmte Interpretationen für Trauminhalte. Die bekannteste Theorie der modernen westlichen Kultur wurde von Sigmund Freud ins Leben gerufen: die psychoanalytische Traumdeutung. Wir werden diese Theorie nun beschreiben. Im Abschnitt **Unter der Lupe** stellen wir ihr dann eine Sichtweise gegenüber, die die Herkunft der einzigartigen Träume des Individuums aus physiologischer Sicht erklärt.

Freud nannte die Träume »vorübergehende Psychosen und Modelle eines allnächtlichen Wahnsinns«. Außerdem bezeichnete er sie als den »Königsweg zum Unbewußten«. Er machte die Traumanalyse mit seinem klassischen Werk »Die Traumdeutung« (1900) zu einem Eckpfeiler der Psychoanalyse.

> **!** Freud betrachtete Traumbilder als symbolischen Ausdruck mächtiger, unbewußter und unterdrückter Wünsche. Diese Wünsche erscheinen in verkleideter Form, da sie verbotene Bedürfnisse, wie etwa sexuelles Verlangen nach dem gegengeschlechtlichen Elternteil, beinhalten. Die beiden dynamischen Kräfte, die beim Träumen am Werk sind, sind also einerseits der Wunsch und andererseits die Zensur als Abwehr gegenüber diesem Wunsch. Durch die Zensur wird die versteckte Bedeutung bzw. der latente Inhalt des Traumes in einen manifesten Inhalt verwandelt. Dies geschieht durch einen Verzerrungsprozeß, den Freud als **Traumarbeit** bezeichnete. Der **manifeste Inhalt** ist die akzeptable Version der Geschichte, und der **latente Inhalt** steht für die sozial oder persönlich inakzeptable Version, die allerdings die wahre und »ungeschnittene« Version darstellt.

Die Interpretation bzw. Deutung von Träumen erfordert, daß man sich ausgehend vom manifesten Inhalt zum latenten Inhalt vorarbeitet. Dem Therapeuten, der die Analyse von Träumen zum Verständnis und zur Behandlung von Problemen eines Patienten einsetzt, eröffnen die Träume die unbewußten Wünsche des Patienten, die Ängste, die mit diesen Wünschen zusammenhängen und die charakteristischen Abwehrmechanismen, die der Patient benutzt, um den psychischen Konflikt zwischen Wünschen und Ängsten zu bewältigen. Freud glaubte sowohl an idiosynkratische als auch an universelle Bedeutungen der Symbole und Metaphern in Träumen, denen er meist eine sexuelle Natur zuschrieb:

Alle in die Länge reichenden Objekte, Stöcke, Baumstämme, Schirme (des der Erektion vergleichbaren Aufspannens wegen!), alle länglichen und scharfen Waffen: Messer, Dolche, Piken, wollen das männliche Glied vertreten ... Dosen, Schachteln, Kästen, Schränke, Öfen entsprechen dem Frauenleib, aber auch Höhlen, Schiffe und alle Arten von Gefäßen.

Zimmer im Traume sind zumeist Frauenzimmer, die Schilderung ihrer verschiedenen Eingänge und Ausgänge macht an dieser Schilderung gerade nicht irre ... Der Traum, durch eine Flucht von Zimmern zu gehen, ist ein Bordell- oder Haremstraum ... Alle komplizierten Maschinerien und Apparate der Träume sind mit großer Wahrscheinlichkeit Genitalien – in der Regel männliche – ... Ganz unverkennbar ist es auch, daß alle Waffen und Werkzeuge zu Symbolen des männlichen Gliedes verwendet werden: Pflug, Hammer, Flinte, Revolver, Dolch, Säbel usw (1900/1977, S. 293–295).

Systeme zur Interpretation von Träumen gab es schon seit Tausenden von Jahren vor Freud. Freud war allerdings der erste Gelehrte, der Traumsymbole konsequent mit einer umfassenden psychologischen Theorie verband.

Alpträume

Wenn Sie ein Traum in Angst versetzt und Sie sich hilflos fühlen oder das Gefühl haben, nichts mehr kontrollieren zu können, so handelt es sich um einen **Alptraum**. Auch wenn diese Alpträume in der Regel recht selten auftreten – üblicherweise höchstens einige Male pro Jahr –, können sie doch, insbesondere für Kinder, höchst erschreckend und belastend sein. Typischerweise werden Alpträume durch Belastungen, speziell Angst vor Verletzungen oder durch Verlusterlebnisse, ausgelöst. Zu den gefürchteten Ereignissen in Alpträumen zählen Verfolgung, Verletzung oder Ermordung, der Sturz von einer Klippe u. ä. Menschen, die traumatische Erlebnisse, wie etwa eine Vergewaltigung oder Kriegs-

Eine physiologische Theorie des Träumens

Der Eckpfeiler in der Sichtweise Freuds und seiner Nachfolger ist die Annahme, daß manifeste und latente Traumbilder einen Königsweg darstellen, um auf die psychologischen Abläufe des Träumenden zu schließen. Am stärksten wird diese Position durch biologisch fundierte Theorien der Trauminhalte in Frage gestellt. Diese physiologischen Theorien nehmen an, daß jegliche Traumtätigkeit durch zufällige elektrische Ladungen aus dem Inneren des Gehirns eingeleitet wird. Die Vertreter dieser Theorie, Hobson u. McCarley (1977), behaupten weiterhin, daß Signale aus dem Hirnstamm heraus bestimmte Gebiete im Kortex stimulieren. Diese elektrischen Ladungen tauchen etwas alle 90 min automatisch auf und bleiben etwa 30 min lang aktiviert, also während eines Zeitraums, der etwa den REM-Schlafphasen entspricht. Sie werden zum Frontalhirn und zu den Assoziationsgebieten des Kortex geleitet, wo sie Erinnerungen auslösen und Verbindungen zu vergangenen Erfahrungen des Träumenden herstellen.

Nach Hobson u. McCarley gibt es keine logischen Verbindungen, keine intrinsischen Bedeutungen und keine kohärenten Muster in diesen zufälligen Ausbrüchen elektrischer Signale. Genau gesagt: Diese Autoren behaupten *nicht,* daß der Inhalt von Träumen bedeutungslos sei. Sie betonen jedoch, daß die Quelle von Träumen eine zufällige Stimulation und nicht ein unbewußter Wunsch ist. Hobson (1988) nimmt an, daß die Bedeutung *nachträglich* in einer Art Brainstorming hinzugefügt wird. Er schreibt, das Gehirn sei einem »unerbittlichem Streben nach Bedeutung unterworfen«. Deshalb liegt es nahe, daß es einen Sinn in völlig zufällige Signale legen kann, indem es sie mit einer Bedeutung ausstattet. Diese Bedeutung erwächst aus den aktuellen Bedürfnissen und Sorgen des Träumenden sowie aus vergangenen Erfahrungen und Erwartungen. Unter Benutzung solchen idiosynkratischen Materials bringt das Gehirn Ordnung in das Chaos und erzeugt das, was wir als Träume ansehen, durch die Zusammenfassung der verschiedenen Salven elektrischer Stimulation zu einer kohärenten Geschichte.

Einen weiteren Beitrag zum Verständnis der Ursprünge des Träumens kann die Betrachtung von Neurotransmittern und Gehirnstrukturen liefern. Der »Stoff, aus dem die Träume sind«, ist möglicherweise das Acetylcholin, das während der REM-Phasen durch eine Neuronengruppe im Hirnstamm aktiviert wird. Diese Neuronen sind nur dann »eingeschaltet«, wenn andere Neuronen, die die Ausschüttung von Serotonin und Norepinephrin auslösen, »ausgeschaltet« sind (vgl. Abschn. 2.3). Die Augen bewegen sich während der REM-Phasen, bei denen die anderen Muskeln entspannt sind, weil eine Zellgruppe im Hirnstamm aktiviert ist (vgl. Abb. 2.7).

Diese biologisch orientierten Modellvorstellungen machen deutlich, wie die gewöhnliche Ausstattung unserer Informationsverarbeitungssysteme im Gehirn sowohl Wahrnehmungen im Wachzustand als auch Traumwahrnehmungen produzieren können (Hobson 1992; Steriade u. McCarley 1990). Ein besseres Verständnis der Traummechanismen kann folglich auch das Wissen über Aspekte der Vorstellungskraft und bewußter gedanklicher Prozesse im Wachzustand erweitern (Antrobus 1991).

erfahrungen hinter sich haben, haben häufig wiederkehrende Alpträume, bei denen sie bestimmte Aspekte des Traumas noch einmal durchleben. Obwohl das besondere Merkmal von Alpträumen das Gefühl der persönlichen Bedrohung des Träumenden ist, betreffen die Alpträume junger Eltern häufig ihre neugeborenen Kinder.

Alpträume können am äußersten Ende der alltäglichen Veränderungen des Bewußtseins angesiedelt werden. Wir wenden uns nun Umständen zu, bei denen sich Personen *freiwillig* dafür entscheiden, über solche alltäglichen Erfahrungen hinauszugehen.

4.5 Bewußtseinserweiterungen

In jeder Gesellschaft gibt es Menschen, die mit den üblichen, in Abschn. 4.4 beschriebenen Bewußtseinsveränderungen nicht zufrieden sind. Sie entwickeln Verfahren, um die Grenzen des normalen Bewußtseins zu überschreiten und die Erfahrung von Bewußtseinserweiterungen zu machen. Wir werden in diesem Abschnitt 2 Wege der Bewußtseinserweiterung näher kennenlernen: die Hypnose und bewußtseinsverändernde Drogen.

4.5.1
Hypnose

In der populären Literatur wird Hypnotiseuren eine unwiderstehliche Macht auf die freiwilligen oder unfreiwilligen Teilnehmer an Hypnosesitzungen zugesprochen. Entspricht dieses Bild der Wirklichkeit? Was also ist Hypnose, was sind ihre wichtigsten Merkmale, und welchen erwiesenen Nutzen hat sie?

Der Ausdruck »Hypnose« kommt von *hypnos,* dem griechischen Gott des Schlafes. Schlaf spielt allerdings bei der Hypnose keine Rolle, außer daß Personen in der Hypnose manchmal den *Eindruck* vermitteln, sie befänden sich in einem tief entspannten, dem Schlaf ähnlichen Zustand. Wenn sie aber wirklich schlafen würden, könnten sie auf die Hypnose gar nicht reagieren!

> **!** Eine allgemeine Definition beschreibt die **Hypnose** als eine alternative Form der Bewußtheit (»awareness«). Sie wird durch die spezielle Fähigkeit mancher Menschen ermöglicht, auf Suggestionen mit Veränderungen der Wahrnehmung, des Gedächtnisses, der Motivation und des Gefühls der Selbstkontrolle zu reagieren (Orne 1980). Im hypnotischen (hypnotisierten) Zustand erleben diese Personen eine erhöhte Empfänglichkeit für die Suggestionen des Hypnotiseurs, und sie haben oft den Eindruck, daß ihr Verhalten ohne Absichten oder bewußte Anstrengungen abläuft.

Unter den Wissenschaftlern besteht noch keine Einigkeit über die psychologischen Mechanismen, die bei der Hypnose beteiligt sind. Einige behaupten, daß die Hypnose lediglich einen erhöhten Motivationszustand darstellt; andere glauben, daß es sich nur um ein soziales Rollenspiel handelt – eine Art »Placeboreaktion« mit dem Ziel, den Erwartungen des Hypnotiseurs gerecht zu werden (vgl. Abschn. 1.5). Untersuchungsergebnisse belegen aber, daß die spezifischen Effekte, die durch Hypnose bei tief hypnotisierten Personen hervorgerufen werden können, sowohl von Erwartungseffekten einer Placeboreaktion als auch von generellen Wirkungen der Suggestion unterschieden werden können (Evans 1989). Es gibt eine beachtliche Anzahl empirischer Belege – gestützt durch Expertenmeinung – dafür, daß Hypnose einen großen Einfluß auf viele psychische und körperliche Funktionen ausüben kann (Bowers 1976; Burrows u. Dennerstein 1980; E. Hilgard 1968, 1973).

Hypnotische Induzierung (Hypnoseinduktion)

Die Hypnose beginnt mit einer Phase der **hypnotischen Induzierung,** einer Reihe vorbereitender Aktivitäten, die äußere Ablenkungen minimieren und die zu hypnotisierenden Personen dazu führen sollen, sich nur auf die suggerierten Stimuli zu konzentrieren und daran zu glauben, daß sie nun einen besonderen Bewußtseinszustand erlangen werden. Zu den Methoden der Induktion (Induzierung) zählen Suggestionen, sich bestimmte Erfahrungen vorzustellen oder sich Bilder von bestimmten Ereignissen und Reaktionen zu entwerfen. Wird dieser Vorgang wiederholt ausgeführt, so wird die Prozedur der Induktion zu einem gelernten Signal für die Person, so daß sie nun um so leichter in den hypnotischen Zustand gelangen kann.

Das typische Induktionsverfahren benutzt auch Suggestionen zur tiefen Entspannung. Es gibt aber auch Menschen, die durch eine aktive und wache Induzierung hypnotisiert werden können, etwa durch die Vorstellung, daß sie gerade joggen oder Fahrrad fahren. Ein Kind kann auf dem Stuhl des Zahnarzts hypnotisiert werden, wenn man seine Aufmerksamkeit auf lebhafte Geschichten lenkt oder es bittet, sich spannende Abenteuer seines Lieblingshelden vorzustellen. In der Zwischenzeit bohrt der Zahnarzt und füllt ohne Narkose Löcher, und das Kind empfindet dennoch keine Schmerzen (Banyai u. E. Hilgard 1976).

Hypnotisierbarkeit

Öffentliche Hypnosevorstellungen – auf der Bühne oder in den Medien – vermitteln leicht den Eindruck, daß die Macht der Hypnose ganz beim Hypnotiseur liegt. Tatsächlich ist der wichtigste Einzelfaktor bei der Hypnose aber die Fähigkeit oder das »Talent« des Teilnehmers, sich hypnotisieren zu lassen.

> **!** **Hypnotisierbarkeit** bezeichnet das Ausmaß, in dem eine Person auf standardisierte Suggestionen mit hypnotischen Reaktionen reagiert. Es gibt sehr große individuelle Unterschiede in der Beeinflußbarkeit, die von einem vollständigen Fehlen der Hypnotisierbarkeit bis hin zu völliger Ansprechbarkeit reichen.

In Abb. 4.11 wird für eine Gruppe junger Erwachsener die Verteilung verschiedener Hypnotisierbarkeitsgrade bei der ersten hypnotischen Induzierung dargestellt. Was bedeutet ein »hoher« oder »sehr hoher« Wert auf dieser Skala? Bei der Durchführung dieses Tests nimmt der Hypnotiseur im Anschluß an die hypnotische Indu-

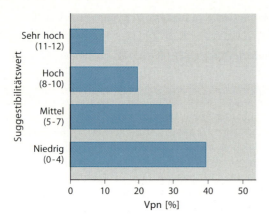

Abb. 4.11. Hypnotisierbarkeit bei der ersten Induzierung. Die Abbildung zeigt die Ergebnisse bei 533 Vpn, die zum ersten Mal hypnotisiert wurden. Die Hypnotisierbarkeit wurde mit der aus 12 Items bestehenden *Stanford Hypnotic Susceptibility Scale* gemessen. (Nach E. Hilgard, 1963)

zierung eine Reihe von posthypnotischen Suggestionen vor, die darin bestehen, daß er den Teilnehmern diktiert, welche Erfahrungen sie gerade machen. Hochgradig hypnotisierbaren Personen war es z. B. unmöglich, ihre Arme zu beugen, wenn ihnen suggeriert worden war, daß sich ihre ausgestreckten Arme in Eisenstangen verwandelt hätten. Mit der entsprechenden Suggestion versuchten sie weiterhin, eine nicht existierende Fliege zu verscheuchen. Ein drittes Beispiel: Die sehr leicht hypnotisierbaren Personen konnten in vielen Fällen nicht mehr verneinend ihren Kopf schütteln, nachdem der Hypnotiseur ihnen suggeriert hatte, daß sie diese Fähigkeit verloren hätten. Hingegen zeigten sich bei Personen, die auf dieser Skala der Hypnotisierbarkeit niedrige Werte erzielt hatten, nur wenige oder keine dieser Beeinflussungsmöglichkeiten.

Die Hypnotisierbarkeit ist eine relativ stabile Eigenschaft. Ihr Ausmaß verändert sich bei Erwachsenen über einen Zeitraum von 10 Jahren hinweg nur wenig (Morgan et al. 1974). So fanden z. B. Piccione et al. (1989) bei einer Meßwiederholung nach 25 Jahren an einer Gruppe von 50 Männern und Frauen die bemerkenswerte Korrelation von r = 0.71 zwischen der derzeitigen Hypnotisierbarkeit und der Hypnotisierbarkeit zu Schulzeiten. Kinder scheinen hypnotisierbarer als Erwachsene zu sein. Die Ansprechbarkeit für Hypnose hat den Höhepunkt kurz vor Beginn der Jugendzeit und sinkt danach wieder ab. Es gibt Hinweise auf genetische Einflüsse auf die Hypnotisierbarkeit, da die Wer-

te von eineiigen Zwillingen einander mehr gleichen als die von zweieiigen Zwillingen (Morgan et al. 1972).

Auch wenn die Hypnotisierbarkeit relativ stabil ist, hängt sie nicht mit Persönlichkeitszügen wie etwa Leichtgläubigkeit oder Konformität zusammen (Fromm u. Shor 1979). Vielmehr scheint es sich um die schon früh im Leben sichtbare *einzigartige* Fähigkeit zu handeln, in einer Erfahrung völlig aufzugehen. Eine hypnotisierbare Person ist dazu in der Lage, sich tief in vorgestellte Gefühlserfahrungen hineinzubegeben, wie sie auch beim Lesen von Romanen oder beim Hören von Musik möglich sind. Hypnotisierbarkeit scheint auch mit der Bereitschaft zusammenzuhängen, die normale Realität hinter sich zu lassen. Unter Hypnose können sich leicht hypnotisierbare Personen suggerierte Szenen so lebendig vorstellen, als ob sie wirklich gerade in diesem Moment passierten (J. R. Hilgard 1970, 1979).

> **!** Eine leicht hypnotisierbare Person kann von jedem hypnotisiert werden, auf dessen Hypnose sie reagieren möchte, während bei einer nicht hypnotisierbaren Personen die Bemühungen auch des erfahrensten Hypnotiseurs erfolglos sein werden.

Schmerzkontrolle durch Hypnose

Hypnose ist unbestritten ein Weg zur Reduzierung von Schmerzen. Man spricht auch von »hypnotischer Analgesie«. Die Wirkung von Schmerzreizen wird manchmal durch Erwartungen oder Angst verstärkt; durch Hypnose lassen sich solche Effekte vermindern.

Es gibt eine Vielzahl hypnotischer Suggestionen zur Schmerzkontrolle:

- die Vorstellung, der schmerzende Teil des Körpers sei nichts Organisches (er bestünde z. B. aus Holz oder Plastik);
- die Vorstellung, er sei vom restlichen Körper abgetrennt oder etwa
- eine Reise des Bewußtseins weg vom Körper.

Hypnose hat sich als besonders wertvoll bei Patienten herausgestellt, die operiert werden sollten, aber Narkosen nicht vertragen. Weitere Einsatzbereiche sind natürliche Geburten oder die Schmerzbehandlung bei Krebspatienten, die durch Hypnose lernen können, die Schmerzen, die mit ihrer Krankheit oder mit der Behandlung zusammenhängen, zu ertragen. Für die Schmerzbehandlung ist Selbsthypnose am besten geeignet, da die Patienten damit sofort eine Kontrolle über den Schmerz ausüben können, wenn er auftaucht.

Hypnose ist mehr als ein Placebo!
Freiwillige Versuchsteilnehmer wurden einem sehr unangenehmen Muskelschmerz ausgesetzt. Inwieweit sie in der Lage waren, den Schmerz zu tolerieren, wurde in 3 aufeinanderfolgenden Sitzungen gemessen, in denen sie jeweils eine andere Behandlung erhalten hatten.

- *1. Sitzung:* Die Teilnehmer erhielten eine Anleitung, die sie in besonderem Maße motivieren sollte, die Schmerzen auszuhalten;
- *2. Sitzung:* Hier erhielten die Teilnehmer eine Induktion zur hypnotischen Schmerzreduzierung und
- *3. Sitzung:* Nun bekamen die Teilnehmer ein »Schmerzmittel«, bei dem es sich aber in Wirklichkeit um ein Placebo handelte.

Der Vergleich der Schmerzempfindungen in den Sitzungen 1 und 2 erlaubt Rückschlüsse darüber, ob die Hypnose einen größeren Einfluß hat als die Bereitschaft von Personen, einer Anweisung des Versuchsleiters zu folgen. Die Gegenüberstellung der Resultate in den Sitzungen 2 und 3 zeigt, ob Hypnose mehr ist

als ein Placeboeffekt. Der Versuchsleiter, der das Schmerzerleben der Teilnehmer erhob, wußte nicht, welche der Teilnehmer das Placebo erhalten hatten. Er glaubte, daß die Schmerzreduzierung durch Hypnose bei allen von ihnen wirksam war. Tatsächlich aber waren 12 Probanden hochgradig hypnotisierbar, und die 12 anderen Probanden befanden sich hingegen am unteren Ende der Skala der Hypnotisierbarkeit. Mit anderen Worten, Verfälschungen durch Versuchsleitereffekte waren ausgeschlossen worden.

Ergebnisse: Das Placebo reduzierte das Schmerzerleben bei allen Teilnehmern bedeutend stärker als die motivierende Instruktion der 1. Sitzung. Zusätzlich hatte die *Erwartung,* daß Hypnose die Schmerzen reduzieren würde, eine große Wirkung auf alle Teilnehmer, also auch auf die nicht hypnotisierbaren. Man kann hier von einem Placebo-Erwartungseffekt sprechen. Darüber hinaus aber war die Schmerztoleranz nach der Hypnose bei den gut hypnotisierbaren Teilnehmern signifikant größer als bei den schlecht hypnotisierbaren Personen; und sie war höher als in den beiden anderen Sitzungen. Das zeigt, daß Hypnose mehr ist als nur ein Placebo! (McGlashan et al. 1978).

Bei einer Studie, die mit 86 Krebspatientinnen durchgeführt wurde, berichteten diejenigen, die selbst Hypnose zur Schmerzbekämpfung eingesetzt hatten, nur noch halb so viele Schmerzen wie die anderen (Spiegel et al. 1989).

Wie im Abschnitt **Experiment** gezeigt wird, können im Bereich der Schmerzbekämpfung mit der Hypnose Wirkungen erzielt werden, die über das hinausgehen, was sich aus der Bereitwilligkeit von Patienten ergibt, den Erwartungen des Versuchsleiters oder Arztes zu entsprechen.

Daraus läßt sich das Fazit ziehen, daß für leicht hypnotisierbare Personen über hypnotische Suggestionen eine wirksamere Schmerzlinderung erreicht wird als mit anderen Techniken zur Schmerzbekämpfung (Miller u. Bowers 1983).

Der versteckte Beobachter

Die Forschung zur Schmerzreduktion hat außerdem offengelegt, wie Hypnose mit dem Bewußtsein in Wechselwirkung steht. E. Hilgard, ein Pionier der Hypnoseforschung, machte die erstaunliche Entdeckung, daß

Personen, die unter Hypnose den Schmerz aus dem Bewußtsein verbannt hatten, immer noch *unbewußtes Wissen* über die Schmerzerfahrung behalten hatten. In seinen Experimenten gaben die Teilnehmer an, sie fühlten nach der entsprechenden hypnotischen Suggestion keine Schmerzen mehr. Ihnen wurde dann aber gesagt, daß ein versteckter Teil von ihnen wüßte, was in ihrem Körper vorgeht und dies auch ganz genau berichten könne. Einigen der Versuchsteilnehmer war es nun möglich, diesen von Hilgard als **versteckten Beobachter** bezeichneten Ort aufzuspüren. Sie berichteten nun über Schmerzempfindungen, deren Intensität den Schmerzerfahrungen der nicht hypnotisierten Personen ähnlicher war (Kihlstrom 1985).

Diese Erfahrung wurde von einem Studenten folgendermaßen beschrieben: »Der versteckte Beobachter und der hypnotisierte Teil gehören beide voll und ganz zu mir. Aber der versteckte Beobachter ist aufmerksamer und berichtet aufrichtiger darüber, was in mir vorging. Der hypnotisierte Teil von mir war sich lediglich der Schmerzen nicht bewußt. Unter der Hypnose trennte ich meinen Verstand und meinen Körper, und meine Gedanken wanderten zu anderen Orten –

ich spürte den Schmerz in meinem Arm nicht mehr. Als der versteckte Beobachter in mir aufgerufen wurde, mußte der hypnotisierte Teil für einen Moment zurücktreten und den versteckten Teil die Wahrheit erzählen lassen« (Knox et al. 1974, S. 845/846, eig. Übers.).

In hypnotischer Trance befinden sich Personen wie dieser Student auf 2 Bewußtseinsebenen. Sie haben erstens ein vollständiges, aber hypnotisches Bewußtsein der suggerierten Erfahrung und zweitens ein verborgenes, die nicht bewußte Aufmerksamkeit. Diese sehr leicht hypnotisierbaren Personen können die versteckte Ebene ihres Bewußtseins manchmal aufdecken, wenn man ihnen die Instruktion gibt, »automatisch zu schreiben oder zu sprechen«. Sie machen dann tatsächlich bedeutungshaltige Aufzeichnungen oder Aussagen, ohne sich dessen bewußt zu sein.

4.5.2
Bewußtseinsverändernde Drogen

Schon seit Urzeiten haben Menschen Drogen genommen, um ihre Wahrnehmung und ihr Erleben zu verändern. Es gibt archäologische Belege dafür, daß im Gebiet des heutigen Südwestens der USA und Mexikos Samen der Sophora-Pflanze seit dem 9. Jahrtausend v. Chr. bis zum 19. Jahrhundert n. Chr. als Drogen in Gebrauch waren. Die Ureinwohner Amerikas rauchten Sophora, um ekstatische und halluzinatorische Vorstellungen hervorzurufen. Sophora wurde später durch den etwas milderen Pejote-Kaktus ersetzt, der immer noch in den religiösen Ritualen vieler indianischer Stämme benutzt wird.

Heutzutage verbindet man Drogen weniger mit religiösen Gemeinschaftsritualen als mit Erholung und Entspannung. Auf der ganzen Welt nehmen Menschen verschiedenste Drogen, um sich zu entspannen, Streß zu bewältigen, den unangenehmen Seiten des Lebens aus dem Weg zu gehen, sich in sozialen Situationen behaglich zu fühlen oder um einfach andere Bewußtseinszustände zu erleben. Die Benutzung psychotroper Substanzen zur Bewußtseinsveränderung wurde durch Bücher wie Walter Benjamins *Haschisch in Marseille* (1972; Erstveröffentlichung 1930/31) oder Aldous Huxleys *Doors of perception* (1954) populär. Der Gebrauch von Drogen war zu Zeiten Benjamins und Huxleys noch ein relativ ungewöhnlicher Weg, um mit Bewußtseinserfahrungen zu experimentieren. Wie schnell Drogen zu einer alltäglichen Erfahrung vieler Menschen geworden sind, zeigen die Ergebnisse alljährlicher Umfragen bei Tausenden von Highschool-Absolventen. 55% der Absolventen berichteten, daß sie in ihrem letzten Schuljahr zumindest einmal illegale Drogen genommen hatten. Obwohl diese Zahl seit 1982 stetig abgenommen hat (1987: 38%), so hat doch die Zahl der drogenabhängigen Jugendlichen inzwischen epidemische Ausmaße angenommen (Johnston et al. 1989).

Abhängigkeit und Sucht

Psychoaktive Drogen sind chemische Substanzen, die psychische Prozesse und das Verhalten beeinflussen, indem sie das bewußte Erleben zeitweise verändern. Einmal im Gehirn angelangt, binden sie sich an Rezeptoren in den Synapsen und hemmen oder stimulieren bestimmte physiologische Vorgänge. Auf diese Weise können sie tief in das Kommunikationssystem des Gehirns eingreifen und dabei Wahrnehmung, Gedächtnis, Stimmung und Verhalten beeinflussen. Drei Grundbegriffe helfen zu verstehen, wie sich fortgesetzter Drogengebrauch auswirkt: Toleranz, Abhängigkeit und Sucht.

- Kontinuierlicher Drogenkonsum erzeugt eine sog. **Toleranz**, so daß schließlich größere Dosierungen erforderlich sind, um denselben Effekt zu erlangen. (Einige der psychologischen Grundlagen der Toleranzentwicklung werden in Abschn. 5.2 besprochen.)
- Mit der Toleranzbildung Hand in Hand geht die **körperliche Abhängigkeit**, ein Prozeß, bei dem sich die Physiologie des Körpers an die fortwährende Zufuhr der chemischen Substanz anpaßt und so von ihr abhängig wird. Eine Ursache für die Abhängigkeit liegt darin, daß bestimmte körpereigene Neurotransmitter aufgrund der ständigen Anwesenheit der Droge nur noch vermindert zur Verfügung stehen.
- Das tragische Endergebnis von Toleranz und Abhängigkeit ist die **Sucht**. Jemand, der auf diese Weise von einer Droge abhängig ist, erlebt äußerst unangenehme Entzugserscheinungen, wenn die Droge im Körper nicht vorhanden ist: Zittern, Schweißausbrüche, Schwindelgefühle oder – wie beim Alkoholentzug – sogar den möglichen Tod.

Wenn eine Person den Gebrauch einer Droge als so angenehm und wünschenswert erlebt, daß sich ein starkes Verlangen danach entwickelt (»craving«), dann spricht man von psychischer Abhängigkeit, die auch ohne körperliche Sucht vorkommen kann. **Psychische Abhän-**

Auswirkungen des Drogenkonsums

In einer Längsschnittstudie zum Drogenkonsum bei Jugendlichen, die 1976 mit 1634 Oberschülern aus Los Angeles begonnen worden war und über 8 Jahre dauerte, wurde bei 739 Personen Jahr für Jahr ein vollständiger Datensatz erhoben. Es zeigte sich, daß weniger als 10% von ihnen regelmäßige (chronische) Drogenkonsumenten waren. Aber auch nur weniger als 10% gaben an, noch nie Drogen genommen zu haben. Die festgestellten Langzeitwirkungen bei den Drogenkonsumenten können in 4 Punkten zusammengefaßt werden (Newcomb u. Bentler 1988; Stacy et al. 1991).

- *Täglicher Drogenkonsum.* Täglicher Drogenkonsum vermindert die Fähigkeit zur persönlichen und sozialen Anpassung, führt zur Unterbrechung von sozialen Beziehungen, verringert das Leistungspotential in der Schule, erhöht das Risiko für (nicht gewalttätige) Kriminalität und begünstigt desorganisiertes Denken.
- *Harte Drogen.* Harte Drogen, wie etwa Stimulanzien und Narkotika (s. unten in diesem Abschnitt), führen dazu, daß Gedanken an Selbstmord und Selbstschädigung häufiger werden. Gleichzeitig nimmt die soziale Unterstützung ab mit der Folge, daß der Drogenabhängige vereinsamt.
- *Wechselwirkungen.* Auswirkungen des Drogenkonsums hängen von der Art der Substanz ab. Bei Einnahme mehrerer Drogen treten Wechselwirkungen auf. So kommt es allein als Folge von langfristigem Kokaingebrauch zu vermehrtem Streit und einer Verschlechterung der sozialen Beziehungen. Aber die Kombination derartiger harter Drogen mit Zigarettenkonsum ist für die psychische und physische Gesundheit noch weitaus schädlicher.
- *Ein überraschendes Resultat.* Erstaunlicherweise weisen Jugendliche, die in geringem Ausmaß Alkohol, aber keine anderen Drogen konsumieren, eine bessere soziale Integration und ein höheres Selbstwertgefühl auf. Möglicherweise sind diese Schüler bereits vorher besser angepaßt als die anderen Gleichaltrigen.

gigkeit (oder: psychologische Abhängigkeit) kann bei jeder Droge entstehen. Das Resultat der Drogenabhängigkeit ist, daß sich das Leben einer Person so sehr um Drogen dreht, daß ihre Anpassungs- und Leistungsfähigkeit beschränkt oder beeinträchtigt wird. Zusätzlich treiben die Kosten, die mit fortwährendem und steigendem Drogenkonsum entstehen können, einen Süchtigen in die Beschaffungskriminalität. Die häufigsten Formen der Beschaffungskriminalität sind Diebstahl, Raubüberfall, Prostitution und Drogenhandel. Eine der größten Gefahren für Drogenabhängige stellt heute die Bedrohung durch Aids dar, da das Virus durch den gemeinsamen Gebrauch infizierter Spritzbestecke übertragen werden kann. Abhängige, die Drogen intravenös zu sich nehmen, geraten, ohne es zu wissen, mit Körperflüssigkeiten von Personen in Kontakt, die die tödliche Immunschwäche in sich tragen.

Wie eine amerikanische Längsschnittstudie zeigt, müssen jugendliche Drogenkonsumenten mit langfristigen negativen Konsequenzen rechnen (s. **Experiment**).

Die Vielfalt psychoaktiver Substanzen

Die häufigsten Drogen sind in Tabelle 4.1 aufgelistet. Wir haben bereits in Abschn. 2.3 gesehen, daß die Wirkungen von Drogen auf das zentrale Nervensystem sehr verschieden sein können. Sie können die Tätigkeit der Neurotransmitter stimulieren, abschwächen oder aber qualitativ verändern. Wir werden nun einen Überblick über die wichtigsten psychologischen Effekte geben, die durch diese Drogen hervorgerufen werden, und die Bedingungen untersuchen, unter denen sie genommen werden.

Halluzinogene (psychodelische Drogen). Die weitreichendsten Bewußtseinsveränderungen werden von Drogen verursacht, die man als Halluzinogene oder als psychodelische Drogen bezeichnet. Diese Drogen verändern die Wahrnehmung sowohl der Außenwelt als auch innerer Vorgänge. Wie bereits der Name nahelegt, erzeugen sie häufig Halluzinationen und führen dazu, daß der Kontakt der Person zur Wirklichkeit verlorengeht. Die 4 bekanntesten Halluzinogene sind Mescalin (gewonnen aus Kaktuspflanzen), Psilocybin (aus Pilzen) sowie LSD und PCP, die synthetisch hergestellt werden. PCP, auch »Angel Dust« genannt, erzeugt eine besonders seltsame Dissoziation, bei der der Konsument schmerzunempfindlich wird, verwirrt reagiert und sich so erlebt, als sei er von seiner Umgebung abgeschnitten. Halluzinogene wirken im Gehirn an spezi-

Tabelle 4.1. Psychoaktive Drogen: Medizinische Nutzung, Wirkdauer und Abhängigkeiten

	Medizinische Anwendung	Wirkdauer [h]	Abhängigkeit Psychologisch	Physiologisch
Opiate				
Morphin	Schmerzbekämpfung, Unterdrückung von Husten	3–6	Hoch	Hoch
Heroin	Wird z. Z. untersucht	3–6	Hoch	Hoch
Kodein	Schmerzbekämpfung, Unterdrückung von Husten	3–6	Mäßig	Mäßig
Halluzinogene				
LSD	Keine	8–12	Keine	Unbekannt
PCP (Phenozyklidin)	Veterinärmedizin	Unterschiedlich	Unbekannt	Hoch
Meskalin (Pejote)	Keine	8–12	Keine	Unbekannt
Psilocybin	Keine	4–6	Unbekannt	Unbekannt
Cannabis (Marihuana)	Übelkeit bei Chemotherapie	2–4	Unbekannt	Mäßig
Beruhigungsmittel				
Schlafmittel	Als Beruhigungs- und Schlafmittel, in der Anästhesie, zur Krampflösung	1–16	Mäßig–hoch	Mäßig–hoch
Benzodiazepine (z. B. Valium)	Als Beruhigungs- und Schlafmittel, gegen Angst, zur Krampflösung	4–8	Niedrig–mäßig	Niedrig–mäßig
Alkohol	Antiseptikum	1–5	Mäßig	Mäßig
Stimulanzien				
Amphetamine	Bei Hyperkinese und Narkolepsie, zur Gewichtskontrolle	2–4	Hoch	Hoch
Kokain	Lokale Anästhesie	1–2	Hoch	Hoch
Nikotin	Nikotinhaltiges Kaugummi beim Abgewöhnen des Rauchens	Unterschiedlich	Niedrig–hoch	Niedrig–hoch
Koffein	Zur Gewichtskontrolle, Schmerzlinderung, Stimulans bei akutem Atemstillstand	4–6	Unbekannt	Unbekannt

fischen Rezeptorarealen für den Neurotransmitter Serotonin (Jacobs 1987).

Cannabis (Hanf). Cannabis ist eine Pflanze mit psychoaktiven Effekten. Ihr psychoaktiver Wirkstoff ist THC, der in Haschisch (dem gehärteten Harz der Pflanze) und Marihuana (den getrockneten Blüten und Blättern der Pflanze) vorkommt. Die Erfahrungen, die beim Inhalieren von THC gemacht werden, hängen von der Dosierung ab. Kleine Mengen erzeugen leichte und angenehme Stimmungshochs, hohe Dosierungen können zu länger anhaltenden Halluzinationen führen. Bei re-

gelmäßigem Konsum wird von angenehmer bis euphorischer Stimmung berichtet, von einer Störung des Gefühls für Zeit und Raum und gelegentlich von der Erfahrung des Losgelöstseins vom eigenen Körper. Die Wirkung kann aber – je nach Kontext – auch negativ sein, und es können manchmal Angst und Verwirrung auftreten. Da die motorische Koordination bei Marihuanakonsum beeinträchtigt ist, besteht die Gefahr, beim Arbeiten an Maschinen oder beim Autofahren unter Drogeneinwirkung Unfälle zu verursachen (Jones u. Lovinger 1985). Die Wirkstoffe des Cannabis binden sich an spezifische Rezeptoren im Gehirn, die anscheinend dafür geschaffen sind, nur durch diese Substanz aktiviert zu werden. Diese »Cannabis-Rezeptoren« sind besonders im Hippocampus zu finden, einer Hirnregion, in der Gedächtnisfunktionen lokalisiert sind.

Opiate. Opiate, wie etwa Heroin und Morphium, unterdrücken körperliche Empfindungen und Reaktionen auf Stimulation von außen. Zu Beginn einer intravenösen Heroininjektion treten überwältigend angenehme Gefühle auf. Diese euphorischen Zustände verdrängen alle Sorgen und die Wahrnehmung der Bedürfnisse des eigenen Körpers. Beginnt eine Person, sich Heroin zu injizieren, so ist ernsthafte Abhängigkeit wahrscheinlich.

Beruhigungsmittel (Sedativa). Zu den Beruhigungsmitteln zählen die Barbiturate (Schlafmittel), die Benzodiazepine und – in unserem Kulturkreis besonders zu beachten – der Alkohol. Diese Drogen verlangsamen geistige und körperliche Prozesse, indem sie im zentralen Nervensystem die Übertragung von Nervenimpulsen hemmen oder abschwächen. Hohe Dosierungen von Barbituraten führen zum Schlaf, reduzieren aber zugleich die Zeit, die mit REM-Schlaf verbracht wird. Beim Entzug nach längeren Phasen der Einnahme von Schlafmitteln treten häufig verlängerte REM-Schlafphasen auf, die zeitweise von Alpträumen unterbrochen werden. Durch Überdosen von Schlafmitteln – sei es durch zufällige Überdosierungen, sei es in Selbstmordabsicht – sind mehr Todesfälle zu verzeichnen als bei jedem anderem Gift (Kolp 1973). Eines der Beruhigungsmittel, dessen Suchtwirkung sich nur auf sehr subtile Weise zeigt, ist das Benzodiazepin Valium, das als Beruhigungsmittel verschrieben wird, um vorübergehende Angstzustände zu reduzieren. Die Einnahme von Valium wird leicht zu einer ständigen Gewohnheit, die nur sehr schwer wieder aufgegeben werden kann.

Alkohol. Alkohol gehörte wahrscheinlich zu den ersten psychoaktiven Substanzen, die in der Menschheitsgeschichte benutzt worden sind. Unter Alkoholeinfluß werden manche Leute albern, ausgelassen, freundlich und gesprächig. Andere werden beleidigend und gewalttätig, und wieder andere werden ganz still und depressiv. Die Forschung hat immer noch nicht genau herausgefunden, auf welche Weise Alkohol seine umfassende Wirkung auf das Gehirn ausübt. In kleinen Mengen kann Alkohol Entspannung erzeugen und beim Erwachsenen die Reaktionsfähigkeit leicht heraufsetzen. Der Körper kann Alkohol allerdings nur äußerst langsam abbauen. Werden größere Mengen in kurzer Zeit konsumiert, so ist das zentrale Nervensystem überfordert. Verkehrsunfälle mit Todesfolge werden 6mal häufiger von Personen verursacht, die 1 Promille Alkohol im Blut haben, als von Verkehrsteilnehmern mit nur der Hälfte der Alkoholkonzentration. Außerdem kann Alkohol auch deshalb zu Unfällen führen, weil er die Pupillen erweitert und dadurch das Sehvermögen bei Nacht verringert wird. Ab einem Alkoholpegel von 1.5 Promille entstehen beträchtliche negative Auswirkungen auf das Denken, das Gedächtnis und die Urteilsfähigkeit, gepaart mit emotionaler Instabilität und zunehmendem Verlust motorischer Koordinationsfähigkeit.

PSYCHOLOGIE IM ALLTAG

Die tödlichen Folgen von Alkohol
Nach konservativen Schätzungen kann von 3% Alkoholikern in der deutschen Bevölkerung ausgegangen werden. Daraus ergibt sich eine Zahl von 2.4 Mio. Alkoholkranker für die Bundesrepublik Deutschland (Daten von 1992).

Chronischer Alkoholmißbrauch führt zu einer Vielzahl unterschiedlicher Krankheitsbilder und gesundheitlicher Störungen, nicht nur zu den »klassischen Alkoholkrankheiten«, wie etwa der Alkoholpsychose und der alkoholischen Leberzirrhose. Bei chronischer Alkoholvergiftung bleibt fast kein Organsystem verschont – es finden sich nur individuell unterschiedliche Krankheitsverläufe und Ausdrucksformen. Eine Veröffentlichung des Robert-Koch-Instituts beim Bundesgesundheitsamt nennt unter den »alkoholassoziierten Krankheiten und Zuständen«

- bösartige Neubildungen (etwa des Magens und der Leber),
- Ernährungs- und Stoffwechselkrankheiten und Immunitätsstörungen,
- Krankheiten des Nervensystems und der Sinnesorgane (etwa Alkoholepilepsie),
- Krankheiten des Herzens und des Kreislaufs und
- Krankheiten des Verdauungssystems (etwa die sog. Alkoholgastritis).

Sofern diese Krankheiten langfristig zum Tode führen können, wollen wir hier von den *langfristigen* tödlichen Folgen des Alkohols sprechen. In der Tat sterben nach aktuellen Daten 90% der Alkoholiker infolge ihrer Alkoholkrankheit.

Ähnlich erschreckend sind die Zahlen zu der *kurzfristigen* tödlichen Wirkung von Alkohol. Es kann kein Zweifel daran bestehen, daß Alkoholkranke ein generell höheres Unfallrisiko haben bzw. vermehrt als Unfallverursacher in Erscheinung treten. Nach den Daten des Statistischen Bundesamtes für das Jahr 1993 hat Alkohol bei 40.998 schweren Verkehrsunfällen verursachend mitgewirkt. 11% aller Verkehrsunfälle mit Personenschaden wurden durch Alkohol herbeigeführt, und 21% aller tödlichen Unfälle mußten als »Alkoholunfälle« eingestuft werden. Vermutlich liegt aber der wahre Anteil noch höher.

Wann liegt **Alkoholismus** vor? Wenn Menge und Häufigkeit des Trinkens die Berufstätigkeit stören, soziale und familiäre Beziehungen beeinträchtigen und zu ernsten gesundheitlichen Problemen führen, ist es angebracht, von Alkoholismus zu sprechen. Körperliche Abhängigkeit, Toleranzentwicklung und Sucht sind die Begleiterscheinungen ständigen schweren Alkoholkonsums. Manche Alkoholiker kommen überhaupt nicht ohne Alkohol aus, bei anderen wiederum zeigt sich der Alkoholismus darin, daß sie nach ein paar Gläsern nicht mehr mit dem Trinken aufhören können (Cloninger 1987).

Exzessiver Alkoholgenuß zählt zu den größten sozialen Problemen in den Industriestaaten. In der Rubrik **Psychologie im Alltag** sind einige aktuelle deutsche Daten zusammengestellt, die zeigen, welche Rolle Alkohol als Todesursache bei uns spielt (nach Casper et al. 1995).

Stimulanzien. Stimulanzien, wie etwa Amphetamine und Kokain, halten den Konsumenten durch Vortäuschung bestimmter Effekte des sympathischen Nervensystems wach (vgl. Abschn. 2.2). Vor allem 3 Wirkungen machen Stimulanzien für Benutzer attraktiv:

- erhöhtes Selbstvertrauen;
- Zuwachs an Energie und besonderer Wachheit und
- Veränderungen der Stimmung, die bis zur Euphorie reichen können.

Hohe Dosierungen und fortgesetzter Konsum können auch zu furchtauslösenden Halluzinationen führen, wie etwa zu der Überzeugung, daß andere Personen uns Schaden zufügen wollen. Solche Gedanken und Überzeugungen bezeichnet man als »paranoide Wahnvorstellungen«. Beim Kokainkonsum besteht die besondere Gefahr im Kontrast zwischen euphorischen Stimmungshochs und äußerst depressiven Stimmungstiefs. Diese Schwankungen können die Benutzer dazu bringen, Frequenz und Dosis unkontrolliert zu steigern. Bei einer Untersuchung an 1212 Kokainbenutzern, die aus verschiedenen Gründen zur Behandlung im Krankenhaus waren, wurden bei ungefähr 20% ernsthafte körperliche Schäden und Beeinträchtigungen psychischer Funktionen gefunden.

Crack. Eine ganz besonders destruktive Droge ist Crack, eine hochgradig gereinigte Form des Kokains. Crack erzeugt ein besonders schnell einsetzendes Stimmungshoch, das sich aber auch schnell wieder abbaut. Weil es billig verkauft wird, kann es auch von Jugendlichen und armen Menschen besonders leicht erworben werden. Wegen der leichten Verfügbarkeit und großen Verbreitung hat Crack in den Vereinigten Staaten die sozialen Strukturen ganzer Gemeinden und Stadtviertel zerstört.

Nikotin. Ein Stimulans, das leicht übersehen wird, wenn man von psychoaktiven Drogen spricht, ist das im Tabak enthaltene Nikotin. Es wirkt in hoher Konzentration so stark, daß es von Medizinmännern bei den Ureinwohnern Amerikas dazu benutzt wurde, mystische Zustände oder Trance zu erreichen. Im Gegensatz zu den modernen Konsumenten wußten die Medizinmänner aber, daß Nikotin abhängig macht, und setzten seine Wirkung deshalb nur von Zeit zu Zeit ganz gezielt ein.

Wie auch die anderen suchterzeugenden Drogen täuscht das Nikotin natürlich vorkommende Stoffe im Gehirnstoffwechsel vor. Diese chemischen Substanzen erregen Rezeptoren, die uns ein angenehmes Gefühl vermitteln, wann immer wir etwas Gutes getan haben – ein Phänomen, das letztendlich dem Überleben dient. Unglücklicherweise stimuliert Nikotin genau diese Hirnrezeptoren und täuscht so vor, daß Rauchen ebenfalls etwas Angenehmes sei. Das ist es natürlich nicht. Das gesamte Ausmaß negativer Auswirkungen von Nikotin auf die Gesundheit ist größer als das aller anderen psychoaktiven Drogen zusammen – Heroin, Kokain und Alkohol eingeschlossen. In den USA schreiben die offiziellen Statistiken 400 000 Todesfälle jährlich dem Zigarettenrauchen zu. Obwohl das Rauchen die häufigste Ursache vermeidbarer Krankheiten und Todesfälle darstellt, ist es legal und wird auch noch gefördert – jährlich werden Milliarden für die Zigarettenwerbung ausgegeben. Auch wenn Anti-Raucher-Kampagnen

den Prozentsatz der Raucher in begrenztem Rahmen reduziert haben, so gibt es doch immer noch allein in den USA 54 Mio. Raucher; 1 Mio. Menschen beginnt in den USA jedes Jahr mit dem Rauchen. Viele der »Einsteiger« sind heutzutage unter 14 Jahre alt, weiblich und Mitglieder einer ethnischen Minderheit (Goodkind 1989). Zum Teil kann dieser Trend auch der Werbung zugeschrieben werden, die sich gezielt an Jugendliche, Frauen und Minderheiten richtet.

ZUSAMMENFASSUNG

- **Inhalte des Bewußtseins.** Wir unterscheiden die Begriffe »Bewußtheit« und »Bewußtsein«. »Bewußtsein« bezeichnet den allgemeinen Zustand des Geistes, »Bewußtheit« bezieht sich auf die spezifischen Inhalte. Auf einer grundlegenden Ebene der Bewußtheit von innerer und äußerer Welt sind wir uns darüber im klaren, daß wir Reize wahrnehmen und darauf reagieren. Auf einer zweiten Ebene reflektieren wir das, wessen wir uns bewußt sind, und auf einer dritten Ebene sind wir uns des autobiographischen Charakters unserer Erfahrungen bewußt.

- **Bewußtheit und Aufmerksamkeit.** Die Aufmerksamkeit ist definiert als ein Zustand konzentrierter Bewußtheit, begleitet von einer Bereitschaft des zentralen Nervensystems, auf Stimulation zu reagieren. Nur das, worauf wir unsere Aufmerksamkeit richten, wird bewußt; nur im Zustand der Aufmerksamkeit können höhere geistige Prozesse ablaufen. Man hat sich die Aufmerksamkeit wie einen *selektiven Filter* vorgestellt, der allerdings *abgestuft* und nicht im Alles-oder-Nichts-Modus arbeitet, als einen Mechanismus, der Input und Wissen integriert. Aufmerksamkeit hat eine begrenzte Kapazität, die durch Lernen etwas erweitert werden kann.

  Verschiedene Formen des Bewußtseins sind nicht bewußte körperliche Prozesse, wie beispielsweise die Regulation des Blutdrucks, vorbewußte Erinnerungen, die unserem Bewußtsein erst zugänglich sind, nachdem etwas unsere Aufmerksamkeit auf sie gezogen hat, und nicht beachtete Informationen. Die Existenz unbewußter Informationen verweist uns auf die Form des Bewußtseins, die wir das Unbewußte nennen.

- **Funktion des Bewußtseins.** Das Leib-Seele-Problem. Das Problem der Beziehung zwischen dem Geist (»mind«) und dem Gehirn (»brain«) hat seit

jeher viele ernsthaften Denker beschäftigt. Platon war einer der ersten griechischen Philosophen, die zwischen Geist und Körper unterschieden. Nach seiner Vorstellung sind der Geist und die geistigen Prozesse von körperlichen Vorgängen völlig getrennt. Platons Position wurde unter dem Namen »Dualismus« bekannt.

Moderne Konzeptionen. In der modernen Philosophie und Psychologie wird heute die Gegenposition zum Dualismus, der Monismus, akzeptiert. Die Anhänger des Monismus behaupten, der Geist und bestimmte geistige Zustände (»mental states«) ließen sich im Prinzip immer auf Hirnzustände zurückführen, *alles* Denken und Handeln habe demnach eine physisch-materielle Basis, wobei das Bewußtsein als der Mechanismus angesehen wird, der den Aufmerksamkeitsfokus lenkt.

Sicherung des Überlebens. Aus biologischer Sicht entwickelte sich das Bewußtsein im Laufe der Evolution wahrscheinlich deswegen weiter, weil es den Individuen erlaubte, die Flut von Informationen aus der Umwelt sinnvoll zu interpretieren und sie dafür zu nutzen, besonders angemessene und effektive Handlungen zu planen.

Konstruktion der Realität. Niemals interpretieren 2 Menschen eine Situation auf genau dieselbe Art und Weise. Die *individuellen Unterschiede in den persönlichen Wirklichkeitskonstruktionen* treten deutlicher zutage, wenn Menschen in verschiedenen Kulturen aufgewachsen sind. Aber auch das Gegenteil trifft zu: Weil Menschen einer bestimmten Kultur viele gemeinsame Erfahrungen teilen, haben sie häufig sehr *ähnliche Wirklichkeitskonstruktionen*. Die Übereinstimmung und gegenseitige Bestätigung von Sichtweisen nennt man auch konsensuelle Validierung.

Die Erforschung der Funktion des Bewußtseins. Die Beziehung zwischen bewußten und unbewußten Einflüssen auf das Verhalten kann mit der sog. SLIP-Technik (Spoonerisms of *Laboratory-Induced Predispositions*) untersucht werden. Mit dieser Technik kann ein Versuchsleiter Versprecher erzeugen und dadurch bewußte und unbewußte Einflüsse auf die Wahrscheinlichkeit von Lautvertauschungen untersuchen. Die Ergebnisse solcher Versuche sprechen für einen unbewußten Anteil an der Produktion von Versprechern.

- **Alltägliche Veränderungen des Bewußtseins.** Tagträumen und Phantasieren. Tagträumen ist eine schwache Form der Bewußtseinsveränderung, die – spontan und ungeplant oder absichtlich – mit einer Verlagerung der Aufmerksamkeit verbunden ist. Tagträume können Themen aus dem Alltag aufgreifen oder reine Phantasie sein.

Zirkadiane Rhythmen. Alle Lebewesen unterliegen einem natürlichen zeitlichen Tag-Nacht-Rhythmus, den man als »zirkadianen Rhythmus« bezeichnet. Unsere Wachheit, unser Stoffwechsel, unser Herzschlag, unsere Körpertemperatur und Hormonaktivität verändern sich nach dem Rhythmus unserer »inneren Uhr« täglich.

Zugänge zur Erforschung von Schlaf und Traum. Der methodische Durchbruch bei der Schlafforschung kam 1937, als man die Gehirnaktivität eines Schlafenden in Form eines Elektroenzephalogramms (EEG) aufzeichnen konnte. Die nächste bedeutsame Entdeckung betraf das Phänomen von Salven schneller Augenbewegungen, die in periodischen Intervallen während des Schlafes auftauchen. Für dieses Phänomen hat sich die Bezeichnung »rapid eye movements« (REM) und für die entsprechende Schlafphase das Kurzwort REM-Schlaf eingebürgert. Beim Schlafzyklus wechseln im Laufe der Nacht REM-Schlafphasen, in deren Verlauf häufig Träume auftreten, mit Nicht-REM-Schlafphasen ab.

Aufgrund der regelmäßigen Abfolge von Schlafstadien bei Mensch und Tier geht man von einer *evolutionären Grundlage* und einem *biologischen Bedürfnis für Schlaf* aus. Die wichtigsten Funktionen des NREM-Schlafes sind die Erhaltung und die Wiederherstellung von Energie. Aber auch vom REM-Schlaf wird vermutet, daß er wichtige Funktionen erfüllt (z. B. Aufbau von Gehirnstrukturen in der Kindheit).

Intra- und interindividuelle Differenzen im Schlafmuster. Obwohl der Mensch als Spezies ein genetisch festgelegtes Schlafbedürfnis hat, ist das tatsächliche Ausmaß des Schlafes beim einzelnen in starkem Maße von den Handlungen im bewußten Zustand abhängig (langes Aufbleiben, Benutzung von Weckern). Über die Lebensspanne hinweg zeigt das Schlafmuster eine deutliche Veränderung. Das Auftreten von Träumen wird unterschiedlich erklärt. Die Erklärungsansätze reichen von der einfachen Hypothese, es handele sich um einen Versuch des Gehirns, seinen zufälligen kortikalen Aktivitäten einen Sinn zu verleihen, bis zu Freuds Annahme, die Träume stellten ein Mittel für den verhüllten Ausdruck verbotener Wünsche bereit, während sie den ungestörten Schlaf des Individuums schützten.

- **Bewußtseinserweiterungen.** Die Hypnose ist eine Technik zur Veränderung der Repräsentation der Wirklichkeit einer hypnotisierten Person. Die Menschen unterscheiden sich in ihrer Hypnotisierbarkeit – d. h. in dem Ausmaß, in welchem sie auf hypnotische Suggestionen eingehen. Eine hypnotisierte Person kann auf Suggestionen reagieren, die sie auffordern, motorische Reaktionen zu verändern, Halluzinationen oder Amnesien zu erleben oder starken Reizen gegenüber unempfindlich zu sein. Hypnose kann zur Schmerzbekämpfung eingesetzt werden (z. B. bei der Geburt) und sogar anstelle von Anästhesien bei Operationen.

Die Forschung zur Schmerzreduktion hat offengelegt, wie Hypnose mit dem Bewußtsein in Wechselwirkung steht. Hypnotisierte Personen können Informationen unterhalb der Bewußtseinsschwelle selbst dann verarbeiten, wenn sie diese Informationen auf der Bewußtseinsebene nicht wahrnehmen. Bewußtseinsverändernde Drogen. Bewußtseinsverändernde Drogen sind chemische Substanzen, die innere Prozesse und äußeres Verhalten beeinflussen, indem sie die Wahrnehmung der Realität für eine Weile verändern. Sie wirken dadurch, daß sie die Aktivitäten der Neurotransmitter an den Synapsen verstärken, blockieren oder verändern. Andauernder Drogenkonsum führt zu Toleranz (Gewöhnung), bei der eine immer höhere Dosis benötigt wird, um die gleiche Wirkung zu erreichen und die schließlich zur physiologischen und psychologischen Abhängigkeit führen kann. Bei der Sucht ist der Körper von der Droge abhängig,

und ihr Absetzen führt zu schmerzhaften Entzugserscheinungen.

Die Vielfalt psychoaktiver Substanzen. Die häufig-
sten Drogen sind Halluzinogene (psychodelische
Drogen), wie Mescalin (gewonnen aus Kaktus-
pflanzen), Psilocybin (aus Pilzen) sowie LSD und
PCP, die synthetisch hergestellt werden; Cannabis
(Hanf); Opiate, wie etwa Heroin und Morphium;

Beruhigungsmittel (Sedativa), wie die Barbiturate
(Schlafmittel), und der Alkohol; Stimulanzien, wie
etwa Amphetamine und Kokain. Eine ganz besonders destruktive Droge ist Crack, eine hochgradig
gereinigte Form des Kokains; Nikotin, ein Stimulans, das leicht übersehen wird, wenn man von
psychoaktiven Drogen spricht, ist im Tabak enthalten.

Hinweise zur deutschsprachigen Literatur

V. Gadenne (1995) gibt in seinem Buch *Bewußtsein, Kognition und Gehirn* eine Einführung in die Psychologie
des Bewußtseins. Er beschreibt Bewußtsein, wie es sich
der inneren Erfahrung als subjektives Erleben darbie-
tet. Ein weiterer Zugang stellt für ihn die Kognitionspsychologie dar, und schließlich zeigt er auf, daß Bewußtsein die Zusammenarbeit bestimmter Gehirnstrukturen erfordert.

Antworten auf die Frage nach dem Zusammenhang
von Geist oder Bewußtsein und Gehirn fallen unterschiedlich aus. K. Giel (1997) gibt das Buch *Geist und
Gehirn* heraus, welches einen interdisziplinären Ansatz
dazu präsentiert.

S. Grof, der Begründer der Transpersonalen Psychologie, hat zu einem Umdenken in der Psychologie herausgefordert. Zusammen mit H. Z. Bennett gibt er in
dem Buch *Die Welt der Psyche. Die neuen Erkenntnisse
der Bewußtseinsforschung* (1997) einen leicht verständlichen Überblick.

Haben Tiere ein Bewußtsein? J. L. Gould u. C. G. Gould
(1997) gehen in ihrem Buch *Bewußtsein bei Tieren. Ursprünge von Denken, Lernen und Sprechen* auf derartige
Fragestellungen ein. Sie zeigen Schlußfolgerungen aus
Studien über das Bewußtsein bei Tieren für uns Menschen auf: Menschliches und tierisches Bewußtsein un-

terscheiden sich zwar graduell und in ihrer Komplexität,
aber, nach Meinung der Autoren, nicht prinzipiell.

Mit dem Titel *Evolution des Bewußtseins. Ursprünge
und Perspektiven* stellt R. Ornstein ein Sachbuch über
die »innerbetrieblichen Geheimnisse« des Gehirns vor,
welches er zugleich als ein Plädoyer für eine bewußte
»Evolution« verstanden wissen will, ohne die die
Menschheit keine Zukunft haben wird.

Ich denke, also bin ich? Wohl nicht, schreibt T. Norretranders (1997) in seinem Buch *Spüre die Welt. Die Wissenschaft des Bewußtseins*. Nicht ich denke, so seine Vorstellungen, sondern es denkt in mir, und dem, was wir
»ich« nennen, wird nur ein winziger Bruchteil dessen bewußt, was »es« wahrgenommen und verarbeitet hat.

A. Stevens beschreibt in seinem Buch *Vom Traum
und vom Träumen* (1996) in einem historisch-analyti-
schen Überblick das Traumgeschehen und die Traumarbeit. Dabei bemüht er sich um eine Verbindung von Psychoanalyse mit den modernen Neurowissenschaften.

In ihrem Buch *Drogengebrauch – Drogenmißbrauch.
Eine Gratwanderung zwischen Genuß und Abhängigkeit* arbeiten K. Hurrelmann u. H. Bründel (1997) die
spezifischen psychischen und sozialen Funktionen des
Drogenkonsums heraus und stellen die Wechselwirkungen von sozialen Belastungen und Drogenmißbrauch sowie Möglichkeiten und Grenzen der Sucht-
prävention dar.

ÜBUNGSFRAGEN

1   Unterscheiden Sie bitte die Begriffe »Bewußtsein« und »Bewußtheit«.

1   Den Begriff »Bewußtsein« verwenden wir eher, wenn wir auf den allgemeinen Geisteszustand verweisen möchten. Beispielsweise sagen
wir, daß jemand etwas »bei Bewußtsein« oder »bei vollem Bewußtsein« getan hat.
Wenn wir sagen, daß wir uns bestimmter Informationen oder Handlungen »bewußt« waren, beziehen wir uns eher auf die spezifischen
Inhalte; diese Form des Bewußtseins für spezifische Inhalte wird
manchmal auch als »Bewußtheit« bezeichnet.

2   Welche Formen des Bewußt-
     seins kann man unterscheiden?

2   Nicht bewußte Prozesse. Es gibt eine Reihe nicht bewußter körperli-
     cher Vorgänge, die nur selten, wenn überhaupt, das Bewußtsein errei-
     chen. Beispielsweise die Regulation des Blutdrucks. Unser Nervensy-
     stem überwacht permanent physiologische Informationen, um Verän-
     derungen zu entdecken und darauf zu reagieren. Dies geschieht ohne
     bewußte Aufmerksamkeit.
     Vorbewußte Erinnerungen. Das sind Erinnerungen, die unserem Be-
     wußtsein erst zugänglich sind, nachdem etwas unsere Aufmerksam-
     keit auf sie gezogen hat. Der Speicher unseres Gedächtnisses ist mit
     einer unglaublichen Menge von Informationen angefüllt, wie etwa
     mit unserem allgemeinen Sprachverständnis, unserem Wissen über
     Sport und Geographie oder mit Erinnerungen an persönliche Erfah-
     rungen. Vorbewußte Erinnerungen laufen unbemerkt im Hintergrund
     unserer geistigen Tätigkeit ab, bis eine Situation auftaucht, bei der wir
     sie bewußt benötigen.
     Nicht beachtete Informationen. Zu jedem Zeitpunkt sind wir von ei-
     ner enormen Menge von Reizen umgeben. Wir können unsere Auf-
     merksamkeit jedoch nur einem kleinen Teil dieser Informationen zu-
     wenden. Was sich in diesem Moment im Bewußtsein befindet, hängt
     hauptsächlich davon ab, worauf wir uns konzentrieren und welche Er-
     innerungen dabei ins Gedächtnis gerufen werden.
     Unbewußte Informationen. Die Existenz unbewußter Informationen
     bemerken wir dann, wenn wir unser Handeln aus denjenigen Beweg-
     gründen, die wir uns bewußt machen, nicht erklären können.

3   Eine der ersten Theorien des
     Unbewußten stammt von Sig-
     mund Freund. Welche These
     vertrat er?

3   Er vertrat die These, daß bestimmte Lebenserfahrungen, wie etwa
     traumatische Erinnerungen oder tabuisierte Wünsche, so bedrohlich
     für unsere Psyche sind, daß sie aus unserem Bewußtsein verbannt
     werden. Für diesen Vorgang führte er den Begriff der »Verdrän-
     gung« ein. Freud nahm an, daß bei der Verdrängung des Inhalts
     der unannehmbaren Ideen oder Motive die damit verbundenen in-
     tensiven Gefühle weiterhin vorhanden sind und das Verhalten beein-
     flussen.

4   Definieren Sie den Begriff
     »Aufmerksamkeit«.

4   »Aufmerksamkeit« ist definiert als ein Zustand konzentrierter Be-
     wußtheit, begleitet von einer Bereitschaft des zentralen Nervensy-
     stems, auf Stimulation zu reagieren. Man kann sich Aufmerksamkeit
     als eine Brücke vorstellen, über die Informationen aus der äußeren
     Welt – diejenigen ausgewählten Aspekte, auf die die Aufmerksamkeit
     konzentriert ist – in die subjektive Welt des Bewußtseins gebracht
     werden, so daß die Person ihr Handeln darauf einstellen kann.

5   Was behauptet die Filtertheorie
     der Aufmerksamkeit? Wie ist
     sie erforscht worden? Wie wird
     sie heute beurteilt?

5   Nach Broadbents Modellvorstellung zur Funktion der Aufmerksam-
     keit bei der Informationsverarbeitung wird ein Großteil der uner-
     wünschten Informationen abgeblockt, während die erwünschten In-
     formationen an das Bewußtsein weitergeleitet werden. Zur Untersu-
     chung der Aufmerksamkeit wurde die Methode des dichotischen Hö-
     rens verwendet, bei der 2 unterschiedliche akustische Informationen
     gleichzeitig dargeboten werden. Diese Informationen werden der Per-
     son per Kopfhörer für jedes Ohr präsentiert, und sie wird instruiert,
     ihre Aufmerksamkeit auf das eine oder das andere Ohr zu richten. Un-

tersuchungsergebnisse haben gezeigt, daß Broadbents Filtertheorie wenigstens in den beiden folgenden Punkten modifiziert werden muß: (1) Viele Untersuchungen stützen den Schluß, daß Aufmerksamkeit im Unterschied zu den Annahmen der Filtertheorie kein »Alles-oder-Nichts-Phänomen« ist, sondern eher ein gradueller (abgestufter) Vorgang. Auch der Input wird analysiert, von dem Broadbent annahm, er werde ignoriert, wenn auch nur teilweise und nicht bewußt. (2) Eine zweite Modifikation der Filtertheorie wurde notwendig, um die Ergebnisse zahlreicher Experimente zu integrieren, die besagten, daß zurückliegende Lernerfahrungen die Reaktionen einer Person beeinflussen können, sogar ohne daß sie sich dessen bewußt ist.

6 Welche Bedingungen begünstigen das Arbeiten mit geteilter Aufmerksamkeit? Welche theoretische Konsequenz ergibt sich aus dem Phänomen der geteilten Aufmerksamkeit?

6 Geteilte Aufmerksamkeit wird möglich, wenn die beiden gleichzeitig zu erledigenden Aufgaben sich genügend voneinander unterscheiden. Rede und Musik können eher gleichzeitig verarbeitet werden als 2 Botschaften vom gleichen Typ. Das Erlernen der Fähigkeit, unter bestimmten Bedingungen 2 Aufgaben parallel zu bearbeiten, verlangt eine Revision der Annahme, es gebe einen einzigen zentralen »Flaschenhals« für die gesamte Informationsverarbeitung, bedingt durch die Grenzen der Aufmerksamkeit. Anscheinend gilt das sogar für komplexe Aufgaben, denn mit viel Übung waren Vpn in einer Untersuchung in der Lage, gleichzeitig zu lesen und Diktate aufzunehmen.

7 Beschreiben Sie die Formen nicht bewußter Verarbeitungsprozesse!

7 Die Automatisierung ist ein scheinbar müheloser, unwillkürlicher Prozeß, der ausgelöst wird, ohne daß die Person dies mit Absicht unterstützt. Weder stört er andere gerade stattfindende Prozesse, noch wird er durch andere gleichzeitig stattfindende und mit Aufmerksamkeit verfolgte Aktivitäten beeinträchtigt. Darüber hinaus können mehrere solcher automatischen Prozesse parallel ablaufen.
Wahrnehmungsprozesse ohne Aufmerksamkeitssteuerung laufen auf einer frühen Stufe im Gesamtvorgang der Wahrnehmung ab. Bei der Verarbeitung ohne Aufmerksamkeitssteuerung werden Lichtmustern Merkmale wie Linien, Konturen und Farben entnommen. Visuelle Prozesse zerlegen die Reize zuerst in Teile und Merkmale, dann fügen sie sie wieder zu angemessenen komplexen natürlichen Gegenständen zusammen.
»Geistesabwesenheit« macht es uns möglich, sehr viel mehr Informationen zu bewältigen, als wenn alles »auf die Warteliste« gestellt werden müßte, um nacheinander bewußt verarbeitet zu werden. Wir können Information verarbeiten, ohne das Bewußtsein einzuschalten. Mentale Verarbeitungsprozesse, die keine bewußte Aufmerksamkeit erhalten, können allerdings unangebracht sein, wenn wir passiv und ohne zu fragen »gedankenlos« auf Situationen reagieren, die neue Unterscheidungen und neue Anpassungsleistungen verlangen.

8 Beschreiben Sie ein Experiment, bei dem nicht bewußte Informationsverarbeitung zu »gedankenloser« Einwilligung führt.

8 In einer Untersuchung von Langer (1978) wurden Studenten, die vor dem Kopiergerät in einer Bibliothek Schlange standen, von einer Person gefragt, ob sie ihr den Vortritt lassen würden. Diese Person, eine Vertraute der Forscherin, sagte wortwörtlich: »Entschuldigen Sie bitte, ich habe 5 Seiten. Darf ich den Kopierer benutzen, weil ich es eilig habe?« 94% der Studenten gaben nach und erlaubten ihr, vorzu-

rücken. Äußerte sie dieselbe Bitte, ohne Gründe anzugeben, so ließen nur 60% der Studenten sie vorrücken.

Wurde die höhere Einwilligungsrate unter der ersten Bedingung durch die Nennung eines Grundes (es eilig haben) oder durch das Wörtchen »weil« ausgelöst? Um diese Frage zu beantworten, wurde die Bitte in einer weiteren Versuchsbedingung abgewandelt. Sie lautete nunmehr: »... Darf ich den Kopierer benutzen, weil ich ein paar Kopien machen muß?« Faktisch wurde dieses Mal also kein Grund genannt. Aber wieder willigten fast so viele Studenten wie unter der ersten Bedingung ein: 93% von denen, die – letztendlich ohne die Nennung eines Grundes – gebeten worden waren, die Person vorzulassen, waren dazu bereit. Derselbe »Einwilligungseffekt« trat auf, wenn die Forscherin in der U-Bahn Mitreisende bat, ihren Sitzplatz zu räumen, einfach »weil«.

9 Was versteht man unter Dualismus?

9 Platons Position zum Problem der Beziehung zwischen dem Geist und dem Gehirn wurde unter dem Namen »Dualismus« bekannt. Nach der Annahme des Dualismus ist der Geist vom Gehirn grundlegend verschieden und unabhängig: Geist und Gehirn sind 2 *verschiedene* Aspekte der Natur des Menschen.

10 Was versteht man unter Monismus?

10 In der modernen Philosophie und Psychologie wird heute weitgehend der Monismus, die Gegenposition zum Dualismus, akzeptiert. Er besagt, daß Geist und Gehirn eins sind – geistige Phänomene sind ausschließlich Produkte des Gehirns. Die Anhänger des Monismus behaupten, der Geist und bestimmte geistige Zustände (»mental states«) ließen sich im Prinzip immer auf Hirnzustände zurückführen, *alles* Denken und Handeln habe demnach eine physisch-materielle Basis.

11 In welcher Weise dienen einige der Funktionen des Bewußtseins dem Überleben der menschlichen Spezies?

11 Üblicherweise sind wir einer Flut von sensorischen Informationen ausgesetzt, die von allen Seiten auf uns einströmt. Das Bewußtsein erleichtert uns die Anpassung an unsere Umgebung, indem es uns auf dreierlei Weise hilft, dem »Wirrwarr« Sinn zu verleihen:

- Erstens reduziert es den Strom der eingehenden Reize, indem es das, was wir wahrnehmen und wem wir Aufmerksamkeit zuwenden, einschränkt. Durch diese *beschränkende Funktion* des Bewußtseins wird ein Großteil der Informationen ausgeblendet, die für unsere unmittelbaren Ziele und Zwecke nicht relevant sind.
- Zweitens hat das Bewußtsein die *Funktion der selektiven Speicherung*. Nachdem der Strom aller sensorischen Inputs über die Wahrnehmung zu einer kleineren Anzahl erkennbarer Muster und Kategorien verarbeitet worden ist, sorgt das Bewußtsein für die Speicherung derjenigen Reize, die wir analysieren und interpretieren oder als Grundlage für unser Handeln benutzen möchten.
- Drittens ermöglicht uns das Bewußtsein, verschiedene Alternativen, die auf dem in der Vergangenheit angesammelten Wissen beruhen, zu durchdenken und Konsequenzen zu antizipieren. Diese Möglichkeiten zur Planung und Durchführung von Handlungen sowie zur Antizipation von Ergebnissen erlauben es, dringende Bedürfnisse zurückzustellen, wenn sie mit moralischen, ethischen oder praktischen Bedenken in Konflikt stehen. Da uns das Bewußt-

sein eine breit angelegte Zeitperspektive mitgibt, innerhalb deren mögliche Handlungen ablaufen können, können wir auf abstrakte Repräsentationen von Vergangenheit und Zukunft zurückgreifen, die unsere laufenden Entscheidungen beeinflussen.

12 Was versteht man unter der sog. SLIP-Technik?

12 Die sog. SLIP-Technik (*Spoonerisms of Laboratory-Induced Predispositions*) wird dazu benutzt, den Einfluß unbewußter Kräfte auf die Wahrscheinlichkeit von Sprechfehlern zu bestimmen. Mit dieser Technik kann ein Versuchsleiter Versprecher dadurch erzeugen, daß er Erwartungen über bestimmte Klangmuster hervorruft.

Man kann bewußte und unbewußte Einflüsse auf die Wahrscheinlichkeit von Lautvertauschungen untersuchen, indem man Einflußfaktoren systematisch variiert. So hat sich z. B. gezeigt, daß männliche Versuchsteilnehmer mit einer größeren Wahrscheinlichkeit den Fehler »bad shock« (anstelle des korrekten Wortpaares »shad bock«) begehen, wenn sie annahmen, daß sie irgendwann während des Experimentes einen elektrischen Schlag erhalten würden. Weiterhin zeigte sich bei Männern, die die SLIP-Aufgabe in Anwesenheit einer provokativen *Versuchsleiterin* bearbeiteten, eine erhöhte Wahrscheinlichkeit für den Fehler »good legs« (anstelle des korrekten Wortpaares »lood gegs«). Die Ergebnisse solcher Versuche sprechen für einen unbewußten Anteil an der Produktion von Versprechern.

13 Beschreiben Sie Tagträume als eine Form der Bewußtseinsveränderung.

13 Tagträumen ist eine schwache Form der Bewußtseinsveränderung, die – spontan und ungeplant oder absichtlich – mit einer Verlagerung der Aufmerksamkeit verbunden ist: weg von der unmittelbaren Situation oder Aufgabe und hin zu »stimulusunabhängigen« oder »reizunabhängigen« Gedanken. Tagträume können Themen aus dem Alltag aufgreifen oder reine Phantasie sein. Sie treten vor allem dann auf, wenn Menschen allein sind, sich entspannen oder mit einer langweiligen Tätigkeit beschäftigt sind. Eine andere typische Situation ist die Zeit kurz vor dem Einschlafen.

Die Bewertung von Tagträumen hat sich (glücklicherweise) geändert. Obwohl Tagträume alltäglich sind, sahen Fachleute früher darin eine schlechte Gewohnheit – ein Zeichen von Faulheit, kindlicher Wunscherfüllung oder einen Mangel an Fähigkeit, zwischen Phantasie und Realität zu unterscheiden. Noch in der Mitte des 20. Jahrhunderts warnten Erziehungspsychologen, Kinder könnten neurotisch oder sogar schizophren werden, wenn man ihnen das Tagträumen erlaubte! Heutzutage sind sich Experten darüber einig, daß Tagträume für Kinder wie Erwachsene positive Funktionen erfüllen.

14 Die »biologische Uhr« des Menschen folgt einem »zirkadianen Rhythmus«. Was heißt das?

14 Alle Lebewesen werden von dem natürlichen Tag-Nacht-Rhythmus beeinflußt. Die Menschen sind auf einen zeitlichen Zyklus eingestellt, den man als »zirkadianen Rhythmus« bezeichnet. Unsere Wachheit, unser Stoffwechsel, unser Herzschlag, unsere Körpertemperatur und Hormonaktivität verändern sich nach dem Rhythmus unserer »inneren Uhr« täglich. Meistens erreichen diese Aktivitäten ihren Gipfel während des Tages – üblicherweise am Nachmittag – und ihren Tiefpunkt während des Nachtschlafs. Die innere Uhr des Körpers kann aber nicht einfach mit einer normalen Uhr verglichen werden. Studi-

en haben ergeben, daß Personen, die über mehrere Tage hinweg keinen Zugang zur Uhrzeit hatten, ihren Rhythmus nicht auf 24, sondern etwa auf 25 h ausrichteten.

15 Welche Variablen beeinflussen den Jet-lag?

15 Die wichtigsten Variablen sind die Richtung der Reise und die Anzahl der überflogenen Zeitzonen. Das Reisen in Richtung Osten führt zu ausgeprägterem Jet-lag als in Richtung Westen, da unsere biologische Uhr den Tag leichter verlängern als verkürzen kann. Es ist also einfacher, länger wach zu bleiben, als früher einzuschlafen. Bei einer Untersuchung mit gesunden freiwilligen Versuchsteilnehmern, die zwischen Europa und den USA hin- und herflogen, stellte sich deren Leistungsniveau bei Standardaufgaben nach den Flügen westwärts innerhalb von 2–4 Tagen wieder ein. Bei den Flügen Richtung Osten war dies erst nach 9 Tagen der Fall.

16 Beschreiben Sie 2 Voraussetzungen für die Entwicklung der Schlafforschung!

16 Der methodologische Durchbruch für die Schlafforschung kam 1937 mit der Anwendung einer Technologie zur Aufzeichnung der Gehirnwellenaktivität eines Schlafenden in Form eines Elektroenzephalogramms (EEG). Es liefert ein stetiges objektives Maß dafür, wie sich die Gehirnwellenaktivität während des Schlafs oder des Wachzustands verändert. Ein weiterer bedeutender Fortschritt in der Schlafforschung war die Entdeckung, daß Salven rascher Augenbewegungen (»rapid eye movement«, REM) während des Schlafes in periodischen Abständen auftraten. Diese schnellen Augenbewegungen wurden mit dem Auftreten von Träumen in Zusammenhang gebracht.

17 Wie verändern sich die Gehirnwellen im Verlaufe einer Nacht?

17 Beim Zubettgehen zeigt das EEG an, daß sich die Gehirnwellen mit einer Rate von etwa 14 Zyklen/s (cps) bewegen. Liegt man erst einmal bequem im Bett und beginnt sich zu entspannen, so verringert sich die Aktivität der Gehirnwellen auf etwa 8–12 cps (Alpha-Wellen). Beim Einschlafen beginnt der Schlafzyklus, der aus mehreren Phasen unterschiedlicher EEG-Muster besteht:
- Im Stadium 1 zeigt das EEG Theta-Wellen (3–7 cps).
- Das Stadium 2 kann im EEG durch sog. Schlafspindeln, kurze Salven elektrischer Aktivität zwischen 12 und 16 cps, charakterisiert werden.
- In den nächsten beiden Stadien 3 und 4 tritt ein Zustand sehr tiefen entspannten Schlafes ein. Die Gehirnwellen gehen auf 1–2 cps zurück (Delta-Wellen), und Atmung und Herzrate nehmen ab. Das ist der sog. Delta-Schlaf.
- In einem abschließenden Stadium nimmt die elektrische Aktivität wieder zu, und das EEG ähnelt wieder den Phasen 1 und 2. In dieses Stadium fallen REM-Schlaf und Traum. Da das EEG-Muster während des REM-Schlafes dem Muster bei wachen Personen gleicht, wurde der REM-Schlaf ursprünglich auch als »paradoxer Schlaf« bezeichnet.

18 Warum schlafen wir, und welchen Funktionen dienen NREM- und REM-Schlaf?

18 Die regelmäßige Abfolge von Schlafstadien bei Mensch und Tier legt nahe, daß es eine evolutionäre Grundlage und ein biologisches Bedürfnis für Schlaf gibt.
Die beiden wichtigsten Funktionen des *NREM-Schlafes* sind wahrscheinlich (a) die Erhaltung und (b) die Wiederherstellung von Ener-

gie. Möglicherweise hat sich der Schlaf bei Tieren im Verlaufe der Evolution herausgebildet, um Energiereserven in den Zeiten, in denen sie nicht zur Nahrungssuche, Fortpflanzung oder Arbeit benötigt wurden, zu *erhalten*. Andererseits gibt der Schlaf dem Körper auch Gelegenheit, auf verschiedene Art und Weise den Energiehaushalt des Körpers *wiederherzustellen*. Während des Schlafes können Neurotransmitter gebildet werden, um die bei täglichen Aktivitäten verbrauchten Bestände wieder aufzufüllen. Darüber hinaus könnten postsynaptische Rezeptoren wieder auf ihr optimales Sensitivitätsniveau eingestellt werden. Eine weitere Funktion wird darin vermutet, daß Schlaf und Träume dem Gehirn helfen, die über den Tag gesammelten unerwünschten und unnötigen Informationen auszusortieren. Funktionen des REM-Schlafs: Der REM-Schlaf scheint in der frühen Kindheit für den Aufbau derjenigen Verbindungen zwischen Nerven und Muskulatur verantwortlich zu sein, die die Bewegung der Augen ermöglichen. Er ist wahrscheinlich auch am Aufbau funktionaler Strukturen im Gehirn beteiligt, etwa der Strukturen für das Lernen motorischer Fähigkeiten. REM-Schlaf kann auch eine Rolle bei der Aufrechterhaltung von Stimmung und Emotionen spielen, und wahrscheinlich ist er für die Speicherung von Erinnerungen und für das Einpassen neuer Erfahrungen in die »Netzwerke« aus vergangenen Überzeugungen und Erinnerungen nötig.

19 Welche Bedeutung haben Träume für Freud?

19 Freud betrachtete Traumbilder als symbolischen Ausdruck mächtiger, unbewußter und unterdrückter Wünsche. Diese Wünsche erscheinen in verkleideter Form, da sie verbotene Bedürfnisse, wie etwa sexuelles Verlangen nach dem gegengeschlechtlichen Elternteil, beinhalten. Die beiden dynamischen Kräfte, die beim Träumen am Werk sind, sind also einerseits der Wunsch und andererseits die Zensur als Abwehr gegenüber diesem Wunsch. Durch die Zensur wird die versteckte Bedeutung bzw. der latente Inhalt des Traumes in einen manifesten Inhalt verwandelt. Dies geschieht durch einen Verzerrungsprozeß, den Freud als »Traumarbeit« bezeichnete. Der manifeste Inhalt ist die akzeptable Version der Geschichte, und der latente Inhalt steht für die sozial oder persönlich inakzeptable Version, die allerdings die wahre und »ungeschnittene« Version darstellt.

20 Was ist Hypnose?

20 Eine allgemeine Definition beschreibt die Hypnose als eine alternative Form der Bewußtheit (»awareness«). Sie wird durch die spezielle Fähigkeit mancher Menschen ermöglicht, auf Suggestionen mit Veränderungen der Wahrnehmung, des Gedächtnisses, der Motivation und des Gefühls der Selbstkontrolle zu reagieren. Im hypnotischen (hypnotisierten) Zustand erleben diese Personen eine erhöhte Empfänglichkeit für die Suggestionen des Hypnotiseurs, und sie haben oft den Eindruck, ihr Verhalten laufe ohne Absichten oder bewußte Anstrengungen ab.

21 Was versteht man unter hypnotischer Induzierung?

21 Die Hypnose beginnt mit einer Phase der hypnotischen Induzierung, einer Reihe vorbereitender Aktivitäten, die äußere Ablenkungen minimieren und die zu hypnotisierenden Personen dazu führen sollen, sich nur auf die suggerierten Stimuli zu konzentrieren und daran zu

glauben, daß sie nun einen besonderen Bewußtseinszustand erlangen werden. Zu den Methoden der Induktion (Induzierung) zählen Suggestionen, sich bestimmte Erfahrungen vorzustellen oder sich Bilder von bestimmten Ereignissen und Reaktionen zu entwerfen. Wird dieser Vorgang wiederholt ausgeführt, so wird die Prozedur der Induktion zu einem gelernten Signal für die Person, so daß sie nun um so leichter in den hypnotischen Zustand gelangen kann.

22 Welche Auswirkungen des Drogenkonsums kennen Sie?

22 Täglicher Drogenkonsum vermindert die Fähigkeit zur persönlichen und sozialen Anpassung, führt zur Unterbrechung von sozialen Beziehungen, verringert das Leistungspotential in der Schule, erhöht das Risiko für (nicht gewalttätige) Kriminalität und begünstigt desorganisiertes Denken.

Der Konsum harter Drogen, wie Stimulanzien und Narkotika, führt dazu, daß Gedanken an Selbstmord und Selbstschädigung häufiger werden. Gleichzeitig nimmt die soziale Unterstützung ab mit der Folge, daß der Drogenabhängige vereinsamt.

Bei Einnahme mehrerer Drogen treten Wechselwirkungen auf. So kommt es allein als Folge von langfristigem Kokainkonsum zu vermehrtem Streit und einer Verschlechterung der sozialen Beziehungen. Aber die Kombination derartiger harter Drogen mit Zigarettenkonsum ist für die psychische und physische Gesundheit noch weitaus schädlicher.

5 Lernen und Gedächtnis

Stellen Sie sich vor, Sie sind im Kino und sehen einen Horrorfilm. Als der Held der Geschichte auf eine verschlossene Tür zugeht, wird die Filmmusik düster und bedrohlich. Plötzlich haben Sie das Gefühl, schreien zu müssen: »Geh nicht durch diese Tür!« Sie spüren unterdessen, daß Ihr Herz rast und der Kinosessel ganz verschwitzt ist. Aber warum? Wenn Sie systematisch über diese Frage nachdenken, kommen Sie vielleicht zu folgender Antwort: »Ich habe gelernt, eine Verbindung zwischen der Filmmusik und nachfolgenden Ereignissen in einem Film herzustellen – und genau das macht mich nervös.« Aber haben Sie früher schon einmal an diesen Zusammenhang gedacht? Wahrscheinlich nicht. In der einen oder anderen Weise haben wir aufgrund einer ausreichenden Anzahl von Kinobesuchen die Verbindung (Assoziation) gelernt, *ohne* groß darüber nachzudenken.

Wie wir aus unseren Erfahrungen lernen, ist eines der beiden großen Themen dieses Kapitels. Lernen geschieht häufig unabsichtlich und nicht bewußt, wie im Beispiel die mühelose Aneignung der Assoziation von Filmmusik und Filmereignissen. Lernen kann aber auch vorsätzlich und geplant vor sich gehen – wenn wir etwa für eine Prüfung lernen. Wir werden zunächst verschiedene elementare Lernprinzipien kennenlernen, diese dann aber auch bezüglich ihrer Erklärungskraft kritisch befragen.

Das zweite große Thema von Kap. 5 ist das Gedächtnis. Gedächtnisphänomene sind Ihnen im Alltag genauso vertraut wie Lernvorgänge, und normalerweise denken Sie genau so wenig darüber nach. Das sollen Sie jetzt ändern – denken Sie also nun über Ihr Gedächtnis nach. Wir stellen Ihnen die Aufgabe, sich die Zahl 34 gut zu merken. Denken Sie darüber nach, was Sie unternehmen, um diese Aufgabe zu bewältigen. Haben Sie besondere Strategien, sich Zahlen zu merken?

Ein anderer Gedankengang zu Ihrem Gedächtnis. Stellen Sie sich vor, wie es wäre, wenn Sie plötzlich einen vollständigen Gedächtnisverlust erlitten und keine Erinnerung an Ihre Vergangenheit hätten – an die Menschen, die Sie einmal kannten und an die Geschehnisse, die sich bei Ihnen ereignet haben. Sie könnten sich weder an das Gesicht Ihrer Mutter erinnern noch an Ihren zehnten Geburtstag und auch nicht an Ihre Abiturfeier. Wie kann man ohne solche »Verankerungen in der Zeit« einen Sinn dafür bewahren, wer man ist – einen Sinn für die eigene Identität? Oder nehmen Sie einmal an, Sie hätten überhaupt die Fähigkeit verloren, neue Erinnerungen zu bilden. Was geschähe dann mit dem, was Sie gerade eben erlebt haben? Oder könnten Sie dann Assoziationen zwischen Filmmusik und Filmereignissen herstellen? Alles wäre verloren, es wäre so, als hätten die Ereignisse nie stattgefunden, als wären Ihnen nie irgendwelche Gedanken durch den Kopf gegangen. Kurz gesagt: Können Sie sich *irgendeine* Aktivität vorstellen, die nicht vom Gedächtnis beeinflußt wird?

Es dürfte bereits deutlich geworden sein, daß zwischen der Speicherung und der Nutzung von Erfahrungen ein enger Sachzusammenhang besteht. Das mulmige Gefühl beim abermaligen Hören der Filmmusik kann nur entstehen, weil Sie die Verbindung zwischen Musik und nachfolgenden Handlungen im Gedächtnis gespeichert haben, wenn auch unbewußt. Wir werden die Besprechung des Gedächtnisses deshalb mit dem Zusammenhang von Lernen und Behalten einleiten. Danach geben wir einen Überblick über Gedächtnisprozesse und Gedächtnisarten. Heute wird im allgemeinen zwischen 3 Arten von Gedächtnisspeichern unterschieden, dem sensorischen Gedächtnis, dem Kurzzeitgedächtnis und dem Langzeitgedächtnis. Die Darstellung der Ergebnisse der modernen Gedächtnispsychologie wird sich an dieser Einteilung orientieren.

5.1
Die Erforschung des Lernens

5.1.1
Was ist Lernen?

Lernen hat mit allen anderen psychischen Prozessen gemeinsam, daß es *auch* ein Produkt unserer genetischen Ausstattung ist. Menschen erben, wie die anderen Lebewesen, eine spezifische Lernfähigkeit. Die Lernfähigkeit variiert je nach dem genetischen Bauplan von einer Tierart zur anderen (Mayr 1974) – es handelt sich um ein *artspezifisches* Lernpotential. Einige Lebewesen, wie etwa die Reptilien und Amphibien, lernen recht wenig aus der Interaktion mit der Umwelt. Ihr Überleben hängt von einer relativ beständigen Lebenswelt ab, in der sie durch ihre angeborenen Reaktionen auf bestimmte Umweltereignisse zu dem hingeführt werden, was sie brauchen, und von dem ferngehalten werden, was sie meiden sollten. Bei anderen Tieren spielen die Gene für die spezifischen Wechselwirkungen zwischen Verhalten und Umwelt eine viel geringere Rolle – das läßt eine stärkere Plastizität oder Variabilität zu. Diese Tiere sind in der Lage, aus den Veränderungen, die durch ihr Verhalten in der Umwelt herbeigeführt werden, zu lernen. Man sollte sich jedoch immer vor Augen halten, daß man nur eine **Lernfähigkeit** oder ein **Lernpotential** geerbt hat. *Ob* und *in welchem Maße* dieses Potential genutzt wird, hängt von den individuellen Erfahrungen ab.

> **!** Wir können **Lernen** als einen Prozeß definieren, der zu relativ stabilen Veränderungen im Verhalten oder im Verhaltenspotential führt und auf Erfahrung aufbaut. Lernen ist nicht direkt zu beobachten. Es muß aus den Veränderungen des beobachtbaren Verhaltens erschlossen werden.

Unsere Aufmerksamkeit richtet sich nun auf die 3 kritischen Bestandteile der Definition:

- die Veränderung im Verhalten oder Verhaltenspotential,
- die relative Stabilität der Veränderung und
- die Rolle der Erfahrung.

Veränderung im Verhalten oder im Verhaltenspotential

Es ist offensichtlich, daß Lernen stattgefunden hat, wenn man jemand anderem etwas beigebracht oder selbst eine neue Fähigkeit erworben hat, etwa Autofahren oder große Perfektion bei einem Videospiel. Lernen läßt sich an den Verbesserungen der Leistungen ablesen.

Oft jedoch zeigt diese Leistung nicht alles, was man gelernt hat. Testfragen mögen zu spezifisch sein, oder die Leistung fällt wegen Prüfungsangst kümmerlich aus. Wenn die Motivation sehr niedrig oder sehr hoch ist, ist die Leistung möglicherweise kein guter Indikator für Lernen. Im ersten Fall ist nicht genug Motivation vorhanden, um eine adäquate Leistung hervorzubringen, im zweiten so viel, daß sie die optimale Ausführung des Verhaltens stört. Schließlich gibt es auch noch die Einschränkung, daß ein Motiv dominiert, das gerade der geforderten Leistung entgegenläuft. Erworbene Allgemeinbildung, wie beispielsweise Verständnis für moderne Kunst oder Kenntnis östlicher Religionen, findet keinen Niederschlag in typischen Verhaltensänderungen. In diesem Fall hat man möglicherweise ein Potential für Verhaltensänderungen erworben, denn man hat Einstellungen und Werte kennengelernt, die einen Einfluß darauf nehmen, welche Bücher man lesen und auf welche Weise man seine Freizeit verbringen wird. Eine solche Veränderung wirkt sich eher indirekt auf Testleistungen aus.

Die Definition von Lernen enthält deshalb den Ausdruck »... oder im Verhaltenspotential«, denn Lernen kann stattgefunden haben, obwohl es sich zu einer bestimmten Zeit nicht in der Leistung gezeigt hat.

> **!** Lernen, das erst später feststellbar wird – wenn die Umstände es erlauben oder wenn die richtige Art von Motivation im richtigen Ausmaß eine angemessene Leistung ans Licht bringt –, wird als **latentes Lernen** bezeichnet. Dieser Vorgang ist ein Beispiel für die Unterscheidung zwischen Lernen und Leistung (Performanz) – zwischen dem, was man weiß und dem, was zum Ausdruck kommt.

Relative Stabilität der Veränderung

Um das Etikett »gelernt« zu erhalten, muß die Veränderung im Verhalten oder im Verhaltenspotential relativ *stabil* sein. Wer einmal schwimmen gelernt hat, wird vermutlich von dem Moment an schwimmen können. Manche Verhaltensänderungen sind jedoch vorübergehend. Pupillen erweitern sich oder ziehen sich zusammen, wenn sich die Helligkeit des Lichts ändert, und ein normalerweise zügiger Fahrstil kann sich vorübergehend verändern, weil der Fahrer müde oder unaufmerksam ist. Diese Verhaltensänderungen bauen auf Erfahrung auf, aber sie dauern nicht an. Wir können hier also nicht sagen, daß Lernen vorausgegangen ist.

Andererseits wird einiges von dem, was man mit Mühe gelernt hat, im Laufe der Zeit vergessen oder durch das, was man später lernt, verändert – daher ist in der Definition nur von *relativer* Stabilität die Rede. Veränderungen durch Lernen halten sich zwar länger als Veränderungen durch Ermüdung, aber sie haben nicht notwendigerweise für immer Bestand.

Veränderung aufgrund von Erfahrungen

Als Erfahrung wird bezeichnet, was uns im Laufe unseres Lebens widerfährt. Üblicherweise geht es dabei also um Interaktionen mit der Umwelt. **Erfahrung** umfaßt die Aufnahme von Informationen sowie deren Auswertung und Umsetzung und die Äußerung von Reaktionen, die die Umwelt beeinflussen, wie etwa beim Erlernen des Autofahrens. Lernen vollzieht sich nur durch Erfahrung. Psychologen versuchen vor allem herauszufinden, welche Aspekte des Verhaltens durch Erfahrung verändert werden können und wie solche Veränderungen zustande kommen.

5.1.2
Behaviorismus und Verhaltensanalyse

Viele Forscher verknüpfen mit dem Begriff des Lernens, wie mit kaum einem anderen psychologischen Konzept, die Idee, daß sich komplexes menschliches Verhalten auf einfache Prinzipien zurückführen läßt. Elementare Lernprinzipien haben nach dieser Auffassung deshalb ein so großes Gewicht, weil sie die Elemente sind, aus denen sich all unser Verhalten und Handeln zusammensetzt. Historisch gesehen geht diese Auffassung auf den sog. Behaviorismus zurück (vgl. Abschn. 1.3.3). Am radikalsten ist sie von einem amerikanischen Psychologen, B.F. Skinner, in den 60er und 70er Jahren formuliert worden, etwa in seinem populären Sachbuch *Jenseits von Freiheit und Würde* (1973).

Im geschichtlichen Rückblick wird der **Behaviorismus** vor allem mit einem Autor verknüpft, vielleicht weil er diese Schule der Psychologie wie kein anderer

als *Programm* formuliert und vertreten hat. John Watsons (1878–1958; Abb. 5.1) Buch *Psychology from the Standpoint of a Behaviorist* aus dem Jahre 1919 kann als eine Art Manifest des Behaviorismus gelten, das in den folgenden 50 Jahren für Generationen von Psychologen Gültigkeit hatte. Watson hatte hier die Auffassung vertreten, daß die Introspektion – verbale Berichte der Versuchsteilnehmer über Empfindungen, Vorstellungsbilder und Gefühle – keine akzeptable Methode zur Untersuchung des Verhaltens sei, weil sie zu sehr subjektiven Einflüssen ausgesetzt und deshalb nicht wissenschaftlich sei. Derart »private« Erlebnisse wie Empfindungen und Gefühle könnten niemals »objektiv« bestätigt werden (vgl. zur Introspektion Abschn. 1.2).

Wenn jedoch Introspektion abgelehnt wird, was sollte dann der Gegenstand der Psychologie sein? Watsons Antwort lautete: nur das beobachtbare Verhalten! In Watsons eigenen Worten: »Bewußtseinszustände wie die sog. geistigen Phänomene sind nicht objektiv verifizierbar, und aus diesem Grunde können daraus nie wissenschaftliche Daten werden« (Watson 1919, S. 1, eig. Übers.). Folglich definierte Watson als Hauptziel der Psychologie »die Vorhersage und Kontrolle des Verhaltens« (Watson 1913, S. 158).

B.F. Skinner (1904–1990; Abb. 5.2) las als Student an der Harvard University Watsons Buch *Behaviorism* (1924), schloß sich seinen Grundideen an und widmete seine Forschung der Weiterführung des Behaviorismus. Er setzte andere Akzente als Watson. Innere psychische Zustände und geistige Ereignisse lehnte er gleichfalls ab; aber weniger, weil sie nicht als objektive Daten in

Abb. 5.1. John B. Watson (1878–1958), der Begründer des Behaviorismus

Abb. 5.2. B.F. Skinner (1904–1990) führte Watsons Behaviorismus weiter und begründete die Verhaltensanalyse

Frage kamen, sondern weil er bezweifelte, daß sie als Ursachen für Verhalten angesehen werden könnten (Skinner 1990). Verhalten wird vielmehr – so lautet die zentrale Annahme Skinners – durch Reize aus der Umwelt verursacht. Skinner arbeitete mit Tierexperimenten; deshalb soll ein solcher Versuch zur Veranschaulichung der These dienen: Angenommen, eine Taube wird 24 h lang von Nahrung ferngehalten und dann in einen Apparat gesetzt, in dem das Tier Nahrung von einer kleinen Scheibe aufpicken kann. Was läßt sich nun beobachten? Nichts anderes, als daß die Taube die Nahrungskörner aufpickt. In Skinners Perspektive kann das Verhalten des Tieres *vollständig* durch äußere Erfahrungen (Stimuli aus der Umwelt) erklärt werden – durch die Nahrungsdeprivation und Einsatz von Nahrungsmitteln als Verstärkung.

Im Sinne von Skinners Analyse wäre es falsch, hier vom Hunger des Tieres als Ursache für das Aufpicken der Körner zu sprechen. Es trägt nichts zur Erklärung des Verhaltens bei, wenn wir auf das Gefühl des Hungers verweisen. Noch einmal deutlich gesagt: Um zu erklären, was die Taube macht, muß man nichts von den inneren psychologischen Zuständen verstehen. Das ist, auf den Punkt gebracht, das Wesentliche an Skinners Form des Behaviorismus (Delprato u. Midgley 1992).

Skinners Variante des Behaviorismus bildete den Ausgangspunkt und die philosophische Grundposition für die Verhaltensanalyse, eine populäre Position in der Psychologie, die sich hauptsächlich mit der Aufdeckung von spezifischen Umwelteinflüssen auf Lernen und Verhalten beschäftigt (Grant u. Evans 1994). Das Programm der Verhaltensanalyse enthält die folgenden Kernpunkte:

- Die Verhaltensanalyse versucht, die Ordnungsprinzipien zu finden, die den Veränderungen in den Handlungen der Menschen zugrunde liegen, und zwar als Reaktion auf Erfahrung.
- Es wird angenommen, daß man das Wesen des Menschen nur verstehen kann, wenn man auch in der Psychologie naturwissenschaftliche Denkprinzipien und Methoden anwendet.
- Die Aufgabe besteht darin, mit diesen Mitteln beim Lernen Regelhaftigkeiten zu entdecken, die universell sind und unter vergleichbaren Bedingungen bei allen möglichen Tierarten einschließlich dem Menschen auftreten. Eben darum können Untersuchungen an Tieren entscheidende Erkenntnisgewinne zum menschlichen Lernen liefern.
- Komplexe Formen des Lernens stellen Kombinationen und Weiterentwicklungen einfacherer Prozesse dar; es handelt sich hierbei nicht um qualitativ andere Phänomene.

Das behavioristische Verständnis menschlichen Verhaltens und die darauf aufbauende Verhaltensanalyse sind, wahrscheinlich wegen ihrer Radikalität, in der Psychologie höchst umstritten. Befürworter weisen auf die Erfolge hin, die die behavioristische Lernpsychologie beim Verständnis des Lernens und die Verhaltensanalyse etwa in der Klinischen Psychologie erzielen konnten. Skeptiker halten dagegen, daß schon die Grundannahme ein Irrtum sei: denn nicht die Umwelt kontrolliere den Menschen, sondern der freie menschliche Geist kontrolliere die Umwelt. – Wir lassen die Kontroverse an dieser Stelle offen; die nachfolgenden Kapitel werden Sie in die Lage versetzen, sich eine eigene Position zu erarbeiten.

5.2
Klassische Konditionierung: Das Erlernen von Signalen

Stellen Sie sich noch einmal vor, Sie sähen sich den Horrorfilm an: Warum beginnen Sie zu schwitzen, wenn die Filmmusik signalisiert, daß der Held in Schwierigkeiten gerät? Auf irgendeine Weise hat Ihr Körper gelernt, eine physiologische Reaktion hervorzubringen, wenn ein Ereignis in Ihrer Umwelt (etwa dramatische Musik) mit einem anderen (schaurige visuelle Ereignisse) verbunden wird. Dieser Lerntyp wird als klassische Konditionierung bezeichnet.

> ! Die **klassische Konditionierung** ist eine grundlegende Form des Lernens, bei der ein Reiz oder ein Ereignis das Auftreten eines anderen Reizes oder Ereignisses vorhersagt. Der Organismus lernt eine neue Assoziation zwischen 2 Reizen – zwischen einem Reiz, der zuvor die Reaktion nicht auslöste, und einem anderen, der nach den Gesetzen der Natur die Reaktion auslöste.

5.2.1
Das Paradigma des klassischen Konditionierens

Die erste exakte Untersuchung zur klassischen Konditionierung war das Ergebnis dessen, was man wohl als einen der bekanntesten Zufälle in der Psychologie bezeichnen

könnte. Im Abschnitt **Unter der Lupe** wird er ausführlicher beschrieben. Der russische Physiologe Iwan Pawlow (1849–1936; Abb. 5.3) hatte ursprünglich gar nicht vor, die klassische Konditionierung oder irgendein anderes psychologisches Phänomen zu untersuchen. Er stieß auf die klassische Konditionierung, als er Studien zur Physiologie von Verdauungsprozessen durchführte, für die er im Jahre 1904 den Nobelpreis erhielt.

Das Paradigma des von Pawlow beobachteten Prinzips des klassischen Konditionierens ist in Abb. 5.4 dargestellt. Ein Paradigma ist ein symbolisches Modell oder Diagramm, das es uns erleichtert, die wesentlichen Merkmale eines Prozesses zu verstehen. Kernbestandteil der klassischen Konditionierung sind reflex-

---

UNTER DER LUPE

»Psychische Sekretionen« – Pawlows Zufallsentdeckung

Pawlow hatte eine Methode zur Untersuchung von Verdauungsprozessen bei Hunden entwickelt. In Drüsen und Verdauungsorgane wurden Schläuche eingepflanzt, durch die Körpersekrete in Behälter nach außen abgeführt wurden, so daß sie gemessen und analysiert werden konnten. Um die Sekretion auszulösen, stopften Pawlows Assistenten den Hunden Futter (Fleischpulver) ins Maul. Nachdem dieses Verfahren einige Male wiederholt worden war, beobachtete Pawlow an seinen Hunden ein unerwartetes Phänomen – die Sekretionen begannen, bevor die Hunde das Fleischpulver ins Maul bekamen. Sie setzten beim bloßen Anblick des Pulvers ein, später sogar beim Anblick des Assistenten, der das Futter brachte oder gar beim Hören seiner Schritte. Tatsächlich löste allmählich jeder Reiz, den der Hund als der Fütterung regelmäßig vorausgehend wahrnehmen konnte, die gleiche Reaktion aus wie das Futter selbst. Ganz durch Zufall hatte Pawlow beobachtet, daß es zum Lernen kommen kann, wenn 2 Reize miteinander gekoppelt werden.

Glücklicherweise war Pawlow ein so erfahrener und neugieriger Wissenschaftler, daß er begann, dieses überraschende Phänomen streng wissenschaftlich zu untersuchen. Er ignorierte den Ratschlag des großen Physiologen seiner Zeit, Sir Charles Sherrington, er solle seine albernen Untersuchungen zu »psychischen Sekretionen« aufgeben. Pawlow beendete statt dessen seine Forschungsarbeiten im Bereich der Verdauung, wandte sich nunmehr ganz psychologischen Fragestellungen zu und nahm damit in nachhaltiger

Weise Einfluß auf den Kurs der Psychologie (Pawlow 1928). Er setzte von nun an die Suche nach den Einflußgrößen fort, die beim klassischen Konditionieren wirken. Weil Pawlow die Hauptphänomene der Konditionierung entdeckte und sich dem Aufspüren der dabei wirkenden Variablen widmete, wird klassische Konditionierung auch als »Konditionierung nach Pawlow« bezeichnet.

Pawlows umfangreiche wissenschaftliche Erfahrung gestattete es ihm, eine einfache und elegante Strategie zu verfolgen, um die Bedingungen aufzudecken, unter denen bei seinen Hunden die Sekretion konditioniert werden konnte. In seinen Experimenten wurden die Hunde zunächst fest angeleint. In regelmäßigen Intervallen bot man einen Reiz, etwa einen Ton, dar und gab dem Hund dann eine kleine Menge Futter. Es war wichtig, daß der Ton vorher im Hinblick auf Nahrung oder Sekretion keine Bedeutung hatte. Wie man sich leicht vorstellen kann, war die erste Reaktion des Hundes auf den Ton nur eine Orientierungsreaktion – der Hund spitzte seine Ohren und drehte seinen Kopf, um herauszufinden, woher der Ton kam. Nach der wiederholten Koppelung von Ton und Futter blieb jedoch die Orientierungsreaktion aus, und die Sekretion setzte ein. Was Pawlow in seinen früheren Untersuchungen herausgefunden hatte, war kein Zufall: Das Phänomen konnte unter kontrollierten Bedingungen repliziert werden. Pawlow zeigte anschaulich die Verallgemeinerbarkeit dieses Effektes, indem er eine Vielfalt anderer Reize wie etwa Lichter und tickende Metronome verwendete, die normalerweise im Hinblick auf Sekretion neutral sind.

Abb. 5.3. Der russische Physiologe Iwan Pawlow, hier mit seinem Forschungsteam, entdeckte zufällig das Prinzip des klassischen Konditionierens, während er Untersuchungen zur Physiologie der Verdauungsprozesse durchführte

artige Reaktionen. Ein Reflex ist eine nichtgelernte Reaktion, wie etwa Sekretion, Pupillenkontraktion, Patellarsehnenreflex (sog. Kniereflex) oder Lidschluß. Er wird spontan durch bestimmte Reize, die für den Organismus von biologischer Bedeutung sind, ausgelöst. Jeder Reiz, wie etwa Nahrung, der spontan ein Reflexverhalten hervorruft, wird als **unkonditionierter Stimulus (US)** bezeichnet, weil Lernen keine notwendige Bedingung dafür ist, daß der Reiz das Verhalten kontrolliert. Das Verhalten, das vom unkonditionierten Stimulus ausgelöst wird, nennt man den **unkonditionierten Reflex (UR)**.

In einem typischen Experiment zur klassischen Konditionierung wird ein **neutraler Reiz (NS)** – etwa ein Ton, der normalerweise im Zusammenhang mit dem US-UR-Reflex keine Bedeutung hat – wiederholt zusammen mit einem unkonditionierten Stimulus (US) dargeboten, so daß der US in vorhersagbarer Weise auf den NS folgt. Der neutrale Reiz wird, wenn man ihn mit einem unkonditionierten Stimulus koppelt, als **konditionierter Stimulus (CS)** bezeichnet, weil seine Eigenschaft, ein Verhalten wie den unkonditionierten Reflex (UR) auszulösen, von seiner Assoziation mit dem US abhängt. Nach mehreren Durchgängen wird der CS allein dargeboten. Im allgemeinen ruft er nun eine Reaktion hervor, die der unkonditionierten Reaktion ähnlich ist. Das Verhalten, das vom CS ausgelöst wird, nennt man die **konditionierte Reaktion (CR)**. Anders ausgedrückt, die Natur hat US-UR-Verbindungen vorgesehen, aber das Lernen bringt die CS-CR-Verbindung hervor. Auf den konditionierten Stimulus wird etwas von der Fähigkeit zur Beeinflussung des Verhaltens

übertragen, die ursprünglich auf den unkonditionierten Stimulus beschränkt war.

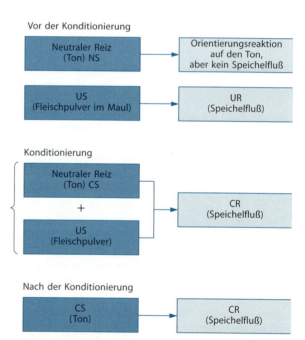

Abb. 5.4. Grundlegende Bestandteile der klassischen Konditionierung. Vor der Konditionierung löst der unkonditionierte Stimulus (US) spontan die unkonditionierte Reaktion (UR) aus. Ein neutraler Stimulus (NS), etwa ein Ton, führt nicht zu einem solchen Effekt. Während der Konditionierung wird der neutrale Stimulus zusammen mit dem unkonditionierten Stimulus dargeboten. Durch die Kopplung mit dem US wird aus dem NS ein konditionierter Stimulus (CS). Er führt zu einer konditionierten Reaktion (CR), die der unkonditionierten Reaktion (UR) ähnlich ist

5.2.2
Der Erwerb der konditionierten Reaktion

Wie wir in Abschn. 5.2.4 sehen werden, kann in einer Vielzahl von alltäglichen Lernprozessen das Prinzip des klassischen Konditionierens entdeckt werden. Experimentalpsychologen gehen aber in der Regel so vor, daß sie Konditionierungsprozesse im Labor beobachten, wo sie sowohl Einflüsse als auch Auswirkungen kontrollieren und systematisch untersuchen können.

Zu den am besten erforschten Einflüssen oder *unabhängigen Variablen* (s. Abschn. 1.6.2) zählen

- die Anzahl der Durchgänge, die dem Organismus geboten werden,
- der zeitliche Abstand zwischen dem konditionierten und dem unkonditionierten Reiz und
- die Intensität oder Qualität eines oder beider Reize.

Die 4 wichtigsten *abhängigen Variablen* sind

- die Stärke (Amplitude) der konditionierten Reaktion,
- die Zeitdauer (Latenz) zwischen der Darbietung des konditionierten Reizes und der konditionierten Reaktion,
- der Verlauf des Konditionierungsprozesses (Erwerbsrate) und
- die Dauerhaftigkeit der konditionierten Reaktion bei Ausbleiben des unkonditionierten Reizes – d. h. die Resistenz oder Persistenz gegenüber Löschung (s. unten).

> **!** Beim klassischen Konditionieren ist die **Kontiguität**, die zeitliche Nähe zwischen dem unkonditionierten und dem konditionierten Reiz, von entscheidender Bedeutung. Nur wenn sie zeitlich benachbart sind, kann der Organismus diejenige Assoziation zwischen ihnen herstellen, die die Grundlage des Lernprozesses bildet.

In Abb. 5.5 sind 4 unterschiedliche Zeitmuster von US und CS beim klassischen Konditionieren dargestellt.

Die übliche Art des Konditionierens ist die vorwärtsgerichtete Konditionierung, bei welcher der konditionierte Reiz *vor* dem unkonditionierten Reiz auftritt. Dabei gibt es 2 Möglichkeiten:

- verzögerte vorwärtsgerichtete Konditionierung, bei welcher der konditionierte Reiz anhält (verzögert wird), bis der unkonditionierte auftritt, und
- Ausarbeiten eines vorwärtsgerichteten Spurenreflexes, bei welchem der konditionierte Reiz nicht an-

dauert, sondern eine Art Gedächtnisspur den zeitlichen Abstand zwischen seinem Ende und dem Beginn des unkonditionierten Reizes überbrückt.

Beim gleichzeitigen Konditionieren werden beide Reize zur gleichen Zeit geboten; und bei der rückwirkenden Konditionierung folgt der konditionierte dem unkonditionierten Reiz.

Das Lernen gelingt am besten bei der vorwärtsgerichteten Konditionierung, und es ist von Vorteil, wenn ein kurzes Intervall zwischen beiden Reizen liegt. Die gleichzeitige Konditionierung führt zu mäßigen Lernergebnissen, und am schlechtesten sind die Resultate bei der rückwirkenden Konditionierung. Die gleichzeitige und die rückwirkende Konditionierung fallen im allgemeinen schwach aus, weil der konditio-

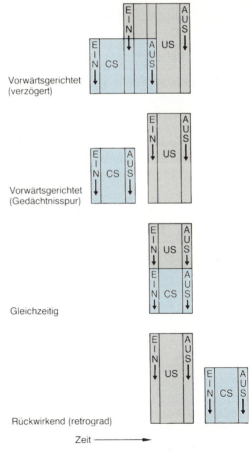

Abb. 5.5. Vier Zeitmuster beim klassischen Konditionieren

nierte Reiz kein Signal für das nachfolgende Einsetzen des wichtigen unkonditionierten Reizes darstellt.

Die Konditionierung tritt um so rascher auf, je intensiver der neutrale Reiz ist, der zum CS wird, und je deutlicher er sich vom Hintergrund sonstiger Umwelteinflüsse abhebt. Sowohl ein starker neuer Reiz in einer nicht vertrauten Situation als auch ein starker vertrauter Reiz in einer neuen Situation führen deshalb zu guten Konditionierungsergebnissen (Kalat 1974; Lubow et al. 1976). Im wirklichen Leben wie im Labor liegt ein entscheidender Schritt bei der klassischen Konditionierung also darin, den Kontrast zwischen »Signal« (CS) und »Rauschen« groß genug werden zu lassen.

> ! Generell kann man sagen, daß der Informationsgehalt dasjenige Merkmal des konditionierten Reizes ist, das die Konditionierung am meisten fördert. Der Informationsgehalt hängt davon ab, wie zuverlässig er den unkonditionierten Reiz vorhersagt (Rescorla 1972; Rescorla u. Wagner 1972).

5.2.3
Konditionierungsprozesse

Durch fortgesetztes Experimentieren haben Forscher seit den Tagen Pawlows neben den Erwerbsprozessen weitere Aspekte des Konditionierens untersucht. Auf der Grundlage der Beobachtungsdaten aus scheinbar einfachen Experimentalsituationen wurden fundamentale Prinzipien des Lernens entdeckt. Die Aspekte, die wir als nächstes einer genaueren Betrachtung unterziehen werden, sind Löschung, spontane Erholung und Ersparnis; Generalisierung und Diskrimination; und das Prinzip der Konditionierung zweiter Ordnung.

Löschung, spontane Erholung und Ersparnis

Lernen nach dem Prinzip des klassischen Konditionierens beruht auf der Kontiguität (zeitlichen Kopplung) von unbedingtem und neutralem Reiz. Gibt es – sozusagen in »umgekehrter Richtung«– ein Verlernen von Signalen, wenn die Kontiguität nicht mehr vorliegt?

> ! Wird ein konditionierter Reiz (CS) nicht länger in Verbindung mit dem unkonditionierten Stimulus (US) dargeboten, so wird die konditionierte Reaktion (CR) im Laufe der Zeit immer schwächer, bis sie schließlich ganz ausbleibt. Dieser Prozeß heißt Löschung (Extinktion).

Eine gelöschte Reaktion ist – verhaltenstheoretisch gesprochen – aus den Augen, aber – kognitiv gesprochen – nicht aus dem Sinn. Nach einer Ruhephase wird sie in schwacher Form erneut auftreten, wenn wiederum nur der konditionierte Reiz dargeboten wird. Pawlow bezeichnete dieses Wiederauftreten einer scheinbar gelöschten konditionierten Reaktion, der keine neuen Durchgänge mit beiden Reizen vorausgegangen sind, als **spontane Erholung**. Abb. 5.6 zeigt in schematischer Form die Prozesse der Löschung und der spontanen Erholung.

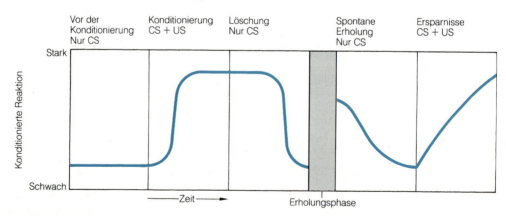

Abb. 5.6. Der Erwerb und der weitere Verlauf von konditionierten Reaktionen. Die Reaktion CR auf den konditionierten Reiz CS steigt während der Konditionierungsphase an, da die Darbietung des CS mit der Darbietung des US gekoppelt wird. Wird der US nicht mehr dargeboten, d.h. wird die Kopplung aufgegeben, so sinkt die CR auf die ursprüngliche Rate (Löschung). Nach einer Ruhephase tritt sie ohne weiteres Lernen erneut auf (spontane Erholung), wird aber rasch wieder abklingen, wenn CS und US nicht abermals zusammen dargeboten werden. Bei erneuter Konditionierung (Kopplung von US und CS) gewinnt die konditionierte Reaktion schneller an Stärke als ursprünglich (Ersparnis)

Bei erneuten Konditionierungsdurchgängen (erneuten gemeinsamen Darbietungen von CS und US) gewinnt die konditionierte Reaktion schneller an Stärke als ursprünglich. Dieses schnellere »Wiederlernen« ist ein Beispiel für ein Phänomen, das **Ersparnis** genannt wird (s. Abb. 5.6). Jedoch wird auch diese erneute Konditionierung im Laufe weiterer Löschungsdurchgänge (Darbietung von CS ohne Kopplung mit US) schnell abgeschwächt. Generell scheint es aber schwieriger zu sein, eine konditionierte Reaktion vollständig zu löschen, als sie zu erwerben.

Reizgeneralisierung

Wenn eine konditionierte Reaktion auf einen bestimmten Reiz gelernt worden ist, kann es vorkommen, daß ähnliche Reize die gleiche Reaktion auslösen. Erfolgte die Konditionierung beispielsweise auf einen Ton hoher Frequenz, so kann auch ein tieferer Ton die Reaktion auslösen. Ein Kind, das von einem großen Hund gebissen worden ist, wird wahrscheinlich auch auf kleine Hunde mit Furcht reagieren.

Die automatische Ausdehnung der konditionierten Reaktion auf neue Reize, die nicht in zeitlicher Kopplung mit dem ursprünglichen unkonditionierten Reiz aufgetreten sind, wird **Reizgeneralisierung** oder **Reizgeneralisation** genannt. Je ähnlicher der neue Reiz dem konditionierten Reiz ist, um so stärker wird die Reaktion ausfallen. Wird die Reaktionsstärke für jeden einzelnen einer Reihe zunehmend unterschiedlicher Reize entlang einer gegebenen Dimension gemessen, wie in Abb. 5.7 veranschaulicht, so entsteht als Ergebnis der Generalisierungsgradient.

Da wichtige Reize in natürlicher Umgebung selten jedes Mal in genau der gleichen Form auftreten, sorgt die Generalisierung für eine Art »Sicherheitspolster«, denn dadurch wird der Bereich des Lernens über die ursprüngliche spezifische Erfahrung hinaus ausgedehnt. Beispielsweise kann ein Raubtier ein leicht verändertes Geräusch verursachen oder aus einem anderen Winkel gesehen werden – es wird dennoch erkannt und löst eine Reaktion aus. Das heißt, die Generalisation führt dazu, daß neuen, aber vergleichbaren Ereignissen dieselbe Bedeutung zugesprochen wird und daß in derselben Weise darauf reagiert wird.

Reizdiskrimination

Obwohl es oftmals von Vorteil sein kann, wenn Reize, die dem ursprünglich konditionierten Reiz ähneln, eine ähnliche Reaktion auslösen können, muß irgendwo eine Grenze gezogen werden. Im Prozeß der **Reizdiskriminierung** oder **Reizdiskrimination** lernt der Organismus, auf Reize, die sich vom ursprünglichen konditionierten Reiz auf irgendeiner Dimension (z. B. Unterschiede in Farbton oder Tonhöhe) unterscheiden, anders zu reagieren.

Die Diskriminationsfähigkeit eines Organismus bei der Wahrnehmung ähnlicher Reize (etwa von Tönen) wird durch Erfahrungen, bei denen nur einer dieser Töne mit dem unkonditionierten Reiz zusammen auftritt, während die anderen wiederholt ohne den unkon-

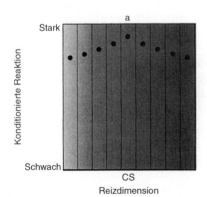
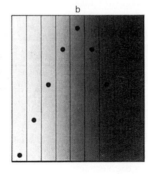

Abb. 5.7a–c. Generalisierungsgradient und Diskriminationslernen. Nachdem die Konditionierung auf einen bestimmten Reiz – hier jeweils als Schattierung mittlerer Stärke veranschaulicht und durch den mittleren Balken repräsentiert – durchgeführt worden ist, reagieren die Versuchsteilnehmer auf ähnliche Reize (*Schattierungen*) fast genauso stark, wie der flache Generalisierungsgradient in **a** zeigt. Werden Reize (*Schattierungen*) mit größeren Unterschieden dargeboten, so reagieren die Lerner schwächer, was zu einem steileren Generalisierungsgradienten führt, wie in **b** gezeigt wird. Durch Diskriminationslernen kann der Generalisierungsgradient aus **a** so verändert werden, daß er **c** entspricht

ditionierten Reiz dargeboten werden, geschärft. Man kann hier von einem Diskriminationstraining sprechen (vgl. Abb. 5.7c). Es besteht kurz gesagt darin, dem Organismus neben einem positiven auch »negative Beispiele« zu liefern – Beispiele für Reize, die nicht als ähnlich zu behandeln sind.

In einem frühen Stadium der Konditionierung rufen Reize, die dem (noch) neutralen Reiz ähnlich sind, eine ähnliche, wenn auch nicht ganz so starke Reaktion hervor. Mit dem Fortschreiten des Diskriminationstrainings werden die Reaktionen auf die weniger ähnlichen Reize schwächer: Ein Organismus lernt, welche Ereignisse als Mitglieder der Klasse gleichwertiger Signale zu behandeln sind und welche ignoriert werden sollen.

> **!** Damit eine optimale Adaptation entsteht, muß die anfängliche Tendenz zur Generalisierung der Diskrimination zwischen Reizen weichen und sich auf die Fälle beschränken, in denen tatsächlich ein unkonditionierter Reiz folgt. Folglich ist die Konditionierung im Idealfall ein Prozeß, bei dem die Diskrimination letztlich die Generalisation überwindet – aber sie bleibt ein Balanceakt zwischen diesen beiden gegenläufigen Tendenzen der Überreaktion und der übertriebenen Selektivität.

Konditionierung zweiter Ordnung

Infolge der Konditionierung hat der konditionierte Reiz einiges von der Macht des biologisch bedeutsamen unkonditionierten Reizes übernommen, was sich darin zeigt, daß er nun in der Lage ist, die Reaktion auszulösen. In gewissem Sinne ist er zu einem »Stellvertreter« für den unkonditionierten Reiz geworden: Er kann dessen Stelle einnehmen und die gleiche Reaktion auslösen. Kann dieser konditionierte Reiz nun eingesetzt werden, um einen weiteren Reiz zur Auslösung der gleichen Reaktion zu konditionieren? Das ist sowohl für angenehme als auch für aversive Reize möglich.

Das Verfahren, innerhalb dessen ein neutraler Stimulus dadurch zum konditionierten Stimulus wird, daß er mit einem bereits etablierten konditionierten Stimulus gepaart eingesetzt wird, wird als **Konditionierung zweiter Ordnung** (allgemein: Konditionierung höherer Ordnung) bezeichnet.

In Phase I einer Untersuchung wurden die Versuchsteilnehmer konditioniert, auf einen Lichtreiz (CS_1) zu reagieren, der zusammen mit Nahrung (US) dargeboten wurde. In Phase II wurden sie der Kombination eines Schallreizes (CS_2) und des Lichtreizes (CS_1) ausgesetzt – ohne daß Nahrung präsentiert wurde. Wurden sie bei alleiniger Darbietung des Schallreizes getestet,

so zeigten sie die gleiche konditionierte Reaktion, die zuvor durch den Lichtreiz hervorgerufen worden war (Holland u. Rescorla 1975). Spätere Untersuchungen zeigten, daß die Konditionierung zweiter Ordnung dann stärker war, wenn eine Wahrnehmungsähnlichkeit zwischen den beiden konditionierten Reizen bestand –, d. h. wenn es sich in *beiden* Fällen um Schallreize, Lichtreize, Farben oder Muster handelte (Rescorla 1980).

Die Konditionierung zweiter Ordnung gelingt, wie die ursprüngliche Konditionierung, am schnellsten, wenn der neue Reiz (CS_2) ein zuverlässiger Prädiktor des ursprünglich konditionierten Reizes (CS_1) ist, und sie ist ebenfalls im Rahmen von vorwärtsgerichteten Konditionierungsplänen effektiver als bei gleichzeitigen oder rückwirkenden (Leyland u. Mackintosh 1978). Nach wiederholten Durchgängen, in denen die beiden konditionierten Reize ohne den unkonditionierten Reiz auftreten, wird die konditionierte Reaktion zweiter Ordnung üblicherweise schwächer. Schließlich wird die Reaktion auf beide konditionierte Reize erlöschen.

> **!** Der Prozeß der Konditionierung zweiter Ordnung erweitert den Bereich der klassischen Konditionierung beträchtlich, denn sie ist nun nicht mehr daran gebunden, daß ein biologisch relevanter Reiz auftritt. Statt dessen werden Verhaltensreaktionen durch ein unbegrenztes Repertoire von Reizen kontrollierbar, sobald sie einmal mit anderen Reizereignissen, deren Wirksamkeit entweder naturgegeben oder lernbedingt ist, assoziiert worden sind.

Dies bedeutet, daß Konditionierung mehr ist als die Entwicklung einer Verhaltensreaktion; sie umfaßt darüber hinaus Assoziationen zwischen Reizereignissen, die als Signale und Quellen von Lust und Schmerz neu bewertet werden. In diesem Sinne ist die Konditionierung zweiter Ordnung ein wichtiger Prozeß für das Verständnis vieler Arten komplexen menschlichen Verhaltens, sei es normal oder pathologisch.

5.2.4
Anwendungsbereiche der klassischen Konditionierung

Prinzipien der klassischen Konditionierung können uns in bedeutsamer Weise helfen, unser Verhalten im Alltag zu verstehen. In diesem Abschnitt wollen wir zunächst dazu beitragen, daß Sie einige Alltagserfahrungen als Ergebnisse dieser Form des Lernens wiedererkennen. Wir werden danach beschreiben, wie die klassische Konditionierung zur Stärkung des Immunsystems genutzt werden kann und wie sie uns sogar ein Verständnis dafür gibt, was beim »goldenen Schuß« Drogenabhängiger passiert.

Einstellungen und Emotionen

Viele unserer Einstellungen sind durch Konditionierungsprozesse, die außerhalb unseres Bewußtseins stattfinden, entstanden (Staats u. Staats 1958). Einstellungen werden oft als die gelernten Tendenzen eines Individuums definiert, auf bestimmte Zielreize – Menschen, Ideen oder Gegenstände – mit positiven oder negativen Bewertungen zu reagieren, mit denen wiederum bestimmte Gefühle und Überzeugungen zusammenhängen. Die Zielreize erlangen ihren Einfluß, einstellungsbezogene Reaktionen auszulösen, möglicherweise dadurch, daß sie zusammen mit unkonditionierten Reizen auftreten, die emotionale oder affektive Reaktionen hervorrufen. Wörter, Symbole und Bilder, die mit Reizen assoziiert sind, welche natürlicherweise starke positive emotionale Reaktionen auslösen, werden zu konditionierten Reizen für die gleichen positiven Reaktionen.

Um Sie in die klassische Konditionierung einzuführen, baten wir Sie, über Ihre Erlebnisse bei einem Horrorfilm nachzudenken. In diesem Fall haben Sie eine Assoziation zwischen dramatischer Musik (dem CS) und bestimmten gruseligen Bildern, die normalerweise der Musik folgen (dem US), gelernt. Wenn Sie die Ereignisse aus Ihrem Leben einmal genau Revue passieren lassen, werden Sie entdecken, daß es viele Lebenslagen gibt, bei denen Sie sich nicht recht erklären können, warum Sie eine so starke emotionale Reaktion zei-

gen oder warum Sie eine so besondere Vorliebe für etwas haben. Vielleicht sollten Sie einen Moment an diesem Punkt verweilen und sich fragen, ob hier nicht eine Folge klassischer Konditionierung vorliegt.

Eines der am besten untersuchten Ergebnisse des klassischen Konditionierens im wirklichen Leben ist die konditionierte Furcht. In den frühen Zeiten des Behaviorismus versuchten John Watson (s. Abschn. 5.1) und seine Kollegin Rosalie Rayner zu belegen, daß sich viele Furchtreaktionen als Reaktionen verstehen lassen, bei denen ein neutraler Reiz mit einem unbedingten Reiz gekoppelt wurde, der natürlicherweise als eine Art Reflex Furcht auslöste. Um diese Theorie zu überprüfen, führten sie mit einem Kleinkind, *Little Albert* genannt, ein Experiment aus, das mittlerweile zu den Klassikern der Psychologie gehört (s. den Abschn. **Experiment**).

Wir wissen heute, daß konditionierte Furcht nur sehr schwer wieder gelöscht werden kann. Im Laufe der Zeit weiß eine Person vielleicht gar nicht mehr, warum eine Reaktion auftrat. Konditionierte Furchtreaktionen können über Jahre hinweg bestehen, selbst wenn man mit dem ursprünglichen »furchtauslösenden« US nie wieder in Berührung kommt. Wissenschaftler konnten dies beispielsweise an Marineveteranen demonstrieren, die 15 Jahre nach Ende des Zweiten Weltkriegs immer noch eine deutliche Reaktion auf ein »Gefahrensignal« hervorbrachten. Während des Kriegs wurden die Soldaten mit Hilfe eines Gongs, der mit einer Frequenz von 100 Schlägen/min ertönte, in die Gefechtsstationen gerufen. Dieses besondere auditive Muster – für die Soldaten ein zuverlässiges Gefahrensignal – rief auch bei den Nachuntersuchungen immer noch eine starke emotionale Erregung hervor (Edwards u. Acker 1962).

PSYCHOLOGIE IM ALLTAG

»Das ist eklig« – wider besseres Wissen
Stellen Sie sich einmal folgende Situation vor (Rozin u. Fallon 1987; Rozin et al. 1986):

- Glauben Sie, Sie wären bereit, Schokoladencreme zu essen, wenn sie auf Ihrem Teller in der *Form* von Hundekot angeordnet wäre?
- Glauben Sie, Sie wären bereit, Zuckerwasser zu trinken, wenn es aus einem Behälter abgefüllt wurde, von dem Sie wissen, daß er *fälschlicherweise* mit dem Etikett Gift versehen wurde?

- Glauben Sie, Sie wären bereit, Apfelsaft zu trinken, in den zuvor eine in sterilen Zustand gebrachte Kakerlake getaucht wurde?

Wenn Sie sich in all diesen Situationen unbehaglich fühlen, sind Sie damit nicht allein. Die klassisch konditionierte Reaktion – »Das ist eklig« oder »Das ist gefährlich« – setzt sich gegen das Wissen, daß der Reiz eigentlich ganz in Ordnung ist, durch. Da klassisch konditionierte Reaktionen nicht durch bewußtes Denken aufgebaut werden, kann man sich ihrer auch nicht einfach durch bewußtes Argumentieren entledigen.

Warum fürchtet sich Klein-Albert vor der Ratte?

Watson und Rayner (1920) brachten Albert bei, sich vor einer weißen Ratte, die er anfänglich mochte, zu fürchten, indem sie bei deren Erscheinen einen aversiven unbedingten Reiz (US) – einen lauten Gongschlag – direkt hinter ihm darboten. Die unkonditionierte Schreckreaktion (US) und die emotionale Notlage beim überlauten Krach war die Grundlage dafür, daß Albert lernte, auf das Erscheinen der weißen Ratte (CS) mit Furcht zu reagieren. Er erwarb die Furchtreaktion in nur 7 Konditionierungsdurchgängen (Kopplung von US und CS). Als Albert dann lernte, vor dem gefürchteten Reiz zu fliehen, lieferte das Experiment eine Veranschaulichung dafür, wie **emotionale Konditionierung** zu einer **Verhaltenskonditionierung** ausgeweitet werden kann.

Es zeigte sich weiterhin, daß Albert die gelernte Furcht auf andere Objekte mit Fell, wie etwa auf ein Kaninchen, einen Hund und sogar auf eine Nikolausmaske, generalisierte. Man sieht: In den frühen Tagen der Psychologie fehlte es den Versuchsleitern manchmal an Gespür für mögliche schädliche Auswirkungen der Experimente auf die Beteiligten. Alberts Mutter war als Amme in der Klinik angestellt, in der das Konditionierungsexperiment durchgeführt wurde. Sie nahm das Kind wieder mit, bevor die Forscher die experimentell konditionierte Furcht abbauen konnten. Deshalb wissen wir nicht, wie es Klein-Albert weiter erging (Harris 1979).

Wenn intensive Angst beteiligt ist, kann es sogar nach einmaliger Koppelung des neutralen Reizes (NS) mit dem unbedingten Reiz (US) zur Konditionierung kommen. Ein einzelnes traumatisches Ereignis kann einen Menschen konditionieren, ein Leben lang intensive körperliche, emotionale und kognitive Reaktionen zu zeigen. In Abschn. 14.3 werden wir sehen, daß Therapeuten Behandlungstechniken entwickelt haben, die auf Prinzipien des klassischen Konditionierens beruhen, um Patienten mit Angst- und Furchtstörungen zu helfen.

Nicht nur negative emotionale Reaktionen können als klassische Konditionierung verstanden werden. Menschen können auf diese Weise auch Glücks- oder Begeisterungsreaktionen erwerben. Das nutzt die Werbebranche. Sie ist beispielsweise bestrebt, in unserem Denken Assoziationen zwischen Produkten, wie beispielsweise Bluejeans, Sportwagen und Limonade, und angenehmen Gefühlen und Vorstellungen zu erzeugen.

Die positive Nutzung der klassischen Konditionierung

In den frühen 80er Jahren machten Forscher die überraschende Entdeckung, daß das Immunsystem des Körpers durch Lernprozesse beeinflußbar ist. Zuvor war angenommen worden, Immunreaktionen – die schnelle Produktion von Antikörpern zur Bekämpfung von Stoffen, die in den Organismus eindringen und ihn

Die Konditionierung des Immunsystems

Die wegweisenden Experimente wurden von Forscher Robert Ader und Nathan Cohen (1981) durchgeführt. Sie brachten einer Experimentalgruppe von Ratten per klassischer Konditionierung bei, süßschmeckendes Saccharin mit Zyklophosphamid (ZY) zu assoziieren, einem Medikament, das die Immunreaktion schwächt. Eine Kontrollgruppe bekam nur Saccharin. Als später beiden Rattengruppen lediglich Saccharin gegeben wurde, erzeugten die Tiere, die konditioniert worden waren, Saccharin mit ZY zu assoziieren, signifikant weniger Antikörper auf körperfremde Zellen als die Ratten in der Kontrollgruppe. Die gelernte Assoziation allein reichte aus, um die Unterdrückung des Immunsystems in Gang zu setzen und die Ratten aus der Experimentalgruppe gegenüber einer Vielfalt von Krankheiten verletzlicher zu machen. Der Lerneffekt war so stark, daß im weiteren Verlauf der Untersuchung einige der Ratten starben, nachdem sie lediglich die Saccharinlösung getrunken hatten.

Solche Ergebnisse nähren die Hoffnung, daß man klassische Konditionierung dazu nutzen kann, die Funktionsweise des Immunsystems zu beeinflussen. Daraus ist ein neues Forschungsgebiet, die Psychoneuroimmunologie, entstanden, die die Beziehungen zwischen psychischen Prozessen, dem Nervensystem und dem Immunsystem untersucht (Ader u. Cohen 1993).

schädigen – seien automatisch ablaufende, biologisch verankerte Prozesse, die ohne jede Intervention des Zentralnervensystems vor sich gingen. Konditionierungsexperimente haben gezeigt, daß diese Annahme falsch war (s. **Experiment**).

Zu den Themen der **Psychoneuroimmunologie** gehört die Suche nach Verfahrensweisen, die es gestatten, hohe Dosierungen von Medikamenten – die oft schwer-

wiegende Nebenwirkungen haben – mit Hilfe von Konditionierungsprozessen reduzieren zu können. Ader und Suchman fanden beispielsweise heraus, daß Patienten mit hohem Blutdruck (Hypertonie), bei denen während einer Behandlung mit Placebos die Medikamente abgesetzt wurden, länger einen gesunden Blutdruck aufrecht erhielten als Patienten, die keine Placebos bekamen (Ader u. Suchman 1993; Suchman u.

UNTER DER LUPE

Drogenabhängigkeit und Tod durch Überdosis – Fälle von klassischer Konditionierung?

In einer Seitenstraße von Manhattan lag der Körper eines Mannes, eine halbleere Spritze baumelte an seinem Arm. Todesursache? Der Gerichtsmediziner sprach von einer Überdosis, doch der Mann hatte sich in der Regel viel höhere Dosen als die gespritzt, die ihn angeblich das Leben kostete. Diese Art von Vorfällen hatte sich schon früher ereignet, und die Kriminalpolizei war verblüfft darüber. Wie konnte ein Drogenabhängiger mit einer hohen Toleranz gegenüber seiner Droge an einer Überdosis sterben, wenn er noch nicht einmal einen ganzen Schuß bekommen hatte?

Der Psychologe Shepard Siegel vermutete, daß etwas anderes geschehen sein könnte. Untersuchungen an Ratten hatten in ihm die Überzeugung reifen lassen, daß zur **Toleranz** – zur geringeren Reaktionsbereitschaft gegenüber einer Droge nach wiederholtem Gebrauch – mehr als nur physiologische Veränderungen im Gehirn gehörten. Er glaubte, daß auch Lernen – eine Assoziation der Droge mit einer physischen Situation und mit Ritualen, die normalerweise mit dem Konsum assoziiert werden – zur Toleranz gegenüber einer Droge beitrug.

Schon vor längerer Zeit hatten Pawlow (1927) und später sein Kollege Bykow (1957) darauf hingewiesen, daß sich eine Toleranz für Opiate entwickeln könne, wenn eine Person die pharmakologische Wirkung der Droge vorwegnähme. Vielleicht lernt der Körper auf irgendeine Weise durch eine Vorankündigung – wie sie vom konditionierten Stimulus in Verbindung mit dem Ritual der Injektion erfolgt – sich selbst zu schützen, indem er verhindert, daß die Droge die übliche Wirkung zeigt. In Situationen, die gewöhnlich mit der Einnahme von Drogen assoziiert werden, bereitet sich der Körper physiologisch auf die erwarte-

ten Wirkungen einer Droge vor. Im Laufe der Zeit sind dann höhere Dosen erforderlich, um den gewünschten Effekt zu erreichen.

In einer Untersuchung von Siegel et al. wurden Ratten darauf konditioniert, in einer Umgebung (CS_1) Heroininjektionen (US) zu erwarten und in einer anderen Umgebung (CS_2) Traubenzuckerinjektionen (Siegel et al. 1982). In der ersten Trainingsphase entwickelten alle Ratten eine Herointoleranz. Am Tag des Tests bekamen alle Versuchstiere eine höhere Dosis Heroin als sonst üblich – nahezu die doppelte der vorherigen. Die eine Hälfte der Tiere erhielt diese Dosis in der Umgebung, in der zuvor Heroin verabreicht wurde; die andere Hälfte bekam sie in der Umgebung, in der während der Konditionierung die Traubenzuckerlösung gegeben worden war. Im Vergleich zur »Heroinsituation« starben in der »Traubenzuckersituation« mehr als doppelt so viele Ratten – 82% gegenüber 31%! Wahrscheinlich waren diejenigen, die Heroin in der üblichen Umgebung erhielten, besser auf die möglicherweise gefährliche Situation vorbereitet, vielleicht weil sie eine physiologische Reaktion in Gang setzten, die gegen die typischen Auswirkungen der Droge arbeitete (Poulos u. Cappell 1991).

Um herauszufinden, ob bei Menschen ein ähnlicher Prozeß abläuft, interviewte Siegel zusammen mit einem Kollegen Heroinabhängige, die aufgrund einer vermutlichen Überdosis fast gestorben wären. In 7 von 10 Fällen hatten sich die Abhängigen den Schuß in einer neuen und unvertrauten Situation gesetzt (Siegel 1984). Obwohl derartige Befragungsergebnisse keine endgültigen Schlußfolgerungen zulassen, verweisen sie doch darauf, daß eine Dosis, für die ein Süchtiger in der einen Situation Toleranz entwickelt hat, in einer anderen Situation zur Überdosis werden kann. Fazit: Die Wirksamkeit von Prinzipien der klassischen Konditionierung erhöht auf diese Weise die Gefahren der Drogensucht.

Ader 1989). Wie läßt sich diese Wirkung einer wirk-stofflosen Pille auf Hypertonie erklären?

Stellen Sie sich einmal die Routine vor, die sich ein-schleift, wenn Sie ständig Medikamente nehmen. Das eigentliche körperliche Ritual, die Einnahme der Pillen im engeren Sinne, dient möglicherweise als konditio-nierter Reiz (CS). Nach dem Prinzip des Konditionie-rens erwirbt es möglicherweise durch regelmäßige zeit-liche Kopplung mit dem unkonditioniertem Reiz, dem Wirkstoff des Medikamentes, das Potential, die kondi-tionierte Reaktion, die Senkung des Blutdrucks, auszu-lösen. So wird verständlich, daß ein Placebo, welches zwar das Ritual der Einnahme, nicht aber den Wirkstoff beinhaltet, eine körperliche Wirkung hervorrufen kann. Damit hieraus eine vorteilhafte Behandlung wer-den kann, muß aber noch sichergestellt werden, daß die schlimmen Nebenwirkungen eines Medikaments nicht ebenfalls als Folge der Konditionierung fortbestehen.

Wie erstaunlich weit die Erklärungskraft des »Kon-ditionierens nach Pawlow« reichen kann, wird im Ab-schnitt **Unter der Lupe** durch die Anwendung dieses Prinzips auf das Phänomen der Drogenabhängigkeit verdeutlicht.

5.3
Operantes Konditionieren: Lernen anhand von Konsequenzen

Lassen Sie uns noch einmal zum Kinoerlebnis zurück-kehren. Der Horrorfilm ist vorbei, und Sie erheben sich naßgeschwitzt vom Sitz. Der Freund, mit dem zusam-men Sie ins Kino gegangen sind, fragt Sie, ob Sie hoff-ten, daß es für den Film eine Fortsetzung geben würde. Sie antworten: »Ich habe die Erfahrung gemacht, daß ich nicht in Horrorfilme gehen sollte.« Wahrscheinlich haben Sie recht; aber welche Art des Lernens liegt hier vor? Wieder einmal finden wir eine Antwort in der Zeit ungefähr um die Jahrhundertwende.

5.3.1
Das Gesetz des Effektes und die experimentelle Verhaltensanalyse

Etwa zu der Zeit, als Pawlow russische Hunde mittels der klassischen Konditionierung dazu brachte, auf das Läuten einer Glocke hin Speichel abzusondern, beob-achtete Edward L. Thorndike, wie amerikanische Kat-zen versuchten, sich aus »Geduldspiel-Käfigen« (»puzz-le boxes«) zu befreien (s. Abb. 5.8). Er berichtete über

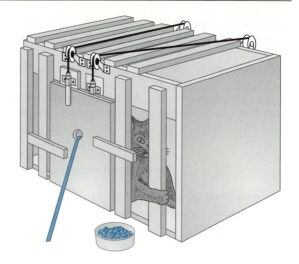

Abb. 5.8. Ein von Thorndike verwendeter »Geduldspiel-Käfig« (»puzzle box«). Um diesem Käfig zu entfliehen und an das Futter zu gelangen, mußten Thorndikes Katzen mit ihren Pfoten einen Mechanismus betätigen, der ein Gewicht löste, welches das Öff-nen der Tür verhindert hatte

seine Beobachtungen und Schlußfolgerungen mit fol-genden Worten.

Wenn man die Katze in den Käfig steckt, zeigt sie deutliche An-zeichen des Unbehagens und entwickelt einen Impuls, der Gefan-genschaft zu entfliehen ... Sei es, daß der Impuls zu kämpfen aus einer instinktiven Reaktion auf das Gefangensein herrührt oder von einer Assoziation, er wird wahrscheinlich dazu führen, daß die Katze dem Käfig entkommt. Die Katze, die in ihren impulsi-ven Anstrengungen alles ankrallt, was im Käfig ist, hat irgend-wann den Draht oder den Knopf in ihren Krallen, der die Tür öff-net. Und allmählich werden all die anderen erfolglosen Versuche ausgelöscht, und der besondere Impuls, der zu der erfolgreichen Ausführung führte, wird durch die erreichte Befriedigung einge-prägt, bis die Katze nach vielen Durchgängen, wenn sie erneut in den Käfig gesteckt wird, sofort genau den richtigen Knopf oder Draht betätigt. (Thorndike 1898, S. 13, eig. Übers.)

Was hat die Katze gelernt? Thorndikes Paradigma zufolge ist Lernen keine Assoziation zwischen 2 Reizen, sondern zwischen Reizen (Stimuli; S) und einer Reak-tion (R). Gelernt wird eine **Reiz-Reaktions-Verbin-dung**, kurz eine **S-R-Verbindung**. Konkret: Thorndikes Katzen hatten gelernt, einen Knopf oder einen Draht zu betätigen, eine Reaktion, die unter den gegebenen »Reizbedingungen« der Gefangenschaft in einem Käfig zur erwünschten Wirkung führte – zur Freiheit, und zwar sofort. Während das Tier durch blinden Versuch und Irrtum (»trial-and-error«) die Konsequenzen aus seinen Handlungen erfuhr, vollzog sich das Erlernen der S-R-Verbindung allmählich und automatisch, sozusagen auf mechanische Weise.

> **!** Verhaltensweisen, die befriedigende Konsequenzen haben, nehmen in der Häufigkeit allmählich zu; wenn das Tier erneut in den Problemkäfig gesetzt wird, werden sie schließlich zur alles beherrschenden Reaktion. Thorndike bezeichnete diese Änderung der Auftretenswahrscheinlichkeit eines Verhaltens in Abhängigkeit von den Verhaltenskonsequenzen als das **Gesetz des Effektes.**

Skinner teilte Thorndikes Ansicht, daß die Konsequenzen die entscheidende Determinante des Verhaltens sind. Aber er führte Thorndikes Grundgedanken in eigenständiger Weise weiter. Skinner entwarf ein Forschungsprogramm, das er als experimentelle Verhaltensanalyse bezeichnete. Dessen Ziel besteht darin, durch systematische Variation der Reizbedingungen aufzudecken, auf welche Weise Reize aus der Umgebung des Organismus auf sein Verhalten Einfluß nehmen:

Ein natürliches Faktum einer Wissenschaft vom Verhalten ist die Wahrscheinlichkeit dafür, daß ein bestimmtes Verhalten zu einer bestimmten Zeit auftritt. Die experimentelle Verhaltensanalyse befaßt sich mit dieser Wahrscheinlichkeit, gemessen als Häufigkeit oder Reaktionsrate ... Ihre Aufgabe besteht in der Entdeckung all derjenigen Variablen, die die Auftretenswahrscheinlichkeit der Reaktion beeinflussen. (Skinner 1966, S. 213–214, eig. Übers.)

Im Sinne dieses Programms entwickelte Skinner die Verfahren des sog. **operanten Konditionierens.** Dabei werden die Konsequenzen eines Verhaltens manipuliert, um herauszufinden, welchen Effekt sie auf das *nachfolgende* Verhalten haben. Ein »Operant« ist jegliches Verhalten, das ein Organismus zeigt – sofern es in seinem Verhältnis zu den beobachtbaren Auswirkungen auf die Umwelt charakterisiert werden kann. Im wörtlichen Sinne bedeutet *operant* »die Umwelt beeinflussend« oder »in ihr wirksam werdend« (Skinner 1938). Ein Operant wird nicht wie bei der klassischen Konditionierung durch bestimmte Reize ausgelöst. Tauben picken, Ratten suchen nach Nahrung, Babys weinen und lallen, manche Menschen gestikulieren, wenn sie reden, und andere stottern.

> **!** Die Wahrscheinlichkeit, daß diese Verhaltensweisen in der Zukunft auftreten werden, läßt sich dadurch erhöhen oder vermindern, daß man die Auswirkungen, die sie auf die Umwelt haben, künstlich beeinflußt (manipuliert). Beim operanten Konditionieren werden, mit anderen Worten, die Wahrscheinlichkeiten verschiedener operanter Verhaltensweisen verändert, und zwar in Abhängigkeit von den Konsequenzen, die sie in der Umwelt des Organismus bewirkt haben.

5.3.2
Kontingente Verstärkungen (Verhaltenskontingenzen)

Von einer **kontingenten Verstärkung** sprechen wir, wenn zwischen einer Verhaltensweise (Reaktion) des Organismus und den Veränderungen, die das Verhalten in der Umwelt hervorbringt, eine konsistente Beziehung besteht. Stellen Sie sich beispielsweise ein Experiment vor, in welchem dem Picken einer Taube in der Regel die Verabreichung eines Futterkorns folgt. Die konsistente Beziehung (kontingente Verstärkung) wird gewöhnlich mit einer Zunahme der Pickhäufigkeit einhergehen. Damit die Gabe des Korns *nur* die Wahrscheinlichkeit des Pickens und keine andere Verhaltensweise der Taube erhöht, muß sie in kontingenter Weise regelmäßig auf diese Reaktion erfolgen, nicht jedoch auf andere Reaktionen, wie etwa auf das Nicken oder Drehen des Kopfes. Auf der Basis von Skinners Arbeiten versuchen Lernpsychologen auch heute, die Wirkweisen kontingenter Verstärkungen zu verstehen.

Positive und negative Verstärker

> **!** Ereignisse, die die Reaktion eines Organismus festigen können, wenn sie in kontingenter Beziehung auftreten, werden **Verstärker** genannt. Verstärker werden immer empirisch definiert – durch ihre Wirkung auf die Auftretenswahrscheinlichkeiten von Verhaltensweisen (Reaktionen).

- Folgt ein Reiz in kontingenter Weise auf eine Reaktion und nimmt mit der Zeit deren Auftretenswahrscheinlichkeit zu, so ist er ein positiver Verstärker. Die kontingente Verabreichung eines positiven Verstärkers wird als »**positive Verstärkung**« bezeichnet.
- Jeder Reiz, der – wenn er vermieden oder entfernt oder in der Intensität reduziert wird – mit der Zeit die Auftretenswahrscheinlichkeit einer Reaktion ansteigen läßt, ist ein negativer Verstärker. Die Vermeidung, Entfernung oder Reduktion eines negativen Verstärkers nach einer Reaktion wird als »**negative Verstärkung**« bezeichnet.

Die Verwendung eines Schirms, um bei einem Schauer zu verhindern, daß man naß wird, ist ein gebräuchliches Beispiel für ein Verhalten, das durch negative Verstärkung aufrechterhalten wird. Der negative Verstärker – das Naßwerden – wird dadurch vermieden, daß man einen Schirm aufspannt. Auch ein Warnsignal zum Angurten im Auto hat die Funktion einer negativen Verstärkung; der störende Ton wird beendet, wenn der Fahrer sich anschnallt.

Sowohl positive als auch negative Verstärkung lassen die Auftretenswahrscheinlichkeit der Reaktion, die ihr vorangeht, zunehmen. Positive Verstärkung läßt die Auftretenswahrscheinlichkeit dadurch zunehmen, daß nach einer Reaktion ein »positiver« Reiz dargeboten wird, negative Verstärkung wirkt dadurch, daß ein »negativer« Reiz nach einer Reaktion entfernt, reduziert oder vermieden wird.

Sie sollten sich ins Gedächtnis rufen, daß bei der klassischen Konditionierung die konditionierte Reaktion gelöscht wird, wenn der unkonditionierte Stimulus nicht mehr dargeboten wird. Dieselbe Regel gilt für die operante Konditionierung – bleibt die Verstärkung aus, kommt es zu **operanter Löschung**. Bringt also ein Verhalten keine vorhersagbaren Konsequenzen mehr hervor, sinkt es auf das Niveau ab, das es vor der operanten Konditionierung hatte – es wird gelöscht.

Sie können sich wahrscheinlich daran erinnern, wie Ihre eigenen Verhaltensweisen verstärkt und dann wieder gelöscht wurden. Haben Sie jemals die Erfahrung gemacht, mehrere Münzen in einen Getränkeautomaten zu stecken und nichts dafür zu bekommen? Wenn Sie einmal gegen den Automaten getreten haben und die Flasche daraufhin herauskam, wurde das Treten verstärkt. Wenn hingegen die nächsten paar Male ein Tritt keine Flasche herauskommen ließ, dann wurde das Treten schnell wieder gelöscht.

Positive und negative Bestrafung

Vermutlich kennen Sie noch eine andere Technik, mit der die Auftretenswahrscheinlichkeit einer Reaktion gesenkt werden kann – die Bestrafung. Ein aversiver Reiz oder Strafreiz ist jeder Reiz, der – wenn er in kontingenter Weise auf eine Reaktion erfolgt – im Laufe der Zeit die Auftretenswahrscheinlichkeit dieser Reaktion abnehmen läßt.

> **!** **Bestrafung** ist die Verabreichung eines aversiven Reizes nach einer Reaktion. Analog zur positiven und negativen Verstärkung kann man auch positive und negative Bestrafung definieren. Folgt ein aversiver Reiz auf ein Verhalten, wird dieses Ereignis als **positive Bestrafung** bezeichnet. Folgt auf ein Verhalten die Entfernung eines angenehmen Reizes, nennt man dieses Ereignis eine **negative Bestrafung**.

Beispiel für positive Bestrafung: Faßt man beispielsweise eine heiße Herdplatte an, führt dies zu Schmerzen, die die vorausgehende Reaktion »bestrafen«; es ist weniger wahrscheinlich, daß man danach erneut auf die Platte faßt. *Beispiel für negative Bestrafung:* Wenn Eltern einem Kind kein Taschengeld mehr zahlen, nachdem es seinen Bruder geschlagen hat, lernt es, in Zukunft seinen Bruder nicht mehr zu schlagen. – Überlegen Sie, welche Art von Bestrafung als Erklärung dafür herangezogen werden kann, daß Sie möglicherweise Horrorfilmen fernbleiben.

Obwohl Bestrafung und Verstärkung eng miteinander verwandte Vorgehensweisen sind, unterscheiden sie sich in wichtigen Aspekten. Sie lassen sich gut voneinander differenzieren, wenn man beide hinsichtlich ihrer Auswirkungen auf Verhalten betrachtet. Definitionsgemäß reduziert Bestrafung die Wahrscheinlichkeit, daß eine Reaktion wieder auftritt; definitionsgemäß läßt Verstärkung die Wahrscheinlichkeit, daß eine Reaktion wieder auftritt, anwachsen. Manche Menschen bekommen beispielsweise schwere Kopfschmerzen, wenn sie koffeinhaltige Getränke zu sich genommen haben. Der Schmerz ist der Reiz, der positiv bestraft und das Verhalten des Kaffeetrinkens reduziert. Sind die Kopfschmerzen jedoch erst einmal da, werden diese Personen oft Aspirin oder ein anderes Schmerzmittel einnehmen, um sich von ihnen zu befreien. Der schmerzlindernde Effekt des Aspirins ist der Reiz, der die Einnahme von Aspirin negativ verstärkt.

Diskriminative Reize und Generalisierung

Es wäre ungewöhnlich, wenn Sie die Auftretenswahrscheinlichkeit einer Reaktion für alle Zeiten verändern wollten. Vermutlich möchten Sie eher die Wahrscheinlichkeit, daß das Verhalten *in einem bestimmten Zusammenhang* auftritt, verändern. Durch Assoziationen mit Verstärkungen oder Bestrafungen erlangen die in einer Situation vorhandenen Reize, die einer bestimmten Reaktion vorangehen, die Funktion, den Kontext für dieses Verhalten festzulegen. Sie werden als **diskriminative Reize** bezeichnet. Organismen lernen, daß ihr Verhalten wahrscheinlich bei manchen Reizgegebenheiten, nicht jedoch bei anderen eine bestimmte Wirkung hat. Wenn beispielsweise die Ampel grün anzeigt, wird die Handlung, eine Kreuzung mit einem Auto zu überqueren, verstärkt. Ist die Ampel jedoch rot, kann ein solches Verhalten bestraft werden – es kann ein Bußgeld oder einen Unfall zur Folge haben.

Skinner bezeichnete die Abfolge »Diskriminativer Reiz – Verhalten (Reaktion) – Konsequenz« als dreiglied-

Tabelle 5.1. »Dreigliedrige Kontingenz«: Zusammenhänge zwischen diskriminativen Reizen, Verhalten (Reaktionen) und Konsequenzen

	Diskriminativer Reiz (S^D)	Ausgelöste Reaktion (R)	Nachfolgender Reiz (S)
1. Positive Verstärkung: Beim Vorliegen eines wirksamen Reizes führt die Reaktion zu der angestrebten Konsequenz. Die Häufigkeit der Reaktion nimmt zu.	Getränkeautomat	Münze einwerfen	Erfrischendes Getränk erhalten
2. Negative Verstärkung (Flucht): Durch die operante Reaktion entkommt der Organismus einer unangenehmen Situation. Die Häufigkeit der Fluchtreaktion nimmt zu.	Hitze	Sich Luft zufächeln	Der Hitze entgehen
3. Löschung: Nach der operanten Reaktion entfällt der Verstärker. Die Häufigkeit der Reaktion nimmt ab.	Nichts oder S . . .	Albernes Benehmen	Niemand achtet darauf und die Reaktionshäufigkeit nimmt ab
4. Positive Bestrafung: Der Reaktion folgt ein aversiver Reiz. Die Reaktion wird eingestellt oder unterdrückt.	Schöne Streichholzschachtel	Mit Streichhölzern spielen	Sich verbrennen oder erwischt werden und Schläge bekommen
5. Negative Bestrafung: Nach der Reaktion entfällt ein angenehmer Reiz. Die Reaktion wird eingestellt oder unterdrückt.	Rosenkohl	Weigerung, das zu essen	Keinen Nachtisch bekommen

rige Kontingenz (»three-term-contingency«) und nahm an, daß sie eine Erklärung für einen Großteil menschlichen Handelns darstellen könnte (Skinner 1953). In Tabelle 5.1 wird die dreigliedrige Kontingenz genutzt, um eine Übersicht über verschiedene Formen der Verhaltensänderung durch kontingente Verstärkung zu geben.

Unter Laborbedingungen kann bei Vorliegen diskriminativer Reize durch die Manipulation der Verhaltenskonsequenzen das Verhalten eines Organismus weitgehend kontrolliert werden. So bekommt eine Taube möglicherweise ein Korn, nachdem sie bei einem grünen Licht, aber nicht bei einem roten Licht auf eine Scheibe gepickt hat. Das grüne Licht ist ein diskriminativer Reiz, durch den die Gelegenheit zum Picken festgelegt wird; das rote Licht ist ein diskriminativer Reiz, durch den die Gelegenheit zum Nichtpicken festgelegt wird. Das grüne Licht ist ein positiver diskriminativer Reiz oder S^D. Das rote Licht ist ein negativer diskriminativer Reiz oder S . Organismen lernen rasch,

zwischen diesen Bedingungen zu diskriminieren, also beim Vorhandensein eines S^D regelmäßig zu reagieren und beim Vorhandensein eines S nicht zu reagieren.

Die Verhaltensweise, die der Organismus als Reaktion auf diskriminatorische Reize zeigt, wird auf andere Reize, die dem S^D ähneln, **generalisiert**. Wurde eine Reaktion erst einmal beim Vorhandensein eines diskriminativen Reizes verstärkt, kann ein ähnlicher Reiz zum diskriminativen Reiz für die gleiche Reaktion werden. So werden Tauben, denen beigebracht wurde, beim Vorhandensein eines grünen Lichtes auf eine Scheibe zu picken, auch bei Lichtern, die ein helleres oder dunkleres Grün als der ursprüngliche diskriminative Reiz aufweisen, auf die Scheibe picken.

Jetzt verfügen wir über genügend Grundbegriffe des operanten Konditionierens, um dieses Lernprinzip auf Alltagssituationen anzuwenden. Im folgenden Abschnitt »Psychologie im Alltag« werden vor allem Konsequenzen für das Verhalten von Erziehern aufgezeigt.

PSYCHOLOGIE IM ALLTAG

Die Nutzung kontingenter Verstärkungen
Wie läßt sich das Verhalten definieren, von dem Sie möchten, daß es verstärkt oder beseitigt wird?

Sie müssen darauf achten, das *spezifische* Verhalten anzugeben, dessen Auftretenswahrscheinlichkeit Sie verändern wollen. Die Verstärkung sollte kontingent *auf genau dieses Verhalten* erfolgen. Werden Verstärker nicht kontingent eingesetzt, hat ihre Verwendung wenig Wirkung auf das Verhalten. Wenn Eltern beispielsweise sowohl schlechte Arbeiten als auch gute Leistungen loben, wird ein Kind nicht lernen, sich in der Schule mehr anzustrengen. Vielmehr wird wegen der undifferenzierten positiven Verstärkung wahrscheinlich auch die Häufigkeit anderer Verhaltensweisen zunehmen. – Welche zählen dazu?

Wie lassen sich die Situationen bestimmen, für die ein Verhalten angemessen oder unangemessen ist?

Behalten Sie im Hinterkopf, daß Sie nur selten *jedes* Vorkommen eines Verhaltens erlauben oder verbieten wollen. Sie müssen die diskriminativen Reize festlegen und der Frage nachgehen, wie sehr die erwünschte Reaktion auf ähnliche Reize generalisiert werden soll.

Haben Sie schon einmal, ohne daß Sie es wußten, Verhaltensweisen verstärkt?

Nehmen wir einmal an, Sie wollten eine Verhaltensweise beseitigen. Bevor Sie sich der Bestrafung als einer Methode zuwenden, die Auftretenswahrscheinlichkeit eines Verhaltens zu verringern, sollten Sie versuchen, dessen Verstärker ausfindig zu machen. Wenn Ihnen das gelingt, können Sie versuchen, das Verhalten zu löschen, indem sie diese Verstärker abbauen. Stellen Sie sich etwa vor, ein kleiner Junge bekommt häufig Wutanfälle. Sie könnten sich fragen, ob Sie diese Wutanfälle dadurch verstärkt haben, daß Sie dem Jungen zusätzliche Aufmerksamkeit gewidmet haben, wenn er schrie. Sollte das zutreffen, können Sie versuchen, die Wutanfälle aufhören zu lassen, indem Sie diese Verstärkung unterlassen. Es wäre sogar noch besser, wenn Sie die Löschung dieses Verhaltens mit der positiven Verstärkung eines erwünschten Verhaltens verbinden würden.

Lernpsychologen in Skinners Tradition nehmen an, jegliches Verhalten bestehe nur deshalb fort, weil es Verstärkungen zur Folge hat. Sie behaupten sogar, jegliches Verhalten – selbst irrationales oder seltsames Verhalten – ließe sich verstehen, wenn man herausfände, worin die Verstärkung oder der Nutzen bestünde. Symptome körperlicher oder seelischer Störungen beispielsweise werden manchmal aufrechterhalten, weil der Person dafür Aufmerksamkeit und Mitgefühl entgegengebracht wird und sie ihre normale Verantwortung verliert. Dieser »Sekundärgewinn« verstärkt irrationales und bisweilen selbstzerstörerisches Verhalten.

Können Sie verstehen, warum schüchterne Verhaltensweisen möglicherweise durch Verstärkung aufrechterhalten werden, obwohl die schüchterne Person es vorziehen würde, nicht schüchtern zu sein? Natürlich ist es nicht immer möglich, zu wissen, welche Verstärker in einer bestimmten Umgebung am Werk sind. Wenn Sie jedoch beobachten, daß ein Verhalten mehr oder weniger wahrscheinlich wird, können Sie versuchen, eine kleine Verhaltensanalyse durchzuführen.

Wann ist Bestrafung angemessen?

Die einfachste Antwort auf diese Frage lautet: »Selten, wenn überhaupt.« Um unerwünschtes Verhalten zu unterbinden, ist es fast immer erstrebenswerter, eine erwünschte Verhaltensweise zu verstärken, als das unerwünschte Verhalten zu bestrafen. Stellen Sie sich die klassische Situation vor, in der ein Elternteil ein Kind dafür schlägt, daß es aggressiv gegenüber einem Spielkameraden war. Die Bestrafung ist vielleicht sehr gut geeignet, umgehend das Verhalten des Kindes zu unterdrücken. Unglückseligerweise kann das Kind jedoch auch die Lektion lernen, daß körperliche Aggression ein gutes Mittel ist, um das Verhalten anderer zu kontrollieren: »Guck mal, es hat bei mir geklappt!« Außerhalb der unmittelbaren Situation könnte der Klaps daher dem beabsichtigten Effekt entgegenwirken (Abb. 5.9).

Abb. 5.9. Ein Kind, das seine Puppe verhaut und dabei ruft »Wirst Du wohl auf Deine Mami hören!«, hat zweifellos *gelernt*, daß körperliche Aggressionen eine gute Gelegenheit bieten, um kleinere, schwächere Partner zu kontrollieren

In dieser Situation wären die Eltern besser beraten, wenn sie das Kind bei positivem, freundlichem Verhalten gegenüber anderen Kindern belohnten. Dabei sollte man sich der Tatsache bewußt sein, daß dies oft Geduld erfordert. Der Grund dafür, daß so viele Eltern Bestrafung einsetzen, besteht darin, daß diese Vorgehensweise ein Kind sofort davon abhalten kann, unerwünschtes Verhalten zu zeigen. Weil die Eltern ihr kurzfristiges Ziel erreichen, verstärkt das prompte Verhalten des Kindes das Strafverhalten der Eltern (Grant u. Evans 1994)! Eltern müssen geduldig auf unmittelbare Verstärkung verzichten, um im Sinne des langfristigen Kindeswohls zu handeln.

Wenn Verstärkungsversuche der Eltern nicht möglich sind oder wenn dadurch die unerwünschten Handlungen der Kinder nicht rasch genug unterbunden werden können, dann kann Bestrafung zur einzigen Alternative werden. Wissenschaftliche Untersuchungen zeigen, daß Bestrafung aber nur unter bestimmten Bedingungen erfolgen sollte:

- Bestrafung sollte zügig durchgeführt werden und von kurzer Dauer sein,
- sie sollte direkt nach der unerwünschten Reaktion erfolgen,
- sie sollte in der Intensität begrenzt werden,
- sie sollte als Maßnahme gegen das unerwünschte Verhalten erkennbar sein (und sich nicht auf den »Charakter« einer Person beziehen),
- sie sollte auf die Situation beschränkt bleiben, in der die Reaktion auftrat und
- sie sollte in Benachteiligungen, etwa materieller Art, nicht aber in körperlichen Züchtigungen bestehen (Walters u. Grusec 1977).

Bei der Anwendung von Bestrafung kann es zu schwerwiegenden langfristigen Problemen kommen, weil ärgerliche Eltern oder emotionsgeladene Lehrer nur selten den gerade erwähnten Bedingungen gerecht werden. Sie bewirkt oft das Gegenteil von dem, was beabsichtigt wurde, denn die unerwünschte Reaktion wird nur in Anwesenheit einer Autoritätsperson unterdrückt. Überdies kommt es bei überzogener Bestrafung zu körperlichen Schädigungen, emotionalen Wunden, Stigmatisierung und Haß auf die Einrichtung, in der all dies erlebt wurde. Besonders fatal ist, daß das körperlich bestrafte Kind lernt, körperliche Aggression sei möglicherweise eine akzeptable Methode, um das Verhalten anderer zu kontrollieren (Bongiovanni 1977; Hyman, zit. nach Schmidt 1987).

5.3.3 Eigenschaften von Verstärkern

Die eigentlichen »Akteure« bei der operanten Konditionierung sind die Verstärker – sie sind es, die Verhalten verändern oder aufrechterhalten. Verstärker verfügen über eine Reihe interessanter und komplexer Eigenschaften. Sie können zu Beginn schwach sein und dann stark werden, sie können eher durch Erfahrung gelernt werden, als daß sie biologisch determiniert sind, sie können eher in Aktivitäten als in Gegenständen bestehen. In manchen Situationen jedoch reichen selbst normalerweise wirkungsvolle Verstärker nicht aus, um ein dominantes Verhaltensmuster zu verändern – in diesem Fall sind die Verhaltenskonsequenzen deshalb eigentlich gar keine Verstärker.

Konditionierte Verstärker

Als Sie zur Welt kamen, ließ sich die Anzahl Ihrer primären Verstärker an einer Hand abzählen. Dazu gehörten etwa Essen und Trinken, deren verstärkende Eigenschaften biologisch determiniert sind. Mit der Zeit jedoch wurden ansonsten neutrale Reize mit primären Verstärkern assoziiert und erhielten nun die Funktion konditionierter Verstärker für operante Reaktionen. Konditionierte Verstärker können zum Selbstzweck werden. Tatsächlich wird ein Großteil des menschlichen Verhaltens weniger von biologisch bedeutsamen primären Verstärkern beeinflußt, als von einer großen Vielfalt konditionierter Verstärker. Geld, Titel, beifälliges Lächeln, Medaillen und unterschiedliche Arten von Statussymbolen befinden sich unter den vielen wirkungsvollen konditionierten Verstärkern, die einen großen Bereich unseres Verhaltens beeinflussen.

Praktisch jeder Reiz kann dadurch zu einem konditionierten Verstärker werden, daß er zusammen mit einem primären Verstärker dargeboten wird. Auch Lehrer müssen erleben, daß konditionierte Verstärker oft wirksamer und leichter zu verwenden sind als primäre Verstärker. Das hat verschiedene Gründe:

- Im Klassenzimmer stehen nur wenige primäre Verstärker zur Verfügung, während fast jedes Reizereignis, das der Kontrolle des Lehrer unterstellt ist, als konditionierter Verstärker eingesetzt werden kann,

- konditionierte Verstärker können rasch verteilt werden,
- sie sind transportabel und
- sie können direkt wirken. Es kommt nämlich nur darauf an, daß das Kind *wahrgenommen* hat, sie bekommen zu haben. Anders als im Falle primärer Verstärker ist die biologische Verarbeitung nicht erforderlich.

In einigen psychologischen und psychiatrischen Einrichtungen wurden unter Berücksichtigung dieser Gesichtspunkte Gutschein-Verstärkungssysteme (»token economies«) aufgebaut. Erwünschte Verhaltensweisen (etwa Körperpflege oder Einnahme von Medikamenten) werden genau beschrieben, und das Pflegepersonal gibt die Gutscheine aus, wenn die Verhaltensweisen ausgeführt worden sind. Diese Gutscheine können später von den Patienten für eine ganze Reihe von Belohnungen und Privilegien eingetauscht werden (Ayllon u. Azrin 1965; Holden 1978; Kazdin 1994). Diese Verstärkungssysteme sind besonders dann bei der Modifikation des Patientenverhaltens effektiv, wenn es darum geht, den eigenen Körper zu pflegen, die Umwelt in Ordnung zu halten und – das ist am wichtigsten – die soziale Interaktion zu verbessern.

Aktivitäten als positive Verstärker

Nehmen wir einmal an, Sie müßten ein Kind dazu bewegen, die Hausaufgaben zu machen. Sie möchten es dafür nicht bezahlen oder ihm eine symbolische Belohnung überreichen. Statt dessen fällt Ihnen folgender Kuhhandel ein: »Wenn Du Deine Hausaufgaben fertig hast, darfst Du mit Deinem Videospiel spielen.« Ohne es zu wissen, haben Sie bei diesem Vorschlag wahrscheinlich im Einklang mit dem nach seinem Entdecker David Premack benannten Premack-Prinzip gehandelt. Dieses Prinzip besagt: Eine wahrscheinlichere Aktivität – d. h. ein Verhalten mit einer unter normalen Bedingungen höheren Auftretenswahrscheinlichkeit – kann zur Verstärkung einer weniger wahrscheinlichen Reaktion eingesetzt werden.

In seinen ersten Untersuchungen fand Premack heraus, daß Ratten unter Wasserentzug lernten, ihre Aktivität in einem Laufrad zu steigern, wenn sie nach dieser Reaktion Wasser bekamen. Umgekehrt lernten Ratten, denen man die Möglichkeit der Bewegung vorenthalten hatte, mehr zu trinken, wenn sie danach laufen durften. Nach dem Premack-Prinzip kann jedes Ereignis oder jede Aktivität, die vom Organismus positiv bewertet wird, ein Verstärker sein. Aus dem Premack-Prinzip ergeben sich weitreichende Anwendungsmöglichkeiten, wie im Abschnitt **Experiment** gezeigt wird.

Man kann nun verstehen, wie sich das Premack-Prinzip dazu verwenden läßt, Kinder dazu zu bringen,

---

EXPERIMENT

Das Premack-Prinzip im Klassenzimmer

Nehmen Sie an, Sie hätten die herausfordernde Aufgabe, Erstkläßler dazu zu bringen, daß sie still sitzen und jemandem beim Reden zuhören. Wie würden Sie vorgehen? Eine originale Lösung für dieses Problem stammt von Lernpsychologen, die Aktivitäten als positive Verstärker benutzten.

Still auf dem Stuhl sitzen und an die Tafel schauen wurde periodisch vom Klang einer Glocke unterbrochen, mit der Anweisung »Laufen und Schreien«. Sofort sprangen die Schüler von ihren Stühlen auf, rannten schreiend im Klassenzimmer umher und hatten viel Spaß dabei. Nach einigen Minuten ertönte ein weiteres Alarmsignal, damit sie aufhörten und zu ihren Stühlen zurückkehrten. In einem späteren Stadium der Untersuchung hatten die Kinder die Möglichkeit, Gutscheine dafür zu bekommen, daß sie bei Verhaltensweisen mit einer geringen Auftretenswahrscheinlichkeit, wie etwa dem Bearbeiten von Rechenaufgaben, mitmachten. Die Kinder konnten die Gutscheine dazu verwenden, sich die Teilnahme an Aktivitäten mit hoher Auftretenswahrscheinlichkeit, wie etwa dem Spielen mit Spielzeug, zu erkaufen. Mit diesem Verfahren war die Kontrolle über das Verhalten im Klassenzimmer nach ein paar Tagen praktisch perfekt (Homme et al. 1963).

Auf diese Weise gelang die »Neuprogrammierung« der Kontingenzen im Klassenzimmer sogar in Fällen, in denen dringende Bitten, Bestrafung und sogar Geschrei von seiten des Lehrers nicht zum Erfolg geführt hatten.

daß sie bei Aktivitäten mit geringer Auftretenswahrscheinlichkeit mitmachen. Bei einem kontaktfreudigen Kind verstärkt das Spielen mit Freunden möglicherweise die weniger vergnügliche Aufgabe, zunächst die Hausaufgaben zu erledigen. Bei einem schüchternen Bücherwurm läßt sich das Lesen eines neuen Buchs dazu einsetzen, die weniger bevorzugte Aktivität des Spielens mit anderen Kindern zu verstärken. Dieses Prinzip kann man auch zur Selbstregulierung nutzen. Wenn Sie sich leicht vom Arbeiten abhalten lassen, versuchen Sie es doch einmal damit, daß Sie sich selbst eine halbstündige Pause versprechen, um einer Aktivität nachzugehen, die sie wirklich gern machen – aber erst nachdem Sie eine bestimmte Zeit gearbeitet oder eine bestimmte Zahl von Seiten gelesen haben. Welcher Aktivität auch immer Sie gerne nachgehen, sie kann als Verstärker eingesetzt werden und somit die Auftretenswahrscheinlichkeit einer Aktivität erhöhen, die Sie im Moment nicht so sehr schätzen. Es besteht die Möglichkeit, daß Sie im Laufe der Zeit den intrinsischen Wert der weniger beliebten Aktivitäten dadurch schätzen lernen, daß Sie sich ihnen aussetzen.

Partielle Verstärkung und Verstärkungspläne

Wird das Verhalten, das gelernt werden soll, nicht jedesmal, sondern nur in einem Teil der »Durchgänge« verstärkt, so spricht man von **partieller Verstärkung** (auch: gelegentliche oder intermittierende Verstärkung).

> **!** Der Effekt der partiellen Verstärkung besagt, daß Reaktionen, die mit partieller Verstärkung erworben werden, gegen Extinktion (Löschen) widerstandsfähiger sind als Reaktionen, die kontinuierlich verstärkt werden. Dieser Effekt ist wiederholt bei vielen Spezies gefunden worden (Bitterman 1975).

Die Entdeckung der Effektivität der intermittierenden (partiellen) Verstärkung führte zur gründlichen Untersuchung der Auswirkungen unterschiedlicher **Verstärkungspläne** auf Verhalten beim Tier und beim Menschen. Verstärker können entweder nach einer bestimmten Anzahl von Reaktionen gegeben werden – bezeichnet als »Quotenplan« – oder nach einer bestimmten Zeitspanne und unabhängig von der Reaktionsrate eines Organismus – bezeichnet als »Intervallplan«. In beiden Fällen gibt es entweder ein konstantes (festes) oder ein unregelmäßiges (variables) Verstär-

kungsmuster. Daraus entstehen durch Kombination die folgenden 4 Möglichkeiten (s. auch Abb. 5.10):

- Beim festen Quotenplan erfolgt die Verstärkung nach einer bestimmten Anzahl von Reaktionen.
- Beim variablen Quotenplan variiert die Anzahl der Reaktionen, die gezeigt werden, bevor eine Belohnung gegeben wird, von einer Verstärkungsphase zur nächsten. Festgelegt wird die durchschnittliche Anzahl der Reaktionen.
- Beim festen Intervallplan wird die erste Reaktion nach einer bestimmten Zeitspanne belohnt.
- Beim variablen Intervallplan wird die erste Reaktion nach einer variablen Zeitspanne, deren durchschnittliche Dauer festgelegt wurde, verstärkt.

5.3.4
Shaping (Verhaltensformung) und Chaining (Kettenbildung)

Alle bisher vorgestellten Begriffe und Prinzipien des operanten Konditionierens tragen zur Erklärung der Frage bei, warum sich die Auftretenswahrscheinlichkeit eines bestimmten Verhaltens (einer Reaktion) verändert oder konstant bleibt, warum sie häufiger oder seltener wird. Aber wir sind bisher noch nicht in der Lage, die Entstehung einer *neuen* Verhaltensweise zu erklären. Wie kommt etwa das Wegschubsen einer anderen Person in das Verhaltensrepertoire des Kindes? Wie kommt eine bestimmte Form von neuer Kopfbewegung in das Repertoire von Skinners Tauben? Eine treffende Antwort für die meisten neuen Verhaltensweisen beim Menschen liefert uns das Prinzip des Beobachtungslernens, das wir in Abschn. 5.4 vorstellen. Für das Verhalten von Tieren und für manche motorischen Reaktionen des Menschen bietet die Lernpsychologie das Prinzip der systematischen Verhaltensformung – auch im Deutschen oftmals als »Shaping« bezeichnet – an.

> **!** Beim **Shaping (Verhaltensformung)** geht es um die Veränderung des Verhaltens in aufeinanderfolgenden kleinen Schritten, wobei jeder eine weitere Annäherung an die erwünschte Leistung bedeutet. Zu Beginn des Shaping wird jedes auftretende Element der erwünschten Leistung verstärkt. Tritt dieses Element dann regelmäßig auf, werden nur Reaktionen verstärkt, die dem Zielverhalten schon ähnlicher sehen. Im Labor kann der Versuchsleiter die gewünschte Reaktion auf einem zunehmend höheren Niveau herausbilden, indem er diese differentielle Verstärkung damit koppelt, daß er das Kriterium Schritt für Schritt anhebt.

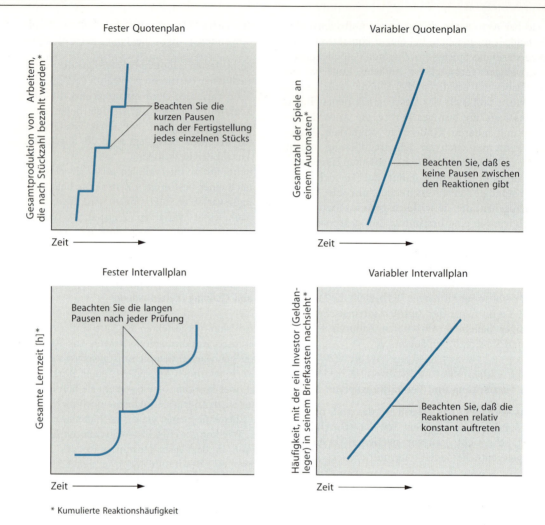

Abb. 5.10. Typische Reaktionskurven bei verschiedenen Verstärkungsplänen. Am schnellsten erfolgt die Reaktion bei den Quotenplänen, am langsamsten beim variablen Intervallplan, wie diese idealisierten Kurven zeigen. Die Verlaufskurve des festen Intervallplans weist Zacken auf, weil der Organismus die Reaktion nach jeder Verstärkung für eine Weile einstellt, dann aber, wenn der Zeitpunkt für die nächste Verstärkung naht, rasch reagiert. Die Kurvenverläufe sind für die jeweiligen Verstärkungspläne charakteristisch, unabhängig davon, ob eine Ratte, eine Taube oder ein Kind konditioniert wird

Das im Abschnitt **Experiment** beschriebene Beispiel aus der klinischen Psychologie zeigt das praktische Vorgehen beim Shaping.

Im Alltag reicht es oftmals nicht, in einer gegebenen Situation nur eine einzelne Verhaltensweise zu zeigen. Häufig besteht eine geforderte Verhaltenseinheit aus einer langen Folge von Einzelreaktionen. Das Verfassen eines Referates besteht aus umfangreichen Reaktionsketten, der Professor hält eine Vorlesung, die viele unterschiedliche Reaktionen einschließt, jede Sportart, die man ausübt, besteht aus einer Vielzahl einzelner Reaktionen.

Chaining (Kettenbildung) ist das operante Verfahren, bei dem jeder Reaktion innerhalb einer Kette von Einzelreaktionen ein konditionierter Verstärker folgt, bis auf die letzte Reaktion ein unkonditionierter oder primärer Verstärker folgt.

Zuerst wird die letzte Reaktion gelernt, die die einzige ist, die jemals primäre Verstärkung erhält. Diese letzte Reaktion wird daraufhin zum konditionierten

Shaping

Der Patient war ein Knabe von 3 Jahren mit der Diagnose Autismus. Er zeigte kein normales soziales und verbales Verhalten und verfiel in unkontrollierbare Wutanfälle und selbstschädigende Aktivitäten. Nach einer Augenoperation wegen grauen Stars weigerte er sich, die Brille zu tragen, obwohl diese unbedingt notwendig war, damit sich das Sehen normal entwickeln konnte. Zuerst wurde das Kind darauf trainiert, eine Süßigkeit oder ein Stückchen Obst zu erwarten, wenn eine Geräuschquelle geklickt hatte. Dieser Ton wurde bald zum konditionierten Verstärker. Dann be-

gann das Training mit dem leeren Brillengestell. Das Kind wurde zuerst für das Aufnehmen der Brille verstärkt (durch das Klicken), dann für das Halten und schließlich für das Umhertragen des Brillengestells. Langsam und mit sukzessiver Annäherung wurde das Heranbewegen des Gestells an die Augen verstärkt. Nach einigen Wochen setzte es das Gestell in seltsamen Positionen auf den Kopf, und schließlich trug es die Brille in korrekter Weise. Im weiteren Verlauf des Trainings lernte das Kind, die Brille bis zu 12 h am Tag zu tragen. (Wolf et al. 1964).

Verstärker der Reaktion, die genau vor ihr auftreten muß. Auf diese Weise wird der Kette jeweils ein Glied nach dem anderen zugefügt. Jedes Glied der Kette ist ein diskriminativer Reiz für die nächste Reaktion und ein konditionierter Verstärker der unmittelbar vorausgehenden. Der konditionierte Verstärker in einer Kette ist üblicherweise ein reaktionsbedingter Reiz – ein Reiz, der durch die vorausgegangene Reaktion hervorgerufen wurde.

Shaping und Chaining sind wesentliche Bestandteile in jedem Programm, das ein Dompteur anwendet, der Tieren komplexe und ungewöhnliche Verhaltensweisen beibringt, die in deren natürlichem Repertoire kaum auftreten. Delphine, die zusammen über einen hohen Stab springen oder sich nach hinten werfen, während sie einen Ball stoßen, haben diese Kunststücke durch diese beiden Techniken der operanten Konditionierung gelernt.

5.4
Neuere Ansätze zum Lernen

5.4.1
Biologie und Lernen

Die Idee, es müsse möglich sein, das Verhalten von Mensch und Tier auf dieselben Prinzipien zurückzuführen und in denselben Begriffen zu erklären, läßt sich im abendländischen Denken über Jahrhunderte zurückverfolgen. Wir finden sie z. B. ganz ausdrücklich bei David Hume, einem britischen Philosophen des 18. Jahrhunderts. Unsere bisherige Darstellung der Lernprinzipien scheint für den Ansatz zu sprechen – wir haben

großzügig von Tierexperimenten Gebrauch gemacht, um menschliches Lernen zu erklären. In diesem Abschnitt werden wir eine Reihe von Argumenten und Beobachtungen kennenlernen, die diese Auffassung sehr ins Wanken gebracht haben. Ein Resümee vorwegnehmend kann man feststellen, daß heute allgemein akzeptiert wird, daß das Lernen von Menschen nur sehr begrenzt mit artübergreifenden Lernprinzipien erklärt werden kann.

Die Allgemeingültigkeit der elementaren Lernprinzipien wurde seit den 60er Jahren paradoxerweise gerade durch Tierexperimente in Frage gestellt (Bailey u. Bailey 1993; Garcia 1993; Todd u. Morris 1993, 1993). Forscher stießen beim Konditionieren auf einen Sachverhalt, der seither unter dem Begriff der **Constraints** oder **Beschränkungen** in den Fachjargon Eingang gefunden hat. In Abschn. 2.1 haben Sie die Auffassung kennengelernt, daß die Evolution des Verhaltens als eine Antwort auf die Notwendigkeit verstanden werden kann, unter veränderten Umweltbedingungen zu überleben. In diesem Sinne können tatsächlich viele Unterschiede zwischen den Arten als Anpassung an die jeweilige »Umweltnische« interpretiert werden (Leger 1992). Im Rahmen der Lernpsychologie sind mit biologischen Beschränkungen oder Constraints die Grenzen gemeint, die dem Lernen durch die genetische Ausstattung einer Art gesetzt sind. Sie können sich auf die sensorische Ausstattung, auf das Verhaltenspotential und auf die kognitiven Fähigkeiten eines Tieres erstrecken. Wir werden in 2 Forschungsgebieten erfahren, wie der Genotyp eines Organismus die Lernprozesse beeinflußt: bei der Instinktneigung und beim Lernen von Geschmacksabneigungen.

Instinktneigung

Zweifelsohne haben wir alle schon einmal im Fernsehen, im Zirkus, im Zoo oder auf dem Jahrmarkt gesehen, wie Tiere Kunststücke vorführen. Einige werfen sich Bälle zu, andere fahren Fahrrad. Jahrelang benutzten 2 Psychologen, Keller Breland und Marion Breland, Konditionierungstechniken, um Tausende von Tieren verschiedener Arten darin zu trainieren, ein beachtliches Spektrum solcher Verhaltensweisen zu lernen und vorzuführen (Abb. 5.11). Eine Zeit lang glaubten sie, daß aus Laboruntersuchungen erschlossene allgemeine Prinzipien, die den Einsatz praktisch jeder Art der Reaktion oder Belohnung erlaubten, direkt auf die Kontrolle tierischen Verhaltens außerhalb des Labors anwendbar seien.

Zweifel an dieser Auffassung kamen den Brelands, als einige ihrer Tiere von einem bestimmten Zeitpunkt an »Fehlverhalten« zeigten. Beispielsweise war ein Waschbär mit viel Mühe dazu konditioniert worden, eine Münze aufzuheben, sie in eine Sparbüchse zu stecken und einen eßbaren Verstärker dafür entgegenzunehmen. Er war allerdings *nicht sofort* bereit, die Münze einzuwerfen. Schlimmer noch, als er 2 Münzen einwerfen sollte, brach die Konditionierung in sich zusammen – der Waschbär ließ die Münzen überhaupt nicht los. Statt dessen rieb er die Münzen gegeneinander,

steckte sie in die Sparbüchse und fischte sie wieder heraus. Aber ist dieses Verhalten wirklich so merkwürdig? Waschbären beschäftigen sich häufig mit Reiben und Waschen, wenn sie die äußeren Schalen von ihrer Lieblingsnahrung, den Flußkrebsen, entfernen.

Ähnliche Merkwürdigkeiten ließen sich beobachten, wenn Schweine die Aufgabe bekamen, ihre schwerverdienten Chips in ein großes Sparschwein zu stecken. Statt das Verhalten so auszuführen, wie sie es mühsam gelernt hatten, ließen die Schweine die Münzen fallen, stocherten mit ihren Schnauzen an ihnen herum und schleuderten sie in die Luft. Fragen wir uns abermals: Ist das *wirklich* merkwürdig? Wohl kaum – denn Wühlen und Schütteln sind bei Schweinen Bestandteil des ererbten Verhaltens bei der Nahrungssuche.

Durch derartige Erfahrungen gewannen die Brelands die Überzeugung, daß sogar dann, wenn Tiere gelernt haben, konditionierte Reaktionen perfekt auszuführen, sich im Laufe der Zeit ihr »gelerntes Verhalten dem instinktiven Verhalten zuneigt«. Sie bezeichneten diese Tendenz als **Instinktneigung** (Breland u. Breland 1951, 1961). Die oben beschriebenen Verhaltensweisen der Tiere, die durch Prinzipien der operanten Konditionierung nicht erklärbar sind, werden verständlich, wenn wir von biologischen Beschränkungen ausgehen, die aus dem genetisch festgelegten artspezifischen Verhaltensrepertoire resultieren. Diese Neigungen heben die Verhaltensänderungen auf, die durch operante Konditionierung entstanden sind.

> **!** Ein Großteil der herkömmlichen Forschung im Bereich des Lernens bei Tieren konzentrierte sich auf willkürlich ausgewählte Reaktionen bei leicht verfügbaren Reizen. Durch die Theorie der Brelands und den Nachweis der Instinktneigung wird ersichtlich, daß sich nicht alle Lernaspekte durch die Verstärker des Versuchsleiters kontrollieren lassen. Verhaltensweisen werden sich, abhängig von den normalen, genetisch vorprogrammierten Reaktionen eines Tieres in seiner Umwelt, mehr oder weniger leicht verändern lassen. Konditionierung wird besonders wirksam sein, wenn man eine angestrebte Reaktion als biologisch relevant darstellen kann.

Abb. 5.11. Dressur durch operantes Konditionieren. Mit ein wenig Unterstützung von Dompteuren, vor allem aber durch die gezielte Anwendung von Prinzipien des operanten Konditionierens, können Tiere dazu gebracht werden, ganz ungewöhnliche Dinge zu tun – z. B. vom Löffel essen

Erlernen von Geschmacksabneigungen

Das Erlernen von **Geschmacksabneigungen** ist ein weiteres Beispiel für die naturgegebene »Voreingenommenheit« (»bias«) beim Lernen. Beim Erwerb solcher Abneigungen scheinen die üblichen Prinzipien der Konditionierung verletzt zu werden. Betrachtet man diese Verletzungen jedoch als Bestandteil der Anpassung der Art an ihre natürliche Umgebung, so wird ihr Sinn ersichtlich.

EXPERIMENT

Biologische Einschränkungen des Lernens: Beutescheu und Geschmacksabneigung

Sogar ohne Konditionierung zeigen viele Tiere Beutescheu – eine ungelernte Scheu, neue Nahrung aufzunehmen oder in fremder Umgebung Nahrung zu sammeln. Von all den Reizen, die ihnen zur Verfügung stehen, scheinen Tiere diejenigen sensorischen Hinweise zu nutzen, die ihren natürlichen Umgebungen am besten angepaßt sind. Ratten sind nachts auf Nahrungssuche und sehen relativ schlecht. Folglich haben sie eine Fähigkeit entwickelt, giftige Substanzen eher aufgrund ihres Geruchs und ihres Geschmacks zu meiden als aufgrund ihres Aussehens. Im Gegensatz dazu verlassen sich Vögel auf ihr besser entwickeltes Sehvermögen, wenn sie während des Fluges nach Nahrung spähen. Diese Artunterschiede in der Nutzung sensorischer Hinweise fanden sich auf eindrucksvolle Weise in den folgenden Beobachtungen wieder:

- Wenn man Ratten und Wachteln blaues salziges Wasser gab, das bei beiden Übelkeit verursachte und sie später zwischen salzigem und blauem Wasser wählen ließ, mieden die Ratten das salzige, die Wachteln hingegen das blaue Wasser (Wilcoxon et al. 1971).
- In einer anderen Untersuchung an Ratten wurde ein heller Reiz leichter zu einem konditionierten Stimulus für Gefahr als ein undeutlicher oder dunkler, vielleicht deswegen, weil Dunkelheit für Ratten in freier Wildbahn mit Sicherheit assoziiert ist (Welker u. Wheatley 1977).

In einer der Untersuchungen wurden Ratten mit vergifteter Nahrung gefüttert. Mehrere Stunden später erkrankten sie, überlebten aber. Aus dieser *einen* aversiven Erfahrung lernten die Ratten trotz des langen Intervalls (bis zu 12 h) zwischen dem Schmecken der Nahrung (CS) und der vergiftungsbedingten Erkrankung (US), die mit dem spezifischen Geschmack behaftete Nahrung zu meiden. Interessanterweise wurden andere, gleichzeitig dargebotene Reize später nicht gemieden – nur die Nahrung. Es gibt kein Prinzip des klassischen Konditionierens, welches das Lernen in einem Durchgang und mit einem so langen Intervall zwischen dem CS und dem US erklären könnte. Weitere Beobachtungen zur Geschmacksabneigung und Beutescheu werden im Abschnitt **Experiment** beschrieben.

Die Konditionierung ist also nicht, wie man lange dachte, allein von der Kombination von beliebigen Reizen und Reaktionen abhängig, sondern z. T. auch von der genetischen Disposition eines Organismus, bestimmte Reizeigenschaften mit bestimmten Reaktionen zu verbinden (s. Barker et al. 1978). Was ein Organismus in einem gegebenen Setting lernen kann oder nicht, ist genauso ein Produkt seiner evolutionären Entwicklungsgeschichte wie die optimale Zusammenstellung von Reizen mit Kontingenzen von Verhaltensweisen.

Die Anerkennung dieser Wirkungen des biologischen Erbes auf die Konditionierung führt zu einer reicheren, umfassenderen Sichtweise des Lernprozesses. Sie ist für manche Forscher auch Grund genug gewesen, für eine neue Definition des Lernens zu plädieren, die die folgenden Aspekte berücksichtigen sollte:

- Vergessen: Lernen ist nicht notwendigerweise etwas Dauerhaftes.
- Veränderungen der Wirksamkeit von Reizen: Lernen ist nicht immer eine Veränderung von Verhalten.
- Lernen in einem Durchgang (»one-trial learning«): Lernen erfordert nicht immer Übung.

Ein Definitionsvorschlag von Lachman (1983) integriert diese Gesichtspunkte. Im Mittelpunkt stehen die Prozesse, nicht die Produkte des Lernens:

 Lernen ist der Prozeß, der zu einer relativ stabilen Veränderung von Reiz-Reaktions-Beziehungen führt; er ist eine Folge der Interaktion des Organismus mit seiner Umgebung mittels seiner Sinnesorgane.

5.4.2 Kognitive Einflüsse auf das Lernen

Wenn auch Behavioristen wie Skinner gefordert haben, eine Lernpsychologie allein auf beobachtbaren Ereignissen aufzubauen, so sind doch in Wirklichkeit kognitive Prozesse (Denkprozesse) bei vielen Formen des Lernens bei Menschen und Tieren bedeutsam. Einige dieser Prozesse, die die traditionelle Lerntheorie bereichern, weisen auf die Wichtigkeit des **Informationswertes** von Reizen für den Organismus und auf die Erwartungen des Lernenden hin. Dies wird in den Untersuchungen zur Blockierung und zur assoziativen Konditionierung (sensorischen Präkonditionierung) gezeigt (s. Rescorla 1980).

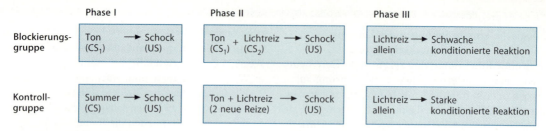

Abb. 5.12. Das Vorgehen bei der Untersuchung der Blockierung. In Phase I des Experimentes lernen die Teilnehmer der beiden Gruppen eine konditionierte Reaktion in der »Blockierungsgruppe« auf einen Ton und in der Kontrollgruppe auf einen Summer. In Phase II wird beiden Gruppen ein Ton und ein Lichtreiz dargeboten, wiederum gefolgt von einem Schock. Der Lichtreiz liefert der Gruppe mit der Blockierungsbedingung keine neuen Informationen und wird folglich ignoriert. Die Personen der Kontroll-gruppe lernen jedoch eine neue konditionierte Reaktion auf *Ton plus Lichtreiz*. In Phase III, in der nur der Lichtreiz dargeboten wird, reagieren die Personen aus der Blockierungsgruppe nur schwach. Das zeigt, daß in Phase II keine Assoziation zwischen Licht und Schock gebildet wurde. Die Kontrollgruppe jedoch zeigt starke Reaktionen, was auf die Existenz einer konditionierten Assoziation hinweist

Blockierung

Anders als in den traditionellen Laborexperimenten treten in natürlichen Situationen die Reize meistens nicht in einfach gegliederten, »ordentlichen« Einheiten auf, sondern als wenig überschaubare Gesamtsituationen oder komplexe Umweltereignisse. Es ist für den Organismus deshalb wichtig, herauszufinden, welche Reize Belohnungen oder Gefahren signalisieren und welche nicht. Organismen benutzen diejenigen Reize als »Wegweiser«, die am informativsten sind.

> **!** Was macht einen Reiz informativ? Erstens wird ein Reiz, der intensiver oder auffälliger (salient) ist, einen anderen verdecken, auch wenn dieser ebenfalls ein Signal für spätere Konsequenzen darstellt (Mackintosh 1975). Zweitens lernt ein Organismus aus vergangenen Erfahrungen, welche konkurrierenden Reize aus einer Ansammlung redundant sind – d.h. keine zusätzliche Information tragen – und welche nicht redundant, also reich an Informationen sind.

Dieses zweite Phänomen wird bei der sog. **Blockierung** deutlich. In einer typischen Untersuchung zur Blockierung (s. Abb. 5.12) wird eine konditionierte Reaktion aufgebaut, indem ein Ton mit einem unkonditionierten Reiz – einem Schock – in Phase I gepaart wird. In Phase II wird ein zusammengesetzter Reiz – Ton und Licht – wiederholt mit dem Schock gepaart. Der traditionellen Konditionierungstheorie zufolge sollte das Licht nun ebenfalls zum konditionierten Reiz werden. Dies geschieht jedoch nicht. Daß der neue Reiz den unkonditionierten Reiz signalisiert, wird nicht gelernt, wenn er zusammen mit einem Reiz dargeboten wird, der sich bereits als effektives Signal erwiesen hat (Ka-min 1969). Es gibt keine Konditionierung des Lichtsignals, denn dieses liefert keine zusätzliche Information zu der, die bereits der Ton enthält.

Diese Erklärung stellt also die Einschätzung des Informationswertes eines Stimulus in den Mittelpunkt der Erklärung des Lernens. Kamin behauptet sogar, Konditionierung trete nur dann auf, wenn der bedeutsame Reiz den Organismus überrasche. Durch den bedeutsamen Reiz überrascht, sucht er in seinem Gedächtnis nach einem Reizereignis neueren Datums, das damit zusammenhängen könnte. Findet er ein solches, so kommt es zur Konditionierung. Sobald aber ein konditionierter Reiz als Signal auftritt, so wird ein anderer Reiz, der damit in Zusammenhang gebracht wird, später keine Suche im Gedächtnis auslösen, weil der unkonditionierte Reiz – im oben erwähnten Beispiel der Schock – nicht überraschend aufgetreten ist. Deshalb gibt es keine weitere Konditionierung. Ein dieser Einschätzung des Informationswertes äquivalenter Prozeß beim Menschen könnte die aktive Suche nach Ereignissen sein, die möglicherweise Ursache eines bedeutenden Geschehnisses sind – dabei geht es, je nach deren Bedeutung für die Person, oftmals um die Attribuierung von Schuld oder Kausalität.

Worin besteht nun aber der Unterschied zwischen der Blockierung und der Konditionierung zweiter Ordnung, die wir in Abschn. 5.2.3 beschrieben haben? Die Differenz ist subtil (s. auch Abb. 5.13):

- Bei der Konditionierung zweiter Ordnung ist der CS_2 ein *Signal* für den CS_1, der zuvor mit dem US gepaart wurde.

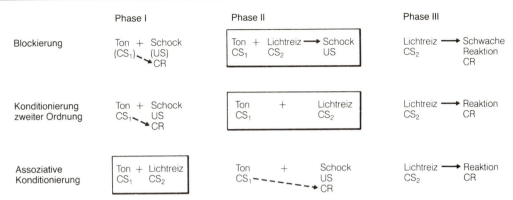

	Phase I	Phase II	Phase III
Blockierung	Ton + Schock (CS₁) (US) CR	Ton + Lichtreiz → Schock CS₁ CS₂ US	Lichtreiz → Schwache CS₂ Reaktion CR
Konditionierung zweiter Ordnung	Ton + Schock CS₁ US CR	Ton + Lichtreiz CS₁ CS₂	Lichtreiz → Reaktion CS₂ CR
Assoziative Konditionierung	Ton + Lichtreiz CS₁ CS₂	Ton + Schock CS₁ US CR	Lichtreiz → Reaktion CS₂ CR

Abb. 5.13. Schematischer Vergleich von Blockierung, Konditionierung zweiter Ordnung und assoziativer Konditionierung (»sensory preconditioning«). Die Wirkung der gemeinsamen Darbietung zweier neutraler Reize, wie eines Lichtreizes und eines Tones, ist davon abhängig, was dieser Kopplung vorausgeht, was sie begleitet und was ihr folgt: (1) *Blockierung:* Zwei Reize werden mit einem Schock gekoppelt, *nachdem* bereits einer von

beiden mit dem Schock gekoppelt wurde. (2) *Konditionierung zweiter Ordnung:* Zwei Reize werden ohne Schock gekoppelt, *nachdem* einer von beiden zu einem Signal für den Schock konditioniert worden ist. (3) *Assoziative Konditionierung:* Zwei Reize werden miteinander gekoppelt, *bevor* einer von beiden zum konditionierten Reiz für den Schock wird

• Bei der Blockierung hingegen treten die beiden konditionierten Reize (CS₁ und CS₂) *gleichzeitig und gekoppelt* auf. Folglich ist einer von ihnen überflüssig, denn er liefert keine zusätzliche Information über das Auftreten des US.

In Abschn. 5.2 haben wir behauptet, die *Vorhersagbarkeit* von Kopplungen zwischen Reizen sei beim klassischen Konditionieren die Grundlage des Lernens; eben wurde aber festgestellt, daß *Überraschung* ebenfalls ein wichtiges Element ist. Dieser scheinbare Widerspruch verschwindet, wenn man erkennt, *wann* jeweils *was* wichtig ist. Das Moment der Überraschung fördert das *anfängliche* Lernen eines wichtigen Signals und dessen Beziehung zu einem wichtigen darauf folgenden Ereignis. Das Verfügen über das Signal ermöglicht *dann* die Vorhersage des Ereignisses, bevor dieses wieder auftritt – eine sehr nützliche Funktion. Die Untersuchungen zur Blockierung zeigen, daß jemand, der den unkonditionierten Reiz auf der Grundlage eines zuverlässigen Signals zu erwarten gelernt hat, sich nicht damit aufhält, etwas über andere Reize zu lernen, die gleichzeitig auftreten – vermutlich deswegen, weil deren Information redundant ist. Das beweist den ökonomischen Einsatz der kognitiven Kapazitäten eines Organismus: Ob ein Reiz für den Organismus zu einem Signal wird, ist abhängig von der Gegenwart anderer Reize, die ebenfalls zu Signalen werden könnten (Rudy u. Wagner 1975).

Assoziative Konditionierung (Sensorische Präkonditionierung)

Auch wenn Lernen dort auftritt, wo es nicht zu erwarten gewesen wäre, müssen wir auf kognitive Konzepte und Prozesse zurückgreifen, um zu einer Erklärung zu kommen.

Bei der **assoziativen Konditionierung (sensorischen Präkonditionierung)** wird eine Assoziation zwischen den sensorischen Qualitäten zweier gleichzeitig dargebotener Reize gelernt, *bevor* einer von ihnen zusammen mit einem unkonditionierten Reiz auftritt. Jedoch bleibt das Gelernte zunächst latent, d. h. es manifestiert sich nicht im Verhalten (Dickinson 1980). Die latente Assoziation wird erst durch die Neubewertung des anderen Reizes offensichtlich.

Das Phänomen der assoziativen Konditionierung läßt sich auf folgende Weise demonstrieren (s. auch Abb. 5.13):

• In Phase I werden 2 neutrale Reize – etwa ein Ton und ein Licht – gepaart und lösen keine offene Reaktion aus. Das ist nicht überraschend, denn sie haben nichts von Bedeutung vorherzusagen.
• Dann wird in Phase II der Ton (CS₁) mit einem starken unkonditionierten Reiz (US), beispielsweise einem Schock, gepaart; es entwickelt sich eine konditionierte Reaktion.
• In Phase III schließlich wird der Lichtreiz (CS₂) allein dargeboten und löst ebenfalls die konditionierte

Reaktion aus. CS$_2$ ist zum prädiktiven Signal für den US geworden, obwohl diese beiden niemals gekoppelt worden waren (Thompson 1972).

Irgendetwas muß in Phase I gelernt worden sein, aber was? Auf den ersten Blick scheint die assoziative Konditionierung der Konditionierung zweiter Ordnung zu gleichen. Es gibt jedoch einen großen Unterschied: Die Phasen I und II sind vertauscht. Bei der Konditionierung zweiter Ordnung wird ein zweiter neutraler Reiz (CS$_2$) zum Signal für einen bereits konditionierten Reiz (CS$_1$), wodurch er die konditionierte Reaktion auslösen kann. Der Effekt der assoziativen Konditionierung ist schwächer, zeigt aber immer noch, daß sensorische Reize sogar miteinander assoziiert werden können, bevor einer von ihnen zum Prädiktor für signifikante Ereignisse wie die Verabreichung von Nahrung oder Schocks wird. In Abb. 5.13 werden die 3 Phänomene der Blockierung, der assoziativen Konditionierung und der Konditionierung zweiter Ordnung verglichen.

> **!** Aus diesen Prozessen können wir lernen, daß Information dadurch zu einer der wichtigsten Determinanten der Konditionierung wird, daß sie Reizen prädiktiven Wert verleiht. Je informativer ein Reiz für die Vorhersage von Verstärkung oder Bestrafung ist, um so mehr Einfluß wird er als konditionierter Verstärker oder als konditionierte Bestrafung haben.

5.4.3
Beobachtungslernen

Um Sie mit diesem weiteren Lerntyp vertraut zu machen, möchten wir Sie bitten, einen Augenblick zum Vergleich von Menschen und Ratten und zum Phänomen der Beutescheu (vgl. Abschn. 5.4.1) zurückzukehren. Wenn es darum geht, von neuen Nahrungsmitteln zu kosten, sind Ratten ganz gewiß vorsichtiger als wir. Das liegt daran, daß ihnen eine wichtige Informationsquelle fehlt – die Erfahrungen anderer Ratten. Wenn Menschen von einem neuen Nahrungsmittel kosten, dann geschieht dies fast immer in einem Kontext, in dem man gute Gründe für die Annahme hat, daß andere Menschen das Nahrungsmittel gegessen und Vergnügen daran gehabt haben. Unser Eßverhalten wird daher von unserem Wissen über Verstärkungsmuster bei anderen Personen beeinflußt. Dieses Beispiel veranschaulicht unsere Fähigkeit, durch »stellvertretende Verstärkung« und durch »stellvertretende Bestrafung« zu ler-

nen. Wir lernen aus dem, was wir bei anderen Menschen beobachten – deshalb spricht man bei diesem Lernprinzip auch von **Beobachtungslernen**. Andere Bezeichnungen sind **Lernen am Modell** und **Nachahmungslernen**.

Tatsächlich erfolgt ein großer Teil des sozialen Lernens in Situationen, in denen von der herkömmlichen Konditionierungstheorie kein Lernen vorhergesagt würde, weil der Lernende keine aktive Reaktion gezeigt und keinen materiellen Verstärker bekommen hat. Wenn eine Person einfach nur einer anderen zusieht, welche ein Verhalten zeigt, das verstärkt oder bestraft wurde, reagiert sie später ähnlich wie die beobachtete Person: Sie übernimmt deren Verhalten und zeigt es häufiger, wenn es verstärkt wurde, und sie unterläßt das Verhalten oder führt es seltener aus, wenn es bestraft wurde.

Um die Vorgänge beim Beobachtungslernen zu verstehen, muß man Annahmen über kognitive Prozesse beim Beobachter treffen, etwa über Erwartungen. Nachdem wir ein Modell beobachtet haben, erwarten wir: Wenn ich genau das mache, was diese Person getan hat, werde ich dieselben Verstärker bekommen bzw. dieselben Strafreize vermeiden. Ein kleines Kind benimmt sich möglicherweise nur deshalb besser, weil es gelernt hat, aus den Beobachtungen der Erfahrungen seiner Schwester Erwartungen abzuleiten.

Unsere Möglichkeit, durch Zuschauen oder Beobachten zu lernen, ist von großem Nutzen. Sie versetzt uns in die Lage, komplexere Verhaltensmuster zu erwerben, ohne daß wir den umständlichen Prozeß des allmählichen Verschwindens der falschen Reaktionen und des schrittweisen Aufbaus der richtigen Reaktionen mit Hilfe von Versuch und Irrtum durchlaufen müssen (vgl. die Prozesse des Shaping und Chaining in Abschn. 5.3.4). Man kann von den Fehlern und Erfolgen anderer profitieren. Allerdings wäre es falsch zu glauben, daß Beobachtungslernen auf Menschen beschränkt ist. Selbst Tintenfische sind in der Lage, ihr Verhalten zu ändern, wenn sie lediglich die Ausführung einer Handlung bei einem anderen Mitglied ihrer Art beobachtet haben (Fiorito u. Scotto 1992).

Die klassische Demonstration des Beobachtungslernens stammt aus dem Labor von Albert Bandura. Kinder, die beobachteten, wie erwachsene Modelle eine große Plastikpuppe boxten, schlugen und traten, zeigten im weiteren Verlauf des Experimentes häufiger derartige Verhaltensweisen als Kinder aus Kontrollgruppen, die die aggressiven Modelle nicht beobachtet hat-

Abb. 5.14a–c. Erlernen von aggressiven Handlungen durch Beobachtung. **a** Aggressive Handlung eines erwachsenen Modells, **b** Nachahmen der aggressiven Handlung durch einen Jungen, **c** Nachahmen der aggressiven Handlung durch ein Mädchen

ten (Bandura et al. 1963; Abb. 5.14). Nachfolgeuntersuchungen erbrachten, daß Kinder aggressive Verhaltensweisen schon dann nachahmten, wenn sie die Modelle lediglich im Film gesehen hatten oder wenn die Modelle sogar nur Zeichentrickfiguren gewesen waren.

Es ist heute ein gesicherter Forschungsbefund, daß wir sowohl prosoziale als auch unsoziale (antisoziale) Verhaltensweisen durch die Beobachtung von Modellen lernen. Aber von welchen Variablen hängt es ab, welche Modelle uns mit der größten Wahrscheinlichkeit beeinflussen? Das beobachtete Verhalten eines Modells wird dann den stärksten Einfluß haben,

- wenn beobachtet wird, daß das Modell verstärkt wird,
- wenn das Modell als positiv wahrgenommen wird, d.h. wenn es beliebt ist und respektiert wird,
- wenn der Beobachter Ähnlichkeiten zwischen sich und dem Modell wahrnimmt,
- wenn verstärkt wird, daß der Beobachter dem Modell Aufmerksamkeit schenkt,
- wenn das Verhalten des Modells sichtbar und auffällig ist –, d.h. wenn es sich klar vor dem Hintergrund konkurrierender Modelle abhebt, und
- wenn die vorhandene Kompetenz des Beobachters ausreicht, um das Verhalten nachzuahmen.

Wenn Menschen offenkundig leicht und häufig von Modellen lernen, dann wird es nicht verwundern, daß sich ein großer Teil der Fernsehwirkungsforschung auf das Prinzip des Beobachtungslernens bezogen hat. Die Aufmerksamkeit konzentrierte sich insbesondere auf die im Fernsehen gezeigten Gewalttakte – Morde, Vergewaltigungen, Anschläge, Raubüberfälle, Terrorangriffe und Selbstmorde – und deren Wirkungen auf das Ver-

halten von Kindern und Jugendlichen. Erhöht im Fernsehen dargestellte Gewalttätigkeit die Nachahmungsbereitschaft? Die allgemeine Schlußfolgerung aus der aktuellen psychologischen Forschung lautet: Ja, bei manchen Menschen und in manchen Gesellschaften (Comstock u. Paik 1991; Huesmann u. Eron 1986).

> **!** In kontrollierten Laboruntersuchungen zum Einfluß filmisch dargestellter Gewalt fand man vor allem die beiden folgenden »Haupteffekte«:
>
> - ein Absinken der emotionalen Erregung und des Unbehagens angesichts von Gewalt, was als »psychisches Abstumpfen« bezeichnet wird, und
> - eine erhöhte Wahrscheinlichkeit, sich an Aggressionen zu beteiligen (Murray u. Kippax 1977).
>
> Weitere Untersuchungen haben gezeigt, daß Kinder auch prosoziales Hilfeverhalten lernen können, wenn sie Sendungen sehen, bei denen prosoziale Verhaltensmodelle dargestellt werden (Friedrich u. Stein 1975; Singer u. Singer 1990).

Die Resultate zum Beobachtungslernen und die Interpretationen dieser Resultate bestätigen zweierlei. Sie zeigen erstens, daß die vom operanten Konditionieren bekannten Prinzipien der Verstärkung und Bestrafung auch hier gelten; und sie weisen zweitens auf die Notwendigkeit einer kognitiven Interpretation der Vorgänge beim Lernen von Modellen hin. Zum Beispiel zeigen Beobachter das Modellverhalten häufig nicht sogleich, sondern erst nach geraumer Zeit oder bei passender Gelegenheit. Gerade beim Beobachtungslernen ist der Zusammenhang von Lernen und Gedächtnis offenkundig – und das leitet uns zum zweiten großen Thema dieses Kapitels über.

5.5
Was ist das Gedächtnis?

In diesem Kapitel wählen wir einen speziellen Zugang zur Gedächtnispsychologie: Wir betrachten das menschliche Gedächtnis aus der Perspektive des sog. Informationsverarbeitungsansatzes.

> **!** In der Sichtweise des Informationsverarbeitungsansatzes sind geistige (kognitive) Prozesse in erster Linie spezielle Formen der Transformation (Verarbeitung) von Informationen. Gedächtnis bezeichnet nichts anderes als unsere Fähigkeit, Informationen aufzunehmen, zu speichern (aufzubewahren) und bei Bedarf wieder abzurufen. Diese Prozesse vollziehen sich, so wird angenommen, in einem Gedächtnissystem, das aus mehreren Speichern besteht.

Deshalb wird sich dieser einführende Abschnitt schwerpunktmäßig mit Gedächtnisspeichern und -prozessen befassen. Zuvor aber lernen wir verschiedene *Arten* des Gedächtnisses kennen. Wir werden sehen, daß in der Psychologie von Gedächtnis in einem umfassenderen Sinn als im Alltag die Rede ist.

5.5.1
Gedächtnisarten

In unserer Alltagsvorstellung ist der Begriff Gedächtnis eng mit Situationen verknüpft, in denen wir spezielle Geschehnisse oder Informationen erinnern (oder zu erinnern versuchen): den Titel unseres Lieblingsfilms, Daten über den zweiten Weltkrieg, die Telefonnummer von Freunden. Tatsächlich ist es auch eine der wichtigsten Funktionen des Gedächtnisses, uns den bewußten Zugriff auf unsere persönliche und auf die kollektive Vergangenheit zu ermöglichen. Für Psychologen ist das Gedächtnis aber noch mehr: Es erlaubt Menschen das mühelose Erleben der Kontinuität ihrer Erfahrungen von Tag zu Tag. Wenn Sie beispielsweise mit dem Auto von zuhause losfahren, so ist es diese zweite Art von Gedächtnis, die Ihnen die Häuser in Ihrer Straße vertraut erscheinen läßt.

Impliziter und expliziter Gebrauch des Gedächtnisses

Sie schlagen die Zeitung auf. Auf einem der Fotos blicken Sie in eine Küche, und mitten auf dem Küchentisch sitzt ein Fuchs. Würden Sie gefragt: »Was stimmt auf diesem Bild nicht?«, so brauchten Sie nicht lang zu überlegen. Ihnen ist sofort klar, daß ein Fuchs nicht auf den Küchentisch gehört. Aber warum? Aufgrund

Ihres **impliziten Gedächtnisses**! Ohne jede Anstrengung, ohne jedes bewußte Suchen haben Sie sich erinnert, daß Füchse nicht auf dem Küchentisch anzutreffen sind.

Bleiben wir bei dem Foto. Stellen Sie sich vor, Sie sollten nun die Frage beantworten, ob bestimmte Küchenmöbel fehlen. Nunmehr werden Sie Ihre Erinnerung an die typische Küchenausstattung durchgehen – gibt es auf dem Foto einen Herd, einen Kühlschrank, eine Spüle usw.? Sie unternehmen gezielt Anstrengungen, sich etwas ins Bewußtsein zu rufen – mit anderen Worten, Sie greifen auf Ihr **explizites Gedächtnis** zurück.

Die Unterscheidung zwischen dem impliziten und dem expliziten Gedächtnis erweitert den Bereich der Fragestellungen, die Gedächtnisforscher untersuchen, gewaltig (Graf u. Schacter, 1985; Roediger 1990; Seger 1994). Die traditionelle Gedächtnisforschung hatte sich nur mit dem expliziten Gedächtnis befaßt. Der neue Forschungstrend ist dem täglichen Leben angemessener – denn in den meisten Fällen wird das Einspeichern oder Abrufen von Informationen eine Mischung aus implizitem und explizitem Gedächtnis erfordern.

Prozedurales und deklaratives Gedächtnis

Können Sie pfeifen? Versuchen Sie's einmal. Oder – wenn Ihnen das nicht gelingt – versuchen Sie doch mal, mit den Fingern zu schnalzen. Welche Art von Gedächtnis erlaubt es Ihnen, diese Dinge zu tun? Vielleicht erinnern Sie sich daran, daß Sie diese Fertigkeiten einmal lernen mußten, aber jetzt haben Sie keine Mühe damit. Die Art von Gedächtnis, die hier gefragt ist – die Erinnerung daran, *wie man Dinge tut* – wird als **prozedurales Gedächtnis** bezeichnet.

Alle anderen Beispiele, die wir bisher für Erinnerungen gegeben hatten, betrafen *Fakten* oder *Ereignisse* – etwa die Erinnerung an Kücheneinrichtungen, Telefonnummern, Daten zur Geschichte. Diese Art von Gedächtnis wird als **deklaratives Gedächtnis** bezeichnet. Die Darstellung der modernen Gedächtnispsychologie in diesem Kapitel wird sich weitgehend auf das deklarative Gedächtnis konzentrieren – lassen Sie uns deshalb zunächst einen kurzen Blick auf das prozedurale Gedächtnis werfen.

Das prozedurale Gedächtnis wird verwendet, um Fertigkeiten zu erwerben, zu speichern und bei Bedarf anzuwenden (Anderson 1982; Tulving 1983). Die Theorien zu dieser Form des Gedächtnisses befassen sich meistens mit dem Verlauf des Erwerbsprozesses (An-

PSYCHOLOGIE IM ALLTAG

Wissenskompilierung beim Telefonieren

Nehmen wir als Beispiel das Wählen einer Telefonnummer, die Ihnen im Laufe der Zeit sehr vertraut geworden ist (Anderson 1983). Zunächst mußten Sie praktisch jede Ziffer abarbeiten, eine nach der anderen. Anders gesagt, sie hatten eine Liste *deklarativer Fakten* abzuarbeiten:

- Zuerst muß ich eine 2 wählen,
- dann habe ich die 0 zu wählen,
- dann wähle ich die 7,
- und so weiter.

Wenn Sie die Nummer aber oft genug gewählt haben, so können Sie sie als eine Einheit produzieren – eine schnell ausgeführte Abfolge von Handlungen auf den Zifferntasten des Telefons. Dieser Prozeß wird Wissenskompilierung genannt. Durch Übung sind Sie in der Lage, eine längere Sequenz von Tätigkeiten ohne bewußtes Eingreifen auszuführen. Aber während dieses »automatischen« Wählens haben Sie keinen bewußten Zugriff zum Inhalt der zu einer Einheit zusammengestellten Ziffern. Es kann durchaus passieren, daß jemand die Telefonnummern nicht erinnert, es sei denn, er stellt sich vor, daß er sie wählt. Wissenskompilierung ist dafür verantwortlich, daß es schwierig ist, prozedurales Wissen mit anderen zu teilen. Erinnern Sie sich daran, wie Ihre Eltern versucht haben, Ihnen das Autofahren beizubringen. Obwohl sie vielleicht sehr gute Autofahrer waren, hatten sie große Probleme, Ihnen die *Inhalte* des kompilierten Wissens über die Prozeduren beim guten Autofahren mitzuteilen.

derson 1987, 1993): Wie kommt man von einer bewußten Aufstellung von Tätigkeitsschritten zu einer unbewußten, automatischen Ausführung derselben Tätigkeit? Und wie kommt es, daß man nach dem Erlernen einer Fertigkeit Probleme hat, zum Ausgangszustand zurückzukehren und sich die einzelnen Komponenten der Leistung *bewußt* vor Augen zu führen? Betrachten wir ein Alltagsbeispiel (s. **Psychologie im Alltag**).

5.5.2 Gedächtnisprozesse

Gleichgültig, mit welcher Art von Gedächtnis wir es zu tun haben, die Fähigkeit, Wissen zu einem späteren Zeitpunkt zu nutzen, setzt voraus, daß 3 geistige Prozesse ablaufen: Enkodieren, Speichern und Abrufen.

> **!**
> - Enkodieren (Enkodierung) ist die erstmalige Verarbeitung von Informationen, die zu einer Repräsentation im Gedächtnis führt.
> - Speichern (Speicherung) ist die Aufbewahrung des enkodierten Materials über die Zeit hinweg.
> - Abrufen (Retrieval) ist das Wiederauffinden der gespeicherten Information zu einem späteren Zeitpunkt.
>
> Um es einfach auszudrücken: Die Information kommt durch Enkodierung ins Gedächtnis hinein, durch Speicherung wird sie so lange aufbewahrt, bis man sie benötigt, und durch Abruf bekommt man sie wieder heraus.

Enkodierung (»Einspeichern«) erfordert, daß Sie mentale (geistige) Repräsentationen der Informationen aus der Außenwelt bilden. Das Konzept der mentalen Re-

präsentation ist leichter zu verstehen, wenn wir eine *Analogie* zu Repräsentationen außerhalb unseres Kopfes bilden. Stellen Sie sich vor, wir möchten etwas über das schönste Geschenk wissen, das Sie auf Ihrer letzten Geburtstagsfeier bekommen haben. Und nehmen wir einmal an, Sie haben es jetzt nicht dabei. Was könnten Sie tun, um uns Informationen über das Geschenk zu geben? Sie könnten die Eigenschaften dieses Gegenstandes beschreiben. Oder Sie könnten ein Bild für uns zeichnen. Oder Sie könnten so tun, als verwendeten Sie den Gegenstand. In jedem Fall handelt es sich um Repräsentationen des ursprünglichen Gegenstandes. Obwohl wahrscheinlich keine der Repräsentationen den Anblick des vor uns liegenden Gegenstandes ersetzen könnte, so gestatten sie es uns doch, über wichtige Aspekte des Geschenks Wesentliches zu erfahren.

Bei mentalen Repräsentationen verhält es sich genauso. In Repräsentationen bleiben die wichtigsten Eigenschaften früherer Erfahrungen erhalten; und dies geschieht in einer Weise, daß Sie in die Lage versetzt werden, sich diese Erfahrungen erneut selbst zu präsentieren – sie *im wörtlichen Sinne* zu re-präsentieren. Wenn wir auf mentale Repräsentationen individueller Erinnerungen Bezug nehmen, sprechen wir auch von Gedächtnisspuren. Dahinter verbirgt sich die Auffassung, daß man in Gedächtnissystemen das aktuelle Überbleibsel der ursprünglichen Erfahrung – eine Spur – abspeichert.

Wenn Informationen in geeigneter Weise enkodiert werden, werden sie im Speicher für eine bestimmte

Zeitspanne aufbewahrt. **Speicherung** – im Sinne von Aufbewahren – setzt sowohl langfristige als auch kurzfristige Veränderungen in den Strukturen unseres Gehirns voraus.

Abrufen (»retrieval«) ist der Ertrag all der vorangehenden Anstrengungen. Wenn das Abrufen funktioniert, ermöglicht es – oft innerhalb eines Sekundenbruchteils – den Zugang zu vorher abgespeicherten Informationen. Erinnern Sie sich an das, was vor der Speicherung kommt: Dekodierung oder Enkodierung? Jetzt fällt Ihnen die Antwort leicht, aber werden Sie den Begriff der Enkodierung auch dann noch so flott und mit so viel Selbstvertrauen abrufen, wenn Sie in einigen Tagen oder Wochen über die Inhalte dieses Buchs geprüft werden? Psychologen, die wissen wollen, wie das Gedächtnis funktioniert und wie man Gedächtnisleistungen verbessern kann, untersuchen die Frage, wie man eine *bestimmte* Informationseinheit aus all den vielen gespeicherten Informationen des Gedächtnisses abruft.

Wenn es auch einfach ist, Enkodierung, Speicherung und Abruf als voneinander getrennte Gedächtnisvorgänge zu definieren, so ist doch die Wechselwirkung zwischen den 3 Prozessen recht komplex. Um etwa die Information, daß man einen Tiger gesehen hat, enkodieren zu können, muß man zunächst den Begriff Tiger aus dem Gedächtnis abrufen. Wenn man in ähnlicher Weise die Bedeutung eines Satzes wie »Er ist so ehrlich wie Benedict Arnold« im Gedächtnis festhalten möchte, muß man folgendes abrufen: die Bedeutung jedes einzelnen Wortes, die grammatischen Regeln, die angeben, wie Wortbedeutungen im Deutschen miteinander kombiniert werden sollten, und die kulturellen Informationen, die im einzelnen besagen, wie ehrlich Benedict Arnold – ein bekannter Verräter im amerikanischen Befreiungskrieg – wirklich war.

Wir sind jetzt so weit, daß wir uns genauer mit der Enkodierung, der Speicherung und dem Abrufen von Informationen beschäftigen können. In Abb. 5.15 finden Sie schon jetzt einige der Informationen, die Sie über

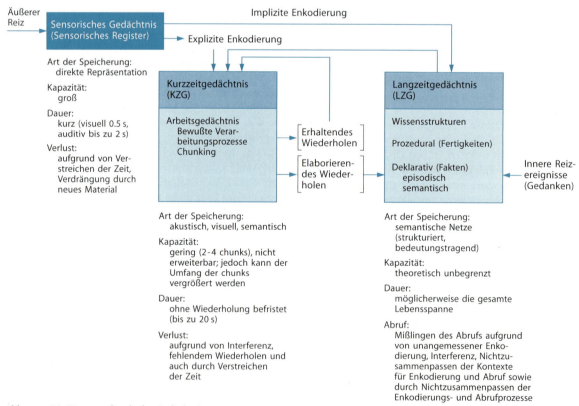

Abb. 5.15. Die Hauptmerkmale des Gedächtnisses

die Funktionsweise des Gedächtnisses lernen werden. Sie können sich die Abbildung noch einmal anschauen, wenn Sie die einzelnen Abschnitte des Kapitels durcharbeiten.

5.6
Sensorisches Gedächtnis

Wir wollen mit einer Demonstration beginnen, die zeigt, wie kurzlebig manche Arten des Gedächtnisses sind. In Abb. 5.16 ist eine ziemlich belebte Szene dargestellt. Wir möchten, daß Sie einen kurzen Blick darauf werfen – etwa 10 s lang – und das Bild dann abdecken. Fertig? Gut! Nun stellen wir Ihnen folgende Fragen:

1. Welches Werkzeug hält der kleine Junge unten auf dem Bild in der Hand?
2. Was macht der Mann oben in der Mitte?
3. Zeigt der Regenschirmgriff bei der Frau in der unteren rechten Ecke nach links oder nach rechts?

Wahrscheinlich wäre es Ihnen lieber, wenn Sie vor der Beantwortung noch einmal einen Blick auf das Bild werfen könnten.

Glücklicherweise ist die Möglichkeit, diesen »Extrablick« auf die Welt unserer Sinneseindrücke zu werfen, Bestandteil unserer Gedächtnisprozesse. Psychologen gehen von der Hypothese aus, daß man für jede Sinnesmodalität ein **sensorisches Gedächtnis (sensorisches Register)** hat, das die Verfügbarkeit von Informationen aus der Umwelt erweitert. Um diese Auffassung zu kon-

Abb. 5.16. Wieviel können Sie von dieser Szene erinnern?

kretisieren, werden wir Forschungsergebnisse zum sensorischen Gedächtnis aus den Bereichen des Sehens (visuelle Modalität) und des Hörens (auditive Modalität) beschreiben.

5.6.1
Ikonisches Gedächtnis

Neisser (1967) hat für das sensorische Gedächtnis im visuellen Bereich den Begriff des **ikonischen Gedächtnisses** eingeführt (Neisser 1967). Das ikonische Gedächtnis erlaubt uns, sehr große Informationsmengen für eine sehr kurze Zeit zu speichern. Eine visuelle Erinnerung (»icon«) bleibt ungefähr 1/2 s lang bestehen. Die Existenz des ikonischen Gedächtnisses wurde erstmals in Experimenten demonstriert, bei denen die Versuchsteilnehmer Informationen, die nur 1/20 s lang dargeboten wurden, von einem Bildschirm abrufen mußten. Wir beschreiben im Abschnitt **Experiment** eine dieser Untersuchungen, die ihren Autor, George Sperling, berühmt gemacht hat.

Aus den Leistungen beim teilweisen Berichten zog Sperling den Schluß, daß alle dargebotenen Informationen ins ikonische Gedächtnis gelangt sein mußten. Die fehlerfreie Reproduktion ist ein Hinweis auf dessen hohe Speicherkapazität. Gleichzeitig verweist der Leistungsunterschied zwischen der Methode des vollständigen und der Methode des teilweisen Berichtens darauf, daß die Informationen schnell verblassen. Die Personen waren bei der Methode des vollständigen Berichtens nicht in der Lage, alle Informationen zu erinnern. Die Kurzlebigkeit der Speicherung im ikonischen Ge-

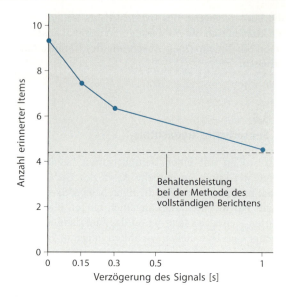

Abb. 5.17. Der Verlauf der Behaltensleistung beim Abrufen mit der Methode des teilweisen Berichtens. Die *durchgezogene Linie* zeigt die durchschnittliche Anzahl der mit dieser Methode unmittelbar nach der Darbietung und zu 3 späteren Zeitpunkten erinnerten Gedächtnisitems (Buchstaben). Die *gestrichelte Linie* zeigt zum Vergleich die durchschnittliche Anzahl der Buchstaben, die mit der Methode des vollständigen Berichtens reproduziert werden können. (Nach Sperling 1960)

dächtnis bestätigte sich durch Experimente, bei denen das Signal, das die zu reproduzierende Zeile angab, leicht verzögert dargeboten wurde. Abb. 5.17 zeigt, daß mit der Verlängerung des Intervalls bis zur Reproduktion von 0 auf 1 s die Anzahl der korrekt erinnerten Buchstaben immer weiter abnahm. Die Forscher haben

---

EXPERIMENT

Der Nachweis des ikonischen Gedächtnisses
Sperling (1960, 1963) zeigte den Versuchsteilnehmern eine ganz kurze Zeit Felder mit 3 Zeilen, wobei jede Zeile 3 Konsonanten enthielt.

    D   J   B
    X   H   G
    C   L   Y

Die Teilnehmer wurden dann gebeten, eine von 2 Aufgaben auszuführen. Ein Teil von ihnen sollte die dargebotenen Reize nach der *Methode des vollständigen Berichtens* reproduzieren. Diese Methode verlangt, von allen präsentierten Buchstaben so viele

wie möglich zu erinnern. Im typischen Fall waren Personen unter dieser Bedingung nur in der Lage, etwa 4 der 9 Buchstaben anzugeben. Die andere Gruppe der Teilnehmer bediente sich der *Methode des teilweisen Berichtens*. Dabei wird die Person gebeten, nur eine Zeile und nicht das gesamte Muster zu reproduzieren. Nach der Darbietung des Gesamtreizes ertönt ein Signal mit einem hohen, mittelhohen oder tiefen Klang, um anzuzeigen, welche Zeile reproduziert werden soll. Sperling fand heraus, daß die Reproduktion beim teilweisen Berichten nahezu fehlerfrei war, unabhängig davon, welche Zeile angegeben werden mußte.

diesen zeitlichen Ablauf recht genau erfaßt (Gegenfurtner u. Sperling 1993; Loftus et al. 1992). Fazit: Der »Extrablick« auf die Welt der visuellen Eindrücke ist nur dann von Nutzen, wenn die Informationen aus dem ikonischen Gedächtnis ganz schnell in einen beständigeren Speicher übermittelt werden.

5.6.2
Echoartiges (echoisches) Gedächtnis

Das sensorische Gedächtnis in der auditiven Modalität, also das sensorische Gedächtnis für Laute, wird als **echoartiges Gedächtnis** oder, auch im Deutschen, als echoisches Gedächtnis bezeichnet. Ebenso wie das ikonische Gedächtnis speichert es, bevor die Erinnerung verblaßt, mehr Informationen, als normalerweise berichtet werden können (Darwin et al. 1972). Die Forschung zum echoartigen Gedächtnis hat eine weitere wichtige Eigenschaft sensorischer Erinnerungen veranschaulicht: Sie werden leicht durch neue Informationen ersetzt, die der sensorischen Erfahrung ähneln, auf die diese Erinnerung zurückgeht. Der »Suffixeffekt« ist das Beispiel einer solchen Ersetzung (Crowder u. Morton 1969). Im Abschnitt **Experiment** beschreiben wir Studien, die diesen Effekt demonstrieren.

Rufen Sie sich in Erinnerung, daß in beiden Fällen das Suffix, der physikalische Laut, derselbe war. Aber nur wenn die Teilnehmer die Liste – von Menschen vorgelesene Buchstaben – und das »Bäh« – ein von einem Menschen hervorgebrachtes Geräusch – in dieselbe Kategorie einordneten, trat der Suffixeffekt auf. Es zeigt sich also, daß unsere Interpretation der Welt selbst in den frühesten Stadien der Enkodierung und der Speicherung von Erinnerungen eine große Bedeutung hat.

> **!** Vielleicht fragen Sie sich, warum sensorische Erinnerungen kurzlebig und leicht ersetzbar sind. Die Erklärung liegt darin, daß diese Eigenschaften zu unserer Interaktion mit der Umwelt passen. Wir machen ständig Erfahrungen mit neuen visuellen und auditiven Stimuli. Diese neuen Informationen müssen verarbeitet werden. Sensorische Erinnerungen sind beständig genug, um uns einen Sinn für Kontinuität zu geben, sie sind jedoch nicht eindringlich genug, um mit neuen Sinneseindrücken zu interferieren.

Wir wenden uns jetzt den Arten von Gedächtnisprozessen zu, durch die wir imstande sind, neue bleibende Erinnerungen zu bilden.

EXPERIMENT

Experiment: Der »Suffixeffekt«

Die Versuchsteilnehmer wurden gebeten, sich eine Reihe von Ziffern anzuhören. Außerdem sagte man ihnen, sie müßten versuchen, alle Ziffern in der richtigen Reihenfolge zu erinnern. Als die Ziffernreihe zu Ende war, kam immer wieder der gleiche zusätzliche Reiz – man kann ihn deshalb als »Nachsilbe« (Suffix) bezeichnen. Bei manchen Teilnehmern handelte es sich um das Wort »Null«, bei anderen war es ein Summton. Erfolgte nach der Ziffernreihe ein Summton, hatten die Personen eine perfekte Erinnerung an die letzte Ziffer aus der Zahlenreihe. Wurde die Reihe jedoch mit dem Wort »Null« abgeschlossen, lag die Erinnerungsgenauigkeit für die letzte Ziffer nur zwischen 40 und 50% (Crowder 1976).

Man sieht, daß das echoische Gedächtnis für die letzte Ziffer von großem Nutzen war, wenn ihr ein Summton folgte. Der Ton ähnelte den gesprochenen Ziffern offenkundig zu wenig, als daß er die echoartige Erinnerung hätte ersetzen können. War der Zusatz jedoch das Wort »Null« (oder irgendein anderes Wort), so trat der Zusatz im echoischen Gedächtnis an die Stelle der letzten Ziffer; und auf diese Weise ging der potentielle Nutzen des echoischen Gedächtnisses für das Erinnern verloren.

Die Forscher waren ursprünglich der Auffassung, nur die physische Ähnlichkeit der Töne bestimme, ob ein Reiz einen anderen im echoartigen Gedächtnis ersetzt. Jetzt wissen wir jedoch, daß hier auch die Art und Weise, wie die Person einen auditiven Reiz kategorisiert, eine Rolle spielt, wie das folgende Experiment zeigt.

In dieser Untersuchung folgte das Suffix auf eine Liste mit Buchstaben. Es handelte sich dabei physikalisch immer um denselben Reiz – er hörte sich an wie das »Bäh« eines Schafs. Unter einer Bedingung jedoch wurden die Teilnehmer zu der Meinung verleitet, es handele sich wirklich um das Blöken eines Tieres, während sie im anderen Fall glaubten, daß es ein »Bäh« eines Menschen sei, der versuchte, so wie ein Schaf zu klingen (was auch tatsächlich der Fall war). Das Suffix hatte nur dann die Funktion, Informationen im echoartigen Gedächtnis zu ersetzen, wenn die Versuchsteilnehmer meinten, das Geräusch sei von einem Menschen hervorgebracht worden (Neath et al. 1993).

5.7
Kurzzeitgedächtnis (KZG)

Bevor Sie anfingen, dieses Kapitel zu lesen, wußten Sie vielleicht gar nicht, daß Sie ein ikonisches oder ein echoartiges Gedächtnis haben. Sie waren sich jedoch sehr wahrscheinlich der Tatsache bewußt, daß es Erinnerungen gibt, die lediglich für eine kurze Zeit vorhalten. Denken Sie nur daran, wie Sie in einem Telefonbuch nachsehen, um die Nummer eines Freundes zu finden, und dann die Nummer gerade lange genug erinnern, um sie zu wählen. Wenn sich herausstellt, daß die Nummer besetzt ist, müssen Sie oft zurück zum Telefonbuch. Derartige Erfahrungen machen verständlich, warum sich die Forschung mit dem **Kurzzeitgedächtnis** (KZG) befaßt hat.

Eine wichtige Funktion des Kurzzeitgedächtnisses besteht darin, eine erste Enkodierung für das explizite Einprägen von Erinnerungen zu liefern. Wie wir in Abschn. 5.5.1 gesehen haben, verfügen wir über einen großen Vorrat an nicht bewußten, impliziten Erinnerungen. Das Kurzzeitgedächtnis bezieht sich jedoch nur auf das zeitweilige Speichern von Informationen, die man *bewußt und explizit* erinnert. Sie sollten sich das Kurzzeitgedächtnis aber nicht als einen besonderen »Ort« – etwa im Gehirn – vorstellen, an den die Erinnerungen geschickt werden, sondern eher als einen »eingebauten Mechanismus«, der die kognitiven Reserven

auf eine kleine Zahl mentaler Repräsentationen konzentriert (Cowan 1993; Shiffrin 1993). Doch wie die Erfahrung mit der Telefonnummer zeigt, ist das Kurzzeitgedächtnis ein sehr wankelmütiger Helfer: Man muß besondere Vorkehrungen treffen, um zu gewährleisten, daß Erinnerungen in dauerhafterer Form enkodiert werden.

5.7.1
Die Kapazitätsbegrenzungen des Kurzzeitgedächtnisses

Die wichtigste Eigenschaft des Kurzzeitgedächtnisses ist seine **begrenzte Kapazität**. Dieses Merkmal ergibt sich unmittelbar – sozusagen zwangsläufig – aus der riesigen Informationsmenge, auf die sich unser Bewußtsein potentiell konzentrieren könnte. In Abschn. 4.2 haben wir beschrieben, wie die Kapazitätsgrenzen unserer Aufmerksamkeit als eine Art Filter wirken, um bestimmte Objekte und Ereignisse auszuwählen, auf die wir unsere Aufmerksamkeit richten. In ähnlicher Weise wird die Menge der Informationen, die im Kurzzeitgedächtnis aktiv bearbeitet werden kann, begrenzt. Diese Kapazitätsgrenze ist sehr nützlich: Sie sorgt für eine klare Ausrichtung unserer kognitiven Ressourcen.

Daß die Kapazität des Kurzzeitspeichers sehr begrenzt ist, können Sie in dem folgenden kleinen Experiment selbst erfahren.

EXPERIMENT

Die magische Zahl 7
Um die Kapazität des Kurzzeitgedächtnisses exakt zu bestimmen, haben Wissenschaftler lange Zeit die **Gedächtnisspanne** gemessen. Sie können dieses Merkmal aber auch im Selbstversuch erfassen.

Lesen Sie sich die folgende Liste von Ziffern *einmal* sorgfältig durch. Decken Sie sie dann ab und schreiben Sie so viele von den Ziffern nieder, wie Sie können, und zwar in der Reihenfolge, in der sie vorgegeben wurden. Bitte lesen Sie:

8 1 7 3 4 9 4 2 8 5

Decken Sie die Ziffern nun ab. Schreiben Sie sie in der vorgegebenen Reihenfolge aus der Erinnerung auf. Wie viele waren richtig? Lesen Sie nun eine Liste mit

zufällig angeordneten Buchstaben und machen Sie den gleichen Gedächtnistest. Bitte lesen Sie:

J M R S O F L P T Z B

Decken Sie die Buchstaben nun ab. Schreiben Sie sie in der vorgegebenen Reihenfolge aus der Erinnerung auf. Wie viele Buchstaben waren richtig?

Wenn Sie ungefähr das gleiche Erinnerungsvermögen haben wie die meisten Menschen, werden Sie wahrscheinlich zwischen 5 und 9 »Gedächtnisitems« (hier: Ziffern, Buchstaben) erinnern. George Miller (1956) hat festgestellt, daß 7 (+/-2) die »magische Zahl« ist, die die menschliche Gedächtnisleistung für Reihen zufällig angeordneter, vertrauter Items begrenzt – egal ob es sich um Buchstaben, Wörter, Zahlen oder andere bedeutungtragende Items handelt.

Derartige Tests für die Gedächtnisspanne führen jedoch zu *Überschätzungen* der wahren Kapazität des Kurzzeitgedächtnisses, weil wir fähig sind, bei der Ausführung solcher Aufgabe neben der »reinen« Kapazität »Hilfsmittel« zu nutzen. Erinnern Sie sich etwa daran, daß das echoische Gedächtnis Ihnen dabei hilft, die Erinnerung an die letzten Items in einer laut vorgelesenen Liste zu verbessern – zumindest, wenn kein Suffix folgt (vgl. Abschn. 5.6.2)! Wenn man diese und andere Gedächtnishilfen eliminieren könnte, so würde die Kapazität des Kurzzeitgedächtnisses nur bei 2–4 Einheiten liegen, und nicht bei 7 Items, wie bei Aufgaben zur Gedächtnisspanne (Crowder 1976).

5.7.2
Wie man sich auf die Kapazität des Kurzzeitgedächtnisses einstellt

Wenn die Kapazität so eng begrenzt ist, dann taucht zwangsläufig die Frage auf, warum wir nicht häufiger unsere Grenzen spüren. Denn es ist unsere Erfahrung, daß das Kurzzeitgedächtnis im Alltag recht gut funktioniert. Das hat 2 Gründe:

- Erstens kann das Enkodieren der Informationen verbessert werden, und zwar durch Wiederholen und *Chunking,*
- zweitens erfolgt das Abrufen von Informationen aus dem Kurzzeitgedächtnis ausgesprochen schnell.

Wiederholen

Eine der besten Techniken, um jegliche Art von Gedächtnis zu verbessern, besteht darin, die Information gewissenhafter zu enkodieren. Sie wissen wahrscheinlich, daß eine gute Methode zum Behalten der Telefonnummer Ihres Freundes darin besteht, daß Sie die Ziffern ständig im Kopf wiederholen. Diese Mnemotechnik nennt man **erhaltendes** oder **einfaches Wiederholen** (»maintenance rehearsal«). Was passiert mit der nicht wiederholten Information? Das wurde in einem einfallsreichen Experiment demonstriert.

Die Versuchsteilnehmer hörten 3 Konsonanten, beispielsweise F, C und V. Sie sollten diese Konsonanten auf ein Signal reproduzieren, das nach einem zwischen 3 und 18 s variierenden Behaltensintervall auftrat. Um zu vermeiden, daß sie das Gedächtnismaterial wiederholten, wurde zwischen der Reizdarbietung und dem Abrufsignal eine Ablenkungsaufgabe (»distractor task«) eingesetzt. Sie bestand darin, daß den Teilneh-

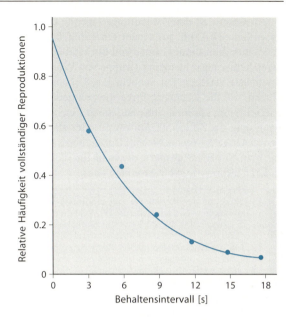

Abb. 5.18. Kurzzeitiges Behalten ohne Wiederholen. Wird das Intervall zwischen der Darbietung der Gedächtnisitems und der Reproduktion mit einer Ablenkungsaufgabe ausgefüllt, so wird die Erinnerungsleistung mit zunehmendem Behaltensintervall immer schlechter

mern eine dreistellige Zahl genannt wurde. Sie sollten bis zum Ertönen des Reproduktionssignals in Dreierschritten rückwärts zählen. In dieser Studie wurden verschiedenste Konsonanten verwendet, und in einer Vielzahl von Durchgängen wurden ganz unterschiedliche Behaltensintervalle ausprobiert.

Wie in Abb. 5.18 dargestellt, verschlechterte sich der Abruf aus dem Gedächtnis mit der Verlängerung des Behaltensintervalls deutlich. Schon nach 3 s gab es einen beträchtlichen Gedächtnisverlust, und nach 18 s wurde fast nichts mehr behalten. Ohne die Möglichkeit, die Information zu wiederholen, nahm das Erinnern also zügig und stetig ab (Peterson u. Peterson 1959).

Chunking

Nehmen wir einmal an, die Information, die Sie sich einprägen möchten, sei zumindest auf Anhieb zu unhandlich, um sie zu wiederholen. Dann könnten Sie vielleicht die Strategie des *Chunking* anwenden. *Chunk* kommt aus dem Englischen und bedeutet, wörtlich übersetzt, Batzen, Brocken oder großes Stück.

Ein Chunk ist eine bedeutungstragende Informationseinheit. Er kann aus einem einzelnen Buchstaben oder einer Zahl, einer Gruppe von Buchstaben oder anderer Items, sogar aus einer Gruppe von Wörtern oder einem Satz bestehen. Die Sequenz 1, 9, 8, 4 besteht aus 4 Ziffern, die die Kapazität Ihres Kurzzeitgedächtnisses überschreiten könnten. 1984 ist jedoch nur ein Chunk, wenn man die Ziffern als Jahreszahl oder als Titel von George Orwells Roman ansieht. Durch dieses **Chunking** hat man Kapazität gespart, die man für das Behalten anderer Informationen verwenden kann.

> **!** Chunking ist der Prozeß der Neuanordnung (Rekodierung) einzelner Gedächtnisitems. Die Rekodierung kann durch Gruppierung auf der Basis von Ähnlichkeit oder einem anderen Organisationsprinzip erfolgen. Sie kann aber auch in der Neukombination der Items zu größeren Mustern auf der Grundlage von Informationen bestehen, die im Langzeitgedächtnis gespeichert sind.

Wieviele Chunks finden Sie in der folgenden Sequenz aus 20 Ziffern: 19451939191819141871? Das sind 20 Chunks, wenn Sie die Ziffern als einzelne Zahlen sehen; aber es sind nur fünf, wenn Sie sie als Daten von Kriegen der deutschen Geschichte gruppieren. Im zweiten Falle sollte es Ihnen schon nach einem flüchtigen Blick ein Leichtes sein, alle Ziffern in der richtigen Reihenfolge wiederzugeben. Aber es wäre wohl unmöglich, nach einer kurzen Darbietung alle zu erinnern, wenn Sie sie als 20 einzelne Items betrachteten.

Ihre Gedächtnisspanne kann immer dann beträchtlich erweitert werden, wenn Sie herausfinden, wie Sie eine gegebene Menge von Informationen zu Chunks gruppieren können. Das zeigt die folgende Untersuchung an S. F., einer inzwischen berühmten »Versuchsperson«.

Wie S. F. können Sie eintreffende Informationen danach strukturieren, welche persönliche Bedeutung sie für Sie haben (beispielsweise Verbindungen zum Alter von Freunden oder Verwandten herstellen); oder sie können einen Zusammenhang zwischen neuen Informationen und verschiedenen Codes herstellen, die Sie im Langzeitgedächtnis gespeichert haben. Selbst wenn Sie keine Verbindungen zwischen neuen Reizen und Regeln, Bedeutungen oder Codes in Ihrem Langzeitgedächtnis finden können, können Sie immer noch Chunking aufgrund Ihres Umgangs mit Zahlen einsetzen (aus 181379256460 könnte etwa 181 Pause, 379 Pause, 256 Pause, 460 werden). Aus der Alltagserfahrung wissen wir, daß dieses Gruppierungsprinzip beim Erinnern von Telefonnummern gut funktioniert.

Abrufen aus dem Kurzzeitgedächtnis

Wiederholen und Chunking haben etwas mit der Art und Weise zu tun, wie man Informationen *enkodiert,* um die Wahrscheinlichkeit zu vergrößern, daß sie im Kurzzeitgedächtnis bleiben oder dort aufgenommen werden. Aber auch ohne diese strategischen Vorberei-

---

EXPERIMENT

Wie man zu einem Gedächtniskünstler wird

Zu Beginn konnte S. F. nur die üblichen 7 Zahlen in der richtigen Reihenfolge wiederholen. Nachdem er jedoch 2 1/2 Jahre geübt hatte (1 h/Tag, 2–5 Tage pro Woche), konnte er bis zu 80 Zahlen behalten oder eine Matrix von 50 Zahlen fehlerlos reproduzieren. Darin war er schneller als Menschen, die ihr Leben lang als Gedächtniskünstler gegolten hatten.

S. F. erhielt weder besondere Betreuung noch spezielles Training. Er investierte lediglich Hunderte von Übungsstunden, in denen er zuhörte, wie Zufallszahlen, je eine pro Minute, vorgelesen wurden, die er dann in der richtigen Reihenfolge wiedergab. Hatte er sie richtig wiedergegeben, so wurde beim nächsten Versuch eine weitere Zahl zugefügt. War die Wiedergabe falsch, so wurde beim nächsten Versuch eine Zahl weggelassen. Nach jedem Versuch gab S. F. einen

verbalen Bericht über seinen Denkprozeß. Diese Protokolle sind der Schlüssel, mit dem die unglaubliche Gedächtnisleistung entzaubert werden kann.

Weil er ein Langstreckenläufer war, bemerkte S. F., daß viele der Zufallszahlen in Zeiten für unterschiedliche Laufdistanzen gruppiert werden konnten. Später benutzte S. F. auch Altersangaben, die Daten besonderer Ereignisse und besondere Zahlenmuster, um die Zufallszahlen zu Chunks zu gruppieren. Auf diese Art konnte er sein Langzeitgedächtnis nutzen, um lange Ketten zufälligen Inputs zu einer kleineren Anzahl bedeutungstragender Chunks zu formieren, die er bewältigen konnte. Seine Gedächtniskapazität für *Buchstaben* betrug jedoch immer noch 7+/−2, denn er hatte keine Strategie entwickelt, die ihm geholfen hätte, Ketten von Buchstaben zu erinnern (Chase u. Ericsson 1981; Ericsson u. Chase 1982).

tungen stellt sich heraus, daß das *Abrufen* (Retrieval) aus dem Kurzzeitgedächtnis ein sehr leistungsfähiger Prozeß ist. In einer Reihe klassischer Experimente entwickelte Saul Sternberg (1966, 1969) eine Aufgabe, die anschaulich belegt, mit welch hoher Geschwindigkeit Personen beurteilen können, auf welche Information sich das Kurzzeitgedächtnis konzentrieren sollte. Diese

Experimente beschreiben wir im Abschnitt **Unter der Lupe.**

Obwohl zur Erklärung von Sternbergs Ergebnissen auch andere Theorien angeboten wurden (Ratcliff 1978; Townsend 1971, 1990), stimmen sie alle darin überein, daß der Abruf aus dem Kurzzeitgedächtnis sehr rasch erfolgt. Wir wollen einige Schlußfolgerun-

---

UNTER DER LUPE

Scanning (Abtasten)

Obwohl Sternberg (1966, 1969) eine recht einfache Aufgabe benutzte, zeigen die Ergebnisse detailliert, wie das Abrufen von Gedächtnisitems aus dem Kurzzeitgedächtnis offensichtlich funktioniert.

Bei jedem der zahlreichen Durchgänge erhielten die Versuchsteilnehmer ein Set an »Gedächtnismaterial«, das aus 1–6 Items bestand – z. B. die Ziffern 5, 2, 9, 4, 6. Von einem Durchgang zum nächsten wurden die dargebotenen Ziffern und die Länge der Liste variiert. Sofort nach der Darbietung eines jeden Sets zeigte Sternberg ein einzelnes Testitem, beispielsweise die Ziffer 6. Die Versuchsteilnehmer sollten entscheiden, ob das Testitem Teil des Sets gewesen war. Da die Größe der Sets kleiner war als die Gedächtnisspanne, war es einfach, die Aufgabe fehlerlos durchzuführen.

Die abhängige Variable war nicht die Genauigkeit, sondern die *Geschwindigkeit des Wiedererkennens.* Wie schnell konnten die Versuchsteilnehmer einen »Ja-Knopf« drücken, um zu signalisieren, daß sie das Testitem in dem Set gesehen hatten, oder einen »Nein-Knopf«, um zu signalisieren, daß sie es nicht gesehen hatten? Die Reaktionszeit wurde als Zugang zu den geistigen Aktivitäten beim Durchsuchen des Kurzzeitgedächtnisses benutzt. Man nahm an, daß die Reaktionszeit durch 3 Komponenten des Abrufprozesses zustandekommt:

a) die Wahrnehmung und Enkodierung des Testreizes – »es ist eine 6«,
b) den Vergleich des Testreizes mit den gespeicherten Reizen des Sets (5, 2, 4, 9, 6) und
c) die Reaktion, die das Wiedererkennen anzeigt, in diesem Falle also das Drücken des »Ja«- oder des »Nein-Knopfes«.

Sternberg nahm an, daß beim **Abtasten (Scanning)** des Kurzzeitgedächtnisses eine von 3 Suchstrategien angewendet werden könnte:

- Beim *parallel arbeitenden Abtasten* würde das Set als ein Ganzes behandelt, und die verschiedenen Ziffern würden gleichzeitig überprüft, eben »zeitlich parallel«. Wäre dies der Fall, so dürfte das Abtasten bei größeren Sets nicht länger dauern als bei kleineren, und die Reaktionszeit bliebe immer gleich.
- Beim *seriellen Abtasten mit umgehendem Abbruch* würde eine Ziffer nach der anderen überprüft werden, bis das Testitem gefunden wäre, dann wäre die Suche beendet. Bei diesem Prozeß bräuchte das Abtasten bei längeren Listen mehr Zeit als bei kürzeren. Zusätzlich dazu würde das Zustandekommen einer »Nein-Reaktion« mehr Zeit als das Zustandekommen einer »Ja-Reaktion« erfordern. Die Vp würde den Suchprozeß abbrechen (»Ja«), wenn sie das passende Item gefunden hätte, müßte aber alle Ziffern im Set abtasten, um sich für »Nein« zu entscheiden.
- Beim *vollständigen seriellen Abtasten* würden alle Ziffern des gespeicherten Sets einzeln abgetastet, und bevor eine »Ja«- oder »Nein-Reaktion« geäußert würde, würde das ganze Set überprüft. In diesem Falle wäre die Reaktionszeit bei längeren Listen länger, »Ja«- und »Nein-Antworten« würden jedoch gleich lange Zeit in Anspruch nehmen.

Die Ergebnisse stimmen mit den Erwartungen beim vollständigen seriellen Abtasten überein. Es dauert länger, Testreize aus umfangreicheren Sets zu erkennen, »Ja«-Antworten und »Nein-Antworten« werden jedoch gleich schnell gegeben. Sternberg nahm an, es dauere etwa 400 ms, den Testreiz zu enkodieren und dann weitere 35 ms, ihn mit jedem Item des gespeicherten Sets zu vergleichen. Während einer einzigen Sekunde könne ein Mensch etwa 30 derartige Vergleiche durchführen. Bei einem so schnellen Prozeß kann man sich ein allumfassendes Abtasten leisten, bevor man entscheidet, an was man sich wirklich erinnert.

gen aus diesen Befunden ziehen, indem wir uns der Analogie einer riesigen Forschungsbibliothek bedienen. Nehmen Sie einmal an, es gebe in der Bibliothek eine Vielzahl von Büchern (eine Vielzahl verfügbarer Sinneseindrücke); dann wären Sie wahrscheinlich überrascht, wenn Sie herausfänden, daß die Bibliothek zu einem Zeitpunkt lediglich die Ausleihe von 3 Büchern zuließe (die Begrenzungen des Kurzzeitgedächtnisses). Nehmen wir aber weiterhin an, jeder Besucher der Bibliothek könne die Informationen in einem Buch mit blitzartiger Geschwindigkeit erfassen (die Abrufgeschwindigkeit aus dem Kurzzeitgedächtnis). Bei diesem hohen Leistungsniveau würde man die Bibliothek effizient nutzen, und die Begrenzung der Zahl der auszuleihenden Bücher auf 3 Exemplare käme einem kaum einmal ins Bewußtsein. Auch in unserem Kurzzeitgedächtnis scheint es genau dieses optimale Zusammenspiel von Abrufkapazität und Verarbeitungseffizienz zu geben.

5.7.3
Kurzzeitgedächtnis als Arbeitsgedächtnis

Wir haben uns bisher hauptsächlich mit der Rolle beschäftigt, die das Kurzzeitgedächtnis bei der expliziten Einprägung *neuer* Gedächtnisinhalte spielt. Ihm kommt jedoch eine ebenso wichtige Rolle beim Abrufen *bereits vorhandener* Erinnerungen zu. Am Anfang dieses Kapitels etwa baten wir Sie, eine Zahl im Gedächtnis zu behalten. Können Sie sich jetzt noch daran erinnern, um welche Zahl es sich handelt? Wenn nicht, dann schlagen sie nach. Wenn Sie sich daran erinnern konnten, dann bedeutet das, daß Sie Ihre mentale Repräsentation dieser Erinnerung im Kurzzeitgedächtnis noch einmal aktiviert haben. Das Kurzzeitgedächtnis wird oft als **Arbeitsgedächtnis** bezeichnet, weil Informationen dort bearbeitet, neu durchdacht und strukturiert werden. Diese Informationen können aus dem sensorischen Gedächtnis oder aus dem Langzeitgedächtnis dorthin gelangen.

> **!** Die Deutung des Kurzzeitgedächtnisses als Arbeitsgedächtnis sollte die Auffassung verstärken, daß das Kurzzeitgedächtnis *kein Ort,* sondern *ein Prozeß* ist. Um die Aufgaben der Kognition zu erledigen – um also kognitive Aktivitäten wie Sprachverarbeitung oder Problemlösen auszuführen –, muß man eine Vielzahl unterschiedlicher Elemente in schneller Folge miteinander kombinieren. Man kann sich das Kurzzeitgedächtnis als eine kurzfristige besondere Konzentration auf die notwendigen Elemente vorstellen. Wenn Sie ein physikalisches Objekt besser se-

> hen wollen, können Sie es mit einem helleren Licht beleuchten. Das Kurzzeitgedächtnis wirft ein helleres Licht auf unsere mentalen Objekte – unsere Gedächtnisrepräsentationen.

Das Kurzzeitgedächtnis trägt auch dazu bei, unsere »psychologische Präsenz« aufrechtzuerhalten. Es erzeugt einen Kontext für neue Ereignisse und verbindet voneinander getrennte Episoden zu einer fortlaufenden Geschichte. Es befähigt uns, die Repräsentation einer sich verändernden Situation zu bewahren und ständig auf den neuesten Stand zu bringen, und es ermöglicht uns sogar, während einer Unterhaltung ein Thema weiterzuverfolgen. All dies ist der Fall, weil das Kurzzeitgedächtnis als eine Art Zwischenstation für Informationen dient, die ins Langzeitgedächtnis hinein und wieder heraus kommen. Wir wollen uns nun dieser Form des Gedächtnisses zuwenden.

5.8
Langzeitgedächtnis (LZG): Die Prozesse des Enkodierens und Abrufens

Was ist Ihre früheste Erinnerung? Wie alt waren Sie, als sich die Ereignisse abspielten? Wieviele Jahre ist das her? Bei einigen von unseren Lesern werden es ungefähr 15 Jahre sein, bei vielen anderen werden es 20 Jahre oder gar 40 oder 60 Jahre sein. Wie lange können Erinnerungen bestehen bleiben? Denken Sie an die 90 Jahre alten Erinnerungen einer Frau, die sich lebhaft an das Erdbeben im San Francisco des Jahres 1906 und das danach ausbrechende Feuer erinnert. Sie erinnert sich noch genau daran, was sie empfand, als sie und die anderen Kinder sich abmühten; sie holten Wasser aus der Meeresbucht, um es in große Taschen aus Sackleinen zu schütten. Ihr Vater nahm die von ihr gefüllten Taschen und warf sie auf das Dach, um das Haus vor den lodernden Flammen zu retten. Danach hat keine Erinnerung den Schrecken und die Aufregung, die sie als junges Mädchen spürte, als sie mit ansah, wie ihre Stadt niederbrannte, aus dem Gedächtnis verdrängt.

> **!** Wenn Psychologen vom **Langzeitgedächtnis (LZG)** sprechen, so geschieht dies in Kenntnis der Tatsache, daß Erinnerungen oft ein Leben lang behalten werden. Alle Theorien, die erklären, wie Erinnerungen für eine so lange Zeit erworben werden, müssen daher zusätzlich erklären, wie diese Erinnerungen im Verlauf des Lebens verfügbar bleiben. Das Langzeitgedächtnis ist der »Speicher« für alle Erfahrungen, Informationen, Emotionen, Fertigkeiten, Wör-

ter, Begriffsklassen, Regeln und Urteile, die man sich aus dem sensorischen und dem Kurzzeitgedächtnis angeeignet hat. Das Langzeitgedächtnis macht das Gesamtwissen einer Person über die Welt und sich selbst aus.

Unsere Fähigkeit, etwas zu erinnern, wird optimal sein, wenn es eine gute Übereinstimmung gibt zwischen den Umständen, unter denen man eine Information enkodiert, und den Umständen, unter denen man versucht, sie abzurufen. Wir werden in den nächsten Abschnitten erfahren, was es bedeutet, eine solche »gute Übereinstimmung« zu haben.

5.8.1
Abrufhilfen (»retrieval cues«)

Wir werden unsere Erkundungsreise zur Übereinstimmung zwischen Enkodieren und Abrufen damit beginnen, daß wir Sie bitten, sich vorzustellen, daß Sie an einem Gedächtnisexperiment teilnehmen. Versuchen Sie, sich die Wortpaare in Liste A der Tabelle 5.2 im Gedächtnis einzuprägen. Wiederholen Sie das so lange, bis Sie die 6 Wortpaare dreimal hintereinander fehlerfrei durchgegangen sind. Beschränken Sie sich aber auf Liste A von Tabelle 5.2; Liste B werden wir später verwenden.

Um diesen Gedächtnistest interessanter zu machen, müssen wir jetzt ein Behaltensintervall einführen – eine Zeitspanne, in der Sie die Information im Gedächtnis aufbewahren müssen. Lassen Sie uns einen Augenblick damit verbringen, die Techniken zu besprechen, die man einsetzen kann, um das Gedächtnis zu überprüfen. Vielleicht meinen Sie, daß man entweder etwas weiß oder es nicht weiß und daß jede Überprü-

Tabelle 5.2. Das Erlernen von Paarassoziationen (»paired-associate learning«)

A. Versuchen Sie die folgenden Wortpaare zu lernen:	B. Wäre es schwerer für Sie, die folgenden neuen Wortpaare zu lernen?
Apfel – Boot	Apfel – Abendkleid
Hut – Knochen	Hut – Kreis
Fahrrad – Uhr	Fahrrad – Dach
Maus – Baum	Maus – Zeitschrift
Ball – Haus	Ball – Baby
Ohr – Decke	Ohr – Pfennig

fungsmethode für Ihr Wissen zum selben Ergebnis kommen wird. Das ist aber nicht der Fall. Wir werden beispielsweise sehen, daß Tests für implizites und explizites Gedächtnis zu ganz unterschiedlichen Resultaten führen können. Lassen Sie uns fürs erste 2 Tests für das explizite Gedächtnis besprechen: zur freien Reproduktion und zum Wiedererkennen.

- Bei der freien Reproduktion (»recall«) muß man die Information, die man zuvor kennengelernt hatte, rekonstruieren. »Was ist der Suffixeffekt?« ist eine Frage zur freien Reproduktion.
- Beim Wiedererkennen (»recognition«) geht es darum, zu erkennen, daß man ein bestimmtes Reizereignis schon einmal gesehen oder gehört hat. »Wie lautet der Begriff für eine visuelle sensorische Erinnerung? (1) Echo, (2) Engramm, (3) Icon oder (4) abstrakter Code?« Das ist eine Frage zum Thema Wiedererkennen.

Sie können freie Reproduktion und Wiedererkennen mit Ihren Alltagserfahrungen zum expliziten Gedächtnis verbinden. Nehmen Sie die Ermittlungsarbeit der Polizei: Wenn diese das Opfer einer Tat bittet, aus dem Gedächtnis einige hervorstechende Tätermerkmale zu beschreiben – etwa: »Fiel Ihnen an dem Mann etwas Besonderes auf?« – so wird die Methode der Reproduktion verwendet, um den Täter zu identifizieren. Die Polizei verwendet die Technik des Wiedererkennens, wenn sie dem Opfer ein Bild aus dem Kriminalarchiv nach dem andern vorlegt, oder wenn sie es bittet, den Täter in einer Gegenüberstellung zu identifizieren.

Wir wollen nun die beiden Vorgehensweisen dazu verwenden, bei Ihnen einen Behaltenstest zu den kürzlich gelernten Wortpaaren durchzuführen. Welche Wörter standen am Ende der folgenden Wortpaare?

Hut – . . . ?   Fahrrad – . . . ?   Ohr – . . . ?

Bitte ergänzen Sie! Wußten Sie's? Die Aufgabe geht weiter. Jetzt sollen Sie aus einer Reihe von Möglichkeiten das richtige Wortpaar heraussuchen.

Welche der folgenden Paare kamen vor? Kreuzen Sie jeweils das richtige Paar an!

Apfel – Baby	*Maus – Baum*	*Ball – Haus*
Apfel – Boot	*Maus – Zunge*	*Ball – Berg*
Apfel – Flasche	*Maus – Zelt*	*Ball – Horn*

Fertig? War der Test zum Wiedererkennen leichter als der zur freien Reproduktion? Zumindest ist das zu erwarten. Wir wollen versuchen, dieses Ergebnis mit Abrufhilfen zu erklären.

Abrufhilfen sind Reize, die uns zur Verfügung stehen, wenn wir nach einer bestimmten Erinnerung suchen. Sie mögen von außen bereitgestellt werden wie Prüfungsfragen (»Welche Gesetze in bezug auf das Gedächtnis sind mit den Untersuchungen von Sternberg und Sperling verbunden?«) oder intern generiert werden (»Wo habe ich diese Person kennengelernt?«). Jedesmal, wenn man versucht, eine explizite Erinnerung abzurufen, macht man das mit einer bestimmten Absicht, und bei dieser Absicht handelt es sich oft bereits um eine Abrufhilfe. Es überrascht Sie vielleicht nicht, daß es je nach Qualität der Abrufhilfe leichter oder schwieriger sein kann, Erinnerungen abzurufen. Wenn eine Freundin Sie fragt »Wie heißt der Kaiser, der mir immer nicht einfällt?«, fühlen Sie sich wahrscheinlich wie mitten in einem Ratespiel. Wenn sie statt dessen präzise fragt »Wie heißt der römische Herrscher nach Claudius?«, können Sie schon eher mit »Nero« antworten.

Lassen Sie uns auf die freie Reproduktion und das Wiedererkennen zurückkommen. Beide Gedächtnistests erfordern ein Suchen unter Einsatz von Hinweisreizen (»cues«). Die Hinweisreize beim Wiedererkennen sind jedoch viel nützlicher. Bei der freien Reproduktion müssen Sie diese Abrufhilfen weitgehend selbst hervorbringen. Beim Wiedererkennen ist ein Teil dieser Arbeit bereits für Sie gemacht worden. Wenn Sie sich das Wortpaar »Maus – Baum« ansehen, müssen Sie auf die Frage »Habe ich diese Erfahrung gemacht?« nur mit Ja oder Nein antworten, und nicht wie bei »Maus – . . .«? etwas zur Frage »Welche Erfahrung habe ich gemacht?« sagen. So betrachtet kann man sehen, daß wir den Test zum Wiedererkennen für Sie ziemlich leicht gemacht haben.

Aber auch das Wiedererkennen kann zu einer kniffligen Aufgabe werden. Nehmen wir einmal an, wir hätten Ihnen als Wahlmöglichkeiten Neukombinationen der ursprünglichen Wortpaare gegeben. – Beispiel: Welche der folgenden Wortpaare kamen vor?

Hut – Uhr   *Ohr – Boot*
Hut – Knochen   *Ohr – Decke*

Jetzt müssen Sie nicht nur erkennen, ob Sie ein Wort zuvor schon einmal gesehen haben, sondern Sie müssen auch erkennen, in welchem Kontext Sie es gesehen haben. In den meisten Fällen wird jedoch die Lösungsrate beim Wiedererkennen besser sein als bei der freien Reproduktion, weil die Abrufhilfen für das Wiedererkennen direkter sind. Lassen Sie uns nun einen Blick auf einige andere Aspekte von Abrufhilfen werfen.

Episodisches und semantisches Gedächtnis

Wir haben schon eine Reihe von Unterscheidungen zu den einzelnen Gedächtnisarten getroffen (s. Abschn. 5.5). Es gibt ein implizites und ein explizites Gedächtnis, ein deklaratives und ein prozedurales Gedächtnis. Wir können eine weitere Dimension innerhalb des deklarativen Gedächtnisses unterscheiden. Der kanadische Psychologe Endel Tulving (1972) hat als erster die Aufteilung zwischen dem episodischen und dem semantischen Typ des deklarativen Gedächtnisses vorgeschlagen. Die Unterscheidung bezieht sich auf die Hinweisreize, die nötig sind, um Erinnerungen abzurufen.

- Das **episodische Gedächtnis** einer Person enthält die spezifischen Erinnerungen an Ereignisse, die sie persönlich erfahren hat. Beispielsweise werden hier Erinnerungen an den glücklichsten Tag in Ihrem Leben oder an Ihren ersten Kuß gespeichert. Um solche Erinnerungen aus dem Gedächtnis abzurufen, braucht man Abrufhilfen, die etwas zum Zeitpunkt, zu dem sich das Ereignis abspielte, und etwas zum Inhalt der Ereignisse aussagen. In Abhängigkeit davon, wie die Information abgespeichert wurde, wird man möglicherweise in der Lage sein, eine besondere Erinnerungsspur für ein Ereignis hervorzubringen, oder auch nicht. Denken Sie beispielsweise einmal daran, wie Sie sich die letzten elf Male die Zähne putzten. Haben Sie eine besondere Erinnerung an das zehnte Mal, in Abhebung vom elften Mal?

- *Alle* Ihre Erinnerungen existierten zunächst als episodische Erinnerungen. Alles, was wir wissen, haben wir uns – in einem besonderen Kontext – angeeignet. Es gibt jedoch große Informationsklassen, auf die man in vielen unterschiedlichen Kontexten stößt. Diese Informationsklassen werden zum Abruf verfügbar gemacht, ohne daß auf die vielfältigen raumzeitlichen Erfahrungskontexte Bezug genommen wird. Diese Erinnerungen sind allgemeine kategorische Erinnerungen, wie etwa Erinnerungen an Bedeutungen von Wörtern und Begriffen. Sie bilden das **semantische Gedächtnis**. Bei den meisten Menschen setzen Fakten, wie »die Formel $E=MC^2$« und »die Hauptstadt von Frankreich: Paris« keine Abrufhilfen voraus, die sich auf die ursprünglichen Lernkontexte beziehen, in denen man sich die Erinnerung angeeignet hat.

Natürlich bedeutet das nicht, daß unser Abruf von Fakten, die man als semantische Erinnerungen betrachten kann, narrensicher ist. Wir wissen nur zu gut, daß wir viele Fakten vergessen können, die losgelöst sind von den Kontexten, in denen wir sie gelernt haben. Wenn eine semantische Erinnerung nicht hochkommen will, ist es eine gute Strategie, sie erneut wie eine episodische Erinnerung zu behandeln. Wenn man zu sich selbst sagt »Ich weiß, daß ich die Namen der römischen Herrscher im Kurs über westliche Zivilisationen gelernt habe«, ist man vielleicht in der Lage, sich zusätzliche Abrufhilfen zu verschaffen, die zur Erinnerung führen.

Interferenz

Als wir Sie eben baten, die paarweisen Wortverbindungen zu lernen, war das in Wirklichkeit die Bitte, neue episodische Erinnerungen zu lernen. Nehmen wir einmal an, wir bäten Sie, die Wortpaare in Liste B von Tabelle 5.2 zu lernen. Schauen Sie sich die Liste einmal genau an. Sie können sehen, was wir gemacht haben – jedes erste Wort des Wortpaares ist mit einem neuen Partner gekoppelt worden. Glauben Sie, daß es nun schwerer für Sie ist, diese neuen Wortpaare zu lernen? Und: Wenn Sie die neuen Wortpaare lernen, meinen Sie, daß es dann schwerer wird, die alten Assoziationen aus dem Gedächtnis abzurufen? In beiden Fällen lautet die Antwort, wie Sie sich wahrscheinlich schon gedacht haben: »Eindeutig Ja!« Dieses kurze Gedankenexperiment sollte Ihnen einen Eindruck von einem weiteren Aspekt von Abrufhilfen vermitteln – der **Interferenz**.

> **!** Interferenz tritt auf, wenn die Abrufhilfen nicht klar genug auf eine *bestimmte* Erinnerung verweisen. Je größer die Unsicherheit über die angemessene Reaktion auf eine Abrufhilfe ist, desto stärker wird die Erinnerungsleistung beeinträchtigt (Bower et al. 1994). Positiv gesagt: Informationen, die nicht durch neues Material gestört werden, werden am besten erinnert.

Man unterscheidet 2 Formen von Interferenz: die proaktive oder vorwärtsgerichtete und die retroaktive oder rückwärtsgerichtete Interferenz.

- Proaktive Interferenz verweist auf Umstände, unter denen Informationen, die Sie in der Vergangenheit erlernt haben, das Lernen neuer Informationen erschweren.
- Retroaktive Interferenz tritt auf, wenn das Erlernen neuer Informationen es schwerer macht, alte Informationen zu erinnern.

Wir haben Sie gebeten, bei den Listen in Tabelle 5.2 an beide Arten von Interferenz zu denken. Aber auch der normale Alltag ist voll mit Gegebenheiten, bei denen es zu Interferenzen kommt, wie der Abschnitt **Psychologie im Alltag** zeigt.

Bisher haben wir erfahren, daß man wirksame Abrufhilfen braucht, um Erinnerungen »hervorzuholen«. In den nächsten Abschnitten werden wir sehen, daß es

---

PSYCHOLOGIE IM ALLTAG

»Vergessen« durch Interferenzen

Wenn Sie jemals umgezogen sind und Ihre Telefonnummer wechseln mußten, haben Sie sowohl mit proaktiver als auch mit retroaktiver Interferenz Erfahrung gemacht. Zunächst empfanden Sie es wahrscheinlich als schwierig, sich an die neue Nummer zu erinnern, weil die alte Nummer immer noch in Ihrem Kopf war – proaktive Interferenz. Als Sie jedoch schließlich dazu imstande waren, zuverlässig die neue Nummer hervorzubringen, kann es dazu gekommen sein, daß Sie nicht mehr in der Lage waren, die alte Nummer zu erinnern, auch wenn Sie sie jahrelang benutzt hatten – retroaktive Interferenz.

Ein anderes Beispiel: Stellen Sie sich vor, wir hätten Ihnen erlaubt, vor sich hin zu summen, anstatt Sie dazu aufzufordern, zwischen dem Einprägen und dem Erinnern der paarweisen Wortverbindungen Abschnitte aus diesem Buch zu lesen. Meinen Sie nicht, Ihre Erinnerung wäre besser gewesen? Diese Vermutung wird durch eine klassische Untersuchung von Jenkins u. Dallenbach (1924) gestützt. Personen, die sofort, nachdem sie das neue Material gelernt hatten, ins Bett gingen und schliefen, erinnerten sich am nächsten Morgen besser daran als eine Vergleichsgruppe, die nach dem Lernen genauso viel Zeit damit verbrachte, ihrer gewohnten Beschäftigung nachzugehen. Vermutlich können Sie persönlich nicht die gesamte Zeit zwischen der Prüfungsvorbereitung und der eigentlichen Prüfung schlafend verbringen. Aber Sie können das Interferenzproblem im Hinterkopf behalten. Was immer Sie in der Zwischenzeit lernen oder tun, Sie sollten Ihren Arbeitsplan so gestalten, daß sich das genügend vom Prüfungsstoff unterscheidet und damit nicht interferiert.

die enge Beziehung zwischen Enkodieren und Abrufen ist, die diese Abrufhilfen besonders wirksam werden läßt.

5.8.2
Kontext und Enkodierung

Im folgenden machen wir Sie mit einem Phänomen vertraut, das man »Kontextschock« nennen könnte. Sie sehen jemanden in einem Zimmer voller Menschen auf der anderen Seite des Raumes, und Sie wissen, daß Sie die Person kennen, aber Sie können sie einfach nicht einordnen. Nachdem Sie sie länger als erlaubt angestarrt haben, erinnern Sie sich endlich daran, um wen es sich handelt! Worin bestand die Schwierigkeit? Die Person tauchte hier ganz und gar im verkehrten Kontext auf. Was macht die Frau, die ansonsten die Post austrägt, auf der Party eines Ihrer besten Freunde? Immer wenn Sie diese Art von Erfahrung machen, haben Sie das **Prinzip der Enkodierspezifität** neu entdeckt. Es besagt, daß sich Erinnerungen am leichtesten hervorbringen lassen, wenn der Abrufkontext in einem engen Zusammenhang mit dem Enkodierungskontext steht. Wir wollen sehen, mit welchen Beobachtungen Forscher dieses Gesetz belegt haben.

Enkodierspezifität

Was folgt daraus, daß man Informationen in einem bestimmten Kontext lernt? Tulving u. Thomson (1973) zeigten als erste die Tragweite der Enkodierspezifität, indem sie den üblichen Effekt der Überlegenheit des Wiedererkennens gegenüber der freien Reproduktion umkehrten (s. **Experiment**).

Und in der Tat hat die Psychologie bemerkenswerte Kontextauswirkungen auf die Gedächtnisleistung nachweisen können. In einem der Experimente lernten Sporttaucher Wortlisten am Strand und unter Wasser. Dann wurde ihre Behaltensleistung erneut in einem dieser beiden Kontexte überprüft. Die Leistung war fast um 50% besser, wenn die Kontexte des Enkodierens und Abrufens übereinstimmten (Gooden u. Baddeley 1975). In einer weiteren Untersuchung war die Gedächtnisleistung wesentlich besser, wenn es sowohl bei der Enkodierung als auch beim Abrufen nach Schokolade roch (Schab 1990).

Der serielle Positionseffekt

Der Kontext läßt sich auch zur Erklärung des **seriellen Positionseffekts**, eines der klassischen Effekte der Gedächtnisforschung, heranziehen. Nehmen wir einmal an, wir forderten Sie auf, sich eine Liste unzusammenhängender Wörter zu merken und nach einer Weile in der vorgegebenen Reihenfolge zu reproduzieren. Ihre Reproduktionsleistung würde wahrscheinlich mit dem in Abb. 5.19 gezeigten Muster in Einklang stehen.

Bei den ersten paar Wörtern wäre Ihre Leistung sehr gut; und auch bei den letzten paar Wörtern wäre sie ausgezeichnet, aber im mittleren Bereich der Liste

---

EXPERIMENT

Enkodierspezifität

Versuchsteilnehmer wurden gebeten, Wortpaare wie »Zug – Schwarz« zu lernen. Man sagte ihnen jedoch, daß es nur wichtig sei, das zweite Wort im Wortpaar zu lernen. In einer sich daran anschließenden Phase des Experiments wurden die Teilnehmer gebeten, 4 freie Assoziationen zu Wörtern wie »Weiß« zu bilden. Man wählte solche Wörter aus, um die Wahrscheinlichkeit zu erhöhen, daß die ursprünglichen Wörter, die erinnert werden sollten, wie etwa »Schwarz«, unter den assoziierten waren. Die Teilnehmer wurden dann gebeten, alle Wörter aus der Assoziationsliste anzustreichen, die sie von der ersten Phase des Experiments her als die Wörter erkannten, die erinnert werden sollten. Die Versuchsteilnehmer erzielten bei dieser Aufgabe 54% richtige Antworten. Als ihnen jedoch später die ersten Wörter der Wortpaare, wie etwa »Zug«, vorgelegt und sie gebeten wurden, das assoziierte Wort »Schwarz« zu erinnern, hatten sie aber sogar eine Trefferrate von 61%.

Warum war die Gedächtnisleistung bei der freien Reproduktion höher als beim Wiedererkennen? Tulving u. Thomson betonten, daß die Veränderung des Kontexts von Bedeutung war. Nachdem die Personen das Wort »Schwarz« im Kontext »Zug« gelesen hatten, war es schwierig, die Gedächtnisspur wiederzufinden, wenn sich der Kontext zu »Weiß« verändert hatte. Wenn selbst so geringfügige Veränderungen zu bedeutsamen Effekten führen, läßt sich voraussehen, daß gut strukturierte Kontexte aus dem realen Leben sich noch stärker auf unser Gedächtnis auswirken.

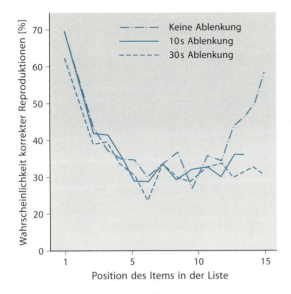

Abb. 5.19. Der serielle Positionseffekt bei der freien Reproduktion. Der Kurvenverlauf »ohne Ablenkung« zeigt die typische U-förmige serielle Positionskurve. Die anderen beiden Kurvenzüge kommen zustande, wenn im Anschluß an die Lernphase Ablenkungsaufgaben bearbeitet werden müssen. Der Leistungsabfall, der unter diesen Bedingungen für die am Ende stehenden Items zu beobachten ist, bestätigt die Wirksamkeit des Recency-Effektes, der unter normalen Bedingungen (»keine Ablenkung«) zu beobachten ist. (Nach Glanzer u. Cunitz 1966)

wäre sie eher schlecht. Die gute Erinnerung an die ersten Elemente einer Liste wird auch im Deutschen als **Primacy-Effekt** bezeichnet, die gute Behaltensleistung für die letzten Items einer Liste als **Recency-Effekt**. Wir sind uns ziemlich sicher, daß Sie ein solches Leistungsmuster zeigen werden, weil Primacy und Recency von Forschern in einer großen Vielfalt von Testsituationen bestätigt wurden (Crowder 1976; Neath 1993). Die serielle Positionskurve in Abb. 5.19 kommt durch die Verbindung von Primacy- und Recency-Effekt zustande.

Die Rolle, die der Kontext bei der seriellen Positionskurve spielt, hängt mit der kontextuellen Distinktheit (Getrenntheit) verschiedener Items einer Liste, verschiedener Erfahrungen in Ihrem Leben usw. zusammen. Um zu verstehen, was **kontextuelle Distinktheit** ist, können Sie sich die folgende Frage stellen: »Wie unterscheiden sich die Kontexte, unter denen ich diese Information lernte, vom Kontext, unter dem ich versuchen werde, sie mir ins Gedächtnis zu rufen?« Wir wollen uns im Abschnitt **Experiment** bei der Analyse des Kontexteinflusses auf den Recency-Effekt konzentrieren.

Dieselbe Gesetzmäßigkeit könnte eine Erklärung für den Primacy-Effekt darstellen: Jedesmal, wenn man etwas Neues beginnt, richtet man für seine Aktivität einen neuen Kontext ein. Innerhalb dieses neuen Kon-

---

EXPERIMENT

Kontextuelle Distinktheit

Die Abb. 5.20 soll das Konzept der kontextuellen Distinktheit durch eine bildliche Analogie verdeutlichen. Stellen Sie sich bei Abb. 5.20a vor, daß Sie Bahnschwellen betrachten. Sie können sehen, wie diese am Horizont ineinander übergehen – obwohl sie gleich weit voneinander entfernt sind. Wir könnten sagen, daß die nahegelegensten Schwellen sich am deutlichsten von Ihrem Kontext abheben, am hervorstechendsten sind. Stellen Sie sich nun vor, Sie versuchten, die letzten 10 Filme zu erinnern, die Sie im Kino gesehen haben. Die Filme sind wie die Eisenbahnschwellen. In den meisten Fällen werden Sie sich am besten an den letzten Film erinnern, weil Ihr Kontext dieser Erfahrung am nächsten kommt – zum Kontext Ihrer momentanen Erfahrung ist er der »nahegelegenste«. Diese Logik verweist darauf, daß die »mittlere« Information besser zu erinnern sein wird, wenn man sie stärker hervorstechen läßt. Der Grundgedanke ist in Abb. 5.20b realisiert worden.

Um die Bahnschwellen in stärkerem Maße gleich weit voneinander entfernt erscheinen zu lassen, hätten die Gleisbauer die entfernteren eigentlich weiter auseinander anlegen müssen. Forscher haben dieses Prinzip auf die Analyse von Gedächtnisprozessen übertragen, indem sie die Analogie zwischen Raum und Zeit nutzten. Sie ließen Personen Buchstabenlisten lernen, aber sie beeinflußten künstlich, wie weit die Buchstaben zeitlich voneinander entfernt waren. Das wurde dadurch erreicht, daß sie die Personen baten, eine bestimmte Menge von Zufallszahlen zu lesen, die auf dem Bildschirm des Computers zwischen den Buchstaben präsentiert wurden.

- Unter der *konventionellen* experimentellen Bedingung (wie in Abb. 5.20a) war jedes Buchstabenpaar durch 2 Zahlen voneinander getrennt.
- Unter der *proportionalen* experimentellen Bedingung (wie in Abb. 5.20b) waren es beim ersten Buchstabenpaar 4 Zahlen und beim letzten Buch-

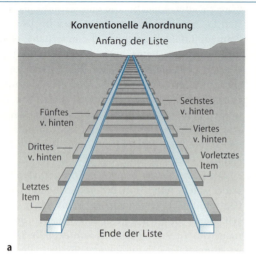

Abb. 5.20. Kontextuelle Distinktheit. Man kann sich die Items, die Sie in Ihrem Gedächtnis abspeichern, als Bahnschwellen denken. **a** Stellen Sie sich vor, daß zeitlich weiter zurückliegende Erinnerungen wie die Bahnschwellen in der Entfernung ineinander übergehen, **b** Sie sehen, daß eine Methode, gegen diesen Effekt anzugehen, darin besteht, die hinteren Bahnschwellen weiter voneinander entfernt anzuordnen, so daß die Entfernungen proportional zuzunehmen scheinen. Entsprechend kann man weiter zurück liegende Erinnerungen dadurch stärker hervortreten lassen, daß man sie psychologisch stärker voneinander trennt

stabenpaar keine Zahl mehr. Das sollte sich so auswirken, daß die ersten Zahlen stärker hervortraten – ganz analog zu den weiter voneinander entfernten Schwellen.

Der vorhergesagte Effekt trat tatsächlich ein: Die Personen erinnerten sich besser an die ersten Items der Liste, wenn diese stärker voneinander getrennt wurden (Neath u. Crowder 1990). Dieses Experiment deutet darauf hin, daß es zum normalen Recency-Effekt kommt, weil die letzten Items einer Liste nahezu automatisch distinkt enkodiert werden.

texts stechen die ersten paar Erfahrungen besonders stark hervor. Man kann sich daher Primacy und Recency als 2 Blickwinkel auf dieselben Bahnschwellen vorstellen – ein Blickwinkel jeweils von einem Ende aus!

Lassen Sie uns das noch einmal auf den Kontext des Studiums übertragen. Wir wissen jetzt, daß man mit der »mittleren Information« etwas Besonderes machen muß, damit man sie leicht behält. Tatsächlich versagen Studenten in Prüfungen eher bei den Aufgaben zum Vorlesungsstoff aus der Mitte des Semesters als bei den Aufgaben zum Anfang oder Ende des Semesters (Holen u. Oaster 1976; Jensen 1962). Deshalb sollten Sie für diesen Stoff zusätzliche Zeit und zusätzliche Anstrengungen einplanen.

5.8.3
Die Prozesse der Enkodierung und des Abrufens

Bisher haben wir erfahren, daß sich eine Übereinstimmung der Kontexte des Enkodierens und Abrufens günstig auf die Gedächtnisleistung auswirkt. Wir werden jetzt im einzelnen auf diese Schlußfolgerung eingehen, indem wir die *Prozesse* behandeln, die eingesetzt werden, um Informationen in das Langzeitgedächtnis hinein und wieder heraus zu transportieren. Wir werden sehen, daß das Gedächtnis am besten funktioniert, wenn Enkodierungs- und Abrufprozesse gut zusammenpassen.

Verarbeitungstiefe

Lassen Sie uns mit dem Gedanken beginnen, daß die Art der Informationsverarbeitung – die Art von Aufmerksamkeit, die Sie der Information zum Zeitpunkt der Enkodierung widmen – einen Einfluß auf Ihre Erinnerung an die Information haben wird.

> ! Die **Theorie der Verarbeitungstiefe** (»**levels of processing**«) verweist darauf, daß es bei größerer »Tiefe« der Informationsverarbeitung wahrscheinlicher ist, daß die Information im Gedächtnis eingeprägt wird (Craik u. Lockhart 1972; Lockhart u. Craik 1990). Wenn Verarbeitung gleichzeitig mehr Analyse, mehr Interpretation, mehr Vergleich und sorgfältigere Ausarbeitung beinhaltet, dann sollte sich daraus eine bessere Erinnerung ergeben.

Die Verarbeitungstiefe wird im Experiment oft durch die Art der Urteile definiert, die den Personen im Hinblick auf das experimentelle Material abverlangt werden. Denken Sie an das Wort »HAUS«. Wir könnten Sie bitten, ein Urteil zur äußeren Erscheinung des Wortes (»physikalisches Urteil«) abzugeben – ist das Wort in Großbuchstaben geschrieben? Oder ein Urteil im Hinblick auf Reime – reimt sich das Wort auf »MAUS«? Oder ein Urteil hinsichtlich der Bedeutung – steht das Wort für ein Gebäude? Können Sie nachvollziehen, daß jede einzelne dieser Fragen von Ihnen verlangt, ein bißchen genauer über »HAUS« nachzudenken? Und tatsächlich, je tiefer die ursprüngliche Verarbeitung ist, die die Personen durchführen, desto mehr Wörter erinnern sie auch (Lockhart u. Craik 1990).

Bei der Theorie der Verarbeitungstiefe besteht jedoch ein Problem darin, daß die Forscher nicht immer in der Lage waren, genau anzugeben, was manche Verarbeitungsprozesse »oberflächlich« und was andere »tief« macht. Dennoch bestätigen experimentelle Ergebnisse, daß die Art und Weise, wie man sich Informationen im Gedächtnis einprägt – die geistigen Prozesse, die man einsetzt, um Informationen zu enkodieren –, einen Einfluß darauf hat, ob man diese Informationen später wieder abrufen kann. Bisher haben wir jedoch nur über das *explizite* Gedächtnis gesprochen. Wir werden nun sehen, daß die Übereinstimmung zwischen den bei der Enkodierung und beim Abruf beteiligten Prozessen besonders für das *implizite* Gedächtnis von entscheidender Bedeutung ist.

Erinnerungsprozesse und implizites Gedächtnis

Wir haben im Abschn. 5.5.1 eine Unterscheidung zwischen impliziten und expliziten Erinnerungen getroffen, die sowohl auf die Enkodierung als auch auf das Abrufen aus dem Gedächtnis angewendet werden kann (Roediger 1990; Seger 1994). Tatsächlich wird man in vielen Fällen beispielsweise explizit enkodierte Erinnerungen implizit abrufen. Das trifft etwa zu, wenn Sie ohne größere geistige Anstrengung Ihren besten Freund mit Nennung des Namens grüßen. Trotzdem sind implizite Erinnerungen oft am unverwüstlichsten, wenn es eine starke Übereinstimmung zwischen den Prozessen der impliziten Enkodierung und des impliziten Abrufens gibt. Um diesen Effekt näher betrachten zu können, werden wir zunächst einige der methodischen Vorgehensweisen beschreiben, die eingesetzt werden, um das Vorhandensein impliziter Erinnerungen zu belegen. Danach werden wir zeigen, warum der Übereinstimmung zwischen Enkodierungs- und Abrufprozessen eine so große Bedeutung zukommt.

Lassen Sie uns ein typisches Experiment herausgreifen, mit dessen Hilfe das implizite Gedächtnis erfaßt wird. Die Forscher zeigten den Personen eine Liste mit konkreten Substantiven und baten sie, auf einer Skala von 1 (sehr unangenehm) bis 5 (sehr angenehm) zu beurteilen, wie angenehm jedes einzelne Wort war. Diese Beurteilungen verlangten lediglich, daß die Personen über die Bedeutung eines Wortes nachdachten, ohne daß sie es sich explizit im Gedächtnis einprägten. Nach dieser Lernphase wurde die Erinnerungsleistung anhand von 4 Aufgaben zum impliziten Gedächtnis erfaßt. Nehmen wir einmal an, eine der Listen hätte das Wort »Einhorn« enthalten. Das sind die 4 Aufgaben:

- *Vervollständigung eines bruchstückhaften Wortes* – der Person wird ein bruchstückhaftes Wort wie »_in_or_« vorgelegt, und sie wird gebeten, die Fragmente durch das erste Wort zu vervollständigen, das ihr in den Sinn kommt.
- *Vervollständigung des Wortstamms* – die Person wird gebeten, einen Wortstamm wie »Ein___« durch das erste Wort zu vervollständigen, das ihr in den Sinn kommt.
- *Wortidentifizierung* – Wörter werden auf dem Computerbildschirm so eingeblendet, daß die Person sie nicht deutlich erkennen kann. Sie muß versuchen, jedes eingeblendete Wort zu erraten. Hierbei wäre eines der Wörter »Einhorn«.
- *Anagramme* – die Person bekommt ein Wort, bei dem die Reihenfolge der Buchstaben durcheinandergeraten ist, hier etwa »horenni«. Sie wird gebeten,

das erste richtige Wort anzugeben, das ihr in den Sinn kommt.

Wie bei unserem Beispiel »Einhorn« können korrekte Antworten auf jede dieser Aufgaben mit Wörtern übereinstimmen, die in anderen Listen vorher dargeboten wurden. Es ist jedoch entscheidend, daß die Experimentatoren die Aufmerksamkeit nicht auf den Zusammenhang zwischen den Wörtern der zuvor beurteilten Liste und den passenden Antworten für diese neuen Aufgaben gelenkt haben – nur unter dieser Voraussetzung kann man bei der Untersuchung von einem Zugriff auf das implizite Gedächtnis sprechen.

Um den Umfang des impliziten Erinnerns zu erfassen, verglichen die Forscher die Leistung von Personen, die ein bestimmtes Wort wie *Einhorn* auf der Liste der als angenehm oder unangenehm einzustufenden Wörter gesehen hatten, mit der Leistung von Personen, die es dort nicht vorgefunden hatten. In Abb. 5.21 ist die Verbesserung der Gedächtnisleistung dargestellt, die durch die implizite Erinnerung an ein Wort zustande kommt. Dabei wird die Gedächtnisleistung als der Prozentsatz richtiger Antworten gemessen, wenn das Wort in der Liste vorkam, abzüglich des Prozentsatzes, wenn es nicht in der Liste vorkam.

Wie aus der Abbildung hervorgeht, ist es bei jeder Art von Aufgabe von Vorteil, das Wort zuvor gesehen zu haben, obwohl die Vorerfahrung nur in der Beurteilung der Frage bestand, ob das Wort eine angenehme Bedeutung hat.

> **!** Dieser Behaltensvorteil durch Vorerfahrungen mit dem Gedächtnismaterial wird auch im Deutschen als **Priming-Effekt** bezeichnet (*engl.* to prime = vorbereiten). Die erste Erfahrung mit dem Wort bereitet die Erinnerung für spätere Erfahrungen vor. Bei einigen Gedächtnisaufgaben, wie der Vervollständigung eines bruchstückhaften Wortes, fanden die Forscher Priming-Effekte, die eine Woche und länger wirksam waren (Sloman et al. 1988).

Lassen Sie uns nun zum Kern der Übereinstimmung von Enkodierung und Abrufen kommen. Die 4 Tests zur impliziten Erinnerung, die wir bisher erwähnt haben, beruhen auf einer physikalischen Übereinstimmung zwischen dem ursprünglichen Reiz und der im Test angegebenen Information. Welche Prozesse auch immer es Ihnen erlauben, »Einhorn« zu enkodieren, es sind dieselben Prozesse, die dieses Wort auch verfügbar machen, wenn Sie gebeten werden, den Wortstamm »Ein____« zu vervollständigen, das Anagramm zu lösen usw.

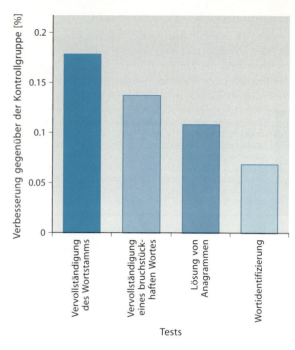

Abb. 5.21. Priming-Effekt bei Aufgaben zum impliziten Gedächtnis. Die Ursache für die Leistungsverbesserung (im Vergleich zu einer Kontrollgruppe) bei verschiedenen Gedächtnisaufgaben liegt im Priming, also in Vorerfahrungen mit den Gedächtnisitems. Priming kann sich über einen Zeitraum von mehr als einer Woche auswirken

Wir könnten in der beschriebenen Untersuchung aber auch eine Gedächtnisaufgabe einführen, die nicht auf der physikalischen Übereinstimmung zwischen den Gedächtnisitems (wie etwa dem Wort »Einhorn«) und den »Vorlagen« bei der Behaltensaufgabe beruht, sondern auf der **Bedeutung**. Dafür würden sich etwa begriffliche Assoziationen eignen. Stellen Sie sich vor, wir präsentierten Ihnen die Bezeichnung für die Begriffsklasse »mythologische Lebewesen« und bäten Sie, in kurzer Zeit die Bezeichnungen so vieler Mitglieder dieser Begriffsklasse anzugeben wie möglich. Sie könnten sehr wohl »Einhorn« sagen. Wenn es jedoch wahrscheinlicher würde, daß Sie das Wort »Einhorn« sagten, weil Sie es zuvor in einer Liste in einem anderen Kontext gesehen hatten, dann wäre dies ein Hinweis auf eine implizite Erinnerung auf der Grundlage von Bedeutungen.

Mit 2 verschiedenen Arten von Priming-Aufgaben zum impliziten Gedächtnis – beruhend auf physikalischen Merkmalen oder auf der Bedeutung von Wörten – haben sich nun Forscher daran gemacht, die Be-

Der Zusammenhang von Enkodierung und Abrufen (Retrieval)

Um zu demonstrieren, daß verschiedene »implizite Gedächtnisse« auf unterschiedlichen Verarbeitungsprozessen beruhen, entwarfen die Forscher ein Experiment zur Verarbeitungstiefe. Den Versuchsteilnehmern wurden Wortlisten gegeben, und sie wurden gebeten, entweder ein Bedeutungsurteil abzugeben – »Wie angenehm ist Ihnen die Bedeutung dieses Wortes?« – oder die physikalischen Merkmale des Wortes zu beurteilen – »Wieviele Konsonanten enthält das

Wort?« Es wurde die Hypothese aufgestellt, daß sich der Priming-Effekt bei der Prüfung begrifflicher Assoziationen (s. oben) nur einstellen sollte, wenn auch beim Enkodieren eine Bedeutungsanalyse verlangt worden war. Die Beobachtungen bestätigten diese Vermutung. In ähnlicher Weise stellten sich Priming-Effekte bei einer Gedächtnisaufgabe, die eine Beurteilung der physikalischen Eigenschaften des Wortes verlangte, nur dann ein, wenn die Enkodierung auf die physikalischen Merkmale der Wörter ausgerichtet gewesen war (Srinivas u. Roediger 1990).

ziehung zwischen dem Enkodieren und Abrufen zu untersuchen, wie das **Experiment** zeigt.

> ! Die Schlußfolgerung aus diesen Forschungsergebnissen lautet: Wenn man eine bestimmte Art von Informationsverarbeitung nutzt, um Informationen zu enkodieren – beispielsweise die Analyse der Bedeutung –, dann wird diese Information am wirksamsten abgerufen, wenn beim Abrufen dieselbe Art von Analyse eingesetzt werden muß.

5.8.4
Verbesserung des Gedächtnisses für unstrukturierte Informationen

Sie sollten nun etwas konkretere Vorstellungen darüber haben, wie Sie Ihre Gedächtnisleistung im Alltag verbessern können. Sie wissen insbesondere, daß es am besten ist, beim Abrufen denselben Kontext wie beim Einspeichern zu nutzen, oder daß es von Vorteil ist, beim Abrufen dieselben geistigen Tätigkeiten auszuführen wie bei der Informationsaufnahme. Aber es gibt noch ein weiteres Problem, für dessen Lösung Ratschläge gefragt sind. Dabei geht es um die Enkodierung *unstrukturierter* oder *willkürlich zusammengestellter* Informationen.

- Eine allgemeine Strategie zur Verbesserung der Enkodierung wird als **elaboratives Wiederholen** bezeichnet. Die dieser Technik zugrundeliegende Idee besteht darin, daß man das Material beim Wiederholen der Information – während des ersten Einprägens im Gedächtnis – elaboriert oder »ausschmückt«, um die Enkodierung reichhaltiger zu machen. Eine Methode dafür ist, sich einen Zusammenhang auszudenken, der die Assoziation weniger willkürlich erscheinen läßt. Wenn Sie beispielsweise das Wortpaar

»Maus – Baum« erinnern wollten, könnten Sie sich ein Bild einer Maus ausdenken, die einen Baum hochhuscht, um dort nach Käse zu suchen. Das Behalten wird verbessert, wenn man die Gedächtnisitems in eine kleine Geschichte einbettet (Bower 1972).

- Sie haben vielleicht schon herausgefunden, daß es oft auch hilfreich ist, die Handlung Ihrer Geschichte durch ein mentales Bild der Szene, die sie zu erinnern versuchen, zu ergänzen. Derartige visuelle Vorstellungen können die Behaltensleistung verbessern, weil sie Ihnen sowohl Codes für verbale als auch für visuelle Erinnerungen bereitstellen (Paivio 1968).

- Um sich besser an unstrukturiertes Material zu erinnern, kann man sich auch spezieller mentaler Strategien bedienen, die als **Mnemotechniken** (vom griechischen Wort »mneme = Erinnerung«) bezeichnet werden. Bei Mnemotechniken handelt es sich um kurze verbale Hilfskonstruktionen, durch die lange Aneinanderreihungen von Fakten so enkodiert werden, daß man sie mit etwas Vertrautem und bereits Enkodiertem verbindet. Viele Mnemotechniken funktionieren so, daß sie fertige Abrufhilfen liefern, die dazu beitragen, ansonsten zufällige Informationen zu strukturieren.

- Betrachten wir die **Loci-Methode**, die erstmals von Rednern im antiken Griechenland praktiziert wurde. »Loci« ist der Plural des lateinischen »Locus« und bedeutet »Orte«. Die Loci-Methode ist ein Verfahren, mit dem man sich bei einer Liste mit Namen oder Gegenständen die Reihenfolge – oder im Fall des Redners: die einzelnen Abschnitte einer langen Rede – dadurch merken kann, daß man sie mit einer Reihenfolge vertrauter Orte assoziiert. Um sich eine Liste von Personen zu merken, die Sie treffen möchten, könnten Sie sie in Ihrem Kopf nacheinander auf dem Weg postieren, den Sie von Ihrer Wohnung an den Studien- oder Arbeitsplatz zurücklegen. Um die Namen später wieder zu erinnern, gehen Sie im Kopf die Route entlang und finden die Namen heraus, die Sie mit den einzelnen Punkten entlang der Strecke assoziieren.

- Bei anderen Mnemotechniken nutzt man Organisationsschemata, die auf Wort- und Tonassoziationen beruhen, um die einzelnen Bestandteile in ein leicht erinnerbares Muster einzufügen. Wie bei einem Akrostichon (einem Gedicht, bei dem die Anfangsbuchstaben der Verse oder der Wörter ein Wort ergeben) setzen die Anfangsbuchstaben jedes einzelnen Wortes eine Reaktion in Gang. Beispielsweise ist das bekannte »Geh-du-alter-Esel-Heu-fressen« eine akrostische Mnemotechnik, mit der man sich an die Kreuztonarten erinnern kann: G-, D-, A-, E-, H- und F-Dur.
- Bei der Akronym-Mnemotechnik steht jeder einzelne Buchstabe in einem Wort für einen Namen oder eine andere Information. Im Englischen werden die Spektralfarben in der richtigen Reihenfolge zum Namen einer Person: »Roy G. Biv« (»red, orange, yellow, green, blue, indigo, violet«). In ähnlicher Weise dient »HOMES« als Akronym für die Großen Seen Nordamerikas: Lake Huron, Lake Ontario, Lake Michigan, Lake Erie, Lake Superior. Man kann diese Techniken auch miteinander kombinieren, um die Reihenfolge der Seen von West nach Ost besser zu erinnern: »Sergeant Major Hates Eating Onions«.

Folglich besteht der Schlüssel zum Erlernen von Informationen darin, die Informationen so zu enkodieren, daß man auf diese Weise leistungsfähige Abrufhilfen erzeugt.

5.8.5
Metagedächtnis

Nehmen wir einmal an, Sie befänden sich in einer Situation, in der Sie sich wirklich gerne an etwas erinnern möchten: Sie bemühen sich ernsthaft, Abrufhilfen zu nutzen, die Ausdruck der Begleitumstände bei der Enkodierung sind, aber Sie schaffen es einfach nicht, daß diese kleinen Informationen hochkommen. Ein Grund dafür, warum Sie sich so anstrengen, ist, daß Sie sicher sind, im Besitz dieser Informationen zu

sein. Aber ist Ihre Gewißheit über den Inhalt Ihres Gedächtnis berechtigt?

> **!** Wenn Sie sich derartige Fragen stellen – also Fragen darüber, wie Ihr Gedächtnis funktioniert und woher Sie wissen, welche Informationen Sie besitzen – dann denken Sie über Ihr Gedächtnis nach. Diese Kognitionen über das Gedächtnis werden als **Metagedächtnis** bezeichnet. Eine wichtige Frage im Zusammenhang mit dem Metagedächtnis lautet: Wann und warum trifft das Gefühl, etwas zu wissen – die subjektive Empfindung, daß man tatsächlich Informationen im Gedächtnis abgespeichert hat –, zu?

Forschungen zum Gefühl, etwas zu wissen, wurden erstmals von J.T. Hart (1965) durchgeführt. Er begann seine Untersuchungen damit, daß er Studenten eine Reihe von Fragen zum Allgemeinwissen stellte. Nehmen wir beispielsweise an, jemand fragte Sie: »Welcher ist der größte Planet unseres Sonnensystems?« Kennen Sie die Antwort? Wenn nicht, dann stellen Sie folgende Überlegung an: »Ich kann mich zwar im Moment nicht an die Antwort erinnern. Aber ich weiß doch so gut Bescheid, daß ich die richtige Antwort unter mehreren falschen Alternativen heraussuchen könnte.« Und genau diese Aufgaben stellte Hart zusätzlich zum »Erraten« der richtigen Alternative: Die Teilnehmer beurteilten die vorgegebenen Antwortalternativen auf einer sechsstufigen Skala danach, wie sicher sie sich waren, daß es sich um die falsche oder die richtige Antwort handelte.

Hart fand heraus, daß die Teilnehmer nur in 30% der Fälle die korrekte Alternative auswählten, wenn sie zuvor angekreuzt hatten, daß es sich dabei ihrem Gefühl nach um die falsche Alternative handelte. Wenn sie aber dem Gefühl nach diese Antwort als »wahrscheinlich richtig« angekreuzt hatten, so waren sie in 75% der Fälle erfolgreich. Das ist ein recht guter Beleg dafür, daß das Gefühl, etwas zu wissen, im allgemeinen zutrifft.

Die Forschung zum Metagedächtnis hat sich seither auf die Prozesse konzentriert, die uns das Gefühl geben, etwas zu wissen, und die dafür sorgen, daß wir mit diesem Gefühl richtig liegen. Zwei Hypothesen werden vertreten:

- Die Hypothese der Vertrautheit mit der Abrufhilfe legt nahe, daß man seinem Gefühl, etwas zu wissen, die Vertrautheit mit der Abrufhilfe zugrunde legt. Ist man also schon vorher mit den Begriffen »Planet« und »Sonnensystem« vertraut, könnte man der Auffassung sein, daß man wahrscheinlich die richtige

Antwortalternative erkennen kann (Metcalfe et al. 1993; Schwartz u. Metcalfe 1992).

- Die Zugänglichkeitshypothese legt nahe, daß man seinen Urteilen die Zugänglichkeit oder Verfügbarkeit partieller Informationen aus dem Gedächtnis zugrunde legt. Wenn Ihnen also auf die Frage »Welcher Planet ist der größte Planet unseres Sonnensystems?« recht schnell Informationen durch den Kopf schießen, von denen Sie meinen, sie hätten etwas mit der richtigen Antwort zu tun, dann nehmen Sie wahrscheinlich auch an, Sie wären in der Lage, die richtige Antwort wiederzuerkennen (Koriat 1993).

Beide Theorien wurden empirisch bestätigt – und beide verweisen darauf, daß man sich im allgemeinen auf sein Gefühl verlassen kann, wenn man glaubt, etwas zu wissen. Am Ende von Abschn. 5.9 werden wir Ihnen **Unter der Lupe** allerdings eine Ausnahme von dieser Regel vorstellen.

Sie haben jetzt viel darüber gelernt, wie Informationen in das Gedächtnis hinein und wieder heraus kommen. Sie wissen, was wir mit einer »guten Übereinstimmung« zwischen den Begleitumständen von Enkodierung und Abruf meinen. Im nächsten Abschnitt werden wir uns von den Prozessen des Erinnerns ab- und den Gedächtnisinhalten zuwenden.

5.9
Strukturen im Langzeitgedächtnis

In vielen der bisher von uns aufgeführten Beispiele haben wir Sie gebeten, den Versuch zu unternehmen, voneinander isolierte oder zusammenhanglose Einzelinformationen – etwa Wortlisten – zu lernen und abzurufen. Unser Gedächtnis ist jedoch in großen Systemen strukturierten Wissens organisiert. Wir werden in diesem Abschnitt verschiedene Typen derartiger **Gedächtnisstrukturen** kennenlernen. Wir werden auch erörtern, wie es uns die Gedächtnisorganisation ermöglicht, den Inhalt von Erfahrungen, an die wir uns nicht genau erinnern können, näherungsweise zu erraten.

5.9.1
Gedächtnisstrukturen

Eine wesentliche Aufgabe des Gedächtnisses besteht darin, einander ähnliche Erfahrungen zusammenzuführen, damit wir Muster in unserer Interaktion mit

der Umwelt entdecken können. Wir leben in einer Welt, in der es zahllose Einzelereignisse gibt, aus denen wir ständig Informationen extrahieren müssen, um sie zu einer kleineren, einfacheren Menge zusammenzusetzen, die wir kognitiv bewältigen können. Offensichtlich muß man sich nicht besonders anstrengen, um Struktur zu entdecken. Als wir den impliziten Erwerb von Erinnerungen erklärten, haben wir bereits darauf hingewiesen, daß Sie wahrscheinlich noch nie förmlich dachten: »Das gehört zur Küche.« Durch die alltägliche Erfahrung mit der Welt haben Sie kognitive Strukturen erworben, die die Strukturen in ihrer Lebenswelt repräsentieren. Wir wollen uns jetzt den Arten kognitiver Strukturen zuwenden, die Sie bei der spontanen Erfahrung mit der Welt gebildet haben. Wir unterscheiden dabei Begriffe, Prototypen, Begriffshierarchien, Basiskonzepte und Schemata.

Begriffe

Wir werden in Abschn. 10.5 noch im einzelnen schildern, welche geistigen Anstrengungen ein Kind unternehmen muß, um die Bedeutung des Wortes »Wauwau« zu erlernen. »Wauwau« wird von manchen Erwachsenen im Gespräch mit Babies als Bezeichnung für Hunde verwendet – »Wauwau« ist also ein Begriff aus der sog. Ammensprache. Damit dieses Wort eine Bedeutung bekommt – damit es für das Kind zu einem Begriff wird –, muß das Kind fähig sein, jeden einzelnen Fall, in dem das Wort »Wauwau« verwendet wird, und außerdem noch Informationen über den Kontext abzuspeichern. Auf diese Weise findet es heraus, welche gemeinsame zentrale Erfahrung – ein wuschliges Lebewesen auf 4 Beinen – mit »Wauwau« gemeint ist. Das Kind muß sich das Wissen aneignen, daß das Wort »Wauwau« nicht nur für ein spezielles Tier verwendet wird, sondern für eine ganze Kategorie (Klasse) von Lebewesen.

> ! Diese Fähigkeit zur Kategorisierung individueller Erfahrungen – Erfahrungen als gleichwertig zu behandeln oder ihnen ein gemeinsames Etikett zu verleihen – wird als eine der grundlegendsten Fähigkeiten denkender Lebewesen betrachtet (Mervin u. Rosch 1981). Die mentalen Repräsentationen derartiger Kategorien werden »Begriffe« genannt. Der Begriff »Wauwau« steht beispielsweise für die Menge mentaler Repräsentationen von Erfahrungen mit Hunden, die ein kleines Kind in seinem Gedächtnis vereint.

Wenn das Kind die Bedeutung von »Wauwau« noch nicht ausdifferenziert hat, schließt der Begriff auch Erfahrungen ein, die Erwachsene nicht für angemessen halten würden, wie wir in Abschn. 10.5 sehen werden. Menschen erwerben im Laufe ihrer Entwicklung eine unglaubliche Vielzahl von Begriffen – diese repräsentieren etwa Klassen von Objekten, wie »Scheunen« und »Autos«, und von Aktivitäten, wie etwa »Lesen« und »Fußball spielen«. Begriffe können auch Eigenschaften repräsentieren wie »rot« oder »groß«, Abstraktionen wie »Wahrheit« oder »Liebe« und Beziehungen wie »gescheiter als« oder »Schwester von«. Jeder Begriff steht als summarische Einheit für unsere Erfahrung mit der Welt.

Prototypen

Setzen wir einmal voraus, daß Sie in Ihrem Leben eine bestimmte Anzahl von Hunden gesehen haben. Woran genau denken Sie, wenn Sie einen Satz wie etwa »Der Hund grub seinen Knochen ein?« lesen? Rufen Sie sich irgendeinen *besonderen* Hund in Erinnerung? Oder stellen Sie sich irgendeinen *typischen* Hund vor, einen Durchschnittstyp aus allen Hunden, mit denen Sie je zu tun hatten – anders gesagt, Ihren Prototyp eines Hundes? Wir wollen uns ein Experiment ansehen, das zur Beantwortung dieser Fragen beitragen kann (s. **Experiment**).

> **!** Die **Prototypen**, die uns für Kategorien (Klassen) zur Verfügung stehen, leiten sich aus all unseren Erfahrungen mit Mitgliedern dieser Kategorie ab. Aus diesem Grund verän-

> dert sich unser Prototyp jedesmal unmerklich, wenn wir auf ein neues Beispiel für eine Kategorie stoßen. Folgerichtig sind die Forscher der Auffassung, daß man tatsächlich keine spezifische mentale Repräsentation des Prototyps für eine bestimmte Kategorie hat. Der Prototyp bildet sich vielmehr erst langsam als Mittelwert aus einer großen Menge von Beispielfällen heraus (Hintzman 1986; Nosofsky et al. 1992).

Alle Hunde z. B., auf die Sie bis zu diesem Zeitpunkt gestoßen sind, tragen etwas zu Ihrer Auffassung von einem prototypischen Hund bei. Wenn Sie heute spazierengehen und einen oder 2 Hunde sehen, wird Ihr Prototyp sich – wenn auch nur geringfügig – verändern.

Wenn man den Prototyp für eine Kategorie wie Hund gebildet hat, dann kann man auch für die Mitglieder dieser Kategorie sagen, ob sie mehr oder weniger typisch sind. Man kann ein Typikalitätsurteil fällen. Je mehr Merkmale ein Mitglied mit dem Prototypen gemeinsam hat, desto typischer müßte es sein. Man kann diese intuitive Auffassung weiterentwickeln, wenn man sich einmal eine Kategorie wie Vogel vorstellt. Was macht ein Rotkehlchen zu einem typischen Vogel, einen Strauß oder einen Pinguin jedoch zu einem atypischen Vogel? Die Antwort auf diese Frage hat etwas damit zu tun, wie sehr diese Lebewesen mit all den übrigen Lebewesen übereinstimmen, die man im Gedächtnis als Vögel klassifiziert hat.

Wie typisch dieses Mitglied für eine Kategorie ist – das Ausmaß, in dem etwas mit dem eigenen Prototyp

---

EXPERIMENT

»Haben Sie dieses Gesicht schon einmal gesehen?«
Man zeigte den Teilnehmern im ersten Durchgang eine Reihe von Gesichtern, die sich in unterschiedlichem Maße von prototypischen (Durchschnitts-)Gesichtern unterschieden. Wir nennen sie Beispielgesichter (s. Abb. 5.22). Dann sahen sie eine zweite Gruppe von Gesichtern. Diese bestand aus

- einigen der ursprünglichen Beispielgesichter;
- einigen neuen Gesichtern, die so gestaltet waren, daß sie sich vom Prototyp unterschieden, und
- dem ursprünglichen prototypischen Gesicht, das sie in Wirklichkeit noch nie gesehen hatten.

Die Aufgabe der Versuchsteilnehmer bestand darin, ein »Gewißheitsurteil« abzugeben: Sie gaben an, wie sicher sie sich waren, daß sie die einzelnen Gesichter schon während der ersten Darbietung gesehen hatten.

Wie man Abb. 5.22b entnehmen kann, erbrachte die Studie 3 eindeutige Ergebnisse:

- Die Gewißheit, das Gesicht schon einmal gesehen zu haben, war für alle bekannten Gesichter gleich groß, selbst wenn sie nur 25% Ähnlichkeit mit dem Prototyp aufwiesen.
- In dem Maße, in dem sich die neuen Gesichter vom Prototyp unterschieden, wurden sie zielsicher als unvertraut eingestuft.
- Dem prototypischen Gesicht wurde das höchste Gewißheitsniveau zugeordnet – obwohl die Teilnehmer es noch nie zuvor gesehen hatten (Solso u. McCarthy 1981)! Es scheint so, als hätten die Teilnehmer über alle betrachteten Beispielgesichter hinweg einen Mittelwert gebildet, um dieses prototypische Gesicht zu konstruieren.

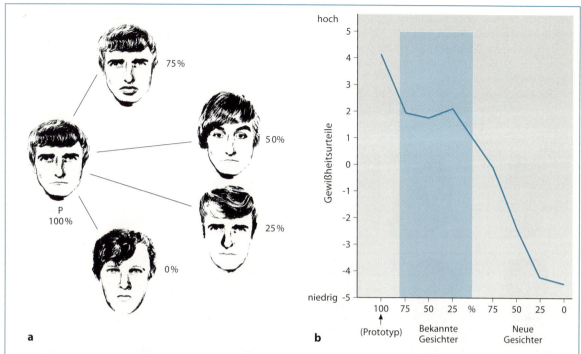

Abb. 5.22a,b. Die Beurteilung der Bekanntheit von Gesichtern. **a** Prototypisches Gesicht und Beispielgesichter, **b** Gewißheitsurteile für Prototypen, bekannte und neue Beispielgesichter. Das »75-%-Ähnlichkeits-Gesicht« hat mit Ausnahme des Mundes alle Merkmale des prototypischen Gesichts. Das 50-%-Ähnlich-

keits-Gesicht weist andere Haare und Augen auf. Das 25-%-Ähnlichkeits-Gesicht hat nur die Augen mit dem prototypischen Gesicht gemeinsam; und beim 0-%-Ähnlichkeits-Gesicht gibt es keinerlei Übereinstimmungen in den genannten Merkmalen

übereinstimmt –, hat Konsequenzen für das reale Leben. Mit Hilfe wissenschaftlicher Untersuchungen konnte beispielsweise gezeigt werden, daß Menschen schneller auf typische Mitglieder einer Kategorie reagieren als auf die ungewöhnlichen. Die Reaktionszeit, die Sie brauchen, um ein Rotkehlchen als Vogel zu identifizieren, ist kürzer als die Reaktionszeit zur Beantwortung der Frage, ob ein Strauß ein Vogel ist (Rosch et al. 1976). Zu diesem Effekt kommt es wieder-

um, weil man Erfahrungen mit den Mitgliedern der Kategorie Vogel im Gedächtnis behält. Es ist leichter, dort Erfahrungen mit Rotkehlchen zu finden als Erfahrungen mit Straußen – es sei denn, man hat sein Leben zusammen mit Straußen verbracht.

Wer mag schon wie der Durchschnitt sein? Wie das folgende **Experiment** zeigt, empfinden wir wenigstens in einem Bereich das »durchschnittliche« Mitglied einer Kategorie als das angenehmste.

EXPERIMENT

Attraktiver Durchschnitt

Wissenschaftler bedienten sich der Bildverarbeitung auf dem Computer, um aus Fotos von männlichen und weiblichen Studenten zusammengesetzte Bilder zu erzeugen. Diese Bilder vereinten 2, 4, 8, 16 oder 32 Gesichter in sich (s. Abb. 5.23). Die Einzelfotos und die zusammengesetzten Fotos wurden 300 Studenten bei-

der Geschlechter in zufälliger Reihenfolge vorgelegt, und die Befragten wurden gebeten, die Fotos nach der äußeren Attraktivität einzustufen. Für männliche und weibliche Gesichter kam man bei männlichen und bei weiblichen Beurteilern zu denselben Ergebnissen. Wenn 16 oder 32 Fotos in die zusammengemischten Bilder eingegangen waren, wurden sie im

Vergleich zu den Einzelgesichtern signifikant als attraktiver eingestuft. Nur in seltenen Fällen wurde ein Einzelgesicht im Vergleich zu einem zusammengesetzten als attraktiver beurteilt (Langlois u. Roggman 1990; Langlois et al. 1994).

Die Forschergruppe verwies darauf, daß ihre Befunde sowohl eine kognitive Komponente – Gedächtnisprozesse beziehen sich eher auf durchschnittliche Mitglieder einer Kategorie – als auch eine evolutionäre Komponente haben – Menschen mögen Personen mit Durchschnittsgesichtern lieber, weil diese mit geringerer Wahrscheinlichkeit einen »abweichend« aussehenden Nachwuchs hervorbringen. Wenn also »durchschnittlich« bedeutet, prototypisch zu sein, dann ist das eigentlich halb so schlimm.

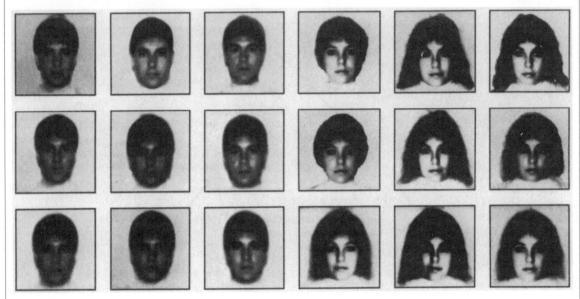

Abb. 5.23. Zusammengesetzte Gesichter. Die Gesichter stellen von *links* nach *rechts* 6 verschiedene Zusammensetzungen dar. Von *oben* nach *unten* sind die zusammengesetzten Gesichter aus 8, 16 und 32 Einzelgesichtern entstanden

Hierarchien und Basiskonzepte

Begriffe und ihre Prototypen bestehen nicht isoliert voneinander. Wie in Abb. 5.24 zu sehen ist, können Begriffe oft in eine sinnvolle Struktur gebracht werden. Ein umfassender Begriff (Kategorie) wie »Tier« besitzt diverse Unterbegriffe, wie etwa »Vogel« und »Fisch«, die wiederum typische Beispiele wie etwa »Kanarienvogel«, »Strauß«, »Haifisch« und »Lachs« enthalten. Die Kategorie »Tier« ist selbst ein Unterbegriff des noch umfassenderen Begriffs »Lebewesen«. Begriffe hängen auch mit anderen Arten von Informationen zusammen: Man speichert das Wissen, daß einige Vögel eßbar, andere vom Aussterben bedroht und wieder andere Wappenvögel sind.

Bei Begriffshierarchien scheint es ein optimales Niveau zu geben, auf dem Menschen Gegenstände kategorisieren und über sie nachdenken. Man nennt es **Basisniveau** (Rosch 1973, 1978). Wenn man etwa einen Apfel im Obstladen kauft, könnte man sich den Apfel als ein Beispiel für Früchte – doch das ist ungenau – oder als einen Golden Delicious vorstellen – das jedoch ist anscheinend zu speziell oder kleinkrämerisch. Das Basisniveau ist schlicht ein Apfel. Wenn man Ihnen ein Bild eines solchen Objektes zeigte, würden Sie es wahrscheinlich genau so benennen. Sie würden auch eher sagen, daß es sich um einen Apfel handelt als um ein Beispiel für Früchte (Rosch 1978). Zum Basisniveau kommt es ziemlich genau durch dieselben Einflußfaktoren, die für die Entstehung von Prototypen verant-

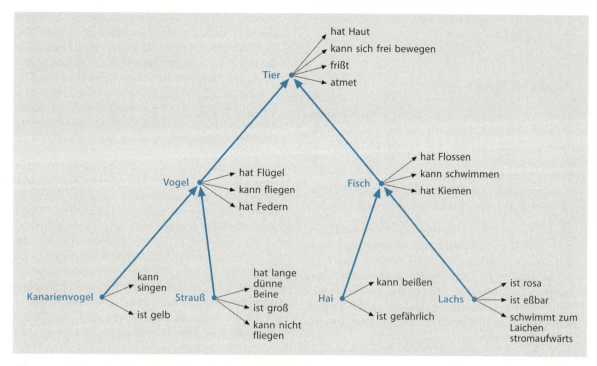

Abb. 5.24. Die hierarchische Organisation von Begriffen (Begriffshierarchien)

wortlich sind. Wenn Sie jedoch selbst Apfelbäume pflanzten, dann würde ihr Basisniveau in der Hierarchie vermutlich eine Stufe tiefer ansetzen.

Schemata

Wir haben gesehen, daß Begriffe die Bausteine von Gedächtnishierarchien sind. Aber auch für komplexere mentale Strukturen haben Begriffe die Funktion von Bausteinen. Denken Sie noch einmal an das Beispiel, mit dem wir die Unterscheidung von implizitem und explizitem Gedächtnis eingeführt haben. Warum wußten Sie augenblicklich, daß der Fuchs nicht in die Küche gehörte? Wir haben schon in Abschn. 5.5 darauf hingewiesen, daß dieses Urteil auf dem impliziten Gedächtnis beruht – aber wir sagten nicht, auf welcher Art von Gedächtnisstrukturen. Ganz eindeutig brauchen wir irgendeine Gedächtnisrepräsentation, die die Einzelbegrifflichkeit für eine Küche – unser Wissen über Öfen, Waschbecken und Kühlschränke – in einer größeren Einheit zusammenfaßt. Wir nennen diese größere Einheit ein **Schema**.

> **!** Schemata sind der begriffliche Rahmen oder *Cluster* (kompakte Anordnungen) von Wissen über Gegenstände, Menschen und Situationen. Schemata sind Wissenspakete über die komplexen Verallgemeinerungen unserer Erfahrung mit Strukturen in der Umwelt. Man hat Schemata für Küchen, Schlafzimmer, Überraschungspartys und Examensfeiern. Schemata enthalten nicht alle Einzelheiten unserer unterschiedlichen Erfahrungen. Wie ein Prototyp der Mittelwert unserer Erfahrungen mit einer Kategorie ist, so repräsentiert auch ein Schema unsere »durchschnittlichen Erfahrungen«, die wir in der Interaktion mit unserer Umwelt machen. Daher sind Schemata, wie auch unsere Prototypen, nicht von Dauer, sondern verändern sich zusammen mit dem Wechsel der Ereignisse in unserem Leben (Rumelhart, Smolensky, MacClelland u. Hinton 1986).

Schemata enthalten nur diejenigen Einzelheiten in der Welt, denen wir genügend Aufmerksamkeit gewidmet haben. So kam bei Studenten, die gebeten wurden, die auf beiden Seiten der US-amerikanischen Münzen angegebenen Informationen zu zeichnen, praktisch nie das Wort »Liberty« vor, obwohl es auf jeder Münze steht (Rubin u. Kontis 1983). Daher spiegeln unsere Schemata genau das wider, was wir an der Welt *bemerkt* haben. Lassen Sie uns nun einen Blick auf die unterschiedliche Art und Weise werfen, wie wir unsere Begriffe und Schemata nutzen.

5.9.2
Nutzung von Gedächtnisstrukturen

Psychologen berufen sich sehr häufig auf Gedächtnisstrukturen: Jedesmal, wenn wir die Auswirkung systematischen Wissens auf die Erfahrungen von Menschen erklären möchten, weisen wir darauf hin, daß hier Begriffe oder Schemata eine Rolle spielen. Wir können 5 allgemeine Funktionen für diese Arten von Gedächtnisstrukturen ausmachen (Medin u. Ross 1992):

- *Klassifikation.* Wie in Abschn. 3.5 erörtert, befähigen uns Gedächtnisstrukturen dazu, Objekte und Szenen aus der Wahrnehmungswelt als Beispielfälle vertrauter Kategorien zu klassifizieren. Frühere Erfahrungen mit Schützenfesten etwa helfen uns, zu verstehen, daß es sich bei dem, worauf wir gerade zufällig gestoßen sind, um einen Schützenumzug handelt und nicht um eine wilde Ansammlung von Vorstädtern, die zufällig zu militärischer Musik marschieren.
- *Erklärung.* Weil in Gedächtnisstrukturen frühere Erfahrungen enkodiert sind, können sie mit dazu beitragen, momentane Erfahrungen zu erklären. Weil man beispielsweise ein Schema dafür hat, was in einem Restaurant geschieht, wird man nicht überrascht sein, wenn ein Kellner eine Speisekarte bringt oder eine Tasse Kaffee anbietet. Man hat bereits eine Erklärung für diese Ereignisse (Schank u. Abelson 1977).
- *Vorhersage.* Gedächtnisstrukturen befähigen uns auch, genaue Erwartungen zu haben, welche Arten von Dingen zusammenpassen und was die Zukunft bringen mag. Unser Schema für einen Restaurantbesuch sagt voraus, daß jemand für das Essen bezahlen muß. Diese Erwartung gestattet Ihnen, bei der Bestellung festzulegen, wieviele Gänge Sie (oder andere) sich leisten können.
- *Schlußfolgerung.* Man setzt Gedächtnisstrukturen auch oft dazu ein, Schlußfolgerungen zu ziehen, die über das hinausgehen, was in der Welt unmittelbar vorfindbar ist. So sind Sie vermutlich zu der Schlußfolgerung gekommen, daß Ihr Psychologieprofessor auch ein Studium in Psychologie durchlaufen hat, obwohl Sie wahrscheinlich keine direkten Beweise für diese Annahmen haben.

- *Kommunikation.* Gedächtnisstrukturen befähigen uns, mit ausreichender Gewißheit über viele Themen zu sprechen. Obwohl es unwahrscheinlich ist, daß Sie und Ihr bester Freund in der Vergangenheit genau auf dieselben Hunde getroffen sind – auf denen bei Ihnen der Begriff »Hund« beruhen wird –, können Sie sich mit gutem Erfolg über Hunde unterhalten, weil es wahrscheinlich ist, daß sich Ihre Durchschnittsbegriffe ziemlich ähnlich sind.

Wir haben auch Gedächtnisstrukturen, die unsere Wahrnehmung von Menschen und unsere Erinnerung an sie beeinflussen (Cantor u. Mischel 1991). So haben Sie wahrscheinlich einen Begriff von Zahnärzten, Sektenführern, Umweltschützern und Gebrauchtwagenhändlern. Wird eine Person, die Sie nicht kennen, als Mitglied einer dieser Begriffsklassen beschrieben, kann Ihr Stereotyp Sie dazu verleiten, anzunehmen, daß die betreffende Person bestimmte Persönlichkeitseigenschaften hat oder sich in besonderer Art und Weise verhält. Wie das folgende **Experiment** zeigt, können die Wörter, die eine Sprache dafür zur Verfügung stellt, diese interpersonale Verwendung von Begriffen beeinflussen.

Diese Forschungsergebnisse bestätigen, daß die Verfügbarkeit von Gedächtnisstrukturen die Art und Weise beeinflußt, wie wir über die Welt denken. Unsere Vorerfahrungen färben unsere momentanen Erfahrungen in einem bestimmten Licht ein und verändern unsere Erwartungen gegenüber der Zukunft.

Was mit »Struktur« gemeint ist

Lassen Sie uns nun erörtern, was wir meinen, wenn wir von kognitiven oder mentalen Strukturen oder von Gedächtnisstrukturen sprechen. Entscheidend ist, daß wir dabei im Hinterkopf behalten, daß wir diesen Ausdruck nur *in Analogie* zu physikalischen Strukturen verwenden. Betrachten Sie noch einmal Abb. 5.24.

Wir dürfen nicht erwarten, die Informationen *genauso* in unserem Gehirn angeordnet zu finden. Abb. 5.24 ist keine Illustration irgendeiner räumlichen Beziehung in unserem Gedächtnis. (Schon die Annahme, das Gedächtnis sei etwas räumlich Angeordnetes, geht über das hinaus, was Psychologen meinen.) Abb. 5.24 stimmt mit den Beobachtungen von Gedächtnisleistungen überein. Die Ergebnisse machen Sinn, wenn wir uns als ein *Modell* vorstellen, unsere Erinnerungen wären in dieser Weise strukturiert.

EXPERIMENT

Stereotypisierung durch Sprache

In diesem Experiment erstellten die Wissenschaftler zunächst Beschreibungen von 4 Personen. Zwei der Beschreibungen konnten leicht in Persönlichkeitsbegriffe, die die englische Sprache, nicht aber die chinesische bereitstellt, gefaßt werden. Bei den beiden anderen Beschreibungen war es genau umgekehrt. Nehmen wir den Begriff »shì gù«. Im Chinesischen wird durch diesen Begriff eine Person charakterisiert, die »weltlich gesinnt, erfahren, sozial kompetent, familienbezogen und etwas reserviert« ist. Im Englischen gibt es keine einzelne Bezeichnung oder Redewendung, die diese Zusammenstellung von Eigenschaften ausdrückt. Andererseits gibt es aber im Chinesischen kein Wort, das dem englischen »of the artistic type«

entspricht. Personen, die fließend Englisch und Chinesisch sprachen, lasen die Personbeschreibungen entweder auf Chinesisch oder auf Englisch. Die Forscher sagten vorher, daß durch die Verfügbarkeit bzw. Nichtverfügbarkeit von Begriffen in einer Sprache festgelegt würde, ob sich die Personen in ihrem Denken von Stereotypen leiten ließen. Diese Erwartung wurde bestätigt. Die Eindrücke, die die Versuchsteilnehmer für jedes der 4 beschriebenen Individuen notierten, stimmten wesentlich stärker mit einem Stereotyp überein, wenn die Sprache, in der die Personbeschreibungen zu einem eigenen Eindruck verarbeitet werden mußten, auch die Sprache war, die über einen entsprechenden Begriff verfügte (Hoffman et al. 1986).

Wenn wir Sie etwa bäten, die Richtigkeit der Behauptung »Ein Vogel hat Flügel« nachzuprüfen, dann brauchten Sie für diese Aufgabe weniger Zeit als zur Überprüfung des Satzes »Ein Kanarienvogel hat Flügel« (Collins u. Quillian 1969). Man sagt dieses Ergebnis vorher, weil »hat Flügel« als Information abgespeichert ist, die direkt mit Vogel verbunden wird. Um nachzuprüfen, ob ein Kanarienvogel Flügel hat, muß man sich zunächst durch die Struktur von Kanarienvogel zu Flügel vorarbeiten. Dazu braucht man Zeit. Psychologen versuchen oft, in solchen Bildern darzustellen, wie das Gedächtnis organisiert ist – um vorherzusagen, wann das Gedächtnis effektiv funktionieren oder nicht effektiv funktionieren wird.

5.9.3
Erinnern als rekonstruktiver Prozeß

Wir wollen uns nun einer weiteren wichtigen Nutzung von Gedächtnisstrukturen zuwenden. In vielen Fällen, bei denen wir aufgefordert werden, eine Information zu reproduzieren, können wir uns nicht direkt daran erinnern. Statt dessen *rekonstruieren* wir sie auf der Grundlage allgemeinerer Arten gespeicherten Wissens. Um Ihnen einen konkreten Eindruck davon zu geben, was rekonstruktive Prozesse beim Erinnern sind, möchten wir Sie bitten, sich zunächst mit den folgenden 3 Fragen zu beschäftigen:

● Kam in Kapitel 3 das Wort *der* vor?
● Gab es im Jahr 1991 den 7. Juli?

● Haben Sie gestern zwischen 14.05 h und 14.10 h geatmet?

Wahrscheinlich sind Sie ohne Zögern bereit, auf jede dieser Fragen mit »Ja« zu antworten. Aber Sie haben mit ziemlicher Sicherheit keine besonderen episodischen Gedächtnisspuren parat – es sei denn, gerade in Ihrem Falle hätte sich etwas Besonderes ereignet, was diese Informationen in Ihr Gedächtnis eingeprägt hat. Zur Beantwortung der oben aufgeführten Fragen greifen wir auf allgemeinere Erinnerungen zurück und rekonstruieren, was sich wahrscheinlich ereignet hat. Wir wollen uns diesen Prozeß der **Rekonstruktion** etwas genauer anschauen.

Die Genauigkeit der rekonstruktiven Erinnerung

Wenn man Erinnerungen rekonstruiert und nicht eine bestimmte Repräsentation für das hat, was geschehen ist, dann sollte man erwarten können, daß die rekonstruierte Erinnerung in manchen Fällen vom wirklichen Geschehen abweicht – daß also Verzerrungen auftreten. Im Abschnitt **Experiment** gehen wir kurz auf die klassischen Studien zu **Verzerrungen** (»distortions«) beim Erinnern ein. Sie sind von dem englischen Psychologen Sir Frederic Bartlett zu Beginn der 30er Jahre durchgeführt und 1932 in dem Buch *Remembering* beschrieben worden.

Es ist wichtig, an dieser Stelle Ihr Augenmerk auf ein allgemeines Prinzip zu lenken, das wir schon in Abschn. 3.1 bei der Behandlung der Wahrnehmungstäuschungen erwähnt haben. Hier wie dort sehen wir,

Verzerrungen beim Erinnern

Bartlett wollte herausfinden, wie das Vorwissen die Erinnerung an neue (nachfolgende) Informationen beeinflußt. Zu diesem Zweck beobachtete er, wie Studenten Geschichten erinnerten, deren Themen und verbale Gestaltungen aus einer anderen Kultur entnommen waren. Seine berühmteste Geschichte war *The War of the Ghosts*, ein Indianermärchen.

Bartlett kam zu dem Ergebnis, daß Nacherzählungen im Vergleich zum Original oft deutliche Veränderungen aufwiesen. Zu den Verzerrungen gehörten 3 Arten von rekonstruktiven Prozessen:

- *Nivellieren (leveling):* die Geschichte vereinfachen;
- *Akzentuieren (sharpening):* bestimmte Details hervorheben und überbetonen und
- *Assimilieren:* Einzelheiten so verändern, daß sie besser zum Erfahrungshintergrund oder Wissen der Person passen.

Die Leser erzählten die Geschichte in Wörtern, die ihnen aus ihrer Kultur vertraut waren, und ersetzten damit diejenigen Wörter, die ihnen nicht vertraut waren: Kanu wurde etwa durch Boot ersetzt und Robbenjagd durch Angeln. Bartletts Versuchsteilnehmer veränderten oft auch die Handlung der Geschichte, um die Anrufung übernatürlicher Kräfte, die ihnen aus ihrer Kultur nicht vertraut war, wegzulassen.

Auf Bartletts Spuren haben Forscher eine Vielfalt von Gedächtnisverzerrungen untersucht, die auftreten, wenn Menschen konstruktive Prozesse einsetzen, um Erinnerungen hervorzubringen (Bower et al. 1979; Brewer u. Nakamura 1984; Spiro 1977). Sie konnten für verschiedenes Gedächtnismaterial zeigen, wie die Einführung von Vorwissen – etwa durch die Bereitstellung bestimmter Schemata – die Erinnerungen in der vorhergesagten Weise veränderte.

---

daß Psychologen häufig die normale Funktionsweise von psychischen Vorgängen daraus zu erschließen versuchen, daß sie zeigen, wie diese Prozesse uns in die Irre führen. Aber *im Alltag* – außerhalb des psychologischen Experimentes – werden uns Verzerrungen beim Erinnern ebenso wenig irreleiten, wie Wahrnehmungstäuschungen uns nicht dazu bringen, gegen die Wand zu laufen. Sie können sich diese Gedächtnisverzerrungen als Folgen von Prozessen vorstellen, die gewöhnlich ganz gut funktionieren. In den meisten Fällen brauchen wir uns nicht an die genauen Einzelheiten einer besonderen Episode erinnern. Es reicht völlig aus, sich die wichtigsten Ereignisse zu rekonstruieren.

Erinnerung von Augenzeugen

Wie genau müssen im täglichen Leben Ihre Erinnerungen sein? Im Normalfall reicht es aus, die Geschehnisse *im großen und ganzen* rekonstruieren zu können. Es gibt jedoch eine Situation, in der es darauf ankommt, daß wir uns genau erinnern – wenn wir Augenzeugen eines Vorganges, etwa einer Straftat, geworden sind

und als Zeugen den Vorgang genau schildern sollen. Im folgenden Abschnitt **Experiment** beschreiben wir Untersuchungen, die zeigen, wie beeinflußbar Erinnerungen von Augenzeugen aufgrund der Tatsache sind, daß Erinnern ein rekonstruktiver Prozeß ist.

Die Studie von Lindsay zeigt, daß Menschen oft nicht in der Lage sind, zu unterscheiden, auf welchen Ausgangspunkt – während oder nach einem Ereignis – die Erinnerungen zurückgehen (Johnson u. Sarason 1979; Weingardt et al. 1995). Obwohl die psychologischen Mechanismen, durch die es zu diesem Gedächtniseffekt kommt, immer noch diskutiert werden, kann die Möglichkeit, daß sich die Berichte von Augenzeugen als Reaktion auf Informationen nach dem Ereignis verändern lassen, nun als gesichert gelten. Diese Untersuchungen bestätigen die Auffassung, daß unsere Erinnerungen häufig Collagen sind, die aus unterschiedlichen Elementen unserer Vorerfahrung rekonstruiert werden.

Im Abschnitt **Unter der Lupe** wird diese Einsicht zum kontroversen Thema der **verdrängten Erinnerungen** in Beziehung gesetzt.

Augenzeugenberichte – war es wirklich so?

Elizabeth Loftus (1979, 1992) und ihre Mitarbeiter führten vielbeachtete Untersuchungen zur Erinnerrung von Augenzeugen durch. Die allgemeine Schlußfolgerung aus ihrer Forschung lautete, daß die Erinnerungen von Augenzeugen an das, was sie gesehen hatten, für Verzerrungen durch Informationen aus der Zeit *nach dem Vorfall* recht anfällig waren. In einer der Studien wurde ein Film von einem Autounfall gezeigt, und Versuchsteilnehmer wurden gebeten, die Geschwindigkeiten der daran beteiligten Autos zu schätzen (Loftus u. Palmer 1974).

- Ein Teil der Personen wurde gefragt: »Wie schnell waren die Autos, als sie ineinander *rasten?*« (»How fast were the cars going when they smashed into each other?«)
- Den anderen dagegen wurde die Frage gestellt: »Wie schnell waren die Autos, als sie sich *berührten?*« (»How fast were the cars going when they contacted each other?«)

Die erste Gruppe schätzte die Geschwindigkeit der Autos durchschnittlich auf über 65 km/h, die zweite auf ungefähr 50 km/h. Etwa eine Woche später wurden die Augenzeugen gefragt: »Haben Sie Glassplitter gesehen?« Tatsächlich waren im Film keine Glassplitter aufgetaucht. Doch ein Drittel der Personen der ersten Gruppe antwortete mit »Ja«, während nur 14% aus der zweiten Gruppe die Frage bejahten. Die Informationen, die die Personen durch die Art der Befragung bekommen hatten (»rasten« vs. »berührten«),

beeinflußte also maßgeblich, was die Augenzeugen nach ihren Angaben erlebt hatten.

Informationen nach dem Ereignis können die Erinnerungen von Augenzeugen sogar beeinträchtigen, wenn ihnen ausdrücklich bewußt gemacht wird, daß der Versuch unternommen wird, sie in die Irre zu führen. Das zeigt eine Studie von Lindsay (1990). In diesem Falle sahen die Versuchsteilnehmer eine Diaserie zu einem Einbruch in ein Büro. Parallel zur Vorführung der Bilder hörte man die Stimme einer Frau, die die Abfolge der Ereignisse beschrieb. Unmittelbar nach der Diaserie hörten die Teilnehmer, wie die Frau die Ereignisse noch einmal darstellte. Diese anschließende Erzählung enthielt jedoch Fehlinformationen. Beispielsweise war auf den Dias die Zeitschrift *Glamour* zu sehen gewesen; in der anschließenden Erzählung war aber von *Vogue* die Rede.

Die Erinnerung an die Informationen, die auf den Diabildern dargestellt waren, wurde 48 h später geprüft. Der Versuchsleiter wies die Teilnehmer ausdrücklich darauf hin, daß es im Gedächtnistest keine Frage gebe, für die die richtige Antwort in der nachträglichen Erzählung geliefert worden wäre. Wenn die Personen also in der Lage gewesen wären, in ihrer Erinnerung klar zwischen den ursprünglichen Ereignissen und den nachträglichen Informationen zu unterscheiden, dann hätten sie von der nachträglichen Erzählung unbeeinflußt bleiben müssen. Das war nicht der Fall: Selbst nach der ausdrücklichen Warnung erinnerten sich die Personen eher an die nachträglichen Verfälschungen als an die wirklichen Geschehnisse (Lindsay 1990).

Verdrängte Erinnerungen

Am 22. September 1969 verschwand Susan Nason aus ihrer Heimatgemeinde im nördlichen Kalifornien. Im Dezember desselben Jahres wurde ihre Leiche gefunden. 20 Jahre lang wußte niemand, wer sie ermordet hatte. Dann, im Jahre 1989, nahm Susans Freundin Eileen Franklin-Lipsker mit der örtlichen Staatsanwaltschaft Kontakt auf. Eileen erzählte den Ermittlern, daß eine Psychotherapie bei ihr lange verdrängte, schreckliche Erinnerungen an das, was mit Susan geschehen sei, aufgedeckt hätte. Im Herbst 1990 sagte Eileen als Zeugin aus, daß ihr Vater George Franklin

vor mehr als 2 Jahrzehnten Susan sexuell belästigt und sie dann mit einem Felsbrocken erschlagen hätte (Marcus 1990; Workman 1990). Eileen berichtete, daß ihr Vater ihr gedroht hätte, sie zu töten, wenn sie je irgend jemandem etwas davon erzählen sollte. Diese Aussage reichte aus, George Franklin wegen Mordes zu verurteilen.

Wie konnten, theoretisch gesehen, diese Erinnerungen über 20 Jahre hinweg verborgen bleiben? Die Antwort auf dieses Rätsel findet ihren Ausgangspunkt in Sigmund Freuds Begriff der »verdrängten Erinnerungen«. Wie wir in Abschn. 11.3 sehen werden, entwickelte Freud (1923) die Theorie, daß manche Erinnerungen an Lebenserfahrungen für einige Menschen so bedrohlich für deren psychisches Wohlbefinden werden können, daß sie sie aus dem Bewußtsein verbannen. Freud verwendete den Ausdruck Verdrängung für den seelischen Vorgang, durch den sich Menschen vor solchen unannehmbaren oder schmerzlichen Erinnerungen schützen. Klinische Psychologen können Klienten oft dabei helfen, ihr Leben selbst in die Hand zu nehmen, indem sie erschütternde Abläufe in ihrem Leben als Folgewirkungen verdrängter Erinnerungen deuten.

Aber nicht alle Erfahrungen mit verdrängten Erinnerungen bleiben innerhalb der 4 Wände einer psychotherapeutischen Praxis. In den letzten Jahren wurde in den Massenmedien häufig behauptet, verdrängte Erinnerungen seien auf dramatische Weise aufgedeckt worden. Nach langer Zeit berichten Menschen darüber, wie sie plötzlich lebhafte Erinnerungen an erschreckende Ereignisse wie etwa Morde oder sexuellen Mißbrauch in der Kindheit hatten. Ist es möglich, daß all diese Behauptungen eine reale Grundlage haben? Unser Überblick über die Forschung zum Gedächtnis – speziell die Forschung zu Erinnerungen von Augenzeugen – darf zu einer gewissen Skepsis Anlaß geben (Loftus 1993; Loftus u. Ketcham 1994). Sie wissen aus diesen Untersuchungen, daß Menschen manchmal Informationen, die Ihnen aus manipulierten Quellen zur Verfügung gestellt wurden, als wahre Erinnerungen berichten werden. Mehr noch: Sie werden dies auch tun, wenn sie als Zeugen speziell darauf aufmerksam gemacht worden sind, daß sie in die Irre geführt wurden. Daher stellt die Tatsache, daß man einer Erinnerung *traut,* noch keine Sicherheit dafür dar, daß der Ausgangspunkt der Erinnerung *glaubhaft* ist.

Die Gedächtnisforschung verweist in der Praxis darauf, daß es, selbst wenn Zeugen sich der Echtheit einer Erfahrung absolut sicher sind, keine zuverlässige Methode gibt, mit der man bestimmen könnte, was sich wirklich ereignet hat – vor allem, wenn 20 Jahre oder mehr vergangen sind und Informationen »nach dem Ereignis« hinzukommen. Es besteht sogar Grund für die Befürchtung, daß Beschreibungen verdrängter Erinnerungen in den Medien manche Personen dazu verleiten, ebendiese Erinnerungen »aufzudecken«. Was ein Mensch im Fernsehen sah, könnte als eine persönliche Erinnerung wieder zum Vorschein kommen, wenn die Information über das Fernsehen als Informationsquelle auf irgendeine Weise verlorengegangen ist. Grundsätzlich hat diese Person keinen Zugang mehr zum Ausgangspunkt der Erinnerung, hält aber am Inhalt fest (Johnson et al. 1993).

Vielleicht ziehen Patienten aus dem Glauben an die Aufdeckung verdrängter Erinnerungen in der Psychotherapie nachweislich einen Nutzen. Zweifellos können gewisse Teile verdrängter Erinnerungen echt sein. Wie Sie jedoch gesehen haben, setzt die Verwendung verdrängter Erinnerungen vor Gericht Menschen wie George Franklin einem hohen Risiko aus. Die vernichtenden Erinnerungen seiner Tochter können aus Quellen stammen, die erst nach dem Ereignis entstanden (Loftus 1993). Bedenkt man den juristischen Grundsatz, daß niemand vor der Verurteilung als schuldig gelten darf, ist als logische Folgerung aus den Forschungsergebnissen Skepsis gegenüber verdrängten Erinnerungen angebracht.

ZUSAMMENFASSUNG

- **Lernen.** Lernen wird als ein Prozeß definiert, der zu *relativ stabilen Veränderungen* im *Verhalten* oder im *Verhaltenspotential* führt und auf Erfahrung aufbaut. Nach Ansicht des Behaviorismus läßt sich mit Hilfe elementarer Lernprinzipien jegliches Verhalten und Handeln erklären. Der Behaviorismus diente Skinner als Grundposition der Verhaltensanalyse, die sich mit der Aufdeckung von spezifischen Umwelteinflüssen auf Lernen und Verhalten beschäftigt.
- **Klassische Konditionierung.** Zwei in der Psychologie immer noch sehr verbreitete Typen des Lernen

sind die klassische Konditionierung und operantes Lernen. Die klassische Konditionierung, die Pawlow entwickelt hat, ist ein Verfahren, mit dem man untersucht, wie Organismen etwas über die Beziehungen zwischen Ereignissen in ihrer Umwelt lernen. Im Paradigma der klassischen Konditionierung löst ein biologisch signifikanter Reiz (Stimulus), der als unkonditionierter Stimulus (US) bezeichnet wird, einen Reflex aus, der »*unkonditionierte Reaktion*« (UR) genannt wird.
Ein dann gemeinsam mit dem unkonditionierten Reiz wiederholt dargebotener neutraler Reiz wird

zum konditionierten Stimulus (CS), einem Reiz, der eine ähnliche Reaktion auslösen kann. Diese durch einen konditionierten Reiz ausgelöste Reaktion wird als *konditionierte Reaktion* (CR) bezeichnet.

Wenn nach dem Training der unkonditionierte Reiz nicht mehr zusammen mit dem konditionierten dargeboten wird, verschwindet die konditionierte Reaktion. Dieser Prozeß wird als »Extinktion« (Löschen) bezeichnet. Nach einer Erholungsphase kehrt die konditionierte Reaktion jedoch teilweise zurück, wenn der konditionierte Reiz allein dargeboten wird. Dies nennt man »spontane Erholung«.

Reize, die dem konditionierten Reiz ähnlich sind, lösen ebenfalls eine konditionierte Reaktion aus *(Reizgeneralisierung)*. Folgt ihnen jedoch nicht der unkonditionierte Reiz, so kommt es zur *Reizdiskrimination*: Der Organismus hört auf, auf die irrelevanten Reize zu reagieren und reagiert nur noch auf diejenigen, die mit Verstärkung assoziiert sind.

- **Operante Konditionierung.** Bei dem Verfahren der operanten Konditionierung, das Thorndike entwickelt hat, geht es um den Aufbau von Beziehungen zwischen einer Reizsituation und Reaktionen, die verstärkt werden. Gelernt werden *Reiz-Reaktions-Verbindungen*, kurz S-R-Verbindungen. Diejenigen Verhaltensweisen, die befriedigende Konsequenzen haben, nehmen in der Häufigkeit zu (Gesetz des Effektes).

Im Sinne dieses Programmes entwickelte Skinner die Verfahren zur Untersuchung der Auswirkungen verschiedener Verstärkungskontingenzen auf Verhaltensäußerungen. Gelernte Verhaltensweisen werden als »operant« bezeichnet, denn sie »operieren«, d. h. verändern die Umwelt. Sowohl *positive* als auch *negative Verstärkungen* steigern die Reaktionsrate. Negative Verstärkung liegt dann vor, wenn ein aversiver Reiz nicht verabreicht (oder gemieden) wird. Löschen und Bestrafung senken die Reaktionsrate. Beim *Löschen* wird die Verstärkung vorenthalten, worauf die Reaktionsrate sinkt. Bei der Bestrafung folgt der Reaktion ein aversiver Reiz. *Bestrafung* eliminiert die Reaktion oder unterdrückt sie für eine Weile. Die Auswirkungen von Belohnung und Bestrafung beim Menschen sind komplex und hängen von vielen Variablen ab.

Diskriminative Reize informieren ihn darüber, daß eine bestimmte Verstärkerkontingenz wirksam ist. Die Reaktion steht unter Reizkontrolle, wenn sie in Anwesenheit eines bestimmten Reizes gezeigt wird und ausbleibt, wenn dieser Reiz nicht vorhanden ist. Der *diskriminative Reiz* löst nicht die Reaktion aus, sondern signalisiert lediglich, daß eine Verstärkung erhältlich ist, falls die Reaktion ausgeführt wird. *Primäre Verstärker* sind biologisch signifikante Reize, die ohne Lernen als Verstärker wirken. *Konditionierte Verstärker* sind gelernt. Beim Menschen sind das unter anderem Geld, Lob und Statussymbole.

- **Shaping und Chaining.** Neue komplexe Reaktionen können durch die Verfahren des Shaping (Verhaltensformung) und Chaining (Kettenbildung) gelernt werden. Eine erwünschte neue Reaktion wird durch die *sukzessive Verstärkung* immer besserer Annäherungen an die Zielreaktion geformt. Eine Reaktionskette kann dann gelernt werden, wenn die Vollendung jedes ihrer Glieder zum konditionierten Verstärker der vorausgehenden Reaktion und zum diskriminierenden Reiz für die folgende gemacht wird.

- **Verstärkungspläne.** Verhalten wird durch Verstärkungsmuster beeinflußt, deren Quoten oder Intervalle festgelegt oder variabel sein können. Bei *Quotenplänen* werden nach einer bestimmten Anzahl von Reaktionen, die konstant (festgelegt) oder unregelmäßig (variabel) ist, Verstärker verabreicht. Bei *Intervallplänen* werden Verstärker nach einem bestimmten Zeitintervall gegeben, das ebenfalls konstant oder variabel sein kann.

- **Kognitive Einflüsse auf das Lernen.** Sie zeigen sich bei der Blockierung und bei der assoziativen Konditionierung (sensorischen Präkonditionierung). Bei der Blockierung wird eine konditionierte Reaktion aufgebaut, indem ein Ton mit einem unkonditionierten Reiz – einem Schock – gepaart wird. Anschließend wird ein zusammengesetzter Reiz – Ton und Licht – mit dem Schock gepaart. Entgegen der Erwartung erfolgt keine Konditionierung des Lichtsignals. Erklären kann man dies mit dem *Informationswert* des Reizes. Das Lichtsignal liefert keine zusätzliche Information zu der, die der Ton bereits enthält.

- **Lernen am Modell.** Kognitive Einflüsse werden auch beim Lernen durch die Beobachtung von Modellen sichtbar. Die Vorgänge beim Beobachtungslernen kann man nur verstehen, wenn man Annahmen über kognitive Prozesse beim Beobachter macht, z. B. über Erwartungen. *Beobachtungslernen* kann selbst dann stattfinden, wenn die Versuchsteilnehmer keine Reaktion zeigen und keinerlei Verstärkung erhalten.

● **Gedächtnis.** Kognitionspsychologen untersuchen das *Erinnern als eine Form der Informationsverarbeitung*. Erinnern wird als ein Prozeß betrachtet, der aus 3 Stufen besteht. Die Informationen, die unsere Sinne erreichen, werden enkodiert, gespeichert und später abgerufen. Es wurde vorgeschlagen, 3 Gedächtnissysteme zu unterscheiden: sensorisches Gedächtnis, Kurzzeitgedächtnis und Langzeitgedächtnis.

  – Sensorisches Gedächtnis. Bei der Enkodierung für das sensorische Gedächtnis wird Reizenergie in einen neuralen Code umgewandelt. Das sensorische Gedächtnis verfügt über eine *große Aufnahmekapazität*, jedoch *nur für kurze Dauer*. Aufmerksamkeit und Mustererkennung helfen, sensorische Informationen in das Kurzzeitgedächtnis zu übermitteln.

  – Das Kurzzeitgedächtnis. Es hat eine *begrenzte Aufnahmekapazität* (7+/−2 Items) und ist ohne Wiederholung nur von kurzer Dauer. Es ist Teil unserer psychologischen Gegenwart und wird oft auch als *Arbeitsgedächtnis* bezeichnet. Es kann Material aus dem sensorischen oder aus dem Langzeitgedächtnis übermittelt bekommen. Nur im Kurzzeitgedächtnis können Informationen bewußt verarbeitet werden.

  – Die Kapazität des Kurzzeitgedächtnisses kann durch Zusammensetzung unzusammenhängender Items zu Chunks, d. h. zu bedeutungstragenden Gruppen, gesteigert werden. *Einfaches* (erhaltendes) *Wiederholen* steigert die Aufbewahrungszeit für Material im Kurzzeitgedächtnis auf unbestimmte Zeit; *elaborierendes Wiederholen* bereitet es auf die Speicherung im Langzeitgedächtnis vor.

– Das Langzeitgedächtnis. Das Langzeitgedächtnis besteht aus dem gesamten Weltwissen einer Person und ihrem Wissen über das eigene Selbst. Seine Kapazität ist theoretisch unbegrenzt. *Bedeutungsvolle Organisation* ist der Schlüssel zur Enkodierung ins Langzeitgedächtnis: Je vertrauter das Material und je besser die Organisation, um so effektiver ist das Behalten.

– Das Prinzip der Enkodierspezifität. Je spezifischer Material hinsichtlich der zu erwartenden Abrufhinweise enkodiert wird, um so effektiver wird der spätere Abruf sein. Ähnlichkeiten der Kontexte von Lernen und Abruf unterstützen ebenfalls den Abrufprozeß.

– Prozedurales, semantisches und episodisches Gedächtnis. Das semantische und das episodische Gedächtnis werden oftmals zum deklarativen Gedächtnis zusammengefaßt. Das prozedurale Gedächtnis ist das Gedächtnis für Fertigkeiten – wie Dinge getan werden. Das semantische Gedächtnis ist das Gedächtnis für die grundlegende Bedeutung von Wörtern und Begriffen und das episodische Gedächtnis befaßt sich mit den Erinnerungen an Ereignisse, die auf persönlichen Erfahrungen beruhen; es speichert autobiographische Informationen.

– Strukturen im Langzeitgedächtnis. Eine wesentliche Aufgabe des Gedächtnisses besteht darin, Muster in der Interaktion mit der Umwelt zu erkennen. »Begriffe« entstehen aus der Fähigkeit, individuelle Erfahrungen zu kategorisieren. Sie sind mentale Repräsentationen derartiger Kategorien. Ein »Prototyp« entsteht aus den Erfahrungen, die wir mit Mitgliedern einer Kategorie haben. Er bildet sich als Mittelwert aus einer Menge von Beispielfällen heraus. »Begriffshierarchien« dienen dazu, Gegenstände zu kategorisieren und über sie nachzudenken. »Schemata« sind der begriffliche Rahmen für Gegenstände, Menschen und Situationen. Ein Schema repräsentiert unsere »durchschnittlichen Erfahrungen«, die wir in der Interaktion mit unserer Umwelt machen.

Hinweise zur deutschsprachigen Literatur

W. F. Angermeier und S. R. Hursh (1994) vermitteln in ihrem Buch *Operantes Lernen* einen Überblick über die traditionellen wie auch die neuen Ansätze beim operanten Lernen. Themen aus dem Inhalt sind beispielsweise: theoretische und experimentelle Grundlagen; wichtige Variablen beim operanten Lernen; Verstärkungsprogramme; Reizkontrolle; Verhaltenskontrolle durch aversive Reize; Shaping und Reaktionsdifferenzierung; Kettenprogramme und konditionierte Verstärkung; Verstärkungsverzögerung und Wahl; Optimierungsanalysen des operanten Verhaltens; Klinische Anwendungen usw.

Der Band *Lernen* (Enzyklopädie der Psychologie, Serie »Kognition«, Band VII; 1996) wurde von J. Hoffmann und W. Kintsch herausgegeben. Das Thema Lernen verlor etwa in den 60er Jahren seine zentrale Bedeutung für die Psychologie. Die empirische Erforschung von Lernprozessen ist jedoch am Rande der dann folgenden kognitiven Hauptströmung fortgesetzt worden. Die neueren Entwicklungen werden in diesem Buch dargestellt. Hervorzuheben an diesem Buch ist die Vereinigung von biologischen, psychologischen und kognitionswissenschaftlichen Perspektiven.

In dem Buch *Lernen zu lernen* stellen die Autoren W. Metzig und M. Schuster (1996) eine Reihe effektiver Methoden zum wirkungsvolleren Lernen vor (beispielsweise die Mnemotechnik oder das Superlearning). Die Lerntechniken werden an Beispielen verdeutlicht und lassen sich in Situationen einsetzen, in denen Wissen reproduziert werden muß. Es ist nicht das Ziel dieses Buches, theoretische Lernmodelle vorzustellen, dennoch vermitteln die Autoren bei der Beschreibung der Lerntechniken nebenbei deren theoretische Fundierung. Das Buch richtet sich an Lernende, die ihr persönliches Lernverhalten verbessern möchten.

Von D. Albert und K. H. Stapf (1996) wurde der Band *Gedächtnis* (Enzyklopädie der Psychologie, Serie »Kognition«, Band IV) herausgegeben. In diesem Band wird der derzeitige Stand der psychologischen Gedächtnisforschung umfassend dargestellt. Das Themenspektrum reicht von der Schilderung der Methoden und Ergebnisse anwendungsorientierter und ökologischer Gedächtnisforschung, über die Darstellung von Gedächtnismodellen und Modellen der Repräsentation von Wissen, bis hin zur Beschreibung der Entwicklung und kognitiven Funktion des Gedächtnisses. In weiteren Kapiteln wird auf die Struktur der Gedächtnisspur,

auf die Beziehung zwischen Gedächtnis und Emotionen, d. h. die affektiven Bedingungen des Einprägens, Erinnerns und Vergessens, eingegangen. Außerdem werden spezielle Faktoren und Prozesse des Einprägens und Erinnerns beschrieben. Schließlich wird noch das Gedächtnis bei Tieren dargestellt.

In der psychologischen Gedächtnisforschung werden Lernen, Behalten und Erinnern vorwiegend mit Hilfe sprachlichen Materials untersucht. M. Knopf (1997) bietet in ihrem Buch *Gedächtnis für Handlungen* eine vergleichende Analyse sprachlicher und motorischer Informationsverarbeitung und -speicherung. Der Band trägt zur Theoriebildung in der Gedächtnispsychologie und auch zum Verständnis der Funktionsweise des Gedächtnisses im Alltag bei.

Mit dem Titel *Die Entwicklung des visuell-räumlichen Gedächtnisses* verweist R. Schumann-Hengsteler (1995) auf den Entwicklungsaspekt. Nach einer historischen Einordnung und einer Begriffsbestimmung stellt die Autorin vor dem Hintergrund allgemeiner kognitiver Theorien der Informationsverarbeitung kindliche Besonderheiten im temporären und permanenten Behalten von Informationen über Bilder, Orte und Wege umfassend und systematisch dar.

Das Buch *Das Gedächtnis* von D. Dörner und E. van der Meer (1995) behandelt aktuelle Trends und Perspektiven der Gedächtnispsychologie. Im ersten Teil des Bandes werden verschiedene theoretische Ansätze zur Beschreibung der Struktur des menschlichen Gedächtnisses erörtert. Im zweiten Teil wird beschrieben, in welcher Weise das Gedächtnis bei der Regulation von Wahrnehmung, Denken, Problemlösen, Sprache und komplexen Handlungsprozessen wirksam wird. Im letzten Teil wird auf altersabhängige individuelle Unterschiede bei Gedächtnisleistungen eingegangen.

Das Erinnern eigener Handlungen ist der Titel des Buches von J. Engelkamp (1997). Er beschreibt, daß wir Handlungen, die wir selbst ausgeführt haben, besser erinnern als solche, die andere ausgeführt haben und die wir nur wahrgenommen haben, oder als Handlungen, über die uns nur berichtet wurde. Welche Ursachen für diese unterschiedlichen Erinnerungsleistungen verantwortlich sind und warum unser Gedächtnis für unsere eigenen Handlungen so gut ist, sind Themen dieses Buches.

»Was Hänschen nicht lernt ...« In diesem Buch von G. Steiner (1996) geht es um das Lernen. Allerdings wird der Blick auf lebenslanges Lernen gelenkt, und diesem Blick folgen auch die Kapitel dieses Buches. Zum einen

werden Situationen aus dem Lebensalltag herausgegriffen, und zum anderen wird gezeigt, daß das Lernen nicht Halt macht beim Kind oder beim Heranwachsenden, wenngleich die Mehrzahl der dargestellten Fälle von Lernprozessen bei jungen und sehr jungen Menschen handelt. Zwanzig Szenarien aus dem Alltag bilden das Ausgangsmaterial für lernpsychologische Analysen (z. B. »Keine Angst vor Examen – Mehr als nur Desensibilisierung« oder »Stadtgeographie für einen Taxifahrer – Über den Aufbau von kognitiven Karten«). Dem Autor ging es darum zu zeigen, wie sich die Theorien des Lernens – vom Konditionieren elementarster Verhaltensweisen bis zum Aufbau von komplexen Denksystemen – auf den Alltag anwenden lassen.

ÜBUNGSFRAGEN

1 Was ist Lernen?

1 Wir können Lernen als einen Prozeß definieren, der zu relativ stabilen Veränderungen im Verhalten oder im Verhaltenspotential führt und auf Erfahrung aufbaut. Lernen ist nicht direkt zu beobachten. Es muß aus den Veränderungen des beobachtbaren Verhaltens erschlossen werden.

2 Was versteht man unter latentem Lernen?

2 Lernen, das erst später feststellbar wird – wenn die Umstände es erlauben oder wenn die richtige Art von Motivation im richtigen Ausmaß eine angemessene Leistung ans Licht bringt –, wird als latentes Lernen bezeichnet. Dieser Vorgang ist ein Beispiel für die Unterscheidung zwischen Lernen und Leistung (Performanz) – zwischen dem, was man weiß und dem, was zum Ausdruck kommt.

3 Skinners Variante des Behaviorismus bildete den Ausgangspunkt und die philosophische Grundposition für die Verhaltensanalyse. Beschreiben Sie die Kernpunkte des Programms der Verhaltensanalyse.

3 Die Verhaltensanalyse versucht, die Ordnungsprinzipien zu finden, die den Veränderungen in den Handlungen der Menschen zugrunde liegen, und zwar als Reaktion auf Erfahrung.
Es wird angenommen, daß man das Wesen des Menschen nur verstehen kann, wenn man auch in der Psychologie naturwissenschaftliche Denkprinzipien und Methoden anwendet.
Die Aufgabe besteht darin, mit diesen Mitteln beim Lernen Regelhaftigkeiten zu entdecken, die universell sind und unter vergleichbaren Bedingungen bei allen möglichen Tierarten einschließlich dem Menschen auftreten.
Komplexe Formen des Lernens stellen Kombinationen und Weiterentwicklungen einfacherer Prozesse dar; es handelt sich hierbei nicht um qualitativ andere Phänomene.

4 Beschreiben Sie kurz den Lerntyp der klassischen Konditionierung.

4 Die klassische Konditionierung ist eine grundlegende Form des Lernens, bei der ein Reiz oder ein Ereignis das Auftreten eines anderen Reizes oder Ereignisses vorhersagt. Der Organismus lernt eine neue Assoziation zwischen 2 Reizen – zwischen einem Reiz, der zuvor die Reaktion nicht auslöste, und einem anderen, der nach den Gesetzen der Natur die Reaktion auslöste.

5 Welche Bedeutung hat die Kontiguität beim klassischen Konditionieren?

5 Beim klassischen Konditionieren ist die Kontiguität, die zeitliche Nähe zwischen dem unkonditionierten und dem konditionierten Reiz, von entscheidender Bedeutung. Nur wenn sie zeitlich benachbart sind, kann der Organismus die Assoziation zwischen ihnen herstellen, welche die Grundlage des Lernprozesses bildet.

6 Gibt es ein Verlernen von Signalen, wenn die Kontiguität nicht mehr vorliegt?

6 Wird ein konditionierter Reiz (CS) nicht länger in Verbindung mit dem unkonditionierten Stimulus (US) dargeboten, so wird die konditionierte Reaktion (CR) im Laufe der Zeit immer schwächer, bis sie

7 Erläutern Sie die Begriffe »Reizgeneralisierung« (»Reizgeneralisation«) und »Generalisierungsgradient«.

7 Wenn eine konditionierte Reaktion auf einen bestimmten Reiz gelernt worden ist, kann es vorkommen, daß ähnliche Reize die gleiche Reaktion auslösen. Erfolgte die Konditionierung beispielsweise auf einen Ton hoher Frequenz, so kann auch ein tieferer Ton die Reaktion auslösen. Die automatische Ausdehnung der konditionierten Reaktion auf neue Reize, die nicht in zeitlicher Kopplung mit dem ursprünglichen unkonditionierten Reiz aufgetreten sind, wird »Reizgeneralisierung« oder »Reizgeneralisation« genannt. Je ähnlicher der neue Reiz dem konditionierten Reiz ist, um so stärker wird die Reaktion ausfallen. Wird die Reaktionsstärke für jeden einzelnen einer Reihe zunehmend unterschiedlicher Reize entlang einer gegebenen Dimension gemessen, so entsteht als Ergebnis der Generalisierungsgradient.

schließlich ganz ausbleibt. Dieser Prozeß wird als »Löschung« (Extinktion) bezeichnet.

8 Was versteht man unter Konditionierung zweiter Ordnung?

8 Das Verfahren, innerhalb dessen ein neutraler Stimulus dadurch zum konditionierten Stimulus wird, daß er mit einem bereits etablierten konditionierten Stimulus gepaart eingesetzt wird, bezeichnet man als Konditionierung zweiter Ordnung (allgemein: Konditionierung höherer Ordnung).

Der Prozeß der Konditionierung zweiter Ordnung erweitert den Bereich der klassischen Konditionierung beträchtlich, denn sie ist nun nicht mehr daran gebunden, daß ein biologisch relevanter Reiz auftritt. Statt dessen werden Verhaltensreaktionen durch ein unbegrenztes Repertoire von Reizen kontrollierbar, sobald sie einmal mit anderen Reizereignissen, deren Wirksamkeit entweder naturgegeben oder lernbedingt ist, assoziiert worden sind.

9 Eine der wichtigsten nach dem Prinzip des klassischen Konditionierens erworbenen Reaktionen im Alltag ist die Emotion der Furcht. Bitte beschreiben Sie das oft zitierte Experiment von Watson und Rayner, bei dem ein Junge namens Albert lernte, sich vor einer Ratte zu fürchten.

9 Watson u. Rayner (1920) brachten Albert bei, sich vor einer weißen Ratte, die er anfänglich mochte, zu fürchten, indem sie bei deren Erscheinen einen aversiven unbedingten Reiz (US) – einen lauten Gongschlag – direkt hinter ihm darboten. Die unkonditionierte Schreckreaktion (US) und die emotionale Notlage beim überlauten Krach waren die Grundlage dafür, daß Albert lernte, auf das Erscheinen der weißen Ratte (CS) mit Furcht zu reagieren. Er erwarb die Furchtreaktion in nur 7 Konditionierungsdurchgängen (Kopplung von US und CS). Als Albert dann lernte, vor dem gefürchteten Reiz zu fliehen, lieferte das Experiment eine Veranschaulichung dafür, wie emotionale Konditionierung zu einer Verhaltenskonditionierung ausgeweitet werden kann.

10 Erläutern Sie kurz das Gesetz des Effekts.

10 Verhaltensweisen, die befriedigende Konsequenzen haben, nehmen in der Häufigkeit allmählich zu. Thorndike bezeichnete diese Änderung der Auftretenswahrscheinlichkeit eines Verhaltens in Abhängigkeit von den Verhaltenskonsequenzen als das Gesetz des Effektes.

11 Skinner entwickelte die Verfahren des sog. operanten Konditionierens. Was versteht man darunter?

11 Bei diesen Verfahren werden die Konsequenzen eines Verhaltens manipuliert, um herauszufinden, welchen Effekt sie auf das *nachfolgende* Verhalten haben. Ein »Operant« ist jegliches Verhalten, das ein Organismus zeigt – sofern es in seinem Verhältnis zu den beobachtbaren Auswirkungen auf die Umwelt charakterisiert werden kann. Im wörtlichen Sinne bedeutet operant »die Umwelt beeinflussend« oder »in

ihr wirksam werdend«. Ein Operant wird nicht wie bei der klassischen Konditionierung durch bestimmte Reize ausgelöst. Tauben picken, Ratten suchen nach Nahrung, Babys weinen und und lallen, manche Menschen gestikulieren, wenn sie reden, und andere stottern. Die Wahrscheinlichkeit, daß diese Verhaltensweisen in der Zukunft auftreten werden, läßt sich dadurch erhöhen oder vermindern, daß man die Auswirkungen, die sie auf die Umwelt haben, künstlich beeinflußt (manipuliert). Beim operanten Konditionieren werden, mit anderen Worten, die Wahrscheinlichkeiten verschiedener operanter Verhaltensweisen verändert, und zwar in Abhängigkeit von den Konsequenzen, die sie in der Umwelt des Organismus bewirkt haben.

12 Wann spricht man von einer kontingenten Verstärkung?

12 Von einer kontingenten Verstärkung sprechen wir, wenn zwischen einer Verhaltensweise (Reaktion) des Organismus und den Veränderungen, die das Verhalten in der Umwelt hervorbringt, eine konsistente Beziehung besteht. Stellen Sie sich beispielsweise ein Experiment vor, bei dem dem Picken einer Taube in der Regel die Verabreichung eines Futterkorns folgt. Die konsistente Beziehung (kontingente Verstärkung) wird gewöhnlich mit einer Zunahme der Pickhäufigkeit einhergehen. Damit die Gabe des Korns *nur* die Wahrscheinlichkeit des Pickens und keiner anderen Verhaltensweise der Taube erhöht, muß sie in kontingenter Weise regelmäßig auf diese Reaktion erfolgen, nicht jedoch auf andere Reaktionen, wie etwa auf das Nicken oder Drehen des Kopfes.

13 Was sind Verstärker?

13 Ereignisse, die die Reaktion eines Organismus festigen können, wenn sie in kontingenter Beziehung auftreten, werden »Verstärker« genannt. Verstärker werden immer empirisch definiert – durch ihre Wirkung auf die Auftretenswahrscheinlichkeiten von Verhaltensweisen (Reaktionen).
Folgt ein Reiz in kontingenter Weise auf eine Reaktion und nimmt im Laufe der Zeit deren Auftretenswahrscheinlichkeit zu, so ist er ein positiver Verstärker.
Jeder Reiz, der – wenn er vermieden oder entfernt oder in der Intensität reduziert wird – im Laufe der Zeit die Auftretenswahrscheinlichkeit einer Reaktion ansteigen läßt, ist ein negativer Verstärker.
Die Verwendung eines Schirms, mit dem man bei einem Schauer verhindert, daß man naß wird, ist ein gebräuchliches Beispiel für ein Verhalten, das durch negative Verstärkung aufrechterhalten wird. Sowohl positive als auch negative Verstärkung lassen die Auftretenswahrscheinlichkeit der ihr vorangehenden Reaktion zunehmen. Positive Verstärkung läßt die Auftretenswahrscheinlichkeit dadurch zunehmen, daß nach einer Reaktion ein »positiver« Reiz dargeboten wird, negative Verstärkung wirkt dadurch, daß ein »negativer« Reiz nach einer Reaktion entfernt, reduziert oder vermieden wird.

14 Beschreiben Sie, was man unter positiver und negativer Bestrafung versteht.

14 Analog zur positiven und negativen Verstärkung kann man auch positive und negative Bestrafung definieren. Folgt ein aversiver Reiz auf ein Verhalten, wird dieses Ereignis als positive Bestrafung bezeichnet. Folgt auf ein Verhalten die Entfernung eines angenehmen Reizes, nennt man dieses Ereignis eine negative Bestrafung.

15 Wann ist Bestrafung angemessen?

15 Die einfachste Antwort auf diese Frage lautet: »Selten, wenn überhaupt.« Um unerwünschtes Verhalten zu unterbinden, ist es fast immer erstrebenswerter, eine erwünschte Verhaltensweise zu verstärken, als das unerwünschte Verhalten zu bestrafen.

16 Unter welchen Bedingungen (wenn überhaupt) sollte Bestrafung erfolgen?

16 Wenn Verstärkungsversuche der Eltern nicht möglich sind oder wenn dadurch die unerwünschten Handlungen der Kinder nicht rasch genug unterbunden werden können, dann kann Bestrafung zur einzigen Alternative werden. Wissenschaftliche Untersuchungen zeigen, daß Bestrafung aber nur unter bestimmten Bedingungen erfolgen sollte:

- Bestrafung sollte zügig durchgeführt werden und von kurzer Dauer sein;
- sie sollte direkt nach der unerwünschten Reaktion erfolgen;
- sie sollte in der Intensität begrenzt werden;
- sie sollte als Maßnahme gegen das unerwünschte Verhalten erkennbar sein (und sich nicht auf den »Charakter« einer Person beziehen);
- sie sollte auf die Situation beschränkt bleiben, in der die Reaktion auftrat, und
- sie sollte in Benachteiligungen, etwa materieller Art, nicht aber in körperlichen Züchtigungen bestehen.

17 Beschreiben Sie den Effekt der partiellen Verstärkung.

17 Der Effekt der partiellen Verstärkung besagt, daß Reaktionen, die mit partieller Verstärkung erworben werden, gegen Extinktion (Löschen) widerstandsfähiger sind als Reaktionen, die kontinuierlich verstärkt werden. Dieser Effekt ist wiederholt bei vielen Spezies gefunden worden.

18 Welche Verstärkungspläne kennen Sie?

18 Verstärker können entweder nach einer bestimmten Anzahl von Reaktionen gegeben werden – bezeichnet als »Quotenplan« – oder nach einer bestimmten Zeitspanne und unabhängig von der Reaktionsrate eines Organismus – bezeichnet als »Intervallplan«. In beiden Fällen gibt es entweder ein konstantes (festes) oder ein unregelmäßiges (variables) Verstärkungsmuster. Daraus entstehen durch Kombination die folgenden 4 Möglichkeiten:

- Beim festen Quotenplan erfolgt die Verstärkung nach einer bestimmten Anzahl von Reaktionen.
- Beim variablen Quotenplan variiert die Anzahl der Reaktionen, die gezeigt werden, bevor eine Belohnung gegeben wird, von einer Verstärkungsphase zur nächsten. Festgelegt wird die durchschnittliche Anzahl der Reaktionen.
- Beim festen Intervallplan wird die erste Reaktion nach einer bestimmten Zeitspanne belohnt.
- Beim variablen Intervallplan wird die erste Reaktion nach einer variablen Zeitspanne, deren durchschnittliche Dauer festgelegt wurde, verstärkt.

19 Erläutern Sie die Begriffe »Shaping« und »Chaining«.

19 Beim Shaping (Verhaltensformung) geht es um die Veränderung des Verhaltens in aufeinanderfolgenden kleinen Schritten, wobei jeder eine weitere Annäherung an die erwünschte Leistung bedeutet. Zu Beginn des Shaping wird jedes auftretende Element der erwünschten Leistung verstärkt. Tritt dieses Element dann regelmäßig auf, werden nur Reaktionen verstärkt, die dem Zielverhalten schon ähnlicher se-

hen. Im Labor kann der Versuchsleiter die gewünschte Reaktion auf einem zunehmend höheren Niveau herausbilden, indem er diese differentielle Verstärkung damit koppelt, daß er das Kriterium Schritt für Schritt anhebt.

Chaining (Kettenbildung) ist das operante Verfahren, bei dem jeder Reaktion innerhalb einer Kette von Einzelreaktionen ein konditionierter Verstärker folgt, bis auf die letzte Reaktion ein unkonditionierter oder primärer Verstärker folgt.

Zuerst wird die letzte Reaktion gelernt, die einzige, die jemals primäre Verstärkung erhält. Diese letzte Reaktion wird daraufhin zum konditionierten Verstärker der Reaktion, die genau vor ihr auftreten muß. Auf diese Weise wird der Kette jeweils ein Glied nach dem anderen zugefügt. Jedes Glied der Kette ist ein diskriminativer Reiz für die nächste Reaktion und ein konditionierter Verstärker der unmittelbar vorausgehenden. Der konditionierte Verstärker in einer Kette ist üblicherweise ein reaktionsbedingter Reiz – ein Reiz, der durch die vorausgegangene Reaktion hervorgerufen wurde.

20 Zu den neueren Ansätzen des Lernens gehört das Beobachtungslernen oder Lernen am Modell. Wann ist es am effektivsten?

20 Das beobachtete Verhalten eines Modells wird dann den stärksten Einfluß haben:
- wenn beobachtet wird, daß das Modell verstärkt wird;
- wenn das Modell als positiv wahrgenommen wird, d. h. wenn es beliebt ist und respektiert wird;
- wenn der Beobachter Ähnlichkeiten zwischen sich und dem Modell wahrnimmt;
- wenn verstärkt wird, daß der Beobachter dem Modell Aufmerksamkeit schenkt;
- wenn das Verhalten des Modells sichtbar und auffällig ist, d. h. wenn es sich klar vor dem Hintergrund konkurrierender Modelle abhebt, und
- wenn die vorhandene Kompetenz des Beobachters ausreicht, um das Verhalten nachzuahmen.

21 Was ist das Gedächtnis?

21 In der Sichtweise des Informationsverarbeitungsansatzes sind geistige (kognitive) Prozesse in erster Linie spezielle Formen der Transformation (Verarbeitung) von Informationen. Gedächtnis bezeichnet nichts anderes als unsere Fähigkeit, Informationen aufzunehmen, zu speichern (aufzubewahren) und bei Bedarf wieder abzurufen. Diese Prozesse vollziehen sich, so wird angenommen, in einem Gedächtnissystem, das aus mehreren Speichern besteht.

22 Die Fähigkeit, Wissen zu einem späteren Zeitpunkt zu nutzen, setzt voraus, daß die Prozesse des Enkodierens, Speicherns und Abrufens ablaufen. Erläutern Sie diese 3 Prozesse.

22
- Enkodieren (Enkodierung) ist die erstmalige Verarbeitung von Informationen, die zu einer Repräsentation im Gedächtnis führt.
- Speichern (Speicherung) ist die Aufbewahrung des enkodierten Materials über die Zeit hinweg.
- Abrufen (Retrieval) ist das Aufsuchen der gespeicherten Informationen zu einem späteren Zeitpunkt.

23 Wie kann das Enkodieren der Informationen verbessert werden?

23 Das Enkodieren der Informationen kann durch Wiederholen und Chunking verbessert werden:

- Wiederholen: Sie wissen wahrscheinlich, daß eine gute Methode zum Behalten der Telefonnummer Ihres Freundes darin besteht, daß Sie die Ziffern ständig im Kopf wiederholen. Diese Mnemotechnik nennt man erhaltendes oder einfaches Wiederholen (»maintenance rehearsal«).
- Chunking: *Chunk* kommt aus dem Englischen und bedeutet, wörtlich übersetzt, Batzen, Brocken oder großes Stück. Ein Chunk ist eine bedeutungstragende Informationseinheit. Er kann aus einem einzelnen Buchstaben oder einer Zahl, einer Gruppe von Buchstaben oder anderer Items, sogar aus einer Gruppe von Wörtern oder einem Satz bestehen. Die Sequenz 1, 9, 8, 4 besteht aus 4 Ziffern, die die Kapazität Ihres Kurzzeitgedächtnisses überschreiten könnten. 1984 ist jedoch nur ein Chunk, wenn man die Ziffern als Jahreszahl oder als Titel von George Orwells Roman ansieht. Durch dieses Chunking hat man Kapazität gespart, die man für das Behalten anderer Informationen verwenden kann.

24 Das Kurzzeitgedächtnis wird oft als Arbeitsgedächtnis bezeichnet. Welche Vorstellung steht hinter dieser Auffassung?

24 Die Deutung des Kurzzeitgedächtnisses (KZG) als Arbeitsgedächtnis sollte die Auffassung verstärken, daß das Kurzzeitgedächtnis *kein Ort*, sondern *ein Prozeß* ist. Um die Aufgaben der Kognition zu erledigen – um also kognitive Aktivitäten wie Sprachverarbeitung oder Problemlösen auszuführen –, muß man eine Vielzahl unterschiedlicher Elemente in schneller Folge miteinander kombinieren. Man kann sich das Kurzzeitgedächtnis als eine kurzfristige besondere Konzentration auf die notwendigen Elemente vorstellen. Wenn Sie ein physikalisches Objekt besser sehen wollen, können Sie es mit einem helleren Licht beleuchten. Das Kurzzeitgedächtnis wirft ein helleres Licht auf unsere mentalen Objekte – unsere Gedächtnisrepräsentationen.

25 Welche Bedeutung hat das Langzeitgedächtnis?

25 Wenn Psychologen vom Langzeitgedächtnis (LZG) sprechen, so geschieht dies in Kenntnis der Tatsache, daß Erinnerungen oft ein Leben lang behalten werden. Alle Theorien, die erklären, wie Erinnerungen für eine so lange Zeit erworben werden, müssen daher zusätzlich erklären, wie diese Erinnerungen im Verlauf des Lebens verfügbar bleiben. Das Langzeitgedächtnis ist der »Speicher« für alle Erfahrungen, Informationen, Emotionen, Fertigkeiten, Wörter, Begriffsklassen, Regeln und Urteile, die man sich aus dem sensorischen und dem Kurzzeitgedächtnis angeeignet hat. Das Langzeitgedächtnis macht das Gesamtwissen einer Person über die Welt und sich selbst aus.

26 Der kanadische Psychologe Endel Tulving (1972) hat die Aufteilung zwischen dem episodischen und dem semantischen Typ des deklarativen Gedächtnisses vorgeschlagen. Worauf bezieht sich die Unterscheidung?

26 Die Unterscheidung bezieht sich auf die Hinweisreize, die nötig sind, um Erinnerungen abzurufen.
Das episodische Gedächtnis einer Person enthält die spezifischen Erinnerungen an Ereignisse, die sie persönlich erfahren hat. Beispielsweise werden hier Erinnerungen an den glücklichsten Tag in Ihrem Leben oder an Ihren ersten Kuß gespeichert. Um solche Erinnerungen aus dem Gedächtnis abzurufen, braucht man Abrufhilfen, die etwas zum Zeitpunkt, zu dem sich das Ereignis abspielte, und etwas zum Inhalt der Ereignisse aussagen. In Abhängigkeit davon, wie die Informationen abgespeichert wurden, wird man möglicherweise in der Lage sein, eine besondere Erinnerungsspur für ein Ereignis hervorzubringen, oder auch nicht.

Alle Ihre Erinnerungen existierten zunächst als episodische Erinnerungen. Alles, was wir wissen, haben wir uns – in einem besonderen Kontext – angeeignet. Es gibt jedoch große Klassen von Informationen, auf die man in vielen unterschiedlichen Kontexten stößt. Diese Informationsklassen werden zum Abruf verfügbar gemacht, ohne daß auf die vielfältigen raumzeitlichen Erfahrungskontexte Bezug genommen wird. Diese Erinnerungen sind allgemeine kategorische Erinnerungen, wie etwa Erinnerungen an Bedeutungen von Wörtern und Begriffen. Sie bilden das semantische Gedächtnis. Bei den meisten Menschen setzen Fakten, wie die Formel »$E = MC^2$« und »die Hauptstadt von Frankreich: Paris« keine Abrufhilfen voraus, die sich auf die ursprünglichen Lernkontexte, in denen man sich die Erinnerung angeeignet hat, beziehen.

27 Was verstehen Sie unter dem Priming-Effekt?

27 Ein Behaltensvorteil durch Vorerfahrungen mit dem Gedächtnismaterial wird auch im Deutschen als »Priming-Effekt« bezeichnet (engl. to prime = vorbereiten). Die erste Erfahrung mit dem Wort bereitet die Erinnerung für spätere Erfahrungen vor. Bei einigen Gedächtnisaufgaben wie der Vervollständigung eines bruchstückhaften Wortes fanden die Forscher Priming-Effekte, die eine Woche und länger wirksam waren.

28 Welche Bedeutung haben Begriffe?

28 Die Fähigkeit zur Kategorisierung individueller Erfahrungen – Erfahrungen als gleichwertig zu behandeln oder ihnen ein gemeinsames Etikett zu verleihen – wird als eine der grundlegendsten Fähigkeiten denkender Lebewesen betrachtet. Die mentalen Repräsentationen derartiger Kategorien werden »Begriffe« genannt. Der Begriff »Wauwau« steht beispielsweise für die Menge mentaler Repräsentationen von Erfahrungen mit Hunden, die ein kleines Kind in seinem Gedächtnis vereint.

29 Woraus leiten wir Prototypen ab?

29 Die Prototypen, die uns für Kategorien (Klassen) zur Verfügung stehen, leiten sich aus all unseren Erfahrungen mit Mitgliedern dieser Kategorie ab. Aus diesem Grund verändert sich unser Prototyp jedesmal unmerklich, wenn wir auf ein neues Beispiel für eine Kategorie stoßen. Folgerichtig sind die Forscher der Auffassung, daß man tatsächlich keine spezifische mentale Repräsentation des Prototyps für eine bestimmte Kategorie hat. Der Prototyp bildet sich vielmehr erst langsam als Mittelwert aus einer großen Menge von Beispielfällen heraus

30 Was sind Schemata?

30 Schemata sind der begriffliche Rahmen oder »Cluster« (kompakte Anordnungen) von Wissen über Gegenstände, Menschen und Situationen. Schemata sind Wissenspakete über die komplexen Verallgemeinerungen unserer Erfahrung mit Strukturen in der Umwelt. Man hat Schemata für Küchen, Schlafzimmer, Überraschungspartys und Examensfeiern. Schemata enthalten nicht alle Einzelheiten unserer unterschiedlichen Erfahrungen. Wie ein Prototyp der Mittelwert unserer Erfahrungen mit einer Kategorie ist, so repräsentiert auch ein Schema unsere »durchschnittlichen Erfahrungen«, die wir in der Interaktion mit unserer Umwelt machen. Daher sind Schemata, wie auch unsere Prototypen, nicht von Dauer, sondern verändern sich zusammen mit dem Wechsel der Ereignisse in unserem Leben.

6   Kognitive Prozesse

Es ist Mitternacht, und es klopft an der Tür. Als Sie darauf reagieren, ist niemand da; doch am Boden sehen Sie einen Briefumschlag. Darin ist ein einzelnes Blatt Papier mit einer handgeschriebenen Nachricht: »Die Katze ist auf der Matte.« Was machen Sie nun?

Sie müssen jetzt eine Reihe kognitiver Prozesse in Gang setzen. Zunächst brauchen Sie sprachliche Vorgänge, um eine den Wörtern zugrundeliegende Bedeutung zu konstruieren. Aber was dann? Läßt sich in Ihrem Gedächtnis irgendeine Episode finden, auf die sich diese Wörter beziehen lassen? (Denken Sie noch einmal daran, daß wir in Abschn. 5.5 das Gedächtnis als eine Form kognitiver Verarbeitung besprochen haben.) Wenn Sie nichts finden können, dann müssen Sie die Angelegenheit noch einmal von einer anderen Seite aus sehen. Ist die Nachricht ein Code? Welche Art von Code? Wen kennen Sie, der eine Nachricht enkodieren könnte? Liegt das Schicksal unserer Zivilisation in Ihrer Hand? Nun, vielleicht haben wir mit der letzten Frage ein bißchen übertrieben, aber wir wollten Ihnen verdeutlichen, was alles zu den kognitiven Prozessen zählen kann und weshalb es von Interesse sein kann, die Prozesse besser zu verstehen.

Manche Wissenschaftler sehen in der Verwendung von Sprache und im abstrakten Denken Fähigkeiten, die dem Menschen vorbehalten sind. Wir vergessen diese Sonderstellung von Sprechen und Denken häufig und neigen dazu, kognitive Prozesse als etwas ganz Selbstverständliches hinzunehmen, weil es sich um Aktivitäten handelt, denen man im wachen Zustand die meiste Zeit über kontinuierlich nachgeht. Aber Kognitionen verlieren ihre Alltäglichkeit und erhalten intellektuellen Glanz, wenn Sie etwa daran denken, daß Sie sich vor der letzten Bundestagswahl durch eine brillante Rede eines Kandidaten haben umstimmen lassen oder daß Sie einen Krimi gelesen haben, in dem der Detektiv aus ein paar trivialen Hinweisen die überraschende Auflösung des Verbrechens kombinierte.

»Kognition« ist ein allgemeiner Begriff für alle Formen des Erkennens und Wissens. Er umfaßt z. B. das Wahrnehmen, die Mustererkennung, die Aufmerksamkeit, das Erinnern, das bildhafte Vorstellen, intelligentes Handeln, Denken und Problemlösen sowie das Sprechen und Sprachverstehen. Merken Sie, daß wir einige dieser Themen in den Kap. 3–5 bereits besprochen haben? Kognition bezieht sich sowohl auf den Inhalts- als auch auf den Prozeßaspekt des Erkennens und Wissens.

- *Inhalte* der Kognition sind Begriffe, Tatsachen, Aussagen, Regeln und Erinnerungen – beispielsweise die Wissenselemente »Ein Hund ist ein Säugetier«, »Ein rotes Licht bedeutet Anhalten« und die Erinnerung »Ich habe mein Elternhaus mit 18 verlassen.«
- Um die Welt um uns herum zu verstehen und um in den Zwangslagen des Lebens kreative Lösungen zu finden, müssen wir mit diesen Inhalten geistige Operationen – kognitive *Prozesse* – ausführen.

Wir werden zu Beginn unserer Darstellung schildern, wie die *Kognitive Psychologie* als wissenschaftliches Spezialgebiet entstanden ist. Danach werden wir die Methoden beschreiben, mit deren Hilfe Wissenschaftler versuchen, kognitive Prozesse beobachtbar zu machen, obwohl sie intern und »privat« ablaufen. Dann werden wir uns ausführlich mit denjenigen Themen der Kognitiven Psychologie beschäftigen, die die Grundlagenforschung und die angewandte Forschung dominiert haben: Sprechen und Sprachverstehen, visuelle Kognition, Problemlösen, schlußfolgerndes Denken sowie Urteils- und Entscheidungsprozesse.

6.1
Die Erforschung der Kognition

Wie läßt sich die Kognition erforschen? Die Herausforderung besteht natürlich darin, daß Kognition innerhalb unseres Kopfes stattfindet. Man kann die Informationen beobachten, die in den Kopf hineingehen – da ist ein Zettel, auf dem steht: »Die Katze ist auf der Matte« –, und erleben, was dabei herauskommt – vielleicht versteht der Leser dieser Notiz, worin deren versteckte Bedeutung besteht. Aber wie läßt sich herausfinden, was zwischendurch geschehen ist? Wie können wir erforschen, auf welchen kognitiven Prozessen und mentalen Repräsentationen sie beruhen? Sie erinnern sich vielleicht daran, daß die behavioristische Position in der ersten Hälfte dieses Jahrhunderts innerhalb der Psychologie eine beherrschende Stellung eingenommen hatte, weil sie das »offene« (direkt beobachtbare) Verhalten zum einzig möglichen Gegenstand wissenschaftlicher Beschäftigung erhoben hatte (vgl. Abschn. 5.1). In diesem Abschnitt werden wir zunächst kurz die Ereignisse beschreiben, die Psychologen zu der Auffassung kommen ließen, daß kognitive Prozesse, die nicht direkt beobachtbar sind, trotzdem in einer Theorie des menschlichen Verhaltens enthalten sein sollten. Danach wenden wir uns den Methoden zu, die die wissenschaftliche Forschung in der kognitiven Psychologie ermöglichten.

6.1.1
Die »kognitive Wende«

In Abschn. 5.1 und 5.2 haben Sie erfahren, daß elementare Lernprozesse manche der Kontingenzen oder Ursachen menschlichen Verhaltens mit ausreichender Genauigkeit erklären können. Diese Erfolge waren es, die Denker wie B. F. Skinner veranlaßten, die wissenschaftliche Erforschung interner Prozesse kategorisch abzulehnen. Eine Faustregel in der Wissenschaft besagt, daß Theorien nicht mehr Erklärungsannahmen als unbedingt notwendig enthalten sollten. Dieses Postulat wird als Prinzip der Sparsamkeit wissenschaftlicher Erklärungen bezeichnet.

Nehmen wir einmal an, Skinner hätte mit seiner Behauptung, alle von ihm untersuchten Verhaltensweisen könnten ohne Rückgriff auf kognitive Prozesse erklärt werden, recht. Was für einen Sinn machte es dann, sich vorzustellen, daß derartige Vorgänge existierten? Skinners Position kam Ende der 50er Jahre ins Wanken, weil Forscher in verschiedenen Teilgebieten der Psychologie Phänomene aufzeigen konnten, zu deren Erklärung Reiz-Reaktions-Beziehungen *nicht* hinreichten.

- Dabei war die Sprache ein besonders wichtiges Beispiel. Im Jahre 1957 versuchte Skinner in seinem Buch *Verbal Behavior* die Prinzipien des operanten Konditionierens auf den Spracherwerb und den Sprachgebrauch auszuweiten. Er behauptete, Sprache sei nichts anderes als eine weitere Form von Verhaltensäußerung, von Kindern durch Verstärkung erlernt. Kurze Zeit später veröffentlichte der Linguist Noam Chomsky (1957) in der Zeitschrift *Language* eine scharfe Kritik an Skinners Buch. Er wandte sich mit Nachdruck gegen die These, daß Kinder Sprache allein aufgrund von Verstärkungskontingenzen erwerben könnten. Im Sinne Chomskys werden wir beispielsweise in Abschn. 10.5 einen Überblick über Beobachtungen geben, die zeigen, daß manche gehörlose Kinder ihre eigene Zeichensprache entwickeln und daß diese selbsterfundenen Sprachen regelrechte grammatische Strukturen aufweisen. Weil es sich bei diesen Sprachen um die eigenen Erfindungen der Kinder handelt, wären die Erwachsenen in ihrer Umgebung gar nicht in der Lage, selektiv die richtigen Strukturen zu verstärken. Chomsky wies darauf hin, daß diese Art von Sprachäußerungen (sprachliche »Performanz«) nicht möglich wäre, wenn das lernende Kind (»der Lerner«) nicht von Geburt an mit kognitiven Strukturen ausgestattet wäre, die seinen Spracherwerb steuerten.
- Auch aus der Entwicklungspsychologie wurde eine Reihe von Hinweisen auf kognitive Strukturen angeführt. Wie wir in Abschn. 10.3 genauer sehen werden, führte Jean Piaget (1954) Untersuchungen zu kognitiven Prozessen durch, mit deren Hilfe Kinder die Wirklichkeit verstehen. Seine Stufentheorie der geistigen Entwicklung beruhte auf Beobachtungen von Aufgabenlösungen bei Kindern unterschiedlichen Alters. Piagets Ergebnisse verwiesen darauf, daß die kognitiven Aktivitäten von Kindern im Laufe der Entwicklung qualitativen Veränderungen unterliegen, die nicht auf Veränderungen in den Bezie-

hungen von Reizen und Reaktionen zurückgeführt werden konnten.

- Ein dritter Anstoß zur Entstehung der kognitiven Psychologie ergab sich, als Forscher begannen, die Analogie zwischen dem Denken und anderen informationsverarbeitenden Verfahren zu entwickeln. Die moderne Auffassung vom Computer als einer symbolverarbeitenden Maschine, die für allgemeine Zwecke eingesetzt werden kann und in der Lage ist, flexibel mit internen Instruktionen umzugehen, geht auf Visionen eines brillanten jungen Mathematikers, Johann von Neumann, zurück. In Jahre 1945 skizzierte er in groben Zügen die Analogie zwischen den elektronischen Schaltkreisen eines neuen Computers und den Nervenzellen des Gehirns sowie zwischen einem Computerprogramm und dem Gedächtnis des Gehirns (Heppenheimer 1990). Inspiriert von Neumanns Auffassungen entwickelten die Forscher Herbert Simon und Allen Newell (Newell et al. 1958) Computerprogramme zur Simulation menschlichen Problemlösens. Man sagt Simon nach, er habe in einem Seminar am Carnegie Institute of Technology 1955 behauptet, er und Newell hätten während der Weihnachtsferien »eine Denkmaschine erfunden«. Im folgenden Jahr bewies ihr Computer, den sie zu Ehren Johann von Neumanns »Johniac« nannten, einen mathematischen Satz. Der Erfolg von Newell und Simon deutete darauf hin, daß der menschliche Geist tatsächlich als informationsverarbeitendes Instrument erforscht werden konnte.

Diese neuen Ansätze zum menschlichen Denken, bei denen es um Sprache, Kinder und Computer ging, zeigten immer deutlicher, daß es vom wissenschaftlichen Standpunkt aus gerechtfertigt war, alle Formen höherer geistiger Prozesse zu untersuchen. Seit dieser Zeit hat sich der kognitive Ansatz in vielen Bereichen der Psychologie durchgesetzt (Mayer 1981; Solso 1991). Während des letzten Jahrzehnts wurde das Gebiet der Kognitiven Psychologie durch den interdisziplinären Ansatz der *Kognitionswissenschaft* (»Cognitive Science«) ergänzt (s. Abb. 6.1). Kognitionswissenschaftler nutzen das gesammelte Wissen verschiedener akademischer Spezialdisziplinen, um menschliches Wissen und Erkennen besser zu verstehen. Die Kognitionswissenschaft ist ein eindrucksvolles Beispiel dafür, wie der Austausch von Befunden und Einsichten über die traditionellen Fächergrenzen wissenschaftlichen Fortschritt nachhaltig beflügeln kann.

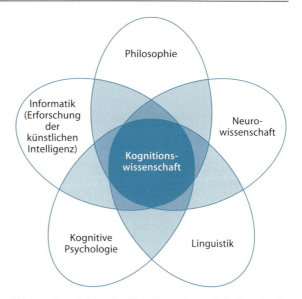

Abb. 6.1. Das Gebiet der Kognitionswissenschaft liegt in der Schnittmenge aus Philosophie, Neurowissenschaft, Linguistik, Kognitiver Psychologie und Informatik (Erforschung der künstlichen Intelligenz)

6.1.2
Wege zur Beobachtung kognitiver Prozesse und Inhalte

Gute Gründe dafür zu haben, daß man geistige Prozesse studieren sollte, ist eine Sache. Eine andere ist es, über geeignete Methoden zu verfügen. In diesem Abschnitt beschreiben wir zunächst die historischen Wurzeln der kognitionspsychologischen Beobachtungsverfahren und betrachten dann das Aufblühen der damit verbundenen Forschungslogik in den letzten Jahrzehnten.

Donders' Subtraktionsmethode

Eine der grundlegenden Untersuchungsmethoden wurde schon 1868 von dem niederländischen Physiologen Donders vorgeschlagen. Er entwarf eine Reihe experimenteller Aufgaben zur Messung der »Geschwindigkeit mentaler (geistiger) Prozesse«. Die Aufgaben unterschieden sich voneinander, so lautete seine Annahme, in der Anzahl der an ihrer Lösung beteiligten mentalen Schritte (Lachman et al. 1979). In Tabelle 6.1 wird ein Papier-und-Bleistift-Experiment vorgestellt, das Donders' Logik folgt. Bitte hören Sie an dieser Stelle mit dem Lesen auf und messen Sie die Zeit, die Sie benöti-

Tabelle 6.1. Donders' Analyse mentaler Prozesse

1. Schreiben Sie ein »C« über alle groß geschriebenen Buchstaben!

TO Be, oR noT To BE: tHAT Is thE qUestioN;

WhETher 'Tis noBIEr In tHE MINd tO SuFfER

tHe Slings AnD ARroWS Of OUtrAgeOUs forTUNe,

or To Take ARmS agaINST a sEa Of tROUBLeS,

AnD by oPPOsinG END theM.

2. Schreiben Sie ein »V« über alle groß geschriebenen Vokale und ein »C« über alle groß geschriebenen Konsonanten!

TO Be, oR noT To BE: tHAT Is thE qUestioN;

WhETher 'Tis noBIEr In tHE MINd tO SuFfER

tHe Slings AnD ARroWS Of OUtrAgeOUs forTUNe,

or To Take ARmS agaINST a sEa Of tROUBLeS,

AnD by oPPOsinG END theM.

3. Schreiben Sie ein »V« über alle groß geschriebenen Buchstaben!

TO Be, oR noT To BE: tHAT Is thE qUestioN;

WhETher 'Tis noBIEr In tHE MINd tO SuFfER

tHe Slings AnD ARroWS Of OUtrAgeOUs forTUNe,

or To Take ARmS agaINST a sEa Of tROUBLeS,

AnD by oPPOsinG END theM.

gen, um die Aufgabe in Teil 1 von Tabelle 6.1 zu lösen. - Wie lange haben Sie gebraucht?

Stellen Sie sich nun vor, Sie sollten die Schritte für die Bearbeitung der Aufgabe auflisten. Vielleicht würde sie etwa so aussehen:

1. Bestimme, ob ein Schriftzeichen ein Großbuchstabe oder ein Kleinbuchstabe ist.
2. Wenn es ein Großbuchstabe ist, dann schreibe ein C darüber.

Versuchen Sie sich nun an Teil 2 der Aufgabe. Wie lange haben Sie dieses Mal benötigt? Unserer Erfahrung nach

brauchen die meisten Leute zusätzlich eine halbe Minute oder mehr. Der Grund dafür wird klar, wenn man sich wiederum die notwendigen Bearbeitungsschritte ansieht:

1. Bestimme, ob ein Schriftzeichen ein Großbuchstabe oder ein Kleinbuchstabe ist.
2. Bestimme für jeden der Großbuchstaben, ob es sich um einen Vokal oder einen Konsonanten handelt.
3. Wenn es sich um einen Konsonanten handelt, dann schreibe ein C darüber. Handelt es sich um einen Vokal, dann schreibe ein V darüber.

Während wir von der Aufgabe 1 zur Aufgabe 2 übergegangen sind, haben wir 2 kognitive Schritte hinzugefügt: *Reizkategorisierung* (Ist es ein Vokal oder ein Konsonant?) und *Antwortselektion* (Muß ein C oder ein V geschrieben werden?). Aufgabe 1 erforderte einen Kategorisierungsschritt, Aufgabe 2 zwei Schritte der Reizkategorisierung. Aufgabe 2 erforderte außerdem die Wahl (Selektion) zwischen 2 Antworten. Weil also Aufgabe 2 alles das verlangte, was bereits für Aufgabe 1 erforderlich war und außerdem zusätzliche »geistige Arbeit«, braucht man dafür mehr Zeit.

Nicht anders als in diesem Beispiel sieht Donders' Logik aus: Zusätzliche mentale Schritte führen oftmals dazu, daß mehr Zeit benötigt wird, um eine Aufgabe auszuführen.

Vielleicht wundern Sie sich, warum wir in Tabelle 6.1 auch einen Teil 3 aufgenommen haben. Hierbei handelt es sich um eine notwendige experimentelle Kontrolle. Wir müssen nämlich sicherstellen, daß die Zeitdifferenzen zwischen den Aufgaben 1 und 2 nicht daher kommen, daß es längert dauert, Cs zu zeichnen als Vs. Versuchen Sie es selbst. Aufgabe 3 müßte wesentlich schneller gehen als Aufgabe 2.

Ursprünglich hoffte Donders, mit seinem Verfahren die Dauer mentaler Vorgänge genau abschätzen zu können. Nach seiner **Subtraktionsmethode** kann die für Aufgabe 1 benötigte Zeit von der für Aufgabe 2 benötigten abgezogen werden – die Differenz ist die Zeitdauer, die Sie für die Reizkategorisierung und die Antwortselektion benötigen. Fänden Sie nun auch noch – ähnlich wie Donders – eine Aufgabe, die zwar die Reizkategorisierung, jedoch nicht die Antwortselektion enthält, dann könnten Sie jedem einzelnen geistigen Prozeß einen Zahlenwert – eine Zeitdauer – zuordnen. Beispielsweise könnte die Reizkategorisierung 100 ms dauern und die Antwortselektion 150 ms.

> **!** Die Subtraktionsmethode wird heute nicht mehr gebraucht, weil die absolute Zeit für verschiedene kognitive Prozesse in hohem Maße von den Besonderheiten der Aufgaben abhängt. Die moderne Kognitionspsychologie bedient sich aber nach wie vor Donders' Grundgedanken. Häufig benutzen die Forscher **Reaktionszeiten** – die Zeit, die eine Person benötigt, um eine bestimmte Aufgabe auszuführen –, um spezifische Annahmen über die Ausführung geistiger Prozesse zu prüfen. Donders' Prämisse, daß zusätzliche mentale Schritte zusätzliche Zeit erfordern, bildet immer noch die Grundlage für einen großen Teil der kognitionspsychologischen Forschung.

Lassen Sie uns als nächstes sehen, wie sich diese Idee in den letzten 125 Jahren entwickelt hat.

Mentale Prozesse und Ressourcen

Wenn Kognitionspsychologen komplexe geistige Prozesse wie das Problemlösen oder den Sprachgebrauch in Komponenten zerlegen, dann wirkt das oft so, als würden sie – um ein Bild zu wählen – mit Bauklötzen spielen. Jeder Bauklotz repräsentiert eine andere Komponente, die ausgeführt werden muß. Das Ziel besteht darin, Form und Größe jedes Blauklotzes zu bestimmen und herauszufinden, wie die Klötze zusammengefügt werden müssen, damit sie die Gesamtaktivität ergeben. Bei Aufgaben wie der von Donders haben wir gesehen, daß sie in der Form einer Reihe angeordnet werden können (s. Abb. 6.2a). Jeder Schritt folgt unmittelbar dem vorhergehenden. Anhand des Bildes der Bauklötze können wir auch sehen, daß wir die Klötze stapeln können – d. h. daß *gleichzeitig* mehrere Prozesse ablaufen (Abb. 6.2b). Die beiden Bilder illustrieren die Unterscheidung zwischen serieller und paralleler Verarbeitung.

Reaktionszeiten werden in der Kognitiven Psychologie oftmals verwendet, um herauszufinden, ob mentale Prozesse parallel (gleichzeitig) oder seriell (nacheinander) ablaufen. Wie das Beispiel in Abb. 6.2c veranschaulicht, ist die Beantwortung dieser Frage oft nicht ganz einfach. Stellen Sie sich eine Aufgabe vor, von der wir annahmen, daß sie sich in 2 Teilprozesse, X und Y, zerlegen läßt. Wenn wir nur die Zeitdauer für den Gesamtprozeß zur Verfügung haben, können wir niemals sicher sein, ob X und Y gleichzeitig oder nacheinander ablaufen. Ein großer Teil der Energie in der Kognitiven Psychologie wird in die Erfindung von Aufgaben gesteckt, anhand deren der Forscher entscheiden kann, um welche der vielen möglichen Bauklotzkombinationen es sich bei dem zu untersuchenden Gesamtprozeß handelt. Im Beispiel in Tabelle 6.1 konnten wir ziemlich sicher sein, daß es sich um serielle Prozesse handelte, weil einige Aktivitäten logische Voraussetzungen für andere Aktivitäten waren, d. h. die Antwortselektion setzte die Reizkategorisierung voraus.

In vielen Fällen versuchen Forscher zu entscheiden, ob Prozesse *seriell* oder *parallel* ablaufen, indem sie bestimmen, in welchem Ausmaß die Prozesse auf **mentale Ressourcen** zurückgreifen. Stellen Sie sich vor, Sie seien mit einem Freund auf dem Weg zur Universität. Normalerweise sollte es Ihnen möglich sein, den direkten Weg zur Uni zu nehmen, während Sie ein Gespräch führen – Ihr »Navigationssystem« und Ihr Sprachsystem arbeiten parallel. Aber wie ist es, wenn Sie auf ein Stück Gehweg voller Pfützen kommen? Möglicherweise müssen Sie in Ihrem Gespräch einen Moment innehalten, während Sie sich den Weg durch die Pfützen bahnen. Ihr Navigationssystem braucht nun zusätzliche Planungsressourcen, und deshalb werden die Sprachprozesse kurzzeitig unterbrochen.

In diesem Beispiel gehen wir von der Grundannahme aus, daß Sie über begrenzte Ressourcen verfügen, die auf verschiedene Aufgaben verteilt werden müssen (Kahneman 1973; Navon u. Gopher 1979). Die Verteilung der Ressourcen wird durch die Aufmerksamkeit vorgenommen. In Abschn. 4.2 haben wir die Aufmerksamkeit als eine Gruppe von Prozessen kennengelernt, die es uns erlauben, aus den verfügbaren Informationen auf der Wahrnehmungsebene eine kleine Teilmenge auszuwählen. Diese Idee, daß Aufmerksamkeit der Auswahl von Informationen dient, taucht hier erneut auf. Nun dreht sich die Auswahlentscheidung allerdings darum, auf welche mentalen Prozesse die mentalen Ressourcen gelegt werden sollen.

Es gibt noch eine Komplikation: Nicht alle Aufgaben erfordern dieselbe Menge an Ressourcen. Prozesse lassen sich auf einer Dimension mit den Endpunkten *kontrolliert* vs. *automatisch* ordnen (Shiffrin u. Schneider 1977). Kontrollierte Prozesse erfordern Aufmerksamkeit, automatische Prozesse im allgemeinen nicht. Oftmals ist es schwierig, mehr als einen kontrollierten Prozeß zu ein und derselben Zeit auszuführen, weil sie mehr Ressourcen erfordern. Automatische Prozesse können in vielen Fällen zusammen mit anderen ausgeführt werden, ohne daß es zu Interferenzen kommt.

Lassen Sie uns die Unterscheidung von kontrollierten und automatischen Prozessen auf das Beispiel des gleichzeitigen Gehens und Redens anwenden. Wenn Sie eine gerade Strecke gehen, dann gibt es wenig Inter-

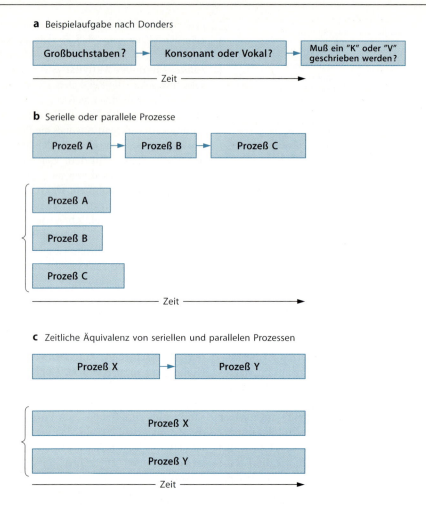

a Beispielaufgabe nach Donders

| Großbuchstaben? | → | Konsonant oder Vokal? | → | Muß ein "K" oder "V" geschrieben werden? |

—————————— Zeit ——————————→

b Serielle oder parallele Prozesse

| Prozeß A | → | Prozeß B | → | Prozeß C |

Prozeß A

Prozeß B

Prozeß C

—————————— Zeit ——————————→

c Zeitliche Äquivalenz von seriellen und parallelen Prozessen

| Prozeß X | → | Prozeß Y |

Prozeß X

Prozeß Y

—————————— Zeit ——————————→

Abb. 6.2a–c. Die Zerlegung komplexer kognitiver Leistungen. Eine der Hauptaufgaben der Kognitiven Psychologie ist es, herauszufinden, welche kognitiven Prozesse an komplexen Leistungen beteiligt sind und wie sie zusammenwirken. **a** Unsere Beispielversion von Donders' Aufgabe erfordert, daß wenigstens 3 Schritte nacheinander ausgeführt werden, **b** Manche geistigen Prozesse werden seriell – nacheinander – ausgeführt. Andere Prozesse werden parallel – gleichzeitig – ausgeführt, **c** Nicht immer kann der Forscher anhand der benötigten Zeit eindeutig feststellen, ob parallele oder serielle Prozesse benutzt wurden

ferenzen zwischen den 2 Aktivitäten. Das legt nahe, daß das Befolgen des Weges und die Planung der Sprachäußerungen für Sie relativ automatische Prozesse sind. Die Situation ändert sich aber, wenn die Pfützen Sie zwingen, zwischen mehreren Möglichkeiten für Ihren weiteren Weg auszuwählen (es gibt verschiedene Möglichkeiten, zwischen den Pfützen durchzukommen). Nun müssen Sie wählen, wo Sie gehen wollen *und* was Sie sagen wollen. Weil Sie beide Entscheidungen nicht gleichzeitig treffen können, liegt für

Ihre Aufmerksamkeit so etwas wie ein Flaschenhals vor (Pashler 1992). Dieses Beispiel zeigt, warum man sich kontrollierte und automatische Prozesse als eine Dimension mit kontinuierlichen Übergängen und nicht als 2 strikt getrennte Kategorien vorstellt. Wenn sich – wie im Beispiel – die Umstände ändern, dann kann das bedeuten, daß das, was zuvor automatisch ablief, nun kontrolliert vor sich geht. Allgemein gesagt: Ob kognitive Prozesse mehr oder weniger Aufmerksamkeit erfordern, hängt vom Kontext ab.

> ❗ Um erklären zu können, wie komplexe kognitive Aufgaben ausgeführt werden, haben Forscher Modelle vorgeschlagen, die serielle und parallele *sowie* kontrollierte und automatische Prozesse verbinden. Häufig stehen Forscher dann vor der Aufgabe, sich Experimente auszudenken, die den Nachweis einzelner dieser Komponenten gestatten.

Sie wissen jetzt eine Menge über die Logik geistiger Prozesse. Unsere Version von Donders' Aufgabe lieferte ein Beispiel dafür, wie die Reaktionszeit benutzt werden kann, um den Theorietest durchzuführen. Wir werden im folgenden sehen, wie neueste technologische Entwicklungen es möglich gemacht haben, kognitive Theorien mit Daten zu vergleichen, die *direkt* aus dem Gehirn stammen.

Daten aus dem Gehirn

Da kognitive Prozesse im Gehirn ablaufen, liegt der Gedanke nahe, daß das Gehirn selbst der Ort ist, an dem man nach geeigneten Daten für das Studium dieser Prozesse zu suchen hat. Genau das ist das Ziel der Kognitiven Neurowissenschaft: Sie befaßt sich mit der Prüfung und Verfeinerung von Annahmen über kognitive Vorgänge, indem sie auf Methoden zurückgreift, die Schlußfolgerungen über die Prozesse im Gehirn zulassen. Oftmals versuchen die Forscher dabei zu zeigen, daß verschiedene kognitive Prozesse oder Repräsentationen verschiedene Hirnstrukturen beanspruchen oder verschiedene Reaktionsmuster des Gehirns hervorrufen. Im folgenden wollen wir nur einen ganz knappen Überblick über die entsprechenden Verfahren geben.

Eines der von der kognitiven Neurowissenschaft benutzten Verfahren ist das **Elektroenzephalogramm** (**EEG**; s. auch Abschn. 4.4), das eine graphische Darstellung des Musters der elektrischen Signale im Gehirn liefert. Betrachtet man ein Muster elektrischer Hirnaktivitäten, das von einem Stimulus ausgelöst wird, so spricht man von einem **evozierten Potential** (»event-related potential« **ERP**) – und betont damit den Unterschied zur spontanen elektrischen Aktivität, die man ständig im Gehirn findet. Bei der Verwendung von ERP in der Kognitiven Psychologie folgt man abermals Donders' Grundidee. Das heißt, bei der ERP-Forschung werden experimentelle Aufgaben erstellt, deren sorgfältiger Vergleich die Isolierung mentaler Prozesse erlaubt (Garnsey 1993). Beispielsweise haben Leser ein anderes ERP-Muster, wenn sie ein unerwartetes Wort in einem Satz finden, als wenn sie auf eine ungewöhnliche gram-

matische Konstruktion stoßen (Osterhout u. Holcomb 1992). Diese Beobachtung stützt die Schlußfolgerung, daß an der Bestimmung der Bedeutung eines Satzes und beim Erkennen der grammatischen Struktur verschiedene mentale Prozesse beteiligt sind.

Zu den neuesten Methoden gehören bildgebende Verfahren wie die Positronenemissionstomographie (PET), die Magnetic Resonance Imaging (MRI) und die Echo-Planar-MRI. Ursprünglich wurden sie von Neurochirurgen entwickelt, um abnorme Veränderungen im Gehirn, die etwa nach Schlaganfällen auftreten, zu entdecken. Diese Verfahren liefern Bilder des lebenden Gehirns, ohne daß das Gewebe beschädigt wird (wie das bei traditionellen Untersuchungsverfahren der Fall war).

- Bei der **Positronenemissionstomographie** (**PET**), im Deutschen häufig als **Computertomographie** bezeichnet, wird einer Person eine radioaktive (aber ungefährliche) Substanz verabreicht, von der man weiß, daß sie sich bis ins Gehirn ausbreitet. Dort wird sie von den Zellen aufgenommen. Geeignete Aufzeichnungsverfahren können nun die von den Zellen ausgehende Radioaktivität außerhalb des Schädels aufzeichnen, während die Person bestimmte geistige oder körperliche Aktivitäten ausführt. Die so gewonnenen Daten werden dann von einem Computerprogramm verarbeitet, das ein dynamisches Bild des Gehirns entwirft – es zeigt, wo verschiedene psychische Prozesse ihre Korrespondenz in neuralen Aktivitäten finden.

- Die **Magnetic Resonance Imaging** (**MRI**) benutzt magnetische Felder und Radiowellen, um Energieimpulse im Gehirn hervorzubringen. Je nachdem, mit welcher Frequenz diese Impulse ausgesandt werden, richten sich verschiedene Atome nach dem magnetischen Feld aus. Wird der magnetische Impuls abgeschaltet, so gehen die Atome in die ursprüngliche Position zurück und erzeugen dabei Resonanzen (Vibrationen). Diese Vibrationen werden von speziellen Aufnahmegeräten aufgezeichnet und bilden den Input für Computeranalysen. Durch geeignete Programme können dann Bilder der unterschiedlichen Atome in den verschiedenen Hirnarealen entworfen werden. Die neueste Weiterentwicklung, die Echo-Planar-MRI, bietet MRI-Bilder von besonders hoher Auflösung (Alper 1993).

Eine dritte Sorte von Daten in der kognitiven Neurowissenschaft stammt von Menschen mit massiven

Hirnschäden. Sobald Forscher ermittelt haben, welche Hirnareale verletzt sind – ein Schritt, der sehr von den bildgebenden Verfahren profitiert – können sie nach Zusammenhängen zwischen diesen Defizitmustern und Annahmen in den kognitiven Theorien suchen. Erinnern Sie sich an das Phänomen des »blinden Sehens« in Abschn. 3.3? Dabei ging es um genaue Wahrnehmung ohne bewußtes Erleben. Die Entdeckung dieses Phänomens bei Personen mit Hirnschädigungen hat maßgeblich zur Weiterentwicklung von Theorien über die Vorgänge im intakten Wahrnehmungssystem beigetragen.

Nachdem Sie nun ein wenig die Logik der kognitionspsychologischen Forschung kennengelernt haben, ist es an der Zeit, daß wir uns konkreten Phänomenen zuwenden. Wir beginnen mit dem Sprachgebrauch.

6.2
Sprechen und Sprachverstehen

Kommen wir zurück auf die Nachricht, die Sie um Mitternacht erhielten: »Die Katze ist auf der Matte. « Wie ließe sich die Situation verändern, um dieser Nachricht Sinn zu verleihen? Das einfachste wäre, ein entsprechendes Hintergrundwissen einzuführen. Nehmen Sie einmal an, Sie seien ein Geheimagent, der seine Anweisungen immer verschlüsselt bekommt. Dann wüßten Sie, daß »die Katze« Ihre Kontaktperson ist und daß »auf der Matte« ein Treffen in der Ringkampfarena bedeutet. Und schon haben Sie den Satz verstanden.

Aber man muß kein Agent sein, um dem Satz »Die Katze ist auf der Matte« verschiedene Bedeutungen zuschreiben zu können:

- Ihre Katze könnte z. B. immer auf einer Matte vor der Tür warten, wenn sie hinausgelassen werden will. Wenn Sie dann zu Ihrem Mitbewohner sagen, »Die Katze ist auf der Matte«, wollen Sie ihm damit mitteilen, »Könntest Du bitte aufstehen und die Katze rauslassen?«
- Ihre Freundin könnte sich nicht getrauen, den Wagen aus der Einfahrt zu fahren, weil sie nicht weiß, wo die Katze gerade ist. Wenn Sie dann sagen, »Die Katze ist auf der Matte«, teilen Sie ihr damit mit, »Du kannst getrost rausfahren«.
- Sie könnten einen Wettlauf zwischen Ihrer Katze und dem Hund Ihres Freundes veranstalten. Wenn Sie in diesem Fall sagen, »Die Katze ist auf der Matte«, kann das bedeuten, »Meine Katze will nicht laufen!«

Diese Beispiele verdeutlichen den Unterschied zwischen *Satzbedeutung* (die in aller Regel wörtliche Bedeutung der Wortfolge eines Satzes) und *Äußerungsbedeutung* (das von einem Sprecher mit einer Äußerung in einem bestimmten Zusammenhang Gemeinte; Grice 1968).

Wenn Psychologen den Sprachgebrauch untersuchen, interessiert sie dabei sowohl die *Sprachproduktion* als auch das *Sprachverstehen*. Wir werden uns nun diesen beiden Teilgebieten der Sprachpsychologie der Reihe nach zuwenden.

6.2.1
Sprachproduktion

Schauen Sie sich Abb. 6.3 an, und formulieren Sie ein paar Sätze zu diesem Bild. Was würden Sie sagen? Nehmen Sie einmal an, Sie müßten dieses Bild dann einem Blinden beschreiben. Was würde sich an Ihrer Beschreibung ändern? Müßten Sie sich in diesem Fall mental mehr anstrengen?

> ! Die Erforschung der **Sprachproduktion** befaßt sich sowohl mit den kognitiven Prozessen, die eine Sprachäußerung vorbereiten, als auch mit dem Sprechen selbst – mit der Äußerung, die sie bei den Planungsprozessen ausgewählt haben. Zur Sprachproduktion gehört auch die Verwendung von Zeichen und Schrift. Wir nennen jedoch der Einfachheit halber Personen, die Sprache produzieren, *Sprecher*, und wenn es um Sprachverstehen geht, verwenden wir die Bezeichnung *Hörer*.

Adressatenspezifische Ausrichtung

Wir baten Sie, sich die verschiedenen Beschreibungen vorzustellen, die Sie einer blinden bzw. einer sehenden Person von Abb. 6.3 geben würden, damit Sie sich über die Einbeziehung der Zuhörerschaft bei der Sprachproduktion Gedanken machen. Bei *jeder* Äußerung stellt man sich die Adressaten vor, an die diese Äußerung gerichtet ist (Clark 1992). In unserem Beispiel nützt es überhaupt nichts, zu sagen, »Die Katze ist auf der Matte«, wenn Ihr Hörer nicht weiß, daß die Katze nur dann auf der Matte sitzt, wenn sie rausgelassen werden will.

Der Philosoph H. Paul Grice (1975) schlug mit seinem Kooperationsprinzip erstmals eine umfassende Regel für die adressatenspezifische Konversation vor. Das Kooperationsprinzip ist als Anweisung an den Sprecher formuliert: »Fasse deinen Beitrag zum Ge-

Abb. 6.3. Wie würden Sie dieses Bild einem Blinden beschreiben?

Ihre Freundin weiß, wer Alex ist. Sie müssen auch sicher sein, daß ihrer Freundin von allen Alexen, die sie kennt und von denen sie weiß, daß Sie sie kennen, nur der Alex in den Sinn kommt, den Sie in diesem Fall meinen. Etwas formaler ausgedrückt muß ein bestimmter Alex aus dem *gemeinsamen Wissen,* das Sie mit Ihrer Freundin teilen, herausragen. H. H. Clark und C. Marshall (1981) vermuteten, daß die Beurteilung des gemeinsamen Wissens auf 3 Faktoren beruht:

- *Zugehörigkeit zu einer Gemeinschaft.* Sprachverwender setzen oft einen gemeinsamen Wissenshintergrund aufgrund der gemeinsamen Zugehörigkeit zu einer Gemeinschaft voraus, die unterschiedlich groß sein kann.
- *»Linguistische Kopräsenz«.* Sprachverwender gehen oft davon aus, daß Informationen aus vorhergehenden Teilen einer Unterhaltung (oder aus vorhergehenden Unterhaltungen) zum gemeinsamen Wissen gehören.
- *»Physische Kopräsenz«.* Sie liegt vor, wenn ein Sprecher und ein Hörer Objekte bzw. Situationen unmittelbar physisch vor sich haben. Dazu gehören sowohl die Gesprächssituation selbst als auch die Menschen in der Umgebung der Gesprächspartner.

So könnte der Satz »Ich gehe mit Alex essen« richtig verstanden werden, wenn Ihre Freundin und Sie zu einer kleinen Gruppe von Personen gehören (z. B. einer Clique), in der es nur einen Alex gibt (Zugehörigkeit zu einer Gemeinschaft). Oder weil Sie den Namen Alex vorher im Gespräch eingeführt haben (linguistische Kopräsenz). Oder weil Alex vor Ihnen im gleichen Raum steht (physische Kopräsenz).

Gehen wir noch etwas näher auf die Zugehörigkeit zu einer Gemeinschaft ein. Nehmen Sie einmal an, Sie begegneten jemandem zum ersten Mal. Wenn Sie ein kooperativer Gesprächspartner sein wollen, müssen Sie zunächst einmal herausfinden, zu welcher Gemeinschaft diese Person gehört. Wie das passiert, zeigt das folgende **Experiment**.

Im allgemeinen können Menschen ziemlich genau einschätzen, was andere Mitglieder ihrer eigenen Gemeinschaft wissen. Wenn Sie sich irren, dann in der Weise, daß sie glauben, andere Menschen hätten das gleiche Vorwissen wie sie selbst (Fussell u. Krauss 1992). Eine richtige Einschätzung anderer führt zu gelungenen Anpassungen bei der Sprachproduktion.

Bisher haben wir uns bei der Sprachproduktion mit der Botschaft befaßt: Wie wir das, was wir mitteilen

spräch an jeder Stelle so ab, wie es dem akzeptierten Zweck oder dem Verlauf des Gesprächs nach notwendig ist.« (S. 45)

> ! Anders ausgedrückt besagt das Kooperationsprinzip, daß alles, was man sagt, der äußeren Situation und dem Inhalt eines Gesprächs angepaßt sein sollte. Zur Erläuterung dieses Prinzips führte Grice 4 **Konversationsmaximen** ein, nach denen kooperative Sprecher handeln.

In Tabelle 6.2 sind sowohl diese Maximen als auch ein erfundenes Gespräch dargestellt, das die Auswirkungen der Maximen auf die Sprachproduktion illustriert.

Wie aus Tabelle 6.2 ersichtlich, hängt die Fähigkeit, ein kooperativer Sprecher zu sein, in hohem Maße davon ab, ob man eine genaue Vorstellung davon hat, was der Hörer weiß und versteht. So würden Sie bestimmt nicht zu einer Freundin sagen »Ich gehe mit Alex essen«, wenn Sie nicht annehmen könnten, daß

Tabelle 6.2. Regeln für die Sprachproduktion: Grices Konversationsmaximen

Regel	Konsequenz für den Sprecher
1. *Quantität:* Mache Deinen Gesprächsbeitrag so informativ, wie es erforderlich ist (im gegebenen Kommunikationsrahmen). Mache Deinen Beitrag nicht informativer, als es erforderlich ist.	Er muß zu beurteilen versuchen, welche Information der Hörer wirklich braucht. Oftmals setzt dieses Urteil voraus, daß man zunächst einmal herausfindet, was der Hörer wahrscheinlich schon weiß.
2. *Qualität:* Versuche, einen wahren Gesprächsbeitrag zu geben. Sage nichts, von dem Du glaubst, daß es nicht wahr ist. Sage nichts, für das Du nicht angemessene Beweise hast.	Während der Sprachäußerung nimmt der Hörer an, daß der Sprecher seine Äußerungen mit angemessenen Beweisen belegen kann. Der Sprecher sollte bei der Planung seiner Äußerung die Beweise, auf denen seine Feststellung beruht, im Kopf haben.
3. *Relation:* Sei relevant.	Er muß sicherstellen, daß der Hörer versteht, daß die Äußerung für das, was vorhergegangen ist, relevant ist. Wenn der Sprecher das Thema des Gespräches ändern will, so daß die Äußerung für das Vorhergehende nicht mehr direkt relevant ist, so muß er den Themenwechsel deutlich machen.
4. *Art und Weise:* Sei klar. Vermeide unklare Äußerungen. Vermeide Ambiguitäten (Mehrdeutigkeiten). Fasse Dich kurz. Ordne Deine Äußerung.	Er hat die Verantwortung, sich so klar wie möglich zu äußern. Obwohl es unvermeidlich ist, daß er Fehler macht, versucht ein kooperativer Sprecher sicherzustellen, daß der Hörer seine Botschaft verstehen kann.

Können Sie in dem folgenden Gesprächsprotokoll erkennen, wie Chris versucht, Grices Maximen einzuhalten (oder zu brechen)?

Was gesagt wird:	Was Chris dabei denken könnte:
Pat: Bist Du schon einmal in New York gewesen? Chris: Ich war 1992 dort.	Ich weiß nicht, warum Pat mich das fragt. Also sollte ich ein wenig mehr als nur »Ja« antworten.
Pat: Ich will hinfahren, aber ich habe Angst davor, überfallen zu werden. Chris: Ich glaube, viele Stadtteile sind sicher.	Ich kann nicht sagen, daß er sich keine Sorgen machen soll, denn er würde mir nicht glauben. Was kann ich also sagen, das einerseits wahr klingt und ihm andererseits ein gutes Gefühl gibt?
Pat: Wie war Dein Hotel? Chris: Wir sind nicht über Nacht geblieben.	Wenn ich sage, »Wir haben nicht im Hotel übernachtet«, könnte das so klingen, als seien wir anderweitig untergekommen. Ich muß etwas Relevantes sagen, das deutlich macht, daß ich die Frage nicht beantworten kann.
Pat: Hast Du Lust, mit mir zusammen nach New York zu fahren? Chris: Ich müßte mal sehen, ob ich das einrichten kann.	Ich möchte nicht hinfahren, aber ich möchte auch nicht unhöflich sein. Wird Pat bemerken, daß ich mit meiner Äußerung einer Antwort ausweiche?
Pat: Und? Chris: Nun ja, ...	Jetzt bin ich in die Enge getrieben.

Gespräche über New York – mit Alteingesessenen und Ortsfremden

Wissenschaftler schufen eine Situation, in der jeweils 2 Studenten, die sich gegenseitig nicht kannten, eine Zuordnungsaufgabe lösen sollten. Einer der beiden war der Anleitende, der andere der Ausführende. Der Anleiter hatte jeweils 16 verschiedene Postkarten von New York vor sich. Er mußte die abgebildeten Ansichten so beschreiben, daß der Ausführende die richtige 4-zu-4-Zuordnung der Bilder vornehmen konnte. Anleiter und Ausführender konnten einander zwar nicht sehen, sie konnten sich jedoch ungehindert mit-

einander unterhalten. Folglich konnten die Anleiter sehr schnell herausfinden, ob die Ausführenden sich in New York auskannten oder dort neu waren. Wenn sie dann feststellten, daß sie sich mit einem alteingesessenen New Yorker unterhielten, benutzten sie viel eher eine korrekte Bezeichnung für die abgebildeten Objekte auf den Postkarten (»Es ist das Citicorp-Gebäude«) als eine globale Umschreibung (»Es ist das große Gebäude mit einer dreieckigen Spitze«; Isaacs u. Clark 1987). So paßten die Sprecher ihre Äußerungen den Erwartungen darüber an, was der Hörer verstehen würde.

---

wollen, ausdrücken, hängt von den Hörern ab, an die wir uns richten. Nun wenden wir uns den mentalen Prozessen zu, die uns ermöglichen, diese Mitteilungen hervorzubringen.

Sprachäußerungen und Sprechfehler

Wie lassen sich die Prozesse bei der unmittelbaren Vorbereitung von Sprachäußerungen erforschen? Ausgerechnet **Sprechfehler** haben sich als ein Schlüssel zum

Verständnis der Planungsprozesse beim normalen Sprechen erwiesen, wie der Abschnitt **Unter der Lupe** zeigt.

> **!** Die Analyse von Spoonerismen und anderen Sprechfehlern führte zu dem Schluß, daß während der Formulierung von Äußerungen ein Teil der kognitiven Prozesse damit befaßt sein muß, mögliche Fehler zu erkennen und zu editieren. Diese Prozesse hindern eher daran, etwas wie »doard« auszusprechen, da es sich dabei nicht um ein im Englischen existierendes Wort handelt.

Über den Nutzen von Sprechfehlern – Einblicke in die Vorbereitung von Sprachäußerungen

Wären Sie gerne berühmt für Ihre Versprecher? Der »Spoonerismus«, d. h. die Vertauschung der Anfangsbuchstaben zweier oder mehrerer Wörter in einem Satz verdankt seinen Namen Pfarrer W.A. Spooner von der Oxford University. Wenn dieser beispielsweise einen faulen Studenten dafür scholt, daß er sein Semester vergeudete, sagte er das so: »You have tasted the whole worm!« (anstatt: »You have wasted the whole term!«). »Spoonerismus« ist eine Variante aus dem breiten Spektrum der Sprechfehler.

Wie aus Tabelle 6.3 ersichtlich, müssen Äußerungen auf verschiedenen Ebenen geplant werden, die anhand von Sprechfehlern nachgewiesen werden können (Fromkin 1971, 1973; Garrett 1975). Mit den Beispielen soll verdeutlicht werden, daß die Fehler nicht nur zufällig passieren – sie ergeben innerhalb der Struktur der gesprochenen Sprache einen Sinn. So kann beispielsweise ein Sprecher die Anfangskonso-

nanten von Wörtern vertauschen (»tips of the slung« anstatt »slips of the tongue«), er würde aber nie sagen »tlips of the sung«, denn dies würde gegen die Merkmale der englischen Sprache verstoßen, wonach »tl« nicht als Anfangslaut verwendet wird (Fromkin 1980).

Anhand von Sprechfehlern kann auch die Reihenfolge der Planungsschritte nachvollzogen werden. Bei der Umformung von »She's already packed two trunks« zu »She's already trunked two packs« bleiben die grammatischen Morpheme »-ed« und »-s« an derselben Stelle im Satz, während die inhaltstragenden Wörter »pack« und »trunk« ausgetauscht werden. Dies läßt darauf schließen, daß Sprecher die grammatischen Strukturen planen, bevor sie die inhaltstragenden Wörter in ihre Äußerung einbauen (Clark u. Clark 1977).

Da Sprechfehler für die Entwicklung von Modellen zur Sprachproduktion von großer Bedeutung sind, haben Wissenschaftler nicht immer darauf gewartet, bis Fehler auf natürliche Weise passierten. Bernard

Tabelle 6.3. Fehler bei der Vorbereitung von Sprachäußerungen

> **Arten vorbereiteter Prozesse:**
>
> - Sprecher müssen die Wortbedeutungen auswählen, die am besten zu Ihren Ideen passen.
>   Wenn der Sprecher 2 Wörter für das, was er sagen will, im Kopf hat – wie etwa »grizzly« und »ghastly« – kann eine Mischform wie »grastly« entstehen.
>
> - Sprecher müssen die ausgewählten Wörter an der richtigen Stelle in die Äußerung einfügen.
>   Da Sprecher *ganze* Äußerungen im voraus planen, können einzelne Inhaltswörter manchmal an der falschen Stelle stehen.
>   Beispiele: »A tank of gas« wird zu »A gas of tank«. »Wine is being served at dinner« wird zu »Dinner is being served at wine«.
>
> - Sprecher müssen die Wörter, die sie äußern wollen, mit Lauten füllen.
>   Abermals gilt: Da ganze Wörter im voraus geplant werden, können einzelne Laute manchmal an den falschen Stellen auftauchen.
>   Beispiele: »Left hemisphere« wird zu »heft lemisphere«. »Pass out« wird zu »pat ous«.

Baars (1992) und andere untersuchten verschiedene Möglichkeiten, wie Fehler künstlich erzeugt werden könnten. Eine der Techniken, SLIP genannt (Spoonerismen laborinduzierter Prädispositionen), haben wir bereits in Abschn. 4.3.4 kurz kennengelernt. Sie regt Menschen dazu an, Spoonerismen zu bilden.

In einem der Experimente mit SLIP wurden die Teilnehmer gebeten, Listen mit Wortpaaren, die Modelle für die phonetische Struktur eines möglichen Spoonerismus darstellten, still zu lesen:

- ball doze
- bash door
- bean deck
- bell dark

Danach werden sie gebeten, ein Wortpaar wie »darn bore« laut auszusprechen; dabei kommt dann manchmal ein »barn door« heraus.

Mit Hilfe dieser Technik kann man die Faktoren untersuchen, die zu Sprechfehlern führen können. Spoonerismus tritt beispielsweise öfter auf, wenn der Fehler zu tatsächlich existierenden Wörtern führt (Baars et al. 1975; Stemberger 1992). Daher ist ein Fehler wie »barn door« anstatt »darn bore« wahrscheinlicher als ein Fehler wie »bart doard« anstatt »dart board«.

Sprechfehler verdeutlichen auch, was wir »Opportunismus« in der Sprachproduktion nennen wollen. Da Äußerungen in schneller Folge gemacht werden, geben Sprecher immer die Informationen von sich, die im entsprechenden Moment der Sprachproduktion am schnellsten verfügbar sind. So gesehen entstehen Sprechfehler, weil manchmal das falsche Element eher verfügbar ist als das richtige (Dell 1986). Wenn man also eine SLIP-Liste wie die oben angeführte durchliest, stellt man fest, daß ein a/b-Laut leichter verfügbar ist als ein a/d-Laut, wenn man etwas wie »darn bore« hervorbringen soll.

Opportunismus wurde auch auf der Ebene der Bedeutungen festgestellt. Kathryn Bock (1986) bat Versuchsteilnehmer, einfache Szenen zu beschreiben. Die meisten Personen beschrieben die in Abb. 6.4 dargestellte Szene mit »Der Stein schlug die Fensterscheibe ein«. Was könnte diese typische Antwort ändern? Bock stellte im nächsten Schritt ihrer Untersuchung jeder Szene ein Wort voran, das von der Bedeutung her mit einem der dargestellten Elemente zusammenhing, in diesem Fall »Felsblock« (verwandt mit »Stein«) oder »Tür« (verwandt mit »Fenster«). Als die Personen diese Bedeutungsassoziationen lasen, formulierten sie Sätze, in denen das verwandte Wort am Anfang stand. Wenn sie also zuerst das Wort »Tür« lasen und danach das Bild beschrieben, sagten sie eher »Die Fensterscheibe wurde von einem Stein eingeschlagen«. Das Wort »Tür« verursacht, daß »Fenster« schneller verfügbar ist, und so wird dieses Wort zuerst geäußert, um mit der Sprachproduktion voranzukommen.

> **!** In fast allen Sprachen kann ein und derselbe Inhalt auf viele verschiedene Arten und unter Verwendung verschiedener grammatischer Strukturen ausgedrückt werden. Die Ergebnisse von Bocks Untersuchung legen nahe, daß Sprecher diese Flexibilität der Sprache nützen, indem sie die leichter zugänglichen Teile ihrer Mitteilungen zuerst vorbringen und den Rest anhängen.

Jetzt haben wir einige der Faktoren untersucht, die Sprecher dazu veranlassen, bestimmte Äußerungen zu machen, sowie einige der Prozesse, die dies ermöglichen. Nun wenden wir uns den Hörern zu, die ja verstehen müssen, was Sprecher ihnen mitteilen wollen.

Abb. 6.4. Was ist hier geschehen? Würden Sie »Der Stein schlug die Fensterscheibe ein« oder »Die Fensterscheibe wurde vom Stein eingeschlagen« sagen? Wie Sie sich äußern, hängt davon ab, welche Information am unmittelbarsten in ihrem Gedächtnis verfügbar ist

6.2.2
Sprachverstehen

Jemand sagt »Die Katze ist auf der Matte.« Wir haben bereits festgestellt, daß diese Äußerung je nach Kontext völlig verschiedene Bedeutungen haben kann. Wie entscheidet sich nun ein Hörer für eine Bedeutung? Zu Beginn des Abschnitts untersuchen wir **Sprachverstehen**, indem wir das Problem der Ambiguität näher betrachten.

Aufheben von Ambiguität

Was bedeutet das Wort »Bank«? Ihnen fallen wahrscheinlich mindestens 2 Bedeutungen ein, nämlich das Geldinstitut und die Sitzgelegenheit. Woher wissen Sie, wenn Sie den Satz »Sie ging an der Bank vorbei« hören, welche Bank gemeint ist? Sie müssen dazu die *lexikalische Ambiguität* des Wortes aufheben. Wenn Sie über dieses Problem nachdenken, werden Sie bemerken, daß Sie über kognitive Prozesse verfügen, durch die Sie mit Hilfe des Kontextes die **Ambiguität** des Wortes

aufheben, es »disambiguieren« können. Wurde vorher über Geldinstitute oder über Sitzgelegenheiten gesprochen? Der Zusammenhang müßte es Ihnen ermöglichen, aus den verschiedenen Möglichkeiten eine auszuwählen. Aber *wie* geschieht das?

Bevor wir diese Frage beantworten, soll noch eine andere Art der Ambiguität erläutert werden. Was bedeutet der Satz »The mother of the boy and the girl will arrive soon«? Auf den ersten Blick erkennen Sie vielleicht nur eine Bedeutung. Es liegt jedoch eine *strukturelle Ambiguität* vor (Akmajian et al. 1990). Schauen Sie sich Abb. 6.5 an. In der Linguistik werden die Satzstrukturen manchmal als Baumdiagramme dargestellt, um zu zeigen, in welche grammatische Einheiten die verschiedenen Wörter aufgeteilt sind.

Die Struktur des Satzes »Die Katze ist auf der Matte« ist relativ einfach: Sie besteht aus einer Nominalphrase aus Artikel und Substantiv plus einem Verb und einer Präpositionalphrase. Die Struktur des Satzes mit den beiden verschiedenen Bedeutungen ist komplexer. Aus dem Baumdiagramm in Abb. 6.5b ist ersichtlich, daß sich der ganze Satzteil »of the boy and the girl« auf »the mother« bezieht. Eine Person, nämlich die Mutter von 2 Kindern, wird bald ankommen. Nach dem Baumdiagramm in Abb. 6.5c liegen 2 Nominalphrasen vor, »the mother of the boy« und »the girl«. Hier handelt es sich also um 2 Personen, die bald ankommen.

Welche Bedeutung dieses Satzes fiel Ihnen zuerst ein? Jetzt, da Sie beide möglichen Bedeutungen kennen, sind wir wieder bei der Frage, die wir schon bei der lexikalischen Ambiguität gestellt hatten: Auf welche Weise trägt der Kontext dazu bei, daß Hörer sich für eine bestimmte Bedeutung entscheiden, wenn mehrere möglich sind?

Kehren wir zu einer lexikalischen Ambiguität (einer Ambiguität der Wortbedeutung) zurück. Wenn Sie das englische Wort »page« lesen, denken Sie vermutlich zuerst an die Seiten eines Buches und nicht an den Pagen eines Königs. Stellen Sie sich vor, Sie hätten ein Wörterbuch im Kopf. Dort würden Sie folgenden Eintrag finden:

- Definition 1: Bestandteil eines Buches – gebräuchlich.
- Definition 2: Junger Adeliger am Königshof – ungebräuchlich.

Ein derartiger Eintrag würde erklären, warum Ihnen die erste Definition einfällt, wenn Sie das Wort hören. Aus diesem Beispiel lassen sich 2 Modelle von Denk-

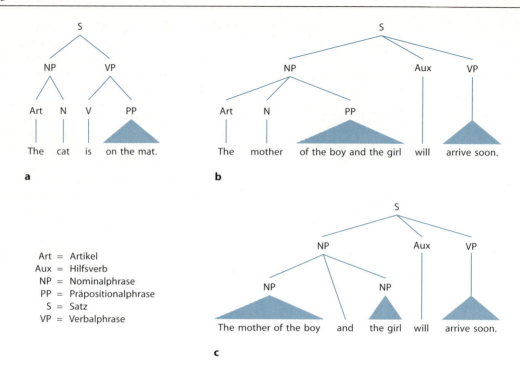

Abb. 6.5a–c. Satzstrukturen. Linguisten verwenden Baumdiagramme, um die grammatikalische Struktur von Sätzen aufzuzeigen. **a** Struktur des Satzes »The cat is on the mat«, **b** und **c** der Satz »The mother of the boy and the girl will arrive soon« kann durch 2 verschiedene Strukturanalysen dargestellt werden. Wer wird bald ankommen – eine Person (**b**) oder 2 Personen (**c**)?

prozessen ableiten, die beim Lesen des Wortes »page« ablaufen. Nach dem *Modell der konstanten Abfolge* werden die Bedeutungen eines Wortes unabhängig vom vorhergehenden Kontext immer in einer konstanten Abfolge durchgeprüft, von der wahrscheinlichsten bis zur unwahrscheinlichsten Bedeutung. Nach dem *Modell der Umstellung nach Kontext* kann der vorausgehende Kontext die Reihenfolge verändern, in der die verschiedenen Definitionen durchgeprüft werden. Ein Experiment wurde entworfen, um zwischen den beiden Modellen zu entscheiden (s. den Abschnitt **Experiment**).

Aus diesem Experiment läßt sich folgern, daß der **Kontext** die Hörererwartungen aktiv beeinflußt, wenn sie einer Äußerung eine Bedeutung zuordnen. Das gleiche Prinzip gilt für strukturelle Ambiguitäten (Shapiro et al. 1993; Speer u. Kjelgaard 1992). Kontextinformationen beschleunigen die Entscheidung zwischen verschiedenen möglichen grammatischen Strukturen.

Kommen wir nun auf unser einführendes Beispiel zurück, nämlich den ziemlich uneindeutigen Satz »Die Katze ist auf der Matte«. In diesem Fall liegt die Ambiguität weder in der Wortbedeutung noch in der Satzstruktur, sondern in der Mitteilung selbst. Überraschenderweise kommen Wissenschaftler zu dem Ergebnis, daß die Regel der Umstellung nach Kontext auch auf dieser Ebene gilt (Gibbs 1994), was durch das folgende Experiment demonstriert wird.

> **!** Zusammenfassend läßt sich sagen, daß der Situationskontext ein wichtiges und effizientes Mittel zur sprachlichen Disambiguierung ist. Dies deutet auch darauf hin, daß Sprachproduktion und Sprachverstehen gut aufeinander abgestimmt sind. Bei der Beschreibung der Sprachproduktion wurde bereits die Adressatenausrichtung hervorgehoben – d. h. der Prozeß, durch den die Sprecher versuchen, ihre Äußerungen dem gegebenen Kontext anzupassen. Die Analyse des Sprachverstehens läßt vermuten, daß die Hörer von den Sprechern erwarten, daß diese sich richtig ausdrücken. Unter diesen Umständen ist es für Hörer sinnvoll, ihre Erwartungen darüber, was Sprecher wohl gemeint haben, anhand des Kontextes neu zu ordnen.

Wie lexikalische Ambiguität beseitigt wird

Die Teilnehmer an der Untersuchung lasen eine von 2 Versionen eines Satzes, der mehrdeutige Wörter enthielt.

- In der einen Version war das mehrdeutige Wort in einen Text eingefügt, der auf eine ungewöhnliche Wortbedeutung hinwies: »Having been examined by the king, the page was soon marched off to bed.«
- Die andere Version gab keinen derartigen Hinweis: »Just as Henrietta had feared, the page was soon marched off to bed.«

Wenn das Modell der konstanten Abfolge zuträfe, müßten die Leser dieser beiden Sätze das Wort »page«, sobald es das erste Mal auftaucht, identisch behandeln. Sie müßten nämlich Definition 1 anwenden, bis »was soon marched off to bed« diese eindeutig ausschließt. Wenn dagegen das Modell der Umstellung nach Kontext zuträfe, müßten die Leser durch die Erwähnung des Königs im ersten Teil des Satzes darauf aufmerksam werden, daß auch Definition 2 in Frage kommen könnte.

Um genau feststellen zu können, wie lange die Personen für die Verarbeitung jedes Wortes brauchten, wurden die Augenbewegungen aufgezeichnet. Augenbewegungen werden in der Kognitionsforschung benutzt, weil man annimmt, daß die Bewegungsposition Hinweise darauf gibt, was die Person gerade denkt (Just u. Carpenter 1981). In diesem Experiment unterstützten die Daten aus der Beobachtung der Augenbewegungen das Modell der Umstellung nach Kontext. Die Leser hatten ihre Augen kürzere Zeit auf den disambiguierenden Satz »was soon marched off to bed« gerichtet, wenn dem Wort »page« das Wort »king« vorausging. Man nahm deshalb an, daß »king« ausreichte, um die Reihenfolge, in der die Definitionen von »page« geprüft werden, zu verändern (Dopkins et al. 1992).

Ist die Äußerung wörtlich oder sarkastisch gemeint?

Was bedeutet der Satz »Schön warm ist es hier drinnen«? Wie Tabelle 6.4 zeigt, ist es möglich, einer relativ einfachen Äußerung wie dieser durch verschiedene Vorgeschichten eine ganz unterschiedliche Bedeutung zu geben. Man kann erkennen, daß die wörtliche Version nahe bei den Wortbedeutungen liegt. In der Version im übertragenen Sinne wird die gleiche Äußerung für eine sarkastische Aufforderung verwendet. Wendet man die für lexikalische Ambiguität aufgestellten Modelle an, müßte man erwarten, daß der Leser immer zuerst die wörtliche Bedeutung einer Äußerung prüft, wenn er diese nach dem Modell der konstanten Abfolge verarbeitet. Nur wenn die wörtliche Bedeutung im entsprechenden Kontext keinen Sinn ergibt, denkt der Leser über eine andere mögliche Bedeutung nach (Grice 1975, 1978; Searle 1979a). Trifft dies zu, muß man davon ausgehen, daß Leser länger dazu brauchen, eine Äußerung zu verstehen, die in Wirklichkeit eine Aufforderung ist – und noch dazu eine sarkastische –, als eine wörtliche Aussage zu verstehen. Trifft dagegen das Modell der Umstellung nach Kontext für ganze Äußerungen genauso zu wie für Wortbedeutungen und Satzstrukturen, müßte die sarkastische Aufforderung leichter verständlich sein als die wörtliche Aussage. Untersuchungen haben tatsächlich ergeben, daß Leser die sarkastischen Aufforderungen sogar schneller verstehen als die wörtliche Bedeutung der gleichen Äußerungen (Gibbs 1986).

Tabelle 6.4. Wörtliche und sarkastische Interpretation einer mehrdeutigen Äußerung

Wörtlich gemeinte Feststellung:	Sarkastische Aufforderung:
Martha ging in das Haus ihrer Schwester hinüber. Draußen fror es, und Martha war heilfroh, daß sie nun drinnen war. Sie sagte zu ihrer Schwester: »Euer Haus ist sehr gemütlich. Schön warm ist es hier drinnen.«	Der Zimmergenosse von Toni wollte das Fenster ständig offenstehen haben, sogar bei Minustemperaturen. Tonis wiederholte Bitten, das Fenster zu schließen, waren ohne Erfolg geblieben. Jetzt stand das Fenster wieder einmal offen, und Toni fror. Er konnte nicht glauben, daß seinem Zimmergenossen nicht kalt war. Er sagte zu ihm: »Schön warm ist es hier drinnen.«

Das Resultat des Verstehensprozesses

Unsere Darstellung zur Disambiguierung sprachlicher Äußerungen konzentrierte sich auf die Prozesse des Verstehens. In diesem Abschnitt wenden wir uns nun den Resultaten des Verstehens zu. Es stellt sich die Frage, welche Repräsentationen sich im Gedächtnis ergeben, wenn Hörer Äußerungen oder Texte verstehen. (Aus Abschn. 5.5 wissen wir, daß eine Repräsentation die Abbildung einer Information im Gedächtnis ist.) Was würde beispielsweise im Gedächtnis gespeichert werden, wenn Sie den wohlbekannten Satz »Die Katze ist auf der Matte« hören? Forschungsergebnisse deuten darauf hin, daß die Repräsentation von Bedeutungen bei den Grundeinheiten, den sog. **Propositionen**, beginnt (Clark u. Clark 1977; Kintsch 1974). Propositionen sind Kernideen einer Äußerung. Die Kernidee des Satzes »Die Katze ist auf der Matte« besteht darin, daß etwas auf etwas anderem ist. Beim Lesen der Äußerung wird die Proposition »auf« herausgefiltert und die Beziehung, die sie zwischen »Katze« und »Matte« ausdrückt, verstanden.

Propositionen werden oft folgendermaßen geschrieben: AUF (Katze, Matte).

Viele Äußerungen enthalten mehr als eine Proposition. In dem Satz »Die Katze schaute zu, wie die Maus unter das Sofa sauste.« ist der erste Bestandteil die Proposition

● UNTER (Maus, Sofa).

Darauf aufbauend gelangt man zu

● SAUSEN (Maus, UNTER (Maus, Sofa))

und schließlich

● ZUSCHAUEN (Katze, SAUSEN (Maus, UNTER (Maus, Sofa))).

Wie läßt sich nun herausfinden, ob Bedeutungsrepräsentationen tatsächlich nach diesem Schema ablaufen? Einige der frühesten Experimente in der Sprachpsychologie widmeten sich dem Nachweis der Bedeutung propositionaler Repräsentation beim Verstehen (Kintsch 1974). Untersuchungen haben ergeben, daß 2 Wörter, die in einer Äußerung zur selben Proposition gehören, im Gedächtnis auch dann zusammen abgespeichert werden, wenn sie im Satz nicht nahe beieinander stehen. Ratcliff u. McKoon (1978) führten ein Experiment durch, in dem sie unter anderem den Satz »Das Mauso-

leum, in dem der Zar seine letzte Ruhestätte hat, erhebt sich über dem Platz« verwendeten. In diesem Satz stehen »Mausoleum« und »Platz« zwar weit auseinander, aber dennoch müßten sie gemäß der propositionalen Analyse im Gedächtnis in der Form ERHEBEN (Mausoleum, Platz) zusammengefaßt werden. Um zu prüfen, ob diese Annahme zutrifft, baten Ratcliff u. McKoon die Versuchsteilnehmer, Wortlisten zu lesen und für jedes Wort anzugeben, ob es im Satz aufgetaucht war. Einige Personen sahen »Mausoleum« auf der Liste unmittelbar nach »Platz«. Andere sahen »Mausoleum« nach einem Wort aus einer anderen Proposition. Die Antwort »Ja, ich habe das Wort ‚Mausoleum' gesehen« kam schneller, wenn »Mausoleum« unmittelbar auf »Platz« folgte, als wenn dazwischen eine andere Proposition stand. Dieses Ergebnis deutet darauf hin, daß die Begriffe »Mausoleum« und »Platz« im Gedächtnis gemeinsam abgebildet waren.

Jedoch bestehen nicht alle Propositionen, die Hörer im Gedächtnis speichern, aus Informationen, die unmittelbar vom Sprecher geäußert werden. Oft füllen Hörer Lücken mit **Inferenzen**, d. h. logischen Folgerungen, die durch Informationen aus dem Gedächtnis ermöglicht werden.

Sehen Sie sich als Beispiel für dieses Prinzip die folgenden Äußerungen an:

● »Ich gehe zum Imbiß, um Maria zu treffen.«
● »Sie hat versprochen, mir ein Sandwich zum Mittagessen zu kaufen.«

Um zu verstehen, wie diese beiden Sätze zusammenhängen, müssen mindestens 2 wichtige Schlußfolgerungen gezogen werden. Man muß sich sowohl vorstellen können, wer im zweiten Satz mit »Sie« gemeint ist, als auch, wie der Gang zum »Imbiß« mit dem Kauf eines Sandwiches zusammenhängt. Wenn ein Bekannter Ihnen gegenüber diese beiden Sätze tatsächlich äußern würde, ginge er davon aus, daß Sie sich diesen Zusammenhang erschließen können. Sie würden auch nicht erwarten, die Sätze in der folgenden Form zu hören:

● »Ich gehe zum Imbiß, um Maria zu treffen.«
● »Sie – und damit meine ich Maria – hat versprochen, mir zum Mittagessen ein Sandwich zu kaufen – und ein Imbiß ist ein Ort, an dem man Sandwiches kaufen kann.«

Sprecher gehen davon aus, daß Hörer diese Inferenzen herstellen.

Zu der Frage, welche Inferenzen Hörer regelmäßig herstellen, wurden zahlreiche Forschungsarbeiten durchgeführt (Graesser et al. 1994; McKoon u. Ratcliff 1992). Jede Äußerung kann unendlich viele mögliche Inferenzen auslösen. Wenn man beispielsweise weiß, daß Maria ein Mensch ist, könnte man folgern, daß sie ein Herz, eine Leber, eine Lunge usw. besitzt, aber man wird bei dem Satz »Ich gehe zum Imbiß, um Maria zu treffen« nicht zwangsläufig alle diese (durchaus richtigen) Inferenzen aktivieren. Untersuchungen haben ergeben, daß Hörer beim Schlußfolgern vergleichsweise konservativ vorgehen.

Betrachten Sie den folgenden Satz: »Der Architekt stach den Mann nieder«. Wenn man Personen *ausdrücklich* fragte, an welches Instrument sie beim Lesen dieser Äußerung dachten, antworteten die meisten: »An ein Messer«. Es gab keine Hinweise darauf, daß Personen *unter normalen Umständen* beim Lesen ähnlicher Sätze an den Begriff *Messer* oder an ein ähnliches Instrument denken (Dosher u. Corbett 1982). Dies läßt darauf schließen, daß man nicht automatisch Inferenzen herstellt, die ziemlich naheliegend sind, z. B. daß jemand, der niedergestochen wird, mit einem Messer niedergestochen wird. Die meisten der normalerweise hergestellten Inferenzen sind den bereits angesprochenen vergleichbar, d. h. Inferenzen, die z. B. die Beziehung zwischen »Maria« und »Sie« und zwischen »Imbiß« und »Sandwich« herstellen. Diese Inferenzen tragen dazu bei, daß die Informationen, die der Sprecher mitteilen will, zusammenhängend und stimmig (kohärent) repräsentiert werden; sie elaborieren (erweitern) diese Informationen nicht.

Wir haben schon gesehen, wieviel Aufwand ein Sprecher betreibt, um zum richtigen Zeitpunkt den richtigen Satz zu formulieren, und was ein Hörer lei-sten muß, um genau das zu verstehen, was der Sprecher gemeint hat. Normalerweise ist man sich dieses ganzen Aufwands aber nicht bewußt. –Wir wenden uns nun Situationen zu, in denen Inhalte nicht nur durch Wörter, sondern auch durch Bilder vermittelt werden.

6.3
Visuelle Kognition

In Abb. 6.6 sind 2 Möglichkeiten der visuellen (bildhaften) Repräsentation des Satzes »Die Katze ist auf der Matte« dargestellt. Welche davon ist Ihrer Meinung nach die richtige? Wenn man die auf sprachlichen Propositionen beruhende Denkweise zugrunde legt, sind beide Möglichkeiten richtig – die Katze ist nämlich auf der Matte. Trotzdem würde man wahrscheinlich eher Möglichkeit a akzeptieren, da diese der Vorstellung entspricht, die man beim erstmaligen Lesen des Satzes wahrscheinlich hatte (Searle 1979b). Was ist aber mit Möglichkeit b? Dieses Bild bereitet dem Betrachter vermutlich leichtes Unbehagen, weil es so aussieht, als ob die Katze gleich umkippt. Dieses Gefühl entsteht zwangsläufig, da Menschen in Bildern denken können. In gewissem Sinn können sie sehen, was hier passieren wird. In diesem Abschnitt untersuchen wir, auf welche Weise Vorstellungsbilder und visuelle Prozesse unsere Art zu denken beeinflussen.

6.3.1
Visuelle Repräsentationen

Beginnen wir allgemein mit kognitiven Repräsentationen. Die Untersuchungen zur Sprachverarbeitung weisen darauf hin, daß die kognitiven Repräsentationen wichtiger Realitätsbereiche auf Sprache basieren.

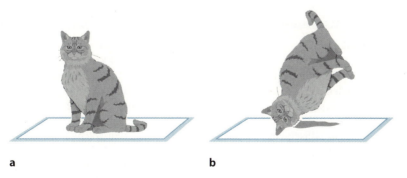

a   **b**

Abb. 6.6a,b. Befinden sich beide Katzen auf der Matte?

Doch welche anderen Repräsentationsarten könnte es noch geben? Wie bereits in Abschn. 6.1 erwähnt, wird die Wissenschaft vom Gesetz der Sparsamkeit geleitet, und daher widersetzten sich manche Wissenschaftler der Vorstellung, kognitive Repräsentationen könnten mehr als eine Form annehmen (Pylyshyn 1981). Also lag die Beweislast bei denjenigen, die die Ansicht vertraten, es müsse 2 oder mehr Möglichkeiten von Repräsentation geben. Mittlerweile liegt eine Vielzahl von Nachweisen dafür vor, daß es in der Tat mehrere Möglichkeiten der Repräsentation gibt.

Führen Sie sich zunächst einmal im Zusammenhang mit Ihren geistigen Prozessen folgendes vor Augen: Es fällt Ihnen im allgemeinen leichter, sich an Bezeichnungen für konkrete Inhalte (z. B. »Tisch«) zu erinnern als an Bezeichnungen für abstrakte Inhalte (z. B. »Gerechtigkeit«). Warum? Allan Paivio (1986) vertritt als Teil seiner Theorie der dualen Kodierung die Annahme, daß Wörter für konkrete Inhalte zweifach im Gedächtnis gespeichert werden, – sprachlich und bildhaft – während Wörter für abstrakte Inhalte nur sprachlich kodiert werden. Der Vorteil, den geistige Prozesse bei Wörtern für konkrete Inhalte haben, besteht in der *zusätzlichen* bildlichen Kodierung, die zu ausführlicheren Repräsentationen führt. Daten zu Paivios Annahme der dualen (doppelten) Kodierung liefert das folgende **Experiment**.

> ! Diese Resultate beweisen, daß die klassischen Leistungsunterschiede – die besseren Leistungen bei konkretem gegenüber abstraktem Lernmaterial – ihre Wurzeln in den unterschiedlichen Repräsentationen im Gehirn haben.

Andere Untersuchungen mit der Methode des ERP führten zu der Erkenntnis, daß Menschen, wenn sie sich eine bildliche Vorstellung machen, dieselben Gehirnstrukturen einsetzen wie bei einer visuellen Wahrnehmung (Farah 1988; Ishai u. Sagi 1995; Miyashita 1995). Wenn Menschen z. B. gebeten werden, sich eine Katze vorzustellen, werden dieselben Gehirnbereiche aktiv, wie wenn sie tatsächlich eine Katze anschauen. Daraus läßt sich folgern, daß bezüglich der neurologischen Prozesse Bilder im Kopf, d. h. Vorstellungen, genauso behandelt werden wie Bilder außerhalb des Kopfes. Diese Äquivalenz spricht für das Vorhandensein **visueller Repräsentationen** (bildlicher Vorstellungen). Betrachten wir nun, wie diese Repräsentationen verwendet werden.

6.3.2
Der Gebrauch visueller Repräsentationen

In der Geschichte gibt es unzählige Beispiele für berühmte Entdeckungen, die offensichtlich aufgrund bildhafter Vorstellungen gemacht wurden (Shepard 1978). Beispielsweise hat der Entdecker der chemischen Struktur von Benzol, F.A. Kekulé, oft Vorstellungsbilder tanzender Atome generiert, die sich zu Molekülketten zusammenschlossen. Er entdeckte den Benzolring durch einen Traum, in dem eine schlangenartige Molekülkette sich plötzlich an ihrem anderen Ende berührte und so einen Ring bildete. Michael Faraday, der viele Eigenschaften des Magnetismus entdeckte, verstand wenig von Mathematik, aber er hatte ein lebhaftes Vorstellungsbild von Magnetfeldeigenschaften. Albert Einstein behauptete, ausschließlich in visuellen Vorstellungen gedacht zu haben und seine Erkenntnisse erst dann in mathematische Zeichen und Wörter umgesetzt zu haben, nachdem die Entdeckung visuell abgeschlossen war.

Diese Beispiele sollen Sie dazu anregen, sich visueller Vorstellungen zu bedienen. Aber auch wenn wir uns

EXPERIMENT

Gehirnaktivitäten bei konkreten und abstrakten Wörtern
Wissenschaftler wendeten die Methode der evozierten Potentiale (ERP) an, um in den Hirnaktivitäten Beweise für die 2 Kodierungssysteme zu finden (s. Abschn. 6.1 zur Methode der ERP). Die Teilnehmer an der Studie ordneten auf einem Bildschirm dargestellte Wörter als abstrakt bzw. konkret ein, wobei ihre Gehirnströme gemessen wurden. Wie schon bei früheren Experimenten reagierten die Personen auch hier schneller auf Wörter mit konkretem Inhalt. Außerdem wurden für konkrete und abstrakte Wörter unterschiedliche Muster der Gehirnaktivität festgestellt. Der Unterschied war für die rechte Hirnhemisphäre am deutlichsten ausgeprägt – genau so, wie für den Fall zu erwarten war, daß Wörter mit konkretem Inhalt im Gegensatz zu solchen mit abstraktem Inhalt auch bildlich verarbeitet werden (Kounios u. Holcomb 1994). Zur Untersuchung der Unterschiede zwischen den Hirnhemisphären siehe ausführlich Abschn. 2.4.

»Mentales Drehen«

Jedem Versuchsteilnehmer wurden Abbildungen des Buchstaben R und seines Spiegelbilds gezeigt. Die Abbildungen waren in unterschiedlich großen Winkeln von 0 bis 180° gedreht worden (s. Abb. 6.7). und wurden in Zufallsfolge dargeboten. Die Teilnehmer sollten für jede Bildvorlage entscheiden, ob es sich um das normale R oder um sein Spiegelbild handelte. Die Zeit, die für diese Entscheidung benötigt wurde, war um so länger, je größer der Rotationswinkel der Figur war. Dieses Ergebnis läßt den Schluß zu, daß die Personen sich die Figur vor ihrem »inneren Auge« vorstellten und sie in die aufrechte Position drehten, bevor sie entschieden, ob es ein R oder dessen Spiegelbild war. Es stützt auch die Auffassung, Denkprozesse, die mit visuellen Vorstellungen arbeiten, seien mit Prozessen der visuellen Wahrnehmung von Gegenständen vergleichbar (s. Shepard u. Cooper 1982).

nicht ausdrücklich darum bemühen, nutzen wir regelmäßig unsere Fähigkeit, visuelle Vorstellungen umzuformen, wie das **Experiment** zeigt.

Wir nutzen diese Fähigkeit des »mentalen Drehens« von Objekten in hohem Maße. Wie aus Abschn. 3.5 bekannt ist, sehen wir oft Objekte in unserer Umgebung aus einem ungewöhnlichen Blickwinkel. Das »mentale Drehen« versetzt uns in die Lage, ein Bild so umzuformen, daß es auf Repräsentationen paßt, die im Gedächtnis gespeichert sind (Tarr 1994; Tarr u. Pinker 1989). Bei Abb. 6.6 beispielsweise mußten Sie wahrscheinlich das Bild umdrehen, um das Objekt als Katze auf einer Matte zu erkennen. (Oder haben Sie nur den Kopf zur Seite geneigt?)

Visuelle Vorstellungen können auch dazu genutzt werden, Fragen zu unserem Weltwissen zu beantworten. Würden Sie gefragt, ob ein Golfball größer ist als ein Ping-Pong-Ball, und Sie könnten diese Frage nicht unmittelbar aus dem Gedächtnis beantworten, könnten Sie sich die beiden Bälle visuell nebeneinander vorstellen. Diese Art, eine Vorstellung zu nutzen, ist wiederum vergleichbar mit einer realen visuellen Wahrnehmung.

In einer weiteren Untersuchung merkten sich die Personen zunächst Bilder eines komplexen Gegenstandes, etwa eines Motorbootes (s. Abb. 6.8). Dann wurden sie gebeten, sich an ihr Vorstellungsbild des Bootes zu erinnern und sich auf eine Stelle zu konzentrieren, den Motor beispielsweise. Auf die Frage, ob das Bild ein weiteres Objekt enthielt – wie etwa eine Windschutzscheibe oder einen Anker (beides war vorhan-

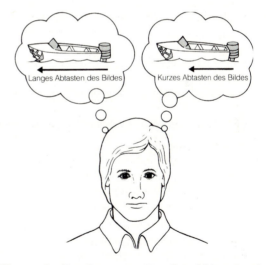

Abb. 6.8. Visuelles Abtasten von Vorstellungsbildern. Personen prägten sich das Bild eines Bootes ein und wurden anschließend gebeten, in ihrer Vorstellung auf dessen Motor zu schauen. Sie wurden dann gefragt, ob das Boot eine Windschutzscheibe oder einen Anker besitzt. Die raschere Antwort auf die Frage nach der näher gelegenen Windschutzscheibe im Vergleich zum entfernter gelegenen Anker wurde als Beleg dafür gewertet, daß sie tatsächlich ihre Vorstellungsbilder »abtasteten«

Normal   Spiegelbild

Abb. 6.7. Untersuchung des visuellen Vorstellungsvermögens anhand gedrehter Objekte. Personen, denen diese Abbildungen in Zufallsfolge gezeigt wurden, sollten so schnell wie möglich sagen, ob es sich dabei jeweils um ein normales R oder um dessen Spiegelbild handelte. Je mehr die Abbildung von der aufrechten Position weggedreht war, um so länger war die Reaktionszeit

den) – brauchten sie länger, um den Anker am anderen Ende des Bootes zu »sehen«, als um die Windschutzscheibe zu entdecken, die näher beim Motor lag. Der Unterschied in der Reaktionszeit wird als Beleg dafür angesehen, daß Menschen mentale Bilder von Gegenständen auf die gleiche Weise abtasten wie tatsächlich wahrgenommene Gegenstände (Kosslyn 1980).

Viele Probleme sind jedoch durch bildhafte Vorstellung *nicht* lösbar, wie Sie bei der folgenden Aufgabe feststellen können.

Stellen Sie sich vor, Sie hätten ein großes Blatt Papier. Falten Sie dieses nun in der Mitte. Dann haben Sie 2 Schichten. Falten Sie es noch einmal. Das ergibt 4 Schichten. Fahren Sie fort, bis Sie es etwa 50mal gefaltet haben. Wie dick wäre dann das Papier (Adams 1986)? Die richtige Antwort lautet: etwa 80 Mio. km ($2^{50} \ast 0.071$ cm, der Stärke des Papiers). Dies entspricht ungefähr der Hälfte der Strecke zwischen Erde und Sonne. Ihre Schätzung lag vermutlich weit darunter. Ihr Vorstellungsvermögen war mit der bildlichen Repräsentation der Information überfordert.

6.3.3
Die Kombination sprachlicher und visueller Repräsentationen

Bis jetzt haben wir uns hauptsächlich auf die Arten visueller Repräsentation konzentriert, die bei der Übertragung von visuellen Reizen aus der Umgebung ins Gedächtnis oder – im Fall der Vorstellung –bei deren Abruf aus dem Gedächtnis entstehen. Wir machen uns jedoch auch oft visuelle Vorstellungen auf der Grundlage verbaler Beschreibungen. Man kann sich z. B. eine Katze mit 3 Schwänzen vorstellen, auch wenn man so eine Katze ganz sicher noch nie gesehen hat. Die verbale Beschreibung ermöglicht eine visuelle Repräsentation. Diese Fähigkeit, sich eine verbal beschriebene Situation bildlich vorzustellen, ist besonders nützlich, wenn man einen Roman liest, in dem räumliche Einzelheiten beschrieben werden. In der James-Bond-Kurzgeschichte *From a View to a Kill* heißt es:

Die Lichtung war etwa so groß wie 2 Tennisplätze und mit sattem Gras und Moos überzogen. Eine Stelle war ganz mit Maiglöckchen bewachsen und unter den Bäumen am Rand blühten vereinzelt Glockenblumen. Auf der einen Seite lag ein kleiner Hügel ... völlig umgeben und bedeckt mit Brombeersträuchern und blühenden Heckenrosen. Bond ging um diesen Hügel herum und blickte prüfend zwischen die Wurzeln. Es war aber nichts zu sehen, außer der erdigen Form des Hügels(Fleming 1959, S. 19–20).

Haben Sie versucht, sich die Szene vorzustellen – und James Bond auf der Suche nach der Gefahr geholfen? (Er wird sie finden.) Beim Lesen entwickelt man oft ein mentales Raummodell, um sich den Aufenthaltsort von Romangestalten vorstellen zu können (Johnson-Laird 1983). Wissenschaftler haben sich oft mit der Frage beschäftigt, inwieweit mentale Raummodelle Eigenschaften wirklicher räumlicher Erfahrung aufnehmen. Betrachten Sie dazu das folgende **Experiment**.

> **!** Wir haben in diesem Abschnitt festgestellt, daß visuelle Prozesse und Repräsentationen die verbalen Fähigkeiten ergänzen. Diese beiden Arten des Zugangs zu Informationen unterstützen die Fähigkeit, mit den Anforderungen und Aufgaben des Lebens fertigzuwerden.

EXPERIMENT

Mentale Raummodelle
Franklin u. Tversky (1990) lasen in einer Reihe von Experimenten den Versuchsteilnehmern Beschreibungen vor, in denen die Anordnung von Gegenständen um den Betrachter herum sehr anschaulich geschildert wird. Hier ist ein Beispiel:

Sie fühlen sich im Opernhaus wie zuhause. Heute abend sind Sie gekommen, um ein paar interessante Bekannte aus der Oberschicht zu treffen und mit ihnen zu plaudern. Jetzt gerade stehen Sie am Geländer einer breiten, eleganten Galerie, von der aus Sie den darunter liegenden Raum überblicken. Gleich hinter Ihnen befindet sich auf Ihrer Augenhöhe eine prunkvolle Lampe an der Galeriewand. Der Lampensockel an der Wand ist ganz vergoldet (Franklin u. Tversky 1990, S. 65).

Die Wissenschaftler wollten beweisen, daß Leser derartiger Texte schneller oder langsamer beim Erfassen von räumlichen Informationen waren, je nachdem, wo die Gegenstände in dem mentalen Raum um sie herum angeordnet waren. Und in der Tat: Die Leser konnten beispielsweise schneller sagen, welche Gegenstände sich vor ihnen befanden als hinter ihnen, auch wenn alle Gegenstände in der Geschichte gleichermaßen behutsam eingeführt worden waren (s. Abb. 6.9). Dieses Ergebnis ist am ehesten verständlich, wenn man davon ausgeht, daß die Repräsentation den Leser tatsächlich in gewissem Sinne in die Szene hineinversetzt. Er ist in der Lage, eine verbale Erfahrung in eine visuelle, räumliche umzusetzen.

Abb. 6.9. Mentale Raummodelle. Mit Hilfe Ihres Vorstellungsvermögens können Sie sich mitten in eine Szene hineinversetzen. Gerade so, wie wenn Sie mitten im Raum stehen, brauchen Sie weniger Zeit, um zu sagen, was vor Ihnen ist (die Lampe), als was hinter Ihnen ist (die Büste)

Nun wenden wir uns Bereichen zu, in denen sowohl visuelle als auch verbale Repräsentationen eingesetzt werden, um mit den komplexen Dingen des Lebens fertigzuwerden: Problemlösen und Schlußfolgern.

6.4
Problemlösen und Schlußfolgern

Kommen wir wieder auf den rätselhaften Satz zurück, »Die Katze ist auf der Matte«. In Abschn. 6.2 wurde dargestellt, wie man diese Botschaft mit dem entsprechenden Hintergrundwissen verstehen kann. Was aber, wenn man nicht über dieses Wissen verfügt und die Botschaft dennoch entschlüsseln möchte? Denken Sie einen Moment darüber nach, welche kognitiven Operationen Sie unternehmen könnten, um die Botschaft zu enträtseln. Zu diesen Operationen gehören ganz be-

stimmt Schritte, die beim Problemlösen und Schlußfolgern beteiligt sind. Beide beinhalten, daß man neue Informationen mit im Gedächtnis gespeicherten Informationen kombiniert, um auf ein bestimmtes Ziel hinzuarbeiten, nämlich auf einen Schluß oder eine Lösung.

6.4.1
Problemlösen

Was geht am Morgen auf 4 Beinen, am Mittag auf zweien und in der Dämmerung auf dreien? Dieses Rätsel gab die Sphinx in der griechischen Mythologie den Menschen von Theben auf und drohte, sie so lange in Furcht und Schrecken zu halten, bis jemand die Lösung fände. Ödipus löste das Rätsel und befreite die Menschen von diesem Joch. Um hinter das Geheimnis zu kommen, mußte er erkennen, daß 2 Schlüsselelemente metaphorisch verwendet wurden. Morgen, Mittag und Dämmerung stehen für die verschiedenen Phasen im Leben des Menschen. Ein Kleinkind krabbelt auf allen Vieren, ein Erwachsener geht auf 2 Beinen, und ein alter Mensch benötigt zusätzlich einen Stock. Die Lösung des Rätsels lautete: der Mensch.

Wenn auch die alltäglichen Probleme normalerweise weniger tiefgründig sind als das Rätsel der Sphinx in der Antike, gehört das Problemlösen doch zu den grundlegenden Dingen des Lebens. Man wird ständig mit Problemen konfrontiert, die man lösen muß: wie man beispielsweise seine Arbeit und all die anderen Dinge in einem begrenzten Zeitrahmen erledigen kann, wie man ein Vorstellungsgespräch erfolgreich besteht, wie man eine Beziehung endlich beenden kann usw. Viele Probleme bestehen aus Diskrepanzen zwischen dem, was man weiß, und dem, was man wissen müßte. Wenn man ein Problem löst, reduziert man diese Diskrepanz, indem man eine Möglichkeit findet, die fehlende Information zu beschaffen. Um sich auf das Thema Problemlösen einzustimmen, können Sie versuchen, die Aufgaben in Abb. 6.10 zu lösen. Die Antworten finden Sie in Abb. 6.11. Schauen Sie aber erst nach, wenn Sie versucht haben, alle Aufgaben zu lösen. Wir werden im folgenden Forschungsansätze kennenlernen, die Ihre erfolgreiche Lösungen, aber auch Ihre vergeblichen Lösungsversuche erklären können.

Problemräume

Wie wird ein Problem in einer realen Situation definiert? Gewöhnlich nimmt man den Unterschied zwi-

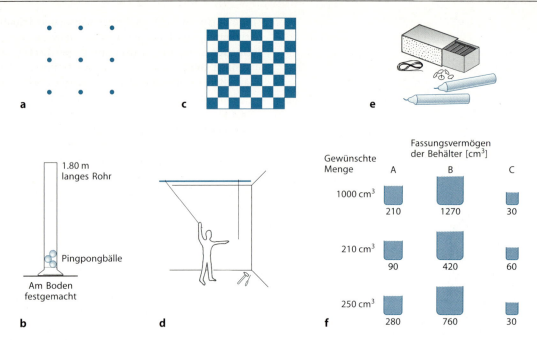

Abb. 6.10a–f. Können Sie die Rätsel lösen? **a** Verbinden Sie alle Punkte des Musters, indem Sie 4 gerade miteinander verbundene Linien ziehen, ohne den Stift vom Papier zu heben! **b** Ein Scherzbold hat 3 Pingpongbälle in eine 1.80 m hohe Röhre geworfen, die aufrecht in der Ecke des Physiklabors steht und am Boden befestigt ist. Wie bekommen Sie die Pingpongbälle heraus? **c** Dem abgebildeten Schachbrett fehlen 2 Eckfelder, so daß es nur 62 Felder hat. Sie haben 31 Dominosteine, von denen jeder genau 2 Quadrate des Schachbretts abdeckt. Können Sie diese so verteilen, daß das ganze Schachbrett abgedeckt ist? (Aus Wickelgren 1974).

d Sie befinden sich in der abgebildeten Situation und haben die Aufgabe, die beiden Stricke zusammenzubringen. Wenn Sie den einen festhalten, ist der andere außer Reichweite. Schaffen Sie's? **e** Sie erhalten die abgebildeten Gegenstände. Die Aufgabe besteht darin, eine brennende Kerze an der Tür zu befestigen. Können Sie's? **f** Ihnen werden 3 »Umfüllaufgaben« gestellt: Können Sie, indem Sie nur die 3 Behälter benutzen (der Wasservorrat ist unbegrenzt), die jeweils gewünschte Menge genau zusammenschütten? (Nach Luchins 1942)

schen dem gegenwärtigen Zustand und einem erwünschten Ziel wahr. Nehmen wir z. B. an, Sie seien pleite und bräuchten Geld. Dann wissen Sie in aller Regel auch, welche Maßnahmen Sie ergreifen könnten (oder möchten), um aus der Geldnot zu kommen. Sie werden vielleicht versuchen, eine Teilzeitarbeit zu bekommen, Sie werden jedoch nicht zum Taschendieb werden.

> **!** Die formale Definition eines Problems enthält genau diese 3 Elemente (Newell u. Simon 1972):
>
> - *einen Ausgangszustand:* die unvollständige Information, mit der man anfängt bzw. der unbefriedigende Zustand, in dem man sich befindet,
> - *einen Zielzustand:* die Information bzw. den Zustand der Dinge, den man erreichen möchte, und
> - *eine Reihe von Operationen:* die Schritte, die vom Ausgangszustand zum Zielzustand führen.
>
> Diese 3 Faktoren definieren zusammen den **Problemraum**.

Man kann sich die Lösung eines Problems vorstellen wie die Suche nach dem richtigen Weg durch ein Labyrinth (den Problemraum). Man steht am Ausgangspunkt (dem Ausgangszustand) und möchte zum Ziel (dem Zielzustand). Man gelangt dorthin auf verschlungenen Wegen (den zulässigen Operationen).

Die Anfangsschwierigkeit bei der Lösung eines Problems besteht oft hauptsächlich darin, daß eines dieser Elemente nicht klar definiert ist (Simon 1973).

- *Ein gut definiertes Problem* entspricht einem algebraischen Problem, bei dem der Ausgangszustand, der Zielzustand und die zulässigen Operationen genau definiert sind. Die Aufgabe besteht nun darin, herauszufinden, wie die zulässigen und bekannten Operationen einzusetzen sind, um zur Lösung zu gelangen.
- *Ein schlecht definiertes Problem* entspricht im Gegensatz dazu dem Entwerfen eines Hauses, dem

Schreiben eines Romans oder dem Erfinden eines Heilmittels für Aids. Der Ausgangszustand, der Zielzustand und/oder die Operationen können unklar und vage definiert sein. In solchen Fällen besteht die erste Aufgabe des Problemlösers darin, das Problem zunächst einmal möglichst genau zu definieren, einen Ausgangszustand, eine ideale Lösung und die möglichen Mittel klar festzulegen.

Aus eigener Erfahrung wissen Sie, daß es immer noch schwierig sein kann, die richtigen Operationen zu finden, um vom Ausgangspunkt zum Ziel zu gelangen, auch wenn diese gut definiert sind. Ihre Erinnerungen an den Mathematikunterricht werden Ihnen dies bestätigen. Der Lehrer gab z. B. eine Gleichung vor, wie $x^2+x-12 = 0$, und forderte Sie auf, die möglichen Werte für x zu berechnen. Wie gingen Sie vor? Um die Schritte zu untersuchen, die Menschen durch einen Problemraum gehen, nutzten Wissenschaftler oft sog. **Protokolle lauten Denkens**. Dabei werden Personen gebeten, bei der Bearbeitung einer Aufgabe das, was sie tun und wie sie es tun, mündlich zu beschreiben (Ericsson u. Simon 1993). Auf diese Weise wurden z. B. die kognitiven Operationen analysiert, mit deren Hilfe das Problem des unvollständigen Schachbretts in Abb. 6.10c gelöst wird (Kaplan u. Simon 1990). Einer der Versuchsteilnehmer kam auf folgende Weise zu der entscheidenden Erkenntnis, daß das Problem *nicht* damit gelöst werden kann, daß die Dominosteine nur horizontal und vertikal gesetzt werden (das Schachbrett war pink/schwarz):

»Also läßt man ... das ist zu wenig – wieviele, man läßt uhhhh ... es sind mehr pinkfarbene als schwarze, und um alles abzudecken, müßte man 2 pinkfarbene verbinden, das kann man aber nicht, weil sie diagonal liegen ... komme ich der Sache näher?« (Kaplan u. Simon 1990, S. 388)

Wie in diesem Beispiel nutzen Wissenschaftler oftmals Aussagen über ihre Denkvorgänge als Ausgangspunkt zur Formulierung von formalen Modellen des Problemlösens (Simon 1979, 1989).

Verbesserung des Problemlösens

Was ist so schwierig an der Lösung von Problemen? Wenn man auf alltägliche Erfahrungen zurückgreift, könnte man zu der Antwort kommen: »Man muß zu viele Dinge gleichzeitig berücksichtigen.« Zu dieser Schlußfolgerung hat auch die Problemlöseforschung geführt. Oft sind die zur Verarbeitung zur Verfügung stehenden mentalen Ressourcen zu gering für die Anforderungen, die die Lösung eines bestimmten Problems stellt (Kotovsky et al. 1985; Kotovsky u. Simon 1990). Die verschiedenen Schritte zur Lösung eines Problems müssen geplant werden. Wenn die Abfolge dieser Schritte zu kompliziert wird oder wenn jeder einzelne Schritt zu kompliziert ist, verliert man oft den Faden, der vom Ausgangszustand bis zum Zielzustand führt. Wie kann man dieses mögliche Hindernis aus dem Weg räumen?

> **!** Ein wichtiger Schritt zur Verbesserung der Problemlösungskompetenz besteht darin, eine Repräsentation des Problems zu finden, in der jede Operation mit den vorhandenen Verarbeitungsressourcen durchgeführt werden kann. Wenn man öfter ähnliche Probleme lösen muß, ist es sinnvoll, jeden Teil der Lösung zu üben, so daß diese Teile im Lauf der Zeit weniger Ressourcen erfordern (Kotovsky et al. 1985).

Stellen Sie sich z. B. vor, Sie wären Taxifahrer in Frankfurt und jeden Tag mit Verkehrsstaus konfrontiert: Dann könnten Sie ihre Reaktionen auf Staus in verschiedenen Teilen der Stadt mental durchgehen, so daß Sie die Lösungen für Teile des allgemeinen Problems, ihren Fahrgast von einem Ort zum anderen zu befördern, schon parat haben. Wenn Sie diese Teillösungen einüben, können Sie sich wieder aufmerksamer auf den Verkehr konzentrieren!

Manchmal muß man ein Problem völlig neu angehen, um zu einer sinnvollen Repräsentation zu gelangen. Lesen Sie das Rätsel in Tabelle 6.5. Wie würden Sie vorgehen, um den Beweis zu führen? Denken Sie ein paar Minuten darüber nach, bevor Sie weiterlesen. – Wie weit sind Sie gekommen? Wenn das Wort »Be-

Tabelle 6.5. Das Mönchsrätsel

> Eines Morgens, genau bei Tagesanbruch, machte sich ein buddhistischer Mönch auf, einen hohen Berg zu besteigen. Ein schmaler Pfad, nicht breiter als ein halber Meter, schlängelte sich zu einem glanzvollen Tempel auf dem Gipfel. Der Mönch stieg mit unterschiedlicher Geschwindigkeit bergan, mal langsamer, mal schneller. Oftmals machte er Pausen und aß von den getrockneten Früchten, die er als Proviant mitgenommen hatte. Er erreichte den Tempel kurz vor Sonnenuntergang. Nach mehreren Tagen des Fastens und der Meditation begann er seinen Rückweg auf demselben Pfad. Wieder ging er bei Sonnenaufgang los, und abermals marschierte er mit unterschiedlicher Geschwindigkeit, unterbrochen durch viele Pausen. Die durchschnittliche Geschwindigkeit beim Abstieg war natürlich größer als die Durchschnittsgeschwindigkeit beim Aufstieg. – Beweisen Sie, daß es auf seinem Weg einen *Punkt* gibt, den er beim Aufstieg und beim Abstieg genau zur selben Tageszeit erreicht.

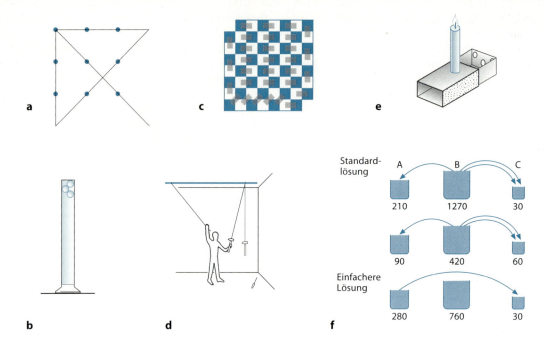

Abb. 6.11a–f. Lösungen zu den Problemen in Abb. 6.10

weis« für sie ein mathematischer Begriff ist, sind Sie vermutlich nicht sehr weit gekommen. Ein anderer Ansatz zur Lösung dieses Problems wäre, sich 2 Mönche vorzustellen. Der eine beginnt den Marsch von oben, der andere von unten (Adams 1986). Somit ist klar, daß sie sich irgendwo in der Mitte begegnen müssen. Ersetzen Sie jetzt die beiden Mönche durch den einen – das Prinzip ist das gleiche – und schon haben Sie den Beweis. Durch die richtige Art der Repräsentation, nämlich der visuellen anstatt einer verbalen oder mathematischen, ist das Problem auf einmal leicht zu lösen.

Die in Abb. 6.10 dargestellten Probleme sind weitere Beispiele dafür, daß eine genaue Repräsentation des Problemraums wichtig ist (vgl. auch die Lösungen in Abb. 6.11):

- Um die 9 Punkte zu verbinden, mußten Sie erkennen, daß die Instruktionen keinen Hinweis darauf enthalten, daß Sie sich auf das von den Punkten eingenommene Feld beschränken sollen.
- Um die Pingpongbälle aus der Röhre zu holen, mußten Sie erkennen, daß die Lösung nicht darin bestand, in die Röhre zu gelangen.

- Um die beiden Seile zu verbinden, mußten Sie eines der Werkzeuge als Gewicht, nicht als Werkzeug betrachten.
- Um die Kerze an der Tür zu befestigen, mußten Sie Ihre gewohnte Perspektive aufgeben und die Streichholzschachtel als Plattform, nicht als Behälter, einsetzen, und Sie mußten die Kerze sowohl als Werkzeug als auch als den zu befestigenden Gegenstand betrachten.

Die beiden zuletzt genannten Probleme zeigen ein Phänomen auf, das als »funktionale Fixiertheit« bezeichnet wird (Duncker 1945; Maier 1931).

> **!** **Funktionale Fixiertheit** beeinflußt das Problemlösen negativ, indem sie die Wahrnehmung einer neuen Funktion eines Objekts verhindert, das bislang mit einem anderen Zweck assoziiert war. Sobald man mit einem Problem nicht weiterkommt, sollte man sich fragen: »Wie repräsentiere ich das Problem? Gibt es andere bzw. bessere Ansätze, das Problem oder Teile davon anzugehen?«

Wenn Wörter dabei nicht weiterhelfen, hilft vielleicht eine Zeichnung oder die Prüfung der Annahmen. Daraus ist vielleicht ersichtlich, welche »Regeln« gebrochen werden können, um zu neuen Kombinationen zu gelangen.

Bei der Lösung von Problemen wendet man oft eine spezielle Denkweise an, das Schlußfolgern. Man unterscheidet dabei das deduktive und das induktive Schlußfolgern. Wenden wir uns zunächst dem deduktiven Schlußfolgern zu.

6.4.2
Deduktives Schließen

Stellen Sie sich vor, Sie seien auf dem Weg in ein Restaurant und Sie möchten dort mit ihrer einzigen Kreditkarte, der American Express, bezahlen. Sie rufen im Restaurant an und fragen: »Akzeptieren Sie American Express?« Die Wirtin antwortet: »Wir akzeptieren alle gängigen Kreditkarten.« Daraus können Sie sicher ableiten, daß das Restaurant Ihre American-Express-Karte akzeptieren wird. Warum? Um herauszufinden, warum das so ist, formulieren wir diesen Wortwechsel in der Struktur eines von dem griechischen Philosophen Aristoteles vor 2000 Jahren festgelegten Syllogismus:

- *Erste Prämisse:* Das Restaurant akzeptiert alle gängigen Kreditkarten.
- *Zweite Prämisse:* Die American-Express-Karte ist eine gängige Kreditkarte.
- *Schlußfolgerung:* Das Restaurant akzeptiert die American-Express-Karte.

Aristoteles befaßte sich mit den logischen Beziehungen zwischen Feststellungen, die zu validen Schlüssen führen. **Deduktives Schließen** betrifft die richtige Anwendung solcher logischer Regeln. Das Beispiel mit der Kreditkarte soll zeigen, daß wir ohne weiteres dazu in der Lage sind, Schlüsse in der Form logischer, deduktiver Beweise zu ziehen. Dennoch hat sich die psychologische Forschung auf die Frage konzentriert, ob die formalen Regeln deduktiven Schließens tatsächlich im Gehirn repräsentiert sind (Holyoak u. Spellman 1993; Johnson-Laird u. Byrne 1991; Rips 1990).

> ! Eine Vielzahl von Untersuchungen zeigt, daß wir generell über die Fähigkeit verfügen, formallogische Schlüsse zu ziehen. Anders gesagt, Menschen besitzen auch ohne besondere Unterweisung einen Sinn für formale Logik. Die kognitionspsychologische Forschung hat sich aber auf die Fragen konzentriert, wie das deduktive Schließen im wirklichen Leben von unserem Wissen und unseren Erfahrungen beeinflußt wird und welche Rolle kognitive Repräsentationen beim Schlußfolgern spielen.

- Wissen und Erfahrungen

Sehen wir uns zum Einfluß des Wissens den folgenden Schluß (Syllogismus) an. Führt er zu einer logisch zwingenden (validen) Schlußfolgerung?

- *Erste Prämisse:* Alle Dinge, die einen Motor haben, brauchen Öl.
- *Zweite Prämisse:* Autos brauchen Öl.
- *Schlußfolgerung:* Autos haben Motoren.

Nach den Regeln der Logik ist dies *keine* logische Schlußfolgerung, da die erste Prämisse die Möglichkeit offen läßt, daß es Dinge gibt, die keinen Motor haben, aber auch Öl brauchen. Anders gesagt: Wenn die verfügbare Information nur aus der ersten und der zweiten Prämisse besteht – wie bei einem einfachen Übungsbeispiel in formaler Logik –, dann ist die Schlußfolgerung nicht valide. Die Schwierigkeit besteht nun darin, daß Sachverhalte, die bei einem logischen Problem nicht valide sind, im wirklichen Leben nicht notwendigerweise falsch sind.

Wenn Menschen in psychologischen Untersuchungen gefragt werden, ob der oben beschriebene Schluß »logisch aus den Prämissen folgt«, sind sie weit mehr geneigt, zuzustimmen, wenn der Schluß Autos betrifft, als wenn diese durch ein Phantasiewort wie »Oppobinen« ersetzt werden (Markovitz u. Nantel 1989). Dieses Ergebnis veranschaulicht einen allgemeinen Verzerrungseffekt von Überzeugungen: Menschen neigen dazu, diejenigen Schlüsse als valide zu beurteilen, mit denen sie einverstanden sind, und diejenigen als nicht valide zu beurteilen, mit denen sie nicht einverstanden sind (Evans et al. 1983; Janis u. Frick 1943). In diesem Fall erschwert uns das Wissen über Autos, die Schlußfolgerung als falsch abzulehnen.

Wenn Versuchsteilnehmer jedoch nur die beiden Prämissen erhielten und gebeten wurden, ihren *eigenen* Schluß daraus zu ziehen, stellte etwa die Hälfte der Personen richtig fest, daß hier kein valider Schluß gezogen werden kann (d. h. aus diesen beiden Prämissen kann man nicht ableiten, ob Autos Motoren besitzen). Folglich hat der Verzerrungseffekt von Überzeugungen wahrscheinlich einen geringeren Einfluß auf die eigentlichen Schlußfolgerungsprozesse als auf die Fähigkeit, die Schlüsse anderer zu beurteilen (Rips 1990).

Die Fähigkeit zum Schlußfolgern verbessert sich auch mit der Erfahrung. Dies wird ersichtlich aus einem Vergleich zwischen der Leistung bei einer abstrakten Schlußfolgerungsaufgabe und einer Version dersel-

Abb. 6.12. Schlußfolgerungen über abstrakte und alltägliche Gegebenheiten. Bei der ersten Aufgabe *(obere Reihe)* werden Sie gefragt, welche Karten Sie umdrehen müssen, um die folgende Regel zu prüfen: Wenn auf der einen Seite der Karte ein Vokal steht, dann steht auf der Rückseite eine gerade Zahl. Bei der zweiten Aufgabe *(untere Reihe)* sollen Sie herausfinden, welche Karten umgedreht werden müssen, um die folgende Regel zu prüfen: Wenn ein Gast ein alkoholisches Getränk trinken darf, muß er mindestens 18 Jahre alt sein. Den meisten Menschen fällt die zweite Aufgabe leichter, weil sie dabei Erfahrungen aus dem alltäglichen Leben anwenden können

ben Aufgabe, bei der man seine Erfahrungen (Kenntnis der realen Verhältnisse) anwenden kann. Stellen Sie sich vor, sie erhielten 4 Karten, die mit A, D, 4 und 7 beschriftet sind (vgl. Abb. 6.12, obere Reihe). Die Aufgabe besteht darin zu entscheiden, welche Karten umgedreht werden müssen, um folgende Regel zu prüfen: »Wenn eine Karte auf der einen Seite einen Vokal hat, hat sie auf der anderen Seite eine gerade Zahl.« (Johnson-Laird u. Wason 1977). Wie würden Sie vorgehen? Die meisten Menschen sagen, sie würden Karte A umdrehen, was auch richtig ist, und Karte 4, was falsch ist. Egal, welcher Buchstabe auf der anderen Seite der 4 erscheint, die Regel wird dadurch nicht entkräftet. (Verstehen Sie, warum?) Sie müssen dagegen die 7 umdrehen. Wenn auf der anderen Seite ein Vokal steht, ist die Regel entkräftet.

Die ursprüngliche Untersuchung zu dieser Aufgabe bestätigte Zweifel daran, daß Menschen in der Lage sind, richtige Schlüsse zu ziehen. Diese negative Sichtweise wurde jedoch durch Untersuchungen widerlegt, bei denen Versuchsteilnehmer bei dieser Aufgabe ihr Weltwissen anwenden durften (Holyoak u. Spellman 1993). Bei einer logisch vergleichbaren Aufgabe sollte folgende Regel überprüft werden (vgl. die untere Reihe in Abb. 6.12): »Wenn ein Gast ein alkoholisches Getränk trinken darf, muß er mindestens 18 Jahre alt sein.« (Cheng u. Holyoak 1985) In diesem Fall erkennen Sie vermutlich sofort, welche Karten Sie umdrehen müssen: die 17 und »Bier trinken«.

Wenn das Problem aus dem täglichen Leben bekannt ist, kann man nach einem **pragmatischen Schlußfolgerungsschema** vorgehen. Wie in Abschn. 5.9 bereits beschrieben, leiten wir im Laufe unserer Er-

fahrungen Schemata aus der Umwelt ab. Sie haben beispielsweise schon viel Erfahrung mit Situationen gesammelt, in denen Ihnen etwas erlaubt wurde – denken Sie nur an Situationen, in denen Ihnen Bedingungen gestellt wurden wie »Du kannst erst fernsehen, wenn Du Deine Hausaufgaben gemacht hast.« Aus all diesen Interaktionen leiten wir ein Schlußfolgerungsschema ab. Die Situation aus dem wirklichen Leben, die Alter mit Trinken verbindet, erinnert an dieses Schema; die willkürliche Situation, in der gerade Zahlen mit Vokalen in Verbindung gebracht werden, dagegen nicht. Deshalb wird bei dieser willkürlichen Schlußfolgerungsaufgabe Ihre Fähigkeit, richtige Schlüsse zu ziehen, unterschätzt.

● Repräsentationen: Mentale Modelle

Wenn Menschen keine pragmatischen Schlußfolgerungsschemata anwenden können oder wollen, können sie auch deduktiv denken, indem sie mentale Modelle konstruieren (Johnson-Laird u. Byrne 1991). Mentale Modelle reproduzieren die Details einer Situation so genau wie möglich, soweit die Begrenztheit des Arbeitsgedächtnisses dies zuläßt (s. Abschn. 5.7). Die Verfügbarkeit von mentalen Modellen erlaubt oftmals, die Leistung bei Aufgaben zum Schlußfolgern vorherzusagen (vgl. das folgende **Experiment**).

> **!** Allgemein kann man also sagen, daß deduktives Schließen am besten gelingt, wenn man ein *einziges* Modell von der Welt entwickelt. Dabei besteht nur die Gefahr, daß man Fehler macht, wenn man nicht merkt, daß die Prämissen eines Problems mehr als ein Modell zulassen (Johnson-Laird u. Byrne 1991).

EXPERIMENT

Die Rolle mentaler Modelle beim deduktiven Schließen

Sehen Sie sich die Beschreibungen 1 und 2 in Tabelle 6.6 an. In beiden Fällen sollten Sie die Listen der Prämissen lesen und versuchen, die Frage zu beantworten: »Welche Beziehung besteht zwischen D und E?« Der Unterschied zwischen den beiden Beschreibungen liegt darin, daß Beschreibung 1 nur ein Modell, Beschreibung 2 dagegen 2 verschiedene Modelle zuläßt (wie in den Spalten »Mögliche Modelle« gezeigt wird). Byrne u. Johnson-Laird (1989) sagten voraus, daß das Vorhandensein zweier verschiedener mentaler Modelle das Schlußfolgern beeinträchtigen würde. (In ihren Experimenten wurden anstatt der Buchstaben D und E konkrete Gegenstände wie »Teller« und »Tassen« eingesetzt.) Obwohl die Antwort in beiden Fällen die gleiche ist – D befindet sich links von E – erzielten die Teilnehmer bei Beschreibung 1, in der nur *ein* mentales Modell möglich war, eine bessere Leistung (Byrne u. Johnson-Laird 1989).

Tabelle 6.6. Die Konstruktion mentaler Modelle

Beschreibung 1	Mögliche(s) Modell(e)	Beschreibung 2	Mögliche(s) Modell(e)
A ist rechts von B		B ist rechts von A	C A B
C ist links von B	C B A	C ist links von B	D E
D ist vor C	D E	D ist vor C	
			(oder)
E ist vor B		E ist vor B	
			A C B
			D E

Das Problem mit der American-Express-Karte entspricht den Anforderungen für ein einziges mentales Modell. Wenn Sie sich nach der Antwort der Wirtin eine Vorstellung von »allen gängigen Kreditkarten« machen, sollten Sie in der Lage sein, Ihre American-Express-Karte in dieser Menge von Karten zu entdecken. Ihre Schlußfolgerung ist valide.

6.4.3
Induktives Schließen

Nehmen wir jetzt einmal an, Sie wären schon beim Restaurant angekommen, und erst in dem Moment fällt Ihnen ein, daß Sie vielleicht nicht genug Bargeld dabei haben. Auch diesmal kommt Ihnen der Gedanke, mit der American-Express-Karte zu bezahlen, aber Sie finden keine hilfreichen Hinweise auf die Akzeptanz von Kreditkarten. Sie werfen einen Blick durchs Fenster auf das Publikum, schauen sich die Preise im Aushang an und sehen sich in der Umgebung des Lokals um. Aus all diesen Beobachtungen schließen Sie, daß das Restaurant Ihre Kreditkarte *vermutlich* akzeptieren wird. Hierbei handelt es sich jedoch nicht um deduktives Schließen, da Ihre Schlußfolgerung mehr auf Wahrscheinlichkeiten als auf logischen Gewißheiten beruht. Diese Art des Schließens wird als »induktives Schließen« bezeichnet. Hierbei werden vorhandene Anhaltspunkte verwendet, um wahrscheinliche, aber nicht sichere Schlüsse zu ziehen.

In Abschn. 3.5 und 5.9 wurde bereits festgestellt, daß Menschen gespeicherte Informationen aus vergangenen Situationen als Schemata verwenden, um Erwartungen über Gegenwart und Zukunft zu entwickeln. Sie würden z. B. einen induktiven Schluß ziehen, wenn Sie zustimmten, daß die Wörter auf dieser Seite wohl nicht plötzlich unsichtbar werden können und daß, wenn Sie studieren, das erlernte Wissen nicht am Prüfungstag plötzlich verloren gegangen sein kann. Wir haben außerdem in Abschn. 6.2 schon die Inferenzen behandelt, die Menschen beim Gebrauch der Sprache verwenden. Die Überzeugung, daß in dem Beispiel einer Äußerungsfolge in Abschn. 6.2 mit »Sie« eine Frau namens »Maria« gemeint sein muß, beruht auf einem induktiven Schluß.

Im wirklichen Leben beruht ein großer Teil unserer Fähigkeiten zum Problemlösen auf induktivem Schließen. Nehmen Sie einmal an, Sie hätten Ihre Schlüssel in der Wohnung eingeschlossen. Was tun Sie? Als erstes könnten Sie alle Lösungen aus dem Gedächtnis hervorrufen, die in ähnlichen Situationen in der Vergangenheit erfolgreich waren. Dieser Vorgang wird als **analoges Problemlösen** bezeichnet (s. auch **Psychologie im Alltag**). Man stellt eine Analogie her zwischen den Merkmalen der aktuellen Situation und denen früherer Situationen (Holyoak u. Nisbett 1988). In diesem Fall können frühere Erfahrungen – als Sie sich schon einmal aus der Wohnung ausgeschlossen hatten – Sie zu der Generalisierung »Finde andere Menschen, die Schlüssel haben« geführt haben (Ross u. Kennedy 1990). Mit Hilfe dieser Generalisierung können Sie anfangen zu überlegen, wer diese Menschen sein könnten und wie Sie sie finden können. Diese Aufgabe macht es u. U. erforderlich, daß Sie sich die Vorgehensweise wieder in Erinnerung rufen, mit der Sie Ihre Nachbarn an der Arbeitsstelle ausfindig machen. Erscheint Ihnen dieses Problem leicht lösbar, dann deshalb, weil Sie sich daran gewöhnt haben, Informationen aus der Vergangenheit für die Gegenwart zu nutzen. Induktives Schließen ermöglicht Ihnen den Zugang zu bewährten Vorgehensweisen, die die Lösung eines Problems beschleunigen.

Induktive Schlüsse können deshalb falsch sein, weil vorhergehende Erfahrungen zu einer verfestigten Einstellung (»set«) geführt haben, die Sie nun daran hindert, den Lösungsweg zu erkennen. Das Problem mit den Wasserbehältern aus Abb. 6.10 und 6.11 ist ein klassisches Beispiel für eine Situation, in der die Lösung für ein Problem möglicherweise deshalb nicht gefunden wird, weil man sich auf Erfahrungen aus der Vergangenheit verläßt (Luchins 1942). Wenn Sie in den ersten beiden Aufgaben in Abb. 6.10f die grundsätzliche Regel entdeckt haben, nach der B – A – 2 C die Lösung ist, haben Sie vermutlich diese Formel auch auf das dritte Problem angewendet und festgestellt, daß sie in diesem Fall *nicht* funktioniert. Wenn Sie nur Behälter A gefüllt und genug umgeschüttet hätten, um Behälter C zu füllen, hätten sie die richtige Menge Wasser erhalten. Anders gesagt: Wenn Sie nur Ihre anfängliche Formel verwendet haben, haben Sie wahrscheinlich die einfachere Möglichkeit nicht bemerkt – Ihr vorhergehender Erfolg mit der anderen Regel hat bei Ihnen zu einer gewissen »rigiden« Einstellung geführt.

> **!** Bei der **(Vor-)Einstellung** handelt es sich um einen kognitiven Zustand, eine Gewohnheit oder Haltung, die die Qualität und Geschwindigkeit der Wahrnehmung und der Problemlösung unter bestimmten Umständen erhöhen kann. Die gleiche Einstellung kann jedoch auch die Qualität der mentalen Vorgänge in Situationen behindern oder verzerren, in denen alte Denk- und Handlungsweisen nicht zu Ergebnissen führen.

Die praktische Konsequenz aus dem Auftreten von Einstellungen lautet: Wenn Sie in einer Problemlösungssituation frustriert sind, sollten Sie auch mal einen Schritt zurücktreten und sich fragen »Engen vergange-

---

PSYCHOLOGIE IM ALLTAG

Hilf Dir selbst – beim analogen Schließen
Untersuchungen zum analogen Problemlösen werden oft von pädagogischen Gesichtspunkten aus durchgeführt. Im Schulunterricht in Mathematik und den naturwissenschaftlichen Fächern werden vom Lehrer und in den Schulbüchern eine kleine Anzahl von Problemen behandelt und vorbereitete Lösungen angeboten. Von dieser Grundlage ausgehend sollen die Schüler dann weitermachen. Die bei diesem pädagogischen Konzept implizierte Erwartung ist, daß induktives Schließen erlernt werden kann – daß Schüler in der Lage sein werden, Gelerntes auf neue Situationen und Probleme anzuwenden. Instruktionspsychologen haben herauszufinden versucht, welche Bedingungen erforderlich sind, damit Studenten möglichst viel von vergangenen Erfahrungen profitieren (Lovett u. Anderson 1994; Novick u. Holyoak 1991). Es wurde allgemein festgestellt, daß man beim Erkennen einer Analogie oft nachhelfen muß. Studenten müssen durch Hinweise und Tips darauf gestoßen werden, zu erkennen, welche Bedeutung Probleme aus der Vergangenheit für aktuelle Probleme haben (Ross u. Kennedy 1990).

Diese Schlußfolgerung mag vielleicht beunruhigen, weil Lehrer und Schulbücher selten derartige Hinweise und Tips geben. Was kann man also tun? Man kann selbst versuchen, möglichst konkrete Analogien zu finden und die zugrundeliegende Struktur zu erkennen, in der Teile der Probleme vergleichbar sind. Dann kann man prüfen, ob die gleichen Lösungsverfahren angewendet werden können. Je besser das Verständnis der Bestandteile und der Struktur von Problemen aus der Vergangenheit ist, um so eher erkennt man Ähnlichkeiten zu einem akuten Problem und kann leichter eine Lösungsstrategie anwenden.

ne Erfolge meine Perspektive bei diesem Problem zu sehr ein?« Versuchen Sie, kreativer an die Lösung des Problems heranzugehen, indem Sie ein breiteres Spektrum früherer Situationen und früherer Lösungen berücksichtigen.

6.5
Urteilen und Entscheiden

Kommen wir nochmals auf unseren Satz »Die Katze ist auf der Matte« zurück, und nehmen wir an, daß Sie die Botschaft weder mit Hilfe Ihrer Sprachverstehensprozesse noch mit Hilfe von Überlegungen entschlüsseln konnten. Was nun? Jetzt stehen Urteile und Entscheidungen an: Wie wahrscheinlich ist es, daß die Mitteilung nur ein Ulk war? Wie wahrscheinlich ist es, daß die Mitteilung tatsächlich eine Bedeutung hat, die ihnen aber entgeht? Sollten Sie also einfach aufgeben und schlafen gehen?

Diese Fragen verdeutlichen eine wichtige Tatsache im Zusammenhang mit unseren alltäglichen Erfahrungen: Wir leben in einer Welt voller Ungewißheiten. Da wir über die Zukunft nur Vermutungen anstellen können und fast nie alles aus der Vergangenheit wissen, können wir uns selten sicher sein, daß wir richtig geurteilt oder die richtige Entscheidung getroffen haben. Also müssen die Urteils- und Entscheidungsprozesse in einer Weise ablaufen, die es uns ermöglicht, effizient mit Ungewißheiten umzugehen. H. Simon formuliert dies folgendermaßen: Da »das Denkvermögen der Menschen im Verhältnis zu der komplexen Beschaffenheit der Umgebung, in der sie leben, sehr bescheiden ist«, müssen sie mit »,ausreichend guten' Lösungen für ihre Probleme und mit ,ausreichend guten' Handlungsverläufen« zufrieden sein (1979, S. 3). Vor diesem Hintergrund vermutete Simon, daß Denkprozesse von *begrenzter* Rationalität geleitet werden. Unsere Urteile und Entscheidungen mögen nicht immer so »rational« sein, wie sie in einem optimalen Fall sein könnten, aber wir sollten erkennen, daß sie aus der Nutzung begrenzter Ressourcen in Situationen zustandekommen, die rasches Handeln erfordern.

Bevor wir näher auf die Folgen begrenzter Rationalität eingehen, wollen wir noch die Begriffe »Urteilen« und »Entscheiden« gegeneinander abgrenzen.

- Beim **Urteilen** (»judgment«) handelt es sich um den Prozeß, durch den wir Meinungen bilden, zu Schlüssen gelangen und Ereignisse auf der Basis verfügbaren Materials kritisch bewerten. Urteile werden oft spontan, ohne Absicherung gefällt.
- Beim **Entscheiden** (»decision making«) handelt es sich um den Prozeß des Wählens zwischen Alternativen, des Auswählens und Zurückweisens von Optionen.

Diese beiden Vorgänge stehen miteinander in Wechselbeziehung. Sie könnten beispielsweise auf einer Party jemanden kennenlernen und nach einer kurzen Unterhaltung und einem Tanz diese Person als intelligent, interessant, ehrlich und anständig beurteilen. Danach könnten Sie sich entscheiden, den ganzen Abend mit ihm/ihr zu verbringen und sich für das nächste Wochenende zu verabreden. – Wenden wir uns nun der Forschung zu diesen beiden kognitiven Prozessen zu.

6.5.1
Urteilsheuristiken und Urteilsverzerrungen

Wie gelangt man am besten zu einem Urteil? Nehmen wir z. B. an, Sie würden gefragt, ob Ihnen ein bestimmter Film gefallen habe. Zur Beantwortung dieser Frage könnten Sie eine Aufstellung in 2 Spalten anlegen – »Was mir an dem Film gefiel« und »Was mir an dem Film nicht gefiel« – und dann feststellen, welche Spalte länger ist. Um noch genauer vorzugehen, könnten Sie die Einträge in jeder Spalte nach ihrer Gewichtung ordnen. So könnten Sie in der Positivliste »die Leistung der Schauspieler« als wichtiger einstufen als »den plärrenden Soundtrack« in der Negativliste. Nachdem Sie dieses ganze Verfahren durchgespielt haben, wären Sie sich Ihres Urteils ziemlich sicher. Aber es ist klar, daß Sie äußerst selten auf eine derartige Weise verfahren. Im täglichen Leben müssen Sie oft und schnell urteilen. Sie haben nicht die Zeit – und oft auch nicht genügend Informationen –, um ein derart formales Verfahren anzuwenden. Wie also gehen Sie vor? Amos Tversky und Daniel Kahneman waren die ersten, die diese Frage beantworteten. Sie behaupteten, daß Urteile von Menschen eher auf Heuristiken als auf formalen Analyseverfahren beruhten.

> **!** **Urteilsheuristiken** sind kognitive »Eilverfahren«, die bei der Reduzierung des Bereichs möglicher Antworten oder Problemlösungen nützlich sind, indem sie »Faustregeln« als Strategie anwenden. Heuristiken erhöhen im allgemeinen die Effizienz der Denkprozesse.

Wie kann man nun nachweisen, daß Menschen diese mentalen »Faustregeln« anwenden? Wie wir noch sehen werden, haben Wissenschaftler häufig die Umstände herangezogen, unter denen diese »Eilverfahren« dazu führen, daß Menschen Fehler machen. Die Logik dieser Experimente müßte inzwischen bekannt sein: Genauso wie man die Wahrnehmung anhand von Wahrnehmungstäuschungen, das Gedächtnis anhand von fehlerhaften Erinnerungen und das Sprechen anhand von Sprechfehlern untersuchen kann, kann man Urteilsprozesse anhand von Fehlurteilen erforschen (Kahneman 1991). Wie auf den anderen Gebieten muß man auch hier darauf achten, die Methode nicht mit der Schlußfolgerung zu verwechseln: Trotz der Fehler, die sich aus der Anwendung der Heuristiken ergeben, legt die Begrenztheit unserer kognitiven Prozesse auch in diesem Falle selten die Urteilsfähigkeit völlig lahm.

Bedeutet das aber, daß man diese Fehler einfach in Kauf nehmen sollte? Man kann mit dem Wissen über Urteilsheuristiken manche Fehler vermeiden. Auch wenn allgemeine geistige Fähigkeiten nicht gegen diese Fehler schützen – auch der begabteste Beurteiler irrt sich unter bestimmten Umständen –, kann spezielles Training doch hilfreich sein. Im vorliegenden Abschnitt soll erläutert werden, wie man seine Urteilsfähigkeit verbessern kann. Kommen wir nun zu den 3 Heuristiken: Verfügbarkeit, Repräsentativität und Verankerung.

Verfügbarkeitsheuristik

Wir bitten Sie zunächst, ein recht triviales Urteil zu fällen. Glauben Sie, daß in einem kurzen Auszug aus einem englischsprachigen Buch mehr Wörter mit dem Buchstaben »k« anfangen (z. B. »kangaroo«) oder daß mehr Wörter ein »k« als dritten Buchstaben haben (z. B. »duke«)? Wenn Sie urteilen wie die Teilnehmer an einer Untersuchung von Tversky und Kahneman (1973), denken Sie vermutlich, »k« stehe öfter am Wortanfang. Tatsächlich steht »k« ungefähr zweimal so oft als dritter Buchstabe in einem Wort.

Warum glauben viele Menschen, im Englischen stehe »k« öfter am Wortanfang? Dies hängt mit der Verfügbarkeit von Informationen aus dem Gedächtnis zusammen. Es ist viel leichter, sich Wörter vorzustellen, die mit »k« anfangen, als solche, die »k« an dritter Stelle enthalten. Dieses Urteil beruht also aus der Anwendung der **Verfügbarkeitsheuristik**. Sie besagt, daß das Urteil auf der Grundlage von Informationen gebildet wird, die im Gedächtnis zur Verfügung stehen. Diese Heuristik ist sinnvoll, da in vielen Fällen die Informationen aus dem Gedächtnis zu richtigen Urteilen führen. Wenn jemand z. B. Kegeln für eine weniger gefährliche Sportart hält als Drachenfliegen, erweist ihm die Verfügbarkeit gute Dienste. Probleme entstehen nur dann,

- wenn die Gedächtnisprozesse verzerrte Informationen entstehen lassen oder
- wenn die im Gedächtnis gespeicherten Informationen ungenau sind.

Im Abschnitt **Unter der Lupe** betrachten wir ein Beispiel für jeden dieser Fälle.

Welcher Schluß läßt sich aus der Studie von Brown u. Siegler ziehen? Es wäre falsch, wenn Sie sich über Ihre kognitiven Prozesse Gedanken machten, denn es

---

UNTER DER LUPE

Wenn die Verfügbarkeitsheuristik in die Irre führt
Verzerrende Gedächtnisprozesse. Die Frage, ob im Englischen mehr Wörter ein »k« als ersten oder dritten Buchstaben haben, ist ein gutes Beispiel für eine Situation, in der Gedächtnisprozesse ein auf Verfügbarkeit beruhendes Urteil verfälschen können. Die Organisation von Wörtern im Gedächtnis macht es einfacher, Wörter zu finden, die mit einem bestimmten Buchstaben beginnen. Ein anderer, näher am Alltag liegender Fall zeigte sich in einem Experiment von MacLeod u. Campbell (1992).

Den Forschern ging es um die Frage, wie Stimmungen das Urteil von Menschen beeinflussen, wenn sie gefragt werden, wie wahrscheinlich ein bestimmtes Ereignis in der Zukunft sein wird. Die Teilnehmer lasen während der Untersuchung Passagen, die sie in meßbar gute bzw. schlechte Stimmung versetzten. Dann wurden sie gebeten, sich an glückliche bzw. unglückliche Ereignisse zu erinnern – z. B. an eine Willkommensparty oder an eine schmerzhafte Verwundung – und zu schätzen, wie groß die Wahrscheinlichkeit ist, daß ihnen in den nächsten 6 Monaten wieder ein solches Ereignis widerfährt. Die Fähigkeit der Personen, sich an Ereignisse zu erinnern, hing in starkem Maße von ihrer Stimmung ab. Die Verfügbarkeit von Erinnerungen, die ihrer Stimmung entsprachen, beeinflußte ihrerseits die Urteile über die Zukunft. So erinnerten sich diejenigen, die in guter Stimmung waren, leichter an glückliche Ereignisse, und die Verfügbarkeit dieser glücklichen Erinnerungen führte sie dazu, mehr glückliche als unglückliche Ereignisse vorherzusagen.

Können Sie daraus Schlüsse für Ihr tägliches Leben ziehen? Eine Schlußfolgerung könnte lauten, daß Sie sich fragen sollten, ob irgendetwas Besonderes an Ihrem momentanen Gemütszustand die Informationen aus dem Gedächtnis verzerren könnte.

Verzerrte Informationen. Ein zweites Problem mit der Verfügbarkeitsheuristik tritt dann auf, wenn bereits die Informationen, die ins Gedächtnis kommen, verzerrt sind. Versuchen Sie beispielsweise, folgende Länder nach Bevölkerungszahl zu ordnen:

- Schweden
- Indonesien
- Israel
- Nigeria

Wie gehen Sie dabei vor?

Brown u. Siegler (1992) vermuteten, daß die Bevölkerungszahlen aufgrund des allgemeinen Wissens über ein Land geschätzt werden. Daher baten sie die Teilnehmer eines Experiments, auf einer Skala von 0 (nichts) bis 9 (viel) anzugeben, wieviel sie über 98 Länder wußten, und die Bevölkerungszahl dieser Länder zu schätzen. Zwischen diesen beiden Urteilen ergab sich eine bedeutsame positive Korrelation: Je mehr die Versuchsteilnehmer über das Land wußten, desto höher war die geschätzte Bevölkerungszahl. Woher aber kam das Wissen? Mit Hilfe der *New York Times* als Index für die Verfügbarkeit von Informationen über andere Länder wurde auch eine deutliche Korrelation zwischen dem angegebenen Wissen über ein Land und der Häufigkeit, mit der es in Beiträgen der *Times* in einem bestimmten Jahr erwähnt worden war, festgestellt (Brown u. Siegler 1992).

Hier sind zu Ihrer Information die Bevölkerungszahlen der 4 genannten Länder. 1989 hatte Schweden 8 Mio., Indonesien 180 Mio., Israel weniger als 5 Mio. und Nigeria 110 Mio. Einwohner.

waren die Medien, die Sie in unausgewogener Weise mit Informationen versorgt haben. Sie können diese Verfälschung der Verfügbarkeit dadurch ausgleichen, daß Sie Ihre Informationsquellen prüfen, bevor Sie wichtige Entscheidungen treffen.

Repräsentativitätsheuristik

Die **Repräsentativitätsheuristik** kommt Ihnen wahrscheinlich bekannt vor, denn sie geht davon aus, daß Menschen Informationen aus der Vergangenheit dazu verwenden, ähnliche Situationen in der Gegenwart zu beurteilen. Das entspricht dem Wesen des induktiven Schließens. Beim Urteilen aufgrund der Repräsentativi-

tät nimmt man an, daß etwas, was Eigenschaften besitzt, die für Elemente einer Kategorie typisch sind, auch ein Element dieser Kategorie ist. In den meisten Fällen ist es auch vernünftig, anhand von Ähnlichkeiten zu urteilen – solange die Vorstellungen über die Eigenschaften und die dazugehörigen Kategorien nicht verzerrt sind. Wenn man sich also für eine neue Tätigkeit, wie z. B. Drachenfliegen, entscheidet, ist es sinnvoll, festzustellen, ob dieser Sport für die Kategorie von Aktivitäten repräsentativ ist, die man zuvor gerne ausübte. Repräsentativität wird jedoch in die Irre führen, wenn dadurch andere relevante Informationen nicht berücksichtigt werden, wie wir im folgenden **Experiment** sehen werden (Kahneman u. Tversky 1973).

EXPERIMENT

Welche Sportart betreiben Rechtsanwälte?

Gehen wir von der in Abb. 6.13 dargestellten Beschreibung eines erfolgreichen Rechtsanwalts aus.

Diese und ähnliche Aufgaben wurden von Bar-Hillel u. Neter (1993) Teilnehmern einer Studie vorgelegt, und es wurden 45 $ für die korrekte Antwort ausgesetzt. Für die Teilnehmer bestand also ein beträchtlicher Anreiz, sich um die richtige Antwort zu bemühen. Welche Alternative trifft Ihrer Meinung nach in

dem beschriebenen Beispiel zu? Wenn Sie wie die Mehrheit der Versuchsteilnehmer eher auf Tennis als auf ein Ballspiel tippen, werden Sie die 45 $ *nicht* gewinnen. Tennis ist allein schon deshalb kein guter Tip, weil es in die Kategorie Ballspiele gehört. Die meisten Menschen denken, Tennis sei die bessere Lösung, weil es alle Merkmale des Sports besitzt, den der Rechtsanwalt wohl ausüben könnte. Dieses aufgrund von Repräsentativität getroffene Urteil veranlaßt dazu, eine andere Information außer acht zu lassen – nämlich die Struktur der Kategorien Tennis und Ball-

spiele. In diesem Fall belaufen sich die meßbaren Kosten des Urteilsfehlers auf 45 $.

Er ist ein erfolgreicher Rechtsanwalt aus Jerusalem. Kollegen sagen, seine Launen hindern ihn daran, in einem Team zu arbeiten. Seinen Erfolg führen sie auf seinen Elan und seine Wettbewerbsorientierung zurück. Schlank gewachsen, aber nicht groß, achtet er auf seinen Körper. Er ist eitel. Jede Woche widmet er mehrere Stunden seinem Lieblingssport. Um welche Sportart handelt es sich?

a. Jogging
b. Ein Ballspiel
c. Tennis
d. Leichtathletik

Abb. 6.13 Anwendung der Repräsentativitätsheuristik

> **!** Die Lehre für das tägliche Leben besteht darin, daß man sich nicht dazu verleiten lassen soll, eine repräsentative Möglichkeit zu wählen, bevor man nicht die Struktur aller Alternativen geprüft hat.

Schauen wir uns ein zweites Beispiel für Repräsentativität an, das den Abschluß von Wetten beeinflussen könnte.

Verankerung

Als Einleitung zu einer dritten Heuristik sollen Sie bei einem kleinen Experiment mitmachen. Nehmen Sie sich zuerst einmal 5 s Zeit – nicht mehr! Schätzen Sie das Ergebnis der folgenden Multiplikationsreihe und schreiben es auf:

$$1 \times 2 \times 3 \times 4 \times 5 \times 6 \times 7 \times 8 = \underline{\qquad}$$

In 5 s gelingen Ihnen vermutlich nur ein paar Multiplikationen. Also erhalten Sie eine Teilantwort, viel-

leicht 24, und schätzen dann noch etwas dazu. Versuchen Sie's jetzt mit der folgenden Reihe:

$$8 \times 7 \times 6 \times 5 \times 4 \times 3 \times 2 \times 1 = \underline{\qquad}$$

Auch wenn Sie feststellen, daß es sich hier um die gleiche Reihe in umgekehrter Reihenfolge handelt, merken Sie, daß der Multiplikationsverlauf ganz anders ist. Sie beginnen mit $8 \times 7 = 56$ und versuchen dann, 56×6 zu rechnen, was bereits eine große Zahl ergibt. Auch hier können Sie nur eine Teilantwort errechnen und dann noch etwas dazuschätzen. Als Tversky u. Kahneman (1973) ihren Versuchsteilnehmern die beiden Anordnungen derselben Rechenaufgabe vorlegten, schätzten diese bei der Reihe von 1 bis 8 im Durchschnitt 512, bei der Reihe von 8 bis 1 dagegen 2250 (das wirkliche Ergebnis lautet 40320). Anscheinend führte die Schätzung der Gesamtsumme zu einer höheren Zahl, wenn die nach 5 s erzielte Zwischensumme schon relativ hoch war.

PSYCHOLOGIE IM ALLTAG

Wie Sie ein besserer Lotteriespieler werden!
Nehmen wir einmal an, Sie könnten in einer Lotterie mitspielen. Um zu gewinnen, müssen Sie die 3 Zahlen, die staatlich gezogen werden, in der richtigen Reihenfolge getippt haben. Auf welche der folgenden Zahlen würden Sie am liebsten setzen?

859   101   333
574   948   772

Die uns an dieser Stelle interessierende Frage lautet: Welche dieser Zahlen sticht Ihnen als die wahrscheinlichste Gewinnzahl bei dieser Art von Lotterie ins Auge? Wenn Sie wie die meisten Lotteriespieler vorgehen, vermeiden Sie Zahlen, in denen eine Ziffer

mehrfach enthalten ist – weil diese Zahlen nicht als repräsentativ für eine Zufallsfolge erscheinen. Tatsächlich aber enthalten 27% der dreistelligen Zahlen, die zufällig aus der Menge 0–9 gezogen werden, Mehrfachziffern. Von den Teilnehmern an der Indiana-Pick-3-Lotterie spielten in einem Zeitraum von 14 Tagen nur 12.6% eine Zahl mit einer mehrfachen Ziffer (Holtgrave u. Skeel 1992). Im allgemeinen sollte man kritisch prüfen, wie Glücksspiele aufgebaut sind. Meistens wird davon ausgegangen, daß sich die Spieler durch Repräsentativität leiten lassen – und deshalb die Möglichkeiten wählen, die ihnen als die aussichtsreichsten erscheinen – anstatt die Gewinnchancen genau zu prüfen.

Die unterschiedlichen Schätzungen bei den beiden einfachen Multiplikationsaufgaben liefern den Nachweis für eine dritte Urteilsheuristik, die Verankerung oder den Ankereffekt. Die Verankerung kann, wie im Beispiel, bei der Beurteilung des Wertes eines Ereignisses oder Resultates verfälschend wirken, weil der Ausgangspunkt des Urteils nicht angemessen berücksichtigt wird. Anders ausgedrückt: Das Urteil ist zu fest in einer ursprünglichen Annahme »verankert«. Die Verankerung führt dann nicht übermäßig in die Irre, wenn die ursprüngliche Schätzung auf guten Informationen beruht. Menschen neigen jedoch sehr dazu, sich von einem Anker beeinflussen zu lassen, auch wenn die Informationen eindeutig wenig oder gar keinen Wert haben.

Im Abschnitt **Experiment** sehen wir uns 2 Untersuchungen an, die zeigen, wie massiv Urteile durch die jeweilige Verankerung beeinflußt werden.

Die Lehre für das tägliche Leben besteht darin, daß man immer vorsichtig sein sollte, ein Urteil aufgrund einer Schätzung anderer abzugeben. Man sollte versuchen, die Grundlage der Schätzung zu prüfen, bevor man sich darauf stützt. Und wenn Sie das nächste Mal einen Zeitungsartikel lesen, dem wissenschaftliche oder staatliche Statistiken zugrunde liegen, versuchen Sie zu beurteilen, ob die Schlußfolgerungen des Autors aus einer Verankerungsverzerrung resultieren.

> **!** Wir verwenden Urteilsheuristiken wie die Verfügbarkeits-, Repräsentativitäts- oder Verankerungsheuristik, weil sie uns ermöglichen, effiziente Urteile zu bilden, die in den meisten Situationen ausreichend sind. In gewissem Sinn tun wir unser Bestes angesichts der Ungewißheiten von Situationen und der Begrenztheit der Verarbeitungsressourcen. Wie jedoch gezeigt wurde, können Heuristiken zu Fehlern führen. Diese Erkenntnis sollte man bei der Prüfung seiner eigenen Denkprozesse nutzen, wenn man vor einer wichtigen Entscheidung steht.

Sehen wir uns nun Entscheidungen an, die oft aufgrund solcher Urteile gefällt werden.

6.5.2 Entscheiden

Zu Beginn betrachten wir ein Beispiel, das deutlich macht, wie sehr sich Menschen bei ihrer Entscheidungsfindung von psychologischen Faktoren beeinflussen lassen. Lesen Sie die erste Version des in Tabelle 6.7 aufgeführten Beispiels und entscheiden Sie sich dann

---

EXPERIMENT

Ankereffekte

Bei einer Untersuchung, an der über 1 000 Studenten teilnahmen, beeinflußten Ankereffekte in hohem Maße die Schätzungen über das Risiko eines Atomkrieges sowie über die Wirksamkeit strategischer Verteidigung. Studenten, die gefragt wurden, ob sie die Wahrscheinlichkeit eines Atomkrieges auf mehr oder weniger als 1% schätzten, tippten daraufhin auf 10%, während diejenigen, die zuerst gefragt wurden, ob die Wahrscheinlichkeit eines Atomkrieges mehr oder weniger als 90% betrug, im Schnitt auf etwa 26% tippten. Genauso schätzten Studenten, denen bei einer Umfrage zur strategischen Verteidigung ein niedriger Anker vermittelt wurde, daß unter den günstigsten Umständen annähernd ein Viertel (24%) der sowjetischen Raketen die amerikanische strategische Verteidigung durchbrechen würde, während Studenten, denen ein höherer Anker vermittelt wurde, vermuteten, daß die Mehrheit (57%) aller Raketen ihr Ziel erreichen würde (Plous 1989).

Erkennen Sie, wie es möglich wäre, die *öffentliche Meinung* durch die strategische Verwendung von Ankern zu beeinflussen? Die nächste Studie führt uns allerdings vor Augen, daß Menschen sich auch *auf ihre eigenen Kosten* von Ankereffekten irreführen lassen.

In einer weiteren Studie wurden Studenten anhand eines niedrigen bzw. eines hohen Ankers gebeten, zu schätzen, wieviele Aufgaben sie richtig lösen würden. Bei der niedrigen Verankerung lautete die Frage: »Werden Sie mehr als, weniger als oder genau 2 der Aufgaben lösen können?« Bei der hohen Verankerung lautete sie: »Werden Sie mehr als, weniger als oder genau 28 der Aufgaben lösen können?«. Die Versuchsteilnehmer, denen ein hoher Anker vorgegeben wurde, nannten eine doppelt so hohe Lösungszahl wie diejenigen, denen ein niedriger Anker vorgegeben worden war. Im Verlauf des Experiments lagen die Schätzungen der Personen mit niedrigem Anker immer unterhalb ihrer tatsächlichen Erfolgsquote! So hatte die willkürlich zugewiesene Frage der Versuchsleiter eine deutliche Auswirkung darauf, wie verschiedene Gruppen von Personen ihre eigenen Fähigkeiten beurteilten (Cervone u. Palmer 1990).

Tabelle 6.7. Einfluß psychologischer Faktoren auf den Entscheidungsprozeß

Vorzugsversion:	Absageversion:
1. Stellen Sie sich vor, Sie planten eine Woche Osterurlaub an einem warmen Ort. Sie haben die Wahl zwischen 2 bezahlbaren Möglichkeiten. Der Reiseprospekt liefert leider nur begrenzte Informationen über die beiden Orte. Welches Ferienziel ziehen Sie auf dieser Grundlage vor?	2. Stellen Sie sich vor, Sie planten eine Woche Osterurlaub an einem warmen Ort. Sie haben die Wahl zwischen 2 bezahlbaren Möglichkeiten, aber Sie können die Reservierung für beide nicht länger aufrechterhalten. Der Reiseprospekt liefert leider nur begrenzte Informationen über die beiden Orte. Welches Ferienziel sagen Sie auf dieser Grundlage ab?
Ort A: Durchschnittliches Wetter, durchschnittlicher Strand, Hotel mittlerer Qualität, durchschnittliche Wassertemperatur, mittelmäßiges Nachtleben.	Ort A: Durchschnittliches Wetter, durchschnittlicher Strand, Hotel mittlerer Qualität, durchschnittliche Wassertemperatur, mittelmäßiges Nachtleben.
Ort B: Viel Sonne, herrliche Strände und Korallenriffs, ultramoderne Hotels, sehr kaltes Wasser, sehr starke Winde, kein Nachtleben.	Ort B: Viel Sonne, herrliche Strände und Korallenriffs, ultramoderne Hotels, sehr kaltes Wasser, sehr starke Winde, kein Nachtleben.

zwischen Ort A und Ort B. Danach lesen Sie die zweite Version. Möchten Sie gerne umdisponieren? In einem Experiment lasen Studenten zunächst die erste Version dieses Fallbeispiels (Shafir 1993). Als sie gefragt wurden, welchen Ort sie vorzögen, gaben 67% der Studenten Ort B an. Wenn sie in der zweiten Version gebeten wurden, eine der Möglichkeiten abzusagen, ging dieser Anteil auf 52% zurück. Mit anderen Worten, 48% von ihnen sagten, sie würden Ort B streichen.

Warum ist diese Veränderung merkwürdig? Zwischen der »Vorzugs-« und der »Absageversion« des Problems ist kein Unterschied zu erkennen, was die Informationen anbelangt. Auf den ersten Blick könnte man also erwarten, daß die gleichen Informationen zur gleichen **Entscheidung** führen. Das Verhalten der Menschen entspricht dem aber nicht. Anscheinend lenkt die »Vorzugsversion« die Aufmerksamkeit auf positive Merkmale der Wahlmöglichkeiten – man sammelt Beweise für etwas – während die »Absageversion« die Aufmerksamkeit auf negative Merkmale lenkt – man sammelt Beweise gegen etwas. Daher kann sich die Entscheidung verlagern.

Dieses einfache Beispiel verdeutlicht, daß die Art der Fragestellung starke Auswirkungen auf eine Entscheidung haben kann. Daher sollte man die psychologischen Aspekte der Entscheidungsfindung verstehen und in der Lage sein, die eigenen Entscheidungen zu prüfen, um festzustellen, ob sie einer genauen Analyse

standhalten. In diesem Fall kann man sich fragen: »Wie fiele meine Entscheidung aus, wenn ich eine Möglichkeit ausschließen sollte, anstatt eine zu wählen?« Wenn sich dann herausstellt, daß die bevorzugte Möglichkeit gleichzeitig die ist, die am ehesten zurückgewiesen würde, kann man daran ablesen, daß diese Möglichkeit sowohl viele positive als auch viele negative Merkmale hat. Danach sollte man sich die Frage stellen: »Ist dies akzeptabel?«

Der Kontext von Gewinnen und Verlusten

Am einfachsten gelangt man zu einer Entscheidung, indem man beurteilt, welche Möglichkeit den größten Gewinn bringt oder welche Möglichkeit den kleinsten Verlust bedeutet. Wenn Sie die Wahl haben zwischen 5 DM und 10 DM, können Sie mit ziemlich großer Sicherheit sagen, daß 10 DM das bessere Angebot ist. Diese Entscheidung wird jedoch oft dadurch etwas erschwert, daß die Wahrnehmung eines Gewinns oder eines Verlustes vom Kontext oder Rahmen des Entscheidungsproblems abhängt. Der Entscheidungskontext liefert eine besondere Darbietung einer Wahlmöglichkeit (s. **Psychologie im Alltag**).

Nun betrachten wir ein etwas komplizierteres Beispiel, in dem der Entscheidungskontext einen deutlichen Einfluß auf die Entscheidung von Menschen hat. In Tabelle 6.8 werden Sie gebeten, sich vorzustellen,

Sind Sie mit der Gehaltserhöhung zufrieden?

Nehmen wir an, Sie würden gefragt, wie froh Sie über eine Gehaltserhöhung von 200 DM wären. Hätten Sie überhaupt keine Gehaltserhöhung erwartet, käme Ihnen dies wie ein großer Gewinn vor, und Sie wären vermutlich sehr zufrieden damit. Wie würden Sie dagegen reagieren, wenn Ihnen zuvor mehrmals eine Erhöhung um 1000 DM angekündigt worden wäre? Vielleicht hätten Sie plötzlich den Eindruck, Geld verloren zu haben, da ja 200 DM weniger ist, als Sie erwartet hatten. Also sind Sie überhaupt nicht zufrieden. In

beiden Fällen bekämen Sie 200 DM mehr. Objektiv gesehen ist das der gleiche Betrag, der psychologische Effekt ist jedoch völlig verschieden. Dies verdeutlicht, wie wichtig Bezugspunkte bei der Entscheidungsfindung sind (Kahneman 1992). Was als Gewinn oder Verlust angesehen wird, wird z. T. durch die Erwartungen bestimmt – gar keine Gehaltserhöhung oder eine Gehaltserhöhung um 1000 DM –, auf die sich Menschen bei einer Entscheidung beziehen. In diesem Fall könnte vom Entscheidungsrahmen abhängen, ob man diese Arbeitsstelle beibehält oder wechselt.

Tabelle 6.8. Der Einfluß des Entscheidungskontextes

Kontext: Überlebensrate	Kontext: Sterblichkeitsrate
Operation: Von 100 Menschen, die sich einer Operation unterziehen, überleben 90 die postoperative Phase, 68 leben noch nach dem ersten Jahr nach der Operation und 34 sind nach 5 Jahren noch am Leben.	Operation: Von 100 Menschen, die sich einer Operation unterziehen, sterben 10 während der postoperativen Phase, 32 sterben innerhalb des ersten Jahres nach der Operation und 66 nach 5 Jahren.
Bestrahlung: Von 100 Menschen, die bestrahlt werden, überleben alle die Behandlungsphase, 77 leben noch 1 Jahr nach der Behandlung und 22 sind nach 5 Jahren noch am Leben.	Bestrahlung: Von 100 Menschen, die bestrahlt werden, stirbt keiner während der Behandlungsphase, 23 sterben im ersten Jahr nach der Behandlung und 78 nach 5 Jahren.
Wie entscheiden Sie sich: Operation oder Bestrahlung?	Wie entscheiden Sie sich: Operation oder Bestrahlung?

daß Sie sich zwischen einer Operation und einer Strahlentherapie bei Lungenkrebs entscheiden müßten. Lesen Sie zuerst den »Überlebenskontext« und entscheiden Sie sich dann. Lesen Sie danach den »Sterblichkeitskontext« und überlegen Sie, ob Sie Ihre Entscheidung nicht revidieren möchten. Beachten Sie dabei, daß die Daten in beiden Kontexten objektiv gleichwertig sind. Der Unterschied besteht lediglich darin, daß die statistischen Informationen über die Folgen der jeweiligen Behandlungsart einmal als Überlebensrate und einmal als Sterblichkeitsrate formuliert worden sind. Als den Teilnehmern an einer Untersuchung diese Entscheidungsmöglichkeiten vorgelegt wurden, hatte die Betonung des relativen Gewinns bzw. des relativen Verlusts einen deutlichen Einfluß auf die Wahl der Behandlung. Die Strahlentherapie wurde nur von 18% derjenigen gewählt, die als Kontext die Überlebensrate erhalten hatten, jedoch von 44% derjenigen, die den Kontext der Sterblichkeitsrate erhalten hatten. Dieser Einfluß des Kontextes zeigte sich bei Krankenhauspa-

tienten, Studenten der Wirtschaftswissenschaften, die in Statistik bewandert waren und erfahrenen Ärzten (McNeil et al. 1982).

Wichtig an diesem Beispiel ist, daß es Ungewißheiten enthält, wie sie im täglichen Leben auftreten. Man muß oft eine Entscheidung aufgrund seiner eigenen Einschätzung oder aufgrund der Einschätzung anderer über die möglichen Konsequenzen treffen. In diesen Fällen sollte man über das Problem sowohl aus dem Blickwinkel des Gewinnkontextes als auch des Verlustkontextes nachdenken. Ein anderes Beispiel: Sie wollen sich ein neues Auto kaufen. Der Verkäufer wird versuchen, alles im rosigsten Licht – als Gewinn – darzustellen: »Bei 78% der Xenon-Wagen fallen im ersten Jahr keine Reparaturen an!« Man könnte diese Aussage auch andersherum ausdrücken: »Bei 22% der Wagen sind schon im ersten Jahr Reparaturen fällig!«. Würde dieser zweite Kontext Ihre Einschätzung der Situation ändern? Dies in der Praxis auszutesten lohnt sich (s. **Psychologie im Alltag**).

Es kommt auf die Präsentation von Informationen an
Das Beispiel mit dem Autoverkäufer ist repräsentativ für Situationen, in denen jemand versucht, Informationen auf eine bestimmte Weise zu präsentieren, um die Entscheidung einer anderen Person in eine bestimmte Richtung zu lenken. Das gehört zum täglichen Leben. Wenn beispielsweise Wahlen anstehen, kämpfen die gegnerischen Kandidaten darum, sich selbst und die Ansichten, die sie vertreten, bei den Wählern ins rechte Licht zu rücken. Ein Kandidat könnte z. B. sagen: »Meiner Meinung nach sollte eine Politik verfolgt werden, mit der bereits Erfolge erzielt worden sind.« Sein Gegner könnte dagegenhalten: »Er hat Angst vor neuen Ideen.« Ein Kandidat könnte sagen: »Diese Politik wird zum Wirtschaftswachstum beitragen.« Eine Gegnerin könnte kontern: »Diese Politik wird ökologische Schäden anrichten.« Oft sind beide Behauptungen richtig – ein und dieselbe Politik kann möglicherweise wirtschaftliche Vorteile und gleichzeitig ökologische Nachteile mit sich bringen. Aufgrund dieser Tatsachen hängt es weitgehend von der persönlichen Geschichte ab, welcher Kontext überzeugender erscheint (Tversky u. Kahneman 1981; Vaughan u. Seifert 1992).

> **!** So kann das Wissen über den Einfluß des Entscheidungskontextes uns verstehen helfen, wie Menschen zu diametral entgegengesetzten Entscheidungen kommen können, obwohl sie mit genau den gleichen Fakten konfrontiert werden. Will man die Handlungen anderer verstehen, muß man versuchen, sich vorzustellen, in welchem Kontext sie eine Entscheidung getroffen haben.

Entscheidungsaversion

Nehmen wir an, Sie hätten sich bemüht, eine Entscheidung aus der Perspektive verschiedener Kontexte zu prüfen. Was passiert dann? Vielleicht entdecken Sie, daß Sie sich eine Situation geschaffen haben, in der sie eine **Entscheidungsaversion** entwickeln: Vielleicht bemühen Sie sich sogar, gar keine Entscheidung treffen zu müssen. In Tabelle 6.9 wird das Beispiel einer Situation dargestellt, die einen wachsenden Unwillen zur Entscheidung zur Folge haben kann.

Wie würden Sie in Beispiel A entscheiden? In einem Experiment sagten nur 34% der Versuchsteilnehmer, daß sie auf weitere Informationen warten würden (Tversky u. Shafir 1992). Würden Sie in der leicht abgewandelten Situation B Ihre Entscheidung revidieren? Von den Personen, die diese Version lasen, gaben 46% an, sie würden auf mehr Informationen warten. Wie kommt das? Normalerweise müßte man erwarten, daß das Hinzufügen einer Wahlmöglichkeit den Anteil der übrigen Wahlmöglichkeiten senkt. Wenn beispielsweise ein dritter Kandidat bei einer Wahl ins Rennen kommt, müßte man eigentlich davon ausgehen, daß dieser einen Teil der Stimmen der anderen beiden Kandidaten auf sich zieht. Aber hier erhöht eine dritte Wahlmöglichkeit den Anteil einer der ursprünglichen Wahlmöglichkeiten (Abwarten und Informationen sammeln) um 12%. Warum?

Um diesen Effekt zu erzielen, muß nur der Schwierigkeitsgrad der Entscheidung erhöht werden. In einer Version des Experiments mit einem schlechten CD-Spieler als weitere Wahlmöglichkeit gaben nur 24% der Personen an, sie würden auf mehr Informationen warten – also eher eine Abnahme als eine Zunahme. Dies spiegelt die leichte Entscheidung für den SONY wider. Dagegen fällt die Entscheidung zwischen dem billigeren SONY-Modell und dem hochwertigen AIWA schwer. Es ist dann leichter, der schwierigen Entscheidung aus dem Wege zu gehen, indem man auf mehr Informationen wartet.

Auch wenn es individuelle Unterschiede gibt, besteht allgemein die Tendenz, schwierige Entscheidungen zu vermeiden. Dabei spielen mehrere psychologische Faktoren eine Rolle (Beattie et al. 1994):

- Menschen treffen nicht gerne Entscheidungen, die zur Folge haben, daß manche viel und andere wenig von einem begehrten Gut erhalten.
- Menschen können sich vorstellen, wie sehr sie es bedauern würden, wenn sich herausstellte, daß sie die schlechtere Wahl getroffen haben.
- Menschen werden nicht gerne für Entscheidungen verantwortlich gemacht, die zu schlechten Ergebnissen führen.
- Menschen treffen nicht gerne Entscheidungen für andere.

Dieser letzte Grundsatz kann umgekehrt und auf Situationen angewandt werden, in denen Menschen nach Entscheidungen streben. Im gleichen Maße, in dem Menschen Entscheidungen über andere scheuen, treffen sie ihre Entscheidungen im allgemeinen lieber selbst, als daß sie andere für sich entscheiden lassen.

Tabelle 6.9. Entscheidungsaversion

A. Angenommen, Sie überlegen sich, ob Sie sich einen CD-Spieler kaufen sollen, und Sie haben sich noch nicht für ein bestimmtes Modell entschieden. Sie kommen an einem Geschäft vorbei, das gerade einmalige Sonderangebote offeriert. Im Angebot ist ein beliebtes Gerät von SONY für DM 199,-, deutlich unter dem Listenpreis. Wie entscheiden Sie sich? 1. Kaufen Sie den CD-Spieler von SONY? 2. Warten Sie ab, bis Sie mehr über andere Modelle in Erfahrung gebracht haben?	B. Angenommen, Sie überlegen sich, ob Sie sich einen CD-Spieler kaufen sollen, und Sie haben sich noch nicht für ein bestimmtes Modell entschieden. Sie kommen an einem Geschäft vorbei, das gerade einmalige Sonderangebote offeriert. Im Angebot ist ein beliebtes Gerät von SONY für DM 199,- und ein hochwertiges Gerät von AIWA für DM 299,-, beide deutlich unter dem Listenpreis. Wie entscheiden Sie sich? 1. Kaufen Sie den CD-Spieler von SONY? 2. Kaufen Sie den CD-Spieler von AIWA? 3. Warten Sie ab, bis Sie mehr über andere Modelle in Erfahrung gebracht haben?

Diese Tatsache sollte immer berücksichtigt werden. Man sollte also vermeiden, wichtige Entscheidungen für die eigene Person durch andere treffen zu lassen. Außerdem sollte man sich nicht einreden, daß eine Entscheidung zu schwierig sei, um sie zu treffen. In den meisten Fällen kann man sich nämlich auf seine kognitiven Prozesse für die richtige Beurteilung durchaus verlassen und diese nutzen, um richtige Entscheidungen zu treffen!

Wie also entscheiden Sie im Falle des mittlerweile wohlbekannten Satzes »Die Katze ist auf der Matte«? Wenn Sie die ganze Palette kognitiver Prozesse zur Entschlüsselung dieser schleierhaften Botschaft bemüht haben und immer noch zu keinem zufriedenstellenden Schluß gelangt sind, fangen Sie vielleicht langsam an, frustriert zu sein. Wie Sie mit dieser Frustration umgehen und sich zum Weiterlesen motivieren können, wird das Thema des nächsten Kapitels sein.

ZUSAMMENFASSUNG

- **Was ist Kognition?** »Kognition« ist ein allgemeiner Begriff für alle Formen des Erkennens und Wissens. Er umfaßt z. B. das Wahrnehmen, die Mustererkennung, die Aufmerksamkeit, das Erinnern, das bildhafte Vorstellen, intelligentes Handeln, Denken und Problemlösen und das Sprechen und Sprachverstehen. Kognition bezieht sich sowohl auf den Inhalts- als auch auf den Prozeßaspekt des Erkennens und Wissens. »Inhalte« der Kognition sind beispielsweise Begriffe, Tatsachen, Aussagen, Regeln und Erinnerungen. Um die Welt um uns herum zu verstehen und um in den Zwangslagen des Lebens kreative Lösungen zu finden, müssen wir mit diesen Inhalten geistige Operationen – kognitive »Prozesse« – ausführen.

- **Wie läßt sich Kognition erforschen?** In den 50er Jahren kam die behavioristische Position, nach der einzig das »offene« (direkt beobachtbare) Verhalten Gegenstand wissenschaftlicher Beschäftigung sein könne, ins Wanken. Forscher der verschiedenen Teilgebiete der Psychologie konnten Phänomene aufzeigen, zu deren Erklärung Reiz-Reaktions-Beziehungen nicht hinreichten. Noam Chomsky zeigte, daß Kinder Sprache nicht allein aufgrund von Verstärkungskontingenzen erwerben können. Piaget wies auf, daß qualitative Veränderungen in den kognitiven Aktivitäten von Kindern nicht auf Veränderungen in den Beziehungen von Reizen und Reaktionen zurückgeführt werden können, und die Forscher Simon und Newell entwickelten Computerprogramme zur Simulation menschlichen Problemlösens.

Wege zur Beobachtung kognitiver Prozesse und Inhalte. Mit Hilfe der Subtraktionsmethode wollte Donders die Geschwindigkeit mentaler (geistiger) Prozesse messen. Seine Annahme, Aufgaben unterschieden sich in der Anzahl der an ihrer Lösung beteiligten mentalen Schritte, sollte zu einer Schätzung der Dauer mentaler Vorgänge führen. Die Subtraktionsmethode wird heute nicht mehr gebraucht, seine Prämisse, daß *zusätzliche mentale Schritte zusätzliche Zeit erfordern*, ist jedoch immer noch Grundlage für einen großen Teil der kognitionspsychologischen Forschung.

In der modernen Kognitionspsychologie benutzen Forscher häufig *Reaktionszeiten* – die Zeit, die eine Person zur Ausführung einer bestimmten Aufgabe benötigt –, um spezifische Annahmen über die Ausführung geistiger Prozesse zu prüfen, z.B. um herauszufinden, ob mentale Prozesse *parallel* (gleichzeitig) oder *seriell* (nacheinander) ablaufen. Die Kognitive Neurowissenschaft versucht zu zeigen, daß verschiedene kognitive Prozesse verschiedene Hirnstrukturen beanspruchen oder verschiedene Reaktionsmuster des Gehirns hervorrufen. Eine dritte Sorte von Daten stammt von Menschen mit Hirnschäden.

- **Sprechen und Sprachverstehen.** Die Erforschung der Sprachproduktion befaßt sich sowohl mit den kognitiven Prozessen, die eine Sprachäußerung vorbereiten, als auch mit dem Sprechen selbst.
Adressatenspezifische Ausrichtung. Das, was wir mitteilen wollen, hängt von den Hörern ab, an die wir uns richten. Das *Kooperationsprinzip* ist eine Regel für die *adressatenspezifische Konversation*. Ob man ein kooperativer Sprecher ist, hängt davon ab, ob man eine genaue Vorstellung davon hat, was der Hörer weiß und versteht (z.B. von der adäquaten Beurteilung gemeinsamen Wissens).
Sprachäußerungen und Sprechfehler. Sprechfehler haben sich als Schlüssel zum Verständnis der Planungsprozesse beim normalen Sprechen erwiesen. Anhand von Sprechfehlern kann man die *Reihenfolge der Planungsschritte* nachvollziehen. So planen Sprecher zuerst die grammatischen Strukturen, bevor sie die inhaltstragenden Wörter in ihre Äußerungen einbauen. Ein weiterer Schluß der Analyse von Spoonerismen und anderen Sprechfehlern ist, daß während der Formulierung von Äußerungen ein Teil der kognitiven Prozesse damit befaßt ist, mögliche Fehler zu erkennen und zu eliminieren.
Beim Sprachverstehen spielt das *Aufheben von Ambiguität* eine bedeutende Rolle. Aus verschiedenen Experimenten läßt sich schlußfolgernd sagen, daß der *Situationskontext* ein wichtiges und effizientes Mittel zur sprachlichen Disambiguierung darstellt. Anhand des Kontextes ordnen Hörer ihre Erwartungen darüber, was Sprecher wohl gemeint haben, neu.
Das Resultat des Verstehensprozesses. Forschungsergebnisse deuten darauf hin, daß mit Propositionen – Kernideen einer Äußerung – die Repräsenta-

tion von Bedeutungen beginnt. Hörer füllen Lükken mit *Inferenzen* – logischen Folgerungen, die durch Informationen aus dem Gedächtnis ermöglicht werden. Diese Inferenzen tragen dazu bei, daß die Informationen zusammenhängend und stimmig repräsentiert werden.

- **Vorstellungsbilder und visuelle Prozesse beeinflussen unsere Art zu denken.** Kognitive Repräsentationen können mehr als eine Form annehmen. So können visuelle Prozesse und Repräsentationen die verbalen Fähigkeiten ergänzen.

- **Problemlösen und Schlußfolgern.** Der Problemraum in einer Situation wird durch den Ausgangszustand, einen Zielzustand und eine Reihe von Operationen definiert. Selbst bei einem gut definierten Problem kann es schwierig sein, die richtigen Operationen zu finden. Wissenschaftler nutzen sog. *Protokolle lauten Denkens*, um die Schritte zu untersuchen, die Menschen durch einen Problemraum gehen. Eine Verbesserung der Problemlösekompetenz besteht darin, eine Repräsentation des Problems zu finden, in der jede Operation mit den vorhandenen Verarbeitungsressourcen durchgeführt werden kann. Negativ beeinflußt werden kann das Problemlösen z.B. durch funktionale Fixiertheit.
Die Fähigkeit zu *deduktivem* und *induktivem* Schließen zeigt, daß wir Menschen auch ohne Unterweisung einen Sinn für formale Logik haben. Deduktives Schließen betrifft die richtige Anwendung logischer Regeln, während beim induktiven Schließen die Schlußfolgerung mehr auf Wahrscheinlichkeiten als auf logischen Gewißheiten beruht.

- **Urteilen und Entscheiden.** Beim Urteilen werden Meinungen gebildet, Schlüsse gezogen und Ereignisse bewertet, während es sich beim Entscheiden um einen Prozeß des Wählens zwischen Alternativen handelt. Zur Bildung effizienter Urteile werden *Urteilsheuristiken* wie die Verfügbarkeits-, die Repräsentativitäts- oder die Verankerungsheuristik verwendet – kognitive »Eilverfahren«, die angesichts der Begrenztheit der Verarbeitungsressourcen sinnvoll sind, jedoch auch zu Fehlern führen können.

Hinweise zur deutschsprachigen Literatur

Was ist Kognitionspsychologie? Eine Einführung, die die wesentlichen Theorien der Kognitionspsychologie gründlich erklärt und in den Forschungskontext stellt, bietet M. Wessels (1994) mit seinem Buch *Kognitive Psychologie*. Auszug aus dem Inhalt: Von der Stimulation zur Mustererkennung. Erkennen visueller Muster. Spracherkennung. Serielle und parallele Verarbeitung. Aufmerksamkeit. Wissen und Repräsentation. Semantisches Gedächtnis. Propositionales Wissen. Räumliches Wissen und Vorstellung. Verstehen. Syntaktisches Wissen. Verarbeitung von Prosa. Problemlösungsstrategien. Simulation durch Computer.

J. R. Anderson vermittelt mit seinem Buch *Kognitive Psychologie* (1996) einen Überblick über die theoretischen und experimentellen Ansätze, die zum Lehr- und Prüfungsstoff im Grund- und Hauptstudium gehören. Themen sind u. a.: neuronale Grundlagen kognitiver Prozesse, komplexe Problemlösefähigkeiten, periphere Prozesse wie Mustererkennung, zentrale Prozesse wie Inferenzbildung, elementare Funktionen wie Gedächtnis, integrierte Verhaltenskompetenzen (Sprachverarbeitung) sowie die klassischen Theorien der Informationsverarbeitung und die neuen Ansätze der konnektionistischen Modellierung. Das Buch kann als Begleitlektüre zu Einführungsveranstaltungen in den Bereichen der Allgemeinen Psychologie und der Kognitiven Psychologie empfohlen werden.

Die Fähigkeit, Kausalzusammenhänge zu erkennen, gehört zu unseren wichtigen kognitiven Kompetenzen. Ohne diese Fähigkeit wären wir nicht in der Lage, künftige Ereignisse vorherzusagen, vergangene Ereignisse zu erklären und Handlungen zu planen, um Ziele zu erreichen. *Der Erwerb von Kausalwissen,* ein Buch von M.R. Waldmann (1997), liefert eine Übersicht über aktuelle Forschungen zum Erwerb von Kausalwissen. Der Autor stellt kognitionspsychologische Theorien des Lernens, der Wissensrepräsentation, des Begriffserwerbs und der Urteilsbildung vor.

K. Opwis u. R. Plötzner (1996) stellen mit ihrem Buch *Kognitive Psychologie mit dem Computer* einen Einführungskurs zur Simulation geistiger Leistungen mit Prolog vor. In diesem Einführungskurs für Studenten werden die grundlegenden Methoden der kognitiven Modellierung am Beispiel der Wissensrepräsentation, des Problemlösens, Schlußfolgerns und Lernens sowie der Sprachverarbeitung und ihrer Simulation in Prolog dargestellt. Die Beispiele sind dabei so gewählt,

daß die Studenten schrittweise zunehmend komplexe kognitive Modelle bearbeiten, die einerseits die Vielfalt der methodischen Ansätze der kognitiven Modellierung widerspiegeln und es andererseits ermöglichen, die Kognitionspsychologie aus einer neuen Perspektive zu erschließen.

Wie funktioniert das Sprechen? Welche psychischen Prozesse laufen ab, wenn wir einem anderen etwas erzählen, wenn wir eine Frage beantworten oder in anderer Weise mit einem Partner sprachlich kommunizieren? Wie kommt es dazu, daß wir uns – in außerordentlich unterschiedlicher Weise – versprechen? Solche und viele andere Fragen zur Sprachproduktion wollen T. Herrmann u. J. Grabowski (1995) mit ihrem Buch *Sprechen* beantworten. Sie geben einen bis ins Detail gehenden Überblick über das Gesamtgebiet der Psychologie des Sprechens aus der Perspektive einer durchgearbeiteten Theorie der (mündlichen) Sprachproduktion, nämlich der Mannheimer Regulationstheorie des Sprechens. Diese Theorie entspricht im wesentlichen der Perspektive der heutigen Allgemeinen Psychologie. Die Autoren haben sich einerseits bemüht, das Buch auch für Studierende verständlich zu schreiben, andererseits stellt es auch die Anforderungen an seine Leser, die bei wissenschaftlichen Fachbüchern üblich sind.

In dem Buch *Sprache und Kognition* von H.-J. Kornadt et al. (1994) finden Psychologen, Sprach- und Kognitionswissenschaftler und andere in dem Theo Herrman gewidmeten Band eine Bilanz innovativer Forschungsarbeiten. Es bietet Studenten einen Weg, um ihr sprach- und kognitionspsychologisches Prüfungswissen zu vertiefen (unter anderem enthält es Beiträge von Graumann, Foppa, Engelkamp, Rickheit, Klix und Kornadt).

I.M. Deusinger u. H. Haase (1997) haben das Buch *Persönlichkeit und Kognition* herausgegeben. Dieser Band vermittelt einen Einblick in das breite Themenspektrum der Kognitionsforschung. Die Beiträge beschäftigen sich u.a. mit Attribuierungserinnerungen als Mittel der individuellen Selbstbeurteilung in der Persönlichkeitsdiagnose, mit der Uniformität von Gruppenurteilen und ihrer Veränderung unter dem Einfluß von Erfahrungen, mit Kognitionen über »Emotionalität« und »Stimmungslage« als zentrale Kategorien zur Beschreibung der Persönlichkeit vom Jugendalter bis ins hohe Alter, mit der Veränderung von Kognitionen über sich selbst und andere Menschen im Jugendalter anhand von Tagebuchaufzeichnungen sowie mit der Wirkung positiver und negativer Leistungsrückmeldungen auf die Problemlöseleistung.

1 Was ist Kognition?

1 »Kognition« ist ein allgemeiner Begriff für alle Formen des Erkennens und Wissens. Er umfaßt z. B. das Wahrnehmen, die Mustererkennung, die Aufmerksamkeit, das Erinnern, das bildhafte Vorstellen, intelligentes Handeln, Denken und Problemlösen und das Sprechen und Sprachverstehen. Kognition bezieht sich sowohl auf den Inhalts- als auch auf den Prozeßaspekt des Erkennens und Wissens.

2 Was wollte Donders mit der Subtraktionsmethode messen? Welche Annahme lag seiner Methode zugrunde?

2 Donders wollte mit Hilfe der Subtraktionsmethode die Geschwindigkeit mentaler (geistiger) Prozesse messen. Er nahm an, daß man durch die Konstruktion geeigneter Aufgaben feststellen kann, wie lange einzelne geistige Operationen dauern. So können sich Aufgaben in der Anzahl der an ihrer Lösung beteiligten mentalen Schritte unterscheiden. Beispielsweise kann eine Aufgabe einen Kategorisierungsschritt, eine andere 2 Schritte der Kategorisierung umfassen. Seine Annahme lautete, daß zusätzliche mentale Schritte oftmals mehr Zeit benötigen, die Aufgabe zu lösen. Mit Hilfe von Zeitdifferenzen zwischen solchen Aufgaben erhoffte sich Donders Rückschlüsse auf spezifische Annahmen über die Ausführung geistiger Prozesse.

3 Ist Donders' Annahme noch aktuell?

3 Die moderne Kognitionspsychologie bedient sich nach wie vor Donders' Grundgedanken. Häufig benutzen die Forscher Reaktionszeiten – die Zeiten, die eine Person benötigt, um eine bestimmte Aufgabe auszuführen – um spezifische Annahmen über die Ausführung geistiger Prozesse zu prüfen. Donders' Prämisse, daß zusätzliche mentale Schritte zusätzliche Zeit erfordern, bildet immer noch die Grundlage für einen großen Teil der kognitionspsychologischen Forschung.

4 Kontrollierte Prozesse erfordern Aufmerksamkeit, automatische Prozesse nicht. Erläutern Sie am Beispiel des gleichzeitigen Gehens und Redens die Unterscheidung von kontrollierten und automatischen Prozessen.

4 Wenn Sie eine gerade Strecke gehen, dann gibt es wenig Interferenzen zwischen den zwei Aktivitäten. Das legt nahe, daß das Befolgen des Weges und die Planung der Sprachäußerungen für Sie relativ automatische Prozesse sind. Die Situation ändert sich, wenn die Pfützen Sie zwingen, zwischen mehreren Möglichkeiten für Ihren weiteren Weg auszuwählen. Nun müssen Sie wählen, wo Sie gehen wollen und was Sie sagen wollen. Weil Sie beide Entscheidungen nicht gleichzeitig treffen können, liegt für Ihre Aufmerksamkeit so etwas wie ein Flaschenhals vor. Dieses Beispiel zeigt, warum man sich kontrollierte und automatische Prozesse als eine Dimension mit kontinuierlichen Übergängen und nicht als zwei strikt getrennte Kategorien vorstellt. Wenn sich wie im Beispiel die Umstände ändern, dann kann das bedeuten, daß das, was zuvor automatisch ablief, nun kontrolliert vor sich geht. Allgemein gesagt: Ob kognitive Prozesse mehr oder weniger Aufmerksamkeit erfordern, hängt vom Kontext ab.

5 Erläutern Sie das Kooperationsprinzip.

5 Der Philosoph H.P. Grice (1975) schlug mit seinem Kooperationsprinzip erstmals eine umfassende Regel für die adressatenspezifische Konversation vor. Das Kooperationsprinzip ist als Anweisung an den Sprecher formuliert: Fasse deinen Beitrag zum Gespräch an jeder Stelle so ab, wie es dem akzeptierten Zweck oder dem Verlauf des Gesprächs nach notwendig ist. Anders ausgedrückt besagt das Kooperationsprinzip, daß alles, was man sagt, der äußeren Situation und dem Inhalt eines Gesprächs angepaßt sein sollte.

6 Wie lassen sich die Prozesse bei der unmittelbaren Vorbereitung von Sprachäußerungen erforschen? Geben Sie ein Beispiel, wie auch die Reihenfolge der Planungsschritte nachvollzogen werden kann.

6 Sprechfehler haben sich als ein Schlüssel zum Verständnis der Planungsprozesse beim normalen Sprechen erwiesen. Beispiel: Bei der Umformung von »She's already packed two trunks« zu »She's already trunked two packs« bleiben die grammatischen Morpheme »-ed« und »-s« an derselben Stelle im Satz, während die inhaltstragenden Wörter *pack* und *trunk* ausgetauscht werden. Dies läßt darauf schließen, daß Sprecher die grammatischen Strukturen planen, bevor sie die inhaltstragenden Wörter in ihre Äußerung einbauen.

7 Was verstehen Sie unter »Opportunismus« in der Sprachproduktion?

7 Da Äußerungen in schneller Folge gemacht werden, geben Sprecher immer die Informationen von sich, die im entsprechenden Moment der Sprachproduktion am schnellsten verfügbar sind.

8 Geben Sie ein Beispiel für lexikalische Ambiguität. Wie können Sie ein Wort »disambiguieren«?

8 Was bedeutet das Wort »Bank«? Ihnen fallen wahrscheinlich mindestens 2 Bedeutungen ein, nämlich das Geldinstitut und die Sitzgelegenheit. Wenn Sie den Satz »Sie ging an der Bank vorbei« hören, wissen Sie nicht, welche Bank gemeint ist. Sie müssen dazu die *lexikalische Ambiguität* des Wortes aufheben. Sie verfügen über kognitive Prozesse, durch die Sie mit Hilfe des Kontextes die Ambiguität des Wortes aufheben, es »disambiguieren« können. Wurde vorher über Geldinstitute oder über Sitzgelegenheiten gesprochen? Der Situationskontext ist ein wichtiges und effizientes Mittel zur sprachlichen Disambiguierung. Der Zusammenhang müßte es Ihnen ermöglichen, aus den verschiedenen Möglichkeiten eine auszuwählen.

9 Warum fällt es Ihnen im allgemeinen leichter, sich an Bezeichnungen für konkrete Inhalte (z. B. »Tisch«) zu erinnern als an Bezeichnungen für abstrakte Inhalte (z. B. »Gerechtigkeit«)?

9 Allan Paivio (1986) vertritt als Teil seiner Theorie der dualen Kodierung die Annahme, daß Wörter für konkrete Inhalte zweifach im Gedächtnis gespeichert werden, – sprachlich und bildhaft – während Wörter für abstrakte Inhalte nur sprachlich kodiert werden. Der Vorteil, den geistige Prozesse bei Wörtern für konkrete Inhalte haben, besteht in der *zusätzlichen* bildlichen Kodierung, die zu ausführlicheren Repräsentationen führt.

10 Inwieweit nehmen mentale Raummodelle Eigenschaften wirklicher räumlicher Erfahrung auf? Erläutern Sie ein Untersuchungsbeispiel.

10 Mentale Raummodelle:

In einem Experiment wurden den Versuchsteilnehmern Beschreibungen vorgelesen, in denen die Anordnung von Gegenständen um den Betrachter herum sehr anschaulich geschildert wird: »Sie fühlen sich im Opernhaus wie zuhause. Heute abend sind Sie gekommen, um ein paar interessante Bekannte aus der Oberschicht zu treffen und mit ihnen zu plaudern. Jetzt gerade stehen Sie am Geländer einer breiten, eleganten Galerie, von der aus Sie den darunter liegenden Raum überblicken. Gleich hinter Ihnen befindet sich auf Ihrer Augenhöhe eine prunkvolle Lampe an der Galeriewand. Der Lampensockel an der Wand ist ganz vergoldet.« Die Wissenschaftler wollten beweisen, daß Leser derartiger Texte schneller oder langsamer beim Erfassen von räumlichen Informationen waren, je nachdem, wo die Gegenstände in dem mentalen Raum um sie herum angeordnet waren. Und in der Tat: Die Leser konnten beispielsweise schneller sagen, welche Gegenstände sich vor ihnen befanden als hinter ihnen, auch wenn alle Gegenstände in der Geschichte gleichermaßen behutsam eingeführt worden waren. Dieses Ergebnis ist am ehesten verständlich, wenn man davon ausgeht, daß die Repräsentation den Leser tatsächlich in gewissem Sinne in die Szene hineinversetzt. Er ist in der Lage, eine verbale Erfahrung in eine visuelle, räumliche umzusetzen.

11 Welche 3 Faktoren definieren zusammen den Problemraum?

11 Die formale Definition eines Problems enthält genau diese 3 Elemente:
- *einen Ausgangszustand:* die unvollständige Information, mit der man anfängt bzw. der unbefriedigende Zustand, in dem man sich befindet,
- *einen Zielzustand:* die Information bzw. den Zustand der Dinge, den man erreichen möchte, und
- *eine Reihe von Operationen:* die Schritte, die vom Ausgangszustand zum Zielzustand führen.

12 Was verstehen Sie unter einem gut bzw. schlecht definierten Problem?

12
- *Ein gut definiertes Problem* entspricht einem algebraischen Problem, bei dem der Ausgangszustand, der Zielzustand und die zulässigen Operationen genau definiert sind. Die Aufgabe besteht darin, herauszufinden, wie die zulässigen und bekannten Operationen einzusetzen sind, um zur Lösung zu gelangen.
- *Ein schlecht definiertes Problem* entspricht im Gegensatz dazu dem Entwerfen eines Hauses, dem Schreiben eines Romans oder dem Erfinden eines Heilmittels für Aids. Der Ausgangszustand, der Zielzustand und/oder die Operationen können unklar und vage definiert sein. In solchen Fällen besteht die erste Aufgabe des Problemlösers darin, das Problem zunächst einmal möglichst genau zu definieren, einen Ausgangszustand, eine ideale Lösung und die möglichen Mittel klar festzulegen.

13 Wie beeinflußt »funktionale Fixiertheit« das Problemlösen?

13 Funktionale Fixiertheit beeinflußt das Problemlösen negativ dadurch, daß sie die Wahrnehmung einer neuen Funktion eines Objekts verhindert, das bislang mit einem anderen Zweck assoziiert war. Sobald man mit einem Problem nicht weiterkommt, sollte man sich fragen: »Wie repräsentiere ich das Problem? Gibt es andere bzw. bessere Ansätze, das Problem oder Teile davon anzugehen?«

14 Deduktives Schließen betrifft die richtige Anwendung logischer Regeln. Wann gelingt deduktives Schließen am besten? Wodurch entstehen Fehler?

14 Allgemein kann man sagen, daß deduktives Schließen am besten gelingt, wenn man ein *einziges* Modell von der Welt entwickelt. Dabei besteht nur die Gefahr, daß man Fehler macht, wenn man nicht merkt, daß die Prämissen eines Problems mehr als ein Modell zulassen.

15 Beschreiben Sie induktives Schließen am Beispiel des Problems der Verwendung einer American-Express-Karte im Restaurant.

15 Nehmen wir einmal an, Sie wären bei einem Restaurant angekommen und erst in dem Moment fällt Ihnen ein, daß Sie vielleicht nicht genug Bargeld dabeihaben. Ihnen kommt der Gedanke, mit der American-Express-Karte zu bezahlen, aber Sie finden keine hilfreichen Hinweise auf die Akzeptanz von Kreditkarten. Sie werfen einen Blick durchs Fenster auf das Publikum, schauen sich die Preise im Aushang an und sehen sich in der Umgebung des Lokals um. Aus all diesen Betrachtungen schließen Sie, daß das Restaurant Ihre Kreditkarte *vermutlich* akzeptieren wird. Hierbei handelt es sich jedoch nicht um deduktives Schließen, da Ihre Schlußfolgerung mehr auf Wahrscheinlichkeiten als auf logischen Gewißheiten beruht. Diese Art des Schließens wird als induktives Schließen bezeichnet. Hierbei werden vorhandene Anhaltspunkte verwendet, um wahrscheinliche, aber nicht sichere Schlüsse zu ziehen.

16 Was verstehen Sie unter einer (Vor-)Einstellung?

16 Bei der (Vor-)Einstellung handelt es sich um einen kognitiven Zustand, eine Gewohnheit oder Haltung, die die Qualität und Geschwindigkeit der Wahrnehmung und der Problemlösung unter bestimmten Umständen erhöhen kann. Die gleiche Einstellung kann jedoch auch die Qualität der mentalen Vorgänge in Situationen behindern oder verzerren, in denen alte Denk- und Handlungsweisen nicht zu Ergebnissen führen.

17 Unterscheiden Sie die Begriffe Urteilen und Entscheiden.

17 ● Beim Urteilen (»judgment«) handelt es sich um den Prozeß, durch den wir Meinungen bilden, zu Schlüssen gelangen und Ereignisse auf der Basis verfügbaren Materials kritisch bewerten. Urteile werden oft spontan, ohne Absicherung gefällt.
● Beim Entscheiden (»decision making«) handelt es sich um den Prozeß des Wählens zwischen Alternativen, des Auswählens und Zurückweisens von Optionen.

18 Was sind Urteilsheuristiken?

18 Urteilsheuristiken sind kognitive »Eilverfahren«, die bei der Reduzierung des Bereichs möglicher Antworten oder Problemlösungen nützlich sind, indem sie »Faustregeln« als Strategie anwenden. Heuristiken erhöhen im allgemeinen die Effizienz der Denkprozesse.

19 Erläutern Sie eine Untersuchung über den Einfluß von Ankereffekten auf die Risikoeinschätzung eines Atomkrieges und über die Wirksamkeit strategischer Verteidigung.

19 Bei dieser Untersuchung, an der über 1000 Studenten teilnahmen, beeinflußten Ankereffekte in hohem Maße die Schätzungen über das Risiko eines Atomkrieges sowie über die Wirksamkeit strategischer Verteidigung. Studenten, die gefragt wurden, ob sie die Wahrscheinlichkeit eines Atomkrieges auf mehr oder weniger als 1% schätzten, tippten daraufhin auf 10%, während diejenigen, die zuerst gefragt wurden, ob die Wahrscheinlichkeit eines Atomkrieges mehr oder weniger als 90% betrug, im Schnitt auf etwa 26% tippten. Genauso schätzten Studenten, denen bei einer Umfrage zur strategischen Verteidigung ein niedriger Anker vermittelt wurde, daß unter den günstigsten Umständen annähernd ein Viertel (24%) der sowjetischen Raketen die amerikanische strategische Verteidigung durchbrechen würde, während Studenten, denen ein höherer Anker vermittelt wurde, vermuteten, daß die Mehrheit (57%) aller Raketen ihr Ziel erreichen würde.

20 Trotz individueller Unterschiede besteht allgemein die Tendenz, schwierige Entscheidungen zu vermeiden. Welche psychologischen Faktoren spielen hierbei eine Rolle?

20 ● Menschen treffen nicht gerne Entscheidungen, die zur Folge haben, daß manche viel und andere wenig von einem begehrten Gut erhalten.
● Menschen können sich vorstellen, wie sehr sie es bedauern würden, wenn sich herausstellte, daß sie die schlechtere Wahl getroffen haben.
● Menschen werden nicht gerne für Entscheidungen verantwortlich gemacht, die zu schlechten Ergebnissen führen.
● Menschen treffen nicht gerne Entscheidungen für andere.

7 Motivation

Heute morgen klingelte der Wecker. Sie hätten gerne noch weitergedöst, ein paar Minuten länger geschlafen – aber Sie quälten sich gleich aus dem Bett. Warum? Plagte Sie der Hunger? Mußten Sie dringend etwas für die Uni vorbereiten? Mußten Sie schnell zur Arbeit, um ein bißchen Geld zu verdienen? Hatten Sie eine Verabredung mit jemandem, der Ihnen sehr am Herzen liegt? Wenn Sie sich fragen: »Warum bin ich heute morgen aufgestanden?«, haben Sie damit die Frage nach der Motivation im Kern getroffen: Was bringt Sie dazu, genau das zu tun, was Sie tun? Was bringt Sie dazu, Ziele hartnäckig zu verfolgen, auch wenn dies mit großen Anstrengungen, Mühen und Kosten verbunden ist? Warum zögern Sie so lange, bevor Sie sich andere Ziele vornehmen oder vorzeitig aufgeben?

Sie kennen viele Situationen aus Ihrem Alltag, in denen Menschen mit dem Hinweis auf »die Motivation« oder ein bestimmtes Motiv erklären, warum Handlungen ausgeführt werden oder auch nicht. So kündigt z. B. der Sportreporter an: »Diese Mannschaft ist angetreten, um zu gewinnen!« Oder eine Bekannte erzählt Ihnen, sie sei durch eine Prüfung gefallen, weil ihr Lehrer sie nie richtig habe motivieren können. Oder Sie lesen einen Kriminalroman und versuchen, das Motiv für ein Verbrechen zu finden – und damit dem Detektiv beim Entlarven des Mörders zuvorzukommen. Oder Sie hängen tagtäglich – wie Millionen von Fernsehzuschauern auf der Welt – vor dem Fernseher und schauen sich eine Seifenoper nach der anderen an, um in den brodelnden Kessel von Habgier, Macht und Leidenschaft zu schielen.

Es gehört zur Aufgabe von Psychologen, solche Beispiele von Motivation in einen theoretischen Rahmen zu fassen. Welchen Einfluß haben Motivationszustände auf den Ausgang eines sportlichen Wettbewerbs oder einer Prüfung? Was sind die Ursachen und Anlässe für Aggression und Gewalt? Sind unsere sexuellen Praktiken durch das genetische Programm vorgegeben? In diesem Kapitel werden Sie erfahren, daß menschliches Handeln durch eine Vielzahl von Bedürfnissen motiviert wird – angefangen von physiologischen Bedürfnissen wie Hunger und Durst bis hin zu psychologischen Bedürfnissen wie dem nach persönlicher Leistung. Sie werden dabei erkennen, daß Physiologie und Psychologie oft nicht einfach voneinander zu trennen sind.

Zu Beginn dieses Kapitels wollen wir einen theoretischen Rahmen vorstellen, der ein besseres Verständnis grundlegender Aspekte der Motivation und ihrer Erforschung ermöglicht. Im zweiten Teil des Kapitels untersuchen wir dann 3 Motivationsbereiche, von denen jeder auf seine Art wichtig ist, die sich jedoch in dem Ausmaß unterscheiden, in dem sie biologischen bzw. psychologischen Faktoren unterliegen. Diese Bereiche sind Sexualität, Aggression und persönliche Leistung.

7.1
Was ist Motivation?

Motivation (lat. *movere*, »bewegen«) ist die allgemeine Bezeichnung für alle Prozesse, die körperliche und psychische Vorgänge auslösen, steuern oder aufrechterhalten. Jedes Lebewesen fühlt sich, angeregt von seinen Neigungen und Abneigungen, von bestimmten Reizen und Aktivitäten stärker angezogen als von anderen. Motivationstheorien sollen sowohl die allgemeinen »Bewegungsmuster« einer Art (Spezies) als auch die persönlichen Vorlieben und Leistungen der einzelnen Mitglieder der Art erklären. Betrachten wir zunächst die verschiedenen Möglichkeiten, wie bisher artspezifisches und individuelles Verhalten durch Motivation erklärt und vorhergesagt wurde.

7.1.1
Die Funktion von Motivationsbegriffen

Das Konzept der Motivation hat in der Psychologie 5 verschiedene Funktionen:

- *Es setzt das Verhalten eines Organismus zu den biologischen Funktionen in Beziehung.* Als biologischer Organismus verfügen wir über komplexe innere Mechanismen, die unsere Körperfunktionen regeln und uns helfen zu überleben. Ein Grund dafür, daß Sie morgens aufgestanden sind, könnte darin bestehen, daß Sie »schrecklich hungrig« waren. Sie könnten auch durstig gewesen sein oder gefroren haben. In jedem Fall lösen innere Deprivationszustände Reaktionen aus, die Sie dazu motivieren, das Gleichgewicht in Ihrem Körper wiederherzustellen.
- *Es erklärt Unterschiede im Verhalten.* Warum bewältigt man eine Aufgabe an einem Tag spielend und an einem anderen Tag nur sehr schwer? Warum schneidet ein Kind bei einem Wettbewerb viel besser ab als ein anderes, obwohl es über die gleichen Fähigkeiten und das gleiche Wissen verfügt? Psychologen ziehen motivationale Erklärungen heran, wenn die unterschiedlichen Leistungen von Menschen in einer konstanten Situation nicht auf unterschiedliche Fähigkeiten, Fertigkeiten, Übung oder Glück zurückzuführen sind. Wenn Sie heute morgen früh aufstehen wollten, um noch ein bißchen zu lernen, während Ihr Kommilitone noch liegenblieb, würden Psychologen dies ganz einfach darauf zurückführen, daß sich Ihr motivationaler Zustand von dem Ihres Kommilitonen unterschied.
- *Es ermöglicht uns, innere Zustände aus beobachtbaren äußeren Handlungen zu erschließen.* Wir sahen Sie heute morgen schnell aufstehen. Wie läßt sich dieses Verhalten erklären? Psychologen und Laien gehen dabei gewöhnlich nach einem ähnlichen Schema vor: Sie leiten aus der Beobachtung von Verhalten innere Gründe dafür ab. Menschen interpretieren ständig das Verhalten anderer, indem sie Erklärungen dafür suchen, warum diese sich so und nicht anders verhielten. Dasselbe gilt für Ihr eigenes Verhalten. Sie versuchen oft, herauszufinden, ob Ihr eigenes Verhalten eher intern oder extern motiviert ist.
- *Es ermöglicht die Zuweisung von Verantwortung für Handlungen.* In Recht, Religion und Ethik ist das Konzept der persönlichen Verantwortlichkeit grundlegend. Persönliche Verantwortung setzt innere Motivation und die Fähigkeit voraus, die eigenen Handlungen zu kontrollieren. Menschen werden als weniger verantwortlich für ihr Handeln beurteilt, wenn sie die negativen Konsequenzen ihres Handelns nicht beabsichtigt hatten, wenn dieses Verhalten durch starke externe Kräfte provoziert wurde oder wenn die Handlungen unter dem Einfluß von Drogen, Alkohol oder starken Emotionen ausgeführt wurden. Daher muß eine Motivationstheorie eine Unterscheidung der verschiedenen denkbaren Ursachen für Verhalten ermöglichen.
- *Es erklärt unsere Beharrlichkeit angesichts von Widerständen.* Als wir Sie fragten, warum Sie aufgestanden sind, gingen wir davon aus, daß im Bett liegen zu bleiben für Sie viel angenehmer gewesen wäre als aufzustehen und den vielen Pflichten des Alltags nachzugehen. Daher versuchen Psychologen letztendlich, herauszufinden, aufgrund welcher Motivationen sich Lebewesen auf eine bestimmte Weise verhalten, wenn es doch einfacher wäre, sich *nicht* so zu verhalten. Motivation bringt Sie dazu, auch dann rechtzeitig zur Arbeit oder zur Vorlesung zu gehen, wenn Sie erschöpft sind. Motivation hilft Ihnen dabei, ein Spiel – so gut es geht – zu Ende zu spielen, auch wenn Sie gerade verlieren und Ihnen klar wird, daß Sie auf keinen Fall mehr gewinnen können.

Jetzt haben Sie einen allgemeinen Eindruck davon bekommen, unter welchen Umständen Psychologen das Konzept der Motivation zur Erklärung und Vorhersage von Verhalten heranziehen. Bevor wir uns nun spezielleren Forschungsbereichen zuwenden, werfen wir noch einen generellen Blick auf Quellen der Motivation.

7.1.2
Quellen der Motivation

Versetzen Sie sich einmal in die Lage einer Marathonläuferin (s. **Psychologie im Alltag**). Hätten Sie sich genauso verhalten? Glauben Sie, daß es einen inneren

Warum quälen sich Marathonläufer über die Runden?

Nachdem wir verschiedene Aspekte betrachtet haben, unter denen Psychologen das Konzept der Motivation verwenden, untersuchen wir nun, inwieweit diese auf die folgende Situation aus dem täglichen Leben anzuwenden sind, die wir einem Zeitungsbericht entnommen haben:

»Beim Marathonlauf der Olympischen Spiele von 1984 sah die Welt gebannt zu, wie eine völlig erschöpfte Läuferin ins Stadion taumelte, lange nachdem die Siegerin die Ziellinie überschritten hatte. Irgendetwas trieb sie auf wackeligen Beinen immer weiter auf die Ziellinie zu. Ihr Gesicht war schmerzverzerrt, ihr Körper bog und krümmte sich, doch sie kämpfte sich beharrlich weiter, wies jede Hilfe ab, bis sie Ihr Ziel erreicht hatte, den Lauf zu Ende zu bringen. »Ich hasse es, aufzugeben« gestand sie später den Reportern. Sie bedauerte, daß die Hitze sie nicht schon vor dem Stadion bezwungen hatte, denn das hätte ihr die peinliche, mit letzter Kraft und höchster Anspannung erzwungene Runde in der Arena erspart« (Los Angeles Times, 1984).

Letztendlich müßte eine Motivationstheorie erklären können, welche psychologischen Kräfte diese Marathonläuferin dazu bewogen, ihre physische und psychische Qual bis über die Ziellinie hinaus zu ertragen.

Grund gab, der die Athletin zu diesem Verhalten bewog? Ist eine ganz bestimmte Konstellation von Lebenserfahrungen nötig, damit jemand eine derartige Beharrlichkeit an den Tag legt? Oder waren es äußere, situationale Gründe? Würden sich andere Menschen in der gleichen Situation ähnlich verhalten? Oder ist ihr Verhalten eher auf eine Interaktion zwischen Persönlichkeitsfaktoren und den Situationsmerkmalen zurückzuführen? Wir werden – um Ihnen die Suche nach den Quellen der Motivation zu erleichtern – näher auf die Unterscheidung zwischen internen und externen Kräften eingehen. Dazu betrachten wir zunächst einige Theorien, die innere, biologische Triebe für bestimmte Verhaltensweisen verantwortlich machen.

Trieb und Spannungsreduktion

Robert Woodworth (1918) führte das Konzept der Motivation als eines inneren Triebs (»drive«), der das Verhalten bestimmt, in die Psychologie ein. Er definierte Trieb im biologischen Sinne als Energie, die ein Organismus freisetzt, als »Treibstoff« für Handlungen, der durch Reize ausgelöst und für zielgerichtete Handlungen bereitgestellt wird. Nach Woodworth sind es andere Mechanismen, wie Wahrnehmungs- und Lernprozesse, die die Handlungen dann in die richtige Richtung lenken.

Die Triebtheorie wurde später vor allem von Clark Hull (1943, 1952) vervollständigt. Hull nahm an, Motivation sei eine notwendige Voraussetzung für Lernen, und Lernen sei eine wesentliche Bedingung für eine erfolgreiche Anpassung aller Lebewesen an die Umwelt. Er betonte die Bedeutung der Spannung bei der Motivation und der Spannungsreduktion als Verstärker. Seiner Ansicht nach sind Primärtriebe biologisch bedingt und werden ausgelöst, wenn der Organismus sich in einem Mangelzustand befindet. Diese Triebe aktivieren den Organismus – sobald sie befriedigt oder vermindert werden, hört der Organismus auf zu handeln. Wenn also einem Tier viele Stunden lang Futter entzogen wird, wird ein Hungergefühl ausgelöst, das Nahrungssuche und Freßverhalten motiviert. Die Reaktionen des Tieres, die zur Nahrungsaufnahme führen, werden verstärkt, weil sie mit der Spannungsreduktion, die das Fressen hervorruft, assoziiert werden.

Läßt sich aber jedes motivierte Verhalten mit Spannungsreduktion erklären? Offensichtlich nicht. Betrachten wir eine Untersuchung an Ratten, denen Futter oder Wasser entzogen wurde. Nach der Theorie der **Spannungsreduktion** müßten sie bei der ersten sich bietenden Gelegenheit wieder Nahrung zu sich nehmen. Wurden diese Ratten jedoch in einer neuen Umgebung ausreichendem Nahrungsangebot ausgesetzt, machten sie sich statt dessen zuerst daran, die Umgebung zu erkunden. Erst nachdem ihre Neugier befriedigt war, fingen sie an, ihren Hunger und Durst zu stillen (Berlyne 1960; Fowler 1965; Zimbardo u. Montgomery 1957). In einem anderen Versuch verwendeten junge Affen viel Zeit und Energie darauf, mit Geräten und neuen Gegenständen in ihrer Umgebung herumzuhantieren, anscheinend aus purer Freude am Herumalbern, jedoch ohne eine externe Belohnung dafür zu erhalten (Harlow et al. 1950).

> **!** Diese Experimente führen zu dem Schluß, daß nicht alle Arten interner Motivation auf Spannungsreduktion beruhen können. Viele Verhaltensweisen können nicht als »Mangelreaktion« erklärt werden. Offensichtlich müssen interne Motivationsquellen nicht notwendigerweise in direktem Zusammenhang mit dem Überleben eines Organismus stehen. Ratten haben zwar ein biologisches Bedürfnis nach Nahrungsaufnahme, besitzen aber auch einen Trieb zur Exploration (Erkundung) einer neuen Umgebung. Diese Erkenntnis führt uns, aus einem etwas anderen Blickwinkel betrachtet, zum Konzept des instinktiven Verhaltens.

Instinktives Verhalten und Lernen

Stellen wir uns nochmals die Ausgangsfrage: Warum verhalten sich Lebewesen auf eine bestimmte Weise? Ein Teil der Antwort liegt in der Tatsache begründet, daß verschiedene Arten verschiedene Verhaltensrepertoires besitzen, die zum genetischen Erbe jedes Mitglieds einer Art gehören. Nach der Instinkttheorie werden Lebewesen mit bestimmten vorprogrammierten Verhaltenstendenzen geboren, die für das Überleben ihrer Art wesentlich sind. Lachse z. B. schwimmen Tausende von Kilometern zurück, genau zu dem Fluß, in dem sie geboren wurden, springen Wasserfälle hoch, bis sie an die Stelle gelangen, an der die überlebenden männlichen und weiblichen Lachse ihre ritualisierte Werbungs- und Paarungszeremonie abhalten. Die befruchteten Eier werden abgelegt, die Eltern sterben, und ihre Jungen schwimmen mit der Zeit flußabwärts zum Meer, von wo sie ein paar Jahre später zurückkehren, um ihre Rolle in diesem immerwährenden Drama

zu spielen. Ähnlich bemerkenswerte Handlungen können bei allen Tierarten festgestellt werden. Bienen z. B. geben anderen Bienen ihr Wissen über Nahrungsfundorte weiter, Wanderameisen gehen in bestimmtem Rhythmus auf Raubexpeditionen, Vögel bauen Nester, und Spinnen bauen komplizierte Netze – genau wie ihre Eltern und Vorfahren.

Instinkte werden bei Tieren oft als fixierte Handlungsmuster angesehen, d. h. als stereotyp verlaufende artspezifische Handlungsmuster, die von entsprechenden Anreizen aus der Umgebung »ausgelöst« werden. So greifen z. B. männliche dreistachlige Stichlinge sogar die grobe Attrappe eines männlichen Fisches an, sofern sie nur die rote Unterseite aufweist, die normalerweise Paarungsbereitschaft signalisiert (Tinbergen 1951). Verhaltensforscher untersuchen die auslösenden Reize, Umgebungsbedingungen, Entwicklungsstadien und speziellen Reaktionsfolgen bei verschiedenen Tierarten in ihrer natürlichen Umgebung.

> **!** In diesem Sinne kann Instinktverhalten beschrieben werden als Produkt aus internen und externen Motivationsquellen. Dabei ist die interne Quelle das genetische Erbe, welches das artspezifische Handlungsmuster bestimmt. Die externe Quelle besteht aus den Umgebungsbedingungen, die dieses Muster zu einem bestimmten Zeitpunkt und bei bestimmten Reizmerkmalen auslösen.

Das folgende Experiment veranschaulicht diese Wechselwirkung zwischen internen und externen Motivationsquellen.

EXPERIMENT

Instinktives Verhalten – die Wechselwirkung interner und externer Motivationsquellen

Um zu überleben, müssen Primaten Gefahren schnell erkennen und ein geeignetes Verteidigungsverhalten aktivieren können. Dieses Verhalten ist anscheinend im genetischen Material vorgegeben und bei jungen Rhesusaffen und Kindern ähnlich. Beide sind in einem gewissen Alter (2–4 Monate beim Rhesusaffen; 7–9 Monate bei Babys) Fremden gegenüber ängstlich. Von verschiedenen Umgebungsbedingungen werden verschiedene Reaktionen hervorgerufen. Ein Laborexperiment zum Verteidigungsverhalten von jungen Rhesusaffen ergab 3 Verhaltensmuster:

- Waren die Jungen von ihrer Mutter getrennt, gaben sie laute Girrlaute von sich, ein Signal, mit dem die Mutter sie finden kann.

- Waren sie der Bedrohung durch einen schweigenden menschlichen Eindringling ausgesetzt, der keinen Blickkontakt herstellte, verharrten die Jungen regungslos. Diese Reaktion mindert in natürlicher Umgebung, wo Bewegung ein Anreiz für einen Raubtierangriff ist, die Gefahr.
- Wenn der Eindringling das isolierte Junge anstarrte, bellte es ihn mit drohender Gebärde an, was Angreifer oft abhält (Kalin u. Shelton 1989).

Tierexperimente wie dieses vermitteln ein besseres Verständnis von der Interaktion zwischen Instinkten und Umgebungsbedingungen bei den für das Überleben erforderlichen Verhaltensweisen.

Inwieweit wird nun menschliches Verhalten durch Instinkte bestimmt? Frühe Theorien tendierten dazu, die Bedeutung der Instinkte beim Menschen überzubewerten. William James vertrat 1890 die Überzeugung, daß Menschen sich in ihrem Verhalten sogar noch mehr auf Instinkte verlassen als andere Lebewesen (wenngleich menschliche Instinkte im allgemeinen nicht in fixierten Handlungsmustern ihren Ausdruck finden). Neben den biologischen Instinkten, die sie mit den Tieren gemeinsam hätten, verfügten sie über zahlreiche soziale Instinkte, wie Sympathie, Bescheidenheit, Geselligkeit und Liebe. Für James waren sowohl menschliche als auch tierische Instinkte zweckorientiert – sie dienten wichtigen Zwecken oder Funktionen bei der Anpassung des Organismus an seine Umgebung.

Sigmund Freud (1915) glaubte, daß Menschen Triebzustände erfahren, die aus Lebenstrieben (darunter Sexualität) und Todestrieben (darunter Aggression) hervorgehen. Auch wenn Freud in diesem Zusammenhang den Begriff *Trieb* verwendete, so ist seine Konzeption doch den Instinkten ähnlich. Er nahm an, daß *instinktiver Drang* psychische Energie auf die Befriedigung körperlicher Bedürfnisse lenke. Spannung entstehe, wenn diese Energie nicht entladen werden kann; diese Spannung treibe Menschen dann zu Handlungen oder Objekten, die die Spannung reduzierten. Freud ging auch davon aus, daß die Lebens- und Todestriebe zum großen Teil unterhalb der Bewußtseinsschwelle arbeiten. Aber aufgrund der Art und Weise, wie wir uns bei wichtigen Lebensentscheidungen von Instinkten motivieren lassen, sei ihr Einfluß auf unsere bewußten Gedanken, Gefühle und Handlungen groß. (Wir werden auf diese Ansicht in Abschn. 11.3.1 noch näher eingehen).

In den 20er Jahren hatten Psychologen Listen von mehr als 10 000 menschlichen Instinkten zusammengestellt (Bernard 1924). Damals geriet jedoch die Vorstellung, menschliches Verhalten sei generell mit Instinkten erklärbar, unter dem Gewicht kritischer Angriffe ins Wanken. Anthropologen, die kulturvergleichend arbeiteten, wie Ruth Benedict (1959) und Margaret Mead (1939), stellten beträchtliche Verhaltensunterschiede zwischen verschiedenen Kulturen fest. Ihre Beobachtungen widersprachen den Theorien, die nur die universellen Äußerungen angeborener Instinkte berücksichtigten.

Den schwersten Angriff auf die frühen Vorstellungen von Instinkten stellten jedoch die empirischen Untersuchungen der Behavioristen dar, die nachwiesen, daß wichtige Verhaltensweisen und Emotionen eher erlernt

als angeboren sind. Diese Art von Belegen sind Ihnen aus Abschn. 5.3 bereits bekannt. Dort stellten wir fest, daß Menschen ebenso wie Tiere sehr empfindlich auf das Zusammenspiel von Reiz und Reaktion in der Umgebung reagieren. Um zu erklären, warum ein Tier ein bestimmtes Verhalten zeigt und ein anderes Tier nicht, braucht man nur zu wissen, daß das Verhalten des einen Tieres verstärkt wurde und das des anderen nicht. Unter diesen Umständen kann man die Frage nach der Motivation außer acht lassen (d. h. es wäre ein Fehler zu sagen, das eine Tier sei »motiviert« und das andere nicht).

In Abschn. 5.4 wurde bereits deutlich, daß Verhaltensweisen, die Tiere am leichtesten erlernen, teilweise durch artspezifische Instinkte festgelegt sind; d. h. jedes Tier verfügt über eine Kombination von erlernten und instinktiven Verhaltensweisen. Will man das Verhalten eines Tieres erklären oder vorhersagen, so sind dazu folglich zweierlei Informationen erforderlich, nämlich zum einen Informationen über die Geschichte *seiner Art* (welche adaptiven Verhaltensweisen gehören zum genetischen Erbe des Lebewesens?) und zum anderen Informationen über die besondere Geschichte *des jeweiligen Tieres* (welche einzigartigen Erfahrungen hat gerade dieses Lebewesen gemacht?). In diesen Fällen liegt die Motivation in dem Einfluß, den die Geschichte auf das gegenwärtige Verhalten hat.

Wie wir aber in Abschn. 5.4 gesehen haben, stellten kognitiv orientierte Psychologen die Annahme in Frage, das Verhalten eines Tieres könne in ausreichender Weise durch Instinkte und seine »Verstärkungsgeschichte« erklärt werden. Betrachten wir deshalb jetzt die Rolle der Erwartungen und der Kognition bei der Motivation.

Erwartungen und Kognitionen

Gegenwärtig verfolgen viele Psychologen kognitive Ansätze, um zu erklären, wodurch eine Vielzahl von persönlichen und sozialen Verhaltensweisen motiviert wird. Diese Psychologen teilen die Ansicht, daß ein großer Teil menschlicher Motivation nicht durch die objektive äußere Welt, sondern durch die *subjektive Interpretation* dieser Welt bedingt ist. Die verstärkende Wirkung einer Belohnung geht verloren, wenn Sie nicht erkennen, daß Ihre Handlungen dazu geführt haben. Handlungen werden oft bestimmt durch das, was man für vergangene Erfolge und Mißerfolge verantwortlich macht, ebenso durch persönliche Vorstellungen von der Erreichbarkeit einer Sache und durch die Erwartungen an das Ergebnis einer Handlung. Kognitive Ansätze in der Motivationsforschung machen höhere geistige Prozesse für die Handlung selbst verantwortlich. Sie erklären, warum Menschen oft durch Erwartungen über zukünftige Ereignisse motiviert werden.

Die Bedeutung der **Erwartungen** bei der Motivation von Verhalten wurde erstmals von Julian Rotter (1954) in seiner sozialen Lerntheorie herausgearbeitet. Für Rotter ist die Wahrscheinlichkeit, daß eine Person sich auf eine bestimmte Weise verhält (z. B. für eine Prüfung lernt anstatt auszugehen), durch die Erwartung bestimmt, mit dieser Handlung ein Ziel zu erreichen (z. B. eine gute Note), und durch den persönlichen Wert, den dieses Ziel für die betreffende Person hat. Die Diskrepanz zwischen Erwartung und Wirklichkeit kann ein Individuum dazu veranlassen, sein Verhalten zu korrigieren (Festinger 1957; Lewin 1936). Wenn Sie z. B. glauben, Ihr eigenes Verhalten entspreche nicht den Normen oder Werten einer Gruppe, zu der Sie gehören, könnten Sie motiviert sein, Ihr Verhalten zu ändern, um besser in die Gruppe zu passen.

Wie hängen Erwartungen mit internen und externen Motivationskräften zusammen? Fritz Heider (1958) nahm an, das Ergebnis individuellen Verhaltens (z. B. eine schlechte Note) könne entweder inneren Kräften, also Dispositionen wie fehlender Anstrengung oder ungenügender Intelligenz, oder aber Situationseinflüssen, wie einer unfairen Prüfung oder einem voreingenommenen Lehrer, zugeschrieben werden. Diese Attributionen (Zuschreibungen) beeinflussen das individuelle Verhalten. Wenn Sie z. B. glauben, die schlechten Noten seien auf Ihre fehlenden Anstrengungen zurückzuführen, werden Sie sich das nächste Mal mehr anstrengen. Führen Sie das Ergebnis jedoch auf eine Ungerechtigkeit oder mangelnde Eignung zurück (Dweck 1975), werden Sie wahrscheinlich aufgeben. So kann die Zuordnung einer Motivationsquelle als intern oder extern z. T. von der eigenen subjektiven Interpretation der Wirklichkeit abhängen.

> **!** Gehen wir noch einmal die verschiedenen Motivationsquellen durch. Wir begannen mit der Feststellung, daß sich interne und externe Faktoren als Auslöser für bestimmte Verhaltensweisen unterscheiden lassen. Triebe, Instinkte und persönliche Lernerfahrungen gehören zu den internen Motivationsquellen, die zusammen mit entsprechenden externen Reizen das Verhalten beeinflussen. Sobald Lebewesen über ihr Verhalten nachdenken – wozu besonders Menschen in der Lage sind – stellen auch Erwartungen über das, was passieren soll oder nicht, Quellen für Motivation dar. Denkende Lebewesen können Motivationen entweder sich selbst oder aber der Umwelt zuschreiben.

7.1.3
Eine Hierarchie der Bedürfnisse

Um die Darstellung der Grundlagen der Motivationspsychologie abzurunden, wollen wir nun auf eine umfassendere Darstellung eingehen, die von Abraham Maslow, einem Vertreter der Humanistischen Psychologie, stammt (s. auch die Abschn. 1.3 und 11.4). Sie soll Ihnen einen Überblick über die Kräfte vermitteln, die den Lebensweg eines Menschen beeinflussen können.

> **!** Maslow (1970) stellte die Theorie auf, daß sich die grundlegenden Motive menschlichen Handelns in einer **Bedürfnishierarchie** anordnen lassen (s. Abb. 7.1). Er nimmt an, daß zunächst die Bedürfnisse einer Stufe in der Hierarchie – angeordnet in aufsteigender Reihenfolge vom »primitivsten« zum »anspruchsvollsten« – befriedigt werden müssen, bevor die nächste Stufe erreicht werden kann.

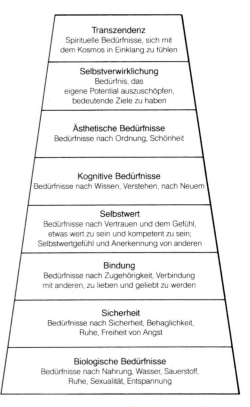

Abb. 7.1. Die Hierarchie der Bedürfnisse nach Maslow. Nach Maslow beherrschen die Bedürfnisse auf einer bestimmten Hierarchiestufe die Motivation eines Menschen so lange, wie sie unbefriedigt bleiben. Sind sie aber erfüllt worden, so wenden sich Aufmerksamkeit und Handeln der nächsten Stufe zu

- Ganz unten in der Hierarchie sind die grundlegenden biologischen Bedürfnisse, wie die Bedürfnisse nach Nahrung und Sexualität, angesiedelt. Sie müssen erfüllt werden, bevor alle anderen Bedürfnisse aktiv werden können.
- Ist diese Voraussetzung aber gegeben, so motivieren uns die Bedürfnisse auf der nächsten Ebene – die Sicherheitsbedürfnisse.
- Wenn wir uns keine Sorgen mehr über Gefahren machen müssen, können wir uns durch Bindungsbedürfnisse motivieren lassen, durch Bedürfnisse nach Zusammengehörigkeit mit anderen, nach Lieben und Geliebtwerden.
- Sind wir wohlernährt, fühlen uns sicher, und spüren ein Gefühl sozialer Zugehörigkeit, so können wir zum Bedürfnis nach Selbstachtung und Prestige übergehen. Dazu gehört das Bedürfnis, sich selbst zu mögen, sich selbst als kompetent und tüchtig zu betrachten und von anderen geschätzt zu werden.
- Menschen sind intelligente Lebewesen mit einem komplexen Verstand, der nach Denkanregungen verlangt. Sie werden – auf der nächsten Stufe in Maslows Hierarchie – von starken kognitiven Bedürfnissen motiviert, ihre Vergangenheit zu erforschen, die Rätsel ihres gegenwärtigen Daseins zu lösen und die Zukunft vorherzusagen. Die Kraft dieser Bedürfnisse bringt Wissenschaftler dazu, ihr ganzes Leben lang nach neuem Wissen zu suchen.
- Auf der nächsten Stufe der Hierarchie stehen die Bedürfnisse der Menschen nach Schönheit und Ordnung, also die ästhetischen Bedürfnisse, die die menschliche Kreativität beeinflussen.
- An der Spitze der Hierarchie finden wir Menschen, die satt, frei von Furcht, geliebt und selbst liebend, selbstsicher, denkend und kreativ sind. Diese Menschen sind bei ihrem Streben nach der vollen Entfaltung ihres Potentials oder nach Selbstverwirklichung über die grundlegenden menschlichen Bedürfnisse hinausgegangen. Eine sich selbst verwirklichende Person ist selbstaufmerksam, akzeptiert sich, hat soziale Fähigkeiten, und ist – abgesehen von anderen positiven Eigenschaften – kreativ, spontan und offen für Veränderungen.
- Maslows Hierarchie geht noch einen Schritt weiter und erfaßt auch das Bedürfnis nach Transzendenz. Es führt möglicherweise zu höheren Stufen des Bewußtseins und zu einer »kosmischen« Vision vom eigenen Platz im Universum. Nur sehr wenige Menschen gehen über die Selbstverwirklichung hinaus, um auch noch Verbindungen zu dieser Art von geistigen Kräften zu suchen.

Maslows Bedürfnishierarchie ist eine besonders optimistische Sichtweise menschlicher Motivation. Ihr liegt die Annahme zugrunde, daß jeder Mensch das **Bedürfnis nach Wachstum und voller Entfaltung seines Potentials** hat. Ist aber eine derart positive Sichtweise überhaupt haltbar? Die Erfahrungen sprechen dagegen, denn neben den von Maslow erkannten Bedürfnissen bringen Menschen auch Macht, Dominanz und Aggression zum Ausdruck. Wir hoffen jedoch, daß Maslows Schema – trotz dieses Vorbehaltes – helfen kann, die verschiedenen Aspekte motivationaler Erfahrungen einzuordnen.

Damit haben wir jetzt einen allgemeinen Rahmen für das Verständnis von Motivation abgesteckt. Wir werden diese Überlegungen nun auf 3 Verhaltensbereiche anwenden, die in der Motivationspsychologie besonders intensiv untersucht worden sind: Sexualität, Aggression und Leistungsbereitschaft.

7.2
Sexualität

Elementarste körperliche Bedürfnisse machen es erforderlich, sich jeden Tag um Nahrung zu kümmern. Gilt ähnliches für **Sexualität**? Deren biologische Funktion läßt sich leicht erklären – Fortpflanzung; aber erklärt das auch die Häufigkeit, mit der wir an Sex denken? Auf die entsprechende Frage antworteten 54% der Männer und 19% der Frauen, daß sie mindestens einmal am Tag daran denken (Michael et al. 1994). Wir werden uns in diesem Abschnitt insbesondere mit der Motivation sexuellen Verhaltens befassen und dabei auch einen Rahmen zum Verständnis des Zusammenhangs zwischen sexuellen Vorstellungen und Sexualverhalten entwerfen.

Erinnern wir uns an den Beginn dieses Kapitels: Das Konzept der Motivation soll uns helfen, die Frage zu beantworten, warum Menschen bestimmte Verhaltensweisen an den Tag legen. Wie wir bereits festgestellt haben, ist Sexualverhalten biologisch gesehen nur zur Fortpflanzung notwendig und deshalb, im Gegensatz zur Nahrungsaufnahme, für das Überleben des einzelnen nicht unentbehrlich. Manche Tiere und Menschen bleiben ihr Leben lang allein, ohne erkennbaren Schaden für das tägliche Funktionieren ihres Körpers.

Die Fortpflanzung ist jedoch für das Überleben der Art unentbehrlich. Daher hat die Natur sexuelle Reize ausgesprochen angenehm ausgestaltet, um die Mitglieder einer Art zur Fortpflanzung zu bewegen. Ein Orgasmus dient als letzter Verstärker für den zur Paarung notwendigen Energieaufwand. Diese Aussicht auf Lust gibt sexuellem Verhalten eine motivierende Kraft, die weit über die Notwendigkeit zur Fortpflanzung hinausreicht. Menschen legen die verschiedensten Verhaltensweisen an den Tag, um sexuelle Befriedigung zu erreichen. Es gibt jedoch auch externe Quellen für sexuelle Motivation. Die verschiedenen Kulturen stellen Normen dafür auf, was akzeptables bzw. erwünschtes Sexualverhalten ist. Die meisten Menschen verhalten sich entsprechend diesen Normen, manche jedoch verstoßen dagegen, um ihre sexuelle Befriedigung zu erreichen.

7.2.1
Sexualität im Tierreich

Die primäre Motivation für Sexualverhalten bei Tieren ist die Fortpflanzung. Bei Arten, die sich durch Geschlechtsverkehr fortpflanzen, hat die Evolution im allgemeinen 2 Geschlechter, das männliche und das weibliche, hervorgebracht. Das weibliche Geschlecht produziert relativ große Eizellen (Eier) mit den Energiereserven, die der Embryo für sein Wachstum braucht. Das männliche Geschlecht produziert Samenzellen, die besonders beweglich sind, um in die Eizellen eindringen zu können. Die beiden Geschlechter müssen ihre sexuellen Aktivitäten so aufeinander abstimmen, daß eine Samenzelle und eine Eizelle unter den passenden Bedingungen aufeinandertreffen und eine Befruchtung stattfindet.

Sexuelle Erregung wird primär durch physiologische Prozesse gesteuert. Tiere werden hauptsächlich durch ihren Hormonfluß, der von der Hypophyse gesteuert und von den Keimdrüsen, den Geschlechtsorganen, abgesondert wird, für die Paarung empfänglich. Beim männlichen Geschlecht handelt es sich dabei um Androgene, die immer in ausreichender Menge vorhanden sind, so daß Männchen fast jederzeit hormonell zur Paarung bereit sind. Beim weiblichen Geschlecht der meisten Arten wird jedoch das Keimdrüsenhormon Östrogen in regelmäßigen Tages- oder Monatszyklen oder aber jahreszeitlich bedingt freigesetzt. Daher sind die Weibchen nicht zu jeder Zeit hormonell paarungsbereit.

Diese Hormone wirken sowohl auf das Gehirn als auch auf die Genitalien und führen oft zu einem Muster voraussagbarer stereotypen Sexualverhaltens bei allen Mitgliedern einer Art. Hat man ein Rattenpaar bei seinem sexuellen Reaktionszyklus beobachtet, so kennt man das Verhalten aller Ratten. Das paarungsbereite Weibchen umwirbt das Männchen so lange, bis es seine Aufmerksamkeit auf sich gelenkt hat. Danach läuft es weg, und das Männchen verfolgt es. Das Weibchen hält abrupt inne und hebt sein Hinterteil, das Männchen dringt mit seinem Geschlechtsteil kurz ein und zieht es wieder zurück. Das Weibchen entkommt ihm wieder kurz, und die Jagd beginnt von neuem – unterbrochen von 10–20 erneuten Einführungen, bevor das Männchen ejakuliert, kurz innehält und dann die Jagd von neuem beginnt. Auch Affen kopulieren nur ganz kurz (etwa 15 s). Bei Zobeln geht die Kopulation langsam und dauert etwa 8 h. Raubtiere, wie z. B. Löwen, können sich erlauben, sich in langen, langsamen Kopulationsriten zu ergehen – etwa alle 30 min, und das 4 aufeinanderfolgende Tage lang. Ihre Beutetiere dagegen, wie z. B. Antilopen, kopulieren nur wenige Sekunden lang, und das oft auf der Flucht (Ford u. Beach 1951).

Sexuelle Erregung wird oft durch Reize aus der Umgebung ausgelöst. Bei vielen Arten ist das Sehen und Hören ritualisierten Imponiergehabes potentieller Geschlechtspartner eine notwendige Bedingung für die sexuelle Reaktion. Bei so verschiedenen Arten wie Schafen, Bullen und Ratten beeinflußt darüber hinaus die Neuheit eines weiblichen Partners das Verhalten eines Männchens. Ein Männchen, das mit einem bestimmten Weibchen sexuelle Befriedigung erreicht hat, kann beim Erscheinen eines neuen Weibchens wieder sexuell aktiv werden (Dewsbury 1981). Berührung, Geschmack und Geruch können ebenfalls als äußere Anreize für sexuelle Erregung wirken. Manche Arten sondern chemische Signale, sog. Pheromone ab, um Bewerber anzulocken, und das manchmal sogar aus großer Entfernung. Bei vielen Arten sendet das Weibchen Sexuallockstoffe zu dem Zeitpunkt aus, zu dem es optimal fruchtbar ist und der Hormonspiegel und das sexuelle Interesse ihren Höhepunkt erreicht haben. Diese Absonderungen sind unkonditionierte Reize zur Erregung und Anlockung der Männchen, denen es angeboren ist, durch Reize erregt zu werden. Wenn in Gefangenschaft gehaltene Rhesusaffen den Geruch eines paarungsbereiten Weibchens in einem benachbarten Käfig wahrnehmen, reagieren sie darauf mit einer Vielzahl geschlechtsbezogener physiologischer Veränderungen, wie z. B. einer Vergrößerung ihrer Hoden (Hopson 1979).

7.2.2
Sexualität des Menschen

Bei der Erörterung der menschlichen Sexualität gehen wir zunächst auf die Rolle der Evolution bei der Festlegung von sexuellen Verhaltensmustern ein. Danach wenden wir uns den physiologischen Aspekten der sexuellen Ansprechbarkeit und der Frage zu, auf welche Weise persönliche Erfahrungen und gesellschaftliche Normen die Ausdrucksformen sexueller Motive beeinflussen.

Die Rolle der Evolution bei der Herausbildung sexueller Verhaltensmuster

Es wurde bereits gezeigt, daß bei den Tieren die Formen des Sexualverhaltens weitgehend durch die Evolution festgelegt wurden. Hauptzweck von Sexualität ist Fortpflanzung – die Erhaltung der Art –, und Sexualverhalten ist in hohem Grade ritualisiert und stereotypisiert. Gilt dies aber auch für allgemeine Muster des Sexualverhaltens beim Menschen?

Evolutionspsychologen haben die These untersucht, wonach Männer und Frauen verschiedene Strategien entwickelt haben, die ihrem jeweiligen Sexualverhalten zugrundeliegen (Buss 1994; Wright 1994). Um diese Strategien zu beschreiben, sollten wir uns einige Fakten im Zusammenhang mit menschlicher Fortpflanzung in Erinnerung rufen:

- Männer könnten sich viele hundert Male im Jahr fortpflanzen, wenn sie genug Partnerinnen zur Verfügung hätten. Alles, was sie zur Zeugung eines Kindes aufwenden müssen, sind ein paar Samenzellen und einige Minuten Geschlechtsverkehr.
- Frauen dagegen können höchstens einmal im Jahr gebären, und danach erfordert die Erziehung des Kindes einen enormen Zeit- und Energieaufwand.

Wenn also Fortpflanzung das Ziel ist, stellen die Eizellen die begrenzten Mittel dar, und das männliche Geschlecht konkurriert um die Chance, diese zu befruchten. Das Grundanliegen eines männlichen Lebewesens ist es, die Zahl seiner Nachkommen dadurch zu maximieren, daß es sich mit einer möglichst großen Zahl von Weibchen paart. Dagegen ist das Grundanliegen eines weiblichen Lebewesens, ein hochwertiges Männchen zu finden, damit für möglichst gute, gesunde Nachkommen aus seinem begrenzten Vorrat an Eizellen gesorgt ist. Darüber hinaus dauert die Aufzucht menschlicher Nachkommen so lange – sie sind während des Heranwachsens unweigerlich auf Hilfe angewiesen – daß eine beachtliche elterliche Investition erforderlich ist (Trivers 1972; Wright 1994). Mütter und Väter müssen Zeit und Energie in das Großziehen der Kinder investieren – im Gegensatz zu Fischen oder Spinnen, die nur Eier legen und diese dann sich selbst überlassen. Frauen müssen deshalb nicht nur den größten, stärksten, klügsten, hinreißendsten Mann mit möglichst hohem gesellschaftlichem Status finden, sondern auch den treuesten, fürsorglichsten Partner, der sie beim Großziehen ihrer Nachkommenschaft unterstützt.

Der Evolutionspsychologe David Buss (1994; Buss u. Schmitt 1993) vertritt die Ansicht, Männer und Frauen hätten verschiedene Strategien, Emotionen und Motivationen für kurz- und langfristige Beziehungen entwickelt. Die männliche Strategie von Verführen und Verlassen – bei der sie sich zuerst treu und fürsorglich geben und dann die Partnerin wieder verlassen – ist eine kurzfristige Strategie. Dagegen ist Treue gegenüber der Frau und die Investition in das Großziehen der Nachkommen eine langfristige Strategie von Männern. Die weibliche Strategie, einen treuen Mann für sich zu gewinnen, der bei ihr bleibt und sie beim Großziehen ihrer Kinder unterstützt, ist eine langfristige Strategie. Die Frage, ob Frauen kurzfristige Paarungsstrategien entwickelt haben oder nicht, ist kontrovers. Einige Wissenschaftler vertreten die Ansicht, wahlloser Sex zahle sich für Frauen im evolutionären Sinne nie aus, denn sie könnten schwanger werden, ohne einer männlichen Investition bei der späteren Kindererziehung gewiß zu sein. Frauen schienen weniger an gelegentlichem Sex interessiert zu sein als Männer (Buss u. Schmitt 1993). Andere dagegen argumentieren, kurze Beziehungen mit vielen Männern – besonders älteren, reichen Männern – gegen unmittelbare Belohnungen sicherten wenigstens das kurzfristige Überleben (s. auch **Psychologie im Alltag**).

Die Physiologie des menschlichen Sexualverhaltens

Das hormonale Geschehen, das bei der Regulierung des Sexualverhaltens anderer Tierarten so entscheidend ist, hat – soweit bekannt ist – keinen Einfluß auf die sexuel-

Sex – eine Frage der Paarungsstrategie?

Die Untersuchungen von Buss und anderen deuten darauf hin, daß Frauen und Männer über alle Kulturen hinweg die gleichen evolutionspsychologisch voraussagbaren Verhaltensmuster aufweisen, wenngleich sich die Risiken und Belohnungen für verschiedene Paarungsstrategien durch die äußeren Lebensbedingungen ändern. Sex wird angesehen als etwas, das Frauen Männern »schenken«, entweder im Tausch gegen unmittelbare materielle Belohnung (kurzfristige Paarung, wie z. B. Prostitution) oder gegen eine langfristige Bindung und Unterstützung (Ehe). Ganz allgemein weisen Männer einen größeren Wunsch nach verschiedenen Sexualpartnern auf und machen weniger Unterschiede bei der Wahl ihrer Partnerinnen. Diese Verhaltensmuster von Männern und Frauen gelten nach wie vor, obwohl die modernen Möglichkeiten zur Schwangerschaftsverhütung viele der Risiken, die kurzfristige Paarungsstrategien für Frauen mit sich bringen, ausschließen und viele Männer und Frauen heutzutage wirtschaftlich so gestellt sind, daß sie ihre Kinder alleine großziehen können. Wenn soziale und sexuelle Emotionen als Reaktion auf äußere Lebensbedingungen erlernt wurden, wäre eigentlich zu erwarten, daß menschliche Gefühle und Motivationen mit den technologischen und sozialen Entwicklungen Schritt halten. Statt dessen scheinen unsere Paarungsstrategien gegen alle Veränderungen beständig zu sein.

---

le Ansprechbarkeit oder Befriedigung der meisten Männer und Frauen (Bancroft 1978). Bei den Frauen spielen **Sexualhormone** eine große Rolle bei den Ovulations- und Menstruationszyklen. Normale individuelle Schwankungen des Hormonspiegels geben jedoch keine Hinweise auf die Häufigkeit oder Qualität sexueller Aktivitäten. Bei Männern ist das Hormon Testosteron zur sexuellen Erregung und Reaktion erforderlich. Die meisten gesunden Männer im Alter zwischen 18 und 60 Jahren verfügen über einen ausreichend hohen Testosteronspiegel, um normale Geschlechtstriebe zu erfahren. Dabei stehen individuelle Schwankungen des Hormonspiegels im Bereich des Normalen in keinem Zusammenhang mit der sexuellen Reaktion.

Obwohl man schon seit Jahrzehnten die Sexualpraktiken und -reaktionen von Tieren untersucht hatte, war die Durchführung ähnlicher Untersuchungen über menschliches **Sexualverhalten** lange Zeit untersagt. William Masters und Virginia Johnson (1966, 1970, 1979) brachen erstmals dieses Tabu, indem sie die physiologischen Muster, die beim Sexualverhalten von Menschen auftreten, unter Laborbedingungen beobachteten und aufzeichneten. Sie untersuchten nicht, was Menschen über ihr Verhalten sagten, sondern was sie tatsächlich taten. Im Abschn. **Experiment** werden einige der Resultate beschrieben.

Nach der Betrachtung der evolutionären und physiologischen Aspekte der menschlichen Sexualität geht es im folgenden um die Beschreibung sexuell stimulierender Reize aus der Umwelt und den Einfluß psychischer Faktoren auf sexuelle Reaktionen.

Sexuelle Erregung

Sexuelle Erregung ist der motivationale Zustand der Erregung und Spannung, der durch physiologische und kognitive Reaktionen auf erotische Reize herbeigeführt wird. Erotische Reize – physischer oder psychologischer Natur – rufen sexuelle Erregung oder leidenschaftliche Gefühle hervor. Die durch erotische Reize erzeugte sexuelle Erregung wird durch sexuelle Handlungen reduziert, die von den Betroffenen als befriedigend empfunden werden, besonders, wenn ein Orgasmus erreicht wird.

> **!** Wenngleich sich die Untersuchungen von Masters u. Johnson auf die Physiologie der sexuellen Reaktion konzentrierten, ist doch die zentrale Bedeutung der psychologischen Prozesse bei der Erregung wie bei der Befriedigung vielleicht ihre wichtigste Entdeckung. Sie wiesen nach, daß Störungen der sexuellen Reaktion oftmals eher psychologische als physiologische Ursachen haben und therapeutisch beeinflußt oder beseitigt werden können.

Von besonderer Bedeutung ist die Unfähigkeit, den Reaktionszyklus zu vollenden und Befriedigung zu finden, bei Männern Impotenz und bei Frauen Frigidität genannt. Oft liegen diesem Problem eine zwanghafte Beschäftigung mit persönlichen Problemen, Angst vor den Folgen der sexuellen Handlung, Befürchtungen über die Beurteilung der sexuellen Leistung durch den Partner oder unbewußte Schuldgefühle bzw. negatives Denken zugrunde. Schlechte Ernährung, Müdigkeit, Streß und der exzessive Genuß von Alkohol oder Dro-

EXPERIMENT

Der sexuelle Reaktionszyklus

Um die Reaktion auf sexuelle Stimulation beim Menschen direkt zu erforschen, führten Masters u. Johnson kontrollierte Laborbeobachtungen an Tausenden freiwillig teilnehmender Männer und Frauen und an Zehntausenden sexueller Reaktionszyklen beim Geschlechtsverkehr und bei der Masturbation durch. Die 4 wichtigsten Schlußfolgerungen aus diesen Untersuchungen sind:

- Männer und Frauen haben ähnliche sexuelle Reaktionsmuster.
- Obwohl die Abfolge der Phasen des sexuellen Reaktionszyklus bei beiden Geschlechtern ähnlich ist, sind Frauen weniger festgelegt; sie reagieren eher langsam, bleiben aber oft länger erregt.
- Viele Frauen sind zu mehrfachen Orgasmen fähig; Männer in vergleichbaren Zeiträumen nur selten.
- Die Größe des Penis steht mit keinem Aspekt der sexuellen Reaktion in Zusammenhang – außer mit der Einstellung der Männer, einen möglichst großen Penis haben zu wollen.

Masters u. Johnson beschrieben 4 Phasen des sexuellen Reaktionszyklus beim Menschen: Erregungsphase, Plateauphase, Orgasmus und Entspannung (s. Abb. 7.2).

- Während der *Erregungsphase,* die einige Minuten bis zu mehr als einer Stunde dauern kann, kommt es zu vaskulären (die Blutgefäße betreffenden) Veränderungen in der Beckenregion. Der Penis erigiert, und die Klitoris schwillt; Blut und andere Flüssigkeiten sammeln sich in den Hoden und in der Vagina; der Körper rötet sich (»sex flush«).
- Während der *Plateauphase* wird ein individuell unterschiedlich ausfallendes Maximum an Erregung erreicht. Herzschlag und Atem werden beschleunigt, der Blutdruck steigt, die Drüsensekretion sowie die willkürliche und unwillkürliche Muskelspannung des ganzen Körpers werden erhöht. Die vaginale Feuchtigkeit nimmt zu, und die Brüste schwellen an.
- Während der *Orgasmusphase* erleben beide Partner ein sehr intensives angenehmes Gefühl der Lösung der sexuellen Spannung, die sich aufgebaut hatte. Der Orgasmus ist gekennzeichnet durch rhythmische Kontraktionen, die etwa alle achtzehntel Sekunde in der Genitalregion auftreten. Atmung und Blutdruck erreichen bei Männern wie bei Frauen ein sehr hohes Niveau, und der Herzschlag kann sein Tempo verdoppeln. Beim Mann führen die pochenden Kontraktionen zur Ejakulation, dem Ausstoßen von Sperma. Die Frau gelangt durch die Stimulation der Klitoris oder der Vaginalwände zum Orgasmus.
- Während der *Entspannungsphase* kehrt der Körper allmählich wieder zu seinem Normalzustand zurück. Blutdruck und Herzschlag flachen dabei ab. Bei den meisten Männern tritt nach einem Orgasmus eine Refraktärphase ein, die wenige Minuten bis zu einigen Stunden dauern kann und während der ein weiterer Orgasmus nicht möglich ist. Frauen hingegen sind zu multiplen Orgasmen in rascher Folge fähig, wenn ihre sexuelle Erregung anhält.

gen können den Sexualtrieb und die sexuelle Leistungsfähigkeit ebenfalls herabsetzen.

Die Abfolge sexueller Handlungen, die im Orgasmus kulminieren kann, kann durch einen einzigen unkonditionierten Reiz, aber auch durch eine unendliche Vielfalt konditionierter Reize ausgelöst werden.

> **!** Der unkonditionierte Reiz ist die Berührung. Berührung in Form genitaler Zärtlichkeiten ist ein universeller Bestandteil des sexuellen Vorspiels in allen Kulturen der Welt (Ford u. Beach 1951). Fast jeder Reiz, der mit genitaler Berührung und Orgasmus gekoppelt werden kann, kann zum konditionierten Motivationsfaktor werden. Dies gilt unabhängig davon, ob der Reiz der äußeren Umwelt, dem eigenen Gedächtnis oder der Phantasie entspringt.

Ein nichtsexueller Gegenstand, der durch Konditionierung sexuelle Erregung auszulösen vermag, wird als **Fetisch** bezeichnet. Es wird angenommen, daß die Empfindungen und Phantasien während der Masturbation den primären Rahmen für die Koppelung beinahe jeden Reizes mit lustvoller Erregung darstellen (Storms 1980, 1981). Unbelebte Gegenstände, Gewebe, Klänge, visuelle Vorstellungen, Gerüche – jedes faßbare oder erdachte Reizereignis kann mittels vorangegangener Konditionierung sexuelle Erregung auslösen.

Beim Thema Fetisch müssen wir berücksichtigen, was an der Art, wie Menschen sich sexuell ausdrücken, normal und was anormal ist. Die meisten Menschen erhalten wenig unmittelbare Informationen über die

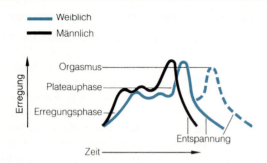

Abb. 7.2. Der sexuelle Reaktionszyklus bei Frau und Mann. Die Phasen des sexuellen Reaktionszyklus von Männern und Frauen folgen einem ähnlichen Muster. Die Hauptunterschiede liegen in der Zeitdauer bis zur Erreichung jeder Phase und darin, daß die Wahrscheinlichkeit, einen mehrfachen Orgasmus zu erreichen, bei Frauen höher ist

enorme Vielfalt individueller Sexualverhaltensmuster. Wir werden daher jetzt der Frage nach den Normen im Sexualverhalten nachgehen.

Sexuelle Normen und sexuelle Skripts

Wie sieht ein durchschnittliches Sexualleben aus? Die wissenschaftlichen Untersuchungen zum menschlichen Sexualverhalten erhielten ihren ersten wichtigen Impuls durch die Arbeit von Alfred Kinsey et al. seit Anfang der 40er Jahre (1948, 1953). Diese befragten etwa 17.000 Amerikaner zu ihrem Sexualverhalten und enthüllten – einer schockierten amerikanischen Öffentlichkeit – daß bestimmte Verhaltensweisen, die zuvor für selten oder sogar »abnorm« gehalten worden waren, in Wirklichkeit weit verbreitet waren – zumindest wurde es so berichtet.

Umfragen zu Sexualpraktiken werden in den letzten Jahren regelmäßig durchgeführt, und die Ergebnisse gehen oft durch die Medien. In Tabelle 7.1 sind die Ergebnisse einer vor kurzem durchgeführten Umfrage dargestellt (Michael et al. 1994). Die Forscher stellten eine Vielzahl von Fragen; in der Aufstellung ist jedoch nur ein Ausschnitt der Antworten dargestellt. Können Sie darin irgendwelche interessanten Trends erkennen? Vielleicht sollte z. B. erwähnt werden, daß viel mehr Menschen zwischen 55 und 59 Jahren seit ihrem 18. Lebensjahr mit ein und demselben Partner zusammenleben als in der Altersgruppe der 25- bis 29jährigen. Dieses Ergebnis läßt darauf schließen, daß sich die Sexualnormen in den letzten Jahrzehnten geändert haben.

Sexuelle Normen sind ein Teil dessen, was wir als Mitglied einer bestimmten Kultur erwerben. Es wurde

bereits angedeutet, daß manche allgemeinen »männlichen« und »weiblichen« Aspekte des Sexualverhaltens Ergebnis der Evolution der Spezies Mensch sind. Allerdings legen verschiedene Kulturen bestimmte Verhaltensspektren fest, die als angemessen für den Ausdruck sexueller Impulse gelten. **Sexuelle Skripts** sind sozial erlernte »Programme« sexuellen Reagierens. Sie enthalten – üblicherweise unausgesprochene – Anweisungen darüber, was wann wie mit wem oder womit und warum zu tun ist (Gagnon 1977). Verschiedene Aspekte dieser Skripts werden durch soziale Interaktion während des ganzen Lebens gesammelt. Die Einstellungen und Werte, die in das sexuelle Skript eingebunden sind, stellen eine externe Quelle sexueller Motivation dar; sie geben mögliche bzw. akzeptierte Verhaltensweisen vor.

> ! Skripts sind Kombinationen von aus sozialen Normen abgeleiteten Vorschriften (was gehört sich und wird akzeptiert?), individuellen Erwartungen und aufgrund von Erfahrungen bevorzugten Verhaltenssequenzen. Ein sexuelles Skript enthält nicht nur Szenarien dessen, was man für sich selbst als angemessen erachtet, sondern auch der eigenen Erwartungen an einen Sexualpartner. Wenn unterschiedliche Skripts nicht erkannt, besprochen bzw. aufeinander abgestimmt werden, können sie zu Mißverständnissen, Konflikten und Enttäuschungen zwischen Partnern führen.

Ein besonders krasses Beispiel sind Vergewaltigungen durch Bekannte, die im Abschn. **Unter der Lupe** beschrieben werden.

Homosexualität

Bei unserer bisherigen Erörterung sexueller Motivation wurde eine wichtige Kategorie sexueller Erfahrung außer acht gelassen, nämlich die **Homosexualität**. Die Untersuchung weiblicher und männlicher Homosexualität ist eine weitere Gelegenheit zu sehen, wie sexuelles Verhalten sowohl von internen als auch von externen motivationalen Kräften gesteuert wird.

Bisher hat sich unser Interesse auf die Motivation konzentriert, die Menschen zu einem bestimmten Spektrum an sexuellen Verhaltensweisen bewegt. Im selben Zusammenhang kann auch die Homosexualität betrachtet werden. Unsere Erörterung der sexuellen Motivation soll Homosexualität nicht als Verhalten darstellen, das durch eine Abweichung von der Heterosexualität »verursacht« wird, sondern deutlich machen, daß jedes sexuelle Verhalten »verursacht« ist. Aus dieser Sicht gehen Homosexualität wie Heterosexualität

Tabelle 7.1. Sexuelle Verhaltensweisen US-amerikanischer Erwachsener. (Nach einer Erhebung von 1994)

	Zahl der Sexualpartner seit dem 18. Lebensjahr [% für jede Häufigkeitskategorie]			
	0	1	2–10	10 und mehr
Männer	3	26	44	33
Frauen	3	31	56	9
Alter: 25–29 Jahre	2	25	53	19
Alter: 55–59 Jahre	1	40	43	15
Bildung: High-School-Abschluß	3	30	49	17
Bildung: College-Abschluß	2	24	50	24

	Häufigkeit sexueller Aktivitäten in den letzten 12 Monaten [% für jede Häufigkeitskategorie]			
	keine	wenige Male im letzten Jahr	wenige Male im letzten Monat	wenigstens 2mal pro Woche
Männer	14	16	37	34
Frauen	10	18	36	37
Männer				
Alter: 25–29 Jahre	7	15	31	47
Alter: 55–59 Jahre	11	22	43	23
Frauen				
Alter: 25–29 Jahre	5	10	38	47
Alter: 55–59 Jahre	30	22	35	13
Männer				
Bildung: High-School-Abschluß	10	15	34	41
Bildung: College-Abschluß	9	18	38	35
Frauen				
Bildung: High-School-Abschluß	11	16	38	36
Bildung: College-Abschluß	14	17	37	33

Die Daten basieren auf einer Zufallsstichprobe von 3432 Erwachsenen im Alter von mindestens 18 Jahren

UNTER DER LUPE

Vergewaltigung durch Bekannte

Die Erforschung der sexuellen Erfahrungen von amerikanischen Studenten hat einen Bereich aufgedeckt, in dem männliche und weibliche sexuelle Skripts in verheerender Weise kollidieren: Vergewaltigung durch Bekannte. Dieser Begriff wird für eine Situation verwendet, in der jemand durch eine/n nähere/n Bekannte/n zu sexuellen Handlungen gezwungen wird. Auf die Frage von Wissenschaftlern, ob sie Erfahrungen mit ungewolltem Sex hatten, antwortete über die Hälfte der Studentinnen mit »Ja« (Murnen et al. 1989). Die Frauen wurden ferner befragt, auf welche Weise sie dazu gezwungen wurden und wie sie zu dem Zeitpunkt mit der Situation fertig wurden. Die häufigste Reaktion der Frauen auf den Angriff war, ihn zu igno-rieren oder nachzugeben. Viele der Frauen trafen diese Männer danach noch öfter, auch wenn sie ihre sexuellen Beziehungen nicht fortsetzten.

Eine andere Studie mit über 500 Studentinnen und Studenten brachte mehr Aufklärung darüber, wie Vergewaltigung durch Bekannte zustandekommt und worin sich männliche und weibliche sexuelle Skripts unterscheiden (Muehlenhard u. Cook 1988). Mehr als 90% aller befragten Studentinnen und Studenten hatten schon die Erfahrung des ungewollten Geschlechtsverkehrs gemacht. Die Angaben enthielten eine Vielzahl von Gründen dafür, warum diese Studenten sich auf ungewollten Sex eingelassen hatten, darunter verbaler und physischer Druck durch den Verabredungspartner, Gruppenzwang, Alkohol oder Drogen, Unsicherheit über die eigene Rolle beim Sex und Besorgnis über die Gefühle der anderen Person. Männer tendierten zu ungewolltem Sex aufgrund ihrer Ängste in bezug auf ihre eigene Sexualität und ihr Macho-Image. Sie fühlten sich besonders machtlos gegenüber dem Gruppenzwang – gegenüber der Erwartung, daß Männer sexuell erfahren zu sein haben –, und sie berichteten weit öfter als Frauen, ungewollten Sex im betrunkenen Zustand gehabt zu haben oder während sie auf einem Trip waren. Viele der Männer gaben auch an, sie seien von Frauen zu ungewolltem Sex verführt worden und aus Angst, als Versager zu gelten, nicht fähig gewesen, sexuelle Annäherungsversuche abzuwehren (Muehlenhard u. Cook 1988).

In dieser Studie wurde auch die Beziehung zwischen den Ansichten über Sex und dem Vorkommen von ungewolltem Sex untersucht. Dabei stellte sich heraus, daß ungewollter Sex bei Männern wie bei

Frauen weit häufiger vorkam, wenn einer der Partner die Beziehungen zwischen Mann und Frau als gegensätzlich empfand. Insbesondere entsprach es dem männlichen Skript, daß Frauen nur scheinbar Widerstand leisten, um nicht in den Ruch der Promiskuität zu kommen. Wenn Männer glauben, es werde von ihnen erwartet, den Widerstand der Frau zu ignorieren, kann es zu dieser Art von Vergewaltigung kommen.

Wie ist Vergewaltigung durch Bekannte zu interpretieren? Die Betrachtung der zugrundeliegenden motivationalen Kräfte legt nahe, daß die gesellschaftlichen Normen für männliches und weibliches Sexualverhalten z. T. geändert werden sollten. Es gibt keine Entschuldigung für Vergewaltigung durch Bekannte, ein derartiges Verhalten kann jedoch auch nicht zuverlässig verhindert werden, solange die zugrundeliegenden unterschiedlichen Motivationen nicht berücksichtigt werden.

---

auf ähnliche motivationale Kräfte zurück. Keine dieser Formen der Sexualität ist eine motivierte Ableitung der anderen.

In Abschn. 2.4 wurde die These untersucht, daß Homosexualität (ebenso wie Heterosexualität) vererbt wird. Wir erinnern daran, daß die Zwillingsforschung ergeben hat, daß eineiige Zwillinge eher die gleiche sexuelle Orientierung besaßen als zweieiige (Bailey u. Pillard 1991; Bailey et al. 1993). Andere Wissenschaftler suchten nach einer Information auf den Chromosomen, die auf die sexuelle Orientierung hinweisen könnte (Hamer et al. 1993). Die Ergebnisse legen nahe, daß die sexuelle Motivation zur Homosexualität teilweise von der Natur vorgegeben wird.

Aber handelt auch jeder nach seinen natürlichen Neigungen? Was die Homosexualität vermutlich am meisten von der Heterosexualität abgrenzt, ist die fortdauernde Feindseligkeit gegenüber homosexuellem Verhalten in vielen Bereichen der Gesellschaft. Bei einer 1992 in den USA durchgeführten Umfrage unter 363 Erwachsenen stimmten 68.3% der Befragten dem Satz, »Sex zwischen 2 Männern ist einfach völlig verkehrt«, »voll« oder »teilweise« zu; 64.3% der Befragten stimmten dem Satz, »Sex zwischen 2 Frauen ist einfach völlig verkehrt«, »voll« oder »teilweise« zu (Herek 1994). Die meisten Homosexuellen gelangen zu der Einsicht, daß sie in einem feindseligen Umfeld zu gleichgeschlechtlichen Beziehungen motiviert werden

– einem Umfeld, das es ihnen erschwert, ihren Gefühlen entsprechend zu handeln. Viele homosexuelle Männer und Frauen verspüren eine sog. verinnerlichte Homophobie oder verinnerlichte Homonegativität (Shidlo 1994). Dies kann zu psychischen Qualen führen, weil

Abb. 7.3. Ein homosexuelles Paar. Die Mehrzahl der Homosexuellen gibt an, sich mit ihrer sexuellen Orientierung persönlich wohl zu fühlen

der oder die Homosexuelle die negative Haltung der Gesellschaft verinnerlicht hat.

Die Ängste von Homosexuellen betreffen weniger die Tatsache, daß sie homosexuell sind, als vielmehr das ständige Bedürfnis, ihre sexuelle Identität ihrer Familie, ihren Freunden und Arbeitskollegen gegenüber entweder zu enthüllen oder zu verbergen (D'Augelli 1993). Der Verband der amerikanischen Psychiater strich 1973 im Anschluß an eine Abstimmung die Homosexualität von der Liste der psychologischen Störungen; 1975 folgte ihm der amerikanische Psychologenverband (Morin u. Rothblum 1991). Den Ausschlag dazu gaben Forschungsberichte, wonach homosexuelle Frauen und Männer glückliche, produktive Menschen sind, die ihre sexuelle Orientierung nicht ändern wollten, auch wenn es eine »Zauberpille« gäbe, die es ihnen ermöglichte (Bell u. Weinberg 1978; Siegelman 1972; s. auch Abb. 7.3).

> ! Diese Untersuchung zeigt, daß viele Belastungen im Zusammenhang mit Homosexualität nicht in der sexuellen Motivation selbst ihren Ursprung haben – denn Homosexuelle fühlen sich mit ihrer sexuellen Orientierung wohl –, sondern in den Reaktionen der Mitmenschen auf diese sexuelle Motivation.

Wie verbreitet ist die homosexuelle Orientierung? Die im Abschn. **Experiment** dargestellten Daten liefern wenigstens einen Hinweis auf die Antwort.

Dieser kurze Überblick über die Homosexualität bestätigt unsere Schlußfolgerungen über die sexuelle Motivation beim Menschen. Der Antrieb zu sexuellem Handeln ist teilweise auf die genetische Ausstattung zurückzuführen, denn die Evolution der Arten hat für interne Modelle heterosexueller wie homosexueller Verhaltensweisen gesorgt. Aber sexuelles Handeln ist auch immer von äußeren Einflüssen abhängig. Wir lernen, bestimmte Reize besonders verführerisch und manche Verhaltensweisen kulturell akzeptabel zu finden. Im Fall der Homosexualität können äußere gesellschaftliche Normen gegen die inneren Gebote der Natur arbeiten.

7.3
Aggression und Gewalt

In Deutschland und in der gesamten westlichen Welt sind Aggression, Gewalt und Kriminalität zu einem der größten gesellschaftlichen Probleme geworden, welches eine besondere Verschärfung dadurch erfährt, daß die Täter immer jünger, rücksichtsloser und brutaler geworden sind. Der Blick in die Medien führt uns die Alltäglichkeit der auf andere Menschen gerichteten Aggressionen und ihrer Folgen Tag für Tag vor Augen. Er offenbart aber auch noch ein zweites: Menschen finden sog. Böse nicht nur furchteinflößend, sondern gleichzeitig auch faszinierend. Die Darstellung von Brutalität und Gewalt in den Print- und AV-Medien deckt einen »Bedarf«, wie die Einschaltquoten beweisen. Ein umfassendes Verständnis des Phänomens Gewalt sollte nach unserer Meinung neben der *Ausübung* von Aggression auch die psychologischen Vorgänge beim *Zuschauen* zum Thema haben.

EXPERIMENT

Experiment: Homosexuelle Neigungen und Beziehungen

Die meisten Umfragen zum sexuellen Verhalten versuchten, über die Verbreitung von Homosexualität genaue Zahlen zu ermitteln. Alfred Kinsey fand bei seinen frühen Studien heraus, daß ein großer Prozentsatz der befragten Männer zumindest irgendeine homosexuelle Erfahrung gemacht hatte und daß etwa 4% der Männer ausschließlich homosexuell waren. Der Anteil der Frauen war geringfügig kleiner. Jüngere Untersuchungen versuchen, die Diskrepanz zwischen dem Wunsch nach homosexuellen Beziehungen und dem tatsächlichen Ausleben dieses Wunsches zu klären. Michael et al. (1994) fanden heraus, daß sich etwa 4% der befragten Frauen von Mitgliedern ihres Geschlechts sexuell angezogen fühlen, aber nur 2% tatsächlich im vergangenen Jahr Sex mit einer anderen Frau hatten. Genauso fühlten sich 6% der Männer sexuell angezogen von anderen Männern, aber nur 2% der Befragten hatten tatsächlich im vergangenen Jahr Sex mit einem anderen Mann. Sind diese Zahlen zuverlässig? Solange sich die Gesellschaft gegenüber dem Ausleben homosexueller Wünsche so feindselig verhält, ist es wahrscheinlich nicht möglich, die Verbreitung der Homosexualität genau zu erfassen.

> ❗ Was verstehen wir unter Aggression und Gewalt? Wir beschränken uns in der Definition auf **Aggression** zwischen Menschen und definieren sie als körperliches oder verbales Handeln, das mit der Absicht ausgeführt wird, zu verletzen oder zu zerstören. Gewalt ist Aggression in ihrer extremen und sozial nicht akzeptablen Form. Während der Begriff der Aggression direkt auf ein Verhalten abzielt, bezieht sich Aggressivität auf eine Disposition oder Persönlichkeitseigenschaft (vgl. Abschn. 11.1). . Menschen haben ein unterschiedliches Ausmaß an Aggressivität, d. h. die Bereitschaft, aggressiv zu reagieren, ist mehr oder weniger groß.

Untersuchungsergebnisse zur Aggression stammen aus recht unterschiedlichen Quellen: aus physiologischen Messungen, aus klinischen Beobachtungen und aus Untersuchungen sowohl im Labor als auch in der »realen Welt«. In diesem Abschnitt werden wir nur einige der theoretischen Ansätze und Fragestellungen anreißen können, dabei aber bereits feststellen, wie vielfältig die Gesichter der Aggression sind. Eine aktuelle Zusammenfassung ausgewählter Resultate und Probleme der Aggressionsforschung enthält das Buch von Bierhoff u. Wagner (1998).

Wir werden 6 Antworten auf die Frage kennenlernen, warum Menschen aggressiv reagieren:

- Aggression tritt aufgrund unserer artspezifischen Ausstattung unter bestimmten Umständen *unausweichlich* auf. Mit anderen Worten, Aggression ist Teil unseres biologischen Erbes (»ist angeboren«).
- Aggression kann auf der physiologischen Ebene über Besonderheiten des hormonellen Systems erklärt werden. Insbesondere erklären hormonelle Unterschiede zwischen Männern und Frauen Geschlechtsunterschiede in der Aggression.
- Aggressives Verhalten steht mit der Erfahrung von Frustrationen in Zusammenhang.
- Aggressives Verhalten tritt dann auf, wenn bestimmte emotionale Befindlichkeiten (Wut) *und* bestimmte aktuelle Hinweisreize vorliegen.
- Aggressives Verhalten wird nach den Prinzipien des sozialen Lernens (vgl. Abschn. 5.4) erworben.
- Aggressionen treten dann auf, wenn Menschen den anderen nicht mehr als Menschen wahrnehmen (»Dehumanisierung«).

7.3.1
Angeborene Aggression

Todestrieb und Katharsis in der Theorie Freuds
Freud vertrat die Auffassung, daß der Mensch vom Augenblick der Geburt an 2 einander entgegengesetzte

Triebe besitzt: einen Lebenstrieb (Eros), der für die Energie für Wachstum und Überleben sorgt; und einen Todestrieb (Thanatos), der nach der Selbstzerstörung des Individuums strebt (vgl. Abschn. 1.3, 7.1 und 11.3). Er nahm weiterhin an, der **Todestrieb** werde oft in Gestalt der Aggression gegen andere nach außen umgelenkt.

Die Energie für den Todestrieb wird stetig im Körper generiert. Sie sammelt sich wie Wasser in einem Tank. Wird sie nicht in kleinen Mengen und auf sozial akzeptierte Weise abgegeben, so wird sie so lange zunehmen, bis sie auf extreme und sozial nicht akzeptable Weise »überläuft«. Eine Möglichkeit der Ableitung dieser Energie ist die Katharsis (*griech.* Reinigung), die in der Psychoanalyse auch als sog. Katharsistherapie angewendet wird (vgl. Abschn. 14.2). Es geht darum, die mit der Energie verbundenen übermäßigen Affektspannungen abzubauen. Die Affekte werden in ihrer vollen Intensität ausgedrückt: durch Weinen, Worte, symbolische Mittel oder direkte Handlungen.

In der Untersuchung von Robert Sears (1961) wurde eine Zeitlang eine eingeschränkte Bestätigung der Katharsishypothese gesehen. Nach den Beobachtungen von Sears wiesen Jungen mit einem hohen Ausmaß an Aggressivität im Alter von 5 Jahren auch im Alter von 12 Jahren noch ein hohes Aggressivitätsniveau auf. Einige von ihnen waren weiterhin offen und antisozial aggressiv, andere hingegen zeigten geringe antisoziale Aggression, jedoch hohe prosoziale Aggression. (Unter prosozialer Aggression ist Aggression im Dienste sozial akzeptabler Zwecke, wie Durchsetzen von sozialen Regeln oder Bestrafung anderer für Regelverletzungen, zu verstehen.) Die Jungen dieser zweiten Gruppe zeigten auch mehr Aggressionen gegen sich selbst als ihre Altersgenossen, die sich immer noch sehr antisozial verhielten. Darüber hinaus waren die »prosozialen Aggressoren« ängstlicher und zeigten mehr Furcht vor antisozialer Aggression als die antisozialen Aggressoren. Dieser Befund wurde dahingehend interpretiert, daß die gleiche aggressive innere Energie bei beiden Gruppen von Kindern einfach unterschiedliche Formen des Ausdrucks gefunden habe.

> ❗ Doch trotz solcher stützender Belege ist die Katharsistheorie von Psychologen eher kritisch bewertet worden, weil sie keine spezifischen Faktoren nennt, mit deren Hilfe man vorhersagen könnte, ob Aggressionen auftreten werden und welche Richtung oder Form sie annehmen werden.

Generell wird der psychoanalytischen Aggressionstheorie Freuds heute zwar eine literarische und deskriptive Qualität und die Möglichkeit von Ex-post-facto-Erklärungen zugestanden, ihr wird jedoch nur wenig wissenschaftlicher Nutzen bei der Vorhersage oder Kontrolle des Verhaltens beigemessen. Tatsächlich hat Freud sich in seinen späteren Schriften etwas vom Todestrieb distanziert. Andere jedoch haben die eine oder andere Spielart des Begriffes immer wieder in ihre Vorstellungen von der Natur des Menschen eingebaut.

Der Großteil der Belege zur Katharsis aggressiver Gefühle läßt annehmen, daß ein emotionales »Rauslassen« aggressiver Gefühle im Sprechen das Auftreten nachfolgender Aggression zu senken vermag; die Gelegenheit jedoch, offen aggressives Verhalten »auszuagieren«, bewirkt das Gegenteil: Sie verstärkt die Aggressivität. Auf die Frage, ob Katharsis die künftige Aggressionsneigung verringert oder verstärkt, kommen wir in Abschn. 7.3.5 aus lerntheoretischer Sicht zurück.

Der Aggressionstrieb

Eine andere Theorie, die Aggression als artspezifisches und angeborenes Erbe jedes Menschen ansieht, stammt von dem Ethologen Konrad Lorenz (1966). Auf der Grundlage von Tierbeobachtungen stellte Lorenz die Behauptung auf, Aggression sei eine spontane innere Bereitschaft zum Kampf, die für das Überleben eines Organismus entscheidend sei.

Bei den meisten Tierarten haben aggressive Auseinandersetzungen zwischen Artgenossen jedoch selten schwerwiegende Folgen wie Verletzung oder Tötung, denn eines der Tiere wird schließlich Beschwichtigung oder Unterwerfung »signalisieren«. Laut Lorenz ist beim Menschen diese aggressionshemmende Befriedungsstrategie verlorengegangen, während der **Aggressionstrieb** erhalten geblieben ist. Menschen sind zu Wesen geworden, die Angehörige der eigenen Art töten – z. T., weil sie aus der Entfernung töten können.

Ardrey (1966) geht noch weiter als Lorenz. Er behauptet, Aggression entspringe dem Territorialverhalten. Dabei handelt es sich um den »territorialen Imperativ« – den angeborenen Trieb, Grundbesitz zu gewinnen und zu verteidigen. Tiere einiger Arten markieren die Gebiete, in denen sie leben, mit unterschiedlichen Mitteln, beispielsweise Urin. Andere Mitglieder dieser Art reagieren auf die territorialen Markierungen, indem sie sich aus dem markierten Gebiet zurückziehen.

Tun sie das nicht, so riskieren sie die aggressive Konfrontation mit dem Eigentümer.

Es gibt keine überzeugenden Beweise für die Richtigkeit der ethologischen Aggressionstheorie im Sinne von Lorenz und Ardrey. Zu den Gegenargumenten zählen die folgenden Beobachtungen:

- Nicht alle Tierarten zeigen Territorialverhalten (Crook 1973).
- Die Reaktionen von Tieren auf Beschwichtigungsgesten sind innerhalb einer Art recht unterschiedlich, ähnlich wie beim Menschen (Barnett 1967).
- Schließlich sind viele Beispiele von Tötungen innerhalb der eigenen Art bei Tieren beobachtet worden (E. Wilson 1973). Sogar relativ friedliche und gesellige Schimpansen wurden dabei beobachtet, wie sie andere Schimpansen fertigmachten, sie schlugen und in einigen Fällen ihre Jungen töteten (Goodall 1986).

> **!** Territorialfragen mögen der Grund für einige menschliche Konflikte sein, es gibt jedoch keinen Grund anzunehmen, daß alle Aggression eher einem inneren Trieb entspringt als erworbenen Bedürfnissen nach Macht und Sicherheit.

Individuelle Unterschiede in der Aggressivität

Im vergangenen Jahrzehnt haben sich Forscher aus Biologie und Psychologie zunehmend dafür interessiert, in welchem Ausmaß individuelle Unterschiede in der Aggressivität genetisch determiniert sind. Die wichtigste Methode der Bestimmung der Erblichkeit individueller Unterschiede besteht darin, die Ähnlichkeit von Merkmalsausprägungen mit dem Verwandschaftsgrad von Personen in Beziehung zu setzen (s. auch in Abschn. 12.3 das Beispiel der Intelligenz). Im klassischen Paradigma der Zwillingsstudie werden die Korrelationen zwischen eineiigen (monozygoten) Zwillingen, die 100% ihrer Gene teilen, mit den Werten zweieiiger (dizygoter) Zwillinge verglichen, bei denen nur 50% der Gene identisch sind. Vergleichbare Umwelten vorausgesetzt, werden höhere Korrelationen bei den Merkmalsausprägungen der eineiigen Zwillinge als Beweis für die Wirksamkeit genetischer Einflüsse auf die fragliche Eigenschaft genommen. Von der Höhe der Korrelationen kann man also auf das Ausmaß der Erblichkeit der Eigenschaft schließen (Plomin et al. 1980), wie etwa das folgende **Experiment** zeigt.

Neuere Arbeiten verweisen auf einen bedeutenden Beitrag genetischer Faktoren zur Aggressivität wie

Ist Aggressivität erblich bedingt?
Erwachsene Zwillingspaare füllten Fragebögen aus, die neben anderen Eigenschaften auch die Aggressivität erfaßten. Bei 179 *zweieiigen* Zwillingspaaren desselben Geschlechts bestand keine Korrelation zwischen den Aggressionswerten der beiden Zwillingspartner (r = .04). Bei den 286 *eineiigen* Zwillingen hingegen war die Korrelation der Aggressivitätswerte hoch signifikant (r = .40). Die Forscher schätzen, daß etwa 50% der Unterschiede in der Aggressivität durch genetische Einflüsse bedingt sind. Weiterhin schließen sie aus anderen Belegen, daß die aggressiven Neigungen der Zwillinge nur zu einem ganz geringen Teil das Ergebnis ihrer gemeinsamen Umwelt sind. Hingegen ist neben den genetischen Einflüssen auch die besondere Umwelt jedes Zwillings für die Aggressivität

von Bedeutung. Obwohl Altruismus – die Bereitschaft, für andere einzutreten, ohne davon einen eigenen Vorteil zu haben – häufig als diametraler Gegensatz zur Aggression aufgefaßt wird, waren die genetischen Einflüsse hier ähnlich hoch wie bei der Aggressivität. Hinsichtlich der Merkmalsausprägungen zeigten sich deutliche Geschlechtsunterschiede: Altruismus war bei Frauen ausgeprägter, Aggressivität bei den Männern größer (Rushton et al. 1986).

Resultate derartiger Studien, so beeindruckend sie sind, unterliegen einer wichtigen methodischen Einschränkung: Die Messung der Aggressivität kommt durch Selbstbeschreibungen bzw. -beurteilungen im Fragebogen zustande, aber die Beziehung solcher Selbstberichte zu offenen Akten körperlicher Aggression ist ungeklärt.

---

auch zum Altruismus. Gene können jedoch Verhalten nur *indirekt* beeinflussen, indem sie biologische Programme (»codes«) zur Produktion bestimmter Proteine bereitstellen, die im Gehirn und im Nervensystem arbeiten und sich ihrerseits *direkt* auf das Verhalten auswirken können. Resultate der beschriebenen Art verweisen darauf, wie wichtig es ist, Einflüsse von Hormonen und Neurotransmittern auf die Aggression zu untersuchen.

7.3.2
Physiologische Grundlagen der Aggression

Die oftmals bestätigte größere Aggressivität des männlichen Geschlechts bei Mensch und Tier scheint teilweise auf die frühe Wirkung von Sexualhormonen auf das Gehirn zurückzugehen. Im folgenden Abschn. **Experiment** wird eine einschlägige Untersuchung beschrieben.

> **!** Bei Tieren kann man einen *direkten* Einfluß der Hormone auf das Verhalten annehmen. Beim Menschen scheinen sie sich jedoch eher *indirekt* auszuwirken, denn hier kommt die Wirkung von Persönlichkeitsfaktoren hinzu. Auch weil Lernen und Erfahrung bei der Steuerung und Kontrolle des Verhaltens eine große Rolle spielen, ist die Beziehung zwischen jeglichen physiologischen Faktoren und Aggression beim Menschen weitaus komplexer als bei den anderen Arten.

Anders ist dies lediglich in den Fällen, in denen diese psychischen Faktoren durch Krankheit oder Verletzung

außer Kraft gesetzt sind. Bei Personen, die an einem Syndrom des Kontrollverlustes (Verlust der Kontrolle über das eigene Verhalten) litten, fand man gelegentlich Gehirnerkrankungen des Schläfenlappens oder des limbischen Systems, besonders in der Amygdala (s. Abschn. 2.2). Charakteristisch für dieses Syndrom sind sinnlose Brutalität, pathologischer Rausch, sexuelle Belästigung oder die wiederholte Verursachung schwerer Autounfälle.

In neuropsychologischen Studien wurde auch eine Reihe unterschiedlicher Neurotransmitter untersucht, die bei der Ausführung aggressiver Akte eine Rolle spielen. Beispielsweise ist die Aggression unter männlichen Tieren höher, wenn deren Katecholaminspiegel (Dopamin beispielsweise) hoch ist, aber niedriger, wenn der Serotoninspiegel hoch ist. Die physiologische Regulation der Aggression beruht eindeutig auf einer komplexen Interaktion neurochemischer und neuroendokriner Systeme (Whalen u. Simon 1984).

7.3.3
Die Frustrations-Aggressions-Hypothese

Fast 20 Jahre nachdem Freud die Existenz eines Todestriebes postuliert hatte, stellte eine Gruppe von Psychologen der Yale University eine alternative Betrachtungsweise der Aggression vor: die Frustrations-Aggressions-Hypothese (Dollard et al. 1939).

Nach der **Frustrations-Aggressions-Hypothese** ist Aggression ein erworbener Trieb, der als Reaktion auf

Sexualhormone und Aggressivität

Wenn man weiblichen Tieren männliche Hormone injizieren, weisen sie oft ein erhöht aggressives Verhalten auf (Edwards 1971). Zeigt sich im Humanbereich ein entsprechender Einfluß? Vor einigen Jahren wurde vielen Frauen Progesteron verschrieben, um Fehlgeburten vorzubeugen. Es stellte sich heraus, daß sowohl männliche als auch weibliche Kinder, die im Embryonalstadium geringe Mengen dieses Hormons aufgenommen hatten, eine signifikant höhere Bereitschaft zur körperlichen Aggression als ihre Geschwister zeigten, die diese Behandlung nicht erhalten hatten (s. Abb. 7.4). Etwa 10 Mio. der heute in den USA lebenden Menschen haben während kritischer Perioden ihrer Entwicklung derartige Medikamente erhalten (Reinisch 1981). Das Ausmaß der Geschlechtsunterschiede

in Akten interpersonaler und selbstgerichteter Aggressivität junger Männer und Frauen ist so gravierend, daß manche Forscher schließen, biologische Faktoren *müßten* eine Rolle spielen. Sexualität ist eine »biologische Realität« mit einer deutlichen Verbindung zu gewalttätigem Verhalten. Es ist jedoch nicht bekannt, ob es eine kausale oder eine korrelative Verbindung ist. Diejenigen, die eine biologische Prädisposition zur Gewalt postulieren, verweisen auf männliche Hormone und andere körpereigene Faktoren, die Männer »anfällig« für Gewalttätigkeit machen (Herrnstein u. Wilson 1985). Diejenigen, die bei der Entstehung von Aggression die Rolle der Umwelt gegenüber der Vererbung hervorheben, behaupten, die Anforderungen bezüglich der Geschlechtsrolle und der Lebensstil lägen der höheren Aggressivität der Männer zugrunde.

Frustration entstanden ist. Frustration tritt auf, wenn die Ausführung einer Zielreaktion unterbrochen oder blockiert wird. Je größer die gegenwärtige und angesammelte Frustration, um so stärker die daraus resultierende aggressive Reaktion.

Bei empirischen Untersuchungen zur Frustrations-Aggressions-Hypothese stellte sich jedoch bald heraus, daß nicht jeder aggressiven Handlung eine Frustration vorausging und daß nicht jede Frustration in Aggression mündete. Die ursprüngliche Frustrations-Aggressions-Hypothese wurde dahingehend revidiert, daß zwar jede Frustration eine Neigung zur Aggression hervorruft, diese Neigung jedoch zu schwach sein kann, um tatsächlich aggressives Verhalten zu verursachen (N. Miller 1941).

> **!** Die Theoretiker der Aggressions-Frustrations-Hypothese stimmten Freud insofern zu, als auch sie annahmen, daß der aggressive Trieb eine Steigerung erfährt, wenn er keinen Ausdruck findet (wenn die Frustration andauert). Den Ursprung aggressiven Verhaltens sahen sie jedoch eher in externen Faktoren – der Anhäufung frustrierender Situationen – als in einem angeborenen Aggressionstrieb. Neuere Studien zeigen außerdem, daß es entscheidend von der *eigenen* Wahrnehmung der Frustration abhängt, wie eine Person darauf reagiert (Berkowitz 1982).

Wenn eine Frustration auftritt, richtet sich der erste und stärkste Impuls gegen die Quelle der Frustration. Wenn ein Kind etwas Süßes haben möchte, von Vater oder Mutter aber daran gehindert wird, so ist das Kind höchst motiviert, sich gegen seine Eltern aggres-

siv zu verhalten. Wegen drohender Bestrafung wird das aggressive Verhalten jedoch möglicherweise gehemmt und stellvertretend an einem »ungefährlichen« Ziel ausgelassen, vielleicht einem jüngeren Geschwister oder einem Haustier. Andere beliebte Ziele fehlgeleiteter Aggression sind Minderheiten, Kinder und Frauen, die sich ohnehin schon in unterlegenen Positionen be-

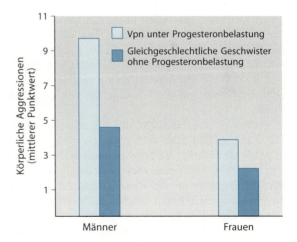

Abb. 7.4. Auswirkung von fötaler Progesteronbelastung auf die Aggressivität. Das Schaubild zeigt die Auswirkung der Einnahme von Progesteron durch die Mutter während der Schwangerschaft auf die männlichen und weiblichen Nachkommen. Es bestätigt auch die höhere Aggressivität von männlichen Personen unter beiden Bedingungen (mit und ohne Progesteronbelastung)

finden und mit größter Wahrscheinlichkeit nicht zurückschlagen werden. Wer an Angehörigen weniger mächtiger Gruppen, die für die Frustration des Aggressors nicht verantwortlich sind, Wut und Aggression ausläßt, macht diese zum Sündenbock.

Gemäß der Frustrations-Aggressions-Hypothese fällt die fehlgeleitete Aggression um so schwächer aus, je weniger das Ersatzziel der Quelle der Frustration ähnelt. Um so weniger vollständig ist auch der Katharsiseffekt. Einige Untersuchungen sprechen jedoch dafür, daß fehlgeleitete Aggressionen genauso stark sein können wie direkt gegen die Frustrationsquelle gerichtete und daß sich in der Folge die Aggressionsneigung verringert (Konecni u. Doob 1972). Die Wahrscheinlichkeit, daß Frustration zu Aggression führt, ist dann am größten, wenn die Aggression bei der Beeinflussung der Frustration einen instrumentellen Wert hat (Buss 1971).

7.3.4
Aggression als provozierte Bereitschaft

Ein Vorschlag zur Revision der Aggressions-Frustrations-Hypothese nimmt eine Wechselwirkung zwischen dem aktuellen emotionalen Zustand und Hinweisreizen aus der Umwelt an. Leonard Berkowitz (1974) behauptet, Frustration schaffe – ähnlich wie die vorausgegangene Verstärkung aggressiver Handlungen – eine *Bereitschaft* zu aggressiven Handlungen. Ob diese Bereitschaft in offene Aggression umgesetzt werde, sei abhängig von der Gegebenheit eines zweiten Faktors – von Hinweisreizen aus der Umwelt, die mit Aggression assoziiert werden. Beispielsweise dient das Vorhandensein einer Waffe anscheinend als ein solcher Hinweisreiz, der bereits mit der Emotion der Wut gekoppelt wurde.

Berkowitz ist der Ansicht, daß Aggression großenteils nicht geplant oder vorhergesehen wird, sondern impulsiv als Reaktion auf provozierende Reize der Umwelt ausbricht. Aggression kann auch durch Ereignisse oder Bedingungen in der Umwelt stimuliert werden, die intensive sexuelle oder feindselige Emotionen anregen oder aggressive Elemente enthalten.

Nur selten tritt interpersonale Aggression als die Gewalt eines Aggressors gegenüber einem völlig passiven Partner auf. Typischerweise sind beide Personen in die Eskalation verwickelt. Eine Analyse von 344 Verhaftungsprotokollen erbrachte, daß, wenn sich gewalttätige Zwischenfälle ereignet hatten, beide Parteien auf

das reagierten, was sie als Bedrohungen ihrer Integrität und ihres Selbstwertgefühles empfanden. Oft begann die Auseinandersetzung mit der Bitte um Information seitens eines Beamten oder mit der Aufforderung »Weitergehen, Aufhören«. In 60% der Episoden reagierte der Zivilist negativ auf die amtliche Aufforderung und verweigerte die Kooperation. Die Aufforderung wurde als unberechtigt oder unhöflich oder als Ausdruck persönlicher Feindseligkeit aufgefaßt. Der Polizeibeamte sah die Verweigerung der Kooperation als irrational, respektlos und vielleicht als Verdecken krimineller Aktivitäten. Eine Kette von Ereignissen wurde so in Gang gebracht, wobei beide Parteien zur Eskalation bis zur offenen Gewalt beitrugen (Toch 1969).

Gewalt wird zweifellos durch gesellschaftliche Bedingungen beeinflußt. Eine Analyse von Kriminalstatistiken über Gewalt aus 110 Nationen über 10 Jahre enthüllt, daß Tötungsdelikte dort ansteigen, wo es gerade einen Krieg gegeben hat. Dies gilt besonders für Länder, die einen Krieg *gewonnen* haben. Andere Ergebnisse aus dieser anspruchsvollen Studie archivierter Daten zeigen, daß die Bürger eines Landes, in dem auf Mord die Todesstrafe steht, sich dadurch nicht abschrecken lassen. Ganz im Gegenteil, die Zahl der Tötungsdelikte sinkt kurz nach der Abschaffung der Todesstrafe ein wenig (Archer u. Gartner 1984).

7.3.5
Sozial erlernte Aggression

Eine andere Antwort auf die Frage nach dem »Warum« der Aggression lautet, daß sie, wie viele andere Verhaltensweisen, erlernt worden ist. Sie wird unter dem Einfluß von Belohnungen, Bestrafungen und sozialen Normen und durch Beobachtung von Modellen erworben. Albert Bandura (1973) ist der führende Vertreter dieser Auffassung von der sozial erlernten Grundlage menschlicher Aggression.

Erlernte und antizipierte Konsequenzen

Nach der sozialen Lerntheorie löst jede Art aversiver Erfahrung – nicht nur Frustration – einen allgemeinen Zustand emotionaler Erregung aus. Diese Erregung kann dann in Abhängigkeit von der Lerngeschichte eines Individuums zu einer Reihe unterschiedlicher Verhaltensweisen führen. Menschen, deren Aggressionen in der Vergangenheit belohnt worden sind, werden aggressiv reagieren; andere werden sich zurückziehen, um Hilfe bitten oder sich um konstruktives Problemlösen bemühen, je nachdem, was sich in der Vergangenheit für sie bewährt hat.

> ! Aggression kann, wie alle anderen Reaktionen, auch unter Abwesenheit emotionaler Erregung auftreten, wenn eine Person das Gefühl hat, daß so ein erwünschtes Ziel erreicht werden kann – etwa wenn ein älterer Junge einen jüngeren schlägt, um ein Spielzeug zu bekommen. Jungen, die in einer bestimmten Situation für aggressive Reaktionen verstärkt worden sind, neigen dazu, auch in anderen Situationen aggressiv zu reagieren, selbst dann, wenn keine Belohnungen zu erwarten sind (Horton 1970).

Modelle und Normen

Aggression kann auch durch die Beobachtung anderer, die sich aggressiv verhalten, erlernt werden. Wie wir in Abschn. 5.4 gesehen haben, führen Kindergartenkinder, die beobachtet haben, wie Erwachsene oder gefilmte Modelle eine große aufgeblasene Puppe schlagen, treten oder stoßen, diese Handlungen später selbst aus (Bandura et al. 1963).

In einer weiteren Untersuchung handelten Kinder weniger aggressiv, wenn sie sahen, daß das **Modell** bestraft wurde. Offensichtlich war nicht nur die aggressive Handlung erlernt worden, sondern auch das Wissen über die Unangemessenheit einer solchen Handlung. Als der Versuchsleiter später jedoch jedem Kind einen Preis dafür anbot, daß es genau das machte, was das Modell getan hatte, führten alle Kinder bereitwillig die Handlungen aus, die sie beobachtet hatten. Es gilt: Weil sich die Verhaltenskonsequenzen änderten, wurde die aggressive Handlung ausgeführt (Bandura 1965).

Andere Untersuchungen haben gezeigt, daß Kinder, die emotional erregt sind – wenn sie beispielsweise an einem Spiel mit Wettbewerbscharakter teilnehmen –, mit größerer Wahrscheinlichkeit das Verhalten eines Modells nachahmen, gleichgültig, ob das Modell sich nun aggressiv oder nicht aggressiv verhält (Christ et al. 1971).

Auch die soziale Gruppe und das weitere kulturelle Umfeld können gewalttätiges Verhalten ermutigen. Wenn die Bezugsgruppen aggressive Modelle bereitstellen und gewalttätige Handlungen mit Beifall und Prestigezuwachs belohnen, so werden zumal junge Menschen sich wahrscheinlich unter Druck fühlen, konform mit der aggressiven Norm zu handeln. In ähnlicher Weise kann sich der Gruppendruck, Alkohol

EXPERIMENT

Aggression unter Drogen

In dieser Untersuchung an amerikanischen Studenten bestand der aggressive Akt in Schocks, die im Rahmen eines Wettbewerbs einem Partner zu verabreichen waren. Die Analyse der Beziehung von Alkohol und Aggression im Vergleich zu Marihuana und Aggression erbrachte, daß beide Substanzen entgegengesetzte Wirkungen hatten (s. Abb. 7.5). Als die Alkoholdosierung gesteigert wurde, stieg das Ausmaß aggressiver Handlungen auf mehr als das Zweifache. Im Gegensatz dazu senkten höhere Marihuana-Dosen die Schocks, die der anderen Person verabreicht wurden (Taylor et al. 1976).

oder andere Drogen einzunehmen, *indirekt* auf die Aggression auswirken, wie das **Experiment** zeigt.

Die soziale Lerntheorie stellt die Freudsche Vorhersage über Katharsis und Aggression in Frage und macht eine entgegengesetzte Prognose: Der Ausdruck aggressiver Impulse oder die Beobachtung von Aggression bei anderen wird die Wahrscheinlichkeit künftiger Aggression *erhöhen*. Welche Sichtweise wird durch empirische Ergebnisse gestützt? Im Abschn. **Unter der**

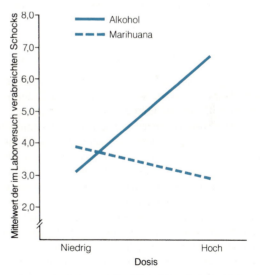

Abb. 7.5. Der Einfluß von Alkohol und Marihuana auf die Aggressivität. Die Abbildung zeigt die mittlere Rate der verabreichten Dosen von Alkohol und Marihuana. Die Erhöhung der Alkoholmenge führt im Laborexperiment zu größerer Aggressionsbereitschaft, während die Wirkung von Marihuana eher in die gegenteilige Richtung tendiert. (Nach Taylor et al. 1976)

Verringert Katharsis die Aggression?

Untersuchungen, die eine Zunahme der Aggression nach der Beobachtung aggressiver Modelle zeigen, bestätigen die soziale Lerntheorie. Zusätzlich ist gezeigt worden, daß die Gelegenheit, aggressiven Gefühlen in einer permissiven Umgebung Ausdruck zu verleihen, diese Gefühle auf ihrem ursprünglichen Niveau hält, statt sie zu verringern.

In einer Studie von Kahn (1966) beobachteten die Teilnehmer einen Gegner, der in ihnen Wut auslöste. Dann wurde der einen Hälfte von ihnen erlaubt, ihre Wut und Feindseligkeit gegenüber einem mitfühlenden Interviewer zum Ausdruck zu bringen. Die anderen hatten kein solches Interview, sondern saßen einfach eine Weile da. Später mochten die Personen, die die Erfahrung des »kathartischen Interviews« gemacht hatten, den Gegner noch weniger (statt mehr) und blieben im Vergleich zu den Personen der Kontrollgruppe in einem Zustand erhöhter physiologischer Erregung.

Dieses Ergebnis legt auch nahe, daß Therapien, die eine Person zum Ausdruck oder Ausagieren aggressi-ver Gefühle ermutigen, damit sie eine Katharsis erlebt, eine entgegengesetzte Wirkung haben können.

Solche Befunde scheinen dem gesunden Menschenverstand zu widersprechen, der besagt, daß es gut tut, »Dampf abzulassen« und »alles rauszulassen«. Wir können diesen Widerspruch auflösen, wenn wir zwischen dem Ausdrücken von Gefühlen einerseits und aggressivem Handeln oder der Beobachtung aggressiven Handelns andererseits unterscheiden:

- Unseren Gefühlen Ausdruck zu verleihen (weinen, lachen, mit anderen sprechen), mag dazu führen, daß wir uns besser fühlen oder unsere Angst lindern.
- Das Ausüben von Aggression gegen unsere Gegner, verbal oder in offener Handlung, wird unsere Neigungen zur Aggression wahrscheinlich nicht reduzieren.

Man kann jedoch das Bedürfnis nach körperlicher Aggression gegen andere senken, wenn man lernt, wie man im Konfliktfall verbal verhandelt.

Lupe versuchen wir, eine differenzierte Antwort auf diese Frage zu geben.

Gewalt im Fernsehen – Kartharsis oder Auslöser?

Überlegungen aus der sozialen Lerntheorie und auf der Grundlage der Katharsistheorie waren auch der Rahmen für die Untersuchungen zur Auswirkung von **Gewalt im Fernsehen**. Jeder, der fernsieht, bekommt mit hoher Wahrscheinlichkeit auch Episoden zu sehen, in denen Menschen auf viele »einfallsreiche« Arten getötet oder verletzt werden. Zur Gewaltdarstellung in Spielfilmen kommen noch Zeichentrickfilme mit liebenswerten, aber sadistischen Charakteren und Direktübertragungen von Kriegen, Morden, Aufständen und Verbrechen. Wenn Kinder nach wenigen Minuten der Beobachtung aggressiver Modelle im Labor aggressiv handeln, was werden sie dann erst lernen, während sie stundenlang vor dem Fernsehgerät sitzen und Gewalt konsumieren?

Aus den Darstellungen im Fernsehen lernen Kinder, daß die Ausübung von Gewalt häufig vorkommt, daß sie belohnt wird, daß sie für gerechtfertigt, sauber, spa-ßig und phantasievoll gehalten wird und daß sie für Männer eher angebracht ist als für Frauen. Sie beginnen auch, die wirkliche Bedrohung durch Gewalt in ihrem täglichen Leben zu überschätzen. Das wiederum macht sie ängstlich und mißtrauisch gegenüber Fremden. Eine landesweite Umfrage bei amerikanischen Kindern zwischen 7 und 11 Jahren zeigt, daß Kinder, die sehr viel fernsehen, im Vergleich zu Kindern, die wenig fernsehen, über mehr Ängste berichten, etwa »daß jemand in unser Haus eindringen könnte« oder »daß, wenn Du rausgehst, Dir jemand was antun könnte« (Peterson u. Zill 1981).

Gut geplante psychologische Untersuchungen legen eine deutliche Verbindung zwischen Sehen und Handeln nahe. Wenn auch kausale Beziehungen nicht einwandfrei nachzuweisen sind, so deuten die Korrelationen doch darauf hin, daß gewalttätige Fernsehinhalte aggressives Handeln nach sich ziehen.

Eine groß angelegte Langzeitstudie an Kindern, die sich über 10 Jahre erstreckte, zeigte, daß Vorlieben für Fernsehsendungen mit gewalttätigen Inhalten signifikant mit aggressivem Verhalten in der 13. Klasse korrelierten. Das Umgekehrte galt nicht: Frühe Aggressivität von Kindern stand in keiner Beziehung zu späteren Präferenzen für gewalttätige Fernsehsendungen (Eron et al. 1972).

Kinder neigen nicht nur eher dazu, aggressiv zu handeln, nachdem sie Gewalt beobachtet haben, sie werden auch nachsichtiger gegenüber aggressivem Verhalten anderer. Mit geringerer Wahrscheinlichkeit werden sie verantwortungsbewußt handeln und beispielsweise in einen Kampf zwischen 2 jüngeren Kindern eingreifen (Drabman u. Thomas). Ähnliche Effekte wurden in Untersuchungen festgestellt, die sich mit der Auswirkung von Fernsehen auf Erwachsene befaßten (Gorney 1976).

Es gibt aber auch Arbeiten, die sich kritisch zu einem kausalen Zusammenhang zwischen Gewalt in den Medien und aggressivem Verhalten äußern. Freedman (1984, S. 243) kommt zu dem Schluß: »Es gibt wenig überzeugende Belege dafür, daß das Sehen von Gewalt im Fernsehen zu einer Steigerung der Aggressivität in natürlichen Umwelten führt«. Eines seiner Argumente: Überzeugende Nachweise von Aggression, die durch im Fernsehen beobachtete Gewalt verursacht worden sind, liegen nur aus Laboruntersuchungen, nicht jedoch aus Feldstudien vor. Diese negative Schlußfolgerung scheint angesichts neuer Daten aus Feldstudien jedoch nicht gerechtfertigt (Huesmann et al. 1986; Singer et al. 1984).

Eine andere Möglichkeit, Annahmen über Ursache-Wirkung-Beziehungen zu prüfen, sind Interventionsstudien. Dabei wird versucht, die kausale Variable zu verändern und die Konsequenzen für die abhängige Variable zu beobachten. Wurde in einer solchen Interventionsstudie bei einer Gruppe von Personen, die gewöhnlich viele Gewaltdarstellungen sahen, durch Einstellungsänderung das Ausmaß der Beobachtung von Gewalt verringert, so verringerte sich auch ihre Aggressivität. Bei einer vergleichbaren Kontrollgruppe gab es jedoch keine Veränderungen (Huesmann et al. 1983).

Zwar gab es auch einige Untersuchungen, die die Behauptung stützten, Gewalt in den Medien wirke kathartisch und verringere die Neigung zu offener Aggression bei Kindern. Größere methodologische Mängel haben deren Glaubwürdigkeit jedoch herabgesetzt. Besser kontrollierte Untersuchungen haben den entgegengesetzten Schluß unterstützt: Jungen, die mehr gewalttätige Filme sehen, werden aggressiver als Jungen, die sonst ähnlich sind, aber Filme ohne Gewalt sehen (Parke et al. 1977).

> **!** Die regelmäßige Beobachtung von Gewalt, oft in Kombination mit Humor, bewirkt eine »psychische Abstumpfung«, eine Betäubung sowohl der Empfindsamkeit als auch der moralischen Empörung gegenüber Gewalt im wirklichen Leben. Eine der stärksten Gegenmaßnahmen gegen Aggressivität besteht darin, einer Gemeinschaft anzugehören, die sich um Opfer von Gewalttaten sorgt. Alles, was dieses Mitgefühl und diese Betroffenheit verringert, ist ein direkter Beitrag zur Gewalt.

7.3.6
Pornographie und Gewalt

Zu den Verbrechen, die tagtäglich mehr oder weniger ausführlich und phantasievoll im Fernsehen gezeigt und vom Publikum mit Neugier und Interesse angesehen werden, gehört sexuelle Gewalt gegen Mädchen und Frauen, insbesondere Vergewaltigungen. Sexuelle Gewalt hat zahlreiche Ursachen. Einige Wissenschaftler glauben, die Darbietung von Pornographie trage zur Gewalt von Männern gegen Frauen bei, und sie führen in diesem Zusammenhang eine Unterscheidung ein:

- *Pornographische Filme* bieten Bilder von Gewalt und Entmenschlichung als sexuelle Unterhaltung.
- Dagegen sind *erotische Filme* explizite Darstellungen leidenschaftlicher Liebe und sexueller Aktivitäten.

Welche Belege haben Sozialpsychologen dafür, daß gewöhnliche Pornographie mit aggressivem Verhalten gegenüber Frauen zusammenhängt? Betrachten wir dazu Ergebnisse aus der Gruppe von Donnerstein et al., die wir im Abschn. **Experiment** beschreiben.

Eine staatliche Kommission kam 1986 in den Vereinigten Staaten zu dem Schluß, Pornographie stehe in kausaler Beziehung zu sexueller Gewalt. Die gesellschaftspolitischen Empfehlungen enthielten auch den Vorschlag, Pornographie einzuschränken. Die Verbreitung und allgemeine Zugänglichkeit von pornographischem Material, oft in Form von Filmen, Zeitschriften und Videos »für Erwachsene« ist bekannt und Grundlage eines Milliardengeschäfts. Dennoch: Trotz der Hinweise im Bericht der Kommission, die sich auf psychologische Untersuchungen stützt (wie die von Malamuth u. Donnerstein 1984), gibt es bisher keinen einwandfreien wissenschaftlichen Nachweis für eine kausale Beziehung zwischen der Darbietung von Pornographie und sexueller Gewalt.

Einige Psychologen, deren experimentelle Untersuchungen fälschlicherweise herangezogen wurden, um die kausale Beziehung zwischen Pornographie und se-

Die Wirkung pornographischer und erotischer Filme – Laboruntersuchungen

Das typische Untersuchungsparadigma sieht so aus: College-Studenten betrachten Filme, deren Inhalt entweder (a) neutral, (b) nicht-aggressiv und erotisch oder (c) aggressiv und erotisch ist. Danach bekommen sie die Gelegenheit, sich aggressiv zu verhalten und über ihre Gefühle und Einstellungen zur Vergewaltigung und zu anderen Problemen zu sprechen (Donnerstein 1983; Malamuth u. Donnerstein 1982).

Solche Experimente erbringen einige konstante Ergebnismuster (vgl. Abb. 7.6). Erstens werden Männer durch aggressive erotische Filme erregt. Sie sind im Anschluß daran eher bereit, Mythen über Vergewaltigung, wie »Frauen wollen sexuell unterworfen werden«, zu akzeptieren und geben sogar eine höhere Wahrscheinlichkeit dafür an, daß sie selbst zu einer Vergewaltigung fähig wären. Zusätzlich dazu kann die Beobachtung sexueller Aggression das Ausmaß der Gewalt steigern, die später Frauen gegenüber gezeigt wird. Männer, die mit einem männlichen Partner an der Untersuchung teilnahmen, verabreichten ihm einen etwas höheren Schock, nachdem sie entweder den nichtaggressiven erotischen oder den aggressiv-erotischen Film gesehen hatten. Ihnen war gesagt worden, die Untersuchung befasse sich mit Streß, Lernen und Physiologie, und sie waren angewiesen worden, ihre Versuchspartner (in Wirklichkeit Vertraute des Versuchsleiters) zu belohnen oder mit Elektroschocks unterschiedlicher Intensität zu bestrafen. Diejenigen aber, denen als Partner eine Frau zugewiesen worden war, verabreichten keine stärkeren Schocks im Anschluß an den nichtaggressiven erotischen Film, jedoch sehr viel stärkere Schocks nach dem aggressiv-erotischen Film (Donnerstein 1980).

xueller Gewalt zu belegen, vertreten nachdrücklich das Argument, Gewalt – und nicht Sex oder Erotik – sei der entscheidende Punkt. Die Ergebnisse einer Reihe psychologischer Studien zusammenfassend kommen sie zu dem Schluß: »Alles in allem sprechen diese Untersuchungen stark dafür, daß Gewalt gegen Frauen nicht in einem pornographischen oder explizit sexuellen Kontext auftreten muß, um sich auf Einstellungen und Verhalten der Betrachter negativ auszuwirken. Noch wichtiger jedoch ist, daß daraus zu schließen ist, daß eher Darstellungen von Gewalt als Darstellungen von Sexualität für die Einstellungen gegenüber Frauen und Vergewaltigung verantwortlich sind« (Donnerstein u. Linz 1986, S. 59, eig. Übers.).

> **!** Eine Reihe von Inhaltsanalysen (z. B. Palys 1986; Reisman 1986) belegt zwar den aggressiven Inhalt der Pornographie. Jedoch ist das noch kein zuverlässiger Beweis dafür, daß das Betrachten pornographischen Materials Veränderungen in Einstellung und Verhalten *verursacht*. Bereits vorhandene gefühllose Einstellungen von Männern gegenüber Frauen und Vergewaltigung werden möglicherweise durch den Konsum von Pornographie *verstärkt*, aber nicht notwendigerweise herbeigeführt.

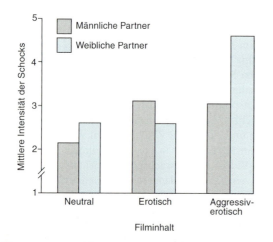

Abb. 7.6. Pornographie und Aggression: Ergebnisse aus Laborexperimenten. Männlichen Versuchsteilnehmern wurden Filme mit neutralem, erotischem oder aggressiv-erotischem Inhalt gezeigt. Danach wurde ihre Aggressionsbereitschaft gemessen. Nachdem sie Filme mit aggressiv-erotischem Inhalt gesehen hatten, zeigten sie Frauen gegenüber eine erhöhte Aggressionsbereitschaft, nicht aber anderen Männern gegenüber. (Nach Donnerstein 1980)

7.3.7 Dehumanisierung und Aggression

Wir haben bisher die Rolle der Lerngeschichte des Aggressors als wesentlichen Einflußfaktor für aggressives Handeln betrachtet. Ob sich jemand gegen einen Mitmenschen aggressiv verhält, hängt aber auch davon ab, wie er ihn wahrnimmt – ob er in ihm schlimmsten-

Bestrafe diese »primitive verdorbene Bande«!
In einer Laboruntersuchung zur Dehumanisierung wurden Teilnehmer veranlaßt zu glauben, die Versuchsleiter untersuchten die Auswirkung von Bestrafung auf das Zustandekommen von Entschlüssen. Sie beaufsichtigten die Arbeit einer Gruppe von Studenten und hatten die Möglichkeit, diese mit einem elektrischen Schock zu bestrafen, wann immer sie Fehler begingen. Einige der Teilnehmer hörten, wie der Versuchsleiter die Studenten als aufmerksam und verständig beschrieb. Andere hörten eine dehumanisierende Beschreibung der Studenten als eine »primitive verdorbene Bande«. Die Personen der Kontrollgruppe erhielten weder positive noch negative Beschreibungen ihrer potentiellen Opfer.

Die Teilnehmer, die ein dehumanisierendes Bild ihrer »Opfer« erhalten hatten, wählten viel höher dosierte Schocks zur Bestrafung. (Die »Bestrafung« war fingiert; tatsächlich wurden keine Schocks verabreicht.) Sie empfanden auch weniger persönliche Verantwortung für die Konsequenzen ihrer Strafmaßnahmen. Personen, die eine humane Beschreibung ihrer Opfer erhalten hatten, zeigten hingegen im Vergleich zur Kontrollgruppe weniger Aggressionen (s. Abb. 7.7). Schließlich rechtfertigten die Versuchsteilnehmer sogar ihre Entscheidungen, Schocks zu verabreichen, unterschiedlich, je nachdem, ob ihre Opfer als dehumanisiert oder als human beschrieben worden waren (Bandura et al. 1975).

---

falls einen »Untermenschen« oder eine »minderwertige Rasse« sieht.

> ! Aggression und sogar unmenschliches Handeln wird dann wahrscheinlicher, wenn wir aufhören, andere Personen als Menschen wahrzunehmen, die gleich uns Gefühle, Gedanken und Ziele im Leben haben. Diese psychische Verneinung menschlicher Qualitäten wird als **Dehumanisierung** bezeichnet.

Wie Dehumanisierung experimentell herbeigeführt werden kann, zeigt das **Experiment**.

In der Menschheitsgeschichte haben Menschen immer wieder bestimmte Gruppen als Hindernis für die Erreichung ihrer eigenen Ziele betrachtet. Dadurch, daß Angehörige solcher Gruppen als »der Feind«, »die Massen«, »eine Bedrohung der nationalen Sicherheit« oder »minderwertig« wahrgenommen werden, wird es leichter, im Namen eines höheren Anliegens wie des Friedens, der Freiheit oder des »göttlichen Willens« etwas gegen sie zu unternehmen. Ihr Leiden, ihre Kränkung oder Zerstörung wird dann als Mittel für einen edlen Zweck gerechtfertigt. Es gibt zahlreiche Beispiele für Dehumanisierungen solcher Art, einschließlich des Massenmords der Nazis an den Juden, weil diese »Deutschlands Unglück« seien, und des Abwurfs der Atombombe auf die Einwohner von Hiroshima mit dem Ziel, »Frieden zu bringen«.

Wesentlich für den Prozeß der Umwandlung von Bürgern in Soldaten, die im Falle eines Krieges fähig und willens sein müssen, zu töten, ist die Herstellung eines Feindbildes, das den Gegner als ein unmenschli-

ches, hassenswertes Objekt beschreibt. Auf diesem Weg bewegen sich Politiker, die einen Feind bestimmen und die Notwendigkeit rechtfertigen, diesen zu ver-

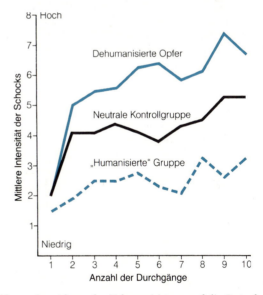

Abb. 7.7. Auswirkung der Dehumanisierung auf die Bestrafung des Opfers. In einem Laborexperiment sollten die Teilnehmer »Opfer« (Vertraute des Versuchsleiters) bestrafen. »Zufällig erlauschte« Hinweise beeinflußten die Intensität der verabreichten Schocks. Die Opfer, die in sehr humanen Begriffen beschrieben worden waren, erhielten weniger Schocks als unter der Kontrollbedingung ohne Opferbeschreibung. Die Opfer hingegen, die als »Untermenschen« kategorisiert worden waren (dehumanisierte Opfer), erhielten die meisten Schocks – und dieser Trend nahm im Lauf der 10 Durchgänge zu. (Nach Bandura et al. 1975)

nichten. Die Medien leisten dabei Mithilfe, indem sie die Bilder liefern, die Furcht erregen und unbewußte Ängste und feindselige Phantasien erzeugen. »Der Feind wird mit einer ganzen Reihe dehumanisierter Gesichter ausgestattet, die die Legitimation dafür geben, daß er ohne Schuldgefühle getötet werden darf. Das Problem der Militärpsychologie besteht darin, die Handlung des Tötens in einen Akt des Patriotismus umzuwandeln. ... Kriege kommen und gehen, aber – eigenartig angesichts der sich wandelnden Bedingungen – die feindselige Vorstellungskraft besitzt ein bestimmtes Standardrepertoire von Bildern, das sie einsetzt, um den Feind zu dehumanisieren« (Keen 1986).

Moralisches Disengagement

Es ist mehr als die Dehumanisierung eines Opfers erforderlich, um sich an politischer und militärischer Gewalt gegen Individuen und Gruppen zu beteiligen: eine Restrukturierung des kognitiv-moralischen Rahmens, so daß in ihm Gewalt gebilligt wird.

Dies wird durch Techniken erreicht, die das verwerfliche Verhalten und seine nachteiligen Auswirkungen von den üblichen moralischen Maßstäben und inneren Kontrollen, die solch inhumanes Verhalten verhindern, abkoppeln (Bandura 1987).

Die einzelnen Schritte des **moralischen Disengagements** bei destruktivem Verhalten werden in Abb. 7.8 skizziert.

Verwerfliches Verhalten kann auf vielerlei Weise moralisch gerechtfertigt werden:

- Es kann wesentlich für die »Freiheit« oder für die »nationale Sicherheit« sein oder dem »Willen Gottes« entsprechen.
- Beschönigende Vergleiche können aus beklagenswerten rechtschaffene Handlungen machen, indem diese mit noch extremeren Taten oder historischen Beispielen verglichen werden.
- Mildernde Etikettierungen können verwendet werden, um schlimme Taten wohltätig erscheinen zu lassen – Soldaten »bekämpfen« oder »eliminieren« Feinde, sie ermorden sie nicht; gewalttätige Terroristen werden zu »Freiheitskämpfern«.
- Die schädlichen Auswirkungen der eigenen Handlungen können durch Techniken des Selbstbetrugs kognitiv verzerrt, uminterpretiert oder außer acht gelassen werden.
- Die Verbindung zwischen dem Verhalten und seinen Konsequenzen wird geschwächt, wenn die Verantwortlichkeit auf andere übertragen wird.
- Schließlich werden die dehumanisierten Opfer zu »minderwertigen Wesen«, denen die Schuld an ihrer eigenen Zerstörung zugeschrieben wird, denn »sie wollten es so«.

Soziopolitische Strukturen, die Strategien des moralischen Disengagements gestatten oder ermutigen, können die schlimmsten Exzesse menschlicher Destruktivität hervorbringen, die man sich vorstellen kann. Nach Beseitigung dieser Strukturen kehren die »Übeltäter« in ihr altes Leben als Musterbürger zurück, wobei sie kaum einen oder gar keinen Rest der situationsspezifischen Vergehen mitnehmen. Diese Rückkehr

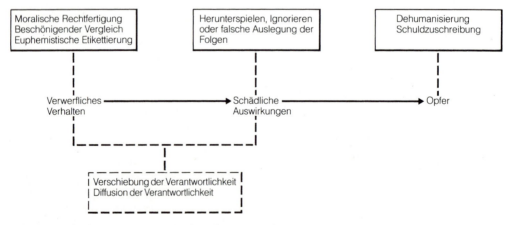

Abb. 7.8. Moralisches Disengagement bei destruktivem Verhalten

zum »normalen Leben« ist in Untersuchungen an ehemaligen SS-Mitgliedern über 3 Jahrzehnte dokumentiert worden (Steiner 1980).

7.4
Leistungsmotivation

Warum sind manche Menschen erfolgreich und andere nicht? Warum z. B. sind manche Menschen in der Lage, den Ärmelkanal zu durchschwimmen, und andere stehen nur hilflos winkend am Ufer? Sie führen wahrscheinlich die Unterschiede zwischen den Menschen teilweise auf genetische Faktoren, wie z. B. auf den Körperbau, zurück, und das ist auch richtig. Aber Sie wissen auch, daß manchen Menschen einfach weit mehr als anderen daran gelegen ist, den Ärmelkanal zu durchschwimmen. Damit sind wir wieder bei einem unserer Kernpunkte in der Erforschung der Motivation angelangt: Wir möchten verstehen, welche motivationalen Kräfte Menschen dazu bewegen, verschiedene Leistungsniveaus anzustreben. Sehen wir uns zunächst ein Konstrukt an, das »Leistungsmotiv« genannt wird.

7.4.1
Das Leistungsmotiv

Henry Murray postulierte schon 1938 ein **Leistungsmotiv**, das bei verschiedenen Menschen unterschiedlich stark ausgeprägt ist und sie beeinflußt, Erfolg zu su-

chen und ihre eigenen Leistungen zu beurteilen. David McClelland et al. (1953) entwickelten eine Methode zur Messung der Stärke dieses Bedürfnisses und suchten nach Beziehungen zwischen der Stärke des Leistungsmotivs in verschiedenen Gesellschaften, nach den Umständen seiner Entstehung und nach seinen Auswirkungen in der Arbeitswelt. Als Grundlage für die Messung dieses Leistungsmotivs nutzte McClelland die Phantasie. Er entwickelte ein *projektives Verfahren,* in dem Personen gebeten werden, Geschichten zu den ihnen vorgelegten, nicht eindeutigen Bildern zu erfinden. Im Abschn. **Unter der Lupe** wird diese Methode näher beschrieben. Sie ist einem klassischen projektiven Testverfahren, dem Thematischen Apperzeptionstest (TAT), sehr ähnlich. Über die projektive Persönlichkeitsdiagnostik und den TAT erfahren Sie in Abschn. 12.4.2 mehr.

Bei Personen mit hohem Leistungsmotiv wurde eine größere aufwärtsgerichtete Mobilität festgestellt als bei Personen mit geringer Motivstärke. Bei Söhnen mit hohen n-Ach-Werten war es wahrscheinlicher als bei Söhnen mit niedrigen Werten, daß sie den beruflichen Status des Vaters überholten (McClelland et al. 1976). Männer und Frauen mit hohem Leistungsmotiv bezogen schon im Alter von 31 Jahren in der Regel höhere Gehälter als ihre Kollegen mit geringen Motivstärken im Alter von 41 Jahren (McClelland u. Franz 1992). Ist dies nun ein Hinweis darauf, daß Menschen mit hohen n-Ach-Werten *immer* bereit sind, mehr zu arbeiten? Nein, nicht unbedingt. Wenn eine Aufgabe als schwie-

---

UNTER DER LUPE

Die Messung des Leistungsmotivs

McClelland legt den Teilnehmern seiner Untersuchungen Bilder vor (etwa in der Art des Fotos in Abb. 7.9) und bittet sie, dazu Geschichten zu erfinden – zu sagen, was auf den Bildern passierte und wie die Geschichte vermutlich enden würde. Er nimmt an, daß das, was die Personen in die Szenen hineinprojizieren, ihre eigenen Werte, Interessen und Motive widerspiegelt: »Wenn Sie wissen möchten, was in einem Menschen vorgeht, fragen Sie ihn nicht danach, denn er kann es Ihnen nicht immer genau sagen. Untersuchen Sie seine Phantasien und Träume. Wenn Sie das eine Zeitlang getan haben, werden Sie die Themen entdecken, auf die er immer wieder zurückkommt. Diese Themen können dann herangezogen werden, um seine Handlungen zu erklären« (1971, S. 5). Aus den Reaktionen auf eine Reihe solcher Bilder erarbeitete McClelland Bewertungskriterien für mehrere Motive des Menschen – das Leistungsmotiv, das Machtmotiv und das Anschlußmotiv. Für das Leistungsmotiv führte er das Kürzel *n Ach* (»need for achievement«) ein. Die individuell gemessene Stärke des Leistungsmotivs gibt an, welche Bedeutung die Person der Planung und dem Hinarbeiten auf ein bestimmtes persönliches Ziel beimißt. Abb. 7.9 enthält hypothetische Geschichten, die Personen mit hohem bzw. mit niedrigem Leistungsmotiv erzählt haben könnten. McClellands Meßverfahren hat sich sowohl bei Laboruntersuchungen als auch im wirklichen Leben als nützlich erwiesen.

Abb. 7.9. Die Messung der Stärke des Leistungsmotivs *(n Ach)* nach McClelland

Eine Geschichte, die *hohes* n Ach zeigt: Dieser Junge hat gerade seine Geigenstunde beendet. Er freut sich über seine Fortschritte und fängt an zu glauben, daß sich seine Opfer lohnen werden. Wenn er Konzertgeiger werden will, wird er nicht mehr mit seinen Freunden spielen gehen können, er wird auf viele Verabredungen und Feste verzichten und jeden Tag viele Stunden üben müssen. Er weiß zwar, daß er mehr Geld verdienen würde, wenn er das Geschäft seines Vaters übernehmen würde, aber die Vorstellung, ein großer Geiger zu werden und Menschen mit seiner Musik zu beglücken, zählt mehr für ihn. Er erneuert seine innere Verpflichtung, alles zu tun, um es zu schaffen.

Eine Geschichte, die *niedriges* n Ach zeigt: Der Junge hält die Geige seines Bruders und wünscht sich, er könnte darauf spielen. Er weiß jedoch, daß das die Zeit, die Mühe und das Geld für die Stunden nicht wert ist. Sein Bruder tut ihm leid, denn er hat alles, was im Leben Spaß macht, aufgegeben, um zu üben, zu üben und nochmal zu üben. Es wäre toll, wenn man eines morgens aufwachen könnte und sofort ein berühmter Musiker wäre, aber das passiert natürlich nicht. In Wirklichkeit bedeutet das endloses Üben, eine Jugend ohne Spaß und die Aussicht, es wahrscheinlich zu nichts weiter als zu einem Platz in einem Kleinstadtorchester zu bringen

rig vorgestellt wurde, gaben Personen mit hohem *n Ach* früher auf (Feather 1961). Typisch für Menschen mit hohen *n-Ach-Werten* scheint das Bedürfnis nach Effizienz zu sein – danach, mit weniger Aufwand das gleiche Ziel zu erreichen. Wenn sie damit dann mehr erreichen

als andere, mag das auch daran liegen, daß sie auf ein konkretes Feedback über ihre Leistungen Wert legen. Und das Gehalt ist ein ganz konkretes Maß, an dem man das Fortkommen messen kann (McClelland 1961; McClelland u. Franz 1992).

Wie entsteht ein starkes Bedürfnis nach Leistung? Forscher untersuchten, ob die elterliche Erziehung die Entwicklung eines starken bzw. geringen Bedürfnisses nach Leistung beeinflussen kann. In einer außergewöhnlichen Längsschnittstudie von McClelland u. Franz (1992) wurden 1951 die Erziehungsstile der Eltern von damals 5jährigen Kindern erhoben. Speziell wurden die Eltern nach Ernährungsgewohnheiten und nach der Reinlichkeitserziehung (»toilet training«) befragt. In den Jahren 1987/1988, als die ehemaligen Kinder inzwischen 41 Jahre alt waren, ermittelten die Forscher bei ihnen die Stärke des Leistungsmotivs *(n Ach)* und das jährliche Einkommen. Nimmt man an, daß Eltern, die ihre Kinder nach strengen Regeln ernährten und früh zur Reinlichkeit erzogen, einen hohen Leistungsdruck ausübten, so läßt sich zwischen dem Leistungsdruck und dem Leistungsmotiv eine positive Korrelation feststellen: Je höher der in der Kindheit erfahrene Leistungsdruck durch die Eltern, um so ausgeprägter das Leistungsmotiv im mittleren Erwachsenenalter. McClelland u. Franz stellten auch fest, daß diejenigen, die als Kinder einem hohen Leistungsdruck ausgesetzt waren, etwa 10 000 $ jährlich mehr verdienten als ihre Gleichaltrigen, die keinem solchen Druck ausgesetzt waren.

> **!** Diese Daten deuten darauf hin, daß das Ausmaß, in dem wir ein Leistungsmotiv verspüren, schon durch die Erfahrungen in den ersten Lebensjahren beeinflußt wird und daß die elterliche Erziehung zur Leistung dabei eine wesentliche Rolle spielt.

7.4.2
Die Attribution von Erfolg und Mißerfolg

Das Leistungsmotiv ist nicht die einzige Variable, welche die Motivation zum persönlichen Erfolg beeinflußt. Nehmen wir einmal an, Sie hätten 2 Freunde, die mit Ihnen in dieselbe Klasse gehen. Nach dem ersten Schulhalbjahr haben beide die Gesamtnote 4 im Zwischenzeugnis stehen. Glauben Sie, die beiden werden im zweiten Halbjahr mit der gleichen Motivation ans Lernen gehen? Die Antwort darauf hängt teilweise davon ab, wie die Freunde sich selbst diese Note erklären.

Lassen Sie uns dazu den Einfluß der **Kontrollüberzeugung** (»locus of control«; Rotter 1954) näher betrachten. Eine Kontrollüberzeugung ist die Annahme, die Ergebnisse unseres Handelns seien auf innere Bedingungen oder aber auf äußere Bedingungen bzw. Ursachen zurückzuführen. Im ersten Fall sprechen wir von einer *internalen,* im zweiten Fall von einer *externalen* Kontrollüberzeugung. In dem Beispiel mit den Zeugnisnoten könnten die Freunde ihre eigene Leistung externen Ursachen – Baustellenlärm während der Prüfung – oder aber internen Ursachen – schlechtes Gedächtnis – zuschreiben.

(Kausal-)Attributionen oder **Ursachenzuschreibungen** sind Urteile über die Ursachen von Verhaltensresultaten. Sie können die Motivation nachhaltig beeinflussen. Um bei unserem Beispiel zu bleiben: Wenn die Freunde glauben, ihre Leistung dem Baustellenlärm zuschreiben zu können, werden sie vermutlich im nächsten Halbjahr eifrig lernen. Wenn sie jedoch glauben, ihr schlechtes Gedächtnis sei schuld an ihrer Leistung, sind sie eher dazu geneigt, in ihren Anstrengungen nachzulassen. (In Abschn. 9.2 wird die Attributionstheorie ausführlich behandelt.)

Die Kontrollüberzeugung ist jedoch nicht die einzige Dimension, auf der Attributionen variieren können (Peterson u. Seligman 1984). Wir können bezüglich der Ursachen von Verhaltensresultaten auch die beiden folgenden Fragen stellen:

- »In welchem Ausmaß ist ein Ursachenfaktor über die Zeit hinweg stabil oder instabil (variabel)?«
- »In welchem Ausmaß ist ein Ursachenfaktor ganz spezifisch, auf eine bestimmte Aufgabe oder Situation beschränkt, oder aber global, auf eine Vielzahl von Situationen anwendbar?«

Die erste Frage bezieht sich auf die Dimension der *stabilen* vs. *variablen* Ursachenattributionen, die zweite Frage auf die Dimension der *spezifischen* vs. *globalen*. Abb. 7.10 zeigt, wie Kontrollüberzeugung und Stabilität bei der Attribution von Erfolgs- oder Mißerfolgsursachen zusammenwirken können.

Bleiben wir bei unserem Beispiel mit den Zeugnisnoten: Die Freunde könnten ihre Noten als Resultat innerer Faktoren, wie z. B. Fähigkeit (ein stabiles Persönlichkeitsmerkmal) oder Anstrengung (ein variables Persönlichkeitsmerkmal) betrachten. Oder sie könnten diese primär auf externe Faktoren, wie die Schwierigkeit der Aufgabe bzw. Handlungen anderer (stabiles situationsgebundenes Problem) oder aber auf unkontrol-

lierbare Einflüsse, wie z. B. Glück (variables externes Merkmal) zurückführen. Dementsprechend werden sie dann eine der in Tabelle 7.2 aufgeführten emotionalen Reaktionen zeigen. Das Wichtige dabei ist, daß die jeweilige Interpretation sowohl die Emotionen als auch die künftige Motivation beeinflußt – unabhängig von den *objektiven* Gründen für den Erfolg oder Mißerfolg!

> ! Überzeugungen darüber, *warum* man erfolgreich war oder scheiterte, sind aus dreierlei Gründen wichtig: Sie führen zu
> - unterschiedlichen Interpretationen früherer Leistungen und des allgemeinen Selbstwertes,
> - unterschiedlichen Emotionen, Zielen und Anstrengungen in der gegenwärtigen Situation,
> - unterschiedlichen Motivationen in der Zukunft – die dann Erfolge wiederum mehr oder weniger wahrscheinlich werden lassen.

Menschen, die einen Mißerfolg ihren ungenügenden Fähigkeiten und der Schwierigkeit der Aufgabe zuschreiben, werden früher aufgeben, einfachere Aufgaben wählen und sich bescheidenere Ziele setzen. Wird dagegen der Mißerfolg auf Pech oder mangelnde An-

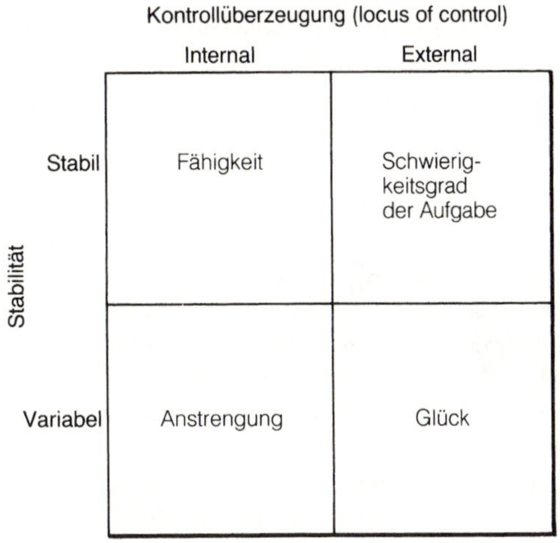

Abb. 7.10. Ursachenattributionen für Verhaltensresultate. Aus 2 Dimensionen für die Attribution von Verhaltensursachen – der Kontrollüberzeugung und der Situation, in der das Verhalten stattfindet – ergeben sich 4 mögliche Interpretationen:
- Die Kombination *internal-stabil* führt zur Attribution auf *die eigenen Fähigkeiten,*
- die Kombination *internal-variabel* führt zur Attribution auf *die eigene Anstrengung,*
- die Kombination *external-variabel* führt zur Attribution auf *unkontrollierbare Einflüsse,* wie z. B. Glück oder Zufall,
- die Kombination *external-stabil* führt zur Attribution auf die *Schwierigkeit der Aufgabe*

Tabelle 7.2. Emotionale Reaktionen bei der Attribution von Erfolg und Mißerfolg. Wie Sie auf Erfolg oder Mißerfolg reagieren, hängt davon ab, welche Attributionen Sie hinsichtlich der Ursachen dieser Ergebnisse Ihres Verhaltens vornehmen. Wenn Sie z. B. Erfolg auf Ihre Fähigkeiten zurückführen, werden Sie Stolz empfinden. Wenn Sie aber mangelnde Fähigkeiten für Ihren Mißerfolg verantwortlich machen, werden Sie Niedergeschlagenheit empfinden. Dankbarkeit kommt bei Ihnen auf, wenn Sie den Erfolg anderen Menschen verdanken, Ärger hingegen, wenn Sie andere für Ihre Mißerfolge verantwortlich machen

Emotionale Reaktionen		
Attribution	**Erfolg**	**Mißerfolg**
Fähigkeit	Kompetenz Vertrauen Stolz	Inkompetenz Resignation Niedergeschlagenheit
Anstrengung	Erleichterung Zufriedenheit Entspannung	Schuld Scham Furcht
Aktivitäten anderer Personen	Dankbarkeit	Verärgerung Wut
Glück	Überraschung Schuld	Überraschung Erstaunen

strengung zurückgeführt, werden sie wahrscheinlich motivierter sein, es noch einmal zu versuchen (Fontaine 1974; Valle u. Frieze 1976).

Bisher sind wir in unserem Beispiel davon ausgegangen, daß die beiden Freunde die gleiche Erklärung für ihre Noten gefunden haben. In der Realität wird das wahrscheinlich nicht der Fall sein. Der eine von beiden wird vielleicht glauben, der Lehrer hätte nicht fair geprüft – externe Ursachenzuschreibung. Der andere mag denken, er sei nicht intelligent genug – interne Attribution. Die Art und Weise, wie wir uns die Ereignisse in unserem Leben erklären – vom Gewinnen beim Kartenspiel bis zum Versetztwerden bei einer Verabredung – kann sich zu Attributionsstilen entwickeln, die wir ein Leben lang beibehalten (Trotter 1987). Wie jemand die Ursachen für Erfolg oder Mißerfolg interpretiert, kann auch seine Motivation, seine Stimmung und sogar seine Fähigkeit beeinflussen, erwartete Leistungen zu erbringen.

Martin Seligman untersuchte über mehrere Jahre hinweg den Einfluß, den der »Erklärungsstil« (»explanatory style«) von Menschen, d. h. die Ausprägung von Optimismus oder Pessimismus, auf ihre Aktivität bzw. Passivität hat – darauf, ob sie leicht aufgeben, gerne Risiken eingehen oder lieber auf Nummer Sicher ge-

hen (Seligman 1987, 1991). In Abschn. 13.3 wird gezeigt, daß ein stabil-internaler globaler Attributionsstil – »Ich mache nie etwas richtig« – Depressionen verursachen kann (und zu den Symptomen von Depression gehört auch eine verminderte Motivation).

Eine weitere Studie aus der Gruppe um Seligman zeigt, wie der Attributionsstil Ihrer Freunde entweder zur Note 1 oder aber zu einer Note 5 im Abschlußzeugnis führen kann. In dieser Studie ging es um die Ursachen für die Fähigkeit bzw. Unfähigkeit von Menschen, Mißerfolge zu vermeiden. Es stellte sich heraus, daß das ganze Geheimnis offensichtlich im Gegensatz *Optimismus-Pessimismus* liegt. Diese beiden Lebensauffassungen beeinflussen Motivation, Stimmung und Verhalten auf bemerkenswerte Weise. Die Grundlage für die Bestimmung dieser Erklärungsstile bildeten Beschreibungen in Selbstbeurteilungsfragebögen und in natürlichen Sprachäußerungen (in Zeitungen, Pressekonferenzen und Therapieprotokollen). Jede Äußerung über die Ursachen eines wichtigen Lebensereignisses wurde von Experten auf den Dimensionen intern-extern, stabil-variabel und global-spezifisch beurteilt. Danach wurde ein Profil der Ursachenzuschreibungen einer Person erstellt, anhand dessen sie als *Pessimist*, *Optimist* oder *anderer* (Restkategorie) klassifiziert wurde (Seligman 1991).

- Der *pessimistische Attributionsstil* ist dadurch gekennzeichnet, daß die Ursachen des Mißerfolgs auf interne Faktoren bezogen werden. Darüber hinaus wird die ungünstige Situation und die Rolle der Person bei ihrer Verursachung als stabil und global angesehen: »Es wird sich nie ändern, und es wird sich auf alles andere auswirken«.
- Ein Mensch mit *optimistischem Attributionsstil* sieht einen Mißerfolg als Resultat externer Ursachen – »Die Prüfung war unfair« – und als Resultat von variablen und spezifischen Ereignissen: »Wenn ich mich das nächste Mal mehr anstrenge, werde ich besser abschneiden, und dieser eine Rückschlag wird keinen Einfluß darauf haben, wie ich mit anderen, mir wichtigen Aufgaben fertigwerde.«

Diese Ursachenzuschreibungen werden umgekehrt, wenn es sich um Erfolg handelt.

- *Optimisten* schreiben ihren Erfolg stabil-internal globalen Ursachen zu.
- *Pessimisten* dagegen attribuieren ihren Erfolg external-variablen globalen oder spezifischen Faktoren.

Optimismus und Studienerfolg

Die Teilnehmer dieser Studie – Zweitsemester – waren nach eigenen Angaben um ihre akademischen Leistungen besorgt. Die Gesamtgruppe wurde in die sog. Experimentalgruppe und die Kontrollgruppe aufgeteilt:

- Die Hälfte von ihnen – die Experimentalgruppe – nahm an einem Informationsprogramm teil. Im Rahmen dieses Programms wurde sie über typische Veränderungen der Noten vom ersten Jahr zu späteren Studienjahren informiert. Ein Teil der Informationen kam aus einer Umfrage unter höheren Semestern, die z. B. ergeben hatte, daß sich 62% der Durchschnittsnoten vom ersten Semester bis zu den höheren Semestern beachtlich verbessert hatten. Es wurden auch Videomitschnitte von Befragungen von Studenten höherer Semester gezeigt, in denen wiederum belegt wurde, daß deren Notendurchschnitt seit dem Erstsemester angestiegen war.
- Der anderen Hälfte der Versuchsteilnehmer – der Kontrollgruppe – wurden diese Informationen vorenthalten.

Um zu prüfen, ob das Informationsprogramm eine Wirkung hatte, wurden sowohl kurzfristige als auch langfristige (über mehrere Semester hinweg) Messungen der Studienleistungen der Versuchsteilnehmer vorgenommen. Noch in der ersten Sitzung und eine Woche später wurden die Experimentalgruppe und die Kontrollgruppe gebeten, einen Leseverständnistest mitzumachen. Die Studierenden aus der Experimentalgruppe beantworteten eindeutig mehr Verständnisfragen richtig. Es wurde auch geprüft, wieviele der Studierenden jeder Gruppe am Ende des zweiten Studienjahres ihr Studium abbrachen. Der Anteil lag in der Experimentalgruppe bei 5% und in der Kontrollgruppe bei 25%. Schließlich wurde auch der Notendurchschnitt Jahre später verglichen. Die Noten hatten sich in der Experimentalgruppe um durchschnittlich 0.34 Punkte verbessert, während sich der Durchschnitt bei der Kontrollgruppe im gleichen Zeitraum um 0.05 Punkte verschlechtert hatte (Wilson u. Linville 1982; s. auch Wilson u. Linville 1985).

Warum sollten ein paar optimistische Informationen über die Entwicklung der Noten während des Studiums eine so deutliche Auswirkung auf die Leistung von Studenten haben? Die Antwort liegt in der Art und Weise, wie Attributionen die Motivation beeinflussen. Wenn Sie glauben, die mittelmäßigen Resultate Ihres ersten Semesters seien darauf zurückzuführen, daß mit Ihnen selbst etwas nicht stimmt – eine negative, internal-stabile Attribution – werden Sie wahrscheinlich nicht daran glauben, daß sich daran etwas zum Besseren ändern könnte. Schreiben Sie diese Ergebnisse dagegen der äußeren Situation zu – nach dem Motto: »Viele Studenten haben doch einen schlechten Start!« –, werden Sie eher neue Kraft und Motivation gewinnen und Ihr Potential ausschöpfen.

Weil Pessimisten glauben, zum Scheitern verurteilt zu sein, erbringen sie schlechtere Leistungen, als man objektiv aufgrund ihrer Fähigkeiten erwarten würde.

Die jeweiligen Interpretationen von Ereignissen beeinflussen auch die Motivation für künftige Leistungen.

Im Abschn. **Experiment** lernen wir eine Studie kennen, die verdeutlicht, wie stark sich Ursachenzuschreibungen auf die »Studienschicksale« von Studierenden auswirken können. Wir sind der Ansicht, daß diese Art psychologischer Untersuchungen für jeden einzelnen von großem Nutzen sein kann. Sie können daran arbeiten, einen optimistischen Attributionsstil zu entwickeln. Sie können damit negativ-stabile dispositionale Attributionen für Ihre Mißerfolge vermeiden, indem Sie mögliche Ursachen *in der Situation* suchen. Und lassen Sie sich nicht von momentanen Rückschlägen entmutigen!

- **Motivation.** Dies ist die allgemeine Bezeichnung für alle Prozesse, die körperliche und psychische Vorgänge auslösen, steuern oder aufrechterhalten. Der Begriff der Motivation wird verwendet, um die Bevorzugung ganz bestimmter Handlungen, die Intensität von Reaktionen und die Persistenz des Handelns bei der Verfolgung von Zielen zu erklären. *Artspezifisches* und *individuelles* Verhalten kann durch Motivation erklärt werden.

- **Instinktverhalten.** Nach der aus der Biologie kommenden Instinkttheorie ist Motivation angeboren und hat mechanisch ablaufende Verhaltensmuster zur Folge. Instinktverhalten kann beschrieben werden als Produkt aus internen und externen Motivationsquellen. Die *interne* Quelle ist das *genetische Erbe*, welches das artspezifische Handlungsmuster bestimmt. Die *externe* Quelle besteht aus den *Umgebungsbedingungen*, die dieses Muster zu einem bestimmten Zeitpunkt und bei bestimmten Reizmerkmalen auslösen.

- **Triebtheorie.** Die aus der Lernpsychologie kommende Triebtheorie (»drive theory«) setzt Motivation in Beziehung zu Lernvorgängen. Die durch primäre oder sekundäre Triebe hervorgerufene Spannung aktiviert den Organismus. Erfolgreiche Reaktionen werden durch Spannungsreduktion verstärkt, erlernt und im Gedächtnis behalten. Lernen erfordert Motivation, und die Reduktion von Spannung erklärt motiviertes Verhalten.

- **Spannungssteigernde Aktivitäten.** Entgegen den Annahmen der Triebtheorie suchen Organismen jedoch auch viele Aktivitäten auf, die eher spannungssteigernd als spannungsreduzierend wirken, wobei sie anscheinend ein *mittleres* Erregungsniveau vorziehen.

- **Kognitive Theorien.** Gegenwärtig teilen viele Psychologen die Ansicht, daß ein großer Teil menschlicher Motivation nicht durch die objektive äußere Welt, sondern durch die *subjektive Interpretation* dieser Welt bedingt ist. Sobald Lebewesen über ihr Verhalten nachdenken, stellen z. B. auch Erwartungen Quellen der Motivation dar. Denkende Lebewesen können Motivationen entweder sich selbst oder aber der Umwelt zuschreiben.

- **Humanistische Ansätze.** In der Motivationsforschung postulieren humanistische Ansätze eine *Hierarchie angeborener menschlicher Bedürfnisse*. Erst dann, wenn niedrigere biologische Bedürfnisse befriedigt sind, kann ein Mensch durch höhere Bedürfnisse psychischer Art motiviert werden. Bei der *Mangelmotivation* streben Menschen nach Gleichgewicht (Equilibrium), bei der *Wachstumsmotivation* streben sie danach, bisherige Errungenschaften zu überschreiten und ihr Potential weiter auszuschöpfen – sich selbst zu verwirklichen.

- **Sexualität im Tierreich.** Die primäre Motivation für Sexualverhalten bei Tieren ist die Fortpflanzung. Die sexuelle Aktivität wird hormonell gesteuert und folgt stereotypen, artspezifischen Mustern. Zwischen den Spezies gibt es jedoch sehr große Unterschiede.

- **Sexualität des Menschen.** Eine These von Evolutionspsychologen, die die Rolle der Evolution bei der Herausbildung sexueller Verhaltensmuster untersuchen, besagt, daß Männer und Frauen unterschiedliche Strategien, Emotionen und Motivationen für kurz- und langfristige Beziehungen entwickelt haben und daß diese *Paarungsstrategien* gegen alle Veränderungen beständig zu sein scheinen. Beim Menschen sind sexuelle Erregung, Sexualverhalten und Befriedigung dennoch variabel und Lernvorgängen unterworfen. Obwohl allein Berührung ein unkonditionierter Reiz für sexuelle Erregung ist, kann alles, was durch Erfahrung mit sexueller Erregung verknüpft wird, zu einem konditionierten Reiz für Erregung werden. Die meisten sexuellen Probleme beim Menschen sind eher das Ergebnis psychischer als physiologischer Faktoren.

- **Sexuelle Skripts.** Wir erlernen »sexuelle Skripts«, die unser Sexualverhalten leiten und unsere Erwartungen an andere beeinflussen. Weichen die sexuellen Skripts von Partnern voneinander ab, so kann das zu Mißverständnissen und zu Frustrationen führen.

- **Homosexualität.** Im Falle der Homosexualität können äußere gesellschaftliche Normen gegen die inneren Gebote der Natur arbeiten. Viele Belastungen haben ihren Ursprung nicht in der sexuellen Motivation selbst – denn Homosexuelle fühlen sich mit ihrer sexuellen Orientierung wohl –, sondern in den Reaktionen der Mitmenschen auf diese sexuelle Motivation.

- **Aggression und Katharsis in der Theorie Freuds.** Freud sah Aggression als angeboren und instinktiv an. Er postulierte einen Todestrieb, dessen Energie im Körper stetig generiert wird und als Aggression nach außen gerichtet wird. Eine Möglichkeit der Ableitung dieser Energie ist die Katharsis, die in der Psychoanalyse auch als Katharsistherapie angewendet wird. Die Bedeutung der psychoanalytischen Aggressionstheorie liegt in ihrer *literarischen* und *deskriptiven Qualität* und der Möglichkeit von *Ex-post-facto-Erklärungen*.

- **Ethologische Aggressionstheorien.** K. Lorenz schloß aus Tierbeobachtungen, daß Aggression eine spontane innere Bereitschaft zum Kampf sei, die für das Überleben eines Organismus entscheidend sei. Dabei sind aggressionshemmende Befriedungsstrategien, wie sie Tiere zeigen, beim Menschen verlorengegangen, während der Aggressionstrieb erhalten geblieben ist. Nach den Vorstellungen von Ardrey entspringt die Aggression dem Territorialverhalten, einem angeborenen Trieb, Grundbesitz zu gewinnen und zu erhalten. Überzeugende Beweise für die Richtigkeit der ethologischen Aggressionstheorien werden nicht angeführt.

- **Individuelle Unterschiede in der Aggressivität.** Eine neuere Forschungsrichtung ist der Bereich der individuellen Unterschiede in der Aggressivität. Mit Hilfe von *Zwillingsstudien* konnte die Wirksamkeit *genetischer* Einflüsse auf die Eigenschaft Aggressivität gezeigt werden.

- **Frustrations-Aggressions-Hypothese.** Aggression ist auch als Reaktion auf Frustration verstanden worden. Spezifische Umstände können dazu führen, daß sich der offene Aggressionsakt nicht gegen den Verursacher der Frustration richtet, sondern auf »ungefährlichere« Personen oder Objekte verschoben wird. Neuere Studien zeigen jedoch, daß es entscheidend von der *eigenen* Wahrnehmung der Frustration abhängt, wie eine Person darauf reagiert. Die Kombination *situativer Hinweisreize*, wie das Vorhandensein von Waffen, mit der *inneren Bereitschaft*, aggressiv zu reagieren, spielt bei der Auslösung feindseliger Handlungen eine wichtige Rolle.

- **Aggressives Verhalten.** Dieses kann durch Verstärkung, soziale Normen oder die Nachahmung des aggressiven Verhaltens anderer *gelernt* werden. Ka-

tharsis – ein emotionales »Rauslassen« aggressiver Gefühle im Sprechen – mag die Aggressionsneigung verringern; die (erfolgreiche) Ausführung aggressiver Akte und die Beobachtung aggressiven Verhaltens bei anderen erhöhen jedoch die Wahrscheinlichkeit, daß die Person in Zukunft aggressiv reagiert.

- **Kinder und Gewalt im Fernsehen.** Wenn Kinder im Fernsehen Gewaltakten zuschauen, so entwickeln sie eine negative Sichtweise der Realität. Sie sehen Gewalt als akzeptabel an, überschätzen die eigene Bedrohung durch Gewalt, werden furchtsamer und weniger bereitwillig, sich gegen von anderen ausgeübte Akte der Aggression zu stellen.

- **Pornographie und sexuelle Gewalt.** Es gibt keine schlüssigen Belege für eine *kausale* Beziehung zwischen Pornographie und sexueller Gewalt. Bestehen jedoch schon vorher negative Einstellungen und eine Neigung zur Gewalt gegen Frauen, so werden diese durch den Konsum von Pornographie verstärkt.

- **Dehumanisierung.** Aggression wird dann wahrscheinlicher, wenn andere Personen nicht mehr als Menschen mit Gefühlen, Gedanken und Zielen wahrgenommen werden. Die psychische Verneinung menschlicher Qualitäten wird als Dehumanisierung bezeichnet.

- **Leistungsmotivation.** Leistungsmotivation wird gelernt. Bei vielen Menschen liefert das Bedürfnis, etwas zu leisten, die Energie für das Ingangsetzen und Steuern vieler Verhaltensweisen. Das *Bedürfnis nach Leistung* ist anhand der Phantasien untersucht worden, die Menschen in Reaktion auf Bilder mehrdeutigen Inhalts entwickelten.

- **Die Attribution von Erfolg und Mißerfolg.** Menschen schreiben ihren Erfolgen und Mißerfolgen Ursachen zu. Sie halten *sich selbst* oder *externe* Faktoren für verantwortlich, und sie attribuieren *variable* oder *stabile* Ursachen. Diese Attribution hat wiederum gravierende Auswirkungen auf die emotionalen Reaktionen und die Motivation. Nimmt eine Person sich selbst als »wirksam« wahr, so sind ihre Leistungen und Bewältigungsmuster effektiver, als wenn sie sich als »unwirksam« bewertet.

- **Motivation im Berufsleben.** Die Equity-Theorie und die Erwartungstheorie versuchen zu erklären und vorherzusagen, wie Menschen sich unter ver-

> schiedenen Arbeitsbedingungen verhalten. Nach der Equity-Theorie sind Arbeitnehmer motiviert, gerechte und angemessene Beziehungen zu Personen zu unterhalten, die für sie bedeutsam sind.

> Die Erwartungstheorie besagt, daß Arbeitnehmer dann motiviert sind, wenn sie erwarten, daß ihre Leistungen am Arbeitsplatz den erwünschten Gewinn bringen.

Hinweise zur deutschsprachigen Literatur

In *Motivation und Handeln* von H. Heckhausen (1989) werden verschiedene Motivationsarten wie Leistung, Angst, sozialer Anschluß, Macht, Helfen, Aggression und neuere Erklärungsmodelle behandelt. Außerdem werden Volitionsprozesse (Willensprozesse) vorgestellt, die erst in neuester Zeit der Forschung wieder zugänglich gemacht worden sind.

In J.C. Brunsteins (1995) Monographie *Motivation nach Mißerfolg* wird ein Modell des Zielstrebens vorgestellt, das motivationspsychologische Effekte von Mißerfolgserlebnissen auf das zukünftige Handeln einer Person vorhersagt. In dem Modell wird erklärt, unter welchen Bedingungen Mißerfolge eine Person entmutigen und unter welchen Bedingungen sie Ansporn für besondere Bemühungen sind. Es werden Konzepte integriert, die der Intentions-, Handlungs-, Willens- und Selbstpsychologie entstammen.

Individuelle und kollektive Leistungen sind bedeutsame Facetten menschlichen Verhaltens und spielen in allen gesellschaftlichen Systemen eine zentrale Rolle. Das Buch *Emotion, Motivation und Leistung* von M. Jerusalem u. R. Pekrun (1997) thematisiert emotionale und motivationale Prozesse, die zu Leistungen führen bzw. in leistungsbezogenen Kontexten anzutreffen sind. Aus der Sicht verschiedener Teildisziplinen der Psychologie werden Zusammenhänge zwischen Emotion, Motivation und Leistung diskutiert, mit dem Ziel einer Integration der verschiedenen Forschungstraditionen bzw. Forschungsperspektiven, die bisher untereinander nur teilweise vernetzt sind.

Wie entsteht Arbeitsmotivation? Die Entstehung, Wirkung und Förderung von Arbeitsmotivation ist das Thema von U. Kleinbeck (1996) in seinem Buch *Arbeitsmotivation*. Menschen verfügen über eine Vielzahl verschiedener thematischer Motive, die bei unterschiedlichen Personen in unterschiedlichen Kombinationen und Ausprägungsgraden vorkommen. Einige dieser Motive bestimmen zusammen mit den Motivierungspotentialen aktueller Arbeitsbedingungen das Zustandekommen von Arbeitsmotivation.

Warum eine bestimmte Person in einer bestimmten Situation so und nicht anders handelt, was ihr Verhalten in Gang setzt und welche Ziele sie mit welcher Beharrlichkeit verfolgt – das sind Fragen, die F. Rheinberg (1994) in seinem Buch *Motivation* zu beantworten versucht. Das Buch führt, ausgehend von Alltagsphänomenen und Selbsterfahrung, in die Motivationspsychologie ein. Die Darstellung leitet von instinkt- und triebtheoretischen Erklärungen über die Analyse von situativen Anreizen hin zur klassischen Motivationsforschung. Aus der aktuellen Forschung werden u. a. Willensprozesse (Volitionsforschung), die Risikomotivation und das freudvolle Aufgehen in der Tätigkeit (sog. Flow-Erleben) behandelt.

Motivationspsychologische Interventionen unter Schulalltagsbedingungen werden in dem Buch *Motivationsförderung im Schulalltag* von F. Rheinberg u. S. Krug (1993) vorgestellt. Das Buch schildert die Entwicklung und Erprobung motivationspsychologisch verankerter Techniken, die den Schulunterricht reizvoller und herausfordernder gestalten. Zunächst werden motivationstheoretische Grundlagen des Interventionsvorgehens behandelt. Anschließend werden die Herleitung, Durchführung und Erprobung der einzelnen Interventions- und Trainingsmaßnahmen für den Schüler wie für den Lehrer beschrieben.

C. Spiel et al. (1997) behandeln *Motivation und Lernen aus der Perspektive des lebenslangen Lernens*. In diesem Band werden Arbeitsgruppen vorgestellt, die entwicklungspsychologische Aspekte von Motivation und Lernen untersuchen.

Was sind die Ursachen für Aggression und Gewalt? Wie entsteht rechtsextreme und fremdenfeindliche Gewalt? Welche neueren Erkenntnisse gibt es zur sexuellen Gewalt, Gewalt im Umfeld von Sportereignissen und »internationaler« Gewalt? Zu diesen und weiteren Fragen nehmen Fachleute aus verschiedenen wissenschaftlichen Perspektiven Stellung in dem Buch *Aggression und Gewalt* von H.W. Bierhoff u. U. Wagner (1998). In Teil 1 werden grundlegende theoretische Fragen der Aggressionsforschung behandelt. Die Beiträge aus Teil 2 sind der Anwendung der Aggressionsforschung auf Gewaltphänomene außerhalb der labor-experimentellen Forschung gewidmet, und Teil 3 befaßt sich mit der Reduktion von alltäglicher menschlicher Aggression.

Liebe, Lust und Leidenschaft. Sexualität im Spiegel der Wissenschaft. Das Buch von B. Kanitscheider (1998) do-

kumentiert, wie neuere Ergebnisse der Medizin, der Psychologie sowie der Verhaltens- und Evolutionsforschung, aber auch der Philosophie und Theologie dazu beitragen können, das Thema unvoreingenommen zu betrachten.

ÜBUNGSFRAGEN

1 Was ist Motivation? Was sollen Motivationstheorien leisten?

1 Motivation ist die allgemeine Bezeichnung für alle Prozesse, die körperliche und psychische Vorgänge auslösen, steuern oder aufrechterhalten. Motivationstheorien sollen sowohl die allgemeinen »Bewegungsmuster« einer Art (Spezies) als auch die persönlichen Vorlieben und Leistungen der einzelnen Mitglieder der Art erklären.

2 Welche 5 verschiedenen Funktionen hat das Konzept der Motivation in der Psychologie?

2 ● Es setzt das Verhalten eines Organismus zu den biologischen Funktionen in Beziehung.
● Es erklärt Unterschiede im Verhalten.
● Es ermöglicht uns, innere Zustände aus beobachtbaren äußeren Handlungen zu erschließen.
● Es ermöglicht die Zuweisung von Verantwortung für Handlungen.
● Es erklärt unsere Beharrlichkeit angesichts von Widerständen.

3 Wie kann Instinktverhalten beschrieben werden?

3 Instinktverhalten kann beschrieben werden als Produkt aus internen und externen Motivationsquellen. Dabei ist die interne Quelle das genetische Erbe, welches das artspezifische Handlungsmuster bestimmt. Die externe Quelle besteht aus den Umgebungsbedingungen, die dieses Muster zu einem bestimmten Zeitpunkt und bei bestimmten Reizmerkmalen auslösen.

4 Beschreiben Sie Grundideen kognitiver Ansätze in der Motivationspsychologie.

4 Viele Psychologen, die die kognitiven Ansätze vertreten, teilen die Ansicht, daß ein großer Teil menschlicher Motivation nicht durch die objektive äußere Welt, sondern durch die *subjektive Interpretation* dieser Welt bedingt ist. Handlungen werden oft bestimmt durch das, was man für vergangene Erfolge und Mißerfolge verantwortlich macht, ebenso durch persönliche Vorstellungen von der Erreichbarkeit einer Sache und durch die Erwartungen an das Ergebnis einer Handlung. Kognitive Ansätze in der Motivationsforschung machen höhere geistige Prozesse für die Handlung selbst verantwortlich. Sie erklären, warum Menschen oft durch Erwartungen über zukünftige Ereignisse motiviert werden.

5 A. Maslow, ein Vertreter der Humanistischen Psychologie, hat eine Hierarchie der Bedürfnisse aufgestellt. Erläutern Sie kurz seine Theorie.

5 Maslow (1970) stellte die Theorie auf, daß sich die grundlegenden Motive menschlichen Handelns in einer Bedürfnishierarchie anordnen lassen. Er nimmt an, daß zunächst die Bedürfnisse einer Stufe in der Hierarchie – in aufsteigender Reihenfolge vom »primitivsten« zum »anspruchsvollsten« angeordnet – befriedigt werden müssen, bevor die nächste Stufe erreicht werden kann.

6 Durch welche Prozesse wird die sexuelle Erregung bei Tieren gesteuert?

6 Sexuelle Erregung wird primär durch physiologische Prozesse gesteuert. Tiere werden hauptsächlich durch ihren Hormonfluß, der von der Hypophyse gesteuert und von den Keimdrüsen, den Geschlechtsorga-

nen, abgesondert wird, für die Paarung empfänglich. Beim männlichen Geschlecht handelt es sich dabei um Androgene, die immer in ausreichender Menge vorhanden sind, so daß Männchen fast jederzeit hormonell zur Paarung bereit sind. Beim weiblichen Geschlecht der meisten Arten wird jedoch das Keimdrüsenhormon Östrogen in regelmäßigen Tages- oder Monatszyklen oder aber jahreszeitlich bedingt freigesetzt. Daher sind die Weibchen nicht zu jeder Zeit hormonell paarungsbereit.

7 Welche These vertritt D. Buss, ein Evolutionspsychologe, hinsichtlich der Rolle der Evolution bei der Herausbildung sexueller Verhaltensmuster?

7 Der Evolutionspsychologe D. Buss vertritt die Ansicht, Männer und Frauen hätten verschiedene Strategien, Emotionen und Motivationen für kurz- und langfristige Beziehungen entwickelt. Die männliche Strategie von Verführen und Verlassen – bei der sie sich zuerst treu und fürsorglich geben und dann die Partnerin wieder verlassen – ist eine kurzfristige Strategie. Dagegen ist Treue gegenüber der Frau und die Investition in das Großziehen der Nachkommen eine langfristige Strategie von Männern. Die weibliche Strategie, einen treuen Mann für sich zu gewinnen, der bei ihr bleibt und sie beim Großziehen ihrer Kinder unterstützt, ist eine langfristige Strategie. Die Frage, ob Frauen kurzfristige Paarungsstrategien entwickelt haben oder nicht, ist kontrovers. Einige Wissenschaftler vertreten die Ansicht, wahlloser Sex zahle sich für Frauen im evolutionären Sinn nie aus, denn sie könnten schwanger werden, ohne einer männlichen Investition bei der späteren Kindererziehung gewiß zu sein. Frauen schienen weniger an gelegentlichem Sex interessiert zu sein als Männer. Andere dagegen argumentieren, kurze Beziehungen mit vielen Männern – besonders älteren, reichen Männern – gegen unmittelbare Belohnungen sicherten wenigstens das kurzfristige Überleben.

8 Welches Ergebnis der Untersuchungen von Masters u. Johnson kann man als das bedeutendste ansehen?

8 Die Untersuchungen von Masters u. Johnson haben sich auf die Physiologie der sexuellen Reaktion konzentriert. Dennoch ist die zentrale Bedeutung der *psychologischen* Prozesse bei der Erregung wie bei der Befriedigung vielleicht ihre wichtigste Entdeckung. Sie wiesen nach, daß Störungen der sexuellen Reaktion oftmals eher psychologische als physiologische Ursachen haben und therapeutisch beeinflußt oder beseitigt werden können.

9 Was sind sexuelle Skripts?

9 Sexuelle Skripts sind sozial erlernte »Programme« sexuellen Reagierens. Sie enthalten – üblicherweise unausgesprochene – Anweisungen darüber, was wann wie mit wem oder womit und warum zu tun ist. Verschiedene Aspekte dieser Skripts werden durch soziale Interaktion während des ganzen Lebens gesammelt. Die Einstellungen und Werte, die in das sexuelle Skript eingebunden sind, stellen eine externe Quelle sexueller Motivation dar; sie geben mögliche bzw. akzeptierte Verhaltensweisen vor. Ein sexuelles Skript enthält nicht nur Szenarien dessen, was man für sich selbst als angemessen erachtet, sondern auch der eigenen Erwartungen an einen Sexualpartner. Wenn unterschiedliche Skripts nicht erkannt, besprochen bzw. aufeinander abgestimmt werden, können sie zu Mißverständnissen, Konflikten und Enttäuschungen zwischen Partnern führen.

10 Wie verbreitet ist die homosexuelle Orientierung? Erläutern Sie Umfrageergebnisse.

10 Die meisten Umfragen zum sexuellen Verhalten versuchten, über die Verbreitung von Homosexualität genaue Zahlen zu ermitteln. Alfred Kinsey fand bei seinen frühen Studien heraus, daß ein großer Prozentsatz der befragten Männer zumindest irgendeine homosexuelle Erfahrung gemacht hatte und daß etwa 4% der Männer ausschließlich homosexuell waren. Der Anteil der Frauen war geringfügig kleiner. Jüngere Untersuchungen versuchen, die Diskrepanz zwischen dem Wunsch nach homosexuellen Beziehungen und dem tatsächlichen Ausleben dieses Wunsches zu klären. Michael et al. (1994) fanden heraus, daß sich etwa 4% der befragten Frauen von Mitgliedern ihres Geschlechts sexuell angezogen fühlen, aber nur 2% tatsächlich im vergangenen Jahr Sex mit einer anderen Frau hatten. Genauso fühlten sich 6% der Männer sexuell angezogen von anderen Männern, aber nur 2% der Befragten hatten tatsächlich im vergangenen Jahr Sex mit einem anderen Mann. Ob diese Zahlen zuverlässig sind, ist schwer abzuschätzen. Solange sich die Gesellschaft gegenüber dem Ausleben homosexueller Wünsche so feindselig verhält, ist es wahrscheinlich nicht möglich, die Verbreitung der Homosexualität genau zu erfassen.

11 Unterscheiden Sie die Begriffe Aggression, Gewalt und Aggressivität.

11 Wir beschränken uns in der Definition auf Aggression zwischen Menschen und definieren sie als körperliches oder verbales Handeln, das mit der Absicht ausgeführt wird, zu verletzen oder zu zerstören. Gewalt ist Aggression in ihrer extremen und sozial nicht akzeptablen Form. Während der Begriff der Aggression direkt auf ein Verhalten abzielt, bezieht sich Aggressivität auf eine Disposition oder Persönlichkeitseigenschaft. Menschen haben ein unterschiedliches Ausmaß an Aggressivität, d.h. die Bereitschaft, aggressiv zu reagieren, ist mehr oder weniger groß.

12 Geben Sie 6 Antworten auf die Frage, warum Menschen aggressiv reagieren.

12
- Aggression tritt aufgrund unserer artspezifischen Ausstattung unter bestimmten Umständen *unausweichlich* auf. Mit anderen Worten, Aggression ist Teil unseres biologischen Erbes (»ist angeboren«).
- Aggression kann auf der physiologischen Ebene über Besonderheiten des hormonellen Systems erklärt werden. Insbesondere erklären hormonelle Unterschiede zwischen Männern und Frauen Geschlechtsunterschiede in der Aggression.
- Aggressives Verhalten steht mit der Erfahrung von Frustrationen in Zusammenhang.
- Aggressives Verhalten tritt dann auf, wenn bestimmte emotionale Befindlichkeiten (Wut) *und* bestimmte aktuelle Hinweisreize vorliegen.
- Aggressives Verhalten wird nach den Prinzipien des sozialen Lernens erworben.
- Aggressionen treten dann auf, wenn Menschen den anderen nicht mehr als Menschen wahrnehmen (»Dehumanisierung«).

13 Welche Bedeutung haben Todestrieb und Katharsis in der Theorie Freuds?

13 Freud vertrat die Auffassung, daß der Mensch vom Augenblick der Geburt an 2 einander entgegengesetzte Triebe besitzt: einen Lebenstrieb (Eros), der für die Energie für Wachstum und Überleben sorgt und einen Todestrieb (Thanatos), der nach der Selbstzerstörung des Individuums strebt. Er nahm weiterhin an, der Todestrieb werde oft

in Gestalt der Aggression gegen andere nach außen umgelenkt. Die Energie für den Todestrieb wird stetig im Körper generiert. Sie sammelt sich wie Wasser in einem Tank. Wird sie nicht in kleinen Mengen und auf sozial akzeptierte Weise abgegeben, so wird sie so lange zunehmen, bis sie auf extreme und sozial nicht akzeptable Weise »überläuft«. Eine Möglichkeit der Ableitung dieser Energie ist die Katharsis (*griech.* Reinigung), die in der Psychoanalyse auch als sog. Katharsistherapie angewendet wird. Es geht darum, die mit der Energie verbundenen übermäßigen Affektspannungen abzubauen. Die Affekte werden in ihrer vollen Intensität ausgedrückt: durch Weinen, Worte, symbolische Mittel oder direkte Handlungen.

14 Was läßt sich zusammenfassend zur Befundlage der Katharsishypothese sagen?

14 Der Großteil der Belege zur Katharsis aggressiver Gefühle läßt annehmen, daß ein emotionales »Rauslassen« aggressiver Gefühle im Sprechen das Auftreten nachfolgender Aggression zu senken vermag; die Gelegenheit jedoch, offen aggressives Verhalten »auszuagieren«, bewirkt das Gegenteil: Sie verstärkt die Aggressivität.

15 Erläutern Sie die Frustrations-Aggressions-Hypothese. Wird sie durch die Empirie bestätigt?

15 Nach der Frustrations-Aggressions-Hypothese ist Aggression ein erworbener Trieb, der als Reaktion auf Frustration entstanden ist. Frustration tritt auf, wenn die Ausführung einer Zielreaktion unterbrochen oder blockiert wird. Je größer die gegenwärtige und angesammelte Frustration, um so stärker die daraus resultierende aggressive Reaktion.

Bei empirischen Untersuchungen zur Frustrations-Aggressions-Hypothese stellte sich jedoch bald heraus, daß nicht jeder aggressiven Handlung eine Frustration vorausging und daß nicht jede Frustration in Aggression mündete. Die ursprüngliche Frustrations-Aggressions-Hypothese wurde dahingehend revidiert, daß zwar jede Frustration eine Neigung zur Aggression hervorruft, diese Neigung jedoch zu schwach sein kann, um tatsächlich aggressives Verhalten zu verursachen (N. Miller 1941).

16 Welche Auswirkungen hat häufiger Konsum von Gewaltdarstellungen im Fernsehen bei Kindern?

16 Aus den Darstellungen im Fernsehen lernen Kinder, daß die Ausübung von Gewalt häufig vorkommt, daß sie belohnt wird, daß sie für gerechtfertigt, sauber, spaßig und phantasievoll gehalten wird und daß sie für Männer eher angebracht ist als für Frauen. Sie beginnen auch, die wirkliche Bedrohung durch Gewalt in ihrem täglichen Leben zu überschätzen. Das wiederum macht sie ängstlich und mißtrauisch gegenüber Fremden. Eine landesweite Umfrage bei amerikanischen Kindern zwischen 7 und 11 Jahren zeigt, daß Kinder, die sehr viel fernsehen, im Vergleich zu Kindern, die wenig fernsehen, über mehr Ängste berichten, etwa »daß jemand in unser Haus eindringen könnte« oder »daß, wenn Du rausgehst, Dir jemand was antun könnte« (Peterson u. Zill 1981). Kinder neigen, nachdem sie Gewalt beobachtet haben, nicht nur eher dazu, aggressiv zu handeln, sie werden auch nachsichtiger gegenüber aggressivem Verhalten anderer. Mit geringerer Wahrscheinlichkeit werden sie verantwortungsbewußt handeln und beispielsweise in einen Kampf zwischen 2 jüngeren Kindern eingreifen.

17 Wodurch wird Leistungsmotivation schon früh beeinflußt?

17 Untersuchungsergebnisse deuten darauf hin, daß das Ausmaß, in dem wir ein Leistungsmotiv verspüren, schon durch die Erfahrungen in

den ersten Lebensjahren beeinflußt wird und daß die elterliche Erziehung zur Leistung dabei eine wesentliche Rolle spielt.

18 Beschreiben Sie den Begriff Kontrollüberzeugung.

18 Eine Kontrollüberzeugung ist die Annahme, die Ergebnisse unseres Handelns seien auf innere Bedingungen oder aber auf äußere Bedingungen bzw. Ursachen zurückzuführen. Im ersten Fall sprechen wir von einer *internalen*, im zweiten Fall von einer *externalen* Kontrollüberzeugung. Zum Beispiel könnten schlechte Zeugnisnoten externen Ursachen – Baustellenlärm während der Prüfung – oder aber internen Ursachen – schlechtes Gedächtnis – zugeschrieben werden.

19 Beschreiben Sie Ursachenattributionen für Verhaltensresultate am Beispiel von Zeugnisnoten.

19 Man kann Noten als Resultat innerer Faktoren, wie z. B. Fähigkeit (ein stabiles Persönlichkeitsmerkmal) oder Anstrengung (ein variables Persönlichkeitsmerkmal) betrachten. Oder man kann Noten primär auf externe Faktoren, wie die Schwierigkeit der Aufgabe bzw. Handlungen anderer (stabiles situationsgebundenes Problem) oder aber auf unkontrollierbare Einflüsse, wie z. B. Glück (variables externes Merkmal), zurückführen.

20 Warum sind Überzeugungen darüber, warum man erfolgreich war oder scheiterte, wichtig? Nennen Sie 3 Gründe.

20 Überzeugungen darüber, *warum* man erfolgreich war oder scheiterte, sind aus dreierlei Gründen wichtig:
- Sie führen zu unterschiedlichen Interpretationen früherer Leistungen und des allgemeinen Selbstwertes.
- Sie führen zu unterschiedlichen Emotionen, Zielen und Anstrengungen in der gegenwärtigen Situation.
- Und sie führen zu unterschiedlichen Motivationen in der Zukunft – die dann Erfolge wiederum mehr oder weniger wahrscheinlich werden lassen.

21 Wodurch ist der pessimistische bzw. optimistische Attributionsstil gekennzeichnet (bei Mißerfolg)? Wie sehen die Ursachenzuschreibungen aus, wenn es sich um Erfolg handelt?

21 Der *pessimistische Attributionsstil* ist dadurch gekennzeichnet, daß die Ursachen des Mißerfolgs auf interne Faktoren bezogen werden. Darüber hinaus wird die ungünstige Situation und die Rolle der Person bei ihrer Verursachung als stabil und global angesehen: »Es wird sich nie ändern, und es wird sich auf alles andere auswirken«. Ein Mensch mit *optimistischem Attributionsstil* sieht einen Mißerfolg als Resultat externer Ursachen – »Die Prüfung war unfair« – und als Resultat von variablen und spezifischen Ereignissen: »Wenn ich mich das nächste Mal mehr anstrenge, werde ich besser abschneiden, und dieser eine Rückschlag wird keinen Einfluß darauf haben, wie ich mit anderen, mir wichtigen Aufgaben fertigwerde.«
Diese Ursachenzuschreibungen werden umgekehrt, wenn es sich um Erfolg handelt: *Optimisten* schreiben ihren Erfolg stabil-internal globalen Ursachen zu. *Pessimisten* dagegen attribuieren ihren Erfolg external-variablen globalen oder spezifischen Faktoren. Weil Pessimisten glauben, zum Scheitern verurteilt zu sein, erbringen sie schlechtere Leistungen, als man objektiv aufgrund ihrer Fähigkeiten erwarten würde.

22 Wie versuchen die Equity-Theorie und die Erwartungstheorie die Motivation am Arbeitsplatz zu erklären?

22 Die Equity-Theorie und die Erwartungstheorie versuchen zu erklären und vorherzusagen, wie Menschen sich unter verschiedenen Arbeitsbedingungen verhalten. Dabei gehen sie davon aus, daß sich Arbeitnehmer mit ihrer Situation kognitiv auseinandersetzen. Nach der Equity-Theorie sind Arbeitnehmer motiviert, gerechte und angemessene Beziehungen zu Personen zu unterhalten, die für sie bedeutsam

sind. Die Erwartungstheorie hingegen besagt, daß Arbeitnehmer dann motiviert sind, wenn sie erwarten, daß ihre Leistungen am Arbeitsplatz den erwünschten Gewinn bringen.

Wenn wir Sie jetzt fragten: »Wie fühlen Sie sich?«, was würden Sie antworten? Diese Frage könnten Sie auf mindestens 3 verschiedenen Ebenen beantworten. Erstens könnten Sie uns Ihren momentanen Gemütszustand, Ihre *Emotionen*, beschreiben. Sind Sie froh, weil Sie wissen, daß Sie dieses Kapitel noch zu Ende lesen können, bevor Sie auf eine Party gehen? Sind Sie verärgert, weil Ihr Chef Sie gerade am Telefon angebrüllt hat? Zweitens könnten Sie uns etwas allgemeiner erzählen, ob Sie gerade unter *Streß* stehen. Haben Sie das Gefühl, Sie sind all den Aufgaben, vor die Sie gestellt sind, gewachsen? Oder fühlen Sie sich ein bißchen überfordert? Drittens könnten Sie uns – noch allgemeiner – etwas über Ihre seelische und körperliche *Gesundheit* erzählen. Glauben Sie, Sie werden gerade krank, oder fühlen Sie sich rundherum gesund?

In diesem Kapitel wird untersucht, auf welche Weise sich die 3 Ebenen – Emotionen, Streß und Gesundheit – gegenseitig beeinflussen. Emotionen sind ein Prüfstein menschlicher Erfahrungen. Sie bereichern Ihre Beziehungen zu Menschen und zur Natur und verleihen Ihren Erinnerungen Bedeutung. Dieses Kapitel behandelt die Funktionen und die Erlebnisqualitäten von Emotionen. Doch was passiert, wenn die emotionalen Ansprüche an die biologischen und psychologischen Funktionen zu hoch sind? Dann besteht die Gefahr, daß man sich überfordert fühlt und nicht mehr fähig ist, mit den Belastungen des Lebens (den »Stressoren«) fertig zu werden. Wir werden in diesem Kapitel auch untersuchen, wie Menschen durch Streß beeinflußt werden und was sie dagegen tun können. Schließlich werden wir noch einen Blick auf die Beiträge der Psychologie zur Erforschung von Gesundheit und Krankheit werfen. Gesundheitspsychologen untersuchen, inwieweit umweltbedingte, soziale und psychologische Prozesse zum Entstehen von Krankheiten beitragen. Sie greifen auf psychologische Prozesse und Theorien zurück, um Krankheiten zu behandeln und vorzubeugen und entwickeln dabei auch Strategien zur Verbesserung des persönlichen Wohlbefindens.

Sehen wir uns aber zuerst die Erfahrungsqualitäten und die Bedeutung von Emotionen an.

8.1
Emotionen: Kulturelle Einflüsse und biologische Grundlagen

Wie sähe Ihr Leben aus, wenn Sie zwar denken und handeln könnten, aber nicht fühlen? Wären Sie bereit, auf das Gefühl der Angst zu verzichten, wenn Sie dabei gleichzeitig die Fähigkeit verlieren würden, die Leidenschaft eines innigen Kusses zu empfinden? Wollten Sie das Gefühl der Traurigkeit loswerden, wenn Sie dabei auch auf Freude verzichten müßten? Da würden Sie wohl ein schlechtes Geschäft machen, das Sie auch schnell bereuen würden. Wir werden sehen, daß Emotionen eine Reihe wichtiger Funktionen erfüllen. Zunächst wenden wir uns jedoch der Definition des Begriffs **Emotion** und den Wurzeln emotionaler Erfahrungen zu. Auch wenn man versucht ist, Emotionen nur als Gefühl zu betrachten, wie »Ich bin glücklich« oder »Ich bin wütend«, ist doch eine umfassendere Definition dieses wichtigen Konzepts nötig.

> **!** Psychologen definieren eine Emotion als ein komplexes Muster von Veränderungen, das physiologische Erregung, Gefühle, kognitive Prozesse und Verhaltensweisen umfaßt. Diese treten als Reaktion auf eine Situation auf, die ein Individuum als persönlich bedeutsam wahrgenommen hat (Kleinginna u. Kleinginna 1981).

Um zu verstehen, warum alle diese Aspekte notwendig sind, stellen Sie sich einmal eine Situation vor, die Sie sehr glücklich macht. Ihre physiologische Erregung ließe Ihr Herz schneller schlagen, Ihre Gefühle wären positiv. Zu den damit verbundenen kognitiven Prozessen gehören Interpretationen, Erinnerungen und Erwartungen, die es Ihnen ermöglichen, die Situation als beglückend zu bezeichnen. Ihre sichtbaren Verhaltensreaktionen könnten in Ihrem Gesichtsausdruck (Lächeln) oder aber in einer Handlung (Freudengeschrei) bestehen. Unser Verständnis von Emotionen schließt alle diese Aspekte – Erregung, Gefühle, Gedanken und Handlungen – ein.

8.1.1
Kulturelle Einflüsse

Wenn man Vertreter der verschiedensten Kulturen in einem Raum versammeln würde, was glauben Sie, wäre ihnen allen an emotionaler Erfahrung gemein? Auf den ersten Blick könnte man die Frage mit Hilfe von Charles Darwins Werk *The Expression of Emotions in Man and Animals* (1872) beantworten (s. Abb. 8.1).

Darwin vertrat darin die Meinung, Emotionen entwickelten sich zusammen mit anderen wichtigen Aspekten menschlicher und tierischer Strukturen. Er konzentrierte sich auf die adaptiven Funktionen der Emotionen, die er nicht als vage, unberechenbare persönliche Zustände ansah, sondern als hochspezifische,

koordinierte Wirkungsweisen des menschlichen Gehirns. Darwin sah Emotionen als spezialisierte erbliche Gemütszustände an, die zur Bewältigung einer bestimmten Kategorie wiederkehrender Situationen im Leben dienen.

Im Laufe der Menschheitsgeschichte wurden Menschen – unzählige Male – von Raubtieren angefallen, haben sich verliebt, Kinder geboren, einander bekämpft, mußten mit der Untreue ihrer Sexualpartner zurechtkommen und den Tod von nahestehenden Personen miterleben. Daher könnte man erwarten, daß bestimmte Arten emotionaler Reaktionen bei allen Mitgliedern der Spezies Mensch auftreten. Forscher haben diesen Anspruch auf Universalität von Emotionen untersucht, indem sie die emotionalen Reaktionen von Neugeborenen sowie die Konsistenz von Gesichtsausdrücken kulturvergleichend untersuchten.

Sind bestimmte emotionale Reaktionen angeboren?

Wenn diese evolutionäre Perspektive zutrifft, müßten wir die gleichen emotionalen Reaktionsmuster bei Kindern auf der ganzen Welt antreffen (Izard 1994). Sylvan Tompkins (1962, 1981) war einer der ersten Psychologen, der die große Bedeutung unmittelbarer, nicht erlernter affektiver Reaktionen hervorhob. Er wies darauf hin, daß Kinder auf laute Geräusche mit Angst oder Atemnot reagieren, ohne diese vorher erlernt zu haben. Sie scheinen »vorprogrammiert« zu sein, auf bestimm-

Abb. 8.1. Mimischer Emotionsausdruck. Charles Darwin war einer der ersten Forscher, die Fotografien zur Untersuchung von Emotionen verwendeten. Diese Bildtafeln stammen aus dem Band *The Expression of Emotions in Man and Animals,* der 1872 publiziert wurde

te Reize mit emotionalen Reaktionen zu antworten, die allgemein genug sind, um auf eine Vielzahl von Situationen zu passen.

Eine in den USA und Japan durchgeführte Studie hat die These bestätigt, daß manche emotionale Reaktionen universell sind (Camras et al. 1992). In diesem Experiment faßten die Forscher 5 und 12 Monate alte Babys an den Handgelenken, um dann die Hände des Babys über dessen Bauch zu falten. Die Reaktionen wurden auf Video aufgezeichnet. Es zeigte sich, daß die Säuglinge beider Kulturen ihre Gesichtsmuskulatur nach denselben Mustern bewegten – und einen ganz ähnlichen Ausdruck des Leidens entwickelten. Auch die negativen lautlichen Äußerungen und die physische Anstrengung waren ähnlich.

Derartige Beobachtungen deuten darauf hin, daß alle Kinder mit einem sehr ähnlichen Repertoire an Mimik und Gestik zur Welt kommen. Diese Reaktionen (Trauer, Wut, Angst) sind jedoch noch nicht so ausgeprägt wie der Gesichtsausdruck Erwachsener (Camras 1992; Camras et al. 1993). Sie sind eher allgemein negativ oder allgemein positiv, ohne jedoch an eine spezielle Emotion gebunden zu sein. Kleinkinder scheinen auch eine angeborene Fähigkeit zu besitzen, den Gesichtsausdruck anderer zu deuten. In einem anderen Experiment zeigten 4–6 Monate alte Kinder Habituation – ein abnehmendes Interesse – an wiederholten Darstellungen von Gesichtern Erwachsener, die eine der Emotionen Überraschung, Furcht und Ärger vermittelten. (s. ausführliche Beispiele zur Habituation bei Kindern in Abschn. 10.3). Als den Kindern daraufhin eine Fotografie mit einer neuen Emotion gezeigt wurde, reagierten sie mit erneutem Interesse, was darauf hinweist, daß schon Säuglinge dieses Alters den Ausdruck von Überraschung, Angst und Ärger unterscheiden können (Serrano et al. 1992).

Ist der Ausdruck von Emotionen universell?

Wir haben gesehen, daß Säuglinge geläufige Emotionen erkennen und selbst ausdrücken können. Daraus läßt sich unmittelbar die Annahme ableiten, daß auch erwachsene Mitglieder sehr unterschiedlicher Kulturen in der Deutung von Gesichtsausdrücken und dazugehörenden Emotionen übereinstimmen dürften.

Nach Paul Ekman, dem führenden Wissenschaftler im Bereich des mimischen Emotionsausdrucks, gibt es eine Überlappung in der »Ausdruckssprache des Gesichts« aller Menschen (Ekman 1984, 1994; Ekman u. Friesen 1975; s. auch Izard 1971). Ekman und sein

Team wiesen nach, was schon Darwin vermutet hatte – daß die Spezies Mensch über ein universelles emotionales Ausdrucksrepertoire verfügt, das vermutlich zu den angeborenen Bestandteilen unseres evolutionären Erbes gehört. Prüfen Sie anhand von Abb. 8.2, wie gut Sie die 7 »universellen« Emotionen erkennen können (Ekman u. Friesen 1986).

> **!** Vieles deutet darauf hin, daß diese 7 Emotionen weltweit in gleicher Weise erkannt und ausgedrückt werden:
>
> - Fröhlichkeit,
> - Überraschung,
> - Wut,
> - Ekel,
> - Furcht,
> - Traurigkeit,
> - Verachtung.
>
> In kulturvergleichenden Untersuchungen wurden Menschen verschiedener Kulturzugehörigkeit gebeten, die Emotionen zu bestimmen, die in standardisierten Aufnahmen von Gesichtern zu sehen waren. Es stellte sich heraus, daß Menschen auf der ganzen Welt die Emotionen der obengenannten Liste anhand des Gesichtsausdrucks genau zuordnen können.

Eine der Studien wird im Abschn. **Experiment** beschrieben.

Der Anspruch der Universalität konzentriert sich, wohlgemerkt, auf das grundlegende Repertoire von 7 Emotionen. Ekman und seine Kollegen erheben *nicht* den Anspruch, alle Gesichtsausdrücke seien universell oder verschiedene Kulturen drückten alle Emotionen auf die gleiche Weise aus (Ekman 1994). Ekman (1972) bezeichnete seine Position als die »neurokulturelle Sichtweise«, um das Zusammenwirken von Gehirn (als Produkt der Evolution) und Kultur beim Ausdruck von Emotionen zu betonen. Das Gehirn bestimmt, welche Gesichtsmuskeln sich bewegen, um einen bestimmten Ausdruck zu erzeugen, wenn eine bestimmte Emotion ausgelöst wird. Die verschiedenen Kulturen auferlegen sich jedoch über die universellen biologischen Vorgaben hinaus ihre eigenen Einschränkungen. – Befassen wir uns nun mit den kulturellen Einflüssen auf die Emotionalität.

Wie schränkt die Kultur den Ausdruck von Emotionen ein?

Das genetische Erbe, das den Ausdruck von Emotionen bis zu einem gewissen Grad bestimmt, mag allen Menschen auf der Welt gemeinsam sein. Und dennoch verfügen verschiedene Kulturen über unterschiedliche Standards zum Umgang mit Emotionen. Manche For-

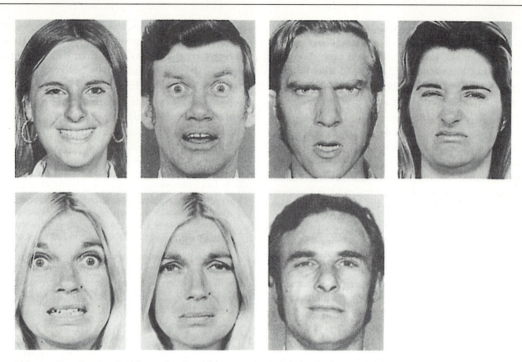

Abb. 8.2. Emotionaler Gesichtsausdruck. Welche Emotion wird durch die einzelnen Gesichter ausgedrückt? Die Antwort finden Sie am Ende des Abschn. **Experiment**

EXPERIMENT

Die Emotionssprache des Gesichts

Angehörige einer analphabetischen Kultur in Neuguinea, die mit der westlichen Kultur bis zu diesem Zeitpunkt noch keinen Kontakt gehabt hatten, konnten die verschiedenen Emotionen in den in Abb. 8.2 dargestellten Gesichtern von Weißen eindeutig bestimmen, indem sie sie auf Situationen bezogen, in denen sie die gleichen Emotionen durchlebt hatten. Beispielsweise erinnerte sie das linke Foto in der unteren Reihe (Angst) daran, von einem Wildschwein gejagt zu werden und nicht mit einem Speer bewaffnet zu sein, und mit dem mittleren Foto in der unteren Reihe (Traurigkeit) verknüpften sie die Vorstellung, ihr Kind sei gestorben. Nur bei der Unterscheidung von Überraschung und Angst hatten sie Schwierigkeiten, vielleicht deshalb, weil diese Menschen große Angst bekommen, wenn sie überrascht werden.

Danach baten die Forscher andere Personen aus dieser Kultur (die nicht am ersten Experiment teilgenommen hatten), die Emotionen der obengenannten Liste (mit Ausnahme der Verachtung) so auszudrücken, wie sie es gewohnt waren. Als amerikanische Studenten Videoaufnahmen dieser Gesichtsausdrücke sahen, konnten sie die entsprechenden Emotionen genau zuordnen – mit einer Ausnahme: Es war nicht verwunderlich, daß die Amerikaner ihrerseits Schwierigkeiten hatten, den Gesichtsausdruck für Angst und den für Überraschung zu unterscheiden, mit denen umgekehrt auch die Eingeborenen ihre Schwierigkeiten hatten (Ekman u. Friesen 1971).

Offensichtlich drücken Menschen auf der ganzen Welt, unabhängig von kulturellen Unterschieden, Rasse, Geschlecht oder Erziehung, die grundlegenden Emotionen auf die gleiche Weise aus und lesen diese Emotionen bei anderen an deren Gesichtsausdruck ab.

Von links nach rechts zeigen die Fotos von Abb. 8.2 folgende Emotionen: (obere Reihe) Fröhlichkeit, Überraschung, Wut und Ekel; (untere Reihe) Furcht, Traurigkeit und Verachtung.

men emotionaler Reaktion, und sogar Gesichtsaus-drücke, sind einzigartig für jede Kultur. Eine Kultur stellt soziale Normen dafür auf, wann jemand be-stimmte Emotionen zeigen darf und wann bestimmte Ausdrucksarten von Emotionen bei bestimmten Men-schen in bestimmten Situationen gesellschaftlich ange-bracht sind (Lutz u. Abu-Lughod 1990). Betrachten wir das Beispiel einer Kultur, die Emotionen ganz anders ausdrückt, als es die westliche Norm vorschreibt.

In der Wolof-Gesellschaft im Senegal sind Status- und Machtunterschiede zwischen den Menschen klar festgelegt. Von den Mitgliedern einer hohen Kaste wird in dieser Kultur starke Zurückhaltung im Aus-druck ihrer Emotionalität erwartet, von den Mitglie-dern der niederen Kasten mehr Impulsivität, besonders im Falle der Griot-Kaste. Diese Kaste wird tatsächlich oft gebeten, die »unwürdigen« Emotionen der Adligen darzustellen. Irvine (1990, S. 146) liefert dazu folgende Beschreibung:

Eines nachmittags war eine Gruppe von Frauen (5 Adlige und 2 Griotinnen) bei einem Brunnen am Stadt-rand versammelt, als eine andere Frau auf den Brunnen zuschritt und sich hinunterstürzte. Alle Frauen waren schockiert über den offensichtlichen Selbstmordver-such. Die adligen Frauen schwiegen in ihrer Erschütte-rung, während die Griotinnen für alle schrien.

Können Sie sich vorstellen, wie Sie in dieser Situati-on reagieren würden? Wahrscheinlich können Sie sich eher in die Lage der Griotinnen als in die der adligen Frauen versetzen – und würden genauso schreien. Die adligen Frauen hatten jedoch durch kulturelle Normen gelernt, emotionale Reaktionen nicht zu zeigen.

Wenn Sie sich mit den grundlegenden Ausdrucks-mustern von Emotionen befassen, die sich im Laufe der Menschheitsgeschichte entwickelt haben, so sollten Sie immer daran denken, daß die Kultur das letzte Wort hat. Unsere Vorstellungen darüber, was am Emotions-ausdruck notwendig oder unvermeidlich ist, sind auf die westeuropäische Kultur beschränkt. Suchen Sie nach Beispielen dafür, wie verschiedene Standards des Emotionsausdrucks Mißverständnisse zwischen Ange-hörigen verschiedener Kulturen verursachen.

8.1.2
Physiologie der Emotionen

Was geschieht, wenn Sie von einer starken Emotion ge-packt werden? Ihr Herz rast, Sie atmen schneller, Ihr Mund trocknet aus, Ihre Muskeln spannen sich an,

und vielleicht zittern Sie sogar. Neben diesen sichtba-ren Veränderungen entstehen unterschwellig noch viele andere. Alle diese Reaktionen sollen Ihren Körper für eine Handlung mobilisieren, um mit der Ursache der Emotion umzugehen. Sehen wir uns dazu an, wie diese Reaktionen zustande kommen.

Das vegetative Nervensystem bereitet den Körper durch die Wirkung des Sympathikus wie des Parasym-pathikus auf emotionale Reaktionen vor (s. Abschn. 2.2). Das Gleichgewicht zwischen den beiden Systemen hängt von der Qualität und Intensität des Reizes ab. Bei geringer, unangenehmer Reizung ist der Sympathi-kus aktiver, bei geringer, angenehmer Reizung der Pa-rasymphatikus. Werden beide Arten der Reizung stär-ker, sind beide Systeme in zunehmendem Maß beteiligt. Physiologisch gesehen aktivieren starke Emotionen wie Angst oder Ärger das Notreaktionssystem des Körpers, das ihn schnell und unmerklich auf drohende Gefahr vorbereitet. Das sympathische Nervensystem steuert die Abgabe von Hormonen der Nebennieren (Epineph-rin und Norepinephrin), die wiederum die inneren Or-gane zur Ausschüttung von Blutzucker, zur Erhöhung des Blutdrucks und zur verstärkten Schweiß- und Spei-chelbildung veranlaßt. Wenn die Notsituation vorüber ist, hemmt der Parasympathikus die Ausschüttung der aktivierenden Hormone. Die durch eine bestimmte Si-tuation hervorgerufene starke emotionale Erregung kann danach noch eine ganze Zeit anhalten, da manche Hormone immer noch im Blutkreislauf zirkulieren.

Die Koordination der hormonalen und neuralen Aspekte der Erregung erfolgt durch den Hypothalamus und das limbische System – d. h. diejenigen Systeme, die Emotionen sowie Angriffs-, Verteidigungs- und Fluchtmuster kontrollieren. Die Verletzung (Entfer-nung) oder Reizung verschiedener Teile des limbischen Systems verursacht drastische Veränderungen der emotionalen Reaktionsweise: Zahme Tiere werden zu Raubtieren, und Tiere, die eigentlich Raubtier und Beu-tetier sind, werden zu friedfertigen Gefährten (Delgado 1969).

Die neuroanatomische Forschung hat sich beson-ders mit der **Amygdala** (dem **Mandelkörper**, vgl. Abschn. 2.2), einem Teil des limbischen Systems, be-faßt, der als »Tor zur Emotion« und als Gedächtnisfilter dient. Diese Funktion erfüllt die Amygdala, indem sie die ihr von den Sinnesorganen zugeleiteten Informatio-nen als bedeutend oder unbedeutend registriert. Wird sie durch einen Unfall oder eine Operation verletzt, zei-gen Menschen keine Reaktion in Situationen, die normalerweise starke emotionale Reaktionen auslösen. Der Neurologe Joseph LeDoux (1989) entdeckte bei Ratten einen anatomischen Pfad, der es ermöglicht, daß sensorische Informationen direkt zur Amygdala gelangen, bevor sie den Kortex erreichen. Sie reagiert auf diese Rohdaten und löst eine emotionale Reaktion aus, bevor der Kortex eine Deutung des Reizereignisses vornehmen kann. LeDoux vermutet, daß manche Menschen überemotional sind, weil die Reaktion der Amygdala stärker ist als die Fähigkeit des Kortex, diese mit rationalen Deutungen zu kontrollieren. Menschen können manchmal »handeln, ohne zu denken«, weil ihre Emotionen und Aggressionen zu schnell ausgelöst werden, als daß die anderen »Bremsen« des Gehirns dies verhindern könnten. Genauso kann der häufige unkontrollierbare emotionale Ausbruch von Kindern darauf zurückzuführen sein, daß die Teile des Kortex, die die emotionale Reaktion kontrollieren, erst etwa zwischen dem 18. und 36. Lebensmonat voll ausgebildet sind, wenn die Amygdala und andere emotionale Zentren im Gehirn schon lange aktiv sind.

> **!** Bei allen komplexen Emotionen ist der Kortex über seine inneren neuralen Netze und seine Verbindungen zu anderen Körperteilen beteiligt. Er sorgt für die Assoziationen, Erinnerungen und Bedeutungen, die Bestandteile psychologischer Erfahrung und biologischer Reaktionen sind. Untersuchungsergebnisse deuten darauf hin, daß verschiedene emotionale Zentren im Kortex für die Verarbeitung positiver und negativer Emotionen verantwortlich sind. Die linke Hirnhemisphäre scheint positive Emotionen zu verarbeiten (z. B. Glück), wogegen die Aktivität der rechten Hemisphäre negative Emotionen (z. B. Ärger) beeinflußt (Davidson 1984).

Diese Lateralität der Emotionen im menschlichen Gehirn wurde mit Hilfe von 2 Untersuchungsverfahren gefunden. Sowohl EEG-Messungen emotionaler Reaktionen bei normalen Versuchsteilnehmern als auch Untersuchungen zum Zusammenhang zwischen emotionalen Gesichtsausdrücken und Hirnschädigungen der rechten oder der linken Hirnhemisphäre bei erwachsenen Patienten haben die zweiseitige Anlage der Emotionen im Gehirn belegt (Ahern u. Schwartz 1985; Borod et al. 1988).

Bisher haben wir gesehen, daß unser Körper viele Reaktionsweisen für Situationen bereithält, in denen Emotionen eine Rolle spielen. Aber wie können wir die einzelnen Gefühle einer bestimmten physiologischen Reaktion zuordnen? Wir werden jetzt auf 3 Theorien eingehen, die versuchen, diese Frage zu beantworten.

8.2
Emotionstheorien

8.2.1
Die James-Lange-Theorie der Körperreaktionen

Vermutlich sind Sie der Ansicht, es herrsche Übereinstimmung darüber, daß Reaktionen auf Emotionen folgen; man schreit z. B. jemanden an, weil man wütend ist. Vor etwa 100 Jahren vertrat William James jedoch den Standpunkt, wie Aristoteles vor ihm, daß die Reihenfolge umgekehrt sei – man fühlt, *nachdem* der Körper reagiert hat. »Wir sind traurig, weil wir weinen, wir sind wütend, weil wir zuschlagen und ängstlich, weil wir zittern.« (James, 1890/1950, S. 450, eig. Übers.). Diese Theorie, wonach Gefühle nur Begleiterscheinungen körperlicher Vorgänge sind, wurde unter dem Namen **James-Lange-Theorie** der Emotionen bekannt. Carl Lange war ein dänischer Wissenschaftler, der im selben Jahr wie James ähnliche Vorstellungen entwickelt hatte.

> **!** Nach dieser Theorie löst ein Reizereignis eine Erregung im autonomen Nervensystem und andere körperliche Reaktionen aus, die dann zur Wahrnehmung einer spezifischen Emotion führen. Die James-Lange-Theorie wird als Theorie peripheraler Prozesse betrachtet, weil sie viszeralen Vorgängen (Prozessen im Eingeweidesystem), also Reaktionen, die an der Peripherie des Zentralnervensystems ablaufen, die Hauptrolle bei der Entstehung von Emotionen zuspricht (vgl. Abb. 8.3).

8.2.2
Die Cannon-Bard-Theorie
der zentralen neuralen Prozesse

Der Physiologe Walter Cannon (1927, 1929) lehnte die »peripheralistische« Theorie ab und sprach sich für eine »zentralistische« Sicht der Vorgänge im ZNS aus. Cannon (und andere Kritiker) erhoben hauptsächlich 4 Einwände gegen die James-Lange-Theorie (Leventhal 1980):

- Das viszerale Geschehen ist irrelevant für die emotionale Erfahrung. Im Experiment reagieren Tiere selbst dann noch emotional, wenn ihre Eingeweide durch einen chirurgischen Eingriff vom Zentralnervensystem getrennt worden sind.
- Die gleichen viszeralen Erregungszustände finden sich in recht unterschiedlichen Situationen – Herzklopfen tritt sowohl bei Aerobic-Übungen als auch während des Geschlechtsverkehrs und in Fluchtsi-

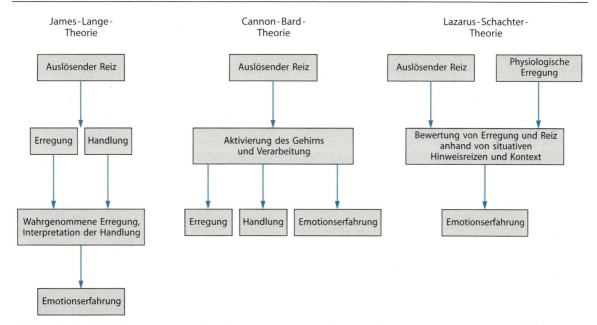

Abb. 8.3. Drei Emotionstheorien im Vergleich. Diese klassischen Emotionstheorien unterscheiden sich in den Annahmen über die Komponenten, die an Emotionen beteiligt sind. Sie gehen auch von unterschiedlichen Annahmen über die Abfolge von Prozessen aus, durch die ein Reizereignis in die Erfahrung von Emotionen transformiert wird. Nach der James-Lange-Theorie lösen Reizereignisse sowohl eine autonome Erregung als auch Verhaltensweisen aus, die wahrgenommen werden und dann zu einer bestimmten Emotion führen. Nach der Cannon-Bard-Theorie werden Reizereignisse zuerst in verschiedenen Zentren im Gehirn verarbeitet, die dann gleichzeitig die Erregung, das Verhalten und die Wahrnehmung einer Emotion auslösen. Nach der Lazarus-Schachter-Theorie werden sowohl die Reizereignisse als auch die physiologische Erregung gleichzeitig anhand von situativen Hinweisreizen und Kontextfaktoren kognitiv bewertet, wobei sich die Erfahrung einer Emotion aus der Interaktion des Erregungsniveaus und der Art der Bewertung ergibt

tuationen auf –, die begleitenden Emotionen aber sind unterschiedlich.

- Viele Emotionen können physiologisch nicht unterschieden werden; deshalb kann eine Person unterschiedliche Emotionen nicht einfach erleben, indem sie viszerale Reaktionen »liest«, denn diese sind nicht differenziert genug.
- Die Reaktionen des autonomen Nervensystems sind im allgemeinen zu langsam, als daß sie Emotionen in Sekundenbruchteilen auslösen könnten.

Nach Cannon ist die Voraussetzung zur Entstehung einer Emotion, daß das Gehirn zwischen dem Eingangsreiz und der Ausgangsreaktion vermittelt. Signale vom Thalamus gelangen in einen bestimmten Bereich des Kortex, wo sie emotionale Gefühle hervorrufen, während sie in einem anderen Bereich für den Ausdruck von Emotionen im Handeln sorgen. Auch der Physiologe Philip Bard folgerte, daß viszerale Reaktionen in der Abfolge der Emotionsprozesse nicht die Hauptrolle spielen. Dagegen wirke ein emotionsauslösender Reiz auf zweierlei Art, indem er sowohl die körperliche Erregung über das sympathische Nervensystem als auch die subjektive Wahrnehmung der Emotion über den Kortex auslöse. Die Ansichten dieser Physiologen wurden in der Cannon-Bard-Theorie der Emotion zusammengefaßt.

> **!** Die Cannon-Bard-Theorie besagt, daß ein »Emotionsreiz« 2 gleichzeitig ablaufende Reaktionen hervorbringt, die physiologische Erregung und die Wahrnehmung der Emotion. Keine der beiden Reaktionen bedingt die andere. Die Theorie geht davon aus, daß die körperlichen Prozesse von den psychologischen unabhängig sind. Aber wie im folgenden zu sehen sein wird, wird der Anspruch, diese Reaktionen seien *notwendigerweise* unabhängig, von modernen Emotionstheorien zurückgewiesen (vgl. Abb. 8.3).

8.2.3
Die Lazarus-Schachter-Theorie der Bewertung

Da Erregungssymptome und innere Zustände bei vielen verschiedenen Emotionen ähnlich sind, können sie in Situationen, die neu oder nicht eindeutig sind, verwechselt werden. Nach Stanley Schachter (1971b) ergibt sich die Erfahrung einer Emotion aus dem Zusammenwirken physiologischer Erregung und kognitiver Bewertung. Beide Faktoren sind notwendig, damit eine Emotion entsteht. Es wird angenommen, daß jede Erregung generell und nicht differenziert ist. Die Erregung ist aber nur der erste Schritt in der Emotionsabfolge. Menschen bewerten ihre physiologische Erregung, um herauszufinden, was sie fühlen, welche Emotion am besten paßt und was ihre Reaktion in der besonderen Situation bedeutet, in der sie sie wahrnehmen. Richard Lazarus (1984a, 1991a; Lazarus u. Lazarus 1994), ein weiterer Verfechter der **kognitiven Bewertung,** vertrat den Standpunkt, daß »emotionale Erfahrungen nicht allein mit dem erklärt werden können, was in einer Person oder deren Gehirn vorgeht, sondern auch aus ständigen Transaktionen mit der Umgebung erwachsen, die bewertet werden« (1984a, S. 124, eig. Übers.).

Lazarus betonte auch, daß eine Bewertung oft unbewußt vorgenommen wird. Wenn Sie Erfahrungen gemacht haben, die Emotionen mit Situationen verknüpfen (»Das ist ja der Typ, mit dem ich schon mal zusammengerasselt bin!«), dann brauchen Sie nicht mehr ausdrücklich in Ihrer Umgebung nach einer Deutung Ihrer Erregung suchen. Diese Auffassung wurde unter dem Namen **Lazarus-Schachter-Theorie** der Emotion bekannt (s. Abb. 8.3.).

Um diese Theorie zu überprüfen, haben Forscher Situationen geschaffen, in denen Hinweisreize aus der Umwelt zur Verfügung standen, mit denen Testpersonen eine Erregung etikettieren konnten (Schachter u. Singer 1962) – wie etwa im folgenden **Experiment,** wo die Anwesenheit einer Frau Gelegenheit bot, eine aktuelle Erregung sexuell zu interpretieren.

Einige der spezifischen Aspekte der Lazarus-Schachter-Theorie sind jedoch in Frage gestellt worden. Die bewußte Wahrnehmung der eigenen physiologischen Erregung ist *keine* notwendige Bedingung für emotionale Erfahrung. Wenn Personen emotional gefärbten Reizen ausgesetzt werden, nachdem sie Betablocker zur Herabsetzung der Herzfrequenz eingenommen haben, werden sie immer noch ängstlich oder wütend, obwohl sie nur eine minimale physische Erregung verspüren (Reisenzein 1983). Darüber hinaus führt die Erfahrung starker Erregung ohne offensichtliche Ursache *nicht* zu einem neutralen, undifferenzierten Zustand, wie die Lazarus-Schachter-Theorie annimmt. Versuchen Sie einmal, sich vorzustellen, daß Ihr Herz plötzlich anfängt, schneller zu schlagen, Ihr Atem sich beschleunigt und flach wird, Ihre Brustmuskulatur sich anspannt und Ihre Handflächen naßgeschwitzt sind. Wie würden Sie diese Symptome interpretieren? Überrascht es Sie, daß Menschen im allgemeinen unerklärliche physische Erregung *negativ* interpretieren, als

---

EXPERIMENT

Sexuelle Erregung nach dem Überqueren einer Brücke

Eine Wissenschaftlerin befragte Männer, die gerade eine von 2 Brücken in Vancouver überquert hatten. Die eine Brücke war sicher und robust, die andere unsicher und wackelig. Die Forscherin gab vor, sie sei an den Auswirkungen der landschaftlichen Kulisse auf die Kreativität interessiert und bat die Männer, über ein nicht eindeutiges Bild, auf dem auch eine Frau zu sehen war, eine kurze Geschichte zu schreiben. Sie bot ihnen außerdem an, sie könnten sie anrufen, wenn sie mehr Informationen über die Untersuchung haben wollten. Die Männer, die zuvor die gefährliche Brücke überquert hatten, schrieben Geschichten mit eher sexueller Phantasie, und 4mal so viele von ihnen riefen die Forscherin danach an als von denjenigen, die die sichere Brücke überquert hatten. Um zu belegen, daß die Erregung für die emotionale Fehlinterpretation verantwortlich war, befragte das Forschungs-

team zusätzlich eine andere Gruppe von Männern frühestens 10 min nach der Überquerung der gefährlichen Brücke. So blieb genug Zeit, um bei diesen Personen die körperlichen Erregungssymptome abklingen zu lassen. Diese nicht mehr erregten Männer wiesen im Gegensatz zu den erregten Männern die Anzeichen sexueller Reaktion nicht auf (Dutton u. Aron 1974).

In dieser Situation gelangten die Männer zu einem emotionalen Urteil (»Diese Frau interessiert mich«), das auf einer *Fehlattribution* der Erregungsquelle beruhte. In einem ähnlichen Experiment berichteten Versuchsteilnehmer, die 2 min lang Aerobic-Übungen gemacht hatten, unmittelbar nach den Übungen über weniger extreme Emotionen, da sie diese leicht der Erregung durch die Übungen und nicht einem emotionalen Zustand zuschreiben konnten, als nach einer kurzen Pause, nach welcher die Übungen als weniger relevant für die anhaltende Erregung empfunden wurden (Sinclair et al. 1994).

ein Zeichen, daß etwas nicht stimmt? Außerdem stößt man bei der Suche nach einer Erklärung oft auf Reize, die diese negative Interpretation erklären oder rechtfertigen (Marshall u. Zimbardo 1979; Maslach 1979).

Robert Zajonc, ein weiterer Kritiker der kognitiven Bewertungstheorie der Emotion, zeigt Situationen auf, in denen es möglich ist, emotionale Präferenzen (Bevorzugungen) ohne kognitive Schlußfolgerungen zu haben, und in denen es auch möglich ist, diese Präferenzen zu fühlen, ohne zu wissen, warum. In einer großangelegten Versuchsserie wurde den Teilnehmern eine Reihe von Reizen gezeigt, wie z. B. Fremdwörter, japanische Schriftzeichen, Zahlenkombinationen und eigenartige Gesichter, die so kurz eingeblendet wurden, daß die Bilder nicht erkannt werden konnten. Die Versuchsteilnehmer waren immer noch in der Lage, eine Präferenz auszudrücken, ohne zu wissen, warum sie die einen den anderen vorzogen. Diejenigen Reize, die am häufigsten wiederholt wurden, erzeugten die stärkste Präferenz. Es konnte gezeigt werden, daß diese Präferenz unabhängig von bewußtem Erkennen auftrat (Zajonc 1980).

> ! Man kann also wohl mit einiger Sicherheit annehmen, daß kognitive Bewertung ein wichtiger, aber nicht der einzige Aspekt im Prozeß der emotionalen Erfahrung ist (Izard 1993). In manchen Situationen werden Sie tatsächlich (zumindest unbewußt) in der Umgebung nach Erklärungsmöglichkeiten dafür suchen, warum Sie etwas Bestimmtes fühlen. In anderen Situationen dagegen kann Ihre emotionale Erfahrung unter der Kontrolle der angeborenen, evolutionsbedingten Einflüsse stehen. Die physiologische Reaktion benötigt keine Interpretation.

Diese verschiedenen Wege zu emotionalen Erfahrungen legen nahe, daß Emotionen verschiedene Funktionen haben. Wenden wir uns also jetzt diesen Funktionen zu.

8.3
Die Funktion von Emotionen

Warum haben wir Emotionen? Wozu sind sie gut? Verschiedene Theoretiker setzen bei der Erklärung der Rolle, die Emotionen im menschlichen Leben spielen, den Schwerpunkt auf unterschiedliche Funktionen (Frijda 1986). Lassen Sie uns einige dieser Funktionen näher betrachten: die motivierende, die soziale und die kognitive Funktion.

Motivation und Erregung

Als Sie Ihr neues Sweatshirt zum ersten Mal anziehen, reißt die Schulternaht. – Warum stürmen Sie wahrscheinlich zum Geschäft zurück und verlangen Ihr Geld wieder? Aus Abschn. 7.1 sollten Sie wissen, daß dies eine Frage nach der Motivation ist. Wenn Sie antworten wollen, »Weil ich wütend bin« oder »Weil ich enttäuscht bin«, erkennen Sie daran, daß Emotionen oft Auslöser für Handlungen sind.

- Emotionen haben eine motivierende Funktion dadurch, daß sie zum Handeln in bezug auf ein tatsächlich erlebtes oder ein vorgestelltes Ereignis anspornen.
- Emotionen richten dann das Verhalten auf spezielle Ziele und halten es aufrecht. Wenn wir einen Menschen lieben, tun wir alles, um ihn anzuziehen, ihm nahe zu sein und ihn zu beschützen. Für ein Ideal oder für das Vaterland opfern wir womöglich sogar unser Leben.
- Emotionen können auch eine Rückmeldung über den eigenen motivationalen Zustand geben. Durch die Verstärkung bzw. Intensivierung bestimmter Lebenserfahrungen signalisieren sie, daß eine Reaktion von besonderer Bedeutung ist oder daß ein Ereignis selbstrelevant ist (Tompkins 1981).
- Emotionen können innere Konflikte bewußt machen, wenn wir merken, daß wir unvernünftig oder unangemessen auf eine bestimmte Situation reagie-

Abb. 8.4. Negative Funktionen starker Emotionen. Hat eine starke Emotion, wie Wut über eine Zurückweisung, auch Sie schon einmal dazu gebracht, irrationales und zerstörerisches Verhalten zu zeigen?

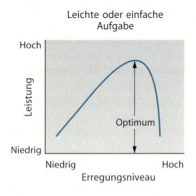

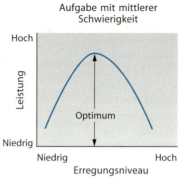

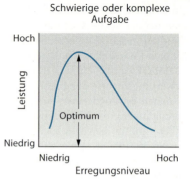

Abb. 8.5. Das Yerkes-Dodson-Gesetz. Die Leistung hängt vom Erregungsniveau und der Aufgabenschwierigkeit ab. Bei einfachen oder leichten Aufgaben führt ein höheres Erregungsniveau zu einer effektiveren Leistung. Bei schwierigen oder komplexen Aufgaben ist hingegen ein geringeres Erregungsniveau optimal.

Ein mäßiges Erregungsniveau ist im allgemeinen bei Aufgaben mit mittlerer Schwierigkeit am besten. Der umgekehrt U-förmige Funktionsverlauf zeigt, daß die Leistung in jedem Falle bei extrem niedrigen und extrem hohen Erregungsniveaus am schlechtesten ist

ren (Jung 1971). Wenn Sie auf eine leichte Kränkung durch einen Freund übermäßig stark reagieren, können Ihnen dadurch verborgene Gefühle wie Wut oder Eifersucht bewußt werden (vgl. Abb. 8.4).

Betrachten wir jedoch nun Fälle, in denen Emotionen anfangen, uns »unterzukriegen«. Waren Sie schon einmal so wütend, daß Sie außerstande waren, irgendetwas zu tun? Menschen reagieren auf emotionale Situationen mit physiologischer Erregung. Wissenschaftler haben angenommen, zwischen Erregung und Leistung bestehe eine umgekehrt U-förmige Beziehung (Hebb 1955). Eine derartige Zusammenhangskurve besagt, daß zu wenig oder zu viel Erregung die Leistung beeinträchtigt. Wenn der physiologische Reiz zu gering ist, sind wir u. U. unfähig, unser Verhalten wirksam zu organisieren (Bexton et al. 1954). Ist der Reiz zu stark, können Emotionen die Kognition überwältigen (s. Abb. 8.5).

In Abb. 8.5 wird auch der Begriff des »optimalen Erregungsniveaus« oder »optimalen Aktivationsniveaus« für die höchste Leistung veranschaulicht. Bei manchen Aufgaben ist es am günstigsten, sie mit einem hohen Aktivationsniveau anzupacken, bei anderen ist ein gemäßigteres günstiger, und bei einigen Aufgaben ist die Leistung am höchsten, wenn die Erregung relativ gering ist. Der Schlüssel zum Aktivationsniveau liegt in der Schwierigkeit der Aufgabe. Bei schwierigen oder komplexen Aufgaben befindet sich das optimale Aktivationsniveau näher am unteren Ende des Kontinuums. Mit sinkendem Schwierigkeitsgrad und einfacher werden-

der Aufgabe erhöht sich das zur effektivsten Leistung erforderliche optimale Aktivationsniveau.

> **!** Die Beziehung zwischen Erregungsniveau, Schwierigkeitsgrad und Leistung wurde im **Yerkes-Dodson-Gesetz** festgeschrieben, nach dem die Leistungsfähigkeit bei schwierigen Aufgaben abnimmt, wenn das Erregungsniveau zunimmt, während die Leistungsfähigkeit bei leichten Aufgaben zunimmt, wenn das Erregungsniveau steigt (Yerkes u. Dodson 1908). Eine wichtige Funktion von Emotionen ist also, Menschen in Schwung zu bringen, sie dazu zu bringen, sich auf wichtige Ziele zuzubewegen. Die durch emotionale Situationen hervorgerufene physiologische Erregung kann erforderlich sein, um uns zur optimalen Leistung zu bewegen. Wir sollten jedoch unsere Emotionen nicht so stark werden lassen, daß wir auf die abfallende Seite der Leistungskurve geraten.

Soziale Funktion

Auf sozialer Ebene dienen Emotionen allgemein der Regulierung sozialer Interaktionen.

Als sozialer »Klebstoff« im positiven Sinn verbinden sie Menschen; als soziales »Abwehrmittel« im negativen Sinn distanzieren sie Menschen voneinander. Manche Psychologen gehen noch weiter und behaupten, die meisten Emotionen gingen aus der intensiven Erfahrung menschlicher Beziehungen hervor und seien deren wesentlicher Bestandteil (DeRivera 1984).

Diese soziale Funktion wird deutlich im Fall einer Frau, die nach einer Reihe traumatischer Ereignisse eine dissoziative Amnesie entwickelte, durch die sie unfähig wurde, Menschen wiederzuerkennen, die sie zuvor gut gekannt hatte. Sie war jedoch in der Lage, auf jede dieser Personen emotional auf untrügliche Weise angemessen zu reagieren. Wenn sie mit den Menschen zusammen war, die sie vorher gemocht hatte, gab sie an, sie fühle sich gut und froh, und wenn sie mit denjenigen Menschen zu tun hatte, die sie zuvor nicht gemocht hatte, fühlte sie sich unwohl und unglücklich – obwohl das Verhalten dieser Menschen keinerlei Hinweis auf irgendeinen Unterschied unter ihnen gab (P. Zimbardo, persönliche Mitteilung, 1968).

Die Forschung zu diesem Thema deutet auch auf den Einfluß von Emotionen auf die Anregung prosozialen Verhaltens hin (Isen 1984; Hoffmann 1986; Schroeder et al. 1995).

Wenn Menschen veranlaßt werden, sich wohlzufühlen, sind sie eher dazu geneigt, sich auf verschiedenste Art hilfsbereit zu verhalten. Ebenso engagierten sich Versuchsteilnehmer, die dazu gebracht wurden, sich für einen Fehler schuldig zu fühlen, in einer nachfolgenden Situation eher als freiwillige Helfer, vermutlich, um ihre Schuld zu mindern (Carlsmith u. Gross 1969).

Schließlich helfen Emotionen oft bei der sozialen Kommunikation – bewußt oder unbewußt.

Sie weichen zurück, wenn jemand vor Wut schnaubt, und Sie nähern sich, wenn jemand mit einem Lächeln, erweiterten Pupillen und einem »Treten-Sie-näher-Blick« Zugänglichkeit signalisiert. Stark negative Emotionen können aus Respekt vor dem Status oder der Macht eines anderen Menschen unterdrückt werden. Ein Großteil der menschlichen Kommunikation findet in der lautlosen Sprache emotional expressiver nichtverbaler Botschaften statt (Buck 1984; Mehrabian 1971).

Wirkung von Emotionen auf kognitive Funktionen

Emotionen dienen kognitiven Funktionen, indem sie beeinflussen, wem oder was wir Aufmerksamkeit schenken, wie wir uns selbst und andere wahrnehmen und wie wir verschiedene Merkmale von Lebenssituationen interpretieren und erinnern. Wissenschaftler haben belegt, daß emotionale Zustände das Lernen, das Gedächtnis, die soziale Urteilsfähigkeit und die Kreativität beeinflussen (Bradley 1994; Forgas 1991). Emotionale Reaktionen spielen bei der Organisation und Einordnung eigener Lebenserfahrungen eine große Rolle.

> **!** Die Rolle der Emotionen in der Informationsverarbeitung wurde erstmals von Gordon Bower (1981, 1991) und seinen Studenten untersucht. Wenn ein Mensch in einer bestimmten Situation eine bestimmte Emotion erlebt, wird diese nach Bowers Modell als Teil eines Zusammenhangs im Gedächtnis festgehalten. Dieses Darstellungsmuster des Gedächtnisses führt zu einer stimmungsabhängigen Verarbeitung bzw. zu einem stimmungsabhängigen Abruf.

Eine **stimmungsabhängige Verarbeitung** findet statt, wenn Menschen selektiv zur Aufnahme von Informationen sensibilisiert werden, die mit ihrer momentanen Stimmung übereinstimmen. Dem Stoff, der mit der vorherrschenden Stimmung in Einklang steht, wird eher Aufmerksamkeit geschenkt, er wird eher aufgenommen und intensiver und mit ausführlicheren Assoziationen verarbeitet (Gilligan u. Bower 1984). Der Einfluß der stimmungsabhängigen Informationsverarbeitung zeigt sich in Untersuchungen, in denen Menschen gebeten werden, ihren Gesundheitszustand zu beurteilen. Studenten gaben mehr Krankheiten und Beschwerden in der Vergangenheit an, wenn sie traurig waren, als wenn sie sich in einer emotional neutralen Verfassung befanden (Salovey u. Hancock 1987). Studenten, die eine Grippe oder eine Erkältung hatten, beurteilten den Schweregrad der Schmerzen und Beschwerden entsprechend der Stimmung, die von den Versuchsleitern herbeigeführt wurde. Verglichen mit neutralen Kontrollgruppen schätzten diejenigen, die vorübergehend traurig waren, ihre Erkältungssymptome als deutlich stärker ein als fröhliche Personen (Salovey u. Birnbaum 1989). Der Einfluß von Stimmungen auf die Kognition wird auch durch Untersuchungen belegt, in denen fröhliche Menschen mehr kreative Lösungen bei Standardtests zur Kreativität entwickeln als affektiv neutral gestimmte oder in einer schlechten Stimmung befindliche Personen (Isen et al. 1987).

Mit **stimmungsabhängigem Abrufen** (»retrieval«) ist der Abruf eines vergangenen emotionalen Ereignisses aus dem Langzeitgedächtnis gemeint, der auftritt, wenn die Person wieder in der gleichen Stimmung ist wie beim früheren Ereignis. Wenn Menschen traurig sind, erinnern sie sich eher an traurige Ereignisse. Glückliche Menschen rufen eher glückliche Ereignisse aus der Vergangenheit aus ihrem Gedächtnis ab. Ein ähnlicher Verzerrungseffekt entsteht, wenn psychisch depressive Patienten gebeten werden, sich an Ereignisse aus ihrer Vergangenheit zu erinnern (Blaney 1986). Ihre negative Stimmung veranlaßt sie, mehr negative Erinnerungen wachzurufen – was tatsächlich dazu beitragen kann, ihre depressive Stimmung aufrechtzuerhalten.

8.4
Streß

Angenommen, wir bäten Sie, alle Emotionen aufzuschreiben, die Sie im Laufe eines Tages erleben. Vielleicht würden Sie dann berichten, Sie hätten einen Moment lang Freude, Trauer, Wut, Erleichterung usw. erfahren. Es gibt allerdings eine Emotion, die viele Menschen als eine Art von »Hintergrundgeräusch« in ihren alltäglichen Emotionserfahrungen wahrnehmen, und das ist Streß (Sapolsky 1994).

> **!** **Streß** ist ein Muster spezifischer und unspezifischer Reaktionen eines Organismus auf Reizereignisse, die sein Gleichgewicht stören und seine Fähigkeiten zur Bewältigung strapazieren oder überschreiten. Diese Reizereignisse umfassen eine ganze Bandbreite externer und interner Bedingungen, die allesamt als Stressoren bezeichnet werden. Ein **Stressor** ist ein Reizereignis, das vom Organismus eine Anpassung (adaptive Reaktion) verlangt.

Die Streßreaktion ist zusammengesetzt aus einer vielfältigen Kombination von Reaktionen auf unterschiedlichen Ebenen, einschließlich physiologischer, verhaltensbezogener, emotionaler und kognitiver Veränderungen.

Bei der Streßreaktion gibt es große individuelle Unterschiede. Manche Menschen erleben ein streßreiches Ereignis nach dem anderen, ohne zusammenzubrechen, während andere sogar bei wenig Streß in Aufregung geraten. Dies ist so, weil sich die meisten Stressoren nicht direkt auswirken. Ihr Effekt hängt von anderen Bedingungen ab, die als **Moderatorvariablen** bezeichnet werden – als Variablen, die die Wirkung eines Stressors »moderieren«:

Die kognitive Bewertung eines Stressors – ob er als Bedrohung oder als Herausforderung gesehen wird – ist eine solche Moderatorvariable. Die Ressourcen, die zur Bewältigung von Streß zur Verfügung stehen, sind ein weiterer Moderator.

All diese Elemente des Streßverarbeitungsprozesses – Stressoren, Streß, kognitive Bewertung, Ressourcen und Streßreaktion – werden in Abb. 8.6 graphisch dargestellt.

8.4.1
Physiologische Streßreaktionen

Viele der physiologischen Reaktionen, die wir im Zusammenhang mit Emotionen beschrieben haben (vgl. Abschn. 8.1), sind auch für die alltäglichen Erfahrungen von Streß bedeutsam.

- Solche vorübergehenden Erregungsmuster, die einen klar abgrenzbaren Beginn und ein klar abgrenzbares Ende aufweisen, sind Beispiele für akuten Streß.
- Als chronischen Streß bezeichnet man hingegen den Zustand kontinuierlicher Erregung, der andauert und bei dem das Individuum die Anforderungen der Situation als größer denn die vorhandenen inneren und äußeren Ressourcen zur Bewältigung der Herausforderung ansieht (Powell u. Eagleston 1983). Die fortwährende Frustration, die daraus entsteht, daß Ihnen ständig die nötige Zeit fehlt, um Ihre Aufgaben zu erledigen, ist ein Beispiel für chronischen Streß.

Lassen Sie uns nun einen Blick darauf werfen, wie der Körper auf akuten und auf chronischen (dauerhaften) Streß reagiert.

Alarmreaktionen auf akute Bedrohungen

In den 20er Jahren dieses Jahrhunderts entwarf Walter Cannon, ein Physiologe der Harvard University, die erste wissenschaftliche Beschreibung der Reaktion von Tieren und Menschen auf äußere Gefahren. Er fand heraus, daß in den Nerven und Drüsen eine Abfolge von Aktivitäten ausgelöst wurde, die den Körper auf Gegenwehr und Kampf vorbereitete – oder auf Flucht in die Sicherheit. Cannon nannte diese grundlegende zweifache Streßreaktion Kampf-oder-Flucht-Syndrom (»fight-or-flight syndrome«).

Bei dieser Streßreaktion spielt der **Hypothalamus**, der mit vielfältigen emotionalen Reaktionen in Zusammenhang steht, eine zentrale Rolle. Er ist wegen seiner doppelten Funktion bei Notfällen gelegentlich als »Streßzentrum« bezeichnet worden:

- Er kontrolliert das autonome Nervensystem
- und er aktiviert die Hypophyse.

Das autonome Nervensystem reguliert die Aktivitäten der Körperorgane (s. Abschn. 2.2). Unter Bedingungen, die als streßreich bewertet werden, wird die Atmung schneller und stärker, der Herzschlag wird beschleunigt, die Blutgefäße verengen sich, und der Blutdruck steigt. Zusätzlich zu diesen inneren Veränderungen öffnen Muskeln die Wege durch Hals und Nase, um mehr Luft in die Lungen zu lassen, während sie gleichzeitig den Gesichtsausdruck so verändern, daß starke Emotionen sichtbar werden. An die Eingeweidemuskulatur

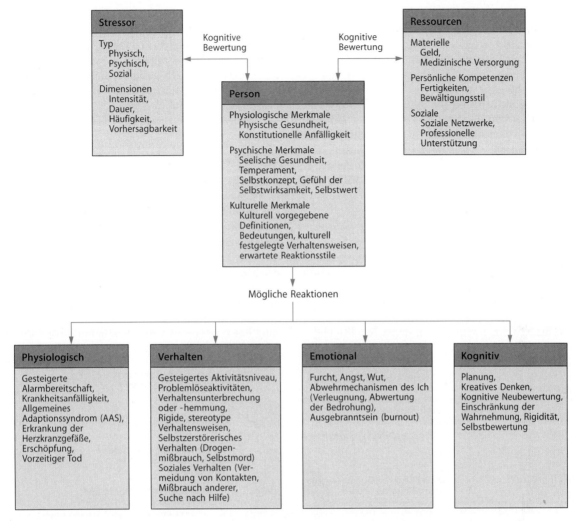

Abb. 8.6. Ein Streßmodell

geht die Botschaft, bestimmte Körperfunktionen, z. B. die Verdauung, einzustellen.

Eine andere Funktion des autonomen Nervensystems in einer Streßsituation ist es, »das Adrenalin in Fluß zu bringen«. Es signalisiert dem inneren Teil der Nebennieren, 2 Hormone (Epinephrin und Norepinephrin) auszuschütten, die wiederum eine Reihe von Organen anweisen, ihre speziellen Funktionen auszuüben. Die Milz schüttet mehr rote Blutkörperchen aus (um im Fall einer Verletzung die Blutgerinnung zu unterstützen), während das Knochenmark angeregt wird, mehr weiße Blutkörperchen zu produzieren (um Infek-

tionen zu bekämpfen). Die Leber wird angeregt, die Zuckerproduktion zu steigern, um mehr Energie für den Körper bereitzustellen. Es wird angenommen, Epinephrin (auch als Adrenalin bezeichnet) spiele eine größere Rolle bei Angstreaktionen und Flucht, während Norepinephrin (auch als Noradrenalin bezeichnet) mehr mit Reaktionen der Wut und Gegenwehr zusammenhänge.

Die **Hypophyse** reagiert auf die Signale aus dem Hypothalamus, indem sie 2 für die Streßreaktion wesentliche Hormone ausschüttet.

- Das thyrotrope Hormon (TSH) regt die Schilddrüse an, die ihrerseits dem Körper mehr Energie zur Verfügung stellt.
- Das adrenokortikotrope Hormon (ACTH) stimuliert die äußeren Teile der Nebennieren, was zur Ausschüttung einer Gruppe von Hormonen führt, die Steroide heißen und für Stoffwechselprozesse und die Ausschüttung von Zucker aus der Leber ins Blut von Bedeutung sind. ACTH signalisiert auch verschiedenen Körperorganen die Ausschüttung von etwa 30 anderen Hormonen, die alle bei der Anpassung des Körpers beim »Ruf zu den Waffen« eine Rolle spielen.

Eine zusammenfassende Darstellung der physiologischen Streßreaktion bietet Abb. 8.7.

Diese »eingebauten« Fähigkeiten, mit körperlichen Bedrohungen umzugehen, indem die aktiven Reaktionen des Körpers mobilisiert werden, haben sich im Laufe der Menschheitsgeschichte bewährt. Leider treten die gleichen Streßreaktionen auch als Folge von psychischen Stressoren auf, zu deren Bewältigung sie

jedoch nicht angemessen sind, da oftmals keine körperliche Aktivität, die zusätzliche Kraft und Energie verbraucht, erforderlich ist. Vielmehr kann wiederholt auftretende oder chronische Erregung infolge von Streß, die nicht durch geeignete körperliche Aktivitäten abgebaut wird, im Laufe der Zeit sogar zu Funktionsstörungen führen.

Das allgemeine Adaptationssyndrom und chronischer Streß

Hans Selye, ein kanadischer Endokrinologe, untersuchte als erster mit modernen wissenschaftlichen Mitteln die Auswirkungen von andauerndem schwerem Streß auf den Körper. Er interessierte sich mehr für Stressoren, die die Körperfunktionen bedrohen als für solche, die – wie Angreifer – Verhaltensreaktionen erfordern machen. Nach Selyes Streßtheorie gibt es viele Arten von Stressoren, einschließlich aller Krankheiten und vieler anderer körperlicher und psychischer Bedingungen. Allen ist jedoch gemeinsam, daß sie eine Anpassung des Organismus verlangen, damit dessen Unver-

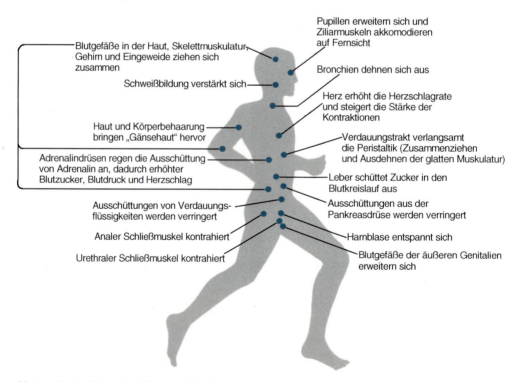

Abb. 8.7. Die Reaktionen des Körpers auf Streß

Phase I: Alarmreaktion (wiederholt sich das ganze Leben lang immer wieder)

- Schwellung der ZNS-Strukturen, die die Hormone der Nebennieren steuern,
- Schwellung der Lymphknoten,
- Erhöhung des Hormonspiegels,
- Reaktion auf spezifischen Stressor,
- Epinephrinausschüttung verbunden mit starker physiologischer Erregung und negativer Gefühlsbewegung,
- höhere Anfälligkeit gegenüber stärkerem Stressor.

(Bei längerem Anhalten der streßauslösenden Situationen werden die langsameren Komponenten des AAS ausgelöst, beginnend mit Phase II.)

Phase II: Resistenz (wiederholt sich das ganze Leben lang immer wieder)

- Schrumpfen der ZNS-Strukturen, die die Hormone der Nebennieren steuern,
- Lymphknoten bilden sich zu normaler Größe zurück,
- gleichbleibender Hormonspiegel,
- hohe physiologische Erregung
- Gegenwirkung des parasympathischen Teils des ZNS,
- Fortbestehen des Stressors; Resistenz gegenüber weiteren Schwächungen,
- erhöhte Streßempfindlichkeit.

(Bei anhaltendem schwerem Streß werden hormonelle Reserven erschöpft, Ermüdung setzt ein, und der Körper tritt in Phase III ein.)

Phase III: Erschöpfung

- Erweiterung/Dysfunktion des Lymphsystems,
- Erhöhung des Hormonspiegels,
- Erschöpfung der adaptiven Hormone,
- Verminderung der Resistenz sowohl gegenüber den auslösenden als auch gegenüber anderen Stressoren,
- Gemütsverfassung: oft depressiv,
- Krankheit,
- Tod.

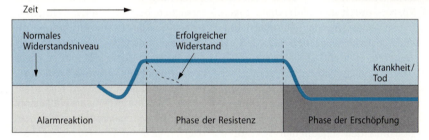

Abb. 8.8. Das allgemeine Adaptationssyndrom (AAS). Nach einer streßauslösenden Situation wird die Resistenz des Körpers gemindert, bis die physiologischen Veränderungen der entsprechenden Alarmreaktion diese wieder auf ein normales Niveau zurückbringen. Dauert die streßauslösende Situation an, verschwinden die für die Alarmreaktion typischen Körpersignale nahezu; die Resistenz gegen den speziellen Stressor steigt über das nor-

male Maß, fällt aber wegen anderer Stressoren wieder ab. Diese adaptive Resistenz bringt den Körper wieder zu seinen normalen Funktionen zurück. Nach längerem Andauern der Streßsituation bricht die Adaptation zusammen; es treten wieder Anzeichen für eine Alarmreaktion auf, die Auswirkungen des Stressors sind irreversibel, und der Mensch wird krank und kann sogar sterben

sehrtheit und Wohlbefinden aufrechterhalten oder wiederhergestellt wird.

> ! Zusätzlich zu Reaktionen, die für einen bestimmten Stressor spezifisch sind – wie die Verengung der Blutgefäße als Reaktion auf Kälte – gibt es ein typisches Muster unspezifischer adaptiver physiologischer Mechanismen, das als Reaktion auf fortgesetzte Bedrohung durch fast jeden ernstzunehmenden Stressor auftritt. Selye bezeichnete dieses Muster als **allgemeines Adaptationssyndrom (AAS)**. Er fand eine charakteristische Abfolge von 3 Phasen, die dieses Syndrom kennzeichnet: eine Alarmreaktion, eine Phase der Resistenz und eine Phase der Erschöpfung (Selye 1956).

Diese Phasen werden in Abb. 8.8 graphisch dargestellt.

Die *Alarmreaktion* besteht aus den physiologischen Veränderungen, durch die ein bedrohter Organismus unmittelbar seine normale Funktionsfähigkeit wiederherzustellen versucht. Ob ein physischer Stressor vorliegt – wie unzureichende Ernährung, Schlafmangel,

Krankheit oder Verletzung – oder ein psychischer – wie Verlust von Liebe oder persönlicher Sicherheit –, die Alarmreaktion besteht aus dem gleichen allgemeinen Muster körperlicher und biochemischer Veränderungen. Beispielsweise scheinen sich Menschen, die an ganz unterschiedlichen Krankheiten leiden, alle über Symptome wie Kopfschmerzen, Fieber, Müdigkeit, Schmerzen in Muskeln und Gelenken, Verlust des Appetits und ein allgemeines Gefühl des Unwohlseins zu beklagen. Im Unterschied zu den Notmaßnahmen der Mobilisierung von Verhaltensreaktionen gegen äußere Gefahr, die wir im vorangehenden Abschnitt besprochen haben, mobilisiert die Alarmreaktion die körpereigene Abwehr zur Wiederherstellung des inneren Gleichgewichts.

Dauert die streßauslösende Situation an, so folgt auf die Alarmreaktion die *Phase der Resistenz*, während der Organismus einen Widerstand gegenüber dem Aggressor zu entwickeln scheint. Obwohl die belastende Stimulation fortdauert, verschwinden die Symptome, die während der ersten Phase auftraten, und die physiologischen Prozesse, die durch die Alarmreaktion in Aufruhr geraten waren, folgen wieder ihren normalen Abläufen. Diese Resistenz gegen den Stressor scheint großenteils durch gesteigerte Hormonausschüttungen (besonders von ACTH und Kortin) aus dem Hypophysenvorderlappen und den Nebennieren bewirkt zu werden.

Wenn es auch während dieser zweiten Phase eine größere Resistenz gegenüber dem ursprünglichen Stressor gibt, so ist doch die Resistenz gegenüber anderen Stressoren reduziert. Selbst ein schwacher Stressor kann nun eine starke Reaktion hervorrufen, wenn die Ressourcen des Körpers durch den Widerstand gegen einen früheren, mächtigeren Stressor gebunden sind. Beispielsweise stellen manche Menschen fest, daß sie leichter gereizt reagieren, während sie sich von einer Grippe erholen. Die allgemeine Resistenz gegenüber Krankheit ist während dieser Phase reduziert, wenn auch die Anpassung an die spezifischen schädlichen Einflüsse verbessert ist.

Wenn der Organismus den schädlichen Stressoren zu lange ausgesetzt ist, wird ein Punkt erreicht, an dem es ihm nicht länger möglich ist, die Resistenz aufrechtzuerhalten. Dann tritt er in die dritte Phase des allgemeinen Adaptationssyndroms nach Selye ein, in die *Phase der Erschöpfung*.

Der Hypophysenvorderlappen und die Nebennieren können die erhöhte Hormonausschüttung nicht länger aufrechterhalten. Das bedeutet, daß der Organismus sich nicht mehr an den Dauerstreß anpassen kann. Viele der Symptome aus der Phase der Alarmreaktion treten nun wieder auf. Wirkt der Stressor weiter auf den Organismus ein, so können die Zerstörung von Körpergewebe und, im Extremfall, der Tod als Folge eintreten.

Das Konzept des allgemeinen Adaptationssyndroms hat sich bei der Erklärung von Störungen als nützlich erwiesen, die den Ärzten zuvor verwirrend vorkamen. Innerhalb dieses Rahmens können sie als Ergebnis physiologischer Prozesse betrachtet werden, die mit den andauernden Versuchen des Körpers, mit einem als gefährlich wahrgenommenen Stressor zurechtzukommen, zusammenhängen. Auch wird die Bedeutung von zusätzlichem ACTH und zusätzlichem Cortison bei der Behandlung mancher dieser Krankheiten verständlich. Eine derartige Behandlung hilft offensichtlich dem Hypophysenvorderlappen und den Nebennieren bei der Aufrechterhaltung der Resistenz des Körpers gegenüber dem Stressor.

Weil Selye Mediziner war und sich seine Forschung auf physische Streßreaktionen bei Versuchstieren (beispielsweise Ratten im Labor) konzentrierte, sagt seine Theorie wenig über die Bedeutung psychischer Aspekte von Streß beim Menschen aus. Insbesondere wenden Selyes Kritiker ein, er habe die Bedeutung unspezifischer, systemischer Faktoren bei der Entstehung von streßbedingten Krankheiten überbetont. (Systemisch bezieht sich auf den ganzen Körper als System, nicht auf einzelne Teile.) Bei der Forschung an Tieren gab es natürlich keine Möglichkeit, die Bedeutung kognitiver Bewertungen für menschliche Streßreaktionen zu untersuchen, bei welchen die wahrgenommene Bedeutung einer Situation bestimmt, welche physiologischen Reaktionen auftreten (Lazarus 1974; Mason 1975). Wie dem auch sei: Selye gilt immer noch als der Pionier in der Erforschung der Streßreaktion. Seine Einsichten und seine Untersuchungen haben die Entstehung eines neuen Forschungsgebietes eingeleitet.

Die bisher behandelten Untersuchungen konzentrierten sich auf Stressoren aus der Umgebung. Wenn der Körper von einem Virus oder einem anderen Krankheitserreger befallen wird, gerät er von innen unter Streß. Zur Bewältigung dieser inneren Stressoren ist der Körper mit einem Immunsystem ausgestattet. Die **Psychoneuroimmunologie** beschäftigt sich teilweise mit der Frage, auf welche Weise externe Stressoren (Lebensereignisse) die Reaktion des Immunsystems auf innere Stressoren (Viren und Bakterien; Ader u. Cohen 1993; Maier et al. 1994) beeinflussen. In Abschn. 5.2 wurden bereits klassische Beispiele von psychoneuroimmunologischen Untersuchungen behandelt. Dort wurden Konditionierungsparadigmen verwendet, um die Immunfunktion von Laborratten und -mäusen – und damit die Mortalität – zu ändern (Ader u. Cohen 1981; Ghanta et al. 1987). Im Abschn. **Unter der Lupe** werden wir Untersuchungen zur Beziehung zwischen Stressoren und der Leistungsfähigkeit des Immunsystems beschreiben.

Bis jetzt haben wir nur physiologische Reaktionen auf Stressoren betrachtet. Nun wenden wir uns noch komplexeren psychologischen Komponenten der Streßreaktion zu.

Psychoneuroimmunologie

Wie die Immunfunktion von den täglichen Höhen und Tiefen des Lebens beeinflußt wird, zeigt ein Experiment von Stone et al. (1994).

96 Männer berichteten jeden Tag über positive und negative Ereignisse in ihrem Leben. Die Stärke ihrer Immunreaktionen wurden ebenfalls täglich untersucht. Alle Teilnehmer der Untersuchung nahmen eine Kapsel Kaninchenalbumin ein – ein Protein, das der Körper als eindringenden Mikroorganismus erkennt (obwohl es in Wirklichkeit nicht schädlich ist). Die Immunreaktion auf diesen Angriff wurde im Speichel der Männer gemessen. Die Ergebnisse zeigten, daß erwünschte Lebensereignisse mit einer stärkeren Immunreaktion einhergingen und unerwünschte mit einer schwächeren. So verbesserten positive Ereignisse die Immunfunktion, und negative unterdrückten sie (Stone et al. 1994).

Auch der Einfluß chronischer Stressoren auf die Immunfunktion wurde untersucht. Eine Reihe von Studien belegt, daß die Qualität interpersoneller Beziehungen und deren Unterbrechung oder Fehlen sich in starkem Maße auf das Immunsystem auswirken (Cohen u. Syme 1985; Kiecolt-Glaser u. Glaser 1987). Ein schmerzlicher Verlust und Depressionen verursachen ebenfalls eine Abschwächung der Immunreaktion. So konnten z. B. Männer, bei deren Frauen unheilbarer Brustkrebs diagnostiziert wurde (Schleifer et al. 1983) und vor kurzem verwitwete Frauen (Irwin et al. 1987) Krankheiten weniger gut abwehren und waren einem größeren Risiko ausgesetzt, zu erkranken oder frühzeitig zu sterben. Auch 2 Jahre nach dem Tod eines Alzheimer-Patienten wiesen die Verwandten, die ihn gepflegt hatten, immer noch eine geschwächte Immunfunktion auf (Esterling et al. 1994). Manche Stressoren wirken sich nicht nur auf einzelne Personen, sondern auf eine ganze Gemeinschaft aus. Die Immunfunktion einer Gruppe chronisch gestreßter Menschen, die nahe des beschädigten Three-Mile-Island-Atomkraftwerks lebt, war – verglichen mit einer Kontrollgruppe in einer demographisch vergleichbaren Stadt – stärker beeinträchtigt (McKinnon et al. 1989).

8.4.2
Psychologische Streßreaktionen

Unsere physiologischen Streßreaktionen laufen automatisch und vorhersagbar ab. Es sind »eingebaute« Reaktionen, die wir normalerweise nicht bewußt kontrollieren können. Unsere psychologischen Streßreaktionen dagegen sind erlernt und in hohem Maße von unseren Wahrnehmungen und Interpretationen der Welt abhängig. Zu Beginn dieses Abschnitts werden wir beschreiben, auf welche Weise die kognitive Bewertung beeinflußt, was wir als belastend empfinden. Dann betrachten wir psychologische Reaktionen auf verschiedene Arten von Stressoren, wie z. B. einschneidende Veränderungen im Leben und tragische Ereignisse. Zum Schluß gehen wir auf einige individuelle Unterschiede bei psychologischen Streßreaktionen ein.

Bewertung von Streß

Die Variablen, die den Einfluß eines Stressors auf einen bestimmten Typ von Streßreaktion verändern, werden als *Streßmoderatorvariablen* bezeichnet. Moderatorvariablen filtern oder modifizieren den üblichen Einfluß von Stressoren auf die Reaktionen des Menschen. Beispielsweise sind das Erschöpfungsniveau und der allgemeine Gesundheitszustand Moderatorvariablen, die die Reaktion auf einen bestimmten psychologischen oder physiologischen Stressor beeinflussen. Sind wir in guter Verfassung, können wir mit einem Stressor besser umgehen, als wenn wir in schlechter Verfassung sind. Welche weiteren situativen Variablen könnten Streß noch mindern?

> **!** Die **kognitive Bewertung** eines Stressors ist eine Hauptmoderatorvariable. Sie nimmt bei der Deutung der Situation eine zentrale Stellung ein: Worin besteht die Anforderung? Wie groß ist die Bedrohung? Welche Bewältigungskapazitäten stehen zur Verfügung? (Lazarus 1993; Lazarus u. Lazarus 1994). Manche Stressoren, wie z. B. das Erleiden einer Körperverletzung oder Zeuge zu werden, wie das eigene Haus in Flammen steht, werden von fast allen Menschen als Bedrohung empfunden. Viele andere Stressoren können dagegen auf verschiedene Weise eingeordnet werden, je nach der persönlichen Lebenssituation, dem Verhältnis einer bestimmten Anforderung zu den zentralen persönlichen Zielen, den Fähigkeiten, der Anforderung gerecht zu werden, und der eigenen Beurteilung dieser Fähigkeiten.

Eine Situation, die den einen Menschen in höchste Bedrängnis bringt, kann für einen anderen zur täglichen Routine gehören. Betrachten Sie einmal die Lebenser-

Tabelle 8.1. Entscheidungsschritte bei der kognitiven Bewertung

Stufe	Zentrale Fragen
1. Bewertung der Herausforderung	Ist das Risiko hoch, wenn ich mich nicht ändere?
2. Sichtung der Alternativen	Ist diese Alternative ein akzeptables Mittel, um mit der Herausforderung umzugehen? Bin ich die vorhandenen Alternativen sorgfältig genug durchgegangen?
3. Gewichtung der Alternativen	Welche Alternative ist die beste? Erfüllt die beste Alternative die Erfordernisse?
4. Nachdenken über das Engagement	Soll ich die beste Alternative anwenden und andere Personen davon wissen lassen?
5. Festhalten trotz negativer Rückmeldung	Ist das Risiko hoch, wenn ich mich *nicht* ändere? Ist das Risiko hoch, *wenn* ich mich ändere?

eignisse, die von Ihnen und Ihren Freunden oder Ihrer Familie unterschiedlich aufgenommen werden, und versuchen Sie sie zu verstehen: Manche Situationen belasten Sie, aber nicht Ihre Freunde oder Ihre Familie; bei anderen Situationen ist es umgekehrt. Warum?

Richard Lazarus, dessen allgemeine Bewertungstheorie wir bei der Behandlung der Emotionen bereits kennengelernt haben, unterscheidet 2 Phasen der kognitiven Bewertung von Anforderungen:

- Er verwendet den Begriff *primäre Bewertung* (»primary appraisal«) für die anfängliche Einschätzung der Ernsthaftigkeit einer Anforderung. Diese Einschätzung beginnt mit der Frage »Was passiert gerade?« und »Ist das gut, schädlich oder unwichtig für mich?«. Wenn die Antwort »schädlich« lautet, wird die potentielle Auswirkung des Stressors durch die Feststellung bewertet, ob ein Schaden entstanden ist oder entstehen kann und welche Handlung erforderlich ist (s. Tabelle 8.1).
- Wird entschieden, daß eine Handlung erforderlich ist, werden im Rahmen der *sekundären Bewertung* (»secondary appraisal«) die zur Verfügung stehenden persönlichen und sozialen Ressourcen zur Bewältigung der Streßsituation bewertet und die erforderlichen Handlungsmöglichkeiten genauer untersucht (Lazarus 1976). Auch während der Bewältigungsversuche wird die Situation weiterhin bewertet; funktioniert die zuerst angewandte Strategie nicht und hält die Streßsituation an, werden andere Strategien angewandt, deren Wirksamkeit ebenfalls bewertet wird (Lazarus 1991b).

Wenn wir später auf die Bewältigung von Streß eingehen, werden wir den Gedanken wieder aufnehmen, daß eine Neubewertung oder »Wiederbewertung« (»reappraisal«) eine Bewältigungsstrategie beeinflussen kann. An dieser Stelle jedoch konzentrieren wir uns auf ein Lebensereignis, das als belastend empfunden wird. Sehen wir uns die psychologischen Reaktionen an, die die meisten Menschen in einer solchen Situation zeigen.

Bedeutende streßerzeugende Lebensereignisse

Bedeutende *Veränderungen* der Lebenssituation sind für viele von uns Streßauslöser (Dohrenwend u. Dohrenwend 1974; Dohrenwend u. Shrout 1985; Holmes u. Rahe 1967). Selbst Ereignisse, die wir begrüßen, wie z. B. ein Lottogewinn oder eine berufliche Beförderung, machen möglicherweise bedeutende Veränderungen in unseren Gewohnheiten und eine Anpassung an neue Anforderungen nötig. Wie wir in Abschn. 10.3 noch sehen werden, kann die Geburt eines Kindes, eine der begehrtesten Veränderungen im Leben eines Ehepaares, auch Quelle starken Stresses sein, die zur Verminderung der Zufriedenheit in der Ehe beitragen kann (Cowan u. Cowan 1988; Levenson et al. 1993). Daher sollten bei dem Versuch, Streß auf Veränderungen im Leben zurückzuführen, sowohl positive als auch negative Veränderungen berücksichtigt werden.

Der Einfluß **bedeutender Lebensereignisse** auf die geistige und körperliche Gesundheit war bereits Gegenstand vieler Untersuchungen. Am Anfang stand die Entwicklung der »Social Readjustment Rating Scale«

(SRRS), einer einfachen Skala, auf der der Grad der Anpassung anzugeben war, der für verschiedene, relativ häufig auftretende positive wie negative Lebensveränderungen erforderlich ist. Die Skala wurde entwickelt, indem man Erwachsene, die unter ganz unterschiedlichen Bedingungen lebten, zunächst bat, aus einer Liste diejenigen Ereignisse auszuwählen, die auf sie zutrafen. Außerdem sollten sie die Höhe der Anpassungsleistung beurteilen, indem sie jede dieser Veränderungen relativ zum Ereignis Eheschließung bewerteten, für die willkürlich der Wert von 50 »life change units« (LCU) festgesetzt worden war. Die Versuchsleiter berechneten dann die Gesamtzahl der LCU, die ein Individuum für die fragliche Phase zusammenbrachte und benutzten sie als Meßgröße für das Ausmaß an erlebtem Streß (Holmes u. Rahe 1967). Eine modifizierte Fassung dieser Skala für College-Studenten wird in Tabelle 8.2 abgebildet. Unterbrechen Sie kurz die Lektüre, und beantworten Sie die Fragen, bevor Sie weiterlesen. Welche LCU-Werte haben Sie ermittelt?

Vergleichen Sie nun Ihre Werte mit den Punktwerten von 4 Personengruppen (Studenten, Mütter, unausgelesene Gruppe von Mitgliedern einer Gemeinde, alte Menschen), die wir Ihnen in Tabelle 8.3 zeigen.

Eine verbesserte Messung der Auswirkungen von Lebensereignissen bietet der »Life Experience Survey« (LES), der 2 typische Eigenschaften hat. Erstens liefert er sowohl Werte für die Zunahme als auch für die Abnahme von Veränderungen, während die ursprüngliche Skala nur die Zunahme registrierte. Zweitens geben seine Werte individuelle Bewertungen der Ereignisse und ihrer Erwünschtheit wieder. Der Tod eines ungeliebten Ehegatten, der eine große Erbschaft hinterläßt, könnte beispielsweise als durchaus erwünscht bewertet werden. Die Skala geht also über die bloße Zählung der erinnerten Lebensereignisse hinaus, indem sie die persönliche Bedeutung jeder Veränderung erfaßt (Sarason et al. 1978).

In frühen Studien wurde die Annahme untersucht, daß das Risiko für eine darauffolgende Erkrankung um so höher ist, je tiefgreifender die Veränderung der Lebenssituation (gemessen in SRRS-Werten) war. In einführenden Untersuchungen wurden Belege für eine Beziehung zwischen medizinischen Problemen und dem Anpassungsgrad im Leben gefunden. Patienten mit Herzerkrankungen hatten z. B. höhere LCU-Werte als gesunde Menschen. Andere Untersuchungen ergaben, daß Streß die generelle Anfälligkeit eines Menschen gegenüber Krankheit erhöht (Holmes u. Masuda 1974) und

Tabelle 8.2. Streßskala für Studenten. (Nach Insel u. Roth 1985) Die Streßskala für Studenten stellt eine Adaptation der Social Readjustment Rating Scale nach Holmes u. Rahe dar. Jedes Ereignis erhält einen Wert, der für das Ausmaß der Wiederanpassung steht, die eine Person im Leben als Resultat einer Veränderung leisten muß. Menschen, deren Werte 300 und mehr erreichen, tragen ein hohes Risiko für ihre Gesundheit. Menschen, deren Werte zwischen 150 und 300 liegen, leben mit einer Chance von 50:50, daß innerhalb der nächsten 2 Jahre eine schwerwiegende Veränderung ihres gesundheitlichen Zustands auftritt. Für Menschen mit Werten unter 150 beträgt die Chance einer schwerwiegenden Veränderung ihres Gesundheitszustandes 1:3 (amerikanische Daten). Sie können Ihre Werte für jeden Monat dieses Jahres berechnen und dann überprüfen, ob sie mit Veränderungen Ihres Gesundheitszustandes korrelieren

Ereignis	Gewichtigkeit der Veränderungen (LCU; life change units)
Tod eines nahen Angehörigen	100
Tod eines engen Freundes	73
Scheidung der Eltern	65
Gefängnisaufenthalt	63
Schwere Krankheit oder Verletzung	63
Eheschließung	58
Verlust des Arbeitsplatzes	50
Durchfallen in einem wichtigen Prüfungsfach	47
Veränderung des Gesundheitszustandes eines Familienmitgliedes	45
Schwangerschaft	45
Sexuelle Probleme	44
Schwerwiegender Streit mit engem Freund	40
Veränderung des finanziellen Status	39
Wechsel des Hauptstudienfachs	39
Probleme mit den Eltern	39
Neuer Freund bzw. neue Freundin	38
Gesteigertes Arbeitspensum im Studium	37
Überragende Studienleistung	36
Erstes Semester an der Universität	35
Veränderung der Lebensbedingungen	31
Ernsthafter Streit mit Dozenten	30
Schlechtere Noten als erwartet	29
Veränderung der Schlafgewohnheiten	29
Veränderung der sozialen Aktivitäten	29
Veränderung der Eßgewohnheiten	28
Ständige Probleme mit dem Auto	26
Veränderung der Häufigkeit familiärer Zusammenkünfte	26
Zu viele verpaßte Seminare	25
Wechsel der Ausbildungsstätte	24
Mehr als ein Seminar auslassen	23
Kleinere Übertretungen der Verkehrsregeln	20
Summe	____

Tabelle 8.3. Die Wahrnehmung von Belastungen in 4 Personengruppen (Rangplätze)
Bei diesen Stichproben einer neuseeländischen Studie unterscheiden sich die wahrgenommenen Belastungen durch Probleme in verschiedenen Lebensbereichen von Gruppe zu Gruppe. Für Studenten und alte Menschen sind die Rangreihen fast gegenläufig. Es ist zu beachten, daß es sich um eine Gruppe von Müttern handelt, die ein oder 2 Kinder und keine Hilfe im Haushalt haben

Art der Belastung	Studenten (N=161)	Mütter (N=194)	Unausgelesene Gruppe (N=120)	Alte Menschen (N=150)
Zeitdruck	1	2	3	4
Unsicherheit über die Zukunft	2	4	1	3
Finanzielle Sorgen	3	1	2	4
Probleme im Haushalt	3	1	2	4
Probleme mit den Nachbarn	4	3	2	1
Gesundheitliche Probleme	4	3	2	1

daß die LCU-Werte auch noch eine gewisse Zeit nach einer Krankheit hoch sind (Rahe u. Arthur 1978).

- Ein Problem bei der Untersuchung der Zusammenhänge zwischen belastenden Lebensereignissen und darauffolgender Erkrankung besteht darin, daß sie meistens *retrospektiv* angelegt sind. Retrospektiv bedeutet, daß sowohl die Werte für Streß als auch die für Krankheit erhoben werden, indem sich die befragten Personen an *vergangene* Ereignisse erinnern sollen. Dadurch können Verzerrungen im Gedächtnis entstehen, die sich auf das Resultat der Erinnerung verfälschend auswirken. Personen, die krank sind, erinnern sich beispielsweise mit größerer Wahrscheinlichkeit an Stressoren in ihrer Vergangenheit als Personen, denen es gut geht.
- In neuerer Zeit wurden in *prospektiven* Untersuchungen gesunde Menschen über mehrere Jahre hinweg beobachtet; dabei stellte sich heraus, daß eine signifikante Korrelation zwischen dem Auftreten medizinischer Probleme und einer vorausgehenden Anhäufung von LES-Werten besteht (Brown u. Harris 1989; Johnson u. Sarason 1979).

Trotz dieser Belege deuten die meisten aktuellen Untersuchungen nur auf einen *schwachen* positiven Zusammenhang zwischen einschneidenden Lebensereignissen und Krankheit hin (Brett et al. 1990).

Katastrophen und traumatische Ereignisse

Negative unvorhersehbare und unkontrollierbare Ereignisse sind in besonderem Maße belastend (Glass 1977). Dies trifft vor allem auf katastrophale Ereignisse zu. Der Autor dieses Buches (Phil Zimbardo) besuchte 1989 ein Spiel um die Baseballmeisterschaft, als es zu einer Katastrophe kam. Seine Erfahrungen und die an die Katastrophe anschließenden psychologischen Untersuchungen beschreiben wir im Abschn. **Psychologie im Alltag.**

Zu den physischen und psychischen Auswirkungen von Katastrophen wurden zahlreiche Untersuchungen durchgeführt (Baum 1990). Die Beobachtungen haben ergeben, daß die Reaktion auf Katastrophen in 5 Phasen abläuft:

- Die *erste Phase* ist gekennzeichnet von Schock, Verwirrung und sogar psychischer Abstumpfung; die Menschen können das, was geschehen ist, nicht in vollem Umfang begreifen.
- In der *zweiten Phase,* die als »automatisches Handeln« bezeichnet wird, versuchen die Menschen, auf die Katastrophe zu reagieren; dabei können sie sich anpassungsorientiert verhalten, jedoch ohne sich ihrer Handlungen richtig bewußt zu werden und ohne sich später an die Erfahrungen dieser Phase richtig zu erinnern.
- Während der *dritten Phase* haben die Betroffenen oft das Gefühl, etwas bewältigt zu haben, und empfinden sogar ein positives Gefühl der gemeinsamen Anstrengung für ein gemeinsames Ziel. In dieser Phase fühlen sich die Menschen abgespannt und merken, daß ihre Energiereserven zur Neige gehen.
- In der *vierten Phase* erleben sie eine Ernüchterung; ihre Energiereserven sind erschöpft und der Eindruck der Tragödie schlägt schließlich durch, wird begriffen und emotional erfaßt.
- Darauf folgt als *fünfte Phase* eine ausgedehnte Erholungsphase, in der die Betroffenen versuchen, sich wieder aufzuraffen und mit den Veränderungen, die die Katastrophe mit sich brachte, umzugehen (Cohen u. Ahearn 1980).

Opfer von Vergewaltigung und Inzest, Überlebende von Flugzeugabstürzen und schweren Verkehrsunfällen, Kriegsveteranen und andere Menschen, die schwere

Ein Erdbeben – und was danach kommt

Zimbardo berichtet: »Als ich mit meinen 3 Kindern im Candlestick Park in San Francisco gerade die Plätze eingenommen hatte und die Band zu spielen begann, fing plötzlich das ganze Stadium an, schrecklich zu beben, das Licht ging aus, die Anzeigentafel wurde schwarz. Sechzigtausend Fans waren mucksmäuschenstill. Wir waren gerade Zeugen eines starken Erdbebens geworden. Ein Zuschauer neben uns hatte ein tragbares Fernsehgerät bei sich, in dem Hausbrände, eine abgestürzte Brücke, zerstörte Autobahnen und zahlreiche Tote gemeldet wurden.«

Kurz nach dem Erdbeben begann eine Gruppe von Psychologen zu untersuchen, wie die Menschen die Katastrophe bewältigten. Für die Untersuchung wurden fast 800 Menschen aus der Gegend um San Francisco und zum Vergleich aus mehreren weiter entfernten Städten nach dem Zufallsprinzip ausgewählt. Sie wurden entweder 1, 2, 3, 6, 8, 16, 28 oder 50 Wochen nach dem Beben 10 min lang am Telefon über ihre Gedanken, ihr Sozialverhalten und ihre Gesundheit befragt. Es ergaben sich daraus 3 verschiedene Phasen von Streßreaktionen bei den befragten Bewohnern aus San Francisco:

- In der *Notphase* (die ersten 3–4 Wochen danach) nahmen soziale Kontakte, Besorgnis zu, und die Gedanken an das Beben ließen die Menschen nicht los.
- In der *Hemmphase* (3–8 Wochen danach) sprachen und dachten die Menschen plötzlich kaum noch über das Beben, während indirekte Streßreaktionen, wie z. B. Auseinandersetzungen oder Träume von Erdbeben, vermehrt auftraten.
- In der *Anpassungsphase* (ab 2 Monaten danach) hatten die meisten Menschen die psychischen Auswirkungen der Katastrophe überstanden. Von den Bürgern aus San Francisco waren jedoch etwa 20% noch nach einem Jahr erschüttert über das Beben (Pennebaker u. Harber 1993).

traumatische Ereignisse erlebt haben, können emotional mit einer posttraumatischen Belastungsstörung (»Streßsyndrom«) reagieren.

> **!** Beim **posttraumatischen Streßsyndrom** handelt es sich um eine verzögerte Streßreaktion, die ständig wiederkehrt, auch lange Zeit nach dem traumatischen Erlebnis. Darüber hinaus erleben die Opfer eine emotionale Abstumpfung gegenüber alltäglichen Ereignissen sowie ein Gefühl der Entfremdung von anderen Menschen. Der emotionale Schmerz dieser Reaktion kann schließlich zu verstärktem Auftreten verschiedener Begleitsymptome führen, wie z. B. zu Schlafstörungen, Schuldgefühlen, überlebt zu haben, Konzentrationsstörungen und einer gesteigerten Schreckreaktion. Die klinischen Symptome des posttraumatischen Streßsymptoms werden als konditionierte Reaktionen beschrieben, die im Zusammenhang mit einer schwerwiegenden lebensbedrohlichen Reizsituation erlernt werden (Keane et al. 1985).

Opfer von Vergewaltigungen zeigen oft viele Anzeichen des posttraumatischen Streßsymptoms (Meyer u. Taylor 1986). Der folgende Auszug aus einem Gespräch über den auf eine Vergewaltigung folgenden Schockzustand zeigt die starken und anhaltenden Emotionen.

Alice: Ich stand ganz schön lange unter Schock. Ich konnte über die Tatsache sprechen, daß ich Opfer einer Vergewaltigung geworden war, aber die Emotionen kamen erst einen Monat später hoch.

Beth: In den ersten beiden Wochen danach gaben mir die Menschen, die ich ins Vertrauen gezogen hatte, sehr, sehr viel Unterstützung. Nach 2 Wochen aber war es wie: »Gut, sie ist jetzt drüber weg, nun können wir wieder zur Tagesordnung übergehen«. Aber je weiter es geht, um so mehr Unterstützung brauchst du, denn du nimmst deine Gefühle erst im Lauf der Zeit wahr und merkst, daß du irgendwie damit umgehen mußt.

Alice: Es kommt ein Moment, an dem du abstreitest, daß es überhaupt passiert ist. Du verdrängst es einfach völlig.

Beth: Es ist so unwirklich, daß du gar nicht glauben kannst, daß es tatsächlich passiert ist oder daß es passieren kann. Dann machst du eine lange Phase von Angst und Wut durch.

Alice: Ich habe schreckliche Angst davor, joggen zu gehen (Alice war joggen gewesen, als sie vergewaltigt wurde). Nach der Vergewaltigung habe ich mit allen sportlichen Aktivitäten aufgehört. Ich habe vor kurzem wieder damit angefangen, aber immer, wenn ich joggen gehe, begleitet mich eine ständige Angst. Natürlich gehe ich nicht mehr alleine joggen, aber trotzdem ist die Angst immer da.

Beth: Da ist auch so ein Gefühl, daß alle deine Freunde dich verraten. Ich hatte einen Traum, in dem ich vor meinem Wohnheim überfallen wurde. In dem Traum haben alle aus ihren Fenstern gesehen – die Gesichter waren so deutlich – alle meine Freunde standen an den Fenstern und schauten zu, und da waren sogar Leute nur 2 Schritte von mir entfernt. Sie haben alle gesehen, was passiert, und keiner hat etwas unternommen. Ich bin aufgewacht und hatte ein Gefühl totaler Einsamkeit. (The Stanford Daily 1982)

Die emotionalen Reaktionen des posttraumatischen Streßsyndroms können in akuter Form direkt nach einer Katastrophe auftreten und nach einer Phase von mehreren Monaten abklingen. Das Syndrom kann jedoch auch anhalten und chronisch werden. Dann wird es als »residuales Streßsyndrom« bezeichnet (Silver u. Wortman 1980). Es kann auch um Monate oder sogar Jahre verzögert auftreten. In den klinischen Einrichtungen in den Vereinigten Staaten werden immer wieder Veteranen des 2. Weltkriegs und des Koreakriegs entdeckt, die ein residuales oder ein verzögertes posttraumatisches Streßsymptom aufweisen (Zeiss u. Dickmann 1989). Diese Daten weisen darauf hin, daß nicht jeder in der Lage ist, sich von bestimmten akuten Streßsituationen zu »erholen« (Wortman u. Silver 1989; Wortman et al. 1993).

Chronische Stressoren

Bei der Behandlung von physiologischen Reaktionen auf Streß unterschieden wir akute Stressoren mit klarem Anfang und Ende von chronischen, d. h. solchen, die über die Zeit anhalten. Bei psychologischen Stressoren ist es nicht immer einfach, eine klare Unterscheidung zu treffen. Nehmen Sie z. B. an, Ihr Fahrrad sei gestohlen worden. Eigentlich ist dies eine akute Streßursache. Wenn Sie dann aber anfangen, sich ständig Sorgen zu machen, daß auch Ihr neues Fahrrad gestohlen wird, kann der damit verbundene Streß chronisch werden. Forscher fanden dieses Muster bei Menschen, die an schweren Krankheiten, wie z. B. Krebs, leiden (Andersen et al. 1994). Der chronische Streß, den die Angst vor der Diagnose Krebs und einer Krebsbehandlung verursacht, kann die Gesundheit wesentlich stärker beeinträchtigen als die Krankheit selbst. Im Abschn. **Psychologie im Alltag** wird beschrieben, wie die modernen Lebensverhältnisse eine Quelle des chronischen Stresses darstellen können.

Chronischer Streß beeinträchtigt aber nicht nur die Gesundheit von Müttern und Neugeborenen. Es ist erwiesen, daß starker Streß auch die geistige Entwicklung von Kindern beeinflußt. Um die These zu überprüfen,

PSYCHOLOGIE IM ALLTAG

Stressoren und Streß im Alltag

Die gesellschaftlichen und ökologischen Verhältnisse stellen für viele Menschen eine Ursache für chronischen Streß dar. Welche kumulativen Auswirkungen haben Überbevölkerung, Kriminalität, die wirtschaftliche Lage, Umweltverschmutzung, Aids und die Bedrohung durch einen nuklearen Krieg auf uns? Wie beeinflussen diese und andere Stressoren aus der Umwelt unser seelisches Wohlbefinden? Studenten sind über ihre eigene Zukunft und die der Gesellschaft sehr besorgt (Beardslee u. Mack 1983; Nurmi 1991). Viele junge Menschen stellen in Frage, ob es sich lohnt, auf eine Zukunft hinzuarbeiten, von der sie nicht erwarten, daß sie sie erleben, wenn ein nuklearer Krieg ausbricht (Yudkin 1984). Auch Erwachsene haben Angst vor möglichen atomaren Katastrophen, sie sind aber auch von den unmittelbar anstehenden Problemen der Arbeit und der wirtschaftlichen Sicherheit betroffen. Viele Probleme, die mit Streß zusammenhängen, nehmen zu, wenn es mit der Wirtschaft abwärts geht: Aufnahmen in psychiatrische Anstalten, Säuglingssterblichkeit, Selbstmorde und Todesfälle aufgrund alkoholbedingter Erkrankungen und Herz-Kreislauf-Störungen (Brenner 1976).

Bestimmte Gruppen von Menschen leiden aufgrund ihres sozialen und wirtschaftlichen Status oder ihrer Rassenzugehörigkeit unter chronischem Streß, wodurch ihr gesamtes Wohlbefinden in starkem Maße beeinträchtigt wird (Adler et al. 1994). Der Prozentsatz von Herzkrankheiten ist beispielsweise unter amerikanischen Bürgern afrikanischer Abstammung weit höher als unter weißen. Untersuchungen deuten darauf hin, daß die Ursache dafür nicht auf genetische Unterschiede zurückzuführen ist, sondern daß bei den Amerikanern afrikanischer Abstammung ein hoher Blutdruck die Folge von chronischem Streß zu sein scheint, der durch die Folgen von Vorurteilen verursacht wird: durch Jobs mit geringem Ansehen, mäßiger Bildung, ergebnisloser Arbeitssuche und einem niedrigen gesellschaftlichen und wirtschaftlichen Status (Anderson et al. 1992; Kag et al. 1991). Bluthochdruck entsteht also aufgrund von vergeblichen Anstrengungen, grundsätzliche Ziele im Leben zu erreichen; er ist nicht an genetische Faktoren gebunden. Genauso kann chronischer Streß bei gesellschaftlich und wirtschaftlich benachteiligten Frauen zu Frühgeburten oder zu Geburten von Babies mit geringem Gewicht führen (Lobel et al. 1992; Lobel 1994). Daher sind Kinder, die in armen oder vorurteilsbehafteten Verhältnissen geboren werden, schon zu Beginn ihres Lebens größeren Risiken ausgesetzt als Kinder aus privilegierteren Schichten.

daß Streß die Fähigkeiten und die Intelligenz von Menschen beeinflußt, entwickelten Forscher einen Streßindex auf der Grundlage von Variablen wie familiären Problemen und körperlichen Störungen. Diese Streßindizes wurden für mehr als 4 000 7jährige Kinder berechnet, und die Intelligenz jedes Kindes wurde getestet. Ergebnis: Je höher der Streßindex, um so niedriger der IQ eines Kindes. Dies traf insbesondere auf afroamerikanische Kinder aus ärmeren Familien zu. Auch bei denjenigen, die um ein Jahr zurückgestuft worden waren oder in Sonderschulen unterrichtet wurden, traten größere intellektuelle Defizite auf. Die Streßvariablen beeinflußten gemeinsam die mit dem IQ-Test gemessene Leistung sowohl in der unmittelbaren Testsituation als auch, viel allgemeiner, im Zusammenspiel mit anderen persönlichen und sozialen Faktoren (Brown u. Rosenbaum 1983).

Man sollte sich bei der Beurteilung von Argumenten, mit denen Intelligenzunterschiede bei verschiedenen Rassen genetisch begründet werden, die kognitiven Auswirkungen chronischen Stresses vor Augen halten. (Auf die Ursachen für Intelligenzunterschiede gehen wir in Abschn. 12.5 ausführlicher ein). Diese Untersuchungen belegen die Notwendigkeit, einige negative Auswirkungen von Streß mit gesellschaftlichen Veränderungen zu bekämpfen.

● Kleine Ärgernisse

Das Ende einer Beziehung, ein Erdbeben oder Vorurteile sind nachvollziehbare Streßauslöser, was aber ist mit den kleinen Stressoren im täglichen Leben? Was ist Ihnen gestern passiert? Vermutlich wurden Sie nicht gerade geschieden oder sind mit einem Flugzeug abgestürzt – wahrscheinlicher ist, daß Sie Ihre Notizen oder Ihr Lehrbuch verloren haben. Oder vielleicht kamen Sie zu spät zu einer wichtigen Verabredung, oder Sie bekamen einen Strafzettel, oder ein lauter Nachbar raubte Ihnen den Schlaf. Das sind die ständig wiederkehrenden alltäglichen Streßauslöser, mit denen die meisten Menschen einen Großteil der Zeit konfrontiert sind. Eine Untersuchung zeigt, daß eine Häufung solcher kleiner Frustrationen mehr Streß bewirkt als seltenere große Schläge (Weinberger et al. 1987). Das Leben ist voll kleiner Frustrationen. Wenn wir diese kleinen **Ärgernisse** als für unser Wohlbefinden schädlich oder bedrohlich empfinden, werden sie uns stärker beeinträchtigen, als wir uns vielleicht vorstellen (Lazarus 1984b), wie eine sehr alltägliche Beobachtung zeigt.

Ein Psychiater verteilte an die Pendler, die morgens um 7.12 Uhr auf den Zug von Long Island nach Manhattan warteten, 100 Fragebögen. Anhand der 40 Fragebögen, die zurückgegeben wurden, konnte festgestellt werden, daß diese Durchschnittspendler ihr Frühstück in weniger als 11 min hinuntergeschlungen hatten, daß sie bereit waren, 3 h am Tag unterwegs zu sein und in 10 Jahren etwa 7 500 h im Zug verbracht hatten. Zwei Drittel der Pendler glaubten, ihre familiären Beziehungen litten unter diesen Umständen. Neunundfünfzig Prozent von ihnen gaben an, Müdigkeit zu empfinden, 47% waren bewußt verärgert, 28% waren ängstlich, und andere berichteten von Kopfschmerzen, schmerzenden Muskeln, Verdauungsstörungen und anderen langfristigen Konsequenzen der Entscheidung, dem ständigen Konkurrenzkampf in der Stadt durch einen Umzug aufs Land zu entkommen (F. Charaton, persönliche Mitteilung, 1973). – Sie können sich vorstellen, wieviel Streß diese Art zu leben tagtäglich mit sich bringt.

In einer anderen Untersuchung führte eine Gruppe von Personen aus der weißen Mittelschicht mittleren Alters und beiderlei Geschlechts ein Jahr lang Tagebuch über alltägliche Ärgernisse. Gleichzeitig wurden bedeutende Lebensveränderungen und körperliche Symptome festgehalten. Es zeigte sich eine deutliche Beziehung zwischen den kleinen Ärgernissen und gesundheitlichen Problemen: Je häufiger und je intensiver diese Ärgernisse laut Bericht waren, um so schlechter war es sowohl um die physische als auch um die psychische Gesundheit der betreffenden Personen bestellt (Lazarus 1981, 1984b). Sobald die kleinen täglichen Ärgernisse weniger wurden, stieg das Wohlbefinden (Chamberlain u. Zika 1990). Obwohl die Alltagsstressoren die Stimmung unmittelbar beeinflussen, gewöhnt man sich an sie, so daß die negativen Auswirkungen nicht bis zum nächsten Tag anhalten. Eine Ausnahme sind zwischenmenschliche Konflikte, die sich über einen längeren Zeitraum hinziehen (Bolger et al. 1989).

> **!** Alltäglicher Streß kann auch negative Auswirkungen auf kognitive Funktionen haben. Die Aufmerksamkeit, das Gedächtnis, das Problemlösen und Urteilen und Entscheiden werden beeinträchtigt. Allgemein gilt: je größer der Streß, um so geringer die kognitive Leistungsfähigkeit und um so mehr Störungen des flexiblen Denkens.

Da die Aufmerksamkeitsfähigkeit begrenzt ist, reduziert sich angesichts einer bedrohlichen Situation das Maß der Aufmerksamkeit, das zur effizienten Bewältigung weiterer anstehender Aufgaben nötig wäre. Auch das Gedächtnis wird dadurch beeinträchtigt, da dem Kurzzeitgedächtnis nur soviel Aufmerksamkeit zur Verfügung steht, wie auf neue Eindrücke verwendet wird, und das erfolgreiche Abrufen von Erinnerungen vom reibungslosen Funktionieren entsprechender Abrufsignale abhängt. Durch Streß kann ebenso die Fähigkeit zur Problemlösung, zur Urteilsbildung und Entscheidungsfindung beeinträchtigt werden, indem die Wahrnehmung von Alternativen eingeschränkt wird und stereotypes, unflexibles Denken an die Stelle kreativer Reaktionen tritt (Janis 1982a).

Bisher wurden nur die kleinen Ärgernisse des Alltags betrachtet. Dabei sollte jedoch berücksichtigt werden, daß viele Menschen diese kleinen Ärgernisse durch positive Erfahrungen ausgleichen können (Lazarus u. Lazarus 1994). Das Immunsystem reagiert, wie bereits erörtert, empfindlich auf positive wie auf negative Lebensereignisse (Stone et al. 1994). Soll der Lebensverlauf einer Person aufgrund der täglichen kleinen Ärgernisse vorhergesagt werden, müßten dazu auch die erfreulichen Dinge bekannt sein, die sich im Leben dieser Person ereignen. Für eine solche Vorhersage wären auch mehr Informationen über die Persönlichkeit dieses Menschen nötig. Denn wie wir im nächsten Abschnitt sehen werden, ist der Umgang mit Streß individuell verschieden.

Individuelle Unterschiede von Streßreaktionen

Viele der bereits beschriebenen Streßreaktionen sind Durchschnittsannahmen für Durchschnittsmenschen. Wissenschaftler richten ihre Aufmerksamkeit jedoch zunehmend auf individuelle Unterschiede bei Streßre-

aktionen (Sapolsky 1994; Turner et al. 1992). Wir erwähnten bereits, daß Dinge, die den einen stark belasten, einen anderen kaum berühren. Manche Menschen zeigen kaum Reaktionen auf extreme Arten von Streß, wogegen andere sich von einer bestimmten Streßsituation psychisch nie mehr richtig erholen (Wortman u. Silver 1989; Wortman et al. 1993). Läßt sich also vorhersagen, welche Menschen durch Streß mehr oder weniger belastet werden?

Die Psychologin Suzanne Kobasa ist der Ansicht, daß man eine bestimmte Persönlichkeitsstruktur besitzen muß, um mit Streß fertigzuwerden. Sie fand in einer Gruppe leitender Angestellter eines öffentlichen Versorgungsbetriebes einer Großstadt 2 Typen von Menschen. Die einen waren starkem Streß ausgesetzt, aber selten krank, die anderen waren ebenfalls starkem Streß ausgesetzt, dabei aber oft krank (Kobasa et al. 1979; Maddi u. Kobasa 1991). Die dem ersten Typ zugehörigen Angestellten, die »Streßbewältiger«, besaßen das Persönlichkeitsmerkmal **Widerstandsfähigkeit** (»hardiness«).

> ! Ein widerstandsfähiger Mensch nimmt Veränderungen als *Herausforderung* an und nicht als Bedrohung, er *engagiert* sich zielbewußt für bestimmte Aktivitäten und besitzt ein Gefühl der inneren *Kontrolle* über sein Handeln. Diese 3 Faktoren – Herausforderung, Engagement und Kontrolle – ermöglichen die adaptive Interpretation belastender Ereignisse (Kobasa 1984).

Im folgenden **Experiment** wurde nachgewiesen, daß Widerstandsfähigkeit bei der Reaktion auf akute Stressoren eine große Rolle spielt.

Somit besteht eine der Möglichkeiten, Streß erfolgreich zu bewältigen, darin, sich Widerstandsfähigkeit

---

EXPERIMENT

Widerstandsfähigkeit (»hardiness«)

Aus einer Gruppe von über 800 Studenten, deren Widerstandsfähigkeit anhand einer Skala gemessen worden war, wurden die 60 Männer und die 60 Frauen mit den besten bzw. den schlechtesten Ergebnissen ausgewählt. Der Stressor bestand in einer Aufgabenstellung, bei der eine Videoaufnahme gemacht wurde: Die Personen sollten den Stoff einer Vorlesung wiederholen, die sie vorher gehört hatten, danach sollten sie von Psychologen bewertet und befragt werden. Die Wissenschaftler manipulierten die empfundene Bedrohung und die Herausforderung der Aufgabe sowie ei-

nige andere Variablen im Zusammenhang mit der Widerstandsfähigkeit. Es stellte sich heraus, daß diejenigen Personen, deren Widerstandsfähigkeit am oberen Ende der Skala rangierte, mehr Frustrationstoleranz aufwiesen und die Aufgabe als weniger bedrohlich empfanden als diejenigen, deren Widerstandsfähigkeit am unteren Ende der Skala rangierte. Darüber hinaus beeinflußte die Widerstandsfähigkeit die Herzfrequenz der Männer (die der Frauen nicht); sehr widerstandsfähige Männer waren physisch weniger erregt (Wiebe 1991).

anzueignen. Lassen Sie uns im folgenden Abschnitt die Techniken zur erfolgreichen Streßbewältigung etwas allgemeiner betrachten.

8.5
Bewältigung (»coping«) und soziale Unterstützung

Da das Leben unvermeidlich Streß mit sich bringt und zuviel Streß unser Leben zerrütten oder ihm gar ein Ende setzen kann, müssen wir lernen, so damit umzugehen, daß wir überleben.

> **!** **Streßbewältigung** – auch im Deutschen ist dafür der Ausdruck »Coping« gebräuchlich – bezieht sich auf den Versuch, den inneren oder äußeren Anforderungen, die als belastend oder überfordernd empfunden werden, so zu begegnen, daß negative Konsequenzen vermieden werden (Lazarus u. Folkman 1984). Dies kann durch angemessenes Verhalten, durch emotionale oder motivationale Reaktionen und durch bestimmte Denkweisen erreicht werden.

Bewältigung kann als »vorwegnehmende« Bewältigung auch einem möglicherweise belastenden Ereignis vorausgehen (Folkman 1984). Wie könnten Sie beispielsweise Ihren Eltern klarmachen, daß Sie die Schule verlassen, oder Ihrem Freund, daß Sie ihn nicht mehr lieben? Die Vorwegnahme von belastenden Situationen löst viele Gedanken und Gefühle aus, die ihrerseits Streß verursachen können, wie im Fall von Prüfungen, Interviews, Reden oder einer Verabredung mit einem Unbekannten. Man muß wissen, wie man diese Situationen bewältigen kann.

Es gibt 2 Arten von **Bewältigungsstrategien**, die sich darin unterscheiden, daß das Ziel in der Lösung des Problems (problemzentriert) oder in der Verringerung des durch das Problem verursachten Unbehagens besteht (emotionszentriert). In Tabelle 8.4 sind verschiedene Subkategorien dieser beiden grundlegenden Ansätze dargestellt.

Problemzentrierte Strategie. »Den Stier bei den Hörnern packen« – mit diesem Bild wird gewöhnlich die Strategie beschrieben, mit der man sich einer Problemsituation stellt. Dazu gehören alle Strategien des direkten Umgangs mit einem Stressor, sei es durch offenes Handeln oder durch realistische, zur Lösung des Problems führende Handlungen. Entweder man stellt sich einem Herausforderer oder man läuft weg; oder man versucht, ihn durch Bestechung oder andere Anreize auf seine Seite zu ziehen. Dabei konzentriert man sich auf das Problem, das zu lösen ist, und auf die Ursache des Stresses. Man nimmt die Aufforderung zum Handeln an, beurteilt die Situation und die zur Bewältigung verfügbaren Ressourcen und reagiert in einer Form, die zur Beseitigung oder Verringerung der Bedrohung führt. Solche Problemlösungsversuche eignen sich zur Bewältigung von kontrollierbaren Stressoren.

Emotionszentrierte Strategie. Dagegen ist der emotionszentrierte Ansatz eher dazu geeignet, mit den Auswirkungen unkontrollierbarer Stressoren fertigzuwerden. Nehmen wir z. B. an, Sie müßten Ihren an Alzheimer erkrankten Vater pflegen. In einer solchen Situation gibt es keinen »Herausforderer«, den Sie aus der Welt schaffen könnten. Sie können an der äußeren belastenden Situation nichts ändern. Statt dessen versuchen Sie, Ihre damit zusammenhängenden Gefühle und Gedanken zu ändern, indem Sie in eine Selbsthilfe-

Tabelle 8.4. Taxonomie der Bewältigungsstrategien (Lazarus 1975)

Problemzentrierte Bewältigungsstrategien: Veränderung des Stressors oder der Beziehung zu ihm durch direkte Handlungen und/oder problemlösende Aktivitäten	Kämpfen (Zerstören, Entfernen oder Verringern der Bedrohung) Flüchten (sich von der Bedrohung distanzieren)
	Suche nach Alternativen zu Kampf oder Flucht (Verhandeln, Kompromisse schließen)
	Weiterem Streß vorbeugen (etwas zur Steigerung der eigenen Resistenz unternehmen oder Intensität des antizipierten Stresses herabsetzen)
Emotionszentrierte Bewältigungsstrategien: Veränderung des Selbst durch »Aktivitäten«, die zu einem besseren Befinden führen, den Stressor jedoch nicht beeinflussen	Aktivitäten, die an den körperlichen Bedingungen ansetzen (Drogeneinnahme, Entspannung, Biofeedback)
	Aktivitäten, die an den kognitiven Bedingungen ansetzen (geplante Ablenkung, Phantasien, Gedanken über die eigene Person)
	Therapie, um unbewußte Prozesse, die die Realität verzerren und zu innerpsychischem Streß führen, zu verändern

gruppe gehen oder Entspannungstechniken lernen. Dies ist dann immer noch eine Bewältigungsstrategie, denn sie erkennen, daß Ihr Wohlbefinden bedroht ist, und Sie unternehmen etwas, um diese Bedrohung zu mindern.

> ! Je mehr unterschiedliche Strategien bei der Streßbewältigung zur Verfügung stehen, um so größer die Wahrscheinlichkeit, daß eine davon auf die wahrgenommenen Anforderungen paßt und die streßreiche Situation gemeistert wird (Taylor u. Clark 1986). Die Verfügbarkeit möglichst vieler Bewältigungsstrategien ist also adaptiv.

Darüber hinaus kann das Wissen, über eine Vielzahl von Bewältigungsstrategien zu verfügen, zu einem besseren Umgang mit Anforderungen aus der Umwelt beitragen (Bandura 1986). Selbstvertrauen kann davor schützen, daß Stressoren sich voll auswirken, da das Gefühl, über Bewältigungsmöglichkeiten zu verfügen, die chaotische Reaktion »Was mache ich jetzt bloß?« unterbinden wird.

Bisher haben wir allgemeine Ansätze zur Streßbewältigung betrachtet. Nun werden wir spezielle kognitive und soziale Ansätze zur erfolgreichen Streßbewältigung untersuchen.

8.5.1
Veränderung kognitiver Strategien

Eine wirksame Methode, mit Streß angemessener umzugehen, besteht darin, die Bewertung von Stressoren und unsere resignativen Kognitionen über den Umgang mit ihnen zu verändern. Wir müssen lernen, über eine bestimmte Situation, die Rolle, die wir selbst darin spielen und über die kausalen Attributionen, die wir zur Erklärung unerwünschter Ereignisse heranziehen, anders zu denken. Zu den Möglichkeiten, Streß gedanklich zu bewältigen, gehört die Neubewertung der Stressoren selbst und die Neustrukturierung von Kognitionen über die eigenen Streßreaktionen. Es wurde bereits festgestellt, daß Menschen die Erfahrung von Streß in ihrem Leben teilweise dadurch kontrollieren, daß sie bestimmte Lebensereignisse anders bewerten (Lazarus u. Lazarus 1994).

> ! Die Veränderung des Denkens über bestimmte Stressoren, deren neue Etikettierung oder deren Vorstellung im Rahmen eines weniger bedrohlichen (vielleicht sogar lustigen) Kontextes sind Formen kognitiver Neubewertung, die Streß reduzieren können.

Jedoch können nicht alle streßreichen Ereignisse neu bewertet und somit deren Auswirkungen reduziert werden. In manchen Fällen kann das »Streßmanagement« dadurch verbessert werden, daß wir das ändern, was wir uns selbst über Streß einreden und wie wir damit umgehen. Der Therapeut Donald Meichenbaum (1977, 1985) schlug einen aus 3 Phasen bestehenden Prozeß vor, der eine solche »Impfung gegen Streß« ermöglicht (s. **Psychologie im Alltag**).

Meichenbaums 3-Phasen-Ansatz regt zu neuen Reaktionen und auf sich selbst bezogenen Aussagen an, die mit den alten negativen Kognitionen unvereinbar sind. Haben Menschen einmal diesen Weg eingeschla-

---

PSYCHOLOGIE IM ALLTAG

Wie Sie sich gegen Streß »impfen« können

- In *Phase 1* arbeiten die Menschen an der Entwicklung einer bewußteren Wahrnehmung ihres tatsächlichen Verhaltens, seiner Auslöser und seiner Ergebnisse. Eine der erfolgreichsten Methoden dafür sind tägliche Aufzeichnungen. Sie können das Gefühl der Kontrolle stärken, indem sie helfen, Probleme anhand ihrer Ursachen und Wirkungen neu zu definieren. Sie mögen beispielsweise feststellen, daß Ihre Noten schlecht sind (ein Stressor), weil sie sich immer zu wenig Zeit nehmen, um Ihre Aufgaben ordentlich zu machen.
- In *Phase 2* beginnen die Menschen, neue Verhaltensweisen zu finden, die die schlecht angepaßten, unsinnigen außer Kraft setzen. Um beim Beispiel zu bleiben: Sie könnten sich eine feste »Zeit zum Lernen« festlegen oder Ihre Telefongespräche auf 10 min pro Abend beschränken.
- In *Phase 3* bewerten die Menschen, nachdem sie neue, adaptive Verhaltensweisen ausprobiert haben, deren Konsequenzen und vermeiden dabei den altgewohnten, negativ ausgerichteten inneren Dialog. Anstatt sich zu sagen: »Es war reiner Zufall, daß mich der Dozent gerade dann aufrief, als ich mich mal vorbereitet hatte«, sagen Sie jetzt: »Ich bin froh, daß ich mich auf diese Frage des Dozenten gut vorbereitet hatte. Es ist ein gutes Gefühl, in diesem Seminar vernünftige Antworten geben zu können.«

Tabelle 8.5. Beispiele selbstbezogener Aussagen, die der Streßbewältigung dienen. (Nach Meichenbaum 1975)

Vorbereitung
Ich kann einen Plan entwerfen, wie ich damit fertig werde.
Ich denke einfach darüber nach, was ich machen kann. Das ist besser, als nervös zu werden.
Keine negativen selbstbezogenen Aussagen, denk einfach vernünftig.

Konfrontation
Immer nur Schritt für Schritt; ich kann mit dieser Situation fertig werden.
Der Arzt hat mir gesagt, daß ich diese Angst fühlen würde. Das erinnert mich daran, mit den Bewältigungsübungen weiterzumachen.
Entspannen, ich habe mich unter Kontrolle. Einmal tief durchatmen. Ah, gut.

Bewältigung (Coping)
Wenn die Angst kommt, einfach kurz innehalten.
Konzentriere dich auf das, was ansteht. Was ist zu tun?
Versuch' nicht, die Angst ganz auszuschalten, laß sie so, daß sie auszuhalten ist.
Das ist nicht das Schlimmste, was passieren konnte.
Denk einfach an etwas anderes.

Selbstverstärkung
Es hat geklappt, ich habe es geschafft.
Es war nicht so schlimm, wie ich erwartet hatte.
Ich freue mich wirklich über die Fortschritte, die ich mache.

gen, stellen sie fest, daß sie sich verändern – sie sind fähig, sich diese Veränderung als ihr eigenes Verdienst zuzuschreiben, was wiederum weitere Erfolge nach sich zieht. In Tabelle 8.5 sind Beispiele für mögliche neue selbstbezogene Aussagen aufgeführt, die bei der Bewältigung streßreicher Situationen helfen können.

Einer der wichtigsten Faktoren bei der Streßbewältigung ist die Herstellung einer wahrgenommenen Kontrolle über den Stressor, d. h. überzeugt zu sein, daß man den Verlauf oder die Folgen eines bestimmten Ereignisses oder einer Erfahrung beeinflussen kann (Vaughan 1993). Ist man überzeugt, den Verlauf oder die täglichen Symptome einer Krankheit beeinflussen zu können, kommt man wahrscheinlich mit der Störung gut zurecht (Affleck et al. 1987). Glaubt man dagegen, die Ursache der Streßsituation liege z. B. bei einer anderen Person, deren Verhalten man nicht beeinflussen kann, oder an einer unabänderlichen Situation, ist die Wahrscheinlichkeit um so größer, daß man sich den chronischen Umständen psychisch schlecht anpaßt (Bulman u. Wortman 1977).

Wie weit der Einfluß der wahrgenommenen Kontrolle reichen kann, zeigt das folgende klassische **Experiment** von Langer u. Rodin (1976).

Wirksame Bewältigungsstrategien begegnen einer streßreichen Situation mit manchen oder allen 4 folgenden Kontrolltypen:

- Informationskontrolle (wissen, was zu erwarten ist),
- kognitive Kontrolle (über das Ereignis anders und konstruktiver denken),
- Entscheidungskontrolle (über alternative Handlungen entscheiden können) und
- Verhaltenskontrolle (Maßnahmen ergreifen, um die negativen Auswirkungen des Ereignisses zu reduzieren).

Nehmen wir einmal an, eine bevorstehende Prüfung belaste Sie. Wie können Sie Ihre Gedanken so ausrichten, daß alle 4 Kontrolltypen eingesetzt werden?

EXPERIMENT

Die weitreichenden Folgen wahrgenommener Kontrolle

In dieser Studie wurden 2 einfache Elemente wahrgenommener Kontrolle in einem Pflegeheim untersucht. Jedem Patienten wurde aufgetragen, sich um eine Pflanze zu kümmern (Verhaltenskontrolle) und selbst zu entscheiden, wann er einen Film sehen wollte (Entscheidungskontrolle). Vergleichspersonen auf einem anderen Stockwerk des Hauses verfügten nicht über diese Kontrollmöglichkeiten: Sie erhielten Pflanzen, um die sich die Schwestern kümmerten, und sahen Filme zu festgesetzten Zeiten. Bei nachfolgenden Auswertungen einige Wochen und ein ganzes Jahr später waren diejenigen Patienten, die eine gewisse Kontrolle über das Geschehen in dieser trostlosen Anstalt erhalten hatten, aktiver, besser gestimmt und psychisch wie physisch gesünder als die Patienten ohne jegliche Kontrollmöglichkeit. Das erstaunlichste Ergebnis der Untersuchung war, daß nach einem Jahr von denjenigen, die über wahrgenommene Kontrolle verfügt hatten, weniger gestorben waren als von denjenigen auf dem Vergleichsstockwerk (Rodin 1983; Rodin u. Langer 1977). Derartige Untersuchungsergebnisse sind für die Konzeption und Planung entsprechender Einrichtungen von großer Bedeutung (Rodin, 1986).

8.5.2
Soziale Unterstützung

Mit sozialer Unterstützung sind die Ressourcen gemeint, die von anderen bereitgestellt werden und die Botschaft vermitteln, daß man geliebt, umsorgt und geschätzt wird und mit anderen Menschen in einem Netz aus Kommunikation und gegenseitiger Verpflichtung verbunden ist (Cobb 1976; Cohen u. Syme 1985). Über diese Formen sozioemotionaler Unterstützung hinaus können andere Menschen konkrete Unterstützung leisten (Ratschläge, persönliches Feedback, Informationen). Alle Personen, zu denen man eine wichtige soziale Beziehung unterhält – wie Familienmitglieder, Freunde, Arbeitskollegen oder Nachbarn – können im Bedarfsfall Teil des sozialen Unterstützungsnetzes sein.

Es gibt mittlerweile eine beachtliche Anzahl von Belegen dafür, daß das Vorhandensein sozialer Unterstützung Menschen weniger anfällig für Streß macht (Cohen u. McKay 1983). Wenn andere Menschen da sind, an die man sich wenden kann, ist es leichter, Stressoren im Zusammenhang mit Arbeit, Arbeitslosigkeit, dem Scheitern einer Ehe, schwerer Krankheit und anderen Katastrophen sowie die täglichen Probleme des Lebens zu bewältigen (Gottlieb 1981; Pilisuk u. Parks 1986). Die

positiven Auswirkungen sozialer Unterstützung gehen über die Hilfe zur psychischen Anpassung an streßreiche Ereignisse hinaus; sie können die Genesung von Krankheiten fördern und das Risiko mindern, an einer Krankheit zu sterben (House et al. 1988; Kulik u. Mahler 1989). In einer Untersuchung zur Sterberate von Patienten, die an schweren Nierenerkrankungen litten, korrespondierte die Zunahme an familiärer Unterstützung um 1% der Bewertungsskala mit einer Abnahme der Wahrscheinlichkeit, an der Krankheit zu sterben, um 13%.

Wissenschaftler versuchen nun, herauszufinden, welche Formen der sozialen Unterstützung *in bestimmten Situationen* am hilfreichsten sind (Cohen 1988; Dakof u. Taylor 1990; Dunkel-Schetter et al. 1987; Wilcox et al. 1994; s. auch den Abschn. **Experiment**). Anscheinend gibt es für jeden speziellen Stressor bestimmte Arten der Unterstützung, die am besten ansprechen; z. B. ist die Hilfe durch den Ehemann eine ideale Form der Unterstützung für eine berufstätige Frau mit einem Baby (Lieberman 1982).

In Abb. 8.9 ist ein Vergleich der Formen sozialer Unterstützung dargestellt, die von Krebspatienten bzw. von Patienten mit nicht tödlichen Krankheiten, wie z. B. chronischen Kopfschmerzen, als am hilfreichsten eingeschätzt wurden (Martin et al. 1994). Die Angaben weisen wiederum darauf hin, daß für jede Streßursache

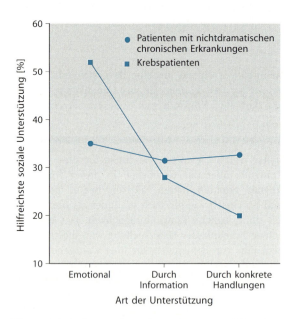

Abb. 8.9. Die Bedeutung der wahrgenommenen sozialen Unterstützung bei 2 verschiedenen Patientengruppen. (Nach Martin et al. 1994; Daten zu den Krebspatienten aus: Dakof u. Taylor 1990)

EXPERIMENT

Unterstützung ist nicht gleich Unterstützung
Shelley Taylor hat mit ihren Kollegen die Wirksamkeit der verschiedenen Formen sozialer Unterstützung bei Krebspatienten untersucht (Dakof u. Taylor 1990; Taylor 1986). Die Bewertung der Nützlichkeit verschiedener Formen der Unterstützung durch die Patienten fiel unterschiedlich aus. Sie hielten es für hilfreich, wenn Ehepartner (jedoch nicht Ärzte oder Schwestern) »einfach für sie da waren«. Andererseits war es den Patienten wichtig, Informationen oder Ratschläge von Ärzten oder anderen Krebspatienten zu erhalten, jedoch nicht von Familienmitgliedern oder Freunden. Unabhängig, von wem die Unterstützung kam – von Ärzten, Familienmitgliedern oder Freunden – empfanden die Patienten eine erzwungene Fröhlichkeit oder Versuche, die Auswirkungen ihrer Krankheit herunterzuspielen, nicht als hilfreich.

eine andere Form sozialer Unterstützung am hilfreichsten ist. Gibt es eine Erklärung dafür, warum emotionale Unterstützung für Krebspatienten hilfreicher sein kann als für Patienten mit nicht tödlichen Krankheiten?

Die aktuelle Forschung richtet die Aufmerksamkeit auch auf die Frage, wann bestimmte Arten der Unterstützung Ängste eher verstärken. Wenn z. B. Ihre Mutter darauf besteht, Sie zur Sprechstunde bei einem Arzt oder zu einer Prüfung an der Universität zu begleiten, obwohl Sie lieber allein dorthin gehen würden, kann dies Ihre Angst vor der Situation noch vergrößern (Coyne et al. 1988). Zu viel oder zu starke soziale Unterstützung kann auf lange Sicht lästig werden, anstatt hilfreich zu sein. Es kann genauso nützlich sein, einen einzigen guten Freund zu haben, wie viele Freunde zu haben. Untersuchungen haben auch gezeigt, daß es manchmal besser ist, alleine zu leben als in einer schlechten Beziehung. Ehepartner, die nicht gut miteinander kommunizieren können, weisen mehr Depressionssymptome auf als Kontrollpersonen ohne feste Beziehung (Weissman 1987).

8.6
Aufgaben und Themen der Gesundheitspsychologie

Inwieweit tragen psychische Prozesse zur Erfahrung von Krankheit und Gesundheit bei? Aus dem bisher Behandelten könnte man zu folgender Antwort kommen: »Ziemlich viel«. Die Anerkennung der Bedeutung psychischer und sozialer Faktoren für die Gesundheit hat die Entstehung einer neuen psychologischen Teildisziplin, der **Gesundheitspsychologie**, vorangetrieben.

> **!** Die Gesundheitspsychologie erforscht die psychologischen Einflüsse auf das Gesundbleiben und auf das Erkranken sowie die Reaktionen auf das Kranksein (Taylor 1986, 1990). Gesundheit bezieht sich allgemein auf die Unversehrtheit und Vitalität von Körper und Geist. Gemeint ist nicht nur die Abwesenheit von Krankheit oder Verletzung, sondern vielmehr die volle Funktionsfähigkeit aller Teile des Körpers.

Einführend soll erläutert werden, inwieweit die dieser Teildisziplin zugrundeliegende Philosophie von einem klassischen westlichen medizinischen Krankheitsmodell ausgeht. Danach werden wir den Beitrag der Gesundheitspsychologie zur Vorbeugung und Behandlung von Krankheiten und Funktionsstörungen näher betrachten.

8.6.1
Ein biopsychosoziales Modell der Gesundheit

Der Gesundheitspsychologie liegt ein biopsychosoziales Modell von Gesundheit zugrunde. Die Wurzeln dieser Sichtweise finden sich in vielen nichtwestlichen Kulturen. Wir werden, um zu einer Definition des biopsychosozialen Modells zu gelangen, zuerst einige dieser nichtwestlichen Traditionen beschreiben.

Traditionelle Gesundheitspraktiken

Bei der Behandlung von Krankheiten und dem Streben nach Gesundheit wurden seit Menschengedenken psychologische Grundsätze angewendet. Viele alte Kulturen wußten um die Bedeutung der Gesundheit ihrer Gemeinschaft und der Entspannungsrituale bei der Förderung der Lebensqualität. Bei den Navajo-Indianern beispielsweise wurden Krankheiten und Wohlbefinden der sozialen Harmonie und den Geist-Körper-Interaktionen zugeschrieben. Der Begriff »hozho« steht in der Sprache der Navajo für Harmonie, innere Ruhe, Güte, ideale Beziehungen innerhalb der Familie, Schönheit in Kunst und Handwerk sowie Gesundheit von Körper und Seele. Krankheit wird als Ausdruck von Disharmonie betrachtet, verursacht durch Verletzung von Tabus, Hexerei, Völlerei oder schwere Träume. Die traditionellen Heilungszeremonien versuchen, nicht nur mit Hilfe der Arzneien des Medizinmanns die Krankheit zu vertreiben und Gesundheit wiederherzustellen, sondern auch mit Hilfe der ganzen Familie den Zustand des »hozho« wiederherzustellen. Die Krankheit eines einzelnen Stammesmitglieds fällt nicht in dessen persönliche Verantwortung (ist nicht dessen Fehler), sondern wird als Zeichen einer allgemeinen Disharmonie betrachtet, die durch gemeinschaftliche Heilungszeremonien wieder beseitigt werden muß. Mit dieser gesellschaftlichen Orientierung ist gewährleistet, daß einem Leidenden automatisch ein starkes Netz sozialer Unterstützung zu Hilfe kommt.

Beim Nyakusa-Stamm in Tanzania wird ebenfalls bei jedem Anzeichen von Disharmonie oder Abweichung von der erwarteten Norm mit einem prompten gemeinsamen Eingreifen versucht, die Dinge wieder ins Lot zu bringen. So sind großer Ärger, die Geburt von Zwillingen, der plötzliche Tod eines jungen Menschen sowie Krankheit Zeichen für eine Anomalie, da sie bei diesem Stamm ungewöhnliche Ereignisse darstellen. Es werden rasch spezielle Stammesrituale um die betroffene Person oder Familie ausgeführt. Zweck dieser Rituale ist auch das Signalisieren sozialer Akzeptanz. Die Definition von »Medizin« unterscheidet sich von der in der westlichen Welt gebräuchlichen, die darunter ausschließlich einen biologischen oder pharmakologischen Eingriff versteht. Für die Mitglieder des Nyakusa-Stamms bedeutet Medizin etwas, das die Gewohnheiten, die Veranlagungen und die Wünsche der Menschen verändern kann – um sie psychisch zu heilen. Die Stammesfürsten bekommen Medizin, um ihnen Weisheit und Würde zu verleihen; eine Braut bekommt Medizin, die ihr Geduld, Höflichkeit und Fruchtbarkeit verleihen soll. Der Zorn der Ehemänner, Arbeitgeber und Polizisten wird ebenfalls durch eine spezielle Medizin gemindert; wieder andere Medizin »heilt« Diebe von kriminellen Gewohnheiten und macht Männer und Frauen zu attraktiveren und überzeugenderen Liebhabern und Anführern (Wilson 1959).

Auf dem Weg zu einem biopsychosozialen Modell

Wir haben festgestellt, daß Heilungspraktiken in nichtwestlichen Kulturen oft eine Verbindung zwischen Körper und Seele voraussetzen. Dagegen beruhte das moderne westliche Wissenschaftsdenken größtenteils auf einem biologisch-medizinischen Modell, das eine dualistische Vorstellung von Körper und Seele impliziert. Danach wird mit Hilfe der Medizin der Körper unabhängig von der Psyche behandelt. Die Seele ist nur für Emotionen und Meinungen von Bedeutung und hat mit den Körperfunktionen wenig zu tun. Im Lauf der Zeit begannen Wissenschaftler jedoch, Formen der Interaktion nachzuweisen, die mit dem strikt biologisch-medizinischen Modell nicht mehr erklärbar waren. Einige dieser Beweise wurden bereits behandelt:

- Positive bzw. negative Lebensereignisse können die Immunfunktion beeinflussen.
- Menschen mit einer bestimmten Persönlichkeitsstruktur leiden mit größerer Wahrscheinlichkeit als andere unter den Auswirkungen von Streß.
- Eine geeignete soziale Unterstützung kann die Wahrscheinlichkeit herabsetzen, an einer Krankheit zu sterben.

> **!** Die Anerkennung psychischer und sozialer Faktoren für Gesundheit und Krankheit ergibt die 3 Komponenten des **biopsychosozialen Modells**. Mit *bio* wird der Tatbestand der biologischen Gegebenheiten körperlicher Erkrankungen in Rechnung gestellt, mit *psycho* und *sozial* auf die psychischen und sozialen Aspekte des Krank- oder Gesundseins verwiesen. Gesundheitspsychologen sehen Gesundheit als dynamische, mehrdimensionale Erfahrung. Eine optimale Gesundheit, oder »Wohlbefinden«, umfaßt physische, intellektuelle, emotionale, geistige, soziale und umgebungsbezogene Aspekte des Lebens.

Wenn wir Maßnahmen ergreifen, um Krankheiten vorzubeugen oder vor dem Auftreten von deutlichen Symptomen zu erkennen, können wir dies als gesundheitsorientiertes Verhalten bezeichnen. Ein gesundheitsorientiertes Verhaltensmuster funktioniert automatisch, ohne Verstärkung oder Anreize, und trägt unmittelbar zur allgemeinen Gesundheit bei (Hunt et al. 1979). Allgemeines Ziel der Gesundheitspsychologie ist, durch die Anwendung von psychologischem Wissen das Wohlbefinden und positive gesundheitsorientierte Verhaltensweisen zu fördern. Lassen Sie uns dazu die entsprechenden Theorien und Untersuchungen näher betrachten.

8.6.2
Gesundheitsförderung

Mit **Gesundheitsförderung** ist die Entwicklung allgemeiner Strategien und spezieller Taktiken gemeint, um das Risiko, krank zu werden, auszuschließen bzw. zu mindern. Die Vorbeugung von Krankheit stellt im ausgehenden 20. Jahrhundert eine ganz andere Herausforderung dar als noch am Anfang des Jahrhunderts (Matarazzo 1984). Im Jahr 1900 waren Infektionskrankheiten die häufigste Todesursache. Ärzte lösten damals die erste Revolution im Gesundheitswesen aus. Im Laufe der Zeit konnten mit Hilfe der Forschung, der Unterweisung der Bürger, der Entwicklung von Impfstoffen und Änderungen der Vorschriften im Bereich öffentliche Gesundheit (z. B. Abfallbeseitigung und Abwasser) die durch Krankheiten wie Grippe, Tuberkulose, Kinderlähmung, Masern und Pocken verursachten hohen Sterberaten erheblich gesenkt werden.

Wenn Wissenschaftler weiterhin an der Verbesserung der Lebensqualität arbeiten wollen, müssen sie sich auf die Todesursachen konzentrieren, die auf eine ungesunde Lebensweise zurückzuführen sind (s. Tabelle 8.6). Rauchen, Übergewicht, fette und cholesterinhaltige Nahrung, Alkoholkonsum, Autofahren ohne Sicherheitsgurt und eine streßreiche Lebensweise – alle diese Faktoren spielen eine wichtige Rolle bei Herzerkrankungen, Krebs, Schlaganfällen, Unfällen und

Tabelle 8.6. Die wichtigsten Todesursachen (US-Daten aus dem Jahre 1991)

Rang-platz	Todes-fälle [%]	Todesursache	Beitrag zur Todes-ursache (E=Eßge-wohnheiten; R=Rauchen; A=Alkohol)
1.	28.5	Herzerkrankung	E R
2.	20.4	Krebs	E R
3.	5.6	Schlaganfall	E R
4.	3.5	Lungenerkran-kung	R
5.	3.5 1.7	Alle Unfälle Nur Autounfälle	A A
6.	3.1	Lungenerkran-kung*	R
7.	2.0	Diabetes	E
8.	1.2	Selbstmord	A
9.	1.1	Aids, HIV-Er-krankungen	
10.	1.1	Mord	A

* Schließt die Aids-Fälle ein, in denen eine Lungenentzün-dung zum Tode führte.

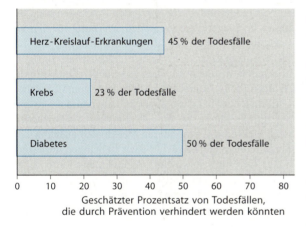

Abb. 8.10. Prävention bei tödlichen Erkrankungen. Verhaltens-änderung, Früherkennung und fachgerechte Behandlung könnten in vielen Fällen Erkrankungen verhindern, die zum Tode führen

Selbstmorden. Eine Verhaltensänderung im Zusammenhang mit diesen Zivilisationskrankheiten kann viele Krankheiten und frühzeitiges Sterben verhindern. In Abb. 8.10 ist der geschätzte Anteil an Todesfällen dargestellt, die durch Verhaltensänderung, Früherkennung

Tabelle 8.7. 10 Schritte auf dem Weg zur Gesundheit

Zehn Schritte auf dem Weg zur Gesundheit
1. Regelmäßige sportliche Betätigung
2. Nahrhafte, ausgewogene Mahlzeiten (viel Gemüse, Obst, Getreide, wenig Fett und Cholesterin)
3. Normalgewicht halten
4. 7–8 h Schlaf pro Nacht; tägliche Entspannungspausen
5. Gurt anlegen bzw. Fahrradhelm tragen
6. Nicht rauchen und keine Drogen nehmen
7. Mäßiger Alkoholgenuß bzw. Verzicht auf Alkohol
8. Nur sicherer Sex (Kondome verwenden)
9. Regelmäßige Kontrollen beim Arzt/Zahnarzt; sich an me-dizinische Verordnungen halten
10. Optimistische Lebenseinstellung entwickeln und Freund-schaften knüpfen

und vorbeugende Maßnahmen hätten vermieden werden können.

Auf der Grundlage dieser Erkenntnisse ist es leicht, Empfehlungen auszusprechen. Wenn man sich gesundheitsfördernde Gewohnheiten wie die in Tabelle 8.7 aufgeführten »10 Schritte zum Wohlbefinden« aneignet, lebt man gesünder und fühlt sich wohler. Einige dieser Empfehlungen sind Ihnen vermutlich bereits bekannt. Gesundheitspsychologen würden jedoch gerne psychologische Grundsätze anwenden, um die Wahrscheinlichkeit zu erhöhen, daß wir tatsächlich das tun, was gut für unsere Gesundheit ist. Es ist erwiesen, daß die Wahrscheinlichkeit, daß jemand eine gesundheitsfördernde Gewohnheit annimmt oder eine schädliche ablegt, auf 4 Faktoren zurückzuführen ist.

Die betreffende Person muß überzeugt sein, daß

- eine ernsthafte Gefahr für ihre Gesundheit besteht,
- die wahrgenommene persönliche Verwundbarkeit bzw. die Wahrscheinlichkeit, zu erkranken, hoch ist,
- sie selbst in der Lage ist, auf eine Weise zu reagieren, die die Bedrohung reduziert (Selbstwirksamkeit),
- die Reaktion zur Bewältigung der bedrohlichen Situation führt (Bandura 1986; Janz u. Becker 1984; Rogers 1984).

Wir werden diese allgemeinen Einblicke jetzt auf eine Reihe konkreter Bereiche anwenden: auf Rauchen, Ernährung und Körperbewegung, Herzkrankheiten und Aids.

Rauchen

Es ist eigentlich unvorstellbar, daß jemand dieses Buch liest, der nicht wüßte, daß Rauchen äußerst gefährlich ist. Jedes Jahr sterben (nach Angaben der US-amerikanischen Gesundheitsbehörden, 1990) etwa 500 000 Menschen an Krankheiten, die auf Tabakkonsum zurückzuführen sind. Gesundheitspsychologen versuchen daher herauszufinden, warum Menschen anfangen, zu rauchen – damit sie dazu beitragen können, dies zu verhindern – und wie sie Menschen dabei helfen können, mit dem Rauchen aufzuhören – um sie in den Genuß der Vorteile eines Lebens als Nichtraucher zu bringen. Untersuchungen zu den Gründen, aus denen manche Menschen mit dem Rauchen anfangen, konzentrierten sich auf persönliche und soziale Faktoren. Ein Persönlichkeitstyp, der mit dem Beginn des Rauchens in Verbindung gebracht wird, ist der »Abwechslungssucher«. Für diese Menschen, die ständig auf der Suche nach Neuem sind und sich leicht auf riskante Aktivitäten einlassen, hat sich auch im Deutschen der Begriff des »sensation seeking« eingebürgert (Zuckerman 1988). In einer Studie wurden Persönlichkeitsbewertungen von Frauen und Männern Mitte der 60er Jahre (1964–1967) mit ihren Raucher-/Nichtrauchergewohnheiten zum Ende der 80er Jahre (1987–1991) verglichen. Von den Männern und Frauen, die in den 60er Jahren dem Typ »sensation seeking« zugeordnet worden waren, rauchten nach 20–25 Jahren viel mehr (Lipkus et al. 1994). Diese Persönlichkeitsfaktoren können Hand in Hand gehen mit der Auffassung, daß Rauchen »cool« sei, wie sie unter Mitgliedern bestimmter Gruppen – trotz oder wegen des Gesundheitsrisikos – verbreitet ist (Leary et al. 1994). Dies gilt besonders für Heranwachsende. Gesundheitspsychologen sind der Ansicht, daß Maßnahmen, die wirkungsvoll verhindern sollen, daß Menschen mit dem Rauchen anfangen, dem Rauchen den Stempel einer »nicht coolen« Gewohnheit aufdrücken müssen.

Es ist am besten, wenn man mit dem Rauchen erst gar nicht anfängt. Aber für diejenigen unter Ihnen, die bereits damit angefangen haben, hält die Forschung ebenfalls Erkenntnisse bereit: Obwohl manche Menschen, die mit dem Rauchen aufgehört hatten, rückfällig wurden, haben etwa 35 Mio. Amerikaner endgültig damit aufgehört. Neunzig Prozent davon haben es alleine, ohne fachliche Entzugsprogramme, geschafft. Wissenschaftler fanden verschiedene Stufen heraus, die jemand durchläuft und die eine wachsende Bereitschaft

darstellen, mit dem Rauchen aufzuhören (DiClemente et al. 1991; Prochaska et al. 1993):

- *Vorüberlegungen:* Der Raucher denkt noch nicht ans Aufhören.
- *Erwägung:* Der Raucher denkt über das Aufhören nach, hat aber sein Verhalten noch nicht geändert.
- *Vorbereitung:* Der Raucher bereitet sich darauf vor, aufzuhören.
- *Handlung:* Der Raucher unternimmt Schritte, indem er sich Verhaltensziele setzt.
- *Beibehalten:* Jetzt ist der Raucher zum Nichtraucher geworden und versucht es zu bleiben.

Diese Untersuchung deutet darauf hin, daß nicht alle Raucher die gleichen psychischen Voraussetzungen für die Bereitschaft zum Aufhören haben. Es können aber Maßnahmen gefunden werden, mit denen Raucher auf der Bereitschaftsskala »weitergeschoben« werden können, bis sie schließlich psychisch bereit sind, gesundheitsbewußt zu handeln.

Man muß sich jedoch vor Augen halten, daß den persönlichen Anstrengungen des einzelnen, mit dem Rauchen aufzuhören, die milliardenteuren Werbekampagnen der Tabakkonzerne gegenüberstehen, mit denen versucht wird, Männer und Frauen zum Rauchen zu überreden, indem sie es mit den Attributen sexy, exklusiv und jugendlich verbinden. Werbung für den Tabakkonsum richtet sich an viele Zielgruppen und hat viele Botschaften. Sie versucht, Menschen dazu zu überreden, mit dem Rauchen anzufangen (insbesondere Jugendliche, Frauen und Angehörige von Minderheiten), Raucher »bei der Stange« zu halten und sie an eine bestimmte Marke zu binden, Raucher zu verlocken, neue Marken mit besonderen Merkmalen auszuprobieren, und ehemalige Raucher dazu zu bringen, ihre (tödliche) Gewohnheit wieder aufzunehmen (Blum 1989). Wenn Sie mit dem Rauchen aufhören wollen, sollten Sie den Einfluß, den die Werbung auf die psychologischen Aspekte einer Sucht ausübt, nicht unterschätzen.

Ernährung und sportliche Betätigung

Von den »10 Schritten zur Gesundheit« (s. Tabelle 8.7) beziehen sich 3 auf **Ernährung** und sportliche Betätigung. Es wird empfohlen, nahrhafte Mahlzeiten einzunehmen und sich regelmäßig sportlich zu betätigen – was außerdem dazu beiträgt, das Normalgewicht zu halten. In Abschn. 8.6.3 werden einige der Faktoren angesprochen, die die Eßgewohnheiten beeinflussen. Wir werden sehen, daß die Verfügbarkeit wohlschmeckender Nahrung dazu führen kann, die Zeichen zu ignorieren, mit denen der Körper darauf hinweist, daß es Zeit ist, mit dem Essen aufzuhören(Rolls et al. 1981). Um zu einer gesunden Ernährung zu gelangen, muß man auf die eigentlichen Bedürfnisse des Körpers zurückkommen. Man muß außerdem wissen, welche Nahrungsmittel gesund und welche ungesund sind, und auf eine abwechslungsreiche, gesunde Ernährung achten (Palken u. Shackelford 1992).

Regelmäßige sportliche Betätigung ist ein weiterer Faktor zur Förderung und Erhaltung der Gesundheit. Besonders Sportarten, die im Freien ausgeübt werden, wie Radfahren, Schwimmen, Laufen oder sogar schnelles Gehen, sind gesundheitsfördernd. Diese sportliche Betätigung verbessert die Herz- und Lungenfunktion, stärkt die Muskulatur und bringt viele weitere gesundheitliche Vorteile mit sich. Es wurde erforscht, welche Menschen regelmäßig Sport treiben und warum, und welche Programme bzw. Strategien am besten geeignet sind, um Menschen dazu zu bewegen, regelmäßig Sport zu treiben (Dishman 1982, 1991). Dabei hat sich gezeigt, daß Menschen sich Techniken aneignen können, um Hemmschwellen abzubauen, die sie von sportlicher Betätigung abhalten (Simkin u. Gross 1994). Wie in allen anderen Situationen können auch hier kognitive Bewertungen verwendet werden, um Streß abzubauen. Man kann versuchen, sein Leben so einzurichten, daß sportliche Betätigung zu einem gesunden Vergnügen

wird. Viele Studenten erleiden »Rückschläge« in ihren Eß- und Sportgewohnheiten: Auf Zeiten, in denen sie gesünder leben, folgen immer wieder streßreiche Zeiten mit Prüfungs- bzw. Arbeitsdruck an der Universität, in denen sie sich schlecht ernähren und wenig Sport treiben (Griffin et al. 1993). Denken Sie nach: Wie kann man seine Gedanken so ausrichten, daß man nicht in dieses Muster verfällt?

Herzerkrankungen

Betrachten wir nun, wie man **Herzerkrankungen** verhindern kann, indem man seine Gewohnheiten ändert, vor allem, was das Rauchen, die Ernährung und die sportliche Betätigung anbelangt, und sehen wir uns dazu ein **Experiment** an, das in 3 kalifornischen Städten durchgeführt wurde.

Die gute Nachricht lautet also, daß Lebensgewohnheiten geändert werden können. Die schlechte Nachricht lautet, daß dies schwierig und teuer ist und daß Medienkampagnen alleine dazu nicht ausreichen. Die Kampagnen können aber wenigstens dazu beitragen, langfristig Einstellungsänderungen in der Gesellschaft zu bewirken, die wiederum Änderungen der Lebensgewohnheiten günstig beeinflussen.

Aids

Das Akronym **Aids** steht für »acquired immune deficiency syndrom« (erworbenes Immundefektsyndrom).

EXPERIMENT

Wann sind Gesundheitskampagnen erfolgreich?
Ziel dieser Untersuchung war zum einen, Menschen zu überzeugen, daß sie das Risiko kardiovaskulärer Erkrankungen senken könnten, wenn sie ihre Rauch- und Ernährungsgewohnheiten änderten und sich sportlich betätigten, und zum anderen, festzustellen, welche von 2 Überzeugungsmethoden effektiver ist.

In einer der beteiligten Städte wurde 2 Jahre lang eine Kampagne mit Unterstützung der Massenmedien (Fernsehen, Radio, Zeitungen, Plakate und Postwurfsendungen) durchgeführt. In einer anderen Stadt wurde außerdem ein auf individuelle Bedürfnisse zugeschnittenes Lernprogramm zur Änderung der gesundheitsschädlichen Lebensgewohnheiten für Risikopersonen angeboten. In der dritten Stadt, die als Kontrollgruppe diente, wurde keine Gesundheitskampagne durchgeführt. Wie erfolgreich waren wohl die

Kampagnen hinsichtlich der Veränderung von Lebensgewohnheiten? Es stellte sich heraus, daß die Bewohner der Stadt, in der nur die Medienkampagne durchgeführt worden war, mehr als zuvor über die Zusammenhänge von Lebensstil und Herzkrankheiten wußten; ihr eigenes Verhalten und ihr Gesundheitszustand änderte sich jedoch nur geringfügig, wie in Abb. 8.11 zu sehen ist. In der Stadt, in der die Medienkampagne durch persönliche Anleitungen ergänzt worden war, wurden grundlegendere und langanhaltendere Veränderungen der Lebensgewohnheiten festgestellt, insbesondere eine Reduzierung beim Rauchen (Farquhar et al. 1984; Maccoby et al. 1977).

Bestärkt durch diese Ergebnisse legten die Wissenschaftler ein Langzeitprojekt in 5 Städten an (Farquhar 1991). Das Risiko von Herzerkrankungen in diesen Städten konnte dadurch um 15% gesenkt werden.

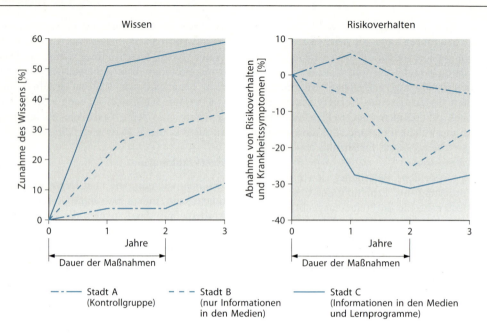

Abb. 8.11. Der Erfolg von Gesundheitskampagnen: Wirksamkeit von Informationen in den Medien und Lernprogrammen. Das Wissen um Risikofaktoren für Herz-Kreislauf-Erkrankungen war unter den Einwohnern der Stadt B, die 2 Jahre lang Ziel einer Aufklärung durch die Medien gewesen waren, größer als bei den Einwohnern der Stadt A, die nicht an dieser Aktion teilgenommen hatten. Noch größer war der Wissensgewinn bei den Einwohnern der Stadt C, die zusätzlich an intensiven Lernprogrammen (etwa in Form von Workshops) teilgenommen hatten. Mit dem Wissenszuwachs ging eine Abnahme schlechter Gewohnheiten (Risikoverhalten) und ein Rückgang von Krankheitssymptomen einher

An dieser tödlichen Krankheit sind schon Hunderttausende von Menschen erkrankt, und noch mehr Menschen leben mit einer HIV-Infektion. Das HIV (»human immunodeficiency virus«) ist ein Virus, das die weißen Blutzellen (T-Lymphozyten) beim Menschen angreift, auf diese Weise das Immunsystem zerstört und die Abwehrkräfte des Körpers gegen Krankheiten unterschiedlicher Art schwächt. Die infizierte Person wird dadurch anfällig für eine Vielzahl anderer Viren und Bakterien, die lebensbedrohliche Krankheiten wie Krebs, Meningitis oder Lungenentzündung hervorrufen können. Die Zeitspanne zwischen der Infektion mit dem Virus und dem Auftreten der Symptome (Inkubationszeit) kann 5 Jahre oder länger dauern. Obwohl die meisten der HIV-infizierten Menschen (schätzungsweise Millionen von Menschen) nicht an Aids (medizinische Diagnose) leiden, müssen sie mit der ständigen Angst leben, daß diese tödliche Krankheit bei ihnen plötzlich ausbricht. Bis heute ist weder eine Heilung von Aids noch eine vorbeugende Impfung möglich, um eine Ansteckung zu verhindern.

Das HIV wird nicht durch die Luft übertragen; eine Infektion kann nur durch direkte Übertragung im Blutkreislauf stattfinden. Das Virus wird hauptsächlich auf 2 Wegen übertragen: durch den Austausch von Sperma und Blut während des Geschlechtsverkehrs und durch den gemeinsamen Gebrauch intravenöser Nadeln und Spritzen beim Drogenkonsum. Aber auch durch Bluttransfusionen und bei anderen medizinischen Eingriffen, bei denen gesunde Menschen infiziertes Blut oder infizierte Organe erhalten, kann das Virus übertragen werden. Viele an Hämophilie leidende Menschen sind auf diese Weise an Aids erkrankt. Tabelle 8.8 zeigt, wie sich die gemeldeten Aids-Fälle bei männlichen und weiblichen Jugendlichen und Erwachsenen im Diagnosezeitraum Juli 1996–Juni 1997 und im Gesamterhebungszeitraum 1982–Juni 1997 auf die verschiedenen Infektionsrisiken verteilen.

Wer gehört zum Kreis der Risikopersonen? Wie Tabelle 8.8 zeigt: Grundsätzlich alle! Auch wenn Aids zuerst unter männlichen Homosexuellen auftrat, hat sich die Krankheit schnell ausgebreitet. Aids wird unter he-

Tabelle 8.8. Verteilung der gemeldeten Aids-Fälle bei männlichen und weiblichen Jugendlichen/Erwachsenen nach dem Infektionsrisiko. Einbezogen sind Jugendliche ab dem 12. Lebensjahr. Die Tabelle zeigt die absoluten und prozentualen Häufigkeitsverteilungen für den Zeitraum Juli 1996–Juni 1997 und für den Gesamtzeitraum 1982–Juni 1997 (Aus: Epidemiologisches Bulletin 32/97 des Robert-Koch-Instituts)

Infektionsrisiko	Männliche Personen		Weibliche Personen	
	Juli 96–Juni 97	kumulativ von 1982–1997	Juli 96–Juni 97	kumulativ von 1982–1997
Homo- und Bisexuelle	358 (62.9%)	10860 (74.7%)	–	–
Intravenös Drogenabhängige	58 (10.2%)	1588 (10.9%)	45 (35.2%)	838 (47.5%)
Hämophile	16 (2.8%)	525 (3.6%)	–	–
Empfänger von Bluttransfusionen	1 (0.2%)	123 (0.8%)	1 (0.8%)	139 (7.9%)
Heterosexuelle	34 (6.0%)	425 (2.9%)	43 (33.6%)	524 (29.7%)
Patienten aus Ländern, in denen HIV endemisch ist	24 (4.2%)	184 (1.3%)	22 (17.2%)	142 (8.0%)
keine Angaben	78 (13.7%)	832 (5.7%)	17 (13.3%)	123 (7.0%)

terosexuellen wie unter homosexuellen Menschen beiderlei Geschlechts festgestellt. Es wird davon ausgegangen, daß die Zahl der Aids-Erkrankungen zunehmen und sich auf alle Bevölkerungsgruppen ausbreiten wird, wie das auch bei anderen sexuell übertragbaren Krankheiten wie z. B. bei Syphilis und Gonorrhö der Fall ist, die in den letzten Jahren ebenfalls in zunehmendem Maße auftreten.

Die einzige Möglichkeit, sich gegen die Aids-Infektion weitgehend zu schützen, besteht darin, seine Lebensgewohnheiten ggf. so zu ändern, daß Risikofaktoren weitgehend ausgeschaltet werden. Dies gilt insbesondere für das Sexualverhalten und die zum Drogenkonsum verwendeten Hilfsmittel. Der Gesundheitspsychologe Thomas Coates gehört einer interdisziplinären Forschungsgruppe an, die in einer gemeinsamen Anstrengung versucht, eine Reihe psychologischer Grundsätze umzusetzen, um eine weitere Ausbreitung von Aids zu verhindern (Catania et al. 1994; Coates 1990; Ekstrand u. Coates 1990). Die Gruppe arbeitet an vielen Aspekten angewandter Psychologie, wie z. B. an der Bewertung psychosozialer Risikofaktoren, an der Entwicklung von Methoden zur Beeinflussung des Verhaltens, an Schulungen von Personen in gesellschaftlichen Führungspositionen, um andere zu gesünderen Verhaltensmustern bei Sexualverhalten und Drogenkonsum anzuleiten, an Entwürfen von Medien- und Informationskampagnen, und an der systematischen Auswertung von Veränderungen entsprechender Einstellungen, Werte und Verhaltensweisen.

Eine erfolgreiche Bekämpfung von Aids erfordert Maßnahmen auf 3 verschiedenen Ebenen (Fisher u. Fisher 1992; Fisher et al. 1994):

● *Information:* Menschen müssen über die Übertragungswege von Aids und über die Möglichkeiten zur Verhinderung der Übertragung informiert werden. Geschützte Sexualpraktiken (z. B. durch die Verwendung von Kondomen) sowie die Verwendung steriler Nadeln beim Drogenkonsum sollten propagiert werden.
● *Motivation:* Menschen müssen zur Aids-Prävention motiviert werden.
● *Verhaltensweisen:* Man muß den Menschen zeigen, wie sie ihr Wissen anwenden können.

Warum sind alle 3 Maßnahmen notwendig? Weil manche Menschen zwar hochmotiviert, möglicherweise aber nicht ausreichend informiert sind oder umgekehrt. Sie mögen über ausreichendes Wissen und über ausreichende Motivation verfügen, aber nicht über die erforderlichen Mittel und Fähigkeiten. Beispielsweise könnte jemand unsicher sein, wie er die soziale Hürde überwinden kann, um einen Partner zu bitten, ein Kondom zu benutzen (Leary et al. 1994). Psychologische Hilfestellungen könnten z. B. durch Rollenspiele oder andere Verhaltensmaßnahmen geleistet werden, durch die die Hürden überwindbarer erscheinen.

8.6.3
Essen, Hungern und Diät

Unser Körper ist mit einer Vielzahl von physiologischen Kontrollmechanismen ausgestattet, die regeln, wieviel Nahrung wir zu uns nehmen. Aber essen wir nur als Reaktion auf Hunger? Sie werden sagen: »Natürlich nicht!«. Sie wissen sicher, daß Ihre Einstellung zum Essen und seinen möglichen Folgen für Ihr Aussehen oder Ihr Gewicht auch einen Einfluß darauf hat, wieviel Sie essen. Wenn wir über die Psychologie des Essens sprechen, konzentrieren wir uns hauptsächlich auf die Umstände, unter denen Menschen versuchen, die Auswirkungen des Essens zu kontrollieren –, um als Reaktion auf ihre Vorstellungen eines persönlichen oder gesellschaftlichen Ideals ihren Körper wieder in Form zu bringen.

Machen Sie sich Sorgen um Ihr Gewicht? Haben Sie sich schon einmal überlegt, eine Diät zu machen? Wenn Sie eine Frau sind, ist die Wahrscheinlichkeit relativ groß, daß Sie diese Fragen mit »Ja« beantworten, aber auch Männer drücken heutzutage ihre Besorgnis über ihr Gewicht aus. In den USA halten sich 52% der Frauen und 37% der Männer für übergewichtig (Brownell u. Rodin 1994). Tatsächlich sind etwa 24% der Frauen und 31% der Männer übergewichtig – es gibt also eine Diskrepanz, vor allem bei Frauen, zwischen der objektiven körperlichen Beschaffenheit und dem, wie diese von den Menschen wahrgenommen wird.

Fettleibigkeit und Hungern

Es gibt immer mehr Belege dafür, daß Menschen mit einer Veranlagung zu mehr oder weniger Körpergewicht auf die Welt kommen. Untersuchungen an eineiigen Zwillingen haben z. B. eine große Ähnlichkeit des Gewichts ergeben (Allison et al. 1994; Stunkard et al. 1990). Diese Ähnlichkeit erklärt sich teilweise dadurch, daß die Geschwindigkeit, mit der jeder Körper Kalorien verbrennt, um seine Grundfunktionen aufrechtzuerhalten, der sog. Grundumsatz des Stoffwechsels, auch in hohem Maße vererblich ist (Bouchard et al. 1989). Daher verbrennen manche Menschen allein aufgrund ihrer Veranlagung durch ihre alltägliche Arbeit viele Kalorien, andere wiederum nicht. Diejenigen, die diese Veranlagung nicht besitzen, neigen eher zu Gewichtszunahme. Die Forschung hat einige genetische Mechanismen entdeckt, durch die manche Menschen zu Übergewicht neigen. So wurde z. B. ein Gen isoliert, das anscheinend verantwortlich ist für die Signale, die dem Gehirn mitteilen, wann im Lauf einer Mahlzeit genug Fett im Körper eingelagert ist – und somit der betreffende Mensch aufhören sollte zu essen (Zhang et al. 1994). Wenn dieses Gen nicht aktiv ist, wird die Person weiteressen und vielleicht zunehmen.

> **!** Aber die biologische Veranlagung allein reicht möglicherweise noch nicht aus, um zu »verursachen«, daß jemand übergewichtig wird. Was darüber hinaus entscheidend ist, ist die Einstellung eines Menschen zum Essen und zu Eßgewohnheiten.

Frühe Untersuchungen über psychologische Aspekte des Übergewichts konzentrierten sich auf das Ausmaß, in dem übergewichtige Menschen die Hungersignale ihres Körpers in bezug auf die in der Umgebung vorhandene Nahrung beachten (Schachter 1971a). Es wurde vermutet, daß Übergewichtige die Signale ihres Körpers ignorieren, wenn Nahrung vorhanden und leicht zugänglich ist. Diese Theorie stellte sich jedoch als nicht ausreichend heraus, denn Übergewicht an sich läßt nicht immer auf die Eßmuster schließen (Rodin 1981), d. h. nicht alle übergewichtigen Menschen haben die gleiche psychische Haltung, was ihr Eßverhalten betrifft. Sehen wir uns an, warum.

P. Herman und J. Polivy nehmen an, daß die grundlegende Dimension des Eßverhaltens am besten mit dem Gegensatzpaar *gehemmtes* vs. *ungehemmtes* Essen beschrieben werden kann (Herman u. Polivy 1975). *Gehemmte* Esser setzen der Nahrungsmenge, die sie sich zugestehen, ständig Grenzen. Sie sind sozusagen »ständig auf Diät« und machen sich fortwährend Gedanken übers Essen. Auch wenn übergewichtige Menschen eher dazu neigen, solche Gedanken und Verhaltensweisen zu besitzen, gibt es unter allen Körpergrößen und -formen gehemmte Esser. Wie nehmen Menschen aber dennoch zu, auch wenn sie ständig hungern? Forschungsergebnisse deuten darauf hin, daß sich gehemmte Esser, wenn sie enthemmt werden – d. h. wenn die Lebensumstände sie dazu bringen, ihre Hemmungen zu verlieren – kalorienreiche Portionen gönnen. Eine Enthemmung tritt meist ein, wenn gehemmte Esser über ihre Fähigkeiten und ihr Selbstwertgefühl in Zweifel geraten (Greeno u. Wing 1994; Heatherton et al. 1991). Das zeigt die Untersuchung im Abschn. **Experiment.**

Weitere Untersuchungen haben ergeben, daß gehemmte Esser im allgemeinen nur dann zuviel essen, wenn sie ihr psychologisches Wohlbefinden in Gefahr

Die Enthemmung gehemmter Esser

Von 96 Studentinnen wurden aufgrund von Selbstbeurteilungen ihres Verhaltens und ihrer Einstellungen zu Nahrung und Diät 42 als gehemmte und 54 als ungehemmte Esserinnen klassifiziert. Als sie zum Experiment kamen, wurde der Hälfte von ihnen erklärt, sie sollten eine 2minütige Stegreifrede halten, damit ihre Redegewandtheit beurteilt werden könne. Die Antizipation dieser Aufgabe löste bei diesen Personen starke Angst aus. Die andere Hälfte der Teilnehmerinnen war in dem Glauben, sie solle an einem Experiment teilnehmen, das ihre sensorische Wahrnehmung von Textilien durch Berühren testen würde. Dies verursachte kaum Angst, weshalb man hier von einer Kontrollgruppe sprechen kann. Danach wurden beide Gruppen gebeten, vor der eigentlichen Aufgabenbearbeitung bei einem »Experiment« zur Geschmackswahrnehmung mitzumachen. Als »Reize« wurden bei diesem Experiment wohlschmeckende und schlecht schmeckende Kekse verwendet (Polivy et al. 1994, S. 507). Die Versuchsleiter zählten unbemerkt, wieviele Plätzchen jeder Sorte die Studentinnen aßen.

Tabelle 8.9 zeigt das Ergebnis. Wenn *ungehemmte* Esserinnen ängstlich wurden, aßen sie von beiden Sorten weniger Plätzchen. Anscheinend hatte die Angst den Hunger bis zu einem gewissen Grad unterdrückt. Dagegen führte die Angst *gehemmte* Esserinnen dazu, von beiden Sorten mehr Kekse zu essen. So löste ein Angstzustand bei diesen Frauen eine allgemeine Enthemmung aus, und sie aßen sogar Kekse, die als nicht sehr wohlschmeckend eingestuft worden waren (Polivy et al. 1994).

In diesem Experiment verursachte eine kleine Herausforderung an das Selbstwertgefühl – die Aussicht, eine kurze Rede halten zu müssen, die beurteilt würde – bei gehemmten Frauen, daß sie mehr aßen als die anderen.

Tabelle 8.9. Durchschnittliche Anzahl der konsumierten Kekse

	Ungehemmte Esser	Gehemmte Esser	Differenz
Wohlschmeckende Kekse			
Kontrollbedingung	6.2	5.1	–1.1
Angstbedingung	5.1	7.6	+2.5
Schlecht schmeckende Kekse			
Kontrollbedingung	3.0	2.6	–0.4
Angstbedingung	2.7	3.7	+1.0

sehen; eine Gefahr ihrer physischen Sicherheit hat keine derartigen Auswirkungen (Heatherton et al. 1991). Das Überessen kann gehemmten Essern dabei helfen, sich vom Angriff auf ihr Selbstwertgefühl abzulenken. Wenn gehemmten Essern mitgeteilt wurde, daß sie bei einer Problemlösungsaufgabe durchgefallen waren, aßen sie dann nicht zuviel, wenn ihre Aufmerksamkeit weiterhin auf ihr Verhalten gelenkt wurde – durch eine Videoaufnahme, die von ihrer Fehlleistung gemacht wurde (Heatherton et al. 1993). Wurde ihre Aufmerksamkeit nicht auf ihren Mißerfolg gelenkt, aßen die gehemmten Esser doppelt so viel Eis wie beim Anschauen der Videoaufnahme. Dabei sei angemerkt, daß die meisten Untersuchungen zu gehemmtem Essen mit weiblichen Personen durchgeführt wurden. Die Eßmuster von Männern sind weit weniger erforscht (Greeno u. Wing 1994).

> **!** Die Theorie der Eßhemmung erklärt, warum es für Menschen schwierig sein kann, abzunehmen, wenn sie einmal übergewichtig waren. Viele Übergewichtige geben an, sie seien ständig auf Diät – oft handelt es sich dabei um gehemmte Esser. Wenn belastende Lebensumstände eintreten, die diese Esser enthemmen, kann übermäßiges Essen leicht zu Gewichtszunahme führen. So können die psychologischen Folgen einer chronischen Diät Umstände hervorrufen, die eher zu Gewichtszunahme als zu Gewichtsabnahme führen.

Im nächsten Abschnitt werden wir untersuchen, wie die gleichen psychologischen Kräfte zu gesundheits- und lebensbedrohenden Eßstörungen führen können.

Eßstörungen

Zu Beginn des Abschnitts stellten wir fest, daß es mehr Menschen gibt, die glauben, sie seien übergewichtig, als solche, die tatsächlich übergewichtig sind. Wenn die Diskrepanz zwischen der Wahrnehmung des eigenen Körpers und den tatsächlichen Verhältnissen bei einem Menschen zu groß wird, kann es zu **Eßstörungen** kommen.

- Die Diagnose Anorexia nervosa (kurz: Anorexie; Magersucht) wird gestellt, wenn jemand weniger als 85% seines Normalgewichts wiegt und dabei immer noch große Angst hat, zu dick zu werden (DSM-IV 1994).
- Menschen, bei denen die Diagnose Bulimia nervosa (kurz: Bulimie; Eß-Brechsucht) gestellt wird, haben regelrechte unkontrollierte Eßanfälle mit anschließenden Prozeduren zur Reinigung des Körpers von den überschüssigen Kalorien – selbstherbeigeführtes Erbrechen, Mißbrauch von Abführmitteln, Fasten usw. (DSM-IV 1994).

Auch Anoretikerinnen können Anfälle von Heißhunger haben. Sie können sich vollessen und dann alles entleeren, um die zu sich genommenen Kalorien zu minimieren. Da der Körper in beiden Fällen systematisch ausgehungert wird, haben diese Syndrome schwerwiegende medizinische Folgen. Auf lange Sicht können die davon Betroffenen verhungern.

Die Gefahr von Eßstörungen besteht besonders bei Frauen während der Pubertät (Rolls et al. 1991; Striegel-Moore et al. 1993). Die Häufigkeit der Magersucht bei Frauen in den späteren Pubertätsjahren und im frühen Erwachsenenalter liegt bei 0,5–1,0% (DSM-IV 1994). An Bulimie leiden 1–3% der Frauen in diesem Alter (DSM-IV 1994; Rand u. Kuldau 1992). Frauen sind etwa 10mal so oft von diesen Krankheiten betroffen wie Männer.

Warum fangen Menschen an, sich selbst zu Tode zu hungern, und warum sind die meisten davon Frauen? Es gibt Hinweise dafür, daß eine Neigung zu Eßstörungen genetisch vererbt wird (Strober 1992). Die Forschung hat sich jedoch vor allem mit den durch die Gesellschaft und die Medien hervorgerufenen Erwartungen von Frauen an ihr Idealgewicht befaßt. Viele Frauenzeitschriften behandeln – im Gegensatz zu Männerzeitschriften (Andersen u. DiDomenico 1992) – das Abnehmen als Schwerpunktthema. Dies könnte Frauen mehr als Männer in ihrem Glauben bestärken, sie seien übergewichtig. Gesellschaftlich bedingte Trugwahrnehmungen können gestörte Verhaltensweisen beim Essen auslösen. Wir haben bereits beschrieben, wie gehemmte Esser zu Vielfraßen werden können, wenn sie durch eine Bedrohung ihres Selbstwertgefühls enthemmt werden. Da Menschen mit Eßstörungen versuchen, sich extrem einzuschränken, kann dieses Eßmuster noch weiter gesteigert werden (Polivy u. Herman 1993).

Wenn Sie studieren, leben Sie mit hoher Wahrscheinlichkeit in einer Umgebung, die Eßstörungen fördert. Studentinnen neigen eher als Nichtstudentinnen zu Anorexia nervosa oder Bulimie. Vielleicht lösen Frauen an Hochschulen die Spannung zwischen dem Wunsch, attraktiv auszusehen und dem Wunsch, in Gesellschaft mit ihren Freunden zu essen und zu trinken, dadurch, daß sie sich vollessen – und somit das Fest ge-

---

UNTER DER LUPE

Können Diäten überhaupt erfolgreich sein?

Wenn Sie befürchten, übergewichtig zu sein, atmen Sie vermutlich auf, wenn Sie die Antwort hören: Ja. Wenn Sie die Abschnitte über Übergewicht, Hungern und Eßstörungen aufmerksam gelesen haben, verstehen Sie wahrscheinlich, warum wir diese Frage stellen. Wenn Menschen, die eine Diät beginnen, gehemmte Esser werden, nehmen sie eher zu als ab. Menschen, deren Abnehmverhalten sich zu Eßstörungen entwickelt, können zwar ihr Gewicht reduzieren, aber nur auf Kosten der Gefährdung ihrer Gesundheit. Wenn Sie auf die Unterhaltungsmedien achten, verstehen Sie, warum wir fragen, ob Diäten überhaupt erfolgreich sein können. In den Medien werden oft die Statistiken wiederholt, wonach nur 5% derjenigen, die eine Diät machen, danach nicht wieder zunehmen – und Zeitschriften berichten oft über die starken Gewichtsschwankungen von Prominenten.

Sind wirklich nur 5% der Diäten erfolgreich? Diese oft zitierte Zahl ist über 30 Jahre alt und stammt aus einer Untersuchung an Krankenhauspatienten (Brownell u. Rodin 1994)! Es gibt in der Tat nur wenige zuverlässige Statistiken über den allgemeinen Erfolg von Diäten. Die meisten Daten stammen immer noch von übergewichtigen Menschen in Diätkliniken. Diejenigen, die eine Behandlung anstreben, haben oft größere psychologische Eßprobleme (z. B. geben sie mehr Heißhungeranfälle an) als entsprechende Übergewichtige, die sich keiner Behandlung unterziehen (Fitzgibbon et al. 1993). Somit sind Daten über erneute Gewichtszunahme vielleicht nur beschränkt allgemeingültig. Darüber hinaus führen die meisten Menschen eine Diät zuhause durch, und deshalb weiß man wenig darüber, wieviel Gewicht sie verlieren und wieviel sie danach wieder zunehmen. Daher sollte man Meldungen zu den Erfolgsraten von Diäten mit Vorsicht genießen.

Wie können Sie eine erfolgreiche Diät durchführen? Der Spezialist Kelly Brownell führt an, es sei wichtig, Diätziele und -pläne *individuell* festzulegen (Brownell 1991; Brownell u. Rodin 1994; Brownell u. Wadden 1992). Bei der Festsetzung von Diätzielen – d. h. beim Festsetzen eines realistischen Zielgewichts – sollten genetische wie soziale Faktoren berücksichtigt werden. Man könnte den Betroffenen eine Reihe von Fragen stellen (Brownell u. Wadden 1992, S. 509):

● Gibt es in Ihrer Verwandtschaft (Eltern/Großeltern) Übergewichtige?
● Was war das niedrigste Gewicht, das Sie als Erwachsene/r mindestens 1 Jahr lang gehalten haben?

● Denken Sie einmal an einen Freund oder Verwandten (Ihres Alters und Ihrer Statur). Wieviel wiegt diese Person?
● Mit welchem Gewicht können Sie Ihrer Meinung nach leben, wenn Sie Ihre Eß- und Bewegungsgewohnheiten entsprechend ändern?

Sehen Sie, wie diese Art von Fragen Sie davor bewahren könnte, ein chronischer Abnehmer und gehemmter Esser zu werden? Wenn Sie vorab ein vernünftiges Gewichtsabnahmeziel ins Auge fassen, können Sie einen Diät- und Bewegungsplan aufstellen, mit dem Sie dieses Ziel auch tatsächlich erreichen können.

Was können Sie tun, wenn Sie das Gefühl haben, in das Muster des gehemmten Essens verfallen zu sein? Sie sollten sich einer Behandlung unterziehen, um wieder zu den Eßmustern zurückzukommen, die den tatsächlichen Bedürfnissen Ihres Körpers entsprechen (Polivy u. Herman 1992). Und folgendes gilt ganz allgemein: Diäten können dann erfolgreich sein, wenn dabei die tatsächlichen Reaktionen und Fähigkeiten Ihres Körpers berücksichtigt werden. Sie müssen versuchen, den durch die Medien verbreiteten Darstellungen des idealen Körpers nicht zu erliegen, eines Körpers, den Sie realistisch gesehen gar nicht erreichen können.

nießen – und sich dann entleeren, um die Kalorien wieder loszuwerden (Rand u. Kaldau 1992). Diese Gefahr des Studentinnendaseins sollten wir uns vor Augen halten.

Jetzt haben Sie womöglich Bedenken bekommen, ob eine Diät überhaupt sinnvoll ist. Im Abschn. **Unter der Lupe** wird untersucht, ob Menschen, die eine Diät machen, ihr Ziel überhaupt erreichen können.

8.6.4
Gesundheit und Persönlichkeit

Bei der Behandlung der Streßreaktionen (s. Abschn. 8.4) wurde festgestellt, daß Menschen unterschiedlich auf Streß reagieren. Widerstandsfähige Menschen neigen vermutlich weniger zu streßbedingten Erkrankungen. Gesundheitspsychologen haben sich nun allgemeiner mit diesem Phänomen befaßt und die Frage untersucht »Hat die Persönlichkeit Einfluß auf die Gesundheit?«

Die Antwort scheint »Ja« zu lauten (H. S. Friedman 1990). Lassen Sie uns einige Belege näher betrachten.

Typ-A- und Typ-B-Verhalten

In den 50er Jahren belegten Meyer Friedman und Ray Rosenman, was man schon immer vermutet hatte, daß nämlich eine Beziehung besteht zwischen den Charaktereigenschaften eines Menschen und der Wahrscheinlichkeit, daß dieser erkrankt, und zwar insbesondere an Erkrankungen der Herzkranzgefäße (Friedman u. Rosenman 1974). Diese Wissenschaftler entdeckten 2 Verhaltensmuster, die sie mit Typ A und Typ B bezeichneten.

> ● Das **Typ-A-Verhalten** ist ein komplexes Muster von Verhalten und Emotionen, das sich durch extremes Konkurrenzverhalten, Agressivität, Ungeduld, große Hast und Feindseligkeit auszeichnet. Menschen vom Typ A sind oft unzufrieden mit wichtigen Aspekten ihres Lebens, sie sind sehr konkurrenzbewußt und ehrgeizig und oft Einzelgänger.

> **❗ Das Typ-B-Muster** umfaßt alles, was nicht zu Typ A gehört: Menschen des Typs B sind weniger konkurrenzbewußt, weniger feindselig usw. Friedman und Rosenman stellten fest, daß Menschen mit Typ-A-Verhalten wesentlich öfter an Erkrankungen der Herzkranzgefäße leiden als die übrige Bevölkerung (Friedman u. Rosenman 1974; Jenkins 1976).

Viele Untersuchungen befaßten sich mit Menschen des Typ-A-Verhaltensmusters (Strube 1990). Dieses Verhalten wurde, neben den Herzerkrankungen, auch mit vielen anderen Erkrankungen in Verbindung gebracht (Suls u. Marco 1990). Gegenwärtig werden besonders die speziellen Komponenten des Typ-A-Verhaltens erforscht, die die Menschen am häufigsten einem Risiko aussetzen. Der Charakterzug, der sich am deutlichsten als »giftig« herausstellte, ist die Feindseligkeit (Dembrowski u. Costa 1987; Adler u. Matthews 1994; Smith 1992). Feindseligkeit »bedeutet, daß andere Personen als häufige und wahrscheinliche Quellen für schlechte Behandlung, Frustration und Provokation wahrgenommen werden und man folglich der Überzeugung ist, daß andere allgemein nichts wert sind und man ihnen nicht trauen sollte« (Smith 1992, S. 139; eig. Übers.). Feindseligkeit kann sich auf die Gesundheit auswirken sowohl in physiologischer Hinsicht – dadurch, daß sie zu chronischer Überreaktion gegen Streß führt –, als auch in psychologischer Hinsicht – dadurch, daß sie bei feindseligen Menschen zu schlechten Gesundheitsgewohnheiten führt und sie soziale Unterstützung meiden läßt.

Die gute Nachricht ist, daß verhaltenstherapeutische Maßnahmen bei Verhalten des Typs A in den meisten Fällen erfolgreich waren (M. Friedman et al. 1986). Ein großangelegtes Programm, an dem über 1000 Überlebende eines ersten Herzinfarkts freiwillig teilnahmen, hat ergeben, daß verhaltenstherapeutische Maßnahmen zur Änderung der typischen Typ-A-Reaktionen einen zweiten Herzinfarkt abwenden sowie das Risiko mindern, an den Folgen anderer Krankheiten zu sterben. Diejenigen, die ihr Typ-A-Verhalten weitgehend abgelegt hatten, wiesen über einen Zeitraum von 8 Jahren nach ihrer Teilnahme am Programm eine um 50% geringere Sterblichkeitsrate auf als diejenigen, die ihr Verhalten nicht wesentlich geändert hatten (Thoresen 1990).

Typ C und Optimismus

Die Unterscheidung zwischen Typ-A-Verhalten und seinem Gegenspieler Typ-B-Verhalten wurde getroffen, um Verhalten mit Erkrankungen der Herzkranzgefäße zu korrelieren. In jüngerer Zeit haben Wissenschaftler herausgefunden, daß ein dritter Verhaltensstil, Typ-C-Verhalten genannt, möglicherweise dafür verantwortlich ist, daß Menschen an Krebs erkranken oder daß eine bestehende Krebserkrankung schnell fortschreitet (Eysenck 1988; Temoshok 1990; Temoshok u. Dreher 1992).

> **❗ Menschen mit Typ-C-Verhalten** wurden beschrieben als »nett«, gleichmütig oder selbstaufopfernd, kooperativ und beschwichtigend, unbestimmt, geduldig, nachgiebig gegenüber externen Autoritäten, ohne Ausdruck negativer Emotionen, insbesondere von Ärger (Temoshok 1990, S. 209).

Dem Typ-C-Verhalten fehlt der »Kampfgeist«, der das Fortschreiten einer Krebserkrankung oder einer anderen schweren Erkrankung verlangsamen könnte. Der Einfluß dieses Kampfgeistes konnte beispielsweise bei Patienten mit der Diagnose Aids beobachtet werden (Reed et al. 1994). Diejenigen Patienten, die ihren unausweichlichen Tod nicht akzeptieren wollten, überlebten eine andere Gruppe von Patienten, die sich ihrem Schicksal ergeben hatten.

Insgesamt gesehen ist die passive Akzeptanz von Menschen des Typs C nicht die beste Reaktion auf Krankheit.

Die Untersuchungen von Martin Seligman (1991) und seinen Kollegen verweisen auf den **Optimismus** als Schlüssel zur Gesundheit. Optimistische Menschen führen Fehlschläge auf externe Ursachen und auf variable (veränderliche) Ereignisse zurück. Dieser Bewältigungsstil wirkt sich in hohem Maß auf die Gesundheit des Optimisten aus. Optimisten haben weniger körperliche Krankheitssymptome, erholen sich schneller von bestimmten Krankheiten, sind allgemein gesünder und leben länger (Peterson et al. 1988). Untersuchungen haben sogar ergeben, daß auch ein schon leicht unrealistischer Optimismus gesundheitliche Vorteile bringen kann (Taylor u. Brown 1988, 1994). Eine positive Sichtweise der Dinge kann sowohl das Gefühl verhindern, ständig unter Streß zu stehen, als auch die Wahrscheinlichkeit erhöhen, daß man sich gesundheitsförderndes Verhalten aneignet.

- **Definition.** Eine Emotion wird als ein komplexes Muster von Veränderungen angesehen, das physiologische Erregung, Gefühle, kognitive Prozesse und Verhaltensweisen umfaßt.
- **Zur Universalität von Emotionen.** Man nimmt an, daß der Mensch über ein *universelles emotionales Ausdrucksrepertoire* verfügt, das vermutlich zu den angeborenen Bestandteilen des evolutionären Erbes gehört. In kulturvergleichenden Untersuchungen fand man 7 Emotionen, die in gleicher Weise erkannt und ausgedrückt werden: Fröhlichkeit, Überraschung, Wut, Ekel, Furcht, Traurigkeit und Verachtung.
- **Kulturelle Einflüsse.** Auch wenn das genetische Erbe, das den Ausdruck von Emotionen bis zu einem gewissen Grad bestimmt, allen Menschen gemeinsam ist, verfügen verschiedene Kulturen über unterschiedliche Standards im Umgang mit Emotionen. Das heißt, die jeweilige Kultur legt fest, welche Ausdrucksformen von Emotionen bei welchen Anlässen angemessen bzw. unangemessen sind.
- **Physiologie der Emotionen.** Bei allen komplexen Emotionen ist der Kortex über seine inneren neuralen Netze und seine Verbindungen zu anderen Körperteilen beteiligt. Untersuchungsergebnisse deuten darauf hin, daß verschiedene *emotionale Zentren im Kortex* für die Verarbeitung positiver und negativer Emotionen verantwortlich sind. Die linke Hirnhemisphäre scheint positive Emotionen zu verarbeiten (z. B. Glück) und die rechte Hemisphäre negative, wie z. B. Ärger.
- **Emotionstheorien.** Sie haben die Aufgabe zu erklären, wie Emotionen entstehen. (1) Die James-Lange-Theorie der Körperreaktionen besagt, daß ein Reizereignis *zuerst* eine Erregung im Nervensystem und andere körperliche Reaktionen auslöst (z. B. Weinen), *bevor* es dann zur Wahrnehmung einer spezifischen Emotion kommt (z. B. sich traurig fühlen). (2) Die Cannon-Bard-Theorie besagt, daß ein Reizereignis 2 *gleichzeitig ablaufende*, voneinander unabhängige Reaktionen hervorbringt, die physiologische Erregung und die Wahrnehmung der Emotion. (3) Nach der Lazarus-Schachter-Theorie der Bewertung wird angenommen, daß die Erfahrung einer Emotion aus dem *Zusammenwirken* von physiologischer Erregung und kognitiver Bewertung entsteht.

(4) Zajonc, ein Kritiker der kognitiven Bewertungstheorie der Emotion, vertritt die Auffassung, daß affektive Präferenzen und Gefühle der kognitiven Bewertung oder gar dem Erkennen eines Reizes vorausgehen bzw. daß sie unabhängig von bewußtem Erkennen sind.

- **Die Funktion von Emotionen.** Emotionen sind oft *Auslöser von Handlungen*, d. h., sie haben eine motivierende Wirkung. Emotionale Zustände spielen eine Rolle bei der Informationsverarbeitung und sie dienen auf sozialer Ebene allgemein der Regulierung sozialer Interaktionen.
- **Streß.** Eine Emotion, die viele Menschen innerhalb ihrer alltäglichen Emotionserfahrungen wahrnehmen, ist Streß. Streß stört das Gleichgewicht eines Organismus und verlangt von ihm eine *Anpassung*. Andauernder Streß führt zu einem typischen Reaktionsmuster, das Selye als allgemeines Adaptionssystem bezeichnet hat. Eine Alarmreaktion, eine Phase der Resistenz und eine Phase der Erschöpfung kennzeichnen das Syndrom.
- **Auswirkung von Streß.** Die Psychoneuroimmunologie hat gezeigt, daß chronischer Streß einen Einfluß auf die Immunfunktion haben kann. Prospektive Untersuchungen belegen einen Zusammenhang zwischen Krankheiten und einer vorausgehenden Anhäufung von bedeutenden Lebensereignissen. Als Hauptmoderatorvariable eines Stressors nimmt die *kognitive Bewertung* bei der Deutung einer Situation eine zentrale Stellung ein. Zu einem posttraumatischen Streßsyndrom kann es im Anschluß an Katastrophen und traumatische Ereignisse kommen. Dabei handelt es sich um eine verzögerte Streßreaktion, die ständig wiederkehrt, auch lange Zeit nach dem traumatischen Erlebnis. Die Forschung hat allerdings auch gezeigt, daß alltäglicher Streß (kleine Ärgernisse) unser Wohlbefinden stärker beeinträchtigt, als wir uns oft vorstellen.
- **Bewältigung (»Coping«) von Streß.** »Streßbewältiger« besitzen das Persönlichkeitsmerkmal *Widerstandfähigkeit*. Herausforderung, Engagement und Kontrolle – diese Faktoren ermöglichen die adaptive Interpretation belastender Ereignisse. Allgemein gilt, daß die Verfügbarkeit möglichst vieler Bewältigungsstrategien adaptiv ist. Eine wichtige Rolle bei der Streßbewältigung schreibt die For-

schung der wahrgenommenen Kontrolle über den Stressor zu sowie der sozialen Unterstützung, die Menschen weniger anfällig für Streß macht.

- **Gesundheitspsychologie.** Sie erforscht die psychologischen Einflüsse auf das Gesundbleiben und auf das Erkranken sowie die Reaktionen auf das Kranksein. Ihr liegt ein *biopsychosoziales* Modell der Gesundheit zugrunde. Die Empfehlung von gesundheitsfördernden Gewohnheiten bezieht sich im wesentlichen auf Ernährung, Sport, Schlafgewohnheiten, Rauchen, Alkohol, Sex, Vorsorgeuntersuchungen und optimistische Lebenseinstellung. Untersuchungen zu Gesundheitskampagnen zeigen, daß sie langfristig zu Einstellungsänderungen beitragen können.

- **Gesundheit und Persönlichkeit.** Gesundheitspsychologen belegen einen Zusammenhang zwischen Charaktereigenschaften eines Menschen und der Wahrscheinlichkeit, daß dieser erkrankt. So leiden Personen, die sich durch Konkurrenzverhalten, Aggressivität und Feindseligkeit auszeichnen, eher an Herzerkrankungen. Personen, die unbestimmt, nachgiebig, ohne Ausdruck negativer Emotionen (Ärger), ohne »Kampfgeist« sind, können offensichtlich Krebserkrankungen weniger entgegensetzen. Viele Gesundheitspsychologen verweisen auf *Optimismus* als Schlüssel zur Gesundheit. Optimisten haben weniger Krankheiten, erholen sich schneller von bestimmten Krankheiten und leben länger.

Hinweise zur deutschsprachigen Literatur

Wir erleben ständig Streß, müssen unsere Gedanken und unser Verhalten regulieren und mit Bedrohungen umgehen. In dem Buch *Streß, Angst und Handlungsregulation* von R. Schwarzer (1993) geht es darum, aufzuzeigen, welchen Beitrag die Psychologie dazu liefern kann, solche Prozesse besser zu verstehen und zu erklären. Mit dieser Einführung versucht der Autor, auf der Grundlage einer integrierenden theoretischen Sichtweise den heutigen Stand der psychologischen Forschung zu charakterisieren. Besonderer Wert wurde darauf gelegt, diagnostische Verfahren vorzustellen, mit denen empirische Forschungsbefunde gewonnen werden, weil die Operationalisierung von Konstrukten deutlich macht, wofür sie Gültigkeit beanspruchen. Das Buch kann nicht nur Studierenden der Psychologie empfohlen werden, sondern auch Pädagogen, Soziologen und Angehörigen von Gesundheitsberufen.

F. Keller (1997) befaßt sich spezifischer mit dem Zusammenhang von Lebensstreß und dem Auftreten einer Depression. In seinem Buch *Belastende Lebensereignisse und der Verlauf von Depressionen* versucht er den derzeitigen Wissensstand darzulegen, einmal hinsichtlich der Differenzierung des Lebensstreßkonzeptes, zum anderen hinsichtlich psychobiologischer Modellvorstellungen zur Depressionsgenese. Über die verlaufsmodifizierende Wirkung von Lebensstreß ist noch wenig bekannt. Im 2. Teil des Buches stellt F. Keller daher Ergebnisse einer eigenen Studie vor, die den Einfluß von Lebensstreß auch auf den weiteren Krankheitsverlauf erkennen lassen. Im Anschluß daran werden therapeutische Konsequenzen sowie Implikationen für weitere Forschungen diskutiert.

Psychologie der Emotion ist der 3. Band der Enzyklopädie der Psychologie, »Motivation und Emotion«, 1990, mit K. Scherer als Herausgeber. Im 1. Kapitel des Bandes werden Theorien und aktuelle Probleme der Emotionspsychologie vorgestellt. Daran schließen 3 Kapitel über Emotion und Kognition, Ausdruck von Emotionen und Emotionen im sozialen Verhalten an. Bedeutung wird dabei vor allem auch der Funktion von Emotionen und der Emotionalität bei alten Personen beigemessen. Außerdem werden noch differentielle Aspekte der Emotionen behandelt: Persönlichkeit und Emotion, Bewältigung von Emotionen, Psychodynamik der Emotionsstörungen sowie Emotion und Gesundheit.

Eine Einführung für Studierende, aber auch eine Orientierungshilfe für Fachleute stellt das Buch *Psychologie der Emotionen* von D. Ulich u. Ph. Mayring (1992) dar. Es informiert über grundlegende Begriffe, Fragestellungen, Theorien und Forschungsmethoden der Emotionspsychologie sowie über die Entstehung von Gefühlsregungen (Aktualgenese), die Entwicklung von Emotionen (Ontogenese) und über die Klassifikation und Deskription von 24 ausgewählten Emotionen, wie Angst, Ärger, Glück und Hoffnung.

Gefühle beeinflussen das schulische Lernen. Das Buch *Emotionen, Kognitionen und Schulleistung* von

J. Möller u. O. Köller (Hrsg.; 1996), gibt einen Überblick über leistungsfördernde und leistungshemmende psychologische Prozesse. Nach Darstellungen der wechselseitigen Zusammenhänge zwischen Emotion, Kognition, Motivation und (schulischer) Leistung werden in den einzelnen Kapiteln kognitive und emotionale Aspekte der Lernleistung (Lernstrategien und Metakognitionen; die Rolle des Vorwissens; soziale Vergleichsprozesse; Stimmungen; Lern- und Leistungsangst usw.) beschrieben.

In dem von M. Jerusalem u. R. Pekrun (1997) herausgegebenen Buch *Emotion, Motivation und Leistung* werden aus der Sicht verschiedener Teildisziplinen der Psychologie Zusammenhänge zwischen Emotion, Motivation und Leistung thematisiert, mit dem Ziel einer Integration der verschiedenen Forschungstraditionen bzw. Forschungsperspektiven.

Die Bewältigung von Emotionen dient nicht nur der Reduktion von Sreß, sondern ist auch eine Form der Selbstdarstellung. Mit ihr werden vor allem der eigene Selbstwert geschützt und soziale Beziehungen reguliert. Das ist die Kernthese des Buches *Emotionsbewältigung und Selbstdarstellung* von L. Laux u. H. Weber (1993). Verschiedene Formen und Funktionen der Bewältigung werden thematisiert. Die Autoren vertiefen ihre Aussagen am Beispiel der Bewältigung zweier Basisemotio-nen – dem Ärger und der Angst. Anschließend wird die Bedeutung von emotionsbezogener Selbstdarstellung für die Entstehung und Veränderung von Persönlichkeitsmerkmalen skizziert.

Ein Buch über den Umgang mit Gesundheit im Alltag hat T. Faltermaier (1994) mit *Gesundheitsbewußtsein und Gesundheitshandeln* vorgestellt. Was machen Menschen in ihrem Alltag, um ihre Gesundheit zu erhalten? Welches Verständnis von Gesundheit und Krankheit leitet sie dabei? In der Auseinandersetzung mit solchen und ähnlichen Fragen, die Prävention und Erhaltung der Gesundheit thematisieren, zeigt der Autor den aktuellen Stand der Gesundheitspsychologie auf.

Wie trägt Verhalten dazu bei, daß man krank wird? Und wie kann man Verhalten ändern, um gesund zu bleiben oder wieder gesund zu werden? R. Schwarzer (1996) hat das Lehrbuch *Gesundheitspsychologie* herausgegeben. Es beschäftigt sich mit Risiko- und Gesundheitsverhaltensweisen sowie mit Gesundheitskognitionen und -verhaltenstheorien. Das Buch liefert Grundlageninformationen zur Prävention und Evaluation und befaßt sich mit psychologischen Aspekten von Krankheit und Gesundheit, beispielsweise mit der Bewältigung von Streß und dem Umgang mit chronischen Krankheiten.

ÜBUNGSFRAGEN

1 Wie definieren Psychologen den Begriff Emotion?

1 Psychologen definieren Emotion als ein komplexes Muster von Veränderungen, das physiologische Erregungen, Gefühle, kognitive Prozesse und Verhaltensweisen umfaßt. Diese treten als Reaktion auf eine Situation auf, die ein Individuum als persönlich bedeutsam wahrgenommen hat.

2 Welche Emotionen werden universell erkannt und ausgedrückt? Wie hat man das untersucht?

2 Vieles deutet darauf hin, daß 7 Emotionen weltweit in gleicher Weise erkannt und ausgedrückt werden:
Fröhlichkeit, Überraschung, Wut, Ekel, Furcht, Traurigkeit und Verachtung.
In kulturvergleichenden Untersuchungen wurden Menschen verschiedener Kulturzugehörigkeit gebeten, die Emotionen zu bestimmen, die in standardisierten Aufnahmen von Gesichtern zu sehen waren. Es stellte sich heraus, daß Menschen auf der ganzen Welt diese 7 Emotionen anhand des Gesichtsausdrucks genau zuordnen können.

3 Erläutern Sie am Beispiel der Wolof-Gesellschaft im Senegal, wie die Kultur den Ausdruck von Emotionen einschränkt.

3 In der Wolof-Gesellschaft im Senegal sind Status- und Machtunterschiede zwischen den Menschen klar festgelegt. Von den Mitgliedern einer hohen Kaste wird in dieser Kultur starke Zurückhaltung im Ausdruck ihrer Emotionalität erwartet, von den Mitgliedern der niederen

Kasten mehr Impulsivität, besonders im Falle der Griot-Kaste. Diese Kaste wird tatsächlich oft gebeten, die »unwürdigen« Emotionen der Adligen darzustellen.

4 Welche Bedeutung hat der Kortex bei der Verarbeitung von Emotionen?

4 Bei allen komplexen Emotionen ist der Kortex über seine inneren neuralen Netze und seine Verbindungen zu anderen Körperteilen beteiligt. Er sorgt für die Assoziationen, Erinnerungen und Bedeutungen, die Bestandteile psychologischer Erfahrung und biologischer Reaktionen sind. Untersuchungsergebnisse deuten darauf hin, daß verschiedene emotionale Zentren im Kortex für die Verarbeitung positiver und negativer Emotionen verantwortlich sind. Die linke Hirnhemisphäre scheint positive Emotionen zu verarbeiten (z. B. Glück), wogegen die Aktivität der rechten Hemisphäre negative Emotionen (z. B. Ärger) beeinflußt.

5 Beschreiben Sie die James-Lange-Theorie der Körperreaktionen.

5 Nach dieser Theorie löst ein Reizereignis eine Erregung im autonomen Nervensystem und andere körperliche Reaktionen aus, die dann zur Wahrnehmung einer spezifischen Emotion führen. Die James-Lange-Theorie wird als Theorie peripherer Prozesse betrachtet, weil sie viszeralen Vorgängen (Prozessen im Eingeweidesystem), also Reaktionen, die an der Peripherie des Zentralnervensystems ablaufen, die Hauptrolle bei der Entstehung von Emotionen zuspricht.

6 Welche 4 Einwände wurden hauptsächlich gegen die James-Lange-Theorie erhoben?

6
- Das viszerale Geschehen ist irrelevant für die emotionale Erfahrung. Im Experiment reagieren Tiere selbst dann noch emotional, wenn ihre Eingeweide durch einen chirurgischen Eingriff vom Zentralnervensystem getrennt worden sind.
- Die gleichen viszeralen Erregungszustände finden sich in recht unterschiedlichen Situationen – Herzklopfen tritt sowohl bei Aerobic-Übungen als auch während des Geschlechtsverkehrs und in Fluchtsituationen auf –, die begleitenden Emotionen aber sind unterschiedlich.
- Viele Emotionen können physiologisch nicht unterschieden werden; deshalb kann eine Person unterschiedliche Emotionen nicht einfach erleben, indem sie viszerale Reaktionen »liest«, denn diese sind nicht differenziert genug.
- Die Reaktionen des autonomen Nervensystems sind im allgemeinen zu langsam, als daß sie Emotionen in Sekundenbruchteilen auslösen könnten.

7 Welche Auffassung zur Erklärung von Emotionen wurde unter dem Namen Lazarus-Schachter-Theorie der Emotion bekannt?

7 Nach St. Schachter ergibt sich die Erfahrung einer Emotion aus dem Zusammenwirken physiologischer Erregung und kognitiver Bewertung. Beide Faktoren sind notwendig, damit eine Emotion entsteht. Es wird angenommen, daß jede Erregung generell und nicht differenziert ist. Die Erregung ist aber nur der erste Schritt in der Emotionsabfolge. Menschen bewerten ihre physiologische Erregung, um herauszufinden, was sie fühlen, welche Emotion am besten paßt und was ihre Reaktion in der besonderen Situation bedeutet, in der sie sie wahrnehmen. R. Lazarus, ein weiterer Verfechter der kognitiven Bewertung, vertrat den Standpunkt, daß »emotionale Erfahrungen nicht allein mit dem erklärt werden können, was in einer Person oder deren Gehirn vorgeht, sondern auch aus ständigen Transaktionen mit der Umgebung erwachsen, die bewertet werden«. Lazarus betonte auch, daß eine Bewertung oft unbewußt vorgenommen wird. Wenn Sie Erfahrungen gemacht haben, die Emotionen mit Situationen verknüpfen, dann brauchen Sie nicht mehr ausdrücklich in Ihrer Umgebung nach einer Deutung Ihrer Erregung suchen.

8 Einer der Kritiker der kognitiven Bewertungstheorie der Emotion ist R. Zajonc. Was zeigen seine Versuche?

8 R. Zajonc zeigt Situationen auf, in denen es möglich ist, emotionale Präferenzen (Bevorzugungen) ohne kognitive Schlußfolgerungen zu haben und in denen es auch möglich ist, diese Präferenzen zu fühlen, ohne zu wissen, warum. In einer großangelegten Versuchsserie wurde Personen eine Reihe von Reizen gezeigt, wie z. B. Fremdwörter, japanische Schriftzeichen, Zahlenkombinationen und eigenartige Gesichter, die so kurz eingeblendet wurden, daß die Bilder nicht erkannt werden konnten. Die Versuchsteilnehmer waren immer noch in der Lage, eine Präferenz auszudrücken, ohne zu wissen, warum sie die einen den anderen vorzogen. Diejenigen Reize, die am häufigsten wiederholt wurden, erzeugten die stärkste Präferenz. Es konnte gezeigt werden, daß diese Präferenz unabhängig von bewußtem Erkennen auftrat.

9 Welche Funktionen von Emotionen kennen Sie?

9 ● Emotionen haben eine motivierende Funktion dadurch, daß sie zum Handeln in bezug auf ein tatsächlich erlebtes oder ein vorgestelltes Ereignis anspornen.

● Emotionen richten dann das Verhalten auf spezielle Ziele und halten es aufrecht. Wenn wir einen Menschen lieben, tun wir alles, um ihn anzuziehen, ihm nahe zu sein und ihn zu beschützen. Für ein Ideal oder für das Vaterland opfern wir womöglich sogar unser Leben.

● Emotionen können auch eine Rückmeldung über den eigenen motivationalen Zustand geben. Durch die Verstärkung bzw. Intensivierung bestimmter Lebenserfahrungen signalisieren sie, daß eine Reaktion von besonderer Bedeutung ist oder daß ein Ereignis selbstrelevant ist.

● Emotionen können innere Konflikte bewußt machen, wenn wir merken, daß wir unvernünftig oder unangemessen auf eine bestimmte Situation reagieren.

10 Welche Beziehung wurde im Yerkes-Dodson-Gesetz festgeschrieben?

10 Im Yerkes-Dodson-Gesetz wurde die Beziehung zwischen Erregungsniveau, Schwierigkeitsgrad und Leistung festgeschrieben, nach dem die Leistungsfähigkeit bei schwierigen Aufgaben abnimmt, wenn das Erregungsniveau zunimmt, während die Leistungsfähigkeit bei leichten Aufgaben zunimmt, wenn das Erregungsniveau steigt.

11 Beschreiben Sie die soziale Funktion von Emotionen.

11 Auf sozialer Ebene dienen Emotionen allgemein der Regulierung sozialer Interaktionen. Als sozialer »Klebstoff« im positiven Sinn verbinden sie Menschen; als soziales »Abwehrmittel« im negativen Sinn distanzieren sie Menschen voneinander. Manche Psychologen gehen noch weiter und behaupten, die meisten Emotionen gingen aus der intensiven Erfahrung menschlicher Beziehungen hervor und seien deren wesentlicher Bestandteil.

Die Forschung zu diesem Thema deutet auch auf den Einfluß von Emotionen auf die Anregung prosozialen Verhaltens hin. Wenn Menschen veranlaßt werden, sich wohlzufühlen, sind sie eher dazu geneigt, sich auf verschiedenste Art hilfsbereit zu verhalten. Ebenso engagierten sich Versuchsteilnehmer, die dazu gebracht wurden, sich für einen Fehler schuldig zu fühlen, in einer nachfolgenden Situation eher als freiwillige Helfer, vermutlich, um ihre Schuld zu mindern.

Schließlich helfen Emotionen oft bei der sozialen Kommunikation – bewußt oder unbewußt. Sie weichen zurück, wenn jemand vor Wut schnaubt, und Sie nähern sich, wenn jemand mit einem Lächeln, erweiterten Pupillen und einem »Treten-Sie-näher-Blick« Zugänglichkeit signalisiert. Stark negative Emotionen können aus Respekt vor dem Status oder der Macht eines anderen Menschen unterdrückt werden. Ein Großteil der menschlichen Kommunikation findet in der lautlosen Sprache emotional expressiver nichtverbaler Botschaften statt.

12 Was versteht man unter stimmungsabhängiger Informationsverarbeitung?

12 Eine stimmungsabhängige Verarbeitung findet statt, wenn Menschen selektiv zur Aufnahme von Informationen sensibilisiert werden, die mit ihrer momentanen Stimmung übereinstimmen. Dem Stoff, der mit der vorherrschenden Stimmung in Einklang steht, wird eher Aufmerksamkeit geschenkt, er wird eher aufgenommen und intensiver und mit ausführlicheren Assoziationen verarbeitet. Der Einfluß der stimmungsabhängigen Informationsverarbeitung zeigt sich in Untersuchungen, in denen Menschen gebeten werden, ihren Gesundheitszustand zu beurteilen. Studenten gaben mehr Krankheiten und Beschwerden in der Vergangenheit an, wenn sie traurig waren als wenn sie sich in einer emotional neutralen Verfassung befanden. Studenten, die eine Grippe oder eine Erkältung hatten, beurteilten den Schweregrad der Schmerzen und Beschwerden entsprechend der Stimmung, die von den Versuchsleitern herbeigeführt wurde. Verglichen mit neutralen Kontrollgruppen schätzten diejenigen, die vorübergehend traurig waren, ihre Erkältungssymptome als deutlich stärker ein als fröhliche Personen.

13 Beschreiben Sie stimmungsabhängiges Abrufen.

13 Mit stimmungsabhängigem Abrufen (»retrieval«) ist der Abruf eines vergangenen emotionalen Ereignisses aus dem Langzeitgedächtnis gemeint, der auftritt, wenn die Person wieder in der gleichen Stimmung ist wie beim früheren Ereignis. Wenn Menschen traurig sind, erinnern sie sich eher an traurige Ereignisse. Glückliche Menschen rufen eher glückliche Ereignisse aus der Vergangenheit aus ihrem Gedächtnis ab. Ein ähnlicher Verzerrungseffekt entsteht, wenn psychisch depressive Patienten gebeten werden, sich an Ereignisse aus ihrer Vergangenheit zu erinnern. Ihre negative Stimmung veranlaßt sie, mehr negative Erinnerungen wachzurufen – was tatsächlich dazu beitragen kann, ihre depressive Stimmung aufrechtzuerhalten.

14 Was ist Streß? Und was sind Stressoren?

14 Streß ist ein Muster spezifischer und unspezifischer Reaktionen eines Organismus auf Reizereignisse, die sein Gleichgewicht stören und seine Fähigkeiten zur Bewältigung strapazieren oder überschreiten. Diese Reizereignisse umfassen eine ganze Bandbreite externer und interner Bedingungen, die allesamt als Stressoren bezeichnet werden. Ein Stressor ist ein Reizereignis, das vom Organismus eine Anpassung (adaptive Reaktion) verlangt.

15 Unterscheiden Sie akuten von chronischem Streß.

15 Vorübergehende Erregungsmuster, die einen klar abgrenzbaren Beginn und ein klar abgrenzbares Ende aufweisen, sind Beispiele für akuten Streß.

Als chronischen Streß bezeichnet man hingegen den Zustand kontinuierlicher Erregung, der andauert und bei dem das Individuum die Anforderungen der Situation als größer als die vorhandenen inneren und äußeren Ressourcen zur Bewältigung der Herausforderung ansieht.

16 Erläutern Sie das Konzept des Allgemeinen Adaptationssyndroms (AAS).

16 Zusätzlich zu Reaktionen, die für einen bestimmten Stressor spezifisch sind – wie die Verengung der Blutgefäße als Reaktion auf Kälte – gibt es ein typisches Muster unspezifischer adaptiver physiologischer Mechanismen, das als Reaktion auf fortgesetzte Bedrohung durch fast jeden ernstzunehmenden Stressor auftritt. Selye bezeichnete dieses Muster als allgemeines Adaptationssyndrom (AAS). Er fand eine charakteristische Abfolge von 3 Phasen, die dieses Syndrom kennzeichnet: eine Alarmreaktion, eine Phase der Resistenz und eine Phase der Erschöpfung.

17 Welche Bedeutung hat die kognitive Bewertung von Stressoren?

17 Die kognitive Bewertung eines Stressors ist eine Hauptmoderatorvariable. Sie nimmt bei der Deutung der Situation eine zentrale Stellung ein: Worin besteht die Anforderung? Wie groß ist die Bedrohung? Welche Bewältigungskapazitäten stehen zur Verfügung? Manche Stressoren, wie z. B. das Erleiden einer Körperverletzung oder Zeuge zu werden, wie das eigene Haus in Flammen steht, werden von fast allen Menschen als Bedrohung empfunden. Viele andere Stressoren können dagegen auf verschiedene Weise eingeordnet werden, je nach der persönlichen Lebenssituation, dem Verhältnis einer bestimmten Anforderung zu den zentralen persönlichen Zielen, den Fähigkeiten, der Anforderung gerecht zu werden, und der eigenen Beurteilung dieser Fähigkeiten.

18 Welche 2 Phasen der kognitiven Bewertung von Anforderungen unterscheidet R. Lazarus?

18 Er verwendet den Begriff »primäre Bewertung« (»primary appraisal«) für die anfängliche Einschätzung der Ernsthaftigkeit einer Anforderung. Diese Einschätzung beginnt mit der Frage »Was passiert gerade?« und »Ist das gut, schädlich oder unwichtig für mich?«. Wenn die Antwort »schädlich« lautet, wird die potentielle Auswirkung des Stressors durch die Feststellung bewertet, ob ein Schaden entstanden ist oder entstehen kann und welche Handlung erforderlich ist.

Wird entschieden, daß eine Handlung erforderlich ist, werden im Rahmen der »sekundären Bewertung« (»secondary appraisal«) die zur Verfügung stehenden persönlichen und sozialen Ressourcen zur Bewältigung der Streßsituation bewertet und die erforderlichen Handlungsmöglichkeiten genauer untersucht. Auch während der Bewältigungsversuche wird die Situation weiterhin bewertet; funktioniert die zuerst angewandte Strategie nicht und hält die Streßsituation an, werden andere Strategien angewandt, deren Wirksamkeit ebenfalls bewertet wird.

19 Was versteht man unter einem posttraumatischen Streßsyndrom?

19 Beim posttraumatischen Streßsyndrom handelt es sich um eine verzögerte Streßreaktion, die ständig wiederkehrt, auch lange Zeit nach dem traumatischen Erlebnis. Darüber hinaus erleben die Opfer eine

emotionale Abstumpfung gegenüber alltäglichen Ereignissen sowie ein Gefühl der Entfremdung von anderen Menschen. Der emotionale Schmerz dieser Reaktion kann schließlich zu verstärktem Auftreten verschiedener Begleitsymptome führen, wie z. B. zu Schlafstörungen, Schuldgefühlen, überlebt zu haben, Konzentrationsstörungen und einer gesteigerten Schreckreaktion. Die klinischen Symptome des posttraumatischen Streßsymptoms werden als konditionierte Reaktionen beschrieben, die im Zusammenhang mit einer schwerwiegenden lebensbedrohenden Reizsituation erlernt werden.

20 Die Psychologin S. Kobasa ist der Ansicht, daß man das Persönlichkeitsmerkmal Widerstandsfähigkeit besitzen muß, um mit Streß fertigzuwerden. Was versteht man darunter?

20 Ein widerstandsfähiger Mensch nimmt Veränderungen als *Herausforderung* an und nicht als Bedrohung, er *engagiert* sich zielbewußt für bestimmte Aktivitäten und besitzt ein Gefühl der inneren *Kontrolle* über sein Handeln. Diese 3 Faktoren – Herausforderung, Engagement und Kontrolle – ermöglichen die adaptive Interpretation belastender Ereignisse.

21 Erläutern Sie den Begriff Streßbewältigung.

21 Streßbewältigung – auch im Deutschen ist dafür der Ausdruck »Coping« gebräuchlich – bezieht sich auf den Versuch, den inneren oder äußeren Anforderungen, die als belastend oder überfordernd empfunden werden, so zu begegnen, daß negative Konsequenzen vermieden werden. Dies kann durch angemessenes Verhalten, durch emotionale oder motivationale Reaktionen und durch bestimmte Denkweisen erreicht werden.

22 Welche 2 unterschiedlichen Arten von Bewältigungsstrategien kennen Sie?

22 • Problemzentrierte Strategien: »Den Stier bei den Hörnern packen« – mit diesem Bild wird gewöhnlich die Strategie beschrieben, mit der man sich einer Problemsituation stellt. Dazu gehören alle Strategien des direkten Umgangs mit einem Stressor, sei es durch offenes Handeln oder durch realistische, zur Lösung des Problems führende Handlungen. Entweder man stellt sich einem Herausforderer oder man läuft weg; oder man versucht, ihn durch Bestechung oder andere Anreize auf seine Seite zu ziehen. Dabei konzentriert man sich auf das Problem, das zu lösen ist, und auf die Ursache des Stresses. Man nimmt die Aufforderung zum Handeln an, beurteilt die Situation und die zur Bewältigung verfügbaren Ressourcen und reagiert in einer Form, die zur Beseitigung oder Verringerung der Bedrohung führt. Solche Problemlösungsversuche eignen sich zur Bewältigung von kontrollierbaren Stressoren.

• Emotionszentrierte Strategien: Dagegen ist der emotionszentrierte Ansatz eher dazu geeignet, mit den Auswirkungen unkontrollierbarer Stressoren fertigzuwerden. Nehmen wir z. B. an, Sie müßten Ihren an Alzheimer erkrankten Vater pflegen. In einer solchen Situation gibt es keinen »Herausforderer«, den Sie aus der Welt schaffen könnten. Sie können an der äußeren belastenden Situation nichts ändern. Statt dessen versuchen Sie, Ihre damit zusammenhängenden Gefühle und Gedanken zu ändern, indem Sie in eine Selbsthilfegruppe gehen oder Entspannungstechniken lernen. Dies ist dann immer noch eine Bewältigungsstrategie, denn sie erkennen, daß Ihr Wohlbefinden bedroht ist, und Sie unternehmen etwas, um diese Bedrohung zu mindern.

23 Womit befaßt sich die Gesundheitspsychologie?

23 Die Gesundheitspsychologie erforscht die psychologischen Einflüsse auf das Gesundbleiben und auf das Erkranken sowie die Reaktionen auf das Kranksein. Gesundheit bezieht sich allgemein auf die Unversehrtheit und Vitalität von Körper und Geist. Gemeint ist nicht nur die Abwesenheit von Krankheit oder Verletzung, sondern vielmehr die volle Funktionsfähigkeit aller Teile des Körpers.

24 Die Anerkennung psychischer und sozialer Faktoren für Gesundheit und Krankheit ergibt die 3 Komponenten des biopsychosozialen Modells. Bitte beschreiben Sie dieses Modell.

24 Das biopsychosoziale Modell: Mit *bio* wird der Tatbestand der biologischen Gegebenheiten körperlicher Erkrankungen in Rechnung gestellt, mit *psycho* und *sozial* auf die psychischen und sozialen Aspekte des Krank- oder Gesundseins verwiesen. Gesundheitspsychologen sehen Gesundheit als dynamische, mehrdimensionale Erfahrung. Eine optimale Gesundheit, oder »Wohlbefinden«, umfaßt physische, intellektuelle, emotionale, geistige, soziale und umgebungsbezogene Aspekte des Lebens.

25 Wenn man sich gesundheitsfördernde Gewohnheiten aneignet, lebt man gesünder. Welche »10 Schritte zum Wohlbefinden« werden empfohlen?

25
- Regelmäßige sportliche Betätigung.
- Nahrhafte, ausgewogene Mahlzeiten (viel Gemüse, Obst, Getreide, wenig Fett und Cholesterin).
- Normalgewicht halten.
- 7–8 h Schlaf pro Nacht; tägliche Entspannungspausen.
- Gurt anlegen bzw. Fahrradhelm tragen.
- Nicht rauchen und keine Drogen nehmen.
- Mäßiger Alkoholgenuß bzw. Verzicht auf Alkohol.
- Nur sicherer Sex (Kondome verwenden).
- Regelmäßige Kontrollen beim Arzt/Zahnarzt; sich an medizinische Verordnungen halten.
- Optimistische Lebenseinstellung entwickeln und Freundschaften knüpfen.

26 Beschreiben Sie ein Experiment, bei dem untersucht wurde, wann Gesundheitskampagnen erfolgreich sind.

26 Ziel dieser Untersuchung war zum einen, Menschen zu überzeugen, daß sie das Risiko kardiovaskulärer Erkrankungen senken könnten, wenn sie ihre Rauch- und Ernährungsgewohnheiten änderten und sich sportlich betätigten, und zum anderen, festzustellen, welche von 2 Überzeugungsmethoden effektiver ist.

In einer der beteiligten Städte wurde 2 Jahre lang eine Kampagne mit Unterstützung der Massenmedien (Fernsehen, Radio, Zeitungen, Plakate und Postwurfsendungen) durchgeführt. In einer anderen Stadt wurde außerdem ein auf individuelle Bedürfnisse zugeschnittenes Lernprogramm zur Änderung der gesundheitsschädlichen Lebensgewohnheiten für Risikopersonen angeboten. In der dritten Stadt, die als Kontrollgruppe diente, wurde keine Gesundheitskampagne durchgeführt. Es stellte sich heraus, daß die Bewohner der Stadt, in der nur die Medienkampagne durchgeführt worden war, mehr als zuvor über die Zusammenhänge von Lebensstil und Herzkrankheiten wußten; ihr eigenes Verhalten und ihr Gesundheitszustand änderte sich jedoch nur geringfügig. In der Stadt, in der die Medienkampagne durch persönliche Anleitungen ergänzt worden war, wurden grundlegendere und langanhaltendere Veränderungen der Lebensgewohnheiten festgestellt, insbesondere eine Reduzierung beim Rauchen. Bestärkt durch diese Ergebnisse legten die Wissenschaftler ein Langzeitprojekt

27 Wissenschaftler haben herausgefunden, daß eine Beziehung besteht zwischen 2 Verhaltensmustern und Erkrankungen, besonders der Herzkranzgefäße. Beschreiben Sie die beiden Verhaltensmuster Typ-A und Typ-B.

28 Ein dritter Verhaltensstil hat möglicherweise Einfluß darauf, daß Menschen an Krebs erkranken. Beschreiben Sie Menschen mit Typ-C-Verhalten.

in 5 Städten an. Das Risiko von Herzerkrankungen in diesen Städten konnte dadurch um 15% gesenkt werden.

27 Das Typ-A-Verhalten ist ein komplexes Muster von Verhalten und Emotionen, das sich durch extremes Konkurrenzverhalten, Agressivität, Ungeduld, große Hast und Feindseligkeit auszeichnet. Menschen vom Typ A sind oft unzufrieden mit wichtigen Aspekten ihres Lebens, sie sind sehr konkurrenzbewußt und ehrgeizig und oft Einzelgänger. Das Typ-B-Muster umfaßt alles, was nicht zu Typ A gehört: Menschen des Typs B sind weniger konkurrenzbewußt, weniger feindselig usw. Friedman und Rosenman stellten fest, daß Menschen mit Typ-A-Verhalten wesentlich öfter an Erkrankungen der Herzkranzgefäße leiden als die übrige Bevölkerung.

28 Menschen mit Typ-C-Verhalten wurden beschrieben als »nett«, gleichmütig oder selbstaufopfernd, kooperativ und beschwichtigend, unbestimmt, geduldig, nachgiebig gegenüber externen Autoritäten, ohne Ausdruck negativer Emotionen, insbesondere von Ärger. Dem Typ-C-Verhalten fehlt der »Kampfgeist«, der das Fortschreiten einer Krebserkrankung oder einer anderen schweren Erkrankung verlangsamen könnte.

9 Soziale Einflüsse und Prozesse

Ist Ihnen das schon einmal passiert? – Sie gehen in einen Laden, um sich etwas zu kaufen, z. B. ein neues Radio. Sie haben sich vorher überlegt, welchen Betrag Sie höchstens ausgeben wollen, sagen wir etwa nicht mehr als 60.– DM. Sie werden vom Verkäufer herzlich begrüßt und anschließend beraten, und keine Viertelstunde später verlassen Sie den Laden mit einem CD-Player für 159.– DM! Wie konnte das passieren? Haben Sie sich vom Verkäufer übers Ohr hauen lassen oder waren Sie zu leichtgläubig oder unfähig, zu widersprechen? Oder gibt es etwas in *sozialen Situationen* wie dieser, was vom Verkäufer so arrangiert wird, daß auch jede andere Person an Ihrer Stelle einen CD-Player gekauft hätte? Inwiefern sagt der Kauf etwas über Ihre Person aus, und welchen Anteil hat die allgemeine Dynamik der sozialen Situationen?

In diesem Kapitel möchten wir Sie zu einem Überblick über die *Sozialpsychologie* willkommen heißen. Dieses Teilgebiet der Psychologie untersucht die Einflüsse, die Menschen aufeinander ausüben. Mit anderen Worten: Die Sozialpsychologie befaßt sich mit der Frage, wie die Gedanken, Gefühle, Wahrnehmungen, Motive und das Verhalten des einzelnen von Interaktionen und Transaktionen zwischen Menschen oder Menschengruppen beeinflußt werden. Sozialpsychologen versuchen, Verhalten im *sozialen Kontext* zu verstehen. Man kann sich diesen sozialen Kontext als eine bewegte Leinwand vorstellen, auf der die Bewegungen, die Stärken und die Schwächen des sozialen Wesens, das der Mensch nun einmal ist, abgebildet werden. Nach einer weitgefaßten Definition ist der soziale Kontext die wirkliche, vorgestellte oder symbolische Anwesenheit anderer Personen; außerdem beinhaltet er die Aktivitäten und Interaktionen, die zwischen

Menschen stattfinden, sowie die äußeren Rahmenbedingungen (das Setting), unter denen sich Verhalten ereignet. Schließlich gehören auch noch die Erwartungen und Normen dazu, die innerhalb eines bestimmten Settings das Verhalten steuern (C. Sherif 1981).

Wir werden uns mehreren wichtigen Themen sozialpsychologischer Forschung zuwenden. Im ersten Teil des Kapitels werden wir die Kräfte diskutieren, die soziale Situationen auf menschliches Verhalten ausüben können. An einer Vielzahl von Ergebnissen wird deutlich werden, in welch erstaunlichem Maße bereits geringfügige Veränderungen des Settings unser Denken und Handeln beeinflussen können. Dann sehen wir uns an, wie Menschen die soziale Realität konstruieren. Zum Teil werden Situationen durch die Erwartungen definiert, die wir an sie herantragen. Abschließend untersuchen wir soziale Interaktionen und richten die Aufmerksamkeit sowohl auf negative Beziehungen – Vorurteile – als auch auf positive – Sympathie und Liebe.

9.1 Der Einfluß der sozialen Situation auf das Handeln

In den vorhergehenden Kapiteln haben wir immer wieder gesehen, wie Psychologen bei der Suche nach den Ursachen und Bedingungen menschlichen Verhaltens den Blick auf die unterschiedlichsten Bereiche lenken. Einige von ihnen untersuchen die genetischen Grundlagen, andere biochemische und neurale Prozesse, und wieder andere vermuten die Ursachen in der Umwelt. Sozialpsychologen gehen davon aus, daß die wichtigsten Determinanten menschlichen Verhaltens und Erlebens in den Gegebenheiten der jeweiligen sozialen Situation zu suchen sind. Die Situationsmerkmale haben einen so starken Einfluß, daß Merkmale der Person, wie ihre Geschichte und die Normen und Werte, in den Hintergrund treten. In diesem Abschnitt beschreiben wir sowohl klassische als auch neue Untersuchungen, die den manchmal subtilen Einfluß der sozialen Situation demonstrieren.

9.1.1
Rollen und soziale Regeln

Wie wird Ihr Verhaltensrepertoire von den sozialen Situationen eingeschränkt, in denen Sie sich normalerweise bewegen? Man kann die Frage auch so stellen: Welche **sozialen Rollen** können Sie einnehmen?

> **!** Eine soziale Rolle ist ein sozial definiertes Verhaltensmuster, das von einer Person, die eine bestimmte Funktion in einer Gruppe hat, erwartet wird. Verschiedene soziale Situationen ermöglichen auch die Übernahme verschiedener Rollen.

Zu Hause könnten Sie vielleicht die Rolle des »Kindes« oder die »Geschwisterrolle« einnehmen. Im Seminarraum haben Sie die Rolle des »Studenten« oder der »Studentin«, und bei anderen Gelegenheiten sind Sie etwa »beste Freundin« oder »Liebhaber«. Denken Sie einen Moment darüber nach, wie diese verschiedenen Rollen unmittelbar verschiedene Arten des Verhaltens ermöglichen und mehr oder weniger akzeptabel erscheinen lassen.

Soziale Situationen sind auch durch die Anwendung **sozialer Regeln** gekennzeichnet, also durch Richtlinien für das Verhalten in bestimmten Settings. Einige dieser Regeln werden *explizit* eingeführt. Sie werden etwa durch Verbotsschilder angezeigt (z. B. Rauchen verboten!) oder kleinen Kindern ausdrücklich beigebracht (z. B. Zeige Respekt gegenüber alten Leuten! Nimm von Fremden keine Süßigkeiten an!). Andere Regeln wiederum sind *implizit* – sie werden in spezifischen Situationen in der alltäglichen Interaktion mit anderen Menschen gelernt. Wie laut man seine Stereoanlage aufdreht, wie nah man sich einer anderen Person gegenüberstellt, wann man seinen Lehrer oder seinen Chef beim Vornamen anspricht oder was eine angemessene Reaktion auf ein Kompliment oder ein Geschenk darstellt – alle diese Handlungen hängen von der jeweiligen Situation ab. So öffnen z. B. die Japaner ein Geschenk niemals in Anwesenheit desjenigen, der das Geschenk gemacht hat. Dem liegt wohl die Angst zugrunde, nicht ausreichend Dankbarkeit zeigen zu können. Ausländer, die sich dieses ungeschriebenen Gesetzes in Japan nicht bewußt sind, könnten das Verhalten aber möglicherweise als nicht besonders sensibel betrachten und als unhöflich fehlinterpretieren.

Normalerweise sind wir uns der Auswirkungen von Rollen und Regeln nicht im einzelnen bewußt. Im Abschn. **Unter der Lupe** beschreiben wir aber ein klassisches sozialpsychologisches Experiment, das Stanford-Prison-Experiment, das die Wirkung dieser Kräfte nachdrücklich demonstriert (Haney u. Zimbardo 1977; Zimbardo 1975; in Australien repliziert von Lovibond et al. 1979).

Zusammenfassend kann über das Stanford-Prison-Experiment (Abb. 9.1) gesagt werden, daß »Wärter« und »Häftlinge« sich nach Beendigung des Versuchs voneinander in fast allen beobachtbaren Verhaltensweisen unterschieden (vgl. Abb. 9.2). Dabei hatte lediglich der Zufall in Form von randomisierter Zuweisung entschieden, wer welche Rolle bekam. Aber diese Rollen bestimmten den Status und das Machtgefälle, wie sie in Gefängnissituationen typisch sind. Niemand hatte den Teilnehmern nahegelegt, wie sie sich in ihren jeweiligen Rollen verhalten sollten. Obwohl keiner der Studenten jemals in einem wirklichen Gefängnis gewesen war, lernten doch alle etwas über die Interaktion zwischen Mächtigen und Machtlosen (Banuazizi u. Movahedi 1975):

- Dem Typ des Wärters entspricht eine Person, die die Freiheit derjenigen, denen die Rolle des Gefangenen zukommt, einschränkt und der sie dazu veranlaßt, sich vorhersehbarer zu verhalten. Diese Aufgabe wird durch die Anwendung regelhafter Zwangsmaßnahmen unterstützt, wie etwa durch ausdrückliche Bestrafung bei Regelverletzung.
- In der Rolle von Gefangenen kann man auf die vorgegebene soziale Struktur eines gefängnisähnlichen Settings, das durch die Wächter gestaltet wird, lediglich reagieren. Dabei sind Rebellieren und Unterwerfung die vorrangigen Optionen. Rebellion führt zur Bestrafung, Unterwerfung zum Verlust von Autonomie und Würde.

Die studentischen Teilnehmer hatten derartige Machtgefälle bereits in vielen ihrer vergangenen sozialen Interaktionen erfahren: Eltern-Kind, Lehrer-Schüler, Arzt-Patient, Vorgesetzter-Angestellter, Mann-Frau. In diesem speziellen Setting veränderten und verstärkten

Das Stanford-Prison-Experiment

An einem schönen Sommertag wurde der sonntägliche Friede des kalifornischen College-Studenten Tommy Whitlow von Polizeisirenen jäh unterbrochen. Ein Polizeiwagen hielt mit quietschenden Reifen vor seinem Haus. Wenige Minuten später war der Student eines Verbrechens angeklagt, über seine verfassungsmäßigen Rechte aufgeklärt, durchsucht und mit Handschellen gefesselt worden. Nachdem seine Personalien aufgenommen und Fingerabdrücke genommen worden waren, wurde Tommy Whitlow mit verbundenen Augen ins Stanford-County-Gefängnis überführt, wo er sich zunächst ausziehen mußte, mit Desinfektionsmitteln abgesprüht und in einen Sträflingskittel gesteckt wurde, auf dem vorne und hinten Nummern angebracht waren. Tommy Whitlow wurde zum Gefangenen Nr. 647. Neun andere College-Studenten wurden ebenfalls auf diese Art und Weise gefangengenommen und mit Nummern versehen.

Tommy und seine Zellengenossen waren Freiwillige, die sich auf eine Anzeige in der Zeitung gemeldet und zugestimmt hatten, als Teilnehmer bei einem zweiwöchigen Experiment zum Leben im Gefängnis mitzumachen. Per Los wurde entschieden, wer von den Freiwilligen die Rolle des Gefangenen und wer die Rolle des Wärters übernahm. Alle waren aus einer großen Gruppe von Studenten ausgewählt worden, die aufgrund von ausführlichen psychologischen Tests und Interviews allesamt als gesetzestreu, emotional stabil, körperlich gesund und psychisch »normal/durchschnittlich« eingeschätzt worden waren. Die Gefangenen waren rund um die Uhr im Gefängnis, und die Wärter arbeiteten in üblichen 8-h-Schichten.

Was passierte nun, nachdem diese Studenten ihre zufällig zugewiesenen Rollen angenommen hatten? In der Rolle der Wärter verhielten sich auch die Studenten aggressiv und manchmal sogar sadistisch, die eigentlich Pazifisten und »nette Jungs« gewesen waren. Die Wärter bestanden darauf, daß sich die Gefangenen allen Regeln bedingungslos und ohne Zögern unterwarfen. Abweichungen oder Vergehen führten sofort zum Entzug bestimmter Privilegien. Zunächst bestanden solche Privilegien daraus, Gelegenheit zu Lesen, zum Schreiben oder zu Gesprächen mit anderen Gefangenen zu bekommen. Später aber führte bereits der kleinste Widerspruch zum Verlust von »Privilegien« wie Essen, Schlafen oder der Gelegenheit,

sich zu waschen. Regelverstöße der Gefangenen führten auch zu stumpfer und minderwertiger Arbeit, wie etwa dem Reinigen der Toiletten mit bloßen Händen. Andere Strafen bestanden in Liegestützen, wobei ein Wärter den Rücken des Gefangenen mit dem Fuß herunterdrückte, oder in stundenlanger Isolationshaft. Die Wächter entwickelten dauernd neue Strategien, um bei den Gefangenen das Gefühl von Wertlosigkeit zu erzeugen.

Psychologisch stabile und ausgeglichene Studenten verhielten sich als Gefangene schon bald pathologisch, indem sie sich passiv und resignierend in ihr unerwartetes Schicksal ergaben. Bereits weniger als 36 h nach der Verhaftung brach der Gefangene 8412 (einer der Anführer einer niedergeschlagenen Rebellion der Gefangenen an diesem Morgen) zusammen und fing an, unkontrolliert zu weinen. Er hatte Wutausbrüche, desorganisierte Gedanken und schwere depressive Symptome. An den folgenden Tagen entwickelten 3 weitere Gefangene derartige Streßsymptome. Ein fünfter Gefangener bekam einen psychosomatischen Ausschlag am ganzen Körper, als eine Bewährungskommission seinen Antrag auf Entlassung zurückwies. Aufgrund der dramatischen und unerwartet schweren Auswirkungen der Inhaftierung auf Erleben und Verhalten wurden die Gefangenen mit extremen Streßreaktionen früher als vereinbart aus diesem ungewöhnlichen Gefängnis entlassen. Die Psychologen wurden aufgefordert, ihre auf 2 Wochen angelegte Studie bereits nach 6 Tagen zu beenden.

Auch wenn Tommy Whitlow später sagte, er wollte so etwas nicht noch einmal erleben, so mochte er diese persönliche Erfahrung andererseits auch nicht missen, da er in jenen Tagen so viel über sich selbst und über die menschliche Natur gelernt hatte. Glücklicherweise waren er und die anderen Teilnehmer stabil genug, um sich nach dieser besonders belastenden Situation schnell wieder zu erholen und normales Verhalten an den Tag zu legen. Auch in mehrjährigen Nachuntersuchungen ergaben sich keine überdauernden negativen Auswirkungen des Experiments. Diese Teilnehmer hatten aber zu einer wichtigen Erkenntnis beigetragen: Die Kraft jener simulierten Gefängnissituation hatte eine neue soziale Realität im Sinne eines echten Gefängnisses in den Köpfen von Gefängniswärtern und ihren Gefangenen erzeugt.

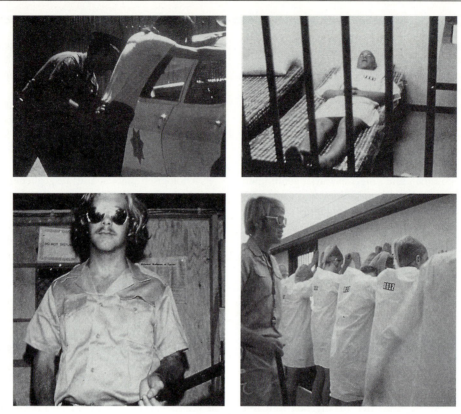

Abb. 9.1. Szenen aus dem Stanford-Prison-Experiment. Das Stanford-Prison-Experiment schuf eine neue »soziale Realität«, in der die normalen Verhaltensnormen von der Dynamik der Situation überrollt wurden

sie lediglich bereits vorhandene Verhaltensmuster. Jeder hätte dabei jede Rolle einnehmen können. Viele Studenten, die den Wärter spielen mußten, berichteten danach erstaunt, wie einfach und wie befriedigend es doch war, andere Menschen zu kontrollieren. Man hatte aus diesen passiven College-Studenten lediglich dadurch aggressive Gefängniswärter gemacht, daß man sie in eine Uniform steckte.

Welche Person werden Sie, wenn Sie in verschiedene Rollen schlüpfen? Wo endet das Gefühl für Ihr *persönliches* Selbst, und wo beginnt Ihre *soziale* Identität?

9.1.2
Konformität: Die Wirkung von sozialen Normen und Informationen

Wenn Sie in eine bestimmte soziale Rolle schlüpfen, so verhalten Sie sich in gewissem Sinne konform gegenüber sozialen Erwartungen. Als Konformität wird die Tendenz bezeichnet, eigene Verhaltensweisen und Überzeugungen an anderen Gruppenmitgliedern auszurichten. Warum passen Sie sich an? Gibt es auch Umstände, unter denen Sie soziale Beschränkungen ignorieren und unabhängig handeln? Sozialpsychologen haben 2 Einflußgrößen untersucht, die zu **Konformität** führen können (Insko et al. 1985):

- *Normative Einflüsse:* Menschen wollen von anderen gemocht, akzeptiert und angenommen werden; deshalb übernehmen sie deren Normen.
- *Einflüsse von Informationen:* Menschen wollen sich korrekt verhalten und verstehen, wie man in einer Situation am besten agiert. Deshalb suchen sie nach Informationen darüber, wie sich andere Personen verhalten würden.

Soziale Normen

Neben Erwartungen über angemessenes Rollenverhalten entwickeln Gruppen vielfältige Erwartungen darüber, wie sich ihre Mitglieder verhalten *sollten*.

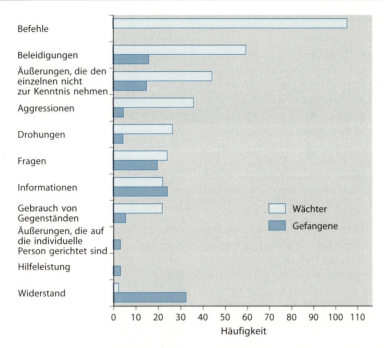

Abb. 9.2. Das Verhalten von Wärtern und Häftlingen im Stanford-Prison-Experiment. Die zufällig zugewiesenen Rollen des Häftlings und des Wärters hatten drastische Auswirkungen auf das Verhalten der Teilnehmer. Die Beobachtungen wurden in Form eines 6 Tage umfassenden Interaktionsprofils aufgezeichnet. Sie umfassen insgesamt 25 Beobachtungsperioden und zeigen, daß die Gefangenen sich zunehmend in passiven Widerstand zurückzogen, während die Wärter immer dominierender, kontrollierender und feindseliger wurden

> ❗ Diese spezifischen Erwartungen über sozial angemessene Einstellungen und Verhaltensweisen, die in ausgesprochenen oder aber auch impliziten Regeln der Gruppe niedergelegt sind, nennt man **soziale Normen**. Soziale Normen können recht breit angelegte Richtlinien darstellen.

Wenn Sie etwa Mitglied der Jungsozialisten sind, würde man von Ihnen wahrscheinlich liberalere politische Überzeugungen erwarten, als wenn Sie Mitglied der konservativeren Jungen Union wären. Soziale Normen können auch *spezielle* Verhaltensstandards beinhalten. Von einem Spion etwa wird man erwarten, daß er allen Versuchen trotzt, ihm geheime Informationen zu entlocken, auch wenn dies mit der Gefahr von Folter, Inhaftierung oder Tod verbunden ist.

Wird man Mitglied einer Gruppe, so bedeutet das normalerweise, daß die verschiedenen sozialen Normen, die das Verhalten in der Gruppe regulieren, zunächst einmal entdeckt werden. Die Anpassung an die Normen geschieht auf 2 Wegen: Erstens nimmt man die Einheitlichkeit bestimmter Verhaltensweisen aller

oder der meisten Mitglieder wahr; und zweitens beobachtet man die negativen Konsequenzen, die sich für denjenigen ergeben, der eine soziale Norm verletzt.

Normen dienen mehreren wichtigen Funktionen. Das Bewußtsein der Normen, die in einer bestimmten Gruppensituation von Bedeutung sind, hilft den Mitgliedern dabei, sich zu orientieren und ihre sozialen Interaktionen zu regulieren. Es ist für jeden Teilnehmer vorhersehbar, wie die anderen sich in eine soziale Situation begeben werden, wie sie sich kleiden werden oder was sie wahrscheinlich sagen oder tun werden. Ebenso ist offenkundig, welches Verhalten erwartet wird, wenn einem an Wertschätzung durch die Gruppe gelegen ist.

Oft fühlen wir uns in neuen Situationen deswegen unwohl, weil wir uns möglicherweise noch nicht der Normen bewußt sind, die unser Verhalten in dieser Situation steuern sollten. Teil einer Norm ist auch eine gewisse Toleranz gegenüber Abweichungen vom Standard – manchmal mehr, manchmal weniger. Wenn Sie einen 10- bis 12seitigen Aufsatz schreiben sollen, wird

Die Wirkung der Gruppennorm beim autokinetischen Effekt

M. Sherif (1935) forderte Versuchsteilnehmer auf, das Ausmaß der Bewegung eines Lichtpunktes zu bestimmen. Dieser Lichtpunkt bewegte sich aber gar nicht wirklich, sondern *schien* sich in der völligen Dunkelheit ohne jegliche Bezugspunkte nur zu bewegen. Diese Wahrnehmungstäuschung bezeichnet man als **autokinetischen Effekt**. Zunächst unterschieden sich die Urteile der Teilnehmer stark. Als sie dann aber zu einer Gruppe zusammengebracht wurden und ihre Urteile laut vortragen sollten, begannen sich ihre Schätzungen einander anzunähern. Auf einmal fingen sie an, bei der – wohlgemerkt illusionären – Bewegung des Lichtpunktes dieselbe Richtung und dieselbe Entfernung wahrzunehmen. Noch interessanter war der abschließende Teil von Sherifs Studie, als die Teilnehmer sich wieder einzeln in dem verdunkelten Raum befanden. Dort setzten sie nämlich ihre Orientierung an der Gruppennorm fort, die sie zuvor in der gemeinsamen Situation unbewußt entwickelt hatten.

---

wahrscheinlich ein Aufsatz mit 9 Seiten noch durchgehen, aber ein 3seitiger wird ganz unabhängig vom Inhalt zurückgewiesen werden. Den Mitgliedern einer Gruppe ist es üblicherweise möglich, abzuschätzen, wie weit sie gehen können, bevor sie mit Zwangsmaßnahmen durch die Gruppe rechnen müssen. Zu solchen Sanktionen zählen Zurückweisung, Umerziehung und Spott.

Wir wollen nun anhand von 2 Fällen demonstrieren, wie Normen durch Gruppen erzeugt und aufrechterhalten werden. Die erste Untersuchung ist Sherifs klassisches Experiment zum autokinetischen Effekt (s. Abschn. **Experiment**).

Sind Normen einmal in einer Gruppe etabliert, so entwickeln sie die Tendenz, sich aufrechtzuerhalten. Die Wirkung beim autokinetischen Phänomen dauerte sogar bis zu einem Wiederholungstest 1 Jahr später an, obwohl die Beurteilungen in den Nachuntersuchungen jeweils in Einzelsituationen vorgenommen wurden (Rohrer et al. 1954). Andere Forschungsergebnisse zeigen, daß Gruppenmitglieder auf neu hinzukommende Mitglieder direkten oder indirekten sozialen Druck ausüben, damit diese die sozialen Normen übernehmen. Die neuen Mitglieder üben wiederum direkten oder indirekten Druck auf nachfolgende Neuankömmlinge aus.

> ! Normen können also von einer Generation von Gruppenmitgliedern auf die nächste übertragen werden, und sie können das Verhalten von Personen noch lange weiter beeinflussen, auch wenn die ursprüngliche Gruppe, die die Norm einmal hervorgebracht hat, gar nicht mehr existiert (Insko et al. 1980).

Woher wissen wir, daß Normen einen Einfluß auch über Generationen hinweg ausüben können? Bei den Studien zum autokinetischen Effekt ersetzten die Forscher bei jedem neuen Durchgang immer ein Gruppenmitglied durch ein neues, bis sich keines der ursprünglichen Mitglieder mehr in der Gruppe befand. Dennoch überdauerte die autokinetische Norm der Gruppe; sie war über verschiedene aufeinanderfolgende Generationen weitergereicht worden (Jacobs u. Campbell 1961).

Die Forschung von Sherif und Mitarbeitern belegt die Transmission von Normen unter Laborbedingungen. Im nächsten Abschn. **Experiment** betrachten wir die Übertragung von Normen unter lebensnahen Bedingungen in der »wirklichen Welt«.

Liberalismus – eine Frage der Gruppennorm?

Die vorherrschende Norm in Bennington College, einem College für Studentinnen, war ein politischer und ökonomischer Liberalismus. Andererseits waren die meisten Frauen aus konservativen Elternhäusern gekommen und hatten deshalb konservative Einstellungen mitgebracht. Der Psychologe Th. Newcomb untersuchte in einer klassischen Studie, welchen Einfluß die »liberale College-Atmosphäre« auf die Einstellungen der einzelnen Studentinnen nehmen würde.

Der Konservativismus der Erstsemester sank stetig, während diese ihre College-Jahre absolvierten. In ihrem letzten Jahr im College waren die meisten zu einer deutlich liberaleren Position »konvertiert«. Dies war anscheinend sowohl auf die Anerkennung seitens des Lehrkörpers und der höheren Semester für das

Äußern liberaler Ansichten als auch auf die größere Verfügbarkeit entsprechend orientierter Informationen im sozialen Gefüge des College zurückzuführen.

Die Studentinnen, die sich dieser allgemeinen Norm widersetzt hatten und ihrem Konservativismus treu geblieben waren, gehörten 2 Kategorien an: Einigen (Mitgliedern einer eng verbundenen Gruppe) war der Konflikt zwischen ihrem Konservativismus und den auf dem Campus vorherrschenden Werten einfach nicht bewußt geworden. Andere hatten starke Bindungen an ihre konservativen Familien aufrechterhalten und sich weiterhin an deren Maßstäbe gehalten (Newcomb 1943).

Die Erfahrungen von Bennington machten sich 20 Jahre später immer noch bemerkbar. Die meisten Frauen, die als Liberale das College verlassen hatten, waren immer noch liberal. Diejenigen, die sich einer Einstellungsänderung widersetzt hatten, waren konservativ geblieben. Die meisten Mitglieder beider Gruppen hatten Männer geheiratet, deren Wertvorstellungen den ihren glichen, wodurch sie eine häusliche Umgebung schufen, die diese Werte stützte. Von denen, die das College als Liberale verlassen, aber konservative Männer geheiratet hatten, fiel ein beträchtlicher Anteil in den Konservativismus der Erstsemesterzeit zurück (Newcomb 1963).

Der Einfluß von Informationen

In der Studie am Bennington College diente die Übereinstimmung mit der Norm eindeutig der Anpassung der Studenten. Machten sie sich die liberalen Haltungen zu eigen, so wuchs die Wahrscheinlichkeit, daß sie akzeptiert wurden und soziale Anerkennung und Belohnung erfuhren. In manchen Fällen beruht Konformität jedoch nicht auf normativem Druck, sondern auf anderen Bedürfnissen, wie etwa dem Bedürfnis, die Ereignisse, die in unserer Lebenswelt passieren, zu verstehen. Wie sollten Sie etwa reagieren, wenn Sie aus dem Raum nebenan Schreie hören? Wenn Sie unsicher sind, so wenden Sie sich typischerweise anderen Menschen zu, die in derselben Situation sind: Sie versuchen, zunächst Ihr Informationsbedürfnis zu befriedigen, um dadurch zu verstehen, was geschehen ist (Deutsch u. Gerard 1955). Damit versuchen Sie herauszufinden, was *richtig* ist. Sehen wir uns im einzelnen an, wie Informationsbedürfnisse sowohl zur Konformität mit als auch zur Unabhängigkeit von der Gruppe führen können.

Wie läßt sich am leichtesten demonstrieren, daß Menschen ihr Handeln an den Informationen orientieren, die sie von den anderen Mitgliedern ihrer Bezugsgruppe erhalten? Der bekannte Sozialpsychologe Solomon Asch (1940; 1956) entwarf Experimente, in denen eine Person Urteile unter der Bedingung zu fällen hatte, daß die wirklichen Gegebenheiten zwar eindeutig waren, der Rest der Gruppe aber (unwahre) Berichte über die Realität abgab, die den tatsächlichen Verhältnissen widersprachen.

Asch legte Gruppen von 7–9 männlichen College-Studenten Karten vor, die 3 Striche unterschiedlicher Längen zeigten. Nur ein Mitglied der Gruppe war eine »echte Versuchsperson«, die anderen waren Vertraute des Versuchsleiters. Die Studenten gaben ein Urteil darüber ab, welche von 3 Vergleichslinien so lang wie eine Standardlinie war (s. Abb. 9.3). Die Länge der Vergleichslinien war so unterschiedlich, daß Urteilsfehler in weniger als 1% der Fälle zu erwarten waren. Die Vertrauten des Versuchsleiters gaben aber bei 12 von 18 Durchgängen übereinstimmend falsche Antworten. Beispielsweise behaupteten sie, Vergleichslinie 1 sei so lang wie die Standardlinie A. Wenn schließlich der echte Teilnehmer die Länge der Striche beurteilen sollte, so übernahm er in durchschnittlich 37% der Durchgänge die falschen Urteile der Mehrheit.

Dieser generelle Eindruck muß jedoch differenziert werden, da es markante individuelle Unterschiede gab. Von den 123 Teilnehmern an Aschs Experimenten gaben etwa 30% *fast immer* der Gruppenmeinung nach, während 25% sich *nie* beeinflussen ließen. Alle, die dem sozialen Einfluß erlagen, unterschätzten die Wirkung der Konformität und die Häufigkeit des eigenen konformen Verhaltens. Einige behaupteten sogar, sie hätten tatsächlich gesehen, daß die Striche gleich lang seien.

Asch veränderte nun 3 Merkmale seines Experiments. Er variierte (a) die Größe der einhelligen Mehrheit und (b) die Diskrepanz zwischen der Standardlinie und dem von der Mehrheit favorisierten Vergleichsreiz. Außerdem führte er (c) einen weiteren Teilnehmer ein, der ebenso wie die echte Versuchsperson von der Mehrheit abwich. Nun erhielt er folgende Ergebnisse:

- Es zeigte sich, daß bereits eine einstimmige Mehrheit von 3 oder 4 Gruppenmitgliedern die Tendenz

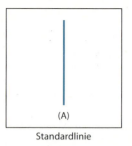
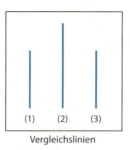

Standardlinie   Vergleichslinien

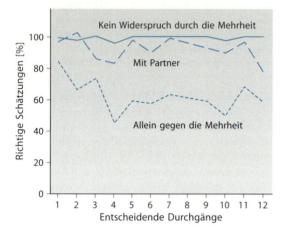

Abb. 9.3. Einfluß der Gruppennorm in den Experimenten von Asch. Die beiden Karten zeigen das typische Reizmaterial: es besteht aus einer Karte mit einem Standardreiz und einer Karte mit Vergleichsreizen. Der *untere* Kurvenverlauf in der Graphik veranschaulicht, wie sich das Urteil des echten Teilnehmers im Laufe von 12 Versuchsdurchgängen zunehmend in Richtung auf das falsche Urteil der Gruppenmehrheit veränderte. Die *mittlere* Kurve zeigt, daß er von der Gruppennorm unabhängiger ist, wenn es ein Gruppenmitglied gibt, das ihn unterstützt

zur Konformität (gegen die eigene Überzeugung!) auslösen kann.

- Wie aber Abb. 9.3 deutlich zeigt, reicht schon 1 Verbündeter des echten Teilnehmers aus, um diesen Effekt deutlich abzuschwächen. Mit dieser Unterstützung kann ein einzelnes Gruppenmitglied dem Gruppendruck wesentlich leichter standhalten.
- Wie zu erwarten war, wuchs die Unabhängigkeit vom falschen Gruppenurteil ebenfalls, wenn die Fehlurteile der Gruppe – und damit die Abweichung vom eigenen Urteil – größer waren.
- Allerdings gab es eine nicht unbeträchtliche Anzahl von Personen, die sich selbst bei extremen Abweichungen den Standpunkt der Gruppe zu eigen machte.

Wie sind Aschs Beobachtungen zu interpretieren? Ihn selbst beeindruckte das Ausmaß der *Nonkonformität*, also der Anteil der nicht mit der Gruppenmehrheit konformen Urteile, denn immerhin wichen auch im ersten Experiment etwa zwei Drittel der Urteile von der Mehrheitsmeinung ab (Friend et al. 1990). In späteren Beschreibungen der Studie wurde hingegen meistens das Drittel der konformen Urteile hervorgehoben. Auch die oben beschriebenen markanten individuellen Unterschiede im Widerstand gegen den Gruppendruck wurden häufig vernachlässigt.

> **!** Zusammenfassend lassen sich aus den Asch-Experimenten also 2 Lektionen lernen: Einerseits passen sich Menschen nicht ohne Sinn und Verstand einer Gruppennorm an – in der Mehrheit der Fälle behalten sie ihre Unabhängigkeit (und manche Personen behaupten sie sogar in allen Fällen!). Es gibt aber auch Menschen, die sich manchmal konform verhalten, sogar wenn deutlich sein sollte, daß ein konformes Urteil ein falsches Urteil ist. Die Neigung zur Konformität ist ein Grundelement menschlichen Handelns und Urteilens.

9.1.3
Nonkonformität und der Einfluß von Minoritäten

Angesichts der Macht von **Majoritäten** (Mehrheiten), die Ressourcen und Belohnungen für einzelne Gruppenmitglieder zu kontrollieren, kann das Ausmaß an Konformität, das auf allen Ebenen der Gesellschaft existiert, eigentlich nicht überraschen. Viel bemerkenswerter ist, daß es Menschen immer wieder gelingt, dieser Gruppendominanz zu widerstehen und daß in einer Gruppe, Gesellschaft oder Kultur ständig neue, gegen die herrschenden Normen gerichtete Ideen und Haltungen entstehen (und sich durchsetzen).

Wie entstehen »Revolutionen« gegen den Status Quo? Gibt es Bedingungen, unter welchen eine kleine **Minorität** (Minderheit) die Mehrheit umdrehen und neue Normen schaffen kann? Pionier bei der Untersuchung dieser Fragen war der französische Sozialpsychologe Serge Moscovici. In einem seiner Experimente hatten die Teilnehmer die Aufgabe, die Farbe von Karten zu benennen. Zwei Personen aus der Gruppe der Beurteiler waren Vertraute des Versuchsleiters. Konsequent lautete ihr Farburteil über grüne Karten: »Sie sind blau«. Diese konsequente und konsistente Opposition einer Minorität gegen die (korrekte) Mehrheitsmeinung hatte zwar keinen *unmittelbaren* Effekt; aber als man Mitglieder der Mehrheit *später* noch einmal auf die Probe stellte, zeigte sich, daß sich die Grenze zwischen Grün und Blau auf ihrem Farbkontinuum verschoben hatte: Manches, was zuvor als grün gegolten hatte, erschien ihnen nun als blau (Moscovici 1976; Moscovici u. Faucheux 1972). Die Macht der Mehrheit ist hier offensichtlich durch die Überzeugung einer überzeugten Minderheit »unterwandert« worden.

Wo liegen die Gründe für diesen Einfluß der Minderheit auf die Mehrheit? Mehrheitsentscheidungen werden häufig gefällt, ohne daß das einzelne Gruppenmitglied von seinen Fähigkeiten zum systematischen Denken und seinem kritischen Verstand Gebrauch macht. Mehrheitsentscheidungen werden oft nach Augenschein akzeptiert, weil die normative Macht der Gruppe die Meinung der einzelnen Mitglieder formt. Die beständige Äußerung einer Minderheitenmeinung, die von der Konformität der Gruppe abweicht, kann die Mehrheit jedoch dazu bringen, Informationen nunmehr systematisch und kritisch zu verarbeiten (Langer 1989). Einige Studien zeigen auch, daß die Entscheidungen von Gruppen durchdachter und kreativer sind, wenn es im Entscheidungsprozeß eine abweichende Minderheitenmeinung gegeben hat (Nemeth 1986). Ein ähnliches Phänomen zeigt sich im Bereich der Gedächtnisleistung. Gruppen reproduzieren Informationen besser, wenn eine Minorität konsistent (durchgängig) widersprach, als wenn nur die Ansicht der Majorität oder eine inkonsistente Auffassung einer Minorität vorlag (Nemeth et al. 1990).

> **!** Auf der Ebene der Gesellschaft hat die Majorität die Tendenz, den Status quo zu verteidigen. Es ist typisch, daß der Anstoß zu Veränderungen und zur Innovation von Minoritäten oder sogar von einzelnen Personen kommt, die mit dem bestehenden System unzufrieden und/oder fähig sind, sich neue Alternativen und kreative Umgangsweisen mit aktuellen Problemen vorzustellen. Der Konflikt zwischen der verfestigten Sichtweise der Mehrheit und der abweichenden Perspektive der Minderheit ist eine wichtige Vorbedingung für Innovationen, die zu positiven sozialen Veränderungen führen können.

Die Beziehung des Individuums zur Gesellschaft weist immer 2 Richtungen auf: zum einen die Richtung auf eine zunehmende Anpassung an die Normen, Rollen und Statusvorschriften, zum anderen aber auch die Richtung auf eine Auseinandersetzung mit den geltenden Normen, die letztlich zu deren Veränderung führen kann (Moscovici 1985). Vielleicht liegt die größte Herausforderung für die Sozialpsychologie in der Einsicht in das Wechselspiel zwischen den Kräften von Gruppen (oder der Gesellschaft), die den einzelnen formen, und dem Vermögen des einzelnen, Gruppen zu stabilisieren oder auch zu verändern.

9.1.4
Autorität und Gehorsam

Führung und Dynamik von Gruppen

Wir haben im vorhergehenden Abschnitt gesehen, wie Gruppen individuelles Verhalten beeinflussen können. Umgekehrt gibt es aber auch bestimmte Personen – Anführer und Autoritäten – die in besonderer Weise Einfluß auf Gruppen und andere Personen ausüben. Ihre Macht läßt sich in extremer Form am Aufstieg mancher politischer Führer beobachten, etwa der faschistischen Diktatoren Adolf Hitler und Benito Mussolini in den 30er Jahren des 20. Jahrhunderts. Hitler und Mussolini schafften es, Menschen zu gedankenlosen Massen zusammenzuschmieden, die den faschistischen Ideologien hinterherliefen, ohne sie zu hinterfragen. Ihre totalitären Regime bedrohten Demokratie und Freiheit überall auf der Welt. In diesem historischen Kontext von Kriegen und einer Atmosphäre von Furcht und Vorurteilen entstand die moderne Sozialpsychologie. Sie befaßte sich mit dem Wesen der autoritären Persönlichkeit hinter der faschistischen Mentalität (Adorno et al. 1950), mit den Wirkungen von Propaganda und Kommunikation (Hovland et al. 1949) und mit dem Einfluß der Gruppenatmosphäre und des Führungsstils auf die einzelnen Gruppenmitglieder.

Der Pionier dieser Sozialpsychologie war Kurt Lewin, ein deutscher Flüchtling, der der Unterdrückung durch die Nazis nach Amerika entkommen war. Lewin konnte es sich einfach nicht erklären, wie sein Land sich so vollständig der Tyrannei eines Diktators ergeben konnte. Er hatte aufrüttelnde Versammlungen von Zehntausenden von Menschen gesehen, die ihrem Führer ihre Ergebenheit entgegenschrieen. Dieser Anblick war ein erschreckendes Zeugnis der dynamischen Kraft von Gruppen, den Verstand und die Handlungen von Individuen zu verändern und der Macht eines einzigen Mannes, die Massen zu beeinflussen. Lewin konzentrierte seine Untersuchungen deshalb auf die Dynamik von Gruppen.

> **!** **Gruppendynamik** ist ein Forschungsgebiet, das sich mit der Frage befaßt, wie Gruppenprozesse das Verhalten einzelner Gruppenmitglieder beeinflussen. In Lewins Forschung zur Gruppendynamik ging es insbesondere um die Frage, auf welche Weise Führer auf ihre Gefolgsleute Einfluß nehmen.

Ein wesentliches Merkmal der Führung in Gruppen sind die Führungsstile der Anführer. Im Abschn. **Expe-**

riment stellen wir eine Untersuchung von Lewin und Mitarbeitern vor, die sowohl verschiedene Führungsstile als auch deren Auswirkungen demonstriert.

Lewin unterschied 3 **Führungsstile**: den autokratischen, den demokratischen und den Laissez-faire-Stil.

- Beim *autokratischen Stil* herrscht der Führer uneingeschränkt und hält eine deutliche Distanz zu den Gruppenmitgliedern. Er trifft alle Entscheidungen allein und weist den Gruppenmitgliedern mit strengem Regiment die Aufgaben zu. Selbst beteiligt er sich nicht an Gruppenaktivitäten.
- Beim *demokratischen Stil* bezieht der Führer die Gruppenmitglieder in die Planung und Festlegung von Gruppenaktivitäten ein. Die Einbeziehung der Mitglieder in den Entscheidungsprozeß steht im Vordergrund.
- Beim *Laissez-faire-Stil* sollte man eigentlich nicht von »Führung« im engeren Sinne sprechen. Der Führer gibt den Mitgliedern alle Freiheiten und greift kaum durch Entscheidungen und Festlegungen in die Gruppenaktivitäten ein.

Demokratie hatte sich also gegenüber den anderen Arten der Gruppengestaltung als psychologisch überlegen und als produktiver erwiesen. Aus methodischer Sicht ist die Studie von Lewin et al. nicht unumstritten. Zunächst einmal ist zu beachten, daß jede Führungsperson jeden einzelnen der 3 Führungsstile in den verschiedenen Schülergruppen durchgespielt hatte. Daher wissen wir, daß es die unterschiedlichen Führungsstile und nicht die Persönlichkeiten der Führungspersonen waren, die die Gruppen entscheidend beeinflußten. Andererseits kann man nicht ohne weiteres davon ausgehen, daß die Wirkung »antrainierter« und im Experiment willentlich eingesetzter Führungsstile auf »natürliche« Verhältnisse im alltäglichen Leben übertragbar ist.

EXPERIMENT

Die Wirkung verschiedener Führungsstile

Mit einer seiner Untersuchungen wollte Lewin herausfinden, wie sich die verschiedenen Führungsstile auf Zufriedenheit und Produktivität der Gruppenmitglieder auswirken (Lewin et al. 1939). Teilnehmer waren zum einen 10jährige Jungen, die sich nach Schulschluß in kleinen Gruppen trafen, zum anderen – als Führer der Gruppen – Männer, die in der Ausübung jedes der 3 Führungsstile trainiert worden waren. Die Schülergruppen lernten jeden der 3 Stile kennen, indem die Führer die Gruppen zunächst autokratisch, dann demokratisch und schließlich mit dem Laissez-Faire-Stil führten (s. Abb. 9.4).

Die Beobachtungen von Lewin und Mitarbeitern legen eine Reihe von allgemeinen Feststellungen zur Führung in Gruppen nahe:

- Der *autokratische Führungsstil* hatte positive und negative Auswirkungen auf die Gruppenmitglieder. Zu bestimmten Zeiten arbeiteten die Jungen sehr hart, aber typischerweise nur, wenn der Führer, der sich als strenger Chef aufspielte, sie auch beobachtete. Am auffälligsten aber war unter autokratischer Führung das hohe Ausmaß an Aggression. Die Schüler zeigten bis zu 30mal häufiger Feindseligkeiten unter autokratischer Führung als unter den beiden anderen Führungsstilen. Sie mußten in größerem Maße beaufsichtigt werden und zerstörten häufiger ihre eigenen Sachen. Außerdem gab es viel häufiger Sündenböcke, also schwächere Gruppenmitglieder, die bevorzugt die Frustration und den Ärger der anderen zu spüren bekamen.
- Unter dem *Laissez-faire-Stil* schnitten die Gruppen nicht besonders gut ab. Hinsichtlich der Leistung war dieser Stil der ineffizienteste von allen – die Jungen leisteten die wenigste und die schlechteste Arbeit. In Abwesenheit jeglicher sozialer Struktur tummelten sie sich einfach herum.
- Als dieselben Gruppen aber *demokratisch* geführt wurden, arbeiteten die Gruppenmitglieder am zuverlässigsten und am effizientesten. Die Jungen zeigten nun das meiste Interesse, die höchste Motivation und den größten Einfallsreichtum. Wenn Unzufriedenheit aufkam, so wurde sie offen gezeigt. Fast alle Teilnehmer zogen den demokratischen Führungsstil den beiden anderen vor. Er förderte die Loyalität gegenüber der Gruppe und die Freundlichkeit zueinander. Es gab häufiger wechselseitiges Lob und freundliche Bemerkungen, es wurde häufiger geteilt, und die Gruppenmitglieder hatten insgesamt mehr Spaß (Lewin et al. 1939).

Abb. 9.4a–c. Führung in Gruppen: Lewins klassische Beobachtungen. Diese Fotos sind Schnappschüsse aus Lewins klassischer Studie und veranschaulichen alle 3 Führungsstile *(von oben nach unten)*. **a** Der autokratische Führer befiehlt, was zu tun ist, **b** der demokratische Führer arbeitet mit den Jungen zusammen an der Aufgabe, **c** der Laissez-faire-Führer steht abseits

Gehorsam

Lewins Pionierarbeit strich einige Konsequenzen autoritärer Führung heraus. Mit seinen Beobachtungen sind wir aber immer noch weit von einem Verständnis des Faschismus entfernt. Fragen wir uns nun ganz ausdrücklich, wie Adolf Eichmann und andere Nazi-Größen, aber auch »ganz gewöhnliche Deutsche« dazu ka-

men, Millionen Juden in die Gaskammern zu schicken. Hat ein charakterlicher Defekt sie dazu geführt, Anordnungen blind zu folgen, selbst dann, wenn diese ihre eigenen Werte und Überzeugungen verletzten?

Wir stellen die Frage nach dem Verhältnis von dispositionellen und situativen Verhaltensursachen, der wir in Abschn. 9.2 nochmals begegnen werden. Wenn wir ohne Zögern und uneingeschränkt das Individuum, das diese schrecklichen Taten vollbracht hat, beschuldigen, machen wir einen fundamentalen Attributionsfehler, indem wir den möglichen Einfluß der sozialen Situation unterschätzen, während wir dispositionelle Bedingungen überschätzen. Auf dispositionelle Ursachen zu deuten, ist tröstlich für uns, denn es schafft eine psychische Distanz zwischen uns (»guten« Menschen) und denen (»bösen« Menschen). Auch werden die Gesellschaft und die sozialen Bedingungen als Ursachenfaktoren entlastet. Die Alternative besteht darin, zuzugeben, daß wir selbst *in bestimmten Situationen* zu solchen Greueltaten in der Lage wären.

Unter den kontrollierten Bedingungen eines Experimentes kann der Einfluß von Persönlichkeits- und Situationsvariablen, die in natürlichen Umgebungen ineinander verflochten sind, getrennt untersucht werden. Der Sozialpsychologe Stanley Milgram (1965; 1974) entwarf ein wirkungs- und eindrucksvolles Untersuchungsparadigma, mit dessen Hilfe er zeigte, wie die »Macht der Situation« ganz normale Menschen dazu bringt, sich Autoritäten zu beugen. Wir betrachten diese Untersuchungen im Abschn. **Unter der Lupe** genauer, denn sie geben einen tiefen Einblick in die »dunkle Seite« des menschlichen Handelns.

Zusätzlich zu den in **Unter der Lupe** beschriebenen Befunden Milgrams wissen wir, daß folgende Faktoren zum **unbedingten Gehorsam** beitragen:

- eine große räumliche (d.h. körperliche) Distanz zwischen Täter und Opfer,
- die direkte Beaufsichtigung des Täters durch Autoritäten,
- die Rolle des Täters als »Mitläufer« (d.h. er hilft nur der Person, die dem Opfer den Schock gibt).

Wie Sie sich wahrscheinlich denken können, haben die unerwarteten und schockierenden Beobachtungen Milgrams eine rege Diskussion darüber angeregt, welche Schlußfolgerungen sie zulassen. Gegen Milgrams eigene Interpretation, daß das Experiment schlüssig zeige, wie Menschen aufgrund unbedingten Gehorsams zu Unmenschen werden, wurde eingewendet, die Teilneh-

Die Milgram-Experimente

Die eindrucksvollste Demonstration der »Macht der Situation« über das Verhalten hat Stanley Milgram, ein Student von Solomon Asch (s. Abschn. 9.1.2) gegeben. Seine Untersuchungen gehören sowohl wegen der ethischen Fragen, die sie aufwerfen, als auch wegen der Implikationen für reale soziale Phänomene zu den umstrittensten Arbeiten in der Psychologie (s. auch G. Miller 1986).

An der gesamten Untersuchungsserie nahmen im Laufe der Jahre etwa 2000 Menschen unterschiedlichen Alters und Bildungsstandes und unterschiedlicher Berufsgruppen teil. Der Kern der experimentellen Anordnung bestand darin, daß eine Person einer anderen einen extrem schmerzhaften Elektroschock verabreichen sollte. Wie wir noch genauer darstellen werden, kamen die Teilnehmer an Milgrams Experimenten dieser Aufforderung tatsächlich nach – nicht, weil sie sadistisch waren, sondern weil sie glaubten, im Dienste einer wichtigen Sache zu handeln.

In ihren Experimentalrollen als »Lehrer« hatten sie Fehler, die ein »Schüler« machte, zu bestrafen. Ihnen wurde gesagt, Ziel der Untersuchung sei es, herauszufinden, wie Bestrafung das Gedächtnis beeinflußt, so daß Lernen und Gedächtnisleistung durch die richtige Balance von Belohnung und Bestrafung verbessert werden könnten. Die wichtigste Regel, die sie zu befolgen hatten, bestand darin, den Schock jedesmal, wenn der »Schüler« einen Fehler gemacht hatte, um einen gewissen Betrag zu erhöhen. Der Versuchsleiter repräsentierte für die Teilnehmer die »legitimierte Autorität«: Er stellte die Regeln des Experimentes vor, er entschied, wer die Rolle des »Lehrers« und des »Schülers« übernahm, und er wies die »Lehrer« an, wann immer diese zögerten oder sich widersetzten, ihre Aufgabe zu erfüllen.

Die abhängige Variable war die Stromstärke des Schocks, den ein »Lehrer« gab, bevor er sich weigerte, der Autorität weiterhin zu gehorchen. Das erste Experiment war einfach eine Demonstration des Gehorsams; es gab keine Manipulation einer unabhängigen Variablen. In späteren Versionen wurden die Auswirkungen verschiedener Faktoren untersucht, wie etwa der körperlichen Distanz zwischen Autorität und »Lehrer« und zwischen »Lehrer« und »Schüler«. Milgram hat allerdings keinen strikten Vergleich mit einer Kontrollgruppe ohne Treatment durchgeführt.

Das Experiment wurde so inszeniert, daß die Teilnehmer in der Lehrerrolle davon ausgehen mußten, daß sie, indem sie den Befehlen gehorchten, der anderen Person (dem Schüler) Schmerz und Leiden zufügten und sie möglicherweise sogar umbrachten. Der »Schüler« – in Wirklichkeit ein Vertrauter des Ver-

Abb. 9.5a–c. Schnappschüsse aus den Milgram-Experimenten. **a** Der Versuchsleiter erläutert dem »Lehrer« seine Aufgabe, **b** mit diesem Gerät werden die Stromstöße erteilt, **c** der an die Elektroden angeschlossene »Schüler«

suchsleiters – war ein netter, höflicher Mann von etwa 50 Jahren, der eine Bemerkung über ein Herzleiden machte, aber willens war, das Verfahren mitzumachen. Er wurde auf einem »elektrischen Stuhl« im Nebenraum angeschnallt und kommunizierte mit dem »Lehrer« über eine Gegensprechanlage (s. Abb. 9.5). Seine Aufgabe bestand darin, sich Wortpaare zu merken. Immer, wenn er das erste Wort eines Paares hörte, sollte er das zugehörige nennen. Der »Schüler« bekam bald Schwierigkeiten und begann, Fehler zu machen.

Der »Lehrer« sollte jeden Fehler durch einen Schock bestrafen, indem er durch das Drücken eines Schalters einen Stromstoß verabreichte. Es gab 30 Schalter, die in Einheiten von je 15 V markiert waren von »Leichter Schock« (15 V) bis »Schwerer Schock – Lebensgefahr« (450 V). Jedem »Lehrer« war ein Schock von etwa 75 V verabreicht worden, damit er einen Eindruck von dem Schmerz bekam, der dadurch verursacht wurde.

Mit der Intensität der Schocks stieg der Protest des »Schülers«. Bei 75 V begann er, zu jammern und zu stöhnen, bei 150 V verlangte er, aus dem Experiment entlassen zu werden, bei 180 V schrie er, er könne die Schmerzen nicht mehr ertragen. Bei 300 V bestand er darauf, daß er an dem Experiment nicht länger teilnehmen wolle und befreit werden müsse. Er brüllte, er habe eine Herzschwäche und schrie. Wenn ein Lehrer zögerte oder den nächsten Schock nicht verabreichen wollte, sagte der Versuchsleiter: »Lehrer, Sie haben keine andere Wahl, Sie müssen weitermachen. Es ist Ihre Aufgabe, die Fehler des Schülers zu bestrafen.«

Wie Sie sich vielleicht vorstellen können, war die Situation für die Teilnehmer (die »Lehrer«) sehr unangenehm. Die meisten beschwerten sich, protestierten und insistierten, daß sie mit ihrer Aufgabe nicht weitermachen könnten. Wenn der »Schüler« keine Reaktion mehr zeigte, riefen ihn manche der »Lehrer« an und baten um eine Reaktion, drängten ihn, richtig zu antworten, so daß sie mit den Schocks nicht weitermachen müßten. Auch legten sie gleichzeitig beim Versuchsleiter Protest ein, aber dieser bestand darauf, daß sie weitermachten: »Regeln sind dazu da, eingehalten zu werden«. Selbst dann, wenn nur noch Schweigen aus dem Zimmer des »Schülers« kam, wurde der »Lehrer« angewiesen, immer stärkere Schocks zu verabreichen.

Als 40 Psychiater gebeten wurden, das Verhalten der Teilnehmer in diesem Experiment vorherzusagen, schätzten sie, daß die meisten nicht weiter gehen würden als 150 V. Ihrem Expertenurteil zufolge hätten weniger als 4% bei 300 V noch gehorchen und nur etwa 0.1% bis 450 V weitermachen dürfen. Die Psychiater vermuteten, nur diejenigen Teilnehmer, die nachweislich psychisch gestört waren, würden dem Befehl, eine andere Person in einem Experiment zu verletzen, blindlings folgen.

Aber die Experten haben sich geirrt. Die Mehrheit der Teilnehmer gehorchte. Fast zwei Drittel verabreichten dem »Schüler« die 450 V. Sie führten den Befehl aus und straften mit dem stärksten Schock, der möglich war. Kein »Lehrer«, der in den Bereich der letzten 5 Schalter der Skala gelangte, weigerte sich, bis zum Ende mitzumachen. Wenn sie einmal so weit waren, war ihr Widerstand gebrochen. Sie hatten ihren eigenen Konflikt gelöst. Sie versuchten, so schnell wie möglich damit fertig zu werden. Sie widersprachen, aber sie widersetzten sich nicht, sondern handelten gehorsam.

Unterschied sich die typische Persönlichkeit von Angehörigen der gehorsamen Mehrheit von der Persönlichkeit der ungehorsamen Minderheit? In psychologischen Tests gab es keine Persönlichkeitsmerkmale, die die gehorsamen »Täter« in Milgrams Experimenten von den Personen unterschieden, die sich weigerten, Täter zu werden. Auch gab es keine Hinweise auf psychische Störungen oder Abweichungen.

mer hätten das fingierte Experiment durchschaut und nicht ernst genommen. Sie seien nicht davon ausgegangen, daß der »Schüler« wirklich verletzt wurde. Diese Interpretation wurde allerdings durch eine weitere Untersuchung widerlegt, in der die Wirkungen des Gehorsams für die Teilnehmer sehr drastisch vor Augen geführt wurden. Sie mußten davon ausgehen, daß sie durch die Stromstöße einen jungen Hund töteten, und tatsächlich sahen sie auch mit eigenen Augen, wie der Hund zusammenbrach. Auch bei dieser Versuchsanordnung gaben 3 von 4 Teilnehmern (Studenten) die maximale Stromstärke (Sheridan u. King 1972).

Können wir Milgrams Resulate zur Erklärung der Greueltaten der Nazis heranziehen? Betrachten wir dazu eine aktuelle Arbeit eines Historikers, Christopher Brownings Buch *Ganz normale Männer* (1993). Darin wird eine detaillierte Analyse bisher nicht bekannter Schrecken des Holocaust vorgenommen. Um die »Endlösung« der Judenfrage in der jüdischen Bevölkerung ländlicher Gebiete Polens voranzubringen, rekrutierten die Nazis Reserveeinheiten von Polizisten und setzten sie gezielt bei der Planung und Durchführung von Massenmorden an Juden ein. Wie Brownings Analyse zeigt, waren die meisten dieser Männer Familienväter mittleren Alters, gewöhnliche Deutsche aus Hamburg. Ihr Befehl lautete, Juden zusammenzutreiben und zu ermorden. Nur wenige weigerten sich. Die meisten gehorchten vorbehaltlos und führten die Massenmorde an Zehntausenden von Juden – Männern, Frauen und Kindern – aus. Browning zieht eine Parallele zwischen diesen Geschehnissen und den Beobachtungen von Psychologen beim Stanford-Prison-Experiment und den Milgram-Studien, die wir oben beschrieben haben. Um das Verhalten sowohl der einen als auch der anderen Gruppe von Menschen so gut wie möglich verstehen und erklären zu können, muß man erkennen, daß man sich in der betreffenden Situation selbst entweder als Mörder oder als Befehlsverweigerer beziehungsweise »Drückeberger« wiedergefunden hätte. Diese Erkenntnis bedeutet in der Tat den Versuch, sich in beide menschlichen Verhaltensweisen einzufühlen. Das heißt jedoch nicht, die alte Klischeevorstellung zu akzeptieren, derzufolge Erklären »Entschuldigen« und Verstehen »Vergeben« bedeutet. Wenn man unrechtes Verhalten erklärt, muß man es noch lange nicht entschuldigen, und wenn man es versteht, muß man den Tätern noch lange nicht vergeben (S. 17).

Gehorchen und Verweigern

Zusammenfassend können wir 5 Bedingungen unterscheiden, die zu so blindem **Gehorsam gegenüber Autoritäten** führen, daß dabei sogar das Selbstbild und die moralischen Werte verletzt werden.

- Gehorsam wird von der Anwesenheit einer legitimen Autorität genährt, der wir vertrauen und die wir als berechtigten Repräsentanten der Gesellschaft betrachten oder die wichtige Ressourcen (Belohnungen) kontrolliert.

Wir handeln unbefangener, wenn eine Autorität die Verantwortung für die Folgen unserer Handlung übernimmt. Die Identifikation mit einer starken Autorität kann uns auch helfen, Gefühle persönlicher Schwäche und Bedeutungslosigkeit zu überwinden.

- Gehorsam wird gefördert durch den Aufbau eines Rollenverhältnisses, in dem wir uns einer anderen Person unterordnen.

In der Rolle des Untergebenen fühlen wir uns weniger verantwortlich für unser Verhalten, da wir es nicht spontan ausüben, sondern lediglich Anordnungen befolgen. Andere Untersuchungen haben gezeigt, daß Personen, die beobachten, wie Menschen sich Befehlen widersetzen und die Übernahme von Rollen verweigern, sich ebenfalls widersetzen (Rosenhan 1969).

- Gehorsam wird begünstigt durch soziale Normen, die genaue Angaben über sozial akzeptables Verhalten machen.

Normen können das, was als möglich und angemessen wahrgenommen wird, detailliert bestimmen und eng umschreiben. Menschen fühlen sich peinlich berührt und zu Entschuldigungen verpflichtet, wenn sie sich nicht erwartungsgemäß verhalten. Bei Milgrams Experimenten sagte ein Teilnehmer zum Versuchsleiter: »Ich möchte nicht unhöflich sein, aber sollten wir nicht mal sehen, wie es ihm geht? Er ist herzkrank und könnte daran sterben«. Selbst von den ungehorsamen Teilnehmern hielten sich alle an die Norm, nichts »Unvorhergesehenes« zu tun – keiner stand *spontan* auf, um sich um das »Opfer« zu kümmern, nicht einmal die, die das Experiment abbrachen. In diesem Sinne war der Gehorsam perfekt.

- Gehorsam wird durch die Umdefinition des Bösen zum Guten geschürt.

Diejenigen, die schlechte Taten begehen, betrachten diese selten, wenn überhaupt, als schlecht. Statt dessen sehen sie das, was sie tun, nicht nur als vernünftig, sondern auch als notwendig an. Milgrams Teilnehmer sahen sich als »besorgte Lehrer«, die Inquisition und die Hexenverbrennung im 17. Jahrhundert dienten der »Rettung von Seelen«, und die Ärzte, die in vielen Ländern den Gefängniswärtern bei der Folter politischer Gefangener zur Hand gehen, definieren ihr Verhalten damit, daß sie »ihren Verpflichtungen gegenüber ihren Regierungen nachkommen« (Amnesty International 1983).

- Gehorsam entsteht besonders leicht in Situationen, die mehrdeutig sind und in denen es nicht schwierig ist, die ersten kleinen Schritte zu tun. Um so schwerer ist es aber, aufzuhören, auszusteigen oder den Gehorsam zu verweigern, »das volle Programm« mitzumachen.

Wie die Menschen im wirklichen Leben, so sahen Milgrams »Lehrer« keinen Ausweg, keine Möglichkeit, die Regeln zu mißachten oder den Vertrag zu verletzen. Sie waren nicht in der Lage, die Motivation oder die kognitive Strategie aufzubieten, die sie gebraucht hätten, um sich aus diesem intensiven, verwirrenden Szenarium zu lösen.

> ! Teilnehmer psychologischer Experimente, wie den Milgram-Studien oder dem Stanford-Prison-Experiment, haben den Gehorsam gegenüber Autoritäten nicht im psychologischen Labor erworben. Diese Untersuchungen demonstrieren lediglich, in welchem Ausmaß wir alle die »Lektion des Gehorsams« in vielen Sozialisationsinstanzen, besonders in der Schule, gelernt haben: »Tu, was man dir sagt, und es gibt keinen Ärger«; »Bleib auf deinem Platz und beklag dich nicht«; »Keine Widerrede«.

Damit den Interessen aller Genüge getan werden kann, ist ein optimales Ausmaß an Gehorsam unerläßlich. Gefährlich wird es, wenn wir zulassen, daß die Kräfte, die in einer Situation wirksam sind, unsere individuellen Werte außer Kraft setzen. Autoritäre Beziehungen gibt es nicht allein zwischen einem Führer und seinen Gefolgsleuten. Autoritäre Systeme entstehen, wenn Menschen die Rechte über ihre Handlungen auf Agenten einer Autorität oder auf eine Organisation übertragen oder delegieren. Ein autoritäres System existiert, wo Menschen einem Nationalstaat den Untertaneneid schwören und sich dabei all seinen Repräsentanten verpflichten oder wenn sie in eine Organisation eintreten, die aus einer Hierarchie von Autoritäten besteht.

9.1.5
Hilfeleistung

Betrachten wir die Situation in den Milgram-Experimenten aus einer anderen Perspektive: Wenn Sie ein *Zuschauer* wären, würden Sie dann intervenieren, um einem der »Lehrer« zu helfen, den Gehorsam zu verweigern und aus dem Experiment auszusteigen? Wäre eine solche Intervention wahrscheinlicher, wenn Sie der *einzige* Zuschauer wären und nicht einer ganzen Gruppe von Beobachtern angehörten? Mit derartigen Fragen

hat sich die Psychologie der **Hilfeleistung** (oder Psychologie des hilfreichen Verhaltens) befaßt. Wir beginnen die Darstellung dieses Bereichs der Sozialpsychologie mit dem Bericht über ein tragisches Ereignis, das sich vor einigen Jahrzehnten in New York zugetragen und damals viel Aufsehen erregt hat.

Länger als eine halbe Stunde sahen 38 angesehene und gesetzestreue Bürger des New Yorker Stadtteils Queens dabei zu, wie ein Mörder in 3 aufeinanderfolgenden Attacken eine Frau angriff und erstach. Zweimal hatten Stimmen von Anwohnern und das plötzliche Aufleuchten von Schlafzimmerbeleuchtungen den Täter bei seiner Tat unterbrochen und kurzzeitig vertrieben. Er kehrte aber jedes Mal zurück und stach erneut auf das Opfer ein. Nicht ein einziger Nachbar benachrichtigte während dieses Verbrechens die Polizei, und nur ein Zeuge rief an, als das Opfer bereits tot war (The New York Times, 13.3.64; Rosenthal 1964).

Dieser Zeitungsbericht vom Mord an Kitty Genovese bestürzte eine ganze Nation, die nicht an eine derartige Teilnahmslosigkeit seiner verantwortlichen Bürger glauben mochte. Ist es aber fair, diese Zuschauer mit dem Etikett der »Apathie« oder der »Teilnahmslosigkeit« zu versehen? Oder können wir ihr Nichteingreifen auch anders erklären? Dazu führten Latané u. Darley (1970) eine Reihe mittlerweile klassischer sozialpsychologischer Studien durch. In besonders origineller Art und Weise schufen sie eine experimentelle Laborsituation, die eine Analogie zur wirklichen Situation eines Eingreifens (oder Nichteingreifens) durch Zuschauer darstellte. Sie wird im Abschn. **Experiment** beschrieben.

> ! **Verantwortungsdiffusion** ist einer der Gründe, die Zuschauer dazu veranlassen, nicht zu helfen oder einzugreifen. Daneben hängt die Bereitschaft zur Hilfeleistung von den folgenden Situationsmerkmalen ab:
> - Die Zuschauer müssen den Notfall bemerken,
> - sie müssen das beobachtete Ereignis als Notfall einordnen,
> - sie müssen sich verantwortlich fühlen,
> - die »Kosten« des Helfens dürfen nicht zu hoch sein.

Die Zuschauer müssen den Notfall bemerken

In der Laborstudie mit dem scheinbaren epileptischen Anfall war die Situation so konstruiert, daß die Teilnehmer zur Kenntnis nehmen *mußten*, was vor sich geht. In vielen Alltagssituationen bemerken Menschen häufig gar nicht, daß sie sich gerade in einer Situation befinden, in der sie anderen helfen könnten oder müßten. In einem Experiment, das im theologischen Seminar von Princeton durchgeführt wurde, dachten die Theo-

Hilfeleistung im Labor

Teilnehmer der Eperimente von Latané u. Darley waren männliche College-Studenten. Sie befanden sich jeweils einzeln in einem Raum mit einer Gegensprechanlage und glaubten, daß sie mit einem oder mehreren anderen Studenten in den angrenzenden Räumen kommunizieren könnten. Im Verlauf einer Diskussion über persönliche Probleme hörten sie Geräusche, die klangen, als hätte einer der Personen in den anderen Räumen einen epileptischen Anfall erlitten und würde nach Hilfe röcheln. Während dieses »Anfalls« war es den Teilnehmern aber unmöglich, mit der Person, die Hilfe benötigte, zu sprechen oder wenigstens herauszufinden, was sie selbst in ihrer Notlage unternahm. Als abhängige Variable diente Latané u. Darley immer die Zeit, die verstrich, bis der Notfall dem Versuchsleiter gemeldet wurde.

Es zeigte sich, daß die Wahrscheinlichkeit einer Intervention von der Zahl der vermeintlichen Zu-schauer bzw. Zuhörer abhing. Die Teilnehmer konnten davon ausgehen, daß außer ihnen eine mehr oder weniger große Zahl anderer Studenten in den angrenzenden Räumen an dem Experiment teilnahm. Je höher die Zahl der »Mitzuschauer« war, um so länger dauerte es, bis sich ein Teilnehmer aufraffte, um den Anfall zu melden – falls er es überhaupt tat. Wie man aus Abb. 9.6 ablesen kann, intervenierten alle Teilnehmer in einer 2-Personen-Situation innerhalb von 160 s, aber fast 40% derer, die dachten, sie seien Teil einer größeren Gruppe, bemühten sich überhaupt nicht, den Versuchsleiter darüber zu informieren, daß ein anderer Student ernsthaft krank sei (Darley u. Latané 1968). Dieses Resultat wird als Hinweis auf die Verteilung oder Diffusion von Verantwortlichkeit interpretiert: Wenn mehr als eine Person in einer Notfallsituation helfen könnte, nehmen wir häufig an, daß auch jemand anderes helfen wird oder helfen sollte.

---

logiestudenten, sie befänden sich in einer Prüfungssituation. Die Prüfungsaufgabe bestand darin, eine Predigt über das Gleichnis vom barmherzigen Samariter zu halten. In diesem Gleichnis aus dem Neuen Testament nimmt sich der barmherzige Samariter die Zeit, einem verletzten Mann am Straßenrand zu helfen.

Die Prüfung selbst fand in einem anderen Gebäude als die Vorbereitung statt. Einige Versuchsteilnehmer wurden nach Zufall einer »Zu-spät-Bedingung« zugewiesen, bei der sie sich sehr beeilen mußten, um noch halbwegs rechtzeitig zur Prüfung zu kommen. Andere kamen in eine »Pünktlich-Gruppe«, und wieder andere in eine »Viel-Zeit-Gruppe«. Jeder Teilnehmer, der den Hof zwischen den 2 Gebäuden überquerte, kam an einem Mann vorbei, der in einem Eingang zusammengesackt war und offensichtlich Hilfe benötigte. Auf dem Weg zur Predigt über den barmherzigen Samariter hatten die angehenden Priester also Gelegenheit, die Botschaft ihrer Predigt auch gleich anzuwenden. – Taten sie es?

Von denen, die sich beeilen mußten, halfen lediglich 10%. Wenn gerade so viel Zeit zur Verfügung stand, um ohne Mühe pünktlich zu sein, halfen 45% dem Fremden. Am häufigsten leisteten Teilnehmer der »Viel-Zeit-Gruppe« Hilfe: 63% dieser angehenden Priester verhielten sich wie der barmherzige Samariter (Darley u. Bateson 1973).

Wie sollten wir die unterlassene Hilfeleistung der Personen aus der »Zu-spät-Gruppe« beurteilen? Es liegt nahe, daß sie mit ihren eigenen Sorgen so beschäftigt waren, daß sie den Notfall »gar nicht bemerkten«.

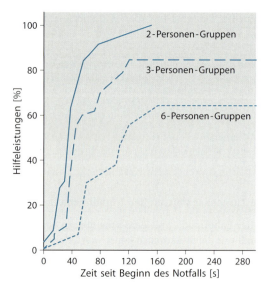

Abb. 9.6. Diffusion der Verantwortlichkeit bei einem Notfall. (Nach Darley u. Latané 1968). Die Abbildung zeigt, wie in einer experimentellen Situation die Bereitschaft des Eingreifens bei einem Notfall von der Zahl der (Mit-)Zuschauer abhängt

EXPERIMENT

Hilfeleistung in der U-Bahn und auf dem Flughafen
Ein Mann kollabierte plötzlich in einer fahrenden New Yorker U-Bahn und fiel zu Boden. Viele Menschen waren Zeugen dieses Ereignisses. Die Versuchsleiter in dieser Feldstudie veränderten diese Situation systematisch, indem sie die Merkmale des »Opfers« variierten. Das Opfer war entweder ein Invalide mit Krückstock, ein nach Schnaps riechender Betrunkener oder, in einer Begleituntersuchung, ein Verletzter, der scheinbar aus dem Mund blutete. Dann zeichneten die Autoren der Studie unauffällig die Reaktionen der Umstehenden auf diese Notfallsituationen auf. In 81 von 103 Fällen eilten sofort eine oder mehrere Personen ohne großes Zögern zu Hilfe (Piliavin u. Piliavin 1972; Piliavin et al. 1969).

Vergleichen wir diese häufig beobachtete spontane Hilfsbereitschaft mit der einer anderen Studie, bei der ein Mann mit Krücken einen Kollaps auf einem Flughafen vortäuschte. Der Anteil der Zuschauer, die ihm zu Hilfe eilten, war deutlich niedriger als in der U-Bahn (41% gegenüber 83%). Der ausschlaggebende Faktor scheint die gewohntere Umgebung in der U-Bahn zu sein. Für die Menschen in der U-Bahn ist diese Umgebung wahrscheinlich vertrauter als der Flughafen für die Flugreisenden, und deswegen kümmerten sich mehr um auftretende Notfälle (Latané u. Darley).

Die Zuschauer müssen das Ereignis als Notfall einordnen

Viele Situationen des Lebens sind mehrdeutig. Sie werden sich kaum in die peinliche Situation begeben wollen, jemandem Mund-zu-Mund-Beatmung zu verabreichen, der lediglich schläft. Um zu entscheiden, ob es sich bei einer Situation um einen Notfall handelt, achten wir normalerweise darauf, wie andere Menschen reagieren. Wenn sonst niemand hilft, dann werden wir es wahrscheinlich auch nicht tun – mit dem Effekt, daß oft überhaupt niemand hilft. Dieser Vorgang sozialen Modellernens könnte erklären, warum Menschen eher in gewohnten als in ungewohnten Situationen helfen, wie das **Experiment** zeigt.

Die Zuschauer müssen sich verantwortlich fühlen

Wir haben bereits festgestellt, daß ein wichtiger Grund dafür, in einer Notfallsituation *nicht* einzugreifen, darin besteht, daß die **Verantwortlichkeit** auf viele Zuschauer verteilt wird. Falls Sie selbst einmal in einer Situation sein sollten, in der Sie die Hilfe anderer benötigen, sollten Sie alles in Ihrer Macht stehende tun, um die Umstehenden zu veranlassen, diese Schranke der scheinbaren Nichtverantwortlichkeit zu überwinden. Sie sollten sich direkt jemandem zuwenden und sagen oder rufen: »Ich brauche Ihre Hilfe!« Betrachten wir 2 experimentell hergestellte Situationen, in denen ein Diebstahl simuliert wurde. Im ersten Fall waren Gäste eines Restaurants in New York Zeuge, als ein Dieb den Koffer einer Frau stahl, die gerade vom Tisch aufstand. In der zweiten Studie beobachteten Spaziergänger am Strand, wie ein Dieb ein tragbares Radio einfach von einem im Sand liegenden Badetuch mitnahm, während der Besitzer gerade ein paar Minuten verschwunden war.

In beiden Situationen hatte das scheinbare Opfer kurz zuvor mit dem späteren Beobachter des Diebstahls persönlichen Kontakt aufgenommen. Es gab jeweils 2 Versuchsbedingungen. Einmal fragte die Besitzerin des Koffers bzw. des Radios den späteren Zeugen nach der Uhrzeit, bei der anderen Bedingung bat sie den späteren Zeugen, ein paar Minuten lang ein Auge auf den Koffer bzw. das Radio zu haben, während sie kurz wegging. Die erste Bedingung erzeugte offensichtlich kein persönliches Verantwortungsgefühl, denn die Beobachter reagierten nicht auf den Diebstahl. Diejenigen aber, die sich einverstanden erklärt hatten, kurz auf die Sachen des Opfers aufzupassen, griffen fast immer ein. Sie riefen nach Hilfe oder hinderten den Dieb am Strand sogar am Weglaufen (Moriarty 1975).

Das ermutigende Ergebnis dieser Beobachtungen lautet, daß man die Teilnahmslosigkeit leicht in Hilfshandlungen umwandeln kann, wenn man nur darum bittet. Die Tatsache, jemanden um einen Gefallen zu bitten, scheint eine besondere menschliche Beziehung zu knüpfen, bei der andere Menschen so einbezogen werden, daß sich die ganze Situation substantiell ändert. Es macht andere Ihnen gegenüber verantwortlich, auch für den Fall, daß Sie Hilfe benötigen.

Die »Kosten« des Helfens dürfen nicht zu hoch sein

Schließlich muß noch darauf hingewiesen werden, daß es auch Umstände gibt, unter denen sich Personen gegen eine Hilfestellung entscheiden, weil sie die möglichen Kosten dieser Situation als zu hoch erachten. So wurde z. B. beim U-Bahn-Experiment (s. oben) die Hilfe im Falle des blutenden Opfers deutlich zögerlicher gewährt, da dies wohl eine stärkere Beteiligung erforderte als die Hilfe für einen Mann, der einfach nur zusammengebrochen war (Piliavin u. Piliavin 1972; Piliavin et al. 1969). Vielleicht haben auch die Theologiestudenten, die »zu spät« zu ihrer Predigt eilten, die Kosten für eine Hilfeleistung gegen ihr persönliches Ziel aufgewogen, ihre als Prüfungsleistung zählende Predigt zu halten.

Beachten Sie aber, daß das Abwägen von Kosten in diesen Fällen die Dynamik der Situation widerspiegelt. Die helfenden und nicht helfenden angehenden Prediger beispielsweise waren wahrscheinlich allesamt vernünftige, nette Menschen – nur daß einigen von ihnen gesagt worden war, daß sie zu spät dran seien.

> **!** Deshalb lautet eine wichtige allgemeine Schlußfolgerung für die Psychologie der Hilfeleistung: Um das Eingreifen von Zuschauern verstehen zu können, verläßt man sich bei seinen Vorhersagen besser auf die Merkmale der Situation als auf persönliche Unterschiede zwischen Individuen (vgl. Schroeder et al. 1995).

9.2
Die Konstruktion der sozialen Realität

Alle Ergebnisse und Erkenntnisse, die wir bisher in diesem Kapitel berichtet haben, deuten auf eine Schlußfolgerung hin: Die *Situation* hat einen gewichtigen Einfluß auf das Verhalten von Menschen. In diesem Abschnitt werden wir aber sehen, daß die Vorstellung, es gäbe im psychologischen Sinne *die* Situation, eine Verkürzung darstellt. Menschen *konstruieren* die soziale Realität, und ein und dieselbe objektive Situation kann zu ganz unterschiedlichen subjektiven Situationserfahrungen führen. Soziale Situationen gewinnen für den einzelnen dadurch an Bedeutung, daß sie auf der Grundlage von Erwartungen und von Bedürfnissen interpretiert und enkodiert werden (vgl. auch Abschn. 3.5 und 5.9). Wir untersuchen in diesem Abschnitt genauer, wie Menschen Situationen erfahren, interpretieren und verändern.

9.2.1
Soziale Wahrnehmung

In Abschn. 3.5 haben wir gesehen, daß wir häufig bereits vorhandenes Wissen einsetzen müssen, um mehrdeutige Objekte unserer Wahrnehmung zu interpretieren. Dieses Prinzip läßt sich auf das Erleben eines Fuß-

ballspiels übertragen. Die Zuschauer verwenden in der Vergangenheit gesammeltes Wissen, um zu einer Interpretation der aktuellen Ereignisse zu gelangen – nur sind die Objekte der Wahrnehmung dieses Mal Menschen (Fußballspieler) und Situationen (Spielszenen). Als **soziale Wahrnehmung** bezeichnet man die psychologischen Prozesse, die es Menschen ermöglichen, Eigenschaften anderer Menschen oder auch ihre persönlichen Eigenheiten wahrzunehmen. Wir erinnern daran, daß der Begriff der Wahrnehmung Prozesse der Beurteilung und Bewertung einschließt (vgl. Abschn. 3.5).

In diesem Abschnitt werden wir uns hauptsächlich auf 2 Problembereiche der sozialen Wahrnehmung konzentrieren. Wir werden erstens untersuchen, wie Menschen zu einem Urteil über die Ursachen von beobachteten Verhaltensweisen kommen. Diesen Vorgang nennt man »kausale Attribution«. Danach werden wir diskutieren, wie die Prozesse der sozialen Wahrnehmung manchmal dazu führen können, daß die Welt mit den Erwartungen gerade aufgrund dieser Erwartungen übereinstimmt.

Die Ursprünge der Attributionstheorie

Wenn wir soziale Ereignisse wahrnehmen, so gehört es zu den vorrangigen Aktivitäten, daß wir Schlüsse über die Ursachen dieser Ereignisse ziehen. Wir alle möchten das »Warum« im Leben klären. Warum hat mein Freund mich bloß verlassen? Warum hat er den Job bekommen und nicht ich? Warum haben sich meine Eltern nach so vielen Jahren scheiden lassen? Warum-Fragen dieser Art führen uns zur Analyse von Ursachen für Handlungen, Ereignisse oder Ergebnisse. Die **Attributionstheorie** ist ein genereller Ansatz, der beschreibt, welche Informationen eine Person **zu Ursachenzuschreibungen (Kausalattributionen)** nutzt.

> **!** Die Attributionstheorie wurde mit den Arbeiten von Fritz Heider (1958) begründet. Heider vertrat den Standpunkt, daß Menschen fortwährend Ursachen analysieren und dadurch versuchen, zu einem besseren allgemeinen Verständnis der sozialen Wirklichkeit zu kommen. Nach seiner Auffassung sind alle Menschen *intuitive Psychologen,* die herauszufinden versuchen, wie wir beschaffen sind und was unser Verhalten verursacht. Darin unterscheiden sie sich nicht von der kleinen Gruppe der *professionellen Psychologen.*

Zur Veranschaulichung dieses Gedankens benutzte Heider einen einfachen kurzen Film. Daran ließ sich demonstrieren, daß Betrachter schnell von der reinen Be-

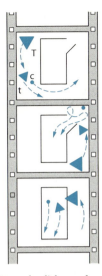

Abb. 9.7. Heiders Veranschaulichung der natürlichen Tendenz zur Kausalattribution. Diese geometrischen Figuren dienten F. Heider als Wahrnehmungsreiz, als er überzeugend demonstrierte, daß Menschen persönliche Merkmale und Ursachen eher erschließen als beobachten. Versuchsteilnehmern wurde ein Film gezeigt, bei dem die geometrischen Objekte sich auf zufällige Art und Weise mit verschiedenen Geschwindigkeiten und in verschiedenen Mustern über die Leinwand bewegten und dabei in das große Rechteck hinein und wieder heraus wanderten. Sie nahmen Attributionen für diese Bewegungen vor und schrieben den Symbolen – den »Darstellern« – »Motive« zu. Häufig »sahen« sie, daß 2 »Männchen« *(die beiden Dreiecke)* um ein »Weibchen« *(der kleine Kreis)* kämpften. Bei dem großen Dreieck wurde Aggression »beobachtet«, das kleine Dreieck als besonders mutig und der Kreis als ängstlich erlebt. In der Sequenz, die hier abgebildet ist, berichten die meisten Beobachter, daß sie sehen, wie Figur T die Figuren t und c ins Haus jagt und die Tür von außen verschließt

obachtung einer Filmhandlung zu Schlußfolgerungen über Motive und Ursachen übergehen. In dem Film bewegten sich 3 geometrische Figuren planlos und zufällig um ein Objekt herum (s. Abb. 9.7). Die Betrachter aber konstruierten sich immer ein Skript, das eine Handlung oder einen Sinn in diese Bewegung hineinzubringen schien. Die geometrischen Figuren wurden so zu Akteuren, denen Persönlichkeitseigenschaften und Motive für kausale Handlungen zugeschrieben wurden. Heider nahm an, daß die wichtigsten Fragen, die bei solchen Attributionsversuchen auftauchen, darum kreisen, ob die Ursache eines Verhaltens in der Person (internale oder dispositionale Verursachung) oder in der Situation liegt (externale oder situationale Verursachung) und wer nun für das Ergebnis einer Handlung verantwortlich ist.

H. Kelley (1967) präzisierte Heiders Vorstellungen, indem er spezifische Variablen benannte, die der Mensch benutzt, um Attributionen vorzunehmen. Kelley machte die wichtige Beobachtung, daß Kausalattributionen dann besonders häufig vorgenommen werden, wenn das Ereignis, um das es geht, mit Unsicherheit behaftet ist. Wir haben nur selten – wenn überhaupt – ausreichend Informationen, um sicher sagen zu können, was jemanden dazu veranlaßt hat, sich auf eine bestimmte Art und Weise zu verhalten. Kelley nahm an, daß der Mensch versucht, der Unsicherheit Herr zu werden, indem er Informationen aus mehreren Ereignissen und Erfahrungen zusammenträgt und dann das **Kovariationsprinzip** anwendet.

> ! Das Kovariationsprinzip formuliert eine Regel, nach der Menschen bestimmen, ob ein bestimmtes Ereignis – ein »Ursachefaktor« – ein Verhalten verursacht haben könnte. Die Regel lautet: Faktor B ist dann eine Ursache für das Verhalten A, wenn dieser Faktor vorgelegen hat, wann immer das Verhalten auftrat und dann nicht vorlag, wann immer es nicht auftrat.

Nehmen wir z. B. an, Sie würden eine Straße entlanglaufen und plötzlich beobachten, wie ein Freund auf ein Pferd zeigt und dabei ein Riesenspektakel veranstaltet. Welche Belege würden Sie sammeln, um zu entscheiden, ob Ihr Freund verrückt geworden ist (dies wäre dispositionale Attribution) oder ob eine Gefahrensituation vorliegt (situationale Attribution)?

Nach Kelley schätzen die Menschen bei ihrer Urteilsbildung die Kovariation, also das gemeinsame Auftreten, aufgrund von 3 Dimensionen ein: Distinktheit (Unverwechselbarkeit), Konsistenz und Konsens (Übereinstimmung) mit anderen.

- *Distinktheit* (Unverwechselbarkeit) bezieht sich darauf, ob das Verhalten für eine bestimmte Situation spezifisch ist: Verhält sich Ihr Freund allen Pferden gegenüber so seltsam?
- *Konsistenz* bezieht sich darauf, ob das Verhalten in dieser Situation zum wiederholten Male auftaucht: Hat dieses Pferd Ihren Freund in der Vergangenheit schon mal so außer Fassung gebracht?
- *Konsens* (Übereinstimmung mit anderen) bezieht sich darauf, ob andere Menschen in derselben Situation dasselbe Verhalten zeigen: Deuten auch andere Menschen auf das Pferd und schreien herum?

Jede dieser 3 Dimensionen spielt bei den Schlußfolgerungen, die wir aus der Beobachtung einer Situation ziehen, eine Rolle. Nehmen wir z. B. an, Ihr Freund sei der einzige gewesen, der angesichts des Pferdes laut aufgeschrien hat. Würde dieser Sachverhalt Sie eher zu einer dispositionalen oder einer situationalen Attribution veranlassen?

Nachdem Heider und Kelly die Attributionstheorie begründet hatten, wurden Tausende von Studien durchgeführt, um diese Theorie auszuweiten und zu verfeinern (Fiske u. Taylor 1991). Viele davon haben sich mit den Umständen befaßt, unter denen sich die Attributionen von einer *systematischen* Suche nach verfügbaren Informationen entfernt haben. Wir werden uns mit 4 verschiedenen Bedingungen befassen, unter denen eine Verzerrung (»ein Bias«) unsere Attributionen verfälschen kann.

Der fundamentale Attributionsfehler

Nehmen wir an, Sie haben sich mit einem Freund um 7.00 Uhr verabredet. Nun ist es bereits 7.30 Uhr, und der Freund ist immer noch nicht aufgetaucht. Wie könnten Sie sich dieses Ereignis nun erklären?

- Ich bin mir sicher, daß ihm etwas Wichtiges dazwischengekommen ist und er deswegen noch nicht hier sein kann.

oder

- Dieser Idiot! Kann er sich nicht mal ein bißchen mehr anstrengen, pünktlich zu sein?

Wir geben Ihnen hier wieder die Gelegenheit, sich für eine situationale oder dispositionale Attribution zu entscheiden. Man hat in der Attributionsforschung herausgefunden, daß im allgemeinen eher der zweite Erklärungstyp, also die dispositionale Variante, gewählt wird (Ross u. Nisbett 1991). Diese Tendenz ist so ausgeprägt, daß der Sozialpsychologe L. Ross (1977) sie als den **fundamentalen Attributionsfehler** bezeichnet hat.

> **!** Der fundamentale Attributionsfehler spiegelt wider, daß Menschen sowohl die Tendenz haben, dispositionale Faktoren zu überschätzen, als auch die Neigung, situative Faktoren zu unterschätzen, wenn sie nach einer Ursache für ein bestimmtes Verhalten oder für ein bestimmtes Handlungsergebnis suchen.

Die Studie im Abschn. **Experiment** veranschaulicht, wie der fundamentale Attributionsfehler im Labor untersucht werden kann.

Ist dieses Urteil gerecht? Im beschriebenen Experiment war der Quizmaster natürlich deutlich im Vorteil. Wären Sie nicht auch lieber derjenige, der die Fragen stellt? Die Kandidaten und die Beobachter lassen bei ihren Beurteilungen außer acht, daß die Situation so gestaltet war, daß die eine Person ein besseres Bild abgibt als die andere. Sie begehen den fundamentalen Attributionsfehler, d. h. sie überschätzen den persönlichen (dispositionalen) Anteil und unterschätzen den besonderen situativen Kontext.

Sie sollten stets nach dem fundamentalen Attributionsfehler Ausschau halten, um ihn nicht zu übersehen. Wir haben auch in diesem Kapitel bereits Beispiele dafür kennengelernt. Erinnern wir uns an Milgrams Experimente. Die meisten Leute, die von diesen Experimenten erfahren, neigen zu der Annahme, Personen, die unschuldigen Menschen Stromstöße verabreichen, seien Sadisten. Wir wissen aber, daß ihr Verhalten entscheidend von der Situation geformt wurde. Erinnern wir uns auch an die Forschungsbefunde zu unterlasse-

---

EXPERIMENT

Das Allgemeinwissen von Quizmaster und Kandidaten

Ross et al. (1977) veranstalteten im Experiment ein »Quiz«, bei dem den Teilnehmern durch Münzwurf zufällig die Rolle des Quizmasters oder die Rolle des Kandidaten zugewiesen wurde. Der Quizmaster wurde angehalten, dem Kandidaten schwierige Fragen zu stellen, die er selbst aber beantworten konnte. Der Kandidat sollte versuchen, diese Fragen zu beantworten, was aber aufgrund der Schwierigkeit der Fragen oft nicht gelang. Neben Quizmaster und Kandidaten gab es Beobachter, die dem Frage-Antwort-Spiel zusahen. Als das Quiz nach mehreren Durchgängen beendet wurde, sollten Quizmaster, Kandidaten und Beobachter das Allgemeinwissen der Quizmaster und der Kandidaten einschätzen. Die Ergebnisse sind in Abb. 9.8 dargestellt. Wie man dort sehen kann, schätzen die Quizmaster sowohl sich selbst als auch die von ihnen befragten Kandidaten als durchschnittlich ein. Kandidaten und Beobachter aber schätzen den Quizmaster im Vergleich zum Kandidaten als viel gebildeter ein. Die Kandidaten beurteilen sich selbst sogar als etwas unter dem Durchschnitt liegend!

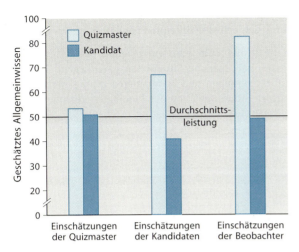

Abb. 9.8. Einschätzung des Allgemeinwissens von Quizmaster und Kandidaten

nen Hilfeleistungen. Man hatte die Nachbarn der ermordeten Kitty Genovese als teilnahmslos und bösartig bezeichnet. Auch hier wissen wir, daß die Situation einen gewissen Zwang auf die Leute ausgeübt hat. Aus diesen Beispielen lernen wir, daß oft einiges an Forschungsarbeit notwendig ist, um die situativen Wurzeln des Verhaltens aufzudecken.

Was kann man nun tun, um den fundamentalen Attributionsfehler zu vermeiden? Insbesondere bei Umständen, unter denen Sie eine negative dispositionale Attribution vornehmen (»Was für ein Trottel!«), sollten Sie zunächst einen Schritt zurückgehen und sich fragen, ob es nicht auch an der Situation gelegen hat, daß sich dieser »Trottel« so verhalten hat. Dieser Ratschlag könnte besonders für uns, die wir in westlichen Gesellschaften leben, von Bedeutung sein, da es Hinweise dafür gibt, daß der fundamentale Attributionsfehler z. T. kulturelle Ursachen hat. Joan Miller (1984) stellte die Behauptung auf, daß Angehörige nichtwestlicher Kulturkreise in weit geringerem Ausmaß die Aufmerksamkeit auf den individuellen Akteur konzentrieren. Wir haben bereits an mehreren Stellen dieses Buches bemerkt, daß in westlichen Kulturen ein Übergewicht an individualistischen Sichtweisen und eine Vernachlässigung kollektivistischer Sichtweisen zu verzeichnen ist.

Bei den Teilnehmern in Millers Untersuchungen handelte es sich um US-Amerikaner und Inder, Kinder im Alter von 8 Jahren und Erwachsene. Sie wurden ge-

beten, negative Ereignisse zu erklären. In einem von Millers Szenarien läßt beispielsweise ein Motorradfahrer seinen verletzten Mitfahrer an einem Unfallort zurück, und dieser Mitfahrer stirbt kurz darauf. Erklärten die Teilnehmer dieses Ereignis eher im Hinblick auf persönliche Eigenschaften (Verantwortungslosigkeit des Fahrers) oder im Hinblick auf die Situation (der Fahrer hatte vielleicht gar nicht registriert, wie schwer der andere wirklich verletzt war und wollte vielleicht Hilfe holen)? Bei den Achtjährigen beider Länder verteilten sich die Antworten etwa gleich. Mit zunehmendem Alter aber gaben die US-Amerikaner eher dispositionale und die indischen Probanden eher situationale Einschätzungen der Situation ab.

> ! Aus diesem Kulturvergleich wird ersichtlich, daß der fundamentale Attributionsfehler nicht etwa eine unvermeidliche Folge jeglicher sozialer Erfahrungen darstellt. In westlichen Kulturen sollte man mehr darauf achten, wie es dazu kommt, daß sich bereits im Kindesalter in der sozialen Wahrnehmung ein »dispositionaler Bias« herausbildet.

Selbstdienliche Verzerrungen

Einer der bemerkenswertesten Befunde aus der oben erwähnten Quiz-Studie war die negative Selbstbewertung durch die Kandidaten. Dies legt nahe, daß Menschen den fundamentalen Attributionsfehler sogar auf eigene Kosten begehen. In Abschn. 13.3 werden wir uns mit einer Theorie zur Erklärung von Depression beschäftigen, die davon ausgeht, daß Depressive sich selbst gegenüber besonders häufig negative Attributionen vornehmen und situative Einflüsse ausblenden.

> ! In vielen Fällen aber dienen unsere Attributionsfehler eher der Erhaltung eines positiven Selbstbildes. Ein solcher Bias, also eine selbstdienliche Voreingenommenheit, läßt uns unseren eigenen Verdienst an unseren Erfolgen betonen und die Verantwortung für unsere Fehler abstreiten. Selbstdienliche Wahrnehmungsverzerrungen sind relativ robust und finden sich bei den meisten Menschen in vielen Situationen und sogar über verschiedene Kulturen hinweg (Fletcher u. Ward 1988). Wir tendieren dazu, bei Erfolgen dispositionale und bei Mißerfolgen situative Attributionen vorzunehmen (Gilovich 1991).

Tun wir uns mit dieser selbstdienlichen Verzerrung immer etwas Gutes? Stellen Sie sich vor, Sie säßen in einer Pokerrunde. Wenn Sie alle gewonnenen Spiele Ihren eigenen Fähigkeiten zuschreiben würden und die verlorenen unter »Pech« verbuchen, so würden Sie wahrscheinlich zu lange am Tisch bleiben – wie ein Experiment von Gilovich (1983) eindrucksvoll zeigt. In dieser Studie wurde untersucht, wie Menschen ihre Gewinne und Verluste bei Wetten auf Fußballspiele erklären. Im ersten Teil der Studie gaben die Teilnehmer bei einem imaginären Einsatz von 250 $ eine Reihe von Wetten auf die Spiele des nächsten Spieltages ab. Im zweiten Teil – nachdem die Spiele stattgefunden hatten und die Wetten entschieden waren – wurden sie gebeten, ihre in der letzten Woche abgegebenen Wetten noch einmal zu kommentieren. Die Tendenz dieser Kommentare ging dahin, die gewonnenen Wetten besonders herauszuheben und aufzuwerten. Im Gegensatz dazu versuchten die Teilnehmer, ihre verlorenen Wetten mit ihren Kommentaren »ungeschehen zu machen«, etwa mit dem Hinweis, wie das Ergebnis »eigentlich« hätte aussehen sollen.

Wenn Sie Attributionen auf diese Weise vornehmen, werden Sie von sich wahrscheinlich ein gutes Bild haben, aber Sie sollten dabei auch die möglichen Kosten betrachten. Wir haben eben betont, daß man den fundamentalen Attributionsfehler besonders bei der Bewertung anderer vermeiden sollte. Sie sollten aber auch die Attributionen Ihres eigenen Verhaltens auf Einseitigkeit untersuchen und evtl. ausbalancieren.

Warum haben unsere Attributionen eine derart große Bedeutung? Nehmen Sie einmal an, Sie seien nicht genau im Bilde über die Randbedingungen einer Situation und befänden deshalb eine andere Person für unfreundlich. Könnte diese falsche Annahme vielleicht dazu führen, daß diese Person Ihnen gegenüber unfreundlich reagiert? Dem großen Einfluß von Annahmen, Überzeugungen und Erwartungen bei der sozialen Wahrnehmung wollen wir uns im folgenden zuwenden.

Erwartungen und sich selbst erfüllende Prophezeiungen

Eine große Zahl von Untersuchungsergebnissen legt nahe, daß manche Situationen grundlegend von den Überzeugungen und Erwartungen geprägt werden, die diesen Situationen von den beteiligten Personen entgegengebracht werden.

> **!** Sich selbst erfüllende Prophezeiungen (»self fulfilling prophecies«; Merton 1957) sind Vorhersagen über zukünftiges Verhalten oder für bestimmte Ereignisse, die die Interaktionen so beeinflussen, daß dadurch genau das produziert wird, was erwartet wurde.

Nehmen wir z. B. an, Sie gingen auf eine Party und erwarteten, daß Sie sich dort prächtig amüsieren würden. Nehmen wir weiterhin an, eine Freundin von Ihnen ginge ebenfalls zu der Party, aber mit der Erwartung, daß es total langweilig werden würde. Können Sie sich vorstellen, wie unterschiedlich Sie beide sich möglicherweise aufgrund der jeweils gegebenen Erwartungen verhalten werden? Wer von Ihnen beiden wird wahrscheinlich auf der Party mehr Spaß haben?

Der Einfluß sozialer Erwartung, auch »Pygmalioneffekt« genannt, wird besonders drastisch durch ein Experiment veranschaulicht, das der Psychologe Robert Rosenthal in Zusammenarbeit mit der Schulleiterin Leonore Jacobson durchführte. Wir stellen es im Abschn. **Experiment** vor.

Die Besonderheit der sich selbst erfüllenden Prophezeiungen in den Bostoner Klassenzimmern lag darin, daß sie auf gezielt aufgebauten falschen Erwartungen der Lehrer beruhten. Durch diese Methode war es Rosenthal u. Jacobson möglich, das ganze Potential aufzu-

---

EXPERIMENT

Pygmalion im Unterricht

Die Forscher teilten Grundschullehrern in Boston mit, ihre Tests hätten ergeben, daß sich unter den Schülern einige Hochbegabte befinden. Sie wurden glauben gemacht, daß diese herausragenden Schüler vor Intelligenz nur so sprühten und daß von ihnen außerordentliche Fortschritte im nächsten Schuljahr zu erwarten seien. Tatsächlich aber gab es keine objektive Grundlage für diese Vorhersage, denn die plötzlichen Genies waren nach dem Zufallsprinzip ausgewählt worden! Nichtsdestotrotz hatten am Ende des Schuljahres 30% der Kinder, die willkürlich als hochbegabt bezeichnet worden waren, in Intelligenztests einen durchschnittlichen Zuwachs von 22 IQ-Punkten zu verzeichnen. Fast alle hatten sich um mindestens 10 IQ-Punkte verbessert. Ihr Zugewinn an intellektueller Leistungsfähigkeit, die mit einem standardisierten Intelligenztest erhoben worden war, war signifikant größer als der ihrer nicht ausgewählten Klassenkameraden, die die Kontrollgruppe bildeten (Rosenthal u. Jacobson 1968). Wie konnten sich die falschen Erwartungen der Lehrer in einer derart positiven Leistung der Schüler niederschlagen? Rosenthal (1974) weist auf mindestens 4 Prozesse hin, die durch die Lehrererwartungen aktiviert wurden (vgl. Jussim 1986):

- Erstens verhielten sich die Lehrer den »späten Genies« gegenüber freundlicher und herzlicher und schufen dabei ein Klima, das durch soziale Anerkennung und Akzeptanz geprägt war.
- Zweitens stellten sie an die Kinder, in die sie ganz besonders große Hoffnungen legten, höhere Anforderungen, sowohl was die Qualität als auch was den Schwierigkeitsgrad der Lerninhalte betraf.
- Drittens gaben sie unmittelbarere und klarere Rückmeldungen über die Leistungen der ausgewählten Schüler, sowohl in Form von Lob als auch von Tadel.
- Schließlich gaben die Lehrer den »hochbegabten« Schülern im Unterricht vermehrt Gelegenheit, ihre Leistungen zu präsentieren und dafür verstärkt zu werden. So hatten diese Schüler auch einen Beweis dafür, daß sie gut waren.

zeigen, das in sich selbst erfüllenden Vorhersagen steckt. In den meisten alltäglichen Situationen sind die Erwartungen jedoch auf einigermaßen korrekten sozialen Wahrnehmungen begründet (Jussim 1991). Lehrer z.B. erwarten von bestimmten Schülern gute Leistungen, weil diese Schüler die Schule mit einer besseren Qualifikation angetreten haben, und diese Schüler zeigen in der Tat die besten Leistungen.

Den stärksten Beleg dafür, daß Erwartungen einen Einfluß auf Situationen ausüben können, finden wir im Alltag dann, wenn uns nur wenige Informationen zur Verfügung stehen, die für die zu treffende Beurteilung relevant sind. Das ist im Zusammenhang mit Geschlechtsstereotypen gezeigt worden, wie dem Abschn. **Psychologie im Alltag** zu entnehmen ist.

Die Erwartungen hatten also die Urteile nicht beeinflußt, für die in der aktuellen Situation konkrete Hinweise zu finden waren. Die Studenten konnten sich ein klares Bild davon machen, wie das Baby aussah und wie es sich verhielt. Nur wenn derlei direkte Hinweise nicht verfügbar waren, also bei der Persönlichkeitsbeurteilung, waren die Antworten von Stereotypen beeinflußt worden.

> ! **Erwartungen** üben den stärksten Einfluß dann aus, wenn eine Person nicht die Gelegenheit hat, sich ein realistisches Bild zu machen, bevor das Urteil abgegeben wird. Unter solchen Umständen treten auch sich selbst erfüllende Prophezeiungen auf.

Natürlich erzeugen in alltäglichen Interaktionen »Urteile« häufig wiederum bestimmte Verhaltensweisen. Wir wollen nun betrachten, wie die Auswahl an Verhaltensweisen, die eine Person trifft, die Konstruktion der sozialen Wirklichkeit beeinflussen kann.

Verhaltensweisen, die Erwartungen bestätigen

Betrachten wir noch einmal das Experiment mit den angeblich hochbegabten Schülern. Wir haben bereits festgestellt, daß eine Reihe von Verhaltensweisen den Lehrern langfristig gestattete, ihre eigenen Erwartungen zu bestätigen. Snyder (1984) führte den Begriff

---

PSYCHOLOGIE IM ALLTAG

Wer ist sportlicher und aktiver – »Keith« oder »Karen«?

In der Studie von Jussim (1993) brachten die Forscher ein 9 Monate altes Baby in ein Seminar junger Psychologiestudenten (s. Abb. 9.9). Etwa die Hälfte der Studenten wurde in den Glauben versetzt, das Baby trage den Namen Keith, und die andere Hälfte erhielt die Information, das Baby heiße Karen. Erstere dachten also, es handele sich um einen Jungen und letztere, es handele sich um ein Mädchen. Die Studenten wurden dann aufgefordert, ihre Eindrücke von dem Baby zu schildern und dabei körperliche Merkmale, Verhalten und Persönlichkeitseigenschaften zu berücksichtigen. Die Einschätzungen von »Keith« und »Karen« unterschieden sich nicht bei den Beurteilungsaufgaben, für die die Situation Informationen bereithielt, nämlich bezüglich der körperlichen Merkmale und des Verhaltens in dem Seminarraum. Die Persönlichkeitseinschätzung konnte dagegen nicht auf dem beobachteten Verhalten des Kindes im Seminarraum beruhen. Und tatsächlich war dies auch der einzige Bereich, bei dem Geschlechtsstereotype zu erkennen waren: »Keith« wurde als sportlicher, lauter, aktiver und rauher eingeschätzt als »Karen«.

Abb. 9.9. Welche Eigenschaften hat dieses Baby? In welchen Bereichen würde sich Ihr Urteil über dieses Baby ändern, wenn Sie einmal erführen, es handele sich um Keith und das andere Mal, es handele sich um Karen?

»Bestätigung durch Verhalten« (»behavioral confirmation«) ein, um damit den Prozeß zu bezeichnen, bei dem die Erwartungen gegenüber einer anderen Person das Verhalten dieser anderen Person so beeinflussen, daß die ursprünglichen Annahmen bestätigt werden.

Stellen Sie sich beispielsweise vor, Sie sollten sich mit jemandem unterhalten und Sie hätten zuvor die Information erhalten, daß es sich bei der Person um einen schüchternen, introvertierten Menschen handelt. Welche der folgenden Fragen würden Sie in einem solchen Gespräch am ehesten stellen (Snyder u. Swann 1978)?

- Was würdest Du tun, um in eine müde Party wieder Schwung zu bringen?
- In welchen Situationen würdest Du dir wünschen, mal etwas mehr aus Dir herauszugehen?
- Woran liegt es, daß es Dir schwerfällt, Dich anderen Leuten gegenüber wirklich zu öffnen?
- In welchen Situationen bist Du am gesprächigsten?

In einer Untersuchung von Snyder u. Swann (1978) wählten die meisten Teilnehmer die zweite Frage. Aber: Ist es nicht sehr wahrscheinlich, daß auch eine sehr extravertierte Person Ihnen eine vernüftige Antwort auf diese Frage geben könnte? Die Erwartung »Ich werde mit einem schüchternen Menschen sprechen« führt also zur Auswahl eines bestimmten Verhaltens, nämlich »Ich werde die Art Fragen stellen, die man einem schüchternen Menschen stellen kann.« Dies wiederum führt zu einer möglichen Bestätigung der Erwartung, wie etwa »Wenn diese Person eine Antwort auf meine Frage hat, nehme ich an, daß sie wirklich schüchtern ist.«

Wie groß ist der Einfluß dieser Tendenz zur Bestätigung durch Verhalten? Die Antwort auf diese Frage lautet ähnlich wie die, die wir bereits bei den sich selbst erfüllenden Vorhersagen kennengelernt haben: Entscheidend ist die Verfügbarkeit direkter Informationen aus der Umgebung. Swann u. Ely (1984) stellten eine Situation her, bei der in einer Gruppe von Studentinnen (»Wahrnehmer«) falsche Erwartungen bezüglich der Extraversion oder Introversion einer zweiten Gruppe junger Frauen (»Zielpersonen«) geweckt worden waren. Für jede Zielperson standen den Forschern Informationen über die wirkliche Ausprägung von Introversion bzw. Extraversion zur Verfügung. Einige der Zielpersonen hatten allerdings ein besonders gefestigtes Selbstkonzept für diese Dimension, wohingegen andere diesbezüglich ein unsicheres und schwaches Selbstkonzept hatten. Was passierte nun, als die Wahrnehmer mit den Zielpersonen zusammentrafen? Bei den Zielpersonen, die unklare Selbstkonzepte hatten, setzte sich die Tendenz zur Bestätigung durch Verhalten durch: Die Wahrnehmer riefen bei ihnen Verhaltensweisen hervor, die den ursprünglichen Erwartungen entsprachen. Hatten die Zielpersonen allerdings ein klar umrissenes Selbstkonzept, so schlug sich dies auch in den Beurteilungen durch die Wahrnehmer nieder, so daß falsche Erwartungen eher revidiert wurden.

> **!** Wieder einmal kann man beobachten, daß die Erwartungen dann den größten Einfluß ausüben, wenn die Ausgangslage unklar ist. Unter diesen Umständen hat man die beste Möglichkeit, die Welt mit den eigenen Annahmen und Einstellungen in Übereinstimmung zu bringen – und zwar sowohl mit guten als auch mit bösen Absichten.

Diese Schlußfolgerung führt zu der Frage, wie Einstellungen entstehen. In den Experimenten war den Teilnehmern üblicherweise gesagt worden, was sie zu glauben hätten. Was aber passiert im Alltag, wenn wir uns unsere Erwartungen selbst bilden? Der nächste Abschnitt liefert die Antwort.

9.2.2
Soziale Realität und Einstellungen

Eine **Einstellung** ist »eine psychologische Tendenz, die sich durch die Bewertung eines bestimmten Gegenstandes oder Sachverhalts mit einem gewissen Grad an Zustimmung oder Ablehnung ausdrückt« (Eagly u. Chaiken 1993, S. 1). Möglicherweise haben Sie eine positive Einstellung zu Sportwagen, Horrorfilmen und Skat und eine negative Einstellung zu zeitgenössischer Kunst, Pizza und Fußball. Viele unserer Einstellungen sind nicht offen sichtbar, und manchmal sind wir uns selbst gar nicht bewußt, daß wir bestimmte Einstellungen haben. Die obengenannte Definition deckt auch diese Fälle ab. Unsere Einstellungen sind so etwas wie ein Kameraobjektiv, durch das wir die soziale Wirklichkeit betrachten. Nehmen wir als Beispiel die Geschehnisse bei einem Fußballspiel: Je nachdem, welches Objektiv man wählt, sieht man die Wirklichkeit anders. Diejenigen, die zu Mannschaft A halten, »sehen ein anderes Spiel« als die Anhänger von Mannschaft B.

Dissonanztheorie

Eine der bekanntesten Annahmen in der Einstellungsforschung besagt, daß Menschen gerne davon ausgehen, daß ihre Einstellungen über die Zeit hinweg konsistent sind (Eagly u. Chaiken 1993). Dieses Streben nach Konsistenz wurde in der Sozialpsychologie mit der **Theorie der kognitiven Dissonanz** untersucht, die von Leon Festinger (1957), einem Schüler Kurt Lewins, aufgestellt wurde.

> ! Kognitive Dissonanz bezeichnet den konflikthaften Zustand, den jemand erlebt, nachdem er eine Entscheidung getroffen hat, eine Handlung ausgeführt hat oder einer Information ausgesetzt worden ist, die zu vorherigen Meinungen, Gefühlen oder Werten im Widerspruch steht. Es wird angenommen, daß ein aversiver Zustand entsteht, den die Person gerne reduzieren oder beseitigen möchte, wenn ihre Kognitionen über das eigene Verhalten und die Einstellungen, die dieses Verhalten betreffen, dissonant (unvereinbar) sind. Aktivitäten zur Dissonanzreduktion verändern diesen unangenehmen Zustand und dienen dazu, von neuem Konsonanz unter den Kognitionen herzustellen.

Nehmen wir an, Sie hätten 2 dissonante Kognitionen, beispielsweise das Wissen über sich selbst (»Ich bin Raucher«) und Annahmen über das Rauchen (»Rauchen verursacht Lungenkrebs«). Zur Reduzierung der dabei beteiligten Dissonanz stehen Ihnen verschiedene Wege offen:

- Änderung der Annahme über die Folgen des Rauchens: »Die Belege dafür, daß das Rauchen Lungenkrebs verursacht, sind nicht sonderlich überzeugend«;
- Verhaltensänderung: Sie hören mit dem Rauchen auf;
- Neueinschätzung des Verhaltens: »Ich rauche nicht besonders viel« oder
- Hinzufügen neuer Kognitionen: »Ich rauche nur leichte Zigaretten«.

Jeder dieser Wege macht die Inkonsistenz unter den Kognitionen psychologisch weniger unangenehm.

Dissonanz wirkt motivierend und nötigt uns, etwas zu unternehmen, um das unangenehme Gefühl zu reduzieren. Die Motivation zur Reduktion der Dissonanz steigt mit der Dissonanzstärke, die durch die kognitive Inkonsistenz hervorgerufen wurde. Mit anderen Worten: Je stärker die Dissonanz, desto größer die Motivation dafür, sie zu reduzieren. Im klassischen Experiment zur Dissonanz erzählten Studenten anderen Studenten etwas, das gar nicht stimmte und kamen mit der Zeit dahin, an ihre eigene Unwahrheit zu glauben, wenn sie eine kleine Belohnung dafür bekamen (s. ausführlicher im Abschn. **Experiment**).

Die kleine Entschädigung für das normabweichende Verhalten des Lügens erzeugte größere Dissonanz, als wenn die Versuchsteilnehmer ihr Lügen mit der größeren Belohnung rechtfertigen konnten. Die unzureichende externale Rechtfertigung (1 $) veranlaßte die Teilnehmer, eigene Rechtfertigungen für das dissonante Verhalten zu erfinden. Wie dieses Experiment zeigt, reagiert eine Person bei großer Dissonanz mit nachträglicher Verhaltensänderung und der Bemühung, sich selbst zu überzeugen. Auf diese Weise kann dann auch ihre Stellungnahme gegenüber anderen höchst überzeugend wirken.

> ! Diese Analyse auf der Grundlage der Dissonanztheorie zeigt, daß Einstellungsänderungen dadurch herbeigeführt werden, daß zunächst das Verhalten geändert wird. Unter Bedingungen großer Wahlfreiheit und niedriger Rechtfertigung wird Verhalten erzeugt, das mit der Einstellung dissonant ist.

Schon die alten biblischen Gelehrten kannten dieses Prinzip. Sie veranlaßten die Rabbiner dazu, nicht darauf zu bestehen, daß die Leute erst an Gott glauben sollten, bevor sie beteten. Man müsse sie umgekehrt erst zum Beten bringen – und mit der Zeit würde das dazu füh-

Dissonanzreduktion nach einer Lüge

Die Teilnehmer bearbeiteten eine ziemlich langweilige Aufgabe und wurden dann gebeten, den Versuchsleitern einen Gefallen zu tun und den nächsten Teilnehmer anzulügen, indem sie behaupteten, die Aufgabe hätte Spaß gemacht und sei interessant gewesen. Die eine Hälfte der Versuchsteilnehmer erhielt 20 $ für diese Lüge, die anderen nur 1 $. Die erste Gruppe betrachtete die Bezahlung von 20 $ als ausreichende Rechtfertigung für die Lüge. Die Mitglieder der zweiten Gruppe betrachteten den 1 $ jedoch als einen unzureichenden Grund fürs Lügen. Bei ihnen blieben also 2 dissonante Kognitionen zurück: »Die Aufgabe war langweilig«, und »Ich habe es vorgezogen, einem anderen zu erzählen, die Aufgabe sei spaßig und interessant gewesen, obwohl ich keinen guten Grund hatte, das zu tun«. Um ihre Dissonanz zu reduzieren, änderten diese Teilnehmer die Bewertung der Aufgabe. Sie gaben der Überzeugung Ausdruck, es sei wirklich spaßig und interessant gewesen: »Ich würde wieder mitmachen«. Im Vergleich dazu änderten die Teilnehmer, die für 20 $ gelogen hatten, ihre Bewertungen nicht. Sie blieben bei der Ansicht, die Aufgabe sei langweilig gewesen, obwohl auch sie gelogen hatten – allerdings des Geldes wegen (Festinger u. Carlsmith 1959).

---

ren, daß sie dann auch glaubten. Es gibt Hunderte von Experimenten und Feldstudien, in denen dieser Einfluß kognitiver Dissonanz bei Einstellungsänderungen nachgewiesen wurde (Wicklund u. Brehm 1976).

Theorie der Selbstwahrnehmung

Die Dissonanztheorie beschreibt eine Möglichkeit, wie die Attributionen von Menschen zu ihrem eigenen Verhalten – in Richtung auf Konsistenz – denselben Kräften unterliegen wie die Attributionen zum Verhalten anderer Menschen. Das bedeutet, daß wir um der Konsistenz willen bei der Attribution von Ursachen und Motiven unseres eigenen Verhaltens dieselben Fehler machen können wie bei der Beurteilung des Verhaltens anderer. Zu ähnlichen Schlüssen kommt eine andere sozialpsychologische Theorie, jedoch aus einem etwas anderen Blickwinkel. Es sei nochmals darauf hingewiesen, daß Menschen in den westlichen Kulturen bei der Beurteilung des Verhaltens anderer besonders schnell dispositional attribuieren. Deshalb ist es nicht verwunderlich, daß sie sich selbst gegenüber demselben Bias unterliegen. Diese Ansicht stellt den Kern der von Deryl Bem (1972) entwickelten **Theorie der Selbstwahrnehmung** dar.

> **!** Nach der Theorie der Selbstwahrnehmung nehmen wir uns und unser aktuelles Verhalten wahr, erinnern uns daran, wie wir in der Vergangenheit in einer bestimmten Situation reagiert haben und schließen dann auf unseren inneren Zustand – Überzeugungen, Einstellungen, Motive und Gefühle – oder darauf, wie unser innerer Zustand aussehen sollte. Dieses *selbstbezogene Wissen* wird auch dann eingesetzt, wenn wir uns über die wahrscheinlichen Ursachen oder Determinanten unseres Verhaltens Gedanken machen.

Beispielsweise reagieren wir auf die Frage »Mögen Sie Psychologie?« folgendermaßen: »Ja, sehr. Ich habe freiwillig verschiedene Psychologiekurse belegt, bin in Vorlesungen immer sehr aufmerksam und lese oft in der Bibliothek; meine Prüfungsnoten sind auch ganz gut.« Mit anderen Worten, die Frage nach persönlichen Vorlieben wird mit einer Beschreibung relevanter Handlungen und der Situationseinflüsse, die dabei eine Rolle spielen, beantwortet.

Zum großen Teil ist die Theorie der Selbstwahrnehmung eher eine Theorie zur Entstehung von Einstellungen als zur Änderung von Einstellungen, da die motivationalen Komponenten der Dissonanztheorie fehlen. Da Selbstwahrnehmungen an die Stelle fehlender Einstellungen treten, finden Prozesse der Selbstwahrnehmung vor allem dann statt, wenn wir uns in mehrdeutigen Situationen befinden und uns mit außergewöhnlichen Ereignissen befassen. Unter diesen Bedingungen müssen wir erst noch entdecken, was wir einem neuen Objekt gegenüber empfinden, zu dem wir uns gerade eine Einstellung bilden (Fazio 1987). Ein möglicher Fehler beim Erwerb selbstbezogenen Wissens besteht häufig darin, daß man situative Einflüsse auf das Verhalten unterschätzt. Um dies zu zeigen, kommen wir noch ein letztes Mal auf das Quiz-Experiment zurück. Erinnern wir uns daran, daß die Teilnehmer, denen die wenig erfolgversprechende Rolle der Kandidaten zufiel, ihr eigenes Allgemeinwissen als relativ niedrig einschätzten. Stellen Sie sich einmal vor, wie man sich in einer solchen Situation fühlen muß. Immer und immer wieder würden Sie sich selbst sagen hören: »Auf diese Frage weiß ich (wieder) keine Antwort.« – Erkennen Sie, wie der Prozeß der Selbstwahrnehmung negative Selbstbewertungen auslösen kann?

Gibt es eine »wirkliche« soziale Wirklichkeit?

Wir haben in diesem Abschnitt gesehen, wie die »**Konstruktion der Wirklichkeit**« von Erwartungen, die wir der sozialen Realität entgegenbringen, beeinflußt wird. Bedeutet dies, daß jeder eine andere Sichtweise der Welt hat? In gewissem Sinne lautet die Antwort: Ja. Berücksichtigt man, daß jedes Individuum eine eigene Lerngeschichte und eigene Lebenserfahrungen hat, die zu verschiedenen Einstellungen und Erwartungen führen, so müssen wir erwarten, daß die »Wirklichkeit« sich von Mensch zu Mensch wenigstens in Nuancen unterscheidet. Wenn Sie jemals erlebt haben, wie andere von Ereignissen berichten, bei denen Sie selbst auch anwesend waren, sind Sie wahrscheinlich bereits selbst schon zu dieser Erkenntnis gekommen. Wurden dabei Teile der Geschichte hervorgehoben, die Ihnen persönlich eher unwichtig vorkamen? Oder wurden andere Gründe als Ihre eigenen dafür genannt, warum das Geschehen so ablief? Diese kleinen (oder großen!) Unterschiede der Perspektiven sind deutliche Hinweise dafür, daß soziale Wirklichkeiten individuell verschieden konstruiert werden. Andererseits haben wir auch gesehen, daß die Prozesse bei der Wirklichkeitskonstruktion bestimmten wichtigen Einschränkungen durch äußere Einflüsse unterworfen sind. Geschlechtsstereotype über kleine Jungen und Mädchen beeinflußten *nicht* die Einschätzungen auf den Dimensionen, für die die Beobachter relevante Daten aus erster Hand zur Verfügung hatten, und wir können – wie ein anderes Experiment gezeigt hat – auch nicht selbstsichere extravertierte Menschen zu Introvertierten machen, indem wir einfach ein hohes Maß an Introversion erwarten. Die Prozesse bei der Selbstwahrnehmung haben dann den größten Einfluß, wenn es noch keine lange Geschichte von Erfahrungen gibt, auf der eine Interpretation bestimmter Verhaltensweisen begründet sein könnte. All diese Befunde weisen darauf hin, daß sich die verschiedenen Welten der Menschen am stärksten unter Bedingungen der Unsicherheit unterscheiden.

Im Verlauf dieses Kapitels haben wir Sie mehrmals gebeten, sich Situationen vorzustellen, in denen Sie mit ihren Freunden interagieren. Aber wie und warum werden überhaupt manche Menschen zu Ihren Freunden? Es ist nicht verwunderlich, daß ein weiterer wichtiger Bereich sozialpsychologischer Forschung sich mit sozialen Beziehungen befaßt, also mit den Beziehungen zwischen einzelnen Menschen und zwischen Gruppen von Menschen. Wir werden nun betrachten, wie Vorurteile Menschen entzweien und wie gegenseitige Anziehung sie zusammenbringt.

9.3
Soziale Beziehungen

Wie wählen Sie die Menschen aus, mit denen Sie Ihr Leben teilen möchten? Sozialpsychologen haben sich mit dieser Frage sowohl aus einer negativen als auch aus einer positiven Perspektive befaßt. Auf der negativen Seite hat die Forschung versucht zu verstehen, wie Vorurteile entstehen. Warum können Mitglieder verschiedener Gruppen eine irrationale Abneigung gegeneinander empfinden, obwohl diese nur selten auf selbst erlebten Erfahrungen oder auf überprüftem Wissen beruht? Hinter dieser Frage stand immer die Hoffnung, daß das Verständnis der Entstehung von Vorurteilen dabei helfen könnte, diese ganz aus der Welt zu schaffen. Auf der positiven Seite hat die Forschung versucht herauszufinden, warum Menschen einander anziehen. Dabei wurden auch Faktoren gesucht, die Gefühle wie Zuneigung und Liebe erzeugen. Wir wenden uns nun diesen Aspekten sozialer Beziehungen zu.

9.3.1
Vorurteile

Von allen menschlichen Schwächen wirkt keine zerstörerischer auf die Würde des einzelnen und die sozialen Beziehungen unter den Menschen als **Vorurteile**. Das Studium von Vorurteilen und die Erforschung der Komplexität und Dauerhaftigkeit dieses Phänomens waren schon immer Gegenstand der Sozialpsychologie. Außerdem bemühten sich Sozialpsychologen, Strategien zu entwickeln, mit deren Hilfe vorurteilsbeladende Einstellungen und diskriminierendes Verhalten abgebaut werden können (Allport 1954; Duckitt 1992). Als 1954 in den USA die Rassentrennung im öffentlichen Bildungssektor per Gerichtsentscheid verboten wurde, war das z. T. durch Forschungsarbeiten begründet, die dem Gericht von dem Sozialpsychologen Kenneth Clark vorgelegt worden waren. Darin wurde der negative Einfluß getrennter und ungleicher Bildung auf farbige Kinder dargestellt (Clark u. Clark 1947).

Vorurteile sind ein herausragendes Beispiel für eine Fehlentwicklung der subjektiven sozialen Realität und für eine Situation, die lediglich in den Köpfen bestimmter Menschen vorhanden ist und dennoch das Leben anderer beeinträchtigen und zerstören kann.

> **!** Als **Vorurteile** bezeichnet man eine gelernte Einstellung gegenüber einem Zielobjekt, bei der negative Gefühle (Abneigung oder Angst) und negative Annahmen (Stereotype) beteiligt sind, die als Rechtfertigung für die Einstellung dienen. Dazu kommt auf der Verhaltensebene die Neigung, die Mitglieder der Zielgruppe zu kontrollieren oder zu dominieren, zu meiden oder zu eliminieren.

Eine falsche Überzeugung wird dann zum Vorurteil, wenn sie auch angesichts angemessener Gegenbeweise gegenüber Änderungen resistent ist. Vorurteilsbeladene Einstellungen dienen als Filter für eine voreingenommene Wahrnehmung anderer Personen, die voreingenommen behandelt werden, sobald sie einmal in die Schublade der Zielgruppe gesteckt wurden.

Ursprünge von Vorurteilen

Eine der traurigen Wahrheiten, die sich beim Studium von Vorurteilen ergeben, lautet, daß es ziemlich einfach ist, Menschen dazu zu bringen, gegenüber Personen, die nicht zur eigenen Gruppe gehören, negative Einstellungen zu hegen (Elliott 1977; Sherif et al. 1971/1988). Bereits der kleinste Hinweis auf Unterschiedlichkeit kann ausreichen, um die Bildung von Voreingenommenheit und Vorurteilen auszulösen, wie das folgende **Experiment** zeigt.

Wie konnte diese »Farbidentität« so schnell eine Bedeutung erlangen? Warum hat sie überhaupt eine Bedeutung? Lassen Sie uns diesen Fragen nachgehen.

Der Wirkfaktor in dem Farbexperiment ist der sehr kurze Moment, in dem soziale Kategorisierungen vorgenommen werden.

> **!** Als **soziale Kategorisierung** bezeichnen wir den Prozeß, bei dem wir unsere soziale Umwelt organisieren, indem wir uns und andere in Gruppen einordnen (Wilder 1986). Die einfachste und tiefgreifendste Form der Kategorisierung ist das Urteil darüber, ob andere Menschen so sind wie wir selbst.

Diese Einordnung hat sich aus einer »Ich-oder-Nicht-Ich-Orientierung« zu einer »Wir-oder-Sie-Orientierung« entwickelt. Die Unterscheidungsprozesse führen zu einer Voreingenommenheit für die eigene Bezugsgruppe, den sog. *In-group-bias* (Brewer 1979), und zu der Bewertung, daß die eigene Gruppe besser als die andere sei. In vielen Experimenten wurden die Auswirkungen minimaler Gruppenbildung untersucht, wie etwa bei der oben geschilderten Unterscheidung durch Blau und Grün (Tajfel 1982; Tajfel u. Billig 1974). Die Mitglieder der verschiedenen Gruppen stoßen meist als Fremde hinzu und zeigen dennoch sofort eine erstaunliche Solidarität. Sie glauben, daß die Mitglieder ihrer Bezugsgruppe angenehmere Menschen und fleißiger als die anderen sind. Wenn es darum geht, Ressourcen zu verteilen, dann tun Menschen alles, um den Mitgliedern der fremden Gruppen Begünstigungen streitig zu machen. Diese Vorgänge entwickeln sich unabhängig von begrenzten Kontakten zur anderen Gruppe und trotz positiver Erfahrungen einzelner Mitglieder der Bezugsgruppe mit Angehörigen der anderen Gruppe (Park u. Rothbart 1982; Quattrone 1986).

Wenn all diese Kräfte bereits in dieser künstlich gegründeten Gruppe wirken, so wird man bald ein Verständnis dafür bekommen, wie Vorurteile, Furcht und Rassismus unter realen Alltagsproblemen so ernste Ausmaße annehmen können. Die unmittelbare Tendenz dazu, »Wir-versus-Sie-Zuschreibungen« vorzu-

---

EXPERIMENT

Vorurteile gegen »die Blauen« (oder »die Grünen«)
Bei einer Serie von Experimenten, die in den Niederlanden durchgeführt wurden, wurden die Teilnehmer nach Zufall auf 2 Gruppen verteilt. Es gab die »blaue Gruppe« und die »grüne Gruppe«. Abhängig von der Gruppenzugehörigkeit erhielten die Versuchsteilnehmer entweder blaue oder grüne Stifte und sollten entweder blaues oder grünes Papier zum Schreiben benutzen. Der Versuchsleiter benutzte auch immer den Gruppennamen, wenn er sich an die Mitglieder wand-

te. Obwohl diese Farbklassen keinerlei intrinsische psychologische Bedeutung hatten und obwohl die Zuweisung zu den Gruppen völlig willkürlich erfolgt worden war, gaben die Probanden eine positivere Bewertung ihrer eigenen Gruppe ab als der anderen. Dieser Bias gegenüber der eigenen Gruppe kann *ausschließlich* auf die Identifikation mit der Farbe zurückgeführt werden, da er bereits auftrat, bevor die Gruppenmitglieder gemeinsam an einer experimentellen Aufgabe zu arbeiten begonnen hatten (Rabbie 1981).

nehmen, wird um so ausgeprägter, je mehr eine Wahrnehmung dafür besteht, daß Ressourcen knapp werden und daß die vorhandenen Güter auf Kosten der anderen Gruppe nur der eigenen zukommen sollten. Zusätzlich hat die Forschung gezeigt, daß viele von den alltäglichen Vorurteilen auch nicht bewußt bestehen können (Devine 1989; Greenwald u. Banaji 1995). Haben sich Vorurteile erst einmal herausgebildet, üben sie einen großen Einfluß darauf aus, wie die fortlaufenden Erfahrungen selektiv verarbeitet, organisiert und erinnert werden. Sogar jemand, dessen Überzeugungen ausdrücklich nicht von Vorurteilen bestimmt sind, kann automatisch von Vorurteilen beeinflußt werden. So kann eine unreflektierte »Auswahl« von Freunden oder Aktivitäten eine Voreingenommenheit ausdrükken, die nicht bewußt internalisiert wurde.

Der Abbau von Vorurteilen

Wir sind nun an dem schwierigen Punkt angelangt, daß Vorurteile leicht zu erzeugen, aber nur schwer wieder abzubauen sind. Dennoch haben seit den Anfängen der Sozialpsychologie einzelne Forscher versucht, den Vormarsch der Vorurteile aufzuhalten. Eine der frühen klassischen Studien demonstrierte, daß bereits minimale Gruppenbildung zu großer Feindseligkeit führen kann. Im Abschn. **Experiment** werden einige der Details beschrieben.

> **!** Diese Untersuchung zeigte, daß für den Abbau von Vorurteilen mehr erforderlich ist als lediglich der Kontakt zwischen Gruppen. Idealerweise sollte ein Programm zur Beseitigung von Vorurteilen die persönliche Zusammenarbeit bei der Erreichung gemeinsamer Ziele in den Vordergrund stellen.

Der Sozialpsychologe E. Aronson und seine Kollegen (1978) griffen die Idee aus Sherifs Experiment auf und entwickelten ein Programm, um gegen Vorurteile in Schulklassen vorzugehen, in denen Kinder aus verschiedenen ethnischen Gruppen zusammenkamen. Sie stellten Aufgaben, bei denen die Schüler aufeinander angewiesen waren. Wettbewerbs- und Konkurrenzsituationen wurden dabei allerdings vermieden. Mit der sog. *Jigsawing-Technik* (Bandsäge-Technik) – hergeleitet aus dem Bild der Bandsäge, bei der 2 Leute beim Durchsägen eines Baumstammes zusammenarbeiten – erhielt jeder Schüler einen Teil des Materials, das zur Lösung der Aufgabe benötigt wurde. Zwangsläufig konnte die Aufgabe nur durch Kooperation der gesamten Gruppe gelöst werden. Die Leistung der einzelnen Gruppenmitglieder wurde nur auf der Basis der Präsentation durch die gesamte Gruppe bewertet. Bei diesem Programm ist also der Beitrag eines jeden Gruppenmitglieds gleichermaßen notwendig und wertvoll.

Die Bandsäge-Technik hat sich in dieser und anderen Studien bewährt. Die Konflikte in »multiethnischen« Schulklassen, wo sich weiße, schwarze und la-

---

EXPERIMENT

»Adler« gegen »Klapperschlangen«

Im Sommer 1954 organisierten M. Sherif et al. (1961/1988) für 2 Gruppen von Jungen ein Sommerlager. Die beiden Gruppen erhielten die Namen »Eagles« (Adler) und »Rattlers« (Klapperschlangen). Jede Gruppe wußte eine Woche lang zunächst nichts von der anderen und bildete jeweils allein einen inneren Gruppenzusammenhang. Dann lernten sich die beiden Gruppen gegenseitig bei einer Reihe von Wettkampfspielen, wie Baseball, Football und Tauziehen, kennen (s. Abb. 9.10). Von Beginn an waren gewaltsame Rivalitäten zu beobachten. Fahnen der gegnerischen Gruppe wurden verbrannt, Hütten geplündert, und es brach ein Kampf um das Essen aus, der einem Aufstand glich.

Was konnte man tun, um diese Feindseligkeiten zu reduzieren? Die Versuchsleiter versuchten zunächst, dadurch Sympathie zwischen den Gruppen zu erzeugen, daß sie jeder Gruppe die jeweils andere als positiv anpriesen. Damit hatten sie keinen Erfolg. Dann versuchten sie, die Gruppen einander näherzubringen, indem sie gemeinsame Aktivitäten außerhalb des Wettkampfes organisierten. Auch hier blieb der Erfolg aus. Die Feindseligkeit zwischen den Gruppen nahm sogar noch weiter zu, als sie sich lediglich gemeinsam einen Film ansehen sollten. Schließlich aber fand sich doch eine Lösung. Die Leiter stellten Aufgaben, die nur durch gemeinsame Anstrengung und die Kooperation beider Gruppen gelöst werden konnten. Zu diesen Aufgaben gehörte z. B. das Beseitigen der Panne eines Campingbusses. Dabei mußten die beiden Gruppen den Bus gemeinsam einen steilen Hügel hinaufziehen. Dank des Erlebens der gegenseitigen Abhängigkeit nahm die Feindseligkeit allmählich ab.

Abb. 9.10. »Adler« und »Klapperschlangen« beim Tauziehen. Während der »Wettstreitphase« von M. Sherifs Experiment zogen

»Adler« und »Klapperschlangen« in verschiedene Richtungen – aber zum Schluß zogen sie an einem Strang

PSYCHOLOGIE IM ALLTAG

Wie ethnische Vorurteile in Schulklassen abgebaut werden können

Carlos war nie beachtet worden, da Englisch nicht seine Muttersprache war. Im Rahmen des Programms gegen Vorurteile wurde ihm eine bedeutende Rolle bei einer Gemeinschaftsaufgabe zugewiesen. Außerdem wurden die anderen »Manschaftskameraden« beauftragt, eine Lösung dafür zu finden, wie man Carlos dabei helfen könnte, die Informationen, die er für die Gruppenaufgabe brauchte, zu übermitteln. Carlos erhielt so Aufmerksamkeit von den anderen, fühlte sich gebraucht, entwickelte eine Zuneigung für andere Gruppenmitglieder und erfuhr darüber hinaus, daß Lernen auch Spaß machen kann. Sowohl sein Selbstwertgefühl als auch seine Noten verbesserten sich daraufhin. Übrigens nahm Carlos' Geschichte einen besonderen Verlauf: Nach Schulabschluß wurde er als Student in die juristische Fakultät der Harvard University, einer amerikanischen Eliteuniversität, aufgenommen.

teinamerikanische Schüler zunächst feindselig gegenüberstanden, nahmen ab (Aronson u. Gonzales 1988; Gonzales 1983). Im Abschn. **Psychologie im Alltag** sehen wir uns die Erfahrungen eines dieser Schüler näher an.

Die psychologische Dimension der Vorurteilsbildung muß als Teil des komplexen Zusammenspiels verschiedenster Ursachen – u. a. historischen, politischen und ökonomischen – betrachtet werden. Deshalb hat die Sozialpsychologie selbstverständlich keine Patentlösung bereit, um Vorurteile gänzlich aus der Welt zu schaffen. Sie kann allerdings Konzepte bereitstellen, mit deren Hilfe in überschaubaren Zusammenhängen die schlimmsten Folgen allmählich verringert oder sogar vermieden werden können.

9.3.2
Interpersonale Anziehung (Attraktion)

Warum suchen Sie die Gesellschaft von Freunden? Warum gibt es Menschen, für die Sie Gefühle hegen, die über Freundschaft hinausgehen und wohl eher als romantische Liebe zu bezeichnen sind? Auch wenn Psychologen weit davon entfernt sind, uns eine endgültige (und möglicherweise desillusionierende!) Antwort über das Rätsel der Liebe zu geben, so konnten sie doch einzelne Aspekte der **Anziehung zwischen Menschen** (interpersonale Attraktion) verständlicher machen.

Zuneigung (»liking«)

Wie entstehen Freundschaften? Der erste Teil der Antwort ist einfach: Menschen fühlen sich zu anderen

Menschen hingezogen, mit denen sie in nächster Nähe leben. Aber nicht ganz so trivial ist das allgemeine Prinzip, das sich hier zeigt: Menschen neigen generell dazu, Personen und Objekte allein deshalb zu mögen, weil sie mit ihnen zu tun haben. Je mehr man mit einer Person oder einem Objekt zu tun hat, um so mehr wird man sie oder es mögen (Zajonc 1968). Dieser »*mere exposure effect*« bedeutet, daß man im großen und ganzen die Personen in seiner Nähe mehr und mehr mögen wird. »Nähe« kann allerdings im Zeitalter des Computers eine neue Bedeutung bekommen: Auch wenn eine andere Person, etwa ein Freund, *physisch* Hunderte oder Tausende von Kilometern entfernt ist, so kann er aufgrund seiner täglichen E-Mails uns *psychologisch* doch sehr nahe sein.

Physische Attraktivität spielt ebenfalls eine wichtige Rolle beim »Entzünden« einer Freundschaftsbeziehung. In unserer Kultur gibt es das feste Stereotyp, daß physisch (körperlich) attraktive Personen auch in anderer Hinsicht »gute« Menschen sind. Eine Studie von Dion et al. (1972) zeigte, daß sowohl Männer als auch Frauen attraktive Personen als freundlicher, stärker, interessanter und fürsorglicher einstuften als unattraktive Personen. Die Teilnehmer der Studie sagten auch voraus, daß die attraktiven Personen glücklichere Ehen und ein erfüllteres Leben führen würden. Angesichts der Stärke dieses Stereotyps ist es wahrlich nicht überraschend, daß körperliche Attraktivität diesen hohen Stellenwert für die Entstehung von Sympathie oder Zuneigung hat. Daß Schönheit manchmal wichtiger sein kann als Intelligenz, zeigt das folgende **Experiment.**

Ähnlichkeit in der körperlichen Attraktivität ist nur einer der Wege, auf denen Ähnlichkeit die Zuneigung fördert. Ähnlichkeit der Überzeugungen, Einstellungen und Werthaltungen fördert Freundschaften auf die gleiche Weise. Warum? Weil Personen, die uns ähnlich sind, uns eine persönliche Bestätigung liefern – sie geben uns das Gefühl, daß unsere Überzeugungen, Werte und Normen in Ordnung sind (Byrne u. Clore 1970). Erinnern Sie sich an die Frauen des Bennington College und die Wahl eines Ehemannes nach der College-Zeit (vgl. Abschn. 9.1)? Außerdem dürfte die Ähnlichkeit deshalb so vorteilhaft sein, weil *Unähnlichkeit* oftmals einen starken Widerwillen erzeugt (Rosenbaum 1986). Wenn Sie entdecken, daß jemand andere Meinungen vertritt, dann rufen Sie aus Ihrem Gedächtnis Beispiele für Reibereien mit unähnlichen Personen ab. Das motiviert Sie, sich fernzuhalten; und wenn Sie sich von unähnlichen Personen fernhalten, dann bleiben nur die ähnlichen als Ihre Freunde übrig.

Schließlich empfindet man nur für die Personen Zuneigung, von denen man glaubt, daß sie auch für einen selbst Zuneigung empfinden. Die Regel der **Reziprozität** – daß man zurückgeben soll, was man bekommt – gilt auch für Freundschaftsbeziehungen (Backman u. Secord 1959). Weil Ihre Überzeugung Ihr Handeln beeinflussen kann, kann die Überzeugung, daß uns jemand mag oder nicht mag, die Beziehung in der einen oder anderen Weise verändern (Curtis u. Miller 1986). Können Sie vorhersagen, wie Sie sich jemandem gegenüber verhalten werden, von dem Sie glauben, daß er/sie Sie mag? Und wie ist es bei einer Person, von der Sie

---

Schönheit ist wichtiger als Intelligenz!
Studienanfänger einer nordamerikanischen Universität, die sich noch nicht kannten, wurden per Zufall von den Versuchsleitern zu Paaren zusammengestellt, die sich zum Tanz verabredeten. Über jeden Teilnehmer dieser Studie wurde eine Vielzahl von Informationen aus den Bereichen Intelligenz und Persönlichkeit gesammelt. Noch am Abend der ersten Verabredung, aber auch bei Nachuntersuchungen wurde jede Person gebeten, das Rendezvous und den Partner zu beurteilen. Die Ergebnisse waren klar und eindeutig, und sie fielen für Männer und Frauen sehr ähnlich aus: Schönheit zählte mehr als ein hoher Intelligenzquotient, als soziales Geschick und als eine ansprechende Persönlichkeit. Nur diejenigen, die der Zufall mit schönen oder wenigstens gutaussehenden Partnern zusammengeführt hatte, wollten die Beziehung weiterführen.

Dieses Ergebnis gilt aber nur für den Anfangszustand einer Beziehung. Im weiteren Verlauf fühlen sich Menschen dann in einer Beziehung sicherer, wenn es zwischen beiden eine einigermaßen gute Übereinstimmung in physischer Attraktivität gibt (Cash u. Derlega 1978; White 1980). Mit anderen Worten, in stabilen Beziehungen sind die beiden Partner in etwa gleich attraktiv, und das gilt sowohl für Freundschaften als auch für romantische Liebesbeziehungen.

vermuten, daß er/sie Sie nicht mag? Angenommen, Sie verhielten sich einer Person gegenüber feindselig, von der Sie glauben, sie möge Sie nicht, – wird Ihnen nun klar, wie Ihre Überzeugung als eine »sich selbst erfüllende Prophezeiung« wirken kann?

> ❗ Diese Beobachtungen und Argumente legen nahe, daß die meisten unserer Freunde Personen sind, die wir häufig treffen und mit denen wir in hohem Maße Ähnlichkeit und Reziprozität teilen.

Liebe

Aber wie sieht das im Falle von Liebesbeziehungen aus? Zum Teil sind es dieselben Kräfte wie bei der Zuneigung, die Menschen eine Liebesbeziehung eingehen lassen. Meistens werden sie gegenüber den Personen, die sie lieben, zuvor Zuneigung empfunden haben. Allerdings gibt es einen Sonderfall: Manche Menschen berichten Gefühle der Liebe gegenüber bestimmten Verwandten, obwohl sie sie als Person nicht besonders mögen.

Nach einer der von Psychologen aufgestellten **Theorien zu Liebesbeziehungen** haben Menschen in engen Beziehungen das Gefühl, daß sie die andere Person in ihr Selbst eingeschlossen haben (Aron et al. 1991; Aron u. Aron 1994). Betrachten Sie die Folge der Diagramme in Abb. 9.11. Jedes der Diagramme bietet die Möglichkeit, eine enge Beziehung zu veranschaulichen. Stellen Sie sich vor, Sie hätten eine romantische Liebesbeziehung (– vielleicht ist bei Ihnen die Vorstellung gar nicht nötig!): Welches der Diagramme trifft am besten

die wechselseitige Abhängigkeit zwischen Ihnen und Ihrem/Ihrer Partner/in? Nach einer Studie von Aron et al. (1992) ist die Wahrscheinlichkeit, daß eine Paarbeziehung andauern wird, dann am größten, wenn die Partner einen möglichst hohen Übereinstimmungsgrad zwischen dem Selbst und dem anderen sehen.

Welche Faktoren tragen außerdem dazu bei, daß eine Beziehung Bestand hat? Nach dem **Dependenzmodell** (Abhängigkeitsmodell) wird über den Verbleib in einer Beziehung aufgrund einer Reihe von Urteilen entschieden (Drigotas u. Rusbult 1992, S. 65). Beurteilt werden

- das Ausmaß, in dem verschiedene Bedürfnisse in der Beziehung einer Person wichtig sind. Wichtige Bedürfnisse sind Intimität, Sexualität, emotionales Engagement, die Gesellschaft anderer Menschen und intellektuelles Engagement;
- das Ausmaß, in dem jedes dieser Bedürfnisse in der Beziehung befriedigt wird;
- die Frage, ob außer dem/der jetzigen Partner/in noch jemand anderes da ist, zu dem die Person eine wichtige Beziehung hat und der/die die Bedürfnisse ebenfalls befriedigen kann;
- das Ausmaß, in dem jedes der Bedürfnisse in der Beziehung zu einer anderen Person befriedigt wird.

Das Dependenzmodell sagt vorher, daß es um so wahrscheinlicher ist, daß Menschen an einer Beziehung festhalten, wenn diese wichtige Bedürfnisse erfüllt, die nicht durch jemand anderen erfüllt werden können. Wenn z. B. das Bedürfnis nach Gesellschaft mit anderen

Bitte kreuzen Sie das Diagramm an, das Ihre Beziehung am besten beschreibt.

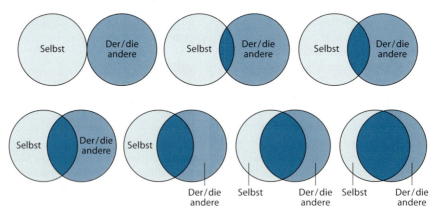

Abb. 9.11. Die IOS-Skala (»Inclusion of Other in the Self«)

wichtig ist – Sie haben viel Spaß daran, Ihre Freizeit mit anderen Menschen zu verbringen – und wenn die Person, mit der Sie gerade eine Beziehung haben, Ihnen mehr von dieser Gesellschaft als irgendeine andere Ihnen bekannte Person gibt, so ist es wahrscheinlich, daß Sie der Beziehung gegenüber eine Verpflichtung fühlen. Das ist selbst dann so, wenn Ihr/Ihre Partner/in in anderen Bereichen, die Ihnen nicht so wichtig sind, nicht die erste Wahl ist.

Die Forschung hat sich auch für individuelle Unterschiede in den Fähigkeiten von Paaren interessiert, ihre Liebesbeziehung aufrechtzuerhalten. Gegenwärtig richtet sich die Aufmerksamkeit auf den Bindungstyp (Shaver u. Haznan 1994; zur Bindung s. ausführlich Abschn. 10.6). Aus der Entwicklungspsychologie weiß man, wie wichtig die Qualität der Bindung des Kindes an seine Eltern für die gesunde soziale Entwicklung ist. Die Frage lautet nun: Welche Auswirkungen hat die frühe Bindung auf die Qualität der Beziehungen von erwachsenen Partnern (Haznan u. Shaver 1987; Main et al. 1985)? Zwar gibt es bis heute keine Längsschnittstudien, die die Bindungsentwicklung von der frühesten Kindheit bis zum Erwachsenenalter bei denselben Personen aufzeigen; wohl aber existiert eine Reihe von Beobachtungen der Bindungstypen Erwachsener, die die Qualität ihrer engen Beziehungen vorhersagen.

Welche Arten von Bindungstypen gibt es? In Tabelle 9.1 sind 3 Aussagen über enge Beziehungen aufgeführt (Hazan u. Shaver 1987; Shaver u. Hazan 1994). Auf die Frage, welche der 3 Aussagen sie am besten beschriebe, wählten 55% der Befragten die erste Feststellung aus. Das weist auf einen *sicheren Bindungstyp* hin. 25% wählen die zweite Aussage, die auf den *vermeidenden Bindungstyp* verweist, und 20% entscheiden sich für die dritte Aussage, bei der es um eine *ängstlich-ambivalente Bindung* geht.

> ! Diese Bindungstypen haben sich als ziemlich genaue Prädiktoren zur Vorhersage der Qualität von Beziehungen erwiesen: Im Vergleich zu Personen der anderen beiden Typen hatten sicher gebundene Personen als Erwachsene die dauerhaftesten Liebesbeziehungen.

Tabelle 9.1. Bindungstypen bei Erwachsenen

Bindungstypen bei Erwachsenen

Aussage 1

Ich finde es ziemlich einfach, zu anderen Personen einen engen Kontakt herzustellen, und ich fühle mich wohl, wenn ich von ihnen abhängig bin. Ich habe keine Sorge, verlassen zu werden oder daß mir jemand zu nahe kommen könnte.

Aussage 2

Wenn ich anderen nahe bin, fühle ich mich dabei etwas unwohl. Ich finde es schwierig, ihnen vollkommen zu vertrauen. Ich kann mir selbst nur schwer zugestehen, daß ich von ihnen abhängig bin. Wenn jemand mir zu nahe kommt, werde ich nervös. Manchmal möchten die Partner/Partnerinnen in meinen Liebesbeziehungen von mir mehr Intimität, als mir angenehm ist.

Aussage 3

Ich finde, daß es anderen widerstrebt, mir so nahe zu sein, wie ich es gerne hätte. Ich mache mir oft Gedanken darüber, daß mein Partner/meine Partnerin mich nicht wirklich liebt oder nicht mit mir zusammenbleiben will. Ich möchte meinen Partner/Partnerinnen sehr nahe sein, und genau das verscheucht sie manchmal.

Lassen Sie uns eine letzte Unterscheidung treffen. Am Anfang vieler Liebesbeziehungen steht eine Phase großer Intensität und Erfüllung, die treffend als leidenschaftliche Liebe (*»passionate love«*) bezeichnet wird. Mit der Zeit gehen die meisten Beziehungen in einen Zustand geringerer Intensität, aber größerer Intimität über, weshalb man im Englischen hierfür auch den Ausdruck *»companionate love«* eingeführt hat (Berscheid u. Walster 1978). Sollten Sie gerade eine Beziehung haben, die noch nicht sehr lange dauert, dann tun Sie gut daran, sich diese Veränderung vor Augen zu führen. Sie laufen dann nicht Gefahr, eine durchaus übliche Veränderung als das Abhandenkommen der Liebe zu interpretieren. Es hat sich auch gezeigt, daß der Rückgang an leidenschaftlicher Liebe nicht so dramatisch ausfällt, wie es das Stereotyp vom »alten Ehepaar« behauptet. Aron u. Aron (1994) fanden auch noch bei Paaren, die 30 Jahre zusammen waren, ein beachtliches Maß an leidenschaftlicher Liebe.

- **Soziale Einflüsse und Prozesse.** Das zentrale Anliegen der Sozialpsychologie ist die Erforschung sozialer Einflüsse und Prozesse. Diese werden beim einzelnen Individuum, zwischen Individuen und zwischen Gruppen untersucht.
- **Der Einfluß der sozialen Situation auf das Handeln.** Sozialpsychologen gehen davon aus, daß die wichtigsten Determinanten menschlichen Verhaltens und Erlebens in den Gegebenheiten der jeweiligen *sozialen Situation* zu suchen sind. Im Stanford-Prison-Experiment konnte gezeigt werden, daß Studenten, denen die soziale Rolle »Wärter« bzw. »Häftling« nach dem Zufallsprinzip zugewiesen worden war, die der jeweiligen sozialen Rolle zugehörigen sozial definierten Verhaltensmuster übernahmen.
- **Die Wirkung von sozialen Normen und Informationen.** Warum sich Personen konform verhalten, führen Sozialpsychologen auf die Wirkung von sozialen Normen zurück, d. h. auf spezifische Erwartungen für sozial angemessenes Verhalten, die das Verhalten von Personen sogar dann noch beeinflussen können, wenn die Gruppe, die die Norm hervorgebracht hat, gar nicht mehr existiert. In den Untersuchungen von S. Asch konnte gezeigt werden, daß Personen ihr Handeln an *den Informationen ausrichten, die sie von ihrer Bezugsgruppe erhalten.* Die Neigung zur Konformität kann so weit gehen, daß Personen selbst dann ein konformes Urteil fällen, wenn deutlich sein müßte, daß es ein falsches Urteil ist.
- **Nonkonformität und der Einfluß von Minoritäten.** Trotz Konformitätsdrucks aufgrund von Majoritäten kann die abweichende Perspektive einer Minorität die Sichtweise der Majorität beeinflussen. Die Bedeutung dieser Forschungsperspektive liegt in dem Einblick in das Wechselspiel zwischen den Kräften von Gruppen, die den einzelnen formen und dem Vermögen des einzelnen, Gruppen zu stabilisieren oder auch zu verändern.
- **Autorität und Gehorsam.** Die moderne Sozialpsychologie entstand im historischen Kontext von Kriegen und faschistischen Ideologien. Sie befaßte sich daher mit der dynamischen Kraft von Gruppen, die den Verstand und die Handlungen von Individuen zu verändern vermochte, und mit der Macht eines einzigen Mannes, die Massen zu be-

einflussen. Lewin untersuchte in seinen Forschungsarbeiten insbesondere die *Auswirkungen verschiedener Führungsstile.* Er konnte zeigen, daß der demokratische Führungsstil anderen Führungsstilen gegenüber überlegen ist und daß autoritäre Führung negative Konsequenzen hat. In den Untersuchungen von Milgram wird deutlich gemacht, wie Situationsvariablen den Gehorsam gegenüber Autoritäten beeinflussen und unsere individuellen Werte außer Kraft setzen können.
- **Hilfeleistung.** Auch bei den Untersuchungen zur Hilfeleistung spielen Merkmale der Situation eine bedeutendere Rolle als Unterschiede zwischen Individuen. Einer der Gründe, nicht zu helfen oder einzugreifen, liegt in der *Verantwortungsdiffusion,* ein anderer in der Höhe der *antizipierten Kosten* für die Hilfeleistung.
- **Soziale Wahrnehmung.** Die Situation hat einen gewichtigen Einfluß auf das Verhalten von Menschen. In diesem Zusammenhang ist es von Bedeutung, daß Individuen die soziale Realität unterschiedlich konstruieren. Ein häufig untersuchter Prozeß innerhalb des Individuums ist die *soziale Wahrnehmung.* Darunter verstehen wir die Art und Weise, wie wir Eindrücke von anderen Menschen gewinnen und ihr Verhalten erklären. Die Forschung zur Kausalattribution versucht, die internalen und externalen Faktoren zu bestimmen, die zur Erklärung von Verhaltensursachen herangezogen werden.
- **Die Attributionstheorie.** Sie beschreibt, welche Informationen eine Person nutzt, um Ursachenzuschreibungen (Kausalattributionen) vorzunehmen. Wenn wir dem Verhalten von Menschen Ursachen zuschreiben, verwenden wir das Kovariationsprinzip und seine 3 Kriterien Distinktheit, Konsens und Konsistenz. Wir setzen diese Kriterien ein, um zu beurteilen, ob eine Handlung durch *situative* oder *dispositionale* Faktoren verursacht wurde.
- **Übliche Fehler bei der Ursachenattribuierung.** Diese sind der *fundamentale Attributionsfehler* – d. h. die Überbewertung dispositionaler und die Unterschätzung situativer Faktoren – und die Verzerrung, die durch den Akteur-Beobachter-Unterschied zustandekommt. Selbstdienliche Wahrnehmungsverzerrungen dienen der Erhaltung eines positiven Selbstbildes: bei Erfolgen nehmen wir

dispositionale und bei Mißerfolgen situative Attributionen vor.

- **Erwartungen und sich selbst erfüllende Prophezeiungen.** Wenn die Ausgangslage unklar ist, üben die Erwartungen den größten Einfluß aus, denn die Person hatte nicht die Möglichkeit, sich ein realistisches Bild zu machen. Unter solchen Umständen treten auch sich selbst erfüllende Prophezeiungen auf, d. h. Vorhersagen über zukünftiges Verhalten oder für bestimmte Ereignisse, die die Interaktionen so beeinflussen, das dadurch genau das produziert wird, was erwartet wurde.

- **Soziale Realität und Einstellungen.** Eine Einstellung ist eine psychologische Tendenz, die sich durch die Bewertung eines bestimmten Gegenstandes oder einer bestimmten Situation mit einem gewissen Grad an Zustimmung oder Ablehnung ausdrückt.

- **Dissonanztheorie.** Wenn eine Person dazu gebracht wird, sich in Widerspruch zur eigenen Einstellung zu verhalten, und sie dafür nur eine minimale Rechtfertigung hat, so tritt *kognitive Dissonanz* auf. Diese Dissonanz aktiviert und motiviert zu Handlungen, die zu ihrer Reduzierung führen. Oft werden die Einstellungen so geändert, daß sie besser zum vorangegangenen Verhalten passen.

- **Soziale Beziehungen: Vorurteile.** Als Vorurteil bezeichnet man eine gelernte Einstellung gegenüber einem Zielobjekt, bei dem negative Gefühle und negative Annahmen, die als Rechtfertigung für die Einstellung dienen, beteiligt sind. Die Ursprünge von Vorurteilen führt man auf den Prozeß der *sozialen Kategorisierung* zurück. Hierbei organisieren wir unsere soziale Umwelt, indem wir uns und andere in Gruppen einordnen. Diese Einordnung hat sich aus einer »Ich-oder-Nicht-Ich-Orientierung« zu einer »Wir-oder-Sie-Orientierung« entwickelt. Die Unterscheidungsprozesse führen zu einer Voreingenommenheit für die eigene Bezugsgruppe, den sog. *In-group-Bias*, und zu der Bewertung, daß die eigene Gruppe besser als die andere sei. Aus Untersuchungen zum Abbau von Vorurteilen weiß man, daß ein Programm zur Beseitigung von Vorurteilen idealerweise die persönliche Zusammenarbeit bei der Erreichung gemeinsamer Ziele in den Vordergrund stellen sollte.

- **Interpersonale Anziehung.** Aspekte der Anziehung zwischen Menschen sind *physische Attraktivität* und *Ähnlichkeit*, wobei neben der Ähnlichkeit in der körperlichen Attraktivität noch Ähnlichkeiten in den Überzeugungen, Einstellungen und Werthaltungen von Bedeutung sind. Ebenso gilt die Regel der *Reziprozität* in Freundschaftsbeziehungen – daß man zurückgeben soll, was man bekommt.

- **Liebe.** Nach einer der von Psychologen aufgestellten Theorien zu Liebesbeziehungen haben Menschen in engen Beziehungen das Gefühl, daß sie die andere Person in ihr Selbst eingeschlossen haben. Über den Bestand von Beziehungen sagt das *Dependenzmodell* voraus, daß Menschen um so wahrscheinlicher eine Beziehung aufrechterhalten, je mehr diese wichtige Bedürfnisse erfüllen, die nicht durch jemand anderen erfüllt werden können. Zur Vorhersage der Qualität von Beziehungen haben sich *Bindungstypen* als ziemlich genaue Prädiktoren erwiesen. Sicher gebundene Personen hatten als Erwachsene die dauerhaftesten Liebesbeziehungen.

Hinweise zur deutschsprachigen Literatur

Eine leicht lesbare Einführung in die *Sozialpsychologie* stellt E. Aronson (1994) vor. Er behandelt u. a. folgende Bereiche: Konformität, Massenkommunikation, Propaganda und Beeinflussung, Selbstrechtfertigung, Aggression, Vorurteil, Sensitivität und soziale Kognition.

Das Buch *Sozialpsychologie* von W. Stroebe/M. Hewstone/G. M. Stephenson (1997) kann als einführendes Lehrbuch bezeichnet werden. Neben den traditionellen Themenbereichen werden historische, evolutionäre, entwicklungspsychologische und angewandte Aspekte behandelt. Lernhilfen erleichtern Studierenden die Erarbeitung des Stoffes.

Im *Grundriß der Sozialpsychologie* von A. Thomas werden die Themen *Grundlegende Begriffe und Prozesse* (Band I, 1991) und *Individuum-Gruppe-Gesellschaft* (Band II, 1992) behandelt. Der erste Band konzentriert sich auf die Darstellung grundlegender Thematiken der Sozialpsychologie und sozialpsychologischer Prozesse wie Interaktion und Kommunikation, soziale Norm und soziale Rolle, soziale Motivation, Einstellung und Einstellungsänderung. Er gibt auch einen Überblick über die Methoden und Ergebnisse sozialpsychologischer Forschung und ihre Anwendung bei der Lösung sozialer Probleme.

Der zweite Band enthält Beiträge über die Bedeutung der Gruppe für das Individuum, den sozialen Einfluß in Gruppen, das Verhalten unter Gruppenbedingungen, die Leistungsfähigkeit in Gruppen, Intergruppenbeziehungen, Massenpsychologie, Massenmedien und sozialen Wandel.

F. Försterling/J. Stiensmeier-Pelster (1994) sind die Herausgeber des Buches *Attributionstheorie – Grundlagen und anwendungsbezogene Fragen.* Die Beiträge dieses Buches befassen sich u. a. mit den Themen Verantwortlichkeitszuschreibungen, Kausalität in der Sprache, Bedeutung von Attributionen in Emotionstheorien und der Rolle von Attributionen in der Gesundheitspsychologie, in der Klinischen Psychologie und im Sport.

Ein Lesebuch über Kurt Lewin und seine Zeit, aber auch eine Erläuterung der Bedeutung der Feldtheorie für die verschiedenen Bereiche der Psychologie stellt H. Lück (1996) in seinem Buch *Die Feldtheorie und Kurt Lewin* vor.

»Spieglein, Spieglein an der Wand – wer ist die Schönste im ganzen Land?« Wenige Variablen haben so vielfältige Konsequenzen für soziale Urteile und Interaktionen wie das Aussehen. In dem Buch *Physische Attraktivität* von M. Hassebrauck u. R. Niketta (1993) wird beschrieben, was die physische Attraktivität einer Person ausmacht, welche Variablen die Beurteilung der physischen Attraktivität kodeterminieren und welche Konsequenzen mit physischer Attraktivität verbunden sind.

ÜBUNGSFRAGEN

1   Was versteht man unter einer sozialen Rolle?

1   Eine soziale Rolle ist ein sozial definiertes Verhaltensmuster, das von einer Person, die eine bestimmte Funktion in einer Gruppe hat, erwartet wird. Verschiedene soziale Situationen ermöglichen auch die Übernahme verschiedener Rollen.

2   Beschreiben Sie 2 Einflußgrößen, die zu Konformität führen können.

2   *Normative Einflüsse:* Menschen wollen von anderen gemocht, akzeptiert und angenommen werden; deshalb übernehmen sie deren Normen.
Einflüsse von Informationen: Menschen wollen sich korrekt verhalten und verstehen, wie man in einer Situation am besten agiert. Deshalb suchen sie nach Informationen darüber, wie sich andere Personen verhalten würden.

3   Definieren Sie den Begriff »soziale Normen«.

3   Die spezifischen Erwartungen für sozial angemessene Einstellungen und Verhaltensweisen, die in ausgesprochenen oder aber auch impliziten Regeln der Gruppe niedergelegt sind, nennt man »soziale Normen«. Soziale Normen können recht breit angelegte Richtlinien darstellen.

4   Beschreiben Sie ein bekanntes Experiment von S. Asch, in dem eine Person Urteile unter der Bedingung zu fällen hatte, daß die wirklichen Gegebenheiten zwar eindeutig waren, der Rest der Gruppe aber davon abweichende Berichte über die Realität abgab.

4   Asch legte Gruppen von 7–9 männlichen College-Studenten Karten vor, die 3 Striche unterschiedlicher Längen zeigten. Nur ein Mitglied der Gruppe war eine »echte Versuchsperson«, die anderen waren Vertraute des Versuchsleiters. Die Studenten gaben ein Urteil darüber ab, welche von 3 Vergleichslinien so lang wie eine Standardlinie war. Die Länge der Vergleichslinien war so unterschiedlich, daß Urteilsfehler in weniger als 1% der Fälle zu erwarten waren. Die Vertrauten des Versuchsleiters gaben aber bei 12 von 18 Durchgängen übereinstimmend falsche Antworten. Beispielsweise behaupteten sie, eine deutlich vom Standardreiz abweichende Vergleichslinie sei so lang wie die Standardlinie. Wenn schließlich der echte Teilnehmer an der Reihe war, die Länge der Striche zu beurteilen, so übernahm er in durchschnittlich 37% der Durchgänge die falschen Urteile der Mehrheit.

5 Welche Ergebnisse erhielt Asch, nachdem er folgende 3 Merkmale seines Experiments veränderte: (a) die Größe der einhelligen Mehrheit, (b) die Zahl der Teilnehmer um einen weiteren Teilnehmer, der ebenso wie die echte Versuchsperson von der Mehrheit abwich, und (c) die Diskrepanz zwischen der Standardlinie und dem von der Mehrheit favorisierten Vergleichsreiz.

5
- Es zeigte sich, daß bereits eine einstimmige Mehrheit von 3 oder 4 Gruppenmitgliedern die Tendenz zur Konformität (gegen die eigene Überzeugung!) auslösen kann.
- Es reicht schon ein Verbündeter des echten Teilnehmers aus, um diesen Effekt deutlich abzuschwächen. Mit dieser Unterstützung kann ein einzelnes Gruppenmitglied dem Gruppendruck wesentlich leichter standhalten.
- Wie zu erwarten war, wuchs die Unabhängigkeit vom falschen Gruppenurteil ebenfalls an, wenn die Fehlurteile der Gruppe – und damit die Abweichung vom eigenen Urteil – größer waren.
- Allerdings gab es eine nicht unbeträchtliche Anzahl von Personen, die sich selbst bei extremen Abweichungen den Standpunkt der Gruppe zu eigen machte.

6 Welche Wirkung können Minoritäten auf die Gesellschaft ausüben?

6 Auf der Ebene der Gesellschaft hat die Majorität die Tendenz, den Status quo zu verteidigen. Es ist typisch, daß der Anstoß zu Veränderungen und zur Innovation von Minoritäten oder sogar von einzelnen Personen kommt, die mit dem bestehenden System unzufrieden und/oder fähig sind, sich neue Alternativen und kreative Umgangsweisen mit aktuellen Problemen vorzustellen. Der Konflikt zwischen der verfestigten Sichtweise der Mehrheit und der abweichenden Perspektive der Minderheit ist eine wichtige Vorbedingung für Innovationen, die zu positiven sozialen Veränderungen führen können.

7 Unterscheiden Sie die 3 Führungsstile nach Lewin.

7
- Beim *autokratischen Stil* herrscht der Führer uneingeschränkt und hält eine deutliche Distanz zu den Gruppenmitgliedern. Er trifft alle Entscheidungen allein und weist den Gruppenmitgliedern mit strengem Regiment die Aufgaben zu. Selbst beteiligt er sich nicht an Gruppenaktivitäten.
- Beim *demokratischen Stil* bezieht der Führer die Gruppenmitglieder in die Planung und Festlegung von Gruppenaktivitäten ein. Die Einbeziehung der Mitglieder in den Entscheidungsprozeß steht im Vordergrund.
- Beim *Laissez-faire-Stil* sollte man eigentlich nicht von »Führung« im engeren Sinne sprechen. Der Führer gibt den Mitgliedern alle Freiheiten und greift kaum durch Entscheidungen und Festlegungen in die Gruppenaktivitäten ein.

8 Nennen Sie 5 Bedingungen, die zu blindem Gehorsam gegenüber Autoritäten führen.

8
- Gehorsam wird von der Anwesenheit einer legitimen Autorität genährt, der wir vertrauen und die wir als berechtigten Repräsentanten der Gesellschaft betrachten oder die wichtige Ressourcen (Belohnungen) kontrolliert.
- Gehorsam wird gefördert durch den Aufbau eines Rollenverhältnisses, in dem wir uns einer anderen Person unterordnen.
- Gehorsam wird begünstigt durch soziale Normen, die genaue Angaben über sozial akzeptables Verhalten machen.
- Gehorsam wird durch die Umdefinition des Bösen zum Guten geschürt.
- Gehorsam entsteht besonders leicht in Situationen, die mehrdeutig sind und in denen es nicht schwierig ist, die ersten kleinen Schritte zu tun. Um so schwerer ist es aber, aufzuhören, auszusteigen

oder den Gehorsam zu verweigern, »das volle Programm« mitzumachen.

9 Beschreiben Sie ein Experiment von Latané u. Darley, das zeigt, wie Verantwortungsdiffusion die Zuschauer dazu veranlassen kann, nicht zu helfen oder einzugreifen.

9 Teilnehmer des Experiments waren männliche College-Studenten. Sie befanden sich jeweils einzeln in einem Raum mit einer Gegensprechanlage und glaubten, daß sie mit einem oder mehreren anderen Studenten in den angrenzenden Räumen kommunizieren könnten. Im Verlauf einer Diskussion über persönliche Probleme hörten sie Geräusche, die klangen, als hätte eine der Personen in den anderen Räumen einen epileptischen Anfall erlitten und würde nach Hilfe röcheln. Während dieses »Anfalls« war es den Teilnehmern aber unmöglich, mit der Person, die Hilfe benötigte, zu sprechen oder wenigstens herauszufinden, was sie selbst in ihrer Notlage unternahm. Als abhängige Variable diente Latané u. Darley immer die Zeit, die verstrich, bis der Notfall dem Versuchsleiter gemeldet wurde. Es zeigte sich, daß die Wahrscheinlichkeit einer Intervention von der Zahl der vermeintlichen Zuschauer bzw. Zuhörer abhing. Die Teilnehmer konnten davon ausgehen, daß außer ihnen eine mehr oder weniger große Zahl anderer Studenten in den angrenzenden Räumen an dem Experiment teilnahm. Je höher die Zahl der »Mitzuschauer« war, um so länger dauerte es, bis sich ein Teilnehmer aufraffte, um den Anfall zu melden – falls er es überhaupt tat. Alle Teilnehmer in einer 2-Personen-Situation intervenierten innerhalb von 160 s, aber fast 40% derjenigen, die dachten, sie seien Teil einer größeren Gruppe, bemühten sich überhaupt nicht, den Versuchsleiter darüber zu informieren, daß ein anderer Student ernsthaft krank sei. Dieses Resultat wird als Hinweis auf die Verteilung oder Diffusion von Verantwortlichkeit interpretiert: Wenn mehr als eine Person in einer Notfallsituation helfen könnte, nehmen wir häufig an, daß auch jemand anderes helfen wird oder helfen sollte.

10 Von welchen Situationsmerkmalen hängt die Bereitschaft zur Hilfeleistung noch ab?

10 ● Die Zuschauer müssen den Notfall bemerken,
● sie müssen das beobachtete Ereignis als Notfall einordnen,
● sie müssen sich verantwortlich fühlen,
● die »Kosten« des Helfens dürfen nicht zu hoch sein.

11 Was versteht man unter der Attributionstheorie? Auf wen geht diese Theorie zurück?

11 Die Attributionstheorie ist ein genereller Ansatz, der beschreibt, welche Informationen eine Person zur Ursachenzuschreibung (Kausalattribution) nutzt. Die Attributionstheorie wurde mit den Arbeiten von F. Heider (1958) begründet. Heider vertrat den Standpunkt, daß Menschen fortwährend Ursachen analysieren und dadurch versuchen, zu einem besseren allgemeinen Verständnis der sozialen Wirklichkeit zu kommen.

12 Wie gehen Menschen nach H. Kelly bei der Ursachenzuschreibung vor? Welches Prinzip wenden Sie an?

12 Menschen tragen Informationen aus mehreren Ereignissen und Erfahrungen zusammen und wenden dann das Kovariationsprinzip an. Es formuliert eine Regel, nach der Personen bestimmen, ob ein Ereignis – ein »Ursachefaktor« – ein Verhalten verursacht haben könnte. Die Regel lautet: Faktor B ist dann eine Ursache für das Verhalten A, wenn dieser Faktor vorlag, wann immer das Verhalten auftrat und dann nicht vorlag, wann immer es nicht auftrat.

13 Nach Kelly nehmen Menschen bei ihrer Urteilsbildung eine Einschätzung der Kovariation aufgrund von 3 Dimensionen vor. Unterscheiden Sie diese Dimensionen.

13 ● *Distinktheit* (Unverwechselbarkeit) bezieht sich darauf, ob das Verhalten für eine bestimmte Situation spezifisch ist.
● *Konsistenz* bezieht sich darauf, ob das Verhalten in dieser Situation zum wiederholten Male auftaucht.
● *Konsens* (Übereinstimmung mit anderen) bezieht sich darauf, ob andere Menschen in derselben Situation dasselbe Verhalten zeigen.

14 Was versteht man unter dem fundamentalen Attributionsfehler?

14 Der fundamentale Attributionsfehler spiegelt wider, daß Menschen sowohl die Tendenz haben, dispositionale Faktoren zu überschätzen, als auch die Neigung, situative Faktoren zu unterschätzen, wenn sie nach einer Ursache für ein bestimmtes Verhalten oder für ein bestimmtes Handlungsergebnis suchen.

15 Beschreiben Sie selbstdienliche Verzerrungen.

15 Attributionsfehler dienen in vielen Fällen der Erhaltung eines positiven Selbstbildes. Ein solcher Bias, also eine selbstdienliche Voreingenommenheit, läßt uns unseren eigenen Verdienst an unseren Erfolgen betonen und die Verantwortung für unsere Fehler abstreiten. Selbstdienliche Wahrnehmungsverzerrungen sind relativ robust und finden sich bei den meisten Menschen in vielen Situationen und sogar über verschiedene Kulturen hinweg. Wir tendieren dazu, bei Erfolgen dispositionale und bei Mißerfolgen situative Attributionen vorzunehmen.

16 Erläutern Sie den Begriff der »sich selbst erfüllenden Prophezeiungen«.

16 Sich selbst erfüllende Prophezeiungen (»self fulfilling prophecies«) sind Vorhersagen über zukünftiges Verhalten oder für bestimmte Ereignisse, die die Interaktionen so beeinflussen, daß dadurch genau das produziert wird, was erwartet wurde.

17 Welches sind die Kernaussagen der Dissonanztheorie von L. Festinger?

17 Kognitive Dissonanz bezeichnet den konflikthaften Zustand, den jemand erlebt, nachdem er eine Entscheidung getroffen hat, eine Handlung ausgeführt hat oder einer Information ausgesetzt worden ist, die zu vorherigen Meinungen, Gefühlen oder Werten im Widerspruch steht. Es wird angenommen, daß ein aversiver Zustand entsteht, den die Person gerne reduzieren oder beseitigen möchte, wenn ihre Kognitionen über das eigene Verhalten und die Einstellungen, die dieses Verhalten betreffen, dissonant sind (unvereinbar sind). Aktivitäten zur Dissonanzreduktion verändern diesen unangenehmen Zustand und dienen dazu, von neuem Konsonanz unter den Kognitionen herzustellen.

18 Erläutern Sie die Theorie der Selbstwahrnehmung von D. Bem.

18 Nach der Theorie der Selbstwahrnehmung von Bem nehmen wir uns und unser aktuelles Verhalten wahr, erinnern uns daran, wie wir in der Vergangenheit in einer bestimmten Situation reagiert haben, und schließen dann auf unseren inneren Zustand – Überzeugungen, Einstellungen, Motive und Gefühle – oder darauf, wie unser innerer Zustand aussehen sollte. Dieses *selbstbezogene Wissen* wird auch dann eingesetzt, wenn wir uns über die wahrscheinlichen Ursachen oder Determinanten unseres Verhaltens Gedanken machen.

19 Was sind Vorurteile?

19 Als Vorurteil bezeichnet man eine gelernte Einstellung gegenüber einem Zielobjekt, bei der negative Gefühle (Abneigung oder Angst) und negative Annahmen (Stereotype), die als Rechtfertigung für die Einstellung dienen, beteiligt sind. Dazu kommt auf der Verhaltensebene die Neigung, die Mitglieder der Zielgruppe zu kontrollieren oder zu dominieren, zu meiden oder zu eliminieren.

20 Beschreiben Sie ein Experiment zum Abbau von Vorurteilen.

20 »Adler« gegen »Klapperschlangen«.

Im Sommer 1954 organisierten M. Sherif und Kollegen für 2 Gruppen von Jungen ein Sommerlager. Die beiden Gruppen erhielten die Namen »Eagles« (Adler) und »Rattlers« (Klapperschlangen). Jede Gruppe wußte eine Woche lang zunächst nichts von der anderen und bildete jeweils allein einen inneren Gruppenzusammenhang. Dann lernten sich die beiden Gruppen gegenseitig bei einer Reihe von Wettkampfspielen, wie Baseball, Football und Tauziehen, kennen. Von Beginn an waren gewaltsame Rivalitäten zu beobachten. Fahnen der gegnerischen Gruppe wurden verbrannt, Hütten geplündert, und es brach ein Kampf um das Essen aus, der einem Aufstand glich.

Was konnte man tun, um diese Feindseligkeiten zu reduzieren? Die Versuchsleiter versuchten zunächst, dadurch Sympathie zwischen den Gruppen zu erzeugen, daß sie jeder Gruppe die jeweils andere als positiv anpriesen. Damit hatten sie keinen Erfolg. Dann versuchten sie, die Gruppen einander näherzubringen, indem sie gemeinsame Aktivitäten außerhalb des Wettkampfes organisierten. Auch hier blieb der Erfolg aus. Schließlich aber fand sich doch eine Lösung. Die Leiter stellten Aufgaben, die nur durch gemeinsame Anstrengung und die Kooperation beider Gruppen gelöst werden konnten. Zu diesen Aufgaben gehörte z. B. das Beseitigen der Panne eines Campingbusses. Dabei mußten die beiden Gruppen den Bus gemeinsam einen steilen Hügel hinaufziehen. Dank des Erlebens der gegenseitigen Abhängigkeit nahm die Feindseligkeit allmählich ab.

21 Nach dem Dependenzmodell wird über den Verbleib in einer Beziehung aufgrund einer Reihe von Urteilen entschieden. Was wird beurteilt?

21
- Das Ausmaß, in dem verschiedene Bedürfnisse in der Beziehung einer Person wichtig sind. Wichtige Bedürfnisse sind Intimität, Sexualität, emotionales Engagement, die Gesellschaft anderer Menschen und intellektuelles Engagement.
- Das Ausmaß, in dem jedes dieser Bedürfnisse in der Beziehung befriedigt wird.
- Die Frage, ob außer dem/der jetzigen Partner/in noch jemand anderes da ist, mit dem die Person eine wichtige Beziehung hat und der/die die Bedürfnisse ebenfalls befriedigen kann.
- Das Ausmaß, in dem jedes der Bedürfnisse in der Beziehung zu einer anderen Person befriedigt wird.

Stellen Sie sich vor, Sie hielten ein Neugeborenes in den Armen. Können Sie voraussagen, zu welcher Person sich dieses Kind mit einem Jahr entwickelt haben wird? Mit 5 Jahren? Oder mit 15, mit 50, vielleicht sogar mit 70 Jahren? Ihre Vorhersagen werden sowohl allgemeine als auch besondere Merkmale betreffen. Aller Wahrscheinlichkeit nach wird das Kind sprechen lernen; aber ob es einmal ein begabter Schriftsteller wird, ist ungewiß. Bei Ihren Voraussagen werden Sie sich Gedanken über Erbe und Umwelt machen – sind die Eltern begabte Schriftsteller, werden Sie eher vermuten, daß auch das Kind über literarisches Talent verfügt. Wächst das Kind in einer anregenden Umgebung auf, sagen Sie ihm möglicherweise voraus, daß es in seinen Leistungen sogar den Eltern überlegen sein wird. In diesem Kapitel lernen wir Theorien kennen, die uns in die Lage versetzen, systematisch darüber nachzudenken, welche Voraussagen wir über den Lebenslauf eines neugeborenen Kindes machen können.

Stellen Sie sich nun folgende Erfahrung vor: Sie verlassen Ihr Elternhaus für einige Monate, vielleicht, um zur Universität zu gehen, und als Sie wieder zurückkommen, sagen die Leute: »Du hast Dich aber verändert!« Diese Behauptung wird fast über Ihr gesamtes Leben hinweg stimmen. Das genaue Studium dieser Veränderungen ist ebenso wie die zuvor angesprochenen Theorien ein Thema der Entwicklungspsychologie.

In diesem Kapitel befassen wir uns mit sehr unterschiedlichen Veränderungen im Laufe des menschlichen Lebens. Wir werfen zunächst einen genaueren Blick auf die Aufgaben der Entwicklungspsychologie. Dann liefert uns eine umfassende Theorie den Rahmen für die Beschreibung der Veränderungen in einzelnen Bereichen: in den kognitiven Funktionen, in der Sprache, in den sozialen Beziehungen, im moralischen Urteilen und in der Identität.

Wir werden sehen, daß die Einflüsse aus der sozialen und kulturellen Umwelt mit biologischen Alterungsprozessen in Wechselwirkung stehen. Daraus ergeben sich in jeder Lebensperiode spezifische Herausforderungen und Belohnungen. Kinder müssen Vertrauen zu ihren Bezugspersonen bekommen und lernen, ihre Geschlechtsidentität zu verstehen. Jugendliche müssen einen Sinn für die persönliche Identität und für ihre Andersartigkeit im Vergleich zu den Eltern entwickeln. Erwachsene müssen mit intimen Beziehungen, die sich im Laufe der Zeit verändern, umgehen können, mit Einsamkeit und dem Tod geliebter Menschen. Das hohe Lebensalter kann zu einer Zeit der Selbsterkundung und Reflexion werden, die von einem Gefühl der Weisheit geleitet ist und in ein Gefühl der Zufriedenheit mündet; oder aber es wird zu einer Zeit des Lamentierens über nicht realisierte Möglichkeiten, über Krankheit und Verfall. Wir werden sehen, daß Entwicklung in jeder Lebensphase – auch in der letzten – ein aktiver Konstruktionsprozeß ist. Selbst betagte Menschen haben oftmals die Chance, ihr Leben zu gestalten.

10.1
Aufgaben, Methoden und Konzepte der Entwicklungspsychologie

Beginnen wir mit der üblichen Lehrbuchdefinition der **Entwicklungspsychologie**:

> **!** Entwicklungspsychologie ist der Zweig der Psychologie, der sich mit altersbezogenen Veränderungen in den psychischen Funktionen des Menschen befaßt. Derartige Veränderungen sind über die gesamte Lebensspanne von der Zeugung bis zum Tod zu beobachten. Um diesen Aspekt zu betonen, spricht man auch manchmal von einer **Entwicklungspsychologie der Lebensspanne**.

Entwicklungspsychologen haben sich die Aufgabe gestellt, herauszufinden, *wie* und *warum* sich die Veränderungen vollziehen. Die *Wie*-Frage wird durch Beschreibungen beantwortet, die *Warum*-Frage durch Erklärungen.

10.1.1
Entwicklung beschreiben

Untersuchungen mit dem Ziel der Entwicklungsbeschreibung folgen verschiedenen Versuchsplänen (Designs). Je nach Versuchsplan unterscheiden wir Querschnittstudien, Längsschnittstudien und sequentielle Untersuchungen. Ein spezieller Fall der Beschreibung von Entwicklungsprozessen ist die Erhebung von Normdaten.

Querschnittstudien

Die meisten entwicklungspsychologischen Untersuchungen sind Querschnittstudien.

> **!** In **Querschnittstudien** (Q-Studien) werden Personengruppen (Stichproben) unterschiedlichen chronologischen Alters zu einem bestimmten Erhebungstermin beobachtet und verglichen. Verhaltensunterschiede werden zu diesen Altersunterschieden in Beziehung gesetzt.

Ein *Vorteil* des Querschnitts ist, daß eine große Altersspanne auf einmal untersucht werden kann.

Nachteile:

- Ein Nachteil ist, daß nicht nur die Altersunterschiede, sondern auch die Unterschiede in den politischen, sozialen oder kulturellen Bedingungen, unter denen die beobachteten Altersgruppen bisher gelebt

haben, für die ermittelten Verhaltensunterschiede verantwortlich sein können (s. Abb. 10.1).

Vergleichen wir beispielsweise im Querschnitt die politischen oder gesellschaftlichen Einstellungen von 15- und von 25jährigen, wobei die Kohorte der 25jährigen in einer Epoche schwerer wirtschaftlicher Depression und politischer Wirren aufgewachsen ist, während in Kindheit und früher Jugend der Kohorte der 15jährigen »normale« Verhältnisse herrschten, so spricht vieles dafür, daß die Altersunterschiede von Unterschieden in den Lebensumständen der beiden Kohorten überlagert werden. Diese mögliche Überlagerung von Alterseffekten durch variierende politische oder soziale Einflüsse wird als **Konfundierung von Alters- und Kohorteneffekten** bezeichnet.

- Genau so schwer wiegt der Nachteil, daß Querschnittstudien keine Informationen über die Entwicklungsverläufe bei einzelnen Personen bieten. Es werden Veränderungen beim einzelnen aus Unterschieden zwischen den verschiedenen Altersgruppen lediglich erschlossen – und dieser Schluß kann unter Umständen sehr fehlerhaft sein, wie Trautner (1978) gezeigt hat.
- Schließlich ist es auch noch fraglich, ob die Resultate einer Querschnittstudie auch auf andere Erhebungszeitpunkte generalisiert werden dürfen.

Längsschnittstudien

In einer **Längsschnittstudie** (L-Studie) beobachtet man dieselben Personen wiederholt – manchmal über viele Jahre hinweg (vgl. Abb. 10.2).

Vorteile:

- Ein Vorteil von Längsschnittuntersuchungen liegt darin, daß altersbedingte Veränderungen nicht mit Unterschieden in den sozialen Bedingungen verschiedener Kohorten vermischt sein können, da es sich immer um dieselben Personen handelt. Mit anderen Worten, Überlagerungen von Altersunterschieden durch Kohorteneffekte sind ausgeschlossen.
- Ein weiterer Vorteil im Vergleich mit der Querschnittstudie kann darin gesehen werden, daß Veränderungen bei der einzelnen Person *beobachtet* werden und nicht aus Gruppendaten erschlossen werden müssen.

Abb. 10.1. Die mögliche Überlagerung von Altersunterschieden durch Kohorteneffekte ist ein Nachteil von Querschnittstudien. Welche Unterschiede können zwischen den beiden Gruppen von Kindern *(Fotos oben)* und Frauen *(Fotos unten)* als Ergebnis der Zeitumstände, unter denen sie lebten, aufgetreten sein?

Nachteile:

- Erstens werden nur Menschen untersucht, die etwa zur gleichen Zeit geboren sind. Für Menschen, die zu einer anderen Zeit geboren sind, sind die Resultate nicht unbedingt gültig.
- Zweitens erfordert eine Längsschnittstudie ziemlich viel Zeit, wenn man eine große Altersspanne abdecken möchte.
- Drittens ist es schwierig und aufwendig, den Kontakt mit den Teilnehmern für Meßwiederholungen zu halten, die sich über ein ganzes Leben erstrecken können. Versuchsteilnehmer können wegziehen, das Interesse an der Sache verlieren, sterben – genauso wie die Wissenschaftler selbst.

Im Abschn. **Experiment** wird eine bekannte Längsschnittstudie vorgestellt, die nicht zuletzt deshalb Berühmtheit erlangt hat, weil sie sich über viele Jahrzehnte erstreckte.

Sequentielle Untersuchungen

In Untersuchungen, die nach **sequentiellen Versuchsplänen** (sequentiellen Designs) angelegt sind, werden die Vorzüge des Querschnittes und des Längsschnittes miteinander verbunden. Die Teilnehmer entstammen einem bestimmten, in der Regel eng gefaßten Altersbereich und werden nach dem Geburtsjahr gruppiert. Menschen, die im selben Jahr geboren sind, gehören zur selben Kohorte (Geburtskohorte). Man wählt die

Abb. 10.2. Bei einer Längsschnittstudie wird ein und dieselbe Person auf verschiedenen Altersstufen wiederholt beobachtet. Die englische Königin könnte zur Stichprobe einer Längsschnittstudie mit englischen Kindern gehören, die im Jahr 1926 geboren wurden

---

EXPERIMENT

Eine anspruchsvolle Längsschnittstudie

Eine der anspruchsvollsten Längsschnittstudien wurde kurz nach dem ersten Weltkrieg von Lewis Terman begonnen und wird heute, mehr als 70 Jahre später, von Psychologen der Stanford University weitergeführt. Mehr als 1500 Jungen und Mädchen der Klassen 3 bis 8 (geboren um 1910) wurden aufgrund ihrer hohen Intelligenztestwerte (im Bereich des Genialen) ausgewählt. Seither wurden sie regelmäßig getestet – zuerst, um sie ganz allgemein mit anderen Jugendlichen zu vergleichen, später, um zu beobachten, ob sie ihre intellektuelle Überlegenheit behielten, und schließlich, um die Bedingungen und Erfahrungen zu finden, die zu ihrer Lebenszufriedenheit und zu unterschiedlichen Umgangsweisen mit wichtigen Lebensproblemen beitrugen. Die ersten Daten wurden mittels Fragebögen, Interviews sowie Eltern- und Lehrerbeurteilungen gesammelt. Für die ersten Nachuntersuchungen benutzte man die gleichen Datenquellen, aber von 1936 an wurden den Untersuchungsteilnehmern nur noch die Fragebögen regelmäßig zugesandt. In den 40er Jahren bat man die jungen Erwachsenen in ein Testcenter, wo man sie verschiedenen Tests unterzog. Etwa 75% der noch lebenden Teilnehmer bearbeiten bis heute alle 10 Jahre ihre Fragebögen.

Seit dem Tod Termans im Jahr 1956 ist die Untersuchung von Robert und Pauline Sears, mittlerweile assistiert von Albert Hastorf, fortgesetzt worden. Einige ihrer Ergebnisse über Lebenszufriedenheit, zu der die Personen in ihren frühen 60ern befragt wurden, werden in Abschn. 10.7 beschrieben (P. Sears u. Barbee 1977; R. Sears 1977; Terman 1925; Terman u. Oden 1947, 1959).

Tabelle 10.1. Normen zur kognitiven und motorischen Entwicklung beim Kleinkind

Diese Tabelle zeigt bis zum Alter von 8 Monaten das Durchschnittsalter für das Auftreten jeder der Verhaltensweisen. Die individuellen Unterschiede der Entwicklungsgeschwindigkeit sind beträchtlich, fast alle Kleinkinder folgen jedoch dieser Sequenz. (Aus Lipsitt u. Reese 1979, S. 18).

Ein Monat	**Zwei Monate**
Reagiert auf Geräusche.	Soziales Lächeln.
Beruhigt sich, wenn es hochgenommen wird.	Zeigt Vorfreude (auf Gefüttertwerden, Gehaltenwerden etc.).
Folgt den Bewegungen einer Person mit den Augen.	Erkennen der Mutter.
Behält ein großes, leicht greifbares Objekt in der Hand.	Erkundet seine nächste Umgebung.
Gelegentliche Lautbildung.	Augenbewegungen als Reaktion auf die Objekte und Schatten (Augenzwinkern).
	Heben und Aufrechthalten des Kopfes.

Drei Monate	**Vier Monate**
Bildung von Lauten als Reaktion auf Lächeln und Sprechen eines Erwachsenen.	Kopf folgt baumelndem Ring, verschwindendem Löffel oder über den Tisch geschubstem Ball.
Suche nach Geräuschquellen.	Betrachtung und Untersuchung der eigenen Hände.
Antizipiert das Hochgenommenwerden und führt entsprechende Bewegungen aus.	Erkennen nichtvertrauter Situationen.
Reaktion auf Verschwinden des Gesichtes eines Erwachsenen.	Ergreift Würfel mit ganzer Hand.
Sitzen mit Unterstützung, hält den Kopf dabei aufrecht.	Sitzen mit geringer Unterstützung.

Fünf Monate	**Sechs Monate**
Unterscheidet fremde von vertrauten Personen.	Ausdauernde Greifversuche, hebt Würfel mit Geschick.
Produziert unterschiedliche Laute (z. B. für Freude, Ungeduld, Zufriedenheit).	Gibt Gegenstand von einer Hand in die andere.
Bemüht sich, ohne Unterstützung zu sitzen.	Hebt Becher hoch und benutzt ihn zum Klopfen.
Dreht sich vom Rücken auf die Seite.	Lächelt sein Spiegelbild an und läßt sich gerne necken.
Benutzt beim Greifen teilweise den Daumen.	Greift mit einer Hand nach kleinem Gegenstand.

Sieben Monate	**Acht Monate**
Reagiert spielerisch auf einen Spiegel.	Bringt 4 unterschiedliche Silben hervor (z. B. »da-da, mi, am-am«).
Behält 2 von 3 angebotenen Würfeln.	Lauscht vertrauten Worten mit erhöhter Aufmerksamkeit.
Kann gut und sicher allein sitzen	Läutet Glocke absichtsvoll.
Benutzt beim Greifen den Daumen richtig in Opposition zu den Fingern.	Versucht, 3 angebotene Würfel zu ergreifen.
Sammelt Krümel vom Tisch.	Erste Versuche zu Schrittbewegungen.

Kohorten so aus, daß sich die beobachteten Altersabschnitte verschiedener Kohorten im Laufe der Untersuchung überlappen.

Auf diese Weise lassen sich die größten Probleme von Querschnitt- und Längsschnittstudien vermeiden (s. o.):

- die Konfundierung von Alters- und Kohorteneffekten,
- das Fehlen individueller Veränderungsdaten
- *und* das Problem der Generalisierung über verschiedene Kohorten.

Erhebung von Normdaten

Zur Beschreibung dessen, was für ein bestimmtes Alter oder Stadium typisch ist, werden Normdaten (Normen) erhoben. Auf der Grundlage systematischer Beobachtungen an verschiedenen Altersgruppen werden prägnante Merkmale bestimmt. Ein Beispiel zeigt Tabelle 10.1. Sie enthält **Normen**, d. h. Standard- oder Vergleichsdaten, die in diesem Falle auf der Beobachtung zahlreicher Kinder während der ersten 8 Lebensmonate beruhen.

> **!** Normen geben das Durchschnittsalter an, in dem das jeweilige Verhalten beherrscht wird. Mit ihrer Hilfe ist es dann möglich, für ein bestimmtes Kind festzustellen, ob es über oder unter dem Durchschnitt liegt. Kurz gesagt, Normen bieten die Basis für Vergleiche.

Ein gutes Beispiel für die Gewinnung von Normdaten ist eine Studie, die Nancy Bayley durchgeführt hat (Bayley 1969). Über 2 Jahre hinweg wurden 100 Kinder, die bei Untersuchungsbeginn 1 Monat alt waren, jeden Monat einer Reihe von Tests unterzogen, mit deren Hilfe die Entwicklung kognitiver und motorischer Fähigkeiten geprüft wurde. Aufgrund der empirischen Ergebnisse wurde die Zusammenstellung von Normen der frühkindlichen Entwicklung gebildet, die man heute als die »Bayley Scales of Infant Development« kennt. Diese und ähnliche Skalen geben Eltern Auskunft darüber, wann sie welche Verhaltensweisen bei ihrem Kind erwarten können. Jeder, der solche Skalen benutzt, sollte sich jedoch dessen bewußt sein, daß es sich dabei um Durchschnittsangaben handelt. Sie schreiben keinesfalls vor, zu welchem Zeitpunkt ein Kind diese Verhaltensweisen beherrschen *muß*.

10.1.2
Wie man generelle Entwicklungsprozesse erklärt

Die meisten Kinder lernen sprechen, doch bei den einzelnen Kindern geht der Prozeß unterschiedlich schnell voran. Die meisten Jugendlichen setzen in wirksamerer Weise logisches Denken ein als ihre jüngeren Geschwister, doch einigen von ihnen gelingt dies besser als anderen. Um Entwicklung zu erklären, müssen wir sowohl die universellen gemeinsamen als auch die jeweils einzigartigen Aspekte der Veränderung bedenken, die für den einzelnen kennzeichnend sind. Wir werden damit beginnen, daß wir auf die generellen (vielen oder allen Kindern gemeinsamen Aspekte der Veränderung) eingehen und erläutern, wie Erbe und Umwelt die Entwicklung formen.

Anlage und Umwelt

Der deutlichste Unterschied zwischen verschiedenen Entwicklungstheorien zeigt sich, wenn man sie auf Veränderungen in der Kindheit anwendet. Um diesen Punkt zu konkretisieren, kann man z. B. die Frage stellen: Wie lassen sich die weitgehenden Unterschiede zwischen einem Neugeborenen und einem 10jährigen am besten erklären? In welchem Ausmaß ist diese Entwicklung durch Vererbung (Anlage) bestimmt, und in welchem Ausmaß ist sie die Folge gelernter Erfahrungen (Umwelt)? Bei der **Anlage-Umwelt-Kontroverse** (oder Erbe-Umwelt-Debatte) handelt es sich um eine schon seit langem geführte Debatte zwischen Philosophen, Psychologen und Pädagogen über die relative Bedeutung von Vererbung und Lernen.

- Die eine Extremposition vertreten diejenigen, die daran glauben, daß ein Kind ohne Wissen und Fertigkeiten auf die Welt kommt und daß die Erfahrung in Form des Lernens Botschaften auf der »tabula rasa« (*lat.* leere, unbeschriebene Tafel), der noch nicht ausgebildeten Seele des Kleinkinds eingraviert. Diese Auffassung, wie sie ursprünglich von dem bri-

tischen Philosophen John Locke vertreten wurde, ist als **Empirismus** bekannt. Extreme Empiristen sind der Meinung, daß allein die Stimulation aus der Umwelt die Entwicklung steuert.

- Zu den Gelehrten, die sich gegen den Empirismus auflehnten, zählte der französische Philosoph Jean-Jacques Rousseau. Er vertrat den **Nativismus**. Im Extremfall ist das die Annahme, daß sich Entwicklung allein aufgrund der Anlagen, die jedes Kind mit auf die Welt bringt, vollzieht. Entwicklung ist ein Reifungs- oder Entfaltungsprozeß. Rousseau argumentierte, Menschen seien von Geburt an »edle Wilde«, und es sei wahrscheinlich, daß sie durch den Kontakt mit der Gesellschaft »verwöhnt und verdorben« werden (Cranston 1991).

Forscher haben eine ganze Reihe von Methoden entwickelt, um die Auswirkungen von Anlage und Umwelt zu untersuchen. Wir wissen nun, daß die Extrempositionen von Locke und Rousseau der Vielfalt menschlichen Verhaltens nicht gerecht werden. Nahezu jede komplexe Handlung wird sowohl durch die biologische Vererbung des einzelnen als auch durch seine persönliche Erfahrung geformt, wobei zur Erfahrung an zentraler Stelle das Lernen gehört.

> **!** Vererbung und Umwelt haben einen fortwährenden wechselseitigen Einfluß aufeinander. Man bezeichnet dieses Zusammenwirken im Entwicklungsprozeß auch als **Anlage-Umwelt-Interaktion**. Die Vererbung stellt das Potential bereit, und die Erfahrung bestimmt die Art und Weise, wie das Potential eingelöst wird (Bronfenbrenner u. Ceci 1994).

Das gemeinsame Erbe der Menschen

In Abschn. 2.1 haben wir Sie mit der Evolution des menschlichen Genotyps vertraut gemacht. Bestimmte Entwicklungsprozesse und -ergebnisse sind bei allen Menschen – wie verschieden auch ihre Umwelt sein mag – zu finden, weil diese Entwicklungsmerkmale zum Standard des genetischen Erbes unserer Art gehören. Beispielsweise beginnen alle Kinder den Spracherwerb damit, einzelne Worte auszusprechen, bevor sie dann zu ganzen Sätzen übergehen. Alle Jugendlichen machen in der Pubertät Schübe körperlichen Wachstums und der sexuellen Reifung durch. Ältere Erwachsene erfahren, wie sich ihr Gedächtnis verändert. Wenn Wissenschaftler erklären sollen, warum die Entwicklungsveränderungen über die einzelnen Personen hinweg einander entsprechen, verweisen sie häufig auf das, was *allen* Menschen gemeinsam vererbt wurde.

Selbst wenn Wissenschaftler der Auffassung sind, daß gewisse Veränderungen durch den Genotyp des Menschen festgelegt sind, so kann man doch die Gesamtabfolge der Veränderungen auf unterschiedliche Weise beschreiben.

- Einige Theorien hängen der Auffassung an, die Entwicklung sei durch Entwicklungsstufen gekennzeichnet, die zu einem erwarteten Endzustand hinführen (Cairns u. Valsiner 1984). Von diesen **Entwicklungsstufen** nimmt man an, daß sie immer in der gleichen Reihenfolge auftreten. Jede Stufe ist eine notwendige Voraussetzung für die nächste. Menschen können diese Stufen mit unterschiedlicher Geschwindigkeit durchlaufen, nicht jedoch in einer anderen Reihenfolge. Nach dieser Auffassung ist Entwicklung **diskontinuierlich**, eine Folge abgegrenzter Stufen, also kein allmählich verlaufender Prozeß. Veränderung wird dann als eine Abfolge von Restrukturierungen verstanden – das Verhalten in den verschiedenen Lebensabschnitten unterscheidet sich **qualitativ**.
- Andere Psychologen vertreten die Position, Entwicklung sei im wesentlichen **kontinuierlich**. Sie gehe allmählich vonstatten, so daß sich quantitative Veränderungen kumulierten. Ungefähr auf dieselbe Weise, wie man körperlich wächst, entwickelten

sich etwa das Denken, das Sprechen und das motorische Geschick weiter – durch die kumulative Wirkung des einen sich fortsetzenden Prozesses. Folglich seien zwar einzelne Aspekte der Entwicklung diskontinuierlich, die gesamte Entwicklung jedoch sei ein kontinuierlicher Prozeß.

Wie bei vielen theoretischen Kontroversen werden wir Beobachtungen finden, die sich mit beiden Auffassungen vereinbaren lassen. Das Gehirn selbst ist ein Beleg dafür, daß wir es einerseits mit einer kontinuierlichen und andererseits mit einer diskontinuierlichen Entwicklung zu tun haben. Eine Untersuchung zur Aktivität der einzelnen Hemisphären ergab unterschiedliche Entwicklungsmuster (Thatcher et al. 1987). Bei mehr als 500 Personen, von 2jährigen bis zu jungen Erwachsenen, wurden die Muster hirnelektrischer Aktivität in der rechten und der linken Hirnhälfte untersucht. Wie man in Abb. 10.3 sehen kann, entwickelt sich die linke Hirnhälfte in plötzlichen Wachstumsschüben, während sich die rechte Hirnhälfte allmählich und kontinuierlich verändert. Diese Ergebnisse stützen die Auffassung, daß man biologisch dafür gerüstet ist, verschiedene Bereiche der Entwicklung in voneinander getrennten Stufen oder auch stufenlos zu erreichen.

Der Einfluß der Umwelt

Unabhängig davon, wie die Entwicklung verläuft – qualitativ oder quantitativ –, können Wissenschaftler ver-

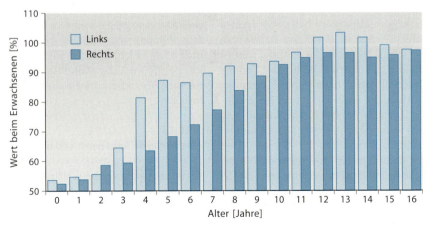

Abb. 10.3. EEG-Aktivität in den Hemisphären des Gehirns. Hier sind die Untersuchungsbefunde für 577 Kinder im Alter zwischen 2 Monaten und dem frühen Erwachsenenalter dargestellt. Die Hirnstromaktivitäten in der rechten (vorne, blau) und der linken *(hinten, braun)* Hemisphäre werden für jede Altersgruppe mit dem Aktivitätsniveau beim Erwachsenen verglichen. Während die Entwicklung in der rechten Hemisphäre kontinuierlich verläuft, gibt es in frühen Altersstufen, die Piagets Stufen der kognitiven Entwicklung entsprechen, in der linken Hemisphäre Wachstumsschübe und Diskontinuitäten

suchen herauszufinden, welche Informationen aus der **Umwelt** erforderlich sind, damit es zu dieser Entwicklung kommt. Obwohl Kinder also biologisch darauf vorbereitet sind, jede Sprache zu lernen, können sie eine bestimmte Sprache nur dadurch erwerben, daß sie Erfahrungen mit der Welt um sie herum machen. Wenn wir uns dann in Abschn. 10.5 mit Spracherwerb beschäftigen, werden Sie sehen, daß die folgende Frage für die Theorieentwicklung wichtig ist: In welcher Weise hat der Input – das, was die Eltern zu ihren Kinder sagen – einen Einfluß darauf, wie schnell Kinder lernen, erfolgreich zu kommunizieren? Sie werden erkennen, daß Kinder die Erwartungen, die sie gegenüber der Welt um sie herum haben, dazu verwenden, dem Input aus der Umwelt einen Sinn zu geben (Pinker 1994).

In manchen Fällen scheint durch den Genotyp festgelegt zu sein, daß bestimmte Arten des Input aus der Umwelt in sensiblen Perioden vorliegen müssen.

> ! Eine **sensible Periode** ist eine Zeit, in der man empfindlich auf bestimmte äußere Reize reagiert und in der ein Organismus optimal darauf vorbereitet ist, ein bestimmtes Verhalten zu erlernen.

Die Ergebnisse experimenteller Untersuchungen legen den Gedanken nahe, daß es bei Tieren sensible Perioden für bestimmte Aufgaben gibt. So fangen die Kaulquappen von Salamandern gewöhnlich unmittelbar nach der Geburt an zu schwimmen. Hält man sie in den ersten 8 Tagen vom Schwimmen ab (indem man sie in einer betäubenden Flüssigkeit hält), schwimmen sie normal, sobald sie freigelassen werden. Beläßt man sie jedoch 4 oder 5 Tage länger in der Lösung, werden sie nie mehr schwimmen können – die sensible Periode ist vorbei (Carmichael 1926). Entsprechend verhalten sich Hunde und Affen, die nach der Geburt einige Monate lang isoliert gehalten werden, ihr Leben lang merkwürdig, auch wenn sie später mit anderen normalen Tieren zusammen aufwachsen (Scott 1963). Dies kann als Hinweis darauf gewertet werden, daß es bei der Entwicklung sozialer Beziehungen eine sensible Periode gibt.

Weil es unmoralisch wäre, menschliche Kinder von normalen Erfahrungen fernzuhalten, stammen Hinweise auf sensible Perioden beim Menschen aus tragischen »Experimenten der Natur«. Ein Beispiel ist der »wilde Junge von Aveyron«, der offensichtlich bis zu seinem 12. Lebensjahr fern von allen Menschen in der Obhut

von Tieren aufgewachsen war. Derartige Fälle zeigen, daß eine unzureichende Ernährung kurz vor der Geburt oder einige Monate danach (also in einer Zeit, in der das Gehirn schnell wächst) z. B. die geistigen Fähigkeiten beeinträchtigen kann. Ist die Ernährung zu einem späteren Zeitpunkt der Entwicklung unzureichend, tritt dieser Mangel nicht auf (Wurfman 1982). Kinder, die in Einrichtungen mit schwach ausgeprägten sozialen Bindungen zu erwachsenen Bezugspersonen aufwachsen, zeigen Aufmerksamkeitsdefizite und soziale Probleme in der Schule, auch wenn sie nach dem 4. Lebensjahr von der Pflegefamilie adoptiert werden (Tizard u. Hodges 1978). In einigen Entwicklungsbereichen gibt es jedoch keine sensiblen Perioden. Obwohl beispielsweise die geistige Entwicklung von Kindern empfindlich auf Veränderungen in der häuslichen Umwelt reagiert, führt fehlende Zuwendung in frühen Jahren nicht notwendigerweise zu dauerhaften intellektuellen Beeinträchtigungen (Rutter 1979).

Wenn Wissenschaftler den Einfluß von Anlage und Umwelt diskutieren, dann ist es für sie am einfachsten, sich auf die ganz frühen Phasen des Lebens zu konzentrieren. Kinder sind gewissermaßen der »Anlage« näher als Jugendliche oder Erwachsene, die der »Umwelt« stärker ausgesetzt gewesen sind. Veränderungen, die für das Leben zwischen 13 und 19 Jahren sowie danach typisch sind, sind weniger stark durch einen drastischen Wandel von einem Zustand zu einem anderen charakterisiert. Die körperlichen Veränderungen zwischen dem 30. und dem 40. Lebensjahr beispielsweise sind nicht im mindesten so aufsehenerregend wie die zwischen dem ersten und dem elften Lebensjahr. Trotzdem können wir wichtige Aspekte der Entwicklung auch nach Abschluß der Kindheit als Prozesse betrachten, bei denen Umwelteinflüsse dazu führen, daß sich ein allen Menschen gemeinsames genetisches Potential entfaltet.

10.1.3
Individuelle Genotypen und die Umwelt

Wichtige Aspekte unseres Körperbaus, unseres Verhaltens und unserer Entwicklung werden in dem Moment festgelegt, in dem sich das genetische Material aus der Eizelle und aus der Samenzelle unserer Eltern vereinigt. Das Zusammentreffen von Eizelle und Samenzelle legt viele der grundlegenden **konstitutionellen Faktoren** fest, die unser Leben lang ziemlich gleich bleiben werden. Konstitutionelle Faktoren kommen schon bei den typischen physiologischen Funktionen und bei den grundlegenden Reaktionstendenzen zum Ausdruck. Manche Babys beispielsweise reagieren leichter auf Stimulierung als andere und haben viel Energie, andere sind friedlich und nicht leicht aus der Ruhe zu bringen. Solche grundlegenden Reaktionstendenzen mögen einen Einfluß darauf haben, wie Kinder mit ihrer Umwelt in Interaktion treten, was sie dann erleben und wie sie sich entwickeln werden (Miyake et al. 1985). Wir wollen sehen, wie Gene konstitutionelle Faktoren beeinflussen.

Die Rolle der Gene

Erinnern Sie sich noch einmal an Abschn. 2.1. Dort wurde beschrieben, daß beim Menschen alle normalen Körperzellen 46 Chromosomen enthalten. Jeweils die Hälfte davon stammen vom Vater bzw. von der Mutter. Bei einem Chromosomenpaar unterscheiden sich das weibliche und das männliche Geschlecht: Männer haben ein X-Chromosom und ein kleineres Y-Chromosom (ein XY-Paar); Frauen haben 2 X-Chromosomen (ein XX-Paar). **Gene** sind Abschnitte auf den Chromosomensträngen, welche die Baupläne oder Anweisungen für die Entwicklung körperlicher Merkmale und sogar für einige psychische Eigenschaften enthalten.

Das bloße Vorhandensein eines Gens *kann* ein Hinweis darauf sein, ob sich eine bestimmte Eigenschaft beim Menschen entwickeln wird, aber sie kann auch *nicht* darauf hindeuten. Gene, die unabhängig davon, ob sie gemeinsam mit anderen Genen vorkommen, immer äußere Auswirkungen haben, wenn sie bei einer Person vorhanden sind, nennt man **dominante Gene**. Gene, die nur in Aktion treten, wenn sie in Kombination mit einem ähnlichen Gen zusammen vorkommen, bezeichnet man als **rezessive Gene**.

Beispielsweise wird ein Mensch, der Träger eines – dominanten – Gens für braune Augen ist, stets braune Augen haben, unabhängig davon, ob sich das Gen nun mit einem Gen für blaue Augen oder mit einem Gen für braune Augen gepaart hat. Eine Person jedoch, die Träger eines – rezessiven – Gens für blaue Augen ist, wird nur blaue Augen haben, wenn sich dieses Gen mit einem weiteren Gen für blaue Augen gepaart hat. Eigenschaften wie die Augenfarbe, die auf dem Alles-oder-nichts-Prinzip beruhen, werden entweder von einem einzigen Gen oder von einem Genpaar reguliert – abhängig davon, ob die Eigenschaft dominant oder rezessiv ist. Von Eigenschaften, die in ihrer Intensität variieren, wie die Körpergröße, nimmt man an, daß sie

durch mehrere Gene gesteuert werden. Komplexe Merkmale (und dazu gehören psychische Eigenschaften wie Emotionalität) werden sicherlich durch die Wechselwirkung vieler Gengruppen festgelegt oder beeinflußt.

> **!** Verhaltensgenetiker haben herausgefunden, daß beim Menschen die meisten charakteristischen Merkmale, für welche Vererbung von Bedeutung ist, polygen bedingt sind, das heißt, von einer Genkombination abhängen.

Nur 10% der Gene, die man erbt, werden im Laufe des Lebens genutzt. Das ungenutzte genetische Potential im **Genotyp** ähnelt einem Treuhandvermögen: Man hat nur dann einen Zugriff darauf, wenn sich die in der Regel konstante Umwelt in charakteristischer Weise verändert. Wenn dann tatsächlich Veränderungen in der Umwelt auftreten, werden diejenigen, die ein genetisches Treuhandvermögen mit der »passenden Auswahl« ihr eigen nennen können, in der Lage sein, sich an die Veränderung anzupassen und diese an die Umwelt angepaßten Gene an die nächste Generation weiterzugeben.

Der Einfluß der Umwelt

Bei der Augenfarbe hat die **Umwelt** nur einen geringen Einfluß. Hingegen legt bei komplexeren körperlichen und psychischen Eigenschaften der Genotyp nur ein Potential fest, und es kommt auf die Umwelt an, ob dieses Potential realisiert wird oder nicht. Vererbung bestimmt beispielsweise, wie groß Sie werden *können*; wie groß Sie aber *tatsächlich* werden, hängt teilweise von der Ernährung, also von einem Umweltfaktor, ab. Für das Merkmal Körpergröße veranschaulicht Abb. 10.4 für Gruppen von Kindern mit einem unterschiedlichen Genotyp die Wechselwirkung zwischen Größe und günstigen Umweltbedingungen. Entsprechend scheint das Niveau der geistigen Fähigkeiten vom genetischen Potential, von der frühen Stimulierung und von den Lernmöglichkeiten, welche die Umwelt bietet, abzuhängen.

> **!** Bei fast jedem Fall, den man näher betrachtet, beeinflussen sich Anlage und Umwelt gegenseitig. Die Anlage stellt das Rohmaterial dar, und die Umwelt beeinflußt, wie die Gene das dadurch gebotene Potential ausschöpfen.

Zur Umwelt, die für die Einlösung des genetischen Potentials von Bedeutung ist, gehört auch die biochemische Umwelt, auf die das Kind trifft, wenn es sich

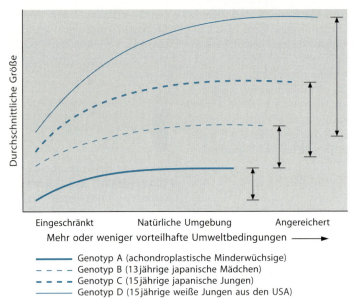

Abb. 10.4. Die Körpergröße in Abhängigkeit von der Umwelt

noch im Körper der Mutter befindet. Während der ersten Schwangerschaftsmonate können Umweltfaktoren wie schlechte Ernährung, Infektionen, Bestrahlung und Medikamenten- oder Drogeneinnahme verhindern, daß sich die Organe und Körperteile normal ausbilden. Mütter, die legale Drogen wie Alkohol zu sich nehmen, setzen ihre ungeborenen Kinder einem Risiko aus (Jacobson et al. 1993). Illegale Drogen führen vielleicht zu noch größeren Schäden. Kokain z. B wandert durch die Plazenta und kann die Entwicklung des Fötus unmittelbar beeinflussen. Bei Erwachsenen veranlaßt Kokain die Blutgefäße dazu, sich zusammenzuziehen. Deshalb beeinträchtigt Kokain bei schwangeren Frauen den Fluß des Blutes in die Plazenta und behindert damit die Sauerstoffversorgung des Fötus. Kommt es im Endergebnis zu einer Unterversorgung mit Sauerstoff, können die Blutgefäße im Gehirn des Fötus platzen. Ein solcher pränataler Hirnschlag kann zu einer lebenslang andauernden körperlichen und geistigen Behinderung führen (Chasnoff 1989; Chasnoff et al. 1985).

Drogenabhängige Mütter bringen häufig drogenabhängige Kinder zur Welt. Ein drogenabhängiges Neugeborenes verbringt die ersten 2 oder 3 Wochen seines Lebens mit den Qualen des Entzugs. Manche dieser Babys sind träge und traurig, während andere nervös und leicht erregbar sind. Haben sie erst einmal zu weinen begonnen, ist es nahezu unmöglich, sie zu beruhigen.

In seinem späteren Leben wird ein in dieser Weise geschädigtes Kind möglicherweise mit einer Reihe von Verhaltensauffälligkeiten zu tun haben, zu denen die folgenden gehören können: Hyperaktivität, geistige Behinderung, Beeinträchtigung der motorischen und kognitiven Fähigkeiten, verkürzte Aufmerksamkeitsspanne, Sprach- und Sprechstörungen, Apathie, Aggression und eingeschränkte emotionale Ansprechbarkeit (Hamilton 1990; Quindlen 1990). Mit Hilfe kostspieliger pädagogischer Programme kann dann nur noch der Versuch unternommen werden, den Schaden zu reparieren, der in der pränatalen Umwelt angerichtet wurde.

10.1.4
Der kulturelle Rahmen der Entwicklung

Wie wir im nächsten Abschnitt anhand einer umfassenden Entwicklungstheorie verdeutlichen werden, stellt jeder Lebensabschnitt dem Menschen besondere Aufgaben, die er zu bewältigen hat. Diese Entwicklungsaufgaben werden immer im Rahmen einer bestimmten **Kultur** gestellt, und auch ihre Bearbeitung und Lösung ist von kulturellem Angebot und kultureller Unterstützung abhängig. Diese Bedingungen sind jedoch nicht konstant, sondern manchmal von Generation zu Generation grundlegend verschieden. In Deutschland bereiteten etwa die gesellschaftliche Erstarrung und der Konservatismus der 50er und frühen 60er Jahre den Boden für die Studenten- und Jugendrevolte der späten 60er und frühen 70er Jahre. Eines der Resultate war, jedenfalls in mancherlei Hinsicht, sexuelle Freizügigkeit. Unterstützt wurde dieser Trend durch die parallele Entwicklung einfacher Techniken zur Schwangerschaftsverhütung. In den 90er Jahren ist der Trend durch die Furcht vor sexuell verbreiteten Krankheiten, insbesondere vor Aids, wieder in Frage gestellt worden. Vielleicht wird eine Reihe von sozialen Mißständen – wie verbreiteter Drogenkonsum, wachsende Kinder- und Jugendkriminalität, häufige Schwangerschaften von Teenagern und die zunehmende Zahl von Straßenkindern – ein konservatives Rollback gegen die aus den 60er und 70er Jahren stammende Freizügigkeit auslösen. Manche Entwicklungen in den USA deuten jedenfalls darauf hin (Shinn u. Weitzman 1990). Verstehen Sie nun, wie die Erfahrungen, die Sie in bestimmten Lebensabschnitten machen, zum Teil von den Normen und Erwartungen der Kultur abhängen, in der Sie leben?

Neben diesen Unterschieden im Zeitverlauf können auch Unterschiede in den sozialen Lebensbedingungen für die Menschen ein und derselben Generation zu extremen Differenzen in den Entwicklungschancen und letztlich auch im »Entwicklungsergebnis« führen. Beispielsweise erleben Menschen unter schwierigen ökonomischen Bedingungen Belastungen, die dem normalen Entwicklungsverlauf fremd sind (Conger et al. 1994; Duncan et al. 1994). Unsere Kultur unterstützt auch Unterschiede in der Entwicklung von Männern und Frauen und Besonderheiten in der Entwicklung von Menschen, die Minoritäten angehören.

> **!** Wenn wir also Schlußfolgerungen über den »durchschnittlichen« Lebenslauf ziehen, so sollten wir dabei berücksichtigen, daß Abweichungen vom Durchschnitt für manche Menschen bereits durch die Kultur festgelegt sind.

In Abschn. 10.6 werden wir sehen, daß Eltern von Geburt an unterschiedliche Erwartungen gegenüber Jungen und Mädchen haben. Wie beeinflußt dieser kulturell bedingte Unterschied die Entwicklung von Jungen und Mädchen? Wir werden uns auch mit einigen der kulturellen Faktoren beschäftigen, die für das Leben von Mitgliedern gesellschaftlich und insbesondere wirtschaftlich benachteiligter Gruppen prägend sind. Wenn man bedenkt, wie grundlegend verschieden Lebensumstände sein können, dann überrascht es nicht,

daß Menschen mit zunehmendem Alter auch immer unterschiedlicher werden (Nelson u. Dannefer 1992). Entwicklungsforscher versuchen Mitglieder einer bestimmten Kohorte oft dadurch zu kennzeichnen, daß sie das durchschnittliche Mitglied der Gruppe beschreiben. Tendenziell wird jede Abweichung des einzelnen von diesem Durchschnitt mit zunehmendem Alter relativ gesehen größer werden. Die Erklärung dafür mag in folgendem bestehen: Der Einfluß der genetischen Anlage, die allen Menschen gemeinsam ist, wird unter dem Einfluß unterschiedlicher Umweltbedingungen immer schwächer, je länger sie andauern.

10.2
Ein theoretischer Rahmen zum Verständnis der lebenslangen Entwicklung: Die psychosozialen Entwicklungsstufen nach Erikson

Bevor wir den Blick auf die Veränderungen in einzelnen Entwicklungsbereichen werfen, lernen wir eine umfassende und integrative Entwicklungstheorie kennen. Sie soll uns helfen, bei der Betrachtung einzelner Veränderungen den Blick auf die Gesamtpersönlichkeit nicht zu verlieren.

> **!** Erik H. Eriksons Theorie der lebenslangen Entwicklung als einer Abfolge **psychosozialer Entwicklungsstufen** nimmt in mehrfacher Hinsicht eine herausragende Stellung ein. Erstens handelt es sich in der Tat um eine umfassende Entwicklungstheorie, weil sie den Säugling genauso wie den alten Menschen einbezieht. Zweitens zeigt sie in genialer Weise auf, wie qualitative Veränderungen in den zentralen Lebensthemen durchaus mit einem kontinuierlichen Entwicklungsprozeß vereinbar sind. Und drittens gelingt es Erikson, über das Konzept der stufenspezifischen Aufgaben und Anforderungen, die der Mensch zu meistern hat, den kulturellen Rahmen und sozialen Kontext in die Entwicklung des Individuums einzubeziehen.

Erik Erikson (s. Abb. 10.5), der von Sigmund Freuds Tochter Anna Freud ausgebildet wurde, konzentrierte sich auf die Bedeutung von Erfahrungen, wie sie jedem Menschen durch Kultur und Gesellschaft vorgegeben sind. Eriksons Erkenntnisse über die aufeinanderfolgenden Krisen der Lebensspanne gingen auf seine eigenen Erfahrungen als Einwanderer in den USA zurück und wurden durch seine Arbeit über die Ureinwohner Amerikas sowie Heimkehrer aus dem Zweiten Weltkrieg abgerundet. Erikson ermittelte 8 psychosoziale Entwicklungsstufen im Lebenszyklus. Auf jeder dieser

Abb. 10.5. Erik Erikson, der Autor der Theorie der psychosozialen Entwicklungsstufen

Stufen gibt es, wie in Tabelle 10.2 dargestellt, einen bestimmten Konflikt. Wenn auch keiner der Konflikte ganz abklingen wird, so muß doch jede entsprechende Stufe ausreichend bearbeitet werden, damit die Person in der Lage ist, die Konflikte der nächsten Stufen erfolgreich zu bewältigen. Jede Stufe setzt ein neues Niveau der sozialen Interaktion voraus. Erfolge und Miß-

erfolge können dabei den Verlauf der nachfolgenden Entwicklung in positiver oder negativer Richtung beeinflussen.

Stufe 1: Vertrauen vs. Mißtrauen. Auf der ersten Stufe muß ein Kind z. B. durch die Interaktion mit seinen Bezugspersonen ein **Urvertrauen** zur Umgebung entwickeln. Dieses Vertrauen stellt sich ganz natürlich ein, wenn eine starke und stabile Beziehung zu den Eltern besteht, die das Kind mit Nahrung, Wärme, körperlicher Nähe und Geborgenheit versorgen. Dagegen entwickelt ein Kind, dessen Grundbedürfnisse nicht befriedigt werden und das erlebt, daß man sich nur gelegentlich mit ihm beschäftigt, dem Körperkontakt und Nähe vorenthalten werden und dessen erwachsene Bezugsperson häufig gar nicht anwesend ist, möglicherweise ein grundlegendes Mißtrauen, ein Gefühl der Unsicherheit und Angst. Dieses Kind ist nicht für die Herausforderungen der zweiten Stufe gerüstet, die beim einzelnen voraussetzt, daß er offen und der Welt zugewandt ist.

Stufe 2: Autonomie vs. Selbstzweifel. Wenn das Kind zu laufen und zu sprechen beginnt, erweitern sich seine Möglichkeiten, Gegenstände (und manchmal auch

Tabelle 10.2. Die Stufen der psychosozialen Entwicklung nach Erikson

Ungefähres Alter	Krise	Angemessene Lösung	Unangemessene Lösung
0–1 ½ Jahre	Vertrauen vs. Mißtrauen	Stabiles (grundlegendes) Sicherheitsbewußtsein	Unsicherheit, Angst
1 ½–3 Jahre	Autonomie vs. Selbstzweifel	Selbstwahrnehmung als Handelnde(r), als fähig zur Körperbeherrschung und als Verursacher von Geschehnissen	Zweifel an der eigenen Fähigkeit zur Kontrolle über Ereignisse
3–6 Jahre	Initiative vs. Schuld	Vertrauen auf eigene Initiative und Kreativität	Gefühl fehlenden Selbstwertes
6 Jahre–Pubertät	Kompetenz vs. Minderwertigkeit	Vertrauen auf angemessene grundlegende soziale und intellektuelle Fähigkeiten	Mangelndes Selbstvertrauen, Gefühl des Versagens
Jugend (Adoleszenz)	Identität vs. Rollendiffusion	Festes Vertrauen in die eigene Person	Wahrnehmung des Selbst als bruchstückhaft; schwankendes unsicheres Selbstbewußtsein
Junges Erwachsenenalter	Intimität vs. Isolierung	Fähigkeit zur Nähe und zur Bindung an jemand anderen	Gefühl der Einsamkeit, des Abgetrenntseins; Leugnung des Bedürfnisses nach Nähe
Mittleres Erwachsenenalter	Generativität vs. Stagnation	Interesse an Familie, Gesellschaft, künftigen Generationen, das über unmittelbar persönliche Belange hinausgeht	Selbstbezogene Interessen; fehlende Orientierung an der Zukunft
Höheres Erwachsenenalter	Ich-Integrität vs. Verzweiflung	Gefühl der Ganzheit, grundlegende Zufriedenheit mit dem Leben	Gefühl der Vergeblichkeit, Enttäuschung

Menschen) zu erforschen und zu manipulieren. Diese Aktivitäten sollten von einem Gefühl der **Autonomie** und des Anerkanntseins als fähige und wertvolle Person begleitet sein. Auf dieser Stufe können übertriebene Kontrolle oder Kritik dazu führen, daß statt dessen Selbstzweifel entstehen. Werden die Fähigkeiten des Kindes überfordert, wie z.B. im Fall einer zu frühen oder zu strengen Sauberkeitserziehung, so fehlt ihm dadurch der Mut, seine Anstrengungen beim Bewältigen neuer Aufgaben aufrechtzuerhalten. Es kann durch solche Überforderungen auch zu wilden Szenen der Konfrontation kommen, die die enge und schützende Eltern-Kind-Beziehung zerstören; das Kind braucht eine solche Beziehung, damit es ermutigt wird, Risiken einzugehen und neue Herausforderungen anzunehmen. Ein 2jähriger, der darauf besteht, daß ein bestimmtes Ritual vollzogen wird oder der das Recht verlangt, irgend etwas ohne fremde Hilfe tun zu dürfen, handelt aus einem Bedürfnis heraus, seine Autonomie und seine Selbständigkeit im Handeln zu bestätigen.

Stufe 3: Initiative vs. Schuld. Gegen Ende der Vorschulzeit ist aus einem Kind, das zunächst zur unmittelbaren Umgebung und dann zu sich selbst ein Urvertrauen entwickeln konnte, eine Person geworden, die nun sowohl bei intellektuellen als auch bei körperlichen Aktivitäten die Initiative ergreifen kann. Die Reaktionen der Eltern auf die Aktivitäten, die das Kind von sich aus unternimmt, stärken entweder sein Gefühl für Freiheit und sein Selbstvertrauen, welches es auf der nächsten Stufe braucht, oder sie vermitteln ihm Schuldgefühle und das Bewußtsein, ein dummer Eindringling in die Welt der Erwachsenen zu sein.

Stufe 4: Kompetenz vs. Minderwertigkeit. Während der Grundschuljahre wird das Kind, das die Krisen der vorhergehenden Stufen erfolgreich bewältigt hat, bereit sein, vom zufälligen Erkunden und Ausprobieren zur systematischen Entwicklung seiner Fähigkeiten überzugehen. Schule und Sport bieten Möglichkeiten, intellektuelle und körperliche Fähigkeiten zu erlernen, die Interaktion mit Gleichaltrigen bietet Möglichkeiten zum Erwerb sozialer Kompetenzen. Weitere Chancen ergeben sich durch zusätzlichen Unterricht, organisierte Gruppenaktivitäten und individuelle Beharrlichkeit bei der Verfolgung eigener Interessen. Sind diese Bemühungen erfolgreich, so resultieren daraus Gefühle der Kompetenz. Manche Kinder jedoch werden eher zu Zuschauern als zu Akteuren oder haben so viele Mißerfolgserlebnisse, daß sie ein Gefühl der Minder-

wertigkeit erwerben, welches sie daran hindert, den Anforderungen der nächsten Stufe gerecht zu werden.

Stufe 5: Identität vs. Rollendiffusion. Erikson war der Auffassung, die hauptsächliche Krise des Jugendlichen bestehe darin, daß er die wahre eigene **Identität** inmitten eines verwirrenden Lebensabschnittes entdecken müsse. Die Konfusion entsteht dadurch, daß die Jugendlichen in einer sich für sie erweiternden sozialen Welt je nach Publikum viele unterschiedliche Rollen spielen sollen. Die Bearbeitung dieser Krise hilft dem einzelnen, das Gefühl eines einheitlichen Selbst zu entwickeln; gelingt es nicht, diese Krise in angemessener Weise zu meistern, kann es im Endeffekt zu einem Selbstbild kommen, dem ein zentraler, stabiler Kern fehlt. Wir kommen auf die Identitätsentwicklung im Jugendalter in Abschn. 10.7 ausführlich zurück.

Stufe 5: Intimität vs. Isolierung. Die Hauptkrise beim jungen Erwachsenen besteht darin, sich mit dem Konflikt zwischen Intimität und Isolierung zu befassen und ihn erfolgreich zu lösen – also die Fähigkeit zu entwickeln, umfassende emotionale, moralische und sexuelle Bindungen zu anderen Menschen aufzubauen. Eine solche Bindung einzugehen, setzt voraus, daß der einzelne Kompromisse im Hinblick auf einige persönliche Vorlieben schließt, in gewisser Weise Verantwortlichkeiten akzeptiert und ein bestimmtes Maß an Privatheit und Unabhängigkeit aufgibt. Gelingt es nicht, diese Krise in angemessener Weise zu bewältigen, führt dies zu Isolation und zur Unfähigkeit, mit anderen in psychologisch bedeutsamer Weise Verbindung aufzunehmen.

Stufe 7: Generativität vs. Stagnation. Die nächste größere Gelegenheit zu persönlichem Wachstum, die sich während des mittleren Erwachsenenalters ergibt, wird als Generativität (Zeugungsfähigkeit) bezeichnet. Menschen in den 30ern und 40ern konzentrieren sich nicht mehr so stark auf das Selbst bzw. den Partner und wenden sich umfassenderen Verpflichtungen gegenüber der Familie, der Arbeit, der Gesellschaft und gegenüber künftigen Generationen zu. Diejenigen jedoch, die vorangehende Entwicklungsaufgaben nicht gelöst haben, werden vielleicht eine **Midlife-crisis** durchmachen. Diese Menschen sind nachgiebig gegenüber sich selbst, stellen frühere Entscheidungen und Ziele in Frage, möchten sich ihrer Verpflichtungen zugunsten eines letzten großen Wurfs entledigen und nach Freiheit auf Kosten von Sicherheit streben.

Stufe 8: Ich-Integrität vs. Verzweiflung. Das Wissen um die eigene Sterblichkeit und um die Veränderungen im Hinblick auf den Körper, das Verhalten und die sozialen Rollen sind die Grundlage für Eriksons letzte Stufe: das höhere Lebensalter. Auf dieser Stufe ist die Krise der Konflikt zwischen Ich-Integrität und Verzweiflung. Wurden die Krisen auf allen vorhergehenden Stufen gelöst, bereitet sich der ältere Erwachsene darauf vor, ohne Reue zurückzublicken und sich eines Gefühls der Ganzheit zu erfreuen. Sind frühere Krisen nicht gelöst, so bleiben Ambitionen unerfüllt, und der einzelne erlebt ein Gefühl der Vergeblichkeit, der Verzweiflung und der Selbstabwertung. Im Endergebnis gelingt es der betreffenden Person auch nicht, die letzte Krise zu bewältigen.

Erikson entwickelte sein Stufenmodell aus biographischen Untersuchungen, Tiefeninterviews und persönlichen Erfahrungen. Für Menschen in den westlichen Kulturen und Gesellschaften (Europa und Nordamerika), in denen Individualität und Autonomie hoch bewertet werden, liefert es eine angemessene Beschreibung der Persönlichkeitsentwicklung über die Lebensspanne. Auf Menschen in Gesellschaften, die auf Prinzipien der kollektiven Organisation beruhen und die die individuelle Initiative sowie die Selbstzentriertheit geringschätzen, scheint es weitaus weniger zuzutreffen (Triandis 1990, 1994). So werden etwa Frauen in Kulturen mit strengen religiösen Wertvorstellungen, wie z. B. in islamischen oder hinduistischen Gesellschaften, die die weibliche Erfahrungswelt stark einschränken, gezwungen, sich einer anderen Abfolge von Entwicklungskrisen als die Männer auszusetzen (s. Bond 1988; Dhruvarajan 1990; Shweder u. Bourne 1982).

10.3
Kognitive Entwicklung in der Kindheit

Kognitive Entwicklung umfaßt die Veränderung aller geistigen Prozesse: der Wahrnehmung, des Denkens, der Vorstellung und des Problemlösens. Untersuchungen der kognitiven Entwicklung befassen sich z. B. mit folgenden Themen: den Strategien und Inhalten kindlichen Erinnerns, der Entwicklung kindlicher Erwartungen, dem Erfassen der Unterscheidung von Schein und Wirklichkeit und der Kategorisierung von Erfahrungen im Kindesalter. Ein Großteil der gegenwärtigen Forschung zur kognitiven Entwicklung geht zurück auf die Pionierarbeiten des Schweizer Psychologen Jean Piaget.

10.3.1
Piagets Auffassung der kognitiven Entwicklung

Niemand hat mehr zu unserem Wissen darüber beigetragen, wie Kinder denken, wie sie schlußfolgern und Probleme lösen, als Jean Piaget (1896–1980). Fast 50 Jahre widmete er der Beobachtung der Entwicklung des Denkens bei Kindern. Piagets Erkenntnisse beruhen u. a. darauf, daß er die Entwicklung seiner eigenen Kinder von einem sehr frühen Alter an genau studierte. Er stellte ihnen Aufgaben, beobachtete ihre Reaktionen, veränderte dann geringfügig die Aufgabenstellung und beobachtete von neuem, wie sie darauf reagierten. Im Unterschied zu experimentell arbeitenden Psychologen heute, die in ihren Laboratorien mittels komplexer Versuchsanordnungen Informationsverarbeitungsprozesse erforschen, um zu einfachen Schlußfolgerungen zu gelangen, verwendete Piaget einfache Demonstrationen und sorgfältige Interviews, auf deren Grundlage er komplexe und weitreichende Schlüsse zog.

Piaget interessierte sich vor allem für die Natur der Veränderungen, denen das Denken des Kindes im Verlauf der kognitiven Entwicklung unterworfen ist. Wie überführt ein Kind spezifische konkrete Informationen, durch sinnliche Erfahrung erworben, in allgemeine abstrakte Begriffe, die nicht an das unmittelbare Vorliegen irgendeiner Reizgegebenheit gebunden sind? Um diese Frage beantworten zu können, untersuchte er, wie Kinder bestimmte Situationen wahrnehmen und wie sie zum Denken und Wissen über die Realität kommen.

> **!** Piaget interessierte sich nicht dafür, wieviel Kinder wissen oder wissen können, sondern dafür, wie sich ihr Denken und ihre inneren Repräsentationen der äußeren Realität von Entwicklungsstufe zu Entwicklungsstufe qualitativ verändern.

Assimilation und Akkommodation

Der Kern der Entwicklung ist die kognitive Anpassung des Individuums an die Erfordernisse der Welt, und die »Träger« dieses Anpassungsprozesses sind **Strukturen**. Nicht zuletzt deshalb wird Piagets Ansatz auch als genetischer Strukturalismus bezeichnet. (»Genetisch« weist auf die Genese, also den Entwicklungsaspekt hin.) Strukturen sind sowohl das Ergebnis als auch die Voraussetzungen der Anpassung.

Der Säugling verfügt in den ersten beiden Lebensjahren nur über *Handlungs*strukturen. Sie bilden die sensomotorische Intelligenz, aus der dann später *verinnerlichte* kognitive Strukturen oder Begriffe entstehen. Spezifische Strukturen nennt Piaget **Schemata**. So verfügt der Säugling z. B. über ein Greifschema, ein Saugschema und ein Schema des Schlagens nach Gegenständen – allgemein: über Handlungsschemata.

Die Anpassung des Individuums an die Welt – damit ist nichts anderes als das immer bessere Verstehen der Realität gemeint – vollzieht sich in 2 elementaren Prozessen: Assimilation und Akkommodation.

- Bei der **Assimilation** wird die Information, die das Individuum aufnimmt, so verändert, daß sie sich in vorhandene Schemata einfügt.
- Bei der **Akkommodation** werden die Schemata selbst verändert, damit sie der Information angemessen sind oder damit sie nicht zu anderen Schemata oder der Gesamtstruktur im Widerspruch stehen.

Zur Veranschaulichung von Assimilation und Akkommodation kann man die Anpassungen betrachten, die vom Baby beim Übergang vom Trinken an der Brust zum Trinken aus der Flasche und schließlich zum Trinken aus der Tasse verlangt werden. Die Saugreaktion ist zu Anfang, wie oben dargestellt wurde, ein angeborener Reflex. Während sich das Baby an die Flasche gewöhnt, kann es immer noch viele Teile dieser Reaktionssequenz in unveränderter Weise benutzen – es assimiliert die Flasche an das Saugschema. Gleichzeitig jedoch muß es den Schnuller etwas anders in den Mund nehmen und daran saugen, und es muß lernen, die Flasche im passenden Winkel zu halten (Akkommodation). Der Schritt von der Flasche zum Becher erfordert mehr Akkommodation, basiert aber immer noch auf den alten Fähigkeiten, Flüssigkeit zu saugen und zu schlucken.

> ! Piaget betrachtete die kognitive Entwicklung als Ergebnis des ständigen Wechselspiels von Assimilation und Akkommodation. Die Assimilation bewahrt und erweitert das Bestehende und verbindet so die Gegenwart mit der Vergangenheit, und die Akkommodation entsteht aus Problemen, die die Umwelt stellt, also aus Informationen, die nicht zu dem passen, was man weiß und denkt.

Diese Diskrepanzen zwischen dem, was man sieht und dem, was man denkt, beeinflussen die kognitive Entwicklung ganz wesentlich. Sie zwingen das Kind, angemessenere innere Strukturen und Prozesse zu entwickeln, und ermöglichen dadurch einen kreativen und angemessenen Umgang mit neuen Herausforderungen. Sowohl Assimilation als auch Akkommodation sind also für kognitive Fortschritte notwendig, und sie sind im Entwicklungsprozeß aufeinander abgestimmt.

Durch diese beiden Prozesse wird das Kind immer weniger von der unmittelbaren Wahrnehmung und immer mehr vom Denken abhängig. Kognitive Entwicklung impliziert deshalb auch den Übergang vom Vertrauen auf den Augenschein zum Vertrauen auf Regeln. Die sensomotorischen Strukturen, die Handlungsschemata des Säuglings, sind abhängig von der Gegenwart von Gegenständen – z. B. Dingen, an denen das Kind saugen kann, die es beobachten oder ergreifen kann – aber nach diesem Stadium beinhalten die kognitiven Strukturen zunehmend symbolische Repräsentationen der äußeren Realität, die nun ihrerseits immer mehr und komplexere kognitive Operationen ermöglichen (Gallagher u. Reid 1981; Piaget 1975a, b).

Beide Formen der Anpassung – Assimilation und Akkommodation – unterliegen einem allgemeinen Entwicklungsprinzip, dem **Äquilibrationsprinzip** (Gleichgewichtsmodell). Es beschreibt die Richtung der geistigen Entwicklung und begrenzt das Ausmaß der Veränderung der Strukturen.

> ! Nach dem Äquilibrationsprinzip ist Entwicklung eine fortlaufende Folge von Gleichgewichts- und Ungleichgewichtszuständen, wobei das Ungleichgewicht vom Gleichgewicht auf einem höheren Niveau abgelöst wird (majorierende Äquilibration). Es sind Schemata untereinander oder Schemata und Informationen (Umweltgegebenheiten), die im Gleichgewicht bzw. Ungleichgewicht stehen und auf die das Kind seine Aufmerksamkeit richtet.

Stufen der kognitiven Entwicklung

Piaget unterteilte die kognitive Entwicklung in 4 qualitativ verschiedene **Stufen**. Er glaubte, alle Kinder durchliefen diese Stufen in derselben Reihenfolge, obwohl das Entwicklungstempo unterschiedlich sein könne. Diese These wird Invariabilitätsannahme (Universalitätshypothese) genannt und ist von grundlegender Bedeutung in Piagets Theorie. Die Stufen nannte er

- die sensomotorische Stufe (Säuglingsalter),
- die Stufe des präoperationalen oder intuitiv-anschaulichen Denkens (Kindergarten- und Vorschulalter),
- die Stufe der konkreten Denkoperationen (Grundschulalter)

- und die Stufe der formalen Denkoperationen (ab dem Jugendalter).

Auf den ersten Blick scheint Piagets Stufentheorie mit seiner Annahme der funktionalen Kontinuität von Entwicklung unvereinbar zu sein. Der Widerspruch löst sich auf, wenn man sich klarmacht, daß die Stufen Ergebnisse der kognitiven Entwicklung beschreiben: die unterschiedliche Qualität des Denkens in verschiedenen Altersabschnitten. Die Denkstrukturen sind jedoch zu jedem Zeitpunkt das Ergebnis von Assimilations- und Akkommodationsprozessen, die immer denselben Organisationsprinzipien unterliegen. Genau darin besteht die funktionale Kontinuität der geistigen Entwicklung. Adaptation (Assimilation und Akkommodation) und Organisation werden von Piaget als die **funktionalen Invarianten** des Entwicklungsprozesses bezeichnet. Kognitive Entwicklung ist aber nach Piaget auch deshalb – trotz der Diskontinuität der Stufen – als kontinuierlicher Vorgang zu verstehen, weil sie sich aus einer Abfolge von »Mikroprozessen« zusammenfügt. Diese kleinen Veränderungen in Form von Akkommodationen der vorhandenen Strukturen ergeben, bei Betrachtung des Gesamtbildes, die 4 umfassenden Stufen, die wir jetzt ausführlicher beschreiben werden.

Die sensomotorische Stufe (etwa von der Geburt bis zum Alter von 2 Jahren). Das Kind erwirbt während der ersten 2 Jahre so viele kognitive Leistungen und Strukturen, daß Piaget die **sensomotorische Stufe** selbst wiederum in 6 Substufen unterteilte. Hier sollen lediglich die beiden wichtigsten Entwicklungen dieser Phase erwähnt werden: die Fähigkeit, angepaßt zu reagieren, und die Objektpermanenz.

Während seiner ersten Lebensmonate »weiß« ein Säugling nur etwas im Sinne des Wiedererkennens und Antizipierens von vertrauten, wiederkehrenden Objekten und er »denkt« im Sinne eines vorhersagbaren, organisierten und angepaßten Verhaltens solchen Objekten gegenüber (nach Flavell 1979, S. 30). Während des ersten Jahres werden die sensomotorischen Sequenzen (z. B. Saugen und Greifen, Schauen und Bewegen) verbessert, kombiniert, koordiniert und integriert. Sie werden abwechslungsreicher, denn das Kind erkundet immer neue Aspekte seiner Umgebung. Es entdeckt, daß seine Handlungen äußere Ereignisse beeinflussen, und beginnt Verhaltensweisen zu zeigen, die aussehen wie zielgerichtete, kognitiv gesteuerte Aktivitäten.

> **!** Gegen Ende des 2. Lebensjahres ist die Fähigkeit, nicht gegenwärtige Ereignisse symbolisch zu repräsentieren, deutlich ausgebildet. Ein Kind verfügt dann über das innere Abbild eines Gegenstands, und es kann mit diesem Objekt »im Geiste« umgehen, ohne daß dieses physisch präsent sein muß.

Bestandteil der Entwicklung der Fähigkeit, angepaßt zu reagieren, ist die stetige Entwicklung der **Objektpermanenz** – Gegenstände werden wahrgenommen als Dinge, deren Existenz und Verhalten nicht von der Aktivität und der Aufmerksamkeit des Kindes abhängen. Bereits kurz nach der Geburt folgt der Säugling einem bewegten Objekt mit den Augen. Mit 2–3 Monaten betrachtet er die Stelle, an der ein Objekt aus dem Blickfeld verschwunden ist. Mit 4–8 Monaten erwartet er das Wiederauftauchen eines versteckt bewegten Gegenstandes oder sucht mit Blicken nach ihm. Als nächstes findet er den Gegenstand, selbst wenn er ihn nicht sehen kann, unter zunehmend schwierigeren Bedingungen (8–18 Monate). Im Alter von etwa 2 Jahren »wird das Kind erwartungsvoll lächeln und dann jedes mögliche Versteck systematisch absuchen ... es wird spontan das Versteckspiel umdrehen und nun den Erwachsenen suchen lassen, was es versteckt hat ...« (Flavell 1985, S. 37, eig. Übers.). Es steht fest, daß Kinder in diesem Alter über eine innere symbolische Repräsentation eines Gegenstandes verfügen, die unabhängig von ihrer Wahrnehmung oder ihrer Handlung ist.

Die präoperationale Stufe (Stufe des intuitiv-anschaulichen Denkens – ungefähr von 2 bis 7 Jahren). Kinder treten als **naive Realisten** ins Leben. Das heißt, sie glauben, was sie sehen. Genau wie Wissenschaftler, die nach Regelhaftigkeiten im Fluß und in der Vielfalt der einzelnen Ereignisse suchen, werden Kinder allmählich der **qualitativen Invarianzen** in der Umwelt gewahr, solcher Dinge, deren Identität gleichbleibt, obwohl die Anschauung sich ändert. Der Erwerb der Objektpermanenz war ein erstes Beispiel für den Aufbau einer Invarianz. Sie bildet den Ausgangspunkt für den nächsten Schritt, die Entdeckung, daß Gegenstände nicht nur eine beständige Identität haben, sondern daß die Identität von Dingen trotz der Veränderung des Aussehens erhalten bleibt. Dieses Denken charakterisiert die **präoperationale Stufe**. Zu Anfang dieses Entwicklungsabschnitts können Kinder z. B. glauben, daß ein Junge ein Mädchen werden kann, wenn er mit Puppen spielt oder Mädchenkleider anzieht; gegen Ende wissen sie es besser. In einer Untersuchung betrachteten 3jährige das hintere Körperteil einer Katze, der man eine Hundemaske über den Kopf gestülpt hatte. Sie nahmen an, daß die Katze nun zu einem Hund geworden sei. Sechsjährige hingegen glaubten eher, daß eine Katze nicht zu einem Hund werden könne (DeVries 1969).

Der vorausgegangene Erwerb der Objektpermanenz bereitet Kinder auch auf das darstellende (repräsentationale) Denken dieser Periode vor, ein Denken, das mehr von **Symbolen** als von sensomotorischen Beziehungen abhängt. Dennoch ist ihr Denken immer noch in stärkerem Maße von Anschauungen abhängig als von Begriffen und Regeln. Das hindert sie an der Ausführung bestimmter kognitiver Operationen. Deshalb werden die Bezeichnungen präoperational und anschaulich gebraucht, um die Denkprozesse dieses Entwicklungsabschnittes zu charakterisieren.

> ! Das präoperationale Denken ist durch **Zentrierung** charakterisiert – die Aufmerksamkeit richtet sich auf einen einzigen Gegenstand oder ein einzelnes Merkmal. Das Kind kann nicht mehr als einen Wahrnehmungsgesichtspunkt gleichzeitig berücksichtigen. Die Zentrierung ist ein Aspekt des **Egozentrismus**. Egozentrismus meint hier nicht Ichbezogenheit, sondern die Schwierigkeit, sich eine Szene aus der Sicht eines anderen vorzustellen.

Piaget benutzte ein dreidimensionales Modell einer Berglandschaft und fragte Kinder, was ein Teddybär, den er auf der gegenüberliegenden Seite aufgestellt hatte, sehen könnte. Bis zum Alter von ungefähr 7 Jahren waren die Kinder nicht in der Lage, die Landschaft aus der anderen Perspektive zu beschreiben (Piaget u. Inhelder 1975). In späteren Untersuchungen anderer Autoren gelang das jedoch schon 3- und 4jährigen Kindern, wenn sie Szenen betrachteten, die ihnen vertrauter waren, und wenn es ihre Aufgabe war, bewegliche Szenerien so umzugestalten, daß diese die Sichtweise eines anderen erkennen ließen. Bei der Verwendung einer feststehenden Szenerie, wie sie von Piaget benutzt wurde, schnitten sie jedoch schlecht ab (Borke 1975).

Im allgemeinen tritt die Dezentrierung (Dezentration) – die Fähigkeit, 2 oder mehr physikalische Dimensionen zur gleichen Zeit zu berücksichtigen – erst später in der Entwicklung auf.

Die Stufe der konkreten Denkoperationen (ungefähr von 7 bis 11 Jahren). Im folgenden Abschn. **Experiment** beschreiben wir die sog. Umschüttaufgabe. Sie demonstriert ein typisches Merkmal des konkret-operationalen Denkens: ein Verständnis sog. **quantitativer Invarianzen** (Erhaltungen), im gewählten Beispiel die Invarianz der Menge (Mengenerhaltung) bei Flüssigkeiten. Kinder, die über diese Denkstruktur verfügen, verstehen, daß sich Flüssigkeiten und feste Stoffe in ihrem Volumen oder ihrer Masse nicht ändern, wenn man nichts hinzugibt oder wegnimmt, auch wenn Form oder Aussehen verändert werden. Während der **Stufe der konkreten Operationen** erwerben Kinder auch andere Arten der quantitativen Invarianz, wie die Invarianz von Zahlen und Flächen.

> ! Das Verständnis der Invarianz zeigt an, daß die Kinder auf dieser Stufe weitere geistige Operationen ausführen können. Sie können Informationen geistig transformieren und die Reihenfolge der kognitiven Verarbeitungsschritte sogar umkehren. Sie verlassen sich nun eher auf Begriffe als auf das, was ihre Wahrnehmung sie sehen oder fühlen läßt.

EXPERIMENT

Piagets »Umschüttaufgabe«

Piagets klassische Studie zur Invarianz von Flüssigkeiten wird manchmal auch vereinfachend als »Umschüttaufgabe« bezeichnet, (s. Abb. 10.6). Wenn die gleiche Menge einer Flüssigkeit, z. B. Limonade, in 2 Gläser gegossen wird, berichten alle 5, 6 und 7 Jahre alten Kinder, daß beide Gläser gleich viel enthalten. Wird jedoch die Limonade aus einem der beiden Gläser in ein anders geformtes höheres und schmaleres Glas umgegossen, gehen die Meinungen darüber, ob es immer noch gleich viel Limonade ist, auseinander. Die 5jährigen wissen zwar, daß sich im schmalen hohen Glas immer noch dieselbe Limonade befindet (qualitative Invarianz). Sie glauben aber, daß es irgendwie mehr geworden sei. Die 6jährigen sind sich zwar unsicher, sagen aber auch, in dem hohen Glas sei mehr drin. Die 7jährigen »wissen«, daß es keinen Unterschied gibt. Die jüngeren Kinder verlassen sich noch auf den Augenschein, die älteren vertrauen jetzt auf eine Regel. Sie berücksichtigen auch 2 Dimensionen, Höhe und Breite. Die jüngeren Kinder hingegen richten sich allein nach der Höhe, einem normalerweise nützlichen Indikator für »mehr«. Anders gesagt: Die jüngeren Kinder zentrieren die Aufmerksamkeit auf nur eine Dimension der Flüssigkeit, während die konkret-operationalen Kinder ihre Aufmerksamkeit dezentriert (verteilt) haben.

Abb. 10.6. Die Umschüttaufgabe – Piagets Demonstration der (fehlenden) Invarianz von Flüssigkeiten. Dieses 5jährige Mädchen versteht, daß die beiden Behälter *(oben)* die gleiche Menge an Flüssigkeit enthalten. Wenn jedoch aus einem der beiden Behälter die Flüssigkeit in ein schmaleres und höheres Gefäß umgegossen wird *(Mitte)*, so stellt sie fest, daß dieses mehr enthält *(unten)*. Mit anderen Worten: Sie verfügt noch nicht über die Mengeninvarianz

Obwohl die Kinder nun fähig werden, Logik und schlußfolgerndes Denken zum Lösen konkreter Probleme einzusetzen, benutzen sie bei der Konstruktion und Begründung ihrer Schlüsse immer noch Symbole für *konkrete* Gegenstände und Ereignisse, keine Abstraktionen. Wo die Grenzen liegen, zeigt das beliebte Spiel der »20 Fragen«, in dem es darum geht, mit so wenig Fragen wie möglich einen Gegenstand zu erraten, an den ein Mitspieler denkt. Ein Kind von 7 oder 8 Jahren benutzt gewöhnlich immer wieder dieselben spezifischen Fragen, die, falls treffend, auch gleich die richtige Antwort liefern (Ist es ein Vogel? Ist es eine Katze?). Ein paar Jahre später wird dasselbe Kind die Aufgabe systematisch angehen. Es wird sich ausgehend von allgemeinen Kategorien (Ist es ein Tier?) über untergeordnete Kategorien zu spezifischen Fragen vorarbeiten. Das bedeutet, daß es zu Anfang einige Fragen stellt, die selbst keine Antwort auf die »Was ist es?«-Frage liefern (Bruner et al. 1971).

Die Stufe der formalen Operationen (etwa von 11 Jahren an). Die letzte Stufe der kognitiven Entwicklung nach Piaget, die **Stufe der formalen Operationen** (Stufe des abstrakten Denkens), unterscheidet sich dadurch von der vorhergehenden, daß logische Operationen nun nicht mehr an konkrete Probleme gebunden sind.

> **!** Der Heranwachsende ist jetzt fähig, mit **Abstraktionen** umzugehen, hypothetische Fragen zu stellen (Was wäre, wenn jemand Augen am Hinterkopf hätte?) und sich **logische Beweise** für abstrakte Probleme auszudenken. Die meisten Menschen verfügen ab der frühen Adoleszenz (Jugendalter) über die notwendigen kognitiven Strukturen, die sie brauchen, um von naiven Denkern zu Experten zu werden.

Die Herangehensweise Jugendlicher und Erwachsener an das Spiel der »20 Fragen« zeigt die Fähigkeit zum Umgang mit Abstraktionen und zum Erwerb einer Informationsverarbeitungsstrategie, die nicht durch die gestellten Fragen eingeschränkt wird. Sie strukturieren die Aufgabe selbständig, beginnen mit umfangreichen Kategorien, dann formulieren und testen sie Hypothesen im Lichte dessen, was sie über Kategorien und Relationen wissen.

10.3.2
Neuere Ansätze zur kognitiven Entwicklung

Die Bedeutung von Piagets Beitrag zur genauen Erforschung der Entwicklung kognitiver Prozesse bei Kindern ist unbestritten. Die Fragen, die er stellte, die Phänomene, die er untersuchte, die Begriffe, die er prägte, um seine Einsichten zu formulieren, sind von bleibender Bedeutung.

> ! Piagets Theorie des dynamischen Wechselspiels von Assimilation und Akkommodation wird allgemein als adäquate Beschreibung des Prozesses der geistigen Entwicklung anerkannt. Die Sequenz der 4 globalen Entwicklungsstufen fand auch die Unterstützung anderer Wissenschaftler. Mit seinem Stufenmodell schuf er ein Vorbild für jegliche psychologische Theoriebildung über Entwicklungsprozesse. Andererseits scheint es, daß Piaget die kognitiven Fähigkeiten von Kindern unterschätzt hat.

Dafür lassen sich 3 Gründe nennen:

1. Da ihm moderne Untersuchungstechniken nicht zur Verfügung standen, war er auf einfachere Methoden der Beobachtung leicht zugänglichen Verhaltens angewiesen.

Um z. B. die Vorstellungen von Kleinkindern zur Objektpermanenz zu untersuchen, beobachtete er, ob und wie sie nach versteckten Gegenständen suchten. Das heißt, die Kinder mußten zweierlei leisten: Sie mußten erstens »wissen«, daß ein Gegenstand weiterexistierte, auch wenn er außer Sicht geriet. Zweitens mußten sie auch die sensomotorischen Fähigkeiten besitzen, um den versteckten Gegenstand suchen zu können. Die zweite Anforderung, die nichts mit der Objektpermanenz zu tun hat, kann dazu führen, daß das Wissen des Kindes über Objekte unterschätzt wird (s. Gelman u. Baillargeon 1983). Eine solche Untersuchung wird im Abschn. **Unter der Lupe** beschrieben.

UNTER DER LUPE

Objektpermanenz bei 6monatigen Säuglingen

In der Untersuchung von Baillargeon (1986) saßen 6 Monate alte Säuglinge vor einem großen Schaukasten. Direkt vor ihnen war ein kleiner Sichtschirm angebracht, links von diesem Sichtschirm eine lange Rampe. Die Kinder beobachteten das folgende Ereignis (s. Abb. 10.7a): Der Schirm wurde angehoben, so daß die Kinder sehen konnten, daß nichts dahinter verborgen war. Dann wurde er gesenkt, und ein Spielzeugauto wurde auf die Rampe geschoben. Das Auto rollte die Rampe hinunter und durchquerte den Schaukasten. Dabei verschwand es zunächst am einen Ende des Schirmes, tauchte dann am anderen wieder auf und rollte schließlich nach rechts aus dem Schaukasten heraus.

Nachdem die Kinder sich an dieses Ereignis gewöhnt (habituiert) hatten, – man spricht deshalb von Habituationsereignis – wurden ihnen 2 Testereignisse gezeigt. Sie waren genauso aufgebaut wie das Habituationsereignis, außer daß eine Kiste hinter dem Schirm aufgestellt wurde. Beide Testergebnisse liefen gleichermaßen ab: Der Schirm wurde angehoben, so daß die Kiste zu sehen war, und gesenkt. Dann rollte das Auto die Rampe hinunter und durchquerte den Schaukasten. Der einzige Unterschied zwischen den Testereignissen war der Standort der Kiste hinter dem Schirm. Im einen Fall, dem sog. möglichen Ereignis, wurde sie im Hintergrund des Schaukastens, d.h. *hinter* der Fahrspur des Autos aufgestellt. Im anderen Fall, dem sog. unmöglichen Ereignis wurde sie

auf die Spur gesetzt, so daß sie den Weg des Autos blockierte (Abb. 10.7b). Für Erwachsene steht das erste Ereignis im Einklang mit dem Prinzip der Dichte: Das Auto fährt ungehindert durch den freien Raum. Das zweite Ereignis verletzt dagegen dieses Prinzip: Das Auto scheint durch den Raum zu rollen, den die Kiste einnimmt (Baillargeon 1986, S. 27).

Für alle Teilnehmer dieser Studie – Säuglinge im Alter von 6 Monaten – wurde zuerst das Habituationsereignis (Abb. 10.7a) dargeboten. Eine Entwöhnung (Dishabituation) trat nur ein, wenn man ihnen anschließend das unmögliche Testereignis zeigte, nicht aber, wenn man ihnen das mögliche Testereignis vorführte. Wir erinnern daran, daß der einzige wesentliche Unterschied zwischen den beiden Testereignissen darin lag, daß das unmögliche Ereignis den Gegenstandsbegriff verletzte: Das Auto rollte durch die hinter dem Schirm verborgene Kiste hindurch. Die Kinder schienen diese Regelverletzung interessant und überraschend zu finden – was darauf schließen läßt, daß sie erwarten, daß Gegenstände (wie die versteckte Kiste) weiterexistieren und Raum einnehmen, auch wenn man sie nicht sehen kann. Im Gegensatz zu der Behauptung Piagets, der Beginn der Entwicklung der Objektpermanenz bei Kindern liege nicht vor dem 8. Lebensmonat, geht aus diesen Ergebnissen hervor, daß Kleinkinder schon im Alter von 6 Monaten, wenn nicht sogar früher, eine Ahnung von der Dauerhaftigkeit von Gegenständen haben (s. auch Baillargeon et al. 1985).

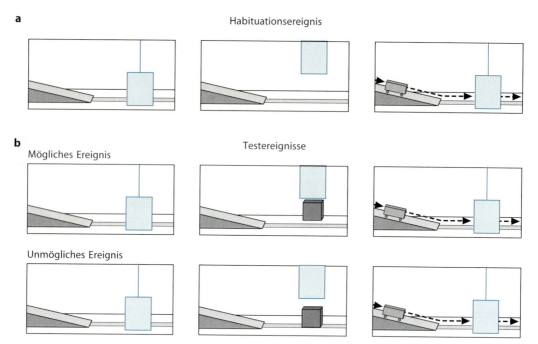

a   Habituationsereignis

b   Testereignisse

Mögliches Ereignis

Unmögliches Ereignis

Abb. 10.7a,b. Eine schematische Darstellung des Habituationsereignisses und der Testereignisse in der Studie von Baillargeon (1986)

Die Nutzung moderner Technologien versetzt Wissenschaftler in die Lage, die Aufmerksamkeit und das Interesse eines Kleinkindes bei einer Reizkonfiguration zu verfolgen, indem sie z. B. seinen Herzschlag messen oder die Blickdauer beim Betrachten von Versuchsmaterial bestimmen. Mit diesen Techniken können Wissenschaftler die Fähigkeit zur Habituation und Dishabituation zur genaueren Diagnose nutzen.

> **! Habituation** (Gewöhnung) ist die Adaptation an einen sich nicht verändernden Reiz durch Abnahme der Aufmerksamkeit. Sie tritt auf, wenn man einem Kind immer wieder das gleiche Material vorführt. Das Kind kümmert sich immer weniger darum und schaut weniger darauf – als sei es gelangweilt dadurch, immer dasselbe »alte Zeug« zu sehen. Zeigt man ihm etwas anderes, so wird das Kind sich das wahrscheinlich länger anschauen. Es reagiert mit **Dishabituation** (»Entwöhnung«), d.h. die Habituation wird außer Kraft gesetzt.

Mit Hilfe der Meßverfahren für kindliche Aufmerksamkeit kann die Objektpermanenz auf direkte Weise untersucht werden.

2. Ein anderer Grund für Piagets Unterschätzung der kognitiven Kompetenz von Kindern liegt darin, daß

er sich bei älteren Kindern stark auf die Beschreibungen verließ, die sie selbst für ihre Denkprozesse gaben.

Kinder können aber durchaus etwas verstehen, ohne daß sie in der Lage sind, es auch zu erklären. Es ist nicht überraschend, daß andere Wissenschaftler Piagets Entdeckungen ergänzen und, in einigen Fällen, in Frage stellen. Zum Beispiel gibt es immer mehr Belege dafür, daß Kinder früher über einige kognitive Fähigkeiten verfügen, als Piaget es für möglich hielt (Selman 1984). Wir beschreiben einige davon weiter unten in diesem Abschnitt. Wenn man bei Kindern im Vorschulalter das Verständnis von Ursache-Wirkungs-Zusammenhängen durch nonverbales Verhalten anstelle von verbalen Äußerungen erfaßt, so zeigen sie ein viel differenzierteres Kausaldenken, als man aufgrund der Lektüre von Piagets Interviews mit Kindern erwartet hätte (Bullock u. Gelman 1979; Pines 1983).

Die Versuche, Piagets übergroßes Vertrauen auf die verbalen Berichte der Kinder zu korrigieren, hatten ein weiteres unerwartetes, dennoch wichtiges Ergebnis. Sie haben uns auf die prinzipielle Diskrepanz zwischen dem hingewiesen, was Kinder über ihre Denkprozesse berichten, und dem, was sie im nichtverbalen Verhalten zeigen. Das Verständnis dieser Diskrepanzen ist das zentrale Anliegen eines neuen Teilbereiches der kognitiven Entwicklung: der Erforschung der Metakognition. **Metakognition** bezieht sich auf die Frage: Wie denken Kinder über ihr Denken nach? (Flavell 1979; Schneider 1984).

3. Ein dritter Grund dafür, daß die Kompetenz von Kindern bei Piagets Aufgaben möglicherweise unterschätzt wurde, liegt darin, daß in diesen Aufgaben fast immer die Realität von Regeln und Begriffen (Konzepten) gegen den Augenschein ausgespielt wurde.

Man kann das an der Umschüttaufgabe (s. o. in diesem Abschnitt) verdeutlichen. In dieser Aufgabe besagt die **konzeptuelle Realität**, daß das Volumen einer Flüssigkeit dadurch nicht verändert wird, daß man sie von einem Behälter in einen anderen gießt. Schüttet man die Flüssigkeit aus einem breiten in ein schmales Glas, wodurch der Flüssigkeitsspiegel höher zu liegen kommt und die Flüssigkeitssäule schmaler und länger wird, so sind solche Veränderungen irrelevant für Einschätzungen des Volumens. Kleine Kinder jedoch neigen dazu, Volumen nach der Höhe einzuschätzen, und so werden sie dazu verleitet anzunehmen, das schmale Glas enthalte mehr Flüssigkeit als das breite. Um zeigen zu können, daß sie die Erhaltung des Volumens verstanden haben, müssen Kinder nicht nur die Realität der Regeln und Begriffe beherrschen, sie müssen zusätzlich den zwingenden Augenschein ignorieren (Flavell 1985).

Ohne diesen »überwältigenden« **Augenschein** zeigen Kinder manchmal ein viel besseres Verständnis für die Realität der Begriffe. Wenn man Kinder bittet, Gegenstände zu sortieren, indem sie »Dinge, die ähnlich sind, zusammentun«, konstruieren sie oft thematische Szenen (stellen z. B. eine Puppe, einen Sessel, einen Hund und ein Teeservice zu einer Wohnzimmerszene zusammen), Erwachsene hingegen gruppieren normalerweise die Gegenstände nach Kategorienzugehörigkeit (alle Puppen, alle Sessel, alle Hunde usw.). Piaget interpretierte solche Ergebnisse als Beweis dafür, daß Kinder nicht fähig seien, Gegenstände kategorial zu ordnen. Da Kinder oft dazu aufgefordert werden, mit ihren Spielsachen thematische Szenen aufzubauen, ist es jedoch nicht erstaunlich, daß sie das dann auch bei einer Sortieraufgabe tun.

In einer neueren Untersuchung bat man 3jährige, gleichartige Gegenstände zusammenzutun. Einigen Kindern wurde gesagt, sie sollten die Dinge, die zusammengehörten, auf einem Stück Papier plazieren, anderen wurde gesagt, sie sollten die Dinge, die zusammengehörten, in eine Plastiktüte stecken. Die Aufgabe, die Gegenstände auf einem Stück Papier zusammenzufügen, gestattet es den Kindern, Szenen aufzubauen. Bei der Aufgabe, die Gegenstände in eine Plastiktüte zu stecken, ist das nicht möglich. Tatsächlich zeigten die Kinder, wenn die verlockende Möglichkeit, eine Szene aufzubauen, nicht gegeben war, eine größere Fähigkeit, die Gegenstände so wie Erwachsene nach Kategorienzugehörigkeit zu ordnen (Markman et al. 1981).

> ❗ Kurz gesagt, besteht eine wichtige Einsicht aus neueren Arbeiten zur kognitiven Entwicklung darin, daß es wichtig ist, zwischen Kompetenz und Performanz zu unterscheiden. Um zu einem Verständnis der kognitiven Kompetenz sehr kleiner Kinder zu gelangen, ist es notwendig, »kinderfreundliche Aufgaben« zu benutzen, in denen irrelevante Anforderungen gering gehalten werden.

Die frühen kognitiven Kompetenzen, die in neueren Untersuchungen festgestellt wurden, sind Veranlassung dafür, Piagets Theorie der Entwicklungsstufen neu einzuschätzen (Gelman 1979). Wenn Vorschulkinder schon über Grundlagen der kognitiven Fähigkeiten verfügen, die Piaget für ältere Kinder und Erwachsene reserviert hatte, ist es dann gerechtfertigt, zu behaupten, daß Kinder auf der »präoperationalen« Stufe wirklich auf qualitativ andere Weise denken als auf der Stufe der »konkreten Operationen« oder auf der Stufe der »formalen Operationen«? Einige Autoren vertreten die Ansicht, ein wesentlicher Aspekt der intellektuellen Entwicklung liege eher darin zu lernen, wie man bereits vorhandenes Wissen besser organisiert als darin, neue Fähigkeiten zu entwickeln.

Ein Kind mag beispielsweise sein Wissen in Subroutinen aufteilen – in zusammenhängende Informationseinheiten und systematische Strategien für ihre Nutzung. Solche Subroutinen erleichtern es dem Kind, arithmetische Operationen auszuführen, Geschichten zu verstehen und andere kognitive Aufgaben auf effiziente Art zu erledigen. Durch Übung entwickelt das Kind auch eine größere Fähigkeit zum schnellen Zugriff auf diese gespeicherten Subroutinen (Case 1985; Chi u. Koeske 1983; Flavell 1985; Rozin 1976; Siegler 1983). Die Konzentration auf Fähigkeiten der Informationsverarbeitung und auf bereichsspezifisches Wissen hat viele aufregende Ergebnisse geliefert. Diese zwingen die Wissenschaftler dazu, ihre Ansichten über kindliches Denken und seine Entwicklung einer kritischen Prüfung zu unterziehen. Wir wollen uns nun in 2 Bereichen das Bild, das die neueren Studien von den überraschenden Kompetenzen kleiner Kinder zeichnen, etwas näher ansehen. Erstens entwerfen wir ein neues Bild des präoperationalen Kindes, und zweitens werden wir sehen, daß schon Kinder im Kindergartenalter kleine »Theoretiker« sind.

Die Fortschritte des präoperationalen Kindes

Neue Forschungsergebnisse lassen auch Zweifel daran aufkommen, ob Kinder auf der **präoperationalen** Stufe wirklich egozentrisch denken. Anscheinend können sie durchaus die Perspektive anderer Personen einnehmen, wenn die Aufgabe nur genügend einfach gestaltet wird. Zeigt man ihnen z. B. eine Karte, auf deren einer Seite ein Pferd und auf deren anderer Seite ein Elefant abgebildet ist, so wissen sie sehr wohl, daß die Person, die ihnen gegenüber sitzt, den Elefanten sieht, wenn sie selbst das Pferd vor Augen haben (Masangkay et al. 1974). Auch können Kinder auf dieser Stufe sich auf verschiedene Typen von Zuhörern einstellen. Wenn eine 4jährige einer 2jährigen etwas über ein Spielzeug mitteilt, so benutzt sie kürzere, einfachere Sätze, als wenn sie einem Erwachsenen über dasselbe Spielzeug erzählt.

Kinder auf der präoperationalen Stufe können auch zwischen der mentalen (geistigen) Welt und der physikalischen Welt unterscheiden, wenn man ihnen nur die richtigen Fragen stellt. In einer der entsprechenden Studien wurden den 3–5jährigen Kindern Zeichnungen mit 2 Figuren gezeigt. Eine von beiden wurde durch eine Feststellung über ihren Besitz charakterisiert: »Dieser Junge ... ist hungrig, deshalb *gab* ihm seine Mutter einen Keks«. Die andere Figur wurde als jemand beschrieben, der über etwas nachdenkt: »Dieser Junge ... ist hungrig, deshalb *denkt* er an einen Keks.« Schon die 3jährigen waren sich darüber im klaren, daß nur der erste Junge den Keks wirklich essen konnte (Wellman u. Estes 1986). Eine ähnliche Studie zeigte, daß präoperationale Kinder nicht auf die Erfassung physischer Stimulusmerkmale eingeschränkt sind (Lillard u. Flavell 1990). Dreijährigen wurden verschiedenfarbige Fotokopien ein und desselben Bildes gezeigt. Der Untersucher beschrieb eines der Bilder auf der Verhaltensebene: »Er *wischt* die Milch *auf*.« Der andere beschrieb es unter Verwendung eines mentalen Begriffs: »Er *fühlt* sich *traurig,* weil er die Milch vergossen

hat.« Dann wurde den Kindern eine dritte Version des Bildes gezeigt, und sie wurden gebeten, einer Marionettenpuppe etwas über den Jungen zu erzählen. Obwohl sie auf diesem dritten Bild sahen, wie ein Junge Milch aufwischte, neigten sie doch dazu, die Szene unter Verweis auf die mentalen Zustände des Jungen (»traurig fühlen«) zu beschreiben.

Kindliche Theorien des Geistes und der Welt

Entgegen Piagets Stufenannahme geht die neuere Forschung davon aus, daß sich kognitive Veränderungen nicht umfassend, sondern in einzelnen Bereichen unabhängig voneinander vollziehen.

> ❗ Kinder erwerben zur Interpretation ihrer Erfahrungen **elementare Theorien** (»foundational theories«) – Rahmen für das anfängliche Verständnis der Welt (Carey 1985; Wellman u. Gelman 1992; Wellman 1990). Beispielsweise fügen sie ihre Erfahrungen mit geistigen Zuständen und inneren Prozessen zu einer »naiven Psychologie« oder »**Theorie des Geistes**« (»theory of mind«) zusammen. (Auch im Deutschen ist es übrigens sehr gebräuchlich, von der »theory of mind« zu reden.) Dadurch sind sie in der Lage, das eigene Denken und die kognitiven Prozesse bei anderen Menschen besser zu verstehen.

Man sollte sich einmal klarmachen, welche Vielzahl von überraschenden »Wahrheiten« Kinder im Laufe der Entwicklung über geistige Prozesse und deren Resultate herausfinden müssen. Im Abschn. **Experiment** wird ein Beispiel vorgestellt.

Die Studie zeigt auch, daß der Aufbau einer »theory of mind« ein allmählicher Vorgang ist – die 3- und 4jährigen verstehen einige, aber nicht alle Zusammenhänge zwischen Wahrnehmung und Wissen.

Um diese naive Psychologie zu erwerben, müssen die Kinder in gewisser Weise so wie ein Psychologie vorgehen. Aber die Analogie gilt auch für andere Wissenschaftsdisziplinen. Man ist heute der Auffassung, daß zu dem **bereichsspezifischen Wissen** von Kindern beispielsweise auch eine naive Physik und eine naive Biologie gehören.

> ❗ Obwohl diese frühen bereichsspezifischen Theorien, gemessen an unserem Erwachsenenverständnis, falsch sein mögen, so sind sie doch Ausdruck der enormen Anstrengungen, die schon kleine Kinder unternehmen, um die Welt, die sie umgibt, zu verstehen.

Beispielsweise schaute ein Zweieinhalbjähriger zu, wie Gärtner im November heruntergefallene Blätter in Säcke verpackten. Er deutete auf die kahlen Zweige und er-

Kennen 3- und 4jährige den Zusammenhang zwischen Wahrnehmung und Wissen?

In dieser Studie wurde untersucht, ob 3- und 4jährige Kinder den Zusammenhang zwischen Wissen und Wahrnehmungsmodalität verstehen. Sie hatten die Aufgabe, einer Marionettenpuppe zu sagen, wie sie Informationen über verschiedene Merkmale eines versteckten Spielzeugs herausfinden könnte. Wollte die Puppe z. B. etwas über die Farbe des Spielzeugs wissen, so sollten die Kinder sagen, ob sie das Spielzeug anschauen oder seinem Geräusch zuhören mußte. Obwohl die 4jährigen etwas besser als die 3jährigen ab-

schnitten, verfügte keine der beiden Altersgruppen über solides Wissen über den Zusammenhang zwischen der speziellen Dimension der wahrgenommenen Information (z. B.: Farbe) und der erforderlichen Wahrnehmungsaktivität (z. B.: Anschauen). Jedoch wußten die Kinder sehr wohl, daß die Puppe *irgendeine* Wahrnehmungsaktivität auszuführen hatte, um an die erforderliche Information zu kommen. Sie schnitten nämlich sehr gut ab, wenn sie entscheiden mußten, ob die Puppe in den Behälter mit dem Spielzeug hineinsehen mußte oder ob es ausreichte, wenn sie sich oben auf die verschlossene Box stellte (Pillow 1993).

klärte seinem Zuhörer, daß die Gärtner zurückkommen und die Blätter dann wieder an die Bäume hängen würden.

Die Forschung zur naiven Biologie hat untersucht, wie Kinder biologische Eigenschaften von einer Spezies auf eine andere projizieren. Wenn 4jährige gefragt wurden, welche von einer Reihe von Tieren atmen und Knochen haben, so neigten sie dazu, ihre Urteile an der wahrgenommenen Ähnlichkeit dieser Tiere mit dem Menschen festzumachen (Carey 1985). Diese Theorie wird aber im Laufe der Entwicklung durch eine Auffassung ersetzt, bei der dem Reich der Tiere eine eigene Struktur gegeben wird.

Bereits 3- und 4jährige wissen, daß das Innere eines Objekts oftmals seine Funktion festlegt, auch wenn sie keine klare Vorstellung über das »Innenleben« haben (Gelman u. Wellman 1991). Ein Beispiel: Obwohl 3- und 4jährige nicht genau wissen, was sich alles in einem Hund befindet, so sind sie sich doch völlig sicher darüber, daß ein Hund aufhört, ein Hund zu sein, wenn man das Innere entfernt. In jedem Wissensbereich findet man diese Anfänge einer generellen Theorie, auf deren Grundlage neue Erfahrungen interpretiert werden, was dann abermals zur Verfeinerung der Theorie führt.

10.4
Kognitive Entwicklung im Jugend- und Erwachsenenalter

Unsere Beschreibung der kognitiven Entwicklung in Kindheit und Jugend konzentrierte sich vorwiegend auf die Art und Weise, wie sich im Laufe der Zeit das Repertoire an Denkprozessen vergrößert. In unserem

Überblick über das Erwachsenenalter werden Sie eine weitere Zunahme des Repertoires kennenlernen – den Wandel vom formalen zum postformalen Denken. Sie werden auch feststellen, daß man beim Übergang zum höheren Erwachsenenalter einige Einschränkungen in den geistigen Möglichkeiten hinnehmen muß. Obwohl Erwachsene im höheren Alter etwas von ihrer kognitiven Flexibilität verlieren, können sie dies jedoch aufgrund der Weisheit, die sie über die Lebensspanne hinweg erworben haben, kompensieren.

10.4.1
Postformales Denken

Rufen Sie sich noch einmal in Erinnerung, daß das formal-operationale Denken nach Piaget die letzte Stufe der kognitiven Entwicklung darstellt. Formale Denkoperationen entstehen im Rahmen eines aktiven Konstruktionsprozesses auf der Grundlage von alterskorrelierten biologischen Veränderungen und unter Nutzung von Erfahrungen aus der Umwelt, wie sie etwa die Schule bietet. Haben Jugendliche dieses Niveau erreicht, so sind sie prinzipiell in der Lage, logische Schlußfolgerungen zu ziehen, bei der Lösung genereller Probleme auf abstrakte Vorstellungen zurückzugreifen und auf der Basis von Informationen hypothetische Problemlösungen durchzuspielen.

Formale Denkoperationen stellen ein Potential dar – ob es in einer konkreten Alltagssituation tatsächlich angewendet wird, hängt von einer Vielzahl von Faktoren ab. Die Probleme, mit denen Erwachsene normalerweise konfrontiert sind, haben nicht die klare logische Struktur der Aufgaben, die Piaget zur Untersuchung des formal-operativen Denkens benutzte. Typisch sind etwa die folgenden Fragen: Wer sollte bei einer Verabredung die Rechnung bezahlen? Wie könnten Sie Ihren Chef um eine Gehaltserhöhung bitten? Diese Situationen durch formale Denkoperationen zu klären, wäre zu begrenzt und zu rigide.

> **!** Im Erwachsenenleben ist eine dynamischere, weniger abstrakte und weniger absolute Denkweise gefragt, ein Denken, das mit Inkonsistenzen, Widersprüchen und Mehrdeutigkeiten umgehen kann. Dieser pragmatische, der Welt zugewandte kognitive Stil wird als **postformales Denken** bezeichnet (Basseches 1984; Labouvie-Vief 1985).

Der Unterschied zwischen formalem und postformalem Denken wird deutlich, wenn man Jugendliche und Erwachsene bittet, in emotional aufgeladenen Situationen Problemlösungen zu finden, wie das folgende **Experiment** zeigt.

Dieses Experiment demonstriert, daß sich kognitiver Wandel bis weit ins Erwachsenenalter hinein vollzieht. Er zeigt sich jedoch nur, wenn sich die geforderten Denkoperationen auf emotionale Inhalte beziehen. Als Jugendliche und junge Erwachsene eine Situation deuteten, die relativ frei von Emotionen war (einander widersprechende Beschreibungen eines fiktiven Krieges), traten die Unterschiede in den Denkstilen nicht auf. Dieses Ergebnis bestätigt die Vermutung, daß der Übergang vom formalen zum postformalen Denken Ausdruck der verbesserten Fähigkeit ist, mit emotionalen Mehrdeutigkeiten in der Alltagserfahrung umzugehen (Labouvie-Vief et al. 1989).

10.4.2
Kognitive Veränderungen im höheren Erwachsenenalter

Bisher hatte es den Anschein, als ob »Veränderung« immer »Veränderung zum Besseren« bedeute. Für das höhere Erwachsenalter legen jedoch kulturelle Stereotype den Gedanken nahe, daß »Veränderung« eher »Veränderung zum Schlechteren« bedeutet (Parr u. Siegert 1993). Aber selbst beim Stereotyp muß man differenzieren. Wenn die meisten Menschen auch glauben, daß das Altern einen allgemeinen Abbau der intellektuellen Leistungen mit sich bringt, so erwarten sie doch für bestimmte Arten von kognitiven Aufgaben Steigerungen bis ins späte Lebensalter hinein (Heckhausen 1989). Wir werden uns mit der Intelligenz und mit dem Gedächtnis beschäftigen, um die wechselseitige Wirkung von altersbezogenen »Verlusten« und »Gewinnen« zu erkennen.

Intelligenz

Es gibt nur wenige Belege für die Auffassung, daß die allgemeinen kognitiven Fähigkeiten bei gesunden älteren Menschen schlechter werden. Bei nur 5% der Bevölkerung kommt es zum Verlust wichtiger kognitiver Funktionen. Wenn ein altersabhängiger Verfall kognitiver Funktionen eintritt, dann beschränkt er sich für gewöhnlich auf nur einige wenige Fähigkeiten. Die meisten Menschen haben größere Schwierigkeiten, neue Assoziationen zu bilden, und man kann damit rechnen,

EXPERIMENT

Postformales Denken bei emotionalen Themen

In einem Experiment wurden Jugendliche zwischen 14 und 16 1/2 Jahren, junge Erwachsene zwischen 20 und 25 Jahren und Erwachsene zwischen 30 und 46 Jahren gebeten, 2 einander widersprechende Berichte über den gemeinsamen Besuch eines Jugendlichen und seiner Eltern bei den Großeltern zu lesen. Ein Bericht war aus der Perspektive des Jugendlichen geschrieben: »Obwohl ich so höflich war, wie ich nur konnte, war mir langweilig. Ich hatte das Gefühl, daß mir das alles aufgezwungen wurde.« Der andere Bericht war aus der Perspektive der Eltern geschrieben: »Obwohl er zunächst nur widerwillig mitging, machte es ihm anscheinend Spaß, die Nähe der Familie zu spüren.« Die 3 Teilnehmergruppen hatten dann die Aufgabe, den Konflikt mit eigenen Worten zu interpretieren und beispielsweise zu beurteilen, wer Schuld habe und wer in der Situation den Sieg davongetragen habe. Die Antworten der Jugendlichen beschäftigten sich weitgehend mit der Frage, was als richtig und was als falsch zu beurteilen sei. Sie empfanden es gewöhnlich als schwierig, die Situation aus mehr als einer Perspektive zu sehen. Im Gegensatz dazu waren die jungen Erwachsenen eher imstande zu würdigen, daß bei diesem Konflikt unterschiedliche Standpunkte eingenommen werden konnten. Bei den Erwachsenen mittleren Alters setzte sich diese Entwicklungslinie fort. In ihren Antworten versuchten sie, die Tatsachen und einseitige Interpretationen auseinanderzuhalten (Blanchard-Fields 1986).

daß man neue Informationen, wenn man erst einmal 70 oder 80 Jahre alt ist, langsamer aufnimmt. Der IQ nimmt mit dem Alter ab, aber nur weil die Bildung den IQ beeinflußt und jede nachfolgende Generation besser ausgebildet ist als die vorige – das ist der zuvor erwähnte Kohorteneffekt.

Wenn man Intelligenz in diejenigen Komponenten aufspaltet, die für unsere verbalen Fähigkeiten verantwortlich sind – man spricht von **fester oder kristallisierter Intelligenz** – und in diejenigen, die schnelles und gründliches Lernen ermöglichen – **flüssige oder fluide Intelligenz** – dann zeigt sich nur bei der fluiden Intelligenz mit dem Alter ein leichter Abbau. Es gibt sogar Hinweise darauf, daß bestimmte Aspekte der intellektuellen Leistungsfähigkeit bei älteren Menschen noch zunehmen können. Derzeit konzentriert sich die Psychologie auf das Konzept der Altersweisheit. Unter **Weisheit** versteht man so etwas wie das »Expertenwissen« zu grundlegenden pragmatischen Fragen des Lebens (P. Baltes 1990; 1993). In Tabelle 10.3 sind einige der Wissensarten dargestellt, durch die diese Weisheit definiert ist (Smith u. Baltes 1990). Offenkundig kann jede der Komponenten der Weisheit am besten durch ein langes und nachdenkliches Leben erworben werden.

Weil sich die kognitiven Fähigkeiten älterer Personen so stark voneinander unterscheiden, weisen Psychologen die Behauptung zurück, daß kognitiver Abbau im Alter auf *unvermeidliche* physiologische Abbauprozesse des Zentralnervensystems zurückgeht. Alte Menschen unterscheiden sich deutlich im Hinblick auf ihre intellektuelle Leistungsfähigkeit während des letzten Lebensabschnitts. Bei manchen, wie etwa Richtern am Obersten Gerichtshof und bei wichtigen Personen des kulturellen Lebens, ist bis zum 80. Lebensjahr und sogar noch danach kein Abbau festgestellt worden. Forschungen haben gezeigt, daß ältere Menschen, die in starkem Maße einer Anregung (Stimulierung) durch die Umwelt – dazu gehören sowohl förmliche als auch informelle Weiterbildung – ausgesetzt sind, in den kognitiven Fähigkeiten gewöhnlich ein hohes Niveau aufrechterhalten. Das folgende **Experiment** kann als Beleg dafür dienen.

Für manche Defizite der intellektuellen Leistungsfähigkeit scheint eher ein mangelnder Einsatz von Fähigkeiten als Abbau verantwortlich zu sein. Weitere Untersuchungen haben nämlich gezeigt, daß »viele ältere Personen beträchtliche Intelligenzreserven haben«, was die Reaktivierung alten Wissens oder alter Fertig-

Tabelle 10.3. Merkmale von Weisheit

> **Reichhaltiges Faktenwissen**
>
> Allgemeines und spezifisches Wissen über die Umstände und vielfältigen Ausprägungen des Lebens von Menschen.
>
> **Reichhaltiges prozedurales Wissen**
>
> Allgemeines und spezifisches Strategiewissen, um bei vielfältigen Lebensfragen kompetent urteilen und beraten zu können.
>
> **Lebenslange Kontextsensibilität**
>
> Wissen über Lebensumstände und ihre (temporären) Zusammenhänge.
>
> **Relativitätswissen**
>
> Wissen um die Unterschiedlichkeit von individuellen Wertvorstellungen, Überzeugungen und Lebenszielen.
>
> **Wissen um Unsicherheit**
>
> Wissen über die relative Unbestimmtheit und Unvorhersagbarkeit des Lebens und Verfügen über Strategien zum Umgang mit Unbestimmtheit und Unvorhersagbarkeit.

keiten oder den Erwerb neuen Wissens und neuer Fertigkeiten ermöglicht (P. Baltes u. Lindenberger 1988, S. 290; eig. Übersetzung).

> **!** Schlußfolgerung: Für die Intelligenz alter Menschen scheint der Spruch »Wer rastet, der rostet« ein angemessenes Motto zu sein. Gleichermaßen ist aber auch die Aufforderung: »Lernen Sie durch Training erneut, was Sie verlernt haben!« ein realistischer Appell.

Wie können ältere Erwachsene all die unvermeidlichen Veränderungen, die mit zunehmendem Alter auf sie zukommen, mit Erfolg bewältigen? Erfolgreiches Altern könnte darin bestehen, aus den Verbesserungen das Beste zu machen, während man gleichzeitig die Auswirkungen des normalen Altersabbaus minimiert. Diese Strategie für erfolgreiches Altern, wie sie von Paul und Margret Baltes vorgeschlagen wurde, wird als selektive Optimierung mit Kompensation bezeichnet (M. Baltes 1986; P. Baltes 1987; P. Baltes u. Wahl 1992).

Bei der **selektiven Optimierung mit Kompensation** bedeutet »selektiv«, daß der alternde Mensch die Anzahl und die Breite seiner Ziele von sich aus reduziert. »Optimierung« bezieht sich darauf, daß besonders die Bereiche trainiert werden, die höchste Priorität haben.

Intelligenztraining bei alten Menschen ist erfolgreich!

Bei 229 gesunden Personen im Alter zwischen 64 und 95 Jahren, die in einer Altenwohnanlage lebten, wurde über einen Zeitraum von 14 Jahren hinweg die kognitive Leistungsfähigkeit ermittelt. Die Teilnehmer wurden in 2 Gruppen eingeteilt:

- diejenigen, bei denen im Hinblick auf induktives Denken und räumliche Orientierungsfähigkeiten ein Abbau zu verzeichnen war (122 Personen)
- und diejenigen, bei denen die Fähigkeiten stabil geblieben waren (107 Personen).

Für alle Teilnehmer wurde dann ein fünfstündiges Trainingsprogramm durchgeführt, in dem die eine oder andere der beiden Fähigkeiten trainiert wurde. Die Untersuchung folgte einem Vortest-Nachtest-Design (vgl. Abschn.1.6), d.h., allen Personen wurde ein Vor- und ein Nachtest sowohl zum induktiven Denken als auch zu räumlichen Fähigkeiten vorgelegt. Jede Trainingsgruppe diente jeweils bezogen auf die Fähigkeit, in der sie nicht trainiert worden war, als Kontrollgruppe für die andere. Die Ergebnisse lassen sich in 3 Punkten zusammenfassen:

- Das Trainingsprogramm macht bei einer beträchtlichen Zahl älterer Menschen den festgestellten Abbau rückgängig. Bis zu 50% der Teilnehmer kompensierten durch die Förderung vollständig die zuvor festgestellte geringere Leistungsfähigkeit.
- Dieses Aufholen zeigte sich sowohl beim induktiven Denken als auch bei der räumlichen Orientierung.
- Die Trainingsverfahren verbesserten auch die Leistung bei den älteren Menschen, die keinen Abbau, sondern unveränderte Fähigkeiten gezeigt hatten (Schaie u. Willis 1986).

Selektive Optimierung mit Kompensation – bei einem Konzertpianisten

Als der Konzertpianist Arthur Rubinstein in einem Fernsehinterview gefragt wurde, wie es ihm möglich sei, in seinem hohen Alter weiterhin ein so erfolgreicher Pianist zu bleiben, nannte er 3 Strategien:

- Erstens führe er im höheren Alter weniger Stücke auf,
- zweitens übe er jedes Stück häufiger

- und drittens setze er vor schnellen Abschnitten mehr Ritardandi (allmähliches Langsamerwerden) beim Spielen ein, so daß das Spieltempo sich schneller anhöre, als es in Wirklichkeit sei.

Hier handelt es sich offenkundig um ein prägnantes Beispiel für Selektion (weniger Stücke), Optimierung (mehr Üben) und Kompensation (verstärkter Einsatz von Tempounterschieden; P. Baltes 1993, S. 590, eig. Übers.).

Abb. 10.8. Arthur Rubinstein am Flügel – ein Beispiel für selektive Optimierung mit Kompensation. Der virtuose Pianist Arthur Rubinstein bediente sich einer ausgefeilten Strategie, die ihm bis über das 90. Lebensjahr hinaus erfolgreiche Konzertauftritte ermöglichte

»Kompensation« bedeutet, daß er nach alternativen Wegen sucht, um mit dem Abbau fertigzuwerden – indem er etwa in einer altersgerechten Umgebung lebt. Lassen Sie uns im Abschn. **Psychologie im Alltag** ein Beispiel für diese Strategie für erfolgreiches Altern betrachten (vgl. auch Abb. 10.8).

Gedächtnis

Ältere Menschen klagen oft über das Gefühl, daß ihr **Erinnerungsvermögen** nicht mehr so gut ist, wie es einmal war. Bei einer Vielzahl von Gedächtnistests sind die Leistungen von Erwachsenen über 60 Jahren schlechter als die von etwa 20jährigen Erwachsenen

(Baltes u. Kliegl 1992; Craik 1994). Menschen machen mit zunehmendem Alter die Erfahrung, daß sich Gedächtnislücken auftun, auch wenn sie eine gute Ausbildung hatten und ansonsten gute intellektuelle Leistungen zeigen (Zelinski et al. 1993). Aber nicht bei allen Gedächtnissystemen kommt es im Alter zu Ausfällen. So scheint die Fähigkeit älterer Menschen, Zugang zum allgemeinen Wissensspeicher und zu persönlichen Informationen über Ereignisse zu finden, die sich vor längerer Zeit zugetragen haben, durch Alterungsprozesse nicht beeinträchtigt zu werden.

In einer Untersuchung zum Erkennen von Namen und Gesichtern konnten Erwachsene mittleren Alters 90% ihrer Klassenkameraden 35 Jahre nach dem Schulabschluß auf dem Examensfoto korrekt identifizieren. Ältere Erwachsene waren nach mehr als 50 Jahren immer noch in der Lage, 70–80% der Klassenkameraden zu erkennen (Bahrick et al. 1975). Problematischer ist es jedoch um die Fähigkeit älterer Erwachsener bestellt, sich neue Informationen anzueignen. Altersabhängige Veränderungen beeinflussen die Prozesse, die dafür verantwortlich sind, daß neue Informationen gut organisiert, gespeichert und abgerufen werden (Craik 1994; Giambra u. Arenberg 1993). So nimmt der Einsatz bewußt gesteuerter Gedächtnisprozesse mit dem Alter ab. Können Sie sich an das in Abschn. 4.5 beschriebene Experiment zur Fehlbeurteilung von Berühmtheit erinnern? Dieses Experiment belegte den Einfluß unbewußter Erinnerungen auf die Einschätzung der Berühmtheit von Personen. Weil ältere Menschen mehr Schwierigkeiten damit haben, Gedächtnisprozesse zu steuern als jüngere Erwachsene, neigen sie sogar noch mehr dazu, jemanden für berühmter zu halten, als er ist (Jennings u. Jacoby 1993).

Bisher waren die Wissenschaftler nicht in der Lage, eine angemessene Beschreibung der Mechanismen zu liefern, die der **Beeinträchtigung des Gedächtnisses** bei älteren Menschen zugrunde liegt (Light 1991). Einige Theorien konzentrieren sich auf Unterschiede zwischen älteren und jüngeren Menschen beim Versuch, Informationen zu strukturieren und zu verarbeiten. Andere Theorien verweisen auf die verminderte Fähigkeit älterer Menschen, ihre Aufmerksamkeit auf Informationen zu richten. Wieder andere verweisen darauf, daß die Leistungsfähigkeit älterer Menschen gerade wegen ihrer Überzeugung beeinträchtigt ist, daß ihr Gedächtnis schlechter wird (Hertzog et al. 1990; Levy u. Langer 1994). Forscher sind immer noch dabei, jede einzelne dieser Behauptungen zu überprüfen.

Weitere Theorien suchen nach Unterschieden im Gehirn. Es gibt 2 Möglichkeiten, wie altersabhängige neurobiologische Veränderungen zur Beeinträchtigung des Gedächtnisses führen können. Die erste Variante ist Zellverlust oder Zellabbau. Die zweite bezieht sich auf Mangelerscheinungen bei den biochemischen Stoffen und Neurotransmittern, die in das Gehirn strömen. Wenn die für das Gedächtnis verantwortlichen Mechanismen intakt sind, aber das Gehirn nicht optimal versorgt wird, dann könnte die Beeinträchtigung des Gedächtnisses durch eine verstärkte Zufuhr von **Neurotransmittern** vermindert werden.

Einige Formen der Beeinträchtigung des Gedächtnisses lassen sich eindeutig auf biologische Vorgänge zurückführen. Ältere Erwachsene, die unter der **Alzheimer-Krankheit** leiden, erleben einen allmählichen Gedächtnisverlust und eine Zerrüttung der Persönlichkeit. Diese Krankheit befällt etwa 5% der Amerikaner über 65 Jahre und 20% derer über 80. Dazu gehört auch der ehemalige US-Präsident Ronald Reagan, wie er im November 1994 öffentlich erklärte. Die Alzheimer-Krankheit beginnt tückischerweise ganz harmlos – in frühen Stadien kann das einzige beobachtbare Symptom eine Beeinträchtigung des Gedächtnisses sein. In ihrem Verlauf kommt es jedoch zu einer ständigen Verschlechterung des Zustandes: Allmählich zeigen die Opfer Persönlichkeitsveränderungen, einen Mangel an Spontaneität und einen Rückzug aus sozialen Interaktionen. In einem fortgeschrittenen Stadium kann ein Mensch mit der Alzheimer-Krankheit völlig stumm und unaufmerksam werden, ja sogar den Namen seiner Frau und seiner Kinder vergessen. In diesem Endstadium wird ein Alzheimer-Patient möglicherweise unfähig, für sich selbst zu sorgen, die Erinnerung daran verlieren, wer er ist, und schließlich sterben. Diese Form der Beeinträchtigung des Gedächtnisses ist eindeutig schwerwiegender und tragischer als die normale Beeinträchtigung des Gedächtnisses im höheren Alter.

Sowohl kognitive Theorien als auch neurobiologische Theorien der altersabhängigen Gedächtnisveränderungen werden im Moment aktiv erforscht. Dahinter steht nicht nur die Hoffnung, allgemein das Wesen des menschlichen Gedächtnisses und des Alterungsprozesses zu verstehen, sondern auch Strategien und Vorgehensweisen zu entwickeln, um die Beeinträchtigung des Gedächtnisses zu überwinden (Craik 1994).

Lassen Sie uns nun vom allgemeinen Thema der kognitiven Entwicklung zum spezielleren Thema des Spracherwerbs übergehen.

10.5
Spracherwerb

Stellen Sie sich einmal vor, Sie lebten in einem Land, in dem niemand für Sie übersetzen oder Ihnen die Landessprache beibringen könnte. Wären Sie dann in der Lage, die Fremdsprache – nennen wir sie Sprache Z – selbst zu erlernen? Wie könnten Sie herausfinden, welche Tonvariationen in Sprache Z für die einzelnen Wörter stehen? Wie könnten Sie herausfinden, was die Wörter bedeuten und durch welche grammatischen Regeln sie zu größeren Sinneinheiten zusammengestellt werden? Könnten Sie die Regeln für eine situationsangemessene Unterhaltung erlernen?

Wenn Sie sich einmal genauer mit diesen Fragen beschäftigen, dann können Sie nachvollziehen, wie schwer es sein muß, eine neue Sprache zu erlernen – und dennoch tun kleine Kinder im Laufe nur weniger Jahre und mit geringer offener Unterstützung ebendies. Wenn Kinder 6 Jahre alt sind, können sie die Sprache in ihre kleinsten trennbaren Laut- und Bedeutungseinheiten auflösen, die entdeckten Regeln anwenden, um Töne zu Wörtern und Wörter zu Sätzen zusammenzufügen sowie aktiv an verständlichen Unterhaltungen teilnehmen. Die bemerkenswerten sprachlichen Leistungen von Kindern haben die meisten Forscher zu der Annahme geführt, daß die Fähigkeit, eine Sprache zu erlernen, eine biologische Grundlage hat – daß man mit einer angeborenen Sprachbegabung auf die Welt kommt. Trotzdem kann im Endeffekt jedes Kind, abhängig davon, wo es zufällig geboren wird, zum Muttersprachler in jeder der 4000 unterschiedlichen Sprachen auf der Erde werden. Außerdem sind Kinder darauf vorbereitet, sowohl gesprochene Sprachen als auch Gebärdensprachen (Zeichensprachen) zu erlernen.

> ! Das bedeutet, daß die angeborene Prädisposition zum Erlernen einer Sprache einerseits recht ausgeprägt und andererseits recht flexibel sein muß (Meier 1991).

Um eine Erklärung dafür zu geben, warum Kinder solche Experten für den Spracherwerb sind, werden wir Befunde darstellen, die die Behauptung belegen, daß die Sprachbegabung angeboren ist. Wir werden jedoch auch die Rolle der Umwelt erörtern – schließlich lernt ein Kind die spezielle Sprache, die in seiner Umwelt verwendet wird. In Tabelle 10.4 werden die unterschiedlichen Arten von Wissen (oder Kompetenzen) skizziert, die Kinder erwerben müssen, wenn sie zu kompetenten

Tabelle 10.4. Die Struktur der Sprache

> Die **Linguistik** ist das Forschungsgebiet, das versucht, Sprachstruktur und Sprachregeln zu beschreiben. Sie umfaßt mehrere Felder:
>
> **Die Phonologie** (Lautlehre) untersucht, auf welche Weise Laute kombiniert werden, damit sie Wörter bilden.
>
> Ein **Phonem** ist die kleinste sprachliche Einheit, die zwischen 2 beliebigen Äußerungen unterscheidet. So unterscheiden sich *Fisch* und *Tisch* durch *F* und *T*.
>
> **Die Phonetik** beschäftigt sich mit der Untersuchung und Klassifizierung von Sprachlauten.
>
> **Die Syntax** beschäftigt sich mit der Art und Weise, wie Wörter zu Sätzen zusammengestellt werden. Eine davon ist z. B. die Reihenfolge Subjekt (»Ich«) + Prädikat (»mag«) + Objekt (»dich«).
>
> Ein **Morphem** ist die kleinste Einheit einer Grammatik; es kann nicht weiter aufgeteilt werden, ohne seine Bedeutung zu verlieren. Das Wort *Fische* besteht aus 2 Morphemen, *Fisch* und *e*, wobei *e* den Plural anzeigt.
>
> **Die Semantik** befaßt sich mit den Bedeutungen von Wörtern und den Bedeutungsveränderungen im Laufe der Zeit. Die lexikalische Bedeutung ist die im Wörterbuch eingetragene Bedeutung. Manchmal wird die Bedeutung durch den Kontext im Satz (»schnell laufen« im Unterschied zu »eine schnelle Mark machen«) oder durch die Modulation beim Sprechen (versuchen Sie unterschiedliche Wörter in »eine weiße Hauskatze« zu betonen) angegeben.
>
> **Die Pragmatik** umfaßt Regeln zur Teilnahme an Gesprächen, Regeln sozialer Kommunikation, Regeln für Satzfolgen und Regeln dafür, wie man angemessen auf andere reagiert.

Benutzern einer gesprochenen (verbalen) Sprache oder einer Gebärdensprache werden. Wir werden nun zunächst den allgemeinen Kontext des Spracherwerbs beschreiben und uns dann speziellen Leistungsbereichen zuwenden.

10.5.1
Der Kontext des Spracherwerbs

Wahrscheinlich führen Eltern ihre Kinder in die Sprache ein, ohne es zu merken. Sie unterhalten sich mit ihnen schon sehr früh in sog. **Protodialogen**, also elementarsten Formen von Dialogen. Die Eltern unterbrechen ihre an den Säugling gewandten Sprachäußerungen immer wieder, damit er antworten kann. Sie werden alles, was das Baby in der Sprechpause der Eltern einbringt, als vollgültige Antwort akzeptieren, sogar Rülpsen oder Niesen. Unter der Voraussetzung, daß ihnen diese Hilfestellung gegeben wird, kommunizieren Babys weit vor der Zeit, in der sie zu sprechen anfangen oder mit

Abb. 10.9. Lange bevor Säuglinge zu sprechen beginnen, können sie sehr gut mittels Gesten und Weinen kommunizieren

der Zeichensprache beginnen (s. Abb. 10.9). Bereits Säuglinge setzen Zeigegesten (»pointing«) und nichtverbale Vokalisierungen (z. B. Weinen) ein, um ihre Bedürfnisse, Interessen und Präferenzen mitzuteilen.

> ! Babys sammeln also schon zu der Zeit, in der sie noch nicht über aktive Sprache (Äußern von Wörtern oder Sätzen) verfügen, vielfältige Kommunikationserfahrungen. Im Laufe der weiteren Entwicklung während der frühen Kindheit werden die Eltern zu immer anspruchsvolleren Gesprächspartnern. Während sie zunächst noch jede Verbalisierung des Kindes akzeptieren, bestehen sie dann auf irgendwelchen Wörtern und fordern schließlich, daß die geäußerten Wörter mit dem Gesprächsthema zu tun haben.

Die Eltern bemühen sich, ihre Kleinkinder weiterhin für die Sprache zu interessieren und sie in die Sprache einzuführen. Erwachsene benutzen, wenn sie mit Babys und Kleinkindern sprechen, eine Sprechweise, die sich von der Art und Weise, wie Erwachsene normalerweise sprechen, unterscheidet. Sie hat eine übertrieben hohe Intonation und wird für gewöhnlich als **Ammensprache** oder **Babysprache** (Szagun 1980) bezeichnet. Anschaulich sind auch die englischen Bezeichnungen dieser adressatenspezifischen Sprache: »motherese« oder »child-directed speech«.

Ammensprache dient mehreren Funktionen:

- der Erlangung und Aufrechterhaltung der Aufmerksamkeit des Kindes,
- der Kommunikation affektiver Inhalte (Gefühle)
- und der Markierung eines Sprecherwechsels in Eltern-Kind-Dialogen.

Untersuchungsbefunde deuten darauf hin, daß die Eltern lieber die Ammensprache als andere Sprechweisen verwenden. In einer der Studien wurden einer Stichprobe von 48 Säuglingen im Alter von 4 Monaten Tonbandaufnahmen fremder Mütter, die mit ihren Babys in Ammensprache redeten, vorgespielt. Die Säuglinge hörten auch, wie dieselben Frauen sich an andere Erwachsene wandten und mit ihnen in der üblichen Sprache unter Erwachsenen redeten. Die Vorlieben der Säuglinge wurden anhand der Häufigkeit erfaßt, mit der sie ihren Kopf in die Richtung des einen oder anderen Sprachreizes drehten. Die meisten der Babys zeigten eine deutliche Präferenz für Ammensprache (Fernald 1985).

Somit nutzt Ammensprache den Kleinkindern beim Spracherwerb u. a. dadurch, daß sie bei ihnen das Interesse und die Aufmerksamkeit an den Äußerungen ihrer Eltern aufrechterhält. Zudem enthalten die spezifischen **Intonationen** affektive Botschaften. Eltern setzen eine ansteigende Intonation ein, um die Aufmerksamkeit des Babys zu wecken, eine fallende, um sie zu beruhigen, und ein kurzes Staccato für Verbote. Untersuchungen von Anne Fernald und ihren Mitarbeitern zeigten, daß Eltern in unterschiedlichen Kulturen dieses Intonationsmuster zeigen und daß die Babys es verstehen – und dies selbst in anderen Sprachen als ihrer Muttersprache (Fernald et al. 1989). Wir werden uns diesen Funktionen der Babysprache erneut zuwenden, wenn wir beschreiben, wie man die Grammatik erlernt.

10.5.2 Sprachwahrnehmung

Für ein Kind besteht ein erster Schritt zum Erlernen einer bestimmten Sprache darin, die in dieser Sprache verwendeten bedeutungtragenden Lautunterschiede zu beachten. Beim Erwerb einer Gebärdensprache geht es analog darum, auf die unterschiedlichen Handhaltungen des Sprechers zu achten. Jede gesprochene Sprache verwendet nur eine Auswahl aus der Menge der möglichen Unterscheidungen, die im Vokaltrakt hervorgebracht werden können. Es gibt keine Sprache, die alle Sprachlautunterschiede nutzt, die erzeugt werden können.

Die kleinsten bedeutungstragenden Einheiten werden als **Phoneme** bezeichnet. Stellen Sie sich vor, Sie hörten die Wörter Reiche und Leiche. Als deutscher Muttersprachler oder als deutsche Muttersprachlerin hätten Sie keine Schwierigkeiten, zu hören, daß /r/ und /l/ im Deutschen unterschiedliche Phoneme sind. Wenn Sie jedoch nur Spracherfahrungen mit dem Japanischen hätten, wären Sie nicht in der Lage, den Unterschied zwischen diesen beiden Wörtern zu hören. Warum ist das nicht der Fall? Erlernen Deutsche die Fähigkeit, diese Unterscheidung zu machen, oder geht sie bei Japanern verloren?

Zur Beantwortung dieser Art von Fragen mußten Wissenschaftler Methoden entwickeln, um linguistische Informationen von Kindern zu bekommen, die noch nicht sprechen konnten. Die frühen Untersuchungen basierten auf dem Befund, daß Kinder auf die wiederholte Darbietung desselben Reizes mit Habituation reagieren. Im Abschn. **Experiment** stellen wir eine dieser Untersuchungen vor.

Wir wissen aus Forschungsbefunden, daß Säuglinge fähig sind, gewisse sprachrelevante Laute zu unterscheiden. Wie verhält es sich jedoch mit den Unterscheidungen, die in der eigenen Sprache nie von Belang sein werden, wie etwa /r/ und /l/ bei Kindern, die Japanisch lernen? Um diese Frage wissenschaftlich untersuchen zu können, beschäftigte sich Janet Werker mit den Lautunterscheidungen, die in Hindi, aber nicht im Englischen eingesetzt werden – Unterscheidungen, die es erwachsenen englischen Muttersprachlern schwer machen, Hindi zu lernen. Bei Säuglingen, die Englisch und Hindi lernten, sowie bei Erwachsenen, die Englisch und Hindi sprachen, erfaßten Werker und ihre Mitarbeiter die Fähigkeit, die Unterschiede zwischen Phonemen in Hindi zu hören. Sie fanden heraus, daß

alle Säuglinge, unabhängig davon, welche Sprache sie lernten, bis zum Alter von 8 Monaten die Unterschiede erkennen konnten. Von den Säuglingen, die älter als 8 Monate waren, und von den Erwachsenen konnten nur die Hindi-Sprechenden oder künftig Hindi-Sprechenden die Unterschiede in Hindi hören.

> **!** Somit haben Babys ursprünglich eine Sensibilität für Lautdifferenzierungen (Unterscheidungsfähigkeit), die verlorengeht, wenn diese Differenzierungen in ihrer Sprache nicht verwendet werden (Werker 1991; Werker u. Lalond 1988). Anscheinend gibt es also im Hinblick auf Lautunterschiede, die für den Spracherwerb von Bedeutung sein werden, eine »biologische Unterstützung«.

10.5.3
Der Erwerb von Wortbedeutungen

Es läßt sich nicht leugnen, daß kleine Kinder über hervorragende Fähigkeiten verfügen, um Wörter zu erlernen. Vor allem im Alter von etwa 18 Monaten nimmt der **Wortschatz** explosionsartig zu. In diesem Alter zeigen manche Kinder buchstäblich auf jeden Gegenstand im Zimmer und fragen, was das sei. Im Englischen ist für diesen Entwicklungsabschnitt deshalb die sehr anschauliche Bezeichnung »naming explosion« eingeführt worden (vgl. Abb. 10.10). In atemberaubendem Tempo werden vor allem Bezeichnungen für Gegenstände gelernt. Man schätzt, daß ein durchschnittliches Kind im Alter von 6 Jahren 14 000 Wörter versteht (Templin 1957). Nimmt man weiterhin an, daß die meisten dieser Wörter zwischen dem Alter von 18 Monaten und 6 Jahren gelernt werden, so ergeben sich daraus 9 neue Wörter pro Tag oder nahezu ein Wort pro Stunde, in der das Kind wach ist (Carey 1978). Wie ist das möglich?

EXPERIMENT

Ba ba ba ba ba **oder** *pa pa pa pa pa?*
Ein bis 4 Monate alten Säuglingen wurden spezielle Schnuller gegeben, die elektronisch die Häufigkeit spontanen Saugens registrierten. Babys dieses Alters führen auch dann Saugbewegungen aus, wenn sie nicht gestillt werden. Dann hörten die Säuglinge – kontingent zu den Saugbewegungen – synthetisch erzeugte Sprachlaute, beispielsweise *ba ba ba ba ba*: jedes Mal, wenn ein Baby am Schnuller saugte, hörte es ein *ba*. Nach einer Weile langweilte der Laut die Säuglinge – technisch gesprochen, sie habituierten

an das *ba*. Folglich ging die Häufigkeit des Saugens zurück. Dann spielten die Wissenschaftler den Babys einen Testreiz vor: entweder einen *ba ba ba* Laut oder einen *pa pa pa* Laut. Diejenigen Säuglinge, die ein *pa pa pa* hörten, dishabituierten, d. h. sie fingen an, schneller zu saugen – vermutlich, um den neuen Laut häufiger zu hören. Bei Säuglingen, die weiterhin *ba ba ba* hörten, nahm die Häufigkeit des Saugens nicht zu. Daraus läßt sich die Schlußfolgerung ziehen, daß bereits Neugeborene einen Phonemwechsel erkennen können (Eimas et al. 1971).

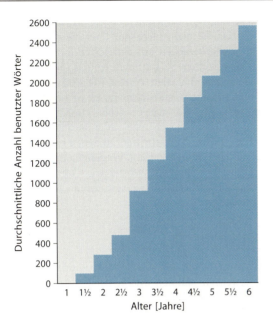

Abb. 10.10. Die Entwicklung des durchschnittlichen Wortschatzes im Kindesalter (in Intervallen von 6 Monaten). Die Anzahl der Wörter, die ein Kind gebrauchen kann, steigt zwischen 1 1/2 und 6 Jahren rasant an

Abb. 10.11. Was bedeutet »*Wauwau*«? Wie finden Kinder heraus, welche Merkmale für alle Hunde (»Wauwaus«) gelten und welche Merkmale Hunde von allen anderen vierbeinigen Tieren unterscheiden?

Stellen Sie sich folgende einfache Situation vor. Ein Kind geht zusammen mit seinem Vater durch einen Park. Der Vater zeigt mit dem Finger auf etwas und sagt: »Das ist ein *Wauwau*«. Das Kind muß herausfinden, auf welchen Teil des »Etwas« (des Objektes) sich das Wort *Wauwau* bezieht (vgl. Abb. 10.11). Das ist gar nicht so leicht, wie es scheint (Quine 1960). Vielleicht bedeutet *Wauwau* »jedes vierbeinige Lebewesen« oder »das Bellen eines Tieres«? Oder aber es steht für eine andere von vielen möglichen Bedeutungen, die zutreffen können, wenn jemand auf einen Hund zeigt. Nimmt man einmal all diese Möglichkeiten als gegeben an, so erscheint es geradezu wundersam, wie Kinder dazu fähig sind, die konventionellen Bedeutungen der Wörter ihrer Muttersprache herauszufinden.

> ❗ Man kommt dem Rätsel des Bedeutungserwerbs auf die Spur, wenn man das Kind in Analogie zum Wissenschaftler sieht. Die erste Gemeinsamkeit besteht darin, daß beide **Hypothesen** darüber entwerfen, was jedes neue Wort bedeuten könnte. Eine weitere Gemeinsamkeit, die wir später genauer kennenlernen, liegt darin, daß beide das bisher Gelernte nutzen, um sich weitere Bedeutungen anzueignen.

Diese Strategie des Hypothesenentwerfens und -anwendens zeigt sich z. B. darin, daß Kinder die Bedeutung von Wörtern zu stark verallgemeinern und sie falsch verwenden, so daß sie eine große Vielfalt von Objekten damit abdecken: Sie benutzen vielleicht das Wort Hund, um sich auf alle Tiere zu beziehen, oder das Wort Mond, um auf alle runden Objekte einschließlich Uhren und Münzen zu verweisen. Können Sie nachvollziehen, wie ein Kind auf diese Hypothesen kommt?

Manchmal verallgemeinern Kinder ein Wort zu wenig – sie meinen etwa, daß Hund sich nur auf den eigenen Hund im Hause bezieht. Um die Sprachäußerungen beim Kind zu Beginn des Spracherwerbs zu verstehen, sollte man sich auch folgendes vor Augen führen: Wenn das Kind auf etwas hinweisen möchte, so erfordert das angesichts des noch eingeschränkten Wortschatzes äußerste Anstrengungen. Kennt ein Kind die Wörter für Kuh oder Schwein nicht, gebraucht es eventuell das Wort Hund – und zwar nicht deshalb, weil es denkt, daß Kühe Hunde sind, sondern weil es sich nach seiner Auffassung um das Wort handelt, das einem vierbeinigen Tier am nächsten kommt. Und tatsächlich paßt Hund für Kuh immer noch besser als Tisch!

Die Auffassung, daß Kinder Hypothesen bilden, erklärt jedoch nicht, warum Kinder sehr viel eher geneigt sind, sich vorzustellen, daß sich das Wort Hund auf das ganze Tier bezieht als etwa auf dessen linke Vorderpfote. Wissenschaftler haben darauf hingewiesen, daß die Hypothesen der Kinder möglicherweise **angeborenen**

Beschränkungen (»constraints«) unterliegen (Clark 1987; Markman 1989). Denken Sie etwa an das Prinzip vom wechselseitigen Ausschluß (»mutual exclusivity«). Dieses Prinzip besagt, daß Kinder so handeln, als ob jedes Objekt *nur eine einzige* Bezeichnung *haben dürfe*. Wie schränkt dieses Prinzip nun bei den Kindern, die sprechen lernen, die Bandbreite der Hypothesen ein? Unter normalen Bedingungen machen Kinder in ihren Hypothesen die Vorannahme, daß ein neues Wort sich auf ein ganzes Objekt bezieht. Kennen Sie jedoch schon die Bezeichnung für ein ganzes Objekt wie Telefon, wenden sie das Prinzip vom wechselseitigen Ausschluß an und entwickeln die Hypothese, daß ein Wort wie Telefonhörer, das sie nicht kennen, eine Bezeichnung für irgendein Teil des Objekts sein muß (Markman u. Wachtel 1988). Vermutungen, die sich aus diesem Prinzip ergeben, werden häufig zutreffen. Das Prinzip vom wechselseitigen Ausschluß erklärt auch, warum ein 2jähriger vielleicht wütend wird, wenn seine Mutter sein *Tatütata* als Feuerwehrauto bezeichnet.

Wiederum in Analogie zum guten Wissenschaftler bedienen Kinder sich dessen, was sie schon über ihre Sprache gelernt haben, um sich mit dieser Hilfe weitere neue Bedeutungen anzueignen (Landau u. Gleitman 1985; Pinker 1987). Wissenschaftler nennen diesen Vorgang »bootstrapping«, von der englischen Redewendung »to pull oneself up by one's bootstraps«, was soviel bedeutet wie »es aus eigener Kraft zu etwas bringen«. So gibt es im Englischen eine feste Verbindung zwischen grammatischen Strukturen, in denen Verben auftauchen, und der kausalen Eigenart des Verbs. Hört man einen Satz mit einem neuartigen Verb, wie »The duck is *gorping* the bunny« und betrachtet dann eine Szene mit einer Ente und einem Häschen, dann würde man sehr wahrscheinlich versuchen, *gorping* mit irgendeiner kausalen Handlung zu assoziieren, die die Ente dem Häschen antut. Als 2jährigen 2 Videofilme gezeigt wurden – in dem einen war eine kausale (verursachende) Handlung dargestellt, in dem anderen eine nichtkausale Handlung (Handlung, die nichts verursachte) – zeigten sie eine Präferenz für das Video mit der kausalen Handlung. Die Videopräferenz ist ein Beleg für das Sprachverständnis der Kinder (Naigles 1990; Naigles u. Kako 1993). Diese 2jährigen nutzten ihr unvollständiges Wissen über die Grammatik des Englischen, um damit die Bedeutungen unbekannter Wörter einzugrenzen.

Kinder besitzen die Fähigkeit, ihre frühen Erfolge beim Lernen von Wörtern dazu zu nutzen, sich komplexere Begriffe anzueignen. Wenn Kinder älter werden, reden sie nicht mehr nur über die physikalische Welt, sondern fangen an, auch über ihre psychische Welt zu sprechen. So beginnen Kinder im Alter von 2 Jahren solche mentalen Wörter wie »Träumen«, »Tun als ob«, »Meinen« und »Hoffen« zu verwenden (Shatz et al. 1983). Mit Wörtern wie »froh«, »traurig« und »wütend« beziehen sie sich auch auf emotionale Zustände. Nach kognitiven Fortschritten, zu denen es im späteren Verlauf der Kindheit kommt, verstehen und verwenden sie schließlich abstrakte Wörter wie »Wahrheit«, »Gerechtigkeit«und »Gedanke« (vgl. Abschn. 10.3).

10.5.4
Grammatikerwerb

Um zu verstehen, auf welche Weise Kinder Bedeutungen erwerben, wählten wir die Analogie zum Wissenschaftler, der ebenfalls Hypothesen bildet. Zusätzlich nahmen wir an, daß die Vielfalt möglicher Hypothesen durch angeborene Grundprinzipien eingeschränkt wird. Für das Kind besteht die zusätzliche Herausforderung beim Spracherwerb darin, daß die verschiedenen Sprachen dieser Welt unterschiedliche grammatische Regelsysteme aufweisen. So ist im Englischen die typische Folge der Satzglieder: Subjekt – Prädikat – Objekt, im Japanischen jedoch lautet sie: Subjekt – Objekt – Prädikat. Kinder müssen entdecken, welche Reihenfolge in der Sprache, die in ihrer Umwelt gebraucht wird, vorliegt. Wie machen sie das?

Die Rolle des Input

Wir haben gesehen, wie wichtig die Rolle der Erwachsenen beim Erlernen von Bedeutungen ist. Würden Eltern oder andere geübte Sprecher nicht auf Objekte zeigen und sie benennen, wären Kinder in argen Nöten, neue Wörter zu lernen. Beim Erwerb des Wortschatzes werden Kinder also explizit angeleitet. Bei der Grammatik jedoch verhält es sich anders. Es wäre ungewöhnlich, wenn ein Elternteil einem Kind die Regeln der Grammatik auf *explizitem* Wege beibrächte. Die meisten Erwachsenen besitzen noch nicht einmal die ausdrückliche, bewußte Kenntnis dieser Regeln. Man kann durchaus fließend Englisch sprechen, ohne je über die Standardreihenfolge: Subjekt – Prädikat – Objekt nachgedacht zu haben. Außerdem: Eltern werden Kinder zwar oft korrigieren, wenn sie Wörter in der falschen Bedeutung verwenden, etwa: »Nein, mein Süßer, das ist eine Kuh, kein Hund.« Selten aber, wenn überhaupt, korrigieren Eltern bei einem Kind die **Grammatik** (Brown u. Hanlon 1970).

> **!** Derartige Überlegungen brachten Theoretiker zu der Auffassung, daß die Ammensprache (s. o. in diesem Abschnitt) beim Grammatikerwerb nur eine geringe Rolle spielt. So behauptete der Linguist Noam Chomsky (1965, 1975), daß Kinder mit mentalen Strukturen auf die Welt kommen, die Sprachverstehen und Sprachproduktion begünstigen. Die besten Belege für eine derartige **biologische Grundlage der Grammatik** stammen von Kindern, die vollständige grammatische Strukturen erlernen, ohne daß ein korrekt gebildeter Input vorhanden ist.

Forscher haben beispielsweise gehörlose Kinder untersucht. Der Hörverlust war so ausgeprägt, daß sie nicht sprechen lernten. Ihre Eltern konfrontierten sie aber nicht mit einer regelgeleiteten **Gebärdensprache** wie der American Sign Language ASL (Goldin-Meadow u. Mylander 1990). Diese Kinder entwickelten dennoch eine eigene Gebärdensprache mit einer regelgeleiteten grammatischen Struktur, obwohl sie in ihrer Umwelt keine Unterstützung für diese erfundene Sprache erhalten hatten. Die Autoren dieser Studie folgern: »Wenn Kinder Systeme zum Zwecke der Kommunikation entwickeln, sind sie anscheinend mit oder ohne etablierte Sprache als Leitschnur darauf 'vorbereitet', zumindest auf der Ebene des Wortes oder des Satzes nach einer Struktur zu suchen« (Goldin-Meadow u. Mylander 1990, S. 351).

> **!** Offenkundig nimmt die Tatsache, daß das Kind **biologisch** »vorbereitet« ist, den Eltern einen Großteil der Last ab, ihm die Grammatik explizit beibringen zu müssen. Jedoch können wir die individuellen Unterschiede in der Art und Weise, wie Eltern mit ihren Kindern sprechen, auch zur Erklärung von individuellen Unterschieden im Zeitplan beim Grammatikerwerb heranziehen (Newport et al. 1977).

Manche Kinder gebrauchen Sprache in der frühen Kindheit vornehmlich referentiell, also um auf Dinge und Geschehnisse zu verweisen. Ihr Wortschatz besteht großenteils aus gebräuchlichen Substantiven wie Hund oder Ball. Andere Kinder gebrauchen die frühe Sprache vornehmlich expressiv – ihr Wortschatz besteht weitgehend aus formelhaften Ausdrücken wie »Will haben« (Nelson 1973). Diese beiden Arten des Sprachgebrauchs scheinen von früh an auf unterschiedlichen Funktionen der Sprache aufzubauen. Folgerichtig gehen die beiden Gruppen von Kindern beim Spracherwerb unterschiedliche Wege.

Wissenschaftler konnten zeigen, wie Unterschiede beim elterlichen Input dazu beitragen, daß die Kinder diese Stile entwickeln (Hampson u. Nelson 1993). So verwendeten die Mütter expressiver Kinder, wenn sie mit ihren Kindern sprachen, weniger Substantive als die anderen Mütter. Ferner ließ sich aus den Unterschieden in der Übereinstimmung der Sprachstile von Eltern und Kindern vorhersagen, wie effizient die Kinder beim Spracherwerb sein würden. Obwohl also Eltern nichts Besonderes machen müssen, damit ihre Kinder die Grammatik erlernen, können bestimmte Sprechgewohnheiten dennoch den Stil und das Tempo des Spracherwerbs beeinflussen.

Die Spracherwerbsfähigkeit

Forscher sind inzwischen der festen Überzeugung, daß wichtige Aspekte des Grammatikerwerbs biologisch vorherbestimmt (»biologically predetermined«) sind. Aber wodurch sind Wissenschaftler in der Lage, exakt anzugeben, welches Wissen angeboren ist? Der produktivste Ansatz zur Beantwortung dieser Frage sind vergleichende Studien des Spracherwerbs über viele Sprachen hinweg. Dadurch, daß Wissenschaftler bei vielen Sprachen exakt ermitteln, was Kinder leicht und was sie schwer lernen, können sie feststellen, welche Aspekte der Grammatik höchstwahrscheinlich durch **angeborene Bereitschaften** (Prädispositionen) gestützt werden.

Wiederum hilft uns das Bild vom Kind als Wissenschaftler weiter. Beim Grammatikerwerb gibt es 2 Wege, auf denen die Hypothesenvielfalt beim Kind eingeschränkt wird:

- Erstens gibt es allgemeine Einschränkungen zu den möglichen Sprachformen von Menschen (Wexler 1982). Alle Sprachen greifen auf dasselbe Repertoire grammatischer »Tricks« zurück. Kinder sind anscheinend von Geburt an darauf vorbereitet, von der Hypothese auszugehen, daß sie eine Sprache lernen, die aus dieser angemessenen Klasse von Sprachen stammt (Pinker 1994). So glauben alle Kinder, daß die verschiedenen Wörter eines Satzes jeweils andere Funktionen haben.
- Zweitens gibt es angeborene »Leitlinien«, die Kinder in den Erwerb der spezifischen Sprache einbringen. Dan Slobin hat diese Leitlinien als eine Reihe von Funktionsprinzipien definiert, die zusammen die **Fähigkeit des Kindes zum Spracherwerb** (»lan-

Die Fähigkeit zum Spracherwerb

In Slobins (1985) Theorie nehmen Funktionsprinzipien die Form von »Anweisungen« für das Kind an. Als Beispiel führen wir ein Funktionsprinzip an, das Kindern dabei hilft, die für die Bildung eines grammatischen Satzgliedes geeigneten Wörter herauszufinden. Es lautet: »Speichere gemeinsam geordnete Sequenzen von Wortklassen und von Funktorklassen, die gemeinsam im Ausdruck eines bestimmten Propositionstyps zusammen mit einer Bezeichnung für den Propositionstyp auftreten« (S. 1252). Haben Sie das alles verstanden? Nein? Wir haben das auch nicht wirklich von Ihnen erwartet! Wir wollten Ihnen nur ein Beispiel dafür geben, was für ein erstaunliches Maß an linguistischer Differenziertheit Slobins Funktionsprinzipien voraussetzen.

Weil diese Prinzipien glücklicherweise als Bestandteil des menschlichen Genoms enkodiert wurden, sind Sie bereits als großartiger, intuitiver Linguist auf die Welt gekommen! Der Kern des genannten Funktionsprinzips besteht übrigens darin, daß Kinder über die Beziehung zwischen der Reihenfolge, in der die Wörter auftreten, und der Bedeutung, die sie ausdrücken, auf dem laufenden bleiben müssen. Slobin kam zu diesen Prinzipien, indem er die Daten einer Vielzahl anderer Forscher, die eine ganze Vielfalt unterschiedlicher Sprachen untersuchten, zusammenfaßte. Wir werden jedoch meistens deutsche oder englische Beispiele verwenden, um die hier wirkenden Prinzipien zu veranschaulichen.

Denken Sie einmal daran, was deutschsprachige Kinder leisten können, wenn sie ungefähr mit 2 Jahren anfangen, Wortkombinationen zu benutzen, d. h., wenn sie das Zweiwortstadium erreichen. Man hat die Sprache von Kindern dieses Alters als Telegrammstil bezeichnet, weil sie voller kurzer, einfacher Sequenzen – meist aus Substantiven und Verben – ist. Im Telegrammstil kommen nur selten Funktionswörter vor

– wie »der«, »und« und »von« –, die dazu beitragen, die Zusammenhänge zwischen Wörtern und Gedanken auszudrücken. So ist etwa »Milch alle-alle« ein Beispiel für eine Botschaft im Telegrammstil.

Damit Erwachsene Zweiwortäußerungen verstehen, müssen sie den Kontext kennen, in dem die Wörter gesprochen werden. »Tanja Ball« könnte unter anderem »Tanja will den Ball« oder »Tanja wirft den Ball« heißen. Trotzdem gibt es Belege dafür, daß Kinder im Zweiwortstadium bereits einiges Wissen über die deutsche Grammatik erworben haben. Die Funktionsprinzipien ermöglichen ihnen, zu entdecken, daß die Reihenfolge der Wörter im Deutschen wichtig ist und daß die 3 entscheidenden Bestandteile Handelnder, Handlung und Objekt (Subjekt – Prädikat – Objekt) sind, und zwar gewöhnlich in dieser Reihenfolge. Ein Beleg für diese »Entdeckung« findet sich, wenn Kinder einen Satz wie »Das Mädchen wird von dem Jungen auf dem Rücken getragen« als »Das Mädchen (Handelnder) trägt den Jungen (Objekt) auf dem Rükken« mißverstehen (s. Abb. 10.12). Mit der Zeit müssen Kinder andere Funktionsprinzipien verwenden, um herauszufinden, daß es Ausnahmen von der Anordnung Handelnder – Handlung – Objekt gibt.

Betrachten wir nun ein Funktionsprinzip, das Slobin »Extension« nennt. Danach sollten Kinder zur Bezeichnung desselben Begriffs in allen Fällen dieselbe bedeutungstragende Einheit oder dasselbe Morphem benutzen. Beispiele für solche Begriffe sind Besitzform, Vergangenheit und nicht abgeschlossene Handlung. Im Englischen wird jeder dieser Begriffe so ausgedrückt, daß ein grammatisches Morphem zum Stammwort hinzugefügt wird, wie etwa »-'s« (z. B. »Maria's«), »-ed« (z. B. »called«), und »-ing« (z. B. »laughing«). Beachten Sie, daß die Bedeutung des Wortes verändert wird, wenn man einen dieser Laute zu einem Substantiv oder einem Verb hinzufügt.

---

guage-making capacity«) ausmachen. Im Abschn. **Unter der Lupe** gehen wir darauf näher ein.

Kinder verwenden **Funktionsprinzipien** wie die **Extension**, um Hypothesen darüber zu bilden, was Morpheme bewirken. Weil dieses Prinzip jedoch voraussetzt, daß das Kind versucht, alle Fälle auf dieselbe Weise zu

kennzeichnen, kommt es häufig zum Fehler der Übergeneralisierung. Wenn Kinder z. B. gelernt haben, wie bei regelmäßigen Verben die Vergangenheitsform gebildet wird (im Englischen durch die Hinzufügung von »-ed« zum Verb), hängen sie an alle Verben ein »-ed« an und bilden solche Wörter wie »doed« oder »breaked«. Wenn Kinder die Regel für die Pluralbildung

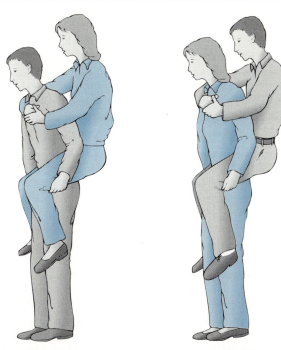

Abb. 10.12. Grammatikerwerb: Das Verständnis der Passivform. Viele Kleinkinder können die Bedeutung der Sätze »Ein Mädchen wird von einem Jungen auf dem Rücken getragen« und »Ein Mädchen trägt einen Jungen auf dem Rücken« nicht unterscheiden

lernen (im Englischen durch Hinzufügen des Lautes »-s« am Ende eines Wortes), erweitern sie den Geltungsbereich der Regel so sehr, daß sie Wörter wie *foots* oder *mouses* erfinden. Übergeneralisierung ist ein besonders interessanter Fehler, weil er für gewöhnlich auftritt, *nachdem* Kinder die korrekten Formen von Verben und Substantiven erlernt und verwendet haben. Die Kinder gebrauchen zunächst die richtige Verbform (etwa »came« und »went«*),* offensichtlich weil sie diese Wörter als gesonderte Bestandteile ihres Wortschatzes gelernt haben. Wenn sie jedoch die allge-

meine Regel für die Bildung der Vergangenheitsform lernen, erweitern sie sie sofort auf alle Verben, selbst auf Wörter, die Ausnahmen von der Regel darstellen – Wörter, die zuvor korrekt gebraucht wurden. Und abermals werden die Kinder nun andere Funktionsprinzipien einsetzen müssen, um diese momentan übertriebene Anwendung der Regel zu überwinden.

Kritische Stadien

Bei kleinen Kindern sind Funktionsprinzipien recht wirkungsvoll. Die Fähigkeit, Grammatik zu lernen, scheint jedoch mit dem Alter abzunehmen.

> **!** Viele Aspekte der Sprache entstehen in bestimmten Stadien – den **kritischen Stadien des Spracherwerbs** – und entwickeln sich weiter. Diese Stadien entsprechen eher den qualitativen Stufen körperlicher und kognitiver Reifung, als daß sie mit bestimmten Lernerfahrungen zu tun haben (Lenneberg 1969).

Eine Untersuchung an Personen, deren Erstsprache die Gebärdensprache ASL (s. o.) war, bestätigte diese Auffassung. ASL, eine der Sprachen, die in den USA von Gehörlosen verwendet wird, hat eine komplizierte Grammatik, die sich von der englischen Grammatik wie auch von der Grammatik jeder anderen Sprache unterscheidet. In ASL ist eine so breite Vielfalt des Ausdrucks möglich wie in jeder gesprochenen Sprache. Trotzdem lernen nicht alle Gehörlosen ASL – vielen wird beigebracht, die Wörter von den Lippen abzulesen und statt dessen eine vokalisierte Form der Sprache zu gebrauchen. Ebenfalls kommen viele gehörlose Kinder als Kinder von nicht gehörlosen Eltern auf die Welt, die kein ASL können. Wie das folgende **Experiment** zeigt, haben Wissenschaftler die Tatsache, daß Gebärdensprachler ASL in recht unterschiedlichen Altersstufen erlernen, genutzt, um die kritischen Stadien des Spracherwerbs zu untersuchen.

EXPERIMENT

Kompetenz in Gebärdensprache – es kommt auf den Erwerbszeitpunkt an

Forscher wählten hörbehinderte Erwachsene aus, die die Gebärdensprache ASL seit vielen Jahren fließend verwendeten. Einige dieser Gebärdensprachler waren seit ihrer Geburt ASL ausgesetzt, andere waren damit erst konfrontiert worden, als sie im Alter von 5 Jahren in die Schule kamen, und wieder andere waren erst als

Teenager auf ASL gestoßen. Obwohl alle Gebärdensprachler in der Lage waren, ASL recht fließend einzusetzen, gab es Unterschiede im Hinblick auf die Fähigkeit, alle Möglichkeiten zu nutzen. Erwachsene, die ASL seit der Geburt oder seit der frühen Kindheit verwendet hatten, schnitten bei komplexen sprachlichen Aufgaben viel besser ab als Erwachsene, die später angefangen hatten, ASL zu lernen, obwohl *alle* Teilnehmer dieser Untersuchung seit mindestens 30 Jahren Gebärdensprachler waren (Newport 1990).

In einer Folgeuntersuchung führten die Wissenschaftler eine ähnliche Auswertung bei Personen durch, die Englisch als Zweitsprache gelernt hatten. Beim Zweitsprachenerwerb gab es einen eindeutigen Vorteil für diejenigen, die angefangen hatten, Englisch

zu lernen, als sie jung waren. Gleichgültig, ob es sich nun um die Erst- oder Zweitsprache handelt, die Säuglingszeit und das Alter der frühen Kindheit sind demnach anscheinend die beste Zeit, um eine Sprache zu lernen. Eben deswegen werden Sie größere Schwierigkeiten haben, eine neue Sprache zu lernen, als dies bei einem 2jährigen im selben Kontext der Fall sein wird.

10.6
Sozialisation und sozial-emotionale Entwicklung in der Kindheit

In diesem Abschnitt befassen wir uns mit der Entwicklung der sozialen Beziehungen und sozialen Haltungen im Kindesalter. Soziale Beziehungen sind häufig aber auch emotionale Beziehungen – das herausragende Beispiel hierfür ist die Bindung des Kindes an die Eltern. Deshalb sprechen wir auch von der sozial-emotionalen Entwicklung. In diesem Bereich sind die Einflüsse der Erziehung durch die Eltern besonders auffällig. Die elterliche Erziehung bildet daher einen weiteren Schwerpunkt. Eltern bemühen sich mehr oder weniger ausdrücklich auch darum, dem Kind die Konventionen, Normen und Werte, die Fähigkeiten, Überzeugungen und Motive, die in der Gesellschaft mehr oder weniger verbindlich sind, zu vermitteln. In diesem Sinne trägt die Erziehung im Elternhaus zur **Sozialisation** des Kindes bei. Die Eltern sind aber nur eine Sozialisationsinstanz unter vielen, wenn auch die wichtigste. Daneben gibt es noch andere Personen – Verwandte, Freunde, Lehrer usw. – und eine Reihe von Institutionen – Kindertagesstätte, Kindergarten, Schule – die intentional oder »beiläufig« auf das Hineinwachsen von jungen Menschen in die Gesellschaft Einfluß nehmen.

Die Eltern sind – wenigstens im zeitlichen Sinne – die allerersten »Sozialisationsagenten«. Wie auch immer das familiäre Umfeld des Kindes beschaffen sein mag – ob es sich etwa um eine alleinerziehende Mutter oder um eine Mehrgenerationenfamilie handelt – es ist die Familie, die die grundlegenden Interaktionsmuster und Haltungen für den Umgang mit anderen Menschen prägt. Diese Muster und Haltungen sind, wie wir unten in diesem Abschnitt sehen werden, die Grundlage beständiger Beziehungsstile, die noch Jahrzehnte später im Erwachsenenalter bestimmen, wie jemand an Beziehungen herangeht.

Auch wenn das oftmals kein ausdrückliches Thema ist, so haben Eltern doch viele implizite Erziehungszie-

le. Sie reichen von der Einhaltung von Konventionen für den Alltag – man soll »bitte« und »danke« sagen, man soll nicht mit vollem Mund sprechen, usw. – bis zur Internalisierung allgemeiner Werte und Normen, wie etwa von Hilfsbereitschaft, Ehrlichkeit und Verantwortungsbewußtsein. Eltern wollen in aller Regeln ihren Kindern eine optimale Entwicklung ermöglichen, so daß diese dann später als Erwachsene in der Lage sind, die Aufgaben, die ihnen Gesellschaft und Kultur stellen, erfolgreich zu bewältigen. Diese Aufgaben können von Gesellschaft zu Gesellschaft und erst recht von Kultur zu Kultur verschieden sein. Im nordamerikanisch-europäischen Raum hat etwa die Entwicklung der Fähigkeit, stabile intime Beziehungen zu anderen Menschen aufzubauen, eine hohe Wertschätzung (Maccoby u. Martin 1983), in manchen anderen Kulturen dagegen haben Kompetenzen wie die Fähigkeit zur Kooperation in Gruppen höchste Priorität.

10.6.1
Bindung (»attachment«)

Babys sind von Anfang an gesellig. Das erkennt man etwa daran, daß sie sich lieber menschliche Gesichter als die meisten anderen Wahrnehmungsmuster ansehen (Fantz 1963). Schon im Alter von einer Woche können manche Babys die Stimme der Mutter von der anderer Frauen unterscheiden. Nach einer weiteren Woche können sie die Stimme und das Gesicht der Mutter als Bestandteil einer größeren Einheit wahrnehmen und geraten aus der Fassung, wenn im Experiment das Gesicht der Mutter mit einer fremden Stimme gekoppelt wird (Carpenter 1973).

Babys reagieren nicht nur auf ihre Bezugspersonen, sondern sie treten auch von sich aus mit ihnen aktiv in Interaktion. Beispielsweise lassen extrem genaue Videoaufnahmen der Eltern-Kind-Interaktion eine bemerkenswerte **Synchronizität** des Verhaltens von Kind und Eltern erkennen – Anschauen, Gurren, Berühren und Lächeln von Müttern und Säuglingen sind präzise aufeinander abgestimmt (Martin 1981; Murray u. Tre-

Abb. 10.13. Emotionale »Einstimmung« des Kindes auf die Mutter. Diese Fotoserie, die Alan Fogel aufgenommen hat, zeigt, wie der Säugling sich auf die Emotionen der Mutter einstimmt

varthen 1986). Babys senden an Menschen, die ihnen gegenüber Zuneigung empfinden und deshalb aufmerksam sind, Botschaften aus, und sie lernen aus den Rückmeldungen der Interaktionspartner. Aber nicht nur die Verhaltensweisen von Eltern und Säuglingen sind aufeinander abgestimmt, auch ihre Gefühle stehen im Einklang miteinander (Fogel 1991). So lacht ein 1 Monat altes Baby möglicherweise, wenn seine Mutter lacht, und es runzelt die Stirn oder weint, wenn die Mutter traurig ist (Tronick et al. 1980; s. auch Abb. 10.13). Diese Fähigkeit zur wechselweisen Anpassung in der Mutter-Kind- oder der Vater-Kind-Dyade ist lebenswichtig. Sie garantiert z. B., daß die Bezugspersonen angemessen auf die Bedürfnisse des Säuglings reagieren.

Bisher haben wir die sozialen Fähigkeiten beschrieben, die allen Neugeborenen gemeinsam sind. Denkt man an die Ausführungen zur Bedeutung individueller Unterschiede in Abschn. 10.1 zurück, so kann es nicht überraschen, daß es auch in den Merkmalen, die in sozialen Beziehungen und Interaktionen zum Tragen kommen, schon von Geburt an einige individuelle Unterschiede gibt. Kagan und Mitarbeiter haben gezeigt, daß 10–15% der Säuglinge entweder »von Anfang an schüchtern« oder »von Anfang an mutig« sind (Kagan u. Snidman 1991; Kagan et al. 1988). Schüchterne und wagemutige Babys unterscheiden sich im Hinblick auf ihre Empfindlichkeit gegenüber körperlicher oder sozialer Stimulation. Das schüchterne oder ängstliche Baby läßt sich leichter erschrecken und reagiert weniger intensiv im sozialen Bereich. Aber wahrscheinlich werden sich seine Bezugspersonen ihm gegenüber beim Spiel und anderen Interaktionen zurückhaltender zeigen, als das bei einem mutigen Säugling der Fall wäre.

Auf diese Weise verstärken Interaktionspartner die anfängliche Disposition des Kindes. Diese Disposition (oder »Konstitution«) muß jedoch nicht ein für allemal zum Schicksal werden. Allgemeine Erfahrung und be-

sondere Formen der Unterstützung beeinflussen in starkem Maße, inwieweit konstitutionelle Faktoren zum Ausdruck kommen.

> ! Die soziale Entwicklung beginnt damit, daß zwischen dem Kind und der ständig verfügbaren Bezugsperson eine enge emotionale Beziehung aufgebaut wird. Diese starke, stabile sozial-emotionale Beziehung wird als **Bindung** (»**attachment**«) bezeichnet. Sie baut auf den angeborenen sozialen Fähigkeiten des Säuglings auf. Weil Kinder nicht in der Lage sind, sich selbst zu ernähren oder sich zu schützen, besteht die ganz frühe Funktion der Bindung darin, das Überleben zu gewährleisten.

Bei vielen Tieren trägt die Biologie dazu bei, daß Bindungen entstehen. Wenn z. B. eine Rattenmutter die Neugeborenen ableckt und die Plazenta auffrißt, dann aktiviert das bei ihr Hormone, die sie veranlassen, ihre Jungen zu pflegen und zu schützen (Pedersen et al. 1982). Bei anderen Arten wird das Tierkind zwangsläufig auf das erste sich bewegende Objekt, das es sieht oder hört, geprägt (Johnson u. Gottlieb 1981). Prägung erfolgt während einer kritischen oder sensiblen Periode der Entwicklung, vollzieht sich rasch und läßt sich nicht mehr so leicht verändern (s. Abschn. 10.5 zur sensiblen Periode beim Spracherwerb). Weil die Prägung nahezu automatisch abläuft, kann es in Extremfällen zu Problemen kommen. Der Ethologe Konrad Lorenz hat gezeigt, daß junge Gänse, die bei einem Menschen aufwachsen, auf diese Person geprägt werden und nicht auf ein Mitglied der eigenen Art (s. Abb. 10.14). Ein Affe, der bei einer Hündin aufwächst, wird eine stärkere Bindung zu seiner Hundepflegemutter entwickeln als zu anderen Affen (Mason u. Kenney 1974). Glücklicherweise sehen kleine Gänse unter natürlichen Bedingungen als erstes andere Gänse, und kleine Affen haben zuerst mit anderen Affen zu tun.

Die Entstehung der Bindung beim Säugling ist nicht in demselben Maße auf wenige instinktiv festgelegte Formen der Interaktion mit der Bezugsperson angewie-

Abb. 10.14. Wenn Prägung zu Problemen führen kann. Der Vorgang der frühkindlichen Prägung bei Tieren ist vor allem von Konrad Lorenz erforscht worden. Hier demonstriert er sehr anschaulich, was passiert, wenn Tierkinder nicht auf ihre Mutter, sondern auf jemand anderen geprägt werden

sen. Obwohl man in vielen Kliniken versucht, die Entstehung der Bindung nach der Geburt dadurch zu fördern, daß man den Müttern die Neugeborenen auf den Bauch legt, stützen sich Menschen doch auf komplexere Signale und Interaktionen zur Festigung der Bindung zwischen Bezugsperson und dem Kind. Ein Beispiel wird im Abschn. **Experiment** beschrieben.

> **!** Die Entstehung einer festen Bindung hängt natürlich nicht nur von der Fähigkeit des Kindes ab, solche Signale wie Lächeln auszusenden, sondern vor allem auch davon, wie stark ein Erwachsener dazu neigt, auf die Signale zu reagieren.

Wer kann schon dem Lächeln eines Babys widerstehen? Nach John Bowlby (1973), einem einflußreichen Bindungstheoretiker, gibt es entgegen der landläufigen Meinung sehr wohl Unterschiede darin, inwieweit Bezugspersonen auf die Kontaktsuche eingehen. Der Säugling wird Bindungen an Personen entwickeln, die kohärent und angemessen auf seine Signale reagieren.

Die Qualität der Bindung

Entwicklungspsychologen sind im allgemeinen der Auffassung, daß eine feste Bindung günstige Auswirkungen von großer Reichweite und Dauer hat. Sie stellt eine Art psychologisches »Basislager« (»home base«) dar, von dem aus das Kind die materielle und soziale Umwelt erkunden kann. Eine feste Bindung an Erwachsene, die verläßliche soziale Unterstützung bieten, versetzt das Kind in die Lage, eine ganze Reihe unterschiedlicher prosozialer Verhaltensweisen zu lernen,

Was das Lächeln von Babys bewirkt

Ein Säugling signalisiert durch Lächeln, Weinen und Vokalisierungen, daß er nach Nähe sucht. Es scheint sich hierbei um angeborenes Verhalten zu handeln, das dem Interaktionspartner ein Zeichen gibt, daß er reagieren soll (Campos et al. 1983). Dieser Zusammenhang wurde in einer Laborstudie zum selektiven Lächeln bei 10 Monate alten Säuglingen verdeutlicht.

Während die Kinder im Versuchsraum mit Spielzeug spielten, richteten die Mütter nach einem festgelegten Versuchsplan entweder die Aufmerksamkeit auf ihr Kind oder waren unaufmerksam, wobei sie in einer Zeitschrift lasen. Die Auswertung der Videoaufnahmen zeigte, daß sich anhand der (Nicht-)Aufmerksamkeit der Mutter vorhersagen ließ, wie häufig das Kind lächelte. Sah die Mutter das Baby an, wenn es zu ihr aufblickte, lächelte es; verhielt sie sich jedoch unaufmerksam, wandte es sich in der Regel ohne Lächeln wieder den Spielsachen zu.

Was bedeutet dieses Resultat? Die 10 Monate alten Säuglinge lächeln nicht einfach nur, wenn sie glücklich sind. Vielmehr können sie ihren Gesichtsausdruck auch so steuern, daß er zu sozialen Zwecken eingesetzt werden kann: »Lächeln hängt in dieser frühen Entwicklungsstufe teilweise davon ab, wie das Kind den sozialen Kontext beurteilt, und es erfolgt teilweise unabhängig von der Emotion« (Jones et al. 1991, S. 49, eig. Übers.).

Risiken einzugehen, sich in neuartige Situationen vorzuwagen sowie Intimität in persönlichen Beziehungen zu suchen und zu akzeptieren.

Doch die Entstehung einer sicheren Bindung ist nur eine Möglichkeit, keine Selbstverständlichkeit. Um verschiedene Bindungsqualitäten zu beobachten, entwickelten Mary Ainsworth und Mitarbeiter ein spezielles Beobachtungsverfahren, den sog. **Fremde-Situation-Test** (»strange situation test«; Ainsworth et al. 1978). Er ist für Kinder im Alter von etwa 1–2 Jahren geeignet.

Der Fremde-Situation-Test besteht aus mehreren Schritten, wobei das Vorgehen auch im zeitlichen Ablauf jeweils sehr genau festgelegt ist. Die Beobachtung beginnt damit, daß das Kind in ein Zimmer gebracht wird, das es vorher noch nicht gesehen hat – das ist der erste Grund dafür, von einer »fremden Situation« zu sprechen. In dem Zimmer befindet sich eine Vielzahl von altersangemessenen Spielsachen. In Anwesenheit der Mutter wird das Kind nun dazu ermutigt, das Zimmer zu erkunden und zu spielen. Nach einigen Minuten kommt eine fremde Person herein. Sie redet zunächst mit der Mutter und wendet sich dann an das Kind. Währenddessen verläßt die Mutter unauffällig das Zimmer. Nach einer kurzen Trennung kommt sie zurück. Trennung und »Wiedervereinigung« werden noch einmal wiederholt, wobei die zusätzliche Belastung darin besteht, daß die Mutter dieses Mal das Zimmer nicht unauffällig verläßt. Die Forscher halten vor allem fest, wie sich das Kind bei den Trennungen von der Mutter und bei deren Rückkehr verhält.

> ! Aufgrund der sorgfältigen Analyse des Verhaltens der Kinder in diesen Situationen unterscheiden Ainsworth und Mitarbeiter 4 Bindungsqualitäten: Kinder mit sicherer Bindung, mit ablehnend-unsicherer Bindung, mit ambivalent-unsicherer Bindung und mit desorganisiert-unsicherer Bindung (Ainsworth et al. 1978; Main et al. 1985).

- Kinder mit **sicherer Bindung** zeigen eine gewisse Verstörtheit, wenn die Mutter aus dem Zimmer geht. Sie suchen Nähe und Kontakt, sie wollen beruhigt werden und fangen nach der Rückkehr der Mutter allmählich wieder an zu spielen.
- Kinder mit **ablehnend-unsicherer Bindung** scheinen auf Distanz zu gehen. Das kann soweit gehen, daß sie die Mutter nach ihrer Rückkehr aktiv meiden und ignorieren.
- **Ambivalent-unsicher gebundene Kinder** geraten ziemlich durcheinander und werden ängstlich, wenn die Mutter den Raum verläßt. Kehrt sie zurück, lassen sie sich nicht beruhigen und zeigen Ärger und Widerstand gegen die Mutter. Gleichzeitig bringen sie aber auch den Wunsch nach Körperkontakt zum Ausdruck.
- Kinder mit **desorganisiert-unsicherer Bindung** verhalten sich verwirrt und konfus, wenn die Mutter wieder da ist. Nach ihrer Rückkehr hören sie möglicherweise vollständig auf, sich zu bewegen, oder sie legen widersprüchliche Verhaltensweisen an den Tag. Sie sehen beispielsweise beim Kontakt mit der Mutter weg.

Diese Einteilung – insbesondere die grobe Einteilung in sicher und unsicher gebundene Kinder – hat sich als wertvoll erwiesen, wenn es darum ging, das spätere Verhalten eines Kindes in einer großen Vielfalt von Situationen vorherzusagen. So haben Längsschnittuntersuchungen ergeben, daß sich Kinder, die mit 15 Monaten im Fremde-Situation-Test als sicher oder als unsicher gebunden diagnostiziert worden waren, sich auch mit $3\frac{1}{2}$ Jahren im Kindergarten deutlich voneinander unterschieden (Waters et al. 1979). Beobachter, die die zuvor erfaßte Bindungsqualität nicht kannten, stuften die Kinder mit sicherer Bindung auf Dimensionen wie »schlägt Aktivitäten vor«, »andere Kinder wollen mit ihnen zusammen sein« oder »lernt gerne neue kognitive Fähigkeiten« als entschieden kompetenter ein. Ähnlich positive Effekte der sicheren Bindung in der frühen Kindheit konnten auch im Alter von 4–5 Jahren (La Freniere u. Sroufe 1985) und von 10 Jahren (Urban et al. 1991) festgestellt werden. Das weist darauf hin, daß die mit dem Fremde-Situation-Test ermittelte Bindungsqualität tatsächlich eine langfristige Wirkung hat. Was aber können Eltern tun, um diese entscheidende feste Bindung entstehen zu lassen? Diese Frage zielt auf den Einfluß der elterlichen Erziehung ab.

10.6.2
Der Einfluß der elterlichen Erziehung

Wie jedermann weiß, können Eltern ihre Kinder sehr unterschiedlich erziehen. Psychologen versuchen in der Vielfalt elterlichen Erziehungsverhaltens grundlegende Dimensionen von Haltungen auszumachen. Zwei grundlegende Aspekte, die heute als zentral angesehen werden, sind zum einen die **Zuwendung** der Eltern und zum anderen die **Lenkung oder Strukturierung**. Was darunter zu verstehen ist, wird anhand der englischsprachigen Begriffe aus den Originalarbeiten deutlicher.

- Zuwendung: Es geht erstens um »responsiveness«, also um Zuwendung im Sinne der Bereitschaft und Fähigkeit, auf die Signale und Bedürfnisse des Kindes einzugehen. Zuwendung in diesem Sinne hat unmittelbar mit dem Sicheinlassen auf das Kind zu tun.
- Lenkung: Zweitens geht es um »demandingness«, also um Lenkung und Strukturierung im Zusammenhang mit klaren Anforderungen und Erwartungen, die die Eltern an das Kind stellen.

> ! Da Zuwendung und Lenkung dimensional aufgefaßt werden, verfügen die Eltern jeweils über mehr oder weniger an Zuwendung und Lenkung. Als günstig für die Entwicklung von Kindern hat sich ein Erziehungsstil erwiesen, der ein hohes Maß an »responsiveness« und »demandingness« kombiniert (Maccoby u. Martin 1993). Es hat sich eingebürgert, ihn auch im Deutschen als **autoritativen Erziehungsstil** zu bezeichnen.

Tabelle 10.5 veranschaulicht, wie sich dieser Stil als eine von 4 Kombinationen aus den beiden Erziehungsdimensionen der Zuwendung und Lenkung ergibt. Autoritative Eltern stellen angemessene Anforderungen an ihre Kinder – sie fordern, daß sie sich angemessenen Verhaltensmaßregeln gegenüber konform verhalten; sie zeigen ihnen gegenüber aber auch eine bestimmte Aufmerksamkeit – sie lassen die Kommunikationskanäle offen, um bei ihren Kindern die Fähigkeit zur Selbstregulierung zu fördern (Baumrind 1967, 1973). Dieser autoritative Erziehungsstil wird am ehesten zu einer tragfähigen Bindung zwischen Eltern und Kind führen.

Als weniger günstig haben sich die anderen 3 Erziehungsstile erwiesen, die in Tabelle 10.5 gezeigt werden:

- Beim **autoritären Erziehungsstil** steht im Vordergrund, daß die Eltern, ohne groß die Selbständigkeit des Kindes zu beachten, strikte Disziplinierungsmaßnahmen anwenden.
- Beim **nachgiebigen Erziehungsstil** gelingt es den Eltern nicht, den Kindern dabei zu helfen, daß sie etwas über die sozialen Rollen lernen, mit denen sie leben müssen.
- Am nachteiligsten ist die **vernachlässigende Erziehung**, bei der in unseliger Weise wenig Lenkung und emotionales Desinteresse am Kind kombiniert werden.

Erziehungsstile sagen nicht unbedingt etwas über die Sozialisationsziele der Eltern aus. Sogar Eltern, die im großen und ganzen denselben Erziehungsstil praktizieren, können im Hinblick auf die Sozialisationsziele unterschiedliche Prioritäten haben. **Erziehungspraktiken** in konkreten Situationen ergeben sich meist in Reaktion auf spezifische Ziele (Darling u. Steinberg 1993). So schaffen autoritative Eltern, die möchten, daß ihre Kinder gute Leistungen in der Schule erbringen, möglicherweise zu Hause eine Umwelt, in der Kinder zu einem Verständnis dafür gelangen, warum ihre Eltern dies als Zielvorstellung schätzen; und vielleicht streben die Kinder dann danach, gut in der Schule zu sein, weil sie in wirksamer Weise auf dieses Ziel hin sozialisiert wurden. Da jedoch nicht alle autoritativen Eltern den Erfolg in der Schule so hoch ansetzen, läßt sich die Schulleistung nicht allein auf der Grundlage des elterlichen Erziehungsstils vorhersagen (Steinberg et al. 1992). Wenn man voraussagen möchte, was aus den Kindern wird, muß man also sowohl die Erziehungs-

Tabelle 10.5. Übersicht über die wichtigsten elterlichen Erziehungsstile

	Akzeptierend sensibel reagierend kindzentriert	Zurückweisend unsensibel reagierend elternzentriert
Fordernd lenkend	Autoritativ-wechselseitig gut in der Kommunikation in beiden Richtungen	Autoritär machtbetont
Nicht fordernd weniger lenkend	Nachsichtig	Vernachlässigend unaufmerksam indifferent nicht engagiert

**Längsschnittstudie zur Wirkung
von Erziehungsstilen**

Diese Längsschnittstudie, an der 202 Jungen und 177 Mädchen aus Arbeiter- und Mittelschichtfamilien sowie deren Mütter teilnahmen, begann im Jahre 1951. Sie erstreckte sich über einen Zeitraum von insgesamt 35 Jahren und begann im Jahre 1951 mit Interviews bei den 379 Müttern. Sie wurden nach den Praktiken der Kindererziehung gefragt, die sie bei ihren 5jährigen Kindern einsetzten. Mit Hilfe der Erzieherinnen aus den jeweiligen Kindergärten sammelte man außerdem noch für jedes einzelne Kind Angaben über die soziale und persönliche Anpassung. Bis zum Alter von 18 Jahren erhoben die Forscher potentielle familiäre Belastungsfaktoren wie Scheidung, Tod, Krankheit und Umzug. Mit den noch erreichbaren Teilnehmern wurden im Alter von 41 Jahren Interviews und Fragebogenerhebungen durchgeführt. Die Stichprobe bestand am Ende aus 76 Personen, 33 Männern und 43 Frauen, die zu dem Zeitpunkt oder früher verheiratet waren und vorwiegend aus der weißen US-amerikanischen Mittelschicht kamen.

Das Hauptergebnis dieser Untersuchung war der statistisch bedeutsame Zusammenhang zwischen der Art und Weise, wie die Mütter die Versuchsteilnehmer mit 5 Jahren behandelt hatten und deren sozialer Anpassung 3 Jahrzehnte später. Teilnehmer, die von warmherzigen, gefühlsbetonten Müttern und Vätern erzogen worden waren, waren viel eher in der Lage, eine lange und relativ glückliche Ehe aufrechtzuerhalten, Kinder großzuziehen und in der Mitte des Lebens enge Beziehungen zu Freunden zu haben. Diese Erwachsenen, die etwas für andere und die Gemeinschaft geleistet hatten, waren emotional stabil, aktiv, zuverlässig und diszipliniert. Außerdem waren diejenigen, deren Ehen und Familienleben am ehesten intakt waren, das ganze Leben lang steter und engagierter in ihrer Arbeit (Franz et al. 1991).

stile als auch die Erziehungspraktiken der Eltern beachten.

Wie weitreichend die Auswirkungen der elterlichen Erziehung sein können, beschreiben wir im Abschn. **Experiment**.

Wenn das Kind in engen Beziehungen zu Erwachsenen aufwächst, die es mit Liebe umsorgen, so ist das ein erster Schritt zu einem gesunden körperlichen Wachstum und zu einer normalen Sozialisation. In dem Maße, wie die ursprüngliche Bindung an die primäre Bezugsperson sich auf andere Familienmitglieder ausweitet, können auch diese zu Modellen für neue Denk- und Verhaltensweisen werden. Aus diesen frühen Bindungen heraus entwickeln Kinder die Fähigkeit, angemessen mit ihren eigenen Bedürfnisse und den Bedürfnissen anderer Menschen umzugehen.

Die Betonung der elterlichen Erziehungsstile und -praktiken entspricht zwar der Wichtigkeit der Eltern für die Entwicklung des Kindes; aber sie verdeckt ein wenig die Tatsache, daß heutzutage viele Kinder in unserer Gesellschaft schon im Säuglingsalter einen großen Teil der Zeit *nicht* mit den Eltern zusammen sind. Fremdbetreuung durch Tagesmütter oder in Kinderkrippen wird angesichts der zunehmenden Berufstätigkeit von Frauen immer mehr zu einem normalen Bestandteil von Kindheit. Im Abschn. **Unter der Lupe** stellen wir dar, was man heute über die Effekte der Tagesbetreuung außerhalb der Familie (»day care«) weiß.

10.6.3
Geschlechtsidentität und Geschlechtsrollenerwerb

Kinder mit sicherer Bindung an ihre Bezugspersonen entwickeln in der Regel auch schnell Kompetenzen, um an Informationen über ihre soziale Umwelt zu gelangen. Eine Information, die die meisten Kinder von früh an wahrnehmen, betrifft die Tatsache, daß es 2 Kategorien von Menschen gibt: Männer und Frauen. Um zu verstehen, wie Kinder diesen Sachverhalt aufnehmen, muß man als erstes beachten, daß die von ihnen wahrgenommenen Unterschiede zunächst ganz und gar *sozialer Natur* sind. Lange, bevor sie irgend etwas von der Anatomie der Geschlechter wissen, beginnen sie Geschlechtsdifferenzen wahrzunehmen. Fragen Sie sich als Erwachsener, wie diese Wahrnehmungen von Unterschieden beginnen könnten. Welche ergeben sich indirekt aus der Biologie? Welche sind Folgen der Sozialisation? Wie erlernen Jungen und Mädchen die unterschiedlichen Erwartungen, die ihre Kultur an sie stellt?

Das **biologische Geschlecht** (»sex«) bezieht sich auf biologisch determinierte Merkmale, in denen sich

UNTER DER LUPE

Tagesbetreuung außer Haus (»day care«)

Soziale Veränderungen haben es in den letzten Jahrzehnten für immer mehr Mütter notwendig gemacht, einer Erwerbsarbeit nachzugehen, anstatt bei ihren kleinen Kindern zuhause zu bleiben. Als Folge davon verbringen viele Kinder schon in den ersten Lebensjahren einen großen Teil ihrer Zeit außerhalb des elterlichen Einflußbereichs. Bei der Untersuchung der Auswirkungen dieser fundamentalen Veränderung von Kindheit hat sich die Forschung vor allem auf 2 Fragen konzentriert: In welcher Hinsicht ist die Betreuung außer Haus besser oder schlechter für das in der Entwicklung begriffene Kind? Und: Was ist die optimale Form der Betreuung außer Haus?

Wir haben bereits den Rahmen beschrieben, innerhalb dessen man die erste Frage interpretieren kann. Wenn die Bindung zwischen Mutter und Kind so entscheidend ist, ist dann nicht vermutlich alles, was ihre Entstehung unterbricht – wie etwa bei einer Betreuung durch andere Personen –, notwendigerweise schlecht für das Kind? Die Antwort auf diese Frage lautet: »Alles in allem: Nein.« Zur Beantwortung dieser Frage ist eine Vielzahl von Untersuchungen durchgeführt worden. Bei der typischen Studie wurden Kinder, die zu Hause blieben, mit solchen, die tagsüber in einer Kindertagesstätte untergebracht waren, sowohl im Hinblick auf ihre geistige als auch auf ihre soziale Entwicklung verglichen. Es zeigte sich, daß diejenigen Kinder, die tagsüber in Kindertagesstätten untergebracht waren, oft gegenüber den anderen in beiden Bereichen vor allem deswegen voraus waren, weil eine Tagesstätte mehr Möglichkeiten bietet (Clarke-Stewart 1991, 1993). Die geistige Entwicklung kann durch eine ganze Reihe pädagogischer Maßnahmen und spielerischer Aktivitäten begünstigt werden, und die soziale Entwicklung kann durch eine breitere Vielfalt sozialer Interaktionen gefördert werden, als dies zu Hause möglich wäre.

Es gibt jedoch 2 Gründe, warum die Antwort mit dem Zusatz »Alles in allem« versehen werden muß. Zum einen gibt es individuelle Unterschiede in der Art und Weise, wie Kinder auf eine Betreuung außer Haus reagieren. Und zweitens kann die Betreuung außer Haus viele Formen annehmen. Die Wissenschaft hat sich deshalb von der Frage, was nun »besser« und was »schlechter« sei, abgewandt und die Aufmerksamkeit darauf konzentriert, worin für bestimm-

te Kinder eine qualitativ gute Betreuung besteht (Zaslow 1991).

Alison Clarke-Stewart (1993), eine der führenden Forscherinnen auf diesem Gebiet, hat die vorliegenden Ergebnisse zusammengefaßt und daraus eine Reihe von Richtlinien für eine qualitativ gute Betreuung in Kindertagesstätten entwickelt.

Einige ihrer Empfehlungen beziehen sich auf das körperliche Wohlbefinden der Kinder:

- Die Ausstattung der Kindertagesstätte sollte kindgerecht, angenehm und sicher sein.
- Es sollte mindestens eine Betreuungsperson für 6 bis 7 Kinder beschäftigt sein, und für Kinder unter 3 Jahren sollte die »Betreuungsdichte« noch größer sein.

Weitere Empfehlungen beziehen sich auf pädagogische und psychologische Aspekte des Tagesablaufs in der Kindertagesstätte:

- Kinder sollten die freie Wahl zwischen den verschiedenen Aktivitäten haben, aber zwischendurch sollten auch Lektionen in Früherziehung oder Vorschulunterricht eingefügt werden.
- Den Kindern sollten Fertigkeiten zur Lösung sozialer Probleme beigebracht werden.

Clarke-Stewart hat außerdem betont, daß das Personal in den Tagesstätten die Eigenschaften guter Eltern haben sollte:

- Die Betreuungspersonen sollten sensibel auf die Bedürfnisse der Kinder reagieren und aktiv an ihren Aktivitäten teilnehmen.
- Sie sollten die Kinder nicht mit übertriebenen Verboten konfrontieren.
- Sie sollten genügend Flexibilität an den Tag legen, um die unterschiedlichen Bedürfnisse der einzelnen Kinder erkennen zu können.

Wenn diese Richtlinien befolgt werden, kann man allen Kindern, deren Eltern erwerbstätig sind, eine qualitativ gute Betreuung bieten. Damit die Betreuung jedoch wirklich effektiv ist, muß es einen allgemeinen Einstellungswandel in der Gesellschaft geben. Erstens müssen die Menschen es als Realität akzeptieren, daß eine zunehmende Zahl von Kindern Erfahrungen mit Kindertagesstätten machen wird – und die Gesellschaft muß Mittel dafür bereitstellen, daß aus jeder

Form der Kinderbetreuung eine qualitativ gute Betreuung wird (Scarr et al. 1990). Zweitens muß an der Überwindung des Stigmas gearbeitet werden, das immer noch an »berufstätigen Müttern« und der Kinderbetreuung durch andere Personen haftet (Hoffman 1989). In dem Maße, wie Psychologen die Botschaft verbreiten, daß sich die Kinderbetreuung außer Haus nicht schädlich auswirkt und sogar die Entwicklung der Kinder fördern kann, sollten die Eltern die Notwendigkeit einer Doppelverdienerfamilie als weniger belastend empfinden. Eine solche Verringerung der Belastung könnte sich nur positiv auf die psychologischen Bedingungen auswirken, unter denen das Kind aufwächst.

Männer und Frauen unterscheiden. Zu diesen Merkmalen gehören die unterschiedlichen Fortpflanzungsfunktionen und die Unterschiede in der hormonellen und in der anatomischen Ausstattung. Diese Merkmale sind universell, biologisch determiniert und durch soziale Einflüsse nicht zu ändern. Im Laufe der Zeit haben sie auch zur Entwicklung traditioneller sozialer Rollen geführt. Weil beispielsweise die Frauen ihre Babys stillen, haben die in prähistorischer Zeit lebenden Völker möglicherweise festgelegt, daß Frauen nahe beim Haus bleiben und sich um die Kinder kümmern sollten, während die Männer auf die Jagd gehen und für Nahrung sorgen sollten (Rossi 1984).

> **!** Biologische Geschlechtsunterschiede können auch den Befund erklären, daß Jungen nach der Säuglingszeit körperlich aktiver und aggressiver sind als Mädchen. Überall auf der Welt werden Jungen eher bei rauhbeinigen Spielen mitmachen als Mädchen. Dieser Unterschied hängt teilweise mit den Sexualhormonen zusammen – biologische Faktoren können zu Verhaltensdispositionen führen (Maccoby 1980).

Forscher wissen, daß Sexualhormone soziale Aspekte des Spielens beeinflussen, denn Beobachtungen an jungen männlichen und weiblichen Ratten und Affen führten zu der Erkenntnis, daß sich bei diesen Tieren dieselben Verhaltensunterschiede finden lassen wie bei Menschen (Meany et al. 1988). Auch bei diesen Tierarten beteiligen sich die Männchen an kraftvollen Formen körperbetonter Spiele, die heftige motorische Aktivitäten voraussetzen. Die Weibchen machen bei Aktivitäten mit, für die feinmotorische Fertigkeiten erforderlich sind.

Im Gegensatz zum biologischen Geschlecht bezieht sich das **psychologische Geschlecht** (»gender«) auf gelernte geschlechtsbezogene Verhaltensweisen und Einstellungen von Männern und Frauen. Kulturen unterscheiden sich darin, wie sehr das psychologische Geschlecht im Alltag eine Rolle spielt und inwieweit Verhalten, das nicht geschlechtskonform ist, toleriert

wird. Als **Geschlechtsidentität** bezeichnet man das Erleben, männlich oder weiblich zu sein. Der Begriff beinhaltet, daß man sich seines biologischen Geschlechts bewußt ist und daß man es akzeptiert. Dieses Bewußtsein entwickelt sich schon recht früh: 10–14 Monate alte Kinder zeigen bereits eine Vorliebe für einen Videofilm, in dem ein Kind derselben Geschlechtszugehörigkeit abstrakte Bewegungen ausführt (Kujawski u. Bower 1993).

> **!** Die Erfahrung der Geschlechtsidentität ist wichtig für das psychische Wohlergehen von Kindern. Einige Theoretiker sind der Ansicht, daß Kinder von sich aus das, was ihnen selbst ähnelt, für wertvoll halten und sich daher für Aktivitäten entscheiden, die zu ihrem Geschlecht passen (Kohlberg 1966).

Geschlechtsrollen sind Verhaltensmuster, die man in einer bestimmten Gesellschaft jeweils bei Männern und Frauen für angemessen hält. Aus ihnen ergeben sich grundlegende Definitionen für Männlichkeit (Maskulinität) und Weiblichkeit (Femininität). Vieles von dem, was die Menschen für maskulin oder feminin halten, wird durch die Kultur geformt (Williams 1983).

Die geschlechtsspezifische Sozialisation beginnt schon mit der Geburt. In einer Untersuchung beschreiben Eltern ihre neugeborenen Töchter als klein, schön, zart und schwach; neugeborene Söhne wurden, im Gegensatz dazu, als stark, lebhaft, kräftig und bewegungsfreudig gesehen. Tatsächlich aber wiesen die männlichen und weiblichen Babys keinen bedeutsamen Unterschied in Hinblick auf Gewicht, Größe oder gesundheitlichen Zustand auf (Rubin et al. 1974). Die unterschiedlichen Reaktionen der Eltern scheinen auf **Geschlechtsrollenstereotypen** zu beruhen. Eltern kleiden ihre Söhne und Töchter unterschiedlich, geben ihnen unterschiedliche Spielsachen und kommunizieren auf unterschiedliche Weise mit ihnen (Rheingold u. Cook 1974). Beispielsweise nehmen Eltern ihre Söhne öfter auf den Arm, geben ihnen mehr körperliche Anregung, schenken ihren Lautäußerungen mehr Aufmerksamkeit und beachten mehr ihre Wünsche, gefüttert zu werden (Parke u. Sawin 1976; Yarrow 1975). In der späteren Kindheit belohnen Erwachsene Kinder für Verhaltensweisen, die der Geschlechtsrolle angemessen sind und bestrafen sie für Handlungen, die nonkonform mit der Geschlechtsrolle sind. Vor allem Jungen stoßen bei ihren Vätern auf starke negative Reaktionen, wenn sie Verhalten zeigen, das für Mädchen typisch ist (Langlois u. Downs 1980). Schließlich haben Eltern gegenüber ihren Söhnen und Töchtern unterschiedliche Erwartungen.

> **!** Jeanne Block kommt zu der Schlußfolgerung, daß Eltern ihren Mädchen »Wurzeln« vermitteln, damit sie ein Zuhause und eine Familie aufbauen, ihren Söhnen jedoch »Flügel« verleihen, damit sie neue Abenteuer suchen.

Die Eltern sind jedoch nicht die einzigen, die an der **geschlechtsspezifischen Sozialisation** mitwirken. Eleanor Maccoby (1988) etwa vertritt die Auffassung, daß Eltern den Kindern die Geschlechtsrollen nicht einfach nur einbleuen. Sie fand Belege dafür, daß Spielstile und Vorlieben für bestimmtes Spielzeug stark mit elterlichen Rollenvorlieben korrelieren. Kleine Kinder sind für Geschlechtertrennung – wenn sie nicht durch Erwachsene beaufsichtigt werden, entscheiden sie sich für Spielkameraden derselben Geschlechtszugehörigkeit. Selbst gegenteilige Ermunterungen Erwachsener, doch in gemischten Gruppen zu spielen, ändern nichts an dieser Präferenz. Maccoby ist der Meinung, daß viele der Unterschiede zwischen Kindern im Hinblick auf geschlechtsspezifisches Verhalten durch die Beziehungen unter den Gleichaltrigen zu erklären sind. Wegen der geschlechtsspezifischen Sozialisation wachsen Jungen und Mädchen in unterschiedlichen psychologischen Umwelten auf. Das formt ihre Weltbilder und die Art und Weise, wie sie mit Problemen umgehen. In Jungengruppen etwa geht es stärker als in Mädchengruppen um Dominanz – um die Frage, wer Macht über wen hat. Mädchengruppen sind stärker an Konsens als an Macht interessiert – also daran, daß alle derselben Meinung sind.

Kinder im Alter zwischen 2 und 6 Jahren scheinen eine extremere und unflexiblere Wahrnehmung der Geschlechtsrolle als Erwachsene zu haben (Stern u. Karraker 1989). Wenn man ihnen Kleinkinder zeigt, die neutral gekleidet sind, dann lassen sich Kinder dieses Alters viel stärker als Erwachsene durch eine willkürliche

Etikettierung als »männlich« oder »weiblich« in ihrem Urteil über das Kleinkind beeinflussen. Die extremen Reaktionen kleinerer Kinder können mit der Tatsache zusammenhängen, daß sie in einem Alter sind, in dem sie versuchen, ihre eigene Geschlechtsidentität zu entwickeln. Alles in allem scheinen sie viel stärker zu »Skripts« für ein der Geschlechterrolle angemessenes Verhalten zu neigen als ihre älteren Geschwister (Levy u. Fivush 1993).

Unsere Darstellung der Entwicklungspsychologie hat sich bisher auf die Entwicklung in der Kindheit konzentriert. Sie haben gesehen, wie wichtig es ist, daß jedes einzelne Kind feste Bindungen an erwachsene Bezugspersonen entwickelt. Sie haben auch erfahren, daß die Identität von Kindern als Jungen und Mädchen ihre Wurzeln sowohl in der Anlage als auch in der Umwelt hat. Im nächsten Abschnitt über das Jugendalter werden Sie sehen, daß die sozialen Interaktionen der Menschen untereinander sich auch im Laufe der weiteren Entwicklung in dem Maße verändern, wie sie das Leben vor neue Herausforderungen stellt.

10.7
Entwicklung im Jugend- und Erwachsenenalter

Können Sie sich an den Zeitpunkt erinnern, als Ihnen bewußt wurde, daß Sie kein Kind mehr waren? In den meisten vormodernen Gesellschaften wird keine besondere Entwicklungsstufe des Jugendlichen zwischen Kindheit und Erwachsenenalter angenommen. Statt dessen gibt es in vielen dieser traditionellen Gesellschaften **Übergangs- oder Initiationsriten**. Sie finden zur Zeit der Pubertät statt, und der Übergang von der Kindheit ins Erwachsenenalter wird auf diese Weise offiziell anerkannt. Die einzelnen Riten sind voneinander sehr verschieden. Sie reichen von der Einweisung in sexuelle und kulturelle Praktiken bis hin zur zeitlich begrenzten Isolierung der Heranwachsenden. Bei manchen Riten wird das Erreichen des Erwachsenenstatus mit bleibenden körperlichen Markierungen versehen. Dazu gehören Tätowierungen und Genitaloperationen sowie andere Formen der körperlichen Verunstaltung. Wenn für Männer und Frauen getrennte Riten durchgeführt werden, so kommt darin die klare Trennung der Geschlechterrollen in diesen Kulturen zum Ausdruck. In vielen traditionellen Gesellschaften erstreckt sich die Jugendphase als Übergang zwischen Kindheit und Erwachsenenalter tatsächlich nur auf die wenigen Stunden oder Monate, die die Übergangsriten andauern. Wenn die Heranwachsenden diesen Prozeß durchlaufen haben, sind sie Erwachsene, und die Bindungen an die Kindheit gelten als gelöst.

In der modernen Gesellschaft gibt es nur wenige Übergangsrituale, die Kindern dabei helfen, die Statusveränderungen deutlich erkennbar zu machen. Selbst die religiösen Rituale, die inhaltlich etwas mit anderen Initiationsriten gemeinsam haben, wie etwa die Konfirmation für evangelische Jugendliche, stellen keinesfalls den vollständigen Status eines Erwachsenen her. In der nordamerikanisch-europäischen Kultur gibt es für das Jugendalter keinen klar definierten Anfang und kein klar definiertes Ende. Es kann sich über mehr als ein Jahrzehnt erstrecken. Das Rechtssystem definiert den Erwachsenenstatus anhand des Alters, aber Altersgrenzen fallen für verschiedene Aktivitäten unterschiedlich aus, wie etwa für den Alkoholkonsum in der Öffentlichkeit, den Erwerb des Kfz-Führerscheins, das Wahlrecht und die Heirat ohne Zustimmung der Eltern. In vielen Fällen markieren lediglich soziale Ereignisse – wie etwa die Abiturfeier, der Auszug von zu Hause, die Erlangung der finanziellen Unabhängigkeit und die Heirat – den Beginn des Erwachsenenalters.

> ! Das Stadium des Jugendalters (Adoleszenz) wird z. T durch kulturelle Normen festgelegt. Kulturelle Erwartungen bestimmen auch manche Aspekte der psychischen Erfahrung des Jugendalters.

10.7.1
Der Mythos des Jugendalters als »Sturm-und-Drang-Periode«

Nach der traditionellen Auffassung ist das Jugendalter eine einzigartige wildbewegte Lebensphase, die durch extreme Stimmungsschwankungen sowie durch ein unberechenbares, problematisches Verhalten gekennzeichnet ist: »**Sturm und Drang**«. Diese Ansicht läßt sich bis zu den gefühlsbetonten Dichtern des späten 18. und frühen 19. Jahrhunderts, wie etwa Goethe, zurückverfolgen. Das Sturm-und-Drang-Konzept vom Jugendalter wurde von G. Stanley Hall wieder aufgegriffen. Er verfaßte als erster Entwicklungspsychologe im Jahre 1904 eine längere Abhandlung über die Adoleszenz. Nach Hall wurde diese Ansicht hauptsächlich von Psychoanalytikern der freudianischen Richtung vertreten (beispielsweise Blos 1965; Freud 1946, 1958). Einige von ihnen behaupteten nicht nur, daß große innere Zerrissenheit ein normaler Bestandteil der Adoleszenz sei, sondern auch, daß das Fehlen einer solchen Zerrissenheit ein Hinweis auf Entwicklungshemmungen sein könne. So schrieb Anna Freud, die Tochter Sigmund Freuds, etwa: »... während der Adoleszenz entspricht anormales Verhalten der Norm« (1958, S. 275, eig. Übers.).

Zwei Pionierinnen der Kulturanthropologie, Margaret Mead (1928) und Ruth Benedict (1938), behaupteten, daß die Sturm-und-Drang-Theorie auf viele nichtwestliche Kulturen nicht anwendbar sei. Sie beschrieben Kulturen, deren Kinder nach und nach immer mehr Verpflichtungen der Erwachsenen übernehmen, ohne daß es einen plötzlichen, krisenhaften Übergang oder eine Zeit der Unsicherheit und des Aufruhrs gegeben hätte. Aber erst nachdem umfangreiche repräsentative Untersuchungen an Jugendlichen in den westlichen Gesellschaften durchgeführt worden waren, begann man unter Psychologen die Theorie der inneren Zerrissenheit generell in Frage zu stellen. Die Ergebnisse solcher Untersuchungen waren eindeutig: Nur wenige Jugendliche erfahren die laut Theorie zu erwartende innere Zerrissenheit und das entsprechende unberechenbare Verhalten (Offer et al. 1981a; Offer et al. 1981b; Offer et al. 1988; Oldham 1978a, b). In Tabelle 10.6 sind die wichtigsten Ergebnisse aus einer Untersuchung zur psychischen Anpassung von über 20 000 Jugendlichen zusammengefaßt (Offer et al. 1981a).

Unglücklicherweise werden die wenigen Jugendlichen, die nicht mit sich und ihrer Umgebung zurechtkommen, auch im Erwachsenenalter fehlangepaßt sein (Bachman et al. 1979; Offer u. Offer 1975; Vaillant

Tabelle 10.6. Typische Selbstbeschreibungen von Jugendlichen

Feststellung	Jugendliche, die der jeweiligen Feststellung zustimmen [%]
Unter normalen Bedingungen fühle ich mich entspannt.	91
Ich genieße das Leben.	90
Normalerweise kann ich mich beherrschen.	90
Ich fühle mich stark und gesund	86
Meistens bin ich glücklich.	85
Selbst wenn ich traurig bin, kann ich über einen guten Witz lachen.	83

EXPERIMENT

Verhaltensprobleme im Jugend- und Erwachsenenalter: Ein fataler Zusammenhang

In einer groß angelegten Längsschnittstudie an 10–13jährigen, die in einer typischen schwedischen Stadt die Schule besuchten, ging es u.a. um biologische Funktionen, die mit der Pubertät zusammenhängen, und um Verhaltensprobleme. Auffälligkeiten im Zusammenhang mit der Pubertät und die durch Lehrerurteil erfaßten Verhaltensprobleme wurden zur Straffälligkeit und anderen Indikatoren für Anpassungsprobleme im frühen Erwachsenenalter (18–26 Jahre) in Beziehung gesetzt. Betrachten wir die Teilstichpro-

be der Jungen: Für diejenigen, die schon während der Pubertät Ruhelosigkeit (Hyperaktivität) und Aggressivität gezeigt hatten, war die Wahrscheinlichkeit, als Erwachsene straffällig zu werden, deutlich erhöht. Außerdem korrelierten schwerwiegende Fehlanpassungen im frühen Jugendalter bedeutsam mit anderen Anpassungsproblemen im Erwachsenenalter, wie etwa Alkoholmißbrauch oder psychiatrischen Störungen. Abb. 10.15 zeigt das Ausmaß des Zusammenhangs zwischen früher Aggressivität und Straffälligkeit im Erwachsenenalter (Magnusson 1987; Magnusson u. Bergman 1990).

1977). Das hat beispielsweise die Untersuchung gezeigt, die wir im Abschn. **Experiment** näher beschreiben.

> **!** Probleme von Jugendlichen sollten daher nicht verallgemeinernd und undifferenziert fälschlicherweise mit dem Mythos vom »Sturm und Drang« der Jugendzeit abgetan werden. Vor allem, weil bei Jugendlichen das Risiko eines Selbstmords hoch ist (Garland u. Zigler 1993), sollten alle, die Kontakt zu gefährdeten Jugendlichen haben, besonders aufmerksam auf Anzeichen von Verwirrtheit achten.

10.7.2
Identitätsbildung im Jugendalter

Folgt man Eriksons Beschreibung der Lebensspanne (s. Abschn. 10.2), so besteht die wichtigste Entwicklungsaufgabe in der Adoleszenz darin, die wahre eigene **Identität** zu entdecken. Bei der Identitätsbildung Jugendlicher spielen soziale Beziehungen sowie Zielsetzungen und Pläne für die Zukunft eine zentrale Rolle.

Soziale Beziehungen

Ein großer Teil der Untersuchungen zur sozialen Entwicklung im Jugendalter konzentriert sich auf die sich wandelnden Rollen der Familie bzw. der erwachsenen Bezugspersonen und der Freunde (Lauren 1993; Paikoff 1991). Wir sahen bereits, daß sich bald nach der Geburt Bindungen an Erwachsene herausbilden. Aber auch Freundschaften beginnen sich schon in diesem frühen Alter zu entwickeln. Jedoch stellt erst die Jugendzeit den ersten Lebensabschnitt dar, in dem Gleichaltrige mit den Eltern in Konkurrenz treten, wenn es darum geht, die Einstellungen und Verhaltensweisen einer Person zu formen. Im Kontakt mit Gleichaltrigen – auch

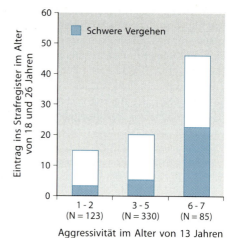

Abb. 10.15. Zusammenhang zwischen Aggressivität im Jugendalter und Straffälligkeit im Erwachsenenalter. In diesem Diagramm werden anhand der im Alter von 13 Jahren gemessenen Aggressivität 3 Personengruppen unterschieden. Für jede dieser Gruppen ist angegeben, wie hoch die Anzahl der Eintragungen ins Strafregister war, als die Beteiligten 18–26 Jahre alt waren

im Deutschen hat sich dafür die Bezeichnung »Peers« eingebürgert – kultivieren die Jugendlichen ihre sozialen Fähigkeiten und erproben unterschiedliche soziale Rollen und Verhaltensweisen.

Jugendliche gaben an, daß sie mehr als 4mal so oft mit Gleichaltrigen sprachen wie mit Erwachsenen (Csikszentmihalyi et al. 1977). Durch Interaktion mit Peers definieren Jugendliche nach und nach die soziale Komponente ihrer sich entwickelnden Identität und legen fest, was für ein Mensch sie sein wollen und welche Art von Beziehungen sie haben wollen (Berndt 1992).

Aus diesem Grund sind die Einstellungen und Haltungen von Jugendlichen oftmals mit den Vorstellungen in ihrem Freundeskreis eng verwoben – beispielsweise, was den Umgang mit Drogen betrifft (Dinges u. Oetting 1993).

> **!** Weil Peers zu einem immer wichtigeren Ausgangspunkt sozialer Unterstützung werden, nimmt auch die Angst vor möglicher Zurückweisung zu. Deshalb ist die Konformität mit den Wertorientierungen und Verhaltensweisen der Gleichaltrigengruppe – der von Eltern so gefürchtete Anpassungsdruck der Peers – im Alter von 12 bis 13 Jahren am ausgeprägtesten (Brown 1989).

Die Beschäftigung mit der **Anerkennung durch Gleichaltrige** und mit der eigenen Beliebtheit ist besonders stark bei Mädchen anzutreffen, scheinen sie sich doch mehr für soziale Beziehungen zu interessieren als ihre männlichen Altersgenossen. Es ist allerdings bei Mädchen weniger wahrscheinlich als bei Jungen, daß sie sich an antisozialem Gruppenverhalten beteiligen (Berndt 1979).

Wegen des potentiellen Gruppendrucks durch Peers haben die Eltern oft Angst, daß sie mit den Freunden ihrer Kinder um Einfluß kämpfen müssen, um ihre Kinder davon abzuhalten, schädliche Einstellungen oder Verhaltensweisen zu entwickeln. Tatsache aber ist, daß Jugendliche im allgemeinen mit ihren Eltern *und* mit Gleichaltrigen über ihre Erfahrungen sprechen, aber sie unterscheiden dabei sehr genau nach Themenbereichen. So geben Jugendliche in einer Untersuchung an, daß sie höchstwahrscheinlich mit ihren Eltern, nicht aber mit ihren Freunden darüber sprechen, wie gut sie in der Schule sind. Mit ihren Freunden, nicht aber mit ihren Eltern diskutieren sie ihre Einstellungen zum anderen Geschlecht und zur Sexualität (Youniss u. Smollar 1985). Eltern, die in bestimmten Bereichen mit den Freunden ihrer Kinder »konkurrieren« wollen, sollten daher eine Methode entwickeln, wie sie ihre Jugendlichen dazu bringen, mit ihnen über das Thema »Freunde« zu sprechen.

Eltern und ihre heranwachsenden Kinder müssen in ihrer Beziehung zueinander auch eine Übergangsperiode überstehen. Es geht um den Übergang von einer Beziehung, in der die Eltern nichthinterfragte **Autorität** hatten, zu einer Beziehung, in der dem Jugendlichen ein vernünftiges Maß an Unabhängigkeit oder **Autonomie** bei wichtigen Entscheidungen zugestanden wird (Holmbeck u. O'Donnell 1991; Youniss u. Smollar 1985). Diese Zeit des Übergangs kann für die Eltern schwierig sein, die der Entwicklung ihrer Kinder zu Erwachsenen dadurch Rechnung tragen wollen, daß sie zwar Widerspruch erlauben, aber keine Autonomie bei Fragen zulassen, die die persönliche Zukunft der Kinder gefährden. Obwohl sich Freundschaften zu Gleichaltrigen im Jugendalter verändern, sind diese Veränderungen aber eher Ausdruck größerer wechselseitiger Abhängigkeit als Ausdruck von Ebenbürtigkeit der Gleichaltrigenbeziehungen zu den Beziehungen mit den Eltern. Die Beziehungen zwischen Eltern und Kindern bergen daher möglicherweise mehr potentielle Konflikte in sich als die Beziehungen zu den Gleichaltrigen.

> **!** Die Identitätsentwicklung verlangt vom Jugendlichen im Endeffekt, daß er unabhängige Konzeptionen von seinen Rechten und Pflichten aufbaut. Diese sollen einerseits offen und empfänglich für die Vorstellungen der Eltern und der Peers, andererseits aber nicht nur deren Abbild sein. Es ist wichtig, daß die Jugendlichen sich darauf verlassen können, in ihrer Lebenswelt eindeutige Anhaltspunkte für **Unterstützung** zu finden (Carnegie Foundation 1990). Diese wird sie auch in die Lage versetzen, ihre Zukunft zu planen. – Zielsetzungen und Pläne für die Zukunft sind das Thema, dem wir uns jetzt zuwenden.

Zielsetzungen und Pläne für die Zukunft

Im Jugendalter erwartet man vom Heranwachsenden, daß er damit beginnt, eine ernsthafte Antwort auf die allgegenwärtige Frage zu finden »Was willst Du werden, wenn Du erwachsen bist?« Die Frage selbst bringt die verbreitete Annahme zum Ausdruck, daß die Identität einer Person etwas ist, was teilweise durch deren Ziele festgelegt wird. Zur Wahl des späteren Berufs beispielsweise gehören Aufgaben, die für die Identitätsbildung zentral sind:

- die Einschätzung der eigenen Fähigkeiten und Interessen,
- die Kenntnis realistischer Alternativen
- und die Fähigkeit, eine Entscheidung zu treffen und sie in die Tat umzusetzen.

Jugendliche sorgen sich sowohl auf der persönlichen als auch auf der gesellschaftlichen Ebene um die Zukunft. Sie machen sich Gedanken über ihren Beruf und über ihre Familie, aber auch über globale Bedrohungen wie einen wirtschaftlichen Zusammenbruch oder einen Atomkrieg (Nurmi 1991). Sie haben auch eine genaue Vorstellung vom »Fahrplan« für ihre persönliche Zukunft: Zunächst müssen die Ausbildungsziele erreicht werden, dann kommen die beruflichen und schließlich die familiären Ziele. Zu jedem Zeitpunkt werden die Ziele durch die Geschlechterrollen eingeschränkt und durch den familiären Kontext sowie dessen finanziellen Hintergrund beeinflußt.

Entscheidungen über Ausbildung und Berufswahl, die in der späten Adoleszenz getroffen werden, können künftige Wahlmöglichkeiten entscheidend beeinflussen. Wie alle Aspekte der Identität betrachtet man die Bildung von **Zielen** jedoch am besten im Kontext des gesamten Lebenszyklus. Entscheidend dafür sind Flexibilität und Bereitschaft, auf der Grundlage des Selbstvertrauens, das sich bei der erfolgreichen Überwindung der Anforderungen während der Adoleszenz herausgebildet hat, neue Wege auszuprobieren. Die Erfolge in der Adoleszenz bilden die Grundlage für die Entwicklung des Erwachsenen.

10.7.3
Das Erwachsenenalter: Intimität und Generativität

Erikson nennt Intimität und Generativität (Zeugungsfähigkeit) als die beiden Aufgaben des Erwachsenenalters (s. Abschn. 10.2). Freud identifizierte Lieben und Arbeiten als Bedürfnisse dieses Entwicklungsabschnitts, und Abraham Maslow (1968, 1970) beschrieb Liebe und Zugehörigkeit (»belonging«) als die Bedürfnisse des Erwachsenen. Werden sie befriedigt, so entwickelt sich daraus nach Maslow das Streben nach Er-

folg und Wertschätzung. Schließlich haben andere Theoretiker das Erwachsenenalter durch das Bedürfnis nach Geselligkeit und das Bemühen um soziale Akzeptanz und Leistung oder Kompetenz charakterisiert. Der gemeinsame Kern aller Theorien besteht darin, daß das Erwachsenenalter eine Zeit ist, in der sowohl Beziehungen als auch Leistungen besonderen Vorrang haben. Wir verfolgen diese Themen über die ganze Breite des Erwachsenenalters hinweg.

Intimität

> **!** Erikson beschreibt **Intimität** als die Fähigkeit zur festen Bindung an eine andere Person – sexuell, emotional und moralisch. Intimität, zu der es sowohl in Freundschaften als auch in Liebesbeziehungen kommen kann, setzt Offenheit voraus, aber auch Mut, moralische Stärke und die Fähigkeit, Kompromisse bei den eigenen persönlichen Vorlieben einzugehen.

Wissenschaftliche Untersuchungen haben eindeutig Eriksons Annahme bestätigt, daß soziale Intimität über die Lebensphasen des Erwachsenenalters hinweg eine Grundvoraussetzung für das Gefühl seelischen Wohlbefindens ist (Ishii-Kuntz 1990). In Abb. 10.16 wird anschaulich gezeigt, daß sich die Interaktionen mit der Familie und mit Freunden über diese vielen Jahre hinweg in der Hinsicht auszahlen, daß sie zu einem relativ konstanten Niveau des Wohlbefindens führen. Veränderungen in der relativen Bedeutung der Beziehungen zur Familie einerseits und zu Freunden an-

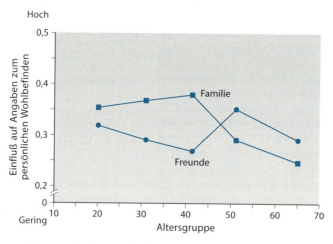

Abb. 10.16. Auswirkungen der sozialen Interaktionen mit der Familie und mit Freunden auf das psychische Wohlbefinden. Über die gesamte Lebensspanne ergänzen sich soziale Interaktionen mit der Familie und mit Freunden, so daß sie in konstanter Weise zum Wohlbefinden beitragen

dererseits sind z. T. Ausdruck der Lebensereignisse, die typischerweise mit jedem einzelnen Alter zusammenhängen. Wir wollen uns diese Zusammenhänge einmal näher ansehen.

Das frühe Erwachsenenalter ist eine Phase, in der viele Menschen heiraten oder andere stabile Beziehungen eingehen. Die Gruppe, die zur Familie gehört, wird daher normalerweise größer werden. Familien werden auch größer, wenn Menschen sich dafür entscheiden, daß Kinder zu ihrem Leben gehören sollen. Es mag Sie jedoch überraschen, daß die Geburt von Kindern insgesamt das Glück in einer Ehe beeinträchtigen kann. Woran mag das liegen? Die Forscher haben sich auf die Unterschiede in der Art und Weise konzentriert, wie Männer und Frauen den Übergang ins Erwachsenenalter bewältigen (Cowan et al. 1985). In der heutigen Gesellschaft beruhen **Ehen** häufiger als früher auf der Gleichheit von Mann und Frau. Die Geburt von Kindern jedoch kann den Effekt haben, Ehemänner und Ehefrauen eher in Richtung auf traditionelle Geschlechterrollen zu drängen. Die Ehefrau kann die Last der Kinderbetreuung als zu schwer empfinden, und dem Ehemann mag der Druck, die Familie finanziell abzusichern, als zu stark vorkommen. Die Auswirkung besteht unter dem Strich möglicherweise darin, daß sich nach der Geburt des Kindes die Ehe auf eine Weise verändert, welche beide Ehepartner als negativ empfinden (Cowan et al. 1985).

Bei vielen Ehepaaren nimmt die Zufriedenheit mit der Ehe weiter ab, wenn Konflikte mit den Kindern auftreten, sobald diese ins Jugendalter kommen und nach Selbständigkeit streben. Im Gegensatz zum kulturellen Stereotyp freuen sich viele Eltern auf die Zeit, wenn ihr jüngstes Kind aus dem Haus geht und sie in einem »leeren Nest« zurückläßt (Lowenthal u. Chiriboga 1972). Eltern haben also womöglich am meisten Spaß an ihren Kindern, wenn nicht mehr alle unter einem Dach leben (Levenson et al. 1993).

Gesetzt den Fall, daß Ehen insgesamt glücklicher sind, wenn die Ehepartner das späte Erwachsenenalter erreichen, sollte dann jeder versuchen, bis ins hohe Alter verheiratet zu bleiben? Diese Frage können Psychologen selbstverständlich nicht beantworten, aber Wissenschaftler haben herauszufinden versucht, welche Paare beispielsweise in ihren Interaktionsmustern grundsätzlich nicht zusammenpassen und welche Paare es verhindern könnten, zu der Mehrheit der Ehen zu gehören, die heute in Scheidung enden (Gottman 1994). Viele Fragen sind in diesem Zusammenhang offen, aber es darf als geklärt gelten, daß für Frauen die Konsequenzen aus der Aufrechterhaltung einer unbefriedigenden Ehe verhängnisvoller sind als für Männer:

In einer der Studien zu diesem Thema wurden 82 Paare mittleren Alters (der ältere Ehepartner war zwischen 40 und 50 Jahren), die seit mindestens 15 Jahren verheiratet waren, und 74 Paare höheren Alters (der ältere Ehepartner war zwischen 60 und 70 Jahren), die seit mindestens 35 Jahren verheiratet waren, befragt. In beiden Gruppen wurde zwischen den Paaren, die mit ihrer Ehe zufrieden waren, und denjenigen, die es nicht waren, unterschieden. Die Wissenschaftler untersuchten bei allen Teilnehmern der Studie eine Vielzahl von Indikatoren für psychische und körperliche Gesundheit. Die Ergebnisse zeigten, daß die Ehezufriedenheit keine besondere Auswirkung auf die Männer hatte. Bei den Frauen jedoch war sowohl die körperliche als auch die psychische Gesundheit beeinträchtigt, wenn sie in einer unbefriedigenden Ehe lebten (Levenson et al. 1993). Man kann dieses Ergebnis auch so interpretieren: Es ist für Männer fast immer von Vorteil, verheiratet zu sein, während Frauen unter einer schlechten Ehe leiden.

Es ist auch viel wahrscheinlicher, daß Frauen ihre Männer überleben. Dies bedeutet häufig, daß sie von einer Phase, in der sie sich um einen kranken älteren Ehemann kümmern müssen, in eine Zeit des Trauerns und der finanziellen Unsicherheit kommen (Carstensen u. Pasupathi 1993). Wenn wir uns mit dem Tod eines Ehegatten beschäftigen, dann sollten wir abermals einen Blick auf Abb. 10.16 werfen. Wir finden in der Verwitwung einen Grund dafür, warum sich die Balance in den sozialen Interaktionen im letzten Lebensabschnitt gewissermaßen von der Familie auf die Freunde verschiebt.

Gemäß einem verbreiteten Stereotyp werden Menschen im späten Erwachsenenalter in sozialer Hinsicht immer isolierter. Obwohl es stimmt, daß der einzelne in diesem Lebensabschnitt mit weniger Menschen in Interaktion tritt, verändert sich die Eigenart dieser Interaktionen, so daß das Bedürfnis nach Intimität auch weiterhin befriedigt wird.

Diese Veränderungen werden in der **Theorie der selektiven Interaktion** berücksichtigt. Sie besagt, daß Menschen, wenn sie älter werden, selektiver bei der Auswahl der Personen vorgehen, die ihren emotionalen Bedürfnissen gerecht werden. Nach Laura Carstensen (1987, 1991; Lang u. Carstensen 1994) ist die selektive Interaktion möglicherweise ein praktisches Mittel, durch das Menschen in der Lage sind, ihre emotionalen Erfahrungen zu steuern und ihre physische Energie zu erhalten. Ältere Erwachsene haben zu einigen Menschen – vor allem zu Mitgliedern der Familie und zu alten Freunden – enge Beziehungen.

> **!** Soziale Intimität ist eine Grundvoraussetzung für psychisches Wohlbefinden. Dabei kommt es jedoch weniger auf die Häufigkeit der sozialen Interaktion als auf deren Qualität an. Dieser Grundsatz gilt in unserer Kultur vor allem für Frauen. In dem Maße, in dem man zu einem älteren Erwachsenen wird, wird man damit beginnen, sein Bedürfnis nach Intimität dadurch zu wahren, daß man sich diejenigen Personen auswählt, die Gewähr für die persönlichste emotionale Unterstützung bieten.

Generativität

Menschen, die eine geeignete Grundlage für intime Beziehungen entwickelt haben, sind meist in der Lage, Fragen der **Generativität** in den Mittelpunkt zu rücken. Hier geht es um eine Verpflichtung für Familie, Arbeit, Gesellschaft oder für künftige Generationen jenseits der eigenen Person. Typischerweise ist dies der entscheidende Entwicklungsschritt im 4. und 5. Lebensjahrzehnt (McAdams et al. 1993). Eine Orientierung an diesen höheren Gütern gestattet es Erwachsenen, einen Sinn für psychisches Wohlbefinden zu entwickeln, der einen Ausgleich für die Sehnsucht nach ewiger Jugend darstellt, wie die im Abschn. **Experiment** beschriebene Studie zeigt.

In einer anderen Studie wurden Erwachsene mittleren Alters (Durchschnitt: 52 Jahre) und ältere Erwachsene (Durchschnitt: 74 Jahre) gefragt, was es heißt, »gut angepaßt« zu sein. Die häufigste Antwort in bei-

den Gruppen war, Anpassung beruhe darauf, »den Blick auf andere Menschen zu richten« – jemand zu sein, der sich um andere kümmert, Mitgefühl mit ihnen hat und gute Beziehungen zu anderen pflegt (Ryff 1989). Das ist der Kern der Generativität!

Wir wollen auch anmerken, daß die meisten älteren Erwachsenen mit einem Gefühl des Wohlbefindens auf ihr Leben zurückblicken, welches sich meistens schon im frühen Erwachsenenalter eingestellt hat (Carstensen u. Freund 1994). Wie wir im Hinblick auf die sozialen Beziehungen bereits gesehen haben, ist das späte Erwachsenenalter eine Zeit, in der sich die Ziele verschieben. Was für wichtig angesehen wird, wandelt sich, wenn die Zukunft offensichtlich nicht mehr so leicht dahinfließt. Unabhängig vom Wandel in den Prioritäten bewahren sich ältere Erwachsene den Sinn für den Wert ihres Lebens.

> **!** Erikson bestimmte als letzte Krise des Erwachsenenalters den Konflikt zwischen Ich-Integrität und Hoffnungslosigkeit. Die Befunde verweisen darauf, daß nur wenige Erwachsene auf ihr Leben mit Hoffnungslosigkeit zurückblicken. Die meisten älteren Erwachsenen schauen mit einem Gefühl der Ganzheit und der Befriedigung auf ihr Leben zurück – und sehen auch die Zukunft in diesem Licht.

10.7.4
Die kulturelle Konstruktion des hohen Lebensalters

Bei unserem Überblick über die Forschung zur langen Phase des Erwachsenenalters haben wir eher Kontinuitäten als Diskontinuitäten hervorgehoben. Es gibt keinen herausgehobenen Zeitpunkt, an dem eine einzelne Person plötzlich *alt* wird. Trotzdem gibt es über alte

---

EXPERIMENT

Generativität – auf der Grundlage von Intimität
Der Psychologe George Vaillant beobachtete die Persönlichkeitsentwicklung von 95 hochintelligenten Männern mit Interviews und Beobachtungen über einen Zeitraum von 30 Jahren. Die Studie begann mit dem Schulabschluß der Teilnehmer in der Mitte der 30er Jahre dieses Jahrhunderts. Bei vielen von ihnen zeigten sich im Laufe der Jahrzehnte beträchtliche Veränderungen, und ihr späteres Verhalten war oft ganz anders als während der Studienjahre. In den Interviews wurde nach körperlicher Gesundheit, nach sozialen Beziehungen und nach Berufserfolg gefragt. Gegen Ende des Beobachtungszeitraums, also nach 3

Jahrzehnten, suchte man jeweils die 30 Männer mit den besten sowie die mit den schlechtesten Ergebnissen heraus und verglich sie miteinander (s. Tabelle 10.7). In der Mitte des Lebens kümmerten sich die Männer mit den besten Ergebnissen um Fragen der Generativität. Sie übernahmen Aufgaben für andere und leisteten auf diese Weise ihren Beitrag für die Gemeinschaft. Sogar die gelungene Anpassung der Kinder schien mit der Reife der Väter in Zusammenhang zu stehen. Die reiferen Väter waren eher imstande, den Kindern die Unterstützung zu geben, die sie brauchten, um sich in der Welt zurechtzufinden (Vaillant 1977).

Tabelle 10.7. Vorläufer und Korrelate der Generativität

Die Tabelle zeigt Unterschiede im Lebenslauf zwischen zwei Gruppen von Männern, die im mittleren Lebensalter mit der Ent- wicklungsaufgabe der Generativität (nach Erikson) besonders gut oder besonders schlecht zurechtkommen

	Spitzengruppe (30 Männer)	Schlußgruppe (30 Männer)
Keine anregende Kindheitsumgebung	17%	47%
Pessimismus, Selbstzweifel, Passivität und Angst vor Sexualität im 50. Lebensjahr	3%	50%
Schlechte Persönlichkeitsintegration während der College-Zeit (im untersten Fünftel)	0%	33%
Im Erwachsenenleben von der Mutter beherrscht	0%	40%
Mit 30 noch nicht verheiratet	3%	37%
Kümmerliche Freundschaftsbeziehungen mit 50	0%	57%
Nur geringe Leitungsverantwortung im augenblicklich ausgeübten Beruf	20%	93%
Schul- oder Studienerfolg der Kinder »gut« oder »ausgezeichnet«	66%	23%
Personen, deren Berufswahl eine Identifizierung mit dem Vater zum Ausdruck bringt	60%	27%

Menschen feste kulturabhängige Überzeugungen und Erwartungen. Wissenschaftler haben diese Erwartungen dokumentiert, indem sie Hinweise auf die Stereotype sammelten, welche Erwachsene im College-Alter gegenüber den Mitglieder der Generation ihrer Großväter haben. Diese Untersuchungen deuten darauf hin, daß junge Erwachsene mehr als nur ein Stereotyp gegenüber älteren Erwachsenen aufweisen (Brewer et al. 1981; Brewer u. Lui 1989). Außerdem hängen die Einstellungen gegenüber alten Menschen mit diesen Stereotypen zusammen. Junge Erwachsene haben eine relativ positive Einstellung gegenüber »perfekten Großeltern« und eine relativ negative Einstellung gegenüber einem »mutlosen« älteren Menschen (Schmidt u. Boland 1986). Insgesamt ist das Stereotyp jedoch negativ gefärbt, vor allem im Hinblick auf die Abnahme körperlicher Attraktivität und geistiger Kompetenz (Kite u. Johnson 1988). Lassen Sie uns der Frage nachgehen, wie das Vorhandensein negativer Stereotype die Erfahrung älterer Erwachsener tatsächlich zum Schlechteren verändern kann.

Rufen Sie sich noch einmal aus Abschn. 10.4 in Erinnerung, daß bestimmte Aspekte der Gedächtnisleistung mit zunehmendem Alter beeinträchtigt sind. Im Abschn. **Experiment** beschreiben wir eine Studie, in der Forscher der Möglichkeit nachgingen, daß dieser Leistungsabfall teilweise durch negative Einstellungen gegenüber den Fähigkeiten älterer Erwachsener erklärt werden könnte.

Wissenschaftler erkennen dieselbe Art von Ursache-Wirkung-Zusammenhängen, wenn sie beobachten, wie das Betreuungspersonal in Alterseinrichtungen die Abhängigkeit der Alten von anderen Menschen künstlich verstärken. Die Betreuer folgen oftmals einem Skript, das Abhängigkeit fördert: Sie sind schnell bei der Hand, Verhaltensweisen zu unterstützen, die ältere Erwachsene eher abhängiger als weniger abhängig machen (Baltes u. Wahl 1992). Statt etwa ältere Erwachsene zu ermutigen, sich selbst anzuziehen, reagieren die Betreuer auf jedes Zögern möglicherweise umgehend mit Hilfestellung. Zweifellos wollen sie sich nützlich machen. Unglückseligerweise kommen ältere Erwachsene, wenn man ihnen ständig hilft, zu der Überzeugung, daß sie ohne diese Hilfe nicht mehr zurechtkommen. Wenn man also von Anfang an Abhängigkeit erwartet, kann dies Abhängigkeit erzeugen.

> **!** Diese Ergebnisse sind nur eine Facette eines allgemeineren **Stereotyps oder Vorurteils gegenüber dem Alter**, das in unserer Gesellschaft verbreitet ist. Für stereotype Vorstellungen vom hohen Lebensalter hat sich im Amerikanischen der prägnante Ausdruck »ageism« eingebürgert. Dieses Stereotyp führt zu einer Diskriminierung älterer Menschen. Es schränkt ihre Möglichkeiten ein, isoliert sie und fördert bei ihnen ein negatives Selbstbild.

Selbst Psychologen machen sich oft durch die Sprache, die sie verwenden, der Diskriminierung älterer Menschen schuldig (Schaie 1993). Eine Analyse von 139 Ent-

Der »Altersabbau« des Gedächtnisses – eine Frage der Einstellung?

Es ist eine erstaunliche, aber gesicherte Tatsache, daß sich die Einstellungen verschiedener Bevölkerungsgruppen (Populationen) gegenüber alten Menschen unterscheiden. So haben sowohl gehörlose US-Amerikaner als auch Festlandschinesen positivere Einstellungen gegenüber älteren Erwachsenen als Durchschnittsamerikaner mit intaktem Hörvermögen. Wird die Gedächtnisleistung der Alten durch diese Einstellungen beeinflußt? Zur Beantwortung dieser Frage wurden die Leistungen von Gruppen älterer Erwachsener aus allen 3 Populationen (Durchschnittsalter: 70 Jahre) mit den Leistungen jüngerer Erwachsener (Durchschnittsalter: 22 Jahre) aus denselben Populationen verglichen. Die Leistungen der jüngeren Gruppen unterschieden sich kaum. Bei den älteren Personen jedoch gab es deutliche Unterschiede in den Gedächtnisleistungen: Normal hörende US-Amerikaner schnitten so viel schlechter ab, daß der Unterschied zwischen ihnen und den älteren Chinesen beträchtlich größer war als der Leistungsunterschied zwischen den älteren und den jüngeren Chinesen (Levy u. Langer 1994).

Die Art und Weise, wie normal hörende ältere Amerikaner mit gedächtnisrelevanten Situationen umgehen, wird offensichtlich durch die negative Einstellung gegenüber ihren Gedächtnisfähigkeiten beeinflußt. Es überrascht also nicht, daß negative Erwartungen zu einer verminderten Leistung führen. Wir können daran sehen, daß die Art und Weise, wie die meisten Menschen in einer Kultur über das späte Erwachsenenalter denken, die eigentlichen Erfahrungen verändern kann.

Was es bedeutet, 85 Jahre alt zu sein

Pat Moore verkleidete sich als 85jährige Frau und ging in 100 US-amerikanischen Städten auf die Straße, um herauszufinden, was es in den Vereinigten Staaten bedeutet, alt zu sein (s. Abb. 10.17). Getrübte Kontaktlinsen und ein Hörgerät beeinträchtigten ihre Seh- und Hörfähigkeiten; Bandagen um die Beine erschwerten ihr das Gehen; und dadurch, daß sie sich die Finger mit Klebstreifen verbunden hatte, besaß sie genausowenig Geschicklichkeit wie eine alte Frau mit Arthrose. Diese »kleine ältere Dame« kämpfte in einer Welt, die auf junge, starke und agile Menschen eingerichtet ist, ums Überleben. Sie war nicht imstande, den Topfdeckel herunterzunehmen, Kugelschreiber zu halten, Etiketten zu lesen oder die Stufen zum Bus hinaufzusteigen. Die Welt voller Tempo, Lärm und Schatten ängstigte sie. Wenn sie Hilfe brauchte, boten ihr das nur wenige an. Sie wurde oft verlacht, weil sie alt und verletzlich war, und eine Bande von Jugendlichen fiel sogar gewalttätig über sie her (Moore 1990).

wicklungspsychologiebüchern, die in den letzten 40 Jahren für Anfangssemester verfaßt worden sind, zeigte deutlich, daß es vielen nicht gelingt, das Thema spätes Erwachsenenalter zu behandeln, oder daß sie sogar stereotype Ansichten über ältere Menschen vorbringen (Whitbourne u. Hulicka 1990). Ein noch drastischerer Fall von Altersdiskriminierung läßt sich aus den persönlichen Erfahrungen einer Reporterin ablesen, die für eine bestimmte Zeit absichtlich »alt wurde«. Wir beschreiben sie im Abschn. **Psychologie im Alltag.**

Pat Moores Erfahrungen bestätigen die Auffassung, daß sich die Gesellschaft sowohl im physischen als auch im sozialen Sinne gegen die älteren Leute verschworen hat. Wenn Sie einmal über die Veränderungen, die mit dem Altwerden einhergehen, nachdenken – und wenn Sie immer mehr davon an sich selbst erleben –, dann müssen Sie gegen die Auswirkungen des Stereotyps angehen. Sie müssen lernen, zwischen echten physiologischen und psychischen Veränderungen beim Altern und den Konsequenzen des Altwerdens zu unterscheiden, die lediglich das Ergebnis einer gesellschaftlichen Diskriminierung älterer Menschen sind.

10.7.5
Der Lebensabend

Es ist fast unmöglich, sich mit dem hohen Lebensalter zu beschäftigen, ohne das Nahen des Todes einzubeziehen. Deshalb wollen wir uns damit beschäftigen, wie

Abb. 10.17a,b. Die Erfahrung, 85 Jahre alt zu sein. **a** Pat Moore »ohne Verkleidung«, **b** Pat Moore verkleidet als 85jährige

Menschen ihren eigenen Tod vorwegnehmen und wie sie auf den Tod anderer reagieren.

Vorwegnahme des Todes

Wie alt waren Sie, als Sie erstmals den Begriff »Tod« kennenlernten? Waren Sie in der Lage, die Endgültigkeit zu verstehen, die mit dem Tod einhergeht? Was erhoffen Sie sich für ihren eigenen Tod? Wir haben uns in diesem Text dafür entschieden, den Begriff »Tod« im Kontext des Erwachsenenalters zu erörtern, doch Erfahrungen mit dem Tod entwickeln sich über die gesamte Lebensspanne. Deshalb untersuchten Wissenschaftler die Art und Weise, wie sich die **Furcht vor dem Tod** mit dem Alter verändert. Ihren Höhepunkt erreicht diese Furcht nicht, wie viele Menschen erwarten würden, im hohen Lebensalter. Bezeichnenderweise empfinden Jugendliche und junge Erwachsene sie stärker als ältere Erwachsene (Kastenbaum 1992) – vielleicht weil ältere Erwachsene mehr Erfahrungen mit dem Tod von Menschen in ihrer Umgebung sammeln konnten als jüngere. Menschen unterscheiden sich aber auch darin, was sie am Tod in Furcht versetzt. Es kann etwa eine Furcht vor der Auslöschung oder eine Furcht vor dem eigentlichen Prozeß des Sterbens sein.

Was geschieht nun, wenn eine einzelne Person zu der Auffassung kommt, daß sie sterben muß? Frühere Theorien zum Umgang mit dem Tod, vor allem die Theorie von Elisabeth Kübler-Ross (1969, 1975), hatten angenommen, daß alle sterbenden Patienten dieselbe Sequenz emotionaler Stufen durchlaufen.

> **!** Die Forschung zum Sterben hat aber gezeigt, daß der Verlauf der emotionalen Reaktionen individuell sehr verschieden sein kann (Corr 1993; Kastenbaum 1986). Es gibt eine Vielzahl potentieller Reaktionen auf den nahe bevorstehenden Tod. Menschen können etwa mit Verleugnen, Ärger, Depression, Annehmen oder jeder Kombination aus diesen emotionalen Zuständen reagieren. In den einzelnen Phasen des Sterbens können dieselben Emotionen auftreten bzw. wieder auftreten. Das hängt von den besonderen Umständen des Sterbens ab und auch davon, ob zugleich eine Krankheit wie Krebs oder Aids vorliegt (Kastenbaum 1986).

Die emotionalen Reaktionen werden sich nach dem subjektiv wahrgenommenen Stigma, das mit der Krankheit einhergeht, der sozialen Unterstützung, die man während der Behandlung erfährt, sowie dem Verlauf von Verschlechterung und Besserung des Gesundheitszustandes über die Zeit hinweg unterscheiden. Alle diese Prozesse sind Reaktionen eines *lebenden* Individuums – man muß sich vor dem Fehler hüten, einen Sterbenden bereits wie einen Toten zu behandeln.

Untersuchungen über die Erwartungen an den Tod machen deutlich, daß sterbende Menschen sowie ihre

Familien und Freunde eine Reihe sozialer und emotionaler Bedürfnisse haben, die anerkannt werden sollten. Das Bedürfnis, ein Gefühl der Würde und des Selbstwerts aufrechtzuerhalten, kann teilweise dadurch erfüllt werden, daß man Sterbenden die Kontrolle über den Ablauf der Behandlung zubilligt. Das Bedürfnis nach sozialer Nähe und emotionaler Hilfe kann dadurch befriedigt werden, daß man Familienangehörige an der Behandlung beteiligt und daß man Sterbenden ausreichend Zeit gibt, mit denen zusammenzusein, die sie lieben. Stärker als in Krankenhäusern kommt man den Bedürfnissen der chronisch Kranken oft in Pflegeheimen für Sterbende entgegen, in denen eine Atmosphäre wie zu Hause herrscht. Das Hauptziel der Bewegung zur Einrichtung dieser Pflegeheime besteht darin, den Vorgang des Sterbens humaner zu gestalten, als dies im Rahmen anderer Einrichtungen möglich ist (Mor 1987; Mor et al. 1988).

Der Verlust

Die Wirkung des Todes endet nicht damit, daß ein Mensch stirbt. Die Familie und die Freunde haben ihre eigenen **Schmerz- und Verlustgefühle** noch Monate oder sogar Jahre nach dem Tod eines nahestehenden Menschen zu bewältigen. Nach Jahrzehnten einer Ehe kann der Verlust eines Gatten besonders traumatisch sein. Bei den Witwen und Witwern steigt die Wahrscheinlichkeit für eine Krankheit und für den eigenen Tod beträchtlich an. Im Vergleich zur Allgemeinbevölkerung haben sie 2mal so viele Krankheiten wie vergleichbare Personen im selben Alter, die alleinstehend oder verheiratet sind (Stroebe et al. 1983). Daß intensives Leiden sogar das Immunsystem verändern kann, zeigt die im Abschn. **Experiment** beschriebene Studie.

Weil Frauen normalerweise Männer heiraten, die älter sind als sie selbst, und länger als Männer am Leben

bleiben, kommt es viel häufiger vor, daß Frauen den Ehepartner verlieren als umgekehrt. Bei Frauen kommen zu den Verlustgefühlen oft wirtschaftliche Belastungen und das Fehlen von gesellschaftlicher Unterstützung hinzu (Carstensen u. Pasupathi 1993).

> **!** Einige Forscher machten klar voneinander getrennte **Trauerphasen** aus (Kalish 1985). Der ersten Phase, dem Schock, folgt eine Phase der Sehnsucht, die durch den Wunsch gekennzeichnet ist, mit dem Verstorbenen zusammen zu sein. Die dritte wichtige Reaktion ist eine Phase der Depression mit einer Verzweiflung über den Verlust, manchmal gekoppelt mit irrationalem Ärger und Verwirrung. Die letzte Trauerphase schließlich ist die Erholungsphase, in der der Tod in eine bedeutungsvolle Perspektive gerückt wird.

Beim erwarteten Tod nach längerer Krankheit (im Gegensatz zum plötzlichen Tod, etwa durch Unfall) haben die Menschen Zeit, sich auf das unvermeidliche Ende ihrer wichtigen Beziehung mit anderen Personen vorzubereiten und den vorweggenommenen Schmerz durchzuarbeiten. Die Vorbereitung auf ein solches Ende kann beinhalten, daß man die innersten Gefühle miteinander austauscht und eine wertvolle Zeit zusammen verbringt. Diese letzten Erfahrungen miteinander stellen einen wichtigen Teil dessen dar, was der Überlebende zu seiner oder ihrer Beziehung mit dem oder der Verstorbenen erinnert (Frederickson 1991).

10.8
Moralentwicklung

Bisher haben wir gesehen, wie wichtig es ist, daß man über die ganze Lebensspanne hinweg enge soziale Beziehungen entwickelt. Wir wollen uns jetzt mit einem weiteren psychologischen Aspekt des Zusammenlebens von Menschen beschäftigen. Es geht um einen Konflikt, den bereits jedes Kind kennenlernt und den Sie selbst

---

EXPERIMENT

Intensives Trauern und das Immunsystem
Teilnehmer der Studie waren 15 gesunde Männer im Alter zwischen 33 und 76 Jahren, bei deren Frauen Krebs diagnostiziert worden war, der nicht mehr behandelt werden konnte. Bei diesen Männern wurde die Funktionstüchtigkeit des Immunsystems, speziell die Bildung von Lymphozyten, in der Trauerphase untersucht. Dieser Indikator wurde zu 3 Zeitpunkten gemessen: als die Frauen noch am Leben waren sowie 2

und dann 14 Monate nach deren Tod. Wie die Forscher vorhergesagt hatten, wiesen alle Männer im Vergleich zur Zeit vor dem Trauerfall nach dem Tod der Frau, insbesondere 2 Monate danach, eine Beeinträchtigung der Lymphozytenbildung auf. Diese Befunde bestätigen die Hypothese, daß die erhöhte Mortalität bei trauernden Witwern mit Veränderungen im Immunsystem nach einem Trauerfall zusammenhängen kann (Schleifer et al. 1983).

wahrscheinlich auch immer wieder erfahren: den Konflikt zwischen den auf die Erfüllung eigener Bedürfnisse gerichteten egoistischen Motiven und den moralischen Normen und Werten, die die Bedürfnisse anderer Menschen und der Gemeinschaft schützen sollen. Im Laufe der Sozialisation unternehmen Eltern, Lehrer und Erzieher, aber auch die Gesellschaft als Ganzes immer wieder enorme Anstrengungen, um den Heranwachsenden das geltende System von Normen und Werten nahezubringen.

> ! Den Aufbau eines eigenen Normen- und Wertesystems durch das Kind oder den Jugendlichen bezeichnet man als die **Internalisierung** von Normen und Werten. **Moralentwicklung** steht als Begriff für den lebenslangen Prozeß der Veränderung von Norm- und Wertmaßstäben. Normen und Werte stellen Präskriptionen (»Vorschriften«) oder Regeln für das Handeln des einzelnen dar. Sie sagen aus, was »richtig« (sozial akzeptiert) und was falsch ist.

Moralpsychologie versucht *nicht,* derartige Regeln aufzustellen oder zu begründen. Die Begründung ist das Feld der Moralphilosophie. Dennoch haben Psychologen bei dem Versuch, Moralentwicklung theoretisch zu fassen, immer wieder bei der Philosophie Anleihen gemacht. Das gilt auch für Lawrence Kohlberg (1964, 1996), dessen Theorie des moralischen Urteilens wir als erste vorstellen.

10.8.1
Moralisches Urteilen

Kohlbergs Stufen des moralischen Urteilens

Gegenstand von Kohlbergs Psychologie der Moralentwicklung ist ausdrücklich *nicht* das moralische Handeln, sondern das **moralische Urteilen** (oder Argumentieren). Es geht also um die Frage, wie Menschen vorgestellte oder tatsächliche Handlungen unter dem Gesichtspunkt von »gut« oder »böse« (moralisch richtig oder moralisch falsch) beurteilen. Kohlbergs Theorie knüpft an Überlegungen und Beobachtungen zur Moralentwicklung von Jean Piaget an. Piaget (1983) hatte u. a. versucht, die Entwicklung des moralischen Urteils mit der allgemeinen kognitiven Entwicklung eines Kindes zu verbinden. Beispielsweise bewerten Kinder je nach kognitiver Entwicklungsstufe die Folgen einer Handlung und die Absichten des Handelnden unterschiedlich (vgl. Abschn. 10.3). Nach Piagets Auffassung ordnet das Kind im Laufe der Zeit, wenn es die Stufen der kognitiven Entwicklung durchläuft, den Konse-

quenzen einer Handlung und den Intentionen des Handelnden unterschiedliche relative Gewichte zu. Für das präoperationale Kind beispielsweise ist jemand, der zehn Tassen unabsichtlich zerbricht, »unartiger« oder »böser« als jemand, der absichtlich eine Tasse zerbricht. Kinder auf der konkret-operationalen Stufe hingegen messen den Intentionen des Handelnden ein größeres Gewicht bei. Im Beispiel ist also das Kind unartiger, das zwar nur eine Tasse, diese aber absichtlich zerbrochen hat.

> ! Kohlberg erweiterte Piagets Ansatz über die Entwicklung im Vor- und Grundschulalter hinaus und kam zu Stufen der moralischen Entwicklung, die sich bis in das Erwachsenenalter erstrecken (s. Tabelle 10.8). Er unterscheidet insgesamt 3 Entwicklungsniveaus mit jeweils 2 Stufen, also insgesamt 6 Entwicklungsschritte. (Zeitweise hat Kohlberg auch 5 oder 7 Stufen angenommen.) Auf jedem Niveau liegt dem moralischen Urteil eine andere Sichtweise (soziomoralische Perspektive) des Individuums zugrunde.

Tabelle 10.8. Stufen der Entwicklung des moralischen Urteilens. (Nach Kohlberg 1964, 1981, 1996)

Niveaus und Stufen	Begründung für moralisches Handeln (Einhaltung von Normen)
Niveau I: **Präkonventionelle Moral**	
Stufe 1: Orientierung an Belohnung und Bestrafung	Befolgen von Verlangen der Autoritäten
Stufe 2: Kosten-Nutzen-Orientierung; Reziprozität (»Auge um Auge«)	Befriedigung der eigenen Bedürfnisse, evtl. im Austausch mit anderen
Niveau II: Konventionelle Moral	
Stufe 3: Orientierung an wechselseitigen Erwartungen und Beziehungen	Anerkennung gewinnen; Kritik vermeiden
Stufe 4: Orientierung an sozialem System und Gewissen	Den Regeln gehorchen; den gesellschaftlichen Nutzen beachten
Niveau III: Postkonventionelle (prinzipiengeleitete) Moral	
Stufe 5: Orientierung am sozialen Vertrag und gesellschaftlicher Nützlichkeit	Relativierung gesellschaftlicher Regeln unter dem Aspekt der Nützlichkeit für übergeordnete Prinzipien
Stufe 6: Orientierung an ethischen Prinzipien	Befolgen von selbstgewählten ethischen Prinzipien

Tabelle 10.9. Zusammenhang zwischen moralischem Urteil und soziomoralischer Perspektive

Niveau des moralischen Urteilens	Soziomoralische Perspektive
Präkonventionelle Moral	Individualistische, nur auf die eigenen Vor- und Nachteile ausgerichtete Perspektive
Konventionelle Moral	Perspektive des Mitglieds der Gesellschaft
Postkonventionelle Moral	Der Gesellschaft vorgeordnete, prinzipiengeleitete Perspektive

- Auf dem **präkonventionellen Niveau** (vgl. Tabelle 10.9) werden moralische Fragen unter dem Gesichtspunkt des individuellen Nutzens beurteilt. Ein Kind im Vorschulalter hält sich z. B. an die Norm, einem anderen Kind nichts wegzunehmen, weil es sonst bestraft würde. Oder es teilt Spielsachen mit einem anderen Kind, weil es hofft, bei der nächsten Gelegenheit ebenfalls etwas abzubekommen.
- Auf dem **konventionellen Niveau** werden moralische Angelegenheiten danach beurteilt, inwieweit die Verletzung oder Einhaltung von Normen für das Zusammenleben der Menschen unverzichtbar ist. Beispielsweise muß man Versprechen halten, weil Menschen einander sonst nicht vertrauen können. Oder man muß sich an das Gesetz »Du sollst nicht stehlen« halten, weil dieses Gesetz den Mitgliedern der Gesellschaft die Unversehrtheit des Eigentums garantiert.
- Auf dem **postkonventionellen Niveau** wird bei moralischen Urteilen eine der Gesellschaft vorgeordnete soziomoralische Perspektive eingenommen. Die Person hat nun individuelle moralische Prinzipien entwickelt, woran sie nicht nur ihr eigenes Handeln mißt, sondern auch beurteilt, ob Gesetze für sie Gültigkeit haben.

Um zu erfassen, auf welcher Entwicklungsstufe sich eine Person befindet, entwickelte Kohlberg die **Methode des moralischen Dilemmas.** Bei der Dilemmamethode wird dem Versuchsteilnehmer ein Szenario geschildert, bei dem sich ein Protagonist in einer »moralischen Zwickmühle« befindet: Wie auch immer er sich entscheidet, er wird ein moralisches Prinzip zugunsten eines anderen verletzen. Wie der Teilnehmer dieses Dilemma beurteilt, wird in einem ausführlichen halbstandardisierten Interview erfragt.

In einem von Kohlbergs Dilemmata versucht ein Mann namens Heinz für seine todkranke Frau an das einzige Medikament zu kommen, mit dem ihr Krebsleiden erfolgversprechend behandelt werden kann. Der Apotheker, der das Mittel entwickelt hat, möchte dafür aber den zehnfachen Preis dessen, was er an Kosten hineingesteckt hat. Das ist viel mehr Geld, als Heinz sich beschaffen kann. Heinz ist verzweifelt, bricht in die Apotheke ein und stiehlt das Medikament für seine Frau. Durfte er dies tun? Wenn ja, warum? Hätte er auch einbrechen sollen, wenn er seine Frau nicht geliebt hätte? Mit diesen und vielen weiteren Fragen versucht der Interviewer Einzelheiten des individuellen moralischen Urteils zu erfassen.

Für die detaillierte Bewertung der Antworten und die anschließende Einordnung der Person auf den Entwicklungsstufen ist es unerheblich, wie die Person anstelle von Heinz *entschieden* hätte. Beispielsweise ist es unerheblich, ob sie für oder gegen den Einbruch ist. Worauf es ankommt, sind die *Gründe,* die dafür genannt werden. Nehmen wir beispielsweise eine Person, die sagt, daß der Mann das Medikament stehlen sollte, weil er seiner Frau gegenüber dazu verpflichtet ist, und nehmen wir eine zweite Person, die die Meinung vertritt, daß er das Medikament nicht stehlen sollte, weil er trotz seiner persönlichen Gefühle den Gesetzen der Gesellschaft verpflichtet ist. Beide Personen bringen zum Ausdruck, daß sie sich an eingegangenen Verpflichtungen gegenüber anderen Menschen oder den Gesetzen orientieren, und werden deshalb auf dem konventionellen Niveau eingestuft.

Für Kohlbergs Entwicklungsstufen gelten 4 allgemeine Prinzipien:

- Jede Person kann sich zu einer bestimmten Zeit nur auf einer der Stufen befinden.
- Jede Person durchläuft diese Stufen der Reihe nach.
- Jede nachfolgende Stufe ist umfassender und komplexer als die vorhergehende.
- Es gibt diese Stufen in allen Kulturen – sie sind, mit anderen Worten, universell gültig.

Kohlberg übernahm diese Stufenmerkmale großenteils von Piaget, und in der Tat hängt das Fortschreiten auf den ersten 3 Entwicklungsstufen anscheinend mit dem Ablauf der normalen kognitiven Entwicklung zusammen. Die Stufen werden in dieser Reihenfolge durchlaufen, und jede einzelne kann als kognitiv anspruchsvoller als die vorhergehende betrachtet werden. Nahezu alle Kinder erreichen Stufe 3 im Alter von 13 Jahren. Wenn

Kohlbergs Theorie kontrovers diskutiert wird, so geht es im wesentlichen um die Entwicklung nach der dritten Stufe. Lassen Sie uns sehen, warum dies der Fall ist.

Moralisches Urteilen bei Jugendlichen und Erwachsenen

Ursprünglich hatte Kohlberg angenommen, daß die Entwicklung des moralischen Urteilens stetig fortschreitet. Nicht alle Menschen erreichen jedoch die Stufen 4 bis 6. Tatsächlich gelangen viele Erwachsene nie bis zur Stufe 5, und nur ganz wenige kommen noch weiter. Zudem findet man die höheren Stufen nicht in allen Kulturen, und in westlichen Gesellschaften scheinen sie mit besserer Ausbildung und ausgeprägteren verbalen Fähigkeiten einherzugehen. Ausbildung und sprachliche Gewandtheit sollten aber keine Grundvoraussetzung moralischen Handelns sein (Rest u. Thomas 1976).

Nicht zuletzt, weil es Kohlberg nicht gelungen ist, korrekte Voraussagen über die Moralentwicklung im Jugend- und Erwachsenenalter zu treffen, ist seine Theorie auf zunehmende Skepsis gestoßen. Unter anderem wird der Inhalt der Stufen kritisiert. Er scheint subjektiv gefärbt zu sein, und es ist schwer, jede der aufeinanderfolgenden Stufen als etwas Umfassenderes und Anspruchsvolleres als die vorangehende Stufe zu begreifen. »Befolgen von selbstgewählten ethischen Prinzipien« ist beispielsweise die Grundlage für die moralischen Urteile auf Stufe 6, und dies scheint nicht von vornherein etwas Anspruchsvolleres zu sein als »Relativierung der gesellschaftlichen Regeln unter dem Gesichtspunkt der Nützlichkeit für übergeordnete Prinzipien«, der Grundlage für Stufe 5.

Kohlbergs höhere Stufen sind auch kritisiert worden, weil sie nicht der Tatsache gerecht werden, daß moralische Urteile bei Erwachsenen auf sehr unterschiedlichen Prinzipien beruhen können. In einer bekannten Kritik hat Carol Gilligan (1982) darauf hingewiesen, daß Kohlbergs ursprüngliche Vorstellungen nur aufgrund von Beobachtungen an Jungen entwickelt wurden. Sie argumentierte, daß bei diesem Forschungsansatz mögliche Unterschiede zwischen den Prinzipien des moralischen Urteilens von Männern und Frauen übersehen würden.

> **!** Gilligan brachte den Gedanken ein, daß die moralische Entwicklung von Frauen auf dem Standard der **Fürsorge für andere** beruht und zu einer Stufe der Selbstverwirklichung fortschreitet, während Männer ihre Argumentation auf einen Standard der **Gerechtigkeit** beziehen.

Gilligans Überlegungen erweitern fraglos Kohlbergs Theorie, aber es ist zweifelhaft, ob ihre These von den 2 »Moralen« – einer weiblichen Moral der Fürsorge und einer männlichen Moral der Gerechtigkeit – der empirischen Überprüfung standhält. Lassen Sie uns deshalb einen genaueren Blick auf die Befunde werfen.

Einige Untersuchungen zeigten in der Tat, daß Frauen beim moralischen Argumentieren von der Erwägung geleitet werden, Harmonie in den sozialen Beziehungen aufrechtzuerhalten, während Männer eher auf Fairneß Bezug nehmen (Lyons 1983). Dennoch wird weiterhin darüber diskutiert, ob Geschlechtsunterschiede im moralischen Urteil überhaupt vorhanden sind (Baumrind 1986; Pratt et al. 1988; Walker 1984, 1986). Obwohl Männer und Frauen möglicherweise auf verschiedenen Wegen zum moralischen Urteilssystem gelangen, das sie als Erwachsene auszeichnet, ähneln sich ihre Urteile in hohem Maße (Boldizar et al. 1989). Vielleicht läßt sich der Widerspruch lösen, wenn man berücksichtigt, daß Männer und Frauen moralische Urteile in verschiedenen Situationen zu fällen haben, weil sie sich in unserer Kultur immer noch in verschiedenen Lebenswelten bewegen. Werden Männer und Frauen aber gebeten, über dieselben moralischen Dilemmata zu urteilen, dann zeigen sie hinsichtlich der Gesichtspunkte Fürsorge und Gerechtigkeit sehr ähnliche Reaktionsmuster (Clopton u. Sorell 1993).

Auch bei Untersuchungen zum prosozialen und moralischen Handeln wurden keine eindeutigen Geschlechtsdifferenzen gefunden (Eisenberg u. Mussen 1989; Radke-Yarrow et al. 1983).

> **!** Es spricht alles dafür, daß sich moralische Urteile bei Männern und Frauen als eine Mischung aus Überlegungen zur Gerechtigkeit und zur Fürsorge charakterisieren lassen. Diese Mischung wird über den größten Teil der Lebensspanne hinweg erhalten bleiben.

In anderer Hinsicht hat sich aber ein Entwicklungstrend gezeigt. Je älter Erwachsene werden, um so mehr neigen sie dazu, nicht auf die Einzelheiten spezieller Situationen, sondern auf allgemeine Prinzipien zu schauen. Folgerichtig entwickeln sich auch moralische Urteile, die eher auf allgemeinen gesellschaftlichen Anliegen beruhen – also etwa der Frage »Was schreibt das Gesetz vor?« – als auf den besonderen Merkmalen einer Dilemmasituation – etwa »Sollte ... in diesem Fall eine Ausnahme gemacht werden?« (Pratt et al. 1988). Lassen Sie uns nun vom moralischen Urteilen zum moralischen Handeln übergehen.

10.8.2
Moralisches Handeln

Will man die moralische Entwicklung umfassend verstehen, darf man nicht beim Urteilen und Argumentieren stehenbleiben. Man muß auch darüber nachdenken, was Menschen dazu motiviert, ehrlich, kooperativ oder altruistisch zu *handeln*. Wie Sie aus der Alltagserfahrung wissen, haben Reden und Handeln oftmals wenig miteinander zu tun. Die Lücke zwischen moralischem Wissen und **moralischem Handeln** ist speziell für den Fall der Ehrlichkeit erstmals in einer mittlerweile klassischen Studie aus den 20er Jahren nachgewiesen worden (s. Abschn. **Experiment**).

In jüngster Zeit hat der Psychologe M. Hoffman die emotionalen und sozialen Wurzeln der Entwicklung des moralischen Handelns untersucht. Er vertritt den Standpunkt, daß schon relativ früh in der Kindheit Emotionen, vor allem **Empathie** (Einfühlungsvermögen), die Motivation für moralisches Handeln darstellen können. Empathie ist die Voraussetzung dafür, daß man die Gefühle anderer Menschen nachempfindet. Kleine Kinder sind zu positiven sozialen Verhaltensweisen fähig, die darauf ausgerichtet sind, anderen Menschen in bedrückenden Situationen Hilfe und Trost zu spenden. Zunächst empfinden Kinder die Belastung nach, und dann sorgen sie sich um die andere Person. Sie wollen vielleicht zunächst die nachempfundenen unangenehmen Gefühle reduzieren und entdecken dann, daß dieses Ziel erreicht werden kann, wenn sie sich positiv gegenüber der bedrückten Person verhalten. Beobachtungsstudien haben gezeigt, daß Kinder bereits in sehr frühem Alter Empathie erleben, und einige Wissenschaftler glauben, daß es sich dabei eigentlich sogar um eine angeborene Reaktion handelt, vergleichbar dem Saugen und Weinen. Empathie kann also ein früher Baustein für den Aufbau zukünftigen moralischen Handelns sein.

> **!** Wir haben die Moralentwicklung an das Ende dieses Kapitels gestellt, weil wir daran 2 Grundgedanken der Entwicklungspsychologie verdeutlichen wollen. Wir wollen sie Ihnen noch einmal ins Gedächtnis rufen: Erstens zeigt sich auch im Bereich der Moral, daß Entwicklung ein lebenslanger Prozeß ist; und zweitens wird abermals deutlich, daß Entwicklung von gesellschaftlichen und kulturellen Einflüssen, von Erziehung und Sozialisation nicht zu trennen ist.

EXPERIMENT

Moralisches Handeln und moralisches Wissen – 2 Paar Stiefel

Hartshorne u. May gingen in einer 1928 veröffentlichten Studie der Frage nach dem Zusammenhang von moralischem Wissen und Handeln bei Kindern im Alter von 6–14 Jahren nach. Einer großen Zahl von Kindern legten sie Tests zum moralischen Wissen vor und beobachteten Situationen, in denen sie sich ehrlich und unehrlich verhalten konnten. Die Ergebnisse überraschten. Die meisten Kinder waren in *manchen* Situationen ehrlich, in anderen aber unehrlich. Statt einer allgemeinen Eigenschaft der Ehrlichkeit oder Unehrlichkeit zu folgen, schien das Handeln mehr von der Situation abzuhängen – z. B. davon, wie verlockend die Belohnung war und für wie wahrscheinlich es die Kinder hielten, daß sie ertappt wurden. Auch gab es nur einen geringen Zusammenhang zwischen moralischem Handeln und moralischem Wissen. Es gab schließlich auch keine Hinweise darauf, daß Wissen und Handeln im untersuchten Altersbereich zunehmen würden. Hartshorne u. May schlossen daraus, daß zwar das moralische Wissen eine feste, in den Menschen verankerte Größe ist, moralisches Handeln aber aus speziellen Reaktionen besteht und von den Erfordernissen der jeweiligen Situationen abhängt (Hartshorne u. May 1928).

ZUSAMMENFASSUNG

- **Aufgaben und Methoden der Entwicklungspsychologie.** Die Aufgabe der Entwicklungspsychologie liegt darin, altersbezogene Veränderungen in den psychischen Funktionen des Menschen zu beschreiben und auch zu erklären. Mit Hilfe von *Querschnitt-* und *Längsschnittuntersuchungen* werden Entwicklungsprozesse erfaßt. Den Nachteilen von Querschnittstudien (wie Konfundierung von Alters- und Kohorteneffekten, Fraglichkeit der Generalisierbarkeit der Resultate auf andere Erhebungszeitpunkte) steht u. a. der bedeutende Vorteil gegenüber, eine große Altersspanne auf einmal untersuchen zu können. Der größte Vorteil von Längsschnittuntersuchungen, nämlich Informationen über Entwicklungsverläufe bei einzelnen Personen beobachten zu können, muß durch einen hohen zeitlichen Aufwand erreicht werden. *Sequentielle Versuchspläne* vermeiden die größten Probleme von Längsschnitt- und Querschnittuntersuchungen. Die Erhebung von *Normdaten* ist ein Verfahren, durch das ein Vergleich möglich wird, denn Normen geben ein Durchschnittsalter an, in dem ein jeweiliges Verhalten beherrscht wird.

- **Erklärung von Entwicklungsprozessen: Anlage und Umwelt.** Während extreme Empiristen der Meinung sind, Entwicklung werde allein durch Stimulation aus der Umwelt gesteuert, vollzieht sich nach Meinung der extremen Nativisten Entwicklung allein aufgrund von Anlagen. In der aktuellen Forschung wird von einem *wechselseitigen Einfluß* aufeinander ausgegangen (Anlage-Umwelt-Interaktion): der Genotyp legt ein Potential fest, und die Umwelt realisiert dieses Potential oder auch nicht. Beispielsweise ziehen Forscher aus dem Tierreich und aus einigen tragischen »Experimenten der Natur« (»wilder Junge von Aveyron«) den Schluß, daß der Genotyp festzulegen scheint, daß bestimmte Ereignisse der Umwelt in *sensiblen Perioden* vorliegen müssen, damit ein bestimmtes Verhalten gelernt werden kann. Die Umwelt beeinflußt die Entwicklung als biochemische Umwelt (z. B. in der Schwangerschaft), aber auch dadurch, daß sich Entwicklungsaufgaben immer innerhalb eines bestimmten kulturellen Rahmens stellen.

- **Lebenslange Entwicklung: Die psychosozialen Entwicklungsstufen nach Erikson.** Im Mittelpunkt der Entwicklungstheorie von Erikson stehen 8 psychosoziale Entwicklungsstufen im Lebenszyklus, die durch *Entwicklungsaufgaben* gekennzeichnet sind. Die Entwicklungsaufgaben werden als krisenhaft erlebt und ihre Bewältigung führt zu qualitativen Veränderungen in den zentralen Lebensthemen. Für Menschen in den westlichen Kulturen gilt Eriksons Stufenmodell als angemessene Beschreibung der Persönlichkeitsentwicklung über die Lebensspanne.

- **Kognitive Entwicklung in der Kindheit nach Jean Piaget.** Piaget untersuchte, wie sich das Denken von Kindern und ihre inneren Repräsentationen der äußeren Realität von Entwicklungsstufe zu Entwicklungsstufe *qualitativ* verändern. Kognitive Strukturen als Entwicklungsvoraussetzung und -ergebnis resultieren aus dem Wechselspiel der Anpassungsprozesse *Assimilation* und *Akkommodation*, die dem allgemeinen Äquilibrationsprinzip (Gleichgewichtsmodell) unterliegen. Alle Kinder durchlaufen, nach der Invariabilitätsannahme, 4 Stufen in derselben Reihenfolge: 1. die sensomotorische Stufe (Säuglingsalter); 2. die Stufe des präoperationalen oder intuitiv-anschaulichen Denkens (Kindergartenalter); 3. die Stufe der konkreten Denkoperationen (Grundschulalter); und 4. die Stufe der formalen Denkoperationen (ab dem Jugendalter). Die Entwicklungssequenz ist gekennzeichnet durch abnehmenden *Egozentrismus* und durch eine Zunahme der Fähigkeiten, geistige Operationen ausführen zu können (Verständnis der Invarianz, logische Operationen, Abstraktionen, ...).

- **Neuere Ansätze zur kognitiven Entwicklung.** Piagets Stufenmodell ist ein Vorbild für psychologische Theoriebildung über Entwicklungsprozesse. Dennoch hat Piaget anscheinend die kognitiven Fähigkeiten von Kindern unterschätzt. Die Nutzung moderner Technologien in den Untersuchungen und auch die Erforschung von Metakognitionen von Kindern führen zu der Vorstellung, daß Kinder elementare Theorien (eine »naive Psychologie«) erwerben, um ihre Erfahrungen zu interpretieren.

- **Kognitive Entwicklung im Jugend- und Erwachsenenalter.** Piaget ignorierte in seiner Beschreibung der Denkentwicklung Veränderungen im Erwachsenenalter. Seinen Ausführungen nach stellt das Erreichen des formal-operationalen Denkens die letzte Stufe der kognitiven Entwicklung dar. Formale Denkoperationen kennzeichnen nicht den vorherrschenden kognitiven Stil der Erwachsenen im Alltag. Erwachsene müssen mit Inkonsistenzen, Widersprüchen und Mehrdeutigkeiten umgehen. Der hieraus resultierende eher pragmatische kognitive Stil wird als »postformales Denken« bezeichnet.

- **Kognitive Veränderungen im höheren Erwachsenenalter: Intelligenz und Gedächtnis.** Untersuchungen zur Intelligenzentwicklung zeigen nur bei der Fähigkeit zum schnellen und gründlichen Lernen einen leichten Abbau mit fortschreitendem Alter. Für manche intellektuellen Defizite scheint eher ein mangelnder Einsatz von Fähigkeiten als Abbau verantwortlich zu sein. Eine Strategie für das erfolgreiche Altern wurde von Baltes aufgedeckt: *Selektive Optimierung mit Kompensation.* In der Gedächtnisforschung lassen sich einige Formen der Beeinträchtigung auf biologische Vorgänge zurückführen (Alzheimer-Krankheit), bei anderen sind sich Wissenschaftler uneins.

- **Spracherwerb.** Auch beim Spracherwerb geht man davon aus, daß Kinder mit mentalen Strukturen auf die Welt kommen, die Sprachverstehen und Sprachproduktion begünstigen. Insbesondere für den Grammatikerwerb wird eine *biologische Grundlage* angenommen. Diese angeborene Prädisposition muß einerseits ausgeprägt, andererseits flexibel sein, da jedes Kind, unabhängig davon, wo es zufällig geboren wird, jede der 4000 Sprachen der Erde als Muttersprache erlernen kann. Eltern führen Kinder früh in *Protodialogen* in die Sprache ein, bevor sie mit der Ammensprache auch affektive Botschaften verbal übermitteln. Aus Untersuchungen zum Erwerb von Wortbedeutungen, Grammatikerwerb und dem Erlernen der Gebärdensprache ziehen Wissenschaftler auch hier den Schluß, daß es *sensible Phasen* gibt, die den körperlichen und kognitiven Entwicklungsstufen der Kinder entsprechen.

- **Sozialisation und sozial-emotionale Entwicklung: Bindung.** Eltern sind die bedeutendste Sozialisationsinstanz für Kinder. Auf der Grundlage angeborener sozialer Fähigkeiten des Kindes wird zwischen dem Kind (Aussenden von Signalen) und einer verfügbaren Bezugsperson (Reaktion auf diese Signale) eine Bindungsbeziehung aufgebaut, deren frühe Funktion darin besteht, dem Kind das Überleben zu gewährleisten. Die Qualität dieser Bindung kann durch den *Fremde-Situation-Test* bestimmt werden. Unterschieden werden die sichere, die ablehnend-unsichere, die ambivalent-unsichere und die desorganisiert-unsichere Bindung. Es konnte gezeigt werden, daß die *Bindungsqualität* einen Einfluß auf die weitere Entwicklung ausübt.

- **Der Einfluß der elterlichen Erziehung.** Als günstig für die Entwicklung von Kindern hat sich der *autoritative* Erziehungsstil erwiesen, der ein hohes Maß an Zuwendung mit Lenkung oder Strukturierung kombiniert. Als weniger günstig erwiesen sich der *autoritäre* und der *nachgiebige* Erziehungsstil, und am nachteiligsten für die Kinder zeigte sich eine *vernachlässigende* Erziehung.

- **Fremdbetreuung.** Eine Zusammenfassung der Ergebnisse zur Fremdbetreuung zeigt, daß sich, wenn eine qualitativ gute Betreuung in Kindertagesstätten und ein allgemeiner Einstellungswandel in der Gesellschaft gewährleistet sind, Kinderbetreuung außer Haus sogar förderlich auf die Entwicklung von Kindern auswirken kann.

- **Biologisches und psychologisches Geschlecht.** Der Befund, daß Jungen körperlich aktiver und aggressiver sind als Mädchen, wird mit *biologischen Geschlechtsunterschieden* erklärt. Das *psychologische* Geschlecht bezieht sich auf gelernte geschlechtsbezogene Verhaltensweisen und Einstellungen von Männern und Frauen (Geschlechtsrollen).

- **Geschlechtsidentität und Geschlechtsrollenerwerb.** Für das psychische Wohlergehen von Kindern ist die Erfahrung der *Geschlechtsidentität* wichtig, also das Erleben, männlich oder weiblich zu sein. *Geschlechtsrollen* sind Verhaltensmuster, die man in einer bestimmten Gesellschaft jeweils bei Männern und Frauen für angemessen hält. Die geschlechtsspezifische Sozialisation beginnt schon bei der Geburt, denn Eltern reagieren unterschiedlich auf Töchter und Söhne, wobei ihre unterschiedlichen Reaktionen auf Geschlechtsrollenstereotypen zu beruhen scheinen.

- **Entwicklung im Jugendalter.** Die Vorstellung von der Jugendzeit als einer »Sturm-und-Drang-Periode«, charakterisiert durch innere Zerrissenheit und unberechenbares Verhalten, hat sich durch Befunde nicht bestätigen lassen. Studien zeigen, daß Verhaltensprobleme in dieser Zeit nicht typisch sind, sondern ein erhöhtes Risiko für Anpassungsprobleme im Erwachsenenalter darstellen. Identitätsentwicklung wird als *die* wesentliche Entwicklungsaufgabe im Jugendalter angesehen. Damit ergeben sich für den Jugendlichen Veränderungen in seinen Beziehungen zu anderen. Die *Autorität* der Eltern wird zunehmend in Frage gestellt, während die Bedeutung der *Anerkennung durch Gleichaltrige* steigt. Die Beziehungen zwischen Jugendlichen und ihren Eltern sind oft konfliktreich, *Autonomie* und *Unterstützung* müssen ständig ausbalanciert werden, damit der Jugendliche eine eigene Identität aufbauen kann.

- **Das Erwachsenenalter: Intimität und Generativität.** Intimität in Liebesbeziehungen, aber auch in Freundschaften wird als Grundvoraussetzung für psychisches Wohlbefinden angesehen. Nach der Theorie der selektiven Interaktion gehen ältere Erwachsene selektiv vor, d.h. sie wählen Personen aus, die Gewähr für die persönlichste emotionale Unterstützung bieten. Wenn *Intimität* entwickelt werden konnte, können Fragen der *Generativität* in den Mittelpunkt gestellt werden. Als letzte Krise des Erwachsenenalters sieht Erikson den Konflikt zwischen Ich-Integrität und Hoffnungslosigkeit, wobei die meisten Menschen mit einem Gefühl der Ganzheit auf ihr Leben zurückblicken.

- **Der Lebensabend.** Die Erforschung des hohen Lebensalters schließt die Berücksichtigung des Umgangs mit dem Tod ein. Emotionale Reaktionen auf das Sterben können individuell sehr verschieden sein und lassen sich in eine Abfolge mehrerer Phasen unterteilen. In einer Untersuchung konnte belegt werden, daß intensives Trauern sogar einen Einfluß auf das Immunsystem haben kann.

- **Moralentwicklung.** Moralentwicklung wird als lebenslanger Prozeß der Veränderung von Normen und Werten angesehen. Beim Kind oder beim Jugendlichen wird der Aufbau eines eigenen Norm- und Wertesystems als Internalisierung bezeichnet. Kohlberg hat das moralische *Urteilen* untersucht. Mit der Methode des moralischen Dilemmas hat er zu erfassen versucht, auf welchen der 3 Entwicklungsniveaus mit jeweils 2 Stufen sich eine Person befindet. Von Gilligan wurde die Idee der Fürsorge als Aspekt der Moral eingebracht. Derzeit geht man davon aus, daß sich moralische Urteile aus Überlegungen zur *Gerechtigkeit und* zur *Fürsorge* charakterisieren lassen. Eine umfassende Theorie über die Bedeutung der Erziehung und der emotionalen Entwicklung für die Übernahme moralischer Normen stammt von Hoffman. Er sieht vor allem in der Empathie eine Voraussetzung für den Aufbau von moralischem Handeln.

Hinweise zur deutschsprachigen Literatur

Das Lehrbuch *Entwicklungspsychologie* von R. Oerter u. L. Montada (Hrsg.; 1995) ist *das* Standardwerk in der Entwicklungspsychologie. Es ist das umfassendste Lehrbuch der Entwicklungspsychologie im deutschsprachigen Raum.

Eine integrierte Darstellung zentraler Themen und Ideen der modernen Entwicklungspsychologie stellt H. Keller als Herausgeberin (1997) mit dem Lehrbuch *Entwicklungspsychologie* vor. Das Buch zeichnet sich durch eine klare theoretische Fundierung aus, die auch metatheoretische Annahmen, etwa zum Bild des Menschen, einschließt. Es werden methodische Probleme der Forschung ebenso dargestellt wie inhaltliche Aspekte und Anwendungsbezüge. Der Überblick über die einzelnen Lebensabschnitte orientiert sich weitgehend an den bedeutenden Entwicklungsaufgaben dieser Phasen.

Das 2bändige *Lehrbuch der Entwicklungspsychologie* von H.M. Trautner (Band 1: Grundlagen und Methoden (1992), Band 2: Theorien und Befunde (1997)), liefert eine systematische Darstellung der Problemstellungen, Theorien und Methoden der Entwicklungspsychologie. Band 1 beschreibt den Gegenstand und die Aufgaben der Entwicklungspsychologie und stellt grundlegende Merkmale des Entwicklungsgeschehens und der Steuerung von Entwicklungsprozessen dar. Band 2 befaßt sich mit den Merkmalen und Aufgaben von Entwicklungstheorien, stellt biogenetische, psychoanalytische, kognitive und S-R-Theorien der Entwicklung vor. Ebenso werden die Sprach- und Moralentwicklung sowie die Entwicklung der Geschlechtstypisierung behandelt.

Was haben Mollusken im Neuenburger See mit J. Piaget und dem Begriff der Assimilation zu tun? Wer kognitive Entwicklung nach J. Piaget als angenehme Abendlektüre, eingebettet in seine Biographie, begreifen möchte, dem sei das Buch von T. Kesselring *Jean Piaget* (1988) wärmstens empfohlen.

Wie sich das Regelverständnis beim Murmelspiel über die Kindheit verändert, warum für Kinder Lügen »häßliche Wörter« sind und warum Hans, der 10 Tassen versehentlich zerbrach, schlimmer ist als Heinz, der nur eine zerbrach, die aber absichtlich, – solche Fragen werden in sehr anschaulicher Weise von J. Piaget (1983/1932) in seinem Buch *Das moralische Urteil beim Kinde* gründlich aufgearbeitet.

Einer der bekanntesten amerikanischen Entwicklungspsychologen, der sich mit Moralentwicklung auseinandergesetzt hat, ist sicher L. Kohlberg. In seinem Buch *Die Psychologie der Moralentwicklung* (1995) findet der Leser eine integrative und differenzierte Darstellung des wohl bekanntesten Ansatzes zur Moralentwicklung.

M. Papousek wirft in ihrem Buch *Vom ersten Schrei zum ersten Wort* (1995) einen Blick auf die verborgenen Anfänge der kindlichen Sprachentwicklung. Mit neuen mikroanalytischen Methoden untersucht die Autorin Vokalisation und beginnenden Spracherwerb im natürlichen Entwicklungskontext der vorsprachlichen Kommunikation. Dabei wird eine ungeahnte Seite der mütterlichen Fürsorge sichtbar: Eine intuitive didaktische Kompetenz im mütterlichen Kommunikationsverhalten, die den Säugling auf dem Weg zur Sprache anleitet, begleitet und unterstützt.

In ihrem Buch *Sprachentwicklung beim Kind* behandelt G. Szagun (1996) neuere Ansätze im Bereich des Grammatikerwerbs und des Wortbedeutungserwerbs. Ein besonderer Akzent wird auf den Einfluß der Sprache Erwachsener auf den kindlichen Spracherwerb sowie auf individuelle Unterschiede beim Spracherwerb gelegt. Ebenso werden neuere informationsverarbeitende Ansätze zur Erklärung des Spracherwerbs vorgestellt.

Was ist Identität? Wie läßt sich dieser schillernde Begriff aus der Sicht der Psychologie genauer bestimmen? Wie entsteht Identität und wie verändert sie sich in der Entwicklung eines Menschen? Welchen Einfluß hat das soziale Umfeld auf die persönliche Identität? Neben der Beantwortung solcher Fragen diskutiert der Autor K. Hausser in seinem Buch *Identitätspsychologie* (1995) auch Methoden psychologischer Identitätsforschung und setzt sich mit wichtigen gesellschaftlichen Aspekten von Identität auseinander.

Wer sich nicht nur mit den theoretischen Vorstellungen zur Identitätsentwicklung von Erikson, sondern auch mit seinem Leben befassen möchte, der sei auf das neu erscheinende Buch von P. Conzen (1996) *Erik H. Erikson - Leben und Werk* hingewiesen.

Die Entwicklung sozial-emotionalen Verstehens behandelt A. Schorr in seinem Buch *Gefühlserkennung und Empathie in der Kindheit* (1998). Das Buch gruppiert Ergebnisse aus der Forschung zum kindlichen Egozentrismus, zur Rollen- bzw. Perspektivübernahme, zur Gefühlserkennung und Empathie neu ein und integriert diese in eine allgemeine Theorie sozial-emotionalen Verstehens.

In dem von R. Schumann-Hengsteler u. H. M. Trautner (1996) herausgegebenen Buch *Entwicklung im Jugendalter* steht der Jugendliche als Gestalter seiner Entwicklung im Mittelpunkt. Anhand theoretischer Beiträge und empirischer Untersuchungen werden in 12 Kapiteln verschiedene Aspekte der körperlichen Veränderungen in der Pubertät, der kognitiven Entwicklung, der Entwicklung des Selbstkonzeptes, der Geschlechtstypisierung sowie der Entwicklung von Werten, Moral und Religiosität behandelt.

In das Thema *Entwicklungspsychologie des Erwachsenenalters* führen die Autoren T. Faltermaier, Ph. Mayring, W. Saup und P. Strehmel (1992) ein. Wie verändern sich Identität, Lebensziele und soziale Beziehungen erwachsener Menschen? Der Leser erhält einen Überblick über die möglichen Entwicklungsprozesse dieser Lebensphasen und eine Einführung in theoretische Modelle und in die aktuelle Forschungslage.

ÜBUNGSFRAGEN

1   Geben Sie eine Definition für den Begriff »Entwicklungspsychologie«.

1   Entwicklungspsychologie ist der Zweig der Psychologie, der sich mit altersbezogenen Veränderungen in den psychischen Funktionen des Menschen befaßt. Derartige Veränderungen sind über die gesamte Lebensspanne von der Zeugung bis zum Sterben zu beobachten. Um diesen Aspekt zu betonen, spricht man auch manchmal von einer Entwicklungspsychologie der Lebensspanne.

2 Nennen Sie jeweils Vor- bzw. Nachteile von Quer- bzw. Längsschnittuntersuchungen?

2 Ein Vorteil des Querschnitts ist, daß eine große Altersspanne auf einmal untersucht werden kann.

Ein Nachteil des Querschnitts ist, daß nicht nur die Altersunterschiede, sondern auch die Unterschiede in den politischen, sozialen oder kulturellen Bedingungen, unter denen die beobachteten Altersgruppen bisher gelebt haben, für die ermittelten Verhaltensunterschiede verantwortlich sein können.

Ein Vorteil von Längsschnittuntersuchungen liegt darin, daß altersbedingte Veränderungen nicht mit Unterschieden in den sozialen Bedingungen verschiedener Kohorten vermischt sein können, da es sich immer um dieselben Personen handelt. Mit anderen Worten, Überlagerungen von Altersunterschieden durch Kohorteneffekte sind ausgeschlossen. Ein weiterer Vorteil im Vergleich mit der Querschnittstudie kann darin gesehen werden, daß Veränderungen bei der einzelnen Person beobachtet werden und nicht aus Gruppendaten erschlossen werden müssen.

Nachteile von Lägsschnittuntersuchungen: Erstens werden nur Menschen untersucht, die etwa zur gleichen Zeit geboren sind. Für Menschen, die zu einer anderen Zeit geboren sind, sind die Resultate nicht unbedingt gültig. Zweitens erfordert eine Längsschnittstudie ziemlich viel Zeit, wenn man eine große Altersspanne abdecken möchte. Drittens ist es schwierig und aufwendig, den Kontakt mit den Teilnehmern für Meßwiederholungen zu halten, die sich über ein ganzes Leben erstrecken können. Versuchsteilnehmer können wegziehen, das Interesse an der Sache verlieren, sterben – genauso wie die Wissenschaftler selbst.

3 Welche Vorteile haben sequentielle Designs? Welche Nachteile von Quer- bzw. Längsschnittdesigns lassen sich durch sequentielle Designs vermeiden?

3 In Untersuchungen, die nach sequentiellen Versuchsplänen angelegt sind, werden die Vorzüge des Querschnitts und des Längsschnitts miteinander verbunden. Die Teilnehmer entstammen einem bestimmten, in der Regel eng gefaßten Altersbereich und werden nach dem Geburtsjahr gruppiert. Menschen, die in demselben Jahr geboren sind, gehören zu derselben Kohorte (Geburtskohorte). Man wählt die Kohorten so aus, daß sich die beobachteten Altersabschnitte verschiedener Kohorten im Laufe der Untersuchung überlappen. Auf diese Weise lassen sich die größten Probleme von Querschnitt- und Längsschnittstudien vermeiden:
- die Konfundierung von Alters- und Kohorteneffekten,
- das Fehlen individueller Veränderungsdaten
- und das Problem der Generalisierung über verschiedene Kohorten.

4 Erläutern Sie die Gewinnung und Verwendung von Normdaten an einem Beispiel.

4 Ein gutes Beispiel für die Gewinnung von Normdaten ist eine Studie, die Nancy Bayley durchgeführt hat (Bayley 1969). Über 2 Jahre hinweg wurden 100 Kinder, die bei Untersuchungsbeginn 1 Monat alt waren, jeden Monat einer Reihe von Tests unterzogen, anhand deren die Entwicklung kognitiver und motorischer Fähigkeiten geprüft wurde. Aufgrund der empirischen Ergebnisse wurde die Zusammenstellung von Normen der frühkindlichen Entwicklung gebildet, die man heute als die »Bayley Scales of Infant Development« kennt. Diese und ähnliche Skalen geben Eltern Auskunft darüber, wann sie welche Verhaltens-

weisen bei ihrem Kind erwarten können. Jeder, der solche Skalen benutzt, sollte sich jedoch dessen bewußt sein, daß es sich dabei um Durchschnittsangaben handelt. Sie schreiben keinesfalls vor, zu welchem Zeitpunkt ein Kind diese Verhaltensweisen beherrschen *muß*.

5 Welche Auffassung in der Anlage-Umwelt-Kontroverse vertreten die extremen Empiristen?

5 Extreme Empiristen vertreten die Meinung, daß ein Kind ohne Wissen und Fertigkeiten auf die Welt kommt und daß die Erfahrung in Form des Lernens Botschaften auf die »tabula rasa« (*lat.* leere, unbeschriebene Tafel) der noch nicht ausgebildeten Seele des Kleinkinds eingraviert. Diese Auffassung, wie sie ursprünglich von dem britischen Philosophen John Locke vertreten wurde, ist als Empirismus bekannt.

6 Und welche Position beziehen die extremen Nativisten?

6 Zu den Gelehrten, die sich gegen den Empirismus auflehnten, zählte der französische Philosoph Jean-Jacques Rousseau. Er vertrat den Nativismus. Im Extremfall ist das die Annahme, daß sich Entwicklung allein aufgrund der Anlagen, die jedes Kind von Natur aus mit auf die Welt bringt, vollzieht. Entwicklung ist ein Reifungs- oder Entfaltungsprozeß.

7 Beschreiben Sie den aktuellen Forschungsstand der Bedeutung von Anlage bzw. Umwelt für die Entwicklung.

7 Forscher haben eine ganze Reihe von Methoden entwickelt, um die Auswirkungen von Anlage und Umwelt zu untersuchen. Wir wissen nun, daß die Extrempositionen von Locke und Rousseau der Vielfalt menschlichen Verhaltens nicht gerecht werden. Nahezu jede komplexe Handlung wird sowohl durch die biologische Vererbung des einzelnen als auch durch seine persönliche Erfahrung geformt, wobei zur Erfahrung an zentraler Stelle das Lernen gehört. Vererbung und Umwelt haben einen fortwährenden wechselseitigen Einfluß aufeinander. Man bezeichnet dieses Zusammenwirken im Entwicklungsprozeß auch als Anlage-Umwelt-Interaktion. Die Vererbung stellt das Potential bereit, und die Erfahrung bestimmt die Art und Weise, wie das Potential eingelöst wird.

8 Was ist eine sensible Periode?

8 Eine sensible Periode ist eine Zeit, in der man empfindlich auf bestimmte äußere Reize reagiert und in der ein Organismus optimal darauf vorbereitet ist, ein bestimmtes Verhalten zu erlernen.

9 Erläutern Sie kurz die Bedeutung der Entwicklungstheorie nach Erikson.

9 Erik H. Eriksons Theorie der lebenslangen Entwicklung als einer Abfolge psychosozialer Entwicklungsstufen nimmt in mehrfacher Hinsicht eine herausragende Stellung ein. Erstens handelt es sich in der Tat um eine umfassende Entwicklungstheorie, weil sie den Säugling genauso wie den alten Menschen einbezieht. Zweitens zeigt sie in genialer Weise auf, wie qualitative Veränderungen in den zentralen Lebensthemen durchaus mit einem kontinuierlichen Entwicklungsprozeß vereinbar sind. Und drittens gelingt es Erikson, über das Konzept der stufenspezifischen Aufgaben und Anforderungen, die der Mensch zu meistern hat, den kulturellen Rahmen und sozialen Kontext in die Entwicklung des Individuums einzubeziehen.

10 Welche Bedeutung haben die Anpassungsprozesse der Assimilation und der Akkommodation in der Entwicklungstheorie nach Jean Piaget?

10 Piaget betrachtete die kognitive Entwicklung als Ergebnis des ständigen Wechselspiels von Assimilation und Akkommodation. Die Assimilation bewahrt und erweitert das Bestehende und verbindet so die Gegenwart mit der Vergangenheit, und die Akkommodation entsteht aus Problemen, die die Umwelt aufgibt, also aus Informationen, die

11 Geben Sie ein Beispiel zur Veranschaulichung von Assimilation und Akkommodation.

12 Wie heißen die 4 qualitativ verschiedenen Stufen, die Piaget zur globalen Einteilung der kognitiven Entwicklung unterschied?

13 Was versteht man unter Objektpermanenz? Beschreiben Sie die Entwicklung der Objektpermanz in den ersten beiden Lebensjahren.

14 Zentrierung ist ein Merkmal des präoperationalen Denkens. Was versteht man darunter?

---

nicht zu dem passen, was man weiß und denkt. Bei der Assimilation wird die Information, die das Individuum aufnimmt, so verändert, daß sie sich in vorhandene Schemata einfügt. Bei der Akkommodation werden die Schemata selbst verändert, um der Information angemessen zu sein oder um nicht zu anderen Schemata oder der Gesamtstruktur im Widerspruch zu stehen.

11 Zur Veranschaulichung von Assimilation und Akkommodation kann man die Anpassungen betrachten, die vom Baby beim Übergang vom Trinken an der Brust zum Trinken aus der Flasche und schließlich zum Trinken aus der Tasse verlangt werden. Die Saugreaktion ist zu Anfang, wie oben dargestellt wurde, ein angeborener Reflex. Während es sich an die Flasche gewöhnt, kann das Baby immer noch viele Teile dieser Reaktionssequenz in unveränderter Weise benutzen – es assimiliert die Flasche an das Saugschema. Gleichzeitig jedoch muß es den Schnuller etwas anders in den Mund nehmen und daran saugen, und es muß lernen, die Flasche im passenden Winkel zu halten (Akkommodation). Der Schritt von der Flasche zum Becher erfordert mehr Akkommodation, basiert aber immer noch auf den alten Fähigkeiten, Flüssigkeit zu saugen und zu schlucken.

12 Piaget nannte die Stufen:
- die sensomotorische Stufe (Säuglingsalter),
- die Stufe des präoperationalen oder intuitiv-anschaulichen Denkens (Kindergarten- und Vorschulalter),
- die Stufe der konkreten Denkoperationen (Grundschulalter),
- und die Stufe der formalen Denkoperationen (ab dem Jugendalter).

13 Wenn Kinder Objektpermanenz erworben haben, bedeutet dies, daß sie über eine innere symbolische Repräsentation eines Gegenstandes verfügen, die unabhängig von ihrer Wahrnehmung oder ihrer Handlung ist. Bereits kurz nach der Geburt folgt der Säugling einem bewegten Objekt mit den Augen. Mit 2–3 Monaten betrachtet er die Stelle, an der ein Objekt aus dem Blickfeld verschwunden ist. Mit 4–8 Monaten erwartet er das Wiederauftauchen eines versteckt bewegten Gegenstandes oder sucht mit Blicken nach ihm. Als nächstes findet er den Gegenstand, selbst wenn er ihn nicht sehen kann, unter zunehmend schwierigeren Bedingungen (8–18 Monate). Im Alter von etwa 2 Jahren »wird das Kind erwartungsvoll lächeln und dann jedes mögliche Versteck systematisch absuchen ... es wird spontan das Versteckspiel umdrehen und nun den Erwachsenen suchen lassen, was es versteckt hat ...«.

14 Das präoperationale Denken ist durch Zentrierung charakterisiert – die Aufmerksamkeit richtet sich auf einen einzigen Gegenstand oder ein einzelnes Merkmal. Das Kind kann nicht mehr als einen Wahrnehmungsgesichtspunkt gleichzeitig berücksichtigen. Die Zentrierung ist ein Aspekt des Egozentrismus. Egozentrismus meint hier nicht Ichbezogenheit, sondern die Schwierigkeit, sich eine Szene aus der Sicht eines anderen vorzustellen.

15 Ein typisches Merkmal des konkret-operationalen Denkens ist das Verständnis von sog. quantitativen Invarianzen (Erhaltungen). Beschreiben Sie dazu Piagets »Umschüttaufgabe«.

15 Piagets klassische Studie zur Invarianz von Flüssigkeiten wird manchmal auch vereinfachend als »Umschüttaufgabe« bezeichnet. Wenn die gleiche Menge einer Flüssigkeit, z. B. Limonade, in 2 Gläser gegossen wird, berichten alle 5, 6 und 7 Jahre alten Kinder, daß beide Gläser gleich viel enthalten. Wird jedoch die Limonade aus einem der beiden Gläser in ein anders geformtes höheres und schmaleres Glas umgegossen, gehen die Meinungen, darüber, ob es immer noch gleich viel Limonade ist, auseinander. Die 5jährigen wissen zwar, daß sich im schmalen hohen Glas immer noch dieselbe Limonade befindet (qualitative Invarianz). Sie glauben aber, daß es irgendwie mehr geworden sei. Die 6jährigen sind sich zwar unsicher, sagen aber auch, in dem hohen Glas sei mehr drin. Die 7jährigen »wissen«, daß es keinen Unterschied gibt. Die jüngeren Kinder verlassen sich noch auf den Augenschein, die älteren vertrauen jetzt auf eine Regel. Sie berücksichtigen auch 2 Dimensionen, Höhe und Breite. Die jüngeren Kinder hingegen richten sich allein nach der Höhe, einem normalerweise nützlichen Indikator für »mehr«. Anders gesagt: Die jüngeren Kinder zentrieren die Aufmerksamkeit auf nur eine Dimension der Flüssigkeit, während die konkret-operationalen Kinder ihre Aufmerksamkeit dezentriert (verteilt) haben.

16 Wodurch ist die letzte Stufe der kognitiven Entwicklung nach J. Piaget, die Stufe der formalen Operationen, gekennzeichnet?

16 Die letzte Stufe der kognitiven Entwicklung nach Piaget, die Stufe der formalen Operationen (Stufe des abstrakten Denkens), unterscheidet sich dadurch von der vorhergehenden, daß logische Operationen nun nicht mehr an konkrete Probleme gebunden sind. Der Heranwachsende ist jetzt fähig, mit Abstraktionen umzugehen, hypothetische Fragen zu stellen (Was wäre, wenn jemand Augen am Hinterkopf hätte?) und sich logische Beweise für abstrakte Probleme auszudenken.

17 Die aktuelle Forschung nimmt an, daß Piaget die kognitiven Fähigkeiten von Kindern unterschätzt hat. Welche 3 Gründe werden genannt?

17
• Da ihm moderne Untersuchungstechniken nicht zur Verfügung standen, war er auf einfachere Methoden der Beobachtung leicht zugänglichen Verhaltens angewiesen.
• Ein anderer Grund für Piagets Unterschätzung der kognitiven Kompetenz von Kindern liegt darin, daß er sich bei älteren Kindern stark auf die Beschreibungen verließ, die sie selbst für ihre Denkprozesse gaben. Kinder können aber durchaus etwas verstehen, ohne daß sie in der Lage sind, es auch zu erklären.
• Ein dritter Grund dafür, daß die Kompetenz von Kindern bei Piagets Aufgaben möglicherweise unterschätzt wurde, liegt darin, daß in diesen Aufgaben fast immer die Realität von Regeln und Begriffen (Konzepten) gegen den Augenschein ausgespielt wurde.

18 Was versteht man unter postformalem Denken?

18 Im Erwachsenenleben ist eine dynamischere, weniger abstrakte und weniger absolute Denkweise gefragt, ein Denken, das mit Inkonsistenzen, Widersprüchen und Mehrdeutigkeiten umgehen kann. Dieser pragmatische, der Welt zugewandte kognitive Stil wird als postformales Denken bezeichnet.

19 Als Antwort auf die unvermeidlichen Abbauprozesse im Alter schlagen Margret und Paul Baltes eine Strategie für erfogreiches Altern vor. Beschreiben Sie diese Strategie und geben Sie ein Beispiel.

19 Diese Strategie für erfolgreiches Altern, wie sie von Paul Baltes und Margret Baltes vorgeschlagen wurde, wird als selektive Optimierung mit Kompensation bezeichnet.

Selektiv bedeutet, daß der alternde Mensch die Anzahl und die Breite seiner Ziele von sich aus reduziert. Optimierung bezieht sich darauf, besonders diejenigen Bereiche zu trainieren, die höchste Priorität haben. Kompensation bedeutet, daß er nach alternativen Wegen sucht, um mit dem Abbau fertigzuwerden – indem er etwa in einer altersgerechten Umgebung lebt.

Selektive Optimierung mit Kompensation – bei einem Konzertpianisten: Als der Konzertpianist Arthur Rubinstein in einem Fernsehinterview gefragt wurde, wie es ihm möglich sei, in seinem hohen Alter weiterhin ein so erfolgreicher Pianist zu bleiben, nannte er 3 Strategien:

- Erstens führe er im höheren Alter weniger Stücke auf,
- zweitens übe er jedes Stück häufiger
- und drittens setze er vor schnellen Abschnitten mehr Ritardandi (allmähliches Langsamerwerden) beim Spielen ein, so daß das Spieltempo sich schneller anhöre, als es in Wirklichkeit sei. Hier handelt es sich offenkundig um ein prägnantes Beispiel für Selektion (weniger Stücke), Optimierung (mehr Üben) und Kompensation (verstärkter Einsatz von Tempounterschieden).

20 Wie führen Eltern ihre Kinder intuitiv in die Sprache ein?

20 Sie unterhalten sich mit ihren Kindern schon sehr früh in sog. Protodialogen, also elementarsten Formen von Dialogen. Die Eltern unterbrechen ihre an den Säugling gewandten Sprachäußerungen immer wieder, damit er antworten kann. Sie werden alles, was das Baby in der Sprechpause der Eltern einbringt, als vollgültige Antwort akzeptieren, sogar Rülpsen oder Niesen. Unter der Voraussetzung, daß ihnen diese Hilfestellung gegeben wird, kommunizieren Babys weit vor der Zeit, in der sie zu sprechen anfangen oder mit der Zeichensprache beginnen.

21 Wie kann man sich den Erwerb von Wortbedeutungen vorstellen?

21 Man kommt dem Rätsel des Bedeutungserwerbs auf die Spur, wenn man das Kind in Analogie zum Wissenschaftler sieht. Die erste Gemeinsamkeit besteht darin, daß beide Hypothesen darüber entwerfen, was jedes neue Wort bedeuten könnte. Eine weitere Gemeinsamkeit liegt darin, daß beide das bisher Gelernte nutzen, um sich weitere Bedeutungen anzueignen.

22 Wie erklärt Noam Chomsky den Erwerb der Grammatik?

22 Der Linguist Noam Chomsky (1965; 1975) behauptet, daß Kinder mit mentalen Strukturen auf die Welt kommen, die Sprachverstehen und Sprachproduktion begünstigen. Die stärkste Stützung der Annahme einer derartigen biologischen Grundlage der Grammatik ergibt sich aus der Tatsache, daß Kinder vollständige grammatische Strukturen erwerben, obwohl sie in ihrer Umwelt oftmals grammatisch inkorrekte Sprachäußerungen hören.

23 Welche 4 Bindungsqualitäten können im Fremde-Situation-Test unterschieden werden?

23 Aufgrund der sorgfältigen Analyse des Verhaltens der Kinder in diesen Situationen unterscheiden Ainsworth und Mitarbeiter 4 Bindungsqualitäten: Kinder mit sicherer Bindung, mit ablehnend-unsicherer Bindung, mit ambivalent-unsicherer Bindung und mit desorganisiert-unsicherer Bindung.

- Kinder mit sicherer Bindung zeigen eine gewisse Verstörtheit, wenn die Mutter aus dem Zimmer geht. Sie suchen Nähe und Kontakt, sie wollen beruhigt werden und fangen nach der Rückkehr der Mutter allmählich wieder an zu spielen.
- Kinder mit ablehnend-unsicherer Bindung scheinen auf Distanz zu gehen. Das kann so weit gehen, daß sie die Mutter nach ihrer Rückkehr aktiv meiden und ignorieren.
- Ambivalent-unsicher gebundene Kinder geraten ziemlich durcheinander und werden ängstlich, wenn die Mutter den Raum verläßt. Kehrt sie zurück, lassen sie sich nicht beruhigen und zeigen Ärger und Widerstand gegen die Mutter. Gleichzeitig bringen sie aber auch den Wunsch nach Körperkontakt zum Ausdruck.
- Kinder mit desorganisiert-unsicherer Bindung verhalten sich verwirrt und konfus, wenn die Mutter wieder da ist. Nach ihrer Rückkehr hören sie möglicherweise vollständig auf, sich zu bewegen, oder sie legen widersprüchliche Verhaltensweisen an den Tag. Sie sehen beispielsweise beim Kontakt mit der Mutter weg.

24 Erläutern Sie verschiedene Erziehungsstile. Welcher Erziehungsstil hat sich als günstig und welcher als am wenigsten günstig für die Entwicklung von Kindern erwiesen?

24 • Beim autoritären Erziehungsstil steht im Vordergrund, daß die Eltern, ohne groß die Selbständigkeit des Kindes zu beachten, strikte Disziplinierungsmaßnahmen anwenden.
- Beim nachgiebigen Erziehungsstil gelingt es den Eltern nicht, den Kindern dabei zu helfen, daß sie etwas über die sozialen Rollen lernen, mit denen sie leben müssen.
- Am nachteiligsten ist die vernachlässigende Erziehung, bei der in unseliger Weise wenig Lenkung und emotionales Desinteresse am Kind kombiniert werden.
- Als günstig für die Entwicklung von Kindern hat sich ein Erziehungsstil erwiesen, der ein hohes Maß an »responsiveness« und »demandingness« kombiniert. Es hat sich eingebürgert, ihn auch im deutschen als autoritativen Erziehungsstil zu bezeichnen. Autoritative Eltern stellen angemessene Anforderungen an ihre Kinder – sie fordern, daß sie angemessene Verhaltensmaßregeln einhalten; sie zeigen ihnen gegenüber aber auch eine gewisse Aufmerksamkeit – sie lassen die Kommunikationskanäle offen, um bei ihren Kindern die Fähigkeit zur Selbstregulierung zu fördern.

25 Worin zeigen sich beim Elternverhalten Geschlechtsrollenstereotypen?

25 Eltern kleiden ihre Söhne und Töchter unterschiedlich, geben ihnen unterschiedliche Spielsachen und kommunizieren auf unterschiedliche Weise mit ihnen. Beispielsweise nehmen Eltern ihre Söhne öfter auf den Arm, geben ihnen mehr körperliche Anregung, schenken ihren Lautäußerungen mehr Aufmerksamkeit und beachten stärker ihre Wünsche, gefüttert zu werden. In der späteren Kindheit belohnen Erwachsene Kinder für Verhaltensweisen, die der Geschlechtsrolle angemessen sind und bestrafen sie für Handlungen, die nonkonform mit der Geschlechtsrolle sind. Vor allem Jungen stoßen bei ihren Vätern auf starke negative Reaktionen, wenn sie Verhalten zeigen, das für Mädchen typisch ist. Schließlich haben Eltern gegenüber ihren Söhnen und Töchtern unterschiedliche Erwartungen.

26 Welche Aufgaben sind für die Identitätsentwicklung im Jugendalter zentral?

26 Die Identitätsentwicklung verlangt vom Jugendlichen im Endeffekt, daß er unabhängige Konzeptionen von seinen Rechten und Pflichten aufbaut. Diese sollen einerseits offen und empfänglich für die Vorstellungen der Eltern und der Peers, andererseits aber nicht nur deren Abbild sein. Für die Identitätsbildung zentral sind Aufgaben wie die Einschätzung der eigenen Fähigkeiten und Interessen, die Kenntnis realistischer Alternativen und die Fähigkeit, eine Entscheidung zu treffen und sie in die Tat umzusetzen.

27 Wie beschreibt Erikson Intimität?

27 Erikson beschreibt Intimität als die Fähigkeit zur festen Bindung an eine andere Person – sexuell, emotional und moralisch. Intimität, zu der es sowohl in Freundschaften als auch in Liebesbeziehungen kommen kann, setzt Offenheit voraus, aber auch Mut, moralische Stärke und die Fähigkeit, Kompromisse bei den eigenen persönlichen Vorlieben einzugehen.

28 Beschreiben Sie die Abfolge der in der Forschung gefundenen Trauerphasen.

28 Der ersten Phase, dem Schock, folgt eine Phase der Sehnsucht, die durch den Wunsch gekennzeichnet ist, mit dem Verstorbenen zusammen zu sein. Die dritte wichtige Reaktion ist eine Phase der Depression mit einer Verzweiflung über den Verlust, manchmal gekoppelt mit irrationalem Ärger und Verwirrung. Die letzte Trauerphase schließlich ist die Erholungsphase, in der der Tod in eine bedeutungsvolle Perspektive gerückt wird.

29 Welches sind die 3 Entwicklungsniveaus des moralischen Urteilens nach Kohlberg und welche Sichtweise (soziomoralische Perspektive) des Individuums liegt jedem Niveau zugrunde?

29
- Auf dem präkonventionellen Niveau werden moralische Fragen unter dem Gesichtspunkt des individuellen Nutzens beurteilt. Ein Kind im Vorschulalter hält sich z. B. an die Norm, einem anderen Kind nichts wegzunehmen, weil es sonst bestraft würde. Oder es teilt Spielsachen mit einem anderen Kind, weil es hofft, bei der nächsten Gelegenheit ebenfalls etwas abzubekommen.
- Auf dem konventionellen Niveau werden moralische Angelegenheiten danach beurteilt, inwieweit die Verletzung oder Einhaltung von Normen für das Zusammenleben der Menschen unverzichtbar ist. Beispielsweise muß man Versprechen halten, weil Menschen einander sonst nicht vertrauen können. Oder man muß sich an das Gesetz »Du sollst nicht stehlen« halten, weil dieses Gesetz den Mitgliedern der Gesellschaft die Unversehrtheit des Eigentums garantiert.
- Auf dem postkonventionellen Niveau wird bei moralischen Urteilen eine der Gesellschaft vorgeordnete soziomoralische Perspektive eingenommen. Die Person hat nun individuelle moralische Prinzipien entwickelt, woran sie nicht nur ihr eigenes Handeln mißt, sondern auch beurteilt, ob Gesetze für sie Gültigkeit haben.

30 Welchen Gedanken brachte Gilligan in die Diskussion der moralischen Entwicklung ein und wie wird er heute bewertet?

30 Gilligan brachte den Gedanken ein, daß die moralische Entwicklung von Frauen auf dem Standard der Fürsorge für andere beruht und zu einer Stufe der Selbstverwirklichung fortschreitet, während Männer ihre Argumentation auf einen Standard der Gerechtigkeit beziehen. Es spricht alles dafür, daß sich moralische Urteile bei Männern und Frauen als eine Mischung aus Überlegungen zur Gerechtigkeit und zur Fürsorge charakterisieren lassen. Diese Mischung wird über den größten Teil der Lebensspanne hinweg erhalten bleiben.

11 Persönlichkeit

Denken Sie doch einmal zurück an Ihren letzten Konflikt mit einem guten Freund. Worum ging es? Konnten Sie sich schließlich einigen, oder hatten Sie das Gefühl, daß Sie an manche Dinge völlig verschieden herangehen? War letzteres der Fall, so mag Sie die Auseinandersetzung abermals davon überzeugt haben, daß Menschen nicht nur verschiedene Meinungen, sondern auch grundsätzlich verschiedene *Persönlichkeiten* haben. Vielleicht haben Sie im Verlaufe des Konflikts zu Ihrem Freund auch etwas gesagt wie »Das würde ich niemals tun«, »Daran würde ich nicht einmal denken« oder »So bin ich nun einmal nicht«. Jedesmal, wenn Sie mit einem anderen Menschen in Interaktion treten, besonders bei Konflikten, erfahren Sie Ihre individuelle Einzigartigkeit.

Vielleicht haben Sie aus diesen Erfahrungen bereits weitgehende Vorstellungen darüber entwickelt, wie die Persönlichkeit auf menschliches Erleben und Handeln Einfluß nimmt. Wie sieht Ihre Persönlichkeitstheorie aus? Denken Sie jetzt einmal an jemanden, dem Sie wirklich vertrauen. Denken Sie dann an jemanden, den Sie persönlich kennen und der ein Vorbild für Sie darstellt. Stellen Sie sich nun zuerst die Eigenschaften einer Person vor, mit der Sie Ihr ganzes Leben zusammen verbringen möchten, und dann jemanden, den Sie überhaupt nicht um sich haben können. Was Ihnen jedesmal sofort in den Sinn kommt, sind persönliche Attribute (Eigenschaften) wie Redlichkeit, Zuverlässigkeit, Großzügigkeit, Aggressivität, Launenhaftigkeit oder Pessimismus. Schon als Kind hat man ein System zur Beschreibung und Bewertung der Persönlichkeit entwickelt, und man hat gelernt, es anzuwenden. Sie haben damals gelernt, wer in der neuen Schulklasse Freund oder Feind ist, und Sie haben auch gelernt, mit Eltern und Lehrern zurechtzukommen, weil Sie in deren Persönlichkeit lesen konnten.

In diesem Kapitel möchten wir Ihnen einen Rahmen zum Verständnis Ihrer alltäglichen Erfahrungen mit der eigenen Persönlichkeit und den Persönlichkeiten anderer Menschen vermitteln. Dabei werden wir den Schwerpunkt auf *Persönlichkeitstheorien* legen. Bevor wir aber damit beginnen, möchten wir Ihnen eine Reihe von Fragen stellen:

- Wenn Psychologen Sie beschreiben wollten, welches Bild Ihrer Persönlichkeit würden sie entwerfen?
- Welche frühkindlichen Erfahrungen würden Psychologen wohl für die Art und Weise, wie Sie jetzt als Erwachsener denken und handeln, verantwortlich halten?
- Welche aktuellen Lebensbedingungen üben einen starken Einfluß auf Ihr Erleben und Verhalten aus?
- Was unterscheidet Sie von denjenigen Ihrer Bekannten, die sich in vielen Situationen ähnlich wie Sie verhalten?

Am Ende dieses Kapitels sollten Sie in der Lage sein, alle diese Fragen besser zu beantworten.

11.1
Was ist Persönlichkeit?

Es gibt zwar eine ganze Reihe von Definitionen für **Persönlichkeit**, aber allen gemeinsam sind die Konzepte der Einzigartigkeit und des charakteristischen (konsistenten) Verhaltens.

> ❗ Persönlichkeit bezieht sich auf die einzigartigen psychologischen Merkmale eines Individuums, die eine Vielzahl von (offenen und verdeckten) charakteristischen konsistenten Verhaltensmustern in verschiedenen Situationen und zu verschiedenen Zeitpunkten beeinflussen.

Obwohl nicht geklärt ist, wie konsistent das Verhalten von Menschen zu verschiedenen Zeiten und in verschiedenen Situationen wirklich ist, nehmen die meisten Persönlichkeitstheoretiker an, daß ein beträchtliches Maß an **Konsistenz** existiert. In Tabelle 11.1 sind die wichtigsten Begriffe zusammengestellt, die von Psychologen bei der Persönlichkeitsbeschreibung benutzt werden.

Grundsätzlich gibt es 2 verschiedene Strategien zur Erforschung der Persönlichkeit: den idiographischen und den nomothetischen Ansatz.

- Einige Forscher, die den **idiographischen Ansatz** bevorzugen, benutzen etwa Fallstudien (Einzelfallanalysen), um die einzigartigen Merkmale einer Person zu ermitteln. Bei diesem Ansatz werden die Persönlichkeitseigenschaften eines jeden Menschen als einzigartig angesehen, weil sie – abhängig vom Gesamtmuster seiner Eigenschaften – bei jedem anders wirksam sind. Werden Durchschnittswerte aus den Eigenschaftsausprägungen verschiedener Personen gebildet, um z. B. Gruppenkennwerte oder Korrelationen zu berechnen, so geht die Einzigartigkeit verloren.
- Den Gegensatz zum idiographischen bildet der **nomothetische Ansatz**. Es wird angenommen, daß universelle, allen gemeinsame Eigenschaftsdimensionen die Grundstruktur der Persönlichkeit bilden. Nach dieser Auffassung unterscheiden sich Individuen nur in dem Ausmaß von Persönlichkeitseigenschaften. Beim nomothetischen Ansatz wird versucht, eine universelle, gesetzmäßige Beziehung zwischen verschiedenen Aspekten der Persönlichkeit, etwa den Eigenschaften, mittels der korrelativen Methode herzustellen.

Persönlichkeitstheorien sind Gefüge von Annahmen über die Struktur und Funktion individueller Persönlichkeiten. Sie dienen erstens dazu, verschiedene Aspekte der Persönlichkeit – ihre Geschichte, ihre Korrelate und ihre Konsequenzen – zu verstehen; und zweitens wollen Psychologen auf der Grundlage des aktuellen Wissens über die Persönlichkeit Vorhersagen treffen.

Verschiedene Theorien ermöglichen jedoch unterschiedliche Vorhersagen darüber, wie sich Menschen unter bestimmten Bedingungen verhalten werden. Die gegenwärtig existierenden Theorien können in 5 Kategorien geordnet werden:

- Typen- und Eigenschaftstheorien,
- psychodynamische Theorien,
- humanistische Theorien,
- kognitive und sozialkognitive Theorien,
- Theorien des Selbst.

Diese Vielfalt ergibt sich daraus, daß verschiedene Theoretiker die Komplexität der Psyche unter ganz unterschiedlichen Voraussetzungen analysieren. Sie benutzen verschiedene Analyseebenen und wählen bestimmte Variablen und Prozesse als besonders wichtig aus.

11.2
Typologien und Eigenschaftstheorien

Zwei der ältesten Ansätze der Persönlichkeitsbeschreibung bestehen darin, Menschen in eine begrenzte Anzahl von Typen einzuordnen oder ihnen bestimmte Eigenschaften zuzuschreiben, die in unterschiedlichen Ausprägungen allen Menschen eigen sind. Wir wollen im folgenden den Beitrag dieser beiden Vorstellungen zum Verständnis der Persönlichkeit prüfen.

11.2.1
Persönlichkeitstypen

Im Alltag teilen wir Menschen ständig nach leicht faßbaren Unterscheidungsmerkmalen wie Geschlecht, Rasse und Beruf in Kategorien ein. Psychologen gruppieren Menschen außerdem nach Persönlichkeitstypen.

> ❗ **Persönlichkeitstypen** sind voneinander abgegrenzte Muster von Persönlichkeitsmerkmalen. Bei einem typologischen Ansatz werden Menschen auf der Grundlage dieser Muster in Kategorien eingeordnet.

Tabelle 11.1. Begriffe für die wissenschaftliche Beschreibung der Persönlichkeit. (Nach Corsini 1977)

Begriff	Definition	Beispiel
Temperament	Biologisch gegebene typische Reaktionsweise. Es zeigt sich schon bei oder kurz nach der Geburt und äußert sich vor allem in der Emotionalität und im Aktivitätsniveau.	Manche Neugeborene sind erregbar und aktiv, andere zeigen ein ruhiges und passives Temperament.
Eigenschaft (»trait«)	Eine konstante, überdauernde und spezifische Art des Verhaltens. Sie kann entlang eines Kontinuums gemessen werden und wird sowohl zur Beschreibung von einzelnen Personen als auch zur Vorhersage ihres zukünftigen Verhaltens benutzt.	Ein Mensch, der für gemeinnützige Organisationen spendet, Freunden, die in Not geraten sind, Geld gibt und einem wichtigen Anliegen Zeit opfert, kann als Person beschrieben werden, deren Eigenschaft »Großzügigkeit« einen hohen Wert erreicht.
Typ	Eine abgegrenzte Kategorie, der Menschen zugeordnet werden können, die ein bestimmtes Muster von Eigenschaften aufweisen.	Menschen vom »Typ A« neigen zu Herzkrankheiten, weil sie auf eine typische Weise mit den Herausforderungen des Lebens umgehen.
Disposition	Eine Neigung oder eine Bereitschaft »in« einer Person, auf eine gegebene Situation in einer charakteristischen Weise zu reagieren. In Diskussionen über dispositionale vs. situative Verhaltenserklärungen ist Disposition gleichbedeutend mit »trait«.	Einer Person, die oft lächelt, sich freundlich und wohlwollend äußert oder zuhört, spricht man eine »Disposition zur Freundlichkeit« zu.
Charakter	Dieser Begriff ist fast gleichbedeutend mit *Persönlichkeit*, wenn er benutzt wird, um auf das gesamte Muster regelmäßig wiederkehrender Verhaltensweisen einer Person zu verweisen. Wird er hingegen zur Bewertung der *Qualität* der Persönlichkeit benutzt, so impliziert er ein Urteil über die Moral, die Werte und andere Attribute der Person.	Empfehlungsschreiben verweisen üblicherweise auf den vertrauenswürdigen oder emotional stabilen Charakter einer Person.
Charaktertypen	Werden in einigen Theorien verwendet, um identifizierbare Verhaltensmuster von Erwachsenen zu beschreiben, die sich früh im Leben gebildet haben und um bestimmte Themen organisiert sind.	Der orale und der anale Charaktertyp nach der Theorie Freuds.
Zustand (»state«)	Ein subjektives, bewußt erlebtes Muster von bestimmten Gefühlen. Es wird von einer Erregung des autonomen Nervensystems oder von kognitiven Prozessen begleitet. Im Vergleich zu einer Eigenschaft (»trait«) ist ein Zustand (»state«) eher ein vorübergehendes Phänomen.	Sich für eine Prüfung nicht vorbereitet zu haben, führt zu einem Zustand der Besorgnis; bei *allen* Prüfungen die Nerven zu verlieren, ist ein Anzeichen der Eigenschaft Prüfungsangst.
Stimmung	Ein ausgedehnter emotionaler Zustand, der sowohl die Lebensauffassung einer Person als auch ihr Auftreten für eine gewisse Zeit bestimmen kann.	Erfolg führt zu Euphorie, Mißerfolg hingegen versetzt uns in depressive oder gereizte Stimmung.
Gewohnheit (»habit«)	Eine erlernte Verhaltensweise, die relativ festgelegt ist und in bestimmten Situationen mit hoher Verläßlichkeit auftritt.	Ein Boxer kann etwa die *Gewohnheit* haben, vor jeder Runde des Kampfes ein Kreuz zu schlagen.
Einstellung	Eine erlernte Neigung, Klassen von Gegenständen oder Menschen in Abhängigkeit von den eigenen Überzeugungen und Gefühlen günstig oder ungünstig zu bewerten.	Autoritäre Menschen haben oft vorurteilsbehaftete Einstellungen gegenüber Minderheiten.
Werte	Etwas, was der einzelne als wichtig und lohnend einzuschätzen lernt. Ein Wert kann ein Lebensprinzip sein oder etwas, was man erreichen oder erhalten möchte.	Für autoritäre Persönlichkeiten sind Ordnung und Macht wichtige Werte.

Diese Kategorien überschneiden sich nicht: Ist eine Person einer Kategorie zugeordnet, beispielsweise nach körperlichen Eigenschaften, Beruf oder Geschlecht, so ist sie in anderen Kategorien nicht zu finden. Persönlichkeitstypen sind Alles-oder-Nichts-Phänomene, sie unterliegen keiner Abstufung.

Eine der frühesten Typologien wurde im 5. Jahrhundert v. Chr. von Hippokrates vorgeschlagen. Er stellte die Theorie auf, daß der Körper 4 Flüssigkeiten (»humores«) enthält, von denen jede mit einem bestimmten Temperament zusammenhängt. Die Persönlichkeit eines Individuums hängt davon ab, welche dieser 4 Körperflüssigkeiten vorherrscht. Hippokrates stellte Körperflüssigkeiten und Temperamente wie folgt zusammen:

- Blut – Sanguinisches Temperament, heiter und aktiv,
- Phlegma (Schleim) – Phlegmatisches Temperament, teilnahmslos und schwerfällig,
- schwarze Gallenflüssigkeit – Melancholisches Temperament, traurig und grüblerisch,
- gelbe Gallenflüssigkeit – Cholerisches Temperament, reiz- und erregbar.

Zwar hält diese Typologie den Kriterien, die wir heute an Theorien anlegen, nicht stand, aber viele Jahrhunderte lang wurde sie als korrekt akzeptiert.

Eine andere bekannte Typologie stammt vom amerikanischen Arzt William Sheldon (1942), der Körperbau und Temperament einander zuordnete. Er teilte Menschen nach ihrem Körperbau (den »Somatotypen«) in 3 Kategorien, die sog. Konstitutionstypen, ein:

- endomorph: dick, weich, rund,
- mesomorph: muskulös, rechteckig, stark,
- ektomorph: dünn, lang, zerbrechlich.

Sheldon glaubte, daß zwischen den Körperbautypen (oder Konstitutionstypen) und bestimmten Persönlichkeitseigenschaften, Aktivitäten und Präferenzen eindeutige Zusammenhänge bestehen:

- Endomorphe sind entspannte Menschen, die gern essen, gesellig sind und auf ihren Bauch hören.
- Mesomorphe sind körperlich fit, voller Energie, mutig und selbstsicher.
- Ektomorphe sind eher kopflastig, künstlerisch und introvertiert – Menschen, die mehr über das Leben nachdenken, als daß sie es ausschöpfen oder gestalten.

Obzwar bestechend in ihrer Einfachheit, hat Sheldons Typologie sich jedoch als von geringem Wert für die Vorhersage individuellen Verhaltens auf der Grundlage des Körperbaus erwiesen – wenn man einmal die Stereotype, die die Wahrnehmungen der meisten Menschen beeinflussen, ausschaltet (Tyler 1965). Außerdem ist es bei vielen Menschen schwierig, sie dem einen oder anderen Typus zuzuordnen – sie scheinen eher als »Mischform« zwischen die reinen Typen zu fallen.

In Abschn. 8.6 sind wir auf aktuelle Studien zum Zusammenhang von Persönlichkeit und Krankheitsrisiko eingegangen. Wir sahen, daß Personen mit Typ-A-Verhalten ein erhöhtes Risiko für Erkrankungen der Herzkranzgefäße aufweisen; bei Personen mit Typ-C-Verhalten ist hingegen die Wahrscheinlichkeit erhöht, daß sie an einem sich schnell ausbreitenden Krebs erkranken. In beiden Fällen wurde der »Typ« durch ein besonderes Verhaltensmuster definiert. Was Personen des Typs A dem Risiko eines Herzinfarkts aussetzt, ist ein konsistent feindseliges Verhalten in interpersonalen Beziehungen (Adler u. Matthews 1994; Smith 1992). Typ-C-Personen zeigen ihre negativen Gefühle nicht und sind durchgängig folgsam (Eysenck 1988; Temoshok 1990; Temoshok u. Dreher 1992).

> **!** Haben Forscher eine Person als dem Typ A oder Typ C (oder auch dem »neutralen« Typ B) zugehörig identifiziert, so können sie auf dieser Grundlage Vorhersagen machen, beispielsweise über die zukünftige Erkrankungswahrscheinlichkeit. Man darf dabei aber nicht vergessen, daß Typ A, B und C dennoch *veränderbare* Merkmale sind – man ist nicht sein ganzes Leben lang notwendigerweise auf diesen Persönlichkeitstyp festgelegt.

Kennen Sie Menschen, die Sie dem einen oder anderen Typ zuordnen würden? Wird diese Zuordnung allem gerecht, was Sie über die Person wissen? Typentheorien erscheinen oft als relativ starke Vergröberungen. Lassen Sie uns deshalb nun zu Persönlichkeitstheorien übergehen, die flexibler und differenzierter erscheinen: den Eigenschaftstheorien.

11.2.2 Persönlichkeitseigenschaften

Wie wir gesehen haben, teilen Typentheorien die Menschen in **getrennte, diskontinuierliche Kategorien** ein, etwa die Typen A, B und C. Im Gegensatz dazu nehmen die Eigenschaftstheorien **kontinuierliche Dimensionen** an, wie etwa Intelligenz oder Freundlichkeit, um Menschen zu beschreiben.

> ! **Eigenschaften** (auch im Deutschen: **Traits**) sind generalisierte Handlungstendenzen, über die Menschen in unterschiedlichem Maße verfügen. Sie geben dem Verhalten einer Person in verschiedenen Situationen und im Zeitverlauf Kohärenz.

Beispielsweise könnte sich Ihre Ehrlichkeit darin zeigen, daß sie heute eine gefundene Brieftasche im Fundbüro abliefern und morgen bei einer Prüfung nicht mogeln. Manche »Eigenschaftstheoretiker« nehmen sogar an, daß es sich bei Eigenschaften um die Prädispositionen handelt, die Verhalten *verursachen*. Hauptsächlich aber wird in ihnen nicht mehr gesehen als Beschreibungsdimensionen, die dazu dienen, Verhaltensmuster zusammenzufassen.

Allports Ansatz

Gordon Allport (1937, 1961, 1966) ist der bekannteste Vertreter des idiographischen Eigenschaftsansatzes.

> ! Der **idiographische Eigenschaftsansatz** nimmt an, daß jede Person eine einmalige Kombination von Persönlichkeitseigenschaften aufweist. Eigenschaften sind gleichermaßen die Bausteine der Persönlichkeit und die Quelle der Individualität.

Allport verfocht den idiographischen Ansatz als Mittel zur Wahrung eines Verständnisses der Ganzheit und der Einzigartigkeit jeder individuellen Persönlichkeit. Diese Perspektive hat unmittelbar methodische Konsequenzen: Sie erfordert die intensive Untersuchung einzelner Individuen, etwa das Studium ihres Lebenslaufes (vgl. Abschn. 11.6 sowie Jüttemann u. Thomae 1987 zu dieser »biographischen Methode«).

Nach Allport sorgen die Eigenschaften (Traits) für Kohärenz im Verhalten, weil sie die Reaktionen einer Person auf eine Vielzahl von Informationen verbinden und vereinheitlichen. Sie bringen die Konsistenz des Verhaltens hervor, denn sie sind überdauernde und generelle (allgemeine) Attribute der Person, die einen breiten Bereich umfassen. Mit anderen Worten, sie verbinden und vereinheitlichen die Reaktionen einer Person auf eine ganze Reihe von Reizen. Traits können auch als **intervenierende Variablen** aufgefaßt werden, die Stimuli und Reaktionen verbinden, die auf den ersten Blick nur wenig miteinander zu tun haben (vgl. Abschn. 1.1). **Abb. 11.1** verdeutlicht diese Funktion von Persönlichkeitseigenschaften am Beispiel der Schüchternheit.

Allport bestimmte 3 Arten von Eigenschaften:

- **Kardinaleigenschaften** sind die fundamentalen Charakterzüge, um welche die Person ihr Leben aufbaut. Für manche mag es dabei um Macht oder Leistung gehen, für andere um Opferbereitschaft. Nicht alle Menschen entwickeln jedoch Kardinaleigenschaften.
- **Zentrale Eigenschaften** haben wir uns als die wichtigeren Merkmale einer Person vorzustellen, wie Ehrlichkeit oder Gewissenhaftigkeit.
- **Sekundäre Eigenschaften** sind weniger wichtige Persönlichkeitsmerkmale, wie bestimmte Einstellungen, Vorlieben und Verhaltensweisen.

Nach Allport bilden diese 3 Arten von Eigenschaften die Struktur der Persönlichkeit, die wiederum das Verhalten des Individuums bestimmt. Allport betrachtete eher Persönlichkeitsstrukturen denn Umweltbedingungen als entscheidend für individuelles Verhalten. »Dasselbe Feuer, das die Butter schmilzt, kocht das Ei hart«, sagte er, um zu zeigen, daß die gleichen Reize sich auf verschiedene Menschen unterschiedlich auswirken

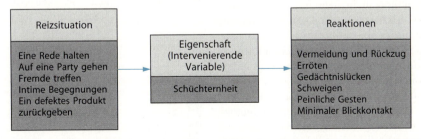

Abb. 11.1. Schüchternheit als Persönlichkeitsmerkmal. Eigenschaften (»traits«) können die Funktion von intervenierenden Variablen übernehmen sowie Stimuli und Reaktionen, die auf den ersten Blick nichts miteinander zu tun haben, in Beziehung setzen

können. Wenn er auch gemeinsame Eigenschaften, die von den einzelnen in einer bestimmten Kultur geteilt werden, anerkannte, so interessierte Allport sich doch am meisten für das Aufspüren der einzigartigen Charakterzüge, die jede Person zu einem besonderen einzelnen machen. Sein Argument:

Wir müssen die Grobschlächtigkeit und Unangemessenheit unserer universellen Dimensionen anerkennen. Dann können wir auch unsere Fähigkeit verbessern, (das Handeln von Menschen) zu verstehen, vorherzusagen und zu kontrollieren. Dadurch, daß wir lernen, mit der Individualität der Motive und der Einzigartigkeit der Persönlichkeit umzugehen, werden wir bessere Wissenschaftler, nicht schlechtere (Allport 1960, S. 148, eig. Übers.).

Moderne Ansätze

Als Allport und sein Kollege H. S. Odbert 1936 englische Wörterbücher durchforsteten, fanden sie über 18 000 Wörter, die im Englischen individuelle Unterschiede beschreiben. Seit der Zeit haben Forscher immer wieder versucht, die *grundlegenden* Dimensionen dieses enormen Eigenschaftsvokabulars herauszufinden. Die zentrale Frage lautet dabei: Wieviele und welche Dimensionen erlauben es Psychologen, eine zweckmäßige Charakterisierung aller Menschen zu geben?

Hans Eysenck (1973, 1990), ein führender Eigenschaftstheoretiker, leitete aus den Ergebnissen von Persönlichkeitstests 3 breite Dimensionen ab:

- Extraversion: Inwieweit ist eine Person nach innen oder nach außen orientiert?
- Neurotizismus: Inwieweit ist eine Person emotional stabil oder labil?
- Psychotizismus: Inwieweit ist eine Person freundlich und rücksichtsvoll oder aggressiv und antisozial?

Eysenck bezog die ersten beiden Dimensionen auf die oben beschriebene Temperamentstypologie von Hippokrates (s. Abb. 11.2). Er übernahm jedoch nicht die Diskontinuität von Typologien. Nach seiner Auffassung können Personen überall in dem in Abb. 11.2 aufgezeichneten Kreis plaziert sein, von einem Maximum an Extraversion bis zu einem Maximum an Introversion und von höchster Labilität (Neurotizismus) bis zu höchster Stabilität. Alle Orte auf dem Kreis sind mögliche Kombinationen der beiden Eigenschaften.

Eysenck hat angenommen, daß Unterschiede in den 3 grundlegenden Dimensionen genetische und biologische Ursachen haben (Eysenck 1990). Betrachten wir beispielsweise das natürliche kortikale Aktivierungsniveau (Erregungsniveau) für Extravertierte und Introver-

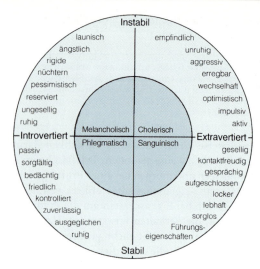

Abb. 11.2. Die 4 Quadranten von Eysencks Persönlichkeitszirkel

tierte. Eysenck vermutet, daß extravertierte Personen natürlicherweise ein niedriges Aktivierungsniveau aufweisen. Hingegen haben Introvertierte von Natur aus ein hohes Niveau. Als Folge davon reagieren Introvertierte stärker auf sensorische Stimulationen, und sie sind auch empfänglicher für Schmerzreize – wegen des üblicherweise hohen Erregungsniveaus können sie durch Stimulationen leicht übermannt werden. Extravertierte hingegen suchen als Folge ihres von Natur aus niedrigen Aktivierungsniveaus stimulierende soziale Situationen – sie benötigen sozusagen den Zusatzantrieb.

Die vorliegenden Resultate stützen Eysencks Theorie in vielen Aspekten. Dennoch: In jüngster Zeit hat sich in der Forschung ein Konsens darüber herausgebildet, daß 5 Faktoren die beste Beschreibung der Persönlichkeitsstruktur liefern (Wiggins u. Pincus 1992). Diese Persönlichkeitsfaktoren überlappen sich aber nur unvollkommen mit Eysencks 3 Basisdimensionen. Obwohl die 5 Faktoren nicht von allen Forschern akzeptiert werden (Eysenck 1992; Pervin 1994), sind sie heute doch der Prüfstein in den meisten Diskussionen über Eigenschaftsstrukturen.

> **!** Die 5 Dimensionen sind sehr breit gefaßt, denn jede von ihnen faßt eine Vielzahl von Eigenschaften mit individueller Note, aber gemeinsamem Thema zusammen. Diese 5 Dimensionen der Persönlichkeit werden heute als das Fünf-Faktoren-Modell oder – informeller – als »**die großen Fünf**« (»Big Five«) bezeichnet (Costa u. McCrae 1992a; Digman 1994).

Tabelle 11.2. Das Fünf-Faktoren-Modell der Persönlichkeit (»Die großen Fünf«)

Extraversion:		
Gesprächig, energiegeladen, bestimmt	⟷	Ruhig (»quiet«), reserviert, schüchtern
Verläßlichkeit:		
Verläßlich, freundlich, mitfühlend	⟷	Kalt, streitsüchtig, unbarmherzig
Gewissenhaftigkeit:		
Gut vorbereitet (»organisiert«), verantwortungsbewußt, vorsichtig	⟷	Sorglos, verantwortungslos, leichtfertig
Emotionale Stabilität oder Neurotizismus:		
Stabil, ruhig (»calm«), zufrieden	⟷	Besorgt, labil, launenhaft
Offenheit für Erfahrungen:		
Kreativ, intellektuell, offen	⟷	Einfach, oberflächlich, unintelligent

In Tabelle 11.2 beschreiben wir kurz jede der Dimensionen. Es ist zu beachten, daß sie bipolar sind. Bezeichnungen, die dem Namen des Faktors ähnlich sind, beschreiben den oberen Pol, Attribute, die ihm unähnlich sind, den unteren Pol der Dimension.

Die großen Fünf haben sich als »methodenstabil« erwiesen: Sie haben sich in Fragebogenstudien, bei Interviewerurteilen und bei Beurteilungsskalen bewährt (Costa u. McCrae 1992a; Digman 1990; Wiggins u. Pincus 1992). Sie sind in deutschen und holländischen Studien repliziert worden, und es gibt Hinweise darauf, daß sich die Eigenschaftsbegriffe aus nichtwestlichen Sprachen ebenfalls auf diese Dimensionen reduzieren lassen (John 1992).

> **!** Diese 5 Eigenschaftsdimensionen ersetzen jedoch nicht die Vielzahl der anderen Eigenschaftsbegriffe. Jeder Begriff hat seine spezifischen Bedeutungsnuancen. Sie liefern lediglich eine Taxonomie – ein Klassifikationssystem, das es uns erlaubt, von allen Menschen eine Beschreibung auf Dimensionen vorzunehmen, von denen wir wissen, daß sie wichtig sind.

Es muß auch betont werden, daß das Fünf-Faktoren-Modell weitgehend als Beschreibung (und nicht als Erklärung) zu verstehen ist. Sie sind bisher nicht mehr als das Ergebnis der statistischen Analyse von Eigenschaftsgruppen. Vertreter des Ansatzes arbeiten z. Z. an der Anbindung an erklärende Konzepte, indem sie die Dimensionen zu konsistenten Formen der Interaktion, die Menschen miteinander und mit der Umwelt im Laufe der Evolution gehabt haben können, in Beziehung setzen: ». . . die 5 Faktoren sind evtl. alternative Formen der Reaktion auf Lebenserfahrungen im sozialen Kontext« (Costa u. McCrae 1992a, S. 658; s. auch Zuckerman 1992). Eine evolutionäre Grundlage könnte dabei helfen, die Universalität der 5 Faktoren über verschiedene Kulturen zu erklären.

11.2.3
Eigenschaften und Vererbbarkeit

Sicherlich haben Sie schon Meinungen wie diese gehört: »Michael ist künstlerisch begabt, gerade so wie seine Mutter«, oder »Maria ist genauso dickköpfig wie ihr Großvater«. Vielleicht sind Sie selbst auch frustriert darüber, daß Sie dieselben Eigenheiten, die Sie bei Ihren Geschwistern irritierend finden, auch bei sich selbst beobachten können. Lassen Sie uns deshalb einen Blick auf die Resultate zur **Vererbbarkeit (Erblichkeit)** von Persönlichkeitseigenschaften werfen.

In Abschn. 2.1 hatten wir dargestellt, daß die Verhaltensgenetik untersucht, in welchem Ausmaß Persönlichkeitseigenschaften und Verhaltensmuster vererbt werden. Um zu bestimmen, wie groß der Effekt der Vererbung ist, werden die Persönlichkeitseigenschaften von Familienmitgliedern untersucht, die ein unterschiedliches Maß an gemeinsamen Genen haben und die im selben Haushalt oder in verschiedenen Haushalten aufgewachsen sind. Wenn beispielsweise ein Merkmal wie Geselligkeit genetisch weitergereicht wird, dann müßten die Ausprägungen dieses Merkmals zwischen eineiigen Zwillingen, die 100% der Gene teilen, stärker korrelieren als zwischen zweieiigen Zwillingen oder anderen Geschwistern (die im Durchschnitt 50% der Gene teilen). Aber Zwillinge und andere Geschwister wachsen normalerweise in ein und demselben Haushalt auf, und diese gemeinsame familiäre Umgebung müßte ebenfalls die Korrelation stärken.

Deshalb werden Adoptionsstudien benutzt, um zu vergleichen, in welchem Maße die Persönlichkeitsmerkmale von Kindern mit den Merkmalen ihrer leiblichen und ihrer Adoptiveltern korrelieren. Eine sehr effektive Strategie, um die genetischen Einflüsse und die Umwelteinflüsse auf die Persönlichkeit zu trennen, besteht darin, Zwillingspaare zu finden, von denen ein Teil zusammen in derselben Familie und der andere Teil getrennt aufgewachsen ist. Für jedes interessierende Persönlichkeitsmerkmal vergleichen die Forscher die Höhe der Korrelationen zwischen

- identischen (eineiigen) Zwillingen, die zusammen aufgewachsen sind,
- identischen Zwillingen, die getrennt aufgewachsen sind,
- zweieiigen Zwillingen, die zusammen aufgewachsen sind,
- zweieiigen Zwillingen, die getrennt aufgewachsen sind.

Mittels angemessener mathematischer Modelle kann aus der Höhe der Korrelationen der Prozentsatz der Erblichkeit der Eigenschaft ermittelt werden. Diese Information läßt zugleich Rückschlüsse darauf zu, in welchem Maße Unterschiede in diesem Trait auf die Umwelt zurückgeführt werden können.

> **!** Derartige Erblichkeitsstudien haben gezeigt, daß fast alle Persönlichkeitseigenschaften durch genetische Faktoren beeinflußt werden (Loehlin 1992). Dabei macht es keinen Unterschied, ob es sich um breite Merkmale wie Extraversion und Neurotizismus, oder um spezifische Eigenschaften wie Selbstkontrolle und Geselligkeit handelt; und diese Aussage gilt für Menschen aus verschiedenen Ländern und sozioökonomischen Milieus.

Schätzungen über das Ausmaß der Erblichkeit von individuellen Unterschieden in Persönlichkeitsmerkmalen variieren von 20% bis 60%. Obwohl der exakte Wert noch strittig ist, besteht unter Fachleuten aber kein Zweifel mehr daran, daß die Merkmale, die Ihre Eltern auf dem Wege über die Gene an Sie weitergereicht haben, einen gewichtigen Einfluß darauf nehmen, welche Person Sie sind und in Zukunft sein werden (Plomin et al. 1990).

Wie aber steht es um Lernen und Umwelteinflüsse? Müssen Menschen mit den Eigenschaften, die sie nun einmal geerbt haben, zurechtkommen? Wie Untersuchungen zeigen, hat auch die Umwelt einen nachhaltigen Einfluß auf die Persönlichkeit, wenn auch in anderer Weise, als man vielleicht erwartet. Verhaltensgenetiker teilen Umwelteinflüsse in 2 Kategorien ein:

- die *geteilte familiäre* Umgebung, die allen Kindern innerhalb einer Familie gemeinsam ist, und
- die *spezifische individuelle* Umgebung, die für jedes einzelne Kind verschieden ist.

Die traditionelle Auffassung lautete, daß geteilte familiäre Einflüsse, wie etwa das Einkommen, die Ausbildung der Eltern und der generelle elterliche Erziehungsstil dafür verantwortlich seien, daß Kinder in ein und derselben Familie einander ähnlicher sind, als wenn sie von verschiedenen Eltern aufgezogen würden.

> **!** Zwillings- und Adoptionsstudien haben aber in der Zwischenzeit gezeigt, daß der geteilte familiäre Einfluß nur sehr gering ist. Bei den meisten Eigenschaften sind *gemeinsam* aufgewachsene identische Zwillinge einander nicht ähnlicher als *getrennt* aufgewachsene identische Zwillinge.

Daher muß der Anteil der Persönlichkeitseigenschaften, der nicht mit genetischen Faktoren in Beziehung steht, auf die spezifische individuelle Umgebung zurückgeführt werden. Die Persönlichkeit wird durch die individuellen, idiosynkratischen Erfahrungen jedes Kindes geformt, wie etwa die spezifische Eltern-Kind-Beziehung, die besonderen Geschwisterbeziehungen und die individuellen Erfahrungen außerhalb des Elternhauses (Bouchard u. McGue 1990). Überlegen Sie doch einmal selbst: Warum hat wohl die geteilte familiäre Umgebung einen geringeren Einfluß auf Persönlichkeitseigenschaften als die spezifische individuelle Umgebung?

11.2.4
Erlauben Persönlichkeitseigenschaften Vorhersagen?

Suchen Sie bitte eine Eigenschaft aus, die Sie besonders gut kennzeichnet. Vielleicht nennen Sie uns die Freundlichkeit. Was wissen wir nun? Angenommen, es gilt die generelle Feststellung, daß Persönlichkeitseigenschaften uns Voraussagen über das Verhalten erlauben – welche Voraussage ist auf der Grundlage der Information, daß Sie als »sehr freundlich« eingestuft worden sind, möglich? Lassen Sie uns nun diese Frage untersuchen.

Das Paradox der Konsistenz

Bei der Besprechung der Wahrnehmungsprozesse in Abschn. 3.1 haben wir gesehen, daß der Versuch, der Unbeständigkeit unserer Erfahrung Stabilität und Konstanz zu verleihen, die menschliche Wahrnehmung kennzeichnet. Wäre es möglich, daß unsere Neigung, in der Persönlichkeit von Menschen **Konsistenz** wahrzunehmen, eine Fortsetzung dieses allgemeinen Organisationsprozesses ist, der die Welt für uns zusammenhängend, geordnet und leichter vorhersagbar macht? Es scheint dem »gesunden Menschenverstand« einzuleuchten, daß Menschen nach vorherrschenden Eigenschaften, die sie über unterschiedliche Situationen hinweg zeigen, beschrieben werden können. Wir alle kennen »gesellige«, »schüchterne« und »ehrliche« Menschen. Es gibt auch eine beachtliche Übereinstimmung hinsichtlich der Etikettierungen, die für bestimmte Menschen am besten passen.

In einer von McCrae (1982) durchgeführten Studie beurteilten Personen sich selbst anhand einer Liste von Eigenschaftsbeschreibungen. Außerdem wurden sie von ihren Ehepartnern beurteilt. Die Beurteilungen stimmten sehr gut überein: Wenn eine Person sich eine Eigenschaft zu- oder absprach, so machte das der Partner in der Regel genauso. Aus solchen übereinstimmenden *Beurteilungen* könnten wir den Schluß ziehen, daß der Grund dafür, daß wir bestimmte Leute als konsistent betrachten, einfach darin liegt, daß sie tatsächlich über Eigenschaften verfügen, die konsistent sind. Aber das wäre voreilig und unzutreffend. Im allgemeinen zeigen wir wenig Konsistenz: Versuche, das *Verhalten* von Menschen in bestimmten Situationen auf der Grundlage von Eigenschaftsausprägungen oder von Verhaltensbeobachtungen in anderen Situationen vorherzusagen, waren nicht von Erfolg gekrönt.

> **!** Dieser Sachverhalt, daß Eigenschaftsbeurteilungen verschiedener Beurteiler und zu verschiedenen Zeitpunkten sich als konsistent erwiesen haben, während Beobachtungen des Verhaltens in verschiedenen Situationen sich nicht als konsistent erwiesen haben, wird als das **Konsistenzparadox** bezeichnet.

Im Abschn. **Unter der Lupe** führen wir einige Gründe dafür an, warum wir im Alltag mehr Konsistenz »wahrnehmen«, als tatsächlich vorhanden ist.

Neuere Forschung zur Konsistenzannahme

Seit der Aufdeckung des Konsistenzparadoxes hat es eine lebhafte Forschung zur Konsistenzannahme gegeben (s. die Übersichtsartikel von Kenrick u. Funder 1988 sowie von Mischel 1990). Daraus hat sich die generelle Schlußfolgerung ergeben, daß die Inkonsistenz nur für *spezifische* Eigenschaften ein Problem ist. Es ist also eigentlich kein Paradox zur Frage der Inkonsistenz, sondern zum Problem der Analyseebenen – zur Verwendung spezifischer vs. zusammengefaßter Daten.

Eigenschaftstheoretiker haben bedeutsame Beziehungen zwischen Selbstbeschreibungen, Fremdbeobachtungen, Lebensereignissen und *generellen* Verhaltensmustern gefunden, weil alle diese Daten auf einer breiten Analyseebene angesiedelt sind. Auf diesem allgemeinen Niveau werden verschiedene Arten von Ereignissen und Erfahrungen, die über einen Zeitraum aufgetreten sind, in einem einzigen Punktwert, einem sog. Summenscore, zusammengefaßt. Umfassende Summenwerte erlauben es, eine Vielzahl von Phänomenen vorherzusagen, aber nur mit einer geringeren Genauigkeit als spezifische, feinabgestimmte Meßverfahren.

Angenommen, sie wollten etwas über Aggression im Kindesalter in Erfahrung bringen. Zu diesem Zweck könnten sie intervenieren, um die Häufigkeit der Aggressionen zu reduzieren. Wright u. Mischel (1987) haben in einem Sommerlager eine Untersuchung an verhaltensauffälligen Jungen durchgeführt. Sie fanden heraus, daß aggregierte (zusammengesetzte) Maße spezifischer aggressiver Verhaltensweisen über *verschiedene* Situationen nur zu .35 korrelierten; für *ähnliche* Situationen aber lag die mittlere Korrelation bei .60. Anschaulich gesagt: Ein Junge, der seine jüngeren Mitschüler bedroht, muß keinesfalls auch seine älteren Mitschüler oder Lehrer bedrohen. In der Studie von Wright u. Mischel korrelierte eine generelle Einschätzung der Eigenschaft Aggressivität, die von Beratern

Gründe für die Konsistenz von Persönlichkeitseinschätzungen

Bem u. Allen (1974) nennen die folgenden Gründe dafür, warum wir in den Eigenschaften unserer Mitmenschen mehr Konsistenz sehen, als wir aufgrund ihrer Inkonsistenz im Verhalten eigentlich sehen dürften.

- Jeder von uns trägt eine »implizite Persönlichkeitstheorie« mit sich herum.

Diese benutzen wir, um die Verhaltensweisen, die wir beobachten, mit den Eigenschaften, die wir erschließen, zu verbinden und um andere Verhaltensweisen vorherzusagen, die wir nicht sehen. Unsere Theorien ermutigen uns dazu, die Lücken mit dem zu füllen, wovon wir denken, daß es wahrscheinlich da ist – d. h. was unserer Theorie zufolge da sein sollte. Außerdem gibt es tatsächlich ein gewisses Maß an Konsistenz (etwa im Bereich intellektueller Fähigkeiten oder bei den kognitiven Stilen), und dies führt uns zu Übergeneralisierungen auf andere Gebiete der Persönlichkeit, wie Aggression und moralisches Verhalten, wo es möglicherweise keine Konsistenz gibt.

- Wir unterschätzen subtile situationsbedingte Zwänge, die das Verhalten beeinflussen.

Wenn wir das tun, schreiben wir fälschlicherweise die Gründe für das Verhalten, das jemand zeigt, internalen Faktoren zu, die wir als überdauernde stabile Ursachen seiner Handlungen überbewerten. Wir versäumen es beispielsweise, den äußeren Druck in Richtung Konformität oder soziale Erwünschtheit hinreichend einzubeziehen.

- Oft verhalten andere Menschen sich so, wie sie denken, daß wir es möchten.

Dadurch wird ihre scheinbare Konsistenz in unseren Augen größer. In der Gegenwart anderer Beobachter können sie sich ganz anders benehmen, aber diesen Unterschied sehen wir nicht.

- Den meisten von uns steht es frei, sich die Situationen auszusuchen, auf die sie sich einlassen.

Wir lassen uns auf Situationen ein, in denen wir uns wohlfühlen und in denen wir handlungsfähig sind. In diesen zumeist vertrauten Situationen sind die Gelegenheiten, neuen Reizen, Konflikten oder Herausforderungen zu begegnen, begrenzt. Unser Verhalten ist eher eingeschränkt und folglich auch tatsächlich eher konsistent. Es ist kein Wunder, daß wir in Situationen, die wir ihrer Beständigkeit wegen aufgesucht haben, konsistent handeln. Wenn in psychologischen Studien Personen in neue Situationen gebracht wurden, taten sie seltsame, mit der Persönlichkeit nicht konsistente Dinge, von denen sie sagten: »Das bin nicht wirklich ich« (vgl. Kap. 15).

- Unsere Beurteilungen anderer Personen rühren oft nicht von den Handlungen her, die wir beobachten, sondern von den Handlungen, von denen sie uns berichten.

Solche Berichte sind oft verzerrt und keine genauen Belege für das tatsächliche Verhalten.

- Unsere ersten Eindrücke beeinflussen uns sehr stark.

Anschließend neigen wir dazu, das, was wir sehen, so zu interpretieren, daß es dazu paßt und unsere ursprüngliche Sichtweise bestätigt. Wenn eine Überzeugung einmal feststeht, braucht sie wenig Beweise zu ihrer Unterstützung, aber viele, um widerlegt zu werden. Auch das dient der Illusion von Konsistenz.

- Wir neigen dazu, dort Konsistenz zu sehen, wo es keine gibt, weil wir dazu übergegangen sind, Konsistenz mit dem gleichzusetzen, was gut, zuverlässig und stabil ist.

Wie hat schon Mark Twain gesagt: »Es gibt Menschen, die uns weismachen wollen, sich immer im gleichen Trott zu bewegen, sei Konsistenz und eine Tugend, und aus dem Trott auszubrechen, sei Inkonsistenz und ein Verbrechen« (»Consistency« 1923, eig. Übers.).

---

des Ferienlagers vorgenommen worden war, zu etwa .50 mit aggressivem Verhalten, unabhängig von der Art der Situation.

Welches Maß finden Sie am sinnvollsten? Falls Sie vorhersagen wollten, welche Kinder andere in einer besonderen Art von Situation bedrohen werden, dann ist die beste Wahl eine Beobachtung derselben Art von Verhalten in derselben Art von Situation (r=.60). Wenn Sie jedoch nicht wissen, um welche Situation es geht, und Sie wollen Drohungen in vielen verschiedenen Situationen vorhersagen, so wäre die Eigenschaftsbeurteilung ein besserer Prädiktor als frühere Beobachtungen in irgendeiner Situation (r = .50 vs. r = .35).

Neuere Untersuchungen haben auch gezeigt, daß verschiedenartige Situationen den Ausdruck von Eigenschaften mehr oder weniger »erlauben«. Es ist wahrscheinlicher, daß Eigenschaften das Verhalten beeinflussen, wenn es sich um Situationen mit folgenden Eigenschaften handelt (nach Caspi u. Bem 1990):

- neuartige Situationen,
- unbestimmte (»schlecht definierte«) Situationen; d. h. es gibt verschiedene Handlungsalternativen, und es ist unklar, welche die beste ist,
- belastende oder herausfordernde Situationen.

Andererseits ist aber auch zu bedenken, daß die Persönlichkeit des einzelnen Einfluß darauf nimmt, in welche Situationen sich jemand begibt (s. als Veranschaulichung Abb. 11.3). Manchmal wählt man willkürlich bestimmte Situationen aus (oder meidet sie), und manchmal geschieht die »Auswahl« der Situationen auf dem Umweg über andere Menschen. Ein Beispiel: Wenn Sie viel und mit einer lauten Stimme reden, so werden andere Menschen vielleicht zu einer Unterhaltung gerade mit Ihnen weniger beitragen, als sie das üblicherweise tun. Ihre Gesprächspartner halten Sie für extrovertiert und sprachgewandt, während Sie Ihren Gegenüber auf der Grundlage der Erfahrungen in diesem Gespräch als introvertiert oder sogar scheu (fehl)einschätzen. – Durch dieses Alltagsbeispiel sollte deutlich geworden sein, wie sehr Situationsmerkmale (die Sie erzeugen!) das Ergebnis von Persönlichkeitsdiagnosen beeinflussen können.

Die Konsistenzdebatte hat die Persönlichkeitspsychologen gezwungen, das Konzept der Eigenschaft (Trait) präziser zu definieren – präzise zu sagen, welche Arten von Verhaltensweisen mit einer Eigenschaft in Zusammenhang stehen sollten, und in welchen Situationen das der Fall sein sollte.

> ! Die zentrale Debatte der Persönlichkeitspsychologie dreht sich nicht mehr darum, ob es überhaupt *Verhaltenskonsistenz* gibt. Es geht vielmehr darum, ob die Persönlichkeit *kohärente Verhaltensmuster* hervorrufen kann. (Bitte beachten Sie den Unterschied!) Eine Eigenschaft kann sich in verschiedenen Verhaltensweisen ausdrücken, die in verschiedenen Situationen und in verschiedenen Altersstufen auftreten; aber solange die angemessene Eigenschaftstheorie den Bereich der Verhaltensäußerungen präzise benennt, ist das Verhaltensmuster kohärent.

Abb. 11.3. Wie die Persönlichkeit die Situationsauswahl bestimmt. Angenommen, Sie könnten sich beide Ferienziele leisten, welches würden Sie vorziehen? Ihre Antwort wird zum großen Teil von Ihren Persönlichkeitseigenschaften abhängen

Wenn Sie sich selbst als eine sehr freundliche Person beschreiben, so heißt das nicht, daß wir erwarten können, daß Sie in jedem Moment Ihres Lebens freundlich sind. Wir erwarten sogar, daß Ihre Freundlichkeit sich in verschiedenen Situationen sehr wohl unterscheidet. Vielleicht sind Sie Ihren nahen Verwandten gegenüber sehr freundlich, hingegen aber sehr sachlich und korrekt gegenüber Ihrem Lehrer, Professor oder Vorgesetzten.

11.2.5
Bewertung des Typen- und des Eigenschaftenansatzes

Wir haben in diesem Abschnitt gesehen, daß Typen- und Eigenschaftstheorien es Forschern ermöglichen, Persönlichkeiten präzise zu beschreiben. Diese Theorien sind kritisiert worden, weil sie nicht generell erklären können, wie Verhalten entsteht oder wie sich die

Persönlichkeit entwickelt. Sie leisten nicht mehr, als daß sie Merkmale identifizieren und beschreiben, die mit dem Verhalten korreliert sind. Obwohl sich die Forschung diesen offenen Fragen immer mehr zuwendet, so sind Eigenschaftstheorien doch als eine *statische* Auffassung der Persönlichkeitsstruktur einzuschätzen. Dagegen betonen die psychodynamischen Theorien, denen wir uns nun zuwenden, die widerstreitenden Kräfte im Menschen, die zu Veränderung und Entwicklung führen.

11.3
Dynamische Persönlichkeitstheorien

Niemand in der Geschichte der Psychologie hat die existierende Wissenschaft durch eigenwilliges geniales Denken und eine kreative Theorie so sehr herausgefordert wie Sigmund Freud mit der Psychoanalyse, der Tiefenpsychologie und der psychoanalytischen Persönlichkeitstheorie. Ernest Jones, sein kongenialer Biograph, hat ihn deshalb treffend als den »Darwin der Seele« bezeichnet. Freuds Ideen sind in viele Bereiche der Psychologie eingedrungen – wir verweisen z. B. auf seine Beiträge zur Motivationstheorie (Abschn. 7.3), zum Verständnis psychischer Störungen (s. Abschn. 13.3) und zur psychologischen Therapie (Abschn. 14.2). Wie alle großen Denker hat er eine »Schule« begründet und Schüler gehabt, die dann später seine Kontrahenten wurden und die ursprüngliche Theorie erweitert und revidiert haben. Wir werden die Darstellung jedoch weitgehend auf Freuds Theorie beschränken und Weiterentwicklungen nur kurz streifen, und zwar aus folgendem Grund: Die Kernideen dieses Ansatzes werden nirgends deutlicher als bei Freud.

Die auf die Tiefenpsychologie Sigmund Freuds zurückgehenden Persönlichkeitstheorien werden als **psychodynamische Persönlichkeitstheorien** bezeichnet. Sie haben die Annahme gemeinsam, daß mächtige Kräfte, die aus der inneren Natur des Menschen stammen, die Persönlichkeit formen und das Verhalten motivieren.

11.3.1
Grundbegriffe in Freuds psychodynamischer Theorie

Freuds Theorie der Persönlichkeit hat einen weitgehenden Anspruch (man vergleiche sie etwa mit den Eigenschaftstheorien aus Abschn. 11.2): Sie versucht kühn, den Ursprung und den Verlauf der Persönlichkeitsent-

wicklung, das Wesen der Psyche, die abnorme Persönlichkeit und die Persönlichkeitsveränderung durch Therapie zu erklären. Wir werden uns hier auf die normale Persönlichkeit konzentrieren; zu psychischen Störungen s. Abschn. 13.3.

Nach Freud liegen im Zentrum der Persönlichkeit intrapsychische Ereignisse, die das Verhalten oder Handlungsintentionen motivieren. Oft sind diese Motivationen bewußt, manchmal jedoch wirken sie auf einer unbewußten Ebene. Der besondere psychodynamische Charakter des Freudschen Ansatzes entspringt dieser Betonung der inneren Ursprünge des Verhaltens.

Für Freud ist jegliches Verhalten motiviert. Jede menschliche Handlung hat einen Zweck und einen Grund. Diese können durch das Analysieren der gedanklichen Assoziationen, der Träume, Fehlleistungen und anderer Hinweise im Verhalten einer Person aufgedeckt werden. In der psychoanalytischen Theorie gibt es keinen Platz für zufällige Ereignisse. Alle Handlungen sind durch ihre Motive bestimmt. Der Wunsch ist der Vater der Tat. Unsere Handlungen entspringen dem, was wir *wirklich* wollen. Vorherrschend unter unseren Wünschen sind nach Freud sexuelle und aggressive Wünsche. Sowohl durch bewußte als auch durch unbewußte Prozesse beeinflussen sie unsere Gedanken und Handlungen.

Die wichtigsten Daten für Freuds Hypothesen über die Persönlichkeit entstammen klinischen Beobachtungen und tiefgehenden Fallstudien einzelner Patienten, die er behandelte. Dieser kasuistische Ansatz lieferte viele Ideen für die Formulierung einer komplexen Theorie. Ob Freuds Theorie wissenschaftlich geprüft werden kann und welche methodischen Strategien und Verfahren dafür geeignet sind, ist eine schwierige und kontrovers diskutierte Frage (s. unten in diesem Abschnitt).

Im Kern des psychodynamischen Ansatzes stehen die Begriffe des psychischen Determinismus, der Triebe und der frühkindliche Erfahrung sowie der unbewußten Prozesse. Zusammen liefern sie eine begrifflich reichhaltige Perspektive für das Verständnis der Entwicklung und des Funktionierens der Persönlichkeit.

Psychischer Determinismus

Im ausgehenden 19. Jahrhundert wurden in Europa Fälle von Hysterie beschrieben, für die keine angemessene körperliche Erklärung gefunden werden konnte. Die

Betroffenen (meist Frauen) erfuhren eine Beeinträchtigung ihrer körperlichen Funktionen, beispielsweise Lähmung oder Blindheit, verfügten jedoch über ein intaktes Nervensystem und wiesen keine organischen Schäden an Muskeln oder Augen auf. Freud, der Neurologe war, untersuchte diese Fälle und versuchte, die bizarren Symptome dieser Störung zu behandeln.

Zusammen mit seinem Kollegen Joseph Breuer beobachtete er, daß das besondere körperliche Symptom oft mit einem früheren vergessenen Ereignis im Leben einer Patientin in Zusammenhang stand. Beispielsweise konnte eine »blinde« Patientin sich unter Hypnose daran erinnern, daß sie als kleines Kind ihre Eltern beim Geschlechtsverkehr beobachtet hatte. Im Erwachsenenalter konnte die Antizipation ihres eigenen ersten sexuellen Erlebnisses starke Gefühle aufgewühlt haben, die mit dieser früheren verstörenden Episode zusammenhingen. Ihre »Blindheit« konnte für ihren Versuch stehen, das ursprüngliche Ereignis ungeschehen zu machen und vielleicht auch die eigenen sexuellen Gefühle zu leugnen. Ihr Symptom hatte auch eine sekundäre Funktion (einen sekundären Krankheitsgewinn). Dadurch, daß es sie hilflos und abhängig machte, sorgte es für Aufmerksamkeit, Trost und Mitgefühl von anderen, also für soziale Verstärkung.

> **!** Freud ging von der Prämisse aus, daß – wie in diesem Beispiel – Symptome niemals beliebig auftraten, sondern auf bedeutungsvolle Weise mit Lebensereignissen zusammenhingen und durch diese **determiniert** (festgelegt) wurden. Er sah deshalb die klinische Beobachtung und die rationale Analyse als Schlüssel zu den Geheimnissen sowohl der pathologischen als auch der normalen Persönlichkeit.

Triebe und frühkindliche Erfahrung

Da Freud im 19. Jahrhundert als Mediziner ausgebildet worden war, ist es kein Wunder, daß er eine weitgehende biologische Grundlage allen menschlichen Verhaltens annahm. Die Quelle der Motivation für menschliches Handeln besteht in der psychischen Energie, die jeder Mensch in sich trägt. Er nahm an, daß der Mensch über **angeborene Triebe** oder Instinkte verfügt. Darunter muß man sich Systeme vorstellen, die Spannungen erzeugen und an Körperorgane gebunden sind. Diese Energiequellen können, wenn sie aktiviert werden, auf viele unterschiedliche Arten Ausdruck finden. Einer der Beiträge Freuds bestand darin zu zeigen, wie derselbe Trieb, beispielsweise der Sexualtrieb, direkt durch Geschlechtsverkehr oder auch indirekt durch sexuelle Witze oder Mittel der Kunst Ausdruck finden kann.

Ursprünglich postulierte Freud 2 grundlegende Triebe:

- Einer bezog sich auf das Ego (Ich) oder die Selbsterhaltung (Hunger, Durst und andere existentielle körperliche Bedürfnisse).
- Den anderen nannte er Eros. Dieser hängt mit sexuellem Verlangen und mit der Arterhaltung zusammen.

Freud interessierte sich mehr für die sexuellen Impulse, wenn auch manche seiner Nachfolger dem Ich einen wichtigen Platz in der Persönlichkeitstheorie eingeräumt haben. Freud hat den Begriff des menschlichen sexuellen Begehrens sehr ausgedehnt. Nicht allein das Verlangen nach sexueller Vereinigung, sondern auch alle anderen Versuche, angenehme Erlebnisse oder körperlichen Kontakt mit anderen aufzusuchen, fielen für ihn darunter.

> **!** Die Quelle der Energie der sexuellen Impulse bezeichnete er mit dem Begriff **Libido**. Diese betrachtete er als psychische Energie, die uns zu allen Formen angenehmer sinnlicher Erfahrungen treibt. Sexuelles Verlangen drängt nach unmittelbarer Befriedigung, entweder durch direkte Handlungen oder durch indirekte Mittel wie Phantasien und Träume.

Nach Freud tritt dieser breit definierte Sexualtrieb nicht erst in der Pubertät auf, sondern ist bereits im Säuglingsalter wirksam. Er wird, so seine Behauptung, in der Lust sichtbar, die Säuglinge bei der körperlichen Stimulation der Genitalien und anderer empfindlicher oder erogener Zonen, wie des Mundes oder des Anus, empfinden. Er unterschied je nach erogener Zone, also nach der Quelle der sexuellen Lust, 5 **Stufen psychosexueller Entwicklung**. Sie sind in Tabelle 11.3 zu sehen.

Eines der Haupthindernisse der sexuellen Entwicklung, jedenfalls für Jungen, tritt auf der phallischen Stufe auf. Hier muß das 4–5jährige Kind den **Ödipuskonflikt** überwinden. Freud benannte diesen Konflikt nach der mythologischen Figur des Ödipus, der unwissentlich seinen Vater tötete und seine Mutter heiratete. Er nahm an, daß jeder Junge einen angeborenen Impuls empfindet, seinen Vater als sexuellen Rivalen um die Aufmerksamkeit der Mutter anzusehen. Weil der Sohn aber seinen Vater nicht ersetzen kann, löst er den Kon-

Tabelle 11.3. Die Stufen der psychosexuellen Entwicklung nach Freud

Stufe	Alter	Erogene Zone	Hauptsächliche Entwicklungsaufgabe (Potentielle Konfliktquelle)	Einige Merkmale Erwachsener, die als Kinder auf dieser Stufe fixiert worden sind
Oral	0–1	Mund, Lippen, Zunge	Entwöhnung	Orales Verhalten, wie etwa Rauchen und übermäßiges Essen; Passivität und Leichtgläubigkeit
Anal	2–3	Anus	Sauberkeitserziehung	Ordentlichkeit, Geiz, Hartnäckigkeit oder das Gegenteil
Phallisch	4–5	Genitalien	Ödipuskomplex	Eitelkeit, Leichtsinn und das Gegenteil
Latenz	6–12	Kein besonderer Bereich	Entwicklung der Abwehrmechanismen	Keine: Auf dieser Stufe tritt normalerweise keine Fixierung auf
Genital	13–18	Genitalien	Reife sexuelle Intimität	Erwachsene, die die vorhergehenden Stufen erfolgreich in ihr Leben integriert haben, sollten jetzt ein ernsthaftes Interesse an anderen und eine reife Sexualität entwickeln.

flikt dadurch, daß er sich mit dem mächtigen Vater identifiziert.

Freud nahm weiterhin an, daß zu viel Belohnung (Triebbefriedigung) oder zu viel Frustration auf den frühen Stufen zur **Fixierung** führt, einer Unfähigkeit, sich normal zur nächsten Stufe weiterzuentwickeln. Wie aus Tabelle 11.3 zu ersehen ist, kann die Fixierung je nach Stufe eine Reihe von Auffälligkeiten im Erwachsenenalter hervorrufen.

> **!** Das Konzept der Fixierung macht verständlich, warum Freud der **frühen Erfahrung** einen hohen Wert für die Persönlichkeitsentwicklung beimaß. Er glaubte, daß die Erfahrungen auf den frühen Stufen der psychosexuellen Entwicklung die Persönlichkeitsbildung und die Verhaltensmuster des Erwachsenen nachhaltig beeinflussen.

Klinische Beobachtungen an Patienten, die während des 1. Weltkrieges traumatische Erfahrungen gemacht hatten, brachten Freud später dazu, den Begriff des **Todestriebs**, Thanatos, einzuführen. Diese Patienten hörten nicht auf, ihre Kriegstraumen in Alpträumen und Halluzinationen wieder und wieder zu erleben, ein Phänomen, das nicht in die Theorie der Selbsterhaltung oder der Libido eingefügt werden konnte.

Freud stellte die Behauptung auf, der Todestrieb veranlasse die Menschen zu aggressivem und destruktivem Verhalten. Er nahm an, dieser primitive Drang sei Teil der Neigung aller Lebewesen, dem Gesetz der Entropie zu folgen und zu einem unorganischen Zustand zurückzukehren.

Unbewußte Prozesse

Wenn es auch eine starke öffentliche Reaktion gegen die Annahme der frühkindlichen Sexualität gab, so war der Widerstand gegen eine andere der neuartigen Vorstellungen Freuds – den Begriff des **Unbewußten** – sogar noch stärker. Andere Autoren hatten bereits in ihren Schriften auf den entsprechenden Prozeß hingewiesen. Freud aber stellte den Begriff der unbewußten Determinanten menschlichen Denkens, Fühlens und Handelns auf ein ganz besonderes Podest.

Freud behauptete, Verhalten könne durch Triebe motiviert sein, deren wir uns nicht bewußt sind. Wir seien fähig zu handeln, ohne daß wir wüßten, warum, und ohne direkten Zugang zu den wahren Gründen unserer Handlungen.

> **!** Unser Handeln hat einen manifesten Inhalt – was wir sagen, tun und wahrnehmen. Dessen sind wir uns völlig bewußt. Es gibt aber auch einen latenten Inhalt, der uns durch unbewußte Prozesse verborgen wird. Die Bedeutungen neurotischer (durch Angst begründeter) Symptome, wie die von Träumen, Fehlleistungen und Versprechern, sind auf der unbewußten Ebene des Denkens und kognitiver Prozesse zu finden.

Der Begriff der unbewußten Motivation verleiht der Persönlichkeit eine neue Dimension. Er erlaubt eine Erweiterung der Komplexität der psychischen Funktionen im Vergleich zu einem rationalen Modell. Es handelt sich um eine flüchtige Qualität, die sich nicht leicht in einem objektiven Persönlichkeitstest einfangen läßt. Die Vorstellung eines Unbewußten ist eine Bedrohung für alle, die glauben möchten, sie hätten ihre Psyche jederzeit völlig unter Kontrolle.

11.3.2
Die Struktur der Persönlichkeit

Persönlichkeitsunterschiede erklärte Freud, indem er sie auf die unterschiedliche Art und Weise zurückführte, mit der Menschen mit ihren grundlegenden Trieben umgehen. Er zeichnete das Bild eines ständigen Kampfes zwischen 2 Teilen der Persönlichkeit, dem Es und dem Über-Ich, gemildert durch einen dritten Aspekt des Selbst, das Ich.

- Das **Es** (Id) wird als primitiver unbewußter Teil der Persönlichkeit betrachtet, als Sitz der primären Triebe.

Das Es arbeitet irrational, impulsgetrieben und drängt auf Ausdruck und unmittelbare Befriedigung, »ganz egal, was passiert«. Es zieht nicht in Betracht, ob das, was begehrt wird, auch im Bereich des Möglichen liegt und sozial erwünscht oder moralisch akzeptabel ist. Das Es wird vom Lustprinzip bestimmt, dem ungesteuerten Streben nach Befriedigung, besonders nach sexueller, körperlicher und emotionaler Lust.

- Das **Über-Ich** ist der Sitz der Werte und der in der Gesellschaft geltenden moralischen Regeln und Normen.

Das Über-Ich entspricht in etwa dem Gewissen. Es entwickelt sich dadurch, daß das Kind die Verbote, mit denen die Eltern und andere Erwachsene sozial unerwünschte Handlungen belegen, internalisiert. Es ist die innere Stimme des »Du sollst« und »Du sollst nicht«. Das Über-Ich enthält auch das Ich-Ideal, das Bild eines Menschen von dem, was er anstreben sollte. Folglich liegt das Über-Ich, der Repräsentant der Gesellschaft im Individuum, oft im Konflikt mit dem Es, dem Repräsentanten individueller Bedürfnisse. Das Es möchte das, was sich gut anfühlt, während das Über-Ich, das nach moralischen Grundsätzen arbeitet, darauf besteht, daß das getan wird, was »richtig« ist.

- Das **Ich** verkörpert den realitätsorientierten Aspekt der Persönlichkeit, der im Konflikt zwischen den Impulsen des Es und den Anforderungen des Über-Ich abwägt und vermittelt.

Das Ich steht für die Auffassung, die eine individuelle Person von der physischen und der sozialen Realität

hat, für ihre bewußten Überzeugungen über Ursachen, Folgen und Möglichkeiten. Teil der Aufgaben des Ich ist es, Handlungen auszuwählen, die die Impulse des Es befriedigen, ohne unerwünschte Konsequenzen nach sich zu ziehen. Das Ich wird vom Realitätsprinzip beherrscht, das vernünftige Entscheidungen über lustbetonte Wünsche stellt.

Wenn Es und Über-Ich in Konflikt geraten, arrangiert das Ich einen Kompromiß, der beide wenigstens z. T. zufriedenstellt. Wenn Es und Über-Ich verstärkt Druck ausüben, wird es für das Ich schwieriger, den optimalen Kompromiß auszuarbeiten.

11.3.3
Verdrängung und Abwehr

Manchmal erfordert der Kompromiß, das Es einzuschränken. Extreme Wünsche des Es müssen möglicherweise verdrängt werden. **Verdrängung** ist ein wichtiger, spezifisch psychoanalytischer Begriff, der für eine psychische Maßnahme steht, durch die starke, durch Es-Impulse bedingte Konflikte aus dem Bewußtsein gerückt werden. Sie werden in die Verschwiegenheit des Unterbewußtseins aufgenommen und ihr öffentlicher Ausdruck wird kontrolliert.

> **!** Die Verdrängung ist der grundlegende **Abwehrmechanismus** des Ich. Abwehrmechanismen sind psychische Strategien, die das Ich einsetzt, um die Konflikte abzuwehren, die im normalen Verlauf des Lebens auftreten.

Tabelle 11.4 gibt eine Übersicht über die Abwehrmechanismen.

Diese Mechanismen sind überlebenswichtig für die psychische Anpassung einer Person an die miteinander im Konflikt stehenden Anforderungen von Es, Über-Ich und äußerer Realität. Es gibt psychische Taktiken und Strategien, die es einer Person ermöglichen, im allgemeinen ein positives Selbstbild aufrechtzuerhalten. Spürt ein Kind beispielsweise starke Haßgefühle gegen einen Elternteil, die gefährlich werden könnten, wenn es sie ausagierte, so kann Verdrängung eintreten. Der feindselige Impuls drängt nicht länger bewußt zum Ausdruck oder wird sogar nicht einmal mehr als existent anerkannt. Obwohl nichts davon zu sehen und zu hören ist, ist er jedoch nicht verschwunden. Er spielt weiterhin eine Rolle für das Funktionieren der Persönlichkeit, wie die Beispiele im Abschn. **Psychologie im Alltag** demonstrieren.

Tabelle 11.4. Abwehrmechanismen des Ich

Begriff	Definition
Kompensation	Verhüllung einer Schwäche durch Überbetonung eines erwünschten Charakterzugs. Frustration auf einem Gebiet wird aufgewogen durch übermäßige Befriedigung auf einem anderen.
Verleugnung	Schutz vor einer unangenehmen Wirklichkeit durch die Weigerung, sie wahrzunehmen.
Verschiebung	Entladung von aufgestauten, gewöhnlich feindseligen Gefühlen auf Objekte, die weniger gefährlich sind als diejenigen, welche die Emotion ursprünglich erregt haben.
Emotionale Isolierung	Vermeidung traumatischer Erlebnisse durch Rückzug in Passivität.
Phantasie	Befriedigung frustrierter Wünsche durch imaginäre Erfüllung (z. B. »Tagträume«).
Identifikation	Erhöhung des Selbstwertgefühls durch Identifikation mit einer Person oder Institution von hohem Rang.
Introjektion	Einverleibung äußerer Werte und Standardbegriffe in die Ich-Struktur, so daß das Individuum sie nicht mehr als Drohungen von außen erleben muß.
Isolierung	Abtrennung emotionaler Regungen von angstbeladenen Situationen oder Trennung unverträglicher Strebungen durch straffe gedankliche Zergliederung. (Widersprüchliche Strebungen werden zwar beibehalten, treten aber nicht gleichzeitig ins Bewußtsein; man nennt das auch Kompartmentbildung).
Projektion	Übertragung der Mißbilligung eigener Unzulänglichkeiten und unmoralischer Wünsche auf andere.
Rationalisierung	Der Versuch, sich einzureden, daß das eigene Verhalten verstandesmäßig begründet und so vor sich selbst und vor anderen gerechtfertigt ist.
Reaktionsbildung	Angstbeladene Wünsche werden vermieden, indem gegenteilige Intentionen und Verhaltensweisen überbetont und diese als »Schutzwall« verwendet werden.
Regression	Rückzug auf eine frühere Entwicklungsstufe mit primitiveren Reaktionen und in der Regel auch niedrigerem Anspruchsniveau.
Verdrängung	Verhinderung des Eindringens unerwünschter oder gefährlicher Impulse ins Bewußtsein.
Sublimierung	Befriedigung nicht erfüllter sexueller Bedürfnisse durch Ersatzhandlungen, die von der Gesellschaft akzeptiert werden.
Ungeschehenmachen	Sühneverlangen für unmoralische Wünsche und Handlungen, um diese damit aufzuheben.

Dem Freudschen Ansatz zufolge haben alle Menschen Triebe, die nicht annehmbar sind, und deshalb benutzen sie in einem gewissen Ausmaß diese Abwehrmechanismen. Deren übermäßiger Gebrauch jedoch macht die **Neurose** aus.

> **!** Neurotiker verwenden einen Großteil ihrer psychischen Energie darauf, nicht annehmbare Triebe umzulenken, zu verkleiden und neu zu kanalisieren, um dadurch ihre Angst zu reduzieren, so daß wenig Energie übrig bleibt für ein produktives Leben oder befriedigende Beziehungen.

Es ist wichtig, daran zu erinnern, daß Sexualität und Aggression von Freud für zentrale Aspekte der normalen Persönlichkeitsentwicklung gehalten werden. Das Vergnügen, das aus dem Zerstören der Sandburg durch einen leichten Tritt, aus dem Verunstalten eines Gebäudes durch Graffiti oder aus dem Zertrümmern eines Autos entsteht, kann leicht bei normalen Kindern und Erwachsenen beobachtet werden. Dennoch war Freud recht pessimistisch bezüglich der Chancen, neurotischen Störungen zu entgehen. Vielleicht war die Tatsache, daß er in der viktorianischen Epoche aufwuchs, schuld daran, daß er glaubte, jede Gesellschaft müsse ihren Nachwuchs lehren, daß der Ausdruck grundlegender Triebe meistens schlecht sei. Das führt nach Freud dazu, daß fast jeder fast immer solche Impulse abwehren muß. In den Abschn. 13.3 und 14.2 werden wir die psychoanalytische Sichtweise der Erklärung und Behandlung psychischer Störungen genauer betrachten.

11.3.4
Die Psychoanalyse nach Freud

Viele, die auf Freud folgten, behielten sein grundlegendes Bild der Persönlichkeit bei: es ist das Bild eines Schlachtfeldes, auf welchem unbewußte Primärtriebe mit gesellschaftlichen Werten kämpfen. Aber viele seiner Nachfolger waren auch »Dissidenten«, die an der psychoanalytischen Theorie der Persönlichkeit bedeutende Veränderungen vornahmen. Allgemein gesagt haben diese »Postfreudianer«

- den Ich-Funktionen ein größeres Gewicht verliehen (etwa den Abwehrmechanismen des Ich, der Entwicklung des Selbst, dem Denken und der Kompetenz),

»Affekt ohne angemessene Kognitionen«

Einer der interessanten Aspekte der Verdrängung ist deren Wirkung auf Kognition und Affekt. Eine Person ist sich möglicherweise der verdrängten Vorstellungen nicht mehr bewußt, spürt aber weiterhin die mit dem verdrängten Material verbundenen Gefühle. Diese »unerklärliche Erregung« oder dieser »Affekt ohne angemessene Kognitionen« können auf vielfältige Weise »verkleidet« ihren Ausdruck finden. Beispielsweise kann die verdrängte Feindseligkeit gegen einen Elternteil als generelle Rebellion gegen Autoritäten ausgedrückt werden; verdrängte sexuelle Strebungen können erklären, warum sich jemand einer Sauberkeitskampagne anschließt, deren Ziel es ist, die Pornographie auszurotten, wofür es »notwendig« ist, daß er das anstößige Material sorgfältig prüft. Eine Person mag einige nicht zutreffende Erklärungen für ihre Gefühle und ihr Verhalten finden oder, mangels rationaler Erklärungen, die »Irrationalität« solchen Verhaltens eingestehen, was zu weiterer Belastung führt.

Für Freud ist **Angst** eine intensive emotionale Reaktion, die durch die vorbewußte Wahrnehmung eines Konfliktes entsteht, welcher gerade ins Bewußtsein aufsteigt. Angst ist, mit anderen Worten, ein Warnsignal. Sie zeigt an, daß die Verdrängung nicht funktioniert. Weitere Abwehrkräfte werden benötigt. Es wird, bildlich gesprochen, Zeit für eine zweite Verteidigungslinie, einen oder mehrere zusätzliche Abwehrmechanismen zur Milderung der Angst:

- Beispielsweise könnte eine Mutter, die ihren Sohn nicht leiden kann und nicht für ihn sorgen möchte, eine »**Reaktionsbildung**« einsetzen und ihren nicht annehmbaren Impuls in sein Gegenteil verkehren: »Ich mag mein Kind nicht« wird zu »Ich liebe mein Kind. Seht ihr, wie liebevoll ich mein Kleines verwöhne?«
- Sie könnte »**Projektion**« als Abwehrmechanismus des Ich benutzen, andere Leute als solche sehen, die sie in ihrer Freiheit einschränken wollen, Bedrohungen für das Leben ihres Kindes darstellen oder sich nicht in angemessener Weise um das Wohlergehen ihrer eigenen Kinder kümmern.
- Durch »**Verschiebung**« kann die ablehnende Mutter feindselige Impulse von ihrem Kind weglenken, indem sie dessen Spielzeug wegwirft, nachdem sie darüber gestolpert ist.

- sozialen Variablen (Kultur, Familie und Altersgenossen) mehr Einfluß bei der Bildung der Persönlichkeit eingeräumt,
- den sexuellen Trieben und der Libido weniger Gewicht gegeben,
- die Persönlichkeitsentwicklung als einen Prozeß über die gesamte Lebensspanne gesehen und dadurch die überragende Rolle der frühkindlichen Erfahrungen relativiert.

In Abschn. 10.2 haben wir die Entwicklungstheorie des Neo-Freudianers Erik Erikson skizziert. Zwei weitere seiner Nachfolger, Harry Stack Sullivan und Margaret Mahler, werden in Abschn. 14.2 besprochen. Erich Fromm (1947) und Karen Horney (1939) waren weitere Schüler, die versuchten, Freuds Gewichtung der biologischen Bedingungen mit einer gesteigerten Beachtung der sozialen Verhältnisse auszugleichen. Karen Horney hat als erste die psychoanalytische Methode zur Erkundung der Psychologie der Frau eingesetzt. Sie gelangte in ihren Analysen zu einer anderen Auffassung vom Penisneid. Bei Freud ist er biologisch determiniert; Horney zeigte aber, daß Frauen die Männer vor allem um die durch die Geschlechtszugehörigkeit gegebenen sozialen Attribute beneiden. Christiane Olivier hat vor kurzem die Unterschiede der psychischen Entwicklung von Mädchen und Jungen unter den Bedingungen der gegenwärtigen Rollenverteilung in den Familien und deren Konsequenzen analysiert und plädiert für eine stärkere Beteiligung der Väter an der Erziehung.

Freuds berühmteste Nachfolger jedoch waren Alfred Adler und Carl Gustav Jung, die mit Freud zu den Pionieren der Psychoanalyse zählen.

Alfred Adler

Adler (1929) übernahm von Freud die Vorstellung, die Persönlichkeit werde durch nicht erkannte Wünsche geleitet: »Der Mensch weiß mehr, als er versteht«. Er lehnte jedoch die Bedeutung von Eros und Lustprinzip ab.

> ❗ Adler glaubte, wir alle erführen als hilflose, abhängige kleine Kinder Gefühle der **Minderwertigkeit** und unsere Biographien würden bestimmt von der Suche nach Wegen zur Überwindung dieser Gefühle. Wir kompensieren, um Gefühle der Gleichwertigkeit oder – öfter noch – überkompensieren, um Überlegenheitsgefühle zu erlangen.

Die Persönlichkeit ist um dieses grundlegende Bestreben der Kompensation des Minderwertigkeitsgefühls strukturiert. Die Lebensstile, die Menschen entwickeln, beruhen auf dem jeweils besonderen Weg zur Überwindung der grundlegenden, beherrschenden Minderwertigkeitsgefühle. Persönlichkeitskonflikte entstehen eher aus Unvereinbarkeiten zwischen Druck aus der Umwelt und innerem Streben nach Anerkennung als aus miteinander in Konflikt stehenden Impulsen in der Person.

Carl Gustav Jung

C.G. Jung (1959) erweiterte den Begriff des Unbewußten. Für ihn war das Unbewußte nicht auf die Lebenserfahrungen des einzelnen beschränkt, sondern gefüllt mit fundamentalen psychischen Wahrheiten, die von der ganzen menschlichen Art geteilt werden.

> ❗ Der Begriff des **kollektiven Unbewußten** steht für eine uns allen gemeinsame Prädisposition, auf bestimmte Stimuli hin bestimmte Reaktionen zu zeigen. Es ist verantwortlich für unser intuitives Verstehen primitiver Mythen, Kunstformen und Symbole, welche die universellen Archetypen der Seele sind. Ein **Archetyp** ist eine primitive symbolische Repräsentation einer bestimmten Erfahrung oder eines bestimmten Objektes.

Jeder Archetyp steht in Verbindung mit einer instinktiven Neigung, bezüglich dieses Objektes oder dieser Erfahrung auf bestimmte Weise zu empfinden oder zu denken. Jung postulierte viele Archetypen aus Vorgeschichte und Mythologie: den Sonnengott, den Helden, die Große Mutter.

- Animus ist der männliche Archetyp, den Frauen erfahren,
- Anima der weibliche Archetyp aus der Erfahrung der Männer.

Wenn wir auf eine Person des anderen Geschlechts reagieren, reagieren wir sowohl auf ihre eigenen besonderen Merkmale als auch auf ihren männlichen oder weiblichen Archetypus.

- Der Archetyp für das Selbst ist das Mandala oder der magische Kreis.

Es symbolisiert das Streben nach Einheit und Ganzheit (s. Jung 1973).

Nach Jung ist die Persönlichkeit dann gesund und integriert, wenn sie einander entgegengesetzte Kräfte, wie männliche Aggressivität und weibliche Sensibilität, innerhalb des einzelnen im Gleichgewicht hält. Diese Sicht der Persönlichkeit als Konstellation widerstreitender innerer Kräfte in dynamischer Balance wurde als **Analytische Psychologie** bezeichnet.

Jung, von Freud zum »Kronprinzen« der psychoanalytischen Bewegung ausersehen, führte eine Palastrevolte, indem er die primäre Bedeutung der Libido, des zentralen Begriffs der Freudschen Sexualtheorie, nicht anerkannte. Zu den grundlegenden Trieben der Sexualität und der Aggression fügte Jung 2 weitere mächtige unbewußte Triebe hinzu: das Schaffensbedürfnis und das Bedürfnis nach Selbstverwirklichung.

11.3.5
Bewertung der dynamischen Persönlichkeitstheorie Freuds

Die Bewertung der Persönlichkeitstheorie Sigmund Freuds hat ein Paradox zum Ausgangspunkt: Einerseits hat die Theorie das Denken der Psychologen nachhaltig beeinflußt, andererseits aber gibt es wohl mehr Psychologen, die Freuds Konzepte kritisieren, als solche, die sie unterstützen. Was sind die Argumente in der Kritik?

- Erstens sind viele psychoanalytische Begriffe vage formuliert und nur schwer zu operationalisieren. Folglich ist die Theorie über weite Strecken kaum mit den Methoden der empirischen Wissenschaften zu überprüfen. Wie sollten sich der Begriff der Libido, die Struktur der Persönlichkeit, und das Konzept der Unterdrückung sexueller Impulse durch das kleine Kind einer direkten Überprüfung unterziehen? Und wie ließe sich feststellen, ob eine übermäßig ängstliche Person Projektion, Verleugnung oder Reaktionsbildung verwendet wird, um das bedrohte Ego zu verteidigen? Freuds Ansatz muß also für Psychologen, die sich nach den üblichen Standards ihres Faches mit Theorien befassen, fraglich bleiben.
- Zweitens wird eingewendet, Freuds Theorie sei gute Geschichtsschreibung, aber schlechte Wissenschaft. Sie erlaubt *keine* zuverlässigen *Vorhersagen* darüber, was passieren wird. Das psychoanalytische Verständnis der Persönlichkeit beruht üblicherweise vielmehr auf der *historischen Rekonstruktion*. In die-

sem Zusammenhang wird weiterhin festgestellt, daß die Überbetonung der Bedeutung der individuellen Geschichte die Aufmerksamkeit von den momentanen Bedingungen und Einflüssen auf die Entstehung und Aufrechterhaltung von Verhaltensweisen ablenkt.

Diese beiden Hauptkritikpunkte werden in der aktuellen Diskussion durch 3 weitere ergänzt:

- Obwohl Freuds theoretisches System in wesentlichen Teilen eine Entwicklungstheorie ist (s. oben), hat er niemals Kinder beobachtet.
- Die Theorie führt zu einer Geringschätzung der Bedeutung traumatischer Erfahrungen durch sexuellen Mißbrauch, weil sie die Möglichkeit bietet, Erinnerungen als bloße Phantasien (beruhend auf dem Wunsch des Kindes nach sexuellem Kontakt mit den Eltern) zu interpretieren.
- Sie vertritt ein ausgeprägt androzentrisches Weltbild, d. h. in dieser Theorie wird die Welt mit den Augen von Männern gesehen. Männliches Erleben und Handeln wird als Norm gesetzt, ohne in Rechnung zu stellen, daß Frauen anders sein könnten.

Wir können dieser Kritik nur teilweise folgen, und möchten in 2 Punkten eine »Kritik der Kritik« vornehmen. Uns stört zum einen die Schärfe, Polemik und Arroganz, die manchmal von seiten der Psychologie in die Diskussion mit der Psychoanalyse getragen wird. Zum anderen sollte man sich darüber im klaren sein, daß einige der Einwände zwar auf Freuds Denken zutreffen mögen, aber angesichts der Weiterentwicklungen der psychodynamischen Persönlichkeitstheorie überholt sind. Von psychoanalytischer Seite gibt es beispielsweise inzwischen Beobachtungen der Entwicklung von Kindern zuhauf (s. etwa D. Stern 1985).

Zu den Aspekten der psychoanalytischen Theorie, die in Psychologenkreisen weitgehend akzeptiert sind – manchmal allerdings erst, nachdem sie abgewandelt worden sind – gehört der Begriff des **Unbewußten**. Wir haben in den Abschn. 4.1 und 4.3 gesehen, wie dieses Konzept in der modernen Bewußtseinsforschung weiterentwickelt wird (Greenwald 1992; Kihlstrom et al. 1992). Es zeigt sich, daß sich ein großer Teil unserer alltäglichen Aktivitäten in der Tat außerhalb der bewußten Aufmerksamkeit vollzieht. Derartige Ergebnisse stützen zwar Freud, aber gleichzeitig lockern sie auch die Verbindung zwischen unbewußten Prozessen und psychischen Erkrankungen: nur selten führen un-

bewußte Prozesse zu nachhaltigen negativen Emotionen oder gar zu Störungen.

Auch für die Existenz von **Abwehrmechanismen** gibt es zunehmend Anhaltspunkte (Hentschel et al. 1993; Singer 1990). Einige der Bewältigungsstrategien, die wir in Abschn. 8.4 beschrieben haben, fallen in diese Kategorie. Erinnern Sie sich an den dort besprochenen Sachverhalt, daß die Unterdrückung von Gedanken und Gefühlen, die mit traumatischen Erfahrungen oder mit Schuld- und Schamgefühlen zusammenhängen, eine verheerende Wirkung auf die seelische und körperliche Gesundheit haben kann (Pennebaker 1990; Traue u. Pennebaker 1993). Diese Befunde sprechen für Freuds Annahme, daß unterdrückte psychische Inhalte zu einer psychologischen Belastung werden können.

Als Fazit bleibt, daß Freuds Gedankensystem und dessen Weiterentwicklungen die komplexeste, umfassendste und herausforderndste Theorie der normalen und der gestörten Persönlichkeit darstellt – auch wenn sich einige Bestandteile bisher als falsch oder als empirisch nicht prüfbar herausgestellt haben. Ihr Einfluß auf die moderne Psychologie besteht nur z. T. in der ausdrücklichen Befassung mit ihren Ideen; »unterschwellig« hat sie alltägliches und wissenschaftliches Denken über die Psyche in einem Maße verändert, das kaum noch nachvollzogen werden kann.

11.4 Humanistische Theorien

In diesem Abschnitt fassen wir die Theorien einer ganzen Reihe von Denkern zusammen. Zu ihnen gehören Carl Rogers, Abraham Maslow (vgl. Abschn. 8.1), Rollo May und Charlotte Bühler.

> **!** Diesen **humanistischen Ansätzen** zum Verständnis der Persönlichkeit ist das besondere Interesse an der Integrität der individuellen Persönlichkeit, die Betonung der Rolle der bewußten Erfahrung und der Glaube an das Entwicklungspotential des Menschen gemeinsam. Die Motivation zum Handeln entspringt der einzigartigen Neigungen einer jeden Person, sich positiv in Richtung auf das Ziel der **Selbstverwirklichung** (Selbstaktualisierung) zu entwickeln. Dieses angeborene Streben nach Selbsterfüllung und nach Realisierung des eigenen Potentials ist eine konstruktive leitende Kraft, die jede Person zu positivem Handeln und zur Weiterentwicklung des Selbst bewegt.

Erinnern Sie sich daran, daß in Maslows Hierarchie der Bedürfnisse des Menschen die Selbstaktualisierung ganz weit oben steht (s. Abb. 7.1). Eine sich selbst verwirklichende Person ist selbstaufmerksam, akzeptiert sich selbst, und ist kreativ, spontan und offen für Veränderungen.

Humanistische Theorien sind als holistisch, dispositionell, phänomenologisch und existentialistisch beschrieben worden; außerdem sind sie entschieden optimistisch, was die Natur des Menschen betrifft.

- Humanistische Theorien sind **holistisch**, weil sie die einzelnen Handlungen der Menschen immer durch Bezugnahme auf dessen Gesamtpersönlichkeit erklären.
- Humanistische Theorien sind **dispositionell**, weil sie sich auf die angeborenen Qualitäten einer Person konzentrieren, die einen bedeutenden Einfluß darauf haben, welche Richtung das Verhalten nehmen wird.

Situative Bedingungen werden oftmals als Hindernisse und Barrieren gesehen. Einmal von negativen situativen Bedingungen befreit, sollte die Neigung zur Selbstverwirklichung die Menschen aktiv dazu anleiten, Situationen aufzusuchen, die ihr Leben erweitern. Es sollte betont werden, daß humanistische Theorien weder in dem Sinne dispositionell sind, in dem es die Eigenschaftstheorien mit ihrem Augenmerk auf überdauernden stabilen Merkmalen sind, noch im Sinne der psychoanalytischen Ansichten über frühkindliche Erfahrungen, die sich zu lebenslangen einengenden Bedingungen entwickeln können. Dispositionen im Sinne der Humanistischen Psychologie erfüllen die Persönlichkeit mit einer einheitlichen Neigung, sich zu verwirklichen, so daß sie ihren natürlichen Ausdruck in der gesunden Person finden kann.

- Humanistische Theorien sind **phänomenologisch**, denn sie betonen den Bezugsrahmen des Individuums, die *subjektive* Wirklichkeitsauffassung einer Person, nicht die objektive oder Beobachterperspektive.

Es wird also eine Sichtweise des »Hier und Jetzt« vertreten, der Gegenwart, wie die Person sie wahrnimmt. Einflüsse aus der Vergangenheit sind nur insoweit wichtig, als sie die Person in die Situation gebracht haben, in der sie sich nun befindet.

- Schließlich sind humanistische Theorien von Theoretikern wie Rollo May (1975) als **existentialistisch** charakterisiert worden.

Sie konzentrieren sich auf die bewußten höheren geistigen Prozesse, die die gegenwärtigen Erlebnisse der Per-

son interpretieren und es ihr ermöglichen, sich den täglichen Anforderungen der Existenz zu stellen oder sich von ihnen überwältigen zu lassen. Diese Theorien sind einzigartig in ihrer Betonung der Freiheit, die sie von den Behavioristen wie auch von den Psychoanalytikern trennt, deren begriffliche Rahmen ausgesprochen deterministisch sind.

Wir werden nun auf die Theorie von Carl Rogers etwas näher eingehen. Maslows Vorstellungen sind bereits oben bei unserer Darstellung der menschlichen Motivation beschrieben worden (vgl. Abschn. 8.1).

11.4.1
Der personzentrierte Ansatz von Carl Rogers

Für Carl Rogers (1947, 1951, 1977) ist Therapie »klientenzentriert« und Persönlichkeitstheorie »personzentriert«. Es ist die private Welt des Individuums, sein phänomenales Feld, das verstanden werden soll. Rogers riet, dem zuzuhören, was Menschen über sich selbst sagen, auf ihre Begriffe zu achten und auf die Bedeutungen, die sie ihren Erfahrungen verleihen.

Wie für die anderen humanistischen Theorien, so ist auch für den **personzentrierten Ansatz** der Begriff der **Selbstverwirklichung** zentral. Darunter ist ein beständiges Streben nach der Realisierung des eigenen inneren Potentials, nach der Entwicklung der eigenen Fähigkeiten und Talente zu verstehen. Erfahrungen werden positiv bewertet und aufgesucht, wenn das Individuum von ihnen annimmt, daß sie das Selbst stützen oder fördern. Erfahrungen, die dem positiven Wachstum der Persönlichkeit entgegengesetzt sind, werden negativ bewertet und gemieden.

Unglücklicherweise gerät diese Tendenz manchmal in Konflikt mit dem Wunsch nach Anerkennung oder unbedingter positiver Wertschätzung sowohl vom Selbst als auch von anderen. Wenn wichtige Menschen in der Umgebung eines Kindes Mißfallen über das ausdrücken, was das Kind tut, ohne klarzumachen, daß ihre Kritik sich auf das Verhalten, nicht aber auf das Kind bezieht, kann es sein, daß dieses nun anfängt, nur noch Dinge zu tun, die für andere »akzeptabel« sind.

11.4.2
Bewertung der humanistischen Theorien

Der psychoanalytische Ansatz ist oftmals dafür kritisiert worden, daß er eine zu pessimistische Sichtweise der Natur des Menschen vertrete. Humanistische Theorien sind in gewisser Weise der Gegenpol zur Psychoanalyse, denn sie betonen die gesunden Kräfte in der menschlichen Persönlichkeit, das natürliche Streben nach Wachstum und Selbstaktualisierung. Wer möchte aber schon über Theorien richten, die ein derart positives Bild des Menschen entwerfen?

Dennoch gibt es zahlreiche Psychologen, die einwenden, die Begriffe humanistischer Theorien seien unscharf und deshalb nur schwer für die Forschung zu nutzen. Was genau ist Selbstverwirklichung? Ist es eine angeborene Neigung, oder kommt sie durch den kulturellen Kontext zustande?

Humanistische Theorien haben auch Probleme damit, die besonderen Eigenschaften von einzelnen Menschen zu erklären. Es scheint sich bei ihnen um Theorien über die *allgemeine* menschliche Natur zu handeln, über Eigenschaften, die wir alle teilen, weniger um Theorien über die Unterschiede zwischen Menschen.

Ein anderes Argument lautet, daß die Humanistische Psychologie den wichtigen Einfluß der Umwelt auf das Verhalten vernachlässigt, indem sie die Rolle des Selbst als Quelle der Erfahrung und der Handlung betont.

Doch trotz dieser Einwände hat der Ansatz der humanistischen Persönlichkeitstheorien wenigstens bei einer neuen Forschungsrichtung Pate gestanden: beim Versuch, die Persönlichkeit zu verstehen, indem man Erzählungen (Narrativa) sammelt und daraus **Lebensgeschichten** nachzeichnet (Baumeister 1994; McAdams 1988; Rosenwald u. Ochberg 1992). Die Tradition, eine psychologische Theorie zu benutzen, um die Details einer individuellen Lebensgeschichte zu verstehen – d. h. eine **Psychobiographie** hervorzubringen – kann bis auf Freuds Leonardo-da-Vinci-Biographie zurückgeführt

werden (Freud 1910/1957; s. auch die kritische Stellungnahme von Elms 1988).

> ❗ Psychobiographie kann definiert werden als »der systematische Gebrauch psychologischer Theorien, speziell von Persönlichkeitstheorien, um einen Lebenslauf in eine kohärente und erhellende Lebensgeschichte zu transformieren« (McAdams 1988, S. 2).

Nehmen wir Pablo Picasso als Beispiel. Picasso erlebte als Kind eine Reihe von Traumata, darunter verschiedene Erdbeben und den Tod einer jungen Schwester. Eine Psychobiographie könnte nun versuchen, Picassos herausragende künstlerische Kreativität als das lebenslange Überbleibsel seiner Auseinandersetzung mit diesen frühen Traumata zu erklären (Gardner 1993a).

Bei einer bekannten oder historisch bedeutsamen Person kann der Forscher auf veröffentlichte Werke, Tagebücher und Briefe zurückgreifen, um die Psychobiographie zu entwerfen. Wie man bei weniger bekannten Zeitgenossen vorgehen könnte, zeigt der Abschn. **Experiment**.

11.5
Kognitive und sozialkognitive Persönlichkeitstheorien

Alle Theorien, die wir bisher kennengelernt haben, teilen die Betonung der inneren Mechanismen – Eigenschaften, Triebe, Tendenzen zur Selbstverwirklichung – als Anstoß für das Verhalten und für die Persönlichkeit. Was ihnen aber fehlt, ist eine genaue Beschreibung des Zusammenhangs zwischen der Persönlichkeit und den spezifischen Verhaltensweisen. Psychologen, die

EXPERIMENT

Die narrative Methode zur Konstruktion von Psychobiographien

Psychologen, die Lebensgeschichten (Psychobiographien) konstruieren wollen, erbitten von der Person Erzählungen über Lebenserfahrungen. Ein entsprechendes Gespräch könnte mit der Bitte um den Bericht über eine besonders wichtige Erfahrung aus der letzten Zeit beginnen. Daran schließen sich dann etwa die folgenden Fragen an: »Was haben Sie dabei gedacht und gefühlt? Was könnte diese Episode darüber aussagen, wer Sie sind, wer Sie waren und wer Sie sein werden, oder darüber, wie Sie sich über die

Zeit verändert haben?« (McAdams u. St. de Aubin 1992, S. 1010). Die charakteristischen Themen, die im Laufe einer Reihe von Erzählungen entstehen, passen zu der ganzheitlichen und phänomenologischen Auffassung von Persönlichkeit, die wir von den humanistischen Theoretikern kennengelernt haben. Menschen konstruieren ihre Identität, indem Sie aus den Erzählungen Lebensgeschichten entstehen lassen. Diese Erzählungen öffnen ein Fenster auf die Ansichten der Menschen von sich selbst und von sozialen Beziehungen (Harvey et al. 1990; Shotter 1984).

aus der Tradition der Lerntheorie stammen (vgl. Abschn. 5.1) blicken hingegen in erster Linie auf die äußeren Umstände, die das jeweilige Verhalten kontrollieren, und sie sehen die Persönlichkeit als das Resultat der inneren und äußeren Reaktionen, die durch die Verstärkungsgeschichte einer Person entstanden sind. Lernpsychologische Ansätze zur Persönlichkeit legen also nahe, daß sich Menschen unterscheiden, weil sie verschiedene Verstärkungsgeschichten aufweisen.

Eine frühe lernpsychologische Konzeption der Persönlichkeit ist 1950 von J. Dollard und N. Miller vorgelegt worden. Dollard u. Miller führten die Konzepte der gelernten Triebe, der Reaktionshemmung und gelernter Verhaltensmuster ein. Ähnlich wie Freud betonten sie die motivierende Funktion von Triebspannungen und die verstärkende Funktion der Spannungsreduktion. Organismen streben danach, Spannungen zu reduzieren, die aus unbefriedigten Trieben resultieren. Verhalten, das diese Triebspannungen erfolgreich reduziert, wird wiederholt, vielleicht so lange, bis es zu einer gelernten Gewohnheit wird.

Dollard u. Miller zeigten auch, daß man durch Nachahmung (Imitation) lernen kann – also, indem man andere beobachtet, ohne daß man selbst eine Reaktion ausführen muß. Die Idee der Imitation hat wesentlich dazu beigetragen, zu verstehen, wie angemessene oder auch destruktive Gewohnheiten erworben werden. In dieser lerntheoretischen Auffassung entsteht die Persönlichkeit als die »Summe« der gelernten Gewohnheiten.

Die Theorie von Dollard u. Miller ist mittlerweile Geschichte; aber auch die aktuellen **kognitiven** und **sozialkognitiven Persönlichkeitstheorien** beruhen auf der Prämisse, daß Kontingenzen aus der Umwelt (die Verstärkungsgeschichte) das Verhalten und letztlich auch die Persönlichkeit beeinflussen. Sie gehen aber über die ältere Auffassung in der Weise einen Schritt hinaus, daß sie – wie der Name schon sagt – die Bedeutung kognitiver Prozesse betonen. Kognitive (und sozialkognitive) Theorien betonen beispielsweise die Rolle der Transformation von Wahrnehmungen und Empfindungen in Erfahrungen der Realität. Es gibt deshalb große individuelle Unterschiede im Erleben ein und derselben Situation, weil Informationen unterschiedlich verarbeitet werden. Eine Gemeinsamkeit dieser Theorien mit den humanistischen Ansätzen besteht darin, daß die aktive und kreative Rolle des Individuums bei der Konstruktion der eigenen Persönlichkeit gesehen wird. Beispielsweise wählen Sie ihre Umgebung zum großen Teil aus und sind ihr nicht passiv

ausgesetzt. Sie entscheiden sich, Situationen aufzusuchen, von denen Sie erwarten, daß Sie Belohnungen (im weitesten Sinne) bringen werden, und Sie meiden Situationen, die Sie als unsicher oder gar unbefriedigend einschätzen.

Schauen wir uns nun die Theorien im einzelnen an. Wir beginnen mit der Theorie der persönlichen Konstrukte von George Kelly und gehen dann weiter zu den sozialkognitiven Theorien von Walter Mischel und Albert Bandura. Manchmal spricht man hier auch von **Persönlichkeitstheorien auf der Grundlage der sozialen Lerntheorie** (um die historische Verbindung, die wir soeben aufgewiesen haben, zu betonen).

11.5.1
Eine kognitive Persönlichkeitstheorie: Kellys Theorie der persönlichen Konstrukte

George Kelly (1955) entwickelte eine Theorie der Persönlichkeit, die der aktiven kognitiven Konstruktion der Welt durch die Person einen großen Stellenwert einräumt. Er vertrat mit Nachdruck die Ansicht, daß man niemals seiner Geschichte oder seiner gegenwärtigen Umwelt nur ausgeliefert ist. Wenn auch Ereignisse selbst nicht zu ändern sind, so sind doch alle Ereignisse offen für alternative Interpretationen. Menschen können ihre Vergangenheit jederzeit rekonstruieren oder ihre gegenwärtigen Schwierigkeiten umdefinieren.

Kelly benutzte die Wissenschaft als Metapher für diesen Prozeß. Wissenschaftler entwickeln Theorien, um die Welt zu verstehen und um Vorhersagen über das zu machen, was sich in der Zukunft unter bestimmten Bedingungen ereignen wird. Die Prüfung einer wissenschaftlichen Theorie ist der Nachweis ihres Nutzens – wie gut sie etwas erklärt und vorhersagt. Wenn eine Theorie sich nicht gut anwenden läßt oder wenn sie über die Klasse von Ereignissen hinaus, für die sie gut brauchbar ist, erweitert werden muß, dann kann und sollte eine neue, zweckmäßigere Theorie entwickelt werden.

> **!** Kelly behauptete, alle Menschen gingen ähnlich wie Wissenschaftler vor. Wir möchten die Welt um uns herum, besonders die interpersonale (zwischenmenschliche) Umwelt, vorhersagen und erklären können. Die Theorien, die wir dabei benutzen, werden von Kelly **persönliche Konstrukte** genannt. Ein persönliches Konstrukt ist definiert als die Überzeugung einer Person darüber, wie 2 Dinge einander gleichen und wie sie sich von einem dritten unterscheiden.

Beispielsweise könnte ich sagen, mein Bruder und mein Onkel sind gleich, weil sie beide sehr wettbewerbsorientiert sind, meine Schwester jedoch sei anders, denn sie lasse anderen den Vortritt. In diesem Fall sieht es so aus, als benutzte ich ein Konstrukt »Wettbewerbsorientiertheit versus Nachgiebigkeit gegenüber anderen«, um meine Wahrnehmungen der Menschen um mich herum zu organisieren. Andere persönliche Konstrukte könnten auf Attraktivität oder auf der Geschicklichkeit bei der Ausbeutung anderer zum eigenen Nutzen gegründet sein.

Persönliche Konstrukte sind nach Kelly nicht einfach Etiketten, die ein Außenstehender verwendet, nachdem er gesehen hat, was eine Person tut. Sie beeinflussen vielmehr, was wir sehen, wenn wir die Welt betrachten, und sie wirken sich darauf aus, wie wir reagieren.

> ! Das Glaubens- bzw. Überzeugungssystem einer jeden Person – ihr Bestand an persönlichen Konstrukten – legt fest, wie sie denkt, fühlt, handelt und wie sie neue Situationen definiert. Mit anderen Worten, für Kelly ist die »Persönlichkeit« eines Menschen dessen gesamtes System persönlicher Konstrukte.

Systeme von Konstrukten sind nach Ansicht Kellys vollkommen **idiographisch**: Jede Person verfügt über eine einzigartige Zusammenstellung von Konstrukten. Menschen unterscheiden sich bezüglich der Inhalte ihrer Konstrukte, bezüglich der Anzahl, die ihnen zur Verfügung steht und bezüglich der Arten der Verbindungen. Um andere Menschen verstehen zu können, müssen wir versuchen, die Welt so zu sehen, wie sie sie sehen, d. h. durch ihr System von Konstrukten, nicht durch das unsere.

Kellys Theorie hat nur wenige Untersuchungen direkt angeregt, großenteils deswegen, weil sie soviel Wert auf die Einzigartigkeit einer jeden Persönlichkeit legt. Dieser Ansatz hat eher die klinisch arbeitenden Psychologen, die jeden Fall wie eine individuelle Geschichte angehen können, als die Persönlichkeitsforscher beeinflußt, die nach allgemeinen Prinzipien suchen.

11.5.2
Die sozialkognitive Persönlichkeitstheorie Walter Mischels

Mischel, ein Schüler von George Kelly, arbeitete die Vorstellungen über die kognitive Basis der Persönlichkeit weiter aus. Wie sein Lehrer betont er die aktive Rolle einer Person bei der kognitiven Organisation ihrer Interaktionen mit der Umgebung (Mischel u. Peake 1982). Wie sie auf bestimmte Informationen aus der Umwelt reagiert, ist nach Mischel von folgenden Variablen und Prozessen abhängig:

- *Kompetenzen* – was sie weiß, was sie kann und welche Fähigkeiten sie hat, bestimmte Kognitionen und Verhaltensresultate herzustellen,
- *Strategien der Enkodierung* – der Art und Weise, wie sie Informationen verarbeitet, d. h. wie sie selektive Aufmerksamkeit schenkt, kategorisiert und Assoziationen herstellt,
- *Erwartungen* – ihren Antizipationen wahrscheinlicher Ergebnisse bei bestimmten Handlungen in bestimmten Situationen,
- *persönliche Werte* – den Bedeutungen, die sie Reizen, Ereignissen, Menschen und Aktivitäten zumißt,
- *selbstregulierende Systeme und Pläne* – den Regeln, die sie zur Steuerung ihres Verhaltens, zur Zielbestimmung und zur Bewertung ihrer Effektivität entwickelt hat.

Wie werden diese Variablen im Einzelfall festgelegt? Das ergibt sich nach Mischel aus den Beobachtungen einer Person und ihren Interaktionen mit anderen Menschen und mit der physischen Umwelt (Mischel 1973). Mischel betont, daß es für den Persönlichkeitspsychologen darauf ankommt, zu verstehen, wie das Verhalten aus der **Wechselwirkung (Interaktion) von Person und Situation** hervorgeht (Mischel 1990; Shoda et al. 1993a, b). Betrachten Sie das folgende Beispiel:

Das Einmalige von *Johns* Persönlichkeit zeigt sich am deutlichsten daran, daß er immer sehr freundlich ist, wenn er jemanden zum ersten Mal trifft, daß er aber regelmäßig unfreundlich und unwirsch wird, wenn er mehr Zeit mit dieser Person verbringt. *Jim* hingegen ist darin einzigartig, daß er bei Menschen, die er nicht gut kennt, typischerweise zurückhaltend und scheu ist, aber gesellig wird, sobald er jemanden gut kennt (Shoda et al. 1993a, S. 1023).

Wenn Sie für John und Jim jeweils die durchschnittliche Freundlichkeit ermitteln sollten, würden sie vielleicht auf etwa denselben Wert kommen – aber der gravierende Unterschied in der Freundlichkeit der beiden würde verlorengehen. Mischel und seine Mitarbeiter haben die Bedeutsamkeit von Verhaltensmustern in ihren Feldstudien über die Erfahrungen von Kindern in Ferienlagern demonstriert, von denen schon in Abschn. 11.2 die Rede war. Im Abschn. **Experiment** gehen wir auf diese Studie näher ein.

Was bedeutet Nachgeben – Freundlichkeit oder Rückzug?

Eine der Beobachtungsstudien im Ferienlager konzentrierte sich auf das Verhalten der Kinder in verschiedenen Situationen, etwa wenn sie ein anderes Kind dazu bringen sollten, sozialen Kontakt herzustellen oder wenn Erwachsene sie aufforderten, eine Verhaltensweise zu unterlassen. Die Reaktionen der Kinder wurden durch Beurteiler in Verhaltenskategorien eingestuft, beispielsweise in die Kategorien »spricht wohlwollend oder unterstützend« oder »willigte ein oder gab nach«. Zusätzlich wurden am Ende des Ferienlagers »Berater« der Kinder gebeten, jedes einzelne als »aggressiv«, »zurückgezogen« oder »freundlich« einzustufen.

Welche Informationen werden die Berater wohl für ihre Urteile benutzt haben? Betrachten wir das »Einwilligen oder Nachgeben«. Kinder, die von den Bera-

tern letztlich als »freundlich« eingestuft worden waren, hatten in Situationen eingewilligt, in denen sie zuvor von Erwachsenen aufgefordert (gewarnt) worden waren. Kinder, die letztlich die Beurteilung »zurückgezogen« erhalten hatten, hatten in Situationen nachgegeben, in denen Gleichaltrige (»peers«) sie gehänselt hatten (Shoda et al. 1993b).

Diese Resultate legen nahe, daß die mittlere »Einwilligungsrate« wenig über die Persönlichkeiten der Kinder aussagt. Um zu verstehen, daß das eine Kind als freundlich und das andere als zurückgezogen eingestuft wurde, müssen Sie die Situation kennen, in der die Einwilligung stattfand. Mischel betont deshalb, daß die Urteile über die Persönlichkeit anderer Menschen nicht aus der impliziten Bildung von Durchschnittswerten herrühren, sondern daraus, daß man analysiert, wie verschiedene Situationen verschiedenes Verhalten hervorbringen.

11.5.3
Die sozialkognitive Persönlichkeitstheorie Albert Banduras

Durch seine zahlreichen theoretischen Publikationen und seine umfassenden Untersuchungen mit Kindern und Erwachsenen ist Albert Bandura (1986) zu einem der führenden Vertreter der **Theorie des sozialen Lernens** geworden (vgl. Abschn. 5.4). In seinem Beitrag

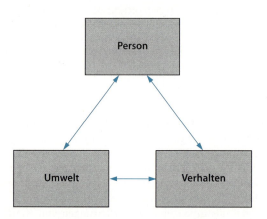

Abb. 11.4. Reziproker Determinismus. (Nach Bandura). Dabei stehen die Persönlichkeit, das Verhalten und die Umwelt (Umgebung) eines Individuums in wechselndem Zusammenhang und beeinflussen und modifizieren sich deshalb gegenseitig

zur Persönlichkeitstheorie werden lerntheoretische Prinzipien mit der Betonung der Interaktion im sozialen Umfeld der Person verbunden. Aus der Perspektive des sozialen Lernens werden Menschen weder durch angeborene Kräfte getrieben, noch sind sie hilflose Marionetten von Umwelteinflüssen.

Die soziale Lerntheorie betont die den Menschen auszeichnenden kognitiven Prozesse, die am Erwerb und an der Aufrechterhaltung von Verhaltensmustern und folglich an der Persönlichkeit beteiligt sind. Weil wir in der Lage sind, mit Symbolen umzugehen und über äußere Ereignisse nachzudenken, können wir die möglichen Konsequenzen unserer Handlungen voraussehen, ohne daß wir sie unbedingt erfahren müssen. Zusätzlich zum Lernen aus eigenen Erfahrungen lernen wir oftmals stellvertretend, indem wir andere Menschen beobachten.

Wir können unsere eigenen Verhaltensweisen unseren persönlichen Maßstäben entsprechend bewerten und uns selbst verstärken, etwa durch Eigenlob oder Selbstkritik. Dadurch sind wir zur Selbststeuerung fähig und in der Lage, unsere Handlungen zu kontrollieren, statt der automatischen Kontrolle durch äußere Einwirkungen unterworfen zu sein.

Die soziale Lerntheorie lehnt den Umweltdeterminismus einer streng behavioristischen Sichtweise ab. Statt dessen verweist sie auf die komplexe Interaktion von individuellen Faktoren, Verhaltensweisen und Umweltreizen. Jede dieser Größen kann die anderen beeinflussen oder verändern; die Veränderung verläuft reziprok, selten nur in eine Richtung.

> ! Verhalten kann von Einstellungen, Überzeugungen oder der vorangegangenen Verstärkungsgeschichte genauso beeinflußt werden wie von den in der Umwelt aktuell vorhandenen Reizen. Was jemand tut, kann sich auf die Umwelt auswirken, und wichtige Aspekte der Persönlichkeit können wiederum durch die Rückmeldung über das Verhalten, die aus der Umwelt kommt, beeinflußt werden. Die sozialkognitive Lerntheorie hat dafür den Begriff des **reziproken Determinismus** geprägt (s. Abb. 11.4).

Lernen durch Beobachtung

Der wichtigste Beitrag der Theorie Banduras liegt möglicherweise darin, daß sie das **Lernen durch Beobachtung** in den Mittelpunkt stellte.

> ! Lernen durch Beobachtung (Beobachtungslernen) ist der Prozeß, bei dem eine Person das Verhalten einer anderen beobachtet und ihr eigenes Verhalten allein auf diese Beobachtung hin verändert.

Durch Beobachtungslernen erwerben Kinder und Erwachsene eine enorme Menge an Informationen über ihre soziale Umgebung – was angemessen ist und belohnt wird und was bestraft oder ignoriert wird. In Abschn. 5.4 wurde dieser Ansatz als Herausforderung der traditionellen behavioristischen Theorie vorgestellt, denn eine Person muß nicht handeln, um etwas zu lernen. Fertigkeiten, Einstellungen und Überzeugungen kann man einfach dadurch erwerben, daß man beobachtet, was andere machen und welche Folgen das hat.

Das bedeutet, daß ein Kind seine Geschlechtsrollenidentität dadurch erwerben kann, daß es beobachtet, wie Frauen und Männer sich in ihrer Kultur benehmen und wie unterschiedlich darauf innerhalb dieser Kultur reagiert wird (s. Bem 1984). Kinder können auch »Persönlichkeitseigenschaften« wie Altruismus (Staub 1974) oder die Fähigkeit zum Belohnungsaufschub durch die Beobachtung von Modellen erlernen, ob die Modelle nun »echt« und körperlich anwesend sind oder »symbolisch« durch Bücher, Filme oder Fernsehen vermittelt auftreten.

Selbstwirksamkeit

Mittlerweile hat Bandura (1986, 1992) das Konzept der **Selbstwirksamkeit** zum zentralen Bestandteil der sozialen Lerntheorie ausgearbeitet.

> ! Selbstwirksamkeit (»self-efficacy«) ist die individuell unterschiedlich ausgeprägte Überzeugung, daß man in einer bestimmten Situation die angemessene Leistung erbringen kann. Dieses Gefühl einer Person bezüglich ihrer Fähigkeit beeinflußt ihre Wahrnehmung, ihre Motivation und ihre Leistung auf vielerlei Weise.

Wir erwägen nicht einmal, etwas zu tun oder zu riskieren, wenn wir erwarten, daß wir nichts damit bewirken. Wir meiden Menschen und Situationen, wenn wir uns den Anforderungen, die diese stellen, nicht gewachsen fühlen. Selbst wenn wir *tatsächlich* über die Fähigkeit verfügen – und über den Wunsch – mag es sein, daß wir die verlangte Handlung dennoch nicht in Angriff nehmen oder erfolgreich zu Ende führen, weil wir *glauben*, daß uns das Nötige fehlt.

Selbstwirksamkeit als Gefühl für das eigene Können ist nicht dasselbe wie ein allgemeines Gefühl des Selbstvertrauens. Bandura nimmt an, Wahrnehmungen der eigenen Fähigkeiten stelle man sich am besten als eine Menge spezifischer Bewertungen vor. Diese Ansicht sollte uns davor warnen, das komplexe Wissen und die komplexen Bewertungen, die Menschen über sich selbst haben, zu so einfachen Etiketten wie »Selbstachtung« zu reduzieren. Das Gefühl der Selbstwirksamkeit kann Verhalten in Situationen beeinflussen, die sich von denen, welchen es seine Entstehung verdankt, unterscheiden. Positive Erwartungen können, wenn sie erst einmal vorhanden sind, hinsichtlich der eigenen Selbstwirksamkeit auf neue Situationen generalisiert werden (Bandura 1977b).

Die Beurteilung der Selbstwirksamkeit hängt, außer von unseren tatsächlichen Leistungen, von weiteren Faktoren ab:

- von unseren Beobachtungen der Leistungen anderer,
- von Überzeugungen, die wir von anderen übernommen oder selbst aufgebaut haben, und
- von der Beobachtung unserer emotionalen Zustände, während wir über eine Aufgabe nachdenken oder uns an eine Aufgabe heranwagen.

Beispielsweise legt Ängstlichkeit niedrige Erwartungen von Wirksamkeit nahe, Aufregung spricht für Erwartung von Erfolg.

UNTER DER LUPE

Die Auswirkung von Selbstwirksamkeitsüberzeugungen von Lehrern auf Schüler und Klasse

Abgesehen davon, daß die Selbstwirksamkeit beeinflußt, welche Aktivitäten, Aufgaben, Situationen und Gefährten wir auswählen, nehmen Beurteilungen unserer Selbstwirksamkeit auch Einfluß darauf, wieviel Anstrengung wir aufwenden und wie lange wir »dranbleiben«, wenn Schwierigkeiten auftreten (Schwarzer 1992). Mit welchem Eifer und mit welcher Ausdauer Sie z. B. dieses Kapitel bearbeiten, mag stärker von Ihrer Einschätzung der eigenen Wirksamkeit abhängen als von Ihren Fähigkeiten (Zimmerman et al. 1992). Erwartungen über Erfolg oder Mißerfolg können durch die Rückmeldung über ihre Leistungen beeinflußt werden; aber die Erwartungen bringen wahrscheinlich auch die vorhergesagte Rückmeldung hervor und werden auf diesem Wege zu sich selbst erfüllenden Prophezeiungen. In einer Untersuchung von Ashton u. Webb (1986) wurde diese Einsicht auf die Situation im Unterricht angewendet.

An der Studie nahmen 48 Lehrer von 4 Gymnasien mit jeweils einer hohen Zahl von »kulturell benachteiligten Schülern« teil. Die Forscher erhoben mit Selbstbeurteilungsskalen die Einschätzung, die die Lehrer von der Effektivität des eigenen Unterrichts abgaben. Sie führten außerdem Beobachtungen zum Klassenklima durch und erfaßten die Leistungen der Schüler mit standardisierten Tests. Die Ergebnisse zeigten, daß Lehrer mit einer ausgeprägteren Überzeugung der Selbstwirksamkeit dazu neigen, ein positiveres Klassenklima aufrechtzuerhalten, also etwa ruppige Formen der Verhaltenskontrolle zu unterlassen. Zusätzlich zeigte sich, daß der Schülererfolg in Mathematik bedeutsam mit dem Selbstwirksamkeitsurteil der Lehrer zusammenhängt: Je höher die Selbstwirksamkeit, um so besser schnitten die Schüler ab.

Im Abschn. **Unter der Lupe** beschreiben wir detaillierter, wie weitgehend sich die Überzeugung der Selbstwirksamkeit auswirken kann.

Banduras Theorie der Selbstwirksamkeit berücksichtigt aber durchaus die Bedeutung der Umwelt. Erwartungen über Erfolg und Mißerfolg – und die anschließende Entscheidung, weiterzumachen oder aufzugeben – können unter anderem auf der Wahrnehmung von Unterstützung aus der Umwelt beruhen, ergänzend zur Wahrnehmung der eigenen Zulänglichkeit oder Unzulänglichkeit. Derartige Erwartungen werden als **ergebnisorientierte Erwartungen** bezeichnet. Abb. 11.5 zeigt, wie die einzelnen Konzepte in Banduras Theorie der Selbstwirksamkeit zusammenhängen: Das Verhaltensergebnis hängt sowohl von der Wahrnehmung der eigenen Fähigkeiten als auch der Wahrnehmung der Umwelt ab.

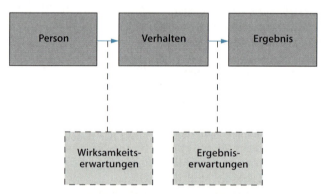

Abb. 11.5. Banduras Modell der Selbstwirksamkeit. In dieser schematischen Darstellung sind die Erwartungen über die Wirksamkeit zwischen der Person und ihrem Verhalten angesiedelt. Ergebniserwartungen haben ihren Platz zwischen dem Verhalten und dessen erwartetem Ergebnis

11.5.4
Bewertung der kognitiven und sozialkognitiven Theorien

Eine Richtung der Kritik an den kognitiven Theorien stellt fest, daß diese generell die Bedeutung von **Emotionen** für die Persönlichkeit übersehen. Die Variablen, die im kognitiven Ansatz betont werden – Konstrukte, Kodierungsstrategien und dergleichen – sind rationale, auf die Informationsverarbeitung bezogene Variablen. Emotionen werden auf den Status von Nebenprodukten von Gedanken und Verhalten reduziert und haben keine eigenständige Bedeutung. Für diejenigen, die der Ansicht sind, die Emotionen seien für das Funktionieren der menschlichen Persönlichkeit von größerer Bedeutung als Kognitionen, ist dies ein schwerwiegender Mangel.

Neuere Untersuchungen haben den Nachweis erbracht, daß Emotionen eine bedeutende Wirkung auf kognitive Prozesse wie Gedächtnis, Reaktionszeit und Entscheidungsfindung haben (Bower 1981; Zajonc 1980). Gefühle sind selbst möglicherweise wichtige Determinanten kognitiver Inhalte und Strukturen, nicht bloß »Anstrich von Kognitionen«. Kognitive Ansätze werden auch deshalb kritisiert, weil sie die Wirkung unbewußter Quellen der Motivation auf Verhalten und Gefühl nicht in angemessener Weise würdigten.

Eine zweite Art der Kritik konzentriert sich auf die Unbestimmtheit der Erklärungen für die Entstehung personaler Konstrukte und Kompetenzen. Die kognitiven Theorien sagen wenig über die in der Entwicklung liegenden Ursprünge der erwachsenen Persönlichkeit. Wegen ihrer Konzentration auf die individuelle Wahrnehmung der gegenwärtigen Umwelt neigen sie dazu, ahistorisch zu sein. Dies gilt besonders für Kellys Theorie, sehr viel weniger für die Theorien Mischels und Banduras. Wenn es auch ein Kernstück des Kellyschen Ansatzes ist, daß Menschen die Freiheit haben, ihre Konstrukte zu verändern, so geht aus dieser Theorie doch nicht klar hervor, wie Konstrukte sich entwickeln und unter welchen Voraussetzungen sie sich verändern. Darüber hinaus ist ein wichtiges Thema in Kellys Theorie der personalen Konstrukte die Vorhersage künftiger Ereignisse. Die Theorie beschäftigt sich jedoch weniger damit, wie jemand sein eigenes Verhalten vorhersagen kann, als damit, wie jemand das Verhalten anderer Menschen antizipiert.

Trotz dieser Kritiken haben die kognitiven Theorien der Persönlichkeit bedeutende Beiträge zum gegenwärtigen Denken geliefert. Kellys Theorie hat eine große Anzahl kognitiver Therapeuten beeinflußt. Mischels theoretischer Ansatz hatte ebenfalls eine nachhaltige Wirkung bezüglich der Frage, wann Personvariablen wichtig sind und wann es vermutlich eher die situativen Variablen sind, die sich auswirken. Diese Analyse der Bedingungen der Wirksamkeit von Person- und Umweltvariablen bietet eine fruchtbarere Forschungsperspektive als die Kontroverse darüber, ob Personvariablen insgesamt mehr oder weniger wichtig sind als Situationsvariablen. Banduras Ideen zur Selbstwirksamkeit haben dazu geführt, daß Lehrer heute lernen, sich selbst und ihren Unterricht anders zu sehen, und sie haben auch generelle Anwendungen in der Gesundheitsförderung, der Geschäftswelt und bei sportlichen Leistungen gefunden.

11.6
Theorien über das Selbst

Wir sind nun bei den Persönlichkeitstheorien angelangt, die im engsten Sinne des Wortes »persönlich« sind. Bei diesen Theorien geht es darum, wie der Mensch mit seiner subjektiven Erfahrung des eigenen **Selbst** umgeht – mit anderen Worten, wie er sich selbst erlebt. Welchen Begriff haben Sie von Ihrem Selbst? Glauben Sie, daß sich Ihr Selbst der Welt gegenüber konsistent verhält? Stellen Sie Ihrer Familie oder Ihren Freunden gegenüber Ihr Selbst als einheitlich und beständig dar? Welchen Einfluß haben positive oder negative Erfahrungen darauf, wie Sie Ihr eigenes Selbst betrachten? Wir werden die Beantwortung dieser Fragen mit einem kurzen historischen Überblick beginnen.

William James (1890; s. auch Abschn. 1.2) war der erste Autor, der sich mit dem Selbst befaßt hat. James stellte 3 Bestandteile der Selbsterfahrung heraus:

● das *materielle Ich:* das körperliche Selbst und die uns umgebenden Objekte,
● das *soziale Ich:* unser Bewußtsein darüber, wie andere uns betrachten, und
● das *spirituelle Ich:* das Selbst, das seine eigenen privaten Gedanken und Gefühle überwacht.

James nahm an, daß all das, was wir mit unserer **Identität** in Verbindung bringen, in gewissem Sinne zu einem Teil unseres Selbst wird. Das erklärt, warum Menschen manchmal abwehrend reagieren, wenn Freunde oder Familienmitglieder – ein Teil des Selbst – angegriffen werden.

Der Begriff des Selbst steht auch bei den psychodynamischen Theorien an zentraler Stelle. Selbsteinsicht ist nach Freud ein wichtiges Element im psychoanalytischen Heilungsprozeß, und Jung betonte, daß man alle Aspekte des bewußten und unbewußten Lebens integrieren und akzeptieren muß, um sein Selbst voll entwickeln zu können.

Was für eine Bedeutung hat das Selbst in zeitgenössischen psychologischen Theorien? Wir werden zunächst kognitive Aspekte des Selbst behandeln – das Selbstkonzept und mögliche Ausdrucksformen des Selbst. Anschließend untersuchen wir, wie die Menschen ihr Selbst der Außenwelt gegenüber darstellen.

11.6.1
Die dynamischen Aspekte von Selbstkonzepten

Autoren, die das Selbst hauptsächlich unter dem kognitiven Aspekt sehen, haben dafür den Begriff des **Selbstkonzepts** geprägt.

> **!** Das Selbstkonzept ist eine dynamische mentale Struktur, die intrapersonale (innere) und interpersonale (zwischenmenschliche) Verhaltensweisen und Prozesse motiviert, interpretiert, organisiert, vermittelt und reguliert.

Das Selbstkonzept schließt viele Komponenten ein. Dazu zählen:

- persönliche Erinnerungen,
- Annahmen über unsere Eigenschaften, Motive, Werte und Fähigkeiten,
- das Ideal-Ich – wie wir am liebsten sein würden,
- das mögliche Selbst (oder die möglichen »Selbste«) – Veränderungen unseres Selbstkonzepts, die wir in der Vorstellung vorwegnehmen,
- der Selbstwert – positive und negative Bewertungen, die wir von uns selbst vornehmen, und
- Überzeugungen darüber, wie andere uns sehen (McGuire u. McGuire 1986).

In Abschn. 5.9 haben wir Schemata als Wissensbestände definiert, die komplexe Generalisierungen über die Struktur unserer Umwelt beinhalten. Unser Selbstkonzept enthält Schemata über das Selbst – Selbstschemata. **Selbstschemata** erlauben uns, Informationen über unser Selbst zu organisieren, ähnlich wie uns andere Schemata dabei helfen, Aspekte unserer Erfahrungen zu verarbeiten und zu verstehen (Markus 1977). Selbstschemata beeinflussen aber nicht nur, wie wir Informationen über uns selbst verarbeiten. Forschungsergebnisse weisen darauf hin, daß diejenigen Schemata, die wir häufig zur Interpretation unseres eigenen Verhaltens benutzen, auch Einfluß darauf nehmen, wie wir Informationen über andere Menschen verarbeiten (Cantor u. Kihlstrom 1987; Markus u. Smith 1981). Handlungen anderer Personen interpretieren wir in Begriffen, die von unseren Selbstschemata geprägt sind, also davon, was wir selbst über unsere eigene Identität wissen und annehmen.

> **!** Die Menschen erhalten wichtige Informationen über ihr Selbstkonzept durch soziale Interaktionen. Das Selbst ist ein dynamisches Konstrukt, das seine Bedeutung vor allem in zwischenmenschlichen Beziehungen gewinnt. In gewissem Sinne kann es ohne den Austausch mit anderen Menschen gar kein Selbst geben (Markus u. Cross 1990).

Das ist wohl der Grund dafür, daß wir uns oft in Situationen begeben, die eine Selbstbestätigung ermöglichen (Swann 1990). Dies trifft sogar dann zu, wenn die äußeren Umstände ein relativ negatives Selbstkonzept bestätigen, wie das folgende **Experiment** zeigt.

Erstaunt Sie dieses Ergebnis? Sie haben vielleicht erwartet, daß Menschen, deren Partner nicht besonders gut von ihnen denken, in ihren Beziehungen unglücklich sein würden. Dies traf aber nur dann zu, wenn die Einschätzungen der beiden Partner nicht übereinstimmten. Bei einer Übereinstimmung aber war es bei denjenigen mit einem negativen Selbstkonzept wahrscheinlicher, daß sie mit der Beziehung zufrieden

EXPERIMENT

Manchmal ist es besser, Ihr Partner hat ein negatives Bild von Ihnen!

An dieser Studie nahmen nach Zufall ausgewählte verheiratete Paare teil. Jeder der Ehemänner und jede der Ehefrauen wurde gebeten, sich selbst auf Dimensionen wie intellektuelle Fähigkeiten und körperliche Attraktivität einzuschätzen. Dann sollten sie ihre Partner auf

denselben Dimensionen einstufen. Schließlich gaben sie noch Urteile darüber ab, wie zufrieden sie insgesamt mit ihrer Ehe waren. Die Ergebnisse zeigten, daß die Zufriedenheit in den Beziehungen dann am größten war, wenn sich die Selbstbewertungen und die Bewertungen durch die Partner glichen. Es ist nicht verwunderlich, daß z. B. Personen mit einem positiven Selbstkonzept dann zufriedener mit ihrer Part-nerschaft waren, wenn sie von ihren Partnern ebenso positiv beurteilt wurden. Dieser positive Effekt über-einstimmender Urteile zeigte sich aber auch bei Perso-nen mit einem *negativen* Selbstkonzept. Diejenigen

mit einem negativen Selbstkonzept, die von Ihren Partnern ebenso negativ eingeschätzt wurden, waren zufriedener in ihrer Ehe als diejenigen Personen mit einem negativen Selbstkonzept, die von ihren Part-nern positiv eingeschätzt wurden (Swann et al. 1992).

---

waren. Daraus läßt sich aber keinesfalls folgern, daß Menschen negative Selbstkonzepte haben wollen. Zu-friedenheit durch das negative Bild der Partner stellt sich nur deshalb ein, weil es das eigene negative Selbst-konzept bestätigt. Fazit: Menschen ist Selbstbestätigung so wichtig, daß sie dadurch zufrieden werden, selbst wenn sie ihnen eigentlich Unbehagen bereiten müßte.

Eine weitere Komponente unserer Selbstkognitionen sind andere »mögliche Selbste«, mit denen wir unser gegenwärtiges Selbstkonzept vergleichen. Hazel Mar-kus und ihre Kollegen haben diese **möglichen Selbst-konzepte** definiert als »ideale Selbstkonzepte, die wir gerne sein möchten; außerdem gehören dazu die Selbste, die wir annehmen könnten und diejenigen, von denen wir befürchten, daß wir so werden könnten« (Markus u. Nurius 1986, S. 954). Diese Vorstellung des möglichen Selbst ist für die Motivierung unseres Han-delns bedeutsam – sie spornt uns in unseren Handlun-gen an, indem sie uns darüber nachdenken läßt, welche Richtung unser Selbst einschlagen könnte, zum Besse-ren oder zum Schlechteren. Wie das **Experiment** zeigt, hat die Forschung zum Selbstkonzept untersucht, wie sich die Vorstellungen über die Veränderungsrichtung des möglichen Selbst über die Lebensspanne entwick-eln (Hooker u. Kaus 1994; Ryff 1991).

Sie sollten sich nun einen Moment Zeit nehmen, um darüber nachzudenken, welche möglichen Identitäten Sie sich wünschen und welche Sie fürchten. Wie könnte das Wissen um diese möglichen Identitäten die Ent-

scheidungen beeinflussen, die Sie in den nächsten Stunden vornehmen? Oder in den nächsten Tagen?

11.6.2
Selbstwertgefühl und Selbstdarstellung

Wir haben bereits erwähnt, daß manche Menschen ein negatives Selbstkonzept haben. Statt von einem negati-ven Selbstkonzept könnten wir auch von einem niedri-gen **Selbstwertgefühl** sprechen.

 Das Selbstwertgefühl einer Person ist eine verallgemeinerte Bewertung des eigenen Selbst. Der Selbstwert kann Gedan-ken, Stimmungen und das Verhalten stark beeinflussen. Ein geringes Selbstwertgefühl hängt möglicherweise damit zu-sammen, daß man sich seiner selbst nicht sicher ist.

Werden Personen mit hohem und niedrigem Selbstwert gebeten, sich auf einigen Eigenschaftsdimensionen, wie z. B. Intelligenz und Attraktivität, einzuschätzen, geben sich diejenigen mit niedrigem Selbstwert wie zu erwar-ten insgesamt schlechtere Bewertungen (Baumgardner 1990). Werden sie aber außerdem nach Ober- und Un-tergrenzen für ihre Schätzungen gefragt, so geben die Personen mit niedrigem Selbstwert eine größere Band-breite dafür an. Sie haben eine weniger genaue Vorstel-lung von ihrem Selbst als die Befragten mit hohem Selbstwertgefühl. Ein niedriges Selbstwertgefühl mag also z. T. in dem Gefühl begründet sein, daß man ein-fach nicht besonders viel über sich selbst weiß, denn

---

EXPERIMENT

Änderungen des »möglichen Selbst« über die Lebensspanne
Personen im Alter zwischen 18 und 86 wurden gebe-ten, über das mögliche Selbst, das gewünschte Selbst und das gefürchtete Selbst zu berichten. Die Antwor-ten zeigten einen deutlichen Entwicklungstrend. Die jüngeren Personen tendierten dazu, eine ganze Band-breite von gewünschten Selbstkonzepten in vielen Be-reichen zu äußern (Heirat der richtigen Person, Reich-tum usw.). Die älteren Befragten wünschten sich dage-

gen eher, noch mehr von dem zu tun oder zu haben, was sie bereits taten oder besaßen (gesund und rüstig sein, fürsorgliche Großeltern sein). Diese Verände-rung vollzieht sich vor dem Hintergrund einer im Ent-wicklungsverlauf stabilen Einschätzung der Lebenszu-friedenheit. Daraus läßt sich schließen, daß Menschen ihre Sichtweise über mögliche Selbstkonzepte dem ak-tuellen Selbst so anpassen, daß ein allgemeines Gefühl der Zufriedenheit über den Lebenslauf hinweg auf-rechterhalten werden kann (Cross u. Markus 1991).

ein Mangel an Wissen über die eigene Identität kann die Vorhersage darüber erschweren, ob man die Herausforderungen des Lebens erfolgreich bewältigen wird.

Es gibt Bestätigungen dafür, daß die meisten Menschen Umwege in Kauf nehmen, um ihr Selbstwertgefühl aufrechtzuerhalten und die Integrität ihres Selbstkonzeptes zu bewahren (Steele 1988). Es gibt viele Möglichkeiten, das eigene Selbst zu stärken (Banaji u. Prentis 1994). So könnten Sie z. B., wenn Sie an Ihren Fähigkeiten zur Lösung einer bestimmten Aufgabe zweifeln, auf die Strategie der **Selbstbenachteiligung** ausweichen und damit Ihre Leistung willentlich sabotieren. Das Ziel dieser Strategie liegt darin, eine praktische vorgefertigte Ausrede für ein Versagen zu haben, die von einem möglichen Mangel an Fähigkeiten ablenkt (Jones u. Berglas 1978; Higgins et al. 1990). Falls Sie also Angst vor der Antwort auf die Frage haben sollten, ob Sie für Ihr Vordiplom auch begabt genug sind, könnten Sie eine Party nach der anderen feiern, anstatt für eine wichtige Prüfung zu lernen. Das gäbe Ihnen nämlich die Gelegenheit, ein mögliches Versagen auf mangelnde Anstrengung zu schieben. Auf diesem Wege könnten Sie allerdings nicht herausfinden, ob Sie wirklich die Fähigkeiten zum Erfolg haben!

Das Phänomen solcher Selbstbenachteiligungen legt außerdem nahe, daß wichtige Aspekte des Selbstwertes mit der **Selbstdarstellung** zusammenhängen. Selbstbenachteiligung tritt häufiger auf, wenn Menschen wissen, daß das Ergebnis ihrer Leistung öffentlich gemacht wird (Self 1990). Denn wie könnte jemand schlecht von Ihnen denken, wenn Sie doch so deutlich beeinträchtigt waren? Ähnliche Aspekte der Selbstdarstellung können zur Erklärung von Verhaltensunterschieden zwischen Personen mit hohem und niedrigem Selbstwert dienen (Baumeister et al. 1989). Personen mit hohem Selbstwertgefühl stellen sich nach außen als ehrgeizig, aggressiv und risikobereit dar. Personen mit niedrigem Selbstwertgefühl hingegen stellen sich als vorsichtig und besonnen dar. Wichtig dabei ist, daß die jeweils eingenommene Haltung für die Öffentlichkeit bestimmt ist, wie das folgende **Experiment** zeigt.

> ! Eine Reihe von Untersuchungen spricht dafür, daß es eine Persönlichkeitseigenschaft gibt, die mit der individuell stabilen Form der Selbstdarstellung zusammenhängt. Snyder nennt diesen Stil Selbstregulation (»self-monitoring«) – das ist die Tendenz, das Verhalten nach den sozialen Erfordernissen zu regulieren oder den erwünschten sozialen Eindruck hervorzurufen (Snyder 1987; Snyder u. Gangestad 1986).

Personen mit einem hohen Maß an Selbstregulation neigen dazu, auf Aussagen wie »Ich denke, ich kriege es hin, andere zu beeindrucken oder zu unterhalten« mit »Trifft für mich zu« und auf Aussagen wie »Auf Parties lasse ich die anderen die Show abziehen« mit »Trifft für mich nicht zu« zu antworten. Personen mit geringer Selbstregulation fehlt die Motivation oder die Fähigkeit, ihr Verhalten so zu ändern, daß sie einen guten sozialen Eindruck machen. Kennt man das Ausmaß an Selbstregulation, so kann man ziemlich gut vorhersagen, wie sich Menschen in sozialen Situationen verhalten werden.

Tabelle 11.5. Mittlere Übungsdauer [s] von Personen mit hohem und mit niedrigem Selbstwertgefühl

Selbstwertgefühl	Öffentlich	Privat
Hoch	123	448
Niedrig	257	387
	–134	+61

EXPERIMENT

Selbstdarstellung – eine Frage der Öffentlichkeit
Personen mit hohem und solche mit niedrigem Selbstwert sollten in einem Spiel eine Aufgabe lösen, wofür ihnen 2 min Zeit zur Verfügung stand. Zuvor hatten sie Gelegenheit, die Lösung so lange zu versuchen, wie sie wollten. Die Hälfte der Teilnehmer übte in Anwesenheit des Versuchsleiters, die andere Hälfte alleine. Unter beiden Bedingungen wurde die Dauer des Übens gemessen, und zwar offen sichtbar, wenn der Versuchsleiter anwesend war und unbemerkt, wenn die Teilnehmer alleine waren. Tabelle 11.5 zeigt die durchschnittlichen Übungszeiten unter beiden Bedingungen, jeweils getrennt für Personen mit hohem und mit niedrigem Selbstverwertgefühl. Personen mit hohem Selbstwertgefühl übten nur halb so lange wie die Teilnehmer mit niedrigem Selbstwertgefühl, wenn durch den anwesenden Versuchsleiter Öffentlichkeit hergestellt war. Bei fehlender Öffentlichkeit (ohne Beobachtung durch den Versuchsleiter) kehrte sich der Effekt um: Personen mit hohem Selbstwertgefühl übten nun länger (Tice u. Baumeister 1991).

11.6.3
Bewertung der Theorien des Selbst

Selbsttheorien gelingt es, die Vorstellungen einzufangen, die Menschen von ihrer eigenen Persönlichkeit haben. Sie berücksichtigen auch, wie Menschen sich idealerweise sehen und wie sie von anderen gesehen werden wollen. Kritiker dieses Ansatzes weisen aber gerade auf den scheinbar unbegrenzten Phänomenbereich hin. Weil so vieles für das Selbst und das Selbstkonzept bedeutsam zu sein scheint, ist nicht immer klar, welche Faktoren für die Vorhersage des tatsächlichen Verhaltens am wichtigsten sind. Außerdem ist die Betonung des Selbst als soziale Konstruktion nicht stimmig mit Ergebnissen, die besagen, daß einige Aspekte der Persönlichkeit angeboren sein könnten.

11.7
Persönlichkeitstheorien im Vergleich

Eine einheitliche Theorie der Persönlichkeit, die die Mehrheit der Psychologen übernehmen würde, gibt es nicht. Die wichtigsten Unterschiede in den Grundannahmen der verschiedenen Theorien sind im Verlauf unseres Überblicks erwähnt worden. Es ist hilfreich, sie im Überblick zusammenzustellen und zu vergleichen, welche Bedeutung ihnen in den unterschiedlichen Ansätzen zukommt.

Anlage oder Umwelt. Welche Faktoren sind von größerer Bedeutung: genetische/biologische Faktoren oder Umwelteinflüsse? Eigenschaftstheorien sind in diesem Punkt gespalten. Freuds Sichtweise beruht stark auf Annahmen über die biologischen Grundlagen der Persönlichkeit. Die humanistischen Theorien, die kognitiven und die sozialkognitiven Theorien sowie die Selbsttheorien betonen entweder die Bedeutung der Umwelt als Determinante unseres Verhaltens, oder sie verweisen auf die Interaktion (Wechselwirkung) des Individuums mit der Umwelt als einer Quelle von Persönlichkeitsentwicklung und Persönlichkeitsunterschieden.

Lernprozesse oder angeborene Gesetzmäßigkeiten des Verhaltens. Sollte der Schwerpunkt auf die Modifizierbarkeit der Persönlichkeit gelegt werden oder darauf, daß diese Entwicklung einem inneren Zeitplan folgt? Wiederum sind die Meinungen darüber bei den Eigenschaftstheorien uneinheitlich. Die Theorie Freuds favorisiert eine innere Festlegung, während die humanisti-sche Theorie die optimistischere Sichtweise vertritt, daß die Erfahrung die Menschen verändert. Kognitive und sozialkognitive Theorien sowie Selbsttheorien gehen eindeutig davon aus, daß sich Verhalten und Persönlichkeit als Ergebnis gelernter Erfahrungen verändern.

Betonung der Vergangenheit, der Gegenwart oder der Zukunft. Eigenschaftstheorien betonen angeborene oder erlernte Ursachen, die in der Vergangenheit liegen. Die Theorie Freuds stellt die Bedeutung frühkindlicher Erfahrungen heraus. Sozialkognitive Theorien berücksichtigen vergangene Verstärkungen und gegenwärtige Kontingenzen. Humanistische Theorien beziehen sich auf das Hier-und-Jetzt und auf zukünftige Ziele. Schließlich betonen kognitive Theorien und Selbsttheorien die Vergangenheit und die Gegenwart; die Zukunft ist nur dann maßgeblich beteiligt, wenn es um Zielsetzungen geht.

Bewußtheit oder Unbewußtes. Freuds Theorie betont unbewußte Prozesse, wohingegen humanistische, kognitive und sozialkognitive Theorien bewußte Prozesse hervorheben. Bei den Eigenschaftstheorien spielt diese Unterscheidung kaum eine Rolle, und Selbsttheorien können in dieser Frage nicht beurteilt werden.

Innere Dispositionen oder äußere Situationen. Die sozialen Lerntheorien betonen situative Einflüsse, während Eigenschaftstheorien auf die Bedeutung von Dispositionen hinweisen. Die anderen Theorien erlauben eine Interaktion zwischen Kräften, die in der Person liegen, und den situativen Faktoren.

Jede Theorie leistet ihren besonderen Beitrag zum Verständnis der Persönlichkeit des Menschen. Eigenschaftstheorien liefern uns das Werkzeug zur Beschreibung von Persönlichkeitskomponenten und -strukturen. Psychodynamische Theorien ergänzen diese Beschreibung, indem sie zeigen, wie Strukturen entstehen und in Aktion treten. Humanistische Theorien machen deutlich, daß es zu einem guten Teil die Person selbst ist, die Veränderungen und Fortschritte herbeiführen kann. Kognitive Theorien zeigen uns auf, wie wir im Interesse unserer Persönlichkeit ein Bild der Welt entwerfen. Sozialkognitive Theorien erinnern uns daran, bei aller Wichtigkeit der inneren Faktoren die Bedeutung der Umwelt, speziell der Kräfte der Situation, nicht zu vergessen. Schließlich führen uns die Selbsttheorien nachdrücklich vor Augen, daß die Persönlichkeit nicht nur für den Forscher eine Realität hat (als Forschungsgegenstand), sondern in allererster Linie eine subjektive Erfahrung darstellt: Menschen haben eine erlebte Identität, verbunden mit Zielen und Wünschen darüber, wie man selbst einmal sein möchte und wie man vielleicht werden könnte.

ZUSAMMENFASSUNG

- **Persönlichkeit: Definition, Forschungsstrategien, Bedeutung und Theorien.** Zentrale Konzepte für die *Definition* von Persönlichkeit sind Einzigartigkeit und konsistentes Verhalten. Unter der Persönlichkeit eines Individuums versteht man die einzigartige Konstellation von Merkmalen oder Eigenschaften, die für die Konsistenz in seinen Verhaltensweisen verantwortlich ist. Es existieren 2 generelle *Strategien zur Erforschung* der Persönlichkeit, die idiographische und die nomothetische Strategie. Beim idiographischen Ansatz versucht man anhand der intensiven Analyse des einzelnen Falles die Einmaligkeit einer Person zu beschreiben. Der nomothetische Ansatz beruht auf der Annahme, daß die Grundstruktur der Persönlichkeit von universellen Eigenschaftsdimensionen gebildet wird. Als Grundlage der Forschung dienen die *Persönlichkeitstheorien* – Annahmen über die Struktur und Funktion individueller Persönlichkeiten.
- **Historische Persönlichkeitstheorien.** Beispiele für 2 ältere typologische Persönlichkeitstheorien sind Hippokrates' Annahme eines Zusammenhangs von Körperflüssigkeiten und Temperament und W. Sheldons These über die Korrespondenz von Körperbau und Temperament.
- **Persönlichkeitseigenschaften.** Unter Persönlichkeitseigenschaften versteht man *generalisierte Handlungstendenzen*, die dem Verhalten einer Person über Situationen hinweg und im Zeitverlauf Kohärenz verleihen. Nach Allport, einem Vertreter des idiographischen Ansatzes, bilden *Kardinaleigenschaften, zentrale* und *sekundäre Eigenschaften* die Struktur der Persönlichkeit.
- **Moderne Ansätze.** Aus Ergebnissen von Tests leitete Eysenck die 3 Dimensionen Extraversion, Neurotizismus und Psychotizismus ab. Derzeit wird das *Fünf-Faktoren-Modell (»Big Five«)* mit den Dimensionen Extraversion, Verträglichkeit, Gewissenhaftigkeit, emotionale Stabilität oder Neurotizismus und Offenheit für Erfahrungen als Beschreibung der Persönlichkeit akzeptiert.
- **Zu Vererbbarkeit und zu Vorhersagen von Persönlichkeitseigenschaften.** *Erblichkeitsstudien* (Zwillings- und Adoptionsstudien) haben gezeigt, daß fast alle Persönlichkeitseigenschaften durch genetische Faktoren beeinflußt werden und daß der geteilte familiäre Einfluß nur gering ist. Untersuchungen zur Vorhersage von Eigenschaften führten zum *Konsistenzparadox*, dem Sachverhalt, daß Eigenschaftsbeurteilungen verschiedener Beurteiler und zu verschiedenen Zeitpunkten sich als konsistent erwiesen haben, während Beobachtungen des Verhaltens über Situationen hinweg sich nicht konsistent gezeigt haben. Die aktuelle Debatte der Persönlichkeitspsychologie dreht sich darum, ob die Persönlichkeit kohärente Verhaltensmuster hervorrufen kann, und nicht mehr darum, ob es Verhaltenskonsistenz gibt.
- **Dynamische Persönlichkeitstheorien: Sigmund Freud und seine Nachfolger Alfred Adler und Carl Gustav Jung.** Freud ging von der Prämisse aus, daß Symptome auf bedeutungsvolle Weise mit Lebensereignissen zusammenhängen. Er interessierte sich in erster Linie für die sexuellen Impulse des Menschen und hat ein fünfstufiges *Modell der psychosexuellen Entwicklung* aufgestellt. Konzepte wie der Ödipuskonflikt und die Fixierung machen den Stellenwert deutlich, den Freud der *frühen* Erfahrung für die Persönlichkeitsentwicklung beimaß. Den Begriff des *Unbewußten* hat Freud in die Psychologie eingebracht mit dem *Es* als dem Sitz der primären Triebe. Wenn *Es* und *Über-Ich* in Konflikt geraten, kann das *Ich* einen Kompromiß herstellen. Verdrängung ist ein *Abwehrmechanismus*, desgleichen werden Reaktionsbildung, Projektion und Verschiebung von allen Menschen in einem gewissen Ausmaß eingesetzt. A. Adler hat Gefühle der *Minderwertigkeit* als bestimmend für die menschliche Biographie angesehen, und C.G. Jung hat das Konzept des *kollektiven Unbewußten* eingeführt. Wenn auch der Hauptkritikpunkt an Freuds Theorie, die mangelnde Vorhersagbarkeit, allgemein geteilt wird, darf deren Bedeutung für und Einfluß auf die aktuelle Diskussion in der Persönlichkeitspsychologie nicht unterschätzt werden. Beispielsweise ist der Begriff des

Unbewußten weitgehend akzeptiert, und auch für die Existenz von Abwehrmechanismen gibt es Anhaltspunkte.

- **Humanistische Theorien.** Zentral für die humanistischen Ansätze ist der Begriff der *Selbstverwirklichung,* der ihre optimistische Sichtweise der Natur des Menschen offenbart. Humanistische Theorien werden als holistisch, als dispositionell, als phänomenologisch und als existentialistisch bezeichnet. Kritikpunkte beziehen sich auf die unscharfe Begrifflichkeit und auf die Annahme, es handle sich um Theorien über die *allgemeine* menschliche Natur.

- **Kognitive und sozialkognitive Persönlichkeitstheorien.** Sie beruhen auf der Prämisse, daß *Kontingenzen aus der Umwelt* (die Verstärkungsgeschichte) und *kognitive Prozesse* das Verhalten und die Persönlichkeit beeinflussen. Nach G. Kellys *Theorie der persönlichen Konstrukte* legt das Überzeugungssystem einer jeden Person fest, wie sie denkt, fühlt und handelt. Für Kelly ist die Persönlichkeit eines Menschen dessen gesamtes System persönlicher Konstrukte. Die sozialkognitive Persönlichkeitstheorie Walter Mischels betont die Bedeutung der *Wechselwirkung (Interaktion)* von Person und Situation. Sein Ansatz hatte eine nachhaltige Wirkung auf die Frage, wann Personvariablen wichtig sind und wann eher situative Variablen wirksam werden. Albert Bandura ist der führende Vertreter der *Theorie des sozialen Lernens.* Seine Beiträge beziehen sich auf den *reziproken Determinismus* (d. h. eine Person kann durch Rückmeldung über ihr Verhalten beeinflußt werden), auf das *Lernen durch Beobachtung* sowie auf das Konzept der *Selbstwirksamkeit.*

- **Theorien über das Selbst.** William James unterschied das materielle, das soziale und das spirituelle Ich als Bestandteile der Selbsterfahrung. Er ging davon aus, daß alles, was wir mit der Identität in Verbindung bringen zu einem Teil des Selbst wird. Der Begriff des *Selbstkonzepts* hebt den kognitiven Aspekt hervor. Anstatt von einem negativen Selbstkonzept können wir auch von einem niedrigen *Selbstwertgefühl* sprechen. Eine Strategie zur Aufrechterhaltung des Selbstwertgefühls besteht in der *Selbstbenachteiligung.* Das Ziel dieser Strategie liegt darin, eine Ausrede für ein Versagen zu haben, die von einem Mangel an Fähigkeiten ablenkt. Diese Strategie weist auf die Bedeutung der *Selbstdarstellung* hin. Snyder nennt die Tendenz, das Verhalten nach den sozialen Erfordernissen auszurichen, *Selbstregulation (»self-monitoring«).*

Hinweise zur deutschsprachigen Literatur

Das Lehrbuch *Psychologie der Persönlichkeit* von J.B. Asendorpf (1996) gibt eine Einführung und Übersicht über die Grundlagen der Persönlichkeitspsychologie. Systematisch und knapp werden psychologische Theorien der Persönlichkeit und ihrer Entwicklung dargestellt sowie die Methodologie und Methodik der heutigen Persönlichkeitspsychologie umrissen. Inhaltliche Ergebnisse zu den einzelnen Bereichen werden exemplarisch geschildert. Anschließend wird der Blick erweitert auf den sozialen Kontext der Persönlichkeit, insbesondere die Wechselwirkung zwischen Persönlichkeit und sozialen Beziehungen, und die Entwicklung der Persönlichkeit, insbesondere die Wechselwirkung zwischen genetischen Faktoren und verschiedenen Umweltbedingungen. Den Abschluß bildet eine ausführliche Diskussion der Geschlechtsunterschiede und ihrer Ursachen.

Persönlichkeitspsychologie von H.-J. Fisseni (1998) ist in 3 Teile gegliedert. Teil A umschreibt Leitbegriffe der Persönlichkeitspsychologie. Teil B gibt einen Überblick über eine Reihe von Persönlichkeitstheorien: z. B. psychodynamische und kognitive Persönlichkeitstheorien, konstitutionstypologische und philosophisch-phänomenologische Ansätze. Teil C erörtert in einem Rückblick Leitideen, an denen sich die Persönlichkeitsforschung immer wieder orientiert hat.

Von M. Amelang u. D. Bartussek (1997) ist die 4., überarbeitete u. erweiterte Auflage des Buches *Differentielle Psychologie und Persönlichkeitsforschung* erschienen.

Grundlagen und Forschungsfragen der Differentiellen Psychologie werden in Band 1 der Enzyklopädie der Psychologie *Grundlagen und Methoden der Differentiellen Psychologie* (Serie VIII: Differentielle Psychologie und Persönlichkeitsforschung) von K. Pawlik (1996) anhand der Darstellung der historischen Entwicklung dieses Bereiches erarbeitet. Es werden weiter Forschungsparadigmen wie z. B. Idiographie, Typologie, Nomothetik, lerntheoretische und sozialpsychologische Persönlichkeitsforschung vorgestellt. Der dritte und vierte Abschnitt des Bandes behandelt Forschungsmethoden.

Band 3 der Enzyklopädie der Psychologie *Temperaments- und Persönlichkeitsunterschiede* (Serie VIII: Differentielle Psychologie und Persönlichkeitsforschung) von M. Amelang (1996) enthält u. a. folgende Beiträge: generalisierte Einstellungen, Angst und Ängstlichkeit, Repression-Sensitization, lerntheoretische Persönlichkeitskonstrukte, Konstrukte im Bereich der Geschlechtertypisierung, Selbstkonzept, motivationale Konstrukte usw.

Das Individuum und seine Welt heißt der Titel des Buches von H. Thomae (1997). Er interpretiert Persönlichkeit als Prozeß der Interaktion zwischen kognitiven Systemen, thematischen Strukturen und Reaktionsstilen. Die Welt des Individuums wird im Sinne der individuellen Deutung von Realität und den daraus hervorgegangenen Überzeugungen (»beliefs«) konzipiert.

Wie sieht die Psychoanalyse die Persönlichkeit? Wer neben dem Blickwinkel von Freud, Adler und Jung auch den der zweiten und dritten Generation der Pioniere der Tiefenpsychologie kennenlernen möchte, dem sei das Buch *Klassiker der Psychoanalyse* von J. Rattner (1995) empfohlen.

ÜBUNGSFRAGEN

1 Was ist Persönlichkeit?

1 Persönlichkeit bezieht sich auf die einzigartigen psychologischen Merkmale eines Individuums, die eine Vielzahl von (offenen und verdeckten) charakteristischen konsistenten Verhaltensmustern in verschiedenen Situationen und zu verschiedenen Zeitpunkten beeinflussen.

2 Beschreiben Sie 2 verschiedene Strategien zur Erforschung der Persönlichkeit.

2 • Einige Forscher benutzen den idiographischen Ansatz, um die einzigartigen Merkmale einer Person zu ermitteln (z. B. durch Fallstudien (Einzelfallanalysen). Bei diesem Ansatz werden die Persönlichkeitseigenschaften eines jeden Menschen als einzigartig angesehen, weil sie bei jedem, abhängig vom Gesamtmuster seiner Eigenschaften, anders wirksam sind. Werden Durchschnittswerte aus den Eigenschaftsausprägungen verschiedener Personen gebildet, um z. B. Gruppenkennwerte oder Korrelationen zu berechnen, so geht die Einzigartigkeit verloren.
   • Den Gegensatz zum idiographischen bildet der nomothetische Ansatz. Es wird angenommen, daß universelle, allen gemeinsame Eigenschaftsdimensionen die Grundstruktur der Persönlichkeit bilden. Nach dieser Auffassung unterscheiden sich Individuen nur in dem Ausmaß von Persönlichkeitseigenschaften. Beim nomothetischen Ansatz wird versucht, eine universelle, gesetzmäßige Beziehung zwischen verschiedenen Aspekten der Persönlichkeit, etwa den Eigenschaften, mittels der korrelativen Methode herzustellen.

3 Was versteht man unter Persönlichkeitstheorien? Welche 5 Kategorien von Persönlichkeitstheorien werden derzeit diskutiert?

3 Persönlichkeitstheorien sind Gefüge von Annahmen über die Struktur und Funktion individueller Persönlichkeiten. Sie dienen erstens dazu, verschiedene Aspekte der Persönlichkeit – ihre Geschichte, ihre Korrelate und ihre Konsequenzen – zu verstehen; und zweitens wollen Psychologen auf der Grundlage des aktuellen Wissens über die Persönlichkeit Vorhersagen treffen. Die gegenwärtig existierenden Theorien können in folgende 5 Kategorien geordnet werden:
   • Typen- und Eigenschaftstheorien,
   • psychodynamische Theorien,
   • humanistische Theorien,
   • kognitive und sozialkognitive Theorien und
   • Theorien des Selbst.

4 Erläutern Sie den Begriff »Eigenschaften«.

4 Eigenschaften sind generalisierte Handlungstendenzen, über die Menschen in unterschiedlichem Maße verfügen. Sie geben dem Verhalten einer Person in verschiedenen Situationen und im Zeitverlauf Kohärenz.

5 Welches ist die zentrale Aussage des idiographischen Eigenschaftsansatzes von Allport?

5 Der idiographische Eigenschaftsansatz nach Allport nimmt an, daß jede Person eine einmalige Kombination von Persönlichkeitseigenschaften aufweist. Eigenschaften sind gleichermaßen die Bausteine der Persönlichkeit und die Quelle der Individualität. Allport verficht den idiographischen Ansatz als Mittel zur Wahrung eines Verständnisses der Ganzheit und der Einzigartigkeit jeder individuellen Persönlichkeit. Diese Perspektive hat unmittelbar methodische Konsequenzen: Sie erfordert die intensive Untersuchung einzelner Individuen, etwa das Studium ihres Lebenslaufes.

6 Nennen und beschreiben Sie die 3 Arten von Eigenschaften nach Allport.

6
- Kardinaleigenschaften: Dies sind die fundamentalen Charakterzüge, um welche die Person ihr Leben aufbaut. Für manche mag es dabei um Macht oder Leistung gehen, für andere um Opferbereitschaft. Nicht alle Menschen entwickeln jedoch Kardinaleigenschaften.
- Zentrale Eigenschaften: Wir haben sie uns als die wichtigeren Merkmale einer Person vorzustellen, wie Ehrlichkeit oder Gewissenhaftigkeit.
- Sekundäre Eigenschaften: Dabei handelt es sich um weniger wichtige Persönlichkeitsmerkmale, wie bestimmte Einstellungen, Vorlieben und Verhaltensweisen.

7 Welche 3 Dimensionen leitete Eysenck, ein führender Eigenschaftstheoretiker, aus den Ergebnissen von Persönlichkeitstests ab?

7
- Extraversion: Inwieweit ist eine Person nach innen oder nach außen orientiert?
- Neurotizismus: Inwieweit ist eine Person emotional stabil oder labil?
- Psychotizismus: Inwieweit ist eine Person freundlich und rücksichtsvoll oder aggressiv und antisozial?

8 Nennen Sie die 5 Dimensionen des Fünf-Faktoren-Modells der Persönlichkeit. (»Die großen Fünf«)

8
- Extraversion: gesprächig, energiegeladen, bestimmt vs. ruhig (»quiet«), reserviert, schüchtern.
- Verläßlichkeit: verläßlich, freundlich, mitfühlend vs. kalt, streitsüchtig, unbarmherzig.
- Gewissenhaftigkeit: gut vorbereitet (»organisiert«), verantwortungsbewußt, vorsichtig vs. sorglos, verantwortungslos, leichtfertig.
- Emotionale Stabilität oder Neurotizismus: stabil, ruhig (»calm«), zufrieden vs. besorgt, labil, launenhaft.
- Offenheit für Erfahrungen: kreativ, intellektuell, offen vs. einfach, oberflächlich, unintelligent.

9 Was versteht man unter dem Konsistenzparadox?

9 Der Sachverhalt, daß Eigenschaftsbeurteilungen verschiedener Beurteiler und zu verschiedenen Zeitpunkten sich als konsistent erwiesen haben, während Beobachtungen des Verhaltens in verschiedenen Situationen sich nicht als konsistent erwiesen haben, wird als das Konsistenzparadox bezeichnet.

10 Im Kern des psychodynamischen Ansatzes von Freud steht u. a. der Begriff des psychischen Determinismus. Beschreiben Sie diesen Begriff anhand eines Beispiels.

10 Zusammen mit seinem Kollegen Joseph Breuer beobachtete Freud, daß das besondere körperliche Symptom oft mit einem früheren vergessenen Ereignis im Leben einer Patientin in Zusammenhang stand. Beispielsweise konnte eine »blinde« Patientin sich unter Hypnose daran erinnern, daß sie als kleines Kind ihre Eltern beim Geschlechtsverkehr beobachtet hatte. Im Erwachsenenalter konnte die Antizipation ihres eigenen ersten sexuellen Erlebnisses starke Gefühle aufgewühlt haben, die mit dieser früheren verstörenden Episode zusammenhingen. Ihre »Blindheit« konnte für ihren Versuch stehen, das ursprüngliche Ereignis ungeschehen zu machen und vielleicht auch die eigenen sexuellen Gefühle zu leugnen. Freud ging von der Prämisse aus, daß – wie in diesem Beispiel – Symptome niemals beliebig auftraten, sondern auf bedeutungsvolle Weise mit Lebensereignissen zusammenhingen und durch diese determiniert (festgelegt) wurden.

11 Das Es, das Über-Ich und das Ich sind nach Freud Teile der Persönlichkeit. Bitte beschreiben Sie deren Wirkungsweise.

11 Das Es (Id) wird als primitiver unbewußter Teil der Persönlichkeit betrachtet, als Sitz der primären Triebe. Das Es arbeitet irrational, impulsgetrieben und drängt auf Ausdruck und unmittelbare Befriedigung, »ganz egal, was passiert«. Es zieht nicht in Betracht, ob das, was begehrt wird, auch im Bereich des Möglichen liegt und sozial erwünscht oder moralisch akzeptabel ist. Das Es wird vom Lustprinzip bestimmt, dem ungesteuerten Streben nach Befriedigung, besonders nach sexueller, körperlicher und emotionaler Lust.

Das Über-Ich ist der Sitz der Werte und der in der Gesellschaft geltenden moralischen Regeln und Normen. Es entspricht in etwa dem Gewissen. Es entwickelt sich dadurch, daß das Kind die Verbote, mit denen die Eltern und andere Erwachsene sozial unerwünschte Handlungen belegen, internalisiert. Das Über-Ich enthält auch das Ich-Ideal, das Bild eines Menschen von dem, was er anstreben sollte. Folglich steht das Über-Ich, der Repräsentant der Gesellschaft im Individuum, oft im Konflikt mit dem Es, dem Repräsentanten individueller Bedürfnisse. Das Ich verkörpert den realitätsorientierten Aspekt der Persönlichkeit, der im Konflikt zwischen den Impulsen des Es und den Anforderungen des Über-Ich abwägt und vermittelt. Es steht für die Auffassung, die eine individuelle Person von der physischen und der sozialen Realität hat, für ihre bewußten Überzeugungen über Ursachen, Folgen und Möglichkeiten. Teil der Aufgaben des Ich ist es, Handlungen auszuwählen, die die Impulse des Es befriedigen, ohne unerwünschte Konsequenzen nach sich zu ziehen. Das Ich wird vom Realitätsprinzip beherrscht, das vernünftige Entscheidungen über lustbetonte Wünsche stellt. Wenn Es und Über-Ich in Konflikt geraten, arrangiert das Ich einen Kompromiß, der beide wenigstens z. T. zufriedenstellt.

12 Welches sind die bedeutendsten Veränderungen, die Freuds Nachfolger an der psychoanalytischen Theorie vorgenommen haben?

12 Allgemein gesagt haben die Nachfolger Freuds (die »Postfreudianer«)
- den Ich-Funktionen ein größeres Gewicht verliehen (etwa den Abwehrmechanismen des Ich, der Entwicklung des Selbst, dem Denken und der Kompetenz),
- sozialen Variablen (Kultur, Familie und Altersgenossen) mehr Einfluß bei der Bildung der Persönlichkeit eingeräumt,

- den sexuellen Trieben und der Libido weniger Gewicht gegeben und
- die Persönlichkeitsentwicklung als einen Prozeß über die gesamte Lebensspanne gesehen und dadurch die überragende Rolle der frühkindlichen Erfahrungen relativiert.

13 In welchem Bezug steht Alfred Adler zu Freud?

13 Adler (1929) übernahm von Freud die Vorstellung, die Persönlichkeit werde durch nicht erkannte Wünsche geleitet: »Der Mensch weiß mehr, als er versteht«. Er lehnte jedoch die Bedeutung von Eros und Lustprinzip ab. Adler glaubte, wir alle erführen als hilflose, abhängige kleine Kinder Gefühle der Minderwertigkeit und unsere Biographien würden bestimmt von der Suche nach Wegen zur Überwindung dieser Gefühle. Wir kompensieren, um Gefühle der Gleichwertigkeit oder, öfter noch, überkompensieren, um Überlegenheitsgefühle zu erlangen.

14 C.G. Jung hat die Begriffe des »kollektiven Unbewußten« und der »Archetypen« in die Psychoanalyse eingebracht. Was versteht man darunter?

14 Der Begriff des »kollektiven Unbewußten« steht für eine uns allen gemeinsame Prädisposition, auf bestimmte Stimuli hin bestimmte Reaktionen zu zeigen. Es ist verantwortlich für unser intuitives Verstehen primitiver Mythen, Kunstformen und Symbole, welche die universellen Archetypen der Seele sind. Ein Archetyp ist eine primitive symbolische Repräsentation einer bestimmten Erfahrung oder eines bestimmten Objektes.

15 Worin bestehen die Gemeinsamkeiten der humanistischen Theorien?

15 Den humanistischen Ansätzen zum Verständnis der Persönlichkeit ist das besondere Interesse an der Integrität der individuellen Persönlichkeit, die Betonung der Rolle der bewußten Erfahrung und der Glaube an das Entwicklungspotential des Menschen gemeinsam. Die Motivation zum Handeln entspringt der einzigartigen Neigung einer jeden Person, sich positiv in Richtung auf das Ziel der Selbstverwirklichung (Selbstaktualisierung) zu entwickeln. Dieses angeborene Streben nach Selbsterfüllung und nach Realisierung des eigenen Potentials ist eine konstruktive leitende Kraft, die jede Person zu positivem Handeln und zur Weiterentwicklung des Selbst bewegt.

16 Welches sind die zentralen Aussagen der kognitiven Persönlichkeitstheorie von Kelly?

16 George Kelly (1955) entwickelte eine Theorie der Persönlichkeit, die der aktiven kognitiven Konstruktion der Welt durch die Person einen großen Stellenwert einräumt. Er behauptete, alle Menschen gingen ähnlich wie Wissenschaftler vor. Wir möchten die Welt um uns herum, besonders die interpersonale (zwischenmenschliche) Umwelt, vorhersagen und erklären können. Die Theorien, die wir dabei benutzen, werden von Kelly persönliche Konstrukte genannt. Ein persönliches Konstrukt ist definiert als die Überzeugung einer Person davon, wie 2 Dinge einander gleichen und wie sie sich von einem dritten unterscheiden.

17 Welche Kerngedanken liegen der Theorie des sozialen Lernens zugrunde?

17 Die soziale Lerntheorie betont die den Menschen auszeichnenden kognitiven Prozesse, die am Erwerb und an der Aufrechterhaltung von Verhaltensmustern und folglich an der Persönlichkeit beteiligt sind. Weil wir in der Lage sind, mit Symbolen umzugehen und über äußere Ereignisse nachzudenken, können wir die möglichen Konsequenzen unserer Handlungen voraussehen, ohne daß wir sie unbedingt erfahren müssen. Zusätzlich zum Lernen aus eigenen Erfahrungen lernen wir oftmals stellvertretend, indem wir andere Menschen beobachten.

18 Erläutern Sie das Konzept der Selbstwirksamkeit von Bandura.

18 Selbstwirksamkeit (»self-efficacy«) ist die individuell unterschiedlich ausgeprägte Überzeugung, daß man in einer bestimmten Situation die angemessene Leistung erbringen kann. Dieses Gefühl einer Person bezüglich ihrer Fähigkeiten beeinflußt ihre Wahrnehmung, ihre Motivation und ihre Leistung auf vielerlei Weise.

19 Was versteht man unter dem Selbstkonzept, und welche Komponenten schließt es ein?

19 Autoren, die das Selbst hauptsächlich unter kognitivem Aspekt sehen, haben den Begriff des Selbstkonzepts geprägt. Das Selbstkonzept ist eine dynamische mentale Struktur, die intrapersonale (innere) und interpersonale (zwischenmenschliche) Verhaltensweisen und Prozesse motiviert, interpretiert, organisiert, vermittelt und reguliert. Es schließt folgende Komponenten ein:

- persönliche Erinnerungen,
- Annahmen über unsere Eigenschaften, Motive, Werte und Fähigkeiten,
- das Ideal-Ich – wie wir am liebsten sein würden,
- das mögliche Selbst (oder die möglichen »Selbste«) – Veränderungen unseres Selbstkonzepts, die wir in der Vorstellung vorwegnehmen,
- den Selbstwert – positive und negative Bewertungen, die wir über uns selbst vornehmen, und
- Überzeugungen davon, wie andere uns sehen.

20 Beschreiben Sie ein Experiment, bei dem die Bedeutung der Selbstdarstellung demonstriert wird.

20 Personen mit hohem und niedrigem Selbstwert sollten in einem Spiel eine Aufgabe lösen, wofür ihnen 2 min Zeit zur Verfügung stand. Zuvor hatten sie Gelegenheit, die Lösung so lange zu versuchen, wie sie wollten. Die Hälfte der Teilnehmer übte in Anwesenheit des Versuchsleiters, die andere Hälfte alleine. Unter beiden Bedingungen wurde die Dauer des Übens gemessen, und zwar offen sichtbar, wenn der Versuchsleiter anwesend war, und unbemerkt, wenn die Teilnehmer alleine waren. Personen mit hohem Selbstwertgefühl übten nur halb so lange wie die Teilnehmer mit niedrigem Selbstwertgefühl, wenn durch den anwesenden Versuchsleiter Öffentlichkeit hergestellt war. Bei fehlender Öffentlichkeit (ohne Beobachtung durch den Versuchsleiter) kehrte sich der Effekt um: Personen mit hohem Selbstwertgefühl übten nun länger. Das Konzept der Selbstdarstellung macht das Resultat erklärlich. Personen mit einem hohen Selbstwertgefühl möchten, daß sie auch mit wenig Übung erfolgreich sein können – »Jemand wie ich braucht keine Übung«. Wenn sie anschließend versagen, so können sie immer noch auf die Selbstbenachteiligung verweisen: »Sie haben ja gesehen, wie wenig ich geübt habe.«

Halten Sie sich für intelligent? Wenn ja, *wie* intelligent sind Sie nach eigener Einschätzung? Und: Liegen Ihre Fähigkeiten eher im sprachlichen oder im mathematischen Bereich oder in beiden Teilgebieten? Nicht nur aus persönlicher Neugierde sind Menschen manchmal daran interessiert, genauer über ihre Fähigkeiten Bescheid zu wissen. Wenn es darum geht, die Entscheidung über die Schullaufbahn eines Kindes zu treffen oder für einen Jugendlichen den passenden Lehrberuf zu finden, ist es sehr hilfreich, wenn die Aussagen über Begabung, Intelligenz und das ganze Spektrum von Fähigkeiten möglichst präzise und genau sind.

Aber schon bei Entscheidungen über die Berufswahl greift man zu kurz, wenn man sich auf Leistungsmerkmale im engeren Sinne beschränkt. Genauso wichtig für Eignung und Erfolg im Berufsleben sind persönliche Eigenarten. Sind Sie eher gesellig oder lieber allein? Sind Sie gerne mit anderen Menschen zusammen, da wo was los ist, oder ziehen Sie sich lieber mit einem guten Buch zurück? Das kann ein Hinweis darauf sein, in welchen Umgebungen und bei welchen Tätigkeiten sie sich eher wohl fühlen als bei anderen.

In diesem Kapitel lernen wir ein weiteres Teilgebiet der Psychologie, die Psychologische Diagnostik, kennen, die sich genau dieses Ziel gesetzt hat: Verfahren zu entwickeln, die die zuverlässige Bestandsaufnahme psychologischer Merkmale ermöglichen. Die Diagnose ist die Grundlage für Voraussagen über die weitere Entwicklung eines Menschen oder seine zukünftigen Leistungen, also für Prognosen.

Wir beginnen die Darstellung mit einem detaillierteren Blick auf die Ziele der Diagnostik. Dann werden wir uns ansehen, welche Informationsquellen Diagnostiker verwenden und welche Kriterien sie entwickelt haben, um die Qualität von Diagnoseverfahren zu beschreiben. In unserer leistungsorientierten Kultur und Gesellschaft richtet sich ein großer Teil des öffentlichen und privaten Interesses auf die Intelligenz – möchten Sie nicht auch selbst genauer wissen, wie stark dieses Merkmal bei Ihnen ausgeprägt ist? Deshalb wird die Intelligenz in diesem Kapitel einen zentralen Platz einnehmen. Wir werden uns aber nicht nur auf die Intelligenzmessung beschränken, sondern die Gelegenheit nutzen, um auch Definitionen und Theorien der Intelligenz vorzustellen. Breiten Raum werden wir auch 2 Problemen einräumen: der kritischen Abwägung von Nutzen und Mißbrauch des Intelligenzquotienten (IQ) und der komplexen Frage nach dem Zusammenhang von Intelligenz und Kreativität.

Anschließend lernen wir unterschiedliche Verfahren der Persönlichkeitsdiagnostik kennen, bevor wir zum Schluß auf politische und ethische Aspekte der angewandten Diagnostik eingehen. Daß mit der psychologischen Diagnostik enorme ethische Probleme verbunden sind, wird Ihnen sofort deutlich, wenn Sie sich vor Augen halten, daß von Ergebnissen psychologischer Tests manchmal existentielle Entscheidungen abhängen. Ob Sie nun diesen Job, den Sie schon immer haben wollten, auch bekommen, kann letztlich auch am seidenen Faden Ihres Abschneidens bei einer Batterie psychologischer Tests hängen. Überlegen Sie jetzt schon einmal, wie Sie zu diesem Sachverhalt stehen.

12.1
Was ist Diagnostik?

Als wir in Abschn. 1.5 und 1.6 eine kurze Einführung in die psychologische Methodenlehre gegeben haben, sind wir bereits wiederholt darauf gestoßen, daß es in der psychologischen Forschung darauf ankommt, Menschen hinsichtlich ihrer Merkmale möglichst objektiv und zuverlässig zu beschreiben.

> **!** Die Feststellung des Vorhandenseins oder Ausprägungsgrades psychologischer Merkmale (Eigenschaften, Fähigkeiten, Verhaltensweisen usw.) unter Beachtung bestimmter Kriterien bezeichnet man in der Psychologie als **Diagnose**. Diagnosen sind häufig mit **Prognosen** verknüpft: Kennt man die momentanen Eigenschaften und Merkmalsausprägungen eines Menschen, so sind u. U. Voraussagen über seine künftigen Merkmale, Erfolge bei verschiedenen Ausbildungen oder seine Bewährung bei unterschiedlichen Tätigkeiten möglich.

Häufig spricht man statt von der Diagnose auch von der **Messung** psychologischer Merkmale. Ob diese Gleichsetzung sinnvoll ist, hängt u. a. davon ab, wie weit oder wie eng man den Begriff des Messens faßt (s. Abschn. 1.5). Geht man von einem engen Meßbegriff aus, so umfaßt das Diagnostizieren neben dem Messen auch noch andere Tätigkeiten, beispielsweise die Durchführung von Interviews oder die globale Beurteilung von Eigenschaften.

Zur psychologischen Diagnose bedient man sich besonderer Verfahren, die häufig als »Testverfahren« bezeichnet werden. Dabei ist zu beachten, daß die Bezeichnung »Test« mehrdeutig gebraucht wird. Neben diesem weiten Sprachgebrauch, der **Test** mit jedem psychologischen Erhebungsverfahren und Testen mit Diagnostizieren gleichsetzt, ist von psychologischen Tests auch noch in einem engeren Sinne die Rede: Test bezeichnet dann eine spezifische Klasse von Erhebungsverfahren (s. Abschn. 12.2).

> **!** Das Teilgebiet der Psychologie, das sich mit der Theorie, der Konstruktion und Analyse von Diagnoseverfahren befaßt, ist die **Psychologische Diagnostik**. In der traditionellen Einteilung der psychologischen Teilfächer ist die Diagnostik eng verwandt mit der Differentiellen Psychologie, die sich der Beschreibung und Erklärung von Unterschieden, insbesondere von interindividuellen Unterschieden, zum Ziel gesetzt hat. Die Diagnostik liefert die Verfahren, von denen die Differentielle Psychologie, aber auch die anderen psychologischen Disziplinen, wie die Allgemeine Psychologie, die Persönlichkeitsforschung und die Entwicklungspsychologie, Gebrauch machen.

Die Diagnostik liefert jedoch nicht nur für die Forschung in allen psychologischen Teilgebieten das Handwerkszeug und den Interpretationsrahmen, sondern auch für die psychologische Praxis. In der Praxis beginnt der diagnostische Prozeß mit der Überweisung an den Diagnostiker. Besteht etwa Unklarheit über die geistigen Funktionen oder Persönlichkeitseigenschaften eines Menschen, so wird er zur Diagnose an einen entsprechend ausgebildeten Psychologen überwiesen.

- Ein Richter könnte beispielsweise wissen wollen, ob ein überführter Mörder fähig ist, die Konsequenzen seiner Handlungen zu verstehen, so daß er dafür verantwortlich gemacht werden kann.
- Ein Lehrer könnte wissen wollen, warum ein Kind Lernschwierigkeiten hat oder Verhaltensauffälligkeiten zeigt.
- Eltern möchten oft wissen, wie intelligent ihre Kinder – unabhängig von den Schulnoten – wirklich sind.
- Ein Therapeut wird fragen, wie sich die Person des Patienten vor Behandlungsbeginn darstellte und was sich während oder nach der Behandlung verändert hat (Korchin 1976).

Von der jeweiligen speziellen Frage hängt es ab, welche Untersuchungsmethoden angewandt werden und auf welche Weise die Schlußfolgerungen aus den Diagnoseresultaten formuliert und interpretiert werden. Die Auswahl der diagnostischen Verfahren und die Schlußfolgerungen hängen in ganz erheblichem Maße aber auch von der theoretischen Orientierung des Diagnostikers ab: »Es gibt eine psychoanalytische Realität, eine Realität des sozialen Lernens, eine existentialpsychologische Realität usw. Der Zweck der Diagnostik liegt nicht darin, das wahre Wesen des Klienten zu beschreiben, sondern eine brauchbare Beschreibung des Klienten zu ermöglichen – er soll auf eine Weise beschrieben werden, die zur Lösung eines Problems führt« (Phares 1984, S. 174, eig. Übers.).

Gegen die psychologische Diagnostik wird häufig eingewendet, daß die Beurteilung eines Menschen und weitgehende Entscheidungen, die sein Leben verändern können, von wenigen Meßverfahren – »Tests« – abhängig gemacht werden. Diese Kritik geht oft an der Realität vorbei. Viele Psychologen würden es ablehnen, sich bei weitgehenden individuellen Entscheidungen nur auf Tests zu verlassen. Sie betrachten bedeutsame Testresultate als sehr hilfreich, aber sie bewerten sie immer im Rahmen aller über die Person verfügbaren Informationen, beispielsweise von Daten über Krankheitsgeschichten, über den familiären Hintergrund, über kritische Lebensereignisse und den sozialen Lebensrahmen (Matarazzo 1990).

12.2
Gütekriterien und Arten diagnostischer Informationen

Nicht nur der speziell ausgebildete Psychologe stellt Diagnosen, sondern jeder von uns diagnostiziert jeden Tag aufs neue. Wir beurteilen z. B. die Glaubwürdigkeit eines Kindes, das uns ein abenteuerliches Erlebnis erzählt hat, oder wir machen uns aufgrund eines ersten Gespräches ein Bild von den Eigenschaften unseres neuen Nachbarn. Diese Alltagsdiagnostik wollen wir als *informelle* Diagnostik bezeichnen. Ihr steht die *formelle* Diagnostik des Psychologen gegenüber, die u. a. dadurch gekennzeichnet ist, daß die angewendeten Verfahren bestimmte Gütekriterien erfüllen.

Diese Charakteristika »formeller« Diagnoseverfahren wollen wir zuerst betrachten. Danach werden wir einige der Informationsquellen prüfen, die Psychologen für ihre Diagnosen nutzen. Eine Reihe von diagnostischen Techniken ist aus den unterschiedlichen *theoretischen* Ansätzen abgeleitet, die in anderen Kapiteln dieses Buches vorgestellt worden sind, beispielsweise in Kap. 11 und 13. Es gibt jedoch auch Diagnoseverfahren, die eher *empirisch* als theoretisch begründet sind; d. h. ihre Konstruktion orientierte sich nicht in erster Linie an irgendeiner Theorie der Persönlichkeit, der Intelligenz oder psychischen Störungen. Sie sind aus der Beobachtung hervorgegangen, daß bei bestimmten Aufgaben oder Verhaltensweisen deutliche individuelle Unterschiede bestehen.

12.2.1
Gütekriterien

Formelle Diagnoseverfahren sollten ausreichend objektiv, reliabel, valide und – für die meisten Anwendungen – standardisiert sein. Wenn ein Verfahren (Test) diesen Anforderungen nicht gerecht wird, können wir weder sicher sein, daß es das erfaßt, was es erfassen soll, noch, daß die Erhebung genügend genau ist (s. zu diesen Gütekriterien von Diagnosen bzw. Messungen auch Abschn. 1.4).

Objektivität

Das erste Hauptgütekriterium psychologischer Diagnoseverfahren (Test im weiteren Sinne) ist die **Objektivität**.

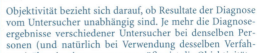

> Objektivität bezieht sich darauf, ob Resultate der Diagnose vom Untersucher unabhängig sind. Je mehr die Diagnoseergebnisse verschiedener Untersucher bei denselben Personen (und natürlich bei Verwendung desselben Verfahrens) übereinstimmen, um so größer ist die Objektivität.

Ein Verfahren ist *vollkommen* objektiv, wenn sich bei einer Gruppe von Personen zeigt, daß verschiedene Diagnostiker bei jeder Person zu identischen Ergebnissen gelangen. Die perfekte Übereinstimmung ist zwar das Ziel der Konstruktion von diagnostischen Verfahren, aber fast immer auch das unerreichbare Ideal. Statt von Objektivität spricht man auch von der interindividuellen Übereinstimmung der Untersucher.

Nach Lienert (1969) kann man 3 Aspekte der Objektivität unterscheiden, je nachdem, auf welche Phasen der Untersuchung man sich bezieht:

- Durchführungsobjektivität,
- Auswertungsobjektivität und
- Interpretationsobjektivität.

Reliabilität

Das zweite Hauptgütekriterium, die **Reliabilität**, bezieht sich auf die Genauigkeit der Diagnose.

 Reliabilität oder Zuverlässigkeit gibt an, wie genau ein diagnostisches Verfahren mißt.

Bitte machen Sie sich selbst klar, daß die Objektivität eine Voraussetzung für Reliabilität ist. Wenn man alle anderen Einflüsse außer acht läßt, dann gilt: Je höher die Objektivität, um so größer die Reliabilität.

Die Reliabilität zeigt sich darin, in welchem Maße das Untersuchungsverfahren bei wiederholter Anwendung durch ein und denselben Diagnostiker konsistent bzw. zuverlässig zu identischen Ergebnissen führt. Wenn Ihre Badezimmerwaage Ihnen jedesmal, wenn Sie sich daraufstellen, ein anderes Gewicht angibt, manchmal höher, manchmal niedriger (obwohl Sie inzwischen weder gegessen noch an ihrer Kleidung etwas verändert haben und zwischen den Versuchen kaum Zeit vergangen ist), dann funktioniert Ihre Waage nicht so, wie sie soll. Wir würden sie als unreliables Meßinstrument bezeichnen, da wir keine konsistenten Ergebnisse bekommen.

Es gibt 3 Wege zur Messung oder quantitativen Bestimmung der Reliabilität:

- Ein direkter Weg ist die Berechnung der **Retest-Reliabilität** (»retest« = Testwiederholung). Das ist die Korrelation, die bei wiederholter Anwendung desselben Tests an ein und derselben Gruppe von Personen gefunden wird.

Bei einem *vollkommen reliablen* Test würden wir einen Korrelationskoeffizienten von +1.00 erechnen. Das bedeutet, daß zu beiden Zeitpunkten identische Rangordnungen der Meßwerte entstehen. Dieselben Testpersonen, die beim ersten Mal die höchsten bzw. die niedrigsten Werte erhalten haben, erhalten diese Werte auch bei der Wiederholung der Untersuchung, und das gilt auch für alle Rangplätze zwischen dem höchsten und dem niedrigsten Wert.

Ein *vollkommen unreliabler* Test würde einen Korrelationskoeffizienten von 0 aufweisen. In diesem Falle gibt es keinen Zusammenhang zwischen den individuellen Merkmalsausprägungen bei der ersten und zweiten Erhebung. Jemand, der bei der ersten Testung den höchsten Wert erreichte, kann bei der zweiten irgendeinen beliebigen Wert erreichen, sogar den niedrigsten, und für alle anderen Rangplätze gilt dasselbe.

Es gibt 2 weitere Möglichkeiten zur Bestimmung der Reliabilität:

- Die erste Möglichkeit besteht darin, Parallelformen, d.h. gleichwertige Formen eines Tests, anzuwenden anstatt seine Durchführung zu wiederholen. Dieses Vorgehen, die Bestimmung der **Paralleltestreliabilität**, reduziert die Effekte von Übung, Erinnerungsvermögen oder von Verfälschungen durch den Wunsch der Versuchsteilnehmer, konsistent zu erscheinen.
- Die andere Möglichkeit besteht in der Bestimmung der **inneren Konsistenz** der Testergebnisse auf der Grundlage einer einzigen Durchführung (Konsistenzanalyse).

Es gibt verschiedene Varianten der Konsistenzanalyse. Eine Strategie besteht darin, daß wir die Ergebnisse der Teilnehmer bei den Aufgaben (Items) eines Tests mit geradzahliger Numerierung mit den Resultaten bei den Items mit ungeradzahliger Numerierung vergleichen. Ein völlig reliabler Test müßte dazu führen, daß die Ergebnisse für die beiden Testhälften identisch sind. Diese besondere Form der Analyse der inneren Konsistenz, bei der wir eine Testhalbierung vornehmen, wird als **Testhalbierungsreliabilität** (»split-half reliability«) bezeichnet.

Für die besten psychologischen Tests liegen die Reliabilitätskoeffizienten über .70. Im Vergleich dazu zeigen Leistungstests, wie sie von Lehrern entworfen werden, im allgemeinen Reliabilitäten zwischen .30 und .60. Diese Werte gelten bei objektiven Tests mit 2 oder mehreren vorgegebenen Antwortalternativen. Daß Tests mit freien Antwortmöglichkeiten weniger reliabel sind, wissen Sie wahrscheinlich bereits aus persönlicher Erfahrung.

Zwar *sollte* ein vollkommen reliables Untersuchungsverfahren bei der wiederholten Anwendung identische Ergebnisse liefern; erhält man jedoch zwischen der ersten und zweiten Testanwendung abweichende Resultate, so bedeutet dies nicht notwendigerweise, daß der Test wenig oder gar nicht reliabel ist. Besonders dann, wenn zwischen der Erst- und Zweitmessung geraume Zeit verstreicht, hat sich das Merkmal, das gemessen werden soll, evtl. tatsächlich verändert. Hinzu kommt, daß noch andere Faktoren als diejenigen, für die man sich eigentlich interessiert, die beobachteten Punktwerte beeinflußt haben könnten. Beispielsweise könnten Sie in einem Intelligenztest zum zweiten Zeitpunkt ein anderes Ergebnis erzielen, weil es Veränderungen in Ihrer Stimmung gegeben hat, Sie dieses Mal müde waren, sich mehr angestrengt haben usw. Wenn ein Test dazu entworfen worden wäre, Stimmungen, Müdigkeit oder Motivation zu erfassen, dann wären solche Veränderungen genau das, was wir suchten. Weil es aber im Beispiel um Intelligenz geht, verändern diese Einflüsse die Testleistung in verfälschender Weise, so daß ein verzerrtes Bild von Ihren Fähigkeiten entsteht. Als Ausdruck der Veränderung der Testleistung aufgrund solcher »zufälligen« Einflüsse wird die Reliabilität des Intelligenztests niedrig ausfallen.

Validität

Das dritte Hauptgütekriterium eines diagnostischen Verfahrens ist die Validität oder Gültigkeit. Wenn ein Test reliabel ist, so wissen wir, daß er *irgendetwas* genau mißt. Selbstverständlich möchten wir aber auch wissen, ob dieses »Etwas« genau das Merkmal ist, das der Test messen sollte.

> **!** Die Validität oder Gültigkeit sagt aus, in welchem Maße ein diagnostisches Verfahren tatsächlich das Merkmal mißt, das es messen soll. Wie Objektivität und Reliabilität ist die Validität ein quantitatives Gütekriterium (Mehr-oder-Weniger-Kriterium). Man berechnet Validitätskoeffizienten, um die exakte Höhe der Validität zu bestimmen.

Betrachten wir das Beispiel eines Intelligenztests. Ein sehr valider Intelligenztest ist tatsächlich ein Maß für die Intelligenz einer Person und erlaubt deshalb eine Vorhersage der Leistungen in Situationen, in denen Intelligenz wichtig ist. Leistungen in einem validen Intelligenztest werden nicht von der Erfahrung beeinflußt, die eine Person im Umgang mit Tests hat. Analog gilt etwa für die Kreativitätsmessung: Werte eines validen Kreativitätstests spiegeln die tatsächliche Kreativität wider, nicht abweichendes Verhalten, frohe Stimmung oder die Fähigkeit, zu zeichnen.

Es gibt verschiedene Arten von Validität: die inhaltliche Validität oder Augenscheinvalidität, die Kriteriumsvalidität und die Konstruktvalidität.

- Wenn der Inhalt der Testaufgaben so beschaffen ist, daß sie *offensichtlich* das interessierende Merkmal abdecken, so spricht man dem Testverfahren **Inhaltsvalidität** oder **Augenscheinvalidität** zu. Wenn Sie die Ängstlichkeit von Menschen dadurch bestimmen, daß Sie sie einfach fragen »Wie ängstlich sind Sie?« oder die Kreativität dadurch ermitteln, daß Sie direkt die Frage »Sind Sie kreativ?« stellen, und Sie außerdem davon ausgehen können, daß die Befragten nach bestem Wissen und Gewissen antworten, so dürfte diese Methode der Selbstbeurteilung von Personen eine hohe Augenscheinvalidität haben.

Auf den zweiten Blick stellen sich jedoch einige Probleme. Erstens könnten die Befragten nur über ungenaue Selbstbeurteilungen verfügen. Zweitens fehlt ihnen möglicherweise ein Maßstab, um die eigene Ängstlichkeit oder Kreativität im Vergleich zu anderen Personen einzustufen. Drittens ist es sehr gut möglich, daß die Antwort im Sinne der sozialen Erwünschtheit verfälscht ist, wenn die Teilnehmer der Untersuchung leicht nachvollziehen können, welche Antwort ihnen angesichts der Zielsetzung der Diagnose weiterhilft.

- Um die **Kriteriumsvalidität** eines Tests einzuschätzen, vergleichen wir die Werte, die Personen in diesem Test erreichen, mit den Resultaten in einem anderen Maß, einem Kriterium. Von diesem Kriterium wissen wir aufgrund von Erfahrungen oder theoretischen Annahmen, daß es tatsächlich eng mit dem Merkmal zusammenhängt, das unser Test messen soll. Idealerweise reflektieren die Werte für das Kriterium direkt das Merkmal oder das Verhalten, das in theoretischem Bezug zu dem durchgeführten Test steht.

Wir unterscheiden 2 Arten von kriterienbezogener Validität, die Übereinstimmungs- und die Vorhersagevalidität. Wenn ein Schulleistungstest für das Fach Deutsch erstellt wurde, so kann die Schulnote als ein geeignetes Validitätskriterium angesehen werden. Stimmen die Testergebnisse gut mit der *derzeitigen* Deutschnote überein, so hat der Test eine hohe **Übereinstimmungsvalidität**. Ist die Korrelation der Testwerte mit den *späteren* Schulnoten hoch, dann verfügt der Test über **Vorhersagevalidität**.

- Bei vielen psychologischen Merkmalen existiert kein *einzelnes* ideales Kriterium. Keine einzelne Verhaltensbeobachtung und kein einzelnes objektives Maß der Handlungskompetenz kann uns darüber informieren, wie ängstlich, depressiv oder aggressiv ein Mensch ist. Zur Bestimmung der Validität können wir dann aber auf Theorien oder Konstrukte zurückgreifen, die Psychologen zu diesen eher abstrakten Variablen formuliert haben. Diese Konstrukte enthalten auch Annahmen darüber, wovon beispielsweise das Merkmal Ängstlichkeit beeinflußt wird, wann sie sich im Verhalten zeigt und wie sie mit anderen Variablen zusammenhängt.

Die **Konstruktvalidität** bezieht sich auf das Ausmaß, in dem ein Test, der ein bestimmtes Konstrukt erfassen soll, mit den Ergebnissen anderer Tests, mit Fremdbeurteilungen (»ratings«), Verhaltensmessungen oder experimentellen Ergebnissen, die bereits als valide Indikatoren des zu messenden Konstrukts gelten, zusammenhängt (Cronbach u. Meehl 1955).

Ein neuer Test für ein Konstrukt wie beispielsweise »Aggression« sollte positiv mit bereits bestehenden Meßverfahren für »Aggression« korrelieren. Nehmen wir an, Sie wollten einen Test entwerfen, der aggressive Neigungen von Kindern erfaßt. Um die Konstruktvalidität dieses Tests einzuschätzen, könnten Sie die Testwerte mit Messungen vergleichen, die angeben, wie oft die Kinder mit anderen streiten, wieviele feindselige

Bemerkungen sie machen und wie aggressiv sie laut Lehrerurteil sind.

> **!** Die Ursachen für Validitätsprobleme liegen oft nicht darin, daß der Test fehlerhaft ist, sondern darin, daß das Kriterium oder das Konstrukt schlecht definiert oder nicht gut erfaßt wurde. Wenn ein **Kriterium** nicht gut ausgewählt wurde und selbst keine gute Repräsentation des Konstruktes darstellt, das gemessen werden soll, dann sagt der Vergleich mit den Testwerten uns wenig darüber, wie gut der neue Test dem angestrebten Ziel dient.

Ein Beispiel für einen reliablen Test, der *für bestimmte Zwecke* möglicherweise nicht valide ist, liefert ein standardisiertes mündliches Interview, das Medizinprofessoren oder Dozenten mit Bewerbern durchführen und auf dessen Grundlage sie über die Zulassung zum Medizinstudium entscheiden. Welches Kriterium sollen wir wählen, um die Validität der Interviewergebnisse zu beurteilen? Hängen die aus dem Interview – einer Belastungssituation – gewonnenen Informationen möglicherweise mit der Fähigkeit eines Medizinstudenten zusammen, den Streß von Prüfungssituationen zu bewältigen? Hängt er zusammen mit der Fähigkeit des Arztes, unter dem Streß, den eine unsichere Informationslage mit sich bringt, Entscheidungen treffen zu müssen? Beide Kriterien sind wichtig, aber in verschiedenen Ausbildungsabschnitten. Wenn ein »Streß-Interview« nur vorhersagt, wie gut ein Student mit der Belastung an der Universität umgehen kann und nicht, wie er mit dem Streß der praktischen Arbeit fertig wird, erfüllt es dann seinen Zweck? Ist ein Interview valide, wenn es dazu führt, daß diejenigen abgelehnt werden, die in sozial bedrohlichen Situationen eher schüchtern reagieren, aber dennoch gute Ärzte werden könnten?

Um die Validität eines diagnostischen Verfahrens zu bestimmen, müssen wir vor allem wissen, was es messen *soll* und dann entscheiden, welche Kriterien dieses Merkmal am besten sichtbar werden lassen. Es ist auch angemessener, danach zu fragen, *für welchen Zweck* ein Test valide ist, anstatt allgemein bestimmen zu wollen, *ob* ein Test valide ist.

Standardisierung und Normen

Wenn ein diagnostisches Verfahren eingesetzt werden soll, um den individuellen Meßwert einer Person mit den Ergebnissen anderer Personen (einer »Bezugsgruppe«) zu vergleichen, so tritt zu den 3 genannten Hauptgütekriterien als viertes die **Standardisierung** oder **Eichung** eines Tests hinzu.

> **!** Bei der Standardisierung (Eichung) wird das Diagnoseverfahren auf alle Personen einer ausgewählten, genau beschriebenen Stichprobe in der gleichen Weise und unter vergleichbaren Bedingungen angewendet. Diese Erhebung an einer repräsentativen Stichprobe unter konstant gehaltenen Bedingungen führt zur Gewinnung von **Normdaten** oder **Normen**. Das sind statistische Vergleichsdaten, die es ermöglichen, den individuellen Wert mit den Resultaten der anderen Personen der Bezugsgruppe zu vergleichen.

Nehmen wir an, Sie erreichten 18 Punkte in einem Test, mit dessen Hilfe festgestellt werden soll, wie depressiv Sie sind. Was bedeutet das? Sind Sie ein bißchen depressiv, überhaupt nicht depressiv, durchschnittlich depressiv, übermäßig depressiv? Eine Antwort ist möglich, wenn man die Testnormen betrachtet. Als Normdaten werden u. a. der Mittelwert und die Standardabweichung für eine Stichprobe von Personen angegeben, die Ihnen in wichtigen Variablen (Alter, Geschlecht) entsprechen (zur Berechnung von Mittelwert und Standardabweichung s. Abschn. 1.5 und 1.6). Die Normdaten erlauben eine Aussage darüber, wie gut Sie im Vergleich zu einer Eichstichprobe abgeschnitten haben. Wir werden in Abschn. 12.5 sehen, daß sich schwerwiegende Interpretationsprobleme ergeben, wenn ein Test für eine bestimmte Population »normiert« worden ist, etwa für Männer oder Angehörige der Mittelschicht, und diese Normen dann verwendet werden, um die Ergebnisse von Angehörigen anderer Populationen, etwa von Frauen oder Personen aus der Unterschicht, zu beurteilen.

Normen sind besonders nützlich für die Interpretation individueller Werte, wenn die Gruppe, an der die Standardisierung vorgenommen wurde, wichtige Eigenschaften mit den untersuchten Individuen gemeinsam hat (wie Alter, soziale Schicht und Ausbildung oder Beruf). Deswegen lautet die erste Frage, die Sie stellen sollten, wenn Sie die Ergebnisse irgendeines psychologischen Tests erhalten: »Im Vergleich wozu?« Welche Normen wurden verwendet, um die relative Testleistung zu interpretieren?

Damit der Vergleich von individuellen Testleistungen mit Normen eine Bedeutung hat, ist es wesentlich, daß jeder »den gleichen Test« macht. Das klingt selbstverständlich, mag jedoch in der Praxis nicht immer leicht einzulösen sein. Einige Personen erhalten möglicherweise mehr Zeit oder klarere und detailliertere Instruktionen als andere, einige dürfen vielleicht Fragen stellen oder werden durch Suggestionen des Testleiters zu besseren Leistungen motiviert. Wenn die Beschreibung eines diagnostischen Verfahrens keine ausdrücklichen Anweisungen darüber enthält, wie es durchzuführen oder wie der Punktwert zu berechnen ist, ist es schwierig zu interpretieren, was ein Einzelresultat bedeutet oder wie es auf die Vergleichsgruppe zu beziehen ist.

12.2.2
Informationsquellen

Die Methoden der psychologischen Diagnostik lassen sich nach der Art der Informationsgewinnung in 4 Kategorien einteilen: Interviews, Erhebungen von Lebensgeschichten und archivierten Daten, Tests im engeren Sinne und Situationsbeobachtungen.

- Wenn Sie einen direkten Zugang suchen, um eine andere Person kennenzulernen, stellen Sie ihr Fragen über ihre Werte, ihre Überzeugungen, ihr Verhalten usw. Anders gesagt, Sie führen ein **Gespräch (Interview)** mit ihr.

Interviews können frei und unstrukturiert sein – die Fragen führen möglicherweise nur indirekt zu der Information, die der Interviewer von der befragten Person erhalten möchte. Andererseits können sie jedoch auch sehr stark strukturiert sein – die Fragen können in direktem Bezug zu der gesuchten Information stehen. Es hat sich eingebürgert, entsprechend dem Grad der Strukturierung von wenig strukturierten, halbstrukturierten oder sehr strukturierten Interviews zu sprechen. Wir ziehen den Begriff »standardisiert« der Bezeichnung »strukturiert« vor, denn auch ein »halbstandardisiertes« oder »nichtstandardisiertes« Interview ist vom Interviewer geplant und durchdacht – also bei aller Offenheit durchaus strukturiert.

Man kann zusätzlich zum Interview mit der Person, die beurteilt werden soll, auch andere über sie befragen – Freunde, Eltern oder Arbeitskollegen beispielsweise.

Beim diagnostischen Interview (Gespräch) muß ein geschickter Interviewer in der Lage sein,

- den Befragten in eine entspannte Haltung zu versetzen,
- die gewünschten Informationen herauszulocken,
- die Richtung und das Tempo des Interviews zu kontrollieren,
- eine enge Beziehung zum Interviewten aufzubauen und aufrechtzuerhalten und
- das Interview zu einem zufriedenstellenden Abschluß zu bringen.

Eine aktuelle – wenn auch kontrovers diskutierte – Stellungnahme lautet: »Das diagnostische Interview ist immer die persönliche subjektive Anstrengung des Klinischen Psychologen gewesen, Informationen und Verständnis zu gewinnen. Es bleibt das wichtigste Werkzeug klinischer Beurteilung und Diagnostik« (Weins u. Matarazzo 1983, S. 327, eig. Übers.).

- Interviewdaten können durch **sekundäre Informationen, die aus Aufzeichnungen über die Lebensgeschichte einer Person stammen**, ergänzt werden. Es kann sich dabei um Angaben über Leistungen in der Schule oder beim Militär handeln, um schriftliches Material, medizinische Daten, Photographien oder Videoaufnahmen.
- **Psychologische Tests** *im engeren Sinne* sind wohl die Verfahren, die meistens mit Diagnostik in Verbindung gebracht werden. Tatsächlich sind Konstruktion und Anwendung von Tests, Skalen und Inventaren zur Messung nahezu aller psychischen Funktionen, wie Intelligenz, Persönlichkeit und Kreativität, eine Hauptbeschäftigung vieler Psychologen.

Wir werden in Abschn. 12.3 und 12.4 sehen, daß Tests sich in einer Reihe von Dimensionen unterscheiden können – sie können allgemein oder spezifisch, objektiv oder subjektiv sein, verbale oder nonverbale Leistungen betreffen usw.

Im Vergleich zu Interviews haben Tests 2 wichtige Vorzüge:

- Sie liefern unmittelbar eine Messung, also eine quantitative Merkmalsbeschreibung, während quantitative Informationen aus Interviews nur in einem zweiten Schritt durch die Beurteilung von Äußerungen abgeleitet werden können. (Wir sehen hier von dem Sonderfall ab, daß man im Interview quantitative Informationen direkt erfragen kann.)
- Da für viele formelle Tests Normdaten vorliegen, ist der interindividuelle Vergleich und die Einordnung der Testergebnisse in eine Bezugsgruppe möglich.
- **Situationsbeobachtungen** können eingesetzt werden, um Verhalten im natürlichen Kontext zu beurteilen. Ein Beobachter oder Beurteiler sieht sich die Verhaltensmuster einer Person in einer oder mehreren Situationen an, etwa während der Arbeit oder Freizeit, zu Hause oder in der Schule. Das Ziel besteht darin, die Bedingungen und Konsequenzen unterschiedlicher Reaktionen und Gewohnheiten aufzudecken. Dieser allgemeine Ansatz entspringt

der Tradition der experimentellen Psychologie, der sozial-lerntheoretischen Persönlichkeitsforschung und der Verhaltenstherapie. Die direkte Beobachtung wurde im Vergleich zu den Tests in der Vergangenheit seltener verwendet, weil Tests ökonomischer und mit weniger Aufwand verbunden sind und normative Daten liefern. Sie wird jedoch mittlerweile in vielen Gebieten der Psychologie und anderer Sozialwissenschaften in zunehmendem Maße durchgeführt. Die Grundlage bilden Beobachtungen darüber, was Menschen in einem bestimmten Kontext sagen und tun und was dieses Verhalten beeinflußt.

Wenn es auch weniger effizient ist, Stichproben individuellen Verhaltens zu erfassen, als Papier-und-Bleistift-Tests an großen Personengruppen durchzuführen, so sprechen nach Ansicht vieler Psychologen die größere Validität und Nützlichkeit für Situationsbeobachtungen (Ciminero et al. 1977; Haynes 1983).

Eine weitere wichtige Gruppe diagnostischer Verfahren sind Beurteilungen (»ratings«) von Verhaltensweisen oder Persönlichkeitsmerkmalen. Man kann sie danach einteilen, wer die Information liefert: die zu diagnostizierende Person selbst oder andere Menschen. Im ersten Falle handelt es sich um *Selbstbeurteilungen*, im zweiten um *Fremdbeurteilungen*.

Selbstbeurteilungen

Methoden der Selbstbeurteilung (»self-report methods«), auch als »Selbstauskunft« bezeichnet, verlangen von der befragten Person die Beantwortung von Fragen oder die Angabe von Informationen. Beispielsweise fragt sie der Diagnostiker, was sie mag und was nicht, ob sie bestimmten Behauptungen zustimmt oder nicht und wie sie sich in bestimmten Situationen fühlt. Sie soll etwa angeben, welcher der folgenden Behauptungen sie am ehesten zustimmt:

»Ich nehme es, wie es kommt, ich plane nicht weit voraus«, oder

»Ich habe genauso viel Freude daran, mir Ziele zu setzen und Pläne zu schmieden wie an den Aktivitäten selbst«.

> **!** *Vorteile:* Solche Erhebungen sind wertvoll, denn sie berühren die persönlichen Erfahrungen und die Gefühle des einzelnen. Sie sind leicht durchzuführen – was aber nicht bedeutet, daß man nicht ausgebildete Interviewer bräuchte – und sie sind im allgemeinen leicht auszuwerten.

> *Nachteile:* Der größte Nachteil der Selbstbeurteilungen liegt darin, daß Menschen bei diesen Skalen nicht immer genaue Antworten geben können. Wir sind nicht immer in Kontakt mit unseren eigenen Gefühlen, wir können uns nicht an alles erinnern, was wir getan oder gedacht haben, und wir können sogar absichtlich falsche Angaben machen, um besser dazustehen (s. auch oben in diesem Abschnitt).

Trotz dieses Nachteils sind Diagnosen aufgrund von Selbstauskünften oft sehr brauchbar. Dies gilt besonders in den Fällen, in denen versucht worden ist, mögliche Beurteilungsfehler zu begrenzen oder auszuschalten.

Fremdbeurteilungen

Als **Fremdbeurteilung** (»observer-report method«) bezeichnet man in der psychologischen Diagnostik die systematische Beurteilung des Verhaltens oder der Eigenschaften durch eine andere Person. Dieses Vorgehen kann zu einer größeren Objektivität als die Selbstbeurteilung führen. Beispielsweise könnten Psychologiedozenten gebeten werden, die Leistungen eines Seminarteilnehmers und seine Zusammenarbeit mit anderen Studierenden zu bewerten: »Arbeitet er gut mit, und kommt er mit den Kommilitonen gut aus?« Die Eltern des Studierenden könnten angeben, wie kooperativ er als kleines Kind war; und Freunde und Freundinnen könnten ihre Eindrücke über seine Persönlichkeit berichten.

Eine ganze Reihe bekannter diagnostischer Methoden beinhaltet Beurteilungen durch Personen, die der Beurteilte persönlich nicht kennt. Oft handelt es sich um Psychologen, Berater oder geschulte Interviewer, die in einer sehr strukturierten Situation bestimmte Fragen stellen oder bestimmte Reaktionen auf spezifische Vorgaben erbitten. Manchmal ist die Interaktion zwischen Beurteiler und Beurteiltem relativ unstrukturiert und informell – bis hin zu dem Extrem, daß der Beurteiler die zu beurteilende Person beobachtet, ohne daß eine Interaktion entstünde – entweder verborgen oder offensichtlich. Danach werden die beobachteten Verhaltensweisen auf verschiedenen Verhaltens- oder Eigenschaftsdimensionen bewertet. In einigen Fällen beruht die Auswertung auf detaillierten Anweisungen, die die Autoren von Beurteilungsverfahren mitliefern. Manchmal sind die Anweisungen weniger präzise, lassen spontane Reaktionen zu und verleihen informellen Eindrücken eine größere Bedeutung.

> **!** Ein potentieller Nachteil von Fremdbeurteilungen liegt darin, daß Urteile über eine andere Person möglicherweise mehr über den Beurteiler oder über die Beziehung des Beurteilers zur beurteilten Person aussagen als über deren tatsächliche Merkmale.

- Beispielsweise können Sie, wenn Sie jemanden mögen, dazu neigen, ihn in fast jeder Dimension günstiger zu beurteilen und seine Fehler zu übersehen. Diese Art der Urteilsverzerrung wird als »Halo-Effekt« bezeichnet.
- Wenn ein Beurteiler glaubt, die meisten Mitglieder einer bestimmten Bevölkerungsgruppe (Schwarze, Juden, Italiener, Frauen) verfügten über bestimmte Merkmale, dann »sieht« er diese möglicherweise in jedem einzelnen, von dem er weiß, daß er zu einer solchen Gruppe gehört. Diese Art der Verzerrung wird als »Stereotypeneffekt« bezeichnet. Die unerwünschten Verzerrungen von Fremdbeurteilungen können verringert werden, wenn genaue Regeln angegeben werden (»Wenn er Verhalten X zeigt, ist 10 anzukreuzen«) – dennoch sind selbst geschulte Beobachter gegen Verzerrungen nicht gefeit.

Fremdbeurteilungen sind am ehesten dann reliabel, wenn sie sich auf bestimmte konkrete Verhaltensweisen beziehen (»nimmt Augenkontakt auf und lächelt«). Sie sind weniger reliabel, wenn die zu bewertenden Kategorien allgemein oder verschwommen sind (»ist offen für neue Erfahrungen« oder »ist ein sensibler Mensch«). Genau festgelegte Verhaltensbeurteilungen geben persönlichen und potentiell verzerrten Eindrücken weniger Raum.

Zusätzlich können Urteilsverzerrungen dadurch reduziert werden, daß mehr als ein Beurteiler eingesetzt wird. Dies ermöglicht die Berechnung der **Beurteilerübereinstimmung** (»interrater reliability«). Wenn 2 verschiedene Beurteiler unabhängig voneinander zu sehr ähnlichen Beurteilungen derselben Person gelangen, können wir mehr darauf vertrauen, daß die Urteile tatsächlich die Merkmale und Eigenschaften dieser Person widerspiegeln und nicht die Vorurteile eines der Beurteiler.

Ratings von Beurteilern, die sich auf direkt beobachtete Verhaltensstichproben stützen und anhand objektiver »checklists« ausgewertet werden, verwendet man immer öfter zur Diagnose von Problemverhalten. Geschulte Beobachter besuchen beispielsweise ein Kind zu Hause, in der Schule oder auf dem Spielplatz und versuchen, unauffällig aufzuzeichnen, was das Kind in ausgewählten festgelegten Intervallen (etwa im Abstand von 30 s) oder in Reaktion auf ein zufällig generiertes Signal tut. Auf diese Weise kann eine **Grundrate** (»**baseline rate**«), ein anfängliches Maß der Häufigkeit des problematischen Verhaltens, beispielsweise von Wutanfällen, Unaufmerksamkeit oder sozialer Isolierung, bestimmt werden. Dann kann, während des Behandlungsprogramms und danach, die Häufigkeit des Problemverhaltens erneut gemessen und mit der Grundrate verglichen werden. So läßt sich prüfen, ob die Behandlung die erwünschte Wirkung zeitigt. Auf diese Weise können bessere Programme zur Behandlung und Prävention problematischen Verhaltens entworfen werden (Haynes u. Wilson 1979).

12.3 Erforschung und Diagnostik der menschlichen Intelligenz

Wie intelligent sind Sie? Haben Sie einen höheren oder niedrigeren Intelligenzquotienten (IQ) als Ihr bester Freund? Sicherlich haben Sie eine Meinung, vielleicht sogar eine feste Überzeugung zu dieser Frage. Aber: Wissen Sie auch, was sich *genau* hinter »dem IQ« verbirgt? Der Versuch, *wissenschaftlich fundierte* Aussagen über den Intelligenzquotienten eines Menschen zu treffen, setzt voraus, daß man sich zunächst einmal klar macht, was man unter Intelligenz versteht. Um dem Problem der konzeptuellen Klärung zu entgehen, ist man in der Vergangenheit häufig auf die *operationale Definition* ausgewichen: »Intelligenz ist das, was Intelligenztests messen«.

Heute jedoch hat man sich wenigstens auf ein paar theoretische Grundannahmen geeinigt: Sowohl Wissenschaftler als auch die Öffentlichkeit betrachten 2 Arten von Fähigkeiten als zentral für die Intelligenz: verbale Fähigkeiten und Problemlösen (Sternberg et al. 1981).

- Die **verbalen Fähigkeiten** umfassen Wortflüssigkeit, Verständnis beim Lesen, mündliches Ausdrucksvermögen und Wortschatz.
- Zu den **Fähigkeiten des Problemlösens** gehören die Erfassung des Kerns eines Problems, die Fähigkeit, für die Bearbeitung eines Problems den optimalen Ansatz zu finden und die Fähigkeit, eine gute Entscheidung zu treffen.

Das ist aber nur eine der in der Psychologie gebräuchlichen Sichtweisen der Intelligenz. Der folgende Definitionsvorschlag, der von 3 Arten von Fähigkeiten oder Fertigkeiten ausgeht, ist grundlegender:

> **!** **Intelligenz** umfaßt die Fähigkeiten
> - zur Anpassung an neue Situationen und sich verändernde Anforderungen,
> - zum Lernen oder zur optimalen Nutzung von Erfahrung oder Übung und
> - zum abstraktem Denken und Gebrauch von Symbolen und Begriffen (Phares 1984).

Klarheit über die Definition ist aber lediglich die Voraussetzung, um gezielter darüber nachdenken zu können, wie sich die individuelle Ausprägung der Intelligenz messen läßt. Überlegungen zur Intelligenzmessung im engeren Sinne gehören in das Gebiet der Psychometrie. Als **Psychometrie** bezeichnet man den Teilbereich der Psychologie, in dem es um die Entwicklung von grundlegenden Theorien und Methoden zur Messung (quantitativen Erfassung) psychischer Merkmale geht.

Da die moderne Psychologie sich in allen Teilbereichen auf den Versuch stützt, Verhalten und Erleben zu messen, ist die Psychometrie eine breite psychologische Grundlagendisziplin. Von besonderer Relevanz ist sie aber für die Psychologische Diagnostik, die Differentielle Psychologie und die Psychophysik, also die Teilfächer der Psychologie, in denen die Beschreibung individueller Merkmalsausprägungen im Mittelpunkt steht.

Sowohl die Psychometrie als auch die Erforschung der menschlichen Intelligenz sind durch die Geschichte der Intelligenzmessung stark beeinflußt worden. Deshalb nehmen wir in diesem Abschnitt zuerst eine historische Perspektive ein, bevor wir uns dann moderne Intelligenztheorien ansehen. Danach richtet sich unser besonderes Augenmerk auf das Verhältnis von Intelligenz und Kreativität, bevor wir abschließend Gesichtspunkte entwickeln wollen, um zwischen dem sinnvollen Gebrauch und dem gefährlichen Mißbrauch des Intelligenzquotienten zu unterscheiden.

12.3.1
Die Geschichte der Intelligenzmessung

Der erste Intelligenztest von Binet

Im Jahr 1905 wurde der erste Bericht über einen durchführbaren **Intelligenztest** veröffentlicht. Alfred Binet hatte einen Auftrag des französischen Unterrichtsministeriums angenommen. Es ging um die Frage, wie geistig zurückgebliebene Kinder zu unterrichten seien. Binet und sein Kollege Theophile Simon waren der Ansicht, daß es nötig sei, eine Möglichkeit zur Messung der Intelligenz der Kinder zu entwickeln, bevor man ein Unterrichtsprogramm für sie plante.

> **!** Binet versuchte, einen Test der intellektuellen Leistung zu konstruieren, der als objektive Möglichkeit zur Auffindung und Klassifikation geistig zurückgebliebener Kinder eingesetzt werden konnte (Sattler 1982). Er hoffte, ein solcher Test würde das Gewicht der eher subjektiven, möglicherweise verzerrten Bewertungen der Lehrer verringern.

Der Schlüsselbegriff in Binets Vorgehen heißt *Quantifizierung der Leistung.* Kindern eines bestimmten chronologischen Alters wird eine Anzahl von Problemen oder »Testitems« vorgelegt. Diese Probleme werden so ausgewählt, daß sie objektiv bewertet werden können, verschiedenartig sind, nicht sehr durch die unterschiedlichen Umwelten der Kinder beeinflußt werden und eher Beurteilungsvermögen und logisches Denken als reines Auswendiglernen erfordern (Binet 1911).

Binet untersuchte Kinder verschiedener Altersstufen. Zunächst wurden als Vergleichsdaten die Durchschnittsleistungen von normalen Kindern jeder Altersgruppe berechnet. Dann wurde die individuelle Leistung, die ein einzelnes Kind erzielte, mit dem Durchschnittswert für Kinder seiner Altersstufe und den anderen Durchschnittswerten verglichen. Die individuelle Testleistung des zu beurteilenden Kindes wurde durch die Angabe des Durchschnittsalters, in dem normale Kinder genau seinen Punktwert erreichten, ausgedrückt. Diese Maßzahl wurde als **Intelligenzalter** (IA) bezeichnet.

Ein Beispiel: Wenn sich die Punktwerte, die ein Kind bei verschiedenen Intelligenzaufgaben (Items) erzielt, zu einer Leistung addieren, die dem Durchschnittswert der Gruppe der Fünfjährigen entspricht, so sagt man, dieses Kind habe ein Intelligenzalter von 5 Jahren, unabhängig davon, welches Lebensalter (LA) es aufweist.

Verdeutlichen wir uns 4 zentrale Merkmale dieses ersten Versuchs, Intelligenz mittels eines Tests zu messen:

- Binet glaubte, die Ergebnisse in Intelligenztests seien nicht mehr als eine praktische Schätzung aktueller Leistungsunterschiede; keinesfalls seien sie ein Maß für die angeborene Intelligenz.

- Sie sollten dazu verwendet werden, herauszufinden, welche Kinder aufgrund ihrer Lernschwierigkeiten in der Schule besondere Hilfe brauchten.
- Binet glaubte an die Möglichkeit, die Intelligenz durch Training und äußere Einwirkung zu verbessern. Deshalb war es sein Ziel, die Leistungsfelder zu bestimmen, in welchen die Kinder, unterstützt durch besonderen Unterricht, Verbesserungen erreichen könnten.
- Er folgte zwar einer allgemeinen Definition von Intelligenz, die in etwa unserem obengenannten Definitionsvorschlag entspricht (s. »Merksatz«), aber er begann die Testkonstruktion unter Verwendung einer empirischen Methode und stützte sich nicht etwa auf eine ausgearbeitete theoretische Vorstellung davon, was Intelligenz sei.

Die Weiterentwicklung der Intelligenztests in den USA und in Deutschland

Nirgendwo hatte die erfolgreiche Entwicklung eines Intelligenztests durch Binet einen größeren Eindruck gemacht als in den Vereinigten Staaten. Eine einzigartige Kombination historischer Ereignisse und soziopolitischer Faktoren bereitete den Boden für das riesige Interesse an der Messung geistiger Fähigkeiten. Von dieser Zeit an gedieh das Interesse der Psychologen an der Messung intellektueller Fähigkeiten zu einer »Intelligenztestindustrie«.

Als 1917 die Vereinigten Staaten Deutschland den Krieg erklärten, ergab sich die Notwendigkeit, rasch eine militärische Organisation aufzubauen und die Soldaten entsprechend ihren Eignungen und Fähigkeiten optimal einzusetzen. Ein besonderes Problem stellte die Beurteilung von Immigranten dar, die nicht oder nur unzureichend Englisch sprachen. Die Lösung dieses Problems bestand darin, Tests einzusetzen, die nicht oder kaum auf sprachlichen (verbalen) Leistungen beruhten. Über 1.7 Mio. Rekruten wurden mit einem nonverbalen Gruppentest auf geistige Fähigkeiten getestet, der von einer Gruppe namhafter Forscher, darunter Terman, Thorndike und Yerkes, innerhalb eines Monats erstellt worden war (Marks 1976–1977).

Überzeugt von der großen Bedeutung von Binets Methode der Intelligenzmessung, paßte Terman die Items amerikanischen Verhältnissen an, standardisierte die Anwendung der Tests und entwickelte Altersnormen (d. h. altersspezifische Normdaten), indem er Tausende von Kindern testete. 1916 veröffentlichte er die »Stanford Revision« der Binet-Tests, die seither als »Stanford-Binet-Intelligenztest« bezeichnet wird (Terman 1916).

> **!** Bei diesem neuen Test bediente sich Terman des auf William Stern (1914) zurückgehenden Konzeptes des **Intelligenzquotienten** oder **IQ**. Nach Stern ist der Intelligenzquotient das Verhältnis des Intelligenzalters zum Lebensalter (multipliziert mit 100, um Brüche zu vermeiden): IQ = (IA/LA) × 100. Man nennt den auf diese Weise bezeichneten IQ auch Altersquotienten.

Wie wir später sehen werden, ist diese Definition des IQ als **Altersquotient** nicht mehr sehr gebräuchlich. Statt dessen wird heute der IQ meistens als Abweichungsquotient bestimmt (s. unten in diesem Abschnitt).

Ein Kind mit einem Lebensalter von 8 Jahren, dessen Testwerte der Leistung eines 10jährigen entsprechen, hat einen IQ von 125 (berechnet aus: 10/8×100). Ein gleichaltriges Kind, das lediglich die Leistungen eines durchschnittlichen 6jährigen erreicht, weist einen IQ von 75 (6/8 × 100) auf. Personen, deren Leistungen auf dem Niveau des Intelligenzalters liegen, das ihrem Lebensalter entspricht, erhalten einen IQ von 100. Dieser Wert gilt als der durchschnittliche oder »normale« IQ.

Der neue Stanford-Binet-Test wurde in den USA rasch zu einem Standardinstrument in der Klinischen Psychologie, der Psychiatrie und der Erziehungsberatung. Zur gleichen Zeit trug die Übernahme des IQ durch Terman dazu bei, daß neue Vorstellungen von Zweck und Bedeutung der Intelligenzmessung entstanden. Terman hielt die Intelligenz für eine innere Eigenschaft mit einer starken erblichen Komponente. Er glaubte, daß Intelligenztests (»IQ-Tests«) diese innere Eigenschaft messen könnten. Die implizite Botschaft lautete, der IQ beschreibe wesentliche und unveränderliche Aspekte der menschlichen Intelligenz.

Die letzte Revision des Stanford-Binet-Tests stammt aus den Jahren 1972–1973. Dabei wurden die **Normen** überarbeitet, um den allgemeinen Anstieg der Testwerte in der Population zu berücksichtigen. Sie wurden um etwa ein halbes Jahr pro Altersstufe heraufgesetzt (Terman u. Merrill 1972). Eine andere Änderung aber war viel grundlegender. Inzwischen wird der IQ beim Stanford-Binet-Test nicht mehr in der Weise berechnet, daß das Intelligenzalter durch das Lebensalter dividiert wird.

Bei der Berechung des Intelligenzquotienten (IQ) ist auch beim Stanford-Binet-Test an die Stelle des Alters-

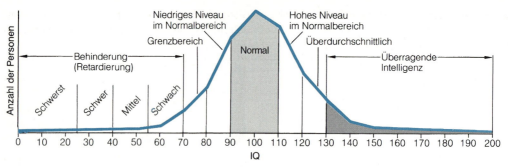

Abb. 12.1. Die erwartete Verteilung von Intelligenzquotienten (IQ) bei einer großen Stichprobe von Testteilnehmern. (Aus Matarazzo 1972; Einteilung der Behinderungsgrade aus Wendeler 1972)

quotienten der **Abweichungsquotient** getreten: Wenn Sie heute den Stanford-Binet-Test machen, erhalten Sie für jede der 6 Fragen, die Sie beantwortet haben, innerhalb jeder Altersgruppe 2 Punkte (also maximal 12 Punkte pro Jahr). Der Testleiter zählt dann Ihre Punke, vergleicht die Leistung mit einer Normtabelle und vergibt auf dieser Grundlage den IQ. Ein IQ von 100 bedeutet, daß 50% Ihrer Altersgenossen niedrigere Werte erreichen. Werte zwischen 90 und 110 gelten als »normal«, Werte über 120 als »überdurchschnittlich« und Werte unter 70 als Beleg für »geistige Behinderung« (s. Abb. 12.1).

In Deutschland hatte Bobertag bereits 1911 eine erste deutsche Übersetzung der Binet-Simon-Skalen vorgelegt. Die aktuellste Bearbeitung stammt von Kramer (1972/1982) und ist unter den Namen »Binet-Simon-Kramer-Test« (BSK) und »Kramer-Test« (KT) bekannt (Nach Rennen-Allhoff u. Allhoff 1987). Der Test dient, wie die Originalskalen von Binet u. Simon, der Untersuchung von Kindern mit Schulschwierigkeiten und von sonderschulbedürftigen Kindern. Zur Begabtenauslese hingegen ist er nicht geeignet.

Die neueste deutsche Bearbeitung des Stanford-Binet-Intelligenztests stammt von Lückert (1965). Sie basiert auf der amerikanischen Revision von 1960. Der IQ wird also noch als Altersquotient und nicht als Abweichungsquotient, wie in der neuesten amerikanischen Version, berechnet. Im Vergleich zu anderen Fähigkeitstests für Kinder weist der deutsche »Stanford-Binet« eine Reihe gravierender Mängel auf – vielleicht ist das der Grund dafür, daß er bei uns bei weitem nicht so verbreitet ist wie in den USA. Rennen-Allhoff u. Allhoff (1987) kritisieren u. a. die fehlende Erläuterung des zugrunde gelegten Intelligenzbegriffs und das Fehlen von Daten zur Reliabilität und Validität; auch ist keine

Normierung für die deutschen Verhältnisse vorgenommen worden.

Es ist wichtig, daran zu erinnern, daß Intelligenztestwerte *als solche* nicht viel darüber sagen, was Kinder wissen oder was sie tun können. Ein Gymnasialschüler mit einem IQ von 100 könnte über ein Wissen und über Fertigkeiten verfügen, über welche ein Viertklässler mit einem IQ von 120 nicht verfügt. Auch können Menschen, die auf der Grundlage ihrer IQ-Werte das Etikett »behindert« erhalten haben, sich beträchtlich in dem unterscheiden, was sie tun können und wieviel sie, Unterricht vorausgesetzt, lernen können. Es gibt viele Gründe dafür, daß die Intelligenztestwerte von Menschen niedriger ausfallen, als es ihren eigentlichen Fähigkeiten entspricht.

Sogar die neueste Version des Stanford-Binet beruht großenteils auf dem Gebrauch von Wörtern oder auf der Fähigkeit, mittels der englischen Schriftsprache zu denken und zu kommunizieren. Kinder, die sprachlich behindert sind oder in deren Elternhäusern nicht Englisch gesprochen wird, würden aufgrund eines solchen Tests keine faire Beurteilung ihrer intellektuellen Fähigkeiten erhalten.

David Wechsler, der am Bellevue Hospital in New York arbeitete, unternahm etwas gegen dieses Problem der Sprachabhängigkeit, indem er neue Intelligenztests entwarf, die sowohl sprachliche Untertests (Verbalteil des Tests) als auch nichtsprachliche Untertests (Handlungsteil) enthielten. So wurden zusätzlich zum allgemeinen IQ getrennte Schätzungen des verbalen (sprachlichen) und des nonverbalen (Handlungs-) IQ ermöglicht. Wechsler hat nach diesem Prinzip Intelligenztests für Erwachsene und Kinder im Schul- bzw. Vorschulalter entwickelt und diese Skalen im Laufe der Zeit auch immer wieder aktualisiert.

Die sog. Wechsler-Intelligenztests sind ins Deutsche übertragen worden und gehören zu den bei uns am häufigsten benutzten Intelligenztests:

- Die Messung der Intelligenz Erwachsener erfolgt mit dem Hamburg-Wechsler-Intelligenztest für Erwachsene in der revidierten Fassung von 1991 – abgekürzt **HAWIE-R.**
- Für Schulkinder gibt es den Hamburg-Wechsler-Intelligenztest für Kinder in der revidierten Fassung von 1983 – kurz **HAWIK-R.**
- Für Vorschulkinder wurde der Hannover-Wechsler-Intelligenztest für das Vorschulalter, der **HAWIVA** konstruiert. Er wird in der aktuellen Fassung seit 1976 verwendet.

Im Abschn. **Unter der Lupe** beschreiben wir den HAWIK-R etwas ausführlicher.

12.3.2
Intelligenztheorien

Viele **Intelligenztheorien** entstammten Ansätzen, die wir bereits im Laufe dieser Darstellung betrachtet haben, den neurologisch-biologischen, den lerntheoreti-schen und den entwicklungsbezogenen Modellen. Den Hintergrund für die aktuellen Intelligenztheorien, die wir in diesem Abschnitt etwas näher vorstellen, bilden die Psychometrie und die moderne Kognitionsfor-schung (vgl. Kap. 5 u. 6).

Psychometrische Intelligenztheorien stützen sich auf Schlußfolgerungen aus speziellen statistischen Ana-lysen von Intelligenztests – vor allem aus sog. Faktoren-analysen.

> **!** Die **Faktorenanalyse** ist ein mathematisch-statistisches Ordnungsverfahren, das es erlaubt, in einer Vielzahl von Einzelmerkmalen – hier z. B. einer Vielzahl von einzelnen Intelligenzmerkmalen – eine Ordnung zu schaffen und die hinter der beobachtbaren Vielfalt stehenden grund-legenden »Intelligenzfaktoren« zu ermitteln. In einigen dieser Ansätze wird *ein* allgemeiner, zentraler Faktor, der »g-Faktor«, bestimmt, neben dem es viele spezifische »s-Faktoren« gibt. Dieser **g-Faktor** wird als »allgemeine In-telligenz« interpretiert (»g« steht für »generell«).

Die psychometrischen Ansätze, die für das gegenwärti-ge Verständnis der Intelligenz in der Psychologie am bedeutendsten sind, stammen von R.B. Cattell (1971) und J.P. Guilford (1967).

UNTER DER LUPE

Intelligenzmessung mit dem HAWIK-R
Der *Hamburg-Wechsler-Intelligenztest für Kinder in der Revision von 1983* (HAWIK-R; Tewes 1983) geht zwar auf Wechslers 1974 vorgenommene Überarbei-tung der *Wechsler Intelligence Scale for Children* (WISC) zurück, doch handelt es sich nicht nur um eine Übersetzung und Anpassung an die deutschen Verhältnisse. Auf der Aufgabenebene (Anzahl und In-halt der Aufgaben) wurde der HAWIK-R weitgehend neu entwickelt. Er umfaßt insgesamt 11 Untertests (Subtests oder Skalen), die im folgenden kurz be-schrieben werden (nach Titze u. Tewes 1987, S. 21–23).

Verbalteil

- *Allgemeines Wissen:* Fragen zur Breite des Allge-meinwissens für sehr unterschiedliche Lern- und Erfahrungsbereiche. Beispielitems: »Wie heißen die 4 Jahreszeiten?«; »Wie entsteht beim Klavier der Ton?«; »Wie kommt es, daß Eisen rostet?«.
- *Allgemeines Verständnis:* Fragen zur praktischen Ur-teilsfähigkeit im Sinne des »gesunden Menschenver-standes«. Beispiele: »Warum hat jeder Mensch einen Namen?«; »Warum können Taubgeborene gewöhn-lich nicht sprechen?«; »Warum sehen Gegenstände und Personen in der Ferne kleiner aus?«.
- *Rechnerisches Denken:* Fragen zur Merk- und Re-chenfähigkeit. Das Kind muß einfache Rechenauf-gaben unter Verwendung der Grundrechenarten im Kopf lösen. Beispiel: »Welche Zahl mußt Du durch 5 teilen, um ein Drittel von 21 zu erhalten?«.
- *Gemeinsamkeiten finden:* Fragen zum logischen und abstrakten Denken in sprachlichen Kategori-en. Beispiele: »Was ist das Gemeinsame bei Schmetterling und Fliege?«; »Was ist das Gemein-same bei Sieg und Niederlage?«.
- *Wortschatz-Test:* Fragen zur Kenntnis sprachlicher Bedeutungen. Beispiele: »Was ist Brot?«; »... Streik?«; »... Eichung?«
- *Zahlen nachsprechen:* Fragen zur Gedächtnisspan-ne im Bereich der akustischen Merkfähigkeit. Das Kind bekommt Zahlfolgen unterschiedlicher Länge vorgelegt (z. B. 3-4-1-7), die es aus dem Gedächt-nis wiederholen muß. – Dieser Untertest ist ein Zu-satztest.

Handlungsteil

- *Zahlen-Symbol-Test:* Aufgaben zur allgemeinen psychomotorischen Geschwindigkeit. Unter Zeitbegrenzung muß das Kind eine Zuordnung von Zahlen zu Symbolen vornehmen.
- *Bilder ergänzen:* Aufgaben zur Beobachtungsgenauigkeit. Das Kind muß herausfinden, welche kleinen Details auf Strichzeichnungen von konkreten Gegenständen (Tür, Hand, Schere) fehlen.
- *Bilder ordnen:* Aufgaben zur visuellen Erfassung sozialer Handlungsabläufe und zur Herstellung von Ordnungen oder Sequenzen. Das Kind muß kurze Serien von Bildern, die gemeinsam eine kleine Geschichte oder Handlung ergeben, unter Zeitbegrenzung in die richtige Reihenfolge bringen.
- *Mosaik-Test:* Aufgaben zum räumlichen Vorstellungsvermögen, zur psychomotorischen Koordination und zur Kombinationsfähigkeit. Das Kind muß unter Zeitdruck aus Würfeln mit verschieden gefärbten Flächen nach einer Vorlage Muster unterschiedlicher Komplexität erstellen.
- *Figuren legen:* Aufgaben zur Reproduktion konkreter Figuren. Das Kind muß unter Zeitdruck Figuren (z. B. Haus, Auto), die wie ein Puzzle in Teile zerlegt sind, nach einer Vorlage zusammensetzen.

Die Untertests bzw. Aufgaben des Verbalteils sind in hohem Maße vom Bildungsgrad und der Lernerfahrung der Testteilnehmer abhängig. Für den Handlungsteil ist das nicht zu erwarten, da es sich um Testmaterial handelt, das in der Regel relativ ungewohnt sein dürfte.

Verglichen mit anderen Intelligenztests für Kinder, etwa mit den oben erwähnten Binet-Skalen, ist bei der Konstruktion des HAWIK-R ein hoher Aufwand betrieben worden. Im Handbuch werden Normdaten für jeden der Altersjahrgänge zwischen 6 und 15 Jahren angegeben. Die Eichstichprobe umfaßte knapp 2000 Kinder aus 20 verschiedenen Orten, die sich flächendeckend über die alte BRD verteilten. Die Erhebung der Eichdaten bildete aber auch die Grundlage für die Berechnung der Testgütekriterien. Zur Bestimmung der Reliabilität (Meßgenauigkeit) wurde für jede der Skalen die innere Konsistenz ermittelt. Die Koeffizienten liegen zwischen .67 und .89 – folglich kann die Reliabilität als zufriedenstellend bezeichnet werden.

Dem HAWIK-R liegt Wechslers spezifische Definition der Intelligenz zugrunde: »Intelligenz ist die allgemeine Fähigkeit des Individuums, die Welt, in der es lebt, zu verstehen und sich in ihr zurechtzufinden« (Tewes, HAWIK-Handbuch 1983, S. 15). Diese generelle Begriffsbestimmung hat 2 bedeutsame Implikationen: »(1) Intelligenz wird als allgemeine und übergeordnete Einheit gesehen; genauer gesagt als eine Einheit, die vielfältige Erscheinungsformen annehmen kann und durch mannigfaltige Einflüsse in ihrer Entwicklung bestimmt wird. (2) Wechsler vermeidet es daher, einzelne Fähigkeiten zu isolieren und ihnen eine entscheidende oder übergeordnete Bedeutung innerhalb seines Konzeptes beizumessen« (a. a. O).

Für die Autoren des HAWIK-R steht dieses globale Intelligenzkonzept nicht im Widerspruch zu der Aufgliederung des Tests in die sehr unterschiedlichen Untertests, da man ein breites Spektrum von Aufgaben anbieten muß, um jeder Person die Chance einzuräumen, intelligentes Verhalten in der Art und Weise zu demonstrieren, die ihr am meisten liegt.

Kritiker haben eingewandt, daß die Intelligenzdiagnostik mit Wechsler-Skalen unökonomisch sei: Wenn Wechsler ohnehin von einem globalen Konzept ausgehe, warum bestimme er dann nicht anhand einer geringeren Zahl von Untertests einen Gesamt-IQ? Wechslers Antwort: Der IQ ist mehrdeutig. Selbst wenn man davon ausgeht, daß die Untertest-Ergebnisse nicht unabhängig voneinander sind, erhält der Gesamtwert erst seine Bedeutung, wenn man berücksichtigt, durch welche spezifische Kombination von Subtestergebnissen er zustande gekommen ist. Folglich stehen bei der Interpretation von individuellen HAWIK-R-Resultaten für die Testautoren nicht die summarischen Maßzahlen des Gesamt-, des Verbal- und des Handlungs-IQ im Vordergrund, sondern die Leistungsprofile (Profilverläufe), die sich als Kombination aller Subtestresultate ergeben. Bei Titze u. Tewes (1983) werden Vorschläge und Beispiele für die Einzelfallinterpretation auf der Grundlage von Profilverläufen gegeben.

Zur Zeit ist der HAWIK-III in Vorbereitung, der speziell für die Einzelfalldiagnostik geeignet sein soll (Tewes et al., in Vorbereitung). Es handelt sich dabei um die deutschsprachige Version des WISC-III, die gegenüber dem HAWIK-R um 2 Untertests erweitert wurde. Auch für den HAWIK-III werden Normdaten für den deutschsprachigen Raum vorliegen.

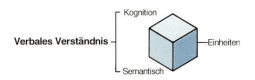

Die Struktur der Intelligenz nach Guilford

Guilford klassifiziert Intelligenzfaktoren nach Inhalt (Art der Information), Produkt (Form) und erforderlicher Operation.

- Es gibt 4 Arten von *Inhalten:* figurale, symbolische, semantische und »verhaltensmäßige«.
- Des weiteren gibt es 6 Arten von *Produkten:* Einheiten, Klassen, Beziehungen, Systeme, Transformationen und Implikationen.
- Schließlich gibt es 5 Arten von *Operationen:* Überprüfen und Bewerten, konvergentes Denken, divergentes Denken, Wissensaktualisierung und Erkennen/Auffassen (deutsche Bezeichnungen nach Herrmann 1969, S. 264–265).

Die verschiedenen beobachtbaren intellektuellen Fähigkeiten repräsentieren unterschiedliche Kombinationen von Inhalten, Produkten und Operationen. Das heißt, jede der 4 Arten von Inhalt kann sich in Form einer der 6 Arten von Produkten äußern. Diese 24 resultierenden Arten von Information (4 × 6 = 24) können mit jeder der 5 Arten von Operationen verarbeitet werden. Somit erhalten wir eine Gesamtzahl von 120 intellektuellen Fähigkeiten (24 × 5 = 120).

Ein Beispiel für eine solche Fähigkeit ist »verbales Verständnis«, das innerhalb dieses Systems definiert ist als Erkennen/Auffassen von Einheiten mit semantischem Inhalt (s. Abb. 12.2).

> ❗ Guilfords theoretisches Modell ist eine Analogie zum Periodensystem der Elemente in der Chemie. Ein solcher systematischer Rahmen ermöglicht es, Intelligenzfaktoren zu postulieren, bevor sie entdeckt werden, so wie man das bei den chemischen Elementen getan hat. 1961, als Guilford sein Modell vorstellte, waren fast 40 intellektuelle Fähigkeiten bestimmt worden. Seit dieser Zeit haben Wissenschaftler über Belege für nahezu 100 Fähigkeiten berichtet (Guilford 1985).

Neue Intelligenzkonzepte, die aus der Kognitionspsychologie stammen, konzentrieren sich zum einen auf Fertigkeiten, die für die denkende und handelnde Person von Wert sind, zum anderen auf die Annahme mehrerer (»multipler«) »Intelligenzen«. Sie stellen eine Herausforderung an die traditionellen psychometrischen Vorstellungen von Intelligenz dar.

Die Problemlöseintelligenz nach Hunt

Earl Hunt (1983, 1995), ein Vertreter dieser neuen Perspektive, behauptet, der Weg zu einer angemessenen

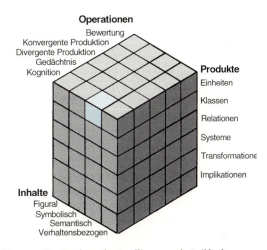

Abb. 12.2. Die Struktur der Intelligenz nach Guilford

Einschätzung der Intelligenz führe nicht über die Konstruktion besserer Tests, sondern erfordere eine Theorie der kognitiven Prozesse, die auf der Identifikation der maßgeblichen Aspekte kognitiver Leistungen aufzubauen sei. Er ermittelte 3 Arten von **kognitiven Prozessen**, in denen sich Menschen unterscheiden können:

- die Art und Weise, wie ein Problem kognitiv (mental) repräsentiert wird,
- die Strategien zur »Manipulation« dieser mentalen Repräsentationen, d. h. die Herangehensweise an kognitive Aufgaben, und
- die Fähigkeiten, die zur Durchführung grundlegender Informationsverarbeitungsschritte innerhalb der gewählten Strategien erforderlich sind.

Danach sind experimentell arbeitende Wissenschaftler und Kognitionstheoretiker aufgefordert, etwas zu tun, was sie lange vermieden haben, nämlich individuelle Unterschiede zu untersuchen anstatt lediglich auf die »durchschnittlichen Reaktionen« vieler Menschen zu schauen. Auf theoretischer Grundlage sind Aufgaben zu entwerfen, die individuelle Unterschiede bei der Problemrepräsentation (z. B. Gebrauch von Bildern oder Verbalisierung), bei der Enkodierung von Material, beim Transfer von Material in das Arbeitsgedächtnis und bei anderen Aspekten der Informationsverarbeitung aufspüren.

> **!** Wenn wir die Intelligenz als eine Vielzahl von kognitiven Aktivitäten auffassen, die wir zur Lösung von Problemen und Bewältigung von Herausforderungen aus unserer Umwelt und Kultur benötigen, so ergibt sich daraus eine Reihe wichtiger Konsequenzen. Dieser Ansatz ermutigt uns dazu, die Flexibilität und die Adaptationsfähigkeit menschlichen Denkens zu betrachten.

Hunts Ansatz ermutigt auch zu einer neuen Sicht von Klassifikations- und Selektionsentscheidungen. Anstatt zwischen den Personen, die einen bestimmten IQ haben (und akzeptiert werden), und anderen, die unterhalb dieses Niveaus liegen (und abgelehnt werden), zu unterscheiden, unterstützt dieser Ansatz eine Diagnostik, die darauf gerichtet ist, die spezifischen kognitiven Fähigkeiten und Fertigkeiten einer jeden Person so gut wie möglich nutzbar zu machen (Hunt 1984).

Gardners Theorie der »multiplen« (mehrfachen) Intelligenz

Eine weitere neuartige Theorie der »**multiplen (mehrfachen) Intelligenz**« hat Howard Gardner (1983, 1993) vorgestellt. Er bestimmt Intelligenz anhand von 7 Arten, die Welt zu betrachten, die allesamt gleich wichtig sind. Der Wert einer jeden wird kulturell determiniert, je nachdem, was von einer bestimmten Gesellschaft für notwendig, nützlich und schätzenswert gehalten wird. Die 7 Intelligenzen werden in Tabelle 12.1 genannt und kurz charakterisiert.

Gardner behauptet, westliche Gesellschaften förderten die ersten beiden Intelligenzen, andere Gesellschaften hingegen andere der genannten Fähigkeiten. Beispielsweise müssen auf einer Inselgruppe Mikronesiens Seefahrer ohne Landkarten zwischen Hunderten von Inseln herumfahren, wobei sie allein ihr räumliches Wahrnehmungsvermögen und ihre körperlich-kinästhetischen Fähigkeiten nutzen können. Solche Fähigkeiten sind in dieser Gesellschaft mehr wert als die, auf die wir uns verlassen, wenn wir eine Prüfungsarbeit

Tabelle 12.1. Die 7 Intelligenzen nach Gardner (1983, 1993)

Intelligenz	Zielzustand	Kernmerkmale
Logisch-mathematisch	Wissenschaftler, Mathematiker	Sensibilität und ausgeprägte Kompetenz beim Erkennen logischer oder numerischer Muster; ausgeprägte Fähigkeit zum Umgang mit logischen Argumentationsmustern
Sprachlich (linguistisch)	Schriftsteller, Journalist	Sensibilität für Laute, Rhythmen und die Bedeutung von Wörtern; Sensibilität für die verschiedenen Funktionen von Sprache
Musikalisch	Komponist, Violinist	Fähigkeit, Rhythmus, Tonhöhe und Tonqualität zu empfinden und hervorzubringen; Verständnis für die Formen musikalischen Ausdrucks
Räumlich	Navigator, Bildhauer	Fähigkeiten, die visuell-räumliche Welt genau wahrzunehmen und diese Wahrnehmungen zu transformieren
Körperlich-kinästhetisch	Tänzer, Athlet	Fähigkeiten zur Kontrolle der eigenen Körperbewegungen und zum geschickten Umgang mit Objekten
Interpersonal, zwischenmenschlich	Therapeut, Verkäufer	Fähigkeit, die Stimmungen, Temperamente, Motivationen und Wünsche anderer Menschen genau wahrzunehmen und darauf angemessen zu reagieren
Intrapersonal	Person mit genauem Wissen über sich selbst	Zugang zu den eigenen Gefühlen und die Fähigkeiten, zwischen ihnen zu unterscheiden und sie zur Planung des Handelns zu nutzen; Wissen um die eigenen Stärken und Schwächen, Wünsche und Fähigkeiten

schreiben. Auf Bali, wo artistische Leistungen Teil des Alltagslebens sind, werden musikalische Fähigkeit und körperliche Talente, die bei der Koordination feiner Tanzschritte von Bedeutung sind, mehr geschätzt. Interpersonale Intelligenz kann in einer Gesellschaft von zentraler Bedeutung sein, in welcher kollektives Handeln und Leben in der Gemeinschaft wichtiger sind als in individualistischen Gesellschaften (Triandis 1990).

Will man die Intelligenzformen nach Gardner erfassen (»messen«), so setzt das mehr als Papier-und-Bleistift-Tests und einfache Quantifizierungen voraus. Gardners Intelligenztests erfordern, daß die zu testende Person ebenso aufgrund vieler unterschiedlicher Situationen des wirklichen Lebens beobachtet und eingeschätzt wird wie aufgrund der eher artifiziellen Verhaltensstichproben der traditionellen Intelligenztests.

Sternbergs »triarchische« Intelligenztheorie

Ein dritter aktueller Ansatz zur Beantwortung der Frage: »Was ist Intelligenz?« stammt von Robert Sternberg (1985, 1986). Seine Theorie lehnt den traditionellen psychometrischen Zugang zur Analyse der Intelligenz in Begriffen der Struktur des Intellektes oder anhand von Schlußfolgerungen, die auf Intelligenztest-Faktoren beruhen, ab.

Statt dessen ist Sternbergs **triarchische Intelligenztheorie** ein Versuch, die kognitiven Prozesse zu verstehen, über die der Mensch verfügt, wenn er Probleme lösen will. Gleichzeitig versucht diese Theorie, den Begriff des IQ so auszuweiten, daß er Kreativität und die Fähigkeit, die Umwelt wirksam zu beeinflussen, einschließt. Man kann 3 Arten von Intelligenz – deshalb die Bezeichnung »triarchisch« (aus 3 Teilen bestehend) – unterscheiden: die komponentenbezogene, die erfahrungsbezogene und die kontextabhängige Intelligenz.

- Der Grundgedanke der traditionellen Intelligenztests ist, zu messen, wie gut eine standardisierte Menge von Informationen verarbeitet wird. Die *komponentenbezogene Analyse* der Intelligenz konzentriert sich auf die kognitiven Prozesse, die an der Lösung von in Intelligenztests vorgegebenen Problemen beteiligt sind.

Sie ist also auf die Analyse der geistigen Funktionen beim Lernen und beim Erwerb von Wortschatz, Wissen, Einsicht und Analogien gerichtet. Zusätzlich dazu untersucht die Komponentenanalyse der Intelligenz metakognitive Aufgaben, wie die Planung von Strategien, die Selbstüberwachung (»monitoring«) von Fortschritten und die Zuweisung von internalen und externalen Quellen im Problemlöseprozeß.

- Der *erfahrungsbezogene Aspekt* der Intelligenz konzentriert sich auf die Art und Weise, wie die innere mentale Welt einer Person und die äußere Umwelt zusammenhängen.

Wie beeinflußt Intelligenz die Erfahrungen, die jemand macht? Wie wird Intelligenz durch Interaktionen mit der sozialen und der physikalischen Umwelt beeinflußt? Diese Perspektive fügt dem allgemeinen Begriff von Intelligenz zusätzlich die Kreativität hinzu. Eine Person, die auf kreative Weise intelligent ist, schneidet vielleicht bei den Standardtests nicht besonders gut ab, ist jedoch fähig, recht unterschiedliche Erfahrungen auf einzigartige originelle Weise zu kombinieren.

- Der *kontextuelle Aspekt* der Intelligenz befaßt sich damit, wie Menschen ihre Umwelt effektiv beeinflussen, wie sie sich unterschiedlichen Kontexten anpassen und die verfügbaren Ressourcen optimal nutzen. Kontextabhängige Intelligenz ist »clever«, sie bedeutet den effektiven Umgang mit dem Selbst und die praktische Handhabung der Angelegenheiten des alltäglichen Lebens.

> **!** IQ und Schulnoten sagen nur etwas über komponentenbezogene Intelligenz aus. Karriereerfolg, bei dem es auf Kreativität ankommt, ist besser in Begriffen erfahrungsbezogener Intelligenz zu verstehen. Effektivität in geschäftlichen Angelegenheiten und bei der Bewältigung der alltäglichen Lebensaufgaben – abgesehen von denen, die durch traditionelle Tests erfaßt werden können – zeigt sich in den kontextabhängigen Aspekten der Intelligenz.

Folglich können Kinder, deren Intelligenz in Intelligenztests so niedrig bewertet wird, daß sie als »geistig behindert« bezeichnet werden, immer noch lebenstüchtige Erwachsene werden, wenn sie ihre kontextabhängige Intelligenz einsetzen.

12.3.3
Intelligenz und Kreativität

In ähnlicher Weise, wie wir Sie zu Beginn dieses Abschnitts nach Ihrer Intelligenz gefragt haben, könnten wir Sie um eine Selbsteinschätzung der Kreativität bitten. Wir sind ziemlich sicher, daß Sie auch eine – vielleicht stillschweigende – Vorstellung davon haben, wie kreativ sie sind, beispielsweise im Vergleich zu Ihrem besten Freund. Wissenschaftliche Überlegungen zur **Kreativität** beginnen wiederum mit Definitionsfragen.

> ❗ Die übliche Definition von Kreativität lautet, sie sei die Fähigkeit zum ungewöhnlichen (originellen), aber angemessenen Handeln. Diese Annahme liegt auch den meisten Tests zugrunde, die zur Erfassung der Kreativität entwickelt wurden. Es gilt als selbstverständlich, daß **Originalität** ein Hauptfaktor der Kreativität ist. Hingegen wird die Bedeutung der **Angemessenheit** des Handelns nicht immer erkannt. Die Angemessenheit liefert jedoch das Kriterium, das zwischen kreativen und unsinnigen Handlungen unterscheidet.

Problemlösungen, die einzigartig, aber völlig wertlos oder irrelevant sind, werden nicht für kreativ gehalten. Der Begriff »angemessen« impliziert jedoch ein Werturteil, das in Abhängigkeit vom Hintergrund eines Beurteilers je nach Kultur und Epoche anders ausfallen kann.

Man kann zwischen dem kreativen Prozeß und dem kreativen Produkt unterscheiden.

- Der kreative *Prozeß* hat verschiedene Facetten. Erstens umfaßt er ein wahrnehmungsbezogenes Element, eine gesteigerte Sensibilität für Gegebenheiten, die andere Menschen gewöhnlich nicht bemerken. Kreativität hat aber auch mit Synthese zu tun, d. h. der Fähigkeit, Verbindungen zu knüpfen, die Beobachtungen oder Vorstellungen auf neue, bedeutsame Art und Weise zusammenbringen. Schließlich geht es um die Fähigkeit, Bilder oder besondere interne Repräsentationen räumlicher oder visueller Art zu erstellen.
- Das kreative *Produkt* ist die greifbare »Veräußerlichung« dieser privaten Bilder, sei es in Theorien, Erfindungen oder Kunstwerken (Shepard 1978).

Wie findet man heraus, wer kreativ ist? Welche Eigenschaften unterscheiden kreative von weniger kreativen Menschen? War Pablo Picasso kreativer als Sigmund Freud? Ist der Filmregisseur Steven Spielberg so kreativ wie die Choreographin Pina Bausch? Ist eine Sonate von Mozart kreativer als ein Monolog eines Humoristen wie Karl Valentin? Solche Vergleiche sind kaum auf objektive Weise durchführbar, denn sie hängen sowohl von persönlichen Werturteilen als auch von sozialen Maßstäben ab, und sie vermischen Kreativität unterschiedlicher Stile, Arten und Medien.

> ❗ Wenn Psychologen die Kreativität des »Durchschnittsmenschen« messen, besteht ihr Ziel darin zu bestimmen, wie kreativ ein einzelner im Vergleich zu einer Normpopulation ähnlicher Menschen ist. Wie bei der Erfassung der Intelligenz ist es auch hier wichtig, reliable und valide Maße zu entwerfen. Im Unterschied zu den Intelligenztests können Kreativitätstests jedoch per definitionem nicht auf eine einzige *richtige* Antwortmöglichkeit reduziert werden.

Ein üblicher Ansatz zur Erfassung der Kreativität besteht darin, Anhaltspunkte für divergentes Denken zu sammeln. **Divergentes Denken** ist die Fähigkeit, ungewöhnliche, aber angemessene Antworten auf Standardfragen zu finden, etwa auf die Frage »Wieviele Verwendungsmöglichkeiten fallen Ihnen für eine Zeitung ein?«. Diese Art von Denken bewegt sich in viele Richtungen, um viele Aspekte unterschiedlicher Vorstellungen einzubeziehen, und es hängt typischerweise mit Kreativität zusammen, denn oft entstehen dadurch neue Lösungen für alte Probleme.

Divergentes Denken steht im Gegensatz zum **konvergenten Denken**, einem Denken, das Information und Wissen zusammenbringt oder synthetisiert in Richtung auf die eine korrekte Lösung für ein bestimmtes Problem. Die meisten Intelligenztests mit ihren gut definierten Problemen und objektiv besten Antworten konzentrieren sich primär auf konvergentes Denken.

Eine Technik zur **Kreativitätsmessung** wurde ausgehend von den projektiven Methoden entwickelt, die ursprünglich zur Persönlichkeitsbeurteilung entworfen worden waren (s. Abschn. 12.4). Wie wir noch sehen werden, war die Nützlichkeit der projektiven Tests hinsichtlich ihrer ursprünglichen Zielsetzung sehr fragwürdig. Sie lieferten jedoch brauchbare Mittel zur Einschätzung der Kreativität. Bei Tintenklecktests beispielsweise wird sich der Durchschnittsmensch eher auf einfache, offensichtliche Züge der Abbildung konzentrieren. Der Kreative wird der Abbildung eher eine elegante neue Ordnung auferlegen. Wo die Aufgabe darin besteht, eine Zeichnung zu vollenden, wird der Durchschnittsmensch mit einer einfachen Figur zufrieden sein, die ihm sinnvoll vorkommt. Ein kreativer Mensch hingegen bringt eine komplexere und bedeutungsvollere Zeichnung hervor (s. Abb. 12.3).

12.3.4
Gebrauch und Mißbrauch des Intelligenzquotienten (IQ)

»Wozu dienen Intelligenzquotienten? Können sie uns bei Vorhersagen (Prognosen) helfen?« Die Antwort ist

Gewöhnliche Antworten
1. Flecken   2. Dunkle Wolken

Ungewöhnliche Antworten
1. Magnetisierte Eisenspäne
2. Ein kleiner Junge und seine Mutter, die an einem stürmischen Tag nach Hause eilen, damit sie nicht in den Regen kommen

Gewöhnliche Antworten
1. Ein Affe
2. Modernes Gemälde eines Gorillas

Ungewöhnliche Antworten
1. Ein Pavian, der sich im Handspiegel betrachtet
2. Rodins „Denker", wie er „Heureka!" ruft

Gewöhnliche Antworten
1. Ein tanzender afrikanischer Medizinmann
2. Ein Kaktus

Ungewöhnliche Antworten
1. Mexikaner mit Sombrero läuft einen Hügel hinauf, um den Regenwolken zu entgehen
2. Ein chinesisches Wortzeichen

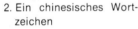

Abb. 12.3. Zwei Aufgaben zur Erfassung der Kreativität, die auf projektiven Testverfahren aufbauen und nun eingesetzt werden, um zwischen kreativen und nicht kreativen Menschen zu unterscheiden. Bei den Tintenklecksbildern *(links)* soll die Testperson den Klecksen Ordnung und Bedeutung verleihen. Ein wenig kreativer Mensch neigt dazu, sich auf einfache, relativ offensichtliche Züge zu konzentrieren. Ein kreativer Mensch wird in die Figur eine außergewöhnliche, neue Ordnung »hineinsehen.« Bei dem Bildergänzungstext *(oben)* gibt der durchschnittlich Kreative sich mit einer einfachen Figur, die »Sinn macht«, zufrieden, während ein kreativer Mensch ein komplexeres und bedeutungsvolleres Bild hervorbringt

nicht so leicht, wie man erwarten könnte. Sie wird durch emotional getönte Behauptungen noch weiter erschwert. So wird etwa konstatiert, der **Intelligenzquotient (IQ)** sei eine relativ festgelegte ererbte Eigenschaft, er könne als Index für die genetische Unterlegenheit gewisser Gruppen benutzt werden und Intelligenztests seien vorurteilsbeladen und lieferten verzerrte Ergebnisse.

Wir werden zunächst skizzieren, was man gegenwärtig über die Validität, die Stabilität und die Nützlichkeit von Intelligenzquotienten weiß. Dann werden wir auf die Frage der Vererbung der Intelligenz eingehen, und schließlich werden wir einige der Bedenken hinsichtlich des Mißbrauchs von Intelligenzquotienten referieren und die vorliegenden Fakten bewerten.

Vorhersage von Schulerfolg und beruflichem Status

Intelligenzquotienten sind für 2 Arten der Vorhersage valide: für die Vorhersage des Erfolges bei Schul- und Studienleistungen und des Berufsstatus.

Schulleistungen weisen signifikante Korrelationen mit Intelligenztestwerten auf (Tyler 1965; Wing u. Wallach 1971). Dies könnte einfach bedeuten, daß Intelligenztests die gleiche Art von Leistung aufspüren, wie sie Lehrer verlangen und für welche sie gute Noten geben. Es ist aber auch offensichtlich, daß gute Noten zu bekommen mehr bedeutet, als einfach einen hohen Wert auf dem g-Faktor aufzuweisen (s. oben in diesem Abschnitt). Zum »Grips« müssen Motivation, positive Einstellungen seitens der Eltern und positive Erwartungen der Lehrer hinzukommen – um nur ein paar der Variablen zu nennen, die auf unerkannte Weise zu Erfolg oder Mißerfolg in der Schule beitragen.

Der IQ sagt auch die Art der Tätigkeit voraus, die jemand ergreifen wird. Der **berufliche Status** steht in positiver Korrelation zur Höhe des IQ, ob man Status nun als Einkommen oder Prestige definiert (Brody u. Brody 1976). Es gibt für diese Beziehung jedoch 2 Einschränkungen:

- Möglicherweise ist Schulerfolg die intervenierende Variable, die die Qualität des Berufes festlegt, so daß der IQ in Wirklichkeit den beruflichen Status nur indirekt durch seine Korrelation mit dem Schulerfolg vorhersagt.
- Ist erst einmal ein bestimmter Berufsstatus erreicht, so differenzieren Intelligenzwerte nicht zwischen denen, die hervorragend und denen, die weniger erfolgreich sind (Matarazzo 1972). Einmal im Beruf eingestiegen, spielen nichtintellektuelle Faktoren wie das Investieren von Energie, soziale Fähigkeiten und Arbeitsgewohnheiten eine größere Rolle für den Erfolg.

In einer Langzeitstudie, in der frühe IQ-Werte mit Erfolg im Erwachsenenalter verglichen wurden, war der beste Prädiktor des Bildungs- und des beruflichen Status einer Person *nicht* deren IQ im Kindesalter, sondern das Bildungsniveau des Vaters (McCall 1977).

> ! Die Nützlichkeit des IQ zur Vorhersage von Schul- und Studienleistungen kann jedoch durch komplexe Interaktionen mit vielen Faktoren beeinflußt werden. IQ können sich über die Zeit hinweg im Zuge bestimmter Umweltveränderungen ändern – wie beispielsweise bei besonderen Erziehungsprogrammen, beim Wechsel von einer feindseligen, kärglichen zu einer stimulierenden Umwelt und bei zunehmender Vertrautheit mit den maßgeblichen kulturellen Normen (Morris u. Clarizio 1977).

Intelligenzquotienten sind auch um so weniger stabil, je größer der zeitliche Abstand zwischen 2 Testdurchführungen ist. In der Gruppe älterer Kinder findet man zwar bei Testwiederholung eine relativ hohe Reliabilität; aber selbst hier kann der IQ in einzelnen Fällen immer noch wesentlichen Schwankungen unterworfen

sein. Die fehlende Konstanz erinnert uns daran, daß Intelligenz keine feststehende Gegebenheit ist, sondern beständig durch viele Variablen beeinflußt wird und verändert werden kann.

Erbe und/oder Umwelt

Ist Intelligenz ererbt, nur abhängig von Genen und biologischer Ausstattung? Oder entwickelt sie sich, während Menschen lernen, den Anforderungen ihrer jeweiligen Umwelt und den besonderen Erfahrungen, die ihre Kultur für sie bereithält, gerecht zu werden? Über diese kontroversen Positionen wird von Psychologen sowohl auf politischem als auch auf wissenschaftlichem Terrain immer noch debattiert (s. Cattell 1982; Jensen 1973; Kamin 1974; Leowontin et al. 1984; Scarr 1981).

Die Debatte hat über den Bereich der psychologischen Theorien hinaus sehr praktische Konsequenzen für das alltägliche Leben, wie die folgenden Beispiele zeigen:

- Der amerikanische Psychologe H. H. Goddard, der den IQ als ein stabiles Maß der geistigen Leistungsfähigkeit ansah, befürwortete in den ersten Jahren dieses Jahrhunderts die Überprüfung der Intelligenz bei allen Immigranten. »Geistig Minderbemittelte« sollten ausgesondert werden. Viele jüdische, italienische und russische Einwanderer wurden auf der Grundlage von Intelligenztests, deren Normen nach der weißen US-amerikanischen Mittelklasse ausgerichtet waren, als »Imbezile« klassifiziert.
- Vor einigen Jahren ist die Erbe-Umwelt-Diskussion in den USA dadurch angeheizt worden, daß der frühere japanische Premierminister Nakasone die überlegenen schulischen Leistungen japanischer im Vergleich zu amerikanischen Kindern einer genetischen Grundlage zuschrieb. Er behauptete, die »Reinrassigkeit« der japanischen Gesellschaft und die Heterogenität des Genpools in den Vereinigten Staaten seien die Ursachen für den Unterschied der intellektuellen Leistungen beider Nationen.

In der Frühphase der Intelligenzforschung gingen viele Wissenschaftler an den IQ mit der festen Überzeugung heran, er erfasse ein angeborenes, unveränderliches Potential und sei folglich ein objektives Maß für ein Persönlichkeitsmerkmal. In den 30er Jahren begann das soziale Klima, sich zu verändern. Umwelteinflüssen auf praktische und intellektuelle Leistungen wurde mehr Gewicht eingeräumt. Aus dieser Perspektive war es nicht die schlechte Aussaat, sondern der schlechte Boden, der eine armselige intellektuelle Ernte verursachte.

> **!** Heute ist man sich darüber einig, daß **Erbe und Umwelt** in einem dynamischen Wechselspiel bei der Festlegung der individuellen Intelligenzausprägung (»des IQ«) zusammenwirken. Die Gene begrenzen den Spielraum für das, was eine bestimmte Person in einer bestimmten Umwelt auf intellektuellem Gebiet erreichen kann. Jedoch werden sich sogar diese Grenzen erweitern, wenn die Umwelt auf maßgebliche Weise verändert wird (s. Eysenck u. Kamin 1981; Gottesman 1963).

Ein interaktiver Ansatz schließt auch ein, daß es **kontinuierliche Wechselwirkungen** zwischen beiden Einflußfaktoren gibt, wobei der Beitrag eines jeden Faktors zu einer bestimmten Zeit bei der Festlegung dessen hilft, was der andere bewirken kann. Premierminister Nakasone ignorierte in seiner Argumentation den bedeutenden Einfluß, den kulturelle Faktoren wie Disziplin, Erwartungen, organisierte Konformität und höhe-

re durchschnittliche sozioökonomische Schicht in der homogenen japanischen Gesellschaft auf die Testleistung haben. In der pluralistischen amerikanischen Kultur ist es unmöglich zu ermessen, wieviel von der Variation der intellektuellen Leistungen in einem standardisierten Test ausschließlich Vererbungsfaktoren zuzuschreiben ist und welcher Anteil auf Umwelteinflüsse zurückgeführt werden soll.

In besonderem Maße hat sich die Erbe-Umwelt-Kontroverse in den USA aber an der Frage entzündet, wie IQ-Unterschiede zwischen Schwarzen und Weißen zu interpretieren seien. Der Abschn. **Unter der Lupe** legt davon Zeugnis ab.

Zusammenfassend kann gesagt werden, daß sowohl Erbe als auch Umwelt die Intelligenz beeinflussen. Zu jedem Zeitpunkt wirkt sich das Niveau der einen Bedingung auf die Ausprägung der anderen aus – es besteht eine »dynamische Wechselwirkung« zwischen Erbe und Umwelt.

UNTER DER LUPE

IQ-Unterschiede zwischen Schwarzen und Weißen – und was sie bedeuten

Untersuchungen haben ergeben, daß der durchschnittliche IQ von Schwarzen in den USA etwa 10–15 Punkte unter dem der Weißen liegt (Loehlin et al. 1975). Aber die Verteilungen überschneiden sich stark, und die Unterschiede innerhalb einer Gruppe sind bedeutend größer als die Unterschiede zwischen den Gruppen. Darüber hinaus sind viele andere Variablen mit der Rasse konfundiert, und jede davon kann den IQ beeinflussen (s. Abb. 12.4). Beispielsweise waren in einer großangelegten Langzeitstudie mit mehr als 26 000 Kindern die besten Prädiktoren für die Intelligenz sowohl schwarzer als auch weißer Kinder der sozioökonomische Status der Familie und der Bildungsstand der Mutter (Broman et al. 1975).

Weil Armut mit der Familiengröße zusammenhängt, kann sie indirekt den IQ mindern. Arme Menschen haben im Vergleich zu reichen meist größere Familien, und die Altersabstände zwischen den Kindern sind geringer. Es wurde herausgefunden, daß die IQ von Kindern aus größeren Familien niedriger sind, besonders bei denjenigen, die später geboren wurden und einen relativ geringen Altersabstand zu den Geschwistern haben. Der Psychologe Robert Zajonc (1976) nimmt an, diese negative Korrelation von

Intelligenz und Stellung in der Geschwisterreihe sei auf das weniger stimulierende intellektuelle Umfeld dieser Kinder zurückzuführen. Die ideale Situation für den optimalen IQ besteht nach Zajonc darin, das älteste Kind in einer kleinen Familie zu sein, in der zwischen den Geschwistern große Altersabstände bestehen.

Bei schwarzen Kindern, die in weiße Mittelklassefamilien adoptiert wurden, stiegen die IQ signifikant über den Durchschnittswert von 100. Diejenigen, die in einem ganz frühen Alter adoptiert worden waren (innerhalb des ersten Lebensjahres), hatten viel höhere IQ als diejenigen, die später adoptiert worden waren. Folglich sind die Leistungen schwarzer Kinder denen ihrer weißen Altersgenossen vergleichbar, wenn Zugang zu einer intellektuell stimulierenden Umwelt vorhanden ist, die wahrscheinlich die komponentenbezogene Intelligenz fördert, die in Intelligenztests gemessen wird (Scarr u. Weinberg 1976, s. Abb. 12.5).

In anderen Untersuchungen wurden die IQ von Kindern, die unter extremen Deprivationsbedingungen aufgewachsen waren, durch die Schaffung von »anregenden Umweltbedingungen« (Skeels 1966) oder durch bedeutende Veränderungen ihrer Lebensumstände (Heber 1976) beträchtlich angehoben.

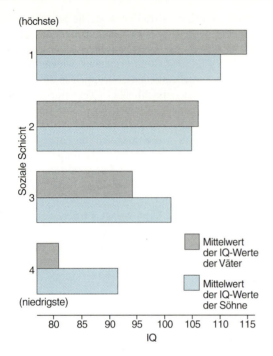

Abb. 12.4. Einfluß von Erbe und Umwelt auf den Intelligenzquotienten (IQ). Dieses Diagramm verdeutlicht, wie Erbe *und* Umwelt zur Intelligenz beitragen. Die Intelligenzquotienten von Vätern und Söhnen sind sich ähnlich (Erbeinfluß), aber in beiden Gruppen stehen sie auch mit der sozialen Schicht in Zusammenhang (Umwelteinfluß)

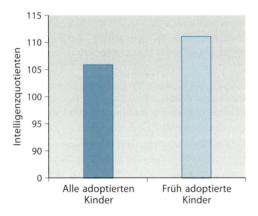

Abb. 12.5. Intelligenzquotienten (IQ) schwarzer Kinder, die von weißen Familien adoptiert worden waren. (Nach Scarr u. Weinberg 1976)

Verzerrungen bei der Intelligenzmessung

Weder Intelligenztests noch Schulleistungstests sind »kulturunabhängig«. Beide sind abhängig von Variablen wie kulturellen Werten, historischen Gegebenheiten, Sprachgebrauch, allgemeinen »Testfertigkeiten«, besonderen Bedingungen der Testdurchführungen und den Erwartungen der getesteten Person an die eigene Effektivität.

Verzerrungen, die sich auf die Testleistung auswirken, treten auf, weil der Umgang mit den Inhalten der Items von dem kulturellen, sozialen und sprachlichen Hintergrund einer Person abhängt. Beispielsweise gibt es in einem Intelligenztest die Frage, was man tun sollte, wenn man einen gestempelten, mit Adresse versehenen Brief findet. »Auf die Post bringen« wird als die einzig richtige Antwort gewertet. Wenn Sie arm wären und sagen würden: »Erst mal nachschauen, ob Geld drin ist, bevor man ihn zur Post bringt«, würde das als falsch gewertet werden. Ist das Verhalten in dem Fall nicht intelligent oder nicht moralisch? In ähnlicher Weise würden Sie, wenn Sie ein Ghettokind wären, anders als ein Kind der Standardisierungsstichprobe auf die Testfrage antworten, was man tun sollte, wenn ein sehr viel jüngeres Kind des gleichen Geschlechts einen Streit anfängt.

Armut kann die intellektuellen Funktionen auf viele Arten beeinflussen. Der schlechte Gesundheitszustand der Mutter vor der Geburt, Mangelernährung des Kindes, Fehlen von Büchern und anderen Materialien zur Anregung der Sprache, eine Orientierung am »Kampf ums Überleben«, die den Eltern wenig Zeit oder Energie läßt, mit ihren Kindern zu spielen und sie intellektuell zu stimulieren – all diese Bedingungen können sich auf die Leistungen bei Aufgaben der Intelligenztests negativ auswirken. Zusätzlich gibt es in amerikanischen Untersuchungen Unterschiede zwischen den Kindern, die zuhause »normales Englisch« sprechen und denen, die Dialekt oder kein »normales Englisch« sprechen.

> **!** Durch all diese Einflußfaktoren werden die individuellen Testwerte auf einigen Altersstufen verzerrt. Im Gruppenvergleich haben die Verzerrungen allerdings nur einen überraschend geringen statistischen Effekt (Lambert 1981). Es ist auch nicht die wichtigste Frage, ob Testwerte durch inhaltliche Verzerrungen verringert werden, sondern ob sie durch die Abschaffung kultureller Benachteiligung in unseren Gesellschaften angehoben werden können.

Der Intelligenzquotient ist schon lange viel mehr als nur ein psychologischer Fachbegriff. Er hat in das Denken vieler Menschen Eingang gefunden, und die Wertschätzung des IQ ist auch Ausdruck einer bestimmten kulturellen und gesellschaftlichen Wertorientierung. Vielleicht wird der IQ eines Tages aus unserem Wortschatz und sogar aus den Fachbüchern der Psychologen verschwinden – dann, wenn er nicht mehr unserem Denken über menschliche Fähigkeiten entspricht. An seine Stelle werden vielleicht Konzepte treten, die Intelligenz eher als das *augenblickliche* Funktionsniveau im schulischen oder beruflichen Rahmen ansehen, nicht als »geistiges Gütesiegel«. Ein solches Umdenken würde auch wohl dazu führen, daß Förderungs- und Interventionsprogrammen viel mehr Gewicht gegeben würde als einer möglichst präzisen Erfassung des Etiketts »Intelligenzquotient«.

12.4
Persönlichkeitsdiagnostik

Wenn man Menschen verstehen will, gilt es, mehr zu beachten als deren Intelligenz. Denken Sie daran, wie sehr Sie sich von Ihren Geschwistern oder Kollegen unterscheiden. Welche Eigenschaften finden Sie bei manchen Menschen anziehend, welche bei anderen abstoßend? So wie Sie fragen auch die Psychologen nach den Merkmalen, die ein Individuum beschreiben, eine Person in ihrer Individualität als von anderen verschieden kennzeichnen oder zwischen Angehörigen verschiedener Gruppen unterscheiden (beispielsweise schüchterne von nicht schüchternen Menschen oder paranoide von »normalen«). Die **Persönlichkeitsdiagnostik** ist der traditionelle Zugang zu solchen Fragen. Einige Diagnoseverfahren stehen in engem Zusammenhang mit Persönlichkeitstheorien – deshalb sollten Sie beim Durcharbeiten dieses Abschnitts hin und wieder zum vorhergehenden Kapitel zurückblättern, um das Verständnis zu verbessern.

12.4.1
Objektive Tests

Bei **objektiven Persönlichkeitstests** ist die Durchführung wie auch die Bewertung relativ einfach und folgt festen Regeln. Einige Tests werden durch Computerprogramme ausgewertet und sogar interpretiert. Das bedeutet, daß bei objektiven Tests im Extremfall kein geschulter Experte benötigt wird, um die Ergebnisse zu interpretieren.

Das Endresultat ist üblicherweise eine Zahl auf einer einzigen Dimension (z. B. gelungene oder mißlungene Anpassung) oder eine Zusammenstellung von Werten für einzelne Eigenschaften (z.B. Maskulinität, Abhängigkeit oder Extraversion).

Selbstbeurteilungsskalen (Persönlichkeitsfragebögen)

Eine Gruppe von objektiven Persönlichkeitstests sind **Selbstbeurteilungsskalen**. Dabei wird die Testperson gebeten, eine Reihe von Fragen über ihre Gedanken, Gefühle und Handlungen zu beantworten. Einer der ersten von Persönlichkeitspsychologen entwickelten Fragebögen konzentrierte sich auf Probleme der Anpassung. Im *Woodworth Personal Data Sheet* (verfaßt 1917) wurden Fragen wie: »Haben Sie oft nächtliche Angstzustände?« (s. DuBois 1970) gestellt. Heutzutage liest eine Person, die einen Persönlichkeitsfragebogen ausfüllt, eine Reihe von Behauptungen und gibt an, ob diese für sie zutreffen oder nicht. Bei einigen Persönlichkeitsinventaren wird die Person auch gebeten, einzuschätzen, wie oft jede Behauptung zutrifft oder wie gut jeweils ihr Verhalten, ihre Gedanken oder ihre Gefühle beschrieben werden. Wir werden im folgenden 3 Persönlichkeitsfragebögen kennenlernen, die im deutschen Sprachraum sehr verbreitet sind: den Gießen-Test (GT), das Freiburger Persönlichkeitsinventar (FPI-R) und das NEO-Fünf-Faktoren-Inventar (NEO-FFI).

Der Gießen-Test (GT)

Der **Gießen-Test (GT)** ist der sehr ungewöhnliche Versuch, Konzepte der psychoanalytischen Theorie in einen Persönlichkeitsfragebogen umzusetzen. Er wurde 1972 von den Gießener Psychoanalytikern Beckmann, Brähler und Richter konstruiert und liegt inzwischen in einer 1990 letztmals überarbeiteten Auflage vor.

Der Gießen-Test ist vor allem für die Anwendung in der Klinischen Psychologie gedacht, und soll eine ökonomische, leicht anwendbare und objektiv auswertbare Diagnose grundlegender Persönlichkeitsdimensionen erlauben. Er unterscheidet sich von anderen Persönlichkeitstests dadurch, daß er in hohem Maße *soziale* Einstellungen und Handlungen einbezieht. Diese starke soziale Komponente wird durch die Zusammenstellung der Standardskalen – soziale Resonanz, Dominanz, Kontrolle, Grundstimmung, Durchlässigkeit und soziale Potenz – verdeutlicht.

● Bei der *sozialen Resonanz* geht es um die Wirkung der Person auf die soziale Umgebung – mit den Worten der Autoren: »Im Vordergrund steht der Aspekt, ob man narzißtisch gratifiziert oder frustriert wird in der sozialen Interaktion« (Beckmann et al. 1983, S. 42).

Itembeispiele: »Ich habe den Eindruck, ich habe es sehr leicht, auf andere anziehend zu wirken«; »Ich schätze, es gelingt mir eher leicht, mich beliebt zu machen«.

● Auf der einen Seite der Skala *Dominanz* stehen Aggressivität, Impulsivität, Eigensinn und Herrschaftsansprüche, auf der anderen Unfähigkeit zur Aggression, Geduld, Anpassungswilligkeit und Unterordnungstendenz.

Zustimmung zum Item »Ich schätze, ich lege es eher darauf an, andere zu lenken« ist ein Hinweis auf hohe Dominanz, Zustimmung zu der Aussage »Ich glaube, ich benehme mich im Vergleich zu anderen besonders fügsam« ist ein Indikator für Gefügigkeit (geringe Dominanz).

Beckmann et al. (1983, S. 42–43) geben die folgende *klinische Interpretation* der Skala Dominanz, die den psychoanalytischen Hintergrund deutlich werden läßt:

In dieser Skala finden unter triebpsychologischem Aspekt vornehmlich anale Züge sadomasochistischer Prägung ihre Darstellung. Denkt man mehr an die implizierten psychosozialen Abwehrtechniken, so ist auf der ... (dominanten) Seite die Tendenz zu unterstellen, inneren Konfliktdruck eher in impulsiver Weise an dominierten Partnern abzureagieren. Auf der ... (gefügigen) Seite der Skala zeigt sich dafür die Möglichkeit, Konflikten dadurch auszuweichen, daß man sich phobisch klein macht und an komplementäre Partner Hilfs-Ich-Funktionen und Über-Ich-Aspekte delegiert. Es ergibt sich hier die typische neurotische Ich-Einschränkung der Untertanenhaltung.

● Im Gegensatz zu den ersten beiden Skalen ist die Skala *Kontrolle* nicht direkt auf die Interaktion bzw. die Kommunikation mit anderen Menschen gerichtet, sondern auf den »intrapsychischen Individualbereich«. Es geht um die Beziehung zwischen dem Es und den Kontrollmechanismen der Ich-Überich-Organisation.
● Die Skala *Grundstimmung* zeigt neben der grundlegenden Stimmung der Person an, welche Beziehung zwischen der Stimmungslage und der Hauptrichtung der Aggressionsentfaltung besteht.

Wie die ersten beiden Skalen, so sind auch die fünfte und sechste wieder auf die sozialen Beziehungen einer Person gerichtet.

● In der Skala *Durchlässigkeit* zeigen sich die fundamentalen Qualitäten des Kontakterlebens und Kontaktverhaltens. Es werden Eriksons Kategorien des Urvertrauens vs. Urmißtrauens und der Autonomie vs. Scham/Zweifel angesprochen (vgl. Kap. 2).
● Personen mit einer hohen Merkmalsausprägung auf der Skala *Soziale Potenz* werden u. a. als angstfrei im Umgang mit dem anderen Geschlecht und als zuverlässig in engen Beziehungen beschrieben; am anderen Ende der Merkmalsdimension stehen ungesellige Personen, die wenig hingabefähig und kaum zu Dauerbindungen in der Lage sind.

> **!** Durch einfache Umformulierung der Items kann der GT nicht nur zur Selbsteinschätzung, sondern auch zur Fremdeinschätzung verwendet werden. Durch diese Möglichkeit zum Vergleich von Selbstbild und Fremdbild ist er besonders bei der Analyse von Arzt-Patienten- und Paarbeziehungen sowie bei der Aufdeckung von Familien- und anderen Gruppenstrukturen geeignet.

Das Freiburger Persönlichkeitsinventar FPI-R

Das **Freiburger Persönlichkeitsinventar FPI-R** (Fahrenberg et al. 1983, 1994) ist weniger an klinischen Fragestellungen und Zielsetzungen orientiert als der Gießen-Test. Seit der Erstveröffentlichung im Jahre 1970 ist es in mehrfacher Hinsicht verbessert worden: Vor allem liegen seit der revidierten Auflage aus dem Jahre 1984 bevölkerungsrepräsentative **Normdaten** für die alte BRD vor (getrennt nach Altersgruppen und Geschlecht), die an insgesamt 2035 Personen gewonnen worden sind. Neben den bekannten Vorzügen objektiver Persönlichkeitstests – der umfassenden »mehrdimensionalen« Persönlichkeitsbeschreibung, der hohen Durchführungs- und Auswertungsobjektivität und der Ökonomie der Informationsgewinnung – nennen die Autoren als weiteren Vorteil die breite Basis der Validierung. Es existiert mittlerweile eine Vielzahl von Belegen dafür, daß dem FPI empirische **Validität** zukommt.

> **!** Im Unterschied zum Gießen-Test, der aus der psychoanalytischen Persönlichkeitstheorie hervorgegangen ist, hat das FPI-R keine einheitliche theoretische Basis. Die Autoren sind bei der Verfahrensentwicklung von bestimmten psychologischen Konstrukten (Persönlichkeitsmerkmalen) ausgegangen, die ihnen aufgrund der eigenen Forschungsinteressen und der Literatur als interessant und wichtig erschienen.

Für jeden der weit gefaßten Konstruktbereiche wurden zuerst Items formuliert, die den Ausgangspunkt für die weitere, sehr aufwendige und eine Vielzahl von Schritten umfassende Testkonstruktion lieferten. Eine zentrale Rolle im Konstruktionsprozeß spielte die Datenreduktion und Datenordnung mittels multivariater statistischer Methoden, speziell der Faktorenanalyse. Mit ihrer Hilfe wurden letztlich aus den Zusammenhängen (Korrelationen) zwischen den Items empirisch gesicherte Persönlichkeitsdimensionen (Skalen) gewonnen.

Die aktuelle Version, das FPI-R (R steht für »revidiert«) umfaßt 10 Standardskalen mit jeweils 12 Items und 2 Zusatzskalen. Jede Skala steht für ein breites Merkmal (Konstrukt). Einige Skalen sind unipolar (»wenig« ... »viel«), andere eher bipolar zu interpretieren. In Tabelle 12.2 wird eine kurze Beschreibung der Standard- und der Zusatzskalen gegeben.

Hinweise auf die Konstruktvalidität der FPI-R-Skalen stammen aus der Normierungsstudie. Wir beschreiben sie im Abschn. **Experiment**. Sie zeigen, daß das FPI-R nach den in der Psychologie üblichen Maßstäben ein »konstruktvalides« Verfahren der Persönlichkeitsdiagnostik ist.

Das NEO-Fünf-Faktoren-Inventar (NEO-FFI)

Das von Borkenau u. Ostendorf (1993) vorgelegte **NEO-Fünf-Faktoren-Inventar** ist die deutsche Bearbeitung des amerikanischen NEO-FFI von Costa u. McCrae. Das amerikanische Original hat eine längere Geschichte. Ursprünglich hatten Costa u. McCrae (1980) ein Persönlichkeitsmodell mit nur 3 Bereichen vorgeschlagen: *Neurotizismus, Extraversion* und *Offenheit für Erfahrung* - daher die Bezeichnung *NEO*. Das heute gültige Persönlichkeitsmodell mit 5 Faktoren oder Basisdimensionen entstand durch die Hinzunahme von *Verträglichkeit* und *Gewissenhaftigkeit*. Diese 5 Bereiche – »die großen Fünf« – haben wir schlagwortartig bereits in Abb. 11.3 charakterisiert (vgl. Abschn. 11.2).

 Das NEO-FFI ist die Umsetzung des Persönlichkeitsmodells der »großen fünf« Eigenschaftsdimensionen in einen Selbstbeurteilungsfragebogen.

Um möglichst konkret darzustellen, um welche Merkmalsbereiche es sich handelt und welche Aussagen ein

Tabelle 12.2. Die Skalen des Freiburger Persönlichkeitsinventars FPI-R. (Nach Fahrenberg et al. 1983, S. 44–49)

Skala	Bedeutung Hoher Skalenwert	Niedriger Skalenwert
1. Lebenszufriedenheit	Lebenszufrieden, gute Laune, zuversichtlich	Unzufrieden, bedrückt, negative Lebenseinstellung
2. Soziale Orientierung	Sozial verantwortlich, hilfsbereit, mitmenschlich	Eigenverantwortung in Notlagen betonend, selbstbezogen, unsolidarisch
3. Leistungsorientierung	Leistungsorientiert, aktiv, schnell handelnd, ehrgeizig-konkurrierend	Wenig leistungsorientiert oder energisch, wenig ehrgeizig-konkurrierend
4. Gehemmtheit	Gehemmt, unsicher, kontaktscheu	Ungezwungen, selbstsicher, kontaktbereit
5. Erregbarkeit	Erregbar, empfindlich, unbeherrscht	Ruhig, gelassen, selbstbeherrscht
6. Aggressivität	Aggressives Verhalten, spontan und reaktiv, sich durchsetzend	Wenig aggressiv, kontrolliert, zurückhaltend
7. Beanspruchung	Angespannt, überfordert, sich oft »im Stress« fühlend	wenig beansprucht, nicht überfordert, belastbar
8. Körperliche Beschwerden	Viele Beschwerden, psychosomatisch gestört	Wenig Beschwerden, psychosomatisch nicht gestört
9. Gesundheitssorgen	Furcht vor Erkrankungen, sich schonend, gesundheitsbewußt	Wenig Gesundheitssorgen, robust, gesundheitlich unbekümmert
10. Offenheit	Offenes Zugeben von Schwächen und Normverletzungen, ungeniert unkonventionell	An Umgangsformen orientiert, auf guten Eindruck bedacht, mangelnde Selbstkritik, verschlossen
E Extraversion	Extravertiert, gesellig, impulsiv, unternehmungslustig	Introvertiert, zurückhaltend, überlegt, ernst
N Emotionalität	Emotional labil, empfindlich, ängstlich, viele Probleme und körperliche Beschwerden	Emotional stabil, gelassen, selbstvertrauend, lebenszufrieden

EXPERIMENT

Daten zur Konstruktvalidität des FPI-R

In der Normierungsstichprobe waren zusätzlich zum FPI-R Statusmerkmale und eine Reihe von Selbstbeschreibungen, beispielsweise zur beruflichen Belastung und zur Zufriedenheit mit der Gesundheit und den allgemeinen Lebensbedingungen, erhoben worden. Außerdem stuften die Testleiter die Testpersonen hinsichtlich der Selbstsicherheit ein. In der Handanweisung (Manual) des FPI-R werden sämtliche Korrelationen zwischen diesen Zusatzvariablen und den FPI-R-Skalenwerten berichtet, die in der Gesamtstichprobe einen Wert von .15 und in den beiden geschlechtsspezifischen Stichproben einen Wert von .10 überschritten haben. Exemplarisch beschreiben wir die Zusammenhänge für die Skala Leistungsorientierung (FPI-R 3).

Die mit dem FPI-R ermittelte Leistungsorientierung korreliert u. a. positiv mit einer höheren beruflichen Belastung durch die Übernahme von Verantwortung (.30) und durch Tempo, Genauigkeit und Konzentration (.21), mit höherer Selbstsicherheit (.29), höherer Zufriedenheit mit der ausgeübten Berufstätigkeit (.25) und einem relativ guten Gesundheitszustand (.21). Leistungsorientierte nehmen seltener Schlafmittel (.18) und gehen seltener zum Arzt (.15) als wenig leistungsorientierte Personen. Sie gehören im Durchschnitt einer höheren Schicht an (.15) und erzielen ein höheres Einkommen (.20).

Zusätzlich zu den Korrelationen haben Fahrenberg et al. für einige der Kriteriumsvariablen Mittelwertvergleiche zwischen ausgewählten Extremgruppen und jeweiligen Kontrollgruppen, die nach Alter und Geschlecht parallelisiert worden waren, durchgeführt. Die Extremgruppen wurden gebildet aus Personen

- mit chronischer innerer Erkrankung,
- mit häufigem Arztbesuch während der letzten 12 Monate,
- mit psychotherapeutischer Behandlung,
- mit hohem Tabakkonsum,
- mit hohem Alkoholkonsum und
- mit hohem Tablettenkonsum.

Das Ergebnis ist in Tabelle 12.3 dargestellt. Es wird von den Testautoren als Beleg für die Validität des FPI-R, insbesondere der Skalen Lebenszufriedenheit, Erregbarkeit, Beanspruchung, körperliche Beschwerden und Emotionalität, interpretiert.

Testteilnehmer jeweils beurteilen soll, zitieren wir aus dem Testmanual (Borkenau u. Ostendorf 1993, S. 5) und nennen Beispielitems.

Neurotizismus. Personen »mit hohen Werten in *Neurotizismus* neigen dazu, nervös, ängstlich, traurig, unsicher und verlegen zu sein und sich Sorgen um ihre Gesundheit zu machen. Sie neigen zu unrealistischen Ideen und sind weniger in der Lage, ihre Bedürfnisse zu kontrollieren und auf Streßsituationen angemessen zu reagieren.«

Items:

- Ich bin nicht leicht beunruhigt.
- Manchmal fühle ich mich völlig wertlos.

Extraversion. Personen »mit hohen Werten in *Extraversion* sind gesellig, aktiv, gesprächig, Personen-orientiert, herzlich, optimistisch und heiter. Sie mögen Anregungen und Aufregungen.«

Items:

- Ich habe gerne viele Leute um mich herum.
- Ich bin ein fröhlicher, gut gelaunter Mensch.

Offenheit für Erfahrung. Personen »mit hohen Werten bezüglich *Offenheit für Erfahrung* zeichnen sich durch eine hohe Wertschätzung für neue Erfahrungen aus, bevorzugen Abwechslung, sind wißbegierig, kreativ, phantasievoll und unabhängig in ihrem Urteil. Sie haben vielfältige kulturelle Interessen und interessieren sich für öffentliche Ereignisse.«

Items:

- Ich probiere oft neue und fremde Speisen aus.
- Ich habe oft Spaß daran, mit Theorien oder abstrakten Ideen zu spielen.

Verträglichkeit (»agreeableness«). Personen »mit hohen Werten in der Skala *Verträglichkeit (»agreeableness«)* sind altruistisch, mitfühlend, verständnisvoll und wohlwollend. Sie neigen zu zwischenmenschlichem Vertrauen, zur Kooperativität, zur Nachgiebigkeit, und sie haben ein starkes Harmoniebedürfnis.«

Items:

- Ich versuche stets rücksichtsvoll und sensibel zu handeln.

Tabelle 12.3. Mittelwertsvergleiche zur Konstruktvalidität des FPI-R

	Chronische Krankheit		Häufiger Arztbesuch		Psycho-therapie		Hoher Ta-bakkonsum		Hoher Alkohol-konsum		Hoher Tabletten-konsum	
Geschlecht	M °	F	M	F	M	F	M	F	M	F	M	F
N	44	60	1101	242	30	59	102	46	250	129	67	139
1. Lebenszufriedenheit			↓	↓	↓	↓	↓					↓
2. Soziale Orientierung												
3. Leistungsorientierung			↓						↑			
4. Gehemmtheit			↑						↓	↓		
5. Erregbarkeit	↑	↑	↑	↑		↑						↑
6. Aggressivität									↑	↑		↑
7. Beanspruchung	↑			↑			↑		↑			↑
8. Körperliche Beschwerden	↑	↑	↑	↑	↑	↑			↑		↑	↑
9. Gesundheitssorgen			↑	↑								
10. Offenheit												↑
E Extraversion			↓							↑	↑	
N Emotionalität	↑		↑	↑	↑	↑	↑		↑			↑

Ich versuche, zu jedem, dem ich begegne, freundlich zu sein.

Gewissenhaftigkeit. »Die Skala *Gewissenhaftigkeit* schließlich unterscheidet ordentliche, zuverlässige, hart arbeitende, disziplinierte, pünktliche, penible, ehrgeizige und systematische von nachlässigen und gleichgültigen Personen.«

Items:

- Ich halte meine Sachen ordentlich und sauber.
- Ich bin eine tüchtige Person, die ihre Arbeit immer erledigt.

Jede Skala wird durch 12 Items abgedeckt, so daß der gesamte Fragebogen nur 60 Items umfaßt und in etwa 10 min bearbeitet werden kann. Auf jede der 60 Aussagen soll die Testperson auf einer 5stufigen Skala antworten. Sie hat die Wahl zwischen

- starker Ablehnung,
- Ablehnung,
- neutral,
- Zustimmung,
- starker Zustimmung.

Vielleicht noch stärker als bei anderen Selbstbeurteilungsskalen scheint für die Testteilnehmer durchschaubar, welche Antworten für sie bei welchen Gelegenheiten günstig sind. Mit anderen Worten, die Gefahr, daß die Testergebnisse durch soziale Erwünschtheit verfälscht werden, erscheint groß. Das sehen die Testautoren genauso: »Grundsätzlich dürfte das NEO-FFI verfälschbar sein. Folglich ist von seiner Verwendung abzuraten, wenn einerseits ein starkes Interesse der Probanden an einer positiven Selbstdarstellung vermutet werden kann und andererseits den Probanden bekannt ist, was in der jeweiligen Situation erwünscht ist« (a. a. O., S. 9).

Die im Testmanual berichteten Daten sprechen dafür, daß es sich beim NEO-FFI um ein hinreichend reliables Verfahren handelt. Beispielsweise liegen die Wiederholungsreliabilitäten (Retest-Reliabilitäten) für 4 der 5 Dimensionen um .80 (nur für *Verträglichkeit* mit .65 deutlich darunter). Um die Konstruktvalidität abzusichern, wurden Korrelationen zwischen den Testergebnissen und Fremdeinschätzungen derselben Personen durch 3 unabhängig urteilende Bekannte berechnet (Tabelle 7 des Manuals). Auch wenn Borkenau u. Ostendorf (1993, S. 21) methodische Gründe dafür anführen, daß die berichteten Korrelationskoeffizienten »eher zu niedrige Validitätsschätzungen« darstellen, liefern die Daten nicht mehr als eine mäßige Stützung der Konstruktvalidität, denn sie bewegen sich zwischen .23 für *Offenheit* und .45 für *Gewissenhaftigkeit*.

Die deutsche Version des NEO-FFI ist zwar in Untersuchungen mit mittlerweile über 2000 Teilnehmern eingesetzt worden, aber es fehlen doch bisher bevölkerungsrepräsentative Normdaten. Dementsprechend raten die Autoren, nur mit der gebotenen Vorsicht die Vergleichsdaten aus bisherigen Forschungsuntersuchungen, die dem Manual entnommen werden können, zu verwenden.

Verhaltensdiagnostik

Der Gießen-Test, das FPI-R und das NEO-FFI beruhen auf der Annahme, daß eine Person überdauernde Eigenschaften hat, die durch Fragebögen »angezapft« werden können. Ein entgegengesetzter Ansatz ist die **Verhaltensdiagnostik**.

> **!** Die Verhaltensdiagnostik ist auf die Identifizierung und Beschreibung der gegenwärtig beobachtbaren Verhaltensweisen einer Person gerichtet, ohne daß von diesen Beobachtungen auf Eigenschaften zurückgeschlossen wird. Unterstellt wird bei diesem Ansatz meistens auch, daß das beobachtete Verhalten durch Intervention verändert werden kann. Bei der Verhaltensdiagnostik werden durch geübte Beobachter Fremdbeurteilungen durchgeführt (vgl. Abschn. 12.2).

In den 60er und 70er Jahren entstand mit dem Aufstieg der Verhaltenstherapie (s. Abschn. 14.3) die Notwendigkeit, typische aktuelle und sehr spezifische Verhaltensmuster, wie Wutanfälle oder negative selbstbezogene Behauptungen zu »messen«. Es wurde angenommen, dieses Problemverhalten sei **situationsspezifisch** und würde eher durch Bedingungen in der Umwelt als durch Bedingungen in der Person aufrechterhalten. Die beste Diagnosemethode schien deshalb in der direkten Beobachtung des Verhaltens in der natürlichen Umgebung einer Person zu liegen (Hartman et al. 1979).

Vor Therapiebeginn wird das Vorkommen oder die Auftretenshäufigkeit spezifischer problematischer Verhaltensweisen erfaßt – das ist die Grundrate, mit der alle späteren Beobachtungen verglichen werden können. Nachdem die Therapie einige Zeit durchgeführt wurde, wird dann erneut beobachtet, um zu prüfen, ob die angestrebten Änderungen des Verhaltens aufgetreten sind. Die Verhaltensbeobachtung wird mittlerweile weithin verwendet und hat sich als nützlich und produktiv erwiesen (Haynes 1983).

12.4.2
Projektive Tests

Bei einem **projektiven Test** wird der Person eine Reihe von Reizen (Stimuli) vorgelegt, die mehrdeutig sind, wie etwa abstrakte Muster, unvollständige Bilder und Zeichnungen, so daß es unterschiedliche Interpretationsmöglichkeiten gibt. Die Person wird beispielsweise gebeten, die Muster zu beschreiben, die Bilder fertigzustellen oder zu erzählen, welche Geschichten die Zeichnungen abbilden.

> **!** Weil die Stimuli vage sind, werden bei projektiven Tests die Reaktionen teilweise durch das bestimmt, was die Person in die Situation einbringt – innere Gefühlszustände, persönliche Motive und Konflikte aus vergangenen Lebenserfahrungen. Diese individuellen (»idiosynkratischen«) Aspekte werden auf die Reize, die unterschiedliche Interpretationen zulassen, projiziert.

Projektive Tests wurden zuerst von den Psychoanalytikern verwendet, die hofften, daß sie die unbewußte Persönlichkeitsdynamik ihrer Patienten enthüllen würden. Beispielsweise benutzte C.G. Jung eine Liste recht gebräuchlicher Wörter, um durch Assoziationen zu diesen Wörtern (»Wortassoziationen«) emotional geladene Gedanken und Ängste aufzudecken (»Was fällt Ihnen als erstes bei dem Wort Haus ein?«). Zusätzlich zu dieser Technik des Assoziierens eines verbalen, auditiven oder visuellen Reizes mit einer persönlichen Bedeutung wurden 4 weitere projektive Techniken zur Erfassung der Persönlichkeit verwendet (Lindzey 1961).

Es handelt sich um die Techniken

- der Konstruktion – eine Geschichte erfinden,
- der Ergänzung – einen Schluß für eine Reihe von Ereignissen einer Geschichte finden,
- der Ordnung oder Wahl – Material in eine bestimmte Reihenfolge bringen, eine Rangreihe bilden oder eine Auswahl unter mehreren Möglichkeiten treffen,
- und des Ausdrucks – eine Rolle spielen oder vorführen oder dem Selbst durch künstlerische Mittel Ausdruck verleihen.

Zwei der gebräuchlicheren projektiven Tests stellen wir Ihnen nun näher vor: den Rorschachtest und den Thematischen Apperzeptionstest (TAT).

Der Rorschachtest

Beim **Rorschachtest**, den der Schweizer Psychiater Hermann Rorschach 1921 entwickelt hat, bestehen die mehrdeutigen symmetrischen Reize aus Tintenklecksen (Rorschach 1942). Einige sind schwarz-weiß, andere bunt (s. Abb. 12.6). Der Person wird ein Klecksbild vorgelegt, und sie wird gebeten: »Sagen Sie mir, was Sie sehen, was das für Sie sein könnte. Es gibt keine richtigen oder falschen Antworten«.

Der Testleiter protokolliert das Gesagte, die Zeit für die erste Reaktion, die Gesamtzeit pro Karte und wie die Karte gehandhabt wurde. In einer zweiten Untersuchungsphase, der Nachbefragung, wird die Person an die vorangegangene Reaktion erinnert und gebeten, darüber nachzudenken, wodurch sie ausgelöst wurde, auf welche Stelle der Karte sie sich bezog usw.

Die Antworten werden auf 3 Hauptdimensionen bewertet:

- nach der Lokalisierung der Antwort auf der jeweiligen Karte – ob sie etwa den gesamten Reiz oder nur einen Teil betreffen und welche Größe die Details haben,
- nach dem Inhalt der Antwort – welche Objekte und Aktivitäten gesehen werden,
- nach den Determinanten – welche Aspekte der Karte (wie Farbe oder Schattierung) die Reaktion auslösen.

Manche Auswerter halten auch noch fest, ob die Reaktionen originell und einzigartig oder gängig und konventionell sind.

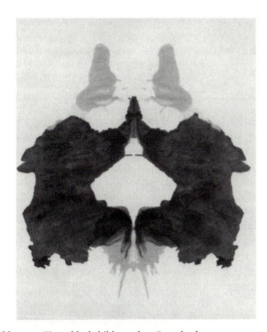

Abb. 12.6. Tintenklecksbild aus dem Rorschachtest

> **!** Die Interpretation dieser Informationen des Rorschachtests in Richtung auf ein zusammenhängendes Porträt der Persönlichkeitsdynamik eines Individuums ist ein komplexer und höchst subjektiver Prozeß, der auf klinischer Erfahrung und geschulter Intuition aufbaut. Idealerweise verwendet ein Diagnostiker diese Daten als Quellen für Hypothesen über eine Person, die dann mit anderen Meßverfahren überprüft werden.

Wenn auch Reliabilität und Validität des Rorschachtests fraglich sind, wird er doch als indirekter Zugang empfohlen, um Informationen über Bereiche wie sexuelle Interessen oder aggressive Phantasien zu gewinnen, über die Menschen in objektiven Tests möglicherweise keine oder keine ehrliche Auskunft geben (Levy u. Orr 1959).

Der TAT (Thematischer Apperzeptionstest)

Beim **Thematischen Apperzeptionstest** (**TAT**), im Jahre 1938 von dem amerikanischen Psychologen Henry Murray entwickelt, werden den Personen Bilder mehrdeutiger Szenen vorgelegt, für die sie Geschichten erfinden sollen, in denen beschrieben wird, was die Menschen in diesen Szenen tun und denken, was zu dem jeweiligen Ereignis geführt hat und wie die jeweilige Situation enden wird (s. Abb. 12.7).

Der Diagnostiker wertet beim TAT Struktur und Inhalt der Geschichten und das Verhalten der erzählenden Person aus. Dabei versucht er, einige ihrer Hauptanliegen und Eigenschaften herauszufinden.

Beispielsweise könnte er eine Person als »gewissenhaft« bezeichnen, wenn ihre Geschichten von Menschen handeln, die ihre Verpflichtungen erfüllen und wenn diese Geschichten in ernstem, getragenem Ton erzählt werden. Der Test kann bei Personen mit psychischen Störungen verwendet werden, um emotionale Probleme aufzudecken (vgl. Abschn. 12.3). In der Normalpopulation lassen sich mit seiner Hilfe dominante Bedürfnisse diagnostizieren, beispielsweise Bedürfnisse nach Macht, Anschluß und Leistung (Heckhausen 1989; McClelland 1961; vgl. Abschn. 7.4).

Der Rorschachtest, der TAT und andere projektive Tests sind weithin verwendet worden, besonders in klinischen Zusammenhängen. Tatsächlich wurden über den Rorschachtest mehr Artikel veröffentlicht als über irgendeinen anderen psychologischen Test (Buros 1974). Dennoch sind projektive Tests in vielerlei Hinsicht kritisiert worden. Ein grundsätzliches Problem liegt darin, daß die Interpretation der Reaktionen sehr

Abb. 12.7. Bildkarte aus dem TAT

subjektiv ist und stark von dem Geschick und der Erfahrung des Diagnostikers abhängt.

Ein Klinischer Psychologe, der diese Techniken verwendet, lauscht den Antworten einer Person, beobachtet die Art und Weise, wie die Antworten gegeben werden und versucht, auf der Grundlage einer Reihe von Richtlinien eine Theorie über die zugrundeliegenden Bedürfnisse, Eigenschaften, Motive und Probleme der Person zusammenzustellen. Wegen der Schwierigkeiten mit der Reliabilität und der Validität haben einige Forscher behauptet, projektive Verfahren seien für die Aufdeckung der Persönlichkeitsdynamik tatsächlich nicht sehr effektiv (Buros 1978).

> ❗ Projektive Tests werden am besten in Verbindung mit anderen diagnostischen Verfahren eingesetzt, weil Entscheidungen, die sich allein auf Daten aus projektiven Tests stützen, die Glaubwürdigkeit fehlt, die Tests mit überprüfter Reliabilität und Validität haben.

12.4.3
Bewertung der Persönlichkeitsdiagnostik

Erkennen Sie nun den engen Zusammenhang zwischen manchen Verfahren der Persönlichkeitsdiagnostik und den Persönlichkeitstheorien, die wir in Kap. 11 darge-

stellt haben? Oftmals gehen Persönlichkeitstests aus speziellen Theorien der Persönlichkeit hervor. In Kap. 11 hatten wir das Fazit gezogen, daß verschiedene Arten von Theorien jeweils besonders geeignet sind, um unterschiedliche Aspekte der menschlichen Erfahrungen zu beleuchten. Für die Tests können wir Ähnliches feststellen: Jede Art von Persönlichkeitstest hat ein spezielles Potential, um uns Einsichten in das Individuum zu liefern. Klinische Psychologen bevorzugen für ihre Zielsetzungen meistens eine Kombination aus verschiedenen Diagnoseverfahren (Lubin et al. 1984; Piotrowski et al. 1985). Bei manchen Fragestellungen erlauben die Profile, die sich aus objektiven Tests ergeben, präzise Vorhersagen für das Verhalten von Menschen unter speziellen Umständen (Meehl 1954, 1965; Sawyer 1966). Unter anderen Bedingungen ist es aber unbedingt notwendig, die normorientierte Information aus objektiven Tests durch klinische Erfahrung und Intuitionsvermögen zu ergänzen. Die Praxis zeigt, daß sich insgesamt die besten Diagnosen und Prognosen ergeben, wenn die Stärken der beiden von uns vorgestellten Ansätze – der objektiven und der projektiven Persönlichkeitsdiagnostik – kombiniert werden (Dawes et al. 1989; Holt 1970).

Wegen der Korrespondenz von Persönlichkeitstheorien und -tests ist es kein Wunder, daß sich die Vertreter verschiedener Theorien zu unterschiedlichen Tests hingezogen fühlen. Wenn man beispielsweise Anhänger einer Theorie ist, die das beobachtbare Verhalten in den Mittelpunkt stellt, so wird man sich mit Selbstbeurteilungsfragebögen nicht wohlfühlen. Es gibt aber auch Psychologen, die die von uns dargestellte Persönlichkeitsdiagnostik *grundlegender* kritisieren. Sie stellen in Abrede, daß sie überhaupt geeignet ist, um den Reichtum und die Einmaligkeit der Persönlichkeit eines Menschen zu erfassen (Rorer u. Widiger 1983). Diese Forscher fordern, daß sich die Diagnostik anders als bisher mit der Frage auseinandersetzen sollte, was *für das einzelne Individuum* charakteristisch und spezifisch ist.

> ❗ Die Konzentration auf die Einmaligkeit und Besonderheit des Individuums wird manchmal als Idiographie oder als **idiographische Persönlichkeitsforschung** bezeichnet (im Englischen auch als »personology«).

Tagebücher, Biographien, Briefe, Fallstudien, Beschreibungen in Romanen und anderer schöngeistiger Literatur bilden die Beobachtungsgrundlage, nicht jedoch psychometrische Tests.

12.5
Politische und ethische Probleme der angewandten Diagnostik

Nicht nur in der Forschung, auch in der Praxis ist es das vornehmliche Ziel psychologischer Diagnostik, Diagnosen zu erstellen, die möglichst reliabel und valide sind. Der Begriff der **Diagnose** ist dabei weit gefaßt – er schließt sowohl die Durchführung einzelner Tests als auch die Erstellung umfassender Persönlichkeitsgutachten ein. Wir haben in Abschn. 12.2 gesehen, daß es viele Psychologen ablehnen würden, ein Persönlichkeitsgutachten lediglich als die Summe von Testresultaten zu betrachten. Wir haben in diesem Abschnitt aber auch gesehen, daß die Zuverlässigkeit und Gültigkeit (Reliabilität und Validität) psychologischer Erhebungen unmittelbar von der **Objektivität** abhängt. Deshalb werden in vielen Bereichen des öffentlichen Lebens – Schulen, Gesundheitswesen, Betrieben – persönliche Eindrucksurteile von Lehrern, Ärzten, Arbeitgebern und anderen zunehmend durch »objektive« Diagnoseverfahren ersetzt, die sorgfältig konstruiert wurden und kritischer Bewertung zugänglich sind. Wir haben aus der Geschichte der Intelligenzmessung erfahren, daß sich Binets Anliegen hier voll und ganz einfügen läßt. In diesem letzten Abschnitt des Kapitels wollen wir auf die Gefahren aufmerksam machen, die mit der verstärkten und insbesondere mit der unkritischen Anwendung der psychologischen Diagnostik in der Praxis verbunden sein können. Eine einschlägige Publikation zu diesem Themenkreis trägt nicht ohne Grund den provokativen Titel *Ist Psychodiagnostik verantwortbar?* (Pulver et al. 1978; s. auch Rauchfleisch 1982).

Mit der Verwendung psychologischer Tests ist auch häufig die Hoffnung verbunden worden, einen Beitrag zur Demokratisierung der Gesellschaft leisten zu können, denn – so die Erwartung – auf der Grundlage objektiver Daten würden Entscheidungen weniger durch die willkürlichen Kriterien der Geschlechtszugehörigkeit, der Rasse, der Nationalität oder der äußeren Erscheinung beeinflußt. Während wir uns zu einer Gesellschaft von Testpersonen entwickelt haben, ist aber auch noch etwas anderes passiert: Die »objektiven« Testwerte haben einen neuen Status erlangt – sie gelten als »besonderes persönliches Gut«, als Teil unserer Identität. Sie sind zunehmend mit einer absoluten Bedeutung ausgestattet worden, die nicht länger auf relative Vergleiche mit angemessenen Normen begrenzt ist. Menschen denken von sich selbst viel zu oft, sie hätten einen bestimm-

ten IQ oder sie seien Einserkandidaten – als wären das Etikette oder *Labels*, die sie auf der Stirn tragen.

Solche Etikette können jedoch leicht zu Barrieren für die weitere Entwicklung werden. Für Menschen beispielsweise, die negativ beurteilt wurden, können die Testwerte zu selbst auferlegten Grenzen der Motivation werden, die ihr Gefühl der Selbstwirksamkeit verringern und die Risiken, die sie eingehen und die Herausforderungen, denen sie sich bereitwillig stellen, einschränken.

Die negative Auswirkung von »festgeschriebenen« Testresultaten ist jedoch nur *ein* Problem der Anwendung der Psychodiagnostik. Ein ähnlicher Einwand lautet, die Verwendung von Testresultaten und willkürlich gesetzten Grenzwerten bei der Zulassung zu Studiengängen, der Vergabe von Arbeitsplätzen usw. verleihe Entscheidungen, die auf die Aussonderung »sozial Unerwünschter« hinauslaufen, die Illusion wissenschaftlicher Legitimität. Manchmal werden Menschen auf der Grundlage von Tests beurteilt, wobei die Normen, die angelegt werden, möglicherweise unangemessen sind. Wir haben dieses Problem bereits in bezug auf Intelligenztests erwähnt, und es tritt auch bei der Persönlichkeitsdiagnostik auf.

Es ist offensichtlich leichter, sich gegen das persönliche Urteil anderer Menschen zu wehren, das unsere Intelligenz, Persönlichkeit oder psychischen Störungen betrifft, als sich einem Computerausdruck entgegenzustellen, der die »wahre Persönlichkeit« mit »objektiven«, exakten Zahlen beschreibt! Es ist so, als enthalte das Testresultat einen impliziten Zusatz, der besagt: »Wir haben nichts gegen Sie persönlich, aber so sind Sie nun mal«. Wenige Menschen sind willens, die autoritäre Macht von Testergebnissen anzugreifen, selbst dann, wenn diese sich negativ auf ihr Leben auswirken.

Ein drittes Problem bei der Diagnostik sind die weitverbreiteten Annahmen, intellektuelle Fähigkeiten seien vererbt und diejenigen, die bei einem Test schlecht abschneiden, könnten nicht lernen, es besser zu machen (s. auch Abschn. 12.3). Sie gehen zurück auf eine alte Streitfrage, die Erbe-Umwelt-Kontroverse. Trotz der offenkundigen Interaktion der genetischen Ausstattung und der gelernten Erfahrung haben Fürsprecher beider Seiten – Vertreter der Erb- wie auch der Umweltposition – versucht, den Beitrag, den die jeweils andere liefert, auf ein Minimum herunterzuspielen (Lewontin et al. 1984).

Unglücklicherweise handelt es sich bei diesen Unterschieden in der Weltanschauung nicht einfach nur um unterschiedliche persönliche Meinungen, sondern um

Differenzen, die politische Implikationen und Konsequenzen haben: Restriktive Einwanderungsgesetze, Programme zur Zwangssterilisierung und Streichungen von Geldern für kompensatorische Erziehungsmaßnahmen (wie das Programm »Head Start« für Kinder von Minderheiten) sind von den Wissenschaftlern unterstützt worden, die glauben, geistige Fähigkeiten seien angeborene unveränderliche Eigenschaften. Widersprochen haben diejenigen, die glauben, daß die Erziehung für die Realisierung des menschlichen Potentials eine Rolle spielt.

Im Unterschied zu vielen anderen wissenschaftlichen Kontroversen handelt es sich hier jedoch nicht um eine Debatte im Elfenbeinturm, sondern um eine Diskussion, bei der es um hohe *reale* Einsätze geht – um das grundlegende Verständnis für die Spezies Mensch und um Wirkungen, die weit reichen und die Lebensqualität der gesamten Gesellschaft auf Jahre hinaus beeinflussen.

Und schließlich gibt die traditionelle psychologische Diagnostik Anlaß zur Besorgnis, weil sie sich auf die Feststellung von Eigenschaften, Zuständen und abweichendem Verhalten, auf Konflikte und Störungen *innerhalb* des Individuums konzentriert. Dies führt dazu,

daß an »zurückgebliebene Kinder« gedacht wird, nicht aber an »Erziehungssysteme, die einer Verbesserung bedürfen, damit sie alle Kinder fördern«. Im Mittelpunkt der Aufmerksamkeit steht die abweichende Persönlichkeit, die Probleme in der Umwelt werden weniger thematisiert.

> **!** Der Diagnostiker sollte stärker als bisher erkennen, daß der Mensch, den er durch eine Diagnose beschreibt,
>
> - aus einer Lebensgeschichte hervorgegangen ist, die ihn geprägt hat,
> - Hoffnungen, Pläne und Vorsätze mit sich herumträgt, die sein zukünftiges Handeln mitbestimmen werden,
> - in seinem aktuellen Handeln und Erleben genauso durch die derzeitige Lebenssituation beeinflußt wird wie durch »überdauernde« Merkmale.

Eine solche Perspektive könnte helfen, sowohl unterschiedliche diagnostische Verfahren als auch die zugrundeliegenden sozialpsychologischen, verhaltenstheoretischen und dynamischen Ansätze für das Verstehen und die Behandlung der Persönlichkeit zu integrieren.

ZUSAMMENFASSUNG

- **Psychologische Diagnostik: Ziele und Definitionen.** Das Teilgebiet der Psychologie, das sich mit der Theorie, der Konstruktion und Analyse von Diagnoseverfahren befaßt, bezeichnet man als *Psychologische Diagnostik*. Ihr Ziel ist die theorie- und kriteriengeleitete Diagnose (Beschreibung oder Klassifikation) von psychologischen Merkmalen. Die Diagnose kann zur Grundlage für die Prognose (Vorhersage) oder sogar für die Behandlung werden. Die Diagnostik liefert die Verfahren, von denen auch andere psychologische Disziplinen Gebrauch machen.

- **Gütekriterien, Standardisierung und Normen.** Diagnoseverfahren sollten ausreichend *objektiv*, *reliabel* und *valide* sein. Objektiv ist ein Verfahren dann, wenn die Resultate der Diagnose vom Untersucher unabhängig sind. Die Reliabilität gibt an, wie genau ein diagnostisches Verfahren mißt und die Validität sagt aus, in welchem Maße ein diagnostisches Verfahren tatsächlich das Merkmal mißt, das es messen soll. Die Forderung der *Standardisierung* gilt dann, wenn individuelle Meßwerte mit

Meßwerten einer »Bezugsgruppe« verglichen werden sollen. Ein solcher Vergleich wird durch die Gewinnung von *Normen* (statistische Vergleichsdaten) möglich. Normen oder Normdaten werden unter standardisierten Durchführungsbedingungen an repräsentativen Stichproben erhoben.

- **Diagnostische Informationsquellen.** Nach der Art der Informationsgewinnung lassen sich die Methoden der psychologischen Diagnostik in die 4 Kategorien Interviews, Erhebungen von Lebensgeschichten und archivierten Daten, Tests und Situationsbeobachtungen einordnen. *Interviews* können in unterschiedlichem Maße strukturiert bzw. standardisiert sein. Sie können durch vielfältige Informationen über die *Lebensgeschichte* einer Person ergänzt werden. Bei Methoden der *Selbstbeurteilungen* beantworten die Personen Fragen oder geben Informationen über sich selbst. Die Datenerhebung ist direkt und einfach, unterliegt aber möglicherweise absichtlichen oder unabsichtlichen Verzerrungen oder Ungenauigkeiten. *Fremdbeurteilungen* können durch den Halo-Effekt (Verzerrung durch Sympathie bzw. Antipathie) und die Wirkung von Stereotypen verfälscht werden. Die Reliabilität erhöht sich, wenn mehrere Beurteiler beteiligt sind und wenn die Beurteilungen an spezifische Handlungen gebunden sind.

- **Intelligenz – Grundannahmen.** Sowohl Wissenschaftler als auch die Öffentlichkeit sind sich darüber einig, daß Intelligenz *verbale Fähigkeiten* und *Problemlösen* umfaßt. Man kann sich Intelligenz aber auch als eine Zusammensetzung der folgenden 3 Kompetenzen vorstellen: der Anpassung an neue Situationen und Anforderungen, des Lernens und der optimalen Nutzung von Erfahrung und des abstrakten Denkens, also des Gebrauchs von Symbolen und Begriffen.

- **Zur Geschichte der Intelligenzmessung.** Der erste Versuch, Intelligenz objektiv und quantitativ zu erfassen, wurde von Binet in Frankreich zu Beginn dieses Jahrhunderts unternommen. Binet konstruierte einen Intelligenztest zur Auffindung und Klassifikation geistig zurückgebliebener Kinder, um diese Kinder besonders fördern zu können. Die Testleistung wurde in Form des *Intelligenzalters* angegeben. In den Vereinigten Staaten bestand großes Interesse an der Möglichkeit zur Messung von intellektuellen Fähigkeiten, um Rekruten und besonders Immigranten besser beurteilen zu können. Terman adaptierte den Binet-Test an amerikanische Verhältnisse. In diese »Stanford-Revision«, die seither als Stanford-Binet-Intelligenztest bezeichnet wird, führte Terman den *Intelligenzquotienten* oder *IQ* als *Altersquotienten* ein.

- **Die Wechsler-Intelligenztests.** Zu den am häufigsten benutzten Intelligenztests gehören die ursprünglich von David Wechsler entwickelten und dann für deutsche Verhältnisse bearbeiteten Tests: Der Hamburg-Wechsler-Intelligenztest für Erwachsene, der HAWIE-R (die revidierte Fassung), der HAWIK-R für Schulkinder und der HAWIVA für Vorschulkinder. D. Wechsler hat die Sprachabhängigkeit der Intelligenztests verringert, indem er sowohl *sprachliche* (*Verbalteil des Tests*) als auch *nichtsprachliche* Untertests (*Handlungsteil*) entwickelte.

- **Psychometrische Intelligenztheorien – die Intelligenz nach Guilford.** Psychometrische Intelligenztheorien stützen sich auf Ergebnisse aus Faktorenanalysen. In einigen Ansätzen besteht Intelligenz aus einem allgemeinen *g-Faktor* und einer Anzahl spezifischer *s-Faktoren*. Eine psychometrische Intelligenztheorie ist das Strukturmodell Guilfords, in dem Intelligenzfaktoren nach *Inhalt*, *Produkt* und *Operation* klassifiziert werden.

- **Kognitionspsychologische Intelligenzkonzepte.** In der Theorie der Problemlöseintelligenz nach Hunt wird Intelligenz in Begriffen *kognitiver Aktivitäten* definiert, die zur Lösung von Problemen benötigt werden. Nach Gardners Theorie der »*multiplen*« Intelligenz, die von einem bestimmenden Einfluß der Kultur ausgeht, bezieht sich Intelligenz auf 7 Möglichkeiten, die Welt zu betrachten. In der »triarchischen« Theorie von Sternberg werden eine *komponentenbezogene*, eine *erfahrungsbezogene* und eine *kontextuelle* Komponente unterschieden.

- **Kreativität – Definition und Messung.** Unter Kreativität wird die Fähigkeit zum *ungewöhnlichen* (*originellen*), aber *angemessenen* Handeln verstanden. Zur Messung von Kreativität werden vor allem projektive Verfahren und Maße für divergentes Denken verwendet.

- **Gebrauch und Mißbrauch des Intelligenzquotienten.** Intelligenzquotienten sind valide Prädiktoren für die Vorhersage von Schulerfolg und beruflichem Status. Ist eine berufliche Position einmal erreicht, werden *nichtintellektuelle* Faktoren wie das Investieren von Energie, soziale Fähigkeiten und Arbeitsgewohnheiten wichtig für weitere Erfolge. Die frühere Annahme, der IQ offenbare ein angeborenes, unveränderliches Potential, wurde von der Forschung revidiert. Die Höhe des IQ kann sich in Abhängigkeit von Umwelteinflüssen verändern. Heute besteht Einigkeit darüber, daß *Erbe und Umwelt interaktiv* bei der Festlegung der individuellen Intelligenzausprägung zusammenwirken.

- **Persönlichkeitsdiagnostik.** Die Persönlichkeitsdiagnostik arbeitet sowohl mit objektiven als auch mit projektiven Tests. Eine Gruppe objektiver Persönlichkeitstests sind *Selbstbeurteilungsskalen*. Drei im deutschen Sprachraum sehr gebräuchliche sind der Gießen-Test (GT), das Freiburger Persönlichkeitsinventar (FPI-R) und das NEO-Fünf-Faktoren-Inventar (NEO-FFI). Der GT ist ein Persönlichkeitsfragebogen auf psychoanalytischer Grundlage. Er betont besonders die *soziale Komponente*. Das FPI-R ermöglicht eine Selbstbeurteilung der Persönlichkeit auf 10 Standardskalen mit jeweils

12 Items und den Zusatzskalen Extraversion und Emotionalität. Das NEO-FFI ist die Umsetzung des Persönlichkeitsmodells der »großen fünf« Eigenschaftsdimensionen (Neurotizismus, Extraversion, Offenheit für Erfahrung, Verträglichkeit und Gewissenhaftigkeit) in einen Selbstbeurteilungsfragebogen.

- **Verhaltensdiagnostik.** Die Annahme, Problemverhalten sei *situationsspezifisch* und würde eher durch Umweltbedingungen als durch überdauernde Persönlichkeitseigenschaften verursacht, führte zu dem Ansatz der Verhaltensdiagnostik, bei dem spezifische Verhaltensweisen in einer natürlichen Umgebung beobachtet werden.
- **Projektive Tests.** Bei projektiven Tests werden die Personen gebeten, auf unvollständige oder mehrdeutige Reize unterschiedlicher Art zu reagieren. Zwei bekannte projektive Tests sind der Rorschachtest und der TAT. Kritikpunkte an den projektiven Tests sind die unterstellte subjektive Interpretation der Reaktionen sowie Probleme mit der Reliabilität und der Validität.

- **Politische und ethische Probleme der angewandten Diagnostik.** Unkritische Anwendung psychologischer Diagnostik birgt Gefahren in sich. So können »objektive« Testwerte für *absolut* gehalten werden und dadurch Entwicklungsmöglichkeiten einschränken. Oder ein »*wissenschaftlich legitimiertes*« Testresultat wird als Entscheidungskriterium verwendet, obwohl die zugrundegelegten Normen möglicherweise unangemessen sind. Auch die Annahme, intellektuelle Fähigkeiten seien vererbt und unveränderlich, kann zu Einschränkungen der Entfaltungsmöglichkeiten führen. Psychologische Diagnostik kann sich als Indikator der gegenwärtigen Leistungsfähigkeit und für die Vorhersage zukünftigen Verhaltens als nützlich erweisen, jedoch sollten Testergebnisse nicht als alleinige Grundlage für weitreichende Entscheidungen dienen.

Hinweise zur deutschsprachigen Literatur

Von R. Brickenkamp (1997) herausgegeben ist das *Handbuch psychologischer und pädagogischer Tests*. Das Buch gibt einen systematischen Überblick über deutschsprachige Tests und informiert in komprimierter Form über ihren Aufbau, ihre Grundkonzepte, die Durchführung und Auswertung sowie über Gütekriterien.

Das *Lehrbuch der psychologischen Diagnostik* von H. J. Fisseni (1997) erläutert Eigenart und Aufgabenfelder von Diagnostik und Intervention. Es informiert über diagnostisches Basiswissen und beschreibt spezielle Einzelverfahren und deren Anwendung. Ethische Implikationen diagnostischer oder interventiver (vermittelnder) Tätigkeit werden diskutiert. Im letzten Abschnitt werden Beispiele integrativer multimethodaler Diagnostik vorgestellt.

Einen systematischen Überblick über verschiedene Anwendungsfelder psychologischer Diagnostik kann man durch das Buch *Anwendungsfelder psychologischer Diagnostik* von H. Wottawa u. R. Hossieb (1997) erhalten. In diesem Buch werden 15 verschiedene Anwendungsfelder vorgestellt, u. a. Berufsberatung, Selektion von Bewerbern, Mitarbeiterbeurteilung, Schulpsychologische Diagnostik, Klinische Diagnostik, Forensische und Verkehrspsychologische Diagnostik. Die gesellschaftliche Relevanz, die wichtigsten diagnostischen Fragestellungen und die wissenschaftlichen Grundlagen für den Einsatz psychologischer Diagnostik werden untersucht.

Prüfungsrelevanz, Lernhilfen und Anwendungsbezug kennzeichnen das Buch *Psychologische Diagnostik und Intervention* von M. Amelang u. W. Zielinski (1997). Die 2. Auflage wurde in 3 Aspekten verändert: Die Didaktik wurde verbessert durch verstärkten Einsatz von Randspaltenanmerkungen, von Beispiel- und Merksatzhervorhebungen sowie durch größere Verständlichkeit von schwer eingängigen Lerninhalten. Der Anwendungsbezug wurde verbessert durch stärkere Herausarbeitung der Verbindung von Diagnostik und Intervention, und der Inhalt wurde durch neue, zusätzliche Testverfahren aktualisiert.

Dynamisches Testen von J. Guthke u. K. H. Wiedl (1996) gibt eine Übersicht über alternative Teststrategien, bei denen »intraindividuelle Variabilität« erfaßt werden soll. Die Erhebung dieser intraindividuellen Variabilität macht Diagnosen fairer und valider. Anwendungen und Verfahrensbeispiele aus der Intelligenzdiagnostik und Persönlichkeitsdiagnostik für dieses neue Testkonzept werden vorgestellt. Einzelne Kapitel behandeln den Nutzen dieses Vorgehens im Rahmen der Klinischen, Pädagogischen und Berufsbezogenen Diagnostik.

H. D. Mummendey (1995) beschreibt in seinem Buch *Die Fragebogen-Methode* die Methoden der Konstruktion klassischer Fragebogen, ihre Anwendung in verschiedenen Bereichen der Psychologie und die Probleme der Erfassung von Persönlichkeitsmerkmalen mittels Selbstbeschreibungsbogen. Der Autor betont insbesondere eine sozialpsychologische Interpretation der Fragebogen-Methode als Instrument der Selbstdarstellung.

Wer einen Überblick über das wohl bekannteste projektive Verfahren, den Rorschachtest, erhalten möchte, dem sei das *Lehrbuch der Rorschach-Psychodiagnostik – für Psychologen, Ärzte und Pädagogen* von E. Bohm (1996) empfohlen. Es gibt einen Überblick über die originale Rorschachdiagnostik.

ÜBUNGSFRAGEN

1 Was ist eine Diagnose und was versteht man unter Prognosen?

1 Die Feststellung des Vorhandenseins oder Ausprägungsgrades von psychologischen Merkmalen (Eigenschaften, Fähigkeiten, Verhaltensweisen usw.) unter Beachtung bestimmter Kriterien bezeichnet man in der Psychologie als »Diagnose«. Diagnosen sind häufig mit Prognosen verknüpft: Kennt man die momentanen Eigenschaften und Merkmalsausprägungen eines Menschen, so sind u. U. Voraussagen über seine zukünftigen Merkmale oder auch über seine zukünftigen Erfolge bei verschiedenen Ausbildungen oder Bewährung bei unterschiedlichen Tätigkeiten möglich.

2 Womit befaßt sich die Psychologische Diagnostik? In welcher Beziehung steht sie zu anderen psychologischen Disziplinen?

2 Dasjenige Teilgebiet der Psychologie, das sich mit der Theorie, der Konstruktion und Analyse von Diagnoseverfahren befaßt, ist die Psychologische Diagnostik. In der traditionellen Einteilung der psychologischen Teilfächer ist die Diagnostik eng verwandt mit der Differentiellen Psychologie, die sich die Beschreibung und Erklärung von Unterschieden, insbesondere von interindividuellen Unterschieden, zum Ziel gesetzt hat. Die Diagnostik liefert die Verfahren, von denen die Differentielle Psychologie, aber auch die anderen psychologischen Disziplinen, wie die Allgemeine Psychologie, die Persönlichkeitsforschung und die Entwicklungspsychologie, Gebrauch machen.

3 Formelle Diagnoseverfahren sollten ausreichend objektiv, reliabel und valide sein. Erläutern Sie diese Begriffe.

3 Objektivität bezieht sich darauf, ob Resultate einer Diagnose vom Untersucher unabhängig sind. Je mehr die Diagnoseergebnisse verschiedener Untersucher bei denselben Personen (und natürlich bei Verwendung desselben Verfahrens) übereinstimmen, um so größer ist die Objektivität.
Reliabilität oder Zuverlässigkeit gibt an, wie genau ein diagnostisches Verfahren mißt. Die Reliabilität zeigt sich darin, in welchem Maße das Untersuchungsverfahren bei wiederholter Anwendung durch ein und denselben Diagnostiker konsistent bzw. zuverlässig zu identischen Ergebnissen führt. Die Validität oder Gültigkeit sagt aus, in welchem Maße ein diagnostisches Verfahren tatsächlich das Merkmal mißt, das es messen soll. Wie Objektivität und Reliabilität ist auch die Validität ein quantitatives Gütekriterium (Mehr-oder-Weniger-Kriterium). Man berechnet Validitätskoeffizienten, um die exakte Höhe der Validität zu bestimmen.

4 Was versteht man unter der Retest-Reliabilität eines Tests?

4 Die Berechnung der Retest-Reliabilität (»retest« = Testwiederholung) ist eine von 3 Möglichkeiten zur Messung der Reliabilität. Es ist die Korrelation, die bei wiederholter Anwendung desselben Tests an ein

und derselben Gruppe von Personen festgestellt wird. Bei einem *vollkommen reliablen* Test würden wir einen Korrelationskoeffizienten von +1.00 erechnen. Das bedeutet, daß zu beiden Zeitpunkten identische Rangordnungen der Meßwerte entstehen. Dieselben Testpersonen, die beim ersten Mal die höchsten bzw. die niedrigsten Werte erhalten haben, erhalten diese Werte auch bei der Wiederholung der Untersuchung, und das gilt auch für alle Rangplätze zwischen dem höchsten und dem niedrigsten Wert. Ein *vollkommen unreliabler* Test würde einen Korrelationskoeffizienten von 0 aufweisen. In diesem Fall besteht kein Zusammenhang zwischen den individuellen Merkmalsausprägungen bei der ersten und zweiten Erhebung. Jemand, der bei der ersten Testung den höchsten Wert erreichte, kann bei der zweiten irgendeinen beliebigen Wert erreichen, sogar den niedrigsten, und für alle anderen Rangplätze gilt dasselbe.

5 Erläutern Sie 2 weitere Möglichkeiten zur Bestimmung der Reliabilität.

5 Eine weitere Möglichkeit besteht darin, Parallelformen, d.h. gleichwertige Formen eines Tests, anzuwenden, anstatt seine Durchführung zu wiederholen. Dieses Vorgehen, die Bestimmung der Paralleltestreliabilität, reduziert die Effekte von Übung, Erinnerungsvermögen oder von Verfälschungen durch den Wunsch der Versuchsteilnehmer, konsistent zu erscheinen.

Eine dritte Möglichkeit besteht in der Bestimmung der inneren Konsistenz der Testergebnisse auf der Grundlage einer einzigen Durchführung (Konsistenzanalyse). Es gibt verschiedene Varianten der Konsistenzanalyse. Eine Strategie besteht darin, daß wir die Ergebnisse der Teilnehmer bei den Aufgaben (Items) eines Tests mit geradzahliger Numerierung mit den Resultaten bei den Items mit ungeradzahliger Numerierung vergleichen. Ein völlig reliabler Test müßte dazu führen, daß die Ergebnisse für die beiden Testhälften identisch sind. Diese besondere Form der Analyse der inneren Konsistenz, bei der wir eine Testhalbierung vornehmen, wird als Testhalbierungsreliabilität (»split-half reliability«) bezeichnet.

6 Wie kann man die Kriteriumsvalidität bestimmen und welche 2 Arten von kriterienbezogener Validität gibt es?

6 Um die Kriteriumsvalidität eines Tests einzuschätzen, vergleichen wir die Werte, die Personen in diesem Test erreichen, mit den Resultaten in einem anderen Maß, einem Kriterium. Von diesem Kriterium wissen wir aufgrund von Erfahrungen oder theoretischer Annahmen, daß es tatsächlich eng mit dem Merkmal, das unser Test messen soll, zusammenhängt. Idealerweise reflektieren die Werte für das Kriterium direkt das Merkmal oder das Verhalten, das in theoretischem Bezug zu dem durchgeführten Test steht.

Wir unterscheiden 2 Arten von kriterienbezogener Validität, die Übereinstimmungs- und die Vorhersagevalidität. Wenn ein Schulleistungstest für das Fach Deutsch erstellt wurde, so kann die Schulnote als ein geeignetes Validitätskriterium angesehen werden. Stimmen die Testergebnisse gut mit der *derzeitigen* Deutschnote überein, so hat der Test eine hohe Übereinstimmungsvalidität. Ist die Korrelation der Testwerte mit den *späteren* Schulnoten hoch, dann verfügt der Test über Vorhersagevalidität.

7 In welcher Beziehung steht ein weiteres Hauptgütekriterium von Tests – die Standardisierung – zur Gewinnung von Normen?

7 Bei der Standardisierung (Eichung) wird das Diagnoseverfahren auf alle Personen einer ausgewählten, genau beschriebenen Stichprobe in der gleichen Weise und unter vergleichbaren Bedingungen angewendet. Diese Erhebung an einer repräsentativen Stichprobe unter konstant gehaltenen Bedingungen führt zur Gewinnung von Normdaten oder Normen. Das sind statistische Vergleichsdaten, die es ermöglichen, den individuellen Wert mit den Resultaten der anderen Personen der Bezugsgruppe zu vergleichen.

8 In welche 4 Kategorien lassen sich nach der Art der Informationsgewinnung die Methoden der psychologischen Diagnostik einteilen?

8 Sie lassen sich in die Kategorien Interviews, Erhebungen von Lebensgeschichten und archivierten Daten, Tests im engeren Sinne und Situationsbeobachtungen einteilen.

9 Charakterisieren Sie ein gut geführtes diagnostisches Interview.

9 Der Befragte sollte in eine entspannte Haltung versetzt werden. – Die erwünschte Information sollte gezielt erfragt werden. – Der Interviewer bestimmt Richtung und Tempo des Interviews. – Es sollte ihm möglich sein, zum Befragten eine enge Beziehung aufzubauen und sie während des Gesprächs aufrechtzuerhalten. – Das Interview sollte zu einem zufriedenstellenden Abschluß gebracht werden.

10 Nennen Sie 2 Vorzüge von Tests im Vergleich zu Interviews.

10 ● Tests liefern unmittelbar eine Messung, also eine quantitative Merkmalsbeschreibung, während quantitative Informationen aus Interviews erst in einem zweiten Schritt durch die Beurteilung von Äußerungen abgeleitet werden können. (Wir sehen hier von dem Sonderfall ab, daß man im Interview quantitative Informationen direkt erfragen kann.).

   ● Da für viele formelle Tests Normdaten vorliegen, ist der interindividuelle Vergleich und die Einordnung der Testergebnisse in eine Bezugsgruppe möglich.

11 Beschreiben Sie das Verfahren der Situationsbeobachtung und erläutern Sie Vor- bzw. Nachteile dieses Verfahrens.

11 Situationsbeobachtungen können eingesetzt werden, um Verhalten im natürlichen Kontext zu beurteilen. Das Ziel besteht darin, die Bedingungen und Konsequenzen unterschiedlicher Reaktionen und Gewohnheiten aufzudecken. Die direkte Beobachtung wurde im Vergleich zu den Tests in der Vergangenheit seltener verwendet, weil Tests ökonomischer und mit weniger Aufwand verbunden sind und normative Daten liefern. Sie wird jedoch mittlerweile auf vielen Gebieten der Psychologie und anderer Sozialwissenschaften zunehmend durchgeführt, da nach Ansicht vieler Psychologen die größere Validität und Nützlichkeit für Situationsbeobachtungen spricht.

12 Beschreiben Sie 2 Arten der Urteilsverzerrungen, die bei Fremdbeurteilungen auftreten können. Wie kann man die Reliabilität von Fremdbeurteilungen erhöhen und welche Vorteile haben mehrere Beurteiler?

12 Wenn man jemanden mag, neigt man dazu, ihn in fast jeder Dimension günstiger zu beurteilen und seine Fehler zu übersehen. Diese Art der Urteilsverzerrung wird als Halo-Effekt bezeichnet.
Wenn ein Beurteiler glaubt, die meisten Mitglieder einer bestimmten Bevölkerungsgruppe (Schwarze, Juden, Italiener, Frauen) verfügten über bestimmte Merkmale, dann »sieht« er diese möglicherweise in jedem einzelnen, von dem er weiß, daß er zu einer solchen Gruppe gehört. Diese Art der Verzerrung wird als »Stereotypeneffekt« bezeichnet.
Fremdbeurteilungen sind am ehesten dann reliabel, wenn sie sich auf bestimmte konkrete Verhaltensweisen beziehen (»nimmt Augenkon-

takt auf und lächelt«). Sie sind weniger reliabel, wenn die zu bewertenden Kategorien allgemein oder verschwommen sind (»ist offen für neue Erfahrungen« oder »ist ein sensibler Mensch«). Genau festgelegte Verhaltensbeurteilungen geben persönlichen und potentiell verzerrten Eindrücken weniger Raum.

Zusätzlich dazu können Urteilsverzerrungen dadurch reduziert werden, daß mehr als ein Beurteiler eingesetzt wird. In diesem Fall ist die Berechnung der Beurteilerübereinstimmung (»interrater reliability«) möglich. Wenn 2 verschiedene Beurteiler unabhängig voneinander zu sehr ähnlichen Beurteilungen derselben Person gelangen, können wir mehr darauf vertrauen, daß die Urteile tatsächlich die Merkmale und Eigenschaften dieser Person widerspiegeln und nicht die Vorurteile eines der Beurteiler.

13 Beschreiben Sie 2 der in der Psychologie gebräuchlichen Sichtweisen der Intelligenz.

13 In der einen Sichtweise werden 2 Arten von Fähigkeiten als zentral für die Intelligenz erachtet: verbale Fähigkeiten und Problemlösen. Die verbalen Fähigkeiten umfassen Wortflüssigkeit, Verständnis beim Lesen, mündliches Ausdrucksvermögen und Wortschatz. Die Fähigkeiten des Problemlösens schließen ein: die Erfassung des Kerns eines Problems, die Fähigkeit, für die Bearbeitung eines Problems den optimalen Ansatz zu finden, und die Fähigkeit, eine gute Entscheidung zu treffen. Eine weitere in der Psychologie gebräuchliche Sichtweise der Intelligenz ist ein Definitionsvorschlag, der von 3 Arten von Fähigkeiten ausgeht. Danach umfaßt Intelligenz die Fähigkeiten zur Anpassung an neue Situationen und sich verändernde Anforderungen; zum Lernen oder zur optimalen Nutzung von Erfahrung oder Übung sowie zum abstrakten Denken und Gebrauch von Symbolen und Begriffen.

14 Welches waren die zentralen Merkmale des Versuchs von Binet, Intelligenz mittels eines Tests zu messen?

14 Binet glaubte, die Ergebnisse in Intelligenztests seien nicht mehr als eine praktische Schätzung aktueller Leistungsunterschiede; keinesfalls seien sie ein Maß für die angeborene Intelligenz.

Sie sollten dazu verwendet werden, herauszufinden, welche Kinder aufgrund ihrer Lernschwierigkeiten in der Schule besondere Hilfe brauchten.

Binet glaubte an die Möglichkeit, daß die Intelligenz durch Training und äußere Einwirkung verbessert werden könnte. Deshalb war es sein Ziel, die Leistungsfelder zu bestimmen, in welchen die Kinder – unterstützt durch besonderen Unterricht – Verbesserungen erreichen könnten.

Er folgte zwar einer allgemeinen Definition von Intelligenz, aber er begann die Testkonstruktion unter Verwendung einer empirischen Methode und stützte sich nicht etwa auf eine ausgearbeitete theoretische Vorstellung davon, was Intelligenz sei.

15 Was versteht man unter dem Intelligenzquotienten (IQ) als Altersquotienten? Erläutern Sie an einem Beispiel den heute gebräuchlichen IQ als Abweichungsquotienten.

15 Auf William Stern (1914) geht das Konzept des Intelligenzquotienten oder IQ zurück. Nach Stern ist der Intelligenzquotient das Verhältnis des Intelligenzalters zum Lebensalter (multipliziert mit 100, um Brüche zu vermeiden): IQ = (IA / LA) × 100. Man nennt den auf diese Weise bezeichneten IQ auch Altersquotienten.

Bei der Berechung des Intelligenzquotienten (IQ) ist an die Stelle des Altersquotienten der Abweichungsquotient getreten: Wenn Sie heute den Stanford-Binet-Test machen, erhalten Sie für jede der 6 Fragen, die Sie beantwortet haben, innerhalb jeder Altersgruppe 2 Punkte (also maximal 12 Punkte pro Jahr). Der Testleiter zählt dann Ihre Punkte, vergleicht die Leistung mit einer Normtabelle und vergibt auf dieser Grundlage den IQ. Ein IQ von 100 bedeutet, daß 50% Ihrer Altersgenossen niedrigere Werte erreichen. Werte zwischen 90 und 110 gelten als »normal«, Werte über 120 als »überdurchschnittlich« und Werte unter 70 als Beleg für »geistige Behinderung«.

16 Wie begegnete D. Wechsler dem Problem der Sprachabhängigkeit von Tests und welches sind die sog. Wechsler-Intelligenztests?

16 David Wechsler unternahm etwas gegen das Problem der Sprachabhängigkeit, indem er neue Intelligenztests entwarf, die sowohl sprachliche Untertests (Verbalteil des Tests) als auch nichtsprachliche Untertests (Handlungsteil) enthielten. Wechsler hat nach diesem Prinzip Intelligenztests für Erwachsene und Kinder im Schul- und im Vorschulalter entwickelt und diese Skalen im Laufe der Zeit immer wieder aktualisiert.

Die sog. Wechsler-Intelligenztests sind ins Deutsche übertragen worden und gehören zu den bei uns am häufigsten benutzten Intelligenztests: Die Messung der Intelligenz Erwachsener erfolgt mit dem Hamburg-Wechsler-Intelligenztest für Erwachsene in der revidierten Fassung von 1991 – abgekürzt HAWIE-R. Für Schulkinder gibt es den Hamburg-Wechsler-Intelligenztest für Kinder in der revidierten Fassung von 1983 – kurz HAWIK-R –, und für Vorschulkinder wurde der Hannover-Wechsler-Intelligenztest für das Vorschulalter, der HAWIVA, konstruiert. Er wird in der aktuellen Fassung seit 1976 verwendet.

17 Beschreiben Sie das Strukturmodell der Intelligenz nach Guilford.

17 Guilford klassifiziert Faktoren der Intelligenz nach Inhalt (Art der Information), Produkt (Form) und erforderlicher Operation.

Es gibt 4 Arten von *Inhalten:* figurale, symbolische, semantische und »verhaltensmäßige«. Des weiteren gibt es 6 Arten von *Produkten:* Einheiten, Klassen, Beziehungen, Systeme, Transformationen und Implikationen. Schließlich gibt es 5 Arten von *Operationen:* Überprüfen und Bewerten, konvergentes Denken, divergentes Denken, Wissensaktualisierung und Erkennen/Auffassen. Die verschiedenen beobachtbaren intellektuellen Fähigkeiten repräsentieren unterschiedliche Kombinationen von Inhalten, Produkten und Operationen. Das heißt, jede der 4 Arten von Inhalt kann sich in Form einer der 6 Arten von Produkten äußern. Diese 24 resultierenden Arten von Information ($4 \times 6 = 24$) können mit jeder der 5 Arten von Operationen verarbeitet werden. Somit erhalten wir eine Gesamtzahl von 120 intellektuellen Fähigkeiten ($24 \times 5 = 120$).

18 Erläutern Sie das Konzept der Problemlöseintelligenz nach Hunt, das der Kognitionspsychologie entstammt.

18 Für eine angemessene Einschätzung der Intelligenz ist, nach Hunt, eine Theorie der kognitiven Prozesse erforderlich, die auf der Identifikation der maßgeblichen kognitiven Leistungen aufbaut. Er ermittelte 3 Arten von kognitiven Prozessen, in denen sich Menschen unterscheiden können: die Art und Weise, wie ein Problem kognitiv (mental) repräsentiert wird; die Herangehensweise an kognitive Aufgaben und die Fähigkeiten bei der Durchführung grundlegender Informationsverarbeitungsschritte innerhalb der gewählten Strategien. Sein

19 Ebenfalls der Kognitionspsychologie entstammt Gardners Theorie der »multiplen« Intelligenz. Anhand welcher 7 Arten, die Welt zu betrachten, bestimmt er die Intelligenz?

Ansatz, Intelligenz als eine Vielzahl von kognitiven Prozessen aufzufassen, die zur Lösung von Problemen benötigt werden, betont im besonderen die Flexibilität und die Adaptionsfähigkeit des menschlichen Denkens.

19 • *Logisch-mathematische* Fähigkeiten: Sensibilität und ausgeprägte Kompetenz beim Erkennen logischer und numerischer Muster, Fähigkeit zum Umgang mit logischen Argumentationsmustern.
• *Sprachliche* (*linguistische*) Fähigkeiten: Sensibilität für Laute, Rhythmen und die Bedeutung von Wörtern; Sensibilität für die verschiedenen Funktionen von Sprache.
• *Musikalische* Fähigkeiten: Fähigkeit, Rhythmus, Tonhöhe und Tonqualität zu empfinden und hervorzubringen, Verständnis für musikalischen Ausdruck.
• *Räumliche* Fähigkeiten: die visuell-räumliche Welt genau wahrzunehmen und diese Wahrnehmungen zu transformieren.
• *Körperlich-kinästhetische* Fähigkeiten: Kontrolle der eigenen Körperbewegungen und geschickter Umgang mit Objekten.
• *Interpersonale oder zwischenmenschliche* Fähigkeiten: Stimmungen, Motivationen und Wünsche anderer Menschen genau wahrzunehmen und angemessen darauf zu reagieren.
• *Intrapersonale* Fähigkeiten: Zugang zu den eigenen Gefühlen und die Fähigkeit, zwischen ihnen zu unterscheiden und sie zur Planung des Handelns zu nutzen; Wissen um seine eigenen Schwächen und Stärken, Wünsche und Fähigkeiten.

20 Wie beschreibt Sternbergs »triarchische« Theorie die Intelligenz?

20 Sternbergs Theorie ist ein Versuch, die kognitiven Prozesse zu verstehen, über die der Mensch verfügt, wenn er Probleme lösen will. Diese Theorie versucht auch, den Begriff des IQ so auszuweiten, daß er Kreativität und die Fähigkeit, die Umwelt wirksam zu beeinflussen, einschließt. Sternberg unterscheidet die komponentenbezogene, die erfahrungsbezogene und die kontextabhängige Analyse der Intelligenz. Die *komponentenbezogene Analyse* der Intelligenz konzentriert sich auf die kognitiven Prozesse, die bei der Lösung von in Intelligenztests vorgegebenen Problemen beteiligt sind. Sie ist also auf die Analyse der geistigen Funktionen beim Lernen und beim Erwerb von Wortschatz, Wissen, Einsicht und Analogien gerichtet sowie auf metakognitive Aufgaben.
Der *erfahrungsbezogene Aspekt* der Intelligenz konzentriert sich auf die Art und Weise, wie die innere mentale Welt einer Person und die äußere Umwelt zusammenhängen (Wie beeinflußt Intelligenz die Erfahrungen, die jemand hat oder schafft? Wie wird Intelligenz durch Interaktionen mit der sozialen und der physikalischen Umwelt beeinflußt?).
Der *kontextuelle Aspekt* der Intelligenz befaßt sich damit, wie Menschen ihre Umwelt effektiv beeinflussen, wie sie sich unterschiedlichen Kontexten anpassen und die verfügbaren Ressourcen optimal nutzen. Kontextabhängige Intelligenz ist »clever«, sie bedeutet den effektiven Umgang mit dem Selbst und die praktische Handhabung der Angelegenheiten des alltäglichen Lebens.

21 Wie wird Kreativität definiert?

21 Die übliche Definition von Kreativität lautet, sie sei die Fähigkeit zum ungewöhnlichen (originellen), aber angemessenen Handeln. Diese Annahme liegt auch den meisten Tests zugrunde, die zur Erfassung der Kreativität entwickelt wurden. Es gilt als selbstverständlich, daß Originalität ein Hauptfaktor der Kreativität ist. Hingegen wird die Bedeutung der Angemessenheit des Handelns nicht immer erkannt. Die Angemessenheit liefert jedoch das Kriterium, das zwischen kreativen und unsinnigen Handlungen unterscheidet.

22 Wie wird heutzutage der Beitrag von Erbe und Umwelt auf die Intelligenz gesehen?

22 Heute ist man sich darüber einig, daß Erbe und Umwelt in einem dynamischen Wechselspiel bei der Festlegung der individuellen Intelligenzausprägung (»des IQ«) zusammenwirken. Die Gene begrenzen den Spielraum für das, was eine bestimmte Person in einer bestimmten Umwelt auf intellektuellem Gebiet erreichen kann. Jedoch werden sich sogar diese Grenzen erweitern, wenn die Umwelt auf maßgebliche Weise verändert wird.

23 Beschreiben Sie den Gießen-Test (GT).

23 Der Gießen-Test (GT) ist der ungewöhnliche Versuch, Konzepte der psychoanalytischen Theorie in einen Persönlichkeitsfragebogen umzusetzen. Er ist vor allem für die Anwendung in der Klinischen Psychologie gedacht und soll eine ökonomische, leicht anwendbare und objektiv auswertbare Diagnose grundlegender Persönlichkeitsdimensionen erlauben. Er unterscheidet sich von anderen Persönlichkeitstests dadurch, daß er in hohem Maße *soziale* Einstellungen und Handlungen einbezieht. Diese starke soziale Komponente wird durch die Zusammenstellung der Standardskalen – soziale Resonanz, Dominanz, Kontrolle, Grundstimmung, Durchlässigkeit und soziale Potenz – verdeutlicht. Bei der *sozialen Resonanz* geht es um die Wirkung der Person auf die soziale Umgebung. Auf der einen Seite der Skala *Dominanz* stehen Aggressivität, Impulsivität, Eigensinn und Herrschaftsansprüche, auf der anderen Unfähigkeit zur Aggression, Geduld, Anpassungswilligkeit und Unterordnungstendenz. Im Gegensatz zu den ersten beiden Skalen ist die Skala *Kontrolle* nicht direkt auf die Interaktion bzw. die Kommunikation mit anderen Menschen gerichtet, sondern auf den »intrapsychischen Individualbereich«. Es geht um die Beziehung zwischen dem Es und den Kontrollmechanismen der Ich-Über-Ich-Organisation. Die Skala *Grundstimmung* zeigt neben der grundlegenden Stimmung der Person an, welche Beziehung zwischen der Stimmungslage und der Hauptrichtung der Aggressionsentfaltung besteht. In der Skala *Durchlässigkeit* zeigen sich die fundamentalen Qualitäten des Kontakterlebens und Kontaktverhaltens. Es werden Eriksons Kategorien des Urvertrauens vs. Urmißtrauens und der Autonomie vs. Scham/Zweifel angesprochen. Personen mit einer hohen Merkmalsausprägung auf der Skala *Soziale Potenz* werden u. a. als angstfrei im Umgang mit dem anderen Geschlecht und als zuverlässig in engen Beziehungen beschrieben; am anderen Ende der Merkmalsdimension stehen ungesellige Personen, die wenig hingabefähig und kaum zu Dauerbindungen in der Lage sind.
Durch einfache Umformulierung der Items kann der GT nicht nur zur Selbsteinschätzung, sondern auch zur Fremdeinschätzung verwendet

werden. Durch diese Möglichkeit zum Vergleich von Selbstbild und Fremdbild ist er besonders bei der Analyse von Arzt-Patienten- und Paarbeziehungen sowie bei der Aufdeckung von Familien- und anderen Gruppenstrukturen geeignet.

24 Beschreiben Sie das Freiburger Persönlichkeitsinventar FPI-R.

24 Das FPI-R ist weniger an klinischen Fragestellungen und Zielsetzungen orientiert als der Gießen-Test. Seit der revidierten Auflage aus dem Jahre 1984 liegen bevölkerungsrepräsentative Normdaten für die alte BRD vor (getrennt nach Altersgruppen und Geschlecht), die an insgesamt 2035 Personen gewonnen worden sind. Neben den bekannten Vorzügen objektiver Persönlichkeitstests – der umfassenden »mehrdimensionalen« Persönlichkeitsbeschreibung, der hohen Durchführungs- und Auswertungsobjektivität und der Ökonomie der Informationsgewinnung – nennen die Autoren als weiteren Vorteil die breite Basis der Validierung. Die Autoren sind bei der Verfahrensentwicklung von Persönlichkeitsmerkmalen ausgegangen, die ihnen aufgrund eigener Forschungsinteressen und aufgrund der Literatur interessant erschienen. Die aktuelle Version umfaßt folgende 10 Standard- und 2 Zusatzskalen:

- Lebenszufriedenheit,
- soziale Orientierung,
- Leistungsorientierung,
- Gehemmtheit,
- Erregbarkeit,
- Aggressivität,
- Beanspruchung,
- körperliche Beschwerden,
- Gesundheitssorgen,
- Offenheit,
- E: Extraversion,
- N: Emotionalität.

25 Beschreiben Sie das NEO-Fünf-Faktoren-Inventar und legen Sie dabei den Schwerpunkt auf die Beschreibung der Eigenschaftsdimensionen.

25 Das NEO-Fünf-Faktoren-Inventar ist die Umsetzung des Persönlichkeitsmodells der »großen fünf« Eigenschaftsdimensionen in einen Selbstbeurteilungsfragebogen:

- *Neurotizismus*: Personen mit hohen Werten in Neurotizismus neigen dazu, nervös, ängstlich, traurig, unsicher und verlegen zu sein und sich Sorgen um ihre Gesundheit zu machen. Sie neigen zu unrealistischen Ideen und sind weniger in der Lage, ihre Bedürfnisse zu kontrollieren und auf Streßsituationen angemessen zu reagieren.
- *Extraversion*: Personen mit hohen Werten in Extraversion sind gesellig, aktiv, gesprächig, personenorientiert, herzlich, optimistisch und heiter. Sie mögen Anregungen und Aufregungen.
- *Offenheit für Erfahrung*: Personen mit hohen Werten bezüglich Offenheit für Erfahrung zeichnen sich durch eine hohe Wertschätzung für neue Erfahrungen aus, bevorzugen Abwechslung, sind wißbegierig, kreativ, phantasievoll und unabhängig in ihrem Urteil. Sie haben vielfältige kulturelle Interessen und interessieren sich für öffentliche Ereignisse.

- *Verträglichkeit* (»*agreeableness*«): Personen mit hohen Werten in der Skala Verträglichkeit sind altruistisch, mitfühlend, verständnisvoll und wohlwollend. Sie neigen zu zwischenmenschlichem Vertrauen, zu Kooperativität, zu Nachgiebigkeit, und sie haben ein starkes Harmoniebedürfnis.
- *Gewissenhaftigkeit*: Die Skala Gewissenhaftigkeit schließlich unterscheidet ordentliche, zuverlässige, hart arbeitende, disziplinierte, pünktliche, penible, ehrgeizige und systematische von nachlässigen und gleichgültigen Personen. Vielleicht noch stärker als bei anderen Selbstbeurteilungsskalen besteht hier die Gefahr, daß die Testergebnisse durch soziale Erwünschtheit verfälscht werden können.

26 Erläutern Sie 2 der gebräuchlichen projektiven Tests.

26 Beim *Rorschachtest* werden einer Person mehrdeutige symmetrische Reize in Form von Tintenklecksbildern vorgelegt, und sie wird gebeten: »Sagen Sie mir, was Sie sehen, was das für Sie sein könnte«. Die Antworten werden auf 3 Hauptdimensionen bewertet:
- nach der Lokalisierung der Antwort auf der jeweiligen Karte – ob sie etwa den gesamten Reiz oder nur einen Teil betreffen und welche Größe die Details haben
- nach dem Inhalt der Antwort – welche Objekte und Aktivitäten gesehen werden,
- nach den Determinanten – welche Aspekte der Karte (wie Farbe oder Schattierung) die Reaktion auslösen. Manche Auswerter halten auch noch fest, ob die Reaktionen originell und einzigartig oder gängig und konventionell sind. Die Interpretation dieser Informationen des Rorschachtests in Richtung auf ein zusammenhängendes Porträt der Persönlichkeitsdynamik eines Individuums ist ein komplexer und subjektiver Prozeß, der auf klinischer Erfahrung und geschulter Intuition aufbaut. Idealerweise verwendet ein Diagnostiker diese Daten als Quellen für Hypothesen über eine Person, die dann mit anderen Meßverfahren überprüft werden.

Beim *Thematischen Apperzeptionstest* (*TAT*) werden den Personen Bilder mehrdeutiger Szenen vorgelegt, für die sie Geschichten erfinden sollen, in denen beschrieben wird, was die Menschen in diesen Szenen tun und denken, was zu dem jeweiligen Ereignis geführt hat und wie die jeweilige Situation enden wird. Der Diagnostiker wertet beim TAT Struktur und Inhalt der Geschichten und das Verhalten der erzählenden Person aus. Dabei versucht er, einige ihrer Hauptanliegen und Eigenschaften herauszufinden. Der Test kann bei Personen mit psychischen Störungen verwendet werden, um emotionale Probleme aufzudecken. In der Normalpopulation lassen sich mit seiner Hilfe dominante Bedürfnisse diagnostizieren, beispielsweise Bedürfnisse nach Macht, Anschluß und Leistung.

13 Klinische Psychologie: Psychische Störungen erkennen und verstehen

Lesen Sie bitte den folgenden Brief einer jungen Frau:

»Ich möchte Ihnen mitteilen, was es in der heutigen Zeit bedeutet, an einer funktionalen Schizophrenie erkrankt zu sein und welchen Problemen sich jemand mit dieser psychischen Störung gegenübersieht. ... Sowohl die Patienten als auch die Öffentlichkeit sollten meiner Meinung nach über psychische Störungen – manchmal sagt man dazu immer noch 'Geisteskrankheiten' – aufgeklärt werden, denn ich muß immer wieder erleben, daß die Menschen jemanden wie mich verspotten und falsch behandeln und gerade dann, wenn es darauf ankäme, überhaupt nicht verstehen. Die eigene Familie, der eigene Ehemann und Freunde, aber auch die professionellen Helfer mißverstehen uns, weil sie nichts über uns wissen.

Ich weiß, was der Unterschied ist zwischen einem Geräusch, das ich aufgrund meiner Krankheit erlebe und einem echten Geräusch, weil ich selbst darüber nachgelesen habe. Mit folgender Regel versuche ich mir zu helfen: Ich strenge mich sehr an, mich daran zu erinnern, wie die Welt und die Menschen wirklich sind. Die Krankheit greift sich irgendwelchen Unsinn auf und verwirrt damit meinen Verstand. Aber die Medikamente haben eine sehr starke Wirkung auf mich und die chemischen Prozesse in meinem Körper, deshalb habe ich nicht so viele körperliche Symptome, die mich belasten. ... Jede Person, die durch die Krankheit runtergezogen wird, hat ihren eigenen Weg, damit umzugehen. Die Dinge, die für alle gleich sind, sind die üblichen Symptome, die mit der Krankheit einhergehen. Jeder, der im Leben weiterhin zurechtkommen möchte, braucht Gelegenheiten, seinen eigenen Weg zu finden und zu erproben. Auch wenn ich eine Person mit dieser Krankheit bin, so bin ich doch immer noch eine *Person*.«

Wie reagieren Sie auf diesen Brief? Welche Empfindungen löst er bei Ihnen aus? Wenn es Ihnen ähnlich geht wie uns, dann empfinden Sie eine Mischung aus Trauer über das Elend der jungen Frau, aus Freude über ihre Bereitschaft, alles zu unternehmen, um die Probleme, die mit der Krankheit verbunden sind, zu bewältigen, aus Ärger über diejenigen, die sie stigmatisieren, weil sie sich manchmal anders verhält als normal, und aus Hoffnung, daß sich – unterstützt durch medizinische Behandlung und psychologische Therapie – ihr Zustand bessert wird. Diese Gefühle, so komplex ihre Verbindung bereits sein mag, sind aber nur einige der Emotionen, die Psychologen und Psychiater erleben, wenn sie bei dem Versuch, psychische Störungen zu verstehen und zu behandeln, mit »Klienten« – psychisch gestörten, therapiebedürftigen Menschen – zu tun haben.

In diesem Kapitel befassen wir uns mit der Natur und den Ursachen psychischer Störungen: wie sie sich beschreiben lassen, welchen Verlauf sie nehmen, und was wir über die Ursachen sagen können. Im nächsten Kapitel werden wir auf diesem Wissen aufbauen und Strategien beschreiben, die verwendet werden, um diese Störungen zu behandeln oder ihnen sogar vorzubeugen. Einer aktuellen Studie zufolge waren etwa 50% der US-Amerikaner im jungen und mittleren Erwachsenenalter irgendwann in ihrem Leben schon einmal an einer psychischen Störung erkrankt (Kessler et al. 1994). Die Daten dürften in Europa nicht grundlegend verschieden sein. Es kann also sein, daß Sie persönliche Erfahrungen mit den Phänomenen haben, über die wir in diesem Kapitel berichten werden. Das wird Ihr Verständnis erweitern, denn Fakten allein können nur wenig anschaulich machen, wie sehr psychische Störungen das Alltagsleben der betroffenen Menschen und ihrer Familien beeinträchtigen. Mehr noch als bei anderen Themen werden wir uns bei der Darstellung von psychischen Störungen darum bemühen, die Sachverhalte aus der Sicht der Betroffenen darzustellen. Wir beginnen mit der Diskussion der Begriffe »Störung« und »Normalität«.

13.1
Was sind psychische Störungen?

Haben Sie sich jemals sehr große Sorgen gemacht oder sich depressiv und niedergeschlagen gefühlt, ohne zu wissen, warum? Furcht vor etwas empfunden, obwohl sie vom Verstand her wußten, daß Ihnen nichts passieren kann? Dachten Sie irgendwann einmal an Selbstmord? Und haben Sie zu Alkohol oder Drogen gegriffen, um all diesen Schwierigkeiten zu entkommen? In unserer Gesellschaft wird fast jeder auf wenigstens eine dieser Fragen mit »Ja« antworten, was bedeutet, daß fast jeder schon einmal Symptome einer **psychischen Störung** erlebt hat. In diesem Kapitel lernen wir die ganze Breite von psychischen Erscheinungen kennen, die umgangssprachlich als »krank« oder »anormal« und in Fachkreisen als psychische Störungen bezeichnet werden. Gebräuchlich ist auch, wenn man insbesondere an schwerwiegende Störungen der normalen psychischen Funktionen denkt, der Begriff der **Psychopathologie**.

> Psychische Störungen liegen dann vor, wenn die normale Funktionsweise der kognitiven und emotionalen Prozesse und des Verhaltens ernsthaft beeinträchtigt ist, so daß die betroffene Person darunter leidet und bei der Erreichung wichtiger Ziele behindert wird. Psychische Störungen führen, mit anderen Worten, zu einer subjektiven und objektiven Einschränkung der Lebensqualität.

Das Teilgebiet der Psychologie, das sich mit der Klassifikation, der Erklärung und dem Verständnis von psychischen Störungen befaßt, wird häufig als die **Psychologie des abweichenden Verhaltens** bezeichnet. Was aber ist »abweichend«, »anormal« oder »gestört«? Im Laufe der Geschichte der Psychologie und der Psychiatrie haben sehr unterschiedliche Definitionen einander abgelöst, aber auch heute noch existieren verschiedene Begriffe von psychischer Störung nebeneinander. Wir werden uns in diesem Buch auf das Konzept von psychischer Störung beziehen, das dem DSM-IV, einem verbreiteten wissenschaftlichen Klassifikationssystem, zugrunde liegt (s. ausführlich in Abschn. 13.2).

Wir verwenden 7 Kriterien, um psychische Funktionen oder Verhaltensweisen als »gestört« (oder »anormal«) zu kategorisieren (DSM-IV 1994; Rosenhan u. Seligman 1989):

- *Leiden oder Behinderung.* Eine Person erlebt einen Leidensdruck oder eine Einschränkung ihrer normalen psychischen Funktionen, wodurch das Risiko der Verschlechterung ihres körperlichen oder psychischen Zustands und der Einschränkung ihrer Handlungsfreiheit entsteht. Beispielsweise wird ein Mann, der sein Haus nicht verlassen kann, ohne zu weinen, nicht in der Lage sein, seine alltäglichen Lebensaufgaben zu bewältigen.
- *Unangepaßtheit.* Eine Person verhält sich in einer Art und Weise, die sie an der Erreichung ihrer Ziele hindert, die nicht zu ihrem Wohlergehen beiträgt oder die mit den Zielen anderer Menschen oder den Bedürfnissen der Gemeinschaft in Konflikt steht. Jemand, der so viel trinkt, daß er seinen Beruf nicht ausfüllen kann oder andere im Zustand der Trunkenheit bedroht, veranschaulicht unangepaßtes Verhalten.
- *Irrationalität.* Eine Person handelt oder äußert sich in einer Weise, die für andere Menschen irrational oder unverständlich ist. Zum Beispiel handelt jemand, der auf Stimmen antwortet, die objektiv nicht existieren, irrational.
- *Unvorhersehbarkeit.* Eine Person verhält sich von Situation zu Situation unvorhersehbar oder unberechenbar, wie wenn sie die Kontrolle über sich selbst verloren hätte. Ein Kind, das mit seiner Faust ohne erkennbaren Grund eine Fensterscheibe einschlägt, verhält sich unvorhersehbar.
- *Unkonventionalität* und *statistische Seltenheit.* Das Verhalten der Person ist sehr unüblich (»statistisch gesehen selten«) *und* verletzt soziale Standards für das, was akzeptabel oder erwünscht ist. Unüblichkeit oder Seltenheit allein reicht jedoch für das Urteil »gestört« in keiner Weise aus. Beispielsweise sind außergewöhnliche Intelligenz und Genialität sehr selten, aber sie sind in unserer Gesellschaft sehr erwünscht. Auf der anderen Seite ist auch sehr niedrige Intelligenz ein seltenes Phänomen; aber weil sie unerwünscht ist, wird sie oftmals auch als »anormal« oder als »Intelligenzbehinderung« bezeichnet.

- *Unbehagen beim Beobachter.* Eine Person ruft bei anderen Menschen Unbehagen hervor, weil sich diese durch die Person in irgendeiner Weise bedroht oder beunruhigt fühlen. Eine Frau, die mitten auf der Straße geht und sich dabei laut mit sich selbst unterhält, ruft nicht nur bei den Autofahrern, denen sie den Weg versperrt, Unbehagen hervor.
- *Verletzung der gesellschaftlichen Standards, insbesondere moralischer Normen.* Eine Person verletzt die Erwartungen daran, wie man sich angesichts gesellschaftlicher Normen verhalten *sollte*. Nach diesem Kriterium können Menschen, die keiner Arbeit nachgehen wollen oder nicht an Gott glauben, als gestört oder anormal gelten.

Ist Ihnen klar, warum die meisten dieser Anzeichen von Störungen nicht für jeden Beobachter unmittelbar einsichtig sind? Nehmen wir nur einmal das letztgenannte Kriterium. Sind Sie krank oder gestört, weil Sie nicht arbeiten wollen, selbst wenn diese Haltung nicht den Normen der Gesellschaft entspricht? Oder betrachten wir ein ernsthafteres Symptom: In unserer Kultur gelten Halluzinationen als etwas Schlechtes, weil sie als Zeichen für Geistesstörungen angesehen werden, dagegen gelten sie in einer Kultur, in der sie als mystische Visionen und Ausdruck besonderer spiritueller Kräfte interpretiert werden, als etwas Gutes. Welches Urteil ist richtig? In Abschn. 13.5 werden wir näher auf die Gefahren und negativen Konsequenzen eingehen, die mit der Anwendung von sozialen Normen auf die Beurteilung von Verhalten als »gestört« zusammenhängen.

Wir können eine Verhaltensweise mit größerer Sicherheit als »gestört« einstufen, wenn mehr als einer der oben genannten 7 Indikatoren vorliegt. Je extremer und häufiger ein Indikator (Kriterium) auftritt, um so sicherer können wir uns sein, daß eine psychische Störung vorliegt. Keines der Kriterien ist jedoch eine *notwendige* Bedingung, die von allen Störungsbildern geteilt wird. Gleichermaßen ist kein einzelnes Kriterium für sich genommen eine *hinreichende* Bedingung, um Störungen von Normalität abzugrenzen.

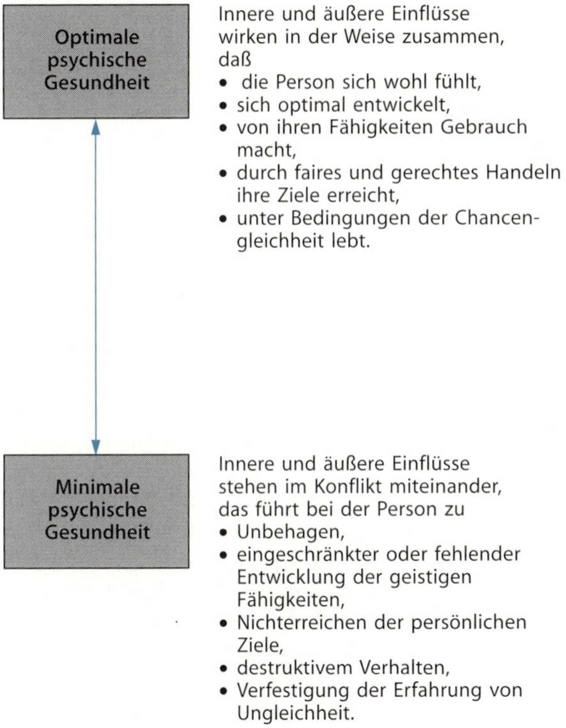

> **!** Die Unterscheidung zwischen »gestört« und »normal« (oder: »nicht gestört«) ist weniger eine Frage der Abgrenzung von 2 voneinander unabhängigen Verhaltensweisen; vielmehr geht es darum, *in welchem Maße* die Verhaltensweisen einer Person dem Katalog von Störungskriterien entsprechen.

Man kann sich das Konzept psychischer Störungen also am besten als Ausprägung auf einem Kontinuum vorstellen, das zwischen »psychischer Gesundheit« und »psychischer Krankheit« variiert. Abb. 13.1 veranschaulicht diese Idee.

13.2
Die Klassifikation psychischer Störungen

Warum kann es hilfreich sein, über ein Klassifikationssystem für psychische Störungen zu verfügen? Was gewinnt man, wenn man über die globale Feststellung, daß eine Abweichung existiert, hinausgeht und *differentiell* diagnostiziert, um welche Störung es sich handelt?

> **!** Eine **psychologische Diagnose** führt zu einer präzisen Benennung der psychischen Störung, indem sie das beobachtbare Verhaltensmuster in ein differenziertes und fundiertes diagnostisches System einordnet. Es existieren für psychische Störungen 2 weltweit gebräuchliche und anerkannte Diagnosesysteme, das DSM-IV (»Diagnostic and Statistical Manual of Mental Disorders«) und die ICD-10 (»International Classification of Diseases«).

Optimale psychische Gesundheit

Innere und äußere Einflüsse wirken in der Weise zusammen, daß
- die Person sich wohl fühlt,
- sich optimal entwickelt,
- von ihren Fähigkeiten Gebrauch macht,
- durch faires und gerechtes Handeln ihre Ziele erreicht,
- unter Bedingungen der Chancengleichheit lebt.

Minimale psychische Gesundheit

Innere und äußere Einflüsse stehen im Konflikt miteinander, das führt bei der Person zu
- Unbehagen,
- eingeschränkter oder fehlender Entwicklung der geistigen Fähigkeiten,
- Nichterreichen der persönlichen Ziele,
- destruktivem Verhalten,
- Verfestigung der Erfahrung von Ungleichheit.

Abb. 13.1. Das Kontinuum psychischer Gesundheit. Was »psychisch gestört« bedeutet, läßt sich am besten anhand eines Kontinuums verdeutlichen, das von »optimaler« bis zu »minimaler psychischer Gesundheit« variiert

Auf das DSM-IV werden wir in diesem Kapitel ausführlich eingehen, die ICD-10 wird in diesem Abschnitt kurz vorgestellt.

Wie schon aus der Darstellung diagnostischer Probleme und Methoden in Kap. 11 deutlich geworden sein sollte, sind psychologische Diagnosen ungleich schwieriger als medizinische Diagnosen zu stellen. Bei medizinischen Fragen kann man auf relativ objektive Befunde, wie etwa Röntgenbilder, Bluttestergebnisse und Biopsien, zurückgreifen. Bei psychischen Störungen hingegen ist man auf die Interpretation der Verhaltensweisen einer Person angewiesen. Die genannten **Diagnosesysteme** sind entworfen worden (und werden ständig weiterentwickelt), um eine größere Übereinstimmung zwischen den Diagnosen verschiedener Fachleute zu erreichen.

13.2.1
Ziele der Klassifikation

Ein Diagnosesystem ist dann besonders wertvoll, wenn es die 3 folgenden Eigenschaften aufweist:

- *Weitverbreitete, knappe Sprache.* Um die schnelle und klare Verständigung zwischen den Psychologen und Psychiatern zu erreichen, die sich mit psychischen Störungen befassen, braucht man einen Grundbestand an Bezeichnungen, über deren Bedeutung Übereinstimmung besteht. Eine **diagnostische Kategorie**, wie beispielsweise »Depression«, faßt eine umfangreiche und komplexe Sammlung von Informationen zusammen, einschließlich der charakteristischen Symptome und des Verlaufs der Störung. Denjenigen, die in Kliniken mit psychisch gestörten Menschen zu tun haben – wir werden in der Folge von »Klinikern« sprechen – hilft ein eingeführtes und klares Diagnosesystem dabei, sich über die Patienten eindeutig und präzise zu verständigen. Gleichermaßen ist es unabdingbar, daß Forscher sich darüber einig sind, welche Erscheinungsformen von Störungen in der einen oder anderen Theorie, Untersuchung und Beobachtung gemeint sind.
- *Klärung der Ätiologie.* Idealerweise sollte die Diagnose einer spezifischen Störung auch Klarheit über die Ursachen der Symptome bringen, also die **Ätiologie** der Störung klären. Da über die Entstehungsgeschichte vieler psychischer Störungen noch immer viel Unklarheit besteht, ist diese Eigenschaft von Diagnosesystemen eher ein Ideal als Realität.

- *Behandlungsplan.* Eine vorbildliche Diagnose sollte auch einen Vorschlag für die angemessene Behandlung enthalten. Forscher und Kliniker haben herausgefunden, daß bestimmte Behandlungen oder Therapien bei manchen Störungen besser wirken als bei anderen (vgl. Abschn. 14.6). Beispielsweise können Medikamente, die sich bei der Behandlung schizophrener Patienten als sehr wirksam erwiesen haben, sich bei Personen mit Depressionen als unwirksam oder sogar schädlich erweisen. Weitere Fortschritte in unserem Wissen über die Wirksamkeit und Spezifität von Behandlungen werden schnelleren und zuverlässigeren Diagnosen ein noch größeres Gewicht geben.

13.2.2
DSM-IV und ICD-10

Die weltweit gebräuchlichsten und fundiertesten Klassifikationssysteme für psychische Erkrankungen sind das von der *American Psychiatric Association* entwickelte *Diagnostic and Statistical Manual of Mental Disorders (DSM)* und die von der Weltgesundheitsorganisation WHO entwickelte *International Classification of Diseases (ICD)*.

Das DSM ist 1994 in der 4. Ausgabe erschienen – deshalb trägt es jetzt den Kurztitel DSM-IV. Mittlerweile liegt auch eine deutsche Bearbeitung vor (Saß et al. 1996). Das DSM-IV klassifiziert, definiert und beschreibt mehr als 200 psychische Störungen. Um die Schwierigkeiten zu verringern, die sich daraus ergeben, daß sich die einzelnen Ansätze zum Verständnis psychischer Störungen sehr unterscheiden, konzentriert sich das DSM-IV auf die *Beschreibung* von Symptomen und Störungsverläufen und läßt Theorien zu Ätiologien und Behandlungsvorschläge in den Hintergrund treten. Rein deskriptive Begriffe erlauben es Klinikern und Forschern eher, eine gemeinsame Sprache für die Problembeschreibung zu finden und dennoch genügend Raum für unterschiedliche theoretische Interpretationen und Modelle zu lassen.

Um Kliniker zu ermutigen, die psychologischen, sozialen und physischen Faktoren, die mit einer Störung verbunden sein können, zu berücksichtigen, verwendet das DSM-IV sog. Dimensionen oder Achsen, auf denen diese Arten von Informationen beschrieben werden (vgl. Tabelle 13.1).

- Die wichtigsten klinischen Störungen befinden sich auf Achse I. Darunter fallen auch alle Störungen,

Tabelle 13.1. Die 5 Achsen des DSM-IV. (Beschreibungen aus der amerikanischen Ausgabe, eig. Übers.)

Achse	Art der Information	Beschreibung
Achse I	Klinische Störungen	Diese Störungen repräsentieren Symptome oder Muster von Verhaltensauffälligkeiten oder psychischen Problemen, die typischerweise schmerzhaft sind oder einen Funktionsbereich der Person beeinträchtigen. Darunter fallen auch Störungen, die im Säuglingsalter, in der Kindheit oder im Jugendalter in Erscheinung treten.
Achse II	a. Persönlichkeitsstörungen b. Geistige Behinderung	Es handelt sich um unangemessene Wahrnehmungsmuster und Verhaltensweisen.
Achse III	Allgemeiner medizinischer Zustand	Auf dieser Achse werden organische Probleme aufgeführt, die für das Verständnis oder die Behandlung der psychischen Störungen auf den Achsen I und II bedeutsam sein könnten.
Achse IV	Psychosoziale Schwierigkeiten und Belastungen durch die Umwelt	Auf dieser Achse werden psychosoziale Belastungen und Umweltbelastungen beschrieben, die die Diagnose und Behandlung der psychischen Störung und die Wahrscheinlichkeit der Genesung beeinflussen könnten.
Achse V	Erfassung des generellen Funktionszustands der Person	Hier geht es um das allgemeine Funktionsniveau (Angepaßtheit) der Person in psychologischer und sozialer Hinsicht und im beruflichen Bereich.

die in der Kindheit entstehen, abgesehen von geistiger Behinderung.

- Auf Achse II werden geistige Behinderung und Persönlichkeitsstörungen aufgeführt – also Probleme, die mit Störungen der Achse I verbunden sein können.
- Auf Achse III sind generelle medizinische Informationen (z. B. über Diabetes) angesiedelt, die wichtig sein können, um die Störungen der Achsen I und II verstehen und behandeln zu können.

Auf den Achsen IV und V befinden sich Zusatzinformationen für die Planung der Behandlung und vor allem für die Erstellung einer Prognose, also einer Voraussage über den weiteren Verlauf der Störung.

- Achse IV erfaßt die psychosozialen Schwierigkeiten und Probleme, die sich aus der Umwelt des Patienten ergeben und die erklären können, warum er Streßreaktionen zeigt und welche Ressourcen er zur Streßbewältigung einsetzen kann.
- Auf Achse V wird eine globale Einschätzung des Funktionsniveaus der Person vorgenommen.

Eine vollständige individuelle Diagnose im Sinne des DSM-IV verlangt, daß die Person auf allen 5 Dimensionen eingestuft worden ist.

> **!** Das DSM-IV ist nach Angaben der Autoren vollständig kompatibel mit dem zweiten großen Diagnosesystem für psychische Störungen, der ICD-10. Die Kompatibilität (Vereinbarkeit) wurde dadurch erreicht, daß die jeweiligen Autorengruppen eng zusammengeareitet haben. Das DSM-IV enthält einen Anhang (Anhang H der amerikanischen Ausgabe), in dem die beiden Diagnosesysteme in der Art einer Synopse einander gegenübergestellt werden.

In der **ICD-10** werden neben einer Beschreibung der wesentlichen klinischen Charakteristika für jede Störung auch wichtige weitere, aber weniger spezifische Merkmale angegeben. Diagnostische Leitlinien geben dann die Anzahl und Gewichtung der Symptome an, die zur Erstellung einer sicheren Diagnose erforderlich sind. Sie wurden so formuliert, daß dem Diagnostiker ein gewisser Spielraum bei seiner Entscheidung verbleibt.

Die deutsche Ausgabe der ICD-10 enthält das Kapitel V der ICD-10 und »stellt im wesentlichen eine *Übersetzung* und keine Bearbeitung« der amerikanischen Ausgabe dar (Dilling et al. 1993, S. 9). Im Vorwort findet sich folgende kritische Anmerkung: »Die Herausgeber stimmen nicht in allen Einzelheiten mit dem neuen Klassifikationskonzept überein. Es bildet einen Kompromiß zwischen den Erfordernissen verschiedener Sprach- und Kulturräume, der zwar durchaus kontrovers diskutiert wurde, aber auch im deutschen Sprachraum voll zu übernehmen ist. . . . Bei der Übersetzung wurde versucht, einen Mittelweg zwischen einer möglichst eng am Text orientierten Übertragung und einer angemessenen sprachlichen Fassung zu finden« (a. a. O.).

Wir werden uns in diesem Kapitel auf das DSM-IV stützen, das auch im deutschsprachigen Raum vor allem in der Forschung verbreitet ist.

13.2.3
Die Entwicklung der diagnostischen Kategorien des DSM-IV

> **!** Mit jeder Neufassung des DSM – von der ersten bis zur vierten Version – haben sich die diagnostischen Kategorien und die Methoden der Darstellung dieser Kategorien verändert. Darin spiegelt sich der Wandel in den Auffassungen der meisten Psychiater und Psychologen darüber, was genau eine psychische Störung ist und wo die Abgrenzungen zwischen verschiedenen psychischen Störungen zu ziehen sind. Es zeigt aber auch, wie sich die öffentliche Meinung darüber, was »gestört« und was »abnorm« ist, gewandelt hat.

Bei jeder Revision des DSM wurden einige Diagnosekategorien weggelassen und andere hinzugefügt. Zum Beispiel wurde mit der Einführung des DSM III im Jahre 1980 die traditionelle Trennung zwischen neurotischen und psychotischen Störungen aufgegeben.

- **Neurosen** oder neurotische Störungen wurden ursprünglich als relativ verbreitete psychologische Probleme angesehen, bei denen keine Anzeichen von Hirnanomalien vorliegen, keine schwerwiegenden Erscheinungen irrationalen Denkens zu beobachten sind und die betroffene Person keine grundlegenden Normen verletzt, aber dennoch eine subjektive Belastung empfindet und Formen der Selbstquälerei oder unangemessene Bewältigungsstrategien aufweist.
- **Psychosen** oder psychotische Störungen wurden ursprünglich nach Art und Schweregrad von Neurosen unterschieden. Man nahm an, daß eine Psychose eine markante Verletzung sozialer Normen einschließt und von gravierenden Störungen im rationalen Denken und generell in den kognitiven und emotionalen Prozessen begleitet wird.

Das für die Erstellung des DSM-III-R (erschienen 1987) zuständige Autorenkomitee kam zu der Auffassung, daß die Begriffe »Neurose« und »Psychose« mittlerweile eine so allgemeine Bedeutung angenommen hatten, daß sie als diagnostische Kategorien nicht mehr

brauchbar waren. (Allerdings werden sie im Alltagsjargon immer noch von vielen Klinikern zur generellen Charakterisierung der Störung einer Person gebraucht.)

Es gibt sogar Diagnosekategorien, die im Laufe der Überarbeitungen des DSM aufgenommen und wieder gestrichen wurden. Eines der besten Beispiele ist die Kategorie der **Homosexualität**. 1973 hatte sich die *American Psychiatric Association* dafür ausgesprochen, Homosexualität von der Liste der psychischen Störungen zu streichen. Bis dahin war es als echte Störung behandelt worden! Der Meinungswandel unter Psychiatern war vor allem durch Studien ausgelöst worden, in denen gezeigt werden konnte, daß homosexuelle Männer und lesbische Frauen eine gute psychische Gesundheit aufwiesen. Im DSM-IV ist Homosexualität nur dann eine relevante Diagnosekategorie, wenn eine Person »wegen ihrer sexuellen Orientierung anhaltendes und schwerwiegendes Leiden erlebt« (DSM-IV, S. 538; eig. Übers.). Dieses Kriterium sollte natürlich in gleicher Weise für heterosexuelle Personen gelten, die unter ihrer sexuellen Orientierung leiden.

13.3
Wichtige Kategorien psychischer Störungen

Im Mittelpunkt unserer Übersicht über die wichtigsten psychischen Störungen stehen die Störungen, die auf Achse I des DSM-IV eingeordnet werden, aber wir werden zu Beginn auch einige der Persönlichkeitsstörungen besprechen, die auf Achse II aufgelistet sind (vgl. Tab. 13.1). Aus Platzgründen müssen wir 3 Hauptgruppen ausklammern:

- Es handelt sich dabei erstens um die *somatoformen Störungen,* bei denen körperliche (»soma«) Symptome, wie etwa Lähmungen und Gliederschmerzen, vorliegen, ohne daß organische Ursachen auszumachen sind. In diese Kategorie fällt beispielsweise auch das Erscheinungsbild der Hysterie.
- Zweitens entfallen in unserer Darstellung *Störungen, die auf Drogenmißbrauch zurückzuführen sind.* Hierbei geht es um die Abhängigkeit und den Mißbrauch sowohl von Alkohol als auch von psychoaktiven Drogen. In Abschn. 4.5 haben wir kurz über die unmittelbaren und die langfristigen Symptome berichtet.
- Die dritte diagnostische Kategorie, der wir uns hier nicht widmen können, ist die Gruppe der *Störungen, deren Beginn typischerweise im Kleinkindalter, der*

Eine zwanghafte Beschäftigung mit dem Gewicht

In den letzten Jahrzehnten ist die Häufigkeit zweier Eßstörungen, der Anorexia nervosa und der Bulimie, dramatisch gestiegen. Diese Störungen können die Gesundheit ernsthaft schädigen, in einigen Fällen sogar zum Tod führen.

Anorexia nervosa (Magersucht) ist eine Eßstörung, bei der die Betroffenen sich selbst wie unter Zwang aushungern. Oft setzt sie ein, wenn eine junge Frau sich etwa um die Zeit der Pubertät der Veränderungen ihres Körpers bewußt wird oder wenn jemand vorschlägt, sie solle auf ihr Gewicht achten. Ihre Nahrungsaufnahme gerät irgendwann außer Kontrolle bis hin zu dem Punkt, an dem sie mehr als 25% ihres Körpergewichtes verliert.

Die Frau entwickelt eine intensive Angst davor, korpulent zu werden, obwohl sie untergewichtig ist. Tatsächlich kann ein gestörtes »Körperbild« ein Kernmerkmal dieser Störung sein. Sie sieht sich selbst möglicherweise als »zu dick«, obwohl sie ausgemergelt ist. Einige der Auswirkungen dieser »Gewichtsphobie« sind das Ausbleiben der Menstruation, Störungen des Magens und der Verdauungsorgane, Herzrhythmusstörungen sowie niedriger Blutdruck und Pulsschlag. Die Anorektikerin bestreitet oft, daß sie ein Problem hat, selbst wenn sie immer schwächer wird. Sie kann schließlich so geschwächt sein, daß sie bettlägerig wird und intravenös ernährt werden muß, damit sie nicht verhungert.

Das Paradoxe bei der Anorexie ist, daß sie üblicherweise bei jungen Frauen auftritt, bei denen eigentlich alles in bester Ordnung zu sein scheint. Sie erbringen gute Leistungen in der Schule oder im Studium, sie sind attraktiv und sprühen vor Energie. Sie haben während der beginnenden Adoleszenz keine allzu stürmischen Phasen erlebt, und ihre Familien können nach außen wie »das vollkommene Glück« aussehen. Hinter der perfekten Fassade liegen jedoch Depression, ein geringes Selbstwertgefühl, emotionale Konflikte und Störungen der familiären Beziehungen.

Bulimie ist eine Eßstörung mit wiederkehrenden Phasen von »Freßanfällen«, wobei in kurzer Zeit – gewöhnlich weniger als 2 h – eine große Menge kalorienreicher, leicht aufzunehmender Speisen gegessen wird. Nach einem solchen Anfall wird die von Bulimie betroffene Person oft versuchen, das Essen, das sie zu sich genommen hat, durch erzwungenes Erbrechen, durch Mißbrauch von Abführmitteln, Einläufe, harntreibende Medikamente und andere Mittel wieder loszuwerden. Es ist ihr bewußt, daß ihr Eßverhalten nicht normal ist, und oft hat sie Angst, sie sei unfähig, einen Heißhungeranfall zu kontrollieren oder zu beenden. Im Unterschied zur Anorexie tritt Bulimie bei Menschen aller Gewichtsklassen auf, von den Dünnen bis zu den Übergewichtigen. Bulimisches Verhalten ist etwas, was üblicherweise privat betrieben wird. Folglich ist es oft schwer zu entdecken.

Das extrem gestörte Eßverhalten bei der Bulimie zieht zahlreiche medizinische Komplikationen nach sich. Dazu gehören chronischer Durchfall, Austrocknung (Dehydration), Verletzungen der Speiseröhre und des Magens, Nierenversagen und Störungen des Elektrolythaushalts, die zu Herzversagen führen können. Wie bei der Anorexie leiden auch bei der Bulimie die Betroffenen oft an einer typischen Depression (s. unten in diesem Abschnitt).

Bei der Anorexie wie bei der Bulimie geht es nicht einfach darum, daß Frauen versuchen, dünn zu sein. Das Muster des gestörten Eßverhaltens ist lediglich die Spitze des Eisbergs, Symptom tiefer liegender emotionaler Konflikte. Folglich erfordert die Behandlung sowohl medizinische als auch psychologische Betreuung (Andersen 1985; Swift et al. 1986).

Kindheit oder der Adoleszenz liegt. Hierzu gehört die geistige Behinderung ebenso wie das Stottern und der Autismus, also Kommunikationsstörungen.

Bei der Darstellung der **Eßstörungen** beschränken wir uns auf 2 Formen, die bei jungen Frauen besonders häufig sind: die **Anorexia nervosa** und **Bulimie**. Wir beschreiben sie im Abschn. **Unter der Lupe**. Weitere Eßprobleme, wie die Fettleibigkeit und das Hungern, sind jedoch bereits in Abschn. 8.6 aus der Perspektive der Gesundheitspsychologie diskutiert worden.

Wir werden uns im folgenden darauf konzentrieren zu beschreiben, wie die verschiedenen Störungen für den Beobachter aussehen und wie sie von den Betroffenen erlebt werden. Wir werden also *deskriptiv* vorgehen. In den meisten Fällen werden wir uns, was Erklärungsansätze angeht, zurückhalten. Auf Erklärungsversuche speziell zur Schizophrenie gehen wir dann in Abschn. 13.4 ein, wenn Sie eine bessere Vorstellung von der Störung gewonnen haben, um die es hier geht.

13.3.1
Persönlichkeitsstörungen

Im DSM-IV werden 10 verschiedene Persönlichkeitsstörungen beschrieben. Wir wählen für unsere Darstellung 4 davon aus: die narzißtische, die paranoide, die zwanghafte und die antisoziale Persönlichkeitsstörung. Was ist ihnen gemeinsam?

> **!** »Eine **Persönlichkeitsstörung** ist ein überdauerndes, um sich greifendes Muster innerer Erfahrungen und des Verhaltens, das von den Erwartungen der Kultur, in der die Person lebt, abweicht. Es ist nicht flexibel, zeigt sich erstmals im Jugend- oder frühen Erwachsenenalter, ist stabil und führt zu subjektivem Leiden oder einer Beeinträchtigung der psychischen Funktionsfähigkeit« (DSM-IV, S. 629; eig. Übers.).

Narzißtische Persönlichkeitsstörung

Wir alle kennen Menschen, die von sich selbst besonders beeindruckt zu sein scheinen. Bevor entsprechende Verhaltensweisen jedoch als **narzißtische Persönlichkeitsstörung** zu beschreiben sind, müssen bestimmte Kriterien erfüllt sein. Menschen, die diese Störung aufweisen, haben ein übertriebenes Gefühl der eigenen Bedeutung, sie beschäftigen sich vorwiegend mit Erfolgs- oder Machtphantasien und haben ein Bedürfnis nach ständiger Anerkennung oder Bewunderung – auch ohne besondere Leistungen erbracht zu haben. Das übertriebene Selbstwertgefühl kann mit Empfindungen besonderer Wertlosigkeit wechseln. Auf Kritik oder auf Niederlagen hin reagieren von dieser Störung Betroffene mit scheinbarer Gleichgültigkeit oder mit deutlichen Überreaktionen. Schließlich haben sie Schwierigkeiten in zwischenmenschlichen Beziehungen: Sie fühlen sich berechtigt, besondere Gefälligkeiten entgegenzunehmen, ohne entsprechende Verpflichtungen einzugehen, sie beuten andere aus, um den eigenen Neigungen freien Lauf zu lassen, sie haben Beziehungen, die zwischen Überbewertung und völliger Ablehnung schwanken, und es fehlt ihnen an Empathie für die Gefühle anderer.

Paranoide Persönlichkeitsstörung

Personen mit einer **paranoiden Persönlichkeitsstörung** zeigen ein konsistentes (durchgängiges) Muster von Mißtrauen und Verdächtigungen gegenüber den Motiven der Menschen, mit denen sie zu tun haben. Sie vermuten ständig, daß andere sie täuschen oder ihnen etwas antun wollen. Auch in harmlosen Situationen finden sie immer Hinweise auf Bedrohungen und Konspiration. Sogar Freunde, Familienmitglieder oder Lebenspartner werden des Verrats und fehlender Loyalität bezichtigt.

Zwanghafte Persönlichkeitsstörung

Menschen, die eine **zwanghafte Persönlichkeitsstörung** aufweisen, sind aufgabenorientierte Perfektionisten, die sich ihrer Arbeit in übertriebener Weise bis zum Ausschluß jedes Vergnügens hingeben. Menschen, die von dieser Störung betroffen sind, zeigen oft eine Unfähigkeit, warme und zärtliche Gefühle auszudrücken. Sie können stur darauf bestehen, daß andere ihre Arbeitsweise übernehmen, während sie selbst sich der Autorität anderer widersetzen. Sie beschäftigen sich besonders gern mit Regeln, Rollen und Trivialitäten, wobei sie alles sehr genau nehmen und die Bedürfnisse anderer ignorieren. Gerne fällen sie Urteile über sich und andere. Typischerweise vermeiden oder verschieben sie Entscheidungen oder das Abschließen von Projekten – möglicherweise, weil sie überaus stark fürchten, Fehler zu begehen.

Antisoziale Persönlichkeitsstörung

Menschen mit **antisozialen Persönlichkeitsstörungen** verursachen oft Probleme für uns alle. Sie fangen früh damit an, indem sie im Klassenzimmer stören, Prügeleien anstiften, von zu Hause weglaufen, eine Vielzahl wechselnder sexueller Beziehungen haben und ständig ihren Job wechseln. Ihre Problemgeschichte geht weiter, und später sind unter den chronischen antisozialen Verhaltensweisen die Verletzung der Rechte anderer und die Zurückweisung akzeptierter sozialer Normen. Es kommt zum Gesetzesbruch, der Entwicklung eines kriminellen Lebensstils, und am Ende steht das Gefängnis. Tatsächlich werden annähernd 80% aller Kriminellen als antisoziale Persönlichkeiten diagnostiziert (Guze et al. 1969).

Wir sollten auch einige andere Merkmale beachten, die bei Personen mit einer antisozialen Persönlichkeitsstörung zu finden sind. Sie empfinden weder Scham noch irgendein anderes intensives Gefühl – folglich können sie in Situationen, die andere Menschen erregen und verstören würden, unbeteiligt und kalt bleiben.

Ihnen fehlen auch Gewissensregungen und Verantwortungsgefühl gegenüber anderen Menschen. Diese unzureichend sozialisierten Personen werden auch als **Soziopathen** bezeichnet.

Persönlichkeitsstörungen sind unter allen psychischen Störungen diejenigen, die am wenigsten reliabel beurteilt werden – deshalb sind sie eine umstrittene diagnostische Kategorie. Die Experten sind sich nicht einmal darüber einig, ob eindeutig und zuverlässig behauptet werden kann, daß Persönlichkeitsstörungen überhaupt existieren. Die einzige Ausnahme ist die antisoziale Persönlichkeitsstörung, die immer mit hoher Reliabilität diagnostiziert werden kann.

Kontrovers ist auch die Frage, ob die auffälligen, langdauernden Verhaltens- und Erlebensmuster gestörter Persönlichkeiten *unabhängig von dem Kontext* bewertet werden können, in dem sie sich entwickelt haben. Ökonomische, soziale, familiäre und kulturelle Lebensumstände haben möglicherweise zu den beobachteten Symptomen eines Patienten beigetragen und vermögen diese überzeugender zu erklären als die Etikettierung mit dem *Label* »Persönlichkeitsstörung«.

13.3.2 Dissoziative Störungen

Haben Sie je eine Verabredung vergessen, die Sie eigentlich auch nicht einhalten wollten? Unerwünschte, gefürchtete Situationen können durch derartige kleine Streiche des Gedächtnisses vermieden werden. Das »Vergessen« hält Sie fern von einer Situation, die für Ihr Selbstwertgefühl oder Ihr Wohlergehen bedrohlich sein könnte, Sie können jedoch nicht beschuldigt werden, Sie hätten die Situation absichtlich gemieden – Sie hatten die Angelegenheit einfach vergessen. *Extremfälle* dieses ansonsten eher alltäglichen Vorgangs – plötzliche vorübergehende Veränderungen des Bewußtseins in Form von schweren Gedächtnisausfällen, der Verlust der persönlichen Identität – sind wichtigste Merkmale einer dissoziativen Störung.

> **!** Eine **dissoziative Störung** ist eine wesentliche Beeinträchtigung der Integration von Identität, Gedächtnis und Bewußtsein. Normalerweise ist es für uns wichtig, daß wir ein Gefühl der Kontrolle unseres eigenen Verhaltens haben, unserer Emotionen, Gedanken und Handlungen. Wichtig für diese Wahrnehmung der Selbstkontrolle ist die Erfahrung der Integrität des Selbst – daß verschiedene Aspekte des Selbst konsistent aufeinander bezogen sind und daß unsere Identität über die Zeit und unabhängig vom Ort fortbesteht.

Die Forschung nimmt heute an, daß im Falle von dissoziativen Zuständen Personen ihren Konflikten zu entkommen versuchen, indem sie diese Konsistenz und Kontinuität aufgeben – in gewissem Sinne einen Teil von sich selbst verleugnen. Ein Beispiel für eine Dissoziation liegt vor, wenn man die Details eines traumatischen Erlebnisses nicht erinnern kann, obwohl es keine neurologischen Anzeichen für einen Gedächtnisausfall gibt. Es handelt sich hier um eine Amnesie, eine Form der dissoziativen Störung, auf die wir im folgenden näher eingehen werden. Als zweites Beispiel dieser Störungskategorie besprechen wir das Erscheinungsbild der multiplen Persönlichkeit oder dissoziativen Persönlichkeitsstörung.

Psychogene Amnesie

Das Hauptmerkmal der **psychogenen Amnesie** ist die plötzlich einsetzende Unfähigkeit, wichtige persönliche Daten zu erinnern, ohne daß neurologische Störungen vorlägen. Es geht also um ein psychisch bedingtes (»psychogenes«) Ausblenden bestimmter Erinnerungen.

- Ihre häufigste Form ist die *lokalisierte Amnesie,* bei der alle Ereignisse aus einer bestimmten Phase, die üblicherweise mit einer traumatischen Erfahrung zusammenhängen, vergessen werden. Ein Vergewaltigungsopfer hat möglicherweise eine Erinnerungslücke von dem Moment an, als sich jemand ihm näherte, bis zu dem Zeitpunkt, als es ein Polizeirevier betrat.
- Bei der *selektiven Amnesie* werden nur einige der traumatischen Ereignisse vergessen. Das Opfer könnte sich daran erinnern, wie der Vergewaltiger aussah, aber keine genaue Erinnerung an die Einzelheiten der Gewalttat selbst haben.

Seltenere Formen sind

- die *generalisierte Amnesie,* bei der die Erinnerungsstörung das ganze Leben des betroffenen Individuums umfaßt, und
- die *kontinuierliche Amnesie,* bei der die Erinnerung an Ereignisse von einem bestimmten Zeitpunkt an bis in die Gegenwart nicht mehr möglich ist.

Die dissoziative Identitätsstörung (multiple Persönlichkeit)

Eine der dramatischsten Formen einer radikalen Bewußtseinsveränderung tritt bei Menschen auf, die eine dissoziative Identitätsstörung entwickeln. Der Begriff der **dissoziativen Identitätsstörung** hat im DSM-IV die bisherige Bezeichnung »**multiple Persönlichkeit**« für dieses Störungsbild abgelöst.

> **!** Die dissoziative Identitätsstörung (»dissociative identity disorder«; DID) ist eine dissoziative Störung, bei der in einem Individuum 2 oder mehr unterschiedliche eigenständige Persönlichkeiten existieren. Zu jedem Zeitpunkt dominiert immer eine dieser Persönlichkeiten das Verhalten.

Die einzelnen Persönlichkeiten sind sich der Existenz der jeweils anderen in unterschiedlichem Ausmaß bewußt. Sie verfügen über eine einzigartige Identität, einen eigenen Namen, eigene soziale Beziehungen, Verhaltensmuster und sogar über typische Gehirnwellenaktivitäten. In einigen Fällen entwickeln sich Dutzende von Charakteren, um dem Individuum zu helfen, mit einer schwierigen Lebenssituation zurechtzukommen. Die Entstehung dieser unterschiedlichen Persönlichkeiten, deren jede ein eigenes Bewußtsein hat, erfolgt ganz plötzlich auf streßreiche Erfahrungen hin.

Populärwissenschaftlich wird für dissoziative Identitätsstörungen manchmal auch die Bezeichnung »geteilte Persönlichkeit« gebraucht, und es kommt auch häufig vor, daß diese dissoziative Störung fälschlicherweise nicht von der Schizophrenie unterschieden wird (s. unten in diesem Abschnitt). Schizophrene Personen haben zwar eine beeinträchtigte Persönlichkeit, aber keine Aufteilung in verschiedene Identitäten.

Patienten, die von dieser Störung betroffen sind, sprechen am besten auf eine Behandlung an, in deren Mittelpunkt hypnotherapeutische Techniken stehen (vgl. Abschn. 4.5). Unter Hypnose kommen die unterschiedlichen Persönlichkeiten hervor, und der Therapeut kann dem Patienten helfen, einige von ihnen zu eliminieren, andere hingegen zu einem wirklichen einzigen Selbst zu integrieren. Im Abschn. **Experiment** gehen wir näher auf eine Untersuchung ein, die Hinweise darauf gibt, daß die dissoziative Identitätsstörung in der Folge von Mißbrauchserfahrungen entstanden ist und auf welche Weise die mißbrauchte Person die **Dissoziation** zum Umgang mit dem Trauma des Mißbrauchs einsetzt.

13.3.3
Sexuelle Störungen

Durch **Sexualität** fühlen wir uns zu anderen hingezogen, teilen wir große Intimität, genießen sinnliche Freuden und entdecken dabei möglicherweise die romantische Liebe. Diese Annehmlichkeiten der Sexualität werden erlernt durch Erfahrung, tägliche Beobachtung, Literatur, die Massenmedien. Andererseits wird auch eine entgegengesetzte Botschaft vermittelt: Sexualität ist gefährlich. Sie kann eine Waffe sein, durch die Menschen zurückgewiesen, mißbraucht, vergewaltigt werden – durch die wir andere verletzen können.

Unsere Gesellschaft hält für sexuelle Impulse sowohl attraktivste Verlockungen als auch stärkste Abschreckungsmittel bereit. Dadurch wird Sexualität für viele Menschen zu einer konfliktbeladenen Erfahrung. Die Tabuisierung der Sexualität verhindert immer noch in

---

EXPERIMENT

Dissoziative Identitätsstörungen und Mißbrauch
Bei Patienten mit dissoziativer Identitätsstörung handelt es sich typischerweise um Frauen, die während ihrer Kindheit über lange Zeit von ihren Eltern, Verwandten oder engen Freunden körperlich schwer mißhandelt oder sexuell mißbraucht wurden. Möglicherweise wurden sie von Menschen, die sie hätten lieben sollen und von denen sie so abhängig waren, daß sie sich nicht wehren oder weglaufen konnten, geschlagen oder eingesperrt. Durch die Dissoziation sind sie symbolisch geflüchtet. Sie schützen ihr verwundbares Selbst, indem sie härtere innere »Schauspieler« und »Schauspielerinnen« schaffen, die ihnen helfen, die traumatische Situation zu bewältigen. Irgendwie konstruieren diese mißbrauchten Kinder sich eine andere Wirklichkeit und leben sich darin so ein, daß sie zum Ersatz der tatsächlichen Realität wird.

In einer Untersuchung wurden 450 Kliniker befragt, die Fälle dissoziativer Identitätsstörungen und – zum Vergleich – typischer Depressionen (s. unten in diesem Abschnitt) behandelt hatten. Bei den meisten Patienten mit dissoziativer Identitätsstörung handelte es sich um Frauen mit hoher Intelligenz und Kreativität. Wie Tabelle 13.2 außerdem zeigt, hat fast immer Mißbrauch vorgelegen. Die Mehrzahl der Betroffenen hatte »imaginäre Gefährten«, und mehr als drei Viertel entwickelten Multiple Persönlichkeiten (R. Shultz, pers. Mitteilung, 20.08.1986).

Tabelle 13.2. Merkmale der dissoziativen Identitätsstörung (multiple Persönlichkeit). Zur Verdeutlichung der Besonderheiten der dissoziativen Identitätsstörung wird dieses Störungsbild der typischen Depression gegenübergestellt

	Anteil [%] bei Patienten mit der Diagnose »Dissoziative Identitätsstörung« (n = 355)	Anteil [%] bei Patienten mit der Diagnose »Typische Depression« (n = 235)
Mißbrauch Inzidenz	98	54
Arten des Mißbrauchs		
körperlich	82	24
sexuell	86	25
psychisch	86	42
Vernachlässigung	54	21
alle oben genannten	47	6
körperlich und sexuell	74	14
Geschlecht: weiblich	90	73
IQ: zwischen 111 und 140	80	39
Kreativität: hoch	81	39
Phänomen des imaginären Gefährten Inzidenz		
auf allen Altersstufen	60	12
Nach dem 6. Lebensjahr	49	10
Entwicklung von Subpersönlichkeit [%]	79	–

vielen Familien und in den Schulen ein offenes Gespräch über sexuelle Angelegenheiten. So kommt es, daß Unwissenheit und falsche Mythen erhalten bleiben.

Bei **sexuellen Störungen** handelt es sich um Probleme sexueller Hemmungen, um Funktionsstörungen und um sexuelle Perversionen. Allerdings muß betont werden, daß es innerhalb des normalen Bereichs sexuellen Verhaltens und der Einstellung zur Sexualität beträchtliche individuelle Unterschiede gibt. Es wäre voreilig, alles, was *anders* ist, als »Störung« zu etikettieren.

Sexuelle Hemmungen und Funktionsstörungen

Der normale sexuelle Reaktionszyklus hat 3 Phasen; in jeder Phase können Hemmungen das sexuelle Begehren, die sexuelle Erregung oder die Durchführung sexueller Handlungen stören:

- Ist das anfängliche sexuelle Begehren gehemmt, so hat die Person keine Phantasien oder Gedanken über die angenehme Natur sexueller Aktivitäten.
- Die sexuelle Erregung kann während des Vorspiels gehemmt sein.
- Schließlich können psychische Probleme dazu führen, daß es im Verlauf des Geschlechtsverkehrs zu früh, verzögert oder gar nicht zum Orgasmus kommt.

Wenn solche Hemmungen öfter in einem Kontext auftreten, der ansonsten für sexuelle Aktivitäten angemessen ist, werden sie als psychosexuelle Störungen betrachtet.

Manchmal sind die Ursachen für diese Störungen in körperlichen oder situativen Faktoren zu finden – wenn jemand beispielsweise versucht, sexuell aktiv zu werden, obwohl er unter dem Einfluß von Alkohol oder Drogen steht, oder wenn er abgespannt oder müde ist. Andernfalls richtet sich die Aufmerksamkeit eines behandelnden Therapeuten auf psychosoziale Faktoren. Er versucht herauszufinden, ob die Beziehung eines Paares gestört ist oder ob die Hemmung etwas mit den sexuellen Praktiken der Partner zu tun hat. Als überzogen wahrgenommene Forderungen oder die vermißte Einfühlung des Partners können bei **sexuellen Hemmungen** und **sexuellen Funktionsstörungen** eine entscheidende Rolle spielen.

Sexuelle Perversionen (Paraphilien)

Während für die meisten Menschen während des sexuellen Reaktionszyklus keine Probleme entstehen, ist für Personen mit **sexuellen Perversionen (Paraphilien)** die Erregung nur im Kontext ungewöhnlicher Praktiken oder in Begleitung von bizarren Phantasien möglich. Die Abweichung vom Normalen liegt in den Gedanken oder Handlungen, zu denen sie sich hingezogen fühlen.

> **!** Für Personen mit sexuellen Perversionen ist das Vorhandensein unüblicher sexueller Objekte, sexueller Praktiken oder Umstände unbedingte und nicht dem Willen unterworfene Voraussetzung für sexuelle Erregung. Pädophilie, Fetischismus, Voyeurismus, Masochismus und Sadismus zählen zu den sexuellen Perversionen.

- *Pädophilie* ist eine Paraphilie, bei der es darum geht, daß ein Erwachsener präpubertäre Kinder in seine sexuellen Aktivitäten einbezieht oder daß seine Phantasien solche Handlungen betreffen.
- Beim *Fetischismus* wird sexuelle Erregung wiederholt mit Hilfe nichtlebender Objekte (Fetische) erlangt. Ein Fetisch kann ein Kleidungsstück oder ein anderer Gegenstand sein, der mit jemandem verbunden ist, mit dem der Betroffene in Wirklichkeit oder in der Phantasie eine intime Begegnung hatte.
- *Voyeurismus* ist eine Paraphilie, bei der die sexuelle Erregung dadurch entsteht, daß der Betroffene andere beobachtet, die sich entkleiden, nackt sind oder sich sexuell betätigen, ohne daß die Beobachteten dies bemerken. Ein Voyeur hat nicht dasselbe Vergnügen, wenn er Striptease-Shows oder Pornomagazine oder -filme betrachtet.

Sowohl der sexuelle Masochismus als auch der sexuelle Sadismus haben mit sexueller Erregung durch die Erfahrung persönlichen Leidens zu tun.

- *Masochisten* haben eine Vorliebe für Erregung, die aus Erniedrigung entsteht – beispielsweise dadurch, daß sie sich fesseln oder schlagen lassen. Sie sind unfähig, ohne die Phantasie oder das wirkliche Erlebnis eigenen Schmerzes, der eigenen Mißhandlung und des Leidens eine angemessene sexuelle Erregung zu erreichen.
- *Sadisten* gewinnen ihre Erregung daraus, daß sie andere Personen mit oder ohne deren Einverständnis quälen, verletzen oder erniedrigen. Ist die Störung sehr schwer, so kann es geschehen, daß Sadisten ihre Opfer vergewaltigen, foltern oder töten. Aber nicht alle Vergewaltiger sind Sadisten, sondern lediglich diejenigen, deren Motiv bei der Vergewaltigung darin besteht, andere leiden zu lassen, um sexuelle Erregung zu erlangen.

Was die Paraphilien zu psychischen *Störungen* macht und nicht einfach zu extravaganten *Vorlieben,* ist die Tatsache, daß Menschen, die von einer Paraphilie betroffen sind, nur dann sexuelle Erregung erleben können, wenn das spezifische Objekt oder die spezifische Situation vorhanden ist.

Wie entwickeln sich Paraphilien? Eine Erklärung lautet, sie seien das Ergebnis einer pathologischen ersten sexuellen Erfahrung. Eine andere legt nahe, die sexuelle Abweichung entstehe durch Konditionierung, die auf sexuellen Phantasien oder auf Erinnerungen an frühe Erfahrungen sexueller Erregung beruhe. Folgendes Beispiel soll diesen Erklärungsansatz verdeutlichen:

Beim Onanieren setzt ein junger Mann wiederholt eine Phantasie oder eine erinnerte sexuelle Erfahrung als erregenden Reiz ein. Der Orgasmus, den er auf diese Weise erreicht, verstärkt die Verwendung der Phantasien oder Erinnerungen. Im Laufe der Zeit wird dieser phantasierte sexuelle Reiz zum *einzigen* Reiz, der sexuelle Erregung hervorruft. Ein Pädophiler mittleren Alters hat möglicherweise die Gewohnheit erworben, sich selbst zu befriedigen, wobei er sich an seine erste vorpubertäre sexuelle Erregung erinnerte. Er wurde älter, seine Phantasiepartner jedoch blieben Kinder.

Die jeweilige Theorie und der Stand des Wissens über die Ursprünge der sexuellen Perversionen haben entscheidende Implikationen für deren Behandlung. So wären etwa im beschriebenen Falle des Pädophilen mittleren Alters Verfahren der Umkonditionierung angebracht (Marquis 1970; McGuire et al. 1965), wenn man sich auf den theoretischen Rahmen der Verhaltenstherapie einläßt (vgl. Abschn. 14.3).

13.3.4
Angststörungen

In bestimmten Lebenssituationen empfindet jeder von uns Angst oder Furcht. Für manche Menschen wird Angst oder Furcht aber so bedrohlich, daß sie dadurch bei der Bewältigung ihrer alltäglichen Angelegenheiten oder in der Lebensfreude weitgehend eingeschränkt werden. US-amerikanische Daten weisen darauf hin, daß etwa 25% aller Erwachsenen irgendwann in ihrem Leben Symptome aufwiesen, die für die eine oder andere Form von Angststörungen typisch sind (Kessler et al. 1994).

Zwar spielt **Angst** bei allen diesen Störungen die Schlüsselrolle. Jedoch unterscheiden sie sich darin, in welchem Ausmaß Angst erlebt wird, in der Heftigkeit der Angst und in den Situationen, die die Angst auslösen. Das DSM-IV unterscheidet insgesamt 10 Typen von Angststörungen. In diesem Kapitel werden wir jedoch nur 4 wichtige Formen kennenlernen:

- die generalisierte Angststörung,
- Panikstörungen (panische Störungen),
- Phobien (phobische Störungen) und
- Zwangsstörungen.

Im DSM-IV wird begrifflich nicht zwischen *Angst* und *Furcht* unterschieden. Manche Psychologen sprechen dann von Furcht, wenn die typischen Angst-/Furchtgefühle durch ein bestimmtes Objekt oder eine bestimmte Situation ausgelöst werden. Angst bezieht sich bei dieser Begriffsverwendung auf Angstzustände ohne einen von der betroffenen Person benennbaren konkreten Auslöser.

Generalisierte Angststörung

Wenn sich eine Person sechs Monate lang die meiste Zeit ängstigt, ohne durch eine spezifische Gefahr bedrängt zu werden, so lautet die Diagnose: **generalisierte Angststörung**. Die Angsterlebnisse richten sich oft auf spezielle Lebensumstände, z. B. das finanzielle Wohlergehen oder auf die Angehörigen. Die Art und Weise, wie sich die Angst ausdrückt – die speziellen Angstsymptome – variiert von Person zu Person. Um eine generalisierte Angststörung zu diagnostizieren, muß die Person aber auch wenigstens 3 allgemein verbindliche Symptome aufweisen, wie etwa Muskelverspannungen, Müdigkeit, Konzentrationsschwächen, Ablenkbarkeit, Ruhelosigkeit und Schlafschwierigkeiten.

> ! Die generalisierte Angststörung führt zu einer Beeinträchtigung der Lebenstüchtigkeit, weil die Person ihre Besorgnis nicht kontrollieren oder beiseite schieben kann. Weil sie die Aufmerksamkeit der Angst und ihren möglichen Ursachen widmet, kann sie sich nicht in genügendem Maße ihren beruflichen oder sozialen Verpflichtungen widmen. Das Problem wird durch die körperlichen Symptome, die mit der Angst verbunden sind, noch verstärkt.

Es ist vermutet worden, daß Personen mit einer ausgeprägten Angst – ängstliche Personen – die Welt auch als bedrohlicher wahrnehmen. Im Abschn. **Experiment** beschreiben wir eine Untersuchung, die Hinweise darauf liefert, daß sich die Wahrnehmungen von sehr ängstlichen und »normalen« Personen tatsächlich unterscheiden.

Panische Angststörung (Panikstörung)

Die Merkmale der **panischen Angststörung (Panikstörung)** lassen sich verdeutlichen, wenn man sie der generalisierten Angst gegenüberstellt.

Während bei der generalisierten Angststörung die Angst chronisch vorhanden ist, erleben Patienten mit panischen Angststörungen unerwartete, schwere Panikattacken, die nur Minuten dauern. Diese Anfälle beginnen mit einem Gefühl intensiver Furcht oder Besorgnis. Sie werden von physiologischen Angstsympto-

---

EXPERIMENT

Sehen Ängstliche mehr Bedrohungen?

Patienten, die aufgrund der klinischen Diagnose als hochgradig ängstlich eingestuft worden waren, wurden mit einer Kontrollgruppe von Personen mit einem normalen Maß an Ängstlichkeit verglichen. Gemessen wurde die Aufmerksamkeit für visuelle Reize. Dargeboten wurden 48 neutrale oder eine Bedrohung signalisierende Wörter (wie Verletzung, Schmerz, Mißerfolg, einsam). Diese Wörter wurden paarweise kurz gezeigt, entweder ein neutrales Wort zusammen mit einem bedrohlichen oder 2 neutrale Wörter zusammen. Bei einem nach Zufall ausgewählten Drittel von 288 Durchgängen erschien ein Lichtfleck auf der Fläche, auf die gerade eines der 2 Wörter projiziert worden war. Die Versuchsteilnehmer drückten so schnell wie möglich einen Knopf, wenn dieses Signal erschien. Dabei war die abhängige Variable die Geschwindigkeit, mit der das Signal entdeckt wurde, wenn es ein neutrales oder ein bedrohliches Wort ersetzte.

Die hochängstlichen Personen entdeckten die Anwesenheit des Signals schneller, wenn es gleich nach einem bedrohungsbezogenen Wort erschien. Sie richteten ihre Aufmerksamkeit auf bedrohliche Reize, während die Vpn aus der Kontrollgruppe ihre Aufmerksamkeit von solchem Material abzogen. Auf diese Weise verwenden ängstliche Patienten möglicherweise einen verzerrten Enkodierungsmechanismus, der sie für die Wahrnehmung bedrohlicher Stimuli in ihrer Umwelt anfälliger macht (MacLeod et al. 1986).

men begleitet, etwa erhöhter Herzfrequenz, Atemnot, Benommenheit, Zittern, Schweißausbrüchen, Erstickungsgefühlen und Übelkeit. Die Attacken treten unerwartet auf, d. h. sie werden nicht durch konkrete Situationsmerkmale ausgelöst.

Die folgenden Auszüge, die dem Protokoll einer Panikattacke entnommen wurden, können Ihnen einen Eindruck von den panischen Angstgefühlen, die dabei empfunden werden, vermitteln: »Oh, ich werde das nicht schaffen, ich kann keine Unterstützung bekommen, ich kann niemand dazu bringen, das Gefühl zu verstehen ... es ist wie ein Gefühl, das mich vom Scheitel bis zu den Zehenspitzen überschwemmt. Und ich verabscheue dieses Gefühl. Ich fürchte mich sehr.« »Es fühlt sich so an, als ob mich alles wie etwas Heißes durchläuft, und zittrig, und mein Herz klopft wie rasend, und mein Atem geht wirklich richtig schnell, ... ich habe das Gefühl, ich muß sterben oder so.« (Muskin u. Fyer 1981, S. 81, eig. Übers.).

> **!** Die Diagnose einer Panikstörung wird dann gestellt, wenn die betroffene Person wiederholt Panikattacken hat und anfängt, sich fortwährend Sorgen zu machen, daß sie weitere Attacken haben könnte. Im DSM-IV wird danach unterschieden, ob eine panische Angststörung mit oder ohne Agoraphobie auftritt.

Agoraphobie ist eine extreme Furcht davor, sich auf offenen Flächen oder auf öffentlichen Plätzen aufzuhalten, wo es schwierig oder peinlich sein könnte, zu fliehen. Personen mit Agoraphobie fürchten üblicherweise Orte wie stark überfüllte Räumlichkeiten, Einkaufscenter, Autobusse und Autobahnen.

Sie fürchten, daß sie außerhalb ihrer Wohnung in eine schwierige Situation kommen könnten, etwa die Kontrolle über ihre Ausscheidungsorgane verlieren oder eine Panikattacke erleiden könnten, und daß dann keine Hilfe verfügbar und die Situation für sie peinlich wäre. Diese Furcht nimmt ihnen einen Teil ihrer Freiheit. Im Extremfall werden sie auf diese Weise Gefangene ihrer vier Wände.

Ist Ihnen klar, warum Agoraphobie mit Panikstörungen in Zusammenhang gebracht wird? Für manche (aber nicht für alle) Menschen mit Panikattacken kann die Furcht vor der nächsten Attacke – die Gefühle der Hilflosigkeit, die damit verbunden sind – ausreichend sein, um sie zu Gefangenen zu machen. Eine Person mit Agoraphobie mag dann zwar immer noch ihre Wohnung verlassen – aber nur mit extremen Angstgefühlen.

Phobien (Phobische Störungen)

Furcht ist eine rationale Reaktion auf eine objektiv gegebene und von der Person erkannte äußere Gefahr, z. B. auf den Ausbruch eines Feuers in der Wohnung oder auf einen Überfall auf der Straße. Sie kann zu Flucht oder zum Gegenangriff führen.

> **!** Im Gegensatz dazu leidet eine Person mit einer **Phobie** an einer hartnäckigen und irrationalen Furcht vor einem bestimmten Objekt, einer Aktivität oder Situation, die gemessen an der Realität unbegründet und unangemessen ist.

Manche Menschen fühlen sich nicht besonders wohl, wenn sie mit einer Spinne oder Schlange zu tun haben (manche allerdings auch nicht bei der Teilnahme an einem psychologischen Test). Diese gewöhnliche leichte Furcht hindert sie jedoch nicht daran, ihren alltäglichen Aktivitäten nachzugehen. Phobien jedoch verhindern angepaßtes Verhalten, erzeugen massive Gefühle des Leidens und schränken die Handlungsmöglichkeiten ein.

Eine Übersicht über verschiedene, relativ verbreitete Phobien gibt Tabelle 13.3. Im DSM-IV werden 2 Arten von Phobien unterschieden: soziale und spezifische Phobien.

Unter **sozialen Phobien** versteht man die andauernde, irrationale Furcht, die bei der Antizipation von öffentlichen Situationen, in denen man von anderen beobachtet werden kann, entsteht. Der Patient erkennt zwar, daß die Fucht übermäßig und unbegründet ist, aber dennoch treibt sie ihn an, Situationen zu vermeiden, in denen er dem öffentlichen Blick ausgesetzt ist. Soziale Phobien enthalten häufig eine sich selbst erfüllende Prophezeihung: Eine Person hat oft eine derartige Furcht vor der Öffentlichkeit und der Zurückweisung durch andere, daß diese Angst sie von vornherein in dem einschränkt, wie sie sich unter den Augen anderer Menschen verhält. Manchmal wird die soziale Phobie auch als eine extreme Form der Schüchternheit aufgefaßt.

Da viele Furchtzustände kulturübergreifend auftreten, ist die Annahme vertreten worden, daß sie zu irgendeiner Zeit in der Vergangenheit die Überlebenschancen für unsere Vorfahren begünstigt haben. Vielleicht werden Menschen mit einer Prädisposition geboren, bestimmte Dinge zu fürchten, die in der Vergangenheit mit Objekten und Situationen zusammenhingen, die ernsthafte Gefahrenquellen waren.

Tabelle 13.3. Die häufigsten Phobien. (Aus Rosenhan u. Seligman 1984)

	Ungefährer Anteil [%] an allen Phobien	Geschlechtsunterschiede	Alter bei Beginn
Agoraphobien (Angst vor öffentlichen Plätzen, Versammlungen, Menschenmassen, offenen Flächen)	10–50	Deutliche Mehrzahl sind Frauen	Frühes Erwachsenenalter
Soziale Phobien (Angst, beobachtet zu werden, während man etwas Demütigendes tut)	10	Die Mehrzahl sind Frauen	Jugendalter
Einfache (auch spezifische) Phobien *Tiere* Katzen Hunde Insekten Spinnen Vögel Pferde Schlangen Nagetiere	5–15	Überwiegende Anzahl sind Frauen	Kindheit
Unbelebte Objekte Schmutz Stürme Höhen (Höhenangst) Dunkelheit Geschlossene Räume	20	Keine Unterschiede	Jede Altersstufe
Krankheit – Verletzung Tod (Thanatophobie) Krebs Geschlechtskrankheiten	15–20	Keine Unterschiede	Mittleres Lebensalter

---

! Diese Hypothese einer **Furchtbereitschaft** (»preparedness hypothesis«) besagt, daß wir eine evolutionär bedingte Neigung haben, rasch und »gedankenlos« auf einst gefürchtete Reize zu reagieren (Seligman 1971). Die Annahme zeigt jedoch Schwächen bei der Erklärung der vielen »exotischen« Arten von Phobien, die wenig offensichtlichen Wert für das Überleben aufweisen, darunter etwa die Autophobie (Furcht vor dem eigenen Selbst) und die Hypergiaphobie (Furcht vor Verantwortung).

Manchmal ist der phobische Reiz möglicherweise gar nicht der »wirkliche« oder hinreichende Grund für die phobische Störung. Eine Brückenphobie beispielsweise könnte für eine Furcht vor einer Zunahme der Verantwortung stehen. Eine von einer Phobie betroffene Person kann das sogar wissen, sich aber dennoch auf den äußeren Reiz (in diesem Fall die Brücke) konzentrieren, der die inneren Angstzustände auslöst. In anderen Fällen mag eine Phobie genau das sein, was sie zu sein scheint: Eine Brückenphobie könnte einfach die Angst davor sein, daß Brücken zusammenbrechen.

Zwangsstörungen

Manche Menschen mit Angststörungen scheinen in speziellen Denk- oder Verhaltensmustern regelrecht eingesperrt zu sein. Wahrscheinlich haben Sie selbst schon Erfahrungen mit leicht zwanghaften Vorstellungen (»Habe ich die Tür wirklich abgeschlossen?«) oder auch schon mit hartnäckigen Denkinhalten (diese bestimmte Melodie ging Ihnen ständig im Kopf herum) gemacht.

! Bei Menschen mit **Zwangsstörungen** sind diese Impulse, immer wieder dasselbe zu denken oder zu tun und nicht davon loszukommen, viel stärker, verursachen wesentlich mehr Leidensdruck und können die Handlungsmöglichkeiten im Alltag wesentlich stärker beeinträchtigen.

- Ein *Zwangsgedanke*, ein *zwanghaftes Bild* oder ein *zwanghafter Impuls* kehren immer wieder oder bleiben beharrlich vorhanden. Es ist ein unerwünschter Einbruch in das Bewußtsein, scheint sinnlos oder widerwärtig zu sein und ist für die Person, die davon betroffen ist, nicht annehmbar. Es ist schwer oder unmöglich, eine Zwangsvorstellung zu ignorieren oder zu unterdrücken, wenn der Betroffene auch versuchen mag, sich gegen sie zu wehren.

Ein Zwangsgedanke könnte lauten: »Bin in Wirklichkeit vielleicht *ich* derjenige, der John Lennon erschossen hat?« Ein zwanghafter Impuls könnte das Vorzeigen der Genitalien während des Unterrichts betreffen. Ein zwanghaftes Bild könnte die Vorstellung davon sein, wie jemand, der nicht mit Ihnen übereinstimmt, gewaltsam zugrunde gerichtet wird.

- Eine *Zwangshandlung* ist eine wiederholte zweckgerichtete und beabsichtigte Verhaltensweise, die auf einen Zwangsgedanken hin nach bestimmten Regeln oder in stereotyper Form ausgeführt wird.

Eine Person fühlt sich gezwungen, diese oder jene übertriebene Verhaltensweise auszuführen. Zumindest zu Anfang widersetzt sie sich der Ausführung, aber obwohl der zwanghaften Person das Ritual sinnlos vorkommt, wenn sie gelassener Stimmung ist, liefert es ein Ventil für Spannung bei großer Angst. Zusätzlich dazu läßt die Beschäftigung mit dem Ausführen kleiner ritueller Aufgaben der zwanghaften Person oft weder Zeit noch Energie, um die impulsiven Handlungen in die Tat umzusetzen, gegen die die Zwangshandlung einen unbewußten Schutz bietet. In einigen Fällen scheint das Zwangsritual darauf gerichtet zu sein, Schuldgefühle aufgrund wirklicher oder eingebildeter Sünden loszuwerden.

Zwangsgedanken und Zwangshandlungen mögen getrennt erscheinen, sie treten jedoch so oft zusammen auf, daß sie als 2 Aspekte einer einzigen Störung, der Zwangsstörung, betrachtet werden. In einer Untersuchung an 150 hospitalisierten Zwangsneurotikern lagen bei fast 70% sowohl Zwangsgedanken als auch Zwangshandlungen vor. Bei den übrigen traten nur Zwangsgedanken auf (Welner et al. 1976).

Eine Inhaltsanalyse der Zwangsgedanken von 82 vom Zwangssyndrom Betroffenen erbrachte 5 breitgefächerte Kategorien, die hier nach der Häufigkeit ihres Vorkommens genannt werden (Akhtar et al. 1975):

- Schmutz und Verunreinigung,
- Aggression,
- die Ordnung nicht belebter Objekte,
- Sexualität,
- Religion.

13.3.5
Affektive Störungen

Sicherlich hat es Zeiten in Ihrem Leben gegeben, in denen Sie sich fürchterlich niedergeschlagen fühlten. Aber wenn Sie sich recht erinnern, wird es auch Zeiten eines überschäumenden Hochgefühls, des stillen Glücks oder der ausgelassenen Freude gegeben haben. Für manche Menschen jedoch können diese extremen Stimmungsschwankungen zu einer massiven Belastung ihres Lebens werden.

> **!** Bei einer affektiven Störung sind die Stimmungen aus dem Gleichgewicht geraten. Typische Beispiele sind schwere Depressionen oder der Wechsel von niedergeschlagenen (depressiven) und euphorischen (manischen) Stimmungen. Das Verhalten dieser Patienten wirkt übertrieben und selbstschädigend, aber der Kontakt mit der Realität ist nicht abgebrochen. Schätzungen besagen, daß in den USA nicht weniger als 19% der Erwachsenen irgendwann einmal an einer affektiven Störung gelitten haben.

Im DSM-IV werden die affektiven Störungen (»mood disorders«) für den Diagnostiker dadurch präzise beschrieben, daß zunächst die typischen Stimmungsepisoden charakterisiert werden, die bei affektiven Störungen auftreten können.

- Während einer **manischen Episode** ist die Stimmung sehr gehoben, expansiv oder reizbar. Dieser aufgeladene Stimmungszustand, der mindestens eine Woche andauert, wird begleitet von rastloser Aktivität, Ideenflucht, dem Drang, schnell, laut und viel zu sprechen und von einem übersteigerten, grandiosen Selbstwertgefühl. Typisch sind auch ein herabgesetztes Schlafbedürfnis und leichte Ablenkbarkeit. In einer manischen Stimmung gefangen, zeigt die Person ungerechtfertigten Optimismus, geht unnötige Risiken ein, verspricht alles und kann sogar alles verschenken. Fast immer jedoch haben Personen, die manische Episoden erleben, auch depressive Episoden.
- Am anderen Ende des Stimmungskontinuums liegt die **depressive Episode**, die durch den Verlust von Interesse oder Freude gekennzeichnet ist. Es treten intensive Gefühle der Traurigkeit, Entmutigung und Unzufriedenheit auf, häufig in Verbindung mit anderen Symptomen, etwa Gefühlen der Wertlosigkeit oder Schuldgefühlen, verminderter Energie und Suizidgedanken.

Folgt man dem DSM-IV (1994), so erfordert die Diagnose affektiver Störungen, daß sich eine oder beide der oben beschriebenen Stimmungsepisoden aufweisen lassen – deshalb sprechen die Autoren auch davon, daß die Episoden die »Bausteine« der Störungsdiagnose sind (S. 317). Das DSM-IV unterscheidet 4 Gruppen von affektiven Störungen:

- depressive Störungen (auch als »unipolare Depression« bezeichnet). Sie sind durch eine oder mehrere depressive Episoden gekennzeichnet. In diese Gruppe fällt vor allem die **typische Depression (»major depressive disorder«)**;
- bipolare Störungen, die typischerweise einen Wechsel von manischen und depressiven Episoden aufweisen;
- affektive Störungen, die mit dem allgemeinen Gesundheitszustand zu tun haben, und
- affektive Störungen, die durch Drogengebrauch verursacht worden sind.

Depressive Störung (unipolare Depression)

Depressionen sind als die »gewöhnliche Grippe der Psychopathologie« bezeichnet worden. Wir alle sind zu irgendeiner Zeit depressiv gewesen wegen des Verlustes einer geliebten Person, einer Trennung, chronischer Frustrationen und andauerndem Streß oder weil wir ein ersehntes Ziel nicht erreicht haben.

Diese »gewöhnliche« Depression, die die meisten von uns irgendwann im Leben erfahren, bildet das eine Ende eines Kontinuums. Am anderen Ende finden wir die depressive Störung. Ihre Symptome sind gravierender als die normalen depressiven Symptome, von denen sie sich jedoch nicht qualitativ unterscheiden.

> **!** Es gibt 4 Kategorien von Symptomen, die wir bei Personen mit einer **depressiven Störung (unipolaren Depression)** vorfinden. Dabei handelt es sich um Auffälligkeiten in der Stimmung, im Denken, in der Motivation und in körperlichen Symptomen.

- *Stimmung:* Die vorherrschende Emotion ist Traurigkeit, begleitet von Weinen, Verlust der Freude an jeglicher Aktivität und Gefühlen der Ängstlichkeit, der Scham und der Schuld.
- *Denken:* Das niedrige Selbstwertgefühl einer depressiven Person kommt daher, daß sie denkt, sie sei ein Versager, eine inkompetente Person, die es verdient, die Schuld an Schwierigkeiten zu tragen. Außerdem liegt ein pessimistischer Glaube an eine unbeeinflußbare, hoffnungslose Zukunft vor.
- *Motivation:* Eine »Lähmung des Willens« setzt ein, die die Initiative und die Reaktionen hemmt. Das hindert den Patienten daran, zu arbeiten, Hobbys nachzugehen und sogar daran, sich sexuell zu betätigen. Auch die Entscheidungsfähigkeit wird durch die reduzierte Motivation stark beeinträchtigt (Hammer u. Padesky 1977).
- *Körperliche Symptome:* Der Appetit auf Essen und das sexuelle Verlangen lassen nach, Schlafstörungen und ein allgemeiner Zustand der Schwäche und der Müdigkeit treten auf. Die depressive Person nimmt auch oft eine zusammengesackte Haltung ein.

Aaron T. Beck (1967) hat ein Inventar depressiver Symptome zusammengestellt, um eine Einschätzung der Anzahl und des Schweregrades der von einer Person erlebten Symptome zu ermöglichen. Tabelle 13.4 faßt die typischen Symptome einer unipolaren Depression zusammen.

Daß es sich bei der alltäglichen Depression, die jeder von uns zeitweise unter schwierigen Lebensumständen

Tabelle 13.4. Merkmale der depressiven Störung (unipolaren Depression)

Merkmal	Beispiel
Dysphorische Stimmung	Traurig, trüb, hoffnungslos; Verlust von Interesse oder Freude bei fast allen üblichen Aktivitäten
Appetit	Wenig Appetit, bedeutender Gewichtsverlust
Schlaf	Schlaflosigkeit oder Hypersomnie (zuviel Schlaf)
Motorische Aktivität	Bemerkenswerte Verlangsamung (psychomotorische Hemmung) oder psychomotorische Erregung
Schuldgefühle	Gefühle der Wertlosigkeit, Selbstvorwürfe
Konzentration	Denkverlangsamung, Konzentrationsstörungen, Gedächtnisstörungen
Selbstmord	Wiederkehrende Gedanken an den Tod, Selbstmordpläne oder -versuche

erfahren kann, und der klinisch auffälligen unipolaren Depression tatsächlich um unterschiedliche Ausprägungen auf ein und demselben Kontinuum handelt, wird auch deutlich, wenn man sich die biologischen und psychosozialen Korrelate ansieht (Hirschfeld u. Cross 1982). Aber auch innerhalb der klinischen Gruppe gibt es deutliche Unterschiede in der Ausprägung der Störung. Während sich manche Personen nur einmal in ihrem Leben für den Zeitraum von vielleicht ein paar Wochen mit einer depressiven Störung herumschlagen, leiden andere über viele Jahre an chronischen Depressionsepisoden.

Schätzungen der Prävalenz der affektiven Störungen zeigen, daß etwa 20% der Frauen und 10% der Männer irgendwann in ihrem Leben von einer depressiven Störung betroffen sind. Zahlreiche Erklärungen sind vorgeschlagen worden, um die höhere Auftretensrate bei Frauen zu erklären (s. Boyd u. Weissman 1981).

Wie kommen depressive Störungen (unipolare Depressionen) zustande?

Eine aktuelle Auffassung zur unipolaren Depression konzentriert sich auf sog. negative kognitive Verzerrungen. Beck (1967) behauptet, eine depressive Person zeige 3 spezifische **kognitive Verzerrungen**, die er als »die kognitive Triade der Depression« bezeichnet:

- eine negative Sicht der Welt,
- ein negatives Selbstkonzept und
- eine negative Einschätzung der Zukunft.

Depressive Personen antizipieren Mißerfolge, nehmen bereitwillig die Schuld dafür auf sich und schreiben Erfolge zu Unrecht eher dem Zufall oder dem Glück als den eigenen Fähigkeiten zu. Das Gefühl, die Zukunft sei ohne Hoffnung, wird an den Reaktionen hospitalisierter Depressiver auf experimentelle Aufgaben ersichtlich, bei denen es um Geschicklichkeit und um Glück ging. Dabei wurden die depressiven Personen mit 2 Kontrollgruppen verglichen: einer »Normalgruppe« und einer Gruppe schizophrener Personen. Schnitten Teilnehmer aus diesen Kontrollgruppen bei den Geschicklichkeitsaufgaben erfolgreich ab, so stiegen ihre Erwartungen an zukünftige Erfolge; nach Mißerfolgen sanken die Erfolgserwartungen. Bei den depressiven Patienten war das anders: Erfolg bei den Geschicklichkeitsaufgaben »drang ihnen nicht ins Gemüt«, und die Mißerfolge zeigten auch keine Wirkung. Sie nahmen einfach an, ihre Reaktionen stünden in keinerlei Kontingenz zu zukünftigem Erfolg (Abramson et al. 1981).

Andere Untersuchungen zu den Unterschieden zwischen depressiven und nichtdepressiven Personen in der Wahrnehmung von Erfolg und Mißerfolg erweitern und modifizieren dieses Bild. In einer dieser Studien wurden Selbst- und Fremdbeurteilungen depressiver Patienten mit den Beurteilungen von Kontrollgruppen anderer Patienten und nicht gestörter Personen verglichen.

Wie erwartet bewertete die Gruppe der Depressiven sich im Vergleich zu den Gruppen der Nichtdepressiven als weniger positiv hinsichtlich sozialer Kompetenzen. Unerwartete Ergebnisse zeigten sich jedoch bei den Diskrepanzen zwischen den Selbstbeurteilungen der Patienten und den Beurteilungen durch die Beobachter. Gemessen an der Beurteilung der Beobachter waren die depressiven Patienten in ihren Selbstwahrnehmungen am realistischsten, während die nichtdepressiven Teilnehmer aus den Kontrollgruppen ihre Selbstbilder in positiver Richtung verzerrten. Dieser »illusorische Glanz« wahrgenommener Kompetenz verhalf den Nichtdepressiven zur Aufrechterhaltung positiver Attributionen hinsichtlich ihres Selbst und führte auch dazu, daß sie mit größerer Wahrscheinlichkeit sowohl auf positive als auch auf negative Ereignisse aufmerksam wurden und sich mehr positive als negative Ereignisse merkten (Lewinsohn et al. 1980).

Eine realistische depressive Person »sieht die Dinge, wie sie sind«, wenn es um negative Rückmeldungen geht. Unterstützt wird diese neue Perspektive auf die kognitiv »klügere, aber traurigere« Weltsicht der Depressiven durch die Ergebnisse einer anderen Untersuchung, bei der depressive und nichtdepressive Studenten mit einer Reihe von Problemen konfrontiert wurden, die sie bewältigen sollten. Diese Probleme unterschieden sich im Grad der Kontingenz zwischen einer Handlung und den erreichten Ergebnissen, d. h. sie konnten in unterschiedlichem Ausmaß durch das Verhalten der Teilnehmer beeinflußt werden. Nichtdepressive Studenten verzerrten die Situation in selektiver Weise: Sie überschätzten den Grad der Kontingenz, wenn sie das angestrebte Ergebnis erreichten; blieb das Ergebnis jedoch hinter ihren Erwartungen zurück, so unterschätzten sie das Ausmaß des Zusammenhangs. Sie bewerteten den eigenen Verdienst zu hoch, wenn die Sache gut ging, und nahmen zu wenig Verantwortung für Fehlschläge auf sich, wenn die Ergebnisse nicht wie erwünscht ausfielen. Im Gegensatz dazu lieferten die depressiven Studenten für beide Fälle exakte Einschätzungen des Ausmaßes der Kontingenz, die tatsächlich zwischen ihren Reaktionen und den Ergebnissen bestand (Alloy u. Abramson 1979).

In einer anderen Untersuchung wurde das Resultat bei den nichtdepressiven Studenten bestätigt: Sie rechneten sich mehr Verdienst für Erfolge in einem Leistungstest an, als ihnen zustand, und sie gaben sich weniger Schuld für Mißerfolge, die sie auf »Pech« zurückführten. Bei den depressiven Versuchsteilnehmern zeigten sich in dieser Studie bei der Attribution von Erfolgen und Mißerfolgen jedoch Verzerrungen. Sie attribuierten genau entgegengesetzt zu den Nichtdepressiven: Sie schrieben ihre Erfolge einfach dem »Glück« zu, Mißerfolge hingegen mangelnder eigener Fähigkeit (Barthe u. Hammen 1981).

> ! Es ist noch nicht klar, wie weit wir die Ergebnisse dieser Untersuchungen, deren Teilnehmer leicht depressive Studenten waren, auf depressive Störungen, die einen Klinikaufenthalt erforderlich machen, übertragen können. Im großen und ganzen bestätigen sie jedoch Becks generelle These, daß sich die Weltsicht und das Selbstkonzept von depressiven und nicht depressiven Personen bedeutsam unterscheiden.

Die äußerste Konsequenz jeder psychischen Störung ist der **Selbstmord**. Zwar begehen die meisten depressiven Menschen keinen Selbstmord, die meisten Selbstmordversuche werden jedoch von Menschen verübt, die unter Depressionen leiden. Ihre Selbstmordrate ist 25mal so hoch wie bei Vergleichsgruppen nichtdepressiver Personen (Flood u. Seager 1968). Da Depression bei Frauen häufiger auftritt als bei Männern, überrascht es nicht, daß sie 3mal häufiger als die Männer Selbstmordversuche begehen. Die Selbstmordversuche der Männer sind jedoch erfolgreicher. Sie benutzen eher Schußwaffen, während Frauen eher Mittel verwenden, die nicht sofort tödlich wirken, wie z.B. Überdosen von Schlaftabletten (Perlin 1975).

Über den Zusammenhang von Depression und Selbstmord bei Jugendlichen informiert der Abschn. **Unter der Lupe.**

Bipolare Störungen

Bipolare Störungen sind durch einen Wechsel von depressiven und manischen Episoden gekennzeichnet. Die Dauer und Häufigkeit der Stimmungsschwankungen variiert von Person zu Person. Manche Patienten erleben lange Perioden normaler Befindlichkeit, unterbrochen durch gelegentliche kurze manische oder depressive Phasen. Nur ein kleiner Prozentsatz der Patienten wechselt ständig von manischen in depressive Phasen und zurück. Diese Personen stellen für ihre Umwelt – Familien, Freunde, Arbeitskollegen – eine besondere Belastung dar.

Bipolare Störungen sind weitaus seltener als die unipolare Depression. Sie treten nach neuesten Daten bei etwa 1.6% der Erwachsenen auf und sind bei Männern und Frauen gleich häufig (Kessler et al. 1994). Es scheint eine genetische Prädisposition für diese Störung zu geben. Das zeigen Untersuchungen an eineiigen Zwillingen, die eine Konkordanzrate von 80% ergeben haben. Die Konkordanzrate beschreibt das Ausmaß der Gemeinsamkeit eines Merkmals bei den beiden Zwillingen. Adoptionsstudien, in denen ein Zusammenhang zwischen den Störungen bei den Adoptivkindern und den biologischen Eltern zu beobachten ist, nicht aber ein Zusammenhang bei den Adoptivkindern und den Adoptiveltern, sprechen ebenfalls für den Einfluß der Vererbung.

13.3.6
Schizophrenien (schizophrene Störungen)

Viele psychische Störungen können als Extremausprägungen auf einem Kontinuum angesiedelt werden, das auch den Normalbereich umfaßt. Deshalb wissen wir, wie es ist, sich depressiv oder ängstlich zu fühlen, wenn auch die meisten von uns diese Gefühle nie in dem Schweregrad erfahren, der für eine psychische Störung typisch ist. Im Gegensatz dazu scheint die Schizophrenie für eine Erfahrung zu stehen, die sich *qualitativ* von dem unterscheidet, was wir für normal halten. Die Angst, die bei den Störungen, die wir bis jetzt besprochen haben, oft eine vorherrschende Rolle spielte, scheint bei der Schizophrenie eher zu fehlen oder allenfalls am Rande aufzutreten. Menschen mit Persönlichkeitsstörungen oder mit Angststörungen scheinen mit ihrer Welt von Schuld, Frustrationen, Ängsten und Zurückweisungen »zu eng« im Kontakt zu sein; im Gegensatz dazu wirken die Schizophrenen wie psychisch losgelöst von allen Ankern, als segelten sie weitentfernten eigenen Welten entgegen.

> ! Die **schizophrenen Störungen** (Schizophrenien) stellen eine schwere Form einer psychischen Störung dar. Im DSM-IV (1994, S. 273) werden **psychotische Symptome** als das Kernmerkmal der Schizophrenie genannt: »Im Zusammenhang mit Schizophrenie ... bezieht sich *psychotisch* auf Wahnvorstellungen, jegliche auffälligen Halluzinationen, desorganisierte Sprache und desorganisiertes oder katatonisches Verhalten« (weitere Symptombeschreibungen s. unten).

UNTER DER LUPE

Depression und Selbstmord bei Jugendlichen

Eines der alarmierenden sozialen Probleme der letzten Jahrzehnte ist der Anstieg der Selbstmordrate bei Jugendlichen. Das belegen US-amerikanische Daten. Alle 9 min macht ein Teenager einen Selbstmordversuch, und alle 90 min bringt sich einer um. In einer Woche gibt es 1000 Selbstmordversuche und 125 Selbstmorde von Teenagern. In den letzten 20 Jahren ist die Selbstmordrate amerikanischer Teenager dramatisch um 300% angestiegen (Coleman 1987).

Welche Lebensstile und Verhaltensmuster stehen in Zusammenhang mit Selbstmord bei Jugendlichen? Bei den *Jungen* tritt Suizid dann am häufigsten auf, wenn Verhaltensstörungen (aggressives, gewalttätiges, unruhiges Verhalten) und Drogenmißbrauch zusammentreffen. Die zweithöchste Suizidrate ist bei den übertrieben ehrgeizigen männlichen Perfektionisten zu finden, die sozial gehemmt und bei vielen sozialen oder beruflichen Herausforderungen überängstlich sind. Bei den *Mädchen* ist Depression der wichtigste Risikofaktor für Selbstmorde im Jugendalter.

Diese Symptome spiegeln ernsthafte emotionale Störungen im Leben der selbstmordgefährdeten Jugendlichen wider, die oft unentdeckt oder unbehandelt bleiben. Der Selbstmord bei Jugendlichen ist kein impulsiver Akt, der aus der Stimmung des Augenblicks entsteht. Typischerweise tritt er als die letzte Stufe einer Phase inneren Aufruhrs und äußerer Not auf. Die Mehrzahl der jugendlichen Selbstmordopfer hat mit anderen über die Selbstmordabsichten gesprochen oder ihnen davon geschrieben. Folglich sollten Äußerungen über Selbstmordpläne immer ernst genommen werden (Shafii et al. 1985). Zusätzlich zu langandauernden psychischen Problemen mangelnder Anpassung gibt es einige belastende Faktoren, die suizidale Handlungen auslösen können. Das Zerbrechen einer engen Beziehung ist das bedeutendste traumatische Ereignis bei beiden Geschlechtern. Andere wichtige vorausgehende Ereignisse, die Gefühle der Scham und Schuld schaffen und das Ich des Jugendlichen tief verletzen können, sind die Erfahrungen körperlicher Mißhandlung, einer Vergewaltigung, als Opfer einer Schlägerei oder der erstmaligen Inhaftierung. Selbstmord ist eine extreme Reaktion auf diese akuten »Stressoren«, besonders dann, wenn die Jugendlichen keine Gelegenheit haben, von anderen Menschen Hilfe zu bekommen.

Mädchen und Jungen verhalten sich bei der Ausführung ihrer suizidalen Handlungen »geschlechtskonform«: Jungen verwenden mit größerer Wahrscheinlichkeit Schußwaffen – und bringen sich damit um. Bei Mädchen ist es wahrscheinlicher, daß sie Selbstmord*versuche* begehen, aber sie sind auch mit größerer Wahrscheinlichkeit in der Lage, sich anderen in ihrer Not anzuvertrauen, weil sie häufiger in ein unterstützendes Netzwerk sozialer Beziehungen integriert sind (Holden 1986a, 1986b).

Was Analysen über die Ursachen des Selbstmords bei Jugendlichen ans Licht bringen, ist ein Zusammenspiel von Bedingungen aus der Umwelt der Person und ihren individuellen psychischen Prozessen. Das Erkennen der Anzeichen von Selbstmordgedanken und der Erfahrungen, die derartige destruktive Gedanken in Gang bringen oder intensivieren können, ist ein erster Schritt zur Prävention. Edwin Shneidman (1987) ein Psychologe, der fast 40 Jahre lang Menschen mit suizidalen Neigungen untersucht und behandelt hat, kommt zu dem Schluß: »Selbstmord ist die Verzweiflungstat eines verstörten und eingeschränkten Bewußtseins, unter scheinbar unerträglichem und unbezähmbarem Schmerz ... Tatsache ist, daß wir den Schmerz lindern, die enttäuschten Bedürfnisse wieder in ihr Recht setzen und die Einschränkungen des suizidalen Denkens reduzieren können« (S. 58, eig. Übers.).

Die Person, die uns einfällt, wenn wir über »echte« psychische Störungen nachdenken, über »Verrücktheit«, Psychose oder Wahn, ist eine Person, die an Schizophrenie leidet. Das Störungsbild der Schizophrenie ist aber *nicht* die »gespaltene Persönlichkeit«, als die sie oft beschrieben wird. Es handelt sich vielmehr um eine *desorganisierte, zerfallene* Persönlichkeit. Mit Persönlichkeitsspaltung lassen sich besser Fälle der dissoziativen Identitätsstörung oder multiplen Persönlichkeit (s. oben in diesem Abschnitt) beschreiben.

Im DSM-IV werden in der entsprechenden Störungsgruppe neben der Schizophrenie auch noch weitere »psychotische Störungen« aufgeführt. Sie stellen im großen und ganzen Krankheitsbilder dar, bei denen einige der für die Schizophrenie typischen Symptome vorkommen.

Schizophrenie läßt sich in einer kulturvergleichenden Perspektive besser verstehen (Mezzich u. Berganza 1984). In allen Kulturen werden Menschen als gestört angesehen, wenn sie sich unvorhersehbar verhalten oder nicht mit anderen kommunizieren. Diese Symptome psychischer Störungen scheinen universelle Manifestationen von Beschwerden zu sein. Bei so unterschiedlichen Personengruppen wie den Inuit in Nordwestalaska und den Yoruba in ländlichen Gebieten des tropischen Nigeria sind Forscher immer wieder auf Beschreibungen von Störungen gestoßen, bei denen festgestellt wurde, daß die Gedanken, Gefühle und Handlungen von Personen stammten, die die Kontrolle über ihren Verstand verloren hatten. Diese Beschreibungen entsprechen, wenn man sie im Detail vergleicht, genau dem, was wir im Westen unter den Symptomen der Schizophrenie verstehen (s. unten ausführlicher). In den verschiedensten Kulturen beträgt die Prävalenzrate (tatsächliche Verbreitung) der Schizophrenie etwa 1%. Wenn wir uns nun den Symptomen und Erscheinungsformen der Schizophrenie zuwenden, so sollten wir also im Auge behalten, daß es sich um ein kulturübergreifendes Phänomen handelt.

Symptome

- Das Denken wird unlogisch. Die normalen Assoziationen zwischen den Vorstellungen sind gelockert, oder es fehlt der erkennbare Zusammenhang. Die Sprache kann unzusammenhängend werden, zu einem »Wortsalat« unverbundener Wörter, oder der schizophrene Patient verstummt ganz. **Halluzinationen** können auftreten, die visueller oder akustischer Art sind und die für wirklich gehalten werden. Eine Person kann Stimmen hören, die ihr Verhalten fortlaufend kommentieren oder die sich miteinander unterhalten.
- **Wahnvorstellungen** sind häufig. Oft glaubt die betroffene Person, sie werde verfolgt, oder aber sie sei eine Person von besonderer Bedeutung. Die Wahnphänomene können Eifersuchtsthemen, körperliche Vorgänge, religiöse Inhalte oder Tod und Zerstörung betreffen. Beispielsweise könnte jemand glauben, sein Gehirn sei im Begriff, zu verfaulen. Einige Wahnvorstellungen sind völlig absurd, ohne mögliche realistische Grundlage, wie etwa die Vorstellung, die eigenen Gedanken würden von fremden Mächten gesendet, kontrolliert oder gestohlen.
- Die Emotionen sind häufig flach oder der Situation nicht angemessen.
- Das Selbstgefühl ist gestört, die Ich-Grenzen gehen verloren, häufig ziehen sich die Betroffenen sozial zurück.
- Das psychomotorische Verhalten kann desorganisiert sein (Grimassieren, seltsame Manierismen), die Haltung kann rigide werden.

Es kann sein, daß nur einige dieser Symptome vorhanden sind. Mit Sicherheit jedoch vernachlässigen die Patienten den Beruf, soziale Beziehungen und sich selbst.

Formen schizophrener Störungen

Weil schizophrene Patienten eine Vielzahl von Symptomen aufweisen und die Symptomkonstellationen auch sehr unterschiedlich aussehen können, geht man heute davon aus, daß es nicht *die* Schizophrenie gibt, sondern verschiedene **Typen von schizophrenen Störungen**. Tabelle 13.5 gibt eine Übersicht.

Desorganisierter Typus. Beim desorganisierten Typus, der »Hebephrenie«, zeigt die betroffene Person eine schwere Desorganisation der emotionalen Reaktionen, der Sprache und des sozialen Verhaltens.

Der Affekt ist abgestumpft (keine oder schwache Emotionalität), nicht angemessen und oft albern (Kichern ohne Grund). Die Sprache ist so zusammenhangslos, voll ungewöhnlicher Wörter und unvollstän-

Tabelle 13.5. Formen schizophrener Störungen

Schizophrenietyp	Hauptsymptome
Desorganisiert	Unangemessene Verhaltensweisen und Gefühle; inkohärente Sprache
Katatonisch	»Eingefrorenes«, rigides und leicht erregbares motorisches Verhalten
Paranoid	Wahnvorstellungen: Verfolgungs- oder Größenwahn
Undifferenziert	Eine Mischung aus Symptomen: Denkstörungen und Merkmale der anderen Typen
Resttyp	Frei von Hauptsymptomen, aber Anhaltspunkte für das Fortbestehen der Störung anhand von kleineren Symptomen

diger Sätze, daß die Kommunikation mit anderen zusammenbricht. Die Wahnvorstellungen sind desorganisiert, nicht zusammenhängend um ein Thema aufgebaut. Die Manierismen sind ungewöhnlich, seltsam und kindisch. Hypochondrische Beschwerden sind häufig, und der Patient zieht sich extrem zurück. Es handelt sich hier um eine chronische Störung, bei der, wenn sie in der Adoleszenz einsetzt, selten eine Remission auftritt.

Katatoner Typus. Beim katatonen Typus wirkt der Betroffene wie erstarrt. Dieser Zustand wird als Stupor bezeichnet. Er zeigt wenig oder keine Reaktion auf jegliche Reize aus der Umgebung. Er ist auch stumm. Trotz aller Anstrengungen, ihn zu Bewegungen zu veranlassen, verharrt der Katatoniker in einer rigiden Haltung.

Negativismus zeigt sich in Form grundlosen Widerstands gegenüber Anweisungen. Manchmal zeigt sich der Negativismus des Katatonikers auch darin, daß er genau das Gegenteil dessen tut, was verlangt wird. Er setzt sich hin, wenn er aufstehen soll oder steht auf, wenn er gebeten wird, sitzenzubleiben. Die Körperhaltung ist unangemessen, es werden freiwillig bizarre Stellungen eingenommen. Wenn jemand einen Katatoniker bewegt, wird dieser in der neuen Stellung »einfrieren«, wobei der Körper sich mit »wächserner Beweglichkeit« wie ein Spielzeug aus weichem Plastik bewegen läßt. Extreme Erregung tritt manchmal im Wechsel mit Stupor auf. Dann beobachtet man eine agitierte motorische Aktivität, die keinem erkennbaren Zweck dient und durch äußere Reize nicht beeinflußt werden kann.

Paranoider Typus. Der paranoide Typus der Schizophrenie ist gekennzeichnet durch das Vorherrschen eines oder auch mehrerer Wahnsysteme. Halluzinationen treten in Form von Stimmen oder bildlichen Vorstellungen auf, die sich um Verfolgungs-, Eifersuchts- oder Größenideen drehen.

Die Wut eines paranoiden Patienten, seine ziellose Angst und seine Streitbarkeit können Gewalt heraufbeschwören. Unklarheit über die Geschlechtsrollenidentität kann zu Angst vor Homosexualität führen. Der paranoide Typus tritt später im Leben auf als andere Formen schizophrener Störungen. Im Unterschied zu den anderen Formen kommen bei ihm selten offensichtlich desorganisierte Verhaltensweisen vor. Statt dessen ist das Verhalten mit größerer Wahrscheinlichkeit angespannt, recht förmlich und auf die spezifischen Themen gerichtet, um welche die Störung aufgebaut ist.

Undifferenzierter Typus. Beim undifferenzierten Typus zeigt die Person auffallende Wahnphänomene, Halluzinationen, unzusammenhängendes Sprechen oder grob desorganisiertes Verhalten, d. h. Symptome, die auch den anderen Typen, aber keinem davon eindeutig entsprechen. Dieser Typus ist somit durch eine »Mischung« von Symptomen definiert, der eine klare Differenzierung zwischen den verschiedenen schizophrenen Reaktionen nicht erlaubt.

Der schizophrene Prozeß

Eine Reihe faszinierender typischer Eigenschaften des schizophrenen Prozesses wurde durch kontrollierte psychologische Forschungen entdeckt.

Schizophrene Patienten zeigten im Gruppenvergleich eine größere Sensibilität gegenüber sensorischer Stimulation als normale Personen. Diese Hypersensitivität führt zu einer »Überflutung« durch äußere Stimulation und großer Ablenkbarkeit, wodurch es für die betroffene Person schwierig wird, Konstanzen in der sensorischen Umwelt zu finden. Gestörte Denkvorgänge mögen somit die Konsequenz einer Unfähigkeit sein, den einzelnen Ereignissen oder Vorgängen hinreichend selektive Aufmerksamkeit zu schenken.

Um denken zu können, mag eine Person versuchen, externe Stimulation auszublenden. Der Versuch ist jedoch nicht erfolgreich, und die unmittelbare Reizsituation dringt weiterhin durch. Die Unfähigkeit, irrelevante Reize auszusortieren und zu ignorieren, führt zu einer Konfusion von »Signalen« und »weißem Rauschen«. Es überrascht nicht, daß ein schizophrener Patient Einbußen des abstrakten zugunsten des konkreten Denkens zeigt.

Das Sprechen eines schizophrenen Patienten scheint unter der Kontrolle der unmittelbar vorhandenen Stimuli zu stehen. Abgelenkt vom vollständigen Ausdruck eines einfachen Gedankenganges durch sich ständig verändernden sensorischen Input und eine lebhafte innere Realität, macht die Rede eines schizophrenen Sprechers für einen Zuhörer keinen Sinn. Die Unverständlichkeit der sprachlichen Äußerungen Schizophrener ist teilweise durch das Eindringen von Gedanken begründet, die für die geäußerte Behauptung irrelevant sind, die die Person aber nicht unterdrücken kann.

Psychotische Patienten (und damit auch viele Schizophrene) werfen oft zusammen, »was ist« und »was sein sollte«. Sie trennen möglicherweise Wirkungen von ihren Ursachen, Handeln vom Denken, Gefühle von Handlungen, Schlußfolgerungen von Prämissen oder Wahrheit von Beweisen.

> ! Es ist deshalb angenommen worden, daß eine wichtige Besonderheit von psychotischen bzw. schizophrenen Menschen in der Realitätsprüfung liegt. Während die meisten von uns die Realität der Innenwelt an Kriterien der Außenwelt überprüfen, verläuft die **Realitätsprüfung** bei psychotischen/schizophrenen Menschen umgekehrt. Ihre innere Erfahrung ist das Kriterium, an dem sie äußere Erfahrungen auf ihre Realität hin überprüfen (Meyer u. Ekstein 1970).

13.4
Erklärungsansätze

In diesem Abschnitt konzentrieren wir uns auf mögliche Ursachen psychischer Störungen. Zuerst werden wir verschiedene Erklärungsansätze in allgemeiner Form vorstellen. Was sie wert sind, soll sich im zweiten Teil unserer Ausführungen daran erweisen, ob sie zur Erklärung der Schizophrenie beitragen können.

13.4.1
Modelle psychischer Störungen

Biologische Theorien

Biologische Theorien zur Entstehung und Erklärung psychischer Störungen deuten auf die Schlüsselrollen der genetische Ausstattung eines Menschen, des hormonellen Gleichgewichtes und der Strukturen und biochemischen Prozesse im Gehirn hin (Nasrallah u. Weinberger 1986). Es besteht Konsens darüber, daß das Gehirn ein biochemisches Organ ist, dessen Elemente sich in einem empfindlichen Gleichgewichtszustand befinden. Eine Reihe von Bedingungen kann diesen Gleichgewichtszustand stören und eine Person anfällig für eine psychische Störung machen. Wir werden im Zusammenhang mit der Entstehung der Schizophrenie die sog. Dopaminhypothese kennenlernen, die behauptet, daß der Neurotransmitter Dopamin das »Gleichgewicht des Gehirns stört«.

Biochemische Interpretationen von psychischen Störungen sind sowohl durch Untersuchungen gestützt worden, die zeigen, auf welche Weise Drogen den normalen Geisteszustand verändern, als auch durch den Erfolg von Chemotherapie bei der Linderung bestimmter pathologischer Symptome (Bowers 1980). Außerdem sind psychische Störungen mit schwerer Unterer-

nährung, Gehirnverletzungen, Bleivergiftung, Sauerstoffmangel und Störungen des Gehirnstoffwechsels in Verbindung gebracht worden.

Dem traditionellen medizinischen Modell zufolge waren psychische Störungen (»Geisteskrankheiten«) das Resultat einer Erkrankung des Nervensystems. Die Behandlung der davon befallenen Patienten bestand in der »Heilung von der Krankheit«, nicht lediglich in dem Versuch, die Symptome des seltsamen Verhaltens zu beseitigen. Diese Vorstellung implizierte, daß eine gestörte Person als passives Opfer eines Krankheitsprozesses betrachtet wird. Die Bedeutung von umweltbedingtem Streß, persönlichen Konflikten, unzuträglichen Lernmustern und belasteten persönlichen Beziehungen bei der Entwicklung der psychischen Störung wurde als gering veranschlagt.

Aktuelle biologische Theorien gehen jedoch über die Sichtweise des traditionellen medizinischen Modells hinaus und berücksichtigen in einer umfassenderen Perspektive die subtilen Einflußwege, auf denen neurochemische Prozesse unsere Informationsverarbeitung und die Interaktionen mit unserer Umgebung verändern können.

Psychologische Ansätze

Der psychologische Ansatz erkennt zwar an, daß einige psychische Störungen organische Ursachen haben, behauptet aber, daß die meisten psychischen Störungen im Kern durch psychosoziale Bedingungen verursacht werden. Der Schlüssel liegt in ungewöhnlichen Erfahrungen und Lernprozessen; und ob eine Person diese belastenden Lebenserfahrungen machen mußte, hat mit irgendeiner Gehirnerkrankung direkt nichts zu tun.

Innerhalb des übergreifenden psychologischen Ansatzes sind verschiedene Modelle zur Ätiologie psychischer Störungen entwickelt worden, die ihre jeweils eigenen Erklärungen dafür liefern, auf welche Weise eine Person dazu kommt, sich abweichend oder gestört zu verhalten. Wir werden die 3 dominierenden Modellvorstellungen skizzieren – das psychodynamische, das behavioristische und das kognitive Modell (vgl. auch Kap. 11, in dem die Grundgedanken dieser Ansätze dargestellt werden, und Kap. 14, in dem die jeweiligen Therapiekonzeptionen beschrieben werden).

Das psychodynamische Modell nach Freud. Obwohl Freud selbst Mediziner war, wies er die Ansicht vom leidenden Individuum, welches passives Opfer einer psychischen Störung wird, zurück. Er stellte einen dynamischen Ansatz vor, in dem die betroffene Person als aktiv – wenn auch unwissend – Handelnde bei der Erschaffung ihrer psychischen »Seelenqual« mitwirkt. Freud nahm an, daß **unbewußte Motivationen** und die **Verdrängung** nicht annehmbarer Impulse viele pathologische Erscheinungen erklären. Besser als alle anderen psychologischen Theorien erlaubt es die Psychoanalyse, viele scheinbar irrationale und sinnlose Verhaltenweisen zu deuten. Seine Vorstellungen haben unsere grundlegende Auffassung von der menschlichen Natur tiefgreifend verändert.

> ! Freud postulierte, neurotische Störungen seien einfach eine Ausweitung »normaler Prozesse«, die wir alle bei psychischen Konflikten und als Abwehr des Ichs erleben. In seinem klassischen Werk *Zur Psychopathologie des Alltagslebens* (1904/1980) versuchte er zu zeigen, daß alle Menschen zeitweise Störungen des Denkens und des Fühlens erfahren, die in ihrer Art den Erfahrungen eines emotional gestörten neurotischen Menschen ähnlich sind – nur eben nicht so schwer.

Freuds Theorie ist aber auch – was bei seiner beruflichen Herkunft als Neurologe verständlich ist – eine Erweiterung des medizinischen Modells. Die psychodynamische Theorie der Neurosen beruht auf der Annahme eines inneren Kerns psychischer Funktionen, die durch eine Unfähigkeit zum angemessenen Umgang mit übergroßen inneren Konflikten gestört werden. Diesem Kern der Krankheit entspringen die manifesten Symptome, die wir beobachten können (Freud 1917/1980). Der Patient ist sich jedoch der Verbindung zwischen den Symptomen und ihren Ursprüngen nicht bewußt und nimmt sie folglich als irrational wahr.

Behavioristische Modelle. Psychische Störungen sind nach dem Verständnis der behavioristischen Lerntheorie das Ergebnis von Lernvorgängen, die – anders als im »Normalfall« – zu Fehlanpassungen und ungünstigen Bewältigungsstrategien geführt haben. Oft ist das Verhalten nicht deshalb gehemmt oder ineffektiv, weil die Person sich nicht intellektuell darüber im klaren wäre, was zu tun wäre, sondern weil ein hohes Angstniveau zu Rigidität führt oder die Umsetzung der Pläne in sinnvolle Handlungen stört. Das Verhalten kann auch dadurch beeinträchtigt sein, daß eine Person selbstschädigende Verhaltensweisen gelernt hat.

Die Aufdeckung der **Kontingenzen** (vgl. Abschn. 5.2), die das unerwünschte, gestörte Verhalten aufrechterhalten, ermöglicht die genaue Planung einer Behandlung, die daraus besteht, die entsprechenden Situationsmerkmale zu verändern. Daß diese Grundidee funktioniert, ist in verschiedenen Studien gezeigt worden: Tatsäch-

lich wirkt sich die Veränderung der Situation manchmal positiv auf das Verhalten einer Person aus (s. Franks u. Barbrack 1983).

Kognitive Modelle. Im Laufe der letzten Jahrzehnte hat die kognitive Sichtweise den streng behavioristischen Ansatz in den Hintergrund gedrängt.

> ! Kognitive Modelle zum Verständnis psychischer Störungen legen nahe, daß wir die Ursprünge der Störungen weder in der objektiven Realität von externen Reizen noch in Verstärkern und offenen Reaktionen suchen sollten. Was wir über uns selbst und über unsere Beziehungen zu anderen Menschen und unserer Umwelt wahrnehmen oder denken, ist entscheidend dafür, ob die psychischen Funktionen normal oder gestört sind.

Zu den kognitiven Variablen, die unsere Anpassung steuern – oder irreführen – zählen unser Selbstwertgefühl, das wahrgenommene Ausmaß unserer Kontrolle über wichtige Verstärker und der Glaube an unsere eigene Wirksamkeit bei der Bewältigung bedrohlicher Ereignisse.

Dieser Ansatz geht davon aus, daß emotionale Fehlanpassungen nicht direkt durch äußere Ereignisse, sondern durch die »vermittelnden Prozesse« unserer Wahrnehmungen und Interpretationen dieser Ereignisse verursacht werden. Psychische Probleme werden als Ergebnis unserer verzerrten Situations- oder Selbstwahrnehmung oder fehlerhafter Denkprozesse, falscher Attribuierungen oder untauglicher Problemlösungsversuche betrachtet (vgl. etwa Becks Konzept der kognitiven Verzerrung zur Erklärung von unipolaren Depressionen in Abschn. 13.3).

Niemand ist in der Lage, sich außerhalb seiner Wahrnehmungen und Interpretationen zu stellen und die Welt direkt zu betrachten. Wir alle können uns nur an unsere Wahrnehmungen halten, welche durch unsere Vorstellungen, Verallgemeinerungen und Bedeutungen, die wir durch unsere bisherigen Erfahrungen aufgebaut haben, bereichert und gedeutet werden. Manchmal sind unsere Vorstellungen hilfreich, manchmal sind sie schädlich. In jedem Fall geht es um unsere ganz persönliche Art der Bewältigung der Komplexitäten und Unsicherheiten des täglichen Lebens.

Vergleich. Keines dieser breit angelegten Modelle kann alle psychischen Störungen vollständig erklären. Ihre Stärken kommen aber in bezug auf *bestimmte* Störungen zum Tragen:

- So hilft uns etwa der *psychodynamische* Ansatz, einige der Angstsyndrome verständlich zu machen;

- der *lerntheoretische* Ansatz kann ganz wesentlich zur Erklärung der Entstehung von Phobien beitragen und
- der *kognitive Ansatz* macht uns die Weltsicht von depressiven Menschen und damit auch die Genese von Depressionen verständlich.

Die psychologischen Ansätze liefern jedoch keine umfassende Kausalanalyse. Insbesondere scheint keiner von ihnen auszureichen, um das Rätsel der Schizophrenie zu lösen.

13.4.2
Modellintegration zur Erklärung der Schizophrenie

Verschiedene ätiologische Modelle deuten auf verschiedene Ursachen für die Entstehung von Schizophrenie, zeigen verschiedene Entwicklungspfade für diese Störung und schlagen unterschiedliche Behandlungsmethoden vor. Lassen Sie uns sehen, welchen Beitrag die

Modelle leisten und ob sie zu einem umfassenden Verständnis der Schizophrenie integriert werden können.

Genetische Prädisposition

Es ist seit langem bekannt, daß Schizophrenie in bestimmten Familien gehäuft auftritt (Bleuler 1978; Kallmann 1946). Folglich ist die Vererbung einer **Prädisposition zur Schizophrenie** ein möglicher Ursachenfaktor. Drei voneinander unabhängige Forschungsstrategien – Familienstudien, Zwillingsstudien und Adoptionsstudien – legen denselben Schluß nahe:

> ! Für Personen, die in einer »genetischen Beziehung« (d. h. einer Verwandtschaftsbeziehung) zu einer Person stehen, die schon einmal an Schizophrenie erkrankt war, besteht ein erhöhtes Risiko, ebenfalls daran zu erkranken (Kendler u. Diehl 1993).

In Abb. 13.2 werden die Risiken, an Schizophrenie zu erkranken, wenn bei Verwandten unterschiedlichen

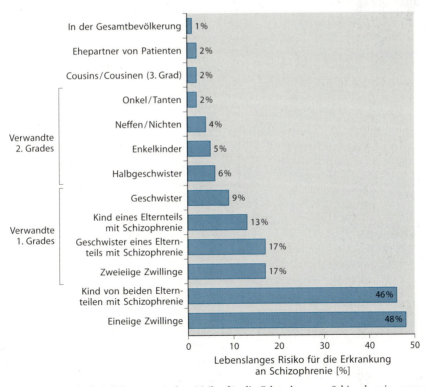

Abb. 13.2. Durchschnittliches genetisches Risiko für die Erkrankung an Schizophrenie, wenn Personen verschiedener Verwandtschaftsgrade diese Krankheit bereits haben. Es besteht ein hoher Zusammenhang zwischen dem Krankheitsrisiko und der Enge des Verwandtschaftsgrades

Grades die Störung aufgetreten ist, zusammengefaßt. Diese Kennwerte hat der Schizophrenieforscher Irving Gottesman (1991) aus insgesamt 40 zuverlässigen Studien hochgerechnet, die zwischen 1920 und 1987 in Westeuropa durchgeführt worden sind, wobei er Datensätze von sehr schlechter Qualität nicht berücksichtigte.

Der in der Abbildung aufgewiesene Zusammenhang zwischen Verwandtschaftsgrad und Krankheitsrisiko ist eindeutig. Waren beide Eltern an Schizophrenie erkrankt, so beträgt das Krankheitsrisiko für die Kinder 46%, während es in der Gesamtpopulation bei 1% liegt. Beachten Sie auch, daß das Risiko, daß beide eineiigen (identischen) Zwillinge an Schizophrenie erkranken werden, etwa 3mal so hoch ist wie bei zweieiigen Zwillingen.

Adoptionsstudien liefern weitere Anhaltspunkte dafür, daß genetische Faktoren bei der Entstehung der Schizophrenie eine wichtige Rolle spielen. Wenn die Kinder eines schizophrenen Elternteils in einem Pflegeheim aufwachsen, so ist das Erkrankungsrisiko ebenso hoch, wie wenn sie bei den biologischen Eltern aufwachsen (Heston 1970; Rosenthal et al. 1975). Adoptivkinder, die eine Schizophrenie entwickeln, haben wesentlich mehr biologische Verwandte als Adoptivverwandte mit schizophrenen Störungen (Kety 1987; Kety et al. 1975).

> **!** Aus allen diesen Daten ergibt sich die Schlußfolgerung, daß manche Menschen genetisches Material erben, das zu einem erhöhten Risiko führt, an Schizophrenie zu erkranken. Aber trotz des deutlichen Zusammenhangs zwischen genetischer Ähnlichkeit und Schizophrenierisiko beträgt das Risiko, wie Abb. 13.3 zeigt, selbst in der Gruppe mit der größten genetischen Ähnlichkeit weniger als 50%. Das bedeutet: Obwohl die Gene eine wichtige Rolle spielen, sind bestimmte Umweltbedingungen dafür notwendig, daß eine Person an Schizophrenie erkrankt.

Eine weithin akzeptierte Vorstellung zur Entstehung von Schizophrenie ist die **Diathese-Streß-Hypothese**. Sie besagt, daß die betroffene Person durch genetische Faktoren zwar einem Risiko ausgesetzt wird, aber daß bestimmte Umweltbedingungen auftreten müssen, um aus dem potentiellen Risiko eine manifeste psychische Erkrankung werden zu lassen. Wir werden uns zunächst

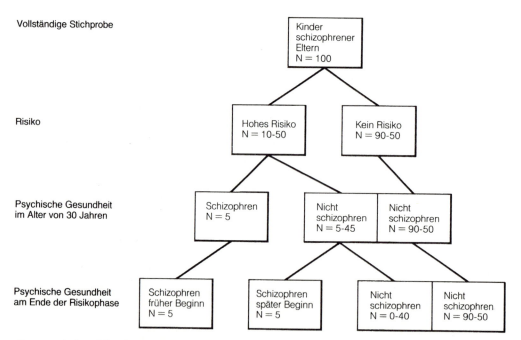

Abb. 13.3. Das genetische Risiko für schizophrene Störungen. Aus einer Stichprobe von 100 Kindern schizophrener Eltern werden 10–50% eine genetische Ausstattung haben, die zu einer Schizophrenie führen kann. Bei etwa 5% wird die Schizophrenie früh auftreten und bei weiteren 5% zu einem späteren Zeitpunkt. Es ist zu beachten, daß immerhin 40% der Personen mit hohem Risiko nicht schizophren werden. (Nach Hanson et al. 1977)

noch weitere biologische Aspekte der Schizophrenie ansehen, danach aber auf die Belastungen in der Umwelt einer Person zu sprechen kommen, die das Entstehen dieser Erkrankung beschleunigen können.

Biochemische Prozesse

»Für jeden verdrehten Gedanken gibt es ein verdrehtes Molekül« lautet, vereinfacht gesagt, die Grundannahme eines **biochemischen Modells der Schizophrenie**. Bestimmte biochemische Stoffe und Prozesse im Gehirn werden als wesentlich für das Zustandekommen – und für die Eindämmung – schizophrener Reaktionen erachtet. Unterstützt wurde diese Perspektive in den 50er Jahren durch die Entwicklung von chemischen »Wundermitteln« (Phenothiazin), die bestimmte schizophrene Störungen stark beeinflußten.

Erfolge der medikamentösen Behandlung haben die medizinische Forschung veranlaßt, nach den natürlichen biochemischen Prozessen zu suchen, die die Entstehung oder die Remission der Schizophrenie beeinflussen. Die aussichtsreichsten biochemischen Forschungen sind heute auf bestimmte Stoffe im Blut, auf Neurotransmitter im zentralen Nervensystem und Opiatrezeptoren im Gehirn gerichtet.

Der Neurotransmitter Dopamin ist möglicherweise sowohl für die Bewegungsstörungen bei der Parkinsonschen Krankheit als auch für die rigiden katatonen Stellungen und andere motorische Symptome, die bei der Schizophrenie beobachtet wurden, verantwortlich.

> **!** Die **Dopaminhypothese** besagt, daß Schizophrenie mit einem relativen Dopaminüberschuß an bestimmten Rezeptoren in spezifischen Arealen im zentralen Nervensystem zusammenhängt (Carlsson 1978). Dieser Ansicht nach sind schizophrene Symptome möglicherweise das Ergebnis eines relativen Anstiegs der Aktivität der Neuronen, die Dopamin als ihren Neurotransmitter benutzen.

In neueren Untersuchungen werden die Beziehungen zwischen Substanzen, die die Verfügbarkeit oder die Aufnahme von Dopamin beeinflussen, und den Veränderungen der Bewegungsmuster und anderen Symptomen bei schizophrenen Störungen untersucht. Nach neueren Daten ist wahrscheinlich nicht der höhere Dopaminspiegel selbst das Entscheidende, sondern es handelt sich möglicherweise um eine Steigerung der Anzahl der Rezeptoren für Dopamin in den Gehirnen der Schizophrenen.

Die Dopaminhypothese ist bislang die haltbarste Erklärung der biochemischen Mechanismen der Schizophrenie. Dennoch stützt sich die Beweisführung nur auf Indizien und ist noch nicht zwingend. Es ist auch möglich, daß die Verfügbarkeit von Dopamin zwar *ein* Faktor bei der Entstehung der Schizophrenie ist, nicht jedoch der schwer faßbare *zentrale* Faktor.

Familiäre Interaktion

Wir haben soeben dargestellt, daß es schwierig ist, einen spezifischen biologischen Faktor (Dopamin) als eine *hinreichende* ursächliche Bedingung der Schizophrenie zu bestimmen; aber es ist um nichts leichter, nachzuweisen, daß irgendeine psychologische Erfahrung oder Gegebenheit im Leben eines Menschen eine *notwendige* Bedingung darstellt. Was wir bestenfalls erwarten können, ist die Aufdeckung des relativen Beitrags einzelner Einflußgrößen aus einem umfangreichen und komplexen Muster von Variablen, die gemeinsam und in Interaktion ein schizophrenes Reaktionsmuster hervorbringen.

> **!** Genauso, wie genetische Faktoren einen Menschen biologisch anfällig machen können, können psychologische Erfahrungen – wie elterliche Ablehnung oder Überfürsorglichkeit, übertriebene oder inkonsequente Disziplinierungsmaßnahmen oder extreme Unsicherheit – bei einigen Menschen das Risiko für psychische Störungen erhöhen.

Untersuchungen der Familienstrukturen schizophrener Patienten sowie anderer Aspekte ihres sozialen Kontextes zeigen, in welchem Maße die Schizophrenie mit gelernten, aber ungünstigen Bewältigungsversuchen im Umgang mit chronischem Streß und unlösbaren Konflikten zusammenhängt (Liem 1980).

Einer der zuverlässigsten Prädiktoren der schizophrenen Entwicklung ist **soziale Isolation** während der Adoleszenz. Der Jugendliche zieht sich von der Interaktion mit anderen zurück. Dies mag eine Konsequenz dessen sein, daß er sich irgendwie anders oder »nicht normal« fühlt oder daß er nicht gelernt hat, wie er sich anderen gegenüber auf positive oder bedeutungsvolle Weise verhalten kann – möglicherweise treffen beide Gründe zu.

Soziologen, Familientherapeuten und Psychologen haben auch untersucht, inwiefern **Rollenbeziehungen in Familien** die Entwicklung der Schizophrenie beeinflussen. Im allgemeinen lag diesen Untersuchungen eine psychodynamische Theorie zugrunde (Lidz et al. 1965). Viele der Studien zeigen, daß einer der familiären Prozesse, der am meisten zur Entstehung der Schizophrenie beiträgt, darin besteht, daß unglückliche Eltern das Kind benutzen, um ihre eigenen Gefühle der Frustration und der Feindseligkeit auszuleben. Oft erhält das Kind die Rolle des »Stoßdämpfers« oder des Vermittlers und wird veranlaßt, sich für die Fortsetzung oder das Zerbrechen der Ehe der Eltern verantwortlich zu fühlen.

Weiterhin unterscheidet sich die **Machtstruktur in Familien** mit Kindern, die mit einem erhöhten Risiko einer schizophrenen Erkrankung leben, von Familien mit einem niedrigeren Erkrankungsrisiko. Eltern in den Familien schizophrener Kinder (oder von Kindern, die später schizophren werden) neigen oft dazu, Koalitionen zu bilden, die das Kind ausschließen. Das Unvermögen des schizophrenen Patienten, zwischen dem Selbst und der äußeren Welt zu unterscheiden, kann auch auf eine frühe intensive symbiotische Bindung zwischen Mutter und Kind zurückgeführt werden. Eine Entwicklung zur Unabhängigkeit ist hier nicht möglich, denn es besteht eine enge gegenseitige Abhängigkeit, bei der jeder in den Lebensbereich des anderen eindringt, so daß die Abgrenzung problematisch wird (Mahler 1979).

Untersuchungen von **familiären Kommunikationsstilen** zeigen, daß in den Sprachmustern von Familien mit einem schizophrenen Mitglied weniger Entgegenkommen und weniger interpersonale Sensibilität zu beobachten sind als in normalen Familien. In Familien mit einem gestörten Kind hören die Mitglieder einander nicht zu oder verbringen nicht so viel Zeit mit dem Austausch von Informationen wie die Mitglieder normaler Familien. Im psychologischen Experiment sind Angehörige von Familien mit einem Jugendlichen, der sich zurückgezogen hat, weniger in der Lage, die Reaktion anderer Familienmitglieder in einer Testsituation vorherzusagen (s. Goldstein u. Rodnick 1975).

> **!** Die gestörte Kommunikation in diesen Familien kann »das Kind verrückt machen«, indem sie die Realität verzerrt. Die wirkliche Bedeutung eines Ereignisses wird verschleiert oder geleugnet oder durch eine andere Bedeutung ersetzt, die das Kind verwirrt (Wynne et al. 1979). »**Double Bind**« ist der auch im Deutschen gebräuchliche Begriff für eine Situation, in der ein Kind mehrere einander widersprechende Botschaften von einem Elternteil empfängt.

Weil sie widersprüchlich sind, kann das Kind unmöglich allen Botschaften gerecht werden. Eine Mutter mag sich beispielsweise darüber beschweren, daß ihr Sohn so wenig Zuneigung zeigt, jedoch seine Versuche, sie zu be-

rühren, zurückweisen. Hin und her gerissen zwischen diesen unterschiedlichen verbalen und nonverbalen Bedeutungen, zwischen Forderungen und Gefühlen, wird das Kind in seinem Zugriff auf die Realität, in seinen Versuchen, diese zu überprüfen, möglicherweise verunsichert. Dies kann dazu führen, daß es seine eigenen Gefühle, Wahrnehmungen und sein Wissen über sich selbst als unzuverlässige Indikatoren dafür betrachtet, wie die Dinge »wirklich sind« (Bateson et al. 1956).

Kognitive Prozesse

Zu den Merkmalen der Schizophrenie gehören Störungen der Aufmerksamkeit, des Denkens, des Gedächtnisses und der Sprache (s. Abschn. 13.3). Einige Psychologen behaupten, diese Defizite seien nicht als Folgeerscheinungen der Schizophrenie, sondern vielmehr als deren mögliche Ursache zu betrachten: »Das entscheidende Verhalten, aus dem andere Indikatoren der Schizophrenie abgeleitet werden können, liegt im Erlöschen der Aufmerksamkeit für die sozialen Reize, auf die ‘normale’ Menschen reagieren« (Ullmann u. Krasner 1975, S. 375, eig. Übers.).

> **!** **Aufmerksamkeitsdefizite** haben zur Folge, daß wichtige Hinweisreize aus der Umwelt oder der Kultur ignoriert werden, die die meisten Menschen nutzen, um ihre sozialen Beziehungen oder ihr Verhalten zu regulieren oder zu »normalisieren«.

Diese Störungen der Aufmerksamkeit mögen eine Person zunächst dazu führen, daß ihr, während sie spricht, entfernte oder irrelevante Gedanken- oder Wortassoziationen auffallen. Daraufhin vermengt sie diese ablenkenden abwegigen Vorstellungen und Reize mit den wichtigen Anliegen oder den zentralen Themen des Gesprächs. Im Abschn. **Experiment** beschreiben wir eine Untersuchung, die die Vermutung über Aufmerksamkeitsdefizite schizophrener Patienten stützt.

Ergebnisse einer neuen neurophysiologischen Untersuchung stützen die Hypothese, daß die Aufmerksamkeitsdefizite der Schizophrenen eher dadurch zustande kommen, daß sie unfähig sind, eine effektive Auswahl- und Verarbeitungsstrategie zu kontrollieren und aufrechtzuerhalten, als durch eine generelle Trägheit der Informationsverarbeitung oder durch das Fehlen selektiver Aufmerksamkeit.

Es spricht also einiges dafür, daß die schizophrene Denkstörung z. T. auf den Mangel zurückzuführen ist, sich auf die relevanten Aspekte einer Aufgabe zu kon-

Aufmerksamkeitsdefizite von Schizophrenen

Während eines Versuchs zum dichotischen Hören (s. Abschn. 4.1), bei dem die Teilnehmer auf Signale in einem oder in beiden Ohren achten sollten, wurden Gehirnaktivitäten in Form von evozierten Potentialen gemessen. Es zeigte sich, daß schizophrene Personen ihre Aufmerksamkeit nur unter bestimmten Bedingungen selektiv auf die Informationen in beiden Ohren richten können. Sie bewältigen die Aufgabe gut in den Anfangsstadien, wo es um die Auswahl eines Informationskanals auf der Grundlage eines typischen physikalischen Reizes, wie etwa der Tonhöhe, geht. Es gelingt ihnen jedoch nur schlecht, Informationen zu verarbeiten, die eine Reaktion auf einen zu entdeckenden Reiz erfordert. Sie bewältigen die Aufgabe ebenfalls viel schlechter als die Personen einer normalen Vergleichsgruppe, wenn geteilte Aufmerksamkeit zur Auswahl von Informationen, die gleichzeitig an beide Ohren gelangen, verlangt wird. Folglich scheint ihre Störung in den kognitiven Mechanismen zu liegen, die die Strategien zur Steuerung der selektiven Aufmerksamkeit für bestimmte Arten von Informationen kontrollieren (Baribeau-Braun et al. 1983).

zentrieren oder diese Aufmerksamkeit aufrechtzuerhalten. Diese Störung der selektiven Aufmerksamkeit führt dann zu schlechten Leistungen in einer Reihe von wahrnehmungsbezogenen und kognitiven Aufgaben (Garmezy 1977; Place u. Gilmore 1980).

> ! Besonderheiten in der genetischen Prädisposition, in biochemischen Prozessen, in Kommunikations- und Interaktionsmustern von Familien und in kognitiven Prozessen spielen allesamt erwiesenermaßen bei der Entstehung der Schizophrenie eine Rolle. Jedoch führt nicht der isolierte Beitrag dieser Faktoren, sondern ihre Interaktion zur Entstehung von Schizophrenie.

13.5
Probleme und Folgen der Etikettierung psychischer Störungen

Obwohl Diagnose und Klassifikation psychischer Störungen sowohl für die Forschung als auch für klinische Zwecke hilfreich sind, können sie auch negative Folgen haben. Wenn einer Person das Etikett »psychisch oder geistig gestört« zugesprochen wird, so ist das ein Vorgang der *Beurteilung* – und unterliegt damit, wie jedes menschliche Urteil, der Möglichkeit von Verzerrungen und Fehlern. Wenn nicht geschulte Personen die Gelegenheit erhalten, die psychische Gesundheit anderer Menschen zu beurteilen, besteht oftmals die Gefahr, daß die Entscheidungen durch eine ganze Reihe von Faktoren beeinflußt werden, etwa durch Erwartungen und stereotype Vorstellungen. In diesem letzten Abschnitt des Kapitels über psychische Störungen sehen wir uns die Probleme der Objektivität und der Stigmatisierung näher an.

13.5.1
Das Problem der Objektivität

Wer bestimmt, ob eine Person als »psychisch gestört« eingestuft wird, und wie objektiv ist diese Einordnung? In unserer Gesellschaft wird eine solche diagnostische Entscheidung im allgemeinen auf der Grundlage einer Kombination der folgenden Gegebenheiten getroffen:

- Die Person ist bereits in psychiatrischer Behandlung.
- Einflußreiche Mitglieder der Gesellschaft (Lehrer, Richter, Eltern, Ehepartner, Seelsorger) sind sich einig, daß das »abweichende Verhalten« der Person ein gefährliches Ausmaß erreicht hat.
- Ein Psychiater oder ein klinischer Psychologe (allgemein: ein »Kliniker«) stellt die Diagnose einer psychischen Störung.
- Die Werte für die Selbsteinschätzung in klinischen Skalen weichen in einem bestimmten Ausmaß von »Normalwerten« ab.
- Die Person bezeichnet sich selbst als »seelisch krank«, indem sie diesen Ausdruck direkt verwendet oder indem sie Gefühlen wie Unglücklichsein, Angst, Niedergeschlagenheit, Feindseligkeit Ausdruck verleiht oder so unangemessenes Verhalten zeigt, daß ein Zusammenhang mit psychischen Problemen nahegelegt wird.
- Die Person gefährdet sich selbst (durch Selbstmorddrohungen oder -versuche) oder andere (durch Aggressionen und Gewaltausbrüche, bis hin zu Morddrohungen).

> **!** Die Entscheidung, eine Person für psychisch gestört oder »eingeschränkt zurechnungsfähig« zu erklären, ist immer auch ein *Urteil* über ihr Verhalten. Es ist ein Urteil, das von einer oder mehreren anderen Personen über die Angemessenheit oder Angepaßtheit des Verhaltens gefällt wird – und häufig ist es das Urteil über einen Menschen, der über weniger Macht oder einen geringeren sozioökonomischen Status verfügt.

Wissenschaftlich belegt ist der »doppelte Maßstab«, den Psychologen und Psychiater anlegen, wenn sie die Störungen von Männern und Frauen beurteilen sollen. Sie schreiben Männern mehr positive Charaktereigenschaften zu und bezeichnen die weniger angenehmen Merkmale als typisch für normale gesunde Frauen. Eigenschaften, die Frauen zugeschrieben werden, ähneln den Symptomen der hysterischen oder der masochistischen Persönlichkeit (Broverman et al. 1972). Andere Untersuchungen zeigten, daß Kliniker dazu neigen, Frauen und Mädchen als fehlangepaßt oder »krank« zu beurteilen, wenn sie Verhaltensweisen zeigen, die nicht zu ihrer Geschlechtsrolle passen. Wenn Frauen sich wie Männer benehmen – ordinäre Ausdrücke benutzen, sich betrinken oder vor Wut die Kontrolle verlieren – werden sie als »neurotisch« oder »selbstzerstörerisch« angesehen.

Wir haben bereits festgestellt, daß die Bedeutung eines Verhaltens eng mit seinem Inhalt sowie mit dem Kontext, in dem es auftritt, zusammenhängt. Dieselbe Handlung vermittelt in unterschiedlichen Umgebungen sehr unterschiedliche Bedeutungen. Ein Mann küßt ei-

nen anderen. Das kann eine schwule Anmache bedeuten, eine normale Begrüßung (in Frankreich), oder einen Todeskuß der Mafia (auf Sizilien). Unglücklicherweise kann auch die Diagnose eines Verhaltens als »neurotisch« oder »psychotisch« davon abhängen, wo es auftritt. Selbst die Urteile von Experten können nicht nur von dem Verhalten selbst, sondern auch von seinem Kontext beeinflußt werden, wie die berühmte Untersuchung von David Rosenhan zeigt, die wir im Abschn. **Experiment** vorstellen.

Solche Forschungsergebnisse sind eine Herausforderung für die traditionelle Diagnostik psychischer Störungen. Sie regen aber auch zu grundsätzlichen Fragen nach der Validität des Urteils »psychisch gestört« bei anderen Menschen an. Es stellt sich die Aufgabe, im Detail zu erforschen, wovon derartige Urteile – abgesehen vom tatsächlichen Verhalten – abhängen.

Nach Ansicht des Psychiaters Thomas Szasz existiert »Geisteskrankheit« gar nicht. Es handelt sich dabei lediglich um einen »modernen Mythos« (1961, 1972, 1977). Szasz behauptet, die Symptome von Geisteskrankheiten seien lediglich medizinische Etiketten, die Experteneingriffe in soziale Probleme rechtfertigen sollen – Maßnahmen an Menschen, die soziale Normen verletzen. Einmal entsprechend etikettiert, könnten diese Menschen wegen ihres Andersseins entweder wohlwollend oder streng behandelt werden, ohne daß gegebene gesellschaftliche Bedingungen in Frage gestellt werden. Der britische Psychiater R.D. Laing (1967) geht sogar noch weiter. Er behauptet, das **Etikett**

EXPERIMENT

Wie schwer es sein kann, eine psychische Störung wieder loszuwerden

David Rosenhan und 7 andere gesunde Menschen wurden in verschiedene psychiatrische Kliniken eingewiesen, nachdem sie ein einziges Symptom vorgetäuscht hatten: Halluzinationen. Alle 8 Pseudopatienten wurden bei der Aufnahme entweder als »paranoid Schizophrene« oder als »Manisch-Depressive« diagnostiziert.

Nach der Einweisung benahmen sie sich vollkommen normal – aber wie sich zeigte, kann es einer gesunden Person durchaus passieren, daß sie als »geisteskrank« beurteilt wird, weil sie sich an einem »Ort des Irrsinns« aufhält. Der Kontext »psychiatrische Klinik« verzerrte die Diagnosen. Wenn die Pseudopatienten mit dem Personal ihre Lage auf rationale

Weise besprechen wollten, so wurde ihnen gesagt, darin zeige sich der Gebrauch »intellektualisierter Abwehrstrategien«. Die Notizen, die sie von ihren Erfahrungen in der Klinik gemacht hatten, wurden als »nicht mehr als Schreibbeschäftigungen« eingestuft.

Die Pseudopatienten blieben fast 3 Wochen auf den jeweiligen Stationen und keiner von ihnen wurde in dieser Zeit vom Personal als gesund entlarvt. Als sie schließlich entlassen wurden – das war nur mit der Unterstützung von Ehepartnern und Kollegen möglich –, lautete die Einstufung immer noch »Schizophrenie«. Allerdings trug die Diagnose jetzt den Zusatz »in Remission« – d. h. ohne aktive Symptomatik. (Rosenhan 1973, 1975; kritisch dazu Fleischman 1973; Lieberman 1973).

»verrückt« unterdrücke die kreative, einzigartige Auseinandersetzung mit der Realität bei Menschen, die die sozialen Lebensverhältnisse in Frage stellen.

> **!** Wenige Kliniker würden so weit wie Laing gehen, aber es gibt eine Bewegung der Klinischen Psychologen weg von dem klassischen medizinischen und hin zu einem kontextuellen oder ökologischen Modell des Verständnisses psychischer Störungen (Levine u. Perkins 1987). In einer **ökologischen Sichtweise** wird die Störung nicht als das Ergebnis einer Krankheit *in* einer Person gesehen, sondern als das Resultat der Interaktion von Person und Gesellschaft.

Abweichendes Verhalten entsteht aus dem »Nichtpassen« (»mismatch«) der Fähigkeiten der Person zu den Normen oder Bedürfnissen der Gesellschaft. Dies ist z. B. der Fall in der Schule, wo verlangt wird, daß die Kinder stundenlang ruhig sitzen und diszipliniert und unabhängig an Aufgaben arbeiten, die der Lehrer gestellt hat. Diejenigen Kinder, die dazu nicht in der Lage sind, erhalten das Etikett »hyperaktiv«. Weil die Fähigkeiten dieser Kinder nicht mit den Erfordernissen der meisten Schulen übereinstimmen, wird die Schulverwaltung schnell auf sie aufmerksam. Besuchten dieselben Kinder aber ein anderes Schulsystem, in dem sie sich frei im Klassenzimmer bewegen und mit ihren Mitschülern bei der Arbeit reden könnten, gäbe es keine »Nichtpassung«, und es käme auch nicht zur Etikettierung »hyperaktiv«.

Dieser Rückblick auf das Problem der **Objektivität** legt nahe, daß es keine absolut objektive Diagnose psychischer Störungen oder abweichenden Verhaltens geben kann. Das ist auch der Grund dafür, warum beispielsweise das unserer Darstellung zugrunde liegende Diagnosesystem DSM-IV das von der Person selbst erlebte Leiden in den Mittelpunkt der Diagnose stellt. In den meisten Fällen sollte die Diagnose »psychisch gestört« ihren Ursprung im Urteil der betroffenen Person selbst haben.

13.5.2
Das Problem der Stigmatisierung

Aus einer soziologischen Perspektive können psychisch Gestörte als sozial auffällig bezeichnet werden – sie sind anders als die übrigen Mitglieder der Gesellschaft. Bezeichnungen wie »auffällig«, »abweichend« und »abnormal« werden kaum in einem wertfreien statistischen Sinn benutzt, wenn es um die Beurteilung des Verhaltens anderer Menschen geht.

- Tatsächlich trägt »sozial auffällig« die Konnotation der moralischen Minderwertigkeit und impliziert soziale Zurückweisung.
- Der Ausdruck »abweichend« vermittelt auch die Botschaft, daß die gesamte Persönlichkeit »sich in ihrer Art von normalen Menschen unterscheidet und daß es keinen Bereich gibt, der unbeeinflußt von ihren ‘Problemen’ geblieben ist« (Scott 1972, S. 14, eig. Übers.).

Es ist behauptet worden, alle Gesellschaften definierten sich negativ, indem sie Kriterien für *unangemessenes* Verhalten und nicht für angemessenes Verhalten aufstellten, wodurch sie dem, was sozial akzeptabel ist, Grenzen setzten. Sozial auffällige Personen ermöglichen es dem Rest der Gesellschaft, sich normal, gesund, moralisch einwandfrei und gesetzestreu zu fühlen, denn sie markieren diese Grenzen (Ericksen 1966). Es dürften kaum Zweifel daran bestehen, daß es in unserer Gesellschaft eine öffentliche Herabsetzung und eine persönliche Entwertung bedeutet, »psychisch gestört« oder »abnormal« zu sein. Kein Wunder, denn die Gesellschaft erlegt denen, die von den Normen abweichen, harte Sanktionen auf, wie Abb. 13.4 zeigt.

Im Unterschied zu Menschen mit körperlichen Erkrankungen werden Personen, die von psychischen Leiden betroffen sind, stigmatisiert.

> **!** Im allgemeinen Wortsinn ist ein Stigma ein Zeichen oder eine Markierung der Schande. Im psychologischen Kontext beziehen sich **Stigma** und **Stigmatisierung** auf die negativen Einstellungen zu einer Person mit psychischen Auffälligkeiten, welche dazu führen, daß die Person als unerwünscht ausgegrenzt wird (Clausen 1981).

Negative Einstellungen gegenüber Menschen, die von psychischen Störungen betroffen sind, haben viele Ursachen. Darunter fallen insbesondere Darstellungen »Geisteskranker« in den Massenmedien, wo sie als gewalttätige Kriminelle porträtiert werden, geschmacklose Witze, die wir hören und über die wir lachen, die Verleugnung psychischer Probleme in den Familien, der drohende Verlust des Arbeitsplatzes, wenn eine psychische Störung oder psychiatrische Behandlung bekannt wird, und eine juristische Terminologie, die psychischen Unzulänglichkeiten besonderes Gewicht verleiht (s. Rabkin et al. 1980). Der Prozeß der Stigmatisierung markiert nicht nur von der Norm abweichendes Verhalten, sondern wertet betroffene Personen als »fehlerbehaftet« ab (Jones et al. 1984). Im Abschn. **Psy-**

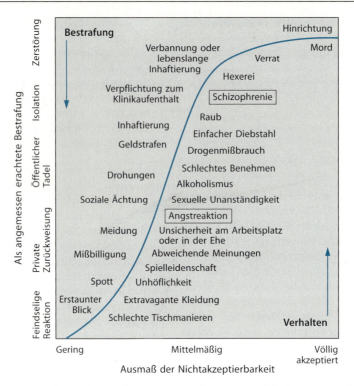

Abb. 13.4. Zusammenhang von Vergehen und Bestrafung. Aus dieser Darstellung eines Kontinuums von Vergehen, die zunehmend weniger gesellschaftlich akzeptabel sind und mit immer größerer Härte sanktioniert werden, geht hervor, daß die Reaktionen auf verschieden schwere Formen psychischer Störungen eine Parallele zu den Sanktionen krimineller Handlungen aufweisen

chologie im Alltag erhalten wir aus den Aufzeichnungen einer Klientin einen Eindruck vom Erleben der Stigmatisierung.

Wenn sich jemand plötzlich seltsam benimmt, aufgebracht oder grob reagiert, beginnen seine Freunde und Bekannten, ihn als unzuverlässig, nicht vertrauenswürdig oder bedrohlich wahrzunehmen, und es wird für sie schwierig, die üblichen Beziehungen zu ihm aufrechtzuerhalten. Sie verändern die Qualität der Beziehung, indem sie versuchen, ihn zu meiden und auszuschließen. Als Reaktion darauf zieht der Betroffene sich noch mehr zurück und beraubt sich damit sowohl der sozialen Unterstützung als auch der Möglichkeit, mit Hilfe der anderen die Realität zu überprüfen (Lemert 1962).

Unsere negativen Einstellungen gegenüber psychisch Leidenden verzerren, wie wir sie wahrnehmen und wie wir uns ihnen gegenüber verhalten. Sie beeinflussen aber auch ihr Verhalten uns gegenüber. Kurz gesagt, psychische Störungen liefern ein weiteres Beispiel für **sich selbst erfüllende Prophezeihungen**.

Um psychische Störungen zu verstehen, mußten Sie die Bedeutung grundlegender Begriffe, wie etwa Normalität, Realität und soziale Norm, kennenlernen. »Ein Geist oder eine Seele, die ihren festen Ankerplatz verloren hat«, driftet nicht einfach in Einsamkeit dahin. Andere Menschen stoßen sich daran, sehen darin vielleicht sogar die Bedrohung der eigenen Stabilität. Dadurch, daß die Forschung auf dem Gebiet der Klinischen Psychologie entdeckt, wie man psychische Störungen besser verstehen und behandeln und ihnen sogar vorbeugen kann, hilft sie nicht nur den betroffenen Menschen, sondern sie erweitert auch unser grundlegendes Verständnis der Natur des Menschen. Wie aber können Klinische Psychologen (und Psychiater) intervenieren, wenn die Seele ihren Ankerplatz verloren hat, und wie können sie unangemessenes Verhalten modifizieren? Diese Frage wird Thema des nächsten Kapitels sein.

PSYCHOLOGIE IM ALLTAG

Die »Innensicht« des Stigmas der Geisteskrankheit
»Für mich war das Stigma der Geisteskrankheit so vernichtend wie die Erfahrung der Hospitalisierung selbst« schreibt eine Patientin nach der Genesung. Sie fährt mit eindringlichen Worten fort: »Bevor ich wegen einer psychischen Krankheit in die Klinik kam, habe ich ein beneidenswertes Leben geführt. Preise, Ehrungen, Einladungen – mein Tagebuch enthält viele Erlebnisse, die der Erinnerung wert sind. ...

Die Krise der psychischen Störung knallte wie die Explosion einer Atombombe in mein Leben. Alles, was ich vorher gekannt und genossen hatte, war plötzlich verwandelt, wie wenn sich – durch eine seltsame Verkehrung natürlicher Prozesse – die Schönheit eines Schmetterlings wieder verpuppt und zurückgezogen hätte. Da war etwas Gezwungenes und Eingeengtes aus meinem Leben geworden, z. T. so gewählt, z. T. auferlegt. Wiederholte Zurückweisungen, das seltsame Verhalten anderer Menschen um mich herum, mein eigenes Unbehagen und meine eigene Befangenheit stießen mich in diese Isolationshaft.

Meine Genesung und die Nachwirkungen der Erkrankung erforderten einen Kampf – gegen meinen eigenen Körper, der keine Energie und keine Spannkraft zu haben schien, und gegen eine Gesellschaft, die Vorbehalte hatte, mich aufzunehmen. Es schien, als ob meine größten Bedürfnisse – erwünscht zu sein, gebraucht und geschätzt zu werden – genau diejenigen wären, die andere Menschen nicht erfüllen konnten« (Houghton 1980, S. 7–8, eig. Übers.).

ZUSAMMENFASSUNG

- **Definition und Klassifikation psychischer Störungen.** *Psychische Störungen* liegen dann vor, wenn die normale Funktionsweise der Kognitionen und Emotionen sowie des Verhaltens ernsthaft beeinträchtigt ist, so daß die betroffene Person darunter leidet und bei der Erreichung wichtiger Ziele behindert wird. Mit anderen Worten, psychische Beeinträchtigungen führen zu einer subjektiven und objektiven Einschränkung der Lebensqualität. Das Teilgebiet der Psychologie, das sich mit der Klassifikation, der Erklärung und dem Verständnis von psychischen Störungen befaßt, wird häufig als *Psychologie des abweichenden Verhaltens* bezeichnet. Gebräuchlich ist auch der Begriff der *Psychopathologie*, vor allem für schwerwiegende Störungen. Damit psychologische Störungen präzise benannt werden können und zwischen Fachleuten eine eindeutige Sprache verwendet wird, sind 2 weltweit anerkannte und gebräuchliche *Diagnosesysteme* entwickelt worden: das DSM-IV (»Diagnostic and Statistical Manual of Mental Disorders«) und die ICD-10 (»International Classification of Diseases«).
- **DSM-IV und ICD-10.** Das DSM-IV klassifiziert, definiert und beschreibt mehr als 200 psychische Störungen. Die Informationen über die Störungen sind im DSM-IV auf 5 sog. Achsen angesiedelt. Neben der Beschreibung der Störungen im engeren Sinne (Symptome und Störungsverläufe) werden auch ergänzende Angaben zu psychologischen, sozialen und physischen Faktoren, die psychische Auffälligkeiten begleiten, genannt. Ein Wandel in den Vorstellungen über psychische Störungen zeigt sich in der Veränderung der diagnostischen Kategorien der verschiedenen Versionen des DSM (beispielsweise wurde die Trennung zwischen Neurosen und Psychosen aufgegeben und die Kategorie der Homosexualität ganz gestrichen). Die ICD-10 ist mit dem DSM-IV kompatibel; die deutsche Fassung enthält das Kap. V der ICD-10 und stellt im wesentlichen eine Übersetzung und keine Bearbeitung der amerikanischen Ausgabe dar.
- **Beispiele wichtiger Kategorien psychischer Störungen – Persönlichkeitsstörungen.** Auf Achse II des DSM-IV werden u. a. 10 verschiedene *Persönlichkeitsstörungen* beschrieben: Dazu gehören die narzißtische (übertriebenes Gefühl der eigenen Bedeutung), die paranoide (Mißtrauen und Verdächtigungen anderen gegenüber), die zwanghafte (übertriebene Perfektionisten) und die antisoziale (antisoziale Verhaltensweisen) Persönlichkeitsstörung. Für Persönlichkeitsstörungen ist es typisch, daß reliable Diagnosen nur schwer zu stellen sind. Eine Ausnahme bildet nur die antisoziale Persönlichkeit.
- **Beispiele wichtiger Kategorien psychischer Störungen – Dissoziative Störungen.** Bei *dissoziativen*

Störungen wird teilweise die Integrität des Selbst aufgeben, nach Meinung der Forschung, um Konflikten zu entgehen. Ein Hauptmerkmal ist die *psychogene Amnesie*, ein psychisch bedingtes Ausblenden bestimmter Erinnerungen. Multiple Persönlichkeiten können nebeneinander in einer Person existieren, auch »imaginäre Gefährten« sind manchmal Merkmale dieser Störung. Oft entsteht diese Identitätsstörung als Folge von Mißbrauchserfahrungen.

- **Beispiele wichtiger Kategorien psychischer Störungen – Sexuelle Störungen.** Zu den *sexuellen Störungen* gehören sexuelle Hemmungen, sexuelle Funktionsstörungen und Perversionen. Perversionen sind Störungen und keine Extravaganzen, weil einzig durch die Perversion sexuelle Erregung hervorgerufen werden kann.

- **Beispiele wichtiger Kategorien psychischer Störungen – Angststörungen.** Das DSM-IV unterscheidet 10 Typen von *Angststörungen*. Die wichtigsten sind die generalisierte Angststörung, bei der die betroffene Person ihre ständige Besorgnis nicht kontrollieren kann, die panische Angststörung, bei der unerwartete Panikattacken auftreten (z. B. die Agoraphobie), Phobien, die durch irrationale Furcht vor einem bestimmten Objekt, einer Aktivität oder einer Situation gekennzeichnet sind, und Zwangsstörungen – zwanghafte Impulse, immer wieder dasselbe zu denken oder zu tun. Ein gemeinsames Merkmal von Angststörungen liegt in der Unfähigkeit, die Angst auf einem kontrollierbaren Maß zu halten.

- **Beispiele wichtiger Kategorien psychischer Störungen – Affektive Störungen.** Bei *affektiven Störungen* sind Stimmungen aus dem Gleichgewicht geraten. Das DSM-IV unterscheidet 4 Gruppen von affektiven Störungen: Die *depressive Störung (Unipolare Depression)*, deren Symptome gravierender sind als die normalen depressiven Gefühle, wie sie jeder kennt; sie unterscheiden sich jedoch *nicht* qualitativ. Typisch sind Auffälligkeiten in der Stimmung, im Denken, in der Motivation und in körperlichen Symptomen. Zur Erklärung der Entstehung von Depressionen scheint Becks These, daß sich Weltsicht und Selbstkonzept von depressiven und nichtdepressiven Personen bedeutsam unterscheiden, auch von der Forschung unterstützt zu werden. Depressive Personen zeigen spezifische kognitive Verzerrungen, wie eine negative Sicht der Welt, ihres Selbstkonzeptes sowie negative Zukunftserwartungen. Alarmierend in diesem Zusammenhang ist die gestiegene Selbstmordrate von Jugendlichen; vor allem bei Mädchen ist Depression hier der wichtigste Risikofaktor. Wesentlich seltener als unipolare sind *bipolare Störungen*, die durch einen Wechsel von depressiven und *manischen* Episoden gekennzeichnet sind. Eine weitere Unterscheidung betrifft *affektive Störungen*, die mit dem *allgemeinen Gesundheitszustand* zu tun haben und solche, die durch *Drogenmißbrauch* verursacht werden.

- **Beispiele wichtiger Kategorien psychischer Störungen – Schizophrenien.** Schizophrene Störungen stellen eine schwere Form psychischer Störungen dar. Als Kernmerkmal für die verschiedenen Typen von schizophrenen Störungen werden im DSM-IV *psychotische Symptome* genannt, wie Wahnvorstellungen, Halluzinationen, desorganisierte Sprache und desorganisiertes oder katatonisches Verhalten. Ein Verlust klarer Ich-Grenzen und meist flache, situationsunangemessene Emotionen sind weitere deutliche Symptome. Schizophrene Störungen kommen in allen Kulturen vor, ihre tatsächliche Verbreitung (Prävalenzrate) beträgt 1%.

- **Modelle psychischer Störungen.** Zur Entstehung und Erklärung psychischer Störungen gibt es eine ganze Reihe von Modellvorstellungen, wie biologische Theorien, psychologische Ansätze, das psychodynamische Modell nach Freud, behavioristische und kognitive Modelle. Obwohl keines der Modell *alle* psychischen Störungen erklären kann, können sie hinsichtlich *bestimmter* Störungen hilfreich sein. Beispielsweise trägt der psychodynamische Ansatz zur Erklärung von Angstsyndromen bei, der lerntheoretische Ansatz hilft, wenn es darum geht, die Entstehung von Phobien zu erklären und der kognitive Ansatz ermöglicht, die Genese von Depressionen verständlich zu machen. Am schwierigsten zu erklären ist die Entstehung der Schizophrenie.

- **Modelle psychischer Störungen – Modellintegration zur Erklärung der Schizophrenie.** Forscher, die verschiedene Strategien wie Familienstudien, Zwillingsstudien und Adoptionsstudien anwenden, sehen in der Vererbung einer *Prädisposition* zur Schizophrenie einen möglichen Ursachenfaktor.

Die weithin anerkannte Diathese-Streß-Hypothese bestätigt zwar das Risiko durch genetische Faktoren, postuliert aber zusätzlich das Vorhandensein bestimmter *Umweltbedingungen* als notwendig, um eine psychische Störung manifest werden zu lassen. Die Dopaminhypothese, ein biochemisches Modell der Schizophrenie, besagt, daß durch *Dopaminüberschuß* die Neuronenaktivität gesteigert und dadurch schizophrene Symptome hervorgerufen werden können. Untersuchungen der Familienstrukturen schizophrener Patienten zeigen, daß *familiäre Interaktionsstile*, wie eine *gestörte Kommunikation (Double Bind)*, die Realität für ein Kind verzerren und so zu psychischen Störungen beitragen können. Auch *Aufmerksamkeitsdefizite* scheinen für die Entstehung von Schizophrenie von Bedeutung zu sein. Derzeit geht man davon aus, daß nicht ein einzelner Faktor, sondern die *Interaktion* der *verschiedenen Faktoren* zur Entstehung von Schizophrenie führt.

- **Probleme und Folgen der Etikettierung psychischer Störungen.** Die Diagnose und Klassifikation psychischer Störungen stellt eine fehler- und verzerrungsanfällige Beurteilung dar. Hier ist die Frage der *Objektivität* der Beurteilung »psychisch gestört« angesprochen. Der »doppelte Maßstab«, den Fachleute anlegen, wenn sie Störungen von Männern und Frauen beurteilen sollen, oder das Ergebnis des Experiments von Rosenhan, in dem gesunde Patienten im Kontext »psychiatrische Klinik« als »geisteskrank« beurteilt wurden, stellen die Forschung vor die Aufgabe, zu untersuchen, wovon die Beurteilung »psychisch gestört« tatsächlich abhängt. Weil es keine völlige Übereinstimmung bei der »objektiven« Feststellung von psychischen Störungen gibt, hat das DSM-IV das von der betroffenen Person selbst erlebte Leiden in den Mittelpunkt gestellt. Ein Umdenken zeigt sich auch darin, daß zunehmend ein *ökologisches Modell* des Verständnisses psychischer Störungen an Bedeutung gewinnt, in dem die Störung nicht als das Ergebnis einer Krankheit in einer Person, sondern als ein Resultat der *Interaktion* von Person und Gesellschaft gesehen wird.

Hinweise zur deutschsprachigen Literatur

In den 2 Bänden *Klinische Psychologie* von R. Bastine werden in Band I (in Druck) die Themen »Grundlagen und Aufgaben Klinischer Psychologie – Definition, Klassifikation und Entstehung psychischer Störungen« behandelt; Band II (1992) vermittelt die Themen »Klinische Psychodiagnostik, Prävention, Gesundheitspsychologie, Psychotherapie und Psychosoziale Intervention«.

Das *Lehrbuch der Klinischen Psychologie – Modelle psychischer Störungen* von H. Reinecker (1998) bietet neben einer Einführung in die Grundlagen der Klinischen Psychologie einen Überblick über ausgewählte Störungsbilder. Neu aufgenommen wurden Kapitel zu posttraumatischen Belastungsstörungen sowie somatoformen Störungen.

Diagnostisches und Statistisches Manual Psychischer Störungen DSM-IV wird von H. Saß, H.U. Wittchen und M. Zaudig (1998) herausgegeben. Es ist das im Kapitel besprochene und weltweit angewandte Klassifikationssystem der psychischen Störungen. Durch die Angabe korrespondierender ICD-10-F-Nummern kann es auf einem breiten klinischen Gebiet Anwendung finden. Es enthält für jede psychische Störung genaue operationale diagnostische Kriterien, die exakt beschreiben, welche Symptome oder Symptomkombinationen vorliegen müssen, um zu einer bestimmten Diagnose zu gelangen.

»Passend für die Kitteltasche des Arztes oder des Psychologen« gibt es von denselben Autoren ein »Mini-DSM-IV« (*Diagnostische Kriterien DSM-IV*) (1998). Es ermöglicht durch schnelles Nachschlagen in der Untersuchungssituation, das Vorhandensein oder das Fehlen störungsspezifischer Symptome zu prüfen und die komprimierten Kriterienlisten als Richtlinien zu verwenden. Es enthält ebenfalls die korrespondierenden ICD-10-Kodierungen.

Die Weltgesundheitsorganisation (WHO) hat die ICD-10 offiziell in ihren Mitgliedsländern eingeführt. Herausgegeben von H. Dilling, W. Mombour und M. H. Schmidt (1993) trägt sie die Bezeichnung *Internationale Klassifikation psychischer Störungen ICD-10 Kapitel V(F). Klinisch-diagnostische Leitlinien*.

In *Psychische Störungen in der Praxis* von H. Mußigbrodt et al. (1996) werden neben den klinisch-diagnostischen Leitlinien und den Forschungskriterien zum Kapitel V(F) der ICD-10 die sog. ICD-10 Primary Health Care Classification (ICD-10 PHC) entwickelt. Sie enthält pragmatische Kurzbeschreibungen psychischer Störungen sowie weiterführende differentialdiagnostische, therapeutische und prognostische Hinweise.

Von G. Nissen (1996) herausgegeben ist das Buch *Zwangserkrankungen*. Psychodynamische, genetische und biologische Hypothesen zur Pathogenese, zur Prognose und zu den Möglichkeiten einer Prävention werden in diesem Buch von erfahrenen Autoren abgehandelt.

Eine differenzierte Analyse der psychophysiologischen Reaktionen bei Angststörungen bietet das Buch *Furcht und Phobien – Physiologische Grundlagen und*

klinische Anwendungen von A. Hamm (1997). Es verbindet neue Erkenntnisse der klinischen und psychologischen Grundlagenforschung mit den aktuellen Entwicklungen der Neurowissenschaften. Der Autor stellt ein ätiologisches Modell phobischer Störungen vor, welches als Grundlage zur Bewertung der Wirksamkeit verschiedener therapeutischer Techniken dient.

Über *Verlaufsprozesse schizophrener Erkrankungen* informieren H.D. Brenner u. W. Böker (1992). Es ist der Schizophrenieforschung gelungen, für einzelne Teilbereiche brauchbare Verlaufs-Prozeß-Modelle zu entwickeln. Dies gilt beispielsweise für die Wechselwirkungen zwischen genetischen Faktoren, Umwelteinflüssen und psychopathologischen Auffälligkeiten bei High-risk-Gruppen.

ÜBUNGSFRAGEN

1   Wie heißen die beiden gebräuchlichsten Diagnosesysteme für psychische Störungen? Erläutern Sie kurz, warum es hilfreich sein kann, über ein solches Klassifikationssystem zu verfügen.

1   Die 2 weltweit gebräuchlichsten und anerkanntesten Diagnosesysteme für psychische Störungen sind das DSM-IV (»Diagnostic and Statistical Manual of Mental Disorders«) und die ICD-10 (»International Classification of Diseases«). Die Einordnung des beobachtbaren Verhaltensmusters in ein differenziertes Diagnosesystem ermöglicht eine präzise Benennung der psychischen Störung, was u. a. zu einer größeren Übereinstimmung zwischen den Diagnosen verschiedener Fachleute führen kann.

2   Wie wurden in früheren Versionen des DSM Neurosen und Psychosen voneinander unterschieden?

2   Neurosen oder neurotische Störungen wurden ursprünglich als relativ verbreitete psychologische Probleme angesehen, bei denen keine Anzeichen von Hirnanomalien vorliegen, keine schwerwiegenden Erscheinungen irrationalen Denkens zu beobachten sind und die betroffene Person keine grundlegenden Normen verletzt, aber dennoch eine subjektive Belastung empfindet und Formen der Selbstquälerei oder unangemessene Bewältigungsstrategien aufweist. Psychosen oder psychotische Störungen wurden ursprünglich nach Art und Schweregrad von Neurosen unterschieden. Man nahm an, daß eine Psychose eine markante Verletzung sozialer Normen einschließt und von gravierenden Störungen im rationalen Denken und generell in den kognitiven und emotionalen Prozessen begleitet wird. Im Klinikalltag wird die Unterscheidung oft noch verwendet, um die Störung einer Person generell zu charakterisieren.

3   Was sind psychische Störungen?

3   Psychische Störungen liegen dann vor, wenn die normale Funktionsweise der kognitiven und emotionalen Prozesse und des Verhaltens ernsthaft beeinträchtigt ist, so daß die betroffene Person darunter lei-

4 Welche 7 Kriterien werden im DSM-IV verwendet, um psychische Funktionen oder Verhaltensweisen als »gestört« (oder »anormal«) zu kategorisieren?

det und bei der Erreichung wichtiger Ziele behindert wird. Psychische Störungen führen, mit anderen Worten, zu einer subjektiven und objektiven Einschränkung der Lebensqualität.

4 ● Leiden oder Behinderung. Eine Person erlebt einen Leidensdruck oder eine Einschränkung ihrer normalen psychischen Funktionen, wodurch das Risiko der Verschlechterung ihres körperlichen oder psychischen Zustands und der Einschränkung ihrer Handlungsfreiheit entsteht. Beispielsweise wird ein Mann, der sein Haus nicht verlassen kann, ohne zu weinen, nicht in der Lage sein, seine alltäglichen Lebensaufgaben zu bewältigen.

● Unangepaßtheit. Eine Person verhält sich in einer Art und Weise, die sie an der Erreichung ihrer Ziele hindert, die nicht zu ihrem Wohlergehen beiträgt oder die mit den Zielen anderer Menschen oder den Bedürfnissen der Gemeinschaft in Konflikt steht. Jemand, der so viel trinkt, daß er seinem Beruf nicht nachgehen kann oder andere im Zustand der Trunkenheit bedroht, verhält sich unangepaßt.

● Irrationalität. Eine Person handelt oder äußert sich in einer Weise, die für andere Menschen irrational oder unverständlich ist. Zum Beispiel handelt jemand, der auf Stimmen antwortet, die objektiv nicht existieren, irrational.

● Unvorhersehbarkeit. Eine Person verhält sich von Situation zu Situation unvorhersehbar oder unberechenbar, wie wenn sie die Kontrolle über sich selbst verloren hätte. Ein Kind, das mit seiner Faust ohne erkennbaren Grund eine Fensterscheibe einschlägt, verhält sich unvorhersehbar.

● Unkonventionalität und statistische Seltenheit. Das Verhalten der Person ist sehr unüblich (»statistisch gesehen selten«) *und* verletzt soziale Standards für das, was akzeptabel oder erwünscht ist. Unüblichkeit oder Seltenheit allein reicht jedoch für das Urteil »gestört« in keiner Weise aus. Beispielsweise sind außergewöhnliche Intelligenz und Genialität sehr selten, aber sie sind in unserer Gesellschaft sehr erwünscht. Auf der anderen Seite ist auch sehr niedrige Intelligenz ein seltenes Phänomen; aber weil sie unerwünscht ist, wird sie oftmals auch als »anormal« oder als »Intelligenzbehinderung« bezeichnet.

● Unbehagen beim Beobachter. Eine Person ruft bei anderen Menschen Unbehagen hervor, weil sich diese durch die Person in irgendeiner Weise bedroht oder beunruhigt fühlen. Eine Frau, die mitten auf der Straße geht und sich dabei laut mit sich selbst unterhält, ruft nicht nur bei den Autofahrern, denen sie den Weg versperrt, Unbehagen hervor.

● Verletzung der gesellschaftlichen Standards, insbesondere moralischer Normen. Eine Person verletzt die Erwartungen daran, wie man sich angesichts gesellschaftlicher Normen verhalten *sollte*. Danach können Menschen als gestört oder anormal gelten, die keiner Arbeit nachgehen wollen oder nicht an Gott glauben.

5 Eine vollständige Diagnose im Sinne des DSM-IV verlangt, daß eine Person auf allen 5 Achsen des DSM-IV eingestuft wird. Erläutern Sie kurz, welche Informationen auf welchen Achsen beschrieben werden.

5 • Die wichtigsten klinischen Störungen sind auf Achse I angesiedelt. Darunter fallen auch alle Störungen, die in der Kindheit entstehen, abgesehen von geistiger Behinderung.
• Auf Achse II werden geistige Behinderung und Persönlichkeitsstörungen aufgeführt – also Probleme, die mit Störungen der Achse I verbunden sein können.
• Auf Achse III sind generelle medizinische Informationen angeordnet (z. B. über Diabetes), die wichtig sein können, um die Störungen der Achsen I und II verstehen und behandeln zu können.
Auf den Achsen IV und V befinden sich Zusatzinformationen für die Planung der Behandlung und vor allem für die Erstellung einer Prognose, also einer Voraussage über den weiteren Verlauf der Störung.
• Achse IV erfaßt die psychosozialen Schwierigkeiten und Probleme, die sich aus der Umwelt des Patienten ergeben und die erklären können, warum er Streßreaktionen zeigt und welche Ressourcen er zur Streßbewältigung einsetzen kann.
• Auf Achse V wird eine globale Einschätzung des Funktionsniveaus der Person vorgenommen.

6 Was versteht man unter Persönlichkeitsstörungen?

6 »Eine Persönlichkeitsstörung ist ein überdauerndes, um sich greifendes Muster innerer Erfahrungen und des Verhaltens, das von den Erwartungen der Kultur, in der die betroffene Person lebt, abweicht. Es ist nicht flexibel, zeigt sich erstmals im Jugend- oder frühen Erwachsenenalter, ist stabil und führt zu subjektivem Leiden oder einer Beeinträchtigung der psychischen Funktionsfähigkeit«

7 Beschreiben Sie dissoziative Störungen. Wie erklärt sich die Forschung die Entstehung dieser Störungen?

7 Eine dissoziative Störung ist eine wesentliche Beeinträchtigung der Integration von Identität, Gedächtnis und Bewußtsein. Normalerweise ist es für uns wichtig, daß wir ein Gefühl der Kontrolle unseres eigenen Verhaltens haben, unserer Emotionen, Gedanken und Handlungen. Wichtig für diese Wahrnehmung der Selbstkontrolle ist die Erfahrung der Integrität des Selbst – daß verschiedene Aspekte des Selbst konsistent aufeinander bezogen sind und daß unsere Identität über die Zeit und unabhängig vom Ort fortbesteht. Die Forschung nimmt heute an, daß im Falle von dissoziativen Zuständen Personen ihren Konflikten zu entkommen versuchen, indem sie diese Konsistenz und Kontinuität aufgeben – also in gewissem Sinne einen Teil von sich selbst verleugnen.

8 Erläutern Sie, was man unter einer dissoziativen Identitätsstörung versteht.

8 Die dissoziative Identitätsstörung (»dissociative identity disorder«; DID) ist eine dissoziative Störung, bei der in einem Individuum 2 oder mehr unterschiedliche eigenständige Persönlichkeiten existieren. Zu jedem Zeitpunkt dominiert immer eine dieser Persönlichkeiten das Verhalten. Die einzelnen Persönlichkeiten sind sich der Existenz der jeweils anderen in unterschiedlichem Ausmaß bewußt. Sie verfügen über eine einzigartige Identität, einen eigenen Namen, eigene soziale Beziehungen, Verhaltensmuster und sogar über typische Gehirnwellenaktivitäten. In einigen Fällen entwickeln sich Dutzende von Charakteren, um dem Individuum zu helfen, mit einer schwierigen Lebenssituation zurechtzukommen. Die Entstehung dieser unterschiedlichen Persönlichkeiten, deren jede ein eigenes Bewußtsein hat, erfolgt ganz plötzlich auf streßreiche Erfahrungen hin.

9 Was sind sexuelle Störungen, und was vor allem sind Perversionen?

9 Bei sexuellen Störungen handelt es sich um sexuelle Hemmungen, um Funktionsstörungen und um sexuelle Perversionen. Während für die meisten Menschen während des sexuellen Reaktionsszyklus keine Probleme entstehen, ist für Personen mit sexuellen Perversionen (Paraphilien) die Erregung nur im Kontext ungewöhnlicher Praktiken oder in Begleitung von bizarren Phantasien möglich. Die Abweichung vom Normalen liegt in den Gedanken oder Handlungen, zu denen sie sich hingezogen fühlen. Für Personen mit sexuellen Perversionen ist das Vorhandensein unüblicher sexueller Objekte, sexueller Praktiken oder Umstände unbedingte und nicht dem Willen unterworfene Voraussetzung für sexuelle Erregung. Pädophilie, Fetischismus, Voyeurismus, Masochismus und Sadismus zählen zu den sexuellen Perversionen.

10 Erläutern Sie kurz die 4 wichtigsten Formen von Angststörungen.

10
- Die generalisierte Angststörung führt zu einer Beeinträchtigung der Lebenstüchtigkeit, weil die betroffene Person ihre Besorgnis nicht kontrollieren oder beiseite schieben kann. Weil sie die Aufmerksamkeit der Angst und ihren möglichen Ursachen widmet, kann sie sich nicht in genügendem Maße ihren beruflichen oder sozialen Verpflichtungen widmen. Das Problem wird durch die körperlichen Symptome, die mit der Angst verbunden sind, noch verstärkt.
- Die Diagnose einer Panikstörung wird dann gestellt, wenn eine Person wiederholt Panikattacken hat und anfängt, sich fortlaufend Sorgen darum zu machen, daß sie weitere Attacken haben könnte.
- Eine Person mit einer Phobie leidet an einer hartnäckigen und irrationalen Furcht vor einem bestimmten Objekt, einer Aktivität oder Situation, die gemessen an der Realität unbegründet und unangemessen ist.
- Menschen mit Zwangsstörungen haben Impulse, immer wieder dasselbe zu denken oder zu tun, und sie kommen davon nicht los. Der Leidensdruck wird so groß, daß ihre Handlungsmöglichkeiten im Alltag wesentlich beeinträchtigt sind.

11 Unterscheiden Sie manische von depressiven Episoden.

11
- Während einer manischen Episode ist die Stimmung sehr gehoben, expansiv oder reizbar. Dieser aufgeladene Stimmungszustand, der mindestens eine Woche andauert, wird begleitet von rastloser Aktivität, Ideenflucht, dem Drang, schnell, laut und viel zu sprechen, und von einem übersteigerten, grandiosen Selbstwertgefühl. Typisch sind auch ein herabgesetztes Schlafbedürfnis und leichte Ablenkbarkeit. In einer manischen Stimmung gefangen, zeigt die betroffene Person ungerechtfertigten Optimismus, geht unnötige Risiken ein, verspricht alles und kann sogar alles verschenken. Fast immer jedoch haben Personen, die manische Episoden erleben, auch depressive Episoden.
- Am anderen Ende des Stimmungskontinuums liegt die depressive Episode, die durch den Verlust von Interesse oder Freude gekennzeichnet ist. Es treten intensive Gefühle der Traurigkeit, Entmutigung und Unzufriedenheit auf, häufig in Verbindung mit anderen Symptomen, etwa Gefühlen der Wertlosigkeit oder Schuldgefühlen, verminderter Energie und Suizidgedanken.

12 Welche 4 Kategorien von Symptomen finden wir bei Personen mit einer depressiven Störung (unipolare Depression) vor?

12
- Stimmung: Die vorherrschende Emotion ist Traurigkeit, begleitet von Weinen, Verlust der Freude an jeglicher Aktivität und Gefühlen der Ängstlichkeit, der Scham und der Schuld.
- Denken: Das niedrige Selbstwertgefühl einer depressiven Person kommt daher, daß sie denkt, sie sei ein Versager, eine inkompetente Person, die es verdient, die Schuld an Schwierigkeiten zu tragen. Außerdem liegt ein pessimistischer Glaube an eine unbeeinflußbare, hoffnungslose Zukunft vor.
- Motivation: Eine »Lähmung des Willens« setzt ein, die die Initiative und die Reaktionen hemmt. Das hindert den Patienten daran, zu arbeiten, Hobbys nachzugehen und sogar daran, sich sexuell zu betätigen. Auch die Entscheidungsfähigkeit wird durch die reduzierte Motivation stark beeinträchtigt.
- Körperliche Symptome: Der Appetit auf Essen und das sexuelle Verlangen lassen nach, Schlafstörungen und ein allgemeiner Zustand der Schwäche und der Müdigkeit treten auf. Die depressive Person nimmt auch oft eine zusammengesackte Haltung ein.

13 Wodurch sind bipolare Störungen gekennzeichnet?

13 Bipolare Störungen sind durch einen Wechsel von depressiven und manischen Episoden gekennzeichnet. Die Dauer und Häufigkeit der Stimmungsschwankungen variiert von Person zu Person. Manche Patienten erleben lange Perioden normaler Befindlichkeit, unterbrochen durch gelegentliche kurze manische oder depressive Phasen. Nur ein kleiner Prozentsatz der Patienten wechselt ständig von manischen in depressive Phasen und zurück. Diese Personen stellen für ihre Umwelt – Familien, Freunde, Arbeitskollegen – eine besondere Belastung dar. Bipolare Störungen sind weitaus seltener als die unipolare Depression. Sie treten nach neuesten Daten bei etwa 1.6% der Erwachsenen auf und sind bei Männern und Frauen gleich häufig. Es scheint eine genetische Prädisposition für diese Störung zu geben. Das zeigen Untersuchungen an eineiigen Zwillingen, die eine Konkordanzrate von 80% ergeben haben.

14 Wie werden im DSM-IV schizophrene Störungen beschrieben?

14 Im DSM-IV werden psychotische Symptome als das Kernmerkmal der Schizophrenie genannt: »Im Zusammenhang mit Schizophrenie ... bezieht sich *psychotisch* auf Wahnvorstellungen, jegliche auffälligen Halluzinationen, desorganisierte Sprache und desorganisiertes oder katatonisches Verhalten«.

15 Erläutern Sie die Typen schizophrener Störungen.

15
- Desorganisierter Typus. Beim desorganisierten Typus, der »Hebephrenie«, zeigt die betroffene Person eine schwere Desorganisation der emotionalen Reaktionen, der Sprache und des sozialen Verhaltens.
- Katatoner Typus. Beim katatonen Typus wirkt der Betroffene wie erstarrt. Dieser Zustand wird als »Stupor« bezeichnet. Er zeigt wenig oder keine Reaktion auf jegliche Reize aus der Umgebung. Er ist auch stumm. Trotz aller Anstrengungen, ihn zu Bewegungen zu veranlassen, verharrt der Katatoniker in einer rigiden Haltung.
- Paranoider Typus. Der paranoide Typus der Schizophrenie ist gekennzeichnet durch das Vorherrschen eines oder auch mehrerer Wahnsysteme. Halluzinationen treten in Form von Stimmen oder

bildlichen Vorstellungen auf, die sich um Verfolgungs-, Eifersuchts- oder Größenideen drehen.

- Undifferenzierter Typus. Beim undifferenzierten Typus zeigt die Person auffallende Wahnphänomene, Halluzinationen, unzusammenhängendes Sprechen oder grob desorganisiertes Verhalten, d. h. Symptome, die auch den anderen Typen, aber keinem davon eindeutig entsprechen. Dieser Typus ist somit durch eine »Mischung« von Symptomen definiert, die eine klare Differenzierung zwischen den verschiedenen schizophrenen Reaktionen nicht erlaubt.

16 Was tragen kognitive Modelle zum Verständnis psychischer Störungen bei?

16 Kognitive Modelle zum Verständnis psychischer Störungen legen nahe, daß wir die Ursprünge der Störungen weder in der objektiven Realität von externen Reizen noch in Verstärkern und offenen Reaktionen suchen sollten. Was wir über uns selbst und über unsere Beziehungen zu anderen Menschen und unserer Umwelt wahrnehmen oder denken, ist entscheidend dafür, ob die psychischen Funktionen normal oder gestört sind.

17 Welche Modelle psychischer Störungen tragen zur Erklärung bestimmter Störungen bei?

17 Der psychodynamische Ansatz hilft, einige der Angstsyndrome verständlich zu machen. Der lerntheoretische Ansatz kann ganz wesentlich zur Erklärung der Entstehung von Phobien beitragen und der kognitive Ansatz macht uns die Weltsicht von depressiven Menschen und damit auch die Genese von Depressionen verständlich.

18 Die Vererbung einer Prädisposition zur Schizophrenie gilt als möglicher Ursachenfaktor. Welche Schlußfolgerung kann man aus Familien-, Zwillings- und Adoptionsstudien ziehen?

18 Aus diesen Studien ergibt sich die Schlußfolgerung, daß manche Menschen genetisches Material erben, das zu einem erhöhten Risiko führt, an Schizophrenie zu erkranken. Aber trotz des deutlichen Zusammenhangs zwischen genetischer Ähnlichkeit und Schizophrenierisiko beträgt das Risiko selbst in der Gruppe mit der größten genetischen Ähnlichkeit weniger als 50%. Das bedeutet: Obwohl die Gene eine wichtige Rolle spielen, sind bestimmte Umweltbedingungen dafür notwendig, daß eine Person an Schizophrenie erkrankt.

19 Wie können familiäre Kommunikationsstile auf die psychische Gesundheit eines Kindes einwirken?

19 Eine gestörte Kommunikation in Familien kann »ein Kind verrückt machen«, indem sie die Realität verzerrt. Die wirkliche Bedeutung eines Ereignisses wird verschleiert oder geleugnet oder durch eine andere Bedeutung ersetzt, die das Kind verwirrt. »Double Bind« ist der auch im Deutschen gebräuchliche Begriff für eine Situation, in der ein Kind mehrere Botschaften von einem Elternteil empfängt, die einander widersprechen.

20 Welche Faktoren werden von der Forschung für die Entstehung der Schizophrenie verantwortlich gemacht?

20 Besonderheiten in der genetischen Prädisposition, in biochemischen Prozessen, in Kommunikations- und Interaktionsmustern von Familien und in kognitiven Prozessen spielen allesamt erwiesenermaßen eine Rolle bei der Entstehung der Schizophrenie. Jedoch führt nicht der isolierte Beitrag dieser Faktoren, sondern ihre Interaktion zur Entstehung von Schizophrenie.

21 Aufgrund welcher Gegebenheiten wird in unserer Gesellschaft im allgemeinen die Diagnose »psychisch gestört« gestellt?

21
- Die betroffene Person ist bereits in psychiatrischer Behandlung.
- Einflußreiche Mitglieder der Gesellschaft (Lehrer, Richter, Eltern, Ehepartner, Seelsorger) sind sich einig, daß das »abweichende Verhalten« der Person ein gefährliches Ausmaß erreicht hat.
- Ein Psychiater oder ein klinischer Psychologe (allgemein: ein »Kliniker«) stellt die Diagnose einer psychischen Störung.

- Die Werte für die Selbsteinschätzung in klinischen Skalen weichen in einem bestimmten Ausmaß von »Normalwerten« ab.
- Die Person bezeichnet sich selbst als »seelisch krank«, indem sie diesen Ausdruck direkt verwendet oder indem sie Gefühlen wie Unglücklichsein, Angst, Niedergeschlagenheit, Feindseligkeit Ausdruck verleiht oder so unangemessenes Verhalten zeigt, daß ein Zusammenhang mit psychischen Problemen nahegelegt wird.
- Die Person gefährdet sich selbst (durch Selbstmorddrohungen oder -versuche) oder andere (durch Aggressionen und Gewaltausbrüche, bis hin zu Morddrohungen).

22 Erläutern Sie das ökologische Modell des Verständnisses psychischer Störungen am Beispiel hyperaktiver Kinder.

22 In einer ökologischen Sicht wird die Störung nicht als das Ergebnis einer Krankheit *in* einer Person gesehen, sondern als das Resultat der Interaktion von Person und Gesellschaft. Abweichendes Verhalten entsteht aus dem »Nichtpassen« (»mismatch«) der Fähigkeiten der Person zu den Normen oder Bedürfnissen der Gesellschaft. Dies ist z. B. der Fall in der Schule, wo verlangt wird, daß die Kinder stundenlang ruhig sitzen und diszipliniert und unabhängig an Aufgaben arbeiten, die der Lehrer gestellt hat. Diejenigen Kinder, die dazu nicht in der Lage sind, erhalten das Etikett »hyperaktiv«. Weil die Fähigkeiten dieser Kinder nicht mit den Erfordernissen der meisten Schulen übereinstimmen, wird die Schulverwaltung schnell auf sie aufmerksam. Besuchten dieselben Kinder aber ein anderes Schulsystem, in dem sie sich frei im Klassenzimmer bewegen und mit ihren Mitschülern bei der Arbeit reden könnten, bestünde keine »Nichtpassung« und es käme auch nicht zur Etikettierung »hyperaktiv«.

In der Einleitung zu Kap. 13 haben wir einige Passagen aus dem Brief einer jungen Frau zitiert, die an Schizophrenie erkrankt war. Auch zu Beginn dieses Kapitels, das sich mit der Behandlung von psychischen Störung befaßt, greifen wir auf den Brief zurück:

Ich lebe eigentlich ziemlich normal und niemand weiß, daß ich psychisch krank bin, solange ich nicht selbst davon erzähle. ... Meine Schwester (kein Zwilling von mir) hat diese Krankheit auch, schon seit 12 Jahren. Sie weigert sich, ihre Medikamente einzunehmen, weil sie nicht einsehen will, daß sie krank ist. Ich leide seit 5 Jahren daran. Daß ich wirklich psychisch krank bin, habe ich im ersten Jahr der Erkrankung herausgefunden, und zwar als ich das Buch *Ich habe dir nie einen Rosengarten versprochen* gelesen habe. Dank der antipsychotischen Medikamente geht es mir inzwischen besser. ... Einigen von uns ist diese Medizin eine gute Hilfe.

Durch das Erkennen ihrer Störung und durch die Behandlung mit antipsychotischen Medikamenten hat diese junge Frau ein gewisses Maß an Kontrolle über ihr Leben zurückgewonnen.

In diesem Kapitel lernen wir eine Reihe von Therapieformen kennen, die geeignet sind, Personen mit einem ganzen Spektrum von Störungen die »persönliche Kontrolle« über ihr Leben zurückzugeben. Wir befassen uns mit gewichtigen Fragen: Wie ist die Behandlung psychischer Störungen durch soziale und kulturelle Faktoren beeinflußt worden? Wie hängen Theorie, empirische Forschung und Anwendung bei der Entwicklung und Erprobung von Behandlungsmethoden zusammen? Was kann getan werden, um einen Verstand, für den nicht mehr die normalen Gesetze des Denkens gelten, zu beeinflussen? Wie läßt sich unkontrolliertes Verhalten modifizieren, wie lassen sich unbeherrschte Emotionen verändern, und wie lassen sich anormale Hirnprozesse korrigieren?

Dieses Kapitel gibt einen Überblick über die wichtigsten Behandlungsarten, die heute von professionellen Helfern verwendet werden: Psychoanalyse, Verhaltensmodifikation, kognitive Therapien, humanistische Ansätze und Drogentherapien. Wir wollen uns näher anschauen, wie diese Therapien wirken. Wir werden auch die mit jeder Therapieform verbundenen Ansprüche hinsichtlich des Therapieerfolgs einer Bewertung unterziehen.

14.1
Der Kontext der Therapie

Es gibt verschiedene Arten von Therapien für psychische Störungen, und es gibt viele Gründe, warum Menschen therapeutische Hilfe suchen. Verschieden sind auch die Therapieziele, die Zusammenhänge, in denen Therapien stattfinden, und die Therapeuten selbst. Aber bei aller Verschiedenheit gilt immer: Therapien sind Interventionen (Eingriffe) in das Leben einer Person, darauf ausgerichtet, ihre psychischen Funktionen in der einen oder anderen Weise zu verändern.

14.1.1
Die wichtigsten Ziele und Therapieformen

Der therapeutische Prozeß kann 4 Zielen dienen:

- Es soll eine *Diagnose* darüber erstellt werden, welche psychische Störung vorliegt. Unter Umständen führt die Diagnostik schon zur Einordnung des Problems in eines der gängigen psychiatrischen Klassifikationssysteme für psychische Erkrankungen (s. Abschn. 13.2).
- Die *Ätiologie* des vorliegenden Problems soll aufgedeckt werden. Mit anderen Worten, es geht darum,

die möglichen Ursprünge der Störung und die Funktionen (»Zwecke«) der aktuellen Symptome zu ermitteln.

- Es soll eine *Prognose* aufgestellt werden. Das ist eine Abschätzung des weiteren Krankheitsverlaufs mit und ohne Therapie.
- Eine bestimmte *Therapie (Behandlung)* soll vorgeschlagen und ausgeführt werden. Sie soll dazu führen, daß die belastenden Symptome – und möglichst auch deren Ursachen – minimiert oder sogar beseitigt werden.

Wenn wir uns das Gehirn als Computer vorstellen, so lassen sich die Gründe für psychische Störungen entweder in der *Hardware* oder in der *Software* lokalisieren. Die Therapien konzentrieren sich entweder auf die *Hardware* oder auf die *Software*.

- **Biologisch-medizinische Therapien** haben zum Ziel, die *Hardware* – das sind die physiologischen Mechanismen im Zentralen Nervensystem (ZNS) – zu verändern. Hirnfunktionen sollen mittels physikalischer oder chemischer Interventionen modifiziert werden, etwa mittels chirurgischer Eingriffe oder Elektroschocks, oder durch die Einnahme von Medikamenten, die direkt auf die Verbindung von Gehirnfunktionen und psychischen Prozessen einwirken.
- **Psychologische Behandlungsmethoden**, allgemein als Psychotherapien bezeichnet, konzentrieren sich auf die Veränderung der *Software* – d. h. der unangemessenen Verhaltensweisen, die wir erlernt haben: der Wörter, Gedanken, Interpretationen und Rückmeldungen, die unsere alltäglichen Lebensstrategien lenken. Psychotherapien werden sowohl von Klinischen Psychologen als auch von Psychiatern durchgeführt.

Da es sich bei diesem Text um ein Lehrbuch der Psychologie handelt, beschränken wir uns auf die Darstellung der Psychotherapien. Die 4 wichtigsten Richtungen der Psychotherapie sind der psychodynamische Ansatz, die Verhaltenstherapie, die kognitive Therapie und die existentialpsychologisch-humanistischen Therapien.

- Der **psychodynamische Ansatz**, meistens als **psychoanalytische Therapie** bezeichnet, sieht das Leiden des neurotischen Erwachsenen als das äußere Symptom innerer ungelöster Traumata und Konflikte aus der Kindheit.

Die Psychoanalyse behandelt psychische Störungen durch das Besprechen von Problemen oder Problemursachen. Sie ist eine »Redekur«, wobei der Therapeut dem Betroffenen hilft, Einsichten in die Beziehungen zwischen den sichtbaren Symptomen und den ungelösten verborgenen Konflikten zu gewinnen.

- Die **Verhaltenstherapie** setzt am Verhalten selbst an. Die Störungen, die es zu verändern gilt, werden als erlernte Verhaltensmuster betrachtet, nicht als die Spitze des Eisbergs der »eigentlichen«, zugrundeliegenden Störung.

Für Verhaltenstherapeuten besteht die Reduzierung der Störung in der Veränderung des Problemverhaltens. Dieses wird auf vielerlei Weise erreicht, u. a. durch Modifikation der verstärkenden Kontingenzen für erwünschte und für unerwünschte Reaktionen, durch Extinktion (Löschung) konditionierter Furchtreaktionen und durch Bereitstellung von Modellen für effektives Problemlösen.

- Bei den **kognitiven Therapien** geht es darum, die Art und Weise, in der eine Person über sich nachdenkt, neu zu gestalten. Das wird erreicht, indem sie angeleitet wird, die oft verzerrten selbstbezogenen Behauptungen über die Ursachen und die Änderungsmöglichkeiten eines Problems neu zu strukturieren.
- Die Therapien, die der **existentialpsychologisch-humanistischen Tradition** entspringen, betonen die Wertvorstellungen der Klienten. Sie sind auf Selbstverwirklichung, psychische Weiterentwicklung und die Bildung befriedigenderer interpersonaler Beziehungen gerichtet und betonen, daß jeder Mensch seinen Weg frei wählen kann. Ihr Schwerpunkt liegt eher auf der Verbesserung der Lebensqualität von Menschen, die im Grunde genommen gesund sind, als auf der Linderung der Symptome von schwerwiegend gestörten Menschen.

> **!** Trotz aller Unterschiede in der Theorie haben die meisten psychotherapeutischen Interventionen den gleichen Zweck: die Reduzierung des Leidensdrucks des Klienten und die Steigerung seines Wohlbefindens. Das bedeutet üblicherweise, daß eine Person darin unterstützt wird, effektivere Bewältigungsstrategien für den Umgang mit alltäglichen Anforderungen und Stressoren zu entwickeln.

14.1.2
Eintritt in die Therapie

Warum begibt sich jemand in Therapie? Lassen Sie uns im Abschn. **Psychologie im Alltag** einen etwas genaueren Blick auf die unterschiedlichen Beweggründe werfen.

Ob jemand professionelle Hilfe aufsucht, hängt im einzelnen Fall von einer Reihe weiterer Faktoren ab, abgesehen von der Unannehmlichkeit, dem persönlichen Unbehagen und der Erfahrung der eigenen Unzulänglichkeit. Die Wahrscheinlichkeit, daß therapeutische Hilfe in Anspruch genommen wird, ist vergleichsweise *gering*, wenn folgende Bedingungen vorliegen:

- Psychotherapeutische Einrichtungen sind nur mit großem Aufwand oder gar nicht erreichbar,
- die Person, die Hilfe benötigt, kommt aus einer niedrigen sozialen Schicht,
- ihr fehlen Informationen über verfügbare Ressourcen,
- sie hat Angst vor Stigmatisierung durch die therapeutische Behandlung und
- schließlich spielt sie aufgrund ihres Überzeugungs- und Wertsystems das Bedürfnis nach Therapie oder den Wert psychotherapeutischer Hilfe herunter. Diese hinderlichen Überzeugungen können religiöser, kultureller oder gesellschaftlicher Art sein (etwa: »Psychotherapie ist nichts für Männer«).

14.1.3
Helfer und Therapeuten

Um Hilfe bei psychischen Problemen oder Störungen zu erhalten, kann man sich an einen Psychologen, einen Psychiater, einen Psychotherapeuten oder einen Psychoanalytiker wenden.

- Ein *Psychologe,* der den geschützten Titel Diplom-Psychologe trägt, ist der Absolvent eines Studiums der Psychologie.
- Ein *Psychiater* ist ein Mediziner mit einer Facharztausbildung in Psychiatrie.
- *Psychotherapeut* kann sich ein Arzt oder Psychologe mit einer therapeutischen Zusatzausbildung nennen,
- ein *Psychoanalytiker* ist ein Arzt oder Psychologe mit einer psychoanalytischen Zusatzausbildung.

Nachdem bisher eine grundsätzliche Rechtsunsicherheit über psychotherapeutische Behandlungen von Dipl.-Psychologen bestand, wurde jetzt das Psychotherapeutengesetz geschaffen. In dem Gesetz über die Berufe des Psychologischen Psychotherapeuten und des Kinder- und Jugendlichenpsychotherapeuten (Psychotherapeutengesetz – PsychThG) in der durch den Deutschen Bundestag am 27.11.1997 verabschiedeten Fassung (BR Drs. 927/97) mit eingearbeiteten Beschlüssen des Vermittlungsausschusses vom 4.2.1998 wurde

PSYCHOLOGIE IM ALLTAG

Warum begeben sich Menschen in Psychotherapie?
Meistens suchen Menschen Therapeuten auf, wenn ihr alltägliches Handeln die gesellschaftlichen Kriterien von Normalität verletzt oder wenn sie selbst das Gefühl haben, durch das unangepaßte Verhalten belastet zu werden. Einige kommen aus eigener Initiative zur Therapie, nachdem sie ohne Unterstützung ihre Probleme nicht bewältigen konnten. Anderen wurde von Familienmitgliedern, Freunden, Ärzten oder Sozialarbeitern zur Therapie geraten. Manchmal, etwa bei Krebskranken, ist die Psychotherapie eine effektive Unterstützung bei Problemen, die durch eine medikamentöse Behandlung entstehen.

Kritische Lebensereignisse, wie Arbeitslosigkeit, Scheidung oder der Verlust eines Partners, können psychische Belastungen auslösen oder so sehr verschärfen, daß eine Unterstützung durch einen professionellen Helfer erforderlich wird. Studenten kommen erfahrungsgemäß häufig wegen Leistungs- und Prüfungsproblemen oder Beziehungsschwierigkeiten zur psychologischen Beratung (und evtl. zur anschließenden Therapie).

Tatsächlich aber suchen viele, die von einer Therapie profitieren könnten, keine professionelle Hilfe. Manchmal ist es unbequem, das zu tun – wir alle schieben gerne auf, was mühselig werden oder Zeit und Geld kosten könnte. Im Fall psychischer Störungen kann aber jemand zwangsweise zur Behandlung in eine Klinik eingewiesen werden, wenn Fachleute zu der Einschätzung kommen, daß sein Verhalten ihn selbst oder andere gefährdet.

1. die Berufsausbildung zum ärztlichen bzw. psychologischen Psychotherapeuten und
2. eine Übergangsregelung festgelegt.

Zu 1.: Es wurde festgelegt, daß ärztlicher und psychologischer Psychotherapeut gleichgestellt sind. Ärztlicher oder psychologischer Psychotherapeut kann werden, wer entweder ein Psychologie- oder ein Medizinstudium sowie ein mindestens 3jähriges (Vollzeit-) bzw. 5jähriges (berufsbegleitendes) Zusatzstudium an dafür vorgesehenen Ausbildungsstätten erfolgreich absolviert hat. Die Ausbildungsstätten müssen eine praktische Tätigkeit einschließen, ebenso muß die Ausbildungsstätte eine Ausbildung in einem wissenschaftlich anerkannten Verfahren durchführen (hier besteht noch Uneinigkeit darüber, welche Verfahren als wissenschaftlich anerkannt zu gelten haben). Der erfolgreiche Abschluß dieses Ausbildungsganges schließt die Approbation (also die berufsrechtliche Anerkennung) und die Kassenzulassung (die sozialrechtliche Anerkennung) ein.

Zu 2.: Die Übergangsregelungen sollen ermöglichen, daß in der Vergangenheit bereits in ihrem Beruf psychotherapeutisch tätige Dipl.-Psychologen auch nach dem Inkrafttreten des Psychotherapeutengesetzes ihren Beruf ausüben können. Ohne jetzt hier auf die einzelnen Bedingungen differenziert eingehen zu können, ein kurzer Überblick: In der Übergangsregelung wird zwischen berufsrechtlicher (Approbation) und sozialrechtlicher (Kassenzulassung) Anerkennung unterschieden. Wer bisher in einem Richtlinienverfahren (Psychoanalyse, Verhaltenstherapie) praktiziert hat, erhält automatisch die Approbation. Hat er zusätzlich im Delegationsverfahren bereits mit einer Krankenkasse abgerechnet, kann er grundsätzlich die bedarfs*unabhängige* Kassenzulassung erhalten. Für diejenigen, die angestellt oder im Kostenerstattungsverfahren praktiziert haben, gibt es eine Reihe von Möglichkeiten (beispielsweise über Nachqualifizierungsmaßnahmen), die Approbation und eine bedarfs*abhängige* Kassenzulassung zu erhalten.

14.1.4
Der kulturelle Rahmen der Therapie

Jede Form der Psychotherapie, die wir in diesem Kapitel vorstellen, ist wesentlich geprägt durch den breiteren Rahmen, in dem sie stattfindet. Dieser Kontext ist die westliche (oder europäisch-amerikanische) Kultur. Zu dieser kulturellen Sichtweise des Menschen gehören die Überzeugungen von der Einzigartigkeit des Individuums, der individuellen Unabhängigkeit und der persönlichen Verantwortlichkeit für Erfolg und Mißerfolg. Unser Krankheitsmodell entspricht dieser Perspektive: Psychische Erkrankungen werden als etwas gesehen, was sich *in* der Person des einzelnen vollzieht und was aus ihren individuellen Fehlern resultiert.

Man sollte sich aber vor Augen führen, daß nur wenige andere Kulturen diese Auffassungen teilen (Triandis 1990). Kulturanthropologen haben Erklärungen und Behandlungsformen für psychische Störungen in sehr verschiedenen Kulturen verglichen (Bourguignon 1979; Evans-Pritchard 1937; Kluckhorn 1944; Marsella 1979). Beispielsweise enthält das Weltbild vieler Afrikaner die Betonung von Kooperation und von wechselweiser Abhängigkeit der Menschen untereinander sowie die Hochschätzung des Überlebens des Stammes, der Einheit mit der Natur und kollektiver Verantwortlichkeit (Nobles 1976).

Es steht eindeutig im Gegensatz zum Denken vieler nichteuropäischer Kulturen, daß man psychisch gestörte Personen zum Zwecke der Behandlung von der Gesellschaft isoliert. In vielen afrikanischen Kulturen findet die Behandlung und Heilung der erkrankten Person im üblichen sozialen Kontext statt, ohne daß sie aus der Familie, dem Arbeitszusammenhang und den üblichen Lebensumständen herausgenommen wird. Die für Psychotherapie in Afrika typische soziale Unterstützung ist zu einer Behandlungsform weiterentwickelt worden, die als »Netzwerktherapie« bezeichnet wird. Dabei wird das gesamte soziale Netzwerk – Verwandte, Arbeitskollegen, Freunde – aktiv in die Therapie einbezogen (Lambo 1978).

In vielen Kulturen ist die Behandlung geistiger und körperlicher Erkrankungen mit Religion und Zauberei verbunden. Es gibt ausgewählte Menschen – Schamanen – die über eine besondere mystische Kraft verfügen, um die Kranken zu beeinflussen. **Schamanismus** ist eine alte und einflußreiche spirituelle Tradition, die seit fast 30 000 Jahren praktiziert wird. Krankheit und Leiden werden im Verständnis des Schamanismus als Machtlosigkeit angesehen. In diesem kulturellen Glaubenssystem werden die unbestimmten Kräfte des Schicksals oder Zufalls, die im Leben des einzelnen auftauchen und ihm Probleme bereiten können, personalisiert. Die **Personalisierung** erlaubt es dann, direkt gegen die Übeltäter vorzugehen und direkte Hilfe bei göttlichen Heilern zu suchen (Middleton 1967). Oftmals besteht die therapeutische Intervention des Schamanen darin, daß er den kranken Geisteszustand der Person, die von den bösen Kräften befallen ist, transformiert. Trommeln, Gesänge und andere Rituale werden verwendet, um Ehrfurcht auszulösen und andere Bewußtseinszustände herbeizuführen, die das Streben nach Erkenntnis und Vollmacht erleichtern (Walsh 1990).

Allen diesen traditionellen **Heilungszeremonien** gemeinsam ist die wichtige Rolle von Symbolen, Mythen und Ritualen (Lévi-Strauss 1963). Rituelle Heilungszeremonien geben dem Heilungsprozeß eine besondere emotionale Intensität und Bedeutung. Sie steigern die Suggestibilität des Kranken und seinen Sinn für das Wichtige, und in Verbindung mit dem Gebrauch von Symbolen schaffen sie zwischen ihm, dem Schamanen und der Gesellschaft eine Verbindung zu den übernatürlichen Kräften, die im Kampf gegen den Wahnsinn die Oberhand gewinnen (Devereux 1961; Wallace 1966).

> ! In einer ganzen Reihe von Heilungszeremonien wird als therapeutische Praxis die **Abtrennung (Dissoziation) des Bewußtseins** verwendet. Dabei tritt die kranke Person oder der Heiler in einen anderen Bewußtseinszustand ein. Während für das westliche Verständnis die Dissoziation selbst ein Symptom einer psychischen Erkrankung ist, ist in anderen Kulturen die Veränderung des Bewußtseins damit verbunden, daß gute Geister mit dem Kranken in Kontakt treten und böse Geister ausgetrieben werden können.

Einige dieser nichtwestlichen Auffassungen des Heilungsprozesses haben in den letzten Jahren begonnen, unser Verständnis und sogar unsere Praxis von Psychotherapie zu verändern. Die Betonung des familiären Kontextes und der Rolle der Gemeinschaft, die wir soeben kennengelernt haben, werden in therapeutischen Ansätzen, die die Rolle sozialer Netzwerke hervorheben, und in der Familientherapie aufgegriffen. Manche Therapeuten arbeiten sogar mit Schamanen zusammen. Dabei wird versucht, die auf das individuelle Selbst gerichtete Therapie aus unserer westlichen Tradition mit denjenigen Ansätzen kollektivistischer Gesellschaften zu verbinden, die vom Vorverständnis des Individuums im Rahmen seiner Gemeinschaft ausgehen. Als Resultat entstehen Therapien, die für einen weiteren Klientenkreis kulturell angemessener sind (Kraut 1990).

Die kulturelle Vielfalt im Verständnis von psychischer Erkrankung und Heilung liefert den Hintergrund, vor dem wir nun die wichtigsten Therapiearten betrachten, die heutzutage bei uns angewendet werden.

14.2
Psychodynamische Therapien

Psychodynamische Therapien gehen von der Annahme aus, daß die Probleme des Klienten durch die Spannung zwischen seinen unbewußten Impulsen und der Unmöglichkeit, diese Impulse auszuleben, verursacht werden. Das Zentrum der Störung liegt in der gestörten Person, und es gibt einen Krankheitskern, der sich in Symptomen, möglicherweise organischen Erkrankungen, manifestiert.

14.2.1
Die Psychoanalyse Sigmund Freuds

Die psychoanalytische Therapie, wie Freud sie entwickelt hat, ist die älteste der psychodynamischen Therapien.

> ! Bei der **psychoanalytischen Therapie** handelt es sich um eine intensive und zeitaufwendige Technik zur Erkundung unbewußter Motivationen und Konflikte bei neurotischen und angstgeplagten Menschen. Das Hauptziel der Psychoanalyse ist, Unbewußtes bewußt zu machen.

Mit den Worten des früheren Präsidenten des *American Psychoanalytic Institute:*

»Wir glauben, daß in allen Menschen ein Unbewußtes existiert, welches einen Großteil unseres Verhaltens lenkt. Wenn es relativ gesund ist, wird unser Verhalten auch gesund sein. Viele von denen, die an Symptomen einer Phobie, Depression oder Panik leiden, haben möglicherweise unbewußtes Material aufgehoben, das ihre Qualen nährt. Nur der Psychoanalytiker ist dazu qualifiziert, in das Unbewußte einzudringen. ...« (Theodore Rubin, zit. in Rockmore 1985, S. 71, eig. Übers.).

Wie wir in Abschn. 11.3 ausführlich dargestellt haben, werden in der Theorie Freuds neurotische Störungen als Unfähigkeit betrachtet, die **inneren Konflikte** zwischen den unbewußten irrationalen Impulsen des Es und den verinnerlichten Normen und Schuldgefühlen des Über-Ich angemessen zu lösen. Im Laufe der Entwicklung des Individuums, das die biologisch festgelegten Stufen von der frühen Kindheit bis zum Erwachsenenalter zurücklegt (s. Tabelle 11.3), bestimmt die besondere psychische Erfahrung auf jeder Stufe, ob es zur **Fixierung** auf einer unreifen Stufe oder zu einem Fortschritt auf eine reifere Entwicklungsebene kommt. Das Ziel der Psychoanalyse ist die Errichtung einer innerpsychischen Harmonie, die die Aufmerksamkeit für die Kräfte des Es schärft und erweitert, den übertriebenen Gehorsam gegenüber den Anforderungen des Über-Ich abbaut und die Rolle des Ich stärkt.

Von zentraler Bedeutung ist dabei für den Therapeuten das Verständnis dafür, wie der Klient beim Umgang mit Konflikten den Prozeß der **Verdrängung** benutzt, um unannehmbare Wünsche und Gefühle daran zu hindern, ins Bewußtsein zu gelangen. Symptome sind Mitteilungen aus dem Unbewußten. Sie signalisieren, daß etwas falsch läuft. Folglich besteht die Aufgabe eines Psychoanalytikers darin, einem Klienten zu helfen, verdrängte Gedanken ins Bewußtsein zu rücken und Einsicht in die Zusammenhänge zwischen aktuellen Symptomen und seit Jahren verdrängten Konflikten zu gewinnen. In dieser psychoanalytischen Perspektive ist die Therapie wirksam und führt zur Heilung des Klienten, wenn er »von der Verdrängung erlöst« wird, die in seiner frühen Kindheit entstanden ist (Munroe 1955).

> **!** Weil ein zentrales Anliegen des Therapeuten darin besteht, den Klienten zur Entdeckung von Zusammenhängen zwischen aktuellen Symptomen und deren vergangenen Ursprüngen zu bringen, wird das Prinzip der psychodynamischen Therapien oft als »Heilung durch Einsicht« bezeichnet.

Wir halten fest, daß die psychoanalytische Therapie ehrgeizige Ziele verfolgt. Es geht nicht nur um die Beseitigung der neurotischen Symptome, sondern um eine Neuorganisation der gesamten Persönlichkeit. Dadurch, daß der Klient die Schranken überwindet, die ihn bisher daran gehindert haben, seine eigenen Bedürfnisse und Konflikte wahrzuehmen und zu verstehen, erwirbt er auch das Potential zu engeren sozialen Beziehungen und größerer intellektueller Kreativität.

Kein Wunder, daß eine derart anspruchsvolle Therapie an einige Voraussetzungen gebunden ist:

- Die traditionelle Psychoanalyse erfordert viel Zeit (mindestens einige Jahre, bis zu 5 Sitzungen pro Woche).
- Der Klient muß zur Introspektion fähig sein und die nötige Sprachgewandtheit mitbringen.
- Weitere Voraussetzungen sind schließlich eine hohe Motivation, um die Therapie durchzuhalten, und der Wille und die Möglichkeit, die hohen Kosten zu tragen.

Manche der neueren Formen psychodynamischer Therapien versuchen, einige dieser Nachteile auszuräumen, indem versucht wird, die Therapie in ihrer Gesamtlänge zu verkürzen.

Psychoanalytiker setzen unterschiedliche Techniken ein, um verdrängte Konflikte bewußt zu machen und dem Klienten bei ihrer Lösung zu helfen. Diese umfassen

- die freie Assoziation,
- die Analyse des Widerstands,
- die Traumanalyse und
- die Analyse der Übertragung und der Gegenübertragung.

Im Abschn. **Unter der Lupe** beschreiben wir, wie die psychoanalytische Therapie begann: mit dem Fall der »Patientin« Anna O.

Freie Assoziation

Die **freie Assoziation** ist die wichtigste Technik der Psychoanalyse zum Eindringen in das Unbewußte und zum Hervorholen verdrängten Materials. Ein Klient, der bequem im Sessel sitzt oder entspannt auf der Couch liegt, läßt seine Vorstellungen frei umherschweifen, wobei er erzählt, welche Gedanken, Wünsche, körperlichen Gefühle und inneren Bilder auftreten (s. Abb. 14.1). Er wird vom Therapeuten ermutigt, jeden Gedanken oder jedes Gefühl zu äußern, gleichgültig, wie privat, schmerzhaft oder scheinbar unbedeutend es ihm vorkommen mag.

Freud war der Überzeugung, daß frei geäußerte Assoziationen nicht zufällig zustände kämen, sondern

Abb. 14.1. Blick in Sigmund Freuds Behandlungszimmer

Anna O. und die »Redekur«

Die moderne Psychotherapie begann im Jahr 1880 mit dem Fall der Patientin (Klientin) Anna O. und ihrem berühmten Arzt, Joseph Breuer. Anna O., eine gescheite, gutaussehende und attraktive 21jährige Wienerin, war selbst erkrankt, während sie ihren kranken Vater pflegte. Als ihr Arzt ihren »nervösen Husten« zu behandeln begann, erkannte er viele weitere Symptome, die psychischen Ursprungs zu sein schienen. Anna O. litt an vorübergehenden Lähmungen, Sehstörungen und einem Verlust der Schmerzempfindlichkeit. Sie zeigte rapide Stimmungswechsel und hatte Halluzinationen, Absencen und Bewußtseinsdissoziationen (Bonin 1983).

Breuer berichtete einem jungen Kollegen, Sigmund Freud, über diese ungewöhnliche Patientin. Der Fall der Anna O. ist die erste detaillierte Beschreibung körperlicher Symptome, die von vermeintlichen psychischen Ursachen – hier: einer hysterischen Störung – herrühren. Breuer und Freud prägten für die Umwandlung von Anna O.s blockierten emotionalen Impulsen in körperliche Symptome den Begriff der hysterische Konversion (Breuer u. Freud 1895/1979). Wir werden unten sehen, daß es neuerdings umstritten ist, ob die organischen Beschwerden dieser berühmten Patientin wirklich psychische Ursachen hatten.

Worin bestand die Behandlung? Wesentliche Elemente waren Hypnose und freie Assoziation. Unter Hypnose sprach Anna O. frei, ließ ihre Vorstellungen spielen (»freie Assoziationen«). Nachdem sie einmal in der Lage war, sich offen und direkt ihrem Therapeuten gegenüber auszudrücken, benötigte sie die indirekte und verschleierte Kommunikation über körperliche Symptome nicht mehr. Breuer zufolge waren ihre »Komplexe beseitigt dadurch, daß sie ihnen während der Hypnose verbalen Ausdruck verliehen hatte.« Anna O. selbst hatte diese Form der Behandlung vorgeschlagen. Sie bezeichnete sie als »Redekur« oder, im Scherz, als »Kaminfegen«.

Vor der Erfindung der »Redekur« wurde die Hypnose hauptsächlich zur Suggestion eingesetzt, wobei die Aktivität beim Arzt lag. Mit der Verschiebung zur Katharsis wurde der Arzt zum Zuhörer. Dieser Schritt mag heute trivial wirken, zu seiner Zeit aber war er von monumentaler Bedeutung. Der Arzt bzw. Therapeut konnte nun das Leben seiner Patienten in einem Maße kennenlernen, wie das sonst nur selten der Fall ist. Parallel dazu verschob sich die Aufmerksamkeit des Arztes von der Biologie und Medizin auf die Psychologie: Statt zu fragen, was die Ursache der Krankheit Hysterie sei, fragte der Arzt nun nach den emotionalen Erfahrungen, die der Störung vorausgingen. Folglich begann mit Breuers Behandlung der Anna O. ein historischer Prozeß, der schließlich zu den heute üblichen Formen psychotherapeutischer Methoden führte. Sie leitete auch die Entwicklung ein, die Breuers junger Freund Freud, der von den Berichten über diesen bemerkenswerten Fall tief beeindruckt war, später einschlug (Hollender 1980, S. 500, eig. Übers.).

Obwohl die historische Bedeutung des Falles der Anna O. unumstritten ist, läßt eine provokative neue Deutung von Annas Krankheitsgeschichte Zweifel an der ursprünglichen Diagnose der hysterischen Konversion aufkommen. Thornton (1984) vermutet, Anna O.s Symptome seien Ausdruck einer tuberkulösen Meningitis gewesen, die sie sich von ihrem Vater zugezogen haben könnte, der vermutlich selbst an einer Form der Tuberkulose starb. Nachdem Anna O. ihre Behandlung bei Breuer beendet hatte, begab sie sich in ein Sanatorium, aus dem sie später relativ gut erholt von ihrer Krankheit entlassen wurde. Es ist wahrscheinlich, daß viele oder sämtliche ihrer »hysterischen Konversionsreaktionen« organischen, nicht psychischen Ursprungs waren. Aber vielleicht hat Anna O. zusätzlich beträchtliche Wut- und Schuldgefühle erfahren, weil sie so lange ihren Vater pflegen mußte und weil sie als Frau in der damaligen Zeit unterdrückt wurde.

Anna O. wurde später eine Pionierin der Sozialarbeit, eine Vorkämpferin für Frauenrechte, Bühnenschriftstellerin und Leiterin eines Waisenhauses. Ihr wirklicher Name war Bertha Pappenheim (Rosenbaum u. Muroff 1984).

durch intrapsychische Prozesse festgelegt seien (s. auch Abschn. 11.3 zum psychischen Determinismus). Die Aufgabe des Analytikers besteht darin, den Assoziationen bis zu ihrem Ursprung zu folgen und die tieferen Bedeutungen zu bestimmen, die unter der Oberfläche dessen liegen, was scheinbar »nichts als Worte« sind. Der Klient wird fortwährend ermutigt, starken Gefühlen Ausdruck zu verleihen. Üblicherweise geht es um

Gefühle gegenüber Autoritäten, die aus Angst vor Bestrafung oder Vergeltung verdrängt worden waren. Die emotionale Erleichterung, die durch den Ausdruck bislang verdrängter Gefühle zustande kommt, wird als **Katharsis** bezeichnet.

Widerstand

Während des Prozesses der freien Assoziation wird ein Klient zuweilen **Widerstand** zeigen, eine Unfähigkeit oder Unwilligkeit, über bestimmte Vorstellungen, Wünsche oder Erfahrungen zu sprechen. Widerstände verhindern die Rückkehr verdrängten »Gedächtnismaterials«, dessen Erinnerung besonders schmerzhaft ist, in das Bewußtsein.

Oft handelt es sich um Material, das mit dem Sexualleben des Betroffenen zusammenhängt oder das feindselige, abweisende Gefühle den Eltern gegenüber betrifft. Manchmal zeigt sich der Widerstand darin, daß der Klient zu spät zur Therapie kommt oder daß er die Sitzung völlig vergißt. Wird das verdrängte Material schließlich aufgedeckt, so behauptet der Klient im allgemeinen, dies sei zu unwichtig, zu absurd, zu unbedeutend oder zu unerfreulich, um besprochen zu werden.

> **!** Ein Psychoanalytiker mißt Themen, über die ein Klient nicht sprechen möchte, besondere Bedeutung bei. Solche Widerstände werden als Schranken zwischen dem Bewußten und dem Unbewußten betrachtet. Das Ziel der Psychoanalyse ist es, die Widerstände zu überwinden und es dem Klienten zu ermöglichen, sich diesen schmerzhaften Vorstellungen, Wünschen und Erfahrungen zu stellen.

Das Überwinden der Widerstände ist ein lang andauernder und schwieriger Prozeß, und von ihm hängt es wesentlich ab, ob das zugrundeliegende Problem ins Bewußtsein gelangt, so daß es bearbeitet und gelöst werden kann.

Traumdeutung

Psychoanalytiker glauben, daß Träume eine wichtige Quelle für Informationen über die unbewußten Motivationen der Patienten sind (s. auch Abschn. 4.3). Während eine Person schläft, wacht das Über-Ich weniger streng über die unannehmbaren Impulse, die dem Es entspringen, so daß ein Motiv, das während des Wachzustandes keinen Ausdruck finden kann, in einem **Traum** zum Vorschein kommt.

Manche Motive sind für das bewußte Selbst so unannehmbar, daß sie nicht offen ausgedrückt werden können, nicht einmal im Traum, sondern in verschleierter, symbolischer Form Darstellung finden. Es gibt 2 Arten von Trauminhalt:

- Der manifeste oder offen sichtbare Trauminhalt ist das, woran wir uns erinnern und was wir nach dem Aufwachen berichten können. Dem manifesten Inhalt liegt der latente Trauminhalt zugrunde.
- Der latente Trauminhalt besteht aus den wirklichen Motiven, die nach Ausdruck suchen, für uns aber so schmerzhaft oder unannehmbar sind, daß wir nicht anerkennen können, daß es sie gibt.

> **!** Therapeuten versuchen, diese versteckten Motive durch die Traumdeutung aufzudecken. Das ist eine therapeutische Technik, bei der der Inhalt des Traumes einer Person auf die zugrundeliegenden oder verschleierten Motivationen und auf die symbolischen Bedeutungen signifikanter Lebenserfahrungen und wichtiger Wünsche hin untersucht wird.

Übertragung und Gegenübertragung

Während die intensive psychoanalytische Therapie ihren Verlauf nimmt, entsteht beim Klienten üblicherweise gegenüber dem Therapeuten eine emotionale Haltung. Oft wird der Therapeut mit einer Person gleichgesetzt, die in der Vergangenheit im Mittelpunkt eines emotionalen Konfliktes stand. Oftmals sind das Eltern oder Lebenspartner. Diese emotionale Reaktion des Klienten wird als **Übertragung** bezeichnet.

Eine positive Übertragung liegt vor, wenn es bei den Gefühlen, die dem Therapeuten entgegengebracht werden, um Liebe oder Bewunderung geht. Man spricht von negativer Übertragung, wenn es sich um Gefühle der Feindseligkeit oder des Neides handelt. Manchmal ist die Einstellung eines Klienten ambivalent, d. h. sie enthält eine Mischung positiver und negativer Gefühle.

Die Aufgabe des Therapeuten bei der Bearbeitung der Übertragung ist wegen der emotionalen Verwundbarkeit des Klienten schwierig und gefährlich, sie ist jedoch ein entscheidender Bestandteil der Behandlung. Ein Therapeut hilft einem Klienten, die gegenwärtig übertragenen Gefühle zu interpretieren, indem er lernt, deren Ursprünge in früheren Erfahrungen und Einstellungen zu verstehen.

Persönliche Gefühle machen sich auch in den Reaktionen eines Therapeuten gegenüber einem Klienten bemerkbar. Es kann eine Gegenübertragung geben, bei der ein Therapeut veranlaßt wird, einen Klienten zu mögen oder abzulehnen, weil der Klient als jemand wahrgenommen wird, der bedeutenden Menschen im Leben des Therapeuten ähnelt.

Beim Durcharbeiten der **Gegenübertragung** entdeckt der Therapeut möglicherweise eine eigene unbewußte Dynamik. Der Therapeut wird zum »lebenden Spiegel« für den Klienten und der Klient wiederum zum Spiegel für den Therapeuten. Versäumt es der Therapeut, die Wirkung der Gegenübertragung zu erkennen, so kann sich das nachteilig auf den Therapieerfolg auswirken (Little 1981).

14.2.2
Die Entwicklung der Psychoanalyse nach Freud

Sowohl die psychoanalytische Theorie als auch die therapeutische Praxis sind durch einige der Nachfolger Freuds verändert worden, die zwar viele der grundlegenden Vorstellungen beibehielten, das eine oder andere Prinzip jedoch abwandelten. Im allgemeinen legten die »Neo-Freudianer« ein größeres Gewicht auf

- die aktuelle soziale Umwelt des Klienten (weniger auf die Vergangenheit),
- den kontinuierlichen Einfluß von Lebenserfahrungen (nicht lediglich von frühkindlichen Fixierungen),
- die Rolle der sozialen Motivation und von Liebesbeziehungen (und nicht der biologischen Triebe und egoistischen Wünsche) und
- die Bedeutung der Ich-Funktionen und die Entwicklung des Selbstkonzeptes (weniger auf den Konflikt zwischen Es und Über-Ich).

Um einen Eindruck von den aktuelleren psychodynamischen Ansätzen zu vermitteln, stellen wir exemplarisch die Ansätze von H. S. Sullivan und Margaret Mahler dar.

H. S. Sullivan

H. S. Sullivan war der Ansicht, daß die Freudsche Theorie und Therapie die Bedeutung der **sozialen Beziehungen** oder die Bedürfnisse des Klienten nach Angenommenwerden, Anerkennung und Liebe nicht genügend würdigte. Deshalb stellte er interpersonale Beziehungen in den Mittelpunkt seines eigenen Ansatzes. Er betonte, daß psychische Störungen nicht nur mit traumatischen innerpsychischen Prozessen zusammenhängen, sondern auch mit gestörten interpersonalen Beziehungen und sogar mit starkem gesellschaftlichem Druck.

Ein kleines Kind muß sich sicher fühlen können, von anderen sorgsam und zärtlich behandelt werden. Angstsyndrome und andere psychische Störungen entstehen aus Unsicherheiten in den Beziehungen zu den Eltern und »bedeutsamen anderen« (»significant others«). Nach Sullivan wird das System des Selbst so aufgebaut, daß die Angst auf einem erträglichen Niveau gehalten wird. Dieses Selbstsystem entsteht aus den zwischenmenschlichen Beziehungen des Kindes. In seinem Zentrum stehen Auffassungen vom **Selbst** als dem »guten Selbst« (mit der zärtlichen Mutter verbunden), dem »bösen Selbst« (mit den Spannungen, die von der Mutter ausgehen, verbunden) und dem »Nicht-Selbst« (einem dissoziierten Selbst, das für das übrige Selbst nicht annehmbar ist).

Ein wesentliches Element von Sullivans Therapie ist die Beobachtung der Gefühle des Patienten gegenüber den Einstellungen des Therapeuten. Der Therapeut versucht mit großer Vorsicht, den Klienten dazu zu bringen, daß er sich zu der von ihm wahrgenommenen Haltung des Therapeuten äußert. Das therapeutische Gespräch wird als ein sozialer Rahmen betrachtet, in dem die Gefühle und Einstellungen von Therapeut und Klient sich wechselweise beeinflussen – und beide liebevoll voneinander lernen können. (Sullivan 1953; Wallach u. Wallach 1983).

Margaret Mahler

Margaret Mahler war eine der ersten, die den psychoanalytischen Ansatz zum Verständnis und zur Behandlung von Schizophrenie im Kindesalter nutzten. Sie führte die Fragmentierung des Ich und den Rückzug von der Realität auf die gestörte Harmonie in der Beziehung zwischen Mutter und Kind zurück.

Die normale Entwicklung eines unabhängigen Ichs setzt einen Prozeß der allmählichen **Trennung** von Mutter und Kind voraus, der begleitet wird von einem entstehenden Gefühl der **Individuation**, einer einzigartigen, stabilen Identität. Die Entwicklung eines Kindes kann jedoch, bedingt durch Störungen bei der Mutter, auf eine psychische Störung zulaufen. Beispielsweise kann die Mutter das Bedürfnis haben, die Trennung vom Kind nicht zuzulassen oder das bereits unabhängige Kind wieder in eine kindliche Abhängigkeit zu holen. Mahler betrachtete auch eine »mangelnde emotionale Verfügbarkeit« der Mutter als Beitrag zu einer pathologischen Entwicklung.

> **!** Um einem solchen Kind zu helfen, muß der Therapeut die gestörte Eltern-Kind-Beziehung ebenso behandeln wie das Kind, wobei er sensibel mit dem Konflikt von Trennung und Individuation sowie dem Prozeß der Differenzierung der »dualen Einheit« von Mutter und Kind umgehen muß. Am Ende des Differenzierungsprozesses entsteht jeweils das unabhängige Selbst.

Die therapeutische Arbeit zeichnet die Phasen dieses Prozesses nach. Sie hat letztlich das Ziel, dem Patienten zum Aufbau eines stabilen Gefühls der persönlichen Identität zu verhelfen (Mahler 1979).

Die Entwicklung psychodynamischer Therapien geht weiter, und wir können beobachten, wie neue Ansätze in unterschiedlicher Weise auf Freuds Konzepte zurückgreifen und diese manchmal weiterentwickeln oder auch verändern. In den letzten Jahren ist das Konstrukt des **Selbst**, das mit Freuds »Persönlichkeitsinstanz« des Ego (Ich) zusammenhängt, in den Vordergrund gerückt. Es geht um die Fragen, wie das Selbstkonzept entsteht, wie es von der Person erlebt wird, welchen Angriffen es ausgesetzt ist und wie es verteidigt wird. Nach Heinz Kohut (1977), dem führenden Vertreter dieser Sichtweise und der Psychologie der Objektbeziehungen, sind für ein funktionierendes Selbst und eine gesunde Persönlichkeit Selbstobjekte erforderlich. Das können unterstützende Menschen oder für die Person bedeutsame Dinge sein. In der Therapie kommt es vor allem darauf an, daß der Therapeut den Klienten empathisch durch die verschiedenen psychologischen Erfahrungen begleitet und daß er dabei die Sichtweisen des Klienten akzeptiert (Chicago Institute of Psychoanalysis 1992).

14.3
Verhaltenstherapien

Diese Therapierichtung basiert auf der Ablehnung eines medizinischen Krankheitsmodells, welches nach den »grundlegenden Krankheitsursachen« hinter den beobachtbaren Symptomen sucht. Vielmehr behaupten Verhaltenstherapeuten, psychische Störungen seien im wesentlichen nichts anderes als unerwünschtes oder fehlangepaßtes Verhalten, und dieses Fehlverhalten oder Problemverhalten werde auf dieselbe Weise erworben wie jegliches Verhalten: durch Lernen. Wie wir aus Kap. 5 aber bereits wissen, folgen der Erwerb und die Veränderung von Verhalten durch Lernen wohlbekannten Lernprinzipien.

> **!** Deshalb ist der Grundgedanke der Verhaltenstherapie die Anwendung lernpsychologischer Prinzipien, etwa der Konditionierung und der Verstärkung, zur Beseitigung unerwünschter Verhaltensmuster oder zum Aufbau erwünschter Verhaltensweisen. In einer der gängigen Definitionen wird das Ziel der Therapie in der Verhaltensmodifikation (Verhaltensänderung) gesehen, und Verhaltensmodifikation wird definiert als »der Versuch, Lern- und andere experimentell gewonnene psychologische Prinzipien auf das problematische Verhalten anzuwenden« (Bootzin 1975, eig. Übers.)

Die Verhaltenstherapie benutzt allerdings einen weiten Begriff von Verhalten. Er umfaßt alle Reaktionen, die durch Lernen beeinflußt werden können – neben dem direkt beobachtbaren Handeln auch Gedanken und Gefühle – und ist also gegenüber dem traditionellen Verhaltensbegriff des Behaviorismus deutlich erweitert worden.

Die Begriffe **Verhaltenstherapie** (kurz: VT) und **Verhaltensmodifikation** werden oft synonym benutzt. Beide beziehen sich auf den systematischen Einsatz der Lernprinzipien zur Steigerung der Häufigkeit erwünschter und/oder der Senkung der Häufigkeit problematischer Verhaltensweisen.

Der Bereich abweichenden Verhaltens und persönlicher Probleme, die typischerweise verhaltenstherapeutisch behandelt werden, ist recht ausgedehnt. Besonders gefragt sind Verhaltenstherapien bei Phobien und Furchtreaktionen, bei Zwangssyndromen und Suchtverhalten, bei aggressivem und destruktiven Verhalten und bei Delinquenz.

Der Unterschied zu den Grundannahmen der psychodynamischen Therapien, die wir in Abschn. 14.2 kennengelernt haben, müßte schon hier deutlich sein. Psychodynamische Therapien unterstellen, daß die Behandlung des äußeren Symptoms ohne die Konfrontation mit dem inneren, wirklichen Problem zu einer Symptomverschiebung führen würde, dem Auftreten einer neuen psychischen oder körperlichen Störung. Dem entgegnen die Verhaltenstherapeuten, daß durch die Veränderung des Problemverhaltens das Problem beseitigt wird, denn es gibt keine »zugrundeliegenden Prozesse« hinter den Verhaltenssymptomen. Die vorliegenden Beobachtungen geben eher den Verhaltenstherapeuten recht: Wenn Symptome durch Verhaltenstherapie beseitigt worden waren, traten keine neuen Symptome auf (Kazdin 1982). »Im Gegenteil, Patienten, deren behandelte Symptome sich besserten, berichteten oft auch von Besserungen bei anderen, weniger wichtigen Symptomen« (Sloane et al. 1975, S. 219, eig. Übers.).

Verhaltenstherapeuten benutzen heute viele der Lernprinzipien, die wir in Kap. 5 kennengelernt haben. Sie greifen dabei vor allem auf die Lerntheorien des klassischen Konditionierens (s. Abschn. 5.2) und des operanten Konditionierens (s. Abschn. 5.3) zurück:

- Die Entwicklung neurotischer Ängste und anderer unerwünschter emotionaler Reaktionen folgt, so wird unterstellt, dem Paradigma der **klassischen Konditionierung**. Die Therapie zur Veränderung dieser negativen Reaktionen nutzt die Prinzipien der **Gegenkonditionierung**, um eine neue Reaktion an die Stelle des unangemessenen Verhaltens zu setzen.
- Die Prinzipien der **operanten Konditionierung** werden angewendet, wenn die therapeutische Aufgabe darin besteht, die Häufigkeit erwünschter Handlungen zu steigern oder die Auftretensrate unerwünschter Handlungen zu senken. **Kontingenzmanagement** ist die allgemeine Behandlungsstrategie zur Verhaltensmodifikation durch die Veränderung (das »Management«) seiner Konsequenzen.
- Spezielle Varianten verhaltenstherapeutischer Techniken sind für **soziales Lernen** und für die **Generalisierung** (Verallgemeinerung) der neuen, in der Therapie gelernten Verhaltensweisen auf Situationen des Lebens entwickelt worden.

14.3.1
Gegenkonditionierung

Warum wird jemand ängstlich, wenn er einem harmlosen Reiz wie einer Fliege, einer ungefährlichen Schlange, einem offenen Raum oder einem sozialen Kontakt gegenübersteht? Wir wissen, daß jeder neutrale Stimulus auf der Grundlage einer vorangegangenen Assoziation mit einem unkonditionierten Stimulus zu einer Kraft werden kann, die starke konditionierte Reaktionen auslöst. Ist ein unkonditionierter Stimulus von besonderer evolutionärer Bedeutung für den Menschen, oder ist er intensiv, körperlich schmerzhaft oder emotional traumatisch, so kann eine Konditionierung schon bei einem einzigen gemeinsamen Auftreten des unkonditionierten und des konditionierten Reizes erfolgen. Diese Lerngeschichte ist aber den betroffenen Menschen häufig gar nicht bewußt. Bei der **Gegenkon**ditionierung wird nach dem Prinzip des operanten Konditionierens eine neue Reaktion auf den Stimulus aufgebaut, die der zuvor erworbenen unerwünschten Reaktion ent*gegen*gesetzt ist.

Verhaltenstherapeuten greifen dabei im einzelnen auf die Techniken der systematischen Desensibilisierung, der Implosion, des Flooding und des aversiven Lernens zurück.

Systematische Desensibilisierung

Es ist schwierig, wenn nicht unmöglich, gleichzeitig fröhlich *und* traurig oder entspannt *und* ängstlich zu sein.

> ! Der Grundsatz der Unvereinbarkeit mancher emotionaler Reaktionen wird bei der Technik der **systematischen Desensibilisierung** angewendet, die in erster Linie von Joseph Wolpe (1958; 1973) entwickelt wurde. Da Furcht ein Hauptgrund für fehlangepaßte Vermeidungshandlungen ist, wird der Klient angeleitet, der Entstehung von Furcht durch Entspannung vorzubeugen.

Die Desensibilisierung verläuft in 3 Hauptabschnitten:

- Am Anfang steht die Bestimmung der Reize, die bei dem Klienten Furcht verursachen, und deren Anordnung in einer Rangreihe vom schwächsten zum stärksten Furchtreiz.

Beispielsweise erstellte eine Studentin, die unter schwerer Prüfungsangst litt, die Rangordnung in Tabelle 14.1. Beachten Sie, daß sie die Erwartung der unmittelbar bevorstehenden Prüfung als streßreicher bewertete als die Prüfung selbst.

- Dann wird der Klient in einem System der progressiven Muskelentspannung unterwiesen.

Das Entspannungstraining macht einige Sitzungen erforderlich, in denen er lernt, zwischen Empfindungen der Spannung und der Entspannung zu unterscheiden und die Spannung zu lösen, um zu einem Zustand der körperlichen und psychischen Entspannung zu gelangen.

- Schließlich beginnt der eigentliche Prozeß der Desensibilisierung.

Der Klient, der sich in einem entspannten Zustand befindet, wird angewiesen, sich den schwächsten furchtauslösenden Reiz auf der Liste so lebhaft wie möglich vorzustellen. Falls Furchtreaktionen auftreten, hält er inne und konzentriert sich darauf, sich wieder zu ent-

Tabelle 14.1. Hierarchie furchterzeugender Stimuli für eine prüfungsängstliche College-Studentin. (Nach Wolpe 1973)

1.	Auf dem Weg zur Universität am Tag der Prüfung
2.	Während der Beantwortung der schriftlichen Prüfungsfragen
3.	Vor den ungeöffneten Türen des Zimmers, in dem die Prüfung stattfindet
4.	Beim Warten auf die Verteilung der Prüfungsbögen
5.	Der Prüfungsbogen liegt mit der Schriftseite nach unten auf dem Tisch
6.	Die Nacht vor einer Prüfung
7.	Am Tag vor einer Prüfung
8.	2 Tage vor einer Prüfung
9.	3 Tage vor einer Prüfung
10.	4 Tage vor einer Prüfung
11.	5 Tage vor einer Prüfung
12.	Eine Woche vor einer Prüfung
13.	2 Wochen vor einer Prüfung
14.	Ein Monat vor einer Prüfung

spannen. Kann der schwächste Reiz vorgestellt werden, ohne daß der Klient sich unwohl fühlt, so geht er zum nächsten Reiz in der Rangreihe über. Es wird sehr darauf geachtet, daß während dieses Prozesses der graduellen Annäherung an den »unvorstellbaren« Reiz keine Furcht erregt wird. Tritt sie doch auf, bricht der Therapeut die Produktion von Vorstellungen ab, weist den Patienten an, sich wieder zu entspannen und geht zurück zu einem schwächeren Reiz. Nach einer Reihe von Sitzungen ist es dem Klienten möglich, sich die bedrängendsten Situationen auf der Liste vorzustellen, ohne daß Furcht auftritt, selbst Situationen, die er ursprünglich nicht betrachten wollte.

Wie bei anderen Konditionierungsprozessen wirkt auch hier die **Reizgeneralisierung**. Ist die Furcht vor einem bestimmten Reiz gelöscht, so gibt es eine Generalisierung dieses Effektes auf verwandte Reize. Folglich wirkt die Desensibilisierung sowohl direkt – durch das Ersetzen der Furcht vor einem bestimmten Reiz durch Entspannung – als auch indirekt durch die Generalisierung der Furchtreduktion auf ähnliche Reize.

Die Desensibilisierung ist die ideale Behandlungsmethode für bestimmte **phobische Reaktionen**. Diese »irrationalen« Verhaltensweisen sind oftmals durch die Erleichterung, die durch Vermeidung oder Flucht angesichts der angsterzeugenden Reize entstand, aufrechterhalten (verstärkt) worden. Die Desensibilisierung ist mit Erfolg auch bei verschiedenen anderen menschlichen Problemen, darunter so generalisierten Problemen wie Prüfungsangst, Lampenfieber, Impotenz und Frigidität angewendet worden (Kazdin u. Wilcoxin 1976; Paul 1969).

Implosion und Flooding

Bei einer anderen Technik der Gegenkonditionierung, der **Implosion**, wird der Klient anstelle der Erfahrung einer graduellen, schrittweisen Annäherung gleich zu Beginn dem Reiz ausgesetzt, der an der Spitze der Hierarchie steht und am meisten Furcht auslöst. Diese Konfrontation vollzieht sich jedoch in einer »sicheren« Umgebung.

Die Konzeption dieses Verfahrens geht von der Erkenntnis aus, daß weder die Furcht noch das neurotische Verhalten je gelöscht werden können, solange es der Person gestattet wird, durch Leugnen, Vermeidung oder andere Mittel der Erfahrung der furchtauslösenden Situation auszuweichen. Die Person muß erleben, daß der Kontakt mit dem Reiz nicht notwendigerweise die erwarteten negativen Wirkungen hat (Stampfl u. Levis 1967).

Eine Möglichkeit, eine irrationale Furcht zu löschen, besteht darin, den Klienten zu zwingen, eine starke Furchtreaktion zu erleben, ohne daß er irgendeine Verletzung erleidet. Die therapeutische Situation wird so eingerichtet, daß der auslösende Reiz unter Bedingungen auftritt, die es dem Klienten unmöglich machen, zu entkommen. Beispielsweise *beschreibt* der Therapeut eine für den Klienten extrem furchtauslösende Situation und drängt ihn, sich vorzustellen, er sei in dieser Situation und erfahre dies mit all seinen Sinnen so intensiv wie möglich. Auf diese Weise wird der Klient von einer schnell einsetzenden Erfahrung angstauslösender Empfindungen überwältigt.

> **!** Es wird angenommen, daß solche Erlebnisse eine Explosion der Panik verursachen. Da es sich bei dieser Explosion um ein inneres Geschehen handelt, wird der Prozeß als Implosion bezeichnet. Wenn das wieder und wieder geschieht, ohne daß etwas Schlimmes passiert, verliert der Reiz seine furchtauslösende Qualität. Tritt keine Furcht mehr auf, so verschwindet das fehlangepaßte neurotische Verhalten, das vorher der Vermeidung diente.

Flooding ist eine Technik der Gegenkonditionierung, die der Implosion ähnlich ist. Der Unterschied besteht darin, daß beim Flooding der Klient mit seinem Einverständnis der *realen* furchtauslösenden (phobischen) Situation ausgesetzt wird. Eine Person mit Klaustrophobie wird tatsächlich in einen dunklen Raum und ein Kind mit Angst vor Wasser in einen Swimmingpool gebracht. Manchmal beginnt Flooding mit Vorstellungsbildern. Der Klient wird gezwungen, sich eine Kassette anzuhören, auf der die für seine Phobie schrecklichste Situation in aller Ausführlichkeit 1 oder 2 h lang beschrieben wird. Sobald dieser »Terror von der Kassette« vorüber ist, wird er mit der realen gefürchteten Situation konfrontiert, die sich nun bei weitem nicht als so furchterregend erweist wie vorgestellt. Flooding hat sich bei einigen Verhaltensproblemen, etwa bei Agoraphobien, als effektiver als die systematische Desensibilisierung erwiesen. Die meisten Behandlungserfolge waren für die Patienten von Dauer (Emmelkamp u. Kuipers 1979).

Was ist das gemeinsame Element von systematischer Desensibilisierung, Implosion und Flooding? Es liegt in der **Konfrontation**: In der einen oder anderen Weise wird der Klient den Situationen oder den Objekten, die er fürchtet, ausgesetzt (vgl. Abb. 14.2). Konfrontative Therapie wird auch benutzt, um Zwangsstörungen zu behandeln. In einem Fall ging es um eine Frau mit einem Waschzwang. Wieder und wieder mußte sie sich die vermeintlich schmutzigen Hände waschen, bis sie blutig waren. Schließlich überkamen sie sogar Suizidgedanken, weil ein normales Leben nicht mehr möglich war. Unter der Anleitung eines Verhaltenstherapeuten wurde sie nun mit den Dingen konfrontiert, die sie im Leben am meisten fürchtete – Schmutz und Dreck. Im Rahmen der Therapie war sie gezwungen, diese Dinge sogar zu berühren und sich 5 Tage nicht zu waschen. Letzteres bedeutet, daß die therapeutische Intervention eine zusätzliche Komponente enthielt: die Vermeidung des zwanghaften Verhaltens, durch das die Klientin ursprünglich ihre Furcht reduzierte. Die Therapie war erfolgreich, und Verhaltenstherapeuten gehen heute daran, die multimediale Erfindung virtueller Welten für Therapiezwecke einzusetzen (Rothbaum et al. 1995).

Aversionstherapie

Die therapeutischen Verfahren der systematischen Desensibilisierung, der Implosion und des Flooding helfen den Klienten, direkt mit Reizen umzugehen, die in Wirklichkeit nicht schädlich sind. Was aber kann unternommen werden, um denen zu helfen, die sich zu Reizen hingezogen fühlen, die schädlich oder illegal

Abb. 14.2. Verhaltenstherapie bei Flugangst. Verhaltenstherapeuten benutzen konfrontative Verfahren, um Klienten dabei zu helfen, ihre Flugangst zu überwinden

sind? Drogenabhängigkeit, sexuelle Perversionen und unkontrollierbare Gewalt sind menschliche Probleme, bei welchen das abweichende Verhalten durch verlockende Reize hervorgerufen wird.

> **!** Bei der **Aversionstherapie** werden die Gegenkonditionierungsverfahren des aversiven Lernens eingesetzt. Dabei werden die verlockenden Reize zusammen mit stark unangenehmen Reizen verabreicht, etwa mit Elektroschocks oder Übelkeit erregenden Medikamenten. Aufgrund dieser Kopplung lösen mit der Zeit die attraktiven, aber schädlichen Reize dieselben negativen Reaktionen aus – mit dem Ergebnis, daß die Person diesen Reizen gegenüber eine Aversion entwickelt. Aus der Verlockung ist eine Abneigung geworden.

Betrachten wir das Beispiel eines Pädophilen, der sich zu Kindern sexuell hingezogen fühlt und den Bilder oder Vorstellungen des kindlichen Körpers sexuell erregen. Die Aversionstherapie könnte damit beginnen, daß ihm Fotos von Kindern und Erwachsenen gezeigt werden. Sobald ihn die Fotos der Kinder erregen, wird ihm ein Elektroschock verabreicht. Sieht er Fotos von Erwachsenen oder ersetzt er in seiner Phantasie die Bilder vom kindlichen Körper durch Vorstellungen von Erwachsenen, so wird der Schock eingestellt. Warum sollte sich jemand in eine derartige Therapie begeben, die der Wirkung nach eine Art Folter ist? Menschen tun das gewöhnlich nur, wenn sie erkennen, daß die langfristigen Folgen ihrer Verhaltensmuster ihre Gesundheit zerstören oder ihr Leben ruinieren werden. Möglicherweise werden sie auch durch institutionellen Druck dazu gezwungen, wie das bei einigen Behandlungsprogrammen in Gefängnissen der Fall war.

Viele Kritiker sind besorgt darüber, daß die schmerzhaften Verfahren der Aversionstherapie einem Therapeuten zuviel Macht verleihen, daß sie eher bestrafend als therapeutisch wirken und daß sie am wahrscheinlichsten in Situationen verwendet werden, in denen die Menschen die geringste Möglichkeit haben, darüber zu entscheiden, was mit ihnen geschieht.

14.3.2
Kontingenzmanagement

Prinzipien der Gegenkonditionierung waren angemessen, damit eine unerwünschte Reaktion durch eine andere erwünschtere ersetzt werden konnte. Andere Prinzipien der Verhaltensmodifikation beruhen auf den Prinzipien des operanten Konditionierens in der Tradition von B.F. Skinner (vgl. Abschn. 5.3).

Diese Strategien der Verhaltensmodifikation, bei denen Verhaltensprobleme dadurch behandelt werden, daß man die Konsequenzen des Verhaltens verändert, werden als **Kontingenzmanagement** bezeichnet. Die beiden wichtigsten Ansätze sind Strategien der positiven Verstärkung und Löschungsstrategien, aber wir werden uns auch kurz mit dem Für und Wider von Verhaltensmodifikation durch Bestrafung beschäftigen.

Strategien der positiven Verstärkung

> **!** Wenn eine Belohnung unmittelbar auf eine Reaktion folgt, wird diese Reaktion wahrscheinlich wiederholt werden und mit der Zeit immer häufiger auftreten. Dieses zentrale Prinzip des operanten Lernens wird zur therapeutischen Strategie, wenn es gezielt eingesetzt wird, um die Häufigkeit einer erwünschten Reaktion zu beeinflussen.

Bei der Behandlung von Verhaltensstörungen bei Kindern sind durch die Anwendung der **positiven Verstärkung** gute Erfolge erzielt worden. 2 Beispiele wurden in Abschn. 5.3 zitiert: das Rennen und Schreien von Vorschulkindern als Verstärkung für das Stillsitzen und der Fall des kleinen Jungen, der seine Brille nicht tragen wollte.

Verfahren der positiven Verstärkung sind auf viele andere Umfelder und Probleme übertragen worden. In psychiatrischen Krankenhäusern wurden sog. **Gutschein-Verstärkungssysteme** (»token economies«) zur

Belohnung positiven Verhaltens eingerichtet. Bei einem solchen System erhalten die Patienten greifbare Belohnungen für konstruktive soziale Aktivitäten, wie etwa regelmäßige Körperpflege, rechtzeitiges Erscheinen zu den Mahlzeiten und die Durchführung der ihnen übertragenen Aufgaben. Die Gutscheine bestehen aus Spielgeld. Sie können später dazu verwendet werden, besondere Vergünstigungen zu erwerben, z. B. Abendessen in angenehmerer Umgebung, verlängerte Fernsehzeit, Unterbringung im Einzelzimmer und Wochenendausgang (Kazdin 1980).

Die verantwortlichen Mitarbeiter von Kliniken haben herausgefunden, daß der Einsatz von Gutschein-Verstärkungssystemen recht wirksam in der Auslösung des erwünschten Verhaltens ist, selbst bei schwer gestörten Patienten. Das System funktioniert jedoch nur dann, wenn die »Lerner« keine anderen Möglichkeiten haben, die Dinge zu erlangen, die sie mit dem Spielgeld »kaufen« können. Kritiker haben deshalb das Argument vorgebracht, ein derart »materialistischer« Ansatz der Verhaltenskontrolle werde hauptsächlich bei armen, sozial benachteiligten und institutionalisierten Kindern und Erwachsenen eingesetzt werden können. Obwohl viele Verhaltenstherapeuten diese Kritik teilen, wollen sie nicht auf die offensichtlichen Vorteile des Systems der positiven Verstärkung verzichten.

Eine Möglichkeit, die Betroffenen direkt in das Kontingenzmanagement einzubeziehen, besteht im Abschließen eines Vertrages (Kontrakts) über ihr Verhalten. Ein **Verhaltenskontrakt** (»behavioral contract«) ist eine explizite, oftmals auch schriftlich fixierte Vereinbarung, die die Konsequenzen für bestimmte Verhaltensweisen festlegt.

Besonders Verhaltenstherapeuten, die mit Klienten mit Gewichtsproblemen oder mit Rauchern arbeiten, bestehen auf derartigen Verträgen. Im Vertrag kann genau stehen, was von dem Klienten erwartet wird (Verpflichtungen des Klienten) und was der Klient seinerseits vom Therapeuten erwarten kann (Verpflichtungen des Therapeuten).

> **!** Das Abschließen eines Vertrages erleichtert das therapeutische Vorgehen, indem es beide Parteien für das Erreichen der angestrebten Verhaltensänderungen verantwortlich macht. Die Behandlungsziele und die spezifischen Belohnungen, die mit dem Erreichen angestrebter Teilziele verbunden sind, werden explizit formuliert. Die therapeutische Situation wird stärker strukturiert, denn jede Partei weiß nun, was sie vernünftigerweise als angemessenen Inhalt und annehmbares zwischenmenschliches Verhalten erwarten kann.

Für eine Person mit weniger Status und Macht (beispielsweise Kinder und kranke Personen) ist es von Vorteil, wenn für den Fall, daß der Vorwurf der Vertragsverletzung auftritt, die Möglichkeit eines Schiedspruchs durch eine dritte Partei eingeräumt wird (Nelson u. Mowrey 1976). Es widerspricht aber der Vernunft, anzunehmen, alle Menschen seien fähig, auf der Basis von Verhaltensverträgen zu kooperieren. Hospitalisierte psychotische Patienten mögen beispielsweise nicht in der Lage sein, die komplizierten Schritte zu verstehen.

Die Idee, den Klienten oder Patienten in die Entscheidungsfindung über die Verwendung der positiven Verstärkung einzubeziehen, ist eine Weiterentwicklung des ursprünglichen institutionellen Einsatzes des Gutschein-Verstärkungssystems. Eltern haben gute Erfahrungen mit Verhaltenskontrakten gemacht, wenn die Auseinandersetzungen mit ihren Kindern im Teenageralter überhand nahmen. Die Verträge lenkten nicht nur das Verhalten der Teenager in geordnete Bahnen. Auch die Eltern verhielten sich unter dem »Druck« der Vereinbarung vernünftiger, und davon profitieren beide Parteien. So trugen Verhaltenskontrakte letztlich zur Verbesserung des emotionalen Klimas in der Familie bei (Stuart 1971).

Löschungsstrategien

Warum hören Menschen nicht auf, etwas zu tun, was Schmerz und Unbehagen hervorruft, auch wenn sie zu anderem Handeln *fähig* wären? Die Antwort lautet: Zahlreiche Verhaltensweisen haben *vielfache* Konsequenzen, von denen einige positiv, andere negativ sind. Oft erhält eine subtile positive Verstärkung ein Verhalten aufrecht, obwohl es auch offensichtliche negative Konsequenzen hat. Kinder, die für ihr schlechtes Benehmen bestraft werden, benehmen sich möglicherweise weiterhin schlecht, wenn Bestrafung die einzige Art der Aufmerksamkeit ist, die sie erhalten können.

> ❗ Die Strategie der **Löschung** (**Extinktion**) ist in der Therapie dann nützlich, wenn neurotische Verhaltensweisen durch nicht erkannte verstärkende Bedingungen aufrechterhalten werden. Diese Verstärker werden durch eine sorgfältige Situationsanalyse ausfindig gemacht. Dann wird ein Programm aufgestellt, das deren Auftreten im Gefolge der unerwünschten Reaktion verhindert. Läßt sich dieses Programm tatsächlich durchführen, so wird das Problemverhalten immer seltener, bis es schließlich gelöscht ist.

Selbst psychotische Verhaltensweisen können durch unbeabsichtigte Verstärkung aufrechterhalten und ermutigt werden. In vielen psychiatrischen Krankenhäusern ist es üblich, die Patienten oft zu fragen, wie sie sich fühlen. Dieses Vorgehen mag den Patienten suggerieren, das »angemessene« Verhalten bestehe darin, über die eigenen Gefühle, über ungewöhnliche Symptome, Halluzinationen und so weiter nachzudenken und zu sprechen. Möglicherweise ist es wirklich so, daß das Klinikpersonal um so mehr Verständnis für die »Dynamik« des Falles zeigt, je bizarrer die Symptome und die Aussagen sind.

In manchen Fällen wurden starke Rückgänge der psychotischen Verhaltensweisen beobachtet, wenn das Personal einfach angewiesen worden war, psychotisches Verhalten zu ignorieren und den Patienten nur dann Beachtung zu schenken, wenn diese sich normal benahmen (Ayllon u. Michael 1959).

Genauso wie positive Verstärkung das Auftreten einer Verhaltensweise steigern kann, kann das Fehlen erwünschter Konsequenzen dazu führen, daß es weniger häufig wird. Durch das »Aussetzen der Verstärkung« fehlt dem unerwünschten Verhalten die übliche Konsequenz – und es sollte deshalb immer seltener werden, bis es schließlich ganz gelöscht ist.

Bestrafung

Wir haben eine höchst offensichtliche, traditionelle Art der Verhaltensveränderung noch nicht erwähnt. Die **Bestrafung** wird von den meisten Therapeuten nicht verwendet, weil sie dem langfristigen Ziel aller Behandlungsprogramme, der zukünftigen selbstverantwortlichen Bestimmung des Verhaltens der Person in ihrer natürlichen Umgebung, entgegensteht. Die Bestrafung bewirkt, daß das unerwünschte Verhalten eingestellt wird, indem es in Anwesenheit der strafenden Instanz unterdrückt wird. Auf der »Kostenseite« ist zu verbuchen, daß die Bestrafung viele negative Nebenwirkungen hervorruft, die weder der bestraften Person noch der interpersonalen Beziehung zum Strafenden nützen (vgl. Abschn. 5.3).

Bestrafung wird in einer therapeutischen Einrichtung üblicherweise als Reaktion auf selbstschädigendes Verhalten eines Patienten eingesetzt, dann aber in Kombination mit dem systematischen Aufbau (»shaping«) eines angemessenen Verhaltens.

Zum Beispiel geht man bei autistischen Kindern so vor, die ständig fixiert werden, weil sie sonst ihre Köpfe gegen die Wand oder gegen ihr Bett schlagen. Elektroschocks setzen dem selbstdestruktiven Verhalten ein

Ende, gestatten ihnen, sich ohne »Zwangsjacken« zu bewegen und neue Verhaltensweisen zu zeigen, die verstärkt werden können (Lovaas 1977).

Gibt es Bedingungen, unter welchen Bestrafung durch Eltern, Lehrer und Therapeuten als Teil ihres Arsenals der Strategien zur Verhaltensbeeinflussung so eingesetzt werden kann, daß die Wirkung positiv ausfällt? Viele Experten halten das für möglich, solange die Botschaft, die übermittelt wird, lautet, daß die Bestrafung einfach für ein Mittel gehalten wird, das zu erreichen, was im besten Interesse der bestraften Person liegt.

Die Bestrafung verliert ihr Potential zur Veränderung eines unerwünschten Verhaltens, wenn sie als feindselige Reaktion einer frustrierten strafenden Instanz betrachtet wird und nicht als begründete Strategie zur Kontrolle eines bestimmten Verhaltens, das durch andere Kontingenzen der Verstärkung nicht zu beeinflussen war.

Eine besonders ungeeignete Form der Bestrafung ist **körperliche Gewalt**. Eltern und Erzieher sollten, wenn sie schon bestrafen, anstelle von körperlicher Bestrafung lieber den Zugang zu begehrten Aktivitäten einschränken. Auch gibt es keine Bedingungen, unter welchen Bestrafung durch öffentliche Demütigung jemals als »therapeutisch« zu rechtfertigen ist. Die Regel lautet: Bestrafe das unerwünschte Verhalten, nicht aber die Person! Denn wenn die Person bestraft wird, so liegt für sie der Schluß nahe, sie selbst sei unerwünscht.

14.3.3
Therapie auf der Grundlage des sozialen Lernens

Das Spektrum verhaltenstherapeutischer Verfahren ist durch die Entwicklung der **sozialen Lerntheorie** we-

sentlich erweitert worden. Forscher wie Bandura (1977, 1986) haben nachdrücklich gezeigt, daß Menschen häufig durch Beobachtung von Modellen und die anschließende Nachahmung der Modelle lernen (vgl. Abschn. 5.4). Dabei können die Modelle Handlungen realer Personen sein, aber wir lernen auch von Modellen in den Medien.

> **!** Bei der Therapie auf der Grundlage des sozialen Lernens (sozial-kognitive Therapie) wird das Problemverhalten dadurch modifiziert, daß der Klient Modelle beobachtet, die für erwünschte Verhaltensweisen belohnt werden. Dieses stellvertretende Lernen hat sich vor allem beim Abbau von Phobien und beim Aufbau sozialer Fertigkeiten als besonders geeignet erwiesen.

Wir beschränken uns hier darauf, 2 sozialkognitive Prinzipien der Verhaltensmodifikation vorzustellen: die Nachahmung von Modellen und das Training sozialer Fertigkeiten.

Die Nachahmung von Modellen

Bevor erwünschte Reaktionen verstärkt werden können, müssen sie erst einmal auftreten. Viele neue Reaktionen, besonders komplexere, werden leichter erworben, wenn wir eine andere Person (ein Modell), die das erwünschte Verhalten zeigt und dafür belohnt wird, beobachten und nachahmen können.

Dieser Gedanke ist im folgenden Beispiel aufgegriffen worden, in dem der Therapeut eine Klientin mit einer Schlangenphobie behandelt. Er nutzt das Lernen am Modell auf mehreren Stufen. Zuerst demonstriert er ein furchtfreies Annäherungsverhalten auf einer relativ niedrigen Stufe der Furchthierarchie – vielleicht wird er sich dem Schlangenkäfig nähern oder eine Schlange berühren. Die Klientin ahmt dieses Verhalten

---

EXPERIMENT

Die Wirksamkeit des In-vivo-Modellernens
Die Wirksamkeit des In-vivo-Modellernens (»participant modeling«), wobei der Therapeut die Rolle des Modells übernimmt, wird durch Untersuchungen belegt, die diese Therapietechnik mit dem symbolischen Modellernen, der systematischen Desensibilisierung und einer Kontrollbedingung verglichen haben (s. Abb. 14.3). Beim symbolischen Modellernen betrachteten die Teilnehmer, die ein Entspannungstraining absolviert hatten, einen Film, in dem einige Model-

le furchtlos mit Schlangen umgingen. Die Teilnehmer konnten den Film anhalten und sich wieder entspannen, wenn eine Szene ihnen Furcht eingejagt hatte. Die systematische Desensibilisierung folgte dem oben in diesem Abschnitt beschriebenen Vorgehen, und bei der Kontrollgruppe gab es keinerlei therapeutische Intervention. Das In-vivo-Modellernen erwies sich eindeutig als die erfolgreichste therapeutische Technik. Bei 11 von 12 Personen in der Versuchsgruppe wurde die Schlangenphobie gänzlich abgebaut (Bandura 1970).

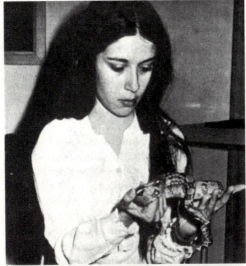

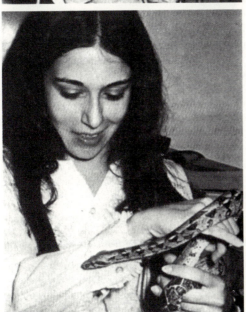

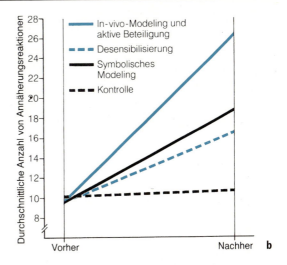

Abb. 14.3a,b. Die Wirksamkeit des In-vivo-Modellernens. **a** Diese Teilnehmerin des In-vivo-Modellernens beobachtete zuerst ein Modell bei der allmählichen Annäherung an eine Schlange und ahmte dann dessen Reaktionen nach. Schließlich war es ihr möglich, die Schlange aufzuheben und über ihren Körper kriechen zu lassen, **b** Annäherungen der Versuchsteilnehmer an die Schlange vor und nach dem In-vivo-Modeling verglichen mit dem Verhalten unter 3 anderen Versuchsbedingungen: symbolisches Modellernen, systematische Desensibilisierung und Kontrollbedingung ohne Intervention

anschließend nach. Schrittweise werden dann durch Vor- und Nachmachen die Verhaltensweisen der Annäherung geformt, so daß die Klientin schließlich die Schlange aufheben und über sich kriechen lassen kann. Zu keinem Zeitpunkt wird sie zu irgendeinem Verhalten gezwungen. Widerstand auf jeder Ebene wird dadurch überwunden, daß es ihr freisteht, zu einem bereits erfolgreich durchgeführten, weniger bedrohlichen Annäherungsverhalten zurückzukehren.

Diese Verbindung von Vormachen und Nachmachen wird auch als **In-vivo-Modellernen** oder als »participant modeling« bezeichnet. Im Abschn. **Experiment** beschreiben wir eine Studie, aus der hervorgeht, daß es sich dabei um eine relativ wirksame Therapieform handelt.

Die Nachahmung von Modellen ist auch genutzt worden, um autistische, stumme Kinder zum Sprechen zu bringen. Die Kinder wurden zuerst dafür belohnt, daß sie Laute hervorbrachten, die denen des Therapeutenmodells ähnelten, dann nur noch für die Wiederholung seiner Wörter. Schließlich wurden sie nur noch verstärkt, wenn sie sozial angemessen reagierten. Wenn dieser Prozeß auch lang und mühsam ist und dem Therapeuten viel Geduld abverlangt, so hat sich doch gezeigt, daß solche Techniken der Verhaltensänderung in der Tat wirken, wo andere Methoden versagen (Lovaas 1968).

Training sozialer Fertigkeiten

Eine bedeutende therapeutische Innovation, die durch die Anwendung der sozialen Lerntheorie angeregt wurde, besteht darin, Menschen mit unzureichenden **sozialen Fertigkeiten** durch ein Training zu wirksamerem Verhalten zu verhelfen (Hersen u. Bellack 1976). Viele Schwierigkeiten ergeben sich für jemanden mit einer psychotischen oder neurotischen Störung oder mit einem alltäglichen Problem einfach daraus, daß er in seinem sozialen Verhalten gehemmt, unangepaßt oder unsicher ist.

Soziale Fertigkeiten (»social skills«) sind Reaktionen oder Reaktionsmuster, die es einer Person ermöglichen, sich bei der Annäherung an andere oder in der Interaktion mit anderen erfolgreich zu verhalten. Darunter fällt, *was* in den gegebenen Situationen zu sagen oder zu tun ist (Inhalt), *wie* (Stil) und *wann* (»timing«) es zu sagen oder zu tun ist und wie sichergestellt werden kann, daß es bei anderen Personen die gewünschten Reaktionen auslöst *(Konsequenzen)*.

Eines der häufigsten Probleme bei sozialen Fertigkeiten ist mangelnde Selbstsicherheit (Assertivität): die Unfähigkeit, die eigenen Gedanken oder Wünsche auf klare, direkte und nicht aggressive Weise zu formulieren (Bower u. Bower 1976). Oftmals entstehen Probleme, die Erwachsene in diesem Bereich haben, schon in der Kindheit (Oden u. Asher 1977). Deshalb haben sich Forschung und Therapie zunehmend darauf konzentriert, soziale Kompetenzen bei zurückgezogenen oder gestörten Kindern aufzubauen (Conger u. Kean 1981; Zimbardo u. Radl 1981). Im Abschn. **Experiment** lernen wir eine Studie kennen, welche den Erfolg des sozialen Kompetenztrainings bei einer Gruppe von Vorschulkindern demonstriert, die als »sozial isoliert« diagnostiziert worden waren.

In einer anderen Untersuchung veränderte das **Training der sozialen Fähigkeiten** bei einer Gruppe hospitalisierter emotional gestörter Kinder sowohl die verbalen als auch die nonverbalen Komponenten ihrer sozialen Fertigkeiten. Den Kindern wurde beigebracht, in unterschiedlichen sozialen Situationen angemessene soziale Reaktionen zu zeigen (Hilfe leisten oder Komplimente machen, Forderungen stellen). Sie wurden ebenfalls angeleitet, das angemessene Gefühl zu zeigen – beispielsweise zu lächeln, wenn sie ein Kompliment machten – und Augenkontakt aufzunehmen und eine angemessene Körperhaltung einzunehmen – z. B. sich der Person zuzuwenden, mit der sie sprachen.

Diese verbesserten sozialen Fähigkeiten wurden auf »unbehandelte« Situationen außerhalb des Trainings generalisiert. Die Kinder übten auch auf eigene Faust auf der Klinikstation. Die positiven Auswirkungen setzten sich auch noch Monate später fort (Matson et al. 1980).

EXPERIMENT

Soziale Kompetenzen erlernen

Vierundzwanzig als sozial isoliert eingestufte Vorschulkinder wurden zufällig einer von 3 Spielbedingungen zugeordnet. Sie spielten (1) mit einem gleichaltrigen Spielkameraden, (2) mit einem ein bis 1 1/2 Jahre jüngeren Kind oder (3) ohne Partner (Kontrollbedingung). Die Paare wurden für 10 Spielsitzungen innerhalb eines Monats zusammengebracht. Jede davon dauerte nur 20 min. Das Verhalten der Kinder im Kindergarten wurde vor und nach dem Training aufgezeichnet.

Die Intervention zeigte eine starke Wirkung. Die Gelegenheit zum Spiel mit einem jüngeren Spielkameraden verdoppelte die Häufigkeit, mit der das früher sozial isolierte Kind jetzt in Interaktion zu den anderen Mitgliedern seiner Kindergartengruppe trat. Damit hatte es das für die anderen Kinder durchschnittliche Niveau erlangt. Das Spielen mit einem Gleichaltrigen erhöhte ebenfalls die Aufgeschlossenheit der Kinder, jedoch bei weitem nicht so stark. Die Forscher schlossen daraus, daß die Gesellschaft eines Spielpartners den schüchternen Kindern die Möglichkeit geboten hatte, in einem sicheren Kontext selbstsicheres soziales Verhalten zu zeigen. Das Spiel mit dem für sie nicht bedrohlichen jüngeren Kind hatte ihnen gestattet, eine Führungsrolle auszuüben, die durch den Spielpartner akzeptiert worden war (Furman et al. 1979).

Verfahren des sozialen Kompetenztrainings haben eine weite Verbreitung und Anwendung in Trainingsprogrammen für soziale Fertigkeiten gefunden und werden bei vielen unterschiedlichen Populationen eingesetzt (Yates 1985).

14.3.4
Generalisierungstechniken

Verhaltenstherapeuten beschäftigt besonders die Frage, ob die neuen Verhaltensmuster, die in einer therapeutischen Umgebung entstanden sind, auch in den alltäglichen Situationen, mit denen die Klienten konfrontiert werden, zur Anwendung kommen. Diese Frage ist für alle Therapien von Bedeutung, und jede Bewertung des Therapieerfolgs muß die Langfristigkeit und Generalisierbarkeit der Veränderungen berücksichtigen. Klienten sollten auch dann noch Verhaltensänderungen zeigen, wenn sie die Couch, das Krankenhaus oder das Labor verlassen haben.

> **!** Fehlen im Therapieprogramm wesentliche Aspekte der realen Lebenssituation des Klienten, so steht zu erwarten, daß die Verhaltensweisen, die in der Therapie modifiziert worden sind, sich im Laufe der Zeit verschlechtern. Um diesem Verlust vorzubeugen, werden immer häufiger **Generalisierungstechniken** in das Therapieprogramm aufgenommen. Dadurch soll die Ähnlichkeit der Verhaltensweisen, Verstärker, Modelle und Reizanforderungen unter den Bedingungen der Therapie und des wirklichen Lebens erhöht werden.

Einige der Maßnahmen werden im Abschn. **Psychologie im Alltag** vorgestellt.

Bevor wir uns den kognitiven Therapien zuwenden, wollen wir uns etwas Zeit nehmen und die wichtigsten Unterschiede zwischen den beiden dominierenden Therapieformen, den psychodynamischen oder psychoanalytischen Therapien und den Verhaltenstherapien, betrachten. Wir haben sie in Tabelle 14.2 zusammengefaßt.

14.4
Kognitive Therapien

Bei der **kognitiven Therapie** wird versucht, die belastenden Gefühle und unerwünschten Verhaltensweisen dadurch zu beseitigen, daß darauf Einfluß genommen wird, wie der Klient über bedeutende Lebenserfahrungen denkt. Diesem Ansatz liegt die Annahme zugrunde, daß Verhaltensprobleme und emotionale Belastungen ihren Ausgang von kognitiven Störungen nehmen: Gestört ist, *was* wir denken (kognitiver Inhalt) und *wie* wir denken (kognitiver Prozeß).

> **!** Verschiedene Richtungen der kognitiven Therapie unterscheiden sich darin, welche kognitiven Prozesse verändert werden sollen und welche Methoden zur »kognitiven Restrukturierung« verwendet werden. Die beiden wichtigsten Ansätze sind die kognitive Verhaltensmodifikation (einschließlich des Selbstwirksamkeitstrainings) und der Versuch, Systeme unangemessener Überzeugungen zu verändern (einschließlich der rational-emotiven Therapie und der kognitiven Depressionstherapie).

14.4.1
Kognitive Verhaltensmodifikation

»Wir sind das, was wir uns selbst über uns sagen, und wir werden dadurch gelenkt, was wir unserer Überzeu-

---

PSYCHOLOGIE IM ALLTAG

Generalisierungstechniken – Training für den Alltag

Es werden beispielsweise Verhaltensweisen trainiert, die sehr wahrscheinlich in der natürlichen Umgebung einer Person belohnt werden, wie etwa höfliches oder aufmerksames Verhalten gegenüber anderen. Belohnungen werden auf der Grundlage eines intermittierenden Verstärkungsplanes verabreicht, so daß ihre Wirkung auch dann aufrechterhalten bleibt, wenn die Belohnungen in der wirklichen Welt nicht immer gleich auf die gute Tat folgen. Die Abhängigkeit der Patienten, die an Gutschein-Verstärkungssysteme gewöhnt worden waren, wird schrittweise abgebaut, während soziale Anerkennung und andere, eher natürlich auftretende Konsequenzen eingeführt werden. Die Patienten erhalten Gelegenheit, die neuen Verhaltensweisen unter der unterstützenden Anleitung des Personals auf Ausflügen aus der Institution zu üben. Übergangsheime helfen auch bei der Übertragung neuer Verhaltensweisen von der Institution in die Gemeinde (Fairweather et al. 1969; Orlando 1981). Sorgfältige Beachtung der Möglichkeiten zur Steigerung der Generalisierung wird dem langfristigen Erfolg der Verhaltenstherapie zugute kommen (Marks 1981).

Tabelle 14.2. Vergleich psychoanalytischer und verhaltenstherapeutischer Auffassungen von Psychotherapie

Thema	Psychoanalyse	Verhaltenstherapie
Grundannahmen über die Natur des Menschen	Biologisch verankerte Triebe, primär sexueller und aggressiver Art, Drängen auf unmittelbare Freisetzung, wodurch Menschen in Konflikt mit der sozialen Realität geraten.	Wie andere Lebewesen werden Menschen nur mit der Fähigkeit zum Lernen geboren, die bei allen Arten ähnlichen Prinzipien unterworfen ist.
Normale menschliche Entwicklung	Entwicklung entsteht durch die Lösung von Konflikten in aufeinanderfolgenden Phasen. Durch Identifikation und Internalisierung entstehen reife Strukturen der Ich-Kontrollen und des Charakters.	Angepaßte Verhaltensweisen werden durch Verstärkung und Nachahmung gelernt.
Grundannahmen über psychische Störungen	Störungen spiegeln unangemessene Konfliktlösungen und Fixierungen auf früheren Entwicklungsstufen, die starke Impulse und/oder schwache Kontrollen hinterlassen haben. Symptome sind defensive Reaktionen auf Angst.	Problematisches Verhalten entsteht aus dem schädlichen Lernen unangemessener Verhaltensweisen. Das »Symptom« ist das Problem. Es gibt keine »zugrundeliegende Störung«.
Therapieziel	Psychosexuelle Reife, gestärkte Ich-Funktionen, Reduzierung der Kontrolle durch unbewußte und verdrängte Impulse werden angestrebt.	»Symptomatisches« Verhalten wird abgebaut und durch angemessene Reaktionen ersetzt.
Betonte psychische Funktionen	Motive und Gefühle, Phantasien und Kognitionen werden durchlebt.	Die Therapie befaßt sich mit Verhalten und mit beobachtbaren Gefühlen und Handlungen.
Zeitliche Orientierung	Konflikte und Gefühle aus der Vergangenheit werden entdeckt und interpretiert im Licht der Gegenwart.	Die Beschäftigung mit der Geschichte, speziell den Kindheitserfahrungen oder der Ätiologie, hat eine geringe oder gar keine Bedeutung. Das gegenwärtige Verhalten wird untersucht und behandelt.
Die Rolle des unbewußten Materials	Das Unbewußte steht bei der klassischen Psychoanalyse im Vordergrund, die Neo-Freudianer messen ihm etwas weniger Bedeutung bei.	Unbewußte Prozesse, subjektive Erfahrungen interessieren nicht, selbst dann nicht, wenn diese bewußt sind.
Die Rolle der Einsicht	Die Einsicht steht im Mittelpunkt. Sie entsteht aus »richtigstellenden emotionalen Erfahrungen«.	Einsicht ist irrelevant und/oder unnötig.
Die Rolle des Therapeuten	Der Therapeut arbeitet wie ein Detektiv, der nach zugrundeliegenden Wurzeln von Konflikten und Widerständen sucht. Dabei verhält er sich distanziert und neutral, um Übertragungsreaktionen zu erleichtern.	Der Therapeut arbeitet als Trainer, der den Klienten hilft, alte Verhaltensweisen abzubauen und/oder neue zu lernen. Die Kontrolle der Verstärker ist wichtig, die interpersonale Beziehung ist von geringerer Bedeutung.

gung nach tun sollten« – so lautet die Grundüberzeugung, auf der die **kognitive Verhaltensmodifikation** beruht.

Dieser Therapieansatz verbindet das Gewicht, das die kognitive Orientierung auf die Bedeutung der Gedanken und Einstellungen legt, mit der Konzentration des Behaviorismus auf die Modifikation des Verhaltens durch die Beeinflussung der Verhaltenskontingenzen (s. Abschn. 5.3). Unerwünschte Verhaltensmuster werden dadurch verändert, daß die negativen Feststellungen einer Person über sich selbst in konstruktive Feststellungen umgewandelt werden, die zur Problembewältigung eingesetzt werden können.

Ein weiteres kritisches Element dieses Ansatzes besteht darin, daß Therapeut und Klient gemeinsam aufdecken, wie der Klient über seine Probleme denkt und wie er sie zum Ausdruck bringt. Wenn beide diese Denkmuster, die zu dem unproduktiven und dysfunktionalen Verhalten führen, verstanden haben, können sie neue selbstbezogene Feststellungen formulieren, die konstruktiv sind und den Gebrauch der alten Selbstaussagen, die Angst ausgelöst und das Selbstwertgefühl belastet haben, auf ein Minimum reduzieren. Im Abschn. **Psychologie im Alltag** beschreiben wir einen praxisorientierten Vorschlag von Donald Meichenbaum (1977), der diesen Ansatz nutzt.

Der Aufbau von Erwartungen darüber, daß man selbst etwas bewirken kann, steigert die Wahrscheinlichkeit dafür, daß man tatsächlich etwas bewirkt. Durch das Setzen erreichbarer Ziele, das Entwickeln

Denke und rede über Dich selbst anders!

Meichenbaum unterscheidet die folgenden 3 Phasen: die kognitive Vorbereitung, den Erwerb und das Einüben der neuen selbstbezogenen Feststellungen sowie die Anwendung des Gelernten.

- Die erste Phase beinhaltet die *kognitive Vorbereitung*.
    - Der Therapeut und der Klient finden heraus, wie der Klient über das Problem, welches Gegenstand der Therapie ist, denkt und wie er seinem Denken über dieses Problem Ausdruck verleiht.
- Die zweite Phase ist der *Erwerb und das Einüben (»rehearsal«) von Fähigkeiten.*

Es geht dabei darum, neue konstruktive, selbstbezogene Behauptungen zu lernen, während die alten selbstdestruktiven, angstauslösenden oder selbstherabsetzenden abgebaut werden.

- Die dritte Phase ist schließlich der *Anwendung und Praxis (»practice«) des Gelernten in realen Situationen* gewidmet.

Dabei wird mit den leichteren Situationen begonnen und Schritt für Schritt zu den schwierigeren weitergegangen.

Beispielsweise wird die negative selbstbezogene Behauptung »Ich war ein richtiger Langweiler auf dem Fest, die laden mich nie wieder ein« durch eine positivere ersetzt: »Nächstes Mal möchte ich interessant wirken. Ich werde mir einige zündende Eröffnungssätze vornehmen, üben, wie ich einen guten Witz erzählen kann, und aufmerksam auf die Geschichten des Gastgebers reagieren«.

Jemand, der sich von Prüfungsangst »überwältigt« fühlt, kann die folgenden Sätze proben:

- »Ich habe gründlich gelernt und verfüge über genug Informationen.«
- »Ich werde ein paarmal tief Luft holen, eine kleine Pause einlegen, und dann bin ich bereit, mein Bestes zu geben.«
- »Ich werde mich auf die Gegenwart konzentrieren und nur auf den Prüfungsinhalt achten.«
- »Zuerst beantworte ich die leichten Fragen, um mein Selbstvertrauen zu stärken.«
- »Es kann sein, daß ich ängstlich werde, wenn ich mich an etwas nicht erinnern kann, das ist in Ordnung. Ich kann damit umgehen und diese Energie einsetzen, damit sie mir hilft, mein Gedächtnis nach der fehlenden Information abzusuchen.«
- »Ich kann in dieser Prüfung eine gute Leistung bringen.«
- »Es sieht jetzt wie eine bedeutende Angelegenheit aus, aber es wird gleich vorbei sein, und was immer geschieht, wenn ich irgendwann in der Zukunft daran zurückdenke, wird es einfach eine Erinnerung sein.«
- »Ich werde mich selbst für das Lernen und die Konzentration belohnen, indem ich mir heute abend einen Film anschaue. Wenn ich so gut abschneide, wie ich jetzt annehme, gönne ich mir auch noch 2 neue CDs.«

---

realistischer Strategien zu ihrer Erreichung und die realistische Auswertung der Rückmeldung erwerben Menschen das **Gefühl der Selbstwirksamkeit**, also die Überzeugung, das Schicksal meistern zu können (Bandura et al. 1980).

Wie wir in Abschn. 11.5 gesehen haben, beeinflußt die erlebte Selbstwirksamkeit unsere Wahrnehmungen, Motivation und Leistungen in vielfältiger Weise. Einschätzungen der eigenen Wirksamkeit nehmen Einfluß darauf, wie sehr und wie lange wir uns bei den Belastungen und Herausforderungen des Lebens anstrengen (Schwarzer 1992). Die »kognitive Selbstwirksamkeitstherapie« versucht die Gedanken der Klienten über ihre eigene Wirksamkeit zu verändern.

14.4.2 Veränderung unangemessener Überzeugungen

> **!** Manche kognitiven Verhaltenstherapeuten konzentrieren sich bei dem Bemühen um Veränderung auf die Überzeugungen, Einstellungen und Denkgewohnheiten der Klienten. Sie begründen dies damit, daß viele psychische Störungen ihren Ausgangspunkt in der Art und Weise haben, wie Menschen über sich selbst in bezug auf andere Menschen und auf die Ereignisse, die ihnen widerfahren, denken.

Zu den typischen **unangemessenen Überzeugungen**, von denen sie dabei ausgehen, gehören

- unrealistische Einstellungen (»Die wichtigste Eigenschaft, die ein Student aufweisen sollte, ist Perfektion«),
- falsche Vorannahmen (»Wenn ich alles mache, was von mir verlangt wird, werde ich sehr beliebt sein«) und
- starre Regeln, die dafür sorgen, daß das Verhalten »automatisch abläuft«, so daß alte Muster auch dann wiederholt werden, wenn sie sich nicht bewährt haben (»Ich muß den Autoritäten gehorchen«).

Die Ursache emotionalen Unbehagens wird in Mißverständnissen und in dem Versäumnis gesehen, zwischen der gegenwärtigen Realität und den eigenen Vorstellungen oder Erwartungen zu unterscheiden.

Die kognitive Therapie der Depression

Der kognitiv orientierte Verhaltenstherapeut veranlaßt den Klienten, fehlerhafte Denkmuster zu korrigieren, indem er sie durch wirksamere Techniken der Problemlösung ersetzt. Aaron Beck hat diesen Grundsatz für die **kognitive Therapie der Depression** nutzbar gemacht (Beck 1976). Einfach formuliert lautet sein Therapieprinzip: »Der Therapeut hilft dem Patienten, seine Probleme realistischer und flexibler zu beurteilen und zu handhaben und somit die Symptome zu reduzieren« (Beck et al. 1986, S. 34). Depressive Menschen könnten beispielsweise die Instruktion erhalten, negative Gedanken über sich selbst niederzuschreiben, herauszufinden, warum diese Selbstkritiken ungerechtfertigt sind und sich realistischere (und weniger selbstdestruktive) selbstbezogene Kognitionen auszudenken.

Beck ist der Ansicht, Depressionen würden aufrechterhalten, weil die Betroffenen sich ihrer negativen »automatischen Gedanken«, die sie sich gewohnheitsmäßig vorsagen, nicht bewußt seien. »Ich werde nie so gut sein wie mein Bruder«, »Keiner, der wüßte, wie ich wirklich bin, könnte mich leiden« und »Ich bin nicht gerissen genug, um bei dem Konkurrenzkampf in diesem Studiengang durchzukommen« sind Beispiele für derartige negative selbstbezogene Kognitionen.

Zur Veränderung dieser negativen Grundhaltung, die hinter der Depression steht, kann der Therapeut auf 4 Techniken zurückgreifen:

- Er kann die negativen selbstbezogenen Annahmen des Klienten in Frage stellen,
- er kann mit dem Klienten die Beweise für und wider die automatischen Überzeugungen durchgehen,
- er kann den Klienten dazu anleiten, die Schuld für Mißerfolge situativen Faktoren und nicht seiner Inkompetenz zuzuschreiben und
- er kann für komplexe Aufgaben, die zur Erfahrung von Mißerfolgen geführt haben, alternative Lösungen mit dem Klienten besprechen.

Eine Ähnlichkeit zur Verhaltenstherapie besteht darin, daß sich dieser Ansatz auf die aktuelle Befindlichkeit des Klienten konzentriert.

Einer der schlimmsten Nebeneffekte von Depressionen besteht darin, daß Patienten mit all den negativen Gefühlen und der Lethargie, die damit verbunden sind, leben müssen. Es ist ein negativer Kreislauf: Der Zwang, über die eigene schlechte Stimmung nachzudenken, löst Erinnerungen an schlechte Erfahrungen aus, und diese schlechten Erfahrungen verschlimmern wiederum die depressiven Gefühle. Die kognitive Therapie bei Depressionen versucht diese »abwärtsgerichtete Spirale« dadurch zu durchbrechen, daß sie dem Patienten hilft, nicht noch depressiver über seine Depression zu werden.

Rational-emotive Therapie

Eine der ersten Formen der kognitiven Therapie war die **rational-emotive Therapie** (**RET**), die von Albert Ellis entwickelt worden ist (1962, 1977).

> **!** Die rational-emotive Therapie ist ein umfassendes System der Persönlichkeitsveränderung. Es beruht auf der Modifikation irrationaler Überzeugungen, welche unerwünschte, höchst belastende emotionale Reaktionen, wie etwa große Ängste, verursachen.

Die RET geht davon aus, daß dem Klienten seine grundlegenden Wertvorstellungen und Überzeugungen Probleme bereiten, indem sie *verlangen*, daß er erfolgreich und anerkannt ist, darauf *bestehen*, daß er fair behandelt wird oder *diktieren*, daß sein Leben amüsanter sein sollte. Unter therapeutischer Anleitung lernt der Klient nun zunächst, dieses System seiner eigenen »Sollte«-, »Müßte-« und »Muß-Diktate« zu erkennen. Er versteht, daß sie es sind, die ihn davon abhalten, so zu leben, wie er eigentlich möchte.

Der Therapeut versucht dann, das »geschlossene System« der Gedanken des Klienten zu durchbrechen. Er zeigt ihm, daß seine emotionale Reaktion, die auf ein Ereignis folgt, in Wirklichkeit durch jene zuvor unerkannten Überzeugungen verursacht wird. Betrachten wir als Beispiel den Fall, daß auf die Unfähigkeit, während des Geschlechtsverkehrs einen Orgasmus zu erreichen, eine emotionale Reaktion der Depression und der Selbstabwertung folgte. Wahrscheinlich ist diese emotionale Reaktion durch die Überzeugung »Meine sexuellen Leistungen sind unzulänglich, und möglicherweise bin ich impotent oder frigide, weil ich versagt habe, als ich bringen wollte, was erwartet wird« verursacht worden. Diese und andere Überzeugungen werden offen zur Diskussion gestellt, rational konfrontiert und hinsichtlich alternativer Ursachen überprüft. Dazu könnten im konkreten Beispiel gehören: Müdigkeit, zu viel Alkohol, falsche Vorstellungen über sexuelle »Leistungen« oder der Wunsch, zu diesem Zeitpunkt eigentlich lieber keinen Sex haben zu wollen. Andere Modifikationstechniken schließen sich an – solche, die bei der Verhaltensmodifikation angewendet werden, Humor und Rollenspiele, um das dogmatische irrationale Denken durch rationale, den Situationen angemessene Vorstellungen zu ersetzen.

Die rational-emotive Therapie zielt auf die Steigerung des Selbstwertgefühls des Individuums und auf sein Potential zur Selbstverwirklichung. Sie versucht, das System falscher Überzeugungen, das die persönliche Entwicklung blockiert, abzubauen. Somit hat sie viel mit den humanistischen Therapien gemeinsam, denen wir uns im nächsten Abschnitt zuwenden wollen.

14.5
Existentialistisch-humanistische Therapien

Im Zentrum der **existentialistisch-humanistischen Therapien** steht die Vorstellung, daß es die *ganze* Person ist, die sich in einem kontinuierlichen Prozeß der Werdens und des Wachsens befindet. Wenn auch Umwelt und Vererbung diesen Veränderungen gewisse Beschränkungen auferlegen, so steht uns doch immer frei zu wählen, was wir werden wollen, indem wir unsere eigenen Werte schaffen und uns selbst durch unsere Entscheidungen auf diese Werte hin verpflichten.

Zusammen mit dieser Wahl- und Entscheidungsfreiheit erhalten wir jedoch auch die Bürde der Verantwortung. Da wir uns nie aller Implikationen unserer Handlungen bewußt sein können, erfahren wir Angst und Verzweiflung. Auch leiden wir an Schuldgefühlen, wenn wir feststellen, daß wir Möglichkeiten, unser Potential voll zu entfalten, versäumt haben.

> **!** Die Psychotherapien, die die Grundsätze dieser allgemeinen Theorie über die Natur des Menschen anwenden, versuchen, den Klienten zu helfen, ihre eigene Freiheit zu definieren, ihre eigenen Erfahrungen und den Reichtum des Augenblicks zu schätzen, ihre Individualität zu pflegen und herauszufinden, auf welche Weise sie sich selbst am besten entfalten können. Es geht, kurz gesagt, um **Selbstverwirklichung**. Aus der existentialistischen Perspektive ist die gegenwärtige Lebenssituation, wie sie vom Individuum erlebt wird – also die phänomenologische Sicht – der zentrale Bezugspunkt jeder Therapie.

14.5.1
Klientenzentrierte Therapie

Die **klientenzentrierte Therapie** stammt aus der Tradition der Humanistischen Psychologie und wurde von Carl Rogers entwickelt (vgl. Abschn. 11.4). Im deutschsprachigen Raum wird dieser Ansatz auch als personzentrierte Psychotherapie und als nichtdirektive Gesprächspsychotherapie bezeichnet.

Das Hauptziel der klientenzentrierten Therapie ist die Förderung des gesunden psychischen Wachstums des Individuums (Rogers 1951). Der Ansatz geht von der Annahme aus, daß allen Menschen das grundlegende Streben der menschlichen Natur nach Selbstverwirklichung – nach der Entfaltung des eigenen Potentials – gemeinsam ist.

Dieses gesunde Wachstum wird durch fehlerhafte Lernmuster behindert, welche die Person veranlassen, anstelle der Bewertungen, die die eigene Psyche und der eigene Körper liefern, Bewertungen von anderen zu übernehmen. Der Konflikt zwischen dem eigenen natürlichen positiven Selbstbild und negativen Kritiken von außen führt zu Angst und Unglücklichsein. Diese Inkongruenz kann sich außerhalb der bewußten Aufmerksamkeit abspielen, so daß eine Person Gefühle des Unglücklichseins und eines geringen Selbstwertes erlebt, ohne jedoch zu wissen, warum.

Nach Rogers besteht die Aufgabe der Therapie darin, eine therapeutische Umgebung zu schaffen, die es dem Klienten gestattet, erneut die Fähigkeit zur Selbstbewertung zu erwerben. Er lernt von neuem zu beurteilen, wie er sich am besten verhält, um die eigene Entwicklung und die Selbstverwirklichung zu fördern. Da angenommen wird, daß der Mensch im Grunde genommen gut ist, ist es Aufgabe des Therapeuten, bei der Beseitigung der Blockierungen, die den Ausdruck dieser natürlichen positiven Neigung hemmen, zu helfen.

> ! Das grundlegende therapeutische Prinzip verlangt vom Therapeuten, daß er die Gefühle des Klienten respektiert und ihm dabei hilft, sich über seine Emotionen Klarheit zu verschaffen. Das geschieht in einer Atmosphäre der **uneingeschränkten positiven Wertschätzung.**

Der Therapeut akzeptiert den Klienten, so wie er ist: Er bewertet ihn nicht, und er stellt keine Leistungskriterien auf, denen er gerecht werden muß. Der emotionale Stil und die Einstellung des Therapeuten verleihen dem Klienten die Kraft, sich wieder mit den wahren Quellen seines persönlichen Konfliktes zu befassen und mit der Beseitigung derjenigen verwirrenden Einflüsse zu beginnen, die die Selbstverwirklichung verhindern. Gelingt ihm das, so kann er auch die Barrieren abbauen, die er errichtet hatte, um mit Kritik und Zurückweisung fertig zu werden.

Die klientenzentrierte Therapie bemüht sich um ein nichtdirektives Vorgehen. Das heißt, daß der Therapeut das Streben des Klienten nach Selbsterkenntnis und Selbstverwirklichung zwar unterstützt, aber niemals lenkt. Ein Therapeut, der Rogers' Forderung nach **Echtheit** in diesem Sinne erfüllt, ist auf die Gefühle und Gedanken des Klienten eingestimmt und sorgt dafür, daß sie für den Klienten selbst transparent werden. Zusätzlich versucht der Therapeut, die Gefühle des Klienten mitfühlend zu erleben. Gefragt ist also seine **Empathie.** Umfassende Empathie beruht auf der Sorge um den Klienten, der als geschätztes, kompetentes Individuum gesehen wird.

Im Unterschied zu anderen Therapien, bei welchen der Therapeut Interpretationen, Antworten oder Anweisungen gibt, ist er hier ein unterstützender Zuhörer, der die wertbezogenen Behauptungen und die Gefühle des Klienten reflektiert und gelegentlich wiederholt. Der im Abschn. **Psychologie im Alltag** wiedergegebene Gesprächsausschnitt ist ein typisches Beispiel für die Therapeut-Klient-Interaktion in einer klientenzentrierten Therapie.

Das Wesentliche an dieser therapeutischen Interaktion sind die ehrlichen Äußerungen der Klientin über ihre Gefühle und ihre Selbstbewertungen. Wenn Menschen einmal dazu bereit sind, sich anderen zu öffnen und sich selbst zu akzeptieren, haben sie das Potential, aus eigener Kraft zur psychischen Gesundheit zurückzufinden. Diese optimistische Sichtweise und die wohlwollende Beziehung zwischen dem Therapeuten als fürsorglichem Experten und dem Klienten als uneingeschränkt akzeptierter Person hat die Arbeit vieler Psychologen beeinflußt (s. Smith 1982).

14.5.2
Gruppentherapien

Alle bisher vorgestellten Behandlungsansätze sind in erster Linie so konzipiert worden, daß sie auf »Eins-zu-Eins-Beziehungen« zwischen einem Therapeuten und einem Klienten aufbauen. Es gibt viele Gründe dafür, daß sich in den letzten Jahren Therapie in Gruppen ausgebreitet hat und in einigen Fällen vielleicht sogar wirksamer als Einzeltherapie sein kann.

Die Attraktivität der **Gruppentherapie** hat verschiedene Gründe:

- Sie ist für die Teilnehmer nicht so teuer.
- Sie ermöglicht einen ökonomischeren Einsatz der begrenzten personellen Ressourcen des therapeutischen Sektors.
- Sie ist für manche Menschen weniger beängstigend, was die Machtverteilung anbelangt.

PSYCHOLOGIE IM ALLTAG

Ein Ausschnitt aus einer Therapiesitzung
Klientin: Mein Freund geht mir wirklich auf die Nerven. Er kann meine Freunde nicht leiden, und egal was ich mache, um beruflich voranzukommen, es paßt ihm nicht. Ich hab's satt.
Therapeut: Es klingt so, als seien Sie wütend auf ihn.
Klientin: Genau so ist es! Ich tu mein Bestes, aber das ist ihm einfach nicht gut genug. Er hat unmöglich hohe Ansprüche, die ich einfach nie erfüllen kann.
Therapeut: Wie fühlen Sie sich dabei?

Klientin: Dumm, ungeschickt und frustriert, wie ein Kind.
Therapeut: Vielleicht sind Sie nicht nur wütend auf ihn?
Klientin: Nein, es regt mich auf, daß ich nicht zu dem stehen kann, wovon ich glaube, daß es für mich das Beste ist. Ich denke jetzt, das ist so wie damals, als ich klein war und mein Vater mir immer vorgeschrieben hat, was ich machen sollte. Ich mußte gehorchen, um Anerkennung zu bekommen ...

- Sie bietet die Gelegenheit, interpersonale Fähigkeiten bei anderen Gruppenmitgliedern zu beobachten und zu üben.
- Psychologische Prozesse in Gruppen (vgl. Abschn. 9.1) und Gelegenheiten zum Modellernen können zum Therapieerfolg beitragen.

Der Einsatz von **Gruppenprozessen** als Mittel zur Persönlichkeitsänderung ist einem außergewöhnlich breiten Spektrum von Gruppen gemeinsam, die über unterschiedliche Ziele und Anschauungen verfügen. Bei aller Verschiedenheit teilen sie einige grundlegende Voraussetzungen. So bietet etwa in allen Therapiegruppen der soziale Rahmen (Setting) eine Möglichkeit, um zu lernen, wie man bei anderen »ankommt« und wie sich die Rückmeldung, die man über die eigene Person erhält, von dem erwünschten oder dem selbst erfahrenen Selbstbild unterscheidet.

Weiterhin liefert die Gruppe dem Klienten die Bestätigung, daß die eigenen Symptome, Probleme und »abweichenden« Reaktionen nicht einzigartig, sondern oft recht verbreitet sind. Da Menschen dazu neigen, vor anderen zu verbergen, was sie bei sich selbst als negativ empfinden, denken viele: »Dieses Problem habe nur ich allein«. Die gemeinsame Gruppenerfahrung kann helfen, diese »pluralistische Ignoranz« aufzulösen. Hinzu kommt, daß die Gruppe von Leidensgenossen auch außerhalb der therapeutischen Situation soziale Unterstützung bieten kann, wie das etwa bei den Mitgliedern der Anonymen Alkoholiker der Fall ist, die in fast allen Städten Anlaufstellen haben.

Zur Wirksamkeit von Gruppentherapien tragen generell die folgenden Faktoren bei:

- Gefühle der Zugehörigkeit und des Akzeptiertwerdens,
- Gelegenheit zur Beobachtung, zur Nachahmung und zur sozialen Verstärkung (Belohnung),
- die Erfahrung der Universalität menschlicher Probleme, Schwächen und Stärken,
- die Wiederherstellung von Vergleichen mit der primären Gruppe der Familie in der Kindheit, wodurch »korrigierende« emotionale Erfahrungen möglich gemacht werden (Klein 1983).

Zwei gruppentherapeutische Ansätze, in deren Rahmen spezielle Techniken entwickelt wurden, die mittlerweile auch von Therapeuten anderer Richtungen verwendet werden, sind die Gestalttherapie und die Transaktionsanalyse.

Gestalttherapie

Die **Gestalttherapie** konzentriert sich auf Möglichkeiten, Psyche und Körper so aufeinander zu beziehen, daß die Person »ganz« oder eine »Ganzheit« wird. (vgl. auch Abschn. 3.1 und 3.4). Weiterhin ist die Erhöhung der **Selbstaufmerksamkeit** (»self-awareness«) des Klienten ein zentrales Therapieziel. Selbstaufmerksamkeit wird erreicht, indem die Klienten lernen, angestaute Gefühle in der Gruppe auszudrücken und »alte Geschichten« aus vergangenen Konflikten, die in neue Beziehungen hereingetragen werden, zu erkennen.

Fritz Perls (1969), der Begründer der Gestalttherapie, forderte die Teilnehmer auf, Phantasien, die mit Konflikten und starken Gefühlen zu tun hatten, auszuleben und ihre Träume, die als verdrängte Anteile der Persönlichkeit gelten, neu zu erschaffen. Er sagte: »Wir müssen uns diese projizierten, auseinandergebrochenen Teile unserer Persönlichkeit und auch das verborgene Potential, das im Traum erscheint, wieder zu eigen machen« (1976, S. 74).

Transaktionsanalyse

Bei der **Transaktionsanalyse**, wie Eric Berne (1967) sie entwickelt hat, werden die Gruppenmitglieder ermutigt, die »Spiele«, denen sie in ihren sozialen Beziehungen und Interaktionen folgen, zu beschreiben und vorzuführen. Auf diese Weise werden ihnen die manipulativen Muster bewußt, die sie gewohntermaßen im Umgang mit anderen anwenden. Im Abschn. **Psychologie im Alltag** beschreiben wir eines dieser »Spiele für Erwachsene«.

Das Abbauen dieser trügerischen Strategien in der Therapie eröffnet die Möglichkeit für ehrlichere, bedeutungsvollere Beziehungen mit anderen Menschen.

Selbsthilfegruppen bei tödlichen Krankheiten

Eine neue Entwicklung in der Gruppentherapie ist die Anwendung der gruppentherapeutischen Techniken bei der Betreuung von Patienten, die an tödlichen Krankheiten leiden, beispielsweise an Krebs oder Aids. Hier bestehen die Therapieziele darin, den Patienten zu helfen, während ihrer Krankheit ein möglichst erfülltes Leben zu führen und realistisch mit dem nahenden Tod umzugehen (Adams 1979; Yalom u. Greaves 1977). Objektive Belege für die positive psychologische Wirkung der Selbsthilfegruppen wurden in einer kontrollierten Studie erhoben, die wir im Abschn. **Experiment** beschreiben.

»Warum tust Du nicht ...? ... Ja aber, ...«

Ein typisches Spiel, bei dem es um Statusgewinn geht, ist das Spiel »Warum tust Du nicht? – Ja, aber«, das sich darum dreht, wer die überlegene Position einnimmt. Eine Person nimmt einen unterwürfigen, niedrigen Status ein und geht eine andere um Rat an: »Warum versuchst Du nicht, eine Lösung für mein Problem zu finden?«. Welchen Rat auch immer die an-

gesprochene Person anbietet, der Ratsucher kontert mit: »Ja, aber Du hast nicht bedacht, daß ...«. Das heißt, er führt alle möglichen Umstände an, die den Rat wertlos oder gar dumm machen. Wenn der Möchtegern-Helfer fortfährt, Hilfe anzubieten, gibt es immer ein neues »Ja, aber«, bis der Helfer aufgibt und das »Opfer« den Sieg und einen vermeintlichen Zugewinn an Status erlangt.

Unterstützung für Brustkrebspatientinnen durch Selbsthilfegruppen

Sechsundachtzig Frauen mit Brustkrebs wurden zufällig einer Kontroll- und einer Behandlungsgruppe zugewiesen. Unter der Behandlungsbedingung nahmen die Patientinnen ein Jahr lang einmal wöchentlich an einem unterstützenden Gruppenprogramm teil. Das Programm konzentrierte sich auf die Probleme, mit denen die Frauen durch die tödliche Krankheit konfrontiert wurden, auf die Verbesserung der Beziehun-

gen zu Familienangehörigen, Freunden und Klinikpersonal und auf das Führen eines möglichst erfüllten Lebens angesichts des Todes. Beobachtungen, die in Abständen von 4 Monaten durchgeführt wurden, zeigten, daß die Mitglieder der Behandlungsgruppe weniger unruhig, verwirrt, müde und ängstlich waren als die Patientinnen in der Kontrollgruppe. Ihre Stimmung war signifikant weniger von Unbehagen geprägt, und sie zeigten weniger unangemessene Formen der Krankheitsbewältigung (Spiegel et al. 1981).

14.5.3
Paar- und Familientherapie

Die meisten Gruppentherapien beginnen damit, daß sich in gewissen Abständen eine Gruppe von Personen trifft, die einander zunächst fremd sind, um eine vorübergehende Verbindung einzugehen, von der sie allesamt evtl. profitieren können. Die Probleme mancher Menschen entspringen jedoch gerade ihren Verbindungen mit vertrauten Menschen, wie etwa Ehe- oder Lebenspartnern und Familienmitgliedern. Für die Behandlung dieser Probleme haben sich 2 besondere therapeutische Richtungen herausgebildet: die Paartherapie und die Ehetherapie.

In der **Paartherapie** geht es zunächst darum, die typischen **Kommunikationsmuster** der Ehe- oder Lebenspartner aufzudecken, um dann auf dieser Grundlage die Qualität der Interaktion zu verbessern. Der Therapeut erlebt die Partner gemeinsam und nimmt häufig eine Videoanalyse ihrer Interaktionen vor. So kann er ihnen helfen, die verbalen und nonverbalen Interaktionsstile zu erkennen, die beide benutzen, um sich gegenseitig zu kontrollieren oder zu dominieren. Beide lernen, wie sie erwünschte Reaktionen des anderen ver-

stärken können und wie sie aufhören können, unerwünschte Reaktionen zu verstärken.

Die Partner erwerben ebenfalls die Fähigkeit, auf nichtdirektive Weise zuzuhören, um dem anderen zu helfen, seine Vorstellungen und Gefühle auszudrücken und zu klären. Die Paartherapie ist bei der Lösung von Eheproblemen effektiver als die Behandlung nur eines der Partner. Es hat sich gezeigt, daß dadurch Ehekrisen entschärft und Ehen intakt gehalten werden konnten (Cookerly 1980; Gurman u. Kniskern 1978).

Klient bei der **Familientherapie** sind nicht einzelne Familienmitglieder, sondern die ganze Kernfamilie, und Gegenstand der Therapie sind die sozialen Beziehungen im »**System Familie**«.

> **!** Der Familientherapeut hilft den Familienmitgliedern, wahrzunehmen, was zwischen ihnen passiert und die Störungen eines oder mehrerer der Familienmitglieder hervorruft. Der Schwerpunkt liegt vor allem auf der Veränderung der Prozesse und Beziehungen *zwischen* Menschen und weniger auf Veränderungsprozessen *innerhalb* gestörter Individuen (Foley 1979).

Familientherapie kann Spannungen innerhalb der Familie abbauen und die Funktionsfähigkeit der einzelnen Mitglieder verbessern. Der Therapeut spielt viele Rollen: Übersetzer und Schlichter bei den Interaktionen, die während der therapeutischen Sitzung auftreten; einflußreicher Vertreter, Vermittler und Schiedsrichter bei Konflikten innerhalb und außerhalb der Sitzungen. Die meisten Familientherapeuten nehmen an, daß die Probleme, die in die Therapie gebracht werden, Ausdruck von gestörten Interaktions-und Kommunikationsmustern in bestimmten familiären Situationen sind. Derartige Störungen können im Laufe der Zeit entstehen, wenn Familienmitgliedern unbefriedigende Rollen nahegelegt werden oder wenn sie sogar gezwungen werden, solche Rollen zu übernehmen (Satir 1967). Unproduktive Kommunikationsmuster können beispielsweise als Reaktion auf einen natürlichen Übergang im Familiensystem errichtet werden – bei Verlust des Arbeitsplatzes, Einschulung eines Kindes, Aufnahme von Beziehungen bei Jugendlichen, Eheschließung, Geburt eines Kindes usw.

Bei einem strukturierten familientherapeutischen Ansatz wird die Familie als System gesehen, welches die Störungen in den einzelnen Mitgliedern hervorruft – nicht umgekehrt (Minuchin 1974). Der Therapeut konzentriert sich auf die aktuelle Interaktion in der Familie, um deren Organisationsstruktur, Machthierarchie und Kommunikationskanäle zu verstehen und herauszufinden, wer die Schuldzuschreibungen für das, was schiefgeht, vornimmt und wem die Schuld zugeschrieben wird. Ähnlich einem Organisationsberater versucht der Familientherapeut aktiv – jedoch nicht immer direkt – dem Familiensystem dabei zu helfen, seine Struktur neu zu organisieren und besser zu funktionieren, um den Bedürfnissen und Anforderungen seitens der Mitglieder besser gerecht zu werden.

14.6
Ist Psychotherapie wirksam?

Angenommen, Sie hätten mit einem psychischen Problem oder einer Verhaltensstörung zu tun, und Sie glaubten, daß Unterstützung durch einen ausgebildeten Therapeuten Ihnen am besten helfen kann. Wir haben bereits die große Vielfalt an Therapieformen erwähnt. Wie können Sie herausfinden, welche Therapie bei der Beseitigung Ihres Problems am besten geeignet ist? Wie können Sie sich sicher sein, daß Psychotherapie *überhaupt* bei Ihrem Problem helfen kann? In diesem Abschnitt werden wir Forschungsstrategien kennenlernen,

mit denen die Effektivität (Wirksamkeit) bestimmter Therapien überprüft werden kann. Außerdem werden wir Vergleiche zwischen den verschiedenen **Therapieformen** anstellen. Dabei gilt es herauszufinden, wie man den Menschen am effizientesten dazu verhelfen kann, ihr Leiden zu überwinden. Wir werden auch kurz auf Fragen der Prävention eingehen: Was kann die Psychologie tun, um bereits das Auftreten psychischer Störungen und Probleme zu verhindern?

14.6.1
Methoden und Methodenprobleme bei der Bewertung der Effektivität von Therapien

Der britische Psychologe Hans Eysenck (1952) verursachte vor Jahren einen regelrechten Aufruhr, als er die Wirksamkeit von Psychotherapie generell in Frage stellte. Nach der Durchsicht der Veröffentlichungen zu den Auswirkungen verschiedener Therapieformen kam er zu dem Schluß, daß Personen mit Störungen, die keine Therapie erhalten hatten, dieselbe Heilungsrate aufwiesen wie diejenigen, die mit Psychoanalyse oder mit anderen »einsichtsorientierten« Therapieformen behandelt worden waren. Eysenck behauptete, etwa zwei Drittel aller Menschen mit neurotischen Problemen würden innerhalb von 2 Jahren nach dem erstmaligen Auftreten der Störung eine **Spontanremission** erleben. Spontanremission bedeutet, daß aus einer Reihe von Gründen die Störung auch ohne professionelle Intervention wieder verschwindet

Die Forschung nahm Eysencks Herausforderung an, indem sie bei der Evaluation therapeutischer Effektivität ausgefeiltere und angemessene Methoden einsetzte. Eysencks Kritik hatte offenbart, daß geeignete **Kontrollgruppen** zum Nachweis der Effektivität von Psychotherapie unverzichtbar sind. Methodisch gesehen liefert dieser Effekt der spontanen Remission eine Art von Grundrate (»baseline«), womit die Effektivität der zu prüfenden therapeutischen Maßnahmen verglichen werden muß. Mit anderen Worten, es muß also gezeigt werden, daß mit einer Therapie häufigere und größere Fortschritte erzielt werden, als wenn man nichts unternimmt.

Außerdem müssen Evaluationsstudien zum Therapieerfolg demonstrieren, daß die Behandlung mehr leistet, als sich lediglich der Heilungserwartungen der Klienten zu bedienen. Hier geht es um den sog. Placeboeffekt, der besagt, daß sich die psychische oder physische Gesundheit in vielen Fällen allein deswegen verbessern wird, weil die betroffene Person an die Genesung glaubt. In der therapeutischen Situation wird dieser Glaube noch dadurch verstärkt, daß der Therapeut die spezifische soziale Rolle eines Heilers einnimmt (Fish 1973; Frank u. Frank 1991). Obwohl die Genesungserwartung des Klienten im Rahmen einer Therapie eine wichtige positive Rolle bei der therapeutischen Intervention darstellt, muß die Therapieforschung dennoch zeigen, daß die spezielle Therapieform wirksamer ist als die reine **Placebotherapie**, d.h. als eine unspezifische Therapie, die lediglich Erwartungen erzeugt.

Haben Psychotherapien im allgemeinen Wirkungen, die über die Grundrate (»baseline«), die sich aus der spontanen Remission und dem Placeboeffekt ergeben, hinausgehen? Eine Auswertung von annähernd 100 Therapieerfolgsstudien ergab, daß Psychotherapie in 80% der Fälle zu größeren Fortschritten als die Spontanremission führte (Meltzoff u. Kornreich 1970). Nun können wir also ein wenig mehr darauf vertrauen, daß es die besonderen Prozesse und Erfahrungen in der Therapie selbst sind, die Menschen mit psychischen Störungen helfen. Im Abschn. **Experiment** gehen wir auf die Ergebnisse von **Metaanalysen** ein, die in jüngster Zeit bei der Bewertung des Therapieerfolgs eingesetzt werden.

> **!** Auf der Grundlage diese Befunde befaßt sich die zeitgenössische Therapieforschung weniger mit der Frage, *ob* Psychotherapie überhaupt wirkt, sondern versucht herauszufinden, *wie* sie wirkt und welche Therapieformen für bestimmte Störungen und bestimmte Patientengruppen am geeignetsten sind (Goldfried et al. 1990).

Es war allerdings nicht immer leicht, Vergleiche zwischen Studien anzustellen, die sich mit verschiedenen Therapieformen befaßt haben. Denn die folgenden Randbedingungen, die evtl. den Therapieerfolg beeinflussen, sind nur schwer zu kontrollieren (Kazdin 1986; Kadzin u. Wilson 1980; Smith et al. 1980; Smith u. Glass 1977):

- die Erfahrung der Therapeuten,
- die Therapiedauer,
- die Korrektheit und Präzision der Eingangsdiagnose,
- der Typ und der Schwergrad der Störung,
- die verwendeten Erfolgsmaße,
- die »Passung« zwischen Patientenerwartungen und Therapieform und
- die Länge des Zeitraums bis zu einer Nachuntersuchung zur Prüfung der Dauerhaftigkeit des Therapieerfolgs.

Trotz dieser Probleme läßt sich für ein spezielles Störungsbild – Depressionen – ein relativ vollständiges und aussagekräftiges Bild der Ergebnisse der Therapieevaluationsstudien zeichnen. Wir berichten darüber im Abschn. **Unter der Lupe.**

14.6.2
Die Entwicklung besserer Therapien

Die Forschung hat also gezeigt, daß nahezu alle vorliegenden Therapien für den Klienten Erleichterung bringen. Dennoch werden große Forschungsbemühungen darauf verwendet, die Erfolgsrate der Psychotherapie noch weiter zu verbessern. In Abb. 14.5 wird das Zu-

---

EXPERIMENT

Die Wirksamkeit von Psychotherapie – Ergebnisse von Metaanalysen

In jüngerer Vergangenheit ist die Forschung dazu übergegangen, die Effektivität von Psychotherapien auch mit einer besonderen statistischen Methode, der Metaanalyse, zu bewerten. Die Metaanalyse stellt ein formales Vorgehen dar, mit dem allgemeine Schlüsse auf der Grundlage von Daten aus vielen verschiedenen Studien gezogen werden können. In vielen psychologischen Untersuchungen wird die Frage gestellt, ob sich bei den meisten Teilnehmern die erwarteten Effekte finden. In einer Metaanalyse werden die Ergebnisse dieser Vielzahl von Studien zusammenge-

faßt, indem die einzelnen Resultate so interpretiert werden, wie man in einer Einzelstudie die Ergebnisse einer einzelnen Person aufgreifen würde.

Die Frage lautet also: Findet man bei den meisten der Therapiewirksamkeitsstudien positive Effekte, die eindeutig auf die Therapie zurückzuführen sind? Aufgrund der Resultate der einschlägigen Metaanalysen ist die Antwort ein eindeutiges »Ja« (Lipsey u. Wilson 1993). In den meisten Therapieverlaufsstudien finden sich zumindest kleine positive Effekte, die über die Auswirkungen der Bedingungen »keine Behandlung« oder »Placebo« hinausgehen.

UNTER DER LUPE

Die Wirksamkeit von Psychotherapie bei depressiven Klienten

Wegen der großen Verbreitung von Depressionen (s. Abschn. 13.3) sind viele der Untersuchungen zum Vergleich der Effektivität verschiedener Therapien bei depressiven Klienten durchgeführt worden. Ein besonders ambitioniertes Projekt wurde vom US-amerikanischen *National Institute of Mental Health (NIMH)* gefördert und koordiniert. Es wies folgende besonderen Merkmale auf:

- Verglichen wurden 4 Behandlungen: 2 Formen von Kurzzeitpsychotherapie, eine medikamentöse Behandlung und eine Placebokontrollgruppe.
- Die Behandlungen waren sorgfältig definiert und in entsprechende standardisierte experimentelle Bedingungen für die Teilnehmer umgesetzt worden. Beispielsweise nahmen für jede der 4 Behandlungen je 28 Therapeuten an einem ausführlichen Training teil. Die Therapeuten stammten aus je 3 verschiedenen Institutionen in verschiedenen Städten.
- 240 ambulant behandelte Patienten, die nach den Standarddiagnosekriterien eine typische Depression aufwiesen, wurden nach Zufall den 4 Therapiebedingungen zugewiesen.
- Es wurden standardisierte Erhebungsverfahren verwendet, um sowohl den Therapieprozeß zu dokumentieren (z.B. durch Videoaufnahmen der Therapiesitzungen) als auch das Ausmaß der Depression aufzuzeichnen. Die Depressionsdiagnostik wurde vor der Behandlung, während der 16wöchigen Behandlung, bei Behandlungsende und 18 Monate später durchgeführt.
- Diese Erhebungen wurden von einer Forschungseinrichtung durchgeführt, die weder am Training der Therapeuten noch an der Durchführung der Behandlungen beteiligt war.

Die beiden Kurzzeittherapien waren als spezielle Therapieformen für depressive Klienten entwickelt worden, die ambulant versorgt werden. Bei der einen handelte es sich um die kognitive Verhaltensmodifikation (s. Abschn. 14.4), bei der anderen um die interpersonale Psychotherapie – eine psychodynamisch orientierte Therapie (vgl. Abschn. 14.2), bei der die aktuellen Lebensumstände und sozialen Beziehungen des Klienten im Mittelpunkt stehen. Sowohl das Medi-

kament – das Antidepressivum *Imipramin* – als auch das Placebomedikament wurden im sog. Doppelt-Blind-Verfahren verabreicht, d.h. auch die Versuchsleiter wußten nicht, welche Klienten welche Medikamente bekamen. Die Mitglieder dieser beiden Medikamentengruppen hatten zwar wöchentlich einen Termin mit dem sie betreuenden Psychiater, aber die Unterstützung durch psychotherapeutische Maßnahmen war minimal.

Abbildung 14.4 zeigt eines der zentralen Untersuchungsergebnisse. Es ist auf den ersten Blick zu sehen, daß alle 3 »echten« Behandlungen einen Effekt hatten, der über die Placebowirkung hinausgeht. Das Antidepressivum ist eindeutig am wirksamsten, während sich die beiden Psychotherapien nicht wesentlich unterscheiden (Klein u. Ross 1993). Da die beiden Therapien sehr verschiedene theoretische Orientierungen aufwiesen, wurden Meßverfahren angewendet, die der einen oder anderen Theorie am angemessensten waren. Aber auch in diesen theoriebezogenen Erfolgsmaßen waren die Unterschiede in der Wirksamkeit der kognitiven Verhaltenstherapie und der psychodynamischen Therapie minimal (Imber et al. 1990).

Auch die Ergebnisse aus anderen Evaluationsstudien führen im großen und ganzen zu denselben

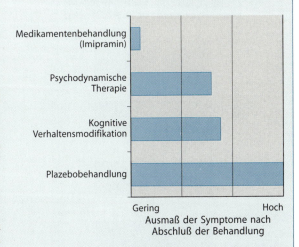

Abb. 14.4. Ergebnisse einer Evaluationsstudie zur Behandlung von Patienten mit typischer Depression. Die Depressionssymptome werden am stärksten durch die medikamentöse Therapie verringert, aber auch durch eine psychodynamische Therapie und durch kognitive Verhaltensmodifikation werden sie bedeutsam reduziert

Schlußfolgerungen: Psychotherapie ist bei psychischen Störungen wirksam, aber insgesamt ist die eine Therapie so wirksam wie die andere (Robinson et al. 1990; Shapiro et al. 1994). Es ist aber zu beachten, daß diese Schlußfolgerung nicht ausschließt, daß sich für *manche* Patienten die Effektivität der verschiedenen Psychotherapien unterscheidet. In der Tat ist auch gegen die Feststellung der »durchschnittlichen« oder »generellen« Wirksamkeit, wie wir sie oben beschrieben haben, eingewendet worden, daß dadurch der besondere Nutzen einer Therapie für das einzelne Individuum verdeckt wird (Persons 1991). Bestätigt wird dieser Einwand, wenn man einen genaueren Blick auf die Ergebnisse der NIMH-Studie wirft. Die Teilnehmer der Studie wurden danach in Gruppen eingeteilt, in welchem Maße ihre Depression sie in 3 Lebensbereichen beeinträchtigte: bei kognitiven Leistungen, bei der Arbeit und im sozialen Bereich. In Abhängigkeit von dieser Unterscheidung waren die Therapien unterschiedlich effektiv. Beispielsweise sprachen Klienten mit geringen sozialen Defiziten am besten auf die dem psychodynamischen Ansatz zugerechnete interpersonale Therapie an. Patienten mit geringen kognitiven Einschränkungen profitierten am meisten von der kognitiven Verhaltenstherapie und der Medikamenttherapie (Sotsky et al. 1991).

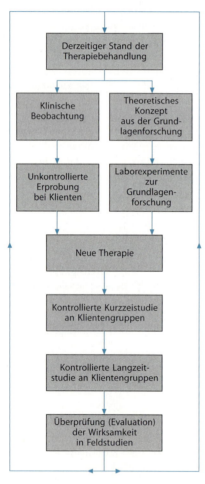

Abb. 14.5. Die Entwicklung besserer Therapien. Die Schritte bei der Entwicklung von Behandlungen sowohl von psychischen Störungen als auch von körperlichen Erkrankungen

sammenspiel von Theorie, klinischer Beobachtung und Forschung bei der Entwicklung und Evaluation jeglicher Form von Behandlung in einem allgemeinen Flußdiagramm dargestellt. Dieses Schema gilt übrigens sowohl für psychische als auch für körperliche Störungen.

Aus der schematischen Darstellung in Abb. 14.5 sollte deutlich werden, wie klinische Beobachtungen und theoretische Grundlagenforschung miteinander verbunden werden können, um die Entwicklung und Erprobung *fundierter* Therapieverfahren zu ermöglichen.

In letzter Zeit wurde bei vielen Therapieinnovationen der Tatsache Rechnung getragen, daß die traditionellen Therapieformen häufig großen Bevölkerungsteilen gar nicht zugänglich sind, sei es aus finanziellen oder aus praktischen Gründen. Diejenigen, die sich bei einer Psychotherapie an ihre Krankenversicherung wenden, müssen feststellen, daß sie oftmals nur die Behandlung sehr spezifischer Störungen, und das wiederum nur für einen sehr kurzen Therapiezeitraum, bezahlt bekommen. Deshalb hat sich die Forschung verstärkt der Frage der Effektivität zeitlich begrenzter Psychotherapien und alternativer Interventionsmöglichkeiten zugewandt. Eine Metaanalyse, der die Ergebnisse für 2431 Klienten aus Studien über einen Zeitraum von 30 Jahren zugrundelagen, kam zu dem Ergebnis, daß sich zum Zeitpunkt der achten Therapiesitzung bei etwa der Hälfte der Klienten eine nachweisliche Verbesserung ergeben hatte und daß 75% der Klienten nach 6 Monaten meßbare Fortschritte aufwiesen, wenn sie wöchentlich an Psychotherapie teilgenommen hatten (Howard et al. 1986). Es ist also möglich, daß vielen Menschen schon mit einer **kurzzeitigen Psychotherapie** geholfen werden kann. Aber aufgrund der Tatsache, daß viele Menschen sich keine Psychotherapie leisten können, wie kurz sie auch dauern mag, hat sich das Interesse der Klinischen Psychologie verstärkt den **Selbsthilfegruppen**, über die wir kurz in Abschn. 14.5 berichtet haben (Jacobs u. Goodman 1989), sowie »Selbstanwendungen« von Psychotherapie, etwa in Form von Büchern oder Kassetten (Christensen u. Jacobson 1994) zugewandt.

Lassen Sie uns zu der Frage zurückkehren, wie Sie für sich selbst den besten Therapeuten auswählen. Inzwischen haben Sie erfahren, daß Psychotherapie Ihnen sehr wahrscheinlich helfen wird. Deshalb wird es wohl am wichtigsten sein, daß Sie sich jemanden aussuchen, mit dem Sie sich einfach wohlfühlen. Und tatsächlich hat die Therapieforschung gezeigt, daß die Effektivität der Therapie sich erhöht, wenn Klient und Therapeut eine vertrauensvolle »Arbeitsgemeinschaft« bilden (Horvath u. Luborsky 1993). Wenn Sie z. Z. in einer Therapie sind und Ihnen das Gefühl für diese vertrauensvolle Kooperation fehlt, dann sollten Sie sich nach einem anderen Therapeuten umsehen.

14.6.3
Präventionsstrategien

Therapie kommt ins Spiel, wenn psychische Probleme bereits existieren und wenn sie ein Ausmaß angenommen haben, das den Klienten belastet oder in seinem Leben einschränkt. All denen, die im Gesundheitsbereich arbeiten, ist jedoch die Binsenweisheit bekannt, daß Prävention die beste »Lösung« eines Probems darstellt. Nimmt man die Aufforderung zur Prävention oder Vorbeugung ernst, so sind die herkömmlichen Therapieansätze, die wir bisher besprochen haben, keine besonders geeigneten Verfahren, denn sie beziehen sich allesamt auf die Veränderung eines Menschen, der bereits belastet und beeinträchtigt ist. Sie setzen dann ein, wenn problematische Verhaltensweisen manifest geworden sind und der Leidensdruck schon ein massives Ausmaß erreicht hat. Zu dem Zeitpunkt, an dem sich jemand für eine Therapie entscheidet oder dazu gedrängt wird, hat sich die psychische Störung mit all ihren negativen Auswirkungen auf das Alltagsleben, die sozialen Beziehungen und Arbeit oder Karriere bereits »festgesetzt«.

Prävention kann auf verschiedenen Stufen der »Problementwicklung« ansetzen (Rabins 1992):

- Bei der *primären Prävention* wird versucht, dem Auftreten psychischer Probleme vorzubeugen. Bei-

spielsweise wird versucht, Menschen zu angemesseneren Bewältigungsstrategien anzuleiten, so daß sie Probleme grundsätzlich besser angehen können. Man kann es sich auch zur Aufgabe machen, die Lebensbedingungen zu verändern, die für Furcht oder Depression (mit)verantwortlich sind (Offord 1987; Weissberg et al. 1991).

- Im Rahmen der *sekundären Prävention* wird versucht, die Dauer und den Schweregrad einer Störung zu begrenzen, *nachdem* sie bereits vorliegt. Dieses Ziel kann z. B. mit Programmen erreicht werden, die die Früherkennung und unmittelbare Behandlung von Problemen fördern.

- *Tertiäre Prävention* soll die Langzeiteffekte einer psychischen Störung minimieren, also etwa einen Rückfall verhindern. Diese Form der Prävention setzt voraus, daß die Ursachen einer Störung bereits bekannt und weitestgehend beseitigt worden sind.

> **!** Die Einführung dieser 3 Präventionsstufen zeigt einen grundlegenden Paradigmenwechsel im Verständnis der Aufgaben der Klinischen Psychologie an. Nicht mehr das bisher dominierende medizinische Krankheitsmodell ist die Leitidee, sondern Gesundheit wird zunehmend zum Schlüsselbegriff. Auch im deutschen Sprachraum hat sich dafür der Begriff *Public Health* durchgesetzt.

Das medizinische Krankheitsmodell befaßte sich mit der Behandlung erkrankter Personen. Das Public-Health-Modell dagegen konzentriert sich auf die Ermittlung und Beseitigung der Ursachen von Krankheiten, die in der Umwelt des Klienten zu finden sind. Bei diesem Ansatz kann eine erkrankte Person wohl als Träger von Symptomen oder Problemen betrachtet werden – aber das stellt gewissermaßen das Endprodukt eines bestehenden Krankheitsprozesses dar. Wenn es präventiv – etwa durch Programme zur Gesundheitsförderung – gelingt, die Bedingungen zu verändern, die Krankheiten hervorbringen, dann wird die spätere umfassende und aufwendige kurative Behandlung kaum noch nötig sein.

Erinnern wir uns, daß es über diesen Grundgedanken der Vorbeugung auch zur drastischen Eindämmung vieler Infektionskrankheiten gekommen ist, wie etwa der Tuberkulose, der Pocken oder der Malaria. Auch bei der Genese psychischer Störungen können in der Lebenswelt von Menschen, etwa in der biologischen Umwelt oder in den sozialen Strukturen, Belastungsfaktoren festgestellt werden. Nun können Programme zur Beseitigung dieser Einflüsse erstellt werden – das ist der Aufgabenbereich der **klinischen Ökologie.**

Die klinische Ökologie erweitert das herkömmliche Gebiet biomedizinischer Therapie dadurch, daß Störungen, wie etwa Angst und Depression, mit bestimmten Störfaktoren in der Umwelt oder Lebenswelt der Menschen in Verbindung gebracht werden. Dabei wird der Begriff der Umwelt von vielen Forschern in einem weiten Sinne verstanden: Darunter fallen sämtliche Merkmale der äußeren Umwelt, die mit den Erfordernissen der Anpassungen an die Bedingungen des Alltags zu tun haben (Ghardirian u. Lehmann 1993). Dazu zählen dann auch solche Gegebenheiten wie die Ernährung, die Verfügbarkeit und der Gebrauch psychoaktiver Drogen und die Verfügbarkeit sozialer Unterstützung (etwa durch soziale Netzwerke).

Die Prävention psychischer Störungen stellt eine komplexe und schwierige Aufgabe dar. Es müssen nicht nur die relevanten kausalen Faktoren aufgedeckt werden, sondern darüber hinaus auch individuelle, institutionelle und bürokratische Widerstände überwunden werden. Es bedarf allerdings auch aufwendiger Forschungsbemühungen, um die Langzeiteffekte von Präventionsmaßnahmen im Sinne des Public-Health-Ansatzes zu demonstrieren.

ZUSAMMENFASSUNG

- **Therapieziele und Therapieformen.** Bei aller Verschiedenheit von Therapieformen besteht das gemeinsame Ziel immer darin, die psychischen Funktionen einer Person zu verändern. Zu diesem Zweck soll eine *Diagnose* gestellt, die *Ätiologie* aufgedeckt, und eine *Prognose* erstellt werden, damit eine bestimmte *Therapie* vorgeschlagen und durchgeführt werden kann. Die bedeutendsten Richtungen der Psychotherapie sind der psychodynamische Ansatz, die Verhaltenstherapien, die kognitiven Therapien und Therapien, die der existentialpsychologisch-humanistischen Tradition entspringen.

- **Der Gang zum Therapeuten.** Es gibt die unterschiedlichsten Gründe, die Menschen veranlassen, einen Therapeuten aufzusuchen. Es hat sich aber auch gezeigt, daß es eine Reihe von Gründen gibt (wie beispielsweise Angst vor Stigmatisierung), die hilfsbedürftige Personen daran hindern, einen Therapeuten aufzusuchen. Wenn man professionelle Hilfe in Anspruch nehmen möchte, kann man sich an einen *Psychologen*, einen *Psychiater*, einen *Psychotherapeuten* oder an einen *Psychoanalytiker* wenden. Die Unterschiede liegen in der Ausbildung.

- **Die Psychoanalyse Sigmund Freuds.** Die älteste der psychodynamischen Therapien ist die psychoanalytische Therapie nach S. Freud. Ihr Prinzip liegt in der Heilung durch *Einsicht.* Der Psychoanalytiker unterstützt den Klienten bei der Aufdeckung von Zusammenhängen zwischen aktuellen Symptomen und ursprünglichen Konflikten in der Kindheit. Um *verdrängte* Konflikte *bewußt* zu machen, setzen Psychoanalytiker verschiedene Techniken ein wie die freie Assoziation, die Analyse des Widerstands, die Traumanalyse und die Analyse der Übertragung und der Gegenübertragung.

- **Aktuelle psychodynamische Ansätze.** Nach H. S. Sullivan hat Freud die Bedeutung der sozialen Beziehungen nicht genügend gewürdigt. Deshalb sind *interpersonale Beziehungen* der Mittelpunkt seines Ansatzes. Beispielsweise beeinflussen sich nach Sullivan die Gefühle und Einstellungen von Therapeut und Klient wechselweise und werden im therapeutischen Gespräch thematisiert. M. Mahler hat den psychoanalytischen Ansatz zum Verständnis von Schizophrenie im Kindesalter genutzt. Im Mittelpunkt ihres Ansatzes stehen *Trennung* und *Individuation* als Prozesse der Differenzierung der Einheit von Mutter und Kind.

- **Verhaltenstherapien.** Der Grundgedanke der Verhaltenstherapien ist die Anwendung *lernpsychologischer Prinzipien* zur Beseitigung unerwünschter und zum Aufbau erwünschter Verhaltensmuster. Beim Prinzip der *Gegenkonditionierung* beispielsweise wird nach dem Grundsatz des *operanten Konditionierens* eine neue Reaktion an die Stelle des unangemessenen Verhaltens gesetzt. Die Prinzipien der operanten Konditionierung werden immer dann eingesetzt, wenn die Häufigkeit erwünschter Handlungen gesteigert oder die Auftretensrate unerwünschter Handlungen gesenkt werden soll. *Kontingenzmanagement* nennt man eine Behandlungsstrategie, bei der eine Verhaltensmodifikation durch die Veränderung der Konsequenzen aus dem Verhalten erreicht werden soll. Die genannten Prinzipien liegen verhaltenstherapeutischen Techniken zugrunde, wie der systematischen Desensibilisierung, der Implosion, des Flooding und des aversiven Lernens.

- **Therapien auf der Grundlage des sozialen Lernens.** Bei diesen Verfahren soll das Problemverhalten dadurch modifiziert werden, daß der Klient Modelle beobachtet, die für erwünschte Verhaltensweisen belohnt werden. *Stellvertretendes Lernen* hat sich besonders beim Abbau von Phobien und beim Aufbau sozialer Fertigkeiten als geeignet erwiesen. Durch die Anwendung der sozialen Lerntheorie angeregt, wurde eine therapeutische Intervention entwickelt, bei der Menschen mit unzureichenden sozialen Fertigkeiten durch ein *Training sozialer Fertigkeiten* zu wirksamerem Verhalten verholfen werden konnte. Immer häufiger sind *Generalisierungstechniken* Bestandteil von Therapieprogrammen. Dadurch soll die Beibehaltung und Ausweitung positiver Therapieeffekte sichergestellt werden.

- **Kognitive Therapien.** Dem Ansatz der kognitiven Therapien liegt die Annahme zugrunde, daß Verhaltensprobleme und emotionale Belastungen von kognitiven Störungen herrühren. Die verschiedenen Ansätze der kognitiven Therapien unterscheiden sich darin, welche kognitiven Prozesse verändert und welche Methoden zur *kognitiven Restrukturierung* verwendet werden sollen. Ein wichtiger Ansatz ist die *kognitive Verhaltensmodifikation*. Beispielsweise wird beim Selbstwirksamkeitstraining durch das Setzen erreichbarer Ziele und durch das Entwickeln realistischer Strategien zu ihrer Erreichung über Rückmeldung bei den Menschen ein Gefühl der Selbstwirksamkeit hervorgerufen. Ein anderer bedeutender Ansatz ist der Versuch, Systeme *unangemessener Überzeugungen* zu verändern, beispielsweise durch die rational-emotive Therapie und die kognitive Depressionstherapie.

- **Existentialistisch-humanistische Therapien.** Der zentrale Bezugspunkt dieser Therapien ist die aktuelle Lebenssituation, wie sie vom Individuum erlebt wird. In der *klientzenrierten Therapie* von C. Rogers ist das Hauptziel die Förderung der *Selbstverwirklichung* des Menschen. Das grundlegende therapeutische Prinzip ist das der *uneingeschränkten positiven Wertschätzung*. *Empathie* und *Echtheit* sind weitere wesentliche Aspekte der Therapie nach Rogers. In den letzten Jahren hat sich die Therapie in Gruppen verbreitet, beispielsweise auch in Selbsthilfegruppen. *Gruppenprozesse* können dabei als Mittel zur Persönlichkeitsveränderung eingesetzt werden. Ursprüngliche gruppentherapeutische Ansätze, die sich weiterentwickelt haben, sind die Gestalttherapie (die Person als »Ganzheit«) und die Transaktionsanalyse, bei der manipulative Interaktionsmuster offengelegt werden sollen. Keine Gruppentherapie, aber auch keine Einzeltherapie sind Paar- und Familientherapien. Bei der Paartherapie bezieht sich die Intervention auf Kommunikationsmuster zwischen Ehepartnern und bei der Familientherapie auf das »System Familie«.

- **Wirksamkeit von Therapie.** Mit Hilfe von *Metaanalysen* versucht die Therapieforschung, die Wirksamkeit von Therapien zu untersuchen. Es zeigt sich als Ergebnis, daß in den meisten Therapieverlaufsstudien mindestens kleine positive Effekte gefunden werden können. Die aktuelle Therapieforschung beschäftigt sich daher auch weniger mit der Frage, *ob* Therapie wirkt, sondern versucht herauszufinden, *wie* Therapie wirkt. Bei der Entwicklung neuer Therapien kann gezeigt werden, daß vielen Menschen mit *kurzzeitigen* Therapien geholfen werden kann. Die Experten sind sich darin einig, daß die beste Hilfe in der Prävention liegt. An die Stelle des bisher die Klinische Psychologie dominierenden Krankheitsmodells ist das Leitbild des Gesundheitsmodells getreten. Das hat u. a. zu einer verstärkten Beschäftigung mit Präventionsstrategien geführt.

Hinweise zur deutschsprachigen Literatur

Von C. Reimer, J. Eckert, M. Hautzinger und E. Wilke (1996) ist das Buch *Psychotherapie* erschienen. Entsprechend den medizinischen und psychologischen Weiterbildungscurricula für Psychotherapeuten wird Psychotherapie hier schulen- und fächerübergreifend dargestellt. Das Buch vermittelt psychotherapeutisches Denken und Handeln anhand von zahlreichen Fallbeispielen und verweist auf mögliche »Fallstricke«. Die psychotherapeutischen Verfahren werden praxisnah beschrieben.

Therapeutisches Verstehen von K. Becker u. R. Sachse (1998) diskutiert effektive Strategien der therapeutischen Informationsverarbeitung. Auf der Basis allgemeinpsychologischer Modelle des Verstehensprozesses werden praxisrelevante Informationsverarbeitungsstrategien und Verstehensheuristiken vorgestellt, mit deren Hilfe Therapeuten die komplexen Klienteninformationen ökonomisch, gezielt, effizient und möglichst handlungsrelevant verarbeiten können.

In dem Buch *Verhaltenstherapie* von M. Linden u. M. Hautzinger (Hrsg., 1996) steht die technische Durchführung psychotherapeutischer Interventionen im Vordergrund. Ein Therapiemanual bietet Lernenden eine gründliche Wissensbasis und ermöglicht Praktikern ein gezieltes Nachschlagen der Methoden, Indikationen und Kontraindikationen.

Das Wissen zur Bedeutung der »Gruppe« als Methodik und Wirkfaktor für verhaltenstherapeutische Änderungen wird von P. Fiedler (1996) in seinem Buch *Verhaltenstherapie in und mit Gruppen* zusammengefaßt. Er beschreibt annähernd 100 Gruppenkonzepte. Das Spektrum umfaßt Prävention (soziale Kompetenz, Rauchen, Übergewicht usw.), psychologische Psychotherapie (Phobien, Zwänge, Depression, Eßstörungen, Stottern usw.), Verhaltensmedizin (chronische Schmerzen, somatoforme Störungen, Diabetes mellitus usw.) und Rehabilitation (Herz-Kreislauf-Erkrankungen, Tinnitus, Epilepsie, Aids usw.).

Über die Gesprächspsychotherapie informieren die Bücher *Gesprächspsychotherapie – Verändern durch Verstehen* von E.-M. Biermann-Ratjen, J. Eckert und H.-J. Schwartz (1997) und *Praxis der Gesprächspsychotherapie – Störungsbezogene Falldarstellungen* von J. Eckert, D. Höger und H.-W. Linster (1997).

Das Buch *Klientzentrierte Spiel- und Familientherapie* von S. Schmidtchen (1996) gilt als Klassiker der Kindertherapieliteratur. Die heilende Wirksamkeit des Spiels und die Integration der Spieltherapie in die Familientherapie stehen im Zentrum dieses Buches. Diagnostische und therapeutische Maßnahmen der Einzel- und Gruppenspieltherapie werden beschrieben.

R. Tausch und A.-M. Tausch zeigen in ihrem Buch *Gesprächspsychotherapie* (1990), durch welche Handlungen und Aktivitäten Helfer (Psychologen, Ärzte, Sozialarbeiter, Erzieher und Mitmenschen) bei ihren Gesprächspartnern heilsame Erfahrungen in Gruppen- und Einzelgesprächen auslösen und wie sie die seelische Funktionsfähigkeit und persönliche Weiterentwicklung ihrer Gesprächspartner fördern können.

Wie Sucht, Depressionen und Persönlichkeitsstörungen mit kognitiven therapeutischen Methoden behandelt werden können, zeigen die Bücher *Kognitive Therapie der Sucht* von A.T. Beck, F.D. Wright, C.F. Newman u. B.S. Liese (1997), *Kognitive Therapie der Depression* von A.T. Beck (1996) und *Kognitive Therapie der Persönlichkeitsstörungen* von A.T. Beck u. A.Freeman (1995).

In *Rational-emotive Therapie gegen Stress* von T. Schelp, D. Maluck, R. Gravemeier u. U. Meusling (1997) werden das therapeutische Modell und das methodische Inventar der rational-emotiven Therapie als Ausgangspunkt für eine Anleitung zur Gestaltung von vielfältig einsetzbaren Streßbewältigungstrainings genutzt. Gruppenleiter verschiedener Herkunft, die ein Trainingsprogramm zur besseren Bewältigung von alltäglichen Belastungen entwickeln wollen, finden eine große Zahl von Bausteinen für Seminarsitzungen, aus denen sich zielgruppen- und themenspezifische Trainings zusammenstellen lassen.

Die ökologische Dimension ist ein neues theoretisches Modell in der Psychotherapie. J. Willi (1996) zeigt in seinem Buch *Ökologische Psychotherapie*, welche neuartigen Perspektiven dadurch für die therapeutische Praxis und für die Forschung eröffnet werden. Vor allem werden 3 Aspekte behandelt: das ökologische Konzept der supportiven Psychotherapie, die koevolutive Fokaltherapie und die koevolutive Fokusformulierung, die eine flexible Fallkonzeption zwischen Einzel-, Paar- und Familiensetting ermöglicht.

Einen Überblick über die Psychoanalyse, Kenntnisse über die Weiterentwicklung theoretischer Modelle sowie Hilfen für therapeutische Neuorientierungen bietet das Lehr- und Arbeitsbuch *Psychoanalyse* von W. Mertens (1996).

ÜBUNGSFRAGEN

1 Nennen Sie die wichtigsten Ziele des therapeutischen Prozesses.

1
- Es soll eine Diagnose darüber erstellt werden, welche psychische Störung vorliegt. Unter Umständen führt die Diagnostik schon zur Einordnung des Problems in eines der gängigen psychiatrischen Klassifikationssysteme für psychische Erkrankungen.
- Die Ätiologie des vorliegenden Problems soll aufgedeckt werden; mit anderen Worten, es geht darum, die möglichen Ursprünge der Störung und die Funktionen (»Zwecke«) der aktuellen Symptome zu ermitteln.
- Es soll eine Prognose aufgestellt werden, d. h. eine Abschätzung des weiteren Krankheitsverlaufs mit und ohne Therapie.
- Eine bestimmte Therapie (Behandlung) soll vorgeschlagen und ausgeführt werden. Sie soll dazu führen, daß die belastenden Symptome – und möglichst auch deren Ursachen – minimiert oder sogar beseitigt werden.

2 Beschreiben Sie kurz die 4 wichtigsten Richtungen der Psychotherapie.

2
- Der psychodynamische Ansatz, meistens als »psychoanalytische Therapie« bezeichnet, sieht das Leiden des neurotischen Erwachsenen als das äußere Symptom innerer ungelöster Traumata und Konflikte aus der Kindheit.
- Die Verhaltenstherapie setzt am Verhalten selbst an. Die Störungen, die es zu verändern gilt, werden als erlernte Verhaltensmuster betrachtet, nicht als die Spitze des Eisbergs der »eigentlichen«, zugrundeliegenden Störung.
- Bei den kognitiven Therapien geht es darum, die Art und Weise, in der eine Person über sich nachdenkt, neu zu gestalten. Das wird dadurch erreicht, daß sie angeleitet wird, die oft verzerrten selbstbezogenen Behauptungen über die Ursachen und die Änderungsmöglichkeiten eines Problems neu zu strukturieren.
- Die Therapien, die der existentialpsychologisch-humanistischen Tradition entspringen, betonen die Wertvorstellungen der Klienten. Sie sind auf Selbstverwirklichung, psychische Weiterentwicklung und die Bildung befriedigenderer interpersonaler Beziehungen gerichtet und betonen, daß jeder Mensch seinen Weg frei wählen kann. Ihr Schwerpunkt liegt eher auf der Verbesserung der Lebensqualität von Menschen, die im Grunde genommen gesund sind, als auf der Linderung der Symptome von schwerwiegend gestörten Menschen.

3 Welche Bedingungen senken die Wahrscheinlichkeit, daß eine Person, die therapeutische Hilfe benötigt, diese in Anspruch nimmt?

3
- Psychotherapeutische Einrichtungen sind nur mit großem Aufwand oder gar nicht erreichbar.
- Die Person, die Hilfe benötigt, kommt aus einer niedrigen sozialen Schicht.
- Es fehlen ihr Informationen über verfügbare Ressourcen.
- Sie hat Angst vor Stigmatisierung durch die therapeutische Behandlung.
- Aufgrund ihres Überzeugungs- und Wertsystems spielt die Person das Bedürfnis nach Therapie oder den Wert psychotherapeutischer Hilfe herunter. Diese hinderlichen Überzeugungen können religiöser, kultureller oder gesellschaftlicher Art sein (etwa: »Psychotherapie ist nichts für Männer«).

4 Von welcher Annahme gehen psychodynamische Therapien aus?

4 Psychodynamische Therapien gehen von der Annahme aus, daß die Probleme des Klienten durch die Spannung zwischen seinen unbewußten Impulsen und der Unmöglichkeit, diese Impulse auszuleben, verursacht werden. Das Zentrum der Störung liegt in der gestörten Person, und es gibt einen Krankheitskern, der sich in Symptomen, möglicherweise organischen Erkrankungen, manifestiert.

5 Beschreiben Sie Ziele der psychoanalytischen Therapie.

5 Bei der psychoanalytischen Therapie handelt es sich um eine intensive und zeitaufwendige Technik zur Erkundung unbewußter Motivationen und Konflikte bei neurotischen und angstgeplagten Menschen. Das Hauptziel der Psychoanalyse ist, Unbewußtes bewußt zu machen.

6 Wie lautet das »Heilungsprinzip« psychodynamischer Theorien?

6 Weil ein zentrales Anliegen des Therapeuten darin besteht, den Klienten zur Entdeckung von Zusammenhängen zwischen aktuellen Symptomen und deren vergangenen Ursprüngen zu bringen, wird das Prinzip der psychodynamischen Therapien oft als »Heilung durch Einsicht« bezeichnet.

7 Nennen Sie 4 unterschiedliche Techniken, die Psychoanalytiker einsetzen, um verdrängte Konflikte bewußt zu machen.

7
- Die freie Assoziation,
- die Analyse des Widerstands,
- die Traumanalyse,
- die Analyse der Übertragung und der Gegenübertragung.

8 Warum haben Widerstände für den Psychoanalytiker eine große Bedeutung?

8 Ein Psychoanalytiker mißt Themen, über die ein Klient nicht sprechen möchte, besondere Bedeutung bei. Solche Widerstände werden als Schranken zwischen dem Bewußten und dem Unbewußten betrachtet. Ziel der Psychoanalyse ist es, die Widerstände zu überwinden und es dem Klienten zu ermöglichen, sich diesen schmerzhaften Vorstellungen, Wünschen und Erfahrungen zu stellen.

9 Nach psychodynamischen Vorstellungen finden unannehmbare Motive in symbolischer Form in Träumen ihren Ausdruck. Welche Arten von Trauminhalten gibt es, und wie gehen Therapeuten damit um?

9 Der manifeste oder offen sichtbare Trauminhalt ist das, woran wir uns erinnern und was wir nach dem Aufwachen berichten können. Dem manifesten Inhalt liegt der latente Trauminhalt zugrunde.
Der latente Trauminhalt besteht aus den wirklichen Motiven, die nach Ausdruck suchen, für uns aber so schmerzhaft oder unannehmbar sind, daß wir nicht anerkennen können, daß es sie gibt.
Therapeuten versuchen, diese versteckten Motive durch die Traumdeutung aufzudecken. Das ist eine therapeutische Technik, bei der der Inhalt des Traumes einer Person auf die zugrundeliegenden oder verschleierten Motivationen und auf die symbolischen Bedeutungen signifikanter Lebenserfahrungen und wichtiger Wünsche hin untersucht wird.

10 Erläutern Sie die Begriffe Übertragung und Gegenübertragung.

10 Während die intensive psychoanalytische Therapie ihren Verlauf nimmt, entsteht beim Klienten üblicherweise gegenüber dem Therapeuten eine emotionale Haltung. Oft wird der Therapeut mit einer Person gleichgesetzt, die in der Vergangenheit im Mittelpunkt eines emotionalen Konfliktes stand. Oftmals sind das Eltern oder Lebenspartner. Diese emotionale Reaktion des Klienten wird als »Übertragung« bezeichnet.
Persönliche Gefühle machen sich auch in den Reaktionen eines Therapeuten gegenüber einem Klienten bemerkbar. Es kann zu einer Gegenübertragung kommen, bei der ein Therapeut veranlaßt wird, einen Klienten zu mögen oder abzulehnen, weil der Klient als jemand wahr-

genommen wird, der bedeutenden Menschen im Leben des Therapeuten ähnelt.

11 Beschreiben Sie die zentralen Aussagen des Ansatzes von H.S. Sullivan.

11 H.S. Sullivan war der Ansicht, daß die Freudsche Theorie und Therapie die Bedeutung der sozialen Beziehungen oder die Bedürfnisse des Klienten nach Angenommenwerden, Anerkennung und Liebe nicht genügend würdigte. Deshalb stellte er interpersonale Beziehungen in den Mittelpunkt seines eigenen Ansatzes. Er betonte, daß psychische Störungen nicht nur mit traumatischen innerpsychischen Prozessen zusammenhängen, sondern auch mit gestörten interpersonalen Beziehungen und sogar mit starkem gesellschaftlichem Druck.

12 Erläutern Sie kurz die Bedeutung von Trennung und Individuation in der Eltern-Kind-Beziehung für die Entwicklung eines Kindes.

12 Die normale Entwicklung eines unabhängigen Ichs setzt einen Prozeß der allmählichen Trennung von Mutter und Kind voraus, der begleitet wird von einem entstehenden Gefühl der Individuation, einer einzigartigen, stabilen Identität. Die Entwicklung eines Kindes kann jedoch, bedingt durch Störungen bei der Mutter, auf eine psychische Störung zulaufen. Beispielsweise kann die Mutter das Bedürfnis haben, die Trennung vom Kind nicht zuzulassen oder das bereits unabhängige Kind wieder in eine kindliche Abhängigkeit zu holen. Mahler betrachtete auch eine »mangelnde emotionale Verfügbarkeit« der Mutter als Beitrag zu einer pathologischen Entwicklung.

13 Nennen Sie Grundgedanken und Ziele der Verhaltenstherapie.

13 Der Grundgedanke der Verhaltenstherapie liegt in der Anwendung lernpsychologischer Prinzipien, etwa der klassischen Konditionierung und der Verstärkung, um unerwünschte Verhaltensmuster zu beseitigen oder erwünschte Verhaltensweisen aufzubauen. In einer der gängigen Definitionen wird das Ziel der Therapie in der Verhaltensmodifikation (Verhaltensänderung) gesehen, und Verhaltensmodifikation wird definiert als »der Versuch, Lern- und andere experimentell gewonnene psychologische Prinzipien auf das problematische Verhalten anzuwenden«.

14 Nennen Sie einige der Lernprinzipien, auf die Verhaltenstherapeuten vor allem zurückgreifen.

14 Die Entwicklung neurotischer Ängste und anderer unerwünschter emotionaler Reaktionen folgt, so wird unterstellt, dem Paradigma der klassischen Konditionierung. Die Therapie zur Veränderung dieser negativen Reaktionen nutzt die Prinzipien der Gegenkonditionierung, um eine neue Reaktion an Stelle des unangemessenen Verhaltens zu setzen.
Das Prinzip der operanten Konditionierung wird angewendet, wenn die therapeutische Aufgabe darin besteht, die Häufigkeit erwünschter Handlungen zu steigern oder die Auftretensrate unerwünschter Handlungen zu senken. Kontingenzmanagement ist die allgemeine Behandlungsstrategie zur Verhaltensmodifikation durch die Veränderung (das »Management«) der Konsequenzen aus dem Verhalten.
Spezielle Varianten verhaltenstherapeutischer Techniken sind für soziales Lernen und für die Generalisierung (Verallgemeinerung) der neuen, in der Therapie gelernten Verhaltensweisen auf Situationen des Lebens entwickelt worden.

15 Welchen Grundsatz nutzt die Technik der systematischen Desensibilisierung?

15 Es ist schwierig, wenn nicht unmöglich, gleichzeitig fröhlich *und* traurig oder entspannt *und* ängstlich zu sein.
Der Grundsatz der Unvereinbarkeit mancher emotionaler Reaktionen wird bei der Technik der systematischen Desensibilisierung angewen-

det. Da Furcht ein Hauptgrund für fehlangepaßte Vermeidungshandlungen ist, wird der Klient angeleitet, der Entstehung von Furcht durch Entspannung vorzubeugen.

16 Was versteht man unter der Aversionstherapie?

16 Bei der Aversionstherapie werden die Gegenkonditionierungsverfahren des aversiven Lernens eingesetzt. Dabei werden die verlockenden Reize zusammen mit stark unangenehmen Reizen verabreicht, etwa mit Elektroschocks oder Übelkeit erregenden Medikamenten. Aufgrund dieser Kopplung lösen mit der Zeit die attraktiven, aber schädlichen Reize dieselben negativen Reaktionen aus – mit dem Ergebnis, daß die Person diesen Reizen gegenüber eine Aversion entwickelt. Aus der Verlockung ist eine Abneigung geworden.

17 Welches Element ist systematischer Desensibilisierung, Implosion und Flooding gemeinsam? Erläutern Sie anhand eines Beispiels.

17 Es liegt in der Konfrontation: Auf die eine oder andere Weise wird der Klient den Situationen oder den Objekten, die er fürchtet, ausgesetzt. Konfrontative Therapie wird auch benutzt, um Zwangsstörungen zu behandeln. Ein Beispiel: In einem Fall ging es um eine Frau mit einem Waschzwang. Wieder und wieder mußte sie sich die vermeintlich schmutzigen Hände waschen, bis sie blutig waren. Unter der Anleitung eines Verhaltenstherapeuten wurde sie nun mit den Dingen konfrontiert, die sie im Leben am meisten fürchtete – Schmutz und Dreck. Im Rahmen der Therapie war sie gezwungen, diese Dinge sogar zu berühren und sich 5 Tage nicht zu waschen. Letzteres bedeutet, daß die therapeutische Intervention eine zusätzliche Komponente enthielt: die Vermeidung des zwanghaften Verhaltens, durch das die Klientin ursprünglich ihre Furcht reduzierte. Die Therapie war erfolgreich.

18 Welche Bedeutung hat die Strategie der Löschung in der Therapie?

18 Die Strategie der Löschung (Extinktion) ist in der Therapie dann nützlich, wenn neurotische Verhaltensweisen durch nicht erkannte verstärkende Bedingungen aufrechterhalten werden. Diese Verstärker werden durch eine sorgfältige Situationsanalyse ausfindig gemacht. Dann wird ein Programm aufgestellt, das ihr Auftreten im Gefolge der unerwünschten Reaktion verhindert. Läßt sich dieses Programm tatsächlich durchführen, so wird das Problemverhalten immer seltener, bis es schließlich gelöscht ist.

19 Was versteht man unter »Therapie auf der Grundlage des sozialen Lernens«?

19 Bei der Therapie auf der Grundlage des sozialen Lernens (sozialkognitive Therapie) wird das Problemverhalten dadurch modifiziert, daß der Klient Modelle beobachtet, die für erwünschte Verhaltensweisen belohnt werden. Dieses stellvertretende Lernen hat sich vor allem beim Abbau von Phobien und beim Aufbau sozialer Fertigkeiten als besonders geeignet erwiesen.

20 Erläutern Sie die Bedeutung von Generalisierungstechniken.

20 Fehlen im Therapieprogramm wesentliche Aspekte der realen Lebenssituation des Klienten, so steht zu erwarten, daß sich die Verhaltensweisen, die in der Therapie modifiziert worden sind, im Laufe der Zeit verschlechtern. Um diesem Verlust vorzubeugen, werden immer häufiger Generalisierungstechniken in das Therapieprogramm aufgenommen. Dadurch soll die Ähnlichkeit der Verhaltensweisen, Verstärker, Modelle und Reizanforderungen unter den Bedingungen der Therapie und des wirklichen Lebens erhöht werden.

21 Erläutern Sie die Vorgehensweise bei kognitiven Therapien. Welche Annahmen liegen diesen Therapien zugrunde?

21 Bei der kognitiven Therapie wird versucht, die belastenden Gefühle und unerwünschten Verhaltensweisen dadurch zu beseitigen, daß darauf Einfluß genommen wird, wie der Klient über bedeutende Lebenserfahrungen denkt. Diesem Ansatz liegt die Annahme zugrunde, daß Verhaltensprobleme und emotionale Belastungen ihren Ausgang von kognitiven Störungen nehmen: Gestört ist, *was* wir denken (kognitiver Inhalt) und *wie* wir denken (kognitiver Prozeß).

22 Auf welche 4 Techniken kann ein Therapeut zurückgreifen, um eine negative Grundhaltung, die hinter einer Depression steht, zu verändern?

22 • Er kann die negativen selbstbezogenen Annahmen des Klienten in Frage stellen.
 • Er kann mit dem Klienten die Beweise für und wider die automatischen Überzeugungen durchgehen.
 • Er kann den Klienten dazu anleiten, die Schuld für Mißerfolge situativen Faktoren und nicht seiner Inkompetenz zuzuschreiben.
 • Er kann für komplexe Aufgaben, die zur Erfahrung von Mißerfolgen geführt haben, alternative Lösungen mit dem Klienten besprechen.

23 Im Zentrum der existentialistisch-humanistischen Therapien steht die Vorstellung, daß es die *ganze* Person ist, die sich in einem stetigen Prozeß des Wachsens befindet. Was ist das Ziel dieser Therapien?

23 Die Psychotherapien, die die Grundsätze dieser allgemeinen Theorie über die Natur des Menschen anwenden, versuchen, den Klienten zu helfen, ihre eigene Freiheit zu definieren, ihre eigenen Erfahrungen und den Reichtum des Augenblicks zu schätzen, ihre Individualität zu pflegen und herauszufinden, auf welche Weise sie sich selbst am besten entfalten können. Es geht, kurz gesagt, um Selbstverwirklichung. Aus der existentialistischen Perspektive ist die gegenwärtige Lebenssituation, wie sie vom Individuum erlebt wird – also die phänomenologische Sicht – der zentrale Bezugspunkt jeder Therapie.

24 Was haben Gruppentherapien gemeinsam?

24 Der Einsatz von Gruppenprozessen als Mittel zur Persönlichkeitsänderung ist einem außergewöhnlich breiten Spektrum von Gruppen gemeinsam, die über unterschiedliche Ziele und Anschauungen verfügen. Bei aller Verschiedenheit teilen sie einige grundlegende Voraussetzungen. So bietet etwa in allen Therapiegruppen der soziale Rahmen (Setting) eine Möglichkeit, um zu lernen, wie man bei anderen »ankommt« und wie sich die Rückmeldung, die man über die eigene Person erhält, von dem erwünschten oder dem selbst erfahrenen Selbstbild unterscheidet.
Weiterhin liefert die Gruppe dem Klienten die Bestätigung, daß die eigenen Symptome, Probleme und »abweichenden« Reaktionen nicht einzigartig, sondern oft recht verbreitet sind. Da Menschen dazu neigen, vor anderen zu verbergen, was sie bei sich selbst als negativ empfinden, denken viele: »Dieses Problem habe nur ich allein«. Die gemeinsame Gruppenerfahrung kann helfen, diese »pluralistische Ignoranz« aufzulösen. Hinzu kommt, daß die Gruppe von Leidensgenossen auch außerhalb der therapeutischen Situation soziale Unterstützung bieten kann, wie das etwa bei den Mitgliedern der Anonymen Alkoholiker der Fall ist, die in fast allen Städten Anlaufstellen haben.

25 Was sind die Kernpunkte bei der Familientherapie?

25 Klient bei der Familientherapie sind nicht einzelne Familienmitglieder, sondern die ganze Kernfamilie, und Gegenstand der Therapie sind die sozialen Beziehungen im »System Familie«. Der Familientherapeut hilft den Familienmitgliedern, wahrzunehmen, was zwischen

26 Was sind Metaanalysen? Welche Antwort geben Metaanalysen auf die Frage, ob Psychotherapie wirksam ist?

ihnen passiert und die Störungen eines oder mehrerer der Familienmitglieder hervorruft. Der Schwerpunkt liegt vor allem auf der Veränderung der Prozesse und Beziehungen zwischen Menschen, weniger auf Veränderungsprozessen innerhalb gestörter Individuen.

26 Die Wirksamkeit von Psychotherapien wird mit Hilfe von Metaanalysen erforscht. Die Metaanalyse stellt ein formales Vorgehen dar, mit dem allgemeine Schlüsse auf der Grundlage von Daten aus vielen verschiedenen Studien gezogen werden können. In vielen psychologischen Untersuchungen wird die Frage gestellt, ob sich bei den meisten Teilnehmern die erwarteten Effekte finden. In einer Metaanalyse werden die Ergebnisse dieser Vielzahl von Studien zusammengefaßt, indem die einzelnen Resultate so interpretiert werden, wie man in einer Einzelstudie die Ergebnisse einer einzelnen Person aufgreifen würde. Die Frage lautet also: Findet man bei den meisten der Therapiewirksamkeitsstudien positive Effekte, die eindeutig auf die Therapie zurückzuführen sind? Aufgrund der Resultate der einschlägigen Metaanalysen ist die Antwort ein eindeutiges »Ja«. In den meisten Therapieverlaufsstudien finden sich zumindest kleine positive Effekte, die über die Auswirkungen der Bedingungen »keine Behandlung« oder »Placebo« hinausgehen.

15 Erziehungsstile und Erziehungsprozesse: Eine Einführung in ausgewählte Teilbereiche der Pädagogischen Psychologie

Siegfried Hoppe-Graf

Welches sind die wirklich drängenden sozialen Probleme, die unsere Gesellschaft als Bürde mit in das nächste Jahrhundert nimmt? Rechnet man Trends aus den 90er Jahren dieses Jahrhunderts hoch, so gehört zweifellos die Kinder- und Jugendkriminalität dazu. Seit Jahren beklagen die meisten westlichen Gesellschaft rapide ansteigende Delinquenzraten. Aber das ist nur die Spitze des Eisbergs: Dahinter steht auf breiter Front die Zunahme von Gewalt, Aggression und Verrohung des Umgangs der Menschen miteinander.

Ursachen dafür werden in den Medien, von Meinungsmachern und von Fachleuten schnell ausgemacht. Genannt werden – häufig in Verbindung mit Rezepten für Abhilfe – u. a. das negative Vorbild der Gewalt in den Medien, die Verführung zum Konsum durch die Werbung, die zunehmende Kinderarmut und die Perspektivenlosigkeit Jugendlicher (No-future-Orientierung) angesichts fehlender Ausbildungsplätze und der hohen Arbeitslosigkeit. Eine weitere Pauschalerklärung verweist auf die fehlende, falsche oder schlechte Erziehung. »Die Eltern kümmern sich nicht mehr um die Kinder«, »Die Kinder bekommen heute zu viel Freiheit«, »Jeder schiebt die Verantwortung für die Erziehung heute von sich weg« sind in diesem Zusammenhang oft gehörte Meinungen. In diesem Kapitel werden wir den unterstellten Zusammenhang zwischen Problemen Heranwachsender und der elterlichen Erziehung näher betrachten. Anders gesagt, wir werden ein drängendes gesellschaftliches Problem *aus pädagogisch-psychologischer Perspektive* betrachten.

Für die meisten Eltern stellt sich das Problem der Kinder- und Jugendgewalt glücklicherweise nicht im persönlichen Erfahrungsrahmen. Aber auch diese Eltern fragen sich, wie sie ihre Kinder erziehen können, um sie dabei zu unterstützen, zu selbständigen, verantwortungsbewußten, lebensfrohen und erfolgreichen Erwachsenen zu werden. Das ist wiederum die Frage nach den Auswirkungen von elterlicher Erziehung. Auch ihr werden wir in diesem Kapitel Aufmerksamkeit widmen. Wir werden sogar der Frage nachgehen, ob Erziehung *überhaupt* eine Rolle spielt – eine Auffassung, die in Fachkreisen durchaus vertreten wird.

Mit diesen Problemstellungen ist aber das Feld der *Pädagogischen Psychologie,* die wir jetzt kennenlernen, noch lange nicht erschöpft. Wenn es eine Teildisziplin der Psychologie gibt, die Ihnen im Moment – während Sie diesen Text lesen, bearbeiten und zu verstehen versuchen – Hilfestellung geben kann, dann ist es die Pädagogische Psychologie. Wie versteht man einen Text? Konkret: Wie entsteht bei Ihnen aus diesen Beispielen, die Sie jetzt lesen, ein (vorläufiges) Bild der Pädagogischen Psychologie? Welche Rolle spielt dabei Ihr Vorwissen? Ist Lernen vorwiegend eine Sache kognitiver Prozesse, oder kommt es genauso auf Motivation und Interesse an? Das alles sind Fragen, die Pädagogische Psychologen untersucht haben. In diesem Kapitel beschränken wir uns allerdings auf die Pädagogische Psychologie der Erziehungs- und Sozialisationsprozesse.

15.1 Das Feld der Pädagogischen Psychologie

Bei der Einteilung der Psychologie in Teilbereiche unterscheidet man, wie in vielen anderen Wissenschaften auch, zwischen sog. Grundlagenfächern und angewandten Fächern. Diese Unterscheidung spiegelt sich auch in der Ausbildung (Studienplan, Prüfungsordnung) zum Diplom-Psychologen wider. Im Grundstudium werden nahezu ausschließlich Grundlagenfächer wie die Allgemeine Psychologie, die Methodenlehre, die Biologische Psychologie und die Entwicklungspsychologie studiert, im Hauptstudium neben den »Grundlagenvertiefungen« überwiegend die angewandten Fächer. Dazu gehört neben der Klinischen Psychologie (s. Kap. 13 und 14) und der Arbeits-, Betriebs- und Organisationspsychologie (s. Kap. 16) die **Pädagogische Psychologie**. Wir werden aber sehen, daß die Kennzeichnung als »angewandtes Fach« *nicht* bedeutet, daß die Pädagogische Psychologie keinen eigenen (genuinen) Gegenstand hätte, an dem sie Grundlagenforschung betreibt.

15.1.1
Ziele und Aufgaben der Pädagogischen Psychologie

Definitionen veralten weniger als Theorien oder empirische Forschungsergebnisse. Die Definition von Pädagogischer Psychologie, die wir diesem Kapitel zugrunde legen, stammt aus dem Jahre 1917 und ist dennoch aktuell. Aloys Fischer hat sie seinerzeit in einem Aufsatz »Über Begriff und Aufgabe der Pädagogischen Psychologie« formuliert, wenngleich in etwas antiquierter Sprache (1917, S. 116):

> ! »Pädagogische Psychologie ist die wissenschaftliche Erforschung der psychischen Seite der Erziehung, sie setzt Erziehungen und Erziehung als gegebene Tatsache voraus und bemüht sich, diese eigenartige Realität, Erziehung genannt, auf ihre psychologischen Einschläge hin zu analysieren« (Nach Brugger et al. 1993, S. 35).

Was aber ist unter der »eigenartigen Realität« **Erziehung** zu verstehen? Es lassen sich 2 Grundkonzeptionen unterscheiden.

- In der *Pädagogik* ist es üblich, unter Erziehung die bewußte und beabsichtigte Einflußnahme auf das Handeln eines einzelnen Menschen oder einer Gruppe von Menschen (meistens von Heranwachsenden) zu verstehen, wobei diese Einflußnahme mit Blick auf ein bestimmtes Ziel hin erfolgt. Dieses Ziel kann, reflektiert oder unreflektiert, auf verschiedenen Allgemeinheitsebenen angesiedelt sein. Es kann beispielsweise darauf begrenzt sein, ein Kind dazu zu bringen, daß es die Norm, nicht zu lügen, einhält; oder es kann darin bestehen, ihm die Buchstaben des Alphabets beizubringen. Es kann aber auch, am anderen Ende des Spektrums, sehr generell formuliert sein und etwa darin bestehen, Heranwachsende zur Übernahme (Internalisierung) der geltenden gesellschaftlichen Normen und Werte zu bewegen oder ihnen die Kulturtechniken des Lesens und Schreibens beizubringen.

- Für die *Psychologie* ist es zweckmäßiger, den Handlungs- und Interaktionsaspekt in den Vordergrund zu stellen. Unter Erziehung verstehen wir alle Erfahrungsmöglichkeiten, die innerhalb eines kulturellen Rahmens bereitgestellt werden, um die Lern- und Entwicklungsprozesse eines Menschen zu unterstützen. Diese Erfahrungen werden oftmals in der unmittelbaren personalen Beziehung – in der *pädagogischen Interaktion* zwischen Erzieher und zu Erziehendem – gestaltet. Die pädagogische Situation kann aber auch von einzelnen, Institutionen oder gesellschaftlichen Gruppen so strukturiert werden, daß Lern- und Entwicklungsprozesse durch den Umgang mit Medien oder in größeren sozialen Zusammenhängen ausgelöst werden; Beispiele sind die Entwicklung von Lehrbüchern und Lehrprogrammen, die auf dem Computer laufen, und die Schaffung von Jugendzentren oder Angebote zu selbstorganisiertem Lernen.

Der Hinweis auf den *kulturellen Rahmen* schließt nicht aus, daß das Bereitstellen von Erfahrungsräumen seitens der Erziehenden eine *biologische Grundlage* hat. Beispielsweise stützt sich der Aufbau von Vertrauen beim Kind darauf, daß Bezugspersonen zuverlässig auf seine Signale des Hilfesuchens reagieren, etwa auf das Weinen.

Zu den einflußreichsten pädagogischen Erfahrungsräumen zählen die Institutionen Familie und Schule. Während die Erziehung in der **Familie** fraglos eine grundlegende menschliche Erfahrung ist, die zwar kulturell gestaltet wird, aber kulturübergreifend auftritt und eine lange Vergangenheit in der Menschheitsgeschichte aufweist, ist die Schule eine aufgrund gesellschaftlicher Vereinbarung konstituierte und deshalb auch gesellschaftlich kontrollierte Erziehungsinstitution. Erziehung in der Familie geschieht meistens beiläufig und vor dem Hintergrund intuitiver Elterntheorien über die Wirkung der einen oder anderen Erziehungsmaßnahme. Erziehung in der **Schule** dagegen ist hochgradig bewußt, strukturiert und erfolgt vor dem Hintergrund der gesellschaftlichen Diskussion über die

Abb. 15.1. Der erste Schultag – die Erziehung in der Schule beginnt. Ist es diesen stolzen Großeltern bewußt, daß sich die Erfahrungswelt ihres Enkels durch den Eintritt in die Erziehungssituation Schule von nun an sehr stark verändern wird?

wir den Akzent genau anders, als es in den meisten Übersichtstexten zur Pädagogischen Psychologie üblich ist (vgl. z. B. Weidenmann et al. 1993). Im Anschluß an diesen einführenden Abschnitt werden wir zunächst die grundlegende Frage stellen, ob Erziehung durch die Eltern überhaupt eine Wirkung auf die Heranwachsenden hat. Bei dieser Gelegenheit werden wir das Konzept des elterlichen Erziehungsstils kennenlernen und verschiedene Erziehungsstile voneinander unterscheiden (Abschn. 15.2). In Abschn. 15.3 werden wir uns sehr genau die Erziehungspraktiken in einer ausgewählten Konfliktsituation ansehen: Wie reagieren Eltern, wenn ihre Kinder etwas Verbotenes oder Unerwünschtes getan haben? Wir lernen eine Theorie kennen, die behauptet, daß genau diese Erziehungssituation darüber entscheidet, ob und in welchem Ausmaß Kinder Normen und Werte der Eltern übernehmen. Danach kommen wir auf das in der Einleitung angesprochene Problem der Aggression und Gewalt von Kindern und Jugendlichen zurück und werden sehen, daß auch hier die elterliche Erziehung von entscheidender Bedeutung ist (Abschn. 15.4). Abschließend wird in Abschn. 15.5 ein Ausblick auf zukünftige Themen und Herausforderungen der Pädagogischen Psychologie gegeben.

Vor- und Nachteile verschiedener Erziehungsmaßnahmen (vgl. Abb. 15.1). Derzeit wird beispielsweise diskutiert, ob Schule sich auf Bildung beschränken oder stärker als bisher einen Teil der (vom Elternhaus nicht eingelösten) soziomoralischen Erziehung übernehmen sollte, und die fachlichen Bildungsziele und didaktischen Maßnahmen werden in unserer Gesellschaft permanent diskutiert und revidiert.

Das Gebiet der Pädagogischen Psychologie wird meistens in 2 große Bereiche eingeteilt: zum einen in die **Psychologie der Erziehungs- und Sozialisationsprozesse** und in die **Psychologie der Lehr- und Lernprozesse** (oder Instruktionsprozesse; s. unten in diesem Abschnitt). Ergänzend wird ein weiterer Schwerpunkt auf die Einflüsse der Unterrichtssituation und der Institution Schule gelegt. Ist Ihnen deutlich geworden, daß es sich eigentlich um eine Hierarchie von Bereichen handelt? Lehr- und Lernprozesse sowie Unterrichtsprozesse und schulische Bildungsprozesse stellen einen ausgewählten Teilbereich von Erziehungsprozessen dar.

Wir werden uns in diesem Kapitel weitgehend auf die Darstellung der Prozesse und Einflüsse der Erziehung durch die Eltern konzentrieren. Damit setzen

15.1.2
Zur Geschichte der Pädagogischen Psychologie als Wissenschaft

Als eigenständige wissenschaftliche Disziplin ist die Pädagogische Psychologie gegen Ende des 19. Jahrhunderts entstanden. Ein herausragendes Datum war im deutschsprachigen Raum die Gründung der *Zeitschrift für Pädagogische Psychologie* im Jahre 1899. Programmatisch beklagte Kemsies darin die bisherige spekulative Pädagogik als unwissenschaftlich: »Solange der gesetzmäßige Zusammenhang zwischen der erzieherischen Wirkung und den einfachen sowohl als komplizierten Phänomenen der Kinderseele nicht klargelegt ist, kann von einer *wissenschaftlichen* Lösung des Problems nicht die Rede sein« (1899, S. 2; zit. nach Brugger et al. 1993; Hervorhebung von mir). Genauso wie die Psychologie insgesamt (vgl. Abschn. 1.2) löste sich die Pädagogische Psychologie um diese Zeit dadurch von der Philosophie und Pädagogik ab, daß Forscher nun die **empirische (erfahrungswissenschaftliche) Erforschung von Erziehungs- und Unterrichtsprozessen** forderten und begannen.

Neben dieser Orientierung an einem neuen wissenschaftlichen Erkenntnisideal trug noch eine zweite, aus der Praxis kommende zeitgenössische Strömung zur Entstehung der Pädagogischen Psychologie bei. Um die Jahrhundertwende hatten Pädagogen in Europa und den USA der traditionellen Lernschule den Kampf angesagt, etwa im Rahmen der **Reformschulbewegung**. Teil ihres Programms war die Forderung nach entwicklungsgemäßem und psychologisch begründetem Unterricht – als Maxime formuliert: »Erziehung muß der Entwicklung wie ein Schatten folgen« (Ewert u. Thomas 1996, S. 90). Aus dieser Perspektive ergab sich unmittelbar, daß die psychologische Erforschung der Voraussetzungen und Folgen von Pädagogik und die pädagogische Praxis eng miteinander verknüpft sein sollten. Wir haben diese Verbindung bereits in der Definition der Pädagogischen Psychologie von A. Fischer kennengelernt (s. oben). Aus demselben Geist sind, wie wir in Abschn. 12.3 gesehen haben, die ersten Intelligenztests entstanden: Binet konstruierte sie als eine Verbesserung der pädagogischen Praxis durch die psychologische Erforschung der Voraussetzungen von Erziehung.

Es fehlte aber schon zu dieser Zeit nicht an Stimmen, die klarstellten, daß die Verbindung von psychologischer Forschung und pädagogischer Praxis nicht bedeuten kann, daß einfach nur allgemeines psychologisches Wissen auf die pädagogische Praxis übertragen wird. So warnte William James (1899, S. 7f.; vgl. Abschn. 1.2) schon frühzeitig: »Darüber hinaus möchte ich sagen, daß Sie sich in einem sehr großen Irrtum befinden, wenn Sie glauben, daß man von der Psychologie als Wissenschaft von den Gesetzen der Seele ganz bestimmte Programme, Schemata oder Unterrichtsmethoden für den unmittelbaren Gebrauch im Klassenzimmer ableiten kann« (Nach Brugger et al. 1993, S. 31).

Im Laufe der ersten Hälfte dieses Jahrhunderts hat sich die Pädagogische Psychologie entgegen der anfänglichen Programmatik immer weiter von der pädagogischen Praxis entfernt und ist zu dem geworden, wovor William James gewarnt hatte: zu einer Psychologie für Pädagogen, die aus dem Bestand der verschiedenen Teildisziplinen der Psychologie – Entwicklungspsychologie, Sozialpsychologie usw. – diejenigen Wissensbestände für die Ausbildung von Lehrern und Erziehern auswählte, die nach Plausibilität mit dem Erziehungsalltag zu tun hatten. »Die Pädagogische Psychologie wandert aus den Praxisfeldern der Pädagogik aus und wendet sich mit Vorzug allgemeinen Theorien des Lehrens und Lernens zu, ohne allzu großes Interesse an speziellen Anwendungen für den Schulalltag zu zeigen« (Ewert u. Thomas 1996, S. 91). Schule und Erziehungssituation sind also nur noch *Anwendungsfelder* von Theorien. Diese Krise der Pädagogischen Psychologie wurde in Deutschland noch dadurch verstärkt, daß sie bis weit in die 80er Jahre hinein auch innerhalb der Psychologie, was die personelle Ausstattung und die Beachtung anbelangt, nur ein Mauerblümchendasein führte (vgl. Heckhausen 1993).

Erst in den letzten Jahrzehnten hat die Pädagogische Psychologie wieder den Weg zurück zu ihren Anfängen gefunden – zu einer Forschung, die Psychologie und pädagogische Praxis verbindet. Für das Praxisfeld Schule zeigt sich das am Abrücken von dem Versuch, allgemeine Lerntheorien (vgl. Kap. 5) auf den Unterricht zu übertragen und an der Entstehung einer neuen, an den Besonderheiten des Lernens im Unterricht orientierten **Instruktionspsychologie**. Wenn von *Instruktion* anstelle von *Lehren* oder *Unterrichten* die Rede ist, so sollen dadurch die sozialen Prozesse der Anleitung und der Wissensvermittlung zwischen 2 (oder mehr) Personen hervorgehoben werden.

Diese neue Instruktionspsychologie zeichnet sich (nach Ewert u. Thomas 1996) durch 3 Merkmale aus:

- Sie ist eine Grundlagenwissenschaft der Prozesse des Anleitens und der Vermittlung – und keine auf den Unterricht angewendete Allgemeine Psychologie.
- Sie konzentriert sich auf die Erforschung von Vermittlungsprozessen in den einzelnen Unterrichtsfächern – beispielsweise auf den Schriftspracherwerb, das Lernen mit Sachtexten und das Verstehen von historischen Zusammenhängen und physikalischen Gesetzmäßigkeiten.
- Sie konzentriert sich vorwiegend auf Prozesse – *wie* wird angeleitet, *wie* wird Wissen erworben – und weniger auf Produkte des Lehrens und Lernens.

15.1.3
Die Beziehung der Pädagogischen Psychologie zu anderen psychologischen Teilfächern

Diese Erforschung von Instruktionsprozessen findet *nur* in der Pädagogischen Psychologie statt. Daran wird deutlich, daß ihre Einordnung als angewandte psychologische Teildisziplin nicht ausschließt, daß Grundlagenforschung betrieben wird. In ähnlicher Weise sind die von uns erwähnten Themen der Formen und Wirkungen elterlicher Erziehung, der Entwicklung und Erprobung von Interventionen bei aggressiven Kindern und des Lernens mit Texten Problemstellungen, die die Pädagogische Psychologie als eigenständigen Forschungsbereich konstituieren.

Am Beispiel des Lernens mit Texten läßt sich aber auch zeigen, daß sich die Abgrenzung zur Lernpsychologie, die in die *Allgemeine Psychologie* gehört, nicht scharf ziehen läßt. Einerseits geht man im Sinne der neuen Instruktionspsychologie davon aus, daß das schulische Lernen mit Texten letztlich nur im Kontext der Schulklasse und des jeweiligen Unterrichtsfaches zureichend erforscht werden kann; andererseits aber gelten für das Verstehen von Unterrichtstexten auch Gesetzmäßigkeiten, die das Verstehen von Sprache und Texten *generell* kennzeichnen. Auch für das Lernen mit Texten (und übrigens auch für das Lernen mit neuen Medien) zeigt sich, daß der Lernerfolg von Einflüssen wie der Lernmotivation und der erlebten Selbstwirksamkeit abhängt.

> **!** Selbst wenn die Pädagogische Psychologie über einen eigenen Gegenstandsbereich verfügt, in dem sie Grundlagenforschung betreibt, so greift sie doch bei der Erklärung und Deutung von Erziehungs- und Unterrichtsprozessen auf das vielfältige Wissen anderer psychologischer Teildisziplinen zurück. Allgemeine Lern- und Entwicklungsprinzipien sind zwar nicht hinreichend, um Erziehungs- und Instruktionsprozesse zu erklären, aber sie beschreiben doch wichtige Voraussetzungen und Einflußfaktoren.

Die Verbindung zur *Entwicklungspsychologie* wird dann besonders deutlich, wenn man sich mit Erziehungsproblemen und Leistungsstörungen und mit Interventions- und Fördermaßnahmen befaßt. Man versteht heute viele Verhaltens- und Leistungsstörungen als Entwicklungsstörungen. Manche Aggressionen werden auf ein Entwicklungsdefizit im sozialen Verstehen zurückgeführt, und Schwierigkeiten beim Lesen- und Schreibenlernen lassen sich zu Rückständen in der Entwicklung der »phonologischen Bewußtheit« (bewußten Lautwahrnehmung) in Beziehung setzen. Einige der Förder- und Trainingsprogramme haben deshalb zum Ziel, Entwicklungsrückstände auszugleichen.

Wir haben bei der Definition der Pädagogischen Psychologie betont, daß der Prozeß der Erziehung psychologisch nicht verstanden werden kann, wenn man außer acht läßt, daß Mutter und Kind, Erzieher und Heranwachsender, Lehrer und Schüler in einer besonderen sozialen Beziehung zueinander stehen, die die pädagogische Situation beeinflußt. Daraus ergibt sich

die unmittelbare Relevanz der *Sozialpsychologie* für die Pädagogische Psychologie. Wie der Lehrer den Schüler wahrnimmt (und umgekehrt), wie Lehrer und Schüler die »soziale Realität« Schule definieren und welche Gruppenprozesse in der Schulklasse wirksam sind – diese sozialen Prozesse bestimmen wesentlich das Unterrichtsgeschehen und den Unterrichtserfolg.

15.1.4
Tätigkeiten und Berufsfelder von pädagogischen Psychologen

Pädagogische Psychologie ist jedoch nicht nur ein Gebiet der wissenschaftlichen Forschung, sondern auch ein **psychologisches Praxisfeld**. Psychologen versuchen auf der Grundlage ihres Fachwissens, Eltern und Pädagogen durch Beratung und Anleitung bei der Erziehung und bei der Instruktion zu unterstützen. In diesem Zusammenhang erstellen sie Diagnosen und Prognosen, machen Vorschläge für die Prävention und Intervention, führen Präventions- und Interventionsprogramme durch und evaluieren diese »Maßnahmen«. (Intervention schließt Training und Förderung ein.)

Die Tätigkeiten und Arbeitsfelder von Pädagogischen Psychologen sind vielfältig. Die Beratung von Müttern, die mit schreienden und unruhigen Säuglingen überfordert sind, und die Erstellung von Drogenpräventionsprogrammen gehören genauso dazu wie die Fortbildung von Lehrern und Erziehern und die Mitarbeit bei der Entwicklung und Erprobung von Unterrichtsmedien. In einem Überblick hat Wenninger (1983) folgende Tätigkeitsfelder unterschieden:

- Erziehungsberatung,
- Schulpsychologie,
- Beratungs- und Bildungsarbeit außerhalb von Familie und Schule,
- Hochschulberatung,
- Arbeits- und Berufsberatung,
- Personal- und Bildungsarbeit in Wirtschaft und Verwaltung,
- Beratungs- und Bildungsarbeit in Heimen,
- Beratungsarbeit in Kuranstalten und Kliniken.

In Abschn. 15.5 spekulieren wir über die Zukunft der Pädagogischen Psychologie, und dabei werden wir sehen, daß die zukünftige Liste der Berufsfelder ein anderes Gesicht haben wird.

Mit den Tätigkeitsfeldern hängen manchmal auch die (umgangssprachlichen) Berufsbezeichnungen zu-

Welche Leistungen können Schulpsychologen im Schulsystem, für die Eltern und die Gesellschaft erbringen, die sonst niemand leistet oder leisten kann?

Ein öffentlicher schulpsychologischer Dienst gewährleistet:

mit Blick auf das Bildungssystem

- einen garantierten Zugriff auf wissenschaftlich fundierte psychologische Kompetenz (Wissen, Methoden, Verständnis);
  - mit – im Vergleich zu psychologischen Beratungsangeboten außerhalb des Schulsystems – spezieller schulischer Orientierung und Nähe zur Schule bei gleichzeitiger Distanz und relativer Unabhängigkeit von juristischen und verwaltungsorientierten Interessen;
- den für eine humane Schule unverzichtbaren psychologischen Beratungsservice für alle an der Schule beteiligten Personen, Gruppen und Funktionen …;
- Kosteneinsparungen durch Vermeidung von Sitzenbleiben, fehlgeleiteten Schullaufbahnen, verfehlten Schulabschlüssen …;
- im Rahmen der interdisziplinären Zusammenarbeit, die z. B. hinsichtlich lern-, verhaltens-, sozialpsychologischer Fragestellungen, Organisationsentwicklung usw. für ein modernes Schulwesen unbedingt notwendig ist, den Beitrag der für diese Fragen zentralen psychologischen Wissenschaft;
- fachpsychologische Mitarbeit bei der Qualitätssicherung von Lehrerinnen und Lehrern, Schulleiterinnen und Schulleitern, Schulaufsicht durch Fortbildung und Beratung;
- Weiterentwicklung von Kompetenzen zur Erziehung und Menschenführung in der Schule;
- Entwicklung, Erprobung und Implementation von Präventions- und Interventionskonzepten für verhaltens- und lernpsychologische Fragestellungen;

mit Blick auf die Einzelschule

- Mitwirkung bei der Ermittlung und Bearbeitung von System- bzw. Organisationsproblemen aus psychologischer Sicht;
- Funktion des Katalysators, Impulsgebers zur Weiterentwicklung von Schule durch
  - (schulinterne) Lehrerfortbildung,
  - Feedback aus der Einzelfallhilfe,
  - Reflexion des schulischen Alltags;
- schulnahe Entwicklungs- und Klärungshilfe für zwischenmenschliche Beziehungen, Kooperation, Kommunikation, Konfliktbearbeitung;
- Förderung der psychischen Gesundheit von Lehrerinnen, Schulleiterinnen, z. B. Supervision;
- Entlastung/Unterstützung der Lehrerinnen bei
  - der Bearbeitung gesellschaftlich relevanter Themen (Sucht, Gewalt, Integration usw.),
  - Problemlagen mit Schülerinnen und Schülern,
  - Konflikten zwischen Eltern und Schule (Schlichter),
  - bildungspolitischen Diskussionen (z. B. LRS, Gewalt in der Schule, Lehrerstreß usw.)

mit Blick auf die Einzelperson

- eine unabhängige Stelle, in der ratsuchende Schüler, Lehrer, Schulleiter, Eltern u. a. Probleme in oder mit der Schule besprechen können, ohne daß schulaufsichtliche Konsequenzen erfolgen (müssen) (Vertrauensschutz/Schweigepflicht);
- umfassende, wissenschaftlich fundierte systemische Diagnostik, Beratung und ggf. auch Therapie;
- Verbesserung der Chancen von Schülerinnen und Schülern auf den bestmöglichen Schulerfolg durch Einzelfallhilfe (Diagnose, Therapie/Intervention) und Lehrer-/Eltern- bzw. Schulberatung.

---

sammen. So hat es sich eingebürgert, alle pädagogischen Psychologen, die mit der Institution Schule zu tun haben, als Schulpsychologen zu bezeichnen. Viele von ihnen sind in der *Sektion Schulpsychologie* des *Berufsverbands Deutscher Psychologen* organisiert. Der Abschn. **Psychologie im Alltag** gibt einen Überblick darüber, welche Aufgaben Schulpsychologen haben. (Bericht aus dem Arbeitskreis unter der Leitung von Helmut Heyse vom 2.10.1997, auf dem Kongreß für Angewandte Psychologie des Berufsverbandes Deutscher Psychologinnen und Psychologen e. V. in Würzburg).

Eine Hauptaufgabe von Pädagogischen Psychologen ist die Ausbildung und Weiterbildung von professionellen Pädagogen, beispielsweise von Lehrern und Lehrerinnen sowie Erziehern und Erzieherinnen. Einigkeit besteht über das Ziel der Aus- und Weiterbildung: Es liegt in der Verbesserung oder Erweiterung der pädagogischen Handlungsmöglichkeiten. Wie dieses Ziel aber erreicht werden kann - *welche* Kompetenzen und Inhalte *wie* vermittelt werden sollten –, darüber besteht Uneinigkeit.

Die traditionelle Auffassung lautet, daß man professionelle Pädagogen über neue Erkenntnisse der Pädagogischen Psychologie, die für sie relevant sind, informieren sollte. Beispielsweise sollte man Personen, die in der Frühförderung tätig sind, über neue Verfahren der Förderdiagnostik und neue Förderprogramme informieren, und Lehrern sollte man neueste Erkenntnisse über die Unterrichtsmotivation mitteilen.

Im Gegensatz dazu sind Wahl et al. (1984) der Überzeugung, daß Informieren nicht ausreicht. Sie verweisen auf entmutigende Ergebnisse, die aufzeigen, daß psychologisches *Fachwissen* im Schulalltag möglicherweise nicht genutzt wird (s. Abschn. **Experiment**). Das Handeln von Lehrern scheint wesentlich von psychologischem *Alltagswissen* oder »**subjektiven Theorien**« gesteuert zu werden. Diese Alltagstheorien sind stabil und lassen sich vermutlich nicht allein dadurch verändern, daß man weiteres Wissen – die fachwissenschaftlichen Theorien – daneben stellt.

Die Autoren unterscheiden weiterhin – nach der Art der Situation – 3 Typen des Handelns von Lehrern:

- *das außerunterrichtliche Planungshandeln,* das durch einen geringen Handlungsdruck, milde Emotionen und leicht außer Kraft zu setzende Routinen gekennzeichnet ist. In dieser Situation fällt es dem Lehrer relativ leicht, seine subjektiven Theorien zu reflektieren und zu hinterfragen und fachliches Wissen an ihre Stelle zu setzen;

- *das vorgeplante Agieren,* das etwa zu beobachten ist, wenn ein Lehrer sich aufgrund der Erfahrungen in der letzten Stunde ausdrücklich auf ähnliche Situationen in der nächsten Stunde vorbereitet und dann auch *vorgeplant* handeln kann. In dieser Lage – deutlicher Handlungsdruck und spürbare Emotionen – ist es dem Lehrer nur noch sehr begrenzt möglich, sein Handeln zu reflektieren und sich auf seine sub-

---

EXPERIMENT

Wenn Fachwissen nichts wert ist!
Zur Prüfung, auf welche Wissensbestände bei pädagogischen Problemen zurückgegriffen wird, wurden 2 Fallbeschreibungen konstruiert. Im einen Fall ging es um einen Schüler, der sich körperlich aggressiv verhält, im anderen um eine Schülerin, die bei hoher Intelligenz unzureichende Schulleistungen zeigt. Die Versuchsteilnehmer stammten aus 4 Personengruppen:

- berufserfahrene Lehrer,
- Studenten des Prüfungssemesters,
- Studenten des ersten Semesters und
- 14jährige Schüler.

Sie hatten die Aufgabe, Ursachenerklärungen für die beschriebenen Probleme zu finden, diagnostische Maßnahmen zu nennen und Handlungsmöglichkeiten vorzuschlagen.

Wenn Fachwissen eine Rolle spielt, dann müßten die Schüler und die Studierenden der Anfangssemester wesentlich trivialere Ursachenerklärungen, ungeeignetere diagnostische Maßnahmen und unzureichendere Handlungsmöglichkeiten nennen als die Studenten der Prüfungssemester; und man kann sogar erwarten, daß erfahrene Lehrer aufgrund der Verbindung von Theorie und Berufserfahrung die differenziertesten Stellungnahmen abgeben.

Tatsächlich aber unterschieden sich die 4 Gruppen kaum in den Ursachenerklärungen, den diagnostischen Maßnahmen und den vorgeschlagenen Handlungsmöglichkeiten. Dieses Ergebnis bestätigte sich auch in einer gründlichen Nachuntersuchung mit anderen Erhebungsverfahren (Stecher 1983).

Wie ist das möglich? Wahl et al. (1984, S. 23) haben folgende Erklärung: »... Schüler, Studenten und Lehrer (verwenden) bei der spontanen Konfrontation mit kritischen Situationen ihr alltägliches psychologisches Wissen ... und nicht etwa wissenschaftlich-psychologisches Wissen. Das alltägliche psychologische Wissen hat nämlich den Vorzug, daß es über die eigene Erfahrung als Kind und Schüler sehr praxisnah und z. T. wenig bewußt erworben wurde, so daß es als sofort verfügbare und völlig selbstverständliche Quelle für Erklären, Diagnostizieren und Verhalten wird. Die in der Berufsausbildung hinzugefügten wissenschaftlichen Theorien werden zwar »gelernt«, nicht aber zu verhaltenssteuernden Wissensbeständen umgeformt und deshalb auch nicht verwendet...«

jektiven und wissenschaftlichen Theorien zu stützen. Er wird kaum neue Lösungen für Unterrichtsprobleme finden, aber er kann Lösungen ausprobieren;

- *das rasche, ungeplante Reagieren.* Beispielsweise macht ein Schüler eine witzige Zwischenbemerkung, die den Lehrer völlig überrascht und bei der er nicht weiß, ob er mitlachen soll oder nicht. In derartigen Situationen mit hohem Handlungsdruck, die spontanes Handeln erfordern, ist ein reflektierendes Rückgreifen auf subjektive oder wissenschaftliche Theorien nicht möglich: »Der Lehrer ist nicht 'Problemlöser', sondern ein routiniert Handelnder« (Wahl et al. 1984, S. 28).

> **!** Will man das Handeln von Lehrern auch in diesen unerwarteten Ernstfällen ändern, sind folgende Schritte erforderlich: Erstens muß man die spontanen, automatischen Reaktionen, die sich als ungeeignet erwiesen haben und die man ändern will, identifizieren. Und zweitens muß man zunächst die Ebene des spontanen Reagierens verlassen und in der außerunterrichtlichen Planung und im vorgeplanten Agieren neue Verhaltensweisen einüben, bevor man dann auf die Ebene des spontanen Reagierens zurückkehren kann.

Wahl et al. entwerfen ein 5stufiges Programm, um diese angestrebte *Anwendung* neuen (und besseren) pädagogischen Wissens zu erreichen:

- Die Vermittlung des pädagogisch relevanten Wissens ist nur der erste Schritt.
- Daran schließt sich die Veränderung handlungsleitender Kognitionen (wirksamer Handlungsschemata) an. Diese ist vom Lehrer selbst zu leisten – indem er praktische Erfahrungen bei der tatsächlichen Anwendung des neu erworbenen Wissens nutzt, um seine Überzeugungen, Ursachenzuschreibungen und gefühlsmäßigen Verhaltensbewertungen zu verändern.
- Voraussetzung für die Anwendung ist weiterhin, daß der Lehrer Methoden zur Analyse seines eigenen Handelns in belastenden Unterrichtssituationen erwirbt.
- Um die Unterrichtssituation besser einschätzen zu können, muß er spezifische diagnostische Fertigkeiten erwerben;
- und schließlich kann er aufgrund erhöhter Sensibilität für die Unterrichtssituation und das eigene Handeln Handlungsmöglichkeiten auswählen, mit denen sich belastende Situationen besser als zuvor bewältigen lassen.

15.2
Elterliche Erziehungsstile

Wir haben in Abschn. 15.1 gesehen, daß es eine Vielfalt von geplanten und gezielten, aber auch von beiläufigen und unreflektierten Erziehungsprozessen gibt. Die pädagogische Beziehung, die Sie wahrscheinlich zuallererst mit dem Begriff »Erziehung« verbinden, ist die **Eltern-Kind-Beziehung** und der Erziehungseinfluß, an den Sie zuerst denken, ist der Einfluß der Eltern auf das Kind. Wer könnte Zweifel daran haben, daß es die Erziehung der Eltern ist, die die Weichen für das ganze Leben eines jungen Menschen stellt?

Die Lebensbedingungen in unserer Gesellschaft werden häufig als pluralistisch bezeichnet, und damit soll auch zum Ausdruck gebracht werden, daß jeder einzelne von uns eine Vielzahl unterschiedlicher Lebensentwürfe kennenlernt, und zwar nicht nur als distanzierter Beobachter des Lebens anderer Menschen – kein Gesetz und immer weniger verbindliche Normen hindern ihn daran, diese alternativen Lebensweisen in seine eigene Biographie aufzunehmen. Vor diesem Hintergrund vielfältiger Sozialisationseinflüsse ist in Frage gestellt worden, ob die Eltern tatsächlich noch immer die wichtigste »Erziehungsinstanz« sind. Wenn wir uns in diesem Abschnitt dennoch auf die elterliche Erziehung legen, so steckt darin auch eine vorweggenommene Bejahung der Frage. Damit wird aber keinesfalls ausgeschlossen, daß nicht auch andere Instanzen, etwa Schule und Medien, maßgeblich an der Sozialisation beteiligt sind.

Können Sie sich vorstellen, daß die Art und Weise, wie Eltern ihre Kinder erziehen, gar keinen oder nur einen vernachlässigbar geringen Einfluß auf die Entwicklung junger Menschen hat? Wahrscheinlich nicht, aber in der wissenschaftlichen Psychologie wird diese Auffassung ernsthaft und mit gewichtigen Argumenten vertreten. Wir werden unsere Besprechung der Erziehungsprozesse und -einflüsse damit beginnen, daß wir die Argumente für diese provokative These, aber auch die Gegenargumente kennenlernen. Dabei sei vorweggenommen, daß wir die Auffassung, die elterliche Erziehung mache keinen Unterschied, *nicht* teilen.

Eltern loben oder tadeln ihre Kinder, sie zeigen oder erklären ihnen die Welt, sie leiten sie an oder sie gehen nicht auf ihre Fragen ein, sie äußern verbal und nonverbal Stolz oder Mißachtung, sie sind zärtlich zu ihnen oder sie wenden sich von ihnen ab – die Liste elterlicher *Verhaltensweisen* gegenüber Kindern ließe sich noch lange fortsetzen. Eltern sind tolerant und großzügig, autoritär und fordernd, abweisend und herzlich, emotional und sachlich usw. – auch die Aufzählung elterlicher *Erziehungshaltungen* oder *Erziehungsstile* ließe sich ohne weiteres verlängern. Wir werden uns im ersten Teil dieses Abschnittes mit der Frage befassen, welcher elterliche Erziehungsstil sich als besonders vorteilhaft erwiesen hat. Bei der Diskussion der Erziehungsstile knüpfen wir an Abschn. 10.6 an, wo wir schon einmal nach dem Einfluß der elterlichen Erziehung gefragt hatten. Erinnern Sie sich, daß wir den autoritativen Stil als den vorteilhaftesten ausgemacht hatten und elterliche Erziehung durch die Dimensionen der Zuwendung oder Wärme und der Strukturierung oder Lenkung beschrieben hatten? Diese Überlegungen werden wir hier weiter ausbauen.

Als nächstes betrachten wir das Elternverhalten in einer ausgewählten Erziehungssituation, und wir werden sehen, daß es in der Tat *eine* Situation gibt, die für die Übernahme von Normen und Regeln entscheidend zu sein scheint: Es geht um die Reaktion der Eltern auf die Nichteinhaltung von Regeln oder Vorschriften. Danach gehen wir noch auf das aktuelle gesellschaftliche Problem des »abweichenden« oder »antisozialen« Verhaltens von Kindern und Jugendlichen ein. Wir lernen Ergebnisse und Modelle zur Entstehung von Aggressionen kennen, und wir werden sehen, daß Aggressivität im frühen Lebensalter mit antisozialem Verhalten und Delinquenz im Erwachsenenalter zusammenhängt. Abermals zeigt sich, daß die Erziehung im Elternhaus von großer Bedeutung ist.

15.2.1
Spielt die elterliche Erziehung eine Rolle?

Die Frage, *ob* die im Elternhaus erfahrene Erziehung überhaupt eine Rolle spielt und die Frage, welche elterliche Erziehung die günstigste ist, sind eng miteinander verknüpft.

In Abschn. 11.2 hatten wir uns mit dem Einfluß von Erbe und Umwelt auf interindividuelle Unterschiede in der Ausprägung von Persönlichkeitsmerkmalen befaßt. Dabei hatten wir verschiedene Studien (Zwillingsstudien, Adoptionsstudien) kennengelernt, die es erlauben, den Erblichkeitsanteil an der individuellen Ausprägung von Persönlichkeitsmerkmalen abzuschätzen. Diese Studien hatten gezeigt, daß bei vielen Persönlichkeitsmerkmalen das Ausmaß der Erblichkeit individueller Unterschiede bis zu 60% beträgt und daß daneben nur die *spezifische individuelle Umwelt* des Kindes bedeutsam ist, nicht aber der allgemeine familiäre Einfluß, wie er sich etwa in der grundlegenden Erziehungshaltung von Eltern gegenüber ihren Kindern zeigt. – Mit anderen Worten, Resultate zur Erklärung der interindividuellen Varianz von Eigenschaften sind als Argument für die *Abwertung des Einflusses der familiären Entwicklungsbedingungen* angeführt worden.

Diese Position war Gegenstand einer Kontroverse, die in der Psychologie große Beachtung gefunden hat. Sandra Scarr (1992, 1993) hat versucht, aus evolutionstheoretischer Perspektive eine Erklärung für den geringen Einfluß der familiären Erziehung zu liefern, und Diana Baumrind (1993) sowie Jacqueline Faye Jackson (1993) haben Denkfehler in Scarrs Argumentation und Beobachtungen zum Familieneinfluß angeführt. Wir werden in groben Zügen die Standpunkte von Scarr und Baumrind nachzeichnen.

Nach Scarr gehört es zur artspezifischen genetischen Ausstattung von Menschen, daß Kinder sich an einen großen Bereich von Umweltbedingungen gut anpassen können. Anders gesagt, Kinder brauchen, um sich gut entwickeln zu können, nicht eine ganz bestimmte Umwelt – nicht dieses oder jenes Spielzeug und nicht diesen oder jenen elterlichen Erziehungsstil – sondern sie sind genetisch darauf vorbereitet, mit einer ganzen Bandbreite von Entwicklungserfahrungen zurechtzukommen, solange diese innerhalb eines »normalen Bereiches« liegen. Das ist so, weil Kinder (wie die Erwachsenen auch!) nicht passiv der Umwelt ausgeliefert sind, sondern sich ihre Erfahrungsräume auswählen, ihre Erfahrungen aktiv konstruieren und auf diese Weise in die eigene Entwicklung gestaltend eingreifen.

In dieser Feststellung über einen breiten Bereich von Entwicklungsbedingungen, die innerhalb dessen liegen, was Kinder aufgrund ihrer genetischen Anlage brauchen, um gut aufwachsen zu können, stecken 2 auf den ersten Blick konträre Feststellungen über die Bedeutung der Umwelt für die Entwicklung von Heranwachsenden.

- Erstens: Die Umwelt ist bedeutsam für die menschliche Entwicklung. Wenn bei Scarr von einer Bandbreite von »funktional gleichwertigen« Entwicklungsbedingungen die Rede ist, so heißt das auch, daß Lebensbedingungen *außerhalb* dieses Spielraums – und insbesondere auch die familiären Bedingungen – einen erheblichen Einfluß haben können. Extreme Armut oder Eltern, die ihre Kinder mißhandeln, stehen für Umweltbedingungen außerhalb des Normalbereichs.

- Zweitens: *Innerhalb* des normalen oder üblichen Rahmens spielt die Umwelt keine Rolle. Insbesondere sind im normalen Rahmen »die genauen Details und Spezifizierungen der Sozialisationserfahrungen« für die gesunde oder erfolgreiche Entwicklung der Kinder unerheblich (Scarr 1992, S.5).

Baumrinds Gegenposition bewegt sich auf 2 Ebenen, die miteinander verbunden sind. Sie stellt zum einen in Frage, ob sich Konzepte wie »der übliche Rahmen von Erfahrungen« oder »die normale Bandbreite artspezifischer Bedingungen« sinnvoll definieren lassen. »Scarr sagt uns nicht, wie wir feststellen können, was einen normalen (gesunden) Entwicklungsverlauf ausmacht oder worin die normale Bandbreite normaler Umweltbedingungen besteht. Sie liefert auch keine Beobachtungen dafür, daß innerhalb des ʼnormalenʼ oder ʼgenügend gutenʼ Erfahrungsbereiches ʼfunktional gleichwertigeʼ Entwicklungsverläufe und -ergebnisse zustandekommen« (1993, S. 1300; eig. Übers.).

Zum anderen nennt Baumrind eine Vielzahl von Ergebnissen, die zeigen, daß die elterliche Erziehung innerhalb des heute üblichen »Normalbereichs« einen Einfluß hat. Die Art und Weise, wie Eltern ihre Kinder erziehen, kann ungünstige Entwicklungsbedingungen – etwa ungünstige genetische Voraussetzungen – kompensieren, und sie kann, in Verbindung mit anderen vorteilhaften Einflüssen Entwicklung optimieren.

15.2.2
Welcher Erziehungsstil
ist die günstigste Entwicklungsbedingung?

Lange Zeit haben sich Versuche, Eltern als Erzieher zu beschreiben, weniger auf einzelne Verhaltensweisen in ausgewählten Situationen (beispielsweise in Konfliktsituationen) als auf allgemeinere Haltungen oder Einstellungen konzentriert.

> **!** Als elterliche **Erziehungsstile** bezeichnet man Muster von elterlichen Einstellungen, Handlungsweisen und nichtsprachlichen Ausdrucksweisen, die die Art der Interaktion von Eltern mit ihrem Kind über eine Vielzahl von Situationen kennzeichnen (Nach Darling u. Steinberg 1993).

In den 60er Jahren traf die bereits erwähnte amerikanische Psychologin Diana Baumrind eine Unterscheidung zwischen 3 Typen elterlicher Erziehung, die – wenn auch mit Veränderungen – bis heute sowohl einen großen Teil der Vielfalt elterlicher Erziehung treffend auf den Punkt bringt als auch Unterschiede in den Wirkungen elterlicher Erziehung zu erklären vermag.

Baumrind nahm an, daß es in der westlichen Kultur im wesentlichen 3 Erziehungsstile gibt: die autoritative, die autoritäre und die permissive Erziehung.

- **Autoritative Eltern** stellen Anforderungen an ihre Kinder und verlangen von ihnen die Einhaltung von Regeln. Aber sie akzeptieren die Kinder auch gleichzeitig als ernstzunehmende Gesprächspartner – sie öffnen sich ihnen und sind an ihnen interessiert. Beispielsweise begründen sie die Regeln und Forderungen und erklären ihre Erziehungsmaßnahmen. Sie ermutigen die Kinder zur Autonomie und zum Suchen nach einem eigenen Standpunkt (innerhalb der geforderten Regeleinhaltung).
- **Autoritäre Eltern** fordern zwar auch die Einhaltung von Regeln, aber ihnen geht es weniger darum, den Handlungen ihrer Kinder begründete (und zu begründende) Grenzen zu setzen, als darum, strikten Gehorsam zu fordern. Anders gesagt, die Befolgung von Regeln und Normen und die Achtung der elterlichen Autorität wird von ihnen als ein eigenständiger Wert gesehen – es geht ihnen also um eine *psychologische* Kontrolle (im Unterschied zur Handlungskontrolle bei den autoritativen Eltern). Der Forderung nach Einhaltung von Vorschriften ohne Wenn und Aber entspricht die Neigung, massiv und physisch zu strafen und ein geringes Interesse an den Handlungsmotiven und Absichten des Kindes zu hegen. Beobachter beschreiben das Klima autoritärer Erziehung als kalt und feindselig.
- **Permissive Eltern** sind wenig lenkend und kontrollierend. Sie stellen wenig Anforderungen an das Kind und erlauben – den Impulsen des Kindes nachgebend – daß es sein Verhalten selbst steuert. Sie versuchen, so wenig wie möglich zu reglementieren; z. B. vermeiden sie Bestrafungen.

Wenn Sie Ähnlichkeiten zu Kurt Lewins Einteilung von Führungsstilen (s. Abschn. 9.1) sehen, so ist das durchaus berechtigt und hat seinen sachlichen Hintergrund. Maccoby (1992) hat aufgezeigt, daß Baumrinds Definition des autoritativen Stils rückblickend als Versuch gesehen werden kann, die Defizite von Lewins demokratischem Führungs- (und Erziehungs-) Stil zu überwinden. Baldwin, ein Schüler Lewins, hatte nämlich das Konzept der demokratischen Führung auf Eltern-Kind-Interaktionen angewendet und dabei festgestellt, daß die Kinder demokratisch erziehender Eltern zwar in vielen Entwicklungsmerkmalen am besten abschnitten, daß sie aber auch gegenüber Gleichaltrigen zu Dominanz und Aggressivität tendierten. – Neben diesem sachlichen Anknüpfungspunkt gibt es auch noch eine persönliche Verbindung, weil einer von Lewins Studenten, Hubert Coffey, zu Baumrinds Dozenten gehörte.

Maccoby u. Martin (1983) haben Baumrinds Typologie ergänzt, indem sie den permissiven Erziehungsstil weiter differenziert haben. Dazu griffen sie auf frühere Ergebnisse der Erziehungsstilforschung aus den 50er und 60er Jahren zurück. Verschiedene Autoren hatten damals übereinstimmend 2 **Grunddimensionen elterlicher Erziehung** ermittelt: Liebe/Zuwendung vs. Feindseligkeit/Ablehnung und Autonomie/Selbständigkeit vs. Lenkung/Kontrolle (z. B. Sears et al. 1957; Schaefer 1965). Durch die Kombination dieser beiden Dimensionen definierten Maccoby u. Martin die 4 Typen elterlicher Erziehung, die wir bereits in Abb. 10.15 kennengelernt haben: neben der autoritativen und der autoritären Erziehung sind das der nachgiebige (»indulgent«) und der vernachlässigende (»neglectful«) Erziehungsstil.

- Eltern, die **nachgiebig** erziehen, sind tolerant, warmherzig und dem Kind zugewandt, aber gleichzeitig üben sie auch wenig Lenkung und Strukturierung aus und stellen wenig Forderungen an das Kind. Sie erlauben, daß es sein Verhalten weitgehend selbst steuert.
- Bei der **vernachlässigenden Erziehung** sind die Eltern in jeder Hinsicht unbeteiligt, vielleicht weil sie so sehr mit den eigenen Problemen beschäftigt sind, daß sie sich aus ihrer Erziehungsaufgabe zurückgezogen haben. Weder sind sie emotional dem Kind zugewandt, noch haben sie ein Interesse daran, das Verhalten des Kindes zu bewerten und entsprechend zu lenken.

Die klare Definition von Konzepten ist eine Angelegenheit, die Umsetzung in praktikable und aussagenkräftige Beobachtungsverfahren ist eine andere. Die Erfassung des elterlichen Erziehungsstils ist eine meßmethodisch bisher nicht befriedigend gelöste Aufgabe. Es werden 3 Möglichkeiten verwendet, teilweise in Kombination miteinander:

- **Selbstbeurteilung:** die Befragung der Eltern über den eigenen Erziehungsstil. Dabei stellt sich das Problem, daß die Eltern sich über die eigene Haltung möglicherweise nicht im klaren sind und *unwissentlich* falsche Auskünfte geben und daß Eltern aus Gründen der sozialen Erwünschtheit *wissentlich* falsche Angaben machen können, um in einem besseren Licht dazustehen;
- **Fremdbeurteilung:** die Befragung der Kinder über den elterlichen Erziehungsstil. Hier liegen die Schwierigkeiten darin, daß die Kinder den elterlichen Erziehungsstil evtl. verfälscht wahrnehmen, weil z. B. die Qualität der Eltern-Kind-Beziehung beeinflußt, wie die Eltern wahrgenommen werden;
- die Beobachtung des Elternverhaltens in ausgewählten Situationen und die Beurteilung dieser Beobachtungen hinsichtlich des darin sichtbar werdenden Erziehungsstils. Subjektive Verfälschungstendenzen können hier zwar weitgehend ausgeschlossen werden, es stellt sich jedoch die Frage, inwieweit die Beobachtungen repräsentativ und typisch für das alltägliche Elternverhalten sind (zumal, wenn die Eltern wissen, daß sie beobachtet werden).

Einen konkreten Eindruck vom Vorgehen bei der Diagnose des elterlichen Erziehungsstils erhalten Sie im Abschn. **Experiment,** in dem wir ein Verfahren beschreiben, das auf der Befragung der Kinder beruht.

EXPERIMENT

Ein Verfahren zur Erfassung des elterlichen Erziehungsstils

Das Fragebogenverfahren von Lamborn et al. (1991) ist geeignet, um bei 14–18jährigen Schülern den elterlichen Erziehungsstil zu erfragen. Ausgangspunkt für den Fragebogen war die von Maccoby u. Martin auf der Grundlage der Dimensionen Zuwendung/Wärme und Lenkung/Kontrolle vorgenommene Unterscheidung von 4 Typen der elterlichen Erziehung: des autoritativen, des autoritären, des nachgiebigen und des vernachlässigenden Erziehungsstils (s. oben). Unter der Dimension Zuwendung/Wärme (»acceptance/involvement«) verstehen Lamborn et al. das Ausmaß, in dem die Jugendlichen die Eltern als liebevoll, an

Tabelle 15.1. Ein Fragebogenverfahren zur Erfassung der Dimensionen Zuwendung/Wärme und Lenkung/Kontrolle in der elterlichen Erziehung. (Nach Lamborn et al. 1991)

Diese Fragen werden Jugendlichen gestellt, und aus den Antworten wird auf den elterlichen Erziehungsstil zurückgeschlossen (nähere Erläuterungen siehe Text)

Elterliche Zuwendung/Wärme	Elterliche Lenkung/Kontrolle
Kannst Du Dich darauf verlassen, daß Dir Dein Vater/Deine Mutter hilft, wenn Du Probleme hast?	Wie lange darfst Du normalerweise abends wegbleiben, wenn Du am nächsten Tag Schule hast?
Unterstützt er/sie Dich dabei, alles, was Du machst, auch gut zu machen?	Wie lange darfst Du wegbleiben, wenn Du am nächsten Tag keine Schule hast (an Wochenenden)?
Hält er/sie Dich dazu an, unabhängig zu denken?	Wissen Deine Eltern in der Regel genau, wo Du Dich an den meisten Nachmittagen nach Schulschluß aufhältst?
Hilft er/sie Dir, wenn Du mit den Schulaufgaben nicht zurechtkommst?	Wie sehr *bemühen* sich Deine Eltern, herauszufinden, wo Du abends hingehst?
Wenn er/sie etwas von Dir verlangt, erklärt er/sie dann auch, warum das so ist?	Wie sehr *bemühen* sich Deine Eltern, herauszufinden, was Du mit Deiner Freizeit machst?
Angenommen, Du bekommst in der Schule schlechte Noten – wie oft ermutigen Dich Deine Eltern, Dich mehr anzustrengen?	Wie sehr *bemühen* sich Deine Eltern, herauszufinden, wo Du nachmittags nach der Schule bist?
Angenommen, Du bekommst in der Schule gute Noten – wie oft loben Dich Deine Eltern dafür?	Wieviel wissen Deine Eltern *tatsächlich* darüber, wo Du abends hingehst?
Wieviel wissen Deine Eltern wirklich darüber, wer Deine Freunde sind?	Wieviel wissen Deine Eltern *tatsächlich* darüber, was Du in Deiner Freizeit machst?
Wie oft kommt es vor, daß Deine Familie gemeinsam etwas unternimmt, was Spaß macht?	Wieviel wissen Deine Eltern *tatsächlich* darüber, wo Du nachmittags nach der Schule bist?

ihrem Leben anteilnehmend und sensibel (»responsiv«) für ihre Probleme erleben. Lenkung/Kontrolle (»strictness/supervision«) bezieht sich auf die Beaufsichtigung und Strukturierung der Lebenswelt des Jugendlichen. (Es fällt auf, daß im Vergleich zu Definitionen anderer Autoren hier die Formulierung von Anforderungen keine Rolle spielt.) In Tabelle 15.1 sind die Fragen aufgeführt, die zur Messung dieser beiden Dimensionen formuliert wurden. Dabei ist zu beachten, daß wir zum Zwecke der übersichtlicheren Darstellung die Formulierung (jedoch nicht den Inhalt) der Fragen meistens verändert haben.

Auf jeder der beiden Dimensionen wurden die insgesamt über 4000 Versuchsteilnehmer in 3 gleich große Gruppen eingeteilt: jeweils das Drittel mit den höchsten, den mittleren und den niedrigsten Werten. Man spricht auch von einer Einteilung in 3 Terzile.

- Die Autoren sprechen dann davon, daß ein autoritativer Erziehungsstil vorliegt, wenn die Beschreibung der elterlichen Erziehung auf beiden Dimensionen im oberen Drittel (Terzil) liegt, also als zugewandt und lenkend beschrieben wird.
- Vernachlässigende Erziehung wird dadurch »operational definiert«, daß die Beschreibung auf beiden Dimensionen im unteren Drittel liegt, d. h. als wenig zugewandt und wenig lenkend charakterisiert wird.
- Bei der autoritären Erziehung verbindet sich ein Rangplatz im oberen Drittel auf der Skala Lenkung/Kontrolle mit einem Rangplatz im unteren Drittel der Skala Zuwendung/Wärme.
- Bei der nachgiebigen Erziehung ist umgekehrt im Sinne der Terzilbildung ein hohes Maß an Zuwendung mit einem geringen Maß an Kontrolle kombiniert.

> **!** Gleichgültig, ob man den autoritativen Erziehungsstil mit dem autoritären und dem permissiven oder mit dem autoritären, dem nachgiebigen und dem vernachlässigenden Erziehungsstil vergleicht, in einer Vielzahl von Studien mit unterschiedlicher Beobachtungsmethodik hat sich *für unsere Kultur* übereinstimmend die Überlegenheit des autoritativen Erziehungsstils gezeigt (vgl. auch Abschn. 10.6; Tabelle 15.2) – ein Resultat, das eindeutig der zu Anfang beschriebenen These von Scarr über die »Vernachlässigbarkeit des elterlichen Erziehungsstils unter Normalbedingungen« widerspricht.

Entgegen der weit verbreiteten Auffassung über die »Ohnmacht« der Eltern gegenüber Jugendlichen sprechen die Untersuchungsergebnisse auch dafür, daß der Elterneinfluß *im Jugendalter* nicht nachläßt. In der im Abschn. **Experiment** vorgestellten Studie verglichen die Autoren die Auswirkungen der 4 Erziehungsstile in 4 Merkmalsbereichen:

- im Stand der psychosozialen Entwicklung, beispielsweise im ausgeprägten Selbstvertrauen und im positiven Selbstkonzept,
- im Schulerfolg, gemessen sowohl an den Schulnoten als auch an der Selbsteinschätzung der Schulleistung,
- in »nach außen gerichteten Verhaltensproblemen«, erfaßt durch Berichte der Jugendlichen über Alkohol- und Drogenmißbrauch, über Disziplinprobleme in der Schule und über Straftaten (Delinquenz),
- in »nach innen gerichteten Verhaltensproblemen«, die sich zum einen in psychosomatischen Symptomen und zum anderen in psychologischen Symptomen wie Angstgefühlen, Depressionen und Anspannungen zeigen.

Tabelle 15.2. Die positiven Wirkungen des autoritativen Erziehungsstils im Vergleich zu den anderen Erziehungsstilen. Es ist zu beachten, daß es sich um »mittlere Unterschiede« handelt, d. h. nicht in jedem Einzelfall hat autoritative Erziehung diese Wirkung. (Nach Baumrind 1993)

Autoritative Erziehung führt zu
großen Fortschritten in der psychosozialen Reife,
Bereitschaft zu prosozialem Verhalten,
interner Kontrollüberzeugung,
wenig nach außen gerichteten Verhaltensproblemen,
wenig nach innen gerichteten Verhaltensproblemen,
wenig Drogenproblemen.

Wir fassen die Resultate in 2 Punkten zusammen: Erstens zeigte sich in allen 4 Merkmalsbereichen ein bedeutsamer Einfluß der elterlichen Erziehung. Zweitens war der autoritative Erziehungsstil den anderen Erziehungsstilen eindeutig überlegen: Jugendliche mit autoritativ erziehenden Eltern hatten die wenigsten Verhaltensprobleme und den höchsten Entwicklungsstand in den verschiedenen Maßen für psychosoziale Kompetenz.

Betrachtet man die Ergebnisse im Detail, so zeigt sich, daß es »jenseits« der globalen Überlegenheit der autoritativen Erziehung eine Vielzahl von Fakten gibt, die nach einer differenzierteren Erklärung verlangen. Es erwies sich nämlich, daß die vernachlässigend erzogenen Jugendlichen den autoritär oder nachgiebig erzogenen Altersgenossen unterlegen waren, denn sie schnitten in allen Merkmalsbereichen am schlechtesten ab. Die autoritär und nachgiebig erzogenen Jugendlichen zeigten eine Mischung aus negativen und positiven Merkmalen. Autoritäre Erziehung geht erwartungsgemäß mit Gehorsam und Konformität einher; aber die so erzogenen Jugendlichen zeigen auch wenig nach außen gerichtete Verhaltensprobleme (Drogen- und Alkoholmißbrauch sowie abweichendes Verhalten) und sind, objektiv gesehen, gute Schüler. Der Preis, den sie zahlen müssen, ist ein geringes Selbstvertrauen und eine Unterschätzung ihrer eigenen schulischen und sozialen Möglichkeiten.

Nachgiebig erzogene Jugendliche sind relativ desinteressiert an der Schule, was sich in schlechteren Schulleistungen zeigt. Sie haben auch Disziplinprobleme in der Schule und neigen eher als die autoritativ und autoritär erzogenen Altersgenossen zu Drogen- und Alkoholmißbrauch, unterscheiden sich von ihnen aber nicht, was die Resistenz gegen schwerere Formen von Delinquenz angeht. Sie haben ein hohes Maß an gerechtfertigtem Selbstvertrauen in ihre sozialen Fähigkeiten, denn tatsächlich haben sie relativ große soziale Kompetenzen.

In einer weiteren Studie teilten Steinberg et al. (1991) eine Stichprobe von etwa 10 000 US-amerikanischen Jugendlichen der Klassen 9–12 nach der ethnischen Herkunft der Familien, dem sozioökonomischen Status und der Familienstruktur in insgesamt 16 Untergruppen ein. Die Überlegenheit der autoritativen Erziehung erwies sich als »transkontextuell valide«: Weitgehend unabhängig von den ethnischen, sozialen und familiären Bedingungen erzielten die Jugendlichen mit autoritativ erziehenden Eltern bessere Schulleistungen, hatten ein höheres Selbstvertrauen, begingen weniger

Straftaten und neigten zu weniger Angstgefühlen und Depressionen.

15.2.3
Warum ist die autoritative Erziehung überlegen?

Baumrind selbst hat die Überlegenheit des autoritativen Erziehungsstils damit erklärt, daß die bestimmte, aber nicht restriktive Kontrolle den Kindern und Jugendlichen Gelegenheit gibt, eine Balance zwischen der Notwendigkeit von Regel- und Normbeachtungen und dem Bedürfnis nach Autonomie und der Entfaltung des eigenen Denkens zu finden. Sie verweist auch darauf, daß die Eltern dieser Kinder bereit sind, mehr in die Erziehung ihrer Kinder zu investieren: Dadurch, daß sie Situationen schaffen, in denen ihre Kinder sich selbst als erfolgreich erleben können und daß sie ihnen positive Rückmeldungen geben, tragen sie aktiv zum Aufbau der erlebten Selbstwirksamkeit und des Selbstvertrauens bei. Sie geben den Kindern auch eine aktive Hilfestellung bei der Entwicklung von Fertigkeiten und einer günstigen Einstellung zu den Schulaufgaben – und hier könnte auch die Verbindung zu den überlegenen Schulleistungen der autoritativ erzogenen Kinder liegen.

Ein anderer Erklärungsversuch nimmt die Tatsache, daß die autoritative Erziehung zwar »transkontextuell« (s. oben), *nicht* aber »**transkulturell**« überlegen ist, zum Ausgangspunkt. Wurden in US-amerikanischen Studien verschiedene ethnische Gruppen verglichen – weiße US-Amerikaner mit Angehörigen der afro-amerikanischen und der asiatisch-amerikanischen Minderheiten –, so hatte die autoritative Erziehung nur bei den weißen Amerikanern bessere Schulleistungen zur Folge. Während autoritäre Erziehung bei den Kindern weißer Amerikaner zu nach innen gerichteten Verhaltensproblemen (Angstgefühlen, Depression) führt, stärkt sich bei afro-amerikanischen Mädchen die »innere Festigkeit« (Assertivität).

Derartige Resultate führten Darling u. Steinberg, wie wir in Abschn. 10.6 schon angedeutet haben, zu der Unterscheidung von **Erziehungsinhalt** (den tatsächlichen Erziehungspraktiken) und **Erziehungskontext** (dem Erziehungsstil).

- *Erziehungspraktiken* beziehen sich auf spezifische Inhalte und Sozialisationsziele. Sie sind *konkret:* dem Kind einen Klaps geben, Interesse an seiner Schulaufgabe zeigen, fordern, daß eine bestimmte Pflicht erfüllt wird.

- Der *Erziehungsstil* dagegen bezieht sich auf inhaltsunabhängige Verhaltensweisen. Er bestimmt das allgemeine emotionale Klima und äußert sich im Ton der Stimme, in der Körpersprache, in Gefühlsausbrüchen. Der Stil vermittelt dem Kind, mit welchem Gefühl die Eltern nicht seinen einzelnen Handlungen, sondern ihm als Person begegnen. Beispielsweise teilt der autoritative Erziehungsstil dem Kind mit, daß die Eltern sich wohl fühlen, wenn sie das Kind lenken können, daß sie die Individualität des Kindes akzeptieren und offen für seine Wünsche und Bedürfnisse sind.

Erziehungspraktiken sind die Mechanismen, durch die Eltern ihren Kindern unmittelbar helfen, ganz bestimmte Sozialisationsziele zu erreichen; beispielsweise indem sie im Hinblick auf das Erreichen schulischer Leistungsziele Hausaufgaben kontrollieren oder dem Kind weitere Lerngelegenheiten (Nachhilfe) bieten. Erziehungsstile dagegen vermitteln (oder hemmen) grundlegende Haltungen und allgemeine psychosoziale Kompetenzen.

In Abschn. 15.4 werden wir sehen, daß elterliche Erziehung besonders in einem Problembereich von entscheidender Bedeutung ist. Sie beeinflußt ganz wesentlich, ob Kinder lernen, gegenüber ihrer Umwelt eine aggressive Haltung einzunehmen und aggressive Handlungen als eine bevorzugte Reaktionsweise bei Problemen unterschiedlicher Art anzuwenden.

Auffassungen darüber, ob elterliche Erziehung eine Rolle spielt, werden aber nicht nur in Fachkreisen erörtert und sind nicht nur von akademischem Interesse. Eltern haben ebenfalls Vorstellungen von Entwicklung und Erziehung – man spricht hier von »naiven Elterntheorien«, um zum Ausdruck zu bringen, daß diese Ideen häufig unreflektiert und implizit existieren.

> **!** Zu den impliziten Theorien von elterlicher Erziehung gehören auch Vorstellungen darüber, ob und wie Erziehung überhaupt etwas bewegen kann. Vertreten Eltern – ähnlich wie Scarr – die Auffassung, daß ihre Erziehung kaum etwas bewegen kann, so werden sie wenig Aufwand betreiben, verantwortlich und engagiert zu erziehen – und sie werden hinterher die ungünstige Entwicklung ihrer Kinder auch noch damit erklären können, daß sie nichts dafür können, weil die Neigung zu Aggression, die fehlende Rücksichtnahme usw. »in den Kindern steckte«.

15.3
Erziehungseinflüsse auf die Internalisierung von Normen und Werten

Versetzen Sie sich einmal in die Rolle der Mutter oder des Vaters eines Kindes im Kindergarten- oder Schulalter. (Vielleicht sind Sie ohnehin in dieser Rolle um so besser).

- Stellen Sie sich nun folgende Szene vor: Gerade hat Ihre 4jährige Tochter der 1 Jahr jüngeren Schwester die Puppe entrissen und sie dabei zu Boden gestoßen, weil sie das Spielzeug nicht freiwillig herausrücken wollte. Wohlgemerkt: Die Puppe gehört der jüngeren Schwester.
- Betrachten Sie sich nun noch eine zweite Situation: Bevor Ihr 12jähriger Sohn nachmittags spielen geht oder sich mit seinen Freunden trifft, fragen Sie ihn, ob er seine Schulaufgaben erledigt hat. Sie bekommen zu hören, daß er die wenigen Aufgaben schon auf der Heimfahrt von der Schule erledigt hat oder daß die Lehrer keine Aufgaben gestellt haben. Das geht eine Weile so; dann erfahren Sie durch den besorgten Anruf der Klassenlehrerin, daß Ihr Sohn seit ein paar Wochen die Hausaufgaben nicht mehr erledigt.

Versetzen Sie sich in beiden Fällen in die knifflige Lage der Mutter oder des Vaters: Wie also würden Sie reagieren (s. auch Abb. 15.2)?

Abb. 15.2. Wie reagieren Sie, wenn ein Kind etwas Verbotenes oder Unerwünschtes getan hat?

Wir lernen in diesem Abschnitt eine Theorie kennen, die einer ganz bestimmten Erziehungssituation und der Erziehungshandlung der Eltern in dieser Situation eine entscheidende Rolle dabei einräumt, ob Kinder Regeln und Normen *wirklich* verinnerlichen – man spricht von internalisieren – oder nicht. Der amerikanische Erziehungspsychologe Martin Hoffman hat vor nunmehr 30 Jahren die These aufgestellt, daß für die **Internalisierung** von Normen (moralischen Regeln) die Reaktionen der Eltern auf unerwünschte oder unerlaubte Verhaltensweisen entscheidend sind. Diese Situation – ein Kind hat aus der Sicht der Eltern ein »Fehlverhalten« (»misbehavior«) gezeigt, die Eltern haben das mitbekommen und reagieren darauf – bezeichnet Hoffman (1983, S. 248) als »discipline encounter«, die Erziehungspraktiken der Eltern in dieser Situation als »discipline techniques (methods)«. Beide Bezeichnungen sind nur schwer treffend zu übersetzen, da die deutschen Begriffe »Disziplinierung« und »Reglementierung« eine zu negative und der Begriff »Erziehung« eine zu neutrale Konnotation aufweisen. Der Bereich der Entwicklung des Verstehens und Beurteilens sowie der Übernahme von **sozialen Regeln** und **Normen** wird in der Psychologie als *Moralentwicklung* bezeichnet (vgl. auch die kurzen Ausführungen in Abschn. 10.8); konzentriert man sich, wie Hoffman, auf den Einfluß der elterlichen Erziehung, so geht es um *Moralerziehung*.

15.3.1
Hoffmans Theorie des Einflusses der elterlichen Erziehung auf den Prozeß der Internalisierung

Prinzipiell haben Eltern sehr vielfältige Möglichkeiten, um auf wahrgenommenes Fehlverhalten von Kindern zu reagieren. Überlegen Sie, welche Wege Ihnen in den beiden Beispielszenen offen ständen. Nach Hoffman läßt sich aber ein großer Teil elterlicher Reaktionen zu 3 Gruppen bündeln: Eltern können Macht ausübend, mit Liebesentzug oder induktiv regieren.

- **Liebesentzug** bedeutet, daß die Eltern dem Kind eindeutig den Entzug ihrer Zuneigung signalisieren. Sie demonstrieren Enttäuschung und Gekränktsein, brechen den Kontakt ab, sind für das Kind nicht ansprechbar, bis hin zur demonstrativen körperlichen Abwendung (dem Kind den Rücken zukehren).
- Unter **Machtausübung** versteht man, daß die Eltern ihre Ablehnung des kindlichen Fehlverhaltens und

die Forderung nach zukünftiger Unterlassung dieses Verhaltens aufgrund ihrer Machtposition durchsetzen. Sie reagieren mit Härte – sie drohen, befehlen und strafen u. U. mit physischer Gewalt. Bei Kindern löst diese Form von Zwang ein hohes Maß an emotionaler Beteiligung und Angst aus; von Beobachtern wird sie als harsch und feindselig erlebt.

- Die Bezeichnung **Induktion** soll bereits darauf verweisen, daß diese Form elterlichen Handelns darauf ausgerichtet ist, bei dem Kind eine bestimmte Sichtweise des vorhergegangenen Fehlverhaltens herbeizuführen (zu induzieren). Induktionen sind Erziehungspraktiken, die Kinder auf die Auswirkungen ihrer Handlungen auf andere hinweisen. Je nach dem Alter des Kindes sehen sie unterschiedlich aus.

Die frühesten Induktionen können einfache Feststellungen über die direkten Auswirkungen enthalten: »Wenn Du sie weiterhin schubst, dann fällt sie hin und fängt an zu weinen.« Sind die Kinder etwas älter, erklären die Eltern vielleicht, warum das Verhalten des Kindes nicht in Ordnung war, indem sie z. B. die Absichten der vorangegangenen Handlungen des »Opfers« erläutern: »Brüll' ihn nicht an – er wollte Dir doch nur helfen«. Wächst das Verständnis der Kinder weiter, so weisen die Eltern vielleicht auf noch subtilere psychologische Effekte hin. »Denk mal dran, wie schlecht er sich fühlen muß. Er war so stolz auf den Turm, den er gebaut hatte. Und dann bist Du hergekommen und hast den Turm umgestoßen.« Häufig werden diese Hinweise auf die Folgen für das »Opfer« des Fehlverhaltens durch Vorschläge für die Wiedergutmachung ergänzt.« (Hoffman 1983, S. 246; eig. Übers.)

Zwar enthält nach Hoffman jede Form von elterlicher Reaktion, die dem Kind die Unerwünschtheit seiner Handlung aufzeigt, *auch* Elemente von Liebesentzug und von Machtausübung, aber diese Aspekte stehen bei der induktiven Erziehung nicht im Vordergrund. Wenn bei der Reaktion auf Regel- oder Normverletzungen (»Fehlverhalten«) die Induktion dominiert, so erleichtern die Eltern den Kindern die Internalisierung der jeweiligen Norm (s. unten ausführlicher zum Konzept der Internalisierung).

> ! Reagieren die Eltern mit Machtausübung, so mag zwar eine äußere Anpassung aus Angst vor Strafe zu beobachten sein, aber es kommt zu keiner Einhaltung der Regeln und Normen aus Überzeugung. Liegt die Betonung der Eltern auf dem Liebesentzug, so mag das zwar nicht die Einhaltung der von den Eltern gewünschten Normen und Regeln

> behindern. Die Begleiterscheinung ist aber der Aufbau eines ängstlich-rigiden Normen- und Moralsystems, das zur Vermeidung von Verantwortung und Angst vor jeglicher Kritik führen kann.

Die besondere Attraktivität von Hoffmans Theorie liegt aber darin, daß sie nicht bei der Behauptung stehen bleibt, es bestünde ein Zusammenhang zwischen elterlichen Erziehungspraktiken in »discipline encounters« und der Übernahme von Normen und Regeln, sondern daß sie eine *psychologische* Erklärung für diesen Zusammenhang anbietet. Diese Erklärung werden wir im Abschn. **Unter der Lupe** nachzeichnen.

Verschiedene Autoren (z. B. Grusec 1997) haben beklagt, daß Hoffmans Theorie bei aller Attraktivität des Gedankengangs empirisch nicht abgesichert sei. Die Resultate seien nicht eindeutig und die Beobachtungsmethoden zur Erfassung der elterlichen Erziehungstechnik und der Internalisierungsprozesse von fragwürdiger Qualität. Im Abschn. **Experiment** beschreiben wir eine aktuelle Studie von Krevans u. Gibbs (1996), auf die diese Einwände u. E. nicht zutreffen.

> ! Die Studie von Krevans u. Gibbs ist nach unserer Einschätzung eine weitere klare Bestätigung für die Richtigkeit von Hoffmans Theorie über den Zusammenhang zwischen elterlichen Erziehungspraktiken nach Regel- oder Normverletzungen und Internalisierungsprozessen. Sie zeigt im Fall von etwa 12jährigen Heranwachsenden zweifelsfrei, daß die Betonung der Induktion bei der elterlichen Reaktion nach »Fehlverhalten« den empathischen Umgang der Kinder mit dem eigenen Verhalten und seinen Konsequenzen verstärkt. Diese Form der **Empathie** wiederum – nach Hoffman ein Merkmal der Internalisierung – trägt dazu bei, daß eine erhöhte Bereitschaft zu prosozialem Handeln entsteht.

15.3.2
Erweiterungen und Revisionen der Theorie

Warum ist die induktive Erziehung überlegen?

Trotz der Beobachtungen von Krevans u. Gibbs und ähnlicher Resultate aus anderen Studien stellen Grusec u. Goodnow (1994) Hoffmans These über die Überlegenheit der induktiven Erziehung bei der Internalisierung von Normen in Frage. Sie sind der Ansicht, daß nicht Induktion – also der erklärende Hinweis der Eltern auf die nachteiligen Folgen des unerwünschten Verhaltens für andere Personen – *per se* die Wirkung ausmacht, sondern daß es darauf ankommt, wie Eltern diese Erklärungen abgeben. Zur Zusammenfassung

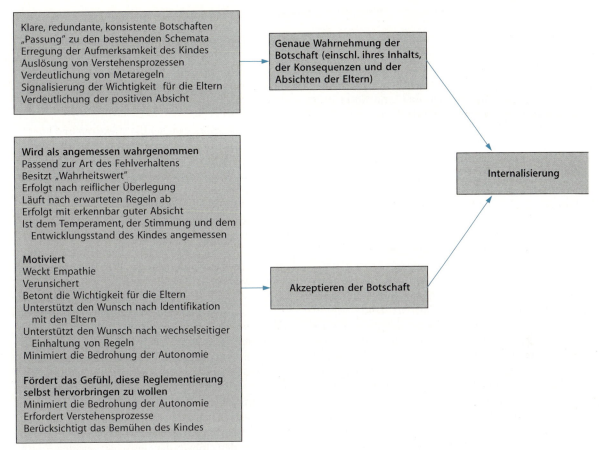

Abb. 15.3. Einflüsse elterlichen Erziehungspraktiken auf den Internalisierungsprozeß. Grusec u. Goodnows (1994) Vorschlag zur Erweiterung von Hoffmans Theorie. Aufgeführt sind die Merkmale elterlicher Erziehungspraktiken, die die exakte Wahrnehmung und Akzeptanz der »Botschaft« der Eltern an das Kind unterstützen. (Nach Grusec u. Goodnow 1994, S. 15)

verschiedener Faktoren, die sich als einflußreich erwiesen haben, wählen sie ein zweistufiges Modell, das in Abb. 15.3 veranschaulicht wird.

Im oberen Teil der Abbildung ist der erste Schritt, die *Wahrnehmung* der in der elterlichen Erziehungsmaßnahme enthaltenen »Botschaft« dargestellt. Was die Eltern mitteilen, kann vom Kind mehr oder weniger genau wahrgenommen werden, z. B. in Abhängigkeit davon, ob die Mitteilung dem Verständnisniveau des Kindes entspricht und ob die Aufmerksamkeit des Kindes geweckt wurde. Der zweite Schritt, dargestellt im unteren Teil von Abb. 15.3, betrifft die *Akzeptanz* der elterlichen Botschaft, nachdem sie wahrgenommen worden ist. Die Akzeptanz hängt, grob gesagt, davon ab, ob die elterliche Erziehungsmaßnahme als angemessen wahrgenommen wird, ob sie das Kind motiviert und ob sie von ihm nur als mäßiger äußerer Druck erlebt wird.

Warum sind elterliche Erziehungsmaßnahmen nicht erfolgreich? Das hängt nach Grusec u. Goodnow nicht davon ab, ob sie pauschal als »Macht ausübend« oder »induktiv« charakterisiert werden können. Es kommt auf die Vielzahl der im Rahmenmodell in Abb. 15.3 aufgewiesenen Einflüsse an. Möglicherweise wäre das Kind durchaus bereit, die elterliche »Botschaft« zu akzeptieren und zu befolgen, aber es hat sie nicht klar verstanden. Oder aber die Botschaft der elterlichen Erziehungsmaßnahme war für das Kind zwar sehr klar, aber nicht akzeptabel, weil es sie als unangemessen wahrgenommen hat oder weil sie nicht motivierend gewirkt hat.

UNTER DER LUPE

Wie trägt Induktion zur Internalisierung von Normen bei?

Wie läßt sich das Konzept der Internalisierung oder »Verinnerlichung« von Normen genauer fassen? Eine allgemeine Definition besagt, daß eine Norm (oder allgemeiner eine Verhaltensregel) dann internalisiert ist, wenn die Person eine Verpflichtung empfindet, sich auch dann an die Norm zu halten, wenn ihr keine Strafe oder andere negative Konsequenzen drohen. Hoffmans Definition (1983, S. 243–244) ist anspruchsvoller. Sie wirft auch Licht darauf, wie komplex der Prozeß der Moralentwicklung und Moralerziehung sein muß.

Die Internalisierung einer Norm hat eine affektiv-motivationale, eine kognitive und eine »Erlebnisseite«.

- Die *affektiv-motivationale* Seite zeigt sich in Situationen, in denen die fragliche Norm mit einem egoistischen Motiv in Konkurrenz steht. Solche Situationen nennt Hoffman »moral encounters«. Ein 12jähriger Junge, der seinem kranken Freund versprochen hat, ihn heute nachmittag im Krankenhaus zu besuchen, nun aber von einem anderen Freund die Einladung zu einem attraktiven Kinobesuch erhält, befindet sich in einem solchen »moral encounter«. Die Norm, daß man ein Versprechen einhalten muß (und vielleicht auch die Norm, daß man sich um einen Kranken kümmern muß) ist dann internalisiert, wenn sie mit dem egoistischen Motiv des Kinobesuchs in Konkurrenz tritt. Die internalisierte Norm hat eine motivierende Funktion: Sie motiviert den Jungen, nicht ins Kino zu gehen, sondern den Krankenbesuch abzustatten. Ob sich dieses Motiv durchsetzt, ist nicht entscheidend, denn auch wenn das egoistische Motiv unterliegt, so kann die Internalisierung in den Gefühlen des Jungen – hier z. B. in Schuldgefühlen – sichtbar werden.
- Wie sich die *kognitive* Komponente äußert, ist vom Alter der Person abhängig. Sie zeigt sich in Antizipationen der Konsequenzen der Nichteinhaltung und in der Beurteilung und Begründung von Handlungen als »richtig« oder »falsch«. Im Beispiel antizipiert der Junge etwa, wie der Freund im Krankenhaus vergeblich auf ihn wartet.
- Internalisierte moralische Normen werden als »aus mir selbst kommend« *erlebt*. Das gilt für die Ko-

gnitionen genauso wie für die moralischen Affekte (z. B. die Schuldgefühle). Die ursprüngliche Quelle der Norm, etwa die Sozialisationserfahrungen in der Kindheit, ist möglicherweise vergessen worden.

Betrachten wir nun genauer die affektiven und kognitiven Prozesse in »discipline encounters«. Ob die Eltern mit Machtausübung, mit Liebesentzug oder mit Induktion auf ein unerwünschtes Verhalten des Kindes reagieren – sie haben in jedem Falle das Ziel, das zukünftige Auftreten des Fehlverhaltens zu unterbinden. Sie wollen verhindern, daß die große Schwester der kleinen nach Belieben etwas wegnimmt oder daß sie von ihrem Sohn belogen werden. Voraussetzung dafür, daß die Reaktionen der Eltern überhaupt etwas ausrichten können, ist, daß sie vom Kind wahrgenommen werden. Mit anderen Worten, die Erziehungspraktiken der Eltern müssen ein Mindestmaß an Aufmerksamkeit (»arousal«) erwecken – sonst wird das Kind die Maßnahme der Eltern einfach ignorieren.

Es kann aber auch ein Übermaß an Aufmerksamkeit oder Erregung geben. Nehmen wir in unserem Beispiel an, daß die Mutter die Tochter anschreit oder sogar schlägt. Zweifellos wird das nachdrücklich die Aufmerksamkeit des Kindes aktivieren, nur wird sich diese auf die Art der mütterlichen Reaktion und nicht auf den Inhalt der Botschaft richten (auch wenn die Mutter lautstark erläutert hat, warum sie der kleineren Schwester die Puppe nicht einfach wegnehmen darf). Für das Kind stehen die eindringliche, laute Stimme der Mutter und der drohende Ton im Vordergrund. Seine Aufmerksamkeit richtet sich auf die Gefühle der Mutter, nicht aber auf die »Erziehungsbotschaft«, und möglicherweise auch auf die eigenen Gefühle – auf die Angst, die es erlebt, weil es weiß, daß diese drohende, schreiende Stimme eine körperliche Strafe ankündigt. In ähnlicher Weise kann man sich leicht ausmalen, wie die Betonung des Liebesentzugs die Aufmerksamkeit des Kindes übermäßig aktiviert und nur auf die Befindlichkeit der Mutter ausrichtet – »Meine Mutti zeigt mir, daß sie mich gar nicht mag«.

Steht die Induktion im Vordergrund und ist sie mit Klarheit und Bestimmtheit verbunden, so ist das Kind einerseits genügend aufmerksam für die Botschaft der Eltern, andererseits aber wird es nicht zu sehr aktiviert, um vom Inhalt der Botschaft abgelenkt zu werden. Der Inhalt besteht aber gerade im Hinweis auf die negativen Folgen des kindlichen Handelns, etwa für die kleinere Schwester (im ersten Beispiel) oder für die belogenen Eltern selbst (im zweiten Beispiel).

Die Wahrnehmung des Inhaltes der induktiven Erziehungsmaßnahmen hat eine ganze Reihe von teilweise weitreichenden Wirkungen:

- Das Kind stellt auf der kognitiven Ebene eine ursächliche Beziehung zwischen seinen Handlungen und deren Folgen (für andere Personen) her.
- In Verbindung mit der Fähigkeit zum Mitfühlen (Empathie) mit anderen Menschen, die schon bei kleinen Kindern vorhanden ist, entsteht ein Gefühl der Besorgnis für andere Personen.
- Diese Verbindung von Einsicht in die Verursachung negativer Folgen für andere und des empathischen Mitfühlens der bei anderen verursachten Verletzungen oder Schädigungen führt zu der Erfahrung von Schuldgefühlen (»empathic guilt«). Das sind die Schuldgefühle, die ein Kind später in moralischen Konfliktsituationen erlebt, wenn es eine internalisierte Norm verletzt.

- Die in der Induktion enthaltene Erklärung des elterlichen Verhaltens verringert weiterhin die erlebte Willkürlichkeit und das bestrafende Moment im Einschreiten der Eltern.

Nach Hoffman beeinflussen die Erfahrungen in »discipline encounters« deshalb das spätere Handeln so nachdrücklich, weil diese Situationen den »moral encounters« strukturell ähnlich sind: In beiden Situationen geht es um den Konflikt zwischen egoistischen Motiven und Normen, durch die egoistische Motive eingeschränkt werden sollen. In »discipline encounters« sind diese Normen zunächst noch nicht internalisiert, sondern sie werden durch das Eingreifen der Eltern realisiert, aber das Kind macht hier die Erfahrung, daß es seine egoistischen Motive einschränken soll. Wie deutlich geworden sein sollte, werden je nach elterlicher Erziehung dem Kind ganz unterschiedliche Beweggründe für die Einhaltung der Norm nahegebracht – der Blick auf die kognitiven und affektiven Folgen seines Tuns für das »Opfer« im Falle der induktiven Erziehung und der Blick auf die strafenden oder zurückweisenden Reaktionen der Eltern im Falle der Machtausübung oder des Liebesentzugs.

EXPERIMENT

Der Zusammenhang von Induktion, Empathie und prosozialem Verhalten – eine Bestätigung der Theorie Hoffmans

Krevans u. Gibbs gingen davon aus, daß es in der Literatur bereits genügend Bestätigungen dafür gibt, daß zwischen induktiver Erziehung und prosozialem Handeln ein Zusammenhang besteht. Prosoziales Handeln kann als Indiz für Internalisierung betrachtet werden. Insbesondere eine Variante des prosozialen Handelns, das altruistische oder uneigennützige Handeln, deckt sich mit dem, was Hoffman als charakteristisch für Internalisierung ansieht (s. oben): als ein Handeln, das nicht von externen Konsequenzen, sondern von dem Gefühl der empathischen Besorgnis für den anderen geleitet wird.

Gleichermaßen sehen Krevans u. Gibbs es als gesichert an, daß frühere Untersuchungen die Zusammenhänge zwischen induktiver Disziplin und Empathie sowie zwischen Empathie und prosozialem Handeln aufgewiesen haben. Induktive Erziehung fördert verschiedene Formen von empathischem Empfinden, und Empathie beeinflußt die Bereitschaft, prosozial zu handeln auch dann, wenn keine äußeren Anreize dafür bestehen, sich für andere Menschen einzusetzen.

Was jedoch bisher noch nicht untersucht worden war, ist die von Krevans u. Gibbs »Empathie-Mediationshypothese« genannte Annahme. Sie besagt, daß der offenkundige Zusammenhang zwischen elterlicher Erziehung und prosozialem Handeln durch das Ausmaß der Empathie vermittelt wird. Würde man die Empathie unberücksichtigt lassen, so würde sich der Zusammenhang verringern.

»Die Ergebnisse unserer Studie sind weitgehend stimmig mit Hoffmans Theorie und geben ihr weitere Unterstützung. ... Sie erweitern die vorliegenden Erkenntnisse durch die Prüfung der Mediationshypothese. ... Sie zeigen, daß induktive Erziehung im Gegensatz zur Erziehung durch Machtausübung die Entwicklung prosozialen Verhaltens unterstützt, und zwar weil Induktion zum Aufbau von Empathie führt« (Krevans u. Gibbs 1996, S. 3273; eig. Übers.).

Sehen Sie die Parallelen zwischen Darling u. Steinbergs Revision von Baumrinds Konzept der Erziehungsstile (s. Abschn. 15.2) und Grusec u. Goodnows Alternative zu Hoffmans Typisierung der Erziehungsmaßnahmen nach Fehlverhalten des Kindes?

> **!** Die Vorschläge von Darling u. Steinberg und Grusec u. Goodnow haben gemeinsam, daß sie den Inhalt der Erziehungsmaßnahmen (*Was*) vom Kontext (*Wie*) trennen wollen.

Die Einordnung der elterlichen Erziehung in ein bidirektionales Wirkungsmodell

Die Grenzen aller bisher vorgestellten Modelle über die Einflüsse elterlicher Erziehung auf die Sozialisation des Kindes – gleichgültig, ob es sich um Vorstellungen zur Wirkung von Erziehungsstilen oder um Theorien zu den Konsequenzen von Erziehungstechniken handelte – liegen darin, daß sie ein *unidirektionales* Wirkungsmodell enthalten. Kinder treffen auf Eltern, die über einen kulturell vermittelten Bestand an Normen, Werten, Überzeugungen und Einstellungen verfügen und diese Einstellungen vorsätzlich oder beiläufig im Prozeß der Erziehung an die Kinder weiterreichen. Erziehung ist also ein Prozeß in einer Richtung – ein Einfluß vom Erwachsenen auf das Kind. Auch wenn prinzipiell anerkannt wird, daß Kinder aktiv ihre Lebenswelt gestalten, daß sie Forderungen an Erwachsene stellen, daß sie die Erwachsenen zwingen, ihre Vorstellungen und Erziehungsmaßnahmen zu revidieren, so hat sich die Forschungspraxis doch weitestgehend auf die Untersuchung von Einflüssen vom Erwachsenen auf das Kind beschränkt.

> **!** Kuczynski und Mitarbeiter haben jüngst als theoretische Alternative und als Bezugsrahmen für die Interpretation von Beobachtungen ein »**bidirektionales Sozialisationsmodell**« vorgeschlagen. Es ist zwar im Rahmen von Überlegungen zur Werterziehung entstanden, aber so generell formuliert worden, daß es für alle Erziehungs- und Sozialisationsprozesse gelten dürfte (s. Abb. 15.4).

Das Modell verbindet den Gedanken wechselseitiger Einflußprozesse zwischen Eltern und Kind mit der ausdrücklichen Berücksichtigung des Erziehungskontextes und der »naiven Theorien«, die Eltern und Kinder über sich selbst und die Welt haben. Diese »subjektiven Theorien« (vgl. auch Abschn. 15.1) werden in Abb. 15.4 als innere Repräsentationsmodelle bezeichnet.

Im birektionalen Erziehungsmodell ist **Internalisierung** ein fortwährender Prozeß, durch den Eltern und Kinder wechselseitig auf ihre inneren Repräsentationen von Überzeugungen, Einstellungen, Werten und Normen Einfluß nehmen. Externalisierung ist sozusagen der komplementäre Prozeß – die Äußerung (Manifestation) der inneren Repräsentation. Da die **Externalisierung** in die Eltern-Kind-Interaktion eingeht, beeinflußt sie wiederum die Internalisierungsprozesse beim jeweils anderen Partner.

15.4
Elterliche Erziehung und die Entwicklung aggressiven Verhaltens

Erinnern Sie sich an die Einleitung zu diesem Kapitel? Wir haben darauf hingewiesen, daß die **Kinder- und Jugendkriminalität** – manchmal spricht man auch von **Delinquenz** – zu einem der drängendsten gesellschaftlichen Probleme geworden ist. Am 5.9.98 berichtete das ZDF darüber, daß im Vergleich zum Vorjahr die Kriminalitätsraten bei Kindern (etwa 10%) und Jugendlichen (etwa 5%) abermals drastisch gestiegen sind – bei gleichzeitig abnehmender Delikthäufigkeit in der Gesamtbevölkerung.

Wenn Kinder und Jugendliche mit dem Gesetz in Konflikt geraten, so ist das für den Mann auf der Straße wie für den Psychologen in gewisser Weise die Spitze des Eisbergs. Laien und Fachleute sehen zwischen Gesetzesverletzungen, insbesondere Gewaltdelikten, und der Neigung zu Aggression und antisozialem Verhalten einen engen Sachzusammenhang. Wir werden in diesem Abschnitt über Ergebnisse aus wissenschaftlichen Untersuchungen berichten, die diese Vermutung bestätigen.

> **!** **Aggressionen** gegen andere Personen werden definiert als *Handlungen*, die mit der Absicht ausgeführt werden, andere psychisch oder physisch zu schädigen. **Aggressivität** bezeichnet hingegen ein *Persönlichkeitsmerkmal* – die Eigenschaft oder Disposition, aggressiv zu reagieren. **Antisoziales Verhalten** ist ein Sammelbegriff für alle Verhaltensweisen, bei denen aus egoistischen Motiven die Anliegen anderer Personen oder der Gemeinschaft in grober Form nicht beachtet werden.

Die Stellungnahme der Erwachsenen zu antisozialem Verhalten und Aggressionen ist widersprüchlich – vielleicht trägt auch das dazu bei, daß Heranwachsende so viele Schwierigkeiten haben, damit zurechtzukommen. Einerseits gibt es einen klaren, uneingeschränkten Konsens gegen *bestimmte* Formen der Gewaltaus-

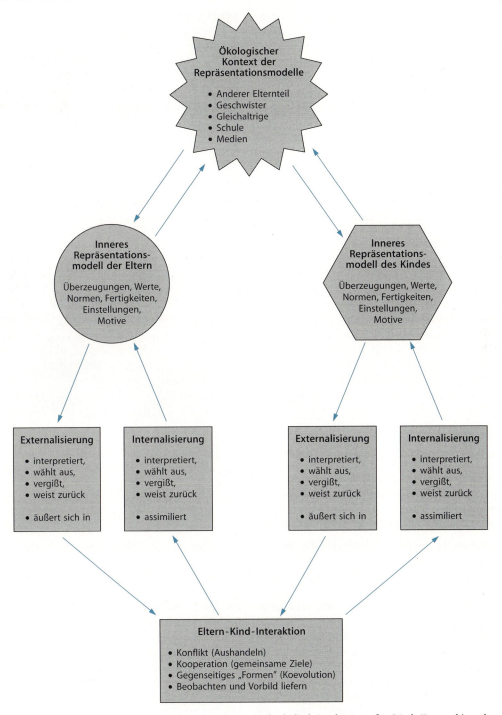

Abb. 15.4. Die Internalisierung von Normen und Werten als »bidirektionaler Prozeß«. (Nach Kuczynski et al. 1997, S. 29)

übung, etwa gegen den sexuellen Mißbrauch von Kindern oder gegen schwere Körperverletzungen. Andererseits aber ist die *Darstellung* von Gewalt in den Medien für die Mehrheit der Zuschauer so attraktiv, daß selbst Initiativen zur Eindämmung der »Mediengewalt« immer nur kurzfristige Scheinerfolge feiern können.

Ist die Widersprüchlichkeit im Umgang mit Aggression und Gewalt, die Erwachsene bei sich selbst bewußt erleben oder auch nur erahnen, der Grund dafür, daß sie sich im Umgang mit echten und vermeintlichen Aggressionen bei Kindern und Jugendlichen schwer tun? Die sonst auch für Erwachsene klare Trennung zwischen Spiel und Aggression gerät ins Schwimmen, wenn der Inhalt des Spiels in aggressiven Handlungen besteht. Betrachten Sie die beiden Kinder in Abb. 15.5a und die beiden Jugendlichen in Abb. 15.5b. In dieser krassen Gegenüberstellung ist es für Sie wahrscheinlich keine Frage, daß es sich bei Foto a *nur* um Spiel handelt, bei Foto b hingegen um eine ernsthafte Aggression. Aber ersetzen Sie auf dem Foto a Pfeil und Bogen durch Spielzeugpistolen und erweitern Sie den Bildausschnitt, so daß sichtbar wird, daß die beiden Schützen auf andere Kinder zielen – sind Sie dann immer noch der Meinung, daß es sich *nur* um Spiel handelt?

Wir definieren eine Handlung mit aggressivem Inhalt, also eine Handlung, die die psychische oder physische Verletzung oder Schädigung eines anderen zum Thema hat, dann als **gespielte Aggression**, wenn sie vom Akteur mit dem Bewußtsein ausgeführt wird, daß es sich um Spiel handelt. Dieses »Spielbewußtsein« schließt ein,

- daß der Akteur »nur so tut, als ob«,
- daß er selbst sich dieses Als-ob-Charakters bewußt ist und
- daß er dem anderen keine Schädigung zufügen will.

Bei **ernsthaften Aggressionen** hingegen fehlt der Als-ob-Charakter – das macht ihre Ernsthaftigkeit aus – und sie sind ausdrücklich mit der Intention der Schädigung oder Verletzung verbunden.

Obwohl auf der Phänomenebene eine eindeutige Unterscheidung zwischen ernsthafter und gespielter Aggression getroffen werden kann, sind Pädagogen uneins darüber, ob gespielte Aggressionen wirklich nur Spiel sind (vgl. Frey u. Hoppe-Graff 1994 und Wegener-Spöhring 1994). Aber auch Psychologen zeigen manchmal wenig Sensibilität für die Unterscheidung. Blättern Sie bitte zu Abschn. 5.4 zurück. Dort wird kurz auf eine klassische Studie von Bandura et al. (1963) zum Beobachtungslernen verwiesen. Kinder sa-

Abb. 15.5a,b. Erkennen Sie den Unterschied zwischen **a** gespielter Aggression und **b** ernsthafter Aggression?

hen dabei zu, wie Erwachsene eine Plastikpuppe verprügelten. Später allein gelassen, ahmten sie die Erwachsenen nach. Es ist u. E. nicht ohne weiteres klar, daß diese Studie ein überzeugender Beleg dafür ist, daß *ernsthafte* (und nicht gespielte) Aggressionen per Beobachtungslernen erworben werden.

Psychologen und Soziologen haben unterschiedliche Vorstellungen darüber, wo die hauptsächlichen Quellen für die Jugendkriminalität (oder Jugenddelinquenz) liegen. Einflußreiche soziologische Theorien sehen die Hauptursache in negativen Einflüssen von Gleichaltrigen (»peers«). Negative Vorbilder und negativer Gruppenethos in der Subkultur sind bedeutende Gefahren auch für diejenigen Heranwachsenden, die zuvor in der Kindheit relativ problemlos aufgewachsen sind. Dagegen sind die meisten der Psychologen, die sich mit der Vorhersage von Jugenddelinquenz und den Vorläufern von Kriminalität und antisozialem Verhalten befassen, heute der Meinung, daß relativ *frühe* negative Bedingungen in der Familie, insbesondere eine ungünstige Erziehung durch die Eltern, für einen Großteil der späteren »Problemfälle« mitverantwortlich sind. Wir werden uns 2 dieser psychologischen Beiträge näher ansehen: das »Early-Starter-Modell« von Patterson und Mitarbeitern und die Längsschnittbeobachtungen von Eron u. Huesman. Es handelt sich zwar um amerikanische Arbeiten, aber wir glauben, daß die US-amerikanische und die westeuropäische Kultur sich insbesondere in den für die Jugendlichen bedeutsamen Lebensbedingungen so weit ähneln (und einander immer ähnlicher werden), daß sich viele Parallelen ziehen lassen.

15.4.1
Das Early-Starter-Modell

Das Early-Starter-Modell ist von G.R. Patterson und Mitarbeitern speziell für *Jungen* bzw. *Söhne* formuliert worden.

> **!** Die Vorläufer von antisozialem und delinquentem Verhalten von *Jungen* liegen in der Familie, und sie liegen in der Kindheit, lange bevor negative Einflüsse und Vorbilder in Gruppen von gleichaltrigen Jugendlichen einen ungünstigen Einfluß ausüben können. Weil sie früher angesiedelt sind und weil sie den Erwerb elementarer zwischenmenschlicher Fähigkeiten betreffen, üben sie – insgesamt betrachtet – einen viel nachhaltigeren Einfluß auf die spätere Entwicklung zu angepaßtem oder abweichendem Verhalten aus als die Gleichaltrigen im Jugendalter. – Das sind die zentralen Thesen von Patterson et al. (1991) zu der Frage, auf welchem Pfad sich der »Einstieg« in antisoziales Verhalten und Delinquenz vollzieht.

Patterson räumt allerdings ein, daß diese Beschreibung nur die Hauptgruppe von »Risikopersonen« betrifft – er nennt sie **Early Starters**. Daneben gibt es eine zweite Gruppe mit einem geringeren Risiko, auf die »schiefe Bahn« zu geraten und mit besseren Chancen, den Weg zurück zu finden. Diese Gruppe nennt er die **Late Starters**. Wir beschränken uns weitgehend auf die Beschreibung der Erziehungserfahrungen, die die Early Starters machen; im Abschn. **Unter der Lupe** stellen wir aber die beiden Personenkreise einander gegenüber.

Early Starters, also Jungen, die später zu Jugendlichen und Erwachsenen werden, die ein erhöhtes Risiko für antisoziales Verhalten und Konflikte mit dem Ge-

setz aufweisen, erleben bereits im Kleinkindalter in den familiären Beziehungen eine andere Qualität des Umgangs miteinander als ihre Altersgenossen. Sie wird durch spezifische Merkmale der elterlichen Erziehung bestimmt und wird zu einem dominierenden Merkmal der Beziehungen zwischen allen Familienmitgliedern. Die Arbeitsgruppe um Patterson spricht von **Nötigung** oder **Zwang** (»coercion«).

Als Zwang oder Nötigung (oder als »Zwang ausübend« oder »nötigend«) bezeichnen Patterson und Mitarbeiter die Prozesse in der elterlichen Erziehung, durch die schon kleine Kinder von 2 oder 3 Jahren dazu gebracht werden, selbst aversive (feindselige) Verhaltensweisen zu zeigen, um feindselige Ansinnen (Aufforderungen, Befehle, Attacken) anderer Familienmmitglieder abzuwehren. Dominiert der Zwang die Familienbeziehungen, so sprechen diese Autoren auch von »**zwangausübenden Familien**« (»coercive families«).

Patterson vertritt eine soziallerntheoretische Position, und deshalb nimmt er an, daß in zwangausübenden Familien Kinder von Eltern, die bevorzugt Zwang ausüben, dieselben Verhaltensweisen im Umgang miteinander nach einfachen Lernprinzipien erwerben. Ein Element der zwanghaften Erziehung sind physische und verbale Aggressionen gegen das Kind. Im Abschn. **Experiment** referieren wir Pattersons eigene Daten, die bestätigen, wie nach lerntheoretischen Prinzipien aus aggressiv erzogenen Kindern zunehmend aggressiv reagierende (und agierende) Kinder werden.

Wenn dieses »Training« anhält, eskaliert das zwangsausübende Verhalten des Kindes. Zum Beispiel treten an die Stelle von Nichtgehorchen, Rumjammern und Widerrede gewichtigere Verhaltensweisen wie Wutausbrüche und Schlagen. Es hat sich auch bestätigt, daß damit die Wahrscheinlichkeit wächst, daß – wenn auch zunächst nur selten – gravierendere antisoziale Verhaltensweisen dazukommen, wie Stehlen und Zündeln. Die Gruppe um Patterson beobachtete auch, daß sich das Verhalten über den Familienkontext hinaus generalisierte, etwa auch auf die Schule.

> **!** Damit sind die Prozesse genannt, die das *Early-Starter-Modell* in Gang setzen. Die deutlich sichtbaren Formen antisozialen Verhaltens (Attacken gegen andere Kinder, Zornausbrüche, Ungehorsam, Stehlen usw.) führen – zumal im Schulkontext – dazu, daß das Kind von den Gleichaltrigen abgelehnt wird, und sie ziehen Leistungsprobleme in der Schule nach sich. Abb. 15.6 zeigt in schematischer Darstellung, wie sich die Gruppe um Patterson den weiteren Weg bis zum antisozialen und kriminellen Erwachsenen vorstellt.

UNTER DER LUPE

Zwei Wege zur Jugenddelinquenz (und Erwachsenenkriminalität)

Die frühe unselige Weichenstellung durch ungünstige elterliche Erziehung ist aber nur einer von 2 Wegen, die Patterson und Mitarbeiter beschreiben, um zu erklären, wie jemand zu einem delinquenten Jugendlichen wird. Wie beschrieben, beginnen die *Early Starters* ihre Karriere frühzeitig – Defizite in ihren Fähigkeiten zum Umgang mit anderen und zur Lösung sozialer Probleme sind schon in der Grundschulzeit erkennbar.

Der andere Weg in die Jugenddelinquenz wird von den Autoren als »Late-Starter-Modell« bezeichnet. *Late Starters* sind in der Grundschulzeit unauffällig. Sie haben wenigstens ausreichende soziale Fähigkeiten und Fertigkeiten, um mit anderen auszukommen, und sie fallen auch in den Schulleistungen nicht besonders ab. Die »Delinquenzkarriere« beginnt erst im frühen Jugendalter. Die Fähigkeiten der Eltern, den Kindern ein normales und unterstützendes Familienleben zu bieten, werden nun durch besondere Umstände überfordert. Das können kritische Lebensereignisse wie Scheidung, Arbeitslosigkeit, Alkohol- und Drogenmißbrauch oder Krankheit sein; die Überforderung kann aber auch in den besonderen Spannungen liegen, die auftreten, wenn die Söhne in die Pubertät kommen.

Das Zusammenbrechen der Fähigkeit, dem Sohn die nötige Lenkung und Aufsicht zukommen zu lassen, führt dazu, daß dieser unter massiven Einfluß der Gleichaltrigen (Peers) gerät. Je nachdem, um welche Kreise es sich bei den Peers handelt, kann das bedeuten, daß er abweichendes Verhalten lernt, welches wiederum eine Vorstufe zu delinquentem Verhalten ist. *Late Starters* geraten erst mit 15 Jahren oder später erstmals mit dem Gesetz in Konflikt.

Der Zeitpunkt, zu dem die Delinquenz sichtbar wird, ist nicht nur für sich genommen ein wichtiges Datum. Er gibt auch Aufschluß darüber, wie massiv die Mängel in den Fähigkeiten sind, soziale Beziehungen und Konflikte normal zu regeln:

- *Early Starters* sind bereits im Grundschulalter aufgrund der oben beschriebenen Mängel beeinträchtigt, und ihre Defizite werden nicht ausgeglichen, sondern immer größer.
- Bei den *Late Starters* beginnen die Mängel aber erst im frühen Jugendalter, in den Klassenstufen 6, 7 oder 8 – deshalb sollten diese Jugendlichen trotz ungünstigen Einflusses durch antisoziale Peers bereits grundlegende soziale Haltungen und Fertigkeiten erworben haben.

Zusammengefaßt bedeutet das, daß das Risiko für das Abrutschen auf eine Bahn, die über Jugenddelinquenz zum kriminellen Erwachsenen führt, für *Early Starters* ungleich größer ist. Für *Late Starters* liegt die Chance, die antisoziale Karriere wieder zu verlassen, darin, daß auch unter dem negativen Einfluß von Peers die in der Kindheit erworbenen Fähigkeiten und Fertigkeiten zu einem normalen sozialen Umgang nicht verlorengehen.

EXPERIMENT

Aggression erzeugt Aggression – in »zwangausübenden« Familien

In zwangausübenden Familien werden Kinder regelrecht in der Einübung einzelner aggressiver Verhaltensweisen trainiert. Auswertungen von Hunderten von sozialen Interaktionen zwischen Mitgliedern dieser Familien zeigen, wie reichhaltig die Verstärkerpläne sind, nach denen die Kinder zwangausübendes Verhalten lernen (s. Abschn. 5.3 zu Verstärkung und Verstärkerplänen). Obwohl auch nach dem Prinzip der positiven Verstärkung erzogen wird, steht die negative Verstärkung im Vordergrund. Dabei nörgelt oder meckert die Mutter oder der Vater an dem Kind herum. Dieses reagiert darauf feindselig, z. B. mit aggressivem Verhalten. Oftmals lassen es die Eltern dabei bewenden – ziehen sich zurück oder reagieren neutral auf das feindselige Verhalten des Kindes. In verschiedenen Vergleichsstudien wurden die Interaktionen von Familien mit Kindern, die Verhaltensprobleme zeigten, und Familien mit nicht gestörten Kindern verglichen. In den Familien der Kinder mit Verhaltensproblemen kamen zwangausübende Interaktionen ungleich häufiger vor (Nach Patterson et al. 1991).

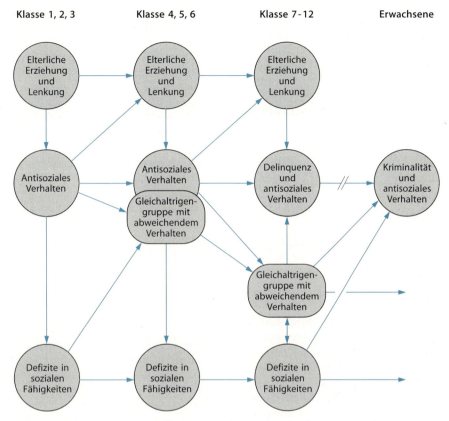

Abb. 15.6. Der Weg zur Jugend- und Erwachsenenkriminalität. (Nach Patterson et al. 1991, S. 146)

In Teilausschnitten ist das durch Abb. 15.6 veranschaulichte Modell durch die Beobachtungen aus Pattersons eigener Längsschnittstudie, der *Oregon Youth Study*, bestätigt worden. Antisoziales Verhalten in der 4. Klassenstufe hängt mit polizeilich registrierten Vergehen in der Klassenstufe 7 (wenn die Jungen 13 oder 14 Jahre alt sind) zusammen.

15.4.2 Elterliche Einflüsse auf die Genese von Problemverhalten: Längsschnittbeobachtungen an Kindern und Erwachsenen

Das Early-Starter-Modell und die »Kurzzeit-Längsschnittdaten« (von Klassenstufe 4 bis 7) der *Oregon Youth Study* sprechen dafür, daß aggressive und antisoziale Verhaltensmuster frühzeitig unter ungünstigen Erziehungsbedingungen gelernt werden. Wir werden nun Beobachtungen vorstellen, die demonstrieren,

daß in der Kindheit erworbene Aggressivität tatsächlich eine Last ist, an der man u. U. bis in das Erwachsenenalter trägt und die sogar für die Erziehung der eigenen Kinder ungünstige Bedingungen schafft, so daß auf dem Wege über die elterliche Erziehung ein erhöhtes Maß an Aggressivität über mehrere Generationen weitergereicht werden kann.

Leonard Eron und Mitarbeiter begannen im Frühjahr 1960 im Staate New York mit der Beobachtung einer großen Gruppe von Mädchen und Jungen, als diese etwa 8 Jahre alt waren (3. Schuljahr). In einer beeindruckenden »Langzeit-Längsschnittstudie« setzten sie die Beobachtungen über einen Zeitraum von 22 Jahren fort. Im Sommer 1981 nahmen von den ursprünglich 875 Versuchsteilnehmern immerhin noch 632 an umfangreichen Nachuntersuchungen teil.

Als die Kinder 8 Jahre alt waren, wurden folgende Variablen beobachtet:

Elternmerkmale:

- das Ausmaß der *Zurückweisung* des Kindes durch die Eltern, gemessen am Ausmaß der Ablehnung der Verhaltensweisen und Eigenschaften des Kindes;
- die Neigung zu intensiver *Bestrafung* als Reaktion auf Aggressionen des Kindes; gemessen an der Einschätzung der eigenen Reaktion in verschiedenen vorgestellten Situationen.

Kindmerkmale:

- das Ausmaß der *Identifikation* mit den Eltern, erfaßt über die Ähnlichkeit der Selbstbeurteilung in verschiedenen Verhaltensmerkmalen;
- das Ausmaß der *Aggressivität*, gemessen an der Einschätzung Gleichaltriger.

22 Jahre später wurden verschiedene *Aggressivitätsmaße* und *Kriminalitätsindizes* erhoben. Dazu zählten

- die Selbsteinstufung der eigenen Aggressivität,
- die mit einem normierten Persönlichkeitsfragebogen gemessene Aggressivität,
- die Einschätzung der Aggressivität durch den Ehepartner,
- Daten über aktenkundige Straftaten,
- die Selbsteinstufung der Neigung zu harter Bestrafung bei den eigenen Kindern und
- die Selbsteinstufung der Neigung zu harter Bestrafung von Kindern in vorgestellten Erziehungssituationen.

Die Ergebnisse lassen sich in 5 Punkten zusammenfassen (Eron et al. 1991).

- Zwischen der Aggressivität der 8jährigen Kinder, den zum selben Zeitpunkt gemessenen Erziehungsmerkmalen (Zurückweisung, Härte der Bestrafung) und dem Beziehungsmerkmal der Identifikation gibt es korrelative Zusammenhänge beachtlicher Höhe. Bildet man einen Summenwert aus Zurückweisung, Härte der Bestrafung und geringer Identifikation, so beträgt die hochsignifikante Korrelation für Mädchen .43 und für Jungen .36.
- Zusätzliche Daten aus einer internationalen Studie mit Kindern in einem ähnlichen Altersbereich erlauben eine Aussage über die Richtung des Zusammenhangs. Diese Besonderheit in den Erziehungs- und Beziehungsmerkmalen sind die *Folge* und nicht die Voraussetzung von Aggressivität: Auf Aggressionen seitens der 8jährigen Kinder reagieren Eltern mit Zurückweisung und harter Bestrafung, und es stellt sich bei den Kindern eine geringe Identifikation ein.

- Eron und Mitarbeiter betrachten dieses Resultat als einen Ausschnitt eines sich aufschaukelnden Prozesses, den wir aus dem Early-Starter-Modell kennengelernt haben. Falsche Erziehungsmaßnahmen bieten schon im Vorschulalter Vorbilder und Verstärkungen für aggressive und antisoziale Verhaltensweisen, die, wenn sie von den Kindern übernommen werden, das feindselige und aggressive Erziehungsklima abermals verstärken.
- Zwischen der Zurückweisung, der Neigung zu intensiver Bestrafung und der geringen Identifikation im Grundschulalter einerseits und den verschiedenen Aggressivitäts und Kriminalitätsmerkmalen im Erwachsenenalter andererseits sind insgesamt mäßig hohe, aber statistisch bedeutsame Beziehungen zu beobachten. Beispielsweise korrelieren bei Männern (nicht aber bei Frauen) die **Kriminalitätsindizes** statistisch bedeutsam mit der Härte der Bestrafung und geringer Identifikation.
- Die von den Eltern berichtete Neigung zu harter Bestrafung nach aggressiven Verhaltensweisen wird von den Kindern aufgegriffen, wenn diese selbst in dem Alter sind, in dem sie eigene Kinder haben oder haben könnten. Bei den 30jährigen Männern besteht zwischen der Neigung zu harter Bestrafung durch ihre Eltern, die 22 Jahre früher gemessen wurde, und der mit demselben Verfahren gemessenen Neigung, Aggressionen der eigenen Kinder hart zu bestrafen, eine hochsignifikante Korrelation von .34 (auf der Grundlage von Daten von 54 Männern). Bei Frauen beträgt die Korrelation zwischen der vorgestellten Härte der Bestrafung eines Kindes und der diesbezüglichen eigenen Erfahrung durch die eigenen Eltern .25 (bei 171 Frauen; hochsignifikant).

> **!** Besonders die letzten beiden Ergebnismuster lassen darauf schließen, daß sich ungünstige elterliche Erziehung nachhaltig und langwierig auswirken kann. Sie trägt bei zu einer Karriere als antisozialer oder sogar krimineller Erwachsener, und sie ist eine Bürde, die Menschen leider auch an die nächste Generation weiterreichen, wenn sie selbst einmal als Eltern Kinder erziehen.

Es wäre aber ein Trugschluß zu glauben, daß in diesen beobachteten fatalen Zusammenhängen eine Zwangsläufigkeit steckt. Beide Forschergruppen, die wir in diesem Abschnitt kennengelernt haben, weisen darauf hin, daß die Tatsache, daß Aggressionen als Strategie und Haltung zur Problemlösung von früher Kindheit an gelernt werden, auch die Botschaft enthält, daß Prävention und Intervention möglich sind: durch die Aufklärung und Anleitung der Eltern und durch die Betreuung und veränderte Erziehung der Kinder (s. z. B. Patterson 1997).

15.5
Ausblick: Neue Themen und Herausforderungen der Pädagogischen Psychologie

»Massive und schnelle Veränderungen der kulturellen, zivilisatorischen, technologischen, ökonomischen und beruflichen Lebensbedingungen in den westlichen Industrieländern führen gegenwärtig zu einem drastischen Wandel in den Bildungsanforderungen. Jahrtausende konnte man davon ausgehen, daß in der Kindheit und im Jugendalter jenes basale Wissen und Können aufgebaut werden kann, das Erwachsene befähigt, unterschiedliche lebenspraktische wie berufliche Aufgaben zu erfüllen und die dafür notwendige spezielle Expertise zu erwerben.« ... Es gibt keinen Zweifel, »daß die ... Zyklen der notwendigen Erneuerung des individuellen Wissens immer kürzer und die durchschnittlichen Häufigkeiten beruflicher Umstellungen immer größer werden. Lebenslanges oder lebensbegleitendes Lernen wird deshalb künftig nicht eine bildungsbürgerliche Maxime für wenige, sondern eine existentielle Notwendigkeit für alle sein« (Weinert u. Schrader 1997, S. 295).

Wenn die Diagnose von Weinert und Schrader zutrifft, daß **lebenslanges oder lebensbegleitendes Lernen** in Zukunft für den einzelnen und für ganze Gesellschaften zu einer existentiellen Frage wird, dann hat die Pädagogische Psychologie die Chance, zu einer der Schlüsselwissenschaften des nächsten Jahrhunderts zu werden. Ob sie diese Chance ergreift, hängt davon ab, wie sie sich den Herausforderungen, die auf neuen Gebieten oder neuen Akzentuierungen liegen, stellt.

15.5.1
Neue Themen

Lebenslanges oder lebensbegleitendes Lernen ist nur eines der »neuen Themen« der Pädagogischen Psychologie. Dabei ist es gar nicht einmal »neu« – eine **Psychologie der Erwachsenenbildung** gibt es, wenn auch in sehr begrenztem Ausmaß, schon lange (etwa in Form von Untersuchungen zum »alternden Gedächtnis«). Neu ist aber die Tragweite der Erforschung des

Lernens im Erwachsenenalter und im höheren Lebensalter, die sich aus den von Weinert u. Schrader beschriebenen gesellschaftlichen Trends ergibt. Auch wenn sich die Lerninhalte und die Lernmedien wandeln mögen, so bleibt doch das Lernen ein genuin psychologischer Prozeß. Es ist allerdings an der Pädagogischen Psychologie, auf diesen Punkt hinzuweisen und beispielsweise das »Neue Lernen« mit audiovisuellen Medien nicht auf die Entwicklung von Hardware und Software reduzieren zu lassen.

Andere potentielle neue Aufgaben der Pädagogischen Psychologie ergeben sich ständig aus neuen technologischen Entwicklungen, aus sozialen Veränderungen oder aus der Verknüpfung von beiden. Beispiele sind

- die Entwicklung und Erprobung von Lernmaterialien für Behinderte (z. B. Computer und Roboter mit Spracheingabe),
- die Abschätzung der Wirkung von Medieninhalten auf Kinder und Jugendliche und die Entwicklung und Erprobung von medienpädagogischen Maßnahmen,
- die Entwicklung und Erprobung von allgemeinen und spezifischen Maßnahmen und Materialien zur Gesundheitserziehung,
- die Untersuchung von Erziehungsprozessen in neuen Familienstrukturen,
- die Analyse psychologischer Prozesse beim Zusammenleben in multikulturellen Gesellschaften sowie
- die Beratung und Unterstützung der Betroffenen bei der Auflösung und Neugründung von Familienstrukturen (Scheidungsmediation).

Wie schon für das lebenslange Lernen, so gilt auch für einige dieser Themen, daß sie nicht wirklich »neu« sind, aber nun mit neuer Aufgabenstellung an die Pädagogische Psychologie herangetragen werden.

15.5.2
Neue Herausforderungen

Viele der genannten Aufgaben kann die Pädagogische Psychologie nur interdisziplinär, also in Kooperation mit anderen Fächern bearbeiten. Bei anderen steht sie im Wettstreit mit Nachbardisziplinen. Sie wird aufzeigen müssen, worin ihre *besonderen* Kompetenzen liegen. Was ist z. B. der besondere Beitrag der Pädagogischen Psychologie bei der Erforschung des Lernens mit Multimedia? Ein Sammelreferat von Hasebrook (1995) gibt darauf eine Antwort.

Multimedia ist die Integration von Text und Bild mit Ton, bewegter Graphik oder Video – also mit dynamischen Informationsmedien – in interaktiven Computerprogrammen. Die bisher vorliegenden Studien zeigen, daß Multimedia einerseits über beträchtliche *Potentiale* zur Verbesserung der Lernleistung verfügt. Andererseits gab es aber in der Mehrzahl der von Hasebrook gesichteten Anwendungen nur selten oder gar keine positiven Auswirkungen auf die Lernleistung.

> **!** Die fehlende Effektivität des Lernens mit Multimedia liegt aber nur z. T. daran, daß die entsprechende Technologie noch in den Kinderschuhen steckt. Entscheidend ist, daß der Lernerfolg *wie bei jeder Nutzung von Lernmedien* (auch bei den traditionellen Medien des geschriebenen Textes und des gedruckten Bildes) von psychologischen Merkmalen des Lernenden und der Lernsituation abhängt (vgl. Abb. 15.7). Dazu gehören beispielsweise das Vorwissen, metakognitive Strategien und die Motivation der Lernenden, Art, Inhalt und Kombination der Mediendarbietung, aber auch äußere Einflüsse wie die Einbindung des Lernens mit Multimedia in einen Lehrplan oder die soziale Form des Arbeitens (Einzel- vs. Gruppenarbeit).

Die zweite Herausforderung stellt sich nicht im Wettstreit mit anderen Fächern, sondern fachimmanent. Die Pädagogische Psychologie muß abgewogen prüfen, welche der bereits eingeführten Konzepte, Theorien und Ergebnisse zum Verständnis der neuen Themen und Aufgaben herangezogen werden können und worin

Abb. 15.7. Lernen mit interaktiven Computerprogrammen. Der Computer ist zwar im Vergleich zum Buch ein relativ neues Lernmedium. Der Lernerfolg hängt teilweise aber von denselben psychologischen Bedingungen ab: dem Vorwissen, der Lernmotivation und der Überzeugung der Selbstwirksamkeit

andererseits *psychologisch gesehen* das Neuartige liegt. Wie wir am Beispiel von Multimedia demonstriert haben, erfordert nicht jedes neue Lernmedium zwangsläufig, daß die Lernpsychologie neu erfunden werden muß. Und nicht jede Veränderung in den Formen familiären Zusammenlebens verlangt nach einer neuen Entwicklungspsychologie, damit man begründet über die Auswirkungen auf die Kinder nachdenken kann.

ZUSAMMENFASSUNG

- **Gegenstand und Ziel der Pädagogischen Psychologie.** Die Pädagogische Psychologie nimmt eine Mittlerrolle zwischen Psychologie und Pädagogik ein, denn sie befaßt sich mit den psychologischen Aspekten von Erziehungsprozessen und Erziehungseinflüssen. Sie ist in 2 Teilbereiche gegliedert. Von dem gesamten Gebiet der Erziehungs- und Sozialisationsprozesse wird meistens der speziellere Themenkreis von Lehr- und Lernprozessen in Erziehung und Unterricht unterschieden. Innerhalb der Psychologie gehört die Pädagogische Psychologie zu den angewandten Teilfächern, denn sie greift bei vielen Fragestellungen auf die Theorien und Ergebnisse von Grundlagenfächern, wie etwa der Entwicklungspsychologie, der Allgemeinen Psychologie und der Sozialpsychologie zurück. Trotz der

Einordnung als angewandtes Fach wird aber auch in der Pädagogischen Psychologie genuine Grundlagenforschung betrieben.

- **Geschichte der Pädagogischen Psychologie.** Die Pädagogische Psychologie entstand etwa um die Jahrhundertwende als wissenschaftliche Disziplin. Der Entstehungsprozeß wurde aus zwei Quellen gespeist: zum einen aus der allgemeinen Strömung des Zeitgeistes, der auch für pädagogische und psychologische Fragestellungen eine empirische Herangehensweise forderte; zum anderen aus alternativen pädagogischen Bewegungen, wie der Reformschulbewegung, die einer verbesserten pädagogischen Praxis eine fundierte Grundlage geben wollten. Diese Nähe zur pädagogischen Praxis hat die Theoriebildung und Forschung in der Anfangsphase bestimmt. In der ersten Hälfte dieses Jahrhundert verlor die Pädagogische Psychologie jedoch zunehmend den Kontakt zu den Fragestellungen und dem Gegenstandsbereich der Pädagogik – und damit auch den eigenen Forschungsgegenstand. Sie wurde immer mehr auf eine psychologische Teildisziplin reduziert, die aus dem generellen Wissensbestand der Psychologie diejenigen Erkenntnisse auswählte, die für Pädagogen geeignet zu sein schienen. In den letzten Jahrzehnten ist jedoch eine Rückbesinnung auf die Tugenden der Anfangszeit zu beobachten. Unter der Bezeichnung »Instruktionspsychologie« ist eine neue Perspektive der Erforschung von Lehr- und Lernprozessen entstanden, die Lehren und Lernen in den Besonderheiten der Unterrichts- und Schulsituation, also in pädagogischen Praxisfeldern, erforscht.

- **Tätigkeitsfelder von Pädagogischen Psychologen.** Tätigkeitsfelder von Pädagogischen Psychologen sind vielfältig und in einem ständigen Wandel begriffen. Zu den traditionellen Tätigkeiten gehören die Schulberatung, die Erziehungsberatung sowie Beratungs- und Bildungsarbeit in Wirtschaft, Verwaltung und Verbänden. Zu den neu entstandenen Aufgaben, die aber meistens interdisziplinär in Zusammenarbeit mit Experten aus anderen Fächern in Angriff genommen werden, gehören die Entwicklung und Erprobung neuer Lehr- und Lernmedien und die Entwicklung von Programmen und Materialien zur Gesundheitserziehung.

- **Besonderheiten bei der Aus- und Weiterbildung von Lehrern.** Eine klassische Aufgabe von pädagogischen Psychologen ist die Aus- und Weiterbildung von Lehrern. Hierbei taucht das Problem auf, daß reine Informationsverarbeitung nachweislich kaum Auswirkungen auf das pädagogische Handeln hat. Deshalb haben pädagogische Psychologen Konzepte entwickelt, um Schritt für Schritt die »handlungsleitenden Kognitionen« (subjektiven Theorien) von Lehrern zu verändern.

- **Arten von Erziehungsstilen.** Elterliche Erziehungsstile sind Muster von Einstellungen, Handlungsweisen und nichtsprachlichen Darstellungsformen, die die Art der Interaktion von Eltern mit ihrem Kind in einer Vielzahl von Situationen kennzeichnen. Von Baumrind stammt die klassische Einteilung in 3 Typen von Erziehungsstilen: den autoritativen, den autoritären und den permissiven Erzie-

hungsstil. Manche Autoren schlagen vor, den permissiven Stil in den nachgiebigen und den vernachlässigenden Erziehungsstil zu differenzieren. Hinter dieser Unterscheidung von insgesamt 4 Erziehungsstilen stehen die Erziehungsdimensionen der Zuwendung/Wärme und der Lenkung/Strukturierung.

- **Verfahren zur Erfassung von Erziehungsstilen.** Ein bisher nicht befriedigend gelöstes Problem der Erziehungsstilforschung ist die Konstruktion von geeigneten Meßverfahren. Drei Arten von Verfahren sind gebräuchlich: die Selbstbeurteilung, die Fremdbeurteilung und die Einschätzung des Erziehungsstils auf der Grundlage von Beobachtungsdaten. Zur Verbesserung der Datenerhebung lassen sich diese Ansätze aber auch kombinieren.

- **Überlegenheit des autoritativen Erziehungsstils.** Gleichgültig, ob man den autoritativen Erziehungsstil mit dem autoritären und dem permissiven oder mit dem autoritären, dem nachgiebigen und dem vernachlässigenden Stil vergleicht – eine Vielzahl von Untersuchungsergebnissen spricht dafür, daß in unserer Kultur die autoritative Erziehung den günstigsten Rahmen für die Entwicklung von Kindern und Jugendlichen darstellt. Kinder oder Jugendliche, die in diesem Erziehungsklima aufwachsen, sind in der psychosozialen Entwicklung weiter, haben eine größere Bereitschaft zu prosozialem Handeln, eine größere innere Kontrollüberzeugung und weniger Verhaltensprobleme.

- **Trennung von Erziehungsinhalt und Erziehungskontext.** Trotz dieser eindeutigen Resultate ist vorgeschlagen worden, zwischen dem Erziehungsstil und Erziehungspraktiken klarer zu trennen. Erziehungsstile stellen den Rahmen für einzelne Erziehungsmaßnahmen dar – sie bestimmen das Klima und die Art und Weise, wie das Kind sich von den Eltern wahrgenommen und akzeptiert fühlt. Erziehungspraktiken oder Erziehungsmaßnahmen sind die auf spezielle Sozialisationsziele bezogenen einzelnen Verhaltensweisen der Eltern.

- **Internalisierung von Normen und Regeln.** Normen, Werte oder soziale Regeln sind dann von einer Person verinnerlicht worden, wenn sie diesen Handlungsmaßstäben auch dann folgt, wenn keine »äußeren« Anreize – etwa das Vermeiden von Strafe oder der Gehorsam gegenüber einer Autorität – vorliegen. Genauer betrachtet, hat eine internalisierte Norm besondere affektiv-motivationale, kognitive Qualitäten und »Erlebnisqualitäten«. Beispielsweise ist die Verletzung einer internalisierten Norm mit dem Auftreten von besonderen »moralischen Gefühlen« (Schuldgefühlen, Schamgefühlen) verbunden. Ebenso können beim Abwägen, ob eine Norm eingehalten werden soll, Kognitionen auftreten, die die negativen Folgen der Normverletzung für andere Personen zum Thema haben.

- **Elterliche Erziehungspraktiken nach unerwünschtem Verhalten.** Im Mittelpunkt der Internalisierungstheorie von Hoffman stehen elterliche Erziehungspraktiken in sog. *discipline encounters*. Das sind Situationen, in denen das Kind ein unerwünschtes Verhalten gezeigt hat und die Eltern anschließend dem Kind deutlich machen, daß sie dieses Verhalten mißbilligen. Nach Hoffman müssen vor allem 3 Typen elterlicher Reaktion unterschieden werden: Liebesentzug, Machtausübung und Induktion. Induktion bedeutet, daß die Eltern in *discipline encounters* durch Erklärungen die Aufmerksamkeit des Kindes auf die negativen Auswirkungen seines unerwünschten Verhaltens für andere Menschen lenken.

- **Überlegenheit der Induktion (induktiven Erziehung).** Eine ganze Reihe von Untersuchungen, u. a. eine methodisch sehr aufwendige Studie von Krevans u. Gibbs (1996), sprechen dafür, daß die induktive Erziehung (Induktion) eindeutig die Internalisierung von Normen unterstützt. Machtausübung dagegen ist hinderlich, und Liebesentzug führt zum Aufbau eines ängstlich-rigiden Normsystems. Die Studie von Krevans u. Gibbs bestätigt auch die Empathie-Mediations-Hypothese, die besagt, daß Induktion die Entstehung von empathischen Gefühlen fördert, die wiederum die Grundlage für prosoziales Handeln sind.

- **Wahrnehmung und Akzeptanz elterlicher Erziehungspraktiken.** Ein anderer Ansatz zur Beschreibung der vielfältigen Einflüsse auf die Wirksamkeit elterlicher Erziehungsmaßnahmen legt die Unterscheidung zwischen der Wahrnehmung und der Akzeptanz der »Botschaft« der Eltern zugrunde. Wenn ein Kind die Anweisung der Eltern weiterhin nicht befolgt, so kann das daran liegen, daß es die Mitteilung der Eltern gar nicht wahrgenommen hat; es kann aber beispielsweise auch daran liegen, daß es die Anweisung nicht akzeptiert, weil es die Forderung der Eltern für unangemessen hält.

- **Erziehung im bidirektionalen Sozialisationsmodell.** Vor kurzem ist für das Verständnis der Moralerziehung (Normen- und Werteerziehung) ein bidirektionales Sozialisationsmodell vorgeschlagen worden. Es stellt in Rechnung, daß Eltern *und* Kinder im Erziehungsprozeß aktiv sind und wechselseitig aufeinander Einfluß nehmen. Es berücksichtigt auch, daß Normen und Werte an den Interaktionspartner kommuniziert werden – dieser Prozeß wird Externalisierung genannt.

- **Aggression und Aggressivität.** Eine Aggression ist eine Handlung, die mit der Absicht ausgeführt wird, eine andere Person psychisch oder physisch zu verletzen oder anderweitig zu schädigen. Aggressivität hingegen bezeichnet ein Persönlichkeitsmerkmal – die Eigenschaft oder Disposition, aggressiv zu reagieren. Bei Kindern sind auch gespielte Aggressionen zu beobachten. Sie sind von ernsthaften Aggressionen zu unterscheiden, denn es handelt sich dabei um Spielhandlungen, so daß die tatsächliche Schädigungsabsicht fehlt.

- **Frühe Determinanten der Aggressivität und des antisozialen Verhaltens.** Die Vorläufer von Aggressivität und antisozialem Verhalten im Jugendalter sind oftmals schon früh in der Kindheit zu beobachten. Sie liegen in negativen Erfahrungen, die diese Kinder in ihrer Familie dadurch machen, daß die Erziehungsmaßnahmen der Eltern (und anschließend die gesamten Familieninteraktionen) durch Zwang und Nötigung, durch Aggressivität und Feindseligkeit gekennzeichnet sind.

- **Das Early-Starter-Modell.** Das Early-Starter-Modell von Patterson greift das Konzept der »zwangausübenden«, feindseligen Erziehungsmaßnahmen auf. Es läßt sich zeigen, wie nach einfachen Lernprinzipien Kinder in diesen Familien zunächst kleinere feindselige Verhaltensweisen lernen, die jedoch spätestens bei Schuleintritt zu deutlicherem antisozialem Verhalten werden. Diese Verhaltensweisen erschweren die sozialen Beziehungen zu Gleichaltrigen und sind eine schlechte Voraussetzung für den Schulerfolg. So wachsen im Laufe der Schuljahre die Defizite der Kinder in den Fähigkeiten, soziale Probleme konstruktiv zu lösen. Gleichzeitig wächst die Wahrscheinlichkeit für schwerwiegenderes antisoziales und delinquentes Verhalten.

- **Zwei Wege zum Problemverhalten im Jugendalter.** Patterson geht davon aus, daß sich zwei Wege in die Jugenddelinquenz und Erwachsenenkriminalität rekonstruieren lassen. Der eine wird durch das Early-Starter-Modell beschrieben, der andere durch das Late-Starter-Modell. Die Prognosen für die Early Starters sind eindeutig schlechter, weil sie im Unterschied zu den Late Starters nie elementare soziale Fähigkeiten und Fertigkeiten erworben haben.

- **Längsschnittdaten: Aggression in der Kindheit und Kriminalität im Erwachsenenalter.** Eine »Langzeit-Längsschnittstudie«, die sich über den Zeitraum von 22 Jahren erstreckte, liefert die empirische Bestätigung dafür, daß erhöhte Aggressivität in der Kindheit bis in das Erwachsenenalter einen Risikofaktor für das soziale Verhalten darstellt. Einschätzungen

der Aggressivität von 8jährigen Kindern hängen mit Kriminalitätsindizes zusammen, die erhoben wurden, als dieselben Personen 30 Jahre alt waren.

- **Erziehung zur Aggression – von Generation zu Generation.** In derselben Studie ließ sich bei Männern und Frauen beobachten, daß zwischen der Neigung zu harter Bestrafung, die bei ihren Eltern Jahrzehnte vorher gemessen worden war, und der eigenen Neigung zu harter Bestrafung als Erzieher von Kindern ein bedeutsamer Zusammenhang besteht. Das weist darauf hin, daß auf dem Wege über die Erziehung aggressive Grundhaltungen und Verhaltensmuster von Generation zu Generation tradiert werden.

Hinweise zur deutschsprachigen Literatur

In dem Buch *Pädagogisch-psychologische Berufsfelder* von M. Hofer et al. (1996) werden Erziehungs- und Familienberatung, schulpsychologische Beratung und Beratung im Rahmen der beruflichen Ausbildung sowie der Fort- und Weiterbildung als wesentliche Arbeitsfelder von Pädagogischen Psychologen betrachtet, und es wird geklärt, inwiefern wissenschaftliche Theorien und Methoden für das professionelle Beratungshandeln genutzt werden können.

Wie ist das Denken und Verhalten von Lehrern organisiert? Das Buch von M. Hofer (1986) *Sozialpsychologie erzieherischen Handelns* enthält eine umfassende Darstellung und Diskussion des Forschungsstandes zum Thema »teacher cognitions«. Systematisch wird die Frage erörtert, wie Lehrer denken, wie Denkprozesse aufeinander bezogen sind und wie diese Kognitionen mit dem konkreten Lehrerverhalten gegenüber Schülern zusammenhängen. Es wird eine Theorie sozialen Handelns vorgestellt, in der schülerbezogenes Lehrerverhalten als zielbezogenes, situationsspezifisches und quasi-rationales Tun aufgefaßt wird.

Im Zuge der Spezialisierung der Psychologie ist es immer schwieriger geworden, Verbindungen zwischen verschiedenen Teildisziplinen herzustellen. In dem Buch *Motivation und Lernen mit Texten* von U. Schiefele (1996) wurde der Versuch unternommen, die Forschung zum Textlernen mit aktuellen Ansätzen der Lernmotivation in Verbindung zu bringen. Neben einer verständlichen Darstellung beider Teilbereiche enthält das Buch

auch historische, theoretische, metaanalytische und empirische Analysen des Einflusses verschiedener Formen der Motivation auf Prozesse und Ergebnisse des Lernens. Diese Analysen münden in ein Modell des Zusammenhangs von Lernmotivation und Textlernen.

In *Lernschwierigkeiten* von W. Zielinski (1995) geht es um Ursachen, Diagnostik und Intervention von Lernschwierigkeiten, nach wie vor ein brennendes Problem in der Schule. Die Forschung hat auf diesem Gebiet teilweise beachtliche Fortschritte erzielt. So sind unsere Erkenntnisse der Informationsverarbeitung differenzierter geworden, und auf dem Gebiet der Lese-Rechtschreibschwächen zeichnet sich ein Konsens über die zentralen Ursachen ab. Neu ist ein Kapitel über Rechenschwierigkeiten – ein lange vernachlässigtes Problem.

Über den Stand der wissenschaftlichen Trainingsforschung berichtet das Buch *Kognitives Training* von K.J. Klauer (Hrsg.; 1993). Die Autoren des Bandes ziehen entweder eine kritische Bilanz des jeweiligen Standes der Forschung und Erziehung oder stellen ein neues Trainingskonzept vor, das sich in der experimentellen Erprobung bewährt hat. Viele der Beiträge gehen dabei auf Fragen der Effektivität und der Wirkmechanismen von Effekten ein. Dargestellt werden Trainingskonzepte des analogen, des induktiven, des deduktiven und des kreativen Denkens. Andere Beiträge behandeln Formen des Konzentrationstrainings und Möglichkeiten des Lern- und Gedächtnistrainings.

Gewalt in der Schule von D. Olweus (1996) behandelt zweifellos ein höchst aktuelles Thema, wenngleich es sich um ein sehr altes Phänomen handelt. Viele Erwachsene haben Erfahrungen aus ihrer eigenen Schulzeit. In den letzten Jahren hat sich dieses Problem allerdings deutlich verschärft. Teil I dieses Buches gibt einen Überblick über die bekannten Fakten des Problems Gewalttäter/Gewaltopfer unter Schulkindern. Teil II ist eine ausführliche Darstellung des Interventionsprogramms, das der Autor entwickelt hat. In Teil III werden die sehr positiven Auswirkungen des Interventionsprogramms, die in Untersuchungen nachgewiesen wurden, kurz zusammengefaßt. Teil IV gibt weitere praktische Ratschläge zur Durchführung des Programms. Das Programm wird an vielen Schulen in mehreren skandinavischen Ländern und in Großbritannien, aber auch in einigen deutschen Bundesländern mit großem Erfolg eingesetzt.

In dem von D. Sturzbecher (1997) herausgegebenen Buch *Jugend und Gewalt in Ostdeutschland* werden Lebenserfahrungen von Jugendlichen in der Schule, in der Freizeit und in der Familie dokumentiert. Nimmt die Jugendgewalt zu? Welche Ursachen hat sie? Das Buch liefert zu diesen Fragen Fakten und Erklärungen, die in Untersuchungen an etwa 2500 Jugendlichen in Ostdeutschland gewonnen wurden. Die Cliquenorientierung Jugendlicher und ihre Gewaltbereitschaft haben zugenommen. Gängige Vorstellungen, denen zufolge ökonomische Deprivation oder fehlende Freizeitangebote Jugendgewalt auslösen, fanden dagegen kaum Bestätigung.

In *Psychologie des Lernens und der Instruktion* (Reihe: Enzyklopädie der Psychologie: Pädagogische Psychologie, Band 2), herausgegeben von F.E. Weinert (1996), beschreiben 19 auf dem Gebiet der Psychologie und Pädagogik tätige Experten die Gesetzmäßigkeiten des menschlichen Lernens. Der aktuelle Wissensstand über die internen wie externen Bedingungen des Lernens sowie die Möglichkeiten und Grenzen der Optimierbarkeit durch Instruktion werden umfassend und praxisorientiert dargestellt. Die Diagnose, Vermeidung bzw. Überwindung von Lernschwierigkeiten und die Nutzung besonderer Lernchancen bei überdurch-

schnittlich leistungsfähigen Menschen bilden weitere Schwerpunkte des Buches.

Die Beiträge des ebenfalls von F.E. Weinert herausgegebenen Bandes *Psychologie des Unterrichts und der Schule* (Reihe: Enzyklopädie der Psychologie: Pädagogische Psychologie, Band 3) sind einerseits fächerübergreifenden Themen der Schule und des Unterrichts gewidmet, wie z. B. den Bedingungsfaktoren schulischer Leistungen, den Kompetenzen, Funktionen und dem unterrichtlichen Handeln des Lehrers. Weitere Kapitel beschäftigen sich mit verschiedenen Lehr- und Lernbereichen, vom Erwerb des Lesens und Rechtschreibens bis zur beruflichen Ausbildung, von wissenschaftsbasierten Gebieten wie der Mathematik oder den natur- und sprachwissenschaftlichen Fächern bis zu den musischen, sportlichen und sozial-moralischen Lerninhalten.

In Band 4, herausgegeben von F.E. Weinert u. H. Mandl (1997), *Psychologie der Erwachsenenbildung* (Reihe: Enzyklopädie der Psychologie: Pädagogische Psychologie, Band 4), werden die Erkenntnisse der heutigen Psychologie über Notwendigkeit, Prozesse und Wirkungen der Erwachsenenbildung vorgestellt. Neben grundlegenden lern- und motivationspsychologischen Problemen der Bildung, Ausbildung und Weiterbildung von Erwachsenen werden in mehreren Kapiteln die wichtigsten Methoden der Erwachsenenbildung behandelt. Dazu gehören z. B. das selbstgesteuerte Lernen, das Lernen in sozialen Gruppen, die speziellen Methoden und Medien der Instruktion sowie die Möglichkeiten des computergestützten Lehrens und Lernens.

Eine der zentralen Aufgaben der Pädagogischen Psychologie ist die Aus- und Weiterbildung von Lehrern. Für diesen Bereich empfehlen wir nachdrücklich M. Tückes (1997) Buch *Psychologie in der Schule – Psychologie für die Schule*. Darin werden Themen wie z. B. die Lernmotivation, Lernschwierigkeiten und Unterrichtsstörungen sehr anschaulich und praxisbezogen dargestellt. Positiv hervorzuheben ist das Bemühen, aktuelle Zahlen und Statistiken zum Schulalltag zu präsentieren.

ÜBUNGSFRAGEN

1 Bitte ordnen Sie die Pädagogische Psychologie innerhalb der Psychologie ein (Ziel; Beziehung zu anderen Fächern).

1 Die Pädagogische Psychologie befaßt sich mit allen psychologischen Aspekten von Erziehung (einschließlich des Unterrichtens und Instruierens). Deshalb nimmt sie eine Mittlerrolle zwischen Pädagogik und Psychologie ein. Innerhalb der Psychologie gehört sie zu den angewandten Fächern, aber sie betreibt auch Grundlagenforschung zum Prozeß und den Bedingungen der Erziehung. Sie greift bei der Beantwortung ihrer Fragestellungen in vielfältiger Weise auf die psychologischen Grundlagenfächer, wie etwa die Entwicklungspsychologie, die Allgemeine Psychologie und die Sozialpsychologie zurück.

2 Zeichnen Sie in wenigen Sätzen die Geschichte der Pädagogischen Psychologie nach.

2 Die Geschichte der Pädagogischen Psychologie läßt sich im Überblick in 3 Etappen gliedern:
- in die Entstehungsphase um die Jahrhundertwende, die durch eine große Nähe zur pädagogischen Praxis gekennzeichnet war,
- in eine darauf folgende Phase, in der die Pädagogische Psychologie den Kontakt zu ihrem Gegenstand verlor, und
- in die Rückkehr zur Berücksichtigung der besonderen Eigenheiten von Erziehen und Unterrichten in den letzten Jahrzehnten. Typisch für diesen letzten Schritt ist die Entstehung einer eigenständigen Instruktionspsychologie, die an die Stelle der Anwendung allgemeiner Lerntheorien auf die Pädagogik getreten ist.

3 Was sind die Aufgaben und besonderen Leistungen der Schulpsychologie?

3 Schulpsychologen verfügen aufgrund ihrer Ausbildung über besondere Kompetenzen, um – teilweise in Kooperation mit anderen Fächern – beispielsweise folgende Dienstleistungen zu erbringen: Weiterentwicklung von Kompetenzen zur Erziehung und Menschenführung in der Schule
- fachpsychologische Qualitätssicherung von Lehrerinnen und Lehrern, Schulleiterinnen und Schulleitern sowie der Schulaufsicht durch Fortbildung und Beratung,
- Reflexion des pädagogischen Alltags,
- Entlastung und Unterstützung von Lehrerinnen und Lehrern bei Fragen wie Sucht, Gewalt und Lehrerstreß.

4 Welche Probleme stellen sich bei der Vermittlung psychologischen Fachwissens an Lehrer?

4 Wie alle Menschen, so verfügen auch Lehrer über relativ festgefügtes Alltagswissen, auf das besonders in Konflikt- und Belastungssituationen eher zurückgegriffen wird als auf »nur gelerntes« Fachwissen. Damit Fachwissen handlungsleitend werden kann, muß es schrittweise zu »subjektiven Theorien« aufgebaut werden; die reine Informationsvermittlung ist dabei nur der erste Schritt.

5 Hat die elterliche Erziehung einen Einfluß auf die Entwicklung der Kinder? Stellen Sie kurz die Argumente der Kontroverse zwischen Scarr und Baumrind dar.

5 Scarr vertritt die Auffassung, daß innerhalb der Bandbreite des »Normalbereichs« elterliche Erziehung kaum für individuelle Unterschiede in der Entwicklung von Kindern verantwortlich ist. Vielmehr sind es Unterschiede in den genetischen Dispositionen, die dafür verantwortlich sind, daß Kinder die Welt in verschiedener Weise gestalten und sich verschieden entwickeln. Baumrind widerspricht dieser Position im wesentlichen mit 2 Argumenten: Sie zeigt erstens auf, daß es keine befriedigende Abgrenzung des »Normalbereichs« elterlicher Erziehung gibt; und zweitens führt sie eine Vielzahl von empirischen Daten an, die belegen, daß die elterliche Erziehung, z. B. der Erziehungsstil,

6   Welche Erziehungsstile lassen sich unterscheiden, und welcher wirkt sich am günstigen auf die Kinder aus?

7   Beschreiben Sie kurz eine Studie, die demonstriert, daß sich unterschiedliche Erziehungsstile sogar noch auf die Kompetenzen und Verhaltensprobleme von Jugendlichen auswirken.

8   Was versteht man unter Internalisierung?

9   Unterscheiden Sie zwischen den Erziehungspraktiken der Machtausübung, des Liebesentzugs und der Induktion.

10   Auf welche Weise trägt Induktion zur Internalisierung bei?

11   Wovon hängt es nach Grusec u. Goodnow ab, ob elterliche »Erziehungsbotschaften« den gewünschten Erfolg haben?

auch im »Normalbereich« eine massive Wirkung auf die Entwicklung der Kinder hat.

6   Baumrind hat die Unterscheidung zwischen dem autoritativen, dem autoritären und dem permissiven Erziehungsstil eingeführt. Andere Autoren haben die permissive Erziehung in die nachgiebige und die vernachlässigende Erziehung unterteilt. Egal, welcher Einteilung man folgt: Der autoritative Erziehungsstil ist in unserer Kultur eindeutig die günstigste Bedingung für Kinder und Jugendliche.

7   In großen Untersuchungen an mehreren tausend amerikanischen Jugendlichen erwies sich die autoritative Erziehung den anderen 3 Erziehungsstilen in folgenden Merkmalsbereichen als überlegen: im Aufbau von Selbstvertrauen und eines positiven Selbstkonzepts, in der Unterstützung der schulischen Leistungsfähigkeit und als »Prävention« gegen nach außen und nach innen gerichtete Verhaltensprobleme.

8   Eine Norm oder soziale Regel ist dann internalisiert worden, wenn ihre Einhaltung nicht durch äußeren Druck (Erwartungen von Autoritätspersonen, Angst vor Strafe) erfolgt, sondern von der Person als von innen kommend erlebt wird. Internalisierung zeigt sich besonders in moralischen Konfliktsituationen.
Möglicherweise entscheidet sich die Person in einer solchen Situation dafür, eine Norm nicht einzuhalten; die Internalisierung wird dann aber an »moralischen Gefühlen« (Schuld- und Schamgefühlen) und »moralischen Kognitionen« (kognitive Auseinandersetzung mit den Konsequenzen der Normverletzung) sichtbar.

9   Nach Hoffman sind Machtausübung, Liebesentzug und Induktion 3 Haupttypen elterlicher Reaktion auf unerwünschtes Verhalten (»Fehlverhalten«) des Kindes. *Jede* Zurückweisung eines Fehlverhaltens durch die Eltern enthält *auch* Liebesentzug und Machtausübung, bei der induktiven Erziehung stehen diese Aspekte jedoch nicht im Vordergrund. Statt dessen dominiert der Versuch, dem Kind einfühlend, aber deutlich die negativen Konsequenzen seines Tuns zu verdeutlichen.

10   Induktionen, die mit genügender Deutlichkeit und Klarheit vorgetragen werden, stellen erstens ein optimales Maß an Aufmerksamkeit des Kindes her. Das Kind ist so aktiviert, daß es den Eltern zuhört, aber es ist nicht zu sehr aktiviert, so daß die eigenen Gefühle und Befürchtungen im Vordergrund stehen. Induktionen bewirken zweitens, daß das Kind seine unerwünschten Handlungen mit Gefühlen und Kognitionen über die Folgen dieser Handlungen verbindet. Steht das Kind in Zukunft in moralischen Konfliktsituationen, so wird es mit der Verletzung einer Norm die negativen Folgen für das Opfer verbinden und selbst »empathisches Unbehagen« oder Schuldgefühle verbinden.

11   Erstens von der Wahrnehmung und zweitens von der Akzeptanz. Wenn ein Kind einer elterlichen Aufforderung nicht Folge leistet, so kann das allein schon daran liegen, daß es die Botschaft der Eltern gar nicht wahrgenommen hat (beispielsweise, weil sie unklar oder nicht deutlich genug formuliert war). Oder aber das Kind hat den Wunsch der Eltern wohl sehr deutlich wahrgenommen, aber es akzep-

12 Skizzieren Sie kurz den Grundgedanken und die Struktur des »bidirektionalen Sozialisationsmodells«.

13 Unterscheiden Sie zwischen Aggressivität, ernsthafter und gespielter Aggression.

14 Stellen Sie die Grundzüge des Early-Starter-Modells dar.

15 Welches sind nach Patterson die beiden Wege in die Jugendkriminalität?

---

tiert ihn nicht, etwa weil es die Erziehungsmaßnahme für unangemessen hält.

12 Das bidirektionale Sozialisationsmodell der Internalisierung von Normen und Werten berücksichtigt, daß im Prozeß der Erziehung nicht nur die Eltern auf das Kind einwirken, sondern auch das Kind auf die Eltern. Kinder sind aktiv und fordernd und gestalten die Umwelt der Eltern – beispielsweise »externalisieren« Kinder auch ihre sich entwickelnden Wert- und Normvorstellungen. Auf diese Weise nehmen sie Einfluß auf die Kognitionen, Motive und Handlungsweisen der Eltern. Die andere Richtung der Einflußnahme im bidirektionalen Modell ist die auch schon im traditionellen unidirektionalen Modell berücksichtigte Wirkung der Eltern auf das Kind.

13 Als Aggression gegen eine andere Person bezeichnet man eine Handlung, die mit der Absicht ausgeführt wird, die Person zu verletzen oder anderweitig zu schädigen. Aggressivität ist ein Persönlichkeitsmerkmal (Eigenschaft oder Disposition) und bezeichnet die Neigung (Wahrscheinlichkeit), in bestimmten Situationen aggressiv zu reagieren.
Von ernsthaften Aggressionen im genannten Sinne sind gespielte Aggressionen zu unterscheiden. Bei einer gespielten Aggression führt das Kind eine Spielhandlung aus, die Aggressionen zum Thema hat – es liegt also keine ernsthafte Verletzungs- oder Schädigungsabsicht vor. Beispielsweise tut das Kind so, als würde es auf eine andere Person schießen.

14 Das Early-Starter-Modell zeichnet einen wichtigen Entstehungspfad von Verhaltensproblemen Jugendlicher nach. Den Ausgangspunkt bilden ungünstige Interaktionen in der Familie, die als »nötigend« oder »feindselig« gekennzeichnet werden können. Begegnen die Eltern dem Kind mit »nötigenden« Erziehungspraktiken, so entstehen nach einfachen Lernprinzipien auch beim Kind im Laufe der Zeit feindselige und aggressive Verhaltensweisen. Was das Kind nicht erwirbt, sind Kompetenzen und Fertigkeiten zur konstruktiven Lösung sozialer Probleme. Diese Defizite führen mit dem Schuleintritt zu verstärkten Problemen im Umgang mit Gleichaltrigen und zu Schulschwierigkeiten. Im Laufe der Schulzeit werden die Defizite immer größer und die Verhaltensprobleme immer gravierender – bis hin zu delinquentem Verhalten.

15 Der eine Weg wird durch das »Early-Starter-Modell« beschrieben. Für die Zukunft dieser Kinder stellt Patterson eine relativ düstere Prognose, denn sie haben als *Early Starters* auch die elementarsten sozialen Problemlösekompetenzen nicht erworben. *Late Starters* hingegen werden erst mit etwa 15 Jahren zu »Problemfällen«, meistens dadurch ausgelöst, daß die Eltern zu diesem Zeitpunkt aufgrund besonderer äußerer Umstände ihre Erziehungspflichten nicht mehr genügend wahrnehmen. Geraten diese Kinder nun unter ungünstige »Peer-Einflüsse«, so übernehmen sie u. U. antisoziales Verhalten, bis hin zu delinquenten Handlungen. Die Prognose ist für diese Gruppe jedoch besser, weil sie auf dem normalen Bestand von sozialen Fähigkeiten und Fertigkeiten, die sie in der Kindheit erworben haben, aufbauen können.

16 Skizzieren Sie kurz die wichtigsten Ergebnisse der Längsschnittstudie von Eron et al. über den Zusammenhang von elterlicher Erziehung, Aggressivität im Kindesalter und antisozialem Verhalten im Erwachsenenalter.

16 Die Ergebnisse dieser Studie bestätigen das Early-Starter-Modell in dem Punkt, daß Aggressivität oftmals schon früh in der Kindheit gelernt wird. In einer Art von Teufelskreis reagieren die Eltern auf die Aggressionen der Kinder mit Zurückweisung und übermäßig harter Bestrafung. Diese elterlichen Verhaltensweisen schaffen wiederum ein Klima, das antisoziales Verhalten und Aggressivität fördert.

Deshalb ist es nicht verwunderlich, daß die Zurückweisung des Kindes und seine harte Bestrafung im Grundschulalter zu verschiedenen Aggressivitäts- und Kriminalitätsmaßen, die im Erwachsenenalter gemessen wurden, mäßig hohe, aber statistisch bedeutsame Zusammenhänge aufweisen.

Die Längsschnittstudie zeigt auch, daß ungünstige Erziehungspraktiken, wie die Neigung zu übermäßig harter Bestrafung von Generation zu Generation weitergereicht werden.

17 Welche neuen Themen und Herausforderungen kommen auf die Pädagogische Psychologie zu?

17 Neue Themen ergeben sich aus neuen technologischen Entwicklungen und aus gesellschaftlichen Veränderungsprozessen – sie sind deshalb nur in Grenzen vorherzusehen. Zu den *aktuellen* neuen Themen gehören die Mitarbeit bei der Entwicklung und Erprobung neuer Lern- und Lehrmedien sowie die Unterstützung von Kindern (und Familien) in Belastungssituationen, etwa nach der Scheidung der Eltern.

Die Konkurrenz der Pädagogischen Psychologie mit anderen Fächern stellt eine der Herausforderungen für die Zukunft dar. Eine andere liegt darin, daß bei neuen Themen sorgfältig geprüft werden muß, ob und in welcher Weise bereits verfügbares Wissen angewendet werden kann.

16 Arbeits-, Betriebs- und Organisationspsychologie: Die Arbeitswelt gestalten

Barbara Keller

Schon zu Beginn der wissenschaftlichen Psychologie wurde der Versuch unternommen, ihre Methoden und Erkenntnisse in der Welt der Arbeit nutzbar zu machen und weiterzuentwickeln. Münsterberg schreibt 1912 im Vorwort seines Werkes *Psychologie und Wirtschaftsleben*, seine Untersuchung wolle »das Interesse derer wecken, die in Verkehrswesen und Industrie, in Handel und Gewerbe, in Wirtschaftspolitik und Sozialreform ihre Lebensarbeit finden und gewöhnt sind, über das Werk ihrer Tage nachzudenken« (S. IV).

Wie Psychologen seitdem in der Welt der Arbeit und in den Betrieben tätig sind, wird im folgenden Kapitel dargestellt: Es beginnt mit einer Bestimmung des Stellenwertes der Arbeit und der Darstellung der Bezüge der Arbeits-, Betriebs- und Organisationspsychologie zu anderen Bereichen der Psychologie. Warum arbeiten wir? Darauf antworten Theorien und Modelle der Arbeitsmotivation. Was haben wir davon? Arbeitszufriedenheit, aber auch Arbeitsbelastungen und Umgang mit Streß sind weitere wichtige Themen. Psychologen befassen sich forschend und beratend u. a. damit, wie ein Arbeitsplatz und seine Umgebung gestaltet sein müssen, damit Ermüdung und Monotonie gering gehalten werden, wie Arbeitstätigkeiten sich auswirken, wie Streß bewältigt werden kann.

Die Auswirkungen veränderter Arbeitsbedingungen gehören auch zu den Anliegen der Arbeits-, Betriebs- und Organisationspsychologie (ABO-Psychologie). Dazu zählen Einführungen neuer Technologien in Betrieben, insbesondere Informationstechnologien, die Arbeitsprozesse grundlegend verändern. Dazu zählen Auswirkungen von Veränderungen wirtschaftlicher Rahmenbedingungen, beispielsweise die Flexibilisierung der Arbeitszeitgestaltung oder die zuneh-

mende Arbeitslosigkeit. Dazu zählt weiterhin ein Wertewandel, der beispielsweise zu einer veränderten Frauenrolle und zu einem größeren Anteil berufstätiger Frauen führte.

Mit der Namenskomponente »Organisationspsychologie« ist ein weiterer Schwerpunkt gemeint, der als Sozialpsychologie der Organisation beschrieben werden kann. Hier geht es um die innerbetrieblichen Beziehungen, um die Gestaltung der innerbetrieblichen Kommunikation, deren Funktionieren sowohl für ein gutes Arbeitsklima als auch für die Arbeitsvorgänge selbst wesentlich ist, um Beziehungen zwischen Individuen und Gruppen und um Beziehungen zwischen Organisationen und der Gesellschaft. Arbeit in Organisationen, Gruppen, Teams und Qualitätszirkeln werden in diesem Abschnitt diskutiert. Eine in neuerer Zeit vieldiskutierte Störung der innerbetrieblichen Kommunikation ist Mobbing. Zur Bekämpfung der damit gemeinten Art von Schikane, die Mitarbeiter psychisch oder körperlich krank machen kann, wurden psychologische Interventionen vorgeschlagen. Psychologische Kompetenz wird auch gebraucht bei der Auswahl, Ausbildung, Förderung und Entwicklung von Personal, bei der Beratung von Führungskräften. In diesen Themenbereich gehört auch die Problematik der Karriereentwicklung bei Frauen, die immer noch vergleichsweise selten in leitenden Positionen zu finden sind.

Wie werden sich zu erwartende Veränderungen von Rahmenbedingungen, wie die mit dem Stichwort »Globalisierung« gemeinte Überwindung nationaler Grenzen, die Weiterentwicklung neuer Technologien auf die Arbeit der Zukunft oder die Zukunft der Arbeit auswirken? Mit einigen Prognosen von Experten wird dieses Kapitel schließen.

16.1
»Arbeit ist das halbe Leben ...«:
Das Gebiet Arbeits-, Betriebs- und
Organisationspsychologie (ABO-Psychologie)

Arbeit gilt als eine der zentralsten menschlichen Lebensäußerungen überhaupt (Schmale 1983). Folglich sind – neben den einschlägigen Forschungsmethoden – auch zentrale Forschungsgebiete und -themen der Psychologie, die im vorliegenden Band an anderer Stelle vorgestellt werden, für die Arbeitswelt von Bedeutung. Die Verbindungen der ABO-Psychologie zu diesen psychologischen Fächern sind vielfältig. Auf der anderen Seite grenzt die ABO-Psychologie an die Wirtschaftspsychologie, die wiederum zwischen Psychologie und Ökonomie eingeordnet werden kann (Kirchler 1995, S. 5).

Die 3 Begriffe »Arbeitspsychologie«, »Betriebspsychologie« und »Organisationspsychologie« entstammen unterschiedlichen Traditionen und entsprechen 3 Bestimmungsstücken eines Fachgebietes, als dessen Kernbereiche »Arbeit« und »Tätigkeit in Organisationen« gelten (vgl. Herrmann 1993, S. 170).

- **Arbeitspsychologie** ist als umfassender Begriff vorgeschlagen worden für die Anwendung psychologischer Theorien, Forschungsansätze und Interventionsmethoden in der Arbeitswelt (Greif 1990, S. 94).

Er bezieht sich traditionell auf die psychologischen Aspekte der Arbeitstätigkeit, des Arbeitsplatzes und der Umgebung des Arbeitsplatzes (Hoyos et al. 1987). Arbeitspsychologie befaßt sich mit der Anwendung psychologischer Forschungsmethoden und Erkenntnisse in Industriebetrieben. Münsterberg, der als einer der Begründer des Faches gilt, forderte im Jahr 1912: »Es gilt von einer neuen Wissenschaft zu sprechen, die zwischen der Volkswirtschaft und der Laboratoriumspsychologie vermitteln soll« (S. 1). Die »Auslese der geeigneten Persönlichkeiten« (S. 23f.) und die »Gewinnung der bestmöglichen Leistungen«, beispielsweise durch »Einüben und Lernen« (S. 86f.), aber auch durch »Anpassung der Technik an die psychischen Bedingungen« (S. 94f.) gehörten zu den Themen dieser neuen Wissenschaft, die Münsterberg selbst als »angewandte Wirtschaftspsychologie« verstand (S. 18). Diese Aufgaben verweisen auf die allgemeinpsychologischen und differentialpsychologischen Grundlagen, die von den »Psychotechnikern« in der Industrie genutzt werden sollten (S. 19).

- **Betriebspsychologie** bezieht sich nach Müller (1989) ebenfalls auf diese Tradition.

Frieling u. Sonntag berichten allerdings, daß die Betriebspsychologie sich unter diesem Namen in der Bundesrepublik Deutschland zu Beginn der 50er Jahre zu etablieren begann, und zwar zunehmend als eine »Sozialpsychologie des Betriebes«. Als deren Weiterentwicklung sehen diese Autoren die Organisationspsychologie (1987, S. 202f.).

- **Organisationspsychologie** bezeichnet eine relativ junge wissenschaftliche Disziplin, deren Proklamierung Leavitt (1961) zugeschrieben werden kann.

Historisch am weitesten zurück reicht der Versuch, sie in Anbindung an die Sozialpsychologie zu etablieren, der sie einen neuen Anwendungsbereich eröffnet (Müller 1989, S. 197). Sie sollte Probleme betrieblicher und institutioneller Zusammenarbeit behandeln und dadurch die eher allgemein- und differentialpsychologisch fundierte Betriebspsychologie (»industrial psychology«) ergänzen. In neuerer Zeit werden kognitionspsychologische Ansätze einbezogen und Themen bearbeitet, die mit menschlicher Informationsverarbeitung zusammenhängen, wie beispielsweise kognitive Landkarten und Schemata, an welchen Mitglieder von Organisationen ihr Handeln ausrichten (Müller 1989).

Mit allen 3 Namenskomponenten beschreibt sich die Sektion Arbeits-, Betriebs- und Organisationspsychologie des Berufsverbandes Deutscher Psychologen e.V. Nicht alle Vertreter des Faches verwenden diesen umfassenden Begriff, den Greif gar als »unnötig dreifach gemoppelt« kritisierte (1990, S. 94). Unterschiedliche Auffassungen von der Identität und den Aufgaben des Faches schlagen sich in unterschiedlichen Präferenzen für seinen Oberbegriff nieder (vgl. dazu Greif 1990; Müller 1989; v. Rosenstiel 1990). Von einigen ihrer Vertreter wird die Arbeits- und Organisationspsychologie als Teilgebiet der Wirtschaftspsychologie betrachtet, zu der außerdem noch die Ökonomische Psychologie und die Marktpsychologie zählen (z. B. Kirchler 1995, S. 3ff.; Wiswede 1993, S. 91). Die Fachgruppe der Deutschen Gesellschaft für Psychologie trägt die Bezeichnung »Arbeits- und Organisationspsychologie«, die sich auch sonst im Gebrauch durchgesetzt zu haben scheint. Die wichtigste deutschsprachige Fachzeitschrift, die *Zeitschrift für Arbeits- und Organisationspsychologie* trägt diesen Begriff im Namen, und in den Vorlesungsverzeichnissen von Universitäten wird er ebenfalls häufig verwendet. Diese Begriffsverwendung wird hier übernommen.

16.2
Warum arbeiten wir, und was haben wir davon? Arbeitsmotivation und Arbeitszufriedenheit

Was bringt uns dazu zu arbeiten, und was haben wir davon? Für die meisten Menschen gibt es den naheliegenden Grund der wirtschaftlichen Notwendigkeit: Bezahlte Arbeit wird geleistet, weil Menschen Geld dafür bekommen, und das bekommen sie, weil die Ergebnisse ihrer Arbeit, d. h. die Produkte oder Dienstleistungen, nützlich sind. Die klassische ökonomische Theorie betrachtet Menschen als rationale Wesen, die Arbeit instrumentell einsetzen, um einen maximal möglichen Nutzen zu erlangen. Aus der Sicht der arbeitenden Person geht es beispielsweise darum, die Kombination von Arbeitszeit und Freizeit zu wählen, die unter den aktuellen ökonomischen Bedingungen optimal ist. Arbeit wird instrumentell eingesetzt. Damit sind extrinsische, außerhalb der Arbeit liegende, Belohnungen angesprochen. Davon kann man Belohnungen unterscheiden, die Arbeit in sich selbst trägt. Manche Arbeit wird auch dann verrichtet, wenn die extrinsischen Belohnungen vernachlässigt werden können oder entfallen. Solche Arbeit ist intrinsisch motiviert. Sie kann Gelegenheit bieten, eigene Interessen zu verfolgen, eigene Talente zu entfalten und darzustellen, und damit der Selbstverwirklichung dienen. Unter welchen Bedingungen sind Menschen zu ihrer Arbeit motiviert? Wie stellt man das fest? Unterschiedliche Theorien der **Arbeitsmotivation** geben unterschiedliche Antworten auf diese Fragen (vgl. auch die allgemeinen Ausführungen zur Motivation in Abschn. 7.1). Im folgenden werden die wichtigsten Theorien vorgestellt und beschrieben, wie sie sich aus der Sicht der Forschung bewährt haben und welchen Nutzen sie in der Anwendung bieten.

16.2.1
Theorien der Arbeitsmotivation

Theorien der Arbeitsmotivation können nach dem Vorschlag von Campbell u. Pritchard (1976) danach unterteilt werden, ob sie eher inhaltlich oder prozessual orientiert sind.

- *Inhaltstheorien* machen konkrete Aussagen über wirksame Motive. Sie beschreiben inhaltlich, wodurch eine Person zum Arbeiten bewegt wird, wonach sie strebt. Dabei wird eher die Seite der Person (Bedürfnisse, Motive) oder eher die Seite der Bedingungen der Situation (Anreize) gesehen.
- Bei *Prozeßtheorien* geht es darum, wie die Person das erreicht, was ihr aufgrund ihrer Kalkulationen als erstrebenswert erscheint (v. Rosenstiel 1993a). Prozeßtheorien formulieren abstrakte Prinzipien des Motivationsverlaufs, in deren Mittelpunkt formale Begriffe wie Erwartungen und Generalisierungen stehen. Wiswede schlägt deswegen vor, besser von formalen Theorien zu sprechen, zumal sich der Begriff des Prozesses als eines dynamischen Geschehens vom Motivationskonzept ohnehin kaum ablösen lasse (Wiswede 1995, S. 202).

Inhaltstheorien: Bedürfnisse, Motive und Anreize

Bedürfnisse, deren Befriedigung Menschen motiviert, wurden inhaltlich beschrieben. Zu den Inhaltstheorien in diesem Sinne zählt das Konzept der **Bedürfnishierarchie** nach Maslow (1970). Wir haben es bereits in Abschn. 7.1 (s. dort Abb. 7.1) kennengelernt, denn es handelt sich um eine allgemeine Theorie zur menschlichen Motivation. Sie ist aber auch speziell auf die Arbeitswelt angewendet worden. Danach arbeiten Menschen zunächst, um grundlegende biologische und sicherheitsbezogene Bedürfnisse stillen zu können. Wenn die Befriedigung dieser Bedürfnisse gesichert ist, werden soziale Motive bedeutsam. Menschen arbeiten dann, weil ihre Arbeit sie mit anderen Menschen zusammenbringt oder weil ihre Arbeit ihnen einen Platz in der Gesellschaft zuweist. Sind auch ihre sozialen Bedürfnisse befriedigt, so arbeiten Menschen, um Achtung und Wertschätzung zu erlangen. Die bisher genannten Bedürfnisse sind Defizitbedürfnisse. Sind diese erfüllt, so werden Wachstumsbedürfnisse wirksam, und Menschen arbeiten nun, um ihre Potentiale zur Selbstverwirklichung im kognitiven, ästhetischen und spirituellen Bereich auszuschöpfen. Maslows Ansatz bietet einen integrativen Überblick über vielfältige Gründe, warum Menschen arbeiten, und hat deswegen viel Beachtung gefunden.

Wiswede sieht folgende Anwendungsbereiche dieser Motivationstheorie auf wirtschaftlichem Gebiet (1995, S. 63):

- Es gibt Unterschiede in der Motiventwicklung und Motivdominanz im Arbeitsbereich: Menschen orientieren sich im Verlauf ihrer Entwicklung an unterschiedlichen Motivkonstellationen; deshalb ist es sinnvoll, differentielle Anreizsysteme einzusetzen.

- In Organisationen gibt es auf unterschiedlichen Ebenen unterschiedliche Motivkonstellationen. Beispielsweise betonen Führungskräfte eher den »Sinn der Arbeit«, Selbstverwirklichung und Autonomie, während Fließbandarbeiter vor allem Geld, Sicherheit und mitmenschliche Kontakte in den Vordergrund stellen. Hier wäre allerdings zu fragen, ob es um vorhandene Motive geht oder um realistische Chancen für deren Erfüllung.
- Beim Konsumverhalten werden mit steigendem Wohlstand materielle Bedürfnisse tendenziell weniger wichtig; expressive Bedürfnisse wie »Erleben«, »Selbstverwirklichung«, »Kennerschaft« usw. treten in den Vordergrund.
- Generell stützt sich die These vom Wertewandel (»Werte« verstanden als gesellschaftlich vorherrschende Motivkonstellationen) auf die Motivationstheorie von Maslow.

Die Stufen der Hierarchie konnten allerdings empirisch kaum bestätigt werden, allenfalls gab es Belege für 2- oder 3stufige Differenzierungen. Die These, daß die Erfüllung von Bedürfnissen einer untergeordneten Stufe Bedürfnisse auf der nächsthöheren Ebene stimuliere, konnte für die Arbeitswelt ebenfalls bislang nicht bestätigt werden (vgl. z. B. Lea et al. 1987, S. 146; Wiswede S. 64). Jahoda kritisiert die Vorstellung, daß diese Hierarchie menschlicher Bedürfnisse »einer zeitlichen Abfolge dessen entspricht, was die Unterprivilegierten vom Leben erwarten«, als »psychologisch falsch und politisch letzten Endes reaktionär, weil sie die volle menschliche Selbstverwirklichung nur einer kleinen Elite vorbehält« (1983, S. 43, s. auch **Unter der Lupe** in Abschn. 16.3).

Das **Leistungsmotiv** (Murray 1938, s. auch Abschn. 7.4) wurde von McClelland und seiner Arbeitsgruppe empirisch untersucht (z. B. McClelland et al. 1976). Dabei fand man, daß 2 Motivtendenzen zu unterscheiden seien: Hoffnung auf Erfolg und Furcht vor Mißerfolg.

> **!** Die zentrale Aussage dieser Theorie der Leistungsmotivation lautet, daß Personen, deren Motiv der Erfolgssuche stärker ist als das der Mißerfolgsvermeidung, in höherem Maße durch Aufgaben mittleren Schwierigkeitsgrades motiviert werden können. Personen, bei denen das Motiv der Mißerfolgsvermeidung überwiegt, werden von Aufgaben mit sehr niedrigem und mit sehr hohem Schwierigkeitsgrad angezogen.

Bei Aufgaben mit sehr niedrigem Schwierigkeitsgrad schätzen sie die Wahrscheinlichkeit eines Mißerfolges als gering ein, bei Aufgaben mit sehr hohem Schwierigkeitsgrad müssen sie einen Mißerfolg nicht der eigenen Unfähigkeit zuschreiben, sondern können ihn auf die Schwierigkeit der Aufgabe zurückführen.

Arbeitspsychologische Bezüge dieser Theorie finden sich (nach Wiswede, S. 65) in folgenden Bereichen:

- bei der Selektion mißerfolgsvermeidender und erfolgssuchender Personen und der entsprechenden Zuweisung von Aufgaben und Zielvorgaben,
- bei der Förderung der Leistungsmotivation durch angemessen herausfordernde Aufgaben (von mittlerem Schwierigkeitsgrad),
- bei der Entwicklung von Trainingsprogrammen zur leistungsbezogenen Verhaltensmodifikation,
- bei unternehmerischem und innovativem Verhalten: In diesen Bereichen dominieren sog. Erfolgssucher.

Andere Inhaltstheorien der Arbeitsmotivation versuchen zu erklären, unter welchen Anreizbedingungen bestimmte Motive angesprochen werden. Die »Zwei-Faktoren-Theorie« nach Herzberg (Herzberg et al. 1959) unterscheidet zwischen Faktoren, die auf den Inhalt, und Faktoren, die auf den Kontext der Arbeit bezogen sind. Zu den Inhaltsfaktoren zählen die Gelegenheit, bei der Arbeit selbst eigene Fähigkeiten auszuüben, Verantwortung zu tragen und Anerkennung zu erwerben. Sie wirken als »Motivatoren«. Auf den Kontext bezogene »Hygienefaktoren« sind beispielsweise die Bezahlung, die äußeren Arbeitsbedingungen und die sozialen Beziehungen. Die Hygienefaktoren sollten keine Zufriedenheit erzeugen, wenn sie vorhanden sind, wohl aber Unzufriedenheit, wenn sie fehlen. Damit Arbeitszufriedenheit erlebt wird, müssen – dem Modell zufolge – sowohl Hygienefaktoren als auch Motivatoren vorhanden sein. Allerdings stellte sich in empirischen Untersuchungen heraus, daß – und das widerspricht der Theorie – Hygienefaktoren zu Zufriedenheit und (fehlende) Motivatoren zu Unzufriedenheit führen können (Semmer u. Udris 1995, S. 138).

Sowohl Anreizbedingungen (nämlich Arbeitsinhalte) als auch das Erleben der Person (nämlich »Kritische psychische Zustände«) thematisiert das **Job-Characteristics-Modell** nach Hackman u. Oldham (1980). Der Arbeitsinhalt ist in diesem Modell nach 5 »Kernmerkmalen« gegliedert. Diese bestimmen 3 »Kritische psychische Zustände«, die sich positiv auf die intrinsische

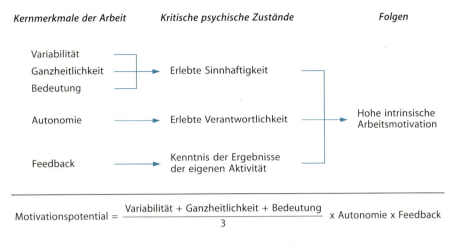

Abb. 16.1. Das Job-Characteristics-Modell nach Hackman u. Oldham (1980)

Motivation auswirken – u.a. auf Zufriedenheit und Fluktuation (s. Abb. 16.1). Der arbeitspsychologische Bezug ist offensichtlich.

Wie hat sich das Modell bewährt? Zur Beurteilung der empirischen Überprüfung werden Ergebnisse verschiedener Studien zusammengefaßt betrachtet (Semmer u. Udris 1995, S. 138–139). Das Motivationspotential zeigte Zusammenhänge mit Motivation und Zufriedenheit, aber auch mit Absentismus und Fluktuation. Mit Leistung konnten nur geringe Zusammenhänge nachgewiesen werden. Die belegten Zusammenhänge seien – in Übereinstimmung mit den Annahmen des Modells – für Personen mit hoher »Wachstumsmotivation« (die Menschen veranlaßt, ihre bisherigen Errungenschaften zu überschreiten) größer. Kritisch wird eingewandt, daß die Variablen auch additiv verknüpft werden könnten und daß die zwischen Motivation und Leistung vermittelnde Rolle der »psychischen Zustände« noch recht unklar sei.

Auch die auf Jahoda (1983, S. 45–53) zurückgehende Differenzierung von manifesten und latenten Funktionen der Arbeit, die in Tabelle 16.1 beschrieben wird, ist an Inhalten ausgerichtet.

Jahodas Modell bietet eine systematische Begründung der Probleme von Menschen, die arbeitslos sind (s. auch **Unter der Lupe** in Abschn. 16.3). Allerdings erlaubt es keine Aussagen über die relative Bedeutung der Funktionen. Sollte es einer empirischen Überprüfung zugänglich gemacht werden, bedürfte es einer Ausarbeitung (Lea et al. 1987, S. 148).

Fragen wir abschließend, was die Inhaltstheorien der Arbeitsmotivationen leisten und wo ihre Schwächen liegen.

Tabelle 16.1. Manifeste und latente Funktionen der Arbeit

Manifeste Funktionen	Latente Funktionen
Lebensunterhalt, Arbeitsbedingungen, Zugang zu Produktionsmitteln	Zeitstruktur, soziale Beziehungen, Verbindung zu Zielen und Zwecken der Gesellschaft, persönlicher Status, Aktivität

> **!** Für Inhaltstheorien spricht:
> - Sie beschreiben, welchen psychologischen Gewinn Menschen von ihrer Arbeit haben.
> - Sie weisen auf die Bedeutung intrinsischer Motivierung durch ganzheitliche und anregende Arbeitsinhalte hin.
>
> Einwände gegen Inhaltstheorien lauten:
>
> - Eine Einteilung in 2 Faktoren höherer Ordnung (Inhalt und Kontext, Hygiene und Motivatoren, latente und manifeste Funktionen, intrinsische und extrinsische Motivation) hat sich zwar in vielen Analysen ergeben. Es scheint jedoch nicht möglich, differenziertere Motive und Bedürfnisse zu bestimmen, die für alle Menschen gleichermaßen handlungsleitend sind.
> - Inhaltstheorien geben außerdem nicht an, welche Mechanismen von bestimmten Bedürfnissen oder Werten zu Handlungen oder zur Befriedigung führen. Mit diesen Mechanismen befassen sich die Prozeßtheorien.

Prozeßtheorien (formale Theorien): Erwartungen, Ziele und kognitive Bewertungen

Zu den Prozeßtheorien zählen die Wert-Erwartungs-Theorien. Der erste Vorschlag stammt von Peak (1955), die erste Ausarbeitung von Vroom (1964). Nach dieser Theorie ist Motivation das Produkt von Erwartungen und Werten. Die subjektiven Erwartungen und Bewertungen, aus denen motiviertes Verhalten resultiert, sollen erfaßt werden (s. Abb. 16.2).

- *Ergebniserwartung* (»expectancy«, *E*) bezieht sich darauf, wie die Person die Wahrscheinlichkeit einschätzt, daß infolge ihrer Arbeitsaktivität ein bestimmtes unmittelbares Ergebnis eintritt.
- *Instrumentalitätserwartung* (»instrumentality«, *I*) ist auf die Wahrscheinlichkeit mittelbarer Folgen gerichtet, die zu der angestrebten Belohnung führen.
- *Wert* (»valence«, Valenz, Bewertung, *V*) bezieht sich auf die subjektive Bewertung und damit auf die Anziehungskraft der zu erlangenden Belohnung.

Von Bedeutung sind also 2 subjektive Wahrscheinlichkeiten: erstens die auf das unmittelbare Ergebnis bezogene Wahrscheinlichkeit (»expectancy« bei Vroom), beispielsweise die Erwartung: »Sorgfältige Arbeit führt zu guter Qualität«; und zweitens die Wahrscheinlichkeit der Instrumentalität, d. h., daß dieses Ergebnis mit weiteren Folgen verbunden ist (»instrumentality« bei Vroom), beispielsweise: »Gute Qualität wird belohnt durch höhere Bezahlung«.

> **!** Die Wert-Erwartungs-Theorie wird von manchen Autoren als der einflußreichste Ansatz zur Arbeitsmotivation eingeschätzt (Lea et al. 1987, S. 150). Andere veranschlagen ihren Gesamtwert zur Erklärung und Vorhersage menschlichen Erlebens und Verhaltens als eher gering, heben aber ihren Wert als Interpretationsrahmen hervor (Kühlmann 1988, S. 20).

Wiswede betrachtet sie eher als heuristischen Entwurf (S. 67). Arbeitspsychologische Anwendungen sieht er folglich eher in wichtigen heuristischen Hinweisen, beispielsweise den folgenden:

- Geplantes und zielorientiertes Handeln (wie z. B. bei langfristigen Arbeitsabläufen) kann einer funktionalen Analyse unterzogen werden.

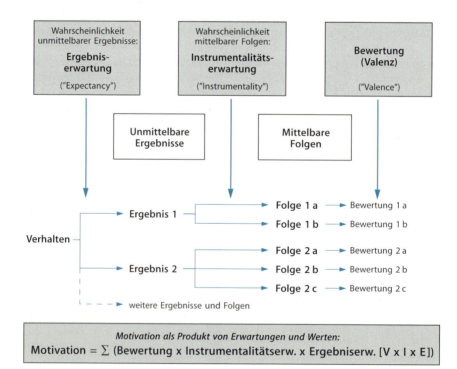

Abb. 16.2. Die Wert-Erwartungs-Theorie nach Vroom

- Alternative und konkurrierende Valenzen können durchgespielt werden.
- Motivation wird durch Erwartung gesteuert: Durch planmäßige Beeinflussung bestimmter Erwartungen und deren Verknüpfung mit Valenzen können neue Dimensionen des *management by motivation* erschlossen werden (nach Wiswede 1995, S. 67).

Eine Weiterentwicklung ist das **Erwartungsmodell** der Motivation von Porter u. Lawler 1968. In diesem komplexen Erwartungsmodell werden Aspekte wie Leistungseinsatz und Anstrengung sowie an anderen beobachtete und eigene Erfahrungen in ähnlichen Situationen einbezogen (s. Wiswede 1995, S. 204). Das schließt ein, daß das eigene Verhältnis von Aufwand und Ergebnis mit dem anderer Personen verglichen wird.

Damit ist ein weiteres Modell der Arbeitsmotivation einbezogen worden, das der »equity« (Gerechtigkeit). Dies geht zurück auf das **Equity-Konzept** aus der Sozialpsychologie (Adams 1965). In Arbeitszusammenhängen bedeutet es, daß Personen danach streben, »gleichzuziehen« (Lea et al. 1987, S. 152), und daß sie sich bemühen, sowohl »Überbelohnung« als auch »Zu-kurz-Kommen« auszugleichen. Hinsichtlich des »Zu-kurz-Kommens« sind die Befunde allerdings einheitlicher als hinsichtlich des Umgangs mit »Überbelohnung« (Semmer u. Udris 1995, S. 141).

Eine weitere Ausarbeitung hat Wiswede, der den individualistischen Ansatz kritisierte, 1980 vorgeschlagen. Sein Prozeßmodell der Arbeitsmotivation betont die Bedeutung sozialer Normen sowie des Gruppendrucks auf das individuelle Arbeitsverhalten. Es thematisiert interne und externe Erwartungen, wie Tabelle 16.2 zeigt.

Wir haben schon gesehen, daß das Modell, dessen Grundform Vroom zugeschrieben wird, unterschied-

Tabelle 16.2. Interne und externe Erwartungen in Wiswedes Prozeßtheorie der Arbeitsmotivation. (Nach Wiswede 1995, S. 203)

Interne Erwartungen	Externe Erwartungen
Effizienzerwartungen: »Schaffe ich das?«	Bezogen auf die Situation: »Was wird in dieser Situation von mir erwartet?«
Konsequenzerwartungen: »Was bringt mir das ein?«	Bezogen auf die Rolle: »Was wird in meiner Rolle/ in meiner Position von mir erwartet?«

lich beurteilt wird, je nachdem, ob insbesondere die Vorhersagevalidität oder aber der heuristische Gehalt als Kriterium herangezogen werden. Wichtig ist die Beachtung des beanspruchten Geltungsbereiches: Die unmittelbaren Vorhersagen des Wert-Erwartungs-Modells beziehen sich auf motivierte Zustände, wie beispielsweise Anstrengung. Im Hinblick darauf beurteilen manche das Modell als gut bestätigt. Schwächer seien Zusammenhänge zur gemessenen Leistung, da hier mit intervenierenden Variablen gerechnet werden müsse. Dies hat dazu geführt, daß Wert-Erwartungs-Theorien als eher »distal«, d. h. fern von der Handlung eingeordnet wurden (Büssing 1996, S. 350).

> **!** Für Prozeßtheorien spricht:
> - Sie berücksichtigen Verbindungen zwischen Bewertungen und Ergebnissen.
> - Sie lassen Raum für unterschiedliche individuelle Zusammenstellungen von Bewertungen und Ergebnissen.
>
> Einwände gegen Prozeßtheorien lauten:
> - Arbeitende Menschen erscheinen als kalkulierende Hedonisten, die nach Abwägung aller Alternativen den Weg des maximalen Vorteils wählen. Die Frage, worin dieser typischerweise besteht, führt dann doch wieder zurück zu den Inhalten.
> - Zur Vorhersage von Verhalten und Leistung bei der Arbeit haben sie sich nicht so gut bewährt.

Handlungsnahe Prozeßtheorien

Zu der Unterscheidung der vorliegenden psychologischen Theorien zur Arbeitsmotivation nach ihrer Orientierung an Inhalten oder an Prozessen nimmt Büssing (1996) als weitere Dimension die größere oder geringere Nähe zur Handlung hinzu. Die oben vorgestellten Inhalts- und Prozeßtheorien sind eher durch handlungsferne, d. h. distale, Konstrukte bestimmt.

> **!** Moderne Theorien der Arbeitsmotivation sind sowohl handlungsnah als auch prozeßorientiert. Die dominierenden Konstrukte sind »Ziel« und »Selbstregulierung«.

Als handlungsnah und prozeßorientiert gelten beispielsweise die Theorie der Selbstwirksamkeit nach Bandura sowie die **Handlungstheorie** von Hacker, in deren Mittelpunkt der etwas weiter gefaßte Begriff der Tätigkeit steht: »Geleitet durch das Ziel als Vorwegnahme und Vornahme des Ereignisses entsteht in der Tätigkeit ein Resultat, das zum Vergleich rückgekoppelt wird zu der Gedächtnisrepräsentation des Ziels. Die Tätigkeit wird fortgesetzt bis zur hinreichenden Übereinstimmung des rückgemeldeten Resultats mit dem Ziel. Der Vergleich erfolgt nicht nur abschließend, sondern er wird bereits auch vorweggenommen« (Hacker 1986, S. 141). Die Rückkoppelungsprozesse gewährleisten die fortwährende Anpassung der Handlungen an den (zielorientierten) Maßstab.

Handlungsnah und prozeßorientiert ist auch die **Zielsetzungstheorie**, die Locke und seine Mitarbeiter vertreten (Locke u. Latham 1991). Dieser Theorie zufolge führt das Setzen von Zielen zu besseren Leistungen, und zwar um so mehr, je höher und spezifischer die Ziele sind. Ein Mitarbeiter wird beispielsweise eher dann bessere Leistungen erbringen, wenn er mit dem Ziel arbeitet, 50 Produkte am Tag zu fertigen und dabei nicht mehr als 2% Ausschuß zu produzieren, als wenn er sich lediglich an der Zielsetzung: »Tun Sie Ihr Bestes!« orientiert (Kleinbeck 1996, S. 54). Zielsetzung wirkt durch 4 Mechanismen: Steuerung der Aufmerksamkeit, Mobilisierung von Energie, Erhöhung der Ausdauer und Förderung der Entwicklung von Strategien.

Diese Theorie gilt für individuelles Handeln als gut bestätigt, der Beleg ihrer Wirkung auf Gruppen oder ganze Organisationen ist weniger sicher (Semmer u. Udris 1995, S. 142). Es wird angemerkt, daß angemessenes Feedback von Bedeutung ist: Die Kombination von genau formulierten Zielen, moderater Schwierigkeit und angemessenem Feedback der erbrachten Leistung führt zu besseren Leistungen als genaue Zielformulierungen oder angemessenes Feedback allein (Büssing 1996, S. 350). Was dadurch vermutlich optimiert wird, sind Bedingungen der Selbststeuerung (»self-regulation«).

Was leisten handlungsnahe Prozeßtheorien?

- Die handlungsnahen Prozeßtheorien werden hinsichtlich ihrer Vorhersagen von Arbeitsverhalten und Arbeitsleistung als empirisch gut belegt eingeschätzt (Büssing 1996, S. 351).
- Kritisiert wird die mangelnde integrative Perspektive, d. h. die Verbindung handlungsferner Konstrukte (wie Motive und Bedürfnisse) und handlungsnaher Konstrukte (wie Zielsetzung und Selbstregulierung).

Wie diese Verbindung in einer empirischen Untersuchung verwirklicht worden ist, zeigen wir anhand einer

---

EXPERIMENT

Fehlzeiten von Mitarbeitern – fehlt die Motivation?
Motivationspsychologische Ansätze haben Kleinbeck und seine Mitarbeiter in Feldstudien zur Erklärung von Fehlzeiten verwendet. Sie erfaßten das Motivationspotential der Arbeit (vgl. Abb. 16.1) mit der deutschen Fassung des »Job Diagnostic Survey« von Hackman u. Oldham, das Leistungsmotiv der untersuchten Mitarbeiter mit Fragebogen. Darüber hinaus fragten sie die Mitarbeiter, welche Konsequenzen sie für Fehlzeiten erwarteten. Derartige Konsequenzen entsprechen den Instrumentalitäten des Modells von Vroom (s. oben). Die Resultate ergaben eine dreifache Wechselwirkung: Motivierungspotential der Arbeit und Ausprägung des Leistungsmotivs standen nur dann in einem bedeutsamen Zusammenhang zu Fehlzeiten, wenn für Fehlzeiten gleichzeitig wichtige Konsequenzen erwartet wurden, d. h. wenn eine hohe Instrumentalität vorlag: »Wurde von den Untersuchungsteilnehmern erwartet, daß sich Fehlen am Arbeitsplatz ungünstig auf das Erreichen ihrer Motivziele (z. B. Herausforderungen im Beruf zu erleben) auswirkt, reagieren Personen mit einem hohen Leistungsmotiv mit weniger Fehlzeiten gerade in leistungsthematisch hoch anregenden Arbeitsbedingungen. Erwarten sie jedoch keine (negativen) Konsequenzen von Fehlzeiten, ließen sich keine nennenswerten Effekte der Motive und Motivierungspotentiale mehr beobachten« (Kleinbeck u. Wegge 1996, S. 166 f.).

Eine weitere Studie belegte die Gültigkeit dieser dreifachen Wechselwirkung, zeigte aber auch einen »Haupteffekt für leistungsthematisch anregende Arbeitsbedingungen« (S. 167). Das Anschlußmotiv (gerichtet auf die Herstellung und Bewahrung sozialer Beziehungen), wurde in dieser neueren Studie ebenfalls untersucht. Es beeinflußt Fehlzeiten vermutlich nur dann, wenn die Mitarbeiter damit zusammenhängende Konsequenzen erwarten, wie beispielsweise Ärger mit Kollegen. Es spielt eher bei längerer Betriebszugehörigkeit eine größere Rolle – möglicherweise deswegen, weil soziale Beziehungen und damit verbundene Verantwortlichkeiten erst mit der Zeit entstehen. Das belegt eine weitere Untersuchung, in der anschlußthematische Anreize der beste Prädiktor waren für die Anzahl der Fehltage – für Personen mit einer längeren, d. h. mehr als 6jährigen Betriebszugehörigkeit (S. 167).

Studie von Kleinbeck und Mitarbeitern, die im Abschn. **Experiment** vorgestellt wird.

Motivation ist offensichtlich von Bedeutung – das zeigen die Ergebnisse dieser Studie sehr deutlich. Allerdings können individuelle Unterschiede in der Motivation ihre Erklärungskraft unter dem Druck konflikthafter Arbeitsbedingungen einbüßen. Von einem Jahr zum nächsten glichen sich die bedeutsamen Unterschiede der Fehlzeiten von 5 Schichtgruppen einander an – bei einem gleichzeitigen starken Anstieg. Was war geschehen? Die Forscher fragten in vertraulichen Gesprächen nach und erfuhren, daß die Arbeitsbelastungen insgesamt gestiegen waren, während sich das Betriebsklima allgemein verschlechtert hatte: »Die Mitarbeiter gaben an, daß ihre Abwesenheit vom Arbeitsplatz ein gerechter Ausgleich für diese Mehrbelastungen sei und daß zwischen den Gruppen auch Konsens im Hinblick auf diesen Sachverhalt bestehe« (S. 168).

Zur Senkung von Fehlzeiten – durch Motivierung der Mitarbeiter – sollten zunächst die Motivierungspotentiale der Arbeit selbst verbessert werden, beispielsweise durch die Schaffung vollständiger Aufgaben, durch die Delegation von Verantwortung, durch die Bildung teilautonomer Arbeitsgruppen und durch Möglichkeiten der Beteiligung an der Planung und Bewertung der eigenen Beiträge. Eine gezielte Personalplanung und Personalentwicklung sollte erwirken, daß die Motivierungspotentiale der Arbeit mit den Motiven der Mitarbeiter übereinstimmen. Erst an dieser Stelle sollten Maßnahmen eingesetzt werden, die die Instrumentalität des Fehlzeitenverhaltens beeinflussen, wie beispielsweise Gespräche mit den Mitarbeitern, Informationsangebote zur Prävention von Krankheiten, Disziplinierungsmaßnahmen für häufiges Fehlen oder aber finanzielle Belohnungen von Anwesenheit. Die Autoren sehen in der Förderung des Motivationspotentials ein geeignetes – wenn auch keineswegs einfaches – Mittel zur Reduzierung von Fehlzeiten. Sie weisen aber auch darauf hin, daß Mitarbeiter nicht dazu verleitet werden sollten, sich über ihr Leistungsvermögen hinaus zu belasten (S. 169f.).

Integrative Perspektiven

Es gibt mittlerweile auch Theorien, die sowohl Inhalte als auch Prozesse, und sowohl distale (handlungsferne) als auch proximale (handlungsnahe) Konstrukte verbinden. Zu in diesem Sinne integrativen Modellen zählt Büssing die Theorie der Selbstregulierung nach Kuhl

(1992) und das **Rubikon-Modell** von Heckhausen und Gollwitzer (Gollwitzer 1990). Das Rubikon-Modell verbindet Motivation mit Willensentscheidung (Überschreiten des Rubikon = Umsetzen in Handeln). Dabei gibt es 4 Phasen: Abwägen (erste motivationale Phase oder Phase der Wahl), Planen (willensbestimmte Phase), Handeln (willensbestimmte Phase) und Evaluation (zweite motivationale Phase).

Was leisten die integrativen Ansätze? Als vielversprechend kann der integrative Rahmen für Motivation und zielgerichtetes Verhalten gelten, den das Modell bietet. Kritisch ist zu vermerken, daß kaum Kenntnisse für Vorhersagevaliditäten oder andere Bewährungskriterien vorliegen. Alle bisher aufgeführten Modelle sind so umfassend, daß sie für zufriedenstellende Post-hoc-Erklärungen verwendet werden können. Immer wieder ist der Einwand zu finden, daß sie nicht präzise genug formuliert seien, um exakte Vorhersagen zu erlauben. Da einerseits ein umfassender begrifflicher Rahmen wichtig ist, andererseits exakte Vorhersagen gewünscht werden, soll abschließend ein in diesem Sinne integrativer Vorschlag aufgegriffen werden.

Wiswede plädiert dafür, den gemeinsamen Kern der wirtschaftspsychologisch relevanten Theorien zu bestimmen. Als »Kerntheorie« für wirtschaftspsychologische Forschung schlägt er ein »im Prinzip *lerntheoretisches Konzept in kognitiver Abwandlung*« (Wiswede 1995, S. 110) vor. Warum? Im Bereich der Wirtschaftspsychologie geht es häufig um Verhaltensweisen, die durch gedankliche Vorwegnahme von Handlungskonsequenzen charakterisiert sind, beispielsweise bei der Planung des Arbeitseinsatzes. Sein Vorschlag ist in der folgenden Formel zusammengefaßt:

$$HV \rightarrow B$$

Dabei bedeutet

B: Verhalten, das abhängig ist von
V: Verstärkerwert (auf Lernprozessen beruhende Einschätzung von Konsequenzen, abgeglichen durch Vergleichsprozesse sozialer und nichtsozialer Art) und von
H: Hypothesen (z. B. Erwartungen bezüglich eines Arbeitsergebnisses, aber auch übergeordnete Hypothesen; Wiswede 1995, S. 112).

Dieser Vorschlag umfaßt das gesamte Feld der Wirtschaftspsychologie, in dem die Arbeits- und Organisationspsychologie ein Teilgebiet darstellt, in welchem wiederum Themen wie Arbeitsmotivation und Arbeitszufriedenheit zu finden sind. In einem solchen umfassenden Rahmen könnten Modelle ihren Platz finden, die dann ihrerseits präzise genug formuliert werden müßten, um im Rahmen eines ebenfalls genau abgesteckten Geltungsbereiches geprüft zu werden.

16.2.2
Arbeitszufriedenheit

Mit der Arbeitsmotivation ist die **Arbeitszufriedenheit** verbunden. Das läßt sich an einigen der beschriebenen Ansätze ablesen. Die Motivatoren und Hygienefaktoren der Theorie Herzbergs (s. oben) werden auch als »Satisfiers« und »Dissatisfiers« bezeichnet. Der Ansatz von Vroom gilt auch als Theorie der Arbeitszufriedenheit, auch Gerechtigkeit bzw. »equity« soll zur Arbeitszufriedenheit beitragen, sowie das Erreichen von Zielen gemäß dem Ansatz von Locke.

Allerdings waren empirische Ergebnisse zur Arbeitszufriedenheit uneinheitlich und erwartete Zusammenhänge, beispielsweise mit Motivation und Leistung, traten nicht zuverlässig auf. Ein Grund dafür ist, daß es sehr darauf ankommt, mit welcher Methode Arbeitszufriedenheit erfaßt wird. Mit anderen Worten: Das Konstrukt hat sich als außerordentlich methodenlabil erwiesen. Schon unterschiedliche Frageformulierungen legen unterschiedliche Antworten nahe (Wiswede,

S. 209), wie der folgende Abschn. **Psychologie im Alltag** zeigt.

Nicht nur uneinheitliche Befunde, auch Berichte über merkwürdig hohe Zufriedenheitsraten bei monotoner Arbeit weckten Mißtrauen. Man suchte in den Untersuchungsbedingungen nach Erklärungen und machte beispielsweise mangelndes Vertrauen in die Anonymität von Antworten verantwortlich. Man vermutete, daß Befragte beschönigende Antworten gaben, um kognitive Dissonanzen zu reduzieren. Damit man nicht mit der Vorstellung leben muß, eine schlechte Arbeit zu haben, diese aber täglich zu verrichten, senkt man das Anspruchsniveau und gibt sich »zufrieden«. Auch attributionstheoretische Überlegungen wurden angestellt: Die eigene Arbeitssituation als andauernd unbefriedigend zu bewerten, würde schließlich zu einer Selbstabwertung führen. Die beschönigende Aufwertung der Arbeitssituation dient damit selbstwertstabilisierenden Attributionen. Auch ein zu niedriges Anspruchsniveau und schönfärberische Tendenzen wurden diskutiert (s. Semmer u. Udris, S. 143 f.).

Was ist eigentlich genau gemeint, wenn nach Arbeitszufriedenheit gefragt wird? Sind die Befragten zufrieden mit

- der Bezahlung?
- dem Führungsstil?
- den Aufstiegschancen?

PSYCHOLOGIE IM ALLTAG

»Sind Sie mit Ihrer Arbeit zufrieden?«

Die Schwierigkeiten bei der Messung der Arbeitszufriedenheit können Sie vielleicht nachvollziehen, wenn Sie überlegen, welche Antworten Sie auf die folgenden Fragen geben würden:

- Sind Sie mit Ihrer Arbeit zufrieden? (Ja) (Nein)
- Sind Sie mit Ihrer Arbeit zufrieden? (Ja) (Unentschieden) (Nein)
- Wenn Sie sich nochmals zu entscheiden hätten, würden Sie dann dieselbe Arbeit wählen? (Ja) (Unentschieden) (Nein)
- Würden Sie Ihren Kindern empfehlen, diese Arbeit zu wählen? (Ja) (Nein) (Unentschieden)

Offensichtlich spielt es eine Rolle, welche und wieviele Antwortalternativen überhaupt zugelassen sind. Von Bedeutung ist aber auch, welches Bezugssystem aktiviert wird. Die Frage: »Sind Sie zufrieden mit Ihrer Ar-

beit?« kann so ähnlich aufgefaßt werden wie die Frage »Wie geht's?«, als eine alltägliche soziale Geste. Man sagt dann halt so etwas wie »Danke, gut!« Die Frage, ob man noch einmal diese Arbeit wählen würde, ist hingegen spezifischer formuliert und aktiviert (auch rückblickende biographische) Bewertungen, allerdings nicht nur der Arbeit, sondern auch der getroffenen Entscheidung. Die Frage, ob man seinen Kindern die eigene Arbeit empfehlen würde, läßt Arbeitszufriedenheit nur vor dem Hintergrund erschließen, daß jemand für seine Kinder das Beste, und zwar möglichst zufriedenstellende Arbeit, wünscht. Was aber heißt das inhaltlich? Hier können unterschiedliche Vorstellungen angesprochen werden. Inwieweit die Anwort durch zusätzliche Überlegungen, beispielsweise zu Wünschen und Begabungen der eigenen Kinder, oder durch das gegenwärtige Arbeitsplatzangebot usw. beeinflußt wird, bleibt ebenfalls offen.

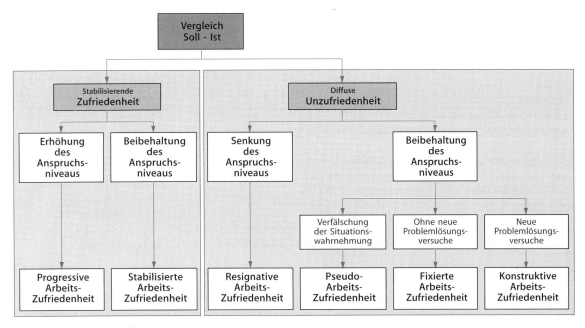

Abb. 16.3. Formen der Arbeitszufriedenheit

- den Kolleginnen und Kollegen?
- der Anerkennung durch Kolleginnen, Kollegen und Vorgesetzte?
- der Komplexität der Tätigkeit?
- der Möglichkeit, das Arbeitstempo selbst zu bestimmen?
- der Möglichkeit, auf Entscheidungen, die sie selbst betreffen, Einfluß zu nehmen?

Diese Teildimensionen von Arbeitszufriedenheit erfaßt der »Job-description-Index« nach Smith et al. (1969), an dem sich der Arbeitsbeschreibungsbogen nach Neuberger (ABB) orientiert. Es ist allerdings problematisch, die unterschiedlichen Aspekte der Arbeitszufriedenheit einfach zu einem Gesamtwert zu addieren. Wenn einer davon als völlig unbefriedigend erlebt wird, ist ein »Ausgleich« auf einer anderen Dimension vielleicht nicht möglich (Wiswede 1995, S. 210f.). Ein engagierter Kindergärtner kann beispielsweise, nachdem er eine Familie gegründet hat, feststellen, daß er diese von seinem Gehalt nicht ernähren kann. Auch wenn er sonst mit seiner Arbeit hochzufrieden ist, kann er dadurch motiviert werden, eine andere Tätigkeit aufzunehmen. Dieses Beispiel zeigt noch etwas, was berücksichtigt werden muß, nämlich, daß Bezugs-

systeme sich ändern können. Das wird in dem Modell von Bruggemann (1974) berücksichtigt, das verschiedene Formen der Arbeitszufriedenheit als Ergebnis einer Motivationsdynamik postuliert (s. Abb. 16.3).

Wird das Anspruchsniveau beibehalten, so kann aus einem positiven Ist-Soll-Vergleich »stabilisierte Arbeitszufriedenheit« resultieren. Wird das Anspruchsniveau erhöht, entsteht »progressive Arbeitszufriedenheit«. Eine allgemeine »diffuse« Unzufriedenheit kann unter Beibehaltung des Anspruchsniveaus zu neuen Problemlösungsversuchen und zu konstruktiver Unzufriedenheit führen – oder aber zu Pseudozufriedenheit bei verzerrter Situationswahrnehmung oder zu fixierter Arbeitsunzufriedenheit, bei der Problemlösungsversuche unterbleiben. Aufgrund einer Senkung des Anspruchsniveaus kann eine resignative Arbeitszufriedenheit erreicht werden. Semmer u. Udris geben an, daß zwar nicht alle Voraussagen des Modells empirisch bestätigt werden konnten, daß jedoch in Untersuchungen neben einem Faktor »Allgemeine Zufriedenheit« immer wieder ein Faktor »Resignation« zu finden sei. Die Autoren halten Aussagen zur Arbeitszufriedenheit unter Berücksichtigung der jeweils verwendeten Bezugssysteme für aussagekräftig, zumal Zusammenhänge mit der Fluktuation zwischen r = .30 und .40 gemessen und Korrelationen zu individueller Leistung von r = .20 bis .40 geschätzt werden (Semmer u. Udris 1995, S. 145).

16.2.3
Belastung und Streß

Zu den Begleiterscheinungen bzw. Folgen von Arbeit zählen Belastung und Streß. Der Begriff **Streß**, der auch umgangssprachlich geläufig ist, gilt als »schillerndes« Konzept (s. Greif 1991a; vgl. auch Abschn. 8.4). Im deutschen Sprachraum sind darüber hinaus die Begriffe »Beanspruchung« und »Belastung« von Bedeutung.

> **!** »**Psychische Belastung** wird verstanden als die Gesamtheit der erfaßbaren Einflüsse, die von außen auf den Menschen zukommen und auf ihn psychisch einwirken« (Normenausschuß Ergonomie, zit. nach Greif 1991a, S. 4). »**Psychische Beanspruchung** meint die individuelle, zeitlich unmittelbare und nicht langfristige Auswirkung der psychischen Belastung im Menschen in Abhängigkeit von seinen individuellen Voraussetzungen und seinem Zustand.« (Normenausschuß Ergonomie, zit. nach Greif 1991a, S. 4).

Bei Untersuchungen von Belastungen und Beanspruchungen am Arbeitsplatz sollten idealerweise medizinische, psychologische und ingenieurwissenschaftliche Disziplinen eng kooperieren, um physische, mentale und emotionale Beanspruchung möglichst differenziert zu erforschen (Boucsein 1991).

In der Arbeits- und Organisationspsychologie wird von folgendem Streßkonzept ausgegangen: »›Streß‹ ist ein subjektiv intensiv unangenehmer Spannungszustand, der aus der Befürchtung entsteht, daß eine stark aversive, subjektiv zeitlich nahe (oder bereits eingetretene) – und subjektiv lang andauernde Situation sehr wahrscheinlich nicht vollständig kontrollierbar ist, deren Vermeidung aber subjektiv wichtig erscheint« (Greif 1991a, S. 13). Diese Definition betont die subjektive Seite, d. h. das Erleben und die Bewertung von **Stressoren** durch die einzelne Person. Was sind diese Stressoren? Das sind »hypothetische Faktoren, die mit erhöhter Wahrscheinlichkeit ›Streß‹ (oder ›Streßempfindungen‹) auslösen« (Greif 1991a, S. 13). Als Stressoren gelten beispielsweise Überforderung, Unterforderung, Lärm, Rollenunsicherheit, Konflikte oder alltägliche Ärgernisse. Als Stressor kann auch Arbeitsplatzunsicherheit gewertet werden (Mohr 1996, S. 146).

Wie werden Stressoren ermittelt? Die meisten Forschungsarbeiten beruhen auf Befragungen von Mitar-

beitern. Im Rahmen des Forschungsprojektes »Psychischer Streß am Arbeitsplatz« wurde das »Instrument zur streßbezogenen Tätigkeitsanalyse« (ISTA) entwickelt. Bei diesem aufwendigen Verfahren werden verschiedene Methoden gleichzeitig eingesetzt: Einschätzung der Stressoren durch trainierte Beobachter, individuelle Fragebogenerhebung und Befragung mehrerer Arbeiter zum gleichen Arbeitsplatz. Der Vergleich der verschiedenen Meßmethoden zeigte, daß reine Fragebogenmessungen zu verzerrten, d. h. überhöhten Zusammenhängen führen können, daß es aber reale Zusammenhänge gibt (Zapf 1991, S. 200). Folgende Auswirkungen können – bei allen methodischen Vorbehalten gegenüber Korrelationsstudien und Befragungen, die keine kausalen Nachweise ermöglichen – begründet prognostiziert werden (nach Greif, 1991):

Kurzfristige Auswirkungen von Stressoren:

- Nervosität und Gereiztheit,
- erhöhte Adrenalin- und Noradrenalinausschüttung,
- erhöhte kardiovaskuläre Aktivität,
- verringerte Effizienz der Handlungsregulation.

Langfristige Auswirkungen von Stressoren:

- Beeinträchtigung des Wohlbefindens,
- psychosomatische Beschwerden und Krankheiten,
- problematisches Gesundheitsverhalten (ungesunde Eßgewohnheiten, Bewegungsmangel, Rauchen und Alkoholmißbrauch, Drogen- und Medikamentenmißbrauch),
- verringertes allgemeines Aktivitätsniveau (Fortbildung, Freizeitaktivitäten),
- fehlende Entwicklung neuer Bewältigungsstrategien,
- Beeinträchtigung der sozialen Kompetenz und der sozialen Beziehungen.

Wie entsteht Streß bei der Arbeit, und wie wird er bewältigt?

Um diese Fragen zu beantworten, hat man Verhaltensweisen von Personen und Eigenschaften von Situationen ermittelt, die mit dem Erleben von Streß zusammenhängen:

Ein Personmerkmal ist zum Beispiel das **Typ-A-Verhalten** (vgl. Abschn. 8.6.4). Das Typ-A-Verhalten (Friedman u. Rosenman 1974) beschreibt ein Muster, das durch hohe Arbeitsorientierung und Durchsetzungsfähigkeit gekennzeichnet ist, sowie durch das Gefühl, unter Zeitdruck zu stehen, durch Versuche, die Umwelt unter Kontrolle zu bringen und durch ausgesprochenes Wettbewerbsverhalten. Schwierigkeiten, »abzuschalten«, Hektik und Ungeduld werden ebenfalls dem Typ-A-Verhalten zugerechnet. Allerdings ist offen, ob es sich bei diesem Muster um eine »Persönlichkeitseigenschaft« handelt oder um eine Reaktion, etwa zur Bewältigung von Leistungs- und Konkurrenzsituationen (Greif 1991a, S. 15). Typ-A-Verhalten erhöht die Wahrscheinlichkeit für koronare Herzkrankheiten. Niedriger liegt diese Wahrscheinlichkeit für Typ-B-Verhalten, das als ruhiger und ausgeglichener beschrieben wird (Regnet 1993, S. 91).

Ein Beispiel für Situationseinflüsse sind Umweltbelastungen. Unter Belastungen (wie beispielsweise Lärm) wird weniger effizient gearbeitet. Das wurde durch die Beobachtung unterschiedlicher Indikatoren festgestellt: Die Leistungsgeschwindigkeit sinkt, die Fehlerquote steigt, die Informationsaufnahme bei Entscheidungen wird ineffizient, d. h. es werden mehr irrelevante Informationen abgerufen. Das wiederum kann von den Arbeitenden als »stressig« erlebt werden.

Nach **dem transaktionalen Streßmodell** schätzen Menschen Situationen unterschiedlich ein. Darüber hinaus verfügen sie über unterschiedliche Bewältigungsstrategien und -kompetenzen (vgl. Abschn. 8.4). Folglich gehen sie mit »gleichen« Situationen unterschiedlich um, was wiederum unterschiedlich auf die situativen und die persönlichen Gegebenheiten zurückwirkt.

Angenommen, 4 Personen sehen sich in ihrer Arbeit mit einer Streßsituation konfrontiert.

- *Person A* sieht Handlungsmöglichkeiten, fühlt sich herausgefordert und setzt Bewältigungsstrategien ein, die geeignet sind, das Problem zu lösen: Rat holen bei Experten, Überstunden machen o. ä.
- *Person B,* die sich ebenfalls herausgefordert fühlt, wird wütend, findet vielleicht, man habe ihr zuviel aufgehalst, und geht zum Angriff über.
- *Person C* fühlt sich bedroht und nimmt ein Beruhigungsmittel, um sich dem Streß gewachsen zu fühlen, d. h. sich psychisch anzupassen.
- *Person D,* die sich der Lage nicht gewachsen fühlt, reagiert auch physisch so angegriffen, daß sie eine Krankmeldung schickt und so vor einem drohenden Verlust aus der Situation »flüchtet«.

Zu unterschiedlichen Sichtweisen kommen hier unterschiedliche Strategien und Kompetenzen, was wiederum auf Situation und Person verändernd zurückwirkt. Transaktional heißt im Unterschied zu interaktiv, daß

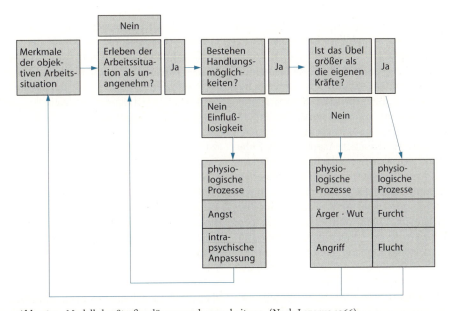

Abb. 16.4. Modell der Streßauslösung und -verarbeitung. (Nach Lazarus 1966)

die Ausgangsgrößen (Situation, Person) im Laufe des Prozesses der gegenseitigen Einwirkung verändert werden, wie Abb. 16.4 zeigt.

Auch die Strategien der Streßvorbeugung und -bewältigung setzen entweder bei der Person oder bei der Situation an. Dazu zählen nach Regnet (1993, S. 93 f.):

- Gestaltung der Arbeitssituation – als streßreduzierend gilt eine ruhige Arbeitsumgebung, ein angenehmes soziales Klima, hinreichend Zeit zur Erfüllung der anstehenden Aufgaben. Ausgleich für besondere Belastungssituationen wie Schicht- und Nachtarbeit.
- Die Stärkung der individuellen Widerstandskraft, etwa durch gesunde Ernährung, ausreichend Schlaf und Erholung.
- Einstellungsänderung und emotionale Unterstützung helfen möglicherweise, wenn Mißstände, die in der Situation liegen, von einer einzelnen Person nicht verändert werden können.
- Sport und körperliches Ausgleichstraining halten fit und helfen, Streß abzubauen.
- Gezielte Entspannungsmethoden wie das Autogene Training, die progressive Muskelrelaxation nach Jacobson, Joga oder Meditation helfen bei der Bewältigung von Streß.

Arbeit beansprucht die Ressourcen, die Menschen zur Verfügung stehen, auch wenn sie nicht so »stressig« ist, daß sie zu den obengenannten Folgen führt. Um diese Ressourcen wieder aufzufüllen, bedarf es der **Erholung**. Wieland-Eckelmann u. Baggen haben vorgeschlagen, Beanspruchung und Erholung als Bestandteile eines Arbeits-Erholungs-Zyklus zu untersuchen (Wieland-Eckelmann u. Baggen 1994). Sie kritisieren, daß der Erholungsbegriff bislang theoretisch und inhaltlich weitgehend unbestimmt blieb und diskutieren Erholung unter unterschiedlichen Aspekten: als Ruhepause, als Zeit aktiven Ausgleichs (z. B. durch die Anwendung von Entspannungstechniken), als zielgerichtete Tätigkeit zur Befindensregulation (z. B. durch sportliche Betätigung). Dabei weisen sie darauf hin, daß die arbeitsfreie Zeit Erwerbstätiger nicht mit Erholungszeit gleichzusetzen ist. Zusätzliche Anforderungen, wie Hausarbeit und Kindererziehung, und zusätzliche Stressoren, wie familiäre Konflikte, müssen in dieser Zeit bewältigt werden. Ihr Fazit lautet, optimale Erholung sei nicht nur eine Frage der Erholungszeit, sondern auch der Erholungs*situation*.

16.3
Veränderte Arbeitsbedingungen

16.3.1
Neue Technologien

In der Produktion und im Dienstleistungsbereich stellt die Einführung neuer Technologien Mitarbeiter immer wieder vor neue Aufgaben. Der wachsende internationale Wettbewerbsdruck (Stichwort »Globalisierung«) bedeutet: Die Produktlebensdauer verkürzt sich, die Produktvielfalt wird größer. Die Produktion soll flexibel gestaltet werden, um schnelle Anpassung an geänderte Bearbeitungsaufgaben zu ermöglichen. Das soll mit flexiblen Fertigungssystemen erreicht werden. Diese haben dann eine hohe Gesamtverfügbarkeit und damit Wirtschaftlichkeit, wenn ein einheitlich hochqualifiziertes Bedienungsteam zur Verfügung steht (Martin 1985), wie Abb. 16.5 zeigt.

> **!** Veränderte Anforderungen in der Produktion, beispielsweise durch flexible Fertigungssysteme (FFS), führen dazu, daß sich Anforderungen an Qualifikationen verändern. Während die manuellen Anforderungen geringer werden, steigen die Anforderungen an kognitive und soziale Kompetenzen. In den Vordergrund treten die Fähigkeiten zu planen und zu disponieren. Dies gilt insbesondere für gruppenorientierte Fertigungssysteme. Kooperationsbereitschaft und Kommunikationsfähigkeit sind im Umgang mit großen und komplexen Anlagen notwendig.

Gefordert wird deswegen, **Personalplanung** und **Personalentwicklung** in Gleichtakt mit der technischen Entwicklung zu bringen. Bisher war es notwendig, Arbeitsplätze orientiert an technischen und ökonomischen Sachzwängen zu gestalten. Dabei bestimmte die zentrale Technik in Fertigung und Dienstleistung die Organisationsform. Die personellen Ressourcen waren der technischen Konfiguration anzupassen. In Zukunft wird es höhere Elastizitätsspielräume im technischen Bereich geben. Techniken höherer Elastizität ermöglichen – durch die Entkopplung des Maschinenbedieners und die Entkopplung der Maschinensteuerung und -regelung vom »arbeitenden Aggregat« – die Lockerung starrer Arbeitszeitregelungen und Geschäftszeiten. Höhere Elastizitätsspielräume im technischen Bereich erlauben es, soziale und technische Organisation mehr als bisher entsprechend den persönlichen Bedürfnissen aufeinander abzustimmen. Voraussetzung dafür ist, daß das Personal entsprechend qualifiziert ist. Die Personalplanung soll deswegen »in Vorlauf zur techni-

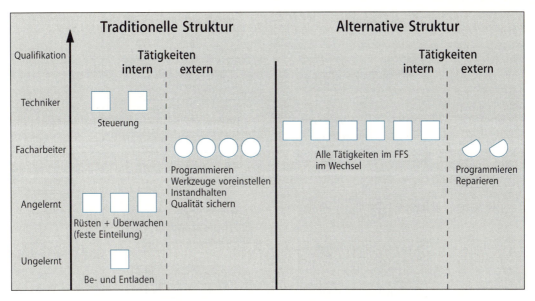

Abb. 16.5. Flexible Fertigungssysteme (FFS) und ihre alternative Struktur im Vergleich zur traditionellen Struktur. (Aus Martin 1985, S. 23)

schen Planung kommen und die Initiativrolle bei Organisations- und Unternehmensentwicklung übernehmen« (Staudt 1985, S. 60; s. hierzu Abb. 16.6).

Ob die flexibleren technischen Möglichkeiten dazu eingesetzt werden, die Arbeit den persönlichen und sozialen Bedürfnissen der Arbeitenden besser anzupassen (Staudt 1985, S. 56), ob es in Zukunft wirklich »mehr Produktivität durch weniger Arbeitsteilung« und eine »Reprofessionalisierung industrieller Arbeit« geben wird, bleibt abzuwarten (Martin 1985, S. 35). Für Arbeitgeber wie auch Arbeitnehmer gilt es, über Grundsätzliches neu zu verhandeln: »Kontroll- und Überwachungssysteme, konventionelle Führungssysteme, aber auch die Reaktionsmuster der Gewerkschaften hierauf werden obsolet, oder aber sie verhindern diesen Entwicklungssprung, weil sie den technischen Entwicklungsstand festschreiben, vor dem sie entstanden sind«, stellte Staudt bereits 1985 (S. 53) fest. Mit technischen Neuerungen sind sowohl Hoffnungen als auch Befürchtungen verbunden. Innovationswiderstände können in destruktiver Weise die Auseinandersetzung mit Neuerungen behindern, insbesondere, wenn sie sich in defensiver Weise äußern, wie Dienst nach Vorschrift, Hinauszögern von Entscheidungen, Verantwortung auf andere abwälzen (Dreesmann u. Schultes 1990). Wie betroffene Arbeitnehmer mit Neuerungen

umgingen, wurde in einer Langzeitstudie untersucht, die wir im Abschn. **Experiment** beschrieben.

> **!** Ob Ängste zugegeben werden oder nicht – erfolgreich bewältigte Streßsituationen eröffnen der Persönlichkeitsentwicklung wichtige Chancen. Es kommt darauf an, Veränderungen so einzuführen, daß sie die Lern- und Umstellungskompetenzen der Menschen nicht überfordern. Deswegen plädiert Greif (1991b, S. 250) dafür, danach zu streben »die scheinbar paradoxe Aufgabe zu lösen, Neuerungsprozesse zugleich mit Stabilisierungsprozessen zu integrieren und die Kompetenzen und Ressourcen der Menschen zur Selbstorganisation des Veränderungsprozesses zu verstärken«.

Auch von Mitarbeitern und Mitarbeiterinnen können Impulse zu Veränderungen, zu Innovationen, ausgehen. In einer Untersuchung in 2 Betrieben aus dem Bereich der Chip-Entwicklung wurde die Innovativität der Mitarbeitenden (gemessen an Anzahl und Art innovativer Ideen, sowie Anzahl und Art veröffentlicher und unveröffentlichter Berichte und Arbeitspapiere) im Zusammenhang mit Tätigkeitsbedingungen, sozialen und organisatorischen Bedingungen erfaßt. Von Bedeutung waren tätigkeitsbezogene Aspekte, insbesondere Anforderungswechsel, Wichtigkeit und Autonomie der Arbeit. Bei den sozialen Aspekten war Kommunikation wichtig. Insbesondere die Häufigkeit

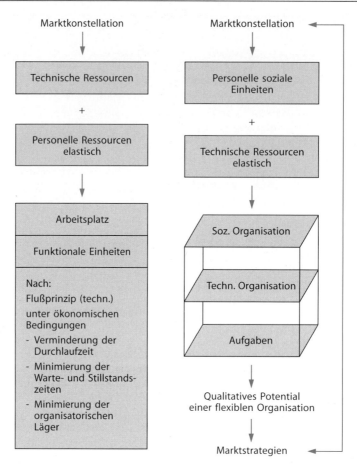

Abb. 16.6. Neuorientierungen der Aufgabenstellungen der Perso-
nalwirtschaft *(rechts)* im Vergleich zum bisherigen Vorgehen, bei
dem die personellen Ressourcen anzupassen waren *(links)*. (Aus
Staudt 1985, S. 56)

offizieller Besprechungen sowie die Offenheit der
Kommunikation wiesen Zusammenhänge mit der Innovativität auf. Bei den organisatorischen Bedingungen korrelierte vor allem die Durchlässigkeit für Informationen mit der Zahl der Innovationsideen. Der Autor sieht durch diese Ergebnisse arbeits- und organisationspsychologische Sichtweisen bestätigt, die der
Aufgabenkomplexität, der Autonomie und der Wichtigkeit der Arbeitstätigkeit eine Bedeutung für die
Förderung des Potentials der Arbeitenden zuschreiben
(Meißner 1989, S. 147ff.).

16.3.2
Flexible Arbeitszeitgestaltung

Nicht nur der Umgang mit Arbeitsaufgaben, auch der
Umgang mit der Arbeitszeit wird zunehmend flexibler
gestaltet. Von **flexibleren Arbeitszeiten** versprechen
sich Unternehmen eine bessere Nutzung ihrer Anlagen.
In Zeiten von Rationalisierung und Personalabbau wird
darin ein Mittel gesehen, Entlassungen zu vermeiden
(Müller 1995, S. 105). Auch den Beschäftigten könnte
Flexibilisierung nützen, wenn sie dadurch ihre Zeit besser einteilen könnten. Bevor wir uns der Frage nach
dem Nutzen wieder zuwenden, ist eine Begriffsklärung
nötig.

EXPERIMENT

Wie erleben Mitarbeiter die Einführung technischer und organisatorischer Neuerungen?

Wie Mitarbeiterinnen und Mitarbeiter die Einführung technischer und organisatorischer Neuerungen aufnehmen, ist in einer Studie an 4 Organisationen erforscht worden. Untersucht wurden die Einführung elektronischer Datenverarbeitung in einem Einwohner- und Paßamt, die Einführung von Kundenbetreuungsgruppen in einer Sparkasse, die Reorganisation des Pflegedienstes einer psychiatrischen Klinik und die Einführung eines neuen Versandkonzeptes in einem Dienstleistungsrechenzentrum. Durchgeführt wurden jeweils 3 Befragungswellen: Die erste Befragung fand statt, nachdem die Mitarbeiterinnen und Mitarbeiter über die anstehenden Veränderungen informiert worden waren, die zweite wurde während der laufenden Umstrukturierungen und Schulungen durchgeführt, die dritte, nachdem eine gewisse Gewöhnung an die Veränderungen eingetreten war, etwa 6–11 Monate nach Beendigung der Maßnahmen.

Am Anfang stehen Mitarbeiterversammlungen und Vorträge. Baupläne werden vorgestellt. Rohbaubesichtigungen und Hausmitteilungen informieren über die zu erwartenden Veränderungen. In dieser Zeit, zu Beginn der Neuerungseinführungen, äußern sich die Befragten mehrheitlich optimistisch. Ihre Zukunftsperspektive ist gekennzeichnet durch Kontinuitätsannahmen, durch Vereinfachungen der Urteilsdifferenziertheit und durch Ungewißheit.

Das ändert sich mit dem Fortschreiten der Neuerungseinführung. Insbesondere Schulungen, Mitarbeiterbesprechungen zu Einführungsproblemen und erste Arbeitseinsätze unter den neuen Bedingungen machen die Veränderungen erfahrbar. Das Ausmaß der unterstellten Kontinuität zwischen dem gewohnten und dem neuen Zustand schwindet. »Die Arbeitsklimaerwartungen nähern sich der nach Abschluß der Neuerung wahrgenommenen Arbeitssituation an«. Urteilsvereinfachungen nehmen ab, »der Auflösungsgrad in der gedanklichen Durchdringung des Zukunftshorizontes hat zugenommen«. Die Ungewißheit wird reduziert (Kühlmann 1988, S. 244 f.).

Rückblickend – zum dritten Befragungszeitpunkt nach Einführung der Neuerungen – werden nach Einschätzung des Autors »die wirklich erfahrenen Schwierigkeiten wohl eher heruntergespielt ... Der Sicherung und Festigung eines positiven Selbstbildes kommt es entgegen, wenn die Probleme, die eine Umstellung bereitet hat, eher untertrieben werden« (S. 249). Eine allgemeine Furcht vor Neuerungen wurde in dieser Untersuchung nicht gefunden. »Sofern negative Gefühlsqualitäten angegeben werden, treten sie meist in Kombination mit positiven Gefühlsurteilen auf. Man sieht dann dem anstehenden Wandel mit 'gemischten Gefühlen' entgegen – eine Haltung, die nach verschiedenen repräsentativen Umfragen zur Technikeinstellung in der Bevölkerung weit verbreitet ist« (S. 252). Allerdings – dies räumt der Autor selbst ein – bleibt die Frage offen, ob Angestellte im Rahmen solcher Untersuchungen intensivere Ängste zugeben würden (vgl. Greif 1991b, S. 249).

Arbeitszeit kann in den Dimensionen Dauer, Lage und Verteilung beschrieben werden (Büssing 1995, S. 82 f.):

- Mit *Dauer* ist die wöchentliche Arbeitszeit in Stunden gemeint,
- mit *Lage* die genaue Zeit, zu der gearbeitet wird – beispielsweise zur sog. Normalarbeitszeit oder in Schicht-, Nacht- oder Wochenendarbeit,
- die *Verteilung* schließlich kann gleichförmig oder flexibel sein. Die flexible Arbeitszeit umfaßt die dynamische, die gleitende und die variable Form.

Als Normalarbeitszeit könnte in Deutschland eine Arbeitszeit zwischen 7.00 und 17.00 Uhr auf der Grundlage der Fünftagewoche und der tariflichen Wochenarbeitszeit bezeichnet werden. Im folgenden werden Abweichungen von der Normalarbeitszeit vorgestellt. Wie nehmen diese sich im Urteil der Arbeitnehmerinnen und Arbeitnehmer aus? Darauf geben wir im Abschn. **Psychologie im Alltag** eine Antwort.

Autonomie zur Arbeitszeitgestaltung und Zeitsouveränität

Wichtig ist, daß auch die Beschäftigten ihre Interessen geltend machen können. Unter **Autonomie zur Arbeitszeitgestaltung** versteht Büssing die »Einflußmöglichkeiten eines Arbeitnehmers/einer Arbeitnehmerin auf die Dauer, Lage und Verteilung der persönlichen Arbeitszeit« (S. 84). Damit ist Autonomie zur Arbeitszeit-

PSYCHOLOGIE IM ALLTAG

Die Bewertung flexibler Arbeitszeiten

Gleitzeit: Flexibilisierung kann sich auf die Gestaltung der täglichen Arbeitszeit beziehen – und ist, beispielsweise als Gleitzeit, verbreitet. Sie nutzt sowohl den Beschäftigten als auch den Betrieben: Die Beschäftigten können die Lage und meist auch die Dauer ihrer Arbeitszeit außerberuflichen Verpflichtungen und Interessen – beispielsweise Öffnungszeiten von Schulen und Kindergärten – anpassen. Betriebe können die Gleitzeit nutzen, um Arbeits- und Betriebszeiten zu entkoppeln. Repräsentativen Erhebungen zufolge arbeiten 22% der abhängig Beschäftigten in Gleitzeit, Angestellte (33%) häufiger als Arbeiter (8%). Die Gleitzeit wird von 86% der solcherart Beschäftigten als überwiegend positiv bewertet (Groß 1995, S. 141 f.). Ihre Attraktivität liegt darin begründet, daß sie einen relativ selbstbestimmten Umgang mit Dauer, Lage und Verteilung der Arbeitszeit erlaubt.

Teilzeit: Teilzeit bedeutet die Reduzierung der Dauer der Arbeitszeit. Teilzeitbeschäftigte sind zu 90% Frauen, genauer: »Teilzeitbeschäftigung ist überwiegend Erwerbsarbeit von Ehefrauen und konzentriert sich auf den Ehepaarhaushalt, dem mindestens ein Kind angehört und in dem der Ehemann fast ausschließlich erwerbstätig und vollzeitbeschäftigt ist« (Groß 1995, S. 140). Sie »steht damit auf den schwachen Füßen eines nicht-egalitären geschlechtsspezifischen Musters der Arbeitsteilung« (S. 146). Daß der Wunsch nach Teilzeitarbeit bei Männern nicht sehr verbreitet sei, führt Müller darauf zurück, daß unter Teilzeit oft »Halbzeit«, d. h. 20 h pro Woche verstanden werde und die Risiken dieser Arbeitszeitform zur Zeit noch sehr groß seien. Sowohl bei Männern als auch bei Frauen gebe es aber ein starkes Interesse an kürzeren Arbeitszeiten innerhalb des Normalarbeitsverhältnisses. Empfehlenswert seien daher Verbesserungen der Bedingungen für Teilzeitarbeit durch gesetzliche und kollektivvertragliche Maßnahmen (1995, S. 114).

Überstundenarbeit: Um eine weniger akzeptierte Arbeitszeitform handelt es sich bei Überstunden. Arbeitszeitstudien geben für die alten Bundesländer an, daß 39% der Beschäftigten Überstunden leisteten (Bauer et al. 1994). 87% der Beschäftigten, die nicht regelmäßig Überstunden leisten, möchten dies auch in Zukunft nicht tun. Von denen, die Überstunden leisten, wünschen sich 56% eine Reduzierung (und zwar von 43 h geleisteter auf 35 h gewünschter Wochenarbeitszeit). Zu den zentralen Motiven dieser Wünsche gehören, mehr Zeit für die Partnerschaft, für sich selbst oder für die Kinder zu gewinnen (Groß 1995, S. 136).

Schicht- und Nachtarbeit: 18% der Arbeiter, 12% der Beamten und 7% der Angestellten leisten regelmäßig Schicht- oder Nachtarbeit, Männer (14%) häufiger als Frauen (9%). Fast alle (96%) der Beschäftigten, die nicht in Schicht arbeiten, lehnen dies auch ab. Bei den Schichtbeschäftigten gibt es etwa so viel Befürwortung (49%) wie Ablehnung (46%). Je älter die Befragten sind, desto häufiger möchten sie die Schichtarbeit reduzieren. Je länger sie in Schicht arbeiten, um so stärker ist der Reduktionswunsch. Gründe für Reduktionswünsche sind gesundheitliche Beeinträchtigungen und die Beeinträchtigungen der Teilnahme am familiären, sozialen und kulturellen Geschehen. Als Gründe für die Beibehaltung der Schichtarbeit werden Einkommenserhalt und die Verläßlichkeit eingespielter Zeitmuster angegeben. (Groß 1995, S. 137 f.)

Samstags- und Sonntagsarbeit: Wenig beliebt ist Wochenendarbeit. Dabei arbeiteten 1993 29% der Beschäftigten samstags und 12% sonntags, wobei fast alle, die am Sonntag arbeiteten, auch samstags arbeiteten. Etwa ein Drittel der Samstagsbeschäftigten würde gerne weniger, ein weiteres Drittel würde gerne gar nicht mehr samstags arbeiten. Von den nicht von dieser Beschäftigungsform Betroffenen möchten auch in Zukunft 86% nicht samstags arbeiten. Gründe für die Ablehnung sind ein grundsätzliches Interesse an einem freien Wochenende sowie der Wunsch, den Samstag mit der Familie verbringen zu können (Groß 1995, S. 138).

---

gestaltung eine wichtige Voraussetzung für die Erfahrung von Zeitsouveränität, d. h. für selbstbestimmten Umgang mit Zeit. Büssing berichtet aus eigenen Untersuchungen im Bereich der Krankenpflege vom Widerspruch zwischen hohen betrieblichen Anforderungen an die Flexibilität der Beschäftigten (zahlreiche kurzfristige Änderungen der Arbeitszeit) und (geringer) Autonomie zur Arbeitszeitgestaltung (z. B. Einfluß auf Verteilung von Nachtdiensten, Einteilung von Arbeitsstunden und Arbeitstagen).

> ! Autonomie zur Arbeitszeitgestaltung kann als eine Ressource beim Umgang mit Anforderungen und Belastungen betrachtet werden. Die Untersuchungen zeigen, daß für die Pflegekräfte mit zunehmender »Autonomie zur Arbeitszeitgestaltung« psychischer Streß und Burnout bedeutsam abnehmen und die Arbeitszufriedenheit steigt.

Wichtig sind die Bedingungen in den Organisationen: »Dabei spielen ... in den unterschiedlichen Krankenhäusern schwerpunktmäßig unterschiedliche Teilaspekte von «Autonomie zur Arbeitszeitgestaltung» für die Pflegekräfte, unabhängig vom Geschlecht, vom Zusammenleben mit einem Partner oder von Kindern im Haushalt, eine tragende Rolle« (Büssing 1995, S. 97). Weitere Untersuchungen zeigen, daß die negativen Auswirkungen flexibler Nicht-Standard-Arbeitszeitpläne (Schichtpläne) auf die Qualität des Familienlebens gemildert werden, wenn ein hohes Maß an »selbstbestimmter Flexibilität« vorliegt (Staines u. Pleck 1984, 1986, zit. nach Büssing 1995, S. 86).

Neue Modelle der flexiblen Zeitgestaltung versuchen, den Beschäftigten mehr Autonomie zur Arbeitszeitgestaltung einzuräumen und mehr Rücksicht auf den Biorhythmus des Menschen zu nehmen. Folgende Modelle werden mittlerweile (wenn auch zögerlich) erprobt:

- *Variable Arbeitszeit:* Als »relativ sozialverträglich« wird ein Modell der variablen Arbeitszeit eingestuft, das in einem Maschinenbaubetrieb praktiziert wird.

Der Mitarbeiter muß innerhalb der Öffnungszeit des Betriebes, d. h. zwischen 6.30 und 19.00 Uhr mindestens 4 h anwesend sein. Die maximale Arbeitszeit beträgt 10 h/Tag und 46 h/Woche. Pro Monat darf jeder Mitarbeiter ein »Plus« oder ein »Minus« von höchstens 72 h auf seinem Zeitkonto auflaufen lassen. Dieses muß innerhalb eines halben Jahres ausgeglichen werden. Die Mitarbeiter haben sich verpflichtet, für die Einhaltung vereinbarter Lieferfristen zu sorgen (Knauth 1995, S. 212).

- *»Kurz rotierende« Schichtpläne:* Ein weiteres Beispiel ist ein »kurz rotierender« Schichtplan, d. h. ein Plan mit Schichtwechsel nach 2 oder 3 Tagen, der in einem Betrieb der Stahlindustrie eingeführt wurde.

Dabei kommen – im Unterschied zu traditionellen Plänen, die wöchentlich zwischen Nacht-, Spät-, und Frühschicht wechseln, – in 3 von 4 Wochen freie Abende vor, einige sogar mit Ausschlafmöglichkeit am nächsten Morgen. Es wird berichtet, daß diese bevorzugt werden (Knauth 1995, S. 213).

- *Wahl zwischen Arbeitszeitsystemen:* Mittlerweile gibt es Firmen, die ihre Mitarbeiter in regelmäßigen Abständen zwischen verschiedenen Wochen-, Monats-, oder Jahresarbeitszeiten mit entsprechender Einkommensanpassung wählen lassen.

Eine schwedische Firma der Automobilindustrie bietet ein »Arbeitszeitbouquet« an, das inzwischen 10 verschiedene Arbeitszeitmodelle enthält (Knauth 1995, S. 214). Hier wird ansatzweise berücksichtigt, daß sich die Wünsche der Arbeitnehmer hinsichtlich ihrer Zeitplanung im Laufe des Lebens verändern. Auch die Lebensarbeitszeit könnte flexibler eingeteilt werden (vgl. Hoff et al. 1993), um die Vereinbarkeit von beruflichen und familiären Verpflichtungen von Frauen und Männern zu fördern. Zur Zeit sind vor allem Frauen »Pionierinnen in fast allen 'neuen' Zeit- und Vertragsformen der Arbeit« (New Forms of Work 1988, zit. nach Ostner 1993, S. 110).

16.3.3
Arbeitslosigkeit

Die dramatischste Veränderung ist wohl der Verlust des Arbeitsplatzes, ein Ereignis, mit dem mittlerweile viele Menschen leben oder mit dem sie rechnen müssen: In Deutschland lag die Arbeitslosenquote 1996 bei 9% (Sozialpolitische Umschau 1997). Die psychologischen Fachverbände der BRD haben 1983 in einer gemeinsamen Erklärung auf die psychischen und sozialen Folgen der **Arbeitslosigkeit** hingewiesen. Danach wirkt sich Arbeitslosigkeit nicht nur auf die direkt Betroffenen aus, sondern auch auf deren Angehörige. Massenarbeitslosigkeit wird von den Beschäftigten als potentielle Bedrohung eingeschätzt und findet, gesamtgesellschaftlich gesehen, Niederschlag in epidemiologisch nachweisbaren Veränderungen, wie Tabelle 16.3 zeigt.

Die gesamtgesellschaftlichen Auswirkungen der Arbeitslosigkeit sind kontrovers diskutiert worden, und die Belege dafür – Makroindikatoren – müssen vorsichtig interpretiert werden (z. B. Jahoda 1983, S. 77ff.). Konsens besteht jedoch über eines: Arbeitslosigkeit führt bei den meisten Menschen zu einer Verschlechterung ihrer seelischen Gesundheit, von der sie sich nach dem Wiedereintritt ins Arbeitsleben wahrscheinlich wieder erholen (Mohr 1999). Damit ist gemeint, daß bei Ar-

Tabelle 16.3. Die psychischen Folgen der Arbeitslosigkeit. (Aus: Gemeinsame Erklärung der psychologischen Berufsverbände 1983)

Auf der Ebene kollektiven Verhaltens sind sozialstatistisch nachweisbar:

- Verstärkung von Kriminalisierung insbesondere Jugendlicher,
- Zunahme von Drogenabhängigkeit, Selbsttötungsversuchen und depressiven Symptomen,
- Zunahme von Einlieferungen in psychiatrische Kliniken,
- Zunahme psychosomatischer Erkrankungen (wie Herzkrankheiten, Magengeschwüre, Gelenkrheumatismus),
- Verschlimmerung einer Vielzahl psychischer Störungen.

Bei den direkt betroffenen Arbeitslosen kommt es häufig zu:

- einer Abnahme des Selbstvertrauens, des Selbstwertgefühls sowie auch des Vertrauens gegenüber anderen Menschen,
- Depression, Fatalismus, Apathie als letzte Stufe der Entmutigung langfristig Arbeitsloser, die mit dem Gefühl des Unwerts und der Hoffnungslosigkeit verbunden ist,
- einer Zunahme der sozialen Isolation,
- Entwicklung von Schuldvorwürfen hinsichtlich der eigenen Familie.

Bei den Angehörigen von Arbeitslosen können folgende Auswirkungen festgestellt werden:

- Zunahme familialer Konflikte bei Rückzug aus dem gesellschaftlichen Leben,
- bei Kindern Arbeitsloser die Zunahme von Entwicklungsstörungen, Schulleistungsschwächen und Beziehungsproblemen in der Familie.

Die Beschäftigten erfahren Massenarbeitslosigkeit als verunsichernd. Das führt zu:

- einer Verschärfung des Leistungsdrucks,
- einer Erhöhung des Konkurrenzdrucks, was eine Entsolidarisierung der Belegschaften bewirkt,
- Unterlassung berechtigter Krankmeldungen und notwendiger Kuranträge.

beitslosen höhere Ängstlichkeit auftritt, auch geringere Lebenszufriedenheit, Konzentrationsschwächen, Niedergeschlagenheit und Depressionen. Am auffälligsten sollen solche Wirkungen bei Menschen sein, die sich sehr an ihre Arbeit gebunden fühlten, die im mittleren Lebensalter stehen, schon länger arbeitslos sind und aus anderen Gründen »verwundbar« wie beispielsweise Armut oder körperlicher Krankheit (Warr 1983, zit. nach Lea et al. 1987, S. 157). Auch hinsichtlich der Veränderung des Selbstwertgefühls liegen für unterschiedliche Gruppen unterschiedliche Befunde vor. Damit ist bereits angedeutet, daß Arbeitslosigkeit nicht alle in gleicher Weise trifft und daß nicht alle Betroffenen in gleicher Weise damit umgehen.

Eine Pionierstudie zur Erforschung der psychischen Folgen der Arbeitslosigkeit

Zu den Pionierleistungen der Erforschung der Arbeitslosigkeit gehört die Studie »Die Arbeitslosen von Marienthal« (Jahoda et al. 1975/1933). Da sie in methodischer Hinicht nicht nur zu ihrer Zeit ihresgleichen suchte, sondern auch heute noch beeindrucken kann, beschreiben wir im Abschn. **Unter der Lupe** zunächst die Methodik der »Marienthalstudie«, bevor wir ausführlich auf die Ergebnisse eingehen.

Die folgende Ergebnisdarstellung kann nur in Ausschnitten die vielfältigen Resultate der immer noch lesenswerten Studie von Jahoda et al. zeigen. Vielfältig belegt wird durch die Daten die Verschlechterung der Ernährung und, davon abhängig, die Verschlechterung des Gesundheitszustandes der Bevölkerung. Allerdings ging die Tuberkuloseanfälligkeit unter denen, die bereits gearbeitet hatten, zunächst zurück. Sie war bedingt durch die gesundheitsschädliche Arbeit in Spinn- und Webereibetrieben. Für Kinder und Jugendliche jedoch blieb der »verschlechternde Einfluß der veränderten Nahrung und der herabgesetzten Möglichkeiten der Körperpflege« (S. 53).

Die »müde Gemeinschaft« ist unter anderem dadurch charakterisiert, daß der Park nicht mehr instandgehalten wird, daß das Engagement der Theatersektion nachgelassen hat, daß die Entleihungen von Büchern in der Arbeiterbücherei zurückgegangen sind. Auch das Interesse an Politik läßt nach. Das wird daran abgelesen, daß die Arbeiterzeitung, obwohl sie verbilligte Arbeitslosenabonnenments herausgibt, 60% ihrer Abonnenten verliert. Eine Zeitung gleicher politischer Richtung mit einem höheren Anteil an Unterhaltung verliert hingegen, obwohl sie mehr kostet, nur 27% ihrer Abonnenten. Auch die Aktivitäten in den Vereinen des Ortes, die als »durchweg politisiert« beschrieben werden (S. 58), gehen zurück. Lediglich die Mitglied-

Die Arbeitslosen von Marienthal

Im Herbst 1931 begann eine Wiener Forschergruppe mit vorbereitenden Arbeiten und Besprechungen. Ihr Ziel war, »mit den Mitteln moderner Erhebungsmethoden ein Bild von der psychologischen Situation eines arbeitslosen Ortes zu geben« (S. 9). Als Ort der Untersuchung wählten sie Marienthal, ein kleines Fabrikdorf in Niederösterreich, das im 19. Jahrhundert um eine Flachsspinnerei entstanden war, die im Lauf der Jahre zu einer Textilfabrik erweitert worden war. Deren letzter Teilbetrieb war im Februar 1930 geschlossen worden. Sechs Wochen lang, vom Dezember 1931 bis Mitte Januar 1932, wurden intensiv Beobachtungen durchgeführt und Daten gesammelt. Eine Mitarbeiterin lebte während dieser Zeit in Marienthal. Die Weiterführung von Aktionen, zusätzliche Erhebungen und die Sammlung statistischer Angaben erstreckte sich bis Mitte Mai 1933. Tabelle 16.4 gibt eine Übersicht über die Quellen und die vielfältigen Methoden, welche die Forschergruppe um Jahoda, Lazarsfeld und Zeisel nutzte, um Daten zu gewinnen.

Die »besondere methodische Einstellung« der Arbeitsgruppe nimmt in ihrer Zielsetzung Ideen vorweg, die später mit dem Ansatz der Aktionsforschung verbunden wurden: »Es war unser durchgängig eingehaltener Standpunkt, daß kein einziger unserer Mitarbei-

Tabelle 16.4. Zur Methodik der Marienthalstudie: Informationsquellen und Informationsarten. (Nach Jahoda et al. 1975/1933, insbesondere S. 26 f.)

Quellen	Art der Information
Katasterblätter	Wurden angelegt für die 478 Familien, und zwar für jede Einzelperson ein Blatt. Vermerkt wurden Personaldaten, Art der Unterstützung, Beobachtungen zu Wohnverhältnissen, Familienleben, Haushaltsführung
Lebensgeschichten	Protokollierte Lebensläufe von 32 Männern und 30 Frauen
Zeitverwendungsbogen	Fragebogen mit Stundenplan über die Art der Beschäftigungen wurden von 80 Personen ausgefüllt
Anzeigen und Beschwerden	Vergleich der berechtigten und unberechtigten Anzeigen an die zuständige Industrielle Bezirkskommission vor und nach der Fabrikschließung
Schulaufsätze	Volks- und Hauptschulklassen schrieben über Themen wie Lieblingswünsche, Weihnachtswünsche und Berufswünsche
Preisausschreiben	Für Jugendliche zum Thema »Wie stelle ich mir meine Zukunft vor?«
Inventare der Mahlzeiten	In 40 Familien wurden während einer Woche Aufzeichnungen über die Mahlzeiten gemacht. Verzeichnisse über das Gabelfrühstück der Schulkinder am Tag vor und nach der Auszahlung der Unterstützungen
Protokolle	Weihnachtsgeschenke von 80 Kleinkindern, Gesprächsthemen und Beschäftigung in öffentlichen Lokalen, Erziehungssorgen der Eltern, Ärztliche Untersuchung, Auskünfte der Lehrer über Schulleistungen, Mitteilungen über Fürsorgetätigkeiten der Gemeinde, der Fabrik, des Pfarrers etc., Auskünfte über Umsätze im örtlichen Einzelhandel und Handwerk
Statistische Daten	Geschäftsbücher des Konsumvereins, Entleihungen aus der Bibliothek, Zeitungsabonnements, Mitgliederzahlen der Vereine, Wahlergebnissse
Historische Angaben	Geschichte der Gemeinde, der Fabrik, der vertretenen Gewerkschaften und anderer Vereine und Organisationen
Bevölkerungsstatistik	Altersaufbau, Geburten, Todesfälle, Eheschließungen, Wanderungsziffern
Haushaltungsstatistik	Wegen technischer Schwierigkeiten nur in wenigen Fällen durchgeführt

ter in der Rolle des Beobachters und Reporters in Marienthal sein durfte, sondern daß sich jeder durch irgendeine auch für die Bevölkerung nützliche Funktion in das Gesamtleben einzufügen hatte« (S. 28).

Dies geschah über die Organisation einer Kleiderspendenaktion, über politische Mitarbeit, einen Schnittzeichenkurs, ärztliche Sprechstunden, einen Mädchenturnkurs und Erziehungsberatung.

schaften in Vereinen, die mehr oder weniger unmittelbare materielle Vorteile bieten, weisen einen vergleichsweise mäßigen Rückgang oder sogar Zuwachszahlen auf. Aus einer »Gesinnungssache«, so die Autoren, werde eine »Interessenangelegenheit«. Die politische Haltung ist inhaltlich konstant, woraus die Autoren schließen: »Die Gesinnung wird nicht geändert, sie verliert nur, gegenüber den Sorgen des Alltags, an gestaltender Kraft« (S. 61).

Die Sorgen des Alltags führen auch dazu, daß individuelle Gehässigkeiten häufiger werden: In diesem Sinne interpretieren die Autoren das Ansteigen der anonymen Anzeigen, insbesondere auch der unberechtigten, die wegen unbefugter Gelegenheitsarbeit während des Bezugs der Arbeitslosenunterstützung erstattet wurden. Auch Akte der Solidarität werden berichtet, so daß sie zusammenfassend folgern: »Die asozialen Momente, die in der gefährdeten Lebensführung liegen mögen, kommen infolge der abnehmenden Aktivität nicht zur Geltung. Das durchschnittliche Solidaritätsniveau scheint durch einen Ausgleich von Erregung und Ermüdung vorläufig nicht verändert« (S. 62–63).

Die Mitarbeiter der Forschergruppe statteten 100 Familien Hausbesuche ab, um sie nach ihren besonderen Wünschen für eine Weihnachtsaktion zu fragen. Diese Besuche wurden dazu genutzt, »durch Beobachtungen und Gespräche Material über die Grundhaltung dieser Familien zu erfahren« (S. 64). Diese Beobachtungen wurden ergänzt durch Erhebungen und Beobachtungen der gleichen Menschen in anderen Situationen (Lebensgeschichten, die bei Abholung der Kleider aus der Weihnachtsaktion erfragt wurden, Beobachtungen in Kursen und Veranstaltungen sowie Informationen aus Eßverzeichnissen und Zeitverwendungsbogen wurden ebenfalls einbezogen), so daß ausführliche Lebensbeschreibungen der Familien entstanden. Auf der Grundlage dieser Lebensbeschreibungen beschrieben die Forscher 4 *Haltungstypen*: ungebrochene, resignierte, verzweifelte und apathische Familien.

- *Ungebrochene Familien* sind charakterisiert durch den Eindruck einer größeren Aktivität. Haushalt und Kinder werden versorgt, wie bei den Resignierten. Im Unterschied zu diesen gibt es bei den Ungebrochenen Pläne und Hoffnungen für die Zukunft, »aufrechterhaltene Lebenslust« und »immer wieder Versuche zur Arbeitsbeschaffung« (S. 71).
- *Resignierte Familien* leben in recht geordneten Haushalten, die Kinder werden nicht vernachlässigt und es gibt ein Gefühl relativen Wohlbefindens angesichts einer »erwartungslosen Grundhaltung zum Leben« (S. 70): Pläne werden nicht gemacht, eine Beziehung zur Zukunft ist nicht erkennbar, auch keine Hoffnung. Alle Bedürfnisse, die über die Haushaltsführung hinausgehen, sind maximal eingeschränkt.
- *Verzweifelte Familien* unterscheiden sich von den resignierten und den ungebrochenen nicht in der Lebensführung. Auch ihre Haushalte sind geordnet, die Kinder versorgt. Sie sind vielmehr charakterisiert durch ein anderes Erleben: »Verzweiflung, Depression, Hoffnungslosigkeit, das Gefühl der Vergeblichkeit aller Bemühungen und daher keine Arbeitssuche mehr, keine Versuche zur Verbesserung sowie häufig Vergleiche mit der besseren Vergangenheit« (S. 71).
- *Apathische Familien* unterscheiden sich von allen anderen durch das Aufgeben des geordneten Haushaltes. »Wohnung und Kinder sind unsauber und ungepflegt, die Stimmung ist nicht verzweifelt, sondern indolent« (S. 71–72). Das Unterstützungsgeld wird nicht sinnvoll eingeteilt, »schon für die nächsten Tage und Stunden herrscht völlige Planlosigkeit«. Trinken, Betteln und Stehlen werden als »häufige Begleiterscheinungen« (S. 72) erwähnt.

Die 4 Typen standen in engem Zusammenhang mit der Höhe der Unterstützung, die in den Familien zur Verfügung stand, d. h. die »Ungebrochenen« verfügten über die meisten, die »Apathischen« über die wenigsten Ressourcen (S. 96). Die disziplinierten Einschränkungen der Haushaltsführung der 3 anderen Haltungstypen werden allerdings immer wieder durchbrochen: In vielen Schrebergärten werden nicht nur Gemüse und Kartoffeln, sondern auch Blumen gepflanzt, denn »etwas muß man doch auch fürs Gemüt haben« (S. 72), auch andere »Luxusgegenstände« werden gelegentlich erworben. Insbesondere für Geschenke für Kinder, beispielsweise für Bilderbücher wird »in plötzlichem Entschluß« noch Geld ausgegeben (S. 73). Jahoda meint rückblickend, daß solche Verhaltensweisen im Widerspruch zu Maslows Modell der Hierarchie menschlicher Bedürfnisse stehen und daß auch Menschen, die kaum die biologischen Bedürfnisse befriedigen können, unter unerfüllten »höheren« Bedürfnissen litten (Jahoda 1983, S. 43).

Jahoda et al. fassen ihre Eindrücke von der Wirkung der Arbeitslosigkeit in Marienthal folgendermaßen zusammen: »Die Ansprüche an das Leben werden immer weiter zurückgeschraubt; der Kreis der Dinge und Einrichtungen, an denen noch Anteil genommen wird, schränkt sich immer mehr ein; die Energie, die noch bleibt, wird auf die Aufrechterhaltung des immer kleiner werdenden Lebensraumes konzentriert. Als charakteristische Zeichen für diese Reduktion fanden wir einen deutlichen Verfall des Zeitbewußtseins, das seinen Sinn als Ordnungsschema im Tageslauf verliert; nur die menschlichen Beziehungen scheinen im wesentlichen noch intakt. Zwar haben wir verschiedene Haltungstypen unterschieden: eine aktivere, zuversichtlichere als die charakteristische Gruppe der resignierten, 2 andere darüber hinaus gebrochen und hoffnungslos. Aber jetzt zum Schluß haben wir erkannt, daß hier vermutlich nur verschiedene Stadien eines psychischen Abgleitens vorliegen, das der Reduktion der Zuschüsse und der Abnutzung des Inventars parallel geht. Am Ende dieser Reihe stehen Verzweiflung und Verfall« (S. 101–102).

> ! Die 4 Haltungstypen der ungebrochenen, resignierten, verzweifelten und apathischen Familie können also auch als eine Beschreibung der kumulativ negativen Wirkung von Langzeitarbeitslosigkeit aufgefaßt werden.

Wie es in Marienthal nach dem Ende der Studie weiterging, schildert M. Jahoda viele Jahre später: »Als Hitler 1938 in Österreich einmarschierte, hießen ihn große Teile der Bevölkerung, darunter die Bevölkerung von Marienthal, willkommen. Hitler kam mit Volksküchen und mit dem Versprechen auf Arbeit, ein Versprechen, das innerhalb des ersten Jahres der Besetzung im Interesse des Aufbaus seiner Kriegsmaschinerie, des Straßennetzes und der Brücken, die seine Pläne erforderten, eingelöst wurde. Fast fünfzig Jahre später sprachen die Menschen von Marienthal ziemlich deutlich aus, daß sie jeden unterstützt hätten, der ihnen zu Arbeit verhalf; ideologische Überzeugungen hatten nur

wenig Relevanz für ihre Lebenssituation« (Jahoda 1983, S. 54).

Die Bedeutung der Marienthalstudie und die Erforschung von Arbeitslosigkeit heute

Mohr (1999) weist in ihrem aktuellen Überblick über die Entwicklung des Forschungsfeldes darauf hin, daß schon in der Marienthalstudie 4 wesentliche Sachverhalte deutlich geworden seien:

- Erwerbslosigkeit ist keine kritische Lebenserfahrung im Sinne eines punktuellen Ereignisses. Vielmehr handelt es sich um einen Streßprozeß. Das bedeutet, daß in Längsschnittuntersuchungen erforscht werden muß, wie Arbeitslosigkeit sich langfristig auswirkt.
- Ein transaktionales Streßkonzept ist naheliegend, denn auch (unterschiedliche) Bewältigungsstrategien gehören zu diesem Prozeß.
- Moderatoren wie (unterschiedliches) Einkommen müssen einbezogen werden, da sie zu Unterschieden im Erleben der Arbeitslosigkeit beitragen.
- Auch die Bedingungen vor Eintritt der Erwerbslosigkeit müssen berücksichtigt werden, da es beispielsweise sein kann, daß durch (unterschiedliche) vorausgehende Bedingungen die Menschen bei eintretender Erwerbslosigkeit unterschiedlich gut ausgerüstet sind.

Nicht alle sind von Arbeitslosigkeit in gleicher Weise bedroht. Als wichtige Moderatorvariablen nennt Kirchler Geschlecht, Alter und familiäre Verpflichtungen. Als benachteiligt am Arbeitsmarkt gelten Behinderte, ältere Arbeitnehmer, Frauen, ungelernte Ausländer mit Sprech- und Bildungslücken. (Kirchler 1993, S. 150f.). Nicht alle sind, wenn sie ihre Arbeit verlieren, in gleicher Weise betroffen: »Wer sich also durch Arbeitslosigkeit in seinen Handlungsmöglichkeiten nicht einschneidend beeinträchtigt sieht, auf **soziale Unterstützung** durch Familie oder Freunde rechnen kann und Arbeit und Beruf für sich nicht als zentrales Lebensinteresse definiert, wird mit den Realbelastungen der Arbeitslosigkeit besser umgehen können als jemand, der – bei ausgeprägter Berufsorientierung und ohne soziale Unterstützung – in die Konstellation 'individueller Handlungsohnmacht bei gleichzeitiger Abhängigkeit' ... gerät« (Wacker 1983, S. 11).

Zum Einfluß von Persönlichkeitseigenschaften meint Kirchler, daß extravertierte oder emotional stabile Personen unter dem Arbeitsverlust weniger zu leiden scheinen und überdies eher wieder Arbeit finden als introvertierte und emotional labile Personen. Er nimmt darüber hinaus an, daß Personen mit internaler Kontrollüberzeugung und hoher Leistungsmotivation sich eher um eine neue Arbeit bemühen und eher wieder beschäftigt werden. Konzessionsbereitschaft und Flexibilität sollen ebenfalls die Arbeitslosigkeit verkürzen (1993, S. 151 f.). Die Ergebnisse einer eigenen Untersuchung, allerdings an einer kleinen Stichprobe, legen für ihn die Vermutung nahe, daß Belastbarkeit wichtig ist: »Je widerstandsfähiger, pflichtbewußter, selbstkontrollierter und innerlich ruhiger eine Person ist, desto eher findet sie wieder Arbeit« (S. 175). Darüber hinaus sei die Wechselwirkung von Belastbarkeit und Kontaktbereitschaft bei der Bewältigung von Arbeitslosigkeit bedeutsam (S. 176). Eine ausgeprägte Selbstwirksamkeit und positive Erwartungen nützen ebenfalls bei der Arbeitssuche. Positives Denken in Form von angenehmen Zukunftsphantasien ist hingegen keine Hilfe. Positiv phantasierende Stellensucher scheinen notwendige Schritte wie das Verschicken von Bewerbungen weniger ernst zu nehmen (Oettinger 1997, S. 219 ff.).

Die Untersuchung »positiver Bewältiger« könnte helfen, Ansatzpunkte zur Stabilisierung gesunderhaltender Anteile zu finden. Als Kriterien für einen positiven Umgang mit Arbeitslosigkeit wurden u. a. ermittelt (Fryer u. Payne 1984, zit. nach Kieselbach u. Wacker 1991, S. 16 f.):

- die Fähigkeit, zwischen »erwerbstätig sein« und »sinnvolle Arbeit machen« zu unterscheiden,
- das Vorhandensein von Zielen, die dem Leben eine Richtung geben,
- der Wunsch, aktiv zu sein, sowie die Fähigkeit, die Zeit zu strukturieren,
- die Ablehnung vergangener, mit Erwerbstätigkeit verbundener Erfahrungen der Langeweile oder Unzufriedenheit mit einer erzwungenen Arbeitsstruktur,
- Informationen über mögliche negative Folgen der Arbeitslosigkeit, die zum Gegensteuern genutzt werden,
- die Übernahme von ehrenamtlichen Arbeiten, auch um dadurch evtl. eine Stelle zu bekommen,
- die individuelle Neigung, eher strukturierend einzugreifen als passiv zu reagieren,
- ein selbstgewähltes proaktives Verhalten und hohe interne Motivierung.

Konzepte wie »positive Bewältigung« oder »proaktive Arbeitslose« können leider sozialpolitisch mißbraucht

werden: Den Arbeitslosen, die ihre Lage nicht »positiv bewältigen«, könnte dies vorgeworfen werden, und es könnte benutzt werden, um Forderungen nach sozialpolitischen Maßnahmen abzuwehren.

Arbeitslosigkeit bei Frauen

Zu denjenigen, die für weniger »belastet« durch Arbeitslosigkeit gehalten werden, gehören für manche Autoren die Frauen, denen die Hausfrauenrolle als Alternative zur Verfügung stehe (zusammenfassend Mohr 1999). Insbesondere Müttern biete die Sorge für kleine Kinder eine gesellschaftlich anerkannte Aufgabe. Auch sorge diese Aufgabe für die Strukturierung von Zeit und für Kontakte außerhalb der eigenen Wohnung (z. B. Lea et al. 1987, S. 159).

Werden Frauen durch Erwerbslosigkeit weniger beeinträchtigt als Männer? Und wenn das so ist, kann dieser Unterschied dann darauf zurückgeführt werden, daß Frauen über die Alternativrolle der Hausfrau und Mutter verfügen? G. Mohr (1999), die eine Untersuchung dazu vorlegt, stellt fest, daß allgemeine Aussagen mit Vorsicht zu formulieren seien, da bislang unterschiedliche Operationalisierungen zur Erfassung der psychosozialen Befindlichkeiten gewählt wurden und vorliegende Studien zum Teil explorativer Art waren und an kleinen bzw. hochselegierten, d. h. sehr ausgewählten, Stichproben durchgeführt wurden.

Das Erklärungsmuster (arbeitslose Frauen greifen auf die Haufrauenrolle zurück) wird ihres Erachtens oft als Ex-post-facto-Erklärung, also als Erklärung im Nachhinein gereicht. Die häuslichen Aktivitäten selbst, die Interpretation der bzw. die Einstellung zur eigenen Situation, das Selbstwertgefühl, seien weder bei den Männern noch bei den Frauen untersucht worden. Der bei Männern in manchen Untersuchungen festgestellte Autoritätsverlust in der Familie sei bei Frauen vielleicht deshalb nicht in gleicher Weise nachzuweisen, weil sie in der Familie ohnehin weniger Autorität hätten. Es könnte sich somit um einen »Deckeneffekt« handeln. Die Ergebnisse vergleichender Studien sind nicht widerspruchsfrei und lassen alternative Erklärungen zu. So folgert Mohr: »Erwerbslose haben gegenüber Erwerbstätigen oder Wiedereingestellten einen schlechteren psychischen Gesundheitszustand. Das gilt für Männer und Frauen«.

Welche Rolle die Übernahme der Hausfrauenrolle auf den Umgang mit der Arbeitslosigkeit haben kann, hat Mohr auch in einer eigenen Langzeitstudie untersucht, die wir im Abschn. **Experiment** vorstellen.

Schützt die Übernahme der Hausfrauenrolle vor den Folgen der Arbeitslosigkeit?

Mohr hat arbeitslose Industriearbeiterinnen befragt, und zwar 2mal im Abstand von 7 Jahren. Sie wollte herausfinden, ob sich **erwerbstätige** von **nichterwerbstätigen Frauen** hinsichtlich ihres psychischen und körperlichen Wohlbefindens unterscheiden und worauf eventuell auftretende Unterschiede zurückzuführen seien. Außerdem wollte sie untersuchen, ob Frauen, die den Hausfrauenstatus annehmen, wirklich weniger unter den Auswirkungen ihrer Arbeitslosigkeit litten. Zum zweiten Untersuchungszeitpunkt konnten sich die nichterwerbstätigen unter den Befragten selbst einordnen als »arbeitsuchend«, »Hausfrau (nichtarbeitsuchend)«, »Rentnerin« oder »in Umschulung«, so daß als »Haufrau« nur Frauen beschrieben wurden, die sich selbst so sahen. (Die 2 Rentnerinnen und die eine Umschülerin der Stichprobe sind in den folgenden Ergebnisschilderungen nicht berücksichtigt).

Was die psychische Gesundheit angeht, so zeigt Abb. 16.7, daß die Depressivitätswerte (ungeachtet bereits bestehender Unterschiede) bei den Frauen, die wieder eine Arbeit aufnahmen (A) oder den Hausfrauenstatus annahmen (B), sanken. Sie stiegen geringfügig (nicht signifikant) bei den Frauen, die erwerbslos blieben (C). Bei den ebenfalls erfaßten psychosomatischen Beschwerden gab es eine ähnliche

Tendenz, wenn auch keine signifikanten Unterschiede. Allerdings sanken auch hier die Beschwerden bei den Hausfrauen signifikant.

Schützt also die Übernahme der Hausfrauenrolle tatsächlich einen Teil der Frauen vor den Folgen der Arbeitslosigkeit? Das kommt, wie die weiteren Ergebnisse zeigen, ganz auf die Situation an. Da arbeitsuchende Frauen und Hausfrauen sich nicht im Ausmaß der Haus- und Familienarbeit unterscheiden, ist es nicht die Tätigkeit als solche, die Befindensunterschiede erklären könnte. Auch hinsichtlich der ökonomischen Lage unterscheiden sich die erwerbslosen von den Hausfrauen nicht signifikant, wenngleich die Hausfrauen etwas besser dastehen. Allerdings sind finanzielle Gründe als Motiv für die Erwerbstätigkeit bei arbeitsuchenden Frauen wichtiger, denn arbeitsuchende erwerbslose Frauen haben im Vergleich zu den Hausfrauen weniger Einkommen, gewichten finanzielle Motive höher, erleben mehr Belastung, weniger soziale Unterstützung und weniger Unterstützung durch den Partner.

Aus Selbstbeschreibungen der Hausfrauen leitet Mohr die Vermutung ab, daß die Qualität der Partnerschaft von Bedeutung dafür ist, daß möglicherweise diejenigen Frauen »leichter« Hausfrauen werden, die sich weniger in Gefahr sehen, in eine traditionelle Rolle gedrängt zu werden. Das erfahren sie beispielsweise dadurch, daß Hausarbeit weiterhin mit dem

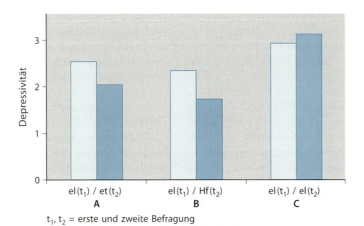

Abb. 16.7. Zusammenhang zwischen Erwerbsstatus und Depressivität bei Industriearbeiterinnen. (Aus Mohr 1999, A..10)

Partner geteilt wird. Auch haben nur in der Gruppe der zur Hausfrau gewordenen Frauen einige Versuchsteilnehmerinnen zwischen Erst- und Zweitbefragung noch ein Kind bekommen, so daß ihre Hausarbeit mehr pädagogische und pflegerische Tätigkeiten beinhaltet. Allerdings erleben sich auch die Hausfrauen gegenüber den erwerbstätigen Frauen als benachteiligt, so daß Mohr abschließend festhält: »Der Hausfrauenstatus erfüllt demnach vermutlich temporär eine positive Funktion unter zusätzlich günstigen Bedingungen, allerdings ganz offensichtlich nur für einen Teil der erwerbslosen Frauen«.

16.4 Psychologie in Organisationen

16.4.1 Organisationsform und Organisationsstruktur

Eine **Organisation** ist ein strukturiertes, zielorientiertes, überdauerndes soziales Gebilde, das bestimmte Ziele verfolgt (v. Rosenstiel 1992). Organisationspsychologische Aktivitäten finden überwiegend in Wirtschaftsunternehmen statt, häufig in großen Industriebetrieben und Dienstleistungsunternehmen, seltener in kleineren Betrieben. Zum Gegenstandsbereich der Organisationspsychologie gehören aber auch öffentliche Verwaltungen, Schulen, Universitäten, Verbände, Kirchen, Krankenhäuser, Armeen und Freizeitorganisationen (vgl. Schuler 1995, S. 2).

Grundlegende Merkmale von Organisationen sind die **Organisationsstruktur** und die **Organisationsform**:

- Die Gesamtheit aller formalen Regelungen zur Arbeitsteilung und zur Koordination von Leistung und Verhalten der Organisationsmitglieder bildet die formale Organisationsstruktur (Büssing 1992, S. 23). Zur Organisationsstruktur gehört auch die Konfiguration, die das äußere Stellengefüge beschreibt (s. Abb. 16.8). Diese wird gemessen durch die Gliederungstiefe (Anzahl hierarchischer Ebenen) oder die Leitungsspanne (Anzahl der Stellen, die den Führungspersonen direkt unterstellt sind).
- Bei den Organisationsformen unterscheidet man Einlinien- und Mehrliniensysteme. Beim Einliniensystem empfängt eine untergeordnete Stelle nur von einer übergeordneten Stelle Weisungen und ist nur dieser verantwortlich. Dies gilt für Gliederungen nach Funktion (funktionale Struktur) oder nach Sparte (divisionale Struktur). Beim Mehrliniensystem gibt es ein doppeltes Unterstellungsverhältnis nach Funktion und Sparte (Matrixorganisation). Im Mehrliniensystem sind die Informations- und Abstimmungswege kürzer, Konflikte können häufiger auftreten, was als positiv im Sinne einer vertieften inhaltlichen Auseinandersetzung gewertet wird. Als Nachteil gilt allerdings die fehlende Gesamtverantwortung.

Organisationen können eher entsprechend dem Einlinien- oder dem Mehrliniensystem strukturiert sein. Sie können eher hierarchisch oder eher teamgebunden aufgebaut sein. In unterschiedlichen Organisationsstrukturen können unterschiedliche Auffassungen der Arbeitsaufgaben Ausdruck finden. Nicht nur unterschiedlich gestaltete Arbeitstätigkeiten, sondern auch unterschiedliche Auswirkungen hinsichtlich Gesundheits- und Persönlichkeitsförderung der Mitarbeiterinnen und Mitarbeiter sind zu erwarten. Das zeigt eine vergleichende Untersuchung im Bereich der Pflegetätigkeit an 3 psychiatrischen Landeskliniken, die wir im Abschn. **Experiment** beschreiben.

Die Ergebnisse zeigen, daß in der traditionellen Krankenhauspsychiatrie mit **hierarchischer Organisationsstruktur** (PKH II), teilweise auch in der sozialpsychiatrisch orientierten Krankenhauspsychiatrie mit **teamorientierter Organisationsstruktur** (PKH III), »ein Grad an funktionaler Arbeitsteilung realisiert ist, der mit negativen Merkmalen partialisierter Handlungen und unvollständiger Tätigkeit einhergeht«. Die dort vorgefundene Funktionspflege ist charakterisiert durch Zeitdruck, relativ kurzzeitige Zyklen der Aufgabenerledigung, eingeschränkte Kooperations- und Kommunikationsmöglichkeiten und -erfordernisse, reduzierte Spielräume zu Planung und Gestaltung, reduzierte Denk- und Planungsanforderungen und erhöhte physische Belastung.

Ganzheitliche Pflege, Arbeitserweiterung und Arbeitsanreicherung sind nach Auffassung des Autors wesentlich mit **teamgebundenen Strukturen** (PKH I) in der Krankenpflege verknüpft. Er weist abschließend darauf hin, daß Verbesserungen der Krankenpflege die organisatorische Gestaltung einbeziehen müssen: »Verringerte Belastungen einerseits und Gesundheits- sowie Persönlichkeitsförderung in der Pflegetätigkeit andererseits sind nach diesen Ergebnissen an eine gemeinsame, optimale Gestaltung von Aufgabe, Technologie in

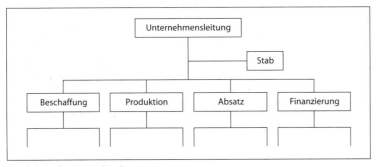

Funktionale Organisation

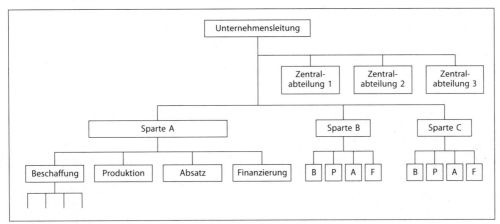

Divisionale Organisation

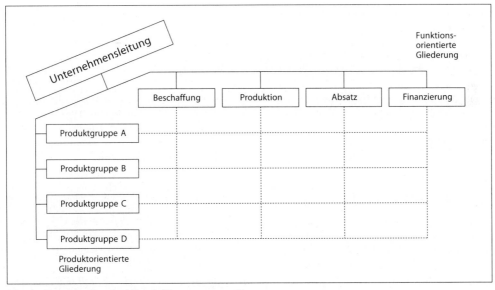

Matrix-Organisation bei Produktmanagement

Abb. 16.8. Grundstruktur der 3 wichtigsten Organisationsformen. (Aus Scholl 1995, S. 422)

der Pflege und Behandlung sowie Strukturen der Aufbau- und Ablauforganisation gebunden. In dieser gemeinsamen Gestaltung – und nicht in einer mehr oder weniger isolierten Umsetzung von attraktiv erscheinenden Pflegeprinzipien – liegt die eigentliche Herausforderung für die Gestaltung sowohl vollständiger Pflegetätigkeit als auch ganzheitlicher Pflege« (Büssing 1992, S. 242).

16.4.2
Teams, Gruppen und Qualitätszirkel – Chancen und Probleme

Team- oder Gruppenarbeit soll aufgabengebundene Motivation fördern. Wo Störungen vor Ort rasch beseitigt werden müssen, wo technische Ungewißheit die Wahrnehmung von Kontrollfunktionen von außen er-

---

EXPERIMENT

Auswirkungen unterschiedlicher Organisationsstrukturen in psychiatrischen Krankenhäusern

Für diese Untersuchung wurden Krankenhäuser mit unterschiedlichen Organisationsstrukturen ausgewählt. Andere Unterschiede sollten möglichst gering sein. Das entspricht dem Design einer quasiexperimentellen Feldstudie, in der die unabhängige Variable nicht manipuliert werden kann. Deshalb ist es wichtig, möglichst »ausgeprägte« Exemplare dessen ausfindig zu machen, was man untersuchen möchte. In diesem Fall waren dies psychiatrische Krankenhäuser, die sich in ihren Organisationsstrukturen – und nicht in sonstigen Merkmalen – unterschieden. Verglichen wurden psychiatrische Krankenhäuser des gleichen Trägers und in der gleichen Region, die unterschiedliche Versorgungsstrukturen und folglich auch Organisationsstrukturen aufwiesen. Untersucht wurde je ein Krankenhaus der folgenden Kategorien:

- Gemeindepsychiatrie mit teamgebundener Organisationsstruktur (PKH I). Bei dieser ist die durch den Träger vorgegebene bürokratische Hierarchie durch eine offiziell verankerte Strukturveränderung mit teamgebundenem Charakter abgelöst worden.
- Traditionelle Krankenhauspsychiatrie mit hierarchischer Organisationsstruktur (PKH II).
- Sozialpsychiatrisch orientierte Krankenhauspsychiatrie mit teamorientierter Kooperation (PKH III). Hier besteht die »bürokratische Hierarchie im Grundsatz weiter, grenzt sich jedoch gegen die starre Hierarchie des PKH II durch vielfältige Formen partizipativer und kooperativer Führung ab. Diese Momente partizipativer und kooperativer Führung sind begrifflich am besten mit 'teamorientierter Kooperation' in Abgrenzung zur 'teamgebundenen Struktur' des PKH I zu umschreiben«.

Die teamorientierte Kooperation hat keine strukturelle Verankerung und wird als eher personenabhängig und daher Schwankungen unterworfen beschrieben (Büssing 1992, S. 184).

Um Daten über die unterschiedlichen Organisationsstrukturen zu erhalten, analysierten die Forscher Dokumente, sie befragten Schlüsselpersonen und führten Experteninterviews durch. Mit eigens erstellten Instrumenten erhoben sie Aspekte der Tätigkeit im Krankenhaus. Wie bewerten Mitarbeiter die Arbeitsbedingungen, was erleben sie als fördernd, was als belastend? Die abhängigen Variablen der Bewertung der Bedingungen durch die Mitarbeiter sowie der Gesundheits- und Persönlichkeitsförderung in der Arbeit erhoben sie mit verschiedenen Skalen (Fragebogen). Diese erfragten die Gereiztheit/Belastetheit sowie Aspekte der Arbeitszufriedenheit und der Wichtigkeit verschiedener Tätigkeitsabschnitte, außerdem Kontrollmotivation und Anspruchserhöhung (Büssing 1992, S. 159). Geprüft wurde u. a. der Technologieansatz von Perrow (1967). Dieser besagt, daß ein unterschiedliches Aufgabenverständnis mit unterschiedlichen Technologien und unterschiedlichen aufgabenbezogenen Strukturen, Sozialstrukturen und Zielen zusammenhängt. In diesem Fall geht es bei den unterschiedlichen Aufgaben und Technologien um unterschiedliche Therapiekonzepte.

Es zeigte sich, daß die unterschiedlichen Organisationsstrukturen der 3 psychiatrischen Krankenhäuser mit deutlichen Differenzen in der Qualität und Quantität der Pflege verbunden waren. Die Pflegetätigkeit im PKH I (Gemeindepsychiatrie mit teamgebundener Organisationsstruktur) erwies sich als »gekennzeichnet durch weit überdurchschnittliche Zielsetzungs- und Entscheidungsmöglichkeiten sowie durch höhere Anforderungsvielfalt und Qualifizierungschancen. Gleichzeitig werden zum einen höhere psychomentale

Belastungen, v. a. aufgrund von Arbeitsumfang, Zeitdruck, Schwierigkeit der Tätigkeit und der Notwendigkeit zur Kooperation, zum anderen höhere Ressourcen beschrieben« (Büssing 1992, S. 207). Für das PKH II (traditionelle Krankenhauspsychiatrie mit hierarchischer Organisationsstruktur) werden geringere Zielsetzungs- und Entscheidungsmöglichkeiten und geringere Anforderungsvielfalt festgestellt. Die Arbeit ist vielmehr durch physische Belastungen geprägt. Für das PKH III (sozialpsychiatrisch orientierte Krankenhauspsychiatrie mit teamorientierter Kooperation) werden psychomentale Mehrfachbelastungen angeführt bei mittlerer Anforderungsvielfalt und mittleren Zielsetzungs- und Entscheidungsmöglichkeiten (Büssing 1992, S. 207). Die Organisationsstruktur prägt die Sozialstruktur sowie Art und Grad der Identifikation mit der Aufgabe. »So konnte für das PKH I mit teamgebundener Organisationsstruktur eine ziel- bzw. aufgabenorientierte, intrinsische Motivation, dagegen für das PKH II mit hierarchischer Organisationsstruktur deutlich instrumentelle Identifikation entsprechend der Vorhersage des Konzepts von Perrow (1967) ermittelt werden« (Büssing 1992, S. 241).

schwert oder unmöglich macht, ist Teamarbeit sinnvoll und notwendig – nicht nur aus humanistischer, sondern auch aus ökonomischer Perspektive.

> ! Teamarbeit gilt insbesondere dann als sinnvoll, wenn es um eine komplexe Aufgabe geht, die in mehreren Schritten zu bearbeiten ist und die mit unstrukturierten Problemen behaftet ist oder mehrere Fachbereiche berührt (Born u. Eiselin 1996, S. 36).

Ein **Team** ist nach Born u. Eiselin (1996, S. 17) durch folgende Merkmale charakterisiert:

- »Ein ausgeprägtes Maß an innerem Zusammenhalt und Engagement für die Team-Leistungsziele, aufgrund einer gemeinsamen Aufgabenorientierung und eines spezifischen Existenzzwecks, den das Team im Rahmen der Vorgaben selbst definiert.
- Ein gemeinsamer Arbeitseinsatz und eine gemeinsame Kontrolle des Arbeitsablaufs.
- Die Aufhebung der Trennung zwischen denjenigen, die denken und entscheiden, und denen, die arbeiten und ausführen, dank ganzheitlichen Arbeitszuschnitten und Mechanismen der kollektiven Selbstregulation.
- Ein gleichberechtigtes Nebeneinander von individueller und wechselseitiger Verantwortung.
- Das Erschließen von Synergien, d. h. das Team schafft etwas, das über die Summe der Beiträge der einzelnen Mitglieder hinausgeht«.

Mit der Einführung von Teamarbeit können soziale Ziele und leistungsorientierte Ziele verfolgt werden, die letztlich der Verbesserung der Firmenposition im Wettbewerb dienen. Das gilt auch für die sozialen Ziele: Angebotene Teamarbeit kann beispielsweise bei der Rekrutierung qualifizierter Arbeitskräfte helfen, die Fluktuation gering halten und der Firma einen guten Ruf als »humane Arbeitgeberin« verschaffen. Die leistungsorientierten Ziele können danach unterschieden werden, ob sie sachorientierte oder menschorientierte Strategien einsetzen.

Bei der **sachorientierten Strategie** werden 3 Arten von Teamarbeitspotentialen genutzt:

- *Das Problemlösungspotential:* Die breitere Erfahrungs-, Informations- und Wissensbasis, weiter gefächerte Fähigkeiten und höheres Kreativitätspotential geben der Teamarbeit eine breitere Basis. Die sachliche Betrachtung verschiedener Standpunkte hilft bei der Optimierung von Lösungen. Beteiligung an Entscheidungsprozessen fördert die Akzeptanz von Entscheidungen und den Einsatz zu ihrer Umsetzung.
- *Das arbeitsorganisatorische Potential:* Eigene Verantwortlichkeit und Autonomie reduzieren – über Mechanismen der sozialen Kontrolle und internalisierte Normen – den Verwaltungsaufwand. Ein gutes selbstverantwortliches Team braucht weniger äußere Kontrolle.
- *Das Komplexitätsreduktionspotential:* Eine breitere Urteilsgrundlage, kürzere Kommunikationswege und die bereits genannten Mechanismen der sozialen Kontrolle und internalisierten Normen tragen zur Komplexitätsreduzierung bei. Sie fördern die Konkretisierung der zu erreichenden Ziele und sorgen für eine einheitliche Ausrichtung daraufhin.

Die **menschorientierten Strategien** sind auf die Motivation der Mitarbeiter gerichtet, und zwar auf extrinsische und intrinsische Aspekte.

- Die *intrinsische Motivation* stammt aus dem Arbeitsvollzug selbst und kann bei Teamarbeit darin bestehen, daß die Arbeitsatmosphäre, das Arbeitsklima und die kollegiale Zusammenarbeit geschätzt werden.
- Die *extrinsische Motivation* kann sich im Fall von Teamarbeit auf daraus bezogenes Prestige und Anerkennung beziehen, auch auf finanzielle Belohnungen gelungener Teamarbeit (nach Born u. Eiselin 1996, S. 32–34).

Wovon hängt es ab, ob Team- oder Gruppenarbeit erfolgreich ist? Von Rosenstiel (1993b, 317 f.) hat eine Reihe von Bedingungen aufgezählt, die bei der Zusammenstellung von Gruppen und der Vorbereitung der Gruppenarbeit bedacht werden sollten. Wir geben sie im Abschn. **Psychologie im Alltag** wieder.

Wie Abb. 16.9 zeigt, kann man in Teams verschiedene Kommunikationsstrukturen unterscheiden. Egalitär-dezentrale Kommunikationsstrukturen (alle sind gleichberechtigt und stehen miteinander in Verbindung, z. B. bei der Totalstruktur) werden insbesondere empfohlen für komplexe, teilbare Aufgaben. Allerdings ist bei dieser Struktur die Anzahl der Mitglieder gering zu halten, da sonst der Kommunikationsfluß unübersichtlich wird. Für Zusammenkünfte (Meetings) größerer Teams werden denn auch »direktivere« Vorgehensweisen vorgeschlagen, wie beispielsweise die Diskussionsleitung anhand einer beschlossenen Tagesordnung.

Zur erfolgreichen Gestaltung von Meetings werden in der Fachliteratur die folgenden Ratschläge gegeben (nach Born u. Eiselin 1996, S. 42 f.):

- Thematisierung von bisherigen Leistungen und Fehlschlägen.
- Kontinuität, d. h. inhaltliche Anbindung an die letzte Besprechung.
- Problemlösung und Planung, konzentriert auf 3 Fragen: Was muß getan werden? Wer ist bereit, es zu tun? Welche Mittel braucht er/sie dazu?

PSYCHOLOGIE IM ALLTAG

Was macht Gruppenarbeit effektiv?
Hier sind 5 praktische Ratschläge für die effektive Gruppenarbeit:

- Die Gruppe sollte klein sein und etwa 5 Mitglieder umfassen. Bei größeren Gruppen besteht die Gefahr, daß einschlägige Beiträge von Mitgliedern nicht mehr eingebracht werden, daß der relative Zugewinn von Informationen für die Aufgabenbearbeitung zurückgeht und daß Reibungsverluste in der Gruppe zunehmen.
- Die unterschiedlichen Aspekte der Aufgabe sollten durch jeweils dafür kompetente Mitglieder vertreten sein, die zudem alle am Gesamtproblem interessiert sind.
- Die Gruppenmitglieder sollten durch strukturale und personale Bedingungen bereit und befähigt sein, sich miteinander in der gleichen Sprache zu verständigen.
- Die interpersonalen Beziehungen sollten frei von Belastungen sein. Widerspruch in der Sache darf nicht als Ausdruck persönlicher Abneigung eingesetzt werden.
- Das Team hält sich an Arbeitsregeln, z. B. an Vorbereitungs-, Moderations-, Diskussions- und Dokumentationstechniken: Beispielsweise bereiten einzelne Mitglieder Beiträge für eine Teamsitzung vor. Ein Teammitglied moderiert die Sitzung und leitet die Diskussion, ein weiteres führt das Protokoll, das Verlauf, Ergebnisse und ggf. getroffene Entscheidungen dokumentiert.

Zu den persönlichen Voraussetzungen guter Teamarbeit, d. h. zu dem, was die einzelnen Mitglieder mitbringen sollten, zählen fachliche, methodische und soziale Kompetenzen. Von Bedeutung sind auch Lernpotentiale und Lernbereitschaft. Im einzelnen wird Teamarbeit gefördert durch: Leistungsorientierung und positives Denken, durch kulturübergreifende Geschicklichkeit im Umgang mit Vielfalt und Minoritäten, durch Disziplin, verstanden als Bereitschaft, gemeinsame Regeln zu tragen, durch Sinn für Humor, um mit Druck und Belastung besser fertig zu werden, durch die Fähigkeit, eigene Kritik angemessen zu artikulieren und Kritik anderer konstruktiv zu verarbeiten, durch geistige Vitalität und Kreativität, durch ein gesundes Selbstwertgefühl, verstanden als realistische Einschätzung der eigenen Möglichkeiten und Grenzen, Einfühlungsvermögen, Aufgeschlossenheit und, wo es angemessen ist, Bereitschaft zur Selbstöffnung und Selbstreflexion.

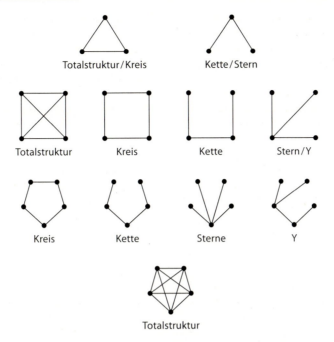

Abb. 16.9. Kommunikationsstrukturen in Teams. (Aus Born u. Eiselin 1996, S. 41)

- Anerkennung nach dem Motto: Jedes Teammitglied sollte irgendwann für irgendetwas gelobt werden. Dadurch werden die einzelnen motiviert, ihre Möglichkeiten für den Erfolg des Teams einzusetzen.
- Lern- und Entwicklungsmöglichkeiten, denn Teambesprechungen bieten Gelegenheit zu gegenseitigem Lernen.
- Die Beendigung sollte für allgemeine Verlautbarungen genutzt werden (Born u. Eiselin 1996, S. 42f).

Zu den möglichen Gefahren von Teamarbeit zählen Leistungsreduktionen, die dadurch entstehen können, daß die einzelnen Mitglieder ihre spezifischen Beiträge nicht gewürdigt sehen, was ihre Motivation sinken läßt, Zeitaufwand bei Entscheidungsfindungen, Kulturelle und ethnische Abgeschlossenheit, Gruppendruck und Rollenstereotypisierungen können Teamarbeit belasten oder die Eingliederung neuer Mitglieder erschweren. Sind die Motive der Gruppenmitglieder sehr unterschiedlich, so kann es schwierig sein, die Gruppe als Ganzes zu motivieren. Insbesondere 2 Phänomene können die Entscheidungsfindung beeinträchtigen: Risikoschub (»risky shift«) und Gruppendenken (»group think«).

> ❗ **Risikoschub** beschreibt den Sachverhalt, daß Gruppen möglicherweise riskantere Entscheidungen treffen als Einzelpersonen. Mitglieder, die an Gruppendiskussionen über Entscheidungen teilgenommen haben, »verschieben« ihre Entscheidungen in Richtung auf höheres Risiko. Dieses Phänomen wurde in zahlreichen Untersuchungen bestätigt.
> Der Begriff des **Gruppendenkens** bezieht sich darauf, daß Teams – beispielsweise durch Harmoniebedürfnis – einen Gruppendruck erzeugen können, der kritisches Denken verhindert: Es werden zu wenig Optionen geprüft, Ziele und Voraussetzungen von Entscheidungen werden zu wenig hinterfragt, die Risiken der bevorzugten Strategie werden unzureichend überprüft, Alternativen werden zu rasch verworfen und nicht erneut beurteilt, die Informationsbeschaffung ist unzureichend und der Umgang mit Informationen befangen.

Boos hat Entscheidungsprozesse in Gruppen untersucht und weist auf die möglichen Auswirkungen der Positionsmacht einzelner Gruppenmitglieder hin. Diese Positionsmacht (eines Vorgesetzten beispielsweise) könne die Möglichkeiten der Nutzung der Perspektivenvielfalt einschränken: »Von daher erscheint es notwendig, Trainingskonzepte und Moderationstechniken weiterzuentwickeln, um gegen die – zumindest in hierarchisch strukturierten Organisationen – vorherr-

schende Tendenz zur bei komplexen Problemen dysfunktionalen Nutzung von Positionsmacht anzusteu-
ern. ... Auch Vorgesetzte sollten sich bei der Gruppendiskussion mit ihren Mitarbeiter/innen auf die Mode-
ration des Gesprächs beschränken. Auf die Steuerung
des Gruppenprozesses konzentrieren und sich inhaltlich völlig zurückhalten sollten sie sich vor allem
dann, wenn ihnen an der Nutzung des Gruppenvorteils
tatsächlich gelegen ist« (Boos 1996, S. 169).

Besondere Aufgaben haben die Gruppen, die man
als **Qualitätszirkel** bezeichnet. Qualitätszirkel wurden
ursprünglich, d. h. von ihren japanischen Anwendern,
definiert als Gesprächsgruppen mit weniger als 10 Teilnehmern, die arbeitsbezogene Themen untersuchen
(Antoni 1990, S. 20). Sie sollen der Steigerung der Produktqualität und Produktivität dienen sowie zur Verbesserung der Arbeitszufriedenheit, der Zusammenarbeit und der Qualifikation beitragen. Befragungen zeigten weitgehend positive Einschätzungen von Beteiligten
aller Hierarchieebenen (Koordinatoren, Abteilungsleiter, Meister und Mitarbeiter). Als Konfliktfelder erwiesen sich in einigen Studien ungenügende Unterstützung durch das mittlere Management sowie zu hohe
Erwartungen seitens der Mitarbeiter und der Vorgesetzten. Kritisiert wird die zu lange Umsetzungsdauer
von Vorschlägen sowie fehlende Zeit für die Durchführung der Qualitätszirkel (Antoni 1990, S. 195ff).

Gruppenarbeit jeglicher Art muß gut in die Organisation integriert sein. Auch eine gut motivierte und leistungsfähige Gruppe könnte sich sonst irgendwann
Ziele setzen, die mit denen der Organisation nicht
übereinstimmen. Hier stellt sich die Frage nach der
Art der Steuerung bzw. Führung im Rahmen von Organisationen. Damit befaßt sich der folgende Abschnitt.

16.4.3
Führung

Bevor wir auf Führungseigenschaften und Führungsstile eingehen, beginnen wir mit einer Definition von
Führung.

> ❗ **Führung** ist aus organisationspsychologischer Sicht »un-
> mittelbare, absichtliche und zielbezogene Einflußnahme
> durch Inhaber von Vorgesetztenpositionen auf Unterstellte
> mit Hilfe der Kommunikationsmittel (v. Rosenstiel et al.
> 1988, zit. nach v. Rosenstiel 1995, S. 337)«. Heute wird aner-
> kannt, daß Führung ein Interaktionsphänomen ist. Damit
> ist gemeint, daß es sich um ein Gruppenphänomen sozialer
> Beeinflussung handelt.

Führungseigenschaften und Führungsstile

Dennoch dominieren in der Praxis personalistisch orientierte Erklärungsansätze. Dabei wird zunächst nach
Persönlichkeitsmerkmalen gesucht, die auf **Führungseigenschaften** verweisen, die wiederum mit (erfolgreichen) Führungsstilen und Führungsverhalten zusammenhängen. Bei einer Vielzahl von Persönlichkeitsmerkmalen wie Aktivität, Energie, Erziehung, sozialer
Status, Intelligenz, Aufstiegswille, Dominanz, Selbstvertrauen, Leistungsmotivation, Drang, andere zu übertreffen, Kontaktfähigkeit und soziale Fertigkeiten fand man
tatsächlich einen korrelativen Bezug – wenngleich einen
geringen – zum Führungserfolg (Stogdill 1974, S. 74). Allerdings kann man aus solchen Korrelationen nicht
schließen, daß das jeweilige Merkmal den Erfolg verursachte. Es könnte sich um einen Selbstselektionseffekt
handeln: Menschen suchen Situationen, in denen sie erfolgreich sein können – in anderen Situationen wären sie
es vielleicht nicht. Es könnte sich auch um einen Effekt
der Sozialisation handeln: Die Menschen sind in die Situation »hineingewachsen«, indem sie die jeweiligen Eigenschaften entwickelten. Mit **Führungserfolg** verbundene Eigenschaften müßten längerfristig im Zusammenhang mit der Dynamik der Situation und mit weiteren
Persönlichkeitsmerkmalen betrachtet werden.

Ein anderer Versuch der Erklärung von Führungsverhalten richtete sich auf **Führungsstile**. Die frühe experimentelle Führungsstilforschung Lewins und seiner Mitarbeiter verglich 3 Führungsstile: den autoritären (oder
autokratischen), den demokratischen und den Laissez-
faire-Stil. Wie in Abschn. 9.1 ausführlich dargestellt worden ist, fanden sie, daß die Mehrzahl der untersuchten
Schüler den demokratischen Stil bevorzugte und daß
sich in autoritär (autokratisch) geführten Gruppen ein
aggressives Klima entwickelte. Weiterhin beobachteten
Lewin und Mitarbeiter, daß in autoritär geführten Gruppen bei Anwesenheit des Führers die Leistung höher war,
in demokratisch geführten hingegen bei Abwesenheit
des Führers. Nachfolgende Untersuchungen zeigten,
daß diese Ergebnisse nicht allgemeingültig waren. Ein
Problem der experimentellen Führungsforschung besteht zudem darin, daß der Stil der Führung – ähnlich
wie eine überdauernde Eigenschaft – vorgegeben und
in seiner Wirkung auf die geführte Gruppe untersucht
wird. Die oben erwähnten Interaktionsprozesse, die bei
realem Führungsverhalten so wichtig sind, können also
gar nicht erfaßt werden, weil der Versuchsaufbau sie ausschließt: Je nach Versuchsbedingung muß autoritäres

oder demokratisches Verhalten »durchgehalten« werden. In der Realität würden sich Menschen in Führungspositionen vielleicht je nach Situation oder Bedürfnissen der Gruppen unterschiedlich verhalten.

Führung – eine Frage der Interaktion

Ein anderer Ansatz (die sog. Ohio-Studien, Fleishman 1973) besteht darin, die Geführten, d. h. die Mitarbeiter, über das Verhalten der Führenden, d. h. der Vorgesetzten, zu befragen. Auch diese Erhebungen sind mit methodischen Problemen, wie etwa den unbefriedigenden Gütekriterien, behaftet. Zwei voneinander unabhängige Faktoren ließen sich jedoch zuverlässig ermitteln:

- *Consideration* (praktische Besorgtheit, Mitarbeiterorientierung): Der Führende sichert und unterstützt den Gruppenzusammenhalt.
- *Initiating structure* (Aufgabeninitiierung und -strukturierung, Aufgaben- und Leistungsorientierung): Der Führende sichert die Zielerreichung.

Auch bei diesem Ansatz wird nicht hinreichend berücksichtigt, daß Führung ein Interaktionsphänomen ist. Beispielsweise könnte ein Vorgesetzter sich, abhängig von ganz unterschiedlichen situativen oder personalen Gegebenheiten, einzelnen Mitarbeitern gegenüber tatsächlich sehr unterschiedlich verhalten. Das könnte erklären, warum standardisierte Fragebogen oft sehr unterschiedliche Befragungsergebnisse erbringen. Die psychologisch orientierte Führungsforschung der 60er und 70er Jahre fragte nach den Situationsparametern erfolgreichen Führens.

Das erste ausformulierte **Kontingenzmodell** hat Fiedler (1967, 1987) vorgestellt: Die Motivation des Vorgesetzten ist zwischen den Polen Mitarbeiterorientiertheit und Aufgabenorientiertheit lokalisiert. Dies wird durch das LPC-Maß ermittelt: Die Führungsperson schätzt ihren am wenigsten geschätzten Mitarbeiter (»*least preferred coworker*«) ein. Wird dieser noch relativ positiv gesehen, gilt die Führungsperson als »mitarbeiterorientiert«, wird er sehr kritisch gesehen, gilt die Führungsperson als »aufgabenorientiert«.

Die Führungssituationen werden bestimmt durch die Beziehungen zwischen Führungsperson und Gruppe, durch die Aufgabenstruktur und durch die Positionsmacht. In sehr günstigen Führungssituationen (gute Beziehungen, klare Struktur, große Macht) und in sehr ungünstigen Führungssituationen (negative Ausprägung der Parameter) ist nach Fiedler ein aufga-

benorientierter, in mittleren Situationen ein mitarbeiterorientierter Vorgesetzter erfolgreich. Fiedler hat daraus gefolgert, daß Führungspersonen entsprechend ihren Orientierungen plaziert werden sollten. Sein Ansatz ist heftig kritisiert worden: Unter anderem wurde moniert, das LPC-Maß als Indikator einer überdauernden Orientierung sei weder hinreichend begründet noch empirisch abgesichert, auch seien die Situationsparameter nicht hinreichend belegt (s. v. Rosenstiel 1993c, S. 16).

Weitere Ansätze beziehen die Motivationslage der Geführten oder deren Reife ein, oder sie nehmen als dritte Dimension die Effektivität in das Modell auf, indem sie darauf verweisen, daß je nach Kontext jedes Mischungsverhältnis von Mitarbeiterorientiertheit und Aufgabenorientiertheit effektiv oder ineffektiv ausfallen kann. Bewährt hat sich – für die sensible Wahrnehmung der eigenen Führungssituation – in der Praxis der Ansatz von Vroom u. Yetton (1973, S. 195; v. Rosenstiel 1995, S. 346–347), der deswegen hier in schematischer Form dargestellt wird (s. Tabelle 16.5 und Abb. 16.10). Vroom u. Yetton gehen davon aus, daß sich der Führer von Gruppen um Rationalität bemüht, und sehen in der Art seines Entscheidungsverhaltens einen wichtigen Aspekt von Führung. Die unterschiedlichen Möglichkeiten der Entscheidung sind in der linken Spalte von Tabelle 16.5 aufgeführt. Je nach Situation führt die eine oder andere Form der Entscheidung zu besseren Führungsergebnissen, wobei »besser« an den 4 Kriterien festgemacht wird, die in der mittleren Spalte der Tabelle nach der Wichtigkeit aufgeführt sind.

Die Aufgabe für den Führer einer Gruppe oder den Vorgesetzten liegt darin zu erkennen, welche Art des Entscheidungsverhaltens in welcher Situation adäquat ist. Anders gesagt, es geht darum, ihn in die Lage zu versetzen, die eigene Führungssituation zu diagnostizieren. Nach dem Schema von Vroom u. Yetton sollte er 7 situationsdiagnostische Fragen stellen, die in der rechten Spalte von Tabelle 16.5 aufgeführt werden. Der »Entscheidungsbaum« in Abb. 16.10 zeigt, in welcher Reihenfolge diese Fragen je nach Ausgang zu stellen sind und welche Art von Entscheidungsverhalten bzw. Führung sich daraus ergibt.

> **!** Zusammenfassend kann man sagen, daß für Führungsverhalten in Gruppen weder die optimale Persönlichkeit noch das optimale Verhalten ermittelt werden konnten, sondern daß die jeweilige Situation mit berücksichtigt werden muß. (v. Rosenstiel 1995, S. 347 f.).

Tabelle 16.5. Ein Ratgeber für die Führung von Gruppen. (Nach v. Rosenstiel 1995, S. 346–347 und nach Vroom u. Yetton 1973, S. 194)

1. Auf welche Weise kann entschieden werden?	2. Worauf kommt es an?	3. Wie ist die Situation?
A I: Autoritäre Entscheidung durch den Vorgesetzten ohne Rücksprache mit den Mitarbeitern.	Qualität der Entscheidung, Akzeptanz der Entscheidung, Ökonomie des Entscheidungsverhaltens, Personalentwicklung der Geführten	1. Gibt es ein Qualitätserfordernis: Ist vermutlich eine Lösung rationaler als eine andere?
A II: Autoritäre Entscheidung durch den Vorgesetzten nach Einholung von Informationen bei den Mitarbeitern, ohne daß diesen mitgeteilt wird, um welche Entscheidung es geht.		2. Habe ich als Vorgesetzter genügend Information, um eine qualitativ hochwertige Entscheidung zu treffen?
C I: Consultative Entscheidung nach Beratung durch einzelne Mitarbeiter.		3. Ist das Problem strukturiert?
C II: Consultative Entscheidung nach Beratung des Entscheidungsproblems durch die ganze Gruppe.		4. Ist die Akzeptierung der Entscheidung durch die Mitarbeiter bedeutsam für die effektive Ausführung mit ihren Folgen?
G: Gruppenentscheidung		5. Wenn ich als Vorgesetzter die Entscheidung allein treffen würde, würde sie dann von den Mitarbeitern akzeptiert werden?
		6. Teilen die Mitarbeiter die Organisationsziele, die durch eine Lösung dieses Problems erreicht werden sollen?
		7. Werden die bevorzugten Lösungen vermutlich zu Konflikten zwischen den Mitarbeitern führen?

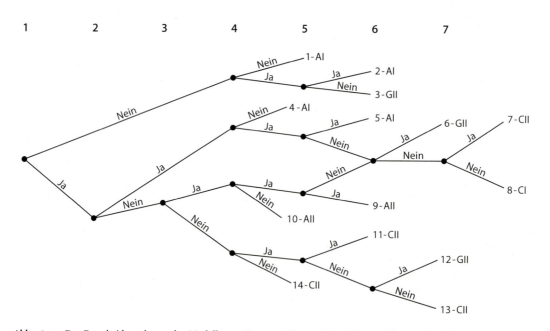

Abb. 16.10. Der Entscheidungsbaum des Modells von Vroom u. Yetton. (Aus v. Rosenstiel 1995, S. 346)

16.4.4
Wenn der Arbeitsplatz zum Kampfplatz wird: Mobbing

In Arbeitsgruppen und Teams, zwischen Mitarbeitern und Vorgesetzten gibt es unterschiedliche Interessen und folglich auch Konflikte. Wenn einzelne Arbeitnehmer andauernden Schikanen am Arbeitsplatz ausgesetzt sind, geht es vielleicht um »Mobbing«.

! »Der Begriff Mobbing beschreibt negative kommunikative Handlungen, die gegen eine Person gerichtet sind (von einer oder mehreren anderen) und die sehr oft und über einen längeren Zeitraum vorkommen und damit die Beziehung zwischen Täter und Opfer kennzeichnen« (Leymann 1996, S. 21). »Mobbing ist dann gegeben, wenn eine oder mehrere von 45 genau beschriebenen Handlungen über ein halbes Jahr oder länger mindestens einmal pro Woche vorkommen« (Leymann 1996, S. 22). Die 45 Handlungen sind in Tabelle 16.6 aufgelistet.

Tabelle 16.6. Handlungen, die bei längerem Andauern als Mobbing aufgefaßt werden. (Nach Leymann 1996, S. 33f.)

1. Angriffe auf die Möglichkeiten, sich mitzuteilen:	Angriffe auf das soziale Ansehen (Fortsetzung):
Die/der Vorgesetzte schränkt die Möglichkeiten ein, sich zu äußern. Man wird ständig unterbrochen. Kollegen/innen schränken die Möglichkeiten ein, sich zu äußern. Anschreien oder lautes Schimpfen. Ständige Kritik an der Arbeit. Ständige Kritik am Privatleben. Telefonterror. Mündliche Drohungen. Schriftliche Drohungen. Kontaktverweigerung durch abwertende Blicke oder Gesten. Kontaktverweigerung durch Andeutungen, ohne daß man etwas direkt ausspricht.	Man imitiert den Gang, die Stimme oder Gesten, um jemanden lächerlich zu machen. Man greift die politische oder religiöse Einstellung an. Man macht sich über das Privatleben lustig. Man macht sich über die Nationalität lustig. Man zwingt jemanden, Arbeiten auszuführen, die das Selbstbewußtsein verletzen. Man beurteilt den Arbeitseinsatz in falscher und kränkender Weise. Man stellt die Entscheidungen des/der Betroffenen in Frage. Man ruft ihm/ihr obszöne Schimpfworte oder andere entwürdigende Ausdrücke nach. Sexuelle Annäherungen oder verbale sexuelle Angebote.
2. Angriffe auf die sozialen Beziehungen:	4. Angriffe auf die Qualität der Berufs- und Lebenssituation:
Man spricht nicht mehr mit dem/der Betroffenen. Man läßt sich nicht ansprechen. Versetzung in einen Raum weitab von den Kollegen/innen. Den Arbeitskollegen/innen wird verboten, den/die Betroffene/n anzusprechen. Man wird »wie Luft« behandelt.	Man weist dem/der Betroffenen keine Arbeitsaufgaben zu. Man nimmt ihm/ihr jede Beschäftigung am Arbeitsplatz, so daß er sich nicht einmal selbst Aufgaben ausdenken kann. Man gibt ihm/ihr sinnlose Arbeitsaufgaben. Man gibt ihm/ihr Aufgaben weit unter seinem/ihrem eigentlichen Können. Man gibt ihm/ihr ständig neue Aufgaben. Man gibt ihm/ihr »kränkende« Arbeitsaufgaben. Man gibt dem/der Betroffenen Arbeitsaufgaben, die seine/ihre Qualifikation übersteigen, um ihn/sie zu diskreditieren.
3. Angriffe auf das soziale Ansehen:	5. Angriffe auf die Gesundheit
Hinter dem Rücken des/der Betroffenen wird schlecht über ihn/sie geredet. Man verbreitet Gerüchte. Man macht jemanden lächerlich. Man verdächtigt jemanden, psychisch krank zu sein. Man will jemanden zu einer psychiatrischen Untersuchung zwingen. Man macht sich über eine Behinderung lustig.	Zwang zu gesundheitsschädlichen Arbeiten. Androhung körperlicher Gewalt. Anwendung leichter Gewalt, z. B. um jemandem einen »Denkzettel« zu verpassen. Körperliche Mißhandlung. Man verursacht Kosten für den/die Betroffene/n, um ihm/ihr zu schaden. Man richtet physischen Schaden im Heim oder am Arbeitsplatz des/der Betroffenen an. Sexuelle Handgreiflichkeiten.

Wie entsteht Mobbing?

Leymann (1996) diskutiert 3 Kontexte für die Entstehung von Mobbing am Arbeitsplatz: Merkmale der Arbeitsorganisation, der Aufgabengestaltung und der Führung der Gruppe oder des Unternehmens.

- *Die Organisation der Arbeit:* Mobbing entsteht häufig bei Arbeitsaufgaben, die gekennzeichnet sind durch eine quantitative Überbelastung bei qualitativer Unterbelastung, beispielsweise wenn eine Maschine für eine eigentlich monotone Arbeit einen zu schnellen Takt vorgibt. Je geringer die Selbstbestimmung ist und je höher der Arbeitsdruck, um so eher zeigen sich Streßreaktionen, die wiederum Konflikte erzeugen – und damit ein erhöhtes Mobbingrisiko.

- *Die Aufgabengestaltung in der Arbeit:* Insbesondere langweilige Arbeitsaufgaben und Tätigkeiten ohne Lern- und Fortbildungsmöglichkeiten stehen im Zusammenhang mit psychosomatischen Erkrankungen. Mobbing an solchen Arbeitsplätzen kann als »Langeweile-Mobbing« bezeichnet werden. Die Konkurrenz um bessere Arbeitsaufgaben und Gehälter oder um einen attraktiveren sozialen Status fördert möglicherweise Mobbing.

- *Die Leitung der Arbeit:* Die Leitung versucht, Leistungsdefizite durch Antreiben statt durch Verbesserungen von Organisation und Arbeitsgestaltung aufzuwiegen. Die Entwicklung sozialer Prozesse in Arbeitsgruppen wird dem Zufall überlassen. Arbeitsgruppen unter Druck neigen zu Konflikten, das wiederum erhöht das Risiko für Mobbingfälle.

Leymann (1996) plädiert sehr dafür, Organisation, Gestaltung und Leitung der Arbeit in ihrer Wirkung auf Arbeitsgruppen zu betrachten. Die Frage nach der Bedeutung von Persönlichkeitsfaktoren hält er für derzeit nicht solide beantwortbar. Darüber hinaus werde die Psychologie mißbraucht, wenn ihre diagnostischen Mittel dazu verwendet werden, im Nachhinein dem Opfer die Verantwortung aufzuladen und die Mobber oder die, die nicht rechtzeitig eingegriffen haben, zu entlasten. Selten werde nach den Persönlichkeitstypen der Mobber gefragt.

> **!** Betrachtet man **Mobbing** als Prozeß, so lassen sich 5 Phasen unterscheiden:
>
> - *Phase 1:* Am Anfang stehen Konflikte, die nicht oder unzureichend bearbeitet werden und um die Vorgesetzte sich nicht kümmern.
> - *Phase 2:* Diese Lage eskaliert zu Mobbing und Psychoterror.
> - *Phase 3:* Es kommt zu Rechtsbrüchen und Übergriffen.
> - *Phase 4:* Überlebenskämpfe und Krankheiten folgen, leider oft auch ärztliche und psychologische Fehldiagnosen.
> - *Phase 5:* Am Ende steht die Ausgliederung aus der Arbeitswelt.

Betroffene haben 3 Möglichkeiten: Sie können sich unterwerfen und die Ungerechtigkeiten schlucken, sie können kündigen oder darum kämpfen, daß die Kommunikation wieder normalisiert wird. Allerdings ist hier das Management in der Verantwortung: Ohne sein klärendes Eingreifen kann das Opfer nicht viel ausrichten.

Während Leymann (1996) Mobbing durch die Art der Organisation und Gestaltung der Arbeit verursacht sieht, werden von anderen Experten alternative Ursachen diskutiert: Als »Personalarbeit mit anderen Mitteln« kann Mobbing eingesetzt werden, um Mitarbeitern die Kündigung nahezulegen. Die Persönlichkeit bietet möglicherweise »viktimologische Anreize«, wie Leistungsprobleme, Persönlichkeitsstörungen, soziale Anpassungsprobleme, Auffälligkeiten der äußeren Erscheinung oder Krankheiten (Zuschlag 1994, S. 31f.). Allerdings ist bei diagnostizierten Auffälligkeiten von Mobbingopfern nicht klar, ob beispielsweise »querulatorisches Verhalten« und »ängstliche Persönlichkeitsstörung« Mobbingursachen oder -folgen sind. Möglicherweise werden Menschen mit geringerer sozialer Kompetenz eher Mobbingopfer. Gewarnt wird allerdings vor der Vorstellung, eine hohe soziale Kompetenz schütze grundsätzlich vor Mobbing (Zapf u. Warth 1997, S. 28).

Was kann man gegen Mobbing unternehmen?

In der Untersuchung von Knorz u. Zapf (1996) wurden 3 Aspekte erfolgreichen Umgangs mit Mobbing ermittelt. Betroffene sollten

- Grenzen setzen und aus dem »üblen Spiel« Mobbing aussteigen, beispielsweise auf Eskalationsangebote nicht eingehen,
- sich persönlich stabilisieren, beispielsweise durch längere Krankschreibung Abstand gewinnen, psychotherapeutische Unterstützung nutzen,
- auf objektive Veränderungen am Arbeitsplatz hinwirken. Die Situation änderte sich nur dann grundlegend, wenn Mobber und Gemobbte getrennt wur-

den, wenn Vorgesetzte einschritten oder wenn das innerbetriebliche Gefüge grundsätzlich geändert wurde.

Allerdings wird angemerkt, daß die Erforschung der Bewältigungsstrategien erst am Anfang steht. Unklar ist insbesondere, ob »aktive« Strategien Gemobbter (Gespräche mit Angreifern, Vorgesetzten, Betriebsrat, Personalrat oder Gewerkschaften) möglicherweise tatsächlich zur Eskalation beitrugen, weil die Betroffenen vorschnell reagierten, oder ob sie dies taten, weil die Lage bereits so schlecht war, daß andere, passive Strategien wie »Ausweichen« oder »Ignorieren« nicht mehr möglich waren (Knorz u. Zapf 1996, S. 20).

Angesichts der Verbreitung (geschätzte Häufigkeit für Deutschland: 300 000–1 Mio. Mobbingopfer), der gravierenden Folgen für die Betroffenen (Nervosität, Schlaf- und Konzentrationsstörungen, depressive Verstimmungen, Symptome, die dem posttraumatischen Streßsyndrom (s. Abschn. 8.4) vergleichbar sind, zwanghafte Verhaltensweisen, beispielsweise wieder und wieder die eigene Leidensgeschichte erzählen) und der Kosten, die der Gesellschaft durch den Ausschluß der Gemobbten aus dem Arbeitsleben entstehen, ist der Bedarf nach Gegenmaßnahmen offensichtlich. Vorgeschlagen wurden: Verbreitung von Informationen und Aufklärung in den Betrieben, Einrichtung von Arbeitsgruppen, innerbetriebliche Erhebungen mittels Mobbingfragebogen, Einrichtung von Verfahrenswegen bei Mobbing, die abgesprochen und für alle Mitarbeiter bindend sind. Kritisch ist anzumerken, daß sich bislang nur wenige Betriebe dieser Problematik in geeigneter Weise angenommen haben (Zapf u. Warth 1997, S. 28f.).

16.5
Arbeit und Persönlichkeit: Auswahl und Auswirkungen

16.5.1
Personalauswahl

Die psychologische **Berufseignungsdiagnostik** hat die Aufgabe, »Zusammenhänge zwischen menschlichen Merkmalen und beruflichem Erfolg zu entdecken und Methoden zu entwickeln, um beides zu messen und zueinander in Beziehung zu setzen« (Schuler 1996, S. 5). Anwendung finden die Ergebnisse in der Berufsbera-

tung und in der **Personalauswahl.** Schon Münsterberg hatte im frühen 20. Jahrhundert »die Auslese der geeigneten Persönlichkeiten« als wichtige Aufgabe der Psychologen in der Arbeitswelt dargestellt. Zu den frühen Methoden gehörten Papier- und Bleistifttests, apparative Verfahren und Arbeitsproben. Biographische Fragebogen wurden seit der Jahrhundertwende in den USA bei Versicherungsvertretern, Persönlichkeitstests seit den 20er Jahren zur Auswahl von Verkäufern eingesetzt. Intelligenztests (s. auch Abschn. 12.3) wurden ab 1917 zur Auswahl amerikanischer Rekruten verwendet. Auch das Einstellungsinterview zählt zu den Verfahren, die schon lange verwendet werden. Heute spielt das Assessment Center eine große Rolle bei der Auswahl von Führungskräften. Dabei handelt es sich um ein multiples Verfahren, das aus Testverfahren, Arbeitsproben und Interview besteht. Zu den neueren Verfahren zählen computergestützte Testsysteme, Simulationen und Diagnosesysteme (nach Schuler 1996, S. 15–19).

Die Verfahren und die Häufigkeit ihrer Anwendung zeigt Tabelle 16.7. Im folgenden werden die wichtigsten Verfahren und ihre Beurteilungen vorgestellt. Dabei ist die Validität von besonderer Wichtigkeit. Die Validität gibt an, in welchem Maße ein diagnostisches Verfahren tatsächlich das Merkmal erfaßt, das es erfassen soll (vgl. auch Abschn. 1.5). Von Bedeutung ist daneben die organisatorische Effizienz oder Praktikabilität des Verfahrens. Damit sind sein ökonomischer Nutzen, der damit verbundene Aufwand, das angestrebte Ziel, seine Schwierigkeit und seine Verfügbarkeit gemeint (Schuler 1996, S. 174). Kalkulationsmodelle zur Nutzenberechnung beziehen neben der Validität der eingesetzten Verfahren auch die Selektionsquote und die Grundquote ein. Die Selektionsquote ist der Anteil der Ausgewählten unter den Bewerbern, die Grundquote der Anteil der Geeigneten unter den Bewerbern. Differenziertere Modelle erlauben die Berechnung des Nutzens von Auswahlverfahren bei Personalentscheidungen in Geldbeträgen (Schuler 1996, S. 175). Anerkannt wird mittlerweile auch die Bedeutung der Akzeptanz der eingesetzten Verfahren (Schuler 1996, S. 181 ff.).

Eignungsdiagnostische Verfahren

Auswertung der Bewerbungsunterlagen. Untersuchungen der Validität von Bewerbungsunterlagen gemessen am Kriterium der Vorgesetztenbeurteilung ergaben eine durchschnittliche prognostische Validität von nicht mehr als $r = .18$ (Reilly u. Chao 1982).

Tabelle 16.7. Einsatzhäufigkeiten der Verfahren zur externen Personalauswahl in deutschen Unternehmen. (Unternehmen [%], die die jeweilige Berufsgruppe auch beschäftigen; maximal n = 105. Aus Schuler 1996, S. 20)

	Ungelernte Arbeiter	Auszubildende Technische	Kaufmännische	Facharbeiter	Angestellte ohne Führungsaufgaben	Trainees	Führungskräfte Untere	Mittlere	Obere
Analyse der Bewerbungsunterlagen	80	93	99	89	97	95	98	97	93
Zusätzliche Referenzen	12	6	4	14	19	11	37	64	68
Strukturiertes Interview mit der Personalabteilung	19	48	62	39	60	68	57	58	49
Unstrukturiertes Interview mit der Personalabteilung	52	28	28	41	41	28	40	47	35
Strukturiertes Interview mit der Fachabteilung	11	15	20	21	32	32	36	37	35
Unstrukturiertes Interview mit der Fachabteilung	52	25	19	56	65	40	53	48	45
Gruppengespräche bzw. Diskussionen	0	18	35	1	10	33	17	12	11
Persönlichkeitstest	2	10	10	3	6	7	7	8	5
Leistungstest	5	39	40	5	5	11	4	3	2
Intelligenztest	2	28	35	0	5	8	4	2	0
Arbeitsproben	8	27	12	22	17	12	9	9	8
Biographische Fragebogen	9	10	12	12	11	17	16	15	15
Assessment Center	0	0	11	3	9	40	14	15	12
Graphologische Gutachten	0	0	0	0	0	1	2	7	11
Medizinische Begutachtung	71	70	60	72	54	53	52	53	53

! Die valideste Komponente stellen vermutlich die Schul- und Examensnoten dar. Diese ermöglichen gute Voraussagen der weiteren Ausbildungsleistungen:
- $r = .41$ für den Schluß von Haupt- und Realschulzeugnissen auf die Leistung beim Abschluß der beruflichen Ausbildung,
- $r = .46$ für Studienleistungen auf der Basis von Abiturnoten (Baron-Boldt et al. 1989) und
- Validitätskoeffizienten von etwa $r = .15$ für Berufserfolg im engeren Sinne (Samson et al. 1984).

Arbeitszeugnisse und Referenzschreiben erlauben immerhin vorsichtige Schlüsse. Außerdem kann die Überprüfung der Referenzinformationen (»reference check«) wertvolle Hinweise liefern.

Vorstellungsgespräche oder Einstellungsinterviews. Nachgewiesenermaßen wird das Vorstellungsgespräch von potentiellen Bewerbern am meisten geschätzt (Fruhner et al. 1991). Die prognostische Validität hat sich allerdings als gering erwiesen und wird »in einer Vielzahl von Sammelreferaten« mit r = .05 bis r = .25 angegeben (Schuler 1996, S. 85). Seine Bedeutung verdankt das Einstellungsgespräch also weniger der Vorhersage möglichen beruflichen Erfolgs als einer Vielzahl anderer Funktionen:

- Information des Bewerbers über Unternehmen, Arbeitstätigkeit, Arbeitsplatz und Anforderungen,
- Kennenlernen der Erwartungen des Bewerbers,
- Information über den Arbeitsmarkt,
- persönliches Kennenlernen,
- Darstellung des Unternehmens und
- Vereinbaren von Bedingungen.

Bessere Voraussagen ermöglichen strukturierte Interviews, die mehrere Fragenprinzipien kombinieren. Das **multimodale Einstellungsinterview** von Schuler besteht aus freien und standardisierten Komponenten: Den Gesprächsbeginn bildet eine informelle Unterhaltung. Anschließend stellt sich der Bewerber vor. In einem freien Gespräch knüpft der Interviewer an die Selbstvorstellung und die ihm vorliegenden Unterlagen an. Biographiebezogene Fragen erbringen möglichst konkrete Informationen über anforderungsrelevante Verhaltensweisen, die der Bewerber in der Vergangenheit zeigte. Der Interviewer gibt Informationen über den Arbeitsplatz und das Unternehmen und leitet da-

Tabelle 16.8. Beispiel einer situativen Interviewfrage. (Aus Schuler 1996, S. 89)

Beispiel für eine situative Frage

Die Leistung eines Ihrer Mitarbeiter hat nachgelassen. Anläßlich Ihrer jährlichen Gehaltsgespräche müssen Sie ihm erklären, daß seine Gehaltserhöhung geringer ausfällt als die Zulage, die die meisten seiner Kollegen bekommen. Wie gehen Sie vor?

Beispielantwort, 1 Punkt:
Ich sage dem Mitarbeiter, daß ich ihm gerne mehr gegeben hätte, daß aber die Geschäftsleitung keinen weiteren Rahmen offenläßt.

Beispielantwort, 3 Punkte:
Ich erkläre dem Mitarbeiter, daß er seine Ziele nicht erreicht hat, und stelle ihm bei Verbesserung eine Gehaltsüberprüfung in Aussicht.

Beispielantwort, 5 Punkte:
Ich sage dem Mitarbeiter, daß ich mir Gedanken über seine nachlassende Leistung mache, derentwegen die Zulage geringer ausfällt. Ich versuche, gemeinsam mit ihm die Gründe herauszufinden. Dann besprechen wir Maßnahmen, die Leistung wieder zu verbessern, und vereinbaren neue Ziele.

---

mit zu den situativen Fragen über (s. Tabelle 16.8). Diese können als »mentale Tätigkeitssimulation« angesehen werden, denn der Bewerber wird gefragt, was er in einer geschilderten »kritischen Situation« machen würde. Abschließend kann der Interviewer auf Fragen des Bewerbers eingehen, der Gesprächsverlauf kann zusammengefaßt und weitere Vereinbarungen können getroffen werden (nach Schuler 1996, S. 84–91).

Personalfragebogen. Personalfragebogen sind meist betriebsspezifisch und möglicherweise tätigkeitsspezifisch gestaltet. Sie gelten nicht als Methode der psychologischen Eignungsdiagnostik im engeren Sinne. Sie enthalten Fragen, die für den potentiellen Arbeitgeber einstellungsrelevant sind. Zudem können sie als Grundlage der Personalplanung genutzt werden. **Personalfragebogen** bedürfen der Zustimmung des Betriebsrates. Sie unterliegen der Vetomitbestimmung. Die Arbeitnehmer sollen so vor Fragen geschützt werden, die der Persönlichkeitssphäre angehören. Es gibt allerdings auch Fragen, die nach gängiger Rechtsprechung ohnehin unzulässig sind und die auch ein Betriebsrat nicht gestatten kann. Bewerber müssen auf unzulässige Fragen nicht wahrheitsgemäß antworten (Schuler 1996, S. 91–95).

Biographische Fragebogen. In biographischen Fragebogen wird nach berufserfolgsrelevanten Abschnitten der Lebensgeschichte gefragt. Sie können auch als standardisierte Selbstbeschreibungen charakterisiert werden. Die Fragen sind konkret und erfahrungsbezogen formuliert. Für einen Mitarbeiter im Versicherungsaußendienst lautet ein Item beispielsweise: »Wie wichtig war Unabhängigkeit als Grundlage für Ihre Berufswahl?« (Schuler 1996, S. 97). Solche Items werden einzeln an einem Außenkriterium (Erfolg im Außendienst), ggf. hinsichtlich möglicher Abstufungen, validiert.

> ! **Biographische Fragebogen** werden stark bezogen auf die jeweilige Stichprobe von Bewerbern und das jeweils verwendete Außenkriterium erstellt, was bedeutet, daß die Generalisierbarkeit eingeschränkt ist.

Die Vorhersagevalidität für wissenschaftliche Leistungen liegt nach den Ergebnissen einer Metaanalyse bei r = .47 (Funke et al. 1987). Die starke Bindung an Stichprobe und Kriterium erfordert auch, daß das Verfahren bei längerer Verwendungsdauer hinsichtlich seiner psychometrischen Eigenschaften überprüft wird (nach Schuler 1996, S. 95–101).

Psychologische Tests. Ein **psychologischer Test** ist ein standardisiertes, routinemäßig anwendbares Verfahren zur Messung individueller Verhaltensmerkmale, aus denen Schlüsse auf Eigenschaften der betreffenden Person oder auf ihr Verhalten in anderen Situationen gezogen werden können (Schuler 1996, S. 101, nach Brand-

stätter 1979, S. 82; vgl. auch Abschn. 1.6 und 12.2). In der Berufseignungsdiagnostik werden vor allem folgende Tests eingesetzt:

- Tests, die die allgemeine Intelligenz oder spezifische Komponenten oder Faktoren (Gedächtnis, räumli-

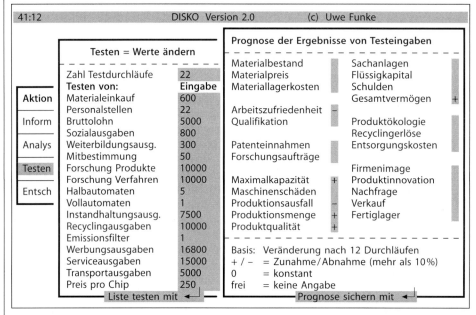

Computergestützte komplexe Simulationsaufgabe

DISKO (*d*iagnostisches *i*nteraktives *S*ystem zur *Ko*mplexitätssimulation) ist ein als ökonomisches System (Leitung eines fiktiven elektrotechnischen Betriebs) eingekleidetes Szenario; konzipiert als eignungsdiagnostisch orientierte Weiterentwicklung komplexer Systeme von der Art der Schneiderwerkstatt/Taylorshop (Funke 1991). Nach einer 15minütigen Einführung arbeitet der Teilnehmer 50 min selbständig an der Lösung der Aufgabe, die sowohl das Erkennen der Zusammenhänge im System als auch die Erhöhung des Gesamtvermögens der Firma verlangt.

Handlungsmöglichkeiten für den Teilnehmer sind dabei: unterschiedlich detaillierte Informationsabfragen, Analyse von Systemzusammenhängen mittels »Testläufen« bzw. »Experimenten«, Aufstellen und Prüfen von Hypothesen, Hochrechnen zukünftiger Verläufe (»Trendvorschau«). Darstellung von Ergebnisdaten aus Testläufen oder Entscheidungen als Tabellen oder Verlaufsgrafiken, Analyse von Variablenkovariationen sowie Entscheidungen in Form systemverändernder Eingriffe.

Die automatische Auswertung liefert neben Daten zur Systemsteuerung v. a. Strategiemaße zum Umgang des Teilnehmers mit dem System. In einer ersten Validierungsstudie mit 61 Naturwissenschaftlern, Ingenieuren und technischen Führungskräften aus industriellen Forschungs- und Entwicklungslabors erwiesen sich vor allem Strategien, weniger die reinen Steuerungsleistungen als aussagekräftig. Sehr intensive Informationsabfragen (»Herumfragen«) und das Aufstellen vieler falscher Hypothesen (»Herumprobieren«) standen z. B. in signifikant negativem Zusammenhang mit dem beruflichen Problemlöseerfolg. Die Durchführung vieler Testläufe, v. a. mit erfolgreichem Testergebnis, starke Testeingriffe (zur Erzielung deutlicher Wirkungen) und die Analyse von Ergebnissen, v. a. als Effektkontrolle direkt vorausgehender Testläufe korrelierten dagegen signifikant positiv mit beruflicher Problemlöseleistung (alle $r > .25$).

Abb. 16.11. Computergestützte komplexe Simulationsaufgabe. (Aus Schuler u. Funke 1995, S. 256)

ches Vorstellungsvermögen) der Intelligenz erfassen,

- Leistungstests, die Aufmerksamkeit und Konzentration prüfen,
- Tests für sensorische und motorische Funktionen sowie
- Tests für spezielle Leistungen wie beispielsweise technisches Verständnis.
- Darüber hinaus werden Persönlichkeitstests eingesetzt. Zu diesen gehören im weiteren Sinne auch Einstellungs-, Motivations- und Interessenstests.

Schorr (1991) hat untersucht, welche Testverfahren von Arbeits- und Organisationspsychologen eingesetzt werden und welche eher abgelehnt werden. Sie hat herausgefunden, daß Intelligenztests die am häufigsten verwendeten Verfahren sind. Auch Persönlichkeitstests werden häufig eingesetzt, andererseits auch häufig abgelehnt. Eher abgelehnt werden projektive Verfahren. Neue Entwicklungen stellen zum einen die Konstruktion und Anwendung von Lernfähigkeits- oder Trainierbarkeitstests dar (Guthke 1991), zum anderen werden verstärkt arbeitsprobenartige Testverfahren eingesetzt. Insbesondere Verfahren zur Messung kognitiver Fähigkeiten haben sich als valide erwiesen, wobei sich Ausbildungsleistungen besser vorhersagen lassen als andere berufliche Leistungen (Schuler 1996, S. 105).

Computergestützte Testverfahren. In diese Kategorie fallen **computergestützte Tests** und **computergestützte Simulationen**. Meist handelt es sich um herkömmliche Tests, die auf Computer übertragen wurden und nun mit der Maus am Bildschirm anstatt wie zuvor mit dem Bleistift auf Papier bearbeitet werden. Die Frage nach der Äquivalenz beider Darbietungsformen ist noch nicht geklärt. Da auch Belege für unterschiedliche Bearbeitungszeiten und Itemkennwerte vorliegen, wird die gesonderte Normierung der Testergebnisse vorgeschlagen (Schuler 1996, S. 135). Die Entwicklung adaptiver, sich den Fähigkeiten der Testperson anpassender Tests hat – vermutlich wegen des beträchtlichen Aufwandes – keine weite Verbreitung gefunden (Schuler u. Funke 1995). Auch Arbeitsproben und komplexe Simulationen können als Computerversion bearbeitet werden. Ausschließlich am Computer können komplexe dynamische Problemlöseaufgaben bearbeitet werden. Diese erlauben Diagnosen auf 3 Ebenen, nämlich der Systemsteuerung, der eingesetzten Strategien im Umgang mit dem System und des Wissenserwerbs während der Auseinandersetzung mit der Aufgabe.

Ein Beispiel zeigt Abb. 16.11. Psychometrische Probleme und nicht hinreichende Validitätswerte belasten bislang noch diese als vielversprechend eingeschätzten Verfahren (Schuler 1996, S. 138).

Arbeitsproben. Arbeitsproben sind standardisierte Aufgaben, »die inhaltlich valide und erkennbar äquivalente Stichproben des erfolgsrelevanten beruflichen Verhaltens provozieren« (Schuler 1996, S. 115). Gelegentlich wird der Ausdruck »Arbeitsprobe« nur für motorische Aufgaben verwendet. Häufig werden **Arbeitsproben** als »Tests« bezeichnet, wenn sie standardisiert und normiert vorliegen. Daß die Abgrenzung zu Testverfahren fließend ist, zeigt der englische Ausdruck »work sample test«. Die Validität gilt als vergleichsweise hoch. Für Arbeitsproben, die wie Gruppendiskussion, Postkorbaufgabe (s. Abb. 16.12) und wirtschaftliche Planspiele (»business games«) als Teilaufgaben von Assessment Centers verwendet werden, berichten die einschlägigen Studien Validitätskoeffizienten zwischen r = .25 und r = .30 (Cascio 1987). Der offensichtliche Bezug zum Arbeitsfeld sorgt für eine hohe Augenscheinvalidität und dadurch für eine hohe Akzeptanz. Allerdings erfordern Arbeitsproben einen hohen Konstruktionsaufwand, die Zahl der Items ist oft geringer als bei Tests im herkömmlichen Sinn, die Generalisierbarkeit ist möglicherweise geringer als die von Fähigkeitstests. Auch muß mit einer Verminderung der Validitätskoeffizienten im zeitlichen Verlauf gerechnet werden (Schuler 1996, S. 115ff.).

Assessment Center. Ein eignungsdiagnostisches Verfahren, das in den letzten Jahren immer mehr Anhänger gefunden hat, ist das Assessment Center.

> **!** Das Assessment Center ist »eine multiple Verfahrenstechnik, zu der mehrere eignungsdiagnostische Instrumente oder leistungsrelevante Aufgaben zusammengestellt werden« (Schuler 1996, S. 118, s. Tabelle 16.9). Sie wird verwendet, um aktuelle Kompetenzen einzuschätzen oder künftige Entwicklungen zu prognostizieren und sowohl zur Auswahl neuer Mitarbeiter eingesetzt als auch zur Beurteilung und Förderung von Mitarbeitern im Unternehmen.

Etwa 6–12 Personen nehmen gleichzeitig als zu Beurteilende teil. Sie werden von mehreren unabhängigen Beurteilern (typischerweise 2 Hierarchieebenen über der Zielebene) eingeschätzt. Die Validität ist abhängig von der Verfahrensvielfalt und der Sorgfalt der Durchführung. In Metaanalysen wurden durchschnittliche Werte von r = .37 (Thornton et al. 1992) und r = .40 (Schmitt et

Zeitplanung

Es ist jetzt 17.00. Um 19.00 schließen alle Geschäfte und Büros, und sie müssen wieder zu Hause sein. Sie wollen in diesen 2 Stunden soviel wie möglich persönlich erledigen.
Ihr Auto ist nicht fahrbereit, sonstige Mittel wie Straßenbahn, Fahrrad, Telefon stehen nicht zur Verfügung.

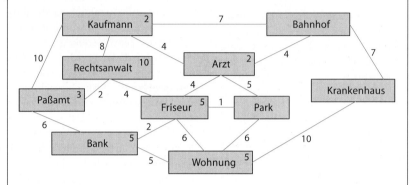

Aus dem Lageplan sind die verschiedenen Anlaufstellen zu ersehen. Die möglichen Wege sind durch Linien gekennzeichnet. Die Zahlen auf den Wegen bedeuten die Zeit, die Sie jeweils zu Fuß benötigen, die Zahlen in den Kästchen bedeuten notwendige Aufenthalte, alles in Minuten ... (Es folgt eine Liste von Aufgaben, die innerhalb der vorgegebenen Zeit zu erledigen sind.)

Abb. 16.12. Auszug aus einer Postkorbaufgabe. (Aus Schuler 1996, S. 123)

Tabelle 16.9. Die wichtigsten im Assessment Center gebräuchlichen Einzelverfahren. (Aus Schuler 1996, S. 122)

Individuell auszuführende Arbeitsproben und Aufgabensimulationen (v. a. Organisations-, Planungs-, Entscheidungs-, Controlling- und Analyseaufgaben)

- Gruppendiskussionen mit und ohne Rollenvorgabe
- Sonstige Gruppenaufgaben mit Wettbewerbs- und/oder Kooperationscharakteristik
- Vorträge und Präsentationen
- Rollenspiele (z. B. Einstellungsinterview, Verkaufsgespräch)
- Interviews
- Selbstvorstellung
- Wirtschaftsspiele, Simulation komplexer Entscheidungen
- Fähigkeits- und Leistungstests
- Persönlichkeits- und Interessentests
- Biographische Fragebogen

al. 1984) ermittelt. Die Urteilskonkordanz der Beurteiler liegt zwischen r = .50 und r = .90 (Schuler u. Funke 1995, S. 259). Das Verfahren sollte durch ein Feedbackgespräch abgeschlossen werden. In diesem werden die Beurteilten auf informative und rücksichtsvolle Weise über den Eindruck informiert, den die Beurteiler von ihrer Leistung gewonnen haben, und mögliche Konsequenzen erörtert (Schuler 1996, S. 127).

Außer den dargestellten Verfahren ist die Bewertung von Fachkenntnissen von Bedeutung, deren standardisierte Erfassung wünschenswert ist. Eine neue Entwicklung stellt die Vorgabe zu beurteilender Filmszenen dar. Die Ausdrucksdiagnostik findet nach langer Vernachlässigung wieder Interesse. Als wenig valide werden graphologische Gutachten eingeschätzt.

Leistungsbeurteilung

In den meisten Unternehmen wird der berufliche Erfolg der Mitarbeiter eingeschätzt. Man kann ergebnisorientierte, verhaltensbezogene und eigenschaftsbezogene Beurteilungen unterscheiden. Beispiele für Ergebniskriterien sind Verkaufszahlen, Umsätze, Fehlzeiten, Reklamationen. Sie sind vor allem dort von Bedeutung, wo viele unterschiedliche Verhaltensweisen zum Erfolg führen können, wo Verhaltensbeobachtungen nicht durchführbar oder verhaltensbezogene Interventionen nicht möglich sind. Die Führungsmethode »management by objectives« besteht in der Orientierung an vereinbarten Zielen (Schuler u. Funke 1995, S. 263). Verhaltensbezogene Beurteilungen setzen voraus, daß die Zusammenhänge von Verhalten und Erfolg bekannt sind, etwa als Ergebnisse von Arbeitsanalysen, daß das erfolgsrelevante Verhalten tatsächlich beobachtbar ist und daß Beurteiler wirklich verhaltensbezogen urteilen und nicht etwa globale Eigenschaftseinschätzungen abgeben. Verhaltensverankerte Einstufungsskalen bestehen aus Zusammenstellungen positiver, wertneutraler und negativer Verhaltensbeispiele, die als Markierungen unterschiedlicher Skalenpositionen vorgegeben werden. Verhaltensbeobachtungsskalen sind einfacher aufgebaut: Beobachtbares Verhalten wird auf einer 5stufigen Skala (Likert-Format) nach der Häufigkeit (fast nie 1–2–3–4–5 fast immer) eingestuft. Ist die Beobachtung erfolgsrelevanten Verhaltens nicht möglich und können Ziele nicht angegeben werden, so können eigenschaftsbezogene Beurteilungen vorgenommen werden. Als deren Vorteil gilt ihr großer Allgemeinheitsgrad, als nachteilig die starke Subjektivität (Schuler u. Funke 1995, S. 263).

Nun wählen nicht nur Betriebe ihre potentiellen Mitarbeiter aus, auch die Mitarbeiter wählen ihre potentiellen Arbeitgeber. Zur Selektion kommt die Selbstselektion hinzu. Die Probezeit gibt üblicherweise beiden Parteien Zeit und Gelegenheit, ihre Entscheidung zu überprüfen. Auch die probeweise Übertragung der Aufgaben einer Zielposition hat den Charakter einer Arbeitsprobe. Die Aufnahme einer Tätigkeit ist aber erst ein Anfang. Wie wirkt es sich aus, wenn man eine bestimmte Arbeit in einem bestimmten Betrieb dauernd verrichtet? Der nächste Abschnitt ist dem Zusammenhang von Arbeit und Persönlichkeitsentwicklung gewidmet.

16.5.2
Arbeit und Persönlichkeitsentwicklung

Schon die Menge an Zeit, die Menschen für ihre Ausbildung aufbringen und die sie später an ihrem Arbeitsplatz verbringen, legt den Gedanken nahe, daß die Art der Arbeit und die Entwicklung der Persönlichkeit zusammenhängen. Aus neueren Forschungen in der Entwicklungspsychologie und der Persönlichkeitspsychologie ergeben sich 2 Herausforderungen für die Arbeits- und Organisationspsychologie:

- Die Annahme, daß die Entwicklung der Persönlichkeit mit dem Eintritt in das Erwachsenenalter und damit das Erwerbsleben weitgehend festgelegt sei, ist im Lichte einer Entwicklungspsychologie der Lebensspanne (s. auch Abschn. 10.2) nicht haltbar.
- In der Persönlichkeitspsychologie wurde im Rahmen der Interaktionismusdebatte (s. auch Abschn. 11.5) gezeigt, daß die Persönlichkeit durch zeitlich überdauernde Eigenschaften nicht hinlänglich erfaßt werden kann, sondern daß situative Einflüsse auf das Verhalten und Verhaltensdispositionen eine große Rolle spielen (vgl. Grote u. Ulich 1993, S. 104).

Im folgenden werden einige Untersuchungsergebnisse zur **Persönlichkeitsentwicklung** bei der Arbeit aufgeführt. Die Ergebnisse einer Querschnittsuntersuchung an 468 männlichen Betriebsangehörigen eines Kabelwerkes in der DDR stützen die Annahme, daß sich »ständige geistige Beanspruchung ... fördernd, mangelnde oder sogar fehlende geistige Übung dagegen hemmend auf die intellektuelle Leistungsfähigkeit aus(wirkt)« (Schleicher 1973, S. 50). Daß sich die Beschäftigten desselben Tätigkeitsniveaus im Umfang der erfaßten Altersspanne in ihren Leistungen (Subtests des Intelligenz-Struktur-Tests von Amthauer) einander angenähert, die Beschäftigten eines unterschiedlichen Tätigkeitsniveaus hingegen voneinander entfernt hätten, wird als Beleg dafür gewertet, daß der Einfluß der Schulbildung mit der Zeit abnehme, der Einfluß der Berufstätigkeit hingegen stärker werde.

In einer amerikanischen Längsschnittstudie wurde herausgefunden, daß »von allen strukturellen Imperativen der Arbeit ... diejenigen am wichtigsten für die Persönlichkeit (seien), die darüber entscheiden, wieviel Gelegenheit der Beschäftigte zu **beruflicher Selbstbestimmung** hat, ja wieweit diese sogar notwendig ist« (Kohn 1985, S. 46). Zu den Aspekten beruflicher Selbstbestimmung zählen die inhaltliche Komplexität der Arbeit, die Strenge der Überwachung und der Grad der Routinisierung.

In einem 3jährigen Arbeitsstrukturierungsprojekt – im Rahmen des Forschungsprogramms »Humanisierung des Arbeitslebens« – in der Automobilindustrie wurde der Übergang von der Fließbandarbeit zur Gruppenmontage untersucht. Die 28 an diesem Vorhaben freiwillig beteiligten Arbeiter bewältigten die Veränderung in 3 Monaten und leisteten anschließend höherwertige Arbeit. Dabei erweiterten sie nicht nur ihre Kenntnisse über die Arbeitsaufgabe, das Montieren eines Motors, die zuvor durch das Fließband strukturiert gewesen war. Sie entwickelten selbst strategische und planende Vorgehensweisen. Die Veränderung der Arbeitstätigkeit wirkte sich, so wird berichtet, auf die Entwicklung arbeitsbezogener Sachinteressen aus, aber auch auf gesellschaftsbezogene und politische Interessen. Darüber hinaus gab es Hinweise auf eine Verbesserung des Gesundheitszustandes, insbesondere eine Abnahme psychosomatischer Beschwerden der am Projekt Beteiligten (Bruggemann 1979, 1980, zit. nach Grote u. Ulich 1993, S. 110).

Diese Ergebnisse weisen darauf hin, wie Arbeitsbedingungen allgemein gestaltet werden können, damit sie die Persönlichkeitsentwicklung fördern. Darüber hinaus gibt es persönliche Unterschiede und Präferenzen. Im Rahmen einer differentiellen und dynamischen Arbeitsgestaltung wird daher gefordert, »individuelle Unterschiede – sowohl zwischen Menschen als auch beim einzelnen Menschen über die Zeit – durch die Vorgabe von Wahlmöglichkeiten zwischen verschiedenen Arbeitsstrukturen und durch die Veränderbarkeit von Arbeitsstrukturen zu berücksichtigen« (Grote u. Ulich 1993, S. 111).

Zu den seltenen Längsschnittuntersuchungen, die die Frage der Persönlichkeitsentwicklung in der Arbeit stellten, gehört die Studie von Häfeli et al. (1988) in der Schweiz. Wir stellen sie deshalb im Abschn. **Unter der Lupe** ausführlicher vor.

> ! Zusammenfassend stellen die Autoren der Studie, die wir im Abschn. **Unter der Lupe** ausführlich beschreiben, fest, daß Gegebenheiten der Arbeits- und Ausbildungssituation sich in vielfältiger Weise auf die Persönlichkeitsentwicklung von Jugendlichen auswirken, wobei Sozialisations- und Selektionseffekte sich gegenseitig verstärken (S. 203ff).

Zu ihren praktischen Schlußfolgerungen gehört zum einen die Forderung nach der Förderung berufsübergreifender Qualifikationen wie Lernbereitschaft, intellektuelle Flexibilität und Kreativität. Damit soll den negativen Auswirkungen von Ausbildungsgängen in Berufen mit niedrigem Niveau begegnet werden, deren Absolventen andernfalls für den technologischen Wandel und die zu erwartenden Veränderungen der Arbeitswelt schlecht gerüstet seien. Sie leiten daraus –

für die Verhältnisse 1988 in der Schweiz – die Forderung nach einem zweiten Berufsschultag ab. Auch ein Berufsbildungskonzept aus wenigen Grundberufen wird vorgeschlagen, sei es doch fragwürdig, eng spezialisierte Ausbildungen anzubieten, wo nicht absehbar sei, ob es eine bestimmte Tätigkeit in absehbarer Zeit noch geben werde. Schließlich wird auf das Problem der geschlechtlich segregierten Arbeitswelt und den notwendigen Abbau von Chancenungleichheiten und Diskriminierungen hingewiesen.

Auf die Bedeutung der Berufswelt für die Persönlichkeitsentwicklung verweisen auch die Autoren einer weiteren Längsschnittstudie (Hoff et al. 1991). Sie untersuchten zwischen 1980 und 1987 die biographischen Verläufe von 21 Facharbeitern. Zu den Methoden gehörten Intensivinterviews, Beobachtung und Expertengesprächen. Die Entwicklungsprozesse interpretieren die Autoren als Zunahme der Kompetenz zu autonomem Handeln. Zu den wichtigen soziobiographischen Bedingungen solcher Entwicklungen zählen sie den Abbau objektiver Restriktionen und die Erweiterung der Chancen zur Selbstbestimmung im Beruf, aber auch die Konfrontation mit Chancen und Schranken in verschiedenen Umweltbereichen (Hoff et al. 1991, S. 230 f).

Probleme der Karriereentwicklung bei Frauen

Ein hochaktuelles Thema der Arbeits- und Organisationspsychologie sind die besonderen Probleme der **Karriereentwicklung bei Frauen**. Die Lebenswelten von Frauen haben sich in den letzten 100 Jahren beachtlich geändert: Frauen haben mehr Zeit für außerhäusliche Aufgaben und sie sind sehr viel besser ausgebildet. Umfrageergebnisse belegen, daß Frauen den Beruf als ganz wesentliches Element ihrer Lebensplanung betrachten (Abele et al. 1996, zit. nach Abele 1997, S. 302). Es gibt jedoch immer noch einen geteilten Arbeitsmarkt, der Frauen benachteiligt:

- Überwiegend Frauen (98%) arbeiten auf Teilzeitarbeitsplätzen, die es in gehobenen Positionen kaum gibt.
- Frauen sind häufiger nicht ihrer Ausbildung entsprechend beschäftigt.
- Frauen sind überproportional von Arbeitslosigkeit betroffen.
- Frauen verdienen weniger als Männer.

Berufsausbildung und Persönlichkeitsentwicklung im Jugendalter – eine Längsschnittstudie

Welche Rolle spielt die Berufsausbildung für die Entwicklung der Persönlichkeit im Jugendalter? Hängen Unterschiede in der Persönlichkeitsentwicklung zusammen mit Unterschieden in der Berufsausbildung? Zur Beantwortung dieser Fragen wurde eine Längsschnittstudie geplant.

Methode. Drei »zeitlich angeordnete Gegebenheiten« sollten von jedem Versuchsteilnehmer ermittelt werden: der Stand der Persönlichkeitsentwicklung zu Beginn der Ausbildung; die Gegebenheiten der Arbeits- und Ausbildungssituation und der Stand der Persönlichkeitsentwicklung am Ende der Ausbildung.

Es galt, die Persönlichkeitsmerkmale zu bestimmen, deren Veränderung untersucht werden sollte. Als relevante Bereiche wurden, angelehnt an Entwicklungsaufgaben und -probleme des Jugendalters, definiert: Beziehung zur Gesellschaft bzw. zu gesellschaftlichen Fragestellungen, Beziehung zu Arbeit und Beruf, Selbstkonzept, intellektuelle Leistungsfähigkeit und Geschlechtsrollenvorstellungen.

Die Stichprobe umfaßte 504 Jugendliche, d. h. 415 Lehrlinge aus 36 Lehrberufen und, als Vergleichsgruppen, 64 Vollzeitschüler (Maturitätsschüler und Volksschullehrerstudenten) und 25 Erwerbstätige (Ungelernte bzw. Angelernte). Frauen waren mit 37,5% »deutlich untervertreten«, was die Verfasser mit geschlechtsspezifischen Berufswahlen begründen (S. 59). Die Jugendlichen wurden im Rahmen der Erstmessung vor Beginn ihrer Ausbildung befragt, 3 Jahre später gab es eine Zwischenbefragung. Die Zweitbefragung fand schließlich 4 Jahre nach der Erstmessung und kurz vor Ende der Ausbildung statt. Erfaßt wurden jeweils 20 Persönlichkeitsmerkmale, die sich auf die 5 obengenannten Bereiche verteilen.

Die Beschreibung der Arbeits- und Ausbildungssituation bezog sich auf folgende inhaltliche Bereiche: Arbeitsinhalt und Arbeitsbedingungen, soziale Situation am Arbeitsplatz, Ausbildungsgestaltung, mit dem Lehrberuf verbundene Entwicklungschancen und gesellschaftliche Wertschätzung des Berufs. Zur Beschreibung der Arbeits- und Ausbildungssituation wurden verschiedene Informationsquellen genutzt (Experten, die Jugendlichen selbst, Reglemente und Statistiken). In Form von Skalen wurden über 70 Merkmale erfaßt, die sich auf die genannten Bereiche verteilten.

Ergebnisse. Was die *Beziehung zur Gesellschaft* angeht, so zeigte sich: daß Ausbildungsgegebenheiten die gesellschaftliche Orientierung beeinflussen. Die Ergebnisse lassen vermuten, daß insbesondere eine Kombination von qualifizierender Ausbildung und Restriktivitätserfahrungen politisierend wirkt.

Die *Beziehung zu Arbeit* betreffend wurde die Annahme bestätigt, daß sich interessante, anforderungsreiche, ganzheitliche, vielfältige Berufe positiv auf die Entwicklung beruflicher Verbundenheit auswirken. Außerdem stützen die Ergebnisse ein Generalisierungsmodell, was besagt, daß Bedürfnisse, die in der Arbeitssituation befriedigt werden können, verstärkt und in andere Bereiche übertragen werden oder mindestens erhalten bleiben. Keine Bestätigung fanden Kompensationshypothesen.

Für das *Selbstkonzept* der untersuchten Jugendlichen wird zusammenfassend festgestellt: »Auswirkungen sowohl des Arbeitsinhaltes (etwa autonome, herausfordernde und inhaltlich komplexe Arbeit) als auch der Arbeitssituation (im Sinne sozialer Merkmale des Betriebs und der Arbeitspartner) scheinen sich bei Jugendlichen ähnlich und auf entsprechende Aspekte der Selbstkonzeption auszuwirken wie bei bisher untersuchten (männlichen) Erwachsenen« (S. 145). Dabei scheine »sich weniger der Anforderungsgrad der Arbeit per se förderlich auszuwirken, sondern individuell optimale Balancen zwischen Herausforderung und Überforderung« (S. 146).

Zur Frage nach den Wirkungen der beruflichen Sozialisation im Bereich *der intellektuellen Fähigkeiten* lautet das wichtigste Ergebnis, daß eine reziproke Beziehung zwischen Intelligenz und Berufsausbildung besteht: Als Resultat verschiedener Selektionsprozesse unterscheiden sich die Jugendlichen, die unterschiedlich anspruchsvolle Ausbildungswege wählen, bereits vor Beginn der Ausbildung. Das Anforderungsniveau des gewählten Ausbildungsweges beeinflußt wiederum die weitere Intelligenzentwicklung. Dies gilt sowohl, wenn die 3 untersuchten Teilgruppen der Lehrlinge, Schüler weiterführender Schulen und ungelernten bzw. angelernten Berufstätigen betrachtet werden, als auch, wenn innerhalb der Lehrlingsgruppe nach Anforderungen der Berufsausbildung unterschieden wird.

Das Resultat dieser Prozesse wird als »Scherenentwicklung« bezeichnet. Dieser Begriff besagt, daß die Leistungsfähigeren unter den Jugendlichen anspruchsvollere Ausbildungswege wählen, deren Anforderungen sich wiederum positiv auf ihre Leistungsfähigkeit auswirken. Die weniger leistungsfähigen Jugendlichen wählen weniger anspruchsvolle Ausbildungen oder Arbeitsbedingungen, was zur Folge hat, »daß sich die Leistungsfähigkeit mit der Zeit – relativ auf die Gesamtgruppe gesehen – noch zusätzlich verschlechtert« (S. 164).

Auch hier ist allerdings zu differenzieren: »Sehr deutlich wurde bei den entsprechenden Auswertungen, daß das 'Anforderungsniveau' kein in sich homogenes Konstrukt darstellt, sondern sich je nach betrachteter Intelligenzdimension anders konkretisiert«. Darüber hinaus ist mit weiteren Einflußfaktoren zu rechnen, beispielsweise der Abwesenheit subjektiver Überlastung und Überforderung, der Möglichkeit zur Kooperation und dem Gefühl, die eigenen Fähigkeiten einsetzen und weiterentwickeln zu dürfen (S. 167). Jugendliche in anforderungsreichen, anregenden und vielfältigen Berufen mit Qualifikationschancen entwickeln auch liberalere Vorstellungen in Fragen der Gleichberechtigung und flexiblere Geschlechtsrollenvorstellungen (S. 187).

Eine Faktorenanalyse der *Ausbildungsaspekte,* die sich auf die Persönlichkeitsentwicklung auswirken, ergab insgesamt 7 Faktoren, von denen 3 die unterschiedlichen Lehrberufe beschreiben:

- Der Faktor »Qualifikationsniveau« setzt sich u. a. zusammen aus Berufsmerkmalen wie intellektuelles Anforderungsniveau, Zeitanteil, Komplexität des Umgangs mit Symbolen, Ausmaß des Berufsschulunterrichts, Prestige und Aufstiegsmöglichkeiten. Er hängt zusammen mit einer offeneren und flexibleren Entwicklung sowie einer intellektuellen Weiterentwicklung.
- Der Faktor »sachbezogener Männer- vs. personbezogener Frauenberuf« ergab sich daraus, daß die Merkmalsgruppen, die ihn ausmachen, nämlich Arbeitsinhalt und Geschlechterzusammensetzung, hoch miteinander korrelierten. Für die Interpretation der vielfältigen Bezüge wurde die Generalisierungsthese vorgeschlagen, wonach Erfahrungen der Arbeitswelt auf Persönlichkeitsaspekte und Freizeitverhalten übertragen werden.
- Der dritte Berufsfaktor »gestalterischer Freiraum« betrifft die Merkmale der Arbeitsautonomie, Ganzheitlichkeit der Arbeitsaufgabe und Ausmaß an gestalterischem Spielraum. Seine Auswirkungen beziehen sich überwiegend auf die berufliche Motivation.

Drei weitere Faktoren charakterisieren die Auswirkungen des Arbeits- und Ausbildungsplatzes:

- Der Faktor »subjektiv gute Arbeits- und Ausbildungssituation« wird als heterogen und durch einen evaluativen Aspekt zusammengehalten beschrieben. Eine aus Lehrlingssicht »gute« Lehre, wird gefolgert, führe zu positiv veränderten Selbstbildern und beruflichen Einstellungen.
- Der Faktor »Anforderungsreiche Arbeit« umfaßt die Aspekte der Unter- vs. Überforderung, aber auch das Merkmal »Anforderungsgrad« als Herausforderung im positiven Sinne. Die Befunde, beispielsweise, daß eine herausfordernde, aber weder unter- noch überfordernde und sozial vernetzte Arbeit positive Effekte hat, entsprechen weitgehend den motivationspsychologischen Erkenntnissen über die erlebte Schwierigkeit einer Aufgabe.
- Für den Faktor »Betriebsgröße«, der außer der Größe des Ausbildungsbetriebs den schulischen vs. produktionszentrierten Ausbildungsstil und die erlebte gewerkschaftliche Präsenz beschreibt, werden vereinzelt auftretende Effekte auf die Persönlichkeit angegeben. So fördert perzipierte Gewerkschaftspräsenz das Gefühl möglicher sozialer Einflußnahme und der schulische Ausbildungsstil die Arbeitshaltung.
- Der siebte Faktor »Lehrlingslohn«, der sowohl vom gewählten Beruf als auch von der konkreten Ausbildungssituation abhängt, zeigte keine signifikante Auswirkung auf die erfaßten Persönlichkeitsmerkmale (S. 190 ff.).

- Der Frauenanteil im Topmanagement lag 1995 bei 6%, bei Lehrstühlen im Hochschulbereich lag er bei 3% (Abele 1997).

> ! Frauen sind also immer noch vergleichsweise selten in Führungspositionen zu finden, sei es in Wirtschaft, Wissenschaft, Politik oder Verwaltung. Sie sind in weniger und oft »frauentypischen« Berufen wie Friseurin oder Verkäuferin vertreten. Die vorgeschlagenen Erklärungsansätze für die Unterschiede in der Karriereentwicklung von Männern und Frauen lassen sich in 3 Theoriebereiche einordnen: die Humankapitaltheorie, die Diskriminierungstheorie, Theorien zur geschlechtsspezifischen Sozialisation und Orientierung.

Die **Humankapitaltheorie** behauptet, Menschen würden mit ihren gegenwärtigen Positionen für die Investitionen belohnt, die sie in der Vergangenheit für Beruf und Ausbildung geleistet hätten. Allerdings zeigen amerikanische Untersuchungen, daß diese Investitionen im Falle weißer Männer bessere Resultate erbringen als bei Frauen und Minderheiten. Deshalb reicht diese Erklärung nicht aus (Morrison u. Glinow 1990). Die Berufswahl der Frauen ist der Humankapitaltheorie zufolge nicht aus geschlechtstypischen Neigungen zu erklären (wie etwa der Neigung zum Umgang mit Menschen). Vielmehr investieren Frauen – unter gegebenen (ungleichen) Bedingungen disponierend – in Berufe, in denen weniger mit einer schnellen Veraltung des Wissens zu rechnen ist (Ksiensik 1994, S. 114).

Die **Diskriminierungstheorie** thematisiert die Benachteiligung von Frauen auf dem Arbeitsmarkt (Frauen erhalten für gleiche Arbeit weniger Lohn) sowie Vorurteile, die Frauen entgegengebracht werden und die ihr Fortkommen behindern. Beispielsweise können Frauen im Management erleben, daß sie sich mit einer »Beweislastumkehr« auseinandersetzen müssen: »Während Männer im Management sich allein aufgrund ihres Geschlechts auf Vorschußlorbeeren stützen können, müssen Frauen erst beweisen, daß sie etwas können, bevor ihnen Erfolg zugebilligt wird« (Veith 1988). Ihre zahlenmäßig geringe Vertretung kann zur Folge haben, daß sie besondere Aufmerksamkeit erhalten: Diese ist nicht nur auf arbeits- und arbeitsplatzbezogene Aspekte gerichtet, sondern auch auf dafür irrelevante Äußerlichkeiten (Kanter 1977).

Theorien der geschlechtsspezifischen Sozialisation und Orientierung konzentrieren sich auf die psychologischen Aspekte der Probleme von Frauen im Arbeitsleben. Ein komplexes »Karrierehindernis« wird in der »doppelten Vergesellschaftung« von Frauen gesehen.

Damit ist gemeint, daß die Lebenssituation von Frauen durch einen Widerspruch gekennzeichnet ist: Einerseits wird die unabhängige erwerbstätige Frau zum Leitbild. Andererseits weist die Gesellschaft Familienaufgaben, insbesondere die der Kindererziehung, weiterhin den Frauen zu – und die einzelnen Frauen übernehmen die Verantwortung für diesen Bereich weiterhin (Schiersmann 1993, S. 343). Einer doppelten Vergesellschaftung entspricht eine doppelte Sozialisation von Frauen. Das heißt, daß Frauen ihre Sozialisation sowohl in der Familie, im sozioökologischen Umfeld, als auch in schulischen und außerschulischen Ausbildungsgängen erfahren. Sie werden sowohl auf reproduktive Arbeit im privaten Bereich wie auch auf Anforderungen der Erwerbswelt vorbereitet. Im Vergleich zur männlichen, stark durch den Beruf strukturierten Biographie »läßt sich die weibliche Biographie durch eine eher gleichgewichtige Bindung an Beruf und Familie kennzeichnen«. Neuere Untersuchungen zeigen, daß zahlreiche Frauen mehrfach zwischen der beruflichen und der familiären Phase wechseln (Hoff et al. 1993, S. 371 f.).

Zu Beginn der 90er Jahre wurde darüber diskutiert, ob nicht gerade in Zeiten des Umbruchs besondere Chancen für Frauen bestünden, in größerer Zahl in die oberen Ränge vorzustoßen. Bischoff sah die Frauen bereits »zwischen Macht und Mann« (Bischoff 1990). Hadler kommt bei der Interpretation der Ergebnisse ihrer empirischen Untersuchung betrieblicher Voraussetzungen und Entwicklungen weiblicher Aufstiegsmöglichkeiten in Großunternehmen 1995 zu skeptischeren Prognosen. Die Karriereorientierung von Frauen, die sich eindeutig und sichtbar für den Beruf entschieden hätten, werde anerkannt. Männer und Frauen werden jedoch vermutlich weiterhin in unterschiedlichen Bereichen, d. h. Frauen vorrangig im Personalbereich, tätig sein. Ein Anstieg des Frauenanteils auf der obersten Führungsebene werde sich in den befragten Unternehmen in engen Grenzen halten, »da die entsprechenden Tätigkeiten und Machtpositionen nicht zu denen gezählt werden, für die Frauen von ihren Fähigkeiten her als besonders prädestiniert gelten. Der Pool potentieller Kandidatinnen wird zudem als gering eingeschätzt« (Hadler 1995, S. 337). Als berufliche Hindernisse für Frauen ermittelte sie vorurteilsbehaftete Rollenzuschreibungen bei befragten Vertretern von Unternehmen. Die Unterrepräsentation von Frauen in bestimmten Tätigkeitsbereichen wurde auch mit der Ablehnung durch Mitarbeitergruppen, Geschäftspartner oder Kunden erklärt. Sie kommt zu dem Schluß, der Führungskräftemangel habe als Voraussetzung für einen zunehmenden Einsatz hochqualifizierter Frauen infolge der Vereinigung Deutschlands und der wirtschaftlichen Entwicklung kaum noch Substanz (S. 348).

Wie wirken sich die Systemveränderungen für die Frauen in den neuen Bundesländern selbst aus? Für ihre Untersuchung an Angestellten stellen Domsch et al. fest, daß sich die Situation der weiblichen Angestellten »deutlich schlechter darstellt als die der männlichen«. Sie sei »in vielen Bereichen nicht nur auf die Umstellung des Wirtschaftssystems, sondern auf die Übertragung westlicher Grundhaltungen gegenüber der Stellung der Frau im Beruf zurückzuführen« (1996, S. 197). Zu den personalwirtschaftlichen Empfehlungen der betrieblichen Frauenförderung gehören nicht nur Maßnahmen, die die Vereinbarkeit von Familie und Beruf fördern. Solche Maßnahmen erfüllen ihren Sinn erst dann, »wenn sie gleichermaßen von Frauen und Männern in Anspruch genommen werden« (S. 210).

Männer beanspruchen derlei Maßnahmen (wie beispielsweise Erziehungsurlaub) jedoch selten. Warum? In seiner Analyse der Konflikte von Männern »zwischen Beruf und Familie« widerlegt Peinelt-Jordan (1996) die Vorurteile, mit denen aktive Väter sich auseinandersetzen müssen. Nach seinen Beobachtungen gilt für Väter, die sich um ihre Kinder kümmern wollen:

- Sie sind nicht »freizeitorientiert«, sondern häufig in besonderem Maße leistungsbereit, auch wenn sich dies nicht in den herkömmlichen symbolischen Kennzeichen von Leistungswillen (Überstunden, Gestreßt-Erscheinen, jederzeit Anwesenheit demonstrieren) niederschlägt.
- Sie stellen nicht persönliche Ziele über berufliche, sondern sind ganz im Gegenteil bereit, persönliche, nämlich berufliche Nachteile zugunsten von Kind(ern) und/oder Partnerin in Kauf zu nehmen.
- Sie ruhen sich nicht in der »sozialen Hängematte« aus, sondern widmen sich anspruchsvollen Aufgaben.
- Sie sind keine »Schwächlinge«, sondern nehmen den Gleichberechtigungsanspruch ernst.
- Sie sind keine Sonderlinge, sondern gehören einer großen Population an.
- Sie sind allenfalls vorübergehend in der Berufstätigkeit eingeschränkt (S. 258).

Er zieht das Fazit, das zentrale Problem sei, daß solches Verhalten in der Wirtschaft nicht akzeptiert werde, »weil es den Lebensweisen und -vorstellungen derjeni-

Tabelle. 16.10. Bewältigungsstrategien für Doppelkarrierepaare. (Aus Domsch u. Ladwig 1997, S. 312)

Personenzentrierte Strategien	
Aktion	Haltung
Entspannungstechniken	Streßoptimierung: eine kognitive Restrukturierungstechnik, in der Streß als unvermeidlich erkannt wird und Streßarten alternativer Lebensstile zum Vergleich präferiert werden
Zeitmanagement	Priorisierung innerhalb und zwischen Rollen
Organisationsmanagement	Aufsplitterung: Mentale Fokussierung auf Rollen zu verschiedenen Zeiten, um Effizienz zu steigern und negative Gefühle und Druck zu reduzieren
	Überdenken von persönlichen Standards, Kompromißbereitschaft, Erwartungshaltungen revidieren
Paarzentrierte Strategien	
Aktion	Haltung
Kommunikation und Metakommunikation: Kenntnis und beständige Anwendung effektiver interpersoneller Fähigkeiten	Toleranzfähigkeit verbessern
Problem- bzw. Konfliktlösungstechniken aufgrund unterschiedlicher Präferenzen, Wünsche und Bedürfnisse	Erwartungshaltungen dem Partner gegenüber verändern bzw. vermindern
Gemeinsame Entscheidungstechniken	Erfahrungen sammeln

gen, die die Strukturen und Abläufe in den Organisationen gestalten, widerspricht« (S. 291). In ähnlicher Weise stellen Domsch u. Ladwig fest, derzeit seien viele Unternehmen noch weit davon entfernt, »der Problematik von Doppelkarrierepaaren adäquat zu begegnen« (1997, S. 312). Dennoch wollen sich in immer mehr Partnerschaften beide Partner beruflich verwirklichen. Solche Karrierepaare (»dual career couples«) sind Paare, deren beide Partner eine Karriere verfolgen und dabei eine partnerschaftliche Beziehung bzw. ein Familienleben führen (Rapoport u. Rapoport 1971). Sie versprechen sich davon beispielsweise mehr Gemeinsamkeiten dadurch, daß beide beruflich gefordert sind, erweiterte Autonomie und höhere Selbstachtung, mehr Anerkennung durch den Partner, Kinder, die selbständiger sind und denen sie mehr (finanzielle) Möglichkeiten bieten können, sowie überhaupt einen weiteren Horizont (nach Domsch u. Ladwig 1997, S. 312). Mit welchen Bewältigungsstrategien sie ihren Gleichberechtigungsanspruch umsetzen, zeigt Tabelle 16.10.

Nach Ansicht der Autoren haben Betriebe nicht nur direkt wirtschaftliche Gründe – wie das Vermeiden von Kündigungen, Motivationsabfall oder Streß –, die Belange von Doppelkarrierepaaren in ihrer Personalpolitik mehr zu berücksichtigen. Ein Unternehmen kann sich ihres Erachtens auch dadurch einen Wettbewerbsvorteil verschaffen, daß es eine Unternehmenskultur schafft, die sich an gesellschaftlichen Werten orientiert. Ob sich die Verteilung der Familienarbeit dann egalisiert und »aktive Väter« mehr Zeit damit verbringen werden? Zur Zeit zeichnet sich – zumindest für die Bundesrepublik Deutschland – eher eine Umverteilung von Familienarbeit auf dafür bezahlte Frauen, oft unterprivilegierte Migrantinnen, ab (Rerrich 1996).

Zum Schluß: Die Arbeitswelt der Zukunft

Stetige technologische Neuerungen, insbesondere neue Informationstechnologien, die Überwindung nationaler Grenzen, massive Umweltschäden und -belastungen, soziale Veränderungen, ein Individualisierungsschub, sinkende Geburtenziffern in den industrialisierten und Bevölkerungszunahme in den unterentwickelten Ländern sowie politische Umwälzungen, wie der Zusammenbruch der sozialistischen Systeme, kennzeichnen ein weltumspannendes Szenario, das die Welt der Arbeit beeinflußt. Es wird vermutet, daß die Betriebe der Zukunft kleinere und flexiblere Einheiten sein werden, daß vernetzte Informationssysteme ort-unabhängiges Arbeiten ermöglichen, daß der internationale Wettbewerb zunimmt und Arbeit und Kapital international mobiler werden (Klauder 1997).

Organisationsstrukturen werden flexibler und Hierarchien werden flacher werden. Die Rolle des Managers wird der eines Coaches oder Mentors vergleichbarer – und weniger der eines Aufsehers. Die Arbeit der Arbeiter und Angestellten soll inhaltsreicher und selbständiger werden (»empowerment«). Zur Auswahl und Schulung geeigneter Mitarbeiter werden praxisnahe Selektionsverfahren sowie engagierte Personalentwicklung an Bedeutung gewinnen. Auch die Anreize, d. h. die Bezahlung, werden möglicherweise flexibler, d. h. nicht mehr gebunden an die Berufsbezeichnung, gehandhabt werden, sondern beispielsweise abhängig von individuellen Fähigkeiten oder individuellen Leistungen/ Gruppenleistungen (Cascio 1995).

> **!** Die Arbeitenden der Zukunft benötigen entsprechend Grundkenntnisse in EDV, Kenntnisse fremder Sprachen und Länder, Flexibilität und fachübergreifende Kenntnisse, sie müssen team- und innovationsfähig sein, risikobereit und engagiert. Außerdem sind Intuition, Einfühlungsvermögen, Kreativität und mitmenschliches Verständnis gefragt. Traditionelles und berufsspezifisches Wissen wird zunehmend entbehrlich werden, das formale Qualifikationsniveau des Arbeitskräftebedarfs wird sich erhöhen.

Japan soll bereits einen Innovationseffekt durch Überqualifikation erzielt haben (Klauder 1997). Die Anforderungen an die, die Arbeit haben, können immens sein. Schlagworte wie »Burnout« (Ausgebranntsein), »Chronic Fatigue Syndrome« (chronisches Erschöpfungssyndrom) oder gar »Karoshi« (der japanische Ausdruck dafür, daß sich jemand zu Tode arbeitet) zeigen, daß Karrieren auch ihre Schattenseiten haben, daß zuviel Arbeit schädliche Auswirkungen hat (Gross 1997).

Andererseits gibt es derzeit für viele keine Arbeit. Bezahlte Arbeit ist ein knappes Gut geworden, das insbesondere den weniger qualifizierten immer weniger zu Verfügung steht. Mittlerweile gibt es in vielen Ländern eine Schicht von Langzeit- oder Dauerwerbslosen ohne realistische Chance auf Reintegration. Rifkin sieht daher »das Ende der Arbeit« in Form der lebenslangen Erwerbsarbeit gekommen und hofft auf ihre Zukunft im Non-Profit-Bereich, der sich sozialen und gesellschaftlichen Aufgaben widmet (Rifkin 1996). Ein Experte in der Erforschung der **Arbeitslosigkeit** kommentiert: »Auf dieser sachlichen Grundlage existiert in Ansätzen eine zwangsläufig heikle Diskussion, die um die Chancen eines 'sinnvollen Lebens' ohne Erwerbsarbeit kreist. In praktischer Sicht geht es dabei um die Schaffung sekundärer Formen sozialer Integration, die der potentiellen gesellschaftlichen Ausgrenzung Arbeitsloser entgegenwirken sollen. Die Gründung von Arbeitslosengruppen und -initiativen, wie sie in vielen Städten der Bundesrepublik bestehen, läßt sich vielfach in diesem Sinne verstehen« (Wacker 1996, S. 44).

> **!** Der traditionelle, aus der Präsenz an einem zentralisierten Arbeitsplatz abgeleitete **Arbeitsbegriff** ist reformbedürftig. Das wird aus unterschiedlichen Perspektiven festgestellt: Er wird den flexiblen Gestaltungsmöglichkeiten nicht gerecht, die durch neue Technologien möglich wurden. Der Arbeitsbegriff wird auch den Formen gesellschaftlich notwendiger Arbeit nicht gerecht, die unbezahlt und oft wenig anerkannt in Familien oder ehrenamtlich verrichtet werden.

Es ist gefordert worden, sowohl die Bemessung der täglichen Arbeitszeit als auch die Strukturierung der Lebensarbeitszeit den familialen Verpflichtungen von Männern und Frauen besser anzupassen – technische Neuerungen scheinen das zunehmend zu gestatten. Derzeit ist für viele fraglich, ob sie eine »normale« Berufsbiographie im Sinne einer das Erwachsenenleben überdauernden bezahlten Tätigkeit leben werden. Die pessimistische Sicht auf die Arbeit der Zukunft zeigt Arbeitende, die gezwungen sind, sich den ständigen Veränderungen eines globalen Marktes bedingungslos anzupassen – und eine wachsende Masse von Arbeits- und Erwerbslosen, die nicht mithalten können. Der optimistische Blick zeigt Menschen, die die Flexibilität der technischen und politischen Neuerungen zur Gestaltung unterschiedlichster Lebensweisen nutzen und sich durch lebenslanges Lernen bereichert fühlen. Die Arbeits- und Organisationspsychologie sieht herausfordernden Entwicklungen entgegen.

ZUSAMMENFASSUNG

- **Der Begriff Arbeits- und Organisationspsychologie.** Mit diesem Begriff wird das Fachgebiet bezeichnet, das sich mit der Anwendung psychologischer Theorien, Forschungsansätze und Interventionsmethoden in der Arbeitswelt befaßt. Die Fachgruppe der Deutschen Gesellschaft, die wichtigste deutschsprachige Fachzeitschrift sowie der Studiengang an den Universitäten tragen diese Bezeichnung.

- **Arbeitsmotivation.** Theorien der Arbeitsmotivation beschreiben die Bedingungen, unter denen Menschen zu ihrer Arbeit motiviert sind. *Inhaltstheorien* beschreiben inhaltlich, wodurch eine Person zum Arbeiten bewegt wird. Sie verweisen auf die Bedeutung intrinsischer Motivierung durch ganzheitliche und anregende Arbeitsinhalte. Es werden einerseits Bedürfnisse und Motive der Person, andererseits Bedingungen der Situation gesehen, beispielsweise im Konzept der Bedürfnishierarchie nach Maslow, einer allgemeinen Theorie zur menschlichen Motivation, die speziell auf die Arbeitswelt angewendet wurde. Die Grenzen der Inhaltstheorien liegen in ihrer eingeschränkten Möglichkeit, differenzierte Motive und Bedürfnisse zu bestimmen, die für alle Menschen gleichermaßen handlungsleitend sind. *Prozeßtheorien,* wie die Erwartungs-Wert-Theorie nach Vroom (1964), beschreiben, welche Mechanismen von bestimmten subjektiven Erwartungen und Bewertungen zu Handlungen führen. In den verschiedenen Theorien werden Aspekte wie Leistungseinsatz und Anstrengung (Erwartungsmodell der Motivation von Porter u. Lawler 1968), Überbelohnung, »Zu-kurz-Kommen« (Equity-Konzept), die Bedeutung sozialer Normen sowie des Gruppendrucks (Wiswede 1980) auf das individuelle Arbeitsverhalten behandelt. *Handlungsnahe Prozeßtheorien* thematisieren als dominierende Konstrukte Ziel und Selbstregulierungsmechanismen.

- **Integrative Perspektiven.** Theorien, die Inhalte und Prozesse, handlungsferne und handlungsnahe Konstrukte verbinden, sind die Theorie der Selbstregulierung nach Kuhl (1992) und das Rubikon-Modell von Heckhausen und Gollwitzer (Gollwitzer 1990). Aus der Kritik an den bisherigen integrativen Perspektiven heraus schlägt Wiswede (1995) als »Kerntheorie« für wirtschaftspsychologische Forschung ein »im Prinzip lerntheoretisches Konzept in kognitiver Abwandlung« vor, das einen umfassenden Rahmen darstellt, innerhalb dessen präzise formulierte Modelle geprüft werden könnten.

- **Arbeitszufriedenheit.** Empirische Ergebnisse zur Arbeitszufriedenheit sind uneinheitlich, das Konstrukt hat sich zudem als *methodenlabil* erwiesen. Aussagen zur Arbeitszufriedenheit werden dann als aussagekräftig angesehen, wenn die jeweils verwendeten Bezugssysteme berücksichtigt werden.

- **Belastung und Streß.** Belastung und Streß sind Begleit- bzw. Folgeerscheinungen von Arbeit. Die meisten Forschungsergebnisse beruhen auf Befragungen von Mitarbeitern. Nach Greif (1991) können Auswirkungen in *kurzfristige* und *langfristige* Auswirkungen von Stressoren unterteilt werden. Der Frage, wie Streß entsteht und wie er bewältigt wird, geht man nach, indem man die Zusammenhänge von Verhaltensweisen von Personen und Eigenschaften von Situationen mit dem Erleben von Streß untersucht.

  Im *transaktionalen Streßmodell* wird thematisiert, daß Personen in der »gleichen« Situation unterschiedliche Sichtweisen, Bewältigungsstrategien und -kompetenzen zeigen, die auf die situativen und persönlichen Gegebenheiten zurückwirken und durch die gegenseitige Einwirkung auch verändert werden.

- **Veränderte Arbeitsbedingungen.** Untersucht wird, wie sich veränderte Arbeitsbedingungen auf die Anforderungen an Qualifikationen auswirken. Beispielsweise erfordert die Einführung gruppenorientierter Fertigungssysteme Kooperationsbereitschaft und Kommunikationsfähigkeit. Weiter wird danach gefragt, wie Mitarbeiter die Einführung technischer und organisatorischer Neuerungen erleben. Die Lern- und Umstellungskompetenzen der Menschen dürfen dabei nicht überfordert werden. Es wird daher vorgeschlagen, Neuerungsprozesse mit Stabilisierungsprozessen zu verbinden. Die Einführung *flexibler Arbeitszeiten* kann in zweifacher Hinsicht förderlich sein. Es kann den Unternehmen zur besseren Nutzung ihrer Anlagen verhelfen und die Beschäftigten können ihre Zeit besser einteilen. Aus Untersuchungen (beispielsweise für Pflegekräfte) weiß man, daß mit zunehmender Autonomie zur Arbeitszeitgestaltung psychischer Streß abnimmt und die Arbeitszufriedenheit steigt.

- **Arbeitslosigkeit.** Arbeitslosigkeit hat psychische und soziale Folgen für die Betroffenen und auch für deren Angehörige. Obgleich die gesamtgesellschaftlichen Auswirkungen von Arbeitslosigkeit kontrovers diskutiert werden, besteht Konsens darüber, daß sie bei den meisten Menschen zu einer Verschlechterung ihrer seelischen Gesundheit führen, beispielsweise zu höherer Ängstlichkeit, geringerer Lebenszufriedenheit, zu Niedergeschlagenheit und Depressionen. In der klassischen Studie von 1931 »Die Arbeitslosen von Marienthal« konnte gezeigt werden, daß es einen Zusammenhang gab zwischen den 4 Haltungstypen des Umgangs mit Arbeitslosigkeit (ungebrochene, resignierte, verzweifelte und apathische Familien) und der Höhe der Unterstützung, die in den Familien zur Verfügung stand. Kirchler gibt an, daß Extraversion, emotionale Stabilität, hohe Kontrollüberzeugung und hohe Leistungsmotivation sowie Konzessionsbereitschaft und Flexibilität einer positiven Bewältigung von Arbeitslosigkeit dienlich sein können.

- **Psychologie in Organisationen.** Diskutiert werden unterschiedliche Organisationsstrukturen und Organisationsformen. Untersuchungen in 3 psychiatrischen Krankenhäusern zeigten, daß unterschiedliche Organisationsstrukturen mit deutlichen Differenzen in der Qualität und Quantität der Pflege verbunden sind. Teamorientierte sind gegenüber hierarchischen Organisationsstrukturen überlegen.

- **Teams, Gruppen und Qualitätszirkel.** *Teamarbeit* wird aus humanistischer und ökonomischer Perspektive als sinnvoll erachtet, da verschiedene Arten von Teamarbeitspotentialen genutzt werden können: das Problemlösungspotential, das vor allem auf einer breiteren Erfahrungs-, Informations- und Wissensbasis beruht; das arbeitsorganisatorische Potential, das über eine Stärkung eigener Verantwortlichkeit den Verwaltungsaufwand reduziert; und das Komplexitätsreduktionspotential, das vor allem durch eine breitere Urteilsgrundlage und kürzere Kommunikationswege das Erreichen angestrebter Ziele fördert. Extrinsische bzw. intrinsische Motivation kann sich bei Teamarbeit auf die Anerkennung bzw. finanzielle Belohnung für Teamarbeit, oder auf die kollegiale Zusammenarbeit beziehen. Weiterhin werden *Kommunikationsstrukturen* in Teams und die Gefahren von Teamarbeit, wie Risikoschub und Gruppendenken, untersucht. *Qualitätszirkel* sind kleine Gesprächsgruppen, die der Steigerung der Produktqualität und Produktivität dienen sollen.

- **Mobbing.** In Arbeitsgruppen und Teams können aufgrund unterschiedlicher Interessen Konflikte entstehen. Unter Mobbing versteht man negative kommunikative Handlungen, die gegen eine Person gerichtet sind und die sehr oft über einen längeren Zeitraum vorkommen. Merkmale der Organisation und Gestaltung der Arbeit werden als Kontexte für die Entstehung von Mobbing gesehen. Aber auch alternative Ursachen wie »Personalarbeit mit anderen Mitteln« werden von Experten diskutiert. Als Schutzmaßnahme gegen Mobbing wird Betroffenen geraten, Grenzen zu setzen, sich persönlich zu stabilisieren und auf objektive Veränderungen am Arbeitsplatz hinzuwirken.

- **Personalauswahl.** Ergebnisse der psychologischen Berufseignungsdiagnostik sollen in der Berufsberatung und in der Personalauswahl Anwendung finden. Auswahlverfahren sind *Vorstellungsgespräche* oder *Einstellungsinterviews*, die von potentiellen Bewerbern am meisten geschätzt werden; *Personalfragebogen*, die oft betriebsspezifisch gestaltet sind; *biographische Fragebogen,* in denen nach berufserfolgsrelevanten Abschnitten der Lebensgeschichte gefragt wird; *psychologische Tests*, die individuelle Verhaltensmerkmale messen; *computergestützte Tests* und *computergestützte Simulationen*, wobei es sich meist um herkömmliche, auf den Computer übertragene Tests handelt; *Arbeitsproben* mit Bezug zum Arbeitsfeld sowie das *Assessment Center*, eine multiple Verfahrenstechnik, zu der mehrere eignungsdiagnostische Instrumente oder Aufgaben zusammengestellt werden.

- **Arbeit und Persönlichkeitsentwicklung.** Aus verschiedenen Untersuchungen läßt sich der Schluß ziehen, daß von allen strukturellen Gegebenheiten die Gelegenheit zur *beruflichen Selbstbestimmung* für die Persönlichkeitsentwicklung am wichtigsten

ist. Grote u. Ulich (1993) schlagen vor – sowohl verschiedenen Menschen als auch einzelnen Menschen über die Zeit – Wahlmöglichkeiten zwischen verschiedenen Arbeitsstrukturen vorzugeben, damit individuelle Unterschiede berücksichtigt werden können.

- **Probleme der Karriereentwicklung bei Frauen.** Zusammenfassend kann man sagen, daß Frauen immer noch vergleichsweise selten in Führungspositionen zu finden sind, sei es in Wirtschaft, Wissenschaft, Politik oder Verwaltung. Es werden verschiedene Erklärungsansätze für die Unterschiede in der Karriereentwicklung bei Männern und Frauen vorgeschlagen: die *Humankapitaltheorie*, die *Diskriminierungstheorie* sowie *Theorien zur geschlechtsspezifischen Sozialisation und Orientierung.*

- **Die Arbeitswelt der Zukunft.** Man kann einen pessimistischen oder aber einen optimistischen Blick in die Zukunft wagen. Ständige technologische Neuerungen, vernetzte weltumspannende Informationssysteme machen eine traditionelle Berufsbiographie in Zukunft eher weniger wahrscheinlich. Flexibilität, Team- und Innovationsfähigkeit, Risikobereitschaft und Engagement werden in unterschiedlichsten Arbeitbezügen gefragt sein. Möglicherweise werden sich nicht alle Beschäftigten den Veränderungen anpassen können – das ist der pessimistische Blick. Der optimistische Blick fällt auf die Möglichkeiten, die die Neuerungen für unterschiedlichste Lebensweisen mit sich bringen können – beispielsweise auf neue Strukturierungsmöglichkeiten, die Männer und Frauen gleichermaßen ihre familiären Verpflichtungen erfüllen lassen.

Hinweise zur deutschsprachigen Literatur

Generell sind die Lehrbücher zu empfehlen, die bereits im Kapitel erwähnt worden sind: Das Lehrbuch *Organisationspsychologie* etwa, das H. Schuler 1995 in der zweiten, korrigierten Auflage herausgegeben hat, enthält Artikel zu wichtigen Einzelthemen sowie anschauliche Beispiele. Speziell über Personalauswahl informiert das einführende Lehrbuch des gleichen Autors.

Nicht nur eine differenzierte *Einführung in die Wirtschaftspsychologie* bietet das Buch von Wiswede (1995),

sondern auch eine kritische Auseinandersetzung mit ihren Theorien und Modellen.

Über *Führung von Mitarbeitern* informiert das *Handbuch für erfolgreiches Personalmanagement* in kurzen, prägnanten Artikeln. Darüber hinaus wird der Einstieg in damit zusammenhängende Themen der Personalentwicklung und Organisationsentwicklung ermöglicht, wobei auch gesellschaftliche Rahmenbedingungen berücksichtigt werden. Querverweise erleichtern die Orientierung in dem umfangreichen Werk (v. Rosenstiel et al. 1993).

Ebenfalls um Führung geht es in *Führung durch Motivation* (Comelli u. v. Rosenstiel 1995), einem praxisorientierten Buch, das übersichtlich gestaltet ist und dessen Empfehlungen zur Anwendung motivieren.

Arbeitsmotivation: Entstehung, Wirkung und Förderung von Kleinbeck (1996) bringt eine praxisorientierte Auseinandersetzung mit Arbeitsmotivation. Ausgehend von einer Darstellung der grundlegenden Begriffe wird der Stand der empirischen Forschung über Arbeitsmotivation in ihrem Zusammenhang zu anderen wichtigen arbeitspsychologischen und betriebswirtschaftlichen Parametern wie Mitarbeiteranwesenheit, Arbeitszufriedenheit und Arbeitssicherheit dargestellt. Maßnahmen zur Förderung der Arbeitsmotivation werden dargestellt und kritisch bewertet, wobei das partizipative Produktivitätsmanagement ausführlich behandelt wird.

In der Reihe »Grundlagentexte Soziologie« erschienen, aber auch für Psychologen lesenswert ist das Buch *Arbeit, Beruf und Lebenslauf – Eine Einführung in die berufliche Sozialisation* (W.R. Heinz 1995). Der Autor zieht Theorien und empirische Ergebnisse aus der Sozial-, der Persönlichkeits-, der Arbeits- und Organisationspsychologie heran, um die Sozialisation für und durch den Beruf zu beschreiben und zu erklären. Vor dem Hintergrund des gesellschaftlichen Strukturwandels diskutiert er diese »Bausteine für eine integrative Theorie beruflicher Sozialisation« (S. 13).

Einen Überblick über *Programme, Initiativen, Evaluationen* zur *Bewältigung von Arbeitslosigkeit im sozialen Kontext* bietet das von T. Kieselbach u. A. Wacker (1991) herausgegebene Buch gleichen Titels. Dieser Überblick umfaßt sowohl Programme für unterschiedliche Gruppen von Arbeitslosen, Weiterbildungsmaßnahmen, Beratungskonzepte als auch Stellungnahmen aus bundesdeutschen Organisationen und Gremien sowie aus der Europäischen Gemeinschaft.

Mit *Commitment in Organisationen* setzt sich Moser (1996) kritisch auseinander. Er stellt vor, was alles unter den Begriff fällt, was damit erklärt werden soll – z. B. konsistentes Verhalten –, in welchem Bezug Commitment zu anderen organisationspsychologischen Konzepten steht, wie beispielsweise Arbeitszufriedenheit. Die Diskussion des Stellenwertes von Commitment umfaßt auch die Thematisierung negativer Konsequenzen hohen Commitments.

Wieland-Eckelmann hat 1992 eine umfassende Monographie *Kognition, Emotion und psychische Beanspruchung* vorgelegt. Untersucht wird das Problemfeld psychischer Belastungen und Beanspruchungen bei informationsverarbeitenden Tätigkeiten, d. h. Ausgangspunkte sind die arbeitspsychologische Belastungs-Beanspruchungs-Forschung und die »Mental-workload-Forschung«. Dabei geht es zum einen um die Bedeutung der Emotion bei der Informationsverarbeitung, zum andern um die Integration der Persönlichkeit in ein Modell menschlicher Informationsverarbeitung. Das Buch bietet eine differenzierte Auseinandersetzung mit den vorhandenen Modellen und Methoden. Im empirischen Teil werden die postulierten Modellkomponenten schrittweise am Beispiel computergestützter Tätigkeiten überprüft.

Vom gleichen Autor und seinen Mitarbeitern wurde der Forschungsbericht *Gestaltung beanspruchungsoptimaler Bildschirmarbeit* vorgelegt, der sich der Anwendung widmet: Wie soll ein Computerarbeitsplatz optimal gestaltet werden? Welche Methoden setzen Psychologen ein, um Hinweise und Leitlinien für eine beanspruchungsoptimale Gestaltung von Bildschirmarbeitsplätzen zu gewinnen? Vorgestellt wird der ganzheitliche Ansatz der »Systemergonomischen Beanspruchungs- und Arbeitsanalyse« (SEBA). Dazu gehören die Verfahren »Synthetische Beanspruchungsanalyse«, ein Fragebogen zur Bewertung der Dialogqualität von Softwaresystemen sowie eine Methode zur tätigkeitsbegleitenden Analyse von Mensch-Maschine-Dialogen (Wieland-Eckelmann et al. 1996).

Wer sich intensiver damit auseinandersetzen möchte, wie der Computer von seinen Benutzern erlebt wird, sei auf die Studie von Leithäuser et al. (1995) mit dem Titel *Der alltägliche Zauber einer digitalen Technik* hingewiesen. Tiefenhermeneutische Interpretationen setzen sich u. a. auseinander mit den Herausforderungen an das Selbstwertgefühl, mit Macht- und Ohnmachtsgefühlen, mit Personifizierungen, die die *Wirklichkeitserfahrung im Umgang mit dem Computer* prägen.

Zum Einstieg in die Arbeitspsychologie ist das Buch *Arbeits- und Organisationspsychologie* von Wiendieck (1994) vor allem deshalb zu empfehlen, weil es im Wortsinne anschaulich, d. h. mit zahlreichen prägnanten Abbildungen und Beispielen darstellt, wie psychologische Methoden und Erkenntnisse bei der Gestaltung und Analyse von Arbeitswelten Anwendung finden. »Schlußbemerkungen« fassen die einzelnen Kapitel zusammen und geben Anregungen zur Vertiefung der jeweiligen Inhalte. Übungsaufgaben mit Lösungen und ein Glossar der wichtigsten Begriffe erleichtern das Selbststudium.

Ein grundlegendes Werk, der deutschsprachige »Klassiker« *Allgemeine Arbeitspsychologie: psychische Regulation von Arbeitstätigkeiten* von W. Hacker, das seit fast 25 Jahren immer wieder überarbeitet und aufgelegt wird, ist Ende 1998 in einer weiteren überarbeiteten Auflage erschienen.

Mit *Arbeitslosigkeit und soziale Gerechtigkeit* setzen sich die Beiträge des gleichnamigen Bandes auseinander, den Montada (1994) veröffentlicht hat. Unter Gerechtigkeitsaspekten werden Ungleichheiten auf dem Arbeitsmarkt analysiert, Folgen und Formen der Bewältigung von Arbeitsplatzunsicherheit und Arbeitslosigkeit beschrieben und mögliche Maßnahmen untersucht. Die besonderen Bedingungen und Folgen der Arbeitslosigkeit bei Frauen sind das Thema des von G. Mohr 1993 herausgegebenen Buches *Ausgezählt*.

ÜBUNGSFRAGEN

1 Umschreiben Sie das Aufgabengebiet der Arbeits- und Organisationspsychologie!

1 Arbeitspsychologie kann als Oberbegriff für die Anwendung psychologischer Theorien, Forschungsansätze und Interventionsmethoden in der Arbeitswelt verwendet werden. Sie befaßt sich mit der Anwendung psychologischer Forschungsmethoden (vor allem allgemein- und differentialpsychologischer Herkunft) auf die psychologischen Aspekte der Arbeitstätigkeit, des Arbeitsplatzes und der Umgebung des Arbeitsplatzes. Unter Organisationspsychologie versteht man eher eine Sozialpsychologie des Betriebes. Sie behandelt Probleme betrieblicher und institutioneller Zusammenarbeit. Ähnlich ist manchen Autoren zufolge auch der Ausdruck Betriebspsychologie zu verstehen, als deren Weiterentwicklung die Organisationspsychologie betrachtet werden kann. Die Arbeits- und Organisationspsychologie grenzt an die Wirtschaftspsychologie, die wiederum zwischen Psychologie und Ökonomie eingeordnet werden kann. Von einigen ihrer Vertreter wird Arbeits- und Organisationspsychologie auch als Teilgebiet der Wirtschaftspsychologie betrachtet, zu der außerdem noch ökonomische Psychologie und Marktpsychologie zählen.

2 Was sind Inhaltstheorien der Arbeitsmotivation? Geben Sie ein Beispiel und erläutern Sie Anwendungsmöglichkeiten!

2 Inhaltstheorien machen konkrete Aussagen über wirksame Motive. Sie beschreiben inhaltlich, wodurch eine Person zum Arbeiten bewegt wird.

Das Leistungsmotiv nach Murray bzw. McClelland gehört in diesen Bereich. Man fand 2 Motivtendenzen: Hoffnung auf Erfolg und Furcht vor Mißerfolg. Personen, deren Motiv der Erfolgssuche stärker als das der Mißerfolgsmeidung ist, können in höherem Maße durch Aufgaben mittleren Schwierigkeitsgrades motiviert werden. Personen, bei denen das Motiv der Mißerfolgsmeidung überwiegt, werden von Aufgaben mit sehr niedrigem und mit sehr hohem Schwierigkeitsgrad angezogen. Bei Aufgaben mit sehr niedrigem Schwierigkeitsgrad ist die Wahrscheinlichkeit eines Mißerfolges gering, bei Aufgaben mit sehr hohem Schwierigkeitsgrad können sie einen Mißerfolg auf die Schwierigkeit der Aufgabe zurückführen. Bei Kenntnis der Motivtendenz könnte man mißerfolgsvermeidenden und erfolgsuchenden Personen entsprechende Aufgaben zuweisen. Man könnte die jeweilige Leistungsmotivation durch angemessen herausfordernde Aufgaben fördern und Trainingsprogramme zur leistungsbezogenen Verhaltensmodifikation entwickeln.

Maslows Theorie einer Hierarchie der menschlichen Bedürfnisse ist auch auf die Arbeitsmotivation angewendet worden. Menschen arbeiten zunächst, um die grundlegenden biologischen und sicherheitsbezogenen Bedürfnisse stillen zu können. Ist deren Befriedigung gesichert, arbeiten sie, um soziale Bedürfnisse zu befriedigen, sodann, um Achtung und Wertschätzung zu erlangen. Sind all diese Defizitbedürfnisse erfüllt, so arbeiten Menschen, um ihre Wachstumsbedürfnisse zu befriedigen, um sich selbst zu verwirklichen. Ausgehend von diesem Modell könnte man unterschiedliche Anreizsysteme bei unterschiedlichen Motivkonstellationen einsetzen. Ethisch fragwürdig ist es allerdings, die »höheren« Motive grundsätzlich nur privilegierten Personen zuzuschreiben. Die Stufenabfolge der zu erfüllenden Motive hat sich empirisch nicht bestätigen lassen.

Andere Inhaltstheorien versuchen zu erklären, unter welchen Anreizbedingungen bestimmte Motive angesprochen werden. Die »Zwei-Faktoren-Theorie« nach Herzberg unterscheidet Faktoren, die auf den Inhalt, und Faktoren, die auf den Kontext der Arbeit bezogen sind. Inhaltsfaktoren bzw. »Motivatoren« sind Gelegenheiten, bei der Arbeit selbst eigene Fähigkeiten auszuüben, Verantwortung zu tragen und Anerkennung zu erwerben. Auf den Kontext bezogene »Hygienefaktoren« sind die Bezahlung, die äußeren Arbeitsbedingungen und die sozialen Beziehungen. Die Hygienefaktoren sollen keine Zufriedenheit erzeugen, wenn sie vorhanden sind, wohl aber Unzufriedenheit, wenn sie fehlen. Damit Arbeitszufriedenheit erlebt wird, müssen beide vorhanden sein. Allerdings zeigten empirische Untersuchungen, daß Hygienefaktoren zur Zufriedenheit und (fehlende) Motivatoren zur Unzufriedenheit führen können.

Anreizbedingungen der Arbeitsinhalte sowie »kritische psychische Zustände« des Erlebens der Person thematisiert das Job-Characteristics-Modell nach Hackman u. Oldham. Von den 5 »Kernmerkmalen« der Arbeit führen Variabilität, Ganzheitlichkeit, und Bedeutung zu erlebter Sinnhaftigkeit, Autonomie zu erlebter Verantwortlichkeit und Feedback zur Kenntnis der Ergebnisse der eigenen Aktivität. Erlebte Sinnhaftigkeit, Autonomie und Kenntnis der eigenen Arbeitsergebnisse sind die »kritischen psychischen Zustände«, die sich wiederum (multiplikativ verknüpft) auf die intrinsische Motivation auswirken. Das Motivationspotential von Arbeit zeigte in empirischen Studien Zusammenhänge mit Motivation und Zufriedenheit, aber auch mit Absentismus und Fluktuation. Zusammenhänge mit Leistung waren gering. Unsicher ist, ob die Verknüpfung der Variablen zum Motivationspotential multiplikativ sein muß und wie die »psychischen Zustände« nun genau zwischen Motivation und Leistung vermitteln.

3 Was sind Prozeßmodelle der Arbeitsmotivation? Geben Sie ein Beispiel!

3 Bei Prozeßtheorien geht es darum, wie die Person das erreicht, was ihr aufgrund ihrer Kalkulationen als erstrebenswert erscheint. Prozeßtheorien formulieren abstrakte Prinzipien des Motivationsverlaufs, in deren Mittelpunkt formale Begriffe wie Erwartungen und Generalisierungen stehen.

Der Prototyp ist die Wert-Erwartungs-Theorie von Vroom (1964). Nach dieser Theorie ist Motivation das Produkt von Erwartungen und Werten. Die subjektiven Erwartungen und Bewertungen, aus denen motiviertes Verhalten resultiert, sollen erfaßt werden. »Wert« (»valence«; Valenz, Bewertung) bezieht sich auf die subjektive Bewertung und damit auf die Anziehungskraft der zu erlangenden Belohnung. Die »Instrumentalitätserwartung« (»instrumentality«) ist auf die Wahrscheinlichkeit mittelbarer Folgen gerichtet, die zu der angestrebten Belohnung führen. »Erwartung« (»expectancy«; Ergebniserwartung) bezieht sich darauf, wie die Person die Wahrscheinlichkeit einschätzt, daß infolge ihrer Arbeitsaktivität ein bestimmtes unmittelbares Ergebnis eintritt.

Von Bedeutung sind 2 Wahrscheinlichkeitsbeziehungen: erstens die auf die unmittelbare Ergebniserwartung bezogene Wahrscheinlichkeit (»expectancy« bei Vroom), beispielsweise: »Sorgfältige Arbeit führt zu guter Qualität«; und zweitens die Wahrscheinlichkeit, daß dieses Ergebnis mit weiteren Folgen verbunden ist (»instrumentality« bei Vroom), die Instrumentalitätserwartung, beispielsweise: »Gute Qualität wird durch höhere Bezahlung belohnt«.

Dieses Modell hilft, geplantes und zielorientiertes Handeln zu analysieren, alternative und konkurrierende Valenzen durchzuspielen. Durch planmäßige Beeinflussung bestimmter Erwartungen und deren Verknüpfung mit Valenzen können neue Dimensionen des »management by motivation« erschlossen werden.

4 Vergleichen Sie die Erträge von Inhalts- und Prozeßtheorien!

4 Inhaltstheorien beschreiben, welchen psychologischen Gewinn Menschen von ihrer Arbeit haben. Sie weisen dabei auf die Bedeutung intrinsischer Motivierung durch ganzheitliche und anregende Arbeitsinhalte hin. Eine Einteilung in 2 Faktoren höherer Ordnung (entsprechend Inhalt und Kontext, Hygiene und Motivatoren, latente und manifeste Funktionen, intrinsische und extrinsische Motivation) hat sich zwar in vielen Analysen ergeben. Es ist jedoch nicht gelungen, differenziertere Motive und Bedürfnisse zu bestimmen, die für alle Menschen gleichermaßen handlungsleitend sind. Inhaltstheorien geben außerdem nicht an, welche Mechanismen von bestimmten Bedürfnissen oder Werten zu Handlungen oder zur Befriedigung führen.

Prozeßtheorien hingegen berücksichtigen Verbindungen zwischen Bewertungen und Ergebnissen und lassen Raum für unterschiedliche individuelle Zusammenstellungen von Bewertungen und Ergebnissen. Arbeitende erscheinen als kalkulierende Hedonisten, die nach Abwägung aller Alternativen den Weg des maximalen Vorteils wählen. Die Frage, worin dieser typischerweise besteht, führt dann doch wieder zurück zu den Inhalten. Zur Vorhersage von Verhalten und Leistung bei der Arbeit haben sie sich nicht so gut bewährt.

5 Eine neue Entwicklung stellen handlungsnahe Prozeßtheorien dar. Geben Sie bitte ein Beispiel!

5 Als handlungsnah und prozeßorientiert gilt die Zielsetzungstheorie von Locke u. Latham. Dieser Theorie zufolge führt das Setzen von Zielen zu besseren Leistungen, und zwar umso mehr, je höher und spezifischer die Ziele sind. Zielsetzung wirkt durch 4 Mechanismen: Steuerung der Aufmerksamkeit, Mobilisierung von Energie, Erhöhung der

Ausdauer und Förderung der Entwicklung von Strategien. Diese Theorie gilt für individuelles Handeln als gut bestätigt, weniger hinsichtlich Gruppen oder Organisationen. Insbesondere die Kombination von genau formulierten Zielen, moderater Schwierigkeit und angemessenem Feedback der erbrachten Leistung führt zu besseren Leistungen.

6 Was ist Arbeitszufriedenheit, und wie wird sie erfaßt?

6 Das Konstrukt hat sich als »methodenlabil« erwiesen. Unterschiedliche Frageformulierungen aktivieren unterschiedliche Bezugssysteme. Arbeitszufriedenheit kann in unterschiedliche Teildimensionen zerlegt werden, wie Bezahlung, Führungsstil, vorhandene Aufstiegschancen, Kollegen und Arbeitsklima. Auch kann das Bestreben, kognitive Dissonanz zu reduzieren, dazu führen, daß man sich »zufriedener« darstellt, als aufgrund der Arbeitsbedingungen zu erwarten wäre. Das Modell von Brüggemann unterscheidet deshalb, abhängig von einer differenzierten Motivationsdynamik, »stabilisierte Arbeitszufriedenheit«, »progressive Arbeitszufriedenheit«, »diffuse Unzufriedenheit«, »konstruktive Unzufriedenheit«, »Pseudozufriedenheit«, »fixierte Arbeitsunzufriedenheit« und »resignative Arbeitszufriedenheit«. In Untersuchungen war neben einem Faktor »Allgemeine Zufriedenheit« immer wieder ein Faktor »Resignation« zu finden.

7 Geben Sie eine Definition für »Streß«.

7 Streß ist ein subjektiv intensiv unangenehmer Spannungszustand, der aus der Befürchtung entsteht, daß eine stark aversive, subjektiv zeitlich nahe (oder bereits eingetretene) – und subjektiv lang andauernde Situation sehr wahrscheinlich nicht vollständig kontrollierbar ist, ihre Vermeidung aber subjektiv wichtig erscheint.

8 Skizzieren Sie die veränderten Anforderungen durch neue Technologien, die künftig von Bedeutung sein werden!

8 Neue Technologien und die damit verbundenen Änderungen der Arbeitswelt, beispielsweise flexible Fertigungssysteme, führen dazu, daß sich die notwendigen Qualifikationen verändern. Die manuellen Anforderungen werden geringer, die Anforderungen an kognitive (Fähigkeiten, zu planen und zu disponieren) und soziale Kompetenzen (Kooperationsbereitschaft und Kommunikationsfähigkeit) steigen.

9 Welche Bedingungen unterstützen die Innovationsbereitschaft von Mitarbeitern?

9 In einer Untersuchung in 2 Betrieben aus dem Bereich der Chip-Entwicklung wurde die Innovativität der Mitarbeiter anhand von Anzahl und Art innovativer Ideen sowie Anzahl und Art veröffentlichter und unveröffentlichter Berichte und Arbeitspapiere erfaßt. Als tätigkeitsbezogene Aspekte waren Anforderungswechsel, Wichtigkeit und Autonomie der Arbeit von Bedeutung. Bei den sozialen Aspekten war Kommunikation wichtig, insbesondere die Häufigkeit offizieller Besprechungen sowie die Offenheit der Kommunikation. Bei den organisatorischen Bedingungen korrelierte vor allem die Durchlässigkeit für Informationen mit der Zahl der Innovationsideen.

10 Erläutern Sie die Bedeutung von »Autonomie zur Arbeitszeitgestaltung« und Zeitsouveränität!

10 Untersuchungen weisen darauf hin, daß mit zunehmender »Autonomie zur Arbeitszeitgestaltung« psychischer Streß und Burnout stark abnehmen und die Arbeitszufriedenheit steigt. Wichtig sind dabei die Bedingungen in den jeweiligen Organisationen. Die negativen Auswirkungen flexibler Nicht-Standard-Arbeitszeitpläne (Schichtpläne) auf die Qualität des Familienlebens werden gemildert, wenn ein hohes Maß an »selbstbestimmter Flexibilität« vorliegt. Selbstbestimmte

11 Welche Auswirkungen hat Arbeitslosigkeit?

Flexibilität bzw. Autonomie zur Arbeitszeitgestaltung ist eine wichtige Voraussetzung für die Erfahrung von Zeitsouveränität, d. h. selbstbestimmten Umgang mit Zeit.

11 Die gesamtgesellschaftlichen Auswirkungen der Arbeitslosigkeit, wie Verstärkung von Kriminalisierung insbesondere Jugendlicher, Zunahme von Drogenabhängigkeit, Selbsttötungsversuchen und depressiven Symptomen, Zunahme von Einlieferungen in psychiatrische Kliniken, Zunahme psychosomatischer Erkrankungen (wie Herzkrankheiten, Magengeschwüre, Gelenkrheumatismus), Verschlimmerung einer Vielzahl psychischer Störungen, sind kontrovers diskutiert worden. Die Belege dafür, Makroindikatoren, müssen vorsichtig interpretiert werden. Konsens besteht über eines: Arbeitslosigkeit führt bei den meisten Menschen zu einer Verschlechterung ihrer seelischen Gesundheit, von der sie sich nach dem Wiedereintritt ins Arbeitsleben wahrscheinlich wieder erholen. Bei Arbeitslosen treten höhere Ängstlichkeit, geringere Lebenszufriedenheit, Konzentrationsschwächen, Niedergeschlagenheit und Depressionen auf.

12 Was ist eine Organisation?

12 Eine Organisation ist ein strukturiertes, zielorientiertes, überdauerndes soziales Gebilde, das bestimmte Ziele verfolgt. Organisationspsychologische Aktivitäten finden überwiegend in Wirtschaftsunternehmen statt, häufig in großen Industriebetrieben und Dienstleistungsunternehmen, seltener in kleineren Betrieben. Zum Gegenstandsbereich der Organisationspsychologie gehören aber auch öffentliche Verwaltungen, Schulen, Universitäten, Verbände, Kirchen, Krankenhäuser, Armeen und Freizeitorganisationen.

13 Was versteht man unter Organisationsstruktur? Welche Organisationsformen kann man unterscheiden?

13 Die formale Organisationsstruktur besteht aus der Gesamtheit aller formalen Regelungen zur Arbeitsteilung und zur Koordination von Leistung und Verhalten der Organisationsmitglieder. Zur Organisationsstruktur gehört auch die Konfiguration, die das äußere Stellengefüge beschreibt. Diese wird gemessen durch die Gliederungstiefe (Anzahl hierarchischer Ebenen) oder die Leitungsspanne (Anzahl der Stellen, die den Führungspersonen direkt unterstellt sind). Bei den Organisationsformen unterscheidet man Einlinien- und Mehrliniensysteme. Beim Einliniensystem empfängt eine untergeordnete Stelle nur von einer übergeordneten Stelle Weisungen und ist nur dieser verantwortlich. Dies gilt für Gliederungen nach Funktion (funktionale Struktur) oder nach Sparte (divisionale Struktur). Beim Mehrliniensystem gibt es ein doppeltes Unterstellungsverhältnis nach Funktion und Sparte (Matrixorganisation). Im Mehrliniensystem sind die Informations- und Abstimmungswege kürzer. Als Nachteil gilt die fehlende Gesamtverantwortung.

14 Was ist ein Team, und unter welchen Bedingungen ist Teamarbeit erfolgreich?

14 Ein Team verfügt über inneren Zusammenhalt und Engagement für die Teamleistungsziele, eine gemeinsame Aufgabenorientierung und einen spezifischen Existenzzweck. Es arbeitet gemeinsam und kontrolliert den Arbeitsablauf gemeinsam. Die Trennung zwischen denjenigen, die denken und entscheiden und denen, die arbeiten und ausführen, ist dank ganzheitlichen Arbeitszuschnitten und Mechanismen der kollektiven Selbstregulation aufgehoben. Es gibt ein gleichberechtigtes

Nebeneinander von individueller und wechselseitiger Verantwortung. So werden Synergien erschlossen, d. h. das Team schafft etwas, was über die Summe der Beiträge der einzelnen Mitglieder hinausgeht.

15 Was sind Qualitätszirkel? Wie werden sie eingeschätzt?

15 Qualitätszirkel wurden ursprünglich definiert als Gesprächsgruppen mit weniger als 10 Teilnehmern, die arbeitsbezogene Themen untersuchen. Sie sollen der Steigerung der Produktqualität und Produktivität dienen, sowie zur Verbesserung der Arbeitszufriedenheit, der Zusammenarbeit und der Qualifikation beitragen. Befragungen zeigten weitgehend positive Einschätzungen von Beteiligten aller Hierarchieebenen (Koordinatoren, Abteilungsleiter, Meister und Mitarbeiter). Als Konfliktfelder erwiesen sich in einigen Studien ungenügende Unterstützung durch das mittlere Management sowie zu hohe Erwartungen seitens der Mitarbeiter und der Vorgesetzten. Kritisiert wird die zu lange Umsetzungsdauer von Vorschlägen sowie fehlende Zeit für die Durchführung der Qualitätszirkel.

16 Was bedeutet »Führung« in der Arbeits- und Organisationspsychologie?

16 Führung ist aus organisationspsychologischer Sicht unmittelbare, absichtliche und zielbezogene Einflußnahme durch Inhaber von Vorgesetztenpositionen auf Unterstellte mit Hilfe der Kommunikationsmittel. Heute wird anerkannt, daß es sich bei Führung um ein Interaktionsphänomen, ein Gruppenphänomen sozialer Beeinflussung handelt. Man hat lange nach den Eigenschaften gesucht, die erfolgreiche Führer ausmachen und konnte – wenngleich geringe – Korrelationen zu vielen Eigenschaften wie Intelligenz, Aufstiegswille und Dominanz nachweisen. Wie diese Zusammenhänge zustande kommen, ist jedoch unklar. Versuche, Führungsstile wie beispielsweise den autoritären, den demokratischen und den Laissez-faire-Stil miteinander zu vergleichen, leiden an unrealistisch starren Versuchsbedingungen, die ein geschicktes (im Sinne von flexiblem) Führungsverhalten ausschließen. Bewertungen des Führungsverhaltens durch die davon betroffenen Mitarbeiter erbrachten relativ zuverlässig 2 Faktoren von »guter« Führung: Consideration (Mitarbeiterorientierung) und Initating structure (Sicherung der Zielerreichung).

Im Kontingenzmodell von Fiedler wird die Motivation des Vorgesetzten zwischen den Polen Mitarbeiterorientiertheit und Aufgabenorientiertheit angesiedelt. Die Führungssituationen werden bestimmt durch die Beziehungen zwischen Führungsperson und Gruppe, durch die Aufgabenstruktur und durch die Positionsmacht. In sehr günstigen (gute Beziehungen, klare Struktur, große Macht) Führungssituationen und in sehr ungünstigen Führungssituationen (negative Ausprägung der Parameter) ist nach Fiedler ein aufgabenorientierter, in mittleren Situationen ein mitarbeiterorientierter Vorgesetzter erfolgreich. Fiedler folgert, daß Führungspersonen entsprechend ihren Orientierungen plaziert werden sollten. Sein Ansatz ist heftig kritisiert worden. Unter anderem wurde das von ihm verwendete LPC-Maß (das die Mitarbeiterorientierung des Führers über seine Einstellung zu seinem am wenigsten geschätzten Mitarbeiter mißt) als Indikator einer überdauernden Orientierung als weder hinreichend begründet noch empirisch abgesichert kritisiert.

17 Von »Mobbing« am Arbeitsplatz ist derzeit viel die Rede.
Was versteht man darunter?

17 Leymann, der den Begriff geprägt hat, definiert ihn so: Mobbing beschreibt negative kommunikative Handlungen, die gegen eine Person
gerichtet sind (von einer oder mehreren anderen) und die sehr oft
und über einen längeren Zeitraum vorkommen und damit die Beziehung zwischen Täter und Opfer kennzeichnen. Mobbing ist dann gegeben, wenn eine oder mehrere von 45 genau beschriebenen Handlungen über ein halbes Jahr oder länger mindestens einmal pro Woche
vorkommen. Die 45 Handlungen bestehen aus Angriffen auf die Möglichkeiten, sich mitzuteilen, Angriffen auf die sozialen Beziehungen,
Auswirkungen auf das soziale Ansehen, Angriffen auf die Qualität
der Berufs- und Lebenssituation und Angriffen auf die Gesundheit.
Leymann sieht die Ursachen für die Entwicklung von Mobbing in der
Art der Organisation, Gestaltung und Leitung der Arbeit und ihrer
Wirkung auf Arbeitsgruppen. Andere Experten thematisieren andere
Ursachen: Als »Personalarbeit mit anderen Mitteln« kann Mobbing
eingesetzt werden, um Mitarbeitern die Kündigung nahzulegen. Die
Persönlichkeit bietet möglicherweise »viktimologische Anreize« wie
Leistungsprobleme, Persönlichkeitsstörungen, soziale Anpassungs-
probleme, Auffälligkeiten der äußeren Erscheinung oder Krankheiten.
Allerdings ist bei diagnostizierten Auffälligkeiten von Mobbingopfern
nicht klar, ob »querulatorisches Verhalten« oder »ängstliche Persönlichkeitsstörung« Mobbingursache oder -folge sind.

18 Welche diagnostischen Verfahren werden häufig bei der Personalauswahl eingesetzt? Nennen und bewerten Sie ge-
bräuchliche Verfahren!

18 Dazu kann man auch die üblichen Bewerbungsunterlagen zählen. Die
valideste Komponente stellen die Schul- und Examensnoten dar. Am
besten eignen sie sich zur Vorhersage weiterer Ausbildungsleistungen.
Das Einstellungsgespräch hat keine hohe Vorhersagevalidität, ist aber
aufgrund anderer Funktionen (Kontaktaufnahme, Informationsaus-
tausch) wichtig.
Bessere Voraussagen ermöglichen strukturierte Interviews, die mehrere Frageprinzipien kombinieren, beispielsweise das multimodale
Einstellungsinterview von Schuler, das folgendermaßen aufgebaut
ist: Nach einer informellen Unterhaltung stellt sich der Bewerber
vor. In einem freien Gespräch knüpft der Interviewer an die Selbstvorstellung und die ihm vorliegenden Unterlagen an. Biographiebezogene
Fragen zielen auf möglichst konkrete Informationen über anforderungsrelevante Verhaltensweisen des Bewerber in der Vergangenheit.
Der Interviewer gibt Informationen über den Arbeitsplatz und das
Unternehmen und leitet damit zu den situativen Fragen über. Diese
können als »mentale Tätigkeitssimulation« angesehen werden, denn
der Bewerber wird gefragt, was er in einer geschilderten »kritischen
Situation« machen würde. Abschließend geht der Interviewer auf Fragen des Bewerbers ein, der Gesprächsverlauf kann zusammengefaßt
und weitere Vereinbarungen können getroffen werden.
Personalfragebogen sind wichtig, weil sie die Fragen enthalten, die für
den potentiellen Arbeitgeber einstellungsrelevant sind. Zudem können sie als Grundlage der Personalplanung genutzt werden.
Biographische Fragebogen erkunden berufserfolgsrelevante Abschnitte der Lebensgeschichte. Die Fragen sind konkret und erfahrungsbe-

zogen formuliert. Biographische Fragebogen werden stark auf die jeweilige Stichprobe von Bewerbern und das jeweils verwendete Außenkriterium bezogen erstellt. Ihre Generalisierbarkeit ist eingeschränkt. Die Vorhersagevalidität für wissenschaftliche Leistungen hat sich als gut erwiesen. Die starke Bindung an Stichprobe und Kriterium erfordert, daß das Verfahren bei längerer Verwendungsdauer hinsichtlich seiner psychometrischen Eigenschaften überprüft wird.

Zu den psychologischen Tests, die in der Berufseignungsdiagnostik eingesetzt werden, gehören vor allem Tests, die die allgemeine Intelligenz oder spezifische Komponenten oder Faktoren (Gedächtnis, räumliches Vorstellungsvermögen) der Intelligenz erfassen, Leistungstests, die Aufmerksamkeit und Konzentration prüfen, Tests für sensorische und motorische Funktionen sowie Tests für spezielle Leistungen, wie beispielsweise technisches Verständnis. Darüber hinaus werden Persönlichkeitstests eingesetzt. Insbesondere Verfahren zur Messung kognitiver Fähigkeiten haben sich als valide erwiesen, wobei sich Ausbildungsleistungen besser vorhersagen lassen als andere berufliche Leistungen.

Verwandt mit Tests sind Arbeitsproben, d. h. standardisierte Aufgaben, die inhaltlich valide und erkennbar äquivalente Stichproben des erfolgsrelevanten beruflichen Verhaltens hervorbringen. Die Validität ist relativ hoch, ebenso – wohl aufgrund der hohen Augenscheinvalidität – die Akzeptanz. Allerdings erfordern sie einen hohen Konstruktionsaufwand, die Zahl der Items ist oft geringer als bei Tests im herkömmlichen Sinn, die Generalisierbarkeit möglicherweise geringer als die von Fähigkeitstests. Auch muß mit einer Verminderung der Validitätskoeffizienten im zeitlichen Verlauf gerechnet werden.

Das Assessment Center ist eine multiple Verfahrenstechnik, zu der mehrere eignungsdiagnostische Instrumente oder leistungsrelevante Aufgaben zusammengestellt werden. 6–12 Personen nehmen gleichzeitig als zu Beurteilende teil. Sie werden von mehreren unabhängigen Beurteilern (typischerweise 2 Hierarchieebenen über der Zielebene) eingeschätzt. Die Validität ist abhängig von der Verfahrensvielfalt und der Sorgfalt der Durchführung, wird aber als befriedigend bis gut eingeschätzt.

19 Welche Erkenntnisse hat die Untersuchung des Zusammenhangs von Persönlichkeitsentwicklung und beruflicher Arbeit erbracht?

19 Zunächst die Erkenntnis, daß Persönlichkeitsentwicklung und berufliche Biographie in einem wechselseitigen Verhältnis stehen. Sozialisations- und Selektionseffekte verstärken sich gegenseitig. In mehreren Studien wurde der förderliche Einfluß motivierender, abwechslungsreicher, herausfordernder und ganzheitlicher Arbeit auf die Persönlichkeitsentwicklung nachgewiesen.

20 Statistiken zeigen immer wieder: Die Gleichberechtigung der Frau hat kaum Niederschlag im beruflichen Fortkommen der Frauen gefunden. Welche Erklärungen gibt es dafür?

20 Die Humankapitaltheorie behauptet, Menschen würden mit ihren gegenwärtigen Positionen für die Investitionen belohnt, die sie in der Vergangenheit für Beruf und Ausbildung geleistet hätten. Demnach wären Frauen weniger häufig in gehobenen Positionen zu finden, weil sie nicht genug dafür investiert hätten. Studien aus den Vereinigten Staaten zeigen allerdings, daß Investitionen im Falle weißer Männer bessere Resultate erbringen als bei Frauen und Minderheiten. Folglich reicht diese Erklärung nicht aus.

Die Diskriminierungstheorie thematisiert die strukturelle Benachteiligung von Frauen auf dem Arbeitsmarkt sowie Vorurteile, die Frauen entgegengebracht werden und die ihr Fortkommen behindern.

Theorien der geschlechtsspezifischen Sozialisation und Orientierung konzentrieren sich auf die psychologischen Aspekte der Probleme der Frauen im Arbeitsleben. Ein komplexes »Karrierehindernis« wird in der »doppelten Vergesellschaftung« von Frauen gesehen. Einerseits wird die unabhängige erwerbstätige Frau zum Leitbild. Andererseits weist die Gesellschaft Familienaufgaben, insbesondere die der Kindererziehung, weiterhin den Frauen zu – und die einzelnen Frauen übernehmen die Verantwortung für diesen Bereich. Einer doppelten Vergesellschaftung entspricht eine doppelte Sozialisation von Frauen. Frauen werden sowohl auf reproduktive Arbeit im privaten Bereich wie auch auf Anforderungen der Erwerbswelt vorbereitet und sind später – mehr als Männer – mit der Frage der Vereinbarkeit von Beruf und Familie konfrontiert. Neuere Untersuchungen zeigen, daß zahlreiche Frauen mehrfach zwischen der beruflichen und der familiären Phase wechseln. Dies wirkt sich ungünstig auf Frauenkarrieren aus.

Glossar

Abhängige Variablen: Verhaltensmerkmale, von denen man bei der Planung einer Untersuchung annimmt, daß sie von Veränderungen bestimmter Bedingungen (unabhängige Variablen) beeinflußt werden.

Abhängigkeit: Gewöhnung des Körpers an den Konsum von psychoaktiven Drogen, teilweise wegen der Erschöpfung der Neurotransmitter aufgrund des häufigen Vorhandenseins der Droge.

ABO-Psychologie (Arbeits-, Betriebs- und Organisationspsychologie): Relativ neues Gebiet der Psychologie (Prüfungsfach im Hauptdiplom), das die traditionellen Teildisziplinen der Arbeitspsychologie, der Betriebspsychologie und der Organisationspsychologie zusammenfaßt.

Abruf (»retrieval«): Prozeß im Gedächtnis: Wiederauffinden der gespeicherten Information zu einem späteren Zeitpunkt.

Abrufhilfen (»retrieval cues«): Reize (Informationen), die benutzt werden, um den Prozeß des Abrufens gespeicherter Information aus dem Gedächtnis zu erleichtern. Sie können extern bereitgestellt oder von der Person selbst generiert werden.

Absolute Schwelle: Minimalbetrag physikalischer Energie, der gebraucht wird, damit zuverlässig eine Sinnesempfindung zustande kommt.

Abtasten (»scanning«): Von S. Sternberg identifizierte Strategie des Abrufs aus dem Kurzzeitgedächtnis, die in einem vollständigen seriellen Absuchen des Gedächtnismaterials besteht.

Abwehrmechanismen: Wichtiges Konzept, das aus der Psychoanalyse stammt: Psychische Strategien, die das Ich einsetzt, um Konflikte abzuwehren. Beispiel: Verdrängung.

Abwertungsprinzip: Prinzip der Kausalattribution: Mit der Zunahme der Zahl möglicher Ursachen für ein Ereignis wird die Rolle der einzelnen Ursachen abgewertet.

Affektive Störungen: Psychische Störungen, bei denen die Betroffenen entweder übermäßig niedergeschlagen (depressiv) oder übermäßig euphorisch (manisch) oder beides abwechselnd sind, ohne daß eine organische Ursache vorläge.

Aggression: Eine Handlung, die mit der Absicht ausgeführt wird, eine andere Person psychisch oder physisch zu schädigen. Dagegen ist Aggressivität ein Persönlichkeitsmerkmal und bezeichnet die Neigung oder Wahrscheinlichkeit, in bestimmten Situationen oder generell aggressiv zu reagieren.

Akkommodation: Veränderung (kognitiver) Schemata, um sie aufzunehmender Information anzupassen oder Widersprüche zu anderen Schemata oder der kognitiven Gesamtstruktur zu lösen. Zentrales Konzept der Theorie Piagets.

Akteur-Beobachter-Verzerrung: Bei der Kausalattribution auftretende Tendenz: Während der Handelnde (Akteur) seine Handlung im allgemeinen externalen Ursachen zuschreibt, attribuiert ein Beobachter dieselbe Handlung eher internalen Faktoren.

Aktionspotential: Elektrisches Potential, auf dem die Signalleitung im Nervensystem beruht. Es entsteht, wenn die Zellmembran »depolarisiert« wird.

Algorithmus: Vorgehensweise beim Problemlösen: Methodisches, schrittweises Verfahren, das garantiert, daß irgendwann die Lösung gefunden wird (sofern es überhaupt eine gibt).

Allgemeines Adaptationssyndrom (AAS): Von H. Selye beschriebenes typisches Muster unspezifischer physiologischer Anpassungsreaktionen auf fortgesetzte Bedrohung durch fast jeden ernstzunehmenden Stressor. Es ist gekennzeichnet durch drei Phasen: Alarmreaktion – Phase der Resistenz – Phase der Erschöpfung.

Altruismus: Tendenz, das Wohlergehen, die Interessen und das Überleben anderer über das Eigenwohl, das Selbstinteresse und das eigene Überleben zu stellen.

Ammensprache: s. Babysprache.

Anale Phase: Stufe der psychosexuellen Entwicklung nach Freud (etwa ab 2 Jahren). Die Befriedigung wird zuerst durch das Ausscheiden und dann durch das Zurückhalten der Exkremente erlangt.

Angst: 1) Allgemein: Begriff für komplexe emotionale Zustände, die von Gefühlen der Furcht und des Schreckens begleitet werden: 2) Nach S. Freud eine intensive emotionale Reaktion, die durch die vorbewußte Wahrnehmung eines Konfliktes entsteht, der ins Bewußtsein aufzusteigen droht – in diesem Sinne ist A. ein Warnsignal.

Angststörungen: Psychische Störungen, bei denen Angst die dominierende Rolle spielt. Alle A. sind gekennzeichnet durch physiologische Erregung, Gefühle der Spannung und Besorgnis ohne Grund (frei flottierende Angst).

Anorexia nervosa (Magersucht): Eßstörung, bei der die Betroffenen (häufig Mädchen beim Eintritt in die Pubertät) sich selbst wie unter Zwang aushungern.

Anreiz (»incentive«): Äußerer Reiz, der als antizipierte Belohnung wirkt und folglich die Aktivierung und Intensivierung des Verhaltens schon vor der Zielerreichung erklären kann.

Anterograde Amnesie: Verlust der Fähigkeit, neue Erinnerungen zu bilden.

Antworttendenz (»response bias«): 1) In der Psychophysik: Systematische Tendenz eines Teilnehmers an einer psychophysischen Untersuchung, aus Gründen, die mit der Sinnesempfindung nicht zu tun haben, in bestimmter Weise zu antworten. 2) Bei der Beantwortung von Fragebögen: Verfälschung, die z.B. durch absichtliche Verstellung oder die Absicht, im Sinne der sozialen Erwünschtheit zu antworten, zustande kommt.

Appetitives Konditionieren: Lernen nach dem Prinzip der klassischen Konditionierung, wobei der unkonditionierte Reiz für den Organismus einen positiven Wert hat.

Äquilibrationsprinzip: Prinzip zur Erklärung der kognitiven Entwicklung im Rahmen der Theorie Piagets. Entwicklung wird als fort-laufende Folge von Gleichgewichts- und Ungleichgewichtszuständen aufgefaßt, wobei das Ungleichgewicht vom Gleichgewicht auf einem höheren Niveau abgelöst wird.

Arbeitsmotivation: Theorien und Untersuchungen zur Arbeitsmotivation erforschen die Vielzahl von unterschiedlichen Beweggründen dafür, warum Menschen arbeiten und warum sie das mit unterschiedlichem Engagement tun. Bei Inhaltstheorien der Arbeitsmotivation stehen Bedürfnisse, Anreize und Motive im Vordergrund, bei den Prozeßtheorien dagegen Erwartungen, Ziele und kognitive Bewertungen.

Arbeitspsychologie: Jenes Gebiet der Psychologie, welches sich mit der Anwendung psychologischer Theorien, Forschungsansätze und Interventionsmethoden in der Arbeitswelt befaßt.

Archetyp: Primitive symbolische Repräsentation einer bestimmten Erfahrung oder eines bestimmten Objektes (nach C.G.Jung). Sie ist kollektiv ererbt und deshalb allen Menschen gemeinsam.

Assessment-Center: Spezielles Verfahren im Rahmen der Eignungsdiagnostik. Dabei werden mehrere eignungsdiagnostische Instrumente oder leistungsrelevante Aufgaben zusammengestellt. Es wird sowohl zur Auswahl neuer Mitarbeiter als auch zur Beurteilung und Förderung von Mitarbeitern in Unternehmen eingesetzt.

Assimilation: Aufnahme und Einfügung von Information in vorhandene Schemata, wobei die Information an die Schemata angepaßt wird. Zentrales Konzept der Theorie Piagets.

Assoziative Konditionierung (sensorische Präkonditionierung): Herstellung einer Assoziation zwischen den sensorischen Qualitäten von zwei gleichzeitig dargebotenen Reizen, bevor einer von ihnen zusammen mit einem unkonditionierten Reiz auftritt.

Ätiologie: Ursachen einer Störung oder Faktoren, die mit der Entstehung der Störung zusammenhängen.

Attributionsstil: Konsistentes individuelles Muster der Zuschreibung (Attribution) von Ursachen und Gründen für Ereignisse und Erfahrungen.

Attributionstheorie: Ziel der A. ist die Identifikation der Regeln, an denen sich Menschen orientieren, wenn sie nach Ursachen oder Gründen für Handlungen oder Ereignisse suchen.

Aufwertungsprinzip: Prinzip der Kausalattribution: Wenn ein Ereignis trotz widriger Faktoren auftritt, werden die Ursachefaktoren als besonders stark angesehen.

Autonomes Nervensystem: Jener Teil des peripheren Nervensystems, der nicht der willentlichen Kontrolle unterliegt.

Autoritative Erziehung: Bei der autoritativen Erziehung stellen Eltern zwar klare Anforderungen an die Kinder und verlangen die Einhaltung von Regeln, aber sie akzeptieren die Kinder zugleich als ernstzunehmende Gesprächspartner, etwa durch Begründung der Regeln. Im autoritativen Erziehungsstil verbinden sich die Erziehungsdimensionen der Zuwendung/Wärme und Lenkung/Strukturierung

Aversionstherapie: Einsatz der Prinzipien des aversiven Konditionierens in der Verhaltenstherapie.

Aversive Konditionierung: Lernen nach dem Prinzip der klassischen Konditionierung, wobei der unkonditionierte Reiz für den Organismus eine negative Valenz hat und den er deshalb zu meiden versucht.

Axon: Teil des Neurons (Nervenzelle). Es ist der Hauptfortsatz des Zellkörpers und dient der Weiterleitung der Signale vom Zellkörper zu den Endknöpfchen.

Babysprache (»baby talk«): Spezifische Sprache und Sprechweise in der Interaktion mit Säuglingen. Kennzeichen sind u.a. eine hohe, »affektierte« Intonation, häufige Wiederholungen und kurze Sätze.

Basiskategorie (»basic level«): Besonders herausgehobene Ebene der Repräsentation in Begriffshierarchien. Basiskategorien werden z.B. am schnellsten aus dem Gedächtnis abgerufen und bei der Lösung von Beurteilungsaufgaben am effizientesten genutzt.

Bedürfnishierarchie: Zentrales Konzept in der Motivationstheorie A. Maslows. Maslow nimmt an, daß die Handlungen des Menschen von einer Hierarchie angeborener Bedürfnisse gesteuert werden.

Begriff (Konzept): Kognitive Struktur, die einen ausgewählten Wirklichkeitsbereich (z.B. Gegenstände, Eigenschaften, Abstraktionen) repräsentiert. Begriffe stellen die grundlegenden Strukturen des Erkennens und Wissens dar.

Behaviorismus: Das die amerikanische Psychologie in der ersten Hälfte dieses Jahrhunderts dominierende theoretische System, das die Aufgabe der Psychologie weitgehend auf die Analyse unmittelbar beobachtbarer Reiz-Reaktions-Zusammenhänge reduzierte. Der Behaviorismus plädierte dafür, die Methoden und die Methodenkriterien der Naturwissenschaften auf die Psychologie anzuwenden.

Beobachtungslernen (Imitationslernen; Lernen durch Nachahmung): Von A. Bandura aufgedecktes Lernprinzip, bei dem eine Person Beobachtungen des Verhaltens und der Verhaltenskonsequenzen bei einer anderen Person nutzt, um später ihr eigenes Verhalten zu ändern (erweitern).

Beruhigungsmittel (Sedativa): Psychoaktive Drogen, die die geistige und körperliche Aktivität dämpfen, indem sie die Übertragung von Nervensignalen im zentralen Nervensystem blockieren oder einschränken. Dazu gehören Alkohol, Barbiturate und Opiate.

Bestrafung: Verabreichung eines aversiven Reizes nach einer Reaktion des Organismus. B. führt zu Verringerung der Auftretenswahrscheinlichkeit des Verhaltens.

Bewältigung (»coping«): Versuch, den Anforderungen der Umwelt so zu begegnen, daß negative Konsequenzen vermieden werden. Es werden zwei Typen von Bewältigungsstrategien – problemzentrierte vs. emotionszentrierte Bewältigung – unterschieden.

Bewußtsein: Allgemeiner Begriff für Bewußtheit. B. beinhaltet den »Strom der unmittelbaren Erfahrung«, der sich aus unseren Wahrnehmungen, Gedanken, Gefühlen und Wünschen ergibt. Neben der Bewußtheit für bestimmte Inhalte schließt B. aber auch den Zustand der Bewußtheit ein.

Bezugsgruppe: Formelle oder informelle Gruppe, welcher das Individuum Einstellungen und Maßstäbe akzeptablen und angemessenen Verhaltens entnimmt und auf welche es bei seiner Informationssuche, Lebensorientierung und Unterstützung seines Lebensstils Bezug nimmt.

Bildliches Vorstellen (Vorstellungsbild; »visual imagery«): Aktualisierung zuvor wahrgenommener oder im Gedächtnis gespeicherter Information, die als »geistiges Bild« erlebt wird. Nach Kosslyn und Paivio ermöglichen Vorstellungsbilder visuelles Denken, welches sich vom verbalen Denken grundlegend unterscheidet.

Bindung: Enge emotionale Beziehung zwischen dem Kind und einer (oder mehreren) wichtigen Bezugsperson(en). Sie entsteht im Laufe der ersten Lebensjahre und zeigt sich im Bindungsverhalten (z. B. Nähesuchen).

Biofeedback: Verfahren, bei dem die Person Kontrolle über nicht bewußte Körperfunktionen erlangen kann. Grundlage ist das Lernprinzip der operanten Konditionierung.

Biologische Einschränkung (»constraint«) des Lernens: Jede Begrenzung der Lernkapazität eines Organismus, die durch die ererbten, artspezifischen Kompetenzen und Verhaltenstendenzen verursacht wird.

Biologische Psychologie (Biopsychologie): Teildisziplin der Psychologie, die die Wechselwirkung zwischen den biologischen Prozessen im Gesamtorganismus und den psychologischen Vorgängen und Strukturen untersucht.

Biopsychologie: s. Biologische Psychologie.

Blockierung: Ein neutraler Reiz wird im Paradigma der klassischen Konditionierung deshalb nicht zum konditionierten Reiz, weil er zusammen mit einem bereits konditionierten Reiz dargeboten wird.

Blut-Hirn-Schranke: Fetthaltige Schutzschicht aus speziellen Gliazellen (Astrozyten), die verhindert, daß giftige Substanzen im Blutkreislauf die Nervenzellen erreichen können.

Bottom-up-Prozesse (datengeleitete Prozesse): In der modernen Kognitionspsychologie gebräuchlicher Begriff für die Prozesse der Aufnahme und Organisation von Informationen, wenn angenommen wird, daß sie von den »Rohdaten« der direkten Erfahrung geleitet werden.

Bulimie: Eßstörung mit wiederkehrenden Phasen von »Freßanfällen«, gefolgt von Versuchen, das Essen durch erzwungenes Erbrechen, Mißbrauch von Medikamenten etc. wieder loszuwerden.

Burnout-Syndrom: Verhaltensmuster, das u. a. gekennzeichnet ist durch emotionale Erschöpfung, Depersonalisierung und Einschränkung der persönlichen Anliegen. Es zeigt sich bei Angehörigen sozialer Berufe als Reaktion auf massive emotionale Belastung im Umgang mit Schmerz, Krankheit und Tod.

Cerebellum (Kleinhirn): Teil des Stammhirnes. Es hat die Aufgabe, die Körperbewegungen zu koordinieren, die Körperhaltung zu kontrollieren und das Gleichgewicht zu erhalten.

Cerebrum (Großhirn): Die stammesgeschichtlich jüngste und beim Menschen umfangreichste Gehirnstruktur (zwei Drittel der gesamten Hirnmasse). Diese Gehirnmasse besteht aus neuralen Netzen, Axonbündeln und Gliazellen. Das Cerebrum ist in zwei Hemisphären angeordnet.

Chaining (Kettenbildung): Prinzip des operanten Lernens, bei dem das zu erwerbende Verhalten sich aus einer Kette von Einzelreaktionen zusammensetzt. Nur die letzte Reaktion erhält eine primäre Verstärkung; alle anderen werden nach dem Prinzip der konditionierten Verstärkung erworben, wobei jede Reaktion als sekundärer Verstärker der vorhergehenden dient.

Chromosomen: Doppelstränge der DNA (Desoxyribonukleinsäure) in den Zellkernen. Sie sind die Träger der Erbinformation; ihre Zahl und Form bleibt für jede Art gleich.

Chunking: Strategie zur Erweiterung der Speicherleistung des Gedächtnisses. Als chunk wird die bedeutungstragende Informationseinheit bezeichnet. Chunking ist der Prozeß der Zusammenfassung (Rekodierung) von Einzelinformationen zu umfassenderen chunks, wodurch die Menge der speicherbaren Information entscheidend erweitert werden kann.

Circadianer Rhythmus: Konsistentes Muster zyklischer Körperaktivitäten, das sich über 24 Stunden erstreckt.

Compliance (»social compliance«; Einwilligung): Bereitschaft, in die Vorschläge, Bitten oder Forderungen anderer Personen einzuwilligen.

Corpus callosum (Balken): Verbindung zwischen den beiden Hälften (zerebralen Hemisphären) des Großhirns, bestehend aus einem Axonbündel.

Cortex (Hirnrinde): Äußere Schicht des Großhirns (Cerebrum), bestehend aus den Zellkörpern und myelinlosen Fasern von Milliarden von Neuronen. Es handelt sich um die höchste neurale Integrationsebene. Bestimmte psychische Funktionen (Wahrnehmung, Sprache, Denken) lassen sich speziellen Arealen der Hirnrinde zuordnen.

Darstellungsregeln (»display rules«): Kulturell oder individuell geltende Normen, die die Bedingungen festlegen, unter denen die Äußerung bestimmter Gefühle sozial angemessen ist.

Dehumanisierung: Verneinung menschlicher Qualitäten bei anderen Menschen. D. führt dazu, daß andere Menschen als »Untermenschen« wahrgenommen und inhuman behandelt werden.

Deindividuation: Zustand und Prozeß, die der Individuation entgegengesetzt sind. Es kommt zu einer Reduzierung der Selbstaufmerksamkeit und Selbstidentifizierbarkeit; in deren Folge können Handlungen freigesetzt werden, die normalerweise unterdrückt werden (z. B. aggressives Verhalten).

Delta-Schlaf: Schlafphase, in der das EEG-Muster langsam und regelmäßig verläuft.

Depression (depressive Störung; Major Depression): Wichtige affektive Störung, die durch Veränderungen der Stimmung, des Denkens, der Motivation und durch körperliche Symptome gekennzeichnet ist.

Deskriptive Statistik (beschreibende Statistik): Verfahren der deskriptiven Statistik werden bei der Auswertung psychologischer Erhebungen herangezogen. Sie ermöglichen die prägnante Beschreibung und Zusammenfassung von Daten.

Dezentrierung (Dezentration): Nach Piaget ist die Fähigkeit zur Dezentrierung ein wichtiger Erwerb der kognitiven Entwicklung. Während sich das zentrierte Denken auf nur einen Aspekt (Gegenstand, Merkmal) richtet, berücksichtigt die Person beim dezentrierten Denken zwei oder mehrere Dimensionen.

Diagnose: Feststellung des Vorhandenseins oder Ausprägungsgrades von psychologischen Merkmalen (Eigenschaften, Fähigkeiten, Verhaltensweisen etc.).

Dichotisches Hören: Methode zur Untersuchung der Aufmerksamkeit bei zwei simultan dargebotenen akustischen Informationen. Dabei werden der Vp per Kopfhörer auf jedem Ohr andere Informationen präsentiert, und sie wird instruiert, ihre Aufmerksamkeit auf das eine oder das andere zu richten.

Dishabituation: »Aufhebung« der Habituation durch die Darbietung eines neuen Reizes.

Diskontinuität: s. Kontinuität vs. Diskontinuität.

Diskriminativer Reiz: Reiz mit Signalcharakter. Er zeigt dem Organismus an, ob ein Verstärker (oder eine Bestrafung) folgen wird, wenn eine bestimmte Reaktion ausgeführt wird.

Dissoziation: Funktionieren des Bewußtseins auf verschiedenen Ebenen; kann z. B. unter Hypnose auftreten.

Dissoziative Störungen: Psychische Störungen, bei denen das Individuum plötzlich eine zeitweilige Veränderung des Bewußtseins in Form eines schweren Gedächtnisverlustes oder Verlustes der persönlichen Identität erfährt (z. B. psychogene Amnesie, multiple Persönlichkeit).

Distaler Reiz: Im Rahmen der Analyse des Wahrnehmungsvorganges wird das wahrzunehmende physikalische Objekt als d. R. bezeichnet (im Unterschied zum proximalen Reiz).

Distinktheit: Aus dem Kovariationsprinzip abgeleitetes Kriterium, um zu beurteilen, ob eine Handlung situativen oder dispositionalen Faktoren zugeschrieben werden sollte. Es berücksichtigt, ob die Handlung für die Person atypisch oder unüblich ist.

Divergentes Denken: Denken, das sich in viele Richtungen bewegt, um unterschiedliche Aspekte zur Lösung einer Aufgabe zusammenzutragen. Es ist gekennzeichnet durch Einfallsreichtum und Flüssigkeit. D. D. ist der Kreativität ähnlich.

Double Bind: Auch im Deutschen gebräuchlicher Begriff für eine Situation, in der ein Familienmitglied von anderen Partnern in der Familie mehrere Botschaften empfängt, die einander widersprechen. D. B. wird als Ursachefaktor für verschiedene psychische Störungen angenommen.

Dreifarbentheorie: Von Young vorgeschlagene und von v. Helmholtz erweiterte Theorie zum Farbensehen. Es wird angenommen, daß es in der Netzhaut drei Typen von Farbrezeptoren gibt, die die psychologisch primären Farbempfindungen (Rot, Blau und Grün) hervorrufen.

Drogensucht: Als Folge des fortgesetzten Konsums von Drogen und in Verbindung mit den Prozessen der Toleranz und Abhängigkeit tritt jener Zustand auf, in dem die Person ein körperliches Verlangen nach der Droge erlebt; ist sie nicht erreichbar, so treten schmerzhafte Entzugserscheinungen (Zittern, Schweißausbrüche, Übelkeit etc.) auf.

Duale Hypothalamustheorie des Hungers: Theorie zur Erklärung des Eßverhaltens, die annimmt, daß zwei Kontrollzentren im (lateralen und ventromedialen) Hypothalamus die Nahrungsaufnahme steuern.

Early-Starter-Modell: Durch dieses Modell beschreibt Patterson einen typischen Weg zur Jugend- und Erwachsenenkriminalität. Die Karriere dieser Straftäter beginnt früh (»early starters«), da sie bereits im Vor- und Grundschulalter im Rahmen familiärer Interaktionen Aggressionen und antisoziales Verhalten als ein gängiges und akzeptiertes Mittel der »Problemlösung« kennenlernen.

Egozentrismus: Nach Piaget ein grundlegendes Merkmal kindlichen Denkens. E. bezeichnet die Unfähigkeit, sich in die Perspektive (z. B. die räumliche Perspektive oder die soziale Rolle) eines Anderen hineinzuversetzen.

Eidetisches Gedächtnis (eidetisches Phänomen): Personen, die über ein eidetisches Gedächtnis verfügen, berichten, sie könnten einen kompletten visuellen Reiz vor ihren Augen »sehen«, als sähen sie ihn wirklich und suchten nicht ihr Gedächtnis nach Erinnerungsspuren ab.

Eigenschaft (»trait«): Zentrales Konzept der Persönlichkeitsforschung: Grundlegende kontinuierliche Merkmalsdimension, auf der jedes Individuum lokalisiert werden kann. E.en beeinflussen das Verhalten in vielen Situationen, weil sie als »generalisierte Handlungstendenzen« wirken.

Eigenschaftstheorien: Spezielle Klasse von Persönlichkeitstheorien. Sie betrachten Persönlichkeit als eine Zusammenstellung mehr oder weniger überdauernder »generalisierter Handlungstendenzen« und liefern eine statische Sichtweise. Das Ziel ist die angemessene Beschreibung der *gegenwärtigen* Persönlichkeit, nicht der Möglichkeiten ihrer Weiterentwicklung und Veränderung.

Eindrucksbildung: Aufbau einer inneren Repräsentation anderer Menschen, eines Bildes ihrer Eigenschaften, Fähigkeiten und Einstellungen.

Einortstheorie: Theorie zur Tonhöhenwahrnehmung, die behauptet, daß die Tonhöhe durch den Ort der größten Aktivierung der Basilarmembran verschlüsselt wird.

Einsicht: Von W. Köhler aufgedecktes Lernprinzip bzw. Prinzip des Problemlösens. Es beinhaltet ein plötzliches Verstehen der Beziehungen zwischen jenen Elementen der Lern-/Problemsituation, die für die Erreichung eines Zieles erforderlich sind.

Elaboratives Wiederholen (»elaborative rehearsal«): Gedächtnisstrategie, bei der die Wahrscheinlichkeit der Einspeicherung im Langzeitgedächtnis dadurch erhöht wird, daß die neue Information aktiv mit bereits gespeichertem Material verbunden wird.

Elektroenzephalogramm (EEG): Messung der vom Gehirn produzierten elektrischen Signale an der Schädeloberfläche.

Emotion: Komplexes Muster von Veränderungen, das physiologische Erregung, Gefühle, kognitive Prozesse und Verhaltensweisen einschließt, die in Reaktion auf eine Situation auftreten, welche als persönlich bedeutsam wahrgenommen worden ist.

Empathie: Bezeichnet die Fähigkeit und den Prozeß des »Sich-in-den-anderen-Hineinfühlens«. Nach Hoffman sind dazu bereits kleine Kinder in der Lage. Empathie ist die Grundlage für die Internalisierung von Normen.

Empfindung: s. Sinnesempfindung.

Empirismus: Position zur Erbe-Umwelt-Kontroverse: Der (extreme) E. sieht die menschliche Entwicklung ausschließlich als das Ergebnis von Umwelteinflüssen.

Endorphine: Spezielle Gruppe von Neurotransmittern, die mit vielen überlebenswichtigen Reaktionen (Schmerz und Lust) in Zusammenhang stehen.

Engramm (Gedächtnisspur): Allgemeiner Begriff für die Kodierung erworbener Information im Gehirn. Die Summe der gespeicherten Engramme ist das biologische Substrat des menschlichen Gedächtnisses.

Enkodierung: Prozeß im Gedächtnis: Übersetzung eintreffender Information in einen Code, den das kognitive System weiterverarbeiten kann.

Entwicklungsalter: Wird zur Beschreibung des Entwicklungsstandes einer Person in einem psychologischen Merkmal, z. B. der Intelligenz, verwendet. Beispielsweise hat ein dreijähriges Kind ein Intelligenzalter von fünf Jahren, wenn es so viele Intelligenzaufgaben löst wie die meisten Fünfjährigen.

Entwicklungspsychologie: Teilgebiet der Psychologie, das sich mit den Veränderungen des Verhaltens, Erlebens und Bewußtseins im Laufe des menschlichen Lebens befaßt.

Entwicklungspsychologie der Lebensspanne (»life-span developmental psychology«): Neuere Forschungsperspektive in der Entwicklungspsychologie. Während sich die Entwicklungspsychologie traditionellerweise fast ausschließlich mit Veränderungen in Kindheit und Jugend befaßt hat, erhebt dieser Ansatz die Erforschung der Veränderungen über die gesamte Lebensspanne, von der Empfängnis bis zum Tode, zum Programm.

Entwicklungsstufen: Qualitativ verschiedene Entwicklungsniveaus. Es wird angenommen, daß hinter den beobachtbaren Veränderungen grundlegende Reorganisationen der internen Verhaltensbedingungen stehen.

Episodisches Gedächtnis: Summe der Erinnerungen an persönliche Erfahrungen einschließlich des räumlichen und zeitlichen Erfahrungskontextes. Das e. G. sind die autobiographischen Erinnerungen einer Person.

Erhaltendes Wiederholen (»maintenance rehearsal«): Aktive Wiederholung von Information (z. B. sprachlichen Materials), wodurch die Wahrscheinlichkeit der Speicherung im Gedächtnis erhöht wird.

Erhaltung: s. Invarianz.

Eros: s. Lebenstrieb.

Erworbener (sekundärer) Trieb: Nach dem Paradigma des Konditionierens durch Kopplung mit primären Trieben erworbenes Verhaltensmotiv.

Erziehung, bidirektionale Prozesse: Im bidirektionalen Erziehungs- oder Sozialisationsmodell wird der Prozeß der Normen- und Wertentwicklung als ein Vorgang der wechselweisen Einflußnahme von Eltern und Kind betrachtet. Bei beiden Interaktionspartnern sind Prozesse der Internalisierung (s. dort) und Externalisierung – der Äußerung innerer Normen- und Wertrepräsentationen – beobachtbar.

Erziehungsstil: Ein konsistentes Muster von Einstellungen, Handlungsweisen und nichtsprachlichen Ausdrucksweisen von Eltern oder Erzieherinnen, das sich in einer Vielzahl von Erziehungssituationen zeigt. Nach Baumrind unterscheidet man zwischen dem autoritativen, dem autoritären und dem permissiven Erziehungsstil.

Es: Im Rahmen der Psychoanalyse angenommene Persönlichkeitsstruktur, in der die Triebe und verdrängten Vorstellungen lokalisiert sind, welches irrational und impulsgetrieben arbeitet und – vom Lustprinzip gesteuert – auf unmittelbare Befriedigung drängt.

Ethologie: Teildisziplin der Biologie, die das Verhalten von Tieren in ihrer natürlichen Umgebung und die typischen, biologisch verankerten Arten des Lernens untersucht.

Evoziertes Potential: Muster elektrischer Gehirnaktivität, das durch spezifische Stimuli verursacht wird.

Existentialistische Therapien (existentialistisch-humanistische Therapien): Gruppe von Psychotherapien, die auf humanistischen Ansätzen aufbauen. Zentrales Ziel ist die Selbstverwirklichung. Beispiele: Klientenzentrierte Therapie, Gestalttherapie.

Experiment: Untersuchungsstrategie, bei der die Beobachtungen unter systematisch variierten und kontrollierten Bedingungen vorgenommen werden. Der Forscher manipuliert eine oder mehrere Bedingungsvariablen und beobachtet deren Wirkung auf das Verhalten, und er kontrolliert potentielle Störvariablen.

Experimentalgruppe: Sie wird bei einem Experiment dem Einfluß der unabhängigen Variablen (dem Treatment) ausgesetzt.

Experimentelle Verhaltensanalyse: Behavioristische Strategie zur Analyse von Verhaltensänderungen nach B. F. Skinner. Durch systematisches Variieren der Stimulusbedingungen sollen jene Erfahrungen aufgedeckt werden, die die Wahrscheinlichkeit von Reaktionen beeinflussen.

Expertise (Expertenwissen): Umfangreiches Wissen über eine kleine Klasse von Fragen und Problemen, welches Experten durch langdauernde Erfahrung mit diesen Problemen erworben haben.

Extrinsische Motivation: Motivation, sich einer Tätigkeit um ihrer Konsequenzen (z. B. Belohnung, Vermeidung von Strafe) willen zu widmen.

Farbraum: Dreidimensionales Modell (Dimensionen: Farbton, Sättigung, Helligkeit) zur Beschreibung aller Farbeindrücke.

Fechnersches Gesetz: Von G. Fechner 1860 formulierte Beziehung zwischen Reizstärke und Empfindung: Innerhalb gewisser Grenzen ist die Stärke der sensorischen Empfindung proportional dem Logarithmus der Reizstärke.

Fertigkeit (»skill«): Gelernte Integration gut ausgeführter Leistungen (z. B. Jonglieren, Fahrradfahren, Maschineschreiben), die durch Übung verbessert werden kann.

Figur-Grund-Gliederung: Organisationsprinzip der Wahrnehmung, das das dargebotene Reizmuster in Figur und Hintergrund gliedert.

Fixierung: Aus der Psychoanalyse stammender Begriff, der die Unfähigkeit, zur nächsten Stufe der psychosexuellen Entwicklung fortzuschreiten, beschreibt. Fixierung kann das Ergebnis von übermäßiger Verwöhnung oder Frustration in einer frühen Entwicklungsphase sein.

Formale Operationen: Nach Piaget globale Stufe der kognitiven Entwicklung (etwa ab 12 Jahren). Sie ist charakterisiert durch die Verfügbarkeit logischer Denkoperationen, die auch bei abstrakten (z. B. hypothetischen) Fragestellungen ausgeführt werden können.

Formkonstanz: Das Prinzip, daß die tatsächliche Form eines Gegenstandes auch dann wahrgenommen wird, wenn sich das Netzhautbild des Umrisses verändert.

Fragebogen: In der Psychologie gebräuchliches Verfahren zur schriftlichen Durchführung von Befragungen. In einem Fragebogen sind z. B. Fragen nach der Biographie, nach vergangenem oder gegenwärtigem Verhalten oder nach Einstellungen und Gefühlen zusammengestellt.

Frauenkarrieren, Theorien: Theoretische Erklärungsansätze für Unterschiede in der Karriereentwicklung von Männern und Frauen lassen sich in 3 Bereiche einteilen. 1) Die Humankapitaltheorie behauptet, Menschen würden mit ihren gegenwärtigen Positionen für die Investitionen belohnt, die sie in der Vergangenheit für Beruf und Ausbildung geleistet hätten. 2) Die Diskriminierungstheorie thematisiert die Benachteiligung von Frauen auf dem Arbeitsmarkt sowie die Vorurteile gegen Frauen. 3) Theorien der geschlechtsspezifischen Sozialisation und Orientierung konzentrieren sich auf die psychologischen Aspekte der Probleme von Frauen im Arbeitsleben.

Freie Assoziation: Wichtige Technik im Rahmen der psychoanalytischen Therapie, bei der der Klient seine Gedanken und Vorstellungen frei umherschweifen läßt und darüber erzählt.

Freie Reproduktion (»free recall«): Methode des Abrufens von Information aus dem Gedächtnis, bei dem die Person das zu erinnernde Material selbständig wiedergeben muß.

Frustration: Psychische Reaktion bei Unterbrechung oder Blockierung einer Reaktion, die auf die Erreichung eines Zieles gerichtet ist.

Frustrations-Aggressions-Hypothese: Im Rahmen der Lerntheorie aufgestellte These, daß Aggression ein erworbener (sekundärer) Trieb ist, der als Reaktion auf Frustration entstanden ist.

Führung in Gruppen: Aus organisationspsychologischer Sicht ist Führung die unmittelbare, absichtliche und zielbezogene Einflußnahme durch Inhaber von Vorgesetztenpositionen auf untergeordnete Positionen mit Hilfe von Kommunikation. Um Führungsverhalten zu erklären, werden unterschiedliche Führungseigenschaften und Führungsstile angenommen.

Fundamentaler Attributionsfehler: Bei der Kausalattribution auftretende Verzerrung, internale gegenüber externalen Attributionen zu bevorzugen.

Funktionale Fixiertheit: Die Tendenz, alte, bereits bewährte Strategien des Problemlösens unangemessenerweise auf ein neues Problem zu übertragen.

Funktionale Kontinuität: Grundannahme der Theorie Piagets. Während des gesamten Lebens gelten für die kognitive Entwicklung immer dieselben Prinzipien (funktionale Invarianten) der Organisation und Anpassung.

Furcht: 1) Angeborene oder gelernte heftige emotionale Reaktion auf einen (furchterregenden) Reiz, häufig gefolgt von Fluchtreaktionen. 2) Im Rahmen der klassischen Lerntheorie ist Furcht der exemplarische Fall eines erworbenen (sekundären) Triebs.

Gedächtnis: 1) Allgemein: Geistige Fähigkeit, Erfahrungen zu speichern und später zu reproduzieren oder wiederzuerkennen. 2) In der modernen Kognitionspsychologie: Aktives kognitives System, das Informationen aufnimmt, enkodiert, modifiziert und wieder abruft.

Gefangenendilemma (»prisoner's dilemma«): Ein Verhandlungsspiel, das als Methode zur Untersuchung der strategischen Interaktion zwischen einzelnen Personen oder Gruppen eingesetzt worden ist. Ausgangspunkt der ursprünglichen Version dieses »Spiels« ist eine Situation, in der zwei Verbrecher gefangen und in getrennten Zellen untergebracht werden. Nach dem Modell des Gefangenendilemmas ist im Rahmen der Friedenspsychologie das nukleare Wettrüsten zwischen den USA und der Sowjetunion zu Zeiten des Kalten Krieges rekonstruiert worden.

Gefühl (Affekt): Die Erlebnisqualität von Emotionen. Dabei kann es sich sowohl um einen allgemeinen affektiven Zustand (z. B. gut oder schlecht) als auch um eine spezielle Gefühlstönung (z. B. Ekel oder Freude) handeln.

Gegenfarbentheorie: Von E. Hering aufgestellte Theorie des Farbensehens, nach der alle Farbempfindungen drei zugrundeliegenden Systemen entspringen, deren jedes zwei »entgegengesetzte«

Elemente enthält (Rot vs. Grün, Blau vs. Gelb und Weiß vs. Schwarz).

Gegenübertragung: Gesamtheit der unbewußten Reaktionen des psychoanalytischen Therapeuten auf die Person des Klienten, ganz besonders auf dessen Übertragung.

Gehirnläsion: 1) Allgemein: Durch Verletzung oder Krankheit hervorgerufene Veränderung von Gewebe im Gehirn. 2) Speziell: Absichtsvolle und sorgfältige Zerstörung bestimmter Gehirnareale zum Zwecke der Untersuchung ihrer Funktionen.

Gelernte Hilflosigkeit: Allgemeine passive Reaktion des »Aufgebens« in Folge nicht kontingenter (unkontrollierbarer) Bestrafung. Im Tierexperiment erstmals von M. Seligman beobachtet. Das Konzept der g. H. wird heute auch zur Erklärung der Entstehung depressiver Störungen herangezogen.

Gene: Abschnitte entlang der Chromosomenstränge, die die Basisinformation für die Vererbung liefern.

Generalisierung: s. Reizgeneralisierung.

Genitale Phase: Nach Freud die letzte Phase der psychosexuellen Entwicklung (ab der Pubertät). Sie ist gekennzeichnet durch das Aufkommen sexueller Impulse, die auf die Aufnahme des sexuellen Kontaktes zum anderen Geschlecht gerichtet sind.

Genotyp: Die Kombination aller Gene (»genetische Ausstattung« eines Individuums.

Geschlechtsidentität: Das Erleben, männlich oder weiblich zu sein. Dazu gehört, sich seines Geschlechtes bewußt zu sein und es zu akzeptieren.

Geschlechtsrolle: Verhaltensmuster, die in einer Gesellschaft für Männer und Frauen für angemessen gehalten werden.

Geschlossenheit: Organisationsprinzip der Wahrnehmung, durch welches unvollständige Figuren als vollständig wahrgenommen werden.

Gesetz der Ähnlichkeit: Von der Gestaltpsychologie formuliertes Wahrnehmungsgesetz: Unter sonst gleichen Bedingungen werden jene Reizelemente als zusammengehörig wahrgenommen, die einander ähnlich sind.

Gesetz der Assoziation: Ursprünglich aus der Philosophie (Aristoteles) kommendes Prinzip, das das Zustandekommen neuer Ideen oder Gedanken dadurch erklärt, daß eine geistige Verbindung zwischen zwei räumlich oder zeitlich benachbarten Erfahrungen hergestellt wird. Das G. d. A. ist eine der Grundannahmen der klassischen Lerntheorie.

Gesetz der Nähe: Von der Gestaltpsychologie formuliertes Wahrnehmungsgesetz: Unter sonst gleichen Bedingungen werden die nächstgelegenen (benachbarten) Reizelemente zusammengruppiert.

Gesetz der spezifischen Nervenenergie: Dieses von J. Müller aufgestellte Gesetz postuliert, daß alle Nervenimpulse von ein und derselben Art sind und daß unterschiedliche Qualitäten der Sinneserfahrungen durch den besonderen Typ von Rezeptor, der stimuliert wurde und durch die Lage des Hirnareals, das mit dem Reizinput verbunden ist, zustande kommen.

Gesetz des Effektes: Grundlegendes Lernprinzip nach E. L. Thorndike: Das »Potential« eines Reizes, eine bestimmte Reaktion hervorzurufen, wird verstärkt, wenn der Reaktion eine Belohnung folgt. Sie wird geschwächt, wenn der Reaktion keine Belohnung folgt.

Gesetz des gemeinsamen Schicksals: Von der Gestaltpsychologie formuliertes Wahrnehmungsgesetz: Unter sonst gleichen Bedingungen werden sich bewegende Objekte als zusammengehörig wahrgenommen, die sich in derselben Richtung und mit derselben Geschwindigkeit bewegen.

Gespielte Aggression: Bei der gespielten Aggression verbinden sich eine grundlegende Spielhaltung (»Spielbewußtsein«) und ein aggressives Spielthema. Thema oder Inhalt des Spiels sind Handlungen, die auf die psychische oder physische Schädigung einer Person abzielen; jedoch werden diese Handlungen mit dem Bewußtsein ausgeführt, daß es sich nicht um »ernsthafte« Handlungen, sondern nur um »Als-ob-Handlungen« handelt.

Gestaltgesetze: Von der Gestaltpsychologie formulierte Gesetze zur visuellen Wahrnehmung. Beispiele sind die Gesetze der Ähnlichkeit, der Nähe und des gemeinsamen Schicksals.

Gewalt: Aggression in extremer und sozial nicht akzeptabler Form.

Gleichzeitiges Konditionieren: Form der klassischen Konditionierung, bei der welcher der unkonditionierte und der neutrale Reiz gleichzeitig dargeboten werden.

Gliazellen: Zellen im ZNS, die der Isolierung der Neuronen, der Entfernung von Abfällen und der Kontrolle von Giftstoffen dienen. Im Gegensatz zu den Neuronen leiten sie jedoch keine Informationen weiter. Die Myelinschicht größerer Axone besteht aus Gliazellen.

Größenakzentuierung: Beeinflussung der Größenschätzung von Reizen durch den Grad ihrer positiven oder negativen Valenz.

Größenkonstanz: Das Prinzip, daß auch bei variierender Größe des Netzhautbildes die unveränderte Größe eines Gegenstandes als konstant wahrgenommen wird.

Großhirn: s. Cerebrum.

Grundgesamtheit (Population): Aus der Statistik stammende Bezeichnung für die Gesamtheit aller Individuen (allgemeiner: Merkmalsträger), auf die sich der Geltungsbereich einer Untersuchung oder einer wissenschaftlichen Aussage bezieht.

Grundrate (»base rate«): Statistische Maßzahl für die unter normalen Umständen zu beobachtende Auftretenshäufigkeit eines Phänomens bei einer Gruppe von Personen.

Gruppe: Bestehen zwischen mehreren Personen Interaktionen, durch die sie wechselweise aufeinander Einfluß nehmen, so spricht man von einer Gruppe. Gruppen verfügen über besondere Strukturen und Kommunikationsmuster, und häufig teilen die Gruppenmitglieder ein gemeinsames Ziel.

Gruppennormen: Erwartungen in bezug auf die Verhaltensweisen und Einstellungen von Gruppenmitgliedern. G. können als informelle verdeckte »Verhaltensregulatoren« existieren, sie können aber auch als klar formulierte explizite Maßstäbe vorliegen.

Gruppenstruktur: Muster funktionaler Beziehungen von Gruppenmitgliedern, die unterschiedliche Positionen einnehmen.

Gutschein-Verstärkungssysteme (»token economies«): Geplanter und systematischer Einsatz von konditionierten Verstärkern bei der Verhaltensmodifikation: Für die Einhaltung genau beschriebener erwünschter Verhaltensweisen erhält das Individuum Belohnungen in Form von Gutscheinen, die später gegen primäre Verstärker eingetauscht werden können.

Habituation: Absinken der Reaktionsstärke, wenn ein ehemals neuer Reiz wiederholt dargeboten wird.

Halluzination: Lebhafte Wahrnehmung ohne Vorhandensein objektiver Stimulation (im Unterschied zur Wahrnehmungstäuschung, bei der es sich um die verzerrte Wahrnehmung tatsächlich gegebener Reize handelt).

Halluzinogene (psychedelische Drogen): Psychoaktive Drogen, deren primäre Wirkung die tiefgreifende Veränderung das Bewußtseins ist und die typischerweise von Halluzinationen begleitet werden.

Halo-Effekt: Urteilsverzerrung: Die Beurteilung einzelner Eigenschaften oder Merkmale eines Individuums wird durch den allgemeinen Eindruck, den der Beurteiler von der Person hat, verfälscht.

Handlungsschema: Besonders im Rahmen der Theorie Piagets gebräuchlicher Begriff für die Struktur (das »Invariante«) einer Handlung. Beispiele bei Piaget: Saugschema, Greifschema.

Häufigkeitsverteilung: Häufigkeitsverteilungen werden im Rahmen der deskriptiv-statistischen Auswertung erstellt, um einen Überblick über die Daten zu geben. Sie beschreiben, wie häufig die verschiedenen Variablenwerte vorkommen.

Haupteffekt: Effekt bei einem varianzanalytischen Versuchsplan. Ein Haupteffekt liegt dann vor, wenn die Wirkung einer unabhängigen Variablen auf eine abhängige Variable nicht von der (bzw. den) anderen unabhängigen Variablen beeinflußt wird.

Hawthorne-Effekt: Verzerrender Einfluß bei experimentellen Untersuchungen. Nicht die vom Vl durchgeführte experimentelle Manipulation hat einen Effekt auf die abhängigen Variablen, sondern allein die Tatsache der Teilnahme an einer Untersuchung. Die Bezeichnung geht auf eine 1927–1932 in den Hawthorne-Werken durchgeführte Untersuchung zurück.

Heuristiken: Kognitive »Eilverfahren«, die bei der Reduzierung des Bereichs möglicher Antworten oder Problemlösungen nützlich sind. Sie bestehen in der Anwendung von sog. Faustregeln.

Hirnstamm: Steuerzentrum für die grundlegenden lebenserhaltenden Aktivitäten (Atmung, Herzschlag, Wachen, Schlafen).

Homöostase: 1) Tendenz des Organismus, sein Gleichgewicht zu erhalten und Veränderungen zu widerstehen. 2) Prozeß der Aufrechterhaltung des Gleichgewichts eines Organismus.

Hormone: Chemische Substanzen, die in Drüsen produziert und in den Blutkreislauf geleitet werden. Sie steuern langsame, kontinuierliche Prozesse in spezifischen Zielorganen und Geweben.

Humanistische Psychologie: Eine Gruppe von psychologischen Ansätzen, die insbesondere die Integrität der individuellen Persönlichkeit, die Rolle der bewußten Erfahrung, das jedem Menschen innewohnende Entwicklungspotential und das Streben nach Selbstverwirklichung betonen.

Humanistische Theorien: s. Humanistische Psychologie.

Hypnose: Zustand veränderter Bewußtheit. Grundlage ist die erhöhte Bereitschaft mancher Menschen, auf die Suggestionen anderer Personen oder auf eigene Suggestionen (sog. Autohypnose) zu reagieren.

Hypophyse (Hirnanhangsdrüse): Drüse an der Gehirnbasis, die Hormone produziert, die wiederum die Hormonausschüttung anderer Drüsen regulieren. Außerdem produziert die H. ein Wachstumshormon.

Hypothalamus: Drüse an der Gehirnbasis (»unter dem Thalamus«), die das endokrine System steuert. Der H. ist wichtiger Bestandteil des limbischen Systems. Er arbeitet als Schaltstelle zwischen anderen Gehirnstrukturen, dem endokrinen System und dem peripheren Nervensystem.

Ich: Von der Psychoanalyse angenommene Persönlichkeitsstruktur: Es verkörpert den realitätsorientierten Aspekt, der im Konflikt zwischen den Impulsen des Es und den Anforderungen des Über-Ich abwägt und vermittelt. Das I. steht für die Auffassung, die die Person von der physischen und sozialen Realität hat (bewußte Überzeugungen).

Identität, Identitätsbildung: Identität bezieht sich auf das Bewußtsein, das eine Person von sich selbst hat. Man spricht auch von Selbstbild, Selbstkonzept oder Selbstdefinition. Zum Identitätserleben gehören das Erleben der Integrität (Ganzheit) und der Kontinuität der eigenen Person. Häufig wird angenommen, daß das Jugendalter von der »Entwicklungsaufgabe« der Identitätsbildung bestimmt wird. Nach E. H. Erikson ist die Identitätsfindung *notwendig* mit einer Identitätskrise verbunden.

Idiographischer Ansatz: Strategie zur Erforschung der Persönlichkeit. Die Persönlichkeitseigenschaften eines jeden Menschen werden als einzigartig angesehen, weil sie bei jedem anders wirksam sind, je nach dem Gesamtmuster seiner Eigenschaften.

Implosion: Verhaltenstherapeutische Technik bei der Behandlung von Ängsten, bei der der Klient gezielt einer schnell einsetzenden Erfahrung angstauslösender Empfindungen (Reizüberflutung) ausgesetzt wird.

Individuation: Sowohl der psychische Zustand als auch der Prozeß der Differenzierung einer Person von anderen Menschen in einem sozialen Kontext. Sowohl für andere als auch in der Selbstwahrnehmung ist das Individuum einmalig und identifizierbar.

Induktive Erziehung (Induktion): Nach Hoffman bezeichnet Induktion eine bestimmte Form der elterlichen Reaktion auf Normverletzungen durch das Kind (neben Machtausübung und Liebesentzug). Bei der induktiven Erziehung begründen die Eltern die Forderung nach Normeinhaltung dadurch, daß sie die negativen Folgen der Normverletzung für das »Opfer« in den Mittelpunkt stellen.

Inferenzstatistik (schlußfolgernde Statistik): Die Inferenzstatistik wird im Rahmen der Auswertung psychologischer Untersuchungen angewendet, um mit angebbarem Fehlerrisiko Rückschlüsse von Beobachtungen, die auf Stichproben beschränkt sind, auf Grundgesamtheiten (Populationen) zu ziehen.

Informationsverarbeitung: Populäre theoretische Position zum Verständnis der kognitiven (geistigen) Prozesse und Strukturen. Die Kognition des Menschen wird als Verarbeitung von Informationen häufig in Analogie zur Informationsverarbeitung in technischen Systemen – aufgefaßt.

Instinkt: Nicht gelerntes, sondern angelegtes (»vorprogrammiertes« Verhaltensmuster, das von einem bestimmten Punkt der Entwicklung an bei jedem Mitglied einer Art auftritt und überlebenswichtig ist.

Instinktneigung: Von Breland u. Breland beobachtete Tendenz, daß sich bei Tieren sogar dann, wenn sie gelernt haben, konditionierte Reaktionen perfekt auszuführen, das gelernte Verhalten im Laufe der Zeit dem instinktiven Verhalten zuneigt.

Instruktionspsychologie: Modernes Teilgebiet der Pädagogischen Psychologie. Sie befaßt sich mit dem Lehren und Unterrichten und stellt dabei die sozialen Prozesse der Anleitung und Wissensvermittlung in den Mittelpunkt.

Instrumentelles Konditionieren: Elementares Lernprinzip, bei dem eine Beziehung zwischen einer Reaktion und ihren Konsequenzen hergestellt wird: Verhalten, das Instrument (Mittel) für wünschenswerte und belohnende Umweltveränderungen ist, tritt mit erhöhter Wahrscheinlichkeit auf und wird dadurch zu einer (erlernten) Gewohnheit.

Intelligenz: Psychologischer Begriff zur Beschreibung des Kompetenzaspektes von Verhalten. Nach D. Wechsler ist Intelligenz die allgemeine Fähigkeit des Individuums, die Welt, in der es lebt, zu verstehen und sich in ihr zurechtzufinden.

Intelligenzalter (IA): Von A. Binet konstruierte Maßzahl zur Beschreibung des Entwicklungsstandes der Intelligenz von Kindern und Jugendlichen. Es wird angegeben als das durchschnittliche Alter, in dem normale Kinder die fraglichen Intelligenzaufgaben lösen.

Intelligenzquotient (IQ): Von W. Stern eingeführtes Intelligenzmaß: $IQ = IA/LA \times 100$ (IA – Intelligenzalter; LA – Lebensalter). Der IQ wird heute jedoch nicht mehr nach dieser Definition, sondern als Abweichungsquotient bestimmt.

Interaktion: In der Psychologie häufig gebrauchter Begriff für die Wechselwirkung oder gemeinsame Wirkung von zwei oder mehreren Variablen, z. B. für die Wechselwirkung von Erbe und Umwelt in der Entwicklung der Intelligenz.

Interaktionismus: 1) Position zur Erbe-Umwelt-Kontroverse: Der I. nimmt an, daß das beobachtbare Verhalten das Ergebnis der Wechselwirkung (Interaktion) von Erbe und Umwelt ist. 2) Außerdem bezeichnet der I. in der Persönlichkeitspsychologie die Annahme, daß das beobachtbare Verhalten das Produkt der Wechselwirkung von Persönlichkeitseigenschaften und aktuellen Situationsmerkmalen ist.

Interaktionseffekt: Effekt bei einem varianzanalytischen Versuchsplan. Ein Interaktionseffekt liegt dann vor, wenn der Einfluß einer unabhängigen Variablen auf die abhängige Variable von der (den) anderen unabhängigen Variablen beeinflußt wird.

Internalisierung: Bezeichnet die »Verinnerlichung« von Normen und Werten. Internalisierte Normen und Werte weisen 3 Aspekte auf. Sie sind mit bestimmten Kognitionen, mit bestimmten Affekten und mit dem Gefühl, daß sie aus der Person entspringen, verbunden. Beispielsweise sind Verletzungen internalisierter Normen mit Schuldgefühlen verbunden.

Intervallplan: Strategie der Verabreichung von Verstärkern. Diese werden jeweils nach einer bestimmten Zeitspanne (unabhängig von der Reaktionsrate des Organismus) gegeben.

Intervenierende Variable: Innere, nicht direkt beobachtbare Verhaltensbedingung, die einerseits aus beobachtbaren Zusammenhängen von Reizen und Reaktionen erschlossen wird, andererseits zur Erklärung dieser Zusammenhänge herangezogen werden kann.

Intrinsische Motivation: Motivation, sich einer Tätigkeit um ihrer selbst willen zu widmen.

Introspektion (Selbstbeobachtung): Methode der Datenerhebung, bei der trainierte Personen so genau wie möglich über ihre Bewußtseinsinhalte berichten.

Invariabilitätsannahme: Grundannahme verschiedener Stufentheorien der Entwicklung (Piaget, Kohlberg, Freud). Es wird postuliert, daß alle Kinder die Entwicklungsstufen in derselbe Reihenfolge durchlaufen – das Entwicklungstempo kann jedoch unterschiedlich sein.

Invarianz (Erhaltung): Das Gleichbleiben von Dingen oder Eigenschaften, obwohl sich der Anschauung nach Änderungen vollziehen. Nach Piaget ist das Erkennen von Invarianzen (z. B. der Invarianz von Mengen angesichts von Veränderungen der Form) eine grundlegende Dimension der kognitiven Entwicklung.

Ionenkanäle: Erregbare Membranmoleküle, die winzige Tunnel in der Zellmembran öffnen und schließen, so daß Ionen nach innen und nach außen strömen können. Sie sind die Grundlage jeglicher Erregung und Signalleitung im Nervensystem.

IQ: s. Intelligenzquotient.

James-Lange-Theorie: Auf W. James und C. Lange zurückgehende Theorie der Entstehung von Emotionen: Ein Reizereignis löst zunächst körperliche Reaktionen aus, die dann bemerkt und interpretiert werden, wodurch die Emotion ihren subjektiven (Erlebnis-)Aspekt erhält.

Job-Characteristics-Modell: Theorie der Arbeitsmotivation nach Hackman u. Oldham. Dabei werden sowohl der Arbeitsinhalt (in 5 Kernmerkmalen) als auch das Erleben der Person (in 3 »kritischen psychischen Zuständen«) berücksichtigt.

Jugenddelinquenz: Straffälligkeit von Jugendlichen. Man nimmt heute an, daß es aus psychologischer Sicht 2 bedeutsame »Pfade« zur Jugendkriminalität gibt. Manche dieser »Problemfälle« beginnen ihre Karriere schon früh – man spricht von »early starters« (s. dort) – andere erst etwa mit dem Eintritt in die Pubertät. Nach Patterson weisen »early starters« die signifikant ungünstigere Prognose auf.

Katharsis: Nach Freud Möglichkeit der Ableitung psychischer Energie: Bei der K. werden Emotionen in voller Intensität durch

Weinen, Worte, symbolische Mittel o. ä. ausgedrückt. Sie ist ein wichtiger Bestandteil der psychoanalytischen Therapie.

Kausalattribution: Prozeß des Zuschreibens von Ursachen zu einem bestimmten Ereignis.

Klassenklima: Klassenklima bezieht sich auf die von den Schülern erlebte Atmosphäre in einer Klasse und schließt unter anderem die folgenden Bereiche ein: Zusammengehörigkeitsgefühl, Leistungsanforderungen, Identifikation der Schüler mit dem Unterricht und die Zufriedenheit mit dem Lehrer. Das Klassenklima ist ein »überindividuelles«, die Klasse als Ganzes kennzeichnendes Merkmal.

Klassifikation: Einordnung von wahrgenommenen oder vorgestellten Dingen (Gegenständen, Eigenschaften etc.) in vertraute Kategorien. In einem Informationsverarbeitungsmodell kann die K. als letzte Stufe der Wahrnehmung aufgefaßt werden.

Klassische Konditionierung: Elementares Lernprinzip nach Pawlow, bei dem der Organismus eine neue Assoziation zwischen zwei Reizen einem neutralen und einem biologisch bedeutsamen, der bereits eine Reflexreaktion auslöst – erwirbt. Als Ergebnis des Lernprozesses löst der ehemals neutrale Reiz ebenfalls die Reaktion aus.

Kleinhirn: s. Cerebellum.

Klinische Psychologie: Teilgebiet der Psychologie, das sich mit der Entwicklung, Erforschung und Anwendung psychologischer Behandlungsverfahren bei psychisch gestörten Menschen befaßt.

Kognitionen: Strukturen oder Prozesse des Erkennens und Wissens. Darunter fallen z. B. die Prozesse des Wahrnehmens, Schlußfolgerns, Erinnerns, Denkens und Entscheidens und die Strukturen der Begriffe und des Gedächtnisses. Der Begriff des Kognition ist an die Stelle der traditionellen Bezeichnung des »Geistigen« getreten.

Kognitionswissenschaft (»cognitive science«): Interdisziplinärer Ansatz zur Erforschung der menschlichen und der künstlichen Intelligenz.

Kognitive Bewertung (»cognitive appraisal«): Prozeß bei der Streßreaktion, bei dem sowohl der Stressor als auch die zur Verfügung stehenden Ressourcen bewertet werden und eine Situationsdefinition vorgenommen wird.

Kognitive Dissonanz: Von L. Festinger eingeführter Begriff, um den konflikthaften Zustand zu erklären, den jemand erlebt, nachdem er eine Entscheidung getroffen hat, eine Handlung ausgeführt hat oder einer Information ausgesetzt worden ist, die zu vorherigen Meinungen, Gefühlen oder Werten im Widerspruch steht.

Kognitive Landkarte (»cognitive map«): Nach E. C. Tolman kognitive Repräsentation des physikalischen Raumes.

Kognitive Psychologie (Kognitionspsychologie): Teilgebiet der Psychologie, das die Erforschung der Prozesse und Strukturen des Erkennens und Wissens – mit anderen Worten: der menschlichen Intelligenz – zum Ziele hat.

Kognitive Verhaltensmodifikation: Therapieansatz, bei dem gestörte Kognitionen (Überzeugungen, Haltungen) nach den Prinzipien der Verhaltenstherapie verändert werden.

Kognitive Therapie: Gruppe von Psychotherapien, die auf der Annahme beruhen, daß psychischen Störungen gestörte Kognitionen zugrundeliegen. Therapieziel ist folglich die »Restrukturierung« der Kognitionen. Beispiele: Kognitive Verhaltensmodifikation, rational-emotive Therapie.

Kognitive Verzerrungen (»cognitive biases«): Irrtümer bei kognitiven Prozessen, z. B. beim Urteilen, Schließen und Entscheiden. K. V. sind ein normaler Aspekt der menschlichen Kognition; sie führen nur dann zu unangemessenen Denkweisen, wenn es mißlingt, zwischen adäquaten und inadäquaten Bedingungen für ihren Einsatz zu differenzieren.

Kohorteneffekte: Unterschiede zwischen Kohorten (Personen gleichen Alters, jedoch verschiedener Geburtsjahrgänge). Sie können durch komplexe entwicklungspsychologische Versuchspläne aufgedeckt werden.

Kollektives Unbewußtes: Nach C. G. Jung Begriff für jenen Teil des Unbewußten, der angeboren und allen Menschen gemeinsam ist. Das k. U. ermöglicht das intuitive Verstehen primitiver Mythen, Kunstformen und Symbole (Archetypen).

Konditionierte Reaktion (CR): Im Rahmen des Paradigmas der klassischen Konditionierung Bezeichnung für die Reflexreaktion, wenn sie durch den konditionierten Stimulus ausgelöst wird.

Konditionierter Verstärker: Ehemals neutraler Reiz, der nach dem Prinzip der klassischen Konditionierung (Kopplung mit einem »primären« Verstärker) die Funktion eines Verstärkers erhält.

Konditionierter Stimulus (konditionierter Reiz; CS): Jener ursprünglich neutrale Reiz, der als Ergebnis des Lernens nach dem Prinzip der klassischen Konditionierung die Reflexreaktion (konditionierte Reaktion) auslöst.

Konditionierung zweiter Ordnung: Verfahren der klassischen Konditionierung, bei der ein neutraler Reiz dadurch zum konditionierten Reiz wird, daß er mit einem zuvor erworbenen konditionierten Reiz gepaart wird.

Konformität: Neigung des Menschen, das Verhalten und die Meinungen anderer Mitglieder seiner Gruppe anzunehmen.

Konkrete Operationen: Nach Piaget globale Stufe der kognitiven Entwicklung (etwa 7–12 Jahre). Sie ist dadurch charakterisiert, daß die Kinder bestimmte logische Operationen (z. B. Operationen der Klassifikation und Reihenbildung) ausführen können. Jedoch bleiben sie auf die Lösung konkreter Probleme beschränkt.

Konsensuale Validierung: Übereinstimmung und gegenseitige Bestätigung der Wahrnehmung bzw. Interpretation der Welt durch verschiedene Menschen.

Konsensus: Aus dem Kovariationsprinzip abgeleitetes Kriterium, um zu beurteilen, ob eine Handlung situativen oder dispositionalen Faktoren zugeschrieben werden sollte. Es nimmt darauf Bezug, ob die meisten Menschen sich in der fraglichen Situation ähnlich oder unähnlich verhalten hätten.

Konsistenz: 1) Grundpostulat des Eigenschaftsansatzes: Eigenschaften sollten sich in konsistenten Verhaltensmustern in unterschiedlichen Situationen manifestieren. Das tatsächliche Ausmaß der Konsistenz von Eigenschaften ist aktuelles Diskussionsthema der Persönlichkeitsforschung.

2) Aus dem Kovariationsprinzip abgeleitetes Kriterium, um zu beurteilen, ob eine Handlung situativen oder dispositionalen Faktoren zugeschrieben werden sollte. Es berücksichtigt, ob die Handlung bei der Person konsistent (zuverlässig) auftritt.

Konsolidierung: Konzept aus der Neuropsychologie, das den graduellen Vorgang der Transformation von Informationen in einen dauerhaften Code des Langzeitgedächtnisses beschreibt.

Konstruktvalidität: Spezielle Form der Validität, die sich auf das Ausmaß bezieht, in dem ein Diagnoseverfahren, das ein Konstrukt erfassen soll, dieses tatsächlich mißt.

Kontingenzmanagement: Gruppe von verhaltenstherapeutischen Techniken, bei denen der Therapeut die Verhaltenskontingenzen kontrolliert und gezielt zur Verhaltensmodifikation einsetzt. Beispiele: Technik der positiven Verstärkung, Strategie der Löschung (Extinktion).

Kontrasteffekt: Vergrößerung der Reaktion auf einen Reiz durch den Intensitätsunterschied zwischen dem Reiz und den benachbarten Regionen (z. B. Helligkeitskontrast). Grundlage des Kontrasteffektes ist die laterale Inhibition.

Kontrollgruppe: Sie wird bei einem Experiment, im Unterschied zur Experimentalgruppe, nicht dem Einfluß der unabhängigen Variablen (dem Treatment) ausgesetzt.

Kontrollüberzeugung: s. Locus-of-Control-Orientierung.

Konvergentes Denken: Denken, bei dem Informationen oder Wissenselemente in Richtung auf die Lösung eines Problems zusammengebracht oder integriert werden.

Konvergenz: Zusammenlaufen der Achsen der beiden Augen bei Betrachten eines nahen Gegenstandes. Sie ist eine der Quellen der binokularen Tiefenwahrnehmung.

Körperkonzept: Erleben des Aussehens des eigenen Körpers. Es ist nicht nur davon abhängig, wie jemand objektiv aussieht, sondern auch von der Bewertung des Aussehens durch Andere und von Schönheitsidealen.

Korrelation: Statistische Bezeichnung für die Art und das Ausmaß des Zusammenhanges zwischen zwei oder mehr Variablen. Maßzahl für die Korrelation ist der Korrelationskoeffizient.

Korrelationskoeffizient: Statistische Maßzahl, die die Stärke und die Richtung eines Zusammenhanges zwischen zwei oder mehreren Variablen beschreibt. Die meisten Korrelationskoeffizienten können Werte zwischen -1 (perfekter negativer Zusammenhang) und $+1$ (per-fekter positiver Zusammenhang) annehmen.

Korrelationsstudie: Häufige Strategie der Datenerhebung in der Psychologie. Im Gegensatz zum Experiment werden hierbei keine Bedingungen vom Vl hergestellt oder variiert, sondern es wird der Zusammenhang zwischen mehreren vorfindbaren Variablen beobachtet.

Kovariationsprinzip: Prinzip der Kausalattribution: Das beobachtbare Verhalten wird einem kausalen Faktor zugeschrieben, wenn dieser Faktor immer dann gegeben war, wenn das Verhalten auftrat und nicht gegeben war, wenn das Verhalten nicht auftrat.

Kreativität: Psychologischer Begriff für ungewöhnliches oder ungebräuchliches, aber angemessenes Verhalten in Situationen, in denen die Fähigkeiten des Menschen im Vordergrund stehen. Kreativität wird in der Regel von Intelligenz unterschieden.

Kritische (sensible) Periode: Entwicklungsabschnitt gesteigerter Sensibilität für spezifische Stimulationen und Erfahrungen, in dem der Organismus über die optimale Bereitschaft zum Erwerb einer bestimmten Verhaltensweise verfügt.

Kritisches Merkmal: Die Theorie der kritischen Merkmale ist ein Ansatz zur Repräsentation von Begriffen. Es wird angenommen, daß Begriffe repräsentiert werden, indem jene Attribute gespeichert werden, die deren notwendige und hinreichende Bedingungen darstellen.

Künstliche Intelligenz (KI): 1) »Verhalten« von technischen Systemen, das dem intelligenten Verhalten von Organismen entspricht oder ähnlich ist. 2) Computerprogramme zur Simulation intelligenter Prozesse.

Kurzzeitgedächtnis (KZG; »short-term memory«): Gedächtnisstruktur (»Speicher«) zwischen dem sensorischen Gedächtnis und dem Langzeitgedächtnis. Das KZG hat eine sehr begrenzte Aufnahmekapazität und Behaltensdauer. Es ist jedoch die einzige Stufe des Erinnerns, auf der Material bewußt verarbeitet wird.

Lallen: Spezifische Lautproduktion, die Säuglinge etwa ab dem 4.–5. Monat hervorbringen. Es besteht aus silbenartigen Lautfolgen wie »mamama« oder »dadada«.

Längsschnittstudie: Entwicklungspsychologischer Versuchsplan, bei dem dieselben Personen wiederholt beobachtet werden, um Entwicklungsprozesse aufzudecken.

Langzeitgedächtnis (LZG; »long-term memory«): Gedächtnisstruktur, in der alle Wissensbestände (Erfahrungen, Informationen, Fertigkeiten etc.) einer Person gespeichert sind und das (theoretisch) eine unbegrenzte Kapazität aufweist. Informationen gelangen in das LZG nur auf dem Wege über das Kurzzeitgedächtnis (KZG) und können auch nur durch Abrufen in das KZG zur Bewältigung kognitiver Aufgaben genutzt werden.

Latentes Lernen: Prozeß der auf Erfahrung beruhenden Veränderung im Verhaltenspotential, der zunächst nicht im Verhalten (Leistung) sichtbar wird.

Latenzphase: Stufe der psychosexuellen Entwicklung nach Freud (etwa von 6 Jahren bis zur Pubertät). In dieser Phase erlangt das Kind die Bedürfnisbefriedigung primär durch die Erkundung der Umwelt und den Erwerb von Kompetenzen.

Laterale Hemmung (Inhibition): Wird eine Rezeptorzelle durch Licht stimuliert, so sendet sie Impulse an benachbarte Zellen aus und hemmt dadurch deren Reizübertragung.

Lebenstrieb (Eros): Nach S. Freud angeborene interne Verhaltensbedingung, die die Energie für Wachsen und Überleben bereitstellt. L. wird vielfach mit Libido gleichgesetzt.

Lernen: Prozeß, der zu relativ stabilen Veränderungen im Verhalten oder Verhaltenspotential führt und auf Erfahrung beruht. L. ist nicht direkt beobachtbar, sondern wird aus Veränderungen des beobachtbaren Verhaltens erschlossen.

Lernen durch Beobachtung: s. Beobachtungslernen.

Libido: In der Psychoanalyse die sexuelle Energie, die den Menschen zu allen Formen angenehmer sinnlicher Erfahrung treibt. Die Entwicklung der Libido vollzieht sich in deutlich unterscheidbaren Phasen (orale – anale – phallische – genitale Phase).

Limbisches System: Eine Gruppe von »alten« Gehirnstrukturen (u. a. Amygdala, Hippocampus, Thalamus und Hypothalamus), die man bei allen Säugetieren findet. Es koordiniert Informationen vom bzw. zum Cortex, unterstützt die Homöostase des Organismus und reguliert eine Reihe von Emotionen und Trieben.

Locus-of-control-Orientierung (Kontrollüberzeugung): Nach J. Rotter nehmen Menschen an, daß die Ergebnisse ihrer Handlungen entweder von Ereignissen außerhalb ihrer persönlichen Kontrolle liegen (externer Locus of control) oder von dem abhängen, was sie tun (interner Locus of control).

Löschen: Prozeß beim instrumentellen oder operanten Konditionieren: Die Wahrscheinlichkeit einer Reaktion verringert sich, wenn keine Verstärkung mehr erfolgt.

Löschung (Extinktion): Prozeß bei der klassischen Konditionierung: Wird ein konditionierter Reiz nicht länger mit dem unkonditionierten dargeboten, so wird die konditionierte Reaktion im Laufe der Zeit schwächer, bis sie ganz ausbleibt.

Marienthal-Studie: Klassische Studie zur Untersuchung der psychischen Folgen von Arbeitslosigkeit, die von Marie Jahoda und Mitarbeitern in den 30er Jahren in dem kleinen Dorf Marienthal in Niederösterreich durchgeführt wurde. Die Methodik der Studie kann noch als vorbildlich gelten, und einige der Resultate haben ebenfalls zeitübergreifende Gültigkeit, beispielsweise die Ergebnisse zum Umgang mit Arbeitslosigkeit in der Familie und zur Rolle der sozialen Unterstützung.

Medianwert Mdn: Maßzahl zur Beschreibung der zentralen Tendenz einer Verteilung. Der Medianwert teilt die Menge der der Größe nach geordneten Daten genau in der Mitte.

Medulla oblongata (verlängertes Rückenmark): Oberes Ende des Rückenmarks bzw. unterster Abschnitt des Gehirns. Sie reguliert grundlegende Fuktionen wie Atmung und Herzschlag.

Membranpotential: Elektrisches Potential an der Zellmembran von Neuronen. Es besteht in einer Potentialdifferenz zwischen dem Inneren der Zelle und der sie umgebenden Flüssigkeit. Wenn nicht besondere Einflüsse auf die Zelle einwirken, bleibt das Membranpotential konstant; es wird deshalb auch als Ruhepotential bezeichnet.

Merkmalsdetektoren: Von Hubel u. Wiesel entdeckte Zellen im visuellen Cortex, die innerhalb ihrer rezeptiven Felder nur auf spezifische Merkmalsmuster reagieren.

Messen: Spezifische Form der Datenerhebung, bei der die Daten in Form von Zahlen vorliegen. Beobachtungen werden in der Weise Zahlen zugeordnet, daß Beziehungen zwischen den Beobachtungen durch die Zahlen abgebildet werden.

Metakognition: Kognitive Prozesse und Strukturen, die Kognitionen zum Gegenstand haben (»Denken über Denken«).

Metakognitives Wissen: Wissen darüber, was man weiß und wie gut man dargebotene Information versteht. Es ermöglicht uns bis zu einem gewissen Grade, den Ablauf unserer Kognitionen bewußt zu verfolgen.

Methode der direkten Größenschätzung (»magnitude estimation«): Von S. S. Stevens entworfene Methode zur Konstruktion psychophysischer Skalen, bei der die Vp ihren Empfindungen direkt Zahlen zuordnet.

Mittelwert $\bar{x}$ (arithmetisches Mittel): Gebräuchlichstes Maß zur Beschreibung der zentralen Tendenz einer Verteilung. Umgangssprachlich wird der Mittelwert meistens als Durchschnitt bezeichnet.

Mnemotechniken: 1) Allgemein: Maßnahmen zur Verbesserung der Gedächtnisleistung. 2) Speziell: Strategien zur Verbesserung des Erinnerns, bei denen die neu einzuspeichernde Information mit vertrautem, bereits enkodiertem Material verbunden wird, damit sie später besser abzurufen ist.

Mobbing: Ein Begriff, negative kommunikative Handlungen zu beschreiben, die gegen eine Person gerichtet sind und die Beziehung zwischen »Täter« und »Opfer« beschreiben, weil sie über einen längeren Zeitraum sehr oft vorkommen.

Modalwert M: Maßzahl zur Beschreibung der zentralen Tendenz einer Verteilung. Der Modalwert ist jener Variablenwert, der bei einer Erhebung am häufigsten vorkommt.

Modell der dualen Gedächtniskodierung: Nach Paivio bedienen sich Menschen bei der Speicherung von Gedächtnisinhalten eines verbalen und eines visuellen Codes. Sensorische Informationen und konkrete Sätze werden eher visuell (als Bilder), abstrakte Sätze eher verbal kodiert.

Modul: Selbständig und weitgehend unabhängig von einem »zentralen Prozessor« arbeitende Einheit des kognitiven Apparates. Die Auffassung, daß die menschliche Kognition »modular« organisiert ist, ist ein populäres Modell der Kognitiven Psychologie.

Moralstufen: Nach Kohlberg vollzieht sich die Entwicklung des moralischen Urteilens in qualitativ unterscheidbaren Stufen, die in engem Zusammenhang mit der sozial-kognitiven Entwicklung stehen. Jede Stufe ist durch eine andere Grundlage für moralisches Urteilen gekennzeichnet.

Motiv: Interne Bedingung für das Ingangsetzen, Steuern und Aufrechterhalten einer spezifischen Klasse von Verhaltensweisen (z. B. für Leistungsverhalten oder aggressives Verhalten). Ein M. ist wenigstens teilweise erlernt und das Ergebnis sozialer Einflüsse.

Motivation: Umfassender Begriff, der sich auf das Ingangsetzen, Steuern und Aufrechterhalten von körperlichen und psychischen Aktivitäten bezieht. M. verweist auf interne Variablen und Prozesse und trägt zur Erklärung beobachteter Verhaltensänderungen bei.

Multiple Persönlichkeit: Dissoziative Störung, bei der in einem Individuum zwei oder mehr eigenständige Persönlichkeiten existieren.

Nachahmung: s. Beobachtungslernen.

Nativismus: Position zur Erbe-Umwelt-Kontroverse: Der (extreme) N. sieht die menschliche Entwicklung ausschließlich als genetisch gesteuerte Entfaltung von Erbanlagen.

Natrium- und Kaliumpumpen: Transportmechanismen, die nach der Auslösung eines Aktionspotentials an der Zellmembran in Aktion treten, um Natrium(+)-Ionen nach außen und Kalium(+)-Ionen nach innen zu pumpen.

Natürliche (naturalistische) Beobachtung: Beobachtung natürlich auftretenden Verhaltens. Der Forscher unternimmt keinen Versuch, die Verhaltensbedingungen zu verändern oder künstlich zu schaffen.

Negativer Verstärker: Reiz, der zu einem Anstieg der Auftretenswahrscheinlichkeit einer Reaktion führt, wenn er aus einer Situation entfernt wird (Beispiele: Lärm, extreme Hitze, elektrischer Schlag).

Netzhaut (Retina): Komplexe Membran auf der rückwärtigen Seite des Auges, bestehend aus mehreren Schichten unterschiedlicher Zellen (Photorezeptoren, bipolare Zellen, Ganglienzellen). In der Netzhaut erfolgt sowohl die Umwandlung der Lichtenergie in neurale Impulse als auch die Integration neuraler Signale.

Neuron (Nervenzelle): Zelle, deren spezielle Aufgabe es ist, Informationen zu empfangen, zu verarbeiten und/oder an andere Zellen im Körper weiterzuleiten. Neuronen sind die Grundbausteine des Nervensystems.

Neuropsychologie: Teilgebiet der Biologischen Psychologie, das sich mit dem Verhalten in Abhängigkeit von der Aktivität des Gehirns und des Nervensystems befaßt. Sie sucht nach den neuralen Grundlagen von Gedanken, Gefühlen und Handlungen.

Neurose: Im traditionellen Sprachgebrauch die Bezeichnung für eine psychische Störung, die durch ineffektive Versuche des Individuums zur Angstbewältigung (z.B. Phobien, Zwänge) gekennzeichnet ist.

Neurotransmitter: Trägerstoffe für den Prozeß der chemischen Signalübertragung an den Synapsen.

Nicht bewußte Prozesse: Form der Informationsverarbeitung, bei der die Informationen weder im Bewußtsein noch im Gedächtnis repräsentiert sind, aber dennoch grundlegende körperliche oder geistige Aktivitäten beeinflussen können (z.B. Figur-Grund-Wahrnehmung).

Nomothetischer Ansatz: Strategie zur Erforschung der Persönlichkeit. Der n.A. geht davon aus, daß universelle, allen gemeinsame Eigenschaftsdimensionen die Grundstruktur der Persönlichkeit bilden. Individuelle Unterschiede ergeben sich als unterschiedliche Ausprägungen auf diesen Dimensionen.

Norm, soziale: Eine soziale Regel, die »vorschreibt«, wie man sich generell oder in bestimmten Situationen verhalten sollte oder welche Verhaltensweisen man unterlassen sollte. Manche Normen sind stark gesellschafts- oder kulturabhängig; man spricht dann von Konventionen. Manche moralische Normen sind hingegen gesellschafts- und kulturübergreifend gültig.

Normalverteilung: Spezielle Wahrscheinlichkeitsverteilung, die für die Psychologie deshalb von besonderer Bedeutung ist, weil ihr die beobachtbaren Häufigkeitsverteilungen vieler Variablen

ähnlich sind und sich mit wachsendem Stichprobenumfang immer weiter annähern. Viele Verfahren der Inferenzstatistik beruhen auf der Annahme, daß die Variablen (approximativ) normalverteilt sind.

Normen: 1) Allgemein: Statistische Vergleichsdaten, die es ermöglichen, das individuelle Diagnoseergebnis einer Person mit einer definierten Bezugsgruppe zu vergleichen. Liegen Normen vor, so spricht man von einem normierten Erhebungsverfahren. 2) Speziell: In der Entwicklungspsychologie beschreiben Normen den Entwicklungsstand einer repräsentativen Stichprobe bestimmten Alters. Sie erlauben die Beurteilung des relativen Entwicklungsstandes des einzelnen Individuums.

Objektivität: 1) Grundforderung an die wissenschaftliche Forschung. Nach K. Popper kann O. mit intersubjektiver Nachprüfbarkeit (Nachprüfbarkeit durch andere Forscher) gleichgesetzt werden. 2) Gütekriterium psychologischer Diagnoseverfahren, das sich auf das Ausmaß, in dem die Resultate der Diagnose vom Untersucher unabhängig sind, bezieht.

Objektpermanenz: Elementare kognitive Fähigkeit, die im Laufe der ersten zwei Lebensjahre erworben wird. Das Kind verfügt dann über die O., wenn es erkennt, daß Objekte auch unabhängig von seiner Aufmerksamkeit und Aktivität (weiter-)existieren.

Ökologische Optik: Theoretischer Ansatz zum Verständnis des Prozesses der visuellen Wahrnehmung nach J. J. Gibson, der die Wahrnehmung nicht als Ergebnis der Struktur des Organismus auffaßt, sondern von einer Analyse der unmittelbaren Umwelt (d. h. des ökologischen Kontextes) ausgeht.

Operantes Konditionieren: Elementares Lernprinzip nach B. F. Skinner: Im Paradigma des operanten Konditionierens werden spontane Reaktionen untersucht, deren Auftretenshäufigkeit sich unter verschiedenen Reizbedingungen ändert.

Operationale Definition: Eine Variable (oder ein Begriff) wird dadurch definiert, daß die Operationen angegeben werden, die der Forscher einsetzt, um ihr Vorhandensein zu bestimmen.

Orale Phase: Nach Freud die primitivste Stufe der psychosexuellen Entwicklung, bei der der Mund die primäre Quelle der Befriedigung ist.

Organisation: Strukturiertes, zielorientiertes, überdauerndes soziales Gebilde, das bestimmte Ziele verfolgt. Für die psychologische Erforschung von Organisationen ist die Unterscheidung zwischen formaler Organisationsstruktur und Organisationsform bedeutsam.

Organisationspsychologie: Jenes Gebiet der Psychologie, das die Bedingungen, Abläufe und Konsequenzen des Handelns von Menschen in Organisationen untersucht. Historisch aus der Betriebspsychologie hervorgegangen, greift die Organisationspsychologie heute vor allem Ideen und Konzepte der modernen Kognitionspsychologie und Sozialpsychologie auf.

Organisation der (visuellen) Wahrnehmung: Prozesse der Zusammenfügung der Sinneseindrücke, so daß das, was in unserem Gesichtsfeld ist, als ein einheitliches Perzept wahrgenommen wird.

Orientierungsreaktion: Relativ unspezifische Reaktion des Organismus (z. B. des Muskeltonus und im vegetativen Bereich) bei einem neuen unerwarteten oder bedrohlichen Reiz. Sie führt u. a. zur Erhöhung der Sensibilität der Sinnesorgane und Verkürzung der Reaktionszeit.

Pädagogische Psychologie: Jenes Gebiet innerhalb der Psychologie (Prüfungsfach im Hauptdiplom), das sich mit der wissenschaftlichen Erforschung der psychologischen Seite von Bildungs- und Erziehungsprozessen befaßt. Es ist heute üblich, innerhalb der Pädagogischen Psychologie von der Psychologie der Bildungs- und Sozialisationsprozesse die Psychologie der Lehr- und Lernprozesse abzugrenzen.

Paralleltest-Reliabilität: Spezielle Form der Reliabilität, die aus dem Ausmaß der Übereinstimmung der Resultate bei Anwendung von zwei Parallelformen eines Erhebungsverfahrens bei derselben Stichprobe gewonnen wird.

Parasympathikus: Dieser Teil des autonomen Nervensystems ist hauptsächlich für den Körperhaushalt, wie etwa die Ausscheidung von überflüssigen Stoffen, den Schutz des visuellen Apparates durch Tränen und Pupillenkontraktion und die Langzeitspeicherung von Energie zuständig. Er arbeitet mit dem anderen Teil des autonomen Nervensystems, dem Sympathikus, zusammen.

Partielle Verstärkung (intermittierte Verstärkung): Konzept aus der klassischen Lerntheorie: Das Verhalten wird nicht jedesmal, sondern nur bei einem Teil der Lerndurchgänge verstärkt.

Payoff-Matrix: Systematische Zusammenstellung der »Gewinne« und »Verluste« für die verschiedenen Alternativen in einer Urteils- oder Entscheidungssituation.

Periodizitätstheorie: Theorie, die die Wahrnehmung der Tonhöhe mit der zeitlichen Steuerung neuraler Reaktionen erklärt.

Peripheres Nervensystem (PNS): Netzwerk der sensorischen und motorischen Neuronen, die die Verbindung zwischen dem zentralen Nervensystem und der Körperoberfläche bilden.

Persönliches Konstrukt: Nach Kelly ein Konzept, das die Person zur aktiven Interpretation und Konstruktion der Welt benutzt. Es ist die Überzeugung darüber, wie zwei Dinge einander gleichen und wie sie sich von anderen unterscheiden.

Persönlichkeit: Wichtiges psychologisches Konzept, um die Einzigartigkeit des Individuums zu betonen. P. bezieht sich auf die einzigartigen psychologischen Merkmale des Individuums, die eine Vielzahl von charakteristischen konsistenten Verhaltensmustern in verschiedenen Situationen und zu verschiedenen Zeitpunkten beeinflussen.

Persönlichkeitsfragebogen: s. Fragebogen.

Persönlichkeitsstörungen: Psychische Störungen, für die lang anhaltende (chronische), unflexible und unangepaßte Verhaltensmuster typisch sind (Beispiele: antisoziale, narzißtische und zwanghafte Persönlichkeitsstörungen).

Perzept: Erlebtes (phänomenales) Ergebnis des Wahrnehmungsprozesses.

Phallische Phase: Stufe der psychosexuellen Entwicklung nach Freud (etwa vom 3.–5. Lebensjahr). Die primäre Quelle der Be-

dürfnisbefriedigung ist die Untersuchung und Stimulation des eigenen Körpers, insbesondere des Penis oder der Klitoris.

Phänotyp: Die Gesamtheit aller beobachtbaren Merkmale und Eigenschaften, die der Organismus tatsächlich entwickelt. Er ist das Resultat der Interaktion von Genotyp und Umwelt.

Phobie: Hartnäckige, irrationale Furcht vor einem bestimmten Objekt, einer Aktivität oder Situation (dem phobischen Reiz), wodurch ein zwanghafter Wunsch nach Vermeidung (phobische Reaktion) verursacht wird.

Photorezeptoren: Lichtempfindliche Zellen (zwei Typen: Stäbchen und Zapfen) in der Netzhaut, in denen die physikalische Energie in neurale Signale umgewandelt wird.

Physiologische Psychologie: Teilgebiet der Psychologie, das sich mit dem Zusammenhang von physiologischen Prozessen im Gehirn (bzw. im ZNS) und dem Verhalten befaßt. Sie wird zunehmend in die umfassendere Biologische Psychologie integriert.

Placebo-Effekt: 1) Allgemein: Ein Placebo-Effekt liegt vor, wenn die Reaktion der Person bei einer Untersuchung eher durch ihre Erwartungen darüber, was sie tun oder fühlen sollte, als durch die tatsächlichen Versuchsbedingungen beeinflußt wird. 2) Speziell: Ein Placebo-Effekt liegt vor, wenn ein Patient nach der Einnahme einer Substanz, von der er annimmt, daß es sich um ein Medikament handelt, eine Besserung erfährt, obwohl die Substanz keine chemischen Wirkstoffe enthält.

Positiver Verstärker: Reiz, der zu einem Anstieg der Auftretenswahrscheinlichkeit einer Reaktion führt, wenn er in eine Situation eingeführt wird (Beispiele: Futter, Wasser, sexueller Kontakt).

Posttraumatische Belastungsstörung (Streßsyndrom): Reaktion auf traumatische Erlebnisse, die u. a. im ungewollten Wiedererleben der traumatischen Erfahrung, insbesondere des ursprünglichen Gefühls von Schock, Furcht und Schrecken, besteht.

Prägung: Ein elementarer Lernprozeß, bei dem das junge Tier sich dem ersten beweglichen Objekt anschließt, das es sieht und/oder hört.

Präoperationale Stufe (Stufe des anschaulichen Denkens): Nach Piagets Theorie globale Stufe der kognitiven Entwicklung (etwa vom 2.–7. Lebensjahr). Charakteristisch sind einerseits die Verfügbarkeit symbolischen Denkens, andererseits das Fehlen logischer Denkoperationen (»prä-operational«).

Prävention: 1) Allgemein: Vorbeugende Maßnahme. 2) Speziell: Krankheitsprävention ist der Versuch, durch spezielle Maßnahmen das Erkrankungsrisiko zu reduzieren oder zu eliminieren.

Primacy-Effekt: 1) In der Sozialpsychologie: Bezeichnung für das Phänomen, daß die ersten Informationen über einen anderen Menschen einen stärkeren Eindruck als die folgenden hinterlassen. 2) In der Lernpsychologie: Bezeichnung für das bessere Lernen bzw. Behalten der zuerst dargebotenen Elemente bei einer Liste von Lernitems.

Primärer Trieb (»primary drive«; D): Zentrales motivationales Konzept in der Lerntheorie C. Hulls. Primäre Triebe gehen aus internen biologischen Bedürfnissen hervor; sie sind nicht von Lernprozessen abhängig, stellen jedoch eine zentrale Voraussetzung jeglichen Lernens dar.

Prinzip der Enkodierspezifität: Das Prinzip verweist auf den engen Zusammenhang von Enkodierung und Abruf: Die Gedächtnisleistung wird dann größer sein, wenn ähnliche oder identische Hinweisreize (cues) wie die Abrufhilfen (retrieval cues) bereits beim Enkodieren präsent sind.

Prinzip der guten Gestalt (Prägnanzgesetz): Von der Gestaltpsychologie aufgedeckte Tendenz der Wahrnehmung, »gute Gestalten«, die z.B. durch Einfachheit, Symmetrie und Regelmäßigkeit ausgezeichnet sind, zu »präferieren«, d.h. leichter und genauer wahrzunehmen.

Proaktive Interferenz: Störender Einfluß beim Erlernen und Behalten neuer Gedächtnisinhalte durch früher erworbene Informationen.

Projektiver Test: Verfahren der Persönlichkeitsdiagnostik, bei dem der Person Reizmaterial vorgelegt wird, das mehrdeutig ist (z.B. abstraktes Muster, mehrdeutiges Bild), so daß es unterschiedliche Interpretationsmöglichkeiten bietet. Es wird angenommen, daß die Interpretationen innere Gefühlszustände, persönliche Motive und Konflikte der Person widerspiegeln.

Proposition: Abstrakte Bedeutungseinheit, die eine Beziehung zwischen Konzepten, Gegenständen oder Ereignissen ausdrückt. In der modernen Kognitionspsychologie bezeichnet P. die kleinste Wissenseinheit (Behauptung), die als richtig oder falsch beurteilt werden kann.

Protokoll lauten Denkens (»think-aloud protocol«): Aktuelles Datenerhebungsverfahren in der Kognitiven Psychologie, das erste Hinweise auf Strategien der Aufgabenbearbeitung und der Wissensrepräsentation erlaubt. Während der Bearbeitung einer Aufgabe berichtet die Vp darüber, was sie tut und warum sie es tut.

Prototyp: Nach E. Rosch das repräsentativste Exemplar (oder Beispiel) einer Kategorie oder eines Begriffes. Die Prototypentheorie nimmt an, daß Begriffe (Kategorien) um das repräsentativste Exemplar strukturiert werden.

Proximaler Reiz: Im Rahmen der Analyse des Wahrnehmungsprozesses wird das Abbild des physikalischen Objektes auf der Netzhaut als p.R. bezeichnet (im Unterschied zum distalen Reiz).

Prozedurales Gedächtnis: Bezieht sich auf die Erinnerung daran, wie Dinge getan werden (Erinnern von Fertigkeiten, Handlungen, Prozeduren). Gegensatz: Deklaratives Gedächtnis (Erinnerung an Fakten).

Psychische Abstumpfung: Verringerung sowohl der Empfindsamkeit als auch der moralischen Empörung gegenüber Aggression und Gewalt. Sie ist das Ergebnis der häufigen Beobachtung von Gewalt (z.B. im Fernsehen), besonders dann, wenn diese mit Belustigung gekoppelt ist.

Psychische Störung: Klinisch bedeutsames Verhaltenssyndrom bzw. Merkmalsmuster, das mit aktuellen Beschwerden, einer Behinderung, einem erhöhten Todes-, Schmerz- oder Behinderungsrisiko oder einem Verlust an Frieden einhergeht (nach DSM-III-R, S. 474).

Psychischer Determinismus: Grundannahme der Psychoanalyse: Beobachtbare psychische Vorgänge und Erscheinungen treten nicht beliebig auf, sondern hängen im Sinne einer Kausalbezie-

hung mit früheren Lebensereignissen zusammen, die u.U. im Rahmen der psychoanalytischen Therapie aus dem Unbewußten erschlossen werden können.

Psychoaktive Drogen: Chemische Substanzen, die die inneren Prozesse und das Verhalten beeinflussen, indem sie die bewußte Wahrnehmung der Realität verändern.

Psychoanalyse (Tiefenpsychologie): Das von Sigmund Freud und seinen Schülern und Nachfolgern geschaffene umfassende theoretische System, um psychische Prozesse, insbesondere psychopathologische Erscheinungen, zu erklären. Häufig wird auch die auf diesem System beruhende Therapie als Psychoanalyse bezeichnet.

Psychoanalytische Therapie: Von S. Freud erfundene und auf der psychoanalytischen Theorie aufbauende intensive und zeitaufwendige Therapieform, bei der die Erkundung unbewußter Motivationen und Konflikte im Vordergrund steht.

Psychologische Diagnostik: 1) Teilgebiet der Psychologie, das sich mit der Konstruktion und Analyse von Diagnoseverfahren befaßt. 2) Durchführung von Diagnosen.

Psychologischer Test: s. Test.

Psychologische Methodenlehre: Teildisziplin der Psychologie, die sich mit den Zielen, Voraussetzungen und Verfahren der Sammlung, Auswertung und Interpretation von Daten befaßt.

Psychometrie: Teilgebiet der Psychologie, das sich die quantitative Erfassung psychischer Merkmale (Messung im engeren Sinne) zum Ziel gesetzt hat.

Psychometrische Funktion: Quantitative Darstellung des Zusammenhanges zwischen der Stärke des physikalischen Reizes und dem Ausmaß der Sinnesempfindung.

Psychopathologie: Wissenschaftliche Disziplin, die sich mit der Erforschung psychischer Störungen befaßt.

Psychophysik: Untersuchung der gesetzmäßigen Beziehung zwischen der physikalischen Stimulation, die auf die Sinnesorgane einwirkt und den dadurch hervorgerufenen Verhaltensweisen und Erfahrungen. Das besondere Ziel der P. ist die Quantifizierung dieser Beziehung.

Psychose: Allgemeiner Begriff für eine Reihe schwerer psychischer Störungen, bei welchen gravierende Beeinträchtigungen der Wahrnehmung, der Emotionalität und des Denkens auftreten.

Psychosexuelle Entwicklung: Freud charakterisierte die Persönlichkeitsentwicklung als eine Abfolge psychosexueller Entwicklungsstufen. Die Stufen unterscheiden sich dadurch, daß die Befriedigung instinktbedingter biologischer Bedürfnisse durch verschiedene Körperzonen (Mund, Anus, Genitalien) erfolgt.

Psychosomatische Störungen: Körperliche Erkrankungen, bei deren Genese psychische Prozesse eine zentrale Rolle spielen. P.S. werden auch als Anpassungsstörungen bezeichnet und treten z.B. bei Streßreaktionen auf.

Psychosoziale Entwicklungsstufen: E. Erikson teilt den menschlichen Lebenslauf in psychosoziale Entwicklungsstufen ein, die durch die Haltungen, die das Individuum sich selbst und anderen gegenüber einnimmt, charakterisiert sind. Jede Stufe setzt ein neues Niveau sozialer Interaktion voraus.

Psychotherapie: Methoden zur Behandlung psychischer (oder auch körperlicher) Störungen, die die Veränderung des unangemessenen Verhaltens oder Erlebens durch Intervention auf der psychologischen Ebene zum Ziel haben.

Querdisparation (binokulare Disparität): Verschiebung zwischen den horizontalen Positionen der einander entsprechenden Bilder, die die beiden Augen bei der visuellen Wahrnehmung liefern. Die Q. ist eine der Quellen der binokularen Tiefenwahrnehmung.

Querschnittstudie: Entwicklungspsychologischer Versuchsplan, bei dem Gruppen von Personen verschiedenen Alters zu einem bestimmten Erhebungstermin beobachtet und verglichen werden.

Quotenplan: Strategie der Verabreichung von Verstärkern. Diese werden jeweils nach einer bestimmten Anzahl (Quote) von Reaktionen gegeben.

Randomisierung: Bezeichnet bei einem psychologischen Experiment die Zuweisung der Vpn zur Experimental- oder Kontrollgruppe nach einem Zufallsverfahren. Dadurch hat jede Vp die gleiche Chance, in die Experimental- oder Kontrollgruppe aufgenommen zu werden.

Raum-Frequenz-Modell: Modell zur Erklärung der Wahrnehmung von Mustern und Formen. Es geht von der Annahme aus, daß unser Nervensystem über visuelle Szenen »nachdenkt«, indem es Bilder in eine andere Repräsentationsform transformiert, die einer Beschreibung in Begriffen von Hell und Dunkel mathematisch äquivalent ist.

Reaktion (Response): Verhalten bzw. Verhaltensweise eines Individuums, das als Folge eines vorausgehenden äußeren oder inneren Ereignisses (eines Reizes) angesehen wird.

Reaktionszeit (»reaction time«; RT): Beliebtes Verfahren der Datenerhebung in der Kognitiven Psychologie. Es handelt sich um die Zeit, die zwischen der Darbietung eines Reizes oder Signals und der Reaktion der Person verstreicht.

Reduktionismus: Annahme, daß Phänomene auf einer bestimmten Analyseebene (z.B. Psychologie) durch Gesetze auf einer »niedrigeren«, grundlegenderen Ebene (z.B. Physiologie) erklärt werden können.

Reflexbogen: Einfachster Schaltkreis im Nervensystem, der im Extremfall nur aus einem sensorischen Neuron und einem Motoneuron besteht. Reflexbögen sind die neurologische Grundlage für Reflexe (automatische, schnelle und einfache Reaktionen).

Reflexe: Nicht gelernte Reaktionen (z.B. Speichelsekretion, Pupillenkontraktion), die durch spezifische Reize, die für den Organismus biologisch relevant sind, automatisch ausgelöst werden.

Regellernen: Prozeß sozialen Lernens und der Sozialisation. Es umfaßt das Erkennen der Verhaltensimplikationen von Regeln, das Erkennen des Kontextes, in dem sie relevant sind und die Wahrnehmung der Kontingenzen für das Befolgen oder Überschreiten der Regeln.

Reifung: Entwicklungsvorgang, der durch genetische Faktoren in Gang gesetzt wird und einem genetisch festgelegten Fahrplan folgt, der für die ganze Spezies verbindlich ist. Aber auch Reifungsvorgänge vollziehen sich im Rahmen der Interaktion des Individuums mit der Umwelt.

Reiz (Stimulus): Ein äußeres oder inneres Ereignis, das eine Verhaltensweise des Individuums nach sich zieht.

Reizdiskrimination: Prozeß bei der klassischen Konditionierung: Der Organismus lernt, auf Reize, die dem ursprünglich konditionierten Reiz ähnlich sind, nicht mit der konditionierten Reaktion zu reagieren.

Reizgeneralisierung: Prozeß bei der klassischen Konditionierung: Ausweitung der konditionierten Reaktion auf Reize, die dem konditionierten Reiz ähnlich sind. Je größer die Ähnlichkeit, um so stärker die Reaktion.

Reizkontrolle: Kontrolle über das Verhalten durch Manipulation der wirksamen Kontingenzen (Verstärker) und der sie ankündigenden diskriminativen Reize.

Reliabilität (Zuverlässigkeit): Gütekriterium für die Erhebung psychologischer Daten: Sie bezeichnet die Genauigkeit der Erhebung. Maßzahl für die Reliabilität ist der Reliabilitätskoeffizient.

REM-Schlaf: Schlafphase, in der das EEG-Muster dem unruhigen Niedrigspannungsmuster des Wachzustands ähnelt und in der Salven von raschen Augenbewegungen (rapid eye movements; REM) auftreten.

Replikationsstudie: Wiederholung einer wissenschaftlichen Untersuchung unter möglichst identischen (strikte Replikation) oder systematisch veränderten (konstruktive Replikation) Bedingungen.

Residuales Streßsyndrom: Posttraumatische Belastungsstörung (Streßsyndrom), die bestehen bleibt und chronisch wird.

Retest-Reliabilität: Spezielle Form der Reliabilität, die aus dem Ausmaß der Übereinstimmung der Resultate bei wiederholter Anwendung ein und desselben Verfahrens bei derselben Stichprobe gewonnen wird.

Retikuläres aktivierendes System (RAS; Formatio reticularis): Teil des Hirnstammes, das wie ein »Wächter des Gehirns« funktioniert, indem es den Cortex aktiviert, so daß er für neue Reize empfänglich wird.

Retroaktive Interferenz: Störender Einfluß beim Behalten von Gedächtnisinhalten durch Informationen, die später erworben werden.

Retrograde Amnesie: Verlust der Erinnerung an Ereignisse, die vor der kritischen Erfahrung (Schock oder Trauma) liegen, die die Amnesie ausgelöst hat.

Rezeptive Felder: Jene Bereiche des Sehfeldes, auf die Ganglienzellen eines bestimmten Typs mit neuraler Aktivität reagieren.

Reziproker Determinismus: Aus der sozialen Lerntheorie A. Banduras stammender Begriff für die wechselweise Einflußnahme von Individuum und Umwelt.

Rolle: Sozial definiertes Verhaltensmuster, das von einer Person, die innerhalb einer Gruppe eine bestimmte Position einnimmt, erwartet wird.

Rorschachtest: Von H. Rorschach entwickelter projektiver Test, bei dem als Reizmaterial mehrdeutige symmetrische Figuren vorgegeben werden.

Rubikon-Modell: Allgemeines Motivationsmodell, das im Rahmen der Erforschung der Arbeitsmotivation angewendet wird. Das Rubikon-Modell verbindet Motivation mit Willensentscheidung (Überschreiten des Rubikon steht für Umsetzung eines Handlungsimpulses in die tatsächliche Handlung). Dabei gibt es 4 Phasen: Abwägen, Planen, Handeln und Evaluation.

Rückenmark: Langer dicker Strang von Nervenzellen in der Wirbelsäule, die das Gehirn mit Rezeptoren im ganzen Körper verbinden.

Rückwirkende Maskierung: Ein Reiz, der einem anderen, ähnlich gearteten Reiz folgt, löscht oder »maskiert« den vorangehenden, weil er mit dessen Wahrnehmungsprozeß interferiert.

Rückwirkende Konditionierung: Form der klassischen Konditionierung, bei welcher der neutrale nach dem unkonditionierten Reiz dargeboten wird.

Schema: 1) Umfassender und nicht immer eindeutiger Begriff für komplexere kognitive Strukturen (Strukturen des Denkens). Schemata sind generelle begriffliche Rahmen oder Wissensstrukturen, die Vorannahmen (Erwartungen) über bestimmte Gegenstände, Menschen und Situationen implizieren. Sie können deshalb genutzt werden, um mehrdeutiger oder unvollständiger neuer Information Sinn zu verleihen. 2) In Piagets Entwicklungstheorie umfassender Begriff für die Strukturen des Erkennens.

Schizophrenien (schizophrene Störungen): Schwere psychische Störungen, bei denen sich die Persönlichkeit aufzulösen scheint, u.a. charakterisiert durch verzerrte Wahrnehmung, abgestumpfte Emotionen, bizarre Gedanken und fremdartige Sprache. Es werden verschiedene Typen der S. unterschieden: desorganisierter Typus (Hebephrenie) – katatoner Typus – paranoider Typus – undifferenzierter Typus.

Script (Skript): Struktur prozeduralen Wissens. Scripts repräsentieren die Abfolge spezifischer Ereignisse oder Handlungen (Beispiel: Script eines Restaurantbesuches oder einer Geburtstagsfeier).

Selbst (s. auch Selbstkonzept): 1) Nach der humanistischen Psychologie die nicht reduzierbare Einheit, aus der die Kohärenz und die Stabilität der Persönlichkeit hervorgeht. 2) Nach W. James lassen sich bei der Erfahrung des Selbst das materielle Ich, das soziale Ich und das spirituelle Ich unterscheiden.

Selbstbestimmung im Beruf: Nach Untersuchungen von Kohn ist die Selbstbestimmung für den Einfluß des Berufs auf die Persönlichkeitsentwicklung entscheidend. Die berufliche Selbstbestimmung hängt von der inhaltlichen Komplexität der Arbeit, von der Strenge der Überwachung und vom Grad der Routinisierung ab.

Selbstkonzept: Nach dem Informationsverarbeitungsansatz eine dynamische mentale Struktur, mittels derer die Person sich selbst kognitiv repräsentiert und die als Regulationsinstanz Gedanken, Handlungen und Gefühle beeinflußt.

Selbstverwirklichung: 1) Wichtiges Bedürfnis innerhalb der hierarchischen Motivationstheorie A. Maslows. S. bezieht sich auf das Bedürfnis, das eigene Potential auszuschöpfen. 2) Innerhalb der klientenzentrierten Therapie von C. Rogers angenommenes Grundbedürfnis des Menschen.

Selbstwirksamkeit (»self-efficacy«): Überzeugung, in einer bestimmten Situation die angemessene Leistung erbringen zu können.

Selektive Aufmerksamkeit: Ausrichtung der konzentrierten Bewußtheit auf nur einen Teil der durch die Sinnesorgane oder durch die Vorstellung verfügbaren Information.

Selektiver Filter: Nach Broadbent Modellvorstellung zur Funktion der Aufmerksamkeit bei der Informationsverarbeitung, bei der das meiste an unerwünschter Information abgeblockt wird, während die erwünschte Information an das Bewußtsein weitergeleitet wird.

Semantisches Gedächtnis: Bezeichnet das symbolisch repräsentierte Wissen, das eine Person über die Welt hat. Es ist jener Teil des deklarativen Gedächtnisses, der die grundlegenden Bedeutungen von Begriffen und Wörtern enthält.

Sensomotorische Stufe: Erste globale Entwicklungsstufe im Rahmen von Piagets Theorie der kognitiven Entwicklung (von der Geburt bis zu etwa zwei Jahren). Der Entwicklungsfortschritt besteht im Aufbau immer komplexerer Handlungsschemata und der Vorbereitung von kognitiven (»geistigen«) Strukturen und Prozessen.

Sensorisches Gedächtnis (sensorisches Register): Erste Stufe der Informationsverarbeitung im Gedächtnis. Es wird angenommen, daß für jeden der Sinne ein spezifisches Register die eintreffende Reizinformation für ein kurzes Zeitintervall festhält, bevor eine Kategorisierung erfolgt.

Sensorisches Register: s. Sensorisches Gedächtnis.

Sequentieller Versuchsplan: Entwicklungspsychologischer Versuchsplan, der die Vorzüge der Querschnitt- und der Längsschnittstudie miteinander kombinieren soll. In der Regel werden dabei mehrere Kohorten (Geburtsjahrgänge) über vergleichbare Altersabschnitte beobachtet.

Serieller Positionseffekt: Soll eine Reihe von Behaltensitems frei reproduziert werden, so hängt die Behaltensleistung von der Position der Items ab: Die mittleren Items werden schlechter behalten als die am Anfang oder am Ende der Liste stehenden.

Sexuelle Erregung: Erlebter Zustand der Erregung und Spannung, der durch physiologische und kognitive Reaktionen auf erotische Reize entsteht.

Sexuelle Scripts: Durch soziales Lernen erworbene Muster (»Programme«) sexuellen Verhaltens. S.S. enthalten (implizit) Anweisungen darüber, welche sexuellen Handlungen wann, wie, mit wem oder mit was und warum zu tun sind.

Sexuelle Störungen: Psychische Störungen, bei denen sexuelle Hemmungen und Dysfunktionen oder sexuelle Perversionen im Vordergrund stehen.

Shaping (Verhaltensformung): Schrittweiser Erwerb neuer Verhaltensweisen nach dem Prinzip der differentiellen Verstärkung.

Signifikanzniveau: Das Signifikanzniveau wird bei der Prüfung von Hypothesen mit Hilfe der Inferenzstatistik vom Forscher a priori festgelegt. Es gibt an, bei welcher Auftretenswahrscheinlichkeit beobachteter Effekte die Nullhypothese aufgegeben werden soll. Als Konvention haben sich vor allem das 5%- und das 1%-Signifikanzniveau eingebürgert: Ist unter der Annahme der Richtigkeit der Nullhypothese die Auftretenswahrscheinlichkeit des beobachteten Effektes kleiner als 5% (bzw. 1%), so wird die Nullhypothese zurückgewiesen.

Sinnesphysiologie: Jenes Teilgebiet der Physiologie, das die Prozesse der Umwandlung physikalischer Stimulation in neural gespeicherte Information untersucht.

Sinnesempfindung (Sensorische Empfindung): Prozeß der Reizung eines Rezeptors, wodurch neurale Impulse ausgelöst werden, die eine elementare Erfahrung eines Gefühls oder einer Kenntnis von Bedingungen innerhalb oder außerhalb des Körpers vermitteln.

Somatisches Nervensystem: Jener Teil des peripheren Nervensystems, der unter willentlicher Kontrolle steht.

Somatoforme Störungen: Psychische Störungen, bei denen psychische Konflikte in Klagen über das körperliche Befinden umgewandelt werden, aber keine organischen Störungen zu finden sind (z.B. Hypochondrie, Konversionsstörung).

Soziale Bezugnahme: Suche nach Informationen über den emotionalen Zustand eines Interaktionspartners, um das eigene Verhalten zu steuern; z.B. bei der Interaktion von Kleinkindern mit Müttern zu beobachten.

Soziale Erleichterung: Verbesserung der individuellen Leistung, die allein durch die Anwesenheit anderer zustande kommt.

Soziale Wahrnehmung: Prozeß, der es einer Person ermöglicht, ihre persönlichen Eigenheiten und die Eigenschaften anderer Menschen zu erkennen oder wahrzunehmen.

Soziales Bummeln (»social loafing«): Unbewußte Neigung, in der Anstrengung nachzulassen, wenn in der Gruppe (und nicht allein) gearbeitet wird, unabhängig davon, ob die Aufgabe interessant und bedeutend ist.

Soziales Stereotyp: System von Überzeugungen und Glaubenssätzen über die Persönlichkeitseigenschaften und Fähigkeiten, die »normalerweise« bei den Mitgliedern einer Gruppe gefunden werden.

Sozialisation: Lebenslanger Prozeß der Entstehung individueller Verhaltensmuster, Werte, Maßstäbe, Fähigkeiten und Motive in der Auseinandersetzung mit den entsprechenden Maßstäben der Gesellschaft.

Sozialpsychologie: Teilgebiet der Psychologie, das sich mit Einflüssen des sozialen Kontextes (im weitesten Sinne) auf das Verhalten, Erleben und Bewußtsein von Menschen befaßt.

Spannungsreduktion: Zentrales Konzept sowohl der Psychoanalyse als auch der Lerntheorie C. Hulls: Der Organismus handelt, um »Spannung« zu reduzieren, die durch unbefriedigte Triebe hervorgerufen wird. Verhalten, das bei der S. erfolgreich ist, wird wiederholt und allmählich zur erlernten Gewohnheit.

Split-Brain-Patienten: Patienten, bei denen die Verbindung zwischen den beiden Hemisphären des Großhirns, das Corpus callosum (Balken), durchtrennt wurde.

Spontane Erholung: Prozeß bei der klassischen Konditionierung: Das Wiederauftreten einer nur scheinbar gelöschten konditionierten Reaktion nach einer Ruhephase.

Spontane Remission: Verschwinden psychischer Störungen, ohne daß eine Intervention durch einen Psychologen, Arzt o.ä. stattgefunden hat.

Standardabweichung s: Wichtigste und informationsreichste Maßzahl zur Beschreibung der Variabilität einer Verteilung. Das Quadrat der Standardabweichung wird als Varianz bezeichnet.

Standardisierung: 1) Die Schaffung einheitlicher Bedingungen bei der Durchführung und Auswertung empirischer Untersuchungen. Sie besteht zum Beispiel in der genauen Festlegung und Einübung des Versuchsleiterverhaltens und in der Anwendung einheitlicher oder möglichst vergleichbarer Erhebungsverfahren für alle Vpn. 2) Ermittlung von Normen für ein Diagnoseverfahren, indem es bei allen Personen einer ausgewählten, genau beschriebenen Stichprobe in der gleichen Weise und unter vergleichbaren Bedingungen angewendet wird.

Statistik: Teilgebiet der angewandten Mathematik und zugleich Hilfswissenschaft der Psychologie. Psychologen bedienen sich der Statistik bei der zusammenfassenden und prägnanten Beschreibung ihrer Beobachtungen (deskriptive Statistik) und beim Rückschluß von der Stichprobe auf die Grundgesamtheit (Inferenzstatistik). Daneben stellt die Statistik Modelle für die Mathematische Psychologie bereit.

Stichprobe: Aus der Statistik stammende Bezeichnung für eine Teilmenge aus der Grundgesamtheit (Population) aller Individuen (allgemeiner: Merkmalsträger), auf die sich der Geltungsbereich einer Untersuchung oder einer wissenschaftlichen Aussage bezieht.

Streß: Muster spezifischer und unspezifischer Reaktionen eines Organismus auf Reizereignisse, die sein Gleichgewicht stören und seine Fähigkeiten zur Bewältigung strapazieren oder überschreiten.

Stressor: Reizereignis, das vom Organismus eine Anpassungsreaktion verlangt.

Subjektive Theorie: Kognitive Strukturen, in denen unser Alltagswissen organisiert ist. Beispielsweise haben Lehrer subjektive Theorien über den guten und den schlechten Schüler und die Wirksamkeit von bestimmten Unterrichtsmaßnahmen. Man spricht in diesem Zusammenhang von Theorien, weil diese Strukturen – in Analogie zu wissenschaftlichen Theorien – zusammenhängend und kohärent aufgebaut sind.

Sucht: s. Drogensucht.

Sympathikus: Dieser Teil des autonomen Nervensystems wird bei Notfällen angesprochen, aktiviert das Gehirn und erleichtert eine Reihe von motorischen Reaktionen. Der Sympathikus arbeitet mit dem anderen Teil des autonomen Nervensystems, dem Parasympathikus, zusammen.

Synapse: Bezeichnung für jenen Bereich, in dem die Signale von einer Nervenzelle auf eine andere übergehen. Es besteht zwischen den Nervenzellen keine unmittelbare Berührung (synaptischer Spalt).

Systematische Desensibilisierung: Technik der Verhaltenstherapie bei der Behandlung von Angststörungen, bei der der Klient angeleitet wird, der Entstehung von Angst durch Entspannung entgegenzuwirken.

Team: Eine Arbeitsgruppe innerhalb einer Organisation, die unter anderem durch folgende Merkmale charakterisiert ist: ein ausgeprägtes Maß an innerem Zusammenhalt und Engagement, ein gleichberechtigtes Nebeneinander von individueller und wechselseitiger Verantwortung und das Erschließen von Synergieeffekten. Teamarbeit kann soziale und leistungsorientierte Ziele verfolgen.

Telegrammstil: Typischer Sprechstil während der kindlichen Entwicklung. Er tritt mit etwa 2–3 Jahren auf und ist gekennzeichnet durch kurze, einfache Sätze, die Verwendung vieler Inhaltswörter und das Fehlen von Funktionswörtern, Tempus-Endungen und Pluralbildungen.

Test: In der Psychologie sehr gebräuchlicher Begriff mit wenigstens fünf Bedeutungen. Test bezeichnet 1) ein Verfahren zur Untersuchung eines Persönlichkeitsmerkmals (z.B. Intelligenztest), 2) den Vorgang der Untersuchung oder 3) die zur Untersuchung notwendigen Materialien. Aber auch 4) Verfahren der statistischen Datenauswertung werden als Tests bezeichnet. Schließlich wird der Begriff Test 5) auf jede Datenerhebung angewendet, die auf eine Stichprobe beschränkt ist.

Thalamus: Struktur im ältesten Teil des Vorderhirns, das als Schaltzentrale dient, welche eintreffende sensorische Signale zu jener Region des Cortex schickt, in der sie verarbeitet werden.

Thanatos: s. Todestrieb.

Thematischen Apperzeptionstest (TAT): Von H. Murray entwickelter projektiver Test, bei dem als Reizmaterial Bilder von mehrdeutigen Szenen vorgelegt werden, zu denen die Person Geschichten erfinden soll.

Theoretisches Konstrukt: Ein in eine Theorie eingebetteter oder aus einer Theorie hergeleiteter Erklärungsbegriff. Ein theoretisches Konstrukt wird herangezogen, um einem Muster von Daten oder Zusammenhängen »Sinn zu verleihen«.

Theorie der Signalentdeckung: 1) Erstmals von Green u. Swets formulierte Theorie zur Erklärung des Verhaltens in psychophysischen Experimenten, die den Prozeß der Urteilsbildung in den Mittelpunkt stellt und deshalb u.a. Antworttendenzen berücksichtigt. 2) In verallgemeinerter Form: Allgemeines Modell der Entscheidungsbildung.

Theorie des sozialen Lernens (sozial-kognitive Lerntheorie): A. Banduras Ansatz zur Entwicklung der Persönlichkeit: Sie betont u.a. die aktive Rolle des Individuums bei der Verarbeitung von Information, das Lernen durch Beobachtung und die Fähigkeit zur Selbststeuerung.

Todestrieb (Thanatos): Nach S. Freud angeborene interne Verhaltenstendenz, die auf die Selbstzerstörung des Individuums gerichtet ist und oft als Aggression gegen andere nach außen umgelenkt wird.

Toleranz: Verminderung der Wirkung von psychoaktiven Drogen bei fortgesetztem Konsum.

Top-down-Prozesse (hypothesengeleitete Prozesse): In der modernen Kognitionspsychologie gebräuchlicher Begriff für Prozesse, bei denen bereits vorhandene kognitive Strukturen die Auswahl, Organisation oder Interpretation von sensorischer Information steuern.

Trance-Logik: Typische Eigenschaft einiger hoch hypnotisierbarer Personen, widersprüchliche Phänomene zu tolerieren, anstatt darauf zu bestehen, daß ihr Erleben unter Hypnose nach der üblichen Logik sinnvoll sein muß.

Treatment: Darbietung der unabhängigen Variablen in einem Experiment.

Trieb: 1) Allgemein: Biologisch gegebene interne Bedingung für das Ingangsetzen, Steuern und Aufrechterhalten von Verhalten (z.B. Sexualtrieb). 2) Speziell: Zentrales Konzept in der Psychoanalyse S. Freuds.

Typ (Persönlichkeitstyp): Typen sind voneinander abgegrenzte Muster von Persönlichkeitsmerkmalen, in die alle Menschen eingeordnet werden können.

Typ A-Verhalten: Spezifisches Verhaltensmuster (-syndrom), das die Wahrscheinlichkeit von Erkrankungen der Herzkranzgefäße erhöht. Menschen vom Typ A sind u.a. immer in Eile, können sich nicht entspannen, sind kurz angebunden, konkurrenzbewußt und erfolgsorientiert.

Übergeneralisierung: Die Ü. von Regeln ist ein Charakteristikum der normalen Sprachentwicklung. Eine Regel wird zu sehr verallgemeinert (auf Ausnahmen), wodurch es zu Fehlern kommt. Beispiel: Übergeneralisierung der Vergangenheitsform der regelmäßigen Verben (»gehte«, »schwimmte« etc.).

Übertragung: Prozeß bei der psychoanalytischen Therapie: Der Klient überträgt auf den Therapeuten jene Gefühle, die er gegenüber einer Person hatte, die im Mittelpunkt eines emotionalen Konfliktes stand.

Über-Ich: Von der Psychoanalyse angenommene Persönlichkeitsstruktur: Sitz der Werte und Normen, einschließlich der erworbenen, in der Gesellschaft geltenden moralischen Einstellungen und des Gewissens. Das Ü. enthält auch das Ich-Ideal (das, was die Person zu werden anstrebt).

Umwelt: In der Psychologie schließt der Begriff Umwelt sowohl die natürliche als auch die von Menschenhand geschaffene Lebenswelt einer Person ein. Statt von der Umwelt kann man auch vom »Erfahrungsraum« des Menschen sprechen.

Unabhängige Variablen: Verhaltensbedingungen, deren Einfluß auf Verhaltensmerkmale (abhängige Variablen) im Rahmen von psychologischen Untersuchungen geprüft wird.

Unbewußter Prozeß: s. Unbewußtes.

Unbewußtes; unbewußter Prozeß; unbewußt: Zentraler Begriff der Psychoanalyse für psychische Vorgänge, die sich zwar nicht im Bewußtsein vollziehen, jedoch in symbolischer oder sublimierter Form das Verhalten beeinflussen oder stören können. Unbewußte Prozesse können durch Techniken der Psychoanalyse (z. B. Traumdeutung) bewußt gemacht werden.

Unkonditionierter Reflex (UR): Im Rahmen des Paradigmas der klassischen Konditionierung Bezeichnung für die durch einen biologisch relevanten Reiz hervorgerufene Reflexreaktion (z. B. Pupillenkontraktion).

Unkonditionierter Stimulus (Unkonditionierter Reiz; US): Begriff im Rahmen des Paradigmas der klassischen Konditionierung: Biologisch relevanter Reiz, der zuverlässig eine reflektorische Reaktion hervorruft.

Unmittelbare Gedächtnisspanne: Speicherkapazität des Kurzzeitgedächtnisses (KZG), die bei etwa sieben (plus/minus zwei) Einheiten (chunks) liegt.

Unterbewußte Prozesse: Normalerweise nicht bewußte psychische Prozesse, die aber durch bestimmte Techniken (z. B. des Erinnerns) bewußt gemacht werden können.

Unterschiedsschwelle: Kleinste physikalische Differenz, die als Unterschied empfunden wird (»eben merklicher Unterschied«).

Unterschwellige Wahrnehmung: Obwohl ein Reiz unterhalb der absoluten Schwelle liegt und deshalb von der Person nicht bewußt wahrgenommen wird, verhält sie sich so, als ob sie den Reiz wahrgenommen hätte.

Validität (Gültigkeit): Gütekriterium für die Erhebung psychologischer Daten: Sie beschreibt, in welchem Maße ein Erhebungsverfahren tatsächlich das Merkmal oder die Variable mißt, das/die es zu messen beansprucht. Maßzahl für die Validität ist der Validitätskoeffizient.

Verarbeitungstiefe (»levels of processing«): Annahme, daß Gedächtnismaterial unterschiedlich »tief« verarbeitet wird. Tiefere Verarbeitung führt zu genauerer und dauerhafter Erinnerung, weil sie mit mehr Analyse, Interpretation, Vergleich und Elaboration verbunden ist. Dieser Ansatz ist eine aktuelle Alternative zur Zwei-Komponenten-Theorie des Gedächtnisses.

Verdrängung: Nach Freud jener Prozeß, durch den eine Person sich vor der Erinnerung an nicht annehmbare oder schmerzhafte Erinnerungen schützt, indem sie sie aus dem Bewußtsein verstößt.

Verhaltensdiagnostik: Strategie der Datenerhebung, die auf die Identifizierung der gegenwärtig beobachtbaren Verhaltensweisen gerichtet ist. Dabei werden Fremdbeurteilungen (Ratings) durch geübte Beobachter vorgenommen.

Verhaltensgenetik (»behavioral genetics«): Es ist das Ziel dieses neuen Forschungsgebietes, die genetischen Grundlagen von Verhaltensweisen und psychologischen Merkmalen, z. B. der Intelligenz oder psychischer Störungen, zu identifizieren.

Verhaltenskontingenz: Konsistente Beziehung zwischen einer Reaktion und den Reizbedingungen, die ihr folgen.

Verhaltensmodifikation: s. Verhaltenstherapie.

Verhaltenstheorie: Vom Behaviorismus vertretener Ansatz zur Beschreibung und Erklärung psychologischer Phänomene. Zentrale Merkmale sind die Beschränkung auf das »objektiv erfaßbare« Verhalten und die Betonung der Rolle der Umwelt als Ursachefaktor.

Verhaltenstherapie (VT): Eine Gruppe von psychologischen Therapien, die auf lerntheoretischen Prinzipien, z. B. der Konditionierung und der Verstärkung, beruhen. Die VT geht von der Annahme aus, daß gestörtes Verhalten nach lernpsychologischen Prinzipien erworben worden ist. Synonym: Verhaltensmodifikation.

Verstärker (Verstärkung): Bedeutsame Ereignisse (Reize), die die Reaktion eines Organismus festigen können, wenn sie in kontingenter Beziehung zu der Reaktion auftreten.

Verstärkungsmuster: Festlegung des Zeitpunktes und der Dauer von Verstärkern im Lernexperiment. Verstärkungsmuster, die mit operanten Reaktionen gekoppelt sind, werden als Verstärkungspläne bzw. Bestrafungspläne bezeichnet.

Versuchsleitereffekt: Verfälschung der Daten durch die Erwartungen des Versuchsleiters (Vl). Dieser Effekt wird dem Vl in der Regel nicht bewußt.

Versuchsplan (Design): Beschreibung der bei einer Untersuchung geplanten Erhebungen (und Auswertungen), häufig in graphischer oder tabellarischer Form.

Visueller Cortex: Jene Areale des Cortex (Großhirnrinde), die der Verarbeitung visueller Informationen dienen.

Vorwärtsgerichtete Konditionierung: Übliche Form der klassischen Konditionierung, bei welcher der neutrale vor dem unkonditionierten Reiz auftritt.

Wahn: s. Wahnvorstellung.

Wahnvorstellung: Eine falsche Überzeugung oder verzerrte Vorstellung, an der festgehalten wird, obwohl ihre irrationale Grundlage bewiesen wurde.

Wahrnehmung: 1) Im weiteren Sinne der Prozeß der Aufnahme und Interpretation von Information durch das kognitive System. 2) Im engeren Sinne wird die W. von der Sinnesempfindung und der Klassifikation unterschieden und bezeichnet jene Stufe der Informationsaufnahme, bei der eine innere Repräsentation bzw. ein erlebtes Perzept des äußeren Reizes konstruiert wird.

Wahrnehmungsabwehr: Bezeichnung für die Annahme, daß bestimmte Wahrnehmungsinhalte (emotional aversive Reize) aufgrund einer »psychologischen Abwehr« schlechter (später, ungenauer) wahrgenommen werden als andere.

Wahrnehmungsdilemma: Ein Verhandlungsspiel, das insbesondere im Rahmen der Friedenspsychologie zur Untersuchung der strategischen Interaktion zwischen einzelnen Personen oder Gruppen eingesetzt worden ist. Mit dieser Methode ist etwa das nukleare Wettrüsten zwischen den USA und der Sowjetunion zu Zeiten des kalten Krieges als Folge eines Wahrnehmungsfehlers, weniger als Interessenkonflikt interpretiert worden.

Wahrnehmungskonstanz: Das Prinzip, daß wir die Welt (distaler Reiz) als invariant, konstant und stabil wahrnehmen, obwohl die Stimulation unserer Sinnesorgane (proximaler Reiz) sich ständig ändert. Beispiele sind die Größen- und die Formkonstanz.

Wahrnehmungstäuschung: Verzerrte Wahrnehmung von objektiv gegebenen Reizen. W.en können auf unterschiedlichen Stufen des Wahrnehmungsprozesses zustande kommen.

Webersches Gesetz: Von E. Weber 1834 entdeckte Beziehung zwischen der Reizstärke und der Empfindung von Unterschieden: Je größer oder intensiver der Standardreiz ist, um so größer muß die Zunahme der Reizstärke sein, damit ein eben merklicher Unterschied wahrgenommen wird.

Wert-Erwartungs-Theorie: Theorie der Arbeitsmotivation nach Vroom. Nach dieser Theorie ist Motivation das Ergebnis von 2 Arten von Erwartungen, Ergebnis- und Instrumentalitätserwartungen, und von Bewertungen (Anziehungskraft der zu erreichenden Belohnung).

Widerstand: Im Rahmen der Psychoanalyse entwickelter Begriff für die Unfähigkeit oder Unwilligkeit der Person, über bestimmte Vorstellungen, Wünsche oder Erfahrungen zu sprechen. W. verhindert die Rückkehr verdrängten Materials ins Bewußtsein.

Wiedererkennen (»recognition«): Methode des Abrufens von Information aus dem Gedächtnis, bei dem dargebotene Reize als zuvor erfahrene (erlernte) Information identifiziert werden müssen.

Wortassoziation: Von der Psychoanalyse entwickeltes projektives Verfahren: Vom Untersucher werden Wörter vorgegeben, zu denen die Person Assoziationen bildet.

Zeitperspektive: Subjektive Gliederung und Strukturierung des Zeitkontinuums: Die Art und Weise, wie eine Person den Strom der wahrgenommenen Ereignisse und Erfahrungen in den Rahmen von Vergangenheit, Gegenwart und Zukunft aufteilt.

Zellgruppierungen (»cell assemblies«): Gruppen von Neuronen im Gehirn, die als Folge wiederholter spezifischer Stimulation gemeinsam reagieren. Die These, daß das Gehirn aus Zellgruppierungen aufgebaut ist, wurde von D. Hebb aufgestellt.

Zellkern: Jener Teil der Zelle, der die genetische Information enthält (in den Chromosomen) und die Aktivitäten im Zytoplasma steuert.

Zentrales Nervensystem (ZNS): Hauptbestandteil des Nervensystem, dessen Aufgabe es ist, alle Körperfunktionen zu integrieren und zu koordinieren, indem es alle aus dem peripheren Nervensystem eintreffenden Signale verarbeitet. Es besteht aus dem Gehirn und dem Rückenmark.

Zerebrale Dominanz: Tendenz jeweils einer der beiden Hirnhemisphären, bei der Kontrolle einer bestimmten psychischen Funktion eine dominante Rolle einzunehmen.

Zwei-Faktoren-Theorie der Emotion: Von S. Schachter vertretene Annahme, daß sich die Erfahrung einer Emotion aus der Wirkung sowohl der physiologischen Erregung als auch der kognitiven Bewertung ergibt.

Zwei-Komponenten-Theorie des Gedächtnisses: Aktuelle Gedächtnistheorie, die als zentrale Komponenten das Kurzzeit- und das Langzeitgedächtnis und die mit diesen Strukturen zusammenhängenden Prozesse der Informationsverarbeitung annimmt.

Zytoplasma: Zellsubstanz, in der sich die meisten biochemischen Reaktionen abspielen und in der der Stoffwechsel stattfindet.

Literatur

Abele, A. (1997). Der Karriere-Hürdenlauf von Frauen – Chancen und Stolpersteine. *Report Psychologie, 4*, 302–308.

Abele, A., Andrä, M. & Schute, M. (1996). *Psychologische Determinanten der beruflichen Laufbahnentwicklung junger Akademikerinnen und Akademiker unter geschlechtsvergleichender Perspektive.* Universität Erlangen-Nürnberg: Zwischenbericht zu den Ergebnissen der ersten Erhebungswelle des Projekts BELA-E.

Abelin, T., Muller, P., Buchler, A., Vesanen, K. & Imhof. P. R. (1989, January 7). Controlled trial of transdermal nicotine patch in tobacco withdrawal. *The Lancet*, pp. 7–10.

Abrams, R. (1992). *Electroconvulsive therapy.* New York: Oxford University Press.

Abramson, L. Y., Seligman, M. E. P. & Teasdale, J. D. (1978). Learned helplessness in humans: Critique and reformulation. *Journal of Abnormal Psychology, 87*, 49–74.

Abramson, L. Y., Garber, J., Edwards, N. & Seligman, M. E. P. (1981). Expectancy changes in depression and schizophrenia. *Journal of Abnormal Psychology, 87*, 102–109.

Achtenhagen, F. (1997). Berufliche Ausbildung. In F. E. Weinert (Hrsg.), *Psychologie des Unterichts und der Schule* (S. 603–657). Enzyklopädie der Psychologie, Serie »Pädagogische Psychologie«, Bd. 3. Göttingen: Hogrefe.

Ackerman, D. (1990). *A natural history of the senses.* New York: Random House.

Adams, J. (1979). Mutual-help groups: Enhancing the coping ability of oncology clients. *Cancer Nursing, 2*, 95–98.

Adams, J. A. (1987). Historical review and appraisal of research on the learning, retention, and transfer of human motor skills. *Psychological Bulletin, 101*, 41–74.

Adams, J. L. (1979). *Conceptual blockbusting* (2nd ed.). New York: Norton.

Adams, J. L. (1986). *Conceptual blockbusting* (3rd ed.). New York: Random House.

Adams, J. S. (1965). Equity in social exchange. In L. L. Berkowitz (ed.), *Advances in experimental social psychology* (vol. 2). New York: Academic Press.

Adams, J. S. (1965). Inequity in social exchange. In L. Berkowitz (ed.), *Advances in experimental social psychology* (vol. 2, pp. 267–299). New York: Academic Press.

Adelson, E. H. (1993). Perceptual organization and the judgement of brightness. *Science, 262*, 2042–2044.

Ader, R. (1981). A historical account of conditioned immunobiological responses. In R. Ader (ed.), *Psychoneuroimmunology.* New York: Academic Press.

Ader, R. & Cohen, N. (1981). Conditioned immunopharmacological responses. In R. Ader (ed.), *Psychoneuroimmunology.* New York: Academic Press.

Ader, R. & Cohen, N. (1993). Psychoneuroimmunology: Conditioning and stress. *Annual Review of Psychology, 44*, 53–85.

Adler, A. (1929). *The practice and theory of individual psychology.* New York: Harcourt, Brace & World.

Adler, N. & Matthews, K. (1994). Health psychology: Why do some people get sick and some stay well? *Annual Review of Psychology, 45*, 229–259.

Adler, N. E., Boyce, T., Chesney, M. A., Cohen, S., Folkman, S., Kahn, R. L. & Syme, S. L. (1994). Socioeconomic status and health: The challenge of the gradient. *American Psychologist, 49*, 15–24.

Adorno, T. W., Frenkel-Brunswick, E., Levinson, D. J. & Sanford, R. N. (1950). *The authoritarian personality.* New York: Harper.

Aebli, H. (1976). *Grundformen des Lehrens* (9. Aufl.). Stuttgart: Klett.

Aebli, H. (1980). *Denken: Das Ordnen des Tuns. Band I: Kognitive Aspekte der Handlungstheorie.* Stuttgart: Klett-Cotta.

Aebli, H. (1981). *Denken: Das Ordnen des Tuns. Band II: Denkprozesse.* Stuttgart: Klett-Cotta.

Aebli, H. (1985). *Zwölf Grundformen des Lehrens* (2. Aufl.). Stuttgart: Klett.

Affleck, G., Tennen, H., Pfeiffer, C. & Fifield, J. (1987). Appraisals of control and predictability in adapting to a chronic disease. *Journal of Personality and Social Psychology, 53*, 273–279.

Agosta, W. C. (1992). *Chemical communication: The language of pheromones.* New York: Freeman.

Agras, W. S., Taylor, C. B., Kraemer, H. C., Allen, R. A. & Schneider, J. A. (1980). Relaxation training: Twenty-four-hour blood pressure changes. *Archives of General Psychiatry, 37*, 859–863.

Ahern, G. L. & Schwartz, G. E. (1985). Differential lateralization for positive and negative emotion in the human brain: EEG spectral analysis. *Neuropsychologia, 23*, 744–755.

Ahrens, H.-J. & Amelang, M. (Hrsg.). (1989). *Biologische Funktionen individueller Differenzierung.* Göttingen: Hogrefe.

Ainsworth, M. D. S. (1973). The development of infant-mother attachment. In B. M. Caldwell & H. N. Ricciuti (eds.), *Review of child development research* (vol. 3). Chicago: University of Chicago Press.

Ainsworth, M. D. S., Blehar, M., Waters, E. & Wall, S. (1978). *Patterns of attachment.* Hillsdale, NJ: Erlbaum.

Ajzen, I. & Fishbein, M. (1977). Attitude-behavior relations: A theoretical analysis and review of empirical research. *Psychological Bulletin, 84*, 888–918.

Akhtar, S., Wig, N. H., Verma, V. K., Pershod, D. & Verma, S. K. (1975). A phenomenological analysis of symptoms in obsessive-compulsive neurosis. *British Journal of Psychiatry, 127*, 342–348.

Akmajian, A., Demers, R. A., Farmer, A. K. & Harnish, R. M. (1990). *Linguistics.* Cambridge, MA: MIT Press.

Alba, J. W. & Hasher, L. (1983). Is memory schematic? *Psychological Bulletin, 93*, 203–231.

Albee, G. W. & Joffe, J. M. (eds.). (1977). *Primary prevention of psychopathology: Vol. 1. Issues.* Hanover, NH: University Press of New England.

Albert, D. & Stapf, K. H. (Hrsg.). (1996). *Gedächtnis*. Enzyklopädie der Psychologie, Serie »Kognition«, Bd. IV. Göttingen: Hogrefe.

Alberti, R. E. & Emmons, M. L. (1990). *Your perfect right – A guide to assertive living*. San Luis Obispo, CA: Impact Publishers.

Alker, H. & Poppen, P. J. (1973). Ideology in university students. *Journal of Personality, 41*, 653–671.

Allemann-Tschopp, A. (1979). *Geschlechtsrollen: Versuch einer interdisziplinären Synthese*. Bern: Huber.

Allen, B. P. (1985). After the missiles: Sociopsychological effects of nuclear war. American Psychologist, *40*, 927–937.

Allen, V. L. & Wilder, D. A. (1975). Categorization, belief, similarity, and intergroup competition. *Journal of Personality and Social Psychology, 32*, 971–977.

Allison, D. B., Heshka, S., Neale, M. C., Lykken, D. T. & Heymsfield, S. B. (1994). A genetic analysis of relative weight among 4,020 twin pairs, with an emphasis on sex effects. *Health Psychology, 13*, 362–365.

Allison, T. & Cicchetti, D. (1976). Sleep in mammals: Ecological and constitutional correlates. *Science, 194*, 732–734.

Alloy, L. B. & Abramson, L. Y. (1979). Judgment of contingency in depressed and nondepressed students: Sadder but wiser? *Journal of Experimental Psychology: General, 108*, 441–485.

Alloy, L. B. & Abramson, L. Y. (1980). The cognitive component of human helplessness and depression. In J. Garber & M. E. P. Seligman (eds.), *Human helplessness: Theory and applications*. New York: Academic Press.

Allport, G. W. (1937). *Personality: A psychological interpretation*. New York: Holt, Rinehart & Winston.

Allport, G. W. (1954). *The nature of prejudice*. Cambridge, MA: Addison-Wesley.

Allport, G. W. (1960). *Personality and social encounter*. Berkeley, CA: Beacon Press.

Allport, G. W. (1961). *Pattern and growth in personality*. New York: Holt, Rinehart & Winston.

Allport, G. W. (1965). *Letters from Jenny*. New York: Harcourt, Brace & World.

Allport, G. W. (1966). Traits revisited. *American Psychologist, 21*, 1–10.

Allport, G. W. (1968). The historical background of modern social psychology. In G. Lindzey & E. Aronson (eds.), *The handbook of social psychology* (2. Ed.). Reading, MA: Addison-Wesley.

Allport, G. W. & Odbert, H. S. (1936). Trait-names, a psychological study. *Psychological Monographs, 47*(1, Whole No. 211).

Almli, C. R. (1978). The ontogeny of feeding and drinking behavior: Effects of early brain damage. *Neuroscience and Behavioral Reviews, 2*, 281–300.

Alper, J. (1993). Echo-planar MRI: Learning to read minds. *Science, 261*, 556.

Altman, I. & Christensen, K. (eds.). (1990). *Environment and behavior studies: Emergence of intellectual traditions*. New York: Plenum Press.

Altman, I. A. (1976). Environmental psychology and social psychology. *Personality and Social Psychology Bulletin, 2*, 96–113.

Amabile, T. M. (1983). *The social psychology of creativity*. New York: Springer.

Amelang, M. (Hrsg.). (1996). *Temperaments- und Persönlichkeitsunterschiede*. Enzyklopädie der Psychologie, Serie »Differentielle Psychologie und Persönlichkeitsforschung«, Bd. 3. Göttingen: Hogrefe.

Amelang, M. & Ahrens, H. J. (Hrsg.). (1984). *Brennpunkte der Persönlichkeitsforschung, Band 1*. Göttingen: Hogrefe.

Amelang, M. & Bartussek, D. (1990). *Differentielle Psychologie und Persönlichkeitsforschung* (3. Aufl.). Stuttgart: Kohlhammer.

Amelang, M. & Bartussek, D. (1997). *Differentielle Psychologie und Persönlichkeitsforschung*. Stuttgart: Kohlhammer.

Amelang, M. & Zielinski, W. (1997). *Psychologische Diagnostik und Intervention*. Heidelberg: Springer.

American Psychological Association (1965). Special issue: Testing and public policy. *American Psychologist, 20*, 857–993.

American Psychological Association. (1982). *Guidelines and ethical standards for researchers*.

Ames, A. (1951). Visual perception and rotating trapezoid window. *Psychological Monographs, 324*.

Amnesty International (1983). *Chile: Evidence of torture*. London: Amnesty International Publications.

Andersen, A. (1985). *Practical and comprehensive treatment of anorexia nervosa and bulimia*. Baltimore: Johns Hopkins University Press.

Anderson, A. E. & DiDomenico, L. (1992). Diet vs. shape content of popular male and female magazines: A dose-response relationship to the incidence of eating disorders? *International Journal of Eating Disorders, 11*, 283–287.

Anderson, B., Kiecolt-Glaser, J. K. & Glaser, R. (1994). A biobehavioral model of cancer stress and disease course. *American Psychologist, 49*, 389–404.

Anderson, J. R. (1976). *Language, memory and thought*. Hillsdale, NJ: Erlbaum.

Anderson, J. R. (1978). Arguments concerning representations for mental imagery. *Psychological Review, 85*, 249–277.

Anderson, J. R. (1980). *Cognitive psychology and its implications*. San Francisco: Freeman.

Anderson, J. R. (ed.). (1981). *Cognitive skills and their acqusition*. Hillsdale, NJ: Erlbaum.

Anderson, J. R. (1982). Acquisition of cognitive skills. *Psychological Review, 89*, 369–406.

Anderson, J. R. (1983). *The architecture of cognition*. Cambridge, MA: Harvard University Press.

Anderson, J. R. (1987). Skill acquisition: Compilation of weak-method problem-solutions. *Psychological Review, 94*, 192–210.

Anderson, J. R. (1988). *Kognitive Psychologie: Eine Einführung* (Orig. 1980). Heidelberg: Verlag Spektrum der Wissenschaft.

Anderson, J. R. (1993). Problem solving and learning. *American Psychologist, 48*, 35–44.

Anderson, J. R. (1996). *Kognitive Psychologie*. : Spektrum Akademischer Verlag.

Anderson, J. R. & Bower, G. H. (1973). *Human associative memory*. Washington, DC: Winston & Sons.

Anderson, N. B., McNeilly, M. & Myers, H. (1992). Toward understanding race difference in autonomic reactivity: A proposed contextual model. In J. R. Turner, A. Sherwood & K. C. Light (eds.), *Individual differences in cardiovascular response to stress* (pp. 125–145). New York: Plenum Press.

Andrews, E. L. (1990, April 29). *A nicotine drug patch to end smoking*. The New York Times Index (vol. 139, Section 1, Col. 1, p. 27, June 3, 1990).

Angermeyer, M. (Hrsg.). (1988). *Soziales Netzwerk: Ein neues Konzept für die Psychiatrie*. Berlin: Springer.

Angermeier, W. F. (1976). *Kontrolle des Verhaltens: Das Lernen am Erfolg*. Heidelberg: Springer.

Angermeier, W. F. & Hursh, S. R. (1994). *Operantes Lernen*. UTB Große Reihe Reinhardt.

Angier, R. P. (1927). The conflict theory of emotion. *American Journal of Psychology, 39*, 390–401.

Anliker, J. A., Bartoshuk, L., Ferris, A. M. & Hooks, L. D. (1991). Children's food preferences and genetic sensitivity to the bitter taste of 6-n-propylthiouracil (PROP). *American Journal of Clinical Nutrition, 54*, 316–320.

Antelman, S.M. & Caggiula, A.R. (1980). Stress-induced behavior: Chemotherapy without drugs. In J.M. Davidson & R.J. Davidson (eds.), *The psychobiology of consciousness*. New York: Plenum.

Antelman, S.M., Rowland, N.E. & Fisher, A.E. (1976). Stimulation bound ingestive behavior: A view from the tail. *Physiology and Behavior, 17*, 743–478.

Antoni, C.H. (1990). Qualitätszirkel als Modell partizipativer Gruppenarbeit. Analyse der Möglichkeiten und Grenzen aus der Sicht Betroffener. *Schriften zur Arbeitspsychologie, 49*.

Antrobus, J. (1991). Dreaming: Cognitive processes during cortical activation and high afferent thresholds. *Psychological Review, 98*, 96–121.

Applebaum, P.S. (1994). *Almost a revolution: Mental health law and the limits of change*. New York: Oxford University Press.

Archer, D. & Gartner, R. (1984). *Violence and crime in cross-national perspective*. New Haven, CT: Yale University Press.

Ardrey, R. (1966). *The territorial imperative*. New York: Atheneum.

Arendt, H. (1963). *Eichmann in Jerusalem: A report an the banality of evil*. New York: Viking Press.

Arendt, H. (1971). Organized guilt and universal responsibility. In R.W. Smith (ed.), *Guilt: Man and society*. Garden City, NY: Doubleday Anchor Books.

Arentewicz, G. & Schmidt, G. (1986). *Sexuell gestörte Beziehungen: Konzept und Technik der Paartherapie* (2.Aufl.). Berlin: Springer.

Arkin, R.M. (ed.). (1990). Centennial celebration of the principles of psychology. *Personality and Social Psychology Bulletin, 16* (4).

Arkin, R.M. & Baumgardner, A.H. (1985). Self-handicapping. In J.H. Harvey & G. Weary (eds.), *Attribution: Basic issues and applications*. New York: Academic Press.

Arnold, M.B. (1970). Perennial problems in the field of emotion. In M.B. Arnold (ed.), *Feelings and emotions: The Loyola Symposium*. New York: Academic Press.

Aron, A. & Aron, E.N. (1994). Love. In A.L. Weber & J.H. Harvey (eds.), *Perspectives on close relationships* (pp. 131–152). Boston: Allyn and Bacon.

Aron, A., Aron, E.N., Tudor, M. & Nelson, G. (1991). Close relationships as including other in the self. *Journal of Personality and Social Psychology, 16*, 118–132.

Aron, A., Aron, E.N. & Smollan, D. (1992). Inclusion of other in the self scale and the structure of interpersonal closeness. *Journal of Personality and Social Psychology, 60*, 241–253.

Aronson, E. (1990). Applying social psychology to desegregation and energy conservation. *Personality and Social Psychology Bulletin, 16*, 118–132.

Aronson, E. & Gonzalez, A. (1988). Desegregation jigsaw, and the Mexican-American experience. In P.A. Katz & D. Taylor (eds.), *Towards the elimination of racism: Profiles in controversy*. New York: Plenum Press.

Aronson, E., Turner, J.A. & Carlsmith, J.M. (1963). Communicator credibility and communication discrepancy as determinants of opinion change. *Journal of Abnormal and Social Psychology, 67*, 31–36.

Aronson, E., Blaney, N., Stephan, C., Sikes, J. & Snapp, M. (1978). The jigsaw classroom. Beverly Hills, CA: Sage.

Asarnow, R.F., Cromwell, R.L. & Rennick, P.M. (1978). Cognitive and evoked response measures of information processing in schizophrenics with and without a family history of schizophrenia. *The Journal of Nervous and Mental Disease, 166*, 719–730.

Asch, S.E. (1940). Studies in the principles of judgments and attitudes: 11. Determination of judgments by group and by ego standards. *Journal of Social Psychology, 12*, 433–465.

Asch, S.E. (1952). *Social psychology*. Englewood Cliffs, NJ: Prentice-Hall.

Asch, S.E. (1956). Opinions and social pressure. *Scientific American, 193* (5), 31–35.

Asch, S.E. (1956). Studies of independence and conformity: A minority of one against a unanimous majority. *Psychological Monographs, 70*(9, Whole No. 416).

Asendorpf, J. (1988). *Keiner wie der andere: Wie Persönlichkeitsunterschiede entstehen*. München: Piper.

Asendorpf, J.B. (1996). *Psychologie der Persönlichkeit*. Heidelberg: Springer.

Aserinsky, E. & Kleitman, N. (1953). Regularly occouring periods of eye mobility and concomitant phenomena during sleep. *Science, 118*, 273–275.

Ash, M.G. & Geuter, U. (Hrsg.). (1985). *Geschichte der deutschen Psychologie im 20. Jahrhundert: Ein Überblick*. Opladen: Westdeutscher Verlag.

Ashton, P.T. & Webb, R.B. (1986). *Making a difference: A teacher's sense of efficacy and student achievement*. New York: Longman.

Associated Press. (1991, April 8). New study on suicide by older people.

Aternberg, R.J. (1988). *The triarchic mind: A new theory of human intelligence*. New York: Viking.

Atkinson, J.W. & Birch, D. (1970). *The dynamics of action*. New York: Wiley.

Atkinson, R.C. & Shiffrin, R.M. (1968). Human memory: A proposed system and its control processes. In K.W. Spence & J.T. Spence (eds.), *The psychology of learning and motivation: Advances in research and theory* (vol.2). New York: Academic Press.

Averbach, I. & Coriell, A.S. (1961). Short-term memory in vision. *Bell System Technical Journal, 40*, 309–328.

Averill, J.R. (1969). Autonomic response patterns during sadness and mirth. *Psychophysiology, 5*, 399–414.

Averill, J.R. (1976). Emotion and anxiety: Sociocultural, biological, and psychological determinants. In M. Zuckerman & C.O. Spielberger (eds.), *Emotion and anxiety: New concepts, methods and applications* (87–130). Hillsdale, NJ: Erlbaum.

Ayllon, T. & Azrin, N.H. (1965). The measurement and reinforcement of behavior of psychotics. *Journal of Experimental Analysis of Behavior, 8*, 357–383.

Ayllon, T. & Michael, J. (1959). The psychiatric nurse as a behavioral engineer. *Journal of Experimental Analysis of Behavior, 2*, 323–334.

Ayres, T.J., Jonides, J., Reitman, J.S., Egan, J.C. & Howard, D.A. (1979). Differing suffix effects for the same physical stimulus. *Journal of Experimental Psychology: Human Learning and Memory, 5*, 315–321.

Azrin, N.H. & Fox, R.M. (1976). *Toilet training in less than a day*. New York: Pocket Books.

Azrin, N.H. & Holz, W.C. (1966). Punishment. In N.K. Honig (ed.), *Operant behavior*. New York: Appleton-Century-Crofts.

Baars, B.J. (1988). *A cognitive theory of consciousness*. Cambridge: Cambridge University Press.

Baars, B.J. (1992). A dozen completing-plans techniques for inducing predictable slips in speech and action. In B.J. Baars (ed.), *Experimental slips and human error: Exploring the architecture of volition* (pp. 129–150). New York: Plenum Press.

Baars, B.J. & McGovern, K. (1994). Consciousness. *Encyclopedia of Human Behavior, 1*, 687–699.

Baars, B. J., Motley, M. T. & MacKay, D. G. (1975). Output editing for lexical status in artificially elicited slips of the tongue. *Journal of Verbal Learning and Verbal Behavior, 14*, 382–391.

Baars, B. J., Cohen, J., Bower, G. H. & Berry, J. W. (1992). Some caveats on testing the Freudian slip hypothesis. In B. J. Baars (ed.), *Experimental slips and human error: Exploring the architecture of volition* (pp. 289–313). New York: Plenum Press.

Bachman, J. G., O‚Malley, P. M. & Johnston, J. (1979). *Adolescence to adulthood: Change and stability in the lives of young men.* Ann Arbor, MI: Institute for Social Research.

Backer, T. E., Batchelor, W. F., Jones, J. M. & Mays, V. M. (eds.). (1988). Psychology and AIDS [Special issue]. *American Psychologist, 43*(11).

Backman, C. W. & Secord, P. F. (1959). The effect of perceived liking on interpersonal attraction. *Human Relations, 12*, 379–384.

Baddeley, A. D. (1982). *Your memory, a user's guide.* New York: Macmillan.

Baddeley, A. D. (1986). *So denkt der Mensch: Unser Gedächtnis und wie es funktioniert* (Orig. 1982). München: Droemer-Knaur.

Baddeley, A. D. (1986). *Working memory.* New York: Oxford University Press.

Baddeley, A. D. & Hitch, G. (1974). Working memory. In G. H. Bower (ed.), *The psychology of learning and motivation* (vol. 8). New York: Academic Press.

Baeriswyl, F. (1989). *Verarbeitungssprozesse und Behalten im Arbeitsgedächtnis.* Heidelberg: Asanger.

Bahrick, H. P., Bahrick, P. O. & Wittlinger, R. P. (1975). Fifty years of memory for names and faces: A cross-sectional approach. *Journal of Experimental Psychology: General, 104*, 54–75.

Bailey, J. M. & Pillard, R. C. (1991). A genetic study of male sexual orientation. *Archives of General Psychiatry, 48*, 1089–1096.

Bailey, J. M., Pillard, R. C., Neale, M. C. & Agyei, Y. (1993). Heritable factors influence sexual orientation in women. *Archives of General Psychiatry, 50*, 217–223.

Bailey, M. B. & Bailey, R. E. (1993). »Misbehavior«: A case history. *American Psychologist, 48*, 1157–1158.

Baillargeon, R. (1986). Representing the existence and the location of hidden objects: Object permanence in 6- and 8-month-old infants. *Cognition, 23*, 21–42.

Baillargeon, R. (1987a). Young infants reasoning about the physical and spatial properties of a hidden object. *Cognitive Development, 2*, 179–200.

Baillargeon, R. (1987b). Object permanence in $3^1/_2$- and $4^1/_2$-month-old infants. *Developmental Psychology, 23*, 655- 664.

Baillargeon, R., Spelke, E. S. & Wasseman, S. (1985). Object permanence in five-month-old infants. *Cognition, 20*, 191–208.

Baker, F. M. (1991). Cocaine psychosis. *Journal of National Medical Association, 91*, 987–1000.

Balakrishnan, S. (1991). Psychology of democracy. *The California Psychologist, 24*, 16, 21.

Baldwin, A. L. & Baldwin, C. P. (1973). Study of mother-child interaction. *American Scientist, 61*, 714–721.

Baldwin, E. (1993). The case for animal research in psychology. *Journal of Social Issues, 49*, 121–131.

Balsam, P. D. & Tomie, A. (eds.), (1985). *Context and learning.* Hillsdale, NJ: Erlbaum.

Baltes, M. M. (1986, November). *Selective optimization with compensation: The dynamics between independence and dependence.* Paper presented at the meeting of the Gerontological Society of America, Chicago.

Baltes, M. M. & Wahl, H.-W. (1992). The dependency-support script in institutions: Generalization to community settings. *Psychology and Aging, 7*, 409–418.

Baltes, P. B. (1987). Theoretical propositions on life-span developmental psychology: On the dynamics between growth and decline. *Developmental Psychology, 23*, 611–626.

Baltes, P. B. (1990, November). *Toward a psychology of wisdom.* Invited address presented at the annual convention of the Gerontological Society of America, Boston.

Baltes, P. B. (1993). The aging mind: Potential and limits. *The Gerontologist, 33*, 580–594.

Baltes, P. B. & Kliegl, R. (1992). Further testing of limits of cognitive plasticity: Negative age differences in a mnemonic skill are robust. *Developmental Psychology, 28*, 121–125.

Baltes, P. B. & Lindenberger, U. (1988). On the range of cognitive plasticity in old age as a function of experience: 15 years of intervention research. *Behavior Therapy, 19*, 283–300.

Baltes, P. B., Cornelius, S. W. & Nesselroade, J. R. (1979). Cohort effects in developmental psychology. In J. R. Nesseroade & P. B. Baltes (eds.), *Longitudinal research in the study of bewhavior and development.* New York: Academic Press.

Baltes, P. B., Reese, H. W. & Lipsitt, L. P. (1980). Life-span developmental psychology. In M. Rosenzweig & L. Porter (eds.), *Annual Review of psychology.* Palo Alto, CA: Annual Reviews Press.

Baltes, P. B., Smith, J. & Staudinger, U. M. (1992). Wisdom and successful aging. In T. B. Sonderegger (ed.), *The Nebraska Symposium on Motivation: Vol. 39. The psychology of aging up* (pp. 123–167). Lincoln: University of Nebraska Press.

Banaji, M. R. & Prentice, D. A. (1994). The self in social contexts. *Annual Review of Psychology, 45*, 297–332.

Bancroft, J. (1978). The relationship between hormones and sexual behavior in humans. In J. B. Hutchinson (ed.), *Biological determinants of sexual behavior* (pp. 493–519). New York: Wiley.

Bandura, A. (1965). Influence of models' reinforcement contingencies on the acquisition of imitative responses. *Journal of Personality and Social Psychology, 1*, 589–595.

Bandura, A. (1970). Modeling therapy. In W. S. Sahakian (ed.), *Psychopathology today: Experimentation, theory and research.* Itasca, IL: Peacock.

Bandura, A. (1973). *Aggression: A social learning analysis.* Englewood Cliffs, NJ: Prentice-Hall.

Bandura, A. (1977a). *Social learning theory.* Englewood Cliffs, NJ: Prentice-Hall

Bandura, A. (1977b). Self-efficacy. *Psychological Review, 84*, 191–215.

Bandura, A. (1979a). *Sozial-kognitive Lerntheorie* (Orig. 1976). Stuttgart: Klett-Cotta.

Bandura, A. (1979b). *Aggression: Eine sozial-lerntheoretische Analyse* (Orig. 1973). Stuttgart: Klett-Cotta.

Bandura, A. (1981). In search of pure unidirectional determinants. *Behavior Therapy, 12*, 30–40.

Bandura, A. (1982). Self-efficacy mechanism in human agency. *American Psychologist, 37*, 122–147.

Bandura, A. (1986). *Social foundations of thought and action: A social cognitive theory.* Englewood Cliffs, NJ: Prentice-Hall.

Bandura, A. (1987). *Mechanisms of moral disengagement.* Washington, DC: Woodrow Wilson International Center for Scholars. Paper presented at the Conference, Psychology of Terrorism: Behaviors, World-Views, States of Mind.

Bandura, A. (1992). Exercise of personal agency through the self-efficacy mechanism. In R. Schwarzer (ed.), *Self-efficacy: Thought control of action* (pp. 3–38). Washington, DC: Hemisphere.

Bandura, A. & Mischel, W. (1965). Modification of self-imposed delay of reward through exposure to live and symbolic models. *Journal of Personality and Social Psychology, 2*, 698–705.

Bandura, A., Ross, D. & Ross, S. A. (1963). Imitation of film-mediated aggressive models. *Journal of Abnormal and Social Psychology, 66*, 3–11.

Bandura, A., Underwood, B. & Fromson, M. E. (1975). Disinhibition of aggression through diffusion of resposibility and dehumaniziation of victims. *Journal of Research in Personality, 9*, 253–269.

Bandura, A., Adams, N. E., Hardy, A. B. & Howells, G. N. (1980). Tests of the generality of the self-efficacy theory. *Cognitive Therapy and Research, 4*, 39–66.

Bane, M. J. & Ellwood, D. T. (1989). One-fifth of the nation's children: Why are they poor? *Science, 245*, 1047–1053.

Banks, M. S. & Bennet, P. J. (1988). Optical and photoreceptor immaturities limit the spatial and chromatic vision of human neonates. *Journal of the Optical Society of America, 5*, 2059–2079.

Banks, W. C. (1990). In *Discovering Psychology, Program 16* [PBS video series]. Washington, DC: Annenberg/CPB Program.

Banks, W. P. & Krajicek, D. (1991). Perception. *Annual Review of Psychology, 42*, 305–331.

Bannister, D. & Fransella, F. (1981). *Der Mensch als Forscher (Inquiring Man): Die Psychologie der persönlichen Konstrukte* (Orig. 1971). Münster: Aschendorff.

Banuazizi, A. & Movahedi, S. (1975). Interpersonal dynamics in a simulated prison: A methodological analysis. *American Psychologist, 30*, 152–160.

Banyai, E. I. & Hilgard, E. (1976). Comparison of active-alert hypnotic induction with traditional relaxation induction. *Journal of Abnormal Psychology, 85*, 218–224.

Banyard, P. et al. (1995). *Einführung in die Kognitionspsychologie.* Hrsg. von Jochen Gerstenmaier. UTB Große Reihe.

Barber, T. X. (1969). *Hypnosis: A scientific approach.* New York: Van Nostrand.

Barber, T. X. (1976). *Hypnosis: A scientific approach.* New York: Psychological Dimensions.

Bar-Hillel, M. & Neter, E. (1993). How alike is it versus how likely is it: A disjunction fallacy in probability judgements. *Journal of Personality and Social Psychology, 65*, 1119–1131.

Baribeau-Braun, J., Dicton. T. W. & Gosselin, J. Y. (1983). Schizophrenia: A neuropsychological evaluation of abnormal information processing. *Science, 219*, 874–876.

Barinaga, M. (1989). Can psychotherapy delay cancer deaths? *Science, 46*, 246, 249.

Barinaga, M. (1990). Technical advances power neuroscience. *Science, 250*, 908–909.

Barinaga, M. (1993). Carbon monoxide: Killer to brain messenger in one step. *Science, 259*, 309.

Barker, L. M., Best, M. R. & Domjan, M. (eds.). (1978). *Learning mechanisms in food selection.* Houston: Baylor University Press.

Barnes, D. (1987). Defect in Alzheimer's is on Chromosome 21. *Science, 235*, 846–847.

Barnett, S. A. (1967). Attack and defense in animal societies. In C. D. Clemente & D. B. Lindsley (eds.), *Aggression and defense.* Los Angeles: University of California Press.

Baron-Boldt, J., Funke, U. & Schuler, H. (1989). Prognostische Validität von Schulnoten. Eine Metaanalyse der Prognose des Studien- und Ausbildungserfolgs. In R. S. Jäger, R. Horn, & K. Ingenkamp (Hrsg.), *Tests und Trends 7.* Weinheim: Beltz.

Barondes, S. H. (1994). Thinking about Prozac. *Science, 263*, 1102–1103.

Bar-Tal, D. & Saxe, L. (eds.). (1987). Social psychology of education: Theory and research. Washington, DC: Hemisphere.

Barthe, D. G. & Hammen, C. L. (1981). The attributional model of depression: A naturalistic extension. *Personality and Social Psychology Bulletin, 7* (1), 53–58.

Bartlett, F. C. (1932). *Remembering: A study in experimental and social psychology.* Cambridge: Cambridge University Press.

Bartling, G., Echelmeyer, C., Engberding, M. & Krause, A. (1987). *Problemanalyse im therapeutischen Prozeß* (2. Aufl.). Stuttgart: Kohlhammer.

Bartoshuk, L. (1990, August-September). Psychophysiological insights on taste. *Science Agenda*, 12–13.

Bartoshuk, L. M. (1993). The biological basis of food perception and acceptance. *Food Quality and Preference, 4*, 21–32.

Bartoshuk, L. M., Duffy, V. B. & Miller, I. J. (1992). PTC/PROP tasting: Anatomy, psychophysics and sex effects. *Physiology and Behavior, 51*.

Basseches, M. (1984). *Dialectical thinking and adult development.* Norwood, NJ: Ablex.

Bastine, R. (1992). *Klinische Psychologie.* Bd. I u. II, Stuttgart: Kohlhammer.

Bateson, G., Jackson, D. D., Haley, J. & Weakland, J. H. (1956). Towards a theory of schizophrenia. *Behavioral Science, 1*, 251–264.

Battegay, R. (1985). *Depression: Psychophysiologische und soziale Dimensionen, Therapie.* Bern: Huber.

Bauer, F., Groß, H. & Schilling, G. (1994). *Arbeitszeit '93. Arbeitszeiten, Arbeitszeitwünsche, Zeitbewirtschaftung und Arbeitszeitgestaltung von abhängig Beschäftigten.* Düsseldorf: Ministerium für Arbeit, Gesundheit und Soziales des Landes Nordrhein-Westfalen.

Baum, A. (1990). Stress, intrusive imagery, and chronic distress. *Health Psychology, 9*, 653–675.

Baum, A. & Valins, S. (1979). Architectural mediation of residential density and control: Crowding and the regulation of social contact. In L. Berkowitz (ed.), *Advances in experimental social psychology* (vol. 12). New York: Academic Press.

Baum, A., Calesnick, L. E., Davis, G. E. & Gatchel, R. J. (1982). Individual differences in coping with crowding: Stimulus sreening and social overload. *Journal of Personality and Social Psychology, 43*, 821–830.

Baumeister, R. F. (ed.). (1994). Samples made of stories: Research using autobiographical narratives [Special issue]. *Personality and Social Psychology Bulletin, 20*(6).

Baumeister, R. F., Tice, D. M. & Hutton, D. G. (1989). Self-presentational motivations and personality differences in self-esteem. *Journal of Personality, 57*, 547–579.

Baumgardner, A. H. (1990). To know oneself is to like oneself: Self-certainty and self-affect. *Journal of Personality and Social Psychology, 58*, 1062–1072.

Baumrind, D. (1967). Child care practices anteceding three patterns of preschool behavior. *Genetic Psychology Monographs, 75*, 43–88.

Baumrind, D. (1973). The development of instrumental competence through socialization. In A. Pick (ed.), *Minnesota Symposium in Child Development* (vol. 7). Minneapolis: University of Minnesota Press.

Baumrind, D. (1985). Research using intentional deception: Ethical issues revisited. *American Psychologist, 40*, 165–174.

Baumrind, D. (1986). Sex differences in moral reasoning: Response to Walker's (1984). conclusion that there are none. *Child Development, 57*, 511–521.

Baumrind, D. (1993). The average expectable environment is not good enough: A response to Scarr. *Child Development, 64*, 1299–1317.

Baxter, L. R., Schwartz, J. M., Bergman, K. S., Szuba, M. P., Guze, B. H., Mazziotta, J. C., Alazraki, A., Selin, C. E., Ferng, H.-K., Munford, P. & Phelps, M. E. (1992). Caudate glucose metabolic rate changes with both drug and behavior therapy for obsessive-compulsive disorder. *Archives of General Psychiatry, 49,* 681–689.

Bayley, N. (1956). Individual patterns of development. *Child Development, 27,* 45–74.

Bayley, N. (1969). *Bayley Scales of Infant Development.* New York: The Psychological Corporation.

Baylor, D. (1987). Photoreceptor signals and vision. *Investigative Ophtalmology and Visual Science, 28,* 34–49.

Beach, F. A. (1955). The descent of instinct. *Psychological Review, 62,* 401–410.

Beardslee, W. R. & Mack, J. E. (1983). Adolescents and the threat of nuclear war: The evolution of a perspective. *Yale Journal of Biological Medicine, 56* (2), 79–91.

Beattie, J., Baron, J., Hershey, J. C. & Spranca, M. D. (1994). Psychological determinants of decision attitude. *Journal of Behavioral Decision Making, 7,* 129–144.

Beck, A. T. (1967). *Depression: Clinical, experimental, and theoretical aspects.* New York: Harper & Row.

Beck, A. T. (1976). *Cognitive therapy and emotional disorders.* New York: International Universities Press.

Beck, A. T. (1983). Cognitive theory of depression: New perspectives. In P. J. Clayton & J. E. Barrett (eds.), *Treatment of depression: Old controversies and new approaches* (pp. 265–290). New York: Raven Press.

Beck, A. T. (1985). Cognitive therapy. In H. I. Kaplan & J. Sandock (eds.), *Comprehensive textbook of psychiatry* (4th ed.). Baltimore: Williams & Wilkins.

Beck, A. T. (1988). Cognitive approaches to panic disorders: Theory and therapy. In S. Rachman & J. D. Maser (eds.), *Panic: Psychological perspectives.* New York: Guilford Press.

Beck, A. T. (1996). *Kognitive Therapie der Depression.* Weinheim: Beltz-PVU.

Beck, A. T. & Emery, G. (1985). *Anxiety disorders and phobias: A cognitive perspective.* New York: Basic Books.

Beck, A. T. & Freeman, A. (1995). *Kognitive Therapie der Persönlichkeitsstörungen.* Weinheim: Beltz-PVU.

Beck, A. T. & Rush, A. J. (1989). Cognitive therapy. In H. I. Kaplan & J. Sandock (eds.), *Comprehensive textbook of psychiatry* (vol. 5). Baltimore: Williams & Wilkins.

Beck, A. T., Rush, A. J., Shaw, B. F. & Emery, G. (1986). *Kognitive Therapie der Depression* (2. Aufl.). (Orig. 1979). München: PVU.

Beck, A. T., Wright, F. D., Newman, C. F. & Liese, B. S. (1997). *Kognitive Therapie der Sucht.* Weinheim: Beltz-PVU.

Beck, J. (1972). Similarity groupings and peripheral discriminability under uncertainty. *American Journal of Psychology, 85,* 1–20.

Beck, J. (ed.). (1982). *Organization and representation in perception.* Hillsdale, NJ: Erlbaum.

Beck, M. & Crowley, G. (1990, March 26). Beyond lobotomies: Psychosurgery is safer – but still a rarity. *Newsweek,* p. 44.

Becker, K. & Sachse, R. (1998). *Therapeutisches Verstehen.* Göttingen: Hogrefe.

Becker, P. (1982). *Psychologie der seelischen Gesundheit.* Bd. 1. Göttingen: Hogrefe.

Becker, P. & Minsel, B. (1986). *Psychologie der seelischen Gesundheit.* Bd. 2. Göttingen: Hogrefe.

Beckmann, D. (1979). *Erfahrungen mit dem Gießen-Test (GT): Praxis, Forschung und Tabellen.* Bern: Huber.

Beckmann, D., Brähler, E. & Richter, H. E. (1983). *Der Gießen-Test (GT)* (3. Aufl.). Bern: Huber.

Beckmann, D., Brähler, E. & Richter, H.-E. (1990). *Gießen-Test (GT).* (4. Aufl.). Göttingen: Hogrefe.

Beckmann, J. (1984). *Kognitive Dissonanz: Eine handlungstheoretische Perspektive.* Berlin: Springer.

Bee, H. (1994). *Lifespan development.* New York: HarperCollins.

Beecher, E. (1972). *Licit and illicit drugs.* Boston: Little, Brown.

Begg, I. & Paivio, A. V. (1969). Concreteness and imagery in sentence meaning. *Journal of Verbal Learning and Behavior,* 821–827.

Begley, S. (1989, May 14). The stuff that dreams are made of. *Newsweek,* pp. 41–44.

Beitchman, J. H., Zucker, K. J., Hood, J. E., DaCosta, G. A., Akman, D. & Cassavia, E. (1992). A review of the long-term effects of child sexual abuse. *Child Abuse & Neglect, 16,* 101–118.

Bekerian, D. A. & Bowers, J. M. (1983). Eyewitness testimony: Were we misled? *Journal of Experimental Psychology: Learning, Memory, and Cognition, 9,* 139–145.

Békésy, G. von (1960). *Experiments in hearing.* New York: McGraw Hill.

Belenky, M. F., Clinchy, B. McV., Goldberger, N. R. & Tarule, J. M. (1989). *Das andere Denken: Persönlichkeit, Moral und Intellekt der Frau* (Orig. 1986). Frankfurt: Campus.

Bell, A. P. & Weinberg, M. S. (1978). *Homosexualities: A study of diversity among men and women.* New York: Simon & Schuster.

Bell, I. R. (1982). *Clinical ecology.* Bolinas, CA: Common Knowledge Press.

Bell, R. R. (1974). Female sexual satisfaction as related to levels of education. In L. Gross (ed.), *Sexual behavior.* Flushing, NY: Spectrum.

Bellugi, U., Klima, E. S. & Siple, P. A. (1975). Remembering in signs. *Cognition, 3,* 93–125.

Bem, D. J. (1972). Self-perception theory. In L. Berkowitz (ed.) *Advances in experimental social psychology* (vol. 6, pp. 1–62). New York: Academic Press.

Bem, D. J. & Allen, A. (1974). On predicting some of the people some of the time: The search for cross-situational consistencies in behavior. *Psychological Review, 81,* 506–520.

Bem, D. J. & Honorton, C. (1994). Does psi exist? Replicable evidence for an anomalous process of information transfer. *Psychological Bulletin, 115,* 4–118.

Bem, S. L. (1974). The measurement of psychological androgyny. *Journal of Consulting and Clinical Psychology, 42,* 155–162.

Bem, S. L. (1981). *The Bem Sex Role Inventory: Professional manual.* Palo Alto, CA: Consulting Psychology Press.

Bem, S. L. (1984). Androgyny and gender schema theory: A conceptual and empirical integration. In T. B. Sonderegger (ed.), *Nebraska Symposium on Motivation 1984: The Psychology of Gender.* Lincoln: University of Nebraska Press.

Benedetti, G. (1983). *Psychosentherapie: Psychoanalytische und existentielle Grundlagen* (Orig. 1979). Stuttgart: Hippokrates.

Benedict, R. (1938). Continuities and discontinuities in cultural conditioning. *Psychiatry, 1,* 161–167.

Benedict, R. (1955). *Urformen der Kultur.* Hamburg: Rowohlt. (Erstausgabe 1934)

Benedict, R. (1959). *Patterns of culture.* Boston: Houghton Mifflin.

Benjamin, W. (1930/31). Haschisch in Marseille (Original). In W. Benjamin (1970). Über Haschisch.

Benson, H. (1975). *The relaxation response.* New York: Morrow.

Benson, H. & Stuart, E. M. (eds.). (1992). *The wellness book.* New York: Simon & Schuster.

Berger, A., Henderson, M., Nadoolman, W., Duffy, V., Cooper, D., Saberski, L. & Bartoshuk, L. (1994). *Oral capsaicin provides temporary relief for oral mucositis pain secondary to chemotherapy/radiation therapy.* Unpublished manuscript, Yale University Medical School.

Berglas, S. & Jones, E. E. (1978). Drug choice as a self-handicapping strategy in response to noncontingent success. *Journal of Personality and Social Psychology, 36*, 405–417.

Berk, L. S., Ian, S. A., Fry, W. F., Napier, B. J., Lee, J. W., Hubbard, R. W., Lewis, J. E. & Eby, W. C. (1989). Neuroendocrine and stress hormone changes during mirthful laughter. *American Journal of Medicine Science, 298*, 390–396.

Berkman, L. F. & Syme, S. L. (1979). Social networks, host, resistance, and mortality: A nine-year follow-up study of Alameda County residents. *American Journal of Epidemiology, 109*, 186–204.

Berkowitz, L. (1974). Some determinants of impulsive aggression: Role of mediated associations with reinforcements for aggression. *Psychological Review, 81*, 165–176.

Berkowitz, L. (1982). Aversive conditions as stimuli to aggression. *Advances in Experimental Social Psychology, 15*, 249–288.

Berlyne, D. E. (1960). *Conflict, arousal, and curiosity.* New York: McGraw-Hill.

Berlyne, D. E. (1967). Reinforcement and arousal. In O. Levine (ed.), *Nebraska Symposion on Motivation.* Lincoln: University of Nebraska Press.

Berman, A. L. & Jobes, D. A. (1991). *Adolescent suicide: Assessment and intervention.* Washington, DC: American Psychologist Association.

Berman, K. F., Torrey, E. F., Daniel, D. G. & Weinberger, D. R. (1992). Regional cerebral blood flow in monozygotic twins discordant and concordant for schizophrenia. *Archives of General Psychiatry, 49*, 927–934.

Bernard, L. L. (1924). *Instinct.* New York: Holt, Rinehart & Winston.

Berndt, T. J. (1979). Development changes in conformity to peers and parents. *Developmental Psychology, 15*, 608–616.

Berndt, T. J. (1992). Friendship and friends' influence in adolescence. *Current Directions in Psychological Science, 1*, 156–159.

Berne, E. (1967). *Spiele der Erwachsenen.* Reinbek b. Hamburg: Rowohlt.

Bernstein, I. L. (1988). What does learning have to do with weight loss and cancer? *Proceedings of the Science and Public Policy Seminary of the Federation of Behavioral, Psychological and Cognitive Sciences,* Washington, DC.

Bernstein, I. L. (1990). Salt preferences and development. *Developmental Psychology, 26*, 552–554.

Bernstein, I. L. (1991). Aversion conditioning in response to cancer and cancer treatment. *Clinical Psychology Review, 11*, 185–191.

Berry, J. W. (1967). Independence and conformity in subsistence level societies. *Journal of Personality and Social Psychology, 7*, 415–418.

Berscheid, E. & Walster, E. H. (1978). *Interpersonal attraction* (2nd ed.). Reading, MA: Addison-Wesley.

Bexton, W. H., Heron, W. & Scott, T. H. (1954). Effects of decreased variation in the sensory environment. *Canadian Journal of Psychology, 8*, 70–76.

Bickerton, D. (1990). *Language and species.* Chicago: University of Chicago Press.

Biederman, I. (1985). Recognition by components: A theory of object recognition. *Computer Vision Graphics and Image Processing, 32*, 29–73.

Biederman, I. (1987). Recognition by components. *Psychological Review, 94*, 115–147.

Biederman, I. (1989). Higher-level vision. In D. N. Osherson, H. Sasnik, S. Kosslyn, K. Hollerbrach. E. Smith & N. Block (eds.), *An invitation to cognitive science.* Cambridge, MA: MIT Press.

Bierhoff, H. W. (1979). *Kognitive Organisation, Wahl und Voraussage.* Göttingen: Hogrefe.

Bierhoff, H. W. (1986). *Personwahrnehmung: Vom ersten Eindruck zur sozialen Interaktion.* Berlin: Springer.

Bierhoff, H. W. (1988). *Sozialpsychologie: Ein Lehrbuch* (2. Aufl.). Stuttgart: Kohlhammer.

Bierhoff, H. W. (1990). *Psychologie hilfreichen Verhaltens.* Stuttgart: Kohlhammer.

Bierhoff-Alfermann, D. (1989). *Androgynie: Möglichkeiten und Grenzen der Geschlechterrollen.* Opladen: Westdeutscher Verlag.

Biermann-Ratjen, E.-M., Eckert, J. & Schwartz, H.-J. (1997). *Gesprächspsychotherapie – Verändern durch Verstehen.* Stuttgart: Kohlhammer.

Bigelow, H. J. (1850). Dr. Harlow's case of recovery from the passage of an iron bar through the head. *American Journal of Medical Science, 20*, 13–22.

Bigson, J. J. (1966). *The senses considered as perceptual systems.* Boston: Houghton Mifflin.

Billings, A. G. & Moos, R. H. (1982). Family environments and adaptation: A clinically applicable typology. *American Journal of Medical Science, 20*, 26–38.

Binet, A. (1894). *Psychologie des grandes calculateurs et joueurs déchecs.* Paris: Hachette.

Binet, A. (1911). *Les idées modernes sur les enfants.* Paris: Flammarion.

Bingham, C. R., Bennion. L. D., Openshaw, D. K. & Adams, G. R. (1994). An analysis of age, gender and racial differences in recent national trends of youth suicide. *Journal of Adolescence, 17*, 53–71.

Binkley, S. (1979). A timekeeping enzyme in the pineal gland. *Scientific American, 204* (4), 66–71.

Birbaumer, N. & Kimmel, H. (eds.). (1979). *Biofeedback and self-regulation.* Hillsdale, NJ: Erlbaum.

Birbaumer, N. & Schmidt, R. F. (1990). *Biologische Psychologie.* Berlin: Springer.

Birbaumer, N. & Schmidt, R. F. (1996). *Biologische Psychologie.* Heidelberg: Springer.

Bischoff, S. (1990). *Frauen zwischen Macht und Mann. Männer in der Defensive.* Führungskräfte in Zeiten des Umbruchs. Hamburg: Rowohlt.

Bitner, R. (1983). Awareness during anesthesia. In F. Orking & L. Cooperman (eds.), *Complications in anesthesiology* (pp. 349–354). Philadelphia: Lippincott.

Bitterman, M. E. (1975). The comparative analysis of learning. *Science, 188*, 699–709.

Blake, R. & Hirsch, H. V. B. (1975). Deficits in binocular depth perception in cats after altering monocular deprivation. *Science, 190*, 1114–1116.

Blakemore, C. & Campbell, P. W. (1969). On the existence of neurons in the human visual system selectively sensitive to the orientation and size of retinal images. *Journal of Physiology, 203*, 237–260.

Blanchard-Fields, F. (1986). Reasoning on social dilemmas varying in emotional saliency: An adult developmental perspective. *Psychology and Aging, 1*, 325–333.

Blaney, P. H. (1986). Affect and memory: A review. *Psychological Bulletin, 99*, 229–246.

Blaser, P. & Gehring, A. (1972). *Ein programmierter Kurs zur deutschsprachigen Ausgabe des MMPI.* Bern: Huber.

Blass, E. M. (1990). Suckling. Determinants, changes, mechanisms, and lasting impressions. *Developmental Psychology, 26*, 520–533.

Blass, E. M. & Teicher, M. H. (1980). Suckling. *Science, 210*, 15–22.

Blau, G. L., McGinley, H. & Pasework, R. (1993). Understanding the use of the insanity defense. *Journal of Clinical Psychology,* *49,* 435–440.

Bleuler, M. (1978). The long-term course of schizophrenic psychoses. In L. C. Wynne, R. L. Cromwell & S. Mattysse (eds.), *The nature of schizophrenia: New approaches to research and treatment.* New York: Wiley.

Blight, J. G. (1987). Toward a policy-relevant psychology of avoiding nuclear war: Lessons for psychologists from the Cuban missile crisis. *American Psychologist, 42,* 12–19.

Block, J. H. (1983). Differential premises arising from differential socialization of the sexes: Some conjectures. *Child Development, 54,* 1335–1354.

Blos, P. (1965). On adolescence: A psychoanalytic interpretation. New York: Free Press.

Blos, P. (1973). *Adoleszenz. Eine psychoanalytische Interpretation.* Stuttgart: Klett. (Erstausgabe 1962)

Blum, A. (1989). The targeting of minority groups by the tobacco industry. In L. A. Jones (ed.), *Minorities and cancer* (pp. 153–162). New York: Springer.

Bock, J. K. (1986). Meaning, sound, and syntax: Lexical priming in sentence production. *Journal of Experimental Psychology: Learning, Memory, and Cognition, 12,* 575–586.

Bock, M. (1978). *Wort-, Satz- und Textverarbeitung.* Stuttgart: Kohlhammer.

Bohm, E. (1996). *Lehrbuch der Rorschach-Psychodiagnostik.* Bern: Huber.

Böker, W. & Brenner, H. D. (Hrsg.). (1988). *Schizophrenie als systemische Störung.* Bern: Huber.

Boldizar, J. P., Wilson, K. L. & Deemer, D. K. (1989). Gender, life experiences, and moral judgement development: A process-orientied approach. *Journal of Personality and Social Psychology, 57,* 229–238.

Bolger, N., DeLongis, A., Kessler, R. C. & Schilling, E. A. (1989). Effects of daily stress on negative mood. *Journal of Personality and Social Psychology, 57,* 808–818.

Bolles, R. C. & Fanelow, M. S. (1982). Endorphins and behavior. *Annual Review of Psychology, 33,* 87–101.

Bommert, H. (1987). *Grundlagen der Gesprächspsychotherapie* (4. Aufl.). Stuttgart: Kohlhammer.

Bond, L. A. (1988). Teaching developmental psychology. In P. A. Bronstein & K. Quinna (eds.), *Teaching a psychology of people: Resources for gender and sociocultural awareness* (pp. 45–52). Washington, DC: American Psychological Association.

Bongiovanni, A. (1977). *A review of research on the effects of punishment in the schools.* Paper presented at the Conference on Child Abuse, Children's Hospital National Medical Center, Washington, DC.

Bonin, W. F. (1983). *Die großen Psychologen.* Hermes Handlexikon. Düsseldorf: Econ.

Boone, D. E. (1994). Validity of the MMPI-2 depression content scale with psychiatric in-patients. *Psychological Reports, 74,* 159–162.

Boos, M. (1996). *Entscheidungsfindung in Gruppen.* Eine Prozeßanalyse. Bern: Huber.

Bootzin, R. R. (1975). *Behavior modification and therapy: An introduction.* Cambridge, MA: Winthrop.

Bootzin, R. R. & Nicasio, P. M. (1978). Behavioral treatments for insomnia. In M. Hersen, R. Eisler & P. Miller (eds.), *Progress in behavior modification.* New York: Academic Press.

Boring, E. G. (1950). *A history of experimental psychology* (2nd ed.). New York: Appleton-Century-Crofts.

Borke, H. (1975). Piaget's mountains revisited: Changes in the egocentric landscape. *Developmental Psychology, 11,* 240–243.

Borkenau, P. & Ostendorf, F. (1993). *NEO-Fünf-Faktoren Inventar (NEO-FFI).* Göttingen: Hogrefe.

Borkovec, T. D. (1982). Insomnia. *Journal of Consulting and Clinical Psychology, 50,* 880–985.

Born, M. & Eiselin S. (1996). *Teams – Chancen und Gefahren. Grundlagen. Anwendung am Beispiel von Lean Management.* Bern: Huber.

Bornstein, P. A. & Quinna, K. (eds.). (1988). *Teaching a psychology of people: Resources for gender and sociocultural awareness.* Washington, DC: American Psychological Association.

Borod, C., Koss, E., Lorch, M. P., Nicholas, M. & Welkowitz, J. (1988). Emotional and non-emotional facial behavior in patients with unilateral brain damage. *Journal of Neurological and Neurosurgical Psychiatry, 5,* 826–832.

Bortz, J. (1984). *Lehrbuch der empirischen Forschung für Sozialwissenschaftler.* Berlin: Springer.

Bortz, J. (1993). *Statistik.* Heidelberg: Springer.

Bortz, J. (1999). *Statistik für Sozialwissenschaftler* (5. Aufl.). Heidelberg: Springer.

Bortz, J., Lienert, G. A. & Boehnke, K. (1990). *Verteilungsfreie Methoden in der Biostatistik.* Berlin: Springer.

Bortz, W. M. (1982). Disuse and aging. *Journal of the American Medical Association, 248,* 1203–1208.

Bösel, R. (1986). *Biopsychologie der Emotionen: Studien zur Aktiviertheit und Emotionalität.* Berlin: De Gruyter.

Boswell, J. (1988). *The kindness of strangers.* New York: Pantheon Books.

Botwinick, J. (1977). Intellectual abilities. In U. E. Birren & K. W. Schaie (eds.), *Handbook of the psychology of aging* (pp. 580–605). New York: Van Nostrand Reinhold.

Bouchard, C., Tremblay, A., Nadeau, A., Despres, J. P., Theriault, G., Boulay, M. R., Lortie, G., Leblanc, C. & Fournier, G. (1989). Genetic effect in resting and exercise metabolic rates. *Metabolism, 38,* 364–370.

Bouchard, T. J., Jr. & McGue, M. (1990). Genetic and environmental influences on adult personality: An analysis of daopted twins reared apart. *Journal of Personality, 58,* 263–295.

Boucsein, W. (1991). Arbeitspsychologische Beanspruchungsforschung heute – eine Herausforderung an die Psychophysiologie. *Psychologische Rundschau, 42*(3) 129–144.

Bourguignon, E. (1973). Introduction: A framework for the comparative study of altered states of consciousness. In E. Bourguignon (ed.), *Religion, altered states of consciousness, and social change.* Columbus: Ohio State University Press.

Bourguignon, E. (1979). *Psychological anthropology: An introduction to human nature and cultural differences.* New York: Holt, Rinehart & Winston.

Bowd, A. D. & Shapiro, K. J. (1993). The case against laboratory animal research in psychology. *Journal of Social Issues, 49,* 133–142.

Bower, G. H. (1972). A selective review of organizational factors in memory. In E. Tulving & W. Donaldson (eds.), *Organization of memory.* New York: Academic Press.

Bower, G. H. (1981). Mood and memory. *American Psychologist, 36,* 129–148.

Bower, G. H. (1991). Mood congruity of social judgements. In J. P. Forgas (ed.), *Emotional & social judgments* (pp. 31–54). Oxford: Pergamon Press.

Bower, G. H. & Hilgard, E. (1983). *Theorien des Lernens* (2 Bände) (Orig. 1981). Stuttgart: Klett-Cotta.

Bower, G. H., Black, J. B. & Turners, T. J. (1979). Scripts in memory for text. *Cognitive Psychology, 11,* 177–220.

Bower, G. H., Thompson-Schill, S. & Tulving, E. (1994). Reducing retroactive interference: An interference analysis. *Journal of*

Experimental Psychology: Learning, Memory, and Cognition, 20, 51–66.

Bower, S. A. & Bower, G. H. (1976). *Asserting yourself.* Reading, MA: Addison-Wesley.

Bower, S. A. & Bower, G. H. (1991). *Asserting yourself: A practical guide for positive change.* Reading, MA: Addison-Wesley. (Original work published 1976).

Bowers, K. S. (1976). *Hypnosis for the seriously curious.* New York: Norton.

Bowers, M. B., Jr. (1980). Biochemical processes in schizophrenia: An update. In S. J. Keith & L. R. Mosher (eds.), *Special Report: Schizophrenia, 1980.* Washington, DC: U. S. Government Printing Office.

Bowlby, J. (1973). *Attachment and loss, Vol. 2. Separation, anxiety and anger.* London: Hogarth.

Bowlby, J. (1975). *Bindung. Eine Analyse der Mutter-Kind-Beziehung* (Orig. 1969). München: Kindler.

Boyd, J. H. & Weissman, M. M. (1981). Epidemiology of affective disorders: A reexamination and future directions. *Archives of General Psychiatry, 38,* 1039–1046.

Brackbill, Y. (1979). Developmental Psychology. In M. E. Meyer (ed.), *Foundation of contemporary psychology.* New York: Oxford University Press.

Bradley, M. M. (1994). Emotional memory: A dimensional analysis. In S. H. M. van Goozen, N. E. Van de Poll & J. A. Sergeant (eds.), *Emotions: Essays on emotion theory* (pp. 97–134). Hillsdale, NJ: Erlbaum.

Braginsky, B. & Braginsky, D. (1976). Schizophrenic patients in the psychiatric interview: An experimental study of their effectiveness at manipulation. *Journal of Consulting Psychology, 31,* 543–547.

Braine, M. D. S. (1976). Children's first word combinations. *Monographs of the Society for Research in Child Development,* 41 (Serial No. 164).

Brander, S., Kompa, A. & Peltzer, U. (1988). *Denken und Problemlösen: Einführung in die Kognitive Psychologie* (2. Aufl.). Opladen: Westdeutscher Verlag.

Brandstätter, H. (1979). Die Ermittlung personaler Eigenschaften kognitiver Art. In G. Reber (Hrsg.). *Personalinformationssysteme.* Stuttgart: Poeschel.

Brandtstätter, J. & Eye, A. von (Hrsg.). (1982). *Psychologische Prävention.* Bern: Huber.

Bransford, J., Sherwood, R., Vye, N. & Reiser, J. (1986). Teaching, thinking and problem solving. *American Psychologist, 41,* 1078–1089.

Bransford, J. D. & Franks, J. J. (1971). The abstraction of linguistic ideas. *Cognitive Psychology, 2,* 331–350.

Bransford, J. D. & Johnson, M. K. (1972). Contextual prerequisites for understanding: Some investigations of comprehension and recall. *Journal of Verbal Learning and Verbal Behavior, 11,* 17–21.

Bransford, J. D. & Johnson, M. K. (1973). Considerations on some problems of comprehension . In W. G. Chase (ed.), *Visual information processing.* New York: Academic Press.

Bray, C. W. (1948). *Psychology and military proficiency.* Princeton: Princeton University Press.

Bredenkamp, J. & Wippich, W. (1977). *Lern- und Gedächtnispsychologie* (2 Bände). Stuttgart: Kohlhammer.

Breedlove, S. M. (1994). Sexual differentiation of the human nervous system. *Annual Review of Psychology, 45,* 389–418.

Breggin, P. R. (1979). *Electroshock: Its brain disabling effects.* New York: Springer.

Breggin, P. R. (1991). *Toxic psychiatry.* New York: St. Martin's Press.

Breggin, P. R. & Breggin, G. R. (1993). *Talking back to Proszac.* New York: St. Martin's Press.

Bregman, A. S. (1982). Asking the »what for« question in auditory perception. In M. Kobovy & J. Pomerantz (eds.), *Perceptual organization* (pp. 99–118). Hillsdale NJ: Erlbaum.

Breland, K. & Breland, M. (1951). A field of applied animal psychology. *American Psychologist, 6,* 202–204.

Breland, K. & Breland, M. (1961). A misbehavior of organisms. *American Psychologist, 16,* 681–684.

Brenner, H.-D. & Böker, W. (1992). *Verlaufsprozesse schizophrener Erkrankungen.* Bern: Huber.

Brenner, M. H. (1976). *Estimating the social costs of national economy policy: Implications for mental and physical health and criminal violence.* Report prepared for the Joint Economic Committee of Congress, Washington, CD: U. S. Government Printing Office.

Brett, J. F., Brief, A. P., Burke, M. J., George, J. M. & Webster, J. (1990). Negative affectivity and the reporting of stressful life events. *Health Psychology, 9,* 57–68.

Breuer, F. (Hrsg.). (1996). *Qualitative Psychologie. Grundlagen, Methoden und Anwendungen eines Forschungsstils.* Westdeutscher Verlag.

Breuer, J. & Freud, S. (1979). *Studien über Hysterie.* Frankfurt: Fischer. (Erstausgabe 1895)

Brewer, M. B. (1979). In-group bias in the minimal inter-group situation: A cognitive-motivational analysis. *Psychological Bulletin, 86,* 307–324.

Brewer, M. B. & Lui, L. (1989). The primacy of age and sex in the structure of person categories. *Social Cognition, 7,* 262–274.

Brewer, W. F. & Nakamura, G. V. (1984). The nature and functions of schemas. In R. S. Wyer & T. K. Srull (eds.), *Handbook of social cognition* (vol. 1, pp. 119–160). Hillsdale, NJ: Erlbaum.

Brewer, M. B., Dull, V. & Lui, L. (1981). Perceptions of the elderly: Stereotypes as prototypes. *Journal of Personality and Social Psychology, 41,* 656–670.

Brickenkamp, R. (1975). *Handbuch psychologischer und pädagogischer Tests* (1. Ergänzungsband 1983). Göttingen: Hogrefe.

Brickenkamp, R. (1997). *Handbuch psychologischer und pädagogischer Tests.* Göttingen: Hogrefe.

Briere, J. & Runtz, M. (1988). Symptomatology associated with childhood sexual victimization in a nonclinical adult sample. *Child Abuse & Neglect, 12,* 51–59.

Brim, O. G. & Kagan, J. (1980). *Constancy and change in human development.* Cambridge: Harvard University Press.

Broadbent, D. E. (1954). The role of auditory localization in attention and memory span. *Journal of Experimental Psychology, 47,* 191–196.

Broadbent, D. E. (1958). *Perception and communication.* London: Pergamon Press.

Broadbent, D. E. (1971). *Decision and stress.* New York: Academic Press.

Broadbent, D. E. & Gregory, M. (1967). Perception of emotionally toned words. *Nature, 215,* 581–584.

Brody, E. B. & Brody, N. (1976). *Intelligence: Nature, determinants, and consequences.* New York: Academic Press.

Broman, S. H., Nichols, P. I. & Kennedy, W. A. (1975). *Preschool IQ: Prenatal and early developmental correlates.* Hillsdale, NJ: Erlbaum.

Bromme, R. (1997). Kompetenzen, Funktionen und unterrichtliches Handeln des Lehrers. In F. E. Weinert (Hrsg.), *Psychologie des Unterrichts und der Schule.* Enzyklopädie der Psychologie, Serie »Pädagogische Psychologie«, Bd. 3 (S. 177–212). Göttingen: Hogrefe.

Bronfenbrenner, U. & Ceci, S. J. (1994). Nature-nurture reconceptualized in developmental perspective: A bioecological model. *Psychological Review, 101,* 568–586.

Broverman, I. K., Vogel, S. R., Broverman, D. M., Clarkson, F. E. & Rosenkrantz, P. S. (1972). Sex-role stereotypes: A current appraisal. *Journal of Social Issues, 28*, 59–78.

Brown, A. L. & De Loache, J. L. (1978). Skills, plans and self-regulation. In R. S. Siegler (ed.), *Children's thinking: What develops?* Hillsdale, NJ: Erlbaum.

Brown, A. L. & Palincsar, A. S. (1989). Guided, cooperative learning and individual knowledge acquisition. In L. B. Resnick (ed.), *Knowing, learning and instruction. Essays in honor of Robert Glaser* (pp. 393–451). Hillsdale, NJ: Erlbaum.

Brown, B. & Rosenbaum, L. (1983, May). *Stress effects on IQ.* Paper presented at the meeting of the American Association for the Advancement of Science, Detroit.

Brown, B. B. (1989). The role peer groups in adolescents' adjustment to secondary school. In T. J. Berndt & G. W. Ladd (eds.), *Peer relationships in child development* (pp. 188–215). New York: Wiley.

Brown, N. R. & Siegler, R. S. (1992). The role of availability in the estimation of national populations. *Memory & Cognition, 20*, 406–412.

Brown, R. (1986). *Social psychology: The second edition.* New York: Free Press.

Brown, R. & Hanlon, C. (1970). Derivational complexity and order of acquisition. In J. R. Hayes (ed.), *Cognition and the development of language.* New York: Wiley.

Brownell, K. D. (1991). Dieting and the search for the perfect body. Where physiology and culture collide. *Behavior Therapy, 22*, 1–12.

Brownell, K. D. & Rodin, J. (1994). The dieting maelstrom: Is it possible and advisable to lose weight? *American Psychologist, 49*, 781–791.

Brownell, K. D. & Wadden, T. A. (1992). Etiology and treatment of obesity: Understanding a serious, prevalent, and refractory disorder. *Journal of Consulting and Clinical Psychology, 60*, 505–517.

Browning, C. R. (1993). *Ordinary men: Reserve Police Battalion 101 and the final solution in Poland.* New York: HarperPerennial.

Bruce, V. & Green, P. R. (1985). *Visual perception, physiology, psychology and ecology.* London: Erlbaum.

Brüderl, L. (Hrsg.). (1988). *Theorien und Methoden der Bewältigungsforschung.* Weinheim: Juventa.

Bruggemann, A. (1974). Zur Unterscheidung verschiedener Formen der Arbeitszufriedenheit. *Arbeit und Leistung, 28*, –.

Bruggemann, A. (1979). Erfahrungen mit wichtigen Variablen und einigen Effekten beruflicher Sozialisation in einem Projekt zur »Humanisierung des Arbeitslebens«. In P. Groskurth (Hrsg.), *Arbeit und Persönlichkeit.* Reinbek: Rowohlt.

Brugger, B., Rath, M. & Wehner, E. G. (1993). Geschichte der Pädagogischen Psychologie. In B. Weidenmann, A. Krapp, M. Hofer, G. L. Huber & H. Mandl (Hrsg.), *Pädagogische Psychologie* (S. 21–39). Weinheim: Beltz-PVU.

Bruner, J. S. (1973). *Beyond the information given.* New York: Norton.

Bruner, J. S. (1986). *Actual minds, possible worlds.* Cambridge, MA: Harvard University Press.

Bruner, J. S. & Goodman, C. C. (1947). Value and need as organizing factors in perception. *Journal of Abnormal and social Psychology, 42*, 33–44.

Bruner, J. S., Olver, R. R. & Greenfield, P. M. (1971). *Studien zur kognitiven Entwicklung* (Orig. 1966). Stuttgart: Klett.

Brunner, V. (1983). *Probleme der Kausalerklärung menschlichen Verhaltens.* Bern: Haupt.

Brunstein, J. C. (1995). *Motivation nach Mißerfolg.*

Buck, R. (1984). *The communication of emotion.* New York: Guilford Press.

Bullock, M. & Gelman, R. (1979). Preschool children's assumptions about cause and effect: Temporal coding. *Child Development, 50*, 89–96.

Bullock, T. H., Orkand, R. & Grinnell, A. (1977). *Introduction to the nervous system.* San Francisco: Freeman.

Bungard, W. (1984). *Sozialpsychologische Forschung im Labor: Ergebnisse, Konzeptualisierungen und Konsequenzen der sog. Artefaktforschung.* Göttingen: Hogrefe.

Burisch, M. (1984). Approaches to personality inventory construction. *American Psychologist, 39*, 214–227.

Buros, O. K. (ed.). (1974). *Tests in print: II.* Highland Park, NJ: Gryphon Press.

Buros, O. K. (ed.). (1978). *The eighth mental measurements yearbook.* Highland Park, NJ: Gryphon Press.

Burrows, D. G. & Dennerstein, L. (eds.). (1980). *Handbook of hypnosis and psychosomatic medicine.* New York: Elsevier/North Holland Biomedical Press.

Buss, A. H. (1971). Aggression pays. In J. L. Singer (ed.), *The control of aggression and violence.* New York: Academic Press.

Buss, A. H. (1980). *Self-consciousness and social anxiety.* San Francisco: Freeman.

Buss, D. M. (1994). The strategies of human mating. *American Scientist, 82*, 238–249.

Buss, D. M. & Schmitt, D. P. (1993). Sexual strategies theory: An evolutionary perspective on human mating. *Psychological Review, 100*, 204–232.

Büssing, A. (1992). *Organisationsstruktur, Tätigkeit und Individuum. Untersuchungen am Beispiel der Pflegetätigkeit.* Bern: Huber.

Büssing, A. (1995). Autonomie und Flexibilität in der Arbeitszeitgestaltung. In A. Büssing & H. Seifert (Hrsg.). *Sozialverträgliche Arbeitszeitgestaltung.* München: Hampp.

Büssing, A. (1996). Motivation and satisfaction. In M. Warner (ed.), *International Encyclopedia of Business and Management,* Vol. 4 (pp. 3548–3559). London: Thomson Business Press.

Butcher, J. N., Dahlstrom, W. G., Grahman, J. R., Tellegen, A. & Kaemmer, B. (1989). *Manual for the restandardized Minnesota Multiphasic Personality Inventory: MMPI-2. An administrative and interpretive guide.* Minneapolis: University of Minnesota Press.

Butler, M. J. & Rice, L. N. (1963). Audience, self-actualization, and drive theory. In J. M. Wepman & R. W. Heine (eds.), *Concepts of personality.* Chicago: Aldine.

Butler, R. A. & Harlow, H. F. (1954). Persistence of visual exploration in monkeys. *Journal of Comparative and Physiological Psychology, 47*, 258–263.

Buzan, T. (1976). *Use both sides of your brain.* New York: Dutton.

Bykow K. M. (1957). *The cerebral cortex and the internal organs.* New York: Academic Press.

Byrne, D. (1981). *Predicting human sexual behavior.* G. Stanley Hall Lecture, presented at the meeting of the American Psychological Association, Los Angeles, 1981, August.

Byrne, D. & Clore, G. L. (1970). A reinforcement model of evaluative processes. *Personality: An International Journal, 1*, 103–128.

Byrne, R. M. J. & Johnson-Laird, P. N. (1989). Spatial reasoning. *Journal of Memory and Language, 28*, 546–575.

Cairns, R. B. & Valsiner, J. (1984). Child psychology. *Annual Review of Psychology, 35*, 553–577.

Calev, A., Nigal, D., Shapira, B., Tubi, N., Chazan, S., Ben-Yehuda, Y., Kugelmass, S. & Lerer, B. (1991). Early and long-term effects of electroconvulsive therapy and depression on memory and other cognitive functions. *Journal of Nervous and Mental Disease, 179,* 526–533.

Calkins, M. W. (1893). Statistics of dreams. *American Journal of Psychology, 5,* 311–343.

Cameron, P., Frank, R., Lifter, M. & Morrissey, P. (1968). *Cognitive functionings of college students in a general psychology class.* Paper presented at the meeting of the American Psychological Association, San Francisco, September 1986.

Campbell, F. W. & Robson, J. G. (1968). Application of Fourier Analysis to the visibility of gratings. *Journal of Physiology, 197,* 551–566.

Campbell, J. P. & Pritchard, R. D. (1976). Motivation theory in industrial and organizational psychology. In M. D. Dunnette (eds.), *Handbook of industrial and organizational psychology.* Chicago: Rand McNally.

Campos, J. J., Barrett, K. C., Lamb, M. E., Goldsmith, H. H. & Stenberg, C. (1983). *Socioemotional development* (vol. 2). New York: Wiley.

Camras, L. A. (1992). Expressive development and basic emotions. *Cognition and Emotion, 6,* 269–283.

Camras, L. A., Oster, H., Campos, J. J., Miyake, K. & Bradshaw, D. (1992). Japanese and American infants' responses to arm restraint. *Developmental Psychology, 28,* 578–583.

Camras, L. A., Sullivan, J. & Michel, G. (1993). Do infants express discrete emotions? Adult judgements of facial, vocal, and body actions. *Journal of Nonverbal Behavior, 17,* 171–186.

Cann, A., Calhoun, L. G., Selby, J. W. & Kin, H. E. (1981). Is blindsight an effect of scattered light, spared context, and near threshold vision? *The Behavioral and Brain Sciences, 6,* 423–486.

Cannon, W. B. (1927). The James-Lange theory of emotion: A critical examination and an alternative theory. *American Journal of Psychology, 39,* 106–124.

Cannon, W. B. (1929). *Bodily changes in pain, hunger, fear and rage* (2nd ed.). New York: Appleton-Century-Crofts.

Cannon, W. B. (1934). Hunger and thirst. In C. Murchison (ed.), *A handbook of general experimental psychology.* Worcester, MA: Clark University Press.

Cannon, W. B. & Washburn, A. L. (1912). An explanation of hunger. *American Journal of Physiology, 29,* 441–454.

Cantor, N. & Harlow, R. E. (1994). Social intelligence and personality: Flexible life task pursuit. In R. J. Sternberg & P. Ruzgis (eds.), *Personality and intelligence* (pp. 137–168). Cambridge: Cambridge University Press.

Cantor, N. & Kihlstrom, J. R. (1987). *Personality and social intelligence.* Englewood Cliffs, NJ: Prentice-Hall.

Cantor, N. & Mischel, W. (1979). Traits as prototypes: Effects on recognition memory. *Journal of Personality and Social Psychology, 35,* 38–48.

Caplan, L. (1984). *The insanity defense and the trial of John W. Hinckley, Jr.* Boston: Godine.

Caplan, L. (1992, March 30). Not so nutty: The post-Dahmer insanity defense. *The New Republic,* pp. 18–20.

Caporeal, L. R. (1976). Ergotism: The Satan loosed in Salem? *Science, 192,* 21–26.

Caprara, G. V., Barbaranelli, C., Borgoni, L. & Perugini, M. (1993). The Big Five Questionnaire: A new questionnaire for the measurement of the five factor model. *Personality and Individual Differences, 15,* 281–228.

Caprara, G. V., Barbaranelli, C., Bermudez, J. & Maslach, C. (1995). A cross-cultural comparison of the psychometric characteristics of the Big Five Questionnaire. *European Journal of Personality.*

Carey, S. (1978). The child as word learner. In M. Halle, J. Bresnan & G. A. Miller (eds.), *Linguistic theory and psychological reality.* Cambridge, MA: MIT Press.

Carey, S. (1985). *Conceptual change in childhood.* Cambridge, MA: MIT Press.

Carlsmith, J. M. & Gross, A. (1969). Some effects of guilt on compliance. *Journal of Personality and Social Psychology, 11,* 232–240.

Carlsmith, J. M., Lepper, M. R. & Landauer, T. K. (1974). Children's obedience to adult requests: Interactive effects of anxiety arousal and apparent punitiveness of adults. *Journal of Personality and Social Psychology, 30,* 822–828.

Carlsson, A. (1978). Antipsychotic drugs, neurotransmitters, and schizophrenia. *American Journal of Psychiatry, 135,* 164–173.

Carlton, J. (1990, December 4). When Californians use leaf blowers, life is less mellow. *The Wall Street Journal,* pp. A1, A7.

Carmichael, L. (1926). The development of behavior in vertebrates experimentally removed from the influence of external stimulation. *Psychological Review, 33,* 51–58.

Carmichael, L. (1970). The onset and early development of behavior. In P. H. Mussen (ed.), *Carmichael's manual of child psychology* (3rd ed.) (vol. 1). New York: Wiley.

Carnegie Foundation. (1990, Winter-Spring). Adolescence: Path to a productive life or a diminished future? *Carnegie Quarterly.*

Carpenter, G. C. (1973). Differential response to mother and stranger within the first month of life. *Bulletin of the British Psychological Society, 16,* 138.

Carrell, M. R. & Dittrich, J. E. (1978). Equity theory: The recent literature, methodological considerations, and new directions. *Academy of Management Review, 3,* 202–210.

Carstensen, L. L. (1987). Age-related changes in social activity. In L. L. Carstensen & B. A. Edelstein (eds.), *Handbook of clinical gerontology* (pp. 222–237). New York: Pergamon Press.

Carstensen, L. L. (1991). Selectivity theory: Social activity in life-span context. In K. W. Schaie (ed.), *Annual review of geriatrics and gerontology* (vol. 11). New York: Springer.

Carstensen, L. L. & Freund, A. M. (1994). The resilience of the aging self. *Developmental Review, 14,* 81–92.

Carstensen, L. L. & Pasupathi, M. (1993). Women of a certain age. In S. Matteo (ed.), *American women in the nineties: Today's critical issues* (pp. 66–78). Boston: Northeastern University Press.

Carter, J. H. (1982). The effects of aging on selected visual functions: Color vision, glare sensitivity, field of vision, and accommodation. In R. Sekuler, D. Kline & K. Dismukes (eds.), *Aging and human visual function* (pp. 121–130). New York: Liss.

Cartwright, R. D. (1978). *A primer on sleep and dreaming.* Reading, MA: Addison-Wesley.

Cartwright, R. D. (1982). The shape of dreams. In *1983 Yearbook of science and the future.* Chicago: Encyclopaedia Britannica.

Cartwright, R. D. (1984). Broken dreams: A study of the effects of divorce and depression on dream content. *Psychiatry, 47,* 251–259.

Carver, C. S. & Scheier, M. P. (1981). *Attention and self-regulation: A control theory approach to human behavior.* New York: Springer-Verlag.

Cascio, W. F. (1987). *Applied psychology in personnel management* (3rd. ed.). Englewood Cliffs: Prentice-Hall.

Cascio, W. F. (1995). Whither industrial and organizational psychology in a changing world of work? *American-Psychologist, 50*(11) 928–939.

Case, R. S. (1985). *Intellectual development: A systematic reinterpretation.* New York: Academic Press.

Casey, J. F. & Wilson, L. (1991). *The flock*. New York: Fawcett Columbine.

Cash, T. F. & Derlega, V. J. (1978). The matching hypothesis: Physical attractiveness among same-sex friends. *Personality and Social Psychology Bulletin, 4*, 240–243.

Catania, J. A., Coates, T. J. & Kegeles, S. (1994). A test of the AIDS risk reduction model: Psychosocial correlates of condom use in the AMEN cohort survey. *Health Psychology, 13*, 548–555.

Cattell, R. B. (1963). Theory of fluid and crystallized intelligence: A critical experiment. *Journal of Educational Psychology, 54*, 1–22.

Cattell, R. B. (1971). *Abilities: Their structure and growth*. Boston: Houghton Mifflin.

Cattell, R. B. (1982). *The inheritance of personality and ability: Research methods and findings*. New York: Academic Press.

Catterall, W. A. (1984). The molecular basis of neuronal excitability. *Science, 223*, 653–661.

Cave, C. B. & Squire, L. R. (1992). Intact and long-lasting repetition priming in amnesia. *Journal of Experimental Psychology: Learning, Memory, and Cognition, 18*, 509–520.

Cavel, A., Nigal, D., Shapira, B., Tubi, N., Chazan, S., Ben-Yehuda, Y., Kugelmass, S. & Lerer, B. (1991). Early and long-term effects of electroconvulsive therapy and depression on memory and other cognitive functions. *Journal of Nervous and Mental Disease, 179*, 526–533.

Ceci, S. J. & Liker, J. K. (1986). A day at the races: A study of IQ, expertise, and cognitive complexitiy. *Journal of Experimental Psychology: General, 115*, 255–266.

Cermak, L. S. & Craik, F. I. M. (1979). *Levels of processing in human memory*. Hillsdale, NJ: Erlbaum.

Cervone, D. & Palmer, B. W. (1990). Anchoring biases and the perseverance of self-efficacy beliefs. *Cognitive Therapy and Research, 14*, 401–416.

Chamberlain, K. & Zika, S. (1990). The minor events approach to stress: Support for the use of daily hassles. *British Journal of Psychology, 81*, 469–481.

Chapman, P. D. (1988). *Schools as sorters: Lewis M. Terman, applied psychology, and the intelligence testing movement, 1890–1930*. New York: New York University Press.

Charaton, F. Persönliche Mitteilung an den Autor Frühjahr 1973

Charen, M. (1990, March 11). Say no way: Time for good old self-control. *San Francisco Examiner-Chronicle*, This World Section, p. 3.

Chase, W. G. & Ericsson, K. A. (1981). Skilled memory. In J. R. Anderson (ed.), *Cognitive skills and their acqisition*. Hillsdale, NJ: Erlbaum.

Chase, W. G. & Simon, H. A. (1973). Perception in chess. In W. G. Chase (ed.), *Visual information processing*. New York: Academic Press.

Chasnoff, I. J. (1989). Temporal patterns of cocaine use in pregnancy. *Journal of the American Medical Association, 261*, 1741–1744.

Chasnoff, I. J., Burns, W. J., Schnoll, S. H. & Burns, K. A. (1985). Cocaine use in pregnancy. *New England Journal of Medicine, 313*, 666–669.

Chasnoff, I. J., Griffith, D. R., MacGregor, S., Dirkes, K. & Burns, K. (1989). Temporal patterns of cocaine use in pregnancy: Perinatal outcome. *Journal of the American Medical Association, 262*, 1741–1744.

Cheek, J. (1989). *Conquering shyness: The battle anyone can win*. New York: Putnam.

Chen, I. (1990, July 13). Quake may have caused baby boom in Bay Area. *The San Francisco Chronicle*, p. A3.

Cheney, D. L. & Seyfarth, R. (1985). Vervet monkey alarm calls: Manipulation through shared information. *Behavior, 4*, 150–166.

Cheney, D. L. & Seyfarth, R. M. (1990). *How monkeys see the world*. Chicago: University of Chicago Press.

Cheng, P. W. & Holyoak, K. J. (1985). Pragmatic reasoning schemas. *Cognitive Psychology, 17*, 391–416.

Cherry, E. C. (1953). Some experiments on the recognition of speech, with one and with two ears. *Journal of the Acoustical Society of America, 25*, 975–979.

Chi, M. T. H. & Koeske, R. D. (1983). Network representation of a child's dinosaur knowledge. *Developmental Psychology, 19*, 29–39.

Chicago Institute for Psychoanalysis. (1992). *The annual of psychoanalysis* (vol. 20). Hillsdale, NJ: Erlbaum.

Chilman, C. S. (ed.). (1979). *Adolescent sexuality in a changing American society: Social and psychological perspectives* (Dhew Publications No. 79-1426). Washington, DC: National Institute of Health.

Chilman, C. S. (1983). *Adolescent sexuality in a changing American society* (2nd ed.). New York: Wiley.

Chomsky, N. (1969). *Aspekte der Syntax-Theorie* (Orig. 1965). Frankfurt: Suhrkamp.

Chomsky, N. (1973). *Strukturen der Syntax* (Orig. 1957). The Hague; Paris: Mouton.

Chomsky, N. (1977). *Reflexionen über Sprache* (Orig. 1975). Frankfurt: Suhrkamp.

Chomsky, N. (1980). Rules and representations. *The Behavioral and Brain Sciences, 3*, 1–61.

Chomsky, N. (1981). *Regeln und Repräsentationen* (Orig. 1980). Frankfurt: Suhrkamp.

Chomsky, N. (1984). *Molecular approaches to the study of the mind*. San Diego, CA: San Diego University Press.

Chomsky, N. (1986). *Knowledge of language: Its nature, origin, and use*. New York: Praeger.

Chorover, S. (1981, June). Organizational recruitment in »open« and »closed« Jacobson, N. S. (1994). Who (or what) can do psychotherapy: The status and challenge of nonprofessional therapies. *Psychological Science, 5*, 8–14.

Christensen, A. J., Wiebe, J. S., Smith, T. W., Turner, C. W. (1994). Predictors of survival among hemodialysis patients: Effect of perceived family support. *Health Psychology, 13*, 521–525.

Christy, P. R., Gelfand, D. M. & Hartman, D. P. (1971). Effects of competition-induced frustration on two classes of modeled behavior. *Developmental Psychology, 5*, 104–111.

Churchland, P. S. (1986). *Toward a unified science of the mind-brain*. Cambridge, MA: MIT Press.

Cialdini, R. B. (1985). *Influence: Science and practice*. Glenview, IL: Scott, Foresman.

Cialdini, R. B. (1993). *Influence: Science and practice* (3rd ed.). New York: HarperCollins.

Ciaranello, R. D. & Ciaranello, A. L. (1991). Genetics of major psychiatric disorders. *Annual Review of Medicine, 42*, 151–158.

Cici, S. J. & Liker, J. K. (1986). A day at the races: A study of IQ, expertise and cognitive complexity. *Journal of Experimental Psychology: General, 115*, 225–266.

Ciminero, A. R., Calhoun, K. S. & Adams, H. E. (eds.), (1977). *Handbook of behavioral assessment*. New York: Wiley.

Claparède, E. (1928). Feelings and emotions. In M. L. Reymert (ed.), *Feelings and emotions: The Wittenberg symposium*. Worcester, MA: Clark University Press.

Clark, E. (1987). Principles of contrast: A constraint on language acquisition. In B. MacWhinney (ed.), *Mechanisms of language acquisition* (pp. 1–33). Hillsdale, NJ: Erlbaum.

Clark, E. V. (1973). What's in a word? On the child's acquisition of semantics in his first language. In T. E. Moore (ed.), *Cognitive development and the acquisition of language*. New York: Academic Press.

Clark, H. H. (1992). *Arenas of language use*. Chicago: University of Chicago Press.

Clark, H. H. & Clark, E. V. (1977). *Psychology and language: An introduction to psycholinguistics*. New York: Harcourt Brace Jovanovich.

Clark, H. H. & Gerrig, R. J. (1990). Quotations as demonstrations. *Language, 66*, 764–805.

Clark, H. H. & Marshall, C. R. (1981). Definite reference and mutual knowledge. In A. K. Joshi, B. Webber & I. Sag (eds.), *Elements of discourse understanding* (pp. 10–63). Cambridge: Cambridge University Press.

Clarke-Stewart, K. A. (1978). Recasting the lone stranger. In J. Glick & K. A. Clarke-Stewart (eds.), *The development of social understanding*. New York: Gardner Press.

Clarke-Stewart, K. A. (1991). A home is not a school: The effects of child care on children's development. *Journal of Social Issues, 47*, 105–123.

Clarke-Stewart, K. A. (1993). *Daycare*. Cambridge, MA: Harvard University Press.

Clausen, J. A. (1981). Stigma and mental disorder: Phenomena and mental terminology. Psychiatry, *44*, 287–296.

Clausen, T. (1968). Perspectives on childhood socialization. In J. A. Clausen (ed.), *Socialization and society*. Boston: Little, Brown.

Clementz, B. A. & Sweeney, J. A. (1990). Is eye movement dysfunction a biological marker for schizophrenia? A methodological review. *Psychological Bulletin, 108*, 77–92.

Cloninger, C. R. (1987). Neurogenetic adaptive mechanisms in alcoholism. *Science, 236*, 410–416.

Clopton, N. A. & Sorell, G. T. (1993). Gender differences in moral reasoning: Stable or situational? *Psychology of Women Quarterly, 17*, 85–101.

Coates, T. (1990). Strategies for modifying sexual behavior for primary and secondary prevention of HIV infection. *Journal of Consulting and Clinical Psychology, 58*, 57–69.

Cobb, S. (1976). Social support as a moderator stress. *Psychosomatic Medicine, 35*, 375–389.

Coch, L. & French, J. R. P., Jr. (1948). Overcoming resistance to change. *Human Relations, 1*, 512–532.

Cohen, L. B. & Gelber, E. R. (1975). Infant visual memory. In L. Cohen & P. Salapatek (eds.), *Infant perception: From sensation to cognition, Vol. 1: Basic visual processes*. New York: Academic Press.

Cohen, R. E. & Ahearn, F. L. Jr. (1980). *Handbook for mental health care of disaster victims*. Baltimore: Johns Hopkins University Press.

Cohen, S. (1988). Psychosocial models of the role of social support in the etiology of physical disease. *Health Psychology, 7*, 269–297.

Cohen, S. & Girgus, J. S. (1973). Visual spatial illusions: Many explanations. *Science, 179*, 503–504.

Cohen, S. & McKay, G. (1983). Social support, stress, and the buffering hypotheses: A theoretical analysis. In A. Baum, S. E. Taylor & J. Singer (eds.), *Handbook of psychology and health* (vol. 4). Hillsdale, NJ: Erlbaum.

Cohen, S. & Syme, S. L. (eds.). (1985). *Social support and health*. Orlando, FL: Academic Press.

Cole, N. S. & Moss, P. A. (1989). Bias in test use. In R. L. Linn (ed.), *Educational measurement* (pp. 201–219). New York: Macmillan.

Coleman, L. (1987). *Suicide clusters*. Winchester, MA: Faber & Faber.

Coleman, R. M. (1987). *Wide awake at 3:00 A. M.: By choice or by chance?* New York: Freeman.

Collier, G., Hirsch, E. & Hamlin, P. (1972). The ecological determinants of reinforcement. *Physiology and Behavior, 9*, 705–716.

Collins, A. M. & Quillian, M. R. (1969). Retrieval time from semantic memory. *Journal of Verbal Learning and Verbal Behavior, 8*, 240–247.

Collins, G. (1984). »Day After« fades, but debate on effects lingers. *New York Times, 8*, 19. Juni 1984.

Comelli, G. & Rosenstiel, L. v. (1995). *Führung durch Motivation. Mitarbeiter für Organisationsziele gewinnen*. München: Beck.

Comstock, G. & Paik, H. (1991). *Television and the American child*. San Diego: Academic Press.

Conger, J. C. & Keane, S. P. (1981). Social skills intervention in the treatment of isolated or withdrawn children. *Psychological Bulletin, 90*, 478–495.

Conger, J. J. (1977). *Adolescence and youth: Psychological development* (2nd ed.). New York: Harper & Row.

Conger, R. D., Ge, X., Elder, G. H., Jr., Lorenz, F. O. & Simons, R. L. (1994). Economic stress, coercive family process, and developmental problems of adolescents. *Child Development, 65*, 541–561.

Conrad, R. (1964). Acoustic confusions in immediate memory. *British Journal of Psychology, 55*, 75–84.

Conzen, P. (1996). *Erik H. Erikson – Leben und Werk*. Stuttgart: Kohlhammer.

Cook, M., Mineka, S., Wokelnstein, B. & Laitsch, K. (1985). Observational conditioning of snake fear in unrelated rhesus monkeys. *Journal of Abnormal Psychology, 94*, 591–610.

Cookerly, J. R. (1980). Does marital therapy do any lasting good? *Journal of Marital and Family Therapy, 6*, 393–397.

Cooper, L. A. & Shepard, R. N. (1973). The time required to prepare for a rotated stimulus. *Memory and Cognition, 1*, 246–250.

Corr, C. A. (1993). Coping with dying: Lessons that we should and should not learn from the work of Elisabeth Kübler Ross. *Death Studies, 17*, 69–83.

Corso, J. F. (1977). Auditory perception and communication. In J. E. Birren & K. W. Schaie (eds.), *Handbook of the psychology of aging* (pp. 535–553). New York: Van Nostrand Reinhold.

Cosmides, L. & Tooby, J. (1987). From evolution to behavior: Evolutionary psychology as the missing link. In J. Dupre (ed.), *The latest on the best: Essays on evolution and optimality* (pp. 277–306). Cambridge, MA: MIT Press.

Costa, P. T., Jr. & McCrae, R. R. (1985). *The NEO personality inventory manual*. Odessa, FL: Psychological Assessment Resources.

Costa, P. T., Jr. & McCrae, R. R. (1992a). Four ways five factors are basic. *Personality and Individual Differences, 13*, 653–665.

Costa, P. T., Jr. & McCrae, R. R. (1992b). *Revised NEO Personality Inventory (NEO-PI-R) and NEO Five-factor Inventory (NEO-FFI) professional manual*. Odessa, FL: Psychological Assessment Resources.

Cousins, N. (1979). *The anatomy of an illness as perceived by a patient: Reflections on healing and rejuvenation*. New York: Norton.

Cousins, N. (1989). *Head first: The biology of hope*. New York: Dutton.

Cowan, C. P. & Cowan, P. A. (1980). Changes in marriage during the transition to parenthood. In G. Y. Michaels & W. A. Goldberg (eds.), *The transition to parenthood: Current theory and research*. Cambridge: Cambridge University Press.

Cowan, C. P., Cowan, P. A., Heming, G., Garrett, E., Coysh, W. S., Curtis-Boles, H. & Boles, A. J., III. (1985). Transitions to parenthood: His, hers, and theirs. *Journal of Family Issues, 6*, 451–481.

Cowan, N. (1993). Activation, attention, and short-term memory. *Memory & Cognition, 21*, 162–167.

Cowan, P. A. (1988). Developmental psychopathology: A nine-cell map of the territory. In E. Nannis & P. A. Cowan (eds.), *Developmental psychopathology and its treatment: New directions for child development* (no. 39, pp. 5–29). San Francisco: Jossey Bass.

Cowan, W. M. (1979). The development of the brain. In *The brain* (pp. 56–69). San Francisco: Freeman.

Cowles, J. T. (1937). Food tokens as incentives for learning by chimpanzees. *Comparative Psychology Monographs, 74*, 1–96.

Coyne, J. C. (1976). Toward an interactional description of depression. *Psychiatry, 39*, 28–40.

Coyne, J. C., Alwin, C. & Lazarus, R. S. (1981). Depression and coping in stressful episodes. *Journal of Abnormal Psychology, 90*, 439–447.

Coyne, J. C., Wortman, C. B. & Lehman, D. R. (1988). The other side of support: Emotional overinvolvement and miscarried helping. In B. Gottlieb (ed.), *Marshalling social support* (pp. 305–330). Newbury Park, CA: Sage.

Craik, F. I. M. (1994). Memory changes in normal aging. *Current Directions in Psychological Science, 3*, 155–158.

Craik, F. J. M. & Lockhart, R. S. (1972). Levels of processing: A framework for memory research. *Journal of Verbal Learning and Verbal Behavior, 11*, 671–684.

Craik, K. (1943). *The nature of explanation*. Cambridge: Cambridge University Press.

Cranston, M. (1991). *The noble savage: Jean-Jacques Rousseau, 1754–1762*. Chicago: University of Chicago Press.

Crapo, L. (1985). *Hormones: The messengers of life*. Stanford, CA: Stanford Alumni Association Press.

Creutzfeldt, O. D. (1983). *Cortex cerebri: Leistung, strukturelle und funktionelle Organisation der Hirnrinde*. Berlin: Springer.

Crick, F. & Mitchison, G. (1983). The function of dream sleep. *Nature, 304*, 111–114.

Cronbach, L. J. (1975). Five decades of public controversy over mental testing. *American Psychologist, 30*, 1–14.

Cronbach, L. J. (1990). *Essentials of psychological testing*. New York: Harper & Row.

Cronbach, L. J. & Meehl, P. E. (1955). Construct validity in psychological tests. *Psychological Bulletin, 52*, 281–302.

Crook, J. H. (1973). The nature and function of territorial aggression. In M. F. A. Montague (ed.), *Man and aggression* (2nd ed.). New York: Oxford University Press.

Crosby, F. J. (1982). *Relative deprivation and working women*. New York: Oxford University Press.

Cross, S. & Markus, H. (1991). Possible selves across the life span. *Human Development, 34*, 230–255.

Crott, H. (1979). *Soziale Interaktion und Gruppenprozesse*. Stuttgart: Kohlhammer.

Crowder, R. G. (1976). Principles of learning and memory. Hillsdale, NJ: Erlbaum.

Crowder, R. G. & Morton, J. (1969). Precategorical acoustic storage (FAS). *Perception and Psychophysics, 8*, 815–820.

Csikszentmihalyi, M. (1990). *Flow: The psychology of optimal experience*. New York: Harper & Row.

Csikszentmihalyi, M., Larson, R. & Prescott, S. (1977). The ecology of adolescent activity and experience. *Journal of Youth and Adolescence, 6*, 281–294.

Curtis, R. C. & Miller, K. (1986). Believing another likes or dislikes you: Behaviors making the beliefs come true. *Journal of Personality and Social Psychology, 51*, 284–290.

Curtiss, S. (1977). *Genie: A psycholinguistic study of a modern-day »wild child«*. New York: Academic Press.

Cutler, W. B., Preti, G., Krieger, A., Huggins, G. R., Ramon Garcia, C. & Lawley, H. J. (1986). Human axillary secretions influence women's menstrual cycles: The role of donor extract from men. *Hormones and Behavior, 20*, 463–473.

Cutting, J. & Proffitt, D. (1982). The minimum principle and the perception of absolute, common and relative motions. *Cognitive Psychology, 14*, 211–246.

Cynader, M. N. & Chernenko, G. (1976). Abolition of directional sensitivity in the visual cortex of the cat. *Science, 193*, 504–505.

Czeisler, C., Allan, J. S., Strogatz, S. H., Ronda, J. M., Sanchez, R., Dios, C. D., Freitag, W. O., Richardson, G. S. & Kronauer, R. E. (1986). Bright light resets the human circadian pacemaker independent of the timing of the sleep-wake cycle. *Science, 233*, 667–670.

Dahlstrom, W. G., Welsh, H. G. & Dahlstrom, L. E. (1975). *An MMPI handbook, Vol. 1: Clinical interpretation*. Minneapolis: University of Minnesota Press.

Dakof, G. A. & Taylor, S. E. (1990). Victims' perceptions of social support: What is helpful from whom? *Journal of Personality and Social Psychology, 58*, 80–89.

Damasio, H., Grabowski, T., Frank, R., Galaburda, A. M. & Damasio, A. R. (1994). The return of Phineas Gage: Clues about the brain from the skull of famous patient. *Science, 264*, 1102–1105.

Damon, W. (1984). *Die soziale Welt des Kindes* (Orig. 1977). Frankfurt: Suhrkamp.

Dann, H. D. & Humpert, W. (1988). *Das Beobachtungssystem BAVIS: Ein Beobachtungsverfahren zur Analyse von aggressionsbezogenen Interaktionen im Unterricht*. Göttingen: Hogrefe.

Dannefer, D. & Perlmutter, M. (1990). Development as a multidimensional process: Individual and social constituents. *Human Development, 33*, 108–137.

Darley, J. & Gilbert, D. T. (1985). Social psychological aspects of environmental psychology. In G. Lindzey & E. Aronson (eds.), Handbook of social psychology (2nd. ed., vol. 2). New York: Random House.

Darley, J. & Latané, B. (1968). Bystander intervention in emergencies: Diffusion of responsibility. *Journal of Personality and Social Psychology, 8*, 377–383.

Darley, J. M. & Batson, C. D. (1973). From Jerusalem to Jericho: A study of situational and dispositional variables in helping behavior. *Journal of Personality and Social Psychology, 27*, 100–108.

Darley, J. M. & Goethals, G. R. (1980). People's analysis of the causes of ability-linked performances. In L. Berkowitz (ed.), *Advances in experimental social psychology* (vol. 13). New York: Academic Press.

Darley, J. M. & Gross, P. H. (1983). A hypothesis-confirming bias in labeling effects. *Journal of Personality and Social Psychology, 44*, 20–33.

Darling, N. & Steinberg, L. (1993). Parenting style as context: An integrative model. *Psychological Bulletin, 113*, 487–496.

Darnton, R. (1968). *Mesmerism and the end of the Enlightenment in France*. Cambridge, MA: Harvard University Press.

Darwin, C. (1965). *The expression of emotions in man and animals*. Chicago: University of Chicago Press. (Erstausgabe 1872)

Darwin, C. J., Turvey, M. T. & Crowder, R. G. (1972). The auditory analogue of the Sperling partial report procedure: Evidence for brief auditory stage. *Cognitive Psychology, 3*, 255–267.

Datenreport 4, Statistisches Bundesamt – *Zahlen und Fakten über die Bundesrepublik Deutschland 1989/90.* Stuttgart: Verlag Bonn Aktuell GmbH.

Dattilio, F. M. & Padesky, C. A. (1990). *Cognitive therapy with couples.* Sarasota, FL: Professional Resource Exchange.

D'Augelli, A. R. (1993). Preventing mental health problems among lesbian and gay college students. *The Journal of Primary Prevention, 13,* 245–261.

Davanagh, D. J. (1992). Recent developments in expressed emotion and schizophrenia. *British Journal of Psychiatry, 160,* 601–620.

Davidson, J. M. (1980). The psychobiology of sexual experience. In J. M. Davidson & R. J. Davidson (eds.), *The psychobiology of consciousness.* New York: Plenum.

Davidson, J. R. T., Hughes, D., Blazer, D. G. & George, L. K. (1991). Posttraumatic stress disorder in the community: An epidemiological study. *Psychological Medicine, 21,* 713-712.

Davidson, R. (1984). Hemispheric asymmetry and emotion. In K. Sherer & P. Ekman (eds.), *Approaches to emotion.* Hillsdale, NJ: Erlbaum.

Davis, I. P. (1985). *Adolescents: Theoretical and helping perspectives.* Boston: Kluwer-Nijhoff Publishing.

Davis, J. M. & Sandoval, J. (1991). *Suicidal youth.* San Francisco: Jossey-Bass.

Daw, N. W. & Wyatt, H. J. (1976). Kittens reared in an unidirectional environment: Evidence for a critical period. *Journal of Physiology, 257,* 155-170.

Dawes, R. M., Faust, D. & Meehl, P. E. (1989). Clinical versus actuarial judgment. *Science, 243,* 1668-1674.

Day, R. S. (1986). *Ways to show it: Cognitive consequences of alternative representations.* Paper presented at the meeting of the Psychonomic Society, New Orleans, November 1986.

D'Azevedo, W. L. (1962). Uses of the past in Gola discourse. *Journal of African History, 3,* 11–34.

De Bono, F. (1970). *Lateral thinking.* New York: Harper.

DeCasper, A. J. & Prescott, P. A. (1983). Human newborns' perception of male voices: Preference, discrimination, and reinforcing value. *Developmental Psychology, 17,* 481-491.

DeCharms, R. & Moeller, G. (1962). Values expressed in American children's readers: 1800-1950. *Journal of Abnormal and Social Psychology, 64,* 136–142.

DeCharms, R. & Muir, M. S. (1978). Motivation: Social approaches. *Annual Review of Psychology, 29,* 91–113.

Deci, E. L. (1975). *Intrinsic motivation.* New York: Plenum.

De Fries, J. C. & Decker, S. N. (1982). Genetic aspects of reading disability: The Colorado family reading study. In P. G. Aaron & H. Malatesha (eds.), *Reading disorders: Varieties and treatments.* New York: Academic Press.

Degkwitz, K., Helmchen, H., Kockott, G. & Mombour, W. (Hrsg.). (1980). *Diagnosenschlüssel und Glossar psychiatrischer Krankheiten* (5. Aufl.). (Orig. 1978). Berlin: Springer.

Degreef, G., Ashari, M., Bogerts, B., Bilder, R. M., Jody, D. N., Alvir, J. M. J. & Lieberman, J. A. (1992). Volumes of ventricular system subdivisions measured from magnetic resonance images in first-episode schizophrenic patients. *Archives of General Psychiatry, 49,* 531-537.

De Groot, A. D. (1965). *Thought and choice in chess.* The Hague: Mouton.

Dehaene, S., Bossini, S. & Giraux, P. (1993). The mental representation of parity and number magnitude. *Journal of Experimental Psychology: General, 122,* 371-396.

Delgado, J. M. (1974). The subjective experience of perceptual and cognitive disturbances in schizophrenia. *Archives of General Psychiatry, 30,* 333-340.

Delgado, J. M. R. (1969). *Physical control of the mind.* New York: Harper & Row.

Dell, G. S. (1986). A spreading-activation theory of retrieval in sentence production. *Psychological Review, 93,* 283-321.

Delprato, D. J. & Midgley, B. D. (1992). Some fundamentals of B. F. Skinner's behaviorism. *American Psychologist, 47,* 1507-1520.

Dembrowski, T. M. & Costa, P. T., Jr. (1987). Coronary prone behavior: Components of the Type A pattern and hostility. *Journal of Personality, 55,* 211–235.

Dembrowski, Weiss, Shields et al. (1978). *Coronary-prone behavior.* New York: Springer-Verlag.

Dement, W. C. (1976). *Some watch while some must sleep.* San Francisco: San Francisco Book Co.

Dement, W. C. & Kleitman, N. (1957). Cyclic variations in EEG during sleep and their relations to eye movement, body mobility and dreaming. *Electroencephalography and Clinical Neurophysiology, 9,* 673-690.

Dennett, D. C. (1978). *Brainstorms.* Cambridge, MA: Bradford Books.

Dennett, D. C. (1987). Consciousness. In R. L. Gregory (ed.), *The Oxford companion to the mind* (pp. 160–164). New York: Oxford University Press.

Dennett, D. C. (1991). *Consciousness explained.* Boston: Little, Brown.

Deregowski, J. B. (1980). *Illusions, patterns and pictures: A cross-cultural perspective.* London: Academic Press.

DeRivera, J. (1984). Development and the full range of emotional experience. In C. Malatesta & C. E. Izard (eds.), *Emotion in adult development* (pp. 45–63). Beverly Hills, CA: Sage.

Deusinger, I. M. & Haase, H. (Hrsg.). (1997). *Persönlichkeit und Kognition. Aspekte der Kognitionsforschung.* Göttingen: Hogrefe.

Deutsch, M. & Gerard, H. B. (1955). A study of normative and informational social influence. *Journal of Abnormal and Social Psychology, 51,* 629–636.

DeValois, R. L. & DeValois, K. K. (1980). Spatial vision. *Annual Review of Psychology, 80.*

DeValois, R. L. & DeValois, K. K. (1990). *Spatial vision.* New York: Oxford University Press.

DeValois, R. L. & Jacobs, G. H. (1968). Primate color vision. *Science, 162,* 533-540.

Devanand, D. P., Verma, A. K., Tirumalasetti, F. & Sackstein, H. A. (1991). Absence of cognitive impairment after more than 100 lifetime ECT treatments. *American Journal of Psychiatry, 148,* 929-932.

Devine, P. G. (1989). Stereotypes and prejudice: Their automatic and controlled components. *Journal of Personality and Social Psychology, 56,* 5–18.

DeVries, R. (1969). Constancy of generic identity in the years three to six. *Society for Research in Child Development Monographs, 34* (Serial No.127), 3.

Dewsbury, D. A. (1981). Effects of novelty on copulatory behavior: The Coolidge effect and related phenomena. *Psychological Bulletin, 89,* 464–482.

Dhuvarajan, V. (1990). Religious ideology, Hindu women, and development in India. *Journal of Social Issues, 46,* 57–69.

Diamond, D. (1989, Fall). The unbearable darkness of being. *Stanford Medicine,* pp. 13–16.

Diamond, J. (1987, August). Soft sciences are often harder than hard sciences. *Discover,* pp. 34–39.

Diamond, M. J. (1974). Modification of hypnotizability: A review. *Psychological Bulletin, 81,* 180–198.

Diamond, R. & Carey, S. (1986). Why faces are and are not special: An effect of expertise. *Journal of Experimental Psychology: General, 115,* 107–117.

Dickinson, A. (1980). *Contemporary animal learning theory.* Cambridge: Cambridge University Press.

Dickman, H. & Zeiss, R. A. (1982). *Incidents and correlates of post-traumatic stress disorder among ex-prisoners of war of World War II.* Manuscript in progress. Palo Alto, CA: Veterans Administration.

DiClemente, C. C., Prochaska, J. O., Fairhurst, S. K., Velicer, W. F., Valesquez, M. M. & Rossi, J. S. (1991). The process of smoking cessation: An analysis of precontemplation, contemplation, and preparation stages of change. *Journal of Consulting and Clinical Psychology, 59,* 259–304.

Diederichsen, I. (1990). *Ernährungspsychologie.* Berlin: Springer.

Diener, E. (1979). Deindividuation, self-awareness, and disinhibition. *Journal of Personality and Social Psychology, 37,* 1160–1171.

Diener, E. (1980). Deindividuation: The absence of self-awareness and self-regulation in group members. In P. Paulus (ed.), *The psychology of group influence.* Hillsdale, NJ: Erlbaum.

Diener, E. & Crandall, R. (1978). *Ethics in social and behavioral research.* Chicago: University of Chicago Press.

Dierstein, J.-M. (1995). *Erklären oder Verstehen? Zur Konstruktion einer psychologischen Handlungstheorie.* Münster: Waxmann.

Digman, J. M. (1990). Personality structure: Emergence of the five-factor model. *Annual Review of Psychology, 41,* 417–440.

Dillbeck, M. C. & Orme-Johnson, D. W. (1987). Physiological differences between transcendental meditation and rest. *American Psychologist, 42,* 879–881.

Dilling, H., Mombour, W. & Schmidt, M. H. (Hrsg.). (1993). *Internationale Klassifikation psychischer Störungen (ICD-10).* Bern: Huber.

Dillon, K. M. & Totten, M. C. (1989). Psychological factors affecting immunocompetence and health of breastfeeding mothers and their infants. *Journal of Genetic Psychology, 150,* 155–162.

DiMatteo, M. R. & DiNicola, D. D. (1982). *Achieving patient compliance: The psychology of the medical practitioner's role.* New York: Pergamon.

Dinges, M. M. & Oetting, E. R. (1993). Similarity in drug use patterns between adolescents and their friends. *Adolescence, 28,* 253–266.

Dion, D. L., Berscheid, E. & Walters, E. (1972). What is beautiful is good. *Journal of Personality and Social Psychology, 24,* 285–290.

Dishman, R. K. (1982). Compliance/adherence in health-related exercise. *Health Psychology, 1,* 237–267.

Dishman, R. K. (1991). Increasing and maintaining exercise and physical activity. *Behavior Therapy, 22,* 345–378.

Dix, T., Ruble, D. N. & Zamborano, R. J. (1989). Mother's implicit theories of discipline: Child effects, parent effects, and the attribution process. *Child Development, 60,* 1373–1391.

Dixon, N. F. (1971). *Subliminal perception: The nature of a controversy.* London: McGraw Hill.

Doane, J. A., Falloon, I. R. H., Goldstein, M. J. & Mintz, J. (1985). Parental affective style and the treatment of schizophrenia. *Archives of General Psychiatry, 42,* 34–42.

Dohrenwend, B. P. & Dohrenwend, B. S. (1974). Social and cultural influences on psychopathology. *Annual Review of Psychology, 25,* 417–452.

Dohrenwend, B. P. & Dohrenwend, B. P. (1974). *Stressful life events: Their nature and effects.* New York: Wiley.

Dohrenwend, B. P. & Shrout, P. E. (1985). »Hassles« in the conceptualization and measurement of life stress variables. *American Psychologist, 40,* 780–785.

Dollard, J. & Miller, N. E. (1950). *Personality and psychotherapy.* New York: McGraw-Hill.

Dollard, J., Doob, L. W., Miller, N., Mowrer, O. H. & Sears, R. R. (1939). *Frustration and aggression,* New Haven, CT: Yale University Press.

Domsch, M. E. & Ladwig, A. (1997). Dual career couples (DCC's). Einsichten und Aussichten für Karrierepaare und Unternehmen. *Report Psychologie, 4,* 310–315.

Domsch, M. E., Macke, H. & Schöne, K. (1996). *Weibliche Angestellte im deutschen Transformationsprozeß.* München: Hampp.

Donchin, E. (1975). On evoked potentials, cognition, and memory. *Science, 790,* 1004–1005.

Donchin, E. (1985). *Can the mind be read in brain waves?* Presentation at a Science and Public Policy Seminar, Washington, DC: Federation of Behavioral, Psychological and Cognitive Sciences.

Donnerstein, E. (1980). Aggressive-Erotica and violence against women. *Journal of Personality and Social Psychology, 39,* 269–277.

Donnerstein, E. (1983). Erotica and human aggression. In R. G. Green and E. Donnerstein (eds.), *Aggression: Theoretical and empirical reviews, vol. 2: Issues in research.* New York: Academic Press.

Dooling, D. J. & Lachman, R. (1971). Effects of comprehension on retention of prose. *Journal of Experimental Psychology, 88,* 216–222.

Dopkins, S., Morris, R. K. & Rayner, K. (1992). Lexical ambiguity and eye fixations in reading: A test of competing models of lexical ambiguity resolution. *Journal of Memory and Language, 31,* 461–476.

Dorfman, D. D. (1965). Esthetic preference as a function of pattern information. *Psychonomic Science, 3,* 85–86.

Dornbusch, S. M., Ritter, P. L., Leiderman, P. H., Roberts, D. F. & Fraleigh, M. J. (1987). The relation of parenting style to adolescent school performance. *Child Development, 58,* 1244–1257.

Dörner, D. (1989). *Die Logik des Mißlingens: Strategisches Denken in komplexen Situationen.* Reinbek: Rowohlt.

Dörner, D. & van der Meer, E. (1995). *Das Gedächtnis. Probleme – Trends – Perspektiven.* Göttingen: Hogrefe.

Dörner, D., Kreuzig, W., Reither, F. & Stäudel, T. (Hrsg.). (1983). *Lohhausen: Vom Umgang mit Unbestimmtheit und Komplexität.* Bern: Huber.

Dörner, K. (1984). *Irren ist menschlich: Lehrbuch der Psychiatrie/ Psychotherapie* (2. Aufl.). Bonn: Psychiatrie-Verlag.

Dosher, B. A. & Corbett, A. T. (1982). Instrument interferences and verb schemata. *Memory & Cognition, 10,* 531–539.

Dowling, J. E. (1992). *Neurons and networks: An introduction to neuroscience.* Cambridge, MA: Harvard University Press.

Drabman, R. S. & Thomas, M. H. (1974). Does media violence increase children's tolerance of real-life aggression? *Developmental Psychology, 10,* 418–421.

Dreesmann, H. & Schultes, P. (1990). Innovationswiderstände. Eine empirische Analyse. In H. Methner & A. Gebert (Hrsg.), *Psychologen planen die Zukunft. Bericht über die Fachtagung '90 der Sektion Arbeits- Betriebs- und Organisationspsychologie* (S. 13–35). Bonn: Deutscher Psychologen Verlag.

Drigotas, S. M. & Rusbult, C. E. (1992). Should I stay or should I go? A dependence model of breakups. *Journal of Personality and Social Psychology, 62,* 62–87.

Driver, J. & Tipper, S. (1989). On the nonselectivity of »selective« seeing: Contrasts between interference and priming in selective attention. *Journal of Experimental Psychology: Human Perception and Performance, 78,* 763–776.

Dror, I. E., Kosslyn, S. M. & Wang, W. L. (1993). Visual-spatial abilities of pilots. *Journal of Applied Psychology, 78,* 763–776.

Dryfoss, J. G. (1990). *Adolescents at risk: Prevalence and prevention.* New York: Oxford University Press.

DSM-III (1980). *Diagnostic and statistical manual of mental disorders* (3rd ed.). Washington, DC: American Psychiatric Association. Dt. Bearbeitung durch Koehler, K. & Saß, H. (1984). *Diagnostisches und Statistisches Manual Psychischer Störungen (DSM-III).*

DSM-III-R (1987). *Diagnostic and statistical manual of mental disorders, revised.* Washington, DC: American Psychiatric Association. Dt. Bearbeitung durch Wittchen, H. W., Saß, H., Zaudig, M. & Koehler, K. (1989). *Diagnostisches und Statistisches Manual Psychischer Störungen (DSM-III-R).*

DSM-IV (1994). *Diagnostic and statistical manual of mental disorders* (4th ed.). Washington, DC: American Psychiatric Association.

Duba, R. O. & Shortliffe, E. H. (1983). Expert systems research. *Science, 220,* 261–268.

DuBois, P. H. (1970). *A history of psychological testing.* Boston: Allyn & Bacon.

Duckitt, J. (1992). Psychology and prejudice: A historical analysis and integrative framework. *American Psychologist, 47,* 1182–1193.

Dudycha, G. J. (1936). An objective study of punctuality in relation to personality and achievement. *Archives of Psychology, 204,* 1–53.

Duncan, G. J., Brooks-Gunn, J. & Klebanov, P. K. (1994). Economic deprivation and early childhood development. *Child Development, 65,* 296–318.

Duncan, J. & Humphreys, G. W. (1989). Visual search and stimulus similarity. *Psychological Review, 96,* 433–548.

Duncker, K. (1945). On problem solving. *Psychological Monographs, 58* (No. 270).

Dutton, D. G. & Aron, A. P. (1974). Some evidence for heightened sexual attraction under conditions of high anxiety. *Journal of Personality and Social Psychology, 30,* 510–517.

Dweck, C. S. (1975). The role of expectations and attributions in the alleviation of learned helplessness. *Journal of Personality and Social Psychology, 31,* 674–685.

Eagly, A. H. & Chaiken, S. (1993). *The psychology of attitudes.* Fort Worth, TX: Harcourt Brace Jovanovich.

Ebbinghaus, H. (1913). *Memory.* New York: Columbia University. (Erstausgabe 1885 Leipzig: Altenberg).

Ebbinghaus, H. (1973). *Psychology: An elementary text-book.* New York: Arno Press. (Original work published 1908/1973).

Eckensberger, L. H. & Baltes, P. B. (Hrsg.). (1979). *Entwicklungspsychologie der Lebensspanne.* Stuttgart: Klett-Cotta.

Eckensberger, L. H. & Lantermann, E.-D. (Hrsg.). (1985). *Emotion und Reflexivität.* München: Urban & Schwarzenberg. (Text: 1988)

Eckert, J. Höger, D. & Linster, H.-W. (1997). *Praxis der Gesprächspsychotherapie – Störungsbezogene Falldarstellungen.* Stuttgart: Kohlhammer.

Edelmann, W. (1986). *Lernpsychologie: Eine Einführung* (2. Aufl.). München: PVU.

Edelstein, W. & Nunner-Winkler, G. (Hrsg.). (1986). *Zur Bestimmung der Moral.* Frankfurt: Suhrkamp.

Edwards, A. E. & Acker, L. E. (1962). A demonstration of the long-term retention of a conditional galvanic skin response. *Psychosomatic Medicine, 24,* 459–463.

Edwards, B. (1979). *Drawing on the right side of the brain.* Los Angeles: J. P. Archer.

Edwards, D. A. (1971). Neonatal administration of androstenedione, testosterone, or testosterone propionate: Effects on ovulation, sexual receptivity, and aggressive behavior in female mice. *Physiological Behavior, 6,* 223–228.

Edwards, G. (1980). Alcoholism treatment: Between guesswork and certainty. In Edwards & M. Grant (eds.), *Alcoholism treatment in transition.* London: Croon Helm.

Egeland, J. A., Gerhard, D. S., Pauls, D. L., Sussex, J. N., Kidd, K. K., Allen C. R., Hostetter, A. M. & Housman, D. E. (1987). Bipolar affective disorder linked to DNA markers on chromosome 11. *Nature, 325,* 783–787.

Ehrlich, B. E. & Diamond, J. M. (1980). Lithium, membranes, and manic-depressive illness. *Journal of Membrane Biology, 52,* 187–200.

Eigler, G., Jechle, T., Kolb, M. & Winter, A. (1997). Berufliche Weiterbildung. In F. E. Weinert/H. Mandl (Hrsg.), *Psychologie der Erwachsenenbildung.* Enzyklopädie der Psychologie, Serie »Pädagogische Psychologie«, Bd. 4 (S. 567–610). Göttingen: Hogrefe.

Eimas, P., Siqueland, E., Jusczyk, P., Y Vigorito, J. (1971). Speech perception in infants. *Science, 171,* 303–306.

Eisenberg, N. & Mussen, P. H. (1989). *The roots of prosocial behavior in children.* New York: Cambridge University Press.

Eisenberg, N., Cialdini, R. B., McGreath, H. & Shell, R. (1987). Consistency-based compliance: When and why do children become vulnerable? *Journal of Personality and Social Psychology, 52,* 1161–1173.

Ekman, P. (1972). Universal and cultural differences in facial expressions of emotion. In J. Cole (ed.), *Nebraska Symposium on Motivation.* Lincoln: University of Nebraska Press.

Ekman, P. (1984). Expression and the nature of emotion. In K. R. Scherer & P. Ekman (eds.), *Approaches to emotion.* Hillsdale, NJ: Erlbaum.

Ekman, P. (1985). *Telling lies: Clues to deceit in marketplace, politics and marriage.* New York: Norton.

Ekman, P. (1988). *Gesichtsausdruck und Gefühl.* Paderborn: Junfermann.

Ekman, P. (1994). Strong evidence for universals in facial expressions: A reply to Russell's mistaken critique. *Psychological Bulletin, 17,* 124–129.

Ekman, P. & Friesen, W. V. (1971). Constants across cultures in the face and emotion. *Journal of Personality and Social Psychology, 17,* 124–129.

Ekman, P. & Friesen, W. V. (1975). *Unmasking the face: A guide to recognising emotions from facial clues.* Englewood Cliffs, NJ: Prentice-Hall.

Ekman, P. & Friesen, W. V. (1986). A new pan-cultural facial expression of emotion. *Motivation and Emotion, 10,* 159–168.

Ekman, P., Sorenson, E. R. & Friesen, W. V. (1969). Pancultural elements in facial displays in emotion. *Science, 764,* 86–88.

Ekstrand, M. L. & Coates, T. J. (1990). Maintenance of safer sexual behaviors and predictors of risky sex: The San Francisco men's health survey. *American Journal of Public Health, 80,* 973–977.

Elkin, I., Shea, T., Imber, S., Pilkonis, P., Sotsky, S., Glass, D., Watkins, J., Leber, W. & Collins, J. (1986). *NIMH treatment of depression collaborative research program: Initial outcome findings.* Paper presented to the Association for the advancement of Science, May 1986.

Elkin, I., Shea, M. T., Watkins, J. T., Imber, S. D., Sotsky, S. M., Collins, J. F. Glass, D. R., Pilkonis, P. A., Leber, W. R., Kocherty, J. P., Fiester, S. J. & Parloff, M. B. (1989). National Institutes of Mental Health treatment of depression collaborative research program: General effectiveness of treatments. *Archives of General Psychiatry, 46,* 971–982.

Elkin, P., Parloff, M. B., Hadley, S. W. & Autrey, J. H. (1985). NIMH treatment of depression collaborative research program. *Archives of General Psychiatry, 42*, 305–316.

Elkind, D. & Weiner, B. (1978). *Development of the child.* New York: Wiley.

Elliott, J. (1977). The power and pathology of prejudice. In P. G. Zimbardo & F. L. Ruch, *Psychology and life* (9th ed., Diamond Printing). Glenview, IL: Scott, Foresman.

Elliott, R. (1991a). Social science data and the APA: The Lockhart brief as a case in point. *Law and Human Behavior, 15*, 59–76.

Elliott, R. (1991b). Response to Ellsworth. *Law and Human Behavior, 15*, 91–94.

Ellis, A. (1962). *Reason and emotion in psychotherapy.* New York: Lyle Stuart.

Ellis, A. (1977). *Die rational-emotive Therapie. Das innere Selbstgespräch bei seelischen Problemen und seine Veränderung.* München: Pfeiffer. (Erstausgabe 1962)

Ellis, A. (1977). The treatment of y psychopath with rational therapy. In S. J. Morse & R. I. Watson (eds.), *Psychotherapies: A comparative casebook.* New York: Holt, Rinehart & Winston.

Ellis, A. & Grieger, R. (1986). *Handbook of rational emotive therapy* (vol. 2). New York: Springer.

Ellis, A. & Velten, E. (1992). *When AA doesn't work for you: Rational steps to quitting alcohol.* Fort Lee, NJ: Barricade Books.

Ellis, A. M. & Young, A. (1991). *Einführung in die kognitive Neuropsychologie.* Bern: Huber.

Ellsworth, P. (1991). To tell what we know or wait for Godot? *Law and Human Behavior, 15*, 77–90.

Elms, A. C. (1988). Freud as Leonardo: Why the first psychobiography went wrong. *Journal of Personality, 56*, 19–40.

Emmelkamp, P. M. (1986). Behavior therapy with adults. In S. L. Garfield & A. E. Bergin (eds.), *Handbook of psychotherapy and behavior change* (pp. 385–442). New York: Wiley.

Emmelkamp, P. M. & Kuipers, A. (1979). Agoraphobia: A follow-up study four years after treatment. *British Journal of Psychology, 134*, 352–355.

Emurian, H. H., Brady, J. V., Ray, R. L., Meyerhoff, J. L. & Mougey, E. H. (1984). Experimental analysis of team performance. *Naval Research Reviews* (Office of Naval Research), *36*, 3–19.

Endler, N. S. (1983). Interactionism: A personality model, but not yet a theory. In M. M. Page (ed.), *Nebraska Symposium on motivation, 1982: Personality – current theory and research.* Lincoln: University of Nebraska Press.

Engelkamp, J. (1997). *Das Erinnern eigener Handlungen.* Göttingen: Hogrefe.

Enzmann, D. & Kleiber, D. (1989). *Helfer-Leiden: Stress und burnout in psychosozialen Berufen.* Heidelberg: Asanger.

Epstein, S. (1979). The stability of behavior: 1. On predicting most of the people much of the time. *Journal of Personality and Social Psychology, 37*, 1097–1126.

Erber, R. & Erber, M. W. (1994). Beyond mood and social judgment: Mood incongruent recall and mood regulation. *European Journal of Social Psychology, 24*, 79–88.

Erdelyi, M. H. (1974). A new look at the New Look: Perceptual defense and vigilance. *Psychological Review, 87*, 1–25.

Erdman, L. (1993). Laughter therapy for patients with cancer. *Journal of Psychosocial Oncology, 11*, 55–67.

Ericksen, C. W. (1966). Cognitive responses to internally cued anxiety. In C. D. Spielberger (ed.), *Anxiety and behavior.* New York: Academic Press.

Erickson, M. & Rossi, E. L. (1981). *Hypnotherapie* (Orig. 1979). München: Pfeiffer.

Ericsson, K. A. & Chase, W. G. (1982). Exceptional memory. *American Scientist, 70*, 607–615.

Ericsson, K. A. & Simon, H. A. (1993). *Protocol analysis: Verbal reports as data* (rev. ed.). Cambridge, MA: MIT Press.

Erikson, E. H. (1979). *Kindheit und Gesellschaft* (Orig. 1950). Stuttgart: Klett.

Erikson, E. H. (1981). *Jugend und Krise. Die Psychodynamik im sozialen Wandel* (Orig. 1968). Frankfurt, Berlin, Wien: Ullstein.

Eron, L. D., Huesman, L. R., Lefkowitz, M. M. & Walder, LO. (1972). Does television violence cause aggression? *American Psychologist, 27*, 253–263.

Eron, L. D., Huesman, L. R. & Zelli, A. (1991). The role of parental variables in the learning of aggression. In D. J. Pepler & K. H. Rubin (eds.), *The development and treatment of childhood aggression* (S. 169–188). Hillsdale, NJ: Erlbaum.

Esterling, B. A., Kiecolt-Glaser, J. K., Bodnar, J. C. & Glaser, R. (1994). Chronic stress, social support, and persistent alterations in the natural killer cell response to cytokines in older adults. *Health Psychology, 13*, 291–298.

Euler, H. A. & Mandl, H. (Hrsg.). (1983). *Emotionspsychologie in Schlüsselbegriffen.* München: Urban & Schwarzenberg.

Evans, F. J. (1989). The independence of suggestibility, placebo response, and hypnotizability. In V. A. Gheorghiu, P. Netter, H. J. Eysenck & R. Rosenthal (eds.), *Suggestion and suggestibility* (pp. 145–154). New York: Springer.

Evans, J. S. B., Barston, J. L. & Pollard, P. (1983). On the conflict between logic and belief in syllogistic reasoning. *Memory & Cognition, 11*, 295–306.

Evans, R. I., Rozelle, R. M., Mittelmark, M. B., Hansen, W. B., Bane, A. L. & Havis, J. (1978). Deterring the onset of smoking in children: Knowledge of immediate physiological effects and coping with peer pressure, media pressure, and parent modeling. *Journal of Applied Social Psychology, 8*, 126–135.

Evans-Pritchard, E. E. (1937). *Witchcraft, oracles and magic among the Azande.* Oxford: Oxford University Press.

Ewert, O. (1983). *Entwicklungspsychologie des Jugendalters.* Stuttgart: Kohlhammer.

Ewert, O. & Thomas, J. (1996). Das Verhältnis von Theorie und Praxis in der Instruktionspsychologie. In F. E. Weinert (Hrsg.), *Psychologie des Lernens und der Instruktion.* Enzyklopädie der Psychologie, Serie »Pädagogische Psychologie«, Bd. 2 (S. 89–118). Göttingen: Hogrefe.

Exner, J. E., Jr. (1974). *The Rorschach: A comprehensive system: Vol. 1.* New York: Wiley.

Exner, J. E., Jr. (1978). *The Rorschach: A comprehensive system: Vol. 2.* Current research and advanced interpretation. New York: Wiley.

Exner, J. E., Jr. & Weiner, I. B. (1982). *The Rorschach: A comprehensive system: Vol. 3. Assessment of children and adolescents.* New York: Wiley.

Eysenck, H. J. (1952). The effects of psychotherapy: An evaluation. *Journal of Consulting Psychology, 16*, 319–324.

Eysenck, H. J. (1970). *The structure of human personality* (3rd ed.). London: Methuen.

Eysenck, H. J. (1973). *The inequality of man.* London: Temple Smith.

Eysenck, H. J. (1980). *Intelligenz: Struktur und Messung.* (Orig. 1979). Berlin: Springer.

Eysenck, H. J. (1988). Personality and stress as causal factors in cancer and coronary heart disease. In M. P. Janisse (ed.), *Individual differences, stress, and health psychology* (pp. 129–145). New York: Springer.

Eysenck, H. J. (1990). Biological dimensions of personality. In L. S. Pervin (ed.), *Handbook of personality theory and research* (pp. 244–276). New York: Guilford Press.

Eysenck, H. J. (1992). Four ways five factors are not basic. *Personality and Individual Differences, 13*, 667–673.

Eysenck, H. J. & Kamin, L. (1981). *The intelligence controversy: H. J. Eysenck vs. Leon Kamin*. New York: Wiley-Interscience.

Fagot, B. I. (1978). The influence of sex of child on parental reactions to toddler children. *Child Development, 49*, 459–465.

Fahrenberg, J., Hampel, R. & Selg, H. (1983). *Das Freiburger Persönlichkeitsinventar FPI* (4. Aufl.). Göttingen: Hogrefe.

Fahrenberg, J., Hampel, R. & Selg, H. (1989). *Das Freiburger Persönlichkeitsinventar FPI* (5. Aufl.). Göttingen: Hogrefe.

Fahrenberg, J., Hampel, R. & Selg, H. (1994). *Das Freiburger Persönlichkeitsinventar FPI: Revidierte Fassung FPI-R und teilweise geänderte Fassung FPI-A1* (6. Aufl.). Göttingen: Hogrefe.

Fairbank, J. A., Schlenger, W. E., Caddell, J. M. & Woods, M. G. (1993). Post-traumatic stress disorder. In P. B. Sutker & H. E. Adams (eds.), *Comprehensive handbook of psychopathology* (2nd ed., pp. 145–165). New York: Plenum Press.

Fairweather, G. W., Sanders, D. H., Maynard, R. F. & Cresler, D. L. (1969). *Community life for the mentally ill: Alternative to institutional care*. Chicago: Aldine.

Faltermaier, T. (1994). VIII. *Gesundheitsbewußtsein und Gesundheitshandeln. Über den Umgang mit Gesundheit im Alltag.* Weinheim: Beltz-PVU.

Faltermaier, T., Mayring, Ph., Saup, W. & Strehmel, P. (1992). *Entwicklungspsychologie des Erwachsenenalters*. Stuttgart: Kohlhammer.

Fantz, R. L. (1963). Pattern vision in newborn infants. *Science, 140*, 296–297.

Farah, M. J. (1984). The neurological basis of mental imagery: A componential analysis. *Cognition, 18*, 245–272.

Farah, M. J. (1988). Is visual imagery really visual? Overlooked evidence from neuropsychology. *Psychological Review, 95*, 307–317.

Farbman, A. I. (1992). *Cell biology of olfaction*. New York: Cambridge University Press.

Farina, A. (1980). Social attitudes and beliefs and their role in mental disorders. In J. G. Rabkin, L. Gelb & J. B. Lazar (eds.), *Attitudes toward the mentally ill: Research perspectives*. Rockville, MD: National Institute of Mental Health.

Farina, A. & Hagalauer, H. D. (1975). Sex and mental illness: The generosity of females. *Journal of Consulting and Clinical Psychology, 43*, 122.

Farina, A., Gliha, D., Boudreau, L. A., Allen, J. G. & Sherman, M. (1971). Mental illness and the impact of believing others know about it. Journal of Abnormal Psychology, 77, 1–5.

Farquhar, J. W. (1978). *The American way of life need not be hazardous to your health*. New York: Norton.

Farquhar, J. W. (1991). The Stanford cardiovascular disease prevention programs. *Annals of the New York Academy of Sciences, 623*, 327–331.

Farquhar, J. W., Maccoby, N. & Solomon, D. S. (1984). Community applications of behavioral medicine. In W. D. Gentry (ed.), *Handbook of behavioral medicine*. New York: Guilford Press.

Farr, M. J. (1984). Cognitive psychology. *Naval Research Reviews, 36*, 33–36.

Faßnacht, G. (1979). *Systematische Verhaltensbeobachtung: Eine Einführung in die Methodologie und Praxis*. München: Reinhardt.

Fazio, R. H. (1987). Self-perception theory: A current perspective. In M. P. Zanna, J. M. Olson & C. P. Herman (eds.), *Social influence: The Ontario Symposium* (vol. 5, pp. 129–150). Hillsdale, NJ: Erlbaum.

Fazio, R. H. & Zanna, M. P. (1981). Direct experience and attitude-behavior consistency. In L. Berkowitz (ed.), *Advances in experimental social psychology* (vol. 14). New York: Academic Press.

Feather, N. T. (1961). The relationship of persistence at a task to expectation of success and achievement related movies. *Journal of Abnormal and Social Psychology, 58*, 281–291.

Fechner, G. T. (1860). *Elemente der Psychophysik*. Leipzig. Breitkopfe und Hartel.

Fechner, G. T. (1966). *Elements of psychophysics* (vol. 1). E. G. Boring & D. E. Howes (eds.), H. E. Adler (trans.). New York: Holt, Rinehart & Winston. (Erstausgabe 1860: *Elemente der Psychophysik*).

Feeney, J. A. & Noller, P. (1990). Attachment style as a predictor of adult romantic relationships. *Journal of Personality and Social Psychology, 58*, 281–291.

Feigenbaum, E. A. & McCorduck, P. (1983). *The fifth generation*. Reading, MA: Addison-Wesley.

Fend, H. & Stöckli, G. (1997). Der Einfluß des Bildungssystems auf die Humanentwicklung: Entwicklungspsychologie der Schulzeit. In F. E. Weinert (Hrsg.), *Psychologie des Unterrichts und der Schule*. Enzyklopädie der Psychologie, Serie »Pädagogische Psychologie«, Bd. 3 (S. 1–35). Göttingen: Hogrefe.

Fendrich, R., Wessinger, C. M. & Gazzaniga, M. S. (1992). Residual vision in a scotoma: Implications for blindsight. *Science, 258*, 1489–1491.

Fendrich, R., Wessinger, C. M. & Gazzaniga, M. S. (1993). *Sources of blindsight. Science, 261*, 494–495.

Fernald, A. (1985). Four-month-old infants prefer to listen to motherese. *Infant Behavior and Development, 8*, 118–195.

Fernald, A., Taeschner, T., Dunn, J., Papousek, M., De Boysson-Bardies, B. & Fukui, I. (1989). A cross-cultural study of prosodic modification in mothers' and fathers' speech to preverbal infants. *Journal of Child Language, 16*, 477–501.

Fernald, R. (1984). Vision and behavior in an African cichlid fish. *American Scientist, 72*, 68–65.

Ferrare, N. A. (1962). *Institutionalization and attitude change in an aged population*. Unpublished doctoral dissertation, Western Reserve University.

Ferster, C. B. & Skinner, B. F. (1957). Schedules of reinforcement. New York: Appleton-Century-Crofts.

Feshbach, S. & White, M. J. (1986). Individual differences in attitudes toward nuclear arms policies: Some psychological and social policy considerations. *Journal of Peace Research, 23*, 129–138.

Festinger, L. (1954). A theory of social comparison processes. *Human Relations, 7*, 117–140.

Festinger, L. (1957). *A theory of cognitive dissonance*. Stanford, CA: Stanford University Press.

Festinger, L. (1978). *Theorie der kognitiven Dissonanz* (Orig. 1957). Bern: Huber.

Festinger, L. & Carlsmith, J. M. (1959). Cognitive consequences of forced compliance. *Journal of Abnormal and Social Psychology, 58*, 203–211.

Fiedler, F. E. (1967). *A theory of leadership effectiveness*. New York: McGraw-Hill.

Fiedler, F. E. (1987). Führungstheorien – Kontingenztheorie. In A. Kieser, G. Reber & R. Wunderer (Hrsg.), *Handwörterbuch der Führung*. Stuttgart: Poeschel.

Fiedler, K. (1980). *Urteilsbildung als kognitiver Prozeß*. München: Minerva.

Fiedler, K. (1985). *Kognitive Strukturierung der sozialen Umwelt: Untersuchungen zur Wahrnehmung kontingenter Ereignisse*. Göttingen: Hogrefe.

Fiedler, P. (1996). *Verhaltenstherapie in und mit Gruppen*. Weinheim: Beltz-PVU.

Field, T. F. & Schanberg, S. M. (1990). Massage alters growth and catecholamine production in preterm newborns. In N. Gunzenhauser (ed.), *Advances in touch* (pp. 96–104). Skillmann, NJ: Johnson & Johnson.

Fields, H. L. & Levine, J. D. (1984). Placebo analgesia: A role for endorphins. Trends in *Neuroscience, 7,* 271–273.

Filipp, S.-H. (Hrsg.). (1981). *Kritische Lebensereignisse.* München: Urban & Schwarzenberg.

Fink, N. (1979). *Lehrbuch der Schlaf- und Traumforschung.* München: Minerva.

Finkelhor, D. & Dziuba-Leatherman, J. (1994). Victimization of children. *American Psychologist, 49,* 173–183.

Finkelhor, D., Hataling, G., Lewis, I. A. & Smith, C. (1990). Sexual abuse in a national survey of adult men and women: Prevalence, characteristics, and risk factors. *Child Abuse & Neglect, 14,* 19–28.

Fiorito, G. & Scotto, P. (1992). Observational learning in *Octopus vulgaris. Science, 256,* 545–547.

Fischer, A. (1917). Über Begriff und Aufgabe der pädagogischen Psychologie. *Zeitschrift für Pädagogische Psychologie, 18,* 5–13/109–118.

Fish, J. M. (1973). *Placebo therapy.* San Francisco: Jossey-Bass.

Fishbein, M. & Ajzen, I. (1975). *Belief, attitude, intention and behavior: An introduction to theory and research.* Reading, MA: Addison-Wesley.

Fisher, J. D. & Fisher, W. A. (1992). Changing AIDS-risk behavior. *Psychological Bulletin, 111,* 455–474.

Fisher, J. D., Fisher, W. A., Williams, S. S. & Malloy, T. E. (1994). Empirical tests of an information-motivation-behavioral skills model of AIDS-prevention behavior with gay men and heterosexual university students. *Health Psychology, 13,* 238–250.

Fisher, K. (1985). Attitude, logic keys to nuclear survival. *APA Monitor, 24.*

Fisher, S. & Greenberg, R. P. (1985). *The scientific credibility of Freud's theories and therapy.* New York: Columbia University Press.

Fishman, H. C. (1993). *Intensive structural therapy: Treating families in their social context.* New York: Basic Books.

Fiske, S. T. (1987). People's reaction to nuclear war: Implications for psychologists. American Psychologist, *42,* 207–217.

Fiske, S. T. & Pavelchak, M. A. (1986). Category-based versus piecemeal-based affective response: Developments in schema-triggered affects. In R. M. Sorrentino & E. T. Higgins (eds.), *The handbook of motivation and cognition: Foundations of social behavior.* New York: Guilford Press.

Fiske, S. T. & Taylor, S. E. (1991). *Social cognition.* New York: McGraw-Hill.

Fisseni, H.-J. (1982). *Persönlichkeitsbeurteilung: Zu Theorie und Praxis des Gutachtens.* Göttingen: Hogrefe.

Fisseni, H.-J. (1997). *Lehrbuch der psychologischen Diagnostik.* Göttingen: Hogrefe.

Fisseni, H.-J. (1998). *Persönlichkeitspsychologie.* Göttingen: Hogrefe.

Fitts, P. M. & Posner, M. (1967). *Human performance.* Belmont, CA: Brooks/Cole.

Fitzgibbon, M. L., Stolley, M. R. & Kirschenbaum, D. S. (1993). Obese people who seek treatment have different characteristics than those who do not seek treatment. *Health Psychology, 12,* 243–345.

Flammer, A. (1988). *Entwicklungstheorien.* Bern: Huber.

Flavell, J. (1963). *The developmental psychology of Jean Piaget.* Princeton, NJ: Van Nostrand.

Flavell, J. H. (1979). *Kognitive Entwicklung* (Orig. 1977). Stuttgart: Klett-Cotta.

Flavell, J. H. (1981). Cognitive monitoring. In W. P. Dickson (ed.), *Children's oral communication skills.* New York: Academic Press.

Flavell, J. H. (1985). *Cognitive development* (2nd ed.). Englewood Cliffs, NJ: Prentice-Hall.

Flavell, J. H., Speer, J. R., Green, F. L. & August, D. L. (1981). The development of comprehension monitoring and knowledge about communication. *Monographs of the Society for Research in Child Development, 46,* Serial No. 192.

Fleischman, P. R. (1973). Letter to Science concerning »On being sane in insane places«. Science, 180, 356.

Fleishman, E. A. (1973). Twenty years of consideration and structure. In E. A. Fleishman & J. G. Hunt (eds.), *Current developments in the study of leadership.* Carbondale: Southern Illinois University Press.

Fleming, I. (1959). From a view to a kill. In *For your eyes only* (pp. 1–30). New York: Charter Books.

Fletcher, G. J. O. & Ward, C. (1988). Attribution theory and processes: A cross-cultural perspective. In M. H. Bon (ed.), *The cross-cultural challenge to social psychology* (pp. 230–244). Newbury Park, CA: Sage.

Fletcher, R. & Voke. (1985). *Defective color vision.* New York: Taylor & Francis.

Fliegel, S., Groeger, W. M., Künzel, R., Schulte, D. & Sorgatz, H. (1981). *Verhaltenstherapeutische Standardmethoden.* München: Urban & Schwarzenberg.

Floderus-Myrhed, B., Pedersen, N. & Rasmussen, I. (1980). Assessment of heritability for personality, based on a short form of the Eysenck Personality Inventory: A study of 12,898 twin pairs. *Behavior Genetics, 10,* 507–520.

Flood, R. A. & Seager, C. P. (1968). A retrospective examination of psychiatric case records of patients who subsequently committed suicide. *British Journal of Psychiatry, 114,* 433–450.

Flynn, J. R. (1987). Massive IQ gains in 14 nations: What IQ tests really measure. *Psychological Bulletin, 101,* 271–291.

Fodor, J. A. (1983). *The modularity of mind.* Cambridge, MA: MIT Press.

Fodor, J. A. (1985). Précis of »The modularity of mind«. *The Behavioral and Brain Sciences, 8,* 1–42.

Fogel, A. (1991). Movement and communication in human infancy: The social dynamics of development. Journal of Human Movement Studies.

Foley, V. D. (1979). Familiy therapy. In R. J Corsini (ed.), *Current psychotherapies* (2nd ed.). Itasca, IL: Peacock.

Folkins, D. H., Lawson, K. D., Opton, E. M. & Lazarus, R. S. (1968). Desensitization and the experimental reduction of threat. *Journal of Abnormal Psychology, 73,* 100–113.

Folkman, S. (1984). Personal control and stress and coping processes: A theoretical analysis. *Journal of Personality and Social Psychology, 46,* 839–852.

Fong, G. T. & Markus, H. (1982). Self-schemas and judgment about others. *Social Cognition, 1,* 191–204.

Fontaine, G. (1974). Social comparisons and some determinants of expected personal control and expected performance in a novel situation. *Journal of Personality and Social Psychology, 29,* 487–496.

Foppa, K. (1966). *Lernen, Gedächtnis, Verhalten.* Köln: Kiepenheuer & Witsch.

Forbes, D., Creamer, M. & Rycroft, P. (1994). Eye movement and reprocessing in posttraumatic stress disorder. Journal of Behavior Therapy and Experimental Psychiatry, *25,* 113–120.

Ford, C. S. & Beach, F. A. (1951). *Patterns of sexual behavior.* New York: Harper & Row.

Fordyce, W. E. (1973). An operant conditioning method for managing chronic pain. *Postgraduate Medicine, 53,* 123–128.

Forehand, R. & Long, N. (1991). Prevention of aggression and other behavior problems in the early adolescent years. In D. J. Pepler & K. H. Rubin (eds.), *The development and treat-*

ment of childhood aggression (pp. 317–330). Hillsdale, NJ: Erlbaum.

Forgas, J. P. (1982). Episodic cognition: Internal representation of interaction routines. In L. Berkowitz (ed.), *Advances in experimental social psychology* (vol. 5). New York: Academic Press.

Forgas, J. P. (ed.). (1991). *Emotion & social judgments.* Oxford: Pergamon Press.

Forge, A., Li, L., Corwin, J. T. & Nevill, G. (1993). Ultrastructural evidence for hair cell regeneration in the mammalian inner ear. *Science, 259,* 1616–1619.

Foucault, M. (1975). *The birth of the clinic.* New York: Vintage Books.

Fouts, R. S. & Rigby, R. L. (1977). Man-chimpanzee communication. In T. A. Sebeok (ed.), *How animals communicate,* Bloomington: University of Indiana Press.

Fouts, R. S., Bouts, D. & Schoenfeld, D. (1984). Sign language conversational interactions between chimpanzees. *Sign Language Studies, 41,* 1–12.

Fowler, H. (1965). *Curiosity and exploratory behavior.* New York: Macmillan.

Fowler, R. D. (1993). 1992 report of the chief executive officer. *American Psychologist, 48,* 726–735.

Foy, D. W., Eisler, R. M. & Pinkston, S. (1975). Modeled assertion in a case of explosive rages. *Journal of Behavioral Therapy and Experimental Psychiatry, 6,* 135–137.

Frank, J. (1987). The drive for power and the nuclear arms race. American Psychologist, *42,* 337–344.

Frank, J. D. (1979). The present status of outcome studies. *Journal of Consulting and Clinical Psychology, 47,* 310–316.

Frank, J. D. & Frank, J. B. (1991). *Persuasion and healing: A comparative study of psychotherapy* (3rd ed.). Baltimore: Johns Hopkins University Press.

Frank, M. E. & Nowlis, G. H. (1989). Learned aversions and taste qualities in hamsters. *Chemical Senses, 14,* 379–394.

Franklin, N. & Tversky, B. (1990). Searching imagined environments. *Journal of Experimental Psychology: General, 119,* 63–76.

Franks, C. M. & Barbrack, C. R. (1983). Behavior therapy with adults: An integrative perspective. In M. Hersen, A. E. Kazdin & A. S. Bellack (eds.), *The clinical psychology handbook.* New York: Pergamon Press.

Franz, C. E., McClelland, D. C. & Weinberger, J. (1991). Childhood antecedents of conventional social accomplishment in midlife adults: A 36-year prospective study. *Journal of Personality and Social Psychology, 60,* 586–595.

Fraser, S. (ed.). (1995). *The Bell Curve wars: Race, intelligence, and the future of America.* New York: Basic Books.

Fraser, S. C. (1974). *Deindividuation: Effects of anonymity on aggression in children.* Unpublished mimeograph report, University of Southern California.

Frederickson, B. L. (1991). Anticipated endings: An explanation for selective social interaction (doctoral dissertation, Stanford University, 1990). *Dissertation Abstracts International, 3,* AAD91-00818.

Frederiksen, L. W., Jenkins, J. O., Foy, D. W. & Eisler, R. M. (1976). Social-skills training to modify abusive verbal outbursts in adults. *Journal of Applied Behavior Analysis, 9,* 117–125.

Freedman, B. J. (1974). The subjective experience of perceptual and cognitive disturbances in schizophrenia. *Archives of General Psychiatry, 30,* 333–340.

Freedman, J. L. & Fraser, S. C. (1966). Compliance without pressure: The foot-in-the-door technique. *Journal of Personality and Social Psychology, 4,* 195–202.

Freeman, F. R. (1972). *Sleep research: A critical review.* Springfield, IL: Charles C Thomas.

Freud, A. (1946). *The ego and the mechanisms of defense.* New York: International Universities Press.

Freud, A. (1958). Adolescence. *Psychoanalytic study of the Child, 13,* 255–278.

Freud, A. (1982). *Das Ich und die Abwehrmechanismen.* München: Kindler. (Erstausgabe 1936)

Freud, S. (1915). Instincts and their vicissitudes. In S. Freud, *The collected papers.* New York: Collier.

Freud, S. (1923). *Introductory lectures on psycho-analysis* (J. Riviera, Trans.). London: Allen & Unwin.

Freud, S. (1953). Three essays on the theory of sexuality. In J. Strachey (ed. and trans.), *The standard edition of the complete psychological works of Sigmund Freud* (vol. 7, pp. 135–243). London: Hogarth Press. (Original work published in 1905).

Freud, S. (1957). Leonardo da Vinci and a memory of his childhood. In J. Strachey (ed. and trans.), *The standard edition of the complete psychological works of Sigmund Freud* (vol. 11, pp. 59–137). London: Hogarth Press. (Original work published in 1910).

Freud, S. (1974). *Totem und Tabu.* Frankfurt: Fischer. (Erstausgabe 1913)

Freud, S. (1975). Einige Bemerkungen über den Begriff des Unbewußten in der Psychoanalyse. In *Psychologie des Unbewußten,* Studienausgabe Band III. Frankfurt: Fischer. (Erstausgabe 1912)

Freud, S. (1977). *Die Traumdeutung.* Frankfurt: Fischer. (Erstausgabe 1900)

Freud, S. (1980). Drei Abhandlungen zur Sexualtheorie. In *Sexualleben,* Studienausgabe Band V. Frankfurt: Fischer. (Erstausgabe 1905)

Freud, S. (1980). Vorlesungen zur Einführung in die Psychoanalyse. In *Vorlesungen zur Einführung in die Psychoanalyse und Neue Folge,* Bd. 1 der Studienausgabe, Frankfurt: Fischer. (Erstausgabe 1916–1917)

Freud, S. (1980). *Zur Psychopathologie des Alltagslebens.* Frankfurt: Fischer. (Erstausgabe 1904)

Frey, D. (1981). *Informationssuche und Informationsbewertung bei Entscheidungen* Stuttgart: Huber.

Frey, D. & Greif, S. (Hrsg.). (1987). *Sozialpsychologie: Ein Handbuch in Schlüsselbegriffen* (2. Aufl.). München: Urban & Schwarzenberg.

Frey, D. & Irle, M. (Hrsg.). (1984). *Theorien der Sozialpsychologie. Bd. 1: Kognitive Theorien* (2. Aufl.). Bern: Huber.

Frey, D. & Irle, M. (Hrsg.). (1985a). *Theorien der Sozialpsychologie. Bd. 2: Gruppen- und Lerntheorien.* Bern: Huber.

Frey, D. & Irle, M. (Hrsg.). (1985b). *Theorien der Sozialpsychologie. Bd. 3: Motivations- und Informationsverarbeitungstheorien.* Bern: Huber.

Frey, W. H. & Langseth, M. (1986). *Crying: The mystery of tears.* New York: Winston Press.

Fricke, R. & Treinies, G. (1985). *Einführung in die Metaanalyse.* Bern: Huber.

Fridlund, A. J. & Gilbert, A. N. (1985). Emotions and facial expression (Letter to the editor), *Science, 230,* 607–608.

Friebe, J. (1995). *Quantitative Untersuchung der menschlichen Raumwahrnehmung mit den Methoden der Computergraphik.* Münster: Waxmann.

Friederici, A. (1984). *Neuropsychologie der Sprache.* Stuttgart: Kohlhammer.

Friedman, H. S. (ed.). (1990). *Personality and disease.* New York: Wiley.

Friedman, M. & Rosenman, R. F. (1974). *Type A behavior and your heart.* New York: Knopf.

Friedman, M., Thoresen, C. E., Gill, J. J., Powell, L. H., Ulmer, D., Thompson, , L., Price, V. A., Rabin, D., D., Breall, W. S., Dixon,

T., Levy, R. & Bourg, T. (1984). Alteration of Type A behavior and reduction in cardiac recurrences in postmyocardial infection patients. *American Heart Journal*, 108, 237–248.

Friedman, M., Thoresen, C.E., Gill, J.J., Ulmer, D., Powell, L.H., Price, V.A., Brown, B., Thompson, L., Rabin, D.D., Breall, W.S., Bourg, E., Levy, R. & Dixon, T. (1986). Alteration of Type A behavior and its effect on cardiac recurrences in post-myocardial infarction patients: Summary results of the Recurrent Coronary Prevention Project. *American Heart Journal*, 11, 653–665.

Friedrich, H.F. & Mandl, H. (1997). Analyse und Förderung selbstgesteuerten Lernens. In F.E. Weinert & H. Mandl (Hrsg.), *Psychologie der Erwachsenenbildung*. Enzyklopädie der Psychologie, Serie »Pädagogische Psychologie«, Bd. 4 (S. 237–293). Göttingen: Hogrefe.

Friedrich, L.K. & Stein, A.H. (1975). Prosocial television and young children: The effects of verbal labeling and role playing on learning and behavior. *Child Development*, 46, 27–39.

Frieling, E. & Sonntag, K. (1987). *Lehrbuch Arbeitspsychologie*. Bern: Huber.

Friend, R., Rafferty, Y. & Bramel, D. (1990). A puzzling misinterpretation of the Asch »conformity« study. *European Journal of Social Psychology*, 46, 27–38.

Frijda, N.H. (1986). *The emotions*. London: Cambridge University Press.

Frisby, J.P. (1980). *Seeing*. Oxford: Oxford University Press.

Fromkin, V. (1971). The non-anomalous nature of anomalous utterances. *Language*, 47, 27–52.

Fromkin, V. (ed.). (1973). *Speech errors as linguistic evidence*. The Hague: Mouton.

Fromkin, V.A. (ed.). (1980). *Errors in linguistic performance: Slips of the tongue, pen, and hand*. New York: Academic Press.

Fromm, E. (1947). *Man for himself*. New York: Holt, Rinehart & Winston.

Fromm, E. & Shor, R.E. (eds.). (1979). *Hypnosis: Developments in research and new perspectives* (2nd ed.). Hawthorne, NY: Aldine.

Fruhner, R., Schuler, H., Funke, U. & Moser, K. (1991). Einige Determinanten der Bewertung von Personalauswahlverfahren. *Zeitschrift für Arbeits- und Organisationspsychologie*, 35, 170–178.

Frumkin, B. & Anisfeld, M. (1977). Semantic and surface codes in the memory of deaf children. *Cognitive Psychology*, 9, 475–493.

Fry, W.F., Jr. (1986). Humor, physiology, and the aging process. In L. Nahemow, K.A. McCluskey-Fawcett & P.E. McGhee (eds.), *Humor and aging* (pp. 81–98). Orlando, FL: Academic Press.

Frye v. United States (1923). 293 F. 1013 (D.D., Cir. 1923).

Fryer, D. & Payne, R. (1984). Proactive behavior in unemployment: Findings and implications. *Leisure Studies*, 3, 273–295.

Fuller, J.L. (1982). Psychology and genetics: A happy marriage? *Canadian Psychology*, 23, 11–21.

Funke, U., Krauß, J., Schuler, H. & Stapf, K.H. (1987). Zur Prognostizierbarkeit wissenschaftlich-technischer Leistungen mittels Personvariablen: Eine Metaanalyse der Validität diagnostischer Verfahren im Bereich Forschung und Entwicklung. *Gruppendynamik*, 18, 407–428.

Furman, W., Rahe, D. & Hartup, W.W. (1979). Rehabilitation of socially withdrawn preschool children through mixed-aged and same-sex socialization. *Child Development*, 50, 915–922.

Furstenberg, F., Jr. (1985). Sociological ventures in child development. *Child Development*, 56, 281–288.

Furth, H.G. (1976). *Intelligenz und Erkennen* (Orig. 1969). Frankfurt: Suhrkamp.

Furth, H.G. (1981). *Piaget and knowledge* (2. Aufl.). Chicago: University of Chicago Press.

Fussell, S.R. & Krauss, R.M. (1992). Coordination of knowledge in communication: Effects of speakers' assumptions about what others know. *Journal of Personality and Social Psychology*, 62, 378–391.

Gackenbach, J. & LaBerge, S. (eds.). (1988). *Conscious mind, sleeping brain: Perspectives on lucid dreaming*. New York: Plenum Press.

Gadenne, V. (1976). *Die Gültigkeit psychologischer Untersuchungen*. Stuttgart: Kohlhammer.

Gadenne, V. (1995). *Bewußtsein, Kognition und Gehirn*. Einführung in die Psychologie des Bewußtseins. Bern: Huber.

Gagné, R.M. (1984). Learning outcomes and their effects: Useful categories of human performance. *American Psychologist*, 39, 377–385.

Gagnon, J.H. (1977). *Human sexualities*. Glenview, IL: Scott Foresman.

Gaines, S.O., Jr. & Reed, E.S. (1995). Prejudice: From Allport to DuBois. *American Psychologist*, 50, 96–103.

Galaburda, A.M., LeMay, M., Kemper, T.L. & Geschwind, N. (1978). Right-left asymmetries in the brain. *Science*, 199, 852–856.

Gallagher, J.M. & Reid, D.K. (1981). *The learning theory of Piaget and Inhelder*. Monterey, CA: Brooks/Cole.

Gallup, G., Jr. & Newport, F. (1990, August 6). One in 4 Americans believes in ghosts: Poll shows strong belief in paranormal. *San Francisco Chronicle*, pp. B1, B5.

Galton, F. (1869). *Hereditary genius*. London: Macmillan.

Galton, F. (1907). *Inquiries into human faculty and its development*. London: Dent Publishers. (Original work published 1883).

Garcia, J. (1990). Learning without memory. *Journal of Cognitive Neuroscience*, 2, 287–305.

Garcia, J. (1993). Misrepresentations of my criticisms of Skinner. *American Psychologist*, 48, 1158.

Garcia, J. & Garcia y Robertson, R. (1985). Evolution of learning mechanisms. In B.L. Hammonds (ed.), *Psychology and learning: 1984 Master Lectures*. Washington, DC: American Psychological Association.

Garcia, J. & Koelling, R.A. (1966). The relation of cue to consequence in avoidance learning. *Psychonomic Science*, 4, 123–124.

Gardner, B.T. & Gardner, R.A. (1972). Two-way communication with an infant chimpanzee. In A.M. Schrier & F. Stollnitz (eds.), *Behavior of nonhuman primates* (vol.4). New York: Academic Press.

Gardner, H. (1983). *Frames of mind*. New York: Basic Books.

Gardner, H. (1985). *The mind's new science: A history of the cognitive revolution*. New York: Basic Books.

Gardner, H. (1989). *Dem Denken auf der Spur: Der Weg der Kognitionswissenschaft* (Orig. 1985). Stuttgart: Klett-Cotta

Gardner, H. (1993a). *Creating minds*. New York: Basic Books.

Gardner, H. (1993b). *Multiple intelligences: The theory in practice*. New York: Basic Books.

Gardner, L.I. (1972). Deprivation dwarfism. *Scientific American*, 227, 76–82.

Garland, A.F. & Zigler, E. (1993). Adolescent suicide prevention. *American Psychologist*, 48, 169–182.

Garland, H. (1984). Relation of effort-performance expectancy to performance in goal setting experiments. *Journal of Applied Psychology*, 69, 79–84.

Garmezy, N. (1976). Vulnerable and invulnerable children: Theory, research and intervention. *Journal Abstract Supplement Service. Catalogue of Selected Documents in Psychology, 6,* 96.

Garmezy, N. (1977). The psychology and psychopathology of Allen Head. *Schizophrenia Bulletin, 3*(3).

Garner, W.R. (1974). *The processing of information and structure.* Potomac, MD: Lawrence Erlbaum.

Garnsey, S.M. (1993). Event-related brain potentials in the study of language: An introduction. *Language and Cognitive Processes, 8,* 337–356.

Garrett, M.F. (1975). The analysis of sentence production. In G.H. Bower (ed.), *The psychology of learning and motivation* (vol. 9, pp. 133–177). New York: Academic Press.

Garrison, V. (1977). The »Puerto Rican syndrome« in psychiatry and Espiritismo. In V. Crapanzano & V. Garrison (eds.), *Case studies in spirit possession.* New York: Wiley Interscience.

Gazzaniga, M. (1970). *The bisected brain.* New York: Appleton-Century-Crofts.

Gazzaniga, M. (1990). In *Discovering Psychology,* Program 14 [PBS video series]. Washington, DC: Annenberg/CPB Program.

Gazzaniga, M.S. (1983). *Neuropsychologische Integration kognitiver Prozesse* (Orig. 1978). Stuttgart: Enke.

Gazzaniga, M.S. (1985). *The social brain.* New York: Basic Books.

Gazzaniga, M.S. (1987). Cognitive and neurological aspects of hemispheric disconnection in the human brain. *Discussions in Neurosciences, 4*(4).

Gazzaniga, M.S. (1989). *Das erkennende Gehirn. Entdeckungen in den Netzwerken des Geistes.* Paderborn: Junferman.

Gegenfurtner, K.R. & Sperling, G. (1993). Information transfer in iconic memory experiments. *Journal of Experimental Psychology: Human Perception and Performance, 19,* 845–866.

Gelman, R. (1979). Preschool thought. *American Psychologist, 34,* 900–905.

Gelman, R. & Baillargeon, R. (1983). A review of Piagetian concepts. In J. Flavell & E. Markman (eds.), *Handbook of child psychology* (vol.3). New York: Wiley.

Gelman, S.A. & Wellman, H.M. (1991). Insides and essences: Early understandings of the non-obvious. *Cognition, 38,* 213–244.

Gerlinghoff, M., Backmund, H. & Mai, N. (1988). *Magersucht: Auseinandersetzung mit einer Krankheit.* München: PVU.

Gershon, E.S., Berrettini, W., Nurnberger, J., Jr. & Goldin, L. (1987). Genetics of affective illness. In H.Y. Meltzer (ed.), *Psychopharmacology: The third generation of progress* (pp. 481–491). New York: Raven Press.

Geschwind, N. (1979). Specializations of the human brain. *Scientific American, 241* (3), 180–199. zit. nach Marks 1981.

Geuter, U. (1984). *Die Professionalisierung der deutschen Psychologie im Nationalsozialismus.* Frankfurt: Suhrkamp.

Gevarter, W.B. (1982, May). *An overview of artificial intelligence and robotics (vol.3), expert systems.* (NBSIR 82–2505). Washington, DC: National Bureau of Standards.

Ghadirian, A.M. & Lehman, H.E. (1992). *Environment and psychopathology.* New York: Springer.

Ghanta, V., Hiramotot, R.N., Solvason, B. & Spector, N.H. (1987). Influence of conditioned natural immunity on tumor growth. *Annals of the New York Academy of Sciences, 496,* 637–646.

Giambra, L.M. & Arenberg, D. (1993). Adult age differences in forgetting sentences. *Psychology and Aging, 8,* 451–462.

Gibbs, J.C. (1977). Kohlberg's stages of moral judgment: A constructive critique. *Harvard Educational Review, 47,* 43–61.

Gibbs, J.C., Arnold, K.D. & Burkhart, J.E. (1984). Sex differences in the expression of moral judgment. *Child Development, 55,* 1040–1043.

Gibbs, R.W. (1986). Comprehension and memory for nonliteral utterances: The problem of sarcastic indirect requests. *Acta Psychologica, 62,* 41–57.

Gibbs, R.W. (1994). *The poetics of mind.* Cambridge: Cambridge University Press.

Gibson, J.J. (1966). *The senses considered as perceptual systems.* New York: Houghton Mifflin.

Gibson, J.J. (1979). *An ecological approach to visual perception.* New York: Houghton: Mifflin.

Gibson, J.J. (1982). *Wahrnehmung und Umwelt: Der ökologische Ansatz der visuellen Wahrnehmung.* München: Urban & Schwarzenberg.

Giel, K. (Hrsg.). (1997). *Geist und Gehirn.* Stuttgart: Fischer.

Gilliam, H. (1986, July 6). Fencing out world prosperity. *San Francisco Chronicle,* p. 18.

Gillig, P.M. & Greenwald, A.G. (1974). Is it time to lay the sleeper effect to rest? *Journal of Personality and Social Psychology, 29,* 132–139.

Gilligan, C. (1982). *In a different voice: Psychological theory and women's development.* Cambridge, MA: Harvard University Press.

Gilligan, C. (1984). *Die andere Stimme* (Orig. 1982). München: Piper.

Gilligan, S. & Bower, G.H. (1984). Cognitive consequences of emotional arousal. In C. Izard, J. Kagan & R. Zajonc (eds.), *Emotions, cognitions, and behavior* (pp. 547-588). Cambridge: Cambridge University Press.

Gilovich, T. (1983). Biased evaluation and persistence in gambling. *Journal of Personality and Social Psychology, 44,* 1110–1126.

Gilovich, T. (1991). *How we know what isn't so: The fallibility of human reason in everyday life.* New York: Free Press.

Ginder, A. (1978). *Vergleich der wissenschaftlich-psychologischen und naiv-psychologischen Analyse von Verhaltensstörungen in der Schule.* Weingarten: Unveröff. Examensarbeit an der Pädagogischen Hochschule.

Ginns, E.I., Egland, J.A., Allen, C.R., Pauls, D.L., Falls, L., Keith, T.P. & Paul, S.M. (1992). Update on the search for DNA markers linked to manic-depressive illness in the old order Amish. *Journal of Psychiatric Research, 26,* 305–308.

Gitlin, M.J. (1990). *The psychotherapist's guide to psychopharmacology.* New York: Free Press.

Givens, A. (1989). Dynamic functional topography of cognitive tasks. *Brain Topography, 2,* 37–56.

Gladue, B.A. (1994). The biopsychology of sexual orientation. *Current Directions in Psychological Science, 3,* 150–154.

Glanzer, M. & Cunitz, A.R. (1966). Two storage mechanisms in free recall. *Journal of Verbal Learning and Verbal Behavior, 5,* 351–360.

Glaser, R. (1984). Education and thinking: The role of knowledge. *American Psychologist, 39,* 93–104.

Glasgow, K.L., Dornbusch, S.M., Troyer, L., Steinberg, L. & Ritter, P.L. (1997). Parenting styles, adolescents' attributions, and educational outcomes in nine heterogeneous high schools. *Child Development, 68,* 507–529.

Glass, A.L., Holyoak, K.J. & Santa, J.L. (1979). *Cognition.* Reading, MA: Addison-Wesley.

Glass, D.C. (1977). *Behavior patterns, stress, and coronary disease.* Hillsdale, NJ: Erlbaum.

Glassman, R.B. (1983). Free will has a neural substance: Critique of Joseph F. Rychlaks Discovering free will and personal responsibility, Zygon, *18,* 67–82.

Glucksberg, S. & Danks, J.H. (1975). *Experimental psycholinguistics.* Hillsdale, NJ: Erlbaum.

Goddard, H. H. (1914). *The Kallikak family, a study of the heredity of feeble-mindedness*. New York: Macmillan.

Goddard, H. H. (1917). Mental tests and immigrants. *Journal of Delinquency, 2*, 243–277.

Goffman, E. (1959). *The presentation of self in everyday life*. New York: Doubleday.

Gold, P. E. (1984). Memory modulation: Neurobiological contexts. In G. Lynch, J. L. McGaugh & N. M. Weinberger (eds.), *Neurobiology of learning and memory*. New York: Guilford Press.

Gold, P. E. (1987). Sweet memories. *American Scientist, 75*, 151–155.

Goldfried, M. R., Greenberg, L. & Marmar, C. (1990). Individual psychotherapy: Process and outcome. *Annual Review of Psychology, 41*, 659–688.

Golding, S. L. (1977). The problem of construal styles in the analysis of person-situation interactions. In D. Magnusson & N. E. Endler (eds.), *Personality at the crossroads*. Hillsdale, NJ: Erlbaum.

Goldin-Meadow, S. & Mylander, C. (1990). Beyond the input given: The child's role in the acquisition of language. *Language, 66*, 323–355.

Goldstein, M. & Rodnick, E. H. (1975). The family's contribution to the etiology of schizophrenia: Current status. *Schizophrenia Bulletin, 14*, 48–63.

Goldstein, M. J. & Strachan, A. M. (1987). The family and schizophrenia. In T. Jacob (ed.), *Family interaction and psychopathology: Theories, methods and findings* (pp. 481–507). New York: Plenum Press.

Goleman, D. (1987). Who are you kidding? *Psychology Today*, 24–30.

Gollwitzer, P. M. (1990). Action phases and mind sets. In E. T. Higgins & R. M. Sorrentino (eds.), *Handbook of motivation and cognition* (vol. 2), New York: Guilford Press.

Gonzalez, A. (1983). Classroom cooperation and ethnic balance: The Chicanos and equal status contact. *La Red/The Net, 68*, 6–8.

Goodall, J. (1986). *The chimpanzees of Gombe: Patterns of behavior*. Cambridge, MA: Cambridge University Press.

Goodall, J. (1990). *Through a window: My thirty years with the chimpanzees of Gombe*. Boston: Houghton Mifflin.

Gooden, D. R. & Baddeley, A. D. (1975). Context-dependent memory in two natural environments: On land and under water. *British Journal of Psychology, 66*, 325–331.

Goodkind, M. (1989, Spring). The cigarette habit. *Stanford Medicine*, 10–14.

Goodman, D. A. (1978). Learning from lobotomy. *Human Behavior, 7*(1), 44–49.

Goodman, L. S. & Gilman, A. (1970). *The pharmacological basis of therapeutics* (4th ed.). New York: Macmillan.

Gordon, C. & Gergen, K. J. (1968). *The self in social interaction* (vol. 1). New York: Plenum.

Gordon, L. (1990, September 2). Proposal to overhaul SAT to consider relevance, bias. *The Seattle Times/Post-Intelligencer*.

Gorman, J. M., Liebowitz, M. R., Fyer, A. J. & Stein, J. M. (1989). A neuroanatomical hypothesis for panic disorder. *American Journal of Psychiatry, 146*, 148–161.

Gorney, R. (1976, September). Paper presented at Annual Meeting of of the American Psychiatric Association.

Gottesman, I. I. (1963). Genetic aspects of intelligent behavior. In N. Ellis (ed.), *Handbook of mental deficiency: Psychological theory and research*. New York: McGraw-Hill

Gottesmann, I. I. (1991). *Schizophrenia genesis: The origins of madness*. New York: Freeman.

Gottesman, I. I. & Shields, J. (1976). A critical review of recent adoption, twin, and family studies of schizophrenia: Behavioral genetics perspective. *Schizophrenia Bulletin, 2*, 360–401.

Gottfredson, L. S. (1986). The g-factor in employment. *Journal of Vocational Behavior, 29*, 293–296.

Gottlieb, B. H. (ed.). (1981). *Social networks and social support*. Beverly Hills, CA: Sage.

Gottman, J. M. (1994). *What predicts divorce?* Hillsdale, NJ: Erlbaum.

Götze, P. (Hrsg.). (1984). *Leitsymptom Angst*. Berlin: Springer.

Gough, H. G. (1957). *California Psychological Inventory manual*. Palo Alto, CA: Consulting Psychologists Press.

Gough, H. G. (1989). The California Psychological Inventory. In C. S. Newmark (ed.), *Major psychological assessment inventories* (vol. 2). Boston: Allyn and Bacon.

Gough, H. G. (1995). *California Psychological Inventory* (3rd ed.). Palo Alto, CA: Consulting Psychologists Press.

Gould, J. L. & Gould, C. G. (1997). *Bewußtsein bei Tieren. Ursprünge von Denken, Lernen und Sprechen*. Heidelberg: Spektrum.

Gould, S. J. (1981). *The mismeasure of man*. New York: Norton.

Gould, S. J. (1994, November 28). Curveball [Review of *The Bell Curve*]. *The New Yorker*, pp. 139–149.

Graesser, A. C., Singer, M. & Trabasso, T. (1994). Constructing inferences during narrative text comprehension. *Psychological Review, 101*, 371–395.

Graf, P. & Schacter, D. L. (1985). Implicit and explicit memory for new associations in normal and amnesic subjects. *Journal of Experimental Psychology: Learning, Memory, and Cognition, 11*, 501–518.

Graf, P., Squire, L. R. & Mandler, G. (1984). The information that amnesic patients do not forget. *Journal of Experimental Psychology: Learning, Memory, and Cognition, 10*, 164–178.

Graham, N. (1992). Breaking the visual stimulus into parts. *Current Directions in Psychological Science, 1*, 55–61.

Gralinski, H. J. & Kopp, C. B. (1993). Everyday rules for behavior: Mother's requests to young children. *Developmental Psychology, 29*, 573–584.

Grant, L. & Evans, A. (1994). *Principles of behavior analysis*. New York: HarperCollins.

Grant, P. R. (1986). *Ecology and evolution of Darwin's finches*. Princeton, NJ: Princeton University Press.

Grattan, M. P., De Vos, E., Levy, J. & McClintock, M. K. (1992). Asymmetric action in the human newborn: Sex differences in patterns of organization. *Child Development, 63*, 273–289.

Gray, C. R. & Gummerman, K. (1975). The enigmatic eidetic image: A critical examination of methods, data, and theories. *Psychological Bulletin, 82*, 383–407.

Green, B. L. (1994). Psychosocial research in traumatic stress. An update. *Journal of Traumatic Stress, 7*, 341–362.

Green, D. M. & Swets, J. A. (1966). *Signal detection theory and psychophysics*. New York: Wiley.

Greenberg, J. & Ornstein, S. (1983). High status job title as compensation for underpayment: A test of equity theory. *Journal of Applied Psychology, 68*, 285–297.

Greenberg, L. S. & Johnson, S. (1988). *Emotionally focused therapy for couples*. New York: Guilford Press.

Greene, R. L. (1991). *The MMPI-2/MMPI: An interpretive manual*. Boston: Allyn and Bacon.

Greenfield, P. M. & Smith, J. H. (1976). *The structure of communication in early language development*. New York: Academic Press.

Greeno, C. E. & Maccoby, E. E. (1986). How different is the »different voice«? *Signs, 11*, 310–316.

Greeno, C. G. & Wing, R. R. (1994). Stress-induced eating. *Psychological Bulletin, 115*, 444–464.

Greenwald, A. G. (1992). New Look 3: Unconscious cognition reclaimed. *American Psychologist, 47*, 766–779.

Greenwald, A.G. & Banaji, M.R. (1995). Implicit social cognition: Attitudes, self-esteem, and stereotypes. *Psychological Review*, 102, 4–27.

Greenwald, A.G., Spangenber, E.R., Pratkanis, A.R. & Eskenazi, J. (1991). Double-blind tests of subliminal self-help audiotapes. *Psychological Science*, 2, 119–122.

Greif, S. (1990). Kommentar zu »Identitätsprobleme organisations-psychologischer Forschung« von Günter F. Müller. *Zeitschrift für Arbeits- und Organisationspsychologie*, 34(2), 94–96.

Greif, S. (1991a). Streß in der Arbeit – Einführung und Grundbegriffe. In S. Greif, E. Bamberg & N. Semmer (Hrsg.), *Psychischer Streß am Arbeitsplatz*. Göttingen: Hogrefe.

Greif, S. (1991b). Arbeit und Streß: Perspektiven. In S. Greif, E. Bamberg & N. Semmer (Hrsg.), *Psychischer Streß am Arbeitsplatz*. Göttingen: Hogrefe.

Grice, H.P. (1968). Utterer's meaning, sentence-meaning, and word-meaning. *Foundations of Language*, 4, 1–18.

Grice, H.P. (1975). Logic and conversation. In P. Cole & J.L. Morgan (eds.), *Syntax and semantics: Vol. 9. Pragmatics* (pp. 113–128). New York: Academic Press.

Griffin, K., Friend, R., Eitel, P. & Lobel, M. (1993). Effects of environmental demands, stress, and mood on health practices. *Journal of Behavioral Medicine*, 16, 1–19.

Groeben, N. (1986). *Handeln, Tun, Verhalten als Einheiten einer verstehend-erklärenden Psychologie*. Tübingen: Francke.

Groeben, N., Wahl, D., Schlee, J. & Scheele, B. (1988). *Forschungsprogramm Subjektive Theorien: Eine Einführung in die Psychologie des reflexiven Subjekts*. Tübingen: Francke.

Grof, S. & Bennett, H.Z. (1997). *Die Welt der Psyche. Die neuen Erkenntnisse der Bewußtseinsforschung*. Reinbek: Rowohlt.

Groffmann, J.-K. & Michel, L. (Hrsg.). (1983). *Intelligenz- und Leistungsdiagnostik* (Reihe: Enzyklopädie der Psychologie). Göttingen: Hogrefe.

Groffmann, K.-J. & Michel, L. (Hrsg.). (1982a). *Grundlagen psychologischer Diagnostik* (Reihe: Enzyklopädie der Psychologie). Göttingen: Hogrefe.

Groffmann, K.-J. & Michel, L. (Hrsg.). (1982b). *Persönlichkeitsdiagnostik* (Reihe: Enzyklopädie der Psychologie). Göttingen: Hogrefe.

Groner, R. (1978). *Hypothesen im Denkprozeß*. Bern: Huber.

Groß, H. (1995). Sozialverträgliche Arbeitszeiten aus der Sicht der Beschäftigten. In A. Büssing u. H. Seifert (Hrsg.), *Sozialverträgliche Arbeitszeitgestaltung*. München: Hampp.

Gross, W. (1997). Seelische und körperliche Kosten der Karriere – Psychische und psychosomatische Erkrankungen, Arbeitssucht, Partnerprobleme, Burnout. *Report Psychologie*, 4, 292–300.

Grossman, S.P. (1979). The biology of motivation. *Annual Review of Psychology*, 30, 209–242.

Grote, G. & Ulich, E. (1993). Die Untersuchung von Wechselwirkungen zwischen Person und Arbeit: Arbeitspsychologische Grundlagenforschung oder angewandte Persönlichkeitspsychologie? *Schriften zur Arbeitspsychologie*, 54.

Grusec, J.E. (1997). A history of research on parenting strategies and children's internalization of values. In J. Grusec & L. Kuczynski (eds.), *Parenting and children's internalization of values* (pp. 3–22). New York: Wiley.

Grusec, J.E. & Goodnow, J.J. (1994). Impact of parental discipline methods on the child's internalization of values: A reconceptualization of current points of view. *Developmental Psychology*, 30, 4–19.

Grusec, J.E., Rudy, D. & Martini, T. (1997). Parenting cognitions and child outcomes: An overview and implications for children's internalization of values. In J.E. Grusec & L. Kuczynski (eds.), *Parenting and children's internalization of values* (pp. 259–282). New York: Wiley.

Guerra, F. & Aldrete, J. (1980). *Emotional and psychological responses to anesthesia and surgery*. New York: Grune & Stratton.

Guetzkow, H., Alger, C.F., Brody, R.A., Noel, R.C. & Snyder, R.C. (1963). Simulation in international relations. Englewood Cliffs, NJ: Prentice-Hall.

Guilford, J.P. (1961). *Psychological Review*, 68, 1–20.

Guilford, J.P. (1967). *Crystallized intelligences: The nature of human intelligence*. New York: McGraw-Hill.

Guilford, J.P. (1973). Theories of intelligence. In B.B. Wolman (ed.), *Handbook of general psychology*. Englewood Cliffs, NJ: Prentice-Hall.

Guilford, J.P. (1985). The Structure-of-Intellect model. In B.B. Wolman (ed.), *Handbook of intelligence*. New York: Wiley.

Guilleminault, C. (1989). Clinical features and evaluation of obstructive sleep apnea. In M. Kryser, T. Roth & W.C. Dement (eds.), *Principles and practice of sleep medicine* (pp. 552–558). New York: Saunders Press.

Guilleminault, C., Dement, W.C. & Passonant, P. (eds.). (1976). *Narcolepsy*. New York: Spectrum.

Gummerman, K., Gray, C.R. & Wilson, J.M. (1972). An attempt to assess eidetic imagery objectively. *Psychonomic Science*, 28, 115–118.

Gur, R.C. & Gur, R.E. (1974). Handedness, sex, and eyedness as moderating variables in the relation between hypnotic susceptibility and functional brain asymmetry. *Journal of Abnormal Psychology*, 83, 635–643.

Gur, R.C., Gur, R.E., Obrist, W.D., Hungerbuhler, J.P. & Younken, D. (1982). Sex and handedness differences in cerebral blood flow during rest and cognitive activity. *Science*, 217, 659–661.

Gur, R.E. & Pearlson, G.D. (1993). Neuroimaging in schizophrenia research. *Schizophrenia Bulletin*, 19, 337–353.

Gurman, A.S. & Kniskern, D.P. (1978). Research in marital and family therapy: Progress, perspective, and prospect. In S.L. Garfield and A.E. Bergan (eds.), *Handbook of psychotherapy and behavior change*. New York: Wiley.

Guski, R. (1989). *Wahrnehmung*. Stuttgart: Kohlhammer.

Guski, R. (1996). *Wahrnehmen – ein Lehrbuch*. Stuttgart: Kohlhammer.

Guthke, J. (1991). Das Lerntestkonzept in der Eignungsdiagnostik. In H. Schuler & U. Funke (Hrsg.), *Eignungsdiagnostik in Forschung und Praxis*. Göttingen: Hogrefe.

Guthke, J. & Wiedl, K.H. (1996). *Dynamisches Testen*. Göttingen: Hogrefe.

Guthke, J., Böttcher, H.R. & Sprung, L. (Hrsg.). (1990). *Psychodiagnostik, Band I und II*. Berlin: VEB Verlag der Wissenschaften.

Gutmann, D. (1977). The cross-cultural perspective: Notes toward a comparative psychology of aging. J.E. Birren & K.W. Schaie (eds.), *Handbook of the psychology of aging* (pp. 302–326). New York: Van Nostrand Reinhold.

Guze, S., Goodwin, D. & Crane, J. (1969). Criminality and psychiatric disorders. *Archives of General Psychiatry*, 20, 583–591.

Gynther, M.D. & Gynther, R.A. (1976). Personality inventories. In I.B. Weiner (ed.), *Clinical methods in psychology*. New York: Wiley-Interscience.

Habot, T.B. & Libow, L.S. (1980). The interrelationship of mental and physical status and its assessment in the older adult: Mind-body interaction. In J.E. Birren & R.B. Sloane (eds.), *Handbook of mental health and aging*. Englewood Cliffs, NJ: Prentice-Hall.

Hacker, W. (1986). *Arbeitspsychologie. Psychische Regulation von Arbeitstätigkeiten.* Bern: Huber.

Hacker, W. (1998). *Allgemeine Arbeitspsychologie. Psychische Regulation von Arbeitstätigkeiten.* Bern: Huber.

Hackman, J. R. & Oldham, G. R. (1980). *Work redesign.* Reading, MA: Addison-Wesley.

Hadler, A. (1995). *Frauen und Führungspositionen. Prognosen bis zum Jahr 2000. Eine empirische Untersuchung betrieblicher Voraussetzungen und Entwicklungen in Großunternehmen.* Frankfurt: Peter Lang.

Häfeli, K., Kraft, U. & Schallberger, U. (1988). Berufsausbildung und Persönlichkeitsentwicklung. Eine Längsschnittstudie. *Schriften zur Arbeitspsychologie, 44.*

Haier, R. J. (1980). The diagnosis of schizophrenia: A review of recent developments. In S. J. Keith & L. R. Mosher (eds.), *Special report: Schizophrenia, 1980.* Washington, DC: U.S. Government Printing Office.

Hajos, A. (1972). *Wahrnehmungspsychologie. Psychophysik und Wahrnehmungsforschung.* Stuttgart: Kohlhammer.

Hale, R. L. (1983). Intellectual assessment. In M. Hersen, A. E. Kazdin & A. S. Bellack (eds.), *The clinical psychology handbook* (pp. 345–376). New York: Pergamon.

Hall, G. St. (1904). *Adolescence: Its psychology and its relations to physiology, anthropology, sociology, sex, crime, religion, and education* (vols. 1 and 2). New York: D. Appleton.

Hamer, D. H., Hu, S., Magnuson, V. L., Hu, N. & Pattatucci, A. M. L. (1993). A linkage between DNA markers on the X chromosome and male sexual orientation. *Science, 261,* 321–327.

Hamill, R., Wilson, T. D. & Nisbett, R. E. (1980). *Ignoring sample bias: Inferences about populations from atypical cases.* Unpublished manuscript, University of Michigan, Ann Arbor.

Hamilton, D. (1990, September 2). *Los Angeles Times.*

Hamilton, D. L., Katz, L. B. & Leirer, V. O. (1980). Memory for persons. *Journal of Personality and Social Psychology, 39,* 1050–1063.

Hamm, A. (1997). *Furcht und Phobien.* Göttingen: Hogrefe.

Hammer, D. L. & Padesky, C. A. (1977). Sex differences in the expression of depressive responses on the Beck Depression Inventory. *Journal of Abnormal Psychology, 86,* 609–614.

Hampden-Turner, C. (1986). *Modelle des Menschen: Ein Handbuch des menschlichen Bewußtseins* (Orig. 1981). Weinheim: Beltz.

Hampson, J. & Nelson, K. (1993). The relation of maternal language to variation in rate and style of language acquisition. *Journal of Child Language, 20,* 313–342.

Haney, C. & Zimbardo, P. G. (1977). The socialization into criminality: On becoming a prisoner and a guard. In J. L. Tapp & F. L. Levine (eds.), *Law, justice and the individual in society: Psychological and legal issues* (pp. 198–223). New York: Holt, Rinehart & Winston.

Hanna, S. D. (1984). *The psychosocial impact of the nuclear threat on children.* Unpublished manuscript. (Available from Physicians for Social Responsibility, 639 Massachusetts Ave., Cambridge, MA 02139).

Hanson, D., Gottesman, I. & Meehl, P. (1977). Genetic theories and the validation of psychiatric diagnosis: Implications for the study of children of schizophrenics. *Journal of Abnormal Psychology, 86,* 575–588.

Harlow, H. F. (1965). Sexual behavior in the rhesus monkey. In F. Beach (ed.), *Sex and behavior.* New York: Wiley.

Harlow, H. F. & Harlow, M. K. (1966). Learning to love. *American Scientist, 54,* 244–277.

Harlow, H. F. & Zimmerman, R. R. (1958). The development of affectional responses in infant monkeys. Proceedings of the *American Philosophical Society, 102,* 501–509.

Harlow, H. F., Harlow, M. K. & Meyer, D. R. (1950). Learning motivated by a manipulation drive. *Journal of Experimental Psychology, 40,* 228–234.

Harmon, M. A. (1993). Reducing the risk of drug involvment among early adolescents: An evaluation of Drug Abuse Resistance Education (DARE). *Evaluation Review, 17,* 221–239.

Harner, M. J. (1973). The sound of rushing water. In M. J. Harner (ed.), *Hallucinogens and shamanism.* Oxford: Oxford University Press.

Harris, B. (1979). Whatever happened to Little Albert? *American Psychologist, 34,* 151–160.

Harris, G., Thomas, A. & Booth, D. A. (1990). Development of salt taste in infancy. *Developmental Psychology, 26,* 534–538.

Harris, P. R. (1980). *Promoting health – preventing disease: Objectives for the nation.* Washington, DC: U.S. Government Printing Office.

Harshman, R. A., Crawford, H. J. & Hecht, E. (1976). Marijuana, cognitive style and lateralized hemispheric functions. In S. Cohen & R. C. Stillman (eds.), *The therapeutic potential of marijuana.* New York: Plenum.

Hart, J. T. (1965). Memory and the feeling-of-knowing experience. *Journal of Educational Psychology, 56,* 208–216.

Hart, R. A. & Moore, G. I. (1973). The development of spatial cognition: A review. In R. M. Downs & D. Stea (eds.), *Image and environment.* Chicago: Aldine.

Hart, S. N. (1991). From property to person status: Historical perspective on children's rights. *American Psychologist, 46,* 53–59.

Hartman, D. P., Roper, B. L. & Bradford, D. (1979). Some relationships between behavioral and traditional assessment. *Journal of Behavioral Assessment, 1,* 3–21.

Hartmann, E. L. (1973). *The functions of sleep.* New Haven, CT: Yale University Press.

Hartmann, U. (1989). *Inhalte und Funktionen sexueller Phantasien: Ergebnisse einer Panel-Studie an Männern und Frauen.* Stuttgart: Enke.

Hartshorne, H. & May, M. A. (1928). *Studies in the nature of character, vol. 1: Studies in deceit.* New York: Macmillan.

Hartshorne, H. & May, M. A. (1929). *Studies in the nature of character, vol. 2: Studies in service and self-control.* New York: Macmillan.

Harvey, J. H., Weber, A. L. & Orbuch, T. L. (1990). *Interpersonal accounts: A social psychological perspective.* Oxford: Basil Blackwell.

Hasebrook, J. P. (1995). Lernen mit Multimedia. *Zeitschrift für Pädagogische Psychologie, 9,* 95–103.

Hass, A. (1979). *Teenage sexuality: A survey of teenage sexual behavior.* New York: Macmillan.

Hastorf, A. H. & Cantril, H. (1954). They saw a game: A case study. *Journal of Abnormal and Social Psychology, 49,* 129–134.

Hatfield, E. & Sprecher, S. (1986). *Mirror, mirror... The importance of looks in everyday life.* New York: State University of New York Press.

Hathaway, S. R. & McKinley, J. C. (1940). A multiphasic personality schedule (Minnesota): I. Construction of the schedule. *Journal of Psychology, 10,* 249–254.

Hathaway, S. R. & McKinley, J. C. (1943). *The Minnesota Multiphasic Personality Schedule.* Minneapolis: University of Minnesota Press.

Hathaway, S. R. & McKinley, J. C. (1943). *Minnesota Multiphasic Inventory manual.* New York: Psychological Corporation.

Haug, F. & Hauser, K. (1985). *Subjekt Frau: Kritische Psychologie der Frauen.* Berlin: Argument-Verlag.

Hausser, K. (1995). *Identitätspsychologie.* Heidelberg: Springer.

Hautzinger, M. & Greif, S. (Hrsg.). (1981). *Kognitionspsychologie der Depression.* Stuttgart: Kohlhammer.

Hayes, C. (1951). *The ape in our house.* New York: Harper.

Hayes-Roth, B. & Hayes-Roth, F. (1979). A cognitive model of planning. *Cognitive Science, 3,* 275–310.

Haynes, S. G. & Feinleib, M. (1980). Women, work, and coronary heart disease: Prospective findings from the Framingham Heart Study. *American Journal of Public Health, 70,* 133–141.

Haynes, S. N. (1983). Behavioral assessment. In M. Hersen, A. E. Kazdin & A. S. Bellack (eds.), *The clinical psychology handbook.* New York: Pergamon.

Haynes, S. N. & Wilson, C. C. (1979). *Behavioral assessment: Recent advances in methods and concepts.* San Francisco: Jossey-Bass.

Hazan, C. & Shaver, P. (1987). Romantic love conceptualized as an attachment process. *Journal of Personality and Social Psychology, 52,* 511–524.

Health of America's Children, The (1991). Washington, DC: Children's Defense Fund.

Hearst, E. (1988). Fundamentals of learning and conditioning. In R. C. Atkinson, R. J. Herrnstein, G. Lindsay & R. D. Luce (eds.), *Stevens' handbook of experimental psychology: vol. 2. Learning and Cognition* (2nd ed., pp. 3–109). New York: Wiley.

Heatherton, T. F., Herman, C. P. & Polivy, J. (1991). Effects of physical threat and ego threat on eating behavior. *Journal of Personality and Social Psychology, 60,* 138–143.

Heatherton, T. F., Polivy, J., Herman, C. P. & Baumeister, R. F. (1993). Self-awareness, task failure and disinhibition: How attentional focus affects eating. *Journal of Personality, 61,* 49–61.

Hebb, D. O. (1949). *The organization of behavior: A neuropsychological theory.* New York: Wiley.

Hebb, D. O. (1955). Drives and the CNS (conceptual nervous system). *Psychological Review, 62,* 243–254.

Hebb, D. O. (1966). *A textbook of psychology* (2nd ed.). Philadelphia: Saunders.

Heber, R. (1976, June). *Sociocultural mental retardation: A longitudinal study.* Paper presented at the Vermont Conference on the Primary Prevention of Psychopathology.

Heckhausen, H. (1980). *Motivation.* Heidelberg: Springer.

Heckhausen H. (1989). *Motivation und Handeln* (2. Aufl.). Berlin: Springer.

Heckhausen, H., Gollwitzer, P. & Weinert, F. E. (Hrsg.). (1987). *Jenseits des Rubikon: Der Wille in den Humanwissenschaften.* Berlin: Springer.

Heckhausen, J., Dixon, R. A. & Baltes, P. B. (1989). Gains and losses in development throughout adulthood as perceived by different adult age groups. *Developmental Psychology, 25,* 109–121.

Heider, F. (1944). Social perception and phenomenal causality. *Psychological Review,* 358–374.

Heider, F. (1958). *The psychology of interpersonal relationships.* New York: Wiley.

Heigl-Evers, A. & Weidenhammer, B. (1988). *Der Körper als Bedeutungslandschaft: Die unbewußte Organisation der weiblichen Geschlechtsidentität.* Bern: Huber.

Heinz, W. R. (1995). *Arbeit, Beruf, Sozialisation. Eine Einführung in die berufliche Sozialisation.* Weinheim: Juventa.

Helmes, E. & Reddon, J. R. (1993). A perspective on developments in assessing psychopathology: A critical review of the MMPI and MMPI-2. *Psychological Bulletin, 113,* 453–471.

Helmholtz, H. v. (1962). *Treatise on physiological optics* (vol. 3). J. P. Southall (ed.). New York: Dover Press. (Erstausgabe 1866)

Helmke, A. & Weinert, F. E. (1997). Bedingungsfaktoren schulischer Leistungen. In F. E. Weinert (Hrsg.), *Psychologie des Un-*

terrichts und der Schule. Enzyklopädie der Psychologie, Serie »Pädagogische Psychologie«, Bd. 3 (S. 71–176). Göttingen: Hogrefe.

Henderson, N. D. (1980). Effects of early experience upon the behavior of animals: The second twenty-five years of research. In E. C. Simmel (ed.), *Early experiences and early behavior: Implications for social development.* New York: Academic Press.

Hentschel, U., Smith, G., Ehlers, W. & Draguns, J. G. (eds.). (1993). *The concept of defense mechanisms in contemporary psychology.* New York: Springer.

Heppenheimer, T. A. (1990, Fall). How Von Neumann showed the way. *Invention and Technology,* pp. 7–16.

Herek, G. M. (1994). Assessing heterosexuals' attitudes toward lesbians and gay men: A review of empirical research with the ATLG scale In B. Green & G. M. Herek (eds.), *Lesbian applications.* Thousand Oaks, CA: Sage.

Hering, E. (1861–1864). *Beiträge zur Physiologie.* Leipzig: W. Engelmann.

Herman, C. P., Polivy, J. (1975). Anxiety, restraint, and eating behavior. *Journal of Abnormal Psychology, 84,* 666–672.

Herman, M. (1972). The poor: Their medical needs and the health services available to them. *Annals of the American Academy of Political and Social Science, 399,* 12–21.

Hernnstein, R. J., Murray, C. (1994). *The bell curve.* New York: Free Press.

Herrmann, T. (1969). *Lehrbuch der empirischen Persönlichkeitsforschung* . Göttingen: Hogrefe.

Herrmann, T. (1985). *Allgemeine Sprachpsychologie: Grundlagen und Probleme.* München: Urban & Schwarzenberg.

Herrmann, T. (1993). Zum Grundlagenwissenschaftsproblem der A. O.-Psychologie. *Schriften zur Arbeitspsychologie, 54,* –.

Herrmann, T. & Lantermann, E.-D. (Hrsg.). (1985). Persönlichkeitspsychologie: Ein Handbuch in Schlüsselbegriffen. München: Urban & Schwarzenberg.

Herrnstein, R. J. & Wilson, J. Q. (1985). *Crime and human nature.* New York: Simon & Schuster.

Herrnstein, R. J., Nickerson, R. S., Sanchez, M. de & Swets, J. A. (1986). Teaching thinking skills. *American Psychologist, 41,* 1279–1289.

Hersen, M. & Bellack, A. J. (1976). Assessment of social skills. In A. R. Ciminero, K. R. Calhoun & H. E. Adams (eds.), *Handbook of behavioral assessment.* New York: Wiley.

Hersh, S. M. (1971). *My Lai 4: A report on the massacre and its aftermath.* New York: Random House.

Hertzog, C., Dixon, R. A. & Hultsch, D. F. (1990). Relationships between metamemory, memory predictions, and memory task performance in adults. *Psychology and Aging, 5,* 215–227.

Herzberg, F., Mausner, B. B. & Snyderman, B. B. (1959). *The motivation to work* (2nd ed.). New York: Wiley.

Herzog, H. A., Jr. (1993). »The movement is my life«: The psychology of animal rights activism. *Journal of Social Issues, 49,* 103–119.

Herzog, W. (1984). *Modell und Theorie in der Psychologie.* Göttingen: Hogrefe.

Hess, E. H. (1972). Pupillometrics: A method of studying mental, emotional, and sensory processes. In N. E. Greenfield & R. A. Steinbach (eds.), *Handbook of psychophysiology.* New York: Holt, Rinehart & Winston.

Hess, W. & Akert, K. (1955). Experimental data on the role of hypothalamus in the mechanism of emotional behavior. *Archives of Neurological Psychiatry, 73,* 127–129.

Heston, L. L. (1970). The genetics of schizophrenia and schizoid disease. *Science, 112,* 249–256.

Hetherington, E. M. & Parke, R. D. (1975). *Child psychology: A contemporary viewpoint*. New York: McGraw-Hill.

Heuer, H. (1983). *Bewegungslernen*. Stuttgart: Kohlhammer.

Heyse, H. (1998). Schulpsychologie in einer selbstverwalteten Schule – Erwartungen, Befürchtungen, Chancen. *Report Psychologie, 23*, 1, 14–16.

Higgins, R. L., Snyder, C. R. & Berglas, S. (eds.). (1990). *Self-handicapping: The paradox that isn't*. New York: Plenum Press.

Hilgard, E. R. (1968). *The experience of hypnosis*. New York: Harcourt Brace Jovanovich.

Hilgard, E. R. (1973). The domain of hypnosis with some comments on alternative paradigms. *American Psychologist, 28*, 972–982.

Hilgard, E. R. (1977). *Divided consciousness: Multiple controls in human thought and action*. New York: Wiley.

Hilgard, E. R. (1980). Consciousness in contemporary psychology. *Annual Review of Psychology, 31*, 1–26.

Hilgard, E. R. (1986). *Psychology in America: A historical survey*. San Diego, CA: Harcourt Brace Jovanovich.

Hilgard, E. R. & Hilgard, J. R. (1965). *Hypnotic Susceptibility*. New York: Harcourt Brace Jovanovich.

Hilgard, E. R. & Hilgard, J. R. (1974, Spring-Summer). Hypnosis in the control of pain. *The Stanford Magazine*, 58–62.

Hilgard, J. R. (1970). *Personality and hypnosis: A study of imaginative involvement* Chicago: University of Chicago Press.

Hilgard, J. R. (1979). *Personality and hypnosis: A study of imaginative involvement* (2nd ed.). Chicago: University of Chicago Press.

Hille, B. (1984). *Ionic channels of excitable membranes*. Sunderland, MA: Sinauer Associates.

Hillstrom, A. P. & Yantis, S. (1994). Visual motion and attentional capture. *Perception & Psychophysics, 55*, 399–411.

Hinton, G. F. & Anderson, J. A. (1981). *Parallel models of associative memory*. Hillsdale, NJ: Erlbaum.

Hintzman, D. L. (1986). »Schema abstraction« in a multiple-trace memory model. *Psychological Review, 93*, 411–428.

Hirsch, H. V. B. & Spinelli, D. N. (1970). Visual experience modifies distribution of horizontally and vertically oriented receptive fields in cats. *Science, 168*, 869–871.

Hirschfeld, R. M. A. & Cross, C. K. (1982). Epidemiology of affective disorders. *Archives of General Psychiatry, 39*, 35–46.

Hobson, J. A. (1988). *The dreaming brain*. New York: Basic Books.

Hobson, J. A. (1992). A new model of brain-mind state: Activation level, input source, and mode of processing (AIM). In J. S. Antrobus & M. Bertini (eds.), *The neuropsychology of sleep and dreaming*. Hillsdale, NJ: Erlbaum.

Hobson, J. A. & McCarley, R. W. (1977). The brain as a dream state generator: An activation-synthesis hypothesis of the dream process. *American Journal of Psychiatry, 134*, 1335–1348.

Hockett, C. F. (1960). The origin of speech. *Scientific American, 203*, 89–96.

Hoefert, H. W. (Hrsg.). (1982). *Person und Situation: Interaktionspsychologische Untersuchungen*. Göttingen: Hogrefe.

Hofer, M. (1981). *The roots of human behavior: An introduction to the psychobiology of early development*. San Francisco: Freeman.

Hofer, M. (1986). *Sozialpsychologie erzieherischen Handelns*. Göttingen: Hogrefe.

Hofer, M. (1997). Lehrer-Schüler-Interaktion. In F. E. Weinert (Hrsg.), *Psychologie des Unterrichts und der Schule*. Enzyklopädie der Psychologie, Serie »Pädagogische Psychologie«, Bd. 3 (S. 213–252). Göttingen: Hogrefe.

Hofer, M., et al. (1996). *Pädagogisch-psychologische Berufsfelder*. Bern: Huber.

Hoff, E.-H., Lempert W. & Lappe L. (Hrsg.). (1991). Persönlichkeitsentwicklung in Facharbeiterbiographien. *Schriften zur Arbeitspsychologie, 50*.

Hoff, E.-H., Theobald, H. & Hörmann-Lecher, U. (1993). Sozialisation als Integration der Lebensphasen. In G. Krell & M. Osterloh (Hrsg.), *Personalpolitik aus der Sicht von Frauen – Frauen aus der Sicht der Personalpolitik: was kann die Personalforschung von der Frauenforschung lernen?* München: Hampp.

Hoffman, C., Lau, I. & Johnson, D. R. (1986). The linguistic relativity of person cognition: An English-Chinese comparison. *Journal of Personality and Social Psychology, 51*, 1097–1105.

Hoffman, L. W. (1989). Effects of maternal employment in the two-parent family. *American Psychologist, 44*, 283–292.

Hoffman, M. (1986). Affect cognition, and motivation. In R. Sorrentino & E. Higgins (eds.), *Handbook of motivation and cognition: Foundations of social behavior*. New York: Guilford Press.

Hoffman, M. L. (1983). Affective and cognitive processes in moral internalization. In E. T. Higgins, D. N. Ruble & W. W. Hartup (eds.), *Social cognition and social development* (pp. 236–274). Cambridge (GB): Cambridge University Press.

Hoffman, M. L. (1987). The contribution of empathy to justice and moral judgement. In N. Eisenberg & J. Strayer (eds.), *Empathy and its development*. New York: Cambridge University Press.

Hoffmann, J. (1983). *Das aktive Gedächtnis*. Berlin: Springer.

Hoffmann, J. (1986). *Die Welt der Begriffe*. München: PVU.

Hoffmann, J. & Kintsch, W. (Hrsg.). (1996). *Lernen* (Enzyklopädie der Psychologie, Serie »Kognition«, Bd. VII). Göttingen: Hogrefe.

Hoffmann, S. O. (1984). *Charakter und Neurose*. Frankfurt: Suhrkamp.

Hofling, C. K., Brotzman, E., Dalrymple, S., Graves, N. & Pierce, C. M. (1966). An experimental study in nurse-physician relationships. *Journal of Nervous and Mental Disease, 143*(2), 171–180.

Hofstadter, D. R. (1985). *Gödel, Escher, Bach: Ein endloses, geflochtenes Band* (Orig. 1979). Stuttgart: Klett.

Hofstadter, D. R. & Dennett, D. C. (1986). *Einsicht ins Ich* (Orig. 1986). Stuttgart: Klett.

Hofsten, C. v. & Lindhagen, K. (1979). Observations on the development of reaching for moving objects. *Journal of Experimental Child Psychology, 28*, 158–173.

Holahan, C. J. & Moos, R. (1981). Social support and psychological distress: A longitudinal analysis. *Journal of Abnormal Psychology, 90*, 365–370.

Holden, C. (1978). Patuxent: Controversial prison clings to belief in rehabilitation. *Science, 199*, 665–668.

Holden, C. (1986a). Depression research advances, treatment lags. *Science, 233*, 723–725.

Holden, C. (1986b). Youth suicide: New research focuses on a growing social problem. *Science, 233*, 839–841.

Holen, M. C. & Oaster, T. R. (1976). Serial position and isolation effects in a classroom lecture simulation. *Journal of Educational Psychology, 68*, 723–725.

Holland, P. C. & Rescorla, R. A. (1975). Second-order conditioning with food unconditioned stimulus. *Journal of Comparative and Physiological Psychology, 88*, 459–467.

Hollender, M. H. (1980). The case of Anna O.: A reformulation. *American Journal of Psychiatry, 137*, 797–800.

Holmbeck, G. N. & O'Donnell, D. (1991). Discrepancies between perceptions of decision making and behavioral autonomy. In R. L. Paikoff (ed.), *Shared views in the family during adolescence*. San Francisco: Jossey-Bass.

Holmberg, B. & Schuemer, R. (1997). Lernen im Fernstudium. In F. E. Weinert & H. Mandl (Hrsg.), *Psychologie der Erwachsenenbildung.* Enzyklopädie der Psychologie, Serie »Pädagogische Psychologie«, Bd. 4 (S. 507–566). Göttingen: Hogrefe.

Holmes, D. S. (1984). Mediation and somatic arousal: A review of the experimental evidence. *American Psychologist, 39,* 1–10.

Holmes, D. S. (1994). *Abnormal psychology.* New York: HarperCollins.

Holmes, T. H. & Masuda, M. (1974). Life change and stress susceptibility. In B. S. Dohrenwend & B. P. Dohrenwend (eds.), *Stressful life events: Their nature and effects.* New York: Wiley.

Holmes, T. H. & Rahe, R. H. (1967). The social readjustment rating scale. *Journal of Psychosomatic Research, 11* (2), 213–218.

Holt, P. (1990, September 4). Coming to terms with depression. [Review of *Darkness visible: A memoir of madness*]. *San Francisco Chronicle.*

Holt, R. R. (1970). Yet another look at clinical and statistical prediction: Or is clinical psychology worthwhile? *American Psychologist, 25,* 337–349.

Holtgraves, T. & Skeel, J. (1992). Cognitive biases in playing the lottery: Estimating the odds and choosing the numbers. *Journal of Applied Social Psychology, 22,* 934–952.

Holyoak, K. J. & Nisbett, R. E. (1988). Induction. In R. J. Sternberg & E. E. Smith (eds.) *The psychology of human thought.* Cambridge: Cambridge University Press.

Holyoak, K. J. & Spellman, B. A. (1993). Thinking. *Annual Reviw of psychology, 44,* 265–315.

Holzkamp, K. (1965). Das Problem der »Akzentuierung« in der sozialen Wahrnehmung. *Zeitschrift für Experimentelle und Angewandte Psychologie, 12,* 86–97.

Holzkamp, K. (1973). *Sinnliche Erkenntnis: Historischer Ursprung und gesellschaftliche Funktion der Wahrnehmung* (3. Aufl.). Frankfurt: Fischer Athenäum.

Holzkamp, K. (1978). *Sinnliche Erkenntnis: Historischer Ursprung und gesellschaftliche Funktion der Wahrnehmung* (4. Aufl.). Kronberg: Athenäum.

Holzkamp, K. (1983). *Grundlegung der Psychologie.* Frankfurt: Campus.

Holzkamp, K. & Keiler, P. (1967). Soziale und dimensionale Bedingungen des Lernens der Größenakzentuierung: Eine experimentelle Studie zur sozialen Wahrnehmung. *Zeitschrift für Experimentelle und Angewandte Psychologie, 14,* 407–441.

Holzkamp, K. & Perlwitz, E. (1966). Absolute oder relative Größenakzentuierung? *Zeitschrift für Experimentelle und Angewandte Psychologie, 13,* 390–405.

Holzkamp-Osterkamp, U. (1977). *Grundlagen der psychologischen Motivationsforschung I* (2. Aufl.). Frankfurt: Campus.

Holzkamp-Osterkamp, U. (1982). *Grundlagen der psychologischen Motivationsforschung II* (3. Aufl.). Frankfurt: Campus.

Homme, L. E. (1965). Control of coverants, the operants of mind. *Psychological Record, 15,* 501–511.

Homme, L. E., de Baca, P. C., Devine, J. V., Steinhorst, R. & Rickert, E. J. (1963). Use of the Premack principle in controlling the behavior of nursery school children. *Journal of the Experimental Analysis of Behavior, 6,* 544.

Honzik, M. P. (1984). Life-span development. *Annual Review of Psychology, 35,* 309–331.

Hooker, K. & Kaus, C. R. (1994). Health-related possible selves in young and middle adulthood. *Psychology and Aging, 9,* 126–133.

Hopson, J. L. (1979). *Scent signals: The silent language of sex.* New York: Morrow.

Hopson, J. L. (1988, July–August). A pleasurable chemistry. *Psychology Today,* pp. 29–33.

Hörmann, H. (1977). *Psychologie der Sprache* (2. Aufl.). Berlin: Springer.

Hörmann, H. (1987). *Einführung in die Psycholinguistik* (2. Aufl.). Darmstadt: Wissenschaftliche Buchgesellschaft.

Horne, J. A. (1988). *Why we sleep: The functions of sleep in humans and other mammals.* Oxford: Oxford University Press.

Horney, K. (1939). *New ways in psychoanalysis.* New York: Norton.

Horney, K. (1945). *Our inner conflicts: A constructive theory of neurosis.* New York: Norton.

Horney, K. (1967). The flight from womanhood: The masculinity complex in women viewed by men and by women. In H. Kelman (ed.), *Feminine psychology.* New York: Norton. (Original work published 1926).

Horowitz, R. M. (1984). Children's rights: A look backward and a glance ahead. In R. M. Horowitz & H. A. Davidson (eds.), *Legal rights of children.* New York: McGraw-Hill.

Horton, L. E. (1970). Generalization of aggressive behavior in adolescent delinquent boys. *Journal of Applied Behavior Analysis, 3,* 205–211.

Horvath, A. O. & Luborsky, L. (1993). The role of the therapeutic alliance in psychotherapy. *Journal of Consulting and Clinical Psychology, 61,* 561–573.

Horvath, A. T. (1991). Beyond AA. *The California Psychologist, 24,* 13, 26.

Houghton, J. (1980). One personal experience: Before and after mental illness. In J. G. Rabkin, L. Gelb & J. B. Lazar (eds.), *Attitudes toward the mentally ill: Research perspectives.* Rockville, MD: National Institute of Mental Health.

House, J. S., Landis, K. R. & Umberson, D. (1988). Social relationships and health. *Science, 241,* 540–545.

Hovland, C. & Weiss, W. (1951). The influence of source credibility on communication effectiveness. *Public Opinion Quarterly, 15,* 635–650.

Hovland, C., Lumsdain, A. & Sheffield, F. (1949). *Experiments on mass communication.* Princeton, NJ: Princeton University Press.

Hovland, C. I., Janis, I. L. & Kelley, H. H. (1953). *Communication and persuasion.* New Haven, CT: Yale University Press.

Howard, A., Pion, G. M., Gottfredson, G. O., Flattau, P. E., Oskamp, S., Pfaffling, S. M., Bray, D. W. & Burstein, A. G. (1986). The changing face of American psychology: A report from the committee of employment and human resources. *American Psychologist, 41,* 1311–1327.

Howard, D. T. (1928). A functional theory of emotions. In M. L. Reymert (ed.), *Feelings and emotions: The Wittenberg symposium.* Worcester, MA: Clark University Press.

Howarth, E. & Eysenck, H. J. (1968). Extraversion, arousal, and paired associate recall. *Journal of Experimental Research in Personality, 3,* 114–116.

Howe, M. L. & Courage, M. L. (1993). On resolving the enigma of infantile amnesia. *Psychological Bulletin, 113,* 305–326.

Howes, M., Siegel, M. & Brown, F. (1993). Early childhood memories: Accuracy and affect. *Cognition, 47,* 96–119.

Hoyos, C. Graf, Kroeber-Riel, W. Rosenstiel, L. von & Strümpel, B. (1987). *Wirtschaftspsychologie in Grundbegriffen. Gesamtwirtschaft – Markt, Organisation – Arbeit.* München-Weinheim: Psychologie Verlags-Union.

Hubel, D. H. (1979). The brain. *Scientific American, 241* (9), 45–53.

Hubel, D. H. & Wiesel, T. N. (1959). Receptive fields of single neurons in the cat's striate cortex. *Journal of Physiology* (London), *148,* 574–591.

Hubel, D. H. & Wiesel, T. N. (1962). Receptive fields, binocular interaction, and functional architecture in the cat's visual cortex. *Journal of Physiology (London), 160,* 106–154.

Hubel, D. H. & Wiesel, T. N. (1979). Brain mechanisms of vision. *Scientific American*, 241 (9), 150–168.

Huber, G. & Mandl, H. (Hrsg.). (1983). *Verbale Daten*. Weinheim: Beltz.

Huber, G. L. & Mandl, H. (1993). Das pädagogisch-psychologische Handeln. In B. Weidemann, A. Krapp, M. Hofer, G. L. Huber & H. Mandl (Hrsg.), *Pädagogische Psychologie* (S. 555–564). Weinheim: Beltz-PVU.

Huber, O. (1982). *Entscheiden als Problemlösen*. Bern: Huber.

Hubert, W., Moller, M. & de Jong Meyer, R. (1993). Film induces amusement changes in saliva cortisol levels. *Psychoneuroendocrinology*, 18, 265–272.

Huesmann, L. R. & Eron, L. D. (eds.). (1986). *Television and the aggressive child: A cross-national comparison*. Hillsdale, NJ: Erlbaum.

Huesmann, L. R., Eron, L., D., Berkowitz, L. & Chafee, S. (1986). *Effect of television violence on aggression: A reply to Freedman*. Unpublished paper, University of Illinois, Chicago.

Huesmann, L. R., Eron, L. D., Klein, R., Brice, P. & Fischer, P. (1983). Mitigating the imitation of aggresive behaviors by children's attitudes about media violence. *Journal of Personality and Social Psychology*, 44, 899–910.

Hughes, J., Smith, T. W., Kosterlitz, H. W., Fotergill, L. A., Morgan, B. A. & Morris, H. R. (1975). Identification of two related pentapeptides from the brain with potent opiate antagonist activity. *Nature*, 258, 577–597.

Hull, C. L. (1943). *Principles of behavior: An introduction to behavior theory*. New York: Appleton-Century-Crofts.

Hull, C. L. (1952). *A behavior system: An introduction to behavior theory concerning the individual organism*. New Haven, CT: Yale University Press.

Hume, D. (1748/1951). In L. A. Selby-Bigge (ed.), *An enquiry concerning human understanding*. London: Oxford University Press.

Humphrey, T. (1970). The development of fetal activity and its relation to postnatal behavior. In H. W. Reese & L. P. Lipsitt (eds.), *Advances in child development and behavior* (vol. 5). New York: Academic Press.

Hunt, E. (1983). On the nature of intelligence. *Science*, 219, 141–146.

Hunt, E. (1984). Intelligence and mental competence. *Naval Research Reviews*, 36, 37–42.

Hunt, E. B. (1995). The role of intelligence in modern society. *American Scientist*, 83, 356–368.

Hunt, M. (1982). *The universe within: A new science explores the human mind*. New York: Simon & Schuster.

Hunt, M. (1985). *Profiles of social research: The scientific study of human interactions*. New York: Russell Sage Foundation.

Hunt, W. A., Matarazzo, J. D., Weiss, S. M. & Gentry, W. D. (1979). Associative learning, habit, and health behavior. *Journal of Behavioral Medicine*, 2, 111–123.

Hunter, F. & Youniss, J. (1982). Changes in functions of three relations during adolescence. *Developmental Psychology*, 18, 806–811.

Hurlburt, R. T. (1979). Random sampling of cognitions and behavior. *Journal of Research in Personality*, 13, 103–111.

Hurrelmann, K. & Bründel, H. (1997). *Drogengebrauch – Drogenmißbrauch. Eine Gratwanderung zwischen Genuß und Abhängigkeit*. Darmstadt: Primus.

Hurvich, L. M. & Jameson, D. (1957). An opponent process theory of colour vision. *Psychological Review*, 64, 384–404.

Hurvich, L. & Jameson, D. (1974). Opponent processes as a model of neural organization. *American Psychologist*, 29, 88–102.

Hussy, W. (1984/1986). *Denkpsychologie: Ein Lehrbuch* (2 Bände). Stuttgart: Kohlhammer.

Huston, A. (1985). *Television and human behavior*. Transcript of a Science and Public Policy Seminar, Washington, DC: Federation of Behavioral, Psychological, and Cognitive Sciences.

Huston, A. C., McLoyd, V. C. & Coll, C. G. (eds.). (1994). Children and poverty: Issues in contemporary research [Special issue]. *Child Development*, 65(2).

Huxley, A. (1954). *The doors of perception*. New York: Harper & Brothers.

Huxley, J. (1958). Introduction to the Mentor edition. In C. Darwin, *The origin of species* (pp. ix–xv). New York: Mentor.

Hyman, I. A., McDowell, E. & Raines, B. (1977). Corporal punishment and alternatives in the schools: An overview of theoretical and practical issues. In J. H. Wise (ed.), *Proceedings: Conference on corporal punishment in the schools*. Washington, DC: National Institute of Education.

Imber, S. D., Pilkonis, P. A., Sotsky, S. M., Elkin, I., Watkins, J. T., Collins, J. F. Shea, M. T., Leber, W. R. & Glass, D. R. (1990). Mode-specific effects among three treatments for depression. *Journal of Consulting and Clinical Psychology*, 58, 352–359.

Inglis, J. & Lawson, J. S. (1981). Sex differences in the effects of unilateral brain damage on intelligence. *Science*, 212, 693–695.

Insel, P. L. & Roth, W. T. (1985). *Core concepts in health*. Palo Alto, CA: Mayfield.

Insko, C. A., Thibaut, J. W., Moehle, D., Wilson, M., Diamond, W. D., Gilmore, R., Solomon, M. R. & Lipsitz, A. (1980). Social evolution and the emergence of leadership. *Journal of Personality and Social Psychology*, 39, 431–448.

Insko, C. A., Smith, R. A., Alicke, M. E., Wade, J. & Taylor, S. (1985). Conformity and group size: The concern with bein right and the concern with being liked. *Personality and Social Psychology Bulletin*, 11, 41–50.

Institute of Medicine, Division of Mental Health and Behavioral Medicine. (1989). *Prevention and treatment of alcohol problems: Research opportunities*. Washington, DC: National Academy Press.

Irvine, J. T. (1990). Registering affect: Heteroglassia in the linguistic expression of emotion. In C. A. Lutz & L. Abu-Lughod (eds.), *Language and the politics of emotion*. Cambridge: Cambridge University Press.

Irwin, D. E. (1991). Information integration across saccadic eye movements. *Cognitive Psychology*, 23, 420–456.

Irwin, M., Daniels, M., Smith, T. L., Bloom, E. & Weiner, H. (1987). Impaired natural killer cell activity during bereavement. *Brain Behavior Immunology*, 1, 98–104.

Isaacs, E. A. & Clark, H. H. (1987). References in conversations between experts and novices. *Journal of Experimental Psychology: General*, 116, 26–37.

Isen, A. (1984). Toward understanding the role of affect in cognition. In R. Wyer & T. Srull (eds.), *Handbook of social cognition* (pp. 174–236). Hillsdale, NJ: Erlbaum.

Isen, A. M., Horn, N. & Rosenhan, D. L. (1973). Effects of success and failure on children's generosity. *Journal of Personality and Social Psychology*, 27, 239–247.

Isen, A. M., Daubman, D. A. & Nowicki, G. P. (1987). Positive affect facilitates creative problem solving. *Journal of Personality and Social Psychology*, 52, 1122–1133.

Ishai, A. & Sagi, D. (1995). Common mechanisms of visual imagery and perception. *Science*, 268, 1772–1774.

Ishii-Kuntz, M. (1990). Social interaction and psychological well-being: Comparison across stages of adulthood. *International Journal of Aging and Human Development*, 30, 15–36.

Itard, J. M. G. (1962). *The Wild Boy of Aveyron* (G. & M. Humphrey, Trans.). New York: Appleton-Century-Crofts.

Iversen, L. L. (1979). The chemistry of the brain. *Scientific American*, 241, 134–149.

Izard, C. (1971). *The face of emotion*. New York: Appleton-Century-Crofts.

Izard, C. E. (ed.). (1982). *Measuring emotions in infants and children*. New York: Cambridge University Press.

Izard, C. E. (1985). Emotions and facial expression (Letters to the editor). *Science*, 230, 608.

Izard, C. E. (1993). Four systems for emotion activation: Cognitive and noncognitive processes. *Psychological Review*, 100, 68–90.

Izard, C. E. (1994). Innate and universal facial expressions: Evidence from developmental and cross-cultural research. *Psychological Bulletin*, 115, 288–299.

Jackson, J. F. (1993). Human behavioral genetics, Scarr's theory, and her views on interventions: A critical review and commentary on their implications for African American children. *Child Development*, 64, 1318–1332.

Jacob, F. (1977). Evolution and tinkering. *Science*, 196, 161–169.

Jacobs, B. L. (1987). How hallucinogenic drugs work. *American Scientist*, 75, 386–392.

Jacobs, M. K. & Goodman, G. (1989). Psychology and self-help groups: Predictions on a partnership. *American Psychologist*, 44, 536–545.

Jacobs, R. C. & Campbell, D. T. (1961). The perpetuation of an arbitrary tradition through several generations of a laboratory microculture. *Journal of Abnormal and Social Psychology*, 62, 649–658.

Jacobson, E. (1970). *Modern treatment of tense patients*. Springfield, IL: Charles C. Thomas.

Jacobson, S. W., Jacobson, J. L., Sokol, R. J., Martier, S. S. & Agler, J. W. (1993). Prenatal alcohol exposure and infant information processing ability. *Child Development*, 64, 1706–1721.

Jacoby, L. L., Woloshyn, V. & Keller, C. (1989). Becoming famous without being recognized: Unconscious influences of memory produced by divided attention. *Journal of Experimental Psychology: General*, 118, 115–125.

Jäger, R. S. (Hrsg.). (1988). *Psychologische Diagnostik: Ein Lehrbuch*. München: PVU.

Jahoda, M. (1983). *Wieviel Arbeit braucht der Mensch?* Weinheim: Beltz.

Jahoda, M., Lazarsfeld, P. & Zeisel, H. (1975). *Die Arbeitslosen von Marienthal*. Frankfurt: Suhrkamp. (Original 1933). Leipzig: Hirzel.

James, W. (1884). What is an emotion? *Mind*, 9, 188–205.

James, W. (1890). *The principles of psychology* (2 vols). New York: Holt, Rinehart & Wilson.

James, W. (1899). *Psychologie und Erziehung*. Leipzig: Engelmann.

James, W. (1902). *The varieties of religious experience*. New York: Longmans, Green.

Janis, I. L. (1958). *Psychological stress*. New York: Wiley.

Janis, I. L. (1982a). Decisionmaking under stress. In L. Goldberger & S. Breznitz (eds.), *Handbook of stress*. New York: Free Press.

Janis, I. L. (1982b). *Groupthink: Psychological studies of policy decision and fiascoes* (2nd ed.). Boston: Houghton Mifflin.

Janis, I. L. (1985). International crisis management in the nuclear age. *Applied Social Psychology Annual*, 6, 63–86.

Janis, I. L. & Frick, F. (1943). The relationship between attitudes toward conclusions and errors in judging logical validity of syllogisms. *Journal of Experimental Psychology*, 33, 73–77.

Janowitz, H. D. & Grossman, M. I. (1950). Hunger and appetite: Some definitions and concepts. *Journal of the Mount Sinai Hospital*, 16, 231–240.

Janz, N. K. & Becker, M. H. (1984). The health belief model: A decade later. *Health Education Quarterly*, 11, 1–47.

Jaslow, M. J. (1991). Variation in child care quality and its implications for children. *Journal of Social Issues*, 47, 125–138.

Jaynes, J. (1988). *Der Ursprung des Bewußtseins durch den Zusammenbruch der bikameralen Psyche*. Hamburg: Rowohlt.

Jechle, Th. (1998). Zur Nutzung von Lernhilfen in Lehrtexten. *Unterrichtswissenschaft, 26, 15–31.*

Jenkins, C. D. (1976). Recent evidence supporting psychological and social risk factors for coronary disease. *New England Journal of Medicine*, 294, 987–994, 1033–1038.

Jenkins, J. G. & Dallenbach, K. M. (1924). Oblivescence during sleep and waking. *The American Journal of Psychology*, 35, 605–612.

Jennings, J. M. & Jacoby, L. L. (1993). Automatic versus intentional uses of memory: Aging, attention, and control. *Psychology and Aging*, 8, 283–293.

Jensen, A. R. (1962). Spelling errors and the serial position effect. *Journal of Educational Psychology*, 53, 105–109.

Jensen, A. R. (1973). *Educability and group differences*. New York: Harper & Row.

Jerusalem, M. (1997). Schulklasseneffekte. In F. E. Weinert (Hrsg.), *Psychologie des Unterrichts und der Schule*. Enzyklopädie der Psychologie, Serie »Pädagogische Psychologie«, Bd. 3 (S. 253–278). Göttingen: Hogrefe.

Jerusalem, M. & Pekrun, R. (Hrsg.). (1997). *Emotion, Motivation und Leistung*. Göttingen: Hogrefe.

Jessor, R. (1982, May). Problem behavior and developmental transition in adolescence. *Journal of School Health*, 295–300.

John, O. P. (1990). The »Big Five« factor taxonomy: Dimensions of personality in the natural language and in questionnaires. In L. A. Pervin (ed.), *Handbook of personality theory and research* (pp. 67–100). New York: Guilford Press.

Johnson, G. B. (1966). Penis envy or pencil hoarding? *Psychological Reports*, 19, 758.

Johnson, J. E. (1983). Psychological interventions and coping with surgery. In A. Baum, S. E. Taylor & J. E. Singer (eds.), *Handbook of psychology and health* (vol. 4). Hillsdale, NJ: Erlbaum.

Johnson, J. H. & Sarason, I. B. (1979). Recent developments in research on life stress. In V. Hamilton & D. M. Warburton (eds.), *Human stress and cognition: An information processing approach*. Chichester, England: Wiley.

Johnson, M. K., Hashtroudi, S. & Lindsay, D. S. (1993). Source monitoring. *Psychological Bulletin*, 114, 3–28.

Johnson, T. D. & Gottlieb, G. (1981). Visual preferences of imprinted ducklings are altered by the maternal call. *Journal of Comparative and Physiological Psychology*, 95(5), 665–675.

Johnson-Laird, P. (1983). *Mental models*. Cambridge: Cambridge University Press.

Johnson-Laird, P. N. & Byrne, R. M. J. (1991). *Deduction*. Hillsdale, NJ: Erlbaum.

Johnson-Laird, P. N. & Wason, P. C. (1977). A theoretical analysis of insight into a reasoning task. In P. N. Johnson-Laird & P. C. Wason (eds.), *Thinking* (pp. 143–157). Cambridge: Cambridge University Press.

Johnston, L. D., O'Malley, P. M. & Bachman, J. G. (1989). *Drug use, drinking, and smoking: National survey results from high school, college, and young adult populations. 1975–1988*. Rockville, MD: U.S. Department of Health and Human Services.

Jones, E. (1953). *The life and work of Sigmund Freud*. New York: Basic Books.

Jones, E. E. & Berglas, S. (1978). Control of attributions about the self through self-handicapping strategies: The appeal of alcohol and the role of underachievement. *Personality and Social Psychology Bulletin*, 4, 200–206.

Jones, E. E. & Pittman, T. (1982). Toward a general theory of strategic self-presentation. In J. Suls (ed.), *Psychological perspectives on the self*. Hillsdale, NJ: Erlbaum.

Jones, E. E., Farina, A., Hastod, A. H., Markus, H., Miller, D. T. & Scott, R. A. (1984). Social stigma: The psychology of marked relationships. New York: Freeman.

Jones, H. C. & Loninger, P. W. (1985). *The marijuana question: And science's search for an answer*. New York: Dodd, Mead.

Jones, J. M., Levine, I. S. & Rosenberg, A. A. (eds.). (1991). Homelessness [Special issue]. *American Psychologist, 46*(11).

Jones, M. C. (1924). A laboratory study of fear: The case of Peter. *Pedagogical Seminary and Journal of Genetic Psychology, 31*, 209–315.

Jones, S. S., Collins, D. & Hong, H. W. (1991). An audience effect on smile production in 10-month-old infants. *Psychological Science, 2*, 45–49.

Jones, W., Cheek, J. M. & Briggs, S. R. (1986). *Shyness: Perspectives on research and treatment*. New York: Plenum.

Joyce, L. (1990a). Losing the connection. *Stanford Medicine*, pp. 19–21.

Joyce, L. (1990b). Fast asleep. *Stanford Medicine*, pp. 28–31.

Julesz, B. (1981a). Figure and ground perception in briefly presented isodipole textures. In M. Kubovy & J. R. Pomerantz (eds.), *Perceptual organization* (pp. 27–54). Hillsdale, NJ: Erlbaum.

Julesz, B. (1981b). Textons, the elements of texture perception and their interaction. *Nature, 290*, 91–97.

Jung, C. G. (1959). The concept of the collective unconscious. In *The archetypes and the collective unconscious, Collected works* (vol. 9, part I). Princeton University Press. (Erstausgabe 1936)

Jung, C. G. (1965). *Memories, dreams, reflections*. New York: Random House.

Jung, C. G. (1971). Psychological types [Bollingen Series XX]. *The collected works of C.G. Jung* (vol. 6). Princeton: Princeton University Press.

Jung, C. G. (1973). *Memories, dreams, reflections* (rev. ed.). (A. Jaffe, ed.). New York: Pantheon Books.

Junge, B. & Hoffmeister, H. (1988). Ernährung und Krankheit: Entwicklung der Sterblichkeit an ernährungsabhängigen Krankheiten in der Bundesrepublik Deutschland. *Die Ortskrankenkasse, 23–24*, 705–707.

Jussim, L. (1986). Self-fulfilling prophecies: A theoretical and integrative review. *Psychological Review, 93*, 429–445.

Jussim, L. (1991). Social perception and social reality: A reflection-construction model. *Psychological Review, 98*, 54–73.

Jussim, L. (1993). Accuracy in interpersonal expectation: A reflection-construction analysis of current and classic research. *Journal of Personality, 61*, 637–668.

Just, M. A. & Carpenter, P. A. (1981). Cognitive processes in reading: Models based on reader's eye fixation. In C. A. Prefetti & A. M. Lesgold (eds.), *Interactive processes and reading*. Hillsdale, NJ: Erlbaum.

Jüttemann, G. & Thomae, H. (Hrsg.). (1987). *Biographie und Psychologie*. Berlin: Springer.

Jüttner, C. (1979). *Gedächtnis*. München: Reinhardt.

Kagan, J. & Klein, R. E. (1973). Cross-cultural perspectives on early development. *American Psychologist, 28*, 947–961.

Kagan, J. & Snidman, N. (1991). Infant predictors of inhibited and uninhibited profiles. *Psychological Science, 2*, 40–44.

Kagan, J., Reznick, J. S. & Snidman, N. (1988). Biological basis of childhood shyness. *Science, 20*, 167–171.

Kahn, M. (1966). The physiology of catharsis. *Journal of Personality and Social Psychology, 3*, 278–286.

Kahneman, D. (1970). Remarks on attention control. *Acta Psychologica, 33*, Attention and performance, 3rd ed.

Kahneman, D. (1973). *Attention and effort*. Englewood Cliffs, NJ: Prentice-Hall.

Kahneman, D. (1991). Judgment and decision making: A personal view. *Psychological Science, 2*, 142–145.

Kahneman, D. & Treisman, A. (1984). Changing views of attention and automaticity. In R. Parasuraman, D. R. Davies & J. Beatty (eds.), *Varieties of attention*. New York: Academic Press.

Kahneman, D. & Tversky, A. (1973). On the psychology of prediction. *Psychological Review, 80*, 237–251.

Kahneman, D., Slovic, P. & Tversky, A. (eds.). (1982). *Judgment under uncertainty: Heuristics and biases*. Cambridge, MA: Cambridge University Press.

Kahneman, K. (1992). Reference points, anchors, norms, and mixed feelings. *Organisational Behavior and Human Decision Processes, 51*, 296–312.

Kalat, J. W. (1974). Taste salience depends on novelty, not concentration in taste-aversion laerning in the rat. *Journal of Comparative and Physiological Psychology, 86*, 47–50.

Kalat, J. W. (1984). *Biological psychology* (2nd ed.). Belmont, CA: Wadsworth.

Kalin, N. H. & Shelton, S. E. (1989). Defensive behaviors in infant rhesus monkeys: Environmental cues and neurochemical regulation. *Science, 243*, 1718–1721.

Kalish, R. A. (1985). The social context of death and dying. In R. H. Binstock & E. Shanas (eds.). *Handbook of aging and the social sciences* (pp. 149–172). New York: Van Nostrand Reinhold.

Kallmann, F. J. (1946). The genetic theory of schizophrenia: An analysis of 691 schizophrenic index families. *American Journal of Psychiatry, 103*, 309–322.

Kamii, C. R. (1985). *Young children reinvent arithmetic: Implications of Piaget's theory*. New York: Teachers College Press.

Kamii, C. R. (1989). *Young children continue to reinvent arithmetic – 2nd grade: Implications of Piaget's theory*. New York: Teachers College Press.

Kamil, A. C. & Balda, R. P. (1990). Spatial memory in seed-catching corvids. In G. H. Bower (ed.), *The psychology of learning and motivation* (vol. 26, pp. 1–25). Orlando, FL: Academic Press.

Kamin, L. J. (1969). Predictability, surprise, attention, and conditioning. In B. A. Campbell & R. M. Church (eds.), *Classical conditioning: A symposium*. New York: Appleton-Century-Crofts.

Kamin, L. J. (1974). *The science and politics of IQ*. Potomac, MD: Erlbaum.

Kammer, D. (Hrsg.). (1988). *Kognitive Depressionsforschung*. Bern: Huber.

Kämmerer, A. (1983). *Die therapeutische Strategie »Problemlösen«*. Münster: Aschendorff.

Kämmerer, A. & Klingenspor, B. (Hrsg.). (1989). *Bulimie: Zum Verständnis einer geschlechtsspezifischen Eßstörung*. Stuttgart: Kohlhammer.

Kandel, E. R. (1976). *The cellular basis of behavior*. San Francisco: Freeman.

Kandel, E. R. (1979). Cellular insights into behavior and learning. *The Harvey Lectures*, Series 73, 29–92.

Kandel, E. R. (1989). Genes, nerve cells, and the remembrance of things past. *Journal of Neuropsychiatry, 1*, 103–125.

Kandel, E. R., Schwartz, J. H. & Jessel, T. M. (1995). *Neurowissenschaften. Eine Einführung*. Spektrum Akademischer Verlag.

Kane, J. M. & Marder, S. R. (1993). Psychopharmacologic treatment of schizophrenia. *Schizophrenia Bulletin, 19*, 287–302.

Kanigel, R. (1981). Storing yesterday. *Johns Hopkins Magazine, 32*, 27–34.

Kanizsa, G. (1979). *Organization in vision*. New York: Praeger.

Kanter, R. M. (1977). *Men and women of the corporation*. New York: Basic Books.

Kaplan, C. A. & Simon, H. A. (1990). In search of insight. *Cognitive Psychology, 22*, 374–419.

Kaplan, J. (1983). *The hardest drug: Heroin and public policy*. Chicago: University of Chicago Press.

Kassebaum, N. L. (1994). Head Start: Only the best for America's children. *American Psychologist, 49*, 1323–1326.

Kassin, S. M., Ellsworth, P. C. & Smith, V. L. (1989). The »general acceptance« of psychological research on eyewitness testimony: A survey of experts. *American Psychologist, 44*, 1089–1098.

Kastenbaum, R. (1986). *Death, society, and the human experience*. Columbus, OH: Merrill.

Kastenbaum, R. (1992). *The psychology of death* (2nd ed.). New York: Springer.

Katschnig, H. (Hrsg.). (1989). *Die andere Seite der Schizophrenie: Patienten zu Hause*. München: PVU.

Kaufmann, Y. (1984). Analytical psychotherapy. In R. J. Corsini & Contributors (eds.), *Current psychotherapies* (3rd ed.). Itasca, IL: Peacock.

Kavanaugh, D. J. (1992). Recent development in expressed emotion and schizophrenia. *British Journal of Psychiatry, 160*, 601–620.

Kazdin, A. E. (1980). *Behavior modification in applied settings* (2nd ed.). Homewood, IL: Dorsey.

Kazdin, A. E. (1982). The token economy: A decade later. *Journal of Applied Behavior Analysis, 15*, 431–445.

Kazdin, A. E. (1986). Comparative outcome studies of psychotherapy: Methodological issues and strategies. *Journal of Consulting and Clinical Psychology, 54*, 95–105.

Kazdin, A. E. (1994). *Behavior modification in applied settings* (5th ed.). Pacific Grove, CA: Brooks/Cole.

Kazdin, A. E. & Wilcoxin, L. A. (1976). Systematic desensitization and nonspecific treatment effects: A methodological evaluation. *Psychological Bulletin, 83*, 729–758.

Kazdin, A. E. & Wilson, G. T. (1980). *Evaluation of behavior therapy: Issues, evidence and research strategies*. Lincoln: University of Nebraska Press.

Keane, T. M., Zimering, R. T. & Caddell, J. M. (1985). A behavioral approach to assessing and treating post-traumatic stress disorder in Vietnam veterans. In C. R. Figley (ed.), *Trauma and its wake*. New York: Brunner/Mazel.

Kebeck, G. (1994). *Wahrnehmung*. Weinheim: Juventa.

Keen, S. (1986). *Faces of the enemy: Reflections of the hostile imagination*. New York: Harper & Row.

Keesey, R. E. & Powley, T. L. (1975). Hypothalamic regulation of body weight. *American Scientist, 63*, 558–565.

Keiger, D. (1993, November). Touched with fire. *Johns Hopkins Magazine*, pp. 38, 40–44.

Keller, F. (1997). *Belastende Lebensereignisse und der Verlauf von Depressionen*. Münster: Waxmann.

Keller, H. (Hrsg.). (1989). *Handbuch der Kleinkindforschung*. Berlin: Springer.

Keller, H. (Hrsg.). (1997). *Entwicklungspsychologie*. Göttingen: Hogrefe & Huber.

Keller, H. & Meyer, H. J. (1983). *Psychologie der frühesten Kindheit*. Stuttgart: Kohlhammer.

Kelley, C. M. & Jacoby, L. L. (1993). The construction of subjective experience: Memory attributions. In M. Davies & G. W. Humphreys (eds.), *Consciousness* (pp. 74–89). Oxford: Blackwell.

Kelley, H. H. (1967). Attribution theory in social psychology. In D. Levine (ed.), *Nebraska symposium on motivation* (vol. 15). Lincoln: University of Nebraska Press.

Kelley, H. H. (1971a). *Attribution: Perceiving the causes of behavior*. New York: General Learning Press.

Kelley, H. H. (1971b). Attribution in social interaction. In E. E. Jones, D. E. Kanouse, H. H. Kelley, R. E. Nisbett, S. Valins & B. Weiner (eds.), *Attribution: Perceiving the causes of behavior*. New York: General Learning Press.

Kellman, P. J. & Spelke, E. S. (1983). Perception of partly occluded objects in infancy. *Cognitive Psychology, 15*, 483–524.

Kellog, W. N. & Kellog, L. A. (1933). *The ape and the child*. New York: McGraw-Hill.

Kelly, G. A. (1955). *A theory of personality: The psychology of personal constructs* (2 vols). New York: Norton.

Kelsoe, J. R., Ginns, E. I., Egeland, J. A., Gerhard, D. S., Goldstein, A. M., Bale, S. J., Pauls, D. L., Long, R. T. Kidd, K. K., Conte, G., Housman, D. E. & Paul, S. M. (1989). Re-evaluation of the linkage relationship between chromosome 11p loci and the gene for bipolar effective disorder in the Old Order Amish. *Nature, 342*, 238–243.

Kelsoe, J. R., Kristbjanarson, H., Bergesch, P., Shilling, P., Hirsch, S., Mirow, A., Moises, H. W., Helgason, T., Gillin, J. C. & Egeland, J. A. (1993). A genetic linkage study of Bipolar Disorder and 13 markers on chromosome 11 including the D2 dopamine receptor. *Neuropsychopharmacology, 9*, 293–301.

Kemsies, F. (1899). Fragen und Aufgaben der Pädagogischen Psychologie. *Zeitschrift für Pädagogische Psychologie, 1*, 1–21.

Kendall, P. C., Ronan, K. R. & Epps, J. (1991). Aggression in children/adolescents: Cognitive-behavioral treatment perspectives. In D. J. Pepler & K. H. Rubin (eds.), *The development and treatment of childhood aggression* (pp. 339–306). Hillsdale, NJ: Erlbaum.

Kendler, K. S. & Diehl, S. R. (1993). The genetics of schizophrenia: A current, genetic-epidemiologic perspective. *Schizophrenia Bulletin, 19*, 261–285.

Kendler, K. S., Heath, A. C., Neale, M. C., Kessler, R. C. & Eaves, L. J. (1992). A population-based twin study of alcoholism in women. *Journal of the American Medical Association, 268*, 1877–1882.

Kenrick, D. T. & Funder, D. C. (1988). Profiting from controversy: Lessons from the person-situation debate. *American Psychologist, 43*, 23–34.

Kesey, K. (1962). *One flew over the cuckoo's nest*. New York: Viking Press.

Kessel, N. (1989). Genius and mental disorder: A history of ideas concerning their conjunction. In P. Murray (ed.), *Genius: The history of an idea* (pp. 196–212). London: Basil Blackwell.

Kesselring, T. (1988). *Jean Piaget*. München: Beck.

Kessler, R. C., McGonagle, K. A., Zhao, S., Nelson, C. B., Hughes, M., Eshleman, S., Witchen, H.-U., Kendler, K. S. (1994). Lifetime and 12-month prevalence of DSM-III-R psychiatric disorders in the United States. *Archives of General Psychiatry, 51*, 8–19.

Kessler, S. (1980). The genetics of schizophrenia: A review. In S. J. Keith & L. R. Mosher (eds.), *Special report: Schizophrenia*. Washington, DC: U.S. Government Printing Office.

Kety, S. S. (1987). The significance of genetic factors in the etiology of schizophrenia: Results from the national study of adoptees in Denmark. *Journal of Psychiatric Research, 21*, 423–429.

Kety, S. S., Rosenthal, D., Wender, P. H., Schulsinger, F. & Jacobsen, B. (1975). Mental illness in the biological and adoptive families of adopted individuals who have become schizophrenic: A preliminary report based on psychiatric interviews. In R. R. Fieve, D. Rosenthal & H. Brill (eds.), *Genetic research in psychiatry*. Baltimore: The Johns Hopkins University Press.

Keupp, H. & Röhrle, B. (Hrsg.). (1987). *Soziale Netzwerke*. Frankfurt: Campus.

Kiecolt-Glaser, J. K. & Glaser, R. (1987). Psychosocial moderators of immune function. *Annals of Behavioral Medicine, 9*, 16–20.

Kierulff, S. (1989, March). *Conversation with a demon.* Symposium conducted at the meeting of the California State Psychological Association, San Francisco.

Kieselbach, T. & Wacker, A. (Hrsg.). (1991). *Bewältigung von Arbeitslosigkeit im sozialen Kontext. Programme, Initiativen, Evaluationen.* Weinheim: Deutscher Studien Verlag.

Kihlstrom, J. F. (1985). The cognitive unconscious. *Science, 237,* 1445–1452.

Kihlstrom, J. F. & Harackiewicz, J. M. (1982). The earliest recollection: A new survey. *Journal of Personality, 50,* 134–148.

Kihlstrom, J. F., Schacter, D. L., Cork, R. C., Hurt, C. A. & Behr, S. E. (1990). Implicit and explicit memory following surgical anesthesia. *Psychological Science, 1,* 303–306.

Kihlstrom, J. F., Barnhardt, T. M. & Tartaryn, D. J. (1992). The psychological unconscious: Found, lost, and regained. *American Psychologist, 47,* 788–791.

Kim, H. & Levine, S. C. (1992). Variations in characteristic perceptual asymmetry: Modality specific and modality general components. *Brain and Cognition, 19,* 21–47.

Kimmel, D. C. & Weiner, I. B. (1985). *Adolescence: A developmental transition.* Hillsdale, NJ: Erlbaum.

Kimura, D. (1983). Sex differences in cerebral organization for speech and praxic functions. *Canadian Journal of Psychology, 37,* 19–36.

Kimura, D. (1987). Are men's and women's brains really different? *Canadian Journal of Psychology, 28,* 133–147.

King, R. J. (1986). Motivational diversity and mesolimbic dopamine: A hypothesis concerning temperaments. In R. Plutchik & H. Kellerman (eds.), *Emotion: Theory, research, and experience: Biological foundations of emotions* (vol. 3). Orlando, FL: Academic Press.

King, R. J., Mefford, I. N., Wang, C., Murchison, A., Caligari, E. J. & Berger, P. A. (1986). CSF dopamine levels correlate with extraversion in depressed patients. *Psychiatry Research, 19,* 305–310.

Kinsey, A. C., Martin, C. E. & Pomeroy, W. B. (1948). *Sexual behavior in the human male.* Philadelphia: Saunders.

Kinsey, A. C., Pomeroy, W. B., Martin, C. E. & Gebhard, R. H. (1953). *Sexual behavior in the human female.* Philadelphia: Saunders.

Kintsch, W. (1974). *The representation of meaning in memory.* Hillsdale, NJ: Erlbaum.

Kintsch, W. (1981). Semantic memory: A tutorial. In R. S. Nickerson (ed.), *Attention and performance* (vol. 8). Hillsdale, NJ: Erlbaum.

Kintsch, W. (1982). *Gedächtnis und Kognition* (Orig. 1970). Berlin: Springer.

Kirchler, E. M. (1993). *Arbeitslosigkeit. Psychologische Skizzen über ein anhaltendes Problem.* Göttingen: Hogrefe.

Kirchler, E. M. (1995). *Wirtschaftspsychologie. Grundlagen und Anwendungsfelder der ökonomischen Psychologie.* Göttingen: Hogrefe.

Kirchner, J. (1995, June 14). »Slow learner« classes used to isolate blacks. *San Francisco Chronicle,* p. A13.

Kite, M. E. & Johnson, B. T. (1988). Attitudes toward older and younger adults: A meta-analysis. *Psychology and Aging, 3,* 233–244.

Klag, M. J., Whelton, P. K., Grim, C. E. & Kuller, L. H. (1991). The association of skin color with blood pressure in U.S. blacks with low socioeconomic status. *Journal of the American Medical Association, 265,* 599–602.

Klatzky, R. L. (1989). *Gedächtnis und Bewußtsein* (Orig. 1984). Stuttgart: Klett-Cotta.

Klauder, W. (1997). Der Arbeitsmarkt ab dem Jahr 2000 – Chancen und Probleme. *Report Psychologie, 4,* 275–285.

Klauer, K. J. (1987). *Kriteriumsorientierte Tests: Lehrbuch der Theorie und Praxis.* Göttingen: Hogrefe.

Klauer, K. J. (Hrsg.). (1993). *Kognitives Training.* Göttingen: Hogrefe.

Klauer, K. J. & Lauth, G. W. (1997). Lernbehinderungen und Leistungsschwierigkeiten bei Schülern. In F. E. Weinert (Hrsg.), *Psychologie des Unterrichts und der Schule.* Enzyklopädie der Psychologie, Serie »Pädagogische Psychologie«, Bd. 3. Göttingen: Hogrefe.

Klein, D. F. & Ross, D. C. (1993). Reanalysis of the National Institutes of Mental Health Treatment of Depression Collaborate Research Program General Effectiveness Report. *Neuropsychopharmacology, 8,* 241–251.

Klein, G. S. & Schlesinger, H. J. (1949). Where is the perceiver in perceptual theory? *Journal of Personality, 18,* 32–47.

Klein, K. E. & Wegmann, H. M. (1974). The resynchronization of human circadian rhythms after transmeridian flights as a result of flight direction and mode of activity. In L. E. Scheving, F. Halberg & J. E. Pauly (eds.), *Chronobiology* (pp. 564–570). Tokyo: Igaku.

Klein, R. H. (1983). Group treatment approaches. In M. Hersen, A. E. Kazdin & A. S. Bellack (eds.), *The clinical psychology handbook.* New York: Pergamon Press.

Kleinbeck, U. (1996). *Arbeitsmotivation. Entstehung, Wirkung und Förderung.* Weinheim: Juventa.

Kleinbeck, U. & Wegge, J. (1996). Fehlzeiten in Organisationen: Motivationspsychologische Ansätze zur Ursachenanalyse und Vorschläge für die Gesundheitsförderung am Arbeitsplatz. *Zeitschrift für Arbeits- und Organisationspsychologie, 40*(4), 161–172.

Kleinginna, P. R. & Kleinginna, A. M. (1981). A categorized list of motivation definitions with a suggestion for a consensual definition. *Motivation and Emotion, 5,* 263–291.

Kleinke, C. L. (1984). Two models for conceptualizing the attitude-behavior relationship. *Human Relations, 37,* 333–350.

Kleinke, C. L. (1986). Gaze and eye contact: A research review. *Psychological Bulletin, 100,* 78–100.

Kliegl, R. & Mayr, U. (1997). Kognitive Leistung und Lernpotential im höheren Erwachsenenalter. In F. E. Weinert & H. Mandl (Hrsg.), *Psychologie der Erwachsenenbildung.* Enzyklopädie der Psychologie, Serie »Pädagogische Psychologie«, Bd. 4 (S. 87–114). Göttingen: Hogrefe.

Klimesch, W. (1988). *Strukturierung und Aktivierung des Gedächtnisses.* Bern: Huber.

Klinger, E. (1987, May). The power of daydreams. *Psychology Today,* pp. 37–44.

Klinnert, M. D., Campos, J. J., Sorce, J. F., Emde, R. N. & Svejda, M. (1983). Emotions as behavioral regulators: Social referencing in infancy. In R. Plutchik & H. Kellerman (eds.), *Emotion: Theory, research, and experience* (vol. 2). New York: Academic Press.

Klix, F. & Hagendorf, H. (eds.), (1986). *Human memory and cognitive capabilities: mechanisms and performances* (2 Bände). Amsterdam: North-Holland.

Kluckhorn, C. (1944). *Navaho Witchcraft. Papers of the Yale University Peabody Museum* (vol. 24, no. 2). New Haven: Yale University Press.

Knauth, P. (1995). Was kann das betriebliche Zeitmanagement zur sozialverträglichen Gestaltung von Arbeitsplätzen beitragen? In A. Büssing & H. Seifert (Hrsg.), *Sozialverträgliche Arbeitszeitgestaltung.* München: Hampp.

Knopf, M. (1997). *Gedächtnis für Handlungen.* Göttingen: Hogrefe.

Knorz, C. & Zapf, D. (1996). Mobbing – eine extreme Form sozialer Stressoren am Arbeitsplatz. *Zeitschrift für Arbeits- und Organisationspsychologie, 40*(1), 12–21.

Knox, V. J., Morgan, A. H. & Hilgard, E. R. (1974). Pain and suffering in ischemia: The paradox of hypnotically suggested anesthesia as contradicted by reports from the »hidden observer«. *Archives of General Psychiatry, 30,* 840–847.

Kobasa, S. O. (1984). How much stress can you survive? *American Health, 3,* 64–77.

Kobasa, S. O., Hilker, R. R. & Maddi, S. R. (1979). Who stays healthy under stress? *Journal of Occupational Medicine, 21,* 595–598.

Kobre, K. R. & Lipsitt, L. P. (1972). A negative contrast effect in newborns. *Journal of Experimental Child Psychology, 2,* 81–91.

Koch, R., Graliker, B., Fishler, K. & Ragsdale, N. (1963). Clinical aspects of phenylketonuria. In *First Inter-American Conference on Congenital Defects.* Philadelphia: Lippincott.

Koehler, K. & Saß, H. (1984). *Diagnostisches und Statistisches Manual Psychischer Störungen.* (DSM-III). Weinheim/Basel: Beltz.

Koffka, K. (1935). *Principles of Gestalt psychology.* New York: Harcourt Brace.

Koh, S. O. & Peterson, R. A. (1974). A perceptual memory for numerousness in »nonpsychotic schizophrenics«. *Journal of Abnormal Psychology, 83,* 215–226.

Kohlberg, L. (1964). Development of moral character and moral ideology. In M. L. Hoffman & L. W. Hoffman (eds.), *Review of child development research* (vol. 1). New York: Russell Sage Foundation.

Kohlberg, L. (1966). A cognitive-developmental analysis of children's sex-role concepts and attitudes. In E. E. Maccoby (ed.), *The development of sex differences.* Stanford, CA: Stanford University Press.

Kohlberg, L. (1969). Stage and sequence: The cognitive-developmental approach to socialization. In D. A. Goslin (ed.), *Handbook of socialization theory and research.* Chicago: Rand McNally.

Kohlberg, L. (1974). *Zur kognitiven Entwicklung des Kindes. Drei Aufsätze* (Orig. 1969). Frankfurt: Suhrkamp.

Kohlberg, L. (1981). *The philosophy of moral development.* New York: Harper & Row.

Kohlberg, L. (1995). *Die Psychologie der Moralentwicklung.* Frankfurt: Suhrkamp.

Köhler, W. (1925). *The mentality of apes.* New York: Harcourt Brace Jovanovich.

Kohn, M. L. (1985). Arbeit und Persönlichkeit: ungelöste Probleme der Forschung. In Hoff, E.-H., Lappe, L. & Lempert, W. (Hrsg.), *Arbeitsbiographie und Persönlichkeitsentwicklung.* Bern: Huber.

Kolata, G. (1985). Maleness pinpointed on Y chromosomes. *Science, 234,* 1076–1077.

Kolb, B. (1989). Development, plasticity, and behavior. *American Psychologist, 44,* 1203–1212.

Kolb, L. C. (1973). *Modern clinical psychiatry.* Philadelphia: Saunders.

Kondo., T., Antrobus, J. & Fein, G. (1989). Later REM activation and sleep mentation. *Sleep Research, 18,* 147.

Konecni, V. J. & Doob, A. N. (1972). Catharsis through displacement of aggression. *Journal of Personality and Social Psychology, 23,* 379–387.

Konecni, Y. J. (1984). Methodological issues in human aggression research. In R. M. Kaplan, V. J. Konecni & R. W. Navaco (eds.), *Aggression in children and youth.* The Hague: Martinus Nijhoff Publishers.

Konner, M. J. (1977). Research reported in Greenberg, J. The brain and emotions. *Science News, 112,* 74–75.

Korchin, S. J. (1976). *Modern clinical psychology.* New York: Basic Books.

Koriat, A. (1993). How do we know what we know?. The accessibility model of the feeling of knowing. *Psychological Review, 100,* 609–639.

Koriat, A. & Fischoff, B. (1974). What day is today? An inquiry into the process of time orientation. *Memory & Cognition, 2,* 201–205.

Korn, J. (1987). Judgments of acceptability of deception in psychological research. *Journal of Genetic Psychology, 114,* 205–216.

Korn, J. H. (1985). Psychology as a humanity. *Teaching of Psychology, 12,* 188–193.

Kornadt, H.-J. (1982). *Aggressionsmotiv und Aggressionshemmung* (2 Bände). Bern: Huber.

Kornadt, H.-J., Grabowski, J. & Mangold-Allwinn, R.(1994). *Sprache und Kognition.* : Spektrum Akademischer Verlag .

Korzeniowski, K. (1993). Is it possible to build democracy in Poland? A psychological analysis of threats. *Polish Psychological Bulletin, 24,* 109–120.

Kosecoff, J. B. & Fink, A. (1982). *Evaluation basics: A practitioner's manual.* Beverly Hills, CA: Sage Publications.

Kosslyn, S. M. (1980). *Image and mind.* Cambridge, MA: Harvard University Press.

Kosslyn, S. M. (1983). *Ghosts in the mind's machine: Creating and using images in the brain.* New York: Norton.

Kosslyn, S. M. (1985). Computational neuropsychology: A new perspective on mental imagery. *Naval Research Reviews, 37,* 30–50.

Kosslyn, S. M., Holtzman, J. D., Farah, M. J. & Gazzaniga, M. S. (1985). A computational analysis of mental image generation: Evidence from functional dissociations in split-brain patients. *Journal of Experimental Psychology: General, 114,* 311–341.

Kotovsky, K., Hayes, J. R. & Simon, H. A. (1985). Why are some problems hard? Explorations in the problem space of difficulty. *Cognitive Psychology, 22,* 143–183.

Kounios, J. & Holcomb, P. J. (1994). Concreteness effects in semantic processing: ERP evidence supporting dual-coding theory. *Journal of Experimental Psychology: Learning, Memory, and Cognition, 20,* 804–294.

Kraepelin, E. (1921). *Manic-depressive disorder and paranoia.* London: Churchill Livingstone.

Kraiker, C. & Peter, B. (1983). *Psychotherapieführer.* München: Beck.

Kramer, J. (1972/1982). *Kramer-Test.* Solothurn: Antonius.

Kramer, J. C. (1969). Introduction to amphetamine abuse. *Journal of Psychedelic Drugs, 2,* 1–16.

Kramer, P. D. (1993). *Listening to Prozac.* New York: Penguin Books.

Krapp, A. (1998). Entwicklung und Förderung von Interessen im Unterricht. *Psychologie in Erziehung und Unterricht, 44,* 185–201.

Kraut, A. M. (1990). Healers and strangers: Immigrant attitudes toward the physician in America – A relationship in historical perspective. *Journal of the American Medical Association, 263,* 1807–181.

Krevans, J. & Gibbs, J. C. (1996). Parents' use of inductive discipline: Relations to children's empathy and procsocial behavior. *Child Development, 67,* 3263-3277.

Krieger, L. & Garrison, J. (1991, August 4). Hospitals praised for AIDS car. *San Francisco Examiner,* p. B–2.

Kriz, J., Lück, H. E. & Heidbrink, H. (1986). *Wissenschafts- und Erkenntnistheorie: Eine Einführung für Psychologen und Humanwissenschaftler.* Opladen: Leske & Budrich.

Krohne, H. W. (Hrsg.). (1985). *Angstbewältigung in Leistungssituationen.* Weinheim: edition psychologie.

Krupa, D. J., Thompson, J. K. & Thompson, R. F. (1993). Localization of a memory trace in the mammalian brain. *Science, 260,* 989–991.

Kruse, L. & Kumpf, M. (Hrsg.). (1981). *Psychologische Grundlagenforschung: Ethik und Recht.* Stuttgart: Huber.

Ksiensik, M.-I. (1994). Lieber nette Beziehungen als ein beruflicher Aufstieg? Aufstiegsbereitschaft, Fremd- und Selbstselektion von Frauen in der Berufswelt aus psychologischer Sicht. In S. Philipps (Hrsg.), *Realitäten. Frauenforschung in Baden-Württemberg.* Tübingen/Stuttgart: Silberburg.

Kubinger, K. D. (Hrsg.). (1988). *Moderne Testtheorie: Ein Abriß samt neuesten Beiträgen.* München: PVU.

Kübler-Ross, E. (1969). *On death and dying.* Toronto: Macmillan.

Kübler-Ross, E. (1972). *Interviews mit Sterbenden.* Stuttgart: Kreuz Verlag.

Kübler-Ross, E. (1975). *Death: The final stage of growth.* Englewood Cliffs, NJ: Prentice-Hall.

Kuczynski, L., Marshall, S. & Schell, K. (1997). Value socialization in a bidirectional context. In J. E. Grusec & L. Kuczynski (eds.), *Parenting and children's internalization of values* (pp. 23–50). New York: Wiley.

Kuhl, J. (1983). *Motivation, Konflikt und Handlungskontrolle.* Berlin: Springer.

Kuhl, J. (1992). A theory of self-regulation: action versus state orientation, self-discrimination and some applications. *Applied Psychology, 41*(2), 97–129.

Kühlmann, T. M. (1988). *Technische und organisatorische Neuerungen im Erleben betroffener Arbeitnehmer.* Stuttgart: Enke.

Kuhn, T. S. (1970). *The structure of scientific revolutions* (2nd ed.). Chicago: University of Chicago Press.

Kujawski, J. H. & Bower, T. G. R. (1993). Same-sex preferential looking during infancy as a function of abstract representation. *British Journal of Developmental Psychology, 11,* 201–209.

Kukla, R. A., Schlenger, W. E., Fairbank, J. A., Hough, R. L., Jordan, B. K., Marmar, C. R. & Weiss, D. S. (1990). *Trauma and the Vietnam War generation.* New York: Brunner/Mazel.

Kulik, J. A. & Mahler, H. I. M. (1989). Social support and recovery from surgery. *Health Psychology, 8,* 221–238.

Kurtines, W. & Greif, E. B. (1974). The development of moral thought: Review and evaluation of Kohlberg's approach. *Psychological Bulletin, 8,* 453–470.

Kutas, M. & Hillyard, S. A. (1980). Reading senseless sentences: Brain potentials reflect semantic incongruity. *Science, 207,* 203–205.

LaBerge, S. (1986). *Lucid dreaming.* New York: Valentine Books.

LaBerge, S. & Rheingold, H. (1990). *Exploring the world of lucid dreaming.* New York: Ballantine.

LaBerge, S. P., Nagel, L. E., Dement, W. C. & Zarcone, V. P., Jr. (1981). Evidence for lucid dreaming during REM sleep. *Sleep Research,* 10, 148.

Labouvie-Vief, G. (1985). Intelligence and cognition. In J. E. Birren & K. W. Schaie (eds.), *Handbook of the psychology of aging* (2nd ed., pp. 500–530). New York: Van Nostrand Reinhold.

Labouvie-Vief, G., Hakim-Larson, J., DeVoe, M. & Schoeberlein, S. (1989). Emotions and self-regulation: A life span view. *Human Development, 32,* 279–299.

Lachman, R. & Naus, M. (1984). The episodic/semantic continuum in an evolved machine. *Behavioral and Brain Sciences, 7,* 244–246.

Lachman, R., Lachman, J. L. & Butterfield, E. C. (1979). *Cognitive psychology and information processing.* Hillsdale, NJ: Hillsdale, NJ: Erlbaum.

Lachman, S. (1983). The concept of learning: Connectioning and selectioning. *Academic Psychology Bulletin,* 5, 155–166.

LaFreniere, P. J. & Sroufe, L. A. (1985). Profiles of peer competence in the preschool: Interrelations between measures, influence of social ecology, and relation to attachment history. *Developmental Psychology, 21,* 56–59.

LaFromboise, T. (1988, March 30). Suicide prevention. In *Campus Report* (p. 9). Stanford, CA: Stanford University Press.

Laing, R. D. (1965). *The divided self.* Baltimore: Penguin.

Laing, R. D. (1967). *The politics of experience.* New York: Pantheon.

Laing, R. D. (3. Februar 1967). Schizophrenic split. *Time,* p. 56.

Laing, R. D. (1970). *Knots.* New York: Pantheon.

Lambert, N. M. (1981). Psychological evidence in Larry P. versus Wilson Riles. *American Psychologist,* 36, 937–952.

Lamborn, S. D., Mounts, N. S., Steinberg, L. & Dornbusch, S. M. (1991). Patterns of competence and adjustment among adolescents from authoritative, authoritarian, indulgent, and neglectful families. *Child Development, 62,* 1049–1065.

Lampl, M., Veldhuis, J. D. & Johnson, M. L. (1992). Saltation and stasis: A model of human growth. *Science, 258,* 801–803.

Landau, B. & Gleitman, L. (1985). *Language and experience.* Cambridge, MA: Harvard University Press.

Landy, F. J., Shankster, L. J. & Kohler, S. S. (1994). Personnel selection and placement. *Annual Review of Psychology, 45,* 261–296.

Lane, H. (1976). *The Wild Boy of Aveyron.* Cambridge, MA: Harvard University Press.

Lane, H. (1986). The Wild Boy of Aveyron and Dr. Jean-Marc Itard. *History of Psychology, 17,* 3–16.

Lang, F. R. & Carstensen, L. L. (1994). Close emotional relationships in late life: Further support for proactive aging in the social domain. *Psychology and Aging, 9,* 315–324.

Lang, P. J. (1979). A bio-informational theory of emotional imagery. *Psychophysiology,* 16, 495–512.

Lang, P. J. & Lazovik, D. A. (1963). The experimental desensitization of a phobia. *Journal of Abnormal and Social Psychology, 66,* 519–525.

Langer, E. (1978). Rethinking the role of thought in social interaction. In J. H. Harvey, W. J. Ickes & R. F. Kidd (eds.), *New directions in attribution research* (vol. 2). Hillsdale, NJ: Erlbaum.

Langer, E. (1989). *Mindfulness.* Reading, MA: Addison-Wesley.

Langer, E. J. & Rodin, J. (1976). The effects of choice and enhanced personal responsibility for the aged. A field experiment in an institutional setting. *Journal of Personality and Social Psychology, 34,* 191–198.

Langlois, J. H. & Downs, A. C. (1980). Mothers, fathers and peers as socialization agents of sex-typed play behaviors in young children. *Child Development, 51,* 1237–1247.

Langlois, J. H. & Roggman, L. A. (1990). Attractive faces are only average. *Psychological Science,* 1, 115–121.

Langlois, J. H., Roggman, L. A. & Musselman, L. (1994). What is average and what is not average about attractive faces? *Psychological Science, 5,* 214–220.

Langs, R. (ed.). (1981). *Classics in psychoanalytic technique.* New York: Jason Aronson.

Lantermann, E.-D. (1980). *Person, Situation, Handlung.* München: Urban & Schwarzenberg.

Lanzetta, J. T., Sullivan, D. G., Masters, R. G. & McHugo, G. J. (1985). Viewers' emotional and cognitive responses to televised images of political leaders. In S. Kraus & R. M. Perloff (eds.), *Mass media and political thought: An information processing approach.* Beverly Hills, CA: Sage.

La Piere, R. (1934). Attitudes versus actions. *Social Forces*, 13, 230–237.

Lashley, K. S. (1929). *Brain mechanisms and intelligence*. Chicago: University of Chicago Press.

Lashley, K. S. (1950). In search of the engram. In *Physiological mechanisms in animal behavior: Symposium of the Society for Experimental Biology*. New York: Academic Press.

Lasswell, H. D. (1948). The structure and function of communication in society. In L. Bryson (ed.), *Communication of ideas*. New York: Harper.

Latané, B. (1981). The psychology of social impact. *American Psychologist*, 36, 343–356.

Latané, B. & Darley, J. M. (1970). *The unresponsive bystander: Why doesn't he help?* New York: Appleton-Century-Crofts.

Laurent, J., Swerdlik, M. & Ryburn, M. (1992). Review of validity research on the Stanford-Binet intelligence scale. *Psychological Assessment*, 4, 102–112.

Laursen, B. (ed.). (1993). *Close friendships in adolescence*. San Francisco: Jossey Bass.

Laux, L. (1983). Psychologische Streßkonzeptionen. In H. Thomae (Hrsg.). (1983), *Motivation und Emotion* (Reihe Enzyklopädie der Psychologie). Göttingen: Hogrefe.

Laux, L. & Weber, H. (1993). *Emotionsbewältigung und Selbstdarstellung*. Stuttgart: Kohlhammer.

Lave, J. (1991). Situating learning in communities of practice. In L. B. Resnick, J. M. Levine & S. D. Teasley (eds.), *Perspectives in socially shared cognitions* (pp. 63–82). Washington, DC: APA Press.

Lavond, D. G., Kim, J. J. & Thompson, R. F. (1993). Mammalian brain substrates of aversive classical conditioning. *Annual Review of Psychology*, 44, 317–342.

Layton, C., Smith, P. J. & McCoy, C. E. (1994). Design of a cooperative problem-solving system for en-route flight planning: An empirical investigation. *Human Factors*, 36, 94–119.

Lazarus, R. S. (1966). *Psychological stress and the coping process*. New York: McGraw-Hill.

Lazarus, R. S. (1966). *Stress and the coping process*. New York: McGraw-Hill.

Lazarus, R. S. (1975). A cognitively oriented psychologist looks at biofeedback. *American Psychologist*, 30, 553–561.

Lazarus, R. S. (1976). *Patterns of adjustment* (3rd ed.). New York: McGraw-Hill.

Lazarus, R. S. (1981, July). Little hassles can be hazardous to your health. *Psychology Today*, 58–62.

Lazarus, R. S. (1984a). On the primacy of cognition. *American Psychologist*, 39, 124–129.

Lazarus, R. S. (1984b). Puzzles in the study of daily hassles. *Journal of Behavioral Medicine*, 7, 175–189.

Lazarus, R. S. (1987). *A relational and cognitive theory of emotion*. Unpublished manuscript. University of California, Berkeley.

Lazarus, R. S. (1991a). Cognition and motivation in emotion. *American Psychologist*, 46, 352–367.

Lazarus, R. S. (1991b). Progress on a cognitive-motivational-relational theory of emotion. *American Psychologist*, 46, 819–834.

Lazarus, R. S. (1993). From psychological stress to the emotions: A history of changing outlooks. *Annual Review of Psychology*, 44, 1–21.

Lazarus, R. S. & Folkman, S. (1984). *Stress, appraisal, and coping*. New York: Springer.

Lazarus, R. S. & Lazarus, B. N. (1994). *Passion and reason: Making sense of our emotions*. New York: Oxford University Press.

Lea, S. E., Tarpy, R. M. & Webley, P. (1987). *The individual in the economy*. Cambridge: Cambridge University Press.

Leary, M. R., Tchividjian, L. R. & Kraxberger, B. E. (1994). Self-presentation can be hazardous to your health: Impression management and health risk. *Health Psychology*, 13, 461–470.

Leask, J., Haber, R. N. & Haber, R. B. (1969). Eidetic imagery in children: II, Longitudinal and experimental results. *Psychonomic Monograph Supplement*, 3, (3, Whole No. 35).

Leavitt, H. J. (1961). *Toward organizational psychology. Walter v. Bingham memorial lecture*. Pittsburgh: Carnegie Institute of Technology.

LeBon, G. (1960). *The crowd*. New York: Viking Press. (Erstausgabe 1895)

LeDoux, J. (1989). Cognitive-emotional interactions in the brain. *Cognition and Emotion*, 3, 267–289.

Lee, M., Zimbardo, P. & Bertholf, M. (1977, November). Shy murderers. *Psychology Today*, 68–70, 76, 148.

Leeper, R. W. (1948). A motivational theory of emotion to replace »Emotions as disorganized response«. *Psychological Review*, 55, 5–21.

Leerhsen, C. (1990, February 5). Unite and conquer: America's crazy for support groups. *Newsweek*, pp. 50–55.

Leff, H. (1984). *Playful perception: Choosing how to experience your world*. Burlington, VT: HarperCollins.

Lefrancois, G. R. (1976). *Psychologie des Lernens* (2. überarb. Aufl. 1986). Berlin: Springer.

Leger, D. (1992). *Biological foundations of behavior: An integrative approach*. New York: HarperCollins.

Lehr, U. (1979). *Psychologie des Alterns* (4. Aufl.). Heidelberg: Quelle & Meyer.

Lehr, U. & Thomae, H. (Hrsg.). (1987). *Formen seelischen Alterns*. Stuttgart: Enke.

Leiter, M. P. & Maslach, C. (1988). The impact of interpersonal environment on burnout and organizational commitment. *Journal of Organizational Behavior*, 9, 297–308.

Leithäuser, Th., Löchel, E., Scherer, B. & Tietel, E. (1995). *Der alltägliche Zauber einer digitalen Technik: Wirklichkeitserfahrung mit dem Computer*. Berlin: Edition Sigma.

Lemert, E. M. (1962). Paranoia and the dynamics of exclusion. *Sociometry*, 25, 2–20.

Lenk, H. (Hrsg.). (1981/1985). *Handlungstheorien interdisziplinär. Bd. 3/1 und 3/2: Verhaltenswissenschaftliche und psychologische Handlungstheorien*. München: Fink.

Lenneberg, E. H. (1962). Understanding language without ability to speak: A case report. *Journal of Abnormal and Social Psychology*, 65, 415–419.

Lenneberg, E. H. (1969). On explaining language. *Science*, 164, 635–643.

Lennon, R. T. (1985). Group tests of intelligence. In B. B. Wolman (ed.), *Handbook of intelligence* (pp. 826–847). New York: Wiley.

Leowontin, R. C., Rose, S. & Kamin, L. J. (1984). *Not in our genes: Biology, ideology, and human nature*. New York: Pantheon.

Lepper, M. R. (1981). Intrinsic and extrinsic motivation in children.: Detrimental effects on superfluous social controls. In W. A. Collins (ed.), *Aspects of the development of competence: The Minnesota Symposium on Child Psychology* (vol. 14). Hillsdale, NJ: Erlbaum.

Lepper, M. R. & Greene, D. (eds.). (1978). *The hidden costs of reward*. Hillsdale, NJ: Erlbaum.

Lepper, M. R., Greene, D. & Nisbett, R. E. (1973). Undermining children's intrinsic interest with extrinsic reward: A test of the overjustificaton hypothesis. *Journal of Personality and Social Psychology*, 28 (1), 129–137.

Leslie, C. & Wingert, P. (1990, January 8). Not as easy as A, B or C. *Newsweek*, pp. 56–58.

LeVay, S. (1991). A difference in hypothalamic structure between heterosexual and homosexual men. *Science, 253,* 1034–1037.

LeVay, S. (1993). *The sexual brain.* Cambridge, MA: MIT Press.

Levenson, R. W., Carstensen, L. L. & Gottman, J. M. (1993). Long-term marriage: Age, gender and satisfaction. *Psychology and Aging, 8,* 301–313.

Leventhal, H. (1970). Findings and theory in the study of fear communications. In L. Berkowitz (ed.), *Advances in experimental social psychology* (vol. 5). New York: Academic Press.

Leventhal, H. (1980). Toward a comprehensive theory of emotion. In L. Berkowitz (ed.) *Advances in experimental social psychology* (vol. 13, pp. 139–207). New York: Academic Press.

Leventhal, H. (1984). A perceptual motor theory of emotion. In K. R. Scherer & P. Ekman (eds.), *Approaches to emotion.* Hillsdale, NJ: Erlbaum.

Leventhal, H. & Cleary, P. D. (1980). The smoking problem: A review of the research and theory in behavioral risk modification. *Psychological Bulletin, 88,* 370–405.

Levine, J. D., Gordon, N. C., Jones, R. T. & Fields, H. L. (1974). The narcotic antagonist naloxone enhances clinical pain. *Nature, 272,* 826–827.

Levine, J. D. et al. (1978, August). Paper presented at the World Congress on Pain, Montreal.

Levine, M. (1987). *Effective problem solving.* Englewood Cliffs, NJ: Prentice-Hall.

Levine, M. & Perkins, D. V. (1987). *Principles of community psychology: Perspectives and applications.* New York: Oxford University Press.

Levine, M. W. & Shefner, J. M. (1981). *Fundamentals of sensation and perception.* Reading, MA: Addison-Wesley.

Levinson, D. L. (1978). *The seasons of man's life.* New York: Knopf.

Levi-Strauss, C. (1963). The effectiveness of symbols. In C. Levi-Strauss (ed.). *Structural anthropology.* New York: Basic Books.

Levy, B. & Langer, E. (1994). Aging free from negative stereotypes: Successful memory in China and among the American deaf. *Journal of Personality and Social Psychology, 66,* 989–997.

Levy, G. D. & Fivush, R. (1993). Scripts and gender: A new approach for examining gender-role development. *Developmental Review, 13,* 126–146.

Levy, J. & Trevarthen, C. (1976). Metacontrol of hemispheric function in human split brain patients. *Journal of Experimental Psychology: Human perception and performance, 2,* 299–312.

Levy, J., Heller, W., Banich, M. & Burton, L. A. (1983). Asymmetry of perception in free viewing of chimeric faces. *Brain and Cognition, 2,* 404–419.

Levy, L. H. & Orr, T. B. (1959). The social psychology of Rorschach validity research. *Journal of Abnormal and Social Psychology, 58,* 79–83.

Lewandowsky, S. (1993). The rewards and hazards of computer simulations. *Psychological Science, 4,* 236–243.

Lewin, K. (1936). *Principles of topological psychology.* New York: McGraw-Hill.

Lewin, K. (1947). Group decision and social change. In T. N. Newcomb & E. L. Hartley (eds.), *Readings in social psychology.* New York: Holt, Rinehart & Winston.

Lewin, K. (1948). *Resolving social conflicts.* New York: Harper.

Lewin, K., Lippitt, R. & White, R. K. (1939). Patterns of aggressive behavior in experimentally created "social climates." *Journal of Social Psychology, 10,* 271–299.

Lewin, R. (1987). The origin of the modern human mind. *Science, 236,* 668–670.

Lewine, R. R., Strauss, J. S. & Gift, T. E. (1981). Sex differences in age at first hospital admission for schizophrenia: Fact or artifact? *American Journal of Psychiatry, 138,* 440–444.

Lewinsohn, P. M. (1975). The behavioral study and treatment of depression. In M. Hersen, R. M. Eisler & P. M. Miller (eds.), *Progress in behavior modification.* New York: Academic Press.

Lewinsohn, P. M., Mischel, W., Chapline, W. & Barton, R. (1980). Social competence and depression: The role of illusory self-perceptions. *Journal of Abnormal Psychology, 89,* 203–212.

Lewis, C. C. (1981). The effects of parental firm control: Reinterpretation of findings. *Psychological Bulletin, 90,* 547–563.

Lewis, D. O. (1989, May 11). [Interview]. *San Francisco Chronicle.*

Lewis, H. B. (1981). *Freud and modern psychology – vol. 1: The emotional basis of mental illness.* New York: Plenum Press.

Lewy, A. J., Sack, R. L., Miller, S. & Hoban, T. M. (1987). Antidepressant and circadian phase-shifting effect of light. *Science, 235,* 352–354.

Leyland, C. M. & Mackintosh, N. J. (1978). Blocking of first and second-order autoshaping in pigeons. *Animal Learning and Behavior, 6,* 391–394.

Leymann, H. (1996). Mobbing. *Psychoterror am Arbeitsplatz und wie man sich dagegen wehren kann.* Reinbek bei Hamburg: Rowohlt.

Li, P. (1975). *Path analysis: A primer.* Pacific Grove, CA: The Boxwood Press.

Lidz, T., Fleck, S. & Cornelison, A. R. (1965). *Schizophrenia and the family.* New York: International University Press.

Lieberman, L. R. (3. April 1973). Letter to Science concerning »On being sane in insane places«, *Science* 179.

Lieberman, M. A. (1982). The effects of social support on responses to stress. In L. Goldberger & S. Breznitz (eds), *Handbook of stress* (pp. 764–783). New York: Free Press.

Liem, J. H. (1980). Family studies of schizophrenia: An update and commentary. In S. J. Keith & L. R. Mosher (eds.), *Special report: Schizophrenia, 1980.* Washington, DC: U. S. Government Printing Office.

Lienert, G. A. (1969). *Testaufbau und Testanalyse.* Weinheim: Beltz.

Lienert, G. A. & Raatz, U. (1994). *Testaufbau und Testanalyse.* Weinheim: Beltz.

Lifton, R. K. (1969). *Thought reform and the psychology of totalism.* New York: Norton.

Light, L. L. (1991). Memory and aging: Four hypotheses in search of data. *Annual Review of Psychology, 42,* 333–376.

Lillard, A. S. & Flavell, J. H. (1990). Young children's preference for mental-state over behavioral descriptions of human action. *Child Development, 61,* 731–742.

Lilli, W. (1982). *Grundlagen der Stereotypisierung.* Göttingen: Hogrefe.

Lincoln, J. R. & Kalleberg, A. L. (1990). *Culture, control, and commitment.* Cambridge: Cambridge University Press.

Linden, M. & Hautzinger, M. (Hrsg.). (1996). *Verhaltenstherapie.* Heidelberg: Springer.

Lindsay, D. S. (1990). Misleading suggestions can impair eyewitnesses' ability to remember event details. *Journal of Experimental Psychology: Learning, Memory, and Cognition, 16,* 1077–1083.

Lindsay, D. S. (1993). Eyewitness suggestibility. *Current Directions in Psychological Science, 2,* 86–89.

Lindsay, P. H. & Norman, D. A. (1981). *Einführung in die Psychologie: Informationsaufnahme und Verarbeitung beim Menschen* (Orig. 1978). Berlin: Springer.

Lindsley, D. B. (1951). Emotion. In S. S. Stevens (ed.), *Handbook of experimental psychology.* New York: Wiley.

Lindzey, G. (1961). *Projective techniques and cross-cultural research.* New York: Appleton-Century-Crofts.

Linton, M. (1975). Memory for real-world events. In D. Norman & D. Rumelhart (eds.), *Explorations in cognition.* San Francisco, CA: Freeman.

Lipkus, I.M., Barefoot, J.C., Williams, R.B. & Siegler, I.C. (1994). Personality measures as predictors of smoking initiation and cessation in the UNC Alumni Heart Study. *Health Psychology, 13,* 149–155.

Lipsey, M.W. & Wilson, D.B. (1993). The efficacy of psychological, educational, and behavioral treatment: Confirmation from meta-analysis. *American Psychologist, 48,* 1181–1209.

Lipsitt, L.P. & Reese, H.W. (1979). *Child development.* Glenview, IL: Scott, Foresman.

Lipsitt, L.P., Reilly, B., Butcher, M.G. & Greenwood, M.M. (1976). The stability and interrelationships of newborn sucking and heart rate. *Developmental Psychology, 9,* 305–310.

Little, M.I. (1981). *Transference neurosis and transference psychosis.* New York: Jason Aronson.

Little, S.G. (1992). The WISC-III: Everything old is new again. *School Psychology Quarterly, 7,* 136–142.

Livingstone, M. & Hubel, D. (1988). Segregation of form, color, movement, and depth: Anatomy, physiology, and perception. *Science, 240,* 740–749.

Lobel, M. (1994). Conceptualizations, measurement, and the effects of prenatal maternal stress on birth outcomes. *Journal of Behavioral Medicine, 17,* 225–272.

Lobel, M., Dunkel-Schetter, C., & Scrimshaw, S.C.M. (1992). Prenatal maternal stress and prematurity: A prospective study of socioeconomically disadvantaged women. *Health Psychology, 11,* 32–40.

Locke, E.A. & Latham, G.P. (1991). *A theory of goal setting and task performance.* New York: Prentice Hall.

Locke, J. (1690). *An essay concerning human understanding.*

Locke, J. (1975). *An essay concerning human understanding.* Oxford: P.H. Nidditch. (Original work published 1690).

Lockhart, R.S. & Craik, F.I.M. (1990). Levels of processing: A retrospective commentary on a framework for memory research. *Canadian Journal of Psychology, 44,* 87–122.

Loehlin, J.C. (1992). *Genes and environment in personality development.* Newbury Park, CA: Sage.

Loehlin, J.C., Lindzey, G. & Spuhler, J.N. (1975). *Race differences in intelligence.* San Francisco: Freeman.

Loevinger, J. (1957). Objekctive tests as instruments of psychological theory. *Psychological Reports, 3,* 635–694.

Loftus, E.F. (1979). *Eyewitness testimony.* Cambridge, MA: Harvard University Press.

Loftus, E.F. (1984). The eyewitness on trial. In B.D. Sales & A. Alwork (eds.), *With liberty and justice for all.* Englewood Cliffs, NJ: Prentice-Hall.

Loftus, E.F. (1992). When a lie becomes memory's truth: Memory distortion after exposure to misinformation. *Current Directions in Psychological Science, 1,* 21–123.

Loftus, E.F. (1993). The reality of repressed memories. *American Psychologist, 48,* 518–537.

Loftus, E.F. & Ketcham, K. (1994). *The myth of repressed memory: False memories and allegations of sexual abuse.* New York: St. Martin's Press.

Loftus, E.F. & Palmer, J.C. (1974). Reconstruction of automobile destruction: An example of the interaction between language and memory. *Journal of Verbal Learning and Verbal Behavior, 13,* 585–589.

Loftus, G.R., Duncan, J. & Gehrig, P. (1992). On the time course of perceptual information that results from a brief visual presentation. *Journal of Experimental Psychology: Human Perception and Performance, 18,* 530–549.

Logan, F.A. (1960). *Incentive.* New Haven, CT: Yale University Press.

Logan, G.D. (1988). Toward an instance theory of automatization. *Psychological Review, 95,* 492–527.

Logan, G.D. (1992). Shapes of reaction-time distributions and shapes of learning curves: A test of the instance theory of automaticity. *Journal of Experimental Psychology: Learning, Memory, and Cognition, 18,* 883–914.

Logue, A.W. (1991). *The psychology of eating & drinking: An introduction* (2nd ed.). New York: Freeman.

Londer, R. (1988, July 24). When you've just got to do it: Millions of Americans are slaves to their obsessions. San *Francisco Examiner-Chronicle,* This World Section, p. 9.

Loomis, A.L., Harvey, E.N. & Hobart, G.A. (1937). Cerebral status during sleep as studied by human brain potentials. *Journal of Experimental Psychology, 21,* 127–144.

Lorenz, K. (1937). Imprinting. The *AUK, 54,* 245–273.

Lorenz, K. (1966). *On aggression.* New York: Harcourt Brace Jovanovich.

Los Angeles Times. (1988, February 23). Bullet in the brain cures man's mental problem.

Lott, B. & Lott, A.J. (1985). Learning theory in contemporary social psychology. In G. Lindzey & E. Aronson (eds.), *The handbook of social psychology* (3rd ed.). Hillsdale, NJ: Erlbaum.

Lotze (1996). *Untersuchungen zur Tagesrhythmik visueller und akustischer Wahrnehmung.* Münster: Waxmann.

Lovaas, O.I. (1968). Learning theory approach to the treatment of childhood schizophrenia. In *California Mental Health Research Symposium: No. 2 Behavior theory and therapy.* Sacramento, CA: Department of Mental Hygiene.

Lovaas, O.I. (1977). *The autistic child: Language development through behavior modification.* New York: Halstead Press.

Lovett, M.C. & Anderson, J.R. (1994). Effects of solving related proofs on memory and transfer in geometry problem solving. *Journal of Experimental Psychology: Learning, Memory, and Cognition, 20,* 366–378.

Lovibond, S.H., Adams, M. & Adams, W.G. (1979). The effects of three experimental prison environments on the behavior of nonconflict volunteer subjects. *Australian Psychologist, 14,* 273–285.

Lowenthal, M.F. & Chiriboga, D. (1972). Transition to the empty nest: Crisis, challenge, or relief? *Archives of General Psychiatry, 26,* 8–14.

Lubart, T.I. (1994). Creativity. In R.J. Sternberg (ed.), *Handbook of perception and cognition: Vol. 2. Thinking and problem solving* (pp. 289–332). Orlando, FL: Academic Press.

Lubin, B., Larsen, R.M. & Matarazzo, J.D. (1984). Patterns of psychological test usage in the United States: 1935–1982. *American Psychologist, 39,* 451–455.

Luborsky, L., Blinder, B. & Schimek, J.G. (1965). Cooking, recalling, and GSR as a function of defense. *Journal of Abnormal Psychology, 70,* 270–280.

Lubow, R.E., Rifkin, B. & Alex, M. (1976). The context effect: The relationship between stimulus preexposure and environmental preexposure determines subsequent learning. *Journal of Experimental Psychology: Animal Behavior Processes, 2,* 38–47.

Luchins, A.S. (1942). Mechanization in problem solving. *Psychological Monographs, 54* (No. 248).

Lück, H.E., Grünwald, H., Geuter, U., Miller, R. & Rechtien, W. (1987). *Sozialgeschichte der Psychologie: Eine Einführung.* Opladen: Leske & Budrich.

Lückert, H.-R. (1965). *Stanford-Binet Intelligenztest SIT.* Deutsche Bearbeitung. Göttingen: Hogrefe.

Luker, K.C. (1975). *Taking chances: Abortion and the decision not to contracept.* Berkeley: University of California Press.

Lutz, C. A. & Abu-Lughod, L. (eds.). (1990). *Language and the politics of emotions*. Cambridge: Cambridge University Press.

Lutz, R. (1978). *Das verhaltensdiagnostische Interview: Eine Anleitung zur Gesprächsführung in Diagnostik, Therapie und Beratung*. Stuttgart. Kohlhammer.

Lynch, G. (1986). *Synapses, circuits, and the beginnings of memory*. Cambridge, MA: MIT Press.

Lynch, J. J. (1979). *The broken heart: The medical consequences of loneliness*. New York: Basic Books.

Lyons, N. (1983). Two perspectives: On self, relationships, and morality. *Harvard Educational Review*, 53, 125–146.

Maccoby, E. E. (1980). *Social development: Psychological growth and the parent-child relationship*. San Diego, CA: Harcourt Brace Jovanovich.

Maccoby, E. E. (1988). Gender as a social category. *Developmental Psychology*, 24, 755–765.

Maccoby, E. E. (1992). Trends in the study of socialization: Is there a Lewinian heritage? *Journal of Social Issues*, 48, 171–185.

Maccoby, E. E. & Martin, J. A. (1983). Socialization in the context of the family: Parent-child interaction. In P. H. Mussen (ed.), *Carmichael's manual of child psychology*. New York: Wiley.

Maccoby, E. E. & Martin, J. A. (1983). Socialization in the context of the family: Parent-child-interaction. In E. M. Hetherington (ed.), *Handbook of child psychology: Vol. 4: Socialization, personality, and social development* (pp. 1–102). New York: Wiley.

Maccoby, N., Farquhar, J. W., Wood, P. D. & Alexander, J. K. (1977). Reducing the risk of cardiovascular disease.: Effects of a community-based campaign on knowledge and behavior. *Journal of Community Health*, 3, 100–114.

Mace, W. M. (1977). James J. Gibson's strategy for perceiving: Ask not what's inside your head, but what's your head inside of. In R. Shaw & J. Bransford (eds.), *Perceiving, acting, and knowing*. Hillsdale, NJ: Erlbaum.

Mackintosh, N. J. (1975). A theory of attention. *Psychological Review*, 82, 276–298.

MacLean, P. (1977). On the evolution of three mentalities. In S. Arieti & G. Chrzanowski (eds.), *New directions in psychiatry: A world view* (vol. 2). New York: Wiley.

MacLeod, C. & Campbell, L. (1992). Memory accessibility and probability judgments: An experimental evaluation of the availability heuristic. *Journal of Personality and Social Psychology*, 63, 890–902.

MacLeod, C., Mathews, A. & Tata, P. (1986). Attentional bias in emotional disorders. *Journal of Abnormal Psychology*, 95, 15–20.

Maddi, S. R. & Kobasa, S. C. (1991). The development of hardiness. In A. Monat & R. S. Lazarus (eds.), *Stress and coping* (3rd ed., pp. 245–257). New York: Columbia University Press.

Magnusson, D. (1987). Adult delinquency in the light of conduct and physiology at an early age: A longitudinal study. In D. Magnusson & A. Ohman (eds.), *Psychopathology* (pp. 221–324). Orlando, FL: Academic Press.

Magnusson, D. & Bergman, L. R. (1990). A pattern approach to the study of pathways from childhood to adulthood. In L. N. Robins & M. Rutter (eds.), *Straight and devious pathways from childhood to adulthood* (pp. 101–115). Cambridge: Cambridge University Press.

Magnusson, D. & Endler, N. S. (1977). Interactional pyschology: Present status and future prospects. In D. Magnusson & N. S. Endler (eds.), *Personality at the crossroads: Current issues in interactional psychology*. Hillsdale, NJ: Erlbaum.

Maher, B. A. (1968, November). The shattered language of schizophrenia. *Psychology Today*, pp. 30ff.

Mahler, M. S. (1979). *The selected papers of Margaret S. Mahler* (2 vols). New York: Jason Aronson.

Mahoney, M. J. (1974). *Cognition and behavior modification*. Cambridge, MA: Ballinger.

Maier, N. R. F. (1931). Reasoning in humans: II. The solution of a problem and its appearance in consciousness. *Journal of Comparative Psychology*, 12, 181–194.

Maier, S. (1984, March). Stress: Depression, disease and the immune system. *Science and public seminars*. Washington, DC: Federation of Behavioral, Psychological, and Cognitive Sciences.

Maier, S. F. & Seligman, M. E. P. (1976). Learned helplessness: Theory and evidence. *Journal of Experimental Psychology*, 105, 3–46.

Maier, S. F., Watkins, L. R. & Fleshner, M. (1994). Psychoneuroimmunology: The interface between behavior, brain, and immunity. *American Psychologist*, 49, 1004–1017.

Main, M. & George, C. (1985). Responses of abused and disadvantaged todler to distress in agemates: A study in the day care setting. *Developmental Psychology*, 21, 407–412.

Main, M., Kaplan, H. & Cassidy, J. (1985). Security in infancy, childhood, and adulthood: A move to the level of representation. In I. Bretherton & E. Waters (eds.), *Growing points of attachment theory and research: Monographs of the Society of Research in Child Development*, 4 (serial no. 209, pp. 66–104).

Majewska, M. D., Harrison, N. L., Schwartz, R. D., Barker, J. L. & Paul, S. M. (1986), Steroid hormone metabolites are barbiturate-like modulators of the GABA receptor. *Science*, 232, 1004–1007.

Malamuth, N. E. & Donnerstein, E. (1982). The effects of aggressive-pornographic mass media stimuli. *Advances in Experimental Social Psychology*, 15, 103–136.

Malamuth, N. E. & Donnerstein, E. (1984). *Pornography and sexual aggression*. New York: Academic Press.

Malitz, S. & Sackheim, H. A. (1984). Low dosage ECT: Electrode placement and acute physiological and cognitive effects. *American Journal of Social Psychiatry*, 4, 47–53.

Malone, T. W. & Lepper, M. R. (1987). Making learning fun: A taxonomy of intrinsic motivations for learning. In R. E. Snow & M. J. Farr (eds.), *Aptitude, learning, and instruction: III. Cognitive and affective process analysis*. Hillsdale, NJ: Erlbaum.

Mandl, H. & Huber, G. L. (Hrsg.). (1983). *Emotion und Kognition*. München: Urban & Schwarzenberg.

Mandl, H. & Spada, H. (Hrsg.). (1988). *Wissenspsychologie*. München: Psychologie-Verlags-Union.

Mandl, H., Gruber, H. & Renkl, A. (1997). Lernen und Lehren mit dem Computer. In F. E. Weinert & H. Mandl (Hrsg.), *Psychologie der Erwachsenenbildung*. Enzyklopädie der Psychologie, Serie »Pädagogische Psychologie«, Bd. 4 (S. 437–467). Göttingen: Hogrefe.

Mandler, G. (1975). *Mind and emotion*. New York: Wiley.

Mandler, G. (1984). *Mind and body: The psychology of emotion and stress*. New York: Norton.

Manfredi, M., Bini, G., Cruccu, G., Accornero, N., Berdelli, A. & Medolago, L. (1981). Congenital absence of pain. *Archives of Neurology*, 38, 507–511.

Manns, M. (1987). *Beobachtungsverfahren in der Verhaltensdiagnostik: Eine systematische Darstellung ausgewählter Beobachtungsverfahren*. Salzburg: Müller.

Marcel, A. J. (1983). Conscious and unconscious perception: An approach to the relation between phenomenal experience and perceptual processes. *Cognitive Psychology*, 15, 238–300.

Marcus, A. D. (1990, December 3). Mists of memory cloud some legal preceedings. *The Wall Street Journal*, p. B1.

Margraf, J. & Schneider, S. (1989). *Panik: Angstanfälle und ihre Behandlung*. Berlin: Springer.

Markman, E. M. (1989). *Categorization and naming in children: Problems of induction*. Cambridge, MA: MIT Press.

Markman, E. M. & Wachtel, G. F. (1988). Children's use of mutual exclusivity to constrain meanings of words. *Cognitive Psychology, 20*, 121–157.

Markman, E. M., Cox, B. & Machida, S. (1981). The standard object-sorting task as a measure of conceptual organization. *Developmental Psychology, 17*, 115–117.

Markovitz, H. & Nantel, G. (1989). The belief-bias effect in the production and evaluation of logical conclusions. *Memory & Cognition, 17*, 11–17.

Marks, I. (1981). *Cure and care of neuroses: Theory and practice of behavioral psychotherapy*. New York: Wiley.

Marks, R. (1976–1977). Providing for individual differences: A history of the intelligence testing movement in North America. *Interchange, 1*, 3–16.

Markus, H. (1977). Self-schemata and processing information about the self. *Journal of Personality and Social Psychology, 35*, 63–78.

Markus, H. & Nurius, P. (1986). Possible selves. *American Psychologist, 41*, 954–969.

Markus, H. & Smith, J. (1981). The influence of self-schemas on the perception of others. In N. Cantor & J. F. Kihlstrom (eds.), *Personality, cognition, and social interaction* (pp. 233–262). Hillsdale, NJ: Erlbaum.

Markus, H., Cross, S. & Wurf, E. (1990). The role of the self-system in competence. In R. J. Sternberg & J. Lollgian, Jr. (eds.), *Competence considered* (pp. 205–225). New Haven: Yale University Press.

Marlatt, G. A. (1978). Behavioral assessment of social drinking and alcoholism. In G. A. Marlatt & P. E. Nathan (eds.), *Behavioral approaches to alcoholism*. New Brunswick, NJ: Rutgers Center for Alcohol Studies.

Marlatt, G. A. (1983). The controlled-drinking controversy: A commentary. *American Psychologist, 38*, 1097–1110.

Marler, P. R. & Hamilton, W. J. (1966). *Mechanisms of animal behavior*. New York: Wiley.

Marquis, J. N. (1970). Orgasmic reconditioning: Changing sexual object choice through controlling masturbation fantasies. *Journal of Behavior Therapy and Experimental Psychiatry, 1*, 263–271.

Marr, D. (1982). *Vision*. San Francisco: Freeman.

Marr, D. & Nishihara, H. K. (1978). Representation and recognition of the spatial organization of three-dimensional shapes. *Proceedings of the Royal Society of London (Series B), 200*, 269–294.

Marsella, A. J. (1979). Cross-cultural studies of mental disorders. In A. J. Marsella, R. G. Sharp & T. J. Ciborowski (eds.), *Perspectives on cross-cultural psychology* (pp. 233–262). New York: Academic Press.

Marshall, G. D. & Zimbardo, P. G. (1979). Affective consequences of inadequately explained physiological arousal. *Journal of Personality and Social Psychology, 37*, 970–988.

Martin, G. & Pear, J. (1983). *Behavior modification. What it is and how to do it* (2nd ed.). Englewood Cliffs, NJ: Prentice-Hall.

Martin, J. A. (1981). A longitudinal study of the consequences of early mother-infant interaction: A microanalytic approach. *Monographs of the Society for Research in Child Development, 46* (serial no.190).

Martin, R., Davis, G. M., Baron, R. S., Suls, J. & Blanchard, E. B. (1994). Specificity in social support: Perceptions of helpful and unhelpful provider behaviors among irritable bowel syndrome, headache, and cancer patients. *Health Psychology, 13*, 432–439.

Martin, R. J., White, B. D. & Husley, M. G. (1991). The regulation of body weight. *American Scientist, 79*, 528–541.

Martin, T. (1985). Stand und Entwicklung neuer Fertigungstechnologien. In Sonntag, K. (Hrsg.), *Neue Produktionstechniken und qualifizierte Arbeit*. Köln: Wirtschaftsverlag Bachem.

Marx, W. (Hrsg.). (1988). *Verbales Gedächtnis und Informationsverarbeitung*. Göttingen: Hogrefe.

Maslach, C. (1979). Negative emotional biasing of unexplained arousal. *Journal of Personality and Social Psychology, 37*, 953–969.

Maslach, C. (1982). *Burnout: The cost of caring*. Englewood Cliffs, NJ: Prentice-Hall.

Maslach, C. & Florian, V. (1988). Burnout, job setting, and self-evaluation among rehabilitation counselors. *Rehabilitation Psychology, 33*, 135–157.

Maslow, A. H. (1968). *Toward a psychology of being* (2nd ed.). Princeton, NJ: Van Nostrand.

Maslow, A. H. (1970). *Motivation and personality* (rev. ed.). New York: Harper & Row.

Mason, J. W. (1975). An historical view of the stress field: Parts 1 and 2. *Journal of Human Stress, 1*, 6–12, 22–36.

Mason, W. A. & Kenney, M. D. (1974). Reduction of filial attachment in Rhesus monkeys: Dogs as mother surrogates. *Science, 183*, 1209–1211.

Massangkay, Z. S., McCluskey, K. A., McIntyre, C. W., Sims-Knight, J., Vaughn, B. & Flavell, J. H. (1974). The early development of interferences about the visual percepts of others. *Child Development, 45*, 357–366.

Masters, J. C. (1981). Developmental psychology. *Annual Review of Psychology, 32*, 117–151.

Masters, W. H. & Johnson, V. E. (1966). *Human sexual response*. Boston: Little, Brown.

Masters, W. H. & Johnson, V. E. (1970). *Human sexual inadequacy*. Boston: Little, Brown.

Masters, W. H. & Johnson, V. E. (1979). *Homosexuality in perspective*. Boston: Little, Brown.

Matarazzo, J. D. (1972). *Wechsler's measurement and appraisal of adult intelligence* (5th ed.). Baltimore: Williams & Wilkins.

Matarazzo, J. D. (1980). Behavioral health and behavioral medicine: Frontiers for a new health psychology. *American Psychologist, 35*, 807–817.

Matarazzo, J. D. (1984). Behavioral immunogens and pathogens in health and illness. In B. L. Hammonds & C. J. Scheirer (eds.), *Psychology and health: The Master Lecture Series, Vol. 3* (pp. 9–43). Washington, DC: American Psychological Association.

Matarazzo, J. D. (1990). Psychological assessment versus psychological testing: Validation from Binet to the school, clinic, and courtroom. *American Psychologist, 45*, 999–1017.

Matas, L., Arend, R. A. & Sroufe, L. A. (1978). Continuity of adaptation in the second year: The relationship between quality of attachment and later competence. *Child Development, 49*, 547–556.

Matlin, M. W. & Foley, H. J. (1992). *Sensation and perception* (3rd ed.). Boston: Allyn and Bacon.

Matossian, M. K. (1989). *Poisons of the past: Molds, epidemics, and history*. New Haven: Yale University Press.

Matson, J. L., Esfeldt-Dawson, K., Andrasik, F., Ollendick, T. H., Petti, T. & Hersen, M. (1980). Direct, observational, and generalization effects of social skills training with emotionally disturbed children. *Behavior Therapy, 11*, 522–531.

Maugh, T. H. (1982). Sleep-promoting factor isolated. *Science, 216*, 1400.

Maugh, T. H., II. (1985, August 18). The chimpanzee-human dialogue. *San Francisco Examiner-Chronicle*, 19–20.

May, R. (1969). *Love and will*. New York: Norton.

May, R. (1972). *Power and innocence: A search for the sources of violence*. New York: Norton.

May, R. (1975). *The courage to create*. New York: Norton.

May, R. (1977). *The meaning of anxiety* (rev. ed.). New York: Norton. (Original work published 1950).

Mayer, G. R., Butterworth, T., Nafpaktitis, M. & Sulzer-Azaroff, B. (1983). Preventing school vandalism and improving discipline: A three-year study. Journal of Applied Behavior Analysis, 16, 355–369.

Mayer, J. (1955). Regulation of energy intake and body weight: The glucostatic theory and lipostatic hypothesis. *Annals of the New York Academy of the Sciences*, 63, 15–43.

Mayer, R. E. (1981). *The promise of cognitive psychology*. San Francisco: Freeman.

Mayer, R. F. (1979). *Denken und Problemlösen: Eine Einführung in das menschliche Denken und Lernen*. Berlin: Springer.

Mayr, E. (1974). Behavior programs and evolutionary strategies. *American Scientist*, 38, 650–659.

Mayring, P. (1996). *Einführung in die qualitative Sozialforschung*. Beltz-PVU.

McAdams, D. P. (1988). Biography, narrative, and lives: An introduction. *Journal of Personality*, 56, 1–18.

McAdams, D. P. & de St. Aubin, E. (1992). A theory of generativity and its assessment through self-report, behavioral acts, and narrative themes in autobiography. *Journal of Personality and Social Psychology*, 62, 1003–1015.

McAdams, D. P., de St. Aubin, E. & Logan, R. L. (1993). Generativity among young, midlife, and older adults. *Psychology and Aging*, 8, 221–230.

McAdams, P. D. & Vaillant, G. E. (1982). Intimacy motivation and psychosocial adjustment: A longitudinal study. *Journal of Personality Assessment*, 46, 586–593.

McCall, R. B. (1977). Childhood IQs as predictors of adult education and occupational status. *Science*, 197, 483–385.

McClelland, D. C. (1955). Some social consequences of achievement motivation. In R. M. Jones (ed.), *Nebraska Symposium on motivation* (vol. 3). Lincoln: University of Nebraska Press.

McClelland, D. C. (1961). *The achieving society*. Princeton, NJ: Van Nostrand.

McClelland, D. C. (1971). *Motivational trends in society*. Morristown, NJ: General Learning Press.

McClelland, D. C. & Franz, C. E. (1992). Motivational and other sources of work accomplishments in mid-life: A longitudinal study. *Journal of Personality*, 60, 679–707.

McClelland, J. L. & Elman, J. L. (1986). The TRACE model of speech perception. *Cognitive Psychology*, 18, 1–18.

McClelland, D. C., Atkinson, J. W., Clark, R. A. & Lowell, L. (1953). *The achievement motive*. New York: Appleton-Century-Crofts.

McClelland, D. C., Atkinson, J. W., Clark, R. A. & Lowell, L. (1976). *The achievement motive (2nd ed.)*. New York: Appleton-Century-Crofts.

McClintock, M. K. (1971). Menstrual synchrony and suppression. *Nature*, 229, 244–245.

McCloskey, M. & Egeth, H. E. (1983). Eyewitness identification: What can a psychologist tell a jury? *American Psychologist*, 38, 550–563.

McCloskey, M., Egeth, H., McKenna, J. (eds.). (1986). The ethics of expert testimony [Special issue]. *Law and Human Behavior*, 10 (1/2).

McCormick, D. A. & Thompson, R. F. (1984). Cerebellum: Essential involvement in the classically conditioned eyelid response. *Science*, 223, 296–299.

McCoy, E. (1988). Childhood through the ages. In K. Finsterbusch (ed.), *Sociology 88/89* (pp. 44–47). Guilford, CT: Duskin.

McCrady, B. S. & Miler, W. R. (eds.). (1993). *Reserach on Alcoholics Anonymous: Opportunities and alternatives*. New Brunswick, NJ: Rutgers Center for Alcohol Studies.

McCrae, R. R. (1982). Consensual validation of personality traits: Evidence from self-reports and ratings. *Journal of Personality and Social Psychology*, 43, 293–303.

McCrae, R. R. & Costa, P. T., Jr. (1987). Validation of the five-factor model of personality across instruments and observers. *Journal of Personality and Social Psychology*, 56, 81–90.

McCrae, R. R. & Costa, P. T., Jr. (1989). Rotation to maximize the construct validity of factors in the NEO Personality Inventory. *Multivariate Behavioral Research*, 24, 107–124.

McCrae, R. R., Costa, P. T., & Busch, C. M. (1986). Evaluating comprehensiveness in personality systems: The California Q-Set and the five factor model. *Journal of Personality*, 54, 430–446.

McDougall, W. (1908). *An introduction to social psychology*. London: Methuen.

McFadden, R. D. (1983, November 22). Atomic war film spurs nationwide discussion. *New York Times*, p. A 27.

McGaugh, J. L. (1983). Hormonal influences on memory. *Annual Review of Psychology*, 34, 244–251.

McGaugh, J. L. & Herz, M. J. (1972). *Memory consolidation*. San Francisco: Albion.

McGaugh, J. L., Weinberger, N. M., Lynch, G. & Granger, R. H. (1985). Neural mechanisms of learning and memory: Cells, systems and computations. *Naval Research Reviews*, 37, 15–29.

McGinley, H. & Pasewark, R. A. (1989). National survey of the frequency and success of the insanity and alternate pleas. *Journal of Psychiatry and Law*, 15, 205–221.

McGinnies, E. (1949). Emotionality and perceptual defense. *Psychological Review*, 56, 244–251.

McGinnis, J. M. (1991). Health objectives for the nation. *American Psychologist*, 46, 520–524.

McGlashan, T. H., Evans, F. J. & Orne, M. T. (1978). The nature of hypnotic analgesia and placebo response to experimental pain. *Psychosomatic Medicine*, 31, 227–246.

McGrath, E., Keita, G. P., Strickland, B. R. & Russo, N. F. (1990). *Women and depression: Risk factors and treatment issues*. Hyattsville, MD: American Psychological Association.

McGue, M., Pickens, R. W. & Svikis, D. S. (1992). Sex and age effects on the inheritance of alcohol problems: A twin study. *Journal of Abnormal Psychology*, 101, 3–17.

McGuire, R. J., Carlise, J. M. & Young, B. G. (1965). Sexual deviations as conditioned behavior: A hypothesis. *Behavioral Research and Theory*, 12, 185–190.

McGuire, W. J. & McGuire, C. V. (1988). Content and process in the experience of self. In L. Berkowitz (ed.) *Advances in experimental social psychology* (vol. 21, pp. 97–144). New York: Academic Press.

McKean, K. (1986, October). Pain. *Discover*, pp. 82–92.

McKinnon, W., Weisse, C. S., Reynolds, C. P., Bowles, C. A. & Baum, A. (1989). Chronic stress, leukocyte subpopulations, and humoral response to latent viruses. *Health Psychology*, 8, 389–402.

McKoon, G. & Ratcliff, R. (1992). Inference during reading. *Psychological Review*, 99, 440–446.

McLearn, G. E. & De Fries, J. C. (1973). *Introduction to behavioral genetics*. San Francisco: Freeman.

McNeil, B. J., Pauker, S. G., Sox, H. C. & Tversky, A. (1982). On the elicitation of preferences for alternative therapies. *New England Journal of Medicine*, 306, 1259–1262.

McPherson, K. S. (1985). On intelligence testing and immigration legislation. *American Psychologist*, 40, 242–243.

Mead, M. (1928). *Coming of age in Samoa*. New York: Morrow. Dt: 1979 *Jugend und Sexualität in primitiven Gesellschaften: 1. Kindheit und Jugend in Samoa*. München: dtv.

Mead, M. (1939). *From the South Seas: Studies of adolescence and sex in primitive societies*. New York: Morrow. Dt: 1965 *Leben in der Südsee: Jugend und Sexualität in primitiven Gesellschaften*. München: Szczesny.

Meador, B. D. & Rogers, C. R. (1979). Person-centered therapy. In R. J. Corsini (ed.), *Current psychotherapies* (2nd ed.). Iasca, IL: Peacock.

Meany, M. J., Stewart, J. & Beatty, W. W. (1985). Sex differences in social play: The socialization of sex roles. *Advances in the Study of Behavior, 15,* 1–58.

Meany, M. J., Aitken, D. H., Van Berkel, C. Bhatnagar, S. & Sapolsky, R. M. (1988), Effect of neonatal handling on age-related impairments associated with the hippocampus. *Science, 239,* 766–768.

Medin, D. L. & Ross, B. H. (1992). *Cognitive psychology*. Fort Worth, TX: Harcourt Brace Jovanovich.

Meehl, P. E. (1954). *Clinical versus statistical prediction*. Minnesota: University of Minnesota Press.

Meehl, P. E. (1965). See over sign: The first good example. *Journal of Experimental Research in Personality, 1,* 27–32.

Meer, E. van der (1996). Gesetzmäßigkeiten und Steuerungsmöglichkeiten des Wissenserwerbs. In F. E. Weinert (Hrsg.), *Psychologie des Lernens und der Instruktion*. Enzyklopädie der Psychologie, Serie »Pädagogische Psychologie«, Bd. 2 (S. 209–248). Göttingen: Hogrefe.

Mehrabian, A. (1971). *Silent messages*. Belmont, CA: Wadsworth.

Meichenbaum, D. (1977). *Cognitive-behavior modification: An integrative approach*. New York: Plenum.

Meichenbaum, D. (1985). *Stress inoculation training*. New York: Pergamon Press.

Meier, H. & Ploog, D. (1997). *Der Mensch und sein Gehirn. Die Folgen der Evolution*. München: Piper.

Meier, R. P. (1991). Language acquisition by deaf children. *American Scientist, 79,* 60–70.

Meisner, W. W. (1978). *The paranoid process*. New York: Jason Aronson.

Meißner, W. (1989). *Innovation und Organisation. Beiträge zur Organisationspsychologie 6*. Stuttgart: Verlag für angewandte Psychologie.

Meltzer, H. Y. (1982). What is schizophrenia? *Schizophrenia Bulletin, 8,* 433–435.

Meltzoff, J. & Kornreich, M. (1970). *Research in psychotherapy*. New York: Atherton.

Melville, J. (1977). *Phobias and obsessions*. New York: Penguin Books.

Melzack, R. (1973). *The puzzle of pain*. New York: Basic Books.

Melzack, R. (1980). Psychological aspects of pain. In J. J. Bonica (ed.), *Pain*. New York: Raven Press.

Melzack, R. (1989). Phantom limbs, the self and the brain (the D. O. Hebb Memorial Lecture). *Canadian Psychology, 30,* 1–16.

Melzack, R. & Wall, P. D. (1989). *The challenge of pain*. New York: Penguin.

Menzel, E. M. (1978). Cognitive mapping in chimpanzees. In S. H. Hulse, H. Fowler & W. K. Honzig (eds.), *Cognitive processes in animal behavior*. Hillsdale, NJ: Erlbaum.

Meredith, M. A. & Stein, B. E. (1985). Descending efferents from the superior colliculus relay integrated multisensory information. *Science, 227,* 657–659.

Merigan, W. H. & Maunsell, J. H. R. (1993). How parallel are the primate visual pathways? *Annual Review of Neuroscience, 16,* 399–402.

Mertens, W. (Hrsg.). (1983). *Psychoanalyse: Ein Handbuch in Schlüsselbegriffen*. München: PVU.

Mertens, W. (1990). *Einführung in die psychoanalytische Therapie* (3 Bde.). Stuttgart: Kohlhammer.

Mertens, W. (1996). *Psychoanalyse*. Stuttgart: Kohlhammer.

Merton, R. K. (1957). *Social theory and social structures*. New York: Free Press.

Mervis, C. B. & Rosch, E. (1981). Categorization of natural objects. *Annual Review of Psychology, 32,* 89–115.

Metcalfe, J., Schwartz, B. L. & Joaquim, S. G. (1993). The cue-familiarity heuristic in metacognition. *Journal of Experimental Psychology: Learning, Memory, and Cognition, 19,* 851–861.

Metzger, W. (1975). *Gesetze des Sehens* (3. Aufl.). Frankfurt: Kramer.

Metzig, W. & Schuster, M. (1996). *Lernen zu lernen. Lernstrategien wirkungsvoll einsetzen*. Heidelberg: Springer.

Metzoff, A. N. & Borton, R. W. (1979). Intermodal matching by human neonates. *Nature, 282,* 403–404.

Meyer, C. B. & Taylor, S. E. (1986). Adjustment to rape. *Journal of Personality and Social Psychology, 50,* 1226–1234.

Meyer, M. M. & Ekstein, R. (1970). The psychotic pursuit of reality. *Journal of Contemporary Psychotherapy, 3,* 3–12.

Meyer, W.-U. (1984). *Das Konzept der eigenen Begabung*. Bern: Huber.

Mezzich, J. E. & Berganza, C. E. (eds.). (1984). *Culture and psychopathology*. New York: Columbia University Press.

Michael, R. T., Gagnon, J. H., Laumann, E. O. & Kolata, G. (1994). *Sex in America: A definitive survey*. Boston: Little, Brown.

Middlebrooks, J. C. & Green, D. C. (1991). Sound localization by human listeners. *Annual Review of Psychology, 42,* 135–159.

Middleton, J. (ed.). (1967). *Magic, witchcraft, and curing*. Garden City, NY: Natural History Press.

Mielke, R. (1984). *Lernen und Erwartung: Zur Selbstwirksamkeitstheorie von Albert Bandura*. Bern: Huber.

Milavsky, J., Kessler, R. C., Stipp, H. H. & Rubens, W. S. (1982). *Television and aggression: Results of a panel study*. New York: Academic Press.

Milgram, S. (1965). Some conditions of obedience and disobedience to authority. *Human Relations, 18,* 56–76.

Milgram, S. (1974). *Das Milgram-Experiment: Zur Gehorsamsbereitschaft gegenüber Autorität* (Orig. 1974). Reinbek: Rowohlt.

Milgram, S. (1974). *Obedience to authority*. New York: Harper & Row.

Milgram, S. (1977, October). Subject reaction: The neglected factor in the ethics of experimentation. *Hastings Center Report,* pp. 19–23.

Milkowitz, D. J. (1994). Family risk indicators in schizophrenia. *Schizophrenia Bulletin, 20,* 137–149.

Millar, K. & Watkinson, N. (1983). Recognition of words presented during general anesthesia. *Ergonomics, 26,* 585–594.

Miller, A. G. (1986). *The obedience paradigm: A case study in controversy in social science*. New York: Praeger.

Miller, G. A. (1956). The magic number seven plus or minus two: Some limits on our capacity for processing information. *Psychological Review, 63,* 81–97.

Miller, G. A. (1962). Some psychological studies of grammar. *American Psychologist, 17,* 148–762.

Miller, G. A. (1969). Psychology as a means of promoting human welfare. *American Psychologist, 24,* 1063–1075.

Miller, J. D. (1987, September 27). Ignoramus Americanus. *San Francisco Examiner-Chronicle*, This World Section, p. 7.

Miller, J. G. (1984). Culture and the development of everyday social explanation. *Journal of Personality and Social Psychology, 46,* 961–978.

Miller, M. E. & Bowers, K. S. (1993). Hypnotic analgesia: Dissociated experience or dissociated control? *Journal of Abnormal Psychology*, *102*, 29–38.

Miller, N. E. (1941). The frustration-aggression hypothesis. *Psychological Review*, *48*, 333 342.

Miller, N. E. (1948). Fear as an acquired drive. *Journal of Experimental Psychology*, *38*, 89–101.

Miller, N. E. (1978). Biofeedback and visceral learning. *Annual Review of Psychology*, *63*, 81–97.

Miller, N. E. (1983). Behavioral medicine: Symbiosis between laboratory and clinic. *Annual Review of Psychology*, *34*, 1–31.

Miller, N. E. (1985). The value of behavioral research on animals. *American Psychologist*, *40*, 423–440.

Miller, N. E. (1992). Introducing and teaching much-needed understanding of the scientific process. *American Psychologist*, *47*, 848–850.

Miller, P. Y. & Simon, W. (1980). The development of sexuality in adolescence . In J. Adelson (ed.), *Handbook of adolescent psychology*. New York: Wiley.

Miller, W. R. & Hester, R. K. (1980). Treating the problem drinker: Modern approaches. In W. R. Miller (ed.), *The addictive behaviors*. Oxford, England: Pergamon Press.

Milojkovic, J. D. (1982). Chess imagery in novice and master. *Journal of Mental Imagery*, *2*, 125–144.

Mineka, S., Davidson, M., Cook, M. & Keir, R. (1984). Observational conditioning of snake fear in rhesus monkeys. *Journal of Abnormal Psychology*, *93*, 355–372.

Minuchin, S. (1974). *Families and family therapy*. Cambridge, MA: Harvard University Press.

Mischel, T. (1981). *Psychologische Erklärungen*. Frankfurt: Suhrkamp.

Mischel, W. (1968). *Personality and assessment*. New York: Wiley.

Mischel, W. (1973). Toward a cognitive social learning reconceptualization of personality. *Psychological Review*, *80*, 252–283.

Mischel, W. (1976). *Introduction to personality*. (2nd ed.). New York: Holt, Rinehart & Winston.

Mischel, W. (1979). On the interface of cognition and personality: Beyond the person-situation debate. *American Psychologist*, *39*, 351–364.

Mischel, W. (1984). Convergences and challenges in the search for consistency. *American Psychologist*, *39*, 351–364.

Mischel, W. (1990). Personality dispositions revisited and revised: A view after three decades. In A. Pervin (ed.), *Handbook of personality: Theory and research* (pp. 111–134). New York: Guilford Press.

Mischel, W. & Mischel, H. N. (1973). A cognitive social learning approach to morality and self-regulation. In T. Lickona (ed.), *Men and morality*. New York: Holt, Rinehart & Winston.

Mischel, W. & Mischel, H. N. (1977). *Essentials of psychology*. New York: Random House.

Mischel, W. & Peake, P. (1982). Beyond deja vu in the search for cross-situational consistency. *Psychological Review*, *89* (6), 730–755.

Misgeld, V., Deisz, R. A., Dodt, H. U. & Lux, H. D. (1986). The role of chloride transport in postsynaptic inhibition of hippocampal neurons. *Science*, *232*, 1413–1415.

Mishkin, M. (1982). A memory system in the monkey. *Philosophical Transactions of the Royal Society of London*, *298*, 85–95.

Mishkin, M., Malamut, B. & Backevalier, J. (1984). Memories and habits: Two neural systems. In G. Lynch, J. L. McGaugh & N. M. Weinberger (eds.), *The neurobiology of learning and memory*. New York: Guilford Press.

Mitchell, T. R. (1974). Expectancy models of job satisfaction, occupational preference, and effort: A theoretical, methodological, and empirical appraisal. *Psychological Bulletin*, *81*, 1053–1077.

Mitteilung des Aids-Zentrums am Bundesgesundheitsamt

Miyake, K., Chen, K. & Campos, J. J. (1985). Infant temperament, mother's mode of interaction, and attachment in Japan: An interim report. In I. Bretherton & E. Waters (eds.), Growing points of attachment theory and research. *Monographs of the Society for Research in Child Development*, *50* (serial no. 209), 276–297.

Miyashita, Y. (1995). How the brain creates imagery: Projection to primary visual cortex. *Science*, *268*, 1719–1720.

Moar, I. (1980). The nature and acquisition of cognitive maps. In D. Cantor & T. Lee (eds.), *Proceedings of the international conference on environmental psychology*. London: Architectural Press.

Moffitt, A., Karmer, M. & Hoffmann, R. (eds.). (1993). *The functions of dreaming*. Albany: State University of New York Press.

Mohr, G. (Hrsg.). (1993). *Ausgezählt: Theoretische und empirische Beiträge zur Psychologie der Frauenerwerbslosigkeit*. Weinheim: Deutscher Studien-Verlag.

Mohr, G. (1996). *Erwerbslosigkeit, Arbeitsplatzunsicherheit und psychische Befindlichkeit*. Frankfurt: Lang.

Möller, H.-J., Müller-Spahn, F. & Kurtz, G. (Hrsg.). (1996). *Aktuelle Perspektiven der Biologischen Psychiatrie*. Wien: Springer.

Möller, J. & Köller, O. (Hrsg.). (1996). *Emotionen, Kognitionen und Schulleistung*. Beltz-PVU.

Molnar, J. M., Rath, W. R. & Klein, T. P. (1990). Constantly compromised: The impact of homelessness on children. *Journal of Social Issues*, *46*, 109–123.

Monahan, J. & Walker, L. (1988). Social science research in law: A new paradigm. *American Psychologist*, *43*, 465–472.

Moncrieff, R. W. (1951). *The chemical senses*. London: Leonard Hill.

Money, J., Hampson, J. G. & Hampson, J. L. (1957). Imprinting and the establishment of gender role. *AMA Archives of Neurology and Psychiatry*, *77*, 333–336.

Monson, T. C., Hesley, J. W. & Chernick, L. (1982). Specifying when personality traits can and cannot predict behavior: An alternative to abandoning the attempt to predict single-act criteria. *Journal of Personality and Social Psychology*, *43*, 385–399.

Montada, L. (1994). *Arbeitslosigkeit und soziale Gerechtigkeit*. Frankfurt/Main; New York: Campus Verlag.

Montague, A. (1986). *Touching: The human significance of the skin*. New York: Harper & Row.

Montague, W. E., Adams, J. A. & Kiess, H. O. (1966). Forgetting and natural language mediation. *Journal of Experimental Psychology*, *72*, 829–833.

Montgomery, G. (1990). The mind in motion [Special issue]. *Discover*, pp. 12–19.

Moore, B. S., Underwood, B. & Rosenhan, D. L. (1973). Affect and altruism. *Developmental Psychology*, *9*, 99–104.

Moore, P. (1990). In *Discovering Psychology*, Program 18 [PBS video series]. Washington, DC: Annenberg/CPB Program.

Moore-Ede, M. (1993). *The twenty-four-hour society: Understanding human limits in a world that never stops*. Reading, MA: Addison-Wesley.

Moore-Ede, M. C., Sulzman, F. M. & Fuller, C. A. (1982). *The clocks that time us: Physiology of the circadian timing system*. Cambridge, MA: Harvard University Press.

Moos, R. (1979). *Evaluating educational environments*. San Francisco: Jossey-Bass.

Moos, R. & Lemke, S. (1984). Supportive residential settings for older people. In I. Altman, M. P. Lawton & J. F. Wohlwill (eds.), *Elderly people and the environment*. New York: Plenum.

Mor, V. (1987). *Hospice car systems*. New York: Springer.

Mor, V., Greer, D. S. & Kastenbaum, R. (eds.). (1988). *The hospice experiment*. Baltimore: Johns Hopkins University Press.

Moran, J. & Desimone, R. (1985). Selective attention gates visual processing in the extrastriate cortex. *Science, 229*, 782–785.

Morgan, A. H., Hilgard, E. R. & Davert, E. C. (1970). The heritability of hypnotic susceptibility of twins: A preliminary report. *Behavior Genetics, 1*, 213–224.

Morgan, A. H., Johnson, D. L. & Hilgard, E. R. (1974). The stability of hypnotic susceptibility: A longitudinal study. *International Journal of Clinical and Experimental Hypnosis, 22*, 249–257.

Moriarty, T. (1975). Crime, commitment and the responsive bystander: Two field experiments. *Journal of Personality and Social Psychology, 31*, 370–376.

Moriarty, T. (1990). In *Discovering Psychology*, Program 19 [PBS video series]. Washington, DC: Annenberg/CPB Program.

Morin, S. F. & Rothblum, E. D. (1991). Removing the stigma: Fifteen years of progress. *American Psychologist, 46*, 947–949.

Morrel, E. M. (1986). Meditation and somatic arousal. *American Psychologist, 41*, 712–713.

Morris, C. & Clarizio, S. (1977). Improvement in IQ of high risk, disadvantaged preschool children enrolled in a developmental program. *Psychological Reports, 41* (1), 111–114.

Morrison, A. M. & Glinow, M. A. (1990). Women and minorities in management. *American Psychologist* (Special Issue: Organizational psychology), *45*(2), 200–208.

Moscovici, S. (1976). *Social influence and social change*. New York: Academic Press.

Moscovici, S. (1980). Toward a theory of conversion behavior. In L. Berkowitz (ed.) *Advances in experimental social psychology* (vol. 13, pp. 209–239). New York: Academic Press.

Moscovici, S. (1985). Social influence and conformity. In G. Lindzey & E. Aronson (eds.), *The handbook of social psychology* (3rd ed., pp. 347–412). New York: Random House.

Moscovici, S. & Faucheux, C. (1972). Social influence, conformity bias, and the study of active minorities. In L. Berkowitz (ed.), *Advances in experimental social psychology* (vol 6). New York: Academic Press.

Moser, K. (1996). *Commitment in Organisationen*. Bern: Huber.

Moskowitz, B. A. (1978). The acquisition of language. *Scientific American, 239* (11), 92–108.

Motley, M. T. & Baars, B. J. (1979). Effects of cognitive set upon laboratory-induced verbal (Freudian) slips. *Journal of Speech and Hearing Research, 22*, 421–432.

Mowrer, O. (1960). *Learning theory and symbolic processes*. New York: Wiley.

Muehlenhard, C. L. & Cook, S. W. (1988). Men's self-reports of unwanted sexual activity. *The Journal of Sex Research, 24*, 58–72.

Mullen, B. (1986). Atrocity as a function of lynch mob composition: A self-attention perspective. *Personality and Social Psychology Bulletin, 12*, 187–197.

Mullen, B. & Baumeister, R. F. (1987). Group effects on self-attention and performance: Social loafing, social facilitation, and social impairment. In C. Hendrick (ed.), *Review of personality and social psychology*. Beverly Hills, CA: Sage.

Müller, C. (1995). Kürzer und flexibler müssen die Arbeitszeiten sein. Wettbewerbsfähigkeit sichern, Arbeitsplätze schaffen, Zeitsouveränität herstellen – ein Ausgleich ist möglich. In A. Büssing u. H. Seifert (Hrsg.), *Sozialverträgliche Arbeitszeitgestaltung*. München: Hampp.

Müller, G. F. (1985). *Prozesse sozialer Interaktion*. Göttingen: Hogrefe.

Müller, G. F. (1989). Identitätsprobleme organisationspsychologischer Forschung. *Zeitschrift für Arbeits- und Organisationspsychologie, 33*(4), 197–200.

Mummendey, H.-D. (1987). *Die Fragebogen-Methode: Grundlagen und Anwendung in Persönlichkeits-, Einstellungs- und Selbstkonzeptforschung*. Göttingen: Hogrefe.

Mummendey, H. D. (1995). *Die Fragebogen-Methode*. Göttingen: Hogrefe.

Munroe, R. L. (1955). *Schools of psychoanalytic thought*. New York: Dryden.

Munsterberg, H. (1908). *On the witness stand*. New York: McClure.

Münsterberg, H. (1912). *Psychologie und Wirtschaftsleben*. Leipzig: Barth.

Murch, G. M. & Woodworth, G. L. (1978). *Wahrnehmung*. Stuttgart: Kohlhammer.

Murnen, S. K., Peroit, A. & Byrne, D. (1989). Coping with unwanted sexual activity: Normative responses, situational determinants, and individual differences. *The Journal of Sex Research, 26*, 85–106.

Murphy, J. M. (1976). Psychiatric labeling in cross-cultural perspective. *Science, 191*, 1019–1028.

Murray, H. A. (1938). *Explorations in personality*. New York: Oxford University Press.

Murray, J. P. & Kippax, S. (1977). Children's social behavior in three towns with differing television experience. *Journal of Communication, 28*, 19–29.

Murray, L. & Trevarthen, C. (1986). The infant's role in mother-infant communication. *Journal of Child Language, 13*, 15–29.

Muskin, P. R. & Fyer, A. J. (1981). Treatment of panic disorder. *Journal of Clinical Psychopharmacology, 1*, 81–90.

Mussen, P. H. (ed.). (1983). *Handbook of child psychology*. vol. I-IV. New York: Wiley.

Mussen, P. H., Honzik, M. P. & Eichhorn, D. H. (1982). Early antecedents of life satisfaction at age 70. *Journal of Gerontology, 37*, 316–322.

Müßigbrodt, H., et al. (1996). *Psychische Störungen in der Praxis – Leitfaden zur Diagnostik und Therapie in der Primärversorgung nach dem Kapitel V (F) der ICD-10*. Bern: Huber.

Myers, R. E. & Sperry, R. W. (1958). Interhemispheric communication through the corpus callosum: Mnemonic carryover between the hemispheres. *Archives of Neurology and Psychiatry, 80*, 298–303.

Nagera, H. (Hrsg.). (1974). *Psychoanalytische Grundbegriffe*. Frankfurt: Fischer.

Naigles, L. G. (1990). Children use syntax to learn verb meanings. *Journal of Child Language, 17*, 357–374.

Naigles, L. G. & Kako, E. T. (1993). First contact in verb acquisition: Defining a role for syntax. *Child Development, 64*, 1665–1687.

Nasrallah, H. A. & Weinberger, D. W. (1986). *The neurology of schizophrenia: Handbook of schizophrenia* (vol. I). Amsterdam: Elsevier.

Nathans, J., Thomas, D. & Hogness, D. S. (1986). Molecular genetics of human color vision: The genes encoding blue, green, and red pigments. *Science, 232*, 193–202.

National Association of Children's Hospitals (1991). *Assuring children's access to health care*. Alexandria, VA: National Association of Children's Hospitals and Related Institutions.

National Center for Health Statistics. (1989). Hyattsville, MD: Public Health Service.

National Center of Health Statistics. (1990). Vital and health statistics. *Data from the national study of family growth*. Hyattsville, MD: U.S. Department of HEW, Public Health Service, Office of Health Research, Statistics, and Technology.

National Centers for Disease Control. (1990, November).

National Institutes of Mental Health (1982). *Television and behavior: Ten years of scientific evidence and implications for the eighties: Vol. I. Summary report.* Washington, DC: U.S. Government Printing Office.

National Institutes of Mental Health. (1977). *Lithium and the treatment of mood disorders* (DHEW Publication No. ADM 77-73). Washington, DC: U.S. Government Printing Office.

Natsoulas, T. (1978). Consciousness. *American Psychologist, 33* (10), 906-914.

Natsoulas, T. (1981). Basic problems of consciousness. *Journal of Personality and Social Psychology, 41,* 132-178.

Nauta, W.J.H. & Feirtag, M. (1979). The organization of the brain. *Scientific American,* 241 (9), 88-111.

Nave-Herz, R. & M. Markefka (eds.). (1989). *Handbuch der Familien- und Jugendforschung. Band 1: Familienforschung.* Neuwied: Luchterhand Verlag.

Navon, D. & Gopher, D. (1979). On the economy of the human processing system. *Psychological Review,* 86, 214-255.

Neale, M.A. & Bazerman, M.H. (1985). Perspectives for understanding negotiation as a judgmental process. *Journal of Conflict Resolution, 29,* 33-55.

Neath, I. (1993). Contextual and distinctive processes and the serial position function. *Journal of Memory and Language, 32,* 820-8-40.

Neath, I. & Crowder, R.G. (1990). Schedules of presentation and temporal distinctiveness in human memory. *Journal of Experimental Psychology: Learning, Memory, and Cognition,* 16, 316-327.

Neath, I., Surprenant, A.M. & Crowder, R.G. (1993). The context-dependent stimulus suffix effect. *Journal of Experimental Psychology: Learning, Memory, and Cognition,* 19, 698-703.

Needleman, H., Schell, A., Belinger, D., Leviton, A. & Allred, E. (1990). The long-term effects of exposure to low doses of lead in childhood: An 11-year follow-up report. *New England Journal of Medicine,* 322, 83-88.

Neisser, U. (1967). *Cognitive Psychology.* New York: Appleton-Century-Crofts.

Neisser, U. (1974). *Kognitive Psychologie.* Stuttgart: Klett.

Nelson, E.A. & Dannefer, D., (1992). Aged heterogeneity: Fact for fiction? The fate of diversity in gerontological research. *The Gerontologist, 32,* 17-23.

Nelson, K. (1973). Structure and strategy in learning to talk. *Monographs of the Society of Research in Child Development, 38* (1-2, serial no. 149).

Nelson, K. (1992). Emergence of autobiographical memory at age 4. *Human Development, 35,* 172, 177.

Nelson, K. (1993). The psychological and social origins of autobiographical memory. *Psychological Science,* 4, 7-14.

Nelson, R.E. & Craighead, W.E. (1977). Selective recall of positive and negative feedback, self-control behaviors and depression. *Journal of Abnormal Psychology,* 85, 379-388.

Nelson, Z.P. & Mowrey, D.D. (1976). Contracting in crisis intervention. *Community Mental Health Journal,* 12, 37-43.

Nemeth, C. (1979). The role of an active minority in intergroup relations. In W. Austin & S. Worchel (eds.), *The social psychology of intergroup relations.* Monterey, CA: Brooks/Cole.

Nemeth, C.J. (1986). Differential contributions of majority and minority influence. *Psychological Review,* 93, 23-32.

Nemeth, C.J., Mayseless, O., Sherman, J. & Berown, Y. (1990). Exposure to dissent and recall of information. *Journal of Personality and Social Psychology, 58,* 429-437.

Nesselroade, J.R. & Baltes, P.B. (1974). Adolescent personality development and historical change: 1970-1972. *Monographs of the Society for Research in Child Development,* 39.

Neugarten, B.L. (1973). Personality change in late life: A developmental perspective. In C. Eisdorfer & M.P. Lawton (eds.), *The psychology of adult development and aging* (pp. 311-335). Washington, DC: American Psychological Association.

Neugarten, B.L. (1976). *The psychology of aging: An overview.* Master lectures on developmental psychology. Washington, DC: American Psychological Association.

Neugarten, B.L. (1977). Personality and aging. In J.E. Birren & K.W. Schaie (eds.), *Handbook of the psychology of aging* (pp. 626-649). New York: Van Nostrand Reinhold.

Neugarten, B.L. & Neugarten, D.A. (1986). Changing meanings of age in the aging society. In A. Pifer & L. Bronte (eds.), *Our aging society* (pp. 33-51). New York: Norton.

Newcomb, M.D. & Bentler, P.M. (1988). *Consequences of adolescent drug use: Impact on the lives of young adults.* Newbury Park, CA: Sage.

Newcomb, T.M. (1929). *The consistency of certain extrovert-introvert behavior traits in 50 problem boys.* New York: Columbia University, Contributions to Education, No. 382.

Newcomb, T.M. (1943). *Personality and social change.* New York: Holt.

Newcomb, T.M. (1963). Persistence and regression of changed attitudes: Long-range studies. *Journal of Social Issues,* 19, 3-4.

Newcomb, T.M., Koenig, D.E., Flacks, R. & Warwick, D.P. (1967). *Persistence and change. Bennington College and its students after twenty-five years.* New York: Wiley.

Newell, A. & Simon, H.A. (1972). *Human problem solving.* Englewood Cliffs, NJ: Prentice-Hall.

Newell, A., Shaw, J.C. & Simon, H.A. (1958). Element of a theory of human problem solving. *Psychological Review,* 65, 152-166.

Newport, E. (1990). Maturational constraints on language learning. *Cognitive Science,* 14, 11-28.

Newport, E., Gleitman, H. & Gleitman, L. (1977). Mother, I'd rather do it myself: Some effects and non-effects of maternal speech style. In C.E. Snow & C.A. Ferguson (eds.), *Talking to children: Language input and acquisition* (pp. 109-150). New York: Cambridge University Press.

Newsome, W.T. & Pare, E.B. (1988). A selective impairment of motion perception following lesions of the middle temporal visual area. *Journal of Neuroscience,* 8, 2201-2211.

New York Times, The. (1989, July 2, p. A10 [N]). Paraplegic reaches summit after 9-day mountain climb.

New York Times, The. (1989, May 17, p. 7). Police officers beat blind man.

New York Times, The. (1991, March 22, p. 1). Study finds that deaf babies »babble« in sign language.

Nguyen, T., Heslin, R. & Nguyen, M.L. (1975). The meanings of touch: Sex differences. *Journal of Communication,* 25, 92-103.

Nhat Hanh, T. (1991). *Peace is every step: The path of mindfulness in everyday life.* New York: Bantam.

Nicoll, C., Russell, S. & Katz, L. (1988, May 26). Research on animals must continue. *San Francisco Chronicle,* p. A25.

Nietzel, M.T., Berstein, D.A. & Milich, R. (1991). *Introduction to clinical psychology.* Englewood Cliffs, NJ: Prentice-Hall.

Nisbett, R. (1995). Race, IQ, and scientism. In S. Fraser (ed.), *The Bell Curve wars: Race, intelligence, and the future of America* (pp. 36-57). New York: Basic Books.

Nisbett, R.E. (1972). Hunger, obesity and the ventromedial hypothalamus. *Psychological Review,* 79, 433-453.

Nisbett, R.E. & Ross, L. (1980). *Human inference: Strategies and shortcomings of social judgment.* Englewood Cliffs, NJ: Prentice-Hall.

Nisbett, R.E. & Wilson, T.D. (1977). Telling more than we can know: Verbal reports on mental processes. *Psychological Review, 84*, 231–259.

Nisbett, R.E., Fong, G.T., Lehman, D. & Cheng, P. (1987). *Teaching reasoning*. Unpublished manuscript. University of Michigan.

Nissen, G. (1996). *Zwangserkrankungen*. Bern: Huber.

Nitsch, J. (Hrsg.). (1981). *Stress: Theorien, Untersuchungen, Maßnahmen*. Bern: Huber.

Nobles, W.W. (1972). African psychology: Foundations for black psychology. In R.L. Jones (ed.), *Black psychology*. New York: Harper & Row.

Nobles, W.W. (1976). Black people in white insanity: An issue for black community mental health. *Journal of Afro-American Issues, 4*, 21–27.

Nobles, W.W. (1980). African philosophy: Foundations for black psychology. In R.L. Jones (ed.), *Black psychology* (2nd ed., pp. 23–36). New York: Harper & Row.

Nolen-Hoeksema, S. (1987). Sex differences in unipolar depression: Evidence and theory. *Psychological Bulletin, 101*, 259–282.

Nolen-Hoeksema, S. & Girgus, J.S. (1994). The emergence of gender differences in depression during adolescence. *Psychological Bulletin, 115*, 424–443.

Norem, J.K. & Cantor, N. (1986). Defensive pessimism: »Harnessing« anxiety as motivation. *Journal of Personality and Social Psychology, 52*, 1208–1217.

Norem, J.K. & Illingworth, K.S.S. (1993). Strategy-dependent effects of reflecting on self and tasks: Some implications of optimism and defensive pessimism. *Journal of Personality and Social Psychology, 65*, 822–835.

Norman, D.A. (1968). Toward a theory of memory and attention. *Psychological Review, 75*, 522–536.

Norman, D.A. (1992). *Turn signals are the facial expressions of automobiles*. Reading, MA: Addison-Wesley.

Norman, D.A. & Rumelhart, D.E. (1975). *Explorations in cognition*. San Francisco: Freeman.

Norman, W.T. (1963). Toward an adequate taxonomy of personality attributes: Replicated factor structure in peer nomination personality ratings. *Journal of Abnormal and Social Psychology, 66*, 574–583.

Norman, W.T. (1967). *2,800 personality trait descriptors: Normative operating characteristics for a university population* (Research Rep. No. 08310-1-T). Ann Arbor: University of Michigan Press.

Norretranders, T. (1997). *Spüre die Welt. Die Wissenschaft des Bewußtseins*. Reinbek: Rowohlt.

Nosofsky, R.M., Kruschke, J.K. & McKinley, S.C. (1992). Combining exemplar-based category representations and connectionist learning rules. *Journal of Experimental Psychology: Learning, Memory, and Cognition, 18*, 211–233.

Novick, L.R. & Holyoak, K.J. (1991). Mathematical problem solving by analogy. *Journal of Experimental Psychology: Learning, Memory, and Cognition, 17*, 398-4-15.

Nungesser, L.G. (1990). *Axioms for survivors: How to live until you say goodbye*. Santa Monica, CA: IBS Press.

Nurmi, J.-E. (1991). How do adolescents see their future? A review of the development of future orientation and planning. *Developmental Review, 11*, 1–59.

Nuttin, J. (1985). *Future time perspective and motivation: Theory and research method*. Hillsdale, NJ: Erlbaum.

Oden, S. & Asher, S.R. (1977). Coaching children in social skills for friendship making. *Child Development, 48*, 495–506.

Oerter, R. & Montada, L. (Hrsg.). (1987). *Entwicklungspsychologie: Ein Lehrbuch* (2.Aufl.). München: Psychologie Verlags-Union.

Oerter; R. & Montada, L. (Hrsg.). (1995). *Entwicklungspsychologie*. Weinheim: Beltz Psychologie Verlags-Union.

Oeser, E. (1988). *Gehirn, Bewußtsein, Erkenntnis*. Darmstadt: Wissenschaftliche Buchgesellschaft.

Oettingen, G. (1997). *Psychologie des Zukunftsdenkens: Erwartungen und Phantasien*. Göttingen: Hogrefe.

Offer, D. & Offer, J.B. (1975). *From teenage to young manhood*. New York: Basic Books.

Offer, D., Ostrov, E. & Howard, K.I. (1981a). *The adolescent: A psychological self-portrait*. New York: Basic Books.

Offer, D., Ostrov, E., & Howard, K.I. (1981b). The mental health professional's concept of the normal adolescent. *AMA Archives of General Psychiatry, 38*, 149–153.

Offer, D., Ostrov, E., Howard, K.I. & Atkinson, R. (1988). *The teenage world: Adolescents' self-image in ten countries*. New York: Plenum Medical.

Offord, D.R. (1987). Prevention of behavioral and emotional disorders in children. *Journal of Child Psychology and Psychiatry, 28*, 9–19.

Ogbu, J. (1987). *Minority education over caste: The American system in cross-cultural perspective*. New York: Academic Press.

Oldham, D.G. (1978a). Adolescent turmoil: A myth revisited. In S.C. Feinstein & P.L. Giovacchini (eds.), *Adolescent psychiatry* (vol. 6). Chicago: University of Chicago Press.

Oldham, D.G. (1978b). Adolescent turmoil and a myth revisited. In A.H. Esman (ed.), *The psychology of adolescence*. New York: International University Press.

Olds, J. (1973). Commentary on positive reinforcement produced by electrical stimulation of septal areas and other regions of rat brain. In E.S. Valenstein (ed.), *Brain stimulation and motivation: Research and commentary*. Glenview, IL: Scott, Foresman.

Olds, J. & Milner, P. (1954). Positive reinforcement produced by electrical stimulation of septal area and other regions of rat brain. *Journal of Comparative and Physiological Psychology, 47*, 419–427.

O'Leary, K.D. (ed.). (1987). *Assessment of marital discord: An integration for research and clinical practice*. Hillsdale, NJ: Hillsdale, NJ: Erlbaum.

Olivier, C. (1989). *Jokastes Kinder. Die Psyche der Frau im Schatten der Mutter* (Erstausgabe 1980). München: Deutscher Taschenbuch Verlag.

Olson, J.M. & Zanna, M.P. (1979). A new look at selective exposure. *Journal of Experimental Social Psychology, 15*, 1–15.

Olton, D.S. (1979). Mazes, mazes, and memory. *American Psychologist, 34*, 583–596.

Olton, D.S. (1992). Tolman's cognitive analyses: Predecessors of current approaches in psychology. *Journal of Experimental Psychology: General, 121*, 427–428.

Olweus, D. (1996). *Gewalt in der Schule*. Bern: Huber.

Olweus, D., Block, J. & Radke-Yarrow, M. (eds.). (1986). *The development of anti- and prosocial behavior: Research, theories, and issues*. New York: Academic Press.

Opp, K.-D. (1970). *Methodologie der Sozialwissenschaften*. Reinbek: Rowohlt.

Oppel, J.J. (1854-55). Über geometrisch-optische Täuschungen. *Jahresbericht des physikalischen Vereins zu Frankfurt a.M., 34*, 47.

Opton, E.M. (1970). Lessons of My Lai. In N. Sanford & C. Comstock (eds.), *Sanctions for evil*. San Francisco: Jossey-Bass.

Opton, E. M., Jr. (1973). »It never happened and besides they deserved it.« In W. E. Henry & N. Stanford (eds.), *Sanctions for evil* (pp. 49–70). San Francisco: Jossey-Bass.

Opwis, K. & Plötzner, R. (1996). *Kognitive Psychologie mit dem Computer.* : Spektrum Hochschultaschenbuch.

O'Regan, J. K. (1992). Solving the »real« mysteries of visual perception: The world as an outside memory. *Canadian Journal of Psychology, 46,* 461–488.

O'Reilly, C. A. (1991). Organizational behavior: Where we've been, where we're going. *Annual Review of Psychology, 42,* 427–458.

Orlando, N. J. (1981). Mental patient as therapeutic agent – self-change, power, and caring. *Psychotherapy: Theory, Research, and Practice, 7,* 58–62.

Orne, M. T. (1972). On the stimulating subject as a quasi-control group in hypnosis research: What, why, and how? In E. Fromm & R. E. Shor (eds.), *Hypnosis: Research developments and perspectives.* Chicago: Aldine.

Orne, M. T. (1980). Hypnotic control of pain: toward a clarification of the different psychological processes involved. In J. J. Bonica (ed.), *Pain.* New York: Raven Press.

Ornstein, P. A. & Naus, M. J. (1978). Rehearsal processes in children's memory. In P. A. Ornstein (ed.), *Memory development in children.* Hillsdale, NJ: Erlbaum.

Ornstein, R. (1991). *The evolution of consciousness.* New York: Simon & Schuster.

Ornstein, R. (1996). *Evolution des Bewußtseins. Ursprünge und Perspektiven.* : VAK.

Ornstein, R. & Sobel, D. (1987, March). The healing brain. *Psychology Today,* 48–52.

Ornstein, R. & Sobel, D. (1989). *Healthy pleasures.* Reading, MA: Addison-Wesley.

Ornstein, R. E. (1972). *The psychology of consciousness.* New York: Penguin Books.

Ornstein, R. E. (1974). *Die Psychologie des Bewußtseins* (Orig. 1972). Köln: Kiepenheuer & Witsch.

Ornstein, R. E. (1986). *The psychology of consciousness* (rev. ed.). New York: Penguin Books.

Ornstein, R. E. (1989). *Multimind.* Paderborn: Junfermann.

Oser, F. (1996). Sozio-moralisches Lernen. In F. E. Weinert (Hrsg.), *Psychologie des Unterrichts und der Schule.* Enzyklopädie der Psychologie, Serie »Pädagogische Psychologie«, Bd. 3 (S. 461–501). Göttingen: Hogrefe.

Osherow, N. (1981). Making sense of the nonsensical: An analysis of Jonestown. In E. Aronson (ed.), *Readings in the social animal.* San Francisco: Freeman.

Oskamp, S. (1984). Applied social psychology. Englewood Cliffs, NJ: Prentice-Hall.

Osterhout, L. & Holcomb, P. J. (1992). Event-related brain potentials elicited by syntactic anomaly. *Journal of Memory and Language, 31,* 785–806.

Ostner, I. (1993). Zum letzten Male: Anmerkungen zum weiblichen Arbeitsvermögen. In G. Krell u. M. Osterloh (Hrsg.), *Personalpolitik aus der Sicht von Frauen – Frauen aus der Sicht der Personalpolitik: was kann die Personalforschung von der Frauenforschung lernen?* München: Hampp.

O'Sullivan, C. (1990, December 15). Quoted in G. Eskenazi, *When athletic aggressions turns into sexual assault.* The New York Times Index (vol. 139, p. 18, March 17, 1990).

Owens, J., Bower, G. H. & Black, J. B. (1979). The »soap opera« effect in story recall. *Memory & Cognition, 7,* 185–191.

Ozer, D. J. & Reise, S. P. (1994). Personality assessment. *Annual Review of Psychology, 45,* 357–388.

Page, S. (1987). On gender roles and perception of maladjustment. Canadian Psychology, 28, 53–95.

Paikoff, R. L. (ed.). (1991). *Shared views in the family during adolescence.* San Francisco: Jossey-Bass.

Paivio, A. (1983). The empirical case for dual coding. In J. C. Yuille (ed.), *Imagery, memory and cognition.* Hillsdale, NJ: Erlbaum.

Paivio, A. (1986). *Mental representations: A dual coding approach.* New York: Oxford University Press.

Palincsar, A. S. (1998). Social constructivist perspectives on teaching and learning. *Annual Review of Psychology, 49,* 345–375.

Palken, J. L. & Shaceklford, A. E. (1991). Nutrition for good health. In H. Benson & E. M. Stuart (eds.), *The wellness book* (pp. 129–153). New York: Simon & Schuster.

Palmer, S. (1989). Reference frames in the perception of shape and orientation. In B. Shepp & M. Ballisteros (eds.), *Object perception* (pp. 121–163). Hillsdale, NJ: Erlbaum.

Palmer, S. E. (1975). The effects of contextual scenes on the identification of objects. *Memory and Cognition, 3,* 519–526.

Palmer, S. E. (1984). The psychology of perceptual organization: A transformational approach. In A. Rosenfeld & J. Beck (eds.), *Human and machine vision.* New York: Academic Press.

Palys, T. S. (1986). Testing the common wisdom: The social content of video pornography. *Canadian Psychology, 27,* 22–35.

Papolos, D. F. & Papolos, J. (1987). *Overcoming depression.* New York: Harper & Row.

Papousek, M. (1995). *Vom ersten Schrei zum ersten Wort.* Göttingen: Hogrefe & Huber.

Pappas, A. M. (1983). Introduction. In A. M. Pappas (ed.), *Law and the status of the child* (pp. xxvii–lv). New York: United Nations Institute for Training and Research.

Park, B. & Rothbart, M. (1982). Perception of outgroup homogeneity and levels of social categorization: Memory for the subordinate attributes of in-group and out-group members. *Journal of Personality and Social Psychology, 42,* 1051–1068.

Parke, R. D. & Walters, R. H. (1967). Some factors influencing the efficacy of punishment training for inducing response inhibition. *Monographs of the Society for Research in Child Development, 32,* (1, whole no.109).

Parke, R. D. & Swain, D. B. (1976). The father's role in infancy. *Family Coordinator, 25,* 265–371.

Parke, R. D., Berkowitz, L., Leyens, J. P., West, S. G. & Sebastian, R. J. (1977). Some effects of violent and nonviolent movies on the behavior of juvenile delinquents. In L. Berkowitz (ed.), *Advances in experimental social psychology* (vol.10). New York: Academic Press.

Parker, K. C. H., Hanson, R. K. & Hunsley, J. (1988). MMPI, reliability, stability, and validity. *Psychological Bulletin, 103,* 367–373.

Parpal, M. & Maccoby, E. E. (1985). Maternal responsiveness and subsequent child compliance. *Child Development, 56,* 1326–1334.

Parr, W. V. & Siegert, R. (1993). Adults' conceptions of everyday memory failures in others: Factors that mediate the effects of target age. *Psychology and Aging, 8,* 599–604.

Parrott, J. & Gleitman, H. (1984, April). *The joy of peekaboo: Appearance or reappearance?* Paper presented at the meeting of the Eastern Psychological Association, Baltimore.

Pashler, H. (1992). Attentional limitations in doing two tasks at the same time. *Current Directions in Psychological Science, 1,* 44–48.

Pass, J. J. & Cunningham, J. W. (1978). Occupational clusters based on systematically derived work dimensions: Final report. *Journal of Abstract Service: Catalogue of selected documents: Psychology, 8,* 22–23.

Patterson, F. G. (1986). The mind of the gorilla: Conversation and conservation. In K. Benirschke (ed.), *Primates: The road to self-sustaining populations.* New York: Springer.

Patterson, F. G., Patterson, C. H. & Brentari, D. K. (1987). Language in child, chimp and gorilla. *American Psychologist*, 42, 270–272.

Patterson, G. R. (1997). Performance models for parenting: A social interactional perspective. In J. E. Grusec & L. Kuczynski (eds.), *Parenting and children's internalization of value* (pp. 193–226). New York: Wiley.

Patterson, G. R., Capaldi, D. & Bank, L. (1991). An early starter model for predicting delinquency. In D. J. Pepler & K. H. Rubin (eds.), *The development and treatment of childhood aggression* (pp. 139–168). Hillsdale, NJ: Erlbaum.

Pattie, F. A. (1994). *Mesmer and animal magnetism: A chapter in the history of medicine*. New York: Edmonston.

Paul, G. L. (1969). Outcome of systematic desensitization: II. Controlled investigations of individual treatment technique variations, and current status. In C. M. Franks (ed.), *Behavior therapy: Appraisal and status*. New York: McGraw-Hill.

Paul, S. M., Crawley, J. N. & Skolnick, P. (1986). The neurobiology of anxiety: The role of the GABA/benzodiazepine complex. In P. A. Berger & H. K. H. Brodie (eds.), *American handbook on psychiatry: Biological psychology* (3rd ed.). New York: Basic Books.

Pavlov, I. P. (1927). *Conditioned reflexes* (G. V. Anrep, Trans.). London: Oxford University Press.

Pavlov, I. P. (1928). *Lectures on conditioned reflexes: Twenty-five years of objective studies of higher nervous activity (behavior of animals* (vol. 1). (W. H. Gatt, Trans.). New York: International Publishers.

Pawlik, K. (Hrsg.). (1996). *Grundlagen und Methoden der Differentiellen Psychologie*. Enzyklopädie der Psychologie, Serie »Differentielle Psychologie und Persönlichkeitsforschung«, Bd. 1. Göttingen: Hogrefe.

Paykel, E. S. (1973). Life events and acute depression. In J. P. Scott & E. C. Senay (eds.), *Separation and depression*. Washington, DC: American Association for the Advancement of Science.

Peak, H. (1955). Attitude and motivation. In Jones, M. R. (ed.), *Nebraska symposion on motivation*. Lincoln; University of Nebraska Press.

Pear, T. H. (1927). Skill. *Journal of Personnel Research*, 5, 478–489.

Pearson, R. (ed.). (1992). *Shockley on eugenics and race: The application of science to the solution of human problems*. Washington, DC: Scott-Townsend-Publishers.

Pedersen, P. E., Williams, C. L. & Blass, E. M. (1982). Activation and odor conditioning of sucking behavior in 3-day-old albino rats. *Journal of Experimental Psychology: Animal Processes*, 8, 329–342.

Peele, S. (1985). The implications and limitations of genetic models of alcoholism and other addictions. *Journal of Studies on Alcohol*, 47, 63–73.

Peinelt-Jordan, K. (1996). *Männer zwischen Beruf und Familie. Ein Anwendungsfall für die Individualisierung der Personalpolitik*. München: Hampp.

Pekrun, R. (1988). *Emotion, Motivation und Persönlichkeit*. München: PVU.

Pekrun, R. (1998). Schülermemotionen und ihre Förderung: Ein blinder Fleck der Unterrichtsforschung. *Psychologie in Erziehung und Unterricht, 44*, 230–248.

Pelletier, K. R. & Pepper, E. (1977). Developing a biofeedback model: Alpha EEG feedback as a means for main control. *The International Journal of Clinical Hypnosis*, 25, 361–371.

Pelletier, L. & Herold, E. (1983, May). *A Study of sexual fantasies among young single females*. Paper presented at the meeting of the World Congress of Sexuality, Washington, DC.

Pelz, E. B. (1965). Some factors in »Group decision.« In H. Proshansky & B. Seidenberg (eds.), *Basic studies in social psychology* (pp. 437–444). New York: Holt, Rinehart & Winston. (Original work published in 1955).

Pendery, M. L., Maltzman, I. M. & West, L. J. (1982). Controlled drinking by alcoholics? New finding and a reevaluation of a major affirmative study. *Science, 217*, 169–174.

Penfield, W. & Baldwin, M. (1952). Temporal lobe seizures and the technique of subtotal lobectomy. *Annals of Surgery*, 136, 625–634.

Penfield, W. & Perot, P. (1963). The brain's record of auditory and visual experience. *Brain*, 86, 596–696.

Penick, S., Smith, G., Wienske, K. & Hinkle, L. (1963). An experimental evaluation of the relationship between hunger and gastric motility. *American Journal of Physiology*, 205, 421–426.

Pennebaker, J. W. (1990). *Opening up: The healing power of confiding in others*. New York: Morrow.

Pennebaker, J. W. & Harber, K. D. (1993). A social stage model of collective coping: The Loma Prieta earthquake and the Persion Gulf War. *Journal of Social Issues, 49*(4), 125–145.

Pepler, D. J., King, G. & Byrd, W. (1991). A social-cognitively based social skills training program for aggressive children. In D. J. Pepler & K. H. Rubin (eds.), *The development and treatment of childhood aggression* (pp. 361–379). Hillsdale, NJ: Erlbaum.

Perenin, M. T. & Jeannerod, M. (1975). Residual vision in cortically blind hemifields. *Neuropsychologia, 13*, 1–7.

Perkins, D. N. (1988). Creativity and the quest for mechanism. In R. J. Sternberg & E. E. Smith (eds.), *The psychology of human thought* (pp. 309–336). Cambridge: Cambridge University Press.

Perlin, S. (ed.). (1975). *A handbook for the study of suicide*. New York: Oxford University Press.

Perlmutter, M. & Hall, E. (1985). *Adult development and aging*. New York: Wiley.

Perls, F. S. (1969). *Gestalt therapy verbatim*. Lafayette, CA: Real People Press.

Perls, F. S. (1976). *Gestalt-Therapie in Aktion* (Orig. 1969). Stuttgart: Klett.

Perret-Clermont, A.-N., Perret, J.-F. & Bell, N. (1991). The social construction of meaning and cognitive activity in elementary school children. In L. B. Resnick, J. M. Levine & S. D. Teasley (eds.), *Perspectives on socially shared cognitions* (pp. 41–62). Washington, DC: APA Books.

Perrez, M. (1994). Optimierung und Prävention im erzieherischen Bereich. In K. A. Schneewind (Hrsg.), *Psychologie der Erziehung und Sozialisation*. Enzyklopädie der Psychologie, Serie »Pädagogische Psychologie«, Bd. 1 (S. 585–617). Göttingen: Hogrefe.

Perrow, C. (1967). A framework for the comparative analysis of organizations. *American Sociological Review, 32*, 194–208.

Persons, J. (1991). Psychotherapy outcome studies do not accurately represent current models of psychotherapy. *American Psychologist, 46*, 99–106.

Pervin, L. A. (1981). *Persönlichkeitspsychologie in Kontroversen* (Orig. 1978). München: Urban & Schwarzenberg.

Pervin, L. A. (1994). A critical analysis of current trait theory. *Psychological Inquiry, 5*, 103–113.

Peter, B. (Hrsg.). (1985). *Hypnose und Hypnotherapie nach Milton H. Erickson: Grundlagen und Anwendungsfelder*. München: Pfeiffer.

Peterson, C. & Barrett, L. C. (1987). Explanatory style and academic performance among university freshman. *Journal of Personality and Social Psychology, 53*, 603–607.

Peterson, C. & Seligman, M. E. P. (1984). Causal explanations as a risk factor for depression: Theory and evidence. *Psychological Review, 55*, 23–27.

Peterson, C., Seligman, M. E. P. & Vaillant, G. E. (1988). Pessimistic explanatory style is a risk factor for physical illness: A thirty-five year longitudinal study. *Journal of Personality and Social Psychology, 55*, 23–27.

Peterson, D. & Goodall, J. (1993). *Visions of Caliban: On chimpanzees and people.* Boston: Houghton Mifflin.

Peterson, J. L. & Zill, N. (1981). Television viewing in the United States and children's intellectual, social, and emotional development. *Television and Children, 2*, 21–28.

Peterson, L. R. & Peterson, M. J. (1959). Short-term retention of individual verbal items. *Journal of Experimental Psychology, 58*, 193–198.

Petit, C. (1987, April 9). San Francisco doctors find brain damage in 2 of 10 cocaine users. *San Francisco Chronicle*, p. 8.

Petri, H. L. & Mishkin, M. (1994). Behaviorism, cognitivism, and the neuropsychology of memory. *American Scientist, 82*, 28–37.

Pfefferbaum, A. (1977). Psychotherapy and psychopharmacology. In J. D. Barchas, P. A. Berger, R. D. Ciacanello & G. R. Elliott (eds.), *Psychopharmacology: From theory to practice.* New York: Oxford University Press.

Phares, E. J. (1984). *Clinical psychology: Concepts, methods, and professionals* (rev. ed.). Homewood, IL: Dorsey.

Phillips, D. P. (1983). The impact of mass media violence on U. S. homicides. *American Sociological Review, 48*, 560–568.

Phillips, D. P. (1985a). The found experiment: A new technique for assessing the impact of mass media violence on real-world aggressive behavior. In G. Comstock (ed.), *Public communication and behavior.*

Phillips, D. P. (1985b). Natural experiments on the effects of mass media violence on fatal aggression: Strengths and weaknesses of a new approach. In L. Berkowitz (ed.), *Advances in experimental social psychology* (vol. 19). Orlando, FL: Academic Press.

Phillips, D. P. (1993). Representation of acoustic events in primary auditory cortex. *Journal of Experimental Psychology: Human Perception and Performance, 19*, 203–216.

Piaget. J. (1929). *The child's conception of the world.* New York: Harcourt Brace.

Piaget, J. (1954). *The construction of reality in the child.* New York: Basic Books.

Piaget, J. (1956). *The moral judgment of the child* (M. Gabain, Trans.). New York: Macmillan.

Piaget, J. (1973). *Das moralische Urteil beim Kinde* (Orig. 1932). Frankfurt: Suhrkamp.

Piaget, J. (1975a). *Das Erwachen der Intelligenz beim Kinde* (Orig. 1936). Stuttgart: Klett.

Piaget, J. (1975b). *Der Aufbau der Wirklichkeit beim Kinde* (Orig. 1937). Stuttgart: Klett.

Piaget, J. (1975c). *Biologie und Erkenntnis* (Orig. 1967). Frankfurt: Fischer.

Piaget, J. (1976). *Die Äquilibration der kognitiven Strukturen* (Orig. 1975). Stuttgart: Klett.

Piaget, J. (1977). *The development of thought: Euqilibrium of cognitive structures.* New York: Viking Press.

Piaget, J. (1983/1932). *Das moralische Urteil beim Kinde.* Stuttgart: Klett-Cotta (Original erschienen 1932: Le jugement moral chez l'enfant. Paris: Alcan).

Piaget, J. & Inhelder, B. (1975). *Die Entwicklung des räumlichen Denkens beim Kinde.* Stuttgart: Klett.

Piccione, C., Hilgard, E. J. & Zimbardo, P. G. (1987). *On the consistency of measured hypnotizability over a 25-year period.* Unpublished manuscript, Stanford University.

Piccione, C., Hilgard, E. R. & Zimbardo, P. G. (1989). On the degree of stability of measured hypnotizability over a 25-year period. *Journal of Personality and Social Psychology, 56*, 289–295.

Pickens, R. W., Svikis, D. S., McGue, M., Lykken, D. T., Heston, L. L. & Clayton, P. J. (1991). Heterogeneity in the inheritance of alcoholism. *Archives of General Psychiatry, 48*, 19–28.

Piliavin, I. M., Rodin, J. & Piliavin, J. A. (1969). Good Samaritanism: An underground phenomenon? *Journal of Personality and Social Psychology, 13*, 289–300.

Piliavin, J. A. & Piliavin, I. M. (1972). Effect of blood on reactions to a victim. *Journal of Personality and Social Psychology, 23*, 353–361.

Pilisuk, M. & Parks, S. H. (1986). *The healing web: Social networks and human survival.* Hanover, NH: University Press of New England.

Pillow, B. H. (1993). Preschool children's understanding of the relationship between modality of perceptual access and knowledge of perceptual properties. *British Journal of Developmental Psychology, 11*, 371–389.

Pines, M. (1983, November). Can a rock walk? *Psychology Today*, 46–54.

Pinker, S. (1987). The bootstrapping problem in language acquisition. In B. MacWhinney (ed.), *Mechanisms of language acquisition* (pp. 399–441). Hillsdale, NJ: Erlbaum.

Pinker, S. (1994). *The language instinct: How the mind creates language.* New York: Morrow.

Piotrowski, C., Sherry, D. & Keller, J. W. (1985). Psychodiagnostic test usage: A survey of the Society for Personality Assessment. *Journal of Personality Assessment, 49*, 115–119.

Piotrowski, C., Keller, J. W. & Ogawa, T. (1993). Projective techniques: An international perspective. *Psychological Reports, 72*, 179–182.

Pittenger, J. B. (1988). Direct perception of change. *Perception, 17*, 119–133.

Pitts, D. G. (1982). The effects of aging on selected visual functions: Dark adaptation, visual acuity, stereopsis, and brightness contrast. In R. Sekuler, D. Kline & K. Dismukes (eds.), *Aging and human visual function* (pp. 131–159). New York: Liss.

Place, E. J. S. & Gilmore, G. C. (1980). Perceptual organization in schizophrenia. *Journal of Abnormal Psychology, 89*, 409–418.

Plomin, R. (1989). Environment and genes: Determinants of behavior. *American Psychologist, 44*, 105–111.

Plomin, R. & Daniels, D. (1986). Genetics and shyness. In W. W. Jones, J. M. Cheek & S. R. Briggs (eds.), *Shyness: Perspectives on research and treatment.* New York: Plenum.

Plomin, R. & McClearn, G. E. (eds.). (1993). *Nature, nurture, and psychology.* Washington, DC: American Psychological Association.

Plomin, R. & Rende, R. (1991). Human behavioral genetics. *Annual Review of Psychology, 42*, 161–190.

Plomin, R., DeFries, J. C. & McClearn, G. E. (1980). *Behavioral genetics: A primer.* San Francisco: Freeman.

Plomin, R., Chipuer, H. M. & Loehin, J. C. (1990a). Behavioral genetics and personality. In L. A. Pervin (ed.), *Handbook of personality theory and research* (pp. 225–243). New York: Guilford Press.

Plomin, R., Corley, R., DeFries, J. C. & Fulkner, D. W. (1990b). Individual differences in television viewing in early childhood. *Psychological Science, 1*, 371–377.

Plomin, R., Owen, M. J. & McGuffin, P. (1994). The genetic basis of complex human behaviors. *Science, 264*, 1733–1739.

Plous, S. (1985). Perceptual illusions and military realities: A social-psychological analysis of the nuclear arms race. *Journal of Conflict Resolution, 29*, 363–389.

Plous, S.(1987). Disarmament, arms control, and peace in the nuclear age: Political objectives and relevant research. *Journal of Social Issues.*

Plous, S. (1989). Thinking the unthinkable: The effects of anchoring on likelihood estimates of nuclear war. *Journal of Applied Social Psychology, 19,* 67-91.

Plutchik, R. (1980). *Emotion: A psychoevolutionary synthesis.* New York: Harper & Row.

Plutchik, R. (1984). Emotions: A general psychoevolutionary theory. In K. Scherer & P. Ekman (eds.), *Approaches to emotion.* Hillsdale, NJ: Erlbaum.

Poizner, H., Bellugi, U. & Klima, E. S. (1991). Brain function for language: Perspectives from another modality. In I. G. Mattingly & M. Studdert-Kennedy (eds.), *Modularity and the motor theory of speech perception* (pp. 145-169). Hillsdale, NJ: Erlbaum.

Polivy, J. & Herman, C. P. (1992). Undieting: A program to help people stop dieting. *International Journal of Eating Disorders, 11,* 261-268.

Polivy, J. & Herman, C. P. (1993). Etiology of binge eating: Psychological mechanisms. In C. G. Fairburn & G. T. Wilson (eds.), *Binge eating: Nature, assessment, and treatment* (pp. 173-205). New York: Guilford Press.

Polivy, J., Herman, C. P. & McFarlane, T. (1994). Effects of anxiety on eating: Does palability moderate distress-induced overeating in dieters? *Journal of Abnormal Psychology, 103,* 505-510.

Pomerantz, J. & Kubovy, M. (1986). Theoretical approaches to perceptual organization. In K. R. Boff, L. Kaufman & J. P. Thomas (eds.), *Handbook of perception and human performance* (vol. 3, pp. 1-46). New York: Wiley.

Pongratz, L. J., Traxel, W., Wehner, E. G. (1972). *Psychologie in Selbstdarstellungen.* Bern: Huber.

Poole, D. A., Lindsay, D. S., Memon, A. & Bull, R. (1995). Psychotherapy and the recovery of memories of childhood abuse: U. S. and British practitioner's opinions, practices, and experiences. *Journal of Consulting and Clinical Psychology, 63,* 426-437.

Popper, K. R. (1973). *Objektive Erkenntnis: Ein evolutionärer Entwurf.* Hamburg: Hoffmann & Campe.

Popper, K. R. & Eccles, J. C. (1985). *Das Ich und sein Gehirn* (Orig. 1977). München: Piper.

Porras, J. I. & Silvers, R. C. (1991). Organization development and transformation. *Annual Review of Psychology, 42,* 51-78.

Porter, L. W. & Lawler, E. E. (1968). *Managerial attitudes and performance.* Homewood, IL: Irwin.

Posner, J. K. (1982). The development of mathematical knowledge in two West African societies. *Child Development, 53,* 200-208.

Posner, M. I. (1993). Seeing the mind. *Science, 262,* 673-674.

Posner, M. I. & Snyder, C. R. R. (1974). Attention and cognitive control. In R. L. Solso (ed.), *Information processing and cognition: The Loyola Symposium.* Potomac, MD: Erlbaum.

Post, F. (1980). Paranoid, schizophrenic-like, and schizophrenic states in the aged. In J. E. Birren & K. W. Schaie (eds.), *Handbook of mental health and aging* (pp. 591-615). Englewood Cliffs, NJ: Prentice-Hall.

Postman, L. & Phillips, L. (1965). Short-term temporal changes in free recall. *Quarterly Journal of Experimental Psychology, 17,* 132-138.

Poucet, B. (1993). Spatial cognitive maps in animals: New hypotheses on their structure and neural mechanisms. *Psychological Review, 100,* 163-182.

Poulos, C. X. & Cappell, H. (1991). Homeostatic theory of drug tolerance: A general model of physiological adaptation. *Psychological Review, 98,* 390-408.

Povinelli, D. J. (1993). Reconstructing the evolution of mind. *American Psychologist, 48,* 493-509.

Powell, L. H. & Eagleston, J. R. (1983). The assessment of chronic stress in college students. In E. M. Altmaier (ed.), *Helping students manage stress - new directions for student services.* San Francisco: Jossey-Bass.

Powley, T. L. (1977). The ventromedial hypothalamic syndrome, satiety, and a cephalic phase hypothesis. *Psychological Review, 84,* 89-126.

Pratt, M. W., Golding, G., Hunter, W. & Norris, J. (1988). From inquiry to judgement: Age and sex differences in patterns of adult moral thinking and information-seeking. *International Journal of Aging and Human Development, 27,* 109-124.

Premack, D. (1965). Reinforcement theory. In D. Levine (ed.), *Nebraska symposium on motivation.* Lincoln: University of Nebraska Press.

Premack, D. (1976). *Intelligence in ape and man.* Hillsdale, NJ: Erlbaum.

Premack, D. (1983). The codes of man and beasts. *The Behavioral and Brain Sciences, 6,* 125-167.

Prentice, D. A. & Miller, D. T. (1993). Pluralistic ignorance and alcohol use on campus: Some consequences on misperceiving the social norm. *Journal of Personality and Social Psychology, 64,* 243-256.

Prentice-Dunn, S. & Rogers, R. W. (1982). Effects of public and private self-awareness on deindividuation and aggression. *Journal of Personality and Social Psychology, 42,* 503-513.

Prentice-Dunn, S. & Rogers, R. W. (1983). Deindividuation and aggression. In R. G. Green & E. I. Donnerstein (eds.), *Aggression: Theoretical and empirical reviews* (vol. 2). New York: Academic Press.

Prenzel, M. & Schiefele, H. (1993). Konzepte der Veränderung und Erziehung. In B. Weidenmann, A. Krapp, M. Hofer, G. L. Huber & H. Mandl (Hrsg.), *Pädagogische Psychologie* (S. 105-142). Weinheim: Beltz-PVU.

Preti, D., Cutler, W. B., Garcia, G. R., Huggins, & Lawley, J. J. (1986). Human axillary secretions influence women's menstrual cycles: The role of donor extract from females. *Hormones and Behavior.*

Price, R. (1953/1980). *Droodles.* Los Angeles: Price/Stern/Sloane.

Price, R. H., Ketterer, R. F., Bader, B. C. & Monahan, J. (eds.) (1980). *Prevention in mental health: Research, policy, and practice* (vol. 1). Beverly Hills, CA: Sage.

Prinz, W. & Bridgeman, B. (1994). *Wahrnehmung.* Enzyklopädie der Psychologie, Serie »Kognition«, Bd. I. Göttingen: Hogrefe.

Pritchard, R. D., Dunnette, M. D. & Jorgenson, D. O. (1972). Effects of perceptions of equity and inequity on worker performance and satisfaction. *Journal of Applied Psychology, 56,* 75-94.

Prochaska, J. O., DiClemente, C. C., Velicer, W. F. & Rossi, J. S. (1993). Standardized, individualized, interactive, and personalized self-help programs for smoking cessation. *Health Psychology, 12,* 399-405.

Proshansky, H. M. (1976). Environmental psychology and the real world. American Psychologist, 31, 303-310.

Pulver, U., Lang, A. & Schmid, F. W. (Hrsg.). (1978). *Ist Psychodiagnostik verantwortbar?.* Bern: Huber.

Putnam, D. E., Finney, J. W., Barkley, P. L. & Bonner, M. J. (1994). Enhancing commitment improves adherence to a medical regimen. *Journal of Consulting and Clinical Psychology, 62,* 191-194.

Pylyshyn, Z. W. (1981). The imagery debate: Anlagoue media versus tacit knowledge. *Psychological Review, 88,* 16-45.

Quattrone, G. (1986). On the perception of a group's variability. In S. Worchell & W. Austin (eds.), *The psychology of intergroup relations* (vol. 2, pp. 25–48). New York: Nelson-Hall.

Quattrone, G. A. (1982). Overattribution and unit formation: When behavior engulfs the person. *Journal of Personality and Social Psychology, 42*, 593–607.

Quindlen, A. (1990, October 7). Hearing the cries of crack. *The New York Times*, Section 4, Col. 1, p. E19.

Quine, W. V. O. (1960). *Word and object*. Cambridge, MA: MIT Press.

Rabbie, J. M. (1981). The effects of intergroup competition and cooperation on intra- and intergroup relationships. In J. Grzelak & V. Derlega (eds.), *Living with other people: Theory and research on cooperation and helping*. New York: Academic Press.

Rabbie, J. M. (1985, December 16). *Anonymity and group aggression*. Paper presented at University College, Galway, Ireland.

Rabbie, J. M. & Wilkens, G. (1971). Intergroup competition and its effect on intragroup and intergroup relations. *European Journal of Psychology, 1*, 215–234.

Rabins, P. V. (1992). Prevention of mental disorder in the elderly: Current perspectives and future prospects. *Journal of the American Geriatric Society, 40*, 727–733.

Rabkin, J. G., Gelb, L. & Lazar, J. B. (eds.). (1980). *Attitudes toward the mentally ill: Research perspectives* [Report of an NIMH workshop]. Rockville, MD: National Institutes of Mental Health.

Rachlin, H. (1990). Why do people gamble and keep gambling despite heavy losses? *Psychological Science, 1*, 294–297.

Rachman, S. (1966). Sexual fetishism: An experimental analogue. *Psychological Record, 6*, 293–296.

Radke-Yarrow, M., Zahn-Waxler, C. & Chapman, M. (1983). Children's prosocial dispositions and behavior. In P. H. Mussen (ed.), *Handbook of child development: Socialization, personality, and social development* (vol. 4, pp. 469–545). New York: Wiley.

Rahe, R. H. & Arthur, R. J. (1977). Life-change patterns surrounding illness experience . In A. Monat & R. S. Lazarus (eds.), *Stress and coping*, New York: Columbia University Press.

Rahe, R. H. & Arthur, R. J. (1978, March). Life change and illness studies: Past history and future directions. *Journal of Human Stress*, pp. 3–15.

Raiffa, H. (1982). *The art and science of negotiation*. Cambridge, MA: Harvard University Press.

Rajaram, S. & Roediger, H. L., III (1993). Direct comparison of four implicit memory tests. *Journal of Experimental Psychology: Learning, Memory, and Cognition, 19*, 765–776.

Rakic, P. (1985). Limits of neurogenesis in primates. *Science, 227*, 1054–1057.

Rand, C. S. & Kuldau, J. M. (1992). Epidemiology of bulimia and symptoms in a general population: Sex, age, race, and socioeconomic status. *International Journal of Eating Disorders, 11*, 37–44.

Rapoport, J. L. (1989, March). The biology of obsessions and compulsions. *Scientific American*, pp. 83–89.

Rapoport, R. & Rapoport, R. N. (1971). *Dual career families*. Bunday/Suffolk.

Ratcliff, R. (1978). A theory of memory retrieval. *Psychological Review, 85*, 59–108.

Ratcliff, R. & McKoon, G. (1978). Priming in item recognition: Evidence for the propositional structure of sentences. *Journal of Verbal Learning and Verbal Behavior, 17*, 403–418.

Rattner, J. (1995). *Klassiker der Psychoanalyse*. Weinheim: Beltz-PVU.

Rauchfleisch, U. (1982). *Nach bestem Wissen und Gewissen: Die ethische Verantwortung in Psychologie und Psychotherapie*. Göttingen: Vandenhoeck & Ruprecht.

Ray, W. J. & Cole, H. W. (1985). EEG alpha activity reflects attentional demands, and beta activity reflects emotional and cognitive processes. *Science, 228*, 750–752.

Raymond, J. S., Chung, C. S. & Wood, D. W. (1991). Asia-Pacific prevention research: Challenges, opportunities and implementation. *American Psychologist, 46*, 528–531.

Reed, G. M., Kemeny, M. E., Taylor, S. E., Wang, H.-Y. J. & Visscher, B. R. (1994). Realistic acceptance as a predictor of decreased survival time in gay men with AIDS. *Health Psychology, 13*, 299–307.

Regan, R. T. (1971). Effects of a favor and liking on compliance. *Journal of Experimental Social Psychology, 7*, 627–639.

Regier, D. A., Boyd, J. H., Burke, J. D., Rae, D. S., Myers, J. K., Kramer, M., Robins, L. N., George, L. K., Karno, M. & Locke, B. Z. (1988). One-month prevalence of mental disorders in the United States. *Archives of General Psychiatry, 45*, 977–986.

Regier, D. A., Farmer, M. E., Rae, D. S., Myers, J. K., Kramer, M., Robins, L. N., George, L. K., Karno, M. & Locke, B. Z. (1993a). One-month prevalence of mental disorders in the United States and sociodemographic characteristics: The Epidemiological Catchment Area Study. *Acta Psychiatrica Scandinavica, 88*, 35–47.

Regier, D. A., Narrow, W. E., Rae, D. S., Munderscheid, R. W., Locke, B. Z. & Goodwin, F. K. ((1993b). The de facto US mental and addictive disorders service system: Epidemiological Catchment Area prospective 1-year rates of disorders and services. *Archives of General Psychiatry, 50*, 85–94.

Regnet, E. (1993). Streß und Möglichkeiten der Streßhandhabung. In L. von Rosenstiel, E. Regnet & M. Domsch (Hrsg.), *Führung von Mitarbeitern. Handbuch für erfolgreiches Personalmanagement*. Stuttgart: Schäffer-Poeschel.

Rehm, L. P. (1977). A self-control model of depression. *Behavior Therapy, 8*, 787–804.

Reilly, R. R. & Chao, G. T. (1982). Validity and fairness of some alternative employee selection procedures. *Personnel Psychology, 35*, 1–62.

Reimer, C., Eckert, J., Hautzinger, M. & Wilke, E. (1996). *Psychotherapie*. Heidelberg: Springer.

Reinecker, H. (1998). *Lehrbuch der Klinischen Psychologie – Modelle psychischer Störungen*. Göttingen: Hogrefe.

Reinisch, J. M. (1981). Prenatal exposure to synthetic progestions increases potential for aggression in humans. *Science, 211*, 1171–1173.

Reinitz, M. T., Morrissey, J. & Demb, J. (1994). Role of attention in face encoding. *Journal of Experimental Psychology: Learning, Memory, and Cognition, 20*, 161–168.

Reisenzein, R. (1983). The Schachter theory of emotion: Two decades later. *Psychological Bulletin, 94*, 239–264.

Reisman, J. (1986, January 16). *A content analysis of Playboy, Penthouse, and Hustler magazines with special attention to the portrayal of children, crime, and violence*. Supplementary testimony given to the United States Attorney General's Commission on Pornography, New York.

Rennen-Allhoff, B. & Allhoff, P. (1987). *Entwicklungstests für das Säuglings-, Kleinkind- und Vorschulalter*. Berlin: Springer.

Rerrich, M. S. (1996). Modernizing the patriarchal family in West Germany. Some findings on the redistribution of family work between women. *The European Journal of Women's Studies, 3*(1), 27–37.

Rescorla, A. R. & Wagner, A. R. (1972). A theory of Pavlovian conditioning: Variations in the effectiveness of reinforcement and nonreinforcement. In A. H. Black & W. F. Prokasy (eds.), *Clas-*

sical conditioning. II: Current research and theory. New York: Appleton-Century-Crofts.

Rescorla, R. A. (1966). Predictability and number of pairings in Pavlovian fear conditioning. *Psychonomic Science, 4,* 383–384.

Rescorla, R. A. (1972). Information variables in Pavlovian conditioning. In G. Bower (ed.), *The psychology of learning and motivation* (vol. 6). New York: Academic Press.

Rescorla, R. A. (1980). *Pavlovian second-order conditioning: Studies in associative learning.* Hillsdale, NJ: Erlbaum.

Rescorla, R. A. (1988). Pavlovian conditioning: It's not what you think it is. *American Psychologist, 43,* 151–160.

Resnick, L. B. (1991). Shared cognition: thinking as social practice. In L. B. Resnick, J. M. Levine & S. D. Teasley (eds.), *Perspectives on socially shared cognitions* (S. 1–20). Washinton, DC: APA Press.

Resnick, S. M. (1992). Positron emission tomography in psychiatric illness. *Current Directions in Psychological Science, 1,* 92–98.

Rest, J. R. & Thoma, S. J. (1976). Relation of moral judgment development to formal education. *Developmental Psychology, 21,* 709–714.

Restrepo, D., Miyamoto, T., Bryant, B. P. & Teeter, J. H. (1990). Odor stimuli trigger influx of calcium into olfactory neurons of the channel catfish. *Science, 249,* 1166–1168.

Revenstorf, D. (1982). *Psychotherapeutische Verfahren. Bd. 1: Tiefenpsychologische Therapie.* Stuttgart: Kohlhammer.

Revenstorf, D. (1983). *Psychotherapeutische Verfahren. Bd. 3: Humanistische Therapien.* Stuttgart: Kohlhammer.

Revenstorf, D. (1985). *Psychotherapeutische Verfahren. Bd. 4: Gruppen-, Paar- und Familientherapie.* Stuttgart: Kohlhammer.

Revenstorf, D. (1989). *Psychotherapeutische Verfahren. Bd. 2: Verhaltenstherapie* (2. Aufl.). Stuttgart: Kohlhammer.

Revkin, A. C. (1989, January). Dilutions of grandeur. *Discover, 10,* pp. 74–75.

Reykowski, J. & Smolenska, Z. (1993). Collectivism, individualism and interpretation of social change: A psychological analysis of threats. *Polish Psychological Bulletin, 24,* 89–108.

Rheinberg, F. (1989). *Zweck und Tätigkeit: Motivationspsychologische Analysen zur Handlungsveranlassung.* Göttingen: Hogrefe.

Rheinberg, F. (1994). *Motivation.* Grundriß der Psychologie Bd. 6: Stuttgart: Kohlhammer.

Rheinberg, F. & Fries, S. (1998). Förderung der Lernmotivation: Ansatzpunkte, Strategien und Effekte. *Psychologie in Erziehung und Unterricht, 44,* 168–184.

Rheinberg, F. & Krug, S. (1993). *Motivationsförderung im Schulalltag.* Ergebnisse der Pädagogischen Psychologie, Bd. 8. Göttingen: Hogrefe.

Rheingold, H. L. & Cook, K. V. (1974). The contents of boys' and girls' rooms as an index of parents' behavior. *Child Development, 46,* 459–463.

Richter, C. P. (1965). *Biological clocks in medicine and psychiatry.* Springfield, IL: Charles C. Thomas.

Riddle, D. & Morin, S. (1977). Removing the stigma from individuals. *American Psychological Association Monitor, 16,* 28.

Rifkin, J. (1996). *Das Ende der Arbeit und ihre Zukunft.* Frankfurt/New York: Campus.

Riger, S. (1992). Epistemological debates, feminist voices: Science, social values, and the study of women. *American Psychologist, 47,* 730–740.

Riggs, J. M. & Cantor, N. (1981). *Information exchange in social interaction: Anchoring effects of self-concepts and expectancies.* Unpublished manuscript, Gettysburg College.

Rips, L. J. (1990). Reasoning. *Annual Review of Psychology, 41,* 321–353.

Robbins, L. C. (1963). The accuracy of parental recall of aspects of child development and of child rearing practices. *Journal of Abnormal and Social Psychology, 47,* 479–493.

Roberts, A. H., Kewman, D. G., Mercier, L. & Hovell, M. (1993). The power of nonspecific effects in healing: Implications for psychosocial and biological treatments. *Clinical Psychology Review, 13,* 375–391.

Roberts, T. B. (1973). Maslow's human motivation needs hierarchy: A bibliography. *Research in Education.* (ERIC Document Reproduction Service No. ED 069 591).

Robinson, L. A., Berman, J. S. & Neimeyer, R. A. (1990). Psychotherapy for the treatment of depression: A comprehensiver review of controlled outcome research. *Psychological Bulletin, 108,* 30–49.

Rock, I. (1983). *The logic of perception.* Cambridge, MA: Bradford Books/MIT Press.

Rock, I. (1985). *Wahrnehmung. Vom visuellen Reiz zum Sehen und Erkennen.* Heidelberg: Spektrum der Wissenschaft.

Rock, I. (1986). The description and analysis of object and event perception. In K. R. Boff, L. Kaufman & J. P. Thomas (eds.), *Handbook of perception and human performance* (vol. 3, pp. 33–71). New York: Wiley.

Rock, I. & Gutman, D. (1981). The effect of inattention on form perception. *Journal of Experimental Psychology: Human Perception and Performance, 7,* 275–285.

Rockmore, M. (1985, March 5). Analyzing analysis. *American Way,* 71–75.

Rodin, J. (1981). Current status of the internal-external hypothesis for obesity: What went wrong? *American Psychologist, 26,* 361–372.

Rodin, J. (1983, April). Behavioral medicine: Beneficial effects of self-control training in aging. *International Review of Applied Psychology, 32,* 153–181.

Rodin, J. (1986). Aging and health: Effects of the sense of control. *Science, 233,* 1271–1276.

Rodin, J. & Langer, E. (1977). Long-term effects of a control-relevant intervention among the institutionalized aged. *Journal of Personality and Social Psychology, 35,* 897–902.

Roediger, H. L. (1990). Implicit memory. *American Psychologist, 45,* 1043–1056.

Roediger, H. L. & Crowder, R. G. (1976). A serial position effect in recall of United States presidents. *Bulletin of the Psychonomic Society, 8,* 275–278.

Rogers, C. R. (1947). Some observations on the organization of personality. *American Psychologist, 2,* 358–368.

Rogers, C. R. (1951). *Client-centered therapy: Its current practice, implications and theory.* Boston: Houghton-Mifflin.

Rogers, C. R. (1959). A theory of therapy, personality, and interpersonal relationships, as developed in the client-centered framework. In S. Koch (ed.), *Psychology: A study of a science* (vol. 3). New York: McGraw-Hill.

Rogers, C. R. (1972). *Die klientenbezogene Gesprächstherapie* (Orig. 1951). München: Kindler.

Rogers, C. R. (1977). *On personal power: Inner strength and its revolutionary impact.* New York: Delacorte.

Rogers, C. R. (1981). *Der neue Mensch* (Orig. 1961). Stuttgart: Klett-Cotta.

Rogers, M. & Smith, K. (1993). Public perceptions of subliminal advertising: Why practitioners shouldn't ignore this issue. *Journal of Advertising Research, 33*(2), 10–18.

Rogers, R. W. (1984). Changing health-related attitudes and behavior: The role of preventative health psychology. In J. H. Harver, J. E. Maddux, R. P. McGlynn & C. D. Stolenberg (eds.), *So-*

cial perception in clinical and consulting psychology (vol. 2, pp. 91–112). Lubbock: Texas Tech University Press.

Rogers, S. (1993). How a publicity blitz created the myth of subliminal advertising. *Public Relations Quarterly, 37,* 12–17.

Rogge, K.-E. (1995). *Methodenatlas.* Heidelberg: Springer.

Rohrer, J.H., Baron, S.H., Hoffman, E.L. & Swinder, D.V. (1954). The stability of autokinetic judgment. *Journal of Abnormal and Social Psychology, 49,* 595–597.

Rokeach, M. (1968). *Beliefs, attitudes and values.* San Francisco: Jossey-Bass.

Rolls, B.J., Rowe, E.A., Rolls, E.T., Kingston, B., Megson, A. & Gunary, R. (1981). Variety in a meal enhances food intake in man. *Physiology & Behavior, 26,* 215–221.

Rolls, B.J., Fedoroff, I.C. & Guthrie, J.F. (1991). Gender differences in eating behavior and body weight regulation. *Health Psychology, 10,* 133–142.

Rorer, L.G. & Widiger, T.A. (1983). Personality structure and assessment. *Annual Review of Psychology, 34,* 431–463.

Rorschach, H. (1942). *Psychodiagnostics: A diagnostic test based on perception.* New York: Grune & Stratton.

Rosch, E.H. (1973). Natural categories. *Cognitive Psychology, 4,* 328–350.

Rosch, E.H. (1978). Principles of categorization. In E. Rosch & B.B. Lloyd (eds.), *Cognition and categorization.* Hillsdale, NJ: Erlbaum.

Rosch, E.H., Mervis, C.B., Gray, W.D., Johnson, D.M. & Boyes-Braem, P. (1976). Basic objects in natural categories. *Cognitive Psychology, 8,* 382–439.

Rose, S. (1973). *The conscious brain.* New York: Knopf.

Roseman, I.J. (1984). Cognitive determinants of emotions: A structural theory. In P. Shaver (ed.), *Review of personality and social psychology: Vol.5. Emotions, relationships, and health.* Beverly Hills, CA: Sage.

Rosen, H.S. & Rosen, L.A. (1983). Eliminating stealing: Use of stimulus control with an elementary student. *Behavior Modification, 7,* 56–63.

Rosenbaum, M. & Berger, M.M. (eds.). (1975). *Group psychotherapy and group function* (rev. ed.). New York: Basic Books.

Rosenbaum, M. & Muroff, M. (eds.). (1984). *Fourteen contemporary reinterpretations.* New York: Free Press.

Rosenbaum, M.E. (1986). The repulsion hypothesis: On the non-development of relationship. *Journal of Personality and Social Psychology, 51,* 1156–1166.

Rosenbaum, R.M. (1972). *A dimensional analysis of the perceived causes of success and failure.* Unpublished doctoral dissertation, University of California, Los Angeles.

Rosenberg, D. (1990, November 19). Bad times at Hangover U.: College parties lead to ER or drunk tank. *Newsweek, 116,* p. 81.

Rosenhan, D. (1969). Some origins of concern for others. In P. Mussen, J. Langer & M. Covington (eds.), *Trends and issues in developmental psychology.* New York: Holt, Rinehart & Winston.

Rosenhan, D.L. (1973). On being sane in insane places. *Science, 179,* 250–258.

Rosenhan, D.L. (1975). The contextual nature of psychiatric diagnoses. *Journal of Abnormal Psychology, 84,* 462–474.

Rosenhan, D.L. & Seligman, M.E.P. (1984). *Abnormal psychology.* New York: Norton.

Rosenhan, D.L. & Seligman, M.E.P. (1989). *Abnormal psychology* (2nd ed.). New York: Norton.

Rosenstiel, L. v. (1990). Kommentar zu »Identitätsprobleme organisationspsychologischer Forschung« von Günter F. Müller. *Zeitschrift für Arbeits- und Organisationspsychologie 34*(8), 96–98.

Rosenstiel, L. v. (1992). *Grundlagen der Organisationspsychologie* (3. Aufl.). Stuttgart: Schaeffer-Poeschel.

Rosenstiel, L. v. (1993a). Motivation von Mitarbeitern. In L. v. Rosenstiel, E. Regnet & M. Domsch (Hrsg.), *Führung von Mitarbeitern. Handbuch für erfolgreiches Personalmanagement.* Stuttgart: Schaeffer-Poeschel.

Rosenstiel, L. v. (1993b). Die Arbeitsgruppe. In L. v. Rosenstiel, E. Regnet & M. Domsch (Hrsg.), *Führung von Mitarbeitern. Handbuch für erfolgreiches Personalmanagement.* Stuttgart: Schaeffer-Poeschel.

Rosenstiel, L. v. (1993c). Grundlagen der Führung. In L. v. Rosenstiel, E. Regnet & M. Domsch (Hrsg.), *Führung von Mitarbeitern. Handbuch für erfolgreiches Personalmanagement.* Stuttgart: Schaeffer-Poeschel.

Rosenstiel, L. v. (1995). Kommunikation und Führung in Arbeitsgruppen. In H. Schuler (Hrsg.), *Lehrbuch Organisationspsychologie* (2., korrigierte Aufl.), Bern: Huber.

Rosenstiel, L. v., Molt, W. & Rüttinger, B. (1988). *Organisationspsychologie.* Stuttgart: Kohlhammer.

Rosenstiel, L. v., Regnet, E. & Domsch, M. (1993). *Führung von Mitarbeitern. Handbuch für erfolgreiches Personalmanagment.* Stuttgart: Schaeffer-Poeschel.

Rosenthal, A.M. (1964). *Thirty-eight witnesses.* New York: McGraw-Hill.

Rosenthal, D., Wender, P.H., Kety, S.S., Schulsinger, F., Weiner, J. & Rieder, R. (1975). Parent-child relationships and psychopathological disorder in the child. *Archives of General Psychiatry, 32,* 466–476.

Rosenthal, R. (1966). *Experimenter effects in behavioral research.* New York: Appleton-Century-Crofts.

Rosenthal, R. (1974). On the social psychology of the self-fulfilling prophecy: *Further evidence for Pygmalion effects and their mediating mechanisms.* New York: MSS Modular Publications.

Rosenthal, R. & Jacobson, L.F. (1968). *Pygmalion in the classroom: Teacher expectations and intellectual development.* New York: Holt.

Rosenthal, R. & Jacobson, L.F. (1968). Teacher expectations for the disadvantaged. *Scientific American, 218* (4), 19–23.

Rosenwald, G.C. & Ochberg, R.L. (1992). *Storied lives: The cultural politics of self-understanding.* New Haven: Yale University Press.

Rosenzweig, M.R. (1984a). U.S. psychology and world psychology. *American Psychologist, 39,* 365–376.

Rosenzweig, M.R. (1984b). Experience. memory, and the brain. *American Psychologist, 39,* 365–376.

Rosenzweig, M.R. (1992). Psychological science around the world. *American Psychologist, 47,* 718–722.

Rösler, F. (1982). *Hirnelektrische Korrelate kognitiver Prozesse.* Berlin: Springer.

Ross, B.H. & Kennedy, P.T. (1990). Generalizing from the use of earlier examples in problem solving. *Journal of Experimental Psychology: Learning, Memory, and Cognition, 16,* 42–55.

Ross, L. (1977). The intuitive psychologist and his shortcomings. In L. Berkowitz (ed.), *Advances in experimental social psychology* (vol.10). New York: Academic Press.

Ross, L. (1978). Some afterthoughts on the intuitive psychologist. In L. Berkowitz (ed.), *Cognitive theories in social psychology.* New York: Academic Press.

Ross, L. (1988). Situational perspectives on the obedience experiments. [Review of The obedience experiments: A case study of controversy in social science]. *Contemporary Psychology, 33,* 101–104.

Ross, L. & Anderson, C.A. (1982). Shortcomings in the attribution process: On the origins and maintenance of erroneous social assessments. In D. Kahneman, P. Slovic & A. Tversky (eds.), *Judgment under uncertainty: Heuristics and biases* (pp. 132–152). Cambridge: Cambridge University Press.

Ross, L. & Lepper, M. R. (1980). The perseverance of beliefs: Empirical and normative considerations. In R. A. Shweder & D. Fiske (eds.), *New directions for methodology of behavioral science: Fallible judgments in behavioral research*. San Francisco: Jossey-Bass.

Ross, L. & Nisbett, R. E. (1991). *The person and the situation: Perspectives of social psychology*. New York: McGraw-Hill.

Ross, L., Amabile, T. & Steinmetz, J. (1977). Social roles, social control and biases in the social perception process. *Journal of Personality and Social Psychology*, 37, 485–494.

Rossi, A. (1984). Gender and parenthood. *American Sociological Review*, 49, 1–19.

Rost, D. H. (1990). *Die Emotionen: Die Elixiere des Lebens*. Berlin: Springer.

Rost, J. (1988). *Quantitative und qualitative probabilistische Testtheorie*. Bern: Huber.

Roth, J. D., Le Roith, D. & Shiloach, J. (1982). The evolutionary origins of hormones, neurotransmitters, and other extracellular chemical messengers. *New England Journal of Medicine*, 306, 523–527.

Roth, T., Roehrs, T., Carskadon, M. A. & Dement, W. C. (1989). Daytime alertness. In M. Kryser, T. Roth & W. C. Dement (eds.), *Principles and practice of sleep medicine* (pp. 14–23). New York: Saunders.

Rothbaum, B. O., Hodges, L. F., Kooper, R., Opdyke, D., Williford, J. S. & North, M. (1995). Effectiveness of computer-generated (virtual reality) grade exposure in the treatment of acrophobia. *American Journal of Psychiatry*, 152, 626–628.

Rothman, D. J. (1917). *The discovery of the asylum: Social order and disorder in the new republic*. Boston: Little, Brown.

Rotter, J. B. (1954). *Social learning and clinical psychology*. Englewood Cliffs, NJ: Prentice-Hall.

Rovee-Collier, C. K., Sullivan, M. W., Enright, M., Lucas, D. & Fagen, J. W. (1980). Reactivation of infant memory. *Science*, 208, 1159–1161.

Rowan, A. B. & Foy, D. W. (1993). Post-traumatic stress disorder in child sexual abuse survivors: A literature review. *Journal of Traumatic Stress*, 6, 3–20.

Rozin, P. (1976). The evolution of intelligence and access to the cognitive unconscious. In J. M. Sprague & A. A. Epstein (eds.), *Progress in psychobiology and physiological biology*. New York: Academic Press.

Rozin, P. & Fallon, A. E. (1987). A perspective on disgust. *Psychological Review*, 94, 23–41.

Rozin, P. & Kalat, J. W. (1971). Specific hungers and poison avoidance as adaptive specializations of learning. *Psychological Review*, 78, 459–486.

Rozin, P., Millman, L. & Nemeroff, C. (1986). Operation of the laws of sympathetic magic in disgust and other domains. *Journal of Personality and Social Psychology*, 50, 703–712.

Rubin, D. C. & Kontis, T. C. (1983). A schema for common cents. *Memory & Cognition*, 11, 335–341.

Rubin, J. Z., Provenzano, F. J. & Luria, Z. (1974). The eye of the beholder: Parents' views on sex of newborns. *American Journal of Orthopsychiatry*, 44, 512–519.

Rubin, L. B. (1976, October). The marriage bed. *Psychology Today*, 44–50, 91–91.

Ruch, R. (1937). *Psychology and life*. Glenview, IL: Scott, Foresman.

Rudolf, G. (1991). *Die therapeutische Arbeitsbeziehung*. Heidelberg: Springer Verlag.

Rudy, J. W. & Wagner, A. R. (1975). Stimulus selection in associative learning. In W. K. Estes (ed.), *Handbook of learning and cognition* (vol. 2). Hillsdale, NJ: Erlbaum.

Ruitenbeek, H. M. (1973). *The first Freudians*. New York: Jason Aronson.

Rumbaugh, D. M. (ed.), (1977). *Language learning by a chimpanzee: The Lana project*. New York: Academic Press.

Rumelhart, D. E. & McClelland, J. L. (1986). *Parallel distributed processing: Explorations in the microstructure of cognition* (2 vols). Cambridge, MA: MIT Press.

Rumelhart, D. E., Smolensky, P., McClelland, J. L. & Hinton, G. E. (1986). Schemata and sequential thought processes in PDP models. In J. L. McClelland & D. E. Rumelhart (eds.), *Parallel distributed processing: Vol. 2. Psychological and biological models* (pp. 7–57). Cambridge, MA: MIT Press.

Runco, M. A. (1991). *Divergent thinking*. Norwood, NJ: Ablex.

Rushton, J. P., Fulker, D. W., Neale, M. C., Nias, D. K. & Eysenck, H. J. (1986). Altruism and aggression: The heritability of individual differences. *Journal of Personality and Social Psychology*, 50, 283–305.

Russell, B. (1948). *Human knowledge, its scope and limits*. New York: Simon & Schuster.

Russell, B. (1975). *Philosophie des Abendlandes*. Wien: Europa.

Russell, J. A. & Ward, L. M. (1982). Environmental psychology. *Annual Review of Psychology*, 33, 651–688.

Rutter, M. (1979). Maternal deprivation, 1972–1978: New findings, new concepts, new approaches. *Child Development*, 50, 283–305.

Rutter, M. (1981a). *Maternal deprivation reassessed*. New York: Penguin.

Rutter, M. (1981b). Social-emotional consequences of day care for children. *American Journal of Orthopsychiatry*, 51, 4–28.

Rutter, M., Macdonald, H., Le Courteur, A., Harrington, R., Bolton, P. & Bailey, A. (1990). Genetic factors in child psychiatric disorders – II. Empirical findings. *Journal of Child Psychology and Psychiatry*, 31, 39–83.

Ryan, W. (1976). *Blaming the victim* (rev. ed.). New York: Vintage Books.

Rychlak, J. (1979). *Discovering free will and personal responsibility*. New York: Oxford University Press.

Ryff, C. D. (1989). In the eye of the beholder: Views of psychological well-being among middle-aged and older adults. *Psychology and Aging*, 4, 195–210.

Ryff, C. D. (1991). Possible selves in adulthood and old age: A tale of shifting horizons. *Psychology and Aging*, 6, 286, 295.

Saarinen, T. F. (1987). *Centering of mental maps of the world: Discussion paper*. Tucson: University of Arizona, Department of Geography and Regional Development.

Sachs, S. (1990, May 28). Romanian children suffer in asylums. *San Francisco Chronicle*, p. A-12.

Sachse, R. & Musial, E. M. (1981). *Kognitionsanalyse und kognitive Therapie*. Stuttgart: Kohlhammer.

Sacks, O. (1973). *Migraine: Evolution of a common disorder*. Berkeley: University of California Press.

Sader, M. (1980). *Psychologie der Persönlichkeit*. München: Juventa.

Saegert, S. & Hart, R. (1976). The development of sex differences in the environmental competence of children. In P. Burnett (ed.), *Women in society*. Chicago: Maarouta.

Salovey, P. & Birnbaum, D. (1989). Influence of mood on health-relevant cognitions. *Journal of Personality and Social Psychology*, 57, 539–551.

Salovey, P. & Hancock, M. E. (1987). *The effects of state mood, trait depression, and cognitive set on personal health appraisal.* Unpublished manuscript, Yale University, New Haven.

Salovey, P. & Rodin, J. (1985). Cognitions about the self: Connecting feeling states and social behavior. In L. Wheeler (ed.), *Review of Personality and Social Psychology* (vol. 6). Beverly Hills, CA: Sage.

Salzman, C. D., Britten, K. H. & Newsome, W. T. (1990). Cortical microstimulation influences perceptual judgements of motion direction. *Nature, 346,* 174–177.

Samson, G. E., Graue, E. M., Weinstein, T. & Walberg, H. J. (1984). Academic and occupational performance: A quantitative synthesis. *American Educational Research Journal, 21,* 311–321.

Samuel, A. G. (1981). Phonemic restoration: Insights from a new methodology. *Journal of Experimental Psychology: General, 110,* 474–494.

Samuel, A. G. (1991). A further examination of attentional effects in the phonemic restoration illusion. *Quarterly Journal of Experimental Psychology: Human Experimental Psychology, 43A,* 679–699.

San Francisco Chronicle 30. 11. 1986

San Francisco Chronicle. (1995, February 17, p. D15). Defendant in train killings says victim was gunman.

San Francisco Chronicle. (1995, February 18, pp. 1, A16). Guilty verdict in massacre on N. Y. train.

San Francisco Examiner-Chronicle. (1991, August 26, p. A10). Yeltsin says KGP unit refused plotter's orders to seize him.

Sanders, R. S. & Reyhen, J. (1969). Sensory deprivation and the enhancement of hypnotic susceptibility. *Journal of Abnormal Psychology, 74,* 375–381.

Sapolsky, R. (1990). In *Discovering Psychology,* Program 4 [PBS video series]. Washington, DC: Annenberg/CPB Program.

Sapolsky, R. M. (1994). Why zebras don't get ulcers: A guide to stress, stress-related disease, and coping. New York: Freeman.

Sarason, I. G., Johnson, J. H. & Siegel, J. M. (1978). Assessing the impact of life changes: Development of the Life Experiences Survey. *Journal of Consulting and Clinical Psychology, 46,* 932–946.

Sarbin, T. R. & Coe, W. C. (1972). *Hypnosis: A social psychological analysis of influence communication.* New York: Holt, Rinehart & Winston.

Saß, H., Wittchen, H.-U. & Zaudig, H. (1996). *Diagnostisches und statistisches Manual psychischer Störungen (DSM-IV).* Göttingen: Hogrefe.

Saß, H., Wittchen, H.-U. & Zaudig, H. & Houben, I. (1998). *Diagnostische Kriterien DSM-IV.* Göttingen: Hogrefe.

Satir, V. (1967). *Conjoint family therapy* (rev. ed.). Palo Alto, CA: Science and Behavior Books.

Sattler, J. M. (1982). *Assessment of childrens' intelligence and special abilities.* Boston: Allyn & Bacon.

Sattler, J. M. & Atkinson, L. (1993). Item equivalence across scales: The WPPSI-R and WISC-III. *Psychological Assessment, 5,* 203–206.

Savage, C. W. (1970). *The assessment of sensation.* Berkeley: University of California Press.

Sawyer, J. (1966). Measurement and prediction, clinical and statistical. *Psychological Bulletin, 66,* 178–200.

Scardamalia, M. & Bereiter, C. (1985). Fostering the development of self-regulation in children's knowledge processing. In S. F. Chapman, J. W. Segall & R. Glaser (eds.), *Thinking and learning skills: Research and open questions* (vol. 2). Hillsdale, NJ: Erlbaum.

Scarr, S. (1981). *Race, social class, and individual differences in IQ.* Hillsdale, NJ: Erlbaum.

Scarr, S. (1988). How genotypes and environments combine: Development and individual differences. In N. Bolder, A. Caspi, G. Downey & M. Morehouse (eds.), *Persons in context: Developmental processes.* New York: Cambridge University Press.

Scarr, S. (1990). *Wenn Mütter arbeiten. Wie Beruf und Kinder sich verbinden lassen* (4. Aufl.). München: Beck.

Scarr, S. (1992). Developmental theories for the 1990s: Development and individual differences. *Child Development, 63,* 1–19.

Scarr, S. (1993). Biological and cultural diversity: The legacy of Darwin for development. *Child Development, 64,* 1333–1353.

Scarr, S. & Eisenberg, M. (1993). Child care research: Issues, perspectives, and results. *Annual Review of Psychology, 44,* 613–644.

Scarr, S. & Weinberg, R. A. (1976). IQ test performance of black children adopted by white families. *American Psychologist, 31,* 726–739.

Scarr, S., Phillips, D. & McCartney, D. (1990). Facts, fantasies and the future of child care in the United States. *Psychological Science, 1,* 26–35.

Schab, F. R. (1990). Odors and the remembrance of thins past. *Journal of Experimental Psychology: Learning, Memory, and Cognition, 16,* 648–655.

Schachter, S. (1959). *The psychology of affiliation.* Stanford, CA: Stanford University Press.

Schachter, S. (1971a). Some extraordinary facts about obese humans and rats. *American Psychologist, 26,* 129–133.

Schachter, S. (1971b). *Emotion, obesity and crime.* New York: Academis Press.

Schachter, S. (1982). Recidivism and self-cure of smoking and obesity. *American Psychologist, 37,* 436–444.

Schachter, S. & Singer, J. (1962). Cognitive, social and physiological determinants of emotional state. *Psychological Review, 69,* 379–399.

Schachter, S., Goldman, R. & Gordon, A. (1968). The effects of fear, food deprivation, and obesity on eating. *Journal of Personality and Social Psychology, 10,* 91–97.

Schaie, K. W. (1980). Intelligence and problem solving. In J. E. Birren & R. B. Sloan (eds.), *Handbook of mental health and aging.* Englewood Cliffs: Prentice-Hall.

Schaie, K. W. (1989). The hazards of cognitive aging. *The Gerontologist, 29,* 484–493.

Schaie, K. W. (1993). Ageist language in psychological research. *American Psychologist, 48,* 49–51.

Schaie, K. W. & Willis, S. L. (1986). Can decline in adult intellectual functioning be reversed? *Developmental Psychology, 22,* 223–232.

Schank, R. C. & Abelson, R. (1977). *Scripts, plans, goals and understanding: An inquiry into human knowledge and structures.* Hillsdale, NJ: Erlbaum.

Schatzberg, A. F. (1991). Overview of anxiety disorders: Prevalence, biology, course, and treatment. *Journal of Consulting Psychiatry, 42,* 5–9.

Schaufeli, W. B., Maslach, C. & Marek, T. (1993). *Professional burnout: Recent developments in theory and research.* Washington, DC: Taylor & Francis.

Schedlowski, M. & Tewes, U. (Hrsg.). (1996). *Psychoneuroimmunologie.* Spektrum Akademischer Verlag.

Scheele, B. & Groeben, N. (1988). *Dialog-Konsens-Methoden zur Rekonstruktion subjektiver Theorien.* Tübingen: Francke.

Schelp, T., Maluck, Gravemeier, D. R. & Meusling, U. (1997). *Rational-Emotive Therapie gegen Stress.* Bern: Huber.

Schepank, H. (1986). Epidemiologie psychogener Störungen. In K. P. Kisker, H. Lauter, J.-E. Meyer, C. Müller & E. Strömgren (Hrsg.). *Psychiatrie der Gegenwart. Band 1: Neurosen, Psycho-*

somatische Erkrankungen, Psychotherapie (S. 1–27). Berlin: Springer.

Schepank, H. & Tress, W. (1987). Häufigkeit und Bedingungen psychogener Erkrankungen in der Stadtbevölkerung. *Nervenheilkunde, 6,* 23–26.

Scherer, K. (Hrsg.). (1990). *Psychologie der Emotion.* Enzyklopädie der Psychologie, Serie »Motivation und Emotion«, Bd. 3. Göttingen: Hogrefe.

Scherer, K. R. (1984). On the nature and function of emotion: A component process approach. In K. R. Scherer & P. Ekman (eds.), *Approaches to emotion.* Hillsdale, NJ: Erlbaum.

Scherer-Neumann, G. (1997). Lesen und Leseschwierigkeiten. In F. E. Weinert (Hrsg.), *Psychologie des Unterrichts und der Schule.* Enzyklopädie der Psychologie, Serie »Pädagogische Psychologie«, Bd. 3. Göttingen: Hogrefe.

Schiefele, U. (1990). *Einstellung, Selbstkonsistenz und Verhalten.* Göttingen: Hogrefe.

Schiefele, U. (1996). *Motivation und Lernen mit Texten.* Göttingen: Hogrefe.

Schiefele, U. & Pekrun, R. (1996). Psychologische Modelle des fremdgesteuerten und des selbstgesteuerten Lernens. In F. E. Weinert (Hrsg.), *Psychologie des Lernens und der Instruktion.* Enzyklopädie der Psychologie, Serie »Pädagogische Psychologie«, Bd. 2 (S. 249–278). Göttingen: Hogrefe.

Schiersmann, C. (1993). Doppelte Vergesellschaftung als Bezugspunkt der beruflichen Sozialisation von Frauen. In G. Krell & M. Osterloh (Hrsg.), *Personalpolitik aus der Sicht von Frauen – Frauen aus der Sicht der Personalpolitik: was kann die Personalforschung von der Frauenforschung lernen?* München: Hampp.

Schleicher, R. (1973). Die Intelligenzleistung Erwachsener in Abhängigkeit vom Niveau der beruflichen Tätigkeit. *Probleme und Ergebnisse der Psychologie, 44,* 25–55.

Schleifer, S. J., Keller, S. E., Camerino, M., Thornton, J. C. & Stein, M. (1983). Suppression of lymphocyte stimulation following bereavement. *Journal of the American Medical Association, 250,* 374–377.

Schmale, H. (1983). *Psychologie der Arbeit.* Stuttgart: Klett-Cotta.

Schmalt, H. D. (1985). *Motivationspsychologie.* Stuttgart: Kohlhammer.

Schmidbauer, W. (1986). *Die hilflosen Helfer: Über die seelische Problematik der helfenden Berufe.* Reinbek: Rowohlt.

Schmidt, D. F. & Boland, S. M. (1986). Structure of perceptions of older adults: Evidence for multiple steretypes. *Psychology and Aging, 1,* 255–260.

Schmidt, W. E. (1987, June 7). Paddling in school: A tradition is under fire. *The New York Times,* pp. A1, A.22.

Schmidt-Atzert, L. (1981). *Emotionspsychologie.* Stuttgart: Kohlhammer.

Schmidtchen, S. (1996). *Klientzentrierte Spiel- und Familientherapie.* Weinheim: Beltz-PVU.

Schmidt-Denter, U. (1988). *Soziale Entwicklung.* München: Urban & Schwarzenberg.

Schmitt, N., Gooding, R. Z., Noe, R. D. & Kirsch, M. (1984). Metaanalysis of validity studies published between 1974 and 1982 and the investigation of study characteristics. *Personnel Psychology, 37,* 407–422.

Schneider, D. J., Hastorf, A. H. & Ellsworth, P. C. (1979). *Person perception* (2nd ed.). Reading, MA: Addison-Wesley.

Schneider, H.-D. (1980). *Sexualverhalten in der zweiten Lebenshälfte.* Stuttgart: Kohlhammer.

Schneider, K. & May, R. (1995). *The psychology of existence: An integrative, clinical perspective.* New York: McGraw-Hill.

Schneider, W. (1984). Developmental trends in the meta-memory behavior relationship. In D. L. Forrest-Pressley, G. E. MacKin-

non & P. G. Waller (eds.), *Metacognition, cognition and human performance.* New York: Academic Press.

Schneider, W. (1997). Rechtschreiben und Rechtschreibschwierigkeiten. In F. E. Weinert (Hrsg.), *Psychologie des Unterrichts und der Schule.* Enzyklopädie der Psychologie, Serie »Pädagogische Psychologie«, Bd. 3 (S. 327–363). Göttingen: Hogrefe.

Schneider, W. & Shiffrin, R. M. (1977). Controlled and automatic information processing: 1. Detection, search and attention. *Psychological Review, 84,* 1–66.

Schneider-Düker, M. (1981). Gruppenpsychotherapie. München: Kösel.

Schneidman, E. S. (1976). *Deaths of man.* New York: Quadrangle.

Schnotz, W. (1994). *Aufbau von Wissensstrukturen.* Weinheim: Beltz-PVU.

Scholl, W. (1995). Grundkonzepte der Organisation. In H. Schuler (Hrsg.), *Lehrbuch Organisationspsychologie* (2., korrigierte Aufl.), Bern: Huber.

Schorr, A. (1991). Diagnostische Praxis in der Arbeits- und Organisationspsychologie. Teilergebnisse aus einer repräsentativen Umfrage zur diagnostischen Praxis. In H. Schuler & U. Funke (Hrsg.), *Eignungsdiagnostik in Forschung und Praxis.* Göttingen: Verlag für Angewandte Psychologie.

Schorr, A. (1998). *Gefühlserkennung und Empathie in der Kindheit.* Göttingen: Hogrefe.

Schreiber, F. (1973). *Sybil.* New York: Warner Books.

Schroeder, C. M. & Prentice, D. A. (1995). *Pluralistic ignorance and alcohol use on campus II: Correcting misperceptions of the social norm.* Unpublished manuscript, Princeton University.

Schroeder, D. A., Penner, L. A., Dovido, J. F. & Piliavin, J. A. (1995). *The psychology of helping and altruism.* New York: McGraw-Hill.

Schuler, H. (1980). *Ethische Probleme der psychologischen Forschung.* Göttingen: Hogrefe.

Schuler, H. (1995). Einleitung. In H. Schuler (Hrsg.), *Lehrbuch Organisationspsychologie* (2., korrigierte Aufl.), Bern: Huber.

Schuler, H. (1996). *Psychologische Personalauswahl. Einführung in die Berufseignungsdiagnostik.* Göttingen: Verlag für Angewandte Psychologie.

Schuler, H. & Funke, U. (1995). Diagnose beruflicher Eignung und Leistung. In H. Schuler (Hrsg.), *Lehrbuch Organisationspsychologie.* Bern: Huber.

Schultz, I. H. (1987). *Das autogene Training* (18. Aufl.). Stuttgart: Thieme. (Erstausgabe 1932)

Schultz, R., Braun, R. G. & Kluft, R. P. (1989). Multiple personality disorder: Phenomenology of selected variables in comparison to major depression. *Dissociation, 2,* 45–51.

Schumann-Hengsteler, R. (1995). *Die Entwicklung des visuellräumlichen Gedächtnisses.* Göttingen: Hogrefe.

Schumann-Hengsteler, R. & Trautner, H. M. (Hrsg.). (1996). *Entwicklung im Jugendalter.* Göttingen: Hogrefe & Huber.

Schurig, V (1976). *Die Entstehung des Bewußtseins.* Frankfurt: Campus.

Schwartz, B. (1984). *Psychology of learning and behavior* (2nd ed.). New York: Norton.

Schwartz, B. & Lacey, H. (1982). *Behaviorism, science and human nature.* New York: Norton.

Schwartz, B. L. & Metcalfe, J. (1992). Cue familiarity but not target retrievability enhances feeling-of-knowing judgments. *Journal of Experimental Psychology: Learning, Memory, and Cognition, 18,* 1074–1083.

Schwartz, G. E., Brown, S. L. & Ahern, G. L. (1980). Facial muscle patterning and subjective experience during affective imagery: Sex differences. *Psychophysiology, 17,* 75–82.

Schwartz, P. & Strom, D. (1978). The social psychology of female sexuality. In J. Sherman & F.L. Denmark (eds.), *Psychology of women: Future directions of research*. New York: Psychological Dimensions.

Schwarzer, Ch. (1997). Beratung in der Schule. In F.E. Weinert (Hrsg.), *Psychologie des Unterrichts und der Schule*. Enzyklopädie der Psychologie, Serie »Pädagogische Psychologie«, Bd. 3 (S. 771–804). Göttingen: Hogrefe.

Schwarzer, R. (1987). *Streß, Angst und Hilflosigkeit: Die Bedeutung von Kognitionen und Emotionen bei der Regulation von Belastungssituationen* (2. Aufl). Stuttgart: Kohlhammer.

Schwarzer, R. (ed.). (1992). *Self-efficacy: Thought control of action*. Washington, DC: Hemisphere.

Schwarzer, R. (1993). *Streß, Angst und Handlungsregulation*. Stuttgart: Kohlhammer.

Schwarzer, R. (1997). *Gesundheitspsychologie*. Göttingen: Hogrefe.

Schwarzer, R. & Leppin, A. (1989). *Sozialer Rückhalt und Gesundheit: Eine Meta-Analyse*. Göttingen: Hogrefe.

Schwebel, A.I. & Fine, M.A. (1994). *Understanding and helping families: A cognitive-behavioral approach*. Hillsdale: Erlbaum.

Scott, J.P. (1963). The process of primary socialization in canine and human infants. *Monographs of the Society for Research in Child Development, 28*, 1–47.

Scott, J.P., Stewart, J.M., & DeGhett, V.J. (1974). Critical periods in the organizations of systems. *Developmental Psychology, 7*, 489–513.

Scott, R.A. (1972). A proposed framework for analyzing deviancy as a property of social order. In R.A. Scott & J.D. Douglas (eds.), Theoretical perspectives on deviance. New York: Basic Books.

Scovern, A.W. & Kilmann, P.R. (1980). Status of electroconvulsive therapy: Review of outcome literature. *Psychological Bulletin, 87*, 260–303.

Scull, A. (1993). *A most solitary of afflictions: Madness and society in Britain 1700–1900*. London: Yale University Press.

Searle, J.R. (1979a). Metaphor. In A. Ortony (ed.), *Metaphor and thought* (pp. 92–123). Cambridge: Cambridge University Press.

Searle, J.R. (1979b). Literal meaning. In J.R. Searle (ed.), *Expression and meaning* (pp. 117–136). Cambridge: Cambridge University Press.

Sears, P. & Barbee, A.H. (1977). Career and life situations among Terman's gifted women. In J.C. Stanley, W.C. George & C.H. Solano (eds.), *The gifted and the creative: A fifty-year perspective*. Baltimore: Johns Hopkins University Press.

Sears, R. (1961). Relation of early social experiences to aggression in middle childhood. *Journal of Abnormal and Social Psychology, 63*, 466–492.

Sears, R. (1977). Sources of life satisfaction of the Terman gifted men. *American Psychologist, 32*, 119–128.

Seger, C.A. (1994). Implicit learning. *Psychological Bulletin, 115*, 163–196.

Seidel, R. (1976). *Denken – Psychologische Analyse der Entstehung und Lösung von Problemen*. Frankfurt: Campus.

Seidenberg, M.S. (1993). Connectionist models and cognitive theory. *Psychological Science, 4*, 228–235.

Seiler, T.B. & Wannenmacher, W. (Hrsg.). (1985). *Begriffs- und Wortbedeutungsentwicklung*. Berlin: Springer.

Sekuler, R. & Blake, R. (1994). *Perception* (3rd ed.). New York: McGraw-Hill.

Self, E.A. (1990). Situational influences on self-handicapping. In R.L. Higgins, C.R. Snyder & S. Berglas (eds.), *Self-handicapping: The paradox that isn't* (pp. 37–68). New York: Plenum Press.

Selfridge, O.G. (1955). Pattern recognition and modern computers. *Proceedings of the Western Joint Computer Conference*. New York: Institute of Electrical and Electronics Engineers.

Selg, H. (1986). *Pornographie*. Bern: Huber.

Selg, H., Glombitza, C. & Lischke, G. (1979). *Psychologie des Sexualverhaltens*. Stuttgart: Kohlhammer.

Selg, H., Mees, U. & Berg, D. (1988). *Psychologie der Aggressivität*. Göttingen: Hogrefe.

Seligman, K. (1988, October 9). Educators are alarmed over testing frenzy. *San Francisco Examiner*, pp. B-1, B-5.

Seligman, M.E.P. (1971). Preparedness and phobias. *Behavior Therapy, 2*, 307–320.

Seligman, M.E.P. (1975). *Helplessness: On depression, development and death*. San Francisco: Freeman.

Seligman, M.E.P. (1983). *Erlernte Hilflosigkeit* (2. Aufl.). München: Urban & Schwarzenberg.

Seligman, M.E.P. (1991). *Learned optimism*. New York: Norton.

Seligman, M.E.P. & Maier, S.F. (1967). Failure to escape traumatic shock. *Journal of Experimental Psychology, 74*, 1–9.

Sell, R. (1988). *Angewandtes Problemlösungsverhalten: Denken und Handeln in komplexen Zusammenhängen* Berlin: Springer.

Selman, R.L. (1984). *Die Entwicklung des sozialen Verstehens* (Orig. 1980). Frankfurt: Suhrkamp.

Selvini-Palazzoli, M. (1986). *Magersucht* (Orig. 1978). Stuttgart: Klett-Cotta.

Selye, H. (1956). *The stress of life*. New York: McGraw-Hill.

Selye, H. (1974). *Stress without distress*. New York: New American Library.

Selye, H. (1976). *Stress in health and disease*. Reading, MA: Butterworth.

Selye, H. (1976). *The stress of life* (2nd ed.). New York: McGraw-Hill.

Semmer, N. & Udris, I. (1995). Bedeutung und Wirkung von Arbeit. In H. Schuler (Hrsg.), *Lehrbuch Organisationspsychologie*. Bern: Huber.

Serrano, J.M., Iglesias, J. & Loeches, A. (1992). Visual discrimination and recognition of facial expressions of anger, fear, and surprise in 4- to 6-month-old infants. *Developmental Psychobiology, 25*, 411–425.

Seruler, R. & Blake, R. (1994). *Perception* (3rd ed.). New York: McGraw-Hill.

Shafii, M., Carrigan, S., Whittinghill, J.R. & Derrick, A. (1985). Psychological autopsy of completed suicide in children and adolescents. *American Journal of Psychiatry, 142*, 1061–1064.

Shafir, E. (1993). Choosing versus rejecting: Why some options are both better and worse than others. *Memory & Cognition, 21*, 546–556.

Shapiro, D.A., Barkham, M., Rees, A., Hardy, G.E., Reynolds, S. & Startup, M. (1994). Effects of treatment duration and severity of depression on the effectiveness of cognitive-behavioral and psychodynamic-interpersonal psychotherapy. *Journal of Consulting and Clinical Psychology, 62*, 522–534.

Shapiro, D.H. (1985). Clinical use of meditation as a self-regulation strategy: Comments on Holmes's conclusions and implications. *American Psychologist, 40*, 719–722.

Shapiro, F. (1991). Eye movement desensitization & reprocessing: From EMD to EMDR – a new treatment model for anxiety and related traumata. *Behavior Therapist, 14*, 133–135.

Shapiro, F. (1995). *Desensitization and reprocessing: Basic principles, protocols, and procedures*. New York: Guilford Press.

Shapiro, L.P., Nagel, H.N. & Levine, B.A. (1993). Preferences for a verb's complements and their use in sentence processing. *Journal of Memory and Language, 32*, 96–114.

Shatz, M. & Gelman, R. (1973). The development of communication skills: Modifications in the speech of young children as a function of listener. *Monographs of the Society for Research in Child Development, 38*(5, serial no. 152).

Shatz, M., Wellman, H. M. & Silber, S. (1983). The acquisition of mental verbs: A systematic investigation of the first reference to mental state. *Cognition, 14,* 301–321.

Shaver, P. R. & Hazan, C. (1994). Attachment. In A. L. Weber & J. H. Harvey (eds.), *Perspectives on close relationships* (pp. 110–130). Boston: Allyn and Bacon.

Shaw, R. & Turvey, M. T. (1981). Coalitions as models for ecosystems: A realist perspective on perceptual organization. In M. Kubovy & J. R. Pomerantz (eds.), *Perceptual organization* (pp. 343–346). Hillsdale, NJ: Erlbaum.

Sheehy, G. (1976). *In der Mitte des Lebens. Die Bewältigung vorhersehbarer Krisen* (Orig. 1974). München: Kindler.

Sheffield, F. D. (1966). New evidence on the drive-induction theory of reinforcement. In R. N. Haber (ed.), *Current research in motivation.* New York: Holt.

Sheffield, F. D. & Roby, T. B. (1950). Reward value of a non-nutritive sweet taste. *Journal of Comparative and Physiological Psychology, 43,* 471–481.

Sheldon, W. (1942). *The varieties of temperament: A psychology of constitutional differences.* New York: Harper.

Shepard, R. N. (1978). Externalization of mental images and the act of creation. In B. S. Randhawa & W. E. Coffman (eds.), *Visual learning, thinking, and communicating.* New York: Academic Press.

Shepard, R. N. (1984). Ecological constraints on internal representation: Resonant kinematics of perceiving, imaging, thinking and dreaming. *Psychological Review, 91,* 417–447.

Shepard, R. N. & Cooper, L. A. (1982). *Mental images and their transformations.* Cambridge, MA: MIT Press.

Shepard, R. N. & Jordan, D. S. (1984). Auditory illusions demonstrating that tones are assimilated to an internalized musical scale. *Science, 226,* 1333–1334.

Shepp, B. & Ballisteros, M. (eds.). (1989). *Object perception.* Hillsdale, NJ: Erlbaum.

Sheridan, C. L. & King, R. G. (1972). Obedience to authority with an authentic victim. Proceedings from the 80th Annual Convention. *American Psychological Association, Part I, 7,* 165–166.

Sherif, C. W. (1981, August). *Social and psychological bases of social psychology,* presented at the annual convention of the American Psychological Association, Los Angeles.

Sherif, M. (1935). A study of some social factors in perception. *Archives of Psychology, 27* (187).

Sherif, M. & Sherif, C. W. (1979). Research on intergroup relations. In W. G. Austin & S. Worchel (eds.), *The social psychology of intergroup relations.* Monterey, CA: Brooks/Cole.

Sherif, M., Harvey, O. J., White, B. J., Hood, W. E. & Sherif, C. W. (1961). *Intergroup conflict and cooperation: The robber's cave experiment.* Norman: Universitty of Oklahoma Press.

Sherif, M., Harvey, O. J., White, B. J., Hood, W. R. & Sherif, C. W. (1988). *The Robbers Cave experiments: Intergroup conflict and cooperation.* Middletown, CT: Wesleyan University Press. (Original work published 1961.)

Sherman, J. A. (1963). Reinstatement of verbal behavior in a psychotic by reinforcement methods. *Journal of Speech and Hearing Disorders, 28,* 398–401.

Sherrington, C. S. (1906). *The integrative action of the nervous system.* New York: Scribner.

Sherrod, K., Vietze, P. & Friedman, S. (1978). *Infancy.* Monterey, CA: Brooks/Cole.

Shettlewort, S. J. (1993). Where is the comparison in comparative cognition? *Psychological Science, 4,* 179–184.

Shidlo, A. (1994). Internalized homophobia: Conceptual and empirical issues in measurement. In B. Greene & G. M. Herek (eds.), *Lesbian and gay psychology: Theory, research, and clinical applications* (pp. 176–205). Thousand Oaks, CA: Sage Publications.

Shiffrar, M. (1994). When what meets where. *Current Directions in Psychological Science, 3,* 96–100.

Shiffrin, R. M. (1993). Short-term memory: A brief commentary. *Memory & Cognition, 21,* 193–197.

Shiffrin, R. M. & Schneider, W. (1977). Controlled and automatic human information processing: II. Perceptual learning, automatic attending, and a general theory. *Psychological Review, 84,* 127–190.

Shinn, M. & Weitzman, B. C. (1990). Research on homelessness: An introduction. *Journal of Social Issues, 46,* 1–13.

Shirley, M. M. (1931). *The first two years.* Minneapolis: University of Minnesota Press.

Shneidman, E. (1987, March). At the point of no return. *Psychology Today,* 55–59.

Shneidman, E. (1989). The Indian summer of life. *American Psychologist, 44,* 684–694.

Shneidman, E. S. (1985). *Definition of suicide.* New York: Wiley.

Shockley, W. (1968). Human quality problems and research taboos. In J. A. Pintus (ed.), *New concepts and directions in education* (pp. 87–88). Greenwich, CT: Educational Records Bureau.

Shoda, Y. & Mischel, W. (1993). Cognitive social approach to dispositional inferences: What if the perceiver is a cognitive social theorist? *Personality and Social Psychology Bulletin, 19,* 574–585.

Shoda, Y., Mischel, W. & Wright, J. C. (1993a). The role of situational demands and cognitive competencies in behavior organization and personality coherence. *Journal of Personality and Social Psychology, 65,* 1023–1035.

Shoda, Y., Mischel, W. & Wright, J. C. (1993b). Links between personality judgments and contextualized behavior patterns: Situation-behavior profiles of personality prototypes. *Social Cognition, 11,* 399–429.

Shortliffe, E. H. (1983). Medical consultation systems: Designing for doctors. In M. S. Sime & M. J. Coombs (eds.), *Designing for human computer communication.* New York: Academic Press.

Shotter, J. (1984). *Social accountability and selfhood.* Oxford: Basil Blackwell.

Shulman, S. (1993). Close friendships in early and middle adolescence: Typology and friendship reasoning. In B. Laurensen (ed.), *Close friendships in adolescence* (pp. 55–71). San Francisco: Jossey-Bass.

Shultz, R. persönliche Mitteilung an den Autor, 20.08.1986

Sieber, M. (1988). *Zwölf Jahre Drogen: Verlaufsuntersuchung des Alkohol-, Tabak- und Haschischkonsums.* Bern: Huber.

Siegel, B. (1988). *Love, medicine and miracles.* New York: Harper & Row.

Siegel, R. K. (1992). *Fire in the brain.* New York: Dutton.

Siegel, S. (1977). Morphine tolerance acquisition as an associative process. *Journal of Experimental Psychology: Animal Behavior Processes, 3,* 1–13.

Siegel, S. (1979). The role of conditioning in drug tolerance and addiction. In J. D. Keehn (ed.), *Psychopathology in animals: Research and clinical applications.* New York: Academic Press.

Siegel, S. (1984). Pavlovian conditioning and heroin overdose: Reports by overdose victims. *Bulletin of the Psychonomic Society, 22,* 428–430.

Siegel, S., Hinson, R. E., Krank, M. D. & McCully, J. (1982). Heroin »overdose« death: The contribution of drug-associated environmental cues. *Science, 216,* 436–437.

Siegelman, M. (1972). Adjustment of homosexual and heterosexual women. *British Journal of Psychiatry, 120,* 477–481.

Siegler, R. S. (1983). Information processing approaches to cognitive development. In W. Kessen (ed.), *Handbook of child psychology: History, theory, and methods* (vol. 1). New York: Wiley.

Siegman, A. W. & Feldstein, S. (1985). *Multichannel integrations of nonverbal behavior.* Hillsdale, NJ: Erlbaum.

Silbereisen, R. K. & Kastner, P. (1985). Jugend und Drogen: Entwicklung von Drogengebrauch – Drogengebrauch als Entwicklung? In R. Oerter (Hrsg.), *Lebensbewältigung im Jugendalter* (S. 192–219). Weinheim: edition psychologie.

Silbereisen, R. K. & Kastner, P. (1988). Jugend und Problemverhalten: Entwicklungspsychologische Perspektiven. In R. Oerter & L. Montada (Hrsg.), *Entwicklungspsychologie* (S. 882–919). München: PVU.

Silberfeld, M. (1978). Psychological symptoms and social supports. *Social Psychiatry, 13,* 11–17.

Silver, E., Cirincione, C. & Steadman, H. J. (1994). Demythologizing inaccurate perceptions of the insanity defense. *Law & Human Behavior, 18,* 63–70.

Silver, R. & Wortman, E. (1980). Coping with undesirable life events. In J. Garber & M. E. P. Seligman (eds.), *Human helplessness: Theory and application.* New York: Academic Press.

Silverman, L. H. (1976). Psychoanalytic theory: »The reports of my death are greatly exaggerated.« *American Psychologist, 31,* 621–637.

Simkin, L. R. & Gross, A. M. (1994). Assessment of coping with high-risk situations for exercise relapse among healthy women. *Health Psychology, 13,* 274–277.

Simmel, E. C. (1980). *Early experiences and early behavior: Implications for social development.* New York: Academic Press.

Simon, H. (1955). A behavioral model of rational choice. *Quarterly Journal of Economics, 69,* 99–118.

Simon, H. (1973). The structure of ill-structured problems. *Artificial Intelligence, 4,* 181–202.

Simon, H. A. (1979). *Models of thought* (vol. 1). New Haven: Yale University Press.

Simon, H. A. (1989). *Models of thought* (vol. 2). New Haven: Yale University Press.

Simon, H. A. & Gilmartin, A. (1973). A simulation of memory for chess positions. *Cognitive Psychology, 5,* 29–46.

Simpson, E. E. L. (1974). Moral development research: A case study of scientific cultural bias. *Human Development, 17,* 81–106.

Sinclair, J. D. (1983, December). The hardware of the brain. *Psychology Today, 8,* 11, 12.

Sinclair, R. C., Hoffman, C., Mark, M. M., Martin, L. L. & Pickering, T. L. (1994). Construct accessibility and the misattribution of arousal: Schachter and Singer revisited. *Psychological Science, 5,* 15–19.

Singer, C. (1958). *From magic to science: Essays on the scientific twilight.* New York: Dover.

Singer, D. G. & Singer, J. L. (1990). *The house of make-believe.* Cambridge, MA: Harvard University Press.

Singer, J. E., Brush, C. & Lublin, S. C. (1965). Some aspects of deindividuation: Identification and conformity. *Journal of Experimental Social Psychology, 1,* 356–378.

Singer, J. L. (1966). *Daydreaming: An introduction to the experimental study of inner experience.* New York: Random House.

Singer, J. L. (1975). Navigating the stream of consciousness: Research in daydreaming and related inner experience. *American Psychologist, 30,* 727–739.

Singer, J. L. (1976). Fantasy: The foundation of serenity. *Psychology Today, 10,* 32 ff.

Singer, J. L. (ed.). (1990). *Repression and dissociation.* Chicago: University of Chicago Press.

Singer, J. L. & Antrobus, J. S. (1966). *Imaginal process inventory.* New York: Authors.

Singer, J. L. & McCraven, V. J. (1961). Some characteristics of adult day-dreaming. *Journal of Psychology, 51,* 151–164.

Singer, J. L., Singer, D. G. & Rapaczynski, W. S. (1984). Family patterns and television viewing as predictors of childrens' beliefs and aggression. *Journal of Communication, 34*(2), 73–89.

Six, B. & Schäfer, B. (1985). *Einstellungsänderung.* Stuttgart: Kohlhammer.

Sjoberg, B. M. & Hollister, L. F. (1965). The effects of psychomimetic drugs on primary suggestability. *Psychopharmacologica, 8,* 251–262.

Skeels, H. M. (1966). Adult status with children contrasting early life experiences. *Monographs of the Society for Research in Child Development, 31* (3).

Skinner, B. F. (1938). *The behavior of organisms.* New York: Appleton-Century-Crofts.

Skinner, B. F. (1953). *Science and human behavior.* New York: Macmillan.

Skinner, B. F. (1957). *Verbal behavior.* New York: Appleton-Century-Crofts.

Skinner, B. F. (1966). What is the experimental analysis of behavior? *Journal of the Experimental Analysis of Behavior, 9,* 213–218.

Skinner, B. F. (1972). Beyond freedom and dignity. Toronto: Bantam Books.

Skinner, B. F. (1990). Can psychology be a science of mind? *American Psychologist, 45,* 1206–1210.

Skolnick, A. (1986). Early attachment and personal relationships across the life course. In P. B. Baltes, D. M. Featherman & R. M. Lerner (eds.), *Life-span development and behavior* (vol. 7). Hillsdale, NJ: Erlbaum.

Skre, I., Onstad, S., Torgersen, S., Kygren, S. & Kringlen, E. (1993). A twin study of DSM-III-R anxiety disorders. *Acta Psychiatrica Scandinavica, 88,* 86–92.

Sloane, R. B., Staples, F. R., Cristol, A. H., Yorkston, N. J. & Whipple, K. (1975). *Psychotherapy versus behavior therapy.* Cambridge, MA: Harvard University Press.

Slobin, D. (1979). *Psycholinguistics* (2 nd ed.). Glenview, IL: Scott, Foresman.

Slobin, D. I. (1985). Crosslinguistic evidence for the language-making capacity. In D. Slobin (ed.), *The crosslinguistic study of language acquisition. Vol. 2. Theoretical issues* (pp. 1157–1256). Hillsdale, NJ: Erlbaum.

Sloman, S. A., Hayman, C. A. G., Ohta, N., Law, J. & Tulving, E. (1988). Forgetting in primed fragment completion. *Journal of Cognition, 14,* 223–239.

Slovic, P. (1984). *Facts vs. fears: Understanding perceived risk.* Presentation at a Science and Public Policy Seminar. Washington, CD: Federation of Behavioral, Psychological, and Cognitive Sciences.

Smart, M. S. & Smart, R. C. (1973). *Adolescents: Development and relationships.* New York: Macmillan.

Smith, C. A. (1986). *The information structure of the facial expression of emotion.* Dissertation, Stanford University.

Smith, C. A. & Ellsworth, P. C. (1985). Patterns and cognitive appraisal in emotion. *Journal of Personality and Social Psychology, 48,* 813–838.

Smith, C. A. & Ellsworth, P. C. (1987). Patterns of appraisal and emotion related to taking an exam. *Journal of Personality and Social Psychology, 52,* 475–488.

Smith, D. (1982). Trends in counseling and psychotherapy. *American Psychologist, 37*, 802–809.

Smith, D. & Kraft, W. A. (1983). DSM-III: Do psychologists really want an alternative? *American Psychologist, 38*, 777–785.

Smith, E. E. & Medin, D. L. (1981). *Categories and concepts.* Cambridge, MA: Harvard University Press.

Smith, J. & Baltes, P. B. (1990). Wisdom-related knowledge: Age/cohort differences in response to life-planning problems. *Developmental Psychology, 26*, 494–505.

Smith, M. L. & Glass, G. V. (1977). Meta-analysis of psychotherapy outcome studies. *American Psychologist, 32*, 752–760.

Smith, M. L., Glass, G. V. & Miller, T. I. (1980). *The benefits of psychotherapy.* Baltimore: Johns Hopkins University Press.

Smith, S. M., Brown, H. O., Toman, J. E. P. & Goodman, L. S. (1947). The lack of cerebral effects of d-tubercurarine. *Anesthesiology, 8*, 1–14.

Smith, T. W. (1992). Hostility and health: Current status of a psychosomatic hypothesis. *Health Psychology, 11*, 139–150.

Smuts, A. B. & Hagen, J. W. (1985). History and research in child development. *Monographs of the Society for Research in Child Development, 50* (serial no. 211), 4–5.

Snow, R. E. (1995), January 21). *Validity of IQ as a measure of cognitive ability.* Unpublished paper presented at Workshop on IQ testing and educational decision making. San Diego, CA: National Research Council.

Snowden, C. T. (1969) Motivation, regulation and the control of meal parameters with oral and intragastric feeding. *Journal of Comparative and Physiological Psychology, 69*, 91–100.

Snyder, C. R. & Smith, T. (1982). Symptoms as self-handicapping strategies: The virtue of old vine in new bottles. In G. Weary & H. Mirels (eds.), *Integrations of clinical and social psychology.* New York: Oxford University Press.

Snyder, M. (1984). When beliefs create reality. In L. Berkowitz (ed.), *Advances in experimental social psychology* (vol. 18). New York: Academic Press.

Snyder, M. (1987). *Public appearances/private realities: The psychology of self-monitoring.* New York: Freeman.

Snyder, M. & Frankel, A. (1976). Observer bias: A stringent test of behavior engulfing the field. *Journal of Personality and Social Psychology, 34*, 857–864.

Snyder, M. & Gangestad, S. (1986). On the nature of self-monitoring: Matters of assessment, matters of validity. *Journal of Personality and Social Psychology, 51*, 125–139.

Snyder, M. & Jones, E. E. (1974). Attitude attribution when behavior is constrained. *Journal of Experimental Social Psychology, 10*, 585–600.

Snyder, M. & Swann, W. B., Jr. (1978). Hypothesis-testing processes in social interaction. *Journal of Personality and Social Psychology, 36*, 1202–1212.

Snyder, S. H. & Childers, S. R. (1979). Opiate receptors and opioid peptides. *Annual Review of Neurosciences, 2*, 35–64.

Snyder, S. H. & Mattysse, S. (1975). *Opiate receptor mechanisms.* Cambridge, MA: MIT Press.

Sobell, M. B. & Sobell, L. C. (1973). Individualized behavior therapy for alcoholics. *Behavior Therapy, 4*, 49–72.

Sobell, M. B. & Sobell, L. C. (1984). The aftermath of heresy: A response to Pendery et al.'s (1982) critique of »individualized behavior therapy for alcoholics.« *Behavior Research and Therapy, 22*, 413–440.

Sokal, M. M. (ed.). (1987). *Psychological testing and American society, 1890–1930.* New Brunswick, NJ: Rutgers University Press.

Solomon, R., Gerrity, E. T. & Muff, A. M. (1992). Efficacy of treatments of posttraumatic stress disorder. *Journal of the American Medical Association, 268*, 633–638.

Solso, R. L. (1991). *Cognitive psychology* (3rd ed.). Boston: Allyn and Bacon.

Solso, R. L. & McCarthy, J. E. (1981). Prototype formation of faces: A case study of pseudomemory. *British Journal of Psychology, 72*, 499–503.

Sorce, J. F., Emde, R. N., Campos, J. & Klinnert, M. D. (1985). Maternal emotional signaling: Its effect on the visual cliff behavior of 1-year-olds. *Developmental Psychology, 21*, 195–200.

Sorensen, R. C. (1973). *Adolescent sexuality in contemporary America.* Cleveland: World.

Sotsky, S. M., Glass, D. R., Shea, M. T., Pilkonis, P. A., Collins, J. F., Elkin, I., Watkins, J. M. T., Imber, S. D., Leber, W. R., Moyer, J. & Oliveri, M. E. (1991). Patient predictors of response to psychotherapy and pharmacotherapy: Findings in the NIMH treatment of Depression Collaborate Research Program. *The American Journal of Psychiatry, 148*, 997–1008.

Sozialpolitische Umschau Nr. 367 vom 11. August 1997, herausgegeben vom Presse- und Informationsamt der Bundesregierung.

Spangler, W. D. (1992). Validity of questionnaire and TAT measures of need for achievement: Two meta-analyses. *Psychological Bulletin, 112*, 140–154.

Spearman, C. (1927). *The abilities of man.* New York: Macmillan.

Speer, S. R. & Kjelgaard, M. M. (1992, November). *The influence of prosodic structure on processing temporary syntactic ambiguity.* Paper presented at the meeting of the Psychonomic Society, St. Louis.

Speisman, J. C., Lazarus, R. S., Mordkoff, A. M. & Davison, L. A. (1964). The experimental reduction of stress based on ego-defense theory. *Journal of Abnormal and Social Psychology, 68*, 367–380.

Spelke, E., Hirst, W. & Neisser, U. (1976). Skills of divided attention. *Cognition, 4*, 215–230.

Spelke, E. S. (1988). Where perceiving ends and thinking begins: The apprehension of objects in infancy. *Minnesota Symposium on Child Psychology, 20*, 197–234.

Spelke, E. S. (1991). Physical knowledge in infancy. In S. Carey & R. Gelman (eds.), *The epigenesis of mind: Essays on biology and cognition* (pp. 133–169). Hillsdale, NJ: Erlbaum.

Spence, D. P. (1967). Subliminal perception and perceptual defense: Two sides of a single problem. *Behavioral Science, 12*, 183–193.

Spence, M. J. & DeCasper, A. J. (1987). Prenatal experience with low-frequency maternal-voice sounds influences neonatal perception of maternal voice samples. *Infant Behavior and Development, 10*, 133–142.

Sperling, G. (1960). The information available in brief visual presentations. *Psychological Monographs, 74*, 1–29.

Sperling, G. (1963). A model for visual memory tasks. *Human Factors, 5*, 19–31.

Sperry, R. W. (1952). Neurology and the mind-brain problem. *American Scientist, 40*, 291–312.

Sperry, R. W. (1968). Mental unity following surgical disconnection of the cerebral hemispheres. *The Harvey Lectures,* Series 62, New York: Academic Press.

Spiegel, D. & Cardeña, E. (1991). Disintegrated experience: The dissociate disorders revisited. *Psychological Bulletin, 100*, 366–378.

Spiegel, D. & Scheflin, A. W. (1994). Dissociated or fabricated? Psychiatric aspects of repressed memory in criminal and civil cases. *International Journal of Clinical and Experimental Hypnosis, 42*, 411–432.

Spiegel, D., Bloom, J. R. & Yalom, I. (1981). Group support for patients with metastatic cancer. *Archives of General Psychiatry, 38*, 527–533.

Spiegel, D., Bloom, J.R., Kraemer, H.C. & Gottheil, E. (1989, October 14). Effect of psychosocial treatment on survival of patients with metastatic breast cancer. *The Lancet*, pp. 888–891.

Spiel, C., Kastner-Koller, U. & Deimann, P. (Hrsg.). (1996). *Motivation und Lernen aus der Perspektive lebenslangen Lernens.* Münster: Waxmann.

Spiro, R.J. (1977). Remembering information from text: The »state of schema« approach. In R.C. Atkinson, R.J. Spiro & W.E. Montague (eds.), *Schooling and the acquisition of knowledge.* Hillsdale, NJ: Erlbaum.

Spitz, R.A. & Wolf, K. (1946). Anaclitic depression. *Psychoanalytic study of children*, 2, 313–342.

Spreen, O. & Sundberg, N.D. (1963). *MMPI Saarbrücken.* Bern: Huber.

Springer, S.P. & Deutsch, G. (1984). *Left brain, right brain* (2nd ed.). San Francisco: Freeman.

Springer, S.P. & Deutsch, G. (1987). *Linkes – rechtes Gehirn: funktionelle Asymmetrien* Heidelberg: Verlag Spektrum der Wissenschaft.

Springer, S.P. & Deutsch, G. (1995). *Linkes/Rechtes Gehirn.* : Spektrum Akademischer Verlag.

Squire, L.R. (1986). Mechanisms of memory. *Science*, 232, 1612–1619.

Squire, L.R. (1992). Memory and the hippocampus: A synthesis from findings with rats, monkeys, and humans. *Psychological Review*, 99, 195–231.

Squire, L.R. & Slater, P.C. (1975). Forgetting in very long-term memory as assessed by an improved questionnaire technique. *Journal of Experimental Psychology: Human Learning and Memory*, 104, 50–54.

Squire, L.R., Amaral, D.G., Zola-Morgan, S., Kritchevsky, M. & Press, G. (1989). Description of brain injury in the amnesic patient. N.A. based on magnetic resonance imaging. *Experimental Neurology*, 105, 23–35.

Squire, L.R., Knowlton, B. & Musen, G. (1993). The structure and organization of memory. *Annual Review of Psychology*, 44, 453–495.

Squire, S. (1985, August 19). It's hard to tell a lie. *San Francisco Chronicle*, This World Section, p. 9.

Squire, S. (1988, January 3). Shock therapy. *San Francisco Examiner-Chronicle*, This World Section, p. 16.

Srinivas, K. & Roediger, H.L., III. (1990). Classifying implicit memory tests: Category association and anagram solution. *Journal of Memory and Language*, 29, 389–412.

St. Clair, M. (1986). *Object relations and self psychology: an introduction.* Monterey, CA: Brooks & Cole.

Staats, A.W. & Staats, C.K. (1958). Attitudes established by classical conditioning. *Journal of Abnormal and Social Psychology*, 57, 37–40.

Staats, A.W., Minke, K.A., Martin, K.A. & Higa, W.R. (1972). Deprivation-satiation and strength of attitude conditioning: A test of attitude-reinforcer-discriminative theory. *Journal of Personality and Social Psychology*, 24, 178–185.

Staats, A.W., Gross, M.C., Guay, P.F. & Carlson, C.C. (1973). Personality and social systems and attitude-reinforcer-discriminative theory: Interest (attitude). formation, function, and measurement. *Journal of Personality and Social Psychology*, 26, 251–261.

Stacy, A.W., Newcomb, M.D. & Bentler, P.M. (1991). Cognitive motivation and drug use: A 9-year longitudinal study. *Journal of Abnormal Psychology*, 100, 502–515.

Staines, G.L. & Pleck, J.H. (1984). Nonstandard work schedules and family life. *Marriage and Family Review*, 9, 43–65.

Staines, G.L. & Pleck, J.H. (1986). Work schedule flexibility and family life. *Journal of Occupational Behavior*, 7, 147–153.

Stampfl, T.G. & Levis, D.J. (1967). Essentials of implosive therapy: A learning theory-based psychodynamic behavioral therapy. *Journal of Abnormal Psychology*, 72, 496–503.

Stanford Daily. (1982, February 2, pp. 1, 3, 5). Rape is no accident, say campus assault victims.

Stanovich, K. (1986). *How to think straight about psychology.* Glenview, IL: Scott, Foresman.

Stark, E (1985). Breaking the pain habit. *Psychology Today*, 30–37.

Statistical abstracts of the U.S. (1994). Washington, DC: U.S. Government Printing Office.

Statistisches Bundesamt 20.08.1990, Sozialpolitische Umschau Nr. 347 (Presse- und Informationsamt der Bundesregierung).

Statistisches Bundesamt 27.08. 1990, Sozialpolitische Umschau Nr. 363 (Presse- und Informationsamt der Bundesregierung).

Staub, E. (1974). Helping a distressed person: Social, personality, and stimulus determinants. In L. Berkowitz (ed.), *Advances in experimental and social psychology* (vol. 7). New York: Academic Press.

Staudt, E. (1985). Die Führungsrolle der Personalplanung im technischen Wandel. In Sonntag, K. (Hrsg.), *Neue Produktionstechniken und qualifizierte Arbeit.* Köln: Wirtschaftsverlag Bachem.

Stayton, D., Hogan, R. & Ainsworth, M.D.S. (1971). Infant obedience and maternal behavior: The origins of socialization reconsidered. *Child Development*, 42, 1057–1069.

Stecher, G. (1983). *Untersuchung zur Erfassung subjektiver psychologischer Theorien von angehenden Lehrern über aggressives Schülerverhalten mit Hilfe einer Struktur-Lege-Technik.* Weingarten: Unveröff. Examensarbeit an der Pädagogischen Hochschule.

Steele, C.M. (1988). The psychology of self-affirmation: Sustaining the integrity of the self. In L. Berkowitz (ed.) *Advances in experimental social psychology* (vol. 21, pp. 261–392). New York: Academic Press.

Steele, C.M. (1992, April). Race and the schooling of Black Americans. *Atlantic Monthly*, 269, 68–78.

Steinberg, L., Mounts, N.S., Lamborn, S.D. & Dornbusch, S.M. (1991). Authoritative parenting and adolescent adjustment across varied ecological niches. *Journal of Adolescence*, 1, 19–36.

Steinberg, L., Lamborn, S.D., Dornbusch, S.M. & Darling, N. (1992). Impact of parenting practices on adolescent achievement: Authoritative parenting, school involvement, and encouragement to succeed. *Child Development*, 63, 1266–1281.

Steinberg, L., Lamborn, S.D., Darling, N., Mounts, N.S. & Dornbusch, S.M. (1994). Over-time changes in adjustment and competence among adolescents from authoritative, authoritarian, indulgent, and neglectful families. *Child Development*, 65, 754–770.

Steiner, G. (1980). *Visuelle Vorstellungen beim Lösen von elementaren Problemen.* Stuttgart: Klett-Cotta.

Steiner, G. (1988). *Lernen: 20 Szenarien aus dem Alltag.* Bern: Huber.

Steiner, J. (1980). The SS yesterday and today: A sociopsychological view. In J.E. Dimsdale (ed.), *Survivors, victims and perpetrators: Essays on the Nazi holocaust.* Washington, DC: Hemisphere Publishing.

Steinhausen, H.-C. (1988). *Psychische Störungen bei Kindern und Jugendlichen: Lehrbuch der Kinder- und Jugendpsychiatrie.* München: Urban & Schwarzenberg.

Steininger, M., Newell, J.D. & Garcia, L.T. (1984). *Ethical issues in psychology.* Homewood, IL: Dorsey.

Stellar, E. (1954). The physiology of motivation. *Psychological Review*, 61, 5–22.

Stelzl, I. (1982). *Fehler und Fallen der Statistik.* Bern: Huber.

Stemberger, J. P. (1992). The reliability and replicability of naturalistic speech error data: A comparison with experimentally induced errors. In B. J. Baars (ed.), *Experimental slips and human error: Exploring the architecture of folition* (pp. 195–215). New York: Plenum Press.

Steriade, M. & McCarley, R. W. (1990). *Brainstem control of wakefulness and sleep.* New York: Plenum Press.

Stern, M. & Karraker, K. H. (1989). Sex stereotyping of infants: A review of gender labeling studies. *Sex Roles, 20,* 501–522.

Stern, P. & Aronson, E. (eds.). (1984). *Energy use: The human dimension.* New York: Freeman.

Stern, R. M. & Ray, W. J. (1977). *Biofeedback.* Chicago: Dow Jones-Irwin.

Stern, W. (1914). The psychological methods of testing intelligence. *Educational Psychology Monographs* (no.13).

Stern, W. C. & Morgane, P. S. (1974). Theoretical view of REM sleep function: Maintenance of catecholamine systems in the central nervous system. *Behavioral Biology, 11,* 1–32.

Sternberg, R. (ed.). (1982). *Handbook of human intelligence.* Cambridge, MA: Cambridge University Press.

Sternberg, R. (1985). *Beyond IQ.* Cambridge, MA: Cambridge University Press.

Sternberg, R. (1986). *Intelligence applied.* San Diego, CA: Harcourt Brace Jovanovich.

Sternberg, R. J. (1994). Intelligence. In R. J. Sternberg (ed.), *Handbook of perception and cognition: Vol. 2. Thinking and problem solving* (pp. 263–288). Orlando, FL: Academic Press.

Sternberg, R. J., Conway, B. E., Ketron, J. L. & Bernstein, M. (1981). People's conceptions of intelligence. *Journal of Personality and Social Psychology, 41,* 37–55.

Sternberg, S. (1966). High-speed scanning in human memory. *Science, 153,* 652–654.

Sternberg, S. (1969). Memory-scanning: Mental processes revealed by reaction time experiments. *American Scientist, 57,* 421–457.

Stevens, A. (1996). *Vom Traum und vom Träumen. Deutung, Forschung, Analyse.* Übersetzung aus dem Englischen. München: Kindler.

Stevens, C. F. (1979). The neuron. *Scientific American, 241* (9), 54–65.

Stevens, S. S. (1961). To honor Fechner and repeal his law. *Science, 133,* 80–86.

Stevens, S. S. (1962). The surprising simplicity of sensory metrics. *American Psychologist, 17,* 29–39.

Stevens, S. S. (1975). In G. Stevens (ed.), *Psychophysics: Introduction to its perceptual, neutral, and social prospects.* New York: Wiley.

Stevenson, H. W., Chen, C. & Lee, S-Y. (1993). Mathematics achievement of Chinese, Japanese, and American children: Ten years later. *Science, 259,* 53–58.

Stevenson, J., Graham, P., Fredman, G. & McLoughlin, V. A. (1987). Twin study of genetic influences on reading and spelling ability and disability. *Journal of Child Psychiatry, 28,* 229–247.

Stiensmeier-Pelster, J. (1988). *Erlernte Hilflosigkeit, Handlungskontrolle und Leistung.* Berlin: Springer.

Stierlin, H., Wynne, L. C. & Wirsching, M. (Hrsg.). (1985). *Psychotherapie und Sozialtherapie in der Schizophrenie: Ein internationaler Überblick.* Berlin: Springer.

Stipp, D. (1991, January 30). Split personality: Americans are loath to curb energy use despite war concerns. *The Wall Street Journal,* pp. A1, A5.

Stoerig, P. (1993). Sources of blindsight. *Science, 261,* 493.

Stogdill, R. M. (1974). *Handbook of Leadership.* New York: The Free Press.

Stone, A. A., Neale, J. M., Cox, D. S., Napoli, A., Valdimarsdottir, H. & Kennedy-Moore, E. (1994). Daily events are associated with a secretory immune response to an oral antigen in men. *Health Psychology, 13,* 440–446.

Storms, M. (1973). Videotape and the attribution process: Reversing actors' and observers' points of view. *Journal of Personality and Social Psychology, 27,* 165–175.

Storms, M. D. (1980). Theories of sexual orientation. *Journal of Personality and Social Psychology, 38,* 783–792.

Storms, M. D. (1981). A theory of erotic orientation development. *Psychological Review, 88,* 340–353.

Strack, S. & Coyne, J. C. (1983). Social confirmation of dysphoria: Shared and private reactions to depression. *Journal of Personality and Social Psychology, 50,* 149–167.

Striegel-Moore, R. H., Silberstein, L. R. & Rodin, J. (1993). The social self in bulimia nervosa: Public self-consciousness, social anxiety, and perceived fraudulence. *Journal of Abnormal Psychology, 102,* 297–303.

Strober, M. (1992). Family-genetic studies. In K. A. Halmi (ed.), *Psychobiology and treatment of anorexia nervosa and bulimia nervosa* (pp. 61–76). Washington, DC: American Psychiatric Press.

Stroebe, W., Stroebe, M. S., Gergen, K. J. & Gergen, M. (1982). The effects of bereavement on mortality: A social psychological analysis. In J. R. Eiser (ed.), *Social psychology and behavioral medicine* (pp. 527–560). New York: Wiley.

Stroebe, W., Hewstone, M., Codol, J.-P. & Stephenson, G. M. (Hrsg.). (1990). *Sozialpsychologie: Eine Einführung* (Orig. 1988). Berlin: Springer.

Stromeyer, D. F. & Psotka, J. (1970). The detailed texture of eidetic images. *Nature, 225,* 346–349.

Stroop, J. R. (1935). Studies of interference in serial verbal reactions. *Journal of Experimental Psychology, 18,* 643–662.

Strube, G. (1984). *Assoziation.* Berlin: Springer.

Stuart, R. B. (1971). Behavioral contracting with families of delinquents. *Journal of Behavior Therapy and Experimental Psychiatry, 2,* 1–11.

Stunkard, A. J., Harris, J. R., Pedersen, N. L. & McClearn, G. E. (1990). The body mass index of twins who have been reared apart. *New England Journal of Medicine, 322,* 1483–1487.

Styron, W. (1990). *Darkness visible: A memoir of madness.* New York: Random House.

Suchman, A. L. & Ader, R. (1989). Placebo response in humans can be shaped by prior pharmalogic experience. *Psychosomatic Medicine, 51,* 251.

Suedfeld, P. (1980). *Restricted environmental stimulation: Research and clinical applications* New York: Wiley.

Sullivan, H. S. (1953). *The interpersonal theory of psychiatry.* New York: Norton.

Süllwold, L. (1986). *Schizophrenie* (2. Aufl.). Stuttgart: Kohlhammer.

Süllwold, L. & Herrlich, J. (1990). *Psychologische Behandlung schizophren Erkrankter.* Stuttgart: Kohlhammer.

Suls, J. & Marco, C. A. (1990). Relationship between JAS- and FTAS-Type A behavior and non-CHD illness: A prospective study controlling for negative affectivity. *Health Psychology, 9,* 479–492.

Sundberg, N. D. (1977). *Assessment of persons.* Englewood Cliffs, NJ: Prentice-Hall.

Sundberg, N. D. & Matarazzo, J. D. (1979). Psychological assessment of individuals. In M. E. Meyer (ed.), *Foundations of contemporary psychology* (pp. 580–617). New York: Oxford University Press.

Suomi, S. (1987). Genetic and maternal contributions to individual differences in rhesus monkey biobehavioral development.

In N. A. Krasnegor, E. M. Blass, M. A. Hofer & W. P. Smotherman (eds.), *Prenatal development: A psychobiological perspective* (pp. 397–420). New York: Academic Press.

Suomi, S. (1990). In *Discovering Psychology*, Program 5 [PBS video series]. Washington, DC: Annenberg/CPB Program.

Suomi, S. & Harlow, H. F. (1972). Social rehabilitation of isolate-reared monkeys. *Developmental Psychology, 6*, 487–496.

Svanum, S., McGrew, J. & Ehrmann, L. (1994). Validity of the substance abuse scales of the MMPI-2 in college student sample. *Journal of Personality Assessment, 62*, 427–439.

Swann, W. B. & Ely, R. J. (1984). A battle of wills: Self-verification versus behavioral confirmation. *Journal of Personality and Social Psychology, 46*, 1287–1302.

Swann, W. B., Hixon, J. G. & De La Ronde, C. (1992). Embracing the bitter »truth«: Negative self-concepts and marital commitment. *Psychological Science, 3*, 118–121.

Swann, W. B., Jr. (1985). The self as architect of social reality. In B. Schlenker (ed.), *The self and social life.* New York: McGraw-Hill.

Swann, W. B., Jr. (1990). To be adored or to be known? The interplay of self-enhancement and self-verification. In R. M. Sorrentino & E. T. Higgins (eds.), *Handbook of motivation and cognition* (vol. 2). New York: Guilford Press.

Swazey, J. P. (1974). *Chlorpromazine in psychiatry: A study of therapeutic innovation.* Cambridge, MA: MIT Press.

Sweeney, J. A., Clementz, B. A., Haas, G. L., Escobar, M. D., Drake, K. & Frances, A. J. (1994). Eye tracking dysfunction in schizophrenia: Characterization of component eye movement abnormalities, diagnostic specificity, and the role of attention. *Journal of Abnormal Psychology, 103*, 222–230.

Sweet, A. (1995). Theoretical perspectives on the clinical use of EMDR. *Behavior Therapist, 18*, 5–6.

Sweets, J. A. & Bjork, R. A. (1990). Enhancing human performance: An evaluation of »new age« techniques considered by the U. S. Army. *Psychological Science, 1*, 85–96.

Swift, W. J., Andrews, D. & Barklage, N. E. (1986). The relationship between affective disorders and eating disorders: A review of the literature. *American Journal of Psychiatry, 143*, 290–299.

Szagun, G. (1980). *Sprachentwicklung beim Kind.* München: Urban & Schwarzenberg.

Szagun, G. (1986). *Sprachentwicklung beim Kind.* (3. Aufl.). München: Psychologie VerlagsUnion.

Szagun, G. (1996). *Sprachentwicklung beim Kind.* Weinheim: Beltz Psychologie Verlags-Union.

Szasz, T. (1972). Geisteskrankheit – Ein moderner Mythos. Reinbek: rororo.

Szasz, T. S. (1961). The myth of mental illness. New York: Harper & Row.

Szasz, T. S. (1977). The manufacture of models. New York: Dell.

Szasz, T. S. (1979). The myth of psychotherapy. Garden City, NY: Doubleday.

Szymanski, S., Kane, J. M. & Leiberman, J. A. (1991). A selective review of biological markers in schizophrenia. *Schizophrenia Bulletin, 17*, 99–111.

Tajfel, H. (1970). Experiments in intergroup discrimination. *Scientific American, 223*, 96–102.

Tajfel, H. (ed.). (1982). *Social identity and intergroup relations.* New York: Cambridge University Press.

Tajfel, H. & Billig, M. (1974). Familiarity and categorization in intergroup behavior. *Journal of Experimental Social Psychology, 10*, 159–170.

Talbot, J. D., Marrett, S., Evans, A. C., Meyer, E., Bushnell, M. C. & Duncan, G. H. (1991). Multiple representations of pain in the human cerebral cortex. *Science, 251*, 1355–1358.

Tanner, J. M. (1962). *Growth at adolescence* (2nd ed.). Oxford: Blackwell Scientific Publications.

Tarr, M. J. (1994). Visual representation: From features to objects. In V. S. Ramachandran (ed.), *The encyclopedia of human behavior.* San Diego: Academic Press.

Tarr, M. J. & Pinker, S. (1989). Mental rotation and orientation-dependence in shape recognition. *Cognitive Psychology, 21*, 233–282.

Tart, C. T. (1971). *On being stoned: A psychological investigation of marijuana intoxication.* Palo Alto, CA: Science and Behavior Books.

Tausch, R. & Tausch, A. (1981). *Gesprächspsychotherapie* (8. Aufl.). Göttingen: Hogrefe. (Erstausgabe 1960)

Tausch, R. & Tausch, A.-M. (1990). *Gesprächspsychotherapie.* Göttingen: Hogrefe.

Taylor, J. A. (1951). The relationship of anxiety to the conditioned eyelid response. *Journal of Experimental Psychology, 41*, 81–92.

Taylor, S. E. (1980). The availability bias in social perception and interaction. In D. Kahneman, P. Slovic & A. Tversky (eds.), *Judgment under uncertainty: Heuristics and biases.* Cambridge: Cambridge University Press.

Taylor, S. E. (1986). *Health psychology.* New York: Random House.

Taylor, S. E. (1990). Health psychology: The science and the field. *American Psychologist, 45*, 40–50.

Taylor, S. E. & Brown, J. D. (1988). Illusion and well-being: A social psychological perspective on mental health. *Psychological Bulletin, 103*, 193–210.

Taylor, S. E. & Brown, J. D. (1994). Positive illusions and well-being revisited: Separating fact from fiction. *Psychological Bulletin, 116*, 21–27.

Taylor, S. E. & Clark, L. F. (1986). Does information improve adjustment to noxious events? In M. J. Saks & L. Saxe (eds.), *Advances in applied social psychology* (vol. 3, pp. 1–28). Hillsdale, NJ: Erlbaum.

Taylor, S. P., Vardaris, R. M., Rawtich, A. B., Gammon, C. B., Cranston, J. W. & Lubetkin, A. I. (1976). The effects of alcohol and delta-9-tetrahydrocannabinol on human physical aggression. *Aggressive Behavior, 2*, 153–161.

Teasdale, J. D. (1985). Psychological treatments for depression: How do they work? *Behavior Research and Therapy, 23*, 157–165.

Teitelbaum, P. (1977). The physiological analysis of motivated behavior. In P. Zimbardo & F. L. Ruch *Psychology and Life* (9nth ed., Diamond Printing). Glenview, IL: Scott, Foresman.

Tellegen, A. & Atkinson, S. (1974). Openness to absorbing and self-altering experiences (»absorption«), a trait related to hypnosis. *Journal of Abnormal Psychology, 83*, 268–277.

Temoshok, L. (1990). On attempting to articulate the biopsychosocial model: Psychological-psychophysiological homeostasis. In H. S. Friedman (ed.), *Personality and disease* (pp. 203–225). New York: Wiley.

Temoshok, L. & Dreher, H. (1992). *The Type C connection: The mind-body link to cancer and your health.* New York: Plume.

Templin, M. C. (1957). Certain language skills in children. *Institute of Child Welfare Monographs*, Series Nr. 26. Minneapolis: University of Minnesota Press.

Tennstädt, K.-C. & Dann, H. D. (1987). *Das Konstanzer Trainingsmodell (KTM): Ein integratives Selbsthilfeprogramm für Lehrkräfte zur Bewältigung von Aggressionen und Störungen im Unterricht* (3 Bände). Bern: Huber.

Tenopyr, M. L. & Oeltjen, P. D. (1982). Personnel selection and classification. *Annual Review of Psychology, 33*, 581–618.

Terman, L. M. (1916). *The measurement of intelligence.* Boston: Houghton-Mifflin.

Terman, L. M. (1925). *Genetic studies of genius: Vol. 1. Mental and physical traits of a thousand gifted children.* Stanford, CA: Stanford University Press.

Terman, L. M. & Merrill, M. A. (1937). *Measuring intelligence.* Boston: Houghton Mifflin.

Terman, L. M. & Merrill, M. A. (1960). *The Stanford-Binet intelligence scale.* Boston: Houghton Mifflin.

Terman, L. M., & Merrill, M. A. (1965). *Stanford-Binet-Intelligenz-Test.* Göttingen: Hogrefe.

Terman, L. M., & Merrill, M. A. (1972). *Stanford-Binet intelligence scale – manual for the third revision, Form L-M.* Boston: Houghton-Mifflin.

Terman, L. M. & Oden, M. H. (1947). The gifted child grows up. *Genetic studies of genius* (vol. 4). Stanford, CA: Stanford University Press.

Terman, L. M. & Oden, M. H. (1959). The gifted group at midlife. *Genetic studies of genius* (vol. 5). Stanford, CA: Stanford University Press.

Terrace, H. (1979). *Nim: A chimpanzee, who learned sign language.* New York: Knopf.

Terrace, H. (1985). In the beginning was the »name«. *American Psychologist,* 40, 1011–1028.

Tewes, U. (Hrsg.). (1983). *HAWIK-R.* Bern: Huber.

Tewes, U., Schallberger, U. & Rossmann, K. (in Vorbereitung). *Hamburg-Wechsler-Intelligenztest für Kinder III (HAWIK III).* Göttingen: Testzentrale des Hogrefe-Verlags.

Thatcher, R. W., Walker, R. A. & Guidice, S. (1987). Human cerebral hemispheres develop at different rates and ages. *Science,* 236, 1110–1113.

Thigpen, C. H. & Cleckley, H. A. (1957). *Three faces of Eve.* New York: McGraw-Hill.

Thomae, H. (1988). *Das Individuum und seine Welt: Eine Persönlichkeitstheorie* (2. Aufl.). Göttingen: Hogrefe.

Thomae, H. (1997). *Das Individuum und seine Welt.* Göttingen: Hogrefe.

Thommen, B., Ammann, R. & von Cranach, M. (1988). *Handlungsorganisation durch soziale Repräsentation.* Bern: Huber.

Thompson, D. A. & Campbell, R. G. (1977). Hunger in humans induced by 2-Deoxy-D-Glucose: Glucoprivic control of taste preference and food intake. *Science,* 198, 1065–1068.

Thompson, J. A. (1985). *Psychological aspects of nuclear war.* Chichester: The British Psychological Society.

Thompson, K. (1977, Oct. 2). Fritz Perls. *San Francisco Examiner-Chronicle,* This World Section, pp. 14–16.

Thompson, M. J. & Harsha, D. W. (1984, January). Our rhythms still follow the African sun. *Psychology Today,* 50–54.

Thompson, R. (1990). In *Discovering Psychology,* Program 9 [PBS video series]. Washington, DC: Annenberg/CPB Program.

Thompson, R. A. (1988). Early development in life-span perspective. In P. B. Baltes, D. L. Featherman & R. J. Lerner (eds.), *Life-span development and behavior* (vol. 9, pp. 129–170). Hillsdale, NJ: Erlbaum.

Thompson, R. F. (1972). Sensory preconditioning. In R. F. Thompson & J. F. Voss (eds.), *Topics in learning and performance.* New York: Academic Press.

Thompson, R. F. (1984, February 4). Searching for memories: Where and how are they stored in your brain? *Stanford Daily.*

Thompson, R. F. (1986). The neurobiology of learning and memory. *Science,* 233, 941–944.

Thompson, R. F. (1994). *Das Gehirn.* Spektrum Akademischer Verlag.

Thoresen, C. (1990, June 2). *Recurrent coronary prevention program: Results after eight and a half year.* Address given to First International Congress of Behavioral Medicine, Uppsala, Sweden.

Thoresen, C. E. & Eagleston, J. R. (1983). Chronic stress in children and adolescents. *Theory into Practice,* 22, 48–56.

Thorndike, E. L. (1898). Animal intelligence. *Psychological Review Monograph Supplement,* 2 (4, whole No. 8).

Thorndike, R. L., Hagen, E. P. & Sattler, J. M. (1986). *Stanford-Binet intelligence scale* (4th ed.). Chicago: Riverside.

Thorndyke, P. W. & Hayes-Roth, B. (1978). *Spatial knowledge acquisition from maps and navigation.* Paper presented at the Psychonomic Society Meeting, San Antonio, TX.

Thornton, E. M. (1984). *The Freudian fallacy: An alternative view of Freudian theory.* New York: Dial Press/Doubleday.

Thornton, G. C. III, Gaugler, B. B., Rosenthal, D. B. & Bentson, C. (1992). Die prädiktive Validität des Assessment Centers – eine Metaanalyse. In H. Schuler & W. Stehle (Hrsg.), *Assessment Center als Methode der Personalentwicklung* (2. Aufl.). Göttingen: Verlag für Angewandte Psychologie.

Tice, D. M. & Baumeister, R. F. (1990). Self-esteem, self-handicapping, and self-presentation: The strategy of inadequate practice. *Journal of Personality,* 58, 443–464.

Tillich, P. (1952). *The courage to be.* New Haven, CT: Yale University Press.

Tinbergen, N. (1951). *The study of instinct.* Oxford: Oxford University Press.

Tipper, S. P., Weaver, B., Cameron, S., Brehaut, J. C. & Bastedo, J. (1991). Inhibitory mechanisms of attentions in identification and localization tasks: Time course and disruption. *Journal of Experimental Psychology: Learning, Memory, and Cognition,* 17, 681–692.

Tipper, S. P. & Driver, J. (1988). Negative priming between pictures and words in a selective attention task: Evidence for semantic processing of ignored stimuli. *Memory & Cognition,* 16, 64–70.

Titchener, E. B. (1898). The postulates of structural psychology. *Philosophical Review,* 7, 449–453.

Titze, I. & Tewes, U. (1983). *Messung der Intelligenz bei Kindern mit dem HAWIK-R.* Bern: Huber.

Titze, I. & Tewes, U. (1987). *Messung der Intelligenz bei Kindern mit dem HAWIK-R* (2. Aufl.). Bern: Huber.

Tizard, B. & Hodges, J. (1978). The effect of early institutional rearing on the development of eight-year-old children. *Journal of Child Psychology and Psychiatry,* 19, 99–118.

Toch, H. (1969). *Violent men.* Chicago: Aldine.

Todd, J. T. & Morris, E. K. (1992). Case histories in the great power of steady misrepresentation. *American Psychologist,* 47, 1441–1453.

Todd, J. T. & Morris, E. K. (1993). Change and be ready to change again. *American Psychologist,* 48, 1158–1159.

Todrank, J. & Bartoshuk, L. M. (1991). A taste illusion: Taste sensation localized by touch. *Physiology & Behavior,* 50, 1027–1031.

Tolman, E. C. (1948). Cognitive maps in rats and men. *Psychological Review,* 55, 189–208.

Tolman, E. C. & Honzik, C. H. (1930). »Insight« in rats. *University of California Publications in Psychology,* 4, 215–232.

Tomkins, S. (1962). *Affect, imagery, consciousness* (vol. 1). New York: Springer.

Tomkins, S. (1981). The quest for primary motives: Biography and autobiography of an idea. *Journal of Personality and Social Psychology,* 41, 306–329.

Tompkins, R. D. (1981). *Before it's to late. ... The prevention manual on drug abuse for people who car.* Englewood Cliffs, NJ: Family Information Center.

Torrance, E. P. (1974). *The Torrance tests of creative thinking: Technical-norms manual.* Bensenville, IL: Scholastic Testing Services.

Toth, J. P., Reingold, E. M. & Jacoby, L. L. (1994). Toward a redefinition of implicit memory: Process dissociations following elaborative processing and self-generation. *Journal of Experimental Psychology: Learning, Memory, and Cognition, 20,* 290–303.

Tourangeau, R. & Ellsworth, P. C. (1979). The role of facial response in the experience of emotion. *Journal of Personality and Social Psychology, 37,* 1519–1531.

Townsend, J. T. (1971). A note on the identifiability of parallel and serial processes. *Perception & Psychophysics, 10,* 161–163.

Townsend, J. T. (1972). Some results concerning the identifiability of parallel and serial processes. *British Journal of Mathematical and Statistical Psychology, 25,* 168–199.

Townsend, J. T. (1990). Serial vs. parallel processing: Sometimes they look like Tweedledum and Tweedledee but they can (and should) be distinguished. *Psychological Science, 1,* 46–54.

Tranel, D. & Damasio, A. R. (1985). Knowledge without awareness: An automatic index of facial recognition by prosopagnosis. *Science, 228,* 1453–1454.

Traue, H. C. & Pennebaker, J. W. (eds.). (1993). *Emotion, inhibition and health.* Seattle: Hogrefe & Huber.

Trautner, H. M. (1978). *Lehrbuch der Entwicklungspsychologie. Bd. I.* Göttingen: Hogrefe.

Trautner, H. M. (1992/1997). *Lehrbuch der Entwicklungspsychologie.* Bd. 1: Grundlagen und Methoden (1992), Bd. 2: Theorien und Befunde (1997). Göttingen: Hogrefe & Huber.

Treisman, A. (1960). Contextual cues in selective listening. *Quarterly Journal of Experimental Psychology, 12,* 242–248.

Treisman, A. (1986). Properties, parts and objects. In K. Boff, L. Kaufman & J. Thomas (eds.), *Handbook of perception and human performance, Vol. 2.* New York: Wiley.

Treisman, A. (1988). Features and objects: The fourteenth Bartlett Memorial Lecture. *The Quarterly Journal of Experimental Psychology, 40,* 201–237.

Treisman, A. (1992). Perceiving and re-perceiving objects. *American Psychologist, 47,* 862–875.

Treisman, A. & Gelade, G. (1980). A feature integration theory of attention. *Cognitive Psychology, 12,* 97–136.

Treisman, A. & Sato, S. (1990). Conjunction search revisited. *Journal of Experimental Psychology: Human Perception and Performance, 16,* 459–478.

Triandis, H. (1990). Cross-cultural studies of individualism and collectivism. In J. Berman (ed.), *Nebraska Symposium on Motivation, 1989* (pp. 41–133). Lincoln: University of Nebraska Press.

Triandis, H. (1994). *Culture and social behavior.* New York: McGraw-Hill.

Triandis, H. C. & Draguns, J. G. (eds.). (1980). *Handbook of cross-cultural psychology: Vol. 6. Psychopathology.* Boston: Allyn & Bacon.

Trinder, J. (1988). Subjective insomnia without objective findings: A pseudodiagnostic classification. *Psychological Bulletin, 103,* 87–94.

Triplett, N. (1897). The dynamagenic factors in pacemaking and competition. *American Journal of Psychology, 9,* 507–533.

Triver, R. L. (1983). The evolution of cooperation. In D. L. Bridgeman (ed.), *The nature of pro-social behavior.* New York: Academic Press.

Trivers, R. L. (1972). Parental investment and sexual selection. In B. Campbell (ed.), *Sexual selection and the descent of man* (pp. 139–179). Chicago: Aldine.

Tronick, E., Als, H. & Brazelton, T. B. (1980). Monadic phases: A structural description analysis or infant-mother face to face interaction. *Merrill-Palmer Quarterly, 26,* 3–24.

Trope, I., Rozin, P., Kemler Nelson D. & Gur, R. C. (1992). Information processing in the separated hemispheres of the callosotomy patient: Does the analytic-holistic dichotomy hold? *Brain and Cognition, 19,* 123–147.

Trotter, R. J. (1987, February). Stop blaming yourself. *Psychology Today,* 30–39.

Tryon, W. W. (1979). The test-trait fallacy. *American Psychologist, 34,* 402–406.

Tücke, M. (1998). *Psychologie in der Schule – Psychologie für die Schule* (2. Aufl.). Münster: LIT.

Tucker, W. H. (1994). *The science and politics of racial research.* Urbana and Chicago: University of Illinois Press.

Tuller, D. (1989, March 8). Male businessmen say lives »empty.« *San Francisco Chronicle,* p. B3.

Tulving, E. (1972). Episodic and semantic memory. In E. Tulving & W. Donaldson (eds.), *Organization of memory.* New York: Academic Press.

Tulving, E. (1983). *Elements of episodic memory.* Oxford: Clarendon Press.

Tulving, E. (1985). Memory and consciousness. *Canadian Psychology, 26,* 1–12.

Tulving, E. (1989). Remembering and knowing the past. *American Scientist, 77,* 361–367.

Tulving, E. & Thompson, D. M. (1973). Encoding specificity and retrieval processes in episodic memory. *Psychological Review, 80,* 352–373.

Tulving, E., Kapur, S., Craik, F. I. M., Moscovitch, M. & Houle, S. (1994). Hemispheric encoding/retrieval asymmetry in episodic memory: Positron emission tomography findings. *Proceedings of the National Academy of Sciences of the United States of America, 91,* 2016–2020.

Tupes, E. & Thompson, D. M. (1961). *Recurrent personality factors based on trait ratings* (Tech. Pre. No. ASD-TR-61-97). Lackland Air Force Base, TX: U.S. Air Force.

Turiel, E. (1998). The development of morality. In N. Eisenberg (ed.), *Handbook of Child Psychology. Vol. III: Social, emotional, and personality development* (pp. 863–932). New York: Wiley.

Turk, D. C. (1994). Perspectives on chronic pain: The role psychological factors *Current Directions in Psychological Science, 3,* 45–48.

Turnbull, C. (1961). *The forest people.* New York: Simon & Schuster.

Turner, B. F. & Adams, C. G. (1988). Reported change in preferred sexual activity over the adult years. *The Journal of Sex Research, 25,* 289–303.

Turner, J. R., Sherwood, A. & Light, K. C. (eds.). (1992). *Individual differences in cardiovascular response to stress.* New York: Plenum Press.

Turner, R. H. & Killian, L. M. (1972). *Collective behavior* (2nd ed.). Englewood Cliffs, NJ: Prentice-Hall.

Tversky, A. & Kahneman, D. (1973). Availability: A heuristics for judging frequency and probability. *Cognitive Psychology, 5,* 207–232.

Tversky, A. & Kahneman, D. (1980). Causal schemata in judgments under uncertainty. In M. Fishbein (ed.), *Progress in social psychology.* Hillsdale, NJ: Erlbaum.

Tversky, A. & Kahnemann, D. (1981). The framing of decisions and the psychology of choice. *Science, 211,* 453–458.

Tversky, A. & Kahnemann, D. (1986). Rational choice and the framing of decisions. *Journal of Business, 59,* 5251–5278.

Tversky, A. & Shafir, E. (1992). Choice under conflict: The dynamics of deferred decision. *Psychological Science, 3,* 358–361.

Tversky, B. (1981). Distortions in memory for maps. *Cognitive Psychology, 13,* 407–433.

Tyler, L. E. (1965). *The psychology of human differences* (3rd ed.). New York: Appleton-Century-Crofts.

Tyler, L. E. (1974). *Individual differences*. Englewood Cliffs, NJ: Prentice-Hall.

Tzeng, O. J. L. & Wang, W. S. Y. (1983). The first two R's. *American Scientist, 71*, 238–243.

Ulich, D. (1985). *Das Gefühl*. München: Goldmann.

Ulich, D. (1987). *Entwicklung und Krise: Zur Psychologie der seelischen Gesundheit*. München: PVU.

Ulich, D. & Mayring, Ph. (1992). *Psychologie der Emotionen*. Grundriß der Psychologie, Bd. 5. Stuttgart: Kohlhammer.

Ullmann, L. P. & Krasner, L. (1975). *Psychological approach to abnormal behavior* (2nd ed.). Englewood Cliffs, NJ: Prentice-Hall.

Ultan, R. (1969). Some general characteristics of interrogative systems. *Working Papers in Language Universals, 1*, 41–63.

Underwood, B. J. (1948). Retroactive and proactive inhibition after five and forty-eight hours. *Journal of Experimental Psychology, 38*, 28–38.

Underwood, B. J. (1949). Proactive inhibition as a function of time and degree of prior learning. *Journal of Experimental Psychology, 39*, 24–34.

United Press International. (1990, September 4). In P. Shenon, Crisis of drugs remains top priority, Bush says. *The New York Times*, Section A, col. 4, p. 22, September 6, 1990).

United Press International. (1990, September 5). Lest we forget that drug crisis – small signs of progress, but still lots to do. *Los Angeles Times*, Section B, p. 6.

Urban, J., Carlson, E., Egeland, B. & Stroufe, L. A. (1991). Patterns of individual adaptation across childhood. *Development and Psychopathology, 3*, 445–460.

U. S. Bureau of the Census (1983). *America in transition: An aging society* (Current Population Reports, Series P-23, No. 128, Washington, DC: U. S. Government Printing Office.

U. S. Bureau of the Census (1984). *Population Characteristics* (Current Population Reports, Series P-20, No. 394). Washington, DC: U. S. Government Printing Office.

U. S. Bureau of the Census (1985). *Statistical Abstract of the United States: 1986* (106th ed.). Washington, DC: U. S. Government Printing Office.

U. S. Department of Health and Human Services. (1990). *Healthy people 2000: National health promotion and disease prevention objectives*. Washington, DC: U. S. Government Printing Office.

U. S. Department of Health and Human Services. (1990). *The health benefits of smoking cessation: A report of the Surgeon General* (DHHS Publication No. CDC 90-8416). Washington, DC: U. S. Government Printing Office.

U. S. Department of Justice Bulletin, June 1983

U. S. Public Health Service (1986). *Surgeon General's report on Acquired Immune Deficiency Syndrome*. Washington, DC: U. S. Government Printing Office.

U. S. Women Today (1983). *New York Times* poll taken Nov. 11–20, 1983, reported in *International Herald Tribune*.

Uttal, D. H. & Perlmutter, M. (1989). Toward a broader conceptualization of development: The role of gains and losses across the life span. *Developmental Review, 9*, 101–132.

Vaillant, G. E. (1977). *Adaptation to life*. Boston: Little, Brown.

Valenstein, E. S. (ed.). (1980). *The psychosurgery debate*. New York: Freeman.

Valle, V. A. & Frieze, I. H. (1976). Stability of causal attributions as a mediator in changing expectations for success. *Journal of Personality and Social Psychology, 33*, 579–587.

van Essen, D. C., Anderson, C. H. & Felleman, D. J. (1992). Information processing in the primate visual system: An integrated systems perspective. *Science, 255*, 419–422.

van Hosten, C. & Lindhagen, K. (1979). Observations on the development of reaching for moving objects. *Journal of Child Psychology, 28*, 158–173.

Van Wagener, W. & Herren, R. (1940). Surgical division of commisural pathways in the corpus callosum. *Archives of Neurology and Psychiatry, 44*, 740–759.

Vasari, G. (1967). *Lives of the most eminent painters*. New York: Heritage.

Vaughan, E. (1986). *Some factors influencing the nonexperts' perception and evaluation of environmental aids*. Unpublished doctoral dissertation, Stanford University, CA.

Vaughan, E. (1993). Chronic exposure to an environmental hazard: Risk perceptions and self-protective behaviors. *Health Psychology, 12*, 74–85.

Vaughan, E., Seifert, M. (1992). Variability in the framing of risk issues. *Journal of Social Issues, 48*(4), 119–135.

Veith, I. (1965). Hysteria: The history of the disease. Chicago: University of Chicago Press.

Veith, M. (1988). *Frauenkarrieren im Managment. Einstiegsbarrieren und Diskriminierungsmechanismen*. Frankfurt/New York: Campus.

Velden, M. (1982). *Die Signalentdeckungstheorie in der Psychologie*. Stuttgart: Kohlhammer.

Vernon, M. D. (1997). *Wahrnehmung und Erfahrung*.

Vivano, I. (1989, October 8). When success is a family prize. *San Francisco Examiner-Chronicle*, This World Section, pp. 7–9.

Von Wright, J. M., Anderson, K. & Stenham, U. (1975). Generalization of conditioned GSRs in dichotic listening. In P. M. A. Rabbit & S. Dornic (eds.), *Attention and performance*. New York: Academic Press.

Vonnegut, M. (1975). *The Eden express*. New York: Bantam.

Vrana, S. & Lauterbach, D. (1994). Prevalence of traumatic events and post-traumatic psychological symptoms in a non-clinical sample of college students. *Journal of Traumatic Stress, 7*, 289–302.

Vroom, V. H. (1964). *Work and motivation*. New York: Wiley.

Vroom, V. H. & Yetton, P. W. (1973). *Leadership and decisionmaking*. Pittsburgh: University of Pittsburgh Press.

Wacker, A. (1983). *Arbeitslosigkeit. Soziale und psychische Folgen*. Frankfurt/Main: Europäische Verlagsanstalt.

Wacker, A. (1996). Arbeitslosigkeit. In F. Stimmer (Hrsg.), *Lexikon der Sozialpädagogik und der Sozialarbeit*. München: Oldenbourg.

Wade, E. & Clark, H. H. (1993). Reproduction and demonstration in quotation. *Journal of Memory and Language, 32*, 805–819.

Wade, T. J. (1991). Race and sex differences in adolescent self-perceptions of physical attractiveness and level of self-esteem during early and late adolescence. *Personality and Individual Differences, 12*, 1391–1324.

Wahl, D. (1976). *Naive Verhaltenstheorien von Lehrern*. Weingarten: Pädagogische Hochschule (Projektbericht Nr. 1).

Wahl, G., Weinert, F. E. & Huber, G. L. (1984). *Psychologie für die Schulpraxis*. München: Kösel.

Waldmann, M. R. (1997). *Der Erwerb von Kausalwissen*. Göttingen: Hogrefe.

Waldron, T. P. (1985). *Principles of language and mind: An evolutionary theory of learning*. Boston: Routledge and Kegan Paul.

Waldvogel, S. (1948). The frequency and affective character of childhood memories. *Psychological Monographs, 62* (whole no. 291).

Walker, L. (1984). Sex differences in the development of moral reasoning: A critical review. *Child Development, 55,* 667–691.

Walker, L. J. (1986). Sex differences in the development of moral reasoning: A rejoinder to Baumrind. *Child Development, 57,* 522–526.

Wallach, M. A. & Kogan, N. (1965). *Modes of thinking in young children.* New York: Holt, Rinehart & Winston.

Wallach, M. A. & Wallach, L. (1983). *Psychology's sanction for selfishness.* San Francisco: Freeman.

Wallis, C. (1984, June 11). Unlocking pain's secrets. *Time,* pp. 58–66.

Walsh, R. N. (1990). *The spirit of shamanism.* Los Angeles: J. P. Tarcher.

Walsh, R. N. & Vaughan, F. (eds.). (1980). *Beyond ego: Transpersonal dimensions in psychology.* Los Angeles: Tarcher.

Walster, E., Aronson, V., Abrahams, D. & Rottman, L. (1966). Importance of physical attractiveness in dating behavior. *Journal of Personality and Social Psychology, 5,* 508–516.

Walters, C. C. & Grusec, J. E. (1977). *Punishment.* San Francisco: Freeman.

Wanous, J. P. (1980). *Organizational entry: Recruitment, selection and socialization of newcomers.* Reading, MA: Addison-Wesley.

Warchol, M. E., Lambert, P. R., Goldstein, A. & Corwiin, J. T. (1993). Regenerative proliferation in the inner ear sensory epithelia from adult guinea-pigs and humans. *Science, 259,* 1619–1622.

Warr, P. (1983). Work, jobs and unemployment. *Bulletin of the British Psychological Society, 36,* 305–311.

Warren, R. M. (1970). Perceptual restoration of missing speech sounds. *Science, 167,* 392–393.

Wasserman, E. A. (1993). Comparative cognition: Beginning the second century of study of animal intelligence. *Psychological Bulletin, 113,* 221–228.

Wasserman, E. A. (1994). Animal learning and comparative cognition. In I. P. Levin & J. V. Hinrichs (eds.), *Experimental psychology: Contemporary methods and applications* (pp. 117–164). Dubuque, IA: Brown & Benchmark.

Wasserman, E. A., DeVolder, C. L. & Coppage, D. J. (1992). Non-similarity-based conceptualization in pigeons via secondary or mediated generalization. *Psychological Science, 3,* 374–379.

Waters, E., Wippman, J. & Stroufe, LA. (1979). Attachment, positive affect, and competence in the peer group: Two studies in construct validation. *Child Development, 50,* 821–829.

Watkins, L. R. & Mayer, D. J. (1982). Organization of the endogenous opiate and nonopiate pain control system. *Science, 216,* 1185–1193.

Watson, J. B. (1913). Psychology as the behaviorist views it. *Psychological Review, 20,* 158–177.

Watson, J. B. (1924). *Behaviorism.* New York: Norton.

Watson, J. B. & Raynor, R. (1920). Conditioned emotional reactions. *Journal of Experimental Psychology, 3,* 1–14.

Watterlond, M. (1983). The holy ghost people. Reprinted in A. L. Hammond & P. G. Zimbardo (eds.), *Readings on human behavior: The best of Science '80–'86* (pp. 48–55). Glenview, IL: Scott, Foresman.

Watts, MW. (1994). Was there anything left of the »socialist personality«? Values of Eastern and Western Germany youth at the beginning of unification. *Political Psychology, 15,* 481–508.

Weakland, J. H., Fish, R., Watzlawick, P. & Bodin, A. M. (1974). Brief therapy: Focused problem resolution. *Family Process, 13,* 141–168.

Webb, W. B. (1974). Sleep as an adaptive response. *Perceptual and Motor Skills, 38,* 1023–1027.

Webb, W. B. (1981). The return of consciousness. In L. T. Benjamin, Jr. (ed.), *The G. Stanley Hall lecture series* (vol. 1).Washington, DC: American Psychological Association, 100, 133–152.

Weber, D. (1997). »*Freud lebt*« (Wissenschaft: Psychologie und Pädagogik 1). Paderborn: Snayder.

Weber, E. H. (1834). *De pulsu, resorptione, auditu et tactu: Annotationes anatomical et physiological.* Leipzig: Koehler.

Weber-Kellermann, I. (1978). *Die deutsche Familie.* Frankfurt: Suhrkamp.

Wechsler, D. (1974). *Wechsler Intelligence Scale for Children-Revised Edition.* New York: Psychological Corp.

Wechsler, D. (1981). *Manual for the Wechsler Adult Intelligence Scale-Revised Edition.* New York: Psychological Corp.

Wechsler, D. (1989). *WPPSI-R manual.* New York: Psychological Corporation.

Wechsler, D. (1991). *WISC-III manual.* New York: Psychological Corporation.

Wehner, E. G. (Hrg.) (1992). *Psychologie in Selbstdarstellungen.* Bd. 3. Bern: Huber.

Weibe, D. J. (1991). Hardiness and stress modification: A test of proposed mechanisms. *Journal of Personality and Social Psychology, 60,* 89–99.

Weidenmann, B. (1997). Medien in der Erwachsenenbildung. In F. E. Weinert & H. Mandl (Hrsg.), *Psychologie der Erwachsenenbildung.* Enzyklopädie der Psychologie, Serie »Pädagogische Psychologie«, Bd. 4 (S. 405–436). Göttingen: Hogrefe.

Weigel, R. H. & Newman, L. S. (1976). Increasing attitude-behavior correspondence by broadening the scope of behavioral measure. *Journal of Personality and Social Psychology, 33,* 793–802.

Weil, A. T. (1977). The marriage of the sun and the moon. In N. E. Zinberg (ed.), *Alternate states of consciousness.* New York: Free Press.

Weinberger, M., Hiner, S. L. & Tierney, W. M. (1987). In support of hassles as a measure of stress in predicting health outcomes. *Journal of Behavioral Medicine, 10,* 19–31.

Weiner, B., Frieze, I., Kukla, A., Reed, L., Rest, S. & Rosenbaum, R. M. (1971). Perceiving the causes of success and failure. In E. E. Jones et al. (eds.), *Attribution: Perceiving the causes of behavior.* Morristown, NJ: General Learning Press.

Weiner, B., Russell, D. & Lerman, D. (1978). Affective consequences of causal ascriptions. In J. H. Harvey, W. J. Ickes & R. F. Kidd (eds.), *New directions in attribution research* (vol. 2.). Hillsdale, NJ: Erlbaum.

Weinert, F. E. (1996). Für und Wider die »neuen Lerntheorien« als Grundlagen pädagogisch-psychologischer Forschung. *Zeitschrift für Pädagogische Psychologie, 10,* 1–12.

Weinert, F. E. (Hrsg.). (1996). *Psychologie des Lernens und der Instruktion.* Enzyklopädie der Psychologie, Serie »Pädagogische Psychologie«, Bd. 2. Göttingen: Hogrefe.

Weinert, F. E. (Hrsg.). (1997). *Psychologie des Unterrichts und der Schule.* Enzyklopädie der Psychologie, Serie »Pädagogische Psychologie«, Bd. 3. Göttingen: Hogrefe.

Weinert, F. E. & Mandl, H. (Hrsg.). (1997). *Psychologie der Erwachsenenbildung.* Enzyklopädie der Psychologie, Serie »Pädagogische Psychologie«, Bd. 4. Göttingen: Hogrefe.

Weinert, F. E. & Schrader, F.-W. (1997). Lernen lernen als psychologisches Problem. In F. E. Weinert & H. Mandl (Hrsg.), *Psychologie der Erwachsenenbildung.* Enzyklopädie der Psychologie, Serie »Pädagogische Psychologie«, Bd. 4 (S. 295–335). Göttingen: Hogrefe.

Weingardt, K. R., Loftus, E. F. & Lindsay, D. S. (1995). Misinformation revisited: New evidence for the suggestibility of memory. *Memory & Cognition, 23,* 77–82.

Weins, A. N. & Matarazzo, J. D. (1983). Diagnostic interviewing. In M. Hersen, A. E. Kazdin & A. S. Bellack (eds.), *The clinical psychological handbook*. New York: Pergamon.

Weinstein, N. D. (1980). Unrealistic optimism about future life events. *Journal of Personality and Social Psychology, 39*, 806–820.

Weisberg, R. W. (1986). *Creativity: Genius and other myths*. New York: Freeman.

Weisberg, R. W. (1994). Genius and madness? A quasi-experimental test of the hypothesis that manic-depression increases creativity. *Psychological Science, 5*, 361–367.

Weisenberg, M. (1977). Cultural and racial reaction to pain. In M. Weisenberg (ed.), *The control of pain*. New York: Psychological Dimensions.

Weiser, N. C. & Meyers, L. S. (1993). Validity and reliability of the revised California Psychological Inventor's Vector 3 Scale. *Educational and Psychological Measurement, 53*, 1045–1054.

Weiskrantz, L. (1993). Sources of blindsight. *Science, 261*, 494.

Weiskrantz, L., Warington, E. K., Sanders, M. D. & Marshall, J. (1974). Visual capacity in the hemianopic field following a restricted occipital ablation. *Brain, 997*, 709–728.

Weiss, B. & Laties, V. G. (1962). Enhancement of human performance by caffeine and amphetamines. *Pharmacological Review, 14*, 1–27.

Weiss, L., Katzman, M. & Wolchik, S. (1989). *Bulimie: Ein Behandlungsplan* (Orig. 1985). Bern: Huber.

Weiss, R. F., Buchanan, W., Alstatt, L. & Lombardo, J. P. (1971). Altruism is rewarding. *Science, 171*, 1262–1263.

Weissberg, R. P., Caplan, M. & Harwood, R. L. (1991). Promoting competent young people in competence-enhancing environments: A systems-based perspective on primary prevention. *Journal of Consulting and Clinical Psychology, 59*, 830–841.

Weissman, W. W. (1987). Advances in psychiatric epidemiology: Rates and risks for depression. *American Journal of Public Health, 77*, 445–451.

Welker, R. L. & Wheatley, K. L. (1977). Differential acquisition of conditioned suppression in rats with increased and decreased luminance levels as CS + S. *Learning and Motivation, 8*, 247–262.

Wellman, H. M. (1990). *The child's theory of mind*. Cambridge, MA: MIT Press.

Wellman, H. M. & Estes, D. (1986). Early understanding of mental entities: A reexamination of childhood realism. *Child Development, 57*, 910–923.

Wellman, H. M. & Gelman, S. A. (1992). Cognitive development: Foundational theories of core domains. *Annual Review of Psychology, 43*, 337–375.

Wellness New Mexico. (1987, Spring, pp. 19–21). Nancy Nurse spoofs the healing profession.

Welner, A., Reish, T., Robbins, L., Fishman, R. & van Doren, T. (1976). Obsessive-compulsive neurosis. *Comprehensive Psychiatry, 17*, 527–539.

Wender, K. F., Colonius, H. & Schulze, H.-H. (1980). *Modelle des menschlichen Gedächtnisses*. Stuttgart: Kohlhammer.

Wender, P. H. (1972). Adopted children and their families in the evaluation of nature-nurture interactions in the schizophrenic disorders. *Annual Review of Medicine, 23*, 255–372.

Wenninger, G. (1993). Berufsfelder der Pädagogischen Psychologie. In B. Weidenmann, A. Krapp, M. Hofer, G. L. Huber & H. Mandl (Hrsg.), *Pädagogische Psychologie* (S. 735–765). Weinheim: Beltz-PVU.

Werker, J. (1991). The ontogeny of speech perception. In I. G. Mattingly & M. Studdert-Kennedy (eds.), *Modularity and the motor theory of speech perception* (pp. 91–109). Hillsdale, NJ: Erlbaum.

Werker, J. F. & Lalond, F. M. (1988). Cross-language speech perception: Initial capabilities and developmental change. *Developmental Psychology, 24*, 672–683.

Werner, E. E. & Smith, R. S. (1982). *Vulnerable but invincible: A longitudinal study of resilient children and youth*. New York: McGraw-Hill.

Werth, R. (1983). *Bewußtsein: Psychologische, neurobiologische und wissenschaftstheoretische Aspekte*. Berlin: Springer.

Wertheimer, M. (1923). Untersuchungen zur Lehre von der Gestalt II. *Psychologische Forschung, 4*, 301–350.

Wessells, M. (1994). *Kognitive Psychologie*. UTB Große Reihe Reinhardt.

Wettler, M. (1980). *Sprache, Gedächtnis, Verstehen*. Berlin: De Gruyter.

Wever, E. G. (1949). *Theory of hearing*. New York: Wiley.

Wexler, K (1982). A principal theory for language acquisition. In E. Wanner & L. R. Gleitman (eds.), *Language acquisition: The state of the art* (pp. 288–315). Cambridge: Cambridge University Press.

Weyler, J. (1984, September 11). An unforgettable moment: It's one Gabriele wishes she could forget. *Los Angeles Time*, Part III, pp. 1, 10.

Whalen, R. & Simon, N. G. (1984). Biological motivation. *Annual Review of Psychology, 35*, 257–276.

White, G. L. (1980). Physical attractiveness and courtship progress. *Journal of Personality and Social Psychology, 39*, 660–668.

White, G. L., Fishbein, S. & Rutstein, J. (1981). Passionate love and the misattribution of arousal. *Journal of Personality and Social Psychology, 41*, 56–62.

Whitebourne, S. K. & Hulicka, I. M. (1990). Ageism in undergraduate psychology texts. *American Psychologist, 45*, 1127–1136.

Whorf, B. L. (1956). *Language, thought and reality*. Cambridge, MA: MIT Press.

Wicker, A. W. (1969). Attitudes versus actions: The relationship of verbal and overt behavioral responses to attitude objects. *Journal of Social Issues, 25*(4), 41–78.

Wicklund, R. A. & Brehm, J. W. (1976). *Perspectives on cognitive dissonance*. Hillsdale, NJ: Erlbaum.

Wiebe, D. J. (1991). Hardness and stress modification: A test of proposed mechanisms. *Journal of Personality and Social Psychology, 60*, 89–99.

Wieland-Eckelmann, R. (1992). *Kognition, Emotion und psychische Beanspruchung. Theoretische und empirische Studien zu informationsverarbeitenden Tätigkeiten*. Göttingen: Hogrefe.

Wieland-Eckelmann, R. & Baggen, R. (1994). Beanspruchung und Erholung im Arbeits-Erholungs-Zyklus. In R. Wieland-Eckelmann, H. Allmer, K. W. Kallus & J. H. Otto (Hrsg.), *Erholungsforschung. Beiträge der Emotionspsychologie, Sportpsychologie und Arbeitspsychologie*. Weinheim: Beltz PsychologieVerlags-Union.

Wieland-Eckelmann, R., Baggen, R., Saßmannshausen, A., Schwarz, R. Schmitz, U., Ademmer, C. & Rose, M. (1996). *Gestaltung optimaler Bildschirmarbeit. Grundlagen und Verfahren für die Praxis* (Schlußbericht). Berlin: Bundesanstalt für Arbeitsmedizin.

Wiendick, G. (1994). *Arbeits- und Organisationspsychologie*. Berlin/München: Quintessenz.

Wiggins, J. S. (1973). *Personality and prediction: Principles of personality and prediction: Principles of personality assessment*. Reading, MA: Addison-Wesley.

Wiggins, J. S. & Pincus, A. L. (1992). Personality: Structure and assessment. *Annual Review of Psychology, 43*, 473–504.

Wilcox, V.L., Kasl, S.V. & Berkman, L.F. (1994). Social support and physical disability in older people after hospitalization: A prospective study. *Health Psychology, 13*, 170–179.

Wilcoxon, H.G., Dragoin, W.B. & Kral, P.A. (1971). Illness-induced aversions in rat and quail: Relative salience of visual and gustatory cues. *Science, 171*, 826–828.

Wilder, D.A. (1978). Reduction of intergroup discrimination through individuation of the out-group. *Journal of Personality and Social Psychology, 36*, 1361–1374.

Wilder, D.A. (1986). Social categorization: Implications for creation and reduction of intergroup bias. *Advances in Experimental Social Psychology, 19*, 291–355.

Wilkening, F. (1988). *Zur Rolle des Wissens in der Wahrnehmung.* In H. Mandl & Spada, H. (Hrsg.), *Wissenspsychologie.* München: PVU.

Willi, J. (1996). *Ökologische Psychotherapie.* Göttingen: Hogrefe.

Williams, J.B.W. & Spitzer, R.L. (1983). The issue of sex bias in DSM-III. *American Psychologist, 38*, 793–798.

Williams, J.H. (1983). *The psychology of women* (2nd ed.). New York: Norton.

Wilson, E.D., Reeves, A. & Culver, C. (1977). Cerebral commisurotomy for control of intractable seizures. *Neurology, 27*, 708–715.

Wilson, E.O. (1973). The natural history of lions. *Science, 179*, 466–467.

Wilson, F.A.W., Scalaidhe, S.P.O. & Goldman-Rakic, P.A. (1993). Dissociation of object and spatial processing domains in primate prefrontal cortex. *Science, 260*, 1955–1958.

Wilson, M. (1959). *Communal rituals among the Nyakusa.* London: Oxford University Press.

Wilson, T.D. & Linville, P.E. (1982). Improving the academic performance of college freshmen: Attribution therapy revisited. *Journal of Personality and Social Psychology, 42*, 367–376.

Wilson, T.D. & Linville, P.W. (1985). Improving the performance of college freshmen with attributional techniques. *Journal of Personality and Social Psychology, 49*, 287–293.

Wing, C.W. & Wallach, M.A. (1971). *College admissions and the psychology of talent.* New York: Holt, Rinehart & Winston.

Wingfield, A. (1973). Effects of serial position and set size in auditory recognition memory. *Memory and Cognition, 1*, 53–55.

Winter, A. (1998). Arbeiten an und mit Hypertexten. *Unterrichtswissenschaft, 26*, 32–50.

Winton, W.M., Putnam, L.E. & Krauss, R.M. (1984). Facial and autonomic manifestations of the dimensional structure of emotions. *Journal of Experimental Social Psychology, 20*, 196–216.

Wippich, W. (1984). *Lehrbuch der angewandten Gedächtnispsychologie* (2 Bände). Stuttgart: Kohlhammer.

Wispé, L.G. & Drambarean, N.C. (1953). Physiological need, word frequency, and visual duration threshold. *Journal of Experimental Psychology, 46*, 25–31.

Wiswede, G. (1980). *Motivation und Arbeitsverhalten: organisationspsychologische und industriesoziologische Aspekte.* München: Reinhardt.

Wiswede, G. (1993). Objektbereich, Anwendungsbezug und Verwertungsinteresse der Arbeits- und Organisationspsychologie. *Schriften zur Arbeitspsychologie, 54*, –.

Wiswede, G. (1995). *Einführung in die Wirtschaftspsychologie.* München/Basel: Rheinhardt.

Witkin, H.A., Dyk, R.B., Faterson, H.F., Goodenough, D.R. & Cox, P.W. (1962). *Psychological differentiation.* New York: Wiley.

Wittchen, H.W., Saß, H., Zaudig, M. & Koehler, K. (1989). *Diagnostisches und Statistisches Manual Psychischer Störungen DSM-III-R* (Orig. 1987). Weinheim: Beltz.

Wode, H. (1988). *Einführung in die Psycholinguistik.* Ismaning: Hueber.

Wolf, M., Risley, T. & Mees, H. (1964). Application of operant conditioning procedures to the behavior problems of an autistic child. *Behavior Research and Therapy, 1*, 305–312.

Wolfe, J.M. (1992). The parallel guidance of visual attention. *Current Directions in Psychological Science, 1*, 124–128.

Wolfe, J.M., Friedman-Hill, S.R. & Bilsky, A.B. (1994). Parallel processing of part-whole information in visual search tasks. *Perception & Psychophysics, 55*, 537–550.

Wolitzky, D.L. & Wachtel, P.L. (1973). Personality and perception. In B.J. Wolman (ed.), *Handbook of general psychology.* Englewood Cliffs, NJ: Prentice-Hall.

Wolman, C. (1975). Therapy and capitalism. *Issues in Radical Therapy, 3* (1).

Wolpe, J. (1958). *Psychotherapy by reciprocal inhibition.* Stanford, CA: Stanford University Press.

Wolpe, J. (1973). *The practice of behavior therapy* (2nd ed.). New York: Pergamon.

Wong, D.F., Wanger, H.N., Tune, L.E., Dannals, R.F., Pearlson, G.D. Links, J.M., Tamminga, C.A., Broussolle, E.P., Ravert, H.T., Wilson, A.A., Toung, J.K.T., Malat, J., Willimans, J.A., O'Tuma, L.A., Snyder, S.H., Kuhar, M.J. & Gjedde, A. (1986). Positron emission tomography reveals elevated D2 dopamine receptors in drug-naive schizophrenics. *Science, 234*, 1448–1536.

Wood, J.M., Bootzin, R.R., Kihlstrom, J.F. & Schacter, D.L. (1992). Implicit and explicit memory for verbal information presented during sleep. *Psychological Science, 3*, 236–239.

Wood, R.E. & Bandura, A. (1989). Impact of conceptions of ability on self-regulatory mechanisms and complex decision making. *Journal of Personality and Social Psychology, 56*, 407–415.

Woods, D.L., Hillyard, S.A., Courchesne, E. & Galambos, R. (1980). Electrophysiological signs of split-second decision making. *Science, 207*, 655–657.

Woodworth, R.S. (1918). *Dynamic psychology.* New York: Columbia University Press.

Woolridge, D.E. (1963). *The machinery of the brain.* New York: McGraw-Hill.

Worchel, S., Lee, J. & Adewole, A. (1975). Effects of supply and demand on ratings of object value. *Journal of Personality and Social Psychology, 32*, 906–914.

Workman, B. (1990, December 1). Father guilty of killing daughter's friend, in '69. *San Francisco Examiner-Chronicle*, pp. 1, 4.

Worthington, E.L., Jr., Martin, G.A., Shumate, M. & Carpenter, J. (1983). The effect of brief Lamaze training and social encouragement on pain endurance in a cold pressor task. *Journal of Applied Social Psychology, 13*, 223–233.

Wortman, C.B. & Silver, R.C. (1989). The myths of coping with loss and adjustment to bereavement. In M.S. Stroebe, W. Stroebe & R.O. Hansson (eds.), *Handbook of bereavement: Theory, research, and intervention* (pp. 349–366.). Cambridge: Cambridge University Press.

Wottawa, H. & Hossiep, R. (1987). *Grundlagen psychologischer Diagnostik: Eine Einführung.* Göttingen: Hogrefe.

Wottawa, H. & Hossiep, R. (1997). *Anwendungsfelder psychologischer Diagnostik.* Göttingen: Hogrefe.

Wottawa, H. & Thierau, H (1990). *Evaluation.* Bern: Huber.

Wright, G.H.v. (1974). *Erklären und Verstehen* (Orig. 1971). Frankfurt: Athenäum Fischer.

Wright, J.C. & Mischel, W. (1987). A conditional approach to dispositional constructs: The local predictability of social behavior. *Journal of Personality and Social Psychology, 53,* 1159–1177.

Wright, R. (1994). *The moral animal.* New York: Pantheon.

Wundt, W. (1907). *Outlines of psychology* (7th ed.). (C.H. Judd, Trans.). Leipzig: Engelmann (Erstausgabe 1896).

Wurtman, R.J. (1982). Nutrients that modify brain functions. *Scientific American, 246* (4), 50–59.

Wylie, R. (1974). *The self concept.* Lincoln: The University of Nebraska Press.

Wynne, L.C., Roohey, M.L. & Doane, J. (1979). Family studies. In L. Bellak (ed.), *The schizophrenic syndrome.* New York: Basic Books.

Yahraes, H. (1975). *Research in the service of mental health: Summary report of the research task force of the National Institutes of Mental Health* (V-5). Washington, DC: Government Printing Office.

Yalom, I.D. & Greaves, C. (1977). Group therapy with the terminally ill. *American Journal of Psychiatry, 134,* 396–400.

Yantis, S. (1993). Stimulus-driven attentional capture. *Current Directions in Psychological Science, 2,* 156–161.

Yarrow, L. (1975). *Infant and environment: Early cognitive and motivational development.* New York: Halsted.

Yates, B. (1985). *Self-management.* Belmont, CA: Wadsworth.

Yates, B.T. (1980). *Improving effectiveness and reducing costs in mental health.* Springfield, IL: Charles C. Thomas

Yerkes, R.M. & Dodson, J.D. (1908). The relation of strength of stimulus to rapidity of habit formation. *Journal of Comparative Neurology and Psychology, 18,* 459–482.

Yost, W.A., Poppet, A.N. & Fay, R.R. (eds.) (1993). *Human psychophysics.* New York: Springer-Verlag.

Young, T. (1807). On the theory of light and colours. In *Lectures in natural philosophy* (vol. 2). London: William Savage.

Youniss, J. & Smollar, J. (1985). *Adolescent relations with mothers, fathers, and friends.* Chicago: University of Chicago Press.

Yudkin, M. (1984, April). When kids think the unthinkable. *Psychology Today,* 18–20, 24–25.

Zajonc, R.B. (1968). Attitudinal effects of mere exposure. *Journal of Personality and Social Psychology. Monograph Supplement, 9* (2, part 2), 1–27.

Zajonc, R.B. (1976). Family configuration and intelligence. *Science, 192,* 227–236.

Zajonc, R.B. (1980). Feeling and thinking: Preferences need no inferences. *American Psychologist, 35,* 151–175.

Zajonc, R.B. (1984). On the primacy of affect. *American Psychologist, 39,* 117–129.

Zajonc, R.B. (1985a). Emotion and facial efference: A theory reclaimed. *Science, 228,* 15–21.

Zajonc, R.B. (1985b). Emotions and facial expression: Reply to letters to the editor. *Science, 230,* 609, 610, 687.

Zanchetti, A. (1967). Subcortical and cortical mechanisms in arousal and emotional behavior. In G.C. Quarton, T. Melnechuk & F.O. Schmitt (eds.), *The neurosciences: A study program.* New York: Rockefeller University Press.

Zapf, D. (1991). Arbeit und Gesundheit: Realer Zusammenhang oder Methodenartefakt? In S. Greif, E. Bamberg & N. Semmer (Hrsg.), *Psychischer Streß am Arbeitsplatz.* Göttingen: Hogrefe.

Zapf, D. & Warth, K. (1997). Mobbing – Subtile Kriegsführung am Arbeitsplatz. *Psychologie Heute, 24*(8), 21–29.

Zebb, B.J. & Meyers, L.S. (1993). Reliability and validity of the revised California Psychological Inventor's Vector 1 Scale. *Educational and Psychological Measurement, 54,* 271–280.

Zeiss, R.A. & Dickman, H.R. (1989). PTSD 40 years later: Incidence and person-situation correlates in former POWs. *Journal of Clinical Psychology, 45,* 80–87.

Zelinski, E.M., Gilewski, M.J. & Schaie, K.W. (1993). Individual differences in cross-sectional and 3-year longitudinal memory performance across the adult life span. *Psychology and Aging, 8,* 176–186.

Zelnik, M., Kim, V.J. & Kantner, J.F. (1979). Probabilities of intercourse and conception among U.S. teenage women, 1971–1976. *Family Planning Perspectives, 11,* 177–183.

Zenz, H. & Manok, G. (Hrsg.). (1989). *AIDS-Handbuch für die psychosoziale Praxis.* Bern: Huber.

Zhang, Y., Proenca, R., Maffel, M., Barone, M., Leopold, L. & Friedman, J.M. (1994). Positional cloning of the mouse *obese* gene and its human homologue. *Nature, 372,* 425–432.

Zielinski, W. (1995). *Lernschwierigkeiten.* Stuttgart: Kohlhammer.

Zielinski, W. (1996). Lernschwierigkeiten. In F.E. Weinert (Hrsg.), *Psychologie des Lernens und der Instruktion.* Enzyklopädie der Psychologie, Serie »Pädagogische Psychologie«, Bd. 2 (S. 369–402). Göttingen: Hogrefe.

Zigler, E. & Muenchow, S. (1992). Head Start: *The inside story of America's most successful educational experiment.* New York: Basic Books.

Zigler, E. & Styfco, S.J. (1994). Head Start: Criticisms in a constructive context. *American Psychologist, 49,* 127–132.

Zilboorg, G. & Henry, G.W. (1941). *A history of medical psychology.* New York: Norton.

Zimbardo, P.G. (1969). The human choice: Individuation, reason, and order versus deindividuation, impulse, and chaos. In W.J. Arnold & D. Levine (eds.), *Nebraska symposium on motivation.* Lincoln: University of Nebraska Press.

Zimbardo, P.G. (1975). On transforming experimental research into advocacy for social change. In M. Deutsch & H. Hornstein (eds.), *Applying social psychology: Implications for research, practice and training.* Hillsdale, NJ: Erlbaum.

Zimbardo, P.G. (1990). *Shyness: What it is, what to do about it* (rev. ed.). Reading, MA: Addison-Wesley. (Original book published 1977).

Zimbardo, P.G., Andersen, S.A. (1993). Understanding mind control: Exotic and mundane mental manipulations. In M. Langone (ed.), *Recovery from cults* (pp. 104–125). New York: Norton.

Zimbardo, P.G. & Leippe, M. (1991). *The psychology of attitude change and social influence.* New York: McGraw-Hill.

Zimbardo, P.G. & Montgomery, K.D. (1957). The relative strengths of consummatory responses in hunger, thirst, and exploratory drive. *Journal of Comparative and Physiological Psychology, 50,* 504–508.

Zimbardo, P.G. & Radl, S. (1981). *The shy child.* New York: McGraw-Hill.

Zimbardo, P.G., Andersen, S.M. & Kabat, L.G. (1981). Induced hearing deficit generates experimental paranoia, *Science, 212,* 1529–1531.

Zimmer, D. (1985). *Sexualität und Partnerschaft.* München: Urban & Schwarzenberg.

Zimmerman, B.J., Bandura, A. & Martinez-pons, M. (1992). Self-motivation for academic attainment: The role of self-efficacy beliefs and personal goal setting. *American Educational Research Journal, 29,* 663–676.

Zola, I.K. (1973). Pathways to the doctor – from person to patient. *Social Science and Medicine, 7,* 677–689.

Zubeck, J.P., Pushkar, D., Sansom, W. & Gowing, J. (1961). Perceptual changes after prolonged sensory isolation (darkness and silence). *Canadian Journal of Psychology, 15,* 83–100.

Zucker, R. S. & Lando, L. (1986). Mechanism of transmitter release: Voltage hypothesis and calcium hypothesis. *Science*, 231, 574–579.

Zuckerman, M. (1979). Sensation seeking and risk taking. In C. E. Izard (ed.), *Emotions in personality and psychopathology*. New York: Plenum.

Zuckerman, M. (1988). Sensation seeking, risk taking, and health. In M. P. Janisse (ed.), *Individual differences, stress, and health psychology* (pp. 72–88). New York: Springer.

Zuckerman, M. (1990). Some dubious premises in research and theory on racial differences: Scientific, social, and ethical issues. *American Psychologist*, 45, 1297–1303.

Zuckerman, M. (1992). What is a basic factor and which factors are basic? Turtles all the way down. *Personality and Individual Differences*, 13, 675–681.

Zumkley, H. (1978). *Aggression und Katharsis*. Göttingen: Hogrefe.

Zuschlag, B. (1994). *Mobbing – Schikane am Arbeitsplatz*. Göttingen: Verlag für Angewandte Psychologie.

Sachverzeichnis

Quellenverzeichnis

Abb.-Nr.	Rechte bei
1.1	Irma Engel, Leipzig
1.2	aus: *Psychology and Life* 14th ed. Von Phillip G. Zimbardo und Richard J. Gerrig (S. 9). Copyright © 1996, Phillip G. Zimbardo, Inc. und Richard J. Gerrig
1.3	mit freundlicher Genehmigung des Psychologischen Instituts der Universität Heidelberg
1.4	The Laboratory Schools, University of Chicago, 1904
1.5	Sigmund Freud Copyrights, Wivenhoe/England
1.6	Zentralstelle für Arbeitsvermittlung (ZAV), Arbeitsmarkt-Information Psychologinnen und Psychologen, 2. Aufl. 1996, Grafik: Manfred Bausch
1.7	aus: *Psychology and Life* 14th ed. Von Phillip G. Zimbardo und Richard J. Gerrig (S. 32). Copyright © 1996, Phillip G. Zimbardo, Inc. and Richard J. Gerrig.
1.8	aus: Zimbardo, Psychologie, 6. Aufl. (S. 20). Copyright © 1995, Springer-Verlag Berlin Heidelberg
1.9	Hugo van Lawick / © 1965, National Geographic Society Image Collection
1.10	Rick Friedman/Black Star
1.11	aus: »Klinische Elektroenzephalographie des Kindes- und Jugendalters« (S. 13 / S. 71) von R.G. Schmid, W.S. Tirsch, Copyright © 1995, Springer-Verlag Berlin Heidelberg
1.12	aus: Zimbardo, Psychologie, 6. Aufl. (S. 28). Copyright © 1995, Springer-Verlag Berlin Heidelberg
1.13	aus: Zimbardo, Psychologie, 6. Aufl. (S. 29). Copyright © 1995, Springer-Verlag Berlin Heidelberg
1.14	aus: Zimbardo, Psychologie, 6. Aufl. (S. 34). Copyright © 1995, Springer-Verlag Berlin Heidelberg
1.15	aus: Zimbardo, Psychologie, 6. Aufl. (S. 34). Copyright © 1995, Springer-Verlag Berlin Heidelberg
1.16	aus: Zimbardo, Psychologie, 6. Aufl. (S. 36). Copyright © 1995, Springer-Verlag Berlin Heidelberg
2.1	Heike Berger, Heidelberg
2.2	aus: »Human Evolution: An Illustrated Introduction«, von Robert Lewin. Copyright © 1984, W.H. Freeman and Company.
2.3	aus: »Chromosomen, Gene, Mutationen« (S. 35) G. Tariverdian, W. Buselmaier, Copyright © 1995, Springer-Verlag Berlin Heidelberg
2.4	aus: *Psychology and Life* 14th ed. Von Phillip G. Zimbardo und Richard J. Gerrig (S. 69). Copyright © 1996, Phillip G. Zimbardo, Inc. und Richard J. Gerrig
2.5	aus: »Fundamentals of Neurology« 4th ed. von Ernest Gardner. Copyright © 1963, W.B. Saunders Company. Abdruck mit Genehmigung von Holt, Rinehart & Winson, Inc. / Lewis E. Calver (Illustration)
2.6	Lynn O'Kelley
2.7	Lynn O'Kelley
2.8	Lynn O'Kelley
2.9	aus: *Psychology and Life* 14th ed. Von Phillip G. Zimbardo und Richard J. Gerrig (S. 74). Copyright © 1996, Phillip G. Zimbardo, Inc. und Richard J. Gerrig
2.10	aus: *Psychology and Life* 14th ed. Von Phillip G. Zimbardo und Richard J. Gerrig (S. 75). Copyright © 1996, Phillip G. Zimbardo, Inc. und Richard J. Gerrig
2.11	aus: *Psychology and Life* 14th ed. Von Phillip G. Zimbardo und Richard J. Gerrig (S. 76). Copyright © 1996, Phillip G. Zimbardo, Inc. und Richard J. Gerrig
2.12	aus: *Psychology and Life* 14th ed. Von Phillip G. Zimbardo und Richard J. Gerrig (S. 77). Copyright © 1996, Phillip G. Zimbardo, Inc. und Richard J. Gerrig
2.13	aus: *Psychology and Life* 14th ed. Von Phillip G. Zimbardo und Richard J. Gerrig (S. 80). Copyright © 1996, Phillip G. Zimbardo, Inc. und Richard J. Gerrig / Sara Forbes Woodward (Illustration)
2.14	aus: »The Gate Control Theory of Pain« von William Buskist und David Gerbing, in *Psychology Boundaries and Frontiers*. Copyright © 1990, Scott, Foresman and Company. Reprinted by permission of Addison Wesley Longman
2.15	Sara Forbes Woodward
2.16	aus: *Psychology and Life* 14th ed. Von Phillip G. Zimbardo und Richard J. Gerrig (S. 87). Copyright © 1996, Phillip G. Zimbardo, Inc. und Richard J. Gerrig / Sara Forbes Woodward (Illustration)
2.17	aus: »The cellular basis of behavior« von Kandel, E.R. (1976). San Francisco: Freeman / Sara Forbes Woodward (Illustration)

2.18   aus: *Psychology and Life* 14th ed. Von Phillip G. Zimbardo und Richard J. Gerrig (S. 92). Copyright © 1996, Phillip G. Zimbardo, Inc. und Richard J. Gerrig

2.19   aus: *Psychology and Life* 14th ed. Von Phillip G. Zimbardo und Richard J. Gerrig (S. 92). Copyright © 1996, Phillip G. Zimbardo, Inc. und Richard J. Gerrig

2.20   aus: »The Harvey Lectures«, Series 62, von R.W. Sperry. Copyright © 1968, Academic Press. Abdruck mit Genehmigung

2.21   Irma Engel, Heidelberg/Leipzig

2.22   aus: »Variations in characteristic perceptual asymmetry: Modality specific and modality general components« von Kim, H. & Levine, S.C. (1992), in *Brain and Cognition, 19,* 21–47. Abdruck mit Genehmigung von Academic Press, Orlando

3.1   Irene Engel, Stuttgart

3.2   aus: *Psychology and Life* 14th ed. Von Phillip G. Zimbardo und Richard J. Gerrig (S. 261). Copyright © 1996, Phillip G. Zimbardo, Inc. und Richard J. Gerrig

3.3   aus: *Psychology and Life* 14th ed. Von Phillip G. Zimbardo und Richard J. Gerrig (S. 261). Copyright © 1996, Phillip G. Zimbardo, Inc. und Richard J. Gerrig

3.4   aus: *Psychology and Life* 14th ed. Von Phillip G. Zimbardo und Richard J. Gerrig (S. 262). Copyright © 1996, Phillip G. Zimbardo, Inc. und Richard J. Gerrig

3.5   aus: *Psychology and Life* 14th ed. Von Phillip G. Zimbardo und Richard J. Gerrig (S. 263). Copyright © 1996, Phillip G. Zimbardo, Inc. und Richard J. Gerrig

3.6   aus: *Psychology and Life* 14th ed. Von Phillip G. Zimbardo und Richard J. Gerrig (S. 264). Copyright © 1996, Phillip G. Zimbardo, Inc. und Richard J. Gerrig

3.7   Boyd Norton / © 1965 mit Genehmigung von Comstock, GmbH, Berlin

3.8   aus: »Brain, Mind, and Behavior« rev.ed. von Floyd E. Bloom and Arlyne Lazerson. Copyright © 1985, 1988, Educational Broadcasting Corporation. Abdruck mit Genehmigung von W.H. Freeman and Company

3.9   aus: *Psychology and Life* 14th ed. Von Phillip G. Zimbardo und Richard J. Gerrig (S. 220). Copyright © 1996, Phillip G. Zimbardo, Inc. und Richard J. Gerrig

3.10   aus: *Psychology and Life* 14th ed. Von Phillip G. Zimbardo und Richard J. Gerrig (S. 221). Copyright © 1996, Phillip G. Zimbardo, Inc. und Richard J. Gerrig

3.11   aus: Zimbardo, Psychologie, 6. Aufl. (S. 169). Copyright © 1995, Springer-Verlag Berlin Heidelberg

3.12   aus: *Psychology and Life* 14th ed. Von Phillip G. Zimbardo und Richard J. Gerrig (S. 223). Copyright © 1996, Phillip G. Zimbardo, Inc. und Richard J. Gerrig

3.13   aus: »Sensory Communication« von W.A. Rosenblith. Copyright © 1961, The Massachusetts Institute of Technology.

3.14   aus: *Psychology and Life* 14th ed. Von Phillip G. Zimbardo und Richard J. Gerrig (S. 226). Copyright © 1996, Phillip G. Zimbardo, Inc. und Richard J. Gerrig

3.15   aus: *Psychology and Life* 14th ed. Von Phillip G. Zimbardo und Richard J. Gerrig (S. 227). Copyright © 1996, Phillip G. Zimbardo, Inc. und Richard J. Gerrig

3.16   angeglichen aus: »Seeing: Illusion, Brain and Mind« von John P. Frisby. Copyright © 1979, John P. Frisby. Abdruck mit Genehmigung von Oxford University Press

3.17   mit freundlicher Genehmigung von Munsell Color, New Windsor, NY

3.18   aus: *Psychology and Life* 14th ed. Von Phillip G. Zimbardo und Richard J. Gerrig (S. 278). Copyright © 1996, Phillip G. Zimbardo, Inc. und Richard J. Gerrig

3.19   aus: *Psychology and Life* 14th ed. Von Phillip G. Zimbardo und Richard J. Gerrig (S. 279). Copyright © 1996, Phillip G. Zimbardo, Inc. und Richard J. Gerrig

3.20   aus: *Psychology and Life* 14th ed. Von Phillip G. Zimbardo und Richard J. Gerrig (S. 282). Copyright © 1996, Phillip G. Zimbardo, Inc. und Richard J. Gerrig

3.21   aus: *Psychology and Life* 14th ed. Von Phillip G. Zimbardo und Richard J. Gerrig (S. 280). Copyright © 1996, Phillip G. Zimbardo, Inc. und Richard J. Gerrig

3.22   aus: *Psychology and Life* 14th ed. Von Phillip G. Zimbardo und Richard J. Gerrig (S. 281). Copyright © 1996, Phillip G. Zimbardo, Inc. und Richard J. Gerrig

3.23   aus: *Psychology and Life* 14th ed. Von Phillip G. Zimbardo und Richard J. Gerrig (S. 281). Copyright © 1996, Phillip G. Zimbardo, Inc. und Richard J. Gerrig

3.24   aus: *Psychology and Life* 14th ed. Von Phillip G. Zimbardo und Richard J. Gerrig (S. 284). Copyright © 1996, Phillip G. Zimbardo, Inc. und Richard J. Gerrig

3.25   aus: *Psychology and Life* 14th ed. Von Phillip G. Zimbardo und Richard J. Gerrig (S. 285). Copyright © 1996, Phillip G. Zimbardo, Inc. und Richard J. Gerrig

3.26   aus: »Retinal Disparity«. Copyright © 1994, McGraw Hill, Inc.

3.27   aus: »Sensation and Perception« von Stanley Coren, Clare Porace und Lawrence M. Ward. Copyright © 1979, Harcourt Brace & Company.

3.28   Irma Engel, Leipzig

3.29   aus: *Psychology and Life* 14th ed. Von Phillip G. Zimbardo und Richard J. Gerrig (S. 288). Copyright © 1996, Phillip G. Zimbardo, Inc. und Richard J. Gerrig

3.30   Irma Engel, Leipzig

3.31   Zeichnung aus: »The Perception of the Visual World« von James J. Gibson. Copyright © 1950, erneuert 1977 von Houghton Mifflin Company, Boston
Halbtonabbildung aus: Harenberg Länder der Erde »Frankreich« (S. 226). Copyright © 1995, Harenberg Verlag, mit Genehmigung des Verlages

3.32 aus: *Psychology and Life* 14th ed. Von Phillip G. Zimbardo und Richard J. Gerrig (S. 291). Copyright © 1996, Phillip G. Zimbardo, Inc. und Richard J. Gerrig

3.33 aus: Zimbardo, Psychologie, 6. Aufl. (S. 196). Copyright © 1995, Springer-Verlag Berlin Heidelberg

3.34 aus: *Psychology and Life* 14th ed. Von Phillip G. Zimbardo und Richard J. Gerrig (S. 295). Copyright © 1996, Phillip G. Zimbardo, Inc. und Richard J. Gerrig

3.35a aus: »Representation and Recognition of the Spatial Organization of Three-Dimensional Shapes« (S. 200) von D. Marr and H.K. Nishihara. In: Proceedings of the Royal Society of London © 1978

3.35b aus: »Recognition by Components: A Theory of Object Recognition« (S. 32) von I. Biederman. In: *Computer Vision Graphics and Image Processing.* Copyright © 1985, Academic Press

3.36 aus: Biedermann, I. (1985). *Computer Vision Graphics and Image Processing* 32, 29–73. Copyright © 1985, Academic Press

3.37 aus: *Psychology and Life* 14th ed. Von Phillip G. Zimbardo und Richard J. Gerrig (S. 298). Copyright © 1996, Phillip G. Zimbardo, Inc. und Richard J. Gerrig

3.38 aus: *Psychology and Life* 14th ed. Von Phillip G. Zimbardo und Richard J. Gerrig (S. 299, 301, 302). Copyright © 1996, Phillip G. Zimbardo, Inc. und Richard J. Gerrig

4.1 Irma Engel, Leipzig

4.2 aus: »Cognitve Psychology and Information Processing: An Introduction« von Roy Lachmann, Janit I. Lachmann und Earl C. Butterfield. Abdruck mit Genehmigung von Lawrence Erlbaum Associates, Inc.

4.3 aus: »Attention and Effort« von Daniel Kahnemann, Copyright © 1973. Adaptiert mit Genehmigung von Prentice Hall, Inc., Upper Saddle River, NJ.

4.4 aus: »Features and Objects in Visual Processing« von Anne Triesman in *Scientific American*, Nov. 1986, Abbildung »a« auf Seite 116, Copyright © Jerome Kuhl, Santa Fe

4.5 Tony Stone, Bilderwelten, München

4.6 aus: *Psychology and Life* 14th ed. Von Phillip G. Zimbardo und Richard J. Gerrig (S. 111). Copyright © 1996, Phillip G. Zimbardo, Inc. und Richard J. Gerrig

4.7 Dreamstage Scientific Catalog Copyright © 1977, J. Allan Hobson and Hoffmann-La Roche, Inc., Nutley, NJ

4.8 aus: *Psychology and Life* 14th ed. Von Phillip G. Zimbardo und Richard J. Gerrig (S. 116). Copyright © 1996, Phillip G. Zimbardo, Inc. und Richard J. Gerrig

4.9 Abdruck mit Genehmigung aus: »Ontogenetic Development of the Human Sleep-Dream Cycle« von H.P. Roffwarg et al., in *Science,* April 1966, Vol. 152, No. 9, pp. 604–619. Copyright © 1966, American Association for the Advancement of Science

4.10 Irma Engel, Leipzig

4.11 aus: *Psychology and Life* 14th ed. Von Phillip G. Zimbardo und Richard J. Gerrig (S. 127). Copyright © 1996, Phillip G. Zimbardo, Inc. und Richard J. Gerrig

5.1 Johns Hopkins University

5.2 Joe McNally

5.3 Bettmann Archive

5.4 aus: »Psychology« von William Buskist. Copyright © 1991, HarperCollins Publishers, Inc.

5.5 aus: »Principles of Animal Learning and Motivation« von R.M. Tarpy, p. 51. Copyright © 1982, Scott, Foresman

5.6 aus: *Psychology and Life* 14th ed. Von Phillip G. Zimbardo und Richard J. Gerrig (S. 314). Copyright © 1996, Phillip G. Zimbardo, Inc. und Richard J. Gerrig

5.7 aus: »Principles and Methods of Psychology« von Lawson, Goldsten und Musty. Copyright © 1975, Oxford University Press, Abdruck mit Genehmigung

5.8 aus: *Psychology and Life* 14th ed. Von Phillip G. Zimbardo und Richard J. Gerrig (S. 320). Copyright © 1996, Phillip G. Zimbardo, Inc. und Richard J. Gerrig

5.9 David Strickler/The Image Works

5.10 aus: *Psychology and Life* 14th ed. Von Phillip G. Zimbardo und Richard J. Gerrig (S. 328). Copyright © 1996, Phillip G. Zimbardo, Inc. und Richard J. Gerrig

5.11 Dether/Zöller, Viernheim

5.12 aus: *Psychology and Life* 12th ed. Von Phillip G. Zimbardo (S. 291). Copyright © 1988, Phillip G. Zimbardo, Inc.

5.13 aus: *Psychology and Life* 12th ed. Von Phillip G. Zimbardo (S. 292). Copyright © 1988, Phillip G. Zimbardo, Inc.

5.14 mit freundlicher Erlaubnis von Dr. Albert Bandura, Stanford University

5.15 aus: *Psychology and Life* 14th ed. Von Phillip G. Zimbardo und Richard J. Gerrig (S. 349). Copyright © 1996, Phillip G. Zimbardo, Inc. und Richard J. Gerrig

5.16 aus: *Psychology and Life* 14th ed. Von Phillip G. Zimbardo und Richard J. Gerrig (S. 350). Copyright © 1996, Phillip G. Zimbardo, Inc. und Richard J. Gerrig

5.17 adaptiert aus: »The Information Available in Brief Visual Presentation« von George Sperling, in *Psychological Monographs: General and Applied*, Vol. 174, No. 11, Whole No. 498. Copyright © 1960, American Psychological Association, Inc.

5.18 aus: »Short-Term Retention of Individual Verbal Items,« von Lloyd R. Peterson und Margaret Jean Peterson, in *Journal of Experimental Psychology*, September 1959, Vol. 58, No. 3. Copyright © 1959, American Psychological Association, Inc.

5.19 aus: »Two Storage Mechanisms in Free Recall« von Murray Glanzer und Anita R. Cunitz, in *Journal of Verbal Learning and Verbal Behavior*. Copyright © 1966, Academic Press

5.20 aus: *Psychology and Life* 14th ed. Von Phillip G. Zimbardo und Richard J. Gerrig (S. 363). Copyright © 1996, Phillip G. Zimbardo, Inc. und Richard J. Gerrig

5.21   adaptiert von Tabelle 1, »Proportion Correct Data for Tasks as a Function of Study Conditions«, in *Journal of Experimental Psychology: Learning, Memory, and Cognition*, 1993, Vol. 19, No. 4. Copyright © 1993, American Psychological Association, Inc. Abdruck mit Genehmigung von American Psychological Association, Inc.

5.22   aus: Robert L. Solso & Judith E. McCarthy »Prototype formation of faces: A case of pseudo-memory«, in *British Journal of Psychology*, (1981) 72, 499–503. Copyright © 1981, The British Psychological Society. Abdruck mit Genehmigung des Autors

5.23   aus: »Attractive faces are only average« von J.H. Langlois und L.A. Roggman, in *Psychological Science*, I (2), 117. (1990). Veröffentlicht von der American Psychological Society. Abdruck mit Genehmigung von Cambridge University Press

5.24   aus: »Retrieval Time from Semantic Memory« von Collins und Quillan, in *Journal of Verbal Learning and Verbal Behavior*, Vol. 8, pp. 240–247. Copyright © 1969, Academic Press

6.1   aus: *Psychology and Life* 14th ed. Von Phillip G. Zimbardo und Richard J. Gerrig (S. 389). Copyright © 1996, Phillip G. Zimbardo, Inc. und Richard J. Gerrig

6.2   aus: *Psychology and Life* 14th ed. Von Phillip G. Zimbardo und Richard J. Gerrig (S. 391). Copyright © 1996, Phillip G. Zimbardo, Inc. und Richard J. Gerrig

6.3   design & production, Heidelberg

6.4   aus: *Journal of Experimental Psychology: Learning, Memory and Cognition*, 1986, Vol. 12, No. 4. Copyright © 1986, American Psychological Association, Inc. Abdruck mit Genehmigung der American Psychological Association, Inc.

6.5   aus: »Linguistics, An Introduction to Language and Communication« von Adrian Akmajian, Richard A. Demers und Robert M. Harnish. Copyright © 1990, Massachusetts Institute of Technology. Abdruck mit Genehmigung des Verlages

6.6   aus: *Psychology and Life* 14th ed. Von Phillip G. Zimbardo und Richard J. Gerrig (S. 404). Copyright © 1996, Phillip G. Zimbardo, Inc. und Richard J. Gerrig

6.7   aus: »Mental Images and their Transformation«, von Roger N. Shepard und Lynn A. Cooper. Copyright © 1982, The Massachusetts Institute of Technology.

6.8   aus: »Scanning Visual Images: Some Structural Implications« von Stephen Michael Kosslyn, in *Perception and Psychophysics*, Vol. 14, No. 1, 1973, pp. 90–94. Abdruck mit Genehmigung von Psychonomic Society, Inc., Austin, TX

6.9   aus: *Psychology and Life* 14th ed. Von Phillip G. Zimbardo und Richard J. Gerrig (S. 407). Copyright © 1996, Phillip G. Zimbardo, Inc. und Richard J. Gerrig

6.10/6.11   aus: »How to Solve Problems: Elements of a Theory of Problems and Problem Solving«, von Wayne A. Wickelgren. Copyright © 1974, W.H. Freeman and Company. Abdruck mit Genehmigung

6.12   aus: *Psychology and Life* 14th ed. Von Phillip G. Zimbardo und Richard J. Gerrig (S. 413). Copyright © 1996, Phillip G. Zimbardo, Inc. und Richard J. Gerrig

6.13   aus: *Journal of Personality and Social Psychology*, 1993, Vol. 65, No. 6. Copyright © 1993, American Psychological Association, Inc. Abdruck mit Genehmigung der American Psychological Association, Inc.

7.1   aus: »Motivation and Personality« von A.H. Maslow, revised edition 1970. Copyright © 1970, Harper & Row, New York

7.2   aus: »Human Sexualities« (S. 207) von J.H. Gagnon. Copyright © 1977, HarperCollins Publishers, Inc. Abdruck mit Genehmigung

7.3   James D. Wilson/Woodfin Camp & Associates, New York

7.4   aus: »Prenatal Exposure to Synthetic Progestins Increases Potential for Aggression in Humans« von June M. Reinisch, in *Science*, Vol. 211, 13, March 1981, pp. 1171–1173. Copyright © 1981, American Association for the Advancement of Science. Abdruck mit Genehmigung der American Association for the Advancement of Science

7.5   aus: »The Effects of Alcohol and Delta-9-Tetrahydrocannabinol on Human Physical Aggression« von Stuart B. Taylor et al., in *Aggressive Behavior*, Vol. 2, pp. 153–161. Copyright © 1976, Alan R. Liss, Inc. Abdruck mit Genehmigung von Wiley-Liss, Inc. a subsidiary of John Wiley & Sons, Inc.

7.6   aus: »Aggressive Erotica and Violence Against Women« von Edward Donnerstein, in *Journal of Personality and Social Psychology*, August 1980, Vol. 39, No. 2. Copyright © 1980, American Psychological Association, Inc. Adaptiert mit Genehmigung des Verlags

7.7   aus: »Disinhibition of Aggression Through Diffusion of Responsibility and Dehumanization of Victims« von Albert Bandura et al., in *Journal of Research in Personality*, 1975, 9, pp. 253–269. Copyright © 1975, Academic Press, Inc. Abdruck mit Genehmigung des Verlags

7.8   aus: »Mechanisms of Moral Disengagement«, a paper presented at the conference »Psychology of Terrorism: Behaviors, World-Views, States of Mind«, March 1987 von Albert Bandura. Abdruck mit Genehmigung des Autors

7.9   aus: Henry A. Murray, Thematic Apperception Test, Cambridge, MA: Harvard University Press, Copyright © 1943, President and Fellows of Harvard College, © 1971, Henry A. Murray

7.10   adaptiert aus: »Human Motivation« von Bernard Weiner. Copyright © 1980, Bernard Weiner. Abdruck mit Genehmigung des Autors

8.1   New York Public Library / Astor, Lenox and Tilden Foundation

8.2   aus: »Unmasking the Face« von Ekman und Friesen. Copyright © 1975, Ekman; mit Genehmigung des Autors

8.3   aus: »Psychology«, 3rd ed., von Rathus. Copyright © 1987, Holt, Rinehart and Winston, Inc. Abdruck genehmigt

8.4   Everett Collection/Deutschlandvertretung

8.5   aus: *Psychology and Life* 14th ed. Von Phillip G. Zimbardo und Richard J. Gerrig (S. 470). Copyright © 1996, Phillip G. Zimbardo, Inc. und Richard J. Gerrig

8.6   aus: *Psychology and Life* 14th ed. Von Phillip G. Zimbardo und Richard J. Gerrig (S. 473). Copyright © 1996, Phillip G. Zimbardo, Inc. und Richard J. Gerrig

8.7 aus: *Psychology and Life* 14th ed. Von Phillip G. Zimbardo und Richard J. Gerrig (S. 474). Copyright © 1996, Phillip G. Zimbardo, Inc. und Richard J. Gerrig

8.8 aus: »Psychology« (fig. 7.10) von Michael S. Gazzaniga. Copyright © 1980, Michael S. Gazzaniga. Abdruck mit Genehmigung von HarperCollins Publishers, Inc.

8.9 aus: *Health Psychology*, 1994, Vol. 13, No. 5. Copyright © 1994, American Psychological Association, Inc., und der Division of Health Psychology. Abdruck mit Genehmigung

8.10 aus: *Psychology and Life* 14th ed. Von Phillip G. Zimbardo und Richard J. Gerrig (S. 493). Copyright © 1996, Phillip G. Zimbardo, Inc. und Richard J. Gerrig

8.11 aus: *Psychology and Life* 14th ed. Von Phillip G. Zimbardo und Richard J. Gerrig (S. 497). Copyright © 1996, Phillip G. Zimbardo, Inc. und Richard J. Gerrig

9.1 aus: *Psychology and Life* 14th ed. Von Phillip G. Zimbardo und Richard J. Gerrig (S. 586). Copyright © 1996, Phillip G. Zimbardo, Inc. und Richard J. Gerrig

9.2 aus: *Psychology and Life* 14th ed. Von Phillip G. Zimbardo und Richard J. Gerrig (S. 587). Copyright © 1996, Phillip G. Zimbardo, Inc. und Richard J. Gerrig

9.3 aus: *Psychology and Life* 14th ed. Von Phillip G. Zimbardo und Richard J. Gerrig (S. 592). Copyright © 1996, Phillip G. Zimbardo, Inc. und Richard J. Gerrig

9.4 Dr. Ronald Lippitt

9.5 Mrs. Alexandra Milgram

9.6 adaptiert aus: »Bystander Interventions in Emergencies: Diffusion of Responsibilities« von Darley und Latané, in *Journal of Personality and Social Psychology*, 1968, Vol. 8, No. 4, pp. 377–384. Copyright © 1968, American Psychological Association

9.7 aus: »An Experimental Study of Apparent Behavior« von F. Heider und M. Simmel, in *American Journal of Psychology*, 1944, Vol. 57, pp. 243–259. Copyright © 1944, Board of Trustees of the University of Illinois. Abdruck mit Genehmigung der University of Illinois Free Press

9.8 aus: »Judgement Under Uncertainty« von Daniel I. Kahneman. Copyright © 1982, Cambridge University Press

9.9 Irma Engel, Leipzig

9.10 Dr. O.J. Harvey, University of Colorado

9.11 aus: *Journal of Personality and Social Psychology*, 1992, Vol. 63, No. 4. Copyright © 1992, American Psychological Association. Nachdruck mit Genehmigung der American Psychological Association

10.1 alle 4 Abbildungen: Tony Stone Bilderwelten, München

10.2 oben links, unten links und rechts: Topham Picturepoint, UK

10.2 oben rechts: Everett Collection/Deutschlandvertretung

10.3 aus: »Human Cerebral Hemispheres Develop at Different Rates and Ages« von R.W. Thatcher, in *Science*, Vol. 236, pp. 1110–1113. Copyright © 1987, American Association for the Advancement of Science

10.4 aus: *Psychology and Life* 14th ed. Von Phillip G. Zimbardo und Richard J. Gerrig (S. 147). Copyright © 1996, Phillip G. Zimbardo, Inc. und Richard J. Gerrig

10.5 Sarah Putnam/The Picture Cube

10.6 Professor Marcia L. Weinstein, Salem State College

10.7 adaptiert aus: »Representing the Existence and the Location of Hidden Objects: Object Permanence in 6- and 8-Month-Old Infants« von Renée Baillargeon, in *Cognition*, 23, 1986, pp. 21–41. Copyright © 1986, Elsevier Science B.V.

10.8 Springer/Bettmann Archive

10.9 Irma Engel, Leipzig

10.10 aus: »The Acquisition of Language« von B.A. Moskowitz, *Scientific American*, 11/78. Copyright © der Abbildung 1978, Gabor Kiss, New York

10.11 Innervisions, Seattle

10.12 Copyright © 1999, Springer Verlag

10.13 Dr. Alan Fogel, University of Utah, mit freundlicher Genehmigung

10.14 Copyright © 1991, Hermann Kacher, Donaustraße 111, A-3421 Höflein, mit freundlicher Genehmigung von Frau G. Kacher

10.15 aus: »Psychopathology« von D. Magnusson und A. Ohmann. Copyright © 1987, Academic Press

10.16 aus: »Effects of Social Interaction on Well-Being Across Adulthood« von Masako Ishii-Kuntz. Copyright © 1990, Baywood Publishing Company, Inc. Abdruck mit Genehmigung

10.17 beide Abbildungen: Annenberg / CPB Program 18 / WGBH

11.1 aus: *Psychology and Life* 14th ed. Von Phillip G. Zimbardo und Richard J. Gerrig (S. 512). Copyright © 1996, Phillip G. Zimbardo, Inc. und Richard J. Gerrig

11.2 aus: »The Inequality of Man« von H.J. Eysenck. Copyright © 1973, Hans J. Eysenck. Abdruck mit Genehmigung des Autors

11.3 Dether/Zöller, Viernheim

11.4 aus: *Psychology and Life* 14th ed. Von Phillip G. Zimbardo und Richard J. Gerrig (S. 530). Copyright © 1996, Phillip G. Zimbardo, Inc. und Richard J. Gerrig

11.5 aus: *Psychology and Life* 14th ed. Von Phillip G. Zimbardo und Richard J. Gerrig (S. 532). Copyright © 1996, Phillip G. Zimbardo, Inc. und Richard J. Gerrig

12.1 aus: »Wechsler's Measurement and Appraisal of Adult Intelligence«, 5th ed., von J.D. Matarazzo. Copyright © 1972, Oxford University Press

12.2   adaptiert aus: »Way Beyond the IQ: Guide to Improving Intelligence and Creativity« von H.P. Guilford. Buffalo, NY: Barely Limited, 1977

12.3   aus: Zimbardo, Psychologie, 6. Aufl. (S. 538). Copyright © 1995, Springer-Verlag Berlin Heidelberg

12.4   aus: »Achievement and Social Mobility: Relationships Among IQ Score, Education and Occupation in Two Generations« von Jerome H. Waller, in *Social Biology*, September 1971, Vol. 18, No. 3. Copyright © 1971, Society for the Study of Social Biology. Abdruck mit Genehmigung

12.5   adaptiert aus: »I.Q. Test Performance of Black Children Adopted by White Families« von S. Scarr und R.A. Weinberg, in *American Psychologist*, 1976, Vol. 31, pp. 726–739. Copyright © 1976, American Psychological Association

12.6   aus: »Psychodiagnostik. Der Rorschach-Test«, Bern: Huber

12.7   Abdruck mit Genehmigung des Verlegers aus: Henry A. Murray, Thematic Aperception Test, Cambridge, MA: Harvard University Press, Copyright © 1943, President and Fellows of Havard College, © 1971, Henry A. Murray

13.1   aus: »Mental Health for Canadians: Striking a Balance«, Minister of National Health and Welfare, 1988

13.2   aus: »Schizophrenic Genesis: The Origins of Madness« von Gottesman. Copyright © 1991, Irving I. Gottesman. Abdruck mit Genehmigung von W.H. Freeman and Company

13.3   aus: »Genetic Theories and the Validation of Psychiatric Diagnosis: Implications of the Study of Children of Schizophrenics« von Daniel R. Hanson et al., in *Journal of Abnormal Psychology*, 1977, 86. Copyright © 1977, American Psychological Association, Inc. Abdruck mit Genehmigung des Verlages

13.4   aus: *Psychology and Life* 14th ed. Von Phillip G. Zimbardo und Richard J. Gerrig (S. 668). Copyright © 1996, Phillip G. Zimbardo, Inc. und Richard J. Gerrig

14.1   Copyright © Freud Museum Publications Ltd. Foto von Nick Bagguley

14.2   Dether / Zöller, Viernheim

14.3 a + b   aus: »Modeling Therapy« von Albert Bandura. Abdruck mit freundlicher Genehmigung des Autors

14.4   aus: *Psychology and Life* 14th ed. Von Phillip G. Zimbardo und Richard J. Gerrig (S. 707). Copyright © 1996, Phillip G. Zimbardo, Inc. und Richard J. Gerrig

14.5   aus: Weismann et al. *American Journal of Psychiatry*, 1979, Col. 136, pp. 555–558. Copyright © 1979, American Psychiatric Association

15.1   Irma Engel, Leipzig

15.2   Irma Engel, Leipzig

15.3   aus: »Impact of Parental Discipline Methods on the Child's Internalization of Values« von Joan E. Grusec und Jacqueline J. Goodnow, in *Developmental Psychology*, 1994, Vol. 30, No. 1, Copyright © 1994, American Psychological Association, Inc.

15.4   aus: »Parenting and Children's Internalization of Values« von Joan E. Grusec und Leon Kuczynski (S. 29), Copyright © 1997, John Wiley & Sons, Inc.

15.5 a, b   beide Abbildungen: Irma Engel, Leipzig

15.6   aus: »Early Starter Model« (Kap. 6, S. 146) von Patterson, Capaldi, Bank, in »The Development and Treatment« of Childhood Aggression« Debra J. Pepler, Kenneth H. Rubin (Eds.) Copyright © 1991, Lawrence Erlbaum Associates, Inc. Abdruck mit Genehmigung

15.7   Irma Engel, Leipzig

16.1   aus: »Bedeutung und Wirkung von Arbeit« (S. 138) von N. Semmer und I. Udris, in »Lehrbuch Organisationspsychologie« H. Schuler (Hrsg.) Copyright © 1995, Hans Huber, Bern

16.2   aus: »Bedeutung und Wirkung von Arbeit« (S. 140) von N. Semmer und I. Udris, in »Lehrbuch Organisationspsychologie« H. Schuler (Hrsg.) Copyright © 1995, Hans Huber, Bern

16.3   aus: »Bedeutung und Wirkung von Arbeit« (S. 145) von N. Semmer und I. Udris, in »Lehrbuch Organisationspsychologie« H. Schuler (Hrsg.) Copyright © 1995, Hans Huber, Bern

16.4   aus: »Stress und Möglichkeiten der Stressbehandlung« (S. 92) von E. Regnet, in »Führung von Mitarbeitern. Handbuch für erfolgreiches Personalmanagement« L.v.Rosenstiel, E. Regnet, M. Domsch (Hrsg.) Copyright © 1993, Schäffer-Poeschel, Verlag für Wirtschaft, Steuern, Recht GmbH & Co. KG, Stuttgart

16.5   aus: »Stand und Entwicklung neuer Fertigungstechnologien« (S. 23) von T. Martin, in »Neue Produktionstechniken und qualifizierte Arbeit« K. Sonntag (Hrsg.) Copyright © 1985, Wirtschaftsverlag Bachem

16.6   aus: »Die Führungsrolle der Personalplanung im technischen Wandel« (S. 56) von E. Staudt, in »Neue Produktionstechniken und qualifizierte Arbeit« K. Sonntag (Hrsg.) Copyright © 1985, Wirtschaftsverlag Bachem

16.7   aus: »Erwerbslosigkeit, Arbeitsplatzunsicherheit und psychische Befindlichkeit« (S. 116) von G. Mohr. Copyright © 1996, Peter Lang, Europäischer Verlag der Wissenschaften, Frankfurt/Main

16.8   aus: »Grundkonzepte der Organisation« (S. 422) von W. Scholl, in »Lehrbuch Organisationspsychologie« H. Schuler (Hrsg.) Copyright © 1995, Hans Huber, Bern

16.9   aus: »Teams – Chancen und Gefahren, Grundlagen, Anwendung am Beispiel von Lean Management« (S. 41) von M. Born und S. Eiselin. Copyright © 1995, Hans Huber, Bern

16.10   aus: »Kommunikation und Führung von Arbeitsgruppen« (S. 346) von L.v.Rosenstiel, in »Lehrbuch Organisationspsychologie« H. Schuler (Hrsg.) Copyright © 1995, Hans Huber, Bern

16.11   aus: »Diagnose beruflicher Eignung und Leistung« (S. 256) von H. Schuler und U. Funke, in »Lehrbuch Organisationspsychologie« H. Schuler (Hrsg.) Copyright © 1995, Hans Huber, Bern

16.12   aus: »Psychologische Personalauswahl. Einführung in die Berufseignungsdiagnostik« (Hogrefe, Verlag für Psychologie, Abb. 49, S. 123) von H. Schuler; zitiert nach: Jeserich, 1981, S. 185. Copyright © Hanser Verlag, München; Abdruck mit Genehmigung des Hanser Verlages

Druck- und Bindearbeiten: Stürtz AG, Würzburg